Kommentar KBGB

註釋 民法

張在賢 著

정림사

註釋 民法

Kommentar KBGB

초판 1쇄 인쇄 2010년 2월 11일
초판 1쇄 발행 2010년 2월 25일

저　　자 장 재 현

발 행 인 이 승 엽
발 행 처 도서출판 **정림사**
대구광역시 중구 대봉1동 47-13
대표전화 053) 424-1661
팩　　스 053) 424-1665

저자와 협의하여 인지 첨부를 생략함.

ISBN 978-89-6064-31-3 11360
〈값 45,000원〉

머리말

민법주석서는 우리나라나, 독일, 스위스, 프랑스도 마찬가지로 보통 수십 권으로 구성되어 있다. 물론 그 내용은 풍부하여 필요한 거의 모든 부분을 망라하고 있어 민법을 전공하는 학자들에게는 매우 유용하여 나도 논문을 쓴다든지 할 때는 이들 주석서를 많이 참고한다. 그러나 이들 주석서는 소지하기 불편할 뿐만 아니라 내용이 너무 세세하게 되어 있어, 어떤 부분을 간단하게 찾아보려고 할 때는 이용이 불편하고, 특히 그러한 주석서는 민법을 공부하는 학습자나 강의 또는 실무를 하면서 자주 찾아보고 참고하기에는 적당하지가 않다. 나 역시도 수십 권으로 된 우리나라, 독일, 스위스, 오스트리아 주석서를 가지고 있지만 아주 특별한 경우에만 펼쳐보게 된다.

90년대 초에 스위스의 대학에 객원교수로 체재할 때 한 권으로 된 《주석 스위스채무법전》, 《주석 독일민법전》, 《주석 프랑스민법전》을 처음 접하고는 유용하게 쓰일 책이구나 하는 생각을 했는데, 유심히 보니 교수 · 실무가들의 방에는 거의 이것이 책상머리에 꽂혀 있고, 학생들은 이를 필수품으로 들고 다니며 강의시간은 물론 수시로 들쳐보는 것을 보았다. 나도 한 권으로 된 이들 주석서를 구입하여 그때그때마다 필요시에 가볍게 보는 등 매우 유용하게 사용한다.

그때부터 우리도 간편하고 가볍게 참고할 한 권으로 된 민법주석서를 만들어야 되겠다는 생각을 하였으나, 재직하고 있는 대학에서 법과대학장 등의 보직을 맡고, 또한 강의를 맡고 있는 채권총론, 채권각론 분야의 교과서를 집필하는 등으로 여유가 없어, 1998년 초부터 〈주석 민법〉의 집필 작업에 들어갔다. 그러나 작업이 생각보다 복잡하고 지지부진하였고, 도중에 재직하는 대학의 법학전문대학원설립추진위원장을 맡고 급기야는 법학전문대학원설립인가신청의 책임을 맡는 등으로 1년 동안 손을 놓았다가, 2008년 3월부터 만사제치고 이 작업에 1년여를 몰두하여 2009년 8월에 겨우 마무리하였다. 그러니 처음 이 작업을 시작한 때로부터 10년이 넘어 마무리 한 셈이다. 그마저도 법무부에 재직하고 있는 전혜정 박사가 가족법 분야의 자료를 찾아 보내주는 등, 많은 도움이 있어 시간을 절약하게 되었다.

이 책 〈주석 민법〉 집필에 들어갈 때 몇 가지 원칙을 세웠다.

첫째, 간편하게 소지할 수 있어야 한다.

둘째, 주요한 내용은 망라되어야 한다.

셋째, 해석상 문제되는 부분에 판례가 있으면 판례, 판례가 없으면 통설, 다수설에 의한다.

넷째, 학자의 순수한 이론적 주장은 배제한다.

다섯째, 쉽게 찾아 금방 파악하고 이해할 수 있도록 한다.

여섯째, 서술은 가능한 한 간결하게 한다.

저자는 위의 원칙을 두고 이 주석서를 집필하였고, 이것이 곧 〈주석 민법〉의 특징이다.

따라서 이 책은 법학 학습자에게는 간편하게 지참하며 어디에서나 민법을 쉽게 학습할 수 있게 할 것이고, 민법 전공학자를 제외한 법학전공자에게는 필요시에 쉽게 찾아보고 참고로 할 수 있을 것이며, 실무를 하는 사람도 아주 전문적인 사안이 아닌 경우에는 해당분야를 손쉽게 찾아서 참고로 할 수 있어 시간과 노력을 절약하게 될 것이다.

우리나라 법학교육도 미국의 로스쿨 체제로 대전환을 하여, 총 2000명을 입학정원으로 하는 25개 법학전문대학원이 설치, 인가되어 2009년 3월부터 개원을 하였다. 이러한 시점에 법학 관련 전공서적은 거의 수익성이 없다고 판단한 것인지 법학서의 출간이 매우 침체되었고, 실제로도 법학서의 출판이 눈에 띄게 감소하였다. 또한 이 주석서는 종래의 법학교과서 내지는 법학수험서와는 다르고, 그렇다고 일반인을 대상으로 하는 가벼운 민법해설서도 아닌 것이어서 출판을 맡기에는 매우 우려스러운 점이 있었을 것이나, 그러함에도 집필한 나의 취지와 의도를 이해하고 이 주석서의 출판에 쉬이 응해주신 정림사 이승엽 사장님과 전혜정 박사와 교정을 도와준 여러분에게 고마운 뜻을 표한다.

2010년 1월

연구실에서

장 재 현

總目次

民　法

特別法

民 法
〈조문목차〉

第1編 總 則

第8章 質 權

第9章 抵當權

第3編 債 權

第1章 總 則

第5編 相 續

第2章 遺 言

第3章 遺留分

■ 民法典의 制定과 構成 ■

1. 民法典의 制定: 민법은 1958년에 법률 제471호로서 제정, 공포되어 1960년 1월 1일부터 시행된 이후 수 차의 개정을 거쳤다. 현행 민법 시행 전은 일본의 강점기인 1912년 3월 「조선민사령」에 의하여 그 해 4월 1일부터 시행하게 되었는데, 동령 제1호는 조선인의 민사에 관하여는 이 조선 민사령이나 기타 법령에 특별한 규정이 없는 경우에는 일본민법을 의용하게 하였고, 제11조는 조선인의 능력 및 친족, 상속에 관하여는 조선인의 관습에 의하도록 하였다. 그 후 1945년 해방과 더불어 군정이 실시되자 군정법령 제21호에 의하여 종래 시행 중인 모든 법령은 그 효력이 존속하도록 하여 현행 민법이 시행되기 전까지 일본민법(구민법 또는 의용민법이라고 보통 칭함)이 적용되었다. 현행 민법의 제정경위를 간략하게 보면 아래와 같다.

1948년 7월 17일 대한민국헌법이 제정, 공포됨으로써 정부가 수립되었으며, 그 이후 정부는 동년 9월 15일 대통령령 제4호로 법전편찬위원회직제를 공포·시행하여, 같은 해 12월 15일에 사법체계에 관한 기본법인 민법전의 기초에 착수하여 1952년 7월 4일 4년 7개월만에 기초를 완료하였다. 이 기초안은 그 후 다시 정리되어 1954년 10월 26일 정부제출안으로 국회에 제안되었다. 국회에서는 동년 11월 6일 법제사법위원회 내에 민법안소위원회를 구성하여 이 법안의 예비심사를 전담하게 하였는바, 소위원회는 1955년 3월 15일 제1차 회의를 개최한 이래 2년 6개월 간의 심의를 거쳐 1957년 9월 2일 본조1118조문, 부칙 32조문의 합계 1150조문의 심사를 완료하여, 동년 9월 12일 법제사법위원회의 의결을 거쳐 국회본회의에 회부되었다. 그 후 국회 본회의에서는 상당한 수정을 거쳐 1957년 12월 17일에 국회를 통과하고, 그 다음 해인 1958년 2월 5일에 정부에 이송되어, 1958년 2월 22일에 법률 제471호로 공포하였다.

2. 民法典의 體系: 민법의 초안 작성과 그 심의 과정에서는 많은 외국의 민법을 참고로 하였는바, 독일민법, 프랑스민법, 스위스민법, 스위스채무법, 영국(Edward jenks, A Digest of English Civil Law), 대만(중화민국)민법, 만주민법, 일본민법, 구 일본민법을 해당 조문별로 참고로 하였음을 민법안 심의록(민의원, 법제사법위원회, 민법안심의소위원회, 단기 4290년 10월 14일)에서 밝히고 있다. 그리고 민법전을 편찬함에 있어 기본적으로 어떠한 편별 방식을 취할 것인지에 대하여는, 프랑스 민법이 취하는 신분법, 재산법, 소송법으로 편별하는 Institutionensystem과 총칙, 재산법, 신분법으로 편별하고 소송법은 독립된 법으로 하는 Pandektensystem이 있는데, 우리 민법은 독일민법과 일본민법이 채택하고 있는 총칙 규정을 두는 Pandektensystem을 체택하였다.

3. 民法典의 構成: 민법은 총칙, 물권, 채권, 친족, 상속의 5편 총 1118조문과 부칙으로 구성하며, 각 편에 장을 두고, 각 장에 절을 두어 규정한다.

(1) 제1편 총칙: 제1조-제184조
(2) 제2편 물권: 제185조-제372조
(3) 제3편 채권: 제373조-제766조
(4) 제4편 친족: 제767조-제996조
(5) 제5편 상속: 제997조-제1118조

4. 民法典의 改正: 민법은 그동안 열여섯 번 개정되었으나, 네 번은 국적법, 정부조직법 등의 다른 법의 개정에 따른 용어 개정이었고, 실질적인 내용의 개정은 열두 번이었는데, 그 중에 대부분이 가족법으로 가족법은 특히 1990년 이후 남녀평등 이념에 따라 많은 부분이 개정, 삭제, 신설되었다. 가족법 외에는 총칙편의 특별실종기간이 3년에서 1년(27조)으로 단축(1984.4.10 개정), 물권편의 전세권에 우선변제권 부여(303조)와 구분지상권제도의 도입(289조의2·1984.4.10 개정)이 주요 내용으로 재산법분야는 거의 손을 대지 아니하였다. 그러나 민법을 보완하기 위한 특별법으로 가등기담보등에 관한 법률(1983년), 부동산실권리자명의 등기에 관한 법률(1995년), 약관의 규제에 관한 법률(1986년), 집합건물의 소유 및 관리에 관한 법률(1984년), 주택임대차보호법(1981년), 상가건물임대차보호법(2002년), 할부거래에 관한 법률(1991년), 제조물책임법(2000년), 폐지되었던 이자제한법(2007년), 전문 개정된 신원보증법(2002년), 보증인 보호를 위한 특별법(2008년) 등의 주요한 법률이 많이 제정되었다.

第1編
總　則

第1編 總 則

1. 槪括: 총칙은 Pandektensystem을 취하는 민법의 특징에 따라 기본적으로는 재산법과 가족법에 통칙적으로 적용되는 내용을 규정하고 있으나, 법률행위를 중심으로 총칙을 규정한 점에서 총칙의 규정이 가족법에 그대로 적용되기에는 부적당한 점이 있다. 그러나 기본적으로 총칙은 민법 전체의 통칙적인 것을 규정한다는 점에서, 통칙적인 민법의 법원과 신의성실의 원칙을 먼저 규정하고, 이어서 근대법의 권리중심 체계에 따라 권리의 주체로서 인과 법인, 권리의 객체로서 물건, 권리의 주요 변동 원인인 법률행위 및 기간과 소멸시효를 규정한다.

2. 構成: 7장 총 184조문으로 되어 있다.

(1) 통칙: 제1조, 제2조

(2) 인: 제3조-제30조

(3) 법인: 제31조-제97조

(4) 물건: 제98조-제102조

(5) 법률행위: 제103조-제154조

(6) 기간: 제155조-제161조

(7) 소멸시효: 제162조-제184조

第1章 通 則

1. 內容: 민사 법률관계 전체에 적용될 통칙을 규정하였다. 민사법률관계에 적용될 법원을 규정하고, 권리의무의 이행에 관한 일반 법리로서의 신의성실의 원칙과 권리남용금지를 규정한다.

2. 構成

(1) 법원: 제1조

(2) 신의성실, 권리남용: 제2조

第1條【法源】 民事에 관하여 法律에 規定이 없으면 慣習法에 의하고 慣習法이 없으면 條理에 의한다.

法源

1. 意義: 법원이란 법의 연원의 준말로서 재판의 결정규준으로서 법의 존재형식을 말하는데, 본조는 민사에 관하여 적용될 법의 적용 순위에 관하여 규정하고 있다. 따라서 민사사건에 관하여 재판할 때 결정규준의 적용 순위는 법률(성문법)→ 관습법→ 조리임을 밝히고 있다.

2. 成文法: 민법의 성문법으로서는 민법과 이외에 많은 특별법이 있다.

(1) 민법: 현행 민법은 1958년에 법률 제471호로 제정, 공포되어 1960년 1월 1일부터 시행된 이후 여러번의 개정을 거쳤다.

(2) 민법 외의 성문법: 입목에관한법률, 부동산등기법, 가등기담보등에관한법률, 주택임대차보호법, 신원보증법, 이자제한법, 보증인 보호를 위한 특별법 등과 각 시행령 및 비준, 공포된 민사에 관한 조약 등이 있다.

3. 慣習法

(1) 법원성의 성립: 관습법이란 사회의 거듭된 관행으로 생성된 사회생활상 규범이 사회의 법적 확신과 인식에 의하여 법적 규범으로 승인, 강행되게 이른 것이고, 법적 규범으로 승인되기에 이르렀다고 하기 위하여는 헌법을 최상위 규범으로 하는 전체 법질서에 반하지 아니하는 것으로서 정당성과 합리성이 있다고 인정될 수 있는 것이어야 하고, 그렇지 아니한 사회생활규범은 비록 그것이 사회의 거듭된 관행으로 생성된 것이라고 할지라도 이를 법적 규범으로 삼아 관습법으로

서의 효력을 인정할 수 없다(대판 2005.7.21. 2002다13850).
(2) 법원성의 상실: 어떠한 사회생활규범이 관습법으로 승인되었다고 하더라도 사회 구성원들이 그러한 관행의 법적 구속력에 대하여 확신을 갖지 않게 되었다거나, 사회를 지배하는 기본적 이념이나 사회질서의 변화로 인하여 그러한 관습법을 적용하여야 할 시점에 있어서의 전체 법질서에 부합하지 않게 되었다면 그러한 관습법은 법적 규범으로서의 효력이 부정된다(대판 2005.7.21. 2002다13850).
(3) 관습법과 사실인 관습: 민법상 관습에 관한 규정은 본조 외에 제106조의 〈사실인 관습〉이 있다. 이에 본조 및 제106조의 〈관습법〉과 〈관습〉의 의미와 양자의 관계가 문제되는데, 이는 관습법의 효력에 관련된다. 관습법의 성립에 있어서 법적 확신을 기준으로 양자를 구별하며, 관습법은 직권조사사항이나 관습은 사적 자치가 인정되는 임의법규에 관한 것으로 당사자의 주장·입증이 있어야 한다(대판 1983.6.14. 80다3231).
(4) 판례가 인정하는 관습법의 예: 분묘기지권, 관습법상의 법정지상권, 공시방법으로서의 명인방법 등이 있다.
(5) 관습법의 효력: 관습법은 성문법에 대한 보충적 효력을 가진다(대판 2005.7.21. 2002다13850). 그렇더라도 제106조와 조화롭게 해석하면 임의법규의 적용 분야에서는 의사표시의 해석을 통하여 임의법규가 변경, 개폐되는 경우가 있다.
4. 條理: 사물의 본성, 사물의 도리를 의미하는데, 통상인의 사회통념상 인정되는 객관적인 원리와 법칙을 말한다. 보통 경험법칙, 사회통념, 정의와 형평 등으로 표현된다.
5. 判例: 판례는 〈판결의 예〉의 준말로 그 자체가 〈선례로서의 판결〉이란 의미로서, 여기서 선례가 될 수 있는 것은 판결 중에서 표현된 추상적·일반적 이론이다. 이에는 사건 중의 기본적 사실과 판결의 결론을 결합시키는 필요하고도 충분한 이유인 ratio decidendi(진정한 판결이유)와 부가적 이유인 obiter dicta(방론)으로 구별하는데, 전자만이 판례가 된다. 불문법 국가에서는 stare decisis(선례구속의 원칙)의 원칙에 의하여 판례에 구속되나, 성문법 국가인 우리나라에서는 법률상으로는 이에 구속되지 않으나 심급제도와 관련하여 사실상의 구속력이 있다고 이해된다.

第2條【信義誠實】 ①權利의 行使와 義務의 履行은 信義에 좇아 誠實히 하여야 한다.
②權利는 濫用하지 못한다.

信義誠實의 原則-第1項

1. 意義: 권리를 행사하고 의무를 이행함에 있어서 상대방 또는 통상인이 예상하는 내용과 방법으로 하여야 한다는 것, 즉 사회통념에 적합하게 권리를 행사하고 의무를 이행하여야 함을 의미한다. 이에 본조는 법률관계의 당사자는 상대방의 이익을 고려하여 형평에 어긋나거나 신의를 저버리는 내용 또는 방법으로 권리를 행사하거나 의무를 이행하여서는 아니 된다는 추상적 규범으로 이를 구체적인 법률관계에 적용함에 있어서는 상대방의 이익의 내용, 행사하거나 이행하려는 권리 또는 의무와 상대방의 이익과의 상관관계 및 상대방의 신뢰의 타당성 등 모든 사정을 고려하여 그 적용 여부를 결정하여야 한다(대판 2003.4.22. 2003다2390, 2406). 신의성실의 원칙은 비교법적 및 법제사적으로는 영미법의 estoppel, 로마법의 Protestatio factum contraria 또는 Venire contra factum proprium과 기본 내용을 같이 하며, 독일민법(242조)이나 프랑스민법(1134조)에서는 채무의 이행에 관한 것으로만 인식되었으나 스위스민법에서는 광범위하게 권리의 행사 및 의무의 이행의 전반에 걸친 것으로 인식됨에, 민법도 스위스민법(2조)을 계수하여 민법 앞머리에 규정하여 민법 전반에 걸친 추상적 규범의 역할을 부여하고 있다. 그러나 이 원칙은 실질적으로는 채권관계에서 역할을 크게 한다. 신의성실의 원칙에서 구체적인 법률관계에 따라 신뢰의 원칙, 사정변경의 원칙, 실효의 원칙이 파생한다.
(1) 적용영역: 신의성실의 원칙은 법률관계의 당사자는 상대방의 이익을 배려하여 형평에 어긋

나거나 신뢰를 저버리는 내용 또는 방법으로 권리를 행사하거나 의무를 이행하여서는 안 된다는 추상적 규범을 말하는 것인바, 사적자치의 영역을 넘어 공공질서를 위하여 공익적 요구를 선행시켜야 할 사안에서는 원칙적으로 합법성의 원칙은 신의성실의 원칙보다 우월한 것이므로 신의성실의 원칙은 합법성의 원칙을 희생하여서라도 구체적 신뢰보호의 필요성이 인정되는 경우에 비로소 적용된다(대판 2000.8.22. 99다62609, 62616).

(2) 기능

(가) 행위규범적 기능: 권리자 및 의무자의 행위를 규제하는 기능(신의에 따른 권리행사 및 급부이행: 권리남용금지, 의무이행시의 부수적 의무 발생)을 가진다.

(나) 재판규범적 기능: 구체적 사건에서 법률관계의 분쟁해결을 위한 법관의 판단기준의 기능이 있다.

(다) 구체화 기능: 제정 법규의 내재적 한계로서의 추상성 및 의사표시의 불완전성을 해결하기(신뢰의 원칙) 위하여 구체적 사안에서 법률관계를 구체화·개별화시키는 기능을 가진다. 이 구체화 기능은, ① 보충적 기능: 채무자에게 주의의무, 배려의무 등의 부수적 의무를 발생시키는 등으로 특히 채권관계에서 당해 채권의 특성에 따라 채권의 목적달성을 위하여 채무자에게 의무를 보충적으로 발생시키는 기능을 한다. ② 제한(규제)적 기능: 권리남용의 금지, 장기간의 권리불행사 후의 권리실효, 자기행위상반성의 금지 등과 같은 권리의 행사를 제한 및 규제하는 기능을 한다. ③ 권한부여적 기능: 공평의 이념에서 당사자에게 특정권리를 부여한다(예:환자의 설명요구권).

(3) 계약에서의 구체적 기능: 신의성실칙은, ① 계약의 체결·생성단계에서부터 계약의 소멸단계의 전과정에 걸쳐 작용(전계약과정), ② 계약의 준비·협상·체결단계에서 작용하여(체약단계) 주의의무, 배려의무 등이 나오며, 이 의무의 불이행으로 상대방에게 손해가 발생하면 계약책임이 발생한다(계약체결상의 과실책임 535조), ③ 각 당사자는 독립된 채권, 채무를 가지며, 각 채권, 채무는 균형을(존속단계) 이루어야 하고, ④ 계약의 이행 과정에서(소멸단계), 특히 계속적 거래관계에서 일방에게 지극히 불리한 경우에는 계약의 변경 및 해지권이 발생한다(사정변경의 원칙과 관련됨).

2. 派生原則

(1) 사정변경의 원칙: 사정변경의 원칙이란 계약 성립 후 그 기초가 된 상황이 현저하게 변경되었거나 소멸하여 계약의 내용을 그대로 유지하여 강제하면 일방에게 지극히 불리하여 신의와 형평의 이념에 반하는 경우에는 당사자가 계약의 내용을 정정하거나 계약을 해제할 수 있다는 원칙을 말한다. 이는 독일에서는 행위기초상실론, 프랑스에서는 불예견론, 영미에서는 frustration론 또는 이행곤란론 등으로 강학상 논의된다.

(가) 요건: ① 계약의 성립 당시 계약의 기초가 되었던 객관적인 사정이 당사자가 예견할 수 없었던 현저한 사정의 변경, ② 그러한 사정의 변경이 해제권을 취득하는 당사자에게 책임이 없고, ③ 당초의 계약 내용대로의 구속력을 인정한다면 신의칙에 현저히 반하여 불공평한 결과가 생기는 경우의 요건을 충족하여야 한다(대판 2007.3.29. 2004다31302).

(나) 효과: 당사자에게 계약의 해제권 또는 내용 변경권이 있다.

(2) 실효의 원칙: 일반적으로 권리의 행사는 신의에 좇아 성실히 하여야 하고 권리는 남용하지 못하는 것이므로 권리자가 실제로 권리를 행사할 수 있는 기회가 있었음에도 불구하고 상당한 기간이 경과하도록 권리를 행사하지 아니하여 의무자인 상대방으로서도 이제는 권리자가 권리를 행사하지 아니할 것으로 신뢰할 만한 정당한 기대를 가지게 된 다음에 새삼스럽게 그 권리를 행사하는 것이 법질서 전체를 지배하는 신의성실의 원칙에 위반하는 것으로 인정되는 결과가 될 때에는 이른바 실효의 원칙에 따라 그 권리의 행사가 허용되지 않는다는 원칙이다.

(가) 요건: ① 장기간의 권리의 불행사, ② 상대방의 불행사에 대한 정당한 신뢰의 두 요건에 관하여 구체적인 사안마다 권리를 행사하지 아니한 기간의 장단과 함께 권리자 측과 상대방 측 쌍방의 사정 및 객관적으로 존재한 사정 등을 모두 고려하여 사회통념에 따라 합리적으로 판단하여야 한다(대판 2005.10.28. 2005다45827).

(나) 효과: 더 이상 권리는 존속하지 못하고 소멸한다. 이러한 실효의 원칙은 소멸시효 또는 제

척기간을 두고 있는 권리에 관하여도 적용된다. 한편 이러한 실효의 원칙은 민법 제2조의 신의성실의 원칙에서 나온 파생원칙이지만 민법에만 적용되는 것이 아니라 민사소송법, 근로기준법 등의 공법관계에도 그 적용이 있다.

(다) 구체적으로 문제된 예

① 1년 4개월 지나 매매계약의 해제권을 행사한 경우: 이미 발생한 해제권을 장기간 행사하지 않고 오히려 매매계약이 여전히 유효함을 전제로 잔존채무의 이행을 최고함에 따라 상대방이 해제권은 더이상 행사되지 않을 것으로 신뢰하였고 그와 같이 신뢰한 데에 정당한 사유도 있었다면, 그 후 그 해제권을 행사한다는 것은 신의성실의 원칙에 반하여 허용되지 않는다(대판 1994.11.25. 94다12234).

② 2년 8개월 지나 재취업약정에 대한 고용관계 확인을 구한 사안: 노동자들이 신설계열회사로부터 해고당한 지 2년 8개월 여의 기간이 경과된 후에 재취업약정을 근거로 하여 원래 근무하던 공사와의 사이에 고용관계가 존재한다는 확인 내지 임금지급을 청구하는 소를 제기한 경우, 이는 그 동안 비슷한 처지에 놓인 다른 근로자들이 제기한 같은 취지의 관련소송의 추이를 기다렸다가 그 중 일부 근로자들이 승소판결을 얻자 비로소 제소에 이르렀음이 분명하다면, 재취업약정에 기하여 공사와의 사이에 새로운 고용관계가 형성되었음에도 불구하고 공사측에서 그 동안 전혀 근로의 기회를 제공하지 않은 사정을 감안하여 볼 때, 이러한 법률관계에 정통하지 못한 근로자들이 뒤늦게 제소를 하였다고 하여 그 소제기에 의한 권리의 행사가 실효의 원칙 내지는 신의성실의 원칙에 비추어 허용될 수 없는 것이라고 말할 수 없다(대판 1994.9.30. 94다9092).

③ 2년 10개월 지난 후의 해고무효 확인을 구한 사안: 회사의 자신에 대한 징계면직처분에 대하여 재심청구를 하였으나 기각되자 회사가 자신의 급여구좌에 입금한 해고예고수당을 반환하기 위하여 이를 공탁까지 하였다가 그 후 아무런 이의 없이 회사로부터 퇴직금을 수령하고 그 후로는 부당노동행위구제신청을 하는 등으로 징계면직처분을 다툼이 없이 다른 생업에 종사하여 오다가 징계면직일로부터 2년 10개월 가량이 경과한 후 제기한 해고무효확인의 소는 노동분쟁의 신속한 해결이라는 요청과 신의성실의 원칙 및 실효의 원칙에 비추어 허용될 수 없다(대판 1996.11.26. 95다49004).

④ 4년이 지난 후의 사위판결에 대한 항소의 소: 항소권과 같은 소송법상의 권리에 대하여도 이러한 원칙은 적용될 수 있다고 하면서, 단순히 4년이 지난 것만으로 실효된 것으로 볼 수 없다고 한 사례가 있다(대판 1996.7.30. 94다51840).

⑤ 1983.4. 설립된 회사에 대하여 1991.1.에 이르러 상호사용중지를 구하는 소를 제기한 것이 신의칙에 위배되지 않는다(대판 1994.6.28. 93다26212).

(3) 금반언의 법리: 자기의 선행행위와 모순되는 후행행위는 그 효력을 인정하지 아니하는 원칙이다. 로마법에서는 자기의 선행행위에 모순되는 행위는 허용되지 않았으며(자기모순금지의 원칙(benire contra factum proprium)) 또한 모순되는 이의의 제기는 허용되지 않았다(사실과 모순되는 이의의 금지(protestatio factum contra)). 역시 영미법에서도 자기의 진술이나 행동에 의하여 타인으로 하여금 어떤 사실을 신뢰하게 한 자는 그 후 그 사실에 반하는 어떠한 증명도 인정되지 않았다(Estoppel). 이러한 법리가 근대법에 수용, 계승되어 자기의 선행되는 사실행위 또는 의사표시로 타인을 신뢰하게 한 이후에 그에 반하는 행위를 한 경우에 신의칙에 근거하여 그 행위의 효력을 제한한다. 이는 책임법적으로는 신뢰책임에 해당하며, 법리로는 일반적으로 금반언의 법리라 한다.

(가) 제452조의 금반언: 민법도 제452조에서 채권양도에 대한 금반언을 규정한다.

① 선행행위에 반하는 후행행위: 행위자에게 귀책되는 선행행위와 명백히 반하는 후행행위가 있어야 한다.

② 상대방의 선행행위에 대한 신뢰: 선행행위에 의하여 보호되어질 상대방의 가치 있는 신뢰가 있어야 한다.

(나) 적용된 예-부정: 양도인이 양수인에게 손해배상조로 농지의 소유권을 넘겨주기로 약정하고 그에 따라 소유권이전등기를 경료하여 준 다음 그 등기의 말소를 구하는 경우, 객관적으로 선

행행위와 모순되나 구 농지개혁법에 위반되는 등기를 하게 된 경위에 있어 쌍방 모두에게 주관적 귀책사유가 있고, 양수인의 신뢰를 법적으로 보호할 가치가 없어 굳이 합법성의 원칙을 희생하면서까지 신의성실의 원칙을 적용할 필요성은 없다(대판 2000.8.22. 99다62609, 62616).

權利濫用禁止의 原則-第2項

1. 意義: 권리남용금지의 원칙은 권리의 행사가 외형상으로는 정당하게 보이나, 신의칙에 위배되는 행사로서 그러한 권리의 행사는 금지된다는 원칙이다. 권리의 행사는 권리에 내재한 공공성·사회성에 적합하게 행사하여야 한다는데서 나온 원칙이다.

2. 權利濫用의 要件

(1) 오로지 상대에게 고통을 주려는 목적: 주관적으로 그 권리행사의 목적이 오직 상대방에게 고통을 주고 손해를 입히려는데 있을 뿐 행사하는 사람에게 아무런 이익이 없어야 한다.

(2) 사회질서에 반하는 행위: 객관적으로는 그 권리행사가 사회질서에 위반된다고 볼 수 있어야 한다.

(3) 이익의 균형 여부는 고려하지 않음: 권리행사자가 얻는 이익보다 상대방이 잃을 손해가 현저히 크다 하여도 그러한 사정만으로는 권리남용이라 할 수 없다(대판 1998.6.26. 97다42823).

3. 效果: 권리의 행사가 남용으로 인정되는 경우에는 그 행사한 권리의 효과가 발생하지 않는다. 또한 남용으로 된 권리의 행사로 타인에게 손해를 준 경우에는 손해배상책임이 발생한다. 권리남용은 개별적인 권리행사에서 당해 권리의 효과를 발생시키지 않는 법리로서, 법인격부인, 대표권남용에서 그 기초이론이 된다.

(1) 법인격부인(론): 선박회사인 갑, 을, 병이 외형상 별개의 회사로 되어 있지만 갑회사 및 을회사는 선박의 실제상 소유자인 병회사가 자신에 소속된 국가와는 별도의 국가에 해운기업상의 편의를 위하여 형식적으로 설립한 회사들로서 그 명의로 선박의 적을 두고 있고, 이른바 편의치적(便宜置籍), 실제로는 사무실과 경영진 등이 동일하다면 이러한 지위에 있는 갑회사가 법률의 적용을 회피하기 위하여 병회사가 갑회사와는 별개의 법인격을 가지는 회사라는 주장을 내세우는 것은 신의성실의 원칙에 위반하거나 법인격을 남용하는 것으로 허용될 수 없다(대판 1988.11.22. 87다카1671).

(2) 대표권남용(론): 주식회사의 대표이사가 그 대표권의 범위 내에서 한 행위는 설사 대표이사가 회사의 영리목적과 관계없이 자기 또는 제3자의 이익을 도모할 목적으로 그 권한을 남용한 것이라 할지라도 일응 회사의 행위로서 유효하고, 다만 그 행위의 상대방이 그와 같은 정을 알았던 경우에는 그로 인하여 취득한 권리를 회사에 대하여 주장하는 것이 신의칙에 반하므로 회사는 상대방의 악의를 입증하여 그 행위의 효과를 부인할 수 있을 뿐이라고 함이 상당하다(대판 1987.10.13. 86다카1522).

(3) 권리의 남용 여부가 문제된 구체적 사례

(가) 국가의 소멸시효 주장-권리남용이 아님: 국민을 보호할 의무가 있다는 사유만으로 국가가 소멸시효의 완성을 주장하는 것 자체가 신의성실의 원칙에 반하여 권리남용에 해당한다고 할 수는 없으므로, 국가의 소멸시효 완성 주장이 신의칙에 반하고 권리남용에 해당한다고 하려면 일반 채무자의 소멸시효 완성 주장에서와 같은 특별한 사정이 인정되어야 할 것이다(대판 2005.5.13. 2004다71881).

(나) 직계비속의 직계존속에 거주주택 반환청구-권리남용에 해당: 외국에 이민을 가 있어 주택에 입주하지 않으면 안 될 급박한 사정이 없는 딸이 고령과 지병으로 고통을 겪고 있는 상태에서 달리 마땅한 거처도 없는 아버지와 그를 부양하면서 동거하고 있는 남동생을 상대로 자기 소유 주택의 명도 및 퇴거를 청구하는 행위가 인륜에 반하는 행위로서 권리남용에 해당한다(대판 1998.6.12. 96다52670).

第2章 人

1. 概括: 권리와 의무의 주체를 〈人, 사람, 者〉라 하며, 인에는 자연인과 법인이 있다. 본장에서는 그 중 자연인에 대하여 권리능력, 주소, 부재와 실종에 대하여 규정한다.

2. 構成

(1) 능력: 제3조-제17조

(2) 주소: 제18조-제21조

(3) 부재와 실종: 제22조-제30조

第1節 能 力

1. 意義: 능력이란 법률용어로는 자격 또는 지위를 말하며, 능력에는 권리의 주체가 될 수 있는 자격인 권리능력과 행위의 주체가 될 수 있는 행위능력으로 구분된다. 본절에서는 양자 모두에 대하여 규정한다.

2. 構成

(1) 권리능력: 제3조

(2) 행위능력: 혼자서 유효한 법률행위를 할 수 있는 능력을 말한다. 민법은 행위무능력자를 규정하고 있다. 행위무능력자에 해당되지 아니한 자는 행위능력자이다.

(가) 미성년자: 제5조-제8조

(나) 한정치산자: 제9조-제11조

(다) 금치산자: 제12조-제14조

(라) 무능력자의 상대방의 권리: 제15조-제17조

(3) 의사능력: 민법의 기본원칙인 사적 자치의 원칙은 사법상의 법률관계의 형성은 개인의 자율적인 의사에 맡긴다는 것을 말한다. 즉 사법상의 법률관계인 권리·의무의 변동은 개인의 자율적인 의사에 의하여 결정하도록 한다는 것이다. 따라서 개인이 형성한 법률관계가 유효하려면 권리·의무의 변동인 법률관계를 판단하고 이해할 수 있는 정신적·지적 능력이 있어야 함은 당연하다. 여기서 민법은 자기행위의 사회적 내지 법률적 의미나 결과를 판단할 수 있고(판별력·변별력) 예측할 수 있는(예기력) 정신적 능력을 의사능력이라 하고, 법률행위시에 의사능력이 있었느냐 여부에 의하여 법률행위의 효력을 결정하는 기준으로 한다. 요컨대 의사능력자의 법률행위만이 유효하며, 의사무능력자의 행위는 어떠한 경우에도 법률행위로서의 효력은 생기지 아니한다. 의사무능력자의 법률행위를 무효로 하는 것은 그 자가 비록 형성하였다는 법률행위는 그 자의 의사에 기한 것으로 볼 수 없기 때문이다.

* 의사능력이란 자신의 행위의 의미나 결과를 정상적인 인식력과 예기력을 바탕으로 합리적으로 판단할 수 있는 정신적 능력 내지는 지능을 말하는 것으로서, 의사능력의 유무는 구체적인 법률행위와 관련하여 개별적으로 판단되어야 할 것이다(대판 2002.10.11. 2001다10113).

(4) 책임능력: 의사능력은 책임법적인 측면에서는 책임능력(불법행위능력)이 된다. 자기의 행위에 대한 변별력과 예기력을 갖춘 자의 행위에 대하여만 법적인 책임을 추궁할 수 있을 것이다. 예컨대 유아나 정신병자 등은 자기의 행위가 어떠한 사회적 의미를 가진다는 것과 법적으로 어떠한 책임을 수반할 수 있다는 것을 판단 할 수 있는 최소한의 정신력이 없다. 따라서 그러한 자의 행위에 대하여는 법적인 책임을 추궁할 수 없을 것이다. 이러한 자를 책임무능력자라 한다. 민법 제753조의 자기의 행위의 책임을 변식할 수 없는 미성년자(책임능력 없는 미성년자)와 제754조의 심신상실자가 책임무능력자로서 그들이 타인의 권리를 침해하여 손해를 가한 때에도 손해배상책임을 지지 않는다. 이러한 책임무능력자의 불법행위는 제755조에 의하여 당사자의 보호감독자가 손해배상책임을 진다.

第3條【權利能力의 存續期間】 사람은 生存한 동안 權利와 義務의 主體가 된다.

權利能力

1. 意義: 본조는 권리의 주체가 사람임을 명시하고 동시에 사람이 권리능력을 가지는 기간에 관하여 규정한다. 권리의 귀속자가 권리의 주체이며, 의무의 귀속자가 의무의 주체이다. 권리를 가질 수 있는 자는 동시에 의무도 가질 수 있다. 권리의 주체가 될 수 있는 자격 또는 지위를 권리능력 또는 인격이라 한다. 즉 권리능력 또는 인격이란 권리자인 권리의 주체가 될 수 있는 추상적인 법률상의 지위를 말한다. 민법은 권리능력자로 살아 있는 사람과 일정한 사람의 단체(사단) 및 일정한 재산의 단체(재단)로 하고 있다. 권리능력자인 살아 있는 사람을 자연인이라 하며, 권리능력이 인정된 사단 또는 재단을 법인이라 하다. 즉 권리능력자에는 자연인과 법인이 있다. 법에서 〈사람〉, 〈人〉 또는 〈者〉라고 할 때는 자연인과 법인을 모두 포함하는 의미이다.

2. 自然人: 본조는 사람(자연인)은 〈생존한 동안〉 권리능력이 있다고 규정한다. 여기서 〈생존한 동안〉의 시작 시점과 끝나는 시점, 즉 자연인의 권리능력의 시기와 종기가 문제된다. 사람의 시기는 태아와 구별되는 시점이며, 종기는 사망을 의미한다. 민법은 사람이 사망하면 권리능력을 인정하지 않은 것은 물론이고, 태아에게도 원칙적으로 권리와 의무의 주체로 인정하지 않는다.

(1) 자연인의 시기: 사람의 시기는 민법에서는 출생의 완료, 즉 태아가 모체로부터 전부 노출되었을 때를 출생으로 본다(대판 1976.9.14. 76다1365). 요컨대 모체로부터 전부노출 전까지는 태아이며, 후부터 〈사람〉으로 권리능력자이다. 살아서 출생하면 성별·정상·기형, 조산·지산, 단생·쌍생을 묻지 않고 권리능력자이다. 출생하면 1월 내에 출생신고를 하여야 한다(가족관계의 등록 등에 관한 법률 44조 이하). 그런데 민법상의 권리능력과 가족관계의 등록 등에 관한 법률에 의한 출생의 신고와는 관계가 없다. 즉 가족등록부에 출생일로 기재됨으로써 권리능력을 가지는 것이 아니라 출생이라는 사실 자체에 의하여 권리능력을 얻는다. * 형법상에서는 규칙적인 진통을 동반하면서 분만이 개시된 때(소위 진통설 또는 분만개시설)가 사람의 시기라고 본다(대판 1982.10.12. 81도2621).

(2) 자연인의 종기

(가) 자연사: 사람은 사망으로 권리능력을 상실한다. 사망의 유무나 사망의 시기는 상속의 개시·유언의 효력·잔존배우자의 재혼·보험금의 청구 등과 관련되어 매우 중요한 법률문제이다. 사망의 시기에 관하여는 별도로 규정하지 아니하는데, 생활기능의 영구적이며 절대적인 종지인 호흡과 맥박이 영구적으로 종지하는 때를 사망이라고 본다. 사망하면 신고의무자가 1월 내에 신고하여야 한다(가족관계의 등록 등에 관한 법률 84조 이하).

(나) 사망의 보완: 사망의 여부나 그 시기를 증명하거나 확정하기가 곤란한 경우가 있다. 이러한 경우를 대비하여 보완하는 제도를 두고 있다.

① 동시사망의 추정: 제30조

② 인정사망: 사망의 확증은 없지만 여러 가지 정황상 사망한 것이 거의 확실한 경우에는 관공서(경찰, 소방서 등)의 사망보고로 호적에 사망으로 기재하게 된다. 그러나 후에 다른 시기에 사망 또는 생존한 것이 확인된 때에는 사망의 효력은 상실된다. 인정사망의 효력이 상실되는 경우에의 법률효과에 관하여 별도로 규정한 바가 없어서 문제가 되는데, 민법 제29조의 실종선고취소에 관한 규정이 준용되는 것으로 보아야 한다.

③ 실종선고: 제27-제29조

④ 기타-특별한 경우에 수소법원의 사망인정: 판례는 〈수난, 전란, 화재 기타 사변에 편승하여 타인의 불법행위로 사망한 경우에 있어서는 확정적인 증거의 포착이 손쉽지 않음을 예상하여 법은 인정사망, 위난실종선고 등의 제도와 그 밖에도 보통실종선고제도도 마련해 놓고 있으나 그렇다고 하여 위와 같은 자료나 제도에 의함이 없는 사망사실의 인정을 수소법원이 절대로 할 수 없다는 법리는 없다고 하면서, 갑판원이 시속 30노트 정도의 강풍이 불고 파도가 5-6미터 가량 높게 일고 있는 등 기상조건이 아주 험한 북태평양의 해상에서 어로작업 중 갑판 위로 덮친 파도에 휩쓸려

찬 바다에 추락하여 행방불명이 된 경우에 사망으로 인정하였다(대판 1989.1.31. 87다카2954).

3. 胎兒

(1) 태아의 권리능력: 모체로부터 전부 노출되기 전까지를 태아라고 하는데, 위에서 보는 바와 같이 사람에게만 권리능력을 인정한다. 따라서 태아는 권리능력을 취득하지 못함으로써 불리한 경우가 있게 된다. 예컨대 태아로 있는 동안 부가 사망하면 전연 상속을 받지 못한다든지 하는 경우가 대표적이다. 이러한 점에서 각 국은 태아의 보호를 위하여 특별히 권리능력에 관한 규정을 두고 있다. 민법은 ① 불법행위에 의한 손해배상의 청구(762조), ② 재산상속(1000조), ③ 대습상속(1001조), ④ 유증(1064조), ⑤ 사인증여(562조)에 한정하여 태아에게도 권리능력을 인정한다.
(2) 태아의 권리행사: 태아도 예외적으로 제한된 경우에 권리능력이 인정되는데, 예컨대 제762조는 〈태아는 손해배상의 청구에 관하여는 이미 출생한 것으로 본다〉고 규정하는데, 이는 구체적으로 무엇을 의미하는지가 문제된다. 이는 태아로 있는 동안은 아직 권리능력이 없고 살아서 출생하면 비로소 권리능력의 취득효과가 사건이 발생한 시기까지 소급해서 생긴다는 것이다(정지조건설-대판1976.9.14. 76다1365). 이에 의하면, 사건시에는 태아는 없는 것으로 하여 문제를 처리하고, 사산이 되면 처리된 법률관계가 그대로 유지되나, 살아서 출생하면 비로소 그때 사건의 시기에 소급해서 권리능력이 있는 것으로 하여 손해배상을 청구할 수 있다. 한편 사건의 시기에 비록 태아로 있지만 자연인과 동일하게 권리능력이 있는 것으로 보아 손해배상을 청구하여 법률관계를 처리하고, 살아서 출생하면 그 법률관계를 그대로 유지하나 사산인 때에는 소급하여 발생한 법률효과를 소멸시킨다는 학설도 있다(해제조건설). 해제조건설이 태아를 보다 충실하게 보호할 수 있으나, 현재는 태아의 법정대리에 관한 규정이 없다는 기술적인 문제가 있어 해제조건설을 취하기가 곤란하다.

第4條【成年期】 滿 20歲로 成年이 된다.

成年

1. 成年: 만 20세로 성년이 되며, 나이의 계산은 기간의 계산에 관한 민법 제155조 이하의 규정에 의하며, 출생일을 넣어 계산한다(158조). 성년인지 여부는 가족등록부에 기재된 날자를 기준으로 한다. 성년에 이르지 못한 자가 미성년자이다. 미성년자는 사법상의 행위능력에서 성년자와 차이를 두는 등 많은 경우에 법률상 특별히 보호하고 있다.
2. 成年擬制: 미성년자일지라도 혼인을 하면 사법상의 성년자로 간주되어(826조의2) 성년자와 동일한 능력을 가진다. 그러나 이는 민법상의 행위능력에 대한 성년의제로서 선거법·미성년자보호법·근로기준법에는 적용되지 않아 그러한 법에서는 혼인을 한 미성년자도 여전히 미성년자이다.

第5條【未成年者의 能力】 ① 未成年者가 法律行爲를 함에는 法定代理人의 同意를 얻어야 한다. 그러나 權利만을 얻거나 義務만을 免하는 行爲는 그러하지 아니하다.
② 前項의 規定에 違反한 行爲는 取消할 수 있다.

第6條【處分을 許諾한 財産】 法定代理人이 範圍를 定하여 處分을 許諾한 財産은 未成年者가 任意로 處分할 수 있다.

第7條【同意와 許諾의 取消】 法定代理人은 未成年者가 아직 法律行爲를 하기 前에는 前2條의 同意와 許諾을 取消할 수 있다.

第8條【營業의 許諾】 ①未成年者가 法定代理人으로부터 許諾을 얻은 特定한 營業에 關하여는 成年者와 同一한 行爲能力이 있다.

②法定代理人은 前項의 許諾을 取消 또는 制限할 수 있다. 그러나 善意의 第三者에게 對抗하지 못한다.

行爲無能力者

1. 行爲能力: 혼자서 유효한 법률행위를 할 수 있는 자격 또는 지위를 행위능력이라 한다. 그렇지 못한 자를 행위무능력자 한다. 민법은 제5조 이하에서 일정한 유형에 속한 자를 행위무능력자로 규정하고 있다. 따라서 아래의 행위무능력자에 속하지 않은 자는 모두 행위능력자로 혼자서 유효한 법률행위를 할 수 있다.

2. 行爲無能力者: 행위무능력자에는 미성년자(5조), 한정치산자(9조), 금치산자(12조)가 있다. 이러한 자들은 혼자서는 다른 사람과 더불어 대등한 사회적 활동을 할 수 있는 정신적 능력이 부족하여 이들을 사회적으로 보호할 필요성에 의하여 민법은 무능력자제도를 마련하고 있다. 이는 또한 자기책임을 그 내용으로 하는 사적 자치에도 합당하는 제도이다.

未成年者의 行爲能力

1. 原則 - 同意를 받거나 代理行爲 - 제5조: 미성년자 자신이 법률행위를 하기 위해서는 법정대리인의 동의를 받아야 확정적으로 유효한 법률행위가 된다(1항). 또는 미성년자 대신에 법정대리인이 미성년자를 위하여 법률행위를 하여야 한다(1항). 미성년자가 법정대리인의 동의를 받지 아니하고 한 법률행위는 미성년자 본인이나 법정대리인이 취소할 수 있다(2항). 따라서 미성년자의 법률행위가 확정적으로 유효하기 위해서는 미성년자가 동의를 받아서 하거나, 법정대리인이 미성년자를 위해서 대리한 법률행위이어야 한다.

2. 法定代理人: 미성년자의 법정대리인은 1차적으로는 친권자(909조: 부와 모)가 되며, 친권자가 없거나 친권자가 대리권을 행사할 수 없는 경우에는 후견인이 법정대리인이 된다(928조, 938조). 법정대리인은 미성년자의 법률행위에 관하여 동의권, 대리권, 취소권을 갖는다.

(1) 법정대리인의 자격

(가) 친권자: 미성년자의 부 또는 모가 친권자로서(911조) 부와 모가 친권을 공동으로 행사한다(909조). 양자는 양부모가 친권자이다(909조).

(나) 후견인: 최후의 친권자가 유언으로 지정한 자가 후견인(지장후견인)이 되며, 지정이 없을 때에는 법정후견인(932조, 935조)이 되며, 법정후견인이 될 자가 없을 때에는 법원이 선임한 자가 후견인(선임후견인)이 된다(936조).

(2) 권한: 동의권, 허락권, 취소권, 대리권이 있다. 즉 미성년자의 법정대리인은 미성년자가 하는 법률행위에 대한 동의권, 취소권, 대리권과 영업의 허락권이 있다.

(가) 동의권, 허락권: 미성년자가 하는 법률행위에 대한 동의권(5조)과 영업의 허락여부를 할 수 있는 허락권(8조)이 있다. 동의와 허락은 명시적으로뿐만 아니라 묵시적으로도 할 수 있다. 미성년자의 행위가 법정대리인의 묵시적 동의가 인정되거나 처분허락이 있다고 볼 수 있는지 여부를 판단함에 있어서는, 미성년자의 연령・지능・직업・경력, 법정대리인과의 동거 여부, 독자적인 소득의 유무와 그 금액, 경제활동의 여부, 계약의 성질・체결경위・내용, 기타 제반 사정을 종합적으로 고려하여야 할 것이다(대판 2007.11.16. 2005다71659, 71666, 71673).

① 소득있는 19세자의 신용카드 구매계약: 만 19세가 넘은 미성년자가 월 소득범위 내에서 신용구매계약을 체결한 사안에서, 스스로 얻고 있던 소득에 대하여는 법정대리인의 묵시적 처분허락이 있었다고 보아야 한다(대판 2007.11.16. 2005다71659, 71666, 71673).

② 모와 미성년자인 딸이 함께 있는 자리에서 주민등록등본을 첨부하여 도피 중이던 父의 채무를 연대하여 지급하기로 하는 지불각서를 작성・교부해 준 경우, 모가 딸의 위 의사표시에 대하여 법정대리인으로서 묵시적으로 동의한 것으로 볼 것이다(대판 2000.4.11. 2000다3095).

(나) 동의와 허락의 취소-제7조, 제8조: 법정대리인은 미성년자가 법률행위를 하기 전에는 그가 준 동의와 영업의 허락을 취소할 수 있다(7조, 8조). 취소는 미성년자 본인이나 거래를 하려는

상대방 누구에게나 할 수 있다. 여기서 미성년자 본인에게 한 동의의 취소로 거래한 상대방에게 대항할 수 있는지 문제가 된다. 영업의 허락의 취소 또는 제한으로 선의의 상대방에게 대항할 수 없다는 제8조제2항의 규정으로 보아 동의의 취소도 선의의 상대방에게는 대항할 수 없다고 해석된다.

(다) 영업허락의 제한-제8조제2항: 법정대리인은 미성년자에게 준 영업의 허락을 다시 제한할 수 있다. 여기서 제한이란 당초에 허락한 영업의 종류를 다시 제한하는 것을 말한다.

(라) 취소, 제한의 효과-소급효 없음: 취소나 제한은 당해 행위를 혼자서 하지 못하게 하는 것이고, 동의나 허락이 없었던 것으로 하는 것이 아니다. 따라서 여기의 취소나 제한은 장래에 대하여만 효력이 있는 철회에 해당한다. 그 효과는 선의의 제3자에게 대항할 수 없다.

(마) 법정대리권의 제한: 법정대리인이 친권자인 경우는 부모 공동으로 대리권을 행사하여야 하고(909조), 후견인은 친족회의 동의를 얻어야 하고(950조), 법정대리인과 미성년자 쌍방에게 이해가 상반되는 행위에 관하여는 대리행위를 하지 못하고(921조), 법원이 선임하는 특별대리인에 의하여 하여야 한다(921조).

3. 要 同意行爲를 同意 또는 許諾받지 않고 혼자서 한 行爲 - 제5조제2항: 미성년자 본인과 법정대리인이 취소할 수 있다.

(1) 취소할 수 있는 자(취소권자): 제2항의 취소할 수 있는 자는 동의 없이 법률행위를 한 미성년자 본인과 미성년자의 법정대리인이다.

(2) 취소기간-3년, 10년: 취소권은 추인할 수 있는 날로부터 3년 내에, 법률행위를 한 날로부터 10년 내에 행사하여야 한다(146조). 따라서 미성년자가 성년자로 된 날로부터 3년 또는 법률행위를 한 날로부터 10년 내에 취소하여야 한다. 양자 중 어느 하나가 먼저 도래하면 취소권을 행사할 수 없다. 이 기간은 제척기간이다.

未成年者 單獨으로 有效한 行爲를 할 수 있는 경우

1. 通常의 法律行爲 - 제5조, 제6조, 제8조: 아래의 행위는 미성년자가 혼자서 법률행위를 하여도 확정적으로 유효하다.

(1) 권리만을 얻거나, 의무를 면하는 행위-제5조제1항 단서: 부담 없는 증여를 받거나, 채무면제행위를 말한다. * 미성년자는 경락부동산을 취득할 능력이 없다(대판 1968.2.8. 67마1351). 미성년자는 법정대리인의 관여없이 부동산 경매절차에서 경락인이 될 수 없다(대판 1969.11.19. 69마989).

(2) 범위를 정하여 처분을 허락한 재산의 처분행위-제6조: 법정대리인이 처분을 허락한 재산은 미성년자 단독으로 처분할 수 있다(대판 2007.11.16. 2005다71659, 71666, 71673).

(가) 처분: 처분이란 양도, 폐기, 사용 등의 모든 것을 말한다.

(나) 처분의 범위: 임의로 처분할 수 있는 범위가 문제된다. 즉 사용목적을 정하여 처분을 허락한 경우에 그 목적 범위 내에서만 임의처분할 수 있는지, 목적과는 관계없이 재산의 범위까지인지가 문제된다. 거래의 안전을 위하여 재산의 범위를 말한다고 해석된다. 그리고 법정대리인의 허락은 포괄적인 처분허락은 아니 된다. 예컨대 상속 재산 전부를 포괄적으로 허락하는 것과 같은 경우이다.

(3) 허락받은 특정한 영업행위와 관련된 법률행위-제8조: 법정대리인으로부터 영업의 종류를 지정받아 허락을 얻은 경우에는 그 영업에 관한 법률행위는 미성년자 단독으로 유효한 법률행위를 할 수 있다.

(가) 영업의 의미: 상법상의 상업에 한하지 않고 널리 영리를 목적으로 하는 독립적, 계속적 사업을 모두 포함하며, 공업 또는 농업 등 모든 것을 포함한다.

(나) 특정한 영업: 영업의 종류를 특정하여 허락하여야 한다. 허가하는 방법에는 특별한 방식을 요하지 아니하나, 상업일 때에는 상법상 상업등기를 요한다(상법 6조, 34조 이하).

(다) 〈영업에 관하여〉의 의미: 허락된 특정의 영업을 하는 데 직접적 또는 간접적으로 필요한 포괄적인 행위를 말한다.

(라) 허락의 취소, 제한-제8조제2항

① 취소와 제한: 법정대리인은 허락을 취소하거나, 허락한 영업행위에 대하여 제한할 수 있으며, 이는 장래에 대해서만 효력이 있다. 후견인은 친족회의 동의를 얻어 할 수 있다(945조).
② 취소, 제한의 효력-선의의 제3자에게 대항 불가: 미성년자에게 영업허락의 취소나 제한을 한 경우에는 거래의 안전을 위하여 취소나 제한의 효력은 취소나 제한한 사실을 모르는 선의의 제3자에게는 대항할 수 없다.

2. 例外의 特殊한 行爲: 기타 개별 규정에 의하여 아래의 경우에는 민법의 원칙에 대한 예외를 두고 있다.
(1) 유언행위: 제1061조에 의하여 17세 이상의 미성년자도 혼자서 유효한 유언행위를 할 수 있다.
(2) 혼인한 미성년자: 미성년자라도 혼인하면 성년으로 의제되어(826조의2), 혼자서 유효한 법률행위를 할 수 있다. 여기서의 혼인은 법률혼을 의미하며, 사실혼은 제외된다.
(3) 대리행위: 미성년자일지라도 타인의 대리인으로서의 대리행위는 혼자서 유효하게 할 수 있다(117조).
(4) 근로계약: 근로기준법에서 미성년자도 근로계약과 임금의 청구는 혼자서 유효하게 할 수 있다고 규정한다. 따라서 이에 관한 소송행위도 혼자서 할 수 있다(대판 1981.8.25. 80다3149).

第9條【限定治產의 宣告】 心神이 薄弱하거나 財產의 浪費로 自己나 家族의 生活을 窮迫하게 할 念慮가 있는 者에 對하여는 法院은 本人, 配偶者, 4寸以內의 親族, 後見人 또는 檢事의 請求에 依하여 限定治產을 宣告하여야 한다.〈改正 1990.1.13〉

第10條【限定治產者의 能力】 第5條 乃至 第8條의 規定은 限定治產者에 準用한다.

第11條【限定治產宣告의 取消】 限定治產의 原因이 消滅한 때에는 法院은 第9條에 規定한 者의 請求에 依하여 그 宣告를 取消하여야 한다.

限定治產者의 行爲能力

1. 限定治產者 - 제9조: 심신이 박약하거나 낭비벽이 심한 자가 일정한 절차에 따라 법원으로부터 한정치산선고를 받은 자가 한정치산자이다.
(1) 한정치산선고의 요건
(가) 심신이 박약하거나 낭비벽이 심한 자
① 심신박약자: 통상인과 비교하여 다소 판단력이 떨어진 정신상태의 자로서 금치산선고에서의 심신상실의 상태까지는 가지 아니한 자를 말한다.
② 낭비벽이 심한 자: 사려 없이 함부로 재산을 낭비하는 성질을 가진 자로서, 그러한 낭비로 인하여 자기 또는 가족의 생활을 궁박하게 할 염려가 있는 자이다. 이는 본인의 지위, 재산 및 본인과 가족의 생활상태, 재산 등을 종합적으로 고려하여 판단하여야 한다. 여기의 낭비는 비도덕적인 목적으로 사용하는 것만을 의미하는 것이 아니라 교육, 자선, 종교 등의 좋은 목적으로 사용하는 것도 해당된다.
(나) 법원에 한정치산선고의 청구: 본인, 배우자, 4촌 이내의 친족, 후견인 또는 검사로부터 한정치산선고의 청구가 있어야 한다.
(2) 한정치산의 선고: 위 요건이 충족하면 법원은 가사소송법과 가사소송규칙에 의한 절차에 따라, 선고를 반드시 하여야 한다.
(3) 후견인: 법원은 한정치산선고를 하면서, 본인을 위하여 후견인을 선정하여야 한다(929조). 후견인이 될 사람의 순위에 관하여는 친족편에 자세하게 규정하고 있다(933조 이하). 후견인은 동의권, 대리권, 취소권을 가지며, 이들의 권한은 미성년자의 법정대리인에 관한 규정이 그대로 적용된다. 그런데 후견인이 동의권, 대리권, 취소권을 행사하기 위해서는 친족회의 동의를 받아야 한다(950조). 그러나 상대방이 후견인이 친족회의 동의를 받지 아니하고 한 한정치산자의 대

리행위에 대하여 친족회의 동의가 있다고 믿은 데에 정당한 사유가 있는 때에는 유효한 행위가 된다(126조의 적용-대판 1997.6.27. 97다3828).

2. 限定治産者의 行爲能力 - 제10조

(1) 원칙: 한정치산자는 미성년자와 동일한 행위능력(5조-8조)을 가진다. 즉 원칙적으로 후견인의 동의를 받아 법률행위를 하거나 후견인이 대리로 법률행위를 할 수 있다. 예외적으로 혼자서 유효한 행위를 할 수 있는 것은 제5조 내지 제8조에서 규정하는 행위들이다. 한정치산자는 법원으로부터 선고를 받은 자만을 말하고, 당사자가 법률행위 당시 심신상실이나 심신미약상태에 있어 금치산 또는 한정치산선고를 받을 만한 상태에 있었다고 하여도 그 당시 법원으로부터 금치산 또는 한정치산선고를 받은 사실이 없는 이상 그 후 금치산 또는 한정치산선고가 있어 그의 법정대리인이 된 자는 금치산 또는 한정치산자의 행위능력 규정을 들어 그 선고 이전의 법률행위를 취소할 수는 없다(대판 1992.10.13. 92다6433).

(2) 근로계약, 임금청구: 근로기준법에는 한정치산자에 대하여는 별도로 규정하고 있지 않아, 미성년자에 관하여 특별히 규정하고 있는 근로계약과 임금청구에 관한 규정이 한정치산자에도 적용할 것인지가 문제된다. 입법의 불비로 보여지며, 동 규정은 한정치산자에게 유추적용되는 것이 타당하다.

(3) 신분행위: 신분행위에(약혼 · 혼인 · 입양 등) 관하여도 미성년자에 관하여는 규정하면서, 한정치산자에 대하여는 언급이 없어 문제가 된다. 이는 거래행위와는 다른 순수한 신분행위이기 때문에 한정치산자를 제외한 것으로 보인다. 한정치산자는 신분행위에 대하여는 특별히 제한받지 아니한다고 해석된다.

3. 限定治産宣告의 取消 - 제11조

(1) 취소선고의 요건: 선고의 원인이 소멸하여야 한다. 심신박약의 경우는 통상인과 동일한 완전한 판단능력을 가져야 하며, 낭비자인 경우에는 낭비벽이 없어져야 한다. 그리고 한정치산선고 청구권자(9조)의 선고취소의 청구가 있어야 한다.

(2) 절차: 가사소송법과 가사송규칙에 정한 절차에 의한다.

(3) 효과: 취소의 효과는 소급하지 아니하고 장래에 대하여만 효력이 있다. 취소선고에 의하여 이후 행위능력자가 된다.

第12條【禁治產의 宣告】 心神喪失의 常態에 있는 者에 對하여는 法院은 第9條에 規定한 者의 請求에 依하여 禁治產을 宣告하여야 한다.

第13條【禁治產者의 能力】 禁治產者의 法律行爲는 取消할 수 있다.

第14條【禁治產宣告의 取消】 第11條의 規定은 禁治產者에 準用한다.

禁治產者의 行爲能力

1. 禁治產者 - 제12조: 통상적으로 심신상실의 상태에 있는 자 중에서 일정한 절차에 따라 금치산의 선고를 받은 자가 금치산자이다.

(1) 금치산선고의 요건

(가) 심신상실: 정상적인 사회생활을 할 수 없을 정도로 판단능력이 없는 상태, 즉 의사능력이 없는 상태를 말한다.

(나) 상태: 평상시에 대체로 심신상실의 상태에 있는 것을 말하며, 심신상실의 상태가 반드시 중단 없이 지속될 필요는 없다.

(다) 청구권자의 청구: 본인, 배우자, 4촌 이내의 친족, 후견인 또는 검사의 청구가 있어야 한다.

(2) 금치산의 선고: 위 요건이 충족하면 가사소송법과 가사소송규칙에 의한 절차에 의하여 반드시 선고하여야 한다.

(3) 후견인: 금치산선고와 함께 법원은 후견인을 선정하여야 한다. 그 순위에 관하여는 친족편에 규정하고 있다(933조 내지 936조). 후견인은 위 일정한 신분행위에 관하여 동의권이 있으며, 일반적인 법률행위는 대리권과 혼자서 한 법률행위에 대하여는 취소권이 있다. 대리권의 행사에는 민법 제949조와 제950조에 의한 제한을 받는다.

2. 禁治産者의 行爲能力 – 제13조

(1) 혼자서 한 행위는 취소: 금치산자가 혼자서 한 법률행위는 취소할 수 있다. 판단능력이 없는 자이기 때문에 비록 동의를 받은 경우라도 취소할 수 있다. 따라서 후견인이 대리행위에 의하여만 확정적으로 유효한 행위가 된다.

(2) 신분행위-동의받아 혼자서 가능: 약혼(802조), 협의이혼(835조), 입양(873조), 협의파양(902조) 등의 행위는 후견인의 동의를 받아 혼자서 유효한 행위를 할 수 있고, 유언은 의사능력이 회복된 때에는 동의 없이 단독으로 유효하게 할 수 있다.

3. 禁治産宣告의 取消 – 제14조

(1) 취소의 선고: 일정한 요건이 되면 취소선고를 하여야 한다.

(가) 요건: 금치산의 원인 소멸, 즉 심신상실의 상태에서 벗어나야 한다.

(나) 청구: 청구권자(금치산선고 청구권자와 동일)의 취소의 청구가 있어야 한다.

(다) 절차: 가사소송법과 가사소송절차에 정한 바에 따라 선고한다.

(2) 취소선고의 효과: 장래에 대하여만 효력이 있다.

第15條【無能力者의 相對方의 催告權】 ①無能力者의 相對方은 無能力者가 能力者가 된 後에 이에 對하여 1月以上의 期間을 定하여 그 取消할 수 있는 行爲의 追認與否의 確答을 催告할 수 있다. 能力者로 된 者가 그 期間內에 確答을 發하지 아니한 때에는 그 行爲를 追認한 것으로 본다.

②無能力者가 아직 能力者가 되지 못한 때에는 그 法定代理人에 對하여 前項의 催告를 할 수 있고 法定代理人이 그 期間內에 確答을 發하지 아니한 때에는 그 行爲를 追認한 것으로 본다.

③特別한 節次를 要하는 行爲에 關하여는 그 期間內에 그 節次를 밟은 確答을 發하지 아니하면 取消한 것으로 본다.

第16條【無能力者의 相對方의 撤回權과 拒絶權】 ①無能力者의 契約은 追認 있을 때까지 相對方이 그 意思表示를 撤回할 수 있다. 그러나 相對方이 契約當時에 無能力者임을 알았을 때에는 그러하지 아니하다.

②無能力者의 單獨行爲는 追認 있을 때까지 相對方이 拒絶할 수 있다.

③前2項의 撤回나 拒絶의 意思表示는 無能力者에 對하여도 할 수 있다.

第17條【無能力者의 詐術】 ①無能力者가 詐術로써 能力者로 믿게 한 때에는 그 行爲를 取消하지 못한다.

②未成年者나 限定治産者가 詐術로써 法定代理人의 同意 있는 것으로 믿게 한 때에도 前項과 같다.

無能力者의 相對方의 保護

1. 意義: 무능력자의 법률행위는 취소할 수 있으며, 그 취소권도 무능력자 측에서만 가지고 있다. 따라서 무능력자와 거래한 상대방은 매우 불안정한 상태에 있게 되고, 또한 취소하면 소급하여 무효가 되어 상대방 외의 제3자도 불안정한 상태에 있게 된다. 이는 무능력자를 보호한다는 점에서 부득이 하지만 무능력자와 거래한 상대방에게는 너무나 가혹하며 또한 장기간의 법률상태

의 불확정으로 전체적인 거래에 치명적인 위협의 요인이 된다. 이에 민법은 무능력으로 인한 취소할 수 있는 법률행위의 상대방에게 최고권과 철회권, 거절권을 부여하고 또한 일정한 경우에는 무능력자측의 취소권을 상실하게 함으로써 상대방을 보호하고 아울러 거래의 불확정적인 상태를 단축시킬 수 있게 한다.

2. 相對方의 催告權 - 제15조: 무능력자측에 대하여 취소할 수 있는 행위를 취소할 것인지 추인할 것인지의 확답을 촉구하고, 확답이 없을 때에는 경우에 따라 취소 또는 추인한 법률효과가 발생하게 하여 조기에 법률관계를 확정시킬 수 있게 한다.

(1) 요건: 취소할 수 있는 행위를 특정하여, 1개월 이상의 기간을 정하여 추인 여부의 확답을 요구한다.

(2) 상대방: 무능력자의 법정대리인이 상대방이며, 무능력자는 능력자로 된 후에만 상대방이 된다. 능력자로 되지 않은 상태에서 최고를 하면 최고의 효과가 발생하지 아니한다.

(3) 효과: 상대방이 누구냐, 추인에 특별한 절차를 요하느냐 여부에 따라 효과가 다르다.

(가) 기간 내에 확답: 취소 또는 추인하면 그에 따른 법률효과가 발생한다.

(나) 상대방이 무능력자가 능력자로 된 후의 자이나 기간 내에 확답을 발하지 아니한 경우-제2항: 추인한 것으로 간주한다.

(다) 상대방이 법정대리인으로 확답을 발하지 아니한 경우

① 특별한 절차(친족회의 동의) 없이 단독으로 추인할 수 있는 경우-제2항: 추인한 것으로 간주한다.

② 특별한 절차(친족회의 동의)를 요하여 추인할 수 있는 경우-제3항: 취소한 것으로 간주한다.

3. 相對方의 撤回權 - 제16조제1항: 계약의 경우에 무능력자측이 추인하기 전에 상대방이 계약의 효력을 부인하기 위하여 자기의 의사표시를 철회하는 권리이다.

(1) 요건: 무능력자 측이 추인하기 전에 하여야 하고, 계약 당시에 무능력자임을 몰랐어야 한다.

(2) 상대방: 법정대리인 또는 무능력자 본인에게 할 수 있다.

(3) 효력: 계약의 효력이 없다.

4. 相對方의 拒絶權 - 제16조제2항: 무능력자의 단독행위는 무능력자 측이 추인하기 전에 상대방이 적극적으로 그 효력을 부인하기 위하여 당해 행위를 거절할 수 있다.

(1) 요건: 무능력자 측이 추인하기 전에 하여야 하고, 법정대리인 또는 무능력자 본인에게 할 수 있다.

(2) 상대방: 행위 당시에 무능력자임을 알았더라도 거절할 수 있다.

(3) 효력: 계약의 효력이 없다.

5. 無能力者 側의 取消權의 喪失 - 제17조: 무능력자가 능력자라고 기망하거나 법정대리인의 동의가 있는 것으로 오신케 하여 법률행위를 한 경우에 상대방은 일반 법리에 의하여 착오나 사기를 이유로 당해 법률행위를 취소할 수 있고, 또는 불법행위에 의한 손해배상을 청구할 수도 있다. 그러나 이러한 사술을 쓴 무능력자를 보호할 필요가 없고, 경우에 따라서는 당해 법률의 효과를 그대로 유지시키는 것이 바람직하기도 하다. 이러한 취지에서 상대방을 보호하기 위하여 특별히 무능력자 측의 취소권을 상실시킨다.

(1) 요건

(가) 오신케 하는 행위: 무능력자가 능력자임을 믿게 하려고 하였거나 미성년자나 한정치산자가 법정대리인의 동의가 있은 것으로 믿게 한 행위가 있어야 한다. 금치산자는 동의를 받아도 유효한 행위를 할 수 없기 때문에 금치산자가 동의를 받게 한 행위가 있더라도 취소권은 유지된다. 그러나 금치산자가 능력자로 믿게 한 행위의 경우에는 여기에 해당한다.

(나) 사술을 썼을 것: 사술은 적극적으로 기망 수단을 쓴 경우는 물론이고, 다른 사람을 오신케 할 목적으로 보통인을 오신케 할 만한 방법으로 오신을 유발하거나 오신을 강하게 하는 것을 말한다.

(다) 상대방이 오신하였을 것: 상대방이 능력자로 믿었거나 법정대리인의 동의가 있었다고 믿었어야 한다.

(라) 입증책임: 미성년자와 계약을 체결한 상대방이 미성년자의 취소권을 배제하기 위하여 본조 소정의 미성년자가 사술을 썼다고 주장하는 때에는 그 주장자인 상대방 측에 그에 대한 입증책임이 있다.
(2) 효과: 무능력자 본인과 법정대리인은 무능력을 이유로 행위를 취소하지 못한다.

第2節 住 所

1. 槪括: 사람의 사회적 활동은 특정한 장소를 기점으로 행하여지는 것이 보통으로 법률관계의 처리에서도 그러한 장소를 기준으로 하는 것이 합리적이다. 그래서 민법은 법률관계의 처리기준으로 주소에 관한 일반적 규정을 두고 있다.
2. 住所가 基準이 되는 民法上의 法律關係: ① 부재 및 실종의 기준(22조, 27조), ② 법인 사무소의 소재지(36조), ③ 변제의 장소(467조), ④ 상속개시지(981조, 998조) 등에서 주소를 법률관계의 기준지로 한다.
3. 構成
(1) 주소의 정의: 제18조
(2) 거소: 제19조, 제20조
(3) 가주소: 제21조

第18條【住所】 ①生活의 根據되는 곳을 住所로 한다.
②住所는 同時에 두 곳以上 있을 수 있다.

第19條【居所】 住所를 알 수 없으면 居所를 住所로 본다.

第20條【居所】 國內에 住所 없는 者에 對하여는 國內에 있는 居所를 住所로 본다.

第21條【假住所】 어느 行爲에 있어서 假住所를 定한 때에는 그 行爲에 關하여는 이를 住所로 본다.

住所, 居所, 假住所

1. 住所 - 제18조: 생활의 근거되는 것을 주소로 하며, 이는 주소로 한다는 의사는 필요로 하지 아니하고 정주의 객관적 사실이 있으면 족하다. 주소는 동시에 두 곳 이상이 가능토록 하여, 이른바 주소 복수주의를 취한다. * 명의인의 의사에 따라 전입신고된 주민등록지도 특별한 사정이 없는 한 주소에 포함된다(대판 1998.4.10. 98두1161).
2. 居所 - 제19조, 제20조: 항상 정주하는 곳이 아닌 다소간의 기간 동안 거주하는 장소가 거소이다. 거소는 주소를 알 수 없거나 국내에 주소가 없는 자에 대하여는 거소를 주소로 보아 법률관계의 기준으로 한다.
3. 假住所 - 제21조: 주소가 별도로 있더라도 당사자간에 특정 거래에서 일정한 장소를 정하여 가주소로 할 수 있으며, 그러한 경우 당해 법률행위에 관하여는 가주소가 주소로서의 법률효과를 가진다.

第3節 不在와 失踪

1. 槪括: 어떤 사람이 그의 주소를 떠나서 오랫동안 돌아오지 않는 경우에는 그의 재산을 관리한다든지 그 자와 이해관계 있는 자를 보호하기 위하여 필요한 어떠한 조치를 취할 필요성이 있다. 여기서 종래의 주소지를 떠난 상태가 〈부재〉로서 반드시 생사불명이거나 행방불명일 필요는 없고, 종래의 주소나 거소를 떠난 자가 다른 곳에 가서 그 곳에 주소 또는 거소를 정하였는지 여부

도 문제가 되지 아니한다. 한편 주소를 떠나 생사의 소식이 없는 상태가 〈실종〉이다. 사람이 종래의 주소를 떠난 경우에는 우선 당분간 그의 재산을 관리만 하면 족하나, 그 부재가 생사불명 상태로 장기간이 지속된다면 단기적인 조치인 재산의 관리만으로는 충분하지 못하다. 여기서 부재와 실종에 대한 필요한 조치로서, 첫 단계에서 〈부재자재산관리제도〉를 두며, 두 번째 단계로서 〈실종제도〉를 둔다. 법인에서는 부재자의 개념이 인정되지 아니한다.

2. 構成

(1) 부재자재산관리인의 선임, 개임: 제22조, 제23조
(2) 관리인의 직무, 권한, 보수: 제24조-제26조
(3) 실종선고의 요건: 제27조
(4) 실종선고의 효과: 제28조
(5) 실종선고의 취소: 제29조
(6) 동시사망의 추정: 제30조

第22條【不在者의 財産의 管理】 ①從來의 住所나 居所를 떠난 者가 財産管理人을 定하지 아니한 때에는 法院은 利害關係人이나 檢事의 請求에 依하여 財産管理에 關하여 必要한 處分을 命하여야 한다. 本人의 不在中 財産管理人의 權限이 消滅한 때에도 같다.
②本人이 그 後에 財産管理人을 定한 때에는 法院은 本人, 財産管理人, 利害關係人 또는 檢事의 請求에 依하여 前項의 命令을 取消하여야 한다.

第23條【管理人의 改任】 不在者가 財産管理人을 定한 境遇에 不在者의 生死가 分明하지 아니한 때에는 法院은 財産管理人, 利害關係人 또는 檢事의 請求에 依하여 財産管理人을 改任할 수 있다.

不在者財産管理人의 選任, 改任

1. 意義: 부재자가 자기의 부재시의 재산관리를 위하여 별도로 스스로 재산관리인을 둔 경우도 있고, 재산관리인을 두지 않은 경우도 있을 것이다. 스스로 재산관리인을 둔 경우는 국가가 여기에 간섭할 필요는 없으나, 재산관리인을 두지 않은 경우에 부재자 자신이나 이해관계인의 보호를 위하여 국가가 개입하여 재산관리인을 둘 필요가 있다. 그런데 재산관리인을 둔 경우에도 그 부재자가 생사불명의 경우에는 재산관리의 감독상 국가가 이에 간섭할 필요가 있게 된다. 부재자가 스스로 관리인을 선임한 경우에 그 관리인의 지위는 그 위임의 내용에 따라 결정될 것(680조)이며 그 위임관리인에게 재산처분권까지 위임된 경우에는 그 재산관리인이 그 재산을 처분함에 있어 법원의 허가를 요하는 것은 아니라 할 것으로 법원의 허가를 얻음이 없이 부동산을 처분하였다 하여도 무효라고는 볼 수 없다(대판 1973.7.24. 72다2136).

2. 스스로 管理人을 두지 않은 경우 – 財産管理人 選任 – 제22조: 일정한 자의 청구에 의하여 법원은 재산관리인의 선임이나 기타 필요한 처분을 한다.

(1) 요건: 부재자 자신이 관리인을 두지 않은 경우나 부재중 선임된 관리인의 권한이 소멸하여 관리인이 없어야 한다.

(2) 청구권자: 부재자와 법률상 이해관계가 있는 자, 즉 배우자・상속인・채권자・채무자・보증인・계약을 한 자 등이나 공익을 대표하여 검사의 청구가 있어야 한다.

(3) 필요한 처분: 필요한 처분은 재산관리인을 선임하여 포괄적으로 관리하게 할 수도 있고, 단순한 하나의 사안인 경우에는 당해행위에 대한 필요한 처분 예컨대 부재자재산의 매각, 잔류재산의 처분 등을 할 수도 있다.

3. 스스로 財産管理人을 둔 경우 – 一定한 경우에 改任 – 제23조: 부재자가 스스로 재산관리인을 둔 경우는 관리인은 그의 수임인이기 때문에 법원이 여기에 개입할 필요는 없다. 그런데 관리인의

권한이 본인의 부재 중에 소멸한 때에는 법원이 개입하지 않을 수 없으며(22조1항 후단), 부재 중에 본인의 생사가 불명한 경우(23조)에는 관리인에 대한 본인의 감독이 미치지 못하므로 법원이 개입하게 된다.

第24條【管理人의 職務】 ①法院이 選任한 財産管理人은 管理할 財産目錄을 作成하여야 한다.
②法院은 그 選任한 財産管理人에 對하여 不在者의 財産을 保存하기 爲하여 必要한 處分을 命할 수 있다.
③不在者의 生死가 分明하지 아니한 境遇에 利害關係人이나 檢事의 請求가 있는 때에는 法院은 不在者가 定한 財産管理人에게 前2項의 處分을 命할 수 있다.
④前3項의 境遇에 그 費用은 不在者의 財産으로써 支給한다.

第25條【管理人의 權限】 法院이 選任한 財産管理人이 第118條에 規定한 權限을 넘는 行爲를 함에는 法院의 許可를 얻어야 한다. 不在者의 生死가 分明하지 아니한 境遇에 不在者가 定한 財産管理人이 權限을 넘는 行爲를 할 때에도 같다.

第26條【管理人의 擔保提供, 報酬】 ①法院은 그 選任한 財産管理人으로 하여금 財産의 管理 및 返還에 關하여 相當한 擔保를 提供하게 할 수 있다.
②法院은 그 選任한 財産管理人에 對하여 不在者의 財産으로 相當한 報酬를 支給할 수 있다.
③前2項의 規定은 不在者의 生死가 分明하지 아니한 境遇에 不在者가 定한 財産管理人에 準用한다.

選任된 財産管理人의 權限과 職務

1. 權限 – 제25조: 법원에 의하여 선임된 재산관리인은 본인의 수임인으로서 일종의 법정대리인이다. 따라서 자유롭게 사임할 수 있고, 법원도 개임할 수 있다. 권한은 민법 제118조가 정하는 관리행위만을 할 수 있고, 그 이상의 행위는 법원의 허가를 얻어야 하고(25조), 허가를 받지 않고 한 행위는 무효이다.

(1) 법원의 허가: 법원의 허가는 사전허가 또는 사후허가가 가능하며, 사전허가는 장래의 처분행위에 대한 것이고, 사후허가는 기왕의 행위에 대한 추인하는 방법으로도 할 수 있고, 사후허가는 사인의 법률행위에 대하여 법원이 후견적·감독적 입장에서 하는 비쟁송적인 것으로써 그 허가 여부는 전적으로 법원의 권한에 속한다(대판 2000.12.26. 99다19278).

(가) 허가 없이 할 수 있는 예: ① 부재자 소유의 부동산에 경료된 무효인 등기의 말소청구 또는 인도청구(대판 1997. 6.24. 97다11140), ② 부재자재산에 대한 임료청구 또는 불법행위로 인한 손해배상청구, ③ 부재자재산의 보존을 위한 소송행위의 추완신청(대판 1968.11.19. 68다1735), ④ 부재자에게 이익이 되는 재판상 화해(대판 1962.11.1. 62다582), ⑤ 이용 또는 개량행위(대판 1980.11.11. 79다2162).

(나) 법원의 허가가 필요한 예: 대표적인 것으로 부동산의 매각, 양도, 담보제공등의 처분행위와 소송행위는 원칙적으로 법원의 허가가 필요하다(대판 1968.4.30. 67다2117).

(2) 법원의 허가결정의 효력: 부재자재산관리인으로서 권한초과행위의 허가를 받고 그 선임결정이 취소되기 전에 이루어진 행위는 부재자에 대한 실종선고기간이 만료된 뒤에 이루어졌다고 하더라도 유효하다(대판 1981.7.28. 80다2668).

(3) 법원의 허가 없는 권한초과행위

(가) 원칙적 무효: 법원의 허가를 요하는 행위를 허가 없이 한 때에는 권한 없는 무권대리행위

가 되어 부재자에 대하여 그 효력이 생기지 않는다. 그러나 허가 없어 무효인 재산관리인의 권한 초과행위에 대하여 법원의 허가를 받게 되면 다시 그 법률행위는 유효하게 된다(대판 2002.1.11. 2001다41971).

(나) 표현대리의 성립: 부재자재산관리인이 본래의 관리권한을 초과하는 행위를 하였거나 법원이 허가한 처분권의 범위를 넘는 행위를 한 경우에 상대방은 제126조를 들어 표현대리를 주장할 수 있다.

(4) 법원의 추인 여부: 법원은 권한 초과행위를 추인할 수도 있다(대판 2000.12.26. 99다19278). 추인받으면 처음부터 적법한 관리인의 행위가 된다.

2. 職務와 義務 - 제24조

(1) 수임인과 동일한 지위: 기본적으로 위임계약에서의 수임인과 동일한 지위에서, 선량한 관리자의 주의의무가 있다.

(2) 재산목록 작성-제1항: 부재자의 재산목록을 작성하여야 한다.

(3) 보존을 위한 법원명령의 수행-제2항, 제3항: 부재자의 재산을 보존하기 위하여 명하는 법원의 처분을 수행하여야 한다.

(가) 관리재산의 처분방법: 부재자 재산관리인이 부재자의 재산을 매각하려면 법원의 허가를 요하는 것이고 법원이 허가를 함에 있어서는 매각의 방법에 관하여는 경매법에 의한 매각을 명할 수도 있고 경매의 방법에 의하지 않고 임의매각하는 권한을 부여할 수도 있는 것이므로 법원이 허가함에 있어 매각방법에 관하여 하등 제한이 없는 경우에는 재산관리인은 임의매각도 할 수 있다(대판 1956.2.25. 4288민상455).

(나) 담보제공-제26조제1항: 법원이 명하는 상당한 담보를 제공하여야 한다.

3. 權利

(1) 보수청구권-제26조제2항: 보수는 부재자의 재산에서 법원이 지급한다.

(2) 비용상환청구권-제24조제4항: 위임에 준하여 지출한 비용 및 이자의 상환과 과실 없이 입은 손해에 대한 배상 등을 청구할 수 있으며(668조), 이들은 부재자의 재산에서 지급한다.

4. 財産管理의 終了 - 選任取消

(1) 종료의 요건: 부재자가 스스로 관리인을 정한 때(22조2항), 부재자가 사망하였을 때, 부재자의 실종선고가 있은 때에 종료한다. * 부재자의 재산관리인에 의하여 소송절차가 진행되던 중 부재자 본인에 대한 실종선고가 확정되면 그 재산관리인으로서의 지위는 종료되는 것이므로 상속인등에 의한 적법한 소송수계가 있을 때까지는 소송절차가 중단된다(대판 1987.3.24. 85다카1151).

(2) 선임취소 청구: 위 요건으로 본인 또는 이해관계인의 재산관리인 선임 취소청구가 있으면 법원은 재산관리인의 선임을 취소하여야 한다.

(3) 취소의 효과-비소급효: 법원으로부터 선임취소되기 전까지 재산관리인으로 행한 부분에 대하여는 아무런 영향을 주지 아니한다. 즉 취소는 장래에 대하여만 효력이 있다.

(4) 선임결정 취소의 처분 행위: 선임 취소는 장래에 대하여 효력이 있기 때문에 선임결정 취소 전의 재산관리인의 처분행위에는 영향이 없다. 따라서 사망한 것으로 간주된 자가 그 이전에 생사불명의 부재자로서 그 재산관리에 관하여 법원으로부터 재산관리인이 선임되어 있었다면 재산관리인은 그 부재자의 사망을 확인했다고 하더라도 선임결정이 취소되지 아니하는 한 계속하여 권한을 행사할 수 있다 할 것이므로 재산관리인에 대한 선임결정이 취소되기 전에 재산관리인의 처분행위는 유효하다(대판 1991.11.26. 91다11810). 또한 부재자재산관리인으로서 권한초과행위의 허가를 받고 그 선임결정이 취소되기 전에 위 권한에 의하여 이루어진 행위는 부재자에 대한 실종선고기간이 만료된 뒤에 이루어졌다고 하더라도 유효하다(대판 1981.7.28. 80다2668).

(5) 선임결정 취소 전의 소송행위-소송절차 중단: 소송행위는 특수성이 있다. 즉 부재자의 재산관리인에 의하여 소송절차가 진행되던 중 부재자 본인에 대한 실종선고가 확정되면 그 재산관리인으로서의 지위는 종료되는 것이므로 상속인 등에 의한 적법한 소송수계가 있을 때까지는 소송절차가 중단된다(대판 1987.3.24. 85다카1151).

第27條【失踪의 宣告】 ①不在者의 生死가 5年間 分明하지 아니한 때에는 法院은 利害關係人이나 檢事의 請求에 依하여 失踪宣告를 하여야 한다.
②戰地에 臨한 者, 沈沒한 船舶중에 있던 者, 墜落한 航空機중에 있던 者 기타 死亡의 原因이 될 危難을 당한 者의 生死가 戰爭終止후 또는 船舶의 沈沒, 航空機의 墜落 기타 危難이 終了한 후 1年間 分明하지 아니한 때에도 第1項과 같다.〈改正 1984.4.10〉

第28條【失踪宣告의 效果】 失踪宣告를 받은 者는 前條의 期間이 滿了한 때에 死亡한 것으로 본다.

失踪宣告

1. 意義: 종래의 주소를 떠나 생사불명상태가 장기간 지속되는 경우에 살아 있다고 보아 방치한다든지 또는 단순히 부재자로 보아 재산관리만을 하는 것은 실종자의 가족이나 이해관계인에게는 매우 불리한 상황이 발생할 수 있다. 이에 일정한 요건 아래 법원이 실종선고를 하여 사망한 것으로 간주하여, 그의 종래의 주소를 중심으로 하는 법률관계를 종결시킬 필요에 의한 제도가 실종선고제도이다. 민법은 실종선고에 생사불명의 상태가 된 원인을 기준으로 특별실종과 보통실종의 두 가지를 두나, 그것은 다만 생사불명의 기간에서 차이가 날 뿐 다른 부분에서는 차이가 없다.

2. 失踪宣告의 要件 – 제27조

(1) 생사불명: 살아 있는지 죽었는지 여부가 불분명하여야 한다. 즉 어느 것인지가 증명되지 아니한 상태여야 한다.

(가) 공적 장부에의 기재사실-추정력: 호적(현 가족관계등록부)은 사람의 신분관계를 증명하는 공문서로서, 호적부의 기재는 법률상 그 기재가 적법하게 이루어졌고 그 기재사항이 진실에 부합된다고 추정되지만, 그 기재에 의하여 신분관계가 창설되는 것은 아니므로 그 기재에 반하는 증거로써 그 추정을 번복할 수 있으나(대판 1979.2.27. 78다2152), 그 기재가 신분관계의 존부에 관한 사항인 때에는 이를 번복할 만한 명백한 반증이 없는 한 그 추정이 번복되지 않는다(대판 1997.11.27. 97스4).

(나) 인정사망, 실종선고 외의 수소법원의 사망사실 인정 가능 여부: 수난, 전란, 화재 기타 사변에 편승하여 타인의 불법행위로 사망한 경우에 있어서는 확정적인 증거의 포착이 손쉽지 않음을 예상하여 법은 인정사망, 위난실종선고 등의 제도와 그 밖에도 보통실종선고제도도 마련해 놓고 있으나 그렇다고 하여 위와 같은 자료나 제도에 의함이 없는 사망사실의 인정을 수소법원이 절대로 할 수 없다는 법리는 없다(대판 1989.1.31. 87다카2954). 따라서 사람의 생명과 같은 인격적 권리인 때에도 그 사실인정은 사실심 수소법원이 자유로운 심증으로 사망의 확신이 설 때에는 이를 할 수 있고, 갑판원이 시속 30노트 정도의 강풍이 불고 파도가 5-6미터 가량 높게 일고 있는 등 기상조건이 아주 험한 북태평양의 해상에서 어로작업 중 갑판위로 덮친 파도에 휩쓸려 찬 바다에 추락하여 행방불명이 되었다면 비록 시신이 확인되지 않았다 하더라도 그 사람은 그 무렵 사망한 것으로 확정함이 우리의 경험칙과 논리칙에 비추어 당연하다(대판 1989.1.31. 87다카2954).

(2) 실종기간의 경과: 생사불명의 상태가 일정한 기간 지속되어야 한다. 생사불명기간은 특별실종과 보통실종이 다르다.

(가) 보통실종-5년-제1항: 생존이 증명되는 최후의 시기를 기산점으로 5년의 실종기간이 경과하여야 한다.

(나) 특별실종-1년-제2항: 일정한 기산시에서 1년이 경과하여야 한다. 기산점은, ① 전쟁실종은 전쟁이 종지한 때, ② 선박실종은 선박이 침몰한 때, ③ 항공기실종은 항공기가 추락한 때, ④ 위

난실종은 위난이 종료한 때이다.

(3) 이해관계인이나 검사의 청구: 이해관계인은 실종선고에 의하여 권리를 얻거나 의무를 면하게 되는 자로서 배우자, 상속인, 채권자 등을 의미하며, 검사는 공익을 대표하는 자로서 공익상 필요한 경우에 청구를 하기 위한 것이다. 그리고 본조 소정의 이해관계인은 부재자의 법률상 사망으로 인하여 직접적으로 신분상 또는 경제상의 권리를 취득하거나 의무를 면하게 되는 사람만을 뜻한다고 할 것이고, 부재자의 제1순위 상속인이 있는 상태에서 부재자의 자매로서 제2순위 상속인에 불과한 자는 부재자에 대한 실종선고의 여부에 따라 상속지분에 차이가 생긴다고 하더라도 이는 부재자의 사망 간주시기에 따른 간접적인 영향에 불과하고 부재자의 실종선고 자체를 원인으로 한 직접적인 결과는 아니므로 부재자에 대한 실종선고를 청구할 이해관계인이 될 수 없다(대판 1986.10.10. 86스20).

(4) 공시최고를 할 것: 법원은 가사소송법이 규정하는 절차에 따라 6월의 공시최고를 하여야 한다.

3. 失踪宣告의 效果 - 제28조

(1) 사망시기: 실종선고를 받으면 사망의 시기는 실종기간 만료시가 된다.

(가) 실종자를 당사자로 한 판결이 확정된 후에 실종선고가 확정되어 그 사망간주의 시점이 소 제기 전으로 소급하는 경우: 이는 실종선고의 효력이 발생하기 전에는 실종기간이 만료된 실종자라 하여도 소송상 당사자능력을 상실하는 것은 아니므로 실종선고 확정 전에는 실종기간이 만료된 실종자를 상대로 하여 제기된 소도 적법하고 실종자를 당사자로 하여 선고된 판결도 유효하며, 그 판결이 확정된 후에 실종선고가 확정되어 그 사망간주의 시점이 소 제기 전으로 소급하는 경우에도 위 판결 자체가 소급하여 당사자능력이 없는 사망한 사람을 상대로 한 판결로서 무효가 된다고는 볼 수 없다(대판 1992.7.14. 92다2455).

(나) 실종기간이 구민법 시행기간 중에 만료되었으나 그 실종이 현행 민법시행일 후에 선고된 경우 재산상속관계: 법원이 현행 민법 시행일 후에 피상속인에 대하여 실종선고를 하였다면, 민법 부칙 제25조제2항에 의하여 그 실종기간이 구민법 시행기간 중에 만료하였더라도 그로 인한 상속순위, 상속분 기타 상속에 관하여는 현행 민법의 규정을 적용하여야 하므로, 사망한 것으로 볼 피상속인의 처자 등 민법 규정에 따른 재산상속인들이 공동으로 상속을 할 것이고 민법이 시행되기 전의 구 관습법에 따라 장남만이 단독으로 상속하는 것은 아니다(대판 1992.2.25. 91다44605).

(다) 피상속인의 사망 후에 실종선고가 이루어 졌으나 실종기간이 사망 이전에 만료된 경우 실종선고된 자가 상속인이 될 수 있는지 여부: 소외 망인이 1951.7.2 사망하였으며, 그의 장남인 소외 갑은 1970.1.30 서울가정법원의 실종선고에 의하여 소외 망인 사망 전인 1950.8.1생사 불명기간 만료로 사망 간주된 사실이 인정되는 사안에 있어서 소외 갑은 소외 망인의 사망 이전에 사망한 것으로 간주되었으므로 소외 망인의 재산상속인이 될 수 없다고 한 원심의 판단은 실종선고로 인하여 사망으로 간주되는 시기에 관하여 실종 기간 만료시기설을 취하는 우리 민법하에서는 정당하다(대판 1982.9.14. 82다144).

(2) 선고의 효과

(가) 선고 전은 생존 간주: 신종선고에 의한 사망 간주시기까지는 생존한 것으로 본다(대판 1977.3.22. 77다81, 82). 따라서 소송이 적법하게 계속된 후 당해 소송의 당사자에 대하여 실종선고가 확정된 경우에는 실종자가 사망하였다고 보는 시기는 실종기간이 만료한 때라 하더라도 소송상의 지위의 승계절차는 실종선고가 확정되어야만 비로소 이를 취할 수가 있는 것이므로 실종선고가 있기까지는 소송상 당사자능력이 없다고는 할 수 없고 소송절차가 법률상 그 진행을 할 수 없게 된 때, 즉 실종선고가 확정된 때에 소송절차가 중단된다(대판 1983.2.22. 82사18). 동일한 법리로, 부재자의 재산관리인이 부재자의 대리인으로서 소를 제기하여 그 소송계속 중에 부재자에 대한 실종선고가 확정되어 그 소 제기 이전에 부재자가 사망한 것으로 간주되는 경우에도, 실종선고의 효력이 발생하기 전에는 실종기간이 만료된 실종자라 하여도 소송상 당사자능력을 상실하는 것은 아니므로, 실종선고가 확정된 때에 소송절차가 중단되어 부재자의 상속인 등이 이를 수계할 수 있을 뿐이고, 위 소 제기 자체가 소급하여 당사자능력이 없는 사망한 자가 제기한 것으로 되는 것은 아니다(대판 2008.6.26. 2007다11057).

(나) 선고로 사망 간주: 실종선고로 사망의 효과가 간주되어 실종선고가 취소되지 않는 한 반증을 들어 실종선고의 효과를 다툴 수는 없다(대판 1995.2.17. 94다52751).
(다) 사망 간주의 범위: 실종자의 종래의 주소를 중심으로 하는 사법적 법률관계만을 종료시킨다.

第29條【失踪宣告의 取消】 ①失踪者의 生存한 事實 또는 前條의 規定과 相異한 때에 死亡한 事實의 證明이 있으면 法院은 本人, 利害關係人 또는 檢事의 請求에 依하여 失踪宣告를 取消하여야 한다. 그러나 失踪宣告後 그 取消前에 善意로 한 行爲의 效力에 影響을 미치지 아니한다.
②失踪宣告의 取消가 있을 때에 失踪의 宣告를 直接原因으로 하여 財産을 取得한 者가 善意인 境遇에는 그 받은 利益이 現存하는 限度에서 返還할 義務가 있고 惡意인 境遇에는 그 받은 利益에 利子를 붙여서 返還하고 損害가 있으면 이를 賠償하여야 한다.

失踪宣告의 取消

1. 意義: 실종선고로 당사자는 사망한 것으로 간주된다(28조). 따라서 실종자가 생존한다든지 또는 다른 시기에 사망한 것이 증명되더라도 그것만으로는 실종선고에 따른 사망의 효과가 바뀌지 아니한다(대판 1995.2.17. 94다52751). 선고의 효과를 뒤집기 위해서는 가사소송법의 절차에 따라 청구에 의하여 법원에서 실종선고취소의 선고를 받아야 한다.

2. 宣告取消의 要件

(1) 실질적 요건: ① 생존하고 있는 사실, ② 실종기간 만료시(사망의 효과발생시)와는 다른 때 사망한 사실, ③ 실종기간 기산점 이후의 다른 시기에 생존하고 있었던 사실(사망의 시기가 달라진다) 중 어느 하나에 해당하여야 한다.
(2) 청구: 가사소송법에 의하여 가정법원에 본인, 이해관계인 또는 검사의 실종선고취소선고의 청구가 있어야 한다.
(3) 법원의 선고: 법원에 의하여 실종선고취소의 선고가 있어야 한다. 즉 실종선고를 받은 자는 실종기간이 만료한 때에 사망한 것으로 간주되는 것이므로, 실종선고로 인하여 실종기간 만료시를 기준으로 하여 상속이 개시된 이상 설사 이후 실종선고가 취소되어야 할 사유가 생겼다고 하더라도 실제로 실종선고가 취소되지 아니하는 한, 임의로 실종기간이 만료하여 사망한 때로 간주되는 시점과는 달리 사망시점을 정하여 이미 개시된 상속을 부정하고 이와 다른 상속관계를 인정할 수는 없다(대판 1994.9.27. 94다21542).

3. 取消宣告의 效果

(1) 원칙: 취소선고로 실종선고가 없었던 것이 된다. 즉 소급효과가 있다. 생존한다면 선고 전의 상태로 회복하고, 다른 시기에 사망하였다면 그 사망시기를 기준으로 법률관계가 다시 확정된다.
(2) 예외
(가) 실종선고 후 그 취소 전에 선의로 한 행위에는 영향이 없음-제1항 단서
① 재산행위만: 신분행위 예컨대 실종선고 후 악의의 배우자의 재혼행위도 취소된다고는 볼 수 없다. 영향을 받는 행위는 재산행위에 한정된다.
② 선의: 단독행위의 경우에는 행위자의 선의를 의미하는데, 계약의 경우는 행위자와 상대방, 즉 양 당사자의 선의를 요한다. 따라서 어느 한 쪽이 악의인 경우에는 취소의 효과가 생긴다.
(나) 실종선고를 직접원인으로 하여 취득한 재산의 반환-제2항: 직접원인으로 취득한 자란 실종자의 상속인, 수증자, 생명보험수익자를 말한다. 이들의 반환의무는 그 본질이 부당이득으로 반환의 범위도 부당이득에서의 반환범위와 같다(748조).
① 선의자: 현존이익의 반환이다.
② 악의자: 받은 이익에 이자를 붙여 반환하고, 손해가 있으면 손해도 배상하여야 한다.

第30條【同時死亡】 2人以上이 同一한 危難으로 死亡한 境遇에는 同時에 死亡한 것으로 推定한다.

同時死亡의 推定

1. 制度의 意義: 사람의 사망시기는 법률관계의 형성에 매우 중요한 기준이 되며, 일정한 관계가 있는 복수의 사람이 사망한 경우에 그들 중 누가 먼저 사망하였느냐에 따라 법률관계는 크게 달라진다. 그런데 같은 위난으로 사망한 사실은 확인되었으나, 그들 사이에 사망의 선후를 증명하지 못하는 경우가 있다. 이를 보완하기 위한 것이 본조의 동시사망추정에 관한 규정이다. 예컨대 父子가 항공기 사고로 같이 죽은 경우, 할아버지와 손자가 동일한 장소에서 같은 원인으로 죽은 것은 확인되었으나 누구가 먼저 사망하고 뒤에 사망한 것인지 증명하지 못하는 경우이다.

2. 要件

(1) 동일한 위난: 동승한 자동차사고로 사망, 동승한 선박의 침몰로 인한 사망, 동승한 비행기추락으로 인한 사망 등이다. 서로 다른 위난에 의한 경우에도 각 위난에 의한 사망의 선후를 증명하지 못하는 경우에 본조는 유추적용된다.

(2) 사망의 선후를 증명하지 못함: 각자의 사망시기를 증명하지 못할 필요는 없고, 선후를 증명하지 못하는 경우이다. 따라서 일방이 타방의 사망 후에도 생존하고 있었다는 것을 증명하는 경우는 여기에 해당하지 않는다.

(3) 동시사망의 추정을 번복하기 위한 입증책임의 내용 및 정도: 이 추정은 법률상 추정으로서 이를 번복하기 위하여는 동일한 위난으로 사망하였다는 전제사실에 대하여 법원의 확신을 흔들리게 하는 반증을 제출하거나 또는 각자 다른 시각에 사망하였다는 점에 대하여 법원에 확신을 줄 수 있는 본증을 제출하여야 하는데, 이 경우 사망의 선후에 의하여 관계인들의 법적 지위에 중대한 영향을 미치는 점을 감안할 때 충분하고도 명백한 입증이 없는 한 위 추정은 깨어지지 아니한다(대판 1998.8.21. 98다8974). * 괌(GUAM) 항공기 추락 사고로 항공기에 탑승 중이던 일가족이 모두 사망하였는데, 그중 1인에 대하여는 동인에 대한 사망진단서와 시체검안서에 근거하여 다른 가족들보다 뒤늦게 사망한 것으로 호적부에 사망일시가 기재된 경우, 그 사망진단서와 시체검안서의 작성과 호적부의 사망일시 기재 경위 등에 비추어 이로써 민법 제30조 소정의 동시사망의 추정을 깰 수는 없다(수원지법 2001.7.31. 99가합20493).

3. 效果: 동시에 사망한 것으로 추정되는 효과가 있다. 따라서 사망의 선후에 대한 반증을 하면 동시사망의 효과는 깨뜨려지고 그에 따른 법률효과가 생긴다.

* 대습상속에도 동시사망 추정 적용: 원래 대습상속제도는 대습자의 상속에 대한 기대를 보호함으로써 공평을 꾀하고 생존 배우자의 생계를 보장하여 주려는 것이고, 또한 동시사망 추정규정도 자연과학적으로 엄밀한 의미의 동시사망은 상상하기 어려운 것이나 사망의 선후를 입증할 수 없는 경우 동시에 사망한 것으로 다루는 것이 결과에 있어 가장 공평하고 합리적이라는 데에 그 입법 취지가 있는 것인바, 상속인이 될 직계비속이나 형제자매(피대습자)의 직계비속 또는 배우자(대습자)는 피대습자가 상속개시 전에 사망한 경우에는 대습상속을 하고, 피대습자가 상속개시 후에 사망한 경우에는 피대습자를 거쳐 피상속인의 재산을 본위상속을 하므로 두 경우 모두 상속을 하는데, 만일 피대습자가 피상속인의 사망, 즉 상속개시와 동시에 사망한 것으로 추정되는 경우에만 그 직계비속 또는 배우자가 본위상속과 대습상속의 어느 쪽도 하지 못하게 된다면 동시사망 추정 이외의 경우에 비하여 현저히 불공평하고 불합리한 것이라 할 것이고, 이는 앞서 본 대습상속제도 및 동시사망 추정규정의 입법 취지에도 반하는 것이므로, 민법 제1001조의 '상속인이 될 직계비속이 상속개시 전에 사망한 경우'에는 '상속인이 될 직계비속이 상속개시와 동시에 사망한 것으로 추정되는 경우'도 포함하는 것으로 합목적적으로 해석함이 상당하다(대판 2001.3.9. 99다13157).

第3章 法 人

1. 槪括: 법인은 자연인이 아니면서 법에 의하여 권리능력이 주어진, 사람의 단체인 사단과 재산의 집단인 재단을 말한다. 근대 이후 각국은 사단이나 재단의 사회적 기능을 중시하여 법인이라는 특수한 인격개념으로, 단체의 구성원이나 구성재산의 변동에도 불구하고 단체로서의 권리·의무의 주체를 인정하고 있다. 그러나 모든 사단 또는 재단이 권리·의무의 주체가 될 수 있는 것이 아니라 법인격을 부여받은 단체, 즉 사단법인 또는 재단법인만이 권리·의무의 주체가 될 수 있다. 법인은 여러 가지 기준에 의하여 구별되는데, 사단법인과 재단법인, 공법인과 사법인, 영리법인과 비영리법인이 그것이다. 사람의 단체에 인격이 부여된 것이 사단법인이며 재산의 단체에 인격이 부여된 것이 재단법인, 법인의 설립이나 관리에 국가의 공권력이 관여하는 것은 공법인이고 그 밖의 법인은 사법인, 영리를 목적으로 하는 법인이 영리법인이고 그렇지 아니한 것이 비영리법인이다. 민법은 사법인, 비영리법인에 관하여 규정하고, 민법의 보완을 위한 특별법으로 공익법인의 설립·운영에 관한 법률이 있다.

2. 法人의 設立許可主義: 법인의 설립에 관하여 민법은 허가주의를 취한다(32조). 허가주의를 취하는 것은 비영리라는 미명 아래 부당한 행위를 행정관청에서 감독하기 위한 목적이나, 허가주의를 취함으로써 법인격 없는 단체가 생겨나는 부작용이 있게 된다.

3. 權利能力에 대한 立法政策: 법인격을 부여받은 사단법인 또는 재단법인에 어느 정도의 권리능력을 인정할 것인지는 두 가지 입법주의가 있다. 영미법은 법인이 권리·의무의 주체로 될 수 있는 경우를 단체의 목적의 범위 내로 제한하나, 독일을 비롯한 대륙법계는 법인에 자연인과 동일하게 권리능력에 제한을 하지 않고 있다. 우리 민법은 법인의 권리능력에 관하여는 영미법을 본받아 제34조에서 법인의 정관에 정한 목적의 범위 내로 제한하고 있다.

4. 構成

(1) 총칙-성립, 권리능력, 주소: 제31조-제39조
(2) 설립-정관, 등기: 제40조-제56조
(3) 기관-이사, 감사, 총회: 제57조-제76조
(4) 해산-해산, 잔여재산: 제77조-제96조
(5) 벌칙: 제97조

第1節 總 則

1. 槪括: 본절에서는 민법상의 법인인 사단법인과 재단법인에 공통적으로 적용되는 통칙적인 내용을 규정한다. 민법상의 법인의 설립에 관한 설립허가주의와 성립에 관한 준칙주의, 법인의 권리능력, 불법행위능력, 주소와 사무의 감독에 관한 법률관계 등으로 법인에 관한 가장 기본적인 내용을 규정한다.

2. 構成

(1) 법인의 성립: 제31조-제33조
(2) 법인의 권리능력: 제34조
(3) 법인의 불법행위능력: 제35조
(4) 법인의 주소: 제36조
(5) 법인의 사무의 검사, 감독: 제37조
(6) 설립허가의 취소: 제38조
(7) 영리법인: 제39조

第31條【法人成立의 準則】 法人은 法律의 規定에 依함이 아니면 成立하지 못한다.

第32條【非營利法人의 設立과 許可】 學術, 宗敎, 慈善, 技藝, 社交 其他 營利 아닌 事業을 目的으로 하는 社團 또는 財團은 主務官廳의 許可를 얻어 이를 法人으로 할 수 있다.

第33條【法人設立의 登記】 法人은 그 主된 事務所의 所在地에서 設立登記를 함으로써 成立한다.

法人의 成立

1. 意義: 민법상의 법인은 어떠한 목적으로 어떻게 성립하는가에 대한 가장 기본적인 사항에 관한 것을 제31조 내지 제33조에서 규정한다.

2. 準則主義 - 제31조: 법인은 법률에서 규정하고 있는 사항에 좇아야 성립한다.

3. 民法上의 法人은 非營利로서 許可를 받아야 可能 - 제32조: 법인에는 영리목적과 비영리목적의 법인이 있는데, 민법상의 법인은 학술, 종교, 자선, 사교 기타 비영리 목적이어야 하며, 사단 또는 재단으로 주무관청의 허가를 받아야 설립이 가능하다. 주무관청의 허가는 자유재량행위이다.

4. 成立 - 登記主義 - 제33조: 민법상의 법인은 설립행위와 주된 사무소의 소재지 등기소에서 사단법인 설립등기를 하여야 성립된다.

5. 法人格 否認 - 法人格 濫用

(1) 의의: 단체가 외형상으로는 법인의 형식을 갖추고 있으나 법인의 형태를 빌리고 있는 것에 지나지 아니하고, 실질적으로는 완전히 그 법인격의 배후에 있는 법인 또는 사람의 개인 기업에 불과하거나 그것이 배후자에 대한 법률적용을 회피하기 위한 수단으로 이용되는 경우에는 특정 사안에 관하여는 당해 단체는 법인격이 부인된다는 법리가 법인격부인론이고, 이는 권리남용 내지 신의칙위반을 이론적 실정법적 근거로 한다. * 원고 X회사와 A회사는 외형상 별개의 회사로 되어 있으나 원고 X는 이건 선박의 실제상 소유자인 A회사가 편의치적을 위하여 설립한 회사로서 실제로는 사무실과 경영진 등이 동일하므로 이러한 지위에 있는 원고 X회사가 법률의 적용을 회피하기 위하여 별개의 법인격을 가진 회사라는 주장을 내세우는 것은 신의성실의 원칙에 위반하거나 법인격을 남용하는 것으로 법인격을 남용하는 것으로서 허용되어서는 아니 된다할 것이다(대판 1988.11.22. 87다카1671).

(2) 요건

(가) 개인기업 또는 배후자에 대한 법률적용 회피의 목적, 설립된 법인의 형해화: 법인격의 배후에 있는 사람의 개인기업에 불과하다고 보려면, 원칙적으로 문제가 되고 있는 법률행위나 사실행위를 한 시점을 기준으로 하여, 회사와 배후자 사이에 재산과 업무가 구분이 어려울 정도로 혼용되었는지 여부, 주주총회나 이사회를 개최하지 않는 등 법률이나 정관에 규정된 의사결정절차를 밟지 않았는지 여부, 회사 자본의 부실 정도, 영업의 규모 및 직원의 수 등에 비추어 볼 때, 회사가 이름뿐이고 실질적으로는 개인 영업에 지나지 않는 상태로 될 정도로 형해화 되어야 한다. 또한 위와 같이 법인격이 형해화 될 정도에 이르지 않더라도 회사의 배후에 있는 자가 회사의 법인격을 남용한 경우, 회사는 물론 그 배후자에 대하여도 회사의 행위에 관한 책임을 물을 수 있으나, 이 경우 채무면탈 등의 남용행위를 한 시점을 기준으로 하여, 회사의 배후에 있는 사람이 회사를 자기 마음대로 이용할 수 있는 지배적 지위에 있고, 그와 같은 지위를 이용하여 법인 제도를 남용하는 행위를 할 것이 요구되며, 위와 같이 배후자가 법인 제도를 남용하였는지 여부는 앞서 본 법인격 형해화의 정도 및 거래상대방의 인식이나 신뢰 등 제반 사정을 종합적으로 고려하여 개별적으로 판단하여야 한다(대판2008.9.11. 2007다90982).

(나) 실제로는 사무실과 경영진 등의 동일: 당해 법인이 실질적으로 개인과 동일체이거나 배후의 법인과는 사무실이나 경영진이 동일하여야 한다(대판 1988.11.22. 87다카1671).

(3) 법인격 부인의 이론적 실정법적 근거: 당해 법인이 그 자신의 법인격을 주장하는 것이 제2

조의 권리남용 또는 신의칙위반에 해당한다.

(4) 효과: 당해 법인의 법인격 자체를 부인하는 것이 아니라 당해 사안에 한정하여 일시적으로 법인격이 부인된다. 법인격이 부인됨으로써 당해 사안에 대하여는 배후에 있는 개인 또는 다른 법인(모법인)이 법률상의 책임을 진다.

6. 社團法人의 同一性 與否: 사단법인은 일정한 목적을 위해 결합한 사람의 단체에 법인격이 인정된 것을 말하고, 사단법인에 있어 사원 자격의 득실변경에 관한 사항은 정관의 기재사항이므로(40조6호), 어느 사단법인과 다른 사단법인이 동일한 것인지 여부는 그 구성원인 사원이 동일한지 여부에 따라 결정됨이 원칙이다. 다만 사원 자격의 득실변경에 관한 정관의 기재사항이 적법한 절차를 거쳐서 변경된 경우에는 구성원이 다르더라도 그 변경 전후의 사단법인은 동일성을 유지하면서 존속하는 것이고, 이러한 법리는 법인 아닌 사단(비법인사단)에 있어서도 마찬가지이다(대판 2008.9.25. 2006다37021).

7. 非法人社團

(1) 의의: 사단의 실체를 갖지만 법인격이 없는 사람의 단체를 비법인사단이라 한다. 비법인사단은 법인으로 설립하는 도중에 있거나, 주무관청의 허가를 원하나 허가(32조)를 받지 못한 경우거나, 법인격을 허여 받으면 주무관청으로부터 오히려 여러 가지로 규제를 받으니 법인으로의 설립을 원하지 아니하는 경우 등에서 생긴다. 그런데 비법인사단이라 할 수 있기 위하여는 종중 또는 문중과 같이 특별한 조직행위 없이도 자연적으로 성립하는 예외적인 사단이 아닌 한, 사단으로서의 실체를 갖추는 조직행위가 있어야 하는바, 만일 어떤 단체가 외형상 목적, 명칭, 사무소 및 대표자를 정하고 있다고 할지라도 사단의 실체를 인정할 만한 조직, 그 재정적 기초, 총회의 운영, 재산의 관리 기타 단체로서의 활동에 관한 입증이 없는 이상 이를 법인이 아닌 사단으로 볼 수 없다(대판 1997.9.12. 97다20908; 2001.1.30. 99다42179).

(가) 종중: 종중이란 공동선조의 후손들에 의하여 선조의 분묘수호 및 봉제사와 후손 상호간의 친목을 목적으로 형성되는 자연발생적인 종족단체로서 선조의 사망과 동시에 후손에 의하여 성립하는 것이며, 종중의 규약이나 관습에 따라 선출된 대표자 등에 의하여 대표되는 정도로 조직을 갖추고 지속적인 활동을 하고 있다면 비법인사단으로서의 단체성이 인정되고, 종중이 비법인사단으로서 당사자능력이 있느냐의 문제는 소송요건에 관한 것으로서 사실심의 변론종결시를 기준으로 판단하여야 하고, 종중소유의 재산은 종중원의 총유에 속하는 것이므로 그 관리 및 처분은 먼저 종중규약에 정한 바가 있으면 이에 따라야 하고, 그 점에 관한 종중규약이 없으면 종중총회의 결의에 의하여야 한다(대판 1994.9.30. 93다27703).

(나) 유사종중: 공동선조의 후손들 중 특정지역 거주자나 특정범위 내의 자들만으로 구성된 종중이란 있을 수 없으나, 특정지역 거주자나 특정범위내의 자들만으로 분묘수호와 제사 및 친목도모를 위한 조직체를 구성하여 활동하고 있어 그 단체로서의 실체를 인정할 수 있는 경우에는 본래 의미의 종중은 아니나 권리능력 없는 사단으로서의 단체성을 인정할 여지가 있다(대판 1991.1.29. 90다카22537).

(다) 교회: 교회가 다수의 교인들에 의하여 조직되고, 일정한 종교활동을 하고 있으며 그 대표자가 정하여져 있다면 민사소송법 제48조 소정의 비법인사단으로서 당사자능력이 있다고 보아야 할 것이고, 그 교회가 종전에 있던 같은 명칭의 교회와 같은 단체인 것인지, 종전에 있던 같은 명칭의 교회가 합병으로 소멸된 것인지, 그 교회의 구성원이 다른 교회에서 이탈한 것인지 여부나 그 동기는 그 당사자능력을 좌우할 사유가 된다고 할 수는 없다(대판 1991.11.26. 91다30675).

(라) 개인사찰: 신도들과 승려가 조계종에 소속될 새로운 사찰의 건립이라는 공동 목적으로 사찰의 대표, 신도회장 등 체계적인 조직을 만들고 그들의 출재와 노력에 의하여 토지를 매수하여 그 지상에 불당을 완공한 경우, 불당의 완공 당시 위 단체는 그 명칭이나 특정 종단의 귀속 여부에 불구하고 독립된 사찰로서의 실체를 갖추게 된 것으로 그 실질은 권리능력 없는 사단이다(대판 1997.12.9. 94다41249).

(마) 주택조합: 무주택자들이 조합원이 되어 조합원들의 공동주택을 건립하기 위하여 설립한 주택조합이 공동주택 건설사업이라는 단체 고유의 목적을 가지고 활동하며 규약 및 단체로서의 조

직을 갖추고 집행기관인 대표자가 있고 의결이나 업무집행 방법이 총회의 다수결의 원칙에 따라 행해지며 구성원의 가입 탈퇴에 따른 변경에 관계없이 단체 그 자체가 존속하는 등 단체로서의 중요사항이 확정되어 있다면 조합이라는 명칭에 불구하고 비법인사단에 해당한다(대판 2000.7.7. 2000다18271).

(바) 아파트 부녀회: 아파트에 거주하는 부녀를 회원으로 하여 입주자의 복지증진 및 지역사회 발전 등을 목적으로 설립된 아파트 부녀회가 회칙과 임원을 두고서 주요 업무를 월례회나 임시회를 개최하여 의사결정하여 온 경우에 법인 아닌 사단의 실체를 갖추고 있다(대판 2006.12.21. 2006다52723).

(사) 동, 리, 어촌계: 동일 행정구역 내에 거주하는 주민들이 그들의 공동편익과 복지를 위하여 주민 전부를 구성원으로 한 공동체로서 동(洞)을 구성하고 행정구역과 동일한 명칭을 사용하면서 일정한 재산을 공부상 그 이름으로 소유하여 온 이상 이태원동은 법인 아닌 사단으로서의 당사자능력이 있다(대판 2004.1.29. 2001다1775).

(아) 자연부락: 자연부락이 부락주민을 구성원으로 하여 고유목적을 가지고 의사결정기관과 집행기관인 대표자를 두어 독자적인 활동을 하는 사회조직체라면 비법인사단으로서의 권리능력이 있다고 할 것이나, 이와 같이 자연부락이 비법인사단으로서 존재하고 나아가 고유재산을 소유하고 있다는 사실을 인정하려면 자연부락의 구성원의 범위와 자연부락의 고유업무, 자연부락의 의사결정기관인 부락총회와 대표자의 존부 및 조직과 운영에 관한 규약이나 관습이 있었는지 여부, 고유재산을 소유하게 된 경위와 관리형태 등을 확정하여야 할 것이고, 집행기관인 대표자의 선정은 규약에 정함이 있거나 관습이 있다면 그에 따를 것이지만 그렇지 아니한 경우에는 부락을 구성하는 가구의 대표자 과반수의 출석과 출석 가구주의 과반수찬성에 의하여 선임된다(대판 1993.3.9. 92다39532).

(자) 동창회: 구성원과 조직 및 규약을 갖춘 대표적인 비법인사단이다.

(차) 기타: 조합의 명칭을 가지고 있는 단체라 하더라도 고유의 목적을 가지고 사단적 성격을 가지는 규약을 만들어 이에 근거하여 의사결정기관 및 집행기관인 대표자를 두는 등 조직을 갖추고 있고, 구성원의 가입, 탈퇴 등으로 인한 변동에 관계없이 단체 그 자체가 존속되고, 그 조직에 의하여 대표의 방법, 총회나 이사회 등의 운영, 재산의 관리 기타 단체로서의 주요사항이 확정되어 있는 경우에는 비법인사단이다(대판 1994.4.26. 93다51591).

(2) 법적 관계의 처리: 법인격 없는 사람의 단체가 단체로 활동함에 있어 여러 가지 법적 문제가 발생할 때 이를 어떻게 처리할 것인가라는 문제가 있다. 민법은 사람의 단체를 사단법인과 조합(703조 이하)으로 구분하여 규율하며, 비법인사단에 관하여는 재산의 소유형태를 총유로 한다는 규정만(275조-278조)두고 있다, 이에 비법인사단의 재산에 관한 사항 외의 법률관계를 어떻게 할 것인지 문제가 된다. 그런데 조합의 재산소유형태를 합유로 규정(271조, 703조 이하)하여 총유와는 다름을 규정하는데, 이는 민법은 기본적으로 비법인사단이 조합과 본질적으로 다르다는 것을 밝힌 것으로 이해한다(비법인사단과 조합의 구별 기준: 대판 1992.7.10. 92다2431). 그러므로 법인격을 전제로 하는 사단법인에 관한 규정을 제외하고는 모두 비법인사단에 유추적용된다.

(3) 구체적 법률관계

(가) 내부관계: 대표자 선출 방법, 총회의 권한과 의사결정 방법 등은 정관에 정한 바에 의하고, 정관에 규정이 없으면 사단법인에 관한 규정이 적용된다.

(나) 권리, 의무의 주체: 소송상의 당사자능력(민소법 52조)과 등기능력(부등법 30조)은 관련 법률에 명시되어 있으며, 그 외의 권리능력, 행위능력, 대표기관의 권한 등은 사단법인에 관한 규정이 유추적용된다.

(다) 불법행위능력: 비법인사단의 대표자가 직무에 관하여 타인에게 가한 손해를 가한 경우 그 사단은 민법 제35조제1항의 유추적용에 의하여 그 손해를 배상할 책임이 있다(대판 2003.7.25. 2002다27088). 종중의 대표자가 종중 소유의 부동산을 개인 소유라 하여 매도하고 계약금과 중도금을 지급받은 후 잔대금지급 이전에 매수인이 종중 소유임을 알고 항의하자 종중의 결의가 없는데도 종중 대표자로서 그 이전을 약속하고 종중총회 결의서 등을 위조하여 등기이전을 해

주고 잔금을 받은 경우 종중의 불법행위가 인정된다(대판 1994.4.12. 92다49300).

(라) 재산귀속

① 소유형태-총유: 비법인사단의 소유는 총유이다(275조), 소유권 이외의 재산권도 총유의 규정이 준용(276조)되어 준총유한다. 따라서 구성원은 지분권은 가지지 아니하나 자유롭게 사용을 할 수 있으며, 관리와 처분은 단체가 한다.

② 공시방법: 부동산등기법 제30조는 비법인사단도 등기능력을 인정하여, 부동산과 같은 경우는 비법인사단명의로 등기할 수 있다. 또한 부동산실권리자명의등기에관한법률 제8조에 의하여 대표자명의의 등기도 가능하다(종중재산).

③ 채무: 비법이사단의 채무는 단체 자체가 책임을 지며, 구성원 개인은 별도로 책임을 지지 아니한다.

④ 비법인사단이 타인의 채무를 보증한 경우: 비법인사단이 타인간의 금전채무를 보증하는 행위를 총유물의 관리 · 처분행위로 볼 수 없고, 비법인사단의 대표자가 채무보증계약을 체결하면서 정관에 정한 임원회의 결의 등 절차를 거치지 않은 경우, 그 보증계약도 거치지 않았다고 하더라도 그것만으로 바로 그 보증계약이 무효라고 할 수는 없다. 다만 이와 같은 경우에 조합(비법인사단) 임원회의의 결의 등을 거치도록 한 조합규약은 조합장의 대표권을 제한하는 규정에 해당하는 것이므로, 거래 상대방이 그와 같은 대표권 제한 및 그 위반 사실을 알았거나 과실로 인하여 이를 알지 못한 때에는 그 거래행위가 무효로 된다고 봄이 상당하며, 이 경우 그 거래 상대방이 대표권 제한 및 그 위반 사실을 알았거나 알지 못한 데에 과실이 있다는 사정은 그 거래의 무효를 주장하는 측이 이를 주장 · 입증하여야 한다(대판 2007.4.19. 2004다60072, 60089).

(마) 대표행위에 대한 제126조 표현대리에 관한 규정 준용 여부: 비법인사단인 피고 주택조합의 대표자가 조합총회의 결의를 거쳐야 하는 조합원 총유에 속하는 재산의 처분에 관하여는 조합원 총회의 결의를 거치지 아니하고는 이를 대리하여 결정할 권한이 없다 할 것이어서 피고 주택조합의 대표자가 행한 총유물인 이 사건 건물의 처분행위에 관하여는 민법 제126조 의 표현대리에 관한 규정이 준용될 여지가 없다(대판 2002.2.8. 2001다57679).

(바) 비법인사단대표의 대표권남용: 비법인사단의 대표자의 행위가 대표자 개인의 사리를 도모하기 위한 것이었거나 혹은 법령의 규정에 위배된 것이었다 하더라도 외관상, 객관적으로 직무에 관한 행위라고 인정할 수 있는 것이라면 민법 제35조제1항의 직무에 관한 행위에 해당한다. 이 경우에 비법인사단의 대표자의 행위가 직무에 관한 행위에 해당하지 아니함을 피해자 자신이 알았거나 또는 중대한 과실로 인하여 알지 못한 경우에는 비법인사단에게 손해배상책임을 물을 수 없다(대판 2003.7.25. 2002다27088).

(사) 청산 중의 비법인사단-구성원의 부존재, 활동 중단

① 법적 성질: 비법인사단에 해산사유가 발생하였다고 하더라도 곧바로 당사자능력이 소멸하는 것이 아니라 청산사무가 완료될 때까지 청산의 목적범위 내에서 권리 · 의무의 주체가 되고, 이 경우 청산 중의 비법인사단은 해산 전의 비법인사단과 동일한 사단이고 다만 그 목적이 청산 범위 내로 축소된 데 지나지 않는다(대판 1992.10.9. 92다23087).

② 권리능력: 교회가 건물을 다른 교회에 매도하고 더 이상 종교활동을 하지 않아 해산하였다고 하더라도 교인들이 교회 재산의 귀속관계에 대하여 다투고 있는 이상 교회는 청산목적의 범위 내에서 권리 · 의무의 주체가 되어 당사자능력이 있고, 위 교인들이 교회의 대표자 지위의 부존재 확인을 구하는 소송에는 청산인 지위의 부존재 확인을 구하는 취지가 포함되어 있다(대판 2007.11.16. 2006다41297).

③ 활동 중단, 사원의 부존재: 비법인사단에 대하여는 사단법인에 관한 민법규정 중 법인격을 전제로 하는 것을 제외한 규정들을 유추적용하여야 할 것이므로 비법인사단인 교회의 교인이 존재하지 않게 된 경우 그 교회는 해산하여 청산절차에 들어가서 청산의 목적범위 내에서 권리 · 의무의 주체가 되며, 이 경우 해산 당시 그 비법인사단의 총회에서 향후 업무를 수행할 자를 선정하였다면 민법 제82조제1항을 유추하여 그 선임된 자가 청산인으로서 청산 중의 비법인사단을 대표하여 청산업무를 수행하게 된다(대판 2003.11.14. 2001다32687).

(아) 구성원의 분열

① 소속종(교)단 탈퇴: 일반적인 사찰은 사설사찰과는 달리 법인격 없는 사단 또는 재단이므로 사찰과 소속종단, 종파와의 법률관계는 그 형성시에 있어서는 물론이고 그 단절을 의미하는 탈퇴시에 있어서도 당해 사찰의 적법한 의사결정 방법에 의해서만 가능한 것이지 주지 한 사람만의 의사결정에 의하여 좌우될 수 없다(대판 1989.10.10. 89다카2902).

② 교회분열: ㉮ 우리 민법이 사단법인에 있어서 구성원의 탈퇴나 해산은 인정하지만 사단법인의 구성원들이 2개의 법인으로 나뉘어 각각 독립한 법인으로 존속하면서 종전 사단법인에게 귀속되었던 재산을 소유하는 방식의 사단법인의 분열은 인정하지 아니한다. 그 법리는 법인 아닌 사단에 대하여도 동일하게 적용되며, 법인 아닌 사단의 구성원들의 집단적 탈퇴로써 사단이 2개로 분열되고 분열되기 전 사단의 재산이 분열된 각 사단들의 구성원들에게 각각 총유적으로 귀속되는 결과를 초래하는 형태의 법인 아닌 사단의 분열은 허용되지 않는다. ㉯ 교회가 법인 아닌 사단으로서 존재하는 이상, 그 법률관계를 둘러싼 분쟁을 소송적인 방법으로 해결함에 있어서는 법인 아닌 사단에 관한 민법의 일반 이론에 따라 교회의 실체를 파악하고 교회의 재산 귀속에 대하여 판단하여야 하고, 이에 따라 법인 아닌 사단의 재산관계와 그 재산에 대한 구성원의 권리 및 구성원 탈퇴, 특히 집단적인 탈퇴의 효과 등에 관한 법리는 교회에 대하여도 동일하게 적용되어야 한다. 따라서 교인들은 교회 재산을 총유의 형태로 소유하면서 사용·수익할 것인데, 일부 교인들이 교회를 탈퇴하여 그 교회 교인으로서의 지위를 상실하게 되면 탈퇴가 개별적인 것이든 집단적인 것이든 이와 더불어 종전 교회의 총유 재산의 관리처분에 관한 의결에 참가할 수 있는 지위나 그 재산에 대한 사용·수익권을 상실하고, 종전 교회는 잔존 교인들을 구성원으로 하여 실체의 동일성을 유지하면서 존속하며 종전 교회의 재산은 그 교회에 소속된 잔존 교인들의 총유로 귀속됨이 원칙이다. ㉰ 그리고 교단에 소속되어 있던 지교회의 교인들의 일부가 소속 교단을 탈퇴하기로 결의한 다음 종전 교회를 나가 별도의 교회를 설립하여 별도의 대표자를 선정하고 나아가 다른 교단에 가입한 경우, 그 교회는 종전 교회에서 집단적으로 이탈한 교인들에 의하여 새로이 법인 아닌 사단의 요건을 갖추어 설립된 신설 교회라 할 것이어서, 그 교회 소속 교인들은 더 이상 종전 교회의 재산에 대한 권리를 보유할 수 없게 된다(대판 2006.4.20. 2004다37775). ㉱ 특정 교단에 가입한 지교회가 교단이 정한 헌법을 지교회 자신의 자치규범으로 받아들였다고 인정되는 경우에는 소속 교단의 변경은 실질적으로 지교회 자신의 규약에 해당하는 자치규범을 변경하는 결과를 초래하고, 만약 지교회 자신의 규약을 갖춘 경우에는 교단변경으로 인하여 지교회의 명칭이나 목적 등 지교회의 규약에 포함된 사항의 변경까지 수반하기 때문에, 소속 교단에서의 탈퇴 내지 소속 교단의 변경은 사단법인 정관변경에 준하여 의결권을 가진 교인 2/3 이상의 찬성에 의한 결의를 필요로 한다(대판 2006.4.20. 2004다37775).

8. 非法人財團

(1) 의의: 비영리재단법인의 실체인 비영리목적을 위하여 출연된 재산이 있고, 그 재산에 대한 관리조직을 갖추면서도 법인격을 취득하지 못한 재산의 단체가 비법인재단이다. 예컨대 전통사찰보존법에 따라 문화공보부에 전통사찰로 등록되어 있고 독립한 사찰로서의 실체도 갖춘 경우는 권리능력 없는 재단이다(대판 1991.6.14. 91다9336).

(2) 법률관계

(가) 소송능력: 민사소송법 제52조에 의하여 민사소송법상 당사자능력이 있다.

(나) 등기능력: 부동산등기법 제30조에 의하여 비법인재단이 등기능력이 있다.

(다) 기타: 기타에 관하여는 민법의 재단법인에 관한 규정 가운데서 법인격을 전제한 규정을 제외하고는 그대로 준용된다. * 전통사찰보존법에 따라 문화공보부에 전통사찰로 등록되어 있고 독립한 사찰로서의 실체도 갖추어 권리능력 없는 재단으로 인정되는 사찰의 경우, 그 사찰 명의로 등기된 재산은 독립한 권리주체인 사찰의 소유인 것이지 그 사찰의 창건 또는 재산관리에 있어서 신도들이 기여한 바가 크다 하더라도 그것이 신도들의 총유물로서 사찰에 명의신탁된 것이 아니다. 따라서 전통사찰로 등록된 사찰의 재산에 대한 관리권은 그 사찰 주지에게 일임되어 있는 것이고, 특별한 사정이 없는 한 신도들의 단체인 신도회에 그 관리권이 있다고 볼 것이 아니다(대판 1991.6.14. 91다9336).

第34條【法人의 權利能力】 法人은 法律의 規定에 좇아 定款으로 定한 目的의 範圍內에서 權利와 義務의 主體가 된다.

權利能力

1. 制限主義: 민법은 법인의 권리능력에 관하여 제한을 두지 아니하는 대륙법을 버리고, 영미법을 계수하여 법인의 목적의 범위 내에서만 권리능력을 인정하고 있다. 그 밖에 자연인이 아닌 단체라는 측면에서 성질에 의하여 제한되며, 특별히 법률의 규정으로 제한하는 경우도 있다.

2. 性質에 의한 制限: 자연인이 아니고 단체인 점에서 성질상 생명권, 친권, 정조권 등은 가질 수 없다. 재산권·명예권·신용권 등은 가진다.

3. 法律에 의한 制限: 일반적으로 제한하는 법률은 없고, 민법 제81조 등과 같이 개별적으로 제한하는 경우가 있다.

4. 目的에 의한 制限

(1) 목적여부: 법인의 권리능력은 법인의 설립 근거가 된 법률과 정관상의 목적에 의하여 제한되나, 그 목적범위 내의 행위라 함은 정관에 명시된 목적 자체에 국한되는 것이 아니라 그 목적을 수행하는 데 있어 직접, 간접으로 필요한 행위는 모두 포함되고 목적수행에 필요한지의 여부는 행위자의 주관적, 구체적 의사가 아닌 행위 자체의 객관적 성질에 따라 판단하여야 한다(대판 1988.1.19. 86다카1384). 판단에 있어서는 법인의 속성과 신속성 및 정형성을 요체로 하는 거래의 안전을 충분히 고려하여야 할 것인바, 법인이 거래관계 또는 자본관계에 있는 주채무자를 위하여 보증하는 등의 행위는 그것이 대표권 남용에 해당하여 무효로 될 수 있음은 별론으로 하더라도 그 행위의 객관적 성질에 비추어 특별한 사정이 없는 한 회사의 목적 범위 내의 행위라고 봄이 상당하다(대판 2005.5.27. 2005다480).

(2) 구체적 사례

(가) 목적 범위 내로 인정된 사례: ① 법인의 일반적인 거래관계에 있는 자를 연대보증한 행위(대판 2005.5.27. 2005다480), ② 증권회사가 기업어음에 한 지급보증행위(대판 2005.5.13. 2003다57659), ③ 회사의 정리계획에 의한 출자전환행위(대판 2001.9.21. 2000그98), ④ 정리회사가 대출금채무를 연대보증한 행위(대판 1999.10.8. 98다2488), ⑤ 조합중앙회가 조합원 개인과 맺은 채무변제약정행위(대판 1991.11.22. 91다카8821), ⑥ 대표이사의 개인채무를 변제하기 위하여 한 어음발행행위(대판 1990.3.13. 89다카24360), ⑦ 같은 그룹에 속하는 회사의 제3자에 대한 차용금채무를 보증하기 위하여 금융회사가 하는 어음행위(대판 1987.9.8. 86다카1349; 1988.8.9. 86다카1858), ⑧ 구매자금을 위한 약속어음의 발행(대판 1981.1.13. 80다1049, 1050), ⑨ 채무자로서 채권양도를 승낙한 행위(대판 1976.3.23. 74다2088), ⑩ 접대용 자동차를 외상으로 구입한 행위(대판 1974.6.25. 74다7), ⑪ 동종업체조합의 채무인수 행위(대판 1968.5.21. 68다461) 등은 목적 범위 내의 행위로 인정하였다.

(나) 목적을 벗어난 행위의 사례: 극장업이 정관의 목적으로 기재되지 않은 회사가 제3자의 극장영업행위로 인한 손해배상채무를 연대보증한 행위(대판 1975.12.23. 75다1479)는 목적을 벗어난 행위로 보았다.

第35條【法人의 不法行爲能力】 ①法人은 理事 其他 代表者가 그 職務에 關하여 他人에게 加한 損害를 賠償할 責任이 있다. 理事 其他 代表者는 이로 因하여 自己의 損害賠償責任을 免하지 못한다.

②法人의 目的範圍外의 行爲로 因하여 他人에게 損害를 加한 때에는 그 事項의 議決에 贊成하거나 그 議決을 執行한 社員, 理事 및 其他 代表者가 連帶하여 賠償하여야 한다.

法人의 不法行爲責任

1. 法人의 責任: 법인은 목적범위 내에서 권리, 의무의 주체로서 권리능력과 불법행위능력이 있다.

2. 法人責任의 成立要件 - 제1항

(1) 대표기관의 행위: 대표기관의 행위여야 한다. 임시이사(63조)·특별대리인(64조)·청산인(82조)도 대표기관이나, 감사나 총회 등은 대표기관이 아니다. 대표권이 없는 이사는 기관이나 대표기관이 아니므로 그들의 행위로 법인의 불법행위가 성립하지 않는다(대판 2005.12.23. 2003다30159).

(2) 직무에 관한 행위-외관설: 대표기관의 당해 직무에 관한 행위여야 한다. 직무에 관한 행위 여부는 행위의 외형상 직무의 수행행위와 직무행위와 사회통념상 직접, 간접으로 관련이 있는 행위를 포함하는 넓은 개념이다. 다만 법인의 대표자의 행위가 직무에 관한 행위에 해당하지 아니함을 피해자 자신이 알았거나 또는 중대한 과실로 인하여 알지 못한 경우에는 법인에게 손해배상책임을 물을 수 없다(대판 2004.3.26. 2003다34045).

(가) 대표자 개인의 사리행위: 행위의 외형상 법인의 대표자의 직무행위라고 인정할 수 있는 것이라면 설사 그것이 대표자 개인의 사리를 도모하기 위한 행위도 직무에 관한 행위에 해당한다(대판 1969.8.26. 68다2320). 다만 그 행위의 상대방이 대표이사의 진의를 알았거나 알 수 있었을 때에는 회사에 대하여 무효가 되는 것이며(107조 유추적용), 이는 민법상 법인의 대표자가 대표권한을 남용한 경우에도 마찬가지이고, 따라서 법인에게 손해배상책임을 물을 수 없다(대판 2004.3.26. 2003다34045).

(나) 법령위반행위: 행위의 외형상 법인의 대표자의 직무행위라고 인정할 수 있는 것이라면, 그 행위가 설사 법령의 규정에 위배된 것이었다 하더라도 위의 직무에 관한 행위에 해당한다(대판 2004.2.27. 2003다15280).

(다) 구체적 사례

① 조합장명의로 금전을 차입하고 어음을 발행함에 있어서 소정 절차를 밟지 아니함으로 인하여 조합이 채무를 부담하지 아니한 경우에도 위 조합장의 금전차입행위는 외관상 조합의 직무에 관한 것으로 인정된다(대판 1974.6.25. 74다71).

② 토지구획정리조합의 대표자가 구획정리사업 시공회사의 원활한 자금 운용 등을 위하여 시공회사의 채무를 연대보증한 행위는 직무에 관한 행위에 해당된다(대판 2004.2.27. 2003다15280).

③ 학교법인의 대표자의 차금행위는 직무행위이다(대판 1978.3.14. 78다132).

④ 정당성이 없는 쟁의행위는 노동조합의 불법행위를 구성한다(대판 1994.3.25. 93다32828, 32835).

⑤ 법인이 피해자인 경우 법인의 업무에 관하여 일체의 재판상 또는 재판 외의 행위를 할 권한이 있는 법률상 대리인이 가해자인 피용자의 행위가 사용자의 사무집행행위에 해당하지 않음을 안 때에는 피해자인 법인이 이를 알았다고 보아야 하고, 이러한 법리는 그 법률상 대리인이 본인인 법인에 대한 관계에서 이른바 배임적 대리행위를 하는 경우에도 마찬가지이다(대판 2005.12.23. 2003다30159).

⑥ 학교법인의 대표자의 차금행위는 직무행위이다(대판 1978.3.14. 78다132).

(3) 불법행위의 일반요건: 제35조는 불법행위책임 일반을 규정한 제750조의 특별규정으로 제35조의 책임이 성립하기 위해서는 행위가 제750조의 일반요건을 충족하여야 한다.

* 제35조에 해당하지 않는 사례: 도시재개발법에 의하여 설립된 재개발조합의 조합원이 조합의 이사 기타 조합장 등 대표기관의 직무상의 불법행위로 인하여 직접 손해를 입은 경우에는 도시재개발법 제21조, 민법 제35조에 의하여 재개발조합에 대하여 그 손해배상을 청구할 수 있으나, 재개발조합의 대표기관의 직무상 불법행위로 조합에게 과다한 채무를 부담하게 함으로써 재개발조합이 손해를 입고 결과적으로 조합원의 경제적 이익이 침해되는 손해와 같은 간접적인 손해는 민법 제35조에서 말하는 손해의 개념에 포함되지 아니하므로 이에 대하여는 위 법 조항에 의하여 손해배상을 청구할 수 없다(대판 1999.7.27. 99다19384).

3. 損害算定: 손익상계, 과실상계 등 일반적인 손해 산정은 그대로 적용된다. 따라서 법인에 대한 손해배상책임 원인이 대표기관의 고의적인 불법행위라고 하더라도, 피해자에게 그 불법행위 내지 손해발생에 과실이 있다면 법원은 과실상계의 법리에 좇아 손해배상의 책임 및 그 금액을 정함에 있어 이를 참작하여야 한다(대판 1987.12.8. 86다카1170).

4. 機關 個人의 責任

(1) 법인의 불법행위가 성립하는 경우: 법인의 목적범위 내의 행위인 경우에 법인의 불법행위가 성립한다.

(가) 기관 개인도 책임을 진다-제1항 후문: 법인이 불법행위책임을 지는 경우에도 이사 기타 대표자 등의 기관 개인도 별도로 불법행위책임을 진다.

① 이사 기타 대표자 등 기관: 법인의 대표자가 그 직무에 관하여 타인에게 손해를 가함으로써 법인에 손해배상책임이 인정되는 경우에, 대표자의 행위가 제3자에 대한 불법행위를 구성한다면 그 대표자도 제3자에 대하여 손해배상책임을 면하지 못하며(35조1항), 또한 사원도 위 대표자와 공동으로 불법행위를 하였거나 이에 가담하였다고 볼 만한 사정이 있으면 제3자에 대하여 위 대표자와 연대하여 손해배상책임을 진다.

② 사원총회 · 대의원총회 · 이사회의 의결에 찬성한 사원: 사원총회 · 대의원 총회 · 이사회의 의결은 원칙적으로 법인의 내부행위에 불과하므로 특별한 사정이 없는 한 그 사항의 의결에 찬성하였다는 이유만으로 제3자의 채권을 침해한다거나 대표자의 행위에 가공 또는 방조한 자로서 제3자에 대하여 불법행위책임을 부담한다고 할 수는 없다. 이때 의결에 참여한 사원 등이 대표자와 공동으로 불법행위를 저질렀거나 이에 가담하였다고 볼 수 있는지 여부는, 그 의결에 참여한 법인의 기관이 당해 사항에 관하여 의사결정권한이 있는지 여부 및 대표자의 집행을 견제할 위치에 있는지 여부, 그 사원이 의결과정에서 대표자의 불법적인 집행행위를 적극적으로 요구하거나 유도하였는지 여부 및 그 의결이 대표자의 업무 집행에 구체적으로 미친 영향력의 정도, 침해되는 권리의 내용, 의결 내용, 의결행위의 태양을 비롯한 위법성의 정도를 종합적으로 평가하여 법인 내부행위를 벗어나 제3자에 대한 관계에서 사회상규에 반하는 위법한 행위라고 인정될 수 있는 정도에 이르러야 한다(대판 2009.1.30. 2006다37465).

(나) 법인의 책임과 기관 개인책임-부진정연대채무: 양자의 책임은 부진정연대채무관계에 있다. 따라서 피해자는 양자에게 모두 손해의 전부를 청구할 수 있다(대판 2006.9.22. 2005다30610). 법인이 배상한 경우에는 법인은 기관 개인에 대하여 구상권을 행사할 수 있다(61조, 65조).

(2) 법인의 불법행위가 성립하지 않는 경우-제2항: 법인의 불법행위가 성립하지 아니하는 경우는 법인의 목적범위 외의 행위인 경우이다. 이 경우에는 그 행위를 집행한 사원, 그 사항의 의결에 찬성한 사원, 이사 및 기타 대표자가 연대책임을 진다. 관련자에게 연대책임을 지우는 것은 법인의 기관의 행위는 일반적으로 법인의 조직이나 신용을 직접 또는 간접으로 이용한 행위이고 또 그 피해가 큰 경우가 많아, 피해자를 보다 두텁게 보호하기 위해서 연대책임을 지운 것이다. 조문에 연대책임으로 규정되어 있지만 성질상 부진정연대책임으로 보아야 한다.

第36條【法人의 住所】 法人의 住所는 그 主된 事務所의 所在地에 있는 것으로 한다.

法人의 住所

1. 意義: 법인도 법률행위의 기준이 되는 주소가 있어야 하는데, 그 주소를 어디로 할 것인가라는 문제가 있다.

2. 主된 事務所 所在地: 법인의 사무소가 주소가 되는데, 사무소가 여러 개 있을 때에는 이를 모두 기재하고, 주된 사무소를 표시하여야 하며, 그 주된 사무소가 법인의 주소가 된다. 법인은 이 주소에서 설립등기를 하여야 한다(33조).

第37條【法人의 事務의 檢査, 監督】 法人의 事務는 主務官廳이 檢査, 監督한다.

第38條【法人의 設立許可의 取消】 法人이 目的以外의 事業을 하거나 設立許可의 條件에 違反하거나 其他 公益을 害하는 行爲를 한 때에는 主務官廳은 그 許可를 取消할 수 있다.

法人에 대한 監督과 許可取消

1. 監督 – 제37조: 법인은 주무관청의 허가를 얻어 설립되기 때문에, 법인의 업무도 허가를 준 주무관청이 감독한다. 감독은 법인의 사무와 재산상태의 적정성 여부에 대한 검사 등의 일반 사항이 모두 포함된다. 이와 같이 일반 업무감독은 주무관청이 하나, 해산과 청산시에는 법인의 목적과는 관계가 없이 재산 정리와 제3자와의 이해관계가 있기 때문에 법원이 감독한다(84조, 95조).

2. 設立許可 取消 – 제38조: 제37조에 의한 주무관청의 법인에 대한 감독의 실효성을 부여하기 위해서, 업무의 검사와 감독의 결과에 따라 허가 조건에 반하거나 공익을 해하는 행위를 한 경우에는 주무관청은 허가를 취소할 수 있다. 취소의 효과는 소급효는 없고 장래에 대하여만 효력이 발생한다.

第39條【營利法人】 ①營利를 目的으로 하는 社團은 商事會社設立의 條件에 좇아 이를 法人으로 할 수 있다.
②前項의 社團法人에는 모두 商事會社에 關한 規定을 準用한다.

營利社團法人

민법상의 사단법인에 관한 규정은 비영리사단법인의 설립 및 조직에 관한 법률관계를 규정한 것이다. 따라서 영리목적의 사단법인에 관한 사항은 민법이 적용되지 아니한다(1항). 영리목적의 사단법인의 설립, 운영과 기타 법률관계는 상사회사에 관하여 규정한 법률(2항, 상법 등)이 적용된다.

第2節 設 立

1. 槪括: 사단법인이든 재단법인이든 법인을 설립하기 위해서는 법이 요구하는(31조) 절차와 내용에 의하여 설립허가를 신청하여 주무관청으로부터 허가(32조)를 받아 등기(33조)함으로써 성립한다. 그 밖에 사단법인과 재단법인의 설립에 관한 구체적 사항에 관하여는 본절에서 규정한다. 비영리법인의 설립 등에 관하여는 민법 외에 특별법인 공익법인의설립·운영에관한법률이 보다 구체적으로 자세하게 규정한다.

2. 構成

(1) 사단법인의 정관: 제40조-제42조
(2) 재단법인의 정관: 제43조-제46조
(3) 재단법인설립행위: 제47조
(4) 재단설립에서 출연재산의 귀속시기: 제48조
(5) 법인의 등기: 제49조-제54조
(6) 재산목록과 사원명부: 제55조
(7) 사원권: 제56조

第40條【社團法人의 定款】 社團法人의 設立者는 다음 各號의 事項을 記載한 定款을 作成하여 記名捺印하여야 한다.
1. 目的
2. 名稱
3. 事務所의 所在地
4. 資産에 關한 規定
5. 理事의 任免에 關한 規定
6. 社員資格의 得失에 關한 規定
7. 存立時期나 解散事由를 定하는 때에는 그 時期 또는 事由

第41條【理事의 代表權에 對한 制限】 理事의 代表權에 對한 制限은 이를 定款에 記載하지 아니하면 그 效力이 없다.

第42條【社團法人의 定款의 變更】 ①社團法人의 定款은 總社員 3分의 2以上의 同意가 있는 때에 限하여 이를 變更할 수 있다. 그러나 定數에 關하여 定款에 다른 規定이 있는 때에는 그 規定에 依한다.
②定款의 變更은 主務官廳의 許可를 얻지 아니하면 그 效力이 없다.

社團法人의 設立

1. 社團法人의 設立行爲: 민법상의 사단법인을 설립하기 위하여는, 학술, 종교, 자선, 기예, 사교 기타 영리 아닌 사업을 목적으로 하여(32조), 정관을 작성하여(40조), 주무관청의 허가(32조)를 얻어, 주된 사무소의 소재지 등기소에 사단법인 설립등기(33조)를 하여야 한다.

2. 定款의 作成 - 제40조: 정관에는 제40조에 명시된 사항은 반드시 기재되어야 한다. 이 중에 하나라도 빠진 경우에는 정관은 무효가 된다.

(1) 목적: 비영리사업을 목적으로 하여야 한다.

(2) 명칭: 특별한 제한은 없다. 사단법인이라는 명칭을 사용하지 않아도 좋다.

(3) 사무소 소재지: 사무소가 여러 개 있을 때에는 모두 기재하여야 하고, 그 중 주된 사무소를 정하여야 한다.

(4) 자산에 관한 규정: 자산의 종류, 관리, 운영, 회비 등에 관한 사항을 정하면 된다.

(5) 이사의 임면에 관한 사항: 이사의 임명과 면하는 방법을 기재하여야 한다. 그 방법에 관하여는 제한이 없다.

(6) 사원자격의 득실에 관한 사항: 사원자격, 입사, 퇴사, 제명 등에 관한 사항을 정하면 된다. 그러나 일부 구성원의 자격을 임의로 배제할 수 없는 것이며, 특정지역 내에 거주하는 일부 종중원에 한하여 의결권을 주고 그 밖의 지역에 거주하는 종중원의 의결권을 박탈할 개연성이 많은 종중규약은 종중의 본질에 반하여 무효이다(대판 1992.9.22. 92다15048).

(7) 존립 시기나 해산사유를 정한 때에는 그 시기 또는 사유: 존립 시기나 해산사유가 별도로 있는 경우에는 그것을 정관에 기재하여야 한다. 따라서 그러한 것이 별도로 없으면 기재하지 않아도 좋다.

(8) 임의적 기재사항: 사단의 운영에 관한 사항을 기재할 수 있으며, 별도로 제한은 없다. 정관에 기재되면 임의적 기재사항도 필요적 기재사항과 동일하게 당해 법인의 규범으로서 효력이 있다.

3. 定款의 法的 性質

(1) 자치법규: 사단법인의 정관은 이를 작성한 사원뿐만 아니라 그 후에 가입한 사원이나 사단법인의 기관 등도 구속하는 점에 비추어 보면 그 법적 성질은 계약이 아니라 자치법규로 보는 것이 타당하므로, 이는 어디까지나 객관적인 기준에 따라 그 규범적인 의미 내용을 확정하는 법규해석의 방법으로 해석되어야 하는 것이지, 작성자의 주관이나 해석 당시의 사원의 다수결에 의한 방법으로 자의적으로 해석될 수는 없다 할 것이어서, 어느 시점의 사단법인의 사원들이 정관의 규범적인 의미 내용과 다른 해석을 사원총회의 결의라는 방법으로 표명하였다 하더라도 그 결의에 의한 해석은 그 사단법인의 구성원인 사원들이나 법원을 구속하는 효력이 없다(대판 2000.11.24. 99다12437).

(2) 유효성 기준: 법인의 정관이나 그에 따른 세부사업을 위한 규정 등 단체내부의 규정은 특별한 사정이 없는 한 그것이 선량한 풍속 기타 사회질서에 위반되는 등 사회관념상 현저히 타당성을 잃은 것이거나 결정절차가 현저히 정의에 어긋난 것으로 인정되는 경우 등을 제외하고는 이를 유효한 것으로 시인하여야 한다(대판 1992.11.24. 91다29026).

4. 代表權의 制限 - 제41조: 이사의 대표권을 제한할 수 있으나, 그 제한은 반드시 정관에 기재하

여야 한다. 정관에 기재하지 않은 대표권의 제한은 무효이다. 그리고 정관에 기재된 대표권의 제한은 등기하여야 제3자에게 대항할 수 있다(61조).

5. 社團法人 定款의 變更 - 제42조

(1) 정관 변경: 사단법인은 특정 목적을 가진 인적 결합체로서 그 조직이나 활동은 그 구성원의 자주적 의사결정에 의한다. 따라서 당초의 성립된 사단법인이 그 동일성을 유지하면서 그 조직이나 활동에 관한 사항을 구성원의 자주적 의사로 변경하는 것을 막을 이유는 없다. 이에 구성원의 총의에 의한 정관의 변경을 허용하되, 정관의 변경은 단체의 주요한 조직과 활동에 관한 내용의 변경이므로 주무관청의 허가를 받도록 하였다.

(2) 요건

(가) 사원총회의 의결-제1항: 정관의 변경에 관한 의결정수에 관하여 정관에 별도로 정한 것이 있으면 그에 따르고, 별도로 정함이 없으면 총사원 2/3이상의 동의를 받아야 한다. 의결정족수에 관하여는 정관에 별도로 정할 수 있으나, 사단법인의 본질상 정관의 변경에 사원총회를 거치지 아니하고는 가능하지 아니하다. 즉 총회의 의결 없이도 정관변경이 가능하도록 한 경우에도, 그에 따른 정관변경은 효력이 없다. 그러나 종원 일부만이 참석한 종중회합에서 종중원의 일부를 종원으로 취급하지도 않고 또 일부 종원에 대하여는 영원히 종원으로서의 자격을 박탈하는 것으로 규약을 개정한 것은 종중의 원래의 설립목적과 종중으로서의 본질에 반하는 것으로서 그 규약개정의 한계를 넘어 무효이다(대판 1978.9.26. 78다1435).

(나) 주무관청의 허가-제2항: 주무관청의 허가를 받아야 변경된 정관이 효력이 생긴다.

(다) 등기 여부: 변경사항이 등기사항이면 등기를 하여야 제3자에게 효력이 있다(54조). 그러나 등기사항이 아니거나 등기된 내용의 변경이 아니면 별도로 변경등기를 할 필요는 없다.

(3) 목적 변경 가능여부: 목적도 변경할 수 있느냐 여부가 문제되는데, 재단법인의 목적의 변경이 가능한 것으로(46조)보아, 부정할 필요는 없다.

第43條【財團法人의 定款】 財團法人의 設立者는 一定한 財産을 出捐하고 第40條 第1號 乃至 第5號의 事項을 記載한 定款을 作成하여 記名捺印하여야 한다.

第44條【財團法人의 定款의 補充】 財團法人의 設立者가 그 名稱, 事務所 所在地 또는 理事任免의 方法을 定하지 아니하고 死亡한 때에는 利害關係人 또는 檢事의 請求에 依하여 法院이 이를 定한다.

第45條【財團法人의 定款變更】 ①財團法人의 定款은 그 變更方法을 定款에 定한 때에 限하여 變更할 수 있다.
②財團法人의 目的達成 또는 그 財産의 保全을 爲하여 適當한 때에는 前項의 規定에 不拘하고 名稱 또는 事務所의 所在地를 變更할 수 있다.
③第42條第2項의 規定은 前2項의 境遇에 準用한다.

第46條【財團法人의 目的 其他의 變更】 財團法人의 目的을 達成할 수 없는 때에는 設立者나 理事는 主務官廳의 許可를 얻어 設立의 趣旨를 參酌하여 그 目的 其他 定款의 規定을 變更할 수 있다.

第47條【贈與, 遺贈에 關한 規定의 準用】 ①生前處分으로 財團法人을 設立하는 때에는 贈與에 關한 規定을 準用한다.
②遺言으로 財團法人을 設立하는 때에는 遺贈에 關한 規定을 準用한다.

第48條【出捐財產의 歸屬時期】 ①生前處分으로 財團法人을 設立하는 때에는 出捐財産은 法人이 成立된 때로부터 法人의 財産이 된다.
②遺言으로 財團法人을 設立하는 때에는 出捐財産은 遺言의 效力이 發生한 때로부터 法人에 歸屬한 것으로 본다.

第49條【法人의 登記事項】 ①法人設立의 許可가 있는 때에는 3週間內에 主된 事務所 所在地에서 設立登記를 하여야 한다.
②前項의 登記事項은 다음과 같다.
1. 目的
2. 名稱
3. 事務所
4. 設立許可의 年月日
5. 存立時期나 解散事由를 定한 때에는 그 時期 또는 事由
6. 資産의 總額
7. 出資의 方法을 定한 때에는 그 方法
8. 理事의 姓名, 住所
9. 理事의 代表權을 制限한 때에는 그 制限

財團法人의 設立

1. 財團法人의 設立: 민법상의 재단법인이 성립되기 위해서는 학술, 종교, 자선, 기예, 사교 기타 영리 아닌 사업을 목적으로 하여(32조), 설립자가 재산을 출연하고(43조), 정관을 작성하여(40조), 주무관청의 허가(32조)를 얻는 일련의 설립행위와 주된 사무소의 소재지 등기소에 재단법인 설립등기(33조)를 하여야 한다. * 법인설립의 수임을 맡은 제3자가 설립업무를 수행하는 과정에서 설립목적의 범위를 넓히고 또 임원구성을 함부로 하는 등 배임적인 행위를 하였다 하더라도 이미 재산의 출연과 정당한 절차를 밟아 설립되어 활동 중인 재단법인의 설립행위 자체를 무효로 할 사유가 될 수는 없다(대판 1993.4.13. 91다29064)

(1) 재산의 출연-제43조: 재단법인은 일정한 목적에 바쳐진 재산의 단체에 권리능력을 인정하여 사회적 활동을 하도록 한 것으로, 필연적으로 재산이 필요하다. 따라서 재단법인설립자는 재산의 출연이 있어야 한다.

(가) 출연행위의 성질

① 출연행위에 붙인 부관의 유효성: 재단법인의 설립을 위한 재산의 출연은 생전처분은 증여, 사후처분은 유언의 성질을 가진다. 그런데 출연자가 출연(기부행위)을 함에 있어 재산기증자는 소유명의만을 재단법인에 귀속시키고 실질적 소유권은 기증자에게 보류하는 따위의 부관을 붙인 경우, 그 부관의 효력은 재단법인에 미치지 않는다(대판 1971.8.31. 71다1176).

② 출연행위에 의사표시에 관한 법리 적용 여부-긍정: 생전처분으로 재단법인을 설립하는 때에 준용되는 민법 제555조에는 서면에 의한 증여(출연)의 해제를 제한하고 있으나, 그 해제는 민법 총칙상의 취소와는 요건과 효과가 다르므로 서면에 의한 출연이더라도 민법 총칙 규정에 따라 출연자가 착오에 기한 의사표시라는 이유로 출연의 의사표시를 취소할 수 있고, 상대방 없는 단독행위인 재단법인에 대한 출연행위라고 하여 달리 볼 것은 아니다(대판 1999.7.9. 98다9045). 따라서 재단법인의 출연자는 재단법인의 성립 여부나 출연된 재산의 기본재산인 여부와 관계없이 그 의사표시(출연행위인 증여행위)를 취소할 수 있다(대판 1999.7.9. 98다9045).

(나) 출연행위의 방법: 재산의 출연은 생전행위(생전처분)로 할 수 있고, 유언(사후처분)으로도 할 수 있다(47조). 재산의 종류는 묻지 아니한다. 출연된 재산의 법인에의 귀속시기에 관하여는

제48조에 규정한다.
① 생전행위에 의한 출연-제47조제1항: 생전처분으로 재단법인을 설립하는 경우에는 출연행위에 관하여는 증여에 관한 규정을 준용한다.
② 사후처분에 의한 출연-제47조제2항: 재산을 사후에 처분하는 것으로 하여 재단법인을 설립하도록 한 경우에 출연행위는 유언에 관한 규정을 준용한다.
(다) 출연재산의 귀속시기-제48조: 재단법인은 설립자가 재산을 출연하다는 의사를 표시하고, 그 이후 설립절차를 거쳐 설립등기함으로써 성립하는데, 출연된 재산이 법인의 재산으로 언제 귀속하느냐는, 즉 출연재산의 귀속시기가 문제된다. 귀속시기에 따라 출연자와 법인, 제3자 간의 이해관계가 달라지기 때문에 매우 중요한 문제가 된다. 기본적으로 제48조의 법적 성질에 관하여 견해가 대립하는데, 학설은 제186조에 의한 법률행위에 의한 물권변동이라 이해하는 견해와 제187조에 의한 법률의 규정(48조)에 의한 물권변동이라는 견해가 대립하는데, 판례는 귀속시기에 관한 제48조는 재단법인 성립에 있어서 재산출연자와 법인과의 관계에 있어서의 출연재산의 귀속에 관한 규정이고, 이 규정은 그 기능에 있어서 출연재산의 귀속에 관하여 출연자와 법인과의 관계를 상대적으로 결정하는 기준이라 본다(대판 1979.12.11. 78다481, 482).
① 물권: 출연재산이 부동산이면 법인에의 이전등기, 동산이면 법인에의 인도를 요할 것인지가 문제된다.
㉮ 학설: 소수설은 재단법인 설립행위가 법률행위이므로 제186조에 의한 물권변동(등기와 인도)을 요한다는 견해이고, 다수설은 제48조가 제187조의 〈기타 법률의 규정〉에 해당하여 제48조에 규정한 바에 의하여 등기 및 인도 없이 법인에 귀속한다는 것이다.
㉯ 판례: 재단법인 설립행위를 기본적으로 법률행위로 이해하나, 출연재산의 귀속에 관하여는 법인과 출연자 사이의 법률관계와 법인과 제3자 사이의 법률관계를 분리하여 해석한다. ㉠ 출연자와 법인과의 관계에서는 출연행위에 터 잡아 법인이 성립되면 그로써 출연재산은 민법제48조에 의하여 법인 성립시에 법인에게 귀속되어 법인의 재산이 되는 것이어서 출연재산이 부동산인 경우에도 법인의 성립으로 등기 없이 귀속된다. ㉡ 법인과 제3자에 대한 관계에 있어서는 출연행위가 법률행위이므로 출연재산의 법인에의 귀속에는 부동산의 권리에 관해서는 법인성립 외에 이전등기를 필요로 한다(대판 1979.12.11. 78다481, 482). 판례의 이러한 해석론은 거래의 안전에 치중을 둔 것이다. 따라서 악의의 제3자에 대한 관계에서 출연재산은 법인 성립시(생전처분), 또는 유언의 효력시(사후처분)에 법인에 귀속한 것으로 보아 대항할 수 있다(대판 1993.9.14. 93다8054)고 해석한다.
② 지명채권: 제48조에 규정한 시기, 즉 생전처분은 법인설립등기시, 사후처분에서는 법인이 성립하면 귀속 시기는 유언의 효력발생시로 소급한다.
③ 지시채권, 무기명채권: 제508조의 규정에 의하여 배서, 교부를 요한다는 소수설과 제48조에 의하여 배서, 교부 없이 귀속한다는 다수설이 주장되며, 물권에 관한 판례의 견해에 의하면 배서, 교부를 하여야 한다고 해석된다.
④ 제3자가 설립중의 법인에의 출연을 약정한 경우: 재단법인의 설립준비 중 제3자가 그 설립자에 대하여 장차 설립될 동 법인에 설립을 조건으로 하고 동 법인에 무상으로 재산을 출연할 것을 약정하였다던가, 동 법인을 수익자로 하는 제3자를 위한 재산출연에 관한 계약을 하였을 경우에는, 그 각 재산이 동 법인의 기부행위에 기재되지 아니하였다 할지라도, 동 법인은 전자에 있어서는 그 설립과 동시에 당연히, 후자에 있어서는 설립 후의 수익의 의사표시에 의하여 동 재산상의 권리를 취득하게 된다(대판 1960.7.21. 4292민상773).
(2) 정관의 작성-제43조: 설립자는 정관을 작성하여, 기명 날인하여야 한다.
(가) 필요적 기재사항; 제40조제1호 내지 제5호의 사항인 목적, 명칭, 사무소의 소재지, 자산에 관한 사항, 이사의 임면에 관한 사항이 정관에 기재되어야 한다.
(나) 정관의 보충-제44조: 정관에는 제40조에서 규정한 사항이 필요적으로 기재되어야 하는데, 재단법인의 가장 중요한 목적에 대해서만 표시한 경우에는, 그 외 사항인 명칭, 사무소 소재지 또는 이사 임면의 방법에 관하여는 이해관계인이나 검사의 청구에 의하여 법원이 이를 보충하여

정하여 법인설립을 가능토록 한다.

(3) 주무관청의 허가-제32조: 주무관청의 허가를 받아야 한다.

(4) 설립등기-제33조, 제49조: 주무관청의 허가가 있으면 설립등기를 하여야 하고, 등기시에는 일정한 사항에 관하여는 반드시 등기되어야 한다.

(가) 등기-제49조제1항: 주무관청의 허가로부터 3주간 내에 주된 사무소 소재지에서 설립등기를 하여야 한다.

(나) 필요적 등기사항: 제49조제2항에 열거한 사항을 등기하여야 한다. 제9호의 대표권제한은 제한을 하는 경우에만 등기하면 되고, 등기하여야 제3자에게 대항할 수 있다.

2. 定款變更 - 제45조, 제46조: 재단법인은 설립시에 그 목적과 조직이 확립되어 있으므로 정관은 원칙적으로 변경하지 못한다. 이 원칙의 예외를 제45조와 제46조에서 규정하고 있다.

(1) 정관에 변경방법이 정해진 경우-제45조: 정해진 방법으로 정관을 변경할 수 있으며, 변경된 사항이 등기사항이면 변경등기하여야 한다. 그런데 정관에서 정관변경절차를 정하였더라도 그 후 당초의 설립목적이나 강행법규에 위배되는 법인의 목적 등에 관한 정관변경결의가 있는 경우에는 설립자의 지위에서 그 효력을 다툴 수 있고, 그 무효확인의 소를 제기할 법률상 이익이 있다(광주고법 1987.10.23. 86나316).

(2) 정관에 변경방법이 정해지지 않은 경우-제45조제2항, 제46조

(가) 제45조제2항: 재단법인의 목적달성 또는 법인재산의 보전을 위하여 적당한 때에는 법인의 본질에 관계가 적은 명칭 또는 사무소의 소재지를 변경할 수 있다.

(나) 제46조: 당초의 목적을 달성을 할 수 없는 때에는, 정관에 변경방법이 규정되어 있느냐 여부와는 관계없이(대판 1978.3.28. 75다1299), 설립의 취지를 참작하여, 설립자나 이사가, 주무관청의 허가를 얻어, 목적 기타 정관의 규정을 변경할 수 있다.

(3) 정관변경의 주무관청의 허가: 정관의 변경은 주무관청의 허가를 얻어야 효력이 발생한다(45조3항, 46조).

(4) 정관변경을 초래하는 기본재산의 증가, 처분에 대한 주무관청의 허가

(가) 허가받지 않은 처분 및 증가의 효력: 재단법인의 기본재산의 처분은 정관변경을 요하는 것이므로 주무관청의 허가를 받아야 하므로, 기본재산의 처분에 주무관청의 허가가 없으면 그 처분행위는 물권계약으로 무효일 뿐 아니라 채권계약으로서도 무효이다(대판 1974.6.11. 73다1975). 이는 기본재산의 증가의 경우에도 동일하다(대판 1978.8.22. 78다1038, 1039). * 공원묘지의 유지 관리를 목적사업으로 하는 재단법인이 그 묘역 일부에 대한 분양권을 공사비채무의 변제에 갈음하여 양도하는 내용의 대물변제계약은 재단법인의 기본재산의 처분으로서 정관을 변경하는 행위에 해당하여 주무관청의 허가가 없는 한 무효이다(대판 1994.4.12. 93다52747).

(나) 상대방의 허가절차 이행청구 가능 여부: 재단법인이 기본재산을 처분한다는 것은 재단법인의 실체가 없어지는 것을 의미하므로 재단법인의 기본재산은 이를 함부로 처분할 수 없는 것이고, 재단법인이 정관의 변경을 초래하는 기본재산의 처분을 위하여 주무관청의 허가를 신청할 것인지 여부는 특별한 사정이 없는 한 재단법인의 의사에 맡겨져 있다고 할 것이므로, 채무자인 재단법인에 다른 재산이 없어 기본재산을 처분하지 않고는 채무의 변제가 불가능하다고 하더라도, 재단법인으로부터 기본재산을 양수한 자도 아니고 금전채권자들에 불과한 자에게는 강제이행청구권의 실질적인 실현을 위하여 필요하다는 사유만으로 기본재산의 처분을 희망하지도 않는 재단법인을 상대로 주무관청에 대하여 기본재산에 대한 처분허가신청 절차를 이행할 것을 청구할 권한이 없다(대판 1998.8.21. 98다19202, 19219).

(5) 변경등기: 변경된 정관이 등기사항이면 허가서가 도착한 날부터(53조), 3주 내에(52조), 변경등기를 하여야 제3자에게 대항할 수 있다(54조).

第50條【分事務所設置의 登記】 ①法人이 分事務所를 設置한 때에는 主事務所 所在地에서는 3週間內에 分事務所를 設置한 것을 登記하고 그 分事務所 所在地에서는

同期間內에 前條第2項의 事項을 登記하고 다른 分事務所 所在地에서는 同期間內에 그 分事務所를 設置한 것을 登記하여야 한다.
②主事務所 또는 分事務所의 所在地를 管轄하는 登記所의 管轄區域內에 分事務所를 設置한 때에는 前項의 期間內에 그 事務所를 設置한 것을 登記하면 된다.

第51條【事務所移轉의 登記】 ①法人이 그 事務所를 移轉하는 때에는 舊所在地에서는 3週間內에 移轉登記를 하고 新所在地에서는 同期間內에 第49條第2項에 揭記한 事項을 登記하여야 한다.
②同一한 登記所의 管轄區域內에서 事務所를 移轉한 때에는 그 移轉한 것을 登記하면 된다.

第52條【變更登記】 第49條第2項의 事項中에 變更이 있는 때에는 3週間內에 變更登記를 하여야 한다.

第52條의2【직무집행정지 등 가처분의 등기】 이사의 직무집행을 정지하거나 직무대행자를 선임하는 가처분을 하거나 그 가처분을 변경·취소하는 경우에는 주사무소와 분사무소가 있는 곳의 등기소에서 이를 등기하여야 한다(2001.12.29. 본조 신설).

第53條【登記期間의 起算】 前3條의 規定에 依하여 登記할 事項으로 官廳의 許可를 要하는 것은 그 許可書가 到着한 날로부터 登記의 期間을 起算한다.

第54條【設立登記以外의 登記의 效力과 登記事項의 公告】 ①設立登記以外의 本節의 登記事項은 그 登記後가 아니면 第三者에게 對抗하지 못한다.
②登記한 事項은 法院이 遲滯없이 公告하여야 한다.

分事務所 設置, 事務所 移轉登記 等

1. 分事務所 設置의 登記 - 제50조: 법인이 분사무소를 설치한 때에는 주사무소 소재지에서는 3주간 내에 분사무소를 설치한 것을 등기하고, 그 분사무소 소재지에서는 동 기간 내에 설립등기사항(49조2항)을 등기하고 다른 기존의 분사무소소재지에서는 동 기간 내에 분사무소를 신설한 것을 등기하여야 한다(1항). 그러나 주사무소 또는 기존의 분사무소의 등기소 관할구역 내에서 분사무소를 신설한 때에는 3주간 내에 사무소를 신설한 것만을 등기하면 된다(2항).

2. 事務所移轉의 登記 - 제51조: 법인이 사무소를 이전하는 때에는 구 소재지에서는 3주간 내에 이전등기를 하고 신 소재지에서는 동 기간 내에 설립등기사항(49조2항)을 등기하여야 한다(1항). 그러나 동일 관할 내의 사무소 이전은 사무소 이전 사항만을 등기하면 된다(2항).

3. 理事의 職務執行停止 등 假處分의 登記 - 제52조의2: 이사의 직무집행을 정지하거나 직무대행자를 선임하는 가처분을 하거나 그 가처분을 변경·취소하는 경우에는 주사무소와 분사무소가 있는 곳의 등기소에서 그 사항을 등기하여야 한다.

4. 登記期間의 起算 - 제53조: 등기의 기산점은 등기할 사항으로 관청의 허가를 요하는 것은 그 허가서가 도착한 날로부터 등기의 기간을 기산한다.

5. 登記의 對抗要件 - 제54조: 설립등기(법인의 성립) 외에는 등기는 제3자에 대한 대항요건이며(1항), 법원은 등기 후 이를 지체 없이 공고하여야 한다(2항).

第55條【財産目錄과 社員名簿】 ①法人은 成立한 때 및 每年 3月內에 財産目錄을 作

成하여 事務所에 備置하여야 한다. 事業年度를 定한 法人은 成立한 때 및 그 年度末에 이를 作成하여야 한다.
②社團法人은 社員名簿를 備置하고 社員의 變更이 있는 때에는 이를 記載하여야 한다.

財産目錄과 社員名簿 作成備置

1. 財産目錄作成 備置 - 제1항: 이사는 제58조 법인의 적극, 소극의 모든 재산에 대하여, 법인이 성립한 때, 그 후에는 매년 3월 내에 재산목록을 작성하여, 사무소에 비치하여야 한다. 사업연도를 정한 법인은 그 연도 말에 이를 작성하여야 한다.

2. 社員名簿 作成 備置 - 제2항: 사단법인은 사원명부를 작성하여 항상 비치하고, 사원의 변경이 있는 때에는 이를 기재하여야 한다.

第56條【社員權의 讓渡, 相續禁止】 社團法人의 社員의 地位는 讓渡 또는 相續할 수 없다.

社員權 讓渡, 相續 禁止

1. 意義: 민법상의 사단법인은 비영리목적의 사람의 단체로서, 그 구성원인 사원은 개인적인 성향이 농후하다. 따라서 사원권의 양도와 상속을 금지한다.

2. 本條의 强行規定 與否 - 부정: 사단법인의 사원의 지위는 양도 또는 상속할 수 없다고 규정한 민법 제56조의 규정은 강행규정이라고 할 수 없으므로, 비법인사단에서도 사원의 지위는 규약이나 관행에 의하여 양도 또는 상속될 수 있다(대판 1997.9.26. 95다6205). * 골프 보급을 주된 목적으로 하는 사단법인의 사원의 지위는 1사람당 하나만 인정되는 것이고, 회원권의 수가 2개라고 하여 2개의 사원권이 인정되는 것은 아니라고 할 것이므로, 위 법인 회원권의 수가 2구좌에서 1구좌로 줄어든다고 하더라도 이는 법인이 운영하는 골프장 시설이용권의 양이 줄어든다는 것을 의미할 뿐이고 그로 인하여 위 법인의 사원의 지위를 박탈당하는 제명과는 성격을 달리하는 것이다(대판 1992.4.14. 91다26850).

第3節 機 關

1. 槪括: 법인은 사람의 단체인 사단법인이든 재산의 단체인 재단법인이든 단체인데, 단체가 권리와 의무의 주체로서 사회활동을 하기 위해서는 의사를 결정하고 구체적으로 이를 실행하여야 할 자연인으로 구성되는 기관이 있어야 한다. 단체가 사회활동을 하기 위해서는 의사를 결정하고, 이를 실행하고, 감독하는 의사결정기관, 의사집행기관, 감독기관이 있어야되는데, 법인의 종류에 따라서 동일하지는 아니하다. 집행기관은 어느 법인이나 반드시 필요하나, 의사결정기관으로서의 사원총회는 재단법인에는 있을 수 없으며, 감독기관인 감사는 민법상의 법인에는 임의기관이나 상법상의 법인에서는 필수적 기관이다. 그리고 민법상의 법인은 모두 비영리법인으로서 관련 당사자간의 이해관계가 첨예하게 대립되는 경우가 적고, 또한 행정관청의 감독을 받아 기관에 관한 규정이 간단하게 규정되어 있다.

2. 構成

(1) 이사: 제57조-제65조
(2) 감사: 제66조, 제67조
(3) 총회: 제68조-제76조

第57條【理事】 法人은 理事를 두어야 한다.

第58條【理事의 事務執行】 ①理事는 法人의 事務를 執行한다.
②理事가 數人인 境遇에는 定款에 다른 規定이 없으면 法人의 事務執行은 理事의 過半數로써 決定한다.

第59條【理事의 代表權】 ①理事는 法人의 事務에 關하여 各自 法人을 代表한다. 그러나 定款에 規定한 趣旨에 違反할 수 없고 特히 社團法人은 總會의 議決에 依하여야 한다.
②法人의 代表에 關하여는 代理에 關한 規定을 準用한다.

第60條【理事의 代表權에 對한 制限의 對抗要件】 理事의 代表權에 對한 制限은 登記하지 아니하면 第三者에게 對抗하지 못한다.

第60條의2【직무대행자의 권한】 ①제52조의2의 직무대행자는 가처분명령에 다른 정함이 있는 경우 외에는 법인의 통상사무에 속하지 아니한 행위를 하지 못한다. 다만 법원의 허가를 얻은 경우에는 그러하지 아니하다.
②직무대행자가 제1항의 규정에 위반한 행위를 한 경우에도 법인은 선의의 제3자에 대하여 책임을 진다.

第61條【理事의 注意義務】 理事는 善良한 管理者의 注意로 그 職務를 行하여야 한다.

第62條【理事의 代理人 選任】 理事는 定款 또는 總會의 決議로 禁止하지 아니한 事項에 限하여 他人으로 하여금 特定한 行爲를 代理하게 할 수 있다.

第63條【臨時理事의 選任】 理事가 없거나 缺員이 있는 境遇에 이로 因하여 損害가 생길 念慮 있는 때에는 法院은 利害關係人이나 檢事의 請求에 依하여 臨時理事를 選任하여야 한다.

第64條【特別代理人의 選任】 法人과 理事의 利益이 相反하는 事項에 關하여는 理事는 代表權이 없다. 이 境遇에는 前條의 規定에 依하여 特別代理人을 選任하여야 한다.

第65條【理事의 任務懈怠】 理事가 그 任務를 懈怠한 때에는 그 理事는 法人에 對하여 連帶하여 損害賠償의 責任이 있다.

理事

1. 意義: 의사집행기관은 사단법인과 재단법인 모두에게 반드시 필요한 기관이다(57조). 법인의 의사를 집행하는 기관이 이사이고, 이사는 대내외적으로 법인을 대표(대표기관)하고 업무를 집행(업무집행기관)한다.

2. 任免

(1) 이사의 수: 이사의 수에는 제한이 없고, 정관에서 임의로 정할 수 있다(40조, 43조).

(가) 자격: 자연인에 한하고, 자격정지나 자격상실의 형을 받은 자는 될 수 없다(형법 43조).

(나) 임면방법: 임면방법은 정관의 필요적 기재사항으로(40조, 43조), 정관에서 그 방법에 관하여 정해진다.

① 정관이 불충분한 경우: 이사의 선임행위는 법인과 당해 이사 간의 위임에 유사한 계약이다. 따라서 정관에 이사의 임면에 관하여 충분히 규정되어 있지 아니한 때에는 민법의 위임에 관한 규정이 유추적용된다.

② 후임자 선임 전의 임기만료 또는 사임한 경우

㉮ 보충적인 업무수행권: 민법상 법인과 그 기관인 이사와의 관계는 위임자와 수임자의 법률관계와 같아서 이사가 사임하거나 임기만료가 되면 일단 위임관계는 종료됨이 원칙이나 후임 이사의 선임시까지 이사가 존재하지 않는다면 기관에 의하여 행위를 할 수 밖에 없는 법인으로서는 당장 정상적인 활동을 중단하여야 할 상황에 놓이게 되고 이는 민법 제691조에 규정된 위임종료의 경우에 급박한 사정이 있는 때와 같으므로 임기만료 또는 사임한 이사라도 임무를 수행함이 부적당하다고 인정할 만한 특별한 사정이 없는 한 후임이사가 선임될 때까지 이사의 직무를 계속 수행할 수 있다. 이 경우 임기만료 또는 사임한 이사의 직무수행권은 법인이 정상적인 활동을 중단하게 되는 처지를 피하기 위하여 보충적으로 인정되는 것으로, 통상적인 최소한의 업무에 한정되어, 이미 이사회의 결의에 의하여 새로운 임원진이 구성되었음에도 별다른 급박한 사정도 없이 그 구성을 변경하기 위한 임시이사회를 스스로 소집하여 이를 제안하는 것과 같은 일은 임기 만료된 대표이사에게 수행케 함이 부적당한 임무에 해당한다(대판 1997.6.24. 96다45122).

＊ 권리능력 없는 사단의 임기만료된 대표자의 사무처리에 대하여 유추적용되는 민법 제691조는 종전 대표자가 임기만료 후에 수행한 업무를 사후에 개별적 · 구체적으로 가려 예외적으로 그 효력을 인정케 하는 근거가 될 수 있을 뿐, 그로 하여금 장래를 향하여 대표자로서의 업무수행권을 포괄적으로 행사하게 하는 근거가 될 수는 없는 것이고(대판 2003.7.8. 2002다74817), 사임한 회장의 업무수행권은 종중과 같은 비법인사단이 정상적인 활동을 중단하게 되는 처지를 피하기 위하여 보충적으로 인정되는 것임에 비추어 별다른 급박한 사정이 없는 한 종회 규약에서 정하고 있는 직무대행자 선출을 위한 것이 아닌 새로운 회장의 선출 등을 위한 총회를 소집하여 이를 제안하는 것과 같은 일은 사임한 회장에게 수행케 함이 부적당한 임무에 해당한다(대판 2006.10.27. 2006다23695).

㉯ 다른 이사가 업무집행이 가능한 경우: 다른 이사만으로 통상적인 법인의 업무의 집행이 가능하다면 구태여 사임 또는 임기 만료된 이사에게 그 직무를 집행하게 할 필요는 없다(대판 1983.9.27. 83다카938).

㉰ 유일한 대표권자의 사임 또는 임기 만료된 경우: 정관에서 법인을 대표하는 이사인 회장과 대표권이 없는 일반 이사를 명백히 분리함으로써 법인의 대표권이 회장에게만 전속되도록 정하고 회장을 법인의 회원으로 이루어진 총회에서 투표로 직접 선출하도록 정한 경우 일반 이사들에게는 처음부터 법인의 대표권이 전혀 주어져 있지 않기 때문에 회장이 궐위된 경우에도 일반 이사가 법인을 대표할 권한을 가진다고 할 수 없고, 사임한 회장은 후임 회장이 선출될 때까지 대표자의 직무를 계속 수행할 수 있다(대판 2003.3.14. 2001다7599).

㉱ 업무수행권 행사하는 임기 만료된 이사의 지위: 법인의 상태가 임기 만료된 이사에게 후임이사 선임시까지 업무수행권을 인정할 필요가 있는 경우에 해당한다 하더라도, 임기 만료된 이사의 업무수행권은 급박한 사정을 해소하기 위하여 퇴임이사로 하여금 업무를 수행하게 할 필요가 있는지를 개별적 · 구체적으로 가려 인정할 수 있는 것이지 퇴임이사라는 사정만으로 당연히 또 포괄적으로 부여되는 지위는 아니므로, 그 임기 만료된 이사에게 이사로서의 지위는 인정되지 아니한다(대판 1996.12.10. 96다37206).

③ 부당한 해임 후에 임기 만료된 경우: 임기 만료된 이사는 그 임기 만료 전에 불법한 이사개임행위에 의하여 해임당하고 그 후임이사의 선임이 있었다 하더라도, 그 후에 다시 적법한 절차에 의하여 후임이사가 선임되었을 경우에는 당초의 이사개임결의가 무효라고 할지라도 이에 대한 무효확인을 구하는 것은 과거의 법률관계 내지 권리관계의 확인을 구함에 귀착되어 결국 확인의 소로서의 권리보호요건을 결여하게 되어 부적법하다(대판 1983.9.27. 83다카938).

(2) 이사의 사임 의사표시와 철회: 법인의 이사를 사임하는 행위는 상대방 있는 단독행위라 할 것이어서 그 의사표시가 상대방에게 도달함과 동시에 그 효력을 발생하고 그 의사표시가 효력을

발생한 후에는 마음대로 이를 철회할 수 없음이 원칙이나, 사임서 제시 당시 즉각적인 철회권유로 사임서 제출을 미루거나, 대표자에게 사표의 처리를 일임하거나, 사임서의 작성일자를 제출일 이후로 기재한 경우 등 사임의사가 즉각적이라고 볼 수 없는 특별한 사정이 있을 경우에는 별도의 사임서 제출이나 대표자의 수리행위 등이 있어야 사임의 효력이 발생하고, 그 이전에 사임의사를 철회할 수 있다(대판 2006.6.15. 2004다10909).

(3) 대표자의 임기 만료 후 개임이 없는 경우: 법인 대표자의 유임 내지 중임을 금지하는 규약이 없는 이상, 임기만료 후에 대표자 개임이 없었다면 그 대표자를 묵시적으로 다시 대표자로 선임하였다고 해석할 것이다(대판 1970.9.17. 70다1256).

(4) 등기사항: 이사의 성명, 주소는 등기사항으로(49조), 등기하지 않으면 이사의 선임, 해임, 퇴임으로 제3자에게 대항할 수 없다(54조).

3. 理事의 責任과 權限: 이사는 법인과의 관계에서는 정관에 정한 권한과 책임을 지지만, 기본적으로는 일종의 위임계약관계이므로 위임에 관한 법률관계가 형성된다.

(1) 이사의 의무와 책임

(가) 선량한 관리자의 주의의무-제61조, 임무해태 책임-제65조: 법인과 이사와의 관계는 기본적인 위임계약적 성질로 이사는 직무를 집행함에 있어 선량한 관리자의 주의의무를 다하여야할 의무가 있고(61조), 이를 해태하여 법인에 손해를 입힌 경우에는 당해 이사는 법인에 대하여 채무불이행에 의한 손해배상책임을 진다(390조, 65조), 따라서 업무집행을 담당하지 아니한 평이사는 이사회의 일원으로서 이사회를 통하여 대표이사를 비롯한 업무담당이사의 업무집행을 감시하는 것이 통상적이긴 하나 평이사의 임무는 단지 이사회에 상정된 의안에 대하여 찬부의 의사표시를 하는 데에 그치지 않으며 대표이사를 비롯한 업무담당이사의 전반적인 업무집행을 감시할 수 있는 것이므로, 업무담당 이사의 업무집행이 위법하다고 의심할만한 사유가 있음에도 불구하고 평이사가 감시의무를 위반하여 이를 방치한 때에는 이로 말미암아 회사가 입은 손해에 대하여 배상책임을 면할 수 없다(대판 1985.6.25. 84다카1954).

(나) 복수 이사의 연대책임-제65조: 임무해태를 한 이사가 복수인 경우에는 그들은 법인에 대하여 연대하여 책임을 진다.

(2) 법인을 대표(대외적 권한)

(가) 대표권-제59조

① 단독대표가 원칙: 이사는 법인의 사무에 관하여 대외적으로 법인을 대표한다. 이사가 수인인 경우에도 이사 각자가 단독으로 법인을 대표하는 단독대표를 원칙으로 한다(1항). 그러나 보통의 경우에는 대표이사를 정관에서 특정한다. 법인의 대표에 관하여는 대리에 관한 규정이 준용된다(2항).

② 대표권 남용: 대표이사가 대표권의 범위 내에서 한 행위는 설사 대표이사가 회사의 영리목적과 관계없이 자기 또는 제3자의 이익을 도모할 목적으로 그 권한을 남용한 것이라 할지라도 일단 회사의 행위로서 유효하고, 다만 그 행위의 상대방이 대표이사의 진의를 알았거나 알 수 있었을 때에는 회사에 대하여 무효가 되는 것이며, 이는 민법상 법인의 대표자가 대표권한을 남용한 경우에도 마찬가지이다(대판 2004.3.26. 2003다34045). 여기서 법인의 대표자의 행위가 직무에 관한 행위에 해당하지 아니함을 피해자 자신이 알았거나 또는 중대한 과실로 인하여 알지 못한 경우에는 법인에게 손해배상책임을 물을 수 없다고 할 것이고, 여기서 중대한 과실이라 함은 거래의 상대방이 조금만 주의를 기울였더라면 대표자의 행위가 그 직무권한 내에서 적법하게 행하여진 것이 아니라는 사정을 알 수 있었음에도 만연히 이를 직무권한 내의 행위라고 믿음으로써 일반인에게 요구되는 주의의무에 현저히 위반하는 것으로 거의 고의에 가까운 정도의 주의를 결여하고, 공평의 관점에서 상대방을 구태여 보호할 필요가 없다고 봄이 상당하다고 인정되는 상태를 말한다(대판 2004.3.26. 2003다34045).

(나) 대표권의 제한

① 정관에 의한 제한-제59조: 이사의 대표권은 정관으로 제한할 수 있고(59조), 그 제한을 정관에 기재하지 아니하면 그러한 제한은 무효이고(41조), 정관에 기재하였더라도 등기하지 아니하

면 그 제한을 제3자에게 대항할 수 없다(60조). 법인의 정관에 법인 대표권의 제한에 관한 규정이 있으나 그와 같은 취지가 등기되어 있지 않다면 법인은 그와 같은 정관의 규정에 대하여 선의냐 악의냐에 관계없이 제3자에 대하여 대항할 수 없다(대판 1992.2.14. 91다24564). 그런데 다른 한편으로 악의의 제3자가 이사의 권한 남용 또는 대표권 제한을 위반한 행위로 인하여 취득한 권리를 행사하는 경우에는 판례는 민법 제107조의 비진의표시의 규정을 유추적용한다.

② 사단법인에서 사원총회에 의한 제한-제59조: 사단법인에서는 이사의 대표권은 사원총회로 제한할 수 있으나, 이 경우에도 역시 정관에 기재되어야 하고(41조), 등기되어야 제3자에 대하여 대항할 수 있다(60조).

③ 이익상반 행위-권한 없음-제64조: 법인과 이사의 개인이익이 상충하는 사항에 관하여는 이사는 대표권이 없으며, 이해관계인이나 검사의 청구에 의하여 법원에서 선임된 특별대리인이 그 업무를 행한다.

④ 복임권 제한-제62조: 이사는 원칙적으로 본인이 직접 대표권을 행사하여야 한다. 그러나 정관 또는 사원총회의 결의로 별도로 금지하지 아니하는 사항에 관하여는 타인을 대리인으로 하여 특정한 행위를 하게 할 수 있다. 즉 이사의 복임권은 인정하지만 포괄적 복임권은 인정되지 않으며 특정행위에 한정하여 복임권을 인정하고 있다. 따라서 법인의 대표자는 정관 또는 총회의 결의로 금지하지 아니한 사항에 한하여 타인으로 하여금 특정한 행위를 대리하게 할 수 있을 뿐 법인의 제반 업무처리를 포괄적으로 위임할 수는 없다 할 것이므로, 법인 대표자가 행한 타인에 대한 업무의 포괄적 위임과 그에 따른 포괄적 수임인의 대행행위는 민법 제62조의 규정에 위반된 것이어서 법인에 대하여는 그 효력이 미치지 아니한다(대판 1996.9.6. 94다18522). 이와 같이 이사가 대리인으로 하여금 특정행위를 하게 하는 것은 일종의 복대리로서, 법인과 이사 및 대리인 상호간의 법률관계는 통상적인 복대리의 법리가 그대로 적용된다.

(다) 제한 위반의 대표행위: 대표이사의 대표권한 범위를 벗어난 행위라 하더라도 그것이 회사의 권리능력의 범위 내에 속한 행위이기만 하면 대표권의 제한을 알지 못하는 제3자가 그 행위를 회사의 대표행위라고 믿은 신뢰는 보호되어야 하고, 다만 그 행위의 상대방이 대표이사의 진의를 알았거나 알 수 있었을 때에는 회사에 대하여 무효가 되는 것이고, 법인의 대표자의 행위에 대하여 피해자 자신이 알았거나 또는 중대한 과실로 인하여 알지 못한 경우에는 법인에게 손해배상책임을 물을 수 없다고 할 것이고, 여기서 중대한 과실이라 함은 거래의 상대방이 조금만 주의를 기울였더라면 대표자의 행위가 그 직무권한 내에서 적법하게 행하여진 것이 아니라는 사정을 알 수 있었음에도 만연히 이를 직무권한 내의 행위라고 믿음으로써 일반인에게 요구되는 주의의무에 현저히 위반하는 것으로 거의 고의에 가까운 정도의 주의를 결여하고, 공평의 관점에서 상대방을 구태여 보호할 필요가 없다고 봄이 상당하다고 인정되는 상태를 말한다(대판 2004.3.26. 2003다34045).

(3) 법인의 내부업무 집행(대내적 권한)-제58조

(가) 업무집행권: 이사는 법인의 내부업무에 대한 집행권이 있다(1항). 권한의 범위 및 행사방법은 정관과 사원총회의 의결에 정한 바에 의한다.

(나) 이사의 과반수로 결정-제2항: 복수의 이사가 있는 경우에 정관에 별도로 정한 것이 없으면 이사의 과반수로 결정한다.

(다) 구체적 업무: 민법에서 규정하는 이사의 구체적 내부업무는 아래와 같다.

① 재산목록 작성, 비치: 제55조

② 사원명부작성, 비치: 제55조

③ 사원총회소집: 제69조, 제70조

④ 총회의사록 작성: 제76조

⑤ 파산신청: 제79조

⑥ 청산인이 되는 것: 제82조

⑦ 등기업무: 제97조

4. 理事會: 복수의 이사가 있는 경우에는 정관에 별도로 정하지 아니한 경우에는 법인의 사무집

행은 과반수로 정하도록 되어 있어(58조), 이를 위해서 이사 전원으로 구성되는 이사회를 두는 것이 보통이다. 민법에서는 이사회에 관하여 특별히 규정하지 아니하나 상법에서는 주식회사의 이사회를 상설 필수기관으로 하고 있다(상법 390조).

(1) 특정 이사에 대하여 소집통지를 하지 않은 이사회 결의: 이사회가 특정 이사에게 적법한 소집통지를 하지 아니하여 그 이사가 출석하지 아니한 채 개최되었다면 그 이사회 결의는 무효이다(대판 1994.9.23. 94다35084).

(2) 일부 이사의 불출석시에 소집통지서에 기재되지 않은 사항에 대한 이사회 결의: 정관에 이사회의 소집통지시 '회의의 목적사항'을 명시하도록 정하고 있음에도, 일부 이사가 참석하지 않은 상태에서 소집통지서에 회의의 목적사항으로 명시한 바 없는 안건에 관하여 이사회가 결의하였다면, 적어도 그 안건과 관련하여서는 불출석한 이사에 대하여는 정관에서 규정한 바대로의 적법한 소집통지가 없었던 것과 다를 바 없으므로 그 결의 역시 무효다(대판 2005.5.18. 2004마916).

(3) 특정인에 대한 적법한 소집절차 없는 이사 만장일치된 이사회의 결의: 임시이사회를 개최함에 있어서 신청인에 대한 적법한 소집절차를 밟지 아니하였다면 그 결과가 설사 만장일치로 된 결의로서 신청인이 소집을 통지받고 출석하여 반대의 표결을 하였던들 이사회결의의 성립에 영향이 없었다 하더라도 이사회결의는 당연히 무효이다(대판 1968.12.9. 68마1083).

5. 職務代行者 - 通常事務 - 제60조의2: 직무대행자는 이사가 그 직무집행을 정지당함으로써 사실상 직무를 행할 수 없는 경우에 이해관계인의 신청에 의하여 법원이 가처분의 형식으로 이사 직무를 대리하도록 선임한 자를 말하는 것으로서 제63조의 임시이사, 제64조의 특별대리인과는 그 선임절차와 성질에 있어서 서로 다르다. 직무대행자로 선임된 자는 법인의 통상적인 업무만을 집행할 수 있다, 다만 법원의 가처분명령에 특별히 정한 업무나 별도로 법원의 허가를 얻은 행위는 특별사무도 집행할 수 있다(1항). 위 사항에 위반하여 집행한 직무대행자의 행위일지라도 선의의 제3자에게는 법인은 책임을 진다(2항). 한편 직무대행자는 법인에 대하여 이사와 유사한 권리의무와 책임을 부담하므로, 법인과의 사이에 이익이 상반하는 사항에 관하여는 민법 제64조가 준용되고, 직무대행자가 개인의 입장에서 원고가 되어 법인을 상대로 소송을 하는 경우에는 민법 제64조가 규정하는 이익상반 사항에 해당한다(대판 2003.5.27. 2002다69211).

6. 臨時理事 - 제63조: 법인 성립 후 이사가 전연 없거나 결원이 생겼으나 그 선임 및 보충이 지연되어 법인이나 타인에게 손해가 발생할 염려가 있는 때에는, 법원은 이해관계인이나 검사의 청구에 의하여 임시이사를 선임하여야 한다. 임시이사는 이사와 동일한 권한과 책임이 있는 법인의 기관이나, 정식이사가 선임되면 임시이사의 권한은 당연히 소멸한다.

7. 特別代理人 - 제64조: 법인과 이사 개인의 이익이 상반되는 사항에서 이사는 대표권이 없고, 이 경우에 이해관계인이나 검사의 청구로 법원은 특별대리인을 선임하고, 선임된 특별대리인은 당해 사항에 관하여 법인을 대표한다.

第66條【監事】 法人은 定款 또는 總會의 決議로 監事를 둘 수 있다.

第67條【監事의 職務】 監事의 職務는 다음과 같다.
1. 法人의 財産狀況을 監査하는 일
2. 理事의 業務執行의 狀況을 監査하는 일
3. 財産狀況 또는 業務執行에 關하여 不正, 不備한 것이 있음을 發見한 때에는 이를 總會 또는 主務官廳에 報告하는 일
4. 前號의 報告를 하기 爲하여 必要 있는 때에는 總會를 召集하는 일

監事

1. 任意機關 - 제66조: 사단법인과 재단법인에서는 이사의 업무를 감독할 기관으로 정관 또는 총회의 결의로 감사를 둘 수 있다. 즉 민법상의 법인에서 감사는 필수기관이 아닌 임의기관이다.

또한 감사를 둘지라도 감사는 등기사항이 아니다(49조). 이는 감사는 외부적으로 법인을 대표하는 기관이 아니므로 제3자에게 피해를 줄 염려가 없기 때문이다.

2. 職務權限 - 제67조: 제67조에 감사의 직무를 규정하고 있으나, 이는 예시로서 열거한 것 외에도 이사의 업무를 감독하기 위하여 필요한 행위를 할 수 있다.

3. 監事의 義務와 責任: 감사도 법인의 기관으로서 법인과의 관계에서는 일종의 위임계약관계로서 선량한 관리자의 주의의의무가 있고, 이를 위반한 때에는 채무불이행에 의한 손해배상책임이 있다(390조). 감사가 수인인 경우에 이사와 동일하게 그들 사이에 연대책임을 지느냐가 문제되는데, 감사는 이사와 달리 각자가 단독으로 직무를 행하기 때문에 연대책임을 진다고는 볼 수 없다.

第68條【總會의 權限】 社團法人의 事務는 定款으로 理事 또는 其他 任員에게 委任한 事項外에는 總會의 決議에 依하여야 한다.

第69條【通常總會】 社團法人의 理事는 每年 1回以上 通常總會를 召集하여야 한다.

第70條【臨時總會】 ①社團法人의 理事는 必要하다고 認定한 때에는 臨時總會를 召集할 수 있다.
②總社員의 5分의 1以上으로부터 會議의 目的事項을 提示하여 請求한 때에는 理事는 臨時總會를 召集하여야 한다. 이 定數는 定款으로 增減할 수 있다.
③前項의 請求 있는 後 2週間內에 理事가 總會召集의 節次를 밟지 아니한 때에는 請求한 社員은 法院의 許可를 얻어 이를 召集할 수 있다.

第71條【總會의 召集】 總會의 召集은 1週間前에 그 會議의 目的事項을 記載한 通知를 發하고 其他 定款에 定한 方法에 依하여야 한다.

第72條【總會의 決議事項】 總會는 前條의 規定에 依하여 通知한 事項에 關하여서만 決議할 수 있다. 그러나 定款에 다른 規定이 있는 때에는 그 規定에 依한다.

第73條【社員의 決議權】 ①各社員의 決議權은 平等으로 한다.
②社員은 書面이나 代理人으로 決議權을 行使할 수 있다.
③前2項의 規定은 定款에 다른 規定이 있는 때에는 適用하지 아니한다.

第74條【社員이 決議權 없는 境遇】 社團法人과 어느 社員과의 關係事項을 議決하는 境遇에는 그 社員은 決議權이 없다.

第75條【總會의 決議方法】 ①總會의 決議는 本法 또는 定款에 다른 規定이 없으면 社員 過半數의 出席과 出席社員의 決議權의 過半數로써 한다.
②第73條第2項의 境遇에는 當該 社員은 出席한 것으로 한다.

第76條【總會의 議事錄】 ①總會의 議事에 關하여는 議事錄을 作成하여야 한다.
②議事錄에는 議事의 經過, 要領 및 結果를 記載하고 議長 및 出席한 理事가 記名捺印하여야 한다.
③理事는 議事錄을 主된 事務所에 備置하여야 한다.

總會

1. 必須的 機關: 사단법인은 사원으로 구성되는 사람의 단체이다. 따라서 사단법인에서는 의사결정기관으로서 사원총회가 있다. 사단법인에서 사원총회는 모든 사원으로 구성되는 필수기관으로 반드시 두어야 한다. 사원총회는 정관으로 이사 또는 기타 임원에게 위임한 사항을 제외하고는 모든 사단법인의 사무를 결정한다(68조). 정관의 변경도 사원총회결의로 하도록 되어 있으니까 결국 사원총회는 사단법인에 관한 모든 근본적인 사항을 결정하는 최고의사결정기관이 된다. 따라서 사원총회는 정관에 의해서도 폐지하지 못한다.

2. 總會의 種類: 통상총회와 임시총회의 두 가지가 있다.

(1) 통상총회-제69조: 통상총회는 적어도 매년 1회 이상 일정한 시기에 소집되는 사원총회를 말한다. 소집시기는 정관에서 정하는 것이 보통이나 정관에서 정한 것이 없으면 사원총회의 결의로 정할 수도 있고, 임사가 임의로 정할 수도 있다.

(2) 임시총회-제70조: 임시총회는 필요에 따라 소집되는 사원총회를 말한다. 민법이 규정하는 임시총회를 소집할 수 있는 경우는, ① 이사가 필요하다고 인정하는 때(70조1항), ② 감사가 필요하다고 인정하는 때(67조4호), ③ 일정 수의 사원이 회의의 목적사항을 제시하여 소집요구를 하는 때인데, 그 소집요구 정수에 정관에 별로 정하지 아니한 때에는 총사원 1/5이상이 찬성하여야 한다(70조2항). ③의 일정수의 사원에게 총회소집요구권을 부여한 것은 소수의 사원을 보호하기 위한 것으로, 정당한 소집요구에도 불구하고 이사가 2주간 내에 총회소집 절차를 밟지 아니하는 때에는 소집을 요구한 사원은 법원의 허가를 얻어 총회를 소집할 수 있다.

3. 召集節次 - 제71조: 총회의 소집은 소집권자(이사)가 1주간 전에 그 회의의 목적사항을 기재한 통지를 하고, 기타 정관에 정한 방법에 의하여야 한다. 소집기간은 연장할 수는 있으나 단축할 수는 없다고 해석된다.

(1) 소집권자: 총회의 소집은 소집권자가 소집하여야 한다.

(가) 소집권자 아닌 자에 의한 총회소집: 종중의 대표 자격이 있는 연고항존자가 직접 종회를 소집하지 아니하였더라도 그가 다른 종중원의 종회 소집에 동의하여 그 종중원으로 하여금 소집케 하였다면 그와 같은 종회 소집을 전혀 권한 없는 자의 소집이라고 볼 수도 없다(대판 2002.5.14. 2000다42908).

(나) 소집권자인 공동대표 중의 1인이 단독으로 총회를 소집한 경우: 총회의 소집권자인 공동대표 중의 1인이 나머지 공동대표자와 공동하지 않은 채 단독으로 총회를 소집하였다 하더라도 특단의 사정이 없는 한 그 총회의 결의가 부존재라거나 무효라고 할 정도의 중대한 하자라고 볼 수는 없다(대판 1999.6.25. 99다10363).

(2) 소집통지

(가) 통지의 필수 여부-부정: 소집에 반드시 통지가 필수적이지는 아니하다. 정기총회에 관한 회칙 규정이 정기총회는 매년 일정한 날에 일정한 장소에서 개최되는 것으로 해석되는 이상, 회장이 총회의 소집권자라고 하더라도 구태여 정기총회 소집통지까지 할 필요는 없다(대판 1998.10.23. 97다4425).

(나) 일부 사원에 대한 소집통지 결여-무효: 통지가 가능한 모든 사원에게 개별적으로 소집통지를 함으로써 각자가 회의와 토의 및 의결에 참가할 수 있는 기를 주어야 하고, 일부 사원에게 소집통지를 결여한 채 개최된 총회의 결의는 효력이 없으나, 그 소집통지의 방법은 반드시 직접 서면으로 하여야만 하는 것은 아니고 구두 또는 전화로 하여도 된다(대판 2001.6.29. 99다32257).

(다) 제71조의 법정 유예기간 규정에 위반하여 소집한 총회 결의의 효력: 종중원인 갑을 비롯한 10명의 종원이 1991.9.3. 연락 가능한 종원들에게 임시총회 소집통지를 한 다음 1991.9.8. 13:00경 종중 총회를 개최하여 갑을 종중의 대표자로 선출하였다면, 그 종중 총회의 소집절차는 "총회의 소집은 1주간 전에 통지를 발하고 기타 정관에 정한 방법에 의하여야 한다."고 규정한 민법 제71조의 규정에 위반되어, 특별한 사정이 없는 한 그 종중총회의 결의는 그 효력이 없다(대판 1995.11.7. 94다7669).

(라) 총회의 소집통지가 법정기한보다 단순히 1, 2일 지연되고, 회원들이 회의의 목적사항을 알

고 있는 경우, 그 총회결의의 효력-유효: 총회의 개최에 일정의 유예기간을 두고 소집통지를 하도록 규정한 취지는 그 구성원의 토의권과 의결권의 행사를 보장하기 위한 것이므로 회원에 대한 소집통지가 단순히 법정기한을 1일이나 2일 지연하였을 뿐이고 회원들이 사전에 회의의 목적사항을 알고 있는 등의 사정이 있었다면 회원의 토의권 및 결의권의 적정한 행사는 방해되지 아니한 것이므로 이러한 경우에는 그 총회결의는 유효하다(대판 1999.6.25. 99다10363).

(3) 총회 개최 전의 소집 철회: 법인이나 법인 아닌 사단의 총회에 있어서, 소집된 총회가 개최되기 전에 당초 그 총회의 소집이 필요하거나 가능하였던 기초 사정에 변경이 생겼을 경우에는, 특별한 사정이 없는 한 그 소집권자는 소집된 총회의 개최를 연기하거나 소집을 철회·취소할 수 있고, 총회의 소집을 철회·취소하는 경우에는 반드시 총회의 소집과 동일한 방식으로 그 철회·취소를 총회 구성원들에게 통지하여야 할 필요는 없고, 총회 구성원들에게 소집의 철회·취소결정이 있었음이 알려질 수 있는 적절한 조치가 취하여지는 것으로써 충분히 그 소집 철회·취소의 효력이 발생한다(대판 2007.4.12. 2006다77593).

(4) 소집절차의 하자-사후 추인으로 치유: 소집절차에 하자가 있어 그 효력을 인정할 수 없는 종중총회의 결의라도 후에 적법하게 소집된 종중총회에서 이를 추인하면 이는 처음부터 유효로 된다(대판 1995.6.16. 94다53563).

4. 總會의 權限 - 제72조: 정관으로 이사 또는 기타 임원에게 위임한 사항 외에는 총회에서 결의할 수 있다(68조). 특히 정관변경(42조)이나 법인의 해산(77조)은 사원총회의 전속적 사항이다. 당해 총회에서는 총회소집통지에서 안건으로 정한 사항에 대하여만 결의할 수 있다(72조). 총회의 권한 사항인지 여부가 문제되는 아래의 구체적인 몇 가지가 있다.

(1) 정관의 해석에 관한 사항-권한이 아님: 정관의 해석에 관하여 사원총회가 별도로 결의를 할 수 있는지가 문제되는데, 정관의 해석은 객관적인 기준에 따른 규범적 해석이어야 하고, 그 규범적인 의미 내용과 다른 해석을 사원총회의 결의라는 방법으로 표명하였다 하더라도 그 결의에 의한 해석은 구성원인 사원들이나 법원을 구속하는 효력이 없다(대판 2000.11.24. 99다12437).

(2) 사단법인의 유일한 재산의 처분-총회 불요: 민법상의 사단법인에 있어서는 비록 재산이 중요하고 유일한 것이라 하여도 그 처분에 있어 반드시 사원총회의 결의를 필요로 하는 것은 아니고, 재산의 처분에 총회의 결의가 있어야 유효하다는 것을 대외적으로 주장하려면 법인대표자의 대표권을 제한하여 총회의 결의를 필요로 하는 취지의 대표권제한을 등기하여야 한다(대판 1975.4.22. 74다410).

(3) 소속 교단의 규약에 탈퇴에 관한 규정이 없는 경우에 총회로 탈퇴가 가능한지 여부-가능: 소속 교단의 규약에 가입과 징계에 관한 규정이 있을 뿐이고, 탈퇴에 관한 규정이 없더라도, 일반적으로 교회는 교인전원의 총의에 의하는 경우 소속 교단의 변경이 가능하다(대판 1991.5.28. 90다8558).

5. 總會의 決議

(1) 총회의 성립: 총회가 성립하기 위해서는 소집절차가 적법하여야 하고, 성립에 필요한 정족수를 충족하여야 한다. 의사정족수에 관하여 정관 등에 별도로 정하지 아니한 경우에는 사원 2인 이상의 출석으로 성립한다고 해석된다.

(2) 결의사항-72조: 소집할 때에 통지한 사항에 대하여만 결의할 수 있다.

(3) 결의권-제73조, 제74조: 각 사원의 결의권은 원칙적으로 평등하나(73조1항), 정관으로 사원의 결의권에 대하여 별도로 정할 수 있다(73조3항). 한편 개별 사원과 법인과의 관계사항를 의결하는 사안에 대하여는 당해 총회에서는 그 사원은 결의권이 없다(74조). 결의권의 행사는 정관에 다른 정함이 없는 경우에는 서면으로 행사하거나 대리인으로 하여금 행사하게 할 수 있다(73조2항).

(4) 결의 방법-제75조: 결의(의결정족수)는 민법 또는 정관에 다르게 정한 것이 없으면 사원 과반수의 출석과 출석사원의 결의권의 과반수로써 한다. 서면 또는 대리인에 의한 결의권 행사가 가능한 경우에는 서면을 제출한 자나 대리인이 참석한 것은 출석으로 간주한다(75조2항). 민법에 의결정족수에 관하여 별도로 규정한 경우는 정관의 변경에 총사원의 2/3이상의 찬성(42조), 법인해산시의 3/4이상의 찬성(78조)을 요구한 것이 해당한다.

(5) 의사록 작성-제76조: 의사의 경과, 요령 및 결과를 기재하고 의장 및 출석한 이사가 기명날인한 의사록을 작성하여, 주된 사무소에 비치하여야 한다. 이와 같은 의사의 경과요령 및 결과 등은 의사록을 작성하지 못 하였다든가 또는 이를 분실하였다는 등의 특단의 사정이 없는 한 이 의사록에 의하여서만 증명된다(대판 1984.5.15. 83다카1565).

第4節 解 散

1. 概括: 법인이 본래의 목적을 달성하였다든가 또는 목적 달성이 불가능한 경우에는 더 이상 법인을 존속시킬 필요 없이 권리능력을 상실시켜 법인을 소멸시키는 것이 법인의 해산이다. 그런데 법인을 해산할 때 잔여 재산의 처리가 남게 되는데, 이와 같이 법인이 본래의 활동을 중지하고 잔여재산의 처리를 하는 과정이 청산이다. 해산으로 청산과정에 있는 법인이 청산법인이 된다. 이를 과정별로 분석하면, 법인을 소멸시키는 일연의 과정이 해산이고, 해산으로 잔여재산을 정리하는 과정이 청산(청산법인)이며, 청산을 종결하면 법인은 권리능력을 전부 상실하여 소멸하게 된다. 그리고 민법상의 청산절차에 관한 본절의 규정은 모두 제3자의 이해관계에 중대한 영향을 미치기 때문에 강행규정이라고 해석되어, 이에 위반한 행위는 특단의 사정이 없는 한 무효가 된다(대판 1995.2.10. 94다13473).

2. 構成

(1) 해산: 제77조-제79조
(2) 잔여재산의 귀속: 제80조
(3) 청산법인: 제81조-제84조
(4) 해산등기, 해산신고: 제85조, 제86조
(5) 청산의 이행: 제87조-제96조
(6) 벌칙: 제97조

第77條【解散事由】 ①法人은 存立期間의 滿了, 法人의 目的의 達成 또는 達成의 不能 其他 定款에 定한 解散事由의 發生, 破産 또는 設立許可의 取消로 解散한다.
②社團法人은 社員이 없게 되거나 總會의 決議로도 解散한다.

第78條【社團法人의 解散決議】 社團法人은 總社員 4分의 3以上의 同意가 없으면 解散을 決議하지 못한다. 그러나 定款에 다른 規定이 있는 때에는 그 規定에 依한다.

第79條【破産申請】 法人이 債務를 完濟하지 못하게 된 때에는 理事는 遲滯없이 破産申請을 하여야 한다.

解散事由

1. 社團法人과 財團法人에 共通的인 解散事由 - 제77조제1항

(1) 존립기간의 만료, 정관에 정한 해산사유의 발생: 법인의 존립시기나 해산사유는 사단법인에서는 필요적 기재사항(40조)이고, 재단법인에서는 임의적 기재사항(43조)이다. 정관에 기재된 존립시기나 해산사유가 발생하면 법인은 해산한다.

(2) 법인의 목적 달성 또는 달성 불능: 법인이 당초의 설립목적을 달성하였거나 달성이 불가능한 경우에는 더 이상 존속할 필요가 없다. 그런데 당초의 목적 달성이 불가능한 경우에는 반드시 해산을 하여야 하는 것이 아니라 정관을 변경하여 존속할 수도 있다.

(3) 파산: 법인이 채무를 완제하지 못할 상태, 즉 채무초과상태가 되는 때에는 이사는 지체 없이 파산신청을 하여야 하고(79조), 파산신청으로 법인은 해산된다. 이때 채무초과는 반드시 지급불능인 상태를 의미하는 것이 아니고, 소극재산이 적극재산을 초과하는 것으로 그대로 법인을 존

속시키면 제3자에게 손해를 줄 우려가 있기 때문이다.
(4) 설립허가의 취소-제38조: 법인이 목적 이외의 사업을 하거나, 설립허가의 조건을 위반하거나, 공익을 해하는 행위를 하는 때에는 주무관청은 설립허가를 취소할 수 있고(38조), 허가가 취소되면 법인은 해산된다.

2. 社團法人에 特有한 解散事由 - 제77조제2항

(1) 사원이 없게 된 때: 사단법인은 사람의 단체이므로 성질상 사원이 1명도 없게 되면 해산된다(77조2항).
(2) 사원총회의 해산결의: 사원총회의 결의로 해산할 수 있다(77조2항). 의결정족수는 정관에 정한 바에 의하나, 정관에서 별도로 정하지 아니한 경우에는 총 사원 3/4이상의 동의를 받아야 한다(78조).

第80條【殘餘財産의 歸屬】 ①解散한 法人의 財産은 定款으로 指定한 者에게 歸屬한다.
②定款으로 歸屬權利者를 指定하지 아니하거나 이를 指定하는 方法을 定하지 아니한 때에는 理事 또는 淸算人은 主務官廳의 許可를 얻어 그 法人의 目的에 類似한 目的을 爲하여 그 財産을 處分할 수 있다. 그러나 社團法人에 있어서는 總會의 決議가 있어야 한다.
③前2項의 規定에 依하여 處分되지 아니한 財産은 國庫에 歸屬한다.

法人의 殘餘財産의 歸屬

1. 意義: 법인을 소멸시킴에 해산 전이나 해산 후에 법인의 채권, 채무를 정리하고 남은 재산을 어떻게 처리할 것인가라는 문제가 남는다. 즉 잔여재산의 처리는 청산절차를 다 거친 후에 남은 재산을 누구에게 인도할 것인가(87조1항3호)의 문제이다.

2. 定款에서 定한 者 - 제1항: 법인이 해산한 때를 대비하여 잔여재산의 귀속자를 정관에서 직접 지정한 때에는 그 자에게 귀속한다. 또한 법인 해산시 잔여재산의 귀속권리자를 직접 지정하지 아니하고 사원총회나 이사회의 결의에 따라 이를 정하도록 하는 등 간접적으로 그 귀속권리자의 지정방법을 정해 놓은 정관 규정도 유효하여(대판 1995.2.10. 94다13473), 그에 따라 귀속자를 정하여야 한다.

3. 定款에서 定하지 아니한 경우

(1) 허가를 얻어 유사목적으로 처분-제2항: 정관으로 잔여재산의 귀속권리자를 지정하지 아니하거나, 지정하는 방법을 정하지 아니한 때에는 해산 전에는 이사가, 해산한 때에는 청산인이 주무관청의 허가를 얻어 그 법인의 목적에 유사한 목적을 위하여 그 재산을 처분할 수 있다. 그러나 사단법인에 있어서는 총회의 결의가 있어야 한다.
(2) 국고 귀속-제3항: 상기 어느 방법에 의해서도 남는 재산은 국고에 귀속된다.

4. 定款 또는 民法에 違反한 殘餘財産의 處理 - 무효: 민법 제80조제1항은 제3자의 이해관계에 중대한 영향을 미치는 것으로서 강행규정이므로, 해산한 법인이 잔여재산의 귀속자에 관한 정관규정에 반하여 잔여재산을 달리 처분할 경우 그 처분행위는 청산법인의 목적범위 외의 행위로서 특단의 사정이 없는 한 무효이고, 정관에 법인 재산의 처분에 관하여 이사회 또는 청산인회의 심의의결을 거치도록 규정되어 있는 경우에도, 해산한 법인이 잔여재산의 귀속자에 관한 민법 및 정관의 규정에 따라 구체적으로 확정된 잔여재산이전의무의 이행으로서 그 귀속권리자에게 잔여재산을 이전하는 것은, 위 이사회 또는 청산인회의 심의의결을 요하는 재산의 처분에 해당하지 아니한다(대판 2000.12.8. 98두5279).

第81條【淸算法人】 解散한 法人은 淸算의 目的範圍內에서만 權利가 있고 義務를 負擔한다.

第82條【清算人】 法人이 解散한 때에는 破産의 境遇를 除하고는 理事가 清算人이 된다. 그러나 定款 또는 總會의 決議로 달리 定한 바가 있으면 그에 依한다.

第83條【法院에 依한 清算人의 選任】 前條의 規定에 依하여 清算人이 될 者가 없거나 清算人의 缺員으로 因하여 損害가 생길 念慮가 있는 때에는 法院은 職權 또는 利害關係人이나 檢事의 請求에 依하여 清算人을 選任할 수 있다.

第84條【法院에 依한 清算人의 解任】 重要한 事由가 있는 때에는 法院은 職權 또는 利害關係人이나 檢事의 請求에 依하여 清算人을 解任할 수 있다.

清算法人

1. 清算法人의 權利能力 - 제81조: 법인이 해산하여 잔여 사무와 재산의 처리를 하기 위하여 존속하는 법인이 청산법인이다. 청산법인은 법인 본래의 목적을 위한 업무를 중지하고 그 법인의 잔무와 재산을 처리하기 위하여 존속하는 법인이다. 따라서 청산법인은 그 성질상 청산을 위한 목적의 범위 내에의 권리능력과 책임만을 진다. 그리고 청산종결등기가 경료된 경우에도 청산사무가 종료되었다 할 수 없는 경우에는 청산법인으로 존속한다(대판 1980.4.8. 79다2036).

2. 清算終結 前의 舊法人과 新法人과의 關係 - 별개: 사단법인의 구성원들이 그 법인을 해산하고 신법인을 결성한 경우, 구법인과 신법인의 구성원이 동일하고 그 두 법인의 임원과 대표자가 일시 부분적으로 중복된 때가 있었으며 두 법인의 설립목적이 같고 구법인이 해산하면서 그 재산을 신법인에 승계시키기로 결의하고 신법인이 구법인의 재산을 사실상 인수하여 관리한 바 있더라도 구법인이 그 청산절차를 종료하지 않은 이상 의연히 법인으로 존속하므로 구법인과 신법인과는 별개의 법인이다(대판 1989.8.8. 88다카26123).

3. 清算人: 청산법인에서 대외적으로 청산법인을 대표하고 내부적으로 청산업무를 집행하는 기관이 청산인이다. 법인이 해산되어 청산법인이 되면 누가 청산법인의 업무를 처리할 기관인 청산인이 되느냐의 문제가 생긴다.

(1) 정관에서 지정한 자, 총회에서 선임된 자, 이사-제82조: 첫째로 정관에서 지정된 자이고, 정관에서 지정된 자가 없으면 사단법인의 경우에는 사원총회에서 선임되는 자이나, 정관이나 사원총회에서 선임되지 아니하면 기존의 이사가 청산인이 된다.

(2) 법원에서 선임-제83조: 제82조에 의한 청산인이 될 자가 없는 경우에는 법원이 이해관계인이나 검사의 청구 또는 직권으로 청산인을 선임한다. 또한 청산인 있더라도 후에 결원으로 손해가 생길 염려가 있는 경우에도 법원이 선임할 수 있다.

(3) 법원에 의한 청산인의 해임-제84조: 법인의 청산은 제3자에게 미치는 영향이 매우 크므로, 법원의 감독권을 강화하여 중요한 사유가 있는 때에는 법원은 직권 또는 이해관계인이나 검사의 청구로 청산인을 해임할 수 있다.

4. 清算節次에 關한 規定 - 强行規定: 민법 제80조, 제81조, 제87조와 같은 청산절차에 관한 규정은 모두 제3자의 이해관계에 중대한 영향을 미치기 때문에 소위 강행규정이라고 해석되므로 만일 그 청산법인이나 그 청산인이 청산법인의 목적범위 외의 행위를 한 때는 무효라 아니할 수 없다(대판 1980.4.8. 79다2036).

第85條【解散登記】 ①清算人은 破産의 境遇를 除하고는 그 就任後 3週間內에 解散의 事由 및 年月日, 清算人의 姓名 및 住所와 清算人의 代表權을 制限한 때에는 그 制限을 主된 事務所 및 分事務所 所在地에서 登記하여야 한다.
②第52條의 規定은 前項의 登記에 準用한다.

第86條【解散申告】 ①清算人은 破産의 境遇를 除하고는 그 就任後 3週間內에 前條第1項의 事項을 主務官廳에 申告하여야 한다.
②清算中에 就任한 清算人은 그 姓名 및 住所를 申告하면 된다.

解散登記와 解散申告

1. 意義: 법인이 기존의 정상적인 활동을 중지하고 소멸의 단계로 들어감으로써 제3자에게 미치는 영향이 매우 크므로 이를 공시할 필요가 있다. 이에 해산등기와 주무관청에 해산의 신고를 하도록 한 것이다.

2. 解散登記 – 제85조: 청산인은 취임 후 3주간 내에 해산의 사유 및 년 월 일, 청산인의 성명 및 주소와 청산인의 대표권을 제한한 때에는 그 제한을 주된 사무소 및 분사무소 소재지에서 등기하여야 한다(1항). 변경이 있으면 변경등기를 하여야 한다(2항).파산의 경우에는 파산법에 의하여 법원이 직권으로 해산등기를 촉탁한다(110조). 해산등기는 대항사유로 해산등기를 하기 전에는 제3자에게 해산사실을 대항할 수 없다(대판 1984.9.25. 84다카493).

3. 解散申告 – 제86조: 청산인은 취임 후 3주간 내에 해산등기 사항을 주무관청에 신고하여야 한다(1항). 청산중에 취임한 청산인은 본인의 성명과 주소를 신고하여야 한다(2항). 파산의 경우에는 파산법에 의하여 법원이 주무관청에 해산신고(115조)를 한다.

第87條【清算人의 職務】 ①清算人의 職務는 다음과 같다.
1. 現存事務의 終結
2. 債權의 推尋 및 債務의 辨濟
3. 殘餘財產의 引渡
②清算人은 前項의 職務를 行하기 爲하여 必要한 모든 行爲를 할 수 있다.

第88條【債權申告의 公告】 ①清算人은 就任한 날로부터 2月內에 3回以上의 公告로 債權者에 對하여 一定한 期間內에 그 債權을 申告할 것을 催告하여야 한다. 그 期間은 2月以上이어야 한다.
②前項의 公告에는 債權者가 期間內에 申告하지 아니하면 清算으로부터 除外될 것을 表示하여야 한다.
③第1項의 公告는 法院의 登記事項의 公告와 同一한 方法으로 하여야 한다.

第89條【債權申告의 催告】 清算人은 알고 있는 債權者에게 對하여는 各各 그 債權申告를 催告하여야 한다. 알고 있는 債權者는 清算으로부터 除外하지 못한다.

第90條【債權申告期間內의 辨濟禁止】 清算人은 第88條第1項의 債權申告期間內에는 債權者에 對하여 辨濟하지 못한다. 그러나 法人은 債權者에 對한 遲延損害賠償의 義務를 免하지 못한다.

第91條【債權辨濟의 特例】 ①清算中의 法人은 辨濟期에 이르지 아니한 債權에 對하여도 辨濟할 수 있다.
②前項의 境遇에는 條件 있는 債權, 存續期間의 不確定한 債權 其他 價額의 不確定한 債權에 關하여는 法院이 選任한 鑑定人의 評價에 依하여 辨濟하여야 한다.

第92條【清算으로부터 除外된 債權】 清算으로부터 除外된 債權者는 法人의 債務를 完濟한 後 歸屬權利者에게 引渡하지 아니한 財產에 對하여서만 辨濟를 請求할 수 있다.

第93條【清算中의 破產】 ①清算中 法人의 財產이 그 債務를 完濟하기에 不足한 것이 分明하게 된 때에는 清算人은 遲滯없이 破產宣告를 申請하고 이를 公告하여야 한다.
②清算人은 破產管財人에게 그 事務를 引繼함으로써 그 任務가 終了한다.
③第88條第3項의 規定은 第1項의 公告에 準用한다.

第94條【清算終結의 登記와 申告】 清算이 終結한 때에는 清算人은 3週間內에 이를 登記하고 主務官廳에 申告하여야 한다.

第95條【解散, 清算의 檢查, 監督】 法人의 解散 및 清算은 法院이 檢查, 監督한다.

第96條【準用規定】 第58條第2項, 第59條 乃至 第62條, 第64條, 第65條 및 第70條의 規定은 清算人에 이를 準用한다.

清算의 履行

1. 清算人의 職務: 청산인은 청산법인의 기관으로서 대외적으로 청산법인을 대표하고 대내적으로 잔무를 처리하는 집행기관으로서, 청산에 필요한 모든 직무를 행할 권한과 의무가 있다. 청산인이 복수인 경우에는 정관에 다른 규정이 없으면 청산사무의 집행은 청산인 과반수로 결정한다(96조, 58조). 그리고 청산인의 직무에 관하여 민법은 청산인이 행하여야 할 직무 중 특별히 중요한 사항을 규정하고 있다. 청산인의 직무에 관한 민법의 규정, 즉 청산절차에 관한 규정은 모두 제3자의 이해관계에 중대한 영향을 미치기 때문에 강행규정으로 만일 그 청산법인이나 그 청산인이 청산법인의 목적범위 외의 행위를 한 때는 무효가 된다(대판 1980.4.8. 79다2036).

(1) 해산등기와 해산신고: 제85조, 제86조

(2) 현존사무의 종결-제87조제1항제1호: 해산 전부터 계속되어 오던 사무를 종결하여야 한다. 따라서 해산법인은 그가 당사자가 된 소송이 계속 중에는 청산이 종료된 것이 아니므로 당사자능력이 있다(대판 1969.6.24. 69다561; 1991.4.30. 90마672).

(3) 채권의 추심-제87조제1항제2호 전단: 추심이 가능한 채권을 추심하여야 한다. 변제기 전의 채권이나 조건부 채권 등 즉시 추심을 할 수 없는 채권은 청산에 필요하면 양도나 환가 처분할 수 있고, 그러한 처분이 필요 없으면 잔여재산에 포함시키면 된다.

(4) 채무의 변제-제87조제1항제2호 후단: 청산절차에서 가장 중요한 것이 제3자의 이해관계에 직접적인 관계가 있는 법인의 채무의 변제다. 따라서 채무의 변제와 관련해서는 절차의 공정하고 신속한 종결과 제3자의 이익을 위하여 자세한 규정을 두고 있다.

(가) 채권신고의 공고-제88조: 청산인은 취임한 날로부터 2개월 내에 3회 이상 법인에 대하여 채권을 가진 자는 2개월 이상의 기간을 정하여 그 기간 내에 채권을 신고할 것을 공고하여야 한다(1항). 이 공고에는 채권자가 기간 내에 채권을 신고하지 아니하면 청산으로부터 제외된다는 것을 표시하여야 한다(2항). 그리고 공고방법은 채권자에게 보다 명백히 하기 위하여 법원의 등기사항의 공고와 동일한 방법으로 하여야 한다(3항). 그런데 이 공고는 법인의 일반적인 채권자에 대한 공고로서의 효력이고, 청산인이 알고 있는 채권자에 대하여는 제88조에서 개별적으로 최고하도록 되어 있다.

(나) 채권신고의 최고-제89조: 청산인은 알고 있는 채권자에게는 개별적으로 법인에 대한 채권을 신고하도록 최고하여야 한다. 청산인이 알고 있는 채권자는 비록 신고를 하지 않았더라도 청산에서 제외하지 못한다.

(다) 변제

① 채권 신고기간 내의 변제금지-제90조: 청산인은 제88조제1항의 채권 신고기간 내에는 개별적으로 채권자에 대하여 변제하지 못한다(본문). 채권자들에 대한 공평을 기하기 위한 것이다. 그런데 채권자들은 변제기의 도래에도 불구하고 채권을 변제받지 못하게 되는데, 이에 대하여 법인은 채권자에 대한 지연손해배상을 하여야 한다(단서).

② 채권변제의 특례-변제기 미도래채권에 대한 변제-제91조: 청산중의 법인은 변제기에 이르지 아니한 채권에 대하여도 변제할 수 있다(1항). 그리고 조건부 채권이나 존속기간이 불확정한 채권 기타 가액이 불확정한 채권은 법원이 선임한 감정인의 평가를 받아 변제하여야 한다(2항).

③ 청산에서 제외된 채권자의 변제청구-제92조: 청산인이 알고 있는 채권자는 채권신고를 하지 아니하더라도 청산에서 제외하지 못하여(89조), 결국 청산에서 제외되는 채권자는 결국 일반채권자로서 채권 신고기간 내에 신고하지 아니한 채권자이다. 이러한 채권자는 청산에서 제외될 수밖에 없다. 이와 같이 청산에서 제외된 채권자는 법인의 채무를 완제한 후 잔여재산으로 귀속권리자(80조)에게 인도하지 아니한 재산에 대하여서만 변제를 청구할 수 있다. 따라서 잔여재산으로 귀속권리자에게 인도한 후에는 채권자라도 귀속권리자에게 변제를 청구하지 못한다.

(5) 잔여재산의 인도-제87조제1항제3호: 청산인은 법인의 재산을 전부 청산한 후에 잔여재산이 있으면, 귀속권리자(80조)에게 그 잔여재산을 인도하여야 한다.

(6) 청산 중의 파산신청-제93조: 청산절차 진행 중에 법인의 재산으로 채무를 완제하기에 부족한 것이 분명하게 된 때에는, 청산인은 지체 없이 법원에 파산선고를 신청하고(1항), 이 파산신청을 한 사실을 법원의 등기사항의 공고하는 방법으로 공고하여야 한다(3항). 파산신청으로 법원으로부터 파산 결정을 받고, 파산관재인이 선임되면 청산인은 파산관재인에게 그 사무를 인계하고 청산인으로서의 임무가 종료한다(2항).

(7) 청산종결의 등기와 신고-제94조: 청산이 종결한 때에는 청산인은 청산종결 사실을 3주간 내에 등기하고 주무관청에 신고하여야 한다. 그런데 청산종결등기가 경료된 경우에도 청산사무가 종료되지 아니한 경우에는 청산법인은 그대로 존속하여 권리의무의 주체가 된다(대판 1980.4.8. 79다2036). * 주택조합이 민영주택건설사업계획의 승인을 받아 아파트 건설을 완료하고 이를 조합원들에게 분양한 다음 해산하여 설립인가가 취소되었는데 그 후 구청장이 해산된 주택조합에 개발부담금을 부과하는 처분을 한 경우, 위 주택조합이 해산되었다 하여도 권리·의무 관계가 남아 있다면 그 범위 안에서 아직 소멸하지 않고 존속하는 것이므로 주택조합들에 대하여 개발부담금을 부과한 처분은 무효가 아니다(대판 1998.10.27. 98다18414).

(8) 기타 청산인의 직무에 관한 규정: 제96조에 의하여 제58조 제2항, 제59조 내지 제62조, 제64조, 제65조, 제70조가 준용된다.

2. 法院의 檢査, 監督 - 제95조: 청산업무는 주된 일이 재산정리로서 법인 자체뿐만 아니라 제3자에게 주는 영향이 매우 크므로 법원이 검사와 감독을 한다.

第5節 罰 則

第97條【罰則】 法人의 理事, 監事 또는 淸算人은 다음 各號의 境遇에는 500만원 이하의 過怠料에 處한다. 〈개정 2007.12.21〉

1. 本章에 規定한 登記를 懈怠한 때
2. 第55條의 規定에 違反하거나 財産目錄 또는 社員名簿에 不正記載를 한 때
3. 第37條, 第95條에 規定한 檢査, 監督을 妨害한 때
4. 主務官廳 또는 總會에 對하여 事實아닌 申告를 하거나 事實을 隱蔽한 때

5. 第76條와 第90條의 規定에 違反한 때
6. 第79條, 第93條의 規定에 違反하여 破產宣告의 申請을 懈怠한 때
7. 第88條, 第93條에 定한 公告를 懈怠하거나 不正한 公告를 한 때

1. 意義: 법인에 대한 감독으로서 업무감독은 주무관청, 해산과 청산에 관한 사항은 법원이 담당하도록 하나, 이러한 감독업무를 보다 실효성있게 하기 위하여 벌칙 규정을 두고 있다.

2. 處罰 對象

(1) 법인에 관한 각종 등기를 해태한 때
(2) 제55조의 규정에 위반하거나 재산목록 또는 사원명부에 부정기재를 한 때
(3) 주무관청 또는 법원의 검사와 감독을 방해한 때
(4) 주무관청 또는 총회에 사실 아닌 신고를 하거나 사실을 은폐한 때
(5) 총회의사록의 작성, 비치의무(76조)를 위반한 때, 청산인의 채권신고기간 내에 변제한 때(90조)
(6) 파산선고의 신청(79조, 93조)을 해태한 때
(7)청산인이 채권신고공고(88조), 파산선고신청공고(93조)를 해태하거나 부정한 공고를 한 때

第4章 物 件

1. 概括: 권리의 객체 중에서 가장 중요한 〈물건〉이 구체적으로 무엇인지를 규정한다. 본법에서 규정한 물건의 정의는 다른 법에서 특별히 달리 규정하지 아니하는 한 그대로 적용된다.

2. 構成

(1) 물건의 정의: 제98조
(2) 동산과 부동산: 제99조
(3) 주물과 종물: 제100조
(4) 과실: 제101조-제102

第98條【物件의 定義】本法에서 物件이라 함은 有體物 및 電氣 其他 管理할 수 있는 自然力을 말한다.

物件

1. 意義: 물건은 유체물 및 전기 기타 관리할 수 있는 자연력을 말한다.

2. 要件

(1) 유체물 또는 관리가능한 자연력: 물건은 유체물과 무체물로 구분되는데, 유체물이나 특히 무체물 중에서는 관리가 가능한 것만이 물건이다. 관리가능하다는 것은 배타적 지배를 할 수 있다는 것을 의미한다. 권리의 객체가 되는 물건은 사람이 그것을 배타적으로 지배, 즉 사용・수익・처분할 수 있어야 되는데, 관리가능하여야 된다는 것은 바로 배타적으로 지배할 수 있어야 됨을 의미한다. 유체물은 일반적으로 모두 관리가 가능하나, 해나 달・바다 등은 관리가 가능하지 않고, 특히 무체물은 관리가 어려운데, 무체물 중에서는 전기・가스 등과 같이 관리가 가능한 것만이 물건이다.

(2) 비인격성: 물건이 되기 위하여는 그것이 인격성이 없어야 된다. 즉 사람은 물건이 아니다. 사람 자체는 물론이고, 모발・신체의 일부 등도 물건이 아니나, 인체일지라도 생체에서 분리된 모발, 혈액 등은 물건이다. 시체나 유골은 물건이다. 따라서 그에 대하여 소유권이 성립하나, 그 소유권은 통상의 소유권과는 달리 시체나 유골을 장례・매장・제사 등을 할 수 있는 권능과 의무에 한정되는 특수한 소유권이다.

(3) 독립성: 배타적으로 지배가 가능하여야 하기 때문에 하나의 물건으로 독립성이 있어야 된

다. 물건의 일부나 물건의 개별 구성부분 또는 물건의 집단에 관하여는 원칙적으로 물권이 성립되지 못한다(일물일권주의). * 예외: 유동집합동산의 양도담보, 공장저당 등.

(가) 1동의 건물과 부속건물: 1동의 건물은 그 전체를 경락허가의 대상으로 삼아야 할 것이고 그 일부분을 분리하여 따로 경락허가의 대상으로 삼을 수는 없는 것인바, 건물 중 원채인 주택 및 창고와 부속건물 중 1동을 제외한 부속건물 3동을 따로 떼어 경락허가한 것은 일물일권주의에 위반되어 위법하다(대판 1990.10.11. 90마679).

(나) 별개로 견고한 축조물: 공장 울타리 안에 공장건물과 인접하여 설치된 저유조가 그 설치된 장소에서 손쉽게 이동시킬 수 있는 구조물이 아니고 그 토지에 견고하게 부착시켜 그 상태로 계속 사용할 목적으로 축조된 것이며 거기에 저장하려고 하는 원유, 혼합유 등을 풍우 등 자연력으로부터 보호하기 위하여 둥그런 철근콘크리트 및 철판 벽면과 삿갓모양의 지붕을 갖추고 있는 경우, 그 저유조는 유류창고로서의 기능을 가진 독립된 건물로 보아야 한다(대판 1990.7.27. 90다카6160).

3. 物件의 分類: 물건은 여러 가지 기준에 의하여 분류할 수 있는데, 민법총칙에서는 제99조 내지 제102조에서 동산과 부동산, 주물과 종물, 원물과 과실로 구분하나, 그 밖에 법률적 취급의 필요에 의하여 융통물과 불융통물, 가분물과 불가분물, 대체물과 부대체물, 소비물과 비소비물로 구분할 수 있다.

(1) 융통물과 불융통물: 사법상 거래의 객체가 될 수 있는 물건이 융통물이다. 공공용도에 사용되는 국가 소유의 공용물, 도로나 하천 등과 같은 공공용물, 아편과 같은 금제물 등은 사법상의 거래의 객체가 될 수 없는 불융통물이다.

(2) 가분물과 불가분물: 물건의 성질이나 가치를 현저하게 손상시키지 않고도 분할할 수 있는 물건이 가분물이다. 이 구별은 공유물의 분할(269조), 다수당사자의 채권관계(408조 이하)에서 의의가 있다.

(3) 대체물과 부대체물: 물건의 개성이 중요시되지 않고 동종, 동질, 동량의 물건으로 대체될 수 있는 물건이 대체물이다. 이 구별은 소비대차(598조 이하), 소비임치(702조 이하) 등에서 의의가 있다.

(4) 소비물과 비소비물: 물건의 성질상 한번의 사용으로 더 이상 동일 용도로 사용할 수 없는 물건이 소비물이다. 이 구별은 소비대차, 사용대차와 임대차, 소비임치 등에서 실익이 있다.

第99條【不動産, 動産】 ①土地 및 그 定着物은 不動産이다.
②不動産以外의 物件은 動産이다.

動産과 不動産

1. 區別의 意義

(1) 공시방법의 차이: 동산과 부동산은 권리의 공시방법을 달리한다. 부동산은 정착되어 있어 공적 장부에의 기재인 등기에 의하여 공시하나, 동산은 유동성이 있어 점유에 의하여 공시된다.

(2) 개별 물권의 대상의 차이: 용익물권은 부동산에만 성립하며, 저당권은 부동산에 질권은 동산만 대상이 된다.

2. 不動産 - 제1항: 부동산을 정의하고, 부동산이 아닌 물건은 동산으로 한다.

(1) 토지: 일정한 지면과 그 상하를 말하며, 토지의 구성물인 암석, 토사, 지하수 등은 토지에 포함된다. 그러나 구성물도 별도로 가공한 경우에는 독립한 물건이 된다.

(가) 자연석에 제작된 석불-독립된 물건: 임야에 있는 자연석을 조각하여 제작한 석불이라도 그 임야의 일부분을 구성하는 것이라고는 할 수 없고 임야와 독립된 소유권의 대상이 된다(대판 1970.9.22. 70다1494).

(나) 지하 매설 유류창고-토지의 일부로: 주유소의 지하에 매설된 유류저장탱크를 토지로부터 분리하는 데 과다한 비용이 들고 이를 분리하여 발굴할 경우 그 경제적 가치가 현저히 감소할 것이 분명하다는 이유로, 그 유류저장탱크는 토지에 부합한 것이다(대판 1995.6.29. 94다6345).

(2) 토지의 정착물: 토지에 고정되어 사용·수익의 대상이 되는 물건이다. 건물, 수목, 교량, 담

등이 그것이다. 그런데 토지의 정착물 중에는 토지와는 분리하여 별개로 권리의 객체로 하는 경우가 있다.

(가) 건물: 건물은 토지와는 별개의 독립한 부동산으로 취급한다. 즉 별개의 등기부를 두고 토지와는 분리하여 독립한 권리의 객체로 취급한다. 건물을 구성하는 수개의 동산은 부합하여 하나의 경제적 효용으로 사용되는 것으로 별개의 물건이 되지 아니한다. 따라서 정화조는 건물에 부합된 건물의 구성부분이다(대판 1993.12.10. 93다42399).

① 건물의 성립요건: 독립된 부동산으로서의 건물이라고 하기 위하여는 최소한의 기둥과 지붕 그리고 주벽이 이루어지면 된다. 따라서 지하 1, 2층 및 지상 1층까지의 콘크리트 골조 및 기둥, 천장(슬라브)공사가 완료되어 있고, 지상 1층의 전면(남쪽)에서 보아 좌측(서쪽) 벽과 뒷면(북쪽) 벽 그리고 내부 엘리베이터 벽체가 완성되어 최소한의 지붕과 기둥 그리고 주벽이 이루어졌다고 할 것으로 독립한 건물이다(대판 2001.1.16. 2000다51872). 또한 지하 1층 지상 2층 건물공사에서 지상 1층 일부와 2층 벽 및 지붕공정 등이 완성되지 않았어도 독립한 건물이다(대판 1993.4.23. 93다1527, 1534).

② 건물의 개수 판단기준: 건물의 개수를 판단함에 있어서는 물리적 구조뿐만 아니라 거래 또는 이용의 목적물로서 관찰한 건물의 상태도 그 개수 판단요건의 중요한 자료가 될 것이며 이러한 상태를 판별하기 위하여는 주위건물과 인근의 정도, 주위의 상황 등 객관적 사정은 물론 건축한 자의 의사와 같은 주관적 사정도 고려하여야 할 것으로서 단순히 건물의 물리적 구조로서만 그 개수를 판단할 수 없다(대판 1961.11.23. 4293민상623, 624).

③ 구분소유권 성립 가능: 건물의 일부라도 다른 부분과 구분할 수 있으면 구분소유권이 성립하여 그 부분만으로 건물의 성립요건을 갖추면 충분하다. 따라서 전체 건물의 지하 1층부터 지하 3층까지 기둥, 주벽 및 천장 슬라브 공사가 완료된 상태이었을 뿐만 아니라 지하 1층의 일부 점포가 일반에 분양되기까지 하였다면, 신축 건물의 지상층 부분이 골조공사만 이루어진 채 벽이나 지붕 등이 설치된 바가 없다 하더라도, 지하층 부분만으로도 구분소유권의 대상이 될 수 있는 구조라는 점에서 독립된 건물로서의 요건을 갖추었다(대판 2003.5.30. 2002다21592, 21608).

(나) 수목: 수목은 토지에서 분리되면 별개의 동산이나 분리되지 아니한 상태에서는 원칙적으로 토지의 일부분이다. 그러나 입목에 관한 법률(1973년 법률 제2484호)에 의하여 소유권보존등기를 한 수목의 집단은 입목으로서 독립한 부동산으로 법률상 취급되어, 양도나 저당권 등의 목적이 된다. 동법의 적용을 받지 않는 수목의 집단도 관습법상의 공시방법인 명인방법을 갖추면 별개의 부동산으로 거래의 객체가 된다.

(다) 미분리과실: 사과, 배, 뽕잎 등 수목의 미분리의 과실은 분리되기 전에는 수목의 일부분이나, 분리되거나 명인방법에 의한 공시를 갖추면 별개의 부동산으로 거래의 객체가 된다.

(라) 농작물: 토지에 재배, 경작된 농작물은 토지의 일부분이나, 정당한 권원에 의하여 경작된 농작물은 당연히 토지로부터 분리된 독립된 권리의 객체인데(256조), 농작물의 특성상 권원 없이 경작한 농작물이 명인방법을 갖추지 아니하여도 경작자의 소유로 본다(대판 1970.3.10. 70도82).

3. 動產 - 제2항: 부동산이 아닌 물건은 동산이다.

第100條【主物, 從物】 ①物件의 所有者가 그 物件의 常用에 供하기 爲하여 自己所有인 다른 物件을 이에 附屬하게 한 때에는 그 附屬物은 從物이다.
②從物은 主物의 處分에 따른다.

主物과 從物

1. 主物과 從物: 물건의 소유자가 그 물건의 사용가치를 높이기 위하여 자기 소유인 다른 물건을 부속시켜 그 물건의 일상적인 사용에 보조적으로 사용하는 경우가 있는데, 이때 당초의 물건이 주물이고, 보조시킨 물건이 종물이다. 이때 두 물건은 각기 독립된 물건이지만 사회경제적 가치를 다할 수 있도록 하기 위하여 법률적 운명을 같이 하도록 한다.

2. 從物의 要件 - 제1항

(1) 주물의 사용에 공할 것: 사회관념상 주물의 일상적인 사용에 경제적 가치를 높이기 위해서 이용되어야 한다. 즉 종물은 주물 그 자체의 경제적 효용을 다하게 하는 것이 본래의 기능으로서 주물의 소유자나 이용자의 상용에 제공되고 있더라도 주물 그 자체의 효용과 직접 관계가 없는 물건은 종물이 아니다.

(2) 독립한 물건: 독립한 물건이어야 한다.

(3) 동일 소유자에게 속할 것: 종물은 물건의 소유자가 그 물건의 상용에 공하기 위하여 자기 소유인 다른 물건을 이에 부속하게 한 것을 말하므로 주물과 다른 사람의 소유에 속하는 물건은 종물이 될 수 없다(대판 2008.5.8. 2007다36933, 36940).

(4) 개별적인 문제

(가) 개별물건을 긍정한 사례

① 신, 구폐수처리시설이 그 기능면에서는 전체적으로 결합하여 유기적으로 작용함으로써 하나의 폐수처리장을 형성하고 있지만, 신폐수처리시설이 구폐수처리시설 그 자체의 경제적 효용을 다하게 하는 시설이라고 할 수 없다(대판 1997.10.10. 97다3750).

② 독립적으로 사용되는 접속한 두 건물: 한 건물이 다른 건물에 접촉하고 있어도 양 건물은 내부구조에 있어 서로 통할 수 없고 각기 출입을 다른 곳으로 하여 주택의 효용만을 위하여 있다기 보다는 독립한 사용에 공하여져 있다면 양 건물은 동일한 건물이라 볼 수 없다(대구고법 1971.12.7. 70나704).

③ 동일 구역 내에 인접하여 지붕을 갖춘 저유조가 독립된 건물인지 여부: 공장 울 안에 공장건물과 인접하여 설치된 저유조가 그 설치된 장소에서 손쉽게 이동시킬 수 있는 구조물이 아니고 그 토지에 견고하게 부착시켜 그 상태로 계속 사용할 목적으로 축조된 것이며 거기에 저장하려고 하는 원유, 혼합유 등을 풍우 등 자연력으로부터 보호하기 위하여 둥그런 철근콘크리트 및 철판 벽면과 삿갓모양의 지붕을 갖추고 있는 경우, 그 저유조는 유류창고로서의 기능을 가진 독립된 건물로 보아야 한다(대판 1990.7.27. 90다카6160).

(나) 개별 물건을 부정한 사례

① 주유소의 지하 유류저장탱크: 주유소의 지하에 매설된 유류저장탱크를 토지로부터 분리하는데 과다한 비용이 들고 이를 분리하여 발굴할 경우 그 경제적 가치가 현저히 감소할 것이 분명하여, 그 유류저장탱크는 토지에 부합한 것이다(대판 1995.6.29. 94다6345).

② 건물의 정화조: 정화조는 건물에 부합된 건물의 구성부분이다(대판 1993.12.10. 93다42399).

③ 건물에 설치된 전화교환실: 백화점 건물의 지하 2층 기계실에 설치된 전화교환설비를 백화점 건물의 종물로 보았다(대판 1993.8.13. 92다43142).

④ 주유소건물에 설치된 주유기: 토지 지하에 설치된 유류저장탱크와 건물에 설치된 주유기가 토지에 부합되거나 건물의 상용에 공하기 위하여 부속시킨 종물로서 토지 및 건물에 대한 경매의 목적물이 된다(대판 2000.10.28. 2000마5527).

3. 從物의 效果 - 제2항: 종물은 주물의 처분에 따른다. 이를 종물이론이라 한다. 이는 종물은 주물과 법률적 운명을 같이 한다는 것을 의미한다. 즉 주물이 양도나 저당권이 설정되면 종물에 별도로 그러한 행위가 없더라도 같이 양도와 저당권이 설정된다. 그러나 이 규정은 강행규정이 아니므로 당사자는 반대의 특약을 할 수 있다.

4. 從物理論의 準用: 제100조는 물건 상호간에 대한 규정이다. 그런데 권리도 상호간에 결합관계가 있는 경우가 있는데, 그러한 권리상호간에도 제100조, 즉 종물이론이 준용된다. 예컨대 원본채권이 이전되면 기본적 이자채권도 이전되며, 지상건물의 소유를 목적으로 하는 임차권은 지상건물의 소유권의 양도로 함께 양도되고, 건물에 대한 저당권은 건물의 소유를 목적으로 하는 지상권에도 미친다.

第101條【天然果實, 法定果實】 ①物件의 用法에 依하여 收取하는 産出物은 天然果實이다.
②物件의 使用對價로 받는 金錢 其他의 物件은 法定果實로 한다.

第102條【果實의 取得】 ①天然果實은 그 元物로부터 分離하는 때에 이를 收取할 權利者에게 屬한다.
②法定果實은 收取할 權利의 存續期間日數의 比率로 取得한다.

元物과 果實

1. 元物과 果實: 물건으로부터 생기는 수익이 과실이며, 과실을 생기게 하는 물건이 원물이다. 민법은 물건의 과실만을 과실이라 하고, 주식의 배당금이나 특허료 등 권리의 수익은 과실이 아니다. 과실은 천연과실과 법정과실로 구분한다. * 국립공원의 입장료는 토지의 사용대가라는 민법상 과실이 아니라 수익자 부담의 원칙에 따라 국립공원의 유지·관리비용의 일부를 국립공원 입장객에게 부담시키고자 하는 것이어서 토지의 소유권이나 그에 기한 과실수취권과는 아무런 관련이 없다(대판 2001.12.28. 2000다27749).

2. 天然果實

(1) 의의-제101조제1항: 물건의 성질에 따른 경제적 사용에 의하여 수취되는 산출물이 천연과실이다. 사과나무의 사과, 젖소의 우유, 가축의 새끼 등의 자연적으로 생성되는 산출물과 인공적으로 생성되는 토사, 암석 등도 과실이다. 천연과실은 원물로부터 분리되기 전에는 원물의 구성부분이나, 분리되면 독립된 물건으로서 과실이 된다.

(2) 귀속-제102조제1항: 천연과실이 원물로부터 분리되면 누구의 소유에 속하는지가 문제된다. 민법은 원물로부터 분리하는 때에 이를 수취할 권리자에게 속한다고 규정한다. 이 규정은 임의규정으로 당사자간에 달리 정할 수 있다. 수취권자는 보통의 경우는 원물의 소유자이나, 예외적으로 선의의 점유자(201조), 지상권자(279조), 전세권자(303조), 유치권자(323조), 질권자(343조), 저당권자(359조), 임차인(618조) 등도 수취권을 가진다.

(가) 양도담보 목적물로서 원물인 돼지가 출산한 새끼-천연과실: 모돼지가 출산한 새끼 돼지는 천연과실에 해당하고 그 천연과실의 수취권은 원물인 돼지의 사용·수익권을 가지는 양도담보설정자에게 귀속되므로, 다른 특별한 약정이 없는 한 천연과실인 새끼 돼지에 대하여는 양도담보의 효력이 미치지 않는다(대판 1996.9.10. 96다25463).

(나) 위탁사육하여 증식된 새기 가축의 소유자-위탁자: 갑이 원물인 한우, 꽃사슴 등을 매수하여 매매대금 전부를 지급하고 인도를 받아 을에게 위탁하여 사육하도록 하였고 이로부터 가축이 생산되어 증식된 것이라면 특별한 사정이 없는 한 그 가축은 갑의 소유라 할 것이고 이와 같이 그 소유자가 갑임이 밝혀진 이상 을에 대한 채무명의에 기하여 그 가축에 대하여 한 가압류집행은 불허되어야 함이 마땅하고, 을 명의로 축산업사업자등록이 되어 있다거나 을과 갑 소유의 토지상에 걸쳐 그 가축의 축사가 있다는 등 사정을 들어 대외적으로는 그 가축의 소유자가 을이라고 보아야 하는 것은 아니라 할 것이다(대판 1994.12.2. 93다62577).

(다) 생목으로부터 생산된 초두목이나 지조-천연과실: 생입목을 매수하여 그 매매대금 전부를 지급하고 그 인도를 받은 경우에 위 생입목으로부터 생산된 초두목이나 지조 등도 특단의 사정이 없는 이상 위의 생입목 매수자의 소유에 속한다(대판 1971.4.20. 71다389).

3. 法定果實

(1) 의의-제101조제2항: 물건의 사용대가로 받는 금전 기타 물건이 법정과실이다. 임대차에서 임료, 금전대차에서 이자 등이 그것이다.

(2) 귀속-제102조제2항: 수취할 권리의 존속기간 일수의 비율로 취득한다. 이 규정은 임의규정으로 당사자간에 달리 정할 수 있다.

第5章 法律行爲

1. 槪括: 법률효과인 권리가 발생·변경·소멸되는 원인을 법률요건이라 하고, 법률요건을 구성하는 개개의 사실이 법률사실이며, 법률사실은 여러 가지 기준으로 분류할 수 있으나, 민법상 의미 있는 분류는 사람의 정신작용에 의한 사실(용태)과 그렇지 아니한 사실(사건)로 분류한다. 용태 중에서 의사표시를 불가결의 요소로 하는 법률요건을 법률행위라 한다. 즉 법률행위는 〈의사표시를 불가결의 요소로 하는 법률요건〉이라 정의할 수 있다.

2. 私的 自治와 法律行爲 自由의 原則: 개인의 자유와 평등을 이념으로 하는 근대 사회에서 개인의 활동의 자유를 보장하는 법률적 장치로서 개인의 법률관계의 형성은 개인의 자유로운 의사에 의한다는 〈사적 자치의 원칙〉을 채택한다. 사적 자치는 그 내용으로 개인의 자유에 의한 의사결정을 보장하는 〈자기 결정〉과 그 결정에 대하여는 스스로 책임을 지는 〈자기 책임〉을 근간으로 한다. 이러한 사적 자치인 자기결정을 실현하는 수단이 법률행위이기 때문에, 여기서 사적 자치의 원칙을 〈법률행위자유의 원칙〉으로 부르기도 한다. 법률행위의 자유는 계약의 자유, 단체설립의 자유, 유언의 자유를 그 구체적 내용으로 하는데, 그 중에서 가장 중요한 것이 계약의 자유이기 때문에 〈법률행위자유의 원칙〉을 〈계약자유의 원칙〉과 혼용하기도 한다.

3. 構成

(1) 총칙: 제103조-제106조
(2) 의사표시: 제107조-제113조
(3) 대리: 제114조-제136조
(4) 무효와 취소: 제137조-제146조
(5) 조건과 기한: 제147조-제154조
(6) 기간: 제155조-제161조
(7) 소멸시효: 제162조-제184조

第1節 總 則

1. 槪括: 법률행위에 관한 총칙규정으로, 법률행위의 내용이 강행법규에는 위배되지 아니하나 사회적 타당성과 관련되는 경우의 효력 여부, 임의법규에 위배되는 경우나 당사자의 의사가 분명하지 아니한 경우의 법률효과에 관하여 규정한다.

2. 構成

(1) 반양속적 법률행위: 제103조
(2) 불공정법률행위: 제104조
(3) 임의규정: 제105조
(4) 사실인 관습: 제106조

第103條【反社會秩序의 法律行爲】 善良한 風俗 其他 社會秩序에 違反한 事項을 內容으로 하는 法律行爲는 無效로 한다.

反良俗的 法律行爲

1. 意義: 법률행위의 내용이 개별적인 강행법규에 위반하지 않더라도 선량한 풍속 기타 사회질서에 위반하면, 즉 사회적 타당성이 없는 때에는 본조는 무효로 함을 규정한다. 개별적인 법률행위가 강행법규에 위반하면 무효인데, 개개의 법률행위의 내용에 대하여 미리 강행규정을 두어 규제한다는 것은 불가능하다. 이에 개별적인 강해규정 외에 〈선량한 풍속〉, 〈사회질서 위반〉이라는 추상적 규범을 두어 개별적인 법률행위의 위반 여부를 판단할 필요가 있다. 이러한 점에서 개별

적인 강행법규에 위반하지 않는 법률행위도 본조가 규정한 추상적 규범인 선량한 풍속 또는 사회질서에 위반한 경우에는 무효가 된다. 그리고 행위자가 반사회적 법률행위임을 인식할 필요는 없고, 객관적으로 반사회적 행위이면 족하다고 해석된다.

2. 善良한 風俗 기타 社會秩序: 선량한 풍속이란 사회의 일반적 도덕관념이고, 사회질서란 공동체인 국가 사회의 일반질서를 가리킨다고 볼 수 있는데, 양자를 그렇게 엄격하게 분리한 개념으로 이해한다고 할지라도 그 한계가 분명하지 않다. 따라서 본조에서 규정하는 〈선량한 풍속 기타 사회질서〉란 위 양자의 개념을 포함하는 법의 근본이념을 뜻하는 〈사회질서〉이고, 본조는 포괄적으로 〈반사회질서행위〉에 대한 무효를 규정한 것으로 이해한다. 그런데 어떠한 행위가 반사회질서행위인가 여부에 대하여는 명확하게 개념 규정을 하기가 어렵고, 구체적인 사례를 유형화시킬 수는 있다.

3. 特殊한 경우

(1) 표시된 동기가 반사회질서적인 경우-해당: 법률행위의 내용이 아니라 그 동기가 표시되거나 상대방에게 알려진 법률행위의 동기가 반사회질서적인 경우에 그 법률행위는 무효가 된다(대판 2002.12.27. 2000다47361). 즉 동기가 반사회질서적인 경우에도 그 동기가 표시되지 않았거나 상대방이 알지 못한 때에는 무효가 되지 아니한다(상대방인식설).

(2) 목적이 반사회질서적인 경우: 법률행위를 한 목적이 불법인 경우는 당해 법률행위는 무효이다. 예컨대 보험계약자가 다수의 보험계약을 통하여 보험금을 부정취득할 목적으로 보험계약을 체결한 경우, 이러한 목적으로 체결된 보험계약에 의하여 보험금을 지급하게 하는 것은 보험계약을 악용하여 부정한 이득을 얻고자 하는 사행심을 조장함으로써 사회적 상당성을 일탈하게 될 뿐만 아니라, 또한 합리적인 위험의 분산이라는 보험제도의 목적을 해치고 위험발생의 우발성을 파괴하며 다수의 선량한 보험가입자들의 희생을 초래하여 보험제도의 근간을 해치게 되므로, 이와 같은 보험계약은 민법 제103조 소정의 선량한 풍속 기타 사회질서에 반하여 무효이다(대판 2005.7.28. 2005다23858). 그러나 강제집행을 면할 목적으로 부동산에 허위의 근저당권설정등기를 경료하는 행위는 민법 제103조의 선량한 풍속 기타 사회질서에 위반한 사항을 내용으로 하는 법률행위로 볼 수 없다(대판 2004.5.28. 2003다70041).

(3) 독점적, 우월적 지위를 악용-해당: 법률행위 목적의 불법의 한 경우로서 당사자의 일방이 그의 독점적 지위 내지 우월한 지위를 악용하여 자기는 부당한 이득을 얻고 상대방에게는 과도한 반대급부 또는 기타의 부당한 부담을 과하는 법률행위는 반사회적인 것으로서 무효이다(대판 1996.4.26. 94다34432). 따라서 도급인의 지위에 있는 행정기관이 당초의 입찰이나 계약체결시에 약정한 공사기간을 그 후 행정상의 이유로 일방적으로, 수급인이 당초 전혀 예상하지 못했을 정도로 상당한 기간의 단축을 요구하여 수급인으로 하여금 이에 부득이 응하게 한 경우, 공사기간을 단축할 당시에 있어서의 기성공정률과 그 공사의 완공에 필요한 총기간 및 남은 공사기간 등을 참작하여 그 단축된 기간 내에 공사를 준공하는 것이 물리적으로 불가능하거나 총체적으로 부실공사를 강요하는 것이 될 수밖에 없다면, 당초의 지체상금에 관한 약정을 그대로 적용하여 그와 같이 준공이 불가능할 정도로 단축된 준공기한을 기준으로 일률적으로 계산한 지체 일수 전부에 대하여 당초의 약정에 의한 지체상금의 배상을 그대로 물게 하는 것은 선량한 풍속 기타 사회질서에 비추어 허용할 수 없으므로, 준공기한을 앞당기기로 하는 그 합의는 준공에 절대적으로 필요한 최소한의 기간에 해당하는 지체상금 부분에 한하여 무효다(대판 1997.6.24. 97다2221).

(4) 반사회질서적인 것을 조건, 강제한 경우: 그 내용 자체는 반사회질서적인 것이 아니라고 하여도 법률적으로 이를 강제하거나 법률행위에 반사회질서적인 조건 또는 금전적 대가가 결부됨으로써 반사회질서적 성질을 띠게 되는 경우는 무효이다(대판 2002.12.27. 2000다47361). 예컨대 어떠한 사실을 알고 있는 사람과의 사이에 소송에서 사실대로 증언하여 줄 것을 조건으로 어떠한 급부를 할 것을 약정한 경우, 증인은 법률에 의하여 증언거부권이 인정되지 않는 한 진실을 진술할 의무가 있는 것이고, 이러한 당연한 의무의 이행을 조건으로 상당한 정도의 급부를 받기로 하는 약정은 증인에게 부당하게 이익을 부여하는 것이라고 할 것이고, 그러한 급부의 내용이 통상적으로 용인될 수 있는 수준(예컨대 증인에게 일당 및 여비가 지급되기는 하지만 증인이 증

언을 위하여 법원에 출석함으로써 입게 되는 손해에는 미치지 못하는 경우 그러한 손해를 전보하여 주는 경우 정도)을 넘어서, 어느 당사자가 그 증언이 필요함을 기화로 증언하여 주는 대가로 용인될 수 있는 정도를 초과하는 급부를 제공받기로 한 약정은 반사회질서적인 금전적 대가가 결부된 경우로 그러한 약정은 민법 제103조 소정의 반사회질서행위에 해당하여 무효로 된다(대판1994.3.11. 93다40522). 또한 행정기관에 진정서를 제출하여 상대방을 궁지에 빠뜨린 다음 이를 취하하는 조건으로 거액의 급부를 제공받기로 약정한 경우, 민법 제103조 소정의 반사회질서의 법률행위에 해당한다(대판 2000.2.11. 99다56833).

(5) 금전적 대가와 결부되어 반사회적 성격을 띤 경우-해당: 금전적 대가가 결부됨으로써 반사회질서적 성질을 띠게 되는 경우 및 표시되거나 상대방에게 알려진 법률행위의 동기가 반사회질서적인 경우도 당연히 포함한다(대판 1992.11.27. 92다7719). 따라서 소송사건에서 일방 당사자를 위하여 증인으로 출석하여 증언하였거나 증언할 것을 조건으로 어떤 대가를 받을 것을 약정한 경우, 증인은 법률에 의하여 증언거부권이 인정되지 않은 한 진실을 진술할 의무가 있는 것이므로 그 대가의 내용이 통상적으로 용인될 수 있는 수준(예컨대 증인에게 일당과 여비가 지급되기는 하지만 증인이 법원에 출석함으로써 입게 되는 손해에는 미치지 못하는 경우 그러한 손해를 전보해 주는 정도)을 초과하는 경우에는 그와 같은 약정은 금전적 대가가 결부됨으로써 선량한 풍속 기타 사회질서에 반하는 법률행위가 되어 민법 제103조에 따라 효력이 없다고 할 것이고, 약정된 대가의 내용이 주로 위와 같은 증언을 하는 데 대한 반대급부의 의미를 갖는 경우에는 그 밖에 부수적으로 소송의 상대방 당사자를 만나 그의 동의 없이 대화내용을 몰래 녹취하여 일방 당사자로 하여금 그 녹취서를 법원에 증거로 제출하게 하는 등의 행위에 대한 대가가 이에 포함되어 있다고 하더라도 마찬가지이다(대판 1999.4.13. 98다52483). 그러나 주지직의 임명에 금전적 대가가 결부된 것을 알고 이를 묵인하거나 혹은 방조한 상태에서 종교법인이 주지로 임명하였다고 하더라도 그 임명행위 자체가 선량한 풍속 기타 사회질서에 반한다고 할 수는 없다(대판 2001.2.9. 99다38613).

(6) 성립과정의 반사회질서적인 행위-하자 있는 의사표시: 법률행위의 성립과정에 강박이라는 불법적 방법이 사용된 데에 불과한 때에는 강박에 의한 의사표시의 하자나 의사의 흠결을 이유로 효력을 논의할 수는 있을지언정 반사회질서의 법률행위로서 무효라고 할 수는 없다(대판 2002.12.27. 2000다47361). 따라서 부실기업의 해체 지시라는 재무부장관의 주거래은행에 대한 공권력의 행사가 비록 위헌적 행정지도라고 하더라도, 당시 주거래은행으로서도 막대한 자금을 부도 직전의 부실기업에 대출하고 있던 주채권자로서 그 방안도 선택 가능한 방안이었으므로, 이를 받아들여 부실기업의 대표이사와 제3자에게 이를 권유하였고 부실기업의 대표이사와 제3자가 그 제안을 받아들여 기업 인수를 위한 주식 매매계약이 성립된 경우에는, 그와 같은 위헌적인 공권력 행사가 법률행위의 성립에 영향을 미쳤다고 보아 그 의사표시에 하자가 있다고 함은 몰라도, 그 법률행위의 목적이나 표시된 동기가 불법이었다고 볼 수는 없다(대판 1996.4.26. 94다34432).

(7) 강압적 분위기에서 한 행위-제104조 여부만: 농성기간 중의 행위에 대하여 근로자들에게 민·형사상의 책임이나 신분상 불이익처분 등 일체의 책임을 묻지 않기로 한 면책합의가 압력 등에 의하여 궁지에 몰린 회사가 어쩔 수 없이 응한 것이라고 하여도 그것이 민법 제104조 소정의 요건을 충족하는 경우에 불공정한 법률행위로서 무효라고 봄은 별문제로 하고 민법 제103조 소정의 반사회질서행위라고 보기는 어렵다(대판 1992.7.28. 92다14786).

(8) 세금 면탈의 목적-해당 없음: 상속세 면탈의 목적으로 피상속인이 사망한 후 피상속인 명의로 부터 타인에게 소유권이전등기를 경료하였다 하여도 상속세가 면제되는 것은 아니므로 이를 지목하여 공익적이며 강행법규인 본법에 위반한 사항을 목적으로 하는 사회질서에 위반한 사항을 내용으로 하는 무효의 행위라고는 볼 수 없다(대판 1964.7.22. 64다554).

(9) 2중매매의 경우-제2매수인이 적극가담한 경우-해당: 부동산의 2중매매가 반사회적 법률행위로서 무효가 되기 위하여는 매도인의 배임행위와 매수인이 매도인의 배임행위에 적극 가담한 행위로 이루어진 매매로서, 그 적극가담하는 행위는 매수인이 다른 사람에게 매매목적물이 매도

된 것을 안다는 것만으로는 부족하고, 적어도 그 매도사실을 알고도 매도를 요청하여 매매계약에 이르는 정도가 되어야 한다(대판 1994.3.11. 93다55289).

(10) 명의수탁자의 배임행위에 적극가담-해당: 명의신탁된 종중재산을 매수한 제3자가 명의수탁자의 명의신탁자에 대한 배임행위에 적극 가담한 행위는 제103조 위반의 법률행위로 무효이고, 이러한 부동산 매매계약이 반사회적 법률행위에 해당하여 무효인 경우에 그에 터잡은 선의의 제3자 명의의 소유권이전등기 내지 담보권설정등기의 효력도 무효이다(대판 2008.3.27. 2007다82875).

(11) 취득시효 완성사실을 알고 적극가담하여 매수한 행위-해당: 부동산 소유자가 자신의 부동산에 대하여 취득시효가 완성된 사실을 알고 이를 제3자에게 처분하여 소유권이전등기를 넘겨줌으로써 취득시효 완성을 원인으로 한 소유권이전등기의무를 이행불능에 빠뜨려 시효취득을 주장하는 자에게 손해를 입혔다면 불법행위를 구성하며, 이 경우 부동산을 취득한 제3자가 부동산 소유자의 이와 같은 불법행위에 적극 가담하였다면 이는 사회질서에 반하는 행위로서 무효이다. 따라서 취득시효가 완성된 부동산의 소유자가 그 부동산을 아들에게 증여하여 소유권이전등기를 넘겨준 사안에서, 그 증여행위는 시효취득자에 대한 소유권이전등기 의무를 회피하기 위한 목적으로 한 것이고 수증자인 아들이 이에 적극 가담한 것으로써 아들 명의의 등기는 그 원인행위가 사회질서에 반하거나 통정허위표시에 의한 무효의 등기라고 추단할 여지가 있다(대판 1995.6.30. 94다52416). * 이미 매도된 부동산에 관하여 체결한 근저당권설정계약이 반사회적 법률행위로 무효가 되기 위하여는 매도인의 배임행위와 근저당권자가 매도인의 배임행위에 적극 가담한 행위로 이루어진 것으로서 그 적극 가담하는 행위는 근저당권자가 다른 사람에게 그 목적물이 매도된 것을 알고도 근저당권설정을 요청하거나 유도하여 계약에 이르는 정도가 되어야 한다고 할 것이고, 특히 아파트를 분양한 자가 부도위기에 직면하여 도피하기 직전 일부 채권자들에게 아파트 부지를 일거에 담보로 제공한 사안에 관하여 근저당권자가 매도인의 배임행위에 적극 가담하였는지의 여부를 판단함에 있어서는 근저당권자가 목적 부동산이 이미 피분양자들에게 분양된 사실을 알면서도 그와 같은 근저당권을 설정하게 된 목적, 매도인과 근저당권자 사이에 근저당권설정 전에도 금전대차관계가 있었는지의 여부와 담보제공 여부 및 만일 담보 없이 금전거래를 하여왔다면 그 경위와 이유, 매도인과 근저당권자 사이의 관계, 이러한 배임행위의 사회적 파장과 피분양자들에 대한 예상되는 피해규모에 관하여 매도인 및 근저당권자가 취한 태도 등을 더 나아가 심리하여야 한다(대판 2002.9.6. 2000다41820).

4. 反社會秩序行爲의 類型

(1) 정의관념에 반하는 행위: 범죄, 부정행위를 권하거나 또는 가담하는 것을 내용으로 하는 법률행위는 무효이다. 따라서 예컨대 수사기관에서 참고인으로 진술하면서 자신이 잘 알지 못하는 내용에 대하여 허위의 진술을 하는 경우에 그 허위 진술행위가 범죄행위를 구성하지 않는다고 하여도 이러한 행위 자체는 국가사회의 일반적인 도덕관념이나 국가사회의 공공질서이익에 반하는 행위라고 볼 것이니, 그 급부의 상당성 여부를 판단할 필요 없이 허위 진술의 대가로 작성된 각서에 기한 급부의 약정은 민법 제103조 소정의 반사회적질서행위로 무효이다(대판 2001.4.24. 2000다71999).

(2) 윤리질서에 반하는 행위: 우리의 건전한 가족관계·혼인관계를 해치는 것을 내용으로 하는 법률행위는 무효이다. 예컨대 혼인관계가 존속중인 사실을 알면서 남의 첩이 되어 부첩행위를 계속한 경우에는 본처의 사전승인이 있었다 하더라도 장래의 부첩관계의 사전승인이라는 것은 선량한 풍속에 위배되는 행위이므로 본처에 대하여 불법행위가 성립한다(대판 1967.10.6. 67다1134). 또한 영리를 목적으로 윤락행위를 하도록 권유·유인·알선 또는 강요하거나 이에 협력하는 것은 선량한 풍속 기타 사회질서에 위반되므로 그러한 행위를 하는 자가 영업상 관계 있는 윤락행위를 하는 자에 대하여 가지는 채권은 계약의 형식에 관계없이 무효이다(대판 2004.9.3. 2004다27488, 27495).

(3) 기왕의 반윤리적 행위를 해소하는 것을 내용-반사회질서행위가 아님: 부정한 부첩관계를 해소하기로 하는 마당에 그동안 원고가 피고를 위하여 바친 노력과 비용 등의 희생을 배상 내지 위자하고 또 원고의 장래 생활대책을 마련해 준다는 뜻에서 금원을 지급하기로 약정한 것이라면 부첩관계를 해소하는 마당에 위와 같은 의미의 금전지급약정은 공서양속에 반하지 않는다

(대판 1980.6.24. 80다458). 또한 과거의 부정행위를 용서받는 대가로 손해를 배상함과 아울러 가정에 충실하겠다는 서약의 취지에서 처에게 부동산을 양도하되, 부부관계가 유지되는 동안에는 처가 임의로 처분할 수 없다는 제한을 붙인 약정은 선량한 풍속 기타 사회질서에 위반되는 것이라고 볼 수 없다(대판 1992.10.27. 92므204, 211).

(4) 개인의 자유를 박탈하는 행위: 어떠한 일이 있어도 이혼하지 아니하겠다는 각서를 써 주었다 하더라도 그와 같은 의사표시는 신분행위의 의사결정을 구속하는 것으로서 공서양속에 위배하여 무효이다(대판 1969.8.19. 69므18). 해외파견된 근로자가 귀국일로부터 일정기간 소속회사에 근무하여야 한다는 사규나 약정은 민법 제103조 또는 제104조에 위반된다고 할 수 없고, 일정기간 근무하지 않으면 해외 파견 소요경비를 배상한다는 사규나 약정은 근로계약기간이 아니라 경비반환채무의 면제기간을 정한 것이므로 근로기준법 제21조에 위배하는 것도 아니다(대판 1982.6.22. 82다카90).

(5) 생존의 기초를 상실시키는 행위: 사찰의 존립과 존재의의를 상실케 하는 증여행위는 공서양속에 위반되는 무효의 행위다(대판 1970.3.31. 69다2293).

(6) 지나치게 사행적인 행위: 도박자금에 제공할 목적으로 금전의 대차를 한 때에는 그 대차계약은 민법 제103조의 반사회질서의 법률행위로 무효이다(대판 1973.5.22. 72다2249). 같은 법리에서 당초부터 오로지 보험사고를 가장하여 보험금을 취득할 목적으로 생명보험계약을 체결한 경우에는 사람의 생명을 수단으로 이득을 취하고자 하는 불법적인 행위를 유발할 위험성이 크고, 이러한 목적으로 체결된 생명보험계약에 의하여 보험금을 지급하게 하는 것은 보험계약을 악용하여 부정한 이득을 얻고자 하는 사행심을 조장함으로써 사회적 상당성을 일탈하게 되므로, 이와 같은 생명보험계약은 사회질서에 위배되는 법률행위로서 무효이다(대판 2000.2.11. 99다49064).

(7) 반사회질서행위에 부수한 제3자에 대한 행위: 도박채무의 변제를 위하여 채무자로부터 부동산의 처분을 위임받은 채권자가 그 부동산을 제3자에게 매도한 경우에, 도박채무 부담행위 및 그 변제약정이 민법 제103조의 선량한 풍속 기타 사회질서에 위반되어 무효라 하더라도, 그 무효는 변제약정의 이행행위에 해당하는 위 부동산을 제3자에게 처분한 대금으로 도박채무의 변제에 충당한 부분에 한정되고, 위 변제약정의 이행행위에 직접 해당하지 아니하는 부동산 처분에 관한 대리권을 도박 채권자에게 수여한 행위 부분까지 무효라고 볼 수는 없으므로, 위와 같은 사정을 알지 못하는 거래 상대방인 제3자가 도박 채무자부터 그 대리인인 도박 채권자를 통하여 위 부동산을 매수한 행위까지 무효가 된다고 할 수는 없다(대판 1995.7.14. 94다40147).

第104條【不公正한 法律行爲】 當事者의 窮迫, 輕率 또는 無經驗으로 因하여 顯著하게 公正을 잃은 法律行爲는 無效로 한다.

不公正法律行爲-暴利行爲

1. 意義: 본조에 규정된 불공정한 법률행위는 객관적으로 급부와 반대급부 사이에 현저한 불균형이 존재하고, 주관적으로 그와 같이 균형을 잃은 거래가 피해 당사자의 궁박, 경솔 또는 무경험을 이용하여 이루어진 경우에 성립하는 것으로서, 약자적 지위에 있는 자의 궁박, 경솔 또는 무경험을 이용한 폭리행위를 규제하려는 데에 그 목적이 있다(대판 2008.3.14. 2007다11996). 따라서 본조는 금전의 소비대차에 한정되지 않고, 모든 재산상의 행위에 관하여 인정된다. 이 규정 외에 같은 목적의 개별규정으로는 민법에는 유질계약을 금지하는 제339조, 대물반환예약에 관한 제607조와 제608조가 있고, 특별법으로 가등기담보등에관한법률, 대부업의등록및금융이용자보호에관한법률, 이자제한법 등이 있다

2. 適用範圍

(1) 유상계약 · 쌍무계약에만 적용: 본조가 규정하는 현저히 공정을 잃은 법률행위라 함은 자기의 급부에 비하여 현저하게 균형을 잃은 반대급부를 하게 하여 부당한 재산적 이익을 얻는 행위를 의미하는 것이므로, 증여계약과 같이 아무런 대가관계 없이 당사자 일방이 상대방에게 일방적인 급부를 하는 법률행위는 그 공정성 여부를 논의할 수 있는 성질의 법률행위가 아니다

(대판 2000.2.11. 99다56833). 따라서 기부행위와 같이 아무런 대가관계 없이 당사자 일방이 상대방에게 일방적인 급부를 하는 법률행위는 그 공정성 여부를 논의할 수 있는 성질의 법률행위가 아니다(대판 1997.3.11. 96다49650).

(2) 채권포기, 화해에 적용: ① 사회적 경험이 부족한 가정부인이 경제적 정신적 궁박상태하에서 구속된 자기남편을 석방 구제하는 데에는 위 수표의 회수가 필요할 것이라는 일념에서 회사에 대한 물품잔대금 채권이 얼마인지 조차 확실히 모르면서 보관중이던 남편의 인감을 이용하여 남편을 대리하여 위임장과 포기서를 작성하여 준 채권포기행위는 거래관계에 있어서 현저하게 균형을 잃은 행위로서 사회적 정의에 반하는 불공정한 불법행위(104조)로 보는 것이 상당하다(대판 1975.5.13. 75다92). ② 계와 관련되어 피고소됨에 따라 또다시 삼청교육대에 갈지 모른다는 급박한 정신적 압박으로 상대방으로 하여금 고소를 취하시켜서 삼청교육대에 가는 것을 회피할 생각으로 경솔하게 상대방과의 청산합의에 응하여 대부분의 채권을 포기하는 약정을 맺은 것은 일방적으로 불리한 것이어서 현저히 불공정한 법률행위에 해당된다(대판 1992.4.14. 91다23660).

(3) 총회의 결의행위: 어업권의 소멸로 인한 손실보상금분배에서 계원 또는 내부 선례의 특별한 사정이 없는 경우에는 모든 어촌계원이 그 행사자가 될 잠재적인 권리를 가지고 있는 어촌계의 총유재산인 어업권이 소멸되었는데도 그 소멸의 대가로 지급된 보상금을 어업권을 실제로 행사한 어촌계원에게만 분배하고 비행사자에게는 차등분배조차 불허하기로 하는 결의는 현저하게 불공정하여 무효라고 보아야 한다(대판 2003.6.27. 2002다68034)고 하여, 단체의 결의행위에 본조를 적용한 사례가 있다.

3. 要件

(1) 객관적 요건

(가) 급부와 반대급부 사이의 현저한 차이: 급부와 반대급부 사이에 현저한 불균형이 있어야 한다(대판 2002.10.22. 2002다38927). 현저한 불균형의 판단은 법관의 재량으로 반드시 산술적인 것을 의미하지는 않고, 상대방의 상황을 고려한 종합적인 판단이다.

(나) 궁박, 경솔, 무경험: 궁박 등의 요건은 모두 구비되어야 하는 요건이 아니라 그 중 일부만 갖추어져도 충분하다. 당사자가 궁박 또는 무경험의 상태에 있었는지 여부는 그의 나이와 직업, 교육 및 사회경험의 정도, 재산 상태 및 그가 처한 상황의 절박성의 정도 등 제반 사정을 종합하여 구체적으로 판단하여야 한다.

① 궁박: 궁박은 급박한 곤궁을 의미하는 것으로서 경제적 원인에 기인할 수도 있고 정신적 또는 심리적 원인에 기인할 수도 있다.

② 무경험: 일반적인 생활체험의 부족을 의미하는 것으로서 어느 특정영역에 있어서의 경험부족이 아니라 거래일반에 대한 경험부족을 뜻한다.

③ 경솔: 신중하지 못한 행동 또는 의사결정을 하는 당사자의 행태를 말한다.

(2) 주관적 요건-악의의 존재: 상대방 당사자에게 궁박, 경솔, 무경험과 같은 사정을 알면서 이를 이용하려는 의사, 즉 폭리행위의 악의가 있어야 한다(대판 2008.3.14. 2007다11996).

(3) 요건 존재의 판단시기: 법률행위시에 위 요건의 존재 여부를 판단하여야 한다.

4. 效果: 법률행위가 무효이다.

(1) 추인 불가: 불공정한 법률행위로서 무효인 경우에는 추인에 의하여 무효인 법률행위가 유효로 될 수 없다(대판 1994.6.24. 94다10900).

(2) 이행하지 않은 채무-이행 불요: 이행하지 않은 채무는 무효로서 존재하지 않아 이행할 필요가 없다. 따라서 의료기관 또는 의사가 환자를 치료하고 그 치료비를 청구함에 있어서 그 치료행위와 그에 대한 일반의료수가 사이에 현저한 불균형이 존재하고 그와 같은 불균형이 피해 당사자의 궁박, 경솔 또는 무경험에 의하여 이루어진 경우에는 민법 제104조의 불공정한 법률행위에 해당하여 무효이므로 그 지급을 청구할 수 없다(대판 1995.12.8. 95다3282).

(3) 기이행한 경우: 불공정법률행위로 무효임에도 이미 상호간에 급부를 이행한 경우에는 폭리행위자측에게만 불법성이 있으므로, 피해자는 그 반환을 청구할 수 있으나, 폭리행위자는 자기가 한 급부에 대하여는 반환을 청구할 수 없다(746조).

5. 個別的 問題

(1) 대리행위에서 주관적 요건의 판단 기준-대리인을 기준: 매도인의 대리인이 매매한 경우에 있어서 그 매매가 본조의 불공정한 법률행위인가를 판단함에는 매도인의 경솔, 무경험은 그 대리인을 기준으로 하여 판단하여야 하고 궁박 상태에 있었는지의 여부는 매도인 본인의 입장에서 판단되어야 한다(대판 1972.4.25. 71다2255).

(2) 폭리행위에 악의가 없는 경우-불성립: 상대방 당사자에게 그와 같은 피해 당사자측의 사정을 알면서 이를 이용하려는 의사, 즉 폭리행위의 악의가 없다면 불공정법률행위는 성립하지 않는다(대판 2008.3.14. 2007다11996).

(3) 정당한 노동쟁의행위-불성립: 노동조합의 쟁의행위는 헌법상 보장된 근로자들의 단체행동권의 행사로서 그 정당성이 인정되는 범위 내에서 보호받고 있는 점에 비추어, 단체협약이 노동조합의 쟁의행위 끝에 체결되었고 사용자측의 경영상태에 비추어 그 내용이 다소 합리성을 결하였다고 하더라도 그러한 사정만으로 이를 궁박한 상태에서 이루어진 불공정한 법률행위에 해당한다고 할 수 없다(대판 2007.12.14. 2007다18584).

(4) 정당한 권리행사-불성립: 지역사회에서 상당한 사회적 지위와 명망을 가지고 있는 자가 유부녀와 통정한 후 상간자의 배우자로부터 고소를 당하게 되면 자신의 사회적 명예가 실추되고 구속될 여지도 있어 다소 궁박한 상태에 있었다고 볼 수는 있으나 상간자의 배우자가 상대방의 그와 같은 처지를 적극적으로 이용하여 폭리를 취하려 하였다고 볼 수 없는 경우, 고소를 하지 않기로 합의하면서 금 1억7천만원의 약속어음공정증서를 작성한 행위가 불공정한 법률행위에 해당한다고 볼 수 없고, 일반적으로 부정행위에 대한 고소·고발은 그것이 부정한 이익을 목적으로 하는 것이 아닌 때에는 정당한 권리행사가 되어 위법하다고 할 수 없는 것인바, 간통으로 고소하지 않기로 하는 등의 대가로 금 1억7천만원의 합의금을 받게 된 경우, 상간자의 배우자가 부정한 이익을 목적으로 위법한 강박행위를 한 것으로 볼 수 없다(대판 1997.3.25. 96다47951).

(5) 진정서 취하 조건의 거액급부제공받는 약정-제103조: 진정서를 제출하여 상대방을 궁지에 빠뜨린 다음 이를 취하하는 조건으로 거액의 급부를 제공받기로 한 약정은, 일방적 기부행위(증여)로 그 공정성 여부를 논의할 수 있는 성질의 법률행위가 아니므로 제104조가 적용되지 않고, 민법 제103조 소정의 반사회질서의 법률행위에 해당한다(대판 2000.2.11. 99다56833).

(6) 경락인이 전소유자의 체납전기요금채무를 인수한 행위: 경락인의 요청이 없는 한 한전이 위 공장에 대하여 단전조치를 취하지 않았을 것임이 경험칙상 추측할 수 있으므로 경락인이 위 체납전기요금채무를 인수한 행위가 그 궁박상태(한전으로부터 전기공급을 받아 공장을 가동하지 않으면 막대한 손해를 입게 될 궁박한 형편)를 이용한 현저하게 공정을 잃은 법률행위에 해당한다고 볼 수 없다(대판 1989.10.24. 88다카16454).

(7) 매매가 본조에 해당한 사례: 무학문맹으로 나이 어린 외손녀 하나만을 데리고 가옥일부를 임대한 수입으로 생계를 이어오며 고혈압으로 보행이 자유롭지 못하고 동맥경화성 정신증의 증세로 때로는 정신이 혼미하게도 되지만 빈한하여 치료조차 제대로 받지 못하고 있던 67세의 노파가 인근에 거주하여 위의 사정을 잘 알고 있는 사람에게 다른 생활대책도 강구함이 없이 유일한 생활근거인 가옥을 매도한 계약이 시가와 매매가액 사이에 현저한 차이가 있다면, 민법 제104조 소정의 불공정한 법률행위에 해당한다고 볼 수 있다(대판 1979.4.10. 79다275).

(8) 화해계약이 본조에 해당한 사례: 농촌에서 농사만 짓고 처음 사고를 당하는 무경험자인 전기 공사 중 사망한 인부의 유족의 대리인과 유족이 가장을 잃고 경제적·정신적으로 경황이 없는 궁박한 상태에서 사고 1주일 후에 손해배상을 받을 수 있는 액수도 모르고서 받을 수 있는 액수의 8분의 1밖에 되지 않는 합의금을 받기로 하고 가해자나 사용자에 대하여 민·형사상 책임을 더 묻지 아니하기로 하는 내용의 합의서를 작성하여 위의 사정을 잘 아는 가해자의 대리인에게 교부하여 주었다면, 동 합의는 유족과 유족대리인의 경솔, 무경험과 유족의 궁박한 상태아래에서 이루어진 현저하게 공정을 잃은 법률행위로서 무효이다(대판 1979.4.10. 78다2457).

第105條【任意規定】 法律行爲의 當事者가 法令中의 善良한 風俗 其他 社會秩序에 關係 없는 規定과 다른 意思를 表示한 때에는 그 意思에 依한다.

法律行爲의 適法

1. 適法: 법률행위가 유효하기 위하여는 그 목적 내지 내용이 적법하여야 한다. 즉 강행법규에 위반한 법률행위는 위법하여 무효이다. 그런데 당해 법률행위가 강행법규에는 위반하지 않았으나, 다른 법규(임의법규)에 위반한 경우에는 어떻게 되느냐가 문제된다. 본조는 강행법규에 위반하지 않은 법률행위는 다른 법규에 위반하더라도 그 법률행위에 따른 법률효과가 그대로 생긴다는 것을 규정한다. 이는 곧 사적 자치의 한계를 규정한 것으로도 이해된다. 모든 법규는 강행법규와 임의법규로 구분할 수 있는데, 위반하여 무효가 되는 기준인 어떠한 규정이 강행법규인지가 문제된다.

2. 强行法規: 사법상의 법률효과를 중심으로 법규는 강행법규와 임의법규로 구별되는데, 당사자의 의사에 의하여 당해 규정을 배제할 수 없는 규정이 강행법규이고, 배제할 수 있는 규정이 임의법규이다. 본조에서 규정하는 〈법령 중에 선량한 풍속 기타 사회질서에 관계 없는 규정〉이 임의법규이고, 〈관계 있는〉 규정이 강행법규이다.

(1) 구별의 기준: 경우에 따라 당해 법규가 강행법규임을 규정하고 있기도 하지만(608조), 대부분이 그렇지 아니하고 또한 강행법규와 임의법규를 구별하는 일반적 원칙은 없고, 당해 법규의 내용, 의미, 입법의 취지 등을 종합적으로 고려하여 과연 개인의 의사로 당해 규정을 배제할 수 있느냐 여부로 판단할 수 밖에 없다. 대체로 우리 사회의 기본적 질서, 기본적 윤리, 가족관계 질서의 유지, 경제적 약자 보호에 관한 규정, 거래안전에 관한 규정 등은 강행법규이다.

(2) 민법에서의 강행규정

(가) 총칙편: 권리능력, 행위능력, 소멸시효 등에 관한 규정은 강행규정이다.

(나) 물권편: 물권법정주의에 의한 물권의 종류, 효력 등의 대부분의 규정이 강행규정이다.

(다) 채권편: 거래의 안전을 위한 규정(채권양도), 경제적 약자보호에 관한 규정(소비대차, 임대차) 등만 강행규정이다.

(라) 가족편: 가족관계의 질서유지, 상속에 관한 규정 등 대부분이 강행규정이다.

3. 效力規定과 團束規定: 일정한 행정목적을 실현하기 위한 규정, 특히 금지규정 중에서 그것에 위반한 사법적 거래행위의 효력을 부인하는 규정을 효력규정이라 하고, 그렇지 아니한 규정을 단속규정이라 한다. 이는 사법상의 거래를 규제하기 위한 각종의 행정법규는 당해 법규의 입법목적에 따라 강약의 정도를 달리 하며, 또한 위반행위라 할지라도 그 위반의 정도가 다르다. 따라서 당해 규정을 위반한 사법상의 효력을 부인하는 것이냐(효력규정), 그렇지 아니하고 단순히 규제만 하는 것(단속규정)이냐는 당해 금지규정의 내용·취지·위반의 정도 등을 고려하여 구체적으로 판단하여야 한다.

(1) 부동산특별조치법 제2조의 등기신청 전의 전매계약금지 규정: 부동산등기특별조치법상 조세포탈과 부동산투기 등을 방지하기 위하여 위 법률 제2조제2항 및 제8조제1호에서 등기하지 아니하고 제3자에게 전매하는 행위를 일정 목적범위 내에서 형사처벌하도록 되어 있으나 이로써 순차매도한 당사자 사이의 중간생략등기합의에 관한 사법상 효력까지 무효로 한다는 취지는 아니다(대판 1993.1.26. 92다39112).

(2) 국토의계획및이용에관한법률 제118조: 국토이용관리법상 토지의 거래계약허가구역으로 지정된 구역 안의 토지에 관하여 관할 행정청의 허가를 받지 아니하고 체결한 토지거래계약은 처음부터 그 허가를 배제하거나 잠탈하는 내용의 계약일 경우에는 〈확정적 무효〉로서 유효화될 여지가 없으나, 이와 달리 허가받을 것을 전제로 한 거래계약일 경우에는 일단 허가를 받을 때까지는 법률상 미완성의 법률행위로서 거래계약의 채권적 효력도 전혀 발생하지 아니하지만, 일단 허가를 받으면 그 거래계약은 소급해서 유효로 되고 이와 달리 불허가가 된 때에는 무효로 확정되는 이른바 〈유동적 무효〉의 상태에 있다고 보아야 한다(대판 1999.6.17. 98다40459).

(3) 부동산실명제 위반: 어떤 사람이 타인을 통하여 부동산을 매수함에 있어 매수인 명의 및 소유권이전등기 명의를 타인 명의로 하기로 약정하였고 매도인도 그 사실을 알고 있어서 그 약정이 부동산실권리자명의등기에관한법률 제4조의 규정에 의하여 무효로 되고 이에 따라 매매계약도 무효로 되는 경우에, 매매계약상의 매수인의 지위가 당연히 명의신탁자에게 귀속되는 것은 아니지만, 그 무효사실이 밝혀진 후에 계약상대방인 매도인이 계약명의자인 명의수탁자 대신 명의신탁자가 그 계약의 매수인으로 되는 것에 대하여 동의 내지 승낙을 함으로써 부동산을 명의신탁자에게 양도할 의사를 표시하였다면, 명의신탁약정이 무효로 됨으로써 매수인의 지위를 상실한 명의수탁자의 의사에 관계없이 매도인과 명의신탁자 사이에는 종전의 매매계약과 같은 내용의 양도약정이 따로 체결된 것으로 봄이 상당하고, 따라서 이 경우 명의신탁자는 당초의 매수인이 아니라고 하더라도 매도인에 대하여 별도의 양도약정을 원인으로 하는 소유권이전등기청구를 할 수 있다(대판 2003.9.5. 2001다32120).

(4) 금융실명제 위반: 금융실명거래및비밀보장에관한법률에 위반하여, 출연자와 금융기관 사이에 예금명의인이 아닌 출연자에게 예금반환채권을 귀속시키기로 하는 명시적 또는 묵시적 약정이 있는 경우에는 출연자를 예금주로 보아야 한다. 또한 출연자가 금융기관 직원의 권유로 타인 명의를 차용하여 예금을 하게 되었고 금융기관의 안내에 따라 예금명의자가 예금을 인출하지 못하도록 예금의 거래인감란에 출연자의 인감을 함께 날인한 경우에 출연자와 금융기관 사이에는 예금반환채권을 차용명의자가 아닌 출연자에게 귀속시키기로 하는 명시적 또는 묵시적 약정이 있었기 때문에 출연자를 예금주로 보아야 한다(대판 2000.3.10. 99다67031).

(5) 법인 기본재산의 처분에 대한 허가: 재단법인의 기본재산에 관한 사항은 정관의 기재사항으로서 기본재산의 변경은 정관의 변경을 초래하기 때문에 주무부장관의 허가를 받아야 하고 따라서 기존의 기본재산을 처분하는 행위는 물론 새로이 기본재산으로 편입하는 행위도 주무부장관의 허가가 있어야만 유효하다 할 것이므로 재단법인 명의로 소유권이전등기가 경료된 부동산이 재단법인의 기본재산에 편입되었다고 인정하기 위해서는 그 편입에 관한 주무부장관의 허가가 있었음이 먼저 입증되어야 한다(대판 1982.9.28. 82다카499).

(6) 증권거래에서 고객에 대한 최소한 수익보장 약정: 증권회사 직원이 과거 자신의 잘못으로 고객의 계좌에 발생한 손해를 보전하여 주기 위한 방법으로 고객에게 향후 증권거래 계좌 운용에서 일정한 최소한의 수익을 보장할 것을 약정한 것은 공정한 증권거래질서의 확보를 위하여 구 증권거래법(2000.1.21. 법률 제6176호로 개정되기 전의 것) 제52조제1호 및 제3호에서 금지하고 있는 것에 해당하여 무효라고 할 것이고, 손실보전약정이 유효함을 전제로 일정기간 동안 법적 조치 등을 취하지 않기로 하는 약정도 당연히 무효로 된다(대판 2003.1.24. 2001다2129).

(7) 증권의 일임매매 제한: 일임매매의 제한에 관한 증권거래법 제107조는 고객을 보호하기 위한 규정으로서 증권거래에 관한 절차를 규정하여 거래질서를 확립하려는 데 그 목적이 있는 것이므로, 고객에 의하여 매매를 위임하는 의사표시가 된 것임이 분명한 이상 그 사법상 효력을 부인할 이유가 없고, 그 효력을 부인할 경우 거래 상대방과의 사이에서 법적 안정성을 심히 해하게 되는 부당한 결과가 초래되므로, 일임매매에 관한 증권거래법 제107조 위반의 약정도 사법상으로는 유효하다(대판 1996.8.23. 94다38199).

(8) 주택법 제60조 위반: 주택법 제60조에 〈국민주택기금은 국민주택의 건설, 국민주택건설을 위한 대지조성사업 등의 용도 외로는 이를 운용할 수 없다〉고 규정하고 있는바, 이는 주택건설종합계획을 효율적으로 실시하기 위하여 필요한 자금을 확보하고 이를 원활히 공급하기 위하여 정부의 재원으로 조성하여 설치한 국민주택기금을 그 설치 목적에 들어맞는 용도로 엄격히 제한하여 운용하려는 데 그 입법 취지를 두고 있으므로, 국민주택기금 운용제한 규정은 강행규정으로서 이에 위반한 행위는 그 효력이 없다. 또한 금융기관의 건설회사에 대한 대출금반환채권과 건설회사의 금융기관에 대한 국민주택기금 융자금채권의 상계약정은 국민주택기금을 그 용도 외로 사용하기로 하는 것으로서 구 주택건설촉진법(1999.2.8. 법률 제5908호로 개정되기 전의 것) 제10조의4 제1항에 위반되어 무효이다(대판 2006.12.21. 2004다17054).

第106條【事實인 慣習】 法令中의 善良한 風俗 其他 社會秩序에 關係 없는 規定과 다른 慣習이 있는 境遇에 當事者의 意思가 明確하지 아니한 때에는 그 慣習에 依한다.

意思表示의 解釋

1. 意義: 사적 자치의 원칙에 의하여 사적 법률관계의 형성은 사적 자치의 한계 내(강행법규에 위반하지 않은 경우)에서는 당사자의 의사에 따른 법률효과가 발생한다. 그런데 당사자의 의사가 명확하지 아니한 경우에는 어떻게 하느냐라는 문제가 남는다. 이러한 경우에 그에 해당하는 사실인 관습이 있는 경우에는 당사자의 의사는 그 관습에 따르겠다는 의사로 본다는 것을 규정한다. 즉 법률효과가 발생하는 순위가 강행법규에 의한 법률효과→ 당사자의 의사→사실인 관습이라는 것이다.

2. 要件

(1) 의사의 불분명: 당사자의 의사가 명확하지 아니하여야 한다.

(2) 강행법규에 반하지 않은 사실인 관습: 강행법규에 반하지 아니한 사실인 관습이 존재하여야 한다.

3. 事實인 慣習

(1) 의의: 사실인 관습은 사회의 관행에 의하여 발생한 사회생활규범인 점에서 관습법과 같으나 사회의 법적 확신이나 인식에 의하여 법적 규범으로서 승인된 정도에 이르지 않은 것을 말한다.

(2) 기능: 사실인 관습은 법령으로서의 효력이 없는 단순한 관행으로서 법률행위의 당사자의 의사를 보충함에 그치는 것이다. 즉 사적 자치의 한계 내에서 당사자의 의사가 분명하지 않은 경우에만 기능을 한다.

(3) 주장, 입증 사실: 사실인 관습은 그 존재를 당사자가 주장 입증하여야 하나, 관습은 그 존부자체도 명확하지 않을 뿐만 아니라 그 관습이 사회의 법적 확신이나 법적 인식에 의하여 법적 규범으로까지 승인되었는지의 여부를 가리기는 더욱 어려운 일이므로, 법원이 이를 알 수 없는 경우 결국은 당사자가 이를 주장, 입증할 필요가 있다(대판 1983.6.14. 80다3231).

(4) 효력: 사실인 관습은 사적 자치가 인정되는 분야, 즉 그 분야의 제정법이 주로 임의규정일 경우에는 법률행위의 해석기준으로서 또는 의사를 보충하는 기능으로서 이를 재판의 자료로 할 수 있을 것이나 이 이외의, 즉 그 분야의 제정법이 주로 강행규정일 경우에는 그 강행규정 자체에 결함이 있거나 강행규정 스스로가 관습에 따르도록 위임한 경우등 이외에는 법적 효력을 부여할 수 없다(대판 1983.6.14. 80다3231).

4. 具體的 事例

(1) 규범의식이 있어야: 기업의 내부에 존재하는 특정의 관행이 근로계약의 내용을 이루고 있다고 하기 위하여는 그러한 관행이 기업 사회에서 일반적으로 근로관계를 규율하는 규범적인 사실로서 명확히 승인되거나 기업의 구성원에 의하여 일반적으로 아무도 이의를 제기하지 아니한 채 당연한 것으로 받아들여져서 기업 내에서 사실상의 제도로서 확립되어 있다고 할 수 있을 정도의 규범의식에 의하여 지지되고 있어야 한다(대판 2002.4.23. 2000다50701).

(2) 부동산임대차에서 부가가치세의 부담에 관한 관행: 부동산임대용역의 공급에 관하여 누가 부가가치세를 부담할 것인가에 관하여 계약체결시 명시적인 약정이 없으면 임대인이 부담하기로 하는 것이 관행이고, 임대계약시에 부가가치세의 부담을 누가 질 것인가에 관하여 아무런 논의가 없었던 것은 위 관행에 따라 임대인이 부가가치세를 부담하려는 묵시적 특약이 있었다고 할 수 있다(대판 1986.10.28. 86다카745).

第2節 意思表示

1. 槪括: 사적 자치의 원칙에 의하여 원칙적으로 사적 법률관계의 형성은 개인의 자유로운 의사

에 의하도록 한다. 즉 사적 법률관계는 법률행위를 하는 표의자가 원하는 효과의사에 따라 형성되도록 한다. 그런데 〈의사표시〉를 분석하면 〈(내심의)의사(효과의사, 표시의사)〉와 〈표시(표시행위)〉의 두 가지 요소로 구성되어 있다고 이해된다. 보통의 경우에는 표의자는 특정한 목적(동기)을 가지고, 그 목적에 적합한 자기의 〈진정한 의사〉를, 그대로 외부에 알리는 〈표시〉를 하게 된다. 즉 의사표시는 의사표시를 하는 목적, 의사, 표시가 일치하는 것이 보통이며, 이러한 형태가 정상적이다. 그런데 경우에 따라서는 이 세 요소가 일치하지 아니하는 비정상적인 경우가 있게 되고, 이러한 경우에 그 법률효과를 어떻게 할 것인가라는 문제가 있다. 의사와 표시가 불일치한 의사표시의 유형에는 본인이 스스로 불일치함을 알고서 하는 경우(비진의표시), 상대방과 모의하여 불일치하게 하는 경우(통정허위표시), 스스로의 착오에 빠져서 모르고 하는 경우(착오에 의한 의사표시), 외부의 영향을 받아 불일치함을 알고도 하는 경우(강박에 의한 의사표시), 외부의 영향으로 착오에 빠져서 불일치하게 하는(사기에 의한 의사표시) 경우로 구분되며, 이러한 각 유형의 비정상적인 의사표시의 효과에 관하여 본절에서 규정한다.

2. 構成

(1) 비진의표시: 제107조
(2) 통정허위표시: 제108조
(3) 착오에 의한 의사표시: 제109조
(4) 사기, 강박에 의한 의사표시: 제110조
(5) 의사표시의 효력발생시기: 제111조
(6) 의사표시의 수령능력: 제112조
(7) 의사표시의 공시송달: 제113조

第107條【眞意 아닌 意思表示】 ①意思表示는 表意者가 眞意아님을 알고한 것이라도 그 效力이 있다. 그러나 相對方이 表意者의 眞意아님을 알았거나 이를 알 수 있었을 境遇에는 無效로 한다.
②前項의 意思表示의 無效는 善意의 第三者에게 對抗하지 못한다.

非眞意表示

1. 意義: 진의 아닌 의사표시(비진의 표시)는 효과의사와 표시행위가 불일치함을 표의자가 알고서 의도적으로 불일치하게 하는 의사표시이다. 본조는 표의자의 내심의 의사와 표시된 의사가 일치하지 아니한 경우에는 표의자의 진의가 어떠한 것이든 표시된 그대로의 효력을 생기게 하여 거짓의 표의자를 보호하지 아니하는 반면에 만약 그 표의자의 상대방이 표의자의 진의 아님에 대하여 악의 또는 과실이 있는 경우라면 이때에는 그 상대방을 보호할 필요가 없이 표의자의 진의를 존중하여 그 진의 아닌 의사표시를 무효로 돌려버리려는 데 있다(대판 1987.7.7. 86다카1004).

2. 要件

(1) 의사표시의 존재: 법률적인 가치가 있는 의사표시가 있어야 한다.
(2) 의사와 표시의 불일치: 내심의 의사(진의)와 표시가 일치하지 않아야 한다.
(가) 진의: 본조의 〈진의〉란 특정한 내용의 의사표시를 하고자 하는 표의자의 생각을 말하는 것이지 표의자가 진정으로 마음속에서 바라는 사항을 뜻하는 것은 아니므로, 표의자가 의사표시의 내용을 진정으로 마음속에서 바라지는 아니하였다고 하더라도, 당시의 상황에서는 그것을 최선이라고 판단하여 그 의사표시를 하였을 경우에는 이를 내심의 효과의사가 결여된 비진의 의사표시라고 할 수 없다(대판 1996.12.20. 95누16059).
(나) 진의로 본 사례
① 노사합의에 의하여 회사의 퇴직금지급률 제도가 누진제에서 단순제로 변경됨으로써 누진율의 상승에 의한 퇴직금의 상승을 기대할 수 없게 되자 근로자들이 자유로운 의사에 기한 선택에 따라 중간퇴직을 하고 퇴직금을 수령한 경우, 그 근로자들과 회사 사이의 근로계약 관계는 그 중

간퇴직에 의하여 일단 종료되었다고 봄이 상당하고, 그 근로자들의 퇴직의 의사표시를 통정 허위표시 또는 비진의표시로서 무효라고 볼 수는 없다(대판 1996.4.26. 95다2562, 2579).

② 인력구조조정의 일환으로 명예퇴직제도와 함께 순환명령휴직제도를 실시하기로 결정하면서 순환명령휴직 대상자를 선정하기 위하여 기준을 정하였는바, 위 기준에 해당하여 내부적으로 순환명령휴직 대상자로 선정된 원고가 위 명예퇴직제도 및 순환명령휴직제도의 실시에 즈음하여 1999. 1. 15. 명예퇴직을 신청한다는 내용의 이 사건 사직원을 제출한 것은 진정으로 마음속에서 명예퇴직을 바란 것은 아니라 할지라도 그 당시 상황에서 명예퇴직을 하는 것이 최선이라고 판단하여 스스로의 의사에 기하여 이 사건 사직원을 제출한 것이라고 봄이 상당하다고 할 것이므로, 사직의 의사가 비진의표시가 아니다(대판 2003.4.25. 2002다11458).

③ 희망퇴직의 권고를 선뜻 받아들일 수는 없었다고 할지라도 그 당시의 국내 경제상황, 피고의 구조조정계획, 피고가 제시하는 희망퇴직의 조건, 퇴직할 경우와 계속 근무할 경우에 있어서의 이해관계 등을 종합적으로 고려하여 심사숙고한 결과 당시의 상황으로는 희망퇴직을 하는 것이 최선이라고 판단하여 본인의 의사에 기하여 희망퇴직신청원을 제출한 것이라고 봄이 상당하다 할 것이므로, 원고들의 희망퇴직신청이 피고의 강요에 의하여 어쩔 수 없이 내심의 의사와 다르게 이루어진 것이라고 할 수는 없다(대판 2005.9.9. 2005다34407).

④ 피고가 원고들에게 피고 회사를 퇴직하고 범아실업공사에 입사할 것을 권유하자 원고들이 가족과 함께 피고 회사의 삼척 공장에 모여 2~3일간 농성을 한 사실은 있으나, 결국 피고 회사의 설득을 받아들여 같은 달 19일과 20일 사직원을 제출하였고, 이에 따라 원고들은 같은 달 22일자로 피고 회사를 사직(의원면직)하고 퇴직금을 수령한 후 같은 달 23일 범아실업공사의 신규사원으로 입사하여 계속 근무하여 온 사실을 인정한 다음, 원고들의 위 사직원 제출이 피고의 강요에 의한 것이거나 사직의 의사 없이 사용자의 지시에 따라 이루어진 진의아닌 의사표시라고 볼 수 없다(대판 1997.8.29. 97다12006).

⑤ 전쟁기념사업회의 직원들이 회사의 조직정비 방침에 따라 강임 동의서를 제출한 사안에서, 전쟁기념사업회는 국방부장관의 상위직을 축소하라는 조직 및 인원정비 지시를 따르지 않을 수 없고, 그 인사규정상 직제와 정원의 개폐 또는 예산의 감소 등에 의하여 폐직 또는 감원이 되었을 때에는 임용권자인 회장이 직권에 의하여 직원을 면직시킬 수 있는 터라, 그 직원들이 강임이라는 사실 자체를 진정 마음속으로 원하는 바는 아니지만 누군가는 감원대상자로 선정되지 않을 수 없는 상황에서 객관적으로 타당한 심사기준에 의하여 자신이 감원대상자로 선정될 경우에는 직권면직을 당하기보다는 강임되는 것이 더 좋다고 판단하여 강임 동의의 의사표시를 하였다고 할 것이므로, 이를 두고 강임 동의의 내심의 효과의사가 결여된 비진의 의사표시라고 할 수 없다(대판 1996.12.20. 95누16059).

(다) 진의 아닌 것으로 본 사례

① 사용자가 근로자로부터 사직서를 제출받고 이를 수리하는 의원면직의 형식을 취하여 근로계약관계를 종료시킨 것이라 할지라도, 사직의 의사가 없는 근로자로 하여금 어쩔 수 없이 사직서를 작성·제출하게 한 경우에는, 실질적으로 사용자의 일방적 의사에 의하여 근로계약관계를 종료시키는 것이어서 해고에 해당한다(대판 2005.11.25. 2005다38270).

② 전임 직원에게 일괄적으로 사직서를 제출토록 하여 이를 받은 후 해직시킬 대상자를 선정한 다음 이를 위 위원회에 보고하여 그 승인을 받고 사직서를 수리하는 형식으로 진행된 사실, 원고들은 사직할 의사가 없었음에도 당시의 억압된 사회분위기에 위축되어 어쩔수 없이 다른 직원들과 함께 사직서를 제출하고 피고는 그 중 해직대상자로 선정한 원고들만의 사직서를 수리하여 의원면직한 사실은 해고에 해당한다(대판 1992.5.26. 92다3670).

③ 근로자가 회사의 경영방침에 따라 사직원을 제출하고 회사가 이를 받아들여 퇴직처리를 하였다가 즉시 재입사하는 형식을 취함으로써 근로자가 그 퇴직 전후에 걸쳐 실질적인 근로관계의 단절이 없이 계속 근무하였다면 그 사직원제출은 근로자가 퇴직을 할 의사 없이 퇴직의사를 표시한 것으로서 비진의의사표시에 해당한다(대판 2005.4.29. 2004두14090).

(3) 표의자가 불일치를 알아야 한다: 표의자가 스스로 의사와 표시가 불일치함을 알고 있어야 한다.

(4) 동기는 불문: 불일치하게 한 표의자의 의도는 묻지 아니한다. 즉 어떠한 의도로 불일치한 의사표를 한 것인지는 본조의 법률효과에 영향을 미치지 아니한다.

3. 效果

(1) 원칙-유효-제1항 본문: 원칙적으로 유효하다. 즉 표시한 대로의 법률효과가 발생한다.

(2) 예외-무효-제1항 단서: 상대방이 표의자가 비진의표시를 한다는 것을 알았거나, 알 수 있었을 때에는 무효, 즉 의사표시로서의 효력이 발생하지 아니한다.

(가) 상대방의 악의, 과실 여부의 판단기준: 상대방이 표의자가 비진의표시를 한다는 데 대한 악의, 과실 여부의 판단은 표의자와 상대방 사이에 있었던 의사표시 형성과정과 그 내용 및 그로 인하여 나타나는 효과 등을 객관적인 사정에 따라 합리적으로 판단하여야 한다(대판 1999.1.15. 98다39602). 그리고 판단 시점은 상대방이 표의자의 의사표시를 요지한 때를 기준으로 한다.

(나) 구체적 사례: 근로자가 회사의 경영방침에 따라 사직원을 제출하고 회사가 이를 받아들여 퇴직처리를 하였다가 즉시 재입사하는 형식을 취함으로써 근로자가 그 퇴직 전후에 걸쳐 실질적인 근로관계의 단절이 없이 계속 근무하였다면 그 사직원제출은 근로자가 퇴직을 할 의사 없이 퇴직의사를 표시한 것으로서 비진의의사표시에 해당하고, 재입사를 전제로 사직원을 제출케 한 회사 또한 그와 같은 진의 아님을 알고 있었다고 봄이 상당하다 할 것이므로 위 사직원제출과 퇴직처리에 따른 퇴직의 효과는 생기지 아니한다(대판 2005.4.29. 2004두14090).

4. 無效인 경우 表意者의 不法行爲責任, 使用者責任 與否: 비진의표시가 무효인 경우에 표의자는 불법행위에 기한 손해배상책임을 지는지가 문제된다. 상대방이 비진의표시임을 알았을 경우에는 불법행위 여부가 문제되지 아니하나, 과실로 몰랐을 경우에 불법행위책임, 사용자책임(대리인에 의한 경우)성립 여부가 문제된다.

(1) 불법행위책임(사용자책임) 또는 계약체결상의 과실책임-상대방이 모른 것이 통상적인 과실만 인정되는 경우에는 불법행위책임 또는 계약체결상의 과실책임이 성립한다고 해석된다. 따라서 예금자가 제3자를 통하여 체결한 예금계약이 보통 정규예금 금리보다 고액이고 보통예금임에도 일정 기간 인출할 수 없는 등 시중 은행에서 예금 유치를 위하여 그와 같은 방법을 사용하고 있다고 볼 수 없는 경우, 예금자는 적어도 통상의 주의만 기울였다면 은행 직원의 표시의사가 진의가 아님을 알 수 있었을 것이므로 결국 그 예금자와 은행과의 관계에 있어서는 예금계약 자체가 성립되지 아니하여, 예금자는 은행에 대하여 예금반환 청구를 할 수 없다. 그러나 예금자에게 은행 직원의 배임행위에 대한 통상의 과실만이 인정되는 경우에는 은행의 사용자 배상책임이 인정된다(대판 1996.4.26. 94다29850).

(2) 과실상계 적용: 불법행위가 성립되는 경우인 상대방의 과실이 존재하므로, 표의자의 불법행위에 기한 손해배상의 산정에서는 상대방의 과실은 과실상계의 적용이 있다(대판 2003.1.10. 2000다34426).

5. 本條의 類推適用

(1) 대리인의 배임적 대리행위(대리권 남용-대리인이 대리인 자신 또는 제3자의 이익을 위하여 한 대리행위): 진의아닌 의사표시가 대리인에 의하여 이루어지고 그 대리인의 진의가 본인의 이익이나 의사에 반하여 자기 또는 제3자의 이익을 위한 배임적인 것임을 그 상대방이 알거나 알 수 있었을 경우에는 민법 제107조제1항 단서의 유추해석상 그 대리인의 행위는 본인의 대리행위로 성립할 수 없다 하겠으므로 본인은 대리인의 행위에 대하여 아무런 책임이 없다 할 것이며 이때 그 상대방이 대리인의 표시의사가 진의아님을 알았거나 알 수 있었는가의 여부는 표의자인 대리인과 상대방사이에 있었던 의사표시의 형성과정과 그 내용 및 그로 인하여 나타나는 효과 등을 객관적인 사정에 따라 합리적으로 판단하여야 한다(대판 1987.7.7. 86다카1004).

(2) 상업사용인의 배임적 행위: 부분적 포괄대리권을 가진 상업사용인이 그 범위 내에서 한 행위는 설사 상업사용인이 영업주 본인의 이익이나 의사에 반하여 자기 또는 제3자의 이익을 도모할 목적으로 그 권한을 남용한 것이라 할지라도 일단 영업주 본인의 행위로서 유효하나, 그 행위의 상대방이 상업사용인의 진의를 알았거나 알 수 있었을 때에는 민법 제107조제1항 단서의 유추해석상 그 행위에 대하여 영업주 본인에 대하여 무효가 되고, 그 상대방이 상업사용인의 표시

된 의사가 진의 아님을 알았거나 알 수 있었는가의 여부는 표의자인 상업사용인과 상대방 사이에 있었던 의사표시 형성과정과 그 내용 및 그로 인하여 나타나는 효과 등을 객관적인 사정에 따라 합리적으로 판단하여야 한다(대판 2008.7.10. 2006다43767).

(3) 금융기관 임직원의 배임적 행위: ① 금융기관의 임·직원이 예금 명목으로 돈을 교부받을 때의 진의가 예금주와 예금계약을 맺으려는 것이 아니라 그 돈을 사적인 용도로 사용하거나 비정상적인 방법으로 운용하는 데 있었던 경우에 예금주가 그 임·직원의 예금에 관한 비진의 내지 배임적 의사를 알았거나 알 수 있었다면 금융기관은 그러한 예금에 대하여 예금계약에 기한 반환책임을 지지 아니한다(대판 2007.4.12. 2004다51542). ② 지배인(은행지점장)의 행위가 영업에 관한 것으로서 대리권한 범위 내의 행위라 하더라도 영업주 본인의 이익이나 의사에 반하여 자기 또는 제3자의 이익을 도모할 목적으로 그 권한을 행사한 경우에 그 상대방이 지배인의 진의를 알았거나 알 수 있었을 때에는 민법 제107조제1항 단서의 유추해석상 그 지배인의 행위에 대하여 영업주 본인은 아무런 책임을 지지 않는다고 보아야 하고, 그 상대방이 지배인의 표시의사가 진의 아님을 알았거나 알 수 있었는가의 여부는 표의자인 지배인과 상대방 사이에 있었던 의사표시 형성과정과 그 내용 및 그로 인하여 나타나는 효과 등을 객관적인 사정에 따라 합리적으로 판단하여야 한다(대판 1999.3.9. 97다7721, 7738).

6. 本條는 公法上의 行爲에는 適用없음: 민법의 법률행위에 관한 규정은 행위의 격식화를 특색으로 하는 공법행위에 당연히 타당하다고 말할 수 없다. 따라서 공법행위인 영업재개업신고에 민법 제107조는 적용될 수 없고(대판 1978.7.25. 76누276), 공무원이 사직의 의사표시를 하여 의원면직처분을 하는 경우 그 사직의 의사표시는 그 법률관계의 특수성에 비추어 외부적·객관적으로 표시된 바를 존중하여야 할 것이므로, 비록 사직원제출자의 내심의 의사가 사직할 뜻이 아니었다고 하더라도 진의 아닌 의사표시에 관한 민법 제107조는 그 성질상 사직의 의사표시와 같은 사인의 공법행위에는 준용되지 아니하므로 그 의사가 외부에 표시된 이상 그 의사는 표시된 대로 효력을 발한다(대판 1997.12.12. 97누13962).

第108條【通情한 虛僞의 意思表示】 ①相對方과 通情한 虛僞의 意思表示는 無效로 한다.
②前項의 意思表示의 無效는 善意의 第三者에게 對抗하지 못한다.

通情虛位表示

1. 意義: 통정허위표시란 표의자의 내심의 의사와 표시된 의사가 일치하지 아니한 것을 표의자뿐만 아니라 상대방도 알고 하는 의사표시이다. 즉 통정허위표시는 상대방과 합의하여 한 허위의 의사표시이다. 이러한 통정의사표시는 무효이다.

2. 要件

(1) 의사표시의 존재: 의사표시가 존재하여야 한다.

(2) 진의와 표시의 불일치: 표의자의 내심의 의사인 진의와 표시가 일치하지 않아야 한다. 표시행위에 대응하는 진의가 있다면 그것이 비록 표시행위와 모든 부분에서 일치하지 않더라도 허위표시는 아니다. 따라서 실제채무액보다 더 많은 액수의 어음을 발행하여 공증을 하였다고 하더라도 그 공정증서에 표시되어 있는 채권자와 채무자의 촉탁에 의하여 그 공정증서가 작성된 것이 확실하다면 그 공정증서에 의한 강제집행인 전부명령은 유효하여 제3채무자로서는 채무자에 대하여 부담하고 있는 채무액의 한도에서 그것을 전부채권자에게 변제하여야 면책된다(대판 1989.9.12. 88다카34117).

(3) 표의자가 불일치를 알아야: 표의자가 진의와 표시가 불일치함을 알아야 한다.

(4) 상대방과의 통정: 표의자와 상대방이 표의자가 진의 아닌 의사표시를 하는 데 대하여 합의가 있어야 한다. 따라서 상대방이 알고 있는 것만으로는 비진의표시 여부가 문제되고, 허위표시는 아니다.

(5) 동기는 불문: 허위표시를 하게 된 동기는 문제가 되지 아니한다. 예컨대 어음행위에 민법 제108조가 적용됨을 전제로 실제로 어음상의 권리를 취득하게 할 의사는 없이 단지 채권자들에 의한 채권의 추심이나 강제집행을 피하기 위하여 한 약속어음 발행행위도 통정허위표시로서 무효이다(대판 2005.4.15. 2004다70024).

3. 效果: 허위표시는 무효이다. 따라서 그 내용에 따른 법률효과가 발생하지 않는다. 당사자 사이뿐만 아니라 제3자에 대한 관계에서도 허위표시는 원칙적으로 무효이다. 다만 허위표시의 무효를 가지고 선의의 제3자에게 대항하지 못할 뿐이다. 따라서 선의의 제3자가 허위표시의 무효를 주장하는 경우에도 당사자 사이에서는 언제나 무효이다. 그리고 누구든지 그 무효를 주장할 수 있다.

(1) 당사자간의 법률관계

(가) 무효: 당사자간의 법률관계는 언제나 무효이다.

(나) 부당이득으로 반환: 당해 행위에 의한 채무가 이행되지 아니한 경우에는 채무는 존재하지 않아 이행할 필요가 없고, 기왕에 이행한 경우는 부당이득으로 반환을 청구하거나 소유권에 기한 반환청구가 가능하다. 따라서 채무자 또는 그 대리인의 유효한 작성촉탁과 집행인낙의 의사표시에 터잡아 작성된 공정증서를 집행권원으로 하는 금전채권에 대한 강제집행절차에서, 그 공정증서에 표시된 청구권의 기초가 되는 법률행위에 무효사유가 있다고 하더라도 그 강제집행절차가 청구이의의 소 등을 통하여 적법하게 취소·정지되지 아니한 채 계속 진행되어 채권압류 및 전부명령이 적법하게 확정된 경우에, 그 집행권원인 집행증서의 기초가 된 법률행위 중 전부 또는 일부에 무효사유가 있는 것으로 판명된 경우에는 그 무효 부분에 관하여는 집행채권자가 부당이득을 한 셈이 되므로, 그 집행채권자는 집행채무자에게, 위 전부명령에 따라 전부받은 채권 중 실제로 추심한 금전 부분에 관하여는 그 상당액을 반환하여야 하고, 추심하지 아니한 나머지 부분에 관하여는 그 채권 자체를 양도하는 방법에 의하여 반환하여야 한다(대판 2005.4.15. 2004다70024).

(다) 취소도 가능: 허위표시는 무효이므로 논리적으로는 유효를 전제로 하는 취소는 필요하지 않고, 가능하지 아니하다고 할 수 있다. 그러나 허위표시도 외형적으로는 법률행위가 존재하고, 또한 선의의 제3자에게는 무효로 대항할 수 없으므로 취소를 하여 외형적으로도 법률행위를 부존재시킬 필요가 있기 때문에 허위표시를 취소할 수 없다고 할 필요는 없다. 즉 허위표시도 취소를 할 수 있다(대판 1984.7.24. 84다카68).

(라) 채권자취소권의 행사: 채무자의 법률행위가 통정허위표시인 경우에도 채권자취소권의 대상이 되고, 한편 채권자취소권의 대상으로 된 채무자의 법률행위라도 통정허위표시의 요건을 갖춘 경우에는 무효라고 할 것이다(대판 1998.2.27. 97다50985).

(마) 허위표시에 기하여 선고된 판결의 효력: 허위표시에 기하여 판결이 선고되었더라도 그 판결은 유효하다. 따라서 채무자 또는 그 대리인의 유효한 작성촉탁과 집행인낙의 의사표시에 터잡아 작성된 공정증서를 집행권원으로 하는 금전채권에 대한 강제집행절차에서, 비록 그 공정증서에 표시된 청구권의 기초가 되는 법률행위에 무효사유가 있다고 하더라도 그 강제집행절차가 청구이의의 소 등을 통하여 적법하게 취소·정지되지 아니한 채 계속 진행되어 채권압류 및 전부명령이 적법하게 확정되었다면, 그 강제집행절차가 반사회적 법률행위의 수단으로 이용되었다는 등의 특별한 사정이 없는 한, 단지 이러한 법률행위의 무효사유를 내세워 확정된 전부명령에 따라 전부채권자에게 피전부채권이 이전되는 효력 자체를 부정할 수는 없다(대판 2005.4.15. 2004다70024).

(2) 제3자에 대한 효력: 무효로 선의의 제3자에 대항할 수 없다. 이와 같이 허위표시의 무효로 선의의 제3자에게 대항할 수 없게 한 취지는 이를 기초로 하여 별개의 법률원인에 의하여 고유한 법률상의 이익을 갖는 법률관계에 들어간 자를 보호하기 위한 것이다(대판 2000.7.6. 99다51258).

(가) 제3자: 본조의 제3자는 당사자와 그의 포괄승계인 이외의 자 중에서 허위표시를 기초로 하여 별개의 법률원인에 의하여 새로운 법률상의 이해관계를 맺은 자를 말한다(대판 1982.5.25. 80다1403). 따라서 본조 소정의 제3자에 해당하는 자이냐 여부는 권리관계에 기초하여 형식적으로만 파악할 것이 아니라 허위표시행위를 기초로 하여 새로운 법률상 이해관계를 맺었는지 여부에 따라 실질적으로 파악하여야 한다(대판 2000.7.6. 99다51258).

① 통정한 허위표시에 의하여 외형상 형성된 법률관계로 생긴 채권을 가압류한 경우-해당: 그 가압류권자는 허위표시에 기초하여 새로운 법률상 이해관계를 가지게 되므로 민법 제108조제2항의 제3자에 해당한다고 봄이 상당하고, 또한 민법 제108조제2항의 제3자는 선의이면 족하고 무과실은 요건이 아니다(대판 2004.5.28. 2003다70041).

② 가장매수인으로부터 부동산을 선의로 매수한 자-해당: 통정 허위표시를 원인으로 한 부동산에 관한 가등기 및 그 가등기에 기한 본등기로 인하여 갑의 소유권이전등기가 말소된 후 다시 그 본등기에 터잡아 을이 부동산을 양수하여 소유권이전등기를 마친 경우, 을이 통정 허위표시자로부터 실질적으로 부동산을 양수하고 또 이를 양수함에 있어 통정 허위표시자 명의의 각 가등기 및 이에 기한 본등기의 원인이 된 각 의사표시가 허위표시임을 알지 못하였다면 본조의 선의의 제3자에 해당한다(대판 1996.4.26. 94다12074).

③ 파산관재인-해당: 파산관재인은 선임되어 파산의 종결에 이르기까지 다양하게 설명되는 법적 지위에서 여러 가지 직무권한을 행사하는바, 파산관재인이 민법 제108조제2항의 경우 등에 있어 제3자에 해당된다고 한 것은, 파산관재인은 파산채권자 전체의 공동의 이익을 위하여 선량한 관리자의 주의로써 그 직무를 행하여야 하는 지위에 있기 때문에 인정되는 것이므로, 그 선의·악의도 파산관재인 개인의 선의·악의를 기준으로 할 수는 없고, 총 파산채권자를 기준으로 하여 파산채권자 모두가 악의로 되지 않는 한 파산관재인은 선의의 제3자라고 할 수밖에 없다(대판 2007.10.26. 2005다42545).

④ 허위의 보증채무를 이행하여 구상권을 취득한 자-해당: 주채무자의 기망행위에 의하여 주채무가 있는 것으로 믿고 주채무자와 보증계약을 체결한 다음 그에 따라 보증채무자로서 그 채무까지 이행한 경우, 그 보증인은 주채무자에 대한 구상권 취득에 관하여 법률상의 이해관계를 가지게 되었고 그 구상권 취득에는 보증의 부종성으로 인하여 주채무가 유효하게 존재할 것을 필요로 한다는 이유로 결국 그 보증인은 주채무자의 채권자에 대한 채무 부담행위라는 허위표시에 기초하여 구상권 취득에 관한 법률상 이해관계를 가지게 되었다고 보아 민법 제108조제2항 소정의 '제3자'에 해당한다(대판 2000.7.6. 99다51258).

⑤ 가장전세권의 근저당권자-해당: 실제로는 전세권설정계약이 없으면서도 임대차계약에 기한 임차보증금 반환채권을 담보할 목적으로 임차인과 임대인 사이의 합의에 따라 임차인 명의로 전세권설정등기를 경료한 후 그 전세권에 대하여 근저당권이 설정된 경우, 설령 위 전세권설정계약만 놓고 보아 그것이 통정허위표시에 해당하여 무효라 하더라도 이로써 위 전세권설정계약에 의하여 형성된 법률관계를 토대로 별개의 법률원인에 의하여 새로운 법률상 이해관계를 갖게 된 근저당권자에 대하여는 그와 같은 사정을 알고 있었던 경우에만 그 무효를 주장할 수 있다(대판 2008.3.13. 2006다29372).

⑥ 통정허위표시인 채권양도계약이 체결된 경우의 채무자-해당 없음: 이 사건 퇴직금 채무자인 피고는 원채권자인 소외(갑)이 소외(을)에게 퇴직금채권을 양도했다고 하더라도 그 퇴직금을 양수인에게 지급하지 않고 있는 동안에 위 양도계약이 허위표시란 것이 밝혀진 이상 위 허위표시의 선의의 제3자임을 내세워 진정한 퇴직금전부채권자인 원고에게 그 지급을 거절할 수 없다(대판 1983.1.18. 82다594).

(나) 선의-추정: 여기에서 제3자는 특별한 사정이 없는 한 선의로 추정할 것이므로, 제3자가 악의라는 사실에 관한 주장·입증책임은 그 허위표시의 무효를 주장하는 자에게 있다(대판 2006.3.10. 2002다1321).

(다) 과실 유무는 불요: 민법 제108조제2항에 규정된 통정허위표시에 있어서의 제3자는 그 선의 여부가 문제이지 이에 관한 과실 유무를 따질 것이 아니다(대판 2006.3.10. 2002다1321).

(다) 효과: 선의의 제3자에 대하여는 허위표시의 당사자뿐만 아니라 그 누구도 허위표시의 무효를 대항하지 못하고, 따라서 선의의 제3자에 대한 관계에 있어서는 허위표시도 그 표시된 대로 효력이 있다(대판 1996.4.26. 94다12074).

① 전득자: 전득자가 악의일지라도 선의의 제3자로부터 권리를 승계하였기 때문에 무효로 대항할 수 없다.

② 권리취득: 무효로 대항하지 못하므로, 선의의 제3자는 그 권리를 취득한다.

4. 適用範圍

(1) 소송행위, 공법행위: 소송행위(대판 2005.4.15. 2004다70024), 공법행위에는 본조의 적용이 없다. 기업공개촉진법에 의한 조정사채의 출자전환에 관해서는 기업의 자본적 기초의 안정을 위하고 그로 인하여 야기될 법률관계의 복합화를 방지하며 타주주 및 제3자의 이익을 보호하기 위하여 민법의 통정행위의 법리를 그대로 적용할 수 없다(대판 1978.8.22. 77다2087).

(2) 어음행위-적용: 어음행위에 민법 제108조가 적용됨을 전제로 실제로 어음상의 권리를 취득하게 할 의사는 없이 단지 채권자들에 의한 채권의 추심이나 강제집행을 피하기 위하여 한 약속어음 발행행위도 통정허위표시로서 무효이다(대판 2005.4.15. 2004다70024).

(3) 허위표시와 구별되어야 하는 경우

(가) 신탁행위: 일정한 경제적 목적의 달성을 위하여 그 목적을 넘는 법률효과가 생기는 법률행위를 하면서, 당사자간에는 그 경제적 목적의 범위 내에서만 권리를 행사하게 하는 경우이다. 예컨대 추심목적의 채권양도, 관리목적의 부동산 양도 등이다. 그런데 부동산실권리자명의에관한 법률은 부동산명의신탁을 무효로 한다.

(나) 오표시무해의 원칙: 당사자간에 의사표시의 합치가 있었으나, 그 합치된 의사를 표시함에 있어서 당사자가 합의한 내용과 부합하지 아니하는 표시를 한 경우이다. 즉 합치된 의사표시를 표시하는 과정에서 착오 또는 고의로 다르게 표시하는 것이 오표시이다. 이는 표시가 가지는 객관적 의미와 당사자의 합치된 의사가 일치하지 아니하는 경우로서, 이 경우에는 잘못된 표시는 합치된 의사표시의 효력에 영향을 주지 아니하여, 합치된 의사표시에 따른 법률효과가 발생할 뿐이다(대판 1993.10.26. 93다2629).

5. 第108條第2項의 類推適用 與否 - 否定: 담보권설정의 대리권을 수여받은 자가 그 부동산을 자신의 명의로 소유권이전등기를 한 후 제3자에게 다시 소유권이전등기를 경료한 경우 민법 제126조나 제108조제2항을 유추적용할 수 있는지 여부가 문제된다. 유추적용된다면 허위의 외형에 따른 신뢰가 보호되어 부동산등기에 공신력이 없는 현행법과는 모순되기 때문으로 부정된다. 따라서 을이 갑으로부터 부동산에 관한 담보권설정의 대리권만 수여받고도 그 부동산에 관하여 자기 앞으로 소유권이전등기를 하고 이어서 병에게 그 소유권이전등기를 경료한 경우, 병은 을을 갑의 대리인으로 믿고서 위 등기의 원인행위를 한 것도 아니고, 갑도 을 명의의 소유권이전등기가 경료된데 대하여 이를 통정·용인하였거나 이를 알면서 방치하였다고 볼 수 없다면 이에 민법 제126조나 제108조제2항을 유추적용할 수 없다(대판 1991.12.27. 91다3208).

第109條【錯誤로 因한 意思表示】 ①意思表示는 法律行爲의 內容의 重要部分에 錯誤가 있는 때에는 取消할 수 있다. 그러나 그 錯誤가 表意者의 重大한 過失로 因한 때에는 取消하지 못한다.

②前項의 意思表示의 取消는 善意의 第三者에게 對抗하지 못한다.

錯誤에 의한 意思表示

1. 意義: 착오에 의한 의사표시는 일정한 요건 하에서 표의자가 그 법률행위를 취소할 수 있다. 이는 표의자가 자기 의사에 반하여 의사와 표시가 일치되지 아니하는 경우에 표시된 대로의 효과에 의하여 기속되어 진다는 것은 사적 자치의 원칙에 반하기 때문이다.

2. 要件

(1) 의사표시의 착오: 착오란 일반적으로는 실제로 없는 사실을 있는 사실로 잘못 깨닫거나 아니면 실제로 있는 사실을 없는 것으로 잘못 생각하는 것으로 의사표시의 착오도 표의자의 인식과 그 대조사실이 어긋나는 경우를 말할 수 있고(대판 1972.3.28. 71다2193), 다른 한편으로는 표의자가 내심적 효과의사와 표시행위가 일치하지 아니하는 것을 모르고 의사표시를 한 것(대판 1985.4.23. 84다카890)을 말한다. 전자는 장래의 미확정 사실에 대한 예측을 착오에 포함시키느냐 여부를

구별하는 데 의미가 있고, 후자는 동기의 착오를 본조의 착오에 포함시키느냐 여부가 문제되는 경우에 의미가 있다.

(가) 장래의 사실에 대한 잘못 예측: 착오는 법률행위를 할 당시에 실제로 없는 사실을 있는 사실로 잘못 깨닫거나 아니면 실제로 있는 사실을 없는 것으로 잘못 생각하듯이 표의자의 인식과 그 대조사실이 어긋나는 경우라야 할 것이므로, 표의자가 행위를 할 당시에 장래에 있을 어떤 사항의 발생이 미필적임을 알아 그 발생을 예기한 데 지나지 않는 경우는 표의자의 심리상태에 인식과 대조에 불일치가 있다고 할 수 없어 착오로 다룰 수는 없다. 예컨대 대출금 담보를 위하여 예금에 대한 근질권설정계약을 체결할 당시 특정 상호신용금고가 계속 존속할 것으로 예상하였다고 하더라도 이는 미필적 인식에 기초한 단순한 기대에 지나지 않는 것이므로 그 기대가 이루어지지 않았다고 하여 이를 두고 법률행위 자체의 요소에 착오가 있었다고 볼 수 없다(부산고법 2003.6.19. 2002나7701). 그러나 매도인의 대리인이, 매도인이 납부하여야 할 양도소득세 등의 세액이 매수인이 부담하기로 한 금액뿐이므로 매도인의 부담은 없을 것이라는 착오를 일으키지 않았더라면 매수인과 매매계약을 체결하지 않았거나 아니면 적어도 동일한 내용으로 계약을 체결하지는 않았을 것임이 명백하고, 나아가 매도인이 그와 같이 착오를 일으키게 된 계기를 제공한 원인이 매수인측에 있을 뿐만 아니라 매수인도 매도인이 납부하여야 할 세액에 관하여 매도인과 동일한 착오에 빠져 있었다면, 매도인의 위와 같은 착오는 매매계약의 내용의 중요부분에 관한 것에 해당하고, 그것이 부동산의 양도가 있은 경우에 그에 대하여 부과될 양도소득세 등의 세액에 관한 착오가 미필적인 장래의 불확실한 사실에 관한 것이라도 민법 제109조 소정의 착오에서 제외되는 것은 아니다(대판 1994.6.10. 93다24810).

(나) 내용의 착오: 표시행위 자체에는 착오가 없으나, 표의자가 표시행위의 의미를 잘못 이해하고 한 의사표시이다. 본조에 해당하는 착오이다. 그런데 착오는 논리적으로는 현재의 사실을 잘못 인식한 것으로 장래에 발생할 한 사실을 지금 잘못 예측한 것은 착오에 해당하지 않는다.

(다) 표시의 착오: 전형적인 착오로서 효과의사를 표시함에 착오로 다르게 표시한 의사표시이다. 예컨대 1,000원으로 표시할 것을 0을 하나 더 붙여 10,000으로 표시한 것, 즉 오기나 오담이다. 본조에 해당하는 착오이다.

(라) 동기의 착오: 의사표시를 하게 된 동기 내지 목적에 착오가 있는 것이다. 예컨대 지하철역이 생길 것으로 생각하고, 인근에 상가를 매수하였으나 다른데 역이 생겼다든지 하는 경우로서 의사형성의 과정에서 생긴 착오이다. 따라서 동기의 착오는 원칙적으로 본조의 착오에 의한 의사표시에 해당되지 아니하여 착오로 취소할 수 없다. 예컨대 회사 소속 차량에 사람이 치어 부상하였으나 사실은 회사차량 운전수에게는 아무런 과실이 없어 회사에 손해배상책임이 돌아올 수 없는 것임에도 불구하고 회사 사고담당직원이 회사 운전수에게 잘못이 있는 것으로 착각하고 회사를 대리하여 병원경영자와 간에 환자의 입원치료비의 지급을 연대보증하기로 계약한 경우는, 의사표시의 동기에 착오가 있는 것에 불과하므로, 특히 그 동기를 계약내용으로 하는 의사를 표시하지 아니한 이상, 착오를 이유로 계약을 취소할 수 없다(대판 1979.3.27. 8다2493). 그러나 동기가 상대방에 표시되어, 의사표시의 내용의 중요부분에 해당하는 경우에는 내용의 착오로 취급된다.

① 동기를 상대방에 표시한 경우: 동기의 착오가 법률행위의 내용의 중요 부분의 착오에 해당함을 이유로 표의자가 법률행위를 취소하려면 그 동기를 당해 의사표시의 내용으로 삼을 것을 상대방에게 표시하고 의사표시의 해석상 법률행위의 내용으로 되어 있다고 인정되면 충분하고 당사자들 사이에 별도로 그 동기를 의사표시의 내용으로 삼기로 하는 합의까지 이루어질 필요는 없다(대판 1997.9.30. 97다26210).

② 중요한 내용을 구성: 보통 일반인이 표의자의 입장에 섰더라면 그와 같은 의사표시를 하지 아니하였으리라고 여겨질 정도로 그 착오가 중요한 부분에 관한 것이어야 한다. 예컨대 건물에 대한 매매계약 체결 직후 건물이 건축선을 침범하여 건축된 사실을 알았으나 매도인이 법률전문가의 자문에 의하면 준공검사가 난 건물이므로 행정소송을 통해 구청장의 철거 지시를 취소할 수 있다고 하여 매수인이 그 말을 믿고 매매계약을 해제하지 않고 대금지급의무를 이행한 경우

라면 매수인이 건물이 철거되지 않으리라고 믿은 것은 매매계약과 관련하여 동기의 착오라고 할 것이지만, 매수인과 매도인 사이에 매매계약의 내용으로 표시되었다고 볼 것이고, 나아가 매수인뿐만 아니라 일반인이면 누구라도 건물 중 건축선을 침범한 부분이 철거되는 것을 알았더라면 그 대지 및 건물을 매수하지 아니하였으리라는 사정이 엿보이므로, 결국 매수인이 매매계약을 체결함에 있어 그 내용의 중요 부분에 착오가 있는 때에 해당한다(대판 1997.9.30. 97다26210).

③ 동기가 상대방으로부터 유발된 경우: 원고가 위와 같은 착오를 일으키게 된 그 동기를 제공한 것이 피고이고, 그러한 동기의 제공이 없었더라면 위 휴게소시설과는 무관한 위 잔여토지까지를 선뜻 피고에게 증여하지는 않았을 것이므로 위 착오의 동기는 위 잔여토지에 관한 증여행위의 중요한 부분을 이룬다고 할 것이고, 따라서 그 중요부분에 착오가 있었다 할 것이다(대판 1990.7.10. 90다카7460).

④ 동기가 상대방으로부터 제공된 경우: 원고는 본건 토지가 이미 귀속해제된 토지인데도 귀속재산일 줄로 잘못 알고 피고에게 증여한 것인바, 이러한 착오는 일종의 동기의 착오라 할 것이나 그 동기를 제공한 것이 피고이었고 그러한 동기의 제공이 없었더라면 몇 십 년 경작해온 상당한 가치의 본건 토지를 선뜻 피고에게 증여하지는 않았을 것인즉 그 동기는 본건 증여행위의 중요한 부분을 이룬다고 할 것이므로 원고가 뒤늦게나마 그 착오를 알아 차리고 본건 소로써 위 증여계약을 취소한 이상 그 취소는 적법하다(대판 1978.7.11. 78다719).

(마) 표시기관의 착오: 표의자가 다른 자를 통하여 의사표시를 하는 경우에 그 중간자가 표시에 착오를 한 경우이다. 물건을 TV홈쇼핑으로 판매하도록 의뢰하였는데 홈쇼핑 업체가 가격을 잘못 고지한 경우, 사자를 시켰는데 사자가 말을 잘못 전달한 경우 등이다. 이는 중간자의 표시를 표의자의 직접적인 표시로 보기 때문에 표시의 착오와 동일하게 본조에 해당한다.

(바) 성질, 동일성의 착오: 사람이나 물건의 동일성 내지 성질은 계약에 따라서는 계약내용의 중요한 부분에 해당하는 경우에는 내용의 착오로 본조에 해당한다. 예컨대 특정인에게만 임차를 하는 경우에 사람의 동일성에 착오를 한 경우, 특정 목적을 위한 물건으로 성질에 착오를 한 경우이다.

(사) 법률의 착오: 법률의 규정 또는 그 의의를 잘못 이해한 의사표시이다. 법률의 착오는 그것이 법률행위의 내용을 이루는 경우에는 본조의 착오에 해당한다. 즉 법률에 관한 착오(양도소득세가 부과될 것인 데도 부과되지 아니하는 것으로 오인)라도 그것이 법률행위의 내용의 중요부분에 관한 것인 때에는 표의자는 그 의사표시를 취소할 수 있다. 따라서 매도인에 대한 양도소득세의 부과를 회피할 목적으로 매수인이 주택건설을 목적으로 하는 주식회사를 설립하여 여기에 출자하는 형식을 취하면 양도소득세가 부과되지 않을 것이라고 말하면서 그러한 형식에 의한 매매를 제의하여 매도인이 이를 믿고 매매계약을 체결한 것이라 하더라도 그것이 곧 사회질서에 반하는 것이라고 단정할 수 없으므로 이러한 경우에 역시 의사표시의 착오의 이론을 적용할 수 있다(대판 1981.11.10. 80다2475).

(아) 계산의 착오: 표의자의 계산 내지 계산의 기초가 되는 사실에 관한 착오로서, 그것이 표시된 때에는 표시 또는 내용의 착오로 되나 그렇지 아니한 경우에는 동기의 착오가 된다. 따라서 동업관계에 있던 갑과 을이 동업관계를 청산함에 있어서, 병이 작성한 계산서에 기재된 개별 항목의 가액 평가나 계산에 부정확하거나 잘못된 점이 있다고 하더라도 이를 일일이 문제 삼지는 아니하고 그 계산서에 의한 산출의 결과로 나타난 을의 지분 가액의 총액이 정산대금으로 적절하다고 보아 그 금액의 수수로써 동업관계를 청산, 종결한다는 의사가 있었다고 볼 수 있는 경우에는, 설사 그 계산서의 기재 내용에 계산의 착오가 있어 일부 과다 계상된 부분이 있다고 하더라도 을이 이를 알면서 정산대금을 수령하였거나 또는 그 과다 계상된 부분을 그대로 보유하는 것이 신의성실의 원칙에 위배된다고 볼 만한 사정이 없는 한, 을은 갑에게 이를 반환할 의무가 없다(대판 1996.1.26. 94다36919).

(자) 서명, 날인의 착오: 기명날인의 착오(또는 서명의 착오)는 어떤 사람이 자신의 의사와 다른 법률효과를 발생시키는 내용의 서면에 그것을 읽지 않거나 올바르게 이해하지 못한 채 기명날인을 하는 이른바 표시상의 착오에 해당한다. 따라서 신원보증서류에 서명날인한다는 착각에 빠진

상태로 연대보증의 서면에 서명날인한 것은 결국 위와 같은 행위는 강학상 비록 위와 같은 착오가 제3자의 기망행위에 의하여 일어난 것이라 하더라도 그에 관하여는 사기에 의한 의사표시에 관한 법리, 특히 상대방이 그러한 제3자의 기망행위 사실을 알았거나 알 수 있었을 경우가 아닌 한 의사표시자가 취소권을 행사할 수 없다는 민법 제110조제2항의 규정을 적용할 것이 아니라, 착오에 의한 의사표시에 관한 법리만을 적용하여 취소권 행사의 가부를 가려야 할 것이다(대판 2005.5.27. 2004다43824).

(차) 쌍방 공통의 착오: 상방 공통의 착오는 원칙적으로 본조의 다른 요건을 충족하면 취소할 수 있다. 한편 의사표시의 해석을 통하여 착오가 없었다면 체결하였을 내용을 보충시킬 수 있다.

① 본조에 해당-취소 가능: 매매대상 토지 중 20~30평 가량만 도로에 편입될 것이라는 중개인의 말을 믿고 주택 신축을 위하여 토지를 매수하였고 그와 같은 사정이 계약 체결 과정에서 현출되어 매도인도 이를 알고 있었는데 실제로는 전체 면적의 약 30%에 해당하는 197평이 도로에 편입된 경우, 동기의 착오를 이유로 매매계약의 취소를 인정한 사례가 있다(대판 2000.5.12. 2000다12259).

② 계약의 보충적 해석: 계약의 당사자 쌍방이 계약의 전제나 기초가 되는 사항에 관하여 같은 내용으로 착오가 있고 이로 인하여 그에 관한 구체적 약정을 하지 아니하였다면, 당사자가 그러한 착오가 없을 때에 약정하였을 것으로 보이는 내용으로 당사자의 의사를 보충하여 계약을 해석할 수 있는바, 여기서 보충되는 당사자의 의사는 당사자의 실제 의사 또는 주관적 의사가 아니라 계약의 목적, 거래관행, 적용법규, 신의칙 등에 비추어 객관적으로 추인되는 정당한 이익조정 의사를 말한다(대판 2006.11.23. 2005다13288).

③ 사업자간에 건물의 매매계약을 체결하면서 양 당사자 모두 부가가치세 과세대상에 대한 착오를 일으켜 매도인인 사업자가 면세 부분이 포함된 건물 전체에 관한 부가가치세액을 매수인인 사업자로부터 거래 징수하여 납부하였다가 나중에 그 면세 부분의 부가가치세액을 환급받은 경우, 매매대금의 결정방법이나 그 경위 등에 비추어 볼 때 만약 위 계약 당시 그 부가가치세 중 일부가 면제되리라는 사정을 알았더라면 건물대금의 1/11 해당액 중 실제로 과세대상이 되는 금액만을 부가가치세액으로 기재하고 나머지 면세될 것으로 예상되는 액은 건물의 공급가액인 매매대금에 포함시켜 매매계약서 및 세금계산서를 작성하였을 것임을 추인할 수 있는 특별한 사정이 인정된다고 하여 매도인인 사업자가 매수인인 사업자에 대한 관계에서 법률상 원인 없이 위 부가가치세 환급액 상당의 재산상 이익을 얻었다고 평가할 수 없다고 한 사례가 있다(대판 2005.5.27. 2004다60065).

(2) 중요부분의 착오: 중요부분에 착오가 있어야 한다. 중요부분인가 여부는 그 부분이 없으면 법률행위를 하지 않았을 것이냐 여부에 의하여 판단된다. 따라서 그 각 행위에 관하여 주관적, 객관적 표준에 좇아 구체적 사정에 따라 가려져야 할 것이고 추상적, 일률적으로 이를 가릴 수는 없고(대판 1985.4.23. 84다카890), 표의자에 의하여 추구된 목적을 고려하여 합리적으로 판단하여 볼 때 표시와 의사의 불일치가 객관적으로 현저하여야 한다(대판 2003.4.11. 2002다70884).

(가) 시가에 관한 착오-부정: 토지매매에 있어서 시가에 관한 착오는 토지를 매수하려는 의사를 결정함에 있어 그 동기의 착오에 불과할 뿐 법률행위의 중요부분에 관한 착오라 할 수 없다(대판 1985.4.23. 84다카890).

(나) 자격, 동일성에 대한 착오: ① 재건축조합이 건축사 자격이 없이 건축연구소를 개설한 건축학 교수에게 건축사 자격이 없다는 것을 알았더라면 재건축조합만이 아니라 객관적으로 볼 때 일반인으로서도 이와 같은 설계용역계약을 체결하지 않았을 것으로 보이므로, 재건축조합 측의 착오는 중요 부분의 착오에 해당한다(대판 2003.4.11. 2002다70884). ② 갑이 채무자 란이 백지로 된 근저당권설정계약서를 제시받고 그 채무자가 을인 것으로 알고 근저당권설정자로 서명날인을 하였는데 그 후 채무자가 병으로 되어 근저당권설정등기가 경료된 경우, 갑은 그 소유의 부동산에 관하여 근저당권설정계약상의 채무자를 병이 아닌 을로 오인한 나머지 근저당설정의 의사표시를 한 것이고, 이와 같은 채무자의 동일성에 관한 착오는 법률행위 내용의 중요부분에 관한 착오에 해당한다(대판 1995.12.22. 95다37087). ③ 금융부실거래자인 기업의 경영주가 타인의 명

의로 신용보증기금의 신용보증을 받은 경우, 신용보증기금의 위 보증행위는 법률행위의 중요 부분에 착오가 있는 경우에 해당한다(대판 2005.5.12. 2005다6228).

(다) 경제적 불이익이 없는 경우-부정: 착오로 인하여 표의자가 무슨 경제적인 불이익을 입은 것이 아니라고 한다면 이를 법률행위 내용의 중요 부분의 착오라고 할 수 없다(대판 1999.2.23. 98다47924).

(라) 소유권의 귀속에 관한 착오-부정: 군유지로 등기된 군립공원 내에 건물 기타 영구 시설물을 지어 이를 군(군)에 기부채납하고 그 부지 및 기부채납한 시설물을 사용하기로 약정하였으나 후에 그 부지가 군유지가 아니라 이(이) 주민의 총유로 밝혀진 사안에서, 군수가 여전히 공원관리청이고 기부채납자의 관리권이 계속 보장되는 점에 비추어 소유권 귀속에 대한 착오가 기부채납의 중요 부분에 관한 착오라고 볼 수 없다(대판 1999.2.23. 98다47924).

(마) 토지의 현황, 경계에 관한 착오-긍정: 외형적인 경계(담장)를 기준으로 하여 갑, 을 사이에 인접토지에 관한 교환계약이 이루어졌으나 그 경계가 실제의 경계와 일치하지 아니함으로써, 결국 을이 그 소유대지와 교환으로 제공받은 갑의 대지 또한 그 대부분이 을의 소유인 것으로 판명되었다면, 이는 토지의 경계(소유권의 귀속)에 관한 착오로서 특단의 사정이 없는 한 법률행위의 중요부분에 관한 착오라 봄이 상당하다(대판 1993.9.28. 93다31634).

(3) 중과실이 없어야: 표의자에게 착오를 함에 중과실이 없었어야 한다. 즉 경과실의 착오를 한 경우에만 취소가 가능하다. 본조의 〈중대한 과실〉은 표의자의 직업, 행위의 종류, 목적 등에 비추어 보통 요구되는 주의를 현저히 결여한 것을 의미한다(대판 2007.8.23. 2006다52815).

(가) 중과실 없는 사례: 고려청자로 알고 매수한 도자기가 진품이 아닌 것으로 밝혀진 경우, 매수인이 도자기를 매수하면서 자신의 골동품 식별 능력과 매매를 소개한 자를 과신한 나머지 고려청자 진품이라고 믿고 소장자를 만나 그 출처를 물어 보지 아니하고 전문적 감정인의 감정을 거치지 아니한 채 그 도자기를 고가로 매수하고 만일 고려청자가 아닐 경우를 대비하여 필요한 조치를 강구하지 아니한 잘못이 있다고 하더라도, 그와 같은 사정만으로는 매수인이 매매계약 체결시 요구되는 통상의 주의의무를 현저하게 결여하였다고 보기는 어려워 취소할 수 있다(대판 1997.8.22. 96다26657).

(나) 중과실 사례: 공장을 경영하는 자가 공장이 협소하여 새로운 공장을 설립할 목적으로 토지를 매수함에 있어 토지 상에 공장을 건축할 수 있는지 여부를 관할관청에 알아보지 아니한 과실이 본조의 중대한 과실에 해당한다(대판 1993.6.29. 92다38881). 또한 임대차계약을 체결하기 약 2개월 이전부터 씨비닐을 생산, 판매하기 위하여 사무실을 차린 뒤 기계발주 및 제품생산계획을 세우고 씨비닐생산공장을 물색하다가 이 사건 건물을 임차하게 된 것으로서 피고가 이 사건 건물에 씨비닐생산공장의 설치허가를 받아 공장을 경영할 동기에서 위 건물을 임차하려고 하였다면, 피고로서는 먼저 위 건물에 그가 경영하고자 하는 공장의 신설이 가능한지를 관할관청에 알아 보아야 할 주의의무가 있고 또 이와 같이 알아보았다면 쉽게 위 건물에 대한 공장신설허가가 불가능하다는 사실을 알 수 있었다고 보이므로, 피고가 이러한 주의의무를 다하지 아니한 채 이 사건 임대차계약을 체결한 것에는 중대한 과실이 있다고 보아야 할 것이다(대판 1992.11.24. 92다25830, 25847).

3. 效果

(1) 상대방과의 관계

(가) 취소 가능: 취소의 요건에 해당하면 표의자는 의사표시를 취소할 수 있고, 취소하면 소급적으로 소멸한다.

(나) 배상책임: 취소의 요건에 해당하여 표의자가 취소함으로써 상대방이 손해가 발생한 경우에 그 손해에 대한 배상책임을 부담하는지가 문제된다. 배상책임을 명문으로 규정하지 않아 직접 인정하기는 곤란하나, 착오로 계약체결상의 과실(원시적 불능)에 해당하는 경우에 제535조에 의한 배상책임은 부담한다.

(2) 제3자와의 관계: 취소에 의한 무효의 효과는 선의의 제3자에게는 대항할 수 없다. 거래의 안전을 위하여 선의의 제3자에게는 무효로 대항할 수 없도록 하였다.

4. 特殊한 問題

(1) 일부의 착오: 하나의 법률행위의 일부분에만 취소사유가 있다고 하더라도 그 법률행위가 가분적이거나 그 목적물의 일부가 특정될 수 있다면, 그 나머지 부분이라도 이를 유지하려는 당사자의 가정적 의사가 인정되는 경우 그 일부만의 취소도 가능하다 할 것이고, 그 일부의 취소는 법률행위의 일부에 관하여 효력이 생긴다(대판 1998.2.10. 97다44737).

(2) 재단법인 설립을 위한 출연행위의 착오취소: 민법 제47조제1항에 의하여 생전처분으로 재단법인을 설립하는 때에 준용되는 민법 제555조는 〈증여의 의사가 서면으로 표시되지 아니한 경우에는 각 당사자는 이를 해제할 수 있다〉고 함으로써 서면에 의한 증여(출연)의 해제를 제한하고 있으나, 그 해제는 민법 총칙상의 취소와는 요건과 효과가 다르므로 서면에 의한 출연이더라도 민법 총칙규정에 따라 출연자가 착오에 기한 의사표시라는 이유로 출연의 의사표시를 취소할 수 있고, 상대방 없는 단독행위인 재단법인에 대한 출연행위라고 하여 달리 볼 것은 아니다(대판 1999.7.9. 98다9045).

(3) 해제한 후의 착오취소: 매도인이 매수인의 중도금 지급채무 불이행을 이유로 매매계약을 적법하게 해제한 후라도 매수인으로서는 상대방이 한 계약해제의 효과로서 발생하는 손해배상책임을 지거나 매매계약에 따른 계약금의 반환을 받을 수 없는 불이익을 면하기 위하여 착오를 이유로 한 취소권을 행사하여 매매계약 전체를 무효로 돌리게 할 수 있다(대판 1996.12.6. 95다24982).

(4) 사기취소와 착오취소: 상대방의 기망행위에 의하여 표의자가 착오에 빠지고 이로 인하여 의사표시를 한 것은 법률행위의 내용의 중요부분에 착오가 있는 경우인가의 여부를 가릴 것 없이 사기에 의한 의사표시로서 취소할 수 있고, 중요부분의 착오가 잇는 때에는 착오에 의한 의사표시로 취소할 수 있다(대판 1969.6.24. 68다1749).

(5) 착오취소와 담보책임: 민법 제569조가 타인의 권리의 매매를 유효로 규정한 것은 선의의 매수인의 신뢰이익을 보호하기 위한 것이므로, 매수인이 매도인의 기망에 의하여 타인의 물건을 매도인의 것으로 잘못 알고 매수한다는 의사표시를 한 것이고 만일 타인의 물건인줄 알았더라면 매수하지 아니하였을 사정이 있는 경우에는 매수인은 민법 제110조에 의하여 매수의 의사표시를 취소할 수 있다(대판 1973.10.23. 73다268).

第110條【詐欺, 强迫에 依한 意思表示】 ①詐欺나 强迫에 依한 意思表示는 取消할 수 있다.
②相對方 있는 意思表示에 關하여 第三者가 詐欺나 强迫을 行한 境遇에는 相對方이 그 事實을 알았거나 알 수 있었을 境遇에 限하여 그 意思表示를 取消할 수 있다.
③前2項의 意思表示의 取消는 善意의 第三者에게 對抗하지 못한다.

詐欺, 强迫에 의한 意思表示-瑕疵 있는 意思表示

1. 意義: 사적 자치의 원칙에 의해 의사결정의 자유가 훼손된 하자 있는 의사표시인 사기나 강박에 의한 의사표시는 의사표시의 효력을 그대로 인정할 수 없을 것이고, 민법은 일정한 요건 아래 이를 취소할 수 있도록 한다. 즉 상대방의 사기나 강박에 의한 경우는 다른 제한 없이 취소할 있고, 상대방 있는 의사표시에 관하여 제3자가 사기나 강박을 행한 경우에는 상대방이 그 사실을 알았거나 알 수 있었을 경우에 한하여 그 의사표시를 취소할 수 있다. 그러나 거래의 안전을 위하여 의사표시의 취소를 선의의 제3자에게 대항하지 못하도록 한다.

2. 要件

(1) 사기에 의한 의사표시: 타인의 기망행위에 의해 착오에 빠지게 된 결과로 어떠한 의사표시를 하게 되는 경우이다. 따라서 거기에는 의사와 표시의 불일치가 있을 수 없고, 단지 의사의 형성과정, 즉 의사표시의 동기에 착오가 있는 것에 불과하고, 이 점에서 고유한 의미의 착오에 의한 의사표시와 구분된다. 예컨대 신원보증서류에 서명날인한다는 착각에 빠진 상태로 연대보증의 서면에 서명날인한 경우이다. 결국 이와 같은 행위는 강학상 기명날인의 착오(또는 서명의

착오), 즉 어떤 사람이 자신의 의사와 다른 법률효과를 발생시키는 내용의 서면에, 그것을 읽지 않거나 올바르게 이해하지 못한 채 기명날인을 하는 이른바 표시상의 착오에 해당하므로, 비록 이와 같은 착오가 제3자의 기망행위에 의하여 일어난 것이라 하더라도 그에 관하여는 사기에 의한 의사표시에 관한 법리를 적용할 것이 아니라, 착오에 의한 의사표시에 관한 법리만을 적용하여 취소권 행사의 가부를 가려야 한다(대판 2005.5.27. 2004다43824).

(가) 고의: 표의자로 하여금 기망에 빠져, 착오에 의한 의사표시를 하게 할 고의가 있어야 한다.

(나) 사기행위: 표의자에게 실제와는 다른 그릇된 관념을 가지게 하거나, 그러한 관념을 강화내지 유지하려는 행위를 말한다. 이러한 행위는 작위가 보통이나 침묵으로 그릇된 관념을 유지하게 하는 부작위도 경우에 따라 사기행위에 해당한다. 따라서 리스회사가 리스물건 공급자와 사이에 당해 리스물건에 관하여 체결하는 매매계약은 리스회사로서도 그 매매가격의 적정성에 대하여 어느 정도 실질적인 이해관계를 가진다고 할 것이어서, 만일 리스이용자와 공급자 사이에서 미리 결정된 매매가격이 거래관념상 극히 고가로 이례적인 것이어서 리스회사에게 불측의 손해를 가할 염려가 있는 경우와 같은 특별한 사정이 있는 경우에는, 리스물건 공급자는 리스회사에게 그 매매가격의 내역을 고지하여 승낙을 받을 신의칙상의 주의의무를 부담하며 리스회사는 이를 고지받지 못한 경우 위 부작위에 의한 기망을 이유로 매매계약을 취소할 수 있다(대판 1997.11.28. 97다26098).

(다) 인과관계: 기망행위·착오·의사표시 간에 인과관계가 있어야 한다. 즉 기망행위로 착오에 빠져 의사표시를 하여야 한다.

(라) 위법성: 사기행위가 위법하여야 한다. 신의칙과 거래관행을 종합적으로 검토하여 위법성을 판단하여야 한다. 이는 거래관행상 어느 정도 허용되는 과장광고와는 구별되어야 한다.

① 일방의 정보를 불고지: 일반적으로 교환계약을 체결하려는 당사자는 서로 자기가 소유하는 교환 목적물은 고가로 평가하고 상대방이 소유하는 목적물은 염가로 평가하여 보다 유리한 조건으로 교환계약을 체결하기를 희망하는 이해상반의 지위에 있고 각자가 자신의 지식과 경험을 이용하여 최대한으로 자신의 이익을 도모할 것이 예상되기 때문에, 당사자 일방이 알고 있는 정보를 상대방에게 사실대로 고지하여야 할 신의칙상의 주의의무가 인정된다고 볼 만한 특별한 사정이 없는 한, 어느 일방이 교환 목적물의 시가나 그 가액 결정의 기초가 되는 사항에 관하여 상대방에게 설명 내지 고지를 할 주의의무를 부담한다고 할 수 없고, 일방 당사자가 자기가 소유하는 목적물의 시가를 묵비하여 상대방에게 고지하지 아니하거나 혹은 허위로 시가보다 높은 가액을 시가라고 고지하였다 하더라도 이는 상대방의 의사결정에 불법적인 간섭을 한 것이라고 볼 수 없다(대판 2002.9.4. 2000다54406).

② 다소의 과장광고: ㉮ 상품의 선전 광고에 있어서 거래의 중요한 사항에 관하여 구체적 사실을 신의성실의 의무에 비추어 비난받을 정도의 방법으로 허위로 고지한 경우에는 기망행위에 해당한다고 할 것이나, 그 선전 광고에 다소의 과장 허위가 수반되는 것은 그것이 일반 상거래의 관행과 신의칙에 비추어 시인될 수 있는 한 기망성이 결여된다고 할 것이고, 또한 용도가 특정된 특수시설을 분양받을 경우 그 운영을 어떻게 하고, 그 수익은 얼마나 될 것인지와 같은 사항은 투자자들의 책임과 판단하에 결정될 성질의 것이므로, 상가를 분양하면서 그 곳에 첨단 오락타운을 조성하고 전문경영인에 의한 위탁경영을 통하여 일정 수익을 보장한다는 취지의 광고를 하였다고 하여 이로써 상대방을 기망하여 분양계약을 체결하게 하였다거나 상대방이 계약의 중요부분에 관하여 착오를 일으켜 분양계약을 체결하게 된 것이라 볼 수 없다(대판 2001.5.29. 99다55601). ㉯ 연립주택을 분양함에 있어 평형의 수치를 다소 과장하여 광고를 하였으나, 그 분양가의 결정방법, 분양계약 체결의 경위, 피분양자가 그 분양계약서나 건축물관리대장 등에 의하여 그 공급면적을 평(평)으로 환산하여 쉽게 확인할 수 있었던 점 등 제반 사정에 비추어 볼 때, 그 광고는 그 거래당사자 사이에서 매매대금을 산정하기 위한 기준이 되었다고 할 수 없고, 단지 분양 대상 주택의 규모를 표시하여 분양이 쉽게 이루어지도록 하려는 의도에서 한 것에 지나지 아니한다는 이유로, 연립주택의 서비스면적을 포함하여 평형을 과장한 광고가 거래에 있어 중요한 사항에 관하여 구체적 사실을 거래상의 신의성실의 의무에 비추어 비난받을 정도의 방법으로 허

위로 고지함으로써 사회적으로 용인될 수 있는 상술의 정도를 넘은 기망행위에 해당하지 않는다(대판 1995.7.28. 95다19515, 19522).

③ 백화점의 변칙세일: 거래에 있어서 중요한 사항에 관하여 구체적 사실을 신의성실의 의무에 비추어 비난받을 정도의 방법으로 허위로 고지한 경우에는 기망행위에 해당한다고 할 것이고, 한편 현대 산업화 사회에 있어 소비자가 갖는 상품의 품질이나 가격 등에 대한 정보는 대부분 생산자 및 유통업자의 광고에 의존할 수밖에 없는 것이므로, 이 사건 백화점들과 같은 대형유통업체의 매장에서 판매되는 상품의 품질과 가격에 대한 소비자들의 신뢰나 기대는 백화점들 스스로의 대대적인 광고에 의하여 창출된 것으로서 특히 크고 이는 보호되어야 할 것이다. 같은 취지에서, 이와 같은 변칙세일은 물품구매동기에 있어서 중요한 요소인 가격조건에 관하여 기망이 이루어진 것으로서 그 사술의 정도가 사회적으로 용인될 수 있는 상술의 정도를 넘은 것이어서 위법성이 있다(대판 1993.8.13. 92다52665).

(2) 강박에 의한 의사표시: 표의자가 타인의 해악의 고지로 공포심을 가지게 되고, 그 해악을 피하기 위하여 한 진의 아닌 의사표시이다.

(가) 고의: 공포심을 일으키려는 고의와 그 공포심에 의하여 표의자가 진의 아닌 의사표시를 하게 하려는 고의가 있어야 한다.

(나) 강박행위: 공포심을 일으키는 여하한 행위를 모두 포함한다. 공포심을 일으키는 방법, 해악의 종류를 묻지 않고 표의자에게 공포심을 일으키는 행위이면 족하다. 공포의 정도는 의사결정의 자유를 박탈할 정도까지 갈 필요가 없고(박탈한 정도에서의 의사표시는 의사무능력자의 법률행위로 무효), 결정의 자유를 제한하는 정도이면 족하다.

① 강박의 정도-의사결정의 자유의 제한: 상대방 또는 제3자의 강박에 의하여 의사결정의 자유가 완전히 박탈된 상태에서 이루어진 의사표시는 효과의사에 대응하는 내심의 의사가 결여된 것이므로 무효라고 볼 수 밖에 없으나, 강박이 의사결정의 자유를 완전히 박탈하는 정도에 이르지 아니하고 이를 제한하는 정도에 그친 경우에는 그 의사표시는 취소할 수 있음에 그치고 무효라고까지 볼 수 없다(대판 1984.12.11. 84다카1402). ㉮ 다소의 고성과 처벌에 대한 언급: 지불각서, 이행각서를 작성받는 과정에서 다소 고성이 오가고 진정이나 처벌에 관한 언급은 의사결정의 자유를 제한하는 강박에 해당한다(대판 2003.5.13. 2002다73708). ㉯ 비행의 고발과 진정: 사무실에서 농성함은 물론 대통령을 비롯한 관계요로에 비행을 진정하겠다는 등 공갈과 위협을 하면서 업무수행을 방해함은 강박에 해당한다(대판 1972.1.31. 71다1688). ㉰ 구속영장 신청에 대한 언급: 원고의 고소에 의하여 피고가 경찰서에서 조사받는 과정에서 이루어진 것이고, 피고는 그 수사과정에서 그 의사에 반하여 경찰서보호실에서 하룻밤을 지낸 다음에 위와 같은 합의를 하게 되었고, 그 당시 합의하지 않으면 구속영장을 신청한다는 뜻의 말이 있었던 사실은 인정되나, 그 거시 증거에 의하여 인정되는 원심판결 설시와 같은 제반사정에 비추어 볼때 그러한 사정만으로는 위 약정이 강박에 의하여 이루어진 것이라고 인정하기에는 부족하다(대판 1981.12.8. 80다863).

② 구체적인 해악의 고지: 구체적인 해악을 고지하지 아니하고 단순히 각서에 서명하기를 강력히 요구한 행위는 본조의 강박에 해당하지 아니한다(대판 1979.1.16. 78다1968).

③ 부적법한 공권력 행사: 주식매각의 종용이 정당한 법률적 근거 없이 자의적으로 주주에게 제재를 가하는 것이라면 이 점에서 벌써 행정지도의 영역을 벗어난 것이라고 보아야 할 것이고 만일 이러한 행위도 행정지도에 해당된다고 한다면 이는 행정지도라는 미명하에 법치주의의 원칙을 파괴하는 것이라고 하지 않을 수 없으며, 더구나 그 주주가 주식매각의 종용을 거부한다는 의사를 명백하게 표시하였음에도 불구하고, 집요하게 위협적인 언동을 함으로써 그 매각을 강요하였다면 이는 위법한 강박행위에 해당한다고 하지 않을 수 없다 하여, 정부의 재무부 이재국장 등이 국제그룹 정리방안에 따라 신한투자금융주식회사의 주식을 주식회사 제일은행에게 매각하도록 종용한 행위가 행정지도에 해당되어 위법성이 조각된다는 주장을 배척하였다(대판 1994.12.13. 93다49482).

④ 부정행위에 대한 고발의 고지: 일반적으로 부정행위에 대한 고소·고발은 그것이 부정한 이익

을 목적으로 하는 것이 아닌 때에는 정당한 권리행사가 되어 위법하다고 할 수 없는 것인바, 간통으로 고소하지 않기로 하는 등의 대가로 일정 금원의 합의금을 받게 된 경우, 상간자의 배우자가 부정한 이익을 목적으로 위법한 강박행위를 한 것으로 볼 수 없다(대판 1997.3.25. 96다47951).

(다) 인과관계: 강박, 공포심, 의사표시 상호간에 인과관계가 있어야 한다. 즉 강박으로 표의자가 공포심을 가지고, 그 공포심에서 의사표시를 하여야 한다.

(라) 위법성: 강박행위가 위법하여야 한다. 위법여부는 특히 정당한 권리의 행사와 관련되어 구체적으로 판단되어야 하는데, 강박의 목적과 수단 등을 보아 종합적으로 판단하여야 한다. 즉 어떤 해악을 고지하는 강박행위가 위법하다고 하기 위하여는, 강박행위 당시의 거래관념과 제반 사정에 비추어 해악의 고지로써 추구하는 이익이 정당하지 아니하거나 강박의 수단으로 상대방에게 고지하는 해악의 내용이 법질서에 위배된 경우 또는 어떤 해악의 고지가 거래관념상 그 해악의 고지로써 추구하는 이익의 달성을 위한 수단으로 부적당한 경우 등에 해당하지 아니하면 아니 된다(대판 2000.3.23. 99다64049).

① 부정한 이익목적의 권리행사: 일반적으로 부정행위에 대한 고소·고발이나 언론에의 제보 등은 그것이 부정한 이익을 목적으로 하는 것이 아닌 때에는 정당한 권리행사가 되어 위법하다고 할 수 없다(대판 2008.9.11. 2008다27301, 27318).

② 목적은 정당하나 행위나 수단의 부당: 목적이 정당하다 하더라도 행위나 수단 등이 부당한 때에는 위법성이 있는 경우가 있을 수 있다(대판 1992.12.24. 92다25120).

3. 效果: 사기에 의한 의사표시와 강박에 의한 의사표시를 동일하게 취소할 수 있도록 한다.

(1) 상대방의 사기, 강박-제1항: 표의자의 상대방이 사기, 강박을 한 때에는 표의자는 그의 의사표시를 취소할 수 있다.

(2) 제3자의 사기, 강박-제2항: 본항의 제3자는 상대방의 대리인 등 상대방과 동일시할 수 있는 자는 포함하지 않는다.

(가) 본항의 제3자 여부

① 대리인-상대방: 상대방의 대리인이 한 사기나 강박은 제3자의 사기·강박에 해당하지 아니한다(대판 1999.2.23. 98다60828). 따라서 은행의 출장소장이 어음할인을 부탁받자 그 어음이 부도날 경우를 대비하여 담보조로 받아두는 것이라고 속이고 금전소비대차 및 연대보증 약정을 체결한 후 그 대출금을 자신이 인출하여 사용한 사안에서, 위 출장소장의 행위는 은행 또는 은행과 동일시할 수 있는 자의 사기일 뿐 제3자의 사기로 볼 수 없다(대판 1999.2.23. 98다60828, 60835).

② 상대방의 피용자-제3자: 단순히 상대방의 피용자이거나 상대방이 사용자책임을 져야 할 관계에 있는 피용자에 지나지 않는 자는 상대방과 동일시할 수는 없어 이 규정에서 말하는 제3자에 해당한다. 따라서 상호신용금고의 기획감사실 과장으로서 대출 업무를 포함한 회사 업무 전반에 관하여 일일감사를 할 권한을 갖고 있었던 자가 대출금을 편취하려는 기망행위는 상호신용금고가 피용자의 위와 같은 기망행위에 관하여 그 감독에 상당한 주의를 다하지 아니한 사용자로서의 책임을 져야 할 지위에 있을 뿐만 아니라 나아가 그러한 사정을 이용한 피용자의 사기사실을 알지 못한 데에 과실이 있었다고 봄이 상당하므로, 근저당권설정자는 상호신용금고에 대하여 기망을 이유로 근저당권설정계약을 취소할 수 있다(대판 1998.1.23. 96다41496).

(나) 상대방 없는 의사표시-제1항: 선·악의, 과실의 유무를 불문하고 취소할 수 있다.

(다) 상대방 있는 의사표시-제2항: 상대방이 사기, 강박에 의한 의사표시임을 알았거나 알 수 있었을 경우에 취소할 수 있다. 선, 악의나 과실의 유무는 행위 당시를 기준으로 한다.

(3) 제3자에 대한 효과-제3항: 사기 또는 강박을 이유로 한 의사표시의 취소는 선의의 제3자에게 대항하지 못한다. 따라서 사기 또는 강박에 의한 표의자의 의사표시는 선의의 제3자에 대한 관계에 있어서는 무효로 되지 않는다.

(가) 제3자: 본항의 제3자라 함은 사기에 의한 의사표시의 당사자 및 포괄승계인 이외의 자로서 사기에 의한 의사표시를 기초로 하여 새로운 법률원인으로써 이해관계를 맺은 자를 의미한다.

(나) 취소 전후를 불문-해당: 본항에 의하여 대항하지 못하는 제3자에는 취소를 주장하는 자와

양립되지 아니하는 법률관계를 가졌던 것이 취소 이전에 있었던가 이후에 있었던가는 가릴 필요 없이 사기, 강박에 의한 의사표시 및 그 취소사실을 몰랐던 모든 제3자에 대하여는 그 의사표시의 취소를 대항하지 못한다고 보아야 할 것이다(대판 1975.12.23. 75다533).

(다) 이행인수계약의 채권자-해당 안 됨: 이행인수 계약의 채권자에 불과한 피고는 원고의 변제를 받은 것 외에는 그 계약에 기초하여 아무런 새로운 이해관계를 맺지 아니하였으므로 결국 민법 제110조제3항에서 말하는 제3자라고 보기는 어렵고, 단순히 그 계약에 의하여 반사적으로 이익을 얻는 정도의 지위에 있는 자에 불과하다(대판 2005.1.13. 2004다54756).

(라) 약속어음의 수취인-해당 안 됨: 약속어음 발행인이 제3자에게 기망을 당하여 어음발행행위를 한 경우, 그 약속어음의 수취인은 민법 제110조제3항의 제3자에 해당되지 아니한다(대판 1996.7.30. 95다6861).

4. 本條의 適用範圍

(1) 신분행위, 공법행위, 소송행위 등에는 적용 없음: 신분행위, 공법상의 행위, 소송행위에는 적용되지 아니한다. 즉 민법상의 법률행위에 관한 규정은 민사소송법상의 소송행위에는 특별한 규정 기타 특별한 사정이 없는 한 적용이 없는 것이므로 소송행위가 강박에 의하여 이루어진 것임을 이유로 취소할 수는 없다(대판 1997.10.10. 96다35484). 또한 소송대리인이 그 대리권의 범위 내에서 한 소송행위는 본인이 한 소송행위로서의 효력을 가지는 것이므로 비록 그 소송행위가 상대방의 기망에 의하여 착오로 이루어졌다 하더라도 이를 상대방이 한 소송행위와 동일시하여 본인이 한 소송행위로서의 효력을 부인할 수는 없다 할 것이고, 소송행위에 대하여는 민법 제109조, 제110조의 규정이 적용될 여지가 없으므로 소송행위가 사기, 강박 등 형사상 처벌을 받을 타인의 행위로 인하여 이루어졌다 하더라도 이를 이유로 그 소송행위를 부인할 수 없고 다만 그 형사상 처벌을 받을 타인의 행위에 대하여 유죄판결이 확정된 경우에는 민사소송법 제422조제1항 제5호, 제2항의 규정취지를 유추해석하여 그로 인한 소송행위의 효력을 부인할 수 있다 하겠으나 이 경우에 있어서도 그 소송행위가 이에 부합되는 의사 없이 외형적으로만 존재할 때에 한하여 그 효력을 부인할 수 있다고 해석함이 상당하므로 타인의 범죄행위가 소송행위를 하는데 착오를 일으키게 한 정도에 불과할 뿐 소송행위에 부합되는 의사가 존재할 때에는 그 소송행위의 효력을 다툴 수 없다(대판, 1984.5.29, 82다카963).

(2) 국유재산의 처분행위-본조 적용: 국가소유의 잡종재산을 본법과 본법 시행령에 의하여 매각하는 행위는 그 성질이 사법상의 행위에 지나지 아니하므로 구 국유재산법 제27조제1항에 의한 그 매각행위의 취소의 효력은 민법 제110조제3항의 규정상 제3자에게는 미치지 않는다(대판 1970.6.30. 70다708).

(3) 사기에 의한 화해계약-본조 적용: 민법 제733조의 규정에 의하면, 화해계약은 화해 당사자의 자격 또는 화해의 목적인 분쟁 이외의 사항에 착오가 있는 경우를 제외하고는 착오를 이유로 취소하지 못하지만, 화해계약이 사기로 인하여 이루어진 경우에는 화해의 목적인 분쟁에 관한 사항에 착오가 있는 때에도 민법 제110조에 따라 이를 취소할 수 있다(대판 2008.9.11. 2008다15278).

5. 다른 規定과의 關係

(1) 불법행위책임과의 관계-경합: 표의자는 불법행위에 의한 손해배상을 청구할 수 있다. 기망으로 불법행위에 기한 손해배상책임이 성립하기 위해서는 거래당사자 중 일방에 의한 고의적인 기망행위가 있고 이로 말미암아 상대방이 착오에 빠져 그러한 기망행위가 없었더라면 사회통념상 하지 않았을 것이라고 인정되는 법률행위를 하여야 한다(대판 2007.4.12. 2004다62641). 또한 제3자의 사기행위로 인하여 피해자가 주택건설사와 사이에 주택에 관한 분양계약을 체결하였다고 하더라도 제3자의 사기행위 자체가 불법행위를 구성하는 이상, 제3자로서는 그 불법행위로 인하여 피해자가 입은 손해를 배상할 책임을 부담하는 것이므로, 피해자가 제3자를 상대로 손해배상청구를 하기 위하여 반드시 그 분양계약을 취소할 필요는 없다(대판 1998.3.10. 97다55829).

(2) 담보책임과의 관계-경합: 민법 제569조가 타인의 권리의 매매를 유효로 규정한 것은 선의의 매수인의 신뢰 이익을 보호하기 위한 것이므로, 매수인이 매도인의 기망에 의하여 타인의 물건을 매도인의 것으로 알고 매수한다는 의사표시를 한 것은 만일 타인의 물건인줄 알았더라면 매

수하지 아니하였을 사정이 있는 경우에는 매수인은 민법 제110조에 의하여 매수의 의사표시를 취소할 수 있다(대판 1973.10.23. 73다268).

第111條【意思表示의 效力發生時期】 ①相對方 있는 意思表示는 그 通知가 相對方에 到達한 때로부터 그 效力이 생긴다.
②表意者가 그 通知를 發한 後 死亡하거나 行爲能力을 喪失하여도 意思表示의 效力에 影響을 미치지 아니한다.

意思表示의 效力發生 時期

1. 意義: 의사표시는 의사표시로서의 요소(효과의사, 표시의사, 표시행위)를 갖춘 때에 효력을 발생하는 것이 원칙이다. 그러나 이는 상대방 없는 의사표시의 경우이고, 상대방 있는 의사표시는 기본적으로 상대방에 알린다는 것을 본질로 한다. 따라서 상대방 있는 의사표시는 언제 효력을 발생하느냐라는 문제가 있다. 본조는 상대방 있는 의사표시가 상대방에게 도달한 때에 효력이 발생한다고 규정한다.

2. 到達主義를 原則 – 제1항: 민법은 본조에 의하여 의사표시의 효력은 원칙적으로 도달에 의하여 효력을 발생한다는 도달주의를 채택하고 있다. * 청약의 의사표시의 관하여는(528조 이하) 별도로 규정함.

(1) 도달: 도달이란 사회통념상 상대방이 통지의 내용을 알 수 있는 객관적 상태에 놓여 있는 경우를 가리키는 것으로서, 상대방이 통지를 현실적으로 수령하거나 통지의 내용을 알 것까지는 필요로 하지 않는 것이다(대판 1983.8.23. 82다카439). 즉 상대방영역에의 진입에 의해 사회통념상 객관적으로 요지(了知)할 수 있는 상태가 되었다고 할 수 있는 상태를 말한다.

(2) 적용: 효력발생시기에 관한 도달주의 원칙은 격지자 사이에서만 아니라 대화자 사이에서도 적용된다. 격지자와 대화자의 구별은 장소적 개념이 아니라 시간적 개념이다. 따라서 전화 또는 인터넷을 통한 의사표시는 대화자간의 의사표시이다.

(3) 도달의 입증: 표의자가 도달을 입증하여야 한다.

(4) 개별적 문제

(가) 우편, 텔렉스, 전자메일: 우편함에의 투입, 수신기에 투시, 컴퓨터에 투시 등은 상대방 영역에 진입한 것이고, 이를 객관적으로 요지할 수 있는 상태인 우편함의 수거, 텔렉스의 수거, 메일의 검색 등이 이루어져야 한다.

(나) 정당한 수취거절: 상대방 영역에의 진입이 이루어지지 않은 것이다.

(다) 정당하지 않은 수취거절: 상대방이 정당한 사유 없이 통지의 수령을 거절한 경우에는 상대방이 그 통지의 내용을 알 수 있는 객관적 상태에 놓여 있는 때에 의사표시의 효력이 생기는 것으로 보아야 한다(대판 2008.6.12. 2008다19973).

(라) 우편배달

① 내용증명의 발송 후 반송되지 않은 경우: 최고의 의사표시가 기재된 내용증명 우편물이 발송되고 반송되지 아니하였다면 특별한 사정이 없는 한 이는 그 무렵에 송달되었다고 볼 것이다(대판 1980.1.15. 79다1498).

② 반송되지 않은 등기: 우편법 등 관계 규정의 취지에 비추어 볼 때 우편물이 등기취급의 방법으로 발송된 경우 반송되는 등의 특별한 사정이 없는 한 그 무렵 수취인에게 배달되었다고 보아야 한다(대판 1992.3.27. 91누3819).

③ 실제거주 하지 않은 경우: 우편물이 등기취급의 방법으로 발송된 경우, 특별한 사정이 없는 한, 그 무렵 수취인에게 배달되었다고 보아도 좋을 것이나, 수취인이나 그 가족이 주민등록지에 실제로 거주하고 있지 아니하면서 전입신고만을 해 둔 경우에는 그 사실만으로써 주민등록지 거주자에게 송달수령의 권한을 위임하였다고 보기는 어려울 뿐 아니라 수취인이 주민등록지에 실제로 거주하지 아니하는 경우에도 우편물이 수취인에게 도달하였다고 추정할 수는 없고, 따라서

이러한 경우에는 우편물의 도달사실을 과세관청이 입증해야 할 것이고, 수취인이나 그 가족이 주민등록지에 실제로 거주하고 있지 아니하면서 전입신고만을 해 두었고, 그 밖에 주민등록지 거주자에게 송달수령의 권한을 위임하였다고 보기 어려운 사정이 인정된다면, 등기우편으로 발송된 납세고지서가 반송된 사실이 인정되지 아니한다 하여 납세의무자에게 송달된 것이라고 볼 수는 없다(대판 1998.2.13. 97누8977).

④ 동업자의 주소지에 배달: 우편법 소정의 규정에 따라 우편물이 배달되었다고 하여 언제나 상대방 있는 의사표시의 통지가 상대방에게 도달하였다고 볼 수는 없으며, 등기우편물에 기재된 사무소에서 본인의 사무원임을 확인한 후 우편물을 교부하였다는 우편집배원의 진술이나 우편법 등의 규정을 들어 그 등기우편물의 수령인을 본인의 사무원 또는 고용인으로 추정할 수는 없다. 채권양도통지서가 채무자의 주소나 사무소가 아닌 동업자의 사무소에서 그 신원이 분명치 않은 자에게 송달된 경우에는 사회관념상 채무자가 통지의 내용을 알 수 있는 객관적 상태에 놓여졌다고 인정할 수 없다(대판 1997.11.25. 97다31281).

3. 到達主義의 效果: 민법상 의사표시는 도달하여야 그 효력이 발생한다. 여기서 발신 후 도달 전의 의사표시의 효력과 관련한 문제가 있다.

(1) 표의자의 발신 후 사망, 행위능력 상실-제2항: 도달은 상대방에 알린다는 것이므로 발신 후에 표의자가 사망하거나, 행위능력을 상실하여도 의사표시의 효력에는 영향을 주지 아니한다. 즉 그대로의 효력이 있어, 사망한 경우에는 상속의 문제로 된다.

(2) 철회: 도달, 즉 효력이 발생하기 전에는 당연히 철회할 수 있으나, 철회가 되기 위하여는 먼저 한 의사표시가 도달 전에 철회의 의사표시가 도달되어야 한다.

4. 意思表示의 公示送達 - 제113조: 의사표시는 원칙적으로 도달에 의하여 효력을 발생하므로 상대방을 알지 못하거나 상대방의 소재를 알지 못하는 경우에 어떻게 할 것인지가 문제된다. 이에 제113조에서 공시송달에 의한 의사표시에 관하여 규정한다.

第112條【意思表示의 受領能力】 意思表示의 相對方이 이를 받은 때에 無能力者인 境遇에는 그 意思表示로써 對抗하지 못한다. 그러나 法定代理人이 그 到達을 안 後에는 그러하지 아니하다.

意思表示의 受領能力

1. 意義: 의사표시를 받은 자가 이를 이해할 수 없는 때에는 의사표시의 도달로 효력을 발생한다고 할 수 없을 것이다. 이에 본조는 의사표시의 수령자가 무능력자인 경우에는 그 의사표시의 효력을 주장할 수 없는 것으로 한다. 민법은 모든 무능력자를 의사표시의 수령무능력자로 한다.

2. 受領無能力者에 대한 意思表示의 效力

(1) 원칙-본문: 표의자가 의사표시로서 대항하지 못한다.

(2) 법정대리인이 안 경우-단서: 무능력자의 법정대리인이 의사표시의 도달을 안 후에는 표의자는 그 의사표시의 도달을 주장할 수 있다.

(3) 무능력자의 효력 주장: 수령무능력자가 그 의사표시의 도달을 주장하는 것은 가능하다.

第113條【意思表示의 公示送達】 表意者가 過失없이 相對方을 알지 못하거나 相對方의 所在를 알지 못하는 境遇에는 意思表示는 民事訴訟法公示送達의 規定에 依하여 送達할 수 있다.

公示送達

1. 意義: 상대방 있는 의사표시는 상대방에게 도달한 때에 효력이 발생한다(111조). 그런데 상대방을 모르거나 상대방의 소재를 알지 못한 때에는 어떻게 되는지가 문제된다. 이에 본조는 민사소송법상의 공시송달에 의한 규정에 의한 방법으로 의사표시를 도달하게 할 수 있게 한다.

2. 要件: 표의자가 의사표시를 수령할 자가 누구인지 알지 못하거나 상대방의 소재를 알지 못하여야 한다. 예컨대 상대방이 사망하여 그 상속인이 누구인지 어디에 거주하는지 모르는 경우 등이다. 상대방 또는 상대방의 소재를 알지 못하는 데 표의자의 과실이 없어야 하고, 이에 대한 입증은 표의자에게 있다.

3. 方法 - 민소법 제195조: 법원사무관 등이 송달할 서류를 보관하고, 그 사유를 법원게시판에 게시하거나, 그 밖에 대법원예규에 정하는 방법에 따라서 한다.

4. 效力發生 - 민소법 제196조: 국내에서 하는 첫 공시송달은 공시송달한 날로부터 2주가 지나야 효력이 발생하고, 같은 당사자에게 하는 그 뒤의 송달은 실시한 다음날부터 효력이 생긴다. 외국에서 할 송달은 2개월이 지나야 효력이 생긴다.

第3節 代 理

1. 概括: 타인(대리인)이 본인의 이름으로 법률행위를 하고 그 법률효과는 본인에게 귀속되는 제도가 대리이다. 법률행위는 행위자에게 법률효과가 귀속되는, 즉 법률행위자와 법률효과의 귀속자가 동일인 인것이 원칙인데, 이러한 점에서 대리제도는 예외적인 제도라 할 수 있다. 이러한 대리제도는 근대사회 이후에 생긴 제도로서 특히 오늘날 자본주의 경제체제에서는 개인의 능력의 확충과 보충으로의 기능을 하여 개인의 거래의 활동의 범위를 확장하고, 보충함으로써 거래를 활성화시키는 하나의 요인이 되기도 한다.

2. 代理가 認定되는 範圍

(1) 법률행위만 인정: 대리는 법률행위 내지 의사표시를 하거나 받는 것에만 인정된다. 준법률행위는 대리가 허용되지 않지만, 의사의 통지나 관념의 통지와 같은 의사표시와 유사한 준법률행위는 대리규정이 유추적용된다.

(2) 대리가 가능하지 않은 법률행위: 법률행위 중에서도 대리를 금지한 규정(근로기준법상의 미성년자의 근로계약)이나 법률행위의 성질상 본인의 행위만을 요구하는 경우(주로 가족법상의 행위: 혼인, 인지, 입양, 유언)는 대리가 인정되지 아니한다.

3. 代理의 種類: 대리는 여러 가지 기준으로 아래와 같이 분류한다;

(1) 법정대리, 임의대리: 대리권이 법률에 의하여 주어지느냐 여부에 의하여 법정대리와 임의대리로 구분한다. 본인이 신임하여 특정인에게 자기의 법률행위를 맡긴 것이 임의대리이고, 미성년자의 친권자와 같이 법률의 규정에 의하여 대리권이 부여된 대리가 법정대리이다. 양자를 구별하는 실익은 복임권에서 차이가 난다.

(2) 능동대리, 수동대리: 본인을 위하여 법률행위를 하는 대리가 능동대리이고, 본인을 위하여 상대방으로부터 의사표시를 수령하는 대리가 수동대리이다. 보통은 대리인은 양자의 대리를 모두 하는 대리권을 가진다.

(3) 유권대리, 무권대리: 정당한 대리권을 가진 대리가 유권대리이고, 대리권이 없는 대리가 무권대리이다. 무권대리는 다시 순수하게 전혀 대리권이 없는 경우를 협의의 무권대리, 외형적으로는 대리권이 존재하는 것 같은 외관을 갖추고 있으나 실제로는 대리권이 없는 대리를 표현대리(125조, 126조, 129조)로 구분한다.

4. 構成

(1) 대리행위의 효력: 제114조, 제115조
(2) 대리행위의 하자: 제116조
(3) 대리인의 행위능력: 제117조
(4) 대리권의 범위: 제118조
(5) 각자대리: 제119조
(6) 임의대리: 제120조, 제121조
(7) 법정대리: 제122조
(8) 복대리인: 제123조

(9) 자기계약, 쌍방대리: 제124조
(10) 대리권수여 표시에 의한 표현대리: 제125조
(11) 권한을 넘은 표현대리: 제126조
(12) 대리권 소멸사유: 제127조
(13) 임의대리의 종료: 제128조
(14) 대리권소멸 후의 표현대리: 제129조
(15) 무권대리: 제130조-제135조
(16) 단독행위의 무권대리: 제136조

第114條【代理行爲의 效力】 ①代理人이 그 權限內에서 本人을 爲한 것임을 表示한 意思表示는 直接本人에게 對하여 效力이 생긴다.
②前項의 規定은 代理人에게 對한 第三者의 意思表示에 準用한다.

第115條【本人을 爲한 것임을 表示하지 아니한 行爲】 代理人이 本人을 爲한 것임을 表示하지 아니한 때에는 그 意思表示는 自己를 爲한 것으로 본다. 그러나 相對方이 代理人으로서한 것임을 알았거나 알 수 있었을 때에는 前條第1項의 規定을 準用한다.

代理行爲의 效力

1. 意義: 민법이 대리제도를 인정한다는 것을 규정한다. 즉 대리인이 대리권의 범위 내에서 본인을 위한 것임을 표시(대리인임을 표시)한 의사표시는 본인에게 그 의사표시의 효과가 귀속하며, 제3자가 대리인에게 의사표시를 한 경우에도 그 의사표시의 효력은 본인에게 효력이 생긴다.
* 일반적으로 법률행위에 의하여 수여된 대리권은 원인된 법률관계의 종료에 의하여 소멸하는 것이므로 특별한 사정이 없는 한, 매수명의자를 대리하여 매매계약을 체결하였다 하여 곧바로 그 제3자가 매수인을 대리하여 매매계약의 해제 등 일체의 처분권과 상대방의 의사를 수령할 권한까지 가지고 있다고 볼 수 없다(대판 1993.1.15. 92다39365).

2. 顯名主義 - 제114조: 대리로서의 효력이 있기 위하여는 대리행위라는 것, 즉 그 행위가 본인을 위한 것임을 표시하여야 한다. 이를 대리적 효과의사라고 한다. 이론적으로는 대리인의 이러한 대리적 효과의사(현명)에 의하여 대리인의 행위가 본인에게 그 효력이 귀속한다. 대리적 효과의사의 표현인 현명의 방식에는 제한이 없다. 구체적인 서면으로 대리인임을 표시할 수도 있고, 구두로 표시하는 것도 가능하며, 또한 명시적으로만 할 필요는 없고 묵시적으로도 할 수 있는 것이고, 반드시 대리인임을 명시하지 않더라도 다른 정황으로 본인이 누구인지를 알 수 있으면 된다. 상법 제48조는 상행위의 대리는 반드시 현명을 요하는 것은 아니고, 현명하지 아니한 경우 상대방이 본인을 위한 것임을 알지 못한 때에 본인에게 이행을 청구할 수 없다고 규정한다(비현명주의).
(1) 상행위의 대리-비현명주의: 상가건물 분양업체에게 그 소유자를 대리할 권한이 있고, 그 점포의 분양행위가 그 규모, 횟수, 분양기간 등에 비추어 볼 때 상법 제46조제1호 소정의 부동산의 매매로서 본인인 상가건물 소유자의 상행위가 되는 경우, 분양업체가 수분양자와 분양계약을 체결하면서 건물 소유자의 대리인임을 표시하지 않았다 하더라도 상법 제48조에 의하여 유효한 대리행위로서 그 효과는 본인인 건물 소유자에게 귀속된다(대판 1996.10.25. 94다41935, 41942).
(2) 조합대리: 민법상 조합의 경우 법인격이 없어 조합 자체가 본인이 될 수 없으므로, 이른바 조합대리에 있어서는 본인에 해당하는 모든 조합원을 위한 것임을 표시하여야 하나, 반드시 조합원 전원의 성명을 제시할 필요는 없고, 상대방이 알 수 있을 정도로 조합을 표시하는 것으로 충분하다. 그리고 상법 제48조는 "상행위의 대리인이 본인을 위한 것임을 표시하지 아니하여도 그 행위는 본인에 대하여 효력이 있다. 그러나 상대방이 본인을 위한 것임을 알지 못한 때에는 대리인에 대하여도 이행의 청구를 할 수 있다"고 규정하고 있으므로, 조합대리에 있어서도 그 법률행위가 조합에게 상행위가 되는 경우에는 조합을 위한 것임을 표시하지 않았다고 하더라도

그 법률행위의 효력은 본인인 조합원 전원에게 미친다(대판 2009.1.30. 2008다79340).

(3) 무현명의 채권양도통지-무효: 채권양도통지 권한을 위임받은 양수인이 양도인을 대리하여 채권양도통지를 함에 있어서는 민법 제114조제1항의 규정에 따라 양도인 본인과 대리인을 표시하여야 하는 것이므로, 양수인이 서면으로 채권양도통지를 함에 있어 대리관계의 현명을 하지 아니한 채 양수인 명의로 된 채권양도통지서를 채무자에게 발송하여 도달되었다 하더라도 이는 효력이 없다(대판 2004.2.13. 2003다43490).

(4) 현명의 방법과 정도

(가) 상대방이 인식할 정도이면 족함: 대리인이 어음행위를 하려면 어음상에 대리관계를 표시하여야 하는바, 그 표시방법에 대하여 특별한 규정이 없으므로 어음상에 대리인 자신을 위한 어음행위가 아니고 본인을 위하여 어음행위를 한다는 취지를 인식할 수 있을 정도의 표시가 있으면 된다(대판 1973.12.26. 73다1436).

(나) 법인의 어음행위: 법인의 어음행위는 어음행위의 서면성·문언성에 비추어 법인의 대표자 또는 대리인이 그 법인의 대표자 또는 대리권자임을 어음면상에 표시하고 기명날인하는 대리방식에 의하든가, 법인의 대표자로부터 대리권을 수여받고 직접 법인의 대표자 명의로 서명할 수 있는 권한이 주어져 있는 자의 대행방식에 의하여 이루어져야 한다(대판 1999.3.9. 97다7745).

(다) 대리관계의 표시 없이 위임장만 제시: 매매위임장을 제시하고 매매계약을 체결하는 자는 특단의 사정이 없는 한 소유자를 대리하여 매매행위하는 것이라고 보아야 하고 매매계약서에 대리관계의 표시없이 그 자신의 이름을 기재하였다고 해서 그것만으로 그 자신이 매도인으로서 타인물을 매매한 것이라고 볼 수는 없다(대판 1982.5.25. 81다1349, 81다카1209).

3. 顯名하지 아니한 行爲 – 제115조: 대리인이 본인을 위한 것임을 표시하지 않고 의사표시를 한 경우에 그 의사표시는 대리인 자신을 위한 것으로 본다. 따라서 대리인이 법률관계의 당사자로 간주되므로 자신을 위하여 법률행위를 할 의사가 없었다는 이유로 착오를 주장할 수 없다. 그러나 대리인으로서 행위한 것임을 상대방이 알았거나 알 수 있었을 때에는 현명하지 않은 대리행위라고 하더라도 보통의 대리로 취급되어 대리행위의 효력은 본인에게 발생한다.

(1) 수동대리에는 적용 없음: 본조는 수동대리에는 적용이 없다. 따라서 상대방이 본인에게 효과를 생기게 할 목적이나, 이를 표시하지 않고 대리인에게 의사표시를 한 경우에는 의사표시 해석의 문제가 되나 원칙적으로 본인에게 효력이 없다.

(2) 마치 본인인 것처럼 본인의 성명을 모용한 경우: 사술을 써서 대리행위의 표시를 하지 아니하고 단지 본인의 성명을 모용하여 자기가 마치 본인인 것처럼 기망하여 본인 명의로 직접 법률행위를 한 경우에는 특별한 사정이 없는 한 위 법조 소정의 표현대리는 성립될 수 없다(대판 2002.6.28. 2001다49814).

(3) 무현명의 양수인의 채권양도 통지: 채권의 양수인이 양도인으로부터 채권양도통지 권한을 위임받아 대리인으로서 그 통지를 함에 있어서 그 통지가 본인인 채권의 양도인을 위한 것임을 표시하지 아니한 경우라도 채권양도통지를 둘러싼 여러 사정에 비추어 양수인이 대리인으로서 통지한 것임을 상대방이 알았거나 알 수 있었을 때에는 민법 제115조 단서의 규정에 의하여 유효하게 되나, 이는 채권의 양수인이 양도인으로부터 채권양도통지 권한을 위임받아 그에 대한 대리권을 가지고 있음을 전제로 하는 것이다(대판 2008.2.14. 2007다77569).

第116條【代理行爲의 瑕疵】 ①意思表示의 效力이 意思의 欠缺, 詐欺, 强迫 또는 어느 事情을 알았거나 過失로 알지 못한 것으로 因하여 影響을 받을 境遇에 그 事實의 有無는 代理人을 標準하여 決定한다.

②特定한 法律行爲를 委任한 境遇에 代理人이 本人의 指示에 좇아 그 行爲를 한 때에는 本人은 自己가 안 事情 또는 過失로 因하여 알지 못한 事情에 關하여 代理人의 不知를 主張하지 못한다.

代理行爲의 瑕疵

1. 瑕疵의 判斷 標準 - 제1항: 대리행위의 하자에 관하여는 대리인을 표준으로 하여 하자의 유무를 결정하고, 어느 사정을 알았거나 과실로 알지 못한 것으로 인하여 영향을 받을 경우에 그 사실의 유무에 대해서도 대리인을 표준으로 하여 판단한다. 대리에 의한 법률행위의 당사자는 대리인이므로 하자나 선의, 악의의 판단 주체는 대리인임은 당연하다. 본조는 임의대리뿐만 아니라 법정대리에 관하여도 적용된다.

(1) 대리인의 2중매매에 대하여 본인이 모른 경우: 대리인이 본인을 대리하여 매매계약을 체결함에 있어서 매매대상 토지에 관한 저간의 사정을 잘 알고 그 배임행위에 가담하였다면, 대리행위의 하자 유무는 대리인을 표준으로 판단하여야 하므로, 설사 본인이 미리 그러한 사정을 몰랐거나 반사회성을 야기한 것이 아니라고 할지라도 그로 인하여 매매계약이 가지는 사회질서에 반한다는 장애사유가 부정되는 것은 아니다(대판 1998.2.27. 97다45532).

(2) 대리인이 알고 있는 사정에 대한 본인의 부지-본인의 취소 불가: 매수인이 대리인을 통하여 분양택지 매수지분의 매매계약을 체결한 경우, 대리행위의 하자의 유무는 대리인을 표준으로 판단하여야 하므로, 대리인이 매도인과 분양자와의 매매계약에 있어서 매수인의 1인으로서 그 계약 내용, 잔금의 지급 기일, 그 지급 여부 및 연체 지연손해금 액수에 관하여 잘 알고 있었다고 인정되는 때에는, 설사 매수인이 연체 지연손해금 여부 및 그 액수에 관하여 모른 채로 대리인에게 대리권을 수여하여 매도인과의 사이에 그 매매계약을 체결하였다고 하더라도, 매수인으로서는 그 자신의 착오를 이유로 매도인과의 매매계약을 취소할 수는 없게 되었다고 볼 여지가 있다(대판 1996.2.13. 95다41406).

2. 例外 - 제2항: 특정한 법률행위를 위임한 경우에 대리인이 본인의 지시에 좇아 그 행위를 한 때는, 본인은 자기가 안 사정 또는 과실로 알지 못한 사정에 관하여 대리인의 부지를 주장하지 못 한다. 본항은 원칙적으로 임의대리에만 적용되나, 법정대리에서도 본인의 지시에 복종해야 하는 사안에서는 법정대리에도 적용이 있다.

第117條【代理人의 行爲能力】 代理人은 行爲能力者임을 要하지 아니한다.

代理人의 行爲能力

1. 意義: 대리인이 대리행위를 할 때에는 행위능력자임을 요하지 않는다. 즉 행위무능력자도 대리인으로 유효한 대리행위를 할 수 있다는 것이다. 본래 유효한 법률효과가 발생하기 위해서는 행위능력이 있어야 하지만, 대리행위에 있어서 그 법률효과는 직접 본인에게 귀속되므로 대리인은 행위능력자임을 요하지 아니하며, 또한 본인이 자기를 위하여 법률행위를 잘 할 것이라 인정하여 대리인을 선정한 자이므로 대리인이 무능력자로서 생기는 불이익은 본인이 감수하여야 한다는 의미이다. 따라서 무능력자인 대리인이 한 법률행위일지라도 본인은 대리인의 무능력을 이유로 취소할 수 없다.

2. 適用領域: 본조의 취지상 임의대리에 그 적용이 있을 것인데, 법정대리에도 적용되는지가 문제된다. 법정대리인은 본인이 스스로 선임하는 것이 아니므로 특별히 무능력자가 법정대리인이 되는 것을 금지하는 규정(937조, 964조)이 없더라도 통상적으로는 무능력자가 법정대리인이 되는 경우는 없을 것이다. 그러나 무능력자가 법정대리인인 경우에는 본조의 적용이 있다.

3. 無能力者인 代理人의 代理行爲: 본인은 대리인이 무능력자임을 이유로 법률행위를 취소하지 못한다.

4. 代理人의 無能力으로 인한 授權行爲와의 關係: 본조는 본인과 그 상대방관의 관계를 규정한 것인데, 임의대리에서 본인의 수권행위와 관련하여 대리인의 무능력을 이유로 수권행위를 취소하면 그에 기초한 대리행위는 어떻게 되는지가 문제된다. 수권행위가 취소되면 대리인은 무권대리가 된다고 볼 수도 있고, 취소가 장래에 대하여 효력을 가진다고 볼 수도 있다. 수권행위의 취소는 거래의 안전을 위하여 소급해서 효력을 가진다고 할 수 없고, 기왕에 한 대리행위에는 영향이 없고 장래에 대하여만 대리권이 소멸한다고 해석하여야 할 것이다.

第118條【代理權의 範圍】 權限을 定하지 아니한 代理人은 다음 各號의 行爲만을 할 수 있다.
1. 保存行爲
2. 代理의 目的인 物件이나 權利의 性質을 變하지 아니하는 範圍에서 그 利用 또는 改良하는 行爲

代理權의 範圍

1. 意義: 대리권의 범위가 수권행위에 의해 정하여지지 않거나 명백하지 않은 경우에는, 대리인은 제118조에 따라 보존행위 및 일정한 범위 내에서 이용·개량행위를 할 수 있다. 즉 수권행위의 해석을 통해서도 대리권의 범위를 명백히 할 수 없는 경우에는 민법 제118조가 적용된다. 따라서 민법 제118조는 수권행위의 해석에 관한 보충규정이다.

2. 保存行爲 - 제1호: 보존행위란 재산의 가치를 유지·보존하는 데 필요한 일체의 행위를 말한다. 예를 들어 주택의 수리, 소멸시효의 중단, 미등기부동산의 등기, 부동산 소유권이전등기 말소등기절차 이행청구, 부동산의 인도청구, 기한이 도래된 채무의 변제 등이다.

3. 利用 또는 改良行爲 - 제2호: 대리행위의 목적인 물건이나 권리의 성질을 변화시키지 않는 행위 내에서만 이용행위와 개량행위를 할 수 있다. 재산의 수익을 얻는 행위로서 물건의 임대, 금전의 이자부 대여 등은 이용행위에 해당하고, 사용가치 또는 교환가치를 증가시키는 행위로서 이자 없는 채권을 이자부로 하는 행위는 개량행위에 해당한다.

第119條【各自代理】 代理人이 數人인 때에는 各自가 本人을 代理한다. 그러나 法律 또는 授權行爲에 다른 定한 바가 있는 때에는 그러하지 아니하다.

代理人이 複數인 경우

1. 意義: 대리인이 복수인 경우에 그것이 공동대리인지 단독대리인지가 문제가 된다. 그 경우에 공동대리냐 단독대리냐는 법률의 규정(친권자인 부와 모의 공동대리-909조)이나 수권행위에 의하여 결정되지만, 특별히 공동대리로 한다는 것으로 볼 수 없는 경우(법률의 규정이나 수권행위에서)에는 단독대리이다. 즉 각자가 단독으로 본인을 대리한다는 것을 규정한다.

2. 原則 - 본조: 원칙은 각자가 본인을 대리한다.

3. 共同代理

(1) 공동의 의미: 공동대리에서 공동의 의미는 전원이 공동으로 의사표시행위를 하여야 하는 것은 아니고, 의사결정을 공동으로 하고 표시행위는 대리인 중 일부가 하더라도 족하다. 이렇게 해석하면 미성년자의 친권자인 부와 모는 의사결정은 합의하여야 하고, 대리행위 자체는 어느 한 쪽만 하더라도 유효하다는 의미이다.

(2) 단독으로 한 대리행위: 공동대리에서 단독대리를 한 경우는 권한을 넘은 무권대리가 된다.

(3) 수동대리의 공동대리: 공동대리에서 상대방의 의사표시를 수령하는 수동대리와 같은 경우는 거래상의 편리를 위하여 단독으로 수령할 수 있다고 해석된다.

4. 代理權濫用: 대리인이 본인을 위하여 대리행위를 한 것이 아니라 대리인 자신 또는 제3자의 이익을 위하여 한 대리행위는 그 법률효과가 어떻게 되는지가 문제되고, 이를 강학상 대리권남용이라 한다.

(1) 비진의표시 규정(107조)을 유추적용: 진의아닌 의사표시가 대리인에 의하여 이루어지고 그 대리인의 진의가 본인의 이익이나 의사에 반하여 자기 또는 제3자의 이익을 위한 배임적인 것임을 그 상대방이 알거나 알 수 있었을 경우에는 민법 제107조제1항 단서의 유추해석상 그 대리인의 행위는 본인의 대리행위로 성립할 수 없다 하겠으므로 본인은 대리인의 행위에 대하여 아무런 책임이 없다 할 것이며, 이때 그 상대방이 대리인의 표시의사가 진의아님을 알았거

나 알 수 있었는가의 여부는 표의자인 대리인과 상대방 사이에 있었던 의사표시의 형성과정과 그 내용 및 그로 인하여 나타나는 효과 등을 객관적인 사정에 따라 합리적으로 판단하여야 한다(대판 1987.7.7. 86다카1004).

(2) 법인 대표자(지배인)의 배임적 행위-제107조 유추적용: 지배인의 행위가 영업에 관한 것으로서 대리권한 범위 내의 행위라 하더라도 영업주 본인의 이익이나 의사에 반하여 자기 또는 제3자의 이익을 도모할 목적으로 그 권한을 행사한 경우에 그 상대방이 지배인의 진의를 알았거나 알 수 있었을 때에는 민법 제107조제1항 단서의 유추해석상 그 지배인의 행위에 대하여 영업주 본인은 아무런 책임을 지지 않는다고 보아야 하고, 그 상대방이 지배인의 표시의사가 진의 아님을 알았거나 알 수 있었는가의 여부는 표의자인 지배인과 상대방 사이에 있었던 의사표시 형성과정과 그 내용 및 그로 인하여 나타나는 효과 등을 객관적인 사정에 따라 합리적으로 판단하여야 한다(대판 1999.3.9. 97다7721, 7738). * 주식회사의 대표이사가 그 대표권의 범위내에서 한 행위는 설사 대표이사가 회사의 영리목적과 관계없이 자기 또는 제3자의 이익을 도모할 목적으로 그 권한을 남용한 것이라 할지라도 일응 회사의 행위로서 유효하고, 다만 그 행위의 상대방이 그와 같은 정을 알았던 경우에는 그로 인하여 취득한 권리를 회사에 대하여 주장하는 것이 신의칙에 반하므로 회사는 상대방의 악의를 입증하여 그 행위의 효과를 부인할 수 있을 뿐이다(대판 1987.10.13. 86다카1522).

第120條【任意代理人의 復任權】 代理權이 法律行爲에 依하여 付與된 境遇에는 代理人은 本人의 承諾이 있거나 不得已한 事由 있는 때가 아니면 復代理人을 選任하지 못한다.

第121條【任意代理人의 復代理人選任의 責任】 ①前條의 規定에 依하여 代理人이 復代理人을 選任한 때에는 本人에게 對하여 그 選任監督에 關한 責任이 있다.
②代理人이 本人의 指名에 依하여 復代理人을 選任한 境遇에는 그 不適任 또는 不誠實함을 알고 本人에게 對한 通知나 그 解任을 怠慢한 때가 아니면 責任이 없다.

第122條【法定代理人의 復任權과 그 責任】 法定代理人은 그 責任으로 復代理人을 選任할 수 있다. 그러나 不得已한 事由로 因한 때에는 前條第1項에 定한 責任만이 있다.

復代理

1. 意義: 복대리는 대리인이 수권행위를 행사하여 한 대리를 말한다. 즉 대리인이 자신의 권한 내에서 자신의 이름으로 선임하여 수권행위를 한 대리인을 복대리인이라 하고, 그 복대리인이 하는 대리가 복대리이다. 이때 대리인이 복대리인을 선임할 수 있는 권한이 복임권이다. 즉 대리인이 자기의 복임권의 행사로 선임한 대리인이 복대리인이다. 복대리인은 대리인이 자신의 이름으로 선임하는 것이므로 복임행위는 대리행위가 아니다.

2. 任意代理人의 復代理

(1) 복임권-원칙 불가-제120조: 임의대리인은 본인의 신임을 받은 자이며 언제든지 사임할 수 있기 때문에 원칙적으로 복임권이 없다. 그러나 본인의 승낙이나 부득이한 사유가 존재하는 경우에 한하여는 복대리인을 선임할 수 있다.

(가) 법률행위의 성질상 묵시적 승낙이 인정되는 경우: 대리의 목적인 법률행위의 성질상 대리인 자신에 의한 처리가 필요하지 아니한 경우에는 본인이 복대리금지의 의사를 명시하지 아니하는 한 복대리인의 선임에 관하여 묵시적인 승낙이 있는 것으로 보는 것이 타당하다.

(나) 성질상 명시적 승낙을 요한 사례: ① 오피스텔의 분양업무는 그 성질상 분양을 위임받은

대리인이 광고를 내거나 그 직원 또는 주변의 부동산중개인을 동원하여 분양사실을 널리 알리고, 분양사무실을 찾아온 사람들에게 오피스텔의 분양가격, 교통 등 입지조건, 오피스텔의 용도, 관리방법 등 분양에 필요한 제반 사항을 설명하고 청약을 유인함으로써 분양계약을 성사시키는 것으로서 대리인의 능력에 따라 본인의 분양사업의 성공 여부가 결정되는 것이므로, 사무처리의 주체가 별로 중요하지 아니한 경우에 해당한다고 보기 어렵다(대판 1996.1.26. 94다30690). ② 아파트 분양업무는 그 성질상 분양 위임을 받은 수임인의 능력에 따라 그 분양사업의 성공 여부가 결정되는 사무로서, 본인의 명시적인 승낙 없이는 복대리인의 선임이 허용되지 아니하는 경우로 보아야 한다(대판 1999.9.3. 97다56099).

(다) 승낙이 포함된 것으로 본 사례: ① 갑이 채권자를 특정하지 아니한 채 부동산을 담보로 제공하여 금원을 차용해 줄 것을 을에게 위임하였고, 을은 이를 다시 병에게 위임하였으며, 병은 정에게 위 부동산을 담보로 제공하고 금원을 차용하여 을에게 교부하였다면, 을에게 위 사무를 위임한 갑의 의사에는 '복대리인 선임에 관한 승낙'이 포함되어 있다(대판 1993.8.27. 93다21156). ② 아버지가 아들의 채무에 대한 담보 제공을 위하여 아들에게 인감도장과 인감증명서를 교부한 사안에서, 아들에게 복임권을 포함하여 채무 담보를 위한 일체의 대리권을 부여한 것이라고 보아, 그 아들로부터 다시 그 인감도장과 인감증명서를 교부받은 제3자가 이를 이용하여 타인에게 설정하여 준 근저당권설정등기가 유효하다고 보았다(대판 1996.2.9. 95다10549).

(2) 복대리인에 대한 대리인의 책임-제121조

(가) 본인의 승낙 또는 부득이 한 사유로 선임한 경우-제1항: 임의대리인이 본인의 승낙을 얻거나, 부득이한 사유로 복대리인을 선임한 때에는 그 선임한 복대리인의 선임과 감독에 대하여 본인에게 책임이 있다. 즉 복대리인이 적당하지 아니한 사람이거나, 복대리인의 감독을 소홀히 하여 본인에게 손해를 입힌 경우에는 대리인이 그 손해를 배상할 책임이 있다.

(나) 본인의 지명에 의한 복대리인에 대한 대리인의 책임-제2항: 복대리인이 대리인으로서 적임자가 아니거나 부성실함을 알고 본인에게 통지하거나 그 해임을 소홀히 한 경우에만 복대리인에 의한 본인의 손해에 대한 책임이 있다.

3. 法定代理人의 複代理 - 제122조

(1) 복임권: 법정대리인은 언제나 복대리인을 선임할 수 있다

(2) 복대리인의 대리인 책임

(가) 원칙-본문: 법정대리인은 복대리인을 임의로 선임할 수 있기 때문에, 복대리인의 행위에 대해서는 선임·감독상의 과실 유무에 관계없이 모든 책임을 진다.

(나) 예외-단서: 법정대리인도 부득이한 사유로 말미암아 복대리인을 선임할 수도 있으므로, 이 경우에는 임의대리인이 복대리인을 선임하는 경우와 같다고 볼 수 있다. 따라서 이 경우에는 대리인이 복대리인의 선임·감독에 과실이 있는 경우에 한하여 책임을 부담한다.

第123條【復代理人의 權限】 ①復代理人은 그 權限內에서 本人을 代理한다.
②復代理人은 本人이나 第三者에 對하여 代理人과 同一한 權利義務가 있다.

複代理人의 代理에 의한 法律關係

1. 複代理人과 本人의 關係: 복대리인은 본인에 대하여 대리인과 동일한 권리의무가 있으므로 대리인과 본인 사이의 내부적 법률관계가 복대리인과 본인 사이의 내부적 법률관계로 의제된다. 따라서 대리인이 수임인 경우에는 복대리인도 본인에 대하여 수임인으로서의 권리·의무를 가지게 된다.

2. 複代理人의 代理의 效果 - 제1항: 복대리인의 대리의 효과는 대리인의 대리의 효과와 동일하게, 본인의 대리인으로서 그의 권한 내에서 한 대리는 본인에게 법률효과가 귀속한다.

3. 複代理人과 相對方의 關係

(1) 원칙-제2항: 대리의 일반원칙이 복대리에도 그대로 적용된다. 즉 복대리인은 그 권한 내에

서 본인을 대리하고, 상대방에 대하여 대리인과 동일한 권리의무가 있으므로, 상대방에 대한 관계에서는 본인의 대리인으로서, 대리의 일반원칙이 그대로 적용된다.
(2) 복대리의 표현대리-긍정: 복대리의 표현대리도 성립한다. 원고가 그 소유토지를 타인에게 매도한 후 그 매수인이 소외인 을과 같이 원고의 대리인 갑에게 와서 소유권이전등기를 할 수 있는 서류를 해주면 딴데 융통하여서 잔대금을 갚겠다고 청함에 원고의 대리인 갑이 그들에게 등기권리증 원고의 인감증명, 주민등록표, 근저당권설정계약서등의 서류를 해주어 동 소외인 을이 위 토지에 대하여 피고 명의로 근저당권 설정등기를 경료한 경우 피고는 위 소외인 을을 원고의 대리인으로 믿은데는 정당한 사유가 있다(대판 1979.11.27. 79다1193).
4. 複代理人과 代理人의 關係: 복대리인은 대리인의 지휘·감독을 받고, 복대리인의 대리권은 그 범위나 존립에 있어서 대리인의 대리권에 따른다.

第124條【自己契約, 雙方代理】 代理人은 本人의 許諾이 없으면 本人을 爲하여 自己와 法律行爲를 하거나 同一한 法律行爲에 關하여 當事者雙方을 代理하지 못한다. 그러나 債務의 履行은 할 수 있다.

自己契約, 雙方代理의 禁止

1. 意義: 대리인이 본인을 대리하면서, 동시에 다른 한 쪽으로는 자기 이름으로 본인과 자기 사이에 체결된 계약이 자기계약이고, 대리인이 본인의 이름으로 본인을 대리하면서 동시에 상대방을 대리하여 본인과 상대방의 법률행위를 것이 쌍방대리이다. 이와 같은 자기계약과 쌍방대리는 본인을 위하여 법률행위를 하도록 하는 제도인 대리제도의 본질에 반하는 측면이 있다. 따라서 자기계약과 쌍방대리는 원칙적으로 허용되지 않고, 다만 당사자의 이해관계에 영향을 주지 않는 행위에는 허용되더라도 관계없을 것이다.
2. 自己契約 및 雙方代理의 禁止
(1) 원칙-본문: 자기계약은 본인의 이익을 해칠 가능성이 있기 때문에, 쌍방대리는 어느 한쪽 본인의 이익을 해칠 가능성이 있기 때문에 금지된다.
(2) 금지위반의 효과: 위반한 행위는 무권대리이고, 본인이 추인할 수 있다.
(가) 무효로 본 사례: 부동산 입찰절차에서 동일물건에 관하여 이해관계가 다른 2인 이상의 대리인이 된 경우에는 그 대리인이 한 입찰은 무효이다(대판 2004.2.13. 2003마44).
(나) 위반이지만 유효하게 본 사례: 원고 소송복대리인으로서 변론기일에 출석하여 소송행위를 하였던 변호사가 피고 소송복대리인으로도 출석하여 변론한 경우라도, 당사자가 그에 대하여 아무런 이의를 제기하지 않았다면, 그 소송행위는 소송법상 완전한 효력이 생긴다(대판 1995.7.28. 94다44903).
3. 許容되는 경우-단서: 당사자의 이해관계에 영향을 주지 않는 행위에서는 허용되어도 좋을 것이다.
(1) 본인의 승낙: 본인이 미리 승낙한 경우는 허용된다(대판 1969.6.24. 69다571).
(2) 채무의 이행: 채무의 단순한 이행행위로는 새로운 이해관계가 생기지 않기 때문에 허용된다. 그러나 이행기 전의 변제, 대물변제, 경개 등은 이해관계가 생길 수 있기 때문에 허용되지 아니한다.
4. 個別的 問題
(1) 제소전 신청인이 피신청인의 소송대리인 선임: 제소전 화해의 신청인이 피신청인의 소송대리인을 선임한 것이 피신청인의 위임에 의하여 이루어진 것이라면 그것은 유효한 것이고 쌍방대리의 원칙에 따라 무효한 행위였다고 할 수는 없다(대판 1990.12.11. 90다카27853).
(2) 신청인에게 피신청인의 대리인을 선임할 권한을 수여한 것으로 인정된 사례: 피신청인이 신청인으로부터 금원을 차용하면서 후일 채무를 변제하지 못할 경우를 대비하여 신청인이 제소전 화해로서, 이미 가등기가 설정된 담보물에 대하여, 쉽게 본등기절차를 할 목적으로 피신청인의

대리인을 선임하기 위하여 그 대리인을 공란으로 한 백지소송위임장을 작성한 후 이를 신청인에게 교부한 경우에는 신청인에게 피신청인의 대리인을 선임할 권한을 수여한 것으로 볼 것이다(대판 1979.12.26. 79다1851).

(3) 이행행위는 가능-사채알선자는 쌍방의 대리인: 사채알선업자는 어느 일방만의 대리인이 아니고 채권자쪽을 대할 때는 채무자측의 대리인 역할을 하게 되는 것이고, 반대로 돌아서서 채무자 쪽을 대할 때에는 채권자측의 대리인으로서 역할을 하게 된다(대판 1979.10.30. 79다425). 따라서 채무자의 사채알선업자에 대한 채무변제는 채권자의 대리인에 대한 변제로서 유효하다(대판 1981.2.24. 80다1756).

(4) 쌍방회사의 동일 대표이사: 형식상 전연 별개회사의 대표이사를 겸하고 있는 자가 그 양 회사를 대표하여 어느 일방 회사에 불리한 내용의 협약을 체결하려면 그 불리한 입장에 있는 회사의 이사회의 승인을 받아야만 한다(대판 1969.11.11. 69다1374).

第125條【代理權授與의 表示에 依한 表見代理】 第三者에 對하여 他人에게 代理權을 授與함을 表示한 者는 그 代理權의 範圍內에서 行한 그 他人과 그 第三者間의 法律行爲에 對하여 責任이 있다. 그러나 第三者가 代理權없음을 알았거나 알 수 있었을 때에는 그러하지 아니하다.

表現代理

1. 意義: 대리인에게 정당한 권원이 없음에도 불구하고 대리권이 있는 것과 같은 외관이 존재한 경우의 대리를 표현대리라 한다. 표현대리에는 제125조의 상대방에게 대리권을 수여하였다는 표시를 하였으나, 실제로는 대리권을 수여하지 않은 자가 상대방과 법률행위를 한 경우, 수여한 대리권의 범위를 초과하여 대리권을 행사한 경우(월권대리-126조), 대리권소멸 후에 한 대리(129조)의 세 가지가 있다.

2. 本質 - 無權代理: 표현대리도 원칙적으로는 대리의 효과가 발생하도록 한다. 이는, 유권대리에 있어서는 본인이 대리인에게 수여한 대리권의 효력에 의하여 법률효과가 발생하는 반면 표현대리에 있어서는 대리권이 없음에도 불구하고 법률이 특히 거래상대방 보호와 거래안전유지를 위하여 본래 무효인 무권대리행위의 효과를 본인에게 미치게 한 것이다(대판 1983.12.13. 83다카1489). 즉 표현대리의 본질은 무권대리이나 거래의 안전과 상대방 보호를 위하여 일정한 경우에 대리의 효과를 생기게 한 것이다.

3. 表現代理는 有權代理와는 별도로 주장하여야: 표현대리는 그 본질이 무권대리로서, 표현대리가 성립된다고 하여 무권대리의 성질이 유권대리로 전환되는 것은 아니므로, 양자의 구성요건 해당사실, 즉 주요사실은 다르다고 볼 수 밖에 없다. 따라서 유권대리에 관한 주장 속에 무권대리에 속하는 표현대리의 주장이 포함되어 있다고 볼 수 없다(대판 1983.12.13. 83다카1489).

4. 表現代理의 주장에는 無權代理行爲를 特定하여 주장하여야: 당사자가 표현대리를 주장함에는 무권대리인과 표현대리에 해당하는 무권대리 행위를 특정하여 주장하여야 한다 할 것이고, 따라서 당사자의 표현대리의 항변은 특정된 무권대리인의 행위에만 미치고 그 밖의 무권대리인이나 무권대리 행위에는 미치지 아니한다(대판 1984.7.24. 83다카1819).

代理權授與表示에 의한 表現代理-제125조

1. 意義: 실제로 대리권을 수여하지 않았음에도 상대방에게 대리권을 수여하였음을 표시한 자가 한 대리행위는 본인에게 그 법률효과가 발생한다. 그러나 상대방이 대리권이 없음을 알았거나 알 수 있었을 때에는 대리의 효과가 발생하지 아니한다.

2. 成立要件

(1) 대리권 수여의 표시: 본인이 제3자에 대하여 특정인에게 대리권을 수여하였음을 표시하여야 한다.

(가) 표시방법: 대리권 수여의 표시방법에는 제한이 없다. 서면이든 구술로 하든 상관없다. 이때 서류를 교부하는 방법으로 본조 소정의 대리권 수여의 표시가 있었다고 하기 위하여는 본인을 대리한다고 하는 자가 제출하거나 소지하고 있는 서류의 내용과 그러한 서류가 작성되어 교부된 경위나 형태 및 대리행위라고 주장하는 행위의 종류와 성질 등을 종합하여 판단하여야 할 것이다(대판 2001.8.21. 2001다31264).

(나) 개별적 문제

① 대리권추단의 직함이나, 명칭 사용: 본인에 의한 대리권 수여의 표시는 반드시 대리권 또는 대리인이라는 말을 사용하여야 하는 것이 아니라 사회통념상 대리권을 추단할 수 있는 직함이나 명칭 등의 사용을 승낙 또는 묵인한 경우에도 대리권 수여의 표시가 있은 것으로 볼 수가 있다(대판 1998.6.12. 97다53762).

② 권한 없이 한 어음행위: 다른 사람이 권한 없이 직접 본인 명의로 기명날인을 하여 어음행위를 한 경우에도 제3자가 그 타인에게 그와 같은 어음행위를 할 수 있는 권한이 있는 것이라고 믿을 만한 사유가 있고 본인에게 책임을 질만한 사유가 있는 경우에는 거래안전을 위하여 표현대리에 있어서와 같이 본인에게 책임이 있다고 해석하여야 할 것이다(대판 1969.9.30. 69다964).

③ 수표 위조행위: 갑이 자기의 사위인 을에게 상호를 포함한 영업일체를 양도하여서 동일 상호를 사용하여 영업을 계속하게 하는 동안 자기의 당좌거래를 이용하여 대금결제를 하도록 하였고 또 영업을 을에게 양도한 이후에도 자기명의의 당좌수표 및 약속어음 20여장이 을로부터 병에게 물품대금으로 교부되어 그 대부분이 결제되었다면 갑이 병으로 하여금 을이 갑명의의 수표를 사용할 권한이 있다고 믿게 할 만한 외관을 조성하였다 할 것이다. 따라서 이와 같은 외관을 가지고서 을이 갑의 인장을 남용하여 수표를 위조한 행위는 대리권수여표시에 의한 표현대리에 해당한다(대판 1987.3.24. 86다카1348).

④ 금융기관직원이 무단으로 고객의 예금인출: 금융기관의 직원이 고객관리차원에서 장기간 동안 고객의 예금을 파출수납의 방법으로 입금 및 인출하여 오던 중 고객으로부터 예금인출 요구를 받지 않았음에도 불구하고 인출을 요구받아 파출업무를 수행하는 것처럼 가장하여 금융기관의 영업부 직원에게 구두로 출금을 요구하여 돈을 받은 후 고객 몰래 인장을 찍어 둔 인출청구서에 고객의 서명을 위조하여 위 영업부 직원에게 교부하는 방법으로 여러 차례에 걸쳐 금원을 인출한 경우, 파출수납의 방법에 의한 예금 입·출금은 금융기관 직원 자신의 직무를 수행하는 것에 불과하고, 고객이 직원에게 예금 입·출금과 관련한 대리권을 수여하였다거나 그 수여의 의사를 표시한 것으로 볼 수는 없다(대판 2001.2.9. 99다48801).

⑤ 한번 낸 광고에서 대리점 표시: 제조회사가 신문에 자사 제품의 전문취급점 및 A/S센터 전국총판으로 위 대리점을 기재한 광고를 한 번 실었다고 하더라도, 전문취급점이나 전국총판의 실질적인 법률관계는 대리상인 경우도 있고 특약점인 경우도 있으며 위탁매매업인 경우도 있기 때문에, 위 광고를 곧 제조회사가 제3자에 대하여 위 대리점에게 자사 제품의 판매에 관한 대리권을 수여함을 표시한 것이라고 보기 어렵다(대판 1999.2.5. 97다26593).

(2) 표시한 대리권의 범위 내: 대리권 수여의 표시를 한 표시된 대리권의 범위 내에서 대리행위를 하여야 한다.

(3) 통지받은 상대방과의 대리행위: 대리인으로 통지된 자가 표시의 통지를 받은 상대방과 대리행위를 하여야 한다(대판 2007.8.23. 2007다23425).

(4) 상대방의 선의·무과실: 상대방은 선의·무과실이어야 한다. 즉 상대방은 선의·무과실이어야 하므로 상대방에게 과실이 있다면 표현대리를 주장할 수 없다.

* 과실이 인정된 사례: ① 갑이 주채무액을 알지 못한 상태에서 주채무자의 부탁으로 채권자와 보증계약 체결 여부를 교섭하는 과정에서 채권자에게 보증의사를 표시한 후 주채무가 거액인 사실을 알고서 보증계약 체결을 단념하였으나 갑의 도장과 보증용 과세증명서를 소지하게 된 주채무자가 임의로 갑을 대위하여 채권자와 사이에 보증계약을 체결한 경우, 갑이 채권자에 대하여 주채무자에게 보증계약 체결의 대리권을 수여하는 표시를 한 것이라 단정할 수 없고, 대리권 수여의 표시를 한 것으로 본다 하더라도 채권자에게는 주채무자의 대리권 없음을 알지 못한 데 과

실이 있다(대판 2000.5.30. 2000다2566). ② 중개인이 본인인 회사에게 오피스텔의 분양 희망자를 중개하여 주고 그 대가로 회사로부터 수수료만을 지급받기로 한 경우에, 오피스텔을 분양받으려는 상대방으로서는 본인에게 중개인의 대리권 유무를 확인하여 보았더라면 그가 단순한 중개인에 불과하고 오피스텔의 매매대금을 수령할 대리권이 없다는 점을 쉽게 알 수 있었을 것이다. 그러함에도 불구하고 이를 게을리한 과실이 있고, 나아가 본인이 중개인에게 오피스텔의 분양중개를 부탁한 것을 가지고 오피스텔 분양에 관련한 어떤 대리권을 수여한 것이라고 볼 수도 없다(대판 1997.3.25. 96다51271).

第126條【權限을 넘은 表見代理】 代理人이 그 權限外의 法律行爲를 한 境遇에 第三者가 그 權限이 있다고 믿을 만한 正當한 理由가 있는 때에는 本人은 그 行爲에 對하여 責任이 있다.

越權代理

1. 意義: 대리권의 범위를 넘어서 한 대리행위(월권대리행위)를 한 경우에도, 상대방이 대리인이 대리권의 범위 내에서 한 대리행위로 신뢰하여 거래한 경우에는 상대방과 거래의 안전을 위하여 대리권의 범위 내에서 대리행위를 한 것과 동일한 법률관계를 인정한다.

2. 適用範圍

(1) 법정대리에도 적용: 민법 제126조 소정의 권한을 넘는 표현대리 규정은 거래의 안전을 도모하여 거래상대방의 이익을 보호하려는 데에 그 취지가 있으므로 법정대리라고 하여 임의대리와는 달리 그 적용이 없다고 할 수 없고, 따라서 한정치산자의 후견인이 친족회의 동의를 얻지 않고 피후견인의 부동산을 처분하는 행위를 한 경우에도 상대방이 친족회의 동의가 있다고 믿은 데에 정당한 사유가 있는 때에는 본인인 한정치산자에게 그 효력이 미친다(대판 1997.6.27. 97다3828).

(2) 복대리에도 적용: 대리인이 사자 내지 임의로 선임한 복대리인을 통하여 권한 외의 법률행위를 한 경우, 상대방이 그 행위자를 대리권을 가진 대리인으로 믿었고 또한 그렇게 믿는 데에 정당한 이유가 있는 때에는, 복대리인 선임권이 없는 대리인에 의하여 선임된 복대리인의 권한도 기본대리권이 될 수 있을 뿐만 아니라, 그 행위자가 사자라고 하더라도 대리행위의 주체가 되는 대리인이 별도로 있고 그들에게 본인으로부터 기본대리권이 수여된 이상, 민법 제126조를 적용함에 있어서 기본대리권의 흠결 문제는 생기지 않는다(대판 1998.3.27. 97다48982).

(3) 소멸된 대리권의 범위를 넘은 경우-적용: 과거에 가졌던 대리권이 소멸되어 민법 제129조에 의하여 표현대리로 인정되는 경우에, 그 표현대리의 권한을 넘는 대리행위가 있을 때에는 민법 제126조에 의한 표현대리가 성립할 수 있다(대판 2008.1.31. 2007다74713).

(4) 어음행위에도 적용: 어음행위의 위조에 관하여도 민법상의 표현대리에 관한 규정이 적용 또는 유추적용되고, 다만 이때 그 규정의 적용을 주장할 수 있는 자는 어음행위의 직접 상대방에 한하므로, 어음의 제3취득자는 어음행위의 직접 상대방에게 표현대리가 인정되는 경우에 이를 원용하여 피위조자에 대하여 자신의 어음상의 권리를 행사할 수가 있다(대판 1999.1.29. 98다27470).

3. 成立要件

(1) 대리의 일반요건 충족: 민법 제126조의 표현대리는 대리인이 본인을 위한다는 의사를 명시 혹은 묵시적으로 표시하거나 대리의사를 가지고 권한 외의 행위를 하는 경우에 성립하고, 사술을 써서 위와 같은 대리행위의 표시를 하지 아니하고 단지 본인의 성명을 모용하여 자기가 마치 본인인 것처럼 기망하여 본인 명의로 직접 법률행위를 한 경우에는 특별한 사정이 없는 한 위 법조 소정의 표현대리는 성립될 수 없다(대판 2002.6.28. 2001다49814).

(2) 기본적 대리권의 존재: 현실로 행해진 대리행위에 관한 대리권은 없으나, 그 기초가 되는 행위 또는 다른 행위에 대한 대리권은 존재해야 한다. 그리고 권한을 넘은 표현대리행위는 그 대리인이 가지고 있는 진실한 대리권과 동종임을 요하지 않는다. 공법상의 행위도 기본대리권이 된다. 행위시에 기본적인 대리권이 있어야 한다.

(3) 권한을 넘어야: 대리인은 기본대리권의 범위를 넘는 대리행위를 하여야 한다. 그리고 과거에 가졌던 대리권이 소멸되어 민법 제129조에 의하여 표현대리로 인정되는 경우에, 그 표현대리의 권한을 넘는 대리행위가 있을 때에는 민법 제126조에 의한 표현대리가 성립할 수 있다(대판 2008.1.31. 2007다74713).

(4) 상대방의 신뢰의 정당한 사유: 대리행위의 상대방이 표현대리인에게 대리권이 있다고 믿을 만한 정당한 이유가 있어야 한다.

(가) 정당 사유의 존부의 판단과 시기: 표현대리의 효과를 주장하려면 상대방이 자칭 대리인에게 대리권이 있다고 믿고 그와 같이 믿는 데 정당한 이유가 있을 것을 요건으로 하는 것인바, 여기의 정당한 이유의 존부는 자칭 대리인의 대리행위가 행하여 질 때에 존재하는 제반사정을 객관적으로 관찰하여 판단하여야 하는 것이지 당해 법률행위가 이루어지고 난 훨씬 뒤의 사정을 고려하여 그 존부를 결정해야 하는 것은 아니다(대판 1987.7.7. 86다카2475).

(나) 제3자-행위의 직접 상대방을 의미: 본조 소정의 제3자는 당해 표현대리행위의 직접 상대방이 된 자만을 지칭하는 것이다. 따라서 예컨대 약속어음의 보증은 발행인을 위하여 그 어음금채무를 담보할 목적으로 하는 보증인의 단독행위이므로 그 행위의 구체적, 실질적인 상대방은 어음의 제3취득자가 아니라 발행인이라 할 것이어서 약속어음의 보증 부분이 위조된 경우, 동 약속어음을 배서, 양도받는 제3취득자는 위 보증행위가 민법 제126조 소정의 표현대리행위로서 보증인에게 그 효력이 미친다고 주장할 수 있는 제3자에 해당하지 않는다(대판 2002.12.10. 2001다58443). 그러나 회사를 대표할 권한이 없는 표현대표이사가 다른 대표이사의 명칭을 사용하여 어음행위를 한 경우, 회사가 책임을 지는 선의의 제3자의 범위에는 표현대표이사로부터 직접 어음을 취득한 상대방뿐만 아니라, 그로부터 어음을 다시 배서양도받은 제3취득자도 포함된다(대판 2003.9.26. 2002다65073).

(다) 정당사유 여부가 문제된 구체적 사례

① 공증용으로 표시된 문서: 인감증명서 용도란의 기재를 요구하는 구 인감증명법시행령(1993. 12. 28. 대통령령 제14032호로 개정되기 전의 것)에 따라 본인이 발급받은 것으로 기재되어 있는 인감증명서의 용도란에 "공증용", "보증보험 연대보증용"이라고 기재되어 있는 경우, 그 보증인에 대하여 직접 보증의사를 확인하지 아니하였다고 하더라도 그 제출자에게 보증인을 대리하여 연대보증계약을 체결할 권한이 있다고 믿은 데 정당한 사유가 있다(대판 2002.3.26. 2002다2478).

② 실질적으로 일체의 권한을 행사한 경우: 아파트 분양형 토지신탁계약을 체결하면서 신탁자인 건설회사와 수탁자인 신탁회사가 공동사업주체로서 아파트 분양을 하기로 하고 수탁자인 신탁회사가 신탁자인 건설회사에게 아파트 분양업무를 위임하고 그 분양계약서에 공동사업주체인 신탁자인 건설회사와 수탁자인 신탁회사를 공동매도인으로 기재한 후, 수탁자인 신탁회사가 그 대표이사의 직인이 날인된 분양계약서를 일괄 교부하여 신탁자인 건설회사가 그 계약서를 이용하여 분양계약을 체결하고, 그 분양계약에 수탁자인 신탁회사는 전혀 관여하지 아니하고, 신탁자인 건설회사가 사실상 독자적으로 분양계약을 체결하고 분양대금을 직접 받아왔다면, 신탁자인 건설회사에 대한 채권자로서는 신탁자인 건설회사가 그 채권의 대물변제조로 그 아파트를 채권자에게 분양하여 줄 권한이 있다고 믿을 만한 상당한 이유가 있다(대판 2002.3.15. 2000다52141).

③ 장기간 실질 업무를 행사한 경우: 피고의 처가 피고 경영의 가스상회에서 경리업무를 보면서 약 2년간에 걸쳐 피고가 당좌를 개설한 은행으로부터 피고의 수표용지를 수령해 피고가 별도로 경영하는 가스대리점에서 사용하는 인장이나 은행에 신고된 인장을 사용하여 모두 100여장의 피고 명의의 수표 및 어음을 발행하였으며 피고도 1년 전 부터는 이를 알았으나 방치하였고, 피고가 피사취계를 내기 전까지는 대부분의 어음과 수표가 정상적으로 지급되어왔는데, 피고의 처가 본건의 수표할인을 받기 위하여 은행에 신고된 피고의 인감도장을 사용하여 수표를 발행하였다면, 피고는 위 수표를 교부받은 자로 하여금 처가 피고 명의의 수표를 발행할 권한이 있다고 믿게 할 만한 외관을 조성하였다 할 것이고, 상대방으로서는 피고의 처에게 피고를 대리하여 피고 명의의 수표를 발행할 권한이 있다고 믿을 만한 충분한 사정이 있었다고 할 것이다(대판 1991.6.11. 91다3994).

④ 인감 등을 넘겨 준 경우: 甲 스스로 乙에게 친분관계 등에 터잡아 그의 사업수행에 필요한 자금을 조달하는 과정에서 보증용으로 사용할 수 있도록 자신의 인감 등을 넘겨줌으로써 乙이 그 권한을 남용하여 발생할 거래안전에 미칠 위험성은 상당 정도 甲에게도 책임 있는 사유로 유발되었고, 더구나 甲이 종전에도 약속어음의 할인에 즈음하여 丙의 직접 확인 전화를 받고 乙의 사업자금 조달을 위하여 보증을 한다는 취지에서 배서를 한 사실을 인정까지 해 준 것이라면 丙으로서는 乙이 甲으로부터 두터운 신뢰를 받고 있어 甲을 대리할 수 있는 적법한 권한을 보유하고 있던 것으로 능히 생각할 수 있었다고 할 것이므로 丙이 乙에게 그와 금전소비대차계약을 체결함에 있어서 甲을 대리할 권한이 있었다고 믿었고 또 그와 같이 믿은 데에 상당한 이유가 있었다(대판 2003.4.11. 2003다7173, 7183).

(5) 선의 · 무과실: 대리권이 있는 것으로 상대방이 믿었고(선의), 믿은 것에 과실이 없어야 한다. 본인이 상대방의 악의 또는 과실을 입증하여야 한다.

4. 效果

(1) 대리의 효과 발생: 본인이 그 대리행위 전체에 대해 책임을 진다. 즉 상대방은 표현대리인이 한 법률행위의 효력을 본인에게 주장할 수 있다.

(2) 과실상계 유추적용 여부-부정: 표현대리행위가 성립하는 경우에 그 본인은 표현대리행위에 의하여 전적인 책임을 져야 하고, 상대방에게 과실이 있다고 하더라도 과실상계의 법리를 유추적용하여 본인의 책임을 경감할 수 없다(대판 1996.7.12. 95다49554).

5. 日常家事代理의 表見代理: 부부의 일방이 제827조의 일상가사대리권의 범위를 넘은 법률행위를 한 경우에 본조(126조)의 표현대리가 성립한다. 즉 일상가사대리의 표현대리는 제827조의 법정대리권을 기본대리권으로 하여 당해 사안의 행위에 대하여 부부의 일방이 특별히 수권한 것으로 상대방이 믿을 만한 정당한 사유가 있으면 제126조의 표현대리가 성립한다. 따라서 일상가사대리의 표현대리의 성부는 수권에 대해 상대방이 믿을 만한 객관적인 정당한 사정이 있었느냐 여부가 문제된다(대판 1998.7.10. 98다18988). 정당사유의 존부가 문제된 개별적 사례로는 아래의 것이 있다.

(1) 타인채무의 보증: 타인의 채무에 대한 보증행위는 그 성질상 아무런 반대급부 없이 오직 일방적으로 불이익만을 입는 것인 점에 비추어 볼 때, 남편이 처에게 타인의 채무를 보증함에 필요한 대리권을 수여한다는 것은 사회통념상 이례에 속하므로, 처가 특별한 수권 없이 남편을 대리하여 위와 같은 행위를 하였을 경우에 그것이 민법 제126조 소정의 표현대리가 되려면 처에게 일상가사대리권이 있었다는 것만이 아니라 상대방이 처에게 남편이 그 행위에 관한 대리의 권한을 주었다고 믿었음을 정당화할 만한 객관적인 사정이 있어야 한다(대판 1998.7.10. 98다18988).

(2) 남편이 본인 사업에 처 명의로 한 보증행위: 부부간에 서로 일상가사대리권이 있다고 하더라도 일반적으로 처가 남편이 부담하는 사업상의 채무를 남편과 연대하여 부담하기 위하여 남편에게 채권자와의 채무부담약정에 관한 대리권을 수여한다는 것은 극히 이례적인 일이라 할 것이고, 채무자가 남편으로서 처의 도장을 쉽사리 입수할 수 있었으며 채권도 이러한 사정을 쉽게 알 수 있었던 점에 비추어 보면, 채무자가 채권자를 자신의 집 부근으로 오게 한 후 처로부터 위임을 받았다고 하여 처 명의의 채무부담약정을 한 사실만으로는 채권자가 남편에게 처를 대리하여 채무부담약정을 할 대리권이 있다고 믿은 점을 정당화할 수 있는 객관적인 사정이 있다고 할 수 없다(대판 1997.4.8. 96다54942).

(3) 별도로 대리권을 수여한 것이 있는 경우: 일상가사대리권 외에 별도의 기본대리권이 있는 처가 근저당권설정등기에 필요한 각종 서류를 소지하고 있는데다가 그 인감증명서가 본인인 남편이 발급받은 것이고, 남편이 스스로 처에게 인감을 보냈음을 추단할 수 있는 문서와 남편의 무인이 찍힌 위임장 및 주민등록증 등을 제시하는 등 남편이 처에게 대리권을 수여하였다고 믿게 할 특별한 사정까지 있었다면, 그 상대방으로서는 처가 남편을 대리할 적법한 권한이 있었다고 믿은 데 정당한 이유가 있다(대판 1995.12.22. 94다45098).

(4) 남편이 자신의 사업상의 채무에 대하여 처 명의로 연대보증약정을 한 행위: 부부간에 서로 일상가사대리권이 있다고 하더라도, 일반적으로 처가 남편이 부담하는 사업상의 채무를 남편과 연대하여 부담하기 위하여 남편에게 채권자와의 채무부담약정에 관한 대리권을 수여한다는 것

은 극히 이례적인 일이라 할 것이고, 채무자가 남편으로서 처의 도장을 쉽사리 입수할 수 있었으며 채권자도 이러한 사정을 쉽게 알 수 있었던 점에 비추어 보면, 채무자가 채권자를 자신의 집 부근으로 오게 한 후 처로부터 위임을 받았다고 하여 처 명의의 채무부담약정을 한 사실만으로는 채권자가 남편에게 처를 대리하여 채무부담약정을 할 대리권이 있다고 믿은 점을 정당화할 수 있는 객관적인 사정이 있다고 할 수 없다(대판 1997.4.8. 96다54942).

6. 法人代表者의 越權行爲 및 代表權濫用 - 표현대리 적용 없음: 법인의 대표가 내부적인 대표권의 범위를 벗어나 법률행위를 하거나, 대표자 개인이나 제3자의 이익을 위하여 대표권을 행사한 경우에 당해 법률행위의 효과와 그로 인한 상대방의 손해에 대한 책임의 문제가 있다. 이 경우 당해 법률행위의 효과에 관하여 제126조의 표현대리의 적용 여부가 문제된다. 이때에는 표현대리의 규정은 적용되지 아니하고, 제2조의 신의칙 위반 또는 제107조가 유추적용된다고 해석된다. 제3자의 손해에 대하여는 제35조의 법인의 불법행위책임의 성립 여부만 문제된다.

(1) 제2조 신의칙 적용: 주식회사의 대표이사가 그 대표권의 범위 내에서 한 행위는 설사 대표이사가 회사의 영리목적과 관계없이 자기 또는 제3자의 이익을 도모할 목적으로 그 권한을 남용한 것이라 할지라도 일응 회사의 행위로서 유효하고 다만 그 행위의 상대방이 그와 같은 정을 알았던 경우에는 그로 인하여 취득한 권리를 회사에 대하여 주장하는 것이 신의칙에 반하므로 회사는 상대방의 악의를 입증하여 그 행위의 효과를 부인할 수 있을 뿐이다(대판 1987.10.13. 86다카1522).

(2) 제107조 유추적용: 제35조에 의한 법인의 불법행위책임 또는 제107조를 유추적용하고, 표현대리의 적용은 없는 것으로 해석된다. 즉 법인의 대표이사의 대표권한 범위를 벗어난 행위라 하더라도 그것이 회사의 권리능력의 범위 내에 속한 행위이기만 하면 대표권의 제한을 알지 못하는 제3자가 그 행위를 회사의 대표행위라고 믿은 신뢰는 보호되어야 하고, 대표이사가 대표권의 범위 내에서 한 행위는 설사 대표이사가 회사의 영리목적과 관계없이 자기 또는 제3자의 이익을 도모할 목적으로 그 권한을 남용한 것이라 할지라도 일단 회사의 행위로서 유효하고, 다만 그 행위의 상대방이 대표이사의 진의를 알았거나 알 수 있었을 때에는 회사에 대하여 무효가 되는 것이다(대판2004.3.26. 2003다34045).

(3) 제35조의 법인의 불법행위책임

(가) 제35조 유추적용: 법인은 원칙적으로는 제35조가 유추적용되어 불법행위책임을 진다. 즉 법인의 대표자가 직무에 관하여 타인에게 손해를 가한 경우 그 법인은 민법 제35조제1항의 유추적용에 의하여 그 손해를 배상할 책임이 있고, 비법인사단의 대표자의 행위가 대표자 개인의 사리를 도모하기 위한 것이었거나 혹은 법령의 규정에 위배된 것이었다 하더라도 외관상, 객관적으로 직무에 관한 행위라고 인정할 수 있다면 민법 제35조제1항의 직무에 관한 행위에 해당한다 할 것이다(대판 2008.1.18. 2005다34711).

(나) 상대방의 악의 또는 중과실-부정: 상대방이 대표권을 벗어난 행위를 한다는 것을 알았거나 중대한 과실로 알지 못한 경우에는 법인의 불법행위책임은 인정되지 아니한다. 즉 대표자의 행위가 직무에 관한 행위에 해당하지 아니함을 피해자 자신이 알았거나 또는 중대한 과실로 인하여 알지 못한 경우에는 법인에게 손해배상책임을 물을 수 없다. 여기서 중대한 과실이라 함은, 거래의 상대방이 조금만 주의를 기울였더라면 대표자의 행위가 그 직무권한 내에서 적법하게 행하여진 것이 아니라는 사정을 알 수 있었음에도 만연히 이를 직무권한 내의 행위라고 믿음으로써 일반인에게 요구되는 주의의무에 현저히 위반하는 것으로 거의 고의에 가까운 정도의 주의를 결여하고, 공평의 관점에서 상대방을 구태여 보호할 필요가 없다고 봄이 상당하다고 인정되는 상태를 말한다(대판 2008.1.18. 2005다34711).

(4) 회사의 대표권이 없는 자가 회사의 청산인으로 선임되어 있음을 기화로 회사승소의 제2심 종국판결이 선고된 뒤에 준재심의 소를 취하한 경우: 회사의 대표권이 없는 자가 회사의 청산인으로 선임되어 있음을 기화로 회사승소의 제2심 종국판결이 선고된 뒤에 준재심의 소를 취하하였는데 이에 동의한 상대방도 그가 실질적 대표권이 없음을 알고 있었다 하여 소취하의 효력이 부인되었다(대판 1994.4.12. 90다카27785).

第127條【代理權의 消滅事由】 代理權은 다음 各號의 事由로 消滅한다.
1. 本人의 死亡
2. 代理人의 死亡, 禁治産 또는 破産

第128條【任意代理의 終了】 法律行爲에 依하여 授與된 代理權은 前條의 境遇外에 그 原因된 法律關係의 終了에 依하여 消滅한다. 法律關係의 終了前에 本人이 授權行爲를 撤回한 境遇에도 같다.

代理權의 消滅

1. 代理權의 消滅事由: 대리권의 소멸사유에는 법정대리권과 임의대리권에 공통적인 소멸사유가 있고, 법정대리권에 특유한 소멸사유와 임의대리권에 특유한 소멸사유가 별도로 있다. 공통적인 소멸사유는 제127조에서 규정하고, 임의대리권에 특유한 소멸사유는 제128조에서 규정하며, 법정대리권에 특유한 소멸사유는 개별적으로 규정한다(22조, 23조, 924조, 925조, 827조의3 등). 대리권이 소멸한 후의 대리행위는 무권대리(130조)가 되나, 제3자의 보호를 위하여 표현대리의 규정(129조)을 두고 있다.

2. 共通的인 消滅事由 – 제127조

(1) 본인의 사망–제1호: 본인이 사망하면 대리권은 소멸한다. 본인의 대리인은 본인의 사망으로 당연히 상속인의 대리인이 되지 않는다. 본인이 실종선고를 받은 경우에도 대리권이 소멸한다. 법인은 청산종결등기가 경료된 때에 원칙적으로 대표권, 대리권이 소멸하나 종결등기 후에도 잔여 청산사무가 있는(종료되었다 할 수 없는) 경우에는 청산법인으로 존속하여(대판 1980.4.8. 79다2036) 대표권이 존속한다고 해석된다. 그런데 임의대리의 경우에 특약으로 본인의 사망시에 대리권이 존속한다는 약정이 있거나, 급박한 사정이 있는 경우에는(691조 참조) 본인이 사망하더라도 대리권은 소멸하지 않는다. 그리고 다른 법률의 규정에 특별히 달리 규정한 경우, 상법 제50조에 의한 상행위의 위임에 의한 대리권과 민사소송법 제95조에 의한 소송대리권은 본인의 사망으로 대리권이 소멸하지는 않는다.

(2) 대리인의 사망–제2호: 대리인의 사망으로 대리권은 소멸한다. 대리인이 사망하면 당연히 그의 상속인이 대리인의 지위를 승계하는 것은 아니다.

(3) 대리인의 금치산 또는 파산–제2호: 대리인이 된 후에 그 대리인이 금치산선고를 받거나 파산선고를 받은 경우에 대리권은 소멸한다. 금치산선고, 파산선고를 받는다는 것은 경제적 능력이나 경제적 신용을 잃는다는 것을 의미하기 때문에 대리인이 된 후에 금치산선고 등을 받으면 대리권이 소멸토록 한다.

3. 任意代理權에 特有한 消滅事由 – 제128조: 임의대리권은 그 원인된 법률관계의 종료에 의하여 소멸한다. 법률관계의 종료 전에 본인이 수권행위를 철회한 경우에도 같다.

(1) 원칙: 임의대리권은 그 대리권수여의 원인된 기초적 법률관계가 종료됨으로써 소멸한다. 따라서 어떠한 계약의 체결에 관한 대리권을 수여받은 대리인이 수권된 법률행위를 완료하게 되면 그것으로 대리권의 원인된 법률관계(기초적 내부관계)는 원칙적으로 목적을 달성하여 종료되는 것이고, 법률행위에 의하여 수여된 대리권은 그 원인된 법률관계의 종료에 의하여 소멸한다. 따라서 계약을 대리하여 체결하였다 하여 곧바로 그 사람이 체결된 계약의 해제 등 일체의 처분권과 상대방의 의사를 수령할 권한까지 가지고 있다고 볼 수는 없다(대판 2008.1.31. 2007다74713).

(2) 특약: 본조는 임의규정이므로 특약에 의하여 원인된 법률관계가 종료되더라도 대리권만의 존속을 특약으로 약정할 수 있다. 즉 원인된 법률관계가 종료한 후에도 대리권은 그대로 존속한다는 약정과 원인된 법률관계의 종료 전에는 수권행위를 철회하지 않겠다는 약정은 유효하다.

(3) 수권행위의 무효·취소: 수권행위는 임의대리권 발생의 원인이므로 수권행위가 하자로 무효·취소되면 임의대리권도 소급적으로 소멸한다.

第129條【代理權消滅後의 表見代理】 代理權의 消滅은 善意의 第三者에게 對抗하지 못한다. 그러나 第三者가 過失로 因하여 그 事實을 알지 못한 때에는 그러하지 아니하다.

代理權 消滅 後의 表現代理

1. 意義: 대리권 소멸 후에 한 대리는 무권대리가 되나, 제3자 보호와 거래의 안전을 위하여 대리권소멸에 대한 선의이며 과실 없는 제3자에게는 무권대리로 대항할 수 없게 한다.

2. 適用範圍

(1) 법정대리에도 적용: 본조는 임의대리뿐만 아니라 법정대리에도 그 적용이 있다(대판 1975.1.28. 74다1199).

(2) 대리권소멸 후의 복임권 행사에 의한 복대리-적용: 표현대리의 법리는 거래의 안전을 위하여 어떠한 외관적 사실을 야기한 데 원인을 준 자는 그 외관적 사실을 믿음에 정당한 사유가 있다고 인정되는 자에 대하여는 책임이 있다는 일반적인 권리외관 이론에 그 기초를 두고 있는 것인 점에 비추어 볼 때, 대리인이 대리권 소멸 후 직접 상대방과 사이에 대리행위를 하는 경우는 물론 대리인이 대리권 소멸 후 복대리인을 선임하여 복대리인으로 하여금 상대방과 사이에 대리행위를 하도록 한 경우에도, 상대방이 대리권 소멸 사실을 알지 못하여 복대리인에게 적법한 대리권이 있는 것으로 믿었고 그와 같이 믿은 데 과실이 없다면 민법 제129조에 의한 표현대리가 성립할 수 있다(대판 1998.5.29. 97다55317).

3. 要件

(1) 기존의 대리권의 소멸: 존재하였던 대리권이 소멸하여야 하는데, 즉 대리인이 과거에 대리권을 가지고 있었으나, 대리행위를 할 당시에는 대리권이 이미 소멸한 경우이어야 한다. 따라서 처음부터 대리권이 없었다면 본조의 적용은 없다. 따라서 예컨대 포괄적인 대리권을 수여받은 바가 없다면 그와 같은 포괄적인 대리권을 수여한 바 있었음을 전제로 한 대리권 소멸 후의 표현대리를 인정할 수 없고, 또 대리권이 없었다고 부정되는 이상 그와 같은 대리권있음을 전제로 한 권한유월로 인한 표현대리(126조) 또한 성립될 여지가 없다(대판 1977.5.24. 76다2934).

(2) 기존의 대리권의 범위 내: 대리행위를 할 당시에 대리권은 이미 소멸하였지만, 대리행위는 과거에 갖고 있던 대리권의 범위 내에서 이루어져야 한다. 만약 그 대리권의 범위를 넘은 경우에는 제126조가 적용된다. 즉 대리권 소멸 후의 표현대리로 인정되는 경우에, 그 표현대리의 권한을 넘는 대리행위가 있을 때에는 본조가 아니라 제126조의 표현대리가 성립될 수 있다(대판 1979.3.27. 79다234). 따라서 대리권소멸 후 종전의 대리인이 아직도 그 대리인이라 칭하며 종전의 대리권의 범위에 속하지 아니하는 행위를 한 경우에는 그 대리권의 소멸에 관하여 선의 무과실의 상대방이 그 행위에 관하여 대리인에게 그 권한이 있다고 믿을만한 정당한 이유가 있는 때에는 본인은 그 행위에 관하여 상대방에 대하여 그 책임을 면할 수 없다(대판 1970.2.10. 69다2141).

(3) 상대방의 선의·무과실: 상대방은 선의이며 과실이 없어야 한다. 선의·무과실의 입증책임은 본인에게 있다.

4. 效果: 상대방은 표현대리인이 한 법률행위의 효력을 본인에게 주장할 수 있다.

第130條【無權代理】 代理權 없는 者가 他人의 代理人으로 한 契約은 本人이 이를 追認하지 아니하면 本人에 對하여 效力이 없다.

第131條【相對方의 催告權】 代理權 없는 者가 他人의 代理人으로 契約을 한 境遇에 相對方은 相當한 期間을 定하여 本人에게 그 追認與否의 確答을 催告할 수 있다. 本人이 그 期間內에 確答을 發하지 아니한 때에는 追認을 拒絶한 것으로 본다.

第132條【追認, 拒絶의 相對方】 追認 또는 拒絶의 意思表示는 相對方에 對하여 하지 아니하면 그 相對方에 對抗하지 못한다. 그러나 相對方이 그 事實을 안 때에는 그러하지 아니하다.

第133條【追認의 效力】 追認은 다른 意思表示가 없는 때에는 契約時에 遡及하여 그 效力이 생긴다. 그러나 第三者의 權利를 害하지 못한다.

第134條【相對方의 撤回權】 代理權 없는 者가 한 契約은 本人의 追認이 있을 때까지 相對方은 本人이나 그 代理人에 對하여 이를 撤回할 수 있다. 그러나 契約當時에 相對方이 代理權 없음을 안 때에는 그러하지 아니하다.

第135條【無權代理人의 相對方에 對한 責任】 ①他人의 代理人으로 契約을 한 者가 그 代理權을 證明하지 못하고 또 本人의 追認을 얻지 못한 때에는 相對方의 選擇에 좇아 契約의 履行 또는 損害賠償의 責任이 있다.
②相對方이 代理權 없음을 알았거나 알 수 있었을 때 또는 代理人으로 契約한 者가 行爲能力이 없는 때에는 前項의 規定을 適用하지 아니한다.

契約에서 無權代理

1. 意義: 대리권 없이 대리행위를 하는 것이 무권대리이다. 무권대리이지만 대리권이 존재하는 외관을 갖추고, 이러한 외관의 형성에 본인이 상당한 정도의 책임이 있고, 그 외관을 신뢰한 상대방을 보호할 필요가 있는 경우에, 대리권이 있는 경우와 마찬가지의 법률효과를 부여하는 경우가 표현대리이다(125조, 126조, 129조). 무권대리 중에서 표현대리에 해당하지 않는 것이 협의의 무권대리이다(130조). 또한 표현대리에 해당하는 경우에도 상대방이 표현대리를 주장하지 않는 동안에는 협의의 무권대리가 된다. 일반적으로 표현대리와 협의의 무권대리를 포함해서 광의의 무권대리라고 한다. 협의의 무권대리는 대리권 없이 계약을 대리한 경우와 단독행위를 한 경우가 있는데, 제130조 내지 제135조는 계약에서의 협의의 무권대리에 관하여 규정하고, 제136조는 단독행위에서의 무권대리에 관하여 규정한다.

2. 本人과 相對方 사이의 效果

(1) 원칙-제130조: 본인은 자신을 대리하여 계약이 체결된 사실을 전혀 모르는 상태이므로, 대리인과 상대방 사이에 체결된 무권대리행위에 구속되지 아니한다. 즉 무권대리에 대하여 본인은 책임이 없다.

(2) 본인의 추인-대리의 효과-제130조: 본인이 무권대리행위에 대해 추인을 하게 되면 본인에 대하여 효력이 발생한다.

(가) 추인의 성질: 무권대리행위는 그 효력이 불확정 상태에 있다가 본인의 추인 유무에 따라 본인에 대한 효력발생 여부가 결정되는 것으로서, 추인은 무권대리행위가 있음을 알고 그 행위의 효과를 자기에게 귀속시키도록 하는 단독행위로서 상대방 또는 무권대리인의 승낙이나 동의를 요하지 아니한다(대판 2002.10.11. 2001다59217).

(나) 추인의 상대방-제132조: 추인은 상대방에 대한 의사표시로 하여야 한다.

① 직접의 상대방, 법률관계의 승계인: 무권대리행위의 직접의 상대방 및 그 무권대리행위로 인한 권리 또는 법률관계의 승계인에 대하여도 할 수 있다(대판 1981.4.14. 80다2314).

② 직접 상대방에 하지 않은 경우-상대방이 안 경우-추인 의제: 직접 상대방에 하지 않은 경우에도 상대방이 추인한 사실을 안 때에는 추인의 효력이 있다.

③ 직접 상대방에 하지 않은 경우-상대방이 모르는 동안-본인의 철회 가능: 본인이 상대방이 아

닌 무권대리인에게 무권대리행위를 추인한 경우에 상대방이 추인한 사실을 알지 못하는 동안에는 본인은 상대방에게 추인의 효과를 주장하지 못하므로 상대방은 그때까지 제134조에 의한 철회를 할 수 있고, 또 무권대리인에의 추인이 있었음을 주장할 수도 있다(대판 1981.4.14. 80다2314).

(다) 추인의 방식-제132조: 추인의 방식에는 특별한 방식이 요구되는 것이 아니므로 명시적인 방법뿐만 아니라 묵시적인 방법으로도 할 수 있다. 그런데 묵시적으로 추인하였다고 하기 위하여는 자신이 처한 법적 지위를 충분히 이해하고 진의에 기하여 그 법률효과가 자기에게 귀속된다는 것을 승인하는 것으로 볼 만한 특별한 사정이 있어야 할 것이다.

① 묵시적 추인을 긍정한 사례

㉮ 주식의 임의매매: 고객이 임의매매 사실을 알고도 이의를 제기하지 않고 방치하였는지 여부, 임의매수에 대해 항의하면서 곧바로 매도를 요구하였는지 아니면 직원의 설득을 받아들이는 등으로 주가가 상승하기를 기다렸는지, 임의매도로 계좌에 입금된 그 증권의 매도대금(예탁금)을 인출하였는지 또는 신용으로 임의매수한 경우 그에 따른 그 미수금을 이의 없이 변제하거나, 미수금 변제독촉에 이의를 제기하지 않았는지 여부 등의 여러 사정을 종합적으로 검토하여 신중하게 판단하여야 할 것이다(대판 2002.10.11. 2001다59217).

㉯ 대금의 일부 수령: 본인이 매매계약을 체결한 무권대리인으로부터 매매대금의 전부 또는 일부를 받았다면 특단의 사유가 없는 한 무권대리인의 매매계약을 추인하였다고 봄이 타당하다(대판 1963.4.11. 63다64).

㉰ 알고도 장기간 이의 불제기: 무권대리행위의 추인은 무권대리인이나 상대방에게 명시 또는 묵시의 방법으로 할 수 있는 바이므로 원고가 그 장남이 일건 서류를 위조하여 매도한 부동산을 피고에게 인도하고 10여 년간 아무런 이의를 제기하지 않았다면 원고는 무권대리인인 그 장남의 위 매매행위를 묵시적으로 추인한 것으로 볼 것이다(대판 1981.4.14. 81다151).

㉱ 계약서 수령 후, 차임의 일부 지급: 피고가 원고명의의 영수증을 받고 무권대리인인 갑이 체결한 임대차계약상의 차임의 일부를 위 갑에게 지급하였다면 피고는 위 금원을 지급할 때에 위 임대차계약의 임대인이 갑이 아니라 원고임을 알았으며 위와 같이 위 임대차계약상의 차임의 일부로 금원을 지급함으로써 위 갑이 대리인으로서 체결한 원고와의 위 임대차계약을 묵시적으로 추인하였다고 봄이 논리칙과 경험칙에 부합한다(대판 1984.12.11. 83다카1531).

㉲ 무권대리행위에 대한 추인 간주: 처가 남편의 인감과 관계서류를 위조하여 남편 소유의 부동산을 매도한 데 대하여 남편이 처의 제3자에 대한 채권 등을 양도받고 처와 이혼하는 한편 처의 위 처분행위와 이에 따른 사문서위조행위를 불문에 붙이기로 합의하였다면 남편은 처의 위 무권대리행위를 추인한 것으로 보아야 한다(대판 1991.3.8. 90다17088).

㉳ 직접 이행행위를 한 경우: 원고와 피고 사이의 매매계약을 소외인이 자의로 해제한 후 반환받은 금원으로 매수한 대지의 등기관계서류를 원고가 위 소외인으로부터 교부받아 이를 자기 남편명의로 위 대지에 관한 소유권이전등기를 경료한 경우에는, 원고가 소외인이 한 매매계약의 해제행위를 추인한 것으로 볼 것이다(대판 1979.12.28. 79다1824).

② 묵시적 추인이 부정된 사례

㉮ 단순한 소극적 태도: 무권대리행위에 대한 본인의 소극적인 태도만으로는 본인이 무권대리행위를 추인한 것이라고 볼 수 없다(대판 1983.2.8. 81다카621). 같은 이치에서, 무권대리인이 발행한 약속어음의 공증통지를 받았어도 이에 대하여 아무런 의사표시도 하지 아니하였고 이 건 어음에 관한 무권대리행위 이전에 있었던 다른 약속어음들에 대하여 적극적으로 이의를 하지 아니하였다는 사유만으로 무권대리행위를 묵시적으로 추인하였다고 할 수 없다(대판 1982.6.22. 81다카804).

㉯ 대금지급 약정: 부가 자와 공동상속한 거주가옥의 부지를 자의 대리권 없이 매도하고 사망한 후 자가 매수인에게 그 매매대금상당액을 지급하기로 약정한 것만으로 망부의 무권대리행위를 추인한 것으로 볼 수는 없다(대판 1991.7.9. 91다261).

㉰ 변론기일의 불출석으로 의제자백: 당사자가 변론기일에 불출석하여 매매사실에 관하여 의제자백한 것으로 간주되었다 하여도 그로써 그 당사자가 소외인의 무권대리매매를 추인한 것이라고 볼 수 없다(대판 1982.7.13. 81다648).

(라) 일부 또는 변경하여 추인-상대방의 동의를 요함: 추인은 무권대리인 또는 상대방의 동의나 승낙을 요하지 않는 단독행위로서 전부에 대하여 행하여져야 하고, 그 일부에 대하여 추인을 하거나 그 내용을 변경하여 추인을 하였을 경우에는 상대방의 동의를 얻지 못하는 한 무효이다(대판 1982.1.26. 81다카549).

(마) 추인의 효과-소급효-제133조

① 상대방과 본인-본문: 추인은 다른 의사표시가 없는 때에는 상대방과 본인 간의 계약시에 소급하여 그 효력이 생긴다.

② 제3자에 대한 효력-단서: 소급효로 제3자의 권리를 해하지 못한다. 단서 조항은 무권대리행위 후에 본인의 추인 전에 정당하게 권리를 취득한 제3자가 추인의 소급효로 그 권리를 잃게 되는 것을 방지하려는 취지의 규정이다. 그런데 본조 단서의 규정은 무권대리행위에 대한 추인의 경우에 있어 배타적 권리를 취득한 제3자에 대하여 그 추인의 소급효를 제한하고 있는 것으로서 하자 있는 소송행위에 대한 추인의 경우에는 적용될 여지가 없다(대판 1991.11.8. 91다25383).

(3) 상대방의 최고권-제131조: 무권대리행위는 본인의 추인 여부에 의하여 대리의 효과가 좌우되는데, 본인의 추인 여부가 결정되지 않음으로써 그 법적 지위가 불확정적인 무권대리행위의 상대방은 상당한 기간을 정하여 본인에게 그 추인 여부의 확답을 최고할 수 있다. 무권대리행위임을 알고 있는 악의의 상대방도 최고할 수 있다.

(가) 상당기간을 정한 최고: 계약의 상대방이 본인에게 무권대리행위를 추인할 것인지 여부를 상당한 기간을 정하여 확답할 것을 최고할 수 있다.

(나) 본인에게 최고: 계약의 상대방이 본인에게 최고하여야 한다. 그런데 상대방이 무권대리인에게 한 경우에, 본인이 최고한 것을 안 때에는 본인에게 최고한 것과 동일한 효과가 생긴다.

(다) 기간 내에 확답: 기간 내에 확답하면 확답한 내용에 따라 법률효과가 생긴다. 추인하면 대리의 효과가 생기고, 추인하지 않겠다면 본인에게는 계약의 효력이 생기지 아니한다.

(라) 확답 없이 기간 경과-후문-추인거절 의제: 본인이 최고 기간 내에 확답을 발송하지 아니한 때에는 추인을 거절한 것으로 의제되어 무권대리행위는 무효로 된다.

(4) 상대방의 철회권-제134조: 무권대리행위의 상대방은 본인이 추인이나 추인거절을 하기 전까지는 불확정인 법률행위를 스스로 해소하기 위하여 철회권을 행사하여 당해 계약을 확정적으로 무효로 할 수 있다. 이는 상대방을 보호하기 위한 규정이다.

(가) 철회권자: 무권대리라는 것을 모른 상대방만이 철회할 수 있다. 악의의 상대방은 철회할 수 없다. 선의·악의 판단 시기는 계약 당시이다.

(나) 철회 기간: 본인이 추인이나 추인의 거절을 하기 전까지만 할 수 있다. 그러나 본인이 직접 상대방이 아닌 무권대리인에게 무권대리행위를 추인한 경우에 상대방이 이를 알지 못하는 동안에는 상대방은 철회를 할 수 있다(대판 1981.4.14. 80다2314).

(다) 철회의 상대방: 상대방이 본인 또는 무권대리인 양자에게 할 수 있다.

(라) 철회의 효과: 철회로 당해 계약은 무효로 된다. 따라서 본인은 추인할 수 없을 뿐만 아니라(130조), 철회한 상대방도 무권대리인에게 책임을 물을 수 없다(135조).

3. 相對方에 대한 無權代理人의 責任 - 제135조

(1) 무권대리인의 책임-계약의 이행 또는 손해배상책임-제1항: 무권대리인이 그 대리권의 존재를 증명하지 못하고 또 본인의 추인을 얻지 못하면, 그 계약이 철회되지 않는 한 대리인은 상대방의 선택에 좇아 계약의 이행 또는 손해배상의 책임을 부담한다.

(2) 무권대리인의 책임의 요건

(가) 무권대리인의 행위능력-제2항: 무권대리인이 행위능력이 있어야 한다. 행위무능력자인 경우 행위능력의 여부는 무권대리인이 주장·입증하여야 한다. 무능력자가 법정대리인의 동의를 얻어 무권대리행위를 한 경우에는 능력자와 같은 책임을 진다.

(나) 무권대리인이 대리권을 증명하지 못할 것: 무권대리인이 책임을 면하려면 자기가 대리권이 있음을 입증하여야 한다.

(다) 상대방의 선의·무과실-제2항: 상대방이 무권대리인에게 대리권이 없음을 알지 못한 데 대

한 과실이 없어야 한다. 상대방의 악의·과실의 존부는 대리행위시를 기준으로 판단한다.
(라) 상대방이 무권대리계약을 철회하지 않았어야 한다.
(마) 본인의 추인이 있거나 또는 표현대리가 성립되는 것과 같이 본인에게 책임을 물을 수 있는 사정이 없어야 한다.
(3) 책임의 내용: 무권대리인은 상대방의 선택에 따라 계약의 이행책임 또는 손해배상책임을 진다. 상대방의 권리는 선택채권이므로 채무이행의 급부 또는 손해배상의 급부 가운데에서 하나의 급부를 선택할 수 있다.
(가) 청구권의 소멸시효: 무권대리인이 대리권을 증명하지 못하고 본인의 추인도 얻지 못한 경우 상대방의 계약이행청구권이나 손해배상청구권의 소멸시효는 그 선택권을 행사할 수 있을 때부터 진행한다(대판 1963.8.22. 63다323).
(나) 기산점: 상대방이 가지는 계약이행 또는 손해배상청구권의 소멸시효는 그 선택권을 행사할 수 있는 때로부터 진행한다 할 것이고 또 선택권을 행사할 수 있는 때라고 함은 대리권의 증명 또는 본인의 추인을 얻지 못한 때라고 할 것이다(대판 1965.8.24. 64다1156).
(다) 이행책임, 손해배상책임
① 이행책임: 무권대리가 유효하였다면 본인이 책임을 지는 내용과 동일한 내용으로 이행할 책임을 의미한다.
② 손해배상책임: 본인이 이행하지 아니하므로 발생한 손해, 즉 이행이익의 배상이어야 한다.
(4) 책임추궁과 금반언, 신의칙 위반: 본조에 의한 책임의 추궁에도 금반언 또는 신의칙의 적용이 있다. 따라서 갑이 대리권 없이 을 소유 부동산을 병에게 매도하여 부동산소유권이전등기등에관한특별조치법에 의하여 소유권이전등기를 마쳐주었다면 그 매매계약은 무효이고 이에 터잡은 이전등기 역시 무효가 된다. 그런데 갑은 을의 무권대리인으로서 민법 제135조제1항의 규정에 의하여 매수인인 병에게 부동산에 대한 소유권이전등기를 이행할 의무가 있다. 따라서 이전등기의무를 이행할 지위에 있는 갑이 을로부터 부동산을 상속받아 그 소유자가 되어 소유권이전등기이행의무를 이행하는 것이 가능하게 된 시점에서 자신이 소유자라고 하여 자신으로부터 부동산을 전전매수한 정에게 원래 자신의 매매행위가 무권대리행위여서 무효였다는 이유로 정 앞으로 경료된 소유권이전등기가 무효의 등기라고 주장하여 그 등기의 말소를 청구하거나 부동산의 점유로 인한 부당이득금의 반환을 구하는 것은 금반언의 원칙이나 신의성실의 원칙에 반하여 허용될 수 없다(대판 1994.9.27. 94다20617).

4. 本人과 代理人 間의 法律關係

(1) 본인이 추인하지 아니한 경우: 계약의 무권대리는 본인이 추인하지 아니하면 본인에게 아무런 효력이 생기지 아니하므로, 무권대리인의 책임만 발생하고(135조) 본인과 대리인 사이에는 아무런 법률관계가 생기지 아니한다.
(2) 본인이 추인한 경우: 본인과 대리인 사이에는 기본적으로 사무관리 관계가 성립된다고 해석된다. 본인이 추인하여 무권대리행위로 본인의 이익에 침해가 있으면 양자 사이에는 불법행위 문제가 되고, 대리인에게 부당한 이익이 생기면 부당이득의 문제가 된다.

第136條【單獨行爲와 無權代理】 單獨行爲에는 그 行爲當時에 相對方이 代理人이라 稱하는 者의 代理權 없는 行爲에 同意하거나 그 代理權을 다투지 아니한 때에 限하여 前6條의 規定을 準用한다. 代理權 없는 者에 對하여 그 同意를 얻어 單獨行爲를 한 때에도 같다.

單獨行爲의 無權代理

1. 意義: 단독행위의 무권대리는 그것이 능동대리이든 수동대리이든 원칙적으로 무효이고, 예외적으로 상대방의 보호가 필요한 일정한 경우에 한하여 예외를 인정한다.
2. 相對方 없는 單獨行爲 - 無效: 본인이 추인하더라도 언제나 절대적으로 무효이다.

3. 相對方 있는 單獨行爲

(1) 원칙-무효: 원칙적으로 무효이다.

(2) 예외

(가) 능동대리에 있어서 무권대리행위 당시에 상대방이 대리인이라 칭하는 자의 대리권 없는 행위에 동의한 경우와 상대방이 대리권을 다투지 않은 경우: 계약의 무권대리에 관한 규정인 제130조 내지 제135조가 준용된다. 따라서 원고와 피고 사이의 매매계약을 소외인이 자의로 해제한 후 반환받은 금원으로 매수한 대지의 등기관계서류를 원고가 위 소외인으로부터 교부받아 이를 자기 남편명의로 위 대지에 관한 소유권이전등기를 경료한 경우에는, 원고가 소외인이 한 매매계약의 해제행위를 추인한 것으로 볼 것이다(대판 1979.12.28. 79다1824).

(나) 상대방이 무권대리인의 동의를 얻어 단독행위를 한 수동대리: 계약에 관한 무권대리에 관한 규정인 제130조 내지 제135조가 준용된다.

第4節 無效와 取消

1. 概括: 당사자가 한 법률행위일지라도 외형적으로는 법률행위로 성립하나, 그 법률행위가 유효요건을 충족하여야 효력이 생긴다. 또한 법률행위의 요소인 의사표시도 사안에 따라 무효 또는 취소할 수 있는 것으로 하고 있는데, 의사표시가 무효 또는 취소할 수 있는 것이면 그 의사표시로 구성된 법률행위도 따라서 무효로 되거나 취소할 수 있는 것이 된다. 예컨대 무효인 법률행위는 의사무능력자의 법률행위, 불능한 법률행위(137조), 강행법규에 위반한 법률행위(105조), 반양속적 법률행위(103조), 불공정한 법률행위(104조), 비진의 표시(107조 단서), 허위표시(108조) 등이고, 취소할 수 있는 법률행위는 무능력자의 법률행위(5조 이하), 착오에 의한 의사표시(109조), 하자 있는 의사표시(110조) 등이다. 민법은 법률행위의 무효원인, 취소요인에 대하여는 개별적으로 규정하고, 그 밖의 무효와 취소에 관한 법률관계에 대하여 통칙으로 제137조에서 제146조까지 규정한다.

2. 無效와 取消의 差異

(1) 효과의 주장 여부: 무효는 특정인의 주장을 필요로 하지 않고 당연히 효력이 없으나, 취소는 특정인인 취소권자의 주장이 있어야 취소된다.

(2) 주장 전의 효력: 무효는 처음부터 효력이 없으므로 누구에게나 무효이나, 취소는 취소되기 전에는 유효한 것으로 취급된다.

(3) 시간의 경과에 따른 효과: 무효는 시간의 경과에 제한 없이 효력에 변동이 없으나, 취소할 수 있는 경우는 취소기간이 경과하면 확정적으로 유효하게 된다.

3. 無效와 取消의 競合: 무효의 요건과 취소의 요건이 다르기 때문에 양 요건을 모두 갖추는 경우가 있는데, 이때 주장자는 어느 하나를 선택해서 요건을 입증하여 주장할 수 있다.

4. 構成

(1) 무효행위의 일부 무효: 제137조

(2) 무효행위의 전환: 제138조

(3) 무효행위의 추인: 제139조

(4) 법률행위의 취소: 제140조-142조

(5) 법률행위의 추인: 제143조-제144조

(6) 법정추인: 제145조

(7) 취소권의 소멸: 제146조

第137條【法律行爲의 一部無效】 法律行爲의 一部分이 無效인 때에는 그 全部를 無效로 한다. 그러나 그 無效部分이 없더라도 法律行爲를 하였을 것이라고 認定될 때에는 나머지 部分은 無效가 되지 아니한다.

法律行爲의 無效

1. 意義: 법률행위가 성립 당초부터 유효요건을 갖추지 못함으로써 당연히 그 효력을 발생하지 못하는 것이 무효이다. 무효는 법률행위가 성립요건은 갖추어 성립은 하였으나 유효요건을 갖추지 못한 것으로서, 아예 법률행위로서의 성립요건을 갖추지 못하여(불성립) 법률행위로 존재하지 아니하는 것과 구별된다. 성립요건을 갖추지 못한 법률행위는 아예 유·무효를 검토할 필요도 없이 효력이 생기지 아니하나, 일단 법률행위로 성립한 경우에는 별도의 유효요건을 갖추었는지 여부를 검토하여야 한다. 의사무능력자의 법률행위가 무효이고, 기타는 개별 법규에 무효를 규정하고 있다(103조, 104조 등).

2. 無效의 種類: 무효는 무효의 주장을 제3자에게도 할 수 있는지 여부, 소로서만 무효를 주장할 수 있는지 여부, 법률행위의 전부가 무효인지 여부를 기준으로 아래와 같이 분류할 수 있다. 그러나 이들은 결국 무효의 효과가 구체적으로 어떻게 나타나느냐에 따른 구별이다.

(1) 절대적 무효와 상대적 무효: 절대적 무효는 법률행위를 한 당사자 사이에서 뿐만 아니라 제3자에 대한 관계에 있어서도 효력이 없는 경우로서 의사무능력자의 법률행위, 반사회질서의 법률행위(103조)등이 있다. 이에 반하여 상대적 무효는 당사자 사이에서는 무효이지만 무효로써 선의의 제3자에게 대항할 수 없는 경우로 비진의의사표시(107조2항), 통정허위표시(108조2항) 등이 있다.

(2) 당연무효와 재판상 무효: 소송에 의한 주장을 필요로 하지 아니하는 무효가 당연무효인데, 일반적으로 무효는 당연무효를 말한다. 이에 반하여 재판상 무효는 소송에 의해서만 무효를 주장할 수 있는 경우로서, 회사설립의 무효(상법 184조), 회사합병 무효의 소(상법 236조)가 있다.

(3) 전부무효와 일부무효: 법률행위의 일부분만이 무효인 것이 일부무효이다. 법률행위의 일부가 무효인 경우에 그 부분만 무효로 할 것인지, 아니면 당해 법률행위 전부를 무효로 할 것인지가 문제되는데, 민법은 원칙적으로 전부를 무효로 한다(137조). 다만 그 무효부분이 없었더라도 법률행위를 하였을 것이라고 인정될 때에는 나머지 부분은 유효하게 한다.

(4) 확정적 무효와 유동적 무효: 판례는 국토의이용및계획에관한법률(구 국토이용관리법) 상의 요허가지역 내의 토지의 거래를 처음부터 허가를 배제하거나 잠탈하는 내용의 계약일 경우에는 확정적으로 무효로서 유효화될 여지가 없으나 이와 달리 허가받을 것을 전제로 한 거래계약(허가를 배제하거나 잠탈하는 내용의 계약이 아닌 계약은 여기에 해당하는 것으로 본다)일 경우에는 허가를 받을 때까지는 법률상 미완성의 법률행위로서 소유권 등 권리의 이전 또는 설정에 관한 거래의 효력이 전혀 발생하지 않음은 위의 확정적 무효의 경우와 다를 바 없지만, 일단 허가를 받으면 그 계약은 소급하여 유효한 계약이 되고 이와 달리 불허가가 된 때에는 무효로 확정되므로 허가를 받기까지는 유동적 무효의 상태에 있고, 유동적 무효 상태의 계약은 허가받기 전의 상태에서는 거래계약의 채권적 효력도 전혀 발생하지 않으므로 권리의 이전 또는 설정에 관한 어떠한 내용의 이행청구도 할 수 없으나 일단 허가를 받으면 그 계약은 소급해서 유효화되므로 허가 후에 새로이 거래계약을 체결할 필요는 없다(대판 1991.12.24. 90다12243)고 하여, 확정적 무효와 유동적 무효로 구분한다.

3. 無效의 效果

(1) 원칙: 무효인 법률행위는 원칙적으로 처음부터, 누구의 주장을 기다릴 필요 없이, 특별한 행위나 절차 없이 당연히, 절대적으로 무효이다. 따라서 무효인 법률행위는 그에 따른 법률효과는 당사자간에서는 물론 생기지 아니하고 제3자에 대한 관계에서도 그에 따른 법률효과가 생기지 아니한다. 그러나 무효인 법률행위도 외형적으로는 법률행위로 존재하는 것이 되어 어떠한 경우에나 누구에게나 그 무효를 주장하게 하면 거래의 안전에 문제가 되기 때문에 경우에 따라서는 그 무효의 효과를 제한하기도 하며, 그 경우에는 법률로 규정한다.

(2) 예외

(가) 거래안전을 위한 무효효과의 제한: 통정허위표시와 같은 경우에는 당사자간에서는 무효이나, 선의의 제3자에게는 그 무효로 대항할 수 없다(108조2항). 이와 같이 거래안전을 위하여 무효의 효과를 제3자에게 제한하는 경우가 있고, 그 경우에는 개별적으로 규정한다(107조1항).

(나) 재판상 무효: 예외적으로 재판에 의한 무효선고로 비로소 효력을 상실하도록 하는 경우가 있다. 이러한 경우는 무효 여부가 다수의 일반 제3자에게 중대한 영향을 미치게 되어 보다 신중하고 확실하게 하여야 할 필요성이 있는 경우에 개별적으로 규정하고 있다. 이를 재판상 무효라고 하며, 회사설립의 무효(상법 184조), 회사합병 무효(상법 236조) 등이 이에 속한다.

(다) 일부무효: 법률행위의 전부가 무효인 때에는 별 문제가 없으나 법률행위의 일부만에 무효사유가 있는 경우에 그 부분이 무효인 것은 당연한데, 나머지 부분에 대하여 어떻게 할 것인지는 문제가 된다. 이에 대한 일반원칙에 대하여는 제137조가 규정한다.

4. 法律行爲의 一部 無效 - 제137조

(1) 원칙-전부무효: 민법은 전부무효의 원칙을 취한다(본문). 그러나 무효부분이 없었더라도 법률행위를 하였을 것이라고 인정될 때에는 나머지 부분은 유효하다(단서).

(2) 본조의 성질

(가) 일반규정: 본조는 일부무효의 법리에 관한 일반규정으로서, 다른 개별법규에 일부무효의 효과에 관한 규정이 있을 때에는 그 규정이 우선한다. 예컨대 민법 제385조의 선택채권에서 일부채권의 불능에 관한 규정, 약관의 규제에 관한 법률 제16조의 일부약관의 무효에 관한 규정 등이 그것이다.

(나) 임의규정: 본조는 임의규정이다. 따라서 당사자는 전부무효의 약정을 하면 본조는 적용되지 아니한다.

(다) 일부가 강행법규에 위반하여 무효인 경우: 본조는 임의규정으로서 의사자치의 원칙이 지배하는 영역에서 적용된다고 할 것이므로, 법률행위의 일부가 강행법규인 효력규정에 위반되어 무효가 되는 경우 그 부분의 무효가 나머지 부분의 유효·무효에 영향을 미치는가의 여부를 판단함에 있어서는 개별 법령이 일부무효의 효력에 관한 규정을 두고 있는 경우에는 그에 따라야 하고, 그러한 규정이 없다면 원칙적으로 민법 제137조가 적용될 것이나 당해 효력규정 및 그 효력규정을 둔 법의 입법 취지를 고려하여 볼 때 나머지 부분을 무효로 한다면 당해 효력규정 및 그 법의 취지에 명백히 반하는 결과가 초래되는 경우에는 나머지 부분까지 무효가 된다고 할 수는 없다. 따라서 상호신용금고의 담보제공약정이 효력규정인 구 상호신용금고법 제18조의2제4호에 위반하여 무효라고 하더라도, 그와 일체로 이루어진 대출약정까지 무효로 된다고는 할 수 없다(대판 2004.6.11. 2003다1601).

(3) 적용요건

(가) 법률행위의 일체성 여부: 법률행위시에 각각의 법률행위를 분리하여 행하였다면 당연히 개별적으로 평가하여야 한다. 따라서 본조에 해당하느냐 여부가 문제되는 것은 당사자가 행한 법률행위가 포괄적, 단일적으로 일체성으로 이루어진 경우만을 전제로 한다. 일체성 여부에 대하여는 당사자의 의사와 법률행위의 객관적 의미를 기준으로 판단한다. 즉 당사자가 그 법률행위를 포괄적으로 하나로 하겠다는 의사가 있으면 그 법률행위는 단일성을 갖는 것이고, 이것이 없더라도 개별적인 약정이 객관적으로 밀접한 관련성을 가지는 의미가 있다면 단일한 법률행위가 된다.

(나) 가정적 의사: 무효부분이 없더라도 법률행위를 하였을 것이라고 인정되는 가정적 의사가 있어야 하는데, 여기의 가정적 의사는 실재하는 의사가 아니라 법률행위의 일부분이 무효임을 법률행위 당시에 알았다면 당사자 쌍방이 이에 대비하여 나머지 부분만으로도 유효한 법률행위를 의욕하였을 가정적 의사를 말한다. 가정적 의사의 존부의 판단시기는 당사자가 한 법률행위시를 기준으로 한다.

(다) 가분성 또는 특정가능성: 법률행위의 일부무효가 인정되려면 일체성요건을 갖춘 법률행위 내의 무효인 일부와 나머지 부분을 나눌 수 있거나 특정할 수 있어야 하고, 무효인 일부가 없이도 나머지 부분이 독립적인 법률행위로서 존재할 수 있어야 한다. 그러나 분할이 가능하더라도 분할하면 동법률행위의 가치가 현저하게 저하될 경우나, 당사자의 의사나 계약의 목적에 비추어 분할하여 효력을 인정하면 매우 부당한 결과를 초래한다면 분할하여 효력을 논할 수 없다.

(4) 입증책임: 입증책임이 문제되는데, 특히 가정적 의사의 입증이 문제된다. 원칙은 전부무효이므로 단서에 해당하여 나머지 부분만이라도 유효하려면, 나머지 부분의 법률행위가 유효하다는

것을 주장하는 자가 입증하여야 한다.

(5) 구체적인 사례

(가) 긍정된 예

① 토지거래허가지역 내의 토지와 지상건물 매매계약에서 토지부분 계약이 무효인 경우에 지상건물 부분만에 대한 유효주장: 일반적으로 토지와 그 지상의 건물은 법률적인 운명을 같이 하게 하는 것이 거래의 관행이고 당사자의 의사나 경제의 관념에도 합치되므로 토지거래규제구역 내의 토지와 지상건물을 일괄하여 매매한 경우 매수인이 토지에 관한 당국의 거래허가가 없으면 건물만이라도 매수하였을 것이라고 볼 수 있는 특별한 사정이 인정되는 경우를 제외하고는 토지에 대한 매매거래허가를 받기 전의 상태에서는 지상건물에 대하여도 그 거래계약 내용에 따른 이행청구 내지 채무불이행으로 인한 손해배상청구를 할 수 없다(대판 1994.1.11. 93다22043).

② 피담보채권액 중 일부의 무효: 채권담보의 목적으로 소유권이전등기를 한 경우에는 그 채권의 일부가 무효라고 하더라도 나머지 채권이 유효인 이상 채무자는 그 채무를 변제함이 없이 말소등기절차를 구할 수 없다(대판 1970.9.17. 70다1250).

③ 복수의 당사자 중 1인의 의사표시의 무효: 복수의 당사자 사이에 중간생략등기의 합의를 한 경우 그 합의는 전체로서 일체성을 가지는 것이므로, 그 중 한 당사자의 의사표시가 무효인 것으로 판명된 경우 나머지 당사자 사이의 합의가 유효한지의 여부는 민법 제137조에 정한 바에 따라 당사자가 그 무효 부분이 없더라도 법률행위를 하였을 것이라고 인정되는지의 여부에 의하여 판정되어야 할 것이다(대판 1996.2.27. 95다38875).

④ 수권범위를 초과한 담보설정: 수권의 범위를 넘은 수임인의 담보설정행위는 무권대리행위에 해당한다 할지라도 수임의 한도 내에서는 수여받은 대리권의 범위 내에 속하는 것이므로 그 부분의 근저당권설정계약은 수임액을 담보하는 범위 내에서는 본인에게 효력을 미치는 유효한 설정행위이다(대판 1987.9.8. 86다카754).

⑤ 법률효과의 축소: 채무금 지급담보의 의미로 부동산의 소유권이전등기에 필요한 서류를 교부한 경우에 채무금을 약정기일까지 지급하지 못할 때에는 부동산을 완전히 채권자의 소유로 한다는 약정은 본조의 규정에 의하여 무효라고 할지라도 채무담보를 위하여 소유권이전등기를 하기로 한 채무담보 약정은 유효한 것이라 할 것이고 1개의 법률행위에 관하여 유효부분과 무효부분을 가려 판단할 수 있는 것이다(대판 1967.9.19. 67다1460).

(나) 부정된 예

① 기초된 법률행위의 무효: 갑이 지능이 박약한 을을 꾀어 돈을 빌려주어 유흥비로 쓰게 하고 실제 준 돈의 두 배 가량을 채권최고액으로 하여 자기 처인 병 앞으로 근저당권을 설정한 사안에서, 근저당권설정계약은 독자적으로 존재하는 것이 아니라 금전소비대차계약과 결합하여 그 전체가 경제적, 사실적으로 일체로서 행하여진 것이고 더욱이 근저당권설정계약의 체결원인이 되었던 갑의 기망행위는 금전소비대차계약에도 미쳤으므로 갑의 기망을 이유로 한 을의 근저당권설정계약취소의 의사표시는 법률행위의 일부무효이론과 궤를 같이 하는 법률행위의 일부취소의 법리에 따라 소비대차계약을 포함한 전체에 대하여 취소의 효력이 있다(대판 1994.9.9. 93다31191).

② 매매계약 목적인 1필의 토지 중 일부분이 무효인 경우: 1필의 토지가 거래허가 대상 지역과 거래허가 대상 지역이 아닌 곳으로 나뉘어 있을 경우에는 거래된 그 1필의 토지 중 면적이 큰 쪽의 부분을 기준으로 하여 허가 여부가 결정된다고 규정되어 있으므로 이 사건 임야에 관한 매매계약은 그 목적물의 대부분이 자연녹지지역으로서 관할관청으로부터의 토지거래허가를 받아야 하는데도 허가를 받지 못하였다면 효력이 없고, 설사 위 지침 등이 행정내규로서 법규로서의 효력이 없고, 따라서 위 매매계약이 그 목적물 중 자연녹지지역에 관한 부분에 관하여서만 무효라고 하더라도, 민법 제137조에 따라서 원칙적으로 위 매매계약 전부가 무효가 된다(대판 1993.12.14. 93다45930).

③ 일부불능이나 잔부만으로 목적달성 불능: 쌍무계약에 있어 당사자 일방이 부담하는 채무의 일부만이 채무자의 책임 있는 사유로 이행할 수 없게 된 때에는, 그 이행이 불가능한 부분을 제외한 나머지 부분만의 이행으로는 계약의 목적을 달성할 수 없다면 채무의 이행은 전부가 불능

이라고 보아야 할 것이므로, 채권자로서는 채무자에 대하여 계약 전부를 해제하거나 또는 채무 전부의 이행에 갈음하는 전보배상을 청구할 수 있을 뿐이지 이행이 가능한 부분만의 급부를 청구할 수는 없다(대판 1995.7.25. 95다5929).

④ 일부무효인 계약에서 전부이행을 위한 최고의 효력: 매매계약 중 일부만 무효이고 나머지는 유효인 경우 매도인은 매매계약 전부가 유효한 것으로 알고 있는 매수인에게 이행의 최고를 함에 있어서는 계약의 일부이행이 불능임을 알리고 이행이 가능한 나머지 부분의 이행의 제공을 하여 이행의 최고를 하여야지 이를 부인하거나 무시하고 한 이행의 최고는 적법하다고 할 수 없고, 매수인으로서는 계약의 전부 무효를 주장할 수 있는 경우에는 그 이행을 거부하는 것이 당연하다고 하겠으나, 무효인 부분이 없더라도 계약을 유지하고자 할 경우에는 그에 상응한 자신의 채무는 이행하는 것이 옳고 그렇게 하지 아니하면 이행지체의 책임을 진다고 보는 것이 상당하다(대판 1992.4.14. 91다43527).

5. 一部取消에도 類推適用: 일부취소에도 유추적용: 본조는 일부취소의 경우에 유추적용된다(대판 1998.2.10. 97다44737).

第138條【無效行爲의 轉換】 無效인 法律行爲가 다른 法律行爲의 要件을 具備하고 當事者가 그 無效를 알았더라면 다른 法律行爲를 하는 것을 意慾하였으리라고 認定될 때에는 다른 法律行爲로서 效力을 가진다.

無效行爲의 轉換

1. 意義: 무효행위의 전환은 원래 법률행위가 무효이지만 동시에 다른 법률행위로서 요건을 구비한 경우에는, 당사자가 무효임을 알았더라면 다른 법률행위를 하였을 것이라고 인정되는 때에 한하여 다른 법률행위로서의 효력을 인정하는 제도이다. 제137조가 양적 일부무효를 규정한 것이라면 제138조는 질적 일부무효를 규정한 것이라고 할 수 있다.

2. 要件

(1) 당해 법률행위로는 무효여야 한다: 성립한 법률행위 그 자체는 무효이어야 한다. 즉 무효인 경우에 비로소 문제되는 것이므로 법률행위가 성립하지 않는 경우에는 무효행위의 전환의 문제는 발생하지 않는다. 무효행위의 전환이 인정되는 경우는 주로 요식행위로서의 무효인 것이 다른 불요식행위로, 또는 다른 요식행위의 요건을 충족하여 그 법률행위로 전환되는 경우이다.

(2) 다른 법률행위에 대한 가정적 의사: 당사자가 그 무효를 알았더라면 다른 법률행위를 하는 것을 의욕하였으리라고 인정되어야 한다. 이러한 전환의사는 현실적 의사일 필요는 없고 가상적 의사이면 족하다.

(3) 다른 법률행위의 요건 충족: 다른 법률행위로서의 요건을 구비하여야 한다.

3. 效果: 당해 법률행위는 무효이나, 다른 법률행위로서의 효력은 있다.

(1) 인정된 사례

(가) 혼외자를 혼인 중의 자로 출생신고-인지의 효력: 혼외자이나 망인에 의하여 혼인 중의 친생자로 신고되어 호적부에 그대로 등재되었다면 인지로서의 효력이 발생하였다 할 것이다(대판 1976.10.26. 76다2189).

(나) 허위의 친생자 출생신고-입양의 효력: 당사자가 양친자관계를 창설할 의사로 친생자 출생신고를 하고 거기에 입양의 실질적 요건이 모두 구비되어 있다면 그 형식에 다소 잘못이 있더라도 입양의 효력이 발생하나, 입양의 실질적 요건이 구비되어 있지 아니하면 입양신고로서의 효력도 생기지 아니한다(대판 1977.7.26. 77다492).

(다) 가등기담보법이 적용되지 않는 경우 양도담보로서의 효력: 가등기담보 등에 관한 법률이 적용되지 않는 경우에도 채권자가 채권담보의 목적으로 부동산에 가등기를 경료하였다가 그 후 변제기까지 변제를 받지 못하여 위 가등기에 기한 소유권이전의 본등기를 경료한 경우에는, 당사자들 사이에 채무자가 변제기에 피담보채무를 변제하지 아니하면 채권채무관계는 소멸하고

부동산의 소유권이 확정적으로 채권자에게 귀속된다는 명시의 특약이 없는 한, 그 본등기도 채권담보의 목적으로 경료된 것으로서 정산절차를 예정하고 있는 이른바 약한 의미의 양도담보가 된다(대판 2006.8.24. 2005다61140).

(2) 부정된 사례: 무효인 압류에 의한 공매: 압류가 당초부터 무효인 경우에는 그 압류등기 후에 체납액이 발생하였다고 하여 바로 그 체납액에 대한 압류로서 유효한 것으로 전환되는 것은 아니다(대판 1991.6.28. 89다카28133).

第139條【無效行爲의 追認】 無效인 法律行爲는 追認하여도 그 效力이 생기지 아니한다. 그러나 當事者가 그 無效임을 알고 追認한 때에는 새로운 法律行爲로 본다.

無效行爲의 追認

1. 意義: 무효인 법률행위의 추인은 무효인 법률행위를 유효로 인정하는 당사자의 의사표시이다. 무효인 법률행위는 당초부터 확정적으로 무효이므로 사후에 유효로 한다는 별도의 의사표시에 의하여도 무효인 것이 유효로 되지는 아니한다. 그러나 민법은 당사자가 무효임을 알고도 추인한 때에는 동일 내용의 법률행위를 반복하여 행하는 것으로 장래에 대하여 효력을 가지는 것으로 한다.

2. 要件

(1) 다른 유효한 법률행위로서의 요건 충족: 추인시에 새로운 법률행위의 유효요건이 존재하여야 한다. 그런데 강행법규 위반의 법률행위나 반양속적 법률행위와 같은 경우는 사적 자치 영역 밖의 법률행위로 무효를 추인하여도 유효로 되지 아니하고, 목적이 불능인 법률행위는 여전히 무효이며, 의사무능력자의 법률행위와 같은 경우는 그 장애사유가 소멸한 이후에 추인 여부가 문제된다.

(2) 무효임을 인식: 추인하는 자는 그 법률행위가 무효임을 알고 추인하여야 한다.

(3) 묵시의 추인: 유효한 것을 기초로 후속 법률행위를 하거나, 무효임을 알고도 회복의 법률효과를 상당기간 주장하지 아니하는 경우에는 묵시에 의하여 추인한 것으로 볼 수도 있다.

(가) 인정된 사례

① 분배농지에 관하여 그 상환이 완료되기 이전에 이를 매도하고 현실적으로 인도까지 하였다면 무효라고 할 것이나 상환 완료 후 상당기간 내에 매도인이 매수인의 점유 경작에 대하여 아무런 이의를 하지 않았다면 특별한 사정이 없는 한 상환완료 후에 상환미료 중의 농지매매를 추인한 것이라고 볼 것이다(대판 1980.1.15. 79다1400, 1401).

② 갑 명의의 문서를 위조 행사하여 소유권이전등기절차를 밟았다는 주장에 대하여 갑이 소송대리인을 통하여 위 등기는 자기의 의사에 의하여 적법하게 이루어진 것이라고 진술하고 갑의 본인신문에서 같은 진술을 하고 있는 점으로 보아 가사 위 등기가 갑명의의 위조문서에 의하여 이루어진 원인무효의 것이었다 하여도 특단의 사유 없는 한 갑은 이를 알고 추인하였다고 보아야 한다(대판 1962.10.25. 62다594).

③ 계약이 해제된 후 그 계약 목적물을 받거나 대금에 대한 약정이자를 받은 경우에는 특별한 사정이 없는 한 당사자 사이에 해제된 계약을 부활시키는 약정이 있었다고 해석함이 상당하다(대판 1963.3.7. 62다684).

④ 임야가 소외인에 의해 처분되고, 필지에 따라서는 수차례 전전매매된 상태에서, 소유자들 측에서 이에 대한 특별한 이의를 제기하지도 아니한 채 선대 분묘를 타처에 이장하기까지 하였다면, 소유자들의 그와 같은 일련의 행위는 그들의 형인 소외인의 권한 없는 처분행위를 추인하였다고 평가될 소지가 충분하다(대판 1993.7.13. 93다19146).

⑤ 제869조 소정의 입양승낙 없이 친생자로서의 출생신고 방법으로 입양된 15세 미만의 자인 갑이 입양의 승낙능력이 생긴 15세 이후에도 계속하여 자신을 입양한 을을 어머니로 여기고 생활하는 등 입양의 실질적인 요건을 갖춘 이상, 갑은 그가 15세가 된 이후에 을이 한 입양에 갈음하는 출생신고를 묵시적으로 추인하였다고 봄이 상당하다(대판 1997.7.11. 96므1151).

(나) 부정된 사례
① 무효인 압류처분에 기한 공매처분 역시 당연 무효의 처분이고, 공매처분이 무효인 이상 이에 대해 이의신청 등을 제기하지 아니한 사실만 가지고 그 처분이 유효하게 되었다 할 수 없다(대판 1991.6.28. 89다카28133).
② 금융기관이 약정 대출금리의 인상을 요구할 아무런 법적 권원이 없음에도 불구하고 그 인상을 요구하였고, 그 요구를 받은 상대방이 이의를 유보함이 없이 인상된 금리에 따른 이자를 장기간 납입함으로써, 묵시적으로 금리 인상에 동의 내지는 추인한 것으로 볼 수 있는 경우에는, 적법한 대출금리의 인상이라는 법적 효과를 인정할 수 있다 할 것이나, 그 경우 묵시적 동의 내지는 추인이 인정되기 위해서는, 그 상대방이 이의를 유보하지 아니하고, 법률관계의 변경에 따른 결과를 장기간 수용하였어야만 한다. 그런데 대출금리 인상요구에 대하여 상대방이 구두로 항의한 적이 있고, 금융기관이 강제집행을 예고하여 인상된 금리에 따른 이자를 납입한 사정이 엿보이며, 원리금을 모두 납입한 후 불과 10여 일만에 인상된 이자분이 부당이득에 해당한다며 소송을 제기한 경우에는 상대방이 묵시적 동의 내지 추인한 것으로 볼 수 없다(대판 2002.2.22. 2000다53274).
③ 원인무효인 등기의 경유사실을 알고서 장기간 이의를 한 바 없다는 사유만으로 이를 추인한 것으로는 볼 수 없다(대판 1991.3.27. 90다17552).
④ 무권대리행위에 대하여 본인이 그 직후에 그것이 자기에게 효력이 없다고 이의를 제기하지 아니하고 이를 장시간에 걸쳐 방치하였다고 하여 무권대리행위를 추인하였다고 볼 수 없다(대판 1990.3.27. 88다카181).
⑤ 일방적인 혼인신고 후 혼인의 실체 없이 몇 차례의 육체관계로 자를 출산하였다 하더라도 무효인 혼인을 추인하였다고 보기 어렵다(대판 1993.9.14. 93므430).
⑥ 근로자가 회사로부터 해고통보를 받은 다음, 다시 사직서를 제출하지 아니하면 타회사에 취업하는 데에 지장이 있을 것이니 사직서를 제출하라는 취지의 종용을 받고 사직서를 제출한 후, 퇴직금, 해고수당 등을 수령한 경우 위 근로자는 정리해고가 유효한 것임을 전제로 하여 그 사무처리 과정의 하나로서 회사의 요구에 따라 사직서를 제출하고 퇴직금을 수령하였음에 불과하여 위 정리해고와 무관하게 별도로 사직의 의사를 표시한 것으로 볼 수 없으므로 근로자가 위 정리해고처분의 무효임을 알고 이를 추인하였다거나 그 위법에 대한 불복을 포기하였다고 볼 수 없다(대판 1990.3.13. 89다카24445).

3. 效果 - 새로운 법률행위로 장래에 대하여 효과: 무효행위는 원칙적으로 추인하여도 무효이나, 당사자가 당해 법률행위가 무효임을 알고도 추인한 때에는 새로운 법률행위로 보아 새로운 법률행위의 효과가 발생한다. 즉 무효인 법률행위는 추인에 의하여 새로운 법률행위로서 장래에 대하여 유효하게 된다. 따라서 무효인 가등기를 유효한 등기로 전용키로 한 약정에서도 그때부터 유효하고 이로써 위 가등기가 소급하여 유효한 등기로 전환될 수는 없다(대판 1992.5.12. 91다26546). 그러나 제3자에 영향이 없는 당사자간에만 문제가 되는 경우에는 당사자의 약정에 의해 소급효를 가진 추인이 가능하다고 해석된다.

4. 無權利者에 의한 權利處分의 追認: 무권리자에 의한 권리의 처분행위는 무효가 원칙이다. 그런데 이러한 처분행위의 무효를 추인하여 유효로 할 수 있는지가 문제된다.
(1) 추인 가능: 무권리자가 타인의 권리를 자기의 이름으로 또는 자기의 권리로 처분한 경우에, 사적자치의 원칙에 의해 권리자는 후일 이를 추인함으로써 그 처분행위를 인정할 수 있다(대판 2001.11.9. 2001다44291).
(2) 명시 또는 묵시로 가능: 추인은 명시적으로뿐만 아니라 묵시적인 방법으로도 가능하다.
(3) 상대방: 추인의 의사표시는 무권대리인이나 그 상대방 어느 쪽에 하여도 무방하다(대판 2001.11.9. 2001다44291).

第140條【法律行爲의 取消權者】 取消할 수 있는 法律行爲는 無能力者, 瑕疵 있는 意思表示를 한 者, 그 代理人 또는 承繼人에 限하여 取消할 수 있다.

第141條【取消의 效果】 取消한 法律行爲는 처음부터 無效인 것으로 본다. 그러나 無能力者는 그 行爲로 因하여 받은 利益이 現存하는 限度에서 償還할 責任이 있다.

第142條【取消의 相對方】 取消할 수 있는 法律行爲의 相對方이 確定한 境遇에는 그 取消는 그 相對方에 對한 意思表示로 하여야 한다.

法律行爲의 取消

1. 意義: 법률행위의 취소는 취소할 수 있는 법률행위를 특정인(취소권자)이 그 효력을 소급적으로 소멸시키는 의사표시이다. 본조 이하의 총칙편의 취소에 관한 규정(140조 내지 146조)은 취소할 수 있는 법률행위에 관한 통칙적, 일반적 규정으로서 무능력자의 법률행위(5조, 10조, 13조), 착오에 의한 의사표시(109조), 사기・강박에 의한 의사표시(110조)에 한정되어 적용된다. 그 밖에 취소라는 용어가 사용된 경우가 많은데(예: 11조, 14조, 406조, 816조 등), 그 경우에는 여기의 취소에 관한 일반적 규정은 적용되지 아니한다.

2. 取消權者 - 제140조

(1) 행위무능력자: 금치산자, 한정치산자, 미성년자와 같은 행위무능력자는 자기가 행한 취소할 수 있는 법률행위를 단독으로 취소할 수 있다.

(2) 하자 있는 의사표시를 한 자: 하자 있는 의사표시를 한 자, 즉 사기 또는 강박에 의한 의사표시를 한 자가 취소권자이며, 착오에 의한 의사표시를 한 자도 취소권자이다(입법상의 부주의로 착오에 의한 의사표시를 한 자가 빠져 있으나 당연히 포함됨).

(3) 대리인: 무능력자나 하자 있는 의사표시를 한 자의 법정대리인이나 임의대리인을 포함한다. 행위무능력자의 법정대리인은 그의 동의 없이 한 행위무능력자의 의사표시를 단독으로 취소할 수 있다. 그러나 임의대리인은 당연히 취소권을 갖는 것은 아니고 본인으로부터 취소에 관한 수권을 필요로 한다.

(4) 승계인: 당해 법률행위를 상속한 상속인이나 합병회사와 같은 포괄승계인뿐만 아니라 특정승계인도 포함한다. 그러나 취소권만의 승계는 인정되지 않는다.

3. 取消의 方法

(1) 형성권적 성질-의사표시: 취소권은 형성권으로서 특정한 방식이 요구되는 것이 아니고, 취소의 의사가 상대방에 의하여 인식될 수 있다면 어떠한 방법에 의하더라도 무방하다 할 것이고, 법률행위의 취소를 당연한 전제로 한 소송상의 이행청구나 이를 전제로 한 이행거절 가운데는 취소의 의사표시가 포함되어 있다고 볼 수 있다(대판 1993.9.14. 93다13162).

(2) 상대방-제142조: 계약 및 상대방 있는 단독행위로 상대방이 확정된 경우에는 그 취소는 그 상대방에 대한 의사표시로 하여야 한다. 즉 당초에 의사표시를 한 상대방이 취소의 상대방이고, 상대방으로부터 권리를 승계한 승계인, 예컨대 무능력자가 동의받지 아니하고 매수한 물건을 전매수한 제3자는 여기의 취소의 상대방이 아니다. 상대방 없는 단독행위와 같이 상대방이 확정되지 않은 경우에는 취소의 의사를 외부에서 인식할 수 있는 방법으로 표시하면 된다.

(3) 취소의 사유: 취소의 사유가 명백한 때에는 그 사유를 명시할 필요는 없으나, 불분명한 경우가 있으므로 그 상대방에 대하여 적어도 그 의사표시 자체에 하자가 있으므로 이를 취소한다거나 또는 강박에 의한 증여이니 그 목적물을 반환하라는 취지 등으로 어느 정도 명확하게 표명되어야 한다(대판 2002.9.24. 2002다11847).

4. 取消權의 行使期間 - 除斥期間 - 제147조: 취소권은 추인할 수 있는 날로부터 3년 내에 법률행위를 한 날로부터 10년 내에 행사하여야 한다. 이는 제척기간이다.

5. 取消의 效果 - 제141조

(1) 소급적 무효: 법률행위가 취소되면 그 법률행위는 처음부터 무효인 것으로 간주된다.

(가) 채무가 이행되지 아니한 경우: 취소된 법률행위를 원인으로 하는 채무가 아직 이행되지 아

니한 경우에는 그 채무를 이행할 필요가 없다.
(나) 채무가 이행된 경우: 취소대상인 법률행위에 의하여 이행된 채무는 원상회복되거나 부당이득으로 반환되어야 한다.
① 원칙-제748조 적용: 반환범위와 관련하여서는 제748조에 따라야 한다.
② 예외-상대방이 무능력자인 경우-제141조 단서: 무능력자의 경우에는 제141조 단서에 의하여 취소된 행위에 의하여 받은 이익이 현존하는 한도 내에서 반환할 책임이 있다. 이 경우 현존이익의 여부는 취소시를 기준으로 하며 취소한 이후에 낭비한 것은 현존이익에 포함된다. * 미성년자가 신용카드 발행인과 사이에 신용카드 이용계약을 체결하여 신용카드 거래를 하다가 신용카드 이용계약을 취소하는 경우 미성년자는 그 행위로 인하여 받은 이익이 현존하는 한도에서 상환할 책임이 있는바, 신용카드 이용계약이 취소됨에도 불구하고 신용카드 회원과 해당 가맹점 사이에 체결된 개별적인 매매계약은 특별한 사정이 없는 한 신용카드 이용계약 취소와 무관하게 유효하게 존속한다 할 것이고, 신용카드 발행인이 가맹점들에 대하여 그 신용카드 사용대금을 지급한 것은 신용카드 이용계약과는 별개로 신용카드 발행인과 가맹점 사이에 체결된 가맹점 계약에 따른 것으로서 유효하므로, 신용카드 발행인의 가맹점에 대한 신용카드 이용대금의 지급으로써 신용카드 회원은 자신의 가맹점에 대한 매매대금 지급채무를 법률상 원인 없이 면제받는 이익을 얻었으며, 이러한 이익은 금전상의 이득으로서 특별한 사정이 없는 한 현존하는 것으로 추정된다(대판 2005.4.15. 2003다60297).
(2) 취소의 효과에 의한 반환청구권-제146조 적용, 불법행위에 의한 손해배상청구권: 취소권의 행사로 인하여 발생하는 부당이득반환청구권도 제146조의 취지상 위 제척기간 내에 행사하여야 한다. 또한 강박에 의한 법률행위의 취소권이 제소기간의 경과로 소멸하였다면 그로 인한(불법행위에 의한) 손해배상청구권 역시 소멸시효 기간의 경과로 소멸하였다. * 원고가 피고들의 강박행위에 의하여 피고들에게 금원을 교부하였다는 이유로 그 의사표시를 취소하고 피고들에 대하여 부당이득 반환 또는 불법행위로 인한 손해배상을 구하는 사건에 있어서 원고가 같은 무렵 피고들의 강박에 의하여 다른 토지에 관한 가등기가 경료되었다는 이유로 가등기의 말소청구소송을 제기한 때에는 강박상태에서 벗어나 있었다고 봄이 상당하므로 그로부터 3년의 제소기간이 경과함으로써 원고의 취소권은 소멸하였다 할 것이고, 또한 그 무렵에는 피고들의 위와 같은 강박행위가 위법 한 것임을 알고 이를 이유로 손해배상청구소송을 제기할 수 있었다 할 것 이어서 불법행위를 원인으로 한 손해배상청구권 역시 위 제소일로부터 3년의 소멸시효기간이 경과함으로 인하여 소멸하였다 할 것이다(대판 1990.11.13. 90다카17153).
(3) 취소의 제3자에 대한 효력: 취소의 효과는 원칙적으로 제3자에게도 주장할 수 있다. 그러나 착오에 의한 의사표시의 취소(109조2항)와 하자 있는 의사표시의 취소(110조3항)는 선의의 제3자에게는 대항할 수 없다.

一部取消

1. 意義: 법률행위가 별개로 이루어진 경우에는 당연히 개별적으로 취소할 수 있는데, 하나의 법률행위인 일체성 있는 법률행위를 분리시켜 그 일부에 대하여 취소하고, 나머지 부분을 그대로 효력을 유지시킬 수 있는지가 문제된다. 즉 일부무효에 관한 법리가 취소에도 적용되는지가 문제된다.
2. 第137條 一部無效 規定의 類推適用: 하나의 법률행위인 경우에는 원칙적으로 전부를 취소할 수 있고, 일부를 취소시키고 나머지부분을 그대로 둘 수 없는 것이 원칙이다. 그러나 하나의 법률행위라 하더라도 가분성이 있거나 그 목적물의 일부가 특정될 수 있다면 그 일부만의 취소를 부정할 이유가 없다고 본다(대판 1992.2.14. 91다36062). 다만 그 요건이 문제인데, 일부취소는 일부무효와 동일한 결과가 되므로 여기에 일부무효에 관한 제137조를 유추적용한다.
3. 要件
(1) 제137조의 요건: 일부무효에 관한 법리가 그대로 유추적용된다.
(가) 가분, 또는 특정 가능하여야: 법률행위가 하나의 행위로 이루어진 단일성 또는 일체성이 있

으나 가분하거나 일부가 특정될 수 있어야 한다.
(나) 가정적 의사의 존재: 당사자간에 무효인 부분을 제외하고라도 나머지 부분만으로도 법률행위를 의욕하였을 것이라는 가정적 의사가 있어야 한다.
(2) 구체적 사례
(가) 채권자와 연대보증인 사이의 연대보증계약이 주채무자의 기망에 의하여 체결되어 적법하게 취소되었으나, 그 보증책임이 금전채무로서 채무의 성격상 가분적이고 연대보증인에게 보증한도를 일정 금액으로 하는 보증의사가 있었으므로, 연대보증인의 연대보증계약의 취소는 그 일정 금액을 초과하는 범위 내에서만 효력이 생긴다(대판 2002.9.10. 2002다21509).
(나) 사건 화해계약은 원고가 피고의 '조류등지방지용 완금커버'에 관한 제104635호 및 제108538호 실용신안등록과 전선절연호스에 관하여 출원된 1개의 실용신안등록과 4개의 의장등록을 침해하여 등록대상과 유사한 물품을 제작하여 판매함으로써 피고가 입게 된 손해를 포괄적으로 보상함과 동시에 자신의 형사 처벌을 면하기 위하여 체결한 것이지 실용신안이나 의장등록별로 그 침해에 따른 피해금액을 따로 산정한 것은 아니므로 이 사건 화해계약이 가분적이거나 그 목적물의 일부가 특정될 수 있는 때에 해당한다고 볼 수는 없다(대판 2002.9.4. 2002다18435).
(다) 갑이 지능이 박약한 을을 꾀어 돈을 빌려주어 유흥비로 쓰게 하고 실제 준 돈의 두 배 가량을 채권최고액으로 하여 자기 처인 병 앞으로 근저당권을 설정한 사안에서, 근저당권설정계약은 독자적으로 존재하는 것이 아니라 금전소비대차계약과 결합하여 그 전체가 경제적, 사실적으로 일체로서 행하여진 것이고 더욱이 근저당권설정계약의 체결원인이 되었던 갑의 기망행위는 금전소비대차계약에도 미쳤으므로 갑의 기망을 이유로 한 을의 근저당권설정계약취소의 의사표시는 법률행위의 일부무효이론과 궤를 같이 하는 법률행위의 일부취소의 법리에 따라 소비대차계약을 포함한 전체에 대하여 취소의 효력이 있다(대판 1994.9.9. 93다31191).
4. 效果: 당해 부분만을 취소하여 소급적으로 소멸시키고, 나머지 부분은 그대로 효력을 유지시킨다.

第143條【追認의 方法, 效果】 ①取消할 수 있는 法律行爲는 第140條에 規定한 者가 追認할 수 있고 追認後에는 取消하지 못한다.
②前條의 規定은 前項의 境遇에 準用한다.

第144條【追認의 要件】 ①追認은 取消의 原因이 終了한 後에 하지 아니하면 效力이 없다.
②前項의 規定은 法定代理人이 追認하는 境遇에는 適用하지 아니한다.

取消할 수 있는 法律行爲의 追認

1. 意義: 취소할 수 있는 법률행위를 취소하지 않겠다는 의사표시로서 이는 취소권의 포기의 의미가 있다. 따라서 추인함으로써 더 이상 취소할 수 없어 그 법률행위는 확정적으로 유효한 것이 된다.
2. 要件
(1) 추인권자: 제140조에서 규정하고 있는 취소할 수 있는 취소권자에 한정된다. 다만 무능력자의 경우에는 무능력자인 동안에는 단독으로 추인할 수 없다. 여러 명의 추인권자 중 1인의 추인으로 인해 다른 추인권자의 추인권은 소멸한다.
(2) 취소원인이 종료한 후에: 취소원인이 종료한 후에 추인하여야 한다. 따라서 무능력자는 능력자가 된 후에, 착오·사기 강박의 상태에 있는 자는 그 상태에서 벗어난 후에 추인의 의사표시를 하여야 한다. 따라서 취소원인이 종료되기 전에 한 추인은 효력이 없다(대판 1982.6.8. 81다107). 다만 법정대리인은 이러한 제한 없이 추인할 수 있다.
(3) 취소할 수 있는 것임을 알아야: 취소권자는 취소할 수 있는 행위임을 알고서 추인하여야 한다.

3. 追認의 方法: 별도의 특정한 방식을 요구하지 않고 추인한다는 의사가 전달되는 것으로 족하다. 명시적일 필요는 없으며 묵시적으로도 가능하다.

4. 追認의 效果: 더 이상 취소할 수 없고 완전히 유효한 것으로 확정된다.

5. 取消 後의 追認 - 無效行爲의 追認의 性質: 취소한 법률행위는 처음부터 무효인 것으로 간주되므로 취소할 수 있는 법률행위가 일단 취소된 이상 그 후에는 취소할 수 있는 법률행위의 추인에 의하여 이미 취소되어 무효인 것으로 간주된 당초의 의사표시를 다시 확정적으로 유효하게 할 수는 없다. 그러나 무효인 법률행위의 추인의 요건과 효력으로서 추인할 수는 있다. 따라서 일단 유효하게 취소되어 당초의 의사표시가 무효로 된 후에 추인한 경우 그 추인이 효력을 가지기 위하여는 그 무효 원인이 소멸한 후여야 한다. 따라서 예컨대 강박에 의한 의사표시를 취소하였다가 다시 추인한 경우에는 당초의 의사표시의 성립 과정에 존재하였던 취소의 원인이 종료된 후, 즉 강박 상태에서 벗어난 후여야 한다(대판 1997.12.12. 95다38240).

第145條【法定追認】 取消할 수 있는 法律行爲에 關하여 前條의 規定에 依하여 追認할 수 있는 後에 다음 各號의 事由가 있으면 追認한 것으로 본다. 그러나 異議를 保留한 때에는 그러하지 아니하다.
1. 全部나 一部의 履行
2. 履行의 請求
3. 更改
4. 擔保의 提供
5. 取消할 수 있는 行爲로 取得한 權利의 全部나 一部의 讓渡
6. 强制執行

法定追認

1. 意義: 법정추인은 취소할 수 있는 법률행위에 관하여 일정한 사유가 있을 때 취소권자의 의사여부를 불문하고 법률상 당연히 추인한 것으로 간주하는 제도로서, 법률행위의 상대방 및 거래안전을 보호하기 위한 제도이다. 일반적인 추인이 취소할 수 있는 행위임을 알고 취소권자가 별도의 의사표시인 추인을 해야 하는 데 반하여, 법정추인은 취소할 수 있는 행위임을 알 필요 없이 본조 소정의 사유가 있으면 당연히 추인한 것으로 법률상 간주된다.

2. 要件: 취소의 원인이 종료한 후에, 이의를 달지 아니하고, 제145조 각 호에 열거한 사유가 발생하여야 한다.

(1) 전부나 일부의 이행-제1호: 취소권자가 상대방에게 취소할 수 있는 법률행위로부터 생긴 채무의 전부 또는 일부를 이행한 경우뿐만 아니라 상대방이 이행한 것을 취소권자가 수령한 경우를 포함한다. 여기서 취소할 수 있는 법률행위란 법률행위가 개별적인 경우는 당해 행위 그 자체를 말하는 것이다. 따라서 일시에 여러 장의 당좌수표를 발행하는 경우 매수표의 발행행위는 각각 독립된 별개의 법률행위이고 그 수표금 채무도 수표마다 별개의 채무가 되는 것이라 할 것이므로 피고가 위 당좌수표 3매와 함께 원고에게 발행, 교부한 액면 금 20,000,000원의 당좌수표가 거래은행에서 지급되게 하였다고 하여 위 나머지 당좌수표 3매의 수표금 채무의 일부를 이행한 것이라고 할 수 없다(대판 1996.2.23. 94다58438).

(2) 이행의 청구-제2호: 취소권자가 채권자로서 상대방에게 이행을 청구하는 경우는 해당하나, 상대방으로부터 이행청구를 받는 것은 법정추인사유에 해당하지 않는다. 여기의 청구에는 재판상 청구는 물론이고 재판 외의 청구를 포함한다.

(3) 경개-제3호: 취소할 수 있는 법률행위에서 생긴 채권 또는 채무를 소멸시키고 다른 채권 또는 채무를 발생시키는 약정의 경개를 한 경우는, 경개 그 자체가 채권 또는 채무를 소멸시키는 실질적인 권리 행사가 있는 것이기 때문에 경개는 취소할 수 있는 법률행위에 대하여 추인 있는 것으로 간주한다. 취소권자가 채권자이든 채무자이든 관계가 없다.

(4) 담보의 제공-제4호: 취소권자가 담보를 제공하는 경우뿐만 아니라 담보를 제공받는 경우도 모두 포함된다. 여기서 담보란 물적담보와 인적담보 모두를 의미한다.
(5) 취소할 수 있는 행위로 취득한 권리의 전부나 일부의 양도-제5호: 권리를 양도한 것은 실질적인 처분을 한 것이므로 추인한 것으로 간주한다. 취소권자가 양도한 경우만을 말한다. 취득한 권리에 관하여 제한물권을 설정하는 경우도 처분에 해당하여 이를 포함한다.
(6) 강제집행-제6호: 취소권자가 채권자로서 집행한 경우뿐만 아니라 채무자로서 집행을 당한 경우에도 소송상 이의를 제기할 수 있으므로 이를 하지 않은 경우에는 처분한 것이 되어 추인한 것으로 간주한다.
3. 效果: 취소할 수 있는 법률행위에 대하여 추인한 것으로 간주되기 때문에 그 법률행위는 유효한 것으로 확정되고 더 이상 취소할 수 없다.

第146條【取消權의 消滅】 取消權은 追認할 수 있는 날로부터 3年內에 法律行爲를 한 날로부터 10年內에 行使하여야 한다.

取消權의 行使期間

1. 意義: 취소권은 추인할 수 있는 날로부터 3년, 법률행위를 한 날로부터 10년 내에 행사하여야 한다. 어느 기간이나 먼저 만료하면 취소권은 소멸한다. 이는 취소할 수 있는 법률행위에 의한 법률관계를 조속히 확정함으로써 상대방을 보호하고 거래안전을 도모하기 위함이다.
2. 法的 性質: 취소권은 형성권으로서 그 기간은 제척기간이다. 따라서 그 기간의 도과여부는 당사자의 주장과 관계없이 법원이 당연히 조사하여 고려하여야 할 사항이다(대판 1996.9.20. 96다25371).
3. 起算點: 추인할 수 있는 날과 법률행위를 한 날이 기산일이다.
(1) 추인할 수 있는 날: 〈추인할 수 있는 날〉은 취소의 원인이 종료되어 취소권행사에 관한 장애가 없어져서 취소권자가 취소의 대상인 법률행위를 추인할 수도 있고 취소할 수도 있는 상태가 된 때를 가리킨다. 따라서 취소원인이 종료되기 전에 한 추인, 예컨대 강박에서 벗어나지 아니한 상태에서 한 추인은 추인으로서의 효력이 없다(대판 1982.6.8. 81다107).
(가) 행위자 본인의 경우: 미성년자가 성년자로 된 때, 한정치산자와 금치산자는 한정치산선고취소선고, 금치산선고취소선고를 받은 때, 착오를 안 때, 사기당한 것을 안 때, 강박으로부터 벗어난 때이다.
(나) 무능력자의 법정대리인의 경우: 무능력자가 법률행위를 한 것을 법정대리인이 안 때이다.
(다) 기타 문제되는 구체적인 사례
① 계엄사령부 합동조사본부 수사관들의 강박에 의하여 부동산에 관한 증여계약이 이루어진 후 증여를 원인으로 한 소유권이전등기를 하기로 제소전화해를 하여 그 화해조서에 기하여 소유권이전등기가 경료된 경우, 비상계엄령의 해제로 강박 상태에서 벗어난 후 위 증여계약을 취소한다 하더라도, 위 제소전화해조서의 기판력이 존속하는 동안에는, 재산권을 원상회복하는 실효를 거둘 수 없어 강박에 의하여 이루어진 부동산에 관한 증여계약을 취소하는 데 법률상 장애가 존속되고 있다고 보아야 하고, 따라서 제소전화해조서를 취소하는 준재심사건 판결이 확정되어 위 제소전화해조서의 기판력이 소멸된 때부터 민법 제146조 전단에 규정한 3년의 취소기간이 진행된다(대판 1998.11.27. 98다7421).
② 친족회가 추인할 수 있는 날이란 친족회원이 매매사실을 안 날이 아니고 동인이 매매사실을 들은 후 지체 없이 친족회 소집절차를 밟았더라면 친족회 소집이 가능한 날이라고 보아야 하며 또한 친족회가 실제로 소집된 날로 볼 것도 아니다(대판 1979.11.27. 79다396).
(2) 법률행위를 한 날: 법률행위를 한 날로부터 10년이 만료하면 취소권이 소멸한다.
4. 效果
(1) 당해 법률행위: 취소하면 소급적으로 소멸하나, 취소권의 행사기간이 지난 경우에는 더 이

상 취소할 수 없어 당해 법률행위는 확정적으로 유효하게 된다.
(2) 강박·사기의 경우의 취소권행사기간 도과한 후의 불법행위에 의한 청구-불가: 원고가 피고들의 강박행위에 의하여 피고들에게 금원을 교부하였다는 이유로 그 의사표시를 취소하고 피고들에 대하여 부당이득반환 또는 불법행위로 인한 손해배상을 구하는 사건에 있어서 강박상태에서 벗어한 날로부터 3년의 제소기간이 경과함으로써 원고의 취소권은 소멸하였다 할 것이고, 또한 그 무렵에는 피고들의 위와 같은 강박행위가 위법 한 것임을 알고 이를 이유로 손해배상청구소송을 제기할 수 있었다 할 것 이어서 불법행위를 원인으로 한 손해배상청구권 역시 위 제소일로부터 3년의 소멸시효기간이 경과함으로 인하여 소멸하였다(대판1990.11.13. 90다카17153).
(3) 취소권의 행사로 발생한 청구권의 존속기간-별도 적용: 법률행위를 취소하여 발생한 목적물의 반환청구권(부당이득)의 존속기간은 별도로 진행되는지 아니면 본조의 제척기간 내에 행사하여야 하는지가 문제된다. 법률행위의 취소권의 행사로 발생한 효과인 부당이득반환청구권은 별도로 진행된다. * 환매권은 일종의 형성권으로서 그 존속기간 내에 재판상이든 재판 외이든 행사하면 이로써 매매의 효력이 생기는 것이고, 환매권의 행사로 발생한 소유권이전등기청구권은 위 기간 제한과는 별도로 환매권을 행사한 때로부터 일반채권과 같이 민법 제162조제1항 소정의 10년의 소멸시효기간이 진행되는 것이지 위 제척기간 내에 이를 행사하여야 하는 것은 아니라고 보아야 할 것이다(대판 1991.2.22. 90다13420).

第5節 條件과 期限

1. 槪括: 법률행위효과의 발생과 소멸을 제한하기 위해서 당해 법률행위의 내용으로 붙이는 약관을 법률행위의 부관이라 하며, 부관에는 조건, 기한, 부담이 있다. 조건은 법률행위의 효력의 발생 또는 소멸을 장래의 불확실한 사실의 성부에 의존케 하는 법률행위의 부관이고, 기한은 법률행위의 효력의 발생 또는 소멸이 장래에 확실히 발생할 사실에 의존케 하는 법률행위의 부관이며, 부담은 법률행위의 상대방에 일정한 불이익을 지우는 약관이다. 이 세 가지 부관에 관하여 조건과 기한에 관하여는 본절에서 일반적 규정을 두어 규율하고, 부담에 관하여는 개별적으로 규정한다(부담부 증여, 부담부 유증). 조건과 기한은 법률행위의 구성부분으로서 그 내용을 이루는 것이므로, 구체적인 경우에 어떠한 사실이 조건 또는 기한이냐, 또한 그것은 효력이 있느냐 여부 등은 법률행위해석의 문제가 된다.

2. 構成

(1) 조건성취의 효과: 제147조
(2) 조건부 권리의 내용: 제148조, 제149조
(3) 조건에 대한 반신의행위: 제150조
(4) 불법조건, 성취조건: 제151조
(5) 기한도래의 효과: 제152조
(6) 기한이익의 포기: 제153조
(7) 기한부 권리에 준용규정: 제154조

第147條 【條件成就의 效果】 ①停止條件 있는 法律行爲는 條件이 成就한 때로부터 그 效力이 생긴다.
②解除條件 있는 法律行爲는 條件이 成就한 때로부터 그 效力을 잃는다.
③當事者가 條件成就의 效力을 그 成就前에 遡及하게 할 意思를 表示한 때에는 그 意思에 依한다.

條件 成就의 效果

1. 條件의 成立: 조건은 그 성취 여부가 불확실한 장래의 사실을 말한다. 이러한 조건이 붙은 법

률행위는 그 조건의 성취 여부에 의하여 법률행위가 효력이 발생하거나 또는 소멸하게 된다. 조건으로 되기 위하여는 아래의 요건을 충족하여야 한다:

(1) 성부가 불확실한 장래의 사실: 그것이 성취될지 여부에 대하여 누구에게도(객관적으로) 불확실한 사실이어야 한다.

(2) 장래의 사실: 장래의 사실이어야 한다.

(3) 당사자가 임의로 정한 것: 당사자가 임의로 정한 것이어야 한다.

(4) 조건의사의 표시: 조건은 법률행위의 부관으로서 당해 법률행위를 구성하는 의사표시의 일체적인 내용을 이루는 것이므로, 의사표시의 일반원칙에 따라 조건을 붙이고자 하는 의사, 즉 조건의사와 그 표시가 있어야 한다. 따라서 조건의사가 있더라도 그것이 외부에 표시되지 않으면 법률행위의 동기에 불과할 뿐이고 그것만으로는 법률행위의 부관으로서의 조건이 되는 것은 아니다(대판 2003.5.13. 2003다10797).

2. 條件의 種類: 조건은 여러 가지 기준으로 분류할 수 있는데, 의의를 가지는 분류는 그 조건이 조건으로 유효하냐 여부가 관건이다.

(1) 정지조건과 해제조건: 법률행위의 효력을 그 성취에 의하여 발생케 하는 조건이 정지조건이고, 이미 발생한 법률행위의 효력을 그 성취에 의하여 소멸하게 하는 조건이 해제조건이다.

(가) 정지조건: 재산분할에 관한 협의는 혼인 중 당사자 쌍방의 협력으로 이룩한 재산의 분할에 관하여 이미 이혼을 마친 당사자 또는 아직 이혼하지 않은 당사자 사이에 행하여지는 협의를 가리키는 것인바, 그 중 아직 이혼하지 않은 당사자가 장차 협의상 이혼할 것을 약정하면서 이를 전제로 하여 위 재산분할에 관한 협의를 하는 경우에 있어서는 특별한 사정이 없는 한, 장차 당사자 사이에 협의상 이혼이 이루어질 것을 조건으로 하여 조건부 의사표시가 행하여지는 것이라 할 것이므로, 그 협의 후 당사자가 약정한대로 협의상 이혼이 이루어진 경우에 한하여 그 협의의 효력이 발생하는 것이지, 어떠한 원인으로든지 협의상 이혼이 이루어지지 아니하고 혼인관계가 존속하게 되거나 당사자 일방이 제기한 이혼청구의 소에 의하여 재판상이혼(화해 또는 조정에 의한 이혼을 포함한다.)이 이루어진 경우에는, 위 협의는 조건의 불성취로 인하여 효력이 발생하지 않는다(대판 2003.8.19. 2001다14061).

(나) 해제조건: 약혼예물의 수수는 혼인 불성립을 해제조건으로 하는 증여와 유사한 성질의 것이므로, 시어머니가 며느리에게 교부한 약혼예물은 그 혼인이 성립되어 상당 기간 지속된 이상 며느리의 소유이다(대판 1994.12.27. 94므895).

(2) 수의조건과 비수의조건: 당사자의 의사에 의해 성취여부가 좌우되는 조건이 수의조건인데, 이 중에서 모든 것이 당사자의 의사에서만 좌우되는 조건인 순수수의조건은 무효이나, 당사자의 의사와 다른 사실상태도 같이 결합된 단순수의조건은 조건으로서 유효하다. 당사자의 의사와는 관계없이 성부가 결정되는 조건이 비수의조건으로 이는 조건으로 유효하다. * 매매 당사자들이 유치원 부지에 대하여 유치원을 다른 곳으로 이전하거나 폐원함으로써 매매 목적 토지 상에 유치원이 존재하지 않을 것을 조건으로 하여 매매계약을 체결한 경우, 당해 유치원의 이전이나 폐원이 불가능하지 않다면 그 매매계약은 효력이 있다(대판 1997.5.28. 97다10857).

(3) 기성조건-제151조: 이미 성취된 사실을 조건으로 한 것으로, 이는 법률적인 의미에서는 조건이 아니다. 기성조건을 정지조건으로 한 법률행위는 조건 없는 법률행위가 되고, 기성조건을 해제조건으로 한 법률행위는 무효이다.

(4) 불능조건-제151조: 객관적으로 그 성취가 불가능한 사실을 내용으로 한 조건이 불능조건으로, 이를 정지조건으로 한 법률행위는 무효이고, 해제조건으로 한 법률행위는 조건 없는 법률행위가 된다.

3. 條件에 親하지 않는 法律行爲: 조건부 법률행위는 장래의 불확실한 사실의 성취 여부에 효력이 좌우되므로 그 효력이 불안정하다. 따라서 당해 법률행위의 성질상 그 효력이 불안정하여서는 아니 되는 법률행위에는 조건을 붙일 수 없고, 이러한 법률행위가 조건에 친하지 아니한 법률행위이다. 조건에 친하지 않는 법률행위에 조건을 붙인 경우에는 그 법률행위는 원칙적으로 전부가 무효가 된다(대판 2005.11.8. 2005마541).

(1) 단독행위: 단독행위의 경우는 조건에 의하여 상대방의 지위가 불안정하게 되어 부당하기 때문에 원칙적으로 조건을 붙일 수 없다. 그러나 상대방의 동의가 있는 경우, 채무면제 또는 유증처럼 상대방에게 이익만 주는 경우, 상대방이 결정할 수 있는 사실을 조건으로 하는 경우에는 상대방의 지위나 이익을 해하지 않으므로 단독행위라도 조건을 붙일 수 있다. * 계약당사자의 일방이 상대방에게 대하여 일정한 기간을 정하여 그 기간 내에 이행이 없을 때에는 계약을 해제하겠다는 의사표시를 한 경우에는 위의 기간경과로 그 계약은 해제된 것으로 해석하여야 할 것이다(대판 1970.9.29. 70다1508).

(2) 신분행위: 혼인, 이혼, 입양, 파양, 인지, 상속의 승인과 포기 등 신분행위에는 원칙적으로 조건을 붙일 수 없다. 다만 유언은 조건을 붙일 수 있다(1073조2항).

(가) 부부관계의 종료를 해제조건으로 한 증여계약-계약 자체가 무효: 부부관계의 종료를 해제조건으로 하는 증여계약은 그 조건만이 무효인 것이 아니라 증여계약 그 자체가 무효이다(대판 1966.6.21. 66다530).

(나) 약혼 예물-혼인의 불성립을 해제조건으로 하는 증여: 약혼예물의 수수는 약혼의 성립을 증명하고 혼인이 성립한 경우 당사자 내지 양가의 정리를 두텁게 할 목적으로 수수되는 것으로 혼인의 불성립을 해제조건으로 하는 증여와 유사한 성질을 가진다(대판 1996.5.14. 96다5506).

(3) 어음 및 수표행위: 어음과 수표는 그 유통성을 본질로 하므로 효력이 확정적으로 발생하기 위해서는 객관적 획일성이 요구되므로 조건을 붙일 수 없다. 다만 어음보증의 경우 조건을 붙이더라도 어음거래의 안정성을 해하지 아니하므로 허용된다. * 어음법상 보증의 경우에는 발행 및 배서의 경우와 같이 단순성을 요구하는 명문의 규정이 없을 뿐만 아니라, 부수적 채무부담행위인 점에서 보증과 유사한 환어음 인수에 불단순인수를 인정하고 있음에 비추어 어음보증에 대하여 환어음 인수의 경우 보다 더 엄격하게 단순성을 요구함은 균형을 잃은 해석이고 또 조건부 보증을 유효로 본다고 하여 어음거래의 안전성이 저해되는 것도 아니므로 조건을 붙인 불단순 보증은 그 조건부 보증의 문언대로 보증인의 책임이 발생한다(대판 1986.9.9. 84다카2310).

4. 條件 成就에 대한 立證責任 - 성취 주장자에게: 정지조건부 법률행위에 해당한다는 사실은 법률행위의 효력을 다투려는 자에게 입증책임이 있으나, 조건이 성취되었다는 사실은 그 성취를 주장하는 자에게 입증책임이 있다(대판 1993.9.28. 93다20832). 따라서 원고가 피고 교회의 담임 목사직을 자진 은퇴하겠다는 의사를 표명한 데 대하여 피고 교회에서 은퇴위로금으로 이건 부동산을 증여하기로 한 것이라면 이 증여는 원고의 자진사임을 조건으로 한 증여라고 보아야 할 것이므로 원고가 위 증여계약을 원인으로 피고에게 소유권이전등기를 구하려면 적어도 그 후 자진사임함으로써 그 조건이 성취되었음을 입증할 책임이 있다(대판 1984.9.25. 84다카967).

5. 條件成就의 效果 - 效果發生 時期

(1) 정지조건-제1항: 정지조건 붙은 법률행위는 조건이 성취하면 그때로부터 효력이 발생하고, 불성취로 확정되면 무효로 된다.

(2) 해제조건-제2항: 해제조건 붙은 법률행위는 조건이 성취하면 그때로부터 효력을 잃고, 불성취로 확정되면 효력은 소멸하지 않는 것으로 확정된다.

(3) 비소급효가 원칙-제3항: 조건성취의 효력은 소급하지 않는 것이 원칙이다. 그러나 당사자의 특약으로 소급효를 주면 소급하여 효력이 있다. 즉 정지조건의 경우는 법률행위시부터 효력을 가지게 할 수 있다. 해제조건의 경우 법률행위시에 소급하여 무효로 할 수 있다. 그러나 소급효로 제3자의 권리를 해하지는 못한다.

第148條 【條件附權利의 侵害禁止】 條件 있는 法律行爲의 當事者는 條件의 成否가 未定한 동안에 條件의 成就로 因하여 생길 相對方의 利益을 害하지 못한다.

第149條 【條件附權利의 處分等】 條件의 成就가 未定한 權利義務는 一般規定에 依하여 處分, 相續, 保存 또는 擔保로 할 수 있다.

條件附 權利

1. 法的 性質 - 期待權的 性質: 조건의 성취 또는 불성취가 미정인 동안에 조건부 법률행위의 효력은 확정되지 않았으므로, 당사자는 확정적으로 권리를 취득하지 못하지만 장차 조건의 성취로 취득하게 될 권리에 대한 기대이익을 가진다. 이를 조건부 권리라고 하며, 이는 일종의 기대권으로서 이러한 기대권도 민법이 보호하고 있다.

2. 條件成否 確定 前의 效力 - 침해의 금지 - 제148조: 조건의 성취 또는 불성취가 미정인 동안에 조건의 성취로 인하여 생길 상대방의 이익을 해하지 못한다.

(1) 침해에 대한 구제: 조건부 권리가 침해된 경우에는 일반원칙에 따라 제750조의 불법행위에 의한 손해배상청구권을 행사할 수 있다. 또한 조건부 권리를 침해하는 처분행위를 한 때에는 그러한 처분행위는 무효이다.

(2) 제3자 보호-목적물이 동산과 부동산의 경우: 제3자에 대해서는 조건부 권리의 목적이 부동산일 경우에 가등기를 하여야 대항할 수 있으며, 동산일 경우에는 선의취득에 의하여 제3자의 이익은 보호된다. * 해제조건부 증여로 인한 부동산소유권이전등기를 마쳤다 하더라도 그 해제조건이 성취되면 그 소유권은 증여자에게 복귀한다고 할 것이고, 이 경우 당사자간에 별단의 의사표시가 없는 한 그 조건성취의 효과는 소급하지 아니하나, 조건성취 전에 수증자가 한 처분행위는 조건성취의 효과를 제한하는 한도 내에서는 무효라고 할 것이고, 다만 그 조건이 등기되어 있지 않는 한 그 처분행위로 인하여 권리를 취득한 제3자에게 위 무효를 대항할 수 없다(대판 1992.5.22. 92다5584).

3. 條件附 權利의 實現 - 제149조: 조건의 성취가 미정인 동안의 권리와 의무도 일반규정에 의하여 처분, 상속, 보존 및 담보로 할 수 있다.

(1) 가처분의 피보전의 대상: 가처분이란 장래의 집행불능 또는 곤란을 예방하기 위한 것이므로, 그 피보전권리는 가처분신청 당시 확정적으로 발생되어 있어야 하는 것은 아니고 이미 그 발생의 기초가 존재하고 그 내용이나 주체 등을 특정할 수 있을 정도의 요건만 갖추어져 있으면, 조건부·부담부 청구권이라 할지라도 그 피보전권리로 될 수 있다(대판 2002.8.23. 2002다1567).

(2) 피전부의 대상: 피전부채권이 정지조건부 채권인 경우에는 전부명령도 정지조건이 성취된 때에 효력이 생기므로 위 전부명령을 받아 집행된 것 만으로서는 곧 채무자의 채무변제가 있는 것으로 되어 확정적으로 채권자의 채권이 소멸한 것으로 간주할 수 없다(대판 1978.5.23. 78다441).

(3) 소유권유보부 매매: 할부거래법에 의한 할부거래의 목적물은 소유권유보부 매매로 대금이 완납되기 전까지는 매수인은 당해 목적물에 대하여 조건부 소유권을 가지는 바, 매수인은 이 목적물을 처분, 상속, 담보로 제공할 수 있다.

> **第150條【條件成就, 不成就에 對한 反信義行爲】** ①條件의 成就로 因하여 不利益을 받을 當事者가 信義誠實에 反하여 條件의 成就를 妨害한 때에는 相對方은 그 條件이 成就한 것으로 主張할 수 있다.
> ②條件의 成就로 因하여 利益을 받을 當事者가 信義誠實에 反하여 條件을 成就시킨 때에는 相對方은 그 條件이 成就하지 아니한 것으로 主張할 수 있다.

條件의 成就로 擬制

1. 意義: 일정한 경우에 조건의 성취 또는 불성취로 의제되는 경우가 있다. 본조는 성취·불성취로 의제되는 경우를 명기한다.

2. 擬制의 要件

(1) 성취를 방해한 때-제1항: 조건부 법률행위의 효력에 대하여 조건의 성취로 인하여 불이익을 받을 당사자가 신의성실에 반하여 조건의 성취를 방해한 때에는 조건의 성취로 의제된다.

(2) 신의에 반한 행위로 성취-제2항: 조건의 성취로 이익을 받을 자가 신의성실에 반한 행위로 조건을 성취시킨 때에는 조건이 성취되지 아니한 것으로 의제된다.

3. 擬制 時點: 행위시점이 의제되는 시점이다. 예컨대 조건이 성취되는 것으로 의제되는 시점은 신의성실에 반하는 행위가 없었더라면 조건이 성취되었으리라고 추산되는 시점이다(대판 1998.12.22. 98다42356).

4. 具體的 事例

(1) 공사대금 채무자의 공사 방해: 상대방이 하도급받은 부분에 대한 공사를 완공하여 준공필증을 제출하는 것을 정지조건으로 하여 공사대금채무를 부담하거나 위 채무를 보증한 사람은 위 조건의 성취로 인하여 불이익을 받을 당사자의 지위에 있다고 할 것이므로, 이들이 위 공사에 필요한 시설을 해주지 않았을 뿐만 아니라 공사장에의 출입을 통제함으로써 위 상대방으로 하여금 나머지 공사를 수행할 수 없게 하였다면, 그것이 고의에 의한 경우만이 아니라 과실에 의한 경우에도 신의성실에 반하여 조건의 성취를 방해한 때에 해당한다고 할 것이므로, 그 상대방은 민법 제150조제1항의 규정에 의하여 위 공사대금채무자 및 보증인에 대하여 그 조건이 성취된 것으로 주장할 수 있다(대판 1998.12.22. 98다42356).

(2) 강제집행 목적물의 손괴·은익: 채권자가 집행력 있는 채무명의에 터잡아 강제집행을 개시한 것을 알면서 채무자가 그 강제집행의 목적물을 손괴·은닉하는 등의 방법으로 그 강제집행의 실행을 방해하였다면 그 행위는 그 집행채권자에 대하여 불법행위를 구성하게 되는 것이며 그 이치는 강제집행의 목적물이 금전채권인 경우에도 마찬가지로 적용될 터인바, 금전채권에 대한 집행의 한 방법인 압류·전부명령은 실질적으로 채권자평등주의 원칙의 예외를 이루는 집행방법으로서, 조건부 채권이나 기한부 채권 등 장래의 채권에 대한 전부명령의 경우 전부명령이 채무자와 제3채무자에게 송달되어 확정되면 전부의 효력이 생기고 조건의 성취나 기한의 도래에 따라 그 채권이 구체화되는 데에 따라 그의 효력 범위가 특정되는 것이기에, 채무초과 상태에 빠진 채무자가 그 전부명령에 의한 강제집행개시 사실을 알고서 그 조건성취나 기한의 도래를 방해하는 행위를 하였다면 그 행위는 전부명령에 의한 채권에 대한 강제집행을 방해한 것이 된다(대판 2002.1.25. 99다53902).

(3) 승소 불가능한 소송의 취하: 소취하시는 승소로 간주하여 사금을 지급한다는 변호사와 사건 의뢰인 간의 특약은 의뢰인의 신의에 반한 행위를 제지하기 위한 것이므로, 승소의 가망 있는 소송을 부당하게 취하하여 변호사의 조건부 권리를 침해하는 경우에 한하여 적용되고, 승소 가망이 전혀 없는 소송취하의 경우에는 적용이 없다(대판 1979.6.26. 77다2091).

(4) 당사자가 불확정한 사실이 발생한 때를 이행기한으로 정한 경우에는 그 사실이 발생한 때는 물론 그 사실의 발생이 불가능하게 된 때에도 이행기한은 도래한 것으로 보아야 한다(대판 2002.3.29. 2001다41766).

5. 效果

(1) 상대방은 조건의 성취 또는 불성취 주장: 조건의 성취 또는 불성취를 주장할 수 있다.

(2) 불법행위에 의한 손해배상청구: 상대방은 신의위반행위에 의한 조건부 권리의 침해(148조)를 이유로 불법행위에 의한 손해배상을 청구할 수 있다.

第151條【不法條件, 旣成條件】 ①條件이 善良한 風俗 其他 社會秩序에 違反한 것인 때에는 그 法律行爲는 無效로 한다.
②條件이 法律行爲의 當時 이미 成就한 것인 境遇에는 그 條件이 停止條件이면 條件 없는 法律行爲로 하고 解除條件이면 그 法律行爲는 無效로 한다.
③條件이 法律行爲의 當時에 이미 成就할 수 없는 것인 境遇에는 그 條件이 解除條件이면 條件 없는 法律行爲로 하고 停止條件이면 그 法律行爲는 無效로 한다.

不法條件, 旣成條件

1. 意義: 조건은 장래에 성취 여부가 불확실하여야 하며, 그 내용은 선량한 풍속 기타 사회질서에 반하지 아니하여야 한다. 그러함에도 조건의 내용이 선량한 풍속 기타 사회질서에 반하거나

강행법규에 반하는 경우, 조건이 이미 성취된 것을 조건으로 한 법률행위의 효력은 어떤 것이지 문제된다. 이와 같이 불법조건, 기성조건부 법률행위에 대하여 규정한다.

2. 不法條件附 法律行爲 - 제1항: 조건이 선량한 풍속 기타 사회질서에 위반한 것인 때에는 그 법률행위 자체가 무효이다. 불능조건이 정지조건이든 해제조건이든 당해 법률행위 자체가 무효이다.

3. 旣成條件附 法律行爲 - 제2항: 이미 성취된 사실을 내용으로 하는 조건이 붙은 법률행위는, 조건이 정지조건이면 조건 없는 법률행위가 되고, 해제조건이면 조건의 성취로 이미 법률행위의 효력이 없기 때문에 그 법률행위는 무효이다.

4. 不能條件附 法律行爲 - 제3항: 객관적으로 그 성취가 불가능한 사실을 내용으로 한 조건이 불능조건이다. 불능조건은 성취가 불가능하기 때문에, 이를 정지조건으로 한 경우는 유효하게 되는 것이 불가능하므로 당해 법률행위는 무효이고, 해제조건으로 한 법률행위는 효력이 없어질 수 없으므로 조건 없는 법률행위가 된다.

第152條【期限到來의 效果】 ①始期 있는 法律行爲는 期限이 到來한 때로부터 그 效力이 생긴다.
②終期 있는 法律行爲는 期限이 到來한 때로부터 그 效力을 잃는다.

期限

1. 意義: 기한은 법률행위의 당사자가 그 효력의 발생과 소멸을 장래에 발생하는 것이 확실한 사실에 따르게 하는 법률행위의 부관을 말한다. 장래사실의 발생이 확정적이라는 점에서 발생이 불확정적인 조건과는 다르다.

2. 期限의 種類

(1) 시기와 종기: 법률행위 효력의 발생시기를 정하는 기한이 시기이고, 법률행위의 효력의 소멸시기를 정하는 기한이 종기이다.

(2) 확정기한과 불확정기한: 도래시기가 확정되어 있는 기한이 확정기한이고, 도래시기가 확정되어 있지 않은 기한이 불확정기한이다. 확정기한의 사실은 그 사실의 발생이 객관적으로 명백하나, 불확정기한의 사실은 경우에 따라서는 객관적으로 명백하지 아니하기 때문에 그 부관이 불확정기한인지 조건인지 여부의 판단이 문제가 된다.

(가) 불확정기한과 조건의 구별: 불확정기한은 그 도래의 시기가 객관적으로 명백하지 아니하지만 도래하는 것은 확실하나, 조건은 본질적으로 성취 여부가 불확실하기 때문에 그 구별이 쉽지 아니하다. 따라서 이 구별은 당사자 사이에 장래 반드시 법률효과를 발생시키려는 의사가 있었느냐 여부의 해석에 의한다. 그리고 부관에 표시된 사실이 발생하지 아니하면 채무를 이행하지 아니하여도 된다고 보는 것이 상당한 경우에는 조건으로 보아야 하고, 표시된 사실이 발생한 때에는 물론이고 반대로 발생하지 아니하는 것이 확정된 때에도 그 채무를 이행하여야 한다고 보는 것이 상당한 경우에는 표시된 사실의 발생 여부가 확정되는 것을 불확정기한으로 정한 것으로 보아야 한다(대판 2003.8.19. 2003다24215).

(나) 개별적 문제

① 당사자가 불확정한 사실이 발생한 때를 이행기한으로 정한 경우에 있어서 그 사실이 발생한 때는 물론 그 사실의 발생이 불가능하게 된 때에도 이행기한은 도래한 것으로 보아야한다(대판 1989.6.27. 88다카10579).

② 부관이 붙은 법률행위에 있어서 또한 이미 부담하고 있는 채무의 변제에 관하여 일정한 사실이 부관으로 붙여진 경우에는 특별한 사정이 없는 한 그것은 변제기를 유예한 것으로서 그 사실이 발생한 때 또는 발생하지 아니하는 것으로 확정된 때에 기한이 도래한다(대판 2003.8.19. 2003다24215).

③ 건축설계계약시 잔금은 공사착공시 지급하고 다만 공사착공이 건축허가일로부터 6개월을 초과하는 경우에는 허가일로부터 6개월 내에 지급하기로 약정한 경우, 잔금지급 약정의 경위와 계

약의 목적 등에 비추어 볼 때, 계약체결 당시 계약이나 잔금지급채무의 효력을 공사착공 또는 건축허가의 성부에 의존케 할 의사로 위와 같이 약정하였다고 볼 수는 없고, 단지 잔금지급채무를 장래 도래할 시기가 확정되지 아니한 때로 유예 또는 연기한 것으로서 잔금지급채무의 시기에 관하여 불확정기한을 정한 것이다(대판 1999.7.27. 98다23447).

④ 일반적으로 건축 중인 상가건물의 특정점포를 임차하면서 계약서에 그 점포의 인도시기(입점시기)를 기재하지 아니하고 건물의 준공예정일에 관한 설명만을 듣고서 그 점포에 관한 임대차계약을 체결한 경우, 그 점포의 인도시기에 관하여 당사자의 합리적인 의사는 확정기한을 이행기로 정한 것이라고 보기는 어렵고 불확정기한을 이행기로 정하는 합의가 이루어진 것으로 보아야 할 것이고, 그 불확정기한의 내용은 그 건설공사의 진척상황 및 사회경제적 상황에 비추어 예상할 수 있는 합리적인 공사지연기간이 경과한 때라고 하는, 매우 폭 넓고 탄력적인 것으로 보아야 한다(대판 2000.11.28. 2000다79360).

3. 期限을 붙일 수 없는 法律行爲: 조건을 붙이지 못하는 법률행위와 대체로 같으나, 조건에서와는 다른 것이 가족법상의 행위인 혼인, 이혼, 입양 등과 같이 법률행위의 효과가 곧 발생할 것이 요구되는 행위에는 조건과 시기를 붙이지 못하나, 어음·수표행위의 경우에는 조건을 붙이지 못하나 시기는 붙일 수 있다. 그리고 상계 등 소급효과가 있는 행위에도 시기를 붙이지 못한다.

4. 期限到來의 發生時期 - 제152조: 기한이 시기나 종기 어느 것이나 도래로 그에 따른 효과가 생기고, 특약에 의하여 소급효는 인정되지 아니한다.

(1) 시기부 법률행위-제1항: 기한이 도래한 때로부터 그 효력이 생긴다.

(2) 종기부 법률행위-제2항: 기한이 도래한 때로부터 그 효력을 잃는다.

第153條【期限의 利益과 그 抛棄】 ①期限은 債務者의 利益을 爲한 것으로 推定한다. ②期限의 利益은 이를 抛棄할 수 있다. 그러나 相對方의 利益을 害하지 못한다.

期限의 利益

1. 意義: 기한의 이익은 기한이 도래하지 않음으로써 당사자가 받는 이익을 말한다. 기한의 이익이 어느 당사자를 위하여 존재하는지 불분명한 경우에는 채무자의 이익을 위하여 존재하는 것으로 추정된다(1항). 그러므로 기한의 이익이 채권자 또는 쌍방을 위하여 존재하는 경우에는 이를 주장하는 자에게 입증책임이 있다.

2. 期限의 利益의 抛棄 - 제2항: 기한의 이익이 당사자 일방에게 있는 경우에는 이익 향수자가 포기할 수 있음은 당연하다(본문). 이익이 쌍방에게 있는 경우에는 일방이 상대방의 손해를 배상하고 포기할 수 있다(단서).

3. 期限의 利益의 喪失

(1) 상실 사유-제388조 등

(가) 채무자가 담보를 손상, 감소 또는 멸실하게 한 때(388조1항)

(나) 채무자가 담보제공의 의무를 이행하지 아니한 때(388조2항)

(다) 채무자가 파산의 선고를 받은 경우(채무자 회생 및 파산에 관한 법률 425조)

(2) 상실 효과: 민법상 기한이익의 상실사유가 발생하면 기한의 이익을 주장하지 못한다. 그러나 기한의 이익을 주장하지 못할 뿐 기한의 도래가 의제되는 것은 아니므로 기한이익의 상실사유가 발생하여도 기한 전이면 이행의 청구를 하여야 비로소 기한도래의 효과가 발생하여 이행지체가 된다. 반면에 파산법상 기한이익 상실사유가 있는 경우에는 파산선고에 의해 기한의 도래가 의제된다.

(3) 기한이익상실의 특약: 기한이익상실의 특약에는 정지조건부 기한이익상실 특약과 형성권적 기한이익상실 특약의 두 가지로 구분할 수 있다.

(가) 정지조건부 기한이익상실의 특약: 일정한 사유가 발생하면 채권자의 별도의 청구가 없더라도 당연히 기한의 이익이 상실되어 이행기가 도래한다는 특약이 〈정지조건부 기한이익상실의 특

약〉이다.
(나) 형성권적 기한이익상실의 특약: 일정한 사유 발생 후 채권자의 청구 등 채권자의 의사표시가 있어야 비로소 이행기가 도래한다는 특약이 〈형성권적 기한이익상실의 특약〉이다.
(다) 불분명한 경우-형성권적 기한이익상실 특약으로 추정: 기한이익상실의 특약이 위 양자 중 어느 것에 해당하느냐는 당사자의 의사 해석의 문제이지만 일반적으로 기한이익상실의 특약이 채권자를 위하여 둔 것이라는 점에서 명백히 정지조건부 기한이익상실의 특약이라고 볼 만한 특별한 사정이 없는 한 형성권적 기한이익상실의 특약으로 추정한다(대판 2002.9.4. 2002다28340).

第154條【期限附權利와 準用規定】 第148條와 第149條의 規定은 期限 있는 法律行爲에 準用한다.

期限附 權利

1. 法的 性質 - 一種의 期待權: 기한은 장래에 반드시 도래하기 때문에 장차 기한의 도래로 취득하게 될 권리에 대한 강한 기대이익을 가지는데, 이를 기한부 권리라 하며, 이는 일종의 기대권으로서 조건부 권리와 동일하게 보호한다.
2. 期限附 權利에 대한 侵害의 禁止 - 제148조 준용: 기한의 도래로 인하여 생길 상대방의 이익을 해하지 못한다. 만약 그것을 침해하는 경우에는 일반원칙에 따른 불법행위에 의한 손해배상청구권을 행사할 수 있다. 또한 기한부 권리를 침해하는 처분행위를 한 때에는, 그러한 처분행위는 무효이다.
3. 期限附 權利의 實現 - 제149조 준용: 기한의 도래 전의 권리와 의무도 일반규정에 의하여 처분, 상속, 보존 및 담보로 할 수 있다. 다만 이행기(변제기) 도래 전의 채권, 채무는 이미 채권과 채무가 발생하고 있으므로 이 규정을 준용할 필요도 없다.

第6章 期 間

1. 概括: 기간은 어느 시점에서 어느 시점까지의 계속된 시간이다. 기간은 법률사실로서 사건에 속하지만, 다른 법률사실과 결합하여 법률요건의 중요한 법률사실이 되는 경우가 많다. 예컨대 최고기간, 실종기간, 소멸시효기간, 취득시효기간 등이 그것이다. 본장에서 규정하는 기간에 관한 규정은 다른 법률에서도 그대로 적용된다.
2. 構成
(1) 본장의 적용범위: 제155조
(2) 기산점: 제156조-제158조
(3) 기간의 만료점: 제159조, 제160조
(4) 역에 의한 계산: 제161조
(5) 만료점이 공휴일인 경우: 제162조

第155條【本章의 適用範圍】 期間의 計算은 法令, 裁判上의 處分 또는 法律行爲에 다른 定한 바가 없으면 本章의 規定에 依한다.

適用範圍-一般規定

본장의 기간의 계산에 관한 규정은 일반 규정이다. 따라서 다른 법령이나 재판상의 처분 또는 법률행위에서 기간의 계산에 관하여 특별히 정하지 아니한 경우에는 본장의 규정에 의한다.

第156條【期間의 起算點】 期間을 時, 分, 秒로 定한 때에는 卽時로부터 起算한다.

第157條【期間의 起算點】 期間을 日, 週, 月 또는 年으로 定한 때에는 期間의 初日은 算入하지 아니한다. 그러나 그 期間이 午前零時로부터 始作하는 때에는 그러하지 아니하다.

第158條【年齡의 起算點】 年齡計算에는 出生日을 算入한다.

第159條【期間의 滿了點】 期間을 日, 週, 月 또는 年으로 定한 때에는 期間末日의 終了로 期間이 滿了한다.

期間의 起算點과 滿了點

1. 意義: 기간의 기산점은 그 기간이 시단위 이하로 되어 있는 경우와 일단위 이상으로 되어 있는 경우에 달리 한다. 또한 연령의 계산에서도 달리 한다.

2. 起算點

(1) 기간이 시, 분, 초-제156조: 기간을 시, 분, 초로 정한 때에는 자연적 계산에 의하여 즉시로부터 기산한다.

(2) 기간이 일, 주, 월, 년-제157조: 기간을 일, 주, 월 또는 년으로 정한 때에는 기간의 초일(첫날)은 산입하지 아니한다.

(가) 오전 영시 시작-단서: 그 기간이 오전 영시로부터 시작하는 때에는 첫 날이 기산점이 된다.

(나) 초일이 공휴일-초일 기산: 산입되는 초일이 공휴일이라 하더라도 초일부터 기산한다(대판 1982.2.23. 81누204).

(3) 연령-제158조: 연령(나이)계산에는 출생일을 산입(기산일로)한다.

3. 滿了點 - 제159조: 만료점은 기간이 일, 월, 주, 년으로 된 경우에만 문제되는데, 기간을 일, 주, 월, 년으로 정한 때에는 해당되는 말일(끝 날)의 종료, 즉 자정으로 만료한다. * 정년이 53세라 함은 만 53세에 도달하는 날을 말하는 것이라고 보는 것이 상당하다(대판 1973.6.12. 71다2669).

第160條【曆에 依한 計算】 ①期間을 週, 月 또는 年으로 定한 때에는 曆에 依하여 計算한다.
②週, 月 또는 年의 처음으로부터 期間을 起算하지 아니하는 때에는 最後의 週, 月 또는 年에서 그 起算日에 該當한 날의 前日로 期間이 滿了한다.
③月 또는 年으로 定한 境遇에 最終의 月에 該當日이 없는 때에는 그 月의 末日로 期間이 滿了한다.

第161條【공휴일 등과 期間의 滿了點 <개정 2007.12.21>】 期間의 末日이 토요일 또는 공휴일에 該當한 때에는 期間은 그 翌日로 滿了한다. 〈개정 2007.12.21〉

期間의 計算方法과 滿了點이 公休日인 경우

1. 意義: 기간을 시, 분, 초나 일로 정한 때에는 자연적 계산에 의하여 그 기간이 종료되는 시점이 만료 시점이 되는데, 주단위 이상으로 정한 경우에는 일로 계산할 것인지 여부가 문제되고, 만료점이 공휴일인 경우에 특칙을 두고 있다.

2. 計算方法 - 제160조

(1) 기간이 주, 월, 년-제1항: 이를 일로 계산하지 않고 역에 따라 계산한다.

(2) 주, 월, 년의 처음부터 기산하는 때와 중간부터 기산하는 때-제2항: 처음부터 기산하는 때에는 그 주, 월, 년이 종료하는 때에 만료한다. 예컨대 월요일부터 1주간은 일요일 만료인 자정이

고, 4월 1일부터 한 달은 4월 30일이고, 1월 1일부터이면 12월 31일이다. 그런데 중간부터인 경우, 예컨대 화요일부터 1주일은 기산일인 그 다음 화요일 전일인 월요일이며, 4월 3일부터 한 달은 5월 2일이며, 3월 7일부터 1년은 그 다음해 3월 6일이다. 그런데 연령에서는 생일에 해당하는 날을 만료점으로 본다(대판 1973.6.12. 71다2669).

(3) 기간이 월, 년인 경우에 해당일이 없는 경우-제3항: 1월 31일부터 한 달은 2월 31일이 없으니까 2월달의 말일인 2월 28일(29일)이며, 8월 31일부터 6개월이면 그 다음해 2월 30일이 없으니까 2월 28일(29일)이 만료일이 된다.

3. 滿了日이 公休日인 경우 - 제161조: 위의 방법에 의하여 계산한 일이 토요일, 일요일 및 공휴일인 경우에는 그 다음 날로 만료한다. 따라서 토요일이면 그 다음 월요일이 만료일이 된다. 그리고 여기의 공휴일에는 임시공휴일도 포함한다.

第7章 消滅時效

1. 槪括: 시효제도는 일정한 사실상태가 오랜 기간 동안 계속되는 경우에 진실한 권리관계와 합치하는지와 상관없이 그 사실상태를 그대로 권리관계로 인정하는 것으로, 오랫동안 지속된 사실상태를 기정의 사실로 존중하여 법생활의 안전을 도모하려는 제도이다. 그러므로 일정한 사실상태의 존재가 시효의 요소로 된다. 시효에는 취득시효와 소멸시효가 있다. 취득시효는 진실한 권리자 아닌 자가 권리자인 것처럼 권리를 행사하고 있는 일정한 사실상태가 계속된 경우에 그러한 외관을 근거로 그 자가 처음부터 권리자였던 것으로 인정하는 제도이고, 소멸시효는 권리자가 그의 권리를 행사할 수 있음에도 일정한 기간 동안 그 권리를 행사하지 않은 상태가 계속된 경우에 그 자의 권리를 소멸시키는 제도이다. 이러한 시효제도를 인정하는 목적은 거래 및 사회질서에 대한 법적 안전성 보호, 증거보존의 곤란성 구제, 권리불행사자의 보호가치의 부존재 등이 거론되나 가장 주된 목적은 법적 안전성을 보호하는 데 있다. 그런데 소멸시효는 권리자가 권리를 일정기간 행사하지 아니하는 데 대한 법적 제도이기 때문에 그 중간에 권리를 실현하는 행위가 있게 되면 기존에 진행된 기간은 없어지고 다시 시효가 진행한다. 즉 무조건 일정한 기간이 지났다고 권리가 소멸하는 것이 아니라 시효중단, 시효정지 제도를 두어 권리자가 권리를 합리적으로 실현할 수 있게 한다.

2. 消滅時效와 類似한 制度

(1) 소멸시효와 제척기간

(가) 중단 여부: 소멸시효는 시효기간 동안 계속된 권리불행사라는 사실상태를 존중하여 권리의 소멸을 가져오게 하는 제도이나, 제척기간은 사실상태의 존속과는 관계없이 법률관계의 신속한 확정을 위하여 법이 미리 예정해 놓은 권리를 행사할 수 있는 기간이다. 그러므로 제척기간에는 소멸시효에서 볼 수 있는 중단(168조 이하)과 같은 제도는 인정되지 않는다.

(나) 정지 여부: 소멸시효는 일정한 사유가 발생하면 소멸시효의 진행이 정지되나(182조), 제척기간에는 이와 같은 정지제도가 없다.

(다) 기산점: 소멸시효의 기산점은 그 권리를 행사할 수 있는 때이나, 제척기간의 기산점은 원칙적으로 권리가 발생한 때이다. 따라서 예컨대 당사자간에 매매예약완결권을 행사할 수 있는 시기를 특별히 약정한 경우 그 제척기간은 당초 권리의 발생일로부터 10년이 경과하면 만료한다(대판 1995.11.10. 94다22682, 22699).

(라) 특약에 의한 기간 단축: 소멸시효에서는 그 기간을 단축하는 약정은 유효하다(184조2항). 제척기간에서도 그 기간을 단축하는 약정은 유효하다고 본다(대판 1992.7.28. 91다44766, 44773).

(2) 소멸시효와 실효의 원칙: 실효의 원칙은 권리자가 그의 권리를 행사할 수 있으나 오랜 동안 행사하지 않아서 상대방이 이제는 그 권리의 행사가 없을 것으로 믿는 경우에 관한 사항이다. 이 경우 그 믿음에 정당한 사유가 있기 때문에 그 권리를 행사하는 것이 신의칙에 반한다고 인정되는 때에는 권리자는 그 권리를 상실하거나 이제는 행사할 수 없게 되는 원칙이다. 이는 일반원칙

으로서의 자기모순금지의 원칙에 근거를 둔다(대판 1992.1.21. 91다30118).
(가) 존재이유: 실효의 원칙은 신의칙의 한 내용으로 자기모순금지의 원칙에 근거를 두나, 소멸시효는 법률관계의 안정성에 주된 근거를 두어 그 존재의 이론적 실질적 근거에 차이가 있다.
(나) 적용대상: 소멸시효는 소유권 및 제척기간의 경과로 소멸하는 형성권에서는 인정되지 않으나(162조2항), 실효의 원칙은 소유권과 제척기간의 경과로 소멸하는 형성권에도 인정되어 그 적용의 대상에 차이가 있다.
(다) 기간: 소멸시효는 그 기간이 법률로 정하여져 있으나, 실효의 기간은 구체적 사안에 따라 법관에 의하여 판결로 한다.
(라) 효과: 소멸시효는 그 효과로 청구권이 소멸하나, 실효의 효과로 청구권뿐만 아니라 형성권, 항변권, 물권, 친권, 상속권도 더 이상 행사할 수 없게 된다.

3. 消滅時效의 要件 - 강화특약은 무효(184조)

(1) 대상-제162조: 소유권을 제외한 재산권이 원칙적으로 소멸시효의 대상이 되나, 소유권 외의 기타 재산권도 성질상 소멸시효에 걸리지 않는 것이 있다.
(2) 기산점: 권리를 행사할 수 있는 때이다(166조).

4. 消滅時效의 效果: 소멸시효의 완성으로 권리는 당연히 소멸한다(절대적 소멸설)(대판 1979.2.13. 78다2157).

5. 構成

(1) 채권, 재산권의 소멸시효: 제162조
(2) 3년의 소멸시효에 걸리는 채권: 제163조
(3) 1년의 소멸시효에 걸리는 채권: 제164조
(4) 판결 등으로 확정된 채권의 소멸시효: 제165조
(5) 소멸시효의 기산점: 제166조
(6) 소급효: 제167조
(7) 소멸시효 중단: 제168조-제제178조
(8) 소멸시효정지: 제179조-제182조
(9) 종속된 권리에 대한 소멸시효의 효력: 제183조
(10) 시효이익 포기: 제184조

第162條【債權, 財産權의 消滅時效】 ①債權은 10年間 行使하지 아니하면 消滅時效가 完成한다.
②債權 및 所有權以外의 財産權은 20年間 行使하지 아니하면 消滅時效가 完成한다.

消滅時效의 原則

1. 意義: 본조는 소멸시효에 관한 원칙적인 규정이다. 권리의 불행사의 사실상태가 채권은 10년, 채권 및 소유권 이외의 재산권은 20년간 계속되면 권리가 소멸하게 된다. 권리의 불행사란 법률상 권리를 행사할 수 있으나 행사하지 않는 것이고 권리의 존재에 관한 의무자나 권리자의 선의, 악의는 상관없다.

2. 要件의 强化 特約 - 無效: 법정시효기간과 요건은 채권자를 위한 사항이기 때문에 당사자간의 특약으로 그 기간을 단축하거나 요건을 경감하는 것은 가능하다(184조2항). 그러나 기간을 늘리거나 요건을 강화하는 특약은 효력이 없다.

3. 債權 - 제1항: 통상의 민사채권은 소멸시효기간이 10년이다. 그러나 상행위로 생긴 상사채권은 5년이고(상법 64조), 불법행위에 의한 채권에 관하여는 별도로 규정하고 있다(766조).
(1) 등기청구권
(가) 법률행위에 의한 소유권이전등기청구권: 소유권이전등기청구권은 채권적 청구권으로 소멸시효에 걸리나, 매수인이 인도받아 점유하고 있으면 소멸시효에 걸리지 않는다(대판 1976.11.6.

76다148). 또한 부동산의 매수인이 그 부동산을 인도받은 이상 이를 사용·수익하다가 그 부동산에 대한 보다 적극적인 권리 행사의 일환으로 다른 사람에게 그 부동산을 처분하고 그 점유를 승계하여 준 경우에도 그 이전등기청구권의 행사 여부에 관하여 그가 그 부동산을 스스로 계속 사용·수익만 하고 있는 경우와 특별히 다를 바 없으므로 이 경우에도 이전등기청구권의 소멸시효는 진행되지 않는다(대판 1999.3.18. 98다32175).

(나) 취득시효에 의한 소유권이전등기청구권: 토지에 대한 취득시효 완성으로 인한 소유권이전등기청구권은 그 토지에 대한 점유가 계속되는 한 시효로 소멸하지 아니하고, 그 후 점유를 상실하였다고 하더라도 이를 시효이익의 포기로 볼 수 있는 경우가 아닌 한 이미 취득한 소유권이전등기청구권은 바로 소멸되는 것은 아니나, 취득시효가 완성된 점유자가 점유를 상실한 경우 취득시효 완성으로 인한 소유권이전등기청구권의 소멸시효는 이와 별개의 문제로서, 그 점유자가 점유를 상실한 때로부터 10년간 등기청구권을 행사하지 아니하면 소멸시효가 완성한다(대판 1996.3.8. 95다34866, 34873).

(다) 근저당권설정등기청구권: 근저당권설정 약정에 의한 근저당권설정등기청구권은 그 피담보채권이 될 채권과 별개로 소멸시효에 걸린다(대판 2004.2.3. 2002다7213).

(라) 양도담보에 있어 채무자의 당해 목적부동산에 관한 가등기 및 소유권이전등기말소청구권: 소멸시효에 걸리지 않는다(대판 1987.11.10. 87다카62; 1993.12.21. 91다41170).

(마) 환매권의 행사로 발생한 소유권이전등기청구권: 환매권의 행사로 발생한 소유권이전등기청구권은 위 기간제한과는 별도로 환매권을 행사한 때로부터 일반채권과 같이 민법 제162조 소정의 10년의 소멸시효 기간이 진행되는 것이지, 위 제척기간 내에 이를 행사하여야 하는 것은 아니다(대판 1991.2.22. 90다13420).

(2) 구상채권: 물상보증인이 변제 등에 의하여 채무자를 면책시키는 것은 위임사무의 처리가 아니고 법적 의미에서는 의무 없이 채무자를 위하여 사무를 관리한 것에 유사하다. 따라서 물상보증인의 채무자에 대한 구상권은 그들 사이의 물상보증위탁계약의 법적 성질과 관계없이 민법에 의하여 인정된 별개의 독립한 권리이고, 그 소멸시효에 있어서는 민법상 일반채권에 관한 규정이 적용된다(대판 2001.4.24. 2001다6237). 이러한 법리는 회사의 보험자가 보험자대위의 법리에 의하여 취득한 병 회사의 을 회사의 보험자에 대한 직접적인 구상권을 을 회사의 보험자에게 행사하는 경우에도 동일하여, 구상권의 소멸시효기간은 10년이며 그 기산점은 구상권이 발생한 시점, 즉 구상자가 현실로 피해자에게 지급한 때이다(대판 1998.12.22. 98다40466).

(3) 상법상의 회사대표자의 불법행위책임: 상법 제401조에 기한 이사의 제3자에 대한 손해배상책임이 제3자를 보호하기 위하여 상법이 인정하는 특수한 책임이라는 점을 감안할 때, 일반 불법행위책임의 단기소멸시효를 규정한 민법 제766조제1항은 적용될 여지가 없고, 일반 채권으로서 민법 제162조제1항에 따라 그 소멸시효기간은 10년이다(대판 2006.12.22. 2004다63354). 또한 주식회사의 이사의 회사에 대한 임무해태로 인한 손해배상책임은 일반 불법행위책임이 아니라 위임관계로 인한 채무불이행 책임이므로 그 소멸시효기간은 일반채무의 경우와 같이 10년이라고 보아야 한다(대판 2006.8.25. 2004다24144).

(4) 상행위의 보조행위 또는 상행위를 기초로 한 행위

(가) 보조적 상행위 채권-상사채권: 당사자 쌍방에 대하여 모두 상행위가 되는 행위로 인한 채권뿐만 아니라 당사자 일방에 대하여만 상행위에 해당하는 행위로 인한 채권도 상법 제64조 소정의 5년의 소멸시효기간이 적용되는 상사채권에 해당하는 것이고, 그 상행위에는 상법 제46조 각 호에 해당하는 기본적 상행위뿐만 아니라, 상인이 영업을 위하여 하는 보조적 상행위도 포함된다. 따라서 회사와 근로자간의 근로계약이나 회사가 노동조합과 체결한 단체협약은 모두 보조적 상행위에 해당하므로, 그에 기한 이 사건 위로금채권에는 5년의 상사시효가 적용된다(대판 2006.4.27. 2006다1381).

(나) 보증보험계약에 기초한 부당이득반환채권-상사채권: 상행위에 해당하는 보증보험계약에 기초한 급부가 이루어짐에 따라 발생한 부당이득반환청구권에 대하여 5년의 상사소멸시효가 적용된다(대판 2007.5.31. 2006다63150).

(다) 공동불법행위자의 보험자 상호간의 구상권-상사채권: 공동불법행위자들과 각각 상행위인 보험계약을 체결한 보험자들 상호간에 있어서 공동불법행위자 중의 1인과 사이에 보험계약을 체결한 보험자가 피해자에게 손해배상금을 보험금액의 범위 내에서 지급하고 다른 공동불법행위자의 보험자가 부담하여야 할 부분에 대하여 직접 구상권을 행사하는 경우 그 손해배상금 지급행위는 상인이 영업을 위하여 하는 행위라고 할 것이므로, 그 구상금채권은 보조적 상행위로 인한 채권으로서 그 권리를 행사할 수 있는 때로부터 5년간 행사하지 아니하면 소멸시효가 완성한다(대판 1998.7.10. 97다17544).

(라) 근로계약상의 주의의무위반으로 인한 손해배상채권-민사채권: 상법 제64조의 상사시효제도는 대량, 정형, 신속이라는 상거래 관계 특유의 성질에 기인한 제도임을 고려하면, 상인이 그의 영업을 위하여 근로자와 체결하는 근로계약은 보조적 상행위에 해당한다고 하더라도, 근로자의 근로계약상의 주의의무 위반으로 인한 손해배상청구권은 상거래 관계에 있어서와 같이 정형적으로나 신속하게 해결할 필요가 있다고 볼 것은 아니므로 특별한 사정이 없는 한 5년의 상사 소멸시효기간이 아니라 10년의 민사 소멸시효기간이 적용된다(대판 2005.11.10. 2004다22742).

(마) 상행위에 해당하는 부동산 매매계약의 무효를 이유로 한 부당이득반환채권-민사채권: 주식회사인 부동산 매수인이 의료법인인 매도인과의 부동산매매계약의 이행으로서 그 매매대금을 매도인에게 지급하였으나, 매도인 법인을 대표하여 위 매매계약을 체결한 대표자의 선임에 관한 이사회결의가 부존재하는 것으로 확정됨에 따라 위 매매계약이 무효로 되었음을 이유로 민법의 규정에 따라 매도인에게 이미 지급하였던 매매대금 상당액의 반환을 구하는 부당이득반환청구의 경우, 거기에 상거래 관계와 같은 정도로 신속하게 해결할 필요성이 있다고 볼 만한 합리적인 근거도 없으므로 위 부당이득반환청구권에는 상법 제64조가 적용되지 아니하고, 그 소멸시효기간은 민법 제162조제1항에 따라 10년이다(대판 2003.4.8. 2002다64957, 64964).

(5) 리스료 채권: 금융리스에 있어서 리스료는, 리스회사가 리스이용자에게 제공하는 취득자금의 금융편의에 대한 원금의 분할변제 및 이자·비용 등의 변제의 기능을 갖는 것은 물론이거니와 그 외에도 리스회사가 리스이용자에게 제공하는 이용상의 편익을 포함하여 거래관계 전체에 대한 대가로서의 의미를 지닌다. 따라서 리스료 채권은, 그 채권관계가 일시에 발생하여 확정되고 다만 그 변제방법만이 일정 기간마다의 분할변제로 정하여진 것에 불과하기 때문에(기본적 정기금채권에 기하여 발생하는 지분적 채권이 아니다) 3년의 단기 소멸시효가 적용되는 채권이라고 할 수 없고, 한편 매회분의 리스료가 각 시점별 취득원가분할액과 그 잔존액의 이자조로 계산된 금액과를 합한 금액으로 구성되어 있다 하더라도, 이는 리스료액의 산출을 위한 계산방법에 지나지 않는 것이므로 그 중 이자부분만이 따로 3년의 단기 소멸시효에 걸린다고 할 것도 아니다(대판 2001.6.12. 99다1949).

(6) 피해자가 보험자에게 가진 직접청구권: 상법 제724조제2항에 의하여 피해자가 보험자에게 갖는 직접청구권은 보험자가 피보험자의 피해자에 대한 손해배상채무를 병존적으로 인수한 것으로서 피해자가 보험자에 대하여 가지는 손해배상청구권이므로 민법 제766조제1항에 따라 피해자 또는 그 법정대리인이 그 손해 및 가해자를 안 날로부터 3년간 이를 행사하지 아니하면 시효로 인하여 소멸한다(대판 2005.10.7. 2003다67740).

(7) 임치물의 소유자의 소유권에 기한 반환채권: 상법 제166조 소정의 창고업자의 책임에 관한 단기소멸시효는 창고업자의 계약상대방인 임치인의 청구에만 적용되며 임치물이 타인 소유의 물건인 경우에 소유권자인 타인의 청구에는 적용되지 아니한다(대판 2004.2.13. 2001다75318).

(8) 백지수표의 백지수표보충권: 백지수표의 보충권 행사에 의하여 생기는 채권은 수표금 채권이고, 수표법 제51조에 의하면 수표의 발행인에 대한 소구권은 제시기간 경과 후 6개월간 행사하지 아니하면 소멸시효가 완성되는 점 등을 고려하면 발행일을 백지로 하여 발행된 수표의 백지보충권의 소멸시효기간은 백지보충권을 행사할 수 있는 때로부터 6개월로 봄이 상당하다(대판 2001.10.23. 99다64018).

(9) 상사채무를 인수한 인수채무: 인수채무가 원래 5년의 상사시효의 적용을 받던 채무라면 그 후 면책적 채무인수에 따라 그 채무자의 지위가 인수인으로 교체되었다고 하더라도 그 소멸시효

의 기간은 여전히 5년의 상사시효의 적용을 받는다 할 것이다(대판 1999.7.9. 99다12376).

4. 債權, 所有權 以外의 財産權 - 제2항: 채권 및 소유권을 제외한 기타의 재산권은 소멸시효기간이 20년이다.

(1) 점유권: 점유권은 점유사실 상태 그 자체에 대하여 인정되는 권리이므로 소멸시효의 대상이 되지 아니한다.

(2) 담보물권: 질권, 저당권 등의 담보물권은 피담보채권에 부종하므로 담보물권 자체만으로 소멸시효에 걸리지 않는다. * 양도담보에 있어 채무자의 당해 목적부동산에 관한 가등기 및 소유권이전등기말소청구권은 소멸시효에 걸리지 않는다(대판 1987.11.10. 87다카62).

(3) 일정한 법률관계에 의존된 권리: 상린권, 공유물분할청구권과 같이 일정한 법률관계에 기하여 인정되는 권리는 그 자체만으로 소멸시효에 걸리지는 않는다.

(4) 지역권: 지역권은 소멸시효에 걸린다(296조).

(5) 광업권·어업권·특허권·상표권: 이러한 권리는 소유권과 같은 권리로 소멸시효에 별도로 걸리지 않으나, 이러한 것들은 보통 그 존속기간이 별도로 정하여져 있다.

(6) 비재산권: 친족권과 같은 비재산권은 소멸시효의 대상이 아니다. 친족권 중에서도 재산적 성질의 권리인 상속회복청구권과 같은 재산권에 속하는 것은 소멸시효의 대상이 된다.

(7) 농지수분배권: 농지분배처분은 행정처분으로서 그 효력이 적법한 절차에 의하여 부인되지 않는 한 처분과는 별도로 수분배자의 권리가 소멸된다고 할 수 없고, 또 이는 수분배자가 현실로 그 농지를 점유하였는지의 여부와도 무관한 것이어서 수분배자가 장기간 상환을 지연하였다고 하더라도 원래의 분배처분은 유효하되, 단지 상환이 완료되지 아니한 상태로 남아 있을 뿐이므로 수분배자의 권리가 시효로 인하여 소멸한다고 할 수 없다(대판 1997.12.26. 97다22003).

第163條【3年의 短期消滅時效】 다음 各號의 債權은 3年間 行使하지 아니하면 消滅時效가 完成한다.〈改正 1997.12.13〉

1. 利子, 扶養料, 給料, 使用料 其他 1年以內의 期間으로 定한 金錢 또는 物件의 支給을 目的으로 한 債權
2. 醫師, 助産師, 看護師 및 藥師의 治療, 勤勞 및 調劑에 關한 債權
3. 都給받은 者, 技師 其他 工事의 設計 또는 監督에 從事하는 者의 工事에 關한 債權
4. 辯護士, 辨理士, 公證人, 公認會計士 및 法務士에 對한 職務上 保管한 書類의 返還을 請求하는 債權
5. 辯護士, 辨理士, 公證人, 公認會計士 및 法務士의 職務에 關한 債權
6. 生産者 및 商人이 販賣한 生産物 및 商品의 代價
7. 手工業者 및 製造者의 業務에 關한 債權

3年의 消滅時效에 걸리는 債權

1. 利子, 扶養料, 給料, 使用料 기타 1年 以內의 期間으로 정한 金錢 또는 物件의 支給을 目的으로 한 債權 - 제1호: 여기의 〈1년 이내의 기간으로 정한 금전 또는 물건의 지급을 목적으로 하는 채권〉이란 1년 이내의 정기에 지급되는 채권을 의미하는 것이지, 변제기가 1년 이내의 채권을 말하는 것이 아니다.

(1) 이자채권: 이자채권이라고 하더라도 1년 이내의 정기에 지급하기로 한 것이 아닌 이상 본 호 규정 소정의 3년의 단기소멸시효에 걸리는 것이 아니다(대판 1996.9.20. 96다25302).

* 금융리스에서 리스료 채권: 금융리스에 있어서 리스료는, 리스회사가 리스이용자에게 제공하는 취득자금의 금융편의에 대한 원금의 분할변제 및 이자·비용 등의 변제의 기능을 갖는 것은 물론이거니와 그 외에도 리스회사가 리스이용자에게 제공하는 이용상 의 편익을 포함하여 거래관계 전체에 대한 대가로서의 의미를 지닌다. 따라서 리스료 채권은, 그 채권관계가 일시에 발생

하여 확정되고 다만 그 변제방법만이 일정기간 마다의 분할변제로 정하여진 것에 불과하기 때문에(기본적 정기금채권에 기하여 발생하는 지분적 채권이 아니다) 3년의 단기 소멸시효가 적용되는 채권이라고 할 수 없고, 한편 매회분의 리스료가 각 시점별 취득원가분할액과 그 잔존액의 이자조로 계산된 금액과를 합한 금액으로 구성되어 있다 하더라도, 이는 리스료액의 산출을 위한 계산방법에 지나지 않는 것이므로 그 중 이자부분만이 따로 3년의 단기 소멸시효에 걸린다고 할 것도 아니다(대판 2001.6.12. 99다1949).

(2) 1개월 단위 지급 채권: 1개월 단위로 지급되는 집합건물의 관리비채권은 본호에 해당한다(대판 2007.2.22. 2005다65821).

(3) 은행대출금에 대한 지연이자: 은행의 대출금에 대한 변제기 이후의 지연손해금은 본호 소정의 단기소멸시효 대상인 이자채권도 아니고, 불법행위로 인한 손해배상 채권에 관한 민법 제766조제1항 소정의 단기소멸시효의 대상도 아니고, 상행위로 인한 채권에 관하여 적용될 5년의 소멸시효를 규정한 상법 제64조가 적용되어야 하고(대판 1979.11.13. 79다1453), 은행대출에 대한 지연이자와 대출기한까지 원금을 갚지 않아 부과된 연체이자채권은 단기소멸시효에 걸리는 이자채권이 아니라 손해배상의 일종인 지연손해배상금채권이므로 이 역시 3년이 아니라 5년의 시효에 걸리는 채권이다(대판 1980.2.12. 79다2169).

(4) 소비대차에 따른 지연이자: 변제기 이후에 지급하는 지연이자는 금전채무의 이행을 지체함으로 인한 손해배상금이지 이자가 아니고 또 본 호 소정의 1년 이내의 기간으로 정한 채권도 아니므로 단기소멸시효의 대상이 되는 것도 아니다(대판 1989.2.28. 88다카214).

2. 醫師, 助産師, 看護師 및 藥師의 治療, 勤勞 및 助劑에 관한 債權 - 제2호: 의사는 의료법(1973년 법 2533호)·수의사법(1974년 법 2739호)에서 말하는 자격 있는 의사·치과의사·한의사·수의사를 말하고 치료에 관한 채권은 진료뿐만 아니라 수술에 관한 채권을 포함한다. 병원이 의료법인(의료법 41조 이하)인 때에는 치료로 생긴 채권은 그 법인에 속하게 되고, 이때도 3년의 시효에 걸리게 된다. 약사의 조제는 의약물을 정하여진 분량대로 섞어서 약제를 만드는 것이고 단순한 매약의 판매로 생긴 채권에 관하여는 본호의 적용이 없다.

3. 都給받은 者, 技師 기타 工事의 設計 또는 監督에 從事하는 者의 工事에 관한 債權 - 제3호: 이러한 채권은 공사의 완성을 맡은 계약에 의한 보수청구권(공사대금채권) 또는 비용상환청구권이다(대판 1994.10.14. 94다17185.) 도급을 받은 자의 공사에 관한 채권은 도급받은 공사채권뿐 아니라 그 공사에 부수되는 채권도 포함한다(대판 1987.6.23. 86다카2549). 그리고 우수현상광고의 광고자로서 당선자에게 일정한 계약을 체결할 의무가 있는 자가 그 의무를 위반함으로써 계약의 종국적인 체결에 이르지 않게 되어 상대방이 그러한 계약체결의무의 채무불이행을 원인으로 하는 손해배상을 청구한 경우 그 손해배상청구권은 계약이 체결되었을 경우에 취득하게 될 계약상의 이행청구권과 실질적이고 경제적으로 밀접한 관계가 형성되어 있기 때문에, 그 손해배상청구권의 소멸시효기간은 계약이 체결되었을 때 취득하게 될 이행청구권에 적용되는 소멸시효기간에 따른다. 따라서 우수현상광고의 당선자가 광고주에 대하여 우수작으로 판정된 계획설계에 기초하여 기본 및 실시설계계약의 체결을 청구할 수 있는 권리를 가지고 있는 경우, 이러한 청구권에 기하여 계약이 체결되었을 경우에 취득하게 될 계약상의 이행청구권은 "설계에 종사하는 자의 공사에 관한 채권"으로서 이에 관하여는 민법 제163조제3호 소정의 3년의 단기소멸시효가 적용되므로, 위의 기본 및 실시설계계약의 체결의무의 불이행으로 인한 손해배상청구권의 소멸시효 역시 3년의 단기소멸시효가 적용된다(대판 2005.1.14. 2002다57119).

4. 辯護士, 辨理士, 公證人, 公認會計士 및 法務士에 대한 職務上 保管한 書類의 返還을 請求하는 債權 - 제4호: 변호사, 변리사, 공증인, 공인회계사 및 법리사의 서류반환의무에 관한 단기시효를 규정하고 있는 것으로 이러한 서류는 사건종료 후에 바로 반환되는 것이 상례이고 많은 서류를 취급하는 이들에게 단기의 소멸시효를 적용하여 번잡함을 피하고자 하는 것이다.

5. 辯護士, 辨理士, 公證人, 公認會計士 및 法務士의 職務에 관한 債權 - 제5호: 변호사, 변리사, 공증인, 공인회계사 및 법리사의 직무에 관한 채권은 사건종료 후 바로 행사되는 것이 보통이고 채무의 변제에 대한 증거보전의 번잡을 피하기 위하여 단기시효기간을 정하고 있다. * 변호사의

성공보수금의 지급시기에 관하여 당사자 사이에 특약이 없는 한, 심급대리의 원칙에 따라 수임한 소송사무가 종료하는 시기인 제1심 판결을 송달받은 때로부터 그 소멸시효 기간이 진행된다(대판 1995.12.26. 95다24609).

6. 生產者 및 商人이 販賣한 生產物 및 商品의 代價 - 제6호: 본호의 채권을 단기소멸시효로 한 것은, 상인이 판매한 채권은 거래단계에서 빈번히 발생하여 통상 그 추심이나 변제를 지체하는 경우가 드물어 이를 신속하게 확정시키는 것이 거래의 실정에 부합한다는 점에 있는 것이고, 단기소멸시효의 적용을 받는 채권의 채권자에게 불이익이 크다는 점을 고려할 때 이를 제한적으로 해석할 필요가 있다.

(1) 상법 제64조의 상사시효에 관한 규정과의 관계: 본호의 생산자 및 상인은 모두 상법상의 상인이다. 그러므로 이들이 판매한 생산물 및 상품의 대가는 모두 상행위로 생기는 것이므로 상법 제64조에 따라 5년의 시효에 걸려야 한다. 하지만 상법 제64조 단서에 규정한 본호에 의하여 상법의 규정보다 단기의 시효의 규정이 있기 때문에 이에 따르게 된다(대판 1966.6.28. 66다790).

(2) 위탁매매인에 대한 이득상환청구권: 위탁자의 위탁상품 공급으로 인한 위탁매매인에 대한 이득상환청구권이나 이행담보책임 이행청구권은 위탁자의 위탁매매인에 대한 상품 공급과 서로 대가관계에 있지 아니하여 등가성이 없으므로 본호 소정의 〈상인이 판매한 상품의 대가〉에 해당하지 아니하여 3년의 단기소멸시효의 대상이 아니고, 한편 위탁매매는 상법상 전형적 상행위이며 위탁매매인은 당연한 상인이고 위탁자도 통상 상인일 것이므로, 위탁자의 위탁매매인에 대한 매매 위탁으로 인한 위의 채권은 다른 특별한 사정이 없는 한 통상 상행위로 인하여 발생한 채권이어서 상법 제64조 소정의 5년의 상사소멸시효의 대상이 된다(대판 1996.1.23. 95다39854).

(3) 계속적 물품공급계약에 기하여 발생한 외상대금채권의 소멸시효의 기산점: 계속적 물품공급계약에 기하여 발생한 외상대금채권은 특별한 사정이 없는 한 개별상품의 채권이 발생한 때로부터 3년이 경과함으로써 소멸시효가 완성된다고 볼 것이지 거래 종료일부터 기산하여야 한다고 할 수 없다(대판 1992.1.21. 91다10152).

(4) 신문사 광고국 광고개발사원의 신문사에 대한 광고료 미수금 지급채무: 단기소멸시효의 대상을 정한 민법 제163조제6호 소정의 "상인이 판매한 상품의 대가"라고 할 수 없고, 일반적인 채무불이행에 의한 채무이다(대판 1991.8.27. 90다13369).

7. 手工業者 및 製造者의 職務에 관한 債權 - 제7호: 수공업자는 자기의 일터에서 주문을 받아 그 주문자와 고용관계에 있지 않으면서 타인을 위하여 일하는 자를 말하며 이발사, 미용사, 재봉사 등을 들 수 있다. 제조자는 주문을 받아 물건에 가공하여 다른 물건을 제조하는 것을 업으로 하는 자이며 양복·양장 제작자, 표구사, 가구제작자 등을 예로 들 수 있다.

第164條【1年의 短期消滅時效】 다음 各號의 債權은 1年間 行使하지 아니하면 消滅時效가 完成한다.
1. 旅館, 飮食店, 貸席, 娛樂場의 宿泊料, 飮食料, 貸席料, 入場料, 消費物의 代價 및 替當金의 債權
2. 衣服, 寢具, 葬具 其他 動產의 使用料의 債權
3. 勞役人, 演藝人의 賃金 및 그에 供給한 物件의 代金債權
4. 學生 및 修業者의 敎育, 衣食 및 留宿에 關한 校主, 塾主, 敎師의 債權

1年의 消滅時效에 걸리는 債權

1. 本條의 適用範圍: 상행위로 인한 채권의 소멸시효에 관하여도 다른 법령에 상사시효보다 단기의 시효의 규정이 있는 때에는 그 규정에 의하는 것이므로 본건 채권이 1년 단기시효에 의하여 소멸되는 것이라면 상사시효(5년)의 규정을 적용할 것이 아니라 민법상 1년의 단기시효의 규정을 적용하여야 한다(대판 1966.6.28. 66다790).

2. 旅館, 飮食店, 貸席, 娛樂場의 宿泊料, 飮食料, 貸席料, 入場料, 消費物의 代價 및 替當金의 債權 -

제1호: 숙박료, 음식료, 대석료, 입장료는 각각 여관, 음식점, 대석, 오락장에 대한 것이고, 여기서의 소비물의 대가는 여관업자 등이 공급한 소비물의 대가이다. 제3자가 여관업자 등에게 고객의 숙박료 등을 대신 지불한 경우에 그 제3자는 고객에 대하여 상환청구권을 가지게 되고(688조·739조·482조·483조) 이것이 체당금채권이다.

3. 衣服, 寢具, 葬具 기타 動產의 使用料의 債權 - 제2호: 이와 같은 동산의 사용료채권의 소멸시효기간은 1년이다. 본호에서 예를 든 의복, 침구, 장구의 사용료는 일상생활에서 빈번히 생기는 극히 단기의 동산임대차에 기한 사용료채권만을 의미한다. 따라서 약 2개월에 걸친 건설기계의 임대차에 기한 사용료채권과 같은 것은 본호가 적용되지 않는다(대판 1976.9.28. 76다1839).

4. 勞役人, 演藝人의 賃金 및 그에 供給한 物件의 代金債權 - 제3호: 노역인은 사용자와 고용관계에 있지 않고 주로 육체노동을 제공하는 자를 말한다. 〈그에 공급한 대금채권〉은 노역인이나 연예인이 노역이나 연예와 관련하여 공급한 물건의 대금채권이다. * 본호 소정의 단기소멸시효의 적용을 받는 노임채권이라도 채권자인 원고와 채무자인 피고 회사 사이에 위 노임채권에 관하여 준소비대차의 약정이 있었다면 동 준소비대차계약은 상인인 피고 회사가 영업을 위하여 한 상행위로 추정함이 상당하고, 이에 의하여 새로이 발생한 채권은 상사채권으로서 5년의 상사시효의 적용을 받게 된다(대판 1981.12.22. 80다1363).

5. 學生 및 修業者의 敎育, 衣食 및 留宿에 관한 校主, 塾主, 敎師의 債權 - 제4호: 본호는 교주, 숙주, 교사와 같은 자연인이 가지는 채권에 관하여 규정하고 있으나, 학교법인 또는 법인 아닌 사단·재단이 그 학생이나 수업자에게 가지는 채권에도 적용된다. 국립학교나 공립학교가 그 학생이나 수업자에 대하여 가지는 채권에도 본호가 적용된다.

第165條【判決等에 依하여 確定된 債權의 消滅時效】 ①判決에 依하여 確定된 債權은 短期의 消滅時效에 該當한 것이라도 그 消滅時效는 10年으로 한다.
②破產節次에 依하여 確定된 債權 및 裁判上의 和解, 調停 其他 判決과 同一한 效力이 있는 것에 依하여 確定된 債權도 前項과 같다.
③前2項의 規定은 判決確定當時에 辨濟期가 到來하지 아니한 債權에 適用하지 아니한다.

判決 등으로 確定된 債權-10년

1. 判決로 確定된 債權 - 제1항: 소멸시효가 완성하기 전에 소를 제기하면 시효의 진행은 중단되나, 확정판결을 받고도 그대로 두면 그때부터 소멸시효는 다시 진행을 개시한다(178조2항). 이 경우에 단기소멸시효의 권리라고 하더라도 확정판결을 받은 후에는 소멸시효는 10년으로 하고 있다. 확정판결에 의하여 권리관계가 확정된 경우 다시 단기소멸시효에 해당하는 것으로 하면 권리의 보존을 위하여 여러번 중단의 절차를 거쳐야 하는 불편이 생기기 때문에 그 기간을 통상의 채권과 같이 10년으로 한 것이다.

(1) 보증채무: 채권자와 주채무자 사이의 확정판결에 의하여 주채무가 확정되어 그 소멸시효기간이 10년으로 연장되었다 할지라도 그 보증채무까지 당연히 단기소멸시효의 적용이 배제되어 10년의 소멸시효기간이 적용되는 것은 아니고, 채권자와 연대보증인 사이에 있어서 연대보증채무의 소멸시효기간은 여전히 종전의 소멸시효기간에 따른다(대판 2006.8.24. 2004다26287).

(2) 기한 미도래-제3항: 기한부 채권에 관하여 기한이 도래하기 전에 확정판결을 받은 경우와 같이 확정될 당시에 아직 변제기가 도래하지 않은 채권에는 그 적용이 없다.

2. 破產節次에서 確定된 債權, 裁判上 和解, 裁判上 調停, 기타 判決과 同一한 效力으로 確定된 債權 - 제2항: 기타 판결과 동일한 효력은 인낙조서(민소 220조)·확정된 지급명령(민소 474조) 등을 말한다. 이러한 채권도 10년의 소멸시효에 걸린다. 이 경우에도 확정될 당시에 변제기가 도래하여야 한다(3항). 본호의 채권은 재판의 확정시부터 새롭게 시효가 진행한다.

第166條【消滅時效의 起算點】 ①消滅時效는 權利를 行使할 수 있는 때로부터 進行한다.
②不作爲를 目的으로 하는 債權의 消滅時效는 違反行爲를 한 때로부터 進行한다.

消滅時效의 起算點

1. 起算點은 辯論主義 適用對象: 소멸시효의 기산일은 채무의 소멸이라고 하는 법률효과 발생의 요건에 해당하는 소멸시효기간 계산의 시발점으로서 소멸시효 항변의 법률요건을 구성하는 구체적인 사실에 해당하므로 이는 변론주의의 적용 대상이고, 따라서 본래의 소멸시효 기산일과 당사자가 주장하는 기산일이 서로 다른 경우에는 변론주의의 원칙상 법원은 당사자가 주장하는 기산일을 기준으로 소멸시효를 계산하여야 하는데, 이는 당사자가 본래의 기산일보다 뒤의 날짜를 기산일로 하여 주장하는 경우는 물론이고 특별한 사정이 없는 한 그 반대의 경우에 있어서도 마찬가지이다(대판 1995.8.25. 94다35886).

2. 通常的인 權利 – 권리를 행사할 수 있을 때 – 제1항: 통상의 권리의 소멸시효는 권리를 행사할 수 있는 때로부터 진행한다. 그러므로 권리를 행사할 수 없는 때에는 소멸시효가 진행하지 않는다. 본조의 권리를 행사할 수 없는 때는 권리행사에 법률상의 장애사유가 있는 것을 말한다. 예컨대 기간의 미도래나 조건불성취 등이 있는 경우를 말한다. 그런데 권리를 행사할 수 있는 때가 구체적으로 언제인지 명확하지 않은 경우가 많다. 그러므로 경우에 따라서는 특별법에서 보다 명확히 하기 위하여 기산점을 특별히 규정하기도 한다.

(1) 사실상 권리의 존부를 알지 못하는 경우: 사실상 권리의 존부나 권리행사의 가능성을 알지 못하였거나 알지 못함에 과실이 없다는 사유는 법률상 장애사유에 해당하지 않는다(대판 1993.4.13. 93다3622).

(2) 당해 법규의 위헌 여부의 경우: 헌법재판소에 의하여 면직처분의 근거가 된 법률 규정이 위헌으로 결정되어 위헌결정의 소급효로 인하여 면직처분이 당연무효가 되고 그 면직처분이 불법행위에 해당되는 경우라도, 그 손해배상청구권은 위헌결정이 있기 전까지는 법률 규정의 존재라는 법률상 장애로 인하여 행사할 수 없었다고 보아야 할 것이므로 소멸시효의 기산점은 위헌결정일로부터 진행되는 것이고, 이러한 법리는 그 법률이 위헌결정 당시에는 실효되었다 할지라도 그 법률 규정으로 인한 면직처분의 효력이 그대로 지속되는 경우에도 마찬가지이다(대판 1996.7.12. 94다52195).

(3) 승인에 의해 변제유예시킨 경우: 채무자 승인에 의하여 소멸시효가 중단된 후 채권자가 채무의 변제를 유예해 준 경우, 만약 그 유예기간을 정하지 않았다면 변제유예의 의사를 표시한 때부터, 그리고 유예기간을 정하였다면 그 유예기간이 도래한 때부터 다시 소멸시효가 진행된다(대판 2006.9.22. 2006다22852, 22869).

(4) 기한을 정하지 아니한 채권: 기한을 정하지 아니한 채권은 당해 채권의 성립시부터 소멸시효가 진행한다.

(5) 계속적 거래관계의 채권: 계속적 물품공급계약에 기하여 발생한 외상대금채권은 특별한 사정이 없는 한 개별 거래로 인한 각 외상대금채권이 발생한 때로부터 개별적으로 소멸시효가 진행하는 것이지 거래종료일부터 외상대금채권 총액에 대하여 한꺼번에 소멸시효가 기산한다고 할 수 없다(대판 2007.1.25. 2006다68940).

(6) 형성권적 기한이익 상실의 특약이 있는 할부채무: 할부매매에서 형성권적 기한이익 상실의 특약이 있는 경우에는 그 특약은 채권자의 이익을 위한 것으로서 기한이익의 상실사유가 발생하였다고 하더라도 채권자가 나머지 전액을 일시에 청구할 것인가 또는 종래대로 할부변제를 청구할 것인가를 자유로이 선택할 수 있으므로, 이와 같은 기한이익 상실의 특약이 있는 할부채무에 있어서는 1회의 불이행이 있더라도 각 할부금에 대해 그 각 변제기의 도래시마다 그때부터 순차로 소멸시효가 진행하고 채권자가 특히 잔존채무 전액의 변제를 구하는 취지의 의사를 표시한

경우에 한하여 전액에 대하여 그때부터 소멸시효가 진행한다(대판 2002.9.4. 2002다28340).

(7) 동시이행청구권이 붙은 채권: 동시이행청구권이 부착된 채권일지라도 반대채무의 이행제공을 받을 때까지 자기의 채무의 이행을 거절할 수 있는 데 지나지 아니하고, 자기 채권에 대한 채무의 이행기로부터 소멸시효가 진행하는 데 있어서는 지장이 없다(대판 1993.12.14. 93다27314).

(8) 개별적 문제

(가) 의료비채권: 의료비채권은 특약이 없는 한 그 개개의 진료가 종료될 때마다 각각의 당해 진료에 필요한 비용의 이행기가 도래하여 개별적으로 소멸시효가 진행되고, 장기간 입원치료를 받는 경우라 하더라도 다른 특약이 없는 한 입원 치료 중에 환자에 대하여 치료비를 청구함에 아무런 장애가 없으므로 퇴원시부터 소멸시효가 진행된다고 볼 수는 없다(대판 2001.11.9. 2001다52568).

(나) 소유권이전등기말소등기의무의 이행불능으로 인한 전보배상청구권: 말소등기의무가 이행불능 상태에 돌아간 때로부터 진행한다(대판 2005.9.15. 2005다29474).

(다) 불법행위로 인한 후유증: 후유증 등으로 인하여 불법행위 당시에는 전혀 예견할 수 없었던 새로운 손해가 발생하였다거나 예상외로 손해가 확대된 경우에 있어서는 그러한 사유가 판명된 때에 새로이 발생 또는 확대된 손해를 알았다고 보아야 할 것이고, 이와 같이 새로이 발생 또는 확대된 손해 부분에 대하여는 그러한 사유가 판명된 때로부터 민법 제766조제1항에 의한 소멸시효기간이 진행된다(대판 2001.9.4. 2001다9496).

(라) 보험금청구권: 보험금청구권은 보험사고가 발생하기 전에는 추상적인 권리에 지나지 아니할 뿐 보험사고의 발생으로 인하여 구체적인 권리로 확정되어 그때부터 그 권리를 행사할 수 있게 되는 것이므로, 특별한 다른 사정이 없는 한 원칙적으로 보험금액청구권의 소멸시효는 보험사고가 발생한 때로부터 진행한다고 해석해야 할 것이고, 다만 보험사고가 발생한 것인지의 여부가 객관적으로 분명하지 아니하여 보험금청구권자가 과실 없이 보험사고의 발생을 알 수 없었던 경우에도 보험사고가 발생한 때로부터 보험금청구권의 소멸시효가 진행한다고 해석하는 것은, 보험금청구권자에게 너무 가혹하여 사회정의와 형평의 이념에 반할 뿐만 아니라 소멸시효제도의 존재이유에 부합된다고 볼 수도 없으므로 이와 같이 객관적으로 보아 보험사고가 발생한 사실을 확인할 수 없는 사정이 있는 경우에는 보험금청구권자가 보험사고의 발생을 알았거나 알 수 있었던 때로부터 보험금액청구권의 소멸시효가 진행한다(대판 2008.11.13. 2007다19624).

(마) 예금채권: 보통예금은 최후의 거래시부터 진행하고, 정기예금은 기간만료시부터 진행한다.

(바) 불법행위에 의한 손해배상채권

① 제766조제1항: 민법 제766조제1항 소정의 '손해 및 가해자를 안 날'이라 함은 손해의 발생, 위법한 가해행위의 존재, 가해행위와 손해의 발생 사이에 상당인과관계가 있다는 사실 등 불법행위의 요건사실에 대하여 현실적이고도 구체적으로 인식하였을 때를 의미하고, 피해자 등이 언제 불법행위의 요건사실을 현실적이고도 구체적으로 인식한 것으로 볼 것인지는 개별적 사건에 있어서의 여러 객관적 사정을 참작하고 손해배상청구가 사실상 가능하게 된 상황을 고려하여 합리적으로 인정하여야 하고, 가해자를 안다는 것은 피해자나 그 법정대리인이 가해 공무원이 국가 또는 지방자치단체와 공법상 근무관계가 있다는 사실을 알고, 또한 일반인이 당해 공무원의 불법행위가 국가 또는 지방자치단체의 직무를 집행함에 있어서 행해진 것이라고 판단하기에 족한 사실까지 인식하는 것을 의미한다(대판 2008.5.29. 2004다33469). 사고 당시 만 2세 남짓한 유아로서 좌족부의 성장판을 다친 피해자가 고등학교 1학년 재학 중에 담당의사에게 진찰을 받은 결과 비로소 좌족부 변형에 따른 후유장해의 잔존 및 그 정도 등을 가늠할 수 있게 된 경우, 피해자의 법정대리인도 그때서야 현실화된 손해를 구체적으로 알았다고 보아 그 무렵을 기준으로 소멸시효의 기산점을 산정한 원심의 판단을 수긍하였다(대판 2001.1.19. 2000다11836).

② 제766조제2항: 가해행위와 그로 인한 현실적인 손해의 발생 사이에 시간적 간격이 있는 불법행위에 기한 손해배상채권의 경우, 소멸시효의 기산점이 되는 '불법행위를 한 날'의 의미는 단지 관념적이고 부동적인 상태에서 잠재적으로만 존재하고 있는 손해가 그 후 현실화되었다고 볼 수 있는 때, 다시 말하자면 손해의 결과 발생이 현실적인 것으로 되었다고 할 수 있는 때로 보아야

한다(대판 2007.11.16. 2005다55312). 소외인의 불법행위로 인하여 이 사건 토지에 관하여 원고 명의로 원인무효의 소유권이전등기가 경료되었다가 피고가 위 소유권이전등기가 원인무효임을 들어 소유권이전등기말소청구의 소를 제기하여 승소한 이 사건에 있어서는 위 소송의 판결이 확정된 때에 비로소 손해의 결과발생이 현실화되었다고 볼 것이고, 불법행위를 원인으로 하는 손해배상청구권의 기산점이 되는 '불법행위를 한 날'은 위 판결이 확정된 날이다(대판 2007.11.16. 2005다55312).

③ 계속적 불법행위: 불법행위가 계속적으로 행하여지는 결과 손해도 역시 계속적으로 발생하는 경우에는 특별한 사정이 없는 한 그 손해는 날마다 새로운 불법행위에 기하여 발생하는 손해로서 민법 제766조제1항을 적용함에 있어서 그 각 손해를 안 때로부터 각별로 소멸시효가 진행된다(대판 1999.3.23. 98다30285).

(사) 구상권: 피해자에게 손해배상을 한 공동불법행위자의 다른 공동불법행위자에 대한 구상권은 피해자의 공동불법행위자에 대한 손해배상청구권과는 그 발생원인과 법적 성질을 달리하는 별개의 독립하는 권리이므로 동 구상권의 소멸시효는 그 구상권이 발생한 시점, 즉 구상권자가 공동면책행위를 한 때부터 기산한다(대판 1996.3.26. 96다3791).

(아) 대상청구권: 대상청구권은 특별한 사정이 없는 한 본래의 채무가 이행불능되었을 때 대상인 권리를 행사할 수 있다고 보아야 할 것이고 따라서 그때부터 소멸시효가 진행하는 것이 원칙이라 할 것이다. 그러나 매매 대상인 토지가 국유화된 사유의 특수성과 법규의 미비 등으로 그 보상금의 지급을 구할 수 있는 방법이나 절차가 없다가 상당한 기간이 지난 뒤에야 보상금청구의 방법과 절차가 마련된 경우라면, 대상청구권자로서는 그 보상금청구의 방법이 마련되기 전에는 대상청구권을 행사하는 것이 불가능하였던 것이고, 따라서 이러한 경우에는 보상금을 청구할 수 있는 방법이 마련된 시점부터 대상청구권에 대한 소멸시효가 진행하는 것으로 봄이 상당할 것인바, 이는 대상청구권자가 보상금을 청구할 길이 없는 상태에서 추상적인 대상청구권이 발생하였다는 사유만으로 소멸시효가 진행한다고 해석하는 것은 대상청구권자에게 너무 가혹하여 사회정의와 형평의 이념에 반할 뿐만 아니라 소멸시효제도의 존재이유에 부합된다고 볼 수 없기 때문이다(대판 2002.2.8. 99다23901).

(자) 불법행위를 한 법인의 대표자에 대한 신원보증보험계약상의 보험금청구권의 소멸시효 기산점이 다른 임원 등이 그 대표자의 불법행위를 안 때로 늦춰지는지 여부: 소멸시효는 객관적으로 권리가 발생하고 그 권리를 행사할 수 있는 때부터 진행한다고 할 것이므로, 신원보증보험계약에 있어서 보험금청구권의 소멸시효는 그 권리를 행사할 수 있을 때인 보험사고가 발생한 때로부터 진행한다 할 것이고, 피보증인인 법인의 대표자가 법인에 대하여 불법행위를 하는 경우에 법인과 그 대표자의 이익이 상반되어 현실로 신원보증보험계약상의 보험금청구권을 행사하리라고 기대하기 어렵다 할지라도, 그러한 대표자의 불법행위를 감시하여야 하는 감사(감사) 제도의 존재이유에 비추어 볼 때, 그 불법행위가 있었을 때에 법인이 보험금청구권을 행사할 수 있는 가능성이 없었다고 할 수는 없는 것이므로, 법인의 이익을 정당하게 보전할 권한을 가진 다른 임원 또는 사원이나 직원 등이 보험금청구권을 행사할 수 있을 정도로 대표자의 불법행위를 안 때에 비로소 소멸시효가 진행한다고 볼 것은 아니며, 그와 같이 보지 아니한다 하여 그것이 형평에 반한다고 볼 것도 아니다(대판 2002.10.25. 2002다13614).

(차) 백지수표의 보충권의 소멸시효 기산점: 발행일을 백지로 하여 발행된 수표의 백지보충권의 소멸시효는 다른 특별한 사정이 없는 한 그 수표발행의 원인관계에 비추어 발행 당사자 사이에 수표상의 권리를 행사할 수 있는 것이 법률적으로 가능하게 된 때부터 진행한다(대판 2001.10.23. 99다64018).

3. 不作爲債權 - 제2항: 부작위를 목적으로 하는 채권은 위반행위를 한 때부터 진행한다. 따라서 부정경쟁방지법 제10조제1항이 정한 영업비밀침해행위금지 또는 예방을 청구할 수 있는 권리의 경우, 그 소멸시효가 진행하기 위하여는 일단 침해행위가 개시되어야 하고, 나아가 부정경쟁방지법 제14조의 규정에 의하여 영업비밀보유자가 그 침해행위에 의하여 자기의 영업상의 이익이 침해되거나 침해될 우려가 있는 사실 및 침해행위자를 알아야 한다(대판 1996.2.13. 95마594).

第167條【消滅時效의 遡及效】 消滅時效는 그 起算日에 遡及하여 效力이 생긴다.

消滅時效의 效力-遡及效

1. 意義: 시효기간의 만료로 권리는 소멸한다(절대적 소멸설)(대판 1979.2.13. 78다2157). 그런데 소멸되는 시기가 문제인데, 본조는 소멸시기와 관하여 규정하고 있다. 소멸시효의 효력은 그 기산일에 소급한다. 즉 소멸시효의 완성으로 권리가 소멸하는 시기는 시효기간이 만료한 때이나 그 효과는 시효기간의 개시시에 소급한다. 일반적으로 법률요건은 그 요건이 완성한 때에 효력이 발생하나 소멸시효의 효력은 본래 소멸시효가 그 시효기간동안 계속된 사실상태를 보호하려는 제도이므로 당연히 소급한다.

2. 遡及效의 內容: 소급되는 시점은 시효기간의 기산점이다. 채권소멸의 효과가 소급됨으로써 소멸시효로 채무를 면한 사람은 시효기간 중의 이자를 지급하지 않아도 된다.

(1) 소멸시효 완성 전에 상계 가능한 채권-완성 후에 상계 가능: 소멸시효가 완성된 채권이 그 완성 전에 이미 상계할 수 있었던 경우에는 채권자는 소멸시효기간이 지난 후에도 상계할 수 있다(495조)

(2) 주된 채무의 소멸: 주된 채무가 소멸시효를 완성한 때에는 종된 권리에 그 효력이 미치게 된다. 원본채권이 시효소멸하면 이자채권도 소멸한다.

(3) 주채무와 보증채무: 보증채무에 대한 소멸시효가 중단되었다고 하더라도 이로써 주채무에 대한 소멸시효가 중단되는 것은 아니고, 주채무가 소멸시효 완성으로 소멸된 경우에는 보증채무도 그 채무 자체의 시효중단에 불구하고 부종성에 따라 당연히 소멸된다(대판 2002.5.14. 2000다62476).

3. 時效援用 可能 與否

(1) 채권자대위권의 행사: 채권자가 채권자대위권을 행사하여 제3자에 대하여 하는 청구에 있어서, 제3채무자는 채무자가 채권자에 대하여 가지는 항변으로 대항할 수 없고, 채권의 소멸시효가 완성된 경우 이를 원용할 수 있는 자는 원칙적으로는 시효이익을 직접 받는 자뿐이고, 채권자대위소송의 제3채무자는 이를 행사할 수 없다(대판 1998.12.8. 97다31472).

(2) 채무자에 대한 일반채권자: 소멸시효가 완성된 경우 이를 주장할 수 있는 사람은 시효로 인하여 채무가 소멸되는 결과 직접적인 이익을 받는 사람에 한정되므로, 채무자에 대한 일반채권자는 자기의 채권을 보전하기 위하여 필요한 한도 내에서 채무자를 대위하여 소멸시효 주장을 할 수 있을 뿐 채권자의 지위에서 독자적으로 소멸시효의 주장을 할 수 없다(대판 1997.12.26. 97다22676).

4. 時效完成의 抗辯權 行使와 權利濫用

(1) 권리남용: 채무자의 소멸시효에 기한 항변권의 행사도 우리 민법의 대원칙인 신의성실의 원칙과 권리남용금지의 원칙의 지배를 받는다.

(2) 요건: 권리남용금지와 같은 일반적 원칙을 적용하여 법이 규정하는 구체적인 제도의 운용을 배제하는 것은 법해석에 있어 또 하나의 대원칙인 법적 안정성을 해할 위험이 있으므로 그 적용에는 신중하여야 한다.

(가) 채무자가 시효완성 전에 채권자의 권리행사나 시효중단을 불가능 또는 현저히 곤란하게 하였거나,

(나) 시효중단 조치가 불필요하다고 믿게 하는 행동을 하였거나,

(다) 객관적으로 채권자가 권리를 행사할 수 없는 장애사유가 있었거나,

(라) 일단 시효완성 후에 채무자가 시효를 원용하지 아니할 것 같은 태도를 보여 권리자로 하여금 그와 같이 신뢰하게 하였거나,

(마) 채권자 보호의 필요성이 크고, 같은 조건의 다른 채권자가 채무의 변제를 수령하는 등의 사정이 있어 채무이행의 거절을 인정함이 현저히 부당하거나 불공평하게 되는 등의 특별한 사정이 있는 경우.

(3) 효과: 채무자가 소멸시효의 완성을 주장하는 것이 신의성실의 원칙에 반하여 권리남용으로서 허용될 수 없다(대판 2007.3.15. 2006다12701).

(4) 구체적 사례

(가) 국가에게 국민을 보호할 의무가 있다는 사유만으로 국가가 소멸시효의 완성을 주장하는 것 자체가 신의성실의 원칙에 반하여 권리남용에 해당한다고 할 수는 없으므로, 국가의 소멸시효 완성 주장이 신의칙에 반하고 권리남용에 해당한다고 하려면 일반 채무자의 소멸시효 완성 주장에서와 같은 특별한 사정이 인정되어야 할 것이고, 또한 국방부가 구 병역법 조항에 위반한 불법행위를 하였음을 객관적으로 외부에서 거의 알기 어려워 일반 국민인 원고로서는 국가의 그와 같은 조치에 전적인 신뢰를 둘 수밖에 없는 실정이며, 더구나 위법행위를 한 국가가 그 위법에 대해 아무런 조치를 취하지 않고 있다가 이제 와서 그 위법을 몰랐던 원고에 대해 소멸시효 완성을 주장한다는 것은 신의칙상 또는 형평의 원칙상 도저히 허용될 수 없다고 보아야 하므로, 이 사건 청구에 대한 소멸시효는 피고가 원고의 학도의용군 복무사실을 공식적으로 확인하여 준 1999. 3. 11.부터 그 기간이 개시되는 것이라고 봄이 상당하다고 할 것이니 피고의 소멸시효 항변은 이유 없다(대판 2005.5.13. 2004다71881).

(나) 원고가 청송제2보호감호소에서 보호감호를 받던 중, ① 자신이 받은 부당한 처우에 대한 각종 소송서류 등을 작성하기 위한 집필허가신청을 하였는데 교도관들이 그 판시와 같은 경위로 이를 받아들이지 아니한 행위와, ② 원고가 자신의 어머니와 접견하던 중 원고가 교도관들로부터 가혹행위를 당하였으니 변호사를 선임하여 검찰에 고소하라는 취지의 말을 하였다는 이유로 교도관들이 원고의 접견을 중지시킨 행위를 모두 위법하다고 하고, 또한 ③ 원고가 교도관들의 계호 소홀로 말미암아 함께 감호를 받고 있던 소외 1로부터 폭행을 당한 사실을 인정한 다음, 피고는 위와 같은 교도관들의 고의·과실로 인한 각 불법행위로 인하여 원고가 입은 정신적 손해를 배상하여야 한다고 판단하고, 소멸시효의 완성을 주장하는 국가의 항변에 대하여는 이 사건 원고의 손해배상청구권의 권리행사를 현저히 방해한 국가가 소멸시효의 주장을 하는 것은 신의성실의 원칙에 반하는 권리남용으로서 허용될 수 없다고 판단하였다(대판 2003.7.25. 2001다60392).

(다) 상속채무를 부담하게 된 상속인의 행위가 단순히 피상속인의 사망신고 및 상속등기를 게을리 함으로써 채권자로 하여금 사망한 피상속인을 피신청인으로 하여 상속부동산에 대하여 당연 무효의 가압류를 하도록 방치하고 그 가압류에 대하여 이의를 제기하지 않거나 피상속인의 사망 사실을 채권자에게 알리지 않은 정도에 그치고, 그 밖에 달리 채권자의 권리 행사를 저지·방해할 만한 행위를 하지 않았다면 상속인의 소멸시효완성 주장은 권리남용에 해당하지 않는다(대판 2006.8.24. 2004다26287, 26294).

第168條【消滅時效의 中斷事由】 消滅時效는 다음 各號의 事由로 因하여 中斷된다.
1. 請求
2. 押留 또는 假押留, 假處分
3. 承認

第169條【時效中斷의 效力】 時效의 中斷은 當事者 및 그 承繼人間에만 效力이 있다.

消滅時效中斷 事由와 效力

1. 時效 中斷의 意義: 소멸시효가 완성되기 위하여 권리의 불행사의 사실상태가 일정기간 계속되어야 한다. 그러나 소멸시효의 기초가 되는 권리의 불행사의 사실상태와 다른 사실이 발생하면 소멸시효의 진행은 중단되고 이미 경과한 시효기간의 효력은 소멸하게 된다. 이와 같이 소멸시효의 진행을 방해하는 것이 소멸시효의 중단이다. 소멸시효가 중단되면 그때부터 소멸시효는 새로이 다시 진행한다(178조).

2. 時效中斷의 事由 – 제168조: 시효 중단의 효력이 생기게 하는 사유가 중단사유이다. 본조는 소멸시효중단의 사유로 권리자의 권리행사로서 청구·압류·가압류·가처분이 있고, 의무자가 진실한 권리를 인정하는 것으로서 승인을 규정한다. 시효중단에 관하여 다른 법률에서 이와 다른

규정을 둔 경우에는 역시 시효중단의 효력이 있다.

(1) 청구-제1호: 권리자가 시효의 완성으로 이익을 얻게 될 자에 대하여 그의 권리내용을 주장하는 것이 청구이다. 청구는 재판상의 청구, 파산절차 참가(171조), 화의절차 참가, 지급명령(172조), 화해(173조), 임의출석(173조), 최고(174조)를 말하는데, 재판상 청구 외에는 본조 규정 외에 별도로 다시 규정하고 있다. 재판상의 청구는 통상적으로는 권리자가 원고로서 시효를 주장하는 자를 피고로 하여 권리를 소의 형식으로 주장하는 경우를 말하는, 즉 소를 제기하는 것을 말한다. 그런데 재판상 청구에는 그 권리 자체의 이행청구를 하는 경우뿐 아니라 그 권리가 발생한 기본적 권리관계에 관한 이행청구나 확인청구를 하는 경우도 포함한다. 그리고 본조 소정의 시효중단의 효력을 가지는 재판상의 청구는 민사상의 소송이어야 하는 것이며 행정청 또는 그 소속기관의 위법한 행정처분의 취소나 변경을 구하는 것을 목적으로 하는 행정소송은 소멸시효 중단의 사유가 되지 않는다(서울고법 1978.10.13. 76나2108).

(가) 기본적 권리관계에 대한 청구: 교직원의 학교법인을 상대로 한 의원면직처분 무효확인의 소는 교직원의 학교법인에 대한 급여청구의 한 실현수단이 될 수 있어 소멸시효의 중단사유로서의 재판상 청구에 해당한다(대판 1994.5.10. 93다21606).

(나) 피고로 응소한 경우: 피고로서 응소하여 그 소송에서 적극적으로 권리를 주장하는 경우도 포함된다(대판 1993.12.21. 92다47861). 그러나 응소행위를 하였다고 하여 바로 시효중단의 효과가 발생하는 것은 아니고, 변론주의 원칙상 시효중단의 효과를 원하는 피고로서는 당해 소송 또는 다른 소송에서의 응소행위로서 시효가 중단되었다고 주장하지 않으면 아니되고, 피고가 변론에서 시효중단의 주장 또는 이러한 취지가 포함되었다고 볼 만한 주장을 하지 아니하는 한, 피고의 응소행위가 있었다는 사정만으로 당연히 시효중단의 효력이 발생한다고 할 수는 없다(대판 2003.6.13. 2003다17927).

(다) 물상보증인이 제기한 저당권설정등기의 말소등기절차이행청구소송에서 채권자 겸 저당권자의 응소행위: 물상보증인은 채권자에 대하여 물적 유한책임을 지고 있어 그 피담보채권의 소멸에 의하여 직접 이익을 받는 관계에 있으므로 소멸시효의 완성을 주장할 수 있는 것이지만, 채권자에 대하여는 아무런 채무도 부담하고 있지 아니하므로, 물상보증인이 그 피담보채무의 부존재 또는 소멸을 이유로 제기한 저당권설정등기 말소등기절차이행청구소송에서 채권자 겸 저당권자가 청구기각의 판결을 구하고 피담보채권의 존재를 주장하였다고 하더라도 이로써 직접 채무자에 대하여 재판상 청구를 한 것으로 볼 수는 없는 것이므로 피담보채권의 소멸시효에 관하여 규정한 본호 소정의 청구에 해당하지 아니한다(대판 2004.1.16. 2003다30890).

(라) 권리의 일부만을 청구하는 소제기: 그 부분만에 한하여 중단의 효력이 있다. 따라서 경매신청서의 청구금액에 기재되지 아니한 채권은 경매신청에 의하여 시효가 중단되지 아니하고, 가분채권의 경우 일부가 청구금액에 포함되지 아니하였다면 그 부분도 시효가 중단되지 아니한다고 보아야 할 것이며, 경매신청서의 청구금액에 포함되어 있었다 하더라도 채권계산서에 기재된 채권에 한하여 소멸시효중단의 효력이 있다(대판 1991.12.10. 91다17092).

(마) 일부를 청구하며, 우선 일부의 청구라는 표시를 한 경우: 원고의 청구가 장차 신체감정결과에 따라 청구금액을 확장할 것을 전제로 우선 재산상 및 정신상 손해금 중 일부를 청구한다는 뜻이라면 채권의 일부에 대해서만 판결을 구하는 취지의 일부청구는 아님이 분명하여 소제기로 인한 시효중단의 효력은 소장에서 주장한 손해배상채권의 동일성의 범위 내에서 채권 전부에 대하여 미친다(대판 1992.12.8. 92다29924).

(바) 청구부분이 특정될 수 있는 채권의 일부청구: 청구부분이 특정될 수 있는 경우에 있어서의 일부청구는 나머지 부분에 대한 시효중단의 효력이 없고 나머지 부분에 관하여는 소를 제기하거나 그 청구를 확장(청구의 변경)하는 서면을 법원에 제출한 때에 비로소 시효중단의 효력이 생긴다(대판 1975.2.25. 74다1557).

(사) 원인채권과 어음채권: 원인채권의 지급을 확보하기 위한 방법으로 어음이 수수된 경우에 원인채권과 어음채권은 별개로서 채권자는 그 선택에 따라 권리를 행사할 수 있다.

① 어음채권 행사-중단: 원인채권의 지급을 확보하기 위한 방법으로 어음이 수수된 경우, 어음

채권의 행사가 원인채권의 소멸시효를 중단시키는 효력이 있다(대판 1999.6.11. 99다16378).
② 원인채권 행사: 원인채권에 관하여 소를 제기한 것만으로는 그 어음상의 채권 그 자체를 행사한 것으로 볼 수 없어 이는 어음채권에 관한 소멸시효 중단사유인 재판상 청구에 해당하지 않는다(대판 1994.12.2. 93다59922).
(아) 대항요건을 갖추지 못한 상태의 채권양수인이 채무자를 상대로 한 재판상의 청구: 채권양도에 의하여 채권은 그 동일성을 잃지 않고 양도인으로부터 양수인에게 이전되며, 이러한 법리는 채권양도의 대항요건을 갖추지 못하였다고 하더라도 마찬가지이고, 민법 제149조의 〈조건의 성취가 미정한 권리의무는 일반규정에 의하여 처분, 상속, 보존 또는 담보로 할 수 있다〉는 규정은 대항요건을 갖추지 못하여 채무자에게 대항하지 못한다고 하더라도 채권양도에 의하여 채권을 이전받은 양수인의 경우에도 그대로 준용될 수 있고, 채무자를 상대로 재판상의 청구를 한 채권의 양수인을 〈권리 위에 잠자는 자〉라고 할 수 없는 점 등에 비추어 보면, 비록 대항요건을 갖추지 못하여 채무자에게 대항하지 못한다고 하더라도 채권의 양수인이 채무자를 상대로 재판상의 청구를 하였다면 이는 소멸시효 중단사유인 재판상의 청구에 해당한다고 보아야 한다(대판 2005.11.10. 2005다41818).
(자) 근저당권설정등기청구의 소제기가 그 피담보채권이 될 채권에 대한 소멸시효 중단 여부: 근저당권설정등기청구권의 행사는 그 피담보채권이 될 금전채권의 실현을 목적으로 하는 것으로서, 근저당권설정등기청구의 소에는 그 피담보채권이 될 채권의 존재에 관한 주장이 당연히 포함되어 있는 것이고, 그 채권의 존부에 관한 실질적 심리가 이루어져 그 존부가 확인된 이상, 그 피담보채권이 될 채권으로 주장되고 심리된 채권에 관하여는 근저당권설정등기청구의 소의 제기에 의하여 피담보채권이 될 채권에 관한 권리의 행사가 있은 것으로 볼 수 있으므로, 근저당권설정등기청구의 소의 제기는 그 피담보채권의 재판상의 청구에 준하는 것으로서 피담보채권에 대한 소멸시효 중단의 효력을 생기게 한다(대판 2004.2.13. 2002다7213).
(차) 피해자의 보험자에 대한 보험금청구: 상법 제724조제2항에 의하여 피해자가 보험자에게 갖는 직접청구권과 피보험자의 보험자에 대한 보험금청구권은 별개의 청구권이므로, 피해자의 보험자에 대한 손해배상청구에 의하여 피보험자의 보험자에 대한 보험금청구권의 소멸시효가 중단되는 것은 아니다(대판 2006.4.13. 2005다77305, 77312).
(2) 압류 · 가압류 · 가처분-제2호: 압류는 확정판결 기타의 집행권원에 의거하여 행하는 강제집행이며 가장 강력한 권리의 실행행위이다. 그리고 가압류와 가처분은 강제집행을 보전하는 수단이며 또한 권리의 실행행위이다. 압류 · 가압류 · 가처분은 반드시 재판상의 청구를 전제로 하지 않을 뿐만 아니라 판결이 있는 경우라도 다시 새로운 시효가 진행하므로 따로 중단사유로 정한 것이다. 가압류에 의한 시효중단의 효력은 가압류의 집행보전의 효력이 존속하는 동안은 계속되고, 제168조에서 가압류와 재판상의 청구를 별도의 시효중단사유로 규정하고 있는데 비추어 보면 가압류의 피보전채권에 관하여 본안의 승소판결이 확정되었다고 하더라도 가압류에 의한 시효중단의 효력이 이에 흡수되어 소멸되지 않는다(대판 2000.4.25. 2000다11102).
(가) 가압류의 집행보전의 효력이 존속하는 동안 가압류에 의한 시효중단의 효력이 계속되는지 여부: 본조에서 가압류를 시효중단사유로 정하고 있는 것은 가압류에 의하여 채권자가 권리를 행사하였다고 할 수 있기 때문에, 가압류에 의한 집행보전의 효력이 존속하는 동안은 가압류채권자에 의한 권리행사가 계속되고 있다고 보아야 하므로 가압류에 의한 시효중단의 효력은 가압류의 집행보전의 효력이 존속하는 동안은 계속된다(대판 2006.7.4. 2006다32781).
(나) 연대채무자 1인의 소유 부동산에 대한 경매개시결정에 따른 시효중단의 효력이 다른 연대채무자에게 미치는지 여부: 채권자의 신청에 의한 경매개시결정에 따라 연대채무자 1인의 소유 부동산이 압류된 경우, 이로써 위 채무자에 대한 채권의 소멸시효는 중단되지만, 압류에 의한 시효중단의 효력은 다른 연대채무자에게 미치지 아니하므로, 경매개시결정에 의한 시효중단의 효력을 다른 연대채무자에 대하여 주장할 수 없다(대판 2001.8.21. 2001다22840).
(3) 승인-제3호
(가) 승인의 법적 성질: 승인은 시효의 이익을 받을 당사자가 시효로 인해 권리를 잃는 자에 대

하여 상대방의 권리를 인정한다고 표시하는 것으로 관념의 통지이다.
(나) 승인권자: 시효이익을 받을 당사자인 채무자가 승인하여야 한다. 따라서 국가의 채무에 대하여 소멸시효의 중단사유인 승인은 이를 할 권한 있는 자가 적법한 절차에 의하여 하는 것이 아니면 효력이 없다(대판 1970.3.10. 69다401). 일반적으로 회사의 경리과장, 총무과장 또는 출장소장은 다른 특별한 사정이 없는 한 회사가 부담하고 있는 채무에 관하여 소멸시효의 중단사유가 되는 승인을 할 수 없다(대판 1965.12.28. 65다2133).
(다) 승인의 방법과 상대방: 승인은 시효이익을 받을 당사자인 채무자가 그 시효의 완성으로 권리를 상실하게 될 자 또는 그 대리인에 대하여 그 권리가 존재함을 인식하고 있다는 뜻을 표시함으로써 성립한다. 그리고 그 표시의 방법에 아무런 제한이 없어 묵시적인 방법으로도 가능하기는 하지만, 적어도 채무자가 채권자에 대하여 부담하는 채무의 존재에 대한 인식의 의사를 표시함으로써 성립하게 된다. 또한 그러한 취지의 의사표시가 존재하는지 여부의 해석은 그 표시된 행위 내지 의사표시의 내용과 동기 및 경위, 당사자가 그 의사표시 등에 의하여 달성하려고 하는 목적과 진정한 의도 등을 종합적으로 고찰하여 사회정의와 형평의 이념에 맞도록 논리와 경험의 법칙, 그리고 사회일반의 상식에 따라 객관적이고 합리적으로 이루어져야 한다.
(다) 승인의 효력 발생: 승인으로 인한 시효중단의 효력은 그 승인의 통지가 상대방에게 도달하는 때에 발생한다(대판 1995.9.29. 95다30178).
(라) 개별적 문제
① 채무의 일부 변제: 시효완성 전에 채무의 일부를 변제한 경우에는 채무승인으로서의 효력이 있어 시효 중단의 효과가 발생한다(대판 1996.1.23. 95다39854).
② 채무자의 합의안 제시: 채무자가 채권자로부터 소멸시효가 완성된 연대보증채무의 이행청구를 받고 그 채무액의 일부를 지급하고 사건을 종결하자는 내용의 합의안을 제의하였다가 거절당한 사안에서, 합의안 제의의 배경 등 제반 사정에 비추어 채무자가 위 합의안을 제의한 사실만으로 채권자에게 연대보증채무를 부담하고 있다는 채무승인의 뜻을 확정적으로 표시한 것이라고 해석하기 어렵다(대판 2008.7.24. 2008다25299).
③ 면책적 채무인수: 면책적 채무인수가 있은 경우에 인수채무의 소멸시효기간은 채무인수와 동시에 이루어진 소멸시효 중단사유, 즉 채무승인에 따라 채무인수일로부터 새로이 진행된다(대판 1999.7.9. 99다12376).
④ 피의자 심문조서에서의 진술: 검사 작성의 피의자신문조서는 검사가 피의자를 신문하여 그 진술을 기재한 조서로서 그 작성형식은 원칙적으로 검사의 신문에 대하여 피의자가 응답하는 형태를 취하여 피의자의 진술은 어디까지나 검사를 상대로 이루어지는 것이어서 그 진술기재 가운데 채무의 일부를 승인하는 의사가 표시되어 있다고 하더라도, 그 기재 부분만으로 곧바로 소멸시효 중단사유로서 승인의 의사표시가 있은 것으로는 볼 수 없다(대판 1999.3.12. 98다18124).
⑤ 채권양수의 효력을 다투는 과정: 채권양수인이라고 주장하는 자가 채무자를 상대로 제기한 양수금 청구소송에서 채무자가 채권자로부터 채권을 양도한 사실이 없다는 취지의 진술서를 작성·교부받아 이를 증거로 제출하여 승소판결을 받은 경우, 채무자는 채권자로부터 위 진술서를 교부받음으로써 채무를 승인하였으므로 그 무렵 소멸시효가 중단되었다(대판 2000.4.25. 98다63193).
⑥ 계속적 거래관계에서 물품의 주문·공급: 계속적 거래관계에서 거래 시마다 서로 기왕의 미변제 외상대금에 대하여 확인하거나 확인된 대금의 일부를 변제하는 등의 행위가 없었다면, 새로이 동종 물품을 주문하고 공급받았다는 사실만으로는 기왕의 미변제 채무를 승인한 것으로 볼 수 없다(대판 2007.1.25. 2006다68940).

3. 時效中斷의 效力 - 제169조

(1) 인적 범위-당사자와 승계인 간에만 효력(상대적 효력)-제169조: 시효의 중단은 중단사유에 관계된 당사자와 그의 포괄승계인 및 특정승계인에 대하여만 효력이 있다. 그 이외의 자에 대하여는 시효중단의 효력은 원칙적으로 없다. 당사자는 중단행위에 관여한 당사자를 말한다. 그러므로 시효가 문제로 된 권리 또는 청구권의 당사자라 하더라도 중단행위에 관여하지 않은 자에 대해서는 원칙적으로 중단의 효력이 없다. 승계인은 시효중단에 관여한 당사자로부터 중

단의 효과를 받는 권리 또는 의무를 승계한 자이다. 그들의 승계인도 시효중단의 효과를 받으나 그 중단효과 발생 이후에 승계한 자를 뜻하고 포괄승계인은 물론 특정승계인도 이에 포함된다(대판 1997.4.25. 96다46484). 이처럼 시효중단의 효력은 상대적이므로 제3자에 대하여는 그 효력이 미치지 않는다.

(가) 공유자 중의 1인이 한 보존행위로서의 재판상 청구: 공유자의 한 사람이 공유물의 보존행위로서 제소한 경우라도, 동 제소로 인한 시효중단의 효력은 재판상의 청구를 한 그 공유자에 한하여 발생하고, 다른 공유자에게는 미치지 아니한다(대판 1979.6.26. 79다639).

(나) 우선특권자의 선박소유에 대한 재판상 청구의 선박근저당권자에 대한 효력: 우선특권 있는 선박채권자의 선박소유자에 대한 재판상청구로서 그 선박의 근저당권자에게 우선특권에 관한 소멸시효 중단의 효력을 주장 할 수 없다(대판 1978.6.13. 78다314).

(다) 부진정연대채무자 중의 1인의 중단사유: 부진정연대채무에 있어 채무자 1인에 대한 이행의 청구는 타 채무자에 대하여 그 효력이 미치지 않으므로 중단의 효과는 당해자에게만 발생하고, 다른 부진정연대채무자에는 중단의 효력이 없다(대판 1997.9.12. 95다42027).

(라) 주채무자와 보증인: 주채무자에 대한 시효의 중단은 보증인에 대하여 그 효력이 있으나(440조), 반대로 보증인에 대한 시효의 중단은 주채무자에 대하여 효력이 인정되지 않는다.

(2) 물적 범위

(가) 계속적 거래관계에서 생긴 채무의 일부변제: 동일 당사자간의 계속적인 금전거래로 인하여 수개의 금전채무가 있는 경우에 채무의 일부 변제는 채무의 일부로서 변제한 이상 그 채무전부에 관하여 시효중단의 효력을 발생하는 것으로 보아야 하고, 동일 당사자간에 계속적인 거래관계로 인하여 수개의 금전채무가 있는 경우에 채무자가 모든 채무액을 변제하기에 부족한 금액을 채무의 일부로 변제한 때에는 특별한 사정이 없는 한 기존의 수개의 채무전부에 대하여 승인을 하고 변제한 것으로 보는 곳이 상당하다(대판 1980.5.13. 78다1790).

(나) 동일한 목적의 복수의 채권 중 한 채권의 중단 효력: 채권자가 동일한 목적을 달성하기 위하여 복수의 채권을 갖고 있는 경우, 어느 하나의 청구권을 행사하는 것이 다른 채권에 대한 소멸시효 중단의 효력이 있다고 할 수 없다(대판 2002.5.10. 2000다39735).

(다) 원인채권의 지급을 확보하기 위하여 어음이 수수된 당사자 사이에서 채권자가 어음채권을 피보전권리로 하여 채무자의 재산을 가압류함으로써 그 권리를 행사한 경우에는 그 원인채권의 소멸시효를 중단시키는 효력이 있다(대판 2002.2.26. 2000다25484).

(라) 원인채권의 지급을 확보하기 위한 방법으로 어음이 수수된 경우에 원인채권과 어음채권은 별개로서 채권자는 그 선택에 따라 권리를 행사할 수 있고, 원인채권에 기하여 청구를 한 것만으로는 어음채권 그 자체를 행사한 것으로 볼 수 없어 어음채권의 소멸시효를 중단시키지 못한다(대판 1999.6.11. 99다16378).

第170條【裁判上의 請求와 時效中斷】 ①裁判上의 請求는 訴訟의 却下, 棄却 또는 取下의 境遇에는 時效中斷의 效力이 없다.
②前項의 境遇에 6月內에 裁判上의 請求, 破産節次參加, 押留 또는 假押留, 假處分을 한 때에는 時效는 最初의 裁判上請求로 因하여 中斷된 것으로 본다.

裁判上 請求의 却下 등-催告로서의 效力

1. 意義: 재판상의 청구가 중단의 효력을 발생하는 시기는 소를 제기한 때이다(민소법 265조). 따라서 소를 제기하면 즉시 소멸시효는 중단된다. 그러나 당해 소가 각하·기각 또는 취하가 되면 발생하였던 시효중단의 효력은 없어진다(1항).

2. 却下 등 後 6月 內의 押留 등 - 최고의 효력 - 제2항: 소의 각하·기각·취하가 있더라도 6개월 내에 재판상의 청구·파산절차참가·압류 또는 가압류·가처분을 한 때에는 시효는 최초의 재판상의 청구로 중단된 것으로 본다. 이는 각하·기각·취하된 소의 제기를 최고로서의 효력을

인정한 것이다(대판 1987.12.22. 87다카2337).

3. 請求棄却判決確定 後 再審請求: 기각판결이 확정된 경우에는 청구권의 부존재가 확정됨으로써 중단의 효력이 생길 수 없으므로 청구기각판결의 확정 후 재심을 청구하였다 하더라도 시효의 진행이 중단된다고 할 수 없다(대판 1992.4.24. 92다6983).

第171條【破産節次參加와 時效中斷】 破産節次參加는 債權者가 이를 取消하거나 그 請求가 却下된 때에는 時效中斷의 效力이 없다.

破産節次 參加 後 取消 등

1. 意義: 파산절차참가는 채권자가 파산재단의 배당에 참가하기 위하여 그의 채권을 신고하는 것으로, 그 신고시에 시효중단의 효력이 생긴다. 또한 강제집행절차에서 배당요구를 하는 것도 파산절차참가와 같은 것으로 보아 시효중단의 사유가 된다. 하지만 채권자가 파산절차참가를 취소하거나 그 청구가 각하된 때에는 시효중단의 효력이 없다.

2. 債權者의 破産宣告 申請: 채권자가 파산선고신청을 하면 선고신청이 중단사유가 되는지에 대하여 별도의 규정이 없으나, 파산절차참가가 중단사유가 되면 그보다 강한 권리의 실행방법인 파산선고신청도 시효중단사유가 된다.

3. 個別的 問題

(1) 파산법상의 재단채권에 관하여 파산채권의 신고를 한 경우: 파산법은 파산채권에 관하여 파산절차에 의하지 아니하고는 이를 행사할 수 없도록 하고 파산채권 신고 등의 절차를 규정(파산법 15조, 201조)하고 있음에 반하여, 재단채권에 관하여는 파산채권 신고 등의 파산절차에 의하지 아니하고 파산재단으로부터 수시로 변제받을 수 있도록 규정하고 있는 점(파산법 40조, 43조), 민법 제171조는 민법 제170조의 재판상 청구와 구별하여 파산채권참가를 시효중단사유로 규정하고 있는데 이는 위와 같이 파산절차참가에 의하지 아니하고는 이를 행사할 수 없는 파산채권의 특수성을 염두에 둔 것으로 보이는 점 등을 종합하면, 민법 제168조제1호, 민법 제171조에서 시효중단사유의 하나로 규정하고 있는 파산절차참가라 함은 통상적으로 채권자가 파산채권에 관하여 파산법 제201조에 의하여 파산재단에 가입하기 위하여 그의 채권을 신고하는 것을 의미한다고 봄이 상당하고, 파산절차에 참가할 필요가 없는 재단채권에 관하여 파산채권 신고를 한 경우까지 파산절차참가에 해당하여 시효중단의 효력이 미친다고 볼 수는 없다(서울중앙지법 2004.6.24. 2003나59586).

(2) 배당에서 제척: 채권조사 기일에서 파산관재인이 신고채권에 대하여 이의를 제기하거나 채권자가 법정기간 내에 파산채권 확정의 소를 제기하지 아니하여 배당에서 제척되었다고 하더라도 그것이 민법 제171조 규정에서 말하는 그 청구가 각하된 때에 해당한다고 볼 수 없다 할 것이고 따라서 파산절차참가로 인한 시효중단의 효력은 파산절차가 종결될 때까지 계속 존속한다(대판 2005.10.28. 2005다28273).

第172條【支給命令과 時效中斷】 支給命令은 債權者가 法定期間內에 假執行申請을 하지 아니함으로 因하여 그 效力을 잃은 때에는 時效中斷의 效力이 없다.

假執行申請하지 않은 支給命令

1. 支給命令: 지급명령은 금전 기타의 대체물 또는 유가증권의 일정한 수량의 지급을 목적으로 하는 청구에 대하여 법원이 채권자의 신청에 따라 채무자를 심문하지 아니하고 발하는 것으로서 간이·신속한 집행을 위한 소송절차이다(민소법 462조 이하). 지급명령을 송달받은 채무자가 2주일 내에 이의를 신청(민소법 468조) 하지 아니한 때에는 법원은 채권자의 신청에 의하여 가집행신고를 하여야 한다. 그러나 채권자가 가집행신청을 할 수 있는 때로부터 30일 이내에 그 신청을 하지 아니한 때에는 지급명령은 그 효력을 잃는다.

2. 假執行申請 안한 경우: 지급명령으로 일단 시효가 중단되나, 가집행신청을 하지 않아 지급명령이 효력을 잃으면 그로 인한 중단의 효력도 없어진다.

第173條【和解를 爲한 召喚, 任意出席과 時效中斷】 和解를 爲한 召喚은 相對方이 出席하지 아니 하거나 和解가 成立되지 아니한 때에는 1月內에 訴를 提起하지 아니하면 時效中斷의 效力이 없다. 任意出席의 境遇에 和解가 成立되지 아니한 때에도 그러하다.

和解를 위한 召喚에 不出席 등

1. 和解에서의 不出席: 화해를 신청하면 소멸시효는 중단된다. 그러나 이 신청을 받은 법원이 화해를 권고하기 위하여 상대방을 소환하였으나 상대방이 출석하지 않거나 출석하더라도 화해가 성립하지 않을 경우에 화해신청인이 1개월 내에 소를 제기하지 않으면 중단의 효력은 생기지 않는다. 소를 제기하면 화해를 신청한 시점을 기준으로 하여 시효중단의 효력이 생긴다. 조정은 재판상의 화해와 효력이 같으므로 조정신청도 화해신청과 같이 시효중단의 효력이 있다.
2. 任意出席에서 和解 不成立: 임의출석은 미리 소를 제기함이 없이 기일을 지정받지도 않고 당사자 쌍방이 임의로 법원에 출석하여 소송에 관한 변론을 함으로써 소를 제기하는 방식이다. 본조 후단은 임의출석의 경우에 화해가 성립하지 아니한 때에도 그러하다고 규정하고 있다. 그러므로 임의출석의 경우에도 화해를 위한 소환에서와 같이 시효는 중단된다. 하지만 임의출석하여 화해를 위하여 노력하였으나 화해가 성립하지 않을 경우에는 중단의 효과는 부정되고, 1개월 내에 소를 제기하여야 출석한 시점을 기준으로 하여 중단의 효력이 있다.

第174條【催告와 時效中斷】 催告는 6月內에 裁判上의 請求, 破產節次參加, 和解를 爲한 召喚, 任意出席, 押留 또는 假押留, 假處分을 하지 아니하면 時效中斷의 效力이 없다.

催告의 時效中斷의 效力

1. 意義: 최고는 채권자가 채무자에 대하여 채무의 이행을 청구하는 의사의 통지이며 재판 외의 청구이다. 그러므로 아무런 특별한 방식을 필요로 하지 않으나 그 중단의 효력은 다른 청구에 비하여 매우 약하다. 다시 말하면, 최고 후 6개월 이내에 재판상의 청구, 임의출석 등 또는 압류·가압류·가처분과 같은 방법을 취하지 않으면 중단의 효력은 생기지 않는다. 그리고 최고가 있은 후 6개월 내에 다시 최고를 다시 하는 것과 같이 최고를 계속하여도 결정적인 중단의 효력은 생기지 않는다. 그러나 최고를 여러 번 거듭하다 재판상 청구 등을 한 경우에 시효중단의 효력은 항상 최초의 최고시에 발생하는 것이 아니라 재판상 청구 등을 한 시점을 기준으로 하여 이로부터 역산하여 6월 이내에 한 최고시에 발생한다(대판 1983.7.12, 83다카437).
2. 催告로 認定되는지 與否: 채권자의 어떠한 행위가 최고로 인정되느냐 여부는 통지의 해석의 문제이나 일부의 청구나 일부의 상계가 있는 때에도 이를 전부에 대한 최고로 보아야 한다. 재판상의 청구를 하였으나 그 소의 취하로 본안 판결에 이르지 못하고 끝난 경우에도 최고의 효력이 있다(대판 1987.12.22, 87다카2337). 그러므로 소의 취하 후 6개월 이내에 제174조가 정하는 보강수단을 취함으로써 시효를 중단할 수 있다.
(1) 채무자의 이행 유예: 채권자의 채무이행을 최고받은 채무자가 그 이행의무의 존부 등에 대하여 조사를 해 볼 필요가 있다는 이유로 채권자에 대하여 그 이행의 유예를 구한 경우에는 채권자가 그 회답을 받을 때까지는 최고의 효력은 계속되어, 제174조에 정한 6월의 기간은 채권자가 채무자로부터 회답을 받은 때로부터 기산된다(대판 1995.5.12, 94다24336).
(2) 재산관계신청서의 송달: 채권자가 확정판결에 기한 채권의 실현을 위하여 채무자에 대하여 민사소송법 소정의 재산관계명시신청을 하고 그 결정이 채무자에게 송달이 되었다면 거기에 소

멸시효 중단사유인 최고로서의 효력을 인정하여야 한다(대판 1992.2.11. 91다41118).
(3) 일부의 청구 또는 일부 상계: 채권의 일부에 대한 청구나 일부의 상계도 채권 전부에 대한 최고로 인정된다.
(4) 추심명령의 제3채무자에의 송달: 채권자가 확정판결에 기한 채권의 실현을 위하여 채무자의 제3채무자에 대한 채권에 관하여 압류 및 추심명령을 받아 그 결정이 제3채무자에게 송달이 되었다면 거기에 소멸시효 중단사유인 최고로서의 효력을 인정하여야 한다(대판 2003.5.13. 2003다16238).
(5) 재판상 청구의 취하는 최고의 효력: 재판상의 청구는 그 소송이 취하된 경우에는 그로부터 6월내에 다시 재판상의 청구를 하지 않는 한 시효중단의 효력이 없고 다만 재판 외의 최고의 효력만 있다(대판 1987.12.22. 87다카2337).
(6) 채권압류 및 추심명령의 송달이 피압류채권의 제3채무자에 대하여 최고로서의 효력이 있는지 여부: 소멸시효 중단사유의 하나로서 민법 제174조가 규정하고 있는 최고는 채무자에 대하여 채무이행을 구한다는 채권자의 의사통지(준법률행위)로서, 이에는 특별한 형식이 요구되지 아니할 뿐 아니라 행위 당시 당사자가 시효중단의 효과를 발생시킨다는 점을 알거나 의욕하지 않았다 하더라도 이로써 권리 행사의 주장을 하는 취지임이 명백하다면 최고에 해당하는 것으로 보아야 할 것이므로, 채권자가 확정판결에 기한 채권의 실현을 위하여 채무자의 제3채무자에 대한 채권에 관하여 압류 및 추심명령을 받아 그 결정이 제3채무자에게 송달이 되었다면 거기에 소멸시효 중단사유인 최고로서의 효력을 인정하여야 한다(대판 2003.5.13. 2003다16238).

第175條【押留, 假押留, 假處分과 時效中斷】 押留, 假押留 및 假處分은 權利者의 請求에 依하여 또는 法律의 規定에 따르지 아니함으로 因하여 取消된 때에는 時效中斷의 效力이 없다.

第176條【押留, 假押留, 假處分과 時效中斷】 押留, 假押留 및 假處分은 時效의 利益을 받은 者에 對하여 하지 아니한 때에는 이를 그에게 通知한 後가 아니면 時效中斷의 效力이 없다.

押留, 假押留, 假處分의 時效中斷

1. 意義: 압류는 확정판결 기타의 집행권원에 의거하여 행하는 강제집행이며 가장 강력한 권리의 실행행위이다. 그리고 가압류와 가처분도 강제집행을 보전하는 수단으로 권리의 실행행위이다. 압류·가압류·가처분은 반드시 재판상의 청구를 전제로 하지 않으며 판결이 있는 경우라도 다시 새로이 시효는 진행하므로 이들을 따로 중단사유로 할 필요가 있다. 이러한 압류 등이 취소된 경우, 채무자와 담보물을 제공한 자가 다른 경우의 소멸시효의 중단에 대한 효력에 대하여 제175조와 제176조에서 규정하고 있다.
2. 押留 등의 取消 - 제175조: 제168조에 의하여 압류 등이 신청된 때에 시효가 중단되는데, 압류 등의 명령이 취소된 때에는 중단된 효력이 없어진다.
3. 押留 등을 받은 者와 時效利益을 받을 者가 다른 경우 - 제176조: 물상보증인이 있는 경우에 담보물에 대하여 압류 등을 한 경우에 채무자는 압류 사실을 모르는 경우가 있다. 이러한 경우에 압류만으로 압류 사실을 모르는 채무자의 시효가 중단되는 것은 가혹하기 때문에 압류 등이 되었다는 것을 시효이익을 받을 채무자에게 통지하지 않으면 시효중단의 효력이 없다.
4. 個別的 問題
(1) 가분채권의 일부에 대한 가압류: 채권자가 가분채권의 일부분을 피보전채권으로 주장하여 채무자 소유의 재산에 대하여 가압류를 한 경우에 있어서는 그 피보전채권 부분만에 한하여 시효중단의 효력이 있고, 가압류에 의한 보전채권에 포함되지 아니한 나머지 채권에 대하여는 시효중단의 효력이 발생할 수 없다(대판 1976.2.24. 75다1240).

(2) 압류할 물건이 없는 집행불능: 압류절차를 개시한 이상 비록 압류할 물건이 없기 때문에 집행불능이 되더라도 중단의 효력은 생긴다.

第177條【承認과 時效中斷】 時效中斷의 效力 있는 承認에는 相對方의 權利에 關한 處分의 能力이나 權限있음을 要하지 아니한다.

承認을 할 수 있는 者

1. 承認의 時效中斷: 승인은 제168조에 의하여 소멸시효의 중단의 효력이 있다.

2. 承認權者: 시효중단으로서의 승인은 승인을 할 수 있는 자가 승인을 하여야 하는 것은 당연하다. 예컨대 회사의 대표가 아닌 경리과장이 승인을 한 경우나 훈련소의 소장이 아닌 참모장이 승인하였더라도 권한이 없는 자이기 때문에 중단의 효력은 생기지 아니한다.

3. 本條의 意味: 본조에서 승인에는 상대방의 권리를 처분할 능력이나 권한이 있음을 요하지 아니한다고 규정한다. 이는 그 자체로서 의미를 가지는 것이 아니고, 승인으로 시효중단의 불이익을 받는 것은 권리를 처분하는 것도 아니고 승인자의 효과의사에 의한 것도 아니고, 다만 권리의 존재를 인정한다는 취지이다. 따라서 본조를 반대해석하여 관리능력이나 권한이 없는 자는 승인을 할 수 없는 것으로 이해한다. 예컨대 무능력자가 법정대리인의 동의 없이 한 승인은 유효한 승인이 될 수 없다.

第178條【中斷後의 時效進行】 ①時效가 中斷된 때에는 中斷까지에 經過한 時效期間은 이를 算入하지 아니하고 中斷事由가 終了한 때로 부터 새로이 進行한다.
②裁判上의 請求로 因하여 中斷한 時效는 前項의 規定에 依하여 裁判이 確定된 때로부터 새로이 進行한다.

中斷 後의 時效進行

1. 意義: 시효가 중단된 후에 그 시효의 기초가 되는 사실상태가 다시 계속되면 그때부터 새로이 시효기간은 진행한다. 따라서 새로이 진행하게 된 때로부터 전 시효기간이 경과하여야만 시효는 완성한다.

2. 새로운 消滅時效가 進行 – 제1항: 중단사유 종료 후부터 새로운 소멸시효가 진행한다.

(1) 재판상 청구–제2항: 청구로 중단된 때에는 재판이 확정된 때로부터 중단된 시효가 다시 진행한다.

(2) 압류·가압류·가처분: 압류·가압류·가처분으로 중단된 때에는 이들 절차가 끝났을 때부터 다시 진행을 시작한다.

(3) 승인: 승인으로 중단된 때에는 승인이 상대방에게 도달한 때로부터 새로운 시효가 진행한다.

第179條【無能力者와 時效停止】 消滅時效의 期間滿了前 6月內에 無能力者의 法定代理人이 없는 때에는 그가 能力者가 되거나 法定代理人이 就任한 때로부터 6月內에는 時效가 完成하지 아니한다.

第180條【財産管理者에 對한 無能力者의 權利, 夫婦間의 權利와 時效停止】 ①財産을 管理하는 父, 母 또는 後見人에 對한 無能力者의 權利는 그가 能力者가 되거나 後任의 法定代理人이 就任한 때로부터 6月內에는 消滅時效가 完成하지 아니한다.
②夫婦의 一方의 他方에 對한 權利는 婚姻關係의 終了한 때로부터 6月內에는 消滅時效가 完成하지 아니한다.

第181條【相續財產에 關한 權利와 時效停止】 相續財產에 屬한 權利나 相續財產에 對한 權利는 相續人의 確定, 管理人의 選任 또는 破產宣告가 있는 때로부터 6月內에는 消滅時效가 完成하지 아니한다.

第182條【天災 其他 事變과 時效停止】 天災 其他 事變으로 因하여 消滅時效를 中斷할 수 없을 때에는 그 事由가 終了한 때로부터 1月內에는 時效가 完成하지 아니한다.

消滅時效의 停止

1. 意義: 소멸시효의 정지는 권리자가 권리행사를 곤란 또는 불가능하게 하는 일정한 사유가 존재하는 동안에 그 기간 동안 시효의 진행을 멈추게 하였다가 그 사유가 종료하면 계속하여 나머지 기간을 진행하게 하는 제도이다. 소멸시효의 정지는 이미 경과한 기간을 없는 것으로 하지 않고 기왕에 지난 기간은 시효기간에 산입한다는 점에서 소멸시효의 중단과 다르다. 소멸시효의 정지에 관하여도 민법 외에 다른 법률에서 별도로 규정을 하면 그에 의한다(국세기본법 28조3항은 국세징수권의 소멸시효는 세법에 의한 분납기간·징수유예기간·체납처분유예기간·연부연납기간 또는 세무공무원이 국세징수법 30조의 규정에 따른 사해행위취소의 소를 제기하여 그 소송이 진행 중인 기간 동안에는 진행하지 아니한다고 규정한다).

2. 消滅時效 停止 事由: 제179조 내지 제182조에서 규정하고 있다.

(1) 무능력자를 위한 정지-제179조: 본조의 대상은 무능력자이다. 그러나 영업의 허락을 받은 미성년자나 한정치산자는 그 영업에 관한 한 본조의 적용이 없다. 시효기간 만료 전 6개월 내에 무능력자의 법정대리인이 없는 경우에 시효가 정지되어, 무능력자가 능력자로 되거나 법정대리인이 취임한 때로부터 6개월 내에는 시효가 완성하지 아니한다.

(2) 무능력자의 재산관리자에 대한 권리-제180조제1항: 제180조제1항은 제179조와 마찬가지로 무능력자 보호를 위하여 시효의 정지를 인정하고 있다. 무능력자의 권리는 법정대리인이 행하는 것이나 무능력자가 법정대리인에 대하여 가지는 권리는 법정대리인이 자기에 대하여 무능력자의 권리를 행하지 않을 수 있기 때문에 이러한 경우에 무능력자의 권리를 보호하고 있다. 무능력자가 재산을 관리하는 자에 대하여 가지는 권리는 원칙적으로 시효기간이 진행하나 무능력자가 능력자가 되거나 후임의 법정대리인이 취임한 때에 있어 시효의 잔존기간이 6개월 이내인 경우에는 그로부터 6개월간 시효의 완성이 유예된다.

(3) 혼인관계의 종료에 의한 정지-제180조제2항: 혼인관계가 계속하고 있는 동안에는 시효중단의 절차를 밟는다는 것이 곤란하므로 인정하는 정지사유이다. 부부의 일방이 타방에 대하여 가지는 권리의 시효가 본조에 의한 시효정지의 대상이다. 부부간의 권리이면 되므로 혼인 전부터 가지는 권리라도 무방하다. 부부간의 권리는 혼인이 계속 중에도 그 시효가 진행하나 혼인관계가 종료한 때로부터 6개월 내에는 시효가 완성하지 아니한다. 혼인관계의 종료는 이혼, 한쪽 배우자의 사망, 혼인의 취소 등을 말한다.

(4) 상속재산에 관한 정지-제181조: 상속재산에 관한 권리에 시효의 정지를 인정하고 있다. 상속의 경우 상속인이 확정될 때까지 다소의 시일이 필요하거나 상속인이 없어 상속재산의 관리인을 선임하기도 하며 상속재산으로 채무를 완성할 수 없어 파산선고를 하는 경우도 있다. 그러한 경우에 시효가 정지되지 아니하면 피상속인의 권리는 상속인이 확정되지 아니하는 동안에 또는 상속인·관리인·파산관재인 등이 알지 못하는 동안에 시효에 의하여 소멸하게 된다. 그리고 피상속인에 대하여 권리를 가지는 자도 소를 제기할 상대방이 없거나 상대방을 알지 못하여 시효중단의 방법을 취할 수 없기 때문에 시효의 정지를 인정하고 있다. 본조의 대상이 되는 권리는 상속재산에 속한 권리나 상속재산에 대한 권리이다. 상속재산에 관한 권리는 상속인의 확정, 관리인의 취임 또는 파산선고가 있는 때로부터 6월 내에는 시효가 완성하지 않는다.

(5) 사변에 의한 정지-제182조: 천재 기타 사변으로 인하여 소멸시효를 중단할 수 없는 경우에

시효를 정지시킨다. 사변은 전쟁·폭동·교통두절 등의 객관적인 것을 말한다. 이때에는 그 사유가 종료한 때로부터 1개월 내에는 시효가 완성하지 않는다.

第183條【從屬된 權利에 對한 消滅時效의 效力】 主된 權利의 消滅時效가 完成한 때에는 從屬된 權利에 그 效力이 미친다.

從된 權利의 消滅時效

1. 意義: 주된 권리의 소멸시효가 완성한 때에 종속된 권리도 시효가 완성한다. 이는 종물이론에 의한 것이다. 본조는 주된 권리의 소멸시효가 완성하였으나 종된 권리의 시효는 아직 완성하지 않은 경우에 실익이 있다.

2. 從된 權利

(1) 종된 권리: 종속된 권리는 이자·지연배상·과실·비용 등을 말하며 이 종속된 권리는 주된 권리가 시효로 소멸하면 이 규정에 따라 당연히 소멸한다. 예컨대 원본채권이 시효소멸하면(기본적) 이자채권도 함께 시효소멸한다.

(2) 개별적 문제

(가) 원금 일부의 소멸시효 완성-시효완성의 효력이 미치는 이자 또는 지연손해금의 범위: 이자 또는 지연손해금은 주된 채권인 원본의 존재를 전제로 그에 대응하여 일정한 비율로 발생하는 종된 권리인데, 하나의 금전채권의 원금 중 일부가 변제된 후 나머지 원금에 대하여 소멸시효가 완성된 경우, 가분채권인 금전채권의 성질상 변제로 소멸한 원금 부분과 소멸시효 완성으로 소멸한 원금 부분을 구분하는 것이 가능하고, 이 경우 원금에 종속된 권리인 이자 또는 지연손해금 역시 변제로 소멸한 원금 부분에서 발생한 것과 시효완성으로 소멸된 원금 부분에서 발생한 것으로 구분하는 것이 가능하므로, 소멸시효 완성의 효력은 소멸시효가 완성된 원금 부분으로부터 그 완성 전에 발생한 이자 또는 지연손해금에는 미치나, 변제로 소멸한 원금 부분으로부터 그 변제 전에 발생한 이자 또는 지연손해금에는 미치지 않는다(대판 2008.3.14. 2006다2940).

(나) 공동불법행위자 중 1인의 손해배상채무가 시효로 소멸한 경우-다른 공동불법행위자가 피해자에게 자기의 부담부분을 넘는 손해를 배상했을 경우, 손해를 배상한 공동불법행위자는 손해배상채무가 시효소멸한 다른 공동불법행위자에게 구상권을 행사할 수 있는지 여부: 공동불법행위자의 다른 공동불법행위자에 대한 구상권은 피해자의 다른 공동불법행위자에 대한 손해배상채권과는 그 발생 원인 및 성질을 달리하는 별개의 권리이고, 연대채무에 있어서 소멸시효의 절대적 효력에 관한 민법 제421조의 규정은 공동불법행위자 상호간의 부진정연대채무에 대하여는 그 적용이 없으므로, 공동불법행위자 중 1인의 손해배상채무가 시효로 소멸한 후에 다른 공동불법행위자 1인이 피해자에게 자기의 부담부분을 넘는 손해를 배상하였을 경우에도, 그 공동불법행위자는 다른 공동불법행위자에게 구상권을 행사할 수 있다(대판 1997.12.23. 97다42830).

第184條【時效의 利益의 抛棄 其他】 ①消滅時效의 利益은 미리 抛棄하지 못한다.
②消滅時效는 法律行爲에 依하여 이를 排除, 延長 또는 加重할 수 없으나 이를 短縮 또는 輕減할 수 있다.

時效利益의 抛棄, 其他

1. 特約에 의한 時效 要件 强化 - 無效 - 제2항: 소멸시효의 완성을 곤란하게 하는 특약은 무효이다. 하지만 시효기간을 단축하거나 시효요건을 경감하는 특약은 유효하다. 예컨대 특정한 채무의 이행을 청구할 수 있는 기간을 제한하고 그 기간을 도과할 경우 채무가 소멸하도록 하는 약정은 민법 또는 상법에 의한 소멸시효기간을 단축하는 약정으로서 특별한 사정이 없는 한 본항에 의하여 유효하다(대판 2006.4.14. 2004다70253).

2. 時效利益의 抛棄

(1) 시효기간 완성 전의 포기-무효-제1항: 소멸시효의 이익은 시효가 완성하기 전에 미리 포기하지 못한다. 원래 시효제도는 계속된 사실상태를 존중하려는 공익적 제도이므로 개인의 뜻에 따라 사전에 배척할 수 있게 하는 것은 부당하고, 또한 채권자가 채무자의 궁박을 이용하여 미리 소멸시효의 이익을 포기하게 할 수 있기 때문에 시효가 완성하기 전의 포기를 금하고 있다.

(2) 시효기간 완성 후의 포기-유효-제1항: 시효완성 후의 시효이익포기는 소멸시효의 완성으로 생기는 법률상의 이익을 받지 않겠다는 일방적 의사표시이다. 소멸시효가 완성된 후에 있어서의 시효이익의 포기는 유효하다. 시효기간의 완성 후에는 완성 전에 있어서와 같은 문제가 없고 이를 인정하는 것이 시효제도를 개인의 의사와 조화되게 할 수 있기 때문이다. 포기는 상대방 있는 행위이며 처분행위이므로 처분권한과 처분능력이 있어야 한다. 포기는 명시적으로 하여야 하는 것은 아니며, 시효완성 후의 채무자의 행위가 채권자의 권리를 인정하는 전제 아래서 이루어진 것으로 볼 수 있는 행위가 있으면 시효이익을 포기한 것으로 본다.

3. 抛棄의 效果: 포기를 하면 처음부터 시효의 이익이 생기지 않았던 것으로 된다. 포기할 수 있는 사람이 여러 명 있는 경우에는 그 중의 한 사람이 포기한 경우 포기의 효과는 상대적이며 다른 사람에게는 영향을 주지 않는다.

4. 個別的 問題

(1) 완성 후 채무 일부의 변제: 소멸시효가 완성된 후의 채무의 일부의 변제는 모든 채무에 대한 시효이익의 포기다(대판 1965.12.28. 65다2133).

(2) 계속적 거래에서 소멸시효완성 후 채무의 일부 변제로 인한 시효이익 포기의 효력이 미치는 범위: 동일 당사자간에 계속적인 거래로 인하여 같은 종류를 목적으로 하는 수 개의 채권관계가 성립되어 있는 경우에 채무자가 특정채무를 지정하지 아니하고 그 일부의 변제를 한 때에도 다른 특별한 사정이 없다면 잔존채무에 대하여도 승인을 한 것으로 보아 시효중단이나 포기의 효력을 인정할 수 있을 것이나, 그 채무가 별개로 성립되어 독립성을 갖고 있는 경우에는 일률적으로 그렇게만 해석할 수는 없을 것이고, 특히 채무자가 가압류 목적물에 대한 가압류를 해제받을 목적으로 피보전채권을 변제하는 경우에는 특별한 사정이 없는 한 피보전채권으로 적시되지 아니한 별개의 채무에 대하여서까지 소멸시효의 이익을 포기한 것이라고 볼 수는 없다(대판 1993.10.26. 93다14936).

(3) 완성 후의 승인: 채권이 법정기간의 경과로 인하여 소멸시효로 소멸된다는 것은 보통 일반적으로 아는 것이라고 인정할 수 있는 것이므로 채무자가 시효완성 후에 채무의 승인을 한때에는 일응 시효완성의 사실을 알고 그 이익을 포기한 것이라고 추정되고(대판 1967.2.7. 66다2173), 소멸시효가 완성된 후에 한 채무의 승인은 시효이익의 포기다(대판 1967.2.7. 66다2173).

(4) 기한 유예 요청: 소멸시효가 완성된 후에 기한의 유예의 요청을 한 것은 시효이익의 포기다(대판 1965.12.28. 65다2133).

(5) 시효완성된 채권의 양도서에 채무자의 서명 날인: 갑의 을에 대한 대여금채무의 시효기간이 도과하였으나, 갑이 을의 갑에 대한 채권을 병에게 양도한다는 내용의 채권양도서에 입회인으로 서명날인까지 하였다면 갑은 소멸시효완성 후에 을에 대한 채무를 승인한 것이고, 시효완성 후 채무를 승인한 채무자는 시효완성의 사실을 알고 그 이익을 포기한 것이라 추정된다(대판 1992.5.22. 92다4796).

(6) 경매절차진행 중에 별다른 이의를 하지 않은 경우: 소멸시효가 완성된 채무를 피담보채무로 하는 근저당권이 실행되어 채무자 소유의 부동산이 경락되고 그 대금이 배당되어 채무의 일부 변제에 충당될 때까지 채무자가 아무런 이의를 제기하지 아니하였다면 경매절차의 진행을 채무자가 알지 못하였다는 등 다른 특별한 사정이 없는 한 채무자는 시효완성의 사실을 알고 그 채무를 묵시적으로 승인하여 시효의 이익을 포기한 것으로 보아야 한다(대판 2001.6.12. 2001다3580).

(7) 등기청구권시효소멸 후의 등기의무자의 등기이전 합의: 소유권이전등기청구권의 소멸시효기간이 지난 후에 등기의무자가 소유권이전등기를 해 주기로 약정(합의)한 바 있다면 다른 특단의 사정이 없는 한 이는 시효이익을 포기한 것으로 보아야 한다(대판 1993.5.11. 93다12824).

(8) 시효완성 후의 과세처분에 대한 세액 납부: 소멸시효완성 후에 있은 과세처분에 기하여 세액을 납부하였다 하더라도 이를 들어 바로 소멸시효의 이익을 포기한 것으로 볼 수 없다(대판 1988.1.19. 87다카70).
(9) 제소기간 연장 요청에 대한 채무자의 동의: 채무자가 소멸시효가 완성된 이후에 여러 차례에 걸쳐 채권자의 제소기간 연장요청에 동의한 바 있더라도 그 동의는 그 연장된 기간까지는 언제든지 채권자가 제소하더라도 이의가 없다는 취지에 불과한 것이지 완성한 소멸시효이익을 포기하는 의사표시까지 함축하고 있는 것은 아니다(대판 1987.6.23. 86다카2107).
(10) 주채무자의 시효이익의 포기: 주채무자가 시효의 이익을 포기하더라도 보증인·연대보증인·물상보증인에게는 그 효력이 없다.

第2編
物　權

第2編 物 權

物權

1. 意義: 물권은 물건을 직접적으로 배타적으로 지배할 수 있는 권리이다. 물권은 물건을 직접지배(직접지배성)하고, 권리자가 독점적으로 권리를 행사하며(배타성), 모든 사람에게 권리를 주장할 수 있고(절대성), 양도가 가능(양도성)하다는 특성이 있다.

2. 物權의 客體 및 內容: 물권의 객체는 원칙적으로 물건이며, 이때의 물건은 구체적으로 특정되고 현존하며 독립한 것이어야 한다. 예외적으로 채권이나 그밖의 권리가 물권의 객체로 되는 경우도 있다.

(1) 일물일권주의: 하나의 물건에는 그 내용이 양립할 수 없는 물권은 하나만 존재할 수 있다. 이는 물권의 절대성·배타성에 따른 귀결이고, 물권의 공시를 쉽게 하여 거래의 안전을 도모하기도 한다.

(가) 토지: 토지는 인위적으로 구획된 일정범위의 지면에 사회관념상 정당한 이익이 있는 범위내에서의 상하를 포함하는 것으로서, 토지의 개수는 지적법에 의한 지적공부상의 필수, 분계선에 의하여 결정되는 것이고, 어떤 토지가 지적공부상 1필의 토지로 등록되면 그 지적공부상의 경계가 현실의 경계와 다르다 하더라도 다른 특별한 사정이 없는 한 그 경계는 지적공부상의 등록, 즉 지적도상의 경계에 의하여 특정된다(대판 1997.7.8. 96다36517). 따라서 1필의 토지가 하나의 물건으로서 물권의 객체로 되나, 용익물권은 1필 토지의 일부를 객체로 할 수 있다(부등법 136조2항 등).

(나) 건물

① 1개의 독립된 건물: 1개의 건물이 1개의 물건으로 취급된다. 건물의 개수는 토지와 달리 공부상의 등록에 의하여 결정되는 것이 아니라 사회통념 또는 거래관념에 따라 물리적 구조, 거래 또는 이용의 목적물로서 관찰한 건물의 상태 등 객관적 사정과 건축한 자 또는 소유자의 의사 등 주관적 사정을 참작하여 결정되는 것이고, 그 경계 또한 사회통념상 독립한 건물로 인정되는 건물 사이의 현실의 경계에 의하여 특정된다(대판 1997.7.8. 96다36517).

② 미등기 무허가건물: 미등기 무허가건물의 양수인이라도 그 소유권이전등기를 경료하지 않는 한 그 건물의 소유권을 취득할 수 없고, 소유권에 준하는 관습상의 물권이 있다고도 할 수 없으며, 현행법상 사실상의 소유권이라고 하는 포괄적인 권리 또는 법률상의 지위를 인정하기도 어렵다(대판 2006.10.27. 2006다49000).

③ 구분소유권의 객체: 예외적으로 건물은 구분소유의 경우 그 구분된 각각이 1개의 물건으로 된다(집합건물의소유및관리에관한법률). 이 경우에 1동의 건물 중 구분된 각 부분이 구조상, 이용상 독립성을 가지고 있는 경우에 그 각 부분을 1개의 구분건물로 하는 것도 가능하고, 그 1동 전체를 1개의 건물로 하는 것도 가능하기 때문에, 이를 구분건물로 할 것인지 여부는 특별한 사정이 없는 한 소유자의 의사에 의하여 결정된다고 할 것이므로, 구분건물이 되기 위하여는 객관적, 물리적인 측면에서 구분건물이 구조상, 이용상의 독립성을 갖추어야 하고, 그 건물을 구분소유권의 객체로 하려는 의사표시 즉 구분행위가 있어야 하는 것으로서, 소유자가 기존 건물에 증축을 한 경우에도 증축 부분이 구조상, 이용상의 독립성을 갖추었다는 사유만으로 당연히 구분소유권이 성립된다고 할 수는 없고, 소유자의 구분행위가 있어야 비로소 구분소유권이 성립된다고 할 것이다(대판 1999.7.27. 98다35020).

④ 미완성의 건물: 건물의 구조와 형태가 구분소유권의 객체가 될 수 있을 정도에 이르고 토지의 부합물로 볼 수 없는 미완성 건물을 건축주로부터 양수받아 나머지 공사를 진행하여 그 구조와 형태 등이 건축허가의 내용과 사회통념상 동일하다고 인정될 정도로 건물을 축조한 경우, 그 건물 소유권의 원시취득자는 양수인이다(대판 2006.11.9. 2004다67691).

⑤ 건물의 증축부분: 건물이 증축된 경우에 증축부분이 기존건물에 부합된 것으로 볼 것인가 아닌가 하는 점은 증축부분이 기존건물에 부착된 물리적 구조뿐만 아니라, 그 용도와 기능의 면에

서 기존건물과 독립한 경제적 효용을 가지고 거래상 별개의 소유권 객체가 될 수 있는지의 여부 및 증축하여 이를 소유하는 자의 의사 등을 종합하여 판단하여야 한다. 따라서 지하 1층, 지상 7층의 주상복합건물을 신축하면서 불법으로 위 건물 중 주택 부분인 7층의 복층으로 같은 면적의 상층을 건축하였고, 그 상층은 독립된 외부 통로가 없이 하층 내부에 설치된 계단을 통해서만 출입이 가능하고, 별도의 주방시설도 없이 방과 거실로만 이루어져 있으며, 위와 같은 사정으로 상・하층 전체가 단일한 목적물로 임대되어 사용된 경우, 그 상층 부분은 하층에 부합되어 별개의 물권의 객체가 되지 못한다(대판 2002.10.25. 2000다63110).

(다) 수목: 원칙적으로 수목은 토지의 일부이며 토지로부터 분리된 수목은 동산이다. 그러나 입목에관한법률에 의하여 소유권등기가 된 것은 토지와 별개의 부동산이며, 명인방법을 구비한 수목의 집단이나 개개의 수목도 토지와 별개의 부동산이다.

(라) 미분리과실: 원칙적으로 수목의 일부이며, 그 결과 토지의 일부로 다루어지거나, 토지와는 별개인 부동산인 수목의 일부로 다루어진다. 다만 미분리과실 자체가 명인방법을 구비한 경우, 토지나 수목과는 별개인 물건으로 인정된다.

(마) 농작물: 농작물은 다른 물건과는 달리 경작의 권원 여부를 묻지 않고 경작자의 소유로 된다(대판 1978.1.17. 77다1745).

(바) 예외: 사회적 필요성에 의하여 특별법(공장정당법) 또는 판례(유동집합동산의 양도담보)에 의하여 물건의 일부 또는 집단이나 집합물을 객체로 하는 물권이 예외적으로 인정된다.

(2) 내용-물권법정주의: 물건에 의한 생활이익은 구체적으로 당해 물건을 생활이익에 맞게 사용하거나, 그 물건을 타인에게 사용하게 하고 그 대가를 향유하거나, 그 물건을 처분하여 그 환가금을 사용하는 등의 사용, 수익, 처분의 세 가지 측면이다. 즉 물권은 사용・수익・처분의 권능을 권리화 시켜, 세 권능이 모두 포함된 권리인 소유권, 사용권능에 대한 용익물권, 처분권능의 담보물권으로 분류할 수 있다. 그런데 물권의 특성에서 본 바와 같이 물권의 직접적, 절대적 효력으로서 사회질서에 끼치는 영향이 매우 크기 때문에 각국은 물권의 구체적인 종류와 효력을 법률로 엄격히 정하고 있다. 이에 민법도 제185조에서 물권은 법률 또는 관습법에 의하는 외에는 임의로 창설하지 못한다(물권법정주의)고 규정하여 엄격히 제한한다.

3. 物權의 成立 - 登記, 引渡 - 成立要件主義: 물권으로 성립하기 위하여는 일정한 형식을 갖추어야 한다. 즉 원칙적으로 부동산물권은 등기, 동산의 물권은 인도에 의하여 성립한다.

4. 物權法의 特質: 물권은 사회질서와 제3자에게 미치는 영향이 크기 때문에 물권법은 강행법규성이 강하고 각국의 고유법적 성격이 강하다.

5. 構成

(1) 총 칙: 제185조-제191조
(2) 점유권: 제192조-제210조
(3) 소유권: 제211조-제278조
(4) 지상권: 제279조-제290조
(5) 지역권: 제291조-제302조
(6) 전세권: 제303조-제319조
(7) 유치권: 제320조-제328조
(8) 질 권: 제329조-제355조
(9) 저당권: 제356조-제372조

第1章 總 則

1. 概括: 물권의 종류와 물권의 변동이 생기는 요건 등 물권의 내용과 성립에 관하여 규정한다. 즉 물권은 원칙적으로 법률에 의하여만 창설(물권법정주의)되고, 물권이 발생・변경・소멸되기 위하여는 부동산은 원칙적으로 등기를 요하고, 동산은 현실적 양도를 요한다는 것을 규정한다.

그 밖에 부동산과 동산의 물권변동의 요건으로서의 등기와 현실적 양도 외의 다른 방법에 의한 경우를 규정한다.

2. 構成

(1) 물권법정주의: 제185조

(2) 등기를 요하는 부동산물권변동: 제186조

(3) 등기를 요하지 않는 부동산물권변동: 제187조

(4) 동산의 물권변동-간이인도: 제188조

(5) 점유개정: 제189조

(6) 목적물반환청구권의 양도: 제190조

(7) 혼동으로 인한 물권의 소멸: 제191조

第185條【物權의 種類】 物權은 法律 또는 慣習法에 依하는 外에는 任意로 創設하지 못한다.

物權法定主義

1. 意義: 물권의 절대적, 배타적 지배권으로의 특성으로 제3자에게 미치는 영향과 사회 기본질서를 이루는 토대가 된다는 점에서 물권의 종류와 효력을 법률과 관습법에 의하는 외에 당사자간에 임의로 창설하지 못하게 한 것이다. 이러한 점에서 관습상의 통행권은 성문법과 관습법 어디에서도 근거가 없어 권리로 인정될 수 없다(대판 2002.2.26. 2001다64165).

2. 物權의 種類

(1) 법률이 인정하는 물권

(가) 민법상의 물권: 점유권, 소유권, 용익물권으로서의 지역권 · 지상권 · 전세권과 담보물권으로 유치권 · 질권 · 저당권을 인정한다.

(나) 그 밖의 법률에 의한 물권

① 특별법상의 물권: 상법상의 물권으로 상사유치권, 상사질권, 선박저당권 등이 있고, 특별법상의 물권으로 가등기담보권, 공장저당권, 공장재단저당권, 광업재단저당권, 입목저당권 등이 있다.

② 헌법상의 환경권: 헌법 제35조제1항은 환경권을 기본권의 하나로 승인하고 있으므로, 사법의 해석과 적용에 있어서도 이러한 기본권이 충분히 보장되도록 배려하여야 하나, 헌법상의 기본권으로서의 환경권에 관한 위 규정만으로는 그 보호대상인 환경의 내용과 범위, 권리의 주체가 되는 권리자의 범위 등이 명확하지 못하여 이 규정이 개개의 국민에게 직접으로 구체적인 사법상의 권리를 부여한 것이라고 보기는 어렵고, 사법적 권리인 환경권을 인정하면 그 상대방의 활동의 자유와 권리를 불가피하게 제약할 수밖에 없으므로, 사법상의 권리로서의 환경권이 인정되려면 그에 관한 명문의 법률규정이 있거나 관계 법령의 규정취지나 조리에 비추어 권리의 주체, 대상, 내용, 행사방법 등이 구체적으로 정립될 수 있어야 한다(대판 1995.5.23. 자 94마2218).

(2) 관습법상의 물권: 분묘기지권, 관습법상의 법정지상권, 양도담보권 등이 있다.

(가) 분묘기지권-긍정: 분묘기지권은 분묘를 수호하고 봉제사하는 목적을 달성하는 데 필요한 범위 내에서 타인의 토지를 사용할 수 있는 권리를 의미하는 것으로서, 분묘기지권은 분묘의 기지 자체뿐만 아니라 그 분묘의 설치 목적인 분묘의 수호 및 제사에 필요한 범위 내에서 분묘의 기지 주위의 공지를 포함한 지역에까지 미치는 것이고, 그 확실한 범위는 각 구체적인 경우에 개별적으로 정하여야 한다(대판 1997.3.28. 97다3651, 3668).

(나) 관습법상의 법정지상권-긍정: 토지와 지상건물이 동일인의 소유에 속해 있다가 각각 그 소유자를 달리하게 되는 경우에 성립하는 관습법상의 지상권은, 그 경우 당사자 사이에 건물을 철거하기로 하는 등의 특별조건이 없다면 토지소유자는 지상건물 소유자에게 그 건물소유를 위한 지상권을 설정하여 주기로 한 의사가 있었던 것이라고 해석하여 인정되는 권리이다(대판 1960.9.29 4292민상944).

(다) 양도담보권-긍정: 양도담보계약의 통상의 의의는 일종의 신탁행위로서 채권담보의 목적으로 담보목적물의 소유권을 채권자에게 이전하여 채권자로 하여금 그 담보목적의 범위 내에서만 소유권을 행사케 하는 채무자와 채권자 간의 담보계약이다(대판 1954.3.31. 4287민상124). 이 양도담보계약에서(채무자가 변제기일에 그 채무를 변제하지 않으면 그 소유의 부동산을 대금은 채권액으로 하여 채권자에게 매도하기로 하고 미리 채권자에게 그 부동산에 대한 소유자이전등기 절차에 필요한 서류를 교부한 경우) 채권자가 위 변제일에 그 채권을 변제받지 못하여 위 약정에 따라 그 명의로 이전등기를 하였다 하여도 위 약정 당시의 그 부동산의 시가가 약정서표시 채무금액을 초과하고 그 약정의 내용이 채무자에게 불리한 것이면 채권자는 그 소유권을 취득하지 못한다(대판 1962.10.11. 62다290).

(라) 물권 유사의 사용수익권-긍정: 토지구획정리사업시행자가 처분한 체비지를 매수한 자로부터 다시 매수하여 공시방법인 점유까지 갖춘 매수인은 물권 유사의 사용수익권을 취득하였다가 환지처분공고익일에 토지구획정리사업법 제62조제6항의 규정에 따라 소유권을 원시적으로 취득하게 된다(대판 1993.2.12. 92다15635).

(마) 관습상의 물권-부정: 미등기무허가건물의 양수인이라도 그 소유권이전등기를 경료하지 않는 한 그 건물의 소유권을 취득할 수 없고, 소유권에 준하는 관습상의 물권이 있다고도 할 수 없으며, 현행법상 사실상의 소유권이라고 하는 포괄적인 권리 또는 법률상의 지위를 인정하기도 어렵다(대판 2006.10.27. 2006다49000).

(바) 관습상의 통행권-부정: 관습상의 사도통행권은 물권법정주의에 위배된다(대판 2002.2.26. 2001다64165).

3. 物權의 效力

(1) 일반적 효력

(가) 물권 상호간-성립우선주의: 물권의 배타성으로 하나의 물건에는 동일한 내용의 물권이 동시에 복수로 성립할 수 없다. 다른 내용의 물권은 동시에 성립이 가능하며, 동일한 내용의 물권은 경우에 따라 시간을 달리 하여 성립할 수 있고(담보물권), 그 경우에는 먼저 성립한 물권이 우선한다.

(나) 물권과 채권 상호간

① 원칙-물권우선주의: 물건에 대하여 채권과 물권이 경합하는 경우에는 성립의 전후를 불문하고 물권이 항상 우선한다. 그러나 등기된 임차권과 같은 경우는 물권과 동일한 효력이 있다.

② 예외-채권이 우선하는 경우: 특별법에 의하여 채권이 물권에 우선하는 예외적인 경우가 있다. 근로기준법상의 일정한 임금의 최우선변제, 주택임대차보호법과 상가건물임대차보호법 상의 최우선변제, 조세기본법상의 조세우선변제 등이 있다.

(2) 물권적 청구권: 제213조, 제214조

第186條【不動産物權變動의 效力】 不動産에 關한 法律行爲로 因한 物權의 得失變更은 登記하여야 그 效力이 생긴다.

第187條【登記를 要하지 아니하는 不動産物權取得】 相續, 公用徵收, 判決, 競賣 其他 法律의 規定에 依한 不動産에 關한 物權의 取得은 登記를 要하지 아니한다. 그러나 登記를 하지 아니하면 이를 處分하지 못한다.

物權變動

1. 意義: 물권의 변동은 물권의 발생·변경·소멸을 총칭한다. 권리주체의 입장에서 보면 물권의 득실변경을 의미한다. * 물건의 개념, 종류 등에 관하여는 제98조 이하에서 규정

2. 分類

(1) 물권의 변동모습에 의한 분류

(가) 물권의 발생
① 원시취득: 무주물에 대하여 최초로 소유권을 취득하는 것과 같이 당해 대상물에 대하여 최초로 권리를 취득하는 것으로서(절대적 발생), 무주동산은 선점으로 소유권이 취득된다.
② 승계취득: 권리자로부터 당해 권리를 이전받아 권리를 취득하는 이전적 승계취득과 권리자의 권리에 의하여 다른 권리를 설정받아(저당권 설정) 취득하는 설정적 승계취득(상대적 발생)이다.
(나) 물권의 변경: 물권의 동일성을 해하지 아니하고 물권의 객체·내용·효력에 변화가 생기는 것이다.
(다) 물권의 소멸: 물권이 타인에게 승계되어 종래의 주체에서 소멸하는 것(상대적 소멸)과, 물권이 절대적으로 소멸(절대적 소멸)하는 것이다.
(2) 객체에 따른 분류: 부동산물권의 변동과 동산물권의 변동으로 전자는 제186조와 제187조에서 규정하고, 후자는 제188조 내지 제190조에서 규정한다.
(3) 원인에 따른 분류: 법률행위에 의한 물권변동(186조)과 법률행위에 의하지 않은 물권변동(법률의 규정에 의한 물권변동-187조)으로 나뉜다.

3. 物權變動과 公示: 물권은 물건을 배타적으로 지배할 수 있는 절대권이므로 제3자의 불측의 손해를 방지하고 거래의 안전을 도모하기 위하여 물권의 존부와 변동관계를 외부에서 파악할 수 있게 할 필요성이 있다.
(1) 공시의 원칙: 물권의 존재 및 변동은 외부에서 인식할 수 있는 표상인 공시방법을 수반하여야 한다는 원칙이다. 형식주의를 취하는 우리 민법에서 부동산물권의 공시방법은 등기이며, 동산물권의 공시방법은 점유이다.
(2) 공신의 원칙: 일정한 공시방법을 신뢰하고 거래한 경우 그 공시방법이 진실한 권리관계와 불일치하더라도 그 공시방법에 상응하는 권리를 취득한다는 원칙이다. 즉 공시방법이 있는 곳에 물권이 존재한다는 신뢰를 보호하는 원칙이다. 이는 예외적 법원칙으로 우리민법에서는 부동산등기에는 인정하지 아니하고, 동산물권의 경우 공신의 원칙을 일반적으로 인정하는 선의취득 규정을 명문화하고 있다(249조).

4. 法律行爲에 의한 不動產物權의 變動 - 제186조: 부동산에 관한 법률행위로 인한 물권의 득실변경은 등기하여야 그 효력이 생긴다.
(1) 법률행위-물권행위: 직접 물권의 변동을 목적으로 하는 법률행위로 물권행위(물권적 합의)를 의미한다. 법률행위에 의한 물권변동은 당사자의 의사에 의한 물권변동으로 물권변동은 주로 이에 의하여 발생한다. 경우에 따라서는 물권행위 이외에 특별히 개별적 유효요건인 허가·신고·증명 등을 요하는 경우도 있다.
(2) 등기-성립요건주의: 등기를 하여야 물권변동의 효력이 발생한다. * 등기의 종류, 효력, 등기청구권에 관하여는 아래에서 별도로 설명.
(가) 법률행위에 의한 물권의 취득
① 물권의 양수 또는 제한물권의 설정: 부동산의 매수, 저당권의 설정 등으로 소유권, 저당권 등이 성립하기 위하여는 등기하여야 한다.
② 사후처분에 의한 재단법인 설립재산의 귀속: 사후처분에 의한 재단법인의 설립에서 출연부동산의 귀속은 제3자에 대한 관계에서는 등기를 요한다(대판 1979.12.11. 78다481).
③ 원인행위의 실효에 의한 물권의 복귀: 물권행위의 유인성설(판례)에 의하면 말소등기 없이도 물권은 당연히 복귀하며 제186조의 적용대상이 아니다(물권행위 무인성설을 따를 경우 부당이득 반환을 위해 별도의 물권행위와 등기를 갖추어야 하므로 제186조가 적용된다).
④ 조건부 또는 기한부 법률행위: 해제조건부 또는 종기부 법률행위는 부동산등기법 제43조의2에 의해 등기하여야 한다(대판 1992.5.22. 92다5584).
(나) 법률행위에 의한 물권의 소멸: 물권의 포기는 물권적 단독행위로 등기를 요한다.
(다) 기타: 시효취득은 법률의 규정에 의한 물권취득이지만 제245조제1항에 의해 등기를 필요로 하고, 시효소멸의 경우 물권은 시효완성의 효과로 당연히 소멸(절대적 소멸설-판례)되므로 제

186조가 적용되지 않는다(상대적 소멸설에 의할 경우 시효완성의 효과로 등기말소청구권이 발생할 뿐이므로 등기가 말소된 때 권리가 소멸된다).

(3) 등기의 형식적 유효요건(부동산등기법에 따른 절차적 적법성)

(가) 등기의 존재

① 등기 멸실의 경우: 부동산등기법 제24조에 따라 소정기간 내에 멸실회복등기가 있으면 종전의 순위를 보유하고 물권은 존속한다. 멸실회복등기가 없는 경우에도 소유권은 소멸하지 않는다.

② 등기의 불법 말소: 등기는 물권의 효력발생 요건이고 효력존속 요건이 아니므로 물권에 관한 등기가 원인 없이 말소된 경우에 그 물권의 효력에는 아무런 영향을 미치지 않는다(대판 1982.9.14. 81다카923).

(나) 형식적 하자의 부존재: 등기에 형식적인 하자가 없어야 한다. 관할위반의 등기 또는 명백히 등기할 수 없는 사항에 관한 등기의 경우는 무효로서 직권말소의 대상이 된다. 한편 등기신청절차에 하자가 있었음에도 실행된 경우 원칙적으로 무효이지만, 실체관계와 부합한다면 유효하다.

(다) 표제부의 하자: 등기의 표제부에 표시된 부동산에 관한 권리관계의 표시가 유효한 것이 되기 위하여는 우선 그 표시가 실제의 부동산과 동일하거나 사회관념상 그 부동산을 표시하는 것이라고 인정될 정도로 유사하여야 하고, 그 동일성 내지 유사성 여부는 토지의 경우에는 지번과 지목, 지적에 의하여 판단하여야 한다(대판 2001.3.23. 2000다51285). 그러나 동일성이 없더라도 보존등기가 존재하지 않는 경우나 이해관계인이 없는 경우는 경정등기가 허용된다. 그리고 토지등기부의 표제부에 토지의 면적이 실제와 다르게 등재되어 있다 하여도, 이러한 등기는 해당 토지를 표상하는 등기로서 유효하다(대판 2005.12.23. 2004다1691). 또한 부동산에 관한 등기의 지번표시에 실질관계와 동일성 혹은 유사성조차 인정할 수 없는 착오 또는 오류가 있는 경우에는 그 등기는 무효로서 공시의 기능도 발휘할 수 없고 경정등기도 허용할 수 없다. 그러나 이러한 경우에도 같은 부동산에 대하여 따로 보존등기가 존재하지 아니하거나 등기의 형식상으로 보아 예측할 수 없는 손해를 미칠 우려가 있는 이해관계인이 없는 경우에는 당해 오류 있는 등기의 경정을 허용하여 그 경정된 등기가 유효하다(대판 1975.4.22. 74다2188).

(라) 중복등기

① 동일인 명의: 동일인 명의로 보존등기가 중복된 경우 언제나 나중에 경료된 보존등기가 무효이다.

② 타인 명의: 동일인 명의가 아닌 중복된 보존등기는 먼저 이루어진 보존등기가 원인무효로 되지 않는 한 나중에 경료된 보존등기가 무효다(대판2002.7.12. 2001다16913).

③ 등기부 멸실 후 회복등기가 중복된 경우: 등기명의인을 달리하는 소유권보존등기가 중복된 경우의 회복등기는 각 소유권 이전의 바탕이 된 소유권보존등기의 선후를 기준으로 등기효력을 판단한다. 하나의 소유권보존등기를 바탕으로 중복된 회복등기가 된 경우, 등기부 멸실 전 후차로 경료된 소유권이전등기의 회복등기가 유효하다. 회복등기의 바탕이 되는 소유권보존등기가 중복등기인지와 각 소유권보존등기가 이루어진 시기가 불명인 경우, 적법하게 경료된 것으로 추정되는 각 회복등기 상호간에는 각 회복등기일자의 선후를 기준으로 우열을 가려야 한다(대판 2001.2.15. 99다66915).

(4) 등기의 실질적 유효요건: 등기는 당사자의 물권적 합의에 부합하는 것이어야 유효하다.

(가) 등기를 갖추지 못한 부동산매수인의 지위: 점유권을 주장할 수 있지만 소유권을 주장할 수 없다. 매수인이 목적물을 점유하는 경우 매도인의 물권적 청구권에 대항할 수 있고, 나아가 과실수취권과 등기청구권이 있다. * 건물철거는 그 소유권의 종국적 처분에 해당되는 사실행위이므로 원칙으로는 그 소유자(민법상 원칙적으로는 등기명의자)에게만 그 철거처분권이 있다 할 것이고, 예외적으로 건물을 전소유자로부터 매수하여 점유하고 있는 등 그 권리의 범위 내에서 그 점유 중인 건물에 대하여 법률상 또는 사실상 처분을 할 수 있는 지위에 있는 자에게도 그 철거처분권이 있다(대판 2003.1.24. 2002다61521).

(나) 중간생략등기: 부동산물권이 최초의 양도인으로부터 중간취득자, 최후 양수인에게 순차적으로 전전 이전되어야 할 경우, 중간취득자 명의의 등기를 생략하고 최초 양도인으로부터 최후

양수인에게 직접 등기가 행하여지는 경우에는 3자 합의 또는 2자 합의와 1자 동의로 유효하다(대판 1997.5.16. 97다485).

(다) 실제와 다른 등기원인에 의한 등기: 당사자 사이의 실체관계와 부합한다면 그 유효성을 인정한다(대판 1980.7.22. 80다791). * 등기신청서의 기재사항이 등기원인을 증명하는 서면과 부합하지 아니함에도 신청서대로 등기가 경료된 경우에도 등기관이 이를 직권으로 말소할 수 없다(대판 2004.5.14. 2004다11896).

(5) 무효등기의 유용: 무효인 등기일지라도 일정한 경우에 한정하여 새로운 법률관계에 유효한 것으로 인정한다.

(가) 피담보채무 변제한 후 말소하지 않은 저당권등기를 다시 유용하기로 한 합의: 실질관계의 소멸로 무효로 된 등기의 유용은 그 등기를 유용하기로 하는 합의가 이루어지기 전에 등기상 이해관계가 있는 제3자가 생기지 않은 경우에는 허용된다(대판 2002.12.6. 2001다2846).

(나) 멸실 후 신축된 건물에 멸실 전의 건물의 보존등기-부정: 기존건물이 멸실된 후 그곳에 새로이 건축한 건물의 물권변동에 관한 등기를 멸실된 건물의 등기부에 하여도 이는 진실에 부합하지 아니하는 것이고 비록 당사자가 멸실건물의 등기로서 신축된 건물의 등기에 갈음할 의사를 가졌다 하여도 그 등기는 무효이다(대판 1976.10.26. 75다2211).

5. 登記를 要하지 않는 不動產物權變動 - 제187조: 상속, 공용징수, 판결, 경매 기타 법률의 규정에 의한 부동산에 관한 물권의 취득은 등기를 요하지 아니하나, 처분을 위하여는 등기를 하여야 한다.

(1) 적용범위

(가) 포괄승계: 상속, 포괄유증 등의 경우에는 등기를 요하지 않는다. 상속으로 부동산물권을 취득하는 시기는 피상속인의 사망시(997조)이고, 상속인의 단독신청에 의해 등기가 행하여진다(부등법 29조).

(나) 국가의 권력행위에 의한 물권변동

① 공용징수(수용)의 법적성질은 원시취득이지만 이전등기의 형식을 취한다.

② 제187조에서 말하는 판결은 실체법상의 형성판결만을 말하며, 화해조서나 인낙조서도 확정판결과 동일한 효력이 있으므로 법률관계 형성에 관한 것이라면 동조의 판결에 포함된다.

③ 경매는 공경매로서, 민사집행법상 경매와 국세징수법상 체납처분을 포함한다. 물권변동은 경락인이 매각대금을 완납한 때 생긴다(민사집행법 135조·268조, 국세징수법 77조1항).

(다) 그 밖의 법률의 규정

① 물건의 생성, 증멸에 따른 부동산물권의 변동-신축건물의 소유권 원시취득.

② 매장물의 발견-제254조.

③ 혼동(191조), 첨부(부동산과 부동산의 부합-256조).

④ 피담보채권의 소멸로 인한 담보물권의 소멸(부종성-369조 참조).

⑤ 대위에 의한 저당권 이전(399조, 482조, 484조), 법정지상권(305조, 366조), 법정저당권(649조), 관습법에 의한 법정지상권 등.

(2) 민법 제187조 본문의 예외: 일반취득시효에 의한 부동산물권의 취득은 등기를 요한다(245조 1항).

(3) 민법 제187조 단서: 등기를 한 이후에만 처분할 수 있다.

(가) 원칙: 등기를 한 이후에만 처분할 수 있다. 여기서 처분이란 법률행위(물권행위)에 의한 처분, 즉 법적 처분을 의미한다.

(나) 단서의 예외: 중간생략등기의 경우 및 무효등기유용의 경우는 예외다.

① 중간생략등기: 제187조 단서는 제187조 본문에 의하여 등기 없이 취득한 부동산물권을 처분하려면 새로운 취득자 명의로 등기하기 위하여 우선 자기 명의의 등기를 경료하여야 한다는 원칙을 규정한 것이고 이미 새로운 취득자 명의로 등기되고 현재의 진실한 권리상태와 합치되면 그 절차에 흠이 있다 하여도 무효라고 할 수 없다(대판 1972.2.22. 71다2687).

② 무효등기의 유용: 실질관계의 소멸로 무효로 된 등기의 유용은 등기권리자와 등기의무자간에 그 등기를 유용하기로 하는 합의가 이루어지기 전에 등기상 이해관계가 있는 제3자가

생기지 않은 경우에는 허용된다(대판 2002.12.6. 2001다2846).
(다) 등기 없는 처분의 효력-채권적 효력: 부동산물권을 등기 없이 취득한 자가 자기 명의의 등기 없이 이를 처분한 경우 그 처분의 상대방은 부동산물권을 취득하지 못한다는 것일 뿐, 그 처분행위의 채권적 효력까지 부인할 수는 없다(대판 1994.10.21. 93다12176).

物權行爲

1. 物權行爲: 직접 물권의 변동을 목적으로 하는 법률행위로, 처분행위라는 점에서 의무부담행위인 채권행위와는 구별된다. 여기서 채무행위와는 독립된 별개의 행위로서 물권행위의 개념을 인정할 것인가(물권행위의 독자성 문제), 채권행위의 이행으로 물권행위가 이루어진 경우에 채권행위가 무효·취소된 경우에 물권행위도 따라서 무효·취소되는지 문제(물권행위의 유인성 여부)가 있다.

2. 物權行爲의 獨自性 否定 - 판례: 채권행위와 별도로 물권의 변동을 목적으로 하는 독자적인 물권행위 개념을 인정할 것인가의 여부에 대하여 대법원은 원칙적으로 물권행위의 독자성을 부정한다(대판 1977. 5.24. 75다1394).

3. 物權行爲의 有因性 肯定 - 판례: 채권행위의 이행으로 물권행위가 행하여진 경우, 원인행위인 채권행위가 무효이거나 취소·해제되면 그 이행으로 행하여진 물권행위의 효력에 관한 문제로서, 판례는 원칙적으로 물권행위의 유인성을 인정하여 채권행위가 무효, 취소되면 물권행위도 따라서 무효·취소된다고 본다(대판 1977.5.24. 75다1394).

登記

1. 登記의 種類와 效力: 우리 민법은 부동산을 토지와 건물로 구분하므로, 등기부도 건물등기부와 토지등기부가 따로 되어 있다. 등기부는 앞면에 사실등기로 표제부라 하여 당해 부동산의 상황(건물의 넓이, 층수, 재료 등)을 명기하고, 그 뒤는 권리등기로 소유권에 관한 사항(갑구 난)과 소유권 이외의 권리(저당권, 지역권, 지상권, 임차권 등)관계(을구 난)를 표시한다. 등기에 관하여는 부동산등기법에서 규정한다.
(1) 보존등기: 미등기의 부동산에 대하여 소유자의 신청에 의하여 처음으로 행하여진 등기이다. 예컨대 건물을 신축하여 최초로 소유권자로 등기한 등기이다.
(2) 가등기: 부동산물권, 임차권 등의 권리의 설정·이전·변경·소멸의 청구권을 보전하기 위하여 예비로 하는 등기이다. 가등기에는 본등기의 순위보전을 위한 가등기와 채권담보를 위한 담보가등기가 있다. 당해 가등기가 순위보전의 등기인지 담보가등기인지 여부는 당해 가등기가 실제상 채권담보를 목적으로 한 것인지 여부에 의하여 결정되는 것이지 당해 가등기의 등기부상 원인이 무엇으로 기재되어 있는가 하는 형식적 기재에 의하여 결정되는 것이 아니다(대판 1998.10.7. 98마1333). 담보가등기는 특별법(가등기담보등에관한법률)에서 규정하고, 부동산등기법에서는 순위보전의 가등기에 관하여 규정한다.
(가) 가등기의 요건-부등법 제3조: 부동산등기법상의 가등기는 동법 제2조에 규정된 물권 또는 부동산임차권의 변동을 목적으로 하는 청구권을 보전하기 위해서만 가능하고 이 같은 청구권이 아닌 물권적 청구권을 보존하기 위해서는 할 수 없다(대판 1982.11.23. 81다카1110).
(나) 가등기의 이전-부기등기 형식으로: 가등기는 원래 순위를 확보하는 데에 그 목적이 있으나, 순위보전의 대상이 되는 물권변동의 청구권은 그 성질상 양도될 수 있는 재산권일 뿐만 아니라 가등기로 인하여 그 권리가 공시되어 결과적으로 공시방법까지 마련된 셈이므로, 이를 양도한 경우에는 양도인과 양수인의 공동신청으로 그 가등기상의 권리의 이전등기를 가등기에 대한 부기등기의 형식으로 경료할 수 있다(대판 1998.11.19. 98다24105).
(다) 가등기의 효력-부등법 제6조: 가등기는 후일 본등기를 한 경우에 그 본등기의 효력을 소급시켜 가등기를 한 때에 본등기를 한 것과 같은 순위를 확보케 하는 데에 그 목적이 있을 따름이고 가등기에 의하여 어떤 특별한 권리를 취득케 하는 것이 아니다.

① 가등기 이후 다른 가압류등기: 부동산에 관한 소유권이전청구권 보전을 위한 가등기 경료 이후에 다른 가압류등기가 경료되었다면, 그 가등기에 기한 본등기 절차에 의하지 아니하고 그 가등기와는 상관없이 별도로 가등기권자명의의 소유권이전등기가 경료되었다고 하여, 가등기 권리자와 의무자 사이의 가등기 약정상의 채무의 본지에 따른 이행이 완료되었다고 할 수는 없다. 따라서 특별한 사정이 없는 한, 가등기권자는 가등기의무자에 대하여 그 가등기에 기한 본등기 절차의 이행을 구할 수도 있다(대판 1995.12.26. 95다29888).
② 가등기에 의한 것이 아닌 별도의 소유권이전등기: 가등기에 기하여 본등기가 된 때에는 본등기의 순위가 가등기한 때로 소급함으로써 가등기 후 본등기 전에 이루어진 중간처분이 본등기보다 후순위로 되어 실효되는 것이므로 가등기에 기한 본등기청구와 단순한 소유권이전등기청구는 비록 그 등기원인이 동일하다고 하더라도 이는 서로 다른 청구로 보아야 한다(대판 1994.4.26. 92다34100, 34117). 따라서 특별한 사정이 없는 한 가등기권자가 재차 가등기에 기한 본등기를 청구할 수 있는 것이므로 그 별도의 소유권이전등기를 가등기에 기한 본등기와 동일하게 볼 수는 없다고 할 것이고, 따라서 그 별도의 소유권이전등기의 원인된 법률행위가 사해행위로서 취소되는 이상, 그 원상회복으로서 그 이전등기는 말소되어야 하는 것이고, 장차 그 가등기가 혼동의 법리에 의하여 부활되는지의 여부나 그와 같이 부활되는 가등기에 기하여 그 이전등기의 명의인이 다시 본등기를 경료할 수 있는지의 여부 등에 의하여 달리 볼 것은 아니니다(대판 2002.7.26. 2001다73138, 73145).
(3) 경정등기: 등기절차의 착오나 탈루를 바로 잡기 위하여 실체관계에 맞게 고치는 등기이다.
(가) 지번의 착오: 일반적으로 부동산에 관한 등기의 지번표시에 실질관계와 동일성 혹은 유사성 조차 인정할 수 없는 착오 또는 오류가 있는 경우에는 그 등기는 무효로서 공시의 기능도 발휘할 수 없고 경정등기도 허용할 수 없는 것이나 이러한 경우에도 같은 부동산에 대하여 따로 보존등기가 존재하지 아니하거나 등기의 형식상으로 보아 예측할 수 없는 손해를 미칠 우려가 있는 이해관계인이 없는 경우에는 당해 오류 있는 등기의 경정을 허용하여 그 경정된 등기를 유효하다고 보아야 한다(대판 1975.4.22. 74다2188).
(나) 분할 전후의 동일 지번: 분할 전 토지에 대한 등기부의 지적이 분할 후 동일 지번을 가지는 일부 토지의 지적으로 경정등기된 경우, 원래 지적의 일부만을 표상하는 것으로의 지적경정은 경정등기 전후의 토지의 동일성이 인정되지 아니하여 지적경정등기가 허용될 수 없는 것이 원칙이나, 그러한 경우에도 같은 부동산에 대하여 따로 보존등기가 존재하지 아니하거나 등기의 형식으로 보아 예측할 수 없는 손해를 미칠 우려가 있는 이해관계인이 없는 경우에는 그 경정등기 후의 등기부가 분할 후의 일부 토지에 대한 등기부로서의 효력을 가진다고 보아야 하고, 위 법리에 따라 유효한 것으로 인정되는 경정등기 후에 경료된 소유권이전등기는 경정등기 전의 동일성이 없는 종전 토지에 대한 등기로서 효력을 갖지 않는다(대판 2000.3.10. 99다40975).
(4) 변경등기: 등기 후에 발생된 후발적 불일치를 등기와 실제를 맞추기 위한 등기이다. 예컨대 소유권등기 후에 소유자의 주소가 변동이 생긴 경우에 주소를 변경하는 등의 등기이다. 따라서 등기명의인 표시변경등기(변경등기)는 등기명의인의 동일성이 유지되는 범위 내에서 등기부상의 표시를 실제와 합치시키기 위하여 행하여지는 것에 불과할 뿐 어떠한 권리변동을 가져오는 것은 아니다(대판 2000.5.12. 99다69983).
(5) 말소등기: 어떤 사실관계에 기하여 기존의 등기를 말소하는 등기이다. 예컨대 피담보채무를 변제하여 저당권등기를 말소하는 등이다.
(6) 멸실등기: 기존 건물을 철거하여 없어진 경우와 같이 부동산이 멸실한 경우에 행하여지는 등기이다.
(7) 회복등기: 등기가 위법하게 말소(말소회복등기), 멸실(멸실회복등기)된 경우에 이를 회복하는 등기이다.
(8) 주등기(독립된 등기), 부기등기: 등기란에 독립한 번호를 붙여 행해진 등기로 일반적으로 등기는 주등기이다. 부기등기는 주등기에 부수하여 행하여진 등기로서, 법률에서 허용하는 이미 존재하는 등기와 동일, 연장인 등기(부등법 63조, 74조 등) 또는 소유권 이외의 권리(저당권, 지상권, 지역권 등)의 이전등기에서 행하여진다. 따라서 채무자의 변경을 내용으로 하는 근저당권

변경의 부기등기는 기존의 주등기인 근저당권설정등기에 종속되어 주등기와 일체를 이루는 것이고 주등기와 별개의 새로운 등기는 아니라 할 것이므로, 그 피담보채무가 변제로 인하여 소멸된 경우 위 주등기의 말소만을 구하면 되고 그에 기한 부기등기는 별도로 말소를 구하지 않더라도 주등기가 말소되는 경우에는 직권으로 말소되어야 할 성질의 것이므로, 위 부기등기의 말소청구는 권리보호의 이익이 없는 부적법한 청구이다(대판 2000.10.10. 2000다19526).

(9) 종국등기, 예고등기(부등법 4조): 종국등기는 물권변동의 효력을 발생하는 본래의 등기이고, 예고등기는 장래에 어떤 등기가 행하여질 수 있음을 표시하는 등기이다. 예고등기는 등기원인의 무효, 취소로 인한 등기의 말소 또는 회복의 소가 제기된 경우에, 수소법원의 직권으로 등기소에서 행하여진다.

(가) 예고등기의 효력: 예고등기는 등기말소소송이 제기된 사실을 경고하는 목적을 가질 뿐 부동산에 대한 처분을 금지하는 효력은 없다(대판 1994.9.13. 94다21740).

(나) 예고등기가 없어 불측의 손해를 본 경우: 등기원인의 무효 또는 취소로 인한 등기의 말소 또는 회복의 소가 제기되었음에도 불구하고 담당 공무원이 예고등기의 촉탁을 하지 아니한 탓으로 제3자가 등기명의인으로부터 권리를 취득할 수 있다고 믿고 그 부동산에 관한 거래를 하였다가 그 소송의 결과에 따라 불측의 손해를 입게 되었다면 이는 담당 공무원이 그 직무를 집행함에 당하여 과실로 법령에 위반하여 타인에게 손해를 가한 때에 해당하여 국가는 국가배상법 제2조제1항에 따라 손해배상책임을 진다(대판1998.9.22. 98다2631).

(다) 예고등기의 말소: 부동산등기법상 예고등기와 그 말소는 법원의 직권에 의한 촉탁에 의하여서만 할 수 있고 그 밖에 당사자의 신청에 의하여서는 말소할 수 없으므로, 예고등기 후에 당해 부동산의 소유권을 취득한 제3자에게 예고등기의 말소청구권이 있다고 할 수 없음은 물론 예고등기의 원인이 된 소를 제기한 자가 그 말소등기절차를 이행하여야 할 등기의무자의 지위에 있거나 예고등기를 말소함에 있어서 부동산등기법 제171조에서 정한 이해관계 있는 제3자라고 볼 수 없다(대판 2005.7.14. 2004다25697).

2. 登記請求權

(1) 의의: 등기청구권은 등기권리자가 등기의무자에게 등기신청에 협력할 것을 청구할 수 있는 실체법상의 권리이다.

(2) 등기청구권의 발생원인과 그 법적 성질

(가) 법률행위에 의한 물권변동: 매매, 증여 등의 법률행위에 의하여 그 이행행위로 등기청구권이 발생한다. 이때의 등기청구권은 채권행위로부터 발생하는 채권적 청구권이다(대판 1976.11.6. 76다148). * 부동산에 관한 매매에 있어서는 등기가 없는 한 소유권을 취득하지 못하므로 그 매수인은 소유권을 전제로 한 물권적 청구권에 의하여 소유권이전등기를 청구할 수 없으나 매매계약에 따라 물권을 이전하라는 채권적 청구권에 의하여 소유권의 이전등기를 청구할 수 있다고 해할 것이다(대판 1962.5.10. 4294민상1232).

(나) 실체관계와 등기의 불일치: 실체관계와 등기가 불일치한 경우에 이를 일치시키기 위하여 등기청구권이 발생하며, 이때의 법적 성질은 물권의 효력으로 발생하는 일종의 물권적 청구권이다.

(다) 취득시효: 취득시효 완성으로 인한 소유권이전등기청구권은 채권적 청구권으로 본다. 따라서 그 토지에 대한 점유가 계속되는 한 시효로 소멸하지 아니하고, 그 후 점유를 상실하였다고 하더라도 이를 시효이익의 포기로 볼 수 있는 경우가 아닌 한 이미 취득한 소유권이전등기청구권은 바로 소멸되는 것은 아니나, 취득시효가 완성된 점유자가 점유를 상실한 경우 취득시효 완성으로 인한 소유권이전등기청구권의 소멸시효는 이와 별개의 문제로서, 그 점유자가 점유를 상실한 때로부터 10년간 등기청구권을 행사하지 아니하면 소멸시효가 완성한다(대판 1996.3.8. 95다34866, 34873).

(라) 부동산임차권, 부동산환매권: 당해 계약에 의하여 발생하는 채권적 청구권이다.

(3) 등기청구권의 양도: 부동산의 매매로 인한 소유권이전등기청구권은 물권의 이전을 목적으로 하는 매매의 효과로서 매도인이 부담하는 재산권이전의무의 한 내용을 이루는 것이고, 매도인이 물권행위의 성립요건을 갖추도록 의무를 부담하는 경우에 발생하는 채권적 청구권으로 그

이행과정에 신뢰관계가 따르므로, 소유권이전등기청구권을 매수인으로부터 양도받은 양수인은 매도인이 그 양도에 대하여 동의하지 않고 있다면 매도인에 대하여 채권양도를 원인으로 하여 소유권이전등기절차의 이행을 청구할 수 없다. 따라서 매매로 인한 소유권이전등기청구권은 특별한 사정이 없는 이상 그 권리의 성질상 양도가 제한되고 그 양도에 채무자의 승낙이나 동의를 요한다고 할 것이므로 통상의 채권양도와 달리 양도인이 채무자에 대하여 단순히 통지한 것만으로는 채무자에 대한 대항력이 생기지 않으며 반드시 채무자의 동의나 승낙을 받아야 대항력이 생긴다(대판 2005.3.10. 2004다67653, 67660).

第188條【動産物權讓渡의 效力, 簡易引渡】 ①動産에 關한 物權의 讓渡는 그 動産을 引渡하여야 效力이 생긴다.
②讓受人이 이미 그 動産을 占有한 때에는 當事者의 意思表示만으로 그 效力이 생긴다.

第189條【占有改定】 動産에 關한 物權을 讓渡하는 境遇에 當事者의 契約으로 讓渡人이 그 動産의 占有를 繼續하는 때에는 讓受人이 引渡받은 것으로 본다.

第190條【目的物返還請求權의 讓渡】 第三者가 占有하고 있는 動産에 關한 物權을 讓渡하는 境遇에는 讓渡人이 그 第三者에 對한 返還請求權을 讓受人에게 讓渡함으로써 動産을 引渡한 것으로 본다.

動産物權의 變動

1. 引渡: 동산물권의 변동은 인도하여야 효력이 생긴다. 인도는 사실적 지배의 이전을 의미하며, 현실의 인도, 간이인도, 점유개정, 반환청구권의 양도에 의한 인도가 있다.

2. 現實의 引渡 - 제188조제1항: 인도의 원칙적 모습으로, 물건이 동일성을 유지한 채 양도인에게서 양수인으로 지배권이 이전되는 것을 의미한다. 법적 성질은 점유권의 양도이다. 물건의 인도가 이루어졌는지 여부는 사회관념상 목적물에 대한 양도인의 사실상 지배인 점유가 동일성을 유지하면서 양수인의 지배로 이전되었다고 평가할 수 있는지 여부에 달려 있다. 따라서 현실의 인도가 있었다고 하려면 양도인의 물건에 대한 사실상의 지배가 동일성을 유지한 채 양수인에게 완전히 이전되어 양수인은 목적물에 대한 지배를 계속적으로 확고하게 취득하여야 하고, 양도인은 물건에 대한 점유를 완전히 종결하여야 한다(대판 2003.2.11. 2000다66454).

3. 簡易引渡 - 제188조제2항: 양수인이 이미 물건을 점유하고 있는 경우, 양도인과 양수인 사이에 소유권이전의 합의가 있으면 소유권은 양수인에게 이전된다. 간이인도에 의해 양수인의 점유는 타주점유에서 자주점유로 전환된다.

4. 占有改定 - 제189조: 동산물권을 양도하면서 양도인과 양수인 사이에 점유매개관계를 설정하여 양수인은 간접점유를 취득하고, 양도인은 양수인의 점유매개자로서 점유를 계속하는 것을 말한다. 점유개정에 의해 양도인의 점유는 자주점유에서 타주점유로 바뀐다.

(1) 점유개정에 의한 2중 양수인 중 현실인도 받은 경우: 동산소유자가 2중으로 매도하고 각 점유개정의 방법으로 매도인이 점유하는 경우 매수인들 간에 있어서는 후에 현실 인도받은 자만이 소유권을 취득한다(대판 1975.1.28. 74다1564).

(2) 점유개정에 의한 2중 양수인이 처분금지가처분을 한 경우: 동산의 소유자가 2중으로 양도하고 각 점유개정의 방법으로 양도인이 점유를 계속하는 경우 양수인들 사이에 있어서는 먼저 현실의 인도를 받아 점유를 해온 자가 소유권을 취득한다고 볼 것이나, 양수인 중 한 사람이 처분금지가처분집행을 하고 그 동산의 인도를 명하는 판결을 받은 경우에는 다른 양수인이 위 가처분집행 후에 양도인으로부터 그 동산을 현실로 인도받아 점유를 승계하였더라도 그 동산을 선의취득한 것이 아니한 이와 같은 양수인은 가처분채권자가 본안소송에서의 승소판결에 따른 채무

명의에 터잡아 강제집행을 하는 경우 이를 수인하여야 하는 지위에 있으므로 가처분채권자와의 사이에서는 그 동산의 소유권을 취득하였다고 주장할 수 없다(대판 1989.10.24. 88다카26802).
(3) 점유개정에 의한 2중 양도담보 설정: 점유개정의 방법으로 동산에 대한 2중의 양도담보 설정계약이 체결된 경우, 뒤에 설정계약을 체결한 후순위 채권자는 양도담보권을 취득할 수 없는데, 현실의 인도가 아닌 점유개정으로는 선의취득이 인정되지 아니하므로, 결국 뒤의 채권자는 양도담보권을 취득할 수 없다(대판 2005.2.18. 2004다37430).
5. 目的物返還請求權의 讓渡 - 제190조: 양도인이 제3자의 점유를 매개로 목적물을 간접점유하는 경우에는 양도인이 그 제3자에게 가지는 반환청구권을 양수인에게 양도함으로써 동산 소유권이 이전된다. 반환청구권의 성질은 채권적 청구권으로 반환청구권의 양도에는 채권양도에 관한 규정(450조·451조)이 적용되며, 제3자의 양도인에 대한 권리는 반환청구권의 양도에 의하여 영향을 받지 않는다. 이러한 점에서 양도인이 소유자로부터 보관을 위탁받은 주권을 제3자에게 보관시킨 경우에 반환청구권의 양도에 의하여 주권의 선의취득에 필요한 요건인 주권의 점유를 취득하였다고 하려면, 양도인이 그 제3자에 대한 반환청구권을 양수인에게 양도하고 지명채권 양도의 대항요건을 갖추어야 한다(대판 2000.9.8. 99다58471).
6. 無權利者로부터의 取得: 선의취득 및 이에 관한 도품·유실물에 관하여는 특례로 제249조 내지 제251조가 규정한다.

第191條【混同으로 因한 物權의 消滅】 ①同一한 物件에 對한 所有權과 다른 物權이 同一한 사람에게 歸屬한 때에는 다른 物權은 消滅한다. 그러나 그 物權이 第三者의 權利의 目的이 된 때 에는 消滅하지 아니한다.
②前項의 規定은 所有權以外의 物權과 그를 目的으로 하는 다른 權利가 同一한 사람에게 歸屬한 境遇에 準用한다.
③占有權에 關하여는 前2項의 規定을 適用하지 아니한다.

物權의 消滅

1. 共通的 消滅原因: 물권의 공통적 소멸원인은 목적물 자체의 멸실, 소멸시효의 완성, 혼동, 권리자의 권리포기이다.
2. 目的物(客體)의 滅失에 의한 消滅: 목적물인 객체의 멸실로 물권이 소멸하나, 객체가 물질적으로 변형되어 남아 있는 경우 변형되어 남아 있는 물건을 객체로 하는 물권이 발생하고, 물권의 객체가 가치적으로 변형되어 남아 있는 경우에는 담보물권이 발생할 수 있다(물상대위-342조 참조).
3. 消滅時效의 完成: 물권 중 지상권, 지역권은 소멸시효의 완성으로 소멸한다.
4. 物權의 抛棄: 권리자의 권리포기의 의사표시로 물권은 소멸한다. 물권의 포기는 물권을 소멸시킬 것을 목적으로 하는 물권적 단독행위이다. 소유권과 점유권의 포기는 상대방 없는 단독행위이고 제한물권의 포기는 상대방 있는 단독행위이다. 따라서 제한물권의 포기는 그 물권이 제3자의 권리의 목적인 경우에는 그 제3자의 동의가 필요하다(371조2항). 물권의 포기의 효과로 물권은 소멸하나, 소유권을 포기한 경우 그 물건은 무주물이 되고, 부동산의 경우에는 국유가 된다(252조2항).
5. 存續期間의 滿了: 존속기간이 있는 제한물권은 그 기간의 만료로 소멸하는데 말소등기를 요하지 않는다.
6. 混同 - 제191조: 다른 물권과 소유권은 혼동으로 다른 물권이 소멸한다.
(1) 소유권과 제한물권의 혼동-소멸-제1항: 제한물권은 혼동에 의하여 소멸한다(191조1항 본문). 그러나 그 뒤 그 소유권의 취득이 무효인 것이 밝혀지면 소멸하였던 근저당권은 당연히 부활한다(대판 1971.8.31. 71다1386).
(2) 타인의 권리의 객체 또는 본인의 이익을 위한 경우-존속-제1항 단서: 혼동으로 소멸하는 제한물권이 제3자의 권리의 목적인 경우에는 그 물권은 소멸하지 않는다(동항 단서-임차권이

저당권의 목적인 경우에 임차인이 소유권을 취득한 경우: 대판 2001.5.15. 2000다12693). 또한 본인의 이익을 위하여 필요한 경우에도 제한물권이 소멸하지 않는다(대판 1998.7.10. 98다18643).
(3) 제한물권과 그 제한물권을 목적으로 하는 다른 권리-제2항: 그 제한물권을 목적으로 하는 다른 권리(제한물권)는 혼동으로 소멸하는 것이 원칙이다. 그러나 혼동으로 소멸할 제한물권이 제3자의 권리의 목적 또는 객체인 경우 예외적으로 소멸하지 않는다.
(4) 지상권자가 양도담보권자로 된 혼동의 경우: 원고가 피고 갑, 을로부터 금원을 차용함에 있어 그 담보조로 원고 소유 부동산에 관하여 지상권설정등기를 경료한 후 다시 위 피고들을 포함한 6인으로부터 금원을 차용하면서 양도담보를 내용으로 하는 제소전 화해조서의 집행에 의하여 같은 부동산에 관하여 피고 갑, 을을 포함한 6인 공동명의의 소유권이전등기가 경료되었다고 하더라도 원고와 위 피고들 사이에 있어서는 그 소유권은 의연히 원고에게 남아 있는 것이므로 동 피고들 명의의 지상권지분이 혼동으로 소멸되는 것은 아니다(대판 1980.12.23. 80다2176).
(5) 혼동으로 소멸하지 않는 권리-점유권-제3항: 소유권과 점유권은 양립이 가능하여 점유권은 혼동으로 소멸하지 아니한다.

第2章 占有權

1. 槪括: 점유권은 당해 물건에 대하여 점유를 할 수 있는 권원인 본권을 가지고 있는지 묻지 않고 사실상의 지배인 점유 자체에 대하여 인정하는 권리이며, 이 권리를 중심으로 형성되는 법률효과가 점유제도이다. 이와 같이 본권이 있느냐를 묻지 않고 단순한 사실적 지배에 기초하여 권리를 부여하는 것은 물건을 사실상 지배하고 있는 현존상태를 보호하여 공동체의 평화를 유지하며, 또한 생활관계의 연속에 대한 점유자 개인의 이익을 보호하기 위한 것이다.

2. 構成
(1) 점유권의 취득, 소멸, 양도: 제192조-제196조
(2) 점유의 태양: 제197조, 제198조
(3) 점유자의 권리: 제199조, 제200조
(4) 점유자와 회복자 간의 관계: 제201조-제203조
(5) 점유보호청구권: 제204조-제208조
(6) 자력구제: 제209조
(7) 준점유: 제210조

第192條【占有權의 取得과 消滅】 ①物件을 事實上 支配하는 者는 占有權이 있다.
②占有者가 物件에 對한 事實上의 支配를 喪失한 때에는 占有權이 消滅한다. 그러나 第204條의 規定에 依하여 占有를 回收한 때에는 그러하지 아니하다.

第193條【相續으로 因한 占有權의 移轉】 占有權은 相續人에 移轉한다.

占有權의 取得과 消滅

1. 占有權의 成立 - 제192조제1항: 점유권은 물건에 대한 사실상의 지배를 함으로써 성립하는 물권이다.
(1) 사실상의 지배: 사실상의 지배란 사회통념상 물건이 어떤 사람의 지배 아래에 있다고 인정되는 객관적 관계를 말한다(대판 2001.1.16. 98다20110). 사실상의 지배를 인정하기 위한 요건으로는 반드시 물건을 유형적, 물리적으로 지배하는 것만을 의미하는 것은 아니고, 개별적 사안에 따라 사회관념 내지 거래통념에 비추어 물건과 사람간의 공간적, 시간적 관계, 본권관계, 타인지배의 배제 가능성 등을 고려하여 합목적적으로 판단하여야 한다(대판 2005.9.30. 2005다24677).

(가) 공간적 지배: 물건에 대한 공간적 지배관계가 있어야 한다. 이러한 공간적 지배관계는 직접적으로 물리적인 지배력이 미칠 수 있는 가능성을 고려하여야 되는데, 예외적으로 여행 중인 사람이 집에 두고 온 물건에 대하여 사실적 지배를 인정할 수도 있다.
(나) 시간적 계속성: 상당한 시간적 계속성이 있어야 한다. 가령 타인에게서 볼펜을 잠시 빌려 쓰는 경우에는 사실상 지배라고 보기 어렵다.
(다) 본권의 유무와는 관계없음: 본권의 유・무와는 관계없으나 사회관념상 사실상 지배가 있느냐를 판단함에 있어서는 유력한 표준이 될 수 있다. 가령, 미등기건물을 양수하여 건물에 관한 사실상의 처분권을 보유하게 됨으로써 그 양수인이 건물부지 역시 아울러 점유하고 있다고 볼 수 있는 등의 다른 특별한 사정이 없는 한 건물의 소유명의자가 아닌 자로서는 실제로 그 건물을 점유하고 있다고 하더라도 그 건물의 부지를 점유하는 자로는 볼 수 없다(대판2003.11.13. 2002다57935).
(2) 점유설정의사: 점유가 성립하기 위해서는 점유의사가 있어야 하는 것은 아니지만 적어도 사실적 지배를 가지려는 의사, 즉 점유설정의사는 필요하다. 점유설정의사는 성질상 일반적 의사이면 족하고 개별적으로 명시하여 표시할 필요는 없다. 또한 점유자에게 행위능력이 있어야 하는 것도 아니다. 행위무능력자라 하더라도 사실상의 지배를 하려는 의사가 있는 한 점유를 취득할 수 있다.

2. 占有權의 取得과 消滅 - 제192조

(1) 점유권의 취득-제1항: 물건을 사실상 지배하는 자가 점유권을 취득한다. 점유는 직접점유와 간접점유로 구분할 수 있는데, 직접점유는 원시취득과 승계취득으로 구분할 수 있다.
(가) 원시취득: 사실적 지배가 성립하면 점유권이 당연히 원시적으로 취득된다. 그 취득행위는 사실행위이다. 무주물선점(259조), 유실물습득(253조), 매장물발견(254조)등이 원시취득이다.
(나) 승계취득: 전점유자로부터 해당물건에 대한 사실상의 지배를 인수함으로써 점유를 취득하는 것이다. 승계취득하는 경우는 상속에 의한 포괄승계와 당해 물건의 매수와 같은 특정승계가 있으며, 점유의 인도에는 현실의 인도 외에 간이인도(188조2항), 점유개정에 의한 양도 등으로 점유가 취득된다.
① 포괄승계-제193조: 상속에 의하여 상속인은 피상속인의 점유를 그대로 승계한다. 상속에 의한 승계의 경우는 피상속인의 점유의 성질과 하자를 그대로 계속함으로써 상속인이 새로운 점유를 주장할 수 없다.
② 특정승계: 양수인은 현실의 인도로 직접점유를 취득한다. 즉 물건에 대한 사실상의 지배가 양도인으로부터 양수인에게 이전됨으로써 점유의 승계취득이 생긴다.
(다) 간접점유의 취득: 간접점유는 타인과의 일정한 법률관계에 기하여 그 타인에게 점유를 이전하여 그 타인이 직접점유를 하고, 그 자를 매개자로 하여 물건을 지배하는 점유이다.
① 직접점유하던 자가 점유매개관계를 설정함으로써 간접점유를 취득한다.
② 점유개정에 의하여 점유권을 양수하여 취득한다.
③ 점유자가 아닌 자가 자기를 위해서는 직접점유를 취득하고 타인을 위해서 간접점유를 취득하는 방법으로 취득된다.
(2) 점유권의 소멸-제2항: 점유권은 다른 물권과는 달리 물권의 일반적인 소멸원인이 그대로 적용되지는 않는다. 예컨대 혼동(191조), 소멸시효(162조) 등으로 소멸되지 않는다. 점유는 점유물에 대한 사실상의 지배를 상실함으로써 소멸한다(192조2항). 사실상의 지배가 상실되었는지의 여부는 사회관념에 따라 결정된다. 그러나 점유침탈의 경우에 점유자가 제204조의 규정에 의하여 점유를 회수하면, 점유권은 처음부터 상실되지 않은 것으로 다루어진다(192조2항 단서).

3. 占有權의 相續 - 제193조: 점유권은 상속의 대상으로 상속에 의하여 이전된다. 상속인에게 승계되는 점유권은 사망 당시 피상속인이 가졌던 모든 점유에 미치며, 타인에 의한 실력행사가 있었더라도 상속인이 점유침탈에 대하여 점유보호청구권을 행사할 수 있다. 상속인이 수인인 경우 민법 제1009조 이하의 상속분에 관한 규정은 적용되지 아니하고 상속인들이 공동점유할 뿐이다(대판 1962.10.11. 62다460). 따라서 특별한 사정이 없는 한 수인의 상속인 전부가 그 부동산을 점유한 것으로 된다(대판 1989.4.11. 88다카17389).

第194條【間接占有】 地上權, 傳貰權, 質權, 使用貸借, 賃貸借, 任置 其他의 關係로 他人으로 하여금 物件을 占有하게 한 者는 間接으로 占有權이 있다.

第195條【占有補助者】 家事上, 營業上 其他 類似한 關係에 依하여 他人의 指示를 받어 物件에 對한 事實上의 支配를 하는 때에는 그 他人만을 占有者로 한다.

間接占有, 占有補助者

1. 間接占有 – 제194조: 간접점유는 직접점유자가 타인과의 일정한 법률관계에 기하여 그 자를 직접점유로 하고, 그 자를 매개로 하여 물건을 지배하는 점유이다. 즉 자기와 물건 사이에 타인이 개재하여 그 타인의 점유를 매개로하는 점유이다.

(1) 성립

(가) 점유매개자(직접점유자): 점유매개자의 직접점유가 있어야 한다. 점유매개자의 직접점유는 타주점유이어야 한다.

(나) 점유매개관계: 직접점유자와 간접점유자 사이에 점유매개관계가 있어야 한다. 점유매개관계는 지상권, 전세권, 질권, 사용대차, 임대차, 임치 등 민법 제194조에서 열거된 외에도 계약에 의하는 경우, 도급, 양도담보처럼 법률의 규정에 의한 경우, 공법관계 등에서도 성립될 수 있다.

(다) 간접점유자의 권리의 포괄성: 직접점유자의 점유할 권리는 간접점유자로부터 나온 것이기 때문에 간접점유자의 권리는 직접점유자의 권리보다 더 포괄적이어야 하나, 간접점유자가 직접점유자보다 시간적으로 먼저일 필요는 없다.

(라) 간접점유자와 직접점유자의 관계: 간접점유자는 직접점유자에 대하여 반환청구권을 가진다. 이러한 반환청구권은 조건부 또는 기한부라도 무방하며, 이 반환청구권에 대해 항변권이 존재할 수도 있다. 또한 반환청구권은 부당이득에 기한 반환청구권을 포함하고 있어 점유매개관계가 반드시 유효한 것일 필요도 없다.

(2) 효과

(가) 간접점유권: 간접점유자도 점유권을 가진다. 따라서 점유에 관한 규정이 간접점유자에게도 적용이 된다.

(나) 점유보호청구권

① 직접 점유자의 점유 침해: 간접점유자도 점유보호청구권(207조1항)이 있지만, 직접점유자에 의하여 점유가 침해된 경우에는 직접점유자에 대하여는 점유보호청구권을 행사할 수 없다(* 직접점유자가 임의로 점유를 타에 양도한 경우에는 점유이전이 간접점유자의 의사에 반한다 하더라도 간접점유자의 점유가 침탈된 경우에 해당하지 않는다-대판 1993.3.9. 92다5300).

② 직접점유자가 점유를 침탈당한 경우: 간접점유자는 그 물건을 직접점유자에게 반환할 것을 청구할 수 있고, 직접점유자가 그 물건의 반환을 받을 수 없거나 이를 원하지 않으면 자기에게 반환할 것을 청구할 수 있다(207조2항). 그러나 직접점유자에 대한 침탈에서 간접점유자가 자력구제권을 행사할 수는 없다.

③ 무단점유 후 다시 제3자가 점유하는 경우: 불법점유를 이유로 하여 그 명도 또는 인도를 청구하려면 현실적으로 그 목적물을 점유하고 있는 자를 상대로 하여야 하고 불법점유자라 하여도 그 물건을 다른 사람에게 인도하여 현실적으로 점유를 하고 있지 않은 이상 그 자를 상대로 한 인도 또는 명도청구는 부당하다(대판 1970.9.29. 70다1508). 그러나 침탈자의 특별승계인에게는 행사하지 못하고 간접점유자에게 행사하여야 하고, 다만 승계인이 악의인 때에만 특별승계인인 점유자에게 행사할 수 있다(대판 1995.6.30. 95다12927).

2. 占有補助者 – 제195조: 점유보조자는 가사상, 영업상 기타 유사한 관계에 의하여 타인의 지시를 받아 물건에 대한 사실상의 지배를 하는 자를 말한다. 이러한 경우에는 그 타인이 점유자이다. 즉 점유보조자에게 점유권이 있지 아니하고, 그 타인만이 점유권(점유자)이 인정된다.

(1) 요건
(가) 사실상 지배: 점유보조자는 물건을 사실상 지배하고 있어야 한다. 점유보조자에게는 점유주를 위한 의사 유무나 점유주가 물건에 대한 소유권을 가지고 있는지 여부는 불문한다.
(나) 점유보조관계: 점유주와 점유보조자 사이에 점유보조관계가 있어야 한다. 점유보조관계가 성립하려면 점유주와 점유보조자 사이에 지휘, 복종의 종속관계가 있어야 한다. 이 종속관계는 반드시 유효한 것이어야 하는 것은 아니고 계속적일 것을 요하지 않는다.
① 부부의 일방: 부부의 일방, 특히 처가 점유보조자인가 하는 것에 대해 부부간에 본질적으로 명령·복종관계는 있는 것이 아니므로 일반적으로 부정되어, 사안에 따라 점유보조자 또는 공동점유자로 본다(대판 1990.6.26. 98다16456).
② 법인: 법인에서는 대표기관이 직무를 수행함에 있어 물건을 사실상 지배함으로써 점유를 취득하는 경우는 법인의 점유이나, 대표기관 이외의 법인의 기관이 물건을 점유하는 경우에는 법인의 점유로 인정할 수 없다.
(2) 효과: 점유보조자는 점유자가 아니고, 점유주만이 점유자이다. 즉 점유보조자는 점유권 및 그 효력으로서의 점유보호청구권을 가지지 아니한다. 따라서 점유보조자는 점유물방해제거의 가처분신청을 할 수 없으며, 따라서 농지를 분배받아 점유·경작하고 있는 자의 동거가족은 점유물반환청구권을 가지지 아니하므로, 그가 신청한 점유물방해금지가처분신청의 피보전권리가 인정되지 아니한다(대판 1976.9.28. 76다1588). 하지만 점유주를 위하여 점유보조자의 자력구제권은 인정된다.
(3) 점유보조관계의 소멸: 점유보조관계는 사회적 종족관계의 종료로 소멸하지만 점유보조자 자신의 의사에 의하여 소멸되는 것이 아니며, 외부에서 명백히 인식할 수 있을 정도로 표시되어야 한다.

第196條【占有權의 讓渡】 ①占有權의 讓渡는 占有物의 引渡로 그 效力이 생긴다.
②前項의 占有權의 讓渡에는 第188條第2項, 第189條, 第190條의 規定을 準用한다.

占有權의 讓渡

1. 意義: 점유의 승계취득은 점유권의 양도에 의하여 이루어지는데, 점유권의 양도는 점유물의 인도에 의한다. 즉 점유물의 양도에 의하여 양수인은 점유물에 대한 승계취득을 하게 된다. 점유권을 양도하는 방법은 원칙적으로 점유물을 양도하는 것(1항)인데, 그 밖에 간이인도 등의 방법에 의할 수도 있다.
2. 占有權의 讓渡 方法: 점유권의 양도는 현실의 인도, 간이인도, 점유개정, 목적물반환청구권의 양도로 할 수 있다.
(1) 현실의 인도-제1항: 현실의 인도는 양도인의 점유포기와 양수인의 점유취득으로, 물건에 대한 사실상의 지배를 이전하는 것이다. 물건의 인도가 이루어졌는지 여부는 사회관념상 목적물에 대한 양도인의 사실상 지배인 점유가 동일성을 유지하면서 양수인의 지배로 이전되었다고 평가할 수 있는지 여부에 달려 있는 것인바, 현실의 인도가 있었다고 하려면 양도인의 물건에 대한 사실상의 지배가 동일성을 유지한 채 양수인에게 완전히 이전되어 양수인은 목적물에 대한 지배를 계속적으로 확고하게 취득하여야 하고, 양도인은 물건에 대한 점유를 완전히 종결하여야 한다(대판 2003.2.11. 2000다66454).
(2) 간이인도-제188조제2항: 간이인도는 양수인이 이미 물건을 점유하고 있는 경우에 점유권을 이전한다는 의사표시에 의하여 점유권이 이전되는 것이다.
(3) 점유개정-제189조: 양수인과의 사이에 점유매개관계를 설정함으로써 양수인은 간접점유를 취득하고, 양도인은 직접점유를 하는 형태가 점유개정이며, 점유개정으로 점유권이 양도된다.
(4) 목적물반환청구권의 양도-제190조: 양도인(간접점유자)이 타인에 대한 목적물반환청구권을 양수인에게 양도함으로써 양수인이 점유권(간접점유권)을 취득한다.

第197條【占有의 態樣】 ①占有者는 所有의 意思로 善意, 平穩 및 公然하게 占有한 것으로 推定한다.
②善意의 占有者라도 本權에 關한 訴에 敗訴한 때에는 그 訴가 提起된 때로부터 惡意의 占有者로 본다.

第198條【占有繼續의 推定】 前後兩時에 占有한 事實이 있는 때에는 그 占有는 繼續한 것으로 推定한다.

占有의 態樣과 占有繼續의 推定

1. 意義: 점유하는 구체적인 태양에는 여러 가지가 있다. 즉 자기의 물건을 소유의 의사로 점유하는 경우, 타인의 물건인 줄 알고 점유하는 경우, 점유할 권리가 있다고 생각하고 점유하는 경우, 그렇지 아니한 점유 등 다양하다. 이러한 점유의 기본적인 태양에 대하여 제197조와 제198조가 규정하고 있다.

2. 占有의 態樣 – 제197조

(1) 자주점유와 타주점유: 소유의 의사를 가지고 하는 점유가 자주점유이고, 그 외의 점유가 타주점유이다. 여기서 소유의 의사란 소유자로서 사실상 점유하려는 의사를 말하며, 반드시 소유권이 있다고 믿고서 하는 점유를 의미하지는 않는다. 즉 자주점유는 소유자와 동일한 지배를 하려는 의사를 가지고 하는 점유를 의미하는 것이지, 법률상 그러한 지배를 할 수 있는 권한, 즉 소유권을 가지고 있거나 또는 소유권이 있다고 믿고서 하는 점유를 의미하는 것은 아니다(대판 1987.4.14. 85다카2230).

(가) 판단기준: 소유자의 의사의 유무의 판단은 우선 점유취득시를 기준으로 점유취득의 원인이 된 사실, 즉 권원의 성질에 의하여 객관적으로 결정된다. 따라서 소유의 의사 유무는 점유개시시를 기준으로 판단되므로 나중에 매도자에게 처분권이 없었다는 등의 사유로 그 매매가 무효인 것이 밝혀지더라도 원칙적으로 점유의 성질이 변하지 않는다(대판 1996.5.28. 95다40328). 점유자의 점유가 소유의 의사 있는 자주점유인지 아니면 소유의 의사 없는 타주점유인지는 점유자의 내심의 의사에 의하여 결정되는 것이 아니라 점유취득의 원인이 된 권원의 성질이나 점유와 관계 있는 모든 사정에 의하여 외형적, 객관적으로 결정되어야 한다(대판 2002.2.26. 99다72743).

(나) 자주점유의 추정-제1항: 점유자는 소유의 의사로 점유하는 것으로 추정된다. 따라서 점유자의 점유가 타주점유임을 주장하는 자가 그에 대한 입증할 책임을 진다.

① 점유자가 성질상 소유의 의사가 없는 것으로 보이는 권원에 바탕을 두고 점유를 취득한 사실이 증명되었거나, 외형적·객관적으로 보아 점유자가 타인의 소유권을 배척하고 점유할 의사를 갖고 있지 아니하였던 것이라고 볼 만한 사정이 증명된 경우에 그 추정은 깨어진다(대판 2006.4.27. 2004다38150).

② 점유개시 당시 소유권 취득의 원인이 될 수 있는 법률요건이 없는 사실을 잘 알면서 타인 소유의 부동산을 무단점유한 것이 입증된 경우에도 자주점유의 추정은 깨어진다(대판 2003.8.22. 2001다23225·23232).

③ 처분권한이 없는 자로부터 그 사실을 알면서 부동산을 취득하거나 어떠한 법률행위가 무효임을 알면서 그 법률행위에 의하여 부동산을 취득하여 점유를 시작한 때에는 그 점유의 시작에 있어 이미 자신이 그 부동산의 진정한 소유자의 소유권을 배제하고 마치 자기의 소유물처럼 배타적 지배를 할 수 없다는 것을 알면서 점유하는 자이므로 점유 시작 당시에 소유의 의사가 있다고 할 수 없다(대판 2000.9.29. 99다50705).

④ 시효취득을 주장하는 점유자가 사인(私人)에게는 처분권한이 없는 귀속재산이라는 사실을 알면서 이를 매수하여 점유한 경우에는 점유개시 당시에 소유권 취득의 원인이 될 수 있는 법률행위 기타 법률요건이 없이 그와 같은 법률요건이 없다는 사실을 잘 알면서 타인 소유의 부동산을 무단 점유한 경우와 마찬가지로 자주점유의 추정이 번복된다(대판 2000.4.11. 98다28442).

(다) 자주점유로의 전환: 타주점유가 자주점유로 전환되려면 타주점유자가 새로운 권원에 기하여 소유의 의사로 점유를 시작하거나 간접점유자에게 소유의 의사가 있음을 표시하여야 한다. 다

만 간접점유자가 없는 경우에는 소유의 의사를 객관적으로 인식할 수 있으면 그것으로 충분하다.

(2) 하자 있는 점유와 하자 없는 점유: 하자 있는 점유란 악의 · 과실 · 강압 · 불계속 등의 사정이 있는 점유를 말하고, 하자 없는 점유란 선의 · 무과실 · 평온 · 공연 · 계속 등의 사정이 있는 점유를 말한다.

(3) 선의점유와 악의점유: 선의점유는 점유할 수 있는 권리, 즉 본권이 있음을 확신하면서 하는 점유인데 반해 악의점유는 본권이 없음을 알면서 또는 본권의 유무에 관해 의심을 품으면서 하는 점유이다. 양자의 구별은 취득시효(249조), 과실수취권(201조), 점유자의 책임(202조), 선의취득(249조) 등에서 그 실익을 가진다.

(가) 선의점유 추정-제1항: 점유자는 선의로 점유한 것으로 추정된다.

(나) 본권에 관한 소에서 패소한 점유자-제2항: 선의점유자도 본권에 관한 소에서 패소한 경우에, 그 소가 제기된 때부터 악의의 점유자로 간주된다. 따라서 소유권이전등기말소등기청구소송에서 그 소송사건이 점유자로 패소로 확정되었다면, 민법 제197조제2항의 규정에 의하여 그 소송의 제기 시부터는 토지에 대한 악의의 점유자로 간주되고, 점유자의 토지에 대한 점유는 패소판결 확정 후부터는 타주점유로 전환된다(대판2000.12.8. 200다14934).

(4) 과실은 점유자가 입증-과실 있는 점유와 과실 없는 점유: 본권이 없음에도 불구하고 있다고 오신하는데 과실이 있으면 과실 있는 점유이고, 없으면 과실 없는 점유이다. 취득시효(245조), 선의취득(249조) 등에서 구별 실익이 있다. 무과실은 추정이 되지 않는다(대판 1983.10.11. 83다카531). 이에 대해서는 그 주장자가 입증책임을 부담한다.

(5) 단독점유와 공동점유: 하나의 물건을 한 사람이 직접 점유하는 경우가 단독점유이고, 2인 이상이 공동으로 점유하는 경우가 공동점유이다. 공동점유에서는 각자가 점유보호청구권(204조 내지 206조)과 자력구제권(209조)을 가진다.

3. 占有繼續 推定 - 제198조: 전후에 점유한 사실이 같이 있는 때에는 그 점유는 계속된 것으로 추정된다. 그리고 본조 소정의 점유계속추정은 동일인이 전후 양 시점에 점유한 것이 증명된 때에만 적용되는 것이 아니고 전후 양 시점의 점유자가 다른 경우에도 점유의 승계가 입증되는 한 점유계속은 추정된다(대판 1996.9.20. 96다24279, 24286).

第199條【占有의 承繼의 主張과 그 效果】 ①占有者의 承繼人은 自己의 占有만을 主張하거나 自己의 占有와 前占有者의 占有를 아울러 主張할 수 있다.
②前占有者의 占有를 아울러 主張하는 境遇에는 그 瑕疵도 繼承한다.

占有의 承繼

1. 占有의 承繼: 점유를 승계하면 한편으로는 전점유자의 점유를 동일성을 가지고 그대로 계속하여 점유한다는 점이 있고, 다른 한편으로는 승계인 본인이 직접 스스로 새로운 점유를 시작한다는 면이 있다.

2. 承繼人의 選擇 - 제1항

(1) 선택권

(가) 원칙-선택 가능: 점유가 순차로 여러 사람에게 승계된 경우에 점유의 이익을 수용 주장하는 사람은 자기의 점유만을 주장하거나 또는 자기의 점유와 그 전 점유자의 점유를 아울러 주장할 수 있는 선택권이 있고, 비록 그 선택여하에 따라 제3자의 권리에 미치는 영향이 다르다고 하더라도 선택이 가능하며, 그 직전 점유자의 점유만을 병합 주장하거나 그 모든 전점유자의 점유를 병합주장하는 것은 그 주장하는 사람의 임의선택에 속한다(대판 1982.1.26. 81다826).

(나) 상속에 의한 점유: 상속에 의하여 점유권을 취득한 경우에는 상속인이 새로운 권원에 의하여 자기 고유의 점유를 시작하지 않는 한 피상속인의 점유를 떠나 자기만의 점유를 주장할 수 없다. 따라서 피상속인의 점유가 타주점유이면 상속인의 점유도 특별한 사정이 없는 한 타주점유이고, 그 점유가 자주점유가 되기 위하여는 점유자가 소유자에 대하여 소유의 의사가 있는 것을 표시하거나 새로운 권원에 의하여 다시 소유의 의사로써 점유를 시작하여야 한다(대판 2004.9.24. 2004다27273).

(2) 승계주장의 범위: 승계를 주장하는 경우에도 그 점유시기를 전점유자의 점유개시일이나 자기의 점유개시일을 선택하여 주장할 수는 있으나, 승계 주장한 전점유자의 점유시기중의 임의의 시점을 선택하여 주장할 수는 없다(대판 2004.9.24. 2004다27273).
(3) 승계 주장의 효과-제2항: 승계를 주장하는 경우에는 전점유자의 점유의 하자도 함께 승계된다.

第200條【權利의 適法의 推定】 占有者가 占有物에 對하여 行使하는 權利는 適法하게 保有한 것으로 推定한다.

占有者의 權利適法의 推定

1. 意義: 점유자가 점유물에 대하여 행사하는 권리는 적법하게 보유한 것으로 추정된다. 제197조에 의한 추정은 점유의 태양에 대한 추정이고, 본조에 의한 추정의 내용은 점유자에게 점유할 수 있는 권원, 즉 본권(소유권, 임차권, 지상권, 전세권 등)이 있음을 추정한다. 따라서 소유자가 점유를 상실한 경우에는 점유자에 대하여 자기에게 소유권이 있음을 주장, 입증하여야 한다.
2. 推定의 範圍: 동산에 대해서는 점유의 추정력이 적용되지만 부동산에 관해서는 적용되지 않는다. 또한 소유자와 그로부터 점유를 취득한 자 사이에는 본권이 있음이 추정되지 아니한다. 예컨대 임차인과 임대인 사이에는 적법한 임차인으로 추정되지는 아니하여, 임차권을 임차인이 입증하여야 한다.

第201條【占有者와 果實】 ①善意의 占有者는 占有物의 果實을 取得한다.
②惡意의 占有者는 收取한 果實을 返還하여야 하며 消費하였거나 過失로 因하여 毁損 또는 收取하지 못한 境遇에는 그 果實의 代價를 補償하여야 한다.
③前項의 規定은 暴力 또는 隱秘에 依한 占有者에 準用한다.

第202條【占有者의 回復者에 對한 責任】 占有物이 占有者의 責任 있는 事由로 因하여 滅失 또는 毁損한 때에는 惡意의 占有者는 그 損害의 全部를 賠償하여야 하며 善意의 占有者는 利益이 現存하는 限度에서 賠償하여야 한다. 所有의 意思가 없는 占有者는 善意인 境遇에도 損害의 全部를 賠償하여야 한다.

第203條【占有者의 償還請求權】 ①占有者가 占有物을 返還할 때에는 回復者에 對하여 占有物을 保存하기 爲하여 支出한 金額 其他 必要費의 償還을 請求할 수 있다. 그러나 占有者가 果實을 取得한 境遇에는 通常의 必要費는 請求하지 못한다.
②占有者가 占有物을 改良하기 爲하여 支出한 金額 其他 有益費에 關하여는 그 價額의 增加가 現存한 境遇에 限하여 回復者의 選擇에 좇아 그 支出金額이나 增加額의 償還을 請求할 수 있다.
③前項의 境遇에 法院은 回復者의 請求에 依하여 相當한 償還期間을 許與할 수 있다.

占有者와 回復者 間의 法律關係

1. 意義: 본권 없이 점유하는 자는 점유물의 회복을 청구하는 본권자에게 점유물을 반환하여야 한다. 이때 점유자와 본권자(회복자) 간에, 첫째 점유기간 동안 발생한 점유물의 과실은 어떻게 할 것인가, 둘째 점유물이 멸실·훼손된 경우에는 어떻게 할 것인가, 셋째 점유자가 점유기간 동안 지출한 비용은 어떻게 할 것인가라는 문제가 생긴다. 이러한 문제에 대하여 제201조 내지 제203조가 규정하고 있다.

2. 果實收取權 - 제201조

(1) 선의의 점유자의 과실수취권-제1항: 선의의 점유자는 과실을 수취할 수 있다. 이 권리는 적극적인 권리이다. 따라서 소비한 과실은 물론이고 현존하는 과실에 대하여도 부당이득으로 반환할 의무가 없다(대판 1995.5.12. 95다573 · 580).

(가) 요건

① 선의의 점유자: 여기서 선의란 점유자가 실제로 과실을 수취할 수 있는 본권을 가지고 있지 않음에도 과실을 수취할 수 있는 본권(소유권, 지상권, 임차권, 전세권 등)이 있다고 오신한 것을 말한다. 그러나 과실수취권이 없는 본권 예컨대 질권, 유치권이 있다고 오신하였더라도 그러한 권리에는 과실수취권이 없기 때문에 여기에 해당하지 않는다.

② 오신에 과실이 없어야: 점유자가 과실을 취득할 수 있는 권리를 가지고 있다고 오신함에는 오신할 만한 정당한 근거가 있어야 한다(대판 2000.3.10. 99다63350). * 보상 관련 법규가 존재한다는 사실만으로 구체적인 개개의 송전선 설치 당시 적정한 보상이 이루어졌다고 볼 수 없고, 또한 토지소유자들이 이의를 제기하지 않았다는 사정은 점유자가 그 토지를 사용할 권원이 있다고 오신한 데 정당한 근거가 될 수 없다(대판 1995.8.25. 94다27069).

(나) 효과: 과실은 천연과실과 법정과실을 모두 포함한다. 물건의 사용이익도 여기에 포함한다. 즉 건물을 사용함으로써 얻는 이득은 그 건물의 과실에 준하는 것이므로, 선의의 점유자는 비록 법률상 원인 없이 타인의 건물을 점유 · 사용하고 이로 말미암아 그에게 손해를 입혔다고 하더라도 그 점유 · 사용으로 인한 이득을 반환할 의무는 없다(대판 1996.1.26. 95다44290).

(2) 악의의 점유자-반환의무-제2항, 제3항: 악의의 점유자는 수취한 과실을 반환하여야 한다. 악의의 점유자가 과실을 소비하였거나 과실로 인하여 훼손하였거나 수취하지 못하였다면, 그 과실의 대가를 보상하여야 한다. * 송전선이 토지 위를 통과하고 있다는 점을 알고서 토지를 취득하였다고 하여 그 취득자가 그 소유 토지에 대한 소유권의 행사가 제한된 상태를 용인하였다고 할 수 없으므로, 그 취득자의 송전선 철거 청구 등 권리행사가 신의성실의 원칙에 반하지 않는다(대판 1995.8.25. 94다27069).

(가) 악의자, 폭력 등으로 점유한 자: 과실수취권을 포함한 본권이 없음을 알면서도 점유한 자를 말한다. 폭력이나 은밀히 감추어 점유한 자도 포함한다. 본권의 소에 패소한 때에는 제소시에 소급해서 악의점유자로 취급된다(대판 2002.11.22. 2001다6213).

(나) 반환범위

① 받은 이익: 현존 과실은 물론이고 소비과실, 과실로 훼손 또는 수취하지 못한 과실을 포함하며, 그 경우에는 대가로 보상하여야 한다. 따라서 부동산을 점유 · 사용함으로써 받은 이익은 특별한 사정이 없는 한 임료 상당액이라 할 것이므로, 매수인이 부동산을 인도받아 그 용도대로 사용한 경우, 매수인은 임료 상당의 이익을 받았다고 할 것이고, 가사 그 부동산을 사용하여 영위한 영업이 전체적으로 적자였다고 하더라도 사용으로 인한 이익 자체를 부정할 수는 없다(대판 1997.12.9. 96다47586). * 타인의 토지 위에 정당한 권원 없이 시설물을 설치 · 소유함으로써 그 시설물에 관련된 관련 법규에 의하여 이격거리를 두어야 하고 이에 따라 나머지 토지 부분이 과소토지로 남게 되어 사실상 소유자가 그 과소토지 부분을 자신이 원하는 용도로 사용할 수 없게 된 경우에, 그 토지의 소유자는 당해 토지 전부에 대한 사용불능으로 인한 손해를 입게 되었다 할 것이고, 이와 같은 경우 토지소유자의 과소토지 부분에 대한 사용불능은 당해 시설물의 설치로 인하여 발생한 것이므로 사회통념상 그 과소토지 부분도 당해 시설물을 설치 · 소유한 자가 사용 · 수익하고 있다고 봄이 상당하고 이렇게 풀이하는 것이 부당이득 제도의 이념인 공평의 원칙에도 부합하므로, 타인의 토지 위에 정당한 권원 없이 시설물을 설치 · 소유한 자는 사용이 불가능하게 된 그 과소토지 부분을 포함한 당해 토지 전부에 대한 임료 상당의 이득을 소유자에게 반환할 의무가 있다(대판 1995.8.25. 94다27069).

② 이자 포함: 타인 소유물을 권원 없이 점유함으로써 얻은 사용이익을 반환하는 경우 민법은 선의 점유자를 보호하기 위하여 제201조제1항을 두어 선의 점유자에게 과실수취권을 인정함에 대하여, 이러한 보호의 필요성이 없는 악의 점유자에 관하여는 민법 제201조제2항을 두어 과실

수취권이 인정되지 않는다는 취지를 규정하는 것으로 해석되는바, 따라서 악의의 수익자가 반환하여야 할 범위는 민법 제748조제2항에 따라 정하여지는 결과 그는 받은 이익에 이자를 붙여 반환하여야 하며, 위 이자의 이행지체로 인한 지연손해금도 지급하여야 한다(대판 2003.11.14. 2001다61869).

③ 초과이득은 반환 불요: 일반적으로 수익자가 법률상 원인 없이 이득한 재산을 처분함으로 인하여 원물반환이 불가능한 경우에 있어서 반환하여야 할 가액은 특별한 사정이 없는 한 그 처분 당시의 대가이나, 이 경우에 수익자가 그 법률상 원인 없는 이득을 얻기 위하여 지출한 비용은 수익자가 반환하여야 할 이득의 범위에서 공제되어야 하고, 수익자가 자신의 노력 등으로 부당이득한 재산을 이용하여 남긴 이른바 운용이익도 그것이 사회통념상 수익자의 행위가 개입되지 아니하였더라도 부당이득된 재산으로부터 손실자가 당연히 취득하였으리라고 생각되는 범위 내의 것이 아닌 한 수익자가 반환하여야 할 이득의 범위에서 공제되어야 한다(대판 1995.5.12. 94다25551).

(다) 본항과 제750조의 관계: 악의의 점유자에 관한 제201조제2항이 불법행위에 관한 제750조를 배제하지는 아니한다. 즉 양조는 경합적으로 적용된다.

(3) 본조와 제587조(매매계약에서 과실)와의 관계

(가) 매매계약이 유효한 경우: 매매계약에서 목적물의 과실에 관하여는 제587조가 적용된다. 따라서 특별한 사정이 없는 한 매매계약이 있은 후에도 인도하지 아니한 목적물로부터 생긴 과실은 매도인에게 속하나, 매매목적물의 인도 전이라도 매수인이 매매대금을 완납한 때에는 그 이후의 과실수취권은 매수인에게 귀속된다(대판 1993.11.9. 93다28928).

(나) 매매계약이 무효인 경우-이전을 받아 점유하는 자의 등기가 원인무효가 된 경우: 국가가 귀속재산인 토지를 분배농지로 착오를 일으키므로 말미암아 이를 농지분배받아 승계점유하던 자는 그 이전등기가 원인무효로 확정된 경우 이 사실을 알은 때부터 과실수취권이 있는 선의의 점유자라고 할 수 없으며 또 국가의 승소로 소제기 이후 악의점유자가 되는 것은 반드시 국가에 대한 것일 필요는 없고 누군가에게 손해가 생긴 사실에 대한 고의 과실이 있으면 족하다(대판 1977.12.27. 77다550).

3. 占有物이 滅失 · 毁損된 경우 - 제202조: 점유물이 점유자의 책임 있는 사유로 멸실 또는 훼손된 경우에는 점유자는 점유물의 회복자에 대하여 그 손해를 배상할 의무가 있는데, 그 배상범위는 점유자의 점유가 악의이냐 선의이냐에 따라 차이를 둔다. 여기서 멸실은 단순히 물리적인 파손뿐만 아니라 선의의 제3자에의 양도 등과 같은 널리 반환이 불가능한 모든 상태를 말하고, 훼손은 물리적인 완전성을 해치는 경우뿐만 아니라, 그 물건의 가치를 저하시키는 일체의 행위, 즉 통상적인 관리 · 수리행위를 하지 않아 물건의 가치가 저하되는 것을 말한다.

(1) 선의 · 자주점유자의 책임-현존이익 반환: 선의 · 자주점유자, 즉 소유권이 있다고 오신한 점유자는 현존이익을 반환하면 된다.

(2) 선의 · 타주점유자의 책임-모든 손해의 배상: 선의 · 타주점유자, 즉 임차권, 지상권, 질권 등이 있다고 오신한 점유자는 점유물의 멸실 · 훼손에 대한 모든 손해를 배상하여야 한다. 자기의 물건이 아닌 것으로 알고 점유한 것이므로 악의의 점유자와 동일하게 보호할 필요가 없기 때문이다.

(3) 악의점유자의 책임-모든 손해의 배상: 악의의 점유자는 소유의 의사 여부에 상관없이 손해의 전부를 배상할 의무를 부담한다. 점유자가 본권이 없는 것을 알면서 점유한 것이므로 보호의 필요성이 없기 때문이다.

4. 占有者의 費用償還 - 제203조: 점유자와 회복자 사이의 비용상환 문제는 제213조에 의한 목적물반환청구권을 행사하는 경우에 따르는 부수적 문제이다. 점유자가 비용상환청구권을 취득하려면 그 물건에 대하여 비용을 지출하여야 한다. 비용상환의 범위는 점유의 선의 · 악의 및 소유의 의사 유무, 즉 점유의 태양을 묻지 않고, 비용의 성질, 즉 필요비냐 유익비냐에 따라 달리 규정한다.

(1) 필요비의 상환청구-제1항: 필요비란 물건의 보존을 위하여 지출한 비용과 같이 물건 자체에 기여하기 위한 비용을 말한다. 필요비는 통상필요비와 특별필요비로 나뉜다. 통상필요비는 평상적인 보존에 필요한 비용, 즉 보존비 · 수리비 · 조세 · 보험료 · 공과금 등을 말한다. 특별필요비는 평상적인 보존 이외에 지출하는 필요비용, 예컨대 태풍으로 인한 주택 피해를 입은 경우에 주

택을 수선하는데 드는 비용을 한한다. 점유자는 그가 지출한 필요비 전액을 청구할 수 있지만, 과실을 취득하였다면 통상필요비를 청구할 수 없고 임시 또는 특별필요비만을 청구할 수 있다.

(2) 현존하는 유익비의 상환청구-제2항

(가) 상대방-회복 당시의 점유자: 본항에 의한 점유자의 회복자에 대한 유익비상환청구권은 점유자가 계약관계 등 적법하게 점유할 권리를 가지지 않아 소유자의 소유물반환청구에 응하여야 할 의무가 있는 경우에 성립되는 것으로서, 이 경우 점유자는 그 비용을 지출할 당시의 소유자가 누구이었는지 관계없이 점유회복 당시의 소유자, 즉 회복자에 대하여 비용상환청구권을 행사할 수 있는 것이나, 점유자가 유익비를 지출할 당시 계약관계 등 적법한 점유의 권원을 가진 경우에 그 지출비용의 상환에 관하여는 그 계약관계를 규율하는 법조항이나 법리 등이 적용되는 것이어서, 점유자는 그 계약관계 등의 상대방에 대하여 해당 법조항이나 법리에 따른 비용상환청구권을 행사할 수 있을 뿐 계약관계 등의 상대방이 아닌 점유회복 당시의 소유자에 대하여 민법 제203조제2항에 따른 지출비용의 상환을 구할 수는 없다(대판 2003.7.25. 2001다64752).

(나) 지출금 또는 증가액의 상환 선택: 유익비는 필요비 이외의 비용, 즉 물건을 개량하기 위하여 지출한 비용과 같이 가치를 증가시키기 위하여 지출된 비용을 말한다. 필요비와는 달리 유익비는 가액의 증가가 현존하는 경우에 한하여 회복자의 선택에 좇아 지출금액 또는 증가액의 상환을 청구할 수 있고, 가치의 증가가 현존하는지 여부는 객관적으로 판단되어야 한다. 이와 같이 선택권이 있으므로 유익비상환의무자인 회복자의 선택권을 위하여 그 유익비는 실제로 지출한 비용과 현존하는 증가액을 모두 산정하여야 한다(대판 2002.11.22. 2001다40381).

(3) 회복자의 상환기간의 허여청구-제3항: 회복자는 필요비에 대하여는 즉시 상환하여야 하나, 유익비에 관하여는 법원으로부터 상당한 상환기간을 청구하여 유예받을 수 있다.

(4) 점유자의 유치권: 필요비와 유익비에 대하여 점유자는 유치권을 행사할 수 있다(320조1항).

(5) 제3자의 물건에 대한 타인간의 계약에 의해 지출된 비용: 도급계약에 기하여 수급인이 도급인으로부터 제3자 소유 물건의 점유를 이전받아 이를 수리한 결과 그 물건의 가치가 증가한 경우, 도급인이 그 물건을 간접점유하면서 궁극적으로 자신의 계산으로 비용지출과정을 관리한 것이므로, 도급인만이 소유자에 대한 관계에 있어서 민법 제203조에 의한 비용상환청구권을 행사할 수 있는 비용지출자라고 할 것이고, 수급인은 그러한 비용지출자에 해당하지 않는다고 보아야 한다(대판 2002.8.23. 99다66564, 66571).

第204條【占有의 回收】 ①占有者가 占有의 侵奪을 當한 때에는 그 物件의 返還 및 損害의 賠償을 請求할 수 있다.
②前項의 請求權은 侵奪者의 特別承繼人에 對하여는 行使하지 못한다. 그러나 承繼人이 惡意인 때에는 그러하지 아니하다.
③第1項의 請求權은 侵奪을 當한 날로부터 1年內에 行使하여야 한다.

第205條【占有의 保有】 ①占有者가 占有의 妨害를 받은 때에는 그 妨害의 除去 및 損害의 賠償을 請求할 수 있다.
②前項의 請求權은 妨害가 終了한 날로부터 1年內에 行使하여야 한다.
③工事로 因하여 占有의 妨害를 받은 境遇에는 工事着手後 1年을 經過하거나 그 工事가 完成한 때에는 妨害의 除去를 請求하지 못한다.

第206條【占有의 保全】 ①占有者가 占有의 妨害를 받을 念慮가 있는 때에는 그 妨害의 豫防 또는 損害賠償의 擔保를 請求할 수 있다.
②工事로 因하여 占有의 妨害를 받을 念慮가 있는 境遇에는 前條第3項의 規定을 準用한다.

第207條【間接占有의 保護】 ①前3條의 請求權은 第194條의 規定에 依한 間接占有者도 이를 行使할 수 있다.
②占有者가 占有의 侵奪을 當한 境遇에 間接占有者는 그 物件을 占有者에게 返還할 것을 請求할 수 있고 占有者가 그 物件의 返還을 받을 수 없거나 이를 願하지 아니하는 때에는 自己에게 返還할 것을 請求할 수 있다.

第208條【占有의 訴와 本權의 訴와의 關係】 ①占有權에 基因한 訴와 本權에 基因한 訴는 서로 影響을 미치지 아니한다.
②占有權에 基因한 訴는 本權에 關한 理由로 裁判하지 못한다.

占有保護請求權

1. 意義: 점유권은 물건에 대한 현재의 사실상의 지배만으로 그 정당성을 부여하여 인정하는 권리이다. 따라서 정당한 것으로 인정되는 점유가 침해된 경우에는 그 정당성의 보호를 위하여 점유자에게 그 침해의 배제를 청구할 수 있어야 한다. 이와 같이 현재의 사실상의 지배를 우선 현상대로 유지시켜 보호함으로써 사회의 질서유지와 점유자의 이익을 보호하고자 하는 제도가 점유보호제도이다. 이러한 점유보호제도로서 점유자에게 점유의 침탈에 대한 회수청구권, 방해에 대한 방해제거청구권과 방해예방청구권을 인정하며, 이들을 통칭하여 점유보호청구권이라 한다. 점유보호청구권은 점유할 권원인 본권의 존재 여부와는 관계없이 점유 그 자체를 보호하기 위하여 인정되는 일종의 물권적 청구권이다. 점유보호청구권의 주체는 점유자이지만 간접점유자도 점유보호청구권이 있으나, 점유보조자에게는 인정되지 않는다. 물권적 청구로서 점유보호청구의 상대방은 현재 점유를 침해하는 상태에 있는 자이다.

2. 占有回收請求權(占有物返還請求權) - 제204조: 점유자가 점유의 침탈을 당한 때에는 그 물건의 반환 및 손해의 배상을 청구할 수 있다.

(1) 요건

(가) 점유의 침탈-제1항: 점유가 침탈되어야 한다. 침탈이라 함은 점유자가 그의 의사에 의하지 않고서 물건에 대한 사실상의 지배권능을 빼앗기는 것이다. 따라서 사기로 인하여 점유를 이전한 것은 점유를 침탈당한 것이 아니다(대판 1992.2.28. 91다17443). 또한 빨랫줄에 널어놓은 빨래가 바람에 이웃집에 넘어가거나 유실물을 습득한 경우에도 점유회수청구권을 행사할 수 없다. 그리고 직접점유자가 임의로 점유를 타에 양도하였다면, 그 점유이전이 간접점유자의 의사에 반하더라도 간접점유자의 점유가 침탈된 것이 아니다(대판1993.3.9. 92다5300).

(나) 점유침탈자의 무과실: 점유침탈자의 고의 또는 과실을 요하지 않는다. 따라서 정당하게 인도 청구할 수 있는 자의 점유침탈이 있더라도 점유회수청구권을 행사할 수 있다. 다만 점유침탈을 이유로 손해배상을 청구하기 위해서는 점유침탈자의 고의 또는 과실이 있어야 한다.

(2) 당사자-제2항: 청구권자는 점유를 침탈당한 자이며, 직접점유자와 간접점유자 모두 당사자이고, 상대방은 현재 당해 물건의 점유자나 간접점유자도 가능하나 점유보조자는 당사자가 되지 아니한다. 또한 침탈자의 특별승계인은 악의인 경우에만 상대방이 될 수 있다(2항). * 불법점유를 이유로 한 건물명도청구를 하려면 현실적으로 불법점유하고 있는 사람을 상대로 하여야 할 것이나 그렇지 않는 경우에는 간접점유자를 상대로 명도를 청구할 수 있다(대판 1983.5.10. 81다187). * 불법점유자라 하여도 그 물건을 다른 사람에게 인도하여 현실적으로 점유를 하고 있지 않는 이상, 그 자를 상대로 한 인도 또는 명도청구는 부당하다(대판 1970.9.29. 70다1508).

(3) 내용: 물건의 반환 및 손해의 배상을 청구하는 것이다. 그런데 물건 자체가 환가 처분된 경우에는 그 대체물인 금전의 반환을 청구할 수는 없고, 손해배상만이 문제된다. 간접점유자가 회수청구권을 행사하는 경우에는 직접점유자에게 반환을 청구할 수 있고, 직접점유자가 반환받을 수 없거나 반환받기를 원하지 아니하는 경우에만 자기에게 반환을 청구할 수 있다(207조2항).

손해배상에서 손해는 점유를 침탈당하여 이용할 수 없었던 이익에 대한 손해이므로 당해 물건의 사용이익이 기준이 된다.

(4) 제척기간-제3항: 점유회수청구권은 침탈당한 날부터 1년 이내에 행사하여야 한다. 이 기간은 제척기간이고, 손해배상청구의 경우에도 마찬가지다. 점유보호청구권에서 제척기간은 그 기간 내에 소를 제기하여야 하는 이른바 출소기간이다(대판 2002.4.26. 2001다8097, 8103).

3. 占有保有請求權(占有物妨害除去請求權) - 제205조: 점유자가 점유의 방해를 받은 때에는 그 방해의 제거 및 손해의 배상을 청구할 수 있다.

(1) 요건

(가) 점유의 방해-제1항: 물건 자체에 대한 사실상의 지배상태를 점유침탈 이외의 방법으로 침해하는 방해행위가 있어야 한다.

(나) 방해가 정당시되지 않고, 점유자가 수인의 한도를 벗어나야: 사회생활상 일반적으로 용인되는 방해, 즉 상린관계가 적용되는 경우는 해당되지 아니한다.

(다) 방해자의 무과실: 방해의 제거청구에는 방해자의 고의 또는 과실을 요하지 않는다. 손해배상의 청구에는 일반불법행위법리상 고의 또는 과실을 요한다.

(2) 당사자-제2항: 점유자가 청구권자이며, 그 점유를 정당화할 권원이 있느냐 여부는 문제가 되지 아니한다(대판 1970.6.30. 68다1416). 상대방은 점유를 현실적으로 방해하고 있는 자이다.

(3) 내용: 방해의 제거 및 손해의 배상을 청구할 수 있다. 따라서 건물의 점유자가 인근의 소음으로 인하여 정온하고 쾌적한 일상생활을 영유할 수 있는 생활이익이 침해되고 그 침해가 사회통념상 수인한도를 넘어서는 경우에 건물의 점유자는 그 소유권 또는 점유권에 기하여 소음피해의 제거나 예방을 위한 유지청구를 할 수 있다(대판 2007.6.15. 2004다37904, 37911). 여기의 손해배상은 근본적으로 점유권의 행사가 방해되고 있음으로 인하여 발생하는 손해의 배상을 의미하는 것으로 그 방해의 제거비용을 의미하는 것은 아니다. * 시효취득자가 점유취득시효의 완성을 원인으로 하여 소유권이전등기를 청구하면서 그와 동시에 시효완성 후 토지소유자가 설치한 담장의 철거를 청구한 경우에 담장철거청구의 권원은 점유권에 기한 방해배제청구권이다(대판 2005.3.25. 2004다23899, 23905).

(4) 제척기간-제2항, 제3항: 방해가 종료한 날부터 1년 이내에 행사하여야 한다(2항). 그런데 방해가 종료한 후에는 방해제거의 문제가 생기지 않으므로, 제척기간은 손해배상의 청구에만 관련된다. 그리고 공사로 인한 방해의 경우에 방해제거청구는 공사착수 후 1년, 공사완성 후에는 행사하지 못한다(3항).

4. 占有保全請求權(占有物妨害豫防請求權) - 제206조: 점유자가 점유의 방해를 받을 염려가 있는 때에는, 그 방해의 예방 또는 손해배상의 담보를 청구할 수 있다.

(1) 요건-제1항: 점유물이 방해를 받을 염려가 있어야 한다. 그 존부는 구체적 사정 하에서 사회통념에 따라 객관적으로 판단된 방해의 염려가 있어야 한다(대판 1987.6.9. 86다카2942).

(2) 내용-제1항: 방해의 예방 또는 손해배상의 담보를 청구하는 것이다. 방해의 예방은 방해원인을 제거하여 방해를 방지하는 조치로, 작위 또는 부작위를 가리지 않는다. 손해배상의 담보는 장래의 손해 발생에 대비하여 미리 제공케 하는 것이므로 상대방의 고의·과실을 요하지 않는다. 그러나 방해예방은 방해의 염려가 현실화되는 경우에 객관적으로 존재하는 가능성을 방치한 점에서 상대방의 고의·과실이 인정된다.

(3) 제척기간-제2항: 방해의 염려가 있는 동안은 언제든지 행사할 수 있으나, 공사로 인하여 점유의 방해를 받을 염려가 있는 경우에는 공사착수 후 1년의 경과 또는 공사 완성 후에는 청구하지 못한다.

5. 間接占有의 保護 - 제207조: 간접점유자도 제204조 내지 제206조의 청구권이 있고(1항), 점유침탈의 경우에는 점유자(직접)에게로 반환을 청구하거나, 자기에게로 반환을 청구할 수 있다(2항).

6. 占有의 訴와 本權의 訴 - 제208조: 점유의 소는 점유보호청구권을 청구원인으로 하는 소이고, 본권의 소는 소유권, 지상권, 전세권 기타 실질적인 권리를 청구원인으로 하는 소이다. 예를 들어 점유자인 동시에 소유자인 갑이 점유침탈을 당하였을 때에 갑은 제213조에 기한 반환청구권과

제204조에 기한 반환청구권을 행사할 수 있다. 여기서 전자에 해당하는 소가 본권에 기한 소이고, 후자에 해당하는 소가 점유에 의한 소이다. 그리고 민법 제197조제2항의 취지와 부당이득반환에 관한 민법 제749조제2항의 취지 등에 비추어 볼 때, 여기서의 본권에 관한 소에는 소유권에 기하여 점유물의 인도나 명도를 구하는 소송은 물론 부당점유자를 상대로 점유로 인한 부당이득의 반환을 구하는 소송도 포함된다(대판 2002.11.22. 2001다6213).

(1) 양자의 관계-제1항: 점유의 소와 본권의 소는 전혀 별개의 소송으로서 서로 어떠한 영향도 미치지 않는다. 즉 점유의 소와 본권의 소는 청구원인을 달리하므로, 그 기초를 달리하고 별개의 목적을 가지기 때문에 서로 영향을 미치지 않는다. 피침탈자는 점유의 소와 본권의 소를 동시에 제기하거나 두 개의 소를 선택적으로 할 수 있으며, 어느 한 청구에 대하여 패소한 후에 다른 청구를 하여도 된다.

(2) 본권에 의한 항변금지-제2항: 점유의 소는 본권에 관한 이유로 재판하지 못한다. 따라서 점유의 소에서 본권에 기한 항변을 제출할 수 없다. 가령, 점유자가 점유를 침탈당한 것을 이유로 하는 점유물반환청구의 소를 제기하였을 때, 침탈자가 자신이 당해 물건의 소유자이므로 점유물 반환을 청구할 수 있는 지위에 있다는 것을 방어방법으로 주장할 수 없고, 법원은 소유자라는 이유로 점유의 소를 판단해서는 아니 된다. 소유자의 본권의 소와 점유자의 점유의 소가 각각 승소로 확정되었다면, 최종적으로 본권의 소에서 승리한 소유자가 보호를 받게 된다. * 소유권에 관한 이유를 가지고 점유권에 의한 청구를 배척한 사실례: 원고가 피고로부터 본건 농지를 양수하고 그 인도를 받아 경작을 하고 있다는 이유로 피고에 대하여 원고의 경작을 방해하지 말라는 점유방해 배제의 청구를 하고 있음에도 불구하고 원고가 본건 토지를 매수한 사실이 있다고 가정하더라도 관서의 증명이 없는 이상 원고에게 소유권이 있다고 할 수 없다는 이유로 위 청구를 기각한 원심판결은 본건에 관한 이유를 가지고 점유권에 의한 청구를 기각한 것으로서 부당하다(대판 1962.8.2. 62다259).

第209條【自力救濟】 ①占有者는 그 占有를 不正히 侵奪 또는 妨害하는 行爲에 對하여 自力으로써 이를 防衛할 수 있다.
②占有物이 侵奪되었을 境遇에 不動產일 때에는 占有者는 侵奪後 直時 加害者를 排除하여이를 奪還할 수 있고 動產일 때에는 占有者는 現場에서 또는 追跡하여 加害者로부터 이를 奪還할 수 있다.

自力救濟

1. 意義: 자력구제란 사인이 자기의 점유권을 보호하기 위해서 국가의 힘을 빌리지 않고 점유자 자신이 직접 실력을 행사하는 자기보호수단이다. 이러한 점에서 법원에 의하여 실현되는 점유보호청구권과 구별된다. 자력구제는 원칙적으로 금지되지만, 국가의 보호를 받는 것이 불가능하거나 대단히 곤란한 경우에 예외적으로 인정된다.

2. 當事者: 직접점유자나 점유보조자가 행사할 수 있고, 상대방은 현실적으로 지금 점유를 침탈 또는 방해행위를 하는 자이다.

3. 內容

(1) 자력방위권-제1항: 점유에 대한 부정한 침탈 또는 방해행위에 대하여 자력으로 방위하는 권리가 자력방위권이다. 이 권리는 점유의 침탈 또는 방해행위가 계속되는 경우에 한하여 행사할 수 있다.

(2) 자력탈환권-제2항: 점유가 침탈되었을 때 탈환할 수 있는 권리가 자력탈환권이다. 자력탈환권의 행사는 부동산의 경우에는 곧바로 행사할 수 있다. 동산의 경우에는 현장에서 또는 추적을 하여야 행사 할 수 있다. 이러한 시간적 범위를 현장성 내지 추적가능성이라고 하는데, 이러한 시간적 범위를 넘어서면 오히려 현존하는 외적 평화를 교란시키게 되므로 점유자가 침탈사실을 알고 모르고와는 관계없이 침탈을 당한 후 상당한 시간이 흘렀다면 자력탈환권을 행사할 수 없다(대판 1993.3.26. 91다14116).

(3) 구체적 사례

(가) 위법한 강제집행에 대한 대응: 위법한 강제집행에 의하여 부동산의 명도를 받는 것은 공권력을 빌려서 상대방의 점유를 침탈하는 것이 되므로 을이 위 강제집행이 일응 종료한 후 불과 2시간 이내에 자력으로 그 점유를 탈환한 것은 민법상의 점유자의 자력구제권의 행사에 해당한다(대판 1987.6.9. 86다카1683).

(나) 본권에 기한 진입로 폐쇄: 토지소유권자가 피해자가 운영하는 회사에 대하여 그 토지의 인도 등을 구할 권리가 있다는 이유만으로 위 회사로 들어가는 진입로를 폐쇄한 것은 정당한 행위 또는 자력구제에 해당하지 않는다(대판 2007.5.11. 2006도4328).

第210條【準占有】 本章의 規定은 財産權을 事實上 行使하는 境遇에 準用한다.

準占有

1. 意義: 물건이 아니라 재산권을 사실상 행사하는 것을 준점유라고 하여(210조). 점유권에 관한 규정을 이에 준용하고 있다. 이 규정에 의해 물건의 지배에 관한 점유가 물건 이외의 경우에 대해서도 사실상 존재를 인정하게 된다.

2. 要件

(1) 점유를 수반하지 않는 재산권: 준점유의 객체는 재산권이다. 그러나 점유를 수반하는 재산권 예컨대 지상권·소유권·전세권·질권·임차권 등은 점유권이 성립되어 준점유가 인정될 여지가 없으므로, 가령 채권이나 지적재산권과 같이 점유를 수반하지 않는 권리에 한정된다.

(2) 사실상 행사: 재산권을 사실상 행사하여야 한다. 즉 점유를 수반하지 않는 재산권이 사실상 어떤 사람에게 귀속하는 것과 같은 외관이 존재하여야 한다. 이점은 객관적 사정에 따라 판단 할 수 있다. 채권의 준점유자라고 하려면 채권의 사실상 귀속자와 같은 외형을 갖추어야 하므로 예금채권의 준점유자는 예금통장과 그에 찍힌 인영과 같은 인장을 소지하여야 한다(대판 1985.12.24. 85다카880).

3. 效果: 준점유는 점유권의 규정이 준용된다. 따라서 권리의 추정, 과실의 취득, 비용상환청구권, 점유보호청구권 등의 점유의 효력이 그대로 인정된다. 특히 채권의 준점유에 관하여는 선의의 변제자보호를 위한 제407조가 규정하여, 채무자가 채권의 준점유자에 대하여 선의이면 과실 없이 변제를 한 때 그 변제는 유효하다고 규정하고 있다.

第3章 所有權

1. 槪括: 소유권은 인간이 생활하는 데 필수적인 요소인 물건에 대한 사용·수익·처분을 할 수 있는 권리이다. 근대민법이 개인을 독립성과 주체성을 가진 인격체로 상정하면서, 그 개인의 능력을 최대한 발휘할 수 있는 제도로서 사적 법률관계의 형성을 개인에게 맡기는 사적 자치를 부여하고, 사적 자치의 가장 주요한 대상으로서의 재화에 대한 사소유를 인정함으로써 자본주의 사회가 형성된 것이다. 즉 사소유제는 사적 자치의 원칙, 과실책임의 원칙과 더불어 자본주의의 근간을 이루는 원칙이며 제도이다. 이러한 재화에 대한 사소유의 법적 표현이 소유권이다. 자본주의경제사회는 인간이 자기의 능력을 최대한 발휘하여 재화를 이용할 수 있게 하는 경제체제 사회이고, 이를 위한 법적 표현이 소유권절대와 계약의 자유이다. 재화를 생활에 이용하는 방법은 재화 그 자체를 직접 생활에 유용하도록 이용하는 방법(사용), 재화를 필요로 하는 타인에게 이용토록 하고 그 댓가를 받는 방법(수익), 재화를 타인에게 양도하고 그 댓가를 받는 방법(처분)이다. 소유권은 재화에 대한 이러한 세 가지 권능이 모두 부여된 권리이다. 이 중에서 사용권능만이 보장된 권리가 용익물권이고, 처분권능만이 보장된 것이 담보물권이다.

2. 所有權의 法的 性質

(1) 관념적 권리: 소유권은 물건에 대한 현실적 지배(점유)와는 분리되어 물건을 전면적으로 지

배할 수 있는 권능으로서의 관념적 권리이다. 즉 소유권은 물건을 현실적으로 지배하느냐 여부와는 관계없다.

(2) 내용상의 특질

(가) 전면성: 소유권은 물건이 가지는 사용가치와 처분가치를 전면적으로 지배할 수 있는 물권이다.

(나) 혼일성: 소유권은 물건에 대한 사용, 수익 및 처분의 모든 권능이 융화되어 하나의 권리로 이루어진 권리이다. 따라서 소유권자가 제한물권을 양수받으면 제한물권은 혼동으로 소멸한다.

(다) 항구성: 소유권은 시간적 제한 없이 영구히 존속한다. 즉 소유권은 소멸시효에 걸리지 않아, 소유자가 소유권을 행사하지 않더라도 소멸하지 않는다.

3. 構成

(1) 소유권의 한계: 제211조-제244조

(2) 소유권의 취득: 제245조-제261조

(3) 공동소유: 제262조-제278조

第1節 所有權의 限界

1. 槪括: 소유권은 물건을 절대적, 배타적, 직접적으로 사용·수익·처분할 수 있는 전면적 권리이지만 그 소유권의 행사에도 일정한 한계가 있다. 소유권의 제한은 사회정책, 경제정책, 토지정책, 주택정책 등에 의하여 법률로 제한되며, 권리의 일반적인 한계인 권리남용금지의 원칙에 의하여도 제한되는데, 본절에서는 소유권의 본질적 내용과 소유권을 둘러싼 사인 상호간의 이해조절을 위하여 소유권을 제한하는 주요 내용을 규정한다.

2. 構成

(1) 소유권의 내용: 제211조

(2) 토지소유권의 범위: 제212조

(3) 소유권에 기한 물권적 청구권: 제213조, 제214조

(4) 구분소유권: 제215조

(5) 인지사용청구권: 제216조

(6) 생활방해와 인용: 제217조

(7) 수도 등의 시설권: 제218조

(8) 주위토지통행권: 제219조

(9) 무상주위토지통행권: 제220조

(10) 물에 대한 상린관계: 제221조-제236조

(11) 경계에 대한 상린관계: 제237조-제240조

(12) 경계 부근의 공작물설치: 제241조-제244조

第211條【所有權의 內容】 所有者는 法律의 範圍內에서 그 所有物을 使用, 收益, 處分할 權利가 있다.

所有權의 內容

1. 全面的, 絶對的 權利: 소유권은 소유물을 사용·수익·처분할 수 있는 권리이다. 사용은 물건의 용법에 따라 사용하는 것을 말하고, 수익은 목적물로부터 생기는 과실을 수취하는 것이며, 처분은 물건의 소비·변형·파괴와 같은 사실상의 처분과 양도, 담보의 설정과 같은 법률상의 처분을 뜻한다. 이와 같이 소유권은 물건에 대한 전면적, 배타적, 직접적, 절대적 권리이다.

2. 所有權의 制限: 근대에 들어와서 소유권의 절대성은 사회정책, 경제정책, 토지정책, 주택정책 등으로 수정이 가해져 소유권의 개별 권능에 제한을 할 수 있으나, 그 제한은 법률로 제한한다.

(1) 대표적인 제한 법률: 국토의계획및이용에관한법률, 학교재산법, 전통사찰보존법, 농지법, 주택건설촉진법, 산림법, 개발이익환수법, 소득세법 등이 있다.
(2) 제한하는 특별법이 위헌 결정된 사례
(가) 토지초과이득세법 제10조 등-헌법불합치: 토초세법상의 기준시가 국민의 납세의무의 성부 및 범위와 직접적인 관계를 가지고 있는 중요한 사항이므로 이를 하위법규에 백지위임하지 아니하고 그 대강이라도 토초세법 자체에서 직접 규정)해 두어야만 함에도 불구하고, 토초세법 제11조제2항이 그 기준시가를 전적으로 대통령령에 맡겨 두고 있는 것은 헌법상의 조세법률주의 혹은 위임입법의 범위를 구체적으로 정하도록 한 헌법 제75조의 취지에 위반되나, 아직까지는 대부분의 세법규정이 그 기준시가를 토초세법과 같이 단순히 시행령에 위임해 두는 방식을 취하고 있으며, 이는 우리의 오래된 입법관례로까지 굳어져 왔는바, 이러한 상황에서 성급하게 위 조문을 무효화할 경우 세정전반에 관한 일대 혼란이 일어날 것이므로 위 조항에 대해서는 위헌선언결정을 하는 대신 이를 조속히 개정하도록 촉구하기로만 한다(헌법재판소 1994.7.29. 92헌바49, 52).
(나) 개발이익환수법 제10조제3항-위헌: 개발이익환수에관한법률 제10조제3항 단서(1993. 6. 11. 법률 제4563호로 개정된 것)의 위임을 받은 대통령령에서는 실제 매입가액의 객관적 진실성이 담보되는 경우에 한하여 실제 매입가액을 기준으로 개시시점 지가를 산정하도록 규정할 것이라고 예측할 수는 있다고 할 것이지만, 그렇다고 하더라도 실제 매입가액의 객관적 진실성이 담보되는 경우 중 어떠한 범위 내에서 실제 매입가액에 의하여 개시시점 지가를 산정하도록 할 것인지, 다시 말하면 대통령령이 그러한 경우를 예시적으로 정할 것인지 아니면 한정적·열거적으로 정할 것인지, 또는 한정적·열거적으로 정하는 경우라도 어떠한 범위 내에서 이를 정할 것인지는 도저히 예측할 수 없다. 과연 어떠한 경우에 실제 매입가액에 의하여 개시시점의 지가를 산정할 수 있을지 법률규정에 의하여 예측할 수 없도록 하면서 실제 매입가액에 의하여 개시시점 지가를 산정할 수 있는 경우를 행정청의 자의에 의하여 한정적·열거적으로 정할 수 있도록 규정한 것은, 국민의 재산권을 제약하는 개발부담금 납부의무의 존부와 범위를 결정하는 요소가 되는 개시시점 지가의 산정방법을 구체적인 기준이나 원칙을 정함이 없이 포괄적으로 대통령령에 위임한 것으로서, 헌법 제75조가 규정하는 위임입법의 한계를 일탈하였다(헌법재판소 1998.6.25. 95헌바35).
(다) 택지소유상한법-위헌: 재산권은 개인이 각자의 인생관과 능력에 따라 자신의 생활을 형성하도록 물질적·경제적 조건을 보장해 주는 기능을 하는 것으로서, 재산권의 보장은 자유실현의 물질적 바탕을 의미하고, 특히 택지는 인간의 존엄과 가치를 가진 개인의 주거로서, 그의 행복을 추구할 권리와 쾌적한 주거생활을 할 권리를 실현하는 장소로 사용되는 것이라는 점을 고려할 때, 소유상한을 지나치게 낮게 책정하는 것은 개인의 자유실현의 범위를 지나치게 제한하는 것이라고 할 것인 데, 소유목적이나 택지의 기능에 따른 예외를 전혀 인정하지 아니한 채 일률적으로 200평으로 소유상한을 제한함으로써, 어떠한 경우에도, 어느 누구라도, 200평을 초과하는 택지를 취득할 수 없게 한 것은, 적정한 택지공급이라고 하는 입법목적을 달성하기 위하여 필요한 정도를 넘는 과도한 제한으로서, 헌법상의 재산권을 과도하게 침해하는 위헌적인 규정이다(헌법재판소 1999.4.29. 94헌바37).

第212條【土地所有權의 範圍】 土地의 所有權은 正當한 利益 있는 範圍內에서 土地의 上下에 미친다.

土地所有權의 範圍

1. 意義: 토지소유권은 토지의 완전한 이용을 보장하기 위하여 지표뿐만 아니라 지하공간, 지상공간에 대하여도 사용·수익·처분할 수 있다. 토지소유권은 지하의 토석과 지하수에 효력이 미친다. 그런데 광물은 토지에 매장되어 있다하여도 토지소유권의 효력이 미치지 아니한다(광업법 2조, 4조 참조).
2. 正當한 利益의 範圍 內: 토지소유권도 토지의 상하에 무제한으로 미치는 것이 아니라 〈정당한

이익이 있는 범위 안〉에서만 미친다. 여기의 정당한 이익은 구체적인 사례에서 사회통념에 따라 객관적으로 판단된다. 이 의미는 토지의 소유자는 토지소유자로서 향유할 수 있는 이익을 침해하지 아니하는 한 토지의 이용과는 관계없는 타인의 지상공간과 지하공간에 대한 이용을 금지할 수 없다는 의미이다. 예컨대 소유 토지상의 항공기의 운항을 토지소유권을 침해한 것으로 볼 수는 없다. 그런데 오늘날은 과학의 발달로 지하공간과 지상공간을 이용할 수 있는 기술이 발달하여 과연 어디까지를 토지소유자의 이용권의 범위로 할 것인가는 문제다. 그로 인해 이를 규율하는 법률도 늘어나고 있다(광업법, 건축법, 도시철도법, 토지이용규제기본법 등).

(1) 미채굴의 광물: 광업법 제2조는 채굴되지 아니한 광물에 대하여 채굴하고 취득할 권리를 부여할 권능을 갖는다고 하여, 미채굴의 광물은 토지소유권에 귀속하지 아니함을 규정한다.

(2) 지하수: 자연히 용출되는 지하수는 토지소유자가 이용할 수 있다. * 어느 토지소유자가 새로이 지하수 개발공사를 시행하여 설치한 취수공 등을 통하여 지하수를 취수함으로 말미암아 그 이전부터 인근 토지 내의 원천에서 나오는 지하수를 이용하고 있는 인근 토지소유자의 음료수 기타 생활상 필요한 용수에 장해가 생기거나 그 장해의 염려가 있는 때에는, 생활용수 방해를 정당화하는 사유가 없는 한 인근 토지소유자는 그 생활용수 방해의 제거(원상회복)나 예방을 청구할 수 있다. 토지소유자의 새로운 원천의 개발 및 지하수 이용으로 인하여 기존의 원천에서 나오는 지하수를 이용하고 있던 인근 토지소유자의 생활용수에 장해가 생긴다면, 그와 같은 생활방해가 사회통념상 일반적으로 수인할 정도를 넘어서지 않는다고 볼 만한 특별한 사정이 없는 한 그 생활방해는 위법하다고 할 것이고, 토지소유자가 지하수 개발에 대하여 관할 행정청으로부터 먹는 물 관리법에 의한 허가를 받았다는 사유만으로는 생활방해가 정당화된다고 할 수 없다(대판 1998.4.28. 97다48913).

(3) 온천수: 온천에 관한 권리는 관습법상의 물권도 아니고 또한 온천수는 민법 제235조, 제236조 소정의 공용수 또는 생활상 필요한 용수에 해당하지 아니한다(대판 1970.5.26. 69다1239).

3. 具體的 事例 - 토지소유권에 포함 여부

(1) 무단 송전선 설치-구분지상권 침해: 토지소유자가 송전선이 설치된 토지를 농지로만 이용하여 왔다고 하더라도 그 소유권을 행사함에 있어 아무런 장애를 받지 않았다고 할 수 없고 그 송전선의 가설로 인하여 그 토지 상공에 대한 구분지상권에 상응하는 임료 상당의 손해를 입었다(대판 1996.5.14. 94다54283). * 관계 법령상 토지 위에 건물의 건축이 허용되는 높이가 고압송전선 아래쪽에 소정의 이격거리를 둔 높이에 미치지 아니한다 하더라도, 그러한 사유만으로 한국전력공사가 그 토지 상공에 송전선을 설치, 통과시켜도 그로 인하여 토지소유자에게 토지 이용 제한에 따른 손해가 생길 수 없다고 말할 수는 없고, 토지소유자가 10여 년간 송전선 설치에 관하여 이의를 제기하지 않았다거나 철탑 부지에 대한 사용 승낙이 있었다는 사정만으로는, 그 권리가 실효되었다거나 부당이득 반환청구가 신의칙에 위배된다고 할 수 없다(대판 1995.11.7. 94다31914).

(2) 지적 공부와 실제가 다른 경우

(가) 원칙-공부에 의한 경계: 1필의 토지 위에 여러 동의 건물을 짓고 건물의 경계에 담장을 설치하여 각 건물의 부지로 사실상 구획지워 어림잡아 매도한 후 그 분필등기를 하였기 때문에 그 경계와 지적이 실제의 것과 일치하지 아니하게 되었다 하더라도 그 매매당사자의 의사는 특별한 사정이 없는 한 사실상의 경계에 관계없이 지적공부에 기재된 지번, 지목, 지적 및 경계에 의하여 소유권의 범위가 확정된 토지를 매매한 것으로 보아야 한다(대판 1997.2.28. 96다49339).

(나) 기술적 착오에 의한 공부상의 경계-실제 경계가 유효: 지적도를 작성함에 있어서 기점을 잘못 선택하는 등 기술적인 착오로 말미암아 지적도상의 경계선이 진실한 경계선과 다르게 작성되었다는 등과 같은 특별한 사정이 있는 경우에는 그 토지의 경계는 실제의 경계에 의하여야 한다(대판 1995.4.14. 94다57879).

(다) 인접 토지 경계선에 대한 다툼: 서로 인접한 토지의 경계선에 관하여 다툼이 있어서 토지경계확정의 소가 제기되면 법원은 당사자 쌍방이 주장하는 경계선에 구속되지 않고 스스로 진실하다고 인정되는 바에 따라 경계를 확정하여야 하고, 소송 도중에 당사자 쌍방이 경계에 관하여 합의를 도출해냈다고 하더라도 원고가 그 소를 취하하지 않고 법원의 판결에 의하여 경계를 확정

할 의사를 유지하고 있는 한, 법원은 그 합의에 구속되지 아니하고 진실한 경계를 확정하여야 하는 것이므로, 소송 도중에 진실한 경계에 관하여 당사자의 주장이 일치하게 되었다는 사실만으로 경계확정의 소가 권리보호의 이익이 없어 부적법하다고 할 수 없다(대판 1996.4.23. 95다54761).

(라) 인접지 소유자가 다수인 경우-고유필요적 공동소송: 토지의 경계는 토지소유권의 범위와 한계를 정하는 중요한 사항으로서, 그 경계와 관련되는 인접 토지의 소유자 전원 사이에서 합일적으로 확정될 필요가 있으므로, 인접하는 토지의 한편 또는 양편이 여러 사람의 공유에 속하는 경우에, 그 경계의 확정을 구하는 소송은, 관련된 공유자 전원이 공동하여서만 제소하고 상대방도 관련된 공유자 전원이 공동으로서만 제소될 것을 요건으로 하는 고유필요적 공동소송이다(대판 2001.6.26. 2000다24207).

(마) 착오로 작성된 지적도에 의한 소유권 이전: 착오로 작성된 지적도는 지적법 제38조에 따른 정정의 대상에 불과하여 이에 기초하여 경료된 소유권이전등기는 지적도의 기재에도 불구하고 착오로 기재된 부분을 제외한 정당한 토지만을 표상한다고 보아야 하고, 토지소유자는 착오로 자기 소유의 토지를 포함하는 것으로 작성된 지적도에 기초하여 경료된 타인 명의의 소유권이전등기가 있다고 하여 그 부분 토지에 대한 권리행사에 어떤 방해를 받고 있거나 받을 우려가 있다고 할 수 없고, 또한 물권적 청구권으로서의 말소등기청구권은 실질상의 권리관계와 등기가 일치하지 아니함을 전제로 하는 것인데, 토지소유자가 이미 자신 명의의 유효한 등기를 보유하고 있는 경우에는 착오로 작성된 지적도에 기초하여 경료된 등기가 있다고 하여 실질상의 권리와 등기가 일치하지 않게 되었다고 할 수도 없으므로 물권적 청구권에 기한 말소등기청구를 할 수 없다(대판 1998.6.26. 97다42823).

(3) 온천수-물권이 아님-지하수이용권의 대상: 온천에 관한 권리는 관습법상의 물권도 아니고 또한 온천수는 민법 제235조, 제236조 소정의 공용수 또는 생활상 필요한 용수에 해당하지 아니한다(대판 1970.5.26. 69다1239). 즉 이른바 온천에 관한 권리는 민법상 생활용수 아닌 기타 용수목적의 지하수 이용권으로서의 보호의 대상이다. 온천법에 의하면 온천을 발견하여 신고한 당해 토지소유자를 온천우선이용권자로서 보호한다.

(4) 건축으로 인한 전파방해-한정 불법: 토지소유자가 당해 토지소유권이 미치는 범위 내에서 관계 법령에 따라 적법하게 건축허가를 받고 그 건물을 건축한 행위가 그 인접에 위치하고 있는 민간지상파방송사업자의 방송을 위한 전파송신에 영향을 미쳤다고 하더라도 특별한 사정이 없는 한 그 사실만으로 곧 민간지상파방송사업자의 권리를 침해하여 불법행위가 성립한다고 볼 수 없고, 토지소유자의 적법한 건축행위가 인접 민간지상파방송사업자의 방송을 위한 전파송신에 영향을 미친 경우 민간지상파방송사업자로서는 그 비용 부담하에 그 인접의 토지소유자 등의 손해가 가장 적은 장소와 방법을 선택하여 인접 토지상에 건축된 건축물에 방송송신에 필요한 시설을 설치할 수 있고, 인접 토지소유자 등은 이를 용인할 의무가 있다(대판 2003.11.28. 2003다43322).

(5) 지하, 지상의 사용자가 다른 경우: 동일한 토지를 구분하여 그 지상은 자치구가 도로로서, 지하는 시가 하수도로서 권원 없이 점유·사용하고 있는 경우, 우선 지하에 하수도 암거를 설치하여 이를 소유하면서 지하 부분을 점유함으로써 얻는 이익은 그 토지 부분의 이용상황이 대지인 것을 토대로 하여 산정한 해당 지하 부분의 임료 상당이고, 이어서 지상에 사실상 도로를 설치하여 지상 부분을 점유함으로써 얻는 이익은 그 토지 부분 지하에 이미 하수도 암거가 설치되어 있는 상황을 토대로 하여 산정한 해당 지상 부분의 임료 상당으로, 자치구와 시는 각각 위에서 본 바와 같은 이득을 나누어서 얻고 있으며, 불법 점유라는 사실이 발생하지 않았더라도 토지소유자에게 임료 상당 이익이나 기타 소득이 발생할 여지가 없다는 등의 특별한 사정을 시가 주장·입증하지 못하는 한 토지소유자는 그로 인하여 상응하는 손실을 입고 있다고 보아야 한다(대판 1997.7.22. 96다14227).

第213條【所有物返還請求權】 所有者는 그 所有에 屬한 物件을 占有한 者에 對하여 返還을 請求할 수 있다. 그러나 占有者가 그 物件을 占有할 權利가 있는 때에는 返還을 拒否할 수 있다.

第214條【所有物妨害除去, 妨害豫防請求權】 所有者는 所有權을 妨害하는 者에 對하여 妨害의 除去를 請求할 수 있고 所有權을 妨害할 念慮 있는 行爲를 하는 者에 對하여 그 豫防이나 損害賠償의 擔保를 請求할 수 있다.

所有權에 基한 物權的 請求權

1. 意義: 물권은 물건을 직접적, 배타적으로 지배할 수 있는 권리이다. 따라서 이러한 물권의 실현을 위하여 이의 방해행위에 대한 제거를 청구할 수 있는 권리가 물권의 일반적 효력으로 인정된다. 소유권은 물권 중에서도 사용·수익·처분이 전면적으로 보장되는 권리로서 이들의 실현이 방해받을 수 있는 가능성이 가장 많아 이의 방해제거에 대한 권리를 소유권에 규정하고, 이를 다른 물권에 준용한다(213조, 301조, 3019조 등). 소유권에 기한 물권적 청구권에는 소유물반환청구권, 소유물방해제거청구권, 소유물방해예방청구권의 세 가지가 있다.

2. 所有物返還請求權 - 제213조

(1) 의의: 소유자가 그 소유에 속한 물건의 점유를 잃은 경우에 현재 그 물건을 점유하는 자에 대하여 그 반환을 청구하는 권리이다. 이 권리는 용익물권, 담보물권 등 제한물권에 준용된다.

(2) 요건

(가) 청구권자: 청구권자는 점유를 상실한 소유자이고, 점유를 상실하고 있느냐의 여부는 이 청구권의 존부를 확정하여야 할 때인 사실심의 구두변론종결시를 기준으로 한다.

① 미등기건물의 매수인-긍정: 미등기 건물을 매수하였으나 소유권이전등기를 하지 못한 경우에는 이 건물의 소유권을 원시취득한 매도인을 대위하여 불법점유자에 대하여 명도청구를 할 수 있고, 이때 원고는 불법점유자에 대하여 직접 자기에게 명도할 것을 청구할 수도 있다(대판 1980.7.8. 79다1928).

② 공유자, 합유자-긍정: 공유물 또는 합유물에 대하여는 공유자 또는 합유자 중 1인이 당해 공유물 또는 합유물 전부에 대하여 자기에게 반환을 청구할 수 있다.

③ 명의신탁의 신탁자-부정: 재산을 타인에게 신탁한 경우 대외적인 관계에 있어서는 수탁자만이 소유권자로서 그 재산에 대한 제3자의 침해에 대하여 배제를 구할 수 있으며, 신탁자는 수탁자를 대위하여 수탁자의 권리를 행사할 수 있을 뿐 직접 제3자에게 신탁재산에 대한 침해의 배제를 구할 수 없다(대판 1979.9.25. 77다1079).

④ 일반 공중의 통행로로 이용되는 토지소유자-한정 긍정: 종전부터 자연발생적으로 또는 도로예정지로 편입되어 사실상 일반 공중의 통행로로 사용되어 온 토지의 소유자가 그 독점적이고 배타적인 사용수익권을 포기한 것으로 볼 경우에도, 일반 공중의 통행을 방해하지 않는 범위 내에서는 토지소유자로서 그 토지를 처분하거나 사용수익할 권능을 상실하지 않는다고 할 것이므로, 그 토지를 불법점유하고 있는 제3자에 대하여 물권적 청구권을 행사하여 토지의 반환 내지 방해의 제거, 예방을 청구할 수 있다고 할 것이나, 특별한 사정이 없는 한 토지소유자는 그 이후에도 토지를 독점적, 배타적으로 사용수익할 수는 없고, 따라서 제3자가 그 토지를 불법점유하였다 하더라도 이로 인하여 토지소유자에게 어떠한 손실이 생긴다고 할 수 없어 그 점유로 인한 부당이득의 반환을 청구할 수는 없다(대판 2001.4.13. 2001다8493).

⑤ 주위토지통행권의 통행지 소유자-한정 긍정: 다른 사람의 소유토지에 대하여 상린관계로 인한 통행권을 가지고 있는 사람은 그 통행권의 범위 내에서 그 토지를 사용할 수 있을 뿐이고 그 통행지에 대한 통행지 소유자의 점유를 배제할 권능까지 있는 것은 아니므로 그 통행지 소유자는 그 통행지를 전적으로 점유하고 있는 주위토지통행권자에 대하여 그 통행지의 인도를 구할 수 있다고 할 것이나, 주위토지통행권자는 필요한 경우에는 통행지상에 통로를 개설할 수 있으므로, 모래를 깔거나, 돌계단을 조성하거나, 장해가 되는 나무를 제거하는 등의 방법으로 통로를 개설할 수 있으며 통행지 소유자의 이익을 해하지 않는다면 통로를 포장하는 것도 허용된다고 할 것이고, 주위토지통행권자가 통로를 개설하였다고 하더라도 그 통로에 대하여 통행지 소유자

의 점유를 배제할 정도의 배타적인 점유를 하고 있지 않다면 통행지 소유자가 주위토지통행권자에 대하여 주위토지통행권이 미치는 범위 내의 통로 부분의 인도를 구하거나 그 통로에 설치된 시설물의 철거를 구할 수 없다(대판 2003.8.19. 2002다53469).

⑥ 양도담보의 설정자-부정: 부동산의 양도담보권 설정자는 부동산의 등기명의가 양도담보권자 앞으로 되어 있다 할지라도 그 부동산의 불법점유자인 제3자에 대하여는 실질적 소유자임을 주장하여 불법점유상태의 배제권을 행사할 수 있다(대판 1976.2.24. 75다1608).

⑦ 불법원인급여와 물권적 청구권: 민법 제746조는 단지 부당이득제도만을 제한하는 것이 아니라 동법 제103조와 함께 사법의 기본이념으로서, 결국 사회적 타당성이 없는 행위를 한 사람은 스스로 불법한 행위를 주장하여 복구를 그 형식 여하에 불구하고 소구할 수 없다는 이상을 표현한 것이므로, 급여를 한 사람은 그 원인행위가 법률상 무효라 하여 상대방에게 부당이득반환청구를 할 수 없음은 물론 급여한 물건의 소유권은 여전히 자기에게 있다고 하여 소유권에 기한 반환청구도 할 수 없고 따라서 급여한 물건의 소유권은 급여를 받은 상대방에게 귀속된다(대판 1979.11.13. 79다483).

⑧ 조합계약으로 부동산의 소유권을 투자하기로 하였으나 아직 그의 소유로 등기가 되어 있는 경우: 부동산의 소유자가 동업계약(조합계약)에 의하여 부동산의 소유권을 투자하기로 한 경우에도 아직 그의 소유로 등기가 되어 있고 조합원의 합유로 등기되어 있지 않다면, 그와 조합 사이에 채권적인 권리의무가 발생하여 그로 하여금 조합에 대하여 그 소유권을 이전할 의무 내지 그 사용을 인용할 의무가 있다고 할 수는 있다. 그러나 그 동업계약을 이유로 위 조합계약 당사자 아닌 사람에 대한 관계에서 위 부동산이 조합원의 합유에 속한다고 할 근거는 없으므로, 위 조합원이 아닌 제3자에 대하여는 여전히 소유자로서 그 소유권을 행사할 수 있고, 동업계약의 당사자가 아닌 제3자가 위 동업계약을 이유로 위 부동산 소유자의 소유권 또는 그 소유권에 기한 목적물반환청구권의 행사를 거부하기 위하여서는 적어도 조합에 대하여 어떤 권리를 가지고 있고 그 권리행사를 위하여 조합의 위 소유자에 대한 계약상의 권리를 주장할 수 있는 지위에 있지 아니하면 아니 된다(대판 1991.7.12. 90다13161).

(나) 청구권의 상대방: 청구권의 상대방은 현재 그 물건을 점유함으로써 소유자의 점유를 방해하고 있는 자로서, 점유자가 되려면 점유의사는 요구되지 않지만 최소한 점유설정의사는 있어야 한다. 상대방이 점유를 취득함에 있어서 고의, 과실 등의 귀책사유는 요구되지 않는다. 그리고 상대방은 자기의 점유를 정당하게 하는 권리를 가지지 않아야 한다. 상대방이 자기의 점유를 정당하게 하는 권리, 즉 지상권·전세권·유치권·질권 등을 가지는 경우에는 반환을 청구할 수 없다.

① 목적물을 현실적으로 점유하고 있지 않은 자: 불법점유를 이유로 하여 그 명도 또는 인도를 청구하려면 현실적으로 그 목적물을 점유하고 있는 자를 상대로 하여야 하고, 그렇지 않는 경우에는 간접점유자를 상대로 명도를 청구할 수 있다(대판 1983.5.10. 81다187).

② 불법점유를 이유로 건물에서 퇴거 청구할 수 있는지 여부: 건물의 소유자가 그 건물의 소유를 통하여 타인 소유의 토지를 점유하고 있다고 하더라도 그 토지소유자로서는 그 건물의 철거와 그 대지 부분의 인도를 청구할 수 있을 뿐, 자기 소유의 건물을 점유하고 있는 자에 대하여 그 건물에서 퇴거할 것을 청구할 수는 없다(대판 1999.7.9. 98다57457).

③ 도로법에 의해 사권행사 불가한 도로구성부지: 국가가 무단으로 사인 소유의 토지를 고속도로의 갓길 및 방음벽 부지로 사용하고 있는 경우에 위 갓길 및 방음벽은 도로법 제5조에 의하여 사권을 행사할 수 없는 도로를 구성하는 부지 및 물건에 해당하므로, 토지소유자는 국가에 대하여 불법행위를 원인으로 하는 손해배상청구나 부당이득반환청구를 함은 별론으로 하고 소유권에 기하여 위 방음벽의 철거 및 토지인도를 구할 수는 없다(대판 1989.1.24. 88다카6006).

(다) 입증책임: 소유권에 기한 반환청구권은 청구자는 자기의 소유권과 상대방의 점유사실만을 주장입증하면 되고, 상대방은 청구를 배척하려면 본인의 점유가 정당한 권리에 의한 것임을 주장·입증하여야 한다.

(3) 효과

(가) 소유물의 반환: 상대방은 당해 물건을 즉시 반환하여야 한다. 반환은 당해 물건을 소유자로

하여금 직접 지배할 수 있는 상태로 해주어야 한다. 반환의 장소는 점유침탈 당시에 당해 물건이 있었던 곳이다. 피청구인이 간접점유자인 경우에는 자기의 간접점유를 청구인에게 이전하여 주면 된다.

(나) 점유자와 회복자 간의 관계: 제201조 내지 제203조의 규정에 의한다. * 동일한 토지를 구분하여 그 지상은 자치구가 도로로서, 지하는 서울특별시가 하수도로서 권원 없이 점유·사용하고 있는 경우, 우선 지하에 하수도 암거를 설치하여 이를 소유하면서 지하 부분을 점유함으로써 얻는 이익은 그 토지 부분의 이용상황이 대지인 것을 토대로 하여 산정한 해당 지하 부분의 임료 상당이고, 이어서 지상에 사실상 도로를 설치하여 지상 부분을 점유함으로써 얻는 이익은 그 토지 부분 지하에 이미 하수도 암거가 설치되어 있는 상황을 토대로 하여 산정한 해당 지상 부분의 임료 상당으로, 자치구와 서울특별시는 각각 위에서 본 바와 같은 이득을 나누어서 얻고 있으며, 불법 점유라는 사실이 발생하지 않았더라도 토지소유자에게 임료 상당 이익이나 기타 소득이 발생할 여지가 없다는 등의 특별한 사정을 서울특별시가 주장·입증하지 못하는 한 토지소유자는 그로 인하여 상응하는 손실을 입고 있다고 보아야 한다(대판 1997.7.22. 96다14227).

(4) 비용: 비용은 원칙적으로 상대방이 부담한다. 즉 방해 상태를 야기한 데 대하여 귀책사유 있는 당사자가 비용을 부담한다.

3. 所有物妨害除去請求權 - 제214조

(1) 의의: 소유자는 소유권을 방해하는 자에 대하여 그 방해의 제거를 청구할 수 있다. 목적물을 침탈당하지 않고, 점유를 그대로 보유하고 있는 경우에 소유자는 이 청구권을 행사할 수 있다.

(2) 요건

(가) 당사자: 청구권의 주체는 소유권의 내용의 실현이 점유의 침탈 이외의 방법으로 방해되고 있는 자이다. 청구권의 상대방은 현재 방해상태를 일으켜 놓고 있는 자이다. 그래서, 방해를 발생케 한 자이더라도 현재 그 방해상태를 지배하고 있지 않으면 이 청구권의 상대방이 될 수 없다.

① 무단 설치된 분묘-제사 주재자: 임야의 소유권에 터잡아 분묘의 철거를 청구하려면 분묘의 설치를 누가 하였건 그 분묘의 관리처분권을 가진 자를 상대로 하여야 하고, 종손이 있는 경우라면 그가 제사를 주재하는 자의 지위를 유지할 수 없는 특별한 사정이 있는 경우를 제외하고는 일반적으로 선조의 분묘를 수호·관리하는 권리는 그 종손에게 있다고 봄이 상당하므로, 종손이 아닌 자가 제사 주재자로서 분묘에 대한 관리처분권을 가지고 있다고 하기 위하여는 우선 종손에게 제사 주재자의 지위를 유지할 수 없는 특별한 사정이 있음이 인정되어야 한다(대판 1997.9.5. 95다51182). 그리고 불가분채무인 공동상속인들의 건물철거의무는 각자 그 지분의 한도 내에서 건물 전체에 대한 철거의무를 진다(대판 1980.6.24. 80다756).

② 방해받던 중 소유권 상실의 경우: 소유권을 양도함에 있어 소유권에 의하여 발생되는 물상청구권을 소유권과 분리, 소유권 없는 전소유자에게 유보하여 제3자에게 대하여 이를 행사케 한다는 것은 소유권의 절대적 권리인 점에 비추어 허용될 수 없는 것이라 할 것으로서, 이는 양도인인 전소유자가 그 목적물을 양수인에게 인도할 의무있고 그 의무이행이 매매대금 잔액의 지급과 동시이행관계에 있다거나 그 소유권의 양도가 소송계속 중에 있었다 하여 다를리 없고 일단 소유권을 상실한 전소유자는 제3자인 불법점유자에 대하여 물권적청구권에 의한 방해배제를 청구할 수 없다(대판 1969.5.27. 68다725).

③ 타인 소유의 토지 위에 건립된 미등기건물의 철거의무자: 타인의 토지 위에 건립된 건물이 미등기이고 그 건물로 인하여 그 토지의 소유권이 침해되는 경우 그 건물을 철거할 의무는 그 건물을 법률상, 사실상 처분할 수 있는 지위에 있는 사람이다(대판 1991.6.11. 91다11278).

(나) 방해

① 방해의 의미-현존하는 방해: 상대방은 목적물에 대하여 점유침탈 이외의 방법으로 소유권을 방해하고 있어야 한다. 방해라 함은 현재에도 지속되고 있는 침해를 의미하고, 법익 침해가 과거에 일어나서 이미 종결된 경우에 해당하는 손해의 개념과는 다르다.

㉮ 과거 전소유권자 때에 방해-현 소유권자는 방해제거청구 불가: 쓰레기 매립으로 조성한 토지에 소유권자가 매립에 동의하지 않은 쓰레기가 매립되어 있다 하더라도 이는 과거의 위법한 매

립공사로 인하여 생긴 결과로서 소유권자가 입은 손해에 해당한다 할 것일 뿐, 그 쓰레기가 현재 소유권에 대하여 별도의 침해를 지속하고 있다고 볼 수 없다는 이유로 소유권에 기한 방해배제 청구권을 행사할 수 없다(대판 2003.3.28. 2003다5917).

㈏ 더 이상의 침해가 없는 경우-불가: 토지의 소유자가 충분한 예방공사를 하지 아니한 채 건물의 건축을 위한 심굴굴착공사를 함으로써 인접대지의 일부 침하와 건물 균열 등의 위험이 발생하였다고 하더라도 나머지 공사의 대부분이 지상건물의 축조이어서 더 이상의 심굴굴착공사의 필요성이 없다고 보여지고 침하와 균열이 더 이상 확대된다고 볼 사정이 없다면 토지심굴굴착금지청구권과 소유물방해예방 또는 방해제거청구권에 기한 공사중지가처분을 허용하여서는 아니된다(대판 1981.3.10. 80다2832).

② 위법성: 방해는 위법하여야 한다. 방해이냐 여부는 사회통념상 일반적으로 수인할 정도를 넘어선다고 인정되는 것이어야 하며, 이 경우 그 침해가 사회통념상 일반적으로 수인할 정도를 넘어서는지 여부는 피해의 성질 및 정도, 피해이익의 공공성과 사회적 가치, 가해행위의 태양, 가해행위의 공공성과 사회적 가치, 방지조치 또는 손해회피의 가능성, 공법적 규제 및 인·허가 관계, 지역성, 토지이용의 선후 관계 등 모든 사정을 종합적으로 고려하여 판단하여야 한다(대판 1995.9.15. 95다23378).

③ 방해자의 야기 행위-고의, 과실 불문: 타인이 방해행위를 하였거나 방해상태를 야기하여 생긴 결과여야 한다. 그러나 그 행위에 고의나 과실을 요하지는 않는다. 예컨대 태풍과 같은 자연력에 의하여 담이 무너져서 타인의 소유토지를 방해하는 경우에도 그러한 상태를 예상하고서도 견고하게 고치지 아니하였으면 청구의 상대방이 된다.

(3) 개별적 문제

① 저당물의 가치하락: 저당권자는 저당권 설정 이후 환가에 이르기까지 저당물의 교환가치에 대한 지배권능을 보유하고 있으므로 저당목적물의 소유자 또는 제3자가 저당목적물을 물리적으로 멸실·훼손하는 경우는 물론 그 밖의 행위로 저당부동산의 교환가치가 하락할 우려가 있는 등 저당권자의 우선변제청구권의 행사가 방해되는 결과가 발생한다면 저당권자는 저당권에 기한 방해배제청구권을 행사하여 방해행위의 제거를 청구할 수 있다(대판 2006.1.27. 2003다58454).

② 미등기건물의 양수인: 건물철거는 그 소유권의 종국적 처분에 해당하는 사실행위이므로 원칙으로는 그 소유자에게만 그 철거처분권이 있으나 미등기건물을 그 소유권의 원시취득자로부터 양도받아 점유중에 있는 자는 비록 소유권취득등기를 하지 못하였다고 하더라도 그 권리의 범위내에서는 점유 중인 건물을 법률상 또는 사실상 처분할 수 있는 지위에 있으므로 그 건물의 존재로 불법점유를 당하고 있는 토지소유자는 위와 같은 건물점유자에게 그 철거를 구할 수 있다(대판 1989.2.14. 87다카3073).

③ 건물의 공동상속인: 건물의 공동상속인 전원을 상대방으로 하여서만 건물의 철거청구를 할 수 있는 것은 아니고 공동상속인 중의 한 사람만을 상대로 그 상속분의 한도에서만 건물의 철거를 청구할 수 있다(대판 1968.7.31. 68다1102).

④ 생활이익의 침해: 환경권은 명문의 법률규정이나 관계 법령의 규정 취지 및 조리에 비추어 권리의 주체, 대상, 내용, 행사 방법 등이 구체적으로 정립될 수 있어야만 인정되는 것이므로, 사법상의 권리로서의 환경권을 인정하는 명문의 규정이 없는데도 환경권에 기하여 직접 방해배제청구권을 인정할 수는 없다. 그러나 어느 토지나 건물의 소유자가 종전부터 향유하고 있던 경관이나 조망, 조용하고 쾌적한 종교적 환경 등이 그에게 하나의 생활이익으로서의 가치를 가지고 있다고 객관적으로 인정된다면 법적인 보호의 대상이 될 수 있는 것이므로, 인접 대지 위에 건물의 건축 등으로 그와 같은 생활이익이 침해되고 그 침해가 사회통념상 일반적으로 수인할 정도를 넘어선다고 인정되는 경우에는 위 토지 등의 소유자는 그 소유권에 기하여 건물의 건축 금지 등 방해의 제거나 예방을 위하여 필요한 청구를 할 수 있고, 위와 같은 청구를 하기 위한 요건으로서 반드시 위 건물이 문화재보호법이나 건축법 등의 관계 규정에 위반하여 건축되거나 또는 그 건축으로 인하여 그 토지 안에 있는 문화재 등에 대하여 직접적인 침해가 있거나 그 우려가 있을 것을 요하는 것은 아니다(대판 1999.7.27. 98다47528).

⑤ 생활용수 방해제거 및 예방청구: 어느 토지소유자가 새로이 지하수 개발공사를 시행하여 설치한 취수공 등을 통하여 지하수를 취수함으로 말미암아 그 이전부터 인근 토지 내의 원천에서 나오는 지하수를 이용하고 있는 인근 토지소유자의 음료수 기타 생활상 필요한 용수에 장해가 생기거나 그 장해의 염려가 있는 때에는, 생활용수 방해를 정당화하는 사유가 없는 한 인근 토지소유자는 그 생활용수 방해의 제거(원상회복)나 예방을 청구할 수 있다(대판 1998.4.28. 97다48913).
⑥ 무효인 가등기에 의한 본등기: 피담보채무의 소멸 후의 담보가등기는 무효이고, 이 가등기에 기하여 경료된 본등기 및 타인 명의의 가등기도 원인무효이며, 나아가 동 가등기에 기한 본등기가 경료됨으로써 등기공무원이 직권으로 한 가등기 후의 제3자 명의의 소유권이전등기의 말소등기 역시 원인무효이어서 제3자는 여전히 소유권자로서의 지위를 잃지 않으므로, 제3자로서는 말소등기의 회복 여부에 관계없이 소유권에 기한 방해배제 청구로서 직접 등기 명의자를 상대로 원인무효인 각 가등기 및 가등기에 기한 본등기의 말소를 청구할 수 있다(대판 1997.10.24. 97다29097).
⑦ 착오로 작성된 지적도에 의한 소유권 이전: 착오로 작성된 지적도는 지적법 제38조에 따른 정정의 대상에 불과하여 이에 기초하여 경료된 소유권이전등기는 지적도의 기재에도 불구하고 착오로 기재된 부분을 제외한 정당한 토지만을 표상한다고 보아야 하고, 토지소유자는 착오로 자기 소유의 토지를 포함하는 것으로 작성된 지적도에 기초하여 경료된 타인 명의의 소유권이전등기가 있다고 하여 그 부분 토지에 대한 권리행사에 어떤 방해를 받고 있거나 받을 우려가 있다고 할 수 없고, 또한 물권적 청구권으로서의 말소등기청구권은 실질상의 권리관계와 등기가 일치하지 아니함을 전제로 하는 것인 데, 토지소유자가 이미 자신 명의의 유효한 등기를 보유하고 있는 경우에는 착오로 작성된 지적도에 기초하여 경료된 등기가 있다고 하여 실질상의 권리와 등기가 일치하지 않게 되었다고 할 수도 없으므로 물권적 청구권에 기한 말소등기청구를 할 수 없다(대판 1998.6.26. 97다42823).
⑧ 타인 소유 건물의 일부분에 고정시설물을 부착한 경우: 타인 소유 건물의 일부분에 시설물을 부착·고정시켜 설치하여 소유하는 것은 달리 특별한 사정이 없는 한 그 건물의 소유와 보존·관리 기타 사용 등에 직접적인 방해를 가하고 있는 것이라고 볼 여지가 없지 않고, 또한 그 방해의 배제를 위하여는 그 시설물의 설치 경위와 위치, 구조 및 규모 등에 비추어 그 전체를 철거할 수밖에 없다(대판 1997.9.9. 97다19373).
(4) 효과: 소유자는 소유물에 대한 방해를 제거할 것을 상대방에게 청구할 수 있다. 여기서 방해의 제거라 함은 방해결과의 제거를 내용으로 하는 것이 되어서는 아니 되며(이는 손해배상의 영역에 해당한다 할 것이다) 현재 계속되고 있는 방해의 원인 그 자체를 제거하는 것을 내용으로 한다(대판 2003.3.28. 2003다5917).

4. 所有物妨害豫防請求權 - 제214조

(1) 의의: 소유물방해예방청구권은 소유자가 소유권을 방해할 염려가 있는 행위를 하는 자에 대하여 그 예방이나 손해배상의 담보를 청구할 수 있는 권리이다.
(2) 요건: 청구권의 주체는 방해될 염려가 있는 물건의 소유권의 보유자이다. 청구권의 상대방은 장차 소유권을 방해하는 행위를 할 염려가 있는 자이다.
(가) 보호의 객관적 가치: 상대방이 소유권을 방해할 염려가 존재해야 하는데, 그 방해의 염려가 있다고 하기 위하여는 방해예방의 소에 의하여 미리 보호받을 만한 가치가 있는 것으로서 객관적으로 근거 있는 상당한 개연성을 가져야 할 것이고 관념적인 가능성만으로는 이를 인정할 수 없다(대판 1995.7.14. 94다50533).
(나) 방해할 염려: 개별적 사안에 따라 사회적 통념에 따라 객관적으로 판단하여야 한다. 이러한 점에서 피신청인이 건축 중에 있는 4층 북단 교실 중간에 설치된 복도와 위 교실 서쪽 벽에 신청인들의 주거 내부를 관망할 수 있는 유리창문이 설치되어 있는 이상 위 교실 북단을 벽으로 쌓은 사실만으로는 신청인들의 사생활의 은밀이 침해될 염려가 배제된 것으로 단정할 수 없으므로 공사중지가처분에 대한 보전의 필요성이 있다(대판 1979.11.13. 79다484).
(3) 효과: 상대방에 대하여 손해의 예방이나 손해배상의 담보를 청구하는 것이다. 소유자는 상

대방에 대하여 이 두 가지 중 하나만 선택하여 행사할 수 있다.

(4) 인격권 침해에 대한 방해 제거

(가) 방해 제거-사전 예방적 구제수단으로 침해행위의 정지·방지 등: 사람(종중 등의 경우에도 마찬가지)이 갖는 명예에 관한 권리는 일종의 인격권으로 볼 수 있는 것으로서, 그 성질상 일단 침해된 후에는 금전배상이나 명예 회복에 필요한 처분 등의 구제수단만으로는 그 피해의 완전한 회복이 어렵고 손해 전보의 실효성을 기대하기 어려우므로, 이와 같은 인격권의 침해에 대하여는 사전 예방적 구제수단으로 침해행위의 정지·방지 등의 금지청구권이 인정될 수 있다(대판 1997.10.24. 96다17851).

(나) 방해 예방-비방광고로 인한 인격권 침해에 대한 사전 구제수단으로서 광고중지 청구: 인격권은 그 성질상 일단 침해된 후의 구제수단(금전배상이나 명예회복 처분 등)만으로는 그 피해의 완전한 회복이 어렵고 손해전보의 실효성을 기대하기 어려우므로, 인격권 침해에 대하여는 사전(예방적) 구제수단으로 침해행위 정지·방지 등의 금지청구권도 인정되므로 광고중지의 청구는 인정된다(대판 1996.4.12. 93다40614, 40621).

第215條【建物의 區分所有】 ①數人이 한 채의 建物을 區分하여 各各 그 一部分을 所有한 때에는 建物과 그 附屬物中 共用하는 部分은 그의 共有로 推定한다.
②共用部分의 保存에 關한 費用 其他의 負擔은 各自의 所有部分의 價額에 比例하여 分擔한다.

區分所有權

1. 意義: 구분소유권은 1동의 건물 중 구조상의 독립성 및 이용 상의 독립성을 가진 전유부분을 목적으로 하는 소유권을 말한다. 구분소유의 법률관계에 대하여는 본조가 규정하나, 오늘날은 고층건물이 많아짐에 특별법인 집합건물의 소유 및 관리에 관한 법률(집합건물법)에 의하여 상세하게 규정함으로써 본조의 존재 의의는 거의 상실되었다.

2. 成立要件

(1) 독립성과 구분등기: 구조상으로 구조와 이용 면에서 독립성이 있어야 하고, 등기가 되었어야 한다. 구조적으로는 구분소유의 목적인 전유부분이 타 전유부분과 벽, 천장, 바닥, 천장, 문 등에 의하여 구획되어야 하고, 이용을 함에 있어서 전유부분이 독립된 출입구를 가져 독립적으로 사용할 수 있어야 한다.

(2) 개별적 문제

(가) 구조상, 이용상 독립성 여부: ① 집합건물인 상가건물의 지하주차장이 그 건물을 신축함에 있어서 건축법규에 따른 부속주차장으로 설치되기는 하였으나, 분양계약상의 특약에 의하여 그 건물을 분양받은 구분소유자들의 동의 아래 공용부분에서 제외되어 따로 분양되었고, 그 구조상으로나 이용상으로도 상가건물의 지상 및 지하실의 점포, 기관실 등과는 독립된 것으로서, 이와 분리하여 구분소유의 대상이 될 수 있다(대판 1995.12.26. 94다44675). ② 건물의 구조가 철근콘크리트 외벽에 반달형의 패널 지붕이 덮혀 있고 내부는 바닥만이 콘크리트로 포장되어 있을 뿐 각 점포의 경계나 특정을 위한 칸막이나 차단시설 등이 설치되어 있지 않고 다만 바닥에 페인트로 선을 그어 장방형으로 된 500개의 점포와 통로로 구획되어 있다면, 이 건물이 어시장으로 사용되고 있다는 이용 상의 특성을 감안하여도 각 점포가 구조상의 독립성을 갖추었다고 볼 수 없고, 그 밖에 각 점포주들이 그 경계선상에 드럼통을 쌓는 등으로 경계를 확실히 하여 이를 각 배타적으로 사용하고 있다거나 각점포가 등기부상으로도 구분된 개개의 소유권의 객체로 등재되어 있으며 시장부지의 공유지분권과는 별개로 독립하여 거래되어 왔다는 사정이 있다 하더라도 각 점포를 독립한 소유권의 객체로 인정할 수 없다(대판 1995.6.9. 94다40239).

(나) 실체를 갖추지 못하나 구분소유등기가 된 경우: 구분소유권의 객체로서 적합한 물리적 요건을 갖추지 못한 건물의 일부는 그에 관한 구분소유권이 성립될 수 없는 것이어서, 건축물관리

대장상 독립한 별개의 구분건물로 등재되고 등기부상에도 구분소유권의 목적으로 등기되어 있어 이러한 등기에 기초하여 경매절차가 진행되어 이를 낙찰받았다고 하더라도, 그 등기는 그 자체로 무효이므로 낙찰자는 그 소유권을 취득할 수 없다(대판 1999.11.9. 99다46096).

(다) 미완성건물의 일부에 대한 구분소유: 신축건물이 경락대금 납부 당시 이미 지하 1층부터 지하 3층까지 기둥, 주벽 및 천장 슬라브 공사가 완료된 상태이었을 뿐만 아니라 지하 1층의 일부 점포가 일반에 분양되기까지 하였다면, 비록 토지가 경락될 당시 신축 건물의 지상층 부분이 골조공사만 이루어진 채 벽이나 지붕 등이 설치된 바가 없다 하더라도, 지하층 부분만으로도 구분소유권의 대상이 될 수 있는 구조라는 점에서 신축 건물은 경락 당시 미완성 상태이기는 하지만 독립된 건물로서의 요건을 갖추었다(대판 2003.5.30. 2002다21592, 21608).

(라) 공용부분의 전유부분으로 전환: 구분소유건물의 공용부분을 전유부분으로 변경하기 위하여는 전유부분의 요건을 갖추는 외에 집합건물의소유및관리에관한법률 제15조에 따른 구분소유자들의 집회결의와 그 공용부분의 변경으로 특별한 영향을 받게 되는 구분소유자의 승낙을 얻어야 한다(대판 1992.4.24. 92다3151).

3. 區分所有權의 登記: 전유부분과 대지권에 대한 등기에 관하여는 부동산등기법 제56조의2이하에서 별도로 규정한다.

4. 區分所有權의 主要內容

(1) 전유부분: 전유부분은 1동의 건물의 일부분이나 구분하여 개별적 소유권의 목적이 된 건물부분이다. 구분소유자는 전유부분에 대하여는 통상의 소유권과 동일한 내용의 권리를 가진다. 그리고 집합건물의 어느 부분이 전유부분인지 공용부분인지 여부는 구분소유가 성립한 시점, 즉 원칙적으로 건물 전체가 완성되어 당해 건물에 관한 건축물대장에 구분건물로 등록된 시점을 기준으로 판단하여야 하고, 그 후의 건물 개조나 이용상황의 변화 등은 전유부분인지 공용부분인지 여부에 영향을 미칠 수 없다(대판 1999.9.17. 99다1345).

(2) 공용부분-제1항

(가) 당연 공용부분과 규약상의 공용부분: 공용부분은 1동의 건물 중 전유부분 이외의 부분이다. 공용부분은 그 성질 및 구조상 당연한 공용부분과 규약으로 정한 공용부분이 있다(집합건물법 2조4호). 규약으로 정한 공용부분은 1동의 건물의 전유부분과 부속의 건물을 규약으로 공용부분으로 한 것으로, 이 경우에는 공용부분이라는 취지를 등기하여야 한다(동법 3조). 규약에 의한 공용부분은 예컨대 관리실이나 노인정 등이 이에 속한다. 공용부분은 원칙적으로 구분소유권자 전원의 공유에 속하지만(동법 10조), 일부의 구분소유권자만의 공용에 제공되는 것이 명백한 경우에는 그들만의 공유에 속한다(215조, 집합건물법 10조). 집합건물에 있어서 건물의 어느 부분이 구분소유자의 전원 또는 일부의 공용에 제공되는지의 여부는 소유자들 간에 특단의 합의가 없는 한 그 건물의 구조에 따른 객관적인 용도에 의하여 결정되어야 한다(대판 1995.2.28. 94다9269). 공용부분의 변경은 구분소유권자 3/4이상의 동의에 의한다(동법 15조).

(나) 사용, 관리-제2항: 공용부분은 공유자가 공유의 법리가 적용되어 각자가 그 용도에 적합하게 사용할 수 있으며 관리는 각자가 단독으로 할 수 있으나, 전원의 동의가 없는 한 분할할 수 없고(268조3항), 공용부분에 대한 관리, 보존비용 등은 전유부분의 가액에 비례하여 분담한다(215조2항). * 집합건물의 구분소유자는 집합건물의소유및관리에관한법률 제16조제1항에 의하여 공용부분에 대한 보존행위를 단독으로 할 수 있고, 그 보존행위의 내용에는 지분권에 기한 방해배제청구권과 공유물의 반환청구권도 포함된다(대판 1999.5.11. 98다61746).

(다) 공유지분: 공용부분의 지분은 전유부분의 면적 비율에 의하나, 규약으로 달리 정할 수 있다. 공유지분은 전유부분의 처분에 따르며 공지분권만 따로이 분리하여 처분하지 못한다(동법 13조).

(3) 대지사용권

(가) 법정대지, 규약대지: 대지사용권은 건물의 전유부분을 소유하기 위하여 건물이 소재하는 토지 및 그 토지와 일체로 사용, 관리되는 토지에 대해 가지는 권리이다. 대지에는 1동의 건물이 소재하는 토지인 법정대지와 규약에 의하여 건물의 대지로 된 규약대지(도로, 정원, 공동주차장)로 나뉘어 진다.

(나) 대지사용권의 내용: 구분소유자도 대지 전체를 이용할 수 있어야 하고, 구분소유자가 대지 전부를 이용할 수 있는 권리가 대지사용권이다. 대지사용권은 소유권에 한정되지 않고 지상권이나 임차권 등의 용익권도 대지사용권으로 될 수 있다. * 아파트와 같은 대규모 집합건물의 경우, 대지의 분·합필 및 환지절차의 지연, 각 세대당 지분비율 결정의 지연 등으로 인하여 전유부분에 대한 소유권이전등기만 수분양자를 거쳐 양수인 앞으로 경료되고, 대지지분에 대한 소유권이전등기는 상당기간 지체되는 경우가 종종 생기고 있는데, 이러한 경우 집합건물의 건축자로부터 전유부분과 대지지분을 함께 분양의 형식으로 매수하여 그 대금을 모두 지급함으로써 소유권 취득의 실질적 요건은 갖추었지만 전유부분에 대한 소유권이전등기만 경료받고 대지지분에 대하여는 위와 같은 사정으로 아직 소유권이전등기를 경료받지 못한 자는 매매계약의 효력으로써 전유부분의 소유를 위하여 건물의 대지를 점유·사용할 권리가 있는바, 매수인의 지위에서 가지는 이러한 점유·사용권은 단순한 점유권과는 차원을 달리하는 본권으로서 집합건물의소유및관리에관한법률 제2조제6호 소정의 구분소유자가 전유부분을 소유하기 위하여 건물의 대지에 대하여 가지는 권리인 대지사용권에 해당한다고 할 것이고, 수분양자로부터 전유부분과 대지지분을 다시 매수하거나 증여 등의 방법으로 양수받거나 전전 양수받은 자 역시 당초 수분양자가 가졌던 이러한 대지사용권을 취득한다(대판 2000.11.16. 98다45652, 45669).

(다) 처분: 대지사용권은 구분소유권자가 가지는 전유부분의 처분에 따른다. 구분소유자는 규약으로 달리 정하지 않은 한 전유부분과 분리하여 대지사용권을 처분할 수 없다. 분리처분금지는 그 취지를 등기하지 아니하면 선의로 물권을 취득한 제3자에 대하여 대항하지 못한다(동법 20조). * 구분건물의 전유부분만에 관하여 설정된 저당권의 효력은 대지사용권의 분리처분이 가능하도록 규약으로 정하는 등의 특별한 사정이 없는 한 그 전유부분의 소유자가 사후에라도 대지사용권을 취득함으로써 전유부분과 대지권이 동일 소유자의 소유에 속하게 되었다면, 그 대지사용권에까지 미치고 여기의 대지사용권에는 지상권 등 용익권 이외에 대지소유권도 포함된다(대판 1995.8.22. 94다12722).

第216條【隣地使用請求權】 ①土地所有者는 境界나 그 近傍에서 담 또는 建物을 築造하거나 修繕하기 爲하여 必要한 範圍內에서 이웃土地의 使用을 請求할 수 있다. 그러나 이웃사람의 承諾이 없으면 그 住居에 들어가지 못한다.
②前項의 境遇에 이웃사람이 損害를 받은 때에는 補償을 請求할 수 있다.

隣地使用請求權

토지소유자는 경계나 그 근방에서 담 또는 건물을 축조하거나, 또는 이를 수선하기 위하여 필요한 범위 안에서 이웃 토지의 사용을 청구할 수 있다(1항). 이웃사람이 승낙하지 않으면 승낙에 갈음하는 판결을 구하여야 한다. 그 상대방은 인지소유자뿐만 아니라 인지이용자도 포함된다. 이웃사람이 손해를 받은 경우에는 그 사용자에게 배상을 청구할 수 있다(2항).

第217條【煤煙等에 依한 隣地에 對한 妨害禁止】 ①土地所有者는 煤煙, 熱氣體, 液體, 音響, 振動 其他 이에 類似한 것으로 이웃土地의 使用을 妨害하거나 이웃居住者의 生活에 苦痛을 주지 아니하도록 適當한 措處를 할 義務가 있다.
②이웃居住者는 前項의 事態가 이웃 土地의 通常의 用途에 適當한 것인 때에는 이를 忍容할 義務가 있다.

生活妨害의 禁止와 認容

1. 意義: 토지소유권은 소유권의 본질적인 측면에서 소유권자의 자유로운 사용은 절대적으로 보장된다. 이러한 보장수단으로 민법은 불법행위에 의한 손해배상청구권(750조)과 물권적 청구권

으로서 방해제거청구권과 방해예방청구권을 부여하고, 또한 본조를 포함한 상린관계에 의하여 규율한다. 상린관계에 의한 규율은 인접 토지사용자간의 상호 원활한 토지이용을 보장하기 위한 것이 목적이다. 그 중에서도 본조는 이웃한 토지의 이용자가 일상생활을 영위하는 과정에서 발생되는 불편 내지 고통에 대한 것을 규율한다. 이웃한 토지의 이용자 각자가 일상생활을 영위하는 과정에서 상호 불편을 줄 경우가 있게 되는데, 이러한 불편 내지 고통은 기본적으로 서로 참고 견디어야 하는데, 그 고통을 주는 정도가 심한 경우에도 이를 참아야 된다고는 할 수 없다. 본조는 상대방으로부터 야기되는 불편, 고통 내지 방해 중에서도 토지의 소유자가 매연, 열기체, 액체, 음향, 진동, 기타 유사한 것을 방산하여 생기는 이웃 거주자의 고통을 생활방해라고 하고, 생활방해는 기본적으로 인접지 사용자간에는 어느 정도는 상호 수인하여야 하는데, 수인의 한도를 넘는 경우에 일정한 조처의무를 부여한다.

2. 生活妨害의 要件

(1) 방해의 매체: 방해의 매게체로 제1항은 매연, 열기체, 액체, 음향, 진동 기타 이에 유사한 것이어야 한다. 기타 이에 유사한 것은 가스, 냄새, 소음 등의 불가량물이어야 한다.

(2) 방해행위: 위 매체가 공기 또는 지표를 통하여 자연적으로 발생되는 것이어야 하고, 어떠한 시설을 통한 방해, 즉 인공적으로 발생하는 것은 본조가 적용되지 아니하고 물권적 청구권의 대상이 된다.

(3) 야기자: 야기자는 이웃 토지의 이용자로, 이들이 생활하면서 배출하는 것이어야 한다.

(4) 수인(受忍)을 초과-제2항: 이웃 토지이용자는 어느 정도의 방해는 인용하여야 할 의무가 있다. 즉 그 방해 또는 고통이 일반적인 사회통념을 벗어나야 한다. 사회통념상 일반적으로 수인할 정도를 넘어서는지 여부는 피해의 성질 및 정도, 피해이익의 공공성, 가해행위의 태양, 가해행위의 공공성, 가해자의 방지조치 또는 손해 회피의 가능성, 인·허가 관계 등 공법상 기준에의 적합 여부, 지역성, 토지 이용의 선후관계 등 모든 사정을 종합적으로 고려하여 판단하여야 한다 (대판 1999.7.27. 98다47528).

(5) 생활에의 고통: 고통이 있었느냐 여부는 일반적인 사회통념을 기준으로 한다. 고통 및 방해는 수면방해, 수확량의 감소, 가축의 출산량 감소 등과 정신적 고통도 당연히 포함한다.

3. 效果

(1) 방지조치의무-제1항: 방해야기자는 고통을 주지 않을 적당한 조치를 스스로 하여야 한다. 차단시설, 방음시설 등의 조치를 의미한다.

(2) 방지조치 청구: 방해야기자가 스스로 방지조치를 하지 않을 경우에는 방지시설조치 또는 방해행위의 중단 등을 청구할 수 있고, 법원에 그 이행의 강제이행을 청구할 수 있다.

(3) 손해배상청구: 방해로 인하여 발생한 손해에 대하여 불법행위에 의한 손해배상을 청구할 수 있다.

(4) 보상청구: 방지조치가 경제적, 기술적으로 불가능한 경우에는 인용하되 보상을 청구할 수 있다.

4. 個別的 問題

(1) 일조방해의 수인한도: 일조방해행위가 사회통념상 수인한도를 넘었는지 여부는 피해의 정도, 피해이익의 성질 및 그에 대한 사회적 평가, 가해 건물의 용도, 지역성, 토지이용의 선후관계, 가해 방지 및 피해 회피의 가능성, 공법적 규제의 위반 여부, 교섭 경과 등 모든 사정을 종합적으로 고려하여 판단하여야 하고, 건축 후에 신설된 일조권에 관한 새로운 공법적 규제 역시 이러한 위법성의 평가에 있어서 중요한 자료가 될 수 있다(대판 2004.9.13. 2003다64602).

(2) 구체적 사례

(가) 인접지 병원건립: 연립주택의 전면이 그 병원의 부지 쪽을 향하여 건축된 다음 상당한 기간이 지난 후에 그 병원이 건축되었으며 그 연립주택 부지와 병원 부지 사이의 경계로부터 그 병원의 3층 산부인과 입원실의 연립주택 쪽 창문까지의 직선거리는 차면시설의무가 있는 법정 거리인 2m에 미치지 못하는 경우, 비록 그 병원이 그 부지의 도시계획상 용도에 적합한 시설이고 그 병원과 같은 종합병원은 공익시설이며 이를 운영함에 있어서 응급실과 영안실의 설치가 필수적이라고 하더라도 그 병원 및 연립주택의 현황과 그 위치한 지역의 형태, 토지 이용의 선후 관계, 의료법인으로서는 그 병원의 운영에 지장을 초래하지 않는 범위 내에서 인근 주민들의 생활방해를

방지하거나 감소시키기 위한 조치를 할 수 있었을 것으로 보이는 점 등 제반 사정에 비추어 볼 때, 의료법인이 그와 같은 조치를 하지 아니함으로써 발생한 생활방해는 인근 주민들에게 사회통념상 요구되는 수인의 한도를 넘은 것이라고 봄이 상당하다(대판 1997.10.28. 95다15599).

(나) 병원 시체실 시설: 병원이 이 사건 시체실을 그곳에 안치한 시체로부터 발산하는 악취의 확산방치나 제거를 위한 조치, 유족이나 조객들의 곡성이 외곽에 전파되지 않도록 하는 조치, 시체봉구시의 시체의 일반인에의 노출방지 조치 등 적절한 조치를 취하지 않고, 인접지 소유자와 그의 가족들은 시체에서 발산하는 악취, 유족이나 조객들의 곡성 및 일반시민이 직접 보기를 꺼려하는 시체의 운구를 빈번이 보게 됨으로 인하여 죽음에 대한 공포와 생에 대한 불안감 기타 신경의 긴장을 일으켜 정신위생상 유해한 결과를 낳고 또 생활환경상의 안정이 심히 저해 받게 될 것이고, 이러한 피해와 고통은 사회관념상 일반적으로 요구되는 수인의 정도를 초과함을 인정할 수 있다(1974.12.24. 68다1489).

(다) 안온방해행위에 있어서 수인 초과: 토지소유자가 경계선에서 한 치의 거리도 두지 아니하고 건축한 교사의 2층에서 6층까지의 각 난간 끝부분이 이웃 토지를 약간 침범하여 동 난간에서 떨어지는 빗물과 학교에서 버리는 각종 오물이 이웃 지붕과 마당에 떨어져 기와와 장독대가 깨어지기도 하고 학생들이 지붕위에 올라가며 주택을 내려다보고 부녀자를 희롱하는 일이 허다하고 심지어는 불이 붙은 담배꽁초를 집어던지는 등 계속적인 소유물방해와 소음 및 불안상태를 조성한다면 이는 이웃 토지의 통상의 용도에 적당한 것이라 할 수 없으므로 이웃 거주자는 이를 인용할 의무가 없다(대판 1974.6.11. 73다1691).

(라) 침해행위를 인식하고 거주하는 경우: 소음 등을 포함한 공해 등의 위험지역으로 이주하여 들어가서 거주하는 경우와 같이 위험의 존재를 인식하면서 그로 인한 피해를 용인하며 접근한 것으로 볼 수 있는 경우에, 그 피해가 직접 생명이나 신체에 관련된 것이 아니라 정신적 고통이나 생활방해의 정도에 그치고 그 침해행위에 고도의 공공성이 인정되는 때에는, 위험에 접근한 후 실제로 입은 피해 정도가 위험에 접근할 당시에 인식하고 있었던 위험의 정도를 초과하는 것이거나 위험에 접근한 후에 그 위험이 특별히 증대하였다는 등의 특별한 사정이 없는 한 가해자의 면책을 인정하여야 하는 경우도 있을 수 있을 것이나, 일반인이 공해 등의 위험지역으로 이주하여 거주하는 경우라고 하더라도 위험에 접근할 당시에 그러한 위험이 존재하는 사실을 정확하게 알 수 없는 경우가 많고, 그 밖에 위험에 접근하게 된 경위와 동기 등의 여러 가지 사정을 종합하여 그와 같은 위험의 존재를 인식하면서 굳이 위험으로 인한 피해를 용인하였다고 볼 수 없는 경우에는 손해배상액의 산정에 있어 형평의 원칙상 과실상계에 준하여 감액사유로 고려하는 것이 상당하다(대판 2005.1.27. 2003다49566).

第218條【水道等 施設權】 ①土地所有者는 他人의 土地를 通過하지 아니하면 必要한 水道, 疏水管, 까스管, 電線等을 施設할 수 없거나 過多한 費用을 要하는 境遇에는 他人의 土地를 通過하여 이를 施設할 수 있다. 그러나 이로 因한 損害가 가장 적은 場所와 方法을 選擇하여 이를 施設할 것이며 他土地의 所有者의 請求에 依하여 損害를 補償하여야 한다.

②前項에 依한 施設을 한 後 事情의 變更이 있는 때에는 他土地의 所有者는 그 施設의 變更을 請求할 수 있다. 施設變更의 費用은 土地所有者가 負擔한다.

水道 등의 施設權

1. 施設權 - 제1항: 생활에 필요한 수도, 소수관, 가스관, 전선 등의 시설을 할 경우에는 그것으로 인하여 이웃 토지에 손해가 가장 적은 장소와 방법을 선택하여 시설하여야 한다. 이러한 공사로 인해 손해를 준 경우에는 시설통과지의 소유자에게 손해를 보상하여야 한다.

2. 施設後 變更 - 제2항: 시설을 한 후 사정의 변경이 있는 때에는 시설통과지의 소유자는 시설자에 대하여 그 시설의 변경을 청구할 수 있다. 시설변경의 비용은 토지소유자가 부담하여야 한다.

사정변경 유무는 객관적으로 판단한다.

3. 具體的 事例

(1) 시설 후 변경에서 사정변경: 시설변경청구는 당초에는 적법한 권원에 의하여 시설된 소수관 등을 사후에 발생한 시설통과지 소유자의 사정변경 때문에 시설통과권자의 비용으로 변경시설토록 하는 것이므로 그 같은 사정변경 유무는 시설통과지 소유자의 주관적 의사에 따라 결정할 것이 아니라 객관적으로 시설을 변경하는 것이 타당한지의 여부에 의하여 결정한다(대판 1982.5.25. 81다1, 2, 3).

(2) 시설지 소유자의 철거청구: 토지소유자는 타인의 토지를 통과하지 아니하면 필요한 수도, 유수관, 가스관, 전선 등을 시설할 수 없거나 과다한 비용을 요하는 경우에는 타인의 토지를 통과하여 이를 시설할 수 있다고 할 것이므로 통행지 소유자는 위와 같은 요건이 갖추어진 수도 등 시설에 대하여 그 철거를 구할 수 없다(대판 2003.8.19. 2002다53469).

(3) 손해가 적은 방법의 선택: 주위토지를 통행하기 위한 시설이나 타인의 토지를 통과하는 수도등 시설을 하는 경우, 그로 인한 손해가 가장 적은 장소와 방법을 선택하여야 하는 것인바, 손해가 가장 적은 장소와 방법이 선택된 것인지의 여부는 사회통념에 비추어 부근의 지리상황, 상린지 이용자의 이해득실 기타 제반사정을 참작한 뒤 구체적 사례에 응하여 판단하여야 한다(대판 1985.10.22. 85다카129).

第219條【周圍土地通行權】 ①어느 土地와 公路사이에 그 土地의 用途에 必要한 通路가 없는境遇에 그 土地所有者는 周圍의 土地를 通行 또는 通路로 하지 아니하면 公路에 出入할 수 없거나 過多한 費用을 要하는 때에는 그 周圍의 土地를 通行할 수 있고 必要한 境遇에는 通路를 開設할 수 있다. 그러나 이로 因한 損害가 가장 적은 場所와 方法을 選擇하여야 한다.
②前項의 通行權者는 通行地 所有者의 損害를 補償하여야 한다.

周圍土地 通行權

1. 意義: 어느 토지와 공로 사이에 그 토지의 용도에 필요한 통로가 없어서 주위의 토지를 통행하거나 또는 통로를 개설하지 않고서는 공로에 출입할 수 없거나, 공로에 통하려면 과다한 비용을 요할 때에는 그 토지소유자는 주위의 토지를 통행할 수 있고, 필요한 경우에는 통로를 개설할 수 있는 권리를 주위토지통행권이라고 한다. 이러한 주위토지통행권을 부여한 것은 인접토지소유자와의 합의(약정통행권)를 하지 못한 경우에 공로에 출입할 수 없는 사태를 막기 위한 것이다.

2. 周圍土地通行權

(1) 주위토지통행권의 성질

(가) 법정통행권-본조: 공로와의 사이에 통로가 막혀 있다는 사실만으로써 법률상 당연히 주위의 토지에 대한 통행권을 갖게 한 것이며, 당사자의 의사 여하를 불문하고 당연히 발생하는 법정통행권으로서 주위토지소유자의 승낙을 요하지 않는다. 그래서 주위토지의 소유자에게는 일종의 인용의무를 지우는 동시에 포위된 토지의 기능을 확대해 주는 것이다. 주위토지통행권은 통행에 대한 인용을 청구하는 데 불과한 소극적 권리로써 통행지에 대한 배타적 점유를 인정한 것은 아니다.

(나) 약정통행권: 채권계약에 터잡은 통행권은 지역권과 같이 물권적 효력이 있는 것이 아니고 채권적 효력만 갖는 것이므로, 계약을 체결한 상대방에 대해서만 통행권을 주장 청구할 수 있고 토지 자체를 지배하는 효력이 없을 뿐만 아니라 당사자가 변경되면 승계인에 대하여 통행권을 주장할 수 없는 것이 원칙이고, 따라서 채권계약에 터잡은 통행권에 관한 확정판결의 변론종결 후에 당해 토지를 특정승계취득한 자는 민사소송법 제204조제1항의 변론종결 후의 승계인에 해당하지 아니하여 판결의 기판력이 미치지 않는다(대판 1992.12.22. 92다30528).

(2) 주위토지통행권의 범위: 통행의 장소, 방법 등 통행권의 범위는, 약정통행권의 경우에는 당사

자 사이의 구체적인 약정의 내용에 의하여 정하여지고, 법정통행권의 경우는 본조 제1항에 의하여 통행권을 가진 자에게 필요할 뿐만 아니라 이로 인한 주위토지소유자의 손해가 가장 적은 장소와 방법의 범위 내에서 인정되어야 하며, 그 범위는 결국 사회통념에 비추어 쌍방토지의 지목과 지형적, 위치적 형상 및 그에 따른 이용관계, 부근의 지리상황, 상린지 이용자의 이해득실 기타 제반 사정을 참작한 구체적 사정에 따라 합목적적으로 판단하여야 한다(대판 1992.12.22. 92다30528). 통상적으로는 사람이 주택에 출입하여 다소의 물건을 공로로 운반하는 등의 일상생활을 영위하는 데 필요한 범위의 노폭까지 인정되고, 또 현재의 토지의 용법에 따른 이용의 범위에서 인정되는 것이지 더 나아가 장차의 이용상황까지 미리 대비하여 통행로를 정할 것은 아니다고 하면서, 장차 재건축 등을 위한 자동차 출입 등을 감안한 폭 6m를 주장한 것을 배척하고 가재도구 운반이 가능한 폭 2m가 상당하다고 한 사례가 있다(대판 1996.11.29. 96다33433, 33440).

(3) 주위토지통행권확인청구의 확정대상: 이미 공로로 통하는 기존의 통행로가 있어 토지소유자와 주위토지소유자 간에 별다른 분쟁이 없이 이용되어 오고 있는 경우에는 본조의 요건을 갖춘 통행로라고 보아도 무방하나, 주위토지통행권은 통행을 위한 지역권과는 달리 통행로가 항상 특정한 장소로 고정되어 있는 것은 아니고, 주위토지소유자가 용법에 따라 토지의 사용방법을 바꾸었을 때에는 주위토지통행권자는 주위토지소유자를 위하여 보다 손해가 적은 다른 장소로 옮겨 통행할 수밖에 없는 경우도 있을 것이므로, 주위토지통행권확인청구는 변론종결시에 있어서의 본조 소정의 요건에 해당하는 토지는 어느 토지인가를 확정하여야 한다(대판 1992.12.22. 92다30528).

(4) 장래의 이용상황까지 미리 대비하여 통행로를 정할 수 있는지 여부: 주위토지통행권은 주위토지소유자의 토지에 대한 독점적 사용권을 제한하는 권리로서 인접한 토지소유자간의 이해를 조정하는 데 목적이 있으므로 사람이 출입하고 다소의 물건을 공로로 운반할 정도의 폭만 확보할 수 있다면 주위토지소유자의 손해가 가장 적은 장소와 방법을 선택하여야 하고, 또 현재의 토지의 용법에 따른 이용의 범위에서 인정되는 것이지 더 나아가 장차의 이용상황까지를 미리 대비하여 통행로를 정할 것은 아니다(대판 1992.12.22. 92다30528).

3. 通行權의 成立

(1) 통로의 부재: 주위토지에 둘러싸인 토지가 공로로 가기 위하여는 주위의 토지를 이용할 수밖에 없거나, 가능하더라도 과다한 비용을 요하는 경우라야 한다. 공로에 출입할 수 없는 경우란 어느 토지가 타인 소유의 토지에 둘러싸여 공로에 통할 수 없는 경우뿐만 아니라, 이미 기존의 통로가 있더라도 그것이 당해 토지의 이용에 부적합하여 실제로 통로로서의 충분한 기능을 하지 못하고 있는 경우에도 인정된다(대판 2003.8.19. 2002다53469).

(2) 필요성과 최소 피해: 본조 소정의 주위토지통행권은 공로와의 사이에 그 용도에 필요한 통로가 없는 토지의 이용이라는 공익목적을 위하여 피통행지 소유자의 손해를 무릅쓰고 특별히 인정되는 것이므로, 그 통행로의 폭이나 위치 등을 정함에 있어서는 피통행지의 소유자에게 가장 손해가 적게 되는 방법이 고려되어야 할 것이고, 어느 정도를 필요한 범위로 볼 것인가는 구체적인 사안에서 사회통념에 따라 쌍방 토지의 지형적·위치적 형상 및 이용관계, 부근의 지리상황, 상린지 이용자의 이해득실 기타 제반 사정을 기초로 판단하여야 한다(대판 2005.7.14. 2003다18661).

(3) 통행권자: 통행권자는 토지의 소유자, 지상권자, 전세권자 등으로 정당한 토지의 이용자이다

4. 通行權의 內容

(1) 통행에 대한 인용

(가) 원칙-통행권자의 소극적인 인용청구: 본조에 의한 주위토지통행권은 주위토지의 소유자에게는 일종의 인용의무를 지우는 동시에 포위된 토지의 기능을 확대해 주는 것으로, 통행에 대한 인용을 청구하는 데 불과한 소극적 권리이다. 한편 통행지 소유자는 원칙적으로 통행권자의 통행을 수인할 소극적 의무를 부담할 뿐 통로개설 등 적극적인 작위의무를 부담하는 것은 아니다.

(나) 방해물에 대한 철거 의무: 통행지 소유자가 주위토지통행권에 기한 통행에 방해가 되는 담장 등 축조물을 설치한 경우에는 주위토지통행권의 본래적 기능발휘를 위하여 통행지 소유자가 그 철거의무를 부담한다(대판 2006.10.26. 2005다30993).

(다) 방해물의 철거: 주위토지통행권의 본래적 기능발휘를 위해서는 그 통행에 방해가 되는 담

장과 같은 축조물도 위 통행권의 행사에 의하여 철거되어야 한다(대판 2006.6.2. 2005다70144).

(2) 통로 개설-제1항: 주위토지통행권자는 필요한 경우에는 통행지상에 통로를 개설할 수 있으므로, 모래를 깔거나, 돌계단을 조성하거나, 장해가 되는 나무를 제거하는 등의 방법으로 통로를 개설할 수 있으며 통행지 소유자의 이익을 해하지 않는다면 통로를 포장하는 것도 허용된다(대판 2003.8.19. 2002다53469).

(3) 배타적 점유권이 아님: 주위토지통행권자가 통로를 개설하였다고 하더라도 그 통로에 대한 배타적 점유권이 인정되는 것은 아니다. 따라서 통행지 소유자의 점유를 배제할 정도의 배타적인 점유를 하고 있지 않다면 통행지 소유자가 주위토지통행권자에 대하여 주위토지통행권이 미치는 범위 내의 통로 부분의 인도를 구하거나 그 통로에 설치된 시설물의 철거를 구할 수 없다(대판 2003.8.19. 2002다53469).

(4) 개설, 유지비용: 주위토지통행권이 인정되는 때에도 통행권자가 그 통로개설이나 유지비용을 부담하여야 한다(대판 2006.10.26. 2005다30993).

(5) 손실보상-제2항: 통행권자는 통행지소유자의 손해를 보상하여야 한다. 본조는 그 토지의 용도에 필요한 통로가 없는 경우에 그 토지소유자에게 그 주위의 토지통행권을 인정하면서 그 통행권자로 하여금 통행지 소유자의 손해를 보상하도록 규정하고 있는 것이므로 통행권자의 허락을 얻어 사실상 통행하고 있는 자에게는 그 손해의 보상을 청구할 수 없다(대판 1991.9.10. 91다19623). 보상액이 당사자의 합의로 정해지지 아니하는 경우에는 법원이 결정할 수밖에 없다. 보상해야 할 손해의 수액을 정함에 있어서는 통행지의 취득시가, 사도로서의 이용상황 등을 함께 고려하여 결정한다(대판 1991.9.10. 91다19623).

5. 通行權의 消滅: 주위토지통행권은 어느 토지와 공로 사이에 그 토지의 용도에 필요한 통로가 없어서 주위의 토지를 통행하거나 통로를 개설하지 않고서는 공로에 출입할 수 없는 경우 또는 통로가 있더라도 당해 토지의 이용에 부적합하여 실제로 통로로서의 충분한 기능을 하지 못하는 경우에 인정되는 것이므로, 일단 주위토지통행권이 발생하였다고 하더라도 나중에 그 토지에 접하는 공로가 개설됨으로써 주위토지통행권을 인정할 필요성이 없어진 때에는 그 통행권은 소멸한다(대판 1998.3.10. 97다47118).

第220條【分割, 一部讓渡와 周圍通行權】 ①分割로 因하여 公路에 通하지 못하는 土地가 있는 때에는 그 土地所有者는 公路에 出入기 爲하여 다른 分割者의 土地를 通行할 수 있다. 이 境遇에는 補償의 義務가 없다.
②前項의 規定은 土地所有者가 그 土地의 一部를 讓渡한 境遇에 準用한다.

無償周圍土地通行權

1.意義: 원래 공로에 통하고 있었던 토지가 분할 또는 일부의 양도로 인하여 공로에 통하지 못하는 토지(포위지)로 된 경우에 그 토지소유자의 주위토지통행권을 무상으로, 일반적인 경우보다 확실하게 보장하게 해주기 위하는 데 본조의 취지가 있다.

2. 要件

(1) 원래 공로 출입로가 있은 토지: 원래는 공로로의 출입로가 있었는 토지여야 한다.

(2) 동일인 소유 토지가 분할(1항), 일부 양도(2항)로 포위지로 되어야: 1필의 토지가 분할되거나 일부가 타인에게 양도됨으로써 공로로의 출입로가 없어져야 한다. 토지의 일부 양도라 함은 1필의 토지의 일부가 양도된 경우뿐만 아니라 일단으로 되어 있던 동일인 소유의 수필의 토지 중 일부가 양도된 경우도 포함된다.

3. 效果

(1) 무상주위토지통행권-제1항 후문: 보상할 필요 없이 무상으로 토지통행권이 생긴다.

(2) 통행권자와 인용자-직접 당사자: 직접 분할자 또는 일부 양도의 당사자 사이에만 통행권자와 인용자, 즉 분할하기 전의 토지소유자 또는 일부 양도 전의 종전의 토지소유자에게만 무상주

위토지통행권을 주장할 수 있다.

(3) 통행지의 폭과 위치: 주위토지통행권은 공로와의 사이에 그 용도에 필요한 통로가 없는 토지의 이용이라는 공익목적을 위하여 피통행지 소유자의 손해를 무릅쓰고 특별히 인정되는 것이므로, 그 통행로의 폭이나 위치 등을 정함에 있어서는 피통행지의 소유자에게 가장 손해가 적게 되는 방법이 고려되어야 할 것이나, 최소한 통행권자가 그 소유 토지를 이용하는 데 필요한 범위는 허용되어야 하며, 어느 정도를 필요한 범위로 볼 것인가는 구체적인 사안에서 사회통념에 따라 쌍방 토지의 지형적, 위치적 형상 및 이용관계, 부근의 지리상황, 상린지 이용자의 이해득실 기타 제반 사정을 기초로 판단하여야 한다(대판 2002.5.31. 2002다9202).

4. 個別的 問題

(1) 무상통행권 부담의 토지의 특정승계인에게 승계 여부-부정: 직접 당사자에게만 본조가 적용되고 포위지와 피통행지의 특정승계인에게는 본조가 적용되지 않는바, 이러한 법리는 분할자 또는 일부 양도의 당사자가 무상주위토지통행권에 기하여 이미 통로를 개설해 놓은 다음 특정승계가 이루어진 경우라 하더라도 마찬가지다(대판 2002.5.31. 2002다9202). 특정승계인에게는 주위토지통행권에 관한 일반원칙(219조)으로 돌아가 그 통행권의 범위를 따로 정하여야 한다(대판 1996.11.29. 96다33433, 33440).

(2) 원소유자에 의하여 사용수익권이 포기된 통행로 부분을 승계취득한 자의 수인의무: 토지의 원소유자가 토지를 분할·매각함에 있어서 토지의 일부를 분할된 다른 토지의 통행로로 제공하여 독점적·배타적인 사용수익권을 포기하고 그에 따라 다른 분할토지의 소유자들이 그 토지를 무상으로 통행하게 된 후에 그 통행로 부분에 사용수익의 제한이라는 부담이 있다는 사정을 알면서 그 토지의 소유권을 승계취득한 자는, 다른 특별한 사정이 없는 한 원칙적으로 그 토지에 대한 독점적·배타적 사용수익을 주장할 만한 정당한 이익을 갖지 않는다 할 것이어서 원소유자와 마찬가지로 분할토지의 소유자들의 무상통행을 수인하여야 할 의무를 진다(대판 1998.3.10. 97다47118).

(3) 제219조에 의한 주위토지통행권과의 관계: 제220조에 의한 무상의 주위토지통행권이 인정되는 이상 제3자 소유의 토지에 대하여는 민법 제219조에 따른 일반적인 주위토지통행권을 주장할 수 없다(대판 2005.3.10. 2004다65589, 65596).

第221條【自然流水의 承水義務와 權利】 ①土地所有者는 이웃土地로부터 自然히 흘러오는 물을 막지 못한다.
②高地所有者는 이웃低地에 自然히 흘러내리는 이웃低地에서 必要한 물을 自己의 正當한 使用範圍를 넘어서 이를 막지 못한다.

第222條【疏通工事權】 흐르는 물이 低地에서 閉塞된 때에는 高地所有者는 自費로 疏通에 必要한 工事를 할 수 있다.

第223條【貯水, 排水, 引水를 爲한 工作物에 對한 工事請求權】 土地所有者가 貯水, 排水 또는 引水 하기 爲하여 工作物을 設置한 境遇에 工作物의 破損 또는 閉塞으로 他人의 土地에 損害를 加하거나 加할 念慮가 있는 때에는 他人은 그 工作物의 補修, 閉塞의 疏通 또는 豫防에 必要한 請求를 할 수 있다.

第224條【慣習에 依한 費用負擔】 前2條의 境遇에 費用負擔에 關한 慣習이 있으면 그 慣習에 依한다.

第225條【처마물에 對한 施設義務】 土地所有者는 처마물이 이웃에 直接 落下하지 아니하도록 適當한 施設을 하여야 한다.

第226條【餘水疏通權】 ①高地所有者는 浸水地를 乾燥하기 爲하여 또는 家用이나 農, 工業用의 餘水를 疏通하기 爲하여 公路, 公流 또는 下水道에 達하기까지 低地에 물을 通過하게 할 수 있다.
②前項의 境遇에는 低地의 損害가 가장 적은 場所와 方法을 選擇하여야 하며 損害를 補償하여야 한다.

第227條【流水用工作物의 使用權】 ①土地所有者는 그 所有地의 물을 疏通하기 爲하여 이웃土地所有者의 施設한 工作物을 使用할 수 있다.
②前項의 工作物을 使用하는 者는 그 利益을 받는 比率로 工作物의 設置와 保存의 費用을 分擔하여야 한다.

第228條【餘水給與請求權】 土地所有者는 過多한 費用이나 勞力을 要하지 아니하고는 家用이나 土地利用에 必要한 물을 얻기 困難한 때에는 이웃土地所有者에게 補償하고 餘水의 給與를 請求할 수 있다.

第229條【水流의 變更】 ①溝渠 其他 水流地의 所有者는 對岸의 土地가 他人의 所有인 때에는 그 水路나 水流의 幅을 變更하지 못한다.
②兩岸의 土地가 水流地所有者의 所有인 때에는 所有者는 水路와 水流의 幅을 變更할 수 있다. 그러나 下流는 自然의 水路와 一致하도록 하여야 한다.
③前2項의 規定은 다른 慣習이 있으면 그 慣習에 依한다.

第230條【堰의 設置, 利用權】 ①水流地의 所有者가 堰을 設置할 必要가 있는 때에는 그 堰을 對岸에 接觸하게 할 수 있다. 그러나 이로 因한 損害를 補償하여야 한다.
②對岸의 所有者는 水流地의 一部가 自己所有인 때에는 그 堰을 使用할 수 있다. 그러나 그 利益을 받는 比率로 堰의 設置, 保存의 費用을 分擔하여야 한다.

第231條【公有河川用水權】 ①公有河川의 沿岸에서 農, 工業을 經營하는 者는 이에 利用하기 爲하여 他人의 用水를 妨害하지 아니하는 範圍內에서 必要한 引水를 할 수 있다.
②前項의 引水를 하기 爲하여 必要한 工作物을 設置할 수 있다.

第232條【下流沿岸의 用水權保護】 前條의 引水나 工作物로 因하여 下流沿岸의 用水權을 妨害하는 때에는 그 用水權者는 妨害의 除去 및 損害의 賠償을 請求할 수 있다.

第233條【用水權의 承繼】 農, 工業의 經營에 利用하는 水路 其他 工作物의 所有者나 蒙利者의 特別承繼人은 그 用水에 關한 前所有者나 蒙利者의 權利義務를 承繼한다.

第234條【用水權에 關한 다른 慣習】 前3條의 規定은 다른 慣習이 있으면 그 慣習에 依한다.

第235條【共用水의 用水權】 相隣者는 그 共用에 屬하는 源泉이나 水道를 各需要의 程度에 應하여 他人의 用水를 妨害하지 아니하는 範圍內에서 各各 用水할 權利가 있다.

第236條【用水障害의 工事와 損害賠償, 原狀回復】 ①必要한 用途나 收益이 있는 源泉이나 水道가 他人의 建築 其他 工事로 因하여 斷水, 減水 其他 用途에 障害가 생긴 때에는 用水權者는 損害賠償을 請求할 수 있다.
②前項의 工事로 因하여 飮料水 其他 生活上 必要한 用水에 障害가 있을 때에는 原狀回復을 請求할 수 있다.

물에 관한 相隣關係

1. 意義: 물은 사람의 생활에 필수불가결한 것이다. 지하수는 토지의 구성부분으로서 토지소유권의 대상이 되는데, 지하수를 제외한 일정한 수로 없이 지표를 따라 흐르는 물에 관하여는 상린관계로 규율한다.

2. 排水에 관한 相隣關係

(1) 자연적 배수-제221조: 고지에서 저지로 자연히 흘러내리는 물은 두 가지 상반되는 성격이 있다. 하나는 필요한 물의 경우에는 상호간에 많이 차지하려고 할 것이고, 또 하나는 불필요하게 많은 경우에는 막으려고 할 것이다. 이러한 두 가지 상반된 성격이 있기 때문에 본조는 승수의무와 승수권 양자를 모두 규정한다. 여기의 고지나 저지는 본래의 토지의 성상에 의한 것임을 전제로 한다. 따라서 일부러 땅을 높힌 경우는 본조의 적용이 없다. 그리고 본조의 자연히 흘러오는 물은 빗물도 포함한다(대판 1995.10.13. 94다31488).

(가) 승수의무-제1항: 물이 높은 곳으로부터 낮은 곳으로 흐르는 것은 자연의 법칙이므로 낮은 곳의 토지소유자는 높은 토지로부터의 자연스러운 물의 흐름을 막을 수 없는 승수의 의무가 있다. 즉 저지의 토지소유자는 고지에서 자연히 흘러내리는 물을 막아서는 아니 되고 그대로 수용하여야 할 의무가 있다. 본조의 자연유수의 승수의무란 토지소유자는 다만 소극적으로 이웃 토지로부터 자연히 흘러오는 물을 막지 못한다는 것뿐이지 적극적으로 그 자연유수의 소통을 유지할 의무까지 토지소유자로 하여금 부담케 하려는 것은 아니다(대판 1977.11.22. 77다1588). 따라서 낮은 곳의 토지소유자가 자신의 토지에 성토하여 지반고를 높이거나 제방을 쌓았기 때문에 종전에 높은 곳으로부터 자연히 흘러오는 유수의 흐름을 막게 되었다면, 이는 본조의 승수의무를 위반한 것이다(대판 2008.7.24. 2007다50663). 한편 인접지의 땅을 인위적으로 높여서 물이 흘러내려오는 경우에는 이 의무가 없다. 이 경우에는 이웃 토지의 소유자에 대하여 그 원인의 제거나 배수시설의 설치 또는 손해의 배상 등을 청구할 수 있다.

(나) 승수권-제2항: 고지소유자는 이웃 저지에 자연히 흘러내리는 물을 자기의 적당한 사용범위를 넘어서 이를 막지 못한다. 즉 저지토지소유자는 흘러내리는 물을 수령할 권리가 있다.

(2) 자연유수소통공사권-제222조: 자연히 흘러내리는 물이 어떤 사정으로 인하여 저지에서 막힌 때에는 고지의 소유자는 자비로 소통에 필요한 공사를 할 수 있다. 제221조 소정의 승수의무는 물이 자연히 높은 곳으로부터 낮은 곳으로 흐르는 때에 낮은 토지의 소유자가 그것을 인용하여야 하는 의무이고 자연히 흘러내리는 물이 어떤 사정으로 낮은 곳에서 막힌 때에는 높은 토지의 소유자는 그 소통에 필요한 공사를 할 수 있는 소통공사권(222조)이 있는 것이나, 자연적으로 흘러내리는 물과 인위적인 물이 함께 배수관을 통하여 흘러내리는 경우는 제 226조 소정의 여수소통권의 경우로 보는 것이 타당하므로 소통권자는 낮은 땅을 위하여 손해가 가장 적은 장소 및 방법을 선택하여야 하고 낮은 토지소유자의 손해가 인정될 경우에는 이를 보상하여야 한다(대판 1976.7.13. 75다2193). 소통공사비용부담에 관하여 특별한 관습이 있으면 그 관습에 따른다(224조)

(3) 인공 배수, 저수, 인수

(가) 처마물의 배수시설의무-제225조: 토지소유자는 처마물이 이웃에 직접 낙하하지 아니하도

록 적당한 시설을 하여야 한다.

(나) 배수, 저수, 인수 등을 위한 공작물로 인한 피해방지조치 공사청구권-제223조: 토지소유자가 저수, 배수 또는 인수하기 위하여 공작물을 설치한 경우에 그 공작물이 파손되거나 막혀서 타인의 토지에 손해를 가하거나 가할 염려가 있는 때에는 타인은 그 공작물의 보수, 소통 또는 기타 피해예방에 필요한 조치를 할 것을 청구할 수 있다. 조치공사비용은 공작물의 소유자 또는 이용자가 부담하거나 관습이 있으면 관습에 의한다(224조).

(다) 여수소통권-제226조: 여기서 여수는 남아서 버리는 물을 말하는데, 여수소통권은 공로, 공류, 하수도에 직접 배수하지 못하는 토지라든가, 배수는 되더라도 막대한 비용을 요할 경우에 인정된다.

① 제221조의 승수의무와 제226조의 여수소통권의 관계: 제221조 소정의 승수의무는 물이 자연히 높은 곳으로부터 낮은 곳으로 흐르는 때에 낮은 토지의 소유자가 그것을 인용하여야 하는 의무이고 자연히 흘러내리는 물이 어떤 사정으로 낮은 곳에서 막힌 때에는 높은 토지의 소유자는 그 소통에 필요한 공사를 할 수 있는 소통공사권(222조)이 있는 것이나, 자연적으로 흘러내리는 물과 인위적인 물이 함께 배수관을 통하여 흘러내리는 경우는 동법 제226조 소정의 여수소통권의 경우로 보는 것이 타당하므로 소통권자는 낮은 땅을 위하여 손해가 가장 적은 장소 및 방법을 선택하여야 하고 낮은 토지소유자의 손해가 인정될 경우에는 이를 보상하여야 한다(대판 1976.7.13. 75다2193).

② 고지소유자의 저지 통과 사용 청구권-제1항: 고지소유자는 침수지를 건조시키기 위해서 또는 가용이나 농, 공업용의 불필요한 물을 소통시키기 위해서 공로, 공류 또는 하수도에 이르기까지 저지로 물을 통과하게 할 수 있다. 즉 고지토지소유자는 저지토지의 통과를 위해서 저지의 사용을 청구할 수 있다(대판 2003.4.11. 2000다11645).

③ 최소 손해 장소와 방법-제2항: 저지 통과를 위해서는 저지의 손해가 가장 적은 장소와 방법을 선택하여야 하고, 고지소유자가 그 손해를 보상하여야 한다.

(라) 유수용공작물의 사용권-제227조

① 공작물 사용청구권-제1항: 토지소유자는 자기 소유지의 물을 소통시키기 위해서 이웃 토지소유자가 설치한 공작물의 사용을 청구할 수 있다. 여기서 말하는 공작물의 시설자는 이웃 토지소유자로 한정되지는 않으나 단순히 공작물을 시설한 것만으로는 부족하고 이에 대한 정당한 권리를 갖는 자를 의미한다(대판 2003.4.11. 2000다11645).

② 설치, 보존 비용의 분담-제2항: 물을 소통시키기 위해서 타인의 공작물을 사용하는 자는 그 이익을 받는 비율로 공작물의 설치와 보존의 비용을 분담하여야 한다.

3. 餘水給與請求權 - 제228조: 토지소유자는 과다한 비용이나 노력을 요하지 아니하고는 가용이나 토지이용에 필요한 물을 얻기 곤란한 때에는 이웃토지소유자에게 보상하고 남는 물의 급여를 청구할 수 있다.

4. 流水에 關한 相隣關係 - 제229조 - 236조: 자연적으로 흐르는 물에 대한 상린관계를 규정한다.

(1) 수로, 수류폭 변경-제229조: 자연수로에서 도랑이나 수류지의 소유자는 수로와 수류의 폭을 변경할 수 있고, 변경하더라도 하류는 자연의 수로와 일치하도록 하여야 한다(2항). 그러나 대안(건너편 언덕)의 토지가 타인의 소유인 때에는 그 수로나 수류의 폭을 변경하지 못한다(1항). 이러한 경우에 다른 관습이 있으면 그 관습에 의한다(3항).

(2) 둑(언)의 설치, 이용권-제230조

(가) 둑 설치권-제1항: 수류지의 소유자가 둑을 설치할 필요가 있는 때에는 그 둑을 대안(언덕)에 접촉하게 할 수 있다. 그러나 이로 인한 손해를 보상하여야 한다.

(나) 둑 이용권-제2항: 대안(건너편 언덕)의 소유자는 수류지(흐르는 물의 밑바닥 땅)의 일부가 자기소유인 때에는 타인이 설치한 둑을 사용할 수 있으나, 그 이익을 받는 비율로 둑의 설치, 보존의 비용을 분담하여야 한다.

(3) 공유하천용수권: 공유하천 용수권에 관하여 다른 관습이 없으면 제231조 내지 제233조에 의한다(234조).

(가) 공유하천 인수권-제231조제1항: 공유하천의 연안에서 농, 공업을 경영하는 자는 물을 이용하기 위하여 타인의 용수를 방해하지 아니하는 범위 내에서 공유하천에서 물을 끌어서 이용할 수 있다. 따라서 공유하천 상류에서 종전 관례에 따라 인수하던 자의 인수로 인하여 그 하류에서 인수하는 자의 관개용수에 부족이 생겼다 하더라도 하류인수자의 용수권을 침해하였다고 할 수 없다(대판 1977.11.8. 77다1064).

(나) 공유하천 인수시설권-제231조제2항: 공유하천용수를 위해서 필요한 공작물을 설치할 수 있다. 따라서 공유하천에 보를 설치하여 그 지역의 경작자들이 위 보로부터 인수하여 답을 경작하여 온 관행이 있었다면 그 농지의 소유자는 농지의 관개에 필요한 한도 내에서 용수권이 있다 할 것이다(대판 1977.7.12. 76다527).

(다) 하류연안의 용수권보호-제232조: 공유하천의 사용을 위하여 상류지 소유자의 인수나 공작물 설치로 인하여 하류연안의 용수권을 방해받은 경우에는 하류연안용수권자는 그 방해의 제거 및 손해의 배상을 청구할 수 있다. * 인접한 신, 구 염전의 해수용수권의 내용: 기존의 염전에 인접하여 그 보다 낮은 지대에 새 염전을 개설하려는 자는 기존염전의 소유자 또는 경영자와의 사이에 약정 등 특별한 사정이 없는 한 기존염전의 염제조를 위한 기득의 해수용수권을 침해하지 아니하는 방법으로 새 염전을 설치, 경영하여야 하고, 기존염전의 소유자 또는 경영자가 종전의 방법으로 해수를 인수 또는 배수함으로써 새 염전에 침해를 주었다 하더라도 그것이 기존염전의 염제조에 필요한 통상적인 용수권의 행사로서 다년간 관행되어 온 종전의 방법과 범위를 초과하지 않는 것이라면 새 염전의 개설 경영자는 이를 수인할 의무가 있다(대판 1983.3.8. 80다2658).

(라) 용수권의 승계-제233조: 농, 공업의 경영에 이용하는 수로 기타 공작물의 소유자나 몽리자의 특별승계인은 그 용수에 관한 전소유자나 몽리자의 권리의무를 승계한다. 또한 기득의 용수권의 범위 내의 인수행위는 정당한 권리의 행사로서 위법성이 있을 수 없고, 그 과정에서 비록 타인이 손해를 받게될 우려가 있다 하더라도 이를 예방하는 일은 그 타인의 일일뿐 아니라 설사 그 타인이 손해를 보았다 하더라도 용수권자에게 그 손해의 배상을 구할 수 없다(대판 1983.3.8. 80다2658).

(4) 공동용수의 용수권-제235조, 제236조: 공동의 사용에 속하는 물에 대한 사용권과 그 사용권에 대한 보장을 규정한다. * 온천에 관한 권리는 관습상의 물권이나 준물권이라 할 수 없고 온천수는 공용수 또는 생활상 필요한 용수에 해당되지 않아, 온천수에 관하여는 본조와 제236조의 적용을 받지 않는다(대판 1972.8.29. 72다1243).

(가) 용수권-제235조: 상린자는 다수인의 공동에 속하는 원천이나 수도를 각 수요의 정도에 응하여 타인의 용수를 방해하지 아니하는 범위 내에서 각각 용수할 권리가 있다. 유수전용권은 종래 관개하여 온 몽리면적에만 미치고 이를 초과하는 면적에는 미치지 아니한다(대판 1968.1.23. 66다1995). * 비록 장구한 시간 동안 평온, 공연하게 지소(연못)로부터 관개용의 물을 대어 써왔다 할지라도 이 지소가 사유지에 속하여 있는 이상 그러한 사실만으로서는 곧 위의 지소의 물을 사용할 수 있는 용수권(지역권)을 법률상 취득한다고는 볼 수 없고 또 그러한 한국의 관습법도 없다(대판 1967.5.30. 66다1382).

(나) 용수권보장-제236조: 제235조의 공동의 물에 대한 사용권을 보장하기 위하여 침해시의 손해배상청구권과 방해제거청구권(원상회복청구권)을 인정한다.

① 침해에 대한 손해배상청구권-제1항: 필요한 용도나 수익이 있는 원천이나 수도가 타인의 건축 기타 공사로 인하여 단수, 감수 기타 용도에 장해가 생긴 때에는 용수권자는 손해배상을 청구할 수 있다.

② 원상회복청구권-제2항: 제1항의 공사로 음료수 기타 생활상 필요한 물에 장해가 있을 때에는 원상회복을 청구할 수 있다.

③ 지하수 개발 이용의 문제-제214조와의 관계: 토지의 소유권은 정당한 이익이 있는 범위 내에서 토지의 상하에 미치므로 토지소유자는 법률의 제한 범위 내에서 그 소유 토지의 지표면 아래에 있는 지하수를 개발하여 이용할 수 있다 할 것이다. 그런데 소유권 방해제거·예방청구권에 관한 민법 제214조의 규정과 용수장해로 인한 용수권자의 손해배상청구권 및 원상회복청구권에

관한 민법 제236조의 규정을 종합하여 보면, 어느 토지소유자가 새로이 지하수 개발공사를 시행하여 설치한 취수공 등을 통하여 지하수를 취수함으로 말미암아 그 이전부터 인근 토지 내의 원천에서 나오는 지하수를 이용하고 있는 인근 토지소유자의 음료수 기타 생활상 필요한 용수에 장해가 생기거나 그 장해의 염려가 있는 때에는, 생활용수 방해를 정당화하는 사유가 없는 한 인근 토지소유자는 그 생활용수 방해의 제거(원상회복)나 방해의 예방을 청구할 수 있다(대판 1998.4.28. 97다48913).

第237條【境界標, 담의 設置權】 ①隣接하여 土地를 所有한 者는 共同費用으로 通常의 境界標나 담을 設置할 수 있다.
②前項의 費用은 雙方이 折半하여 負擔한다. 그러나 測量費用은 土地의 面積에 比例하여 負擔한다.
③前2項의 規定은 다른 慣習이 있으면 그 慣習에 依한다.

第238條【담의 特殊施設權】 隣地所有者는 自己의 費用으로 담의 材料를 通常보다 良好한 것으로 할 수 있으며 그 높이를 通常 보다 높게 할 수 있고 또는 防火壁 其他 特殊施設을 할 수 있다.

第239條【境界標等의 共有推定】 境界에 設置된 境界標, 담, 溝渠等은 相隣者의 共有로 推定한다. 그러나 境界標, 담, 溝渠等이 相隣者一方의 單獨費用으로 設置되었거나 담이 建物의 一部인 境遇에는 그러하지 아니하다.

第240條【樹枝, 木根의 除去權】 ①隣接地의 樹木가지가 境界를 넘은 때에는 그 所有者에 對하여 가지의 除去를 請求할 수 있다.
②前項의 請求에 應하지 아니한 때에는 請求者가 그 가지를 除去할 수 있다.
③隣接地의 樹木 뿌리가 境界를 넘은 때에는 任意로 除去할 수 있다.

境界에 관한 相隣關係

1. 意義: 인접토지는 우선 경계선을 확정짓고, 경계선에 경계표와 담을 설치할 필요가 있으며, 경계선을 넘어온 나무의 가지와 뿌리를 어떻게 할 것인가라는 문제가 생긴다.

2. 境界標, 담의 設置 - 제237조

(1) 경계표, 담의 설치권-제1항: 인접하는 토지에 경계선이 확정되어 있으면 상호간에 통상적인 경계표나 담의 설치를 상대방에게 청구하거나 설치할 의무가 있다. 즉 토지의 경계에 경계표나 담이 설치되어 있지 아니하다면 특별한 사정이 없는 한 어느 한쪽 토지의 소유자는 인접한 토지의 소유자에 대하여 공동비용으로 통상의 경계표나 담을 설치하는 데에 협력할 것을 요구할 수 있고, 인접 토지소유자는 그에 협력할 의무가 있다고 보아야 하므로, 한쪽 토지소유자의 요구에 대하여 인접 토지소유자가 응하지 아니하는 경우에는 한쪽 토지소유자는 민사소송으로 인접 토지소유자에 대하여 그 협력 의무의 이행을 구할 수 있으며, 법원은 당해 토지들의 이용 상황, 그 소재 지역의 일반적인 관행, 설치 비용 등을 고려하여 새로 설치할 경계표나 담장의 위치(특별한 사정이 없는 한 원칙적으로 새로 설치할 경계표나 담장의 중심 또는 중심선이 양 토지의 경계선 상에 위치하도록 해야 한다), 재질, 모양, 크기 등 필요한 사항을 심리하여 인접 토지소유자에 대하여 협력 의무의 이행을 명할 수 있다(대판 1997.8.26. 97다6063).

(2) 설치비용의 분담-제2항: 경계표나 담의 설치비용은 쌍방이 절반씩 부담한다. 비용분담에 대한 다른 관습이 있으면 관습에 따른다(3항).

(3) 측량비용-제2항: 경계선이 확정되어 있지 않은 경우에는 경계선을 확정짓기 위해서 먼저 측

량을 하여야 하는데, 측량비용은 토지의 면적에 비례하여 부담한다. 비용분담에 대한 다른 관습이 있으면 관습에 따른다(3항).

3. 담의 特殊施設權 - 제238조: 제237조의 경계표나 담은 통상적인 적당한 담의 설치에 관한 것인데, 일방이 자기의 비용으로 통상적인 담과는 달리 특수한 시설, 즉 높이를 통상 보다 높게 한다거나 방화벽 기타 특수시설을 할 수 있다. 이때에는 특수시설을 하는 자가 그 비용을 부담한다.

4. 境界標 등의 共有推定 - 제239조: 경계에 설치된 경계표, 담, 구거(도랑)등은 상린자의 공유로 추정한다. 그러나 경계표, 담, 구거 등이 상린자 일방의 단독비용으로 설치되었거나 담이 건물의 일부인 경우에는 그러하지 아니하다.

5. 樹枝, 木根의 除去權 - 제240조

(1) 가지: 경계선을 넘어온 나뭇가지에 대하여는 1차적으로 나무의 소유자에게 그 가지의 제거를 청구할 수 있고(1항), 이에 응하지 아니하면 스스로 가지를 제거할 수 있다(2항).

(2) 뿌리: 경계선을 넘은 뿌리는 제거를 요구할 필요 없이 임의로 제거할 수 있다(3항).

第241條【土地의 深掘禁止】 土地所有者는 隣接地의 地盤이 崩壞할 程度로 自己의 土地를 深掘하지 못한다. 그러나 充分한 防禦工事를 한 때에는 그러하지 아니하다.

第242條【境界線附近의 建築】 ①建物을 築造함에는 特別한 慣習이 없으면 境界로부터 半미터以上의 距離를 두어야 한다.
②隣接地所有者는 前項의 規定에 違反한 者에 對하여 建物의 變更이나 撤去를 請求할 수 있다. 그러나 建築에 着手한 後 1年을 經過하거나 建物이 完成된 後에는 損害賠償만을 請求할 수 있다.

第243條【遮面施設義務】 境界로부터 2미터以內의 距離에서 이웃 住宅의 內部를 觀望할 수 있는 窓이나 마루를 設置하는 境遇에는 適當한 遮面施設을 하여야 한다.

第244條【地下施設等에 對한 制限】 ①우물을 파거나 用水, 下水 또는 汚物等을 貯置할 地下施設을 하는 때에는 境界로부터 2미터以上의 距離를 두어야 하며 貯水池, 溝渠 또는 地下室工事에는 境界로부터 그 깊이의 半以上의 距離를 두어야 한다.
②前項의 工事를 함에는 土砂가 崩壞하거나 下水 또는 汚液이 이웃에 흐르지 아니하도록 適當한 措處를 하여야 한다.

境界 부근의 工作物 設置

1. 深掘禁止 - 제241조: 토지소유자는 인접지의 지반이 붕괴할 정도로 자기의 토지를 깊게 파지 못한다. 그러나 충분한 방어공사를 한 때에는 그러하지 아니하다. 토지의 소유자가 충분한 예방공사를 하지 아니한 채 건물의 건축을 위한 심굴굴착공사를 함으로써 인접대지의 일부 침하와 건물 균열등의 위험이 발생하였다고 하더라도 나머지 공사의 대부분이 지상건물의 축조이어서 더 이상의 심굴굴착공사의 필요성이 없다고 보여지고 침하와 균열이 더 이상 확대된다고 볼 사정이 없다면 토지심굴굴착금지청구권과 소유물방해예방 또는 방해제거청구권에 기한 공사중지가처분을 허용하여서는 아니 된다(대판 1981.3.10. 80다2832).

2. 建物築造 - 제242조, 제243조

(1) 경계선으로부터 최소 0.5m 거리를 두어 건축-제242조

(가) 0.5m 이상의 거리-제1항: 건물을 축조함에는 특별한 관습이 없으면 경계로부터 반 미터 이상의 거리를 두어야 한다. 본조는 임의규정으로 당사자간에 다른 약정을 할 수 있다

(나) 건물의 변경 또는 철거 청구-제2항: 인접지소유자는 전항의 규정에 위반하여 건축하는 자

에 대하여 건물의 변경이나 철거를 청구할 수 있다. 그러나 건축에 착수한 후 1년을 경과하거나 건물이 완성된 후에는 손해배상만을 청구할 수 있다.
(2) 차면시설의무-제243조: 경계로부터 2미터 이내의 거리에서 이웃 주택의 내부를 관망할 수 있는 창이나 마루를 설치하는 경우에는 적당한 차면시설을 하여야 한다.

3. 建物外의 工作物設置 - 제244조

(1) 지하시설에는 2m 이상의 거리-제1항: 우물을 파거나 용수, 하수 또는 오물 등을 모을 지하시설을 하는 때에는 경계로부터 2미터 이상의 거리를 두어야 하며 저수지, 도랑 또는 지하실공사에는 경계로부터 그 깊이의 반 이상의 거리를 두어야 한다. 본조는 임의규정으로 당사자간에 다른 약정을 할 수 있다(대판 1982.10.26. 80다1634). 한편 한 개의 우물의 일부분이 법정거리 내라면 해당부분만 철거하면 된다. 따라서 본건 우물의 일부만이 토지경계에서 2미터 안에 시설되어 있고(경계로부터 2미터 거리 내에 있는 부분은 이 사건 우물 7.3미터 중 2미터 부분만이다) 그 나머지 부분은(5.3미터 부분) 그 2미터 밖에 있음이 분명하다 할 것이므로 특별한 사정이 없는 이상 피고의 본건 우물 중 경계에서 2미터 거리 내의 우물부분은 이를 매몰할 의무가 있다고는 할 수 있을 것이나 경계에서 2미터 거리 밖의 우물부분까지(5.3미터) 이를 매몰할 의무가 있다고는 할 수 없다(대판 1980.10.27. 80다745).
(2) 방지조치의무-제2항: 전항의 공사를 함에는 토사가 붕괴하거나 하수 또는 더러운 물이 이웃에 흐르지 아니하도록 적당한 조처를 하여야 한다.

第2節 所有權의 取得

1. 槪括: 소유권이 취득되는 경우는 법률행위에 의한 것이 가장 많고, 그 외에 상속, 시효취득, 첨부, 공용수용 등을 원인으로 소유권이 취득된다. 법률행위에 의한 소유권의 취득은 제185조 이하의 물권 총칙편에 규정하고, 본절에서는 소유권의 원시취득에 관하여 규정한다.

2. 構成

(1) 취득시효: 제245조-제248조
(2) 선의취득: 제249조
(3) 도품, 유실물의 경매시장에서 매수: 제250조, 제251조
(4) 무주물: 제252조
(5) 유실물: 제253조
(6) 매장물: 제254조, 제255조
(7) 첨부: 제256조-제261조

第245條【占有로 因한 不動產所有權의 取得期間】 ①20年間 所有의 意思로 平穩, 公然하게 不動產을 占有하는 者는 登記함으로써 그 所有權을 取得한다.
②不動產의 所有者로 登記한 者가 10年間 所有의 意思로 平穩, 公然하게 善意이며 過失 없이 그 不動產을 占有한 때에는 所有權을 取得한다.

不動產所有權의 時效取得

1. 占有取得時效制度(제1항) - 위헌 여부 - 합헌: 민법 제245조제1항은 부동산에 대한 소유권자이면서 오랜동안 권리행사를 태만히 한 자와, 원래 무권리자이지만 소유의 의사로 평온, 공연하게 부동산을 거의 영구적으로 보이는 20년 동안 점유한 자와의 사이의 권리의 객체인 부동산에 대한 실질적인 이해관계를 취득시효제도의 필요성을 종합하고 상관적으로 비교형량하여 형평의 견지에서 실질적 이해관계가 보다 두터운 점유자가 원소유자에게 이전등기청구권을 취득하게 한 것이고, 그 반사적 효과로서 아무런 보상이나 배상이나 부당이득의 반환이 없이 원소유권자의 소유권을 상실케 하는 결과를 낳게 한 내용으로, 헌법이 보장하는 재산권인 부동산소유권의 득실

에 관한 내용과 한계를 구체적으로 형성한 것으로서, 헌법 제23조제1항에서 정한 재산권의 보장의 이념과 한계에 위반되거나, 기본권 제한의 한계를 규정한 헌법 제37조제2항에 위반된다고 할 수 없다. 취득시효제도가 등기를 갖춘 부동산 소유자의 소유권을 박탈하여 이를 점유자에게 이전하여 주는 것이라 하여도 그 제도의 존재이유에 비추어 볼 때 위 양자를 합리적 이유 없이 차별하는 것으로 볼 수 없고, 시효취득자가 시효기간 만료 전의 등기취득자에 대하여는 시효완성의 효과를 주장할 수 없으나 시효기간 만료 후의 소유권이전등기 취득자에 대하여는 이를 주장할 수 없다고 해석하더라도 이는 부동산의 물권변동에 관하여 형식주의를 취하고 있는 현행 민법의 체계상 불가피한 해석이므로 이 역시 시효기간 만료 전의 등기취득자를 그 만료 후의 등기취득자에 비하여 불합리하게 차별하는 것이라고 할 수 없어 위 제도가 헌법상 평등권을 침해하는 것으로는 볼 수 없다(헌법재판소 1993.7.29. 92헌바20).

(1) 부동산을 20년간 점유

(가) 객체는 부동산

① 성명 불상자 소유도 가능: 부동산 소유권의 취득은 원시취득으로서 취득시효의 요건을 갖추면 곧 등기청구권을 취득하는 것이고 또 타인의 소유권을 승계취득하는 것이 아니어서 시효취득의 대상이 반드시 타인의 소유물이어야 하거나 그 타인이 특정되어 있어야만 하는 것은 아니므로 성명불상자의 소유물에 대하여 시효취득을 인정할 수 있다(대판 1992.2.25. 91다9312).

② 자기소유 부동산-불가: 취득시효의 기산점은 그 점유를 개시한 날이 되어야 하고 시효취득을 주장하는 자가 임의로 정할 수는 없다고 할 것이나 자기소유의 부동산을 점유하고 있는 상태에서 다른 사람 명의로 소유권이전등기가 된 경우 자기소유 부동산을 점유하는 것은 취득시효의 기초로서의 점유라고 할 수 없고 그 소유권의 변동이 있는 경우에 비로소 취득시효의 기초로서의 점유가 개시되는 것이므로 그 점유가 자주점유라면 취득시효의 기산점은 소유권의 변동일(소유권이전등기일)이다(대판 1989.9.26. 88다카26574).

③ 부동산의 일부: 1필의 토지 일부에 대한 시효취득을 인정하기 위하여는 그 부분이 다른 부분과 구분되어 시효취득자의 점유에 속한다는 것을 인식하기에 족한 객관적인 징표가 계속하여 존재할 것을 요한다(대판 1997.3.11. 96다37428).

④ 국공유 부동산: 국유재산 중 잡종재산은 시효취득의 대상이 된다(국유재산법 5조2항).

⑤ 공유부분: 토지의 공유지분 일부에 대하여도 시효취득이 가능하다(대판 1979.6.26. 79다639). 또한 건물 공유자 중 일부만이 당해 건물을 점유하고 있는 경우라도 그 건물의 부지는 건물 소유를 위하여 공유명의자 전원이 공동으로 이를 점유하고 있는 것으로 볼 것이며, 건물 공유자들이 건물부지의 공동점유로 인하여 건물부지에 대한 소유권을 시효취득하는 경우라면 그 취득시효 완성을 원인으로 한 소유권이전등기청구권은 당해 건물의 공유지분비율과 같은 비율로 건물 공유자들에게 귀속된다(대판 2003.11.13. 2002다57935).

(나) 20년간 점유: 20년간 계속 점유하여야 한다.

① 점유-직·간접 점유: 직접점유만을 의미하는 것이 아니라, 간접점유도 본조의 요건인 점유에 포함된다. 간접점유의 경우에 제176조에 의하면 가처분은 시효의 이익을 받은 자에 대하여 하지 아니한 때에는 이를 그에게 통지한 후가 아니면 시효중단의 효력이 없다고 되어 있어 직접점유자를 상대로 점유이전금지가처분을 한 뜻을 간접점유자에게 통지한 바가 없다면 가처분은 간접점유자에 대하여 시효중단의 효력을 발생할 수 없다(대판 1992.10.27. 91다41064, 41071).

② 점유계속의 추정-제198조: 전후에 점유한 사실이 있는 때에는 점유가 계속된 것으로 추정한다. 이 경우 점유자가 다른 경우에도 점유의 승계가 입증되면 점유계속은 추정된다(대판 1996.9.20. 96다24279, 24286).

③ 점유기간의 합산-제199조: 점유자는 자기의 점유만을 주장할 수도 있고, 전점유자의 점유도 합산하여 주장할 수 있다.

④ 본인이 계속 점유한 점유기산일의 임의선택 가부: 취득시효는 그 기간 동안 등기명의자가 동일하고 취득자의 변동이 없는 경우가 아닌 한 그 기초되는 점유의 개시일로부터 기산하여야 하고 임의로 기산일을 정할 수 없다(대판 1989.4.25. 88다카3618). 즉 등기명의자가 동일한 때에는

시효취득을 주장하는 자는 역산하여 20년 이상 되는 시점을 임의로 선택하여 주장할 수 있으나, 등기명의자가 바뀐 경우에는 기산일을 임의로 선택하여 주장할 수 없다.

⑤ 점유를 합산한 경우의 기산일 임의선택 가부: 점유가 순차로 승계된 경우에 취득시효의 완성을 주장하는 자는 자기의 점유만을 주장하거나 또는 자기의 점유와 전점유자의 점유를 아울러 주장할 수 있는 선택권이 있으나, 다만 그러한 경우에도 점유의 개시시기를 전점유자의 점유기간 중의 임의시점을 택하여 주장할 수 없다(대판 1992.12.11. 92다9968, 9975).

⑥ 기산점은 간접사실: 취득시효의 기산점은 법률효과의 판단에 관하여 직접 필요한 주요사실이 아니고 간접사실에 불과하여 법원으로서는 이에 관한 당사자의 주장에 구속되지 아니하고 소송자료에 의하여 진정한 점유의 시기를 인정하여야 한다(대판 1994.4.15. 93다60120).

⑦ 상속에 의한 점유권 이전: 상속에 의하여 점유권을 취득한 경우에는 상속인이 새로운 권원에 의하여 자기 고유의 점유를 시작하지 않는 한 피상속인의 점유를 떠나 자기만의 점유를 주장할 수 없고, 또 선대의 점유가 타주점유인 경우 선대로부터 상속에 의하여 점유를 승계한 자의 점유도 그 성질 내지 태양을 달리하는 것이 아니어서 특별한 사정이 없는 한 그 점유가 자주점유로 될 수 없고, 그 점유가 자주점유가 되기 위하여는 점유자가 소유자에 대하여 소유의 의사가 있는 것을 표시하거나 새로운 권원에 의하여 다시 소유의 의사로써 점유를 시작하여야 한다(대판 1997.12.12. 97다40100).

(다) 시효의 중단, 정지-제247조: 제247조제2항에 의하여 소멸시효중단사유는 취득시효에도 준용된다. 시효중단이 되는 경우는 예컨대 소유자가 소유권에 기하여 반환청구를 한 경우, 점유자가 소유자에 대하여 자기의 점유가 소유권취득의 권원이 없음을 인정(승인)한 때에는 시효가 중단된다. 소멸시효 정지에 관한 규정도 유추적용된다.

① 응소행위: 취득시효를 주장하는 자가 원고가 되어 소를 제기한 데 대하여 권리자가 피고로서 응소하고 그 소송에서 적극적으로 권리를 주장하여 그것이 받아들여진 경우에는 민법 제247조제2항에 의하여 취득시효기간에 준용되는 민법 제168조제1호, 제170조제1항에서 시효중단사유의 하나로 규정하고 있는 재판상 청구에 포함된다. 그리고 시효를 주장하는 자가 원고가 되어 소를 제기한 경우에 있어서, 피고가 응소행위를 하였다고 하여 바로 시효중단의 효과가 발생하는 것은 아니고, 변론주의 원칙상 시효중단의 효과를 원하는 피고로서는 당해 소송 또는 다른 소송에서의 응소행위로서 시효가 중단되었다고 주장하지 않으면 아니 되고, 피고가 변론에서 시효중단의 주장 또는 이러한 취지가 포함되었다고 볼 만한 주장을 하지 아니하는 한, 피고의 응소행위가 있었다는 사정만으로 당연히 시효중단의 효력이 발생한다고 할 수는 없는 것이나, 응소행위로 인한 시효중단의 주장은 취득시효가 완성된 후라도 사실심변론종결 전에는 언제든지 할 수 있다(대판 2003.6.13. 2003다17927, 17934).

② 시효완성 전의 시효이익포기의 의사표시: 점유자가 건물에 대한 철거요구가 있으면 응하겠다고 함으로써 시효이익을 포기하였다는 주장에 대하여 시효완성 전에 시효이익을 미리 포기할 수 고, 그 시효이익포기의 의사표시는 취득시효의 중단사유인 승인으로 볼 여지가 있다(대판 1997.6.27. 96다49735, 49742).

③ 취득시효 완성 후 소유자가 점유자를 상대로 소송을 제기하였으나 점유자가 시효취득 주장을 하지 아니하여 소유자가 승소한 경우, 시효의 중단 또는 시효이익의 포기로 인정할 수 있는지 여부: 점유자의 취득시효 완성 후 소유자가 토지에 대한 권리를 주장하는 소를 제기하여 승소판결을 받은 사실이 있다고 하더라도 그 판결에 의하여 시효중단의 효력이 발생할 여지는 없고, 점유자가 그 소송에서 그 토지에 대한 시효취득을 주장하지 않았다고 하여 시효이익을 포기한 것이라고도 볼 수 없으며 그 토지에 대한 점유자의 점유가 평온, 공연한 점유가 아니게 되는 것도 아니다(대판 1996.10.29. 96다23573, 23580).

(라) 자주점유: 소유의 의사로 부동산을 점유하여야 한다. 소유의 의사란 소유자로서 점유하는 의사를 말한다.

① 자주점유 추정-제197조: 점유자는 소유의 의사로 점유한 것으로 추정된다.

② 점유의 권원은 간접사실: 부동산의 시효취득에 있어서 그 점유가 자주점유인지의 여부를 가

리는 기준이 되는 점유의 권원은 간접사실에 지나지 아니하는 것이므로, 법원은 당사자의 주장에 구애됨이 없이 소송자료에 의하여 인정되는 바에 따라 진정한 점유의 권원을 심리하여 취득시효의 완성 여부를 판단할 수 있다(대판 1997.2.28. 96다53789).

(마) 평온, 공연한 점유: 폭력 또는 숨겨서 비밀스럽게 점유하는 것이 아니어야 한다.

① 평온, 공연의 추정-제197조: 평온, 공연은 추정된다.

② 이의를 받은 경우, 소유권분쟁이 있는 경우: 본조의 평온의 점유라 함은 점유자가 그 점유를 취득 또는 보유하는 데 법이 허용하지 아니하는 강폭 행위를 쓰지 않는 것을 의미하고, 그 점유가 불법이라고 주장하는 자로부터 이의를 받거나 소유권을 위요하여 분쟁이 있었다는 사실만 가지고 곧 그 점유가 평온하지 않다고는 할 수 없다(대판 1982.3.9. 81다172). 그러나 부동산 소유자가 점유자 내지 그 점유승계자 등을 상대로 그동안 수 없이 그 부동산에 대하여 명도 요구를 하였고, 점유자 내지 그 점유승계자들 또한 소유자에게 그 부동산에 대한 임대·교환·불하 등의 요구를 하였던 점 등으로 미루어 보면, 점유자와 그 점유승계자들의 점유는 소유의 의사가 있는 점유가 아니고 평온한 점유도 아니라는 소유자의 주장은 그 점유승계자들이 그 부동산에 관한 소유권을 승인함으로써 시효가 중단되었다는 주장으로도 볼 수 있다(대판 1996.6.11. 94다55545, 55552).

(바) 선의·무과실은 불요: 선의·무과실임을 요하지 않는다.

(2) 등기청구권: 위 요건을 충족하면 점유자는 등기명의자(소유자)에 대하여 시효취득에 의한 등기청구권이 발생하고, 등기청구권의 행사로 등기가 이루어지면 소유권을 취득한다.

(가) 등기청구권자

① 취득시효 완성 당시의 점유자: 시효취득을 주장할 수 있는 자는 시효기간 완성 당시의 점유자이다.

② 취득시효 완성 후 점유를 상실한 자: 원래 취득시효제도는 일정한 기간 점유를 계속한 자를 보호하여 그에게 실체법상의 권리를 부여하는 제도이므로, 부동산을 20년간 소유의 의사로 평온·공연하게 점유한 자는 민법 제245조제1항에 의하여 점유부동산에 관하여 소유자에 대한 소유권이전등기청구권을 취득하게 되며, 점유자가 취득시효기간의 만료로 일단 소유권이전등기청구권을 취득한 이상, 그 후 점유를 상실하였다고 하더라도 이를 시효이익의 포기로 볼 수 있는 경우가 아닌 한, 이미 취득한 소유권이전등기청구권은 소멸되지 아니한다(대판 1995.3.28. 93다47745).

③ 취득시효기간 완성 후의 점유승계자: 전 점유자의 점유를 승계한 자는 그 점유 자체와 하자만을 승계하는 것이지 그 점유로 인한 법률효과까지 승계하는 것은 아니므로 부동산을 취득시효기간 만료 당시의 점유자로부터 양수하여 점유를 승계한 현 점유자는 자신의 전 점유자에 대한 소유권이전등기청구권을 보전하기 위하여 전 점유자의 소유자에 대한 소유권이전등기청구권을 대위행사할 수 있을 뿐, 전 점유자의 취득시효 완성의 효과를 주장하여 직접 자기에게 소유권이전등기를 청구할 권원은 없다(대판 1995.3.28. 93다47745).

(나) 등기청구권의 상대방: 취득시효 완성 당시의 명의자가 취득시효의 상대방, 즉 등기청구권의 상대방이다.

① 시효기간 완성 후의 (새로운)등기명의자: 부동산에 대한 점유취득시효가 완성되었다고 하더라도 이를 등기하지 아니하고 있는 사이에 그 부동산에 관하여 제3자에게 소유권이전등기가 마쳐지면 점유자는 시효취득을 그 제3자에게 대항할 수 없다(대판 1998.4.10. 97다56495). 즉 취득시효기간 완성 후의 새로운 소유자(등기명의인)에 대하여는 시효취득을 주장할 수 없다. 그러나 부동산의 소유자가 취득시효의 완성 사실을 알 수 있는 경우에 부동산 소유자가 부동산을 제3자에게 처분하여 소유권이전등기를 넘겨줌으로써 취득시효 완성을 원인으로 한 소유권이전등기의무가 이행불능에 빠지게 되어 취득시효 완성을 주장하는 자가 손해를 입었다면 불법행위를 구성한다 할 것이며, 부동산을 취득한 제3자가 부동산 소유자의 이와 같은 불법행위에 적극 가담하였다면 이는 사회질서에 반하는 행위로서 무효이다(대판 1998.4.10. 97다56495).

② 시효기간 완성 후 제3자에게 소유권을 넘긴 후에 다시 소유권을 회복한 경우: 부동산에 대한 점유로 인한 소유권취득시효가 완성되었다 하더라도 이를 등기하지 않고 있는 사이에 그 부동산에 관하여 제3자에게로 소유권이전등기가 마쳐지면 점유자가 그 제3자에게는 그 시효취득

으로 대항할 수 없으나, 그로 인하여 점유자가 취득시효완성 당시의 소유자에 대한 시효취득으로 인한 소유권이전등기청구권을 상실하는 것은 아니고 단지 위 소유자의 점유자에 대한 소유권이전등기의무가 이행불능으로 되는 것뿐이므로, 그 후 어떠한 사유로 취득시효완성 당시의 소유자에게로 소유권이 회복되었다면 점유자는 그 소유자에게 시효취득의 효과를 주장할 수 있다(대판 1994.2.8. 93다42016).

③ 시효완성 당시의 등기가 무효인 경우: 점유취득시효 완성을 원인으로 한 소유권이전등기청구는 시효 완성 당시의 소유자를 상대로 하여야 하므로 시효 완성 당시의 소유권보존등기 또는 이전등기가 무효라면 원칙적으로 그 등기명의인은 시효취득을 원인으로 한 소유권이전등기청구의 상대방이 될 수 없고, 이 경우 시효취득자는 소유자를 대위하여 위 무효등기의 말소를 구하고 다시 위 소유자를 상대로 취득시효 완성을 이유로 한 소유권이전등기를 구하여야 한다(대판 2007.7.26. 2006다64573).

④ 취득시효 완성 후 소유자의 상속인 중 한 사람이 소유자로부터의 증여를 원인으로 소유권이전등기를 마친 경우, 새로운 이해관계인에 해당하는지 여부: 상속인 중의 한 사람이 소유자인 피상속인으로부터 증여를 받아 소유권이전등기를 마친 경우, 그 증여가 실질적인 상속재산의 협의분할과 동일시할 수 있는 등의 특별한 사정이 없는 한 등기명의인은 점유자에 대한 관계에서 종전 소유자와 같은 지위에 있는 자로 볼 수는 없고 취득시효 완성 후의 새로운 이해관계인으로 보아야 한다(대판 1998.4.10. 97다56495).

⑤ 공동상속인 중 한 사람이 다른 상속인의 상속지분을 양수하여 소유권이전등기를 경료한 경우: 부동산 취득시효기간 경과 후에 공동상속인 중의 한 사람이 다른 상속인의 상속지분을 양수하여 소유권이전등기를 경료한 경우 시효완성 후의 새로운 이해관계인이다(대판 1992.10.13. 92다26871).

⑥ 명의신탁해지에 의한 신탁자로의 이전등기: 명의신탁된 부동산에 대하여 점유취득시효가 완성된 후 시효취득자가 그 소유권이전등기를 경료하기 전에 명의신탁이 해지되어 그 등기명의가 명의수탁자로부터 명의신탁자에게로 이전된 경우에는 그 부동산에 대한 내부적인 소유권의 변동은 없으나, 대외적으로는 그 소유권에 변동이 있을 뿐 아니라 그 등기명의에도 변동이 있고, 명의신탁 제도가 대외적 관계에서는 등기명의자만이 소유권자로 취급될 뿐이고 시효 완성 당시 시효취득자에게 져야 할 등기의무도 대외적으로는 명의신탁자에게 있지 아니하고 명의수탁자에게 있음에 불과하므로 대외적 등기명의자인 수탁자로부터 소유자로 취급되지 않던 명의신탁자에게 등기가 옮겨간 것도 점유시효취득자 등과의 관계와 같은 외부적 관계에서는 완전한 새로운 권리변동으로 보아야 하므로, 그 명의신탁자의 등기취득이 등기의무자의 배임행위에 적극 가담한 반사회적 행위에 근거한 등기이든가 또는 기타 다른 이유로 인한 원인무효의 등기인 경우는 별론으로 하고, 그 명의신탁자는 취득시효 완성 후에 소유권을 취득한 자에 해당하여 그에 대하여 취득시효를 주장할 수 없다(대판 1995.12.8. 95다38493).

⑦ 명의신탁된 종중재산의 취득시효 완성 후 종중 명의로 소유권보존등기가 경료된 경우: 종중이 그 소유의 부동산에 관하여 개인에게 명의신탁하여 그 명의로 사정을 받은 경우에도 그 사정명의인이 부동산의 소유권을 원시적·창설적으로 취득하는 것이므로, 종중이 그 소유의 부동산을 개인에게 명의신탁하여 사정을 받은 후 그 사정 명의인이 소유권보존등기를 하지 아니하고 있다가 제3자의 취득시효가 완성된 후에 종중 명의로 바로 소유권보존등기를 경료하였다면, 대외적인 관계에서는 그때에 비로소 새로이 명의신탁자인 종중에게로 소유권이 이전된 것으로 보아야 하고, 따라서 이 경우 종중은 취득시효 완성 후에 소유권을 취득한 자에 해당하여 종중에 대하여는 취득시효를 주장할 수 없다(대판 2001.10.26. 2000다8861).

⑧ 사찰재산을 주지명의에서 사찰명의로 변경한 경우: 사찰이 권리능력의 주체로 됨에 있어 사찰로서의 등록이 요건인지 여부(소극)나. 사찰이 등록은 되어 있지 않았으나 권리능력의 주체로서의 실체를 갖추고 있어서 주지 갑이 위 사찰의 대표자로서 임야를 매수하여 갑 개인에게 명의신탁하여 이전등기를 하였다가 을의 취득시효가 완성된 이후 사찰 명의로 소유권이전등기를 경료하였다면 을의 점유승계인은 위 사찰에 대하여 시효취득을 주장할 수 있다(대판 1992.6.12. 92다12018).

⑨ 미등기 토지에 대한 취득시효완성 후 완성 당시 소유자 명의로의 소유권보존등기: 토지에 대한 점유로 인한 취득시효 완성 당시 미등기로 남아 있던 토지에 관하여 소유권을 가지고 있던 자가 취득시효 완성 후에 그 명의로 소유권보존등기를 마쳤다 하더라도 소유자에 변경이 있다고 볼 수 없으며, 그러한 등기 명의자로부터 상속을 원인으로 소유권이전등기를 마친 자가 있다 하여도 취득시효 완성을 주장할 수 있는 시점에서 역산하여 취득시효 기간이 경과되면 그에게 취득시효 완성을 주장할 수 있다(대판 1998.4.14. 97다44089).

(다) 등기청구권의 발생: 위 요건을 충족하면 등기청구권이 발생한다.

① 성질-채권적 청구권: 취득시효 완성으로 인한 소유권이전등기청구권은 그 토지에 대한 점유가 계속되는 한 시효로 소멸하지 아니하고, 그 후 점유를 상실하였다고 하더라도 이를 시효이익의 포기로 볼 수 있는 경우가 아닌 한 이미 취득한 소유권이전등기청구권은 바로 소멸되는 것은 아니나, 취득시효가 완성된 점유자가 점유를 상실한 경우 취득시효 완성으로 인한 소유권이전등기청구권의 소멸시효는 이와 별개의 문제로서, 그 점유자가 점유를 상실한 때로부터 10년간 등기청구권을 행사하지 아니하면 소멸시효가 완성한다(대판 1996.3.8. 95다34866, 34873).

② 시효취득자의 점유상실: 민법 제245조제1항에 의하여 점유부동산에 관하여 소유자에 대한 소유권이전등기청구권을 취득하게 되며, 점유자가 취득시효기간의 만료로 일단 소유권이전등기청구권을 취득한 이상, 그 후 점유를 상실하였다고 하더라도 이를 시효이익의 포기로 볼 수 있는 경우가 아닌 한, 이미 취득한 소유권이전등기청구권은 소멸되지 아니한다(대판 1995.3.28. 93다47745).

③ 시효기간완성 후의 명의자의 처분행위의 불법행위 성부-긍정: 취득시효가 완성된 후 취득시효를 주장하거나 이로 인한 소유권이전등기청구를 하기 이전에는 등기명의인인 부동산 소유자로서는 특별한 사정이 없는 한 시효취득 사실을 알 수 없으므로 이를 제3자에게 처분하였다 하더라도 불법행위가 성립할 수 없으나, 부동산의 소유자가 취득시효의 완성 사실을 알 수 있는 경우에 부동산 소유자가 부동산을 제3자에게 처분하여 소유권이전등기를 넘겨줌으로써 취득시효 완성을 원인으로 한 소유권이전등기의무가 이행불능에 빠지게 되어 취득시효 완성을 주장하는 자가 손해를 입었다면 불법행위를 구성한다(대판 1998.4.10. 97다56495).

④ 시효기간완성 후의 처분행위의 채무불이행책임 성부-부정: 부동산 점유자에게 시효취득으로 인한 소유권이전등기청구권이 있다고 하더라도 이로 인하여 부동산 소유자와 시효취득자 사이에 계약상의 채권·채무관계가 성립하는 것은 아니므로, 그 부동산을 처분한 소유자에게 채무불이행 책임을 물을 수 없다(대판 1995.7.11. 94다4509).

(3) 소유권취득-소급효: 요건을 충족하여 소유권등기를 하면 점유개시시에 소급하여 소유권을 취득한다(247조). 즉 취득시효기간의 완성만으로는 소유권취득의 효력이 바로 생기는 것이 아니라, 다만 이를 원인으로 하여 소유권취득을 위한 등기청구권이 발생할 뿐이고, 미등기 부동산의 경우라고 하여 취득시효기간의 완성만으로 등기 없이도 점유자가 소유권을 취득하는 것은 아니다(대판 2006.9.28. 2006다22074, 22081).

2. 登記簿取得時效 - 제2항: 부동산의 소유자로 등기한 자가 10년간 소유의 의사로 평온, 공연하게 선의이며 과실 없이 그 부동산을 점유한 때에는 소유권을 취득한다. 이 경우는 이미 등기는 되어 있으므로 요건을 충족하면 점유개시시에 소급하여 소유권을 취득한다.

(1) 요건

(가) 소유자로 등기: 부동산에 대하여 점유자 명의로 소유권등기가 되어 있어야 한다.

① 명의신탁-불가: 실질적인 소유자라도 등기명의가 점유자로 되어 있지 않다면 아니 된다. 따라서 부동산의 명의신탁에 있어서 수탁자명의로 등기된 기간이 10년이 경과하였다고 하더라도 명의수탁자의 등기를 신탁자의 등기로 볼 수 없을 뿐만 아니라 명의수탁자의 등기를 통하여 그 등기명의를 보유하고 있다고 할 수도 없으므로 신탁자에게 위 부동산에 대한 시효취득은 인정될 수 없다. 또한 명의신탁에 의하여 부동산의 소유자로 등기된 자는 그 점유권원의 성질상 자주점유라 할 수 없고 수탁자의 상속인은 피상속인의 법률상의 지위를 그대로 승계하는 것이므로 상속인이 따로이 소유의 의사로서 점유를 개시하였다고 인정할 수 있는 별개의 사유가 존재하지 않는 한 수탁자의 상속인으로서는 시효의 효과로 인하여 신탁물인 부동산의 소유권을 취득할 수

없다(대판 1987.11.10. 85다카1644).
② 적법·유효한 등기 여부: 소유자로 등기한 자라 함은 적법·유효한 등기를 마친 자일 필요는 없고 무효의 등기를 마친 자라도 상관없다(대판 1998.1.20. 96다48527). 그러나 2중등기는 시효취득의 대상이 아니다.
③ 등기원인의 누락: 소유권이전등기에 있어 부동산등기법 제57조에서 정한 등기의 기재 사항 중 등기원인이 누락되었더라도 그것은 실제의 권리관계를 표시함에 족할 정도로 동일 또는 유사성이 있는 것이므로, 본조의 소유자로 등기한 자에 있어서의 등기에 해당한다(대판 1998.2.24. 96다8888).
④ 착오로 작성된 지적도에 기초한 등기: 토지에 관한 지적도가 착오로 작성된 결과 토지에 관한 등기가 그 지적도에 착오로 기재된 토지 부분도 표상하고 있는 것처럼 보이지만, 그와 같이 착오로 작성된 지적도는 지적법 제38조에 따른 정정의 대상에 불과하여, 등기는 결국 그 지적도의 기재에도 불구하고 정당한 위치 및 면적에 따른 토지만을 표상한다고 보아야 할 것인바, 그 등기가 그 등기 면적에 해당하는 부분의 토지를 유효하게 표상하고 있는 이상 그 등기 면적을 넘어 지적도상 착오로 기재된 토지 부분까지도 표상한다고는 볼 수 없기 때문에 그 부분에 대한 등기부취득시효는 인정되지 아니한다(대판 1995.10.12. 95다11252).
⑤ 분필절차를 거치지 않은 채 등기부상만으로 분할된 토지에 대한 등기: 토지의 개수는 지적법에 의한 지적공부상의 토지의 필수를 표준으로 하여 결정되는 것으로서 1필지의 토지를 수필의 토지로 분할하여 등기하려면 지적법이 정하는 바에 따라 먼저 지적공부 소관청에 의하여 지적측량을 하고 그에 따라 필지마다 지번, 지목, 경계 또는 좌표와 면적이 정하여진 후 지적공부에 등록되는 등 분할의 절차를 밟아야 되고, 가사 등기부에만 분필의 등기가 이루어졌다고 하여도 이로써 분필의 효과가 발생할 수는 없다. 등기부상만으로 어떤 토지 중 일부가 분할되고 그 분할된 토지에 대하여 지번과 지적이 부여되어 등기되어 있어도 지적공부 소관청에 의한 지번, 지적, 지목, 경계확정 등의 분필절차를 거친 바가 없다면 그 등기가 표상하는 목적물은 특정되었다고 할 수는 없으니, 그 등기부에 소유자로 등기된 자가 그 등기부에 기재된 면적에 해당하는 만큼의 토지를 특정하여 점유하였다고 하더라도, 그 등기는 그가 점유하는 토지부분을 표상하는 등기로 볼 수 없어 그 점유자는 등기부취득시효의 요건인 부동산의 소유자로 등기한 자에 해당하지 아니하므로 그가 점유하는 부분에 대하여 등기부시효취득을 할 수는 없다(대판 1995.6.16. 94다4615).
⑥ 2중등기: 본조의 등기는 부동산등기법 제15조가 규정한 1부동산1용지주의에 위배되지 아니한 등기를 말하므로, 어느 부동산에 관하여 등기명의인을 달리하여 소유권보존등기가 2중으로 경료된 경우 먼저 이루어진 소유권보존등기가 원인무효가 아니어서 뒤에 된 소유권보존등기가 무효로 되는 때에는 뒤에 된 소유권보존등기나 이에 터잡은 소유권이전등기를 근거로 하여서는 등기부취득시효의 완성을 주장할 수 없다(대판 1996.10.17. 96다12511).
(나) 10년간 등기계속: 등기명의가 10년간 점유자로 되어 있어야 한다.
① 등기의 합산: 본조에 의하여 소유권을 취득하는 자는 10년간 반드시 그의 명의로 등기되어 있어야 하는 것은 아니고 앞 사람의 등기까지 아울러 그 기간동안 부동산의 소유자로 등기되어 있으면 된다(대판 1989.12.26. 87다카2176). 즉 전점유자의 등기기간을 자기의 등기기간에 합산할 수 있다.
② 상속인: 상속인은 상속의 개시, 즉 피상속인의 사망이라는 법률요건의 성립에 의하여 피상속인의 재산에 관한 포괄적 권리의무를 승계하고, 권리의 득실변경에 등기를 요건으로 하는 경우에도 상속인은 등기를 하지 아니하고도 상속에 의하여 곧바로 그 권리를 취득하는 것이므로 부동산에 관하여 피상속인 명의로 소유권이전등기가 10년 이상 경료되어 있는 이상 상속인은 부동산등기부 시효취득의 요건인 '부동산의 소유자로 등기한 자'에 해당 한다고 할 것이어서, 이 경우 피상속인과 상속인의 점유기간을 합산하여 10년을 넘을 때에 등기부취득시효기간이 완성된다(대판 1989.12.26. 89다카6140).
(다) 점유: 선의이며, 과실 없이 소유의 의사로, 평온, 공연하게 점유하여야 한다. * 등기부취득시효에서의 선의·무과실은 등기에 관한 것이 아니고 점유의 취득에 관한 것이다(대판 1998.1.20. 96다48527).

① 소유의 의사: 자주점유, 즉 소유의 의사는 제197조에 의하여 추정된다. 그런데 여기서의 소유의 의사는 자기가 무권리자임을 모를 뿐만 아니라 적극적으로 자기가 권리자로 믿는 것을 말하여, 무과실은 선의인 것에 대하여 과실이 없는 것을 말한다. 즉 전점유자로부터 등기를 권원(매매, 증여, 상속 등)에 의하여 이전받아야 한다. 그 권원은 취득 당시(점유개시시)에 과실 없이 선의이면 족하고 후에 무효로 되더라도 관계없다(대판 1993.11.23. 93다21132). 따라서 점유자가 점유 개시 당시에 소유권 취득의 원인이 될 수 있는 법률행위 기타 법률요건이 없이 그와 같은 법률요건이 없다는 사실을 잘 알면서 타인 소유의 부동산을 무단점유한 것임이 입증된 경우에는, 특별한 사정이 없는 한 점유자는 타인의 소유권을 배척하고 점유할 의사를 갖고 있지 않다고 보아야 할 것이므로 이로써 소유의 의사가 있는 점유라는 추정은 깨진다(대판 2007.12.27. 2007다42112). * 토지와 그 지상가옥을 매수 취득하여 소유권이전등기를 경료한 후 자신의 외가 친척으로 하여금 대가 없이 이에 거주하도록 승낙하고 이에 기하여 그 후손들이 대를 이어 가옥에 거주하면서 위 토지를 점유하여 왔다면 그 후손들의 점유는 권원의 성질상 자주점유가 될 수 없다(대판 1991.12.24. 91다3544).

② 간접점유도 가능: 제3자를 점유매개자로 하여 농지를 간접적으로 점유하여 온 자는 비록 그가 농민이 아니라고 하더라도 농지를 시효취득할 수 있다(대판 1998.2.24. 97다49053).

③ 공유물의 구분관리: 1필지의 토지를 2인이 공동매수하여 공동명의로 등기한 뒤 공유물의 관리방법으로 구분 점유하고 있다면 토지 전체를 등기부시효취득하였다고 보아야 한다(대판 1994.4.26. 93다16765).

④ 명의신탁자: 명의신탁에 의하여 부동산의 소유자로 등기된 사람은 그 점유권원의 성질상 자주점유라 할 수 없어 신탁부동산의 소유권을 시효취득할 수 없다(대판 1992.4.14. 91다46533).

⑤ 무과실·선의 여부: 등기부취득시효에서 선의·무과실은 등기에 관한 것이 아니고 점유 취득에 관한 것으로서 그 무과실에 관한 입증책임은 시효취득을 주장하는 쪽에 있고, 부동산을 취득한 자는 부동산을 양도하는 자가 처분할 권한이 있는지 여부를 조사하여야 할 것이며, 이를 조사하였더라면 양도인에게 처분권한이 없음을 알 수 있었음에도 불구하고 이러한 조사를 하지 아니하고 양수하였다면 그 부동산의 점유에 대하여 과실이 있다고 하지 않을 수 없는 것이며, 매도인이 등기부상의 소유명의자와 동일인인 경우에는 일반적으로는 등기부의 기재가 유효한 것으로 믿고 매수한 사람에게 과실이 있다고 할 수 없을 것이나, 만일 그 등기부의 기재나 다른 사정에 의하여 매도인의 권한에 대하여 의심할 만한 사정이 있다면 매도인 명의로 된 등기를 믿고 매수하였다 하여 그것만 가지고 과실이 없다고 할 수 없다(대판 2004.6.25. 2004다13052).

㉮ 등기부상 명의인과 양도인이 동일인: 양도인이 등기부상의 명의인과 동일인인 경우에는 등기부상 양도인 명의를 의심할 만한 특별한 사정이 없는 한 그 부동산을 양수한 자는 과실 없는 점유자에 해당한다(대판 1998.2.24. 96다8888).

㉯ 편법에 의한 증명서 발급받은 경우: 농지개혁법상 소재지 관서의 증명을 얻을 수 없는 자가 편법으로 소재지 관서의 증명을 받아 소유권이전등기를 경료하였다고 하더라도 그 점유가 악의의 점유로 된다고 할 수 없다(대판 1995.10.12. 95다22481).

㉰ 순차 상속에 의한 점유: 순차 상속에 의하여 점유권을 취득한 경우에는 상속인은 새로운 권원에 의하여 자기의 고유의 점유를 개시하지 않는 한 피상속인의 점유를 떠나 자신만의 점유를 주장할 수 없다고 할 것이므로, 등기부시효취득을 주장하는 당사자가 그의 부의 사망으로 토지에 대한 점유권을 상속에 의하여 취득하였고, 그의 부 역시 조부의 사망으로 그 토지에 대한 점유권을 상속에 의하여 취득한 것이라면, 특별한 사정이 없는 한 그 당사자나 그의 부는 새로운 권원에 의하여 그 점유를 개시한 것이라고 볼 수는 없다 할 것이어서 결국 그 당사자는 그의 조부가 그 토지에 대한 점유를 개시한 때에 과실이 없었음을 주장 입증하여야 한다(대판 1995.2.10.94다22651).

(라) 평온·공연한 점유: 평온·공연하게 점유하여야 한다.

(마) 시효중단·정지-제247조: 소멸시효중단사유는 취득시효에도 준용된다. 시효중단이 되는 경우는 예컨대 소유자가 소유권에 기하여 반환청구를 한 경우, 점유자가 소유자에 대하여 자기의 점유가 소유권취득의 권원이 없음을 인정(승인)한 때에는 시효가 중단된다. 소멸시효 정지에 관

한 규정도 유추적용된다.

(2) 효과

(가) 점유개시에 소유권취득-제247조: 점유자는 점유를 개시한 때에 소급하여 소유권을 취득한다.

(나) 10년 기간 경과 후에 원인 없이 등기 말소된 경우: 등기부 취득시효에 관하여 민법 제245조제2항은 〈부동산의 소유자로 등기한 자가 10년간 소유의 의사로 평온, 공연하게 선의이며 과실 없이 그 부동산을 점유한 때에는 소유권을 취득한다〉고 규정하고 있는데, 위 규정에 의하여 소유권을 취득하는 자는 10년간 반드시 그의 명의로 등기되어 있어야 하는 것은 아니고 앞 사람의 등기까지 아울러 그 기간동안 부동산의 소유자로 등기되어 있으면 된다고 할 것이고, 등기는 물권의 효력발생요건이고 효력존속요건이 아니므로 물권에 관한 등기가 원인 없이 말소된 경우에 그 물권의 효력에는 아무런 영향을 미치지 않는 것이므로, 등기부 취득시효가 완성된 후에 그 부동산에 관한 점유자 명의의 등기가 말소되거나 적법한 원인 없이 다른 사람 앞으로 소유권이전등기가 경료되었다 하더라도, 그 점유자는 등기부 취득시효의 완성에 의하여 취득한 소유권을 상실하는 것은 아니다(대판 2001.1.16. 98다20110).

第246條【占有로 因한 動產所有權의 取得期間】 ①10年間 所有의 意思로 平穩, 公然하게 動產을 占有한 者는 그 所有權을 取得한다.
②前項의 占有가 善意이며 過失없이 開始된 境遇에는 5年을 經過함으로써 그 所有權을 取得한다.

動產의 時效取得

1. 意義: 동산의 시효취득은 신속하게 이루어지는 거래관행에 따라 부동산보다는 취득시효기간을 단기간으로하고, 점유개시시에 선의·무과실인지 여부에 따라 두 가지로 구분한다.

2. 一般時效取得 - 제1항: 동산을 소유의 의사로 평온·공연하게 10년간 점유하면 그 동산의 소유권을 취득한다.

3. 短期時效取得 - 제2항: 동산을 선의이며 과실 없이 점유개시하여 소유의 의사로 평온·공연하게 5년을 경과하면 그 동산의 소유권을 취득한다.

第247條【所有權取得의 遡及效, 中斷事由】 ①前2條의 規定에 依한 所有權取得의 效力은 占有를 開始한 때에 遡及한다.
②消滅時效의 中斷에 關한 規定은 前2條의 所有權取得期間에 準用한다.

取得時效의 效果

1. 時效取得의 性質 - 원시취득: 부동산점유취득시효는 시효기간이 완성한 것만으로 점유자가 곧바로 소유권을 취득하는 것은 아니고 민법 제245조에 따라 점유자 명의로 등기를 함으로써 소유권을 취득하게 되며, 이는 원시취득에 해당하므로 특별한 사정이 없는 한 원소유자의 소유권에 가하여진 각종 제한에 의하여 영향을 받지 아니하는 완전한 내용의 소유권을 취득하게 되고, 이와 같은 소유권취득의 반사적 효과로서 그 부동산에 관하여 취득시효의 기간이 진행 중에 체결되어 소유권이전등기청구권가등기에 의하여 보전된 매매예약상의 매수인의 지위는 소멸된다고 할 것이지만, 시효기간이 완성되었다고 하더라도 점유자 앞으로 등기를 마치지 아니한 이상 전 소유권에 붙어 있는 위와 같은 부담은 소멸되지 아니한다(대판 2004.9.24. 2004다31463).

2. 所有權取得의 遡及效

(1) 당사자간-제1항: 원소유자와의 사이의 과실 등의 반환문제 등을 간이하게 해결하기 위해 소유권 취득의 효과가 점유를 개시한 때에 소급하는 것을 규정하였다. 점유자는 점유를 개시한 때에 소급하여 원시적으로 소유권을 취득한다. 따라서 시효기간 중에 시효취득자가 수취한 과실은 정당한 소유자로서 취득한 것으로 된다. 그리고 시효기간 중에 시효취득자가 임대 그 밖의 처분

은 유효한 것으로 된다.
(2) 제3자에 대한 관계: 소급효는 제3자에 대하여는 제한된다. 따라서 국세청이 원고에 의하여 이미 20년의 부동산취득시효기간이 경과된 부동산을 압류하였더라도 그때까지 원고가 등기를 하지 아니하였다면 제3자인 과세관청에 대하여 시효취득을 이유로 소유권을 주장할 수 없고, 압류 후에 소유권이전등기를 하여 그 취득시효로 인한 권리취득의 효력이 점유를 개시한 때에 소급한다고 하더라도 제3자인 과세관청과의 관계에서까지 그 소급효가 인정되는 것은 아니며, 또한 압류에서의 이른바 처분금지의 효력은 압류채권자와 관계에서 상대적으로 발생하는 것으로 압류채권자는 제3취득자에 대하여 압류의 효력을 주장할 수 있고 제3취득자는 이로써 압류채권자에게 대항할 수 없게 된다 할 것이므로 압류 후에 원고가 시효취득에 의하여 체납자로부터 소유권이전등기를 경료하였더라도 압류채권자에게는 대항할 수 없다(대판 1991.2.26. 90누5375). 또한 부동산에 관한 점유취득시효기간이 경과한 후 원래의 소유자의 위탁에 의하여 소유권이전등기를 마친 신탁법상의 수탁자는 그 점유자가 시효취득을 주장할 수 없는 새로운 이해관계인인 제3자에 해당하고, 그 수탁자가 해당 부동산의 공유자들을 조합원으로 한 비법인사단인 재건축조합이라고 하여 달리 볼 것도 아니다(대판 2003.8.19. 2001다47467).

3. 取得時效의 中斷 - 제2항: 소멸시효의 중단에 관한 규정은 취득시효에 준용된다. 시효의 중단이란 시효의 기초인 사실상태와 서로 용납할 수 없는 사실이 발생하면 시효가 그 때문에 중단되는 것이다. 중단사유가 없어지면 다시 시효는 진행되는데 중단 전의 기간은 통산하지 않는다.
* 점유자가 건물에 대한 철거요구가 있으면 응하겠다고 함으로써 시효이익을 포기하였다는 주장에 대하여 시효완성 전에 시효이익을 미리 포기할 수 없다는 이유로 이를 배척한 원심판결을, 시효이익 포기의 의사표시를 취득시효의 중단사유인 승인으로 볼 여지가 있다는 이유로 파기한 사례가 있다(대판 1997.6.27. 96다49735, 49742).

4. 取得時效의 停止: 소멸시효의 정지에 관한 규정이 준용된다고 해석된다.

5. 取得時效完成의 抛棄: 취득시효이익의 포기에 관하여 별도로 규정하지 아니하나, 소멸시효이익의 포기에 관한 규정(184조)이 유추적용되어, 미리 포기하지 못하나 완성 후에는 포기가 가능하다고 해석된다.
(1) 포기의 상대방-만료 당시의 진정한 소유자: 시효이익의 포기와 같은 상대방 있는 단독행위는 그 의사표시로 인하여 권리에 직접적인 영향을 받는 상대방에게 도달하는 때에 효력이 발생한다 할 것인바, 취득시효완성으로 인한 권리변동의 당사자는 시효취득자와 취득시효완성 당시의 진정한 소유자이고, 실체관계와 부합하지 않는 원인무효인 등기의 등기부상 소유명의자는 권리변동의 당사자가 될 수 없는 것이므로, 결국 시효이익의 포기는 달리 특별한 사정이 없는 한 시효취득자가 취득시효완성 당시의 진정한 소유자에 대하여 하여야 그 효력이 발생하는 것이지 원인무효인 등기의 등기부상 소유명의자에게 그와 같은 의사를 표시하였다고 하여 그 효력이 발생하는 것은 아니다(대판 1994.12.23. 94다40734).
(2) 포기 여부가 문제된 구체적 사례
(가) 취득시효 완성 후 국유임을 인정함과 아울러 자신의 무단점유·사용 사실을 시인하고 매수 또는 대부계약 및 변상금납부 기한유예를 받으려 한 경우: 국유 잡종지의 점유자가 취득시효기간이 만료된 이후 그 부동산이 국가의 소유임을 인정함과 아울러 이를 권원 없이 무단으로 점유·사용하고 있음을 시인하고 관련 법규에 의하여 국가로부터 이에 대한 매수 또는 대부계약 및 변상금납부 기한유예를 받으려는 의사표시를 하였다면, 이는 단순한 매수 또는 대부계약 체결 제의와는 달리 점유자가 그 취득시효의 완성사실을 알면서 점유부동산이 국가의 소유임을 승인하고 시효완성의 이익을 받지 않겠다는 적극적인 의사를 분명히 표시한 것으로 봄이 상당하다(대판 1995.4.14. 95다3756).
(나) 소의 취하: 취득시효 완성을 원인으로 한 소유권 이전등기절차이행청구의 소에서 적극적으로 시효의 이익을 포기하겠다고 표명한 바 없을지라도 소송 계속 중 원고가 그 토지에 대한 피고의 소유를 인정하여 피고와 합의하여 위 소송을 취하한 것이라면 또 그때 취득시효가 완성되었던 것이 인정된다면 특별한 사정이 없는 한 이는 원고가 그 취득시효의 완성을 알면서 그 시효의 이

익을 피고에게 포기하는 의사표시를 한 것으로 봄이 상당하다(대판 1973.9.29. 73다762).

(다) 기간 완성 후에 무단 점유 시인: 취득시효기간 만료 후 국가에 대하여 무단점유 사실을 확인하면서 당해 토지에 관하여 어떠한 권리도 주장하지 아니한다는 내용의 각서를 작성·교부하였고, 국가와 사이에 당해 토지를 대부하되 대부기간이 만료되거나 계약이 해지될 경우 지정한 기간 내에 원상으로 회복하여 반환하고 당해 토지에 관한 연고권을 주장할 수 없다는 내용의 국유재산 대부계약을 체결하였으며, 당해 토지를 권원 없이 점용한 데 대한 변상금 및 대부계약에 따른 대부료를 납부한 경우, 점유자는 취득시효완성의 이익을 포기하는 적극적인 의사표시를 하였다고 볼 것이다(대판 1998.5.22. 96다24101).

(라) 기간 완성 후 무단 점유에 따른 변상금 납부: 취득시효 완성 후 관할관청에 무단점유로 인한 변상금을 이의 없이 납부하고 국유재산 대부계약을 체결한 경우, 시효이익을 포기하였다고 볼 것이다(대판 1995.9.29. 94다60301).

(마) 기간 완성 후 경계선 획정 제의: 토지에 관한 취득시효 완성 후에 토지를 실측하여 경계선을 확정하고 쌍방의 공동부담으로 부로크 담을 축조하기로 합의하는 것은 그 토지에 관한 시효의 이익을 포기한 것으로 볼 것이다(대판 1961.12.21. 4293민상297).

(바) 기간 완성 후의 매수제의: 점유자가 취득시효기간 경과 후 상대방에게 토지의 매수제의를 한 일이 있다고 하더라도 일반적으로 점유자는 취득시효완성 후에도 소유권자와의 분쟁을 간편히 해결하기 위하여 매수를 시도하는 사례가 허다함에 비추어 매수제의사실을 가지고 점유자가 시효의 이익을 포기한다는 의사표시로 보거나 악의의 점유로 간주할 수 없다(대판 1989.4.11. 88다카5843, 88다카5850).

(사) 매수 계획 발표: 토지소유자의 보상금 지급요구에 대하여 시가 추후 소방도로를 개설할 때 보상대책을 검토하겠다는 취지의 회신을 하고 시의회에서 향후 예산이 확보되는 대로 매수할 계획이라는 취지의 회신을 한 것만으로 시가 취득시효이익을 포기하였다고 보기 어렵다(대판 1994.5.13. 93다56213).

(아) 등기명의자에게 세 부과: 지방자치단체재산을 관리하는 공무원이 아닌 지방세부과를 담당하는 공무원이 등기부에 의거하여 그 등기명의자에게 종합토지세를 부과하거나 이미 부과한 종합토지세에 대한 과오납금 환급통고를 한 경우, 그러한 사실만으로 지방자치단체가 시효 이익을 포기하겠다는 취지의 공적인 의사표명을 한 것으로 인정할 수는 없다(대판 1997.4.8. 97다2078).

第248條 【所有權以外의 財產權의 取得時效】 前3條의 規定은 所有權以外의 財產權의 取得에 準用한다.

所有權 以外의 財產權의 取得時效

1. 意義: 소유권 이외의 재산권도 그 대상이 부동산이면 부동산취득시효, 동산이면 동산취득시효에 관한 규정이 준용되며, 소유권취득의 소급효와 시효중단에 관한 규정도 준용된다.

2. 用益物權 – 지상권, 지역권, 분묘기지권: 물권은 점유를 수반하는 용익물권만이 대상이 되고, 그 중에서도 지상권과 지역권은 점유취득시효와 등기부 취득시효 모두 가능하며, 분묘기지권도 점유취득시효가 가능하다.

3. 債權: 채권 중에서 무기명채권은 채권증서를 준점유함으로써 동산취득시효의 대상이 된다.

4. 漁業權, 鑛業權: 어업권과 광업권은 특별법에 의하여 그 성질은 물권으로 하고 민법의 규정을 준용하도록 규정한다(수산업법 8조2항, 광업법 10조1항). 따라서 부동산시효취득에 관한 규정이 준용된다.

第249條 【善意取得】 平穩, 公然하게 動產을 讓受한 者가 善意이며 過失없이 그 動產을 占有한 境遇에는 讓渡人이 正當한 所有者가 아닌 때에도 卽時 그 動產의 所有權을 取得한다.

第250條【盜品, 遺失物에 對한 特例】 前條의 境遇에 그 動産이 盜品이나 遺失物인 때에는 被害者 또는 遺失者는 盜難 또는 遺失한 날로부터 2年內에 그 物件의 返還을 請求할 수 있다. 그러나 盜品이나 遺失物이 金錢인 때에는 그러하지 아니하다.

第251條【盜品, 遺失物에 對한 特例】 讓受人이 盜品 또는 遺失物을 競賣나 公開市場에서 또는 同種類의 物件을 販賣하는 商人에게서 善意로 買受한 때에는 被害者 또는 遺失者는 讓受人이 支給한 代價를 辨償하고 그 物件의 返還을 請求할 수 있다.

善意取得

1. 意義: 물권의 공시방법으로 부동산은 등기, 동산은 점유로 하고 있으며(공시력), 무권리자로부터 물권을 취득하면서 비록 양도인을 신뢰하였더라도 부동산에 대하여는 권리취득을 인정하지 아니하나(공신력 부정), 동산에 대해서는 거래안전을 위하여 신뢰한 사람에게 그 물권의 취득을 인정한다(공신력). 즉 동산에 대하여는 양수인이 비록 무권리자로부터 양수받았더라도 양도인의 점유사실로 그가 권리자임을 신뢰한 때에는 그 신뢰에 응하여 물권의 취득을 인정하는 선의취득 제도를 채택한다(249조). 이는 빈번한 동산의 거래에 대한 신속과 안전을 보다 철저하게 보장하는 의미가 있다. 그러나 제249조의 요건을 충족하더라도 금전을 제외한 당해 동산이 도품이나 유실물인 경우에는 별도의 특칙이 있다(250조, 251조).

2. 要件 - 제249조: 동산을 점유하는 자로부터 평온, 공연하게 동산을 양수받아 선의, 과실 없이 점유를 취득하면 비록 양도인이 무권리자일지라도 그 동산의 소유권을 취득한다.

(1) 목적물: 동산이어야 한다. 부동산에 관하여는 선의취득이 인정되지 않는다. 등기된 선박, 등록된 자동차, 등록된 항공기는 동산이지만 부동산과 마찬가지로 다루어지므로 선의취득에 관한 규정이 적용되지 않는다. 지시증권, 무기명채권 그 밖의 유가증권은 특별한 규정이 있으므로 제249조의 적용을 받지 않는다. 입목에 관한 법률에 의하여 등기된 입목은 부동산으로서의 독립성이 인정되므로 선의취득의 대상이 되지 않는다.

(가) 부동산에 부착된 조각품: 부동산에 부착된 이 사건 조각품들이 매각대상에서 제외되어 여전히 매도인인 피고 또는 제3자에게 그 소유권이 유보된다는 사실을 알기 어려웠던 점, 이 사건 조각품들은 이 사건 각 부동산의 부합물 또는 종물은 아니나 다른 동산들과 달리 그 설치 목적과 장소, 기능 등에 비추어 사회통념상 이 사건 각 부동산과 하나의 구성체로 취급될 여지가 많은 점 등을 종합하면, 이 사건 각 부동산의 낙찰인들은 이 사건 조각품들에 대한 점유를 개시할 당시 매도인인 피고에게 이를 처분할 권한이 있다고 믿었고, 그와 같이 믿은 데 아무런 과실이 없었다고 할 것이므로 이 사건 조각품들은 이 사건 각 부동산의 낙찰인들에게 선의취득되었다(대판 2004.10.15. 2004다4638).

(나) 부동산의 상용에 공하는 부합된 타인 소유 동산: 저당권의 실행으로 부동산이 경매된 경우에 그 부동산에 부합된 물건은 그것이 부합될 당시에 누구의 소유이었는지를 가릴 것 없이 그 부동산을 낙찰받은 사람이 소유권을 취득하지만, 그 부동산의 상용에 공하여진 물건일지라도 그 물건이 부동산의 소유자가 아닌 다른 사람의 소유인 때에는 이를 종물이라고 할 수 없으므로 부동산에 대한 저당권의 효력에 미칠 수 없어 부동산의 낙찰자가 당연히 그 소유권을 취득하는 것은 아니며, 나아가 부동산의 낙찰자가 그 물건을 선의취득하였다고 할 수 있으려면 그 물건이 경매의 목적물로 되었고 낙찰자가 선의이며 과실 없이 그 물건을 점유하는 등으로 선의취득의 요건을 구비하여야 한다. -부동산에 부착된 타인 소유의 발전기설비, FLOOR DUCT 설비, 소방설비, 패널공사, 전화설비, 변전실설비 등 렌탈목적물에 대한 선의 취득 여부에 대한 사안에서-(대판 2008.5.8. 2007다36933, 36940).

(다) 무단으로 담보 제공된 주식: 대출금채무의 담보를 위하여 제공한 주식을 보관하는 자가 별도의 차명 대출을 받으면서 위 주식을 주주들의 동의 없이 무단으로 담보에 제공한 경우, 그와

같은 사정을 잘 알면서 위 주식을 담보로 제공받은 행위는 반사회적인 법률행위로서 무효에 해당하고, 파산관재인의 주식 점유가 반사회적인 법률행위를 통해 파산자가 점유하고 있던 주식을 그대로 보관하는 것에 불과할 뿐, 새로운 거래행위를 통하여 취득한 것이 아닌 경우, 위 주권에 대한 선의취득을 주장할 수 없다(대판 2005.11.10. 2005다38089).

(라) 이득상환청구권의 선의취득 대상 여부: 수표가 소매치기 당할 당시에 이미 지급제시 기간이 경과되었음이 분명하므로 수표상의 권리가 소멸되고 이득상환청구권이 발생하여 있었으나, 원고는 동 청구권을 적법한 절차에 의하여 양수한 것이 아님이 분명하고 또 이득상환청구권은 선의취득의 대상이 될 수 없다(대판 1980.5.13. 80다537).

(2) 양도인의 점유, 무권리: 양도인은 목적물의 점유자이어야 한다. 양도인의 점유는 직접점유, 간접점유, 자주점유, 타주점유 어느 것이나 관계없다. 양도인은 그 동산에 대하여 무권리자이어야 한다(임차인, 수치인, 점유보조자 등).

(가) 본인의 것으로 오신-긍정: 대리인이 처분한 재산이 본인의 소유에 속하지 아니한 경우에 취득자가 본인의 소유물이라고 오신한 때에는 선의취득이 된다.

(나) 무권대리인의 대리권에 대한 오신-부정: 대리인이 무권리자인 경우에 대리권이 있다고 오신하여도 선의취득은 인정되지 않는다.

(3) 양수인의 선의, 무과실: 양수인은 평온, 공연, 선의, 무과실이어야 한다. 양수인의 선의 무과실의 기준시점은 물권행위가 완성되는 때인 것이므로 물권적 합의가 동산의 인도보다 먼저 행하여지면 인도된 때를, 인도가 물권적 합의보다 먼저 행하여지면 물권적 합의가 이루어진 때를 기준으로 해야 한다(대판 1991.3.22. 91다70). 선의, 무과실은 선의취득을 주장하는 자가 입증하여야 한다(대판 1981.12.22. 80다2910).

(4) 양수인의 점유취득: 양수인은 점유를 취득하여야 한다. 거래에 의하여 취득자가 점유를 취득하게 된 방법은 현실의 인도, 간이인도(대판 1981.8.20. 80다2530), 목적물반환청구권의 양도(대판 1999.1.26. 97다48906), 어느 것이라도 관계없다.

(가) 점유개정에 의한 인도-부정: 동산의 선의취득에 필요한 점유의 취득은 현실적 인도가 있어야 하고 점유개정에 의한 점유취득만으로서는 그 요건을 충족할 수 없다(대판 1978.1.17. 77다1872).

(나) 주권의 반환청구권의 양도-지명채권양도의 대항요건을 요함: 주권의 점유를 취득하는 방법에는 현실의 인도(교부) 외에 간이인도, 반환청구권의 양도가 있으며, 양도인이 소유자로부터 보관을 위탁받은 주권을 제3자에게 보관시킨 경우에 반환청구권의 양도에 의하여 주권의 선의취득에 필요한 요건인 주권의 점유를 취득하였다고 하려면, 양도인이 그 제3자에 대한 반환청구권을 양수인에게 양도하고 지명채권 양도의 대항요건을 갖추어야 한다(대판 2000.9.8. 99다58471). 동산도 동일하게 지명채권양도의 대항요건을 충족하여야 한다(대판 1999.1.26. 97다48906).

(5) 유효한 거래행위: 선의취득은 거래의 안전과 신속을 보호하는 제도이므로 유효한 거래행위에 의하여 점유를 승계하여야 한다. 즉 양도인이 무권리자라는 점을 제외하고는 아무런 흠 없는 거래행위이어야 한다(대판 1995.6.29. 94다22071). 따라서 당사자의 무능력, 의사표시의 흠결, 대리권의 부존재 등으로 취소되거나, 그 밖의 무효 또는 취소의 원인이 있어서 실효된 때에는 선의취득은 성립될 여지가 없다. 또한 거래행위에 의한 점유승계여야 하므로 상속, 회사의 합병 등과 같은 포괄승계에 의한 취득에는 선의취득이 적용되지 아니한다.

3. 效果 - 제249조

(1) 양수인의 권리취득

(가) 소유권과 질권, 양도담보권: 양수인은 그 동산의 소유권을 취득한다. 질권에 관한 규정인 제343조에서는 제249조 내지 제251조를 동산질권에 준용하고 있으므로 요건을 충족하면 질권도 선의취득의 대상이 된다.

(나) 취득된 권리의 성질-원시취득: 선의취득에 의한 권리의 취득은 원시취득이다. 그 결과 전 소유자에게 있었던 해당 동산에 대한 제한은 원칙적으로 소멸한다.

(다) 어음의 선의취득으로 치유되는 하자: 어음의 선의취득으로 인하여 치유되는 하자의 범위, 즉 양도인의 범위는 양도인이 무권리자인 경우뿐만 아니라 대리권의 흠결이나 하자 등의 경우도

포함된다(대판 1995.2.10. 94다55217).

(라) 점유개정에 의한 양도담보권: 금전채무를 담보하기 위하여 채무자가 그 소유의 동산을 채권자에게 양도하되 점유개정의 방법으로 인도하고 채무자가 이를 계속 점유하기로 약정한 경우 특별한 사정이 없는 한 그 동산의 소유권은 신탁적으로 이전되는 것에 불과하여, 채권자와 채무자 사이의 대내적 관계에서는 채무자가 소유권을 보유하나 대외적인 관계에서의 채무자는 동산의 소유권을 이미 채권자에게 양도한 무권리자가 되는 것이어서 다시 다른 채권자와 사이에 양도담보설정계약을 체결하고 점유개정의 방법으로 인도하더라도 선의취득이 인정되지 않는 한 나중에 설정계약을 체결한 채권자로서는 양도담보권을 취득할 수 없는데, 현실의 인도가 아닌 점유개정의 방법으로는 선의취득이 인정되지 아니하므로 결국 뒤의 채권자는 적법하게 양도담보권을 취득할 수 없다(대판 2005.2.18. 2004다37430).

(2) 원소유자

(가) 권리상실: 선의취득에 의한 양수인의 권리취득의 반사적 효과로서 원소유자는 권리를 상실한다.

(나) 무권리자와의 관계-부당이득청구, 불법행위책임 추궁: 원소유자는 무권리처분자에 대하여 부당이득반환청구 또는 불법행위에 의한 손해배상청구를 할 수 있고, 경우에 따라서는 채무불이행에 의한 손해배상청구를 할 수 있다(임차인의 처분).

(다) 선의취득자와의 관계: 소정의 요건이 구비되어 동산을 선의취득한 자는 권리를 취득하는 반면 종전 소유자는 소유권을 상실하게 되는 법률효과가 법률의 규정에 의하여 발생되므로 선의취득자가 원소유자에 대하여 부당이득상환의무를 부담하지 아니하는 것은 물론이고, 선의취득자가 임의로 이와 같은 선의취득 효과를 거부하고 종전 소유자에게 동산을 반환받아 갈 것을 요구할 수도 없다(대판 1998.6.12. 98다6800).

4. 盜品, 遺失物에 대한 特則 – 제250조, 제251조

(1) 의의: 제249조 소정의 요건을 충족하더라도 그 동산이 도품이나 유실물인 경우에는 피해자 또는 유실자는 그 반환을 청구할 수 있게 하여 선의취득에 특칙을 두고 있다. 다만 이러한 반환청구권으로 거래의 불안이 장기화되는 것을 막기 위하여 청구권의 행사기간을 2년으로 제한하고(250조), 또한 당해 동산을 공개시장, 경매 등에서 매수한 양수인에게는 그 대가를 변상받을 권리를 인정함으로써 양 당사자간의 이해관계를 조정한다(251조).

(2) 적용범위-제250조

(가) 적용의 객체: 객체는 도품이나 유실물이어야 한다. 도품이란 절도나 강도에 의하여 적극적으로 점유자의 의사에 반하여 그 점유를 빼앗긴 물건을 말하고, 사기, 공갈, 횡령 등에 의한 경우는 포함되지 않는다. 유실물이란 소극적으로 점유자의 의사에 의하지 않고, 그 점유를 이탈한 물건으로서 도품이 아닌 물건을 말한다. 금전(본조 단서)이나 유가증권(414조, 524조)에 관하여는 이 규정의 적용이 배제된다. * 본조 소정의 도품, 유실물이란 원권리자로부터 점유를 수탁한 사람이 적극적으로 제3자에게 부정 처분한 경우와 같은 위탁물 횡령의 경우는 포함되지 아니하고 또한 점유보조자 내지 소지기관의 횡령처럼 형사법상 절도죄가 되는 경우도 형사법과 민사법의 경우를 동일시해야 하는 것은 아닐 뿐만 아니라 진정한 권리자와 선의의 거래 상대방간의 이익형량의 필요성에 있어서 위탁물 횡령의 경우와 다를 바 없으므로 이 역시 민법 제250조의 도품·유실물에 해당되지 않는다(대판 1991.3.22. 91다70).

(나) 취득자: 도품이나 유실물의 도취자나 습득자로 직접 취득한 자뿐만 아니라, 취득한 자로부터 다시 양수받은 자의 경우에도 본조가 적용되는데, 후자의 경우에는 제251조에 의하여 조정된다.

(3) 내용: 도난의 피해자 또는 유실자가 도품 또는 유실물의 반환청구권자가 된다. 반환청구의 상대방은 2년의 기간 내에 도품 또는 유실물을 취득하여 현재 동산을 점유하고 있는 자이며, 전득자도 포함된다. 이때 2년의 기간은 피해자 또는 유실자의 점유상실 시로부터 기산된다. 반환은 무상이 원칙이나, 제251조에 해당하는 경우에는 그 대가를 변상하여야 한다.

(가) 반환청구권자: 도난의 피해자, 유실자가 청구권자이다. 임차인이 도난당한 경우에는 임차인은 물론이고, 소유자(임대인)도 본권에 기한 반환청구권을 가진다.

(나) 반환청구기간: 도난 또는 유실한 날로부터 2년이다. 기산점은 점유상실 시이다. 이 기간은 시효중단을 인정하는 것이 타당하지 않으므로 제척기간이라 해석된다.
(다) 반환청구권의 상대방: 현재 점유하는 자이다. 즉 도난품이나 유실물의 직접취득자와 그 자의 특정승계인이 상대방이 된다.
(4) 효과: 반환청구권을 행사하여 반환받으면 소유권을 회복한다. 양수인이 공개시장 등에서 매수한 때에는 그 대가를 변상하고 반환청구권을 행사할 수 있다.
(가) 소유권회복: 반환청구권의 행사로 점유를 이전받으면 소유권을 회복한다.
(나) 대가의 변상-제251조
① 요건
㉮ 경매 등에서 양수: 양수인이 도품 또는 유실물을 경매나 공개시장에서 또는 동 종류의 물건을 판매하는 상인에게서 매수하여야 한다.
㉯ 양수인의 선의, 무과실: 매수인이 도품이나 유실물이 아니라고 믿은데 선의이며, 과실이 없어야 한다(대판 1991.3.22. 91다70).
② 변상청구권-적극적 권리: 선의취득자는 피해자 또는 유실자의 반환청구에 대하여 그가 지급한 대가의 변상을 청구할 수 있다. 본조의 변상은 선의취득자에게 그가 지급한 대가의 변상을 받을 때까지는 소극적으로 그 물건의 반환청구를 거부할 수 있는 항변권만을 인정한 것이 아니고, 피해자가 그 물건의 반환을 청구하거나 어떠한 원인으로 반환을 받은 경우에는 적극적으로 그 대가변상의 청구권이 있다는 취지이다(대판 1972.5.23. 72다115).

第252條【無主物의 歸屬】 ①無主의 動產을 所有의 意思로 占有한 者는 그 所有權을 取得한다.
②無主의 不動產은 國有로 한다.
③野生하는 動物은 無主物로 하고 飼養하는 野生動物도 다시 野生狀態로 돌아가면 無主物로 한다.

第253條【遺失物의 所有權取得】 遺失物은 法律에 定한 바에 依하여 公告한 後 1年內에 그 所有者가 權利를 主張하지 아니하면 拾得者가 그 所有權을 取得한다.

第254條【埋藏物의 所有權取得】 埋藏物은 法律에 定한 바에 依하여 公告한 後 1年內에 그 所有者가 權利를 主張하지 아니하면 發見者가 그 所有權을 取得한다. 그러나 他人의 土地 其他 物件으로부터 發見한 埋藏物은 그 土地 其他 物件의 所有者와 發見者가 折半하여 取得한다.

第255條【文化財의 國有】 ①學術, 技藝 또는 考古의 重要한 材料가 되는 物件에 對하여는 第252條第1項 및 前2條의 規定에 依하지 아니하고 國有로 한다.
②前項의 境遇에 拾得者, 發見者 및 埋藏物이 發見된 土地 其他 物件의 所有者는 國家에 對하여 適當한 報償을 請求할 수 있다.

無主物, 遺失物, 埋藏物, 文化財의 所有權取得

1. 無主物 - 제252조: 무주물의 소유권의 귀속에 대하여 규정한다. 현재 누구의 소유에도 속하지 않는 물건을 무주물이라고 하는데, 야생동물 및 사양하는 야생동물이 다시 야생상태로 돌아간 경우도 무주물이다.
(1) 동산-선점-제1항: 소유의 의사로 먼저 점유한 자는 소유권을 취득한다.
(가) 동산일 것: 동산이어야 한다. 미채굴의 광물은 광업권에 의하지 않고는 채굴하지 못하므로

선점의 목적이 되지 않는다.

(나) 소유의 의사로 선점: 소유의 의사로 점유해야 한다. 점유에 직접점유자, 간접점유자, 점유보조자 등 여러 사람의 관련자가 있을 때 소유권취득자는 소유의 의사가 기준이 된다.

(다) 효과: 선점자는 그 무주물의 소유권을 취득한다. 선점에 의한 소유권의 취득은 원시취득이므로 원시취득의 일반효과가 그대로 적용된다. 그러나 무주동산이 학술, 기예, 고고의 중요한 자료가 되는 물건인 때에는 선점자가 소유권을 취득하지 못하고 국유로 되고, 선점자는 국가에 대하여 적당한 보상을 청구할 수 있다(255조).

(2) 부동산-국유-제2항: 무주의 부동산은 국유가 된다.

(가) 무주 여부: ① 토지의 소유자가 행방불명되어 생사 여부를 알 수 없다 하더라도 그가 사망하고 상속인도 없다는 점이 입증되거나 그 토지에 대하여 민법 제1053조 내지 제1058조에 의한 국가귀속 절차가 이루어지지 아니한 이상 그 토지가 바로 무주부동산이 되어 국가 소유로 귀속되는 것이 아니며, 무주부동산이 아닌 한 국유재산법 제8조에 의한 무주부동산의 처리절차를 밟아 국유재산으로 등록되었다 하여 국가 소유로 되는 것도 아니다(대판 1999.2.23. 98다59132). ② 토지대장 등본(갑제2호증)의 소유자란에 이 사건 토지에 관하여 공란으로 되어 있다 하여 곧 이것이 무주물이라는 결론을 이끌어 낼 수 있는 것은 아니다(대판 1973.7.10. 73다318).

(나) 소유의 의사 추정 여부: 어떤 토지의 지목이 도로로 변경된 사실만으로 도로를 관리하는 국가 또는 지방자치단체가 그때부터 그 토지 위에 도로를 개설하여 일반 공중의 통행에 제공하면서 소유의 의사로 이를 점유하였다고 볼 수 없고, 이러한 법리는 일정한 토지가 지적공부에 일필의 토지로 복구 등록되면서 지적복구 전 토지의 소재 · 지번 · 지목 · 지적 및 경계가 그대로 복구되었다고 추정되는 경우에도 동일하다(대판 2008.4.10. 2008다7314).

(3) 야생동물-선점-제3항, 제1항: 야생동물 및 사양하는 야생동물이 다시 야생상태로 돌아간 경우도 무주물이고(3항), 따라서 선점으로 소유권을 취득한다.

2. 遺失物 - 제253조: 유실물에 대한 소유권의 귀속에 대하여 규정한다. 유실물은 점유자의 의사에 기하지 않고 그의 점유를 떠난 물건으로서 도품이 아닌 것을 말한다. 유실물법 제12조는 착오로 점유한 물건, 타인이 놓고 간 물건이나 일실한 가축 등을 준유실물이라 하여 유실물법과 본조를 준용하도록 한다. 유실물과 준유실물은 습득자가 일정한 절차를 거쳐 소유권을 취득한다.

(1) 습득: 습득하여야 한다. 즉 유실물의 점유를 취득하는 것이 습득이며, 단순한 발견은 습득이 아니다. 선점과는 달리 소유의 의사를 요하지 않는다.

(2) 유실물법에 의한 공고: 법률(유실물법)이 정한 바에 의하여 공고한 후 1년 내에 그 소유자가 권리를 주장하지 않아야 한다.

(3) 습득자의 소유권취득: 습득자는 소유권을 취득한다. 유실자 또는 소유자 그 밖의 유실물의 회복청구권자가 알려지면 그 자에게 반환하게 되어 유실물습득에 의한 소유권취득은 성립되지 않는다. 습득한 유실물이 학술, 기예, 고고의 중요한 자료가 되는 물건인 때에는 습득자가 소유권을 취득하지 못하고 국유로 되고, 습득자는 국가에 대하여 적당한 보상을 청구할 수 있다(255조).

3. 埋藏物 - 제254조: 매장물은 법률(유실물법)에 정한 바에 의하여 공고 후 1년 내에 그 소유자가 권리를 주장하지 아니하면 발견자가 그 소유권을 취득한다. 그러나 타인의 토지 기타 물건으로부터 발견한 매장물은 그 토지 기타 물건의 소유자와 발견자가 절반하여 취득한다.

(1) 매장물: 매장물이란 토지 그 밖의 물건 속에 매장되어서 외부에서는 용이하게 볼 수 없는 상태에 있고, 그 소유권이 누구에게 속하는 것인지를 식별할 수 없는 물건을 말한다. 포장물은 매장물을 포장하고 있는 물건을 말하는데 토지, 건물뿐만 아니라 옷장 등 동산도 포함된다.

(2) 발견: 발견이란 매장물의 존재를 구체적, 객관적으로 인식하는 것을 말한다. 따라서 발견은 반드시 점유를 취득하는 것을 요하지 않는다. 이점에서 선점, 습득과 다르다.

(3) 유실물법 소정의 절차 이행: 법률(유실물법 13조는 매장물에 대하여는 유실물법을 적용하도록 규정)이 정한 바에 의하여 공고한 후 1년 내에 그 소유자가 그 권리를 주장하지 않아야 한다.

(4) 효과: 발견자가 그 매장물의 소유권을 취득한다. 이 경우의 소유권취득은 원시취득이다. 타인의 토지에서 발견한 매장물은 토지의 소유자와 발견자가 절반씩 공유한다(254조). 매장물이

학술, 기예, 고고의 중요한 자료가 되는 것이면 국유로 되며(255조1항), 발견자 및 포장물소유자는 국가에 대하여 적당한 보상을 청구할 수 있다(255조2항).

第256條【不動產에의 附合】 不動產의 所有者는 그 不動產에 附合한 物件의 所有權을 取得한다. 그러나 他人의 權原에 依하여 附屬된 것은 그러하지 아니하다.

第257條【動產間의 附合】 動產과 動產이 附合하여 毁損하지 아니하면 分離할 수 없거나 그分離에 過多한 費用을 要할 境遇에는 그 合成物의 所有權은 主된 動產의 所有者에게 屬한다. 附合한 動產의 主從을 區別할 수 없는 때에는 動產의 所有者는 附合當時의 價額의 比率로 合成物을 共有한다.

第258條【混和】 前條의 規定은 動產과 動產이 混和하여 識別할 수 없는 境遇에 準用한다.

第259條【加工】 ①他人의 動產에 加工한 때에는 그 物件의 所有權은 原材料의 所有者에게 屬한다. 그러나 加工으로 因한 價額의 增加가 原材料의 價額보다 顯著히 多額인 때에는 加工者의 所有로 한다.
②加工者가 材料의一部를 提供하였을 때에는 그 價額은 前項의 增加額에 加算한다.

第260條【添附의 效果】 ①前4條의 規定에 依하여 動產의 所有權이 消滅한 때에는 그 動產을 目的으로 한 다른 權利도 消滅한다.
②動產의 所有者가 合成物, 混和物 또는 加工物의 單獨所有者가 된 때에는 前項의 權利는 合成物, 混和物 또는 加工物에 存續하고 그 共有者가 된 때에는 그 持分에 存續한다.

第261條【添附로 因한 求償權】 前5條의 境遇에 損害를 받은 者는 不當利得에 關한 規定에 依하여 補償을 請求할 수 있다.

附合, 混和, 加功

1. 意義: 부합은 소유자를 달리하는 두 개 이상의 개별물건이 결합되어 그것을 개별적으로 분리하는 것이 사회통념상 불가능한 경우에 이를 한 개의 물건으로 취급하는 것인데, 이 경우에 그 물건의 소유자를 누구로 할 것인가라는 문제가 생긴다. 이를 규정한 것이 본조 이하의 규정이다. 특히 부동산의 부합의 경우는 당해 부동산의 용익권자, 저당권자 등의 이해당사자와 관련되는 문제이므로 당사자의 특약으로 민법 규정과 달리 정할 수 없다.

2. 不動產에의 附合 – 제256조: 부동산에의 부합에 관한 법률관계이다.

(1) 요건

(가) 부합: 부착, 합체가 일정한 정도에 달하여야 한다. 주물인 부동산 또는 부합한 동산을 분리, 훼손하지 않으면 분리할 수 없거나, 과다한 비용을 지출하지 않고서는 분리할 수 없거나, 분리하게 되면 경제적 가치를 심히 감소시키게 되는 경우의 부착, 합체되어야 한다. 경제적 가치의 판단은 부속시킨 물건에 대한 일반 사회통념상의 경제적 효용의 독립성 유무를 그 기준으로 한다(대판 1975.4.8. 74다1743).

① 부합의 원인: 부합의 원인은 인위적이든 자연적이든 이를 묻지 않는다.

② 건물의 증축: 건물이 증축된 경우에 증축 부분의 기존 건물에 부합 여부는 증축 부분이 기존

건물에 부착된 물리적 구조뿐만 아니라, 그 용도와 기능면에서 기존 건물과 독립한 경제적 효용을 가지고 거래상 별개의 소유권의 객체가 될 수 있는지의 여부 및 증축하여 이를 소유하는 자의 의사 등을 종합하여 판단하여야 한다(대판 1996.6.14. 94다53006). 그런데 일반적으로 건물의 증축부분이 축조 당시는 본건물의 구성부분이 됨으로써 독립의 권리의 객체성을 상실하여 본 건물에 부합되었다고 할지라도 그 후 구조의 변경 등으로 독립한 권리의 객체성을 취득하게 된 때에는 본 건물과 독립하여 거래의 대상이 될 수 있다(대판 1982.1.26. 81다519).

③ 시설된 유류저장탱크와 주유기: 토지 지하에 설치된 유류저장탱크와 건물에 설치된 주유기가 토지에 부합되거나 건물의 상용에 공하기 위하여 부속시킨 종물로서 토지 및 건물에 대한 경매의 목적물이 된다(대판 2000.10.28. 2000마5527).

④ 빈지를 매립하여 성토한 경우: 공유수면의 빈지에 파일을 박고 대석과 콘크리트 등으로 옹벽을 쌓은 후 토사 등을 다져 넣어 축조된 공작물이 사실상 매립지와 같은 형태를 가지게 된 경우 위 공작물은 공유수면의 빈지에 정착되어 그 구성부분으로서의 일부가 되었다 할 것이므로 독립한 소유권의 객체가 될 수 없다(대판 1994.4.12. 93다53801).

⑤ 임야에 있는 자연석을 조각한 석불: 임야에 있는 자연석을 조각하여 제작한 석불이라도 그 임야의 일부분을 구성하는 것이라고는 할 수 없고 임야와 독립된 소유권의 대상이 된다(대판 1970.9.22. 70다1494).

(나) 부합의 주물: 부합의 주물은 부동산이어야 한다. 토지나 건물이어야 한다.

(다) 부합물: 보통은 동산이나 부동산도 부합물이 된다. 조각품을 건물에 부착시킨 경우, 건물에 장식물을 부착시킨 경우, 증축하여 종전의 건물에 일체를 이룬 경우 등이다.

(2) 효과

(가) 원칙: 부동산의 소유자는 부합된 물건의 소유권을 취득한다. 따라서 부합물의 소유자는 소유권을 상실한다.

(나) 권원(지상권, 전세권, 임차권 등)에 의해 부착한 부합물은 예외: 부합된 물건이 타인의 권원에 의하여 부속된 경우에는 부동산 소유자의 소유로 되지 않고 부속시킨 자의 소유로 남는다. 여기의 권원은 지상권, 전세권, 임차권 등과 같이 타인의 부동산에 자기의 동산을 부속시켜서 그 부동산을 이용할 수 있는 권리를 말한다. 이 경우에는 지상권자 등이 용익관계의 종료 후에 그 부속물을 철거해갈 권리와 소유자에 대하여 매수청구권을 가진다.

① 분리가 가능한 것: 본조 단서의 적용을 받는 것은 부동산에 부속시킨 부속물로서 분리가 가능하고, 분리하면 독립적인 경제적 가치가 있는 물건에 한하고, 부착된 물건이 사실상 분리복구가 불가능하여 거래상 독립한 권리의 객체성을 상실하고 그 부동산과 일체를 이루는 부동산의 구성부분이 된 경우에는 타인이 권원에 의하여 이를 부합시킨 경우에도 그 물건의 소유권은 부동산의 소유자에게 귀속된다(대판 1985.12.24. 84다카2428).

② (증축물)독립성이 있을 것: 임차인이 임차한 건물에 그 권원에 의하여 증축을 한 경우에 증축된 부분이 부합으로 인하여 기존 건물의 구성 부분이 된 때에는 증축된 부분에 별개의 소유권이 성립할 수 없으나, 증축된 부분이 구조상으로나 이용 상으로 기존 건물과 구분되는 독립성이 있는 때에는 구분소유권이 성립하여 증축된 부분은 독립한 소유권의 객체가 된다(대판 1999.7.27. 99다14518).

(다) 수목-권원의 존부로 판단: 수목은 분리, 독립성이 있기 때문에 권원에 의한 식재 여부로 본문 또는 단서규정의 적용여부를 결정한다. 즉 권원 없이 토지에 식재한 나무는 부합으로 토지소유자에게 소유권에 귀속하나, 권원에 의한 식재 수목은 식재한 자의 소유에 속한다(대판 1980.9.30. 80도1874). 따라서 토지소유자의 승낙을 받음이 없이 토지 임차인의 승락만을 받아 그 부동산 위에 나무를 심었다면 특별한 사정이 없는 한 토지소유자에 대하여 그 나무의 소유권을 주장할 수 없고(대판 1989.7.11. 88다카9067), 토지의 사용대차권에 기하여 그 토지상에 식재된 수목을 이를 식재한 자에게 그 소유권이 있고 그 토지에 부합되지 않는다 할 것이므로 비록 그 수목이 식재된 후에 경매에 의하여 그 토지를 경락받았다고 하더라도 경락인은 그 경매에 의하여 그 수목까지 경락 취득하는 것은 아니다(대판 1990.1.23. 89다카21095).

(라) 농작물의 예외: 경작권은 토지에 농작물을 식부 재배하는 토지에 대한 일종의 점유권이므

로 타인의 토지를 무단히 개간 경작하였다고 하더라도 경작권을 취득할 수 있고(대판 1981.2.24. 80다2811), 타인의 농지를 임차한 것이 농지개혁법상 무효라 하더라도 그 토지에 경작한 채소의 소유권은 심은 사람에게 있다(대판 1978.1.17. 77다1745).

(마) 부합된 물의 소유자의 권리-제260조, 제261조

① 소유권 상실-제260조: 부합된 물의 소유자는 소유권을 상실한다. * 가스공급업자가 아파트에 설치한 가스공급시설은 그 대지와 일체를 이루는 구성부분으로 부합됨으로써 그 대지 지분권을 양수한 아파트 구분소유자들의 소유로 되었고, 이 경우 가스공급업자는 아파트 입주자대표회의를 상대로 민법 제261조에 기한 부당이득반환청구를 할 수 없다(대판 2007.7.27. 2006다39270, 39278).

② 보상청구권-제261조: 소유권을 상실한 부합된 물의 소유자는 부당이득에 관한 규정에 따라 그 보상을 청구할 수 있다.

③ 부합된 물 위의 제3자의 권리-제260조: 부합으로 부합된 물의 소유권이 소멸하면 그 물건 위에 존재하는 제3자의 권리도 소멸한다. 다만 질권자는 물상대위권(342조)에 의하여 그 물건에 대한 보상금에 대하여 그 권리를 행사할 수 있다.

3. 動產間의 附合 - 제257조

(1) 동산의 부합: 서로 다른 소유자에 속하는 수개의 동산이 결합하여 훼손하지 않으면 분리할 수 없거나 또는 분리하면 경제적 가치가 없거나, 그 분리에 과다한 비용을 필요로 하는 등으로 부착, 합체되어야 한다.

(2) 효과

(가) 소유권귀속-단독소유 또는 공유: 부합한 동산 사이에 주종을 구별할 수 있는 때에는 주된 동산의 소유자가 합성물의 소유권을 취득한다. 주종 구별이 불가능하면 합성물은 부합 당시의 물건의 가액의 비율로 공유한다. 주종의 구별은 물건의 성질, 사회경제상 및 거래관념에 의하여 판단한다.

(나) 소유권상실-제261조: 소유권을 상실한 부합된 물 소유자는 부당이득에 관한 규정에 따라 그 보상을 청구할 수 있고, 그 물건 위에 존재하는 제3자의 권리도 소멸하나 질권자는 물상대위권(342조)에 의하여 그 물건에 대한 보상금에 대하여 그 권리를 행사할 수 있다.

4. 混和 - 제258조

(1) 혼화: 각각 서로 다른 소유자에게 속하는 동산과 동산이 혼합하여 원물을 쉽게 식별할 수 없는 상태가 혼화다. 곡물이 혼합된 경우, 서로 다른 기름이 혼합된 경우 등이 이에 속한다.

(2) 효과: 혼화는 부착이나 합체가 쉽게 이루어진다는 점만 다를 뿐 본질은 동산간의 부합이다. 따라서 혼화의 효과는 동산간의 부합에 관한 규정을 적용한다.

(가) 소유권귀속-단독소유 또는 공유: 혼합된 개별물건 사이에 주종을 구별할 수 있는 때에는 주된 물건의 소유자가 혼합물의 소유권을 취득한다. 주종 구별이 불가능하면 혼합물은 혼화 당시의 물건의 가액의 비율로 공유한다. 주종의 구별은 물건의 성질, 사회경제상 및 거래관념에 의하여 판단한다.

(나) 소유권상실-제261조: 소유권을 상실한 개별 물건 소유자는 부당이득에 관한 규정에 따라 그 보상을 청구할 수 있고, 그 물건 위에 존재하는 제3자의 권리도 소멸하나 질권자는 물상대위권(342조)에 의하여 그 물건에 대한 보상금에 대하여 그 권리를 행사할 수 있다.

5. 加功 - 제259조

(1) 가공: 가공은 타인의 동산에 공작을 가하여 새로운 물건을 만들어 내는 것이다. 물건과 노동력의 합체에 의하여 새로운 물건을 만드는 것이다.

(2) 요건-제1항

(가) 공작: 공작이 있어야 한다. 즉 물건에 사람의 노동력이 가해져야 한다.

(나) 동산: 타인의 동산에 가공하여야 한다.

(다) 새로운 물건: 가공의 결과 본래의 재료와는 다른 새로운 물건이 만들어 져야 한다.

(3) 효과-제1항, 제2항

(가) 소유권 귀속: 가공물의 소유권은 원칙적으로 원재료의 소유자에게 속한다. 그러나 가공으

로 인한 가액의 증가가 원재료의 가액보다 현저히 다액인 경우에는 가공자의 소유로 된다(1항). 이 경우에 가공자가 재료의 일부를 제공하였을 때에는 그 재료의 가액은 증가액에 가산하여 소유권의 귀속을 정한다(2항).

(나) 소유권상실-제261조: 소유권을 상실한 가공되기 전 동산의 소유자는 부당이득에 관한 규정에 따라 그 보상을 청구할 수 있고, 그 물건 위에 존재하는 제3자의 권리도 소멸하나 질권자는 물상대위권(342조)에 의하여 그 물건에 대한 보상금에 대하여 그 권리를 행사할 수 있다.

第3節 共同所有

1. 概括: 물건의 소유형태는 크게 나누어 단독소유와 공동소유의 두 가지가 있다. 단독 소유는 개인이나 법인이 단독으로 소유하는 형태이며, 공동소유는 하나의 물건을 공동으로 소유하는 것이다. 민법은 공동소유형태를 공동소유자 상호간의 인적 결합상태에 따라 다시 공유, 합유, 총유의 세 가지로 규율한다. 공유는 공동소유자 상호간에 긴밀한 인적 결합관계가 없는 상태의 공동소유, 합유는 공동사업 경영을 위한 조합을 형성한 조합원인 공동소유자의 소유형태, 총유는 비법인 사단이 물건을 소유하는 공동소유이다.

2. 構成

(1) 공유: 제262조-제270조

(2) 합유: 제271조-제274조

(3) 총유: 제275조-제277조

(4) 준공동소유: 제278조

第262條【物件의 共有】 ①物件이 持分에 依하여 數人의 所有로 된 때에는 共有로 한다.
②共有者의 持分은 均等한 것으로 推定한다.

共有의 成立과 持分

1. 成立: 공유는 하나의 물건을 여러 명이 공동소유하는 형태로서, 각자는 그 물건에 대하여 지분을 가진다(262조1항). 이러한 공유관계는 법률행위에 의하여 성립하는 것이 일반적이며, 법률의 규정에 의하여 발생하기도 한다.

(1) 법률행위에 의한 성립: 여러 명이 하나의 물건을 양수하는 경우에 공유관계가 성립된다. 지분권의 매수에 의해서도 공유관계가 성립된다.

(2) 법률의 규정에 의한 성립: 수인공동의 무주물 선점(252조), 수인공동의 유실물 습득(253조), 수인공동의 매장물 발견(254조), 동산의 부합(257조), 혼화(258조), 공유물의 과실(102조), 건물의 구분소유에 있어서의 공용부분(215조1항), 경계에 설치된 경계표·담·구거(239조) 등은 공유이다. 또한 공동 상속재산(1006조)이나 공동 포괄수증 재산도 공유이다(1078조).

(3) 부동산의 공유등기: 부동산의 공유는 공유등기가 되어야 한다. 지분을 등기하여야 하며, 지분을 등기하지 아니하면 지분은 균등한 것으로 추정된다(262조2항).

2. 共有持分: 하나 물건에 대한 소유권의 분량적 일부분이 지분이다.

(1) 불분명한 지분비율은 균등 추정-제262조제2항: 지분의 비율은 법률의 규정 또는 당사자의 약정에 의하여 결정되고, 그것이 불분명하면 균등한 것으로 추정된다. 부동산의 지분은 등기하여야 하며, 등기하지 아니하면 균등한 것으로 추정된다. 그러나 원래의 공유자들 사이에서는 등기부상 지분과 실제의 지분이 다르다는 사실이 인정된다면 여전히 실제의 지분을 기준으로 삼아야 할 것이고 등기부상 지분을 기준으로 하여 그 실제의 지분을 초과하거나 적게 인정할 수는 없다(대판 2001.3.9. 98다51169).

(2) 공유물의 사용, 수익은 지분비율에 따라-제263조: 각 공유자는 공유물 전부를 지분의 비율

로 사용, 수익할 수 있다.
(가) 공유자간의 특약-가능: 공유물 전부를 지분의 비율로 사용할 수 있다는 것은 임의규정이므로 특정부분을 공유자의 1인 또는 수인에게 독점적으로 사용수익하게 하는 약정도 가능하다(대판 2005.5.12. 2005다1827).
(나) 특약의 특정승계인에 대한 효력: 공유자간의 공유물에 대한 사용·수익·관리에 관한 특약은 공유자의 특정승계인에 대하여도 당연히 승계된다고 할 것이나, 민법 제265조에 의하여 특약 후에 공유자에 변경이 있고 특약을 변경할 만한 사정이 있는 경우에는 공유자의 지분의 과반수의 결정으로 기존 특약을 변경할 수 있다(대판 2005.5.12. 2005다1827).
(3) 지분의 자유처분-제263조: 각 공유자는 자기의 지분을 자유롭게 처분할 수 있다. 지분을 처분함에 다른 공유자의 동의를 요하지 않는다. 처분의 전형적 형태는 양도인데, 기존 지분의 양도뿐 아니라 장래 취득할 지분의 양도도 가능하다. 또한 지분을 단독으로 담보에 제공하거나 지분의 포기도 가능하다.
(가) 공유자간의 지분처분금지 특약: 공유자간의 지분처분금지의 특약은 채권적 효력을 가질 뿐이다.
(나) 복수의 권리자가 소유권이전청구권 보존을 위한 가등기를 마친 경우-일부 권리자가 단독으로 자기 지분에 관한 본등기를 청구할 수 있는지 여부: 공유자가 다른 공유자의 동의 없이 공유물을 처분할 수는 없으나 그 지분은 단독으로 처분할 수 있으므로, 복수의 권리자가 소유권이전청구권을 보존하기 위하여 가등기를 마쳐 둔 경우 특별한 사정이 없는 한 그 권리자 중 한 사람은 자신의 지분에 관하여 단독으로 그 가등기에 기한 본등기를 청구할 수 있고, 이는 명의신탁해지에 따라 발생한 소유권이전청구권을 보존하기 위하여 복수의 권리자 명의로 가등기를 마쳐 둔 경우에도 마찬가지이며, 이때 그 가등기 원인을 매매예약으로 하였다는 이유만으로 가등기 권리자 전원이 동시에 본등기절차의 이행을 청구하여야 한다고 볼 수 없다(대판 2002.7.9. 2001다43922, 43939).
(4) 지분의 포기-제267조: 공유자가 지분을 포기하거나, 상속인 없이 사망하면 당해 지분은 다른 공유자의 지분의 비율로 귀속한다.

3. 特殊한 共有形態

(1) 종중재산의 공동 명의신탁: 종중재산이 여러 사람에게 명의신탁된 경우 그 수탁인들 상호간에는 형식상 공유관계가 성립하고(대판 1992.9.8. 92다18184), 이는 종중 재산을 보존하고 함부로 처분하지 못하게 하기 위한 것으로 수탁인 사이에 공유관계라 할지라도 공유물 분할은 허용되지 아니한다(대판 1993.2.9. 92다37482).
(2) 구분소유적 공유관계: 외부적으로는 통상의 공유관계이나, 내부적으로는 특정 부분에 대한 배타적 권리가 인정되는 관계이다.
(가) 성립: 어떤 토지에 관하여 그 위치와 면적을 특정하여 여러 사람이 구분소유하기로 하는 약정이 있는 경우, 또는 공유자들 사이에 그 공유물을 분할하기로 약정하고 그때부터 각자의 소유로 분할된 부분을 특정하여 각자 점유·사용하여 온 경우에도 구분소유적 공유관계가 성립할 수 있다.
① 특정 부분에 대한 배타적 귀속의 의사가 존재하여야: 공유자들 사이에서 특정 부분을 각각의 공유자들에게 배타적으로 귀속시키려는 의사의 합치가 존재하여야 한다(대판 2007.4.13. 2005다55930).
② 1필지 중 특정 부분의 매수: 1필지의 토지 중 일부를 특정하여 매수하고 다만 그 소유권이전등기는 그 필지 전체에 관하여 공유지분권이전등기를 한 경우이다(대판 1994.2.8. 93다42986).
③ 환지예정지에 대한 위치 특정하여 경작: 환지예정지를 경작하던 자들이 각 위치 특정하여 분배받아 상환을 완료하면 그 수분배자들은 비록 당해 특정 부분의 면적비율에 따른 지분소유권이전등기를 경료하였다 하더라도 환지예정지 전체에 대한 공유지분을 취득하는 것이 아니라 각기 분배받아 점유 중인 환지예정지의 특정 부분의 구분소유적인 소유권을 취득하였다가 그 후 환지예정지대로 환지확정되는 경우 그 특정 부분에 대한 소유권을 확정적으로 취득하게 된다

(대판 2000.3.14. 98다46778).

(나) 성질-상호간 명의신탁: 공유자간에는 그 특정부분 이외의 부분에 관하여는 상호 명의신탁 관계가 성립한다. * 실제 면적과 상이하게 경료된 공유지분등기: 어느 일방의 공유지분이 그 특정부분을 분자로 하고 토지 전체 면적을 분모로 한 비율보다 적게 되어 있다고 하더라도 그 특정부분 전부에 대한 다른 등기명의자들의 공유지분등기는 마찬가지로 상호 명의신탁에 의한 수탁자의 등기로서 유효하며, 이와 같은 법리는 여러 필지의 토지 중의 어느 한 필지의 토지의 특정부분을 매수하고 그 등기는 편의상 여러 필지 토지의 전체 면적에 대한 당해 특정 매수 부분의 면적의 비율로 그 여러 필지의 토지 각각에 관하여 공유지분 이전등기를 하면서 잘못하여 그 면적비율과 상이한 비율의 공유지분등기를 경료한 경우에도 타당하다(대판 1995.10.12. 95다26131).

(다) 사용, 수익: 지분권자는 내부관계에 있어서는 특정부분에 한하여 단독 소유권을 취득하고 이를 배타적으로 사용, 수익할 수 있다.

(라) 특정부분과 등기의 양도: 특정부분이 전전 양도되고 그에 따라 공유지분등기도 전전 경료되면 상호간에 명의신탁한 지위도 전전 승계되어 최초의 양도인과 그 특정 부분의 최후의 양수인과의 사이에 명의신탁 관계가 성립한다(대판 1996.10.25. 95다40939; 2000.3.14. 98다46778).

(마) 특정부분에 대한 취득시효완성의 효과: 구분소유적 공유관계에 있는 토지 중 공유자 1인의 특정 구분소유 부분에 관한 점유취득시효가 완성된 경우 다른 공유자의 특정 구분소유 부분이 다른 사람에게 양도되고 그에 따라 토지 전체의 공유지분에 관한 지분이전등기가 경료되었다면 대외적인 관계에서는 점유취득시효가 완성된 특정 구분소유 부분 중 다른 공유자 명의의 지분에 관하여는 소유 명의자가 변동된 경우에 해당하므로, 점유자는 취득시효의 기산점을 임의로 선택하여 주장할 수 없다(대판 2006.10.12. 2006다44753).

(바) 방해배제

① 다른 구분소유자에 의한 방해: 다른 구분소유자의 방해행위에 대하여는 소유권에 터잡아 그 배제를 구할 수 있다.

② 제3자에 의한 방해: 외부관계에 있어서는 1필지 전체에 관하여 공유관계가 성립되고 공유자로서의 권리만을 주장할 수 있는 것이므로, 제3자의 방해행위가 있는 경우에는 자기의 구분소유 부분뿐 아니라 전체토지에 대하여 공유물의 보존행위로서 그 배제를 구할 수 있다.

(사) 토지의 구분공동소유자 중 1인이 건물에 설정한 저당권의 실행-법정지상권 성립: 공유로 등기된 토지의 소유관계가 구분소유적 공유관계에 있는 경우에는 공유자 중 1인이 소유하고 있는 건물과 그 대지는 다른 공유자와의 내부관계에 있어서는 그 공유자의 단독소유로 되었다 할 것이므로 건물을 소유하고 있는 공유자가 그 건물 또는 토지지분에 대하여 저당권을 설정하였다가 그 후 저당권의 실행으로 소유자가 달라지게 되면 건물 소유자는 그 건물의 소유를 위한 법정지상권을 취득하게 되며, 이는 구분소유적 공유관계에 있는 토지의 공유자들이 그 토지 위에 각자 독자적으로 별개의 건물을 소유하면서 그 토지 전체에 대하여 저당권을 설정하였다가 그 저당권의 실행으로 토지와 건물의 소유자가 달라지게 된 경우에도 마찬가지라 할 것이다(대판 2004.6.11. 2004다13533).

第263條【共有持分의 處分과 共有物의 使用, 收益】 共有者는 그 持分을 處分할 수 있고 共有物 全部를 持分의 比率로 使用, 收益할 수 있다.

第264條【共有物의 處分, 變更】 共有者는 다른 共有者의 同意없이 共有物을 處分하거나 變更하지 못한다.

第265條【共有物의 管理, 保存】 共有物의 管理에 關한 事項은 共有者의 持分의 過半數로써 決定한다. 그러나 保存行爲는 各自가 할 수 있다.

第266條【共有物의 負擔】 ①共有者는 그 持分의 比率로 共有物의 管理費用 其他 義務를 負擔한다.
②共有者가 1年以上 前項의 義務履行을 遲滯한 때에는 다른 共有者는 相當한 價額으로 持分을 買受할 수 있다.

共有物의 使用, 保存, 管理

1. 共有物의 使用, 收益 - 제263조: 각 공유자는 공유물 전부를 지분의 비율로 사용, 수익할 수 있다.
(1) 특약-가능: 특정부분을 공유자의 1인 또는 수인에게 독점적으로 사용, 수익하게 하는 약정(구분소유 특약)도 가능하다(대판 2005.5.12. 2005다1827).
(2) 협의 없는 특정부분의 배타적 사용-부당이득: 공유자는 그 공유물의 일부라 하더라도 협의 없이 이를 배타적으로 사용 수익할 수는 없다(대판 1982.12.28. 81다454). 따라서 공유자 중의 일부가 특정부분을 배타적으로 점유·사용하고 있다면, 그들은 비록 그 특정부분의 면적이 자신들의 지분 비율에 상당하는 면적 범위 내라고 할지라도, 다른 공유자들 중 지분은 있으나 사용·수익은 전혀 하지 않고 있는 자에 대하여는 그 자의 지분에 상응하는 부당이득을 하고 있다고 보아야 할 것인바, 이는 모든 공유자는 공유물 전부를 지분의 비율로 사용·수익할 권리가 있기 때문이다(대판 2001.12.11. 2000다13948).
(3) 지분 과반수에 의한 특정부분의 배타적 사용-제265조
(가) 공유물의 관리에 관한 사항으로 유효: 공유자 사이에 공유물을 사용·수익할 구체적인 방법을 정하는 것은 공유물의 관리에 관한 사항으로서 공유자의 지분의 과반수로써 결정하여야 할 것이고, 과반수 지분의 공유자는 다른 공유자와 사이에 미리 공유물의 관리방법에 관한 협의가 없었다 하더라도 공유물의 관리에 관한 사항을 단독으로 결정할 수 있으므로, 과반수 지분의 공유자가 그 공유물의 특정 부분을 배타적으로 사용·수익하기로 정하는 것은 공유물의 관리방법으로서 적법하다(대판 2002.5.14. 2002다9738).
(나) 과반수 지분의 공유자로부터 특정부분의 배타적 사용·수익을 허락받은 점유자와 다른 공유자의 관계: 과반수 지분의 공유자로부터 특정부분의 사용·수익을 허락받은 점유자에 대하여 소수 지분의 공유자는 그 점유자가 사용·수익하는 건물의 철거나 퇴거 등 점유배제를 구할 수 없다(대판 2002.5.14. 2002다9738).
(다) 배타적 사용자와 소수지분자의 관계-부당이득: 과반수지분자는 특정부분을 배타적으로 사용·수익할 수 있으나, 그로 말미암아 지분은 있으되 그 특정 부분의 사용·수익을 전혀 하지 못하여 손해를 입고 있는 소수지분권자에 대하여 그 지분에 상응하는 임료 상당의 부당이득을 하고 있다.
(라) 과반수지분자로부터 특정부분의 사용을 허락받은 제3자와 소수지분자-부당이득은 불성립: 과반수 지분의 공유자로부터 다시 그 특정 부분의 사용·수익을 허락받은 제3자의 점유는 다수지분권자의 공유물관리권에 터잡은 적법한 점유이므로 그 제3자는 소수지분권자에 대하여도 그 점유로 인하여 법률상 원인 없이 이득을 얻고 있다고는 볼 수 없다(대판 2002.5.14. 2002다9738).
2. 共有物의 保存, 管理 - 제265조
(1) 보존행위-단독: 보존행위는 각자가 단독으로 할 수 있다(단서). 보존행위란 목적물의 멸실·훼손을 방지하고 그 현상을 유지하기 위하여 하는 행위를 말하고 어느 공유자가 보존권을 행사하는 때에 그 행사의 결과가 다른 공유자의 이해와 충돌될 때에는 그 행사는 보존행위로 될 수 없다.
(가) 수선·유지·보관·인도청구: 보존행위의 형태는 수선·유지·보관뿐만 아니라 필요한 경우에는 공유물의 인도청구나 명도청구도 해당한다(대판 1994.3.22. 93다9392).
(나) 원인무효에 의한 말소등기 청구도 가: 공유물에 관한 원인무효의 등기에 대하여 말소등기를 청구하는 것도 보존행위에 해당한다(대판 1993.5.11. 92다52870).
(2) 관리행위
(가) 지분의 과반수 동의로 결정: 제265조의 관리란 제264조 규정의 처분 및 변경에까지 이르지

않으면서 공유물을 이용·개량하는 행위를 말한다. 공유물의 관리, 즉 이용 및 개량행위는 공유자의 지분의 과반수로써 결정한다(본문).

(나) 특정부분의 배타적 사용도 관리방법의 하나로 과반수 동의로 적법: 과반수 공유지분을 가진 자는 공유자 사이에 공유물의 관리방법에 관하여 협의가 미리 없었다 하더라도 공유물의 관리에 관한 사항을 단독으로 결정할 수 있으므로 공유토지에 관하여 과반수지분권을 가진 자가 그 공유토지의 특정된 한 부분을 배타적으로 사용수익할 것을 정하는 것은 공유물의 관리방법으로서 적법하다(대판 1991.9.24. 88다카33855).

(다) 사용·수익에 대한 특약은 특정승계인에게도 유효: 공유자간의 공유물에 대한 사용·수익·관리에 관한 특약은 공유자의 특정승계인에 대하여도 당연히 승계된다고 할 것이나, 민법 제265조는 〈공유물의 관리에 관한 사항은 공유자의 지분의 과반수로써 결정한다〉라고 규정하고 있으므로, 위와 같은 특약 후에 공유자에 변경이 있고 특약을 변경할 만한 사정이 있는 경우에는 공유자의 지분의 과반수의 결정으로 기존 특약을 변경할 수 있다(대판 2005.5.12. 2005다1827).

(3) 공유물의 침해에 대한 구제-반환청구, 방해배제-단독: 제3자가 공유물의 점유를 빼앗고 있는 경우에는 각 공유자는 그 지분의 비율에 따른 점유의 반환을 청구할 수 있는 것은 물론이고, 그 지분에 기하여 단독으로 자기에게 공유물 전부의 인도를 청구할 수 있다. 또한 공유물에 대하여 제3자가 침해를 하고 있는 때에는 단독으로 공유물 전부에 대한 방해배제를 청구할 수 있다. 따라서 부동산의 공유자의 1인은 당해 부동산에 관하여 제3자 명의로 원인무효의 소유권이전등기가 경료되어 있는 경우 공유물에 관한 보존행위로서 제3자에 대하여 그 등기전부의 말소를 구할 수 있다(대판 1988.2.23. 87다카961). 공유자의 일부가 다른 공유자의 동의 없이 특정부분을 배타적으로 사용하는 경우에도 나머지 지분권자는 공유물보존행위로서 그 배타적 사용의 배제(방해배제)를 구할 수 있다(대판 1992.6.13. 92마290).

(4) 공유물 침해에 대한 손해배상청구-지분 한도 내: 공유물에 끼친 불법행위를 이유로 하는 손해배상청구권은 특별한 사유가 없는 한 각 공유자는 그 지분에 대응하는 비율의 한도 내에서만 이를 행사할 수 있다(대판 1970.4.14. 70다171). 또한 제3자의 불법사용에 대하여 각 토지공유자는 특별한 사정이 없는 한 그 지분에 대응하는 비율의 범위 내에서만 그 차임상당의 부당이득금 반환의 청구권을 행사할 수 있다(대판 1979.1.30. 78다2088).

(5) 시효중단-단독: 공유물에 대한 제3자의 취득시효에 관하여는 각 공유자는 각자의 지분에 관하여만 단독으로 시효중단을 할 수 있다. 따라서 공유자의 한 사람이 공유물의 보존행위로서 제소한 경우라도, 동 제소로 인한 시효중단의 효력은 재판상의 청구를 한 그 공유자에 한하여 발생하고, 다른 공유자에게는 미치지 아니한다(대판 1979.6.26. 79다639).

(6) 공유토지의 일부에 대하여 취득시효완성을 원인으로 소유권이전등기절차의 이행을 청구하는 소송이 필요적 공동소송인지 여부: 공유토지의 일부에 대하여 취득시효완성을 원인으로 공유자들을 상대로 그 시효취득부분에 대한 소유권이전등기절차의 이행을 청구하는 소송은 필요적 공동소송이라고 할 수 없어, 공유자 중 한 사람만을 상대로 그 공유지분에 대하여만 취득시효완성을 이유로 한 청구는 적법하다(대판1994.12.27. 93다32880, 93다32897).

3. 共有物의 處分·變更

(1) 전원 합의-제264조: 공유물의 처분이란 타인에게 매각, 임대 등을 말하며, 변경은 구조변경, 가공 등으로 성질을 변하게 하는 행위를 말한다. 공유물은 다른 공유자의 동의 없이 처분하거나 변경하지 못한다. 공유물은 다른 공유자의 지분의 객체가 되어, 각자가 임의로 공유물을 처분 또는 변경이 가능하게 하면 다른 공유자의 권리를 침해하는 것이 되므로 전원의 합의로만 가능하도록 한 것이다. * 건물의 공유자가 공동으로 건물을 임대하고 보증금을 수령한 경우, 특별한 사정이 없는 한 그 임대는 각자 공유지분을 임대한 것이 아니고 임대목적물을 다수의 당사자로서 공동으로 임대한 것이고 그 보증금 반환채무는 성질상 불가분채무에 해당된다(대판 1998.12.8. 98다43137).

(2) 공유자 1인 단독의 공유물 일부 처분의 효과: 공유자 중 1인이 다른 공유자의 동의 없이 그 공유 토지의 특정부분을 매도하여 타인 명의로 소유권이전등기가 마쳐졌다면, 그 매도 부분 토

지에 관한 소유권이전등기는 처분공유자의 공유지분 범위 내에서는 실체관계에 부합하는 유효한 등기라고 보아야 한다(대판 1994.12.2. 93다1596).

4. 共有物의 負擔(管理費用 등) - 제266조

(1) 의무부담-제1항: 각 공유자는 지분의 비율에 따라 관리비용 기타 의무를 부담한다.

(2) 부담불이행-제2항: 공유자가 관리비용 기타 의무의 부담을 1년 이상 이행하지 않은 때에는 다른 공유자는 상당한 가액을 지급하고 그 자의 지분을 매수할 수 있다. 공유자의 지분매수청구권은 일종의 형성권으로, 이를 행사하기 위해서는 매상지분 전부에 해당하는 대금을 제공한 다음에 하여야 한다(대판 1992.10.9. 92다 25656).

5. 共有者의 共有物로 인한 不當利得의 返還債務 - 불가분적 채무: 공유자가 공유물에 대한 관계에서 법률상 원인 없이 이득을 하고 그로 인하여 제3자에게 손해를 입게 한 경우에 그 이득을 상환하는 의무는 불가분적 채무이다(대판 1980.7.22. 80다649).

6. 共有者의 强制執行에서의 優先買受權 - 민집법 제140조: 민사집행법 제140조에 의하여, 공유자는 매각기일까지 제113조에 따른 보증을 제공하고 최고매수신고가격으로 채무자지분의 우선매수권이 있고, 법원은 최고가매수신고가 있더라도 우선매수신고를 한 공유자에게 매각을 허가하여야 한다. 그러나 집행법원이 수 개의 부동산을 일괄매각하기로 하여, 집행법원이 일괄매각결정을 유지하는 이상 매각대상 부동산 중 일부에 대한 공유자는 특별한 사정이 없는 한 매각대상 부동산 전체에 대하여 공유자의 우선매수권을 행사할 수 없다(대판 2006.3.13. 2005마1078).

第267條【持分拋棄等의 境遇의 歸屬】 共有者가 그 持分을 拋棄하거나 相續人없이 死亡한 때에는 그 持分은 다른 共有者에게 各持分의 比率로 歸屬한다.

持分의 拋棄

1. 持分拋棄로 다른 共有者에게 歸屬: 공유물에 대하여 각 공유자는 다른 공유자의 지분에 의하여 소유권의 행사에 대한 제한을 받는다. 따라서 다른 공유자의 지분이 소멸하면 그러한 제한으로부터 해방되고, 이러한 성질을 지분의 탄력성이라 한다. 지분의 탄력성에 의하여 공유자가 자기의 지분을 포기하거나 상속인 없이 사망하면 당해 지분은 다른 공유자에게 각 지분의 비율로 귀속한다.

2. 相續持分, 特許權持分의 拋棄: 상속인 중 1인의 지분포기는 가정법원에 포기의 신고를 하여야 하고(1041조), 포기한 지분은 다른 상속인의 상속분의 비율로 귀속한다(1043조). 특허를 받을 권리의 공유자 중 1인의 공유지분 포기의 효력은 이를 특허청장에게 신고한 때에 발생한다(특허법원 2007.7.11. 2007허852).

3. 區分建物所有者의 垈地使用權에 대한 持分: 집합건물의 소유 및 관리에 관한 법률 제22조에 의하여 구분건물의 소유자가 가지는 대지사용권에 대한 지분에는 본조의 적용이 배제된다.

第268條【共有物의 分割請求】 ①共有者는 共有物의 分割을 請求할 수 있다. 그러나 5年內의 期間으로 分割하지 아니할 것을 約定할 수 있다.
②前項의 契約을 更新한 때에는 그 期間은 更新한 날로부터 5年을 넘지 못한다.
③前2項의 規定은 第215條, 第239條의 共有物에는 適用하지 아니한다.

第269條【分割의 方法】 ①分割의 方法에 關하여 協議가 成立되지 아니한 때에는 共有者는 法院에 그 分割을 請求할 수 있다.
②現物로 分割할 수 없거나 分割로 因하여 顯著히 그 價額이 減損될 念慮가 있는 때에는 法院은 物件의 競賣를 命할 수 있다.

第270條【分割로 因한 擔保責任】 共有者는 다른 共有者가 分割로 因하여 取得한 物件에 對하여 그 持分의 比率로 賣渡人과 同一한 擔保責任이 있다.

共有物의 分割

1. 意義: 공유물의 분할은 공유물을 분할함으로써 공유관계를 종료시켜 단독소유로 하는 것이다. 또한 제268조의 공유물분할은 공유자 상호간의 지분의 교환 또는 매매를 통하여 공유의 객체를 단독소유권의 대상으로 하여 그 객체에 대한 공유관계를 해소하는 것을 말하므로, 분할의 대상이 되는 것은 어디까지나 공유물에 한한다(대판 2002.4.12. 2002다4580).

2. 共有物分割請求 - 제268조

(1) 분할의 자유: 각 공유자는 언제나 공유물의 분할을 청구할 수 있다.

(2) 법적성질: 분할청구권은 형성권이다. 공유물 분할의 소는 공유자가 다른 공유자 전원을 공동 피고로 하여야 하는 필요적 공동소송이다.

(3) 분할의 제한

(가) 분할금지특약-제1항, 제2항: 당사자간의 특약으로 분할을 못하게 할 수 있다. 단, 기간은 5년 내에서 가능하고 갱신한 경우에도 5년을 넘을 수 없다. 불분할 특약은 등기한 경우에는 지분의 양수인에게도 승계된다.

(나) 유언에 의한 (공동)상속재산의 분할금지: 피상속인은 유언으로 상속개시의 날로부터 5년을 경과하지 않은 기간 내에서 상속재산의 분할을 금지할 수 있다(1012조).

(다) 법률의 규정에 의한 제한-제3항: 건물을 구분소유하는 경우의 공용부분에 대한 공유지분(215조), 경계선상의 경계표(239조) 등은 분할청구를 할 수 없다. 민법은 위와 같은 경우 성질상・기능상 영구히 공유관계를 인정하여야 하는 것으로 보는 것이다. 또한 집합건물의소유및관리에관한법률 제8조에서는 1동의 건물의 대지 공유자는 그 건물의 사용에 필요한 범위 내의 대지에 대하여는 분할을 청구할 수 없다고 규정한다.

(라) 구분소유적 공유(상호명의신탁): 공유물분할청구는 공유자의 일방이 그 공유지분권에 터잡아서 하는 것이므로, 공유지분권을 주장하지 아니하고 목적물의 특정 부분을 소유한다고 주장하는 자는 그 부분에 대하여 신탁적으로 지분등기를 가지고 있는 자를 상대로 하여 그 특정 부분에 대한 명의신탁 해지를 원인으로 한 지분이전등기 절차의 이행을 구하면 될 것이고, 이에 갈음하여 공유물분할청구를 할 수는 없다(대판 1996.2.23. 95다8430).

3. 共有物의 分割方法 - 제269조: 분할의 방법은 공유자간에 협의하여 분할하는 것이 원칙이며, 협의분할이 되지 아니한 경우에 재판상의 분할에 의한다.

(1) 협의분할-전원의 동의-제1항: 협의에 의하여 분할할 때에는 분할방법에 관하여는 제한이 없다. 따라서 현물분할, 대금분할(공유물을 타인에게 매각하고 그 대금을 분할), 가격분할(공유자 중 1인이 다른 공유자들의 지분을 양수하여 가격을 지급하는 방식) 중 하나를 공유자가 자유로이 선택할 수 있다.

(2) 재판상 분할-제1항, 제2항

(가) 협의분할의 불성립: 협의분할은 공유자 전원이 동의하여야 하며, 분할에 관하여 공유자간에 합의가 이루어지지 아니한 때에는 공유자가 법원에 그 분할을 청구할 수 있다. 따라서 공유자 사이에 이미 분할에 관한 협의가 성립된 경우에는 일부 공유자가 분할에 따른 이전등기에 협조하지 않거나 분할에 관하여 다툼이 있더라도 그 분할된 부분에 대한 소유권이전등기를 청구하든가 소유권확인을 구함은 별문제이나 또다시 소로써 그 분할을 청구하거나 이미 제기한 공유물분할의 소를 유지함은 허용되지 않는다(대판 1995.1.12. 94다30348, 94다30355). 제1항의 〈협의가 성립하지 않은 때〉라는 것은 협의하다가 협의가 성립하지 않은 경우뿐만 아니라 처음부터 협의가 불능한 경우도 포함한다(대판 2004.7.22. 2004다10183, 10190).

(나) 재판상 청구-필요적 공동소송: 분할을 법원에 소로서 청구하여야 한다. 공유물분할의 소는

필수적 공동소송으로, 공유물의 분할을 청구하는 자가 나머지 공유자 전원을 상대로 소를 제기해야 한다(대판2003.12.12. 2003다44615, 44622).

(다) 분할방법-제2항

① 현물분할이 원칙-전단: 재판에 의하여 공유물을 분할하는 경우에는 법원은 현물로 분할하는 것이 원칙이다. 현물로 분할할 수 없거나 현물로 분할을 하게 되면 현저히 그 가액이 감손될 염려가 있는 때에 비로소 물건의 경매를 명하여 대금분할을 할 수 있는 것이므로, 위와 같은 사정이 없는 한 법원은 각 공유자의 지분 비율에 따라 공유물을 현물 그대로 수 개의 물건으로 분할하고 분할된 물건에 대하여 각 공유자의 단독소유권을 인정하는 판결을 하여야 하는 것이며, 그 분할의 방법은 당사자가 구하는 방법에 구애받지 아니하고 법원의 재량에 따라 공유관계나 그 객체인 물건의 제반 상황에 따라 공유자의 지분 비율에 따른 합리적인 분할을 하면 된다(대판 2004.7.22. 2004다10183, 10190).

㉮ 지분비율에 따른 분할이 원칙이고, 경제적 가치가 지분 비율에 상응하도록 토지를 현물분할하는 것도 허용: 토지를 분할하는 경우에는 원칙적으로는 각 공유자가 취득하는 토지의 면적이 그 공유지분의 비율과 같도록 하여야 할 것이나, 반드시 그런 방법으로만 분할하여야 하는 것은 아니고, 토지의 형상이나 위치, 그 이용상황이나 경제적 가치가 균등하지 아니할 때에는 이와 같은 제반 사정을 고려하여 경제적 가치가 지분 비율에 상응되도록 분할하는 것도 허용된다(대판 2004.7.22. 2004다10183, 10190).

㉯ 금전으로 경제적 가치의 과부족을 조정: 일정한 요건이 갖추어진 경우에는 공유자 상호간에 금전으로 경제적 가치의 과부족을 조정하게 하여 분할을 하는 것도 현물분할의 한 방법으로 허용된다(대판 2004.7.22. 2004다10183, 10190).

② 대금분할-후단-경매판결-경매청구-경매대금으로 분할: 현물로 분할할 수 없거나 분할로 인하여 현저히 그 가액이 감손될 염려가 있는 때에 대금분할을 하여야 한다. 따라서 이러한 사유가 없음에도 경매를 명함은 위법하다(대판 1997.4.22. 95다32662). 공유물을 경매에 부쳐 그 매득금을 분배할 것을 명한 판결은 경매를 조건으로 하는 특수한 형성판결로서 공유자 전원에 대하여 획일적으로 공유관계의 해소를 목적으로 하는 것이므로 그 판결의 당사자는 원고·피고의 구별없이 동 판결에 기한 그 공유물의 경매를 신청할 권리가 있고(대판 1979.3.8. 79마5), 공유자의 경매청구에 의한 경매대금으로 분할한다.

③ 특별한 사정이 있는 경우의 가격배상: 공유지분의 비율 및 분할된 경우의 경제적 가치, 분할방법에 관한 공유자의 희망 등의 사정을 종합적으로 고려하여 당해 공유물을 특정한 자에게 취득시키는 것이 상당하다고 인정되고, 다른 공유자에게는 그 지분의 가격을 취득시키는 것이 공유자간의 실질적인 공평을 해치지 않는다고 인정되는 특별한 사정이 있는 때에는 공유물을 공유자 중의 1인의 단독소유 또는 수인의 공유로 하되 현물을 소유하게 되는 공유자로 하여금 다른 공유자에 대하여 그 지분의 적정하고도 합리적인 가격을 배상시키는 방법에 의한 분할도 현물분할의 하나로 허용된다(만일 그런 방법이 허용되지 않는다고 한다면 대금분할보다는 가격배상에 의한 분할방법이 더 공평한 방법이 될 수 있는 때에도 항상 경매에 의한 대금분할을 명하여야 하는 불합리한 점을 극복할 수 없게 된다)(대판 2004.10.14. 2004다30583).

(3) 공유물 분할의 효과

(가) 분할부분에 대한 단독 소유권 취득: 분할로 공유관계는 종료하고, 협의분할시에는 소유권등기 시, 재판상 분할시에는 판결확정시에 분할부분에 대한 단독 소유권이 취득된다.

(나) 비소급효: 분할의 효과는 소급하지 아니한다. 그러나 공동상속재산의 분할에서는 분할의 효과는 상속시에 소급한다(1015조).

(다) 공유지분상의 담보물권: 공유인 부동산에 설정된 근저당권 등 담보물권은 특단의 합의가 없는 한 공유물분할이 된 뒤에도 종전의 지분비율대로 분할된 개개의 물권 위에 그대로 존속한다(대판 1989.8.8. 88다카24868).

(라) 공유물상의 용익물권: 공유물 위에 배타적 효력을 가지는 용익물권이 있는 경우에 그 용익물권은 공유물의 분할로 인하여 전혀 영향을 받지 않는다. 다만 그 용익물권이 물건의 일부만을

이용하는 것인 경우는 그 부분에 한해서 존재한다.
(마) 담보책임-제270조: 공유물의 분할로 다른 공유자가 취득한 물건에 관하여 공유자는 각자의 지분의 비율로 매도인과 동일한 담보책임을 진다.
(바) 공유지분의 환매와 공유물분할: 공유자의 1인이 환매권을 유보하면서 그 지분을 처분한후 그 목적물의 분할이나 경매가 있는 때에는 매도인은 매수인이 받은 또는 받을 부분이나 대금에 대하여 환매권을 행사할 수 있다.

第271條【物件의 合有】 ①法律의 規定 또는 契約에 依하여 數人의 組合體로서 物件을 所有하는 때에는 合有로 한다. 合有者의 權利는 合有物 全部에 미친다.
②合有에 關하여는 前項의 規定 또는 契約에 依하는 外에 다음 3條의 規定에 依한다.

合有의 成立과 內容

1. 意義: 합유는 여러 명이 조합체로서 물건을 소유하는 형태이다. 합유자는 각자가 지분을 가지나, 합유자 사이에는 공동목적을 위한 단체적 구속으로 지분처분의 자유와 합유물분할청구권이 없다.
2. 合有의 成立: 합유는 법률의 규정 또는 계약에 의하여 여러 명이 조합체로서 물건을 소유함으로써 성립하며, 부동산은 합유등기를 하여야 한다.
(1) 계약에 의한 성립: 수인의 조합계약에 의하여 조합이 성립하고, 조합이 재산을 취득하면 합유가 성립한다. 동업계약이나 계의 소유형태는 일반적으로 동업자와 계원의 합유이다.
(가) 공동면허권자가 취득한 매립지: 공유수면매립권자들의 공동명의로 된 공유수면매립면허가 유효한 이상 면허권자들은 공동으로 당해 매립지 중 면허권자에게 귀속되는 토지의 소유권을 취득하게 되고, 나아가 공동면허권자가 공유수면매립법의 규정에 의하여 가지는 권리의무는 그들의 합유에 속한다고 할 것이므로 당해 토지는 매립권자들이 합유로 취득한 것이 되며, 따라서 비록 위와 같은 토지가 부동산등기부상 공동면허권자의 공유로 등기되어 있다고 하더라도 세무서장은 이를 공동면허권자의 합유로 인정하여 처리하여야 한다(대판 2002.3.29. 2000두6084).
* 공유수면매립권자들의 공동명의로 된 공유수면매립면허가 유효한 이상 면허권자들은 공동으로 당해 매립지 중 면허권자에게 귀속되는 토지의 소유권을 취득하게 되고, 나아가 공동면허권자가 공유수면매립법의 규정에 의하여 가지는 권리의무는 그들의 합유에 속한다고 할 것이므로 당해 토지들은 매립권자들이 합유로 취득한 것이 된다(대판 1997.4.8. 95다34521).
(나) 계 재산: 계는 당사자 사이에 어떠한 특별한 약정한 바가 없다면 대체로 계원상호간의 금융저축을 목적으로 하는 하나의 조합계약이고, 계를 중심으로 하는 재산은 각 계원의 합유에 속한다(대판 1962.7.26. 62다265).
(다) 조합의 취득 재산: 상호 출자하여 공동사업을 경영할 것을 목적으로 하는 조합이 조합재산으로 부동산의 소유권을 취득하였다면 민법 제271조제1항의 규정에 의하여 당연히 그 조합체의 합유물이 된다(대판 2006.4.13. 2003다25256).
(2) 법률의 규정에 의한 성립: 수탁자가 복수인 경우의 신탁재산(신탁법 45조1항), 공동광업권자의 소유형태(광업법 19조)가 합유이다.
(3) 합유등기: 합유자 전원명의로 합유임을 등기하여야 한다. 조합체가 합유등기를 하지 아니하고 그 대신 조합원 1인의 명의로 소유권이전등기를 하였다면 이는 조합체가 그 조합원에게 명의신탁한 것으로 보아야 한다(대판 2006.4.13. 2003다25256).
3. 合有의 內容: 합유의 내용, 즉 법률관계는 제271조제2항의 합유지분은 합유물 전부에 미친다는 것과 조합계약과 제272조 내지 제274조에 의한 법률관계가 성립한다. 또한 위 민법의 규정은 임의규정으로 구체적인 세부내용은 일반적으로 특별규정 또는 합유자간의 약정에 의하여 생긴다.

第272條【合有物의 處分, 變更과 保存】 合有物을 處分 또는 變更함에는 合有者 全員의 同意가 있어야 한다. 그러나 保存行爲는 各自가 할 수 있다.

第273條【合有持分의 處分과 合有物의 分割禁止】 ①合有者는 全員의 同意없이 合有物에 對한 持分을 處分하지 못한다.
②合有者는 合有物의 分割을 請求하지 못한다.

第274條【合有의 終了】 ①合有는 組合體의 解散 또는 合有物의 讓渡로 因하여 終了한다.
②前項의 境遇에 合有物의 分割에 關하여는 共有物의 分割에 關한 規定을 準用한다.

合有의 法律關係

1. 原則 - 제271조제2항: 합유의 법률관계는 특별법 또는 합유자간의 약정에 의하며, 그것이 없는 경우에는 민법 제272조 내지 제274조에 규정한 법률관계가 형성된다.

2. 合有持分

(1) 의의: 합유물에 대한 합유자의 권리가 합유지분이며, 합유지분은 합유물 전부에 미친다(271조1항). 즉 각 조합원은 전체로서의 조합재산에 대하여 지분을 가지며 또한 조합재산을 구성하는 개별 물건에 대하여도 지분을 가진다.

(2) 처분 제한-제273조제1항: 제273조제1항은 합유지분은 다른 합유자 전원의 동의 없이는 처분하지 못한다고 규정한다. 그런데 합유자는 조합원이므로 조합원의 지위와 분리하여 지분만을 처분할 수는 없다. 따라서 지분의 처분은 조합원의 지위와 함께 전원의 동의를 받아야 처분이 가능하다. * 특정 조합이 규약으로 임의 양도금지한 경우의 효력: 규약으로 임의 양도할 수 없다고 규정하고 있는바, 그 의미는 민법 제273조제1항이 합유자는 전원의 동의 없이 합유물에 대한 지분을 처분하지 못한다고 규정하고 있는 것보다도 합유지분의 양도를 더욱 제한하여 합유지분의 양도를 절대적으로 금지하는 것이라고 볼 수 있으므로, 위 분조합 조합원이 1980년 당시 합동수사본부 제2국장에게 그들이 분조합 재산에 대하여 합유지분에 의하여 가지는 일체의 권리를 대한민국에 헌납한다는 의사표시를 하였다 하더라도 그 의사표시는 운영규약 제16조제1항에 위반되어 무효이다(대판 1997.9.9. 96다16896).

(3) 지분 포기-잔존 합유자에게 귀속: 지분포기에 대하여는 별도의 규정이 없으나 권리의 포기로 적법하고, 그 포기된 합유지분은 나머지 잔존 합유지분권자들에게 균분으로 귀속하게 되지만 그와 같은 물권변동은 합유지분권의 포기라고 하는 법률행위에 의한 것이므로 등기하여야 효력이 있고 지분을 포기한 합유지분권자로부터 잔존 합유지분권자들에게 합유지분권 이전등기가 이루어지지 아니하는 한 지분을 포기한 지분권자는 제3자에 대하여 여전히 합유지분권자로서의 지위를 가지고 있다(대판 1997.9.9. 96다16896).

(4) 지분에 대한 제3자의 압류: 민법 제714조는 조합원의 지분에 대한 압류를 허용하고 있으나, 여기에서의 조합원의 지분이란 전체로서의 조합재산에 대한 조합원 지분을 의미하는 것이고, 이와 달리 조합재산을 구성하는 개개의 재산에 대한 합유지분에 대하여는 압류 기타 강제집행의 대상으로 삼을 수 없다(대판 2007.11.30. 2005마1130).

(5) 합유자의 사망-상속 대상이 아님: 합유자 중 일부가 사망한 경우 합유자 사이에 특별한 약정이 없는 한 사망한 합유자의 상속인은 합유자로서의 지위를 승계하지 못하므로, 합유물은 잔존 합유자가 2인 이상일 경우에는 잔존 합유자의 합유로 귀속되고 잔존 합유자가 1인인 경우에는 잔존 합유자의 단독소유로 귀속된다(대판 1996.12.10. 96다23238).

3. 合有物의 處分, 變更, 保存 - 제272조

(1) 보존: 합유자 각자가 단독으로 할 수 있다. 합유물의 반환청구, 합유물에 대한 방해제거 청구 등은 보존행위로 각자가 단독으로 할 수 있다. 따라서 합유물에 관하여 경료된 원인 무효의 소유권이전등기의 말소를 구하는 소송은 합유물에 관한 보존행위로서 합유자 각자가 할 수 있다(대판 1997.9.9. 96다16896).

(2) 처분, 변경: 처분 또는 변경을 위해서는 합유자 전원의 동의가 있어야 한다. 이용과 개량에 대해서는 별도의 규정이 없는데, 공유의 규정(265조)을 유추적용하여 합유자 과반수의 동의로 할 수 있다고 해석된다.
(3) 합유물에 대한 소송: 합유물에 대한 소유권이전등기절차의 이행을 구하는 소송은 합유물에 관한 소송으로서 고유필요적 공동소송에 해당하여 합유자 전원을 피고로 하여야 할 뿐 아니라 합유자 전원에 대하여 합일적으로 확정되어야 하므로, 합유자 중 일부의 청구인낙이나 합유자 중 일부에 대한 소의 취하는 허용되지 않는다(대판 1996.12.10. 96다23238).

4. 合有物의 分割

(1) 분할금지-제273조제2항: 조합체가 존속하는 한 합유물은 분할이 금지된다. 합유자는 조합체가 존속하는 동안은 합유물의 분할을 청구하지 못한다.
(2) 합유의 종료로 인한 합유물의 분할방법-제274조제2항: 조합의 해산으로 합유관계가 종료되면 합유물은 분할하게 된다. 그 분할의 방법에 관하여는 조합계약 또는 합유자 전원의 합의로써 특별히 정한 것이 있는 때에는 이에 따르고 그렇지 않은 때에는 보충적으로 공유물의 분할에 관한 규정을 준용한다. 즉 현물분할이 원칙이며, 분할비율은 합유지분의 비율에 따르며, 지분비율이 없으면 출자가액의 비율에 따른다.

5. 合有의 終了 - 제274조제1항: 조합의 해산과 합유물의 양도로 합유는 종료된다.

第275條【物件의 總有】 ①法人이 아닌 社團의 社員이 集合體로서 物件을 所有할 때에는 總有로 한다.
②總有에 關하여는 社團의 定款 其他 契約에 依하는 外에 다음 2條의 規定에 依한다.

總有의 成立과 內容

1. 意義: 종유는 법인이 아닌 사단(비법인사단)이 집합체로서 물건을 소유하는 형태이다.

2. 成立: 법인이 아닌 사단이 물건을 소유할 때 종유관계가 성립한다. 종중, 교회, 동창회, 학회 등이 법인 설립등기를 하지 아니하면 권리능력 없는 사단, 즉 비법인사단이 된다. 또한 민법상의 조합의 명칭을 가지고 있는 단체라 하더라도 고유의 목적을 가지고 사단적 성격을 가지는 규약을 만들어 이에 근거하여 의사결정기관 및 집행기관인 대표자를 두는 등 조직을 갖추고 있고, 구성원의 가입, 탈퇴 등으로 인한 변동에 관계없이 단체 그 자체가 존속되고, 그 조직에 의하여 대표의 방법, 총회나 이사회 등의 운영, 재산의 관리 기타 단체로서의 주요사항이 확정되어 있는 경우에는 비법인사단이다(대판 1994.4.26. 93다51591). 이러한 비법인사단의 소유형태가 총유(1항)이다. 비법인사단의 소유물이 부동산인 경우는 대표자가 비법인사단의 명의로 등기해야 한다(부등법 30조). 기타 비법인사단별 기본적 법률관계는 아래와 같다.

(1) 종중
(가) 법적 성질-비법인사단: 종중은 비법인사단으로 종중의 소유 재산은 종중원의 총유로서, 그 처분은 종중규약이 정한 바에 따르고, 만일 종중규약에 그러한 규정이 없을 때에는 종중원 총회의 결의에 따라야 한다(대판 1992.4.24. 91다18965).
(나) 종중총회: 종중총회는 특별한 사정이 없는 한 족보에 의하여 소집통지 대상이 되는 종중원의 범위를 확정한 후 소재가 분명한 모든 종중원에게 개별적으로 소집통지를 하여야 하고, 일부 종중원에게 소집통지를 결여한 채 개최된 종중총회의 결의는 효력이 없다(대판 1997.2.28. 95다44986).
(다) 종중재산의 특정종중원 명의의 등기-명의신탁: 공동명의수탁을 받은 경우 수탁자들이 수탁받은 부동산에 대하여 공유물분할을 하는 것은 명의신탁의 목적에 반하고 신탁자가 명의신탁을 한 취지에도 어긋나는 것이고, 특히 종중의 재산을 보존하고 함부로 처분하지 못하게 하기 위하여 다수의 종중원에게 공동으로 명의신탁한 경우에는 더욱 그 취지에 반하는 것으로서 허용되지 아니한다(대판 1993.2.9. 92다37482).

(2) 교회

(가) 재산의 법적 성질-총유: 교회가 법인 아닌 사단으로서 존재하는 이상 교인들은 교회 재산을 총유의 형태로 소유하면서 사용·수익하고, 일부 교인들이 교회를 탈퇴하여 그 교회 교인으로서의 지위를 상실하게 되면 탈퇴가 개별적인 것이든 집단적인 것이든 이와 더불어 종전 교회의 총유 재산의 관리처분에 관한 의결에 참가할 수 있는 지위나 그 재산에 대한 사용·수익권을 상실하고, 종전 교회는 잔존 교인들을 구성원으로 하여 실체의 동일성을 유지하면서 존속하며 종전 교회의 재산은 그 교회에 소속된 잔존 교인들의 총유로 귀속된다(대판 2006.4.20. 2004다37775).

(나) 법률관계는 민법의 비법인사단에 관한 규정이 적용: 교회가 법인 아닌 사단으로서 존재하는 이상 그 법률관계를 둘러싼 분쟁을 소송적인 방법으로 해결함에 있어서는 법인 아닌 사단에 관한 민법의 일반 이론에 따라 교회의 실체를 파악하고 교회의 재산 귀속에 대하여 판단하여야 한다. 이에 따라 위에서 본 법인 아닌 사단의 재산관계와 그 재산에 대한 구성원의 권리 및 구성원 탈퇴, 특히 집단적인 탈퇴의 효과 등에 관한 법리는 교회에 대하여도 동일하게 적용되어야 한다(대판 2006.4.20. 2004다37775).

(다) 교회재산의 보존행위의 방법: 총유물의 보존에 있어서는 공유물의 보존에 관한 민법 제265조의 규정이 적용될 수 없고 특별한 사정이 없는 한 민법 제276조제1항 소정의 사원총회의 결의를 거쳐야 하는 것이며 이러한 법리는 대표자의 정함이 있는 비법인사단인 교회가 그 총유재산에 대한 보존행위로서 대표자의 이름으로 소송행위를 하는 경우라 할지라도 정관에 달리 규정하고 있다는 등의 특별한 사정이 없는 한 그대로 적용된다(대판 1986.9.23. 84다카6).

(라) 일부 교인의 탈퇴: 일부 교인들이 교회를 탈퇴하여 그 교회 교인으로서의 지위를 상실하게 되면 탈퇴가 개별적인 것이든 집단적인 것이든 이와 더불어 종전 교회의 총유 재산의 관리처분에 관한 의결에 참가할 수 있는 지위나 그 재산에 대한 사용·수익권을 상실하고, 종전 교회는 잔존 교인들을 구성원으로 하여 실체의 동일성을 유지하면서 존속하며 종전 교회의 재산은 그 교회에 소속된 잔존 교인들의 총유로 귀속된다(대판 2006.4.20. 2004다37775).

(마) 소속 교단의 변경: 소속 교단의 변경은 실질적으로 지교회 자신의 규약에 해당하는 자치규범을 변경하는 결과를 초래하고, 만약 지교회 자신의 규약을 갖춘 경우에는 교단변경으로 인하여 지교회의 명칭이나 목적 등 지교회의 규약에 포함된 사항의 변경까지 수반하기 때문에, 소속 교단에서의 탈퇴 내지 소속 교단의 변경은 사단법인 정관변경에 준하여 의결권을 가진 교인 2/3 이상의 찬성에 의한 결의를 필요로 한다(대판 2006.4.20. 2004다37775). 따라서 의결권을 가진 교인 2/3 이상의 찬성에 의한 결의를 통하여 소속 교단을 탈퇴한 경우에는 종전 교회재산은 탈퇴한 교회 소속 교인들의 총유에 귀속한다(대판 2006.6.30. 2000다15944).

(3) 개인 사찰

(가) 법적 성질-비법인사단: 기존의 사찰에서 이탈한 신도들과 승려가 조계종에 소속될 새로운 사찰의 건립이라는 공동 목적으로 사찰의 대표, 신도회장 등 체계적인 조직을 만들고 그들의 출재와 노력에 의하여 토지를 매수하여 그 지상에 불당을 완공한 경우, 불당의 완공 당시 위 단체는 그 명칭이나 특정 종단의 귀속 여부에 불구하고 독립된 사찰로서의 실체를 갖추게 된 것으로 그 실질은 권리능력 없는 사단이다(대판 1997.12.9. 94다41249).

(나) 사찰 및 신도의 분열-불가: 사찰은 신도들이 사찰의 운영이나 재산의 관리·처분에 관여하는 정도에 의하여 재단 또는 사단인 사찰로 구분되기는 하지만 일반의 재단 또는 사단과는 달리 이념적 요소로서의 불교 교의, 행위적 요소로서의 법요 집행, 조직적 요소로서의 승려와 신도, 물적 요소로서의 토지, 불당 등 시설이 결합되어 성립하는 것이므로, 일단 사찰이 성립한 이상 그 분열은 인정되지 않고 그 요소의 하나인 신도회도 분열될 수 없는 것이며, 일부 승려나 신도들이 사찰이 내세우는 종지(宗旨) 또는 사찰의 운영에 반대하여 탈종한다거나 신도회에서 탈퇴하였다 하더라도 이를 가리켜 사찰 또는 신도회가 분열되었다고 할 수는 없다(대판 1997.12.9. 94다41249).

(4) 동, 리, 어촌계

(가) 법적 성질-비법인사단: ① 동, 리 거주민의 소유 재산: 동, 리의 행정구역 내에 거주하는 주민들이 주민의 공동편익과 공동복지를 위하여 주민 전부를 구성원으로 한 공동체를 구성하고

행정구역인 리의 명칭을 사용하면서 일정한 재산을 공부상 그 이름으로 소유해 온 경우에 이러한 공동체는 이른바 비법인사단이다(대판 1993.3.9. 92다39532; 2004.1.29. 2001다1775).

(나) 재산의 귀속: 동, 리, 어촌계의 소유재산은 동, 리주민의 총유에 속한다(대판 1990.6.26. 90다카8692).

(다) 어촌계: 어촌계는 계원들이 공동목적을 위하여 조직한 법인 아닌 사단으로서 어업권은 물론 그 소멸에 따른 손실보상금도 특별한 사정이 없는 한 어촌계의 총유에 속한다고 할 것이므로, 총유물인 위 손실보상금의 처분은 정관 기타 규약에서 달리 정하지 않는 한 계원총회의 결의에 의하여야 할 것인바, 수산업협동조합법시행령 제10조제1항제7호 및 어촌계의 정관이 어촌계의 어업권 또는 부동산 기타 재산의 취득 및 처분은 총회의 의결을 얻도록 규정하고 있고 또 위 정관이 어촌계가 해산한 경우에 있어서의 청산 또는 잔여재산의 처분도 총회의 의결사항으로 규정하고 있으므로, 어촌계가 해산된 여부와 관계없이 위 손실보상금은 어촌계 총회의 결의에 의하여서만 이를 분배할 수 있고 이러한 총회의 결의가 없는데도 민법상 조합이 해산된 경우에 있어서의 잔여재산 분배에 관한 민법 제724조제2항을 유추적용하여 각 계원이 직접 어촌계에 대하여 자기지분의 분배를 청구할 수는 없다(대판 1992.7.14. 92다534).

(5) 주택조합

(가) 법적 성질-비법인사단: 주택조합은 그 실체에 있어 비법인사단에 해당하고 주택조합이 일반인에게 분양하는 아파트의 소유관계는 총유이다(대판 2003.7.11. 2001다73626).

(나) 주택조합원의 지위: 주택조합원은 그 지위에서 조합아파트에 관한 권리를 취득하는 것이므로, 주택조합이 조합원 지위를 계속 유지하고 있는 조합원에 대하여 조합아파트에 관한 분양계약을 해제하거나 취소하였다 하여 그 조합아파트에 관한 조합원의 권리가 소멸하는 것이 아니다(대판 1999.11.9. 99다34420).

(다) 주택조합의 일반에 분양할 주택의 귀속-조합원의 총유: 주택조합은 독립된 비법인사단이고, 일반인에게 분양할 임의분양분 아파트는 연합주택조합 조합원 전원의 총유에 속한다고 할 것인데, 총유물인 임의분양분 아파트의 관리 및 처분에 관하여 조합의 정관이나 규약에 정한 바가 있으면 이에 따라야 하고, 없으면 조합원 총회의 결의에 의하여 할 것이므로 비록 대표자에 의한 재산의 처분이라고 하더라도 그러한 절차를 거치지 아니한 채 한 행위는 무효이다(대판 2002.9.10. 2000다96).

3. 內容: 총유에는 구성원 각자의 지분은 없으며, 소유권의 내용이 관리 및 처분의 권능과 사용수익의 권능으로 2분화하여 전자는 구성원의 총체에 속하고, 후자는 각 구성원에게 분속한다. 총유의 세부적인 관계는 비법인사단의 정관 또는 총회의 결의에 의하고, 그에 규정이 없으면 제276조, 제277조의 규정에 의한다.

第276條【總有物의 管理, 處分과 使用, 收益】 ①總有物의 管理 및 處分은 社員總會의 決議에 依한다.
②各社員은 定款 其他의 規約에 좇아 總有物을 使用, 收益할 수 있다.

第277條【總有物에 關한 權利義務의 得喪】 總有物에 關한 社員의 權利義務는 社員의 地位를 取得喪失함으로써 取得喪失된다.

總有物의 管理, 處分 등

1. 總有物에 대한 社員의 權利義務

(1) 사용, 수익-제276조제2항: 각사원은 정관 기타의 규약에 좇아 총유물을 사용, 수익할 수 있다.

(2) 사원 지위의 득상에 따름-제277조: 총유물에 관한 사원의 권리의무는 사원의 지위를 취득상실함으로써 취득상실된다. * 비법인사단인 어촌계의 구성원은 총유재산에 대하여 특정된 지분을 가지고 있는 것이 아니라 사단의 구성원이라는 지위에서 총유재산의 관리 및 처분에 참여하고 있

는 것에 불과하고, 그 신분을 상실하면 총유재산에 대하여 아무런 권리를 주장할 수 없는 것이므로, 비록 그가 어촌계의 계원으로 있을 당시 어촌계가 취득한 보상금이라 하더라도 그 분배결의 당시 계원의 신분을 상실하였다면 그 결의의 효력을 다툴 법률상의 이해관계가 없다(대판 2000.5.12. 99다71931).

2. 總有物의 管理, 處分 - 제276조제1항: 총유물의 관리 및 처분행위라 함은 총유물 그 자체에 관한 법률적·사실적 처분행위와 이용, 개량행위를 말한다. 총유물의 관리, 처분은 단체인 사원총회의 결의에 의한다. 따라서 조합의 조합장이 특정 조합원에게 그가 출자한 대지에 관하여 다른 조합원들과는 달리 실제면적 이상의 할증보상을 하여 주겠다는 내용의 약정을 체결한 행위는 재건축조합이 가지고 있는 총유물 그 자체에 관한 관리 및 처분행위에 해당하므로 이에 관하여 별도의 정관이나 규약을 가지고 있지 않고 재건축조합의 총회결의도 없었다면 위 약정은 무효이다(대판 2006.1.27. 2004다45349).

3. 總有物의 保存 - 총회결의: 총유에는 공유나 합유의 경우처럼 보존행위는 그 구성원 각자가 할 수 있다는 민법 제265조 단서 또는 제272조 단서와 같은 규정을 두고 있지 아니하다. 이는 법인 아닌 사단의 소유형태인 총유가 공유나 합유에 비하여 단체성이 강하고 구성원 개인들의 총유재산에 대한 지분권이 인정되지 아니하는 데에서 나온 당연한 귀결이라고 할 것이므로 총유재산에 관한 소송은 법인 아닌 사단이 그 명의로 사원총회의 결의를 거쳐 하거나 또는 그 구성원 전원이 당사자가 되어 필수적 공동소송의 형태로 할 수 있을 뿐 그 사단의 구성원은 설령 그가 사단의 대표자라거나 사원총회의 결의를 거쳤다 하더라도 그 소송의 당사자가 될 수 없고, 이러한 법리는 총유재산의 보존행위로서 소를 제기하는 경우에도 마찬가지이다(대판 2005.9.15. 2004다44971). * 교회재산 보존행위의 방법: 총유물의 보존에 있어서는 공유물의 보존에 관한 민법 제265조의 규정이 적용될 수 없고 특별한 사정이 없는 한 민법 제276조제1항 소정의 사원총회의 결의를 거쳐야 하는 것이며 이러한 법리는 대표자의 정함이 있는 비법인사단인 교회가 그 총유재산에 대한 보존행위로서 대표자의 이름으로 소송행위를 하는 경우라 할지라도 정관에 달리 규정하고 있다는 등의 특별한 사정이 없는 한 그대로 적용된다(대판 1986.9.23. 84다카6).

第278條【準共同所有】 本節의 規定은 所有權以外의 財産權에 準用한다. 그러나 다른 法律에 特別한 規定이 있으면 그에 依한다.

準共同所有

1. 準共同所有의 客體: 준공동소유는 지상권, 지역권, 저당권, 광업권, 어업권, 무체재산권, 주식, 채권 등에서 나타나고, 준공유·준합유·준총유의 형태를 가진다.

2. 債權에서 民法 제408조 이하의 多數當事者債權關係規定과의 關係: 채권에서는 제408조 이하가 특별규정으로 우선 적용된다.

3. 個別的 問題

(1) 준공유

(가) 행사

① 복수채권자명의의 담보목적의 가등기: 한 사람의 채무자에 대한 복수채권자의 채권을 담보하기 위하여 그 채무자와 복수채권자가 채무자소유의 부동산에 관하여 복수채권자를 공동의 권리자로 하는 매매예약을 체결하고 그에 따른 소유권이전등기청구권보전의 가등기를 한 경우, 복수채권자는 매매예약완결권을 준공유하는 관계에 있다 할 것이고 매매예약완결권의 행사와 이에 따른 소유권의 이전등기를 구하는 소의 제기는 다 같이 매매예약완결권의 처분행위라 할 것이므로 매매예약완결의 의사표시는 복수채권자 전원에 의하여 공동으로 행사되어야 하며 매매예약이 완결된 매매목적물에 대한 소유권이전의 본등기의 이행을 구하는 소는 필요적 공동소송으로서 매매예약완결권을 준공유하고 있던 복수채권자 전원에 의하여 제기되어야 한다(대판 1985.10.8. 85다카604).

② 복수인 명의의 일반 가등기: 복수의 권리자가 소유권이전청구권을 보존하기 위하여 가등기를 마쳐 둔 경우 특별한 사정이 없는 한 그 권리자 중 한 사람은 자신의 지분에 관하여 단독으로 그 가등기에 기한 본등기를 청구할 수 있고, 이는 명의신탁 해지에 따라 발생한 소유권이전청구권을 보존하기 위하여 복수의 권리자 명의로 가등기를 마쳐 둔 경우에도 마찬가지이다(대판 2002.7.9. 2001다43922, 43939).

③ 여러 명이 시기를 달리하여 채권의 일부씩을 대위변제한 경우: 수인이 시기를 달리하여 채권의 일부씩을 대위변제한 경우 그들은 각 일부 대위변제자로서 그 변제한 가액에 비례하여 근저당권을 준공유하고 있다고 보아야 하고, 그 근저당권을 실행하여 배당함에 있어서는 다른 특별한 사정이 없는 한 각 변제채권액에 비례하여 안분 배당하여야 한다(대판 2006.2.10. 2004다2762).

(나) 공유주식 분할 청구: 주식의 공유자들 사이에 공유주식을 분할하는 판결이 확정되면 그 공유자들 사이에서는 별도의 법률행위를 할 필요 없이 자신에게 귀속된 주식에 대하여 주주로서의 권리를 취득하는 것이고, 이와 같이 공유물 분할의 방법에 의하여 주식을 취득한 자는 회사에 대하여 주주로서의 자격을 보유하기 위하여 자기가 그 주식의 실질상의 소유자라는 것을 증명하여 단독으로 명의개서를 청구할 수 있으므로, 주식의 공유자로서는 공유물 분할의 판결의 효력이 회사에 미치는지 여부와 관계없이 공유주식을 분할하여 공유관계를 해소함으로써 분할된 주식에 대한 단독소유권을 취득하기 위하여 공유물 분할의 소를 제기할 이익이 있다(대판 2000.1.28. 98다17183).

(다) 공동명의의 예금: 동업 이외의 특정 목적을 위하여 출연한 자금을 그 목적의 달성 전에 단독으로 인출할 수 없도록 방지·감시하고자 하는 목적에서 출연자들의 공동명의로 예금한 경우, 그 예금채권과 관리처분권의 귀속관계 및 공동명의 예금채권자 중 1인에 대한 압류 및 추심명령 등을 송달받은 은행이 압류추심채권자의 예금반환청구에 대하여 공동명의 예금채권자들과의 공동반환특약을 들어 그 지급을 거절할 수 없다(대판 2005.9.9. 2003다7319).

(2) 준합유

(가) 준합유한 소유권이전등기청구권의 권리행사: 동업약정에 따라 동업자 공동으로 토지를 매수하였다면 그 토지는 동업자들을 조합원으로 하는 동업체에서 토지를 매수한 것이므로 그 동업자들은 토지에 대한 소유권이전등기청구권을 준합유하는 관계에 있고, 합유재산에 관한 소는 이른바 고유필요적공동소송이라 할 것이므로 그 매매계약에 기하여 소유권이전등기의 이행을 구하는 소를 제기하려면 동업자들이 공동으로 하지 않으면 아니 된다(대판 1994.10.25. 93다54064).

(나) 합유물 침해에 대한 손해배상청구권: 광업법 제34조, 제19조제6항에 의하면 공동광업권자는 조합계약을 한 것으로 보므로, 공동광업권자는 광업권 및 광업권 침해로 인한 손해배상청구권을 준합유한다(대판 1997.2.11. 96다1733).

(다) 합유물에 대한 소멸시효중단효과의 합유지분의 양수인에 대한 효력: 기존의 공동광업권자가 광업권 침해로 인한 손해배상청구소송을 제기하였다면 준합유재산인 그 손해배상청구권 전부에 대하여 소멸시효가 중단되는 것이고 그 후에 광업권의 지분을 양수한 공동광업권자는 조합원의 지위에서 기존의 공동광업권자와 함께 소멸시효가 중단된 손해배상청구권을 준합유한다고 보아야 하므로, 새로 공동광업권자가 된 자의 지분에 해당하는 부분만 따로 소멸시효가 중단됨이 없이 진행되는 것은 아니다(대판 1997.2.11. 96다1733).

第4章 地上權

1. 槪括: 지상권은 건물 기타 공작물 또는 수목을 소유하기 위하여 타인의 토지를 이용하는 용익물권이다. 동일한 목적을 위하여는 임차권 또는 전세권으로도 가능하나, 지상시설인 건물 또는 수목 등이 내구성 및 이용이 오랜 기간을 필요로 하며, 토지에 대한 배타적 이용이 보장되어야 하는 등의 특수성이 잘 반영된 제도가 지상권이다.

2. 地上權의 成立: 지상권은 지상권설정행위와 등기에 의하여 성립되는 것이 일반적이며, 그 밖에

법률의 규정에 의하여 취득되기도 한다.

(1) 법률행위에 의한 성립-설정행위와 등기: 지상권을 설정하여 토지를 사용하고자 하는 자는 토지소유자와 지상권설정행위를 하고 지상권을 등기하여야 한다.

(가) 지상권설정행위: 지상권설정을 내용으로 하는 약정이 있어야 한다. 따라서 토지의 소유자로부터 토지사용 승낙을 받아 건물을 신축하고 그에 대한 경작료를 납부하여 온 경우에도 지상권설정행위가 아니며, 또한 관습에 의한 법정지상권이 성립할 여지도 없다(대판 1990.10.30. 90다카26003).

(나) 토지의 평면적 일부분, 계층적 일부분: 1필의 토지에 지상권이 성립되는 것이 원칙이나, 1필의 토지의 평면적 일부에 대하여도 지상권이 성립하며 이 경우 지상권의 범위는 등기사항이 된다(부등법 136조). 토지의 수직적 일부에 대하여도 지상권이 성립한다(구분지상권). 구분지상권에 있어서는 만약 제3자가 토지를 사용·수익할 권리를 가진 때에는 그 권리자 및 다시 그 권리를 목적으로 하는 자 전원의 승낙이 있어야 이를 설정할 수 있다(289조의2).

(다) 지료는 요소가 아님: 지상권에서는 지료가 요소가 아니다. 즉 무상의 지상권도 성립한다. 따라서 지료에 관한 유상 약정이 없는 이상 지료의 지급을 구할 수 없다(대판 1999.9.3. 99다24874).

(2) 법률의 규정에 의한 성립: 다른 물권과 마찬가지로 상속, 판결, 경매, 공용징수, 취득시효 기타 법률의 규정에 의하여 지상권이 취득될 수 있고, 그 취득은 등기 없이 효력이 생긴다(187조). 다만 취득시효에 의한 지상권취득은 등기함으로써 그 효력이 생긴다(245조).

(가) 법정지상권: 제305조, 제366조

(나) 관습법상의 법정지상권: 토지와 건물이 동일인 소유에서 토지 또는 건물만이 매도되어 양자의 소유자가 다르게 된 경우에 그 건물을 철거하기로 하는 등의 특약이 없는 한 관습법상의 법정지상권이 성립한다.

3. 地上權의 消滅

(1) 물권 일반의 소멸사유: 지상권은 물권 일반의 소멸사유인 존속기간의 만료, 혼동, 소멸시효, 지상권의 포기, 지상권에 우선하는 저당권의 실행에 의한 경매, 토지수용 등에 의하여 소멸한다. 그러나 지상권은 독립된 물권으로서 다른 권리에 부종함이 없어 지상물이 소멸하더라도 지상권은 소멸하지 아니한다. 따라서 입목에 대한 벌채권의 확보를 위하여 지상권을 설정하였다 할지라도 지상권에는 부종성이 인정되지 아니하므로 벌채권이 소멸하였다 하더라도 지상권마저 소멸하는 것은 아니다(대판 1991.11.8. 90다15716).

(2) 지상권에 특유한 소멸사유

(가) 지료연체-제287조: 2년 이상의 지료를 지급하지 아니한 때에는 지상권 설정자는 지상권의 소멸을 청구할 수 있다.

(나) 약정한 소멸사유: 지상권설정행위에서 특별한 소멸사유를 약정할 수 있다.

(3) 담보권의 실효성을 확보할 목적으로 설정된 지상권의 소멸사유: 피담보권이 소멸한 경우에는 그 담보권의 실효성을 확보할 목적으로 설정된 지상권도 소멸한다. 따라서 토지에 관하여 저당권을 취득함과 아울러 그 저당권의 담보가치를 확보하기 위하여 지상권을 취득하는 경우, 특별한 사정이 없는 한 당해 지상권은 저당권이 실행될 때까지 제3자가 용익권을 취득하거나 목적토지의 담보가치를 하락시키는 침해행위를 하는 것을 배제함으로써 저당 부동산의 담보가치를 확보하는 데에 그 목적이 있다(대판 2004.3.29. 2003마1753).

4. 構成

(1) 지상권의 내용: 제279조

(2) 존속기간: 제280조, 제281조

(3) 지상권의 양도, 임대: 제282조

(4) 지상권의 갱신: 제283조, 제284조

(5) 지상권자의 지상물 수거의무: 제285조

(6) 지료증감청구, 지급연체: 제286조-제288조

(7) 구분지상권: 제289조의2

(8) 준용규정: 제290조

(9) 분묘기지권
(10) 관습법상의 법정지상권

第279條【地上權의 內容】 地上權者는 他人의 土地에 建物 其他 工作物이나 樹木을 所有하기 爲하여 그 土地를 使用하는 權利가 있다.

地上權의 內容

1. 地上施設의 所有 目的: 건물 기타 공작물이나 수목을 소유하기 위한 목적이어야 한다.
(1) 건물 기타 공작물: 건물을 비롯하여 도로, 연못, 교량, 구거, 동상, 탑(광고탑, 방송통신탑 등), 전주, 기념비, 담장, 고가로 등의 지상 공작물과 지하철, 터널, 우물, 지하호 등 지하 공작물을 포함한 지상 및 지하의 인공적 건축물 내지 설비를 말한다.
(2) 수목: 식림의 대상이 되는 식물을 뜻한다.
2. 土地의 使用權: 토지를 사용할 수 있다.
(1) 지상물의 소유자와 지상권자는 별개인으로도 가능: 지상권자는 지상권을 유보한 채 지상물 소유권만을 양도할 수도 있고 지상물 소유권을 유보한 채 지상권만을 양도할 수도 있는 것이어서 지상권자와 그 지상물의 소유권자가 반드시 일치하여야 하는 것은 아니다(대판 2006.6.15. 2006다6126, 6133).
(2) 토지 사용의 목적: 사용의 목적은 일반적으로 설정행위에 의하여 정하여 지며, 또한 목적은 등기사항이므로(부등법 136조) 공작물과 수목의 모두 또는 그 하나를 대상으로 할 수 있고, 공작물과 수목의 종류를 제한할 수도 있으나 그 제한을 등기하지 않으면 지상권 양수인은 제한 없는 지상권을 취득하게 된다.
(3) 토지사용의 범위: 지상권의 대상이 되는 토지의 범위가 설정행위에서 명백히 정하여진 경우에는 별 문제가 없으나, 그렇지 못한 경우에는 지상권은 건물 기타 공작물이나 수목을 소유하기 위한 권리이므로 그 지상물이 설치 또는 식재된 토지 자체 이외에도 그 설치 또는 식재에 필요한 주위의 토지에 지상권의 효력이 미친다. 그러나 지상권설정시에 그 지상권이 미치는 토지의 범위와 그 설정 당시 매매되는 지상물의 범위를 다르게 하는 것도 가능하다(대판 2006.6.15. 2006다6126, 6133).

第280條【存續期間을 約定한 地上權】 ①契約으로 地上權의 存續期間을 定하는 境遇에는 그 期間은 다음 年限보다 短縮하지 못한다.
1. 石造, 石灰造, 煉瓦造 또는 이와 類似한 堅固한 建物이나 樹木의 所有를 目的으로 하는 때에는 30年
2. 前號以外의 建物의 所有를 目的으로 하는 때에는 15年
3. 建物以外의 工作物의 所有를 目的으로 하는 때에는 5年
②前項의 期間보다 短縮한 期間을 定한 때에는 前項의 期間까지 延長한다.

第281條【存續期間을 約定하지 아니한 地上權】 ①契約으로 地上權의 存續期間을 定하지 아니한 때에는 그 期間은 前條의 最短存續期間으로 한다.
②地上權設定當時에 工作物의 種類와 構造를 定하지 아니한 때에는 地上權은 前條 第2號의 建物의 所有를 目的으로 한 것으로 본다.

地上權의 存續期間

1. 意義: 지상권은 내구성과 장기간이 소요되는 시설물 및 수목의 소유를 목적으로 타인의 토지를 이용토록 하는 권리이므로, 그 존속기간은 장기간을 요한다. 이러한 점에서 민법은 지상권자

를 보호하기 위하여 그 목적에 따라 지상권의 최단기간을 보장하고 있다. 따라서 이에 어긋나는 계약은 강행법규위반으로 무효이고 본조에 따른 기간의 효력을 갖게 된다. 이보다 긴 기간을 존속기간으로 하는 약정은 유효하다.

2. 期間을 約定한 경우 - 제280조

(1) 최단기간의 제한-제1항, 제2항: 제1항에서 지상물의 목적에 따라 최단기간(30년, 15년, 5년)을 제한하며, 약정기간이 최단기간보다 단기간이면 1항의 최단기간으로 연장된다(2항). * 민법 제280조제1항제1호가 정하는 견고한 건물인가의 여부는 그 건물이 갖는 물리, 화학적 외력, 화재에 대한 저항력 또는 건물해체의 난이도 등을 종합하여 판단하여야 한다(대판 2003.10.10. 2003다33165).

(2) 약정기간이 최단기간보다 긴 경우: 약정한 기간이 그대로 유효하다.

(3) 기간의 영구 또는 무제한의 약정: 민법은 최단기간만을 제한하고 최장기간에 대하여는 규정하지 아니하여 문제이다. 민법상 지상권의 존속기간은 최단기만이 규정되어 있을 뿐 최장기에 관하여는 아무런 제한이 없으며, 존속기간이 영구인 지상권을 인정할 실제의 필요성도 있고, 이러한 지상권을 인정한다고 하더라도 지상권의 제한이 없는 토지의 소유권을 회복할 방법이 있을 뿐만 아니라, 특히 구분지상권의 경우에는 존속기간이 영구라고 할지라도 대지의 소유권을 전면적으로 제한하지 아니한다는 점 등에 비추어 보면, 지상권의 존속기간을 영구로 약정하는 것도 가능하다(대판 2001.5.29. 99다66410).

3. 期間을 約定하지 아니한 경우 - 제281조

(1) 설정당시의 지상물의 종류와 구조에 따른 법정최단기간-제1항: 당사자가 지상권의 존속기간을 약정하지 아니한 때에는 지상물의 종류와 구조에 따라 제280조가 정한 최단존속기간으로 한다.

(2) 설정당시 지상물의 종류 등을 정하지 아니한 경우-제2항: 지상권설정 당시에 공작물의 종류와 구조를 정하지 않은 때에는 그 존속기간은 제2항에 따라 15년이 된다. 이 경우는 지상권설정 당시에 지상물의 종류를 공작물로만 정하였을 뿐 공작물의 종류 및 구조를 약정하지 아니한 경우에만 적용된다. 따라서 비록 무허가 또는 미등기건물이라 하더라도 그 건물의 종류와 구조가 확정되어 있는 경우에는 제2항이 적용되지 아니하고 제1항에 의하여 존속기간을 정하여야 한다(대판 1988.4.12. 87다카2404).

4. 不利益한 約定의 禁止 - 제289조: 기간에 관한 제280조와 제281조는 강행규정이므로 그 내용보다 지상권자에게 불리한 내용의 약정은 무효다.

第282條【地上權의 讓渡, 賃貸】 地上權者는 他人에게 그 權利를 讓渡하거나 그 權利의 存續期間內에서 그 土地를 賃貸할 수 있다

地上權의 處分

1. 處分의 自由: 타인의 토지 위에 건물 기타 공작물을 축조하거나 수목을 식재함으로서 많은 자본을 투하한 지상권자는 투하자본을 회수하기 위하여 지상권을 양도할 수 있고 목적 토지를 임대할 수 있으며(282조), 담보(371조)로 제공할 수 있다. 지상권은 독립된 물권으로서 다른 권리에 부종함이 없이 그 자체로서 양도될 수 있다. 또한 양도와 임대 및 담보제공은 제289조에 의하여 절대적으로 보장되어 소유자의 의사에 반하여도 자유롭게 타인에게 양도할 수 있다(대판 1991.11.8. 90다15716).

2. 地上權의 讓渡

(1) 양도행위와 등기: 지상권 양도의 효력은 지상권의 이전등기를 경료한 때에 발생하고 그 이전등기는 부기등기의 방법에 의한다(부등법 156조의2).

(2) 지상권과 지상물 분리 양도 가능: 지상권자는 지상권을 유보한 채 지상물 소유권만을 양도할 수도 있고 지상물 소유권을 유보한 채 지상권만을 양도할 수도 있는 것이어서 지상권자와 그 지상물의 소유권자가 반드시 일치하여야 하는 것은 아니다(대판 2006.6.15. 2006다6126, 6133).

3. 土地의 賃貸: 지상권자는 그 지상권의 존속기간 내에서 그 토지를 임대할 수 있다. 임대차의 경우와 달리 토지소유자의 승낙이나 동의를 받을 필요가 없다.

4. 擔保提供 – 제371조: 지상권을 저당권의 목적으로 할 수 있다.

5. 地上物의 讓渡와 地上權

(1) 원칙: 지상물은 지상권자의 소유이므로 지상권자가 지상물의 처분을 자유롭게 할 수 있다. 그런데 지상물의 양도에 지상권이 수반되느냐가 문제이다. 지상물을 양도하기로 하는 약정이 있으면 특별한 반대의 의사표시가 없는 한 지상권도 함께 이전하기로 하는 의사표시가 있었던 것으로 추정되어 지상물 양수인은 지상권의 이전등기를 청구할 수 있다.

(2) 법정지상권부 건물을 양수한 자의 지상권설정등기청구권: 토지상에 법정지상권을 취득한 건물소유자가 법정지상권 설정등기를 경료함이 없이 건물을 양도하는 경우에 특별한 사정이 없는 한 건물과 함께 지상권도 양도하기로 하는 채권적 계약이 있었다고 할 것이므로 지상권자는 지상권설정등기를 한 후에 건물양수인에게 이의 양도등기절차를 이행하여 줄 의무가 있다. 따라서 건물 양수인은 건물양도인을 순차 대위하여 토지소유자에 대하여 건물소유자였던 법정지상권자에의 법정지상권설정 등기절차 이행을 청구할 수 있다(대판 1981.9.8. 80다2873).

第283條【地上權者의 更新請求權, 買受請求權】 ①地上權이 消滅한 境遇에 建物 其他 工作物이나 樹木이 現存한 때에는 地上權者는 契約의 更新을 請求할 수 있다.
②地上權設定者가 契約의 更新을 願하지 아니하는 때에는 地上權者는 相當한 價額으로 前項의 工作物이나 樹木의 買受를 請求할 수 있다.

第284條【更新과 存續期間】 當事者가 契約을 更新하는 境遇에는 地上權의 存續期間은 更新한 날로부터 第280條의 最短存續期間보다 短縮하지 못한다. 그러나 當事者는 이보다 長期의 期間을 定할 수 있다.

地上權의 更新

1. 當事者의 更新契約 – 제284조: 지상권의 존속기간이 만료되면 당사자는 자유롭게 계약을 갱신할 수 있다. 그러나 갱신하는 지상권 존속기간에 관하여는 최초의 지상권과 동일한 최단기간에 대한 제한을 받는다. 이 제한은 자유로운 갱신계약에서는 물론이고, 제283조에 의한 지상권자의 갱신청구권의 행사에 의한 갱신의 경우에도 적용된다.

2. 地上權者의 契約更新請求權 – 제283조제1항: 지상권의 존속기간이 만료할 당시에 그 토지상에 지상물이 현존함에도 토지소유자가 계약의 갱신에 응하지 않는 경우에는 지상권자는 그 지상물을 수거할 수밖에 없게 되어 손해를 입게 되고, 이는 사회경제적으로도 바람직하지 못하다. 이에 본조는 토지소유자가 계약갱신에 응하지 아니하는 경우에도 일정한 요건하에 지상권자가 일방적으로 계약의 갱신을 청구할 수 있음을 규정하고, 또한 토지소유자가 갱신에 응하지 않을 경우에는 지상물을 매수하게 하여 지상권자를 보호한다.

(1) 갱신청구권의 성질-청약: 지상권자의 갱신청구로 곧 계약갱신의 효과가 발생하는 것은 아니고, 갱신청구가 있을 때에 지상권설정자가 그에 응하여 갱신계약을 체결함으로서 갱신의 효과가 생긴다. 그러므로 지상권자의 위 갱신청구권은 형성권은 아니다.

(2) 갱신청구권의 요건: 지상권이 존속기간의 만료로 소멸하였어야 하고, 기간만료로 인한 지상권소멸 당시에 토지상에 지상물이 현존하고 있어야 한다.

(3) 갱신청구권의 행사: 지상권의 존속기간만료 전에 미리 또는 만료 후 지체 없이 토지소유자에게 행사하여야 한다. 갱신청구권의 행사로 바로 계약이 갱신되는 것은 아니며 토지소유자가 이에 응하여 갱신계약을 체결하여야 한다. 토지소유자가 이에 응하지 않는 경우에는 지상권자는 지상물의 매수를 청구할 수 있을 따름이다.

(4) 강행규정: 본조의 규정은 강행규정으로 위반하는 당사자간의 약정으로 지상권자에게 불리한 것은 무효이다(289조).

3. 地上權者의 買受請求權 – 제283조제2항: 지상권자의 갱신청구에도 지상권설정자가 갱신을 원하

지 않을 때에는 지상권자는 상당한 가액으로 그 지상물의 매수를 청구 할 수 있다. 이는 지상물의 철거로 인한 사회경제적 손실을 방지하기 위하여 지상권자에게 위 갱신청구권을 부여하는 한편 토지소유자가 이를 원하지 않는 경우에 지상권자의 투하자금회수를 보장하려는 취지이다.

(1) 법적 성질-형성권: 지상물 매수청구권은 지상권자의 계약갱신청구에 대한 보완 수단으로, 지상권자가 매수청구권을 행사하면 곧바로 지상물에 대하여 매매유사의 법률관계가 형성되는 형성권이다.

(2) 요건

(가) 지상권의 존속기간의 만료로 소멸: 본조 제2항은 제1항의 계약갱신청구권을 보완하는 제도로서 지상권의 존속기간의 만료에 의한 계약갱신청구의 행사를 토지소유가 거절한 경우에 행사될 수 있다. 따라서 지상권자의 지료연체를 이유로 토지소유자가 그 지상권소멸청구를 하여 이에 터잡아 지상권이 소멸된 경우에는 매수청구권이 인정되지 않는다(대판 1993.6.29. 93다10781).

(나) 지상물의 현존: 지상물이 현존하여야 한다.

(다) 계약갱신청구에 대한 지상권설정자의 거절: 지상권자가 계약의 갱신을 청구함에도 설정자가 이를 원하지 않아야 한다.

(3) 지상물매수청구권의 행사

(가) 당사자: 청구권자는 지상권자인 지상물소유자이다. 매수청구권은 지상물에 부종하여 매수청구권을 지상물의 소유권과 분리하여 처분할 수는 없다. 상대방은 지상권설정을 한 토지소유자이나, 토지소유자가 변동된 경우에는 지상권 소멸 당시의 토지소유자가 그 상대방이 된다.

(나) 행사의 시기와 방법: 매수청구권은 재판 외에서 행사되어 그 효과가 소송에서 주장될 수도 있고, 토지소유자의 지상물철거 및 토지인도청구소송의 재판에서 직접 행사할 수도 있다. 특별한 방식을 요하는 것은 아니며 목적물의 가액을 명시할 필요도 없다. 행사시기는 갱신거절 후 지체없이 행사되어야 하나 시간이 경과하였더라도 지상물이 현존하면 행사할 수 있다.

(4) 지상물매수청구권행사의 효과

(가) 매매계약관계의 성립: 매수청구권은 형성권이므로 그 행사에 의하여 목적물에 관한 상당한 가격에 의한 매매계약이 당사자간에 체결된 것과 유사한 효과가 발생한다. 효력발생시기는 지상권소멸시기에 소급하여 효과가 생기는 것이 아니고 행사시이다.

(나) 가격-대금: 가격의 산출은 지상권소멸 당시의 시가가 아니라 매수청구권의 행사 당시, 즉 매매계약 관계가 성립할 당시의 시가를 기준으로 산출하여야 한다.

4. 强行規定 - 제289조: 제283조와 제284조는 강행규정으로, 이에 위반하여 지상권자에게 불리한 약정은 그 효력이 없다.

第285條【收去義務, 買受請求權】 ①地上權이 消滅한 때에는 地上權者는 建物 其他 工作物이나 樹木을 收去하여 土地를 原狀에 回復하여야 한다.
②前項의 境遇에 地上權設定者가 相當한 價額을 提供하여 그 工作物이나 樹木의 買受를 請求한 때에는 地上權者는 正當한 理由없이 이를 拒絶하지 못한다.

地上權者의 收去權利 및 義務, 土地所有者의 地上物買受請求權

1. 原狀回復의 義務 - 제1항: 지상권이 소멸하면 지상권자는 대상 토지를 원상으로 복구하여야 한다. 즉 지상권자가 설치한 건물 기타 공작물은 그 설치자인 지상권자에게 속하는데 지상권이 소멸하게 되면 지상권자가 이를 수거할 권리가 있음은 당연하며, 한편으로는 지상물을 수거하여 토지를 원상의 상태로 회복하여야 할 의무도 있다. 그런데 설치된 지상물을 수거하면 일반적으로 그 가치가 감소하여 지상권자를 위하여서 뿐만 아니라 사회경제적으로도 손실이 된다. 이에 민법은 일정한 요건 하에 지상권자에게 지상물의 매수청구권을 부여하는 한편(283조), 토지소유자에게도 매수청구권을 허용하여 토지소유자가 상당한 금액을 제공하여 지상물의 매수를 청구하는 때에 지상권자는 정당한 이유 없이 이를 거절하지 못하도록 하고 있다.

2. 土地所有者의 地上物買受請求權 - 제2항

(1) 법적 성질: 토지소유자(지상권설정자)의 매수청구권은 형성권이다. 따라서 매수청구가 있으면 정당한 이유가 없는 한 지상물매매수계약이 성립한다.

(2) 행사의 시기와 방법: 재판상, 재판 외 모두 가능하여, 특별한 방식을 요하는 것은 아니며 목적물의 가액을 명시할 필요도 없다. 행사시기는 지상권 종료 후 지체 없이 행사되어야 하나 시간이 경과하였더라도 지상물이 현존하면 행사할 수 있다.

(3) 지상물매수청구권행사의 효과

(가) 매매계약관계의 성립: 매수청구권은 형성권이므로 그 행사에 의하여 목적물에 관한 상당한 가격에 의한 매매계약이 당사자간에 체결된 것과 유사한 효과가 발생한다. 효력발생시기는 지상권소멸시기에 소급하여 효과가 생기는 것이 아니고 행사시이다.

(나) 가격-대금: 가격의 산출은 지상권소멸 당시의 시가가 아니라 매수청구권의 행사 당시, 즉 매매계약 관계가 성립할 당시의 시가를 기준으로 산출하여야 한다.

(3) 강행규정-제289조: 본조는 강행규정으로, 이에 위반하여 지상권자에게 불리한 약정은 그 효력이 없다.

3. 有益費償還請求權 - 제626조: 이에 관하여는 별도로 규정하고 있지 아니하나, 지상권자에 의한 토지가치의 증가를 토지소유자에게 귀속시키는 것은 부당하다. 이에 관하여는 지상권에 유사한 임대차에 관한 규정을 유추적용하는 것이 타당하다. 따라서 지상권자의 행위로 토지의 객관적 가치를 증가시킨 경우, 즉 유익비의 지출에 해당하는 경우에는 지상권 소멸시에 토지소유자의 선택에 좇아 지상권자가 지출한 금액이나 또는 현존하는 증가액의 상환(626조)을 청구할 수 있다고 보아야 한다.

第286條【地料增減請求權】 地料가 土地에 關한 租稅 其他 負擔의 增減이나 地價의 變動으로 因하여 相當하지 아니하게 된 때에는 當事者는 그 增減을 請求할 수 있다.

第287條【地上權消滅請求權】 地上權者가 2年以上의 地料를 支給하지 아니한 때에는 地上權設定者는 地上權의 消滅을 請求할 수 있다.

第288條【地上權消滅請求와 抵當權者에 對한 通知】 地上權이 抵當權의 目的인 때 또는 그 土地에 있는 建物, 樹木이 抵當權의 目的이 된 때에는 前條의 請求는 抵當權者에게 通知한 後 相當한 期間이 經過함으로써 그 效力이 생긴다.

地料增減請求, 滯納에 따른 地上權消滅請求

1. 地料增減請求權 - 제286조

(1) 지료는 요소가 아님: 지료의 지급은 지상권의 요소가 아니므로 유상 또는 무상일 수 있고, 당사자가 계약에 의하여 지료의 지급을 약정한 때에만 지료지급 의무가 생기며, 지료액 및 그 지료 지급시기 등 지료에 관한 사항은 등기하여야만 제3자에게 대항할 수 있다(부등법 136조). 법원에 의한 지료의 결정은 당사자의 지료결정청구에 의하여 형식적 형성소송인 지료결정판결로 이루어져야 제3자에게도 그 효력이 미친다(대판 2001.3.13. 99다17142)

(2) 지료증감청구권

(가) 의의: 지료액은 계약자유의 원칙상 당사자의 약정으로 정하여지나 지상권의 존속기간이 상당히 장기이기 때문에 조세기타 부담의 증가나 지가의 변동으로 약정했던 지료액이 부당하게 되는 경우가 있다. 이를 위해서 민법은 사정변경의 원칙을 적용하여 양 당사자에게 지료의 증감청구권을 인정하고 있다. 유상인 지료에 관하여 지료액 또는 그 지급시기 등의 약정은 이를 등기하여야만 그 뒤에 토지소유권 또는 지상권을 양수한 사람 등 제3자에게 대항할 수 있고, 지료에 관하여 등기되지 않은 경우에는 무상의 지상권으로서 지료증액청구권도 발생할 수 없다(대판 1999.9.3. 99다24874)

(나) 성질-형성권: 지료증감청구권은 형성권으로 일방 당사자가 재판상 또는 재판 외에서 상대방에게 증감청구를 하면 그에 따라 증감효과가 발생한다.
(다) 증감의 내용: 지료의 증감 내용(금액)에 대하여 다툼이 있으면 법원이 결정하게 된다.
(라) 법원에 의한 증감 결정: 당사자의 청구에 의하여 법원이 결정한 지료는 증감청구권의 행사시에 소급하여 효력이 생긴다.
(3) 강행규정-제289조: 본조는 강행규정으로, 이에 위반하여 지상권자에게 불리한 약정은 그 효력이 없다.

2. 地料滯納에 따른 地上權消滅請求 - 제287조: 지료가 정기급인 경우에 지상권자가 2년 이상의 지료를 지급하지 아니한 때에는 지상권설정자는 지상권의 소멸을 청구할 수 있다.
(1) 2년분 이상의 지료 체납: 체납된 지료액이 2년분 이상이 되어야 한다.
(가) 통산하여 2년분: 계속해서 2년분의 지료를 체납한 경우는 물론이고, 1년분의 지료가 체납된 다음 그 후 몇 해의 지료는 체납되지 않다가, 그 후 다시 1년분의 지료가 체납된 경우도 이에 해당한다.
(나) 지상권자의 변동-합산: 지상권이 양도·양수된 경우 신구지상권자의 체납의 기간은 합산한다.
(다) 토지소유자의 변동-양수인에 대한 체납만: 지료지급 연체가 토지소유권의 양도 전후에 걸쳐 이루어진 경우 토지양수인에 대한 연체기간이 2년이 되지 않는다면 양수인은 지상권소멸청구를 할 수 없다(대판 2001.3.13. 99다17142).
(2) 지상권설정자의 지상권 소멸청구: 지상권 소멸청구의 의사표시로 지상권은 소멸한다.
(3) 법정지상권자의 지료 체납
(가) 법정지상권도 본조 적용: 관습법상의 법정지상권에 대하여는 다른 특별한 사정이 없는 한 민법의 지상권에 관한 규정을 준용하여야 할 것이므로 지상권자가 2년분 이상의 지료를 지급하지 아니하였다면 관습상의 법정지상권도 민법 제287조에 따른 지상권소멸청구의 의사표시에 의하여 소멸한다(대판 1993.6.29. 93다10781).
(나) 법정지상권에서 지료 존부 여부: 법정지상권의 경우 당사자 사이에 지료에 관한 협의가 있었다거나 법원에 의하여 지료가 결정되었다는 아무런 입증이 없다면, 법정지상권자가 지료를 지급하지 않았다고 하더라도 지료 지급을 지체한 것으로는 볼 수 없으므로 법정지상권자가 2년 이상의 지료를 지급하지 아니하였음을 이유로 하는 토지소유자의 지상권소멸청구는 할 수 없다(대판 2001.3.13. 99다17142).

3. 地上權이 抵當權의 目的인 경우의 特則 - 제288조: 보통의 지상권은 제287조에 의한 2년의 지료연체에 의한 지상권소멸청구로 지상권이 소멸하나, 지상권이 저당권의 목적인 때 또는 그 토지위에 있는 건물, 수목이 저당권의 목적이 된 때에는 지료연체에 따른 지상권의 소멸은 저당권자에게 그러한 사실을 통지한 후 상당한 기간이 경과함으로써 소멸의 효력이 생긴다. 저당권자의 이익을 고려하여 저당권자가 이에 대하여 적절한 조치를 취할 시간적 여유를 주려는데 본조의 취지가 있다.

第289條【强行規定】 第280條 乃至 第287條의 規定에 違反되는 契約으로 地上權者에게 不利한 것은 그 效力이 없다.

强行規定

지상권의 존속기간, 지상권의 양도와 임대, 갱신, 매수청구권, 지료에 관한 규정 등은 강행규정으로 지상권자에게 불리한 당사자간의 약정은 무효다. 규정과 다른 내용의 약정일지라도 지상권자에게 유리한 내용은 유효하다.

第289條의2【區分地上權】 ①地下 또는 地上의 空間은 上下의 범위를 정하여 建物 기타 工作物을 所有하기 위한 地上權의 目的으로 할 수 있다. 이 경우 設定行爲로써 地上權의 行使를 위하여 土地의 사용을 제한할 수 있다.

②第1項의 規定에 의한 區分地上權은 第3者가 土地를 사용·收益할 權利를 가진 때에도 그 權利者 및 그 權利를 目的으로 하는 權利를 가진 者 全員의 承諾이 있으면 이를 設定할 수 있다. 이 경우 土地를 사용·收益할 權利를 가진 第3者는 그 地上權의 行使를 방해하여서는 아니된다.

區分地上權

1. 意義: 일반의 지상권은 토지의 상하 전체를 대상으로 하나, 구분지상권은 타인의 토지의 지상이나 지하에 일정한 범위를 정하여 그곳에 건물 기타 공작물을 소유하기 위해서 그 부분층을 사용하는 권리이다. 일반지상권은 목적토지에 대하여 영구적인 제한을 가하는 변경은 할 수 없는 것으로 파악되고 있었으나, 구분지상권에 의한 지하 또는 지상공간에 있어서의 공작물의 설치는 대체로 장기적인 것이 대부분이기 때문에 결국 그것은 영구적인 변경을 가하는 것이 되고, 그렇다면 구분지상권을 설정한다는 것은 결과에 있어서 토지에 대한 상하 구분층을 분할매도하는 것과 같은 의미를 갖게 된다.

2. 成立

(1) 일반적 요건-제1항: 설정행위와 등기에 의하여 성립한다. 구분지상권은 수목의 소유로는 설정되지 못하고 오로지 건물 기타 공작물의 소유를 위해서만 가능하며, 그 범위는 토지의 상하의 특정층만이 객체로 된다.

(2) 배타성 있는 기존의 용익권이 있는 경우-제2항: 구분지상권을 설정하려는 토지에 이미 배타성이 있는 용익권(지상권, 지역권, 전세권, 등기된 임차권 등)이 성립하고 있다면 그 토지의 어떤 층에도 구분지상권은 성립할 수 없으나, 그 권리자 및 그 권리를 목적으로 하는 권리를 가진 자 전원의 승낙이 있는 경우에는 설정할 수 있다. 따라서 구분지상권을 양도하면서 층의 범위를 축소하는 것은 그 토지에 관한 다른 권리자의 이익을 해하지 아니하므로 당사자간의 합의로 가능하나, 확장하는 것은 확장부분에 관하여 새로운 구분지상권을 설정하는 것으로 그 부분에 대한 용익권자의 동의가 필요하다.

(3) 한국전력의 고압선 설치: 송전선이 토지 위를 통과함을 알고서 토지를 취득하였거나, 토지를 취득한 후 장기간 송전선의 설치에 대하여 이의를 제기하지 않은 경우, 토지소유자의 권리가 실효되었다거나 토지수요자가 그러한 제한을 용인하였다고 볼 수 없고, 토지소유자가 고압전선이 설치된 토지를 농지로만 이용해 온 경우에도 그 토지 상공에 대한 구분지상권에 상응하는 임료 상당액의 손해를 입었다고 볼 수 있어, 한국전력공사는 토지 상공에 배전선로를 점유·사용함에 따른 구분지상권에 상응하는 임료 상당의 부당이득을 반환할 의무가 있다(대판 2006.4.13. 2005다14083). 이때 고압전선이 통과하고 있는 상공 부분과 관계 법령에서 고압전선과 건조물 사이에 일정한 거리를 유지하도록 규정하고 있는 경우 그 거리 내의 상공 부분은 토지소유자의 이용이 제한되고 있다고 볼 수 있고, 고압전선의 경우 양쪽의 철탑으로부터 아래로 늘어져 있어 강풍 등이 부는 경우에 양쪽으로 움직이는 횡진현상이 발생할 수 있는데, 그 최대횡진거리 내의 상공 부분은 횡진현상이 발생할 가능성이 있는 것에 불과하므로 일반적으로는 토지소유자가 그 이용에 제한을 받고 있다고 볼 수 없으나, 최대횡진거리 내의 상공 부분이라도 토지소유자의 이용이 제한되고 있다고 볼 특별한 사정이 있는 경우에는 그 토지소유자는 고압전선의 소유자에게 그 부분에 대한 임료 상당액의 부당이득금 반환을 구할 수 있다(대판 2009.1.15. 2007다58544).

3. 效力: 제290조제2항은 지상권에 관한 규정 중 제279조(일반적 지상권의 내용)를 제외한 그 밖의 규정이 모두 구분지상권에 준용됨을 규정하고 있다. 따라서 일반지상권에 대한 설명이 구분지상권에도 그대로 타당하게 된다. 구분지상권과 일반지상권은 질적인 차이는 없고 양적인 차이가 있을 따름이다.

4. 區分地上權의 讓渡: 상가아파트 건물의 1층 옥상 위에 일정 층수까지 건물을 추가로 신축하기 위한 공간을 사용할 수 있는 내용의 구분지상권을 가진 자가 건물 1층 위에 2, 3층에 해당하는

건물을 준공하여 이를 분양한 것은 수분양자에게 2·3층 건물의 존립 및 사용·수익에 필요한 구분지상권도 일체로서 양도한 것이다(대판 2001.5.29. 99다66410).

第290條【準用規定】 ①第213條, 第214條, 第216條 乃至 第244條의 規定은 地上權者間 또는 地上權者와 隣地所有者間에 이를 準用한다.
②第280條 내지 第289條 및 第1項의 規定은 第289條의2의 規定에 의한 區分地上權에 관하여 이를 準用한다.〈新設 1984.4.10〉

準用規定

1. 物權的 請求權 - 반환청구권(213조), 방해제거, 예방청구권(214조): 지상권이 토지에 대한 사용권능으로 토지소유권의 기본적 권리가 준용된다.

2. 擔保目的의 地上權의 경우의 物權的 請求權: 토지에 관하여 저당권을 취득함과 아울러 그 저당권의 담보가치를 확보하기 위하여 지상권을 취득하는 경우, 특별한 사정이 없는 한 당해 지상권은 저당권이 실행될 때까지 제3자가 용익권을 취득하거나 목적 토지의 담보가치를 하락시키는 침해행위를 하는 것을 배제함으로써 저당 부동산의 담보가치를 확보하는 데에 그 목적이 있다고 할 것이므로, 그와 같은 경우 제3자가 비록 토지소유자로부터 신축중인 지상 건물에 관한 건축주 명의를 변경받았다 하더라도, 그 지상권자에게 대항할 수 있는 권원이 없는 한 지상권자로서는 제3자에 대하여 목적 토지 위에 건물을 축조하는 것을 중지하도록 요구할 수 있다(대판 2004.3.29. 2003마1753).

3. 相隣關係 - 제216조 내지 제244조: 상린관계에 관한 제 규정은 인접하는 토지의 이용의 조절을 꾀하는 규정이므로 당연히 지상권자와 인접 토지 이용자와의 사이에 준용된다.

4. 境界線 上에 設置된 境界標, 담, 구거에 관한 共有推定의 規定(239조): 이 규정은 지상권 설정 이후에 설치된 것에 한하여만 준용된다. 그 이전에 설치된 것은 지상권자의 소유가 아니라 토지소유자의 소유에 속하기 때문이다.

5. 區分地上權에 一般地上權 規定(281조 - 289조)을 準用: 구분지상권과 일반지상권은 질적인 차이는 없고 양적인 차이만 있어 구분지상권에 일반지상권에 대한 규정이 그대로 준용된다.

墳墓基地權

1. 意義: 분묘기지권은 타인의 토지에 분묘를 설치한 자가 그 분묘를 소유하기 위하여 분묘의 기지 자체(봉분의 기저 부분)뿐만 아니라 그 분묘의 수호 및 제사에 필요한 범위 내에서 분묘의 기지 주위의 공지를 포함한 지역에 타인의 토지를 사용할 수 있는 관습상 그 토지 위에 설정된 지상권에 유사한 일종의 물권이다(대판 1962.4.26. 4294민상1451).

2. 成立要件

(1) 토지소유자의 승낙에 의한 분묘설치: 토지소유자로부터 분묘의 설치를 허용받아 분묘를 설치하면 성립한다. 등기는 필요하지 않다.

(2) 소유토지에 분묘를 설치한 후에 분묘의 철거의 특약 없이 당해 토지를 타인에게 양도한 경우에 분묘기지권이 성립한다. 등기는 필요하지 않다.

(3) 시효취득

(가) 20년간 평온, 공연한 점유: 타인 소유의 토지에 소유자의 승낙 없이 분묘를 설치하여 20년간 평온, 공연하게 그 분묘의 기지를 점유하여야 한다

(나) 봉분 등 외부적 인식을 요함: 봉분 등 외부에서 분묘의 존재를 인식할 수 있는 형태를 갖추고 있어야 한다. 따라서 평장되어 있거나 암장되어 있어 객관적으로 인식할 수 있는 외형을 갖추고 있지 아니한 경우에는 인정되지 않는다(대판 1996.6.14. 96다14036).

(다) 등기는 불요: 특성상 분묘기지권은 등기 없이 취득한다(대판 1996.6.14. 96다14036).

(4) 분묘의 존재: 분묘란 그 내부에 사람의 유골, 유해, 유발 등 시신을 매장하여 사자를 안장한

장소를 말하고, 장래의 묘소로서 설치하는 등 그 내부에 시신이 안장되어 있지 않은 것은 분묘라고 할 수 없다(대판 1991.10.25. 91다18040).

3. 效力

(1) 분묘기지권의 귀속주체

(가) 원칙-종손: 분묘기지권의 귀속 주체는 분묘의 수호 관리나 봉제사에 대하여 현실적으로 또는 관습상 호주상속인인 종손이 그 권리를 가지고 있다면 그 권리는 종손에게 전속하는 것이고 종손이 아닌 다른 후손이나 종중에서 관여할 수는 없다고 할 것이나, 공동선조의 후손들로 구성된 종중이 선조 분묘를 수호 관리하여 왔다면 분묘의 수호 관리권 내지 분묘기지권은 종중에 귀속한다(대판 2007.6.28. 2005다44114).

(나) 종손 아닌 제사주재자: 무릇 종손이 있는 경우라면 그가 제사를 주재하는 자의 지위를 유지할 수 없는 특별한 사정이 있는 경우를 제외하고는 일반적으로 선조의 분묘를 수호・관리하는 권리는 그 종손에게 전속된다고 봄이 상당하고, 종손이 아닌 자가 제사주재자로서의 분묘에 대한 관리처분권을 가지고 있다고 하기 위해서는 우선 종손에게 제사주재자의 지위를 유지할 수 없는 특별한 사정이 있음이 인정되어야 한다(대판 2000.9.26. 99다14006).

(2) 존속기간: 토지소유자의 승낙을 얻어 분묘가 설치된 경우 분묘소유자는 분묘기지권을 취득하고, 분묘기지권의 존속기간에 관하여는 민법의 지상권에 관한 규정에 따를 것이 아니라 당사자 사이에 약정이 있는 등 특별한 사정이 있으면 그에 따를 것이나, 그러한 사정이 없는 경우에는 권리자가 분묘의 수호와 봉사를 계속하며 그 분묘가 존속하고 있는 동안 존속한다(대판 2007.6.28. 2005다44114).

(3) 분묘의 일시적 멸실: 분묘가 멸실된 경우라고 하더라도 유골이 존재하여 분묘의 원상회복이 가능하여 일시적인 멸실에 불과하다면 분묘기지권은 소멸하지 않고 존속하고 있다(대판 2007.6.28. 2005다44114).

(4) 분묘기지권이 미치는 범위: 분묘기지권은 분묘의 기지 자체(봉분의 기저 부분)뿐만 아니라 그 분묘의 설치 목적인 분묘의 수호 및 제사에 필요한 범위 내에서 분묘의 기지 주위의 공지를 포함한 지역에까지 미치는 것이고, 그 확실한 범위는 각 구체적인 경우에 개별적으로 정하여야 한다(대판 2007.6.14. 2006다84423).

(가) 분묘 앞면에 상석, 비석 등 제구설치-가능: 분묘 앞면에 접속하여 상석 1기를 설치하면 이 역시 분묘기지권의 범위 내에 속하는 권리의 행사라 하겠으므로 토지소유자는 위 상석의 철거를 구할 수 없다 할 것이다(대판 2000.9.26. 99다14006).

(나) 새로운 분묘 설치는 불가: 분묘기지권에는 그 효력이 미치는 범위 안에서 새로운 분묘를 설치하거나, 합봉 또는 원래의 분묘를 다른 곳으로 이장할 권능은 포함되지 않는다(대판 2007.6.28. 2007다16885).

(다) 사성에는 미치지 않음: 사성(사성, 무덤 뒤를 반달형으로 둘러쌓은 둔덕)이 조성되어 있다하여 반드시 그 사성 부분을 포함한 지역에까지 분묘기지권이 미치는 것은 아니다(대판 1997.5.23. 95다29086, 29093).

(라) 제사주재자 아닌 자의 분묘의 부속시설인 비석 등 제구의 설치: 부속시설인 비석 등 제구를 설치・관리할 권한은 분묘의 수호・관리권에 포함되어 원칙적으로 제사를 주재하는 자에게 있고, 따라서 만약 제사주재자 아닌 다른 후손들이 비석 등 시설물을 설치하였고 그것이 제사주재자의 의사에 반하는 것이라 하더라도, 제사주재자가 분묘의 수호・관리권에 기하여 철거를 구하는 것은 별론으로 하고, 그 시설물의 규모나 범위가 분묘기지권의 허용범위를 넘지 아니하는 한, 분묘가 위치한 토지의 소유권자가 토지소유권에 기하여 방해배제청구로서 그 철거를 구할 수는 없다(대판 2000.9.26. 99다14006).

慣習法上의 法定地上權

1. 意義: 토지와 지상건물이 동일인의 소유에 속해 있다가 각각 그 소유자를 달리하게 되는 경우에 성립하는 관습상의 지상권은, 그 경우 당사자 사이에 건물을 철거하기로 하는 등의 특별조건

이 없다면 토지소유자는 지상건물 소유자에게 그 건물소유를 위한 지상권을 설정하여 주기로 한 의사가 있었던 것이라고 해석하여 인정되는 권리이다(대판 1960.9.29 4292민상944)

2. 要件

(1) 토지와 건물이 동일인에게 속했을 것: 토지와 지상건물이 동일인의 소유에 속해 있었어야 한다.

(가) 동일인 소유의 판단 기준과 시기: 건물이 매각 기타의 원인으로 처분될 당시의 시기에, 등기명의를 기준으로 동일인 소유 여부를 판단한다.

(나) 동일인 소유 여부가 문제되는 구체적 사례

① 원래 동일인에게의 소유권 귀속의 원인이 무효임이 밝혀져 그 등기가 말소됨으로써 건물과 토지의 소유자가 달라지게 된 경우: 관습상의 법정지상권의 성립 요건인 해당 토지와 건물의 소유권의 동일인에의 귀속과 그 후의 각기 다른 사람에의 귀속은 법의 보호를 받을 수 있는 권리변동으로 인한 것이어야 하므로, 원래 동일인에게의 소유권 귀속이 원인무효로 이루어졌다가 그 뒤 그 원인무효임이 밝혀져 그 등기가 말소됨으로써 그 건물과 토지의 소유자가 달라지게 된 경우에는 관습상의 법정지상권을 허용할 수 없다(대판 1999.3.26. 98다64189).

② 미등기 건물을 대지와 함께 양수한 자가 대지에 관하여서만 소유권이전등기를 경료한 상태에서 대지의 경매로 소유자가 달라지게 된 경우: 미등기 건물을 그 대지와 함께 양수한 사람이 그 대지에 관하여서만 소유권이전등기를 넘겨받고 건물에 대하여는 그 등기를 이전받지 못하고 있는 상태에서 그 대지가 경매되어 소유자가 달라지게 된 경우에는, 미등기 건물의 양수인은 미등기 건물을 처분할 수 있는 권리는 있을지언정 소유권은 가지고 있지 아니하므로 대지와 건물이 동일인의 소유에 속한 것이라고 볼 수 없다(대판 1998.4.24. 98다4798).

③ 대지와 건물이 한 사람에게 매도되었으나 대지에 관하여서만 소유권이전등기가 경료된 경우: 원소유자로부터 대지와 건물이 한 사람에게 매도되었으나 대지에 관하여만 그 소유권이전등기가 경료되고 건물의 소유 명의가 매도인 명의로 남아 있게 되어 형식적으로 대지와 건물이 그 소유 명의자를 달리하게 된 경우에 있어서는, 그 대지의 점유・사용 문제는 매매계약 당사자 사이의 계약에 따라 해결할 수 있는 것이므로 양자 사이에 관습에 의한 법정지상권을 인정할 필요는 없다(대판 1998.4.24. 98다4798).

④ 관습법상의 법정지상권이 성립된 이후 증축한 건물: 관습법상의 법정지상권이 성립된 토지에 대하여는 법정지상권자가 건물의 유지 및 사용에 필요한 범위를 벗어나지 않은 한 그 토지를 자유로이 사용할 수 있는 것이므로, 지상건물이 법정지상권이 성립한 이후에 증축되었다 하더라도 그 건물이 관습법상의 법정지상권이 성립하여 법정지상권자에게 점유・사용할 권한이 있는 토지 위에 있는 이상 이를 철거할 의무는 없다(대판 1995.7.28. 95다9075).

⑤ 토지공유자의 한 사람이 다른 공유자의 지분 과반수의 동의를 얻어 건물을 건축한 후 토지와 건물의 소유자가 달라진 경우: 토지공유자의 한 사람이 다른 공유자의 지분 과반수의 동의를 얻어 건물을 건축한 후 토지와 건물의 소유자가 달라진 경우 토지에 관하여 관습법상의 법정지상권이 성립되는 것으로 보게 되면 이는 토지공유자의 1인으로 하여금 자신의 지분을 제외한 다른 공유자의 지분에 대하여서까지 지상권설정의 처분행위를 허용하는 셈이 되어 부당하다(대판 1993.4.13. 92다55756).

⑥ 토지 또는 건물의 한 쪽만 가등기되어 가등기되지 아니한 다른 쪽을 매수한 경우: 동일인소유의 토지와 건물의 어느 한쪽에 소유권이전청구권보전의 가등기가 행하여지고, 그에 기한 본등기가 행하여지기 전에 가등기되지 아니한 토지 또는 건물이 제3자에게 양도되었을 경우에도 실습법상의 법정지상권의 성립된다(대판 1982.6.22. 81다1298).

(2) 토지와 건물이 매매 기타의 원인에 의하여 각기 소유자가 달라졌을 것: 소유자가 달리되게 된 원인의 모습으로는 매매, 증여 등이다. 환지처분에 의하여 토지와 건물의 소유자를 달리하는 경우에는 관습법상의 법정지상권의 성립을 인정하지 아니한다(대판 2001.5.8. 2001다4101).

(3) 건물을 철거한다는 특약이 없을 것

(가) 명시적 특약이 없어야: 건물을 철거한다는 특약이 없어야 한다. 건물 철거의 합의가 관습상

의 법정지상권 발생의 소극적 요건이 되는 이유는 그러한 합의가 없을 때라야 토지와 건물의 소유자가 달라진 후에도 건물 소유자로 하여금 그 건물의 소유를 위하여 토지를 계속 사용케 하려는 묵시적 합의가 있는 것으로 볼 수 있다는 데 있고, 한편 관습상의 법정지상권은 타인의 토지 위에 건물을 소유하는 것을 본질적 내용으로 하는 권리가 아니라, 건물의 소유를 위하여 타인의 토지를 사용하는 것을 본질적 내용으로 하는 권리여서, 위에서 말하는 묵시적 합의라는 당사자의 추정 의사는 건물의 소유를 위하여 〈토지를 계속 사용한다〉는 데 중점이 있는 의사라 할 것이므로, 건물 철거의 합의에 위와 같은 묵시적 합의를 깨뜨리는 효력, 즉 관습상의 법정지상권의 발생을 배제하는 효력을 인정할 수 있기 위하여서는, 단지 형식적으로 건물을 철거한다는 내용만이 아니라 건물을 철거함으로써 토지의 계속 사용을 그만두고자 하는 당사자의 의사가 그 합의에 의하여 인정될 수 있어야 한다. 따라서 토지와 건물의 소유자가 토지만을 타인에게 증여한 후 구 건물을 철거하되 그 지상에 자신의 이름으로 건물을 다시 신축하기로 합의한 경우, 그 건물 철거의 합의는 건물 소유자가 토지의 계속 사용을 그만두고자 하는 내용의 합의로 볼 수 없어 관습상의 법정지상권의 발생을 배제하는 효력이 인정되지 않는다(대판 1999.12.10. 98다58467).

(나) 건물철거 합의 존부 입증책임: 건물철거의 특약이 있었다는 사실은 토지소유자가 주장·입증하여야 한다(대판 1988.9.27 87다카279).

3. 效力: 관습법상의 법정지상권의 구체적 내용 내지 효력은 특별한 사정이 없는 한 지상권에 관한 규정이 준용된다.

(1) 존속기간: 기간을 정하지 아니한 지상권으로 본다. 따라서 당사자간에 존속기간에 관하여 합의가 이루어지지 않은 때에는 281조, 280조에 의한다. 그런데 존속기간 만료 전에 건물이 소멸한 때에는 신구건물의 동일성 여부를 기준으로 동일성을 상실한 경우에는 기왕의 건물소유를 위한 법정지상권은 소멸하고 기왕의 건물의 일부를 증, 개축하여 그 면적에 다소의 증감이 있었거나 지붕이나 구조에 일부 변동이 있는 사실만으로는 건물의 동일성을 상실한다고 볼 수 없으므로 그 건물의 소유를 위한 법정지상권은 여전히 존속한다(대판 1985.5.14. 85다카13).

(2) 범위: 지상권의 효력이 미치는 토지사용권의 범위는 그 건물을 사용하는 데 필요한 범위 내에 미친다. 지상건물이 법정지상권이 성립한 이후에 증축되었다 하더라도 그 건물이 관습법상의 법정지상권이 성립하여 법정지상권자에게 점유·사용할 권한이 있는 토지 위에 있는 이상 이를 철거할 의무는 없다(대판 1995.7.28. 95다9075).

(3) 지료: 건물을 사용하는 데 필요한 범위의 토지를 사용하는 권리를 갖게 되므로 그 대가로서 지료를 지급할 의무를 진다. 지료는 먼저 당사자의 협의에 의하도록 하고, 협의가 이루어지지 않을 때에는 법원에 지료의 지정을 청구할 수 있고, 법정지상권을 취득할 지위에 있는 자 역시 지료 또는 임료상당이득을 대지소유자에게 반환할 의무를 면할 수는 없으므로 이러한 임료상당 부당이득의 반환도 청구할 수 있다(대판 1988.10.24. 87다카1604).

4. 對抗力: 관습법상의 법정지상권자는 당사자간에서는 물론이고, 토지의 전득자에 대하여도 등기 없이 그 효력을 주장할 수 있지만, 제3자에게 지상권을 처분하려면 187조 단서에 의하여 등기하여야 한다고 해석된다.

5. 處分

(1) 건물과 지상권을 함께 양도: 건물을 양도하기 전에 지상권을 등기하고 건물과 지상권을 함께 양도하는 경우에는 아무런 문제가 없다.

(2) 지상권등기하지 않은 상태에서 건물의 양도와 지상권양도의 합의를 한 경우: 법정지상권을 가진 건물소유자로부터 건물을 양수하면서 법정지상권까지 양도받기로 한 자는 채권자대위의 법리에 따라 전건물소유자 및 대지소유자에 대하여 차례로 지상권의 설정등기 및 이전등기절차이행을 구할 수 있고, 이러한 법정지상권을 취득할 지위에 있는 자에 대하여 대지소유자가 소유권에 기하여 건물철거를 구하는 것은 지상권의 부담을 용인하고 그 설정등기를 이행할 의무가 있는 자가 그 권리자를 상대로 한 청구라 할 것이어서 신의성실의 원칙상 허용될 수 없다(대판 1988.10.24. 87다카1604).

(3) 지상권등기되지 않은 상태에서 건물만 양수받은 경우: 지상권이 등기되지 않은 상태에서 건물만 양수받은 경우에는 지상권을 양도하지 아니한다는 약정이 없는 한 건물의 양도와 더불어

지상권도 양도한다는 묵시적 합의가 있었다고 본다(대판 1991.9.24. 91다21701). 이 경우에 지상권자는 지상권설정등기를 한 후에 건물양수인에게 이의 양도등기절차를 이행하여 줄 의무가 있다. 따라서 건물 양수인은 건물양도인을 순차 대위하여 토지소유자에 대하여 건물소유자였던 법정지상권자에의 법정지상권설정 등기절차 이행을 청구할 수 있다(대판 1981.9.8. 80다2873)

第5章 地役權

1. 概括: 지역권은 일정한 목적을 위하여 타인의 토지(승역지)를 자기의 토지(요역지)의 편익에 이용하는 용익물권이다. 지역권의 설정으로 요역지는 이용가치가 증대되나, 승역지는 그로인해 이용에 제한을 받게 된다. 이처럼 지역권은 토지소유자 사이에 토지의 이용조절을 목적으로 한 상린관계와 유사하나, 상린관계는 부동산소유권 자체 기능의 확장 또는 제한인 데 대하여 지역권은 당사자간의 계약에 의하여 설정되는 독립한 물권인 점에서 양자는 다르다. 지역권은 요역지에 편익을 주는 내용에 따라 통행지역권, 용수지역권, 관망지역권 등으로 구분할 수 있다.

2. 法的 性質

(1) 요역지와 승역지가 있어야: 편익을 필요로 하는 토지(요역지)와 편익을 제공하는 토지(승역지)의 두 토지가 있어야 한다.

(2) 부종성: 지역권은 요역지로부터 독립된 권리이나 지역권을 분리하여 양도 등을 할 수 없고, 지역권은 요역지의 소유권이전의 경우에 함께 이전되는 등 법률적 운명을 같이 한다.

(3) 불가분성: 요역지 공유자는 자기의 지분으로 당해 지분에 해당하는 지역권이 가분되어 소멸되지 아니하고, 요역지의 분할 또는 일부 양도의 경우에는 그 부분을 위해서 승역지에 지역권이 그대로 있는 등의 불가분성이 있다.

3. 다른 制度와의 關係

(1) 지상권·전세권: 지역권은 타인의 토지를 이용하는 것을 그 내용으로 하는 점에서 지상권·전세권과 같다. 그러나 지상권·전세권은 사람과 관계하는 권리이고 또 토지의 이용목적이 한정되나, 지역권은 토지와 관계하는 권리이고 그 토지의 이용목적에는 아무런 제한이 없다.

(2) 임차권: 채권적 권리인 임차권은 원칙적으로 제3자에게 대항할 수 없으나, 지역권은 물권이므로 제3자에 대하여 대항할 수 있다. 임대차에 의하여 당해 토지의 점유 및 사용권이 전면적으로 임차인에게 이전되는 반면, 지역권에서는 승역지의 소유자도 직접 점유하고 용익할 수 있다.

(3) 상린관계: 상린관계는 법률의 규정에 의한 인접지간의 토지사용의 규율이나, 지역권은 당사자간의 약정에 의한 이용조절이다.

4. 構成

(1) 내용: 제291조

(2) 성질: 제292조, 제293조

(2) 지역권의 시효취득: 제294조-제296조

(3) 용수지역권: 제297조

(4) 승역지소유자의 의무: 제298조-제300조

(5) 준용규정: 제301조

(6) 특수지역권: 제302조

第291條【地役權의 內容】 地役權者는 一定한 目的을 爲하여 他人의 土地를 自己土地의 便益에 利用하는 權利가 있다.

地役權의 成立과 內容

1. 成立: 지역권은 일반적으로는 당사자간의 지역권설정약정과 등기로 성립하고, 그 외에 시효취득, 양수, 상속 등으로 취득된다.

(1) 설정행위: 당사자간의 설정계약이 있어야 한다. 사용에 대한 단순한 묵인은 설정행위로 인정되지 아니한다. * 분양택지들을 매각하면서 토지 중 일부를 분양택지들을 위한 도로로 제공한 것이 아니라 다만 토지의 매수인으로서 그 부분에 대한 다른 택지소유자들의 통행을 묵인한 것에 불과하다면 묵시적인 지역권설정계약이 성립되었다고 볼 여지가 없다(대판 1991.4.23. 90다15167).

(가) 토지의 편익의 필요성: 편익을 필요로 하는 토지와 이를 제공하는 토지의 두 토지가 있어야 한다. 편익은 단순히 편리한 것으로는 부족하다.

① 단순히 편리하다는 이유-부정: 주거지역에서 공로에 이르는 길로 폭 2미터의 우회도로가 있다면 주위토지를 이용하여 공로에 이르는 것이 보다 편리하다는 이유만으로 주위지통행권을 주장할 수 없다(대판 1991.4.23. 90다15167).

② 편익을 얻는 토지(승역지)의 존재 입증: 지역권은 일정한 목적을 위하여 타인의 토지를 자기의 토지의 편익에 이용하는 용익물권으로서 요역지와 승역지 사이의 권리관계에 터잡은 것이므로 어느 토지에 대하여 통행지역권을 주장하려면 그 토지의 통행으로 편익을 얻는 요역지가 있음이 입증되어야 한다(대판 1992.12.8. 92다22725).

(나) 토지의 일부: 요역지는 1필의 토지이어야 하며 토지의 일부를 위한 지역권을 설정할 수 없다(단, 성질상 일부에만 성립하는 지역권은 그 일부에만 효력이 있다). 그러나 승역지는 1필의 토지의 일부이어도 무방하다(부등법 137조, 138조). 다만 승역지의 공유지분 위에만 지역권을 설정할 수는 없다.

(다) 인접성-불요: 요역지와 승역지는 반드시 인접하고 있을 필요는 없다.

(라) 지료: 사용대가, 즉 지료는 지역권성립의 요소가 아니다.

(2) 시효취득-제294: 지역권은 계속되고 표현된 것에 한하여 시효취득에 관한 민법 제245조의 규정이 준용된다.

(가) 객관적 상태의 지속: 통행지역권은 요역지의 소유자가 승역지 위에 도로를 설치하여 승역지를 사용하는 객관적 상태가 민법 제245조에 규정된 기간 계속된 경우에 한하여 그 시효취득을 인정할 수 있다(대판 2001.4.13.2001다8493). 따라서 통로의 개설이 없는 일정한 장소를 오랜 시일 통행한 사실이 있다거나 또는 토지의 소유자가 다만 이웃하여 사는 교분으로 통행을 묵인하여 온 사실이 있다고 하더라도 그러한 사실만으로는 지역권을 취득할 수 없다(대판 1966.9.6. 65다2305, 2306).

(나) 등기청구권: 시효완성으로 요역지소유자의 승역지소유자에 대한 지역권설정등기청구권의 행사에 의하여 지역권등기가 있어야 한다.

(다) 요역지의 불법점유자-불가: 위요지 통행권이나 통행지역권은 모두 인접한 토지의 상호이용의 조절에 기한 권리로서 토지의 소유자 또는 지상권자, 전세권자 등 토지사용권을 가진 자에게 인정되는 권리라 할 것이므로 위와 같은 권리자가 아닌 토지의 불법점유자는 토지소유권의 상린관계로서 위요지 통행권의 주장이나 통행지역권의 시효취득을 주장할 수 없다(대판 1976.10.29. 76다1694).

(3) 등기: 설정계약에 의한 지역권은 법률행위에 의한 물권변동으로 설정등기를 하여야 효력이 발생한다(186조).

(가) 지역권의 내용과 목적 기재: 지역권설정등기를 할 때에는 요역지인 부동산의 등기용지 중 해당 구 사항란에 승역지인 부동산의 표시를 하고 그 부동산이 지역권의 목적이라는 뜻과 지역권 설정의 목적 및 범위를 적어야 한다.

(나) 요역지가 분필된 경우: 요역지가 분필되어 그 부분의 소유권이 타인에게 이전되었다 하여도 요역지의 소유자가 아직 지역권설정등기를 이행받지 못하고 있는 이상, 타인소유로 된 대지부분까지를 요역지로하여 지역권설정등기의 이행을 청구할 수 있다(대판 1971.4.6. 71다249).

2. 內容: 설정약정에 의하여 정하여 지나, 지역권의 목적에 필요하고 승역지 이용자에게 부담이 가장 적은 범위에서 인정된다.

(1) 물권: 지역권은 물권으로서 배타성이 있다.

(2) 용수지역권은 별도-제297조: 용수지역권에 관하여는 특칙이 있다(297조). 용수지역권에서

는 물 자체에 대한 권리로서의 용수권인지, 그렇지 않으면 용익물권으로서의 용수지역권인지를 가려 심리판단하여야 한다(대판 1977.5.24. 74다383).

(3) 승역지 공작물의 이용 가능: 승역지이용자는 승역지에 설치한 지역권자의 공작물을 지역권의 행사를 방해하지 아니하는 한도에서 이용할 수 있다(300조).

(4) 요역지와 승역지의 이용자에 대한 효력: 지역권설정 후에 요역지의 지상권자나 전세권자, 임차인도 지역권을 행사할 수 있고, 승역지의 지상권자나 전세권자, 임차인도 지역권의 제한을 받는다. 그 외에 지상권자 등도 그들의 권한 내에서 지역권을 설정하거나 설정받을 수 있다.

3. 存續期間: 지역권의 존속기간에 대하여는 민법과 부동산등기법 등에 별도로 규정된 바가 없다. 따라서 지역권의 존속기간은 당사자가 임의로 약정할 수 있다.

(1) 등기 여부: 부동산등기법에 등기방법이 규정되어 있지 아니하나, 등기할 수 있다고 본다. 등기하면 제3자에게 대항할 수 있다.

(2) 영구무한의 존속기간 가부-가능: 존속기간을 영구무한으로 합의할 수 있는지가 문제 되는데, 지역권은 소유권을 제한하는 정도가 낮고 승역지 소유자의 이용을 완전히 빼앗지는 않기 때문에 영구적 지역권도 가능하다(대판 1980.1.29. 79다1704)

第292條【附從性】 ①地役權은 要役地所有權에 附從하여 移轉하며 또는 要役地에 對한 所有權以外의 權利의 目的이 된다. 그러나 다른 約定이 있는 때에는 그 約定에 依한다.
②地役權은 要役地와 分離하여 讓渡하거나 다른 權利의 目的으로 하지 못한다.

第293條【共有關係, 一部讓渡와 不可分性】 ①土地共有者의 1人은 持分에 關하여 그 土地를 爲한 地役權 또는 그 土地가 負擔한 地役權을 消滅하게 하지 못한다.
②土地의 分割이나 土地의 一部讓渡의 境遇에는 地役權은 要役地의 各部分을 爲하여 또는 그 承役地의 各部分에 存續한다. 그러나 地役權이 土地의 一部分에만 關한 것인 때에는 다른 部分에 對하여는 그러하지 아니하다.

地役權의 性質

1. 隨伴性과 附從性 - 제292조

(1) 수반성-제1항: 요역지의 소유권이 이전되거나 또는 다른 권리의 목적이 되는 경우에는 지역권도 이와 법률적 운명을 같이하는 수반성이 있다. 다만 이러한 지역권의 수반성은 요역지를 양도하면 지역권은 소멸한다는 등의 다른 약정이 있을 때에는 그 약정에 의하여 배제할 수 있다. 이러한 배제약정을 등기하면 제3자에게도 대항할 수 있다(부등법 137조).

(2) 부종성-제2항: 지역권은 요역지의 토지를 위하여 존재하는 권리이므로 요역지소유권으로부터 독립한 권리이지만, 요역지와 승역지의 존재를 전제로 한 권리이기 때문에 지역권을 요역지로부터 분리하여 양도하거나 다른 권리의 목적으로 하지 못한다.

2. 地役權의 不可分性 - 제293조: 공유토지에서 토지가 분할 또는 양도된 때에는 지역권이 어떻게 처리될 것인가 하는 문제가 지역권의 불가분성의 문제이다. 민법은 지역권을 존속시키는 방향에서 아래와 같이 규율한다.

(1) 공유의 경우-제1항: 요역지 공유자의 1인은 그 지분에 관하여 그 요역지를 위하여 존재하는 지역권을 소멸하게 하지 못하며 또한 승역지 공유자의 1인은 그 지분에 관하여 승역지상에 존재하는 지역권을 소멸하게 하지 못한다.

(2) 분할·일부양도의 경우-제2항: 요역지의 분할 또는 일부양도의 경우에는 지역권은 요역지의 각 부분을 위하여 존속한다. 따라서 요역지가 분필되어 그 부분의 소유권이 타인에게 이전되어도 타인소유로 된 대지부분까지를 요역지로 하여 지역권설정등기의 이행을 청구할 수 있다(대판 1971.4.6. 71다249) 다만 지역권이 그 성질상 토지의 일부에만 관한 것인 때에는 그러하지

아니하다. 또한 승역지의 분할 또는 일부양도의 경우에도 지역권은 그 각 부분을 위하여 존속하나, 지역권이 그 성질상 토지의 일부에만 관한 것인 때에는 그러하지 아니하다.

第294條【地役權取得期間】 地役權은 繼續되고 表現된 것에 限하여 第245條의 規定을 準用한다.

第295條【取得과 不可分性】 ①共有者의 1人이 地役權을 取得한 때에는 다른 共有者도 이를 取得한다.
②占有로 因한 地役權取得期間의 中斷은 地役權을 行使하는 모든 共有者에 對한 事由가 아니면 그 效力이 없다.

地役權의 時效取得과 共有者 1人의 地役權取得

1. 時效取得 - 제294조

(1) 요건

(가) 계속되고 표현 되어야: 편익에 제공되는 객관적 상태가 계속되고 표현되어야 한다.

(나) 제245조 요건 충족: 20년간 지역권자로 평온, 공연하게 타인의 토지를 이용하여야 한다.

① 단순한 통행-부정: 요역지의 소유자가 타인의 토지를 20년간 통행하였다는 사실만으로서는 부족하고 요역지의 소유자가 승역지상에 통로를 개설하여 승역지를 항시 사용하고 있는 상태가 민법 제245조에 규정된 기간 계속한 사실이 있어야 한다(대판 2001.4.13. 2001다8493).

② 단순히 묵인-부정: 통로의 개설이 없는 일정한 장소를 오랜 시일 통행한 사실이 있다거나 또는 토지의 소유자가 다만 이웃하여 사는 교분으로 통행을 묵인하여 온 사실이 있다고 하더라도 그러한 사실만으로는 지역권을 취득할 수 없다(대판 1966.9.6. 65다2305, 2306).

(2) 시효취득자: 토지의 소유자, 지상권자, 전세권자 등 토지이용권을 가진 자여야 한다. 따라서 토지를 사용할 정당한 권원 없는 자는 지역권의 시효취득의 주장을 할 수 없다(대판 1976.10.29. 76다1694).

(3) 지역권등기청구권: 위 요건의 만료로 승역지소유자에 대하여 지역권등기청구권을 가진다. 따라서 시효취득기간이 경과한 후 등기 전에 토지소유자가 토지를 매도하여 타인에게 그 소유권이 이전된 경우 시효취득자는 토지매수인에게 지역권을 주장할 수 없다(대판 1990.10.30. 90다카20395).

2. 共有者中 1人의 地役權의 取得 - 제295조

(1) 공유자 중 1인의 지역권취득-제1항: 공유자의 1인이 지역권을 취득한 때에는 다른 공유자도 이를 취득한다.

(2) 취득시효의 중단사유-공유자 전원-제2항: 점유에 의한 지역권의 취득시효의 중단은 지역권을 행사하는 모든 공유자에 대한 사유가 아니면 그 효력이 없다.

第296條【消滅時效의 中斷, 停止와 不可分性】 要役地가 數人의 共有인 境遇에 그 1인에 依한 地役權消滅時效의 中斷 또는 停止는 다른 共有者를 爲하여 效力이 있다.

地役權의 消滅

1. 一般的 消滅事由: 지역권은 일반적으로 요역지 또는 승역지의 멸실, 지역권의 포기, 혼동, 존속기간의 만료, 승역지의 수용, 약정소멸사유의 발생으로 소멸한다.

2. 承役地의 時效取得: 승역지가 제3자에 의하여 시효취득되면 지역권은 소멸한다. 그러나 승역지의 점유자가 지역권의 존재를 인정하면서 점유하였거나, 취득시효가 진행되는 동안에 지역권자가 그의 권리를 행사한 때에는 지역권은 소멸하지 않는다.

3. 消滅時效: 지역권을 20년간 행사하지 않으면 시효로 소멸한다(162조). 그 기산점은 불계속지역권의 경우에는 최후로 그 권리를 행사한 때이고, 계속지역권의 경우에는 권리행사를 방해하는 사실이 생긴 때이다. 요역지가 수인의 공유로 되어 있는 경우에는 공유자 중 1인에 의한 소멸시효의 중단, 정지는 다른 공유자에게도 효력이 있다(296조).

第297條【用水地役權】 ①用水承役地의 水量이 要役地 및 承役地의 需要에 不足한 때에는 그 需要程度에 依하여 먼저 家用에 供給하고 다른 用途에 供給하여야 한다. 그러나 設定行爲에 다른 約定이 있는 때에는 그 約定에 依한다.
②承役地에 數個의 用水地役權이 設定된 때에는 後順位의 地役權者는 先順位의 地役權者의 用水를 妨害하지 못한다.

用水地役權

1. 물의 이용 – 用水地役權과 用水權을 區別: 용수권과 용수지역권은 구별하여야 한다. 따라서 오랜동안 자기 농경지의 배수를 받아온 인접유지의 물자체를 사용할 권리를 주장하는 경우에, 인접지의 물자체에 대한 권리로서의 용수권인지, 그렇지 않으면 용익물권으로서의 용수지역권인지를 가려 심리판단하여야 한다(대판 1977.5.24. 74다383).
2. 複數의 用水地役權間의 順位 – 제2항: 지역권도 물권으로 배타성이 있으므로 먼저 성립한 것이 후에 성립한 것에 우선한다. 민법은 용수지역권에 관하여는 이를 주의적으로 규정하고 있다.
3. 水量의 不足 – 供給의 順位 – 제1항: 수량이 부족한 때에는 설정행위에 의하여 그 공급의 순위를 정하나, 별도의 약정이 없고 용수승역지의 수량이 요역지 및 승역지의 수요에 부족한 때에는 그 수요 정도에 의하여 먼저 가용에 공급하고 그 뒤에 다른 용도에 공급하여야 한다.

第298條【承役地所有者의 義務와 承繼】 契約에 依하여 承役地所有者가 自己의 費用으로 地役權의 行使를 爲하여 工作物의 設置 또는 修繕의 義務를 負擔한 때에는 承役地所有者의 特別承繼人도 그 義務를 負擔한다.

第299條【委棄에 依한 負擔免除】 承役地의 所有者는 地役權에 必要한 部分의 土地所有權을 地役權者에게 委棄하여 前條의 負擔을 免할 수 있다.

第300條【工作物의 共同使用】 ①承役地의 所有者는 地役權의 行使를 妨害하지 아니하는 範圍內에서 地役權者가 地役權의 行使를 爲하여 承役地에 設置한 工作物을 使用할 수 있다.
②前項의 境遇에 承役地의 所有者는 受益程度의 比率로 工作物의 設置, 保存의 費用을 分擔하여야 한다.

承役地利用者의 義務와 權利

1. 基本的 義務: 승역지 이용자는 지역권자의 행위를 수인하고, 지역권자의 지역권행사에 방해가 될 일정한 이용을 하지 않을 부작위 의무가 있다.
2. 設定行爲로 承役地所有者가 自己의 費用으로 필요한 工作物 등을 設置하기로 한 경우
(1) 승역지 소유자의 특별승계인도 의무부담-제298조: 당사자 사이의 계약에 의하여 승역지 소유자가 자기의 비용으로 지역권의 행사를 위하여 공작물의 설치 또는 수선의 의무를 부담할 수 있고, 설정행위 또는 특별계약에 의하여 승역지의 소유자가 자기의 비용으로 지역권의 행사를 위하여 공작물의 설치 또는 수선의 의무를 부담한 경우에는 승역지 소유자의 특별승계인도 그 의무를 부담한다.

(2) 승역지소유권의 위기로 의무 면함-제299조

(가) 위기-일방적 의사표시: 지역권설정행위로 승역지소유자가 지역권의 행사에 필요한 공작물의 설치비용을 부담하고 또한 수선을 할 적극적인 의무를 부담한 경우에 승역지소유자는 승역지의 소유권을 포기하여 이를 지역권자에게 귀속시킴과 동시에 비용부담의무 및 수선의무를 면할 수 있다. 위기는 지역권자에 대한 일방적 의사표시로써 하며, 지역권자의 승낙은 필요가 없다.

(나) 소유권의 이전: 위기(소유권이전)의 의사표시는 물권행위의 일종이며 물권적 단독행위로, 등기하여야 효력이 있다. 위기(소유권이전 행위)가 행하여지고 소유권이전등기가 마쳐지면 지역권은 혼동에 의하여 소멸한다.

3. 工作物의 共同使用 - 제300조: 승역지의 소유자는 지역권의 행사를 방해하지 아니하는 범위 내에서 지역권자가 지역권의 행사를 위하여 승역지에 설치한 공작물을 사용할 수 있다(1항). 이러한 경우에 승역지의 소유자는 그 이익을 받은 정도의 비율에 따라서 공작물의 설치 및 보존의 비용을 부담하여야 한다(2항).

第301條【準用規定】 第214條의 規定은 地役權에 準用한다.

物權的 請求權

1. 妨害除去請求權, 妨害豫防請求權: 지역권도 일정한 범위 내에서 승역지를 직접 지배하는 물권이므로 그 지배가 방해되는 경우에는 물권적 청구권이 부여되어야 한다. 그러나 지역권에는 승역지를 독점적으로 점유할 권능이 포함되지 않으므로 목적물의 반환청구권은 인정되지 아니하고, 방해제거청구권과 방해예방청구권(214조)만 인정되면 충분하여 동 규정을 준용한다.

2. 行使의 相對方: 지역권의 행사에 방해행위를 하고 있는 자 또는 그러한 방해행위를 할 염려를 조성하고 있는 자이면 승역지소유자이든 제3자이든 누구에게나 행사할 수 있다.

第302條【特殊地役權】 어느 地域의 住民이 集合體의 關係로 各自가 他人의 土地에서 草木, 野生物 및 土砂의 採取, 放牧 其他의 收益을 하는 權利가 있는 境遇에는 慣習에 依하는 外에 本章의 規定을 準用한다.

特殊地役權

1. 意義: 특수지역권은 특정 지역의 주민이 집합체의 관계로 각자가 타인의 토지에서 초목, 야생물 및 토사의 채취, 방목 기타의 수익을 하는 권리이다. 이 권리는 지역주민의 자격과 결합한 것이므로 주민이 그 지역을 떠나 다른 지역으로 이주하게 되면 그 특수지역권을 상실한다. 여기서 그 지역권은 요역지에 해당한다. 지역권의 부담을 안게 되는 승역지는 사유지와 국유지 어느 것이나 가능하다.

2. 成立: 특수지역권은 법률 또는 관습법에 따라 인정되는 법정지역권이다. 따라서 특수지역권은 법률 또는 관습법이 정하는 요건을 충족하면 등기하지 않고 취득된다.

(1) 일정지역 거주 주민의 집합체: 일정한 지역에 거주하는 주민의 집합체여야 한다.

(2) 타인의 토지상의 초목 등: 타인의 토지에 생성한 초목, 야생물, 토사의 채취, 방목 등을 통하여 수익을 얻어야 한다.

3. 內容: 특수지역권자는 승역지를 점유하지 않고 특정한 편익을 위하여 출입하고 이용할 뿐이다. 승역지로부터의 받는 편익에는 나물의 채취, 가축의 방목, 생활용수나 농업용수의 취수 등 지역사정에 따라 지역주민에게 필요한 범위로 정해진다. 승역지의 소유자는 특수지역권에 의하여 소유권의 행사를 크게 방해받지 않는 것이 보통이다. 따라서 특수지역권은 무상으로 인정되는 것이 관습이다.

4. 讓渡性 · 相續性: 특수지역권은 주민의 지위를 상실함으로써 자동으로 상실하고, 주민의 지위와 분리하여 처분이 허용되지 않으며, 독립적인 상속의 대상이 되지 아니한다.

5. 消滅: 목적토지의 멸실로 소멸하며, 별도로 존속기간이 정해지지도 않는다. 관습상 승역지소유

자가 자기의 이익을 위하여 그 토지에 건축하거나 다른 용도로 사용함으로써 지역권자에의 사용을 허락하기 곤란한 사정이 생긴 때에는 소멸한다.

第6章 傳貰權

1. 概括: 전세권은 전세금을 지급하고 타인의 부동산을 점유하여 그 부동산의 용도에 좇아 사용·수익하고, 그 부동산 전부에 대하여 후순위권리자 기타 채권자보다 전세금의 우선변제를 받을 수 있는 권리이다.

2. 法的 性質

(1) 타물권성: 전세권은 타인의 부동산을 목적으로 하는 제한물권이나, 농경지는 전세권의 목적이 될 수 없다. 전세권의 객체인 부동산은 1필 토지 또는 1동 건물의 일부라도 무방하지만 일부 부동산에 대하여 전세권을 설정하고자 할 때에는 도면을 첨부하여야 한다.

(2) 용익물권성: 전세권은 목적부동산을 점유하여 그 부동산의 용도에 좇아 사용·수익하는 권리로서, 부동산의 사용가치를 권리화 시킨 물권이다.

(3) 담보물권성: 전세권은 목적 부동산에 대한 교환가치를 권리화 시킨 물권으로서 전세권자는 전세금에 관하여 우선변제권과 경매청구권을 가진다. 즉 전세권은 용익물권성 외에 담보물권성도 가지므로 전세금이 존재하지 않으면 전세권도 존재할 수 없으며(부종성), 원칙적으로 전세권과 분리하여 전세금반환청구권만을 분리하여 양도할 수 없으며(수반성), 전세금반환채권의 전액에 관하여 전세권 객체의 전부에 효력이 미치며(불가분성), 본래의 목적물이 멸실·훼손·공용징수되어 전세권설정자가 받을 대체물에 대하여도 그 효력이 미친다(물상대위성).

(4) 상속성과 양도성: 전세권은 기본적으로 물권이므로 당연히 상속성과 양도성을 가지지만, 설정행위로 이를 금지할 수 있으며 이를 등기하면 대항력이 발생한다.

3. 構成

(1) 전세권의 성립, 내용: 제303조-제305조
(2) 전세권의 양도, 전전세: 제306조-제308조
(3) 전세권자의 권리, 의무: 제309조-제313조
(4) 전세권의 소멸: 제314조-제317조
(5) 경매청구권: 제318조
(6) 준용규정: 제319조

第303條【傳貰權의 內容】 ①傳貰權者는 傳貰金을 支給하고 他人의 不動産을 占有하여 그 不動産의 用途에 좇아 사용·收益하며, 그 不動産 全部에 대하여 後順位權利者 기타 債權者보다 傳貰金의 優先辨濟를 받을 權利가 있다.<改正 1984.4.10>
②農耕地는 傳貰權의 目的으로 하지 못한다.

傳貰權의 成立과 內容

1. 成立

(1) 설정계약, 양수, 상속 등: 당사자간의 전세권설정계약과 전세권 등기에 의하여 전세권은 성립한다. 또한 전세권의 양수나 상속에 의해서도 전세권이 취득된다.

(가) 목적물-부동산: 타인의 부동산으로 건물과 토지 어느 것이나 가능하다.

① 부동산의 전부 또는 일부: 토지나 건물인 부동산의 전부나 일부에 대하여 전세권 설정이 가능하나, 일부일 때에는 전세권등기시에 그 부분의 도면을 첨부하여야 한다.

② 농경지는 불가-제2항: 농경지는 목적물이 되지 못한다.

③ 토지와 건물의 소유자가 다른 건물에 대한 전세권-제340조: 전세권의 성립에는 문제가 되지

아니한다.

④ 집합건물이 되기 전의 상태에서 건물 일부만에 관하여 전세권이 설정되었다가 그 건물이 집합건물로 된 후 그 전세권이 구분건물의 전유 부분만에 관한 전세권으로 이기된 경우: 구분소유자가 가지는 전유부분과 대지사용권의 분리처분이 가능하도록 규약으로 정하는 등의 특별한 사정이 없는 한, 그 전유부분의 소유자가 대지사용권을 취득함으로써 전유부분과 대지권이 동일소유자에게 귀속하게 되었다면 위 전세권의 효력은 그 대지권에 까지 미친다고 보아야 할 것이고, 위 집합건물에 관하여 경매가 실행된 경우 대지권의 환가대금에 대한 배당순위에 있어서, 위 전세권이, 대지사용권이 성립하기 전의 토지에 관하여 이미 설정된 저당권보다 우선한다고 할 수는 없는바, 이는 대지사용권에 대한 전세권의 효력은 대지사용권이 성립함으로써 비로소 미치게 되는 것이므로 대지사용권이 성립하기 전에 그 토지에 관하여 이미 저당권을 가지고 있는 자의 권리를 해쳐서는 안 되기 때문이다(대판 2002.6.14. 2001다68389).

(나) 목적물의 인도-성립요건이 아님: 별도로 인도를 요하지 아니하므로 목적물의 인도는 성립요건이 아니다(대판 1995.2.10. 94다18508).

(다) 전세금-성립요소: 전세금의 지급은 전세권 성립의 요소가 되는 것이나, 그렇다고 하여 전세금의 지급이 반드시 현실적으로 수수되어야만 하는 것은 아니고 기존의 채권으로 전세금의 지급에 갈음할 수도 있다(대판 1995.2.10. 94다18508).

(2) 목적물에 대한 등기: 전세권은 물권으로 등기를 하여야 성립한다.

(가) 등기명의자-원칙은 전세권자: 등기명의는 전세권자, 즉 목적물의 사용·수익자로 하여야 한다.

(나) 제3자 명의의 등기-한정 긍정: 전세권은 다른 담보권과 마찬가지로 전세권자와 전세권설정자 및 제3자 사이에 합의가 있으면 그 전세권자의 명의를 제3자로 하는 것도 가능하므로, 임대차계약에 바탕을 두고 이에 기한 임차보증금반환채권을 담보할 목적으로 임대인, 임차인 및 제3자 사이의 합의에 따라 제3자 명의로 경료된 전세권설정등기는 유효하다(대판 2005.5.26. 2003다12311).

2. 內容 및 一般的 效力

(1) 사용·수익할 권능: 전세권이 용익물권적 성격과 담보물권적 성격을 겸비하고 있고, 목적물의 인도는 전세권의 성립요건이 아닌 점 등에 비추어 볼 때, 당사자가 주로 채권담보의 목적으로 전세권을 설정하였고, 그 설정과 동시에 목적물을 인도하지 아니한 경우라 하더라도, 장차 전세권자가 목적물을 사용·수익하는 것을 완전히 배제하는 것이 아니라면, 그 전세권의 효력은 인정된다(대판 1995.2.10. 94다18508).

(2) 전세금에 대한 법률관계

(가) 제3자명의의 전세권등기: 전세보증금반환채권을 담보할 목적으로 전세권설정자, 전세권자 및 제3자 사이의 합의에 따라 제3자 명의로 경료된 전세권설정등기는 유효하다(대판 2005.5.26. 2003다12311).

(나) 경매청구권-제318조: 전세권설정자가 전세금의 반환을 지체한 때에는 전세권자는 민사집행법이 정한 바에 의하여 전세권의 목적물의 경매를 청구할 수 있다.

(다) 전세금에 대한 우선변제력-제303조제1항: 전세권자는 부동산 전부로부터 후순위권리자 그 밖의 채권자보다 전세금의 우선변제를 받을 권리가 있다. 부동산 일부에 대한 전세권자도 당해 부동산 전부에 대한 경락대금으로부터 우선변제력이 있다. * 318조 참조

(라) 전세권 존속 중의 반환채권만의 제3자에 대한 양도-원칙 불가: 전세권이 존속하는 동안은 전세권을 존속시키기로 하면서 전세금반환채권만을 전세권과 분리하여 확정적으로 양도하는 것은 허용되지 않는 것이며, 다만 전세권 존속 중에는 장래에 그 전세권이 소멸하는 경우에 전세금반환채권이 발생하는 것을 조건으로 그 장래의 조건부 채권을 양도할 수 있을 뿐이라 할 것이다(대판 2002.8.23. 2001다69122).

(마) 전세권 소멸 후의 전세권의 제3자에 양도-가능: 민법상의 전세권은 그 성질상 용익물권적 성격과 담보물권적 성격을 겸비한 것으로서, 전세권의 존속기간이 만료되면 전세권의 용익물권적 권능은 전세권설정등기의 말소 없이도 당연히 소멸하고 단지 전세금반환채권을 담보하는 담보물권적 권능의 범위 내에서 전세금의 반환 시까지 그 전세권설정등기의 효력이 존속하고 있다

할 것인데, 이와 같이 존속기간의 경과로서 본래의 용익물권적 권능이 소멸하고 담보물권적 권능만 남은 전세권에 대해서도 그 피담보채권인 전세금반환채권과 함께 제3자에게 이를 양도할 수 있다 할 것이지만 이 경우에는 민법 제450조제2항 소정의 확정일자 있는 증서에 의한 채권양도절차를 거치지 않는 한 위 전세금반환채권의 압류·전부 채권자 등 제3자에게 위 전세보증금반환채권의 양도사실로써 대항할 수 없다(대판 2005.3.25. 2003다35659).

(3) 대항력-목적물의 새로운 소유자와의 관계-동일 내용으로 존속: 전세권이 성립한 후 전세목적물의 소유권이 이전된 경우 민법이 전세권관계로부터 생기는 상환청구, 소멸청구, 갱신청구, 전세금증감청구, 원상회복, 매수청구 등의 법률관계의 당사자로 규정하고 있는 전세권설정자 또는 소유자는 모두 목적물의 소유권을 취득한 신 소유자로 새길 수밖에 없다고 할 것이므로, 전세권은 전세권자와 목적물의 소유권을 취득한 신 소유자 사이에서 계속 동일한 내용으로 존속하게 된다고 보아야 할 것이고, 따라서 목적물의 신 소유자는 구 소유자와 전세권자 사이에 성립한 전세권의 내용에 따른 권리의무의 직접적인 당사자가 되어 전세권이 소멸하는 때에 전세권자에 대하여 전세권설정자의 지위에서 전세금 반환의무를 부담한다(대판 2006.5.11. 2006다6072).

3. 債權擔保目的의 傳貰權

(1) 유효성 여부: 당사자가 주로 채권담보의 목적으로 전세권을 설정하였고, 그 설정과 동시에 목적물을 인도하지 아니한 경우라 하더라도, 장차 전세권자가 목적물을 사용·수익하는 것을 완전히 배제하는 것이 아니라면, 그 전세권의 효력을 부인할 수는 없다(대판 1995.2.10. 94다18508).

(2) 성립: 채권자, 채무자, 제3자의 합의를 필요: 전세권이 담보물권적 성격도 가지는 이상 부종성과 수반성이 있는 것이기는 하지만, 채권담보를 위하여 담보권을 설정하는 경우 채권자와 채무자 및 제3자 사이에 합의가 있으면 채권자가 그 담보권의 명의를 제3자로 하는 것도 가능하다(대판 1995.2.10. 94다18508).

(3) 효력: 채무자와 담보권명의자인 제3자 사이에 담보계약관계가 성립하는 것으로 그 담보권명의자는 그 피담보채권을 수령하고 그 담보권을 실행하는 등의 담보계약상의 권한을 가진다(대판 1995.2.10. 94다18508).

第304條【建物의 傳貰權, 地上權, 賃借權에 對한 效力】 ①他人의 土地에 있는 建物에 傳貰權을 設定한 때에는 傳貰權의 效力은 그 建物의 所有를 目的으로 한 地上權 또는 賃借權에 미친다.
②前項의 境遇에 傳貰權設定者는 傳貰權者의 同意없이 地上權 또는 賃借權을 消滅하게 하는 行爲를 하지 못한다.

第305條【建物의 傳貰權과 法定地上權】 ①垈地와 建物이 同一한 所有者에 屬한 境遇에 建物에 傳貰權을 設定한 때에는 그 垈地所有權의 特別承繼人은 傳貰權設定者에 對하여 地上權을 設定한 것으로 본다. 그러나 地料는 當事者의 請求에 依하여 法院이 이를 定한다.
②前項의 境遇에 垈地所有者는 他人에게 그 垈地를 賃貸하거나 이를 目的으로 한 地上權 또는 傳貰權을 設定하지 못한다.

傳貰權의 個別的 效力

1. 傳貰權의 效力範圍: 전세권의 목적이 토지인 경우에는 토지와 그 토지의 종물에도 전세권의 효력이 미친다. 그런데 건물을 전세권의 목적물로 한 경우에는 전세권의 효력이 미치는 범위가 문제된다.

2. 建物傳貰權의 傳貰權設定者의 地上權 또는 賃借權에 대한 效力 - 제304조

(1) 건물 소유를 목적으로 한 전세권설정자의 토지에 대한 지상권 또는 임차권에 효력이 미침-

제1항: 타인의 토지 위에 지상권 또는 임차권에 기하여 건물을 소유하는 자가 그 건물에 전세권을 설정한 경우 전세권의 효력은 그 건물의 소유를 목적으로 하는 지상권 또는 임차권에도 미친다.

(2) 지상권 또는 임차권에 등기 불요: 전세권자는 법률상 당연히 토지에 대한 사용, 수익을 할 수 있어 별도로 등기를 할 필요는 없다.

(3) 전세권설정자의 무단 지상권 또는 임차권 소멸행위의 금지-제2항: 전세권설정자는 전세권자의 동의 없이 그 지상권이나 임차권을 소멸하게 하는 행위를 할 수 없다. 건물전세권자의 동의를 얻어 지상권이나 임차권을 소멸시킨 경우 건물전세권설정자는 토지에 대한 사용권을 상실하므로 건물을 철거하고 토지를 원상회복하여 반환하여야 한다. * 토지와 건물을 함께 소유하던 토지·건물의 소유자가 건물에 대하여 전세권을 설정하여 주었는데, 그 후 토지가 타인에게 경락되어 민법 제305조제1항에 의한 법정지상권을 취득한 상태에서 다시 건물을 타인에게 양도한 경우, 그 건물을 양수하여 소유권을 취득한 자는 특별한 사정이 없는 한 법정지상권을 취득할 지위를 가지게 되고, 다른 한편으로는 전세권 관계도 이전받게 되는바, 민법 제304조 등에 비추어 건물 양수인이 토지소유자와의 관계에서 전세권자의 동의 없이 법정지상권을 취득할 지위를 소멸시켰다고 하더라도, 그 건물 양수인은 물론 토지소유자도 그 사유를 들어 전세권자에게 대항할 수 없다(대판 2007.8.24. 2006다14684).

3. 法定地上權 - 제305조

(1) 의의: 대지와 건물이 동일한 소유자에게 속했을 때 건물에 전세권을 설정한 후에 그 대지의 소유권자만 바뀐 경우에 대지소유권의 특별승계인은 전세권설정자에 대하여 지상권을 설정한 것으로 본다. 즉 법정지상권이 성립한다.

(2) 요건-제1항

(가) 건물과 대지와 건물의 소유자 동일: 건물에 대한 전세권설정 당시 대지와 건물이 동일인 소유여야 한다.

(나) 대지소유권자의 변경: 대지소유권이 매매·증여 등의 사유로 특별승계되어 대지와 건물이 각각 소유자를 달리하여야 한다. 대지만의 경매로 대지의 소유자가 변경된 경우에도 본조에 해당한다고 보아야 한다.

(3) 효과

(가) 법률의 규정에 의한 물권취득-등기 불요: 법률의 규정에 의하여 전세권설정자인 부동산 소유자에게 법정지상권이 취득된다. 법정지상권은 법률의 규정에 의한 부동산물권의 취득이므로 등기를 요하지 않지만, 등기하지 않으면 처분할 수 없다.

(나) 대지 소유자의 임대 등의 금지-제2항: 법정지상권이 성립하면 대지소유자는 타인에게 그 대지를 임대하거나 그 대지를 목적으로 하는 지상권 또는 전세권을 설정하지 못한다. 이 규정은 전세권자를 특별히 보호하기 위한 강행규정이므로 당사자의 합의로 그 성립을 배제할 수 없다.

(다) 지료-제1항: 지료는 당사자 합의로 정할 수 있으나 합의가 이루어지지 않으면 당사자의 청구로 법원이 정한다.

第306條 【傳貰權의 讓渡, 賃貸等】 傳貰權者는 傳貰權을 他人에게 讓渡 또는 擔保로 提供할 수 있고 그 存續期間內에서 그 目的物을 他人에게 轉傳貰 또는 賃貸할 수 있다. 그러나 設定行爲로 이를 禁止한 때에는 그러하지 아니하다.

第307條 【傳貰權讓渡의 效力】 傳貰權讓受人은 傳貰權設定者에 對하여 傳貰權讓渡人과 同一한 權利義務가 있다.

第308條 【轉傳貰等의 境遇의 責任】 傳貰權의 目的物을 轉傳貰 또는 賃貸한 境遇에는 傳貰權者는 轉傳貰 또는 賃貸하지 아니하였으면 免할 수 있는 不可抗力으로 因한 損害에 對하여 그 責任을 負擔한다.

傳貰權의 讓渡와 轉傳貰

1. 傳貰權의 處分性 - 제306조: 전세권자는 설정계약시에 반대의 특약이 없으면 전세권을 타인에게 양도하거나 담보로 제공할 수 있고, 또 존속기간 내에 목적물을 타인에게 전전세 또는 임대할 수 있다. 이를 통해 투하한 자본을 존속기간 만료전이라도 회수할 수 있다. 임의 처분은 설정행위시에 당사자간의 특약으로 금지할 수 있으며, 처분금지를 등기함으로써 제3자에게 대항할 수 있다.

2. 傳貰權의 讓渡 - 제306조, 제307조

(1) 전세권의 존속 기간 내의 양도-제306조: 양도인과 양수인 간의 전세권 양도 합의와 이전등기에 의하여 양도의 효력이 발생한다. 전세권 양수인은 전세권설정자에 대하여 전세권양도인과 동일한 권리의무를 가진다. 전세권 양도대금에 대하여는 특별한 제한이 없으나, 양수인이 전세권설정자에게 청구할 수 있는 금액은 양도인이 전세권설정 시 전세권설정자에게 지급한 등기된 금액에 한한다.

(2) 전세권존속기간 만료 후의 양도

(가) 담보물권적 기능만 양도 가능, 대항요건: ① 존속기간의 경과로 본래의 용익물권적 권능이 소멸하고 담보물권적 권능만 남고, 이 담보물권적 기능만의 전세권에 대해서도 그 피담보채권인 전세금반환채권과 함께 제3자에게 이를 양도할 수 있다. ② 이 경우에는 민법 제450조제2항 소정의 확정일자 있는 증서에 의한 채권양도절차를 거치지 않는 한 위 전세금반환채권의 압류·전부채권자 등 제3자에게 위 전세보증금반환채권의 양도사실로써 대항할 수 없다(대판 2005.3.25. 2003다35659).

(나) 전세권이전등기의 효력: 전세기간 만료 이후 전세권양도계약 및 전세권이전의 부기등기가 이루어진 것만으로는 전세금반환채권의 양도에 관하여 확정일자 있는 통지나 승낙이 있었다고 볼 수 없어, 이로써 제3자인 전세금반환채권의 압류·전부 채권자에게 대항할 수 없다(대판 2005.3.25. 2003다35659).

3. 擔保提供 - 제306조: 전세권을 타인에게 담보로 제공할 수 있는데, 전세권을 목적으로 할 수 있는 담보는 저당권뿐이다(371조). 전세권에 저당권이 설정된 경우 그 저당권의 객체는 전세권 자체이며 전세금반환채권이 아니다. 따라서 저당권의 객체인 전세권이 존속기간 만료 등으로 소멸하면 저당권도 소멸하므로 전세금반환채권에 대한 압류 등을 실시하지 않는 한 전세권설정자는 전세권자에 대하여만 전세금반환의무를 부담한다. 한편 전세권에 저당권을 설정한 자는 저당권자의 동의 없이 그 전세권을 소멸하게 하는 행위를 할 수 없다.

4. 轉傳貰 - 제306조, 제308조: 전전세는 전세권설정시에 반대의 특약이 없는 한, 전세권자가 전세권의 존속기간 내에서 자기의 전세권을 유지하면서 전세권의 범위 내에서 제3자에게 그 전세권을 객체로 하는 새로운 전세권을 설정하는 것이다.

(1) 전전세의 성립

(가) 당사자: 원전세권자와 전전세권자이며, 원전세권자의 동의는 요하지 아니한다.

(나) 전전세권설정합의와 등기: 전전세권설정합의와 등기가 필요하다. 그러나 전전세권설정의 당사자는 원전세권자와 전전세권자이므로 원전세권설정자의 동의는 필요하지 않다.

① 전세권의 존속기간 내: 전전세권설정은 원전세권존속기간 내에 이루어져야 한다.

② 전전세권의 기간과 전전세금: 전전세의 존속기간은 원전세권의 존속기간 내이어야 하며, 전전세의 전세금은 원전세의 전세금을 초과할 수 없다.

③ 전세목적물의 일부에 대한 전전세: 전전세목적물의 일부에 대하여도 전전세를 설정할 수 있다.

(2) 효과

(가) 전전세권자의 권리: 전전세권이 설정되더라도 원전세권은 소멸하지 않으며, 전전세권이 존속하는 동안 전세권자는 전전세의 기초가 되는 원전세권을 소멸시키지 못한다. 전전세권자는 목적부동산을 점유하여 사용·수익할 수 있으며 기타 전세권자로서의 모든 권리를 가지지만, 원전세권설정자에 대하여는 아무런 권리나 의무를 가지지 않는다.

(나) 원전세권자의 전세권처분 제한: 원전세권이 소멸하면 전전세권도 소멸하므로, 전세권자는 원전세권을 소멸시키는 행위를 하지 못한다.

(다) 전전세의 소멸: 전전세권이 소멸하면 전전세권자는 원전세권자(전전세권설정자)에게 목적부동산을 인도하고 말소등기에 필요한 서류를 교부함과 동시에 전전세금의 반환을 청구할 수 있다. 원전세권자가 전전세금의 반환을 지체하는 경우 전전세권자는 전전세권의 목적부동산을 경매할 수 있다. 다만 이 경매권은 원전세권도 소멸한 경우에만 행사가 가능하다.
(라) 원전세권자의 책임 가중-제308조: 전세권자는 전전세를 하지 않았으면 면할 수 있는 불가항력으로 인한 손해에 대하여 그 책임을 부담한다.

5. 傳貰目的物의 賃貸 - 제306조, 제308조: 전세권자는 전세권설정행위에 의하여 금지되지 않는 한 전세권의 존속기간 내에서 전세물을 임대할 수 있으며, 이 경우 전세권설정자의 동의를 요하지 않는다. 전세권자는 임대하지 않았으면 면할 수 있는 불가항력으로 인한 손해에 대하여 책임을 부담한다.

第309條【傳貰權者의 維持, 修繕義務】 傳貰權者는 目的物의 現狀을 維持하고 그 通常의 管理에 屬한 修繕을 하여야 한다.

第310條【傳貰權者의 償還請求權】 ①傳貰權者가 目的物을 改良하기 爲하여 支出한 金額 其他 有益費에 關하여는 그 價額의 增加가 現存한 境遇에 限하여 所有者의 選擇에 좇아 그 支出額이나 增加額의 償還을 請求할 수 있다.
②前項의 境遇에 法院은 所有者의 請求에 依하여 相當한 償還期間을 許與할 수 있다.

第311條【傳貰權의 消滅請求】 ①傳貰權者가 傳貰權設定契約 또는 그 目的物의 性質에 依하여 定하여진 用法으로 이를 使用, 收益하지 아니한 境遇에는 傳貰權設定者는 傳貰權의 消滅을 請求할 수 있다.
②前項의 境遇에 傳貰權設定者는 傳貰權者에 對하여 原狀回復 또는 損害賠償을 請求할 수 있다.

傳貰權者의 權利, 義務

1. 傳貰權者의 權利

(1) 기본적 권리-사용, 수익: 전세권자는 목적부동산을 점유하여 그 부동산의 용도에 좇아 사용·수익할 권리가 있는데, 용도에 좇은 사용인지 여부는 전세권설정계약에 의해 결정되지만 이러한 약정을 하지 않은 때에는 부동산의 성질에 맞게 사용하여야 한다. 전세권자의 목적물에 대한 사용, 수익권능을 위해서 전세권에 기하여 반환청구권, 방해제거청구권, 방해예방청구권 등의 물권적 청구권이 있고, 또한 점유권에 기한 물권적 청구권도 행사할 수 있다.
(2) 개량비, 유익비상환청구권-제310조: 전세권자는 목적물의 현상 유지와 수선의무가 있으므로 필요비의 상환은 청구할 수 없지만, 개량비 기타 유익비는 그 가치의 증가가 현존하는 경우에 전세권설정자의 선택에 따라 그 지출액이나 증가액의 상환을 청구할 수 있다(1항). 법원은 전세권설정자의 청구에 의해 상당한 상환기간을 허여할 수 있다(2항).

2. 傳貰權者의 義務 - 제309조 - 유지·수선의무: 전세권자는 목적물의 현상을 유지하고 그 통상의 관리에 속한 수선을 하여야 한다. 따라서 전세권자는 목적부동산의 통상적 유지 및 관리를 위하여 필요한 비용을 지출한 경우에도 그 비용의 상환을 청구할 수 없다.

3. 傳貰權者의 義務違反의 效果 - 제311조

(1) 전세권소멸청구-제1항: 전세권자는 당해 목적물을 사용, 수익함에 있어 당사자간의 약정 및 목적물의 용법에 맞게 사용하여야 할 의무가 있고, 또한 목적물에 대한 유지 및 수선의무가 있다. 이를 위반한 때에 전세권설정자는 전세권의 소멸을 청구할 수 있다.
(2) 원상회복, 손해배상청구-제2항: 전세권자의 의무 위반에 의한 목적물의 변경이나 손해에 대하여 전세권설정자는 원상회복 또는 손해배상을 청구할 수 있다.

第312條【傳貰權의 存續期間】 ①傳貰權의 存續期間은 10年을 넘지 못한다. 當事者의 約定期間이 10年을 넘는 때에는 이를 10年으로 短縮한다.
②建物에 대한 傳貰權의 存續期間을 1年미만으로 정한 때에는 이를 1年으로 한다. 〈新設 1984.4.10〉
③傳貰權의 設定은 이를 更新할 수 있다. 그 期間은 更新한 날로부터 10年을 넘지 못한다.
④建物의 傳貰權設定者가 傳貰權의 存續期間 滿了전 6月부터 1月까지 사이에 傳貰權者에 대하여 更新拒絶의 통지 또는 條件을 變更하지 아니하면 更新하지 아니한다는 뜻의 통지를 하지 아니한 경우에는 그 期間이 滿了된 때에 前傳貰權과 同一한 條件으로 다시 傳貰權을 設定한 것으로 본다. 이 경우 傳貰權의 存續期間은 그 정함이 없는 것으로 본다.〈新設 1984.4.10〉

第312條의2【傳貰金 增減請求權】 傳貰金이 目的 不動產에 관한 租稅·公課金 기타 負擔의 增減이나 經濟事情의 變動으로 인하여 상당하지 아니하게 된 때에는 當事者는 將來에 대하여 그 增減을 請求할 수 있다. 그러나 增額의 경우에는 大統領令이 정하는 基準에 따른 比率을 초과하지 못한다.

第313條【傳貰權의 消滅通告】 傳貰權의 存續期間을 約定하지 아니한 때에는 各當事者는 언제든지 相對方에 對하여 傳貰權의 消滅을 通告할 수 있고 相對方이 이 通告를 받은 날로부터 6月이 經過하면 傳貰權은 消滅한다.

傳貰權의 存續期間과 傳貰金

1. 存續期間을 約定한 경우 – 제312조

(1) 최초의 약정-최장, 최단기간의 제한-제1항, 제2항: 당사자는 설정행위에서 전세권의 존속기간을 임의로 약정할 수 있지만, 약정한 최장기간이 10년을 넘은 때에는 10년으로 단축된다(1항). 그리고 건물에 대한 전세권의 약정 존속기간이 1년 미만인 때에는 1년으로 한다(2항).

(2) 갱신

(가) 약정에 의한 갱신시의 최장기간 제한-제3항: 전세권이 만료된 경우 당사자 합의로 설정계약을 갱신할 수 있지만 그 기간도 갱신한 날로부터 10년을 넘지 못한다.

(나) 건물전세권의 법정갱신-제4항

① 거절의 통지 등이 없어야: 건물전세권의 경우 전세권설정자가 전세권의 존속기간 만료 전 6월부터 1월 까지 사이에 전세권자에 대하여 갱신거절의 통지 또는 조건을 변경하지 않으면 갱신하지 않는다는 뜻의 통지가 없어야 하고, 또한 별도의 갱신약정이 없어야 한다. * 토지전세권은 법정갱신이 가능하지 않다.

② 종전의 전세와 동일한 조건: 약정한 기간이 만료한 때에 종전의 전세권과 동일한 조건으로 다시 전세권을 설정한 것으로 본다. 이 경우 전세권의 존속기간은 정하지 않은 것으로 본다.

③ 갱신에 관한 등기는 불요: 법정갱신은 법률의 규정에 의한 부동산에 관한 물권의 변동이므로 전세권갱신에 관한 등기를 필요로 하지 아니하고 전세권자는 그 등기 없이도 전세권설정자나 그 목적물을 취득한 제3자에 대하여 그 권리를 주장할 수 있다(대판 1989.7.11. 88다카21029).

(3) 기간의 등기: 전세권의 존속기간은 등기하여야 제3자에게 대항할 수 있으며, 등기를 하지 않으면 존속기간의 약정이 없는 것으로 취급한다.

2. 存續期間을 約定하지 않은 경우 – 임의 소멸통고 – 제313조: 약정기간이 없는 전세권은 각 당사자는 언제든지 상대방에 대하여 전세권의 소멸을 통고할 수 있고, 상대방이 통고를 받은 날로부터

6월이 지나면 전세권은 소멸한다.

3. 傳貰金增減請求 - 제312조의2: 전세금이 목적부동산에 관한 조세나 공과금 그 밖의 부담의 증감이나 경제사정의 변동으로 상당하지 않게 된 경우 당사자는 장래에 대하여 그 증감을 청구할 수 있다. 이는 단독행위이며, 합의가 이루어지지 않으면 당사자의 청구로 법원이 정하며, 법원은 경제사정 등을 종합적으로 고려하여 정하여야 한다. 변경된 전세금은 등기하여야 하며, 등기하지 않으면 제3자에 대하여 효력이 없다.

4. 傳貰權附 抵當權에서 傳貰權의 期間滿了에 의한 消滅: 민법상 저당권은 담보물권을 목적으로 할 수 없으므로, 전세권에 대하여 저당권이 설정된 경우 그 전세권이 기간만료로 종료되면 전세권을 목적으로 하는 저당권은 당연히 소멸된다(대판 1999.9.17. 98다31301).

第314條【不可抗力으로 因한 滅失】 ①傳貰權의 目的物의 全部 또는 一部가 不可抗力으로 因하여 滅失된 때에는 그 滅失된 部分의 傳貰權은 消滅한다.
②前項의 一部滅失의 境遇에 傳貰權者가 그 殘存部分으로 傳貰權의 目的을 達成할 수 없는 때에는 傳貰權設定者에 對하여 傳貰權 全部의 消滅을 通告하고 傳貰金의 返還을 請求할 수 있다.

第315條【傳貰權者의 損害賠償責任】 ①傳貰權의 目的物의 全部 또는 一部가 傳貰權者에 責任 있는 事由로 因하여 滅失된 때에는 傳貰權者는 損害를 賠償할 責任이 있다.
②前項의 境遇에 傳貰權設定者는 傳貰權이 消滅된 後 傳貰金으로써 損害의 賠償에 充當하고 剩餘가 있으면 返還하여야 하며 不足이 있으면 다시 請求할 수 있다.

傳貰目的物의 滅失

1. 全部滅失

(1) 전세권은 소멸-제314조제1항: 전세권의 목적이 되는 부동산이 불가항력이든, 전세권자의 유책사유에 의하든 전부 멸실된 경우에 전세권은 당연히 소멸한다.

(2) 불가항력에 의한 멸실-제314조제2항: 전세권설정자에 대한 소멸통고로 전세권은 소멸하고, 전세금반환을 청구할 수 있다.

(3) 전세권자의 유책사유에 의한 멸실

(가) 전세권자의 손해배상책임-제315조제1항: 멸실이 전세권자의 책임 있는 사유로 멸실된 때에는 전세권자는 손해를 배상하여야 한다.

(나) 전세금으로 배상금을 충당-제315조제2항: 전세권설정자는 전세권자의 손해배상금을 우선적으로 전세금으로 충당할 수 있다.

2. 一部滅失

(1) 잔존부분으로 전세권 목적 달성 불능

(가) 불가항력에 의한 소멸-전세권자의 소멸통고-제314조제2항: 전세권자는 설정자에 대하여 전세권 전부의 소멸을 통고하고 전세금의 반환을 청구할 수 있다.

(나) 멸실에 전세권자의 유책사유가 있는 경우-손해배상책임-제315조제1항: 전세권자는 멸실에 따른 전세권설정자의 손해를 배상하여야 한다.

(2) 잔존부분으로 목적달성 가능

(가) 불가항력에 의한 일부소멸-제314조제1항: 불가항력으로 인해 목적물의 일부가 멸실되었으나 잔존부분만으로 목적을 달성할 수 있으면 전세권은 잔존부분에 존속하되, 멸실된 부분만큼 전세금은 감액된다.

(나) 전세권자의 유책사유에 의한 일부멸실

① 전세권자의 손해배상책임-제315조제1항: 잔존부분만으로 목적을 달성할 수 있으면 전세권은 잔존부분에 존속하되 손해를 배상하여야 한다.

② 전세금으로 손해배상금을 충당-제315조제2항: 전세금으로 전세권자의 손해배상금을 충당할 수 있다.
③ 전세금: 전세금의 감액은 인정되지 않는다.

第316條【原狀回復義務, 買受請求權】 ①傳貰權이 그 存續期間의 滿了로 因하여 消滅한 때에는 傳貰權者는 그 目的物을 原狀에 回復하여야 하며 그 目的物에 附屬시킨 物件은 收去할 수 있다. 그러나 傳貰權設定者가 그 附屬物件의 買受를 請求한 때에는 傳貰權者는 正當한 理由없이 拒絶하지 못한다.
②前項의 境遇에 그 附屬物件이 傳貰權設定者의 同意를 얻어 附屬시킨 것인 때에는 傳貰權者는 傳貰權設定者에 對하여 그 附屬物件의 買受를 請求할 수 있다. 그 附屬物件이 傳貰權設定者로부터 買受한 것인 때에도 같다.

第317條【傳貰權의 消滅과 同時履行】 傳貰權이 消滅한 때에는 傳貰權設定者는 傳貰權者로부터 그 目的物의 引渡 및 傳貰權設定登記의 抹消登記에 必要한 書類의 交付를 받는 同時에 傳貰金을 返還하여야 한다.

傳貰權消滅의 效果

1. 目的物引渡 등과 傳貰金返還의 同時履行 - 제317조

(1) 목적물인도, 전세권등기말소등기 필요 서류의 교부와 전세금반환의 동시이행관계: 전세권이 소멸한 때에는 전세권설정자는 전세권자로부터 그 목적물의 인도 및 전세권설정등기의 말소등기에 필요한 서류의 교부를 받는 동시에 전세금을 반환하여야 한다. 그러므로 전세권자가 그 목적물이나 말소등기에 필요한 서류를 제공하지 않는 경우 전세권설정자는 전세금의 반환을 거부할 수 있다.
(2) 동시이행의 항변으로 전세금의 반환을 거부한 경우의 부당이득 여부: 전세권자가 그 목적물을 인도하였다고 하더라도 전세권설정등기의 말소등기에 필요한 서류를 교부하거나 그 이행의 제공을 하지 아니하는 이상 전세권설정자는 전세금의 반환을 거부할 수 있고, 이 경우 다른 특별한 사정이 없는 한 그가 전세금에 대한 이자상당액의 이득을 법률상 원인 없이 얻는다고 볼 수 없다(대판 2002.2.5. 2001다62091).
(3) 전세금반환채권과 함께 전세권을 제3자에 양도 가능: 민법상의 전세권은 그 성질상 용익물권적 성격과 담보물권적 성격을 겸비한 것으로서, 전세권의 존속기간이 만료되면 전세권의 용익물권적 권능은 전세권설정등기의 말소 없이도 당연히 소멸하고 단지 전세금반환채권을 담보하는 담보물권적 권능의 범위 내에서 전세금의 반환시까지 그 전세권설정등기의 효력이 존속하고 있다 할 것인데, 이와 같이 존속기간의 경과로서 본래의 용익물권적 권능이 소멸하고 담보물권적 권능만 남은 전세권에 대해서도 그 피담보채권인 전세금반환채권과 함께 제3자에게 이를 양도할 수 있다 할 것이지만 이 경우에는 민법 제450조제2항 소정의 확정일자 있는 증서에 의한 채권양도절차를 거치지 않는 한 위 전세금반환채권의 압류·전부 채권자 등 제3자에게 위 전세보증금반환채권의 양도사실로써 대항할 수 없다(대판 2005.3.25. 2003다35659). * 전세권이 존속하는 동안은 전세권을 존속시키기로 하면서 전세금반환채권만을 전세권과 분리하여 확정적으로 양도하는 것은 허용되지 않는 것이며, 다만 전세권 존속 중에는 장래에 그 전세권이 소멸하는 경우에 전세금 반환채권이 발생하는 것을 조건으로 그 장래의 조건부 채권을 양도할 수 있을 뿐이라 할 것이다(대판 2002.8.23. 2001다69122).

2. 原狀回復義務와 附屬物 收去權 - 제316조제1항: 전세권 소멸시 전세권자는 그 목적물을 원상에 회복하여야 하고, 그 목적물에 부속시킨 물건을 수거할 수 있다. 그러나 전세권설정자가 그 부속물건의 매수를 청구한 때에는 전세권자는 정당한 이유 없이 거절하지 못한다.

3. 附屬物의 買受 - 제316조

(1) 전세권설정자의 부속물매수청구권-제1항 단서: 전세권이 소멸하면 전세권설정자는 언제든지 그 부속물건의 매수를 청구할 수 있다. 이 권리는 형성권이며, 행사하면 매매가 성립되나, 전세권자는 정당한 이유를 들어 이를 거절할 수 있다.

(2) 토지전세권자의 전세권설정자에 대한 공작물 매수청구권-제643조 유추적용: 토지임차인의 건물 기타 공작물의 매수청구권에 관한 민법 제643조의 규정은 성질상 토지의 전세권에도 유추적용되고, 그 매수청구권은 토지임차권 등이 건물 기타 공작물의 소유 등을 목적으로 한 것으로서 기간이 만료되어야 하고 건물 기타 지상시설이 현존하여야 한다(대판 2007.9.21. 2005다41740).

(3) 전세권자의 부속물매수청구권-제2항: 전세권자는 전세권설정자의 동의를 얻어 부속시켰거나 전세권설정자로부터 매수한 부속물에 대하여는 전세권설정자에게 그 부속물의 매수를 청구할 수 있다. 이 권리는 형성권이며, 행사하면 매매가 성립한다.

4. 抵當權이 設定된 傳貰權의 存續期間이 滿了된 경우 抵當權者의 傳貰金 返還 方法

(1) 압류, 추심명령, 전부명령: 저당권이 설정된 전세권의 존속기간이 만료된 경우에 저당권자는 민법 제370조, 제342조 및 민사집행법 제273조에 의하여 저당권의 목적물인 전세권에 갈음하여 존속하는 것으로 볼 수 있는 전세금반환채권에 대하여 압류 및 추심명령 또는 전부명령을 받는 등의 방법으로 권리를 행사하여 전세권설정자에 대해 전세금의 지급을 구할 수 있다(대판 1999.9.17. 98다31301), 이와 같이 전세권부 근저당권자가 우선권 있는 채권에 기하여 전부명령을 받은 경우에는 형식상 압류가 경합되었다 하더라도 그 전부명령은 유효하다(대판 2008.12.24. 2008다65396).

(2) 물상대위권 행사에 의한 우선변제: 저당목적물의 변형물인 금전 기타 물건에 대하여 일반채권자가 물상대위권을 행사하려는 저당채권자보다 단순히 먼저 압류나 가압류의 집행을 함에 지나지 않은 경우에는 저당권자는 그 전은 물론 그 후에도 목적채권에 대하여 물상대위권을 행사하여 일반채권자보다 우선변제를 받을 수가 있다(대판 1994.11.22. 94다25728).

第318條【傳貰權者의 競賣請求權】 傳貰權設定者가 傳貰金의 返還을 遲滯한 때에는 傳貰權者는 민사집행법의 定한 바에 依하여 傳貰權의 目的物의 競賣를 請求할 수 있다.〈改正 1997.12.13, 2001.12.29〉

傳貰權者의 競賣請求權과 優先辨濟權

1. 競賣請求權 - 제318조: 전세권설정자가 전세금의 반환을 지체한 경우에는 전세권자는 민사집행법이 정하는 바에 의하여 전세목적물에 대한 경매를 청구할 수 있다.

(1) 전세금의 반환지체: 전세권자인 채권자가 전세목적물에 대한 경매를 청구하려면 우선 전세권설정자에 대하여 전세목적물의 인도의무 및 전세권설정등기말소의무의 이행제공을 완료하여 전세권설정자를 이행지체에 빠뜨려야 한다(대판 1977.4.13. 77마90).

(2) 일부전세권자의 전부 경매청구권 여부-부정: 부동산의 일부에 대하여 전세권이 설정된 경우 전세권자는 목적부동산 전부에 대하여 경매를 청구할 수 없다. 즉 일부에 대하여 전세권이 설정되었다면 그 부분에 한하여 경매를 청구할 수 있으며 전세권의 객체가 구조상·이용상 독립성이 없어 분할할 수 없는 경우에도 전부를 경매청구할 수 없다(대판 2001.7.2. 2001마212).

2. 優先辨濟權 - 제303조 - 우선변제력: 전세권자는 부동산 전부로부터 후순위권리자 그 밖의 채권자보다 전세금의 우선변제를 받을 권리가 있다.

(1) 일부전세권자의 목적물 전부에 대한 우선변제력-긍정: 부동산 일부에 대한 전세권자도 당해 부동산 전부에 대한 경락대금으로부터 우선변제력이 있다(대판 2001.7.2. 2001마212).

(2) 전세권설정자의 일반재산에 먼저 배당 참가 가능 여부-부정: 전세권자가 우선변제권 등을 행사하지 않고 먼저 전세권설정자의 일반재산에 대하여 일반채권자로서 배당에 참여할 수 있는지 문제되나, 전세권의 담보물권적 성격을 고려하여 원칙적으로 인정되지 아니한다.

3. 優先辨濟 受領 後 不足分: 전세권자가 경매나 임의환가에 의하여 변제 받기는 하였으나 부족이 있는 경우, 그 변제받지 못한 나머지 부분에 대하여는 일반채권자로서 강제집행을 하거나 배당에 참가할 수 있다.

第319條【準用規定】 第213條, 第214條, 第216條 乃至 第244條의 規定은 傳貰權者間 또는 傳貰權者와 隣地所有者 및 地上權者間에 이를 準用한다.

不動産所有權 및 相隣關係 規定의 準用

1. 意義: 부동산전세권은 토지 또는 건물의 사용·수익을 목적으로 하는 권리이므로 전세권이 제3자로부터 침해를 받거나 인접 부동산의 사용자와의 관계에서는 기본적으로 부동산소유권자와 동일하다. 이에 소유권에 관한 규정 중 부동산소유권의 물권적 청구권과 상린관계에 관한 규정이 준용된다.

2. 所有權者의 物權的 請求權 規定 準用 – 제213조, 제214조: 전세목적물을 점유한 자에 대하여는 반환청구권(213조)이 있으며, 방해 또는 방해할 우려가 있는 자에 대하여는 방해제거청구권 및 방해예방청구권(214조)이 있다.

3. 相隣關係 規定 準用 – 제216조 내지 제244조: 전세권자에게도 인접하는 토지이용자와의 이용의 조절이 필요하므로 상린관계 규정이 준용된다. 인접하는 토지이용자에는 토지소유자, 토지 또는 건물의 전세권자, 지상권자 등이 있다.

第7章 留置權

1. 槪括: 유치권은 타인의 물건 또는 유가증권을 점유한 자가 그 물건이나 유가증권에 관하여 생긴 채권이 변제기에 있는 경우에 그 채권의 변제를 받을 때까지 그 물건 또는 유가증권을 유치할 수 있는 물권으로, 당해 물건에 관하여 생긴 채권을 가진 자에게 자기의 채권의 변제를 받기 전에 그 물건을 인도하게 하면 다른 일반채권자와 비교하여 볼 때 불공평하기 때문에 공평의 원칙을 실현하기 위한 제도이다.

2. 法的 性質

(1) 유지적 효력: 유치권은 단순한 인도거절권이 아니고 목적물을 적극적으로 유치할 수 있는 독립한 물권이다. 따라서 유치권자는 채무의 변제를 받을 때까지 목적물의 소유권이 누구에게 속하느냐와 상관없이 누구에 대해서도 그 권리를 행사할 수 있다.

(2) 법정담보물권: 유치권은 일정한 요건이 갖추어진 경우에 법에 의하여 당연히 성립하는 물권이다. 따라서 유치권이 부동산에 성립하는 경우에 등기를 요하지 않으며, 유가증권 위에 성립하는 때에도 배서는 필요하지 않다. 다만 이는 강행규정은 아니므로 유치권을 배제하는 약정을 하면 유치권은 성립하지 않는다. 또한 유치권은 담보물권의 통유성으로 부종성, 수반성, 불가분성을 가지나, 물상대위성은 없다.

3. 構成

(1) 유치권의 성립과 내용: 제320조, 제321조

(2) 유치권자의 권리, 의무: 제322조-제326조

(3) 유치권의 소멸: 제327조, 제328조

第320條【留置權의 內容】 ①他人의 物件 또는 有價證券을 占有한 者는 그 物件이나 有價證券에 關하여 생긴 債權이 辨濟期에 있는 境遇에는 辨濟를 받을 때까지 그 物件 또는 有價證券을 留置할 權利가 있다.
②前項의 規定은 그 占有가 不法行爲로 因한 境遇에 適用하지 아니한다.

第321條【留置權의 不可分性】 留置權者는 債權全部의 辨濟를 받을 때까지 留置物全部에 對하여 그 權利를 行使할 수 있다.

留置權의 成立과 內容 및 性質

1. 成立 - 제320조제1항

(1) 목적물

(가) 물건이나 유가증권: 유치권은 동산, 부동산, 유가증권이 그 목적물이 될 수 있다. 유치권은 법률상 당연히 성립하며, 점유를 그 요건으로 하므로 부동산이나 유가증권이 목적물인 경우에도 등기나 배서가 필요하지 않다.

(나) 타인소유의 물건만: 채무자 또는 제3자의 소유여야 하고, 유치권자 자신의 물건에는 유치권이 성립되지 아니한다.

① 수급인의 재료로 완성한 독립한 건물: 수급인의 재료와 노력으로 건축되었고 독립한 건물에 해당되는 기성부분은 수급인의 소유라 할 것이므로 수급인은 공사대금을 지급받을 때까지 이에 대하여 유치권을 가질 수 없다(대판 1993.3.26. 91다14116).

② 가등기에 기한 본등기에 의해 소유권을 상실당한 중간취득자: 가등기된 부동산의 취득자가 그 부동산에 비용을 지출한 후, 가등기에 의한 본등기에 의해 자신의 등기를 직권말소 당하여 소유권을 상실한 경우에 결과적으로 타인의 물건에 대하여 그 점유기간 내에 비용을 투입한 것이 되어 비용상환청구권에 대한 유치권이 성립한다(대판 1976.10.26. 76다2079).

(다) 목적물의 일부-한정 긍정: 당해 부분이 거래상 다른 부분과 분리될 수 있으면 목적물의 일부에 대하여도 유치권이 성립한다(대판 1968.3.5. 67다2786).

(2) 피담보채권과 목적물의 견련성: 유치권은 피담보채권이 〈그 물건이나 유가증권에 관하여 생긴 것〉 즉 양자간에 견령성이 있어야 하는데, 구체적으로는 채권이 목적물 자체로부터 발생한 경우와 채권이 목적물의 반환청구권과 동일한 법률관계 또는 동일한 사실관계로부터 발생한 경우여야 한다.

(가) 인정된 예

① 임차인의 비용상환청구권: 건물임차인이 건물에 관한 유익비상환청구권에 터잡아 취득하게 되는 유치권은 임차건물의 유지, 사용에 필요한 범위 내에서 임차대지 부분에도 그 효력이 미친다(대판 1980.10.14. 79다1170). 임대차에서 건물의 임차인이 임대차관계 종료시에는 건물을 원상으로 복구하여 임대인에게 명도하기로 약정한 것은 건물에 지출한 각종 유익비 또는 필요비의 상환청구권을 미리 포기하기로 한 취지의 특약이라고 볼 수 있어 임차인은 유치권 주장을 할 수 없다(대판 1975.4.22. 73다2010).

② 전세권자의 유익비반환청구권: 기초공사, 벽체공사, 옥상스라브공사만이 완공된 건물에 전세금을 지급하고 입주한 후 소유자와 간에 위 건물을 매수하기로 합의하여 자기 자금으로 미완성 부분을 완성한 자는 위 건물에 들인 금액 상당의 변제를 받을 때까지 위 건물의 제3취득자에 대하여 유치권을 행사할 수 있다(대판 1967.11.28 66다2111).

③ 수급인의 공사대금채권: 건물의 신축공사를 한 수급인이 그 건물을 점유하고 있고 또 그 건물에 관하여 생긴 공사금채권이 있다면, 수급인은 그 채권을 변제받을 때까지 건물을 유치할 권리가 있다(대판 1995.9.15. 95다16202, 16219). 그러나 유치권은 타물권으로 수급인의 재료와 노력으로 건축되었고 독립한 건물에 해당되는 기성부분은 수급인의 소유라 할 것이므로 수급인은 공사대금을 지급받을 때까지 이에 대하여 유치권을 가질 수 없다(대판 1993.3.26. 91다14116).

④ 수치인이 임치물의 성질 또는 하자로 인하여 생긴 손해배상채권: 임치물의 성질 또는 하자로 인하여 생긴 손해배상채권을 위해서 수치인은 그 임치물에 대하여 유치권을 취득한다.

⑤ 타인의 동물의 행위로 인하여 발생한 손해배상청구권: 타인의 말이 농작물을 해친 손해배상청구권과 이를 위해 당해 말을 유치하면서 지출한 사육비에 대해서 유치권의 성립을 긍정한다

(대판 1969.11.25. 69다1592).
⑥ 채무불이행에 의한 손해배상청구권: 채무불이행에 의한 손해배상채권은 원채권의 연장이라 보아야 할 것이므로 물건과 원채권과 사이에 견련관계가 있는 경우에는 그 손해배상채권과 그 물건과의 사이에도 견련관계가 있다할 것으로서 손해배상채권에 관하여 유치권항변을 내세울 수 있다(대판 1976.9.28. 76다582).
(나) 부정된 예
① 임차인의 임차보증금반환청구권: 임차인의 보증금반환채권은 임차목적물에 대하여 임차인의 유치권이 성립하는 것이 아니라, 임차인은 동시이행의 항변권이 있다(대판 1977.9.28. 77다1241, 1242).
② 임차인의 대차계약서 상의 손해배상채권: 임대인이 건물시설을 해주지 않음으로 인해 임차인이 건물을 임차목적대로 사용 못한 것을 이유로 하는 손해배상청구권은 그 건물에 관하여 생긴 채권이 아니므로 유치권이 성립하지 아니한다(대판 1976.5.11. 75다1305).
③ 약정에 의한 임차인의 권리금반환채권: 임대차에서 권리금 반환약정을 한 경우에도 권리금 반환청구채권이 당해 임차물에 관하여 생긴 채권이 아니므로 임차물에 대한 유치권은 성립하지 아니한다(대판 1994.10.14. 93다62119).
④ 2중매매 또는 타인의 물건의 매매로 인한 손해배상청구권: 2중매매로 인하여 제1매수인이 매도인에 대하여 가지게 되는 손해배상청구권은 계약상의 인도채무불이행으로 인한 것으로 그 물건에 관하여 생긴 채권이라 할 수 없어, 유치권이 성립되지 아니한다.
⑤ 임대차에서 권리금반환채권: 임대인과 임차인 사이에 건물명도시 권리금을 반환하기로 하는 약정이 있었다 하더라도 그와 같은 권리금반환청구권은 건물에 관하여 생긴 채권이라 할 수 없으므로 그와 같은 채권을 가지고 건물에 대한 유치권을 행사할 수 없다(대판 1994.10.14. 93다62119).
⑥ 부동산의 명의신탁자의 명의수탁자에 대한 부당이득반환채권과 당해 부동산: 부동산의 명의신탁약정에 의한 명의신탁자는 애초부터 당해 부동산의 소유권을 취득할 수 없고, 다만 그가 명의수탁자에게 제공한 부동산 매수자금이 무효의 명의신탁약정에 의한 법률상 원인 없는 것이 되는 관계로 명의수탁자에 대하여 동액 상당의 부당이득반환청구권을 가질 수 있을 뿐인바(대판 2005.1.28. 2002다66922), 명의신탁자의 이와 같은 부당이득반환청구권은 부동산 자체로부터 발생한 채권이 아닐 뿐만 아니라 소유권 등에 기한 부동산의 반환청구권과 동일한 법률관계나 사실관계로부터 발생한 채권이라고 보기도 어려우므로, 결국 민법 제320조제1항에서 정한 유치권 성립요건으로서의 목적물과 채권 사이의 견련관계를 인정할 수 없다(대판 2009.3.26. 2008다34828).
(3) 피담보채권과 점유의 견련관계: 채권과 물건 사이에는 견련관계가 필요하나, 채권과 물건의 점유 사이에는 견련관계를 요하지 않는다. 즉 유치권자의 점유 중에 발생한 채권에 한정되지 않으므로 유치권자가 유치물을 점유하기 전에 발생된 채권이라도 그 후 그 물건(건물)의 점유를 취득했다면 유치권은 성립한다. 또한 유치권자가 점유를 상실하였다가 다시 점유를 하게 되면 그때부터 다시 유치권이 성립한다(대판 1965.3.30. 64다1977).
(4) 점유
(가) 점유: 유치권자가 당해 물건을 점유하여야 한다.
① 간접점유: 간접점유를 하더라도 유치권 행사가 가능하다(대판 1996.12.23. 95다25770). 다만 유치권은 목적물을 유치함으로써 채무자의 변제를 간접적으로 강제하는 것을 본체적 효력으로 하는 권리인 점 등에 비추어, 그 직접점유자가 채무자인 경우에는 유치권의 요건으로서의 점유에 해당하지 않는다(대판 2008.4.11. 2007다27236).
② 점유의 일시 상실 후 회복-성립: 물건에 관련한 채권을 가진 자가 후에 그 물건을 점유하기에 이른 경우(대판 1965.3.30. 64다1977), 또는 유치권자가 일시 물건의 점유를 상실하였다가 후에 다시 동일 물건을 점유하게 된 경우에는 각각 그 채권을 위하여 유치권을 취득할 수 있다.
③ 점유상실한 유치권자의 유치권을 점유승계인이 대위주장 가능 여부: 유치권자가 점유이전을 함으로써 점유를 상실한 경우 점유승계인의 유치권대위주장은 허용되지 않는다. 예컨대 비록 건물에 대한 점유를 승계한 사실이 있다 하더라도 전점유자를 대위하여 유치권을 주장할 수는 없

는 것인데, 왜냐하면 피대위자(본래의 유치권자)가 그 점유를 상실하면서 곧 유치권을 상실한 것이기 때문이다(대판 1972.5.30. 72다548).

(나) 적법한 점유-제2항: 적법한 점유여야 한다.

① 처음부터 불법점유자-부정: 불법점유자는 그 물건에 관하여 필요비 또는 유익비를 지출한 사실이 있다 하여도 이에 대한 유치권은 성립되지 아니한다(대판 1989.2.14. 87다카3073). 점유할 권원이 없음을 알았거나 이를 알지 못한 데 중대한 과실이 있어도 유치권은 성립하지 아니한다(대판 1966.6.7. 66다600.601).

② 도중에 권원이 없어진 경우-임대차계약 종료 후의 계속 사용-부정: 처음에는 적법점유이더라도 비용지출 당시 점유할 권원이 없어진 상태에서도 유치권은 인정되지 아니한다. 따라서 건물임차인이 임대차계약이 해제·해지된 후에도 계속 건물을 점유하여 필요비나 유익비를 지출하여도, 그 상환청구권에 관하여 유치권은 성립하지 않는다.

③ 매도인의 매도 후 점유-부정: 매도인이 매수인에게 명도하기로 한 날이 지난 후에 하는 점유는 점유할 권원을 상실한 불법점유이므로 그 이후에 지출한 수리비 등에 대하여는 유치권을 행사할 수 없다(대판 1967.1.24 66다2144).

④ 강행법규 위반의 경우-긍정: 광업법에 위반하여 덕대계약을 체결하여 인도받은 후 비용을 투입한 경우 이는 강행규정 위반이지만 불법점유는 아니다. * 광업법에 위배되는 덕대계약으로 광업권자로부터 광산을 인도받아 광산개발을 위하여 유익비를 지출한 경과에는, 비록 무효한 계약에 원유되기는 하였으나 광산점유가 불법행위로 인한 것이라 할 수 없고, 또 점유자의 비용지출도 위법한 덕대계약에 원유한 것이기는 하나 덕대계약 자체나 비용지출이 윤리적으로 비난할 수 있는 것이 아니어서 불법원인급여라고 할 수 없는 것이므로, 유익비의 상환을 받을 때까지 갑의 광산인도청구에 대하여 유치권을 행사할 수 있는 것이다(대판1963.10.31 63다466).

⑤ 장물임을 모르고 한 수치인-긍정: 수치인의 점유는 불법점유가 아니어서 유치권이 성립된다. * 매수인이 피해자로부터 물건을 매수함에 있어 사기행위로써 취득하였다 하더라도 피해자가 매수인에게 사기로 인한 매매의 의사표시를 취소한 여부가 분명하지 않고, 위 매수인으로부터 위탁을 받은 갑이 위 물건을 인도받아 재항고인의 창고에 임치하여 재항고인이 보관하게 되었고 달리 재항고인이 위 물건이 장물이라는 사정을 알았다고 확단할 자료가 없다면, 재항고인은 정당한 점유자라 할 것이고 이를 보관시킨 매수인에 대해서는 임치료청구권이 있고 그 채권에 의하여 위 물건에 대한 유치권이 있다(대판 1984.7.16. 84모38).

⑥ 계약에 의한 점유가 제3자와의 관계에서 불법점유가 되는 경우-부정: 불법토지점유자로부터 건물공사도급계약을 한 수급인은 도급인에 대한 관계에서만 건물에 대해 적법점유일 뿐, 건물의 존재와 토지점유가 토지소유자에게 불법행위가 된다면 토지소유자에 대한 관계에서는 불법점유이므로 토지소유자에게는 유치권으로 대항할 수 없다(대판 1989.2.14. 87다3073).

(5) 채권의 변제기의 도래: 유치권이 성립하기 위해서는 피담보채권의 변제기가 도래해야 한다.

2. 留置權排除 特約 - 有效: 유치권에 관한 규정은 강행규정은 아니므로 유치권의 발생을 배제하는 특약은 유효하며, 따라서 그러한 특약이 없어야 유치권이 성립한다.

3. 內容 - 留置的 效力 - 제320조: 채권의 전부를 변제받을 때까지 목적물을 유치할 수 있다.

4. 性質: 유치권은 담보물권의 통유성으로 부종성, 수반성이 있다. 그 밖에 불가분성과 물상대위성은 유치권의 본질인 유칙적 효력과 관련하여 특수한 점이 있다.

(1) 불가분성-제321조: 유치권은 채권의 전부를 변제받을 때까지 당해 물건의 전부에 (유치)효력이 지속한다. 그리고 유치물은 그 각 부분으로써 피담보채권의 전부를 담보하며, 이와 같은 유치권의 불가분성은 그 목적물이 분할 가능하거나 수개의 물건인 경우에도 그대로 적용된다(대판 2007.9.7. 2005다16942).

(2) 물상대위성-없음: 유치권의 본질이 당해 물건에 대한 유치적 효력이므로 당해 물건이 소멸하면 유치구권은 소멸하고, 소멸됨으로 인하여 발생한 대상에 대하여는 어떠한 권리(물상대위권)도 발생하지 않는다.

5. 運送人의 留置權制限에 관한 商法 第147條, 第120條의 規定趣旨: 상법 제147조, 제120조 소정의

운송인의 유치권에 관한 규정의 취지는, 운송실행에 의하여 생긴 운송인의 채권을 유치권행사를 통해 확보하도록 하는 동시에 송하인과 수하인이 반드시 동일인은 아니므로 수하인이 수령할 운송물과 관계가 없는 운송물에 관하여 생긴 채권 기타 송하인에 대한 그 운송물과는 관계가 없는 채권을 담보하기 위하여 그 운송물이 유치됨으로써 수하인이 뜻밖의 손해를 입지 않도록 하기 위하여 피담보채권의 범위를 제한한 것이다(대판 1993.3.12. 92다32906).

第322條【競賣, 簡易辨濟充當】 ①留置權者는 債權의 辨濟를 받기 爲하여 留置物을 競賣할 수 있다.
②正當한 理由 있는 때에는 留置權者는 鑑定人의 評價에 依하여 留置物로 直接辨濟에 充當할 것을 法院에 請求할 수 있다. 이 境遇에는 留置權者는 미리 債務者에게 通知하여야 한다.

第323條【果實收取權】 ①留置權者는 留置物의 果實을 收取하여 다른 債權보다 먼저 그 債權의 辨濟에 充當할 수 있다. 그러나 果實이 金錢이 아닌 때에는 競賣하여야 한다.
②果實은 먼저 債權의 利子에 充當하고 그 剩餘가 있으면 元本에 充當한다.

第324條【留置權者의 善管義務】 ①留置權者는 善良한 管理者의 注意로 留置物을 占有하여야 한다.
②留置權者는 債務者의 承諾없이 留置物의 使用, 貸與 또는 擔保提供을 하지 못한다. 그러나 留置物의 保存에 必要한 使用은 그러하지 아니하다.
③留置權者가 前2項의 規定에 違反한 때에는 債務者는 留置權의 消滅을 請求할 수 있다.

第325條【留置權者의 償還請求權】 ①留置權者가 留置物에 關하여 必要費를 支出한 때에는 所有者에게 그 償還을 請求할 수 있다.
②留置權者가 留置物에 關하여 有益費를 支出한 때에는 그 價額의 增加가 現存한 境遇에 限하여 所有者의 選擇에 좇아 그 支出한 金額이나 增加額의 償還을 請求할 수 있다. 그러나 法院은 所有者의 請求에 依하여 相當한 償還期間을 許與할 수 있다.

留置權者의 權利와 義務

1. 留置할 權利

(1) 목적물을 유치할 권리-제320조, 제321조: 유치권자는 채권 전액을 변제받을 때까지 목적물을 유치할 수 있다.
(가) 상대방: 유치권은 물권이기 때문에 채무자뿐만 아니라 모든 사람에 대하여 효력이 있으므로 목적물의 양수인은 물론 강제집행에 의한 매수인(경락인)에 대해서도 채권의 변제가 있을 때까지 인도를 거절할 수 있다. 즉 일반채권자에 의한 강제집행에서 동산 또는 유가증권의 유치권자는 집행관에 대하여 목적물의 인도를 거절할 수 있고(민집법 191조), 그럼에도 집행관이 경매를 하는 때에는 유치권자는 제3자 이의의 소를 제기하여 이를 막을 수 있다(민집법 48조). 또한 유치권자가 집행관에게 물건을 인도하더라도 유치권자는 집행관의 직접점유를 매개로 하여 간접점유하고 있는 것으로 보아 유치권은 소멸하지 않는다.
(나) 소송상의 행사
① 상환급부판결: 소송상에서 유치권자가 유치권을 행사하면 상환이행판결(일부승소판결)이 된

다. 다만 채무자가 아니라 경매의 매수인(경락인)이 유치물의 반환을 청구하는 때에는 인도청구를 기각(원고패소판결)하여야 한다.

② 점유가 아닌 등기말소만을 구하는 경우: 소유자가 유치권자 명의로 경료된 소유권이전등기의 말소만을 구하고 그 반환을 청구하는 것이 아닌 경우에 유치권을 주장하여 거절 할 수 없다(대판 1976.3.23. 76다172).

(2) 목적물이 경매된 경우

(가) 원칙: 유치권의 목적물이 경매가 된 경우 유치권자는 경매절차의 매수인에게도 유치권행사가 가능하다. 이 경우 경락인은 소유자에 대해 담보책임(575조, 578조)을 물을 수 있을 뿐이다.

(나) 경매예고 등기된 이후의 유치권자-대항 불가: 강제경매개시결정의 기입등기가 경료되어 압류의 효력이 발생한 후에 점유이전을 받아 유치권을 취득한 경우에는 그 유치권자는 경매개시결정의 등기가 되어 있다는 사실을 과실 없이 알지 못하였더라도 유치권으로 경매절차의 매수인에게 대항할 수 없다(대판 2006.8.25. 2006다22050).

(다) 경매의 경락인에게 변제청구 가능 여부: 경락인은 유치권자에게 유치권으로 담보하는 채권을 변제할 책임이 있다(민집법 91조5항). 그러나 동조의 경락인은 유치권자에게 그 유치권으로 담보하는 채권을 변제할 책임이 있다는 의미는 부동산상의 부담을 승계한다는 취지로서 인적 채무까지 인수한다는 취지는 아니므로, 유치권자는 경락인에 대하여 그 피담보채권의 변제를 청구할 수는 없다(대판 1996.8.23. 95다8713).

(라) 저당권자의 유치권부 존재확인청구: 유치권자는 경락인에 대하여 그 피담보채권의 변제를 청구할 수는 없다 할 것이지만 여전히 자신의 피담보채권이 변제될 때까지 유치목적물인 부동산의 인도를 거절할 수 있어 부동산 경매절차의 입찰인들은 낙찰 후 유치권자로부터 경매목적물을 쉽게 인도 받을 수 없다는 점을 고려하여 입찰을 하게 되고 그에 따라 경매목적 부동산이 그만큼 낮은 가격에 낙찰될 우려가 있다고 할 것인바, 이와 같은 저가낙찰로 인해 배당액이 줄어들 위험은 경매절차에서 근저당권자의 법률상 지위를 불안정하게 하는 것이므로 이를 제거하는 것은 단순한 사실상, 경제상의 이익으로 볼 수 없고 확인을 구할 법률상의 이익이 있다(대판 2004.9.23. 2004다3284).

(마) 경매로 인한 압류 효력 발생 전의 유치권취득-대항: 유치권 취득시기가 근저당권설정 후라거나 유치권 취득 전에 설정된 근저당권에 기하여 경매절차가 개시되었다하더라도, 경매로 인한 압류의 효력이 발생하기 전에 유치권을 취득한 경우에는 유치권의 효력이 있다(대판 2009.1.15. 2008다70763).

2. 競賣請求權, 簡易辨濟充當權 - 제322조

(1) 경매청구권-제1항: 유치권자는 그 채권의 변제를 받기 위하여 목적물을 현금화할 수 있으며 그 방법은 법원에 경매를 청구하여 법원의 경매에 의하는 것이 원칙이다. 경매는 민사집행법이 정하는 절차에 의한다(274조).

(2) 간이변제충당권-제2항: 유치권자는 정당한 이유가 있는 때에는 감정인의 평가에 의하여 유치물로 직접 변제에 충당할 것을 법원에 청구할 수 있다.

(가) 요건

① 정당한 이유: 목적물의 가액이 소액으로 경매비용이 많이 든다거나, 경매에 의하여는 정당한 가격이 형성되기 어렵다거나 등의 정당한 이유가 있어야 한다. 유치물의 처분에 관하여 이해관계를 달리하는 다수의 권리자가 존재하거나 유치물의 공정한 가격을 쉽게 알 수 없는 경우 등은 간이변제충당을 허가할 정당한 이유가 아니다(대판 2000.10.30. 2000마4002).

② 채무자에게 통지: 간이변제충당을 하기 위해서 유치권자는 미리 채무자에게 이를 통지하여야 한다.

③ 법원의 허부 결정: 법원에 그 사유를 들어 간이변제충당할 것을 청구하여야 한다. 법원은 그 허부를 결정한다.

(나) 효과

① 목적물의 소유권 취득: 간이변제충당을 허가하는 법원의 결정이 있으면 유치권자는 유치물의 소유권을 취득한다. 그 취득은 승계취득이지만 법률의 규정에 의한 것이기 때문에, 유치물이 부

동산이라도 등기가 필요하지 않다.
② 채권의 소멸: 유치권자는 소유권 취득과 동시에 평가액의 한도에서 변제를 받는 것으로 되어 채권은 소멸한다.
③ 평가액의 과부족: 평가액이 채권액을 초과하는 때에는 유치권자는 초과액을 소유자에게 반환하여야 한다. 부족한 금액에 대하여는 일반채권자로서 권리를 행사할 수 있다.
(다) 유치권자의 우선변제권 인정여부: 유치권자는 경매권(환가를 위한 경매)은 있으나, 경매대금으로부터 우선변제를 받을 수 있는 권리는 원칙적으로 없다. 그러나 간이변제충당, 유치권자가 수취한 과실, 파산시의 별제권으로 우선변제의 효과가 생긴다.

3. 果實收取權 - 제323조: 유치권자는 유치물의 과실을 수취하여 다른 채권보다 먼저 그의 채권의 변제에 충당할 수 있다(1항 본문).
(1) 과실: 과실에는 천연과실뿐만 아니라 법정과실도 포함한다. 법정과실은 예컨대 목적물이 임대된 경우에 그 임대료 등이다.
(나) 채무에 충당: 과실은 먼저 채권의 이자에 충당하고 나머지가 있으면 원본에 충당한다(2항).
(다) 과실이 물건인 경우: 과실이 금전이 아닌 때에는 그것을 경매하여야 하나(1항 단서, 민집법 274조1항), 간이변제충당이 인정되는 점에 비추어 당사자의 합의에 의하여 평가할 수도 있고, 경매로 지체할 경우 손해가 생길 염려가 있는 때에는 유치권자가 스스로 매각할 수 있다고 본다.

4. 留置物의 使用 - 제324조제2항: 유치권자는 원칙적으로 유치물을 사용·수익할 수 없으나, 채무자(소유자)의 승낙을 받거나 유치물의 보존에 필요한 범위 내에서는 채무자의 승낙없이도 유치물을 사용할 수 있다.
(1) 승낙에 의한 사용, 대여, 담보제공: 유치권자는 소유자의 승낙을 얻어 유치물을 사용, 대여, 담보제공할 수 있다.
(2) 보전에 필요한 사용: 보전에 필요한 사용은 소유자의 승낙 없이 사용할 수 있다.
(가) 불법점유가 아님-유치권자가 유치물에 대한 보존행위로서 목적물을 사용하는 것은 적법행위이므로 불법점유로 인한 손해배상책임이 없다(대판 1972.1.31. 71다2414).
(나) 부당이득은 성립: 유치권자가 유치물에 대한 보존 행위로써 목적물을 사용하는 것은 적법행위로써 불법점유가 되지 아니하나, 사용으로 인하여 얻은 실질적 이익은 이로 인하여 원고에게 손해를 끼치는 한에 있어서 부당이득으로서 원고에게 상환할 의무가 있다(대판 1972.1.31. 71다2414). 동일하게, 유익비상환청구권에 의한 유치권을 행사하여 종전과 같이 요식업을 경영하면서 가옥을 사용 수익하였다면 그 가옥의 종전 임료에 상당하는 금액을 부당이득한 것으로 볼 수 있다(대판 1963.7.11. 63다235).

5. 費用償還請求權 - 제325조: 유치물에 관하여 필요비 또는 유익비를 지출한 때에는 유치권자는 소유자에게 그 상환을 청구할 수 있다. 유익비는 현존한 가액이 있어야 한다.
(1) 상대방-제1항: 상환청구권자는 유치권자인데, 상환의무자는 채무자가 아니라 소유자로 규정되어 있다. 그러나 소유자가 아닌 채무자도 유치권자의 비용지출에 의하여 이익을 얻을 수가 있으므로 채무자도 비용상환의무자가 될 수 있다.
(2) 효과: 비용상환청구권을 위하여 다시 유치권을 취득한다(대판 1972.1.31. 71다2414). 다만 유익비에 대해서는 법원은 소유자의 청구에 의하여 상당한 상환기간을 허여할 수 있고(2항), 그렇게 되면 유익비상환청구권을 위한 유치권은 인정되지 않는다.

6. 留置權者의 義務 - 제324조
(1) 선관주의의무-제1항: 유치권자는 선량한 관리자의 주의로 유치물을 점유하여야 한다.
(2) 사용금지-제2항: 유치권자는 채무자의 승낙 없이 유치물을 사용, 대여 또는 담보제공을 하지 못한다. 채무자가 그 물건의 소유자가 아닌 때에는 소유자의 승낙을 받아야 한다. 소유자의 동의 없이 유치권자로부터 임차를 받은 자는 적법한 임차권을 취득하지 못하므로 그 임차인은 소유자에게 대항하지 못하며 따라서 목적물이 경매되면 경락인에게도 대항하지 못한다(대판 2002.11.27. 2002마3516).

(3) 의무위반의 효과-제3항: 유치권자가 이러한 의무를 위반하면 소유자는 유치권의 소멸을 청구할 수 있다. 소멸청구권은 형성권으로 소멸청구에 의해 유치권은 당연히 소멸한다.

第326條【被擔保債權의 消滅時效】 留置權의 行使는 債權의 消滅時效의 進行에 影響을 미치지 아니한다.

第327條【他擔保提供과 留置權消滅】 債務者는 相當한 擔保를 提供하고 留置權의 消滅을 請求할 수 있다.

第328條【占有喪失과 留置權消滅】 留置權은 占有의 喪失로 因하여 消滅한다.

留置權의 消滅

1. 一般的 消滅事由

(1) 물권의 일반적 소멸사유: 물권의 일반적 소멸사유인 목적물의 멸실, 공용수용, 몰수, 첨부, 포기, 혼동에 의하여 소멸한다.
(2) 피담보채권의 소멸: 피담보채권의 소멸로 유치권은 소멸한다.
(3) 유치권의 행사로 점유와 피담보채권의 소멸시효 진행-중단 없음-제326조: 피담보채권은 유치권이 그대로 유지되더라도 소멸시효는 진행된다. 피담보채권의 소멸시효를 중단시키기 위해서는 유치권의 행사로 점유하는 것으로는 중단되지 못하고, 별도로 소멸시효의 중단사유에 해당하는 행위가 있어야 한다.

2. 留置權 自體의 消滅事由

(1) 의무위반에 의한 소멸청구-제324조: 유치권자가 유치물에 대한 선관의무를 위반하면 소유자는 유치권의 소멸을 청구할 수 있다. 소멸청구권은 형성권으로 소멸청구에 의해 유치권은 당연히 소멸한다.
(2) 타담보제공-제327조: 채무자는 상당한 다른 담보를 제공한 후 유치권 소멸을 청구할 수 있다.
(가) 소멸청구권자: 본조에 채무자라고 되어 있으나, 유치물에 이해관계를 가지는 소유자도 청구할 수 있다.
(나) 상당한 타담보 제공: 상당한 다른 담보를 제공하여야 한다. 제공하는 담보가 상당한가의 여부는 그 담보의 가치가 채권의 담보로서 상당한가, 태양에 있어 유치물에 의하였던 담보력을 저하시키지는 아니한가 하는 점을 종합하여 판단하여야 할 것인바, 유치물의 가격이 채권액에 비하여 과다한 경우에는 채권액 상당의 가치가 있는 담보를 제공하면 족하다고 할 것이다(대판 2001.12.11. 2001다59866).
(3) 점유 상실-제328조: 유치권은 목적물에 대한 점유를 본체로 하므로 유치물에 대한 점유의 상실로 유치권은 소멸한다.

第8章 質 權

1. 概括: 질권은 질권자가 질권설정자로부터 채권의 담보를 위하여 질권의 목적물을 인도받아 점유하고, 채무의 변제가 없는 때에는 그 질물로부터 우선적으로 변제를 받을 수 있는 질권자와 질권설정자 간의 약정에 의해 성립되는 약정담보물권이다(예외적으로 법률규정에 의해 발생하는 법정질권도 있다). 질권에는 동산을 피담보채권의 목적물로 하는 동산질권과 재산권을 목적물로 하는 권리질권이 있다.

2. 特性

(1) 담보물권으로서의 특성: 질권은 담보물권이라는 점에서 담보물권의 공통적인 성질인 우선변제력, 부종성, 수반성, 불가분성, 물상대위성을 가진다.

(2) 질물의 양도성: 질권은 동산질권·권리질권를 막론하고 양도할 수 있는 동산과 권리에 대하여서만 설정할 수 있다. 그러므로 설정자(채무자 또는 물상보증인)가 그 목적물을 인도하지 않고 자신의 점유하에 두어 채무의 변제가 용이하도록 사용·수익하여 금융을 얻는 수단으로 이용되는 부동산 등의 목적물의 인도를 요하지 않은 경우에는 질권을 설정할 수 없다. 그러므로 질권은 주로 서민의 일상용품 등을 담보로 하여 소액금융을 차용하는 데 주로 이용되고, 동산질로 소액의 서민 금융을 업으로 하는 것이 전당포이며, 은행은 권리질에 의한 채권증서나 주권을 담보로 대출을 하기도 한다.

(3) 질권의 실행: 질권자는 질물을 유치할 권리(유치적 효력)와 채무자가 기한 내에 변제하지 않을 때에는 질물로부터 우선변제를 받을 권리(우선변제력)를 동시에 가지므로, 우선변제를 받으려면 원칙적으로 경매에 의하여야 하나 제338조의 규정에 따라, 감정인의 평가에 따라 간이변제충당을 할 수도 있다. 변제기 전의 계약으로 변제에 갈음하여 질물의 소유권을 질권자에게 취득하게 하거나, 법률에 정한 방법에 의하지 아니하고 질물을 처분할 것을 약정하는 유질계약은 금지 되지만(339조), 변제기 후 또는 상행위로 생긴 채무를 담보하는 질권 및 전당포 영업에서는 유질이 허용된다.

3. 被擔保債權의 範圍: 질권의 피담보채권은 일반적으로 금전소비대차에 의한 금전채권이지만, 질권이 질물의 교환가치로부터 우선변제를 받는 것을 목적으로 하는 것이므로 질권실행시 금전으로 환가할 수 있는 채권이면 피담보채권으로 할 수 있다. 피담보채권의 범위는 원본·이자·위약금·질권실행의 비용·질물보존의 비용 및 채무불이행 또는 질물의 하자로 인한 손해배상을 포함한다. 질권자는 원칙적으로 질물로부터 변제를 받아야 하며, 질물로부터 변제를 받지 못한 부분의 채권에 한하여 채무자의 다른 재산으로부터 변제를 받을 수 있다. 다만 질물보다 먼저 다른 재산에 관한 배당을 실시할 때에는 그러하지 아니하다(334조, 340조).

4. 質權의 善意取得: 질권설정자는 질물의 소유자 또는 처분권자여야 하는데, 질권설정자에게 처분권이 없는 경우 질권자는 유효하게 질권을 취득할 수 있는지가 문제된다. 질권에 있어서 동산의 선의취득과 같이 채권자가 계약 또는 법률의 규정 등의 원인으로 선의취득의 요건을 갖춘 경우에는 질권의 선의취득이 인정된다(249조, 343조).

5. 動産質權 侵害의 救濟: 질권은 질물의 점유를 수반하므로 동산질권은 질물을 점유할 수 있는 물권적 권리이다. 그러므로 동산질권에 대한 침해가 있는 경우에는 점유보호청구권을 행사할 수 있고, 동산질물의 훼손 등으로 교환가치가 하락하여 채권의 만족을 얻을 수 없는 경우에는 손해배상을 청구할 수 있다. 질물을 훼손하여 교환가치의 하락으로 인한 피담보채무의 변제에 부족이 생길 경우에는 질권설정자는 기한의 이익을 상실하므로 질권자는 즉시변제이행을 청구할 수 있고, 잔존물이 있으면 질권을 실행하고 동시에 손해배상을 청구할 수 있다.

6. 質權의 消滅: 물권의 공통적인 소멸사유인 목적물의 멸실·몰수·첨부·취득시효·포기·혼동, 담보물권의 공통소멸사유인 피담보채권의 소멸, 질권의 실행, 질권에 우선하는 다른 채권자의 경매, 동산질권 특유의 소멸사유인 질권자가 질물을 질권설정자에게 반환하는 경우, 동산질권자의 의무위반에 대한 질권설정자의 소멸청구에 의해 소멸한다.

7. 構成

(1) 동산질권의 내용, 효력: 제329조-제335조
(2) 동산질권자의 전질: 제336조, 제337조
(3) 동산질권자의 경매, 간이변제충당: 제338조
(4) 질권자의 질권실행: 제339조-제340조
(5) 물상보증인의 구상권: 제341조
(6) 물상대위: 제342조
(7) 선의취득, 유치권 규정 준용: 제343조
(8) 다른 법률에 의한 질권: 제344조
(9) 권리질권의 내용, 효력: 제345조-제352조
(10) 권리질권자의 채권실행: 제353조

第1節 動産質權

1. 意義: 동산질권은 채권을 담보하기 위하여 동산을 채권자에게 인도하여 질권자가 채권의 만족을 얻을 때까지 당해 동산을 유치하고, 당해 동산으로부터 우선변제를 받을 수 있는 가장 전형적인 질권이다.

2. 構成

(1) 동산질권의 성립과 내용: 제329조-제332조
(2) 동산질권의 효력: 제333조-제335조
(3) 전질: 제336조, 제337조
(4) 동산질권의 실행: 제338조-제340조
(5) 물상보증인: 제341조
(6) 물상대위; 제342조
(7) 준용규정: 제343조

第329條【動産質權의 內容】 動産質權者는 債權의 擔保로 債務者 또는 第三者가 提供한 動産을 占有하고 그 動産에 對하여 다른 債權者보다 自己債權의 優先辨濟를 받을 權利가 있다.

第330條【設定契約의 要物性】 質權의 設定은 質權者에게 目的物을 引渡함으로써 그 效力이 생긴다.

第331條【質權의 目的物】 質權은 讓渡할 수 없는 物件을 目的으로 하지 못한다.

第332條【設定者에 依한 代理占有의 禁止】 質權者는 設定者로 하여금 質物의 占有를 하게 하지 못한다.

動産質權의 成立과 基本的 內容

1. 動産質權의 成立

(1) 설정계약

(가) 당사자: 계약의 당사자는 질권자와 질권설정자이다. 질권자는 피담보채권자에 한하나, 질권설정자는 채무자인 경우가 일반적이나 채무자를 위하여 제3자(물상보증인)가 자기의 물건으로 질권을 설정하는 것도 가능하다.

(나) 타인의 동산-처분권자도 가능: 질권의 설정자는 원칙적으로 질물의 소유자이나, 소유자가 아닌 질물에 대한 처분권이 있는 자도 질권을 설정할 수 있다.

(다) 타인동산의 무단 설정-선의취득: 처분권도 없는 자가 타인의 물건으로 질권을 설정하는 경우에는 선의취득의 요건(249조)을 충족하면 당해 물건에 질권을 가진다(343조). 동산질권을 선위취득하기 위하여는 질권자가 평온, 공연하게 선의이며 과실없이 질권의 목적동산을 취득하여야 하고, 그 취득자의 선의, 무과실은 동산질권자가 입증하여야 한다(대판 1981.12.22. 80다2910).

(2) 목적물의 인도

(가) 인도로 질권이 성립-요물성-제330조: 질권이 성립하기 위하여는 질물을 질권자에게 인도하여야 한다. 인도에는 현실의 인도가 일반적이지만, 간이인도, 채무자의 질권자에 대한 질물 반환청구권의 양도도 가능하다.

(나) 점유개정의 금지-제332조: 질권은 유치적 효력이 있기 때문에 설정자가 질물을 직접점유하고 질권자가 간접점유를 가지는 점유개정에 의한 인도방법은 허용되지 아니한다.

(3) 대상 목적물
(가) 양도성이 있어야-제331조: 질권은 채권이 변제되지 아니하면 질물을 경매·간이변제충당을 통하여 타인에게 양도되고 그 교환가치에서 질권자가 우선변제를 받는 것을 그 내용으로 하고 있으므로 양도할 수 없는 물건은 질권의 목적이 될 수 없다. 양도가능하다면 독립한 물건이 아니라도 가능하다. 마약과 같은 금제품은 양도할 수 없는 물건으로 질권의 목적물이 될 수 없다.
(나) 압류금지 동산: 채무자의 생활필수품은 압류하지 못하지만, 이는 채무자를 보호하자는 취지이므로 채무자가 스스로 이를 처분하는 것까지 금지하는 것은 아니므로 질권의 목적물로는 가능하다. 동산이라도 자동차, 선박과 같은 것은 등기, 등록이 가능하여 저당권의 목적이 되고 질권의 목적물이 되지 못한다.
(4) 피담보채권-제334조
(가) 종류에 제한 없음: 피담보채권은 금전채권이 일반적이나, 금전채무가 아니라도 물건의 인도채무, 하는 채무 어느 것이나 피담보채무가 된다. 하는 채무의 경우에는 그 불이행은 금전채무로 변하므로 질권의 실행으로 우선변제력을 만족시켜 줄 수 있다.
(나) 장래의 채권, 불특정채권: 기한부, 조건부 채권 및 장래의 특정채권도 가능하다. 장래의 불특정 채권도 가능한데(근질), 이 경우에는 근저당과는 달리 채권의 최고액을 한정할 필요는 없고 질권을 실행할 때 그 피담보채권액이 확정되어 있으면 충분하다.
2. 基本的 效力 - 優先辨濟力 - 제329조: 점유하고, 변제기 이후에는 질물을 경매신청하여(338조) 매각대금으로부터 다른 채권자보다 우선하여 채권의 변제를 받을 수 있다. 그러나 선순위 질권자나 질물에 대하여 우선권이 있는 채권자에 의하여 경매가 이루어 진 경우에는 질권자는 배당에 참가하여 순위에 따라 배당을 받을 수 있다.
3. 法定質權: 제648조, 제650조

第333條【動産質權의 順位】 數個의 債權을 擔保하기 爲하여 同一한 動産에 數個의 質權을 設定한 때에는 그 順位는 設定의 先後에 依한다.

第334條【被擔保債權의 範圍】 質權은 元本, 利子, 違約金, 質權實行의 費用, 質物保存의 費用 및 債務不履行 또는 質物의 瑕疵로 因한 損害賠償의 債權을 擔保한다. 그러나 다른 約定이 있는 때에는 그 約定에 依한다.

第335條【留置的 效力】 質權者는 前條의 債權의 辨濟를 받을 때까지 質物을 留置할 수 있다. 그러나 自己보다 優先權이 있는 債權者에게 對抗하지 못한다.

動産質權의 效力

1. 質權間의 順位 - 제333조: 질권은 질물을 질권자가 직접 점유하는 것이므로 하나의 동산을 여러 명의 채권자에게 입질하여 수개의 질권이 발생할 여지는 거의 없다. 다만 질권자가 점유하는 질물에 대하여 채무자가 가지는 질권자에 대한 질물의 반환청구권을 채무자가 제3자에게 자신의 채무의 담보로 양도하는 경우에 제3자가 동 동산에 대하여 질권을 취득하여, 하나의 질물에 여러 명이 각기 다른 피담보채권으로 질권이 성립한다. 이 경우에 수개의 질권은 설정의 선후에 의하여 그 순위가 결정된다.
2. 質權의 效力이 미치는 目的物의 範圍
(1) 인도된 물건: 질권자에게 인도된 물건의 전부에 질권의 효력이 미친다(343조, 321조). 그러므로 종물도 인도된 경우에는 그 종물에 대해서도 질권의 효력이 미치고, 인도된 목적물로부터 발생된 천연과실(323조), 법정과실(343조, 323조)에도 그 효력이 미친다.
(2) 물상대위-제342조: 질물의 멸실, 훼손, 공용징수로 질물의 소유자가 받은 금전 기타의 물건 위에 질권의 효력은 존속한다. 물상대위권을 행사하기 위하여는 위 금전 등을 소유자에게 지급

하기 전에 압류하여야 한다.

3. 質權으로 擔保되는 被擔保債權의 範圍 - 제334조: 질권에 의하여 담보되는 피담보채권은 특약이 없는 한, 원본, 이자, 위약금, 질권 실행비용, 질물의 보존비용, 채무불이행 또는 질물의 하자로 인한 손해배상을 포함한다.

4. 留置的 效力 - 제335조

(1) 채권 전부의 변제까지 질물의 전부를 유치: 피담보채권의 전부를 변제받을 때까지 질물의 전부를 유치할 수 있다.

(2) 예외-우선권자가 있는 경우: 자기보다 우선권이 있는 채권자에 대하여는 유치적 효력으로 대항할 수 없다. 따라서 선순위 질권자의 반환청구 또는 질물에 대하여 우선권을 가지는 채권에 의한 경매의 경우에는 유치적 효력에 의한 질물에 대한 인도를 거절할 수 없다.

5. 優先辨濟力 - 제329조

(1) 원칙: 질물을 경매신청하여(338조) 매각대금으로부터 다른 채권자보다 우선하여 채권의 변제를 받을 수 있다. 그러나 선순위 질권자나 질물에 대하여 우선권이 있는 채권자에 의하여 경매가 이루어진 경우에는 질권자는 배당에 참가하여 순위에 따라 배당을 받을 수 있다.

(2) 간이변제충당-338조: 질권자는 질물의 가치가 소액이어서 경매에 부치는 것이 부적당한 때 등의 정당한 이유가 있는 때에는 법원의 허가를 얻어 차액을 설정자에게 반환하고 질물의 소유자가 될 수 있다.

(3) 질권설정자의 파산의 경우: 질권자는 별제권을 가진다(파산법 84조).

(4) 질물로부터 피담보채권의 전부를 변제받지 못한 경우: 질물로부터 우선변제를 받았으나 부족한 잔여채권에 관하여는 일반채권자가 된다. 즉 채무자의 일반재산에 대하여 민사집행법에 의한 집행권원을 받아 강제집행을 할 수 있다(340조).

(5) 질권을 행사하지 않고 채무자의 일반재산에 먼저 집행이 가능한지 여부-제340조: 채무자에게 질권자 외에는 다른 채권자가 없거나 질물로부터 채권의 전부를 변제받을 수 없는 것이 명백한 경우에는 채무자의 일반재산에 먼저 강제집행할 수 있다고 보아야 한다.

(6) 특별법에 의한 예외: 전당포영업법에 의한 전당포영업자는 질물로부터 받은 부족액을 채무자에게 청구하지 못한다(전당포영업법 21조).

第336條【轉質權】 質權者는 그 權利의 範圍內에서 自己의 責任으로 質物을 轉質할 수 있다. 이 境遇에는 轉質을 하지 아니하였으면 免할 수 있는 不可抗力으로 因한 損害에 對하여도 責任을 負擔한다.

第337條【轉質의 對抗要件】 ①前條의 境遇에 質權者가 債務者에게 轉質의 事實을 通知하거나 債務者가 이를 承諾함이 아니면 轉質로써 債務者, 保證人, 質權設定者 및 그 承繼人에게 對抗하지 못한다.
②債務者가 前項의 通知를 받거나 承諾을 한 때에는 轉質權者의 同意없이 質權者에게 債務를 辨濟하여도 이로써 轉質權者에게 對抗하지 못한다.

轉質

1. 意義: 전질은 질물을 담보로 유치하면서 채무자에게 투하한 원질권자의 자본을 유동화 할 수 있도록 한 제도이다. 전질권이란 원질권자가 채권의 담보로서 인도받아 유치하고 있던 질물을 이용하여 다시 자신의 채권자(전질권자)에 대한 자신의 채무를 담보하기위해 질권을 설정하는 것을 의미하며, 결과적으로 질권자가 채무자에게 갖는 피담보채권을 변제기 전에 환가하는 기능을 갖는다. 전질에는 책임전질(336조)과 승낙전질(343조, 324조2항)이 있다.

2. 責任轉質 - 제336조, 제337조

(1) 성립-제336조: 책임전질은 질권자가 질권설정자의 승낙 없이 자기 책임아래서 하는 전질로

서, 원질권자와 전질권자 사이에 물권적 합의와 질물의 인도로 성립한다.
(가) 원질권의 범위 내만-제336조: 전질권은 원질권에 기초하는 담보물권으로, 원질권자는 자신의 질권의 범위 내에서만 전질을 할 수 있다. 따라서 전질권에 의하여 담보되는 채권은 원질권자의 채무자에 대하여 가지는 피담보채권액을 초과하지 못하며, 전질권의 존속기간도 원질권의 존속기간 내여야 한다.
(나) 채무자에의 통지나 승낙-제337조제1항: 책임전질은 원질권자의 채권도 전질권자에게 질권으로 제공되는 것이므로 채무자에 대하여 전질의 사실을 통지하거나 승낙을 받지 아니하면 전질로서 채무자, 보증인, 질권설정자 및 그 승계인에게 대항하지 못한다. 이는 책임전질권의 내용 속에 채권과 질권의 요소가 있기 때문에 지명채권의 양도요건을 갖추도록 한 것이다.
(2) 효과
(가) 원질권자의 책임 가중-제336조: 책임전질은 질권자의 책임아래서 전질이 행하여지기 때문에 책임을 가중시켜, 원질권자는 전질을 하지 않았으면 면할 수 있는 불가항력으로 인한 손해에 대하여도 책임을 진다.
(나) 원질권자의 질권의 포기, 채무의 면제 불가: 전질로 자기의 질권과 채무에 구속되어, 자기의 질권을 포기하거나 채무를 면제하는 등의 질권을 소멸시키지 못한다.
(다) 통지 또는 승낙의 대항요건-제337조: 책임전질은 원칙적으로 질권설정자에게 통지나 승낙을 요하지 않으나, 원질권자의 채무자에게 전질의 사실을 통지하거나 채무자가 이를 승낙하면, 전질권자는 전질권으로 채무자, 보증인, 질권설정자 및 그 승계인에게 대항할 수 있다(1항). 따라서 이 경우에 채무자가 전질권자의 동의 없이 원질권자에게 자기의 채무를 변제하여도 전질권자에게 질물의 반환을 청구하지 못한다(2항).
(라) 전질권자의 유치적 효력-제335조: 전질권자는 자기의 피담보채권의 전부를 변제받을 때까지 질물을 유치할 수 있다.
(마) 전질권자의 질권 실행: 자기의 채권은 물론 원질권자의 채권의 변제기가 도래하여야 실행할 수 있다. 전질권 실행에 의해 얻은 매각대금은 전질권자의 우선변제에 충당하고 그 잔금이 있으면 원질권자가 변제에 충당한다.
(바) 전질권의 소멸: 원질권이 소멸하면 전질권도 소멸한다.

3. 承諾轉質 - 제343조(324조2항)

(1) 성립: 질권설정자의 승낙이 있으면, 원질권자는 점유하는 질물을 자신의 채무담보로 전질권자에게 입질하여, 질물 위에 자기의 질권보다 우선적효력이 있는 새로운 질권을 설정할 수 있다. 원질권자와 전질권자 간의 질권설정의 합의와 질물의 인도로 성립한다(324조2항).
(가) 질물소유자의 승낙: 질물소유자의 승낙이란 질물의 처분권을 수여하는 것이므로, 질물소유자가 질권설정의 권능을 질권자에게 수여한 것이다. 따라서 원질권자가 질권설정자의 승낙 없이 전질한 때에는 질권설정자는 그 질권의 소멸을 청구할 수 있다.
(나) 원질권에 제한받지 않음: 승낙전질의 목적물은 질물 자체로서, 원질권자가 가지는 채무자에 대한 채권이나 질권의 내용에 제한을 받지 아니한다. 따라서 피담보채권액은 물론, 그 담보권의 존속기간에 관해서도 원질권의 범위에 구속받지 아니한다.
(2) 효과: 전질권설정합의에 의한 효과가 발생한다.
(가) 책임가중조항의 배제: 승낙전질은 원질권과는 독립된 새로운 질권이므로 책임전질과는 달리 질권자의 책임가중규정이 적용되지 않으므로, 질권자에게 불가항력에 의한 손해배상책임은 없다.
(나) 원질권의 소멸에 영향받지 않음: 질권설정자가 원질권자에게 채무를 변제하여도 전질권자에게는 영향을 미치지 않는다. 그러므로 원질권설정자는 자기채무를 원질권자에게 변제해서 질권을 소멸시킬 수 있고, 원질권자의 질권이 소멸하여도 전질권자는 계속해서 질물을 점유하고 유치할 수 있다.
(다) 원질권소멸에 대한 동의: 질권설정자가 원질권자에게 그의 채무를 변제하는데 전질권자가 동의한 경우 그 변제를 가지고 원질권설정자에게 대항할 수 있다. 따라서 변제로 원질권이 소멸하면 질권설정자는 질물의 반환을 청구할 수 있다.

第338條【競賣, 簡易辨濟充當】 ①質權者는 債權의 辨濟를 받기 爲하여 質物을 競賣할 수 있다.
②正當한 理由 있는 때에는 質權者는 鑑定人의 評價에 依하여 質物로 直接辨濟에 充當할 것을 法院에 請求할 수 있다. 이 境遇에는 質權者는 미리 債務者 및 質權設定者에게 通知하여야 한다.

第339條【流質契約의 禁止】 質權設定者는 債務辨濟期前의 契約으로 質權者에게 辨濟에 갈음하여 質物의 所有權을 取得하게 하거나 法律에 定한 方法에 依하지 아니하고 質物을 處分할 것을 約定하지 못한다.

第340條【質物以外의 財產으로부터의 辨濟】 ①質權者는 質物에 依하여 辨濟를 받지 못한 部分의 債權에 限하여 債務者의 다른 財產으로부터 辨濟를 받을 수 있다.
②前項의 規定은 質物보다 먼저 다른 財產에 關한 配當을 實施하는 境遇에는 適用하지 아니한다. 그러나 다른 債權者는 質權者에게 그 配當金額의 供託을 請求할 수 있다.

質權者의 質權實行

1. 質權의 實行 - 제338조

(1) 원칙-경매청구권-제1항: 질권자는 자기의 채권의 변제를 받기위하여는 질물에 대하여 법원에 경매를 청구하여, 우선적으로 배당을 받을 수 있을 뿐이다.

(2) 예외-간이변제충당-제2항

(가) 법원에 청구: 질권자는 질물의 가치가 소액이어서 경매에 부치는 것이 부적당한 때 등에 간이변제충당을 위하여 법원에 허가를 청구할 수 있다.

(나) 감정인의 평가: 법원은 선임한 감정인으로 질물을 평가한다.

(다) 채무자 및 질권설정자에 미리 통지: 질권자는 간이변제충당을 위한 법원에의 청구 전에 채무자 및 질권설정자에게 통지하여야 한다. 이는 그들로 하여금 피담보채무를 변제하여 질물로 변제에 충당되는 것을 막을 수 있도록 하기 위한 것이다.

(라) 질권자는 평가액과 채권액의 차액을 설정자에게 반환하면 질물의 소유권을 취득한다. 이 취득은 승계취득으로 법률의 규정에 의한 물권변동이다.

2. 一般財產으로부터 辨濟 - 제340조

(1) 질물로부터 피담보채권의 전부를 변제받지 못한 경우-제1항: 질물로부터 우선변제를 받았으나 채권액에 미달하여 잔여채권이 있는 경우에는, 잔여채권에 대하여는 일반채권자로서 채무자의 일반재산으로부터 변제받을 수 있다.

(2) 질권을 행사하지 않고 채무자의 일반재산에 먼저 집행이 가능한가 여부-한정 가능: 채무자에게 질권자 외에는 다른 채권자가 없거나 질물로부터 채권의 전부를 변제받을 수 없는 것이 명백한 경우에는 채무자의 일반재산에 먼저 강제집행할 수 있다.

(3) 채무자의 질물 외의 재산에 대한 배당 참가-제2항: 질물보다 먼저 채무자의 다른 재산으로 배당을 하는 경우에 질권자는 채권 전액으로 그 배당에 참가할 수 있으나, 다른 채권자의 청구가 있으면 질권자는 배당금을 공탁하여야 한다. 그 배당금을 공탁한 경우 이후에 질물을 경매하여 우선변제를 받지 못한 부분에 한해 공탁금으로부터 변제를 받을 수 있고 나머지 공탁금은 일반채권자에게 배당된다.

3. 流質契約 - 제339조

(1) 유질계약: 질권은 채무자가 피담보채무를 변제하지 아니하면 질물을 환가하여 우선변제를

받고, 그 잔액이 있으면 질권설정자에게 반환하는 제도이다. 그런데 이러한 질권의 제도와는 달리 채무의 변제기가 도래하기 전에 변제에 갈음하여 질물의 소유권을 질권자가 취득하도록 하거나, 법률에 정한 방법과 달리 질물을 처분한다는 내용으로 당사자간에 한 약정(유질계약)은 유효한가라는 문제가 생긴다.

(2) 유질계약 금지

(가) 채무변제기 전의 유질계약은 금지: 질권제도는 소액금융을 위한 간편한 제도로 생긴 제도로서, 이를 이용하는 주된 계층은 소시민인 궁박상태의 경제적 약자이다. 따라서 이들의 보호를 위하여 우리나라를 비롯하여 각국에서 채무변제기 전의 유질계약은 금지를 하고 있다. 금지되는 유질계약은 채무변제기 전의 약정이며, 변제기 도래 후의 그와 같은 합의는 가능하다. 변제기도래 후의 그러한 합의는 대물변제에 해당한다.

(나) 금지 위반한 유질계약의 법률관계: 질권설정계약 자체를 무효로 볼 것은 아니고, 질권의 실행방법에 대한 특약만 무효이고 질권설정계약 자체는 유효로 보아야 할 것이다. 따라서 질권자는 경매나 간이변제충당의 방법으로 질물을 처분하여야 한다.

(3) 유질계약이 허용되는 경우

(가) 상법상의 상사질권에는 허용된다(상법 59조). 그런데 상행위로 인하여 생긴 채권을 담보하기 위하여 설정한 질권의 경우에는 이른바 유질계약이 허용되나, 그렇다고 하여 모든 상사질권설정계약이 당연히 유질계약에 해당한다고 할 수는 없는 것이고, 상사질권설정계약에 있어서 유질계약의 성립을 인정하기 위하여서는 그에 관하여 별도의 명시적 또는 묵시적인 약정이 성립되어야 할 것이다(대판 2008.3.14. 2007다11996).

(나) 전당포영업법에 의한 전당포업자는 유질권을 가진다(전당포업법 21조).

第341條【物上保證人의 求償權】 他人의 債務를 擔保하기 爲한 質權設定者가 그 債務를 辨濟하거나 質權의 實行으로 因하여 質物의 所有權을 잃은 때에는 保證債務에 關한 規定에 依하여 債務者에 對한 求償權이 있다.

物上保證人의 求償權

1. 意義: 타인의 채무를 담보하기 위하여 자기의 물건을 질물로 제공한 물상보증인은 질물의 경매로 인하여 질물의 소유권을 상실할 수 있으므로 채권관계에서 직접 이해관계 있는 당사자가 되므로 채무자의 채무를 변제할 수 있고, 담보물의 범위 내에서 보증인과 유사한 지위를 갖는다. 즉 물상보증인은 주채무자에 대한 구상관계에 관한 규정에 의한 구상권을 가진다(441조 내지 448조 및 481조 내지 485조).

2. 求償權

(1) 물상보증인의 지위: 타인의 채무를 담보하기 위하여 질권를 설정한 자(물상보증인)가 그 채무를 변제하거나, 질권이 실행되어 질물의 소유권을 잃은 경우에는 이해관계를 가지는 자로서 채무자에 대하여 구상권을 행사할 수 있다. 물상보증인의 채무자에 대한 구상관계는 보증인의 지위와 동일하다.

(2) 물상보증인으로부터 소유권을 양수한 자: 물상보증인으로부터 소유권을 양수한 제3자는 채권자에 의하여 저당권이 실행되게 되면 저당부동산에 대한 소유권을 상실한다는 점에서 물상보증인과 유사한 지위에 있다고 할 것이므로, 물상보증의 목적물인 저당부동산의 제3취득자가 채무를 변제하거나 저당권의 실행으로 저당물의 소유권을 잃은 때에는 물상보증인의 구상권에 관한 민법 제370조, 제341조의 규정을 유추적용하여 보증채무에 관한 규정에 의하여 채무자에 대한 구상권이 있다(대판 1997.7.25. 97다8403).

(3) 물상보증인으로부터 소유권을 양수받으면서, 피담보채무를 인수한 제3자: 목적물의 양수자가 피담보채무를 인수한 이행인수는 매매 당사자 사이의 내부적인 계약에 불과하여 이로써 물상보증인의 책임이 소멸하지 않는 것이고, 따라서 담보부동산에 대한 담보권이 실행된 경우에도 제3취득

자가 아닌 원래의 물상보증인이 채무자에 대한 구상권을 취득한다(대판 1997.5.30. 97다1556).

3. 求償範圍: 담보부동산의 소유권을 상실한 물상보증인이 채무자로부터 구상받을 채권의 범위는 특별한 사정이 없는 한 그 부동산의 소유권을 상실하게 된 경락허가결정 확정 당시의 부동산의 시가 상당액이다(대판 1978.7.11. 78다639).

4. 求償權과 辨濟者代位權의 關係 - 물상보증인이 채무자의 채무를 변제한 경우: 물상보증인은 민법 제370조에 의하여 준용되는 같은 법 제341조에 의하여 채무자에 대하여 구상권을 가짐과 동시에 민법 제481조에 의하여 당연히 채권자를 대위하고, 위 구상권과 변제자 대위권은 원본, 변제기, 이자, 지연손해금의 유무 등에 있어서 내용이 다른 별개의 권리로서, 물상보증인은 고유의 구상권을 행사하든 대위하여 채권자의 권리를 행사하든 자유이며, 다만 채권자를 대위하는 경우에는 같은 법 제482조제1항에 의하여 고유의 구상권의 범위에서 채권 및 그 담보에 관한 권리를 행사할 수 있는 것이어서, 변제자 대위권은 고유의 구상권의 효력을 확보하는 역할을 한다(대판 1997.5.30. 97다1556).

第342條【物上代位】 質權은 質物의 滅失, 毁損 또는 公用徵收로 因하여 質權設定者가 받을 金錢 其他 物件에 對하여도 이를 行使할 수 있다. 이 境遇에는 그 支給 또는 引渡前에 押留하여야 한다.

物上代位

1. 意義: 질물이 멸실·훼손·공용징수가 되어도 질권이 소멸하여 무담보 상태가 되어 질권이 소멸하는 것은 아니고, 질권은 그 대체물에 존속한다. 즉 질권도 담보물권의 일반적 성질인 물상대위성을 가진다.

2. 物上代位權의 行使

(1) 원인: 질물이 멸실·훼손·공용징수된 경우에 한정되며, 질물이 매각·임대되는 경우에는 질물이 현존하여 질권에는 아무런 영향도 미치지 아니한다.

(2) 대상: 질물의 소멸 등으로 소유자가 취득하게 된 대체물인 금전 및 물건으로서 보험금지급청구권, 손해배상청구권, 보상금청구권, 기타 물건 등이 그 대상이다.

(3) 지급, 인도 전에 압류: 질물의 대체물이 질물소유자에게 지급·인도되기 전에 압류하여야 한다. 이는 물상대위의 목적인 채권의 특정성을 유지하여 그 효력을 보전함과 동시에 제3자에게 불측의 손해를 입히지 않으려는 데 있다. 지급 또는 인도 전에 압류하지 않아 질물소유자에게 지급·인도 되었다면 그 대체물은 질물소유자의 일반재산으로 혼입되어 질권은 소멸하게 된다.

3. 一般債權者와의 關係

(1) 질권자가 먼저 압류한 경우: 질권자가 대체물에 일반채권자보다 먼저 압류 등을 한 경우에는 당해 대체물에 우선변제력을 가진다.

(2) 일반채권자가 먼저 압류한 경우-채권압류 또는 전부명령, 배당신청하여야: 변형물인 금전 기타 물건에 대하여 이미 제3자가 압류하여 그 금전 또는 물건이 특정된 이상 저당권자가 스스로 이를 압류하지 않고서도 물상대위권을 행사하여 일반채권자보다 우선변제를 받을 수 있으나, 그 행사방법으로는 민사집행법 제273조에 의하여 담보권의 존재를 증명하는 서류를 집행법원에 제출하여 채권압류 및 전부명령을 신청하는 것이거나 민사집행법 제247조제1항에 의하여 배당요구의 종기까지 배당요구를 하여야 우선변제를 받을 수 있다(대판 2002.10.11. 2002다33137).

4. 物上代位에 의한 優先辨濟

(1) 물상대위권행사-압류 또는 배당 신청: 물상대위권을 행사하여야 한다. 물상대위에 의한 우선변제를 받는 방법은 질권의 존재를 증명하는 서류를 집행법원에 제출하여 그 채권에 대한 압류 및 추심·전부명령에 의하거나, 다른 채권자에 의해 강제집행이 되는 경우 배당을 신청하여야 한다.

(2) 배당신청하지 않은 경우-부당이득 여부: 압류 또는 배당신청을 하지 않아 우선변제를 받지 못

한 경우에 배당받은 다른 채권자에게 부당이득을 이유로 그 반환을 청구할 수 없다(대판 2002.10.11. 2002다33137).

第343條【準用規定】 第249條 乃至 第251條, 第321條 乃至 第325條의 規定은 動產質權에 準用한다.

善意取得 및 留置權 規定 準用

1. 質權의 善意取得: 제249조 - 제251조

(1) 선의취득-제249조: 질권설정자가 질물에 대한 처분권한이 없는 자라도, 선의취득의 요건을 갖추면 질권을 취득한다. 이때 진정한 질물의 소유자는 질권설정자는 아니지만 그 소유물에 질권의 부담을 받게 되어 물상보증인의 지위에 있다. 그러므로 처분권이 없는 양도인이 진정한 소유자에 대하여 책임을 부담하고 질권자는 유효하게 질권을 취득한다. 선의취득을 위해서는 질권자가 평온, 공연하게 선의이며 과실 없이 질권의 목적동산을 취득하여야 하고, 그 취득자의 선의, 무과실은 동산질권자가 입증하여야 한다(대판 1981.12.22. 80다 2910).

(2) 도품 및 유실물에 관한 특칙-제250조, 제251조: 질물이 도품이나 유실물인 때에는 피해자 또는 유실자는 도난 또는 유실한 날로부터 2년 내에 그 반환을 청구할 수 있다. 양수인이 도품 또는 유실물을 경매나 공공시장에서 또는 동종류의 물건을 판매하는 상인에게서 선의로 매수한 때에는 피해자 또는 유실실자는 양수인이 지급한 대가를 변상하고 그 물건의 반환을 청구할 수 있다.

2. 留置權規定의 準用: 제321조 - 제325조

(1) 질권의 불가분성-제321조: 동산질권은 채권 전부를 변제받을 때까지 질물을 유치할 수 있다.

(2) 질권자의 경매, 간이변제충당-제322조: 경매청구권과 간이변제충당권이 있다.

(3) 질권자의 과실수취권-제323조: 질권자는 유치하고 있는 과정에서 발생된 과실은 수취하여 변제에 충당할 수 있다. 그러나 과실이 금전이 아닌 경우에는 그 과실은 경매하여야 한다. 과실은 먼저 채권의 이자에 충당하고 잉여가 있으면 원본에 충당한다.

(4) 질권자의 선관의무-제324조: 동산질권자가 질물을 유치하는 것은 타인의 물건을 보관하는 것이기 때문에 선량한 관리자의 주의로써 점유하여야 한다(1항). 그러므로 질권자는 채무자의 승낙 없이 유치물을 사용, 대여 또는 담보제공을 하지 못한다(2항). 그러나 질물의 보존에 필요한 사용은 채무자의 승낙 없이도 할 수 있다. 질권자가 위 사항을 위반한 때에는 채무자는 손해의 발생여부와 관계없이 질권의 소멸을 청구 할 수 있다(3항).

(5) 질권자의 상환청구권-제325조: 질권자가 질물에 관하여 필요비를 지출한 때에는 소유자에게 그 상환을 청구할 수 있고, 질권자가 질물에 관하여 유익비를 지출한 때에는 그 가액이 증가가 현존한 경우에 한하여 소유자의 선택에 좇아, 그 지출한 금액이나 증가액의 상환을 청구할 수 있다(1항). 법원은 소유자의 청구에 의하여 상당한 상환기간을 허여할 수 있다(2항).

動產質權의 消滅

1. 擔保物權의 一般的 消滅原因: 질권도 담보물권으로서 물권과 담보물권의 일반적 소멸원인에 의하여 소멸한다. 즉 목적물의 멸실, 혼동, 포기, 경매, 변제, 피담보채권의 소멸시효 완성 등으로 소멸한다.

2. 動產質權의 特有한 消滅原因: 동산질권자가 질물을 설정자에게 반환하면 소멸한다. 또한 질권자가 질물에 대한 선관의무를 위반한 때에는 설정자의 질권소멸청구에 의하여 소멸한다(343조, 324조3항).

第344條【他法律에 依한 質權】 本節의 規定은 다른 法律의 規定에 依하여 設定된 質權에 準用한다.

다른 法律에 의한 質權

1. 民法上의 法定質權: 본절의 질권은 약정질권이고, 민법의 본절 외에 의하여 성립된 질권으로는 법률의 규정에 의하여 설정된 법정질권이 있다. 즉 토지임대인이 임차인에 대한 차임 기타의 임대차에 관한 채권에 의하여 그 임차지에 부속하거나 공용된 임차인소유의 동산 및 그 토지의 과실을 압류한 경우(648조), 건물 기타의 공작물의 임대인이 임차인에 대한 차임 기타의 임대차에 관한 채권에 의하여 그 임차건물이나 공작물에 부속한 임차인소유의 동산을 압류한 경우(650조)에 질권과 동일한 효력을 인정하며, 이때 피담보채권은 임대인이 임대차에 기하여 가지는 차임 및 임대차계약상의 손해배상청구권이며, 법정질권이 성립하려면 임차인 소유의 일정한 동산과 과실을 압류하여야 한다. 법정질권은 본절의 동산질권에 관한 규정이 준용된다.

2. 다른 法律에 의한 質權: 상법상의 질권(상사질권)이나 무체재산권에 대한 질권 등은 당해 법률에 의한 법률관계가 형성되지만 당해 법률에서 특별히 규정하고 있지 않으면 민법 본절에서 규정한 질권에 관한 규정이 준용된다.

第2節 權利質權

1. 概括: 권리질권은 동산 이외의 재산권을 목적으로 하는 질권이다. 질권은 본래 동산질권을 중심으로 제도화 되었지만, 담보물권의 본질적 효력이 그 담보물로부터 교환가치를 지배하여 우선적 변제를 받는 것이므로, 동산 이외의 재산권에 대해서도 질권을 설정할 수 있다.

2. 動產質權과의 關係: 동산질권은 목적물이 동산이고, 권리질권은 채권 기타의 재산권이란 점에서 다르나, 권리질권도 목적물인 재산권의 교환가치를 지배하여 우선변제를 받는 것을 내용으로 한다는 점은 본질적으로 동산질권과 같으므로, 동산질권에 관한 규정을 권리질권에 준용한다. 그런데 권리질권은 목적인 재산권(채권・주권・지적재산권등)의 교환가치를 대상으로 하는 것이어서 권리질권에서 증서양도에 의한 질권자의 증서의 유치적 효력은 질권설정자가 당해 재산권(채권)을 행사하는 것을 저지하여 재산권이 갖는 교환가치를 확보해두는 데 있다.

3. 擔保物權의 通有性: 권리질권도 담보물권으로서 담보물권의 통유성인 부종성, 수반성, 불가분성, 물상대위성을 가진다.

4. 構成

(1) 권리질권의 성립: 제345조, 제346조
(2) 개별 권리에 대한 질권의 설정방법: 제347조-제351조
(3) 질권설정자의 권리처분제한: 제352조
(4) 권리질권의 실행: 제353조, 제354조

第345條【權利質權의 目的】 質權은 財產權을 그 目的으로 할 수 있다. 그러나 不動產의 使用, 收益을 目的으로 하는 權利는 그러하지 아니하다.

第346條【權利質權의 設定方法】 權利質權의 設定은 法律에 다른 規定이 없으면 그 權利의 讓渡에 關한 方法에 依하여야 한다.

權利質權의 成立

1. 設定: 권리질권의 성립은 당사자간의 설정계약과 목적물인 권리의 양도로 성립된다.

2. 目的物 - 제345조: 질권의 대상이 되는 재산권은 성질상 양도가 가능하고 법률규정에 의하여 양도가 금지되지 않는 채권, 주권, 지적재산권, 저당권 등이다.

(1) 재산권: 금전으로 평가될 수 있는 재산권이면 목적물로 가능하다. 금전적 가치가 내포하나, 인격권이나 신분권인 친족권과 상속권 등은 목적물이 될 수 없다.

(2) 양도성: 양도가 가능하여야 한다. 양도성이 없는 재산권인 연금청구권, 부양청구권, 부작위채

권 등은 목적물이 될 수 없다. 양도성이 있는 채권이라면 권리질권의 객체가 될 수 있으므로 계약에 의하여 생긴 채권, 불법행위로 인하여 생긴 채권, 지시채권, 지명채권 어느 것이나 가능하다.
(3) 양도금지 특약의 재산권: 양도가 가능하고 법률상 금지되어 있지 않은 경우에도 당사자의 약정으로 양도가 금지되는 채권(449조2항)도 질권의 객체가 될 수 없지만, 질권자가 그러한 약정이 있음을 알지 못한 경우에는 질권은 유효하게 성립한다.
(4) 유치적 효력으로의 제한-단서: 지상권, 전세권, 부동산임차권, 지역권, 점유권 등 부동산의 용익을 목적으로 하는 권리는 질권이 설정되는 경우에 그 권리 자체가 질권자에게 유치되어 질권설정자가 질물을 용익할 수 없게 되기 때문에 권리질권의 목적으로 할 수 없다.
(5) 타법률의 제한: 광업권, 어업권, 공장재단 등은 다른 법률에서 질권을 금지하여 목적물이 될 수 없다.
(6) 주권발행 전의 주식에 대한 질권설정이 가능한지 여부 및 그 질권설정의 방법: 주권발행 전의 주식에 대한 양도도 인정되고, 주권발행 전 주식의 담보제공을 금하는 법률규정도 없으므로 주권발행 전 주식에 대한 질권설정도 가능하다고 할 것이지만, 상법 제338조제1항은 기명주식을 질권의 목적으로 하는 때에는 주권을 교부하여야 한다고 규정하고 있으나, 이는 주권이 발행된 기명주식의 경우에 해당하는 규정이라고 해석함이 상당하므로, 주권발행 전의 주식 입질에 관하여는 상법 제338조제1항의 규정이 아니라 권리질권설정의 일반원칙인 민법 제345조로 돌아가 그 권리의 양도방법에 의하여 질권을 설정할 수 있다(대판 2000.8.16. 99그1).
3. 設定方法 - 제346조: 권리질권의 설정은 당해 권리에 관하여 법률에 다른 규정이 없으면 일반적으로 권리질권설정의 합의와 그 권리의 양도의 방법에 의하여 성립한다.

第347條【設定契約의 要物性】 債權을 質權의 目的으로 하는 境遇에 債權證書가 있는 때에는 質權의 設定은 그 證書를 質權者에게 交付함으로써 그 效力이 생긴다.

第348條【抵當債權에 對한 質權과 附記登記】 抵當權으로 擔保한 債權을 質權의 目的으로 한 때에는 그 抵當權登記에 質權의 附記登記를 하여야 그 效力이 抵當權에 미친다.

第349條【指名債權에 對한 質權의 對抗要件】 ①指名債權을 目的으로 한 質權의 設定은 設定者가 第450條의 規定에 依하여 第三債務者에게 質權設定의 事實을 通知하거나 第三債務者가 이를 承諾함이 아니면 이로써 第三債務者 其他 第三者에게 對抗하지 못한다.
②第451條의 規定은 前項의 境遇에 準用한다.

第350條【指示債權에 對한 質權의 設定方法】 指示債權을 質權의 目的으로한 質權의 設定은 證書에 背書하여 質權者에게 交付함으로써 그 效力이 생긴다.

第351條【無記名債權에 對한 質權의 設定方法】 無記名債權을 目的으로한 質權의 設定은 證書를 質權者에게 交付함으로써 그 效力이 생긴다.

債權種類別 設定方法

1. 指名債權의 設定 - 제347조, 제349조: 채권을 목적으로 하는 질권은 질권자와 질권설정자의 합의와 채권증서를 양도하여야 한다(347조).
(1) 지명채권질권의 설정방법: 채권질권의 설정방법은 채권의 형태에 따라 각기 다르다.
(가) 채권증서가 있는 채권-제347조: 채권증서가 있는 때에는 그 증서를 질권자에게 교부하여야

질권설정의 효력이 발생한다. 채권증서란 증권화된 채권의 증서뿐만 아니라 차용증서, 예금통장, 보험증권등 채권의 존재를 입증하는 증서를 말한다. 지명채권 외의 채권은 증서가 반드시 있으니까, 결국 본조의 규정은 지명채권에 관한 규정이라고 볼 수 있다.
(나) 채권증서가 없는 채권: 채권증서가 없는 때에는 채권질권설정 합의만으로 성립한다.
(2) 지명채권질권의 대항요건-제349조, 제450조, 제451조: 채무자에의 통지나 승낙이 있어야 한다.
(가) 의미: 지명채권에 대한 질권의 설정은 질권설정자의 제3채무자에 대한 채권을 목적으로 하므로, 지명채권 양도의 방법을 갖추어야 제3채무자 또는 기타 제3자에게 대항할 수 있다. 즉 지명채권의 질권설정은 당해 지명채권이 임의변제되지 아니하면 담보권인 질권을 행사한다는 것이며, 지명채권질권의 실행은 곧 채무자에 대한 채권의 행사가 된다. 여기서 지명채권질권의 실행을 하는 질권자는 당해 채권의 양수인과 그 성질이 같다. 이에 지명채권의 질권설정에는 지명채권의 양도의 대항요건에 관한 규정(451조)을 준용하도록 한다.
(나) 대항요건-통지, 승낙(349조): 지명채권의 질권자가 제3자에게 대항하려면 채권양도의 대항요건에 관한 규정(451조)이 준용된다.
① 채무자, 제3자에의 대항요건-제349조제1항: 질권설정자가 자신의 채무자에게 통지하거나, 채무자의 승낙이 있어야만, 질권이 설정되었음을 가지고 채무자에게 대항할 수 있다.
② 경합하는 경우-제450조제2항: 채무자 이외의 제3자에게도 질권이 설정되었음을 가지고 대항하려면 그 질권설정 통지나 승낙을 확정일자 있는 증서로 하여야 한다. 순위는 확정일자 있는 증서의 도달의 선후를 기준으로 한다.
(다) 통지, 승낙의 효과-제349조제2항, 제451조
① 채무자의 단순승낙: 채무자가 이의를 보류하지 아니하고 질권설정의 승낙을 한 때에는 채무자는 질권설정자에게 대항할 수 있는 사유로써 채권질권자에게 대항하지 못한다.
㉮ 항변사유: 제451조제1항은 채무자의 승낙이라는 사실에 공신력을 주어 양수인을 보호하고 거래의 안전을 꾀하기 위한 규정으로서, 이 경우 양도인에게 대항할 수 있는 사유로서 양수인에게 대항하지 못하는 사유는 협의의 항변권에 한하지 아니하고 넓게 채권의 성립, 존속, 행사를 저지하거나 배척하는 사유를 포함한다(대판 1997.5.30. 96다22648).
㉯ 단순승낙하였더라도 양수인 또는 질권자가 악의 또는 중과실인 경우 양수인 또는 질권자에게 대항할 수 있는지 여부: 민법 제451조제1항의 규정 취지는 채무자의 〈승낙〉이라는 사실에 공신력을 주어 양수인의 신뢰를 보호하고 채권양도나 질권설정과 같은 거래의 안전을 꾀하기 위한 규정이라 할 것이므로, 채권의 양도나 질권의 설정에 대하여 이의를 보류하지 아니하고 승낙을 하였더라도 양수인 또는 질권자가 악의 또는 중과실의 경우에 해당하는 한 채무자의 승낙 당시까지 양도인 또는 질권설정자에 대하여 생긴 사유로써도 양수인 또는 질권자에게 대항할 수 있다(대판 2002.3.29. 2000다13887).
② 이의유보 승낙, 채권자의 통지: 채무자가 이의를 부쳐 승낙하거나 질권설정자가 질권설정의 통지만을 한 때에는 채무자는 그 통지를 받은 때까지 질권설정자에 대하여 생긴 사유로써 채권질권자에게 대항할 수 있다.

2. 抵當債權 - 제348조

(1) 저당채권질권의 성립: 채권질권설정의 합의와 채권증서가 있으면 증서의 양도로 저당채권은 성립한다. 즉 저당채권도 지명채권이므로 설정의 합의와 증서가 있으면 증서의 양도, 증서가 없으면 당사자간의 합의로 저당채권의 질권은 성립한다. 이 경우에는 채권에 대해서만 질권이 성립한다. 그런데 당해 채권이 저당권에 의하여 담보되어 있기 때문에 당해 채권만에 질권이 성립하는 것 보다는 담보권에도 질권의 효력이 미치는 것이 질권의 변제력이 우수하다.
(2) 저당권에의 효력: 질권이 저당권에 효력을 가지게 하기 위하여는 저당권으로 담보되고 있는 채권에 질권이 설정 되었다는 사실을 등기부에 부기등기하여야 한다(348조).
(가) 질권과 저당권의 관계: 저당권의 부기등기로 해당 피담보채권에 질권이 있다는 것이 공시되면 저당권이 실행되어 경매가 될 때 그 배당금에 관하여 저당권자보다 먼저 질권자가 우선변제력을 가진다.

(나) 저당권자에의 변제: 채무자의 채권자인 저당권자에 대한 채무의 변제는 질권자에게 대항할 수 없다.

3. 指示債權의 質權設定 - 證書의 背書, 交付 - 제350조: 지시채권은 권리가 바로 그 증서에 화체되어 있기 때문에 지시채권을 질권의 목적으로 한 질권의 설정은 그 증서에 입질의 뜻을 기재한 배서를 하여 질권자에게 교부함으로써 그 효력이 생긴다(350조).

4. 無記名債權의 質權設定 - 證書의 交付 - 제351조: 무기명채권(증권적채권)은 권리가 바로 그 증서에 화체되어 있기 때문에 증권의 교부로 인하여 권리가 이전되거나 채권이 양도되므로, 질권의 설정에도 증서의 교부로 질권이 성립한다. 즉 상품권, 무기명사채, 승차권, 극장입장권 등을 질권의 목적으로 하여 질권을 설정하는 경우에는 질권설정의 합의와 그 채권증서를 질권자에게 교부하여야 효력이 발생한다.

第352條 **【質權設定者의 權利處分制限】** 質權設定者는 質權者의 同意없이 質權의 目的된 權利를 消滅하게 하거나 質權者의 利益을 害하는 變更을 할 수 없다.

質權設定者의 處分權 制限

1. 處分權 制限: 질권자가 질권의 목적인 재산권에 대한 추심권 또는 교환가치에 대하여 가지는 배타적 지배권능을 보호하기 위여 권리질권을 설정한 자는 질권자의 동의 없이 질권의 목적이 되어 있는 권리를 소멸(변제수령, 경개, 상계, 채무면제)하게 하거나 질권자의 이익을 해하는 권리변경(경개, 변제기연장, 이율축소 등)을 할 수 없게 한 것이다. 예컨대 채권질권을 설정한 후에 질권설정자는 채무자의 채무를 면제시키는 행위를 할 수 없다.

(1) 질권의 목적인 채권의 양도: 질권의 목적인 채권의 양도행위는 민법 제352조 소정의 질권자의 이익을 해하는 변경에 해당되지 않으므로 질권자의 동의를 요하지 아니한다(대판 2005.12.22. 2003다55059).

(2) 시효 중단행위: 입질된 채권의 소멸시효의 중단행위는 질권자의 이익을 보호하는 것이기 때문에 허용된다. 예컨대 채무자의 승인을 받는다든지, 채권존재확인의 소를 제기하는 것은 가능할 것이다.

2. 違反의 效果: 질권설정자와 제3채무자가 질권자의 동의 없이 질권의 목적된 권리를 소멸하게 하는 행위는 질권자에 대한 관계에 있어서는 무효이고, 또한 특별한 사정이 없는 한 질권자 아닌 제3자가 그 무효를 주장할 수는 없다(대판 1997.11.11. 97다35375).

第353條 **【質權의 目的이 된 債權의 實行方法】** ①質權者는 質權의 目的이 된 債權을 直接 請求할 수 있다.
②債權의 目的物이 金錢인 때에는 質權者는 自己債權의 限度에서 直接 請求할 수 있다.
③前項의 債權의 辨濟期가 質權者의 債權의 辨濟期보다 먼저 到來한 때에는 質權者는 第三債務者에 對하여 그 辨濟金額의 供託을 請求할 수 있다. 이 境遇에 質權은 그 供託金에 存在한다.
④債權의 目的物이 金錢以外의 物件인 때에는 質權者는 그 辨濟를 받은 物件에 對하여 質權을 行使할 수 있다.

第354條 **【同前】** 質權者는 前條의 規定에 依하는 外에 민사집행법에 定한 執行方法에 依하여 質權을 實行할 수 있다. 〈개정 2001.12.29〉

債權質權의 實行

1. 被擔保債權의 範圍: 동산질권에서와 같다(334조). 즉 특약이 없는 한 원본, 이자, 위약금, 질권 실행비용, 질물의 보존비용, 채무불이행 또는 질물의 하자로 인한 손해배상을 포함한다.

2. 入質債權의 實行 - 제353조, 제354조

(1) 의의: 채권질권의 실행은 채권을 직접 청구하는 방법과 민사집행법에 의한 집행으로 하는 방법의 두 가지가 있고, 질권자는 임의로 선택할 수 있다.

(2) 채권의 직접청구-제353조: 질권자는 질권의 목적이 된 채권을 직접 청구할 수 있다.

(가) 직접 청구-제1항: 직접 청구는 질권설정자의 위임을 필요로 하지 않고, 집행권원을 얻기 위해 재판상 청구해야 하는 것도 아니고, 질권자가 자신의 명의로 청구하는 것을 의미하므로, 질권설정자의 채무자에 대해 직접 질권자 자신의 명의로 채권의 이행을 청구할 수 있다.

① 질권자의 제3채무자에 대한 이행청구와 변제-제1항: 질권자는 채무자가 임의로 변제하지 않은 경우, 제3채무자(질권설정자의 채무자)에 대하여 직접 채무의 이행을 청구하여, 제3채무자가 질권자에게 채무를 이행하면 질권자는 자기채권을 만족하여 소멸한다.

② 제3채무자의 기한의 미도래: 질권의 대상이 된 채권의 기한이 아직 도래하지 않은 때에는, 제3채무자가 기한의 이익을 포기하고 이행하지 않는 한, 질권자는 채무이행을 청구하지 못한다.

③ 질권의 목적이 된 채권이 금전채권-제2항: 질권자는 자기채권의 한도에서 질권의 목적이 된 금전채권을 직접 청구할 수 있다. 채권질권의 효력은 질권의 목적이 된 채권의 지연손해금 등과 같은 부대채권에도 미치므로 채권질권자는 질권의 목적이 된 채권과 그에 대한 지연손해금채권을 피담보채권의 범위에 속하는 자기채권액에 대한 부분에 한하여 직접 추심하여 자기채권의 변제에 충당할 수 있다(대판 2005.2.25. 2003다40668). 그러나 무기명채권에 대해 질권을 설정하였을 경우에는 질권자는 피담보채권의 내용과 관계없이 그 액면금 전액을 청구 할 수 있다(대판 1972.12.26. 72다1941).

(나) 제3채무자의 변제기가 먼저 도래한 경우-공탁청구-제3항: 금전채무(2항)에서 제3채무자의 변제기가 도래하였으나 질권설정자의 질권자에 대한 채무의 변제기가 도래하지 않은 경우에는 질권자는 제3채무자에 대하여 그 변제금액을 공탁할 것을 청구할 수 있다. 제3채무자가 공탁을 하면, 질권자는 공탁금을 압류함으로써 질권은 공탁금 위에 계속 존재한다.

(다) 질권의 목적이 된 채권이 금전 이외의 물건에 대한 채권인 경우-제4항: 질권의 목적물이 비금전채권(물건 또는 유가증권)일 때는 질권자는 직접 목적물의 인도를 청구할 수 있다. 이때에는 변제받은 물건으로는 직접 변제에 충당할 수 없고 종래의 채권질권은 동산질권으로 존속하게 되어 동산질권의 실행방법을 따른다.

(3) 민사집행법에 의한 집행-제354조: 민사집행법에 규정되어 있는 강제집행 방법에 의하여 질권을 실행할 수도 있다. 질권이 담보물권이라는 점에서 채권의 회수를 위하여 소송을 통한 확정판결 또는 가집행선고의 종국판결과 같은 집행권원을 얻을 필요 없이 질권자는 채권을 회수할 수 있다

(가) 금전채권의 집행: 민사집행법에서 금전채권의 강제집행 방법으로 채무자가 제3자에게 채권을 가지고 있을 경우, 채권자가 제3자의 채무로 자기 채권을 변제받기 위해서는 관할법원에 채권압류 및 추심명령 또는 전부명령을 신청하여 그 결정을 받아 제3채무자의 채무로 변제를 받을 수 있다. 그러므로 추심명령과 전부명령(민집법 229조)은 금전채권일 경우 행하는 강제집행 방법이다.

① 질권자의 압류신청에 의한 집행법원의 압류: 질권자의 압류신청에 의한 집행법원의 압류 결정에 의한 채무자의 채권압류로서 개시된다. 그러나 압류는 채무자가 제3채무자에 대해 가지는 채권을 압류하여 제3채무자가 채무자에게 지급을 금지하는 효력만을 가지므로, 채권자가 직접 제3채무자에 대하여 그 채권을 지급받을 수 없기 때문에, 채권자가 제3채무자에게 직접 채권을 강제하기 위하여 추심명령 또는 전부명령을 집행법원으로부터 받는 방법으로 제3채무자에게 직접 강제집행을 하게 되어 채권을 회수한다.

② 압류와 추심 및 전부명령: 압류는 채권을 압류하는 기능만을 가지고, 추심과 전부명령은 직접 채권을 강제하여 환가하는 기능을 가지므로 압류와 추심 또는 전부명령신청은 다른 시기에

별도로 할 수 있으나, 일반적으로 이와 같은 이유로 추심 또는 전부명령을 신청할 때 동시에 하게 된다. 채권에 대한 강제집행은 채권자가 제3채무자로부터 직접 채무이행(환가)을 받으면 강제집행이 종결되므로, 다른 목적물에 대한 강제집행과는 달리, 채권 자체를 타인에게 매각하여 환가하는 경매절차는 없다.
(나) 비금전채권의 집행: 채권의 목적이 비금전채권으로 물건 또는 유가증권의 인도청구권일 때에는 제3채무자로부터 물건을 넘겨받아 경매신청을 할 수 있다. 그 밖에 추심이 곤란한 때에는 특별환가(민집법 241조) 방법(양도명령, 매각명령, 관리명령, 기타 현금화명령)에 의하여 채권을 회수할 수 있다.

第355條【準用規定】 權利質權에는 本節의 規定外에 動産質權에 關한 規定을 準用한다.

주요 **主要 準用되는 內容**

1. 留置的 效力 - 제335조: 피담보채권의 전부를 변제받을 때까지 질물(권리)의 전부를 유치할 수 있다.
2. 轉質權 - 제336조: 질권자는 그 권리의 범위 내에서 자기의 책임으로 질물을 전질할 수 있다. 이 경우에는 전질을 하지 아니하였으면 면할 수 있는 불가항력으로 인한 손해에 대하여도 책임을 부담한다.
3. 流質契約의 禁止 - 제339조: 질권설정자는 채무변제기 전의 계약으로 질권자에게 변제에 갈음하여 질물인 권리를 귀속하게 하거나 법률에 정한 방법에 의하지 아니하고 권리를 처분할 것을 약정하지 못한다.
4. 物上保證人의 求償權 - 제341조: 타인의 채무를 담보하기 위하여 자기의 권리를 질물로 제공한 물상보증인은 질권의 행사로 권리를 상실할 수 있으므로 채권관계에서 직접 이해관계 있는 당사자가 되므로 채무자의 채무를 변제할 수 있고, 담보물의 범위 내에서 보증인과 유사한 지위를 갖는다. 즉 물상보증인은 주채무자에 대한 구상관계에 관한 규정에 의한 구상권을 가진다(441조 내지 448조 및 481조 내지 485조).
5. 物上代位權 - 제342조: 권리질의 목적물인 권리가 다른 대체물로 변형된 경우에 질권설정자가 받을 금전 기타 물건에 대하여도 질권을 행사할 수 있다. 이 경우에는 그 지급 또는 인도 전에 압류하여야 한다.

第9章 抵當權

1. 槪括: 저당권은 채무자 또는 제3자(물상보증인)가 점유를 이전하지 않고 채무의 담보로 제공한 부동산으로부터 채권자가 우선변제를 받을 수 있는 권리이다. 저당권은 원칙적으로 당사자간의 계약에 의해 성립하나(약정담보물권), 예외적으로 법률상 성립할 수도 있다(법정담보물권). 저당권이 설정되어도 저당목적물에 대한 사용·수익·처분권은 저당권설정자에게 있고, 저당권자는 채무자가 채무를 변제하지 않는 때에 그 저당목적물의 교환가치로부터 변제를 받는 것이므로, 저당권은 교환가치에 대한 배타적 지배를 내용으로 하는 전형적 가치권이다. 이러한 저당권은 등기, 등록제도가 마련되어 있는 유체물 또는 권리에만 가능하여, 부동산과 부동산물권(지상권·전세권), 등록된 입목, 등기된 선박과 항공기, 등록된 자동차, 특별법상의 공장재단, 광업재단에 설정될 수 있다.
2. 抵當權의 法律的 性質
(1) 저당권의 특질
(가) 공시의 원칙: 저당권은 등기나 등록에 의하여 공시되어야 한다. 공시의 원칙으로 저당권의 존재에 의하여 일반채권자에게 불측의 손해를 입히지 아니하며 저당권자에게 공시 없는 다른 저당권의 출현으로 위협 당하지 않는다. 다만 임차지상의 건물에 대한 법정저당권은 예외이며(649

조), 조세채권은 그 공시방법을 구비하지 않아도 그 법정기일 후에 설정된 저당권에 대하여 언제나 우선한다(국세기본법 35조1항3호).

(나) 특정의 원칙: 저당권은 특정·현존하는 목적물 위에만 성립할 수 있다. 그러므로 채권자의 전재산상에 인정되는 일반저당권은 인정되지 않는다. 이 원칙은 저당권의 객체의 범위를 확정하여 저당권에 의하여 파악되는 교환가치에 객관성을 부여하게 된다.

(다) 우선변제력: 목적물로부터 다른 채권자에 우선하여 변제를 받는다. 방법은 원칙적으로 경매이다.

(2) 담보물권으로서의 특질

(가) 타물권: 저당권은 타인의 소유인 부동산을 객체로 하여 성립하는 타물권이다. 예외적으로 혼동의 경우에는 채권자의 소유인 부동산을 객체로 하는 저당권이 인정된다.

(나) 부종성: 민법은 저당권의 독립성을 인정하지 않는다. 그러므로 피담보채권이 처음부터 무효 또는 취소되는 때에는 저당권도 무효이거나 소급적으로 효력을 잃는다. 채권이 변제, 혼동, 면제, 포기, 기타 사유로 소멸하면 저당권도 소멸한다. 저당권은 피담보채권과 분리하여 처분하지 못한다.

(다) 수반성: 피담보채권이 상속·양도 등에 의하여 그 동일성을 유지하면서 승계되면 저당권도 이에 따라 승계된다. 그러나 제3자에게 불이익을 주어서는 아니 된다. 그러므로 물상보증인이 설정한 저당권은 그의 동의가 없으면 수반하지 않는다. 당사자는 특약으로 저당권을 수반하지 않는 것으로 할 수도 있고 이 경우에 채권은 저당권 없는 무담보의 채권으로 존속하게 된다.

(라) 불가분성과 물상대위성: 저당권은 불가분성(370조, 321조)과 물상대위성(370조, 342조)을 가진다. 다만 공동저당권(368조)에서는 저당권의 불가분성에 대한 예외가 인정된다.

3. 構成

(1) 저당권의 성립과 내용: 제356조

(2) 근저당: 제357조

(3) 저당권의 효력: 제358조-제360조

(4) 저당권의 처분제한: 제361조

(5) 저당물의 보충: 제362조

(6) 저당권의 실행: 제363조-제365조

(7) 법정지상권: 제366조

(8) 저당물의 제3취득자의 비용상환청구권: 제367조

(9) 공동저당: 제368조

(10) 부종성: 제369조

(11) 준용규정: 제370조

(12) 지상권, 전세권을 목적으로 하는 저당권: 제371조

(13) 타법률에 의한 저당권: 제372조

第356條【抵當權의 內容】 抵當權者는 債務者 또는 第三者가 占有를 移轉하지 아니하고 債務의 擔保로 提供한 不動産에 對하여 다른 債權者보다 自己債權의 優先辨濟를 받을 權利가 있다.

抵當權의 成立과 內容

1. 抵當權의 成立: 민법상 저당권이 성립하는 경우로는 당사자 사이의 저당권설정에 관한 합의와 등기에 의한 경우, 민법 제666조에 의하여 부동산공사수급인에게 인정되는 저당권설정청구권의 행사에 의한 경우, 민법 제649조의 규정에 의하여 일정한 요건에 따라 법률상 당연히 성립하는 경우(법정저당권)가 있다. 저당권은 원칙적으로 약정담보물권이므로 이들 중 첫째의 경우가 일반적이다.

(1) 저당권설정계약: 저당권은 약정담보물권이므로 제186조에 의하여 당사자 사이의 저당권설정을 목적으로 하는 물권적 합의를 하여야 한다. 저당권설정을 목적으로 하는 물권적 합의가 저당권설정계약이다.

(2) 저당권 등기: 제186조에 의한 물권변동으로 저당권등기를 하여야 한다. 등기하여야 할 사항은 채권자·채무자·채권액·변제기·이자·이자의 발생기 또는 지급시기·원본 또는 이자의 지급장소·제358조 단서의 약정채권이 조건부인 때에 그 조건의 내용 등이다(부등법 140조1항).

(가) 저당권설정등기청구권: 근저당권설정 약정에 의한 근저당권설정등기청구권은 피담보채권과는 별개이고, 저당권설정등기청구의 소에는 그 피담보채권이 될 채권의 존재에 관한 주장이 당연히 포함되어 있는 것이고, 저당권설정등기청구의 소의 제기에 의하여 피담보채권이 될 채권에 관한 권리의 행사가 있은 것으로 볼 수 있으므로, 근저당권설정등기청구의 소의 제기는 그 피담보채권의 재판상의 청구에 준하는 것으로서 피담보채권에 대한 소멸시효 중단의 효력을 생기게 한다(대판 2004.2.13. 2002다7213).

(나) 채권자 아닌 제3자 명의로 설정된 저당권

① 한정 긍정: 채권자와 채무자 및 제3자 사이에 합의가 있었고, 제3자에게 그 채권이 실질적으로 귀속되었다고 볼 수 있는 특별한 사정이 있거나, 거래경위에 비추어 제3자의 저당권등기가 한낱 명목에 그치는 것이 아니라 그 제3자도 채무자로부터 유효하게 채권을 변제받을 수 있고 채무자도 채권자나 저당권 명의자인 제3자 중 누구에게든 채무를 유효하게 변제할 수 있는 관계, 즉 묵시적으로 채권자와 제3자가 불가분적 채권자의 관계에 있다고 볼 수 있는 경우에는, 그 제3자 명의의 저당권등기도 유효하고, 이는 부동산실권리자명의등기에관한법률에 규정된 명의신탁약정의 금지에 위반된다고 할 것은 아니다(대판 2000.12.12. 2000다49879).

② 무효인 제3자명의 저당권등기가 유효로 되는 경우: 등기가 실체적 권리관계에 부합한다고 하는 것은 그 등기절차에 어떤 하자가 있더라도 진실한 권리관계와 합치되는 것을 의미하는바, 채권자가 채무자와 사이에 근저당권설정계약을 체결하였으나 그 계약에 기한 근저당권설정등기가 채권자가 아닌 제3자의 명의로 경료되고 그 후 다시 채권자가 위 근저당권설정등기에 대한 부기등기의 방법으로 위 근저당권을 이전받았다면 특별한 사정이 없는 한 그때부터 위 근저당권설정등기는 실체관계에 부합하는 유효한 등기로 볼 수 있다(대판 2007.1.11. 2006다50055).

③ 명의신탁한 명의신탁자가 자신의 채무를 담보하기 위하여 그 부동산에 근저당권설정등기를 함에 있어 편의상 채무자를 명의수탁자로 등재한 경우: 자기 소유 부동산을 타인에게 명의신탁한 명의신탁자가 제3자와의 거래관계에서 발생하는 차용금 채무를 담보하기 위하여 위 부동산에 제3자 명의로 근저당권을 설정함에 있어서 당사자 간의 편의에 따라 명의수탁자를 채무자로 등재한 경우 위 부동산의 근저당권이 담보하는 채무는 명의신탁자의 제3자에 대한 채무로 보아야 한다(대판 1999.7.22. 99마2870).

(다) 무효등기의 유용-한정 유효: 저당권의 부종성으로 피담보채권이 불성립하거나 소멸(변제로)하면 저당권은 당연히 소멸한다. 또한 피담보채무가 일부 변제되면 별도로 변경등기하지 아니하더라도 저당권의 피담보범위도 그 범위만큼 축소된다. 그런데 피담보채권이 전부 변제되어 소멸된 저당권을 말소등기하지 않은 상태에서 당사자간의 합의로 무효인 저당권등기를 다른(신) 피담보채권의 담보를 위하여 이용할 수 있는지라는 문제가 있다.

① 유용 합의 전에 이해관계자가 없는 경우에 한정: 실질관계의 소멸로 무효로 된 등기의 유용은 그 등기를 유용하기로 하는 합의가 이루어지기 전에 등기상 이해관계가 있는 제3자가 생기지 않은 경우에 한하여 유효하다(대판 1989.10.27. 87다카425).

② 유용 합의 전 제3자의 처분금지가처분이 있는 경우-무효: 유용의 합의 전에 제3자가 당해 부동산에 처분금지가처분을 하여 둠으로써 등기상의 이해관계를 가지게 된 경우에는 그 효력이 없다(대판 1994.1.28. 93다31702).

③ 합의 후 이전의 부기등기 전에 이해관계자가 생긴 경우-무효: 채무자인 부동산의 소유자와 새로운 제3의 채권자와 사이에 저당권등기의 유용의 합의를 하였으나 아직 종전의 채권자 겸 근저당권자의 협력을 받지 못하여 저당권 이전의 부기등기를 경료하지 못한 경우에는 유용의 합의

는 효력이 없다(대판 1998.3.24. 97다56242).
(라) 설정된 저당권등기의 불법말소
① 물권의 효력-영향이 없음: 등기는 물권의 효력발생 요건이고 효력존속요건은 아니므로 물권에 관한 등기가 원인 없이 말소된 경우에도 그 물권의 효력에는 아무런 영향을 미치지 않는다(대판 1988.10.25. 87다카1232).
② 정정 방법-회복등기로: 불법 말소된 저당권자는 저당권을 상실하지 않고 그 말소된 등기의 회복등기를 할 수 있다(대판 1982.9.14. 81다카923). * 등기는 물권의 효력발생요건이고 효력존속요건이 아니므로 물권에 관한 등기가 원인 없이 말소된 경우에 그 물권의 효력에는 아무런 영향을 미치지 않아, 등기공무원이 관할지방법원의 명령에 의하여 소유권이전등기를 직권으로 말소하였으나 그 후 동 명령이 취소 확정된 경우에는 말소등기는 원인 없이 경료된 등기와 같이 되어 말소된 소유권이전등기는 회복되어야 하고 회복등기를 마치기 전이라도 말소된 소유권이전등기의 최종명의인은 적법한 권리자로 추정된다(대판 1982.9.14. 81다카923).
③ 회복등기 전에 경매된 경우
㉮ 저당권은 소멸: 부동산이 경매절차에서 경락되면 그 부동산에 존재하였던 근저당권은 당연히 소멸하는 것이므로, 근저당권설정등기가 원인 없이 말소된 이후에 그 근저당 목적물인 부동산에 관하여 다른 근저당권자 등 권리자의 경매신청에 따라 경매절차가 진행되어 경락허가결정이 확정되고 경락인이 경락대금을 완납하였다면, 원인 없이 말소된 근저당권은 이에 의하여 소멸한다(대판 1998.10.2. 98다27197).
㉯ 소멸한 저당권자의 구제방법-실제 배당받은 자에게 부당이득반환의 청구: 근저당권설정등기가 위법하게 말소되어 아직 회복등기를 경료하지 못한 연유로 그 부동산에 대한 경매절차에서 피담보채권액에 해당하는 금액을 전혀 배당받지 못한 근저당권자로서는 위 경매절차에서 실제로 배당받은 자에 대하여 부당이득반환 청구로서 그 배당금의 한도 내에서 그 근저당권설정등기가 말소되지 아니하였더라면 배당받았을 금액의 지급을 경매절차에서 실제로 배당받은 자에 대하여 부당이득반환 청구로서 구할 수 있을 뿐이고, 이미 소멸한 근저당권에 관한 말소등기의 회복등기를 위하여 현소유자를 상대로 그 승낙의 의사표시를 구할 수는 없다(대판 1998.10.2. 98다27197).
(3) 저당권의 객체: 부동산(1필의 토지와 1동의 건물)과 부동산물권인 지상권과 전세권이 저당권의 객체가 될 수 있으며, 등기된 선박, 등기된 비행기, 등록된 자동차, 입목등기 된 입목, 광업권, 어업권, 특별법상의 공장재단, 광업재단 등이 객체가 될 수 있다.
(4) 피담보채권
(가) 장래의 채권도 가능: 피담보채권은 확정된 현재의 금전채권인 경우가 가장 많으나, 장래의 채권도 피담보채권이 된다.
(나) 일정한 금액을 목적으로 하지 않는 채권: 금전채권이 아닌 채권도 채무불이행이 있게 되면 금전채권으로 되기 때문에 피담보채권이 저당권을 실행할 시기에 금전채권으로 되어 있으면 된다. 그러나 피담보채권이 일정한 금액을 목적으로 하지 아니한 채권인 때에는 등기신청서에 그 〈채권의 가격〉을 기재하여야 하고 등기부에 이를 표시하게 된다(부등법 143조). 이것은 목적부동산에 의하여 파악되는 담보가치의 금액을 공시해서 목적부동산에 관하여 다시 이해관계를 가지게 되는 자를 보호하기 위한 것이다.
(다) 복수의 채권, 채권의 일부: 수개의 채권을 합하거나, 채권의 일부만을 피담보채권으로 할 수 있다.
(라) 피담보채권과 저당권의 부종성: 피담보채권이 무효인 경우에는 저당권도 당연히 그 효력이 없다. 그런데 피담보채권의 일부가 무효라고 하더라도 나머지 채권이 유효인 이상 채무자는 그 채무를 변제함이 없이 말소등기절차를 구할 수 없다(대판 1970.9.17. 70다1250).
2. 抵當權의 內容 - 優先辨濟力: 저당권자는 목적물로부터 우선변제를 받을 수 있다. 피담보채권의 변제기가 도래하였으나 채무자가 변제하지 않는 경우에 채권자의 저당 목적물을 일정한 절차를 밟아서 매각하여 현금화하고 그 대금으로부터 다른 채권자에 우선해서 자기의 채권의 만족을 받

는 것이 인정된다. 이것이 저당권의 가장 중심적 효력인 우선변제력이다. * 유저당권자는 우선변제력을 가지는 것이 아니라 피담보채무가 불이행이 있으면 저당권자가 저당물의 소유권을 취득한다-제363조 부분 참조.

(1) 일반채권과의 관계: 저당권은 일반채권에는 항상 우선한다. 다만 주택임대차보호법상의 최우선변제력 있는 소액보증금채권은 저당권에 우선하며, 확정일자를 받은 임차보증금채권과는 확정일과 저당권 성립일의 선후에 의한다.

(2) 임금채권과의 관계-일정한 임금채권 등은 최우선: 근로기준법 제39조에 의하여 최종 3개월분의 임금채권, 최종 3년간의 퇴직금채권과 재해보상금채권은 사용자의 총재산에 대하여 저당권에 의하여 담보된 채권과 조세·공과금 및 다른 채권에 최우선하여 변제되어야 한다. 그러나 사용자가 이미 담보권이 설정된 재산을 특정승계하고, 그 재산이 저당권실행된 경우에는 최우선변제권은 인정되지 아니한다(대판 2004.5.27. 2002다65905).

(3) 조세우선특권과의 관계: 조세우선특권(국세기본법 35조)과 저당권의 우선순위는 저당권의 등기와 국세의 납부기한의 선후에 의한다.

(4) 전세권과의 관계: 등기의 선후에 의한다.

(5) 유치권과의 관계: 유치권의 유치적 효력으로 경락자가 목적물을 지배하기 위하여는 유치권을 해소하여야 하기 때문에 사실상 유치권은 저당권에 우선하는 결과가 된다.

(6) 저당권 상호간: 등기의 선후에 의한다. 선순위저당권이 소멸하면 후순위저당권이 순차적으로 승진한다.

(7) 파산채권자와의 관계: 저당물의 소유자가 파산한 때에는 저당권자는 별제권을 가진다(파산법 84조).

3. 抵當權의 效力이 미치는 範圍: 제358조

第357條【根抵當】 ①抵當權은 그 擔保할 債務의 最高額만을 定하고 債務의 確定을 將來에 保留하여 이를 設定할 수 있다. 이 境遇에는 그 確定될 때까지의 債務의 消滅 또는 移轉은 抵當權에 影響을 미치지 아니한다.
②前項의 境遇에는 債務의 利子는 最高額中에 算入한 것으로 본다.

根抵當權

1. 意義: 근저당권은 당사자가 정한 일정한 기간 내에 채권자와 채무자 간의 거래로 인하여 상호간에 발생할 다수의 채권, 채무를 일정한 시기에 이를 상호 계산한 결과 채무자가 채권자에 대하여 부담하는 잔존채무를 최고한도액 내에서 담보하기 위한 저당권이다. 근저당은 금전대차관계가 중첩적으로 계속적으로 성립할 수 있는 당사자간에 개별적 금전대차관계를 체결할 때마다 매번 담보권을 설정하여야 하는 절차상 복잡하고 번거러운 점을 해소하는 편리한 점이 있다.

(2) 특질-부종성 완화: 근저당권은 장래의 증감하여 변동하는 불특정의 채권을 담보하는 점에서 통상의 저당권과 다르고, 이러한 점에서 근저당권은 보통저당권과는 달리 부종성이 완화되어 있다. 피담보채권의 불특정성은 피담보채권이 일시 소멸하더라도 저당권은 소멸하지 않는 것을 의미하고 그것은 저당권의 소멸의 부종성에 대한 예외를 인정하는 것이다. 보통의 저당권은 민법 제369조에 의하여 피담보채권이 소멸하면 저당권도 소멸하게 되어 소멸의 부종성이 인정된다. 그러나 근저당권은 채권의 최고액의 한도 내에서는 채권이 증감·변동하여서 비록 채무가 기간 내에 전부 변제되어서 零(영)이 되어도 근저당권은 소멸하지 않고 기간 내에 다시 채무가 발생하면 저당권은 그 동일성을 유지하여 그 채권을 담보한다.

2. 根抵當權의 設定

(1) 설정계약: 당사자는 근저당권자와 근저당권설정자이다. 근저당권설정자는 물상보증인이어도 무방하다. 설정계약에는 담보할 채권의 최고액과 피담보채권의 범위를 결정하는 기준이 있어야 한다. 기본계약으로 당좌대월계약·어음대부계약·상품공급계약 등이 된다. 근저당권의 존속

기간 또는 결산기를 정하는 것은 자유이나 기본계약에서 존속기간 또는 결산기가 정하여지는 것이 보통이다.

(2) 등기: 근저당권은 보통의 저당권이 아니라 근저당권이라는 것을 반드시 등기하여야 한다. 담보할 채권의 최고액은 반드시 등기하여야 한다. 이 최고액으로서 등기되는 것은 채권원본만의 한도액이 아니라 이자를 포함하는 원리금의 한도액이다(2항). 근저당권의 존속기간 또는 기본계약에 의한 거래관계의 결산에 관한 약정은 반드시 등기할 필요는 없으며, 이 등기가 없더라도 근저당권의 등기는 유효하다. 이들 시기가 등기된 때에는 그 시기 이후에 생긴 채권을 피담보채권에 포함시키지 못하며, 또한 당사자의 합의로 결산기를 등기한 시기로부터 연기하여도, 그것을 후순위저당권자에게 대항하지 못한다.

3. 根抵當權의 效力

(1) 피담보채권의 범위-제1항: 근저당권의 최고액은 목적물로부터 우선변제를 받을 수 있는 최고한도를 의미한다. 따라서 결산기에 확정된 채권액이 최고액을 넘고 있으면 그 최고액까지 담보되고, 반대로 최고액을 미달하고 있는 때에는 구체적인 확정액에 한하여 근저당권자는 우선변제를 받을 수 있다. 최고액의 한도 내에서 원본·이자·위약금·채무불이행으로 인한 손해배상, 원본의 지연이자, 저당권실행비용이 담보된다. 그리고 매수인의 매도인에 대한 매매대금채무의 담보를 위하여 설정된 근저당권은 그 매매계약이 매수인의 기망에 의한 것이라 하여 취소된 경우에 매수인이 위 기망행위로 인하여 매도인에게 입힌 손해배상채무도 담보한다(대판 1987.4.28. 86다카2458).

(가) 피담보채무의 확정시기: 근저당권의 설정계약에서 정한 결산기의 도래·근저당권의 존속기간이 있는 때의 그 기간의 만료·기본계약 또는 설정계약의 해지나 해제 등으로 채권은 확정된다. 피담보채권이 확정되면 그 이후에 발생하는 채권은 그 근저당권에 의하여 담보되지 못한다(대판 1988.10.11. 87다카545). 근저당권자가 피담보채무의 불이행을 이유로 경매신청을 한 경우에는 경매신청시에 근저당권의 피담보채권액이 확정되며(대판 1998.10.27. 97다26104, 26111), 후순위 근저당권자가 경매를 신청한 경우에는 선순위 근저당권자의 피담보채권액의 확정되는 시기는 경락대금 완납시이다(대판 1999.9.21. 99다26085).

(나) 경매신청시 채권일부만 기재한 경우: 근저당권자가 스스로 담보권의 실행을 위한 경매를 신청한 때에는 그때까지 기본계약에 의하여 발생되어 있는 채권으로 피담보채권이 확정되는 것이고, 이때 신청채권자가 경매신청서에 피담보채권 중 일부만을 청구금액으로 기재하여 경매를 신청하였을 경우에는 다른 특별한 사정이 없는 한 신청채권자가 당해 경매절차에서 배당을 받을 금액이 그 기재된 채권액을 한도로 확정되는 것이며, 피담보채권이 경매신청서에 기재된 청구금액으로 확정되는 것은 아니다(대판 1997.2.28. 96다495).

(다) 경매신청 후 발생한 원금 채권이 포함되는지 여부: 근저당권자가 피담보채권 중 일부만을 청구금액으로 하여 경매신청을 한 경우 그 나머지 부분에 대하여 배당기일까지 청구금액을 확장할 수 있다 하여도 이는 경매신청시까지 이미 발생한 원금 채권 및 그에 대한 경매신청 후의 지연손해금 채권에 대한 것이고 경매신청 이후에 발생한 원금채권은 그 근저당권에 의하여 담보되지 아니한다(대판 1991.9.10. 91다17979).

(라) 확정 전의 원본에 대한 확정 후에 발생한 이자 등-제2항: 채무확정 전에 발생한 원본채권에 관하여 확정 후에 발생하는 이자나 지연손해금 채권은 채권최고액의 범위 내에서 근저당권에 의하여 여전히 담보되는 것이다(대판 2007.4.26. 2005다38300).

(마) 총액이 최고액 초과의 경우: 채권최고액의 정함이 있는 근저당권에 있어서 채권의 총액이 그 채권최고액을 초과하는 경우, 적어도 근저당권자와 채무자 겸 근저당권설정자와의 관계에 있어서는 채권 전액의 변제가 있을 때까지 근저당권의 효력은 채권최고액과는 관계없이 잔존채무에 여전히 미친다. 따라서 채권전액의 변제를 하여야 근저당권말소를 주장할 수 있다(대판 2001.10.12. 2000다59081).

(바) 당해 부동산의 제3취득자: 당해 부동산의 제3취득자는 근저당권의 피담보채무에 대하여 채권최고액을 한도로 당해 부동산에 의한 담보적 책임을 부담하므로, 제3취득자로서는 채무자 또는 제3자의 변제 등으로 피담보채권이 일부 소멸하였다고 하더라도 잔존 피담보채권이 채권최고

액을 초과하는 한 담보 부동산에 의한 자신의 책임이 그 변제 등으로 인하여 감축되었다고 주장할 수 없다(대판 2007.4.26. 2005다38300).

(사) 피담보채무 확정 전의 채무자 변경: 근저당권은 피담보채무가 확정되기 이전이라면 채무의 범위나 또는 채무자를 변경할 수 있는 것이고, 채무의 범위나 채무자가 변경된 경우에는 당연히 변경 후의 범위에 속하는 채권이나 채무자에 대한 채권만이 당해 근저당권에 의하여 담보되고, 변경 전의 범위에 속하는 채권이나 채무자에 대한 채권은 그 근저당권에 의하여 담보되는 채무의 범위에서 제외된다(대판 1999.5.14. 97다15777, 15784).

(2) 근저당권의 실행: 근저당권자는 피담보채권이 확정되고 확정된 피담보채권의 변제기가 도래하면 근저당권을 실행해서 우선변제를 받을 수 있다. 다른 채권자가 근저당권의 목적부동산에 관하여 경매를 신청한 경우에는 근저당권자는 그 절차에서 우선변제권을 주장하게 된다.

(3) 근저당권의 처분: 근저당권의 기초가 되는 당사자간의 계속적 기본계약의 채권자의 지위가 이전되면 근저당권도 이전되고 또한 채무자의 지위가 이전되면 근저당권의 채무자의 변경이 생긴다. 이러한 이전은 3면계약에 의하여야 하고 이 경우에 그 근저당권에 의하여 담보되는 채권이 발생하고 있는지는 문제가 되지 않는다. 그러나 채권이 이미 발생한 경우에는 그 채권과 분리하여 근저당권만을 양도하지 못한다(361조).

4. 根抵當權의 消滅 – 제1항: 피담보채권이 확정되기 전에는 발생한 채권을 채무자가 변제하여도 근저당권이 소멸하지 않는데, 피담보채권이 확정되는 때에 담보할 채권이 존재하지 않거나 채권이 변제로 소멸한 때, 그리고 실행이 끝나면 근저당권은 소멸한다. 근저당권의 존속기간을 정하고 있지 않은 때에는 이미 발생하고 있는 채무가 변제 등으로 전부 소멸하고 있으면 기본계약과 설정계약을 해지하여 근저당권을 소멸시킬 수 있다.

第358條【抵當權의 效力의 範圍】 抵當權의 效力은 抵當不動產에 附合된 物件과 從物에 미친다. 그러나 法律에 特別한 規定 또는 設定行爲에 다른 約定이 있으면 그러하지 아니하다.

第359條【果實에 對한 效力】 抵當權의 效力은 抵當不動產에 對한 押留가 있은 後에 抵當權設定者가 그 不動產으로부터 收取한 果實 또는 收取할 수 있는 果實에 미친다. 그러나 抵當權者가 그 不動產에 對한 所有權, 地上權 또는 傳貰權을 取得한 第三者에 對하여는 押留한 事實을 通知한 後가 아니면 이로써 對抗하지 못한다.

第360條【被擔保債權의 範圍】 抵當權은 元本, 利子, 違約金, 債務不履行으로 因한 損害賠償 및 抵當權의 實行費用을 擔保한다. 그러나 遲延賠償에 對하여는 元本의 履行期日을 經過한 後의 1年分에 限하여 抵當權을 行使할 수 있다.

抵當權의 效力

1. 目的物의 範圍: 저당권의 효력이 미치는 범위는 목적물의 소유권이 미치는 범위와 일치하는 것이 원칙이다. 하지만, 당사자의 의사에 의하여 다소 그 범위를 확장·축소하는 것이 인정된다.

(1) 부합물-제358조

(가) 저당권의 효력이 미침-본조: 저당권의 효력은 저당부동산에 부합된 물건에 미친다. 그러므로 목적부동산과 결합하여 거래관념상 부동산의 일부분이 되었다고 인정되는 것에도 저당권의 효력이 미치는 것이 된다. 토지에 대한 수목, 건물의 증축부분 및 부속건물 등은 부합물의 예이다(대판 2002.10.25. 2000다63110). * 지하 1층, 지상 7층의 주상복합건물을 신축하면서 불법으로 위 건물 중 주택 부분인 7층의 복층으로 같은 면적의 상층을 건축하였고, 그 상층은 독립된 외부 통로가 없이 하층 내부에 설치된 계단을 통해서만 출입이 가능하고, 별도의 주방시설도 없이 방과 거실로만 이루어져 있

으며, 위와 같은 사정으로 상·하층 전체가 단일한 목적물로 임대되어 사용된 경우, 그 상층 부분은 하층에 부합되었고, 따라서 저당권이 효력이 미친다(대판 2002.10.25. 2000다63110).
(나) 예외
① 설정행위에 다른 약정을 한 때-단서: 다른 약정을 할 수 있다. 이 약정은 등기를 하여야만 제3자에게 대항할 수 있다.
② 법률에 특별한 규정이 있는 경우-단서: 법률에 특별한 규정으로 제256조의 타인이 권원에 의하여 부속시킨 것은 여기의 효력이 미치는 부합물이 아니다.
(2) 종물-제358조: 저당권의 효력은 저당부동산의 종물에도 미친다. 여기서의 종물은 민법 제100조가 규정하는 종물과 같은 의미로서, 종물이기 위하여는 주물의 상용에 이바지 되어야 하는 관계가 있어야 하는바, 주물 그 자체의 경제적 효용을 다하게 하는 작용을 하는 것을 말하는 것으로서 주물의 소유자나 이용자의 상용에 공여되고 있더라도 주물 그 자체의 효용과는 직접 관계 없는 물건은 종물이 아니다(대판 1985.3.26. 84다카269). 이러한 의미에서 주유소의 주유기는 주유소 건물의 종물이다(대판 1995.6.29. 94다6345).
(3) 과실-제359조
(가) 천연과실-압류 후의 천연과실: 저당권의 효력은 천연과실에는 원칙적으로 미치지 않는다. 그러나 저당부동산에 대한 압류가 있은 후에 저당권설정자가 그 부동산으로부터 거두어들일 수 있는 과실에 대하여는 저당권의 효력은 미친다. 그러나 그 부동산에 대한 소유권·지상권·전세권을 취득한 제3자에 대하여는 압류한 사실을 통지한 후가 아니면 이로써 대항하지 못한다.
(나) 법정과실-압류 후의 법정과실: 민법 제359조는 과실을 천연과실에 한정하고 있지 않으므로 법정과실도 포함된다.
(4) 종된 권리: 제358조 본문은 〈저당권의 효력은 저당부동산에 부합된 물건과 종물에 미친다〉고 규정하고 있는바, 이 규정은 저당부동산에 종된 권리에도 유추적용되어 건물에 대한 저당권의 효력은 그 건물의 소유를 목적으로 하는 지상권에도 미친다(대판 1996.4.26. 95다52864).
* 종된 권리 여부-건물의 소유를 목적으로 하는 지상권자 소유의 건물에 대한 저당권이 실행(경매)된 경우(대판 1996.4.26. 95다52864):
① 건물에 대한 저당권의 효력은 그 건물의 소유를 목적으로 한 지상권에도 미친다.
② 경락인은 건물소유를 목적으로 한 지상권을 제187조의 규정에 의해 등기 없이 취득한다.
③ 경락인이 건물을 제3자에게 양도한 때에는 특별한 사정이 없는 한 제100조제3항의 유추적용에 의하여 건물과 함께 종된 권리인 지상권도 양도하기로 한 것으로 본다.
④ 지료에 관한 약정을 등기하지 않은 경우, 토지소유자가 구 지상권자의 지료연체 사실을 지상권 양수인에게 대항할 수 없다.
⑤ 법정지상권에 관한 지료가 결정되지 않은 경우, 토지소유자가 2년 이상 지료지급 지체를 이유로 지상권 소멸청구를 할 수 없다.
(5) 물상대위-제370조, 제342조: 저당권의 효력은 본래의 목적물의 상환물의 청구권에 미친다. 즉 저당물의 멸실, 훼손, 공용징수로 저당권설정자가 받을 금전(보험금, 보상금, 손해배상금 등) 기타 상환물을 지급받기 전에 저당권자가 그 청구권을 압류하여야 한다.
(가) 사례: 저당목적물이 소실되어 저당권설정자가 보험회사에 대하여 화재보험계약에 따른 보험금청구권을 취득한 경우 그 보험금청구권은 저당목적물이 가지는 가치의 변형물이라 할 것이므로 저당권자는 민법 제370조, 제342조에 의하여 저당권설정자의 보험회사에 대한 보험금청구권에 대하여 물상대위권을 행사할 수 있다(대판 2004.12.24. 2004다52798).
(나) 행사 방법-채권압류 및 전부명령의 신청: 저당권자의 물상대위권의 행사는 채권압류 및 전부명령을 신청하거나, 배당요구를 하는 방법에 의한다. 그런데 압류, 전부명령 등은 늦어도 배당요구의 종기까지 하여야 하는 것으로 그 이후에는 물상대위권자로서의 우선변제권을 행사할 수 없고, 압류 및 전부는 그 명령이 제3채무자에의 송달로서 효력이 생긴다(대판 2003.3.28. 2002다13539).
2. 被擔保債權의 範圍 - 제360조: 원본, 이자, 위약금, 채무불이행으로 인한 손해배상, 1년분의 지연이자, 저당권 실행비용이 피담보채권으로 담보된다.

(1) 원본: 담보되는 원본의 금액과 변제기 등이 등기되어야 한다. 피담보채권이 금전채권이 아닌 경우에는 미리 그 가액을 금전으로 평가해서 이 평가액을 등기하여야 한다.
(2) 이자: 이자를 발생케 하는 특약이 있는 때에는 이자 및 그 발생기 · 지급시기 · 지급장소에 관하여 등기하여야 한다. 민법은 저당권의 효력이 미치는 이자의 범위를 제한하고 있지 않아 이자채권은 저당권에 의하여 무제한으로 담보된다. 이는 저당권자를 보호하는 것이지만 후순위저당권자의 채권의 담보범위를 불안하게 하고 더 나아가 일반채권자에게 예측하지 않은 손해를 줄 수 있다.
(3) 손해배상청구권-지연이자는 1년분: 채무불이행으로 인한 손해배상(지연이자)은 원본의 이행기일을 경과한 후의 1년분에 한한다. 지연이자는 원본채무의 불이행으로 법률상 당연히 발생한다. 따라서 등기를 필요로 하지 않는다. 약정이자에 관한 등기가 있으면 그 이율에 의한 지연이자가 당연히 발생하게 된다. 1년분 이상의 이자에 대하여는 저당권의 피담보채권에는 속하지 않지만 일반 채권으로 남는다.
(4) 저당권의 실행비용: 저당권실행을 위하여 지출한 비용도 피담보채권의 범위에 속한다.

第361條【抵當權의 處分制限】 抵當權은 그 擔保한 債權과 分離하여 他人에게 讓渡하거나 다른 債權의 擔保로 하지 못한다.

抵當權의 處分

1. 處分制限: 저당권을 타인에게 양도하는 것이 저당권의 처분인데, 저당권도 담보물권의 본질인 수반성을 원칙으로 하기 때문에 피담보채권과 분리하여 저당권만이 개별적으로 양도되거나 다른 채권의 담보로 될 수 없다.
(1) 저당권의 양도 합의: 저당권의 양도에 있어서도 물권변동의 일반원칙에 따라 저당권을 이전할 것을 목적으로 하는 물권적 합의와 등기가 있어야 저당권이 이전된다. 이때의 물권적 합의는 저당권의 양도 · 양수받는 당사자 사이에 있으면 족하고 그 외에 그 채무자나 물상보증인 사이에까지 있어야 하는 것은 아니라 할 것이고, 단지 채무자에게 채권양도의 통지나 이에 대한 채무자의 승낙이 있으면 채권양도를 가지고 채무자에게 대항할 수 있게 되는 것이다(대판 2005.6.10. 2002다15412, 15429).
(2) 피담보채권의 양도: 저당권부 채권의 양도는 언제나 저당권의 양도와 채권양도가 결합되어 행해지므로 저당권부 채권의 양도는 민법 제186조의 부동산물권변동에 관한 규정과 민법 제449조 내지 제452조의 채권양도에 관한 규정에 의해 규율된다.
(가) 담보권과 함께 양도로만 가능
① 피담보채권: 채권양도 방식(449조-452조)에 의하여 하여야 한다.
② 담보권-이전의 부기등기: 피담보채권의 양도에 담보권도 함께 양도하는 때에는 양수인 앞으로 이전의 부기등기가 있어야 한다. 즉 저당권은 피담보채권과 분리하여 양도하지 못하는 것이어서 저당권의 양도에 있어서도 물권변동의 일반원칙에 따라 저당권을 이전할 것을 목적으로 하는 물권적 합의와 등기가 있어야 저당권이 이전된다(대판2005.6.10. 2002다15412, 15429).
(나) 채권만의 양도-담보권 소멸: 담보권의 수반성이란 피담보채권의 처분이 있으면 언제나 담보권도 함께 처분된다는 것이 아니라 채권담보라고 하는 담보권 제도의 존재 목적에 비추어 볼 때 특별한 사정이 없는 한 피담보채권의 처분에는 담보권의 처분도 당연히 포함된다고 보는 것이 합리적이라는 것일 뿐이므로, 피담보채권의 처분이 있음에도 불구하고, 담보권의 처분이 따르지 않는 특별한 사정이 있는 경우에는 채권양수인은 담보권이 없는 무담보의 채권을 양수한 것이 되고 채권의 처분에 따르지 않은 담보권은 소멸한다(대판 2004.4.28. 2003다61542).
(3) 피담보채권이 법률의 규정에 의하여 이전되는 경우: 이 경우에는 등기 없이도 이전의 효력이 생긴다. 상속 기타 포괄승계의 경우 변제자의 법정대위로 인한 이전(481조)의 경우 등이 그 예이다.

2. 抵當權附 債權의 入質: 저당권은 그 담보한 채권과 분리하여 다른 채권의 담보로 하지 못하므로 저당권부 채권의 입질만이 가능하다. 민법은 저당권을 피담보채권과 분리하여 담보에 제공하는 것을 금하고 있으므로 저당권부 채권이 입질되면 저당권 또한 저당권의 부종성으로 인하여 질권의 구속을 받게 됨으로써 저당권에 의하여 파악된 담보가치가 다시 질권에 의하여 우선적으로 파악되는 것이므로 저당권부 채권의 입질은 채권의 입질과 저당권의 입질이 결합된 것이다.

第362條【抵當物의 補充】 抵當權設定者의 責任 있는 事由로 因하여 抵當物의 價額이 顯著히 減少된 때에는 抵當權者는 抵當權設定者에 對하여 그 原狀回復 또는 相當한 擔保提供을 請求할 수 있다.

抵當權의 侵害와 救濟

1. 意義: 저당권은 가치의 교환권으로서, 이 가치권을 위태롭게 하는 것이 저당권의 침해이다. 전형적인 저당권의 침해는 저당물의 가치를 훼손하는 것인데, 저당권은 교환권으로서 목적물이 그 설정자에 의하여 통상의 경제적 용법에 따라 이용되고 있으면 그 설정자가 부합물을 저당부동산으로부터 분리하거나 목적물을 제3자에게 이용케 하여도 저당권의 침해가 아니고, 저당물을 훼손하여 교환가치가 감소되더라도 피담보채권액을 넘고 있다면 저당권의 침해가 아니다.

2. 救濟方法

(1) 방해배제청구, 방해예방청구: 저당권자는 저당권 설정 이후 환가에 이르기까지 저당물의 교환가치에 대한 지배권능을 보유하고 있으므로 저당목적물의 소유자 또는 제3자가 저당목적물을 물리적으로 멸실·훼손하는 경우는 물론 그 밖의 행위로 저당부동산의 교환가치가 하락할 우려가 있는 등 저당권자의 우선변제청구권의 행사가 방해되는 결과가 발생한다면 저당권자는 저당권에 기한 방해배제청구권을 행사하여 방해행위의 제거 및 예방을 청구할 수 있다(대판 2006.1.27. 2003다58454).

(가) 본래의 용법에 벗어난 사용: 저당권자는 원칙적으로 저당부동산의 소유자가 행하는 저당부동산의 사용 또는 수익에 관하여 간섭할 수 없고, 다만 저당부동산에 대한 점유가 저당부동산의 본래의 용법에 따른 사용·수익의 범위를 초과하여 그 교환가치를 감소시키거나, 점유자에게 저당권의 실현을 방해하기 위하여 점유를 개시하였다는 점이 인정되는 등, 그 점유로 인하여 정상적인 점유가 있는 경우의 경락가격과 비교하여 그 가격이 하락하거나 경매절차가 진행되지 않는 등 저당권의 실현이 곤란하게 될 사정이 있는 경우에는 저당권의 침해가 인정될 수 있다(대판 2005.4.29. 2005다3243).

(나) 저당권 실현을 방해할 우려: 대지의 소유자가 나대지 상태에서 저당권을 설정한 다음 대지상에 건물을 신축하기 시작하였으나 피담보채무를 변제하지 못함으로써 저당권이 실행에 이르렀거나 실행이 예상되는 상황인데도 소유자 또는 제3자가 신축공사를 계속한다면 신축건물을 위한 법정지상권이 성립하지 않는다고 할지라도 경매절차에 의한 매수인으로서는 신축건물의 소유자로 하여금 이를 철거하게 하고 대지를 인도받기까지 별도의 비용과 시간을 들여야 하므로, 저당목적 대지상에 건물신축공사가 진행되고 있다면, 이는 경매절차에서 매수희망자를 감소시키거나 매각가격을 저감시켜 결국 저당권자가 지배하는 교환가치의 실현을 방해하거나 방해할 염려가 있는 사정에 해당한다(대판 2006.1.27. 2003다58454).

(다) 토지저당권자가 지상권도 함께 가진 경우에 토지 소유권자의 건물 신축: 토지에 대한 저당권을 취득함과 아울러 그 저당권의 담보가치를 확보하기 위하여 지상권을 취득하는 경우, 특별한 사정이 없는 한 그 지상권은 저당권이 실행될 때까지 제3자가 용익권을 취득하거나 목적 토지의 담보가치를 하락시키는 침해행위를 하는 것을 배제함으로써 저당 부동산의 담보가치를 확보하는 데에 그 목적이 있다고 할 것이므로, 제3자가 저당권의 목적인 토지 위에 건물을 신축하는 경우에는, 그 제3자가 지상권자에게 대항할 수 있는 권원을 가지고 있다는 등의 특별한 사정이 없는 한, 지상권자는 그 방해배제청구로서 신축 중인 건물의 철거와 대지의 인도 등을 구할

수 있다고 할 것이다(대판 2008.2.15. 2005다47205).
(라) 공장저당권의 목적인 동산의 무단 반출: 공장저당권의 목적 동산이 저당권자의 동의를 얻지 아니하고 설치된 공장으로부터 반출된 경우에는 저당권자는 점유권이 없기 때문에 설정자로부터 일탈한 저당목적물을 저당권자 자신에게 반환할 것을 청구할 수는 없지만, 저당목적물이 제3자에게 선의취득되지 아니하는 한 원래의 설치 장소에 원상회복할 것을 청구함은 저당권의 성질에 반하지 아니함은 물론 저당권자가 가지는 방해배제권의 당연한 행사에 해당한다(대판 1996.3.22. 95다55184).
(2) 저당권등기의 회복청구, 말소청구: 저당권등기가 위법하게 말소된 경우에는 등기회복청구를 할 수 있다. 선순위저당권이 피담보채권의 소멸로 소멸하였음에도 등기가 말소되지 아니한 때에는 그 등기의 말소를 청구할 수 있다.
(3) 불법행위에 의한 손해배상청구: 목적물의 위법한 침해로 저당권자가 채권의 만족을 얻을 수 없게 된 때에는 불법행위에 의한 손해배상을 청구할 수 있다. 당해 불법행위가 제3자에 의하여 행하여져 경매진행 중인 근저당목적물이 멸실되어 근저당권이 소멸한 경우 소유자가 불법행위자로부터 보상을 받았으면 근저당권자였던 사람은 소유자에게 부당이득의 반환을 청구할 수 있다(대판 1975.4.8. 73다29).
(4) 기한이익의 상실에 따른 즉시 이행청구: 채무자의 책임 있는 사유에 의한 저당권의 침해가 있는 때에는 채무자는 기한의 이익을 상실하고(388조), 채권자는 즉시 이행의 청구를 할 수 있다.
(5) 담보물보충청구-제362조: 저당권설정자의 책임 있는 사유로 저당물의 가액이 현저히 감소된 때에 저당권자는 그 원상회복 또는 상당한 담보제공을 청구할 수 있다.
(가) 요건
① 저당물의 교환가치의 현저한 감소: 가치의 감소로 채권의 만족을 얻을 수 없을 우려가 있는 상태를 말한다.
② 설정자의 유책사유: 설정자의 고의 과실에 의한 저당물의 훼손이어야 한다.
(나) 효과: 담보물보충을 청구한 때에는 즉시 변제청구권을 행사할 수 없다.

第363條【抵當權者의 競賣請求權, 競買人】 ①抵當權者는 그 債權의 辨濟를 받기 爲하여 抵當物의 競賣를 請求할 수 있다.
②抵當物의 所有權을 取得한 第三者도 競買人이 될 수 있다.

第364條【第三取得者의 辨濟】 抵當不動產에 對하여 所有權, 地上權 또는 傳貰權을 取得한 第三者는 抵當權者에게 그 不動產으로 擔保된 債權을 辨濟하고 抵當權의 消滅을 請求할 수 있다.

第365條【抵當地上의 建物에 對한 競賣請求權】 土地를 目的으로 抵當權을 設定한 後 그 設定者가 그 土地에 建物을 築造한 때에는 抵當權者는 土地와 함께 그 建物에 對하여도 競賣를 請求할 수 있다. 그러나 그 建物의 競賣代價에 對하여는 優先辨濟를 받을 權利가 없다.

抵當權의 實行

1. 意義: 저당권자가 스스로 저당물을 환가하여 그 대가로부터 피담보채권의 만족을 얻는 것이 저당권의 실행이다. 저당권의 실행은 민사집행법이 정하는 담보권의 실행을 위한 경매로 하는 방법과 유저당에 의하는 방법, 두 가지가 있다.

2. 競賣에 의한 抵當權 實行 - 제363조

(1) 실행요건-제1항: 저당권을 실행하기 위해서는 유효한 채권과 저당권이 존재하고 채권이

이행기에 있어야 한다. 유효한 채권과 저당권이 존재하여야 경매절차의 개시를 허용할 수 있고 경매를 신청하려면 저당권을 증명하는 서류(민집법 264조1항), 즉 저당권의 존재를 증명하는 확정판결·공정증서·등기부의 등본 등을 제출하여야 한다. 저당권의 승계가 있는 경우 그 승계를 증명하는 서류를 각각 제출하여야 한다(민집법 264조2항). 피담보채권은 이행기에 있어야 한다.

(2) 경매절차

(가) 경매의 신청

① 저당물의 경매신청: 저당권의 실행은 저당권자가 목적부동산의 소재지를 관할하는 지방법원에 경매를 신청함으로써 시작된다(민집법 79조). 신청은 일정한 사항을 기재한 서면을 제출해서 이를 하여야 하며(민집법 80조), 이때에 실행하고자 하는 저당권의 존재, 그리고 필요한 경우 그의 승계를 증명하는 서류를 첨부하여야 한다(민집법 264조). 경매신청은 이를 취하할 수 있으나 매수신고가 있은 후에 신청을 취하하려면 최고가매수신청인 또는 매수인과 차순위매수신청인의 동의가 있어야 한다(민집법 93조).

② 저당토지위의 건물에 대한 일괄경매권-제365조

㉮ 의의: 경매의 목적물은 저당권의 목적물에 한하나, 저당권이 설정되더라도 저당권설정자는 그 목적물을 계속 사용·수익할 수 있다. 그러므로 건물이 없는 토지상에 건물을 건축하는 경우가 많이 있다. 이러한 경우에는 저당권의 실행에 의하여 토지소유자와 건물소유자가 다르게 되어도 건물소유자에게는 법정지상권(366조)이 인정되지 않는다. 그러므로 토지의 경락인은 건물소유자에게 건물의 철거 등을 요구할 수 있는데, 이는 사회, 경제적으로 합리적이지 못하다. 그리하여, 저당권자가 토지와 함께 저당권의 객체가 아닌 그 지상의 건물도 함께 경매할 수 있게 하면 건물이 토지와 함께 경매되어 동일인의 소유에 속하게 되어 건물을 철거할 필요가 없게 된다.

㉯ 일괄 경매의 요건

㉠ 저당권설정 후에 저당토지 상에 건물이 신축되어야: 저당권설정 당시에 건물이 이미 존재하고 있으면 제366조의 법정지상권의 문제가 되어, 토지에 저당권이 설정된 이후에 건물이 축조되었어야 한다.

ⓐ 저당권설정 당시에 축조 중인 경우: 저당권설정자가 저당권을 설정한 후 저당목적물인 토지상에 건물을 신축함으로써 저당권의 실행이 곤란하여지거나 저당목적물의 담보가치의 하락을 방지하고자 함에 제365조의 취지가 있다 할 것이므로, 저당권설정 당시에 건물의 존재가 예측되고, 또한 당시 사회·경제적 관점에서 그 가치의 유지를 도모할 정도로 건물의 축조가 진행되어 있는 경우에는 제365조는 적용되지 않는다(대판 1987.4.28 86다카2856).

ⓑ 저당지상에 신축된 건물의 일부가 다른 토지에 걸쳐 있는 경우: 토지에 대한 근저당권이 설정된 후 건축된 건물의 일부가 다른 토지에 걸쳐 있는 경우에 위 건물의 상당부분이 근저당권이 설정된 토지 위에 건립되어 있고 그 건물 전체가 불가분의 일체로서 소유권의 객체를 이루고 있다면 토지의 근저당권자는 위 건물 전부에 대하여 제365조에 의한 경매청구권을 행사할 수 있다(대판 1985.11.12 85다카246).

ⓒ 미완성 건물도 가능: 완공이 된 건물뿐아니라 완공되지 아니하여 보존등기가 경료되지 아니하였거나 사용승인되지 아니한 건물이라고 하더라도 채무자의 소유로서 건물로서의 실질과 외관을 갖추고 그의 지번·구조·면적 등이 건축허가 또는 건축신고의 내용과 사회통념상 동일하다고 인정되는 경우에는 이를 부동산경매의 대상으로 삼을 수 있다(대판 2005.9.9. 2004마696).

㉡ 건물의 축조 및 소유는 토지저당권설정자에 한함: 저당권설정자가 축조하고 소유한 경우에 한한다. 따라서 저당권설정 후 제3자가 건물을 축조한 경우와 저당권설정자가 건물축조 후 제3자에게 양도한 경우에는 제365조의 적용이 없다(대판 1999.4.20. 99마146). 저당권자가 신축한 건물에 관하여 제3자명의의 가등기가 경료되고 이에 기하여 본등기가 된 경우에도 적용이 없다.

㉰ 선택경매-한정 적극: 저당권자는 토지만을 경매하거나 또는 토지, 건물을 일괄하여 경매하는 것으로 선택할 수 있다. 즉 제365는 저당권자에게 일괄경매를 신청할 수 있는 권능만을 인정하였을 뿐 그 의무를 정한 것이 아니므로, 저당권자가 단지 건물소유자만을 괴롭힌다는 것만을 목

적으로 일부러 토지에 대해서만 경매신청을 하여 경락인이 되어 건물의 철거를 구하는 등 특별한 사정이 없는 한, 토지만에 대하여 경매를 신청하여 그 경락으로 소유권을 취득하고 건물의 철거를 구하는 것이 위법하지 아니하다(대판 1977.4.26 77다77).

㉣ 일괄경매의 효력: 일괄경매의 경우 저당권의 우선변제적 효력은 건물에는 미치지 않고 저당권자가 우선변제를 받는 범위는 토지의 매각대금에 한정된다(365조 본문). 따라서 경매법원은 토지와 건물을 각 별도로 평가하여 경매가격을 정하여야 한다. 토지와 건물을 동일인에게 경락시켜 건물을 유지하고자 하는 것이 본조의 취지이므로 토지와 건물은 동일인에게 경락되어야 한다.

(나) 경매개시결정: 집행법원은 경매신청이 적법하다고 인정하는 때에는 경매개시결정을 하고 동시에 그 부동산의 압류를 명하여야 한다(민집법 83조1항). 그리고 개시결정을 목적부동산의 등기부에 등기하도록 등기관에게 촉탁하여야 한다(민집법 94조). 경매개시결정이 채권자에게 송달된 때 또는 개시결정이 등기된 때에 목적물에 대한 압류의 효력이 생긴다(민집법 83조4항).

(다) 경락인의 소유권 취득: 경매에 의한 소유권 취득은 법률의 규정에 의한 물권변동으로 경락인은 등기 없이 경락대금의 완납으로 소유권을 취득한다.

(3) 물상보증인의 소유권상실-구상권-채권범위: 경락으로 인하여 담보부동산의 소유권을 상실한 물상보증인이 채무자로 부터 구상받을 채권의 범위는 특별한 사정이 없는 한 그 부동산의 소유권을 상실하게 된 경락허가결정확정 당시의 부동산의 시가 상당액이다(대판 1978.7.11. 78다639).

(4) 제3취득자와의 관계

(가) 저당권설정 후의 용익권-저당물의 제3취득자와의 관계: 저당권은 가치권이므로 저당권설정 후에도 그 실행이 있기까지는 목적물을 사용·수익하는 용익권능은 저당권설정자가 계속 가지고 이것을 스스로 지배하거나 타인으로 하여금 지배하게 할 수 있다. 이에 저당권설정 후에 저당권설정자로부터 저당부동산의 소유권을 양도받거나 지상권 또는 전세권을 설정받은 양수인, 지상권자, 전세권자 등을 제3취득자라 한다. 이 경우에 저당권이 실행되기 전에는 그 저당권은 단순히 존재하고 있을 뿐이므로, 제3취득자가 소유권을 취득하거나 저당부동산을 용익하는 데 제한이 없을 뿐만 아니라 채무자가 변제기에 채무를 변제하면 저당권은 소멸하고 제3취득자의 지위는 아무런 영향을 받지 아니한다. 그러나 채무자가 변제하지 않아서 저당권이 실행되어 경락되면 제3취득자는 그가 취득하였던 소유권, 지상권, 전세권 등을 상실하게 된다. 이러한 제3취득자의 불안한 지위를 보호할 필요성이 있다. 그것이 제363조제2항과 제364조이다.

(나) 제3취득자의 비용상환청구: 제367조

(다) 제3취득자도 경락인이 될 수 있음-제363조제2항: 저당권이 실행될 때 저당물의 제3취득자도 경락인이 될 수 있다.

(라) 제3취득자의 변제와 저당권소멸 청구-제364조: 채무는 그 채무의 성질 또는 당사자의 의사표시로 제3자의 변제를 허용하지 아니하는 경우를 제외하고는 일반적으로 제3자도 채무자를 위하여 변제할 수 있으며(469조1항), 저당부동산의 제3취득자는 이해관계 있는 제3자이므로 채무자의 의사에 반하여서도 변제할 수 있다(469조2항). 따라서 저당물의 제3취득자도 제469조에 해당하여 보호된다. 그런데 이와는 별도로 제364조를 따로 두어 보다 두텁게 보호하고자 하는 것이 제364조의 취지이다.

① 변제하여야 할 범위: 단순한 제3자의 변제라면 지연이자까지 변제하여야 하나 제3취득자는 민법 제360조가 정하는 피담보채권의 범위에 속하는 금액만을 변제하면 되어 제3취득자가 변제할 지연이자는 원본의 이행기일을 경과한 후의 1년분만 변제하면 된다.

② 변제시기: 제3취득자의 변제시기와 관련하여는 제3취득자는 채권의 변제기에 구애를 받지 않고 저당권의 소멸을 청구할 수 있다는 견해도 있으나, 제3취득자도 변제기가 도래하여야 변제할 수 있다. 즉 근저당의 경우에 결산기에 이르러 확정되는 피담보채무를 변제하고 근저당권설정등기의 말소를 구할 수는 있으나, 근저당권설정 계약종료 전에 이를 해지하고, 그 당시까지의 채무액만을 변제하는 조건으로 그 말소를 구할 수는 없다(대판 1979.8.21. 79다783).

③ 제3취득자의 변제의 효력과 구상권: 제3취득자는 민법 제360조의 범위 내만을 변제하면 피담

보채권이 소멸하여 저당권은 법률의 규정에 의한 물권변동으로 저당권설정등기의 말소등기 없이 저당권은 당연히 소멸한다. 변제를 하고 저당권을 소멸시킨 제3취득자는 채무자에 대하여 구상권을 가진다. 제3취득자의 변제는 민법 제469조의 제3자의 변제는 아니지만 제3취득자는 변제하는데 정당한 이익을 가지는 자이므로 당연히 변제를 하면 채권자를 대위하게 되어 법정대위의 규정(민법 제481조)이 준용되어 제3취득자는 구상권을 행사할 수 있다.

3. 流抵當: 정당권설정계약시 또는 그 이후 피담보채권의 변제기 전의 특약으로 피담보채권의 불이행시에는 저당목적물의 소유권을 저당권자에게 귀속시키거나 경매에 의하지 않는 임의의 방법으로 저당목적물을 처분 내지 환가하여도 좋다는 약정을 유저당계약이라 한다.

(1) 유저당계약-제607조, 제608조 적용: 민법은 우질계약은 금지하나, 유저당계약에 대하여는 별도로 규정하지 아니하여 문제인데, 이것은 대물변제예약과 다를 바 없어 제607조, 제608조가 적용된다(대판 1999.2.9. 98다51220).

(2) 제607조, 제608에 위반한 약정: 제607조와 제608조에 위반된 대물변제의 약정은 대물변제의 예약으로서는 무효가 되지만 약한 의미의 양도담보를 설정하기로 하는 약정으로서는 유효하다(대판 1999.2.9. 98다51220).

(3) 약한 의미의 양도담보의 성질: 기존의 채무를 정리하는 방법으로 다른 재산권을 이전하기로 하면서 일정 기간 내에 채무 원리금을 변제할 때에는 그 재산을 반환받기로 하는 약정이 이루어졌다면, 다른 특단의 사정이 없는 한 당사자간에는 그 재산을 담보의 목적으로 이전하고 변제기 내에 변제가 이루어지지 않으면 담보권 행사에 의한 정산절차를 거쳐 원리금을 변제받기로 하는 약정이 이루어진 것으로 해석하여야 할 것이다(대판 1991.12.24. 91다11223).

第366條【法定地上權】 抵當物의 競賣로 因하여 土地와 그 地上建物이 다른 所有者에 屬한 境遇에는 土地所有者는 建物所有者에 對하여 地上權을 設定한 것으로 본다. 그러나 地料는 當事者의 請求에 依하여 法院이 이를 定한다.

法定地上權

1. 意義: 토지와 그 지상의 건물이 같은 자에게 속하고 있었으나, 어떤 사정으로 이들 토지와 그 지상건물이 각각 소유자를 달리하게 된 때에 건물소유자에게 그의 건물소유를 위하여 법률상 당연히 인정되는 지상권이 법정지상권이다. 현행법상 법정지상권이 인정되는 여러 경우가 있으나 여기서는 민법 제366조의 법정지상권에 관한 것이다. 민법 제366조는 가치권과 이용권의 조절을 위한 공익상의 이유로 지상권의 설정을 강제하는 강행법규이다. 그러므로 동조의 적용을 배제하는 당사자 사이의 특약은 그 효력이 없다(대판 1988.10.25. 87다카1564).

2. 成立要件

(1) 건물이 저당권설정 당시에 존재할 것: 저당권설정 당시부터 토지 위에 건물이 존재하는 경우에만 법정지상권이 성립한다. 건물이 없는 토지에 저당권을 설정하고, 그 후에 건물을 지은 때에는 그 건물을 위한 법정지상권은 성립하지 않는다(대판 1995.12.11. 95마1262).

(가) 저당권설정 당시 토지소유자에 의하여 그 지상에 건물이 건축 중이었던 경우-긍정: 토지에 관하여 저당권이 설정될 당시 토지소유자에 의하여 그 지상에 건물을 건축 중이었던 경우 그것이 사회관념상 독립된 건물로 볼 수 있는 정도에 이르지 않았다 하더라도 건물의 규모, 종류가 외형상 예상할 수 있는 정도까지 건축이 진전되어 있었고, 그 후 경매절차에서 매수인이 매각대금을 다 낸 때까지 최소한의 기둥과 지붕 그리고 주벽이 이루어지는 등 독립된 부동산으로서 건물의 요건을 갖추어야 법정지상권의 성립이 인정된다(대판 2004.2.13. 2003다29043).

(나) 미등기 건물-제한 긍정: 최소한의 기둥과 지붕 그리고 주벽이 이루어지는 등 독립된 부동산으로서 건물의 요건을 갖추면 법정지상권이 성립하며, 그 건물이 미등기라 하더라도 법정지상권은 성립한다(대판 2004.2.13. 2003다29043).

(다) 미등기건물과 대지를 매수한 자가 건물에 대하여는 이전등기를 하지 않은 상태에서 대지만

을 이전등기 받은 후 대지에 대하여만 저당권을 설정한 경우-부정: 미등기 건물의 양수인은 미등기 건물을 처분할 수 있는 권리는 있을지언정 소유권은 가지고 있지 아니하므로 대지와 건물이 동일인의 소유에 속한 것이라고 볼 수 없어(대판 1998.4.24. 98다4798), 저당권의 설정 당시에 이미 대지와 건물이 각각 다른 사람의 소유에 속하고 있었으므로 법정지상권이 성립될 여지가 없다(대판 2002.6.20. 2002다9660). * 이 사안에서, 관습상의 법정지상권은 동일인의 소유이던 토지와 그 지상건물이 매매 기타 원인으로 인하여 각각 소유자를 달리하게 되었으나 그 건물을 철거한다는 등의 특약이 없으면 건물 소유자로 하여금 토지를 계속 사용하게 하려는 것이 당사자의 의사라고 보아 인정되는 것이므로 토지의 점유·사용에 관하여 당사자 사이에 약정이 있는 것으로 볼 수 있거나 토지소유자가 건물의 처분권까지 함께 취득한 경우에는 관습상의 법정지상권을 인정할 까닭이 없다 할 것이어서, 미등기건물을 그 대지와 함께 매도하였다면 비록 매수인에게 그 대지에 관하여만 소유권이전등기가 경료되고 건물에 관하여는 등기가 경료되지 아니하여 형식적으로 대지와 건물이 그 소유 명의자를 달리하게 되었다 하더라도 매도인에게 관습상의 법정지상권을 인정할 이유가 없다고 할 것이다(대판 2002.6.20. 2002다9660).

(라) 기존-건물의 증축·개축 멸실 후 재축·신축

① 원칙-인정: 저당권설정(토지에 대한 단독 저당) 당시 건물이 존재한 이상 그 이후 건물을 개축·증축하는 경우는 물론이고 건물이 멸실되거나 철거된 후 재축·신축하는 경우에도 법정지상권이 성립한다. 이 경우 법정지상권의 내용인 존속기간, 범위 등은 구 건물을 기준으로 하여 그 이용에 일반적으로 필요한 범위 내로 제한된다(대판 1990.7.10. 90다카6399).

② 예외-철거 후의 건축건물의 소유자가 각기 달라진 경우-부정: 동일인 소유의 토지와 그 지상 건물에 관하여 공동저당권이 설정된 후 그 건물이 철거되고 다른 건물이 신축된 경우에는 저당물의 경매로 인하여 토지와 신축건물이 서로 다른 소유자에게 속하게 되면 민법 제366조 소정의 법정지상권은 성립하지 아니한다(대판 2003.12.18. 98다43601).

③ 증축으로 인접 건물과 합동된 경우: 경매대상 건물이 인접한 다른 건물과 합동됨으로 인하여 건물로서의 독립성을 상실하게 되었다면 경매대상 건물만을 독립하여 양도하거나 경매의 대상으로 삼을 수는 없고, 이러한 경우 경매대상 건물에 대한 채권자의 근저당권은 위 합동으로 인하여 생겨난 새로운 건물 중에서 위 경매대상 건물이 차지하는 비율에 상응하는 공유지분 위에 존속하게 된다(대판 1993.11.10. 93마929).

(2) 소유자의 동일성: 저당권을 설정할 때에 토지와 건물이 동일한 소유자에게 속하고 있어야 한다.

(가) 저당권설정 후 소유자 변경-긍정: 저당권이 설정된 후에 토지와 건물이 각각 다른 소유자에게 속하게 된 때에도 저당권설정 당시에 같은 자에게 속하고 있으면 그 뒤 한쪽이 제3자에게 양도되더라도 법정지상권은 성립한다.

(나) 건물의 등기부상 소유명의를 타인에게 신탁한 경우-부정: 건물의 등기부상 소유명의를 타인에게 신탁한 경우에 신탁자는 제3자에게 그 건물이 자기의 소유임을 주장할 수 없고, 따라서 그 건물과 부지인 토지가 동일인의 소유임을 전제로 한 법정지상권을 취득할 수 없다(대판 2004.2.13. 2003다29043).

(3) 저당권의 설정: 토지와 건물의 어느 한쪽이나 둘 위에 저당권이 설정되어야 하며 토지와 그 지상건물의 어느 쪽에도 저당권이 설정되지 않은 경우에는 민법 제366조의 법정지상권이 성립하지 않는다.

(4) 경매로 소유자가 달라질 것: 법정지상권이 성립하는 것은 저당권의 목적으로 되어 있는 토지와 건물이 그 저당권자의 신청으로 담보권실행경매가 된 때이다. 그러나 그 저당권자가 집행권원에 의하여 저당부동산을 통상의 강제경매를 한 경우에도 법정지상권이 성립한다. 또한 저당부동산을 일반채권자가 강제경매를 한 때에도 법정지상권이 성립한다.

(5) 특약의 배제: 민법 제366조는 강행규정이므로 저당권설정당사자의 특약으로 법정지상권의 성립을 배제하지 못한다.

3. 成立時期와 登記

(1) 성립시기: 법정지상권이 성립하는 시기는 토지나 그 지상건물을 경매로 그 소유권이 경매의

매수인에게 이전하는 때이다.

(2) 등기는 불요: 법정지상권은 법률의 규정에 의한 물권취득이므로 등기를 필요로 하지 않는다. 건물소유자는 법정지상권을 취득할 당시의 토지소유자는 물론이고 그로부터 토지소유권을 취득한 제3자에 대하여서도 등기 없이 그의 법정지상권을 가지고 대항할 수 있다. 법정지상권을 취득한 자는 토지소유자에 대하여 지상권의 등기를 청구할 수 있다. 그러나 그 법정지상권을 제3자에게 처분하려면 민법 제187조 단서에 의하여 등기를 하여야 한다. 그러한 등기 없이 건물을 처분한 경우에는 법정지상권부 건물의 양수인은 그 양도인이 토지소유자에 대하여 가지고 있던 지상권설정등기청구권을 대위행사할 수 있으며(대판 1981.9.8. 80다2873), 따라서 토지소유자가 소유권에 의한 건물철거를 요구하는 것은 신의칙상 허용되지 않는다(대판 1985.4.9. 84다카1131 · 1132).

4. 法定地上權의 內用

(1) 기간-최단기간(280조): 법정지상권의 범위는 그 건물의 대지에 한정되지 않고 건물로서 이용하는 데 필요한 한도에서는 대지 이외의 부분에도 미치게 된다. 법정지상권의 존속기간은 민법 제280조제1항이 정하는 기간으로 보아야 한다.

(2) 지료-제366조 단서: 지료는 당사자의 협의에 의하여 이를 결정하게 된다. 그러나 협의가 성립되지 못하는 때에는 당사자의 청구로 법원이 이를 정한다.

(3) 법정지상권성립 후의 건물 증, 개, 신축: 제366조 소정의 법정지상권이나 관습상의 법정지상권이 성립한 후에 건물을 개축 또는 증축하는 경우는 물론 건물이 멸실되거나 철거된 후에 신축하는 경우에도 법정지상권은 성립하나, 다만 그 법정지상권의 범위는 구건물을 기준으로 하여 그 유지 또는 사용을 위하여 일반적으로 필요한 범위 내의 대지 부분에 한정된다(대판 1997.1.21. 96다40080).

5. 法定地上權의 處分 - 分離 處分 可能: 법정지상권은 토지와 그 토지상의 건물이 같은 사람의 소유에 속하였다가 그 중의 하나가 경매 등으로 인하여 다른 사람의 소유에 속하게 된 경우에 그 건물의 유지, 존립을 위하여 특별히 인정된 권리이기는 하지만 그렇다고 하여 위 법정지상권이 건물의 소유에 부속되는 종속적인 권리가 되는 것이 아니며 하나의 독립된 법률상의 물권으로서의 성격을 지니고 있는 것이기 때문에 건물의 소유자가 건물과 법정지상권 중 어느 하나만을 처분하는 것도 가능하다(대법원 2001.12.27. 2000다1976).

慣習法上의 法定地上權

1. 意義: 토지와 지상건물이 동일인의 소유에 속해 있다가 각각 그 소유자를 달리하게 되는 경우에 성립하는 관습법상의 지상권은, 그 경우 당사자 사이에 건물을 철거하기로 하는 등의 특별조건이 없다면 토지소유자는 지상건물 소유자에게 그 건물소유를 위한 지상권을 설정하여 주기로 한 의사가 있었던 것이라고 해석하여 인정되는 권리이다(대판 1960.9.29 4292민상944).

2. 要件

(1) 토지와 건물이 동일인에게 속했을 것: 토지와 지상건물이 동일인의 소유에 속해 있었어야 한다.

(가) 동일인 소유의 판단기준과 시기: 건물이 매각 기타의 원인으로 처분될 당시를 시기에, 등기명의를 기준으로 동일인 소유 여부를 판단한다.

(나) 동일인 소유 여부가 문제되는 구체적 사례

① 원래 동일인에게의 소유권 귀속의 원인이 무효임이 밝혀져 그 등기가 말소됨으로써 건물과 토지의 소유자가 달라지게 된 경우-부정: 관습상의 법정지상권의 성립 요건인 해당 토지와 건물의 소유권의 동일인에의 귀속과 그 후의 각기 다른 사람에의 귀속은 법의 보호를 받을 수 있는 권리변동으로 인한 것이어야 하므로, 원래 동일인에게의 소유권 귀속이 원인무효로 이루어졌다가 그 뒤 그 원인무효임이 밝혀져 그 등기가 말소됨으로써 그 건물과 토지의 소유자가 달라지게 된 경우에는 관습상의 법정지상권을 허용할 수 없다(대판 1999.3.26. 98다64189).

② 미등기 건물을 대지와 함께 양수한 자가 대지에 관하여서만 소유권이전등기를 경료한 상태에서 대지의 경매로 소유자가 달라지게 된 경우-부정: 미등기 건물을 그 대지와 함께 양수한 사람이 그 대지에 관하여서만 소유권이전등기를 넘겨받고 건물에 대하여는 그 등기를 이전받지 못하고 있는 상태에서 그 대지가 경매되어 소유자가 달라지게 된 경우에는, 미등기 건물의 양수인은

미등기 건물을 처분할 수 있는 권리는 있을지언정 소유권은 가지고 있지 아니하므로 대지와 건물이 동일인의 소유에 속한 것이라고 볼 수 없고(대판 1998.4.24. 98다4798), 토지소유자가 건물의 처분권까지 함께 취득한 경우에는 관습상의 법정지상권을 인정할 까닭이 없다 할 것이어서, 미등기건물을 그 대지와 함께 매도하였다면 비록 매수인에게 그 대지에 관하여만 소유권이전등기가 경료되고 건물에 관하여는 등기가 경료되지 아니하여 형식적으로 대지와 건물이 그 소유명의자를 달리하게 되었다 하더라도 매도인에게 관습상의 법정지상권을 인정할 이유가 없다고 할 것이다(대판 2002.6.20. 2002다9660).

③ 대지와 건물이 한 사람에게 매도되었으나 대지에 관하여서만 소유권이전등기가 경료된 경우-부정: 원소유자로부터 대지와 건물이 한 사람에게 매도되었으나 대지에 관하여만 그 소유권이전등기가 경료되고 건물의 소유 명의가 매도인 명의로 남아 있게 되어 형식적으로 대지와 건물이 그 소유 명의자를 달리하게 된 경우에 있어서는, 그 대지의 점유·사용 문제는 매매계약 당사자 사이의 계약에 따라 해결할 수 있는 것이므로 양자 사이에 관습에 의한 법정지상권을 인정할 필요는 없다(대판 1998.4.24. 98다4798).

④ 관습법상의 법정지상권이 성립된 이후 증축한 건물-긍정: 관습법상의 법정지상권이 성립된 토지에 대하여는 법정지상권자가 건물의 유지 및 사용에 필요한 범위를 벗어나지 않은 한 그 토지를 자유로이 사용할 수 있는 것이므로, 지상건물이 법정지상권이 성립한 이후에 증축되었다 하더라도 그 건물이 관습법상의 법정지상권이 성립하여 법정지상권자에게 점유·사용할 권한이 있는 토지 위에 있는 이상 이를 철거할 의무는 없다(대판 1995.7.28. 95다9075).

⑤ 토지공유자의 한 사람이 다른 공유자의 지분 과반수의 동의를 얻어 건물을 건축한 후 토지와 건물의 소유자가 달라진 경우-부정: 토지공유자의 한 사람이 다른 공유자의 지분 과반수의 동의를 얻어 건물을 건축한 후 토지와 건물의 소유자가 달라진 경우 토지에 관하여 관습법상의 법정지상권이 성립되는 것으로 보게 되면 이는 토지공유자의 1인으로 하여금 자신의 지분을 제외한 다른 공유자의 지분에 대하여서까지 지상권설정의 처분행위를 허용하는 셈이 되어 부당하다(대판 1993.4.13. 92다55756).

⑥ 토지 또는 건물의 한 쪽만 가등기되어 가등기되지 아니한 다른 쪽을 매수한 경우-긍정: 동일인소유의 토지와 건물의 어느 한쪽에 소유권이전청구권보전의 가등기가 행하여지고, 그에 기한 본등기가 행하여지기 전에 가등기되지 아니한 토지 또는 건물이 제3자에게 양도되었을 경우에도 관습법상의 법정지상권의 성립된다(대판 1982.6.22. 81다1298).

(2) 토지와 건물이 매매 기타의 원인에 의하여 각기 소유자가 달라졌을 것: 소유자가 달리되게 된 원인의 모습으로는 매매, 증여 등이다. 환지처분에 의하여 토지와 건물의 소유자를 달리하는 경우에는 관습법상의 법정지상권의 성립을 인정하지 아니한다(대판 2001.5.8. 2001다4101).

(3) 건물을 철거한다는 특약이 없을 것

(가) 명시적 특약이 없어야: 건물을 철거한다는 특약이 없어야 한다. 건물 철거의 합의가 관습상의 법정지상권 발생의 소극적 요건이 되는 이유는 그러한 합의가 없을 때라야 토지와 건물의 소유자가 달라진 후에도 건물 소유자로 하여금 그 건물의 소유를 위하여 토지를 계속 사용케 하려는 묵시적 합의가 있는 것으로 볼 수 있다는데 있고, 한편 관습상의 법정지상권은 타인의 토지 위에 건물을 소유하는 것을 본질적 내용으로 하는 권리가 아니라, 건물의 소유를 위하여 타인의 토지를 사용하는 것을 본질적 내용으로 하는 권리여서, 위에서 말하는 묵시적 합의라는 당사자의 추정 의사는 건물의 소유를 위하여 〈토지를 계속 사용한다〉는 데 중점이 있는 의사라 할 것이므로, 건물 철거의 합의에 위와 같은 묵시적 합의를 깨뜨리는 효력, 즉 관습상의 법정지상권의 발생을 배제하는 효력을 인정할 수 있기 위하여서는, 단지 형식적으로 건물을 철거한다는 내용만이 아니라 건물을 철거함으로써 토지의 계속 사용을 그만두고자 하는 당사자의 의사가 그 합의에 의하여 인정될 수 있어야 한다. 따라서 토지와 건물의 소유자가 토지만을 타인에게 증여한 후 구 건물을 철거하되 그 지상에 자신의 이름으로 건물을 다시 신축하기로 합의한 경우, 그 건물 철거의 합의는 건물 소유자가 토지의 계속 사용을 그만두고자 하는 내용의 합의로 볼 수 없어 관습상의 법정지상권의 발생을 배제하는 효력이 인정되지 않는다(대판 1999.12.10. 98다58467).

(나) 건물철거 합의 존부 입증책임: 건물철거의 특약이 있었다는 사실은 토지소유자가 주장, 입증하여야 한다(대판 1988.9.27. 87다카279).

3. 效力: 관습법상의 법정지상권의 구체적 내용 내지 효력은 특별한 사정이 없는 한 지상권규정이 준용된다.

(1) 존속기간: 기간을 정하지 아니한 지상권으로 본다. 따라서 당사자간에 존속기간에 관하여 합의가 이루어지지 않은 때에는 281조, 280조에 의한다. 그런데 존속기간 만료 전에 건물이 소멸한 때에는 신구건물의 동일성 여부를 기준으로 동일성을 상실한 경우에는 기왕의 건물소유를 위한 법정지상권은 소멸하고 기왕의 건물의 일부를 증, 개축하여 그 면적에 다소의 증감이 있었거나 지붕이나 구조에 일부 변동이 있는 사실만으로는 건물의 동일성을 상실한다고 볼 수 없으므로 그 건물의 소유를 위한 법정지상권은 여전히 존속한다(대판 1985.5.14. 85다카13).

(2) 범위: 지상권의 효력이 미치는 토지사용권의 범위는 그 건물을 사용하는 데 필요한 범위 내에 미친다. 지상건물이 법정지상권이 성립한 이후에 증축되었다 하더라도 그 건물이 관습법상의 법정지상권이 성립하여 법정지상권자에게 점유·사용할 권한이 있는 토지 위에 있는 이상 이를 철거할 의무는 없다(대판 1995.7.28. 95다9075).

(3) 지료: 건물을 사용하는 데 필요한 범위의 토지를 사용하는 권리를 갖게 되므로 그 대가로서 지료를 지급할 의무를 진다. 지료는 먼저 당사자의 협의에 의하도록 하고, 협의가 이루어지지 않을 때에는 법원에 지료의 지정을 청구할 수 있고, 법정지상권을 취득할 지위에 있는 자 역시 지료 또는 임료상당이득을 대지소유자에게 반환할 의무를 면할 수는 없으므로 이러한 임료상당 부당이득의 반환도 청구할 수 있다(대판 1988.10.24. 87다카1604).

4. 對抗力: 관습법상의 법정지상권자는 당사자간에서는 물론이고, 토지의 전득자에 대하여도 등기 없이 그 효력을 주장할 수 있지만, 제3자에게 지상권을 처분하려면 제187조 단서에 의하여 등기하여야 한다.

5. 處分

(1) 건물과 지상권을 함께 양도: 건물을 양도하기 전에 지상권을 등기하고 건물과 지상권을 함께 양도하는 경우에는 아무런 문제가 없다.

(2) 지상권등기하지 않은 상태에서 건물의 양도와 지상권양도의 합의를 한 경우: 법정지상권을 가진 건물소유자로부터 건물을 양수하면서 법정지상권까지 양도받기로 한 자는 채권자대위의 법리에 따라 전건물소유자 및 대지소유자에 대하여 차례로 지상권의 설정등기 및 이전등기절차이행을 구할 수 있고, 이러한 법정지상권을 취득할 지위에 있는 자에 대하여 대지소유자가 소유권에 기하여 건물철거를 구하는 것은 지상권의 부담을 용인하고 그 설정등기를 이행할 의무가 있는 자가 그 권리자를 상대로 한 청구라 할 것이어서 신의성실의 원칙상 허용될 수 없다(대판 1988.10.24. 87다카1604).

(3) 지상권이 등기되지 않은 상태에서 건물만 양수받은 경우: 지상권이 등기되지 않은 상태에서 건물만 양수받은 경우에는 지상권을 양도하지 아니한다는 약정이 없는 한 건물의 양도와 더불어 지상권도 양도한다는 묵시적 합의가 있었다고 본다(대판 1991.9.24. 91다21701). 이 경우에 지상권자는 지상권설정등기를 한 후에 건물양수인에게 이의 양도등기절차를 이행하여 줄 의무가 있다. 따라서 건물 양수인은 건물양도인을 순차 대위하여 토지소유자에 대하여 건물소유자였던 법정지상권자에의 법정지상권설정 등기절차 이행을 청구할 수 있다(대판 1981.9.8. 80다2873).

第367條【第三取得者의 費用償還請求權】 抵當物의 第三取得者가 그 不動產의 保存, 改良을 爲하여 必要費 또는 有益費를 支出한 때에는 第203條第1項, 第2項의 規定에 依하여 抵當物의 競賣代價에서 優先償還을 받을 수 있다.

第3取得者의 費用償還請求權

1. 意義: 저당권설정등기 후의 저당목적물의 제3취득자는 저당권자에게 대항할 수 없고 저당권

의 실행으로 권리를 상실한다. 하지만, 이 경우에도 이러한 용익권자는 저당부동산의 보존, 개량을 위하여 필요비 또는 유익비를 지출할 수 있다. 이러한 비용에 대하여 점유자가 저당물의 경매대가에서 우선하여 비용의 상환을 받을 수 있게 한다. 본조의 취지는 저당권설정자가 아닌 제3취득자가 저당물에 관한 필요비 또는 유익비를 지출하여 저당물의 가치가 유지·증가된 경우, 매각대금 중 그로 인한 부분은 일종의 공익비용과 같이 보아 제3취득자가 경매대가에서 우선상환을 받을 수 있도록 한 것이다.

2. 第3取得者 - 저당부동산의 양수인 등: 본조의 제3취득자는 저당권설정자로부터 저당부동산의 소유권을 양도받거나 지상권 또는 전세권을 설정받은 지상권자, 전세권자, 대항력 있는 임차권자를 말한다. 그러나 용익권자 아닌 자가 비용을 지출하였더라도 본조의 상환청구는 할 수 없다. 따라서 물상보증인이 경매신청 전에 가옥을 수리한 비용에 관하여는 경락인에게 아무런 청구권이 없다. 또한 건물의 증축비용을 투자한 대가로 건물에 대한 지분이전등기를 경료받았으나 저당권의 실행으로 그 권리를 상실한 자는 건물에 관한 제3취득자로서 필요비 또는 유익비를 지출한 것이 아니므로 저당물의 경매대가에서 우선상환을 받을 수 없다(본조의 제3취득자에 해당되지 않고 설정자에 해당됨)(대판 2004.10.15. 2004다36604).

3. 第203條 準用: 본조의 효과는 민법 제203조의 점유자의 회복자에 대한 비용상환청구권이 준용되는 것이다. 그러므로 제3취득자가 저당목적물인 부동산을 보존하기 위하여 지출한 금액 기타 필요비는 그 전액을 그리고 기타 유익비는 그 가액의 증가가 현존한 경우에 한하여 저당권자의 선택에 따라 그 지출금액이나 증가액의 상환을 청구할 수 있다.

第368條【共同抵當과 代價의 配當, 次順位者의 代位】 ①同一한 債權의 擔保로 數個의 不動產에 抵當權을 設定한 境遇에 그 不動產의 競賣代價를 同時에 配當하는 때에는 各不動產의 競賣代價에 比例하여 그 債權의 分擔을 定한다.

②前項의 抵當不動產中 一部의 競賣代價를 먼저 配當하는 境遇에는 그 代價에서 그 債權全部의 辨濟를 받을 수 있다. 이 境遇에 그 競賣한 不動產의 次順位抵當權者는 先順位抵當權者가 前項의 規定에 依하여 다른 不動產의 競賣代價에서 辨濟를 받을 수 있는 金額의 限度에서 先順位者를 代位하여 抵當權을 行使할 수 있다.

共同抵當

1. 意義: 동일한 채권의 담보로서 복수의 부동산 위에 설정된 저당권이 공동저당이다. 복수의 부동산이 1개의 채권의 담보로 되어 있으나 그 법률관계는 복수의 부동산 위에 1개의 저당권이 있는 것이 아니라 각 부동산마다 1개의 저당권이 있고, 이들 모든 저당권은 피담보채권을 공통으로 하고 있어 서로 일정한 제한을 받고 있는 것이다. 공동저당은 첫째, 각각의 부동산의 가액이 피담보채권액에 달하지 못하는 경우 그들 부동산을 일괄해서 공동저당으로 하면 피담보채권을 만족시킬 수 있고, 둘째, 위험을 분산시키는 기능, 즉 복수의 저당부동산이 있는 경우 그 중에서 멸실·훼손·가격의 하락 등으로 가치가 감소하는 것이 있거나 또는 경제계의 변동으로 경매하기가 곤란한 경우에도 다른 것으로 변제받을 수 있다는 점에 있다.

2. 共同抵當의 成立과 效力: 공동저당은 복수의 목적물 위에 동일한 채권을 담보하는 것으로서 그들 각 목적물 위에 저당권이 설정되는 것이다. 그러나 그들 저당권이 동시에 공동저당으로 설정되어야 하는 것은 아니고 추가담보로 때를 달리하여 설정된 때에도 성립한다. 공동저당에 특별한 공시방법은 없고 각 목적물 위의 저당권마다 일반원칙에 따른 등기를 하면 된다. 공동저당의 경우 채권자는 임의로 어느 목적물로부터도 채권의 전부나 일부의 우선변제를 요구할 수 있으나 민법은 채권자의 자유선택권을 존중하면서도 각 저당물건에 합리적인 부담을 할당하는 등의 조치로 부동산소유자나 후순위저당권자를 보호하고 있다.

3. 同時配當의 경우 - 제1항: 공동저당권의 객체인 각 부동산을 동시에 경매하여 그 경매대가를 동시에 배당한 때에는 각 부동산의 경매대가에 비례하여 피담보채권의 분담을 정한다(358조1항).

예를 들면 채권자 갑이 채무자 을에 대한 3억원의 채권을 담보하기 위하여 을 소유의 X(시가 3억원)·Y(시가 2억원)·Z(시가 1억원)라는 3개의 부동산에 1번 저당권을 가진다. 그리고 병은 을에 대한 1억 5천만원의 채권을 담보하기 위하여 X부동산에 2번 저당권을 가지며, 정은 을에 대한 1억원의 채권을 담보하기 위하여 Y부동산에 2번 저당권을 가진다. 또한 무는 을에 대한 5천만원의 채권을 담보하기 위하여 을부동산에 2번 저당권을 가진다. 이 경우에 X·Y·Z를 동시에 경매하여 그 대금을 배당하는 때에는 갑의 채권액 3억원에 대하여 X·Y·Z의 각 부동산이 그 경매대가에 따라서 부담한다. 따라서 갑은 X부동산에서 1억 5천만원, Y 부동산에서 1억원, Z 부동산에서 5천만원을 변제받을 수 있다. 병은 X부동산에서의 잔액 1억 5천만원을 변제로 받을 수 있고, 정은 Y부동산에서의 잔액 1억원을 변제로 받을 수 있으며 무는 Z부동산에서의 잔액 5천만원을 변제로 받을 수 있다. 이는 공동저당권자의 이익을 부당하게 침해하지 않으면서 후순위저당권자 간의 공평을 유지하려는 것으로 부동산에 후순위저당권자가 존재하지 않는 경우에도 적용된다.

4. 異時配當의 경우 - 제2항

(1) 당해 경매대금에서 채권의 전액 변제: 공동저당권자가 공동저당권의 객체 중의 특정한 부동산만을 경매하여 그 경매대가에서 먼저 배당하는 경우 공동저당권자는 그 대금에서 채권 전액의 변제를 받을 수 있다. 이때 그 경매된 특정부동산에서의 후순위저당권자는 만약 공동저당권자가 동시배당한다면 다른 부동산이 부담하였을 금액의 한도에서 공동저당권자를 대위하여 그 저당권을 실행할 수 있다(2항). 예를 들면, 앞의 예에서 갑이 X부동산만을 먼저 경매하여 우선변제받는 경우에 갑은 그 대금(3억원)에서 자기의 채권 전액을 변제받을 수 있다. 이때 갑이 동시배당에 의한 변제를 받았더라면 Y부동산(1억원)과 Z부동산(5천만원)의 경매대가에서 변제받을 수 있는 금액의 한도에서 병은 갑을 대위하여 저당권을 행사함으로써 채권을 변제받을 수 있다. 그리고 이러한 금액의 한도에서는 Y·Z부동산에 있어서 병이 정과 무에 우선한다.

(2) 이시배당의 후순위저당권자의 대위: 차순위담보권자라고 하나 이는 공동담보권자의 바로 다음 순위저당권자와 그 이하의 저당권자를 포함하는 개념이다. 공동저당권의 채권이 완제된 때에 대위권이 발생한다. 이 대위는 어떤 부동산으로부터의 배당에 의하여 공동저당권자가 그 채권의 전부를 변제받는 경우만이 아니라 일부의 변제밖에 받지 못한 경우에도 인정된다. 여기서 대위한다는 것은 공동저당권자가 가지고 있던 저당권이 후순위저당권자에게 이전하는 것이다. 후순위저당권자는 선순위저당권자의 저당권만을 대위할 뿐이고 선순위저당권자의 피담보채권은 대위하지는 않는다(대판 2001.11.27. 99다22311).

(3) 대위의 등기: 대위에 의하여 저당권의 이전이 있게 되는데 이 대위는 법률의 규정에 의하여 생기므로 등기 없이 효력이 생긴다. 공동저당에 있어서 채무자나 저당권설정자는 다른 부동산의 후순위자에 의하여 대위의 등기가 없어도 대위를 주장할 수 있다. 그러나 대위될 저당권등기가 말소되고 그 후에 제3자를 위한 저당권이 설정된 경우에는 대위의 등기를 하여야만 새로운 저당권자에게 대항할 수 있다. 대위는 저당권의 이전이고 저당권의 이전은 부기등기에 의하므로(부등법 156조의2) 대위등기도 부기등기에 의하여야 한다.

5. 次順位抵當權者의 代位權의 發生時期 - 배당기일 종료시: 본조는 공동저당의 목적인 여러 개의 부동산이 동시에 경매된 경우에 공동저당권자로서는 어느 부동산의 경매대가로부터 배당받든 우선변제권이 충족되기만 하면 되지만, 각 부동산의 소유자나 차순위저당권자 기타의 채권자에게는 어느 부동산의 경매대가가 공동저당권자에게 배당되는가에 대하여 중대한 이해관계를 가지게 되므로, 같은 조제1항은 여러 부동산의 매각대금이 동일한 배당절차에서 배당되는 이른바 동시배당(동시배당)의 경우에 공동저당권자의 실행선택권과 우선변제권을 침해하지 않는 범위 내에서 각 부동산의 책임을 안분시킴으로써 각 부동산상의 소유자와 차순위저당권자 기타의 채권자의 이해관계를 조절하고자 하는 것이고, 같은 조제2항의 대위제도는 동시배당이 아닌 공동저당 부동산 중 일부의 경매대가를 먼저 배당하는 경우, 이른바 이시배당(이시배당)의 경우에도 최종적인 배당의 결과가 동시배당의 경우와 같게 하기 위한 것으로서 공동저당권자의 실행선택권 행사로 인하여 불이익을 입은 차순위저당권자를 보호하기 위한 규정인바, 이와 같은 차순위

저당권자의 대위권은 일단 배당기일에 그 배당표에 따라 배당이 실시되어 배당기일이 종료되었을 때 발생하는 것이지 배당이의 소송의 확정 등 그 배당표가 확정되는 것을 기다려 그때에 비로소 발생하는 것은 아니라고 할 것이다(대판 2006.5.26. 2003다18418).

6. 物上保證人 또는 第3取得者와의 關係

(1) 다른 공동저당물에 채권자를 대위: 공동저당권의 객체인 부동산들의 전부나 일부가 채무자 이외의 자의 소유에 속하는 경우 채무자 이외의 자, 즉 물상보증인이나 제3취득자는 그의 부동산에 대하여 공동저당권이 실행되어 채권자가 변제를 받은 때에는 구상권의 범위에서 공동저당권의 객체인 다른 부동산에서 채권자를 대위한다(481조·482조). 하지만, 공동저당권이 실행된 부동산에서의 후순위저당권자도 다른 부동산에서 채권자를 대위한다(368조2항).

(2) 채무자 소유의 부동산과 물상보증인 소유의 부동산에 각각 채권자를 달리하는 후순위저당권이 설정되어 있는 경우, 물상보증인 소유의 부동산에 대하여 먼저 경매된 경우: 그 경매대금의 교부에 의하여 1번저당권자가 변제를 받은 때에는 물상보증인은 채무자에 대하여 구상권을 취득함과 동시에, 민법 제481조, 제482조의 규정에 의한 변제자대위에 의하여 채무자 소유의 부동산에 대한 1번저당권을 취득하고, 이러한 경우 물상보증인 소유의 부동산에 대한 후순위저당권자는 물상보증인에게 이전한 1번저당권으로부터 우선하여 변제를 받을 수 있으며, 물상보증인이 수인인 경우에도 마찬가지라 할 것이므로(이 경우 물상보증인들 사이의 변제자대위의 관계는 민법 482조2항4호, 3호에 의하여 규율될 것이다), 자기 소유의 부동산이 먼저 경매되어 1번저당권자에게 대위변제를 한 물상보증인은 1번저당권을 대위취득하고, 그 물상보증인 소유의 부동산의 후순위저당권자는 1번저당권에 대하여 물상대위를 할 수 있다(대판 1994.5.10. 93다25417, 2001.6.1. 2001다21854).

(3) 주채무자와 물상보증인이 공동으로 근저당권을 설정한 후 먼저 주채무자가 제공한 근저당권이 실행된 경우: 채권자가 물상보증인 소유 토지와 공동담보로 주채무자 소유 토지에 1번 근저당권을 취득한 후 이와 별도로 주채무자 소유 토지에 2번 근저당권을 취득한 사안에서, 먼저 주채무자의 토지에 대하여 피담보채무의 불이행을 이유로 근저당권이 실행되어 경매대금에서 1번 근저당권의 피담보채권액을 넘는 금액이 배당된 경우에는, 변제자대위의 법리에 비추어 볼 때 민법 제368조제2항은 적용되지 않으므로 후순위(2번) 저당권자인 채권자는 물상보증인 소유 토지에 대하여 자신의 1번 근저당권을 대위행사할 수 없고, 따라서 물상보증인의 근저당권설정등기는 그 피담보채무의 소멸로 인하여 말소되어야 한다(대판 1996.3.8. 95다36596).

7. 租稅債務者의 不動產이 數個인 경우 - 본조 유추적용: 조세우선변제권은 일정한 범위 내에서는 조세채무자의 총 재산에 대하여 우선변제권이 인정된다는 점에서 이른바 법정 담보물권으로서의 성격을 갖고 있으며, 따라서 조세채무자의 부동산이 여럿인 경우에는 마치 그 부동산 전부에 대한 공동저당권자와 유사한 지위에 서게 되므로, 납세의무자 소유의 여러 부동산에 대하여 조세우선변제권이 행사된 경우에는 공동저당권에 관한 민법 제368조가 유추 적용되어야 한다(대판 2001.11.27. 99다22311).

第369條【附從性】 抵當權으로 擔保한 債權이 時效의 完成 其他 事由로 因하여 消滅한 때에는 抵當權도 消滅한다.

抵當權의 消滅

1. 意義: 저당권은 담보물권이므로, 물권에 공통하는 소멸원인 및 담보물권에 공통하는 소멸원인으로 소멸한다. 그리고 경매 또는 제3취득자의 저당권소멸청구(354조)에 의해서도 소멸한다. 특히, 후순위저당권자의 경매신청으로 인한 경락이 이루어지면 선순위의 저당권도 소멸한다(민집법 91조2항).

2. 時效에 의한 消滅

(1) 피담보채권의 소멸시효완성: 피담보채권이 시효소멸하면 저당권의 부종성으로 저당권도 소멸한다. * 피담보채권이 소멸하면 저당권은 그 부종성에 의하여 당연히 소멸하게 되므로, 그 말

소등기가 경료되기 전에 그 저당권부 채권을 가압류하고 압류 및 전부명령을 받아 저당권 이전의 부기등기를 경료한 자라 할지라도, 그 가압류 이전에 그 저당권의 피담보채권이 소멸된 이상, 그 근저당권을 취득할 수 없고, 실체관계에 부합하지 않는 그 근저당권 설정등기를 말소할 의무를 부담한다(대판 2002.9.24. 2002다27910).
(2) 제3자의 취득시효에 의한 저당물의 소유권취득: 채무자나 저당권설정자 아닌 제3자가 시효취득으로 당해 저당물의 소유권을 취득하면, 취득시효로 인한 소유권취득은 원시취득으로 저당권은 소멸한다.

3. 抵當權의 抛棄와 物上代位: 저당권은 타인의 권리를 해하지 않는 한 포기할 수 있다. 저당권은 그 목적물의 멸실이나 공용징수에 의해서도 소멸한다. 이 경우에 멸실이나 공용징수로 인하여 저당권설정자가 받을 금전 그 밖의 물건에 대하여 저당권자는 담보물권을 행사할 수 있다. 저당목적물의 일부가 멸실되거나 공용징수되는 경우에는 저당권은 그 잔존부분에도 존속하므로 저당권설정자가 받을 금전 그 밖의 물건 및 잔존부분에 담보물권이 존속한다.

第370條【準用規定】 第214條, 第321條, 第333條, 第340條, 第341條 및 第342條의 規定은 抵當權에 準用한다.

物權的 請求權과 質權에 관한 規定 準用

1. 意義: 본조는 저당권자의 물권적 청구권, 채무자의 일반재산의 집행의 경우 저당권자의 배당가입권, 물상보증인의 구상권, 저당권의 불가분성, 물상대위성 및 순위의 원칙을 다른 규정을 준용하여 규정한다.

2. 妨害除去請求權 및 妨害豫防請求權 - 제214조: 저당권의 침해에 대하여는 저당권자는 저당권 자체에 기한 방해제거 및 방해예방청구권이 있다. 저당권자는 저당권 설정 이후 환가에 이르기까지 저당물의 교환가치에 대한 지배권능을 보유하고 있으므로 저당목적물의 소유자 또는 제3자가 저당목적물을 물리적으로 멸실·훼손하는 경우는 물론 그 밖의 행위로 저당부동산의 교환가치가 하락할 우려가 있는 등 저당권자의 우선변제청구권의 행사가 방해되는 결과가 발생한다면 저당권자는 저당권에 기한 방해배제청구권을 행사하여 방해행위의 제거를 청구할 수 있다(대판 2006.1.27. 2003다58454). 따라서 객관적으로 저당권에 대한 침해가 있으면 되고 저당권설정자 또는 제3자의 고의·과실을 요하지 않는다. 방해 제거 및 예방의 상대방은 이 침해상태를 제거할 수 있는 자로서 저당권설정자 또는 제3자이다. 물권적 청구권의 내용은 저당권이 점유를 수반하지 않는 권리이므로 반환청구는 허용되지 않고 침해의 배제 또는 침해의 우려가 있는 경우에 그 예방을 청구할 수 있다. * 제362조 부분 참조.

3. 不可分性 - 제321조: 피담보채권의 각 부분이 저당부동산의 전부로서 담보되고 피담보채권의 전부가 저당부동산의 각 부분으로써 담보된다. 그러므로 저당권자는 피담보채권 전액의 변제를 받을 때까지 그 전액에 관하여 저당부동산의 전부에 대하여 저당권을 행사할 수 있다. 저당부동산의 일부가 소멸하여도 그 잔존부분으로서 피담보채권의 전액을 담보하고, 잔존부분으로 전액을 담보할 수 있으면 담보물의 보충을 청구할 수 없다. 저당부동산의 분할 또는 일부양도가 있는 경우에 저당권은 그 전부 위에 소급하여 효력을 갖는다. 그러나 저당부동산의 부속물이 저당부동산으로부터 분리하여 양도되거나 반출되어 버린 경우에는 저당권의 소급효는 소멸한다. 공동저당의 경우에는 어느 부동산에 관해서도 자유로이 저당권을 실행할 수 있다.

4. 同一不動產上의 抵當權 相互間의 順位 - 제333조: 동일 부동산 위에 다수의 저당권이 병존하는 경우 각 저당권의 부동산 전체에 관한 우선변제의 경합을 조정하기 위하여 저당권 상호간의 우선순위의 기준에 관한 규정이다. 저당권의 순위는 등기의 선후에 의하여 결정되고 후에 등기된 저당권 때문에 그 순위가 내려가지 않고, 선순위 저당권이 소멸하면 후순위의 저당권이 순차적으로 승진한다(순위승진의 원칙). 저당권의 순위는 저당권자와 설정자 간의 저당권설정계약의 선후에 의하여 결정되는 것이 아니라, 등기의 선후에 의하여 결정되고(부등

법 5조1항), 저당권 상호간에 있어서의 등기의 선후는 등기의 순위번호에 의하여 정하여진다(부등법 5조2항).

5. 被擔保債權과 一般財産으로부터의 辨濟 - 제340조: 저당권을 가지는 채권자는 일반채권자와 같이 저당부동산 이외의 채무자의 재산에 대하여 권원에 의해 강제집행을 할 수도 있고, 우선변제력을 가지는 저당물을 먼저 환가하여 우선변제를 받을 수도 있다. 그런데 이것을 그대로 인정한다면 채무자의 총 재산으로부터 모든 채권을 완제하는 데 부족한 경우에는 저당권자는 먼저 저당부동산 이외의 채무자의 재산에 관하여 일반채권자와 경합하여 그 채권 전액의 비율로서 변제를 받고 그 후 잔존부분에 관하여는 저당부동산으로부터 우선변제를 받을 수 있게 되어 일반채권자의 희생으로 저당권자를 지나치게 우대하게 된다. 이에 일반채권자를 보호하기 위한 규정이 본조다. 제340조는 저당권자가 채무자에 대한 관계에서 저당권을 실행하지 않고 일반재산에 강제집행하는 것을 금하지 않으나 다른 일반채권자에게는 그에 대하여 먼저 저당부동산을 경매하여 그 대가에서 변제를 받지 못한 부분에 관하여만 일반재산으로부터 변제를 받도록 주장하는 이의권을 주는 것이다.

6. 物上保證人의 求償權 - 제341조: 물상보증인 스스로 채무자를 위하여 그 채무를 변제하거나 저당권의 실행으로 저당물의 소유권을 잃었을 경우 자기의 출연으로 타인의 채무를 소멸시킨 것이므로 보증인이 주채무자의 채무를 변제한 때와 같은 관계가 생긴다. 그러므로 민법은 구상권에 관하여 보증채무의 경우와 동일하게 취급한다. 또한 물상보증인은 변제를 할 정당한 이익을 가지는 자이므로 변제를 한 때에는 당연히 채권자에 대위한다. 그리고 구상권과 변제자대위권은 원본, 변제기, 이자, 지연손해금의 유무 등에 있어서 내용이 다른 별개의 권리로서, 물상보증인은 고유의 구상권을 행사하든 대위하여 채권자의 권리를 행사하든 자유이며, 다만 채권자를 대위하는 경우에는 같은 법 제482조제1항에 의하여 고유의 구상권의 범위에서 채권 및 그 담보에 관한 권리를 행사할 수 있는 것이어서, 변제자 대위권은 고유의 구상권의 효력을 확보하는 역할을 한다(대판 1997.5.30. 97다1556).

7. 抵當權의 物上代位性 - 제342조

(1) 저당물의 대체물: 저당권은 저당물의 멸실, 훼손 또는 공용징수로 인하여 저당권설정자가 받을 금전 기타 물건에 대하여도 행사할 수 있다. 저당목적물의 소실로 저당권설정자가 취득하게 된 화재보험계약상의 보험금청구권은 저당권자가 물상대위권을 행사할 수 있는 대상이다(대판 2004.12.24. 2004다52798). 이때의 행사는 지급 전에 압류하여야 한다. 그런데 물상대위는 본래의 저당목적물의 전부 또는 일부에 대하여 저당권을 사실상 또는 법률상 행사할 수 없게 된 경우에 인정되는 것이지 그 저당목적물의 교환가치가 현실화 된 경우라도 목적물에 추급할 수 있는 경우에는 물상대위가 인정되지 않는다(대판 1981.5.26. 80다2109).

(2) 배당요구 종기까지 압류: 물상대위권의 행사는 담보권의 존재를 증명하는 서류를 집행법원에 제출하여 채권압류 및 전부명령을 신청하거나, 구 민사소송법 제580조에 의하여 배당요구를 하는 방법에 의하여 하는 것이고, 이는 늦어도 소정의 배당요구의 종기까지 하여야 하는 것으로 그 이후에는 물상대위권자로서의 우선변제권을 행사할 수 없다고 하여야 할 것인바, 물상대위권자로서의 권리행사의 방법과 시한을 위와 같이 제한하는 취지는 물상대위의 목적인 채권의 특정성을 유지하여 그 효력을 보전하고 평등배당을 기대한 다른 일반채권자의 신뢰를 보호하는 등 제3자에게 불측의 손해를 입히지 아니함과 동시에 집행절차의 안정과 신속을 꾀하고자 함에 있고(대판 2000.5.12. 2000다4272), 압류 및 전부는 그 명령이 제3자에게 송달됨으로써 효력이 생긴다(대판 2003.3.28. 2002다13539).

第371條【地上權, 傳貰權을 目的으로 하는 抵當權】 ①本章의 規定은 地上權 또는 傳貰權을 抵當權의 目的으로 한 境遇에 準用한다.
②地上權 또는 傳貰權을 目的으로 抵當權을 設定한 者는 抵當權者의 同意없이 地上權 또는 傳貰權을 消滅하게 하는 行爲를 하지 못한다.

權利抵當

1. 權利抵當

(1) 제1항의 의의: 저당권의 객체는 본래 부동산이나 권리 위의 저당권도 가능한데, 이것이 권리저당이다. 본항은 지상권, 전세권 위의 저당권이 가능한 것을 규정하고, 특별법에서 광업권, 어업권, 댐사용권이 가능함을 규정한다. 이러한 권리저당에 관하여는 통상의 부동산에 대한 저당권에 관한 민법의 규정이 준용된다.

(2) 개별적인 경우

(가) 임대차보증금 반환채권을 담보하기 위하여 전세권설정등기를 경료한 후 그 전세권에 대하여 저당권이 설정된 경우: 임대인과 임차인 사이에 있어서 임대차계약만이 유효하고 외형만 작출된 전세권설정계약이 무효라고 하더라도 그와 같은 사정을 알지 못한 제3자인 저당권자에 대하여는 그 무효를 주장할 수 없다(대판 2006.2.9. 2005다59864).

(나) 전세권에 대하여 저당권이 설정된 경우

① 전세권이 기간만료로 종료된 경우, 전세권을 목적으로 한 저당권의 소멸 여부: 전세권이 기간만료로 종료된 경우 전세권은 전세권설정등기의 말소등기 없이도 당연히 소멸하고, 저당권의 목적물인 전세권이 소멸하면 저당권도 당연히 소멸하는 것이므로 전세권을 목적으로 한 저당권자는 전세권의 목적물인 부동산의 소유자에게 더 이상 저당권을 주장할 수 없다(대판 1999.9.17. 98다31301).

② 전세권의 저당권자는 전세권이 기간만료로 종료된 경우의 저당권의 효력: 전세권에 대하여 저당권이 설정된 경우 그 저당권의 목적물은 물권인 전세권 자체이지 전세금반환채권은 그 목적물이 아니고, 전세권의 존속기간이 만료되면 전세권은 소멸하므로 더 이상 전세권 자체에 대하여 저당권을 실행할 수 없게 된다(대판 1999.9.17. 98다31301).

③ 전세기간 만료 후의 저당권 실행 방법

㉮ 저당권자는 민법 제370조, 제342조 및 민사집행법 제273조에 의하여 저당권의 목적물인 전세권에 갈음하여 존속하는 것으로 볼 수 있는 전세금반환채권에 대하여 압류 및 추심명령 또는 전부명령을 받는 등의 방법으로 권리를 행사하여 전세권설정자에 대해 전세금의 지급을 구할 수 있다(대판 1999.9.17. 98다31301), 이러한 전세권부 근저당권자가 우선권 있는 채권에 기하여 전부명령을 받은 경우에는 형식상 압류가 경합되었다 하더라도 그 전부명령은 유효하다(대판 2008.12.24. 2008다65396).

㉯ 물상대위권 행사: 저당목적물의 변형물인 금전 기타 물건에 대하여 일반채권자가 물상대위권을 행사하려는 저당채권자보다 단순히 먼저 압류나 가압류의 집행을 함에 지나지 않은 경우에는 저당권자는 그 전은 물론 그 후에도 목적채권에 대하여 물상대위권을 행사하여 일반채권자보다 우선변제를 받을 수가 있다(대판 1994.11.22. 94다25728).

2. 權利의 無斷 消滅의 禁止 – 제2항: 지상권이나 전세권도 권리자가 자유로이 소멸(포기)시킬 수 있다. 그러나 당해 권리가 제3자의 권리의 객체로 되어 있는 경우, 즉 본조 제2항과 같이 지상권이나 전세권이 저당권의 객체로 되어 있는 경우에는 저당권자의 동의 없이는 지상권자, 전세권자는 그 권리를 포기하거나 기타 소멸하게 하는 행위를 할 수 없다고 규정하고 있다. 그러므로 이 경우에도 저당권자는 저당권의 실행으로서 포기된 권리를 경매에 붙일 수 있고 경락인은 목적물의 소유자(지상권설정자, 전세권설정자)에 대하여 지상권, 전세권을 주장할 수 있다.

* 임대차보증금 반환채권을 담보하기 위하여 전세권설정등기를 경료한 후 그 전세권에 대하여 저당권이 설정된 경우, 임대차계약의 변경으로 전세권이 일부 소멸하더라도 저당권자의 동의가 없는 한 전세권설정자가 위 전세권의 일부 소멸을 주장할 수 없다(대판 2006.2.9. 2005다59864).

第372條【他法律에 依한 抵當權】 本章의 規定은 다른 法律에 依하여 設定된 抵當權에 準用한다.

他法律에 의한 抵當權에 本章 規定의 準用

저당권에 관한 민법의 규정은 특별법에 의하여 설정되는 저당권에 대하여 준용된다. 이러한 특별법에 의하여 인정되는 저당권으로는 입목저당(입목에 관한 법률), 재단저당(공장저당법에 의한 공장재단저당, 광업재단저당법에 의한 광업재단저당), 증권저당(담보부사채신탁법에 의한 사채권의 물적담보화), 동산저당(항공기저당법에 의한 항공기, 자동차저당법에 의한 자동차, 중기저당법에 의한 중기, 선박등기법에 의한 선박저당, 상법에 의한 선박저당 등), 권리저당(광업법에 의한 광업권의 저당, 수산업법에 의한 어업권의 저당)등이 있다. 이러한 법이 각각 민법상의 저당권에 관한 규정에 의할 것을 명시적으로 규정하고 있지 않아도 민법 제372조에 의하여 민법 제356조 이하의 규정이 준용된다.

第3編
債　權

第3編 債 權

1. 債權의 意義: 채권은 특정인(채권자)이 특정인(채무자)에게 일정한 급부(작위 또는 부작위)를 청구하는 것을 내용으로 하여, 채권자가 채무자의 급부이행으로 생활이익을 누릴 것을 목적으로 하는 권리이다. 채권의 당사자는 특정 이득자로서의 채권자와 특정 의무자로서의 채무자이다. 하나의 채권에서 채권자와 채무자는 보통의 경우는 각각 일인이나 때로는 당사자 쌍방 또는 일방이 복수인 경우(연대채무, 보증채무 등)가 있다.

2. 債權法의 內容: 채권법은 널리 채권관계를 규율하는 법규 전체를 의미한다. 즉 채권관계의 발생・변경・소멸에 관한 법규전체를 말한다. 그러나 협의의 채권법은 민법전 제3편에 규정된 법규를 말한다. 채권관계란 채권자와 채무자의 법률관계, 즉 채권자의 권리와 채무자의 의무를 말한다.

3. 債權法의 範圍: 채권의 성질 및 내용은 매우 다양하다. 이러한 다양한 채권은 그 발생원인도 다양하다. 따라서 채권관계를 모두 망라하여 규정하기 위하여는 채권의 발생원인별로 발생된 채권의 내용・효력 등을 규정하여야 할 것이다. 그러나 민법전 제3편의 채권법편도 민법의 다른 영역과 같이 Pandecktensystem에 의하여 채권법의 공통적인 내용을 총칙으로 먼저 규정하고, 개별적이며 특유한 관계는 각칙으로 별도로 규정하고 있다. 채권총칙은 채권의 발생원인이 무엇인가와는 관계없이 일단 발생한 채권 자체에 관한 규정으로 채권의 목적・채권의 효력・수인의 채권자 및 채무자 관계・채권양도・채무인수・채권의 소멸 및 증권적 채권에 관하여 규정하고, 채권각칙은 채권의 발생원인에 따른 분류에 따라 계약・사무관리・부당이득・불법행위로 개별적인 법률관계를 규정하고 있다. 이러한 내용으로 구성된 민법의 채권편의 규정은 모든 채권관계에 관하여 일반법으로서 적용된다. 즉 그 채권이 민법의 채권편에 규정된 이외의 채권 예컨대 물권편 또는 친족편에 규정된 채권관계 및 각종의 특별법에 의하여 발생된 채권관계에 관하여도 당연히 그 적용이 있다. 또한 이들 법에 의하여 발생된 청구권 예컨대 친족법상의 부양청구권에 관하여도 성질이 허용하는 한 위 채권법이 일반법으로 준용된다.

4. 債權法의 法源: 채권관계를 규정한 법규 중에서 가장 중요한 것은 민법의 채권편이다. 그 밖에 아래와 같은 주요한 특별법들이 있다.

(1) 민법의 부속법규: 주택임대차보호법(1981년 법3379호), 가등기담보등에관한법률(1983년 법3681호), 신원보증법(2002년 법6592호), 약관의규제에관한법률(1986년 법3922호), 할부거래에관한법률(1991년 법4480호), 이자제한법(2007.3.29. 법8322호), 보증인 보호를 위한 특별법(2008.3.21. 법8918호) 등.

(2) 상법 및 그 부속법규: 상법(1962년 법1000호), 어음법(1962년 법1001호), 수표법(1962년 법1002호), 보험업법(1977년 법2664호) 등.

(3) 노동관계법: 근로기준법(1953년 법286호), 노동조합법(1963년 법1329호), 노동쟁의조정법(1963년 법1327호) 등.

(4) 경제관계법: 독점규제및공정거래에관한법률(1990년 법4198), 도소매업진흥법(1986년 법3836호), 소비자보호법(1986년 법3921호) 등.

5. 構成

(1) 총칙: 제1장 제373조-제526조
(2) 계약: 제2장 제527조-제733조
(3) 사무관리: 제3장 제734조-제740조
(4) 부당이득: 제4장 제741조-제749조
(5) 불법행위: 제5장 제750조-제766조

第1章 總 則

1. 概括: 채권은 법률행위(계약), 사무관리, 불법행위, 부당이득 등 다양한 원인에 의하여 발생하나, 그 발생원인을 불문하고, 특정인이 특정인에게 일정한 행위를 요구할 수 있는 권리(채권)라는 점에서 공통적인 내용이 있다. 이러한 채권에 공통적인 내용을 총칙에서 규정한다.

2. 構成

(1) 채권의 목적: 제373조-제386조

(2) 채권의 효력: 제387조-제407조

(3) 수인의 채권자 및 채무자: 제408조-제448조

(4) 채권의 양도: 제449조-제452조

(5) 채무의 인수: 제453조-제459조

(6) 채권의 소멸: 제460조-제526조

第1節 債權의 目的

1. 概括: 채권은 채권자가 채무자에 대하여 일정한 행위를 청구하는 것을 본질로 하는 권리인데, 채권자가 채무자에게 청구하는 대상 내지 객체가 채권의 목적이다. 그런데 채권자가 채무자에게 청구하는 〈일정한 행위〉를 강학상 급부라 한다. 본절이 규정하는 〈채권의 목적〉은 강학상 〈급부〉와 동의어가 된다.

2. 債權의 目的이 될 수 있는 要件: 채권의 목적에 대하여 민법은 제373조에서 금전적 가액 산정가능 여부에 관하여만 규정하고 있을 뿐 별도의 규정을 두고 있지 않다. 채권은 법률행위 또는 법률의 규정에 의하여 발생하고 법률의 규정에 의하여 발생하는 채권의 목적은 법률에 의하여 정하여지나, 법률행위인 계약에 의하여 발생하는 채권의 목적, 즉 급부의 내용은 당사자간의 자유로운 합의에 의하여 임의로 정할 수 있다. 그러나 후자의 경우에도 채권이 계약인 법률행위에 의하여 발생된 것이기 때문에 일반적인 법률행위의 목적에 관한 유효요건은 충족하여야 한다.

3. 債權의 目的의 分類 - 給付의 種類: 채권의 목적인 급부의 내용은 당사자의 합의에 의하여 자유롭게 정하여 질 수 있어 그 모습은 일정하지 않다. 일반적으로 아래와 같이 분류되는데, 이러한 분류는 주로 강제이행의 방법과 관련하여 그 실익이 있다.

(1) 하는 급부와 주는 급부: 강제이행의 방법에 있어서 차이가 난다. 〈하는 급부〉는 채무자의 인격의 자유라는 관점에서 강제적인 채권의 실현은 인정되지 않으나, 〈주는 급부〉는 직접적인 강제이행이 가능하여 채권의 실현이 간편하다.

(가) 하는 급부: 채무자가 일정한 행위를 하는 급부가 〈하는 급부〉이며, 고용·위임 등의 노무공급계약의 유형에서 발생한다. 하는 급부는 채무자의 직접적인 노무의 제공을 그 내용으로 하기 때문에 당사자간에 인격적 관계와 신뢰관계가 그 기초를 이룬다.

(나) 주는 급부: 일정한 물건을 인도하는 급부가 〈주는 급부〉이고, 매매·증여 등의 계약에서 발생되는 유형의 급부이다. 주는 급부는 특정한 물건의 인도를 그 내용으로 하기 때문에 당해 물건의 재산적 가치가 그 기초를 이룬다.

(2) 작위급부·부작위급부·인내급부: 하는 급부는 채무자가 적극적으로 일정한 행위를 할 의무를 지는 급부인 〈작위급부〉와 반대로 일정한 행위를 하지 않을 의무를 지는 〈부작위급부〉 및 상대방의 일정한 행위에 대하여 참고 견뎌야 할 〈인내급부〉로 구분된다. 하나의 채무가 작위·부작위 및 인내의 세 가지 급부의 내용을 다 포함하는 것도 있다. 예컨대 임대인은 임대목적물을 임차인에게 제공(작위)하여야 하고, 임차인의 사용에 대하여 참아야(인내) 하며, 본인은 그 목적물을 사용하지 않아야(부작위) 한다.

(가) 작위급부: 작위급부는 고용·위임 등의 노무공급계약에서 발생되는 급부이다. 작위급부의 강제이행의 방법으로는 대체집행이 적당하나 경우에 따라서는 간접강제의 방법도 사용된다.

(나) 부작위급부: 부작위급부는 일정 정도 이상의 소음 또는 진동을 내지 않는다든지 일정한 기간 동안은 특정영업행위를 하지 않는다든지 하는 것과 같이 당사자간에 합의된 일정한 행위를 하지 않을 의무를 그 내용으로 하는 급부이다. 강제이행방법으로는 대체집행 또는 간접강제의 방법이 있다.

(다) 인내급부: 인내급부는 일반적으로는 독립된 채무를 형성하지 않고 다른 급부와 결합하여 채무의 내용이 된다. 강제이행으로는 대체집행 또는 간접강제의 방법이 있다.

(3) 가분급부와 불가분급부: 주는 급부를 급부의 목적물에 따라서 〈가분급부〉와 〈불가분급부〉로 구분할 수 있다. 급부의 목적물이 성질상 가분할 수 있는 것이 가분급부이나 성질상 가분할 수 있더라도 당사자의 특약으로 가분할 수 없도록 한 경우에도 불가분급부가 된다. 이러한 구별은 다수당사자의 채권관계(408조 이하)에서 그 실익이 있다.

(4) 특정물급부와 종류물급부: 주는 급부는 채권성립시에 인도할 급부의 내용이 개별적으로 특정되어 있느냐 여부에 따라서 〈특정물급부〉와 〈종류(불특정)물급부〉로 구분된다. 예컨대 특정가옥의 인도와 같은 것은 전자에 속하고 쌀 한 가마 또는 계란 한 꾸루미 등과 같은 것은 후자에 속한다. 종류물급부는 이행시까지 특정이 되어야 한다. 특정물급부와 종류물급부의 구별은 채무이행의 방법(374, 375조)과 채무불이행 여부의 판단을 달리하는 데 그 실익이 있다.

(5) 일시적급부와 계속적급부: 급부이행의 시간적 계속성·반복성을 기준으로 〈일시적 급부〉, 〈계속적 급부〉 또는 〈반복적(회귀적) 급부〉로 구별한다. 한번의 급부이행으로 채무의 이행이 완료되는 것이 일시적 급부(매매)이며, 일정한 기간(임대차, 고용) 또는 주기적(신문배달)으로 급부의 이행이 있어야 하는 것이 계속적 급부 또는 반복적 급부이다. 이러한 구별은 이행지체·이행불능·계약의 해제·해지 등의 요건을 달리하는 데 그 실익이 있다.

(6) 수단급부와 결과급부: 작위급부는 결과의 발생이 강제되는 급부인 〈결과급부〉, 그렇지 않는 것인 〈수단급부〉로 구분된다. 일반적으로는 수단급부이다. 이러한 구분은 급부의 이행 여부를 판단하는 데 그 실익이 있다.

(가) 수단급부: 노무공급계약 중 도급의 유형을 제외한 계약에서의 급부이다. 예컨대 진료계약 중 일반 진료계약은 수단급부이나 당사자간에 병의 완치를 특약한 경우는 결과급부가 된다. 수단급부의 경우에는 급부의 이행여부는 결과의 발생과는 관계없이 행위의 과정이 중요한 판단 기준이 된다. 수단급부에서는 급부의 이행여부 자체는 문제가 되지 않고 급부의 이행 자체가 완전하냐 여부(불완전이행)가 문제된다. 수단급부의 예로는 의사의 진료채무, 변호사의 변호의무, 회계사의 회계의무 등과 같이 전문직 직종에서 전문능력을 요하는 하는 급부 등이 이에 속한다.

(나) 결과급부: 노무공급계약 중 도급계약의 유형에서는 결과급부가 그 급부의 내용이다. 결과급부의 경우에는 결과가 발생하지 아니하면 급부의 불이행으로 직접 연결된다.

(7) 주된 급부와 부수적 급부: 〈주된 급부〉는 채권관계에서 채권자가 달성하려는 주된 목적에 대한 채무자의 급부이고, 주된 목적의 달성에 부수하는 채무자의 급부가 〈부수적 급부〉이다. 계약상의 의무 가운데 주된 채무와 부수적 채무를 구별함에 있어서는 급부의 독립된 가치와는 관계없이 계약을 체결할 때 표명되었거나 그 당시 상황으로 보아 분명하게 객관적으로 나타난 당사자의 합리적 의사에 의하여 결정하되, 계약의 내용·목적·불이행의 결과 등의 여러 사정을 고려하여야 한다(대판 2005.11.25. 2005다53705, 53712). 이 구별은 당해 급부의 불이행이 채무불이행이냐 여부를 구별하는 데 실익이 있다(대판 2005.11.25. 2005다53705, 53712).

* 부수의무이지만 채무불이행책임이 발생하는 대표적인 사례

① 상가업종지정분양회사의 분양 후 경업금지준수의무(대판 2005.7.14. 2004다67011).

② 사용자의 피용자에 대한 보호의무(대판 2007.5.10. 2007다3377).

③ 숙박업자의 숙박객의 신체, 재산보호의무(대판 2000.11.24. 2000다38718, 38725).

④ 여행업자의 여행객의 안전에 대한 보호의무(대판 2007.5.18. 2007다3377).

4. 構成

(1) 채권의 목적이 될 수 있는 요건: 제373조

(2) 특정물 채권: 제374조

(3) 종류채권: 제375조
(4) 금전채권: 제376조-제제378조
(5) 법정이율: 제379조
(6) 선택채권: 제380조-제386조

第373條【債權의 目的】 金錢으로 價額를 算定할 수 없는 것이라도 債權의 目的으로 할 수 있다.

債權의 目的이 될 수 있는 要件

1. 履行의 可能性: 채권의 목적으로 유효하게 성립하기 위하여는 급부의 이행이 가능하여야 한다. 그러나 채권의 유효요건으로서의 가능성은 실제로 급부를 할 수 있느냐 여부가 아니라 계약체결시 또는 채권의 효력발생시의 급부의 가능성이 원칙적으로 문제가 된다.

(1) 계약체결(채권성립)시를 기준으로 원시적 불능과 후발적 불능: 계약체결시 이전에 이미 불능의 상태가 〈원시적 불능〉, 계약체결 이후 이행 전에 불능으로 된 상태가 〈후발적 불능〉이다.

(가) 원시적 불능: 원시적 불능에 관하여는 계약은 무효로 하나(예외: 타인의 권리의 매매에 관하여 민법은 제569조에서 권리자가 처음부터 전연 매도할 의사가 없는 경우(원시적 객관적 불능)와 처음에는 매도할 의사가 있었으나 사후에 번복한 경우(원시적 주관적 불능)를 구별하지 않고 모두 유효로 하고 있다), 그 불능으로 인한 손해가 있는 경우에는 계약체결상의 과실(535조)에 의한다.

(나) 후발적 불능: 후발적 불능에 관하여는 계약은 유효하나 급부를 이행할 수 없기 때문에 채무불이행책임(390조)과 위험부담(537조)의 법리가 적용된다.

(2) 불능의 주체를 기준으로 주관적 불능과 객관적 불능 및 사회적 불능: 채무자 본인에게만 불능이 〈주관적 불능〉이고, 누구에게나 불능이면 〈객관적 불능〉이며, 통상인을 기준으로 사회통념상 불능이면 〈사회적 불능〉이라 한다. 주관적 불능은 불능으로 취급되지 아니한다.

(3) 불능의 범위를 기준으로 전부불능과 일부불능: 일부불능의 경우에는 일부 무효의 법리(137조)를 적용한다.

2. 確定性: 급부의 내용은 확정되어 있거나 또는 늦어도 이행기까지는 확정될 수 있어야 한다. 목적이 처음부터 확정되어 있는 것은 문제가 없으나 확정되지 않아 확정의 가능성이 있으면 유효한데, 확정하는 방법이 문제된다. 목적은 당사자의 의사, 법률의 규정 또는 거래관습에 의하여 확정된다. 당사자의 의사에 의하여 확정되는 경우에는 당사자 중 일방 또는 제3자에게 확정권을 줄 수도 있다. 종류채권(375조)이나 선택채권(380조 이하)은 채권성립시에는 확정되어 있지 않으나 이행기까지는 확정될 수 있어 채권의 성립에는 문제가 없으며, 이 경우의 확정에 관하여는 제375조 이하 및 제380조 이하에서 규정하고 있다.

3. 適法性: 채권의 목적 자체가 적법하지 않거나 급부의 원인이 된 계약의 동기가 적법하지 않은 경우에는 채권은 무효이다. 급부가 사회질서에 위반하거나 또는 반양속적인 경우(103조), 강행법규에 위반한 경우 및 불공정한 경우(104조)가 적법하지 않은 경우이다. 행정법규에 위반한 경우가 문제되는데, 당해 법규의 입법목적과 당해 사안에 대하여 무효로 한 경우의 결과의 타당성 등을 종합적으로 고려하여 적법여부를 결정하여야 한다.

4. 社會的 妥當性: 채권의 목적은 사회 통상적으로 용인되는 것이어야 한다. 예컨대 인신매매나 불륜의 관계를 맺는 것 등을 그 내용으로 하는 채권은 선량한 풍속에 반하고 사회적 타당성이 없어 채권의 목적이 될 수 없다.

5. 金錢的 價値 算定 與否 - 제373조: 통상적인 경우 채권은 대부분 금전으로 가액을 산정할 수 있다. 금전적 가액 산정이 문제되는 것은 채무의 내용이 종교적인 의식(예: 절이나 교회의 기도 또는 굿 등)을 행하는 것이거나 부작위채무 등을 내용으로 하는 경우이다. 이러한 경우에도 통상의 불이행의 경우에는 손해배상을 청구할 수 있고, 손해배상의 방법은 금전배상(394조)이기 때

문에 급부 자체가 금전으로 산정할 수 있느냐 여부는 채권의 성립 자체는 문제가 되지 않는다. 채권의 성립여부가 문제되는 것은 채권자에게 급부이익, 그것이 유형적이든 무형적(정신적)이든 이익을 주는 것이어야 되느냐만 문제된다. 따라서 종교적 의식행위는 정신적 급부이익을 주기 때문에 채권의 목적이 될 수 있으나, 단순한 사교적·의례적 약속과 같은 경우는 급부이익이 없어 채권의 목적이 될 수 없다. 한편 민법과는 달리 상법 제668조는 〈금전으로 산정할 수 있는 이익에 한하여〉 보험계약의 목적으로 한정하고 있다.

第374條【特定物引渡債務者의 善管義務】 特定物의 引渡가 債權의 目的인 때에는 債務者는 그 物件을 引渡하기까지 善良한 管理者의 注意로 保存하여야 한다.

特定物債權

1. 意義: 특정물의 인도를 목적으로 하는 채권이 특정물채권이다. 특정물채권은 특정가옥 또는 특정한 보석 등의 매매·증여·교환 등의 계약에서 주된 급부로 발생하며, 그 밖에 임대차·사용대차·임치 등의 계약에서 계약종료 후의 목적물 반환의무와 같이 다른 급부와 함께 발생하기도 한다. 또한 사무관리(취득물의 반환 738조), 부당이득(이득물 반환 748조)의 경우에는 법률의 규정에 의하여 발생하기도 한다.

(1) 특정물: 특정물은 일반적으로는 부대체물이나, 대체물이라도 당사자가 구체적인 거래의 목적물로 한 경우는 특정물이며, 종류채권이나 선택채권도 특정 또는 선택 이후의 경우에는 특정물채권이 된다.

(2) 특정물채권에서의 문제: 특정물채권에 있어서는 계약성립 직후 이행이 되면 별다른 문제가 없으나, 계약의 성립시와 이행기 사이에 시간적 간격이 있는 경우에는 이행기까지 당해 물건이 계약성립시의 형태 그대로 유지되었느냐 하는 것이 주된 문제로 남는다. 즉 채무자의 보존의무가 주로 문제된다. 그 밖에 채무자의 인도의무와 위험부담과 관련한 문제가 있다.

2. 債務者의 保存義務 - 本條: 본조의 보존은 물건의 경제적 가치를 떨어뜨리지 않고 그대로 유지시키는 것을 말하는데, 보존행위는 구체적인 경우에 물건의 성질·경제적 효용에 따라서 사회적 통념에 의하여 하여야 할 수밖에 없다. 그러나 그러한 보존행위를 함에 있어서 기울여야 할 주의의 정도·시기 및 주의의무위반의 효과 등에 관하여는 몇 가지 문제가 있다.

(1) 선관주의의무: 제374조는 채무자는 특정물을 인도하기까지 〈선량한 관리자의 주의〉로 보존하여야 한다고 규정하고 있다.

(가) 추상적 과실: 〈선량한 관리자의 주의의무(선관의무)〉를 다 하지 못한 상태가 과실인데, 여기의 과실은 〈추상적 과실〉을 의미한다. 따라서 채무자의 직업·지위·나이 등에 비추어 일반적으로 요구되는 정도의 주의를 게을리 하였다면 과실이 있은 것으로 인정된다. 이러한 선관주의의무를 필요로 하는 것은 주는 채무에 한정되지 않고, 하는 채무(예: 681조의 위임)의 경우에도 있다. 그런데 채무자의 이 선관주의의무는 목적물의 현상인도의 원칙(462조) 및 민법상의 채무자위험부담의 원칙(537조)과 관련하여 검토하여야 한다.

① 선관주의의무 위반으로 목적물이 훼손·멸실된 경우: 채무자는 이로 인한 손해배상책임을 부담(390조)한다.

② 주의를 다 하였음에도 목적물이 훼손·멸실된 경우: 손해배상책임을 지지 않고 멸실된 경우는 인도의무를 면하며, 훼손된 경우는 훼손된 상태 그대로 인도하면 족하다(현상인도의 원칙: 462조). 따라서 채무자가 선관주의의무를 다 하였음에도 발생한 훼손·멸실로 인한 손해는 채권자가 부담한다.

㉮ 소유권이전형 유상, 쌍무계약: 매매, 교환과 같은 소유권이전형 유상·쌍무계약의 경우는 유상·쌍무계약의 등가성 및 견련성에서 나오는 담보책임(580조)과 채무자위험부담의 원칙(537조)에 의하여 채권자의 유책사유에 의한 훼손·멸실의 경우 외에는 채권자가 책임을 지지 않는다. 그러므로 매매·교환과 같은 소유권이전형 계약에서는 위 특정물채권의 채무자의 선관주의

의무에 관한 규정은 적용되지 않는다.

㉯ 점유이전형 계약: 임대차·유상임치와 같은 점유이전형 계약에서만 채무자의 선관주의의무에 관한 제374조가 그 실익이 있다.

(나) 의무의 존속시기-실제 인도까지: 보존의무는 〈인도하기까지〉라고 규정하고 있는데, 이는 동시이행의 항변권 또는 유치권의 행사로 이행기와 실제의 이행기가 다른 경우가 있기 때문에 실제로 인도할 때까지를 의미한다. 그러나 이행기 이후의 이행지체의 경우에는 채무자의 책임이 가중되며(392조), 수령지체의 경우에는 채무자의 책임이 경감된다(401조).

(2) 보존의무 위반의 효과-제390조: 채무자가 보존의무를 위반하면 보존의무 위반에 의한 손해배상책임을 부담한다.

(3) 주의의무를 다 한 경우: 손해배상책임을 지지 않는다. 이 경우에 훼손된 경우는 훼손된 그대로 반환하면 되고(462조), 멸실되었으면 인도의무를 면한다. 주의의무를 다 하였다는 증명책임은 채무자에게 있다.

第375條【種類債權】 ①債權의 目的을 種類로만 指定한 境遇에 法律行爲의 性質이나 當事者의 意思에 依하여 品質을 定할 수 없는 때에는 債務者는 中等品質의 物件으로 履行하여야 한다.
②前項의 境遇에 債務者가 履行에 必要한 行爲를 完了하거나 債權者의 同意를 얻어 履行할 物件을 指定한 때에는 그때로부터 그 物件을 債權의 目的物로 한다.

種類債權

1. 意義: 종류와 수량으로 지정된 물건의 인도를 목적으로 하는 채권이 종류채권 또는 불특정물채권이다. 종류채권은 최소한 종류와 수량은 지정되어 있으나 통상적으로는 품질에 관하여 구체적으로 지정하지 않기 때문에, 첫째 어떤 등급의 품질의 물건으로 이행할 것인가, 둘째 같은 품질의 물건 중에서 구체적으로 어느 물건으로 이행할 것인가라는 문제가 남는다. 따라서 본조에서 종류채권에 관하여 품질의 결정방법 및 이행할 물건의 확정방법에 관하여 규정한다.

(1) 발생: 종류채권은 주로 매매계약에서 발생하나 그 밖에 교환·소비대차·소비임치 등에서도 발생한다.

(2) 목적물은 성질상 대체물: 종류채권의 목적물은 성질상 대체물일 수밖에 없다. 그러나 대체물이라고 해서 모두 종류채권이 되는 것은 아니며, 대체물일지라도 구체적인 거래의 목적물로 특정되었으면 특정물채권이다. 즉 물건의 대체성·부대체성은 거래의 일반관념에 의하여 객관적으로 결정되지만, 물건의 특정성·불특정성은 당사자의 의사에 의하여 주관적으로 구체적인 거래의 목적물로 확정하였느냐 여부에 의하여 결정된다. 따라서 특정물 여부는 최종적으로는 당사자의 의사표시의 해석을 통하여 결정된다.

(3) 효력상의 특질-이행불능의 문제는 없다: 종류채권은 종류와 수량으로 지정되기 때문에 일반적으로는 이 세상에서 그 종류의 물건이 전부 없어진다는 일은 없으므로 이행불능의 경우는 생기지 않는다. 그러나 채권성립 후에 거래 금지되는 경우와 같은 특수한 경우에는 이행불능의 경우가 있게 된다.

(4) 제한종류채권-이행불능이 있다: 종류채권 중에는 종류의 범위를 제한하는 것이 있다. 예컨대 이 창고에 있는 쌀 중에서 세 가마, 이 대리점에 있는 TV 중에서 석 대 등과 같은 경우인 데, 이를 제한종류채권이라 한다. 제한종류채권은 종류채권의 일종이나 그 제한적 성질에 의하여 때로는 특정물채권과 같은 효력이 있다(이행불능).

2. 目的物의 品質: 소비대차·소비임치의 경우는 차주(수치인)가 변제기에 같은 종류, 품질, 수량으로 반환하여야 한다고(598조, 702조) 규정되어 있어 품질이 문제가 되지 않으나, 그 밖의 경우에는 품질이 문제가 된다.

(1) 원칙-법률행위의 성질, 당사자의 의사로 결정: 품질은 법률행위의 성질(소비대차 또는 소비임치의 경우가 이에 해당)이나 당사자의 의사에 의하여 결정된다. 품질에 관하여 당사자의 의사가 있는 경우에 그 의사는 명시된 의사뿐만 아니라 거래의 관습에 의한 묵시의 의사도 당연히 포함된다.

(2) 보칙-중등품-제1항: 품질에 관하여 특별히 정한 바가 없는 경우에는 목적물의 중등 품으로 이행하여야 한다. 품질에 관하여 당사자가 특별히 정한 바가 없는 경우에는 중등 품이 채무의 목적물이므로 채무자가 중등 품 이하의 물건으로 이행한 경우에는 채무불이행 또는 담보책임을 지게 된다.

3. 種類債權의 特定: 품질이 결정되어도 채무자가 현실적으로 이행하기 위하여는 구체적인 물건이 확정되어야 한다. 이를 종류채권의 특정 또는 집중이라 한다.

(1) 합의에 의한 특정: 구체적으로 이행할 물건을 특정하는 방법에 관하여는 당연히 당사자간에 합의를 할 수 있다. 예컨대 "내일 들어오는 물건 중 협의하여 특정한다"든지 또는 지정권을 채무자, 채권자 또는 제3자에게 주기로 합의할 수 있다.

(가) 특정인에게 지정권: 지정권을 특정인에게 준 경우에 지정권자는 그 지정권을 행사함으로써 특정된다. 이 지정권은 형성권으로 상대방에 대한 일방적 의사표시로 한다.

(나) 지정권자의 지정권 불행사: 지정권자가 지정권을 행사하지 않는 경우에 관하여는 민법에 별도의 규정이 없는데, 이는 당사자간에 지정권자에 대한 합의가 없는 것이 아니며 또한 그렇게 합의를 하였을 특별한 연유가 있었을 것이므로 법률의 규정에 의하는 것이 분쟁을 최소화 할 수 있을 것이다. 따라서 유사한 경우인 선택채권에 있어서 선택권의 이전에 관한 제381조 및 제384조를 유추적용하는 것이 타당하다.

(2) 특정의 방법에 대한 합의가 없는 경우-제2항: 당사자가 특정의 방법에 관하여 아무런 합의를 하지 않은 경우에는 아래의 기준에 의하여 특정된다.

(가) 채무자가 이행에 필요한 행위를 완료한 때-전문: 채무자가 현실적으로 이행하기 위한 직전의 상태를 완료한 때, 즉 수령지체 발생의 요건이 되는 변제의 제공(460조)을 한 때의 물건이 목적물로서 특정된다. 그러나 이는 이행지가 어디냐에 따라서 달라진다.

① 지참채무-현실제공 시: 민법은 특정물채무 이외의 채무는 채권자의 주소지에서 변제하여야 하는 지참채무(467조)를 원칙으로 하고 있다. 따라서 종류채무도 원칙적으로 지참채무이다. 지참채무는 채무자가 목적물을 종류에 속하는 것 중에서 분리하여 채권자가 주소지에서 현실적으로 수령할 수 있는 상태에 두게 되었을 때 그 제공(현실제공)한 물건이 목적물로서 특정된다. 그러므로 채무자가 이행을 하기 위하여 단순히 분리한 것이나, 운송 도중에 멸실된 경우에는 현실의 제공이 되지 않아 특정되지 않은 것이 된다. 지참채무라도 채권자가 미리 그 수령을 거절한 때에는 다음의 추심채무와 같이 구두의 제공을 하면 특정된다.

② 추심채무-분리하여 구두제공 시: 채무자의 주소지에서 이행하여야 하는 추심채무는 채무자가 스스로 물건을 선정하여 분리시켜 놓고 변제할 준비를 완료하였음을 채권자에게 통지하고 그 수령을 최고 하는 구두의 제공을 한 때에 분리시킨 물건이 목적물로 특정된다(460조). 분리시키기 전에 먼저 통지, 최고한 경우에는 수령하러 올 때까지 분리시켰으면 그 분리시에 특정된 것으로 보아야 한다.

③ 송부채무-현실의 제공 시: 채무자가 채무자 또는 채권자의 주소지 이외의 제3의 장소에 목적물을 송부하여야 할 채무인 송부채무는 당사자간의 계약에 의한 경우도 있고, 본래는 지참채무 또는 추심채무이나 채권자의 요청으로 제3의 장소에 송부키로 하는 경우도 있다. 계약에 의한 송부채무는 제3의 장소가 변제의 장소로 지참채무와 다르지 않아 현실의 제공시에 특정된다. 채권자의 요청에 의한 경우는 발송한 때에 당해 물건이 목적물로 특정되며, 따라서 발송하면 인도의무를 면하게 된다.

(나) 채권자의 동의를 얻어 이행할 물건을 지정한 때-후문: 채무자가 지정권을 행사하는데 대하여 채권자의 동의를 받아, 그에 의하여 지정하여 분리한 때 특정된다.

(3) 특정의 효과

(가) 특정물채권으로의 전환-소급효 없음: 목적물이 특정되면 그때부터 종류채권은 특정물채권

으로 된다. 그러나 종류채권의 특정은 소급효가 없기 때문에(이점이 선택채권의 선택과 다름) 특정에 의하여 종류채권이 채권성립시부터 특정물채권이 되는 것은 아니다.
① 채무자의 보존의무, 현상인도의 원칙: 목적물의 특정이 있으면 그때부터 채무자의 보존의무, 현상인도의 원칙 등의 특정물채권의 법리의 적용이 있게 된다.
② 동일성은 유지: 종류채권은 특정된 후에도 채권의 동일성을 잃지 아니하므로 종래의 보증, 담보물권, 기타의 항변권에는 영향이 없다.
(나) 변경권-허용: 특정이 있으면 그때부터 특정물채권으로 되어 채무자는 그 물건만을 인도할 의무를 지고 채권자도 그 특정된 물건의 인도를 청구할 수 있을 뿐이다. 종류채권이 특정되면 그 때부터 특정물채권으로 전환된다는 점만을 보면 변경권은 허용될 수 없으나, 종류채권에 있어서 특정 후에 동일한 종류, 동일한 품질의 다른 물건으로 변경되더라도 일반적으로는 채권자에게 불이익을 주지 않기 때문에 채무자의 변경권의 행사를 금지할 필요는 없다. * 종류물매매의 경우에 물건에 하자가 있는 경우 특정물채권에 있어서와 같이 채무불이행에 의한 손해배상청구·계약의 해제를 할 수 있고, 또한 종류물채권의 성질에 따른 하자 없는 물건의 인도를 청구할 수 있게 한다(581조2항).

第376條【金錢債權】 債權의 目的이 어느 種類의 通貨로 支給할 것인 境遇에 그 通貨가 辨濟期에 强制通用力을 잃은 때에는 債務者는 다른 通貨로 辨濟하여야 한다.

第377條【外貨債權】 ①債權의 目的이 다른 나라 通貨로 支給할 것인 境遇에는 債務者는 自己가 選擇한 그 나라의 各種類의 通貨로 辨濟할 수 있다.
②債權의 目的이 어느 種類의 다른 나라 通貨로 支給할 것인 境遇에 그 通貨가 辨濟期에 强制通用力을 잃은 때에는 그 나라의 다른 通貨로 辨濟하여야 한다.

第378條【同前】 債權額이 다른 나라 通貨로 指定된 때에는 債務者는 支給할 때에 있어서의 履行地의 換金市價에 依하여 우리나라 通貨로 辨濟할 수 있다.

第379條【法定利率】 利子 있는 債權의 利率은 다른 法律의 規定이나 當事者의 約定이 없으면 年 5分으로 한다.

金錢債權

1. 金種債權과 外貨債權: 금전의 지급을 목적으로 하는 채권이 금전채권이며, 일정액의 금전을 지불하되 지급방법에 제한을 두어 일정한 종류의 화폐로 지급할 것인 금전채권이 금종채권이다. 그리고 그 금전이 다른 나라 통화인 경우가 외화채권이다.
2, 金種債權 - 제376조: 금종채권의 주목적은 금액이고, 그 종류는 지급방법이기 때문에 금전채권의 특칙의 적용이 있고(397조), 지정된 종류의 통화가 변제기에 강제통용력을 잃은 경우에도 이행불능이 되는 것이 아니라 다른 통화로 지급하여야 한다.
3. 外貨債權 - 제377조, 제378조
(1) 외화금액채권-제377조제1항: 외국의 통화를 지급의 목적으로 하는 금전채권이 외화채권이다. 외화채권을 외화금종채권·외화금액채권으로 구별할 수 있다. 외화금액채권의 경우에는 채무자는 그 나라의 각종의 통화로 지급할 수 있다(1항: 예: US＄100 짜리 90매, US＄10짜리 9매, US＄1 짜리 10매).
(2) 외화금종채권-제377조제2항: 외화금종채권의 경우에 변제기에 강제통용력을 잃은 경우에는 이행불능이 되는 것이 아니라 다른 통화로 지불하여야 한다.
(3) 외화금전채권에서의 한화로의 지급-환산시기는 실제의 지급시-제378조: 직접 외화로 지급

할 수도 있고, 외국환 환산율로 산정한 한국화폐로 지급할 수도 있다. 우리나라 통화로 지급하는 경우의 환산시기에 관하여는 이행기가 아니라 현실로 이행할 때가 기준이 된다(대판 1991.3.12, 90다2147).

4. 利子債權 - 제379조: 이자는 유동자본인 일정한 원본에 대한 사용대가로서 원본액과 사용기간에 비례하여 지급되는 금전 기타 대체물이다. 이자채권은 바로 이 이자의 지급을 목적으로 하는 채권이다. 따라서 이자채권은 이자를 생기게 하는 원본을 그 전제로 하는데, 이 원본의 지급을 목적으로 하는 채권이 원본채권이다. 이자는 이와 같이 원본에 대한 사용대가로서 일반적으로는 원본과 이자는 동일 종류이나 반드시 같을 필요는 없다. 예컨대 금전에 대한 이자로 곡물이 지급될 수도 있다.

(1) 이자채권의 발생: 이자채권은 소비대차나 소비임치(은행예금)에 수반하여 생기는 것이 보통이다. 민법은 그 밖에 연대채무자 또는 보증인의 구상권행사(425조, 441조)·계약해제에 따른 원상회복청구(548조)·매매대금지불(587조)·수임인의 금전소비(685조)·조합원의 출자(705조)·악의의 수익자의 반환(748조) 등에서 이자의 지급의무를 규정하고 있다. 그러나 이들은 원본의 사용대가이기 보다는 원본을 상대방에게 사용치 못하게 한 보상 내지 손해의 배상의 성질을 가진 것으로 법률에 의하여 법정이자로 의제된 것이다. 따라서 이들에 관한 이자의 계산은 특약이 없으면 법정이율에 의한다(397조).

(2) 이자채권의 성질과 종류

(가) 기본적 이자채권: 기본적 이자채권은 원본채권에 부수하여 원본액에 대한 일정비율과 사용기간에 따라 산정되는 이자를 정기적으로 발생시키는 채권이다. 일반적으로 이자채권이라 하면 기본적 이자채권을 말한다.

① 부종성과, 수반성: 기본적 이자채권은 원본채권을 전제로 하기 때문에 원본채권이 소멸하면 따라서 소멸하며, 원본채권이 양도·입질·압류가 있게 되면 기본적 이자채권도 그에 따른다.

② 보증, 담보의 효력: 원본채권에 부착된 보증·담보권도 기본적 이자채권에 효력을 가진다.

(나) 지분적 이자채권: 지분적 이자채권은 기본적 이자채권에 의하여 현실로 발생된 개별이자의 지급을 목적으로 하는 채권이다.

① 독립적, 개별적: 변제기가 도래한 지분적 이자채권은 원본채권과는 기본적으로 독립하여 별개의 법적 취급을 받는다. 따라서 지분적 이자채권만 따로 변제·양도·소송·소멸시효의 목적이 된다.

② 원본에 우선 변제: 이자채권은 원본채권보다 우선하여 변제되어야 하므로 채무자가 원본과 이자채무 모두를 소멸시키기에 부족한 금액의 지급을 한 경우에는 이자·원본의 순서로 변제에 충당된다(479조).

③ 보증, 담보의 효력: 채권자가 만족을 얻는다는 점에서는 원본채권의 연장으로서의 성질을 가져 원본채권에 대한 담보는 지분적 이자채권에도 담보의 효력이 있다(334조, 360조, 429조 등).

(3) 이율: 이자는 원본에 대한 사용기간과 일정비율에 의하여 산출되는데, 이 일정비율을 이율이라 한다. 이율은 1년간 또는 1개월간의 원본액에 대한 백분비로 표시한다. 예컨대 년 20%, 월 2%등이 그것이다. 이율에는 약정이율, 법정이율과 복리가 있다.

(가) 약정이율: 이율은 당사자간에 자유롭게 약정할 수 있으며, 이를 약정이율이라 한다. 그러나 경제적 약자의 생활 안정과 건전한 국민생활의 유지 발전을 도모하고 자본주의 경제아래서의 강자의 약자에 대한 수탈의 폐해를 방지하기 위하여, 이율의 규제에 관한 특별법으로 이자제한법과 대부업의등록및금융이용자보호에관한법률이 있다.

(나) 민사 법정이율 연 5%-제379조: 이율에 관하여 당사자가 별도의 합의가 없는 경우에는 법에 정한 이율이 적용되며, 이를 법정이율이라 한다. 민법은 다른 법률에 정한 바가 없는 경우에는 법정이율을 연 5%로 하고 있다(379조). 상행위에 관한 법정이율은 연 6%이다(상법 54조).

(다) 복리(중리): 변제기가 도래한 이자를 원본의 일부로 보아 그에 대한 이자를 다시 발생시키는 이자가 복리 또는 중리이다. 즉 이자에 대한 이자이다. 복리는 채무자에게 가혹한 부담이 되어 대부분의 국가에서 이를 금지 또는 제한하고 있다. 우리 민법에는 복리금지에 대한 규정이 없

으므로 금전소비대차의 경우에 당사자의 합의에 의하여 복리를 약정(복리의 예약)할 수 있다.
① 약정복리: 당사자의 합의에 의한 약정복리에 의하여 산출된 최종적인 이자가 이자제한법의 제한이율을 초과한 경우에는 초과한 부분은 무효이다(이자제한법 2조3항).
② 법정복리: 법률의 규정에 의한 복리가 법정복리로 상법 제76조에서 상호계산의 경우에 인정된다.
5. 遲延利子 - 본질이 손해배상액: 지연이자는 본질에 있어서 손해배상액이므로 이자채권(금전채권)의 법리는 적용되지 아니한다. 지연이자의 지체에 대하여는 다시 이자를 지급하여야 한다.
6. 金錢債務의 不履行 - 특칙: 제397조

第380條【選擇債權】 債權의 目的이 數個의 行爲中에서 選擇에 좇아 確定될 境遇에 다른 法律의 規定이나 當事者의 約定이 없으면 選擇權은 債務者에게 있다.

第381條【選擇權의 移轉】 ①選擇權行使의 期間이 있는 境遇에 選擇權者가 그 期間內에 選擇權을 行使하지 아니하는 때에는 相對方은 相當한 期間을 定하여 그 選擇을 催告할 수 있고 選擇權者가 그 期間內에 選擇하지 아니하면 選擇權은 相對方에게 있다.
②選擇權行使의 期間이 없는 境遇에 債權의 期限이 到來한 後 相對方이 相當한 期間을 定하여 그 選擇을 催告하여도 選擇權者가 그 期間內에 選擇하지 아니할 때에도 前項과 같다.

選擇債權

1. 選擇債權: 선택채권은 채권의 목적이 되는 급부가 각각의 개성을 가진 여러 개의 급부 중에서 선택에 의하여 하나의 급부로 정해질 채권이다. 특정 그림·특정 그릇·특정 전자제품 중 어느 하나를 급부의 목적물로 하기로 하는 경우이다. 선택채권은 예와 같이 여러 개의 특정물 중에서 하나의 물건으로 급부의 목적물이 특정되는 것이 보통이나, 하나의 종류물과 다른 종류물(콜라나 사이다 중에서 한 상자), 특정물과 종류물 또는 주는 급부와 하는 급부 간에도 선택채권이 성립한다.
(1) 종류채권과의 차이
(가) 급부의 개별적 가치성: 선택채권의 개별급부는 각 급부의 개별적 가치에 중점이 있으나, 종류채권은 같은 종류에 속하여 개별가치는 동일한 것이어서 개별급부의 개성이 없다. 따라서 선택채권은 특정할 수 있는 선택권이 중요한 의의를 가지나 종류채권에서의 특정권은 채무이행의 수단에 지나지 않는다.
(나) 이해불능이면 잔존급부로 특정: 선택채권은 다른 급부가 이행불능이면 잔존가능급부로 특정되나, 종류채권은 그 종류가 세상에서 전부 없어지는 일은 없으므로 원칙적으로 이행불능은 없다.
(다) 특정의 소급효: 선택채권의 특정(선택)은 소급효가 있으나 종류채권의 특정은 소급효가 없다.
(2) 선택채권의 발생: 선택채권은 당사자의 계약(증여·매매·대차 등)이나 법률의 규정에 의하여 발생한다. 법률의 규정에 의한 것으로는, 무권대리인의 상대방은 이행청구 또는 손해배상청구 중에서 하나를 선택할 수 있으며(135조), 점유자가 점유물에 대하여 지출한 금액에 대한 상환청구의 경우에 회복자가 지출금액 또는 증가액 중에서 하나를 선택할 수 있으며(203조), 채무자의 부탁을 받은 보증인이 사전구상권 행사의 경우에 주채무자가 그 보증인에 대하여 면책청구 또는 담보제공청구 중에서 하나를 선택할 수 있다(443조).
2. 選擇債權의 特定: 선택채권의 경우에 실제로 이행하기 위하여 여러 개의 급부 중에서 어느 하나의 급부로 확정하여야 하고, 이를 선택채권의 특정이라 한다. 선택채권의 특정은 선택권을 가진 자의 선택에 의하여 급부의 목적물로 특정되는 것이 보통이겠으나, 다른 급부의 이행불능에 의하여 잔존급부로 정해지는 경우와 특정에 관하여 별도로 당사자가 합의한 경우가 있다.

3. 選擇權者 - 제380조, 제381조

(1) 당사자간의 약정이나 법률에 선택권자에 대하여 규정이 없는 경우-제380조: 채무자에게 있다.

(2) 선택권불행사에 의한 선택권의 이전

(가) 당사자간에 선택권이 있는 경우-제381조

① 선택권행사기간 있는 경우-제1항: 선택권이 당사자 일방에게 있는 경우에 선택기간 내에 선택하지 않을 경우에 상당기간을 정한 최고를 하고, 그 기간이 경과한 후에는 선택권은 상대방에게 귀속한다.

② 선택권행사기간 없는 경우-제2항: 상당기간을 정하여 최고하고, 그 기간이 지나도 선택권을 행사하지 않는 경우에는 선택권은 상대방에게 이전한다.

(나) 제3자의 선택권의 불행사-제384조

① 행사 불가-제1항: 제3자에게 선택권이 있는 경우에 제3자가 선택할 수 없는 경우에는 선택권은 채무자에게 이전한다.

② 불행사-제2항: 제3자에게 선택권이 있는 경우에 그 제3자가 선택권을 행사하지 않은 경우에 채권자나 채무자가 상당기간을 정하여 최고한 후에는 선택권은 채무자에게 이전한다.

第382條【當事者의 選擇權의 行使】 ①債權者나 債務者가 選擇하는 境遇에는 그 選擇은 相對方에 對한 意思表示로 한다.
②前項의 意思表示는 相對方의 同意가 없으면 撤回하지 못한다.

第383條【第三者의 選擇權의 行使】 ①第三者가 選擇하는 境遇에는 그 選擇은 債務者 및 債權者에 對한 意思表示로 한다.
②前項의 意思表示는 債權者 및 債務者의 同意가 없으면 撤回하지 못한다.

第384條【第三者의 選擇權의 移轉】 ①選擇할 第三者가 選擇할 수 없는 境遇에는 選擇權은 債務者에게 있다.
②第三者가 選擇하지 아니하는 境遇에는 債權者나 債務者는 相當한 期間을 定하여 그 選擇을 催告할 수 있고 第三者가 그 期間內에 選擇하지 아니하면 選擇權은 債務者에게 있다.

第385條【不能으로 因한 選擇債權의 特定】 ①債權의 目的으로 選擇할 數個의 行爲中에 처음부터 不能한 것이나 또는 後에 履行不能하게 된 것이 있으면 債權의 目的은 殘存한 것에 存在한다.
②選擇權 없는 當事者의 過失로 因하여 履行不能이 된 때에는 前項의 規定을 適用하지 아니한다.

第386條【選擇權의 遡及效】 選擇權의 效力은 그 債權이 發生한 때에 遡及한다. 그러나 第三者의 權利를 害하지 못한다.

選擇權의 行使

1. 當事者間의 選擇權의 行使 - 제382조

(1) 의사표시로-제1항: 선택채권에서의 선택권은 급부를 일방적으로 확정하는 형성권으로, 그 행사는 상대방에 대한 의사표시로 한다. 선택의 의사표시의 도달(111조)로 효력이 발생하며, 행위무능력・착오・사기・강박의 경우에는 당연히 선택의 의사표시를 취소할 수 있다.

(2) 비철회성-제2항: 거래의 안정성을 위하여 행사한 선택권은 원칙적으로 철회하지 못한다. 그러나 상대방이 동의하면 당초의 선택을 철회하고 다른 것으로 선택할 수 있다.

2. 第3者의 選擇權의 行使 - 제383조

(1) 당사자에 대한 의사표시로-제1항: 제3자가 선택권자인 경우는 채권자 또는 채무자에 대한 의사표시로 한다. 효력은 도달(111조)에 의하여 발생하며, 행위무능력·착오·사기·강박의 경우에는 당연히 선택의 의사표시를 취소할 수 있다.

(2) 비철회성-제2항: 제3자는 선택권을 일단 행사한 경우에는 채권자 및 채무자의 동의가 없으면 철회하지 못한다.

3. 選擇權의 第3者로부터 債務者에게 移轉 - 제384조: 아래의 경우에는 선택권이 제3자로부터 채무자에게 이전하여 채무자가 선택권을 행사한다.

(1) 제3자의 선택권행사 불능-제1항: 제3자가 선택권을 행사할 수 없는 경우에는 채무자에게 선택권이 이전한다.

(2) 최고기간의 경과-제2항: 제3자가 선택권을 행사하지 아니하는 때에는 채권자나 채무자가 상당한 기간을 정하여 최고하고, 최고기간 내에 선택권을 행사하지 아니하는 때에는 선택권은 채무자에게 이전한다.

4. 不能한 給付가 있는 경우 - 殘存 給付로 - 제385조

(1) 원칙-제1항-잔존한 가능 급부로 특정: 여러 개의 급부 중에 어느 급부가 선택권 없는 당사자의 과실로 인하여 원시적 불능 또는 후발적 불능이 된 때에는 잔존한 가능한 급부로 축소되어 존재한다. 따라서 잔존급부가 하나이면 단순채권으로 특정되며, 잔존급부가 2개 이상이면 잔존급부에 대한 선택채권이 된다.

(2) 불능원인제공자 별 법률관계: 불능야기자와 선택권자가 누구냐에 따라 법률관계가 각기 다르다.

(가) 불능원인제공자가 채무자인 경우

① 선택권자가 채무자: 가능한 잔존급부에 특정된다.

② 선택권자가 채권자 또는 제3자-제2항: 불능급부도 선택할 수 있다. 가능한 잔존급부를 선택하여 이행시키거나, 원시적 불능급부를 선택하여 계약을 무효로 하고 계약체결상의 과실책임(535조)을 지우거나, 후발적 불능급부를 선택하여 채무불이행책임 또는 계약을 해제할 수도 있다.

(나) 불능원인 제공자가 채권자인 경우

① 선택권자가 채권자: 가능한 잔존급부에 특정되며, 채권자는 불능에 이르게 한 급부에 대하여는(불법행위로 인한) 손해배상책임을 진다.

② 선택권자가 채무자-제2항: 불능급부도 선택할 수 있다. 불능급부를 선택하여 채무를 소멸시키거나, 이행가능한 급부를 선택하여 이행하고 불능급부에 대하여는 손해배상책임을 추궁한다.

③ 선택권자가 제3자: 불능급부도 선택할 수 있다. 가능한 급부를 선택하면 그 급부가 채권의 목적이 되며 불능부분은 채권자의 채무자에 대한 손해배상책임이 있다. 불능급부를 선택하면 채무자는 채무를 면한다.

(다) 당사자의 책임 없는 사유에 의한 불능의 경우-제1항: 불가항력 또는 선택권자인 제3자의 과실에 의한 불능의 경우는 잔존급부에 특정된다.

5. 選擇(特定)의 效果 - 遡及하여 單純債權으로 - 제386조

(1) 소급효-본문: 선택이 행하여지면 선택채권은 단순채권으로 변하며, 선택의 효력은 채권의 발생시에 소급한다. 즉 채권발생시부터 선택된 급부만을 목적으로 하는 채권이 발생한 것으로 된다. 그러므로 이행불능이 된 급부도 선택할 수 있다(선택권 없는 당사자의 고의 또는 과실에 의한 이행불능의 경우로 한정하여 규정 385조2항).

(2) 소급효 제한-단서: 제386조는 선택의 소급효를 규정하며, 단서에 선택의 소급효는 〈...제3자의 권리를 해하지 못한다〉고 규정하고 있다.

(가) 선택할 급부 중에서 어느 하나가 선택채권 성립 후 또는 선택권을 행사하기 전에 제3자와 계약을 체결한 경우: 선택된 급부가 제3자의 채권의 목적인 경우에는 2중매매가 성립되어, 2중매매의 문제로 된다.

(나) 선택권 행사 전에 이미 소유권이 이전된 경우: 선택된 급부가 선택권 행사 전에 제3자에게 이미 소유권이 이전된 경우에는 제3자의 권리는 물권으로 채권이 물권을 해친다는 것은 있을 수 없다.

第2節 債權의 效力

1. 概括: 채권의 효력은 권리로서의 채권이 가지는 최소한의 효력인 기본적 효력, 채권자와 채무자 간의 효력인 대내적 효력, 채권자의 채권을 보전하기 위한 보전적 효력, 채권이 권리로서 제3자로부터 보호되는 효력인 대외적 효력, 채권이 독립된 권리로서 이전되는 재산적 효력으로 구분할 수 있다.

(1) 기본적효력: 채권의 최소한의 효력은 청구력과 급부보유력이다.

(가) 청구력: 채무자의 이행을 청구할 수 있는 힘을 말한다. 이는 채무자의 임의의 이행을 촉구시킨다는 일반적 의미를 가지나 시효의 중단, 기한의 도래(최고)등의 법적 효과를 발생시키기도 한다. 채권의 본질은 청구권(청구력)에 있으나 청구권은 채권, 물권(반환청구권) 및 친족권(부양청구권)에서도 발생한다.

(나) 급부보유력: 채무자의 이행을 수령하여 보유할 수 있는 힘이다. 급부보유력이 없는 이득이 부당이득이며, 따라서 부당이득은 급부보유력이 없으므로 상대방에게 반환하여야 한다(자연채무를 가지는 자는 급부보유력이 있으므로 반환할 필요가 없다).

(2) 대내적 효력: 채무자의 임의의 불이행에 대한 효력으로 공취력이라고도 하는데, 소구력과 강제집행력이 있다. 채권의 실효성을 위하여 채무자가 임의로 이행을 하지 않는 경우의 보장책이다. 민법은 본래의 급부의 실현을 위한 강제이행(389조), 금전배상을 매개로 하는 채무자의 일반재산에 대한 책임(390조) 및 채권의 성립기반에 대한 해결로서의 해제(543조 이하) 등을 두고 있다.

(가) 소구력: 소송을 제기할 수 있는 힘이다. 채권자의 소구력 없는(따라서 집행력도 없음) 채무가 자연채무이다.

(나) 강제집행력: 강제집행할 수 있는 힘이다. 채권자의 강제집행력 없는 채무가 책임 없는 채무이다(소구력은 있음).

(3) 보전적 효력: 금전채권의 실현은 채무자의 일반재산이며, 금전 이외의 급부를 목적으로 하는 채권도 최종적으로는 채무자의 일반재산으로 그의 실현이 이루어진다. 따라서 채권의 가치는 결국 채무자의 일반재산에 의하여 결정된다. 이에 채권의 실효성을 위하여 채권자에게 채무자의 일반재산을 보전할 수 있는 힘인 채권자대위권(404조)과 채권자취소권(406조)을 주고 있다.

(4) 대외적 효력: 채권은 본질적으로는 채무자에게 그 급부를 청구할 수 있는 권리이나, 사회적 가치를 가지는 권리성 자체를 부정할 수 없다. 이는 제3자가 채권을 위법하게 침해한 경우(급부의 실현을 방해한 경우)에 불법행위에 기한 손해배상을 청구하며 또한 그 침해를 배제할 수 있는지의 문제가 된다(제3자에 의한 채권침해). 이는 급부장애가 제3자에 의하여 발생한 경우에, 이의 책임을 채무자에게 추궁할 수 없는 경우에 제3자에게 그 책임을 추궁할 수 있다는 실익이 있다. 전형적인 것으로는 제3자의 무기명증서의 훼멸, 제3자의 예금의 무단인출, 하는 채무에서 채무자의 위법한 유괴감금, 매매목적물의 훼손 등이 있다.

(가) 제750조 적용: 당해 채권이 성질상 제3자로부터 침해받을 수 있는 채권(예: 하는 채무)인 경우에, 불법행위의 일반적 성립요건을 충족하면(예: 제3자가 고의 또는 과실로 이를 침해하기 위하여 채무자를 불법감금) 채권자는 제3자에게 불법행위에 기한 채권침해로 인한 손해배상을 청구할 수 있다.

(나) 일반적인 경제주체간: 독립한 경제주체간의 경쟁적 계약관계에 있어서는 단순히 제3자가 채무자와 채권자 간의 계약내용을 알면서 채무자와 채권자 간에 체결된 계약에 위반되는 내용의 계약을 체결한 것만으로는 제3자의 고의·과실 및 위법성을 인정하기에 부족하고, 제3자가 채무자와 적극 공모하였다거나 또는 제3자가 기망·협박 등 사회상규에 반하는 수단을 사용하거나 채권자를 해할 의사로 채무자와 계약을 체결하였다는 등의 특별한 사정이 있는 경우에 한하여 제3자의 고의·과실 및 위법성을 인정하여야 할 것이다(대판 2001.5.8. 99다38699).

(다) 채권 자체에 기한 방해배제청구: 공시된 부동산임차권의 경우에 임차권자는 침해자에 대하여 채권 자체(임차권)에 기하여 방해배제를 청구할 수 있다.

(5) 재산적 효력: 채권이 비록 특정인인 채무자로부터 장래의 기대되는 이익이지만 그 이익을 현재의 독립된 가치물로 보아 거래의 객체로 함으로써 재산적 가치를 인정한다. 이러한 효력에

의하여 채권양도(449조 이하) 및 채무인수(453조 이하)제도가 있다.

2. 特殊한 債權 내지 債務

(1) 자연채무: 자연채무는 채권자가 강제집행은 물론 소를 제기할 수(소구력) 없는 채무이다.

(가) 성립: 당사자간에 채무자가 임의로 지급은 하되, 임의로 지급하지 아니할 때에 소를 제기할 수 없는 내용의 채무를 발생시킬 것을 합의하면 자연채무가 성립한다. 그 밖에, ① 소멸시효가 완성된 채무, ② 승소의 종국판결 후에 소를 취하한 채무, ③ 파산절차에서 면책된 채무, ④ 채권이 존재하나 소송절차의 잘못으로 패소판결이 확정된 채무 등이 자연채무에 속한다.

(나) 효력: 자연채무의 이행을 수령한 것은 부당이득이 되지 않으며, 또한 상계의 자동채권이 될 수 있는 효과가 있다.

(2) 책임 없는 채무: 책임 없는 채무는 채권자가 소를 제기할 수 있으나(소구력) 강제집행을 할 수 없는 채무이다. 유한책임사원의 채무, 한정승인된 채무가 이에 속하며, 또한 부부간의 동거의무에 대하여는 동거를 명할 수는 있으나 간접강제가 인정되지 않기 때문에 부부간의 동거채무도 이에 속한다 할 것이다.

(3) 채무 없는 책임: 채무 없는 책임은 채무는 없이 책임만 지는 경우로 물상보증인, 저당물의 제3취득자가 이에 해당한다.

3. 構成

(1) 이행지체: 제387조
(2) 기한의 이익 상실: 제388조
(3) 강제이행: 제389조
(4) 손해배상의 요건: 제390조-제392조
(5) 손해배상의 범위: 제393조
(6) 손해배상의 방법: 제394조
(7) 전보배상: 제395조
(8) 과실상계: 제396조
(9) 금전채무불이행의 특칙: 제397조
(10) 손해배상액의 예정: 제398조
(11) 손해배상자의 대위: 제399조
(12) 채권자지체: 제400조-제403조
(13) 채권자대위권: 제404조, 제405조
(14) 채권자취소권: 제406조, 제407조

第387條【履行期와 履行遲滯】 ①債務履行의 確定한 期限이 있는 경우에는 債務者는 期限이 到來한 때로부터 遲滯責任이 있다. 債務履行의 不確定한 期限이 있는 경우에는 債務者는 期限이 到來함을 안 때로부터 遲滯責任이 있다.
②債務履行의 期限이 없는 경우에는 債務者는 履行請求를 받은 때로부터 遲滯責任이 있다.

履行期와 履行遲滯

1. 給付障碍: 채권의 목적의 실현이 이루어지지 않은 상태를 급부장애라 하는데, 급부장애는 이를 발생시킨 주체에 따라 법률관계가 달라진다.

(1) 채무자의 귀책사유: 채무불이행이 되고, 채무불이행에는 그 양상에 따라 이행지체, 이행불능, 불완전이행으로 구분된다.

(2) 제3자의 귀책사유: 제3자에 의한 채권침해는 불법행위 문제로 된다.

(3) 채권자의 수령거부 및 수령불능: 채권자지체책임의 문제가 된다.

(4) 불가항력적 사유: 편무계약은 채무가 소멸하여 종료하고, 쌍무계약은 위험부담의 문제로 된다.

2. 履行遲滯의 成立 - 제387조: 이행지체는, ① 채무가 이행기에 있고, ② 이행이 가능하였으나, ③ 채무자의 귀책사유로, ④ 위법하게, ⑤ 이행을 하지 않은 것이다.
(1) 이행기의 도래: 채무의 종류에 따라 이행기의 도래는 각기 다르다.
(가) 확정기 채무-제1항 전단: 특정된 날로 이행기가 확정되어 있는 채무가 확정기 채무이다. 확정기채무는 기한이 도래하면 별도로 최고할 필요가 없다. 그러나 추심채무, 무기명채무 등은 기한의 도래 이후 증서의 제시가 있어야 한다.
(나) 불확정기 채무-제1항 후단: 변동되는 일정한 사안을 기준으로 정한 이행기의 채무가 불확정기채무이다. 불확정기채무는 채무자가 그 사실이 발생한 때는 물론 그 사실의 발생이 불가능하게 된 때에도 이행기는 도래한 것으로 보아야 한다(대판 1989.6.27. 88다카10579).
(다) 기한이 없는 채무-제2항: 이행기를 별도로 정하지 않은 채무이다. 이러한 채무는 채권자로부터 이행의 청구를 받은 다음날로부터 이행지체의 책임을 진다(대판 1988.11.8. 88다3253).
(라) 기한이익을 상실한 채무-이행의 청구 시: 기한의 이익은 채무자에게 있는 것으로 추정되며(153조), 이 이익은 제388조의 경우에 상실되는데, 이와 같이 기한의 이익을 상실한 채무는 채권자로 부터 이행의 청구를 받은 때에 이행기가 도래한 것으로 본다.
(2) 이행가능: 이행기를 기준으로 이행이 가능하여야 한다.
(3) 채무자의 귀책사유: 불이행이 채무자의 책임 없는 사유에 의한 것임을 채무자가 입증하지 못하여야 한다.
3. 履行遲滯의 效果: 채권자는 아래의 권리를 선택하여 행사할 수 있다;
(1) 강제이행권: 제389조
(2) 손해배상청구권: 제393조
(3) 계약의 해제권: 제543조

第388條【期限의 利益의 喪失】 債務者는 다음 各號의 경우에는 期限의 利益을 主張하지 못한다.
1. 債務者가 擔保를 損傷, 減少 또는 滅失하게 한 때
2. 債務者가 擔保提供의 義務를 履行하지 아니한 때

期限의 利益의 喪失

1. 事由: 채무자가 기한의 이익을 상실하는 경우는 민법 제388조와 파산법 제16조가 규정하고 있다.
(1) 담보의 손상, 감소 등-본조 제1호: 채무자가 물적 또는 인적 담보에 대하여 손상 등을 시킨 때로서, 채무자의 고의나 과실을 요하지 않는다. 즉 고의나 과실 없이 채무자가 담보물을 손상시킨 때에도 기한의 이익을 상실한다(담보 제공된 건물의 철거 등).
(2) 담보제공의무 불이행-본조 제2호: 채무자가 계약상 또는 법률의 규정에 의하여 담보의무가 있는 경우에, 이 의무를 이행하지 않으면 기한의 이익을 상실한다.
(3) 채무자가 파산선고를 받은 때-파산법 제16조: 파산선고로 채무자의 무자력이 확인되었기 때문에 채무이행 기한의 유예를 줄 필요가 없어 기한의 이익을 상실한다.
(4) 기한이익의 상실 특약: 당사자간에 기한이익의 상실에 대하여 그 사유 및 효력에 관하여 자유롭게 특약할 수 있다. 그런데 그 특약의 종류와 효력 및 당사자의 의사가 명확하지 않은 경우의 효력이 문제된다.
(가) 정지조건부 기한이익상실의 특약: 정지조건부 기한이익 상실의 특약은 특약상의 일정한 사유가 발생하면 채권자의 청구 등을 요함이 없이 당연히 기한의 이익이 상실되어 이행기가 도래하는 것을 내용으로 하는 당사자간의 특약이다.
(나) 형성권적 기한이익상실의 특약: 특약한 일정한 사유가 발생한 후 채권자의 통지나 청구 등 채권자의 의사행위를 기다려 비로소 이행기가 도래하는 것을 내용으로 하는 당사자간의 특약이다.
(다) 의사불명-형성권적 성질로 추정: 기한이익 상실의 특약이 위의 양자 중 어느 것에 해당하느

냐는 당사자의 의사해석의 문제이지만 일반적으로 기한이익 상실의 특약이 채권자를 위하여 둔 것인 점에 비추어 명백히 정지조건부 기한이익 상실의 특약이라고 볼 만한 특별한 사정이 없는 이상 형성권적 기한이익 상실의 특약으로 추정하는 것이 타당하다(대판 2002.9.4. 2002다28340).

2. 效果: 기한의 이익은 원칙적으로 채무자에게 있다(153조). 따라서 채무이행의 기한이 도래하기 전에는 채무자는 채권자가 이행의 청구를 하더라도 그 이행을 거절할 수 있다.

(1) 채권자의 이행기 전의 청구 가능: 기한의 이익을 상실하면 채권자는 이행기 전이라도, 기한의 이익을 상실하였음을 통지하고, 채무의 이행을 청구할 수 있다.

(2) 정지조건부 기한이익상실의 특약: 이행의 청구를 할 필요 없이 채무자의 이행지체책임이 발생한다.

(3) 형성권적 기한이익상실의 특약: 기한이익의 상실 사유가 발생하였다고 하더라도 채권자가 나머지 전액을 일시에 청구할 것인가 또는 종래대로 할부변제를 청구할 것인가를 자유로이 선택할 수 있으므로, 이와 같은 기간이익 상실의 특약이 있는 할부채무에 있어서는 1회의 불이행이 있더라도 각 할부금에 대해 그 각 변제기의 도래시마다 그때부터 순차로 소멸시효가 진행하고 채권자가 특히 잔존 채무 전액의 변제를 구하는 취지의 의사를 표시한 경우에 한하여 전액에 대하여 그 때부터 소멸시효가 진행한다(대판 1997.8.29. 97다12990).

第389條【强制履行】 ①債務者가 任意로 債務를 履行하지 아니한 때에는 債權者는 그 强制履行을 法院에 請求할 수 있다. 그러나 債務의 性質이 强制履行을 하지 못할 것인 때에는 그러하지 아니하다.
②前項의 債務가 法律行爲를 目的으로 한 때에는 債務者의 意思表示에 갈음할 裁判을 請求할 수 있고 債務者의 一身에 專屬하지 아니한 作爲를 目的으로 한 때에는 債務者의 費用으로 第三者에게 이를 하게 할 것을 法院에 請求할 수 있다.
③그 債務가 不作爲를 目的으로 한 경우에 債務者가 이에 違反한 때는 債務者의 費用으로써 그 違反한 것을 除却하고 將來에 대한 適當한 處分을 法院에 請求할 수 있다.
④前3項의 規定은 損害賠償의 請求에 影響을 미치지 아니한다.

强制履行

1. 意義: 이행지체의 경우는 이행이 가능하므로 본래의 채무의 이행을 청구할 수 있고, 청구가 있음에도 이행하지 않을 때는 채권자는 소구력과 강제집행력을 행사하여 급부를 강제적으로 실현시킬 수 있고, 담보권이 설정되어 있을 때는 담보권을 실행할 수 있다. 강제이행은 국가 공권력으로 본래의 채무를 그대로 실현시키는 것으로, 채무의 내용에 따라 직접강제, 대체집행, 간접강제의 세 가지 방법이 있다. 강제이행의 방법은 채무의 내용에 적합한 방법으로 하여야 한다. 강제이행의 기본은 직접강제이며, 직접강제가 적당하지 않은 경우는 대체집행으로 하고, 대체집행이 불가능하면 간접강제로 한다. 간접강제는 채무자의 인격과 관련되기 때문에 불가피한 경우 외에는 허용되지 아니한다. 강제이행 후에도 손해가 있으면 손해배상을 청구할 수 있다(4항).

2. 直接强制 - 제1항: 실질적인 공권력의 행사로 채권의 내용을 직접적으로 실현시킨다. 본조 제1항의 〈강제이행〉이란 직접강제를 의미한다. 채무의 내용에 따른 직접강제의 방법은 아래와 같다.

(1) 금전채무: 손해배상금 등 금전채무의 강제이행은 채무자의 재산(동, 부동산)을 압류한 후에 환가(경매)하여 채권자에게 직접적으로 제공하는 형태이다(민집법 78조 이하). 금전채권에서 집행대상이 금전채권인 경우에는 추심명령 또는 전부명령에 의한다(민집법 223조 이하). 추심명령은 채권자에게 제3채무자에 대한 채권의 추심권을 부여하고, 그 추심권의 행사로 자기 채권의 만족을 얻는다. 전부명령은 대상인 금전채권 자체를 채권자에게 이전하는 것으로 전부명령으로 집행은 완료된다.

(2) 유체물의 인도채무: 특정 동산의 인도채무는 집행관이 이를 직접 수취하여 채권자에게 인도한다(민집법 189조, 193조). 부동산은 점유자를 강제로 퇴거시키고, 점유자의 가재도구 등의 동

산을 강제로 철거한 후에 채권자에게 직접 지배토록 한다(민집법 258조, 259조).

3. 代替執行 - 제2항, 제3항: 제3자로 하여금 채무의 내용을 이행하게 하고, 그 비용을 채무자에게 부담시키는 방법의 강제이행인데, 채권자의 신청으로 법원이 결정한다(민집법 260조). 대체집행은 직접강제가 허용되지 않는 경우로서(1항 단서), 하는 채무 중 제3자로 대체할 지라도 채권의 목적을 달성할 수 있는 대체적 작위채무(2항), 또는 부작위의 채무에 위반에 대한 결과를 제거하기 위한 것(3항)에 허용된다. 대체집행이 가능한 경우는 간접강제는 허용되지 않는다.

(1) 대체적 작위채무: 채권자는 대체집행을 법원에 청구하여 수권을 받아 그에 따라 채권을 달성시킨다(민집법 260조).

(2) 부작위채무-제3항: 부작위채무에는 일정한 작위를 하지 않을 것을 내용으로 하는 채무와 채권자의 일정한 행위에 대하여 참고 견디어야 할 채무(인내 또는 수인의무)가 있다. 당해 부작위채무에 대한 강제이행의 방법으로 민법은 위반의 결과에 대한 제거명령과 위반의 재발방지를 위한 적당한 처분을 할 수 있게 한다.

(가) 제거의무의 강제: 제거의무의 집행은 대체집행의 방법에 의하며, 위반의 물적 결과가 존재하지 않는 경우에는 손해배상을 청구할 수 있고, 재발방지를 위하여서는 적당한 처분을 하여야 하고, 그것이 일정한 시설을 하여야 하는 경우에는 역시 대체집행의 방법에 의한다.

(나) 무형적 행위: 일정한 무형적 행위인 경우에는 담보를 제공시켜 위반시에 그로부터 배상금을 지급케 하는 방법도 있다. 수인(인내)의무 위반의 경우에는 집행관의 참여에 의하여 직접 배제하거나(민집법 5조), 또는 그로 인한 손해배상을 명하는 형식이 된다.

(3) 법률행위를 목적으로 하는 채무-제2항: 채무자의 일정한 의사표시를 필요로 하는 채무는 부대체적 작위채무로서 성질상은 간접강제의 대상이 되나, 반드시 채무자가 직접접으로 의사표시를 할 필요는 없고 의사표시에 따른 법률효과의 발생이 목적이기 때문에 구태여 간접강제의 방법에 의하여 채무자가 직접 의사를 표시하도록 할 필요는 없다. 따라서 법률행위를 목적으로 하는 채무가 직접강제를 할 성질의 것이 아닌 때에는 채무자의 의사표시에 갈음할 재판을 청구하는 방법에 의하여 강제 집행할 수 있다. 구체적인 방법으로는 법률행위를 위한 동의·승낙 또는 준법률행위가 채권의 목적인 경우는 먼저 의사표시를 명하는 이행의 종국판결(민집법 263조)에 의하여 채무자가 그 의사표시를 한 것으로 되어 그에 따른 법률효과가 발생한다. 예컨대 공동신청을 원칙으로 하는 부동산 등기도 판결을 받아 등기권리자의 단독신청이 가능하다(부등법 29조).

* 재단법인의 채권자가 재단법인을 상대로 기본재산에 대한 처분허가신청절차의 이행을 청구할 수 있는지 여부: 재단법인의 기본재산의 처분은 정관의 변경사항이고, 실체에 관한 사항으로 함부로 처분할 수는 없는 것으로, 채무자인 재단법인에 다른 재산이 없어 기본재산을 처분하지 않고는 채무의 변제가 불가능하다고 하더라도, 재단법인으로부터 기본재산을 양수한 자도 아니고 금전채권자들에 불과한 자에게는 강제이행청구권의 실질적인 실현을 위하여 필요하다는 사유만으로 기본재산의 처분을 희망하지도 않는 재단법인을 상대로 주무관청에 대하여 기본재산에 대한 처분허가신청절차를 이행할 것을 청구할 권한이 없다(대판 1998.8.21. 98다19202, 19219).

4. 間接强制 - 민사집행법 제261조, 가사소송법: 부대체적 하는 채무에서 채무자에게 금전의 지급(벌금형) 또는 구금형 등으로 심리적 압박을 함으로써 채무자의 의사에 간접적으로 작용하여 이행하도록 하는 강제이행이다. 간접강제는 채무자의 인격 및 신체에 억압을 주기 때문에 다른 여타의 강제이행이 가능하지 않는 경우에만 최종적으로 허용된다. 그러나 그러한 채무 중에도 특수한 설비·기능 또는 제3자의 협력을 필요로 하는 채무, 즉 채무의 이행이 채무자의 의사만으로는 할 수 없는 채무 또는 부부간에 동거를 할 것을 심리적으로 압박하는 것과 같은 인격존중에 반하는 채무 등은 간접강제도 허용되지 않는다. 간접강제가 가능한 대표적인 채무에 유아인도채무가 있다. 간접강제에 관하여 민사집행법 제261조에 법원이 상당한 기간을 정하여 이행을 명하고, 이를 이행하지 아니 하는 때에는 그 지연기간에 응하여 일정한 배상을 할 것을 명하거나 또는 즉시 손해의 배상을 할 것을 명할 수 있도록 하고 있다. 기간 및 금액은 구체적 사정을 고려하여 법원이 결정한다. 채무자에게 지급 명령될 금액은 채무자에게 심리적 압박을 줄 수 있는 관점에 의하여 강제수단으로 적당한 액으로 산정되어야 하고, 이 금액은 손해배상과는 본질적으

로 다르다. * 유아인도: 유아인도채무에 관하여 가사소송법은 당사자의 신청에 의하여 유아인도의 이행명령을 할 수 있고(가소법 64조1항), 이행명령에 대한 불이행시에는 100만원 이하의 과태료에 처할 수 있고(동법 67조), 과태료의 제제 후에도 유아를 인도하지 않은 경우에는 신청에 의하여 30일 이내에서 의무자를 감치할 수 있도록 하고 있다(동법 68조). 이와 같이 가사소송법은 민법과는 달리 유아인도에 관하여는 벌금형과 구금형을 병합하여 강제이행으로서의 실효성을 부여하기 위하여 규정하고 있다.

第390條【債務不履行과 損害賠償】 債務者가 債務의 內容에 좇은 履行을 하지 아니한 때에는 債權者는 損害賠償을 請求할 수 있다. 그러나 債務者의 故意나 過失없이 履行할 수 없게 된 때에는 그러하지 아니하다.

債務不履行에 따른 損害賠償

1. 意義: 채무자의 귀책사유에 의하여 채무가 이행되지 않은 상태(급부장애)가 채무불이행이다. 채무불이행의 경우에는 채권자는 본래의 채무를 강제적으로 이행시킬 수 있고, 손해배상을 청구할 수 있고, 당해 채무가 계약에서 발생한 경우에는 그 계약을 해제하여 법률관계를 종결시킬 수 있다.

2. 債務不履行에 대한 民法의 構成

(1) 이행지체: 제387조
(2) 강제이행: 제389조
(3) 손해배상의 일반요건: 제390조
(4) 이행지체의 손해배상: 제392조, 제395조
(5) 손해배상의 범위: 제393조, 제397조
(6) 손해배상의 방법: 제394조
(7) 손해의 산정-과실상계: 제396조
(8) 배상액의 예정: 제398조
(9) 배상자대위: 제399조

3. 債務不履行責任의 成立

(1) 유(귀)책사유: 채무자의 책임 있는 사유(유책사유)가 있어야 한다. 유책사유란 채무자의 고의·과실(390조) 또는 신의칙상 이와 동일시할 수 있는 사유를 말한다. 동일시 할 수 있는 사유란 법정대리인 또는 이행보조자의 고의·과실(391조)을 말한다.

(가) 채무자의 고의·(추상적 경)과실-제390조: 고의란 일정한 결과의 발생을 인식하거나 의욕하면서 행위를 한 심리상태, 과실이란 일정한 결과의 발생을 예상하여야 함에도 주의를 게을리하여 이를 예상하지 못하고서 행위를 한 심리상태를 말한다. 이와 같이 고의와 과실은 구별되며, 그 법적 지위에서도 불법행위책임에서는 차이를 두나(765조) 채무불이행책임에서는 원칙적으로 차이를 두지 않는다. 과실은 주의의무를 결한 심리상태를 의미한다.

① 추상적 과실: 요구되는 주의의무를 행위자가 종사하는 직업 및 그가 속하는 사회적·경제적 지위 등에 따라서 거래상 일반적으로 요구되는 정도의 주의의무(선관주의의무)를 기준으로 한다. 민법상의 일반적 과실은 추상적 경과실을 의미한다.

② 구체적 과실: 행위자의 개개인적 사정을 기초로 하여 요구되는 주의의무를 그 기준으로 한다. 민법에서 규정하고 있는 〈자기재산에 대한 주의의무와 동일한 주의의무〉의 위반(695조, 922조), 〈고유재산에 대한 주의의무와 동일한 주의의무〉의 위반(1022조)의 경우는 구체적 과실을 의미한다.

③ 중, 경과실: 주의의무를 결한 정도와 관련하여 특별히 중과실을 요구하는 경우(109조1항, 401조 등)를 제외하고는 경과실을 의미한다.

(나) 손해의 발생: 손해는 일반적으로는 법익에 관하여 입은 비자발적 불이익으로, 손해야기행위(채무불이행)가 없었더라면 있었을 이익상태와 손해야기행위 이후의 이익상태와의 차이이다. 이 손해는 재산적 손해와 정신적 손해 모두를 포함한다. 채무불이행이 있더라도 손해가 발생하

지 않으면 당연히 채무불이행책임을 지지 않는다.

① 손해가 발생한 단순한 사실: 채무불이행책임의 성립요건으로서의 손해는 불이행으로 손해가 발생하였다는 단순한 사실 자체로서 족하고, 구체적인 손해의 액 또는 그 손해가 구체적으로 배상의무의 범위 내의 것인가 여부는 여기서 문제가 되지 않는다.

② 계약상의 채무불이행으로 인하여 위자료를 인정하기 위한 요건: 일반적으로 계약상 채무불이행으로 인하여 재산적 손해가 발생한 경우, 그로 인하여 계약 당사자가 받은 정신적인 고통은 재산적 손해에 대한 배상이 이루어짐으로써 회복된다고 보아야 할 것이므로, 재산적 손해의 배상만으로는 회복될 수 없는 정신적 고통을 입었다는 특별한 사정이 있고, 상대방이 이와 같은 사정을 알았거나 알 수 있었을 경우에 한하여 정신적 고통에 대한 위자료(특별손해)를 인정할 수 있다(대판 2004.11.12. 2002다53865).

(다) 인과관계: 채무자의 채무불이행행위와 발생된 손해 사이에 인과관계가 있어야 한다. 이 인과관계도 책임의 성립요건으로서 채무자의 채무불이행 행위로 인하여 손해가 발생하였다는 정도의 추상적인 판단으로 족하다.

(라) 입증책임: 채무불이행책임의 요건인 채무자의 채무불이행 · 유책사유 · 인과관계 · 손해 등이 모두 증명되어야 한다. 각각의 증명책임은 채권자 또는 채무자에게 있다.

① 채무불이행 사실: 채권자가 주장, 증명하여야 한다. 이를 위해서는 먼저 채권의 존재사실을 주장, 증명하여야 한다. 계약의 존재와 그로 인한 급부의무의 내용이 증명하면 된다.

② 손해의 발생 및 인과관계: 채권자가 주장, 증명하여야 한다. 그러나 이에 대한 증명은 채무불이행책임의 성립요건으로서의 내용이기 때문에 추상적인 정도의 증명만으로 족하다. 금전채무의 경우에는 제397조에서 손해의 증명을 요하지 않는다고 특칙을 두고 있다.

③ 유책사유: 채무자 및 이행보조자의 고의 · 과실에 대한 증명이 있어야 한다. 채무자는 유책사유의 부존재를 증명함으로써 책임을 면할 수 있다. 즉 채무자가 유책사유가 없음을 증명하지 못하면 책임을 진다.

(마) 면책특약: 법률이 특별히 금지하는 경우(상법 790조)를 제외하고는 채무불이행의 책임을 면한다는 특약은 일반적으로 유효하다. 그러나 약관규제법 제7조는 고의나 중대한 과실로 인한 책임을 배제하는 면책약관은 무효로 하고 있다. 따라서 당사자간의 면책특약도 고의나 중과실로 인한 책임에 대한 면책특약은 사회질서에 반하여(103조) 무효로 해석하여야 한다. 이행보조자의 고의나 중과실에 의한 책임의 면책특약도 무효로 보아야 한다. 유효로 보더라도 이행보조자의 불법행위책임은 면할 수 없으며, 그로 인하여 채무자는 사용자책임을 지는 경우가 많을 것이다.

4. 債務不履行의 種類

(1) 이행지체: 제387조, 제392조

(2) 이행불능: 이행불능은 채권성립 후 채무자의 유책사유에 의하여 이행이 불가능하게 된 것을 말한다.

(가) 성립요건

① 후발적 불능: 채권이 일단 성립한 후에 이행이 불가능(후발적 불능)하게 되어야 한다. 채권성립 전에 이미 이행이 불가능한 것(원시적 불능)은 원칙적으로 채권이 성립하지 않아 여기의 이행불능의 문제가 생기지 않는다. 채권성립 전에 이미 불능인(원시적 불능) 경우는 채권이 성립하지 않고, 원시적 일부불능은 담보책임의 문제가 되며(574조 참조), 원시적 전부불능의 경우는 계약체결상의 과실의 문제로 다루어진다(535조).

② 불능 여부: 이행의 가능 · 불능의 판단은 사회통념에 따라 결정된다. 즉 통상인의 건전한 상식에 의하여 그러한 상태는 우리의 사회 · 경제아래서는 이행이 가능하지 않다고 판단되면 불능이라는 것이다. 따라서 물리적 불능은 당연히 불능이며, 물리적으로 가능하더라도 통상인의 관념상 그 이행이 우리의 사회 · 경제적인 상황에서는 가능하지 않은 일로 판단되는 경우에는 이행불능이며, 법률에 의하여 목적물의 거래가 금지되는 경우도 당연히 불능에 속한다. 불능여부가 문제가 되는 주요한 것으로는 다음의 경우가 있다:

㉮ 주관적 불능과 객관적 불능: 민법은 이를 구별하지 않는다. 주관적 · 객관적 불능 구별에 의한 객

관적 불능은 누구에게나 불능이므로 당연히 불능이며, 주관적 불능은 원칙적으로 채무자 본인만이 이행이 가능하지 않은 것으로 법률상 이행불능으로 되지 않고 많은 경우에 이행지체가 될 뿐이다.
㉯ 경제적 불능, 이행곤란: 급격한 금전가치의 하락과 같은 경제적 요인에 의한 이행불능을 인정할 것인가와 예상치 못한 요인의 발생, 예컨대 기차로 운송하는 것을 예상하여 계약을 체결하였으나 기관사들의 파업으로 기차로 운송할 수 없게 된 경우에 다른 운송 수단을 이용할 수는 있으나 채무자가 이를 이용하여 채무를 이행하기에는 비용이 너무 많이 들어 이를 강제한다면 채무자에게 지극히 곤란한 경우 등을 이행불능으로 볼 수 있는가의 문제가 있다. 이들은 불능을 엄격하게 주관적·객관적 불능으로 구별하면 주관적 불능에 해당하여 채무자에게 책임 없는 이행불능으로 처리될 수가 없는 문제가 되어, 다른 측면인 계약에서의 사정변경의 문제로 다룬다.
㉰ 2중매매: 2중매매계약만으로는 문제가 되지 않고, 매도인이 목적물을 그 중 한 사람에게 소유권을 이전(등기 또는 인도)한 때에는 다른 한 사람에게 이행불능이 된다.
㉱ 가등기 또는 채권담보의 소유권이전등기: 매매목적물에 대한 소유권이전등기청구권 보전을 위한 가등기는 소유권이전등기의 순위 보존적 효력만 있으므로 가등기된 것만으로는 이행불능이 되지 않는다. 그러나 매매목적물에 대한 채권담보를 위한 소유권이전등기는(가등기담보) 의무자(채무자)가 채무자의 변제자력이 없는 경우에는 이행불능이 된다.
㉲ 처분금지가처분된 목적물: 이전등기 전에 매매의 목적물이 제3자로부터 처분금지가처분받은 경우도 계약의 이행으로서의 이전등기는 금지되지 않기 때문에 처분금지가처분만으로는 이행불능이 되지 아니한다.
㉳ 타인의 물의 매매: 다른 사람의 소유에 속한 물건에 대한 매매는 원시적 불능도 후발적 불능도 아니다(569조). 이 경우 상대방은 이행기까지 타인의 물을 취득하여 이행할 가능성도 있기 때문이다. 이행하지 못한 경우에는 담보책임을 진다(570조).
③ 이행불능과 이행기: 이행이 가능한가 아니면 불능인가의 구별은 이행기를 기준으로 하나, 이행기 전에 불능이 되어 이행기에 있어서도 불능이 확실한 경우에는 이행불능이 된다. 그러나 이행기 전에 일시적으로 불능이더라도 이행기에는 이행이 가능하다면 이행불능이 아니다. 이행지체 후의 이행불능은 이행지체나 이행불능 어느 것으로 처리하더라도 문제가 없으나 일반적으로는 이행불능으로 다룬다.
④ 채무자의 유책사유: 채무불이행의 공통사유로서, 이행불능에 대한 채무자의 고의 또는 과실이 있어야 한다.

(나) 이행불능의 효과

① 전보배상청구권-제393조: 이행불능으로 본래의 채무가 이행이 불가능하기 때문에 채권자는 이행에 갈음한 손해(전보배상)를 청구할 수 있다. 그 범위는 이행지체와 같이 통상의 손해와 예견 가능한 특별사정에 의한 손해를 다 포함한다(393조). 그런데 이행불능에 의한 전보배상은 본래의 채무에 갈음한 것이므로 본래의 채무의 목적물과 동일성을 가지므로 당연히 그 목적물의 객관적 가치와 동일하여야 한다. 이행의 일부가 불능인 경우에는 이행 가능한 잔존급부를 청구하고 불능한 부분에 대하여는 전보배상을 청구할 수 있다. 잔존급부만으로는 채권의 본래의 목적을 달성할 수 없는 경우에는 일부가 이행이 가능하더라도 이행 가능한 부분의 수령을 거절하고 전부에 해당하는 전보배상을 청구할 수 있다. 그리고 전보배상이 이루어지는 시점은 보통 본래의 이행기를 넘어서 이루어 질 것이므로 이행지체의 문제도 같이 발생한다. 따라서 이행불능에 의한 전보배상액 산정에는 현실적으로 전보배상을 받을 때까지의 지연배상을 합하여 산정하여야 한다. 이에는 아래와 같은 각기 다른 두 가지 관점에서의 산정방법이 있으나 결과는 같으며 결국은 시가의 산정시기가 중요하다;
㉮ 대물 구입을 가정한 산정: 채권자가 동일한 가치를 가지는 다른 물건을 구입하는 것으로 가정한 산정이다. 이는 객관적으로 동일한 가치의 물건을 구입한 이후에는 손해가 발생하지 않을 것이기 때문이다. 따라서 동일한 가치물을 다시 구입하는 경우에 구입시가와 추가비용 및 구입시까지의 사용이익이 전보배상의 내용이 된다.

㉯ 적법한 이행을 가정한 산정: 채무자가 이행기에 적법하게 이행한 것으로 가정하여 산정하는 방법이다. 이 경우에 채권자는 적법하게 이행 받아 현재 가지고 있기 때문에 현재의 객관적 가치와 현재까지의 사용이익이 전보배상의 내용이 된다. 전매목적의 경우는 적시에 전매하여 얻을 수 있는 이익, 즉 시가가 전보배상의 내용이 된다.
㉰ 손해의 산정시점: 통상손해는 이행불능이 된 당시의 시가, 즉 이행불능에 의한 손해배상청구권 발생시(책임원인 발생시)의 시가를 산정시점으로 본다(대판 1993.5.27. 92다20163). 특별손해는 이행불능 이후에 가격이 등귀하거나 전매할 목적이 있은 경우 등과 같은 경우에 발생하는 손해이며, 재산권 침해 또는 부당소송으로 인한 정신적 피해도 특별손해가 된다. 특별손해는 그러한 손해가 채권자에게 발생할 특별한 사정이 있는 경우인데, 제393조제2항은 예견 가능한 특별사정으로 인한 손해에 대하여는 배상책임을 부과하고 있다. 이러한 특별한 사정이 있음을 알거나 알 수 있었음을 결정하는 시기는 이행기가 기준이 된다.
② 계약해제권: 제546조
③ 대상청구권: 이행불능을 발생케 한 것과 동일한 원인에 의하여 채무자가 이행의 목적물의 대상이 되는 이익을 취득하는 경우가 있다. 예컨대 목적물이 제3자에 의하여 훼손·멸실이 된 경우에 채무자(소유자)는 침해자인 제3자에 대하여 손해배상청구권 또는 보험회사에 대하여 보험금지급 청구권을 가지는 경우 등이 이에 속한다. 이러한 경우에 채권자가 채무자가 가지는 그러한 이익의 상환을 청구할 수 있는 권리가 대상청구권이다. 민법이 이에 대하여 별도로 규정하지 아니하나, 형평의 원칙과 대상청구권을 인정하더라도 채무자에게 불리하지 않는 점과 비교법적인 측면에서 이를 인정한다(대판 1992.5.12. 92다4581).
(다) 손해배상자의 대위: 제399조
(3) 불완전이행
(가) 성립요건
① 불완전한 이행: 불완전이행은 채무자의 〈완전한 채무이행이 되지 않은 상태〉을 의미한다.
㉮ 급부의 목적물의 불완전: 급부의 목적물이 불완전한 경우는 목적물의 권리의 하자(임차권이 설정된 부동산소유권)·목적물 자체의 하자(병든 소·상한 음식물) 또는 수량의 부족 등이 있다. 이러한 불완전한 목적물을 이행한 경우에, 그로 인한 손해가 목적물 자체에 그친 경우(목적물 자체의 손해)도 있고, 그로 인하여 채권자의 기존의 신체·재산에 까지 손해(확대손해)를 발생시킨 경우도 있다. 주로 문제되는 경우는 후자인 확대손해가 발생한 경우이다.
㉠ 목적물 자체의 손해: 이행된 목적물이 불완전하여 완전한 물건이 아닌 점에서 손해가 있으나, 별도로 확대손해가 발생하지 않은 경우는 이론적으로는 추완이 가능한 경우는 일부 이행지체, 추완이 불가능한 경우는 일부 이행불능에 해당된다. 이행된 목적물 자체가 불완전한 경우는 하자의 문제로 되어 하자담보의 규정이 특칙으로 하자담보책임만이 발생한다.
㉡ 확대손해: 급부의 목적물의 불완전으로 채권자의 기존의 신체·재산에 침해를 주어 목적물 자체에 손해가 있을 뿐만 아니라 확대손해를 발생시킨 경우이다. 예컨대 병든 가축을 인도하여 채권자의 축사에 있던 기존의 가축에 전염된 경우, 상한 음식을 먹고 병이 난 경우, 파티를 위하여 일정량의 음식을 시켰으나 부족하여 파티를 망친 경우 등이다. 불완전이행으로 인한 확대손해는 급부의 목적물이 불완전한 경우 외에 급부의 내용이 불완전한 경우 등으로 발생하며, 그 밖에 이행방법·이행시의 부주의 등으로도 발생한다. 확대손해가 발생한 경우는 부수의무(보호의무)위반에 의한 불완전이행이 되어 채무불이행의 일반원칙에 따른 손해의 배상을 청구할 수 있다(390조, 393조)고 새기는 것이 타당하다.
㉯ 급부의 내용의 불완전: 하는 채무에서 이행한 내용이 불완전한 경우로서, 예컨대 의사의 진료·수술의 잘못으로 인하여 합병증이 발생한 경우, 잘못된 공사로 인한 손해의 발생, 잘못된 투자·회계·감정·감사 보고서를 기초로 하여 사업 또는 투자를 하였으나 손해가 발생한 경우, 변호사의 변호 잘못으로 인한 패소 등이 이에 속한다. 이들의 경우는 급부의무와 직접적인 관련성을 가져 합의의 내용으로 해석할 수도 있으며, 아니면 별도의 보호의무위반으로서의 부수의무위반에 의한 불완전이행에 해당한다. 예컨대 숙박업자의 손님에 대한 신체, 재산에 대한 피해가

불완전이행이 된다(대판 1994.1.28. 93다43590). 그 외 고용계약·공사도급계약 등의 경우는 주는 채무에서의 보호의무와는 달리 주된 급부의무와 직접적인 관련성을 가져 계약의 내용을 구성하므로 이의 위반은 급부의무위반 또는 부수의무위반에 의한 불완전이행에 해당한다.
㉰ 이행방법 등의 불완전: 의사의 설명의무의 불이행·운송시에 난폭하게 운송하여 물건이 파손된 경우, 목적물에 대한 용법을 잘못 표시·설명하여 그대로 따르다가 손해가 발생한 경우, 이행시에 부주의하여 채권자의 신체·재산에 손해가 발생한 경우 등이 이에 속한다. 이들의 경우에 문제가 되는 것은 채권자의 기존의 신체·재산에 대한 손해가 발생한 경우로서 불법행위책임과의 관계이다. 이들은 안전배려의무위반에 의한 침해의 경우에 해당하는데, 안전배려의무는 채무자의 부수의무에 속하므로 이에 의한 손해가 채무의 불완전이행이 된다.
② 유책사유: 이행지체·이행불능과 동일하게, 불완전한 이행에 대한 채무자의 고의·과실이 있어야 한다. 법정대리인 또는 이행보조자의 고의·과실도 채무자의 고의·과실로 본다.
③ 손해의 발생과 인과관계: 이행지체·이행불능과 다르지 않다.
(나) 개별적 문제
① 특정물의 하자: 특정물의 인도를 목적으로 하는 채무는 하자담보책임이 적용되어 불완전이행이 적용될 여지가 없다. 하자담보책임의 규정이 없거나, 하자로 인한 확대손해가 발생한 경우(보호의무위반), 이행방법의 잘못 또는 이행시의 부주의로 인한 손해의 경우(안전배려의무위반)에는 불완전이행으로 해결하여야 한다.
② 불특정물의 하자: 제581조에 의한 하자담보책임이 적용되어 불완전이행이 적용될 여지가 없다. 물론 하자담보책임의 규정이 없는 경우, 그로 인한 확대손해의 경우에는 불완전이행으로 해결하여야 한다.
③ 결과채무의 불완전이행: 본질적으로 결과의 발생을 요하는 도급과 같은 채무의 경우에 채무의 불완전이행은 급부의무 자체의 불완전이행으로 하자담보책임이 적용되어 원칙적으로는 불완전이행론이 적용될 여지가 없다. 그로 인한 확대손해는 보호의무인 부수의무위반에 의한 불완전이행이 된다. 예컨대 교량의 부실 공사로 인하여 통행인이 피해를 입은 경우에는 부실 공사 자체는 공사도급 계약에서의 하자담보책임이 적용되나, 통행인의 피해는 불완전이행론을 적용할 수 있다. 또한 운송인의 난폭운전으로 인한 승객의 피해, 숙박업자의 숙박 및 안전시설의 하자로 인한 손님의 피해, 잘못된 보고서·감정서·감리 등에 의한 피해 등은 안전배려의무인 부수의무위반에 의한 불완전이행이 된다.
④ 수단채무의 불완전이행: 의사의 진료채무와 같은 수단채무의 경우에는 진료 그 자체의 급부의무와 환자의 신체·재산에 대한 보호의무가 불가분으로 밀접하게 결합되어 있다. 이는 변호사, 변리사, 회계사 등의 채무도 동일하다. 따라서 이 경우는 피해의 내용에 따라서 급부의무 자체의 불완전이행 또는 보호의무인 부수의무위반인 불완전이행이 된다.
(다) 불완전이행의 효과
① 추완·보완이 가능한 경우: 채권자는 채무자의 유책사유를 불문하고 불완전이행의 경우에 채권의 기본적 효력인 본래의 이행청구로서의 추완청구권이 있다. 추완청구권과는 별도로 추완으로 인한 이행지체에 대한 손해배상청구권도 당연히 행사할 수 있다. 한편 확대손해에 대하여도 배상을 청구할 수 있음은 당연하다. 또한 채무자의 유책사유에 의한 불완전이행의 경우에는 채권자는 상당한 기간을 정하여 최고하고, 추완이 되지 않을 때는 계약을 해제할 수 있다.
② 추완이 불가능한 경우: 추완이 불가능한 경우 또는 새로운 이행이 채권자에게 아무런 이익이 되지 않는 경우에는 일종의 이행불능으로 이행에 갈음한 전보배상과 추가손해의 배상을 청구할 수 있다. 전보배상이 된 경우에는 채무자는 배상자대위에 의하여 이행한 급부에 대한 권리를 취득한다. 또한 유책사유가 있는 때에는 계약을 해제할 수도 있다.
③ 확대손해만 발생한 경우: 급부의무는 이행이 되었으나 부수의무로서의 보호의무 또는 안전배려의무 등의 위반에 의한 확대손해만 발생한 경우, 예컨대 이행과정에서 채권자의 기존 재산 또는 신체에 피해를 준 경우에는, 당해 손해에 대한 손해배상청구권이 있고 계약해제권은 없다.

第391條【履行補助者의 故意, 過失】 債務者의 法定代理人이 債務者를 위하여 履行하거나 債務者가 他人을 使用하여 履行하는 경우에는 法定代理人 또는 被傭者의 故意나 過失은 債務者의 故意나 過失로 본다.

法定代理人·履行補助者의 故意·過失

1. 意義: 채무자의 이행을 보조하는 자로서는 대리인과 채무자에 피용되어 계속적으로 보조하는 자와 당해행위에 일시적으로 보조하는 자가 있다. 이들이 고의 또는 과실로 채무불이행을 하여 채권자가 손해를 입은 경우에 채권자는 채무자에게 채무불이행책임을 추궁할 수 있다. 본조에서 이와 같이 법정대리인이나 피용자의 고의나 과실을 채무자의 고의나 과실로 보는 이유는 채무자인 본인은 이들로부터 활동의 영역을 넓히고 그로 인하여 이익을 얻으므로, 그로 인한 불이익도 채무자 본인이 부담하는 것이 공평하며 채권자를 보호할 수 있기 때문이다.

2. 法定代理人: 법정대리인에는 친권자·후견인·법원에 의하여 선임된 재산관리인이 있는데, 그 밖에 파산관재인(파산법 7조)·가사대리권을 가진 부부(827조)·유언집행자(1093조) 등의 특별임무를 가지는 대리인도 포함한다.

3. 履行補助者: 채무자에 피용되어 채무의 이행을 위하여 보조하는 자로서, 고용·도급·위임 등의 노무공급계약에 의하여 채무자의 채무이행을 보조하고 활동을 하는 자와 독립한 사업을 하되 당해 행위에 일시적으로 피용되어 이행행위를 보조하는 자가 있다. 후자를 특히 이행대행자라고 한다. 이행보조자에 의하여 선임, 감독되는 이행보조자의 이행보조자도 제391조의 이행보조자에 해당한다. 본조의 이행보조자로서의 피용자라 함은 일반적으로 채무자의 의사관여아래 그 채무의 이행행위에 속하는 활동을 하는 사람이면 족하고, 반드시 채무자의 지시 또는 감독을 받는 관계에 있어야 하는 것은 아니므로 채무자에 대하여 종속적인가 독립적인 지위에 있는가는 문제되지 않는다(대판 2002.7.12. 2001다44338). 따라서, 임차물의 수선을 위하여 임대인이 공사를 맡긴 공사업자(제3자)의 과실로 임차물이 화재가 발생한 경우에 임대인은 임차인에 대하여 제391조에 의한 채무불이행책임이 있다(대판 2002.7.12. 2001다44338).

4. 效果: 법정대리인이나 이행보조자의 고의·과실은 채무자의 고의·과실로 간주되어 채권자에 대하여는 채무자가 채무불이행책임을 지며, 이행보조자 본인은 별도로 책임을 지지 않는다. 물론 이 경우 채무자는 자신이 지는 책임과 동일한 범위 안에서만 책임을 진다. 따라서 채무자가 고의·중과실에 대해서만 책임을 지는 경우에는 이행보조자의 고의·중과실의 경우만 책임을 진다.

(1) 채무자와 이행보조자 간의 구상관계: 채무자가 이행보조자의 고의·과실에 의하여 손해배상을 한 경우에 채무자와 이행보조자 사이에는 내부관계에서 법률상 또는 계약상의 배상의무가 있는 경우에만 이행보조자에게 구상권을 행사할 수 있다.

(2) 이행보조자의 행위가 불법행위를 성립하는 경우: 이행보조자의 행위가 채권자에 대하여 불법행위책임을 구성하는 경우에는 이행보조자도 스스로 불법행위법상의 손해배상책임이 있고, 이행보조자의 행위가 채무자에 의하여 맡겨진 이행업무와 객관적·외형적으로 관련을 가지는 경우에는 채무자는 이행보조자의 행위에 대하여 책임이 있고 이행보조자의 행위가 채권자에 대하여 불법행위가 된다고 하더라도 채무자가 면책되지 않는다(대판 1990.8.28. 90다카10343).

(3) 채권자의 사용자책임 추궁: 이행보조자의 행위가 불법행위를 구성하는 경우에, 채무자에게 이행보조자의 사용자로서 사용자책임이 성립되면 채권자는 사용자책임을 진다(756조). 이 경우에 채무자는 채권자에게 채무불이행책임과 사용자책임을 지게 되어 청구권경합이 생기고, 채권자는 채무자에게 채무불이행책임과 사용자책임을 선택하여 행사할 수 있다.

第392條【履行遲滯中의 損害賠償】 債務者는 自己에게 過失이 없는 경우에도 그 履行遲滯中에 생긴 損害를 賠償하여야 한다. 그러나 債務者가 履行期에 履行하여도 損害를 免할 수 없는 경우에는 그러하지 아니하다.

遲滯中의 責任加重-無過失責任

이행지체로 인한 채무자의 손해배상책임은 제390조에서 규정한 바와 같이 채무자가 고의 또는 과실(귀책사유)로 이행을 지체한 경우에 진다. 그러나 이행지체 중에는 비록 이행지체 중에 발생한 손해에 대하여 채무자에게 고의 또는 과실이 없더라도 책임을 진다. 즉 이행지체 중에는 책임이 가중된다. 이때 당해 손해가 이행지체 중에 발생한 손해가 아니라는 것을 채무자가 입증하면 당해 손해에 대하여는 책임을 지지 않는다. 또한 경과실면책 특약의 경우에도 지체 중에는 경과실에 대하여 책임을 진다.

第393條【損害賠償의 範圍】 ①債務不履行으로 因한 損害賠償은 通常의 損害를 그 限度로 한다.
②特別한 事情으로 因한 損害는 債務者가 그 事情을 알았거나 알 수 있었을 때에 限하여 賠償의 責任이 있다.

第394條【損害賠償의 方法】 다른 意思表示가 없으면 損害는 金錢으로 賠償한다.

損害賠償의 範圍와 賠償方法

1. 損害賠償의 範圍 - 제393조

(1) 통상손해-제1항: 통상의 손해란 책임원인사실(채무불이행)이 있게 되면 누구에게나 발생하는 손해, 즉 보통의 채권자에게 보편적으로 발생할 수 있는 손해를 말한다. 즉 당해 채무불이행이라는 원인행위가 없다면 손해는 발생할 수 없고, 그러한 유형의 채무불이행이 있으면 당해 손해가 발생하는 것이 통상적·보편적이라는 일반적 관계에 있는 경우를 말한다(대판 2008.12.24. 2006다25745). 이는 개별채권자의 특수한 사정이 전연 고려되지 않은 상태를 기준으로 채무불이행 사실과 상당인과관계가 미치는 범위의 손해를 말한다. 통상손해는 제393조제1항에 의하여 채무자의 예견가능 여부를 묻지 않고 전부 배상되어야 한다.

(가) 주는 채무

① 이행불능의 경우-당해물건의 시가, 동일한 종류의 물건 구입시의 차액과 그 비용; 소비물의 경우는 제3자로부터의 구입차액과 비용.

② 이행지체-사용목적 물건의 경우는 동일물의 지체기간동안의 임대를 예상한 임료상당액; 영업용물건의 경우는 지체기간 중에 손실된 영업이익에 상당한 액(대판 2008.12.24. 2006다25745).

(나) 대차형 채무

① 대차에서 차주의 불이행의 경우: 목적물반환의무 불이행 또는 임료채무불이행의 경우 등은 임료에 상당하는 금액.

② 대차에서 대주의 불이행의 경우: 당해 임차권침해의 배상청구로 대체물임차에 따른 임료상당액과 그 비용(대판 2008.2.15. 2005다69458).

③ 소유물의 훼손: 수선보수비 또는 교환가치의 감소이익(대판 2004.3.26. 2002다6043).

(다) 금전채무: 지체기간동안의 이자상당액.

(라) 특수한 경우

① 구조상 불가분의 일체를 이루고 있는 건물의 화재로 인한 다른 건물의 소실의 경우: 건물의 규모와 구조로 볼 때 그 건물 중 임차한 부분과 그 밖의 부분이 상호 유지·존립함에 있어서 구조상 불가분의 일체를 이루는 관계에 있고, 그 임차 부분에서 화재가 발생하여 건물의 방화 구조상 건물의 다른 부분에까지 연소되어 피해가 발생한 경우라면, 임차인은 임차 부분에 한하지 않고 그 건물의 유지·존립과 불가분의 일체관계가 있는 다른 부분이 소실되어 임대인이 입게 된 손해도 배상할 의무가 있다(대판 2004.2.27. 2002다39456).

② 낡은 건물의 훼손시의 손해액의 범위: 건물이 훼손된 경우, 수리가 가능하다면 그 수리비가 통상의 손해이며, 훼손 당시 그 건물이 이미 내용연수가 다 된 낡은 건물이어서 원상으로 회복

시키는 데 소요되는 수리비가 건물의 교환가치를 초과하는 경우에는 형평의 원칙상 그 손해액은 그 건물의 교환가치 범위 내로 제한되어야 할 것이고, 또한 수리로 인하여 훼손 전보다 건물의 교환가치가 증가하는 경우에는 그 수리비에서 교환가치 증가분을 공제한 금액이 그 손해이다(대판 2004.2.27. 2002다39456).

(2) 특별손해-제2항

(가) 의의: 특별손해는 당사자들이 통상인과는 다른 개별적이고도 구체적인 사정에 의하여 특별히 발생된 손해이다(대판 2008.12.24. 2006다25745). 이러한 손해는 보편적인 유형의 채권자에게는 발생하지 않고, 특별한 상태의 채권자에게서만 발생하는 손해이다. 예컨대 매수인인 채권자가 특별히 전매할 목적이 있었다든지, 소유권을 취득하여 임대할 예정으로 있었다든지, 특이한 체질을 가지고 있다든지와 같은 보통의 채권자와는 달리 특별한 사정이 있는 것을 말한다. 특별사정에 의한 배상될 손해는 당연히 특별사정과 상당인과관계가 있는 범위 내의 손해에 한정 된다.

① 매매-물건에 대한 등귀가격, 전매수익 상당이 특별손해이다(대판 2009.7.9. 2009다24842).

② 임대: 사용, 수익하지 못하므로 발생된 손실 영업이익 및 기타 손해이다(대판 2008.2.15. 2005다69458).

③ 재산권 침해시의 위자료: 물적 피해로 인한 손해는 일반적으로는 물적 피해에 대한 배상으로 충족되나, 특별한 사정이 있는 경우에는 물적 침해에 따른 정신적 피해도 발생할 수 있다. 예컨대 일반적으로 임대차계약에 있어서 임대인의 채무불이행으로 인하여 임차인이 임차의 목적을 달할 수 없게 되어 손해가 발생한 경우, 이로 인하여 임차인이 받은 정신적 고통은 그 재산적 손해에 대한 배상이 이루어짐으로써 회복된다고 보아야 할 것이므로, 임차인이 재산적 손해의 배상만으로는 회복될 수 없는 정신적 고통을 입었다는 특별한 사정이 있고, 임대인이 이와 같은 사정을 알았거나 알 수 있었을 경우에 한하여 정신적 고통에 대한 위자료를 인정할 수 있다(대판 1994.12.13. 93다59779).

(나) 특별손해에 대한 채무자의 예견가능성

① 의의: 채무자에게 예견가능성이 있었느냐 여부에 관한 판단은 채무불이행이 있은 당해 계약당사자의 직업, 계약의 목적, 거래관행 등을 고려하여 당해 계약당사자간에 어디까지의 범위에 관하여 손해배상의무를 지우는 것이 타당한가라는 종합적인 관점에서 판단하는 것이 공평의 이념에 적합하다. * 채무불이행자 또는 불법행위자는 특별한 사정의 존재를 알았거나 알 수 있었으면 그러한 특별사정으로 인한 손해를 배상하여야 할 의무가 있는 것이고, 그러한 특별한 사정에 의하여 발생한 손해의 액수까지 알았거나 알 수 있었어야 하는 것은 아니다(대판 1994.11.11. 94다22446).

② 예견가능성의 판단시기-이행기: 이행기를 기준으로 한다. 즉 계약체결시에 예견하지 못하였을 지라도 이행기까지 예견할 수 있었다면 배상책임이 있다(대판 1985.9.10. 84다카1532).

2. 損害賠償請求權의 性質: 채무불이행에 의한 손해배상청구권은 본래의 급부청구권이 확장(지연배상) 또는 내용이 변경(전보배상)된 것으로 양자는 동질성이 있다.

(1) 담보, 보증의 효력-유지: 본래의 채권에 부착된 담보적 효력(인적·물적 담보)은 손해배상청구권에도 그대로 유지된다.

(2) 본래의 채권의 양도: 채권이 양도되는 경우에는 이미 발생한 손해배상청구권도 같이 이전된다.

(3) 본래의 채권의 소멸시효 완성: 본래의 채권의 소멸시효의 완성의 효과는 손해배상청구권에도 그대로 미친다.

3. 損害의 算定: 제396조, 제397조

4. 損害賠償의 方法 - 제394조

(1) 원칙-금전배상: 손해배상의 방법에 관하여는 원상회복주의와 금전배상주의가 있다. 민법은 금전배상을 원칙으로 하고, 금전은 원칙적으로 우리나라 통화를 가리킨다(대판 1995.9.15. 94다61120). 금전배상이 원칙으로, 예컨대 물건을 훼손시킨 경우에 소유자 또는 훼손자가 수리를 강요할 수 없고, 수리비 상당의 금전으로 배상하면 된다.

(2) 보충-원상회복: 명예훼손의 경우만 원상회복을 허용하고 있다(764조). 그러나 당사자간에 배상의 방법에 관하여 원상회복 또는 기타의 방법 등으로 다른 특약을 한 경우에는 그에 의한다.

5. 賠償者 代位: 제399조

第395條【履行遲滯와 塡補賠償】 債務者가 債務의 履行을 遲滯한 경우에 債權者가 相當한 期間을 定하여 履行을 催告하여도 그 期間內에 履行하지 아니하거나 遲滯後의 履行이 債權者에게 利益이 없는 때에는 債權者는 受領을 拒絶하고 履行에 가름한 損害賠償을 請求할 수 있다.

塡補賠償

1. 意義: 전보배상은 손해의 전부에 대한 배상으로 완전한 배상을 말한다. 채권자는 상당한 기간을 정하여 이행을 최고하여도 그 기간 내에 이행하지 아니하거나, 지체 후의 이행이 채권자에게 이익이 없는 경우에는 채권자는 수령을 거절하고 이행에 갈음한 손해배상을 청구할 수 있다.

2. 損害額 算定의 基準 時點: 이행지체에 의한 전보배상 청구에 있어서는 다른 특별한 사정이 없는 한, 채권자는 채무자에게 상당한 기간을 정하여 그 본래의 의무 이행을 최고하고 그 이행이 없는 경우에 그 본래 의무의 이행에 대신하는 전보배상을 청구할 수 있고, 그 전보배상에 있어서의 손해액 산정의 표준시기는 원칙적으로 최고하였던 '상당한 기간'이 경과한 당시의 시가에 의하여야 한다(대판 1997.12.26. 97다24542).

第396條【過失相計】 債務不履行에 關하여 債權者에게 過失이 있는 때에는 法院은 損害賠償의 責任 및 그 金額을 定함에 이를 參酌하여야 한다.

損害賠償額 算定

1. 意義: 채무자가 채무불이행에 의하여 배상하여야 할 손해는 〈채무자에게 책임을 지울 수 있는 발생된 손해만〉으로 국한되어야 한다. 즉 배상의무자는 원칙적으로 자기의 유책 행위에 의하여 발생한 결과이상의 손해에 대하여는 책임을 질 이유가 없으며, 배상권리자도 본인의 행위로 인하여 발생된 손해·확대손해에 대하여는 본인이 책임을 져야 되는데, 이는 각자의 행위에 대하여는 각자가 책임을 져야 한다는 일반원칙의 표현이다. 이러한 법리는 손해배상제도의 측면에서는 손해의 공평한 분담을 그 이론적 근거로 하며, 그에 대한 구체적인 제도가 과실상계와 손익상계이다.

2. 過失相計: 과실상계가 적용되기 위하여는 우선 채무불이행에 의한 손해배상청구권이 성립하기 위하여 필요한 요건이 갖추어져 있어야 한다. 즉 책임원인사실과 손해의 발생 및 인과관계 등은 이미 갖추어져 있어야 하며, 그 밖에 아래의 요건이 추가로 있어야 과실상계의 적용이 있다.

(1) 채권자의 과실행위

(가) 채권자: 채권자(피해자)의 과실에는 피해자 본인의 과실뿐 아니라 그와 신분상, 사회생활상 일체를 이루고 있다고 볼 수 있는 관계가 있는 자의 과실도 피해자측의 과실로서 참작되어야 한다. 따라서 오토바이 뒷 좌석에 타고 가다가 제3자의 차와 충돌하여 피해를 입어 제3자에 대한 손해배상을 청구하는 경우의 손해배상액 산정에 있어서는 다른 특별한 사정이 없는 한 오토바이 운전자의 과실을 피해자측의 과실로서 참작하여야 한다(대판 1987.2.10. 86다카1759). 그러나 오로지 호의동승 차량 운전자의 과실로 인한 사고로 동승자가 사망하거나 상해를 입어 동승자 혹은 그 유족들이 그 동승 차량의 운행자를 상대로 손해배상을 청구하는 경우에는 그 운전자의 과실은 오로지 동승 차량 운행자의 손해배상채무의 성립 요건에 해당할 뿐 피해자측의 과실로 참작할 성질의 것이 아니다(대판 1997.11.14. 97다35344).

(나) 기여과실: 과실상계에서의 과실행위는 그 자체가 독립적인 손해의 발생요인이 된 것이 아니라, 보통의 경우는 채무자의 행위에 곁들여 손해를 발생시키거나 손해를 확대하는 데 보탬을 한 행위(기여과실)이다. 과실상계에서의 과실도 사회생활상 일반적으로 요구되는 또는 신의칙상 발생하는 주의의무위반으로서 일반적인 과실과 그 본질에 있어서는 같다. 그러나 과실상계가 적용될 과실로 인정될 범위는 일반 민법상의 과실로 인정될 법률상의 주의의무위반 보다도

그 폭이 넓어, 사회통념상 신의성실의 원칙상 공동생활상 요구되는 약한 부주의를 가리키는 것이다(대판 1973.10.10. 72다2138).

(다) 손해의 발생・손해의 확대방지・손해의 회피 및 경감 등에 관련된 행위: 채권자의 행위가 채무자의 행위와 결합되어 채무불이행이 된 경우나 발생될 손해를 방지 내지 회피 또는 확대 내지 경감할 수 있었으나 아무런 행위를 하지 않은 경우이다(대판 2003.7.25. 2003다22912). 예컨대 채무자의 과실로 목적물이 손괴되는 과정에 채권자도 가담한 경우, 합병증이 발생할 가능성이 있었음에도 환자 자신이 병원에 간다든지 등의 적극적 행위를 하지 않은 경우, 의사의 잘못으로 출혈이 있었으나 환자도 지혈의 노력을 전혀 하지 않은 경우 등이다.

(라) 피해자(채권자)의 부주의를 이용한 가해자의 과실상계 주장-불가: 가해자가 피해자의 부주의를 이용한 고의의 불법행위에서 가해자는 피해자와의 과실상계를 주장하지 못한다(대판 1970.4.28. 70다298).

(마) 채권자의 과실상계능력: 과실상계에서의 과실은 약한 부주의로 보기 때문에 과실상계능력은 책임능력까지를 의미하지는 아니하나, 위험을 판별할 수 있는 최소한의 능력은 필요하다(대판 1971.3.23. 70다2986). 따라서 사리를 전연 판단할 수 없는 유아에 대하여는 과실상계가 허용되지 아니한다.

(2) 과실상계의 효과

(가) 필요적 참작사유: 채권자의 기여과실이 있는 경우에는 손해배상의 책임 및 그 금액을 정함에 있어 과실을 반드시 참작하여야 한다(396조).

① 직권 조사사항: 법원은 직권으로 배상권리자의 과실 유무를 조사하여야 한다(대판 1967.12.5. 67다2367). 조사 후 이를 과실상계할 과실로 인정할 것인가 여부는 법관의 재량에 속한다.

② 필요적 참작사유: 배상권리자의 과실이 있음을 인정한 경우에는 그 과실은 배상책임 및 배상액의 산정시에 반드시 참작하여야 한다(대판 1967.11.28. 67다2273). 따라서 과실행위가 있었음에도 이를 참작하지 않은 경우에는 위법한 판결로써 상고이유가 된다(대판 1974.4.9. 73다1506). 배상권리자의 과실이 중대한 때에는 배상의무자의 책임 및 배상액이 전부 면제될 수도 있다.

(나) 과실의 평가 방법: 피해자의 가해자에 대한 과실의 평가에 관하여 문제가 되는 것은 가해자가 공동행위자인 경우와 피해발생에 주된 역할을 한 자와 이에 수동적으로 함께 한 종된 피해자의 과실의 경우이다. 분리하여 본다.

① 공동행위자의 경우: 공동가해자로부터 피해를 당한 경우에 피해자는 각 행위자에 대하여 개별적으로 과실을 평가할 것이 아니라 공동행위자 전원에 대한 피해자의 과실을 전체적으로 평가하여야 한다(대판 1997.4.11. 97다3118). 따라서 공동불법행위자 중에 고의로 불법행위를 행한 자가 있는 경우에는 피해자에게 과실이 없는 것으로 보아야 한다거나 모든 불법행위자가 과실상계의 주장을 할 수 없다는 의미는 아니다(대판 2007.6.14. 2006다78336).

② 종된 피해자의 과실: 예컨대 자동차를 동승한 경우에 동승한 자의 과실의 평가 방법이 문제된다. 판례는 가장이 운전을 하고 피해가 발생한 경우에 그 가족의 과실의 평가에 관하여 이른바 가족단체설을 적용하여 가장의 과실비율을 그대로 적용한다(대판 1989.4.11. 87다카2933).

(다) 과실비율의 결정: 과실상계에서의 과실비율의 결정은 법원의 자유재량에 속한다. 그러나 그 재량에도 일정한 한계가 있고, 그 한계를 벗어난 경우에는 상고이유가 된다.

① 과실비율 결정의 재량: 배상권리자의 과실을 어느 정도로 참작하는가, 즉 배상권리자의 과실이 배상의무자의 과실과의 관계에서 인정되는 비율의 결정은 사실심의 전권사항으로 법관의 자유재량에 속한다. 그러나 이러한 과실비율의 결정에 관한 재량에도 일정한 한계가 있어, 이 한계를 벗어난 경우에는 상고이유가 된다(대판 1984.7.10. 84다카440). 왜냐하면 이는 민법 제396조의 적용이라는 법 적용상의 문제에 속하며, 과실비율의 결정은 종국적으로는 판결결과에 영향을 미치기 때문이다.

② 과실비율 결정의 한계: 과실비율의 결정에는 각종 사정을 고려하여 신의칙과 공평의 관념에 따라 배상권리자와 배상의무자의 고의나 과실의 정도, 채무불이행 내지 불법행위의 내용, 손해의 발생 및 확대 등에 대하여 어느 정도의 원인을 제공하고 있는지를 고려하여 손해가 공평하게 분

담되도록 하여야 한다(대판 1991.1.25. 90다6491) ㉮ 같이 음주 후에 음주 운전자가 운전하는 자동차에 동승한 피해자의 과실은 20%(대판 1992.1.21. 91다39306), ㉯ 오토바이 동승자의 과실은 20%(대판 1989.12.26. 87다카2096), ㉰ 용역회사직원이 동승한 피용역회사직원의 감독소홀을 틈타 금전을 가지고 도주한 경우의 과실을 50%로 본 것은 위법(과다)(대판 1991.1.25. 90다6491), ㉱ 예금자가 중개인을 통해 거액을 예금하고 수기통장을 받고, 선이자 및 저축장려금 등을 받으면서 정식 입금 여부를 확인하지 않은 피해자의 과실을 10%로 본 것은 위법(과소)한 것으로 보았다(대판 1989.9.26. 88다카32371)

3. 損益相計

(1) 의의: 채무불이행 또는 불법행위로 손해를 입은 자가 동일한 원인으로 이득이 생긴 경우에 손해배상의 산정에서 그 이득을 공제하는 것이 손익상계이다. 손익상계에 관하여 민법에 명문의 규정은 없으나 로마법이래 각국에서 일반적으로 인정되어 왔고 또한 공평의 이념에 맞다.

(2) 손익상계의 범위: 손해발생의 원인된 사실과 공제하여야 할 이익의 범위는 배상하여야 할 손해의 범위와 마찬가지로 손해배상책임의 원인된 사실과 상당인과관계가 있는 것에 국한된다(대판 1992.12.22. 92다31361). 그러나 그 기준이 명확하지 않아 결국 손해배상제도의 기본이념인 손해의 공평분담을 지도원리로 하여 구체적인 사안에 따라 개별적으로 판단할 수밖에 없다.

(가) 사고 후 종전과 동일하게 취득하는 보수수익-부정: 교통사고의 피해자가 사고로 상해를 입은 후에도 계속하여 종전과 같이 직장에 근무하여 종전과 같은 보수를 지급받고 있다 하더라도 그와 같은 보수가 사고와 상당인과관계가 있는 이익이라고 볼 수 없으므로 이를 손해배상액에서 공제할 수 없다(대판 1992.12.22. 92다31361).

(나) 보험금-부정: 상해보험의 급부금은 이미 납입한 보험료의 대가적 성질을 가지는 것으로 그 부상에 제3자가 불법행위 또는 채무불이행에 기한 손해배상의무를 부담하는 경우에도, 보험계약의 당사자 사이에 특약이 없는 한, 상법 제729조에 의하여 보험자대위가 금지됨은 물론, 그 배상액의 산정에 있어서 손익상계로서 공제하여야 할 이익에 해당하지 아니한다(대판 1998.11.24. 98다25061).

(다) 피해 잔존물-부정: 불법행위로 인하여 물건이 훼손된 경우, 배상을 청구할 수 있는 손해액은 특별한 다른 사정이 없는 한, 수리가 가능한 때에는 그 수리비를, 수리가 불가능한 때에는 그 교환가치(시가)의 감소액을 기준으로 산정하여야 할 것인바, 피해자가 훼손된 물건을 처분하여 잔존물의 가격에 상당하는 금액을 회수하였다고 하더라도 그 물건의 불법행위 당시의 시가에 상당하는 금액에서 그 잔존물의 가격에 상당하는 금액을 공제한 금액만큼의 손해를 입게 되었다고 볼 것이지, 그 물건의 불법행위 당시의 시가에 상당하는 금액만큼의 손해를 입게 된 것이고 다만 불법행위로 인하여 잔존물의 가격에 상당하는 금액만큼의 이익을 얻게 되었다고 볼 것은 아니다(대판 1991.8.27. 91다17894).

(라) 생존연령까지의 생활비-사망시는 긍정, 부상시는-부정: 불법행위로 인하여 사망하였다면, 그 얻을 수 있는 수입에서, 그 생활비를 공제한 금액이 원고의 장차 얻을 수 있는 순수익이라고 할 것이나, 동인이 사망한 것이 아니므로, 특별한 사정이 없는 한 불법행위 이후 취업가능 연령까지 계속하여 생활비가 소요될 것이며, 부상으로 인하여 절약이 된다고는 할 수 없어 생활비를 공제할 수 없다(대판 1966.5.31. 66다590).

(마) 상당인과관계를 부정한 사례: ① 행정기관의 위법한 행정지도로 일정기간 어업권을 행사하지 못하는 손해를 입은 자가 그 어업권을 타인에게 매도하여 매매대금 상당의 이득을 얻었더라도 그 이득은 손해배상책임의 원인이 되는 행위인 위법한 행정지도와 상당인과관계에 있다고 볼 수 없고, 행정기관이 배상하여야 할 손해는 위법한 행정지도로 피해자가 일정기간 어업권을 행사하지 못한 데 대한 것임에 반해 피해자가 얻은 이득은 어업권 자체의 매각대금이므로 위 이득이 위 손해의 범위에 대응하는 것이라고 볼 수도 없어, 피해자가 얻은 매매대금 상당의 이득을 행정기관이 배상하여야 할 손해액에서 공제할 수 없다(대판 2008.9.25. 2006다18228). ② 회사가 분식회계가 이루어진 후 이를 보정하기 위하여 특별손실을 계상함으로써 이월결손금이 발생하였다 하더라도, 회사가 계속 적자경영을 하여 온 상태에서는 법인세 절감의 효과가 발생할 수 없

을 것인데, 제42기 사업연도에 우연히 대규모의 채무면제가 이루어져 채무면제익이 대량 발생함에 따라 그 이월결손금을 활용할 수 있게 되어 법인세를 절감하는 이득을 얻었다 하더라도, 이를 가리켜 이 사건 분식회계로 인하여 회사가 상당인과관계가 있는 새로운 이득을 얻었다고 할 수는 없다(대판 2007.11.30. 2006다19603). ③ 회사의 대표가 주식을 싼 가격에 매도함으로써 법인세를 절감한 사정이 있다고 하더라도 이는 과세관청이 법인세를 부과하지 않음에 따른 것이고 이로써 이 사건 거래로 인한 회사의 손해가 직접 전보된다고 할 수는 없는 것이어서 대표의 임무해태행위와 사이에 법률상 상당인과관계가 있다고 할 수 없다(대판 2005.10.28. 2003다69638). ④ 증권회사 직원이 고객의 계좌를 이용하여 고객의 위임이 없이 임의로 주식거래를 함으로써 이득이 발생하였다고 할지라도 고객이 그 거래를 추인하면 그로 인한 이득은 적법하게 고객에게 귀속되는 것이므로 그 이득을 가지고 불법행위로 인한 손해산정에 있어서 손익상계를 할 수는 없다(대판 2003.1.24. 2001다2129).

4. 過失相計와 損益相計의 順序 – 과실상계를 먼저: 과실상계와 손익상계의 순서에 관하여는, 채무자가 책임질 손해에서 채권자에게 발생한 이익을 공제하는 것이 타당하므로 산정된 손해액에서 과실상계를 한 다음에 발생한 이득을 공제하여야 한다(대판 1990.5.8. 89다카29129).

5. 自然力의 寄與分에 대한 控除 與否

(1) 원칙-공제: 피해자가 입은 손해가 자연력과 가해자의 과실행위가 경합되어 발생된 경우 가해자의 배상범위는 손해의 공평한 부담이라는 견지에서 손해발생에 대하여 자연력이 기여하였다고 인정되는 부분을 공제한 나머지 부분으로 제한하여야 한다(공제되는 자연력의 기여분은 예상불가하고, 적절한 조치가 불가한 경우로 한정)(대판 2003.6.27. 2001다734).

(2) 특수한 자연적 조건: 피해자가 입은 손해가 통상의 손해와는 달리 특수한 자연적 조건 아래 발생한 것이라 하더라도 가해자가 그와 같은 자연적 조건이나 그에 따른 위험의 정도를 미리 예상할 수 있었고 또 과도한 노력이나 비용을 들이지 아니하고도 적절한 조치를 취하여 자연적 조건에 따른 위험의 발생을 사전에 예방할 수 있었다면, 그러한 사고방지 조치를 소홀히 하여 발생한 사고로 인한 손해배상의 범위를 정함에 있어서 자연력의 기여분을 인정하여 가해자의 배상범위를 제한할 것은 아니다(대판 2003.6.27. 2001다734).

(3) 기여도 비율의 결정-사실심의 전권사항: 자연력과 가해자의 과실행위가 경합되어 손해가 발생한 경우 자연력의 기여도에 관한 비율의 결정은 그것이 형평의 원칙에 비추어 현저히 불합리하다고 인정되지 아니하는 한 사실심의 전권사항에 속한다(대판 2003.6.27. 2001다734).

(4) 원자력발전소에서의 온배수 배출행위와 해수온도의 상승이라는 자연력이 복합적으로 작용하여 온배수배출구 인근 양식장의 어류가 집단폐사한 경우, 손해배상 범위 결정시 자연력의 기여도를 고려하는 것이 타당하다고 판단한 사례-통상과 다른 해수온도의 상승과 바람 방향의 변화가 예견불가하였고, 그로 인한 피해를 예견할 수 없다고 판단-(대판 2003.6.27. 2001다734).

第397條【金錢債務不履行에 대한 特則】 ①金錢債務不履行의 損害賠償額은 法定利律에 의한다. 그러나 法令의 制限에 違反하지 아니한 約定利律이 있으면 그 利律에 의한다.
②前項의 損害賠償에 關하여는 債權者는 損害의 證明을 要하지 아니하고 債務者는 過失없음을 抗辯하지 못한다.

金錢債務不履行

1. 意義: 금전채권은 추상적인 가치권을 그 본질로 하므로 금전채무의 불이행의 경우에는 아래와 같이 여타의 채무불이행과는 달리 취급된다.

2. 履行遲滯만: 금전채무는 성질상 이행불능은 문제가 되지 않고 이행지체만이 있을 뿐이다.

(1) 손해의 증명 불요-제2항: 일반적으로 손해배상청구권은 여타의 요건을 구비하고 채권자에 의한 손해의 증명이 있어야 하나, 금전은 그 성질상 운용이익을 가지므로 금전채권의 이행지체

에 의한 손해배상의 청구에는 채권자의 손해에 대한 증명을 요하지 않고, 당연히 손해가 생기는 것으로 한다.

(2) 채무자의 무과실책임-제2항: 금전채무자는 이행지체에 관하여 과실 없음을 항변하지 못한다. 즉 무과실책임을 진다. 그러나 전쟁·내란·천재지변·지급유예 등의 불가항력으로 항변할 수 있다. * 가압류된 채권의 채무자도 변제기 도래 이후에는 지체책임을 인정하고 있는데(대판 1994.12.13. 93다951), 이는 가압류된 것일지라도 채무자는 변제공탁을 할 수 있으므로 가압류는 불가항력사유가 되지 못하기 때문이다.

3. 損害賠償額 - 遲延利子의 算定

(1) 손해의 발생은 주장하여야 한다: 금전채무 불이행에 관한 특칙을 규정한 민법 제397조는 그 이행지체가 있으면 지연이자 부분만큼의 손해가 있는 것으로 의제하려는 데에 그 취지가 있는 것이므로 지연이자를 청구하는 채권자는 그 만큼의 손해가 있었다는 것을 증명할 필요가 없는 것이나, 그렇다고 하더라도 채권자가 금전채무의 불이행을 원인으로 손해배상을 구할 때에 지연이자 상당의 손해가 발생하였다는 취지의 주장은 하여야 하는 것이지 주장조차 하지 아니하여 그 손해를 청구하고 있다고 볼 수 없는 경우까지 지연이자 부분만큼의 손해를 인용해 줄 수는 없는 것이다(대판 2000.2.11. 99다49644).

(2) 손해배상액-지연이자: 금전채무의 이행지체에 따른 손해는 이율과 지체기간에 따라 정하여 지는데, 이를 〈지연이자〉 또는〈연체이자〉라고 한다. 그러나 이 지연이자는 금전채무불이행의 손해배상액이지 원본의 사용대가인 〈이자〉가 아니다. 따라서 지연이자에 관하여는 이자채권에 관한 법리가 적용되지 않고 손해배상의 법리가 적용된다.

(3) 지연손해에 대한 지체책임: 금전채무의 지연손해금채무는 금전채무의 이행지체로 인한 손해배상채무로서 이행기의 정함이 없는 채무에 해당하므로, 채무자는 확정된 지연손해금채무에 대하여 채권자로부터 이행청구를 받은 때로부터 지체책임을 부담하게 된다(대판 2004.7.9. 2004다11582).

(4) 배상액의 산정-이율-제1항

(가) 약정이율: 법령(이자제한법)에 위반하지 않는 범위 내에서 당사자가 약정한 이율이 있으면 약정이율에 의하여 정한다.

(나) 이자부 소비대차에서 변제기 이후의 이자약정이 없는 지연손해금-변제기 전의 약정이율로: 소비대차에서 변제기 후의 이자약정에 특약이 없는 한 변제기가 지난 후에도 당초의 약정이자를 지급하기로 한 것으로 보는 것이 당사자의 의사이다(대판 1981.9.8. 80다2649).

(다) 약정이율이 없는 경우-법정이율인 연 5%: 당사자간에 지연이자의 이율에 대하여 특약이 없으면 법정이율에 의하여 배상액을 산정한다.

(라) 약정이율보다 낮은 이율: 별도의 약정이 있음을 이유로 하여 법정이율보다도 낮은 비율에 의한 지연손해금을 인정하기 위하여는 법정이율보다 낮은 이자율 또는 지연손해금율의 약정이 있다는 점에 관하여 당사자 사이에 다툼이 없거나 증거에 의하여 적극적으로 인정되는 사정이 존재하여야 할 것이고, 채무자가 법정이자율보다 낮은 비율에 의한 이자율 또는 지연손해금율의 약정이 있음을 자인한다 하여 그에 따른 금원의 지급을 명할 수는 없다(대판 1995.10.12. 95다26797).

(4) 소멸시효기간: 금전채무의 이행지체로 인하여 발생하는 지연손해금은 그 성질이 손해배상금이지 이자가 아니며, 민법 제163조제1호가 규정한 '1년 이내의 기간으로 정한 채권'도 아니므로 3년간의 단기소멸시효의 대상이 되지 아니한다(대판 1998.11.10. 98다42141).

4. 實損害의 主張에 의한 減額 또는 增額(작은 損害 또는 超過損害) - 부정: 본조의 취지는 금전채무의 이행지체가 있으면 그 지연이자 부분만큼은 손해가 있는 것으로 의제하려는 데에 있으므로, 채무자의 입장에서 실제 발생된 손해가 이보다 작음을 입증하여도 그 범위 내에서 면책이나 감책을 주장할 수 없는 반면에 채권자의 입장에서도 실제 발생된 손해가 이보다 큰 것을 입증하여 그 실손해의 배상을 청구할 수 없다는 것이고, 한편 위와 같은 민법 제397조의 입법 취지, 그 밖에 법정이율을 초과한 지연이자의 지급에 관하여는 민법, 기타 개별법률에 특별한 규정을 두고 있는 점 등에 비추어 금전채무의 이행지체로 인하여 채권자가 법정이자를 초과한 손해를 입었고 그 사정을 채무자가 알거나 알 수 있었다 하더라도 그와 같은 소위 특별손해는 이를 배상의 대

상으로 고려할 수 없다(창원지법 2000.3.16. 99가합5187). * 수임인(685조)·조합원(705조)·후견인(958조) 등에 관하여는 지연이자를 초과한 손해에 대하여는 별도로 책임을 규정하고 있다.

5. 遲延損害金 比率에 대한 特約 - 손해배상액의 예정: 금전채무에 관하여 이행지체에 대비한 지연손해금 비율을 따로 약정한 경우에 이는 일종의 손해배상액의 예정으로서 민법 제398조에 의한 감액의 대상이 된다(대판 2000.7.28. 99다38637).

第398條【賠償額의 豫定】 ①當事者는 債務不履行에 關한 損害賠償額을 豫定할 수 있다.
②損害賠償의 豫定額이 不當히 過多한 경우에는 法院은 的當히 減額할 수 있다.
③損害賠償額의 豫定은 履行의 請求나 契約의 解除에 影響을 미치지 아니한다.
④違約金의 約定은 損害賠償額의 豫定으로 推定한다.
⑤當事者가 金錢이 아닌 것으로써 損害賠償에 充當할 것을 豫定한 경우에도 前4項의 규정을 준용한다.

損害賠償額의 豫定

1. 損害賠償額 豫定의 意義: 채권자가 채무불이행에 의한 손해배상을 청구하기 위하여는 채무불이행에 관한 여러 가지 요건사실을 주장·증명하여야 한다. 그런데 특히 손해액의 증명은 아주 곤란하여 당사자간의 분쟁의 주된 요인이 된다. 이와 같은 증명의 곤란과 분쟁을 염려하여 당사자간에 미리 채무불이행이 있을 경우에 손해배상액에 관하여 한 합의가 손해배상액의 예정이다.

2. 豫定의 合意 - 제1항: 당사자는 법률의 규정이나 양속에 위반하지 않는 한 자유롭게 손해배상액의 예정에 대하여 합의를 할 수 있다.

(1) 채권계약과 동시에: 손해배상액의 예정에 대한 합의(손해배상액의 예정 계약)는 채권성립과 동시에 하는 것이 보통이나 그 후에도 할 수 있다. 다만 손해발생 후에 하는 것은 여기서 말하는 손해배상액의 예정이 아니고 이미 발생한 손해의 가액산정에 관한 독립적인 합의(손해배상에 대한 합의)로서 제731조 이하의 화해계약의 성질을 가진다.

(2) 방법-제5항: 손해배상액의 예정의 방법은 금전으로 하는 것이 보통이나 금전 이외의 물건이나 노무로도 할 수 있다.

(3) 예정합의의 성질-종된 계약: 손해배상액의 예정은 채권에 종된 계약이다. 따라서 본래의 채권이 취소되거나 무효인 경우에는 그 예정도 당연히 취소 또는 무효가 된다.

(4) 유형: 손해배상예정의 유형으로는, ① 이행지연에 대한 배상액의 예정, ② 본래의 급부에 갈음한 배상액의 예정, ③ 계약청산시의 배상액의 예정 등이 있다.

3. 豫定의 效果

(1) 손해발생의 예정: 법문상 〈배상액〉의 예정으로 되어 있으나 채무불이행만 있으면 곧 효력을 발생시키기는 손해의 발생 및 그 손해배상액에 대한 합의이다.

(2) 예정배상액의 청구

(가) 불이행사실 만으로 청구: 채권자는 채무불이행의 사실을 주장·증명하면 예정배상액을 청구할 수 있다. 따라서 채무자가 실제로 손해가 발생하지 않았음을 증명하더라도 채무불이행이 있으면 예정액의 배상책임을 면하지 못한다.

(나) 초과손해: 채권자는 실제의 손해가 예정액을 초과하더라도 특약이 없는 한 초과하여 청구할 수 없다. 그 손해가 비록 특별손해에 해당하는 경우에도 이를 청구할 수 없다(대판 1993.4.23. 92다41719). 즉 예정배상액은 통상손해를 전제한 것이 아니라 채무불이행이 있는 경우의 모든 손해에 대한 사전확정의 의미를 가진다. 비록 그것이 특별손해라 할지라도 초과손해를 청구할 수 있다고 하면 손해배상액의 예정 제도가 가지는 법률 간편화 기능과 사전 확정적 기능의 의미가 없어지기 때문이다.

(다) 과실상계는 적용 없음: 채무불이행시에 채권자의 과실이 있는 경우에도 제반사정이 참작되므

로 손해배상액의 감경에 앞서 채권자의 과실 등을 들어 따로 감경할 필요는 없다(대판 2002.1.25. 99다57126).

(라) 부당과다의 감액-제2항

① 부당과다: 부당히 과다한 경우라 함은 채권자와 채무자의 각 지위, 계약의 목적 및 내용, 손해배상액을 예정한 동기, 채무액에 대한 예정액의 비율, 예상손해액의 크기, 그 당시의 거래관행 등 모든 사정을 참작하여 일반 사회관념에 비추어 그 예정액의 지급이 경제적 약자의 지위에 있는 채무자에게 부당한 압박을 가하여 공정성을 잃는 결과를 초래한다고 인정되는 경우를 뜻하는 것으로 보아야 한다(대판 2004.12.10. 2002다73852).

② 판단기준 시점: 판단의 기준 시점은 사실심의 변론종결시이다(대판 2004.12.10. 2002다73852).

③ 직권으로 감액 가능: 손해배상 예정액이 부당하게 과다한 경우에는 법원은 당사자의 주장이 없더라도 직권으로 이를 감액할 수 있다(대판 2002.12.24. 2000다54536).

④ 감액만 가능: 감액만 할 수 있고 증액은 할 수 없다. 감액한 부분은 처음부터 무효가 된다(대판 2004.12.10. 2002다73852).

(마) 이행청구 또는 계약해제와의 관계-제3항: 손해배상액의 예정이 본래의 급부청구권을 포기한다거나 또는 계약 해제권을 상실한다는 의미를 가지는 것은 아니므로, 예정이 있더라도 원칙적으로 본래의 채무의 이행청구나 채무불이행에 의한 계약의 해제는 할 수 있다. 그러나 손해배상액의 예정은 그 성질 내지 내용이 여러 가지로 달라 이를 획일적으로 볼 수는 없고, 구체적으로는 당해 손해배상액의 예정의 성질 내지 내용에 따라서 구분하여 보아야 한다.

① 예정된 배상액이 지연배상의 성질: 예정된 손해배상액이 이행지체시의 지연배상의 성질을 가지고 급부의 이행이 가능한 때에는 본래의 급부에 대한 이행청구와 함께 예정액의 이행을 청구할 수 있다. 그러나 이행이 불능한 경우나 채무불이행으로 계약을 해제한 때에는 전보배상 또는 해제로 인한 손해에 관하여는 별도로 산정하여야 한다.

② 예정된 배상액이 전보배상의 성질: 손해배상액의 예정이 채무불이행시의 전보배상의 의미로 합의한 경우에는 채무불이행이 있으면 예정된 배상액을 그대로 청구할 수 있다. 그러나 본래의 급부를 청구하면서 이행의 지체에 대한 배상을 함께 청구하는 때에는 예정된 배상액이 이행지연에 대한 기준이 되지 못한다. 계약을 해제하는 경우에는 배상 예정액에서 채권자가 이행한 급부의 금액을 공제한 잔액을 배상액으로 결정하여야 한다.

③ 예정액이 계약의 청산 목적: 예컨대 매도인이 물건을 인도하지 않으면 대금의 1/2을 지불한다는 등으로 채무불이행시에 쌍무계약관계의 청산을 목적으로 한 경우에는 채무불이행만 있으면 별도로 해제를 할 필요가 없이 배상 예정액의 이행을 청구하여 계약관계를 해소시킬 수 있다.

(바) 일부이행의 경우: 일부만이 이행된 경우에는 이행부분에 비례하여 공제하고 나머지를 청구하여야 한다. 일부의 이행만으로 채권의 목적을 달성할 수 없는 경우에는 이행한 부분을 반환하고 예정액의 전부를 청구할 수 있다.

(사) 손해배상액 예정의 효력이 계약과 관련된 불법행위에도 미치는지 여부: 계약 당시 당사자 사이에 손해배상액을 예정하는 내용의 약정이 있는 경우에 그것은 계약상의 채무불이행으로 인한 손해액에 관한 것이고 이를 그 계약과 관련된 불법행위상의 손해까지 예정한 것이라고는 볼 수 없다. 따라서 토지매매계약이 매수인의 잔대금지급채무의 불이행을 이유로 해제된 다음 매도인이 매수인 등을 상대로 토지상의 건물철거 및 대지인도의 소를 제기하여 승소판결을 받고 그 판결이 확정되었음에도 매수인 등이 이를 이행하지 아니하여 매도인이 위 토지를 사용·수익하지 못하게 됨으로써 입은 차임 상당의 손해는 위 매매계약이 해제된 후의 별도의 불법행위를 원인으로 하는 것으로서 계약 당시 수수된 손해배상예정액으로 전보되는 것이 아니다(대판 1999.1.15. 98다48033).

4. 違約金-제4항: 위약금은 채무불이행시에 채무자가 채권자에게 지급하기로 약정된 금전이다. 일반적으로는 금전지급을 약정하나, 다른 물건으로도 할 수 있으며, 그러한 경우에는 위약금에 관한 규정이 준용된다(5항). 위약금을 약정하는 목적과 성질은 여러 가지가 있다.

(1) 위약금약정의 성질

(가) 위약벌적 성질: 계약위반에 대한 제재적 목적으로의 위약벌적 성질을 가진다. 채권자는 계

약의 해제를 불문하고 손해배상과 별도로 약정된 위약금을 청구할 수 있다.

(나) 이행보증적 성질: 이행의 의지를 표명한 것으로 이행보증적 성질을 가진다. 채권자는 계약의 해제를 불문하고 손해배상과 별도로 약정된 위약금을 청구할 수 있다.

(다) 손해배상액 예정의 성질: 채무불이행시의 간편한 해결을 위한 손해배상의 예정적 성질을 가진다. 손해배상액의 예정에 관한 법리가 적용된다.

(2) 위약금 약정의 위약벌적 성질의 인정 요건과 효과: 위약벌로 해석하기 위해서는 특별한 사정이 주장·입증되어야 한다(대판 2000.12.8. 2000다35771). 위약벌의 약정은 채무의 이행을 확보하기 위하여 정해지는 것으로서 손해배상의 예정과는 그 내용이 다르므로 손해배상의 예정에 관한 민법 제398조제2항을 유추 적용하여 그 액을 감액할 수는 없는 법리이고 다만 그 의무의 강제에 의하여 얻어지는 채권자의 이익에 비하여 약정된 벌이 과도하게 무거울 때에는 그 일부 또는 전부가 공서양속에 반하여 무효로 된다(대판 2005.10.13. 2005다26277).

(3) 위약금약정에서 의사의 불명-손해배상액의 예정 추정-제4항: 위약금의 목적과 성질에 관하여 당사자의 의사가 분명하지 않은 경우에는 배상액의 예정으로 추정한다.

(4) 개별적 문제

(가) 계약금몰취 약정: 토지분양계약이 해제되었을 때에는 수분양자가 지급한 계약보증금이 분양자에게 귀속될 뿐만 아니라, 수분양자는 계약 해제로 인하여 분양자가 입은 손해에 대하여도 배상의무를 면하지 못하는 것으로 약정한 경우, 위 계약보증금의 몰취는 계약 해제로 인한 손해배상과는 별도의 성격을 가지는 것이라 할 것이고, 따라서 위 계약보증금 몰취 규정을 단순히 통상 매매계약에 있어서의 손해배상의 예정으로 보기는 어려우며, 수분양자가 계약 위반시 분양자에게 손해배상책임을 지는 것과는 별도로 이를 분양자에게 귀속시킴으로써 수분양자에게 제재를 가함과 동시에 수분양자의 계약이행을 간접적으로 강제하는 작용을 하는 이른바 위약벌의 성질을 가진 것이라고 봄이 상당하다(대판 1999.3.26. 98다33260).

(나) 국가를당사자로하는계약에관한법률의 규정은 국가와 사인 간의 계약관계에서 관계 공무원이 지켜야 할 계약사무 처리에 관한 필요한 사항을 정한 국가의 내부규정에 불과할 뿐만 아니라 위 법이 적용되는 계약도 그 본질은 사인 간의 계약과 다를 바가 없으므로, 그 법령에 특별한 규정이 있는 경우를 제외하고는 사법의 규정 내지 법 원리가 그대로 적용된다고 할 것이므로, 매매계약에 의하여 지급된 계약금에 관하여 위약금 약정이 있어 그 계약금이 위 법 제12조가 규정한 계약보증금의 성질을 갖는다고 하더라도, 당연히 위약벌의 성질을 갖는 것은 아니다(대판 2004.12.10. 2002다73852).

(다) 쌍무계약에서 한쪽 당사자의 위약금 약정: 계약의 일방 당사자인 피고의 귀책사유로 인하여 계약이 해제되는 경우에는 위약금 약정을 두지 않고 그 상대방인 원고의 귀책사유로 인하여 계약이 해제된 경우에 대해서만 위약금 약정을 두었다 하더라도, 그 위약금 약정이 무효로 되는지 여부는 별론으로 하고 원고에 대한 위약금 규정이 있다고 하여 공평의 원칙상 그 상대방인 피고의 귀책사유로 계약이 해제되는 경우에도 원고의 귀책사유로 인한 해제의 경우와 마찬가지로 피고에게 위약금 지급의무가 인정되는 것은 아니다(대판 2000.1.18. 99다49095).

第399條【損害賠償者의 代位】 債權者가 그 債權의 目的인 物件 또는 權利의 價額全部를 損害賠償으로 받은 때에는 債務者는 그 物件 또는 權利에 關하여 當然히 債權者를 代位한다.

損害賠償者의 代位

1. 意義: 채권자가 손해배상으로 그 채권의 목적물이 되는 물건 또는 권리의 가액의 전부를 배상받은 때에는 채무자는 그 물건 또는 권리에 관하여 당연히 채권자를 대위한다(399조). 예컨대 수치인이 임치물을 도난당하여 그 물건의 가액의 전부를 배상한 때에는, 도난품의 소유권은 당연히 수치인에게 이전된다. 또는 제3자가 임치물을 손상시켜 수치인이 전부 배상을 한 때에는,

임치인의 제3자에 대한 임치물의 소유권침해로 인한 손해배상청구권은 당연히 수치인에게 이전된다. 이는 채권자가 손해의 전부를 배상 받고도 채권의 목적인 물건이나 권리를 여전히 가진다면, 채권자는 채무불이행에 의하여 2중으로 이득 하는 것으로 부당이득이 되어 손해배상의 목적에 반하기 때문이다.

2. 損害賠償者 代位의 要件

(1) 배상의무자의 배상: 대위자가 될 수 있는 자는 법률상의 손해배상의무자여야 한다. 따라서 채무불이행의 경우는 채무자여야 하며, 불법행위의 경우에는 가해자여야 한다. 제3자가 손해배상의무자 대신 배상을 하더라도 대위를 할 수 없다. * 대리운전자의 과실에 의한 교통사고로 차량소유자의 보험자가 피해자에게 손해배상을 한 경우, 보험약관상 대리운전자는 승낙피보험자에 해당하므로 보험자가 대리운전자에게 보험자대위권을 행사할 수 없다(대구지법 2009.4.29. 2008가소114364).

(2) 손해의 전부 배상: 채권자가 채권의 목적인 물건 또는 권리의 가액의 「전부」를 배상 받았어야 한다. 즉 물건 또는 권리의 인도청구권에 관하여 전액으로 배상을 받았어야 한다. 일부배상이 되어지더라도 그에 대응한 일부대위란 없다(상법상의 보험자 대위는 일부대위가 가능하다 상법 682조 참조).

(3) 배상방법은 불문: 손해배상의무자가 손해배상채무에 대하여 배상방법으로 본래의 급부로서의 변제를 하였던 또는 변제와 동일시할 수 있는 공탁·대물변제·상계 어느 방법으로 하였던 손해배상자의 대위에 관한 법률관계에는 아무런 차이가 없다.

3. 代位의 效果

(1) 법률에 의한 권리 이전: 물건 또는 권리가 법률상 당연히 손해배상자에게 이전한다. 여기서 물건 또는 권리는 그 자체를 의미할 뿐만 아니라 그에 대치되는 권리 예컨대 제3자에 대하여 가지는 손해배상청구권 등도 당연히 포함된다. 또한 여기의 이전은 법률상의 이전으로 물건이나 권리의 이전에 관한 양도행위 예컨대 인도·등기 또는 채권양도의 통지나 승낙 등은 필요하지 않다(대판 1977.7.12. 76다408).

(2) 효력 발생시기: 대위의 효력은 손해배상의무자가 손해배상을 한 때부터 발생한다.

第400條【債權者遲滯】 債權者가 履行을 받을 수 없거나 받지 아니한 때에는 履行의 提供 있는 때로부터 遲滯責任이 있다.

第401條【債權者遲滯와 債務者의 責任】 債權者遲滯中에는 債務者는 故意 또는 重大한 過失이 없으면 不履行으로 因한 모든 責任이 없다.

第402條【同前】 債權者遲滯中에는 利子 있는 債權이라도 債務者는 利子를 支給할 義務가 없다.

第403條【債權者遲滯와 債權者의 責任】 債權者遲滯로 因하여 그 目的物의 保管 또는 辨濟의 費用이 增加된 때에는 그 增加額은 債權者의 負擔으로 한다.

債權者遲滯責任

1. 機能: 제400조 내지 제403조에서 채권자지체책임을 규정하고 있다. 부작위채무나 특수한 유형의 채무를 제외하고는 대부분의 경우에 채무자의 채무의 이행에는 채권자의 다소간의 협조가 필요하다. 예컨대 주는 채무에서 채권자의 수령행위, 하는 채무에서 채권자의 적절한 노무 내용의 지시 및 노무 장소의 제공 등의 최소한의 협조가 있어야 채무를 이행할 수 있다. 보통의 경우 채권자는 당연히 이와 같은 협조를 하여 급부를 취득할 것이나, 어떠한 이유에서건 채권자가 최소한의 협조를 하지 않아 정상적으로 채무를 이행할 수 없게 되면, 채무자는 여전히 채무에 구속되

어 목적물을 계속해서 보관하여야 된다든지 또는 노무를 제공하지 못해 보수를 받지 못한다든지 하는 등의 여러 가지의 부담과 불이익이 발생한다. 이러한 부담과 불이익을 채무자가 모두 부담한다는 것은 지극히 불공평하고, 이러한 불공평 및 채무자의 불이익을 해소하여 당사자간의 이해관계를 조절하기 위한 제도가 채권자지체 또는 수령지체 제도이다.

2. 債權者遲滯責任의 本質: 채권자지체책임의 성질 내지 본질에 관하여는 채권자의 수령의무를 전제로 하여 채무불이행의 일종이라는 견해가 있으나, 판례는 채권자에게는 법적 의무로서의 수령의무는 없고, 채권자지체 제도를 둔 근본목적은 채무자와 채권자 쌍방의 이익을 평등하게 보호하기 위하여 채무자가 채무를 이행하지 못하여 받는 각종의 불이익을 구제하기 위하여 법률이 특별히 규정한 신의칙에서 나오는 법정책임으로 이해한다(대판 1993.6.25. 93다11821). 채무불이행책임설에 의하면 채권자지체로 당사자간에는 제401조 내지 제403조의 법률관계 외에 채무자는 채무불이행의 일반 효과인 손해배상청구권과 계약해제권이 있다는 것이며, 법정책임설은 그 효과로서 제401조 내지 제403조의 법률관계만 발생한다는 것이다.

3. 債權者遲滯의 成立 - 제400조

(1) 채무의 내용에 좇은 (현실의)이행의 제공: 채무자가 채무의 내용에 좇은 이행이 있어야 한다. 채무의 내용에 좇지 아니한 경우에는 수령을 거절할 수 있고, 채권자지체가 문제되지 아니한다. 이행의 제공은 현실의 제공을 원칙으로 하나 채권자가 미리 변제받기를 거절한 경우나 채무의 이행에 채권자의 행위를 요하는 경우에는 변제준비의 완료를 통지하고 그 수령을 최고하는 구두의 제공으로 족하다. 따라서 부동산 매도인이 중도금의 수령을 거절하였을 뿐만 아니라 계약을 이행하지 아니할 의사를 명백히 표시한 경우 매수인은 신의성실의 원칙상 소유권이전등기의무 이행기일까지 기다릴 필요 없이 이를 이유로 매매계약을 해제할 수 있다(대판 1993.6.25. 93다11821).

(2) 채권자의 수령거절 또는 수령불능: 채권자가 수령을 거절하거나 수령을 할 수 없어야 한다. 여기서의 수령불능 또는 수령거절은 채권자의 명시 또는 묵시적 의사의 표시를 의미하는 것이 아니라 채권자가 제공된 변제를 수령하지 않은 사실 자체만으로 충분하다.

(가) 이행불능과 수령불능의 구별: 전행사실인 이행이 불능한 경우에는 논리적으로 수령불능이 있을 수 없다. 그런데 여기서 이행불능과 수령불능은 불능의 원인이 채권자 또는 채무자 어느 측의 지배영역 내지 영향범위에 속하느냐에 따라 구별한다.

(나) 채권자의 지배영역 안에서 불가항력에 의한 수령불능상태: 채권자의 지배영역 안에 있을지라도 불가항력에 의한 경우는 수령불능에서 제외된다.

(3) 수령거절 또는 수령불능의 위법, 채권자의 유책사유 유무 여부: 수령거절 또는 수령불능에 채권자의 고의·과실과 위법성은 요건이 되지 않는다.

4. 效果 - 제401조 - 제403조

(1) 변제제공의 효과: 채무자는 이행의 제공이 있어 채무불이행책임을 면한다. 따라서 채권자는 채무불이행을 원인으로 하는 손해배상의 청구 또는 계약의 해제를 할 수 없으며, 채무자는 담보권을 실행당하지 않는다.

(2) 주의의무의 경감-제401조: 채무자는 보통의 경우에 고의 또는 경과실로 채무불이행책임을 진다. 그러나 채권자지체 중에는 채무자의 주의의무가 경감되어 채무자는 고의 또는 중대한 과실이 있을 때만 책임을 진다(401조). 즉 채권자지체 중에는 목적물의 보존 또는 이행과정에서 목적물이 훼손·멸실되었더라도 채무자의 경과실에 의한 것일 때에는 책임을 지지 않는다. 따라서 수치인이 적법하게 임치계약을 해지하고 임치인에게 임치물의 회수를 최고하였음에도 불구하고 임치인의 수령지체로 반환하지 못하고 있는 사이에 임치물이 멸실 또는 훼손된 경우에는 수치인에게 고의 또는 중대한 과실이 없는 한 채무불이행으로 인한 손해배상책임이 없다(대판 1983.11.8. 83다카1476).

(3) 이자의 정지-제402조: 금전채권에서 채권자가 금전의 수령을 거절 또는 불능한 기간 동안은 이자 있는(약정 또는 법정 불문) 금전채권일지라도 이자가 발생하지 않는다.

(4) 증가비용의 채권자 부담-제403조: 채무자는 이행시까지의 보관비용이나 변제를 위한 비용을 부담하여야 한다(473조). 그러나 채권자지체로 인하여 그 목적물의 보관 또는 변제의 비용이

증가한 때에는 그 증가액은 채권자에게 청구할 수 있다. 즉 채권자지체로 채무자가 추가로 보관비나 변제비용이 들어간 경우에는 이를 채권자에게 청구할 수 있다. 따라서 채권자가 수령을 거절하여 변제공탁을 한 경우에는 공탁비용은 채권자에게 청구할 수 있다.

(5) 쌍무계약에서의 위험의 이전-제538조: 민법은 위험부담에 관하여 채무자위험부담주의를 원칙으로 하나(537조), 채권자에게 책임 있는 사유로 이행불능으로 된 때에는 채권자가 위험을 부담한다(538조1항 전단). 그리고 채권자지체 중의 경우에는 채권자가 위험을 부담한다(538조1항 후단-대판 1993.3.26. 91다14116).

(6) 공탁권 및 자조매각권 발생-제487조, 제490조: 채권자지체의 경우 채무자는 목적물을 변제공탁하여 채무를 면할 수 있다(487조). 변제의 목적물이 공탁에 적당하지 않은 경우에는 법원의 허가를 얻어 목적물을 경매하거나 시가로 매각하여 그 대금을 법원에 공탁하여 채무를 면할 수 있다(490조).

5. 債權者遲滯의 終了

(1) 채권의 소멸: 채무의 면제·변제의 수령·공탁 등으로 채권이 소멸하면 채권자지체는 종료한다.

(2) 이행불능: 채권자지체 중에 이행불능이 되면 채권자지체는 종료하고, 경우에 따라 채무불이행 또는 위험부담의 문제로 된다.

(3) 채권자의 수령통지: 채권자가 채무자에 대하여 마음을 바꾸어 수령의 준비가 되었음을 통지하고 이행을 청구함으로써 채권자지체는 종료한다.

第404條【債權者代位權】 ①債權者는 自己의 債權을 保全하기 위하여 債務者의 權利를 行使할 수 있다. 그러나 一身에 專屬한 權利는 그러하지 아니하다.
②債權者는 그 債權의 期限이 到來하기 前에는 法院의 許可없이 前項의 權利를 行使하지 못한다. 그러나 保全行爲는 그러하지 아니하다.

第405條【債權者代位權行使의 通知】 ①債權者가 前條第1項의 規定에 의하여 保全行爲以外의 權利를 行使한 때에는 債務者에게 通知하여야 한다.
②債務者가 前項의 通知를 받은 後에는 그 權利를 處分하여도 이로써 債權者에게 對抗하지 못한다.

債權者代位權

1. 意義: 채권자대위권은 채권자가 자기의 채권을 유지하고 보전하기 위하여 채무자에게 속한 권리를 대위하여 행사하는 권리로서, 채권의 보전적 효력으로 인정되는 권리이다. 우리 민법의 채권자대위권은, ① 강제집행의 준비로서 강제집행의 실효성을 거두는데 그 실익이 있고, ② 채권자의 채권과 피대위채권이 동종인 경우에는(예컨대 모두 금전채권인 경우) 대위채권자가 직접 수령하여 자기의 채권에 충당시켜 실질적으로는 우선변제력이 있는 것과 같은 결과가 되어 대위채권자에게 편리, 유용하고, ③ 강제집행은 청구권에 대하여서만 가능하나 채권자대위권에 의한 대위행사는 청구권뿐만 아니라 취소권·해제권·환매권 등 형성권도 가능하고, ④ 강제집행으로서는 할 수 없는 특정한 채권의 보전을 위하여 채권자대위권을 행사할 수 있다는 점이 있다.

2. 代位權의 權能: 대위권은 관리권으로서 법률행위뿐만 아니라 사실행위를 할 수 있는 권능도 포함하며, 또한 보존행위만이 아니라 처분행위도 가능하며, 실체법상의 행위만이 아니라 소송법상의 행위도 할 수 있는 권능을 포함한다.

3. 債權者代位權의 要件 - 제404조

(1) 채권 보전의 필요성-제1항: 채권을 보존할 필요성이 있어야 한다. 우선 채권자의 채권이 존재하여야 하고, 대위권을 행사하지 아니하면 채권의 만족을 얻지 못할 가능성이 있어야 한다.

(가) 피보전 채권으로의 적합성: 보전되어야 할 채권으로 적합하여야 한다.
① 발생원인은 불문: 본조의 채권은 채권의 발생원인이 어떠하든 대위권을 행사함에는 아무런 방해가 되지 아니하며, 또한 채무자에 대한 채권이 제3채무자에게까지 대항할 수 있는 것임을 요하는 것도 아니다(대판 2003.4.11. 2003다1250).
② 장차의 이혼으로 인한 재산분할청구권-불가: 이혼으로 인한 재산분할청구권은 협의 또는 심판에 의하여 그 구체적 내용이 형성되기까지는 그 범위 및 내용이 불명확·불확정하기 때문에 구체적으로 권리가 발생하였다고 할 수 없으므로 이를 보전하기 위하여 채권자대위권을 행사할 수 없다(대판 1999.4.9. 98다58016).
③ 관청에 대한 허가신청 협력의무-긍정: 국토이용관리법상의 토지거래규제구역 내의 토지 매매계약에 따른 계약의 쌍방 당사자는 공동으로 관할 관청의 허가를 신청할 의무가 있고, 이러한 의무에 위배하여 허가신청에 협력하지 아니하는 당사자에 대하여 상대방은 협력의무의 이행을 청구할 수 있는 것이므로, 이와 같은 매수인이 매도인에 대하여 가지는 토지거래허가신청 절차의 협력의무의 이행청구권도 채권자대위권의 행사에 의하여 보전될 수 있는 채권에 해당한다(대판 1995.9.5. 95다22917).
④ 채권자가 채무자를 상대로 소유권이전등기절차이행의 소를 제기하여 패소의 확정판결을 받게 되면 채권자는 채무자의 제3자에 대한 권리를 행사하는 채권자대위소송에서 그 확정판결의 기판력으로 말미암아 더 이상 채무자에 대하여 동일한 청구원인으로 소유권이전등기청구를 할 수 없으므로 그러한 권리를 보전하기 위한 채권자대위소송은 그 요건을 갖추지 못하여 부적법하다(대판 2003.5.13. 2002다64148).
(나) 무자력(본래의 적용): 피보전채권이 채무자의 자력이 충분하지 않은 경우(무자력)에 한하여 채권자대위권의 행사가 인정된다. 채무자의 일반재산이 자기의 채권을 포함한 소극재산에 미치지 않아야 한다. 채무자의 무자력에 의한 채권보전의 필요성은 채권자가 주장, 증명하여야 한다.
(다) 무자력이 아닌 경우에 가능한 경우(확장 적용)
① 특정채권의 보전: 특정채권 그 자체의 이행을 확보할 필요성이 있는 경우에 채권자대위권을 행사할 수 있고, 특정물에 관한 채권자는 채권을 보전하기 위하여 채무자의 제3채무자에 대한 그 특정물에 관한 권리만을 대위행사할 수 있다(대판 1993.4.23. 93다289).
㉮ 부동산등기절차의 대위행사: 자기의 부동산이전등기청구권의 보존을 위하여 채무자의 제3채무자에 대한 이전등기청구권·말소등기청구권·보존등기청구권 또는 상속등기청구권의 대위를 할 수 있다. 예컨대 2중매매에서 제2매매행위가 제2매수인에 대한 이전등기 후에 무효로 된 경우에 제1매수인은 자기의 매도인에 대한 이전등기청구권을 보전하기 위하여 매도인의 제2매수인에 대한 말소등기청구권을 대위 행사한다(대판 1980.5.27. 80다565).
㉯ 물권적 청구권의 대위행사: 임대물의 불법사용자에 대하여 점유와 임차권이 대항력을 가지기 전의 임차인이 불법점거자를 배제하기 위한 임대인의 소유권에 기한 물권적 청구권의 부동산임차인의 대위행사, 불법점거자에 대한 부동산 매도인의 물권적 청구권의 미등기건물 매수인의 대위행사, 불법점거자에 대한 매도인의 소유권에 기한 물권적 청구권의 이전등기전의 매수인의 대위행사가 가능하다(대판 1963.1.24. 62다825).
② 자기의 채권과 직접적으로 관련이 있는 경우: 금전채권일지라도 채무자의 채권이 자기의 채권과 직접적으로 관련이 있어, 채권자가 채무자의 권리를 대위하여 행사하지 않으면 자기 채권의 완전한 만족을 얻을 수 없게 될 위험이 있어 채무자의 권리를 대위하여 행사하는 것이 자기 채권의 현실적 이행을 유효·적절하게 확보하기 위하여 필요한 경우에는 채권자대위권의 행사가 채무자의 자유로운 재산관리행위에 대한 부당한 간섭이 된다는 등의 특별한 사정이 없는 한 채권자는 채무자의 권리를 대위하여 행사할 수 있어야 한다(대판 2001.5.8. 99다38699).
㉮ 유실물의 습득자는 건물점유자가 유실자에 대하여 가지는 보상금청구권(유실물법 10조)을 대위행사할 수 있다.
㉯ 치료의사가 환자에 대한 자기의 치료비채권을 보전하기 위하여 환자가 불법행위 피해자로서 국가에 가지는 국가배상청구권을 대위행사할 수 있다(대판 1981.6.23. 80다1351).
㉰ 여객자동차 운수사업법에 의하면, 여객자동차운송사업의 면허는 여객자동차운송사업을 합법

적으로 영위할 수 있는 자격에 불과하고, 여객자동차운송사업의 양도가 이루어지면 그 면허를 포함하여 여객자동차운송사업과 관련한 물적시설 등이 일체로서 이전되는 것이므로 여객자동차운송사업을 떠난 면허만을 법원이 강제집행의 방법으로 압류하여 환가하기에 적합하지 아니하나, 여객자동차 운수사업법 제15조, 동법 시행령 제10조, 동법 시행규칙 제35조제2항에 의하면, 여객자동차운송사업자는 관할 관청의 허가 없이 그 면허를 포함한 여객자동차운송사업의 전부 또는 일부를 양도할 수 있고(다만 개인택시운송사업의 양도는 관할 관청의 인가를 받아야 한다), 민사집행법상 여객자동차운송사업의 시설, 기구 등 영업재산이 일괄하여 강제집행될 경우에는 그에 관한 면허 역시 일체로서 환가될 수 있으므로, 채무자가 제3자에게 여객자동차운송사업 면허만을 양도한 계약이 무효인 경우에 채권자는 채권자대위권의 행사로서 면허권자 명의변경을 구할 법률상의 이익이 있다(대판 2007.12.28. 2005다38843).

㉣ 피보전채권이나 피대위채권이 모두 소유권이전등기의무의 이행불능으로 인한 가액배상의 금전채권으로 귀착될 성질의 것이기는 하나, 피보전채권인 원고의 소외 3에 대한 채권은 명의신탁해지를 원인으로 한 소유권이전등기청구권이 변형된 것이고, 피대위채권인 소외 3의 피고에 대한 채권 역시 명의신탁된 이 사건 부동산 중 그 상속지분에 관한 원상회복이 불가능함으로 인하여 가액배상청구권으로 변형된 것으로서 양 채권이 그 발생원인에 있어 직접적인 관련성이 있고, 대위가 가능하다(대판 2006.1.27. 2005다39013).

(라) 다른 청구권의 존재 여부는 불문: 다른 청구권이 있다는 사정이 채권자대위권의 행사요건인 채권보전의 필요성을 부정할 사유가 될 수 없다. 즉 토지상 건물의 임차인들을 상대로 건물에서의 퇴거를 청구할 수 있었더라도 퇴거청구와 건물의 임대인을 대위하여 임차인들에게 임대차계약의 해지를 통고하고 건물의 인도를 구하는 청구는 그 요건과 효과를 달리하는 것이므로, 위와 같은 퇴거청구를 할 수 있었다는 사정이 채권자대위권의 행사요건인 채권보전의 필요성을 부정할 사유가 될 수 없다(대판 2007.5.10. 2006다82700, 82717).

(2) 대위채권자의 채권의 이행기 도래

(가) 원칙-이행기 도래: 대위채권자의 채권이 이행기에 있어야 한다.

(나) 예외-이행기 전-제2항: 다음의 경우에는 이행기 전에 대위를 할 수 있다.

① 이행기 전의 법원의 허가에 의한 대위-제2항: 대위채권자의 채권의 기한이 도래하기 전에는 법원의 허가를 얻어 대위권을 행사할 수 있다. 비송사건절차법 제45조 내지 제52조는 채권의 기한 전에 채무자의 권리를 행사하지 아니하면 그 채권을 보전할 수 없거나, 이를 보전하기에 매우 곤란해 질 우려가 있는 때에는 법원의 허가를 얻어 대위권을 행사할 수 있도록 하고 있다.

② 보존행위-제2항: 채무자의 권리가 시효로 소멸하려고 할 때의 시효중단의 행위, 미등기의 채무자의 부동산에 대한 보존등기, 제3채무자의 파산시에 채무자의 채권 신고 등과 같이 채무자의 권리의 변경 또는 소멸을 방지하는 보존행위는 긴급을 요하며 채무자에게도 이익이 되어 기한 전에도 법원의 허가 없이 대위권을 행사할 수 있다.

(3) 채무자의 (제3채무자에 대한)권리가 대위가능한 것이어야 한다.

(가) 대위의 목적이 될 수 없는 권리

① 일신상의 전속권-제404조제1항: 채무자의 일신에 전속한 권리는 대위할 수 없다. 친권·이혼청구권·인지청구권 등의 순수한 신분권, 인격권침해에 의한 위자료청구권, 부부간의 계약취소권(828조), 친족간의 부양청구권(967조 이하)이 대위의 목적이 될 수 없다. 따라서 후견인이 민법 제950조제1항 각 호의 행위를 하면서 친족회의 동의를 얻지 아니한 경우, 제2항의 규정에 의하여 피후견인 또는 친족회가 그 후견인의 행위를 취소할 수 있는 권리(취소권)는 행사상의 일신전속권이므로 채권자대위권의 목적이 될 수 없다(대판 1996.5.31. 94다35985).

② 압류금지채권: 압류하지 못하는 채권은 결국 책임재산을 구성하지 못하므로 대위의 목적이 될 수 없다. 민사집행법 제246조의 채권, 근로기준법 제86조의 채권, 공무원연금법상의 채권 등이 이에 속한다.

(나) 대위의 목적이 될 수 있는 권리: 위에 열거한 외의 재산권은 책임재산을 구성할 수 있기 때문에 대위의 목적이 된다. 대금청구권·손해배상청구권 등 청구권은 물론이고, 취소권·해제권·선택권·

환매권 · 상계권 등의 형성권도 대위의 목적이 된다. 또한 소멸시효의 원용 · 채권자대위권 · 채권자취소권 · 등기신청권(부등법 52조)도 대위의 목적이 된다. 결국 대위의 목적이 될 수 있느냐 여부는 대위권의 행사에 의한 재산적 가치가 채무자의 책임재산을 구성할 수 있느냐 여부에 의하여 결정된다.
① 소멸시효의 원용권: 소멸시효가 완성된 경우 이를 주장할 수 있는 사람은 시효로 인하여 채무가 소멸되는 결과 직접적인 이익을 받는 사람에 한정되므로, 채무자에 대한 일반채권자는 자기의 채권을 보전하기 위하여 필요한 한도 내에서 채무자를 대위하여 소멸시효 주장을 할 수 있을 뿐 채권자의 지위에서 독자적으로 소멸시효의 주장을 할 수 없다(대판 1997.12.26. 97다22676).
② 피대위권리에 대한 행사기간(제척기간)이 있는 경우: 대위의 목적으로 되는 권리의 채권자인 채무자를 기준으로 하여 그 준수 여부를 가려야 할 것이고, 따라서 채권자취소권을 대위행사하는 채권자가 취소원인을 안 지 1년이 지났다 하더라도 채무자가 취소원인을 안 날로부터 1년, 법률행위가 있은 날로부터 5년 내라면 채권자취소의 소를 제기할 수 있다(대판 2001.12.27. 2000다73049).
③ 조합원의 조합탈퇴할 권리-긍정: 조합원이 조합을 탈퇴할 권리는 그 성질상 조합계약의 해지권으로서 그의 일반재산을 구성하는 재산권의 일종이라 할 것이고 채권자대위가 허용되지 않는 일신전속적 권리라고는 할 수 없다. 따라서 채무자의 재산인 조합원 지분을 압류한 채권자는 당해 채무자가 속한 조합에 존속기간이 정하여져 있다거나 기타 채무자 본인의 조합탈퇴가 허용되지 아니하는 것과 같은 특별한 사유가 있지 않은 한, 채권자대위권에 의하여 채무자의 조합 탈퇴의 의사표시를 대위행사할 수 있다(대판 2007.11.30. 2005마1130).
④ 구 토지구획정리사업법(2000. 1. 28. 법률 제6252호로 폐지) 제28조에 의한 조합의 조합원에 대한 경비부과징수권: 조합의 조합원에 대한 경비부과징수권은 행정처분적인 성질을 가지는 것이어서 채권자대위권을 행사할 피대위채권으로 적합하지 아니한 것이라고 보아야 한다(대판 2002.5.28. 2000다5817).
⑤ 본안제소 신청권-긍정: 제소기간의 도과에 의한 가압류 · 가처분의 취소신청권은 가압류 · 가처분신청에 기한 소송절차와는 별개의 독립된 소송절차를 개시하게 하는 권리이고, 본안제소명령의 신청권은 제소기간의 도과에 의한 가압류 · 가처분의 취소신청권을 행사하기 위한 전제요건으로 인정된 독립된 권리이므로, 본안제소명령의 신청권이나 제소기간의 도과에 의한 가압류 · 가처분의 취소신청권은 채권자대위권의 목적이 될 수 있는 권리라고 봄이 상당하다(대판 1993.12.27. 93마1655).
⑥ 원인 무효의 소유권보존등기가 경료되어 있는 부동산에 관하여 그 소유자의 등기말소청구권을 보전하기 위하여 소유자의 채권자의 대위신청에 따라 처분금지가처분등기가 경료되고, 이어 다른 채권자의 대위신청에 따라 위 부동산에 관하여 또 다시 처분금지가처분등기가 경료된 후, 선행 가처분 채권자가 그 본안소송에서 승소의 확정판결을 받아 이에 기하여 위 소유권보존등기의 말소등기를 신청하는 경우 후행 가처분등기는 선행 가처분 채권자의 피보전권리 실현의 등기를 함에 따라 사건이 등기할 것이 아닌 때에 해당하게 되어 등기공무원에 의하여 직권으로 말소될 대상이기는 하지만, 그렇다고 하여 후행 가처분 채권자가 소유자를 대위하여 선행 가처분 채권자를 상대로 소유권보존등기의 말소에 대한 승낙의 의사표시를 구할 수 없는 것은 아니다(대판 2008.7.24. 2008다25510).
(4) 채무자 스스로의 권리 불행사: 채무자가 자기의 권리를 행사할 수 있는 상태에 있으나 스스로 그 권리를 행사하고 있지 아니하여야 한다. 그리고 여기서 권리를 행사할 수 있는 상태에 있다는 뜻은 권리 행사를 할 수 없게 하는 법률적 장애가 없어야 한다는 뜻이며 채무자 자신에 관한 현실적인 장애까지 없어야 한다는 뜻은 아니다(대판 1992.2.25. 91다9312).

4. 債權者代位權의 行使

(1) 행사방법
(가) 채권자 이름으로 행사: 대위권은 채권자가 자기의 이름으로 행사한다.
(나) 재판상 · 재판 외 가능: 채권자대위권은 재판 외, 재판상 모두 가능하다. 대위채권자의 채권이 이행기 전의 경우에는 법원의 대위허가를 얻어 재판 외에서 할 수 있다.
(다) 직접 자기에게 인도청구도 가능: 금전 기타 물건의 급부를 목적으로 하는 채권과 같이 변제의 수령을 요하는 경우에는, 채권자는 채무자에게 인도할 것을 청구할 수 있고, 직접 자기에게 인도할

것을 청구할 수도 있다(대판 1962.1.11. 4294민상195), 같은 법리로, 채권자대위권을 행사하는 채권자에게 직접 말소등기절차를 이행할 것을 명한 판결에 위법이 있다고 할 수 없다(대판 1995.4.14. 94다58148). 이와 같이 채권자대위권을 행사하는 채권자에게 변제수령의 권한을 인정하더라도 그것이 채권자 평등의 원칙에 어긋난다거나 제3채무자를 이중 변제의 위험에 빠뜨리게 하는 것이라고 할 수 없다(대판 2005.4.15. 2004다70024). 채권자가 직접 수령한 때에는 수령한 목적물은 원칙적으로 채무자에게 인도하여야 한다.

(라) 채권자의 자기 채무에 충당 가능-상계: 대위채권자가 수령한 목적물이 피대위자에 대한 자기의 채권과 동종인(상계적상) 경우에는, 자기의 채권과 수령물의 피대위자에 대한 인도채무를 상계하여 자기가 취득할 수 있다고 해석된다. 이는 결과적으로 대위채권자에게 다른 채권자에 앞서 우선변제력을 부여하는 것이 된다.

(마) 상대방의 항변권 행사: 채권자대위권을 행사함에 있어 상대방은 자기의 채무에 붙은 항변으로 대위채권자에게 대항할 수 있다. 그러나 피대위권자가 대위채권자에 대하여 가지는 항변으로 대항할 수 없고, 그 항변이 소멸시효완성에 대한 항변일지라도 동일하다(대판 1993.3.26. 92다25472).

(2) 행사범위: 채권자대위권은 채권의 보전을 위하여 채무자의 권리를 행사하는 것이므로, 그 범위는 당해 채권의 보전에 필요한 범위에 한정되어야 한다. 따라서 재산의 관리행위는 가능하나 원칙적으로 처분행위는 허용되지 않는다. 매매·상계·경개 등의 이익교환행위는 채무자의 재산 전체와의 관계에서 재산보전의 필요가 있는 때에는 그것도 일종의 관리행위로서 대위가 가능하다. 구체적인 행사의 범위에 관하여는 금전채권자가 금전채권을 대위행사하는 경우에는 본인이 직접 수령함으로써 사실상 우선 변제를 받게 됨으로 자기의 채권액을 넘어서 대위 행사할 수 없다. 특정채권 보전의 경우에는 당해 채권의 보전에 필요한 범위에 한정되어야 한다.

5. 債權者代位權의 效果

(1) 통지-채무자의 처분권의 제한-제405조

(가) 통지-제1항: 채권자가 보존행위 이외의 권리를 대위행사한 때에는 그 사실을 채무자에게 통지하여야 하며, 이행기 전의 대위행사를 법원이 허가한 때에는 법원이 직권으로 채무자에게 고지하여야 한다(비송사건절차법 49조1항). 통지를 받지 못하였으나 채무자가 대위의 사실을 안 경우는 통지를 받은 것과 동일한 효과가 발생하는 것으로 본다(대판 1988.1.19. 85다카1792).

(나) 통지의 효과-처분권의 제한-제2항: 채무자가 통지 또는 고지를 받은 후에는 채무자는 그 권리를 처분하여도 채무자는 대위채권자에 대하여 이를 대항할 수 없다. 여기의 처분이란 양도나 포기를 말하는데, 예컨대 채무자가 제3채무자의 채무를 면제하였더라도 제3채무자는 채권자에게 자기의 채무가 면제로 없음을 항변하지 못한다는 것을 말한다. 처분에는 채무자가 변제수령한 것은 포함되지 않는다(대판 1991.4.12. 90다9407).

① 甲이 乙로부터 매수한 부동산을 다시 甲으로부터 매수한 丙이 채무자인 甲, 乙에 대하여 순차 소유권이전등기절차의 이행을 구하는 소를 제기하여 그 중 乙에 대한 채권자대위소송이 상고심에 계속 중 甲이 乙의 매매잔대금 지급 최고에 응하지 아니하여 乙로 하여금 매매계약을 해제할 수 있도록 한 경우, 이는 채무자인 甲이 乙에 대한 소유권이전등기청구권을 처분하는 것에 해당하여 甲과 乙은 丙에게 그 계약해제로써 대항할 수 없다(대판 2003.1.10. 2000다27343).

② 채권자가 채무자를 대위하여 제3채무자의 부동산에 대한 처분금지가처분을 신청하여 처분금지가처분 결정을 받은 경우, 이는 그 부동산에 관한 소유권이전등기청구권을 보전하기 위한 것이므로 피보전권리인 소유권이전등기청구권을 행사한 것과 같이 볼 수 있어, 채무자가 그러한 채권자대위권의 행사 사실을 알게 된 이후에 그 부동산에 대한 매매계약을 합의해제함으로써 채권자대위권의 객체인 그 부동산의 소유권이전등기청구권을 소멸시켰다 하더라도 이로써 채권자에게 대항할 수 없다(대판 1996.4.12. 95다54167).

③ 매도인인 제3채무자가 매매계약을 해제하려고 원상회복의 방법으로 지급받은 매매대금을 공탁한 데 대하여, 매수인인 채무자가 아무런 이의 없이 공탁의 취지에 따라 공탁금을 수령함으로써 계약당사자 사이의 합의에 의하여 매매계약이 해제되는 효과를 발생하게 하는 것은 채권자가 채무자를 대위하여 행사하고 있는 채무자의 제3채무자에 대한 매매계약에 따른 소유권이전등기청구권을

처분하는 것에 해당하므로 이로써 채권자에게는 대항할 수 없다(대판 1993.4.27. 92다44350).
④ 채무자의 변제수령은 처분행위라 할 수 없고, 같은 이치에서 채무자가 그 명의로 소유권이전등기를 경료하는 것 역시 처분행위라고 할 수 없으므로 소유권이전등기청구권의 대위행사 후에도 채무자는 그 명의로 소유권이전등기를 경료하는데 아무런 지장이 없다(대판 1991.4.12. 90다9407).
(2) 총 채권자의 공동담보(효과의 채무자에의 귀속): 효과는 직접 채무자에게 귀속하여 총 채권자를 위하여 공동담보가 된다.
(가) 직접 채권자에게 인도청구-가능: 본래 대위채권자는 제3자에 대하여 채무자에게 급부를 이행할 것을 청구하여야 하는데, 채무자가 수령을 하지 않는 경우에는 대위권의 실효를 거둘 수 없기 때문에 물건의 인도채무의 경우에는 직접 자기에게 인도할 것을 청구할 수도 있다. 그런데 채권자가 직접 수령하여도 직접 자기의 채권의 변제에 충당할 수 없고, 임의변제를 받거나 강제집행절차에 의하여 배당을 받아야 한다(대판 1962.1.11. 4294민상195).
(나) 직접 수령물로 변제충당-동종이면 가능: 수령한 목적물이 자기의 채권의 목적물과 상계적상에 있는 때에는(예: 금전채권 등으로 동종의 경우), 채무자에 대한 반환의무와 상계함으로써 사실상 우선 변제를 받는 것과 같은 효과가 생긴다(대판 2005.4.15. 2004다70024).
(3) 대위채권자의 비용상환청구권: 대위권의 행사에 있어서 채권자와 채무자 사이는 일종의 법정위임 관계에 있다. 그러므로 대위를 위하여 채권자가 비용을 지출한 경우에는 비용상환청구권을 가진다(688조). 또한 대위 수령한 물건에 보관비 등이 지출된 경우에는, 그 물건에 유치권이 성립된다(320조).
(4) 재판상 대위의 판결의 효력
(가) 소송고지 등-효력 미침: 채권자가 채권자대위권을 행사하는 방법으로 제3채무자를 상대로 소송을 제기하고 판결을 받은 경우에, 채무자가 당해 소송에 참가하였거나(민소법 71조), 채무자에게 소송고지가 된 때에(민소법 84조)는 그 판결의 효력은 채무자에게도 미친다(민소법 77조).
(나) 채무자가 안 경우-미침: 채무자가 소송에 참가하지도 않고 소송의 고지도 되지 않은 경우에도 어떠한 사유로 인하였던 적어도 채권자대위권에 의한 소송이 제기된 사실을 채무자가 알았을 경우에는 그 판결의 효력은 채무자에게 미친다(대판 1975.5.13. 74다1664).

第406條【債權者取消權】 ①債務者가 債權者를 害함을 알고 財產權을 目的으로 한 法律行爲를 한 때에는 債權者는 그 取消 및 原狀回復을 法院에 請求할 수 있다. 그러나 그 行爲로 因하여 利益을 받은 者나 轉得한 者가 그 行爲 또는 轉得 當時에 債權者를 害함을 알지 못한 경우에는 그러하지 아니하다.
②前項의 訴는 債權者가 取消原因을 안 날로부터 1年, 法律行爲있은 날로부터 5年內에 提起하여야 한다.

第407條【債權者取消의 效力】 前條의 規定에 의한 取消와 原狀回復은 모든 債權者의 利益을 爲하여 效力이 있다.

債權者取消權

1. 意義: 채권자취소권은 채무자가 적극적으로 책임재산을 감소하는 행위를 한 때에, 이를 취소하고 이탈된 재산의 회복을 법원에 청구할 수 있는 채권자의 권리이다. 채무자의 책임재산 감소행위는 채권자를 해하는 행위이므로 이를 사해행위라고도 하며, 따라서 채권자취소권을 사해행위취소권이라고도 한다. 이와 같은 채권자취소권은 총 채권자의 공동담보가 되는 채무자의 책임재산을 유지하여 채권의 가치를 보전하기 위한 것으로, 채무자와 제3자 간에 유효하게 성립된 법률행위의 효력을 부인하여 이탈된 재산을 회복하는 제도이다. * 채무초과 등의 무자력상태가 되면 채무자는 미리 재산을 은닉한다든지 또는 고의로 감소시키는 행위를 하게 된다. 이와 같은 행위는 형법상의 범죄행위에 해당하는 것은 별론으로 하고, 민법상의 불법행위를 구성하기도 한

다. 또한 상대방과 통정한 경우에는 허위표시가 되어 채권자는 허위표시에 의한 무효(108조)를 주장하여 채권자대위권을 행사하여 등기·등록의 말소 또는 점유를 채무자에게 반환하게 할 수 있으며, 집행권원을 가진 채권자는 가장 양수인의 재산을 채무자의 재산으로 직접 압류를 할 수 있다. 한편 채권자는 일정한 요건 아래에 채무자의 재산을 가압류·가처분한다든지, 집행권원을 가진 경우에는 압류하여, 그 이후의 채무자의 처분행위를 제한할 수 있다. 그러나 이러한 채무자의 처분행위를 제한하는 것만으로는 다른 채권자에 우선권을 갖지 않은 채권자의 보호에는 충분하지 않다. 따라서 채무자의 처분행위를 부인하여 이탈된 책임재산을 회복함으로써 장래의 강제집행이 확실하게 실효성을 얻을 수 있도록 하는 데 이 제도의 의의가 있다.

2. 債權者取消權의 性質: 채권자취소권은 채무자의 법률행위를 취소할 수 있는 권리(형성권)이며, 또한 원상회복을 청구할 수 있는 권리(청구권)이다. 따라서 취소만으로써 원상회복이 되는 경우에는 형성의 소만을 제기하면 되고, 취소 외에 원상회복을 요하는 경우에는 형성의 소와 원상회복을 위한 이행의 소를 병합하여 제기하여야 한다.

3. 債權者取消權의 要件 - 제406조제1항

(1) 취소채권자의 채권(피보전채권)

(가) 사해행위 전의 채권일 것: 취소채권자의 채권은 채무자의 사해행위 이전에 이미 성립하고 있어야 한다. 그러나 사해행위 당시에 이미 채권성립의 기초가 되는 법률관계가 발생되어 있고, 가까운 장래에 그 법률관계에 기하여 채권이 성립되리라는 고도의 개연성이 있으며, 실제로 그 개연성이 현실화되어 채권이 성립된 경우에는 그 채권도 피보전채권이 된다(대판 2001.3.23. 2000다37821).

① 사해행위 전후로 채권이 양도된 경우: 사해행위 이전에 성립된 채권이라면, 채권양도의 대항요건을 사해행위 이후에 갖춘 채권양수인이 채권자취소권을 행사할 수 있다(대판 2006.6.29. 2004다5822).

② 가등기가 된 경우-가등기의 원인행위시를 기준: 법률행위의 이행으로서 가등기를 경료하는 경우에 그 채무의 원인되는 법률행위가 취소권을 행사하려는 채권자의 채권보다 앞서 발생한 경우에는 특별한 사정이 없는 한 그 가등기는 채권자취소권의 대상이 될 수 없다(대판 2002.4.12. 2000다43352).

③ 신용카드가입계약-카드를 실제로 사용한 날 기준: 신용카드가입계약은 신용카드의 발행 및 관리, 신용카드의 이용과 관련된 대금의 결제에 관한 기본적 사항을 포함하고 있기는 하나 그에 기하여 신용카드업자의 채권이 바로 성립되는 것은 아니고, 신용카드를 발행받은 신용카드회원이 신용카드를 사용하여 신용카드가맹점으로부터 물품을 구매하거나 용역을 제공받음으로써 성립하는 신용카드매출채권을 신용카드가맹점이 신용카드업자에게 양도하거나, 신용카드업자로부터 자금의 융통을 받는 별개의 법률관계에 의하여 비로소 채권이 성립하는 것이므로, 단순히 신용카드가입계약만을 가리켜 여기에서 말하는 '채권성립의 기초가 되는 법률관계'에 해당한다고 할 수는 없고, 채무자가 채권자와 신용카드가입계약을 체결하고 신용카드를 발급받았으나 자신의 유일한 부동산을 매도한 후에 비로소 신용카드를 사용하기 시작하여 신용카드대금을 연체하게 된 경우, 그 신용카드대금채권은 사해행위 이후에 발생한 채권에 불과하여 사해행위의 피보전채권이 될 수 없다(대판 2004.11.12. 2004다40955).

(나) 이행기 전도 가능: 채권자취소권은 채무자의 자력 감소를 방지하는 데 그 목적이 있으므로 취소채권자의 채권이 이행기에 있음을 요하지 않는다.

(다) 조건부, 기한부 채권: 조건의 성취 전, 기한 전에도 취소권을 행사할 수 있다.

(라) 손해배상채권으로 변할 수 있으면 가능: 금전채권 및 손해배상채권으로 변할 수 있는 채권이면 모두 해당된다. 금전 이외를 목적으로 하는 채권도 궁극적으로는 손해배상채권으로서의 금전채권이 되므로 금전채권에 한하지 않고, 모든 채권이 피보전채권이 될 수 있다.

(마) 특정채권 자체의 보전을 위하여는 불가: 채권자취소권은 총 채권자의 공동담보를 해하는 경우, 즉 채무자의 무자력을 초래하는 경우에만 허용되므로 특정채권 자체의 보전을 위하여는 허용되지 아니한다.

(바) 물적 담보 있는 채권: 질권·저당권 등의 물적 담보에 의하여 우선 변제를 받는 한도 내에

서의 채권은 채권자취소권을 행사할 필요가 없다.

① 담보가액이 부족한 한도 내만 가능: 담보물의 가액이 부족 되는 한도 내에서만 채권자취소권을 행사할 수 있다. 당해 채권액이 그 부동산의 가액 및 채권최고액을 초과하는 경우에는 그 담보물에 대한 우선변제권 있는 채권액을 공제한 나머지 채권액에 대하여 채권자를 해하는 사해행위가 될 것이므로 그에 대한 채권자취소권이 인정된다.

② 담보채권자-담보 부족을 주장 · 입증: 채권자취소권을 행사하는 채권자로서는 그 담보권의 존재에도 불구하고 자신의 피보전채권이 그 우선변제권 범위 밖에 있다는 점을 주장 · 입증하여야 한다.

③ 환가절차 진행 중에 처분한 경우의 사해행위의 판단 시점: 채무자의 재산처분행위가 사해행위가 되는지 여부는 처분행위 당시를 기준으로 판단하여야 하므로, 담보로 제공된 부동산에 대하여 임의경매 등의 환가절차가 개시되어 진행되는 도중에 재산처분행위가 이루어졌다고 하더라도 그 재산처분행위의 사해성 여부를 판단하기 위한 부동산 가액의 평가는 부동산 가액의 하락이 예상되는 등의 특별한 사정이 인정되지 아니하는 한 사후에 환가된 가액을 기준으로 할 것이 아니라 사해성 여부가 문제되는 재산처분행위 당시의 시가를 기준으로 하여야 할 것이다(대판 2002.11.8. 2002다41589).

(사) 인적 담보 있는 채권: 보증채무 · 연대채무와 같은 인적 담보가 있는 채권일지라도 인적 담보만으로는 우선 변제가 보장되는 것이 아니므로, 채권자는 채권 전부에 관하여 취소권을 행사할 수 있다.

(아) 채무자가 파산절차에서 면책결정을 받은 경우, 파산채권을 피보전채권으로 하여 채권자취소권을 행사하는 것이 허용되는지 여부(원칙적 소극): 채권자취소권은 채무자의 책임재산을 보전하기 위한 제도로서 채무자에 대하여 채권을 행사할 수 있음이 전제되어야 할 것인바, 채무자가 파산절차에서 면책결정을 받은 때에는 파산채권을 피보전채권으로 하여 채권자취소권을 행사하는 것은 그 채권이 채무자 회생 및 파산에 관한 법률 제566조 단서의 예외사유에 해당하지 않는 한 허용되지 않는다(대판 2008.6.26. 2008다25978).

(2) 채권자를 해하는 법률행위(사해행위)가 대상: 채권자취소권의 대상이 되는 법률행위는 채무자가 채권자를 해하는 재산권을 목적으로 하는 법률행위, 즉 사해행위이다. 이는 채무자의 법률행위에 의하여 채무자의 책임재산이 감소하여 채권자에게 완전한 변제를 할 수 없는 상태, 즉 채무자가 채무초과 또는 지불불능의 무자력상태로 되는 것을 말한다.

(가) 재산권 목적의 법률행위이어야

① 재산권 목적: 재산권 목적의 법률행위이면 되고, 그 종류는 묻지 않는다. 증여 · 매매 등의 계약, 채무면제 등의 단독행위, 회사설립 등의 합동행위, 모두 이에 해당한다. 또한 법률행위에 한하지 않고 채무감소의 효과를 발생하는 채권양도의 통지 등의 준법률행위도 취소의 대상이 된다. 순수한 소송행위는 취소할 수 없으나, 재판상의 화해 · 상계 · 청구의 포기 · 인용 등의 재판상의 법률행위는 취소의 대상이 된다. 그러나 채무자의 단순한 부작위나 사실행위는 취소할 수 없다.

② 단순 신분행위(혼인, 입양, 상속)는 제외: 신분행위는 일반적으로 채무자의 자유의사에 맡겨진 것으로 재산권이 수반되는 행위일지라도 취소의 목적이 되지 않는다. 예컨대 혼인 · 입양 · 상속의 승인 및 포기 등은 신분행위 또는 성질상 타인의 개입을 허용하지 않는 것으로 비록 재산권이 관련되어 있을지라도 취소의 대상이 되지 않는다. 그러나 이혼에 의한 부당 과다한 재산분할(대판 1984.7.24. 84다카68), 이혼에 의한 부당 과다한 위자료 및 자녀의 양육비의 부당 과다한 지급(대판 1990.11.23. 90다카24762)으로 이탈된 재산이 부당하게 과다하여 채무자를 지불불능에 이르게 하면 사해행위가 된다.

③ 허위표시도 취소 가능: 가장매매와 같은 채무자의 법률행위가 통정허위표시인 경우에도 채권자취소권의 대상으로 된다(대판 1975.2.25. 74다2114). * 제3자가 채무자의 재산 은닉행위에 가담하여 외형적인 법률행위를 만든 경우에는 채권자는 경우에 따라서 여기의 채권자취소권을 행사할 수도 있고, 채권자대위권을 행사할 수도 있으며, 제3자에 의한 채권침해로 불법행위에 의한 손해배상을 청구할 수도 있다.

(나) 채권자를 해하는 법률행위(사해행위): 채권자를 해한다함은 채무자가 새로운 재산행위를 함으로써 그의 책임재산(일반재산)이 감소하여 채권의 공동담보에 부족이 생기고, 채권자에 대하여는 완전한 변제를 할 수 없게 되는 것을 말한다. 채무자의 행위에 의하여 무자력, 즉 채무초과가 되면 당해 행위가 취소의 목적이 된다.

① 무자력 판단기준인 소극재산과 적극재산의 범위: 사해행위취소의 요건으로서의 무자력이란 채무자의 변제자력이 없음을 뜻하는 것이고 특히 임의 변제를 기대할 수 없는 경우에는 강제집행을 통한 변제가 고려되어야 하므로, 소극재산이든 적극재산이든 위와 같은 목적에 부합할 수 있는 재산인지 여부가 변제자력 유무 판단의 중요한 고려요소가 되어야 한다. 채무자의 소극재산은 실질적으로 변제의무를 지는 채무를 기준으로 하여야 할 것이므로 처분행위 당시에 가집행선고 있는 판결 상의 채무가 존재하고 있었다고 하더라도 그것이 나중에 상급심의 판결에 의하여 감액된 경우에는 그 감액된 판결 상의 채무만이 소극재산이라 할 것이고, 한편 채무자의 적극재산을 산정함에 있어서는 다른 특별한 사정이 없는 한 실질적으로 재산적 가치가 없어 채권의 공동담보로서의 역할을 할 수 없는 재산은 제외하여야 할 것이고, 특히 그 재산이 채권인 경우에는 그것이 용이하게 변제를 받을 수 있는 것인지 여부를 합리적으로 판정하여 그것이 긍정되는 경우에 한하여 적극재산에 포함시켜야 한다(대판 2006.2.10. 2004다2564).

② 사해 여부에 대한 판단 시점: 사해성의 요건은 행위 당시는 물론 채권자가 취소권을 행사할 당시(사해행위취소소송의 사실심변론종결시)에도 갖추고 있어야 하므로, 처분행위 당시에는 채권자를 해하는 것이었더라도 그 후 채무자가 자력을 회복하거나 채무가 감소하여 취소권 행사시에 채권자를 해하지 않게 되었다면, 채권자취소권에 의하여 책임재산을 보전할 필요성이 없으므로 채권자취소권은 소멸한다(대판 2009.3.26. 2007다63102).

③ 행위 유형별 사해행위 여부 판단

㉮ 증여: 증여는 무상의 재산의 일방적 감소행위로, 이에 의하여 채무자가 무자력이 되면 증여는 사해행위에 해당된다.

㉯ 부동산 기타 재산의 매각: 재산을 부당하게 낮은 가격으로 매각하는 것은 사해행위가 된다. 문제는 상당한 대가로 재산 특히 부동산을 매각하는 경우이다. 부동산을 매각하여 소비 또는 은닉하기 쉬운 금전으로 바꾸는 행위는, 그 매각이 일부 채권자에 대한 정당한 변제에 충당한다던가 하는 특별한 사정이 없는 한 원칙적으로 채권자에 대하여 사해행위가 된다(대판 1966.10.4. 66다1535). 특히 유일한 부동산을 매각하는 것은 정당한 가격인가 여부를 떠나서 사해행위에 해당한다(대판 1997.5.9. 96다2606).

㉰ 담보의 설정: 일부의 채권자를 위하여 저당권 등의 담보를 설정하는 행위는 다른 채권자의 공동담보를 감소시키는 행위이므로 특별한 사정이 없는 한 원칙적으로 다른 채권자들에 관하여는 사해행위가 된다(대판 1986.9.23. 86다카83). 그리고 채무자가 채무초과 상태에서 채무자 소유의 유일한 주택에 대하여 주택임대차보호법 제8조의 소액보증금 최우선변제권 보호대상인 임차권을 설정해 준 행위가 사해행위취소의 대상이 된다(대판 2005.5.13. 2003다50771).

㉱ 인적 담보의 부담: 보증채무·연대채무를 부담하는 경우 등은 소극재산의 증가로 사해행위가 된다.

㉲ 일부의 채권자와 통정한 변제 및 대물변제: 일부의 채권자와 통정하여 다른 채권자를 해할 목적으로 하는 변제는 사해행위가 된다. 일반적인 변제는 사해행위가 되지 않고, 변제의 이행으로 등기의 이전, 채권양도도 일반적인 경우에는 사해행위가 되지 않는다. 대물변제는 상당한 가격 또는 상당한 채권액으로 하여진 때에는 사해행위가 되지 않는다고 보아야 하나, 대물을 현저하게 저가로 평가하여 한 대물변제는 사해행위가 된다. 또한 유일한 부동산을 특정 채권자에게 대물변제한 경우에는 사해행위가 된다(대판 1996.10.29. 96다23207).

㉳ 가등기에 기하여 본등기가 경료된 경우: 가등기에 기하여 본등기가 경료된 경우에는 가등기의 원인인 법률행위와 본등기의 원인인 법률행위가 명백히 다른 것이 아닌 한 사해행위의 요건의 구비 여부는 가등기의 원인된 법률행위 당시를 기준으로 하여 판단하여야 한다(대판 1998.3.10. 97다51919).

㉳ 연속하여 수개의 재산처분행위를 한 경우: 채무자가 연속하여 수개의 재산처분행위를 한 경우에는 각 행위별로 그로 인하여 무자력이 초래되었는지 여부에 따라 사해성 여부를 판단하는 것이 원칙이지만, 그 일련의 행위를 하나의 행위로 볼 특별한 사정이 있는 때에는 이를 일괄하여 전체로서 사해성이 있는지 판단하게 되고, 이때 그러한 특별 사정이 있는지 여부를 판단함에 있어서는 처분의 상대방이 동일한지, 처분이 시간적으로 근접한지, 상대방과 채무자가 특별한 관계가 있는지, 처분의 동기 내지 기회가 동일한지 등이 구체적 기준이 되어야 한다(대판 2006.9.14. 2005다74900).

㉴ 연대보증인의 법률행위가 사해행위에 해당하는지 여부: 연대보증인의 법률행위가 사해행위에 해당하는지 여부를 판단함에 있어서 주채무에 관하여(주채무자 또는 제3자 소유의 부동산에 대하여 채권자 앞으로 근저당권이 설정되어 있는 등으로) 채권자에게 우선변제권이 확보되어 있는 경우가 아닌 이상, 주채무자의 일반적인 자력은 고려할 요소가 아니다(대판 2003.7.8. 2003다13246).

㉵ 공동연대보증인 중 1인이 다른 공동연대보증인에게 증여: 특정한 채권에 대한 공동 연대보증인 중 1인이 다른 공동 연대보증인에게 재산을 증여하여 특정채권자가 추급할 수 있는 채무자들의 총 책임재산에는 변동이 없다고 하더라도, 재산을 증여한 연대보증인의 재산이 감소되어 그 특정한 채권자를 포함한 일반채권자들의 공동담보에 부족이 생기거나 그 부족이 심화된 경우에는, 그 증여행위의 사해성을 부정할 수는 없다(대판 2009.3.26. 2007다63102).

(3) 채무자의 악의-사해의사-제1항: 채무자는 당해 행위를 함에 있어서 당해 행위가 채권자를 해한다는 것(사해의사), 즉 총 채권자에 대하여 변제자력이 부족하여진다는 것을 알고 있어야 한다.

(가) 단순한 인식으로 족함(변제는 예외): 공동담보 부족에 의하여 채권자가 채권변제를 받기 어렵게 될 위험이 생긴다는 사실을 단순히 인식하는 것이고, 이러한 인식은 일반채권자에 대한 관계에서 있으면 족하고, 특정의 채권자를 해한다는 인식이 있어야 하는 것은 아니다(대판 1998.5.12. 97다57320). 그러나 채무의 변제에 있어서는 당해 채권자와 통정하여 다른 채권자를 해한다는 적극적 의사를 요한다. 이와 같이 사해의사는 사해행위의 종류에 따라서 단순한 인식으로 족한 때도 있고, 적극적인 의사를 요할 때도 있다.

(나) 행위 당시의 사해의사: 사해의사는 당해행위 당시에 있어야 하고, 비록 행위 당시에 공동담보에 부족을 초래한다는 것을 과실로 인식하지 못하였거나 또는 행위 후에 인식하였다면 취소하지 못한다.

(다) 입증책임: 채무자의 악의의 증명책임은 채권자에게 있다.

① 일반적인 경우: 이 증명은 채무자의 자산상태·처분행위의 대가·처분의 상대방 등으로부터 쉽게 추인 될 수 있다.

② 연대보증인의 사해의사-연대보증인 자신만을 대상: 연대보증인에게 사해의 의사가 있었는지 여부는 연대보증인이 자신의 자산상태가 채권자에 대한 연대보증채무를 담보하는 데 부족이 생기게 되리라는 것을 인식하였는가 하는 점에 의하여 판단하여야 하고, 연대보증인이 주채무자의 자산상태가 채무를 담보하는 데 부족이 생기게 되리라는 것까지 인식하였어야만 사해의 의사를 인정할 수 있는 것은 아니다(대판 1998.4.4. 97다54420).

(4) 수익자 또는 전득자의 악의-추정-제1항 단서: 채무자의 사해행위로 직접 이익을 받은 수익자 또는 그 수익자로부터 그 이익을 취득한 전득자는, 그 행위 당시에 채권자를 해하게 된다는 것을 알고 있어야 한다. 수익자 또는 전득자의 악의도 채무자의 악의와 동일하게 단순한 인식으로 족하고, 행위 당시에 그러한 인식이 있어야 한다. 수익자 또는 전득자의 악의는 추정된다. 따라서 수익자 또는 전득자가 취소당하지 않으려면 선의를 입증하여야 한다.

(가) 입증책임: 수익자 또는 전득자가 선의임을 입증하여야 한다. 입증하지 못하면 악의로 된다.

(다) 전득자의 악의-채무자와 수익자 사이의 사해성에 대한 인식: 채권자가 사해행위의 취소로서 수익자를 상대로 채무자와의 법률행위의 취소를 구함과 아울러 전득자를 상대로도 전득행위의 취소를 구함에 있어서, 전득자의 악의는 전득행위 당시 그 행위가 채권자를 해한다는 사실, 즉 사해행위의 객관적 요건을 구비하였다는 것에 대한 인식을 의미하므로, 전득자의 악의를 판단함에 있어서는 단지 전득자가 전득행위 당시 채무자와 수익자 사이의 법률행위의 사해성을 인

식하였는지 여부만이 문제가 될 뿐이지, 수익자와 전득자 사이의 전득행위가 다시 채권자를 해하는 행위로서 사해행위의 요건을 갖추어야 하는 것은 아니다(대판 2006.7.4. 2004다61280).

4. 債權者取消權의 行使 – 제406조

(1) 채권자의 이름으로: 채권자는 자기의 권리로서 자기의 이름으로 재판상 행사하여야 한다.

(2) 취소의 대상–채무자와 수익자 간의 행위: 취소의 대상은 채무자의 사해행위, 즉 채무자와 수익자 간의 행위이며, 전득자를 상대방으로 하여 취소하는 경우에도 수익자와 전득자 간의 행위를 취소하는 것이 아니다. 그런데 취소의 결과 수익자 또는 전득자에 대한 재산의 반환청구권에 관하여도 채무자가 권리를 취득하는 것이 아니라 채권자만이 채권에 고유한 권리로서 반환청구권을 가진다.

(3) 재판상의 행사–제1항: 재판상 행사만 허용된다. 소의 성질은 취소만을 구하는 경우에는 형성의 소이며, 취소하고 이탈된 재산을 반환하는 경우에는 형성의 소와 이행의 소의 병합이 된다.

(4) 취소소송의 상대방: 취소소송의 피고는 언제나 이득반환 청구의 상대방인 수익자 또는 전득자이다. 목적물을 소지하는 수익자 또는 전득자에 대하여 사해행위를 취소하고 그 목적물의 반환을 구하는 것이다. 목적물을 소지하지 않는 수익자 또는 전득자에 대하여는 취소와 목적물의 가액의 배상을 구하는 것이 된다. 어떠한 경우에나 채무자를 피고에 가담시키지 못한다(대판 1965.9.7. 65다1481). 따라서 채무면제와 같은 단독행위의 경우에도 채무면제로 이익을 받은 수익자만을 상대방으로 한다. * 상대방인 수익자는 채권자의 채무자에 대한 소멸시효완성을 원용: 소멸시효를 원용할 수 있는 사람은 권리의 소멸에 의하여 직접 이익을 받는 자에 한정되는바, 사해행위취소소송의 상대방이 된 사해행위의 수익자는, 사해행위가 취소되면 사해행위에 의하여 얻은 이익을 상실하고 사해행위취소권을 행사하는 채권자의 채권이 소멸하면 그와 같은 이익의 상실을 면하는 지위에 있으므로, 그 채권의 소멸에 의하여 직접 이익을 받는 자에 해당하는 것으로 보아야 한다(대판 2007.11.29. 2007다54849).

(5) 취소소송과 채무자의 파산: 취소소송이 진행하는 동안 파산절차가 개시되면 취소소송은 중단되고, 파산관재인이 그 소송절차를 이어 갈 수 있다(파산법 78조). 이러한 취지에서 채무자가 파산선고를 받은 경우에는 개별 채권자는 채권자취소권을 행사할 수 없다.

(6) 수인의 채권자의 사해행위 취소의 소

(가) 중복 제소에 해당되지 않음: 채권자취소권의 요건을 갖춘 각 채권자는 고유의 권리로서 채무자의 재산처분 행위를 취소하고 그 원상회복을 구할 수 있는 것이므로 여러 명의 채권자가 동시에 또는 시기를 달리하여 사해행위취소 및 원상회복청구의 소를 제기한 경우 이들 소가 중복제소에 해당하지 아니할 뿐만 아니라, 어느 한 채권자가 동일한 사해행위에 관하여 사해행위취소 및 원상회복청구를 하여 승소판결을 받아 그 판결이 확정되었다는 것만으로는 그 후에 제기된 다른 채권자의 동일한 청구가 권리보호의 이익이 없게 되는 것은 아니고, 그에 기하여 재산이나 가액의 회복을 마친 경우에 비로소 다른 채권자의 사해행위취소 및 원상회복청구는 그와 중첩되는 범위 내에서 권리보호의 이익이 없게 된다(대판 2003.7.11. 2003다19558).

(나) 가액배상 판결을 하는 경우–각 채권자의 피보전채권을 기준: 여러 명의 채권자가 사해행위취소 및 원상회복청구의 소를 제기하여 여러 개의 소송이 계속 중인 경우에는 각 소송에서 채권자의 청구에 따라 사해행위의 취소 및 원상회복을 명하는 판결을 선고하여야 하고, 수익자(전득자를 포함한다. 이하 같다)가 가액배상을 하여야 할 경우에도 수익자가 반환하여야 할 가액을 채권자의 채권액에 비례하여 채권자별로 안분한 범위 내에서 반환을 명할 것이 아니라, 수익자가 반환하여야 할 가액의 범위 내에서 각 채권자의 피보전채권액 전액의 반환을 명하여야 한다. 이와 같이 여러 개의 소송에서 수익자가 배상하여야 할 가액 전액의 반환을 명하는 판결이 선고되어 확정될 경우 수익자는 이중으로 가액을 반환하게 될 위험에 처할 수 있을 것이나, 수익자가 어느 채권자에게 자신이 배상할 가액의 일부 또는 전부를 반환한 때에는 그 범위 내에서 다른 채권자에 대하여 청구이의 등의 방법으로 이중지급을 거부할 수 있다(대판 2005.11.25. 2005다51457).

5. 取消의 範圍

(1) 취소권행사의 효과

(가) 상대적 효력: 취소의 효과는 절대적 무효의 효과가 생길 필요는 없고 채권자가 수익자 또

는 전득자에게 책임재산의 반환을 청구할 수 있기 위하여 필요한 충분한 범위에서, 그러한(필요한)자에 대한 관계에서만 효력이 생기면 족하여, 사해행위의 취소는 취소소송의 당사자 사이에서 상대적으로 취소의 효력(상대적 무효설)이 있는 것으로 당사자 이외의 제3자는 다른 특별한 사정이 없는 이상 취소로 인하여 그 법률관계에 영향을 받지 않는다(대판 2005.11.10. 2004다49532). 이러한 상대적 효력만을 인정하는 것은 사해행위의 목적부동산 등을 새로운 법률관계에 의하여 취득한 전득자 등은 민법 제406조제1항 단서에 의하여 보호되어 사해행위 취소채권자와 수익자 그리고 제3자의 이익을 조정하기 위한 것이다.

① 소의 상대방-수익자 또는 전득자만: 취소의 법률행위는 채권자관계에서만 무효가 되고 채무자관계에서는 유효가 되는데, 그러므로 수익자 또는 전득자를 당사자로 취소소송을 제기하여야 하며 채무자를 피고로 하여서는 아니 된다.

② 피고가 수익자인 경우: 취소의 효력은 취소소송의 당사자 사이에서만 생기는 것이고, 당사자 이외의 제3자는 원칙적으로 영향을 받지 않는다. 따라서 수익자와 새로운 법률관계를 맺은 것이 아니라 수익자의 채권자로서 이미 가지고 있던 채권확보를 위하여 목적 부동산을 압류 또는 가압류한 자에게 사해행위취소판결의 효력이 미치지 않는다(대판 2005.11.10. 2004다49532).

(나) 피고가 전득자인 경우: 채권자가 전득자를 상대로 하여 사해행위의 취소와 함께 책임재산의 회복을 구하는 사해행위취소의 소를 제기한 경우에도 그 취소의 효과는 채권자와 전득자 사이의 상대적인 관계에서만 생기는 것이고 전득자와 수익자 또는 채무자와 수익자 사이의 법률관계에는 취소의 효력이 미치지 않는다.

① 법률행위 취소의 대상-채무자와 수익자의 법률행위: 이 경우 취소의 대상이 되는 사해행위는 채무자와 수익자 사이에서 행하여진 법률행위에 국한되고, 수익자와 전득자 사이의 법률행위는 취소의 대상이 되지 않는다(대판 2004.8.30. 2004다21923). 따라서 채무자는 채무자와 수익자 사이의 사해행위의 취소를 소송상 공격방법의 주장이 아닌 법원에 소를 제기하는 방법으로 청구하여야 한다.

② 이미 수익자를 상대로 소가 확정된 경우: 채권자가 전득자를 상대로 민법 제406조제1항에 의한 채권자취소권을 행사하기 위해서는 같은 조제2항에서 정한 기간 안에 채무자와 수익자 사이의 사해행위의 취소를 소송상 공격방법의 주장이 아닌 법원에 소를 제기하는 방법으로 청구하여야 하고, 비록 채권자가 수익자를 상대로 사해행위의 취소를 구하는 소를 이미 제기하여 채무자와 수익자 사이의 법률행위를 취소하는 내용의 판결을 선고받아 확정되었더라도 그 판결의 효력은 그 소송의 피고가 아닌 전득자에게는 미칠 수 없는 것이므로, 채권자가 그 소송과는 별도로 전득자에 대하여 채권자취소권을 행사하여 원상회복을 구하기 위해서는 위에서 본 법리에 따라 민법 제406조제2항에서 정한 기간 안에 전득자에 대한 관계에 있어서 채무자와 수익자 사이의 사해행위를 취소하는 청구를 하지 않으면 아니 된다(대판 2005.6.9. 2004다17535).

③ 판결-채무자와 수익자의 법률행위의 취소와 전득자에게 채무자로 등기명의회복 선고: 취소의 효과는 채권자와 전득자 사이의 상대적인 관계에서만 생기는 것이고 채무자 또는 채무자와 수익자 사이의 법률관계에는 미치지 않는 것이므로, 이 경우 취소의 대상이 되는 사해행위는 채무자와 수익자 사이에서 행하여진 법률행위에 국한되고, 수익자와 전득자 사이의 법률행위는 취소의 대상이 되지 않는다. 따라서 채권자인 원고가 전득자인 피고를 상대로 제기한 사해행위취소소송에서는 채무자와 수익자 사이의 법률행위의 취소를 선언함과 아울러 전득자인 피고로 하여금 채무자에게 명의회복을 하도록 명하여야 한다(대판 20004.8.30. 2004다21923).

(2) 취소의 효과인 원상회복-청구의 내용

(가) 원칙: 사해행위의 취소에 따른 원상회복은 원칙적으로 그 목적물 자체의 반환이다. 따라서 채권자는 원상회복을 청구하여야 한다.

(나) 예외-가액반환: 원상회복이 불가능하거나 현저히 곤란한 경우에 한하여 예외적으로 가액반환에 의하여야 한다. 원물반환이 불가능하거나 현저히 곤란한 경우라 함은 원물반환이 단순히 절대적·물리적으로 불능인 경우가 아니라 사회생활상의 경험법칙 또는 거래상의 관념에 비추어 채권자가 수익자나 전득자로부터 이행의 실현을 기대할 수 없는 경우를 말한다(대판 1998.5.15.

97다58316). 사정변경에 따른 주식 가치의 변동은 주식의 통상적인 속성에 포함되는 것이고 주식 자체의 성질이나 내용에는 변화가 없는 것이어서, 이를 가액배상의 사유로 삼을 수는 없다(대판 2009.3.26. 2007다63102).

(3) 취소의 범위

(가) 원칙적으로 취소채권자의 채권액을 기준: 취소의 효력을 취소 당사자간에만 상대적으로 인정할 뿐으로 취소의 범위에 관하여도 원칙적으로 취소채권자의 채권액을 기준으로 취소를 허용한다. 이때 채권자의 채권액에는 사해행위 이후 사실심 변론종결시까지 발생한 이자나 지연손해금이 포함된다(대판 2003.7.11. 2003다19572). 그리고 취소채권자의 채권액은 사해행위 당시의 채권액을 기준으로 하고, 그 사해행위 이후 취소판결이 있을 때까지 발생한 채권액은 가산하지 않는다. 또한 다른 채권자가 많이 있더라도 취소채권자의 채권액을 넘어서 취소하지 못한다(대판 1997.9.9. 97다10864). 그러나 다른 채권자가 배당참가를 신청할 것이 명백하거나, 목적물이 불가분인 경우와 같이 특별한 사정이 있는 경우에는 취소채권자의 채권액을 넘어서까지도 취소를 구할 수 있다(대판 2006.6.29. 2004다5822).

(나) 원상회복

① 원칙-현물반환, 가분목적물은 일부취소: 원칙적으로 취소채권자의 채권액을 기준으로 하므로 목적물이 금전 기타 가분할 수 있는 경우에는 전부 취소할 것이 아니라 취소채권자의 채권액에 상당하는 일부만을 취소하여야 한다. 목적물이 불가분이거나, 가분이더라도 분할 취소가 경제적 실제에 맞지 않은 경우에는 전부취소를 할 수 있다(대판 1976.6.24. 75다625).

② 예외-가액반환: 목적물이 취소채권자의 채권액을 초과하고, 목적물이 건물과 같은 불가분인 경우에는 채권액에 상당한 가액반환(일부 취소)이 허용된다.

③ 가액반환의 경우의 상대방-채권자: 채권자취소권은 채무자의 사해행위를 채권자와 수익자 또는 전득자 사이에서 상대적으로 취소하고 채무자의 책임재산에서 일탈한 재산을 회복하여 채권자의 강제집행이 가능하도록 하는 것을 본질로 하는 권리이므로, 원상회복을 가액배상으로 하는 경우에 그 이행의 상대방은 채권자이어야 한다(대판 2008.4.24. 2007다84352).

(다) 목적물에 담보물권이 설정된 경우: 사해행위의 목적물에 담보권이 설정되어 그 피담보채권이 취소채권자의 채권에 우선하는 경우, 취소채권자의 손해는 목적물의 가격에서 그 피담보채권액을 공제한 잔액만이 되어 그 한도 내에서 취소가 허용된다.

(라) 개별 원인에 의한 여러 명의 수익자 또는 전득자

① 1인으로부터의 소로 회복이 되기 전-가능: 채권자가 어느 수익자(전득자 포함)에 대하여 사해행위취소 및 원상회복청구를 하여 승소판결을 받아 그 판결이 확정되었다 하더라도 그에 기하여 재산이나 가액의 회복을 마치지 아니한 이상 채권자는 자신의 피보전채권에 기하여 다른 수익자에 대하여 별도로 사해행위취소 및 원상회복청구를 할 수 있다(대판 2008.11.13. 2006다1442).

② 여러 명을 상대로 한 여러 개의 소: 채권자가 여러 수익자를 상대로 사해행위취소 및 원상회복청구의 소를 제기하여 여러 개의 소송이 계속 중인 경우에는 각 소송에서 채권자의 청구에 따라 사해행위의 취소 및 원상회복을 명하는 판결을 선고하여야 하며, 수익자가 가액배상을 하여야 할 경우에도 다른 소송의 결과를 참작할 필요 없이 수익자가 반환하여야 할 가액 범위 내에서 채권자의 피보전채권 전액의 반환을 명하여야 한다(대판 2008.11.13. 2006다1442).

③ 여러 개의 부동산의 동시 처분으로 채무초과인 경우: 채무자가 동시에 여러 부동산을 수인의 수익자들에게 처분한 결과 채무초과 상태가 됨으로써 그와 같은 각각의 처분행위가 모두 사해행위로 되고, 채권자가 그 수익자들을 공동피고로 하여 사해행위취소 및 원상회복을 구하여 각 수익자들이 부담하는 원상회복의무의 대상이 되는 책임재산의 가액을 합산한 금액이 채권자의 피보전채권액을 초과하는 경우에도 각 수익자별로 판단하여야 한다(대판 2008.11.13. 2006다1442).

④ 소의 상대방인 수익자가 채권자 중의 1인인 경우-자기의 안분액 상당의 거절은 불가-전부 반환하여야: 채권자취소권은 채권의 공동담보인 채무자의 책임재산을 보전하기 위하여 채무자와 수익자 사이의 사해행위를 취소하고 채무자의 일반재산으로부터 일탈된 재산을 모든 채권자를 위하여 수익자 또는 전득자로부터 환원시키는 제도이므로, 수익자인 채권자로 하여금 안분액

의 반환을 거절하도록 하는 것은 자신의 채권에 대하여 변제를 받은 수익자를 보호하고 다른 채권자의 이익을 무시하는 결과가 되어 제도의 취지에 반하게 되므로, 수익자가 채무자의 채권자인 경우 수익자가 가액배상을 할 때에 수익자 자신도 사해행위취소의 효력을 받는 채권자 중의 1인이라는 이유로 취소채권자에 대하여 총 채권액 중 자기의 채권에 대한 안분액의 분배를 청구하거나, 수익자가 취소채권자의 원상회복에 대하여 총 채권액 중 자기의 채권에 해당하는 안분액의 배당요구권으로써 원상회복청구와의 상계를 주장하여 그 안분액의 지급을 거절할 수는 없다(대판 2001.2.27. 2000다44348).

6. 取消의 效果

(1) 공동담보구성-제407조

(가) 부동산-채무자로의 명의회복-등기 말소: 채권자의 취소의 효력은 〈모든 채권자의 이익을〉 위한 공동담보를 구성한다. 따라서 목적물이 부동산, 기타 등기·등록되는 물건의 경우에는 그 등기·등록의 말소를 청구하여 채무자 명의로 회복시킴으로써 모든 채권자의 공동담보가 되어 각 채권자가 압류 등을 할 수 있다.

(나) 금전 기타 동산-채무자로 인도청구: 금전 기타 동산의 경우에는 채무자에게 인도청구를 하여 채무자의 일반재산이 되어 모든 채권자를 위한 공동담보가 된다.

(2) 금전 기타 동산-직접 수령, 상계도 가능: 채권자가 직접 자기에게 인도청구도 가능하다. 채권자가 목적물인 동산 특히 금전을 직접 수령한 경우에는 그 받은 목적물을 채무자에게 반환할 채무와 자기의 채무자에 대한 채권이 상계적상에 있는 경우에는(금전의 경우에는 대부분 상계적상에 있을 것), 이들을 상계하여 사실상 우선 변제를 받는 것과 같은 결과가 된다.

(가) 다른 채권자의 안분청구-불가: 사해행위취소권을 행사하여 직접 수령한 가액배상금에 대하여 다른 채권자가 취소채권자를 상대로 채권액에 따른 안분액의 지급을 구할 수 없다(대판 2008.6.12. 2007다37837).

(나) 다른 채권자의 구제-별도의 법률이 있어야: 사해행위의 취소와 원상회복은 모든 채권자의 이익을 위하여 그 효력이 있으므로 채권자취소권의 행사로 채무자에게 회복된 재산에 대하여 취소채권자가 우선변제권을 가지는 것이 아니라 다른 채권자도 총 채권액 중 자기의 채권에 해당하는 안분액을 변제받을 수 있는 것이지만, 이는 채권의 공동담보로 회복된 채무자의 책임재산으로부터 민사집행법 등의 법률상 절차를 거쳐 다른 채권자도 안분액을 지급받을 수 있다는 것을 의미하는 것일 뿐, 다른 채권자가 이러한 법률상 절차를 거치지 아니하고 취소채권자를 상대로 하여 안분액의 지급을 직접 구할 수 있는 권리를 취득한다거나, 취소채권자에게 인도받은 재산 또는 가액배상금에 대한 분배의무가 인정된다고 볼 수는 없다. 가액배상금을 수령한 취소채권자가 이러한 분배의무를 부담하지 아니함으로 인하여 사실상 우선변제를 받는 불공평한 결과를 초래하는 경우가 생기더라도, 이러한 불공평은 채무자에 대한 파산절차 등 도산절차를 통하여 시정하거나 가액배상금의 분배절차에 관한 별도의 법률 규정을 마련하여 개선하는 것은 별론으로 하고, 현행 채권자취소 관련 규정의 해석상으로는 불가피하다(대판 2008.6.12. 2007다37837).

(3) 취소판결의 기판력-상대성: 취소의 효과는 상대적인 것으로 공동담보의 보전에 필요한 한도 내에서 취소소송의 당사자인 취소채권자와 수익자 또는 전득자와의 상대적인 관계에서만 사해행위를 무효로 한다. 즉 취소판결의 기판력은 소송에 참가하지 않은 채무자에게는 미치지 않고, 또한 채무자와 수익자 또는 전득자 사이의 법률관계에는 아무런 영향이 없다(대판 1988.2.23. 87다카1989).

(4) 채권자에 변제한 잔여물-수익자 또는 전득자에게 복귀: 취소의 효과로서의 원상회복도 채권자와 수익자 또는 전득자와의 상대적인 관계에서만 발생하며, 채무자는 이에 대하여 아무런 권리도 취득하지 않는다. 그리하여 목적물로부터 채권자가 변제를 받은 나머지는 수익자 또는 전득자의 재산으로 복귀한다.

(5) 채무자와 수익자·전득자의 관계

(가) 당사자간의 기존의 법률관계는 불변: 취소의 효과의 상대성으로 취소로 인한 손실은 취소소송의 피고인 수익자 또는 전득자가 감수하여야 한다. 예컨대 사해행위가 매매계약으로서 수익

자가 채무자에게 대금을 지불한 경우에, 채권자취소를 하였으나 채무자와 수익자 간의 매매계약은 영향을 받지 않아 유효한 것으로 되어 수익자와 채무자 간에서는 목적물이 채무자에 복귀하지 않은 것이 된다. 이로써 수익자는 채무자로부터 대가(매매대금)를 반환 받을 수는 없고 목적물만을 채무자의 책임재산에 복귀시켜 주어 부당한 손실을 입게 된다. 이점은 전득자도 수익자에게 지불한 대가를 반환 받을 수 없어 동일하다. 이 경우에 수익자 또는 전득자는 반환한 목적물에 대하여 채무자에 대하여 대금의 반환을 청구할 수 없고 손해배상도 청구할 수 없다.

(나) 부당이득관계가 성립: 수익자 또는 전득자가 반환한 목적물의 대가 상당액이 부당이득이 되어, 이를 부당이득으로 반환 청구할 수 있다고 본다. 그러나 수익자 또는 전득자의 채무자에 대한 부당이득 반환청구권도 사해행위 당시의 채권자에게는 대항하지 못한다고 해석한다. 한편 전득자가 반환한 경우에는 선의의 수익자에게는 어떠한 청구도 할 수 없게 되고, 채무자에게만 부당이득으로 반환을 청구할 수밖에 없다.

(6) 채무면제가 사해행위로 취소된 경우: 채무면제가 사해행위로 취소되어도, 수익자와 채무자 간의 채무면제 자체는 여전히 유효한 것이 된다. 이 경우에도 다른 경우와 동일하게 수익자가 채무자에게 반환을 청구할 수 있다고 하면, 처음의 채무자의 면제의 효과를 위하여 취소채권자에 이행시켰다가, 사실상 이행 받지도 못한 채권자가 역으로 채무자에게 재산을 급여하여야 한다는 모순이 생긴다. 또한 채무자의 반환을 인정한다면 반환하는 그 자체가 다시 새로운 사해행위가 된다. 따라서 이러한 경우에는 수익자가 채무자에게 반환청구를 할 수 없다.

(7) 취소의 소가 취초채권자의 채권의 소멸시효의 중단사유인지 여부-부정: 취소소송의 피고는 수익자 또는 전득자이며, 채무자는 피고적격이 없으며, 소송에 참가할 수도 없다. 따라서 채권자가 취소소송에서 자기의 채권을 주장하여도 시효중단사유로서의 채무자에 대한 재판상 청구가 되지 않고, 시효중단의 효과가 발생하지 않는다.

(8) 채무자와 수익자 간의 상계의 효력: 사해행위인 매매가 취소되는 경우에는 그 취소의 효과로 인하여 당연히 취소 채권자로서는 위 매매의 효력이 유효하게 존속함을 전제로 하여 이루어진 상계의 효력, 즉 기존채무 소멸의 효과를 부정할 수 있다고 할 것이므로 별도로 채무자의 상계의 의사표시를 취소할 것도 없이 채무자의 수익자에 대한 기존의 채권이 부활하는 것으로 취급할 수 있는 것이고(대판 1980.8.26. 79다1257, 1258). 그로써 취소채권자는 사해행위 취소의 목적을 달성하게 되는 것으로서 달리 수익자에게 반환을 명할 수익이 남아 있는 것도 아니라 할 것이니, 더 나아가 수익자에 대하여 금전채권의 이행을 별도로 직접 또는 대위의 방법에 의하여 구할 것까지는 없다(대판 2002.10.25. 2000다64441).

7. 債權者取消權의 消滅 - 제406조제2항: 채권자취소권은 제3자에게 미치는 영향이 크기 때문에 법률관계를 빨리 안정시킬 필요에서 단기의 제척기간을 둔다(대판 1975.4.8. 74다1700).

(1) 취소의 원인을 안 날

(가) 원칙-구체적인 사해행위의 존재와 사해의사: 본조 소정의 원인을 안 날이란 채권자취소권의 요건을 안 날, 즉 채무자가 채권자를 해함을 알면서 사해행위를 하였다는 사실을 알게 된 날을 의미하는 것이고, 채권자가 취소원인을 알았다고 하기 위하여서는 단순히 채무자가 재산의 처분행위를 하였다는 사실을 아는 것만으로는 부족하고 구체적인 사해행위의 존재를 알고 나아가 채무자에게 사해의 의사가 있었다는 사실까지 알 것을 요하나, 나아가 채권자가 수익자나 전득자의 악의까지 알아야 하는 것은 아니다(대판 2000.9.29. 2000다3262). * 채권자가 채무자의 부동산에 대하여 가압류를 할 무렵 위 부동산에 근저당권이 설정된 사실을 알았고, 한편 채권자가 채무자의 별개의 부동산의 매매계약에 대한 사해행위 취소소송을 제기하여 승소판결을 선고받았다면, 위 근저당권설정사실과 채무자의 무자력상태를 모두 인식한 위 소송의 1심판결문 송달일까지는 위 근저당설정행위에 대하여 채무자에게 사해의사가 있음을 알았다고 봄이 상당하다(대판 2005.3.25. 2004다66490).

(나) 예외-유일한 부동산의 매각: 채무자가 자기의 유일한 재산인 부동산을 매각하여 소비하기 쉬운 금전으로 바꾸는 행위는 특별한 사정이 없는 한 채권자에 대하여 사해행위가 되어 채무자의 사해의 의사가 추정되는 것이므로, 이와 같이 채무자가 유일한 재산인 부동산을 처분하였다

는 사실을 채권자가 알았다면 특별한 사정이 없는 한 채무자의 사해의사도 채권자가 알았다고 봄이 상당하다(대판 2005.3.25. 2004다66490).
(2) 기간에 대한 입증책임: 제척기간의 도과에 관한 입증책임은 채권자취소소송의 상대방에게 있다(대판 2009.3.26. 2007다63102). 한편 채무자 소유의 부동산에 관하여 수익자의 명의로 소유권이전청구권의 보전을 위한 가등기가 경료되었다가 그 가등기에 기한 소유권이전의 본등기가 경료된 경우에, 가등기의 등기원인인 법률행위와 본등기의 등기원인인 법률행위가 명백히 다른 것이 아닌 한 본등기의 기초가 된 가등기의 등기원인인 법률행위를 제쳐놓고 본등기의 등기원인인 법률행위만이 취소의 대상이 되는 사해행위라고 볼 것은 아니므로, 가등기의 등기원인인 법률행위가 있은 날이 언제인지와 관계없이 본등기가 경료된 날로부터 사해행위 취소의 소의 제척기간이 진행된다고 볼 수 없다(대판 1996.11.8. 96다26329).

第3節 數人의 債權者와 및 債務者

1. 槪括: 보통의 경우 하나의 급부에 관하여는 채권자와 채무자가 각각 일인인데, 특수한 경우에는 채권자와 채무자 중 일방 또는 쌍방이 복수인 경우가 있다. 즉 하나의 급부에 관하여 당사자가 복수로 된 복수의 채권자 또는 복수의 채무자가 관계(다수당사자의 채권관계)하는 경우가 있다. 이는 하나의 급부에 관하여 당사자가 복수라는 것(채권을 다수의 자가 공동소유, 채무를 다수인 자가 공동소유)으로 본질적으로는 하나의 물건을 복수의 자가 공동소유 하는 것과 다르지 않다. 따라서 여러 명의 채권자와 채무자의 관계는 물건의 공동소유의 관계와 동일하게 규율하여도 좋을 것이다. 그러함에도 제408조 이하에서 별도의 규정을 두어 특별히 규율하여 대체로 채권자를 유리한 지위에 있도록 하고 있다. 이는 결국 민법이 여러 명의 채권자와 채무자가 있는 채권관계를 채권자 보호에 그 정책적 목표를 두고 있다는 것을 의미한다. 민법은 이러한 복수의 채권관계의 유형을 분할채권·분할채무, 불가분채권·불가분채무·연대채무, 보증채무의 4종으로 구분하여 제408조 이하에서 각각 그 특수성에 따라 법률관계를 규정하며, 그 밖에 판례와 학설은 연대채권·부진정연대채무·계속적 보증채무 등을 인정한다.
2. 法律關係의 特徵: 당사자가 다수인 경우에는 일인의 경우와는 달리 기본적으로 다음과 같은 문제가 생긴다.
(1) 대외적 효력: 채권자는 다수의 채무자에게 이행의 청구를 개별적으로 모두 하여야 하는가, 아니면 채무자 중 일인에게 하면 되는가, 역으로 채무자가 이행을 함에 있어서 다수의 채권자를 모아서 함께 할 것인가, 아니면 채권자 중 일인에게 이행을 하여도 좋을 것인가 등의 복수의 당사자와 상대방과의 관계의 문제가 있다.
(2) 일인에 관한 사유의 효력: 다수인 중에서 일인에게 생긴 사유, 예컨대 변제·면제 등의 효과는 그 사유가 발생한 당사자에 한정되는가(상대적 효력), 아니면 다른 당사자에게도 그 효과가 생기는가(절대적 효력)의 문제(일인에 관한 사유의 효력)가 있다.
(3) 내부관계(구상관계): 변제를 받은 또는 변제를 한 당사자는 다른 당사자에게 어떻게 이를 분배 또는 의무를 지울 것인가의 내부관계(구상관계)의 문제가 있다.
3. 數人의 債權者 및 債務者에 관한 規定(第408條 - 第448條)은 特別規定: 하나의 급부에 관하여 당사자가 복수라는 것은 본질적으로는 하나의 물건을 복수의 자가 공동소유 하는 것과 다르지 않다. 따라서 수인의 채권자와 채무자의 관계는 물건의 공동소유의 세 모습인 공유, 합유, 총유에 대응한 채권·채무의 공유적 귀속, 합유적 귀속, 총유적 귀속으로의 법률관계가 있고(278조 참조) 또한 제408조 이하의 법률관계가 있게 된다. 이와 같이 하나의 사실관계에 관하여 민법이 두 가지로 규율하고 있는데, 이들 양자의 관계는 제408조 이하의 규정이 특별규정이며, 준공동소유의 법률관계는 일반규정이라 할 수 있다. 따라서 제408조 이하의 규정은 채권·채무의 공동소유에 관한 규정에 우선하여 적용된다. 이하 채권·채무의 공동적 귀속인 준공유·준합유·준총유의 법률관계를 본다.
(1) 채권·채무의 공유적 귀속: 채권의 공유적 귀속(준공유)이 인정되는 것은 물론이나(278조),

구체적으로는 제408조가 우선하여 적용된다. 그러나 그 내용이 양자는 같아 준공유에 관한 규정이 적용될 여지가 없다. 채무의 공유적 귀속에 관하여도 채권의 경우와 같다.

(2) 채권·채무의 합유적 귀속: 조합이 채권·채무를 취득하게 되면 채권·채무의 준합유가 된다.

(가) 채권의 준합유: 채권은 모든 조합원에게 공동으로 귀속하나 조합원간에 분할하지는 못한다(273조). 채권의 추심 또는 처분은 전원이 공동(합수적)으로만 할 수 있고(272조), 추심된 것은 조합의 재산이 된다. 합유채권은 대외적으로는 단일 채권관계로서 존재하나 대내관계에서는 합유자(조합원)간에 지분이 있다. 그러나 그 지분은 독립된 권리가 아니므로 지분양도도 허용되지 않으며, 또한 지분에 기한 채권의 분할청구도 할 수 없다. 다만 조합원의 지위와 함께 그 지분을 양도할 수 있으나(조합에서 탈퇴), 전원의 동의를 얻어야 한다.

(나) 채무의 준합유: 조합의 채무는 합유(조합)재산으로 책임을 지나, 합유자(조합원) 각자도 고유재산으로 책임을 진다. 채권자가 조합재산에 강제집행을 하려면 조합원 전원에 대한 집행권원이 있어야 한다. 조합원은 전부의 급부의무를 공동으로 부담한다. 따라서 조합원은 그 급부의 전부를 이행하여야 하나, 채권자는 임의의 조합원을 선택하여 청구하지는 못하고 조합원 전원에 대하여 공동으로 청구하여야 한다. 조합원 개인이 고유재산으로 지는 책임의 내용은 조합체의 종류에 따라 다를 수 있다.

(다) 채권·채무의 총유적 귀속: 권리능력 없는 사단이 채권 또는 채무를 취득하면 채권·채무의 준총유가 된다.

① 채권의 준총유: 하나의 채권으로서 권리능력 없는 사단 자체에 속한다. 따라서 채권의 추심 및 처분은 사단 자체의 권리에 속하며, 사원은 개인으로서는 그 채권에 관하여 분할적이든 전체적이든 직접적으로는 어떠한 권리도 없다. 즉 사단의 집행부가 사단의 이름으로 추심하며, 추심한 이익은 사단에 귀속하고, 사원은 그를 향유할 수 있다.

② 채무의 준총유: 채권과 동일하게 채무도 권리능력 없는 사단에 귀속한다. 총유채무에 관하여는 사단 자체의 재산으로 책임을 지고, 사원 개개인은 어떠한 채무 및 책임도 지지 않는다.

4. 原則 – 分割(別)主義: 하나의 급부에 관하여 복수의 채권자와 채무자가 관계하는 경우, 즉 다수당사자의 채권관계는 그 유형이 여러 가지인데, 이 중에서 기본적 유형으로는 분할채무로 하고 있다(408조). 즉 다수당사자의 채권관계에서 분할주의를 채택하고 있다. 따라서 민법상의 (민사)채무는 법률의 규정이나(616조, 760조, 832조), 당사자의 별도의 약정이 없으면 원칙적으로 분할채무이다. 분할주의는 채권의 실효성을 약화시키는 점은 있으나, 오늘날의 개인주의 거래관념에 적합하며, 법률관계를 간편하고 명료하게 하는 측면이 있다. 그러한 점에서 상법상의 (상사)채무는 원칙적으로 연대채무로 하고 있다(상법 57조).

5. 構成

(1) 총칙-분할채권관계: 제408조
(2) 불가분채권, 불가분채무: 제409조-제412조
(3) 연대채무: 제413조-제427조
(4) 보증채무: 제428조-제448조
(5) 신원보증채무: 신원보증법

第1款 總 則

第408條【分割債權關係】 債權者나 債務者가 數人인 境遇에 特別한 意思表示가 없으면 各債權者 또는 各債務者는 均等한 比率로 權利가 있고 義務를 負擔한다.

多數當事者債權關係-原則: 分割債權關係

1. 意義: 채권자 또는 채무자가 다수인 경우에 그 법률관계는 기본적으로 분할채권관계·분할채무관계임을 선언한다. 즉 특별히 다른 법률관계로 볼 사정이 없는 경우에는 민사채권·민사채무

는 분할채권 · 분할채무이다(대판 1993.2.12. 92다42941).

2. 分割債權, 分割債務의 成立

(1) 급부의 가분성: 목적물이 성질상 가분할 수 있어야 한다. 하나의 가분급부에 관하여 2인 이상의 채권자가 있는 경우가 분할채권, 2인 이상의 채무자가 있는 경우가 분할채무이다.

(2) 특별한 의사표시가 없어야: 다른 유형의 채권관계로 한다는 특별한 의사표시가 없어야 한다. 특별한 의사표시가 있으면 그에 따른다. 예컨대 불가분채무 또는 연대채무의 특약이 있으면 불가분채무 또는 연대채무가 된다. 의사표시는 묵시로도 가능하나, 민법은 분할주의를 취하고 있어 연대채무가 되기 위하여는 연대의 의사가 있어야 하며, 연대의 의사표시가 없는 경우에 연대의 의사를 추정할 수는 없다(대판 1993.9.14. 91다41316).

3. 效力 - 分割(分別)主義

(1) 대외적 효력: 분할채권 · 분할채무에서 각 채권자 또는 각 채무자는 다른 의사표시가 없으면 균등한 비율로 권리 또는 의무를 부담한다. 각 채권자 또는 각 채무자의 권리 또는 의무는 상대방에 대하여 독립한 권리 또는 의무이다. 즉 각 채권자와 각 채무자는 다른 채권자 또는 다른 채무자와는 관계없이 개별적으로 권리 및 의무를 부담하므로, 개별적 · 독립적으로 권리를 행사하고 의무를 이행한다.

(가) 자기의 배분범위 내에서만 개별적으로 이행청구, 변제: 각 채권자 또는 각 채무자는 개별적으로 이행을 청구하고 이행을 받아야 한다.

(나) 초과한 내용의 청구, 변제-타인의 권리 · 의무의 행사로: 자기에게 배분된 권리 또는 의무를 초과한 권리의 행사 또는 의무의 이행은 타인의 권리의 행사 또는 의무의 이행이 된다.

(다) 해제권-전원에게: 하나의 계약에서 분할채권 또는 분할채무가 발생한 때는 해제권은 그 불가분성에 의하여 전원이 전원에 대하여 행사하여야 한다(547조).

(라) 동시이행의 항변권: 쌍무계약의 동시이행의 항변권의 행사도 전부의 채권의 만족 또는 전부의 채무의 이행을 기준으로 하여야 한다(536조).

(2) 일인에 관하여 생긴 사유의 효력-상대적 효력: 각 채권자의 채권 또는 각 채무자의 채무는 별개 · 독립된 것이므로 한 사람의 채권자 또는 한 사람의 채무자에 관하여 생긴 사유는 다른 채권자 또는 채무자에게 아무런 영향이 없다. 예컨대 변제 · 이행지체 · 면제 등은 당사자에게만 그 효과가 발생하고, 다른 당사자에게는 영향이 없다.

(3) 내부관계

(가) 원칙적으로 생기는 경우가 없음: 각 채권자 또는 각 채무자는 다른 의사표시가 없으면 균등한 비율로 권리 또는 의무를 부담한다. 그 비율은 당사자간의 합의로 정할 수 있다. 각 채권자는 분할된 권리만을 가지므로 자기의 권리를 넘어서 이행을 청구하지 못한다.

(나) 초과 청구하여 수령한 경우: 초과 청구하여 수령한 때에는 위임 또는 사무관리가 되며, 경우에 따라서는 부당이득 또는 불법행위를 구성한다.

(다) 초과하여 이행한 경우-타인채무의 변제로: 각 채무자도 분할된 의무만을 부담하므로 자기의 부담을 넘어서 변제한 때는 타인의 채무의 변제가 되며, 이때의 변제는 변제할 정당한 이익 있는 자나 이해관계 있는 제3자의 변제에 해당하지 않는다(469조 참조).

第2款 不可分債權과 不可分債務

第409條【不可分債權】 債權의 目的이 그 性質 또는 當事者의 意思表示에 依하여 不可分인 境遇에 債權者가 數人인 때에는 各債權者는 모든 債權者를 爲하여 履行을 請求할 수 있고 債務者는 모든 債權者를 爲하여 各債權者에게 履行할 수 있다.

第410條【1人의 債權者에 생긴 事項의 效力】 ①前條의 規定에 依하여 모든 債權者에게 效力이 있는 事項을 除外하고는 不可分債權者中 1人의 行爲나 1人에 關한 事

項은 다른 債權者에게 效力이 없다.
②不可分債權者中의 1人과 債務者間에 更改나 免除 있는 境遇에 債務 全部의 履行을 받은 다른 債權者는 그 1人이 權利를 잃지 아니하였으면 그에게 分給할 利益을 債務者에게 償還하여야 한다.

不可分債權關係

1. 不可分債權: 불가분채권은 하나의 불가분급부에 관하여 복수의 채권자가 있는 경우이다. 불가분채권은 하나의 급부를 목적으로 하는 채권자의 수만큼의 독립한 복수의 채권이 존재하는 것이다(채권복수설)(409조 참조).
(1) 성질상의 불가분채권-제409조: 목적물의 성질이 불가분인 경우는 당연히 불가분채권이 된다. 민법은 분할채권관계를 기본적인 형태로 하므로 성질상의 불가분채권도 후일에 그 급부가 가분할 수 있게 되면 분할채권으로 복원한다(412조).
(2) 특약에 의한 불가분채권-제409조: 목적물을 가분할 수 있어도 불가분 특약의 의사표시가 있는 경우에는 불가분채권이 된다. 민법은 분할채권 관계를 기본적인 형태로 하므로 특약에 의한 불가분 채권이 특약이 해소되면 분할채권으로 복원한다(412조).
(가) 묵시적 약정에 의한 불가분채권: 채무자가 채권자 아닌 제3자 명의로 근저당권설정등기를 경료해 준 사안에서 금전대차거래의 경위 등에 비추어 묵시적 약정에 의하여 채권자와 제3자가 불가분적 채권자의 지위에 있다고 본 사례가 있다(대판 2000.1.14. 99다51265, 51272).
(나) 공동예금채권은 불가분채권: 은행에 공동으로 예금을 하고 은행에 대하여 그 권리를 함께 행사하기 위하여 양인이 통장과 도장을 나누어 갖는 경우에 위 공동명의의 예금채권자들은 공동으로 은행의 청구나 변제의 수령을 하고 채무자의 이행도 예금채권자 전원에 대하여 하여야 하며 채권의 양도 등 처분행위도 예금주들이 공동으로만 하여야 한다(대판 1989.1.17. 87다카8).
2. 對外的 效力 – 履行請求와 履行 – 제409조: 각 채권자는 모든 채권자를 위하여 이행을 청구할 수 있다. 따라서 모든 채권자가 공동으로 이행을 청구할 필요가 없으며, 소의 제기·강제집행도 채권자 한사람이 개별적으로 할 수 있다. 채무자는 모든 채권자를 위하여 채권자 중 일인에게 전부의 이행을 할 수 있다(409조). 따라서 한사람의 채권자에 대한 변제가 있게 되면 채무자의 채무는 소멸한다.
3. 個別 債權者에 관하여 생긴 事由의 效力 – 제410조: 이행의 청구나 변제·공탁은 다른 채권자에게도 효력(절대적 효력)이 있으나, 그 밖에는 상대적 효력만 있다.
(1) 절대적 효력 사유
(가) 이행청구-제1항: 개별 채권자의 이행청구는 모든 채권자를 위하여 효력이 있다. 따라서 이행청구에 따른 시효중단의 효과, 이행지체의 효과가 모든 채권자에게 발생한다.
(나) 변제 등-제1항: 목적물이 불가분으로서의 하나이므로 한 사람의 채권자에 대한 변제는 당연히 다른 채권자에게도 그 효력이 있다. 변제와 동일시 할 수 있는 공탁 및 이행의 제공의 효과인 수령지체책임도 같다.
(2) 상대적 효력 사유: 상기 이외의 경우는 전부 상대적 효력만 있다. 그러나 법률관계를 간편화하고 채무자를 보호하기 위하여 경개·면제 등의 경우에는 특별한 법률관계를 인정한다.
(가) 경개, 면제-제2항: 채권자 중 한 사람과 채무자 간에 경개·면제가 있는 경우에도 경개·면제의 상대적 효력과 급부의 불가분성으로 채무자는 다른 채권자에게는 전부의 이행을 하여야 한다. 이 경우에 전부의 변제를 받은 채권자는 경개·면제로 권리를 잃은 채권자가 분급받을 이익을 채무자에게 상환하도록 한다. 이는 원래 전부 변제 받은 채권자가 경개·면제로 권리를 잃은 채권자에게 그 이익을 분급하면, 당해 채권자가 분급받은 이익을 채무자에게 상환할 것이다. 그러나 이러한 과정은 법률관계가 복잡하며 또한 당해 채권자가 무자력 상태로 되어 채무자가 상환 받을 수 없는 위험이 있을 수 있어 채무자를 보호하기 위하여 변제 받은 채권자가 분급할 이익을 직접 채무자에게 상환토록 한 것이다.

(나) 대물변제, 상계, 혼동, 시효완성: 민법은 상대적 효력사유로 경개·면제만 규정하고 있으나, 대물변제·상계·혼동·시효의 완성의 경우에도 동일하게 상대적 효력이 있는 것으로 해석된다.
4. 內部關係 - 分給: 내부관계에 관하여는 민법이 규정하고 있지 않으나, 전부 변제받은 채권자는 다른 채권자에게 내부관계에 따라 급부이익을 분급하여야 함은 당연하다. 분급할 비율의 합의가 없으면 균분으로 보아야 한다.

第411條【不可分債務와 準用規定】 數人이 不可分債務를 負擔한 境遇에는 第413條 乃至 第415條, 第422條, 第424條 乃至 第427條 및 前條의 規定을 準用한다.

不可分債務關係

1. 不可分債務: 불가분채무는 하나의 불가분급부에 관하여 복수의 채무자가 있는 채무관계이다. 불가분채무에서도 하나의 급부를 목적으로 하는 복수의 독립한 채무가 채무자의 수만큼 있는 관계이다.
(1) 급부의 성질이 불가분: 급부의 성질이 가분할 수 없는 채무는 당연히 불가분채무가 된다. ① 공동상속인들의 건물철거의무는 그 성질상 불가분채무라고 할 것이고 각자 그 지분의 한도 내에서 건물 전체에 대한 철거의무를 지는 것이다(대판 1980.6.24. 80다756). ② 여러 사람이 공동으로 법률상 원인 없이 타인의 재산을 사용한 경우의 부당이득 반환채무는 특별한 사정이 없는 한 불가분적 이득의 반환으로서 불가분채무이다(대판 2001.12.11. 2000다13948). ③ 건물의 공유자가 공동으로 건물을 임대하고 보증금을 수령한 경우, 특별한 사정이 없는 한 그 임대는 각자 공유지분을 임대한 것이 아니고 임대목적물을 다수의 당사자로서 공동으로 임대한 것이고 그 보증금 반환채무는 성질상 불가분채무에 해당된다(대판 1998.12.8. 98다43137).
(2) 특약에 의한 불가분채무: 목적물이 가분할 수 있더라도 당사자의 특약으로 불가분채무를 성립시킬 수 있다. 예컨대 여러 명이 부담하는 금전채무를 특약으로 불가분채무로 하는 경우 등이다. 특약에 의한 불가분의 채무도 특약이 해소되면 기본적 형태인 분할채무로 복원한다(412조).
2. 對外的 效力: 원칙적으로 연대채무에 관한 규정이 준용된다(411조).
(1) 이행청구-제414조: 채권자는 한 사람의 채무자에 대하여 채무의 전부를 청구할 수 있으며, 또한 채무자 전원에 대하여 동시나 순차로 채무의 전부의 이행을 청구할 수 있다. 채무자 전원에 대하여 각각 채무 전부의 이행을 청구할 수 있다는 점에서 불가분채무는 채권의 담보적 역할을 한다.
(2) 이행의 방법: 불가분채무는 반드시 채무 전부가 한 번에 이루어져야 하며, 성질상 가분할 수 있다고 하여도 여러 차례 분할하여 이행되어서는 아니 된다. 예컨대 채무자가 각각 개별적으로 부담하는 경우에도 채무자간에 모아서 한번에 이행하여야 하며, 채권자에게 일부씩 개별적으로 이행하는 것은 허용되지 않는다. 예컨대 금전채무를 특약으로 불가분채무로 한 경우에는 전 금액을 모아서 한번에 이행하여야 한다.
3. 個別 債務者에 생긴 事由의 效力 - 제411조: 개별 채무자에 관하여 생긴 사유의 효력에 관하여는 연대채무에 관한 규정 중 일부의 규정만 준용되어, 연대채무에 비교하여 절대적 효력의 범위가 좁다. 이러한 점에서 불가분채무는 연대채무보다 채권의 효력이 강화되었다고 평가된다.
(1) 절대적 효력사유
(가) 채권의 만족을 주는 사유-변제 등: 급부의 목적이 하나이므로 한 사람의 채무자로부터 변제·대물변제·공탁 등의 채권의 만족을 주는 사유는 다른 채무자에게도 효력이 있다.
(나) 채권자지체-제422조: 한 사람의 채무자가 이행의 제공을 하여 채권자가 수령지체책임을 지는 경우에는 그 효과는 다른 채무자에게도 생긴다.
(2) 상대적 효력사유: 상기 이외의 사유는 전부 상대적 효력만 있다. 주의할 것으로는 다음의 것이 있다. 특히 이행의 청구가 상대적 효력만 있는 것은 주의할 점이다.
(가) 이행청구: 이행청구는 상대적 효력이 있기 때문에, 개별적으로 하여야 하고 따라서 이행청구에 따른 이행지체의 효과는 상대적 효력이 있다(411조에서 416조를 제외).

(나) 경개, 면제, 상계, 혼동, 소멸시효-제410조제2항: 제411조에서 제410조제2항을 준용하기 때문에 채권자와 채무자 중 일인과 경개·면제 등이 있는 경우는 법률관계의 간편을 위하여 채권자가 분급할 이익을 경개·면제로 채무를 면한 채무자에게 직접 상환하여야 한다. 즉 이행하는 채무자가 그 부분을 제하고 채권자에게 이행하고, 부분을 면제받은 채무자엑 직접 상환하여야 한다. 상계, 혼동, 소멸시효의 경우에도 같다.

4. 內部關係 - 제424조 - 제427조: 내부관계에 관하여는 연대채무에 관한 규정이 그대로 준용된다(411조). 따라서 각 채무자는 내부적으로는 부담부분이 있고, 그 부담부분은 채무자간에 별도의 약정이 없는 경우에는 균분부담이다(424조). 급부가 성질상 불가분인 경우에는 그 부담부분은 환가되어 정하여 진다. 채무를 이행한 채무자는 다른 채무자에 대하여 구상권이 있고, 이에 관하여는 연대채무에 관한 것과 동일하므로 연대채무에서의 구상권이 그대로 적용된다.

第412條【可分債權, 可分債務에의 變更】 不可分債權이나 不可分債務가 可分債權 또는 可分債務로 變更된 때에는 各債權者는 自己部分만의 履行을 請求할 權利가 있고 各債務者는 自己負擔部分만을 履行할 義務가 있다.

分割債權, 債務關係로 復原

1. 性質의 變更: 민법의 분할주의에 의하여 불가분채권·불가분채무도 사후에 성질이 가분으로 변경되면 기본적 형태인 분할채권, 분할채무로 복원한다.

2. 特約의 解消: 분할채권 및 분할채무관계를 원칙형태로 하므로 특약에 의한 불가분채권·불가분채무가 특약이 해소되면 분할채권·분할채무로 복원한다.

第3款 連帶債務

1. 意義: 연대채무는 복수의 채무자가 동일 내용의 급부에 관하여 각자 전부 이행할 독립한 의무가 있고, 채무자 중 한 사람이 이행하면 다른 채무자에게도 그 의무를 면하는 효과가 있는 채무이다(413조). 연대채무는 급부가 가분일지라도 채무자 모두가 개별적으로 채무 전부를 이행할 의무를 지므로 채권자가 유리한 지위에 있게 되어, 채권자에게는 채권의 인적 담보적 역할을 한다. 연대채무는 채무자의 수만큼의 독립한 채무가 주관적 공동목적에 의하여 병존적으로 결합되어 있다.

2. 特質

(1) 개별성, 독립성

(가) 성립의 개별성: 연대채무가 하나의 법률행위에 의하여 성립한 경우에도 연대채무자의 일인에 관한 무효·취소의 원인은 다른 채무자의 채무에 영향을 주지 않는다(415조).

(나) 모습의 개별성: 연대채무는 채무자에 따라 개별·독립성이 있으므로, 채무자에 따라서 채무의 모습이 다를 수 있다. 예컨대 채무자에 따라 채무의 조건·기한·변제장소·담보유무와 특히 채무액이 다를 수 있다.

(다) 양도의 개별성: 연대채무는 개별·독립성이 있으므로 채무자 중의 한 사람에 대한 채권만을 양도할 수도 있다.

(2) 결합관계: 연대채무는 병존적 결합관계에 있기 때문에 채권의 목적을 달성하는 변제뿐만 아니라 그 외의 광범위한 사유에도 절대적 효력이 인정된다. 이와 같이 광범위한 사유에 절대적 효력이 인정되는 것은 연대채무의 특성인 결합관계에서 나온다. 연대채무의 결합관계는 채무자 사이의 주관적 공동목적 내지 채무 사이의 긴밀한 관계를 의미하는데, 이러한 긴밀성에 의하여 채권자에게는 연대채무가 채권담보적 기능을 한다. 이에 연대채무자 각자가 서로 자기의 부담부분에 관하여는 주채무자로서의 지위에 서고, 다른 자의 부담부분에 관하여는 보증인의 지위에 있게 된다. * 상법 제724조제2항의 규정에 의하여 인정되는 피해자의 보험자에 대한 손해배상채권

과 피해자의 피보험자에 대한 손해배상채권은 별개 독립의 것으로서 병존한다고 하더라도, 위 각 채권은 피해자에 대한 손해배상이라는 단일한 목적을 위하여 존재하는 것으로서 객관적으로 밀접한 관련공동성이 있다(성질상 연대채무라는 것임)(대판 1999.11.26. 99다34499).

(가) 절대적 효력: 한 사람의 채무자에 관하여 생긴 사유는 일정한 범위에서 다른 채무자에게도 영향을 미친다(416조 내지 422조).

(나) 구상관계: 내부적 관계에서 부담부분의 전제 아래 구상권이 인정된다(424조 내지 427조).

連帶債權

1. 意義: 연대채권은 복수의 채권자가 일인의 채무자에 대하여 동일한 내용의 급부에 관하여 각각 독립해서 전부의 급부를 청구할 수 있으며, 채무자는 채권자 중 한 사람에게 급부를 이행하면 다른 채권자의 권리도 소멸하는 채권이다. 연대채권에 관하여는 민법에는 규정이 없어도 계약자유의 원칙상 당사자가 약정할 수 있다. 법률의 직접적으로 규정하지는 아니하나, 적법한 전대차의 경우에 임대인과 임차인은 전차인에 대하여 일종의 연대채권자가 된다(630조).

2. 效力: 연대채권의 효력은 당사자간의 계약 및 그 의사의 해석에 의하나, 그에 의하여 결정할 수 없는 것은 성질이 유사한 연대채무의 규정을 합리적으로 유추하여 결정하여야 한다. 이를 세분하면 아래와 같다.

(1) 상대적 효력사유: 무효 및 취소사유는 상대적 효력만 인정된다.

(2) 절대적 효력사유

(가) 이행의 청구와 이행: 이행의 청구 및 이행의 제공의 효과는 절대적 효력이 인정된다.

(나) 채권만족을 주는 사유: 변제·대물변제·공탁·상계 등 채권을 만족시키는 사유는 절대적 효력이 인정된다.

(다) 면제, 시효: 면제·시효의 완성 등은 당해 채권자의 분급이익의 범위 내에서 절대적 효력이 인정된다.

(3) 내부관계: 수령한 것을 채권자간에 균분하는 것이 원칙이다.

不眞正連帶債務

1. 意義: 부진정연대채무는 여러 명이 각자 독립하여 동일 내용의 급부의무를 지나, 채무자 중의 한 사람이 급부를 이행하면 다른 채무자의 채무도 소멸하는 채권관계로서 민법의 연대채무에 속하지 않는 것을 말하며, 민법에 명문의 규정은 없으나 학설·판례가 인정한다.

2. 成立: 동일한 손해에 대하여 각자 법률상의 다른 원인에 의하여 전부 의무를 지는 경우에 채권자와 복수의 배상의무자간에 부진정연대채무를 인정한다. 대표적으로, 채무자가 부담하는 채무불이행으로 인한 손해배상채무와 제3자가 부담하는 불법행위로 인한 손해배상채무의 원인이 동일한 사실관계에 기한 경우에는 하나의 동일한 급부에 관하여 수인의 채무자가 각자 독립해서 그 전부를 급부하여야 할 의무를 부담하는 경우로서 부진정연대채무관계에 있다(대판 2006.9.8. 2004다55230). * ① 임치물을 부주의로 도난당한 수치인의 채무불이행에 의한 배상의무와 절취자의 불법행위에 의한 배상의무, ② 피보험물에 대한 불법행위에 의한 배상의무와 보험계약상의 보험금 지급의무, ③ 피용자의 배상의무(750조)와 사용자의 배상의무(756조), ④ 책임무능력자의 법정감독자의 배상의무와 법정감독자에 갈음하는 자의 배상의무(755조), ⑤ 동물의 점유자와 보관자의 배상의무(759조), ⑥ 공동불법행위자의 배상의무(760조)등이 부진정연대채무이다.

3. 特質

(1) 채무발생원인의 개별성: 부진정연대채무에서 각자의 의무는 자기 고유의 책임원인에 의하여 발생한다.

(2) 채무자간의 공동목적의 부존재: 부진정연대채무에서는 연대채무에서와 같은 결합관계(주관적 공동목적관계 또는 상호보증관계)가 존재하지 않는다.

(3) 의무의 특성-손해배상의무: 부진정연대채무의 내용은 피해에 대한 배상채무이다. 따라서 피

해자의 피해배상의 실효성을 보다 보장하기 위하여는 광범위한 절대적 효력 사유가 인정되는 연대채무의 법률관계와는 차별을 두어야 할 필요가 있다.

4. 效力

(1) 대외적 효력: 수인의 채무자는 채권자에 대하여 개별적・독립적인 채무를 부담한다. 따라서 채권자는 수인의 채무자에게 동시나 순차적으로 전부 또는 일부의 이행을 청구할 수 있다.

(2) 일인에 관한 사유의 효력

(가) 채권의 만족을 주는 사유-변제・대물변제・공탁: 변제・대물변제・공탁은 채권을 만족시키는 사유로서 절대적 효력이 있다. 그 밖의 사유는 모두 상대적 효력만 있다.

(나) 일부변제-금액이 서로 다른 부진정연대채무 중 일부가 변제 등으로 소멸하는 경우, 먼저 소멸하는 부분: ① 다액채무자의 일부 변제: 금액이 다른 채무가 서로 부진정연대의 관계에 있을 때 금액이 많은 채무의 일부가 변제 등으로 소멸하는 경우 그 중 먼저 소멸하는 부분은 당사자의 의사와 채무 전액의 지급을 확실히 확보하려는 부진정연대채무 제도의 취지에 비추어 볼 때 다른 채무자와 공동으로 채무를 부담하는 부분이 아니라 단독으로 채무를 부담하는 부분이다(대판 2000.3.14. 99다67376). ② 소액채무자의 일부 변제: 적은 손해액 배상의무자가 손해액의 일부를 변제한 때에는 많은 손해액 배상의무자의 채무가 그 변제금 전액에 해당하는 부분만큼 소멸한다(대판 1995.7.14. 94다19600).

(다) 상대적 효력: 변제, 대물변제, 공탁 외에는 각자 별개의 법률사실에 의한 책임이므로 다른 채무자에게 영향이 없다. ① 상계: 상계한 당해 채무자에게만 채무소멸의 효력(상대적 효력)이 있다(대판 1996.12.10. 95다24364; 2008.3.27. 2005다75002). ② 소멸시효: 공동불법행위자 중 한 사람의 불법행위자에 대한 소멸시효는 본인에게만 효력이 있다(대판 1997.12.23. 97다43830). ③ 면제: 수치인에 대한 손해배상의 면제는 절취자에게는 아무런 영향이 없다(대판 1982.4.27. 80다2555). ④ 이행청구, 이행의 제공: 이행의 청구나 이행의 제공의 효과(채권자지체 책임)는 상대적 효력만 있다(대판 1997.9.12. 95다42027).

(3) 구상관계: 부진정연대채무는 각자 다른 책임원인에 의하여 전부 급부의무가 발생하며, 당해 채무에 결합관계가 없어 채무자 사이의 부담부분이 없고, 따라서 구상관계가 당연히는 발생하지 않는다. 그러나 채무자 사이에 특별한 법률관계가 있는 때에는 구상관계가 발생한다. 예컨대 피용자와 사용자의 배상의무에 관하여는 제756조가 구상관계를 인정하며, 공동불법행위자간에서도 구상관계가 발생한다(대판 1997.4.8. 96다54232). 그러한 특별한 법률관계가 없더라도 채무자 각자의 책임의 성질상 어느 채무자의 책임이 최종적인 책임인 경우에도 구상관계가 인정되는 것과 같은 결과가 되나 본래의 구상관계는 아니다. 그러한 예로는 보험회사나 수치인이 배상을 하는 경우에 채권자의 불법행위자에 대한 불법행위에 대한 손해배상청구권을 대위함으로써 구상권을 행사하는 것과 동일한 결과가 된다.

(가) 공동면책-절대적 효력이 있는 경우: 변제・대물변제・공탁 등 절대적 효력에 의하여 공동면책한 때에 구상권이 발생한다. 공동면책은 자기의 부담분 이상을 변제하여 공동의 면책을 얻게하여야 한다(대판 2002.9.24. 2000다69712).

① 구상채무-분할채무: 공동불법행위자 중 일인에 대하여 구상의무를 부담하는 다른 공동불법행위자가 여러 명인 경우에는 특별한 사정이 없는 이상 그들의 구상권자에 대한 채무는 이를 부진정연대채무로 보아야 할 근거는 없으며, 오히려 다수 당사자 사이의 분할채무의 원칙이 적용되어 각자의 부담 부분에 따른 분할채무로 봄이 상당하다(대판 2002.9.27. 2002다15917).

② 면제받은 자-구상의무: 공동불법행위로 인한 손해배상책임은 부진정연대채무관계에 있는 것이므로 그 중의 한 채무자에 대한 채무면제는 민법 제419조가 적용되지 아니하여 다른 채무자에게는 그 효력이 미치지 아니하며 공동불법해위자 중 1인의 구상권 행사에 대하여 다른 공동불법행위자는 자기의 채무가 면제되었음을 이유로 그 구상을 거절할 수 없다(대판 1980.7.22. 79다1107).

③ 소멸시효 완성자-구상의무: 공동불법행위자의 다른 공동불법행위자에 대한 구상권은 피해자의 다른 공동불법행위자에 대한 손해배상채권과는 그 발생원인 및 성질을 달리하는 별개의 권리이고, 연대채무에 있어서 소멸시효의 절대적 효력에 관한 민법 제421조의 규정은 공동불법행위

자 상호간의 부진정연대채무에 대하여는 그 적용이 없으므로, 공동불법행위자 중 1인의 손해배상채무가 시효로 소멸한 후에 다른 공동불법행위자 1인이 피해자에게 자기의 부담 부분을 넘는 손해를 배상하였을 경우에도, 그 공동불법행위자는 다른 공동불법행위자에게 구상권을 행사할 수 있다(대판 1997.12.23. 97다42830).

(나) 구상-부담부분: 구상권 행사를 위하여는 전체 공동불법행위자 가운데 구상의 상대방이 부담하는 부분의 비율을 정하여야 하므로 단순히 구상의 당사자 사이의 상대적 부담 비율만을 정하여서는 아니 되며, 또한 피해자가 여럿이고 피해자별로 공동불법행위자 또는 공동불법행위자들 내부관계에 있어서의 일정한 부담 부분이 다른 경우에는 피해자별로 구상관계를 달리 정하여야 할 것이다(대판 2002.9.24. 2000다69712). 그런데 피해자가 피해자측 공동운행자인 갑과 다른 공동불법행위자인 을을 상대로 제기한 손해배상소송에서 갑 소유 차량을 운전하던 병의 과실이 피해자측 과실로 전부 참작되어 손해액이 산정된 경우, 그 손해액 부분에 관하여는 부진정연대채무관게에 있는 을과의 관계에서 갑의 부담 부분은 없다고 봄이 손해의 공평 분담을 지도원리로 하는 손해배상제도의 취지에 부합한다(대판 1998.2.13. 95다30468).

(다) 구상권의 발생시점: 공동불법행위자간 구상권의 발생 시점은 구상권자가 현실로 피해자에게 손해배상금을 지급한 때이다(대판 1997.12.12. 96다50896).

(라) 구상요건으로서의 통지에 관한 민법 제426조를 부진정 연대채무자 상호간에 유추적용 불가: 출연분담에 관한 주관적인 밀접한 연관관계가 없고 단지 채권만족이라는 목적만을 공통으로 하고 있는 부진정연대채무에 있어서는 그 변제에 관하여 채무자 상호간에 통지의무 관계를 인정할 수 없고, 변제로 인한 공동면책이 있는 경우에 있어서는 채무자 상호간에 어떤 대내적인 특별관계에서 또는 형평의 관점에서 손해를 분담하는 관계가 있게 되는데 불과하다고 할 것이므로, 부진정 연대채무에 해당하는 공동불법행위로 인한 손해배상채무에 있어서도 채무자 상호간에 구상요건으로서의 통지에 관한 민법 제426조는 유추적용되지 아니한다(대판 1998.6.26. 98다5777)

第413條【連帶債務의 內容】 數人의 債務者가 債務 全部를 各自 履行할 義務가 있고 債務者1人의 履行으로 다른 債務者도 그 義務를 免하게 되는 때에는 그 債務는 連帶債務로 한다.

第414條【各連帶債務者에 對한 履行請求】 債權者는 어느 連帶債務者에 對하여 또는 同時나 順次로 모든 連帶債務者에 대하여 債務의 全部나 一部의 履行을 請求할 수 있다.

第415條【債務者에 생긴 無效, 取消】 어느 連帶債務者에 對한 法律行爲의 無效나 取消의 原因은 다른 連帶債務者의 債務에 影響을 미치지 아니한다.

連帶債務

1. 連帶債務의 成立 - 제413조: 연대채무는 법률의 규정에 의하여 성립하는 경우(법정연대채무)와 계약에 의하여 성립하는 경우(약정연대채무)가 있다.

(1) 법정연대채무: 법률의 규정에 의하여 연대채무가 성립한다. 민법은 아래의 경우에 연대채무가 성립한다고 규정하고, 그 밖에 상법이 익명조합원의 제3자에 대한 책임(81조)을 비롯한 제138조, 제212조, 제321조, 국세기본법 제25조제1항 등에서 연대채무가 발생함을 규정한다.

(가) 법인의 행위에 의한 손해배상채무: 법인의 목적범위 외의 행위로 인하여 타인에게 손해를 가한 때에 그 사항의 의결에 찬성하거나 그 의결을 집행한 사원, 이사 및 기타 대표자들이 피해자에 부담하는 손해배상채무(35조2항).

(나) 대차계약상의 공동 차주: 공동차주의 사용대차상의 채무(616조)와 임대차상의 채무(654조).

(다) 공동불법행위자: 공동불법행위자의 피해자에 대한 손해배상채무(760조)(이 경우는 판례와

학설은 부진정연대채무로 이해한다).

(라) 부부의 일상가사채무: 제832조는 일상가사에 관한 채무에 대하여 부부는 연대채무를 진다고 규정한다.

(2) 약정연대채무: 당사자의 특약으로 연대채무를 성립시키는 경우이다.

(가) 연대의 의사: 민법은 다수당사자의 채권관계의 기본적 형태를 분할채권관계로 하고 있기 때문에(408조), 연대채무의 성립에는 연대의 의사표시를 필요로 한다. 연대의 의사표시는 묵시적인 의사표시로도 가능하나, 묵시적인 의사표시에 의한 연대의 약정을 인정할 때는 당사자의 관계, 거래의 관행 등을 고려하여 엄격히 하여야 한다.

(나) 사후의 연대 합의도 가능: 계약에 의하여 연대채무가 생기는 경우에도 반드시 하나의 계약에 의하여 연대채무가 성립할 필요가 없으며, 여러 개의 계약으로 되는 경우에도 동시에 행하여질 필요는 없다. 그러나 복수의 계약에 의한 채무가 연대채무가 되기 위하여는 당사자간에 사전 또는 사후에 연대의 합의 또는 동의는 필요하다.

(다) 연대의 추정 불가: 민법은 복수자의 채무에서 분할주의에 의한 분할채무를 원칙형태로 하므로 연대의 추정은 허용되지 않는다(대판 1987.5.26. 85다카1146).

(3) 개별・독립성-제415조: 연대채무는 채무자별로 개별 독립성을 가져, 연대채무가 하나의 법률행위에 의하여 성립한 경우에도 연대채무자의 일인에 관한 무효・취소의 원인은 다른 채무자의 채무의 성립에 영향을 주지 않는다. * 공동사업자 일인에 대한 국세청의 과세처분의 하자는 다른 납세의무자에게 영향이 없다(대판 1999.7.13. 99두2222).

2. 對外的 效力 - 履行請求 - 제414조

(1) 이행청구: 채권자는 연대채무자 어느 한 사람에게 전부 또는 일부의 이행을 청구할 수도 있고, 전원에게 동시나 순차적으로 전부 또는 일부의 이행을 청구할 수 있다. 재판상 청구와 재판 외 청구 모두 포함한다. * 공동납세의무자에 대한 개별통지는 유효하다(대판 1999.7.13. 99두2222).

(2) 일부 변제받은 경우-잔액으로 청구: 다른 채무자로부터 이행받은 경우에는 잔액에 대하여만 청구할 수 있다.

(3) 일인의 파산-파산선고시의 잔액만 청구: 연대채무자가 파산한 경우에 관하여 채무자회생및파산에관한법률 제428조에 의하여 채권자는 파산선고시에 가진 채권(잔액)으로 각 파산재단에 대하여 파산채권자로서 권리를 행사할 수 있다.

(4) 일인에 대한 판결의 효력: 채무자 일인에 대한 승소 또는 패소는 다른 채무자에게 영향이 없다.

(5) 채무자의 항변권: 이행의 청구를 받은 연대채무자는 자기의 인적 관계 또는 연대채무자 전원에게 공통적으로 귀속되는 항변권(예: 동시이행의 항변권)을 행사할 수 있다. 여기서 다른 연대채무자의 항변권을 행사하여 이행을 거절할 수 있는가의 문제가 있다. 구상권의 제한에 관한 제426조의 취지로 보아 당해 채무자의 부담부분의 한도 내에서 항변권을 행사할 수 있다고 해석된다.

第416條【履行請求의 絶對的 效力】 어느 連帶債務者에 대한 履行請求는 다른 連帶債務者에게도 效力이 있다.

履行請求-絶對的 效力

1. 履行請求: 연대채무자의 한 사람에 대하여 이행청구를 하더라도 이행청구의 효력은 다른 연대채무자에게도 발생한다. 따라서 이행청구의 효력인 이행지체의 효과와 시효중단의 효과도 절대적 효력이 있다. 이행청구의 절대적 효력은 채권의 담보적 기능을 강화시키는 효과가 있다.

2. 契約의 解止・解除의 要件으로 催告: 해지・해제의 불가분성에 의하여 해지・해제는 연대채무자 전원에 대하여 하여야 하는데(547조), 해제의 전제가 되는 최고(이행청구)에 대하여는 문제가 있다. 일반적인 이행청구는 제416조에 의하여 절대적 효력이 있으나, 해제의 전제가 되는 최고는 해제와 일체를 이루기 때문에 전원에 대해 최고해야 해제를 할 수 있다고 해석한다.

第417條【更改의 絶對的 效力】 어느 連帶債務者와 債權者間에 債務의 更改가 있는 때에는 債權은 모든 連帶債務者의 利益을 爲하여 消滅한다.

更改의 絶對的 效力

1. 債權의 만족을 주는 事由 - 변제 · 대물변제 · 공탁 - 절대적 효력: 연대채무는 복수의 채무일지라도 채권자는 하나의 급부에 대한 권리를 가지므로 별도의 규정이 없더라도 채권자를 만족시키는 사유인 변제 · 대물변제 · 공탁은 절대적 효력이 있다.

2. 更改 - 본조: 연대채무자 중의 한사람과 본래의 급부의무를 소멸시키고 다른 채무를 발생시키는 합의인 경개를 한 때에는 다른 연대채무자에게도 본래의 채무가 소멸하는 효력이 있다. 경개는 경개 그 자체가 채권의 목적을 달성하는 것이 아니므로 이 규정은 임의규정이다. 경개하여 채무를 면하게 한 채무자는 다른 연대채무자에 대하여 각자의 부담부분에 따라 구상할 수 있다.

第418條【相計의 絶對的 效力】 ①어느 連帶債務者가 債權者에 對하여 債權이 있는 境遇에 그 債務者가 相計한 때에는 債權은 모든 連帶債務者의 利益을 위하여 消滅한다.

②相計할 債權이 있는 連帶債務者가 相計하지 아니한 때에는 그 債務者의 負擔部分에 限하여 다른 連帶債務者가 相計할 수 있다.

相計의 絶對的 效力

1. 相計의 絶對的 效力: 상계는 채권자를 만족시키는 사유로 어느 연대채무자가 상계로 채무가 소멸하면 그 소멸의 효력이 다른 연대채무자에게도 발생한다.

2. 個別的인 경우

(1) 자기의 반대채권으로 상계-제1항: 연대채무자의 한 사람이 자기의 반대채권으로 상계한 때에는 상계한 전부가 절대적 효력이 있다. 이 경우에 절대적 효력을 인정하는 것은 상계도 채권자에게 만족을 주는 일종의 사유이기 때문에 법률관계를 간편하게 처리하기 위한 것이다.

(가) 중첩적 채무인수: 중첩적 채무인수가 된 상태에서 인수채무자와 채권자 간의 상계는 본래의 채무자에게도 절대적 효력이 있다(대판 1997.4.22. 96다56443).

(나) 상법 제724조제2항에 의하여 피해자에게 인정되는 직접청구권: 본항에서 인정되는 피해자의 직접청구권의 법적 성질은 보험자가 피보험자의 피해자에 대한 손해배상채무를 병존적으로 인수한 것으로서 피해자가 보험자에 대하여 가지는 손해배상청구이고 피보험자의 보험자에 대한 보험금청구권의 변형 내지는 이에 준하는 권리가 아니라고 할 것이다(대판 1999.2.12. 98다44956). 한편 상법 제724조제2항의 규정에 의하여 인정되는 피해자의 보험자에 대한 손해배상채권과 피해자의 피보험자에 대한 손해배상채권은 별개 독립의 것으로서 병존한다고 하더라도 위 각 채권은 피해자에 대한 손해배상이라는 단일한 목적을 위하여 존재하는 것으로서 객관적으로 밀접한 관련공동성이 있으므로 그 중 하나의 채권이 만족되는 경우에는 특별한 사정이 없는 한 다른 채권도 그 목적을 달성하여 소멸한다고 보아야 할 것인바, 보험자가 자신의 피해자에 대한 반대채권을 스스로 행사하여 상계를 한 경우에는 상계한 금액의 범위 내에서 피해자에 대한 변제가 이루어진 것과 같은 경제적 효과가 달성되어 피해자를 만족시키게 되므로 그 상계로 인한 손해배상채권 소멸의 효력은 피보험자에게도 미친다(이 사안의 양 채권은 〈밀접한 관련 공동성을 가지는 채권〉으로서 부진정연대채무가 아니라는 것임)(대판 1999.11.26. 99다34499).

(2) 다른 연대채무자의 반대채권으로 상계(대위상계)-제2항: 상계 할 수 있는 반대채권이 있는 연대채무자가 상계하지 아니한 때에 관하여 본항은 그 채무자의 부담부분에 한하여 다른 연대채무자가 상계할 수 있다고 규정한다. 예컨대 200만원의 부담부분이 있는 연대채무자가 300만원의 반대채권이 있으나 상계하지 않은 경우에는 다른 연대채무자가 200만원까지 대위하여 상계할 수

있다는 것이다. 민법이 대위상계를 허용한 것은 반대채권을 가진 연대채무자를 보호하고 구상관계를 간편하게 처리하기 위한 것이다.
(3) 연대채무자 중 일인의 파산: 연대채무자가 파산한 때에는 채무자회생및파산에관한법률 제416조에 의하여 파산채권자는 파산절차에 의하지 아니하고 상계할 수 있다.

第419條【免除의 絶對的 效力】 어느 連帶債務者에 대한 債務免除는 그 債務者의 負擔部分에 限하여 다른 連帶債務者의 利益을 爲하여 效力이 있다.

免除의 絶對的 效力

1. 意義: 면제의 경우에 본조는 면제받은 연대채무자의 부담부분만큼 다른 연대채무자에게도 채무소멸의 효력(절대적 효력)이 있다고 규정한다. 따라서 다른 연대채무자는 채무 전액에서 면제받은 채무자의 부담부분을 제하고 나머지만을 변제하면 채무는 소멸한다. 이 규정은 연대채무자의 일인에 대한 면제를 그 채무자의 부담부분만을 전체채무에서 면제한 것으로 본다는 것으로 구상관계를 간편하게 처리하며 또한 면제받은 채무자를 보호하기 위한 규정이다. 만약 이 규정이 없다면 전부 변제를 한 다른 연대채무자는 면제받은 채무자에게 부담분을 구상하고, 구상에 응한 면제받은 채무자는 채권자에 대하여 부당이득에 기한 반환청구권을 행사하여야 하는 복잡한 과정을 거쳐야 하며 또한 채권자가 무자력의 경우에는 면제받은 채무자가 반환받지 못할 위험에 빠지게 된다.
2. 本條는 任意推定規定: 본조는 추정규정으로 채권자의 의사가 본조와 다른 경우에는 본조의 적용은 없게 된다. 예컨대 연대채무자 모두의 채무를 면제한다는 의사로 연대채무자 중 한 사람에게 면제의 의사표시를 한 경우에는 모든 연대채무자에게 채무 전부를 면제받은 효력이 생긴다고 이해한다. 이러한 의사는 주장자가 증명하여야 하나, 부부간의 연대채무와 같은 당사자의 관계가 긴밀한 경우에는 오히려 이렇게 새기는 것이 원칙이며 타당하다.
3. 債權者가 一部免除를 한 경우: 일부면제가 있은 경우에 다른 채무자에게 어떻게 구상할 것인가의 문제가 있다. 예컨대 A, B, C, D 네 사람이(균등부담으로) 1,000만원의 연대채무를 져서, A가 400만원을 변제하고 600만원에 대하여는 면제받은 경우이다. 이때는 전부 면제받은 경우에 비례한 비율로 면제받은 채무자의 부담부분에 관하여 절대적 효력이 생기는 것으로 해석한다. 즉 A의 본래의 부담부분인 250만원의 전체채무 1,000만원에 대한 면제받은 600만원의 비율{250 X (600 /1,000)}인 150만원이 절대적 효력을 가지며 또한 A의 일부면제로 인한 부담액이 된다. 따라서 A가 일부면제 후 초과 지출한 부분은 본래의 부담부분에서 면제 후 부담부분을 제한 부분인 150만원(250 - 150 = 100)인데, 실제로 A가 400만원을 출자하여 변제하였기 때문에 초과된(400 - 100 = 300) 300만원을 B, C, D로부터 구상 받을 수 있다는 것이다. 이에 의하면 당사자간의 법률관계가 공평하게 처리되는 점이 있다.
4. 連帶의 免除: 연대의 면제란 연대채무자에 대하여 부담부분의 의무만을 부담하고, 다른 채무자와 연대하여 전 채무를 이행할 의무를 면제하는 것을 말한다. 절대적 연대의 면제가 되면 당해 채무는 분할채무가 되는데, 상대적 연대의 면제를 하면 구상권의 관계에서 문제가 되어 제427조 제2항에서 이에 대하여 규정한다.
(1) 절대적 연대의 면제: 연대채무자 모두에게 연대의 면제(절대적 연대면제)가 되면 전 채무가 분할채무가 된다. 예컨대 600만원에 대하여 A, B, C, D 가 연대채무를 지는 경우에, 네 사람 모두에게 연대의 면제를 하면 600만원은 네 사람의 분할채무가 되어, 각자가 150만원씩의 분할채무를 진다.
(2) 상대적 연대의 면제: 연대채무자 중의 일부의 자에게 연대의 면제(상대적 연대면제)를 하면 당해 채무자의 채무만 분할채무가 된다. 예컨대 600만원에 대하여 A, B, C, D 가 연대채무를 지는 경우에, A에게만 연대의 면제를 하면 A는 150만원의 채무만 지나 나머지 B, C, D 는 여전히 450만원에 대한 연대채무를 진다.

第420條【混同의 絶對的 效力】 어느 連帶債務者와 債權者間에 混同이 있는 때에는 그 債務者의 負擔部分에 限하여 다른 連帶債務者도 義務를 免한다.

第421條【消滅時效의 絶對的 效力】 어느 連帶債務者에 대하여 消滅時效가 完成한 때에는 그 負擔部分에 限하여 다른 連帶債務者도 義務를 免한다

混同, 消滅時效의 絶對的 效力

1. 混同 – 제420조: 연대채무자의 한 사람과 채권자 간에 혼동이 있는 때에는 그 부담부분에 한하여 다른 연대채무자도 의무를 면한다. 300만원의 금전을 세 사람이 연대채무를 지는데, 채무자 중 한 사람이 채권자의 상속인으로서 채권자의 사망으로 상속한 경우에는 그 자의 부담부분인 100만원에 대하여 나머지 두 사람도 채무 소멸의 효력이 있다는 것이다. 구상관계를 간편하게 하기 위한 규정이다.

2. 消滅時效 – 제421조: 연대채무자의 한 사람에 대한 소멸시효가 완성한 때에는 그 채무자의 부담부분에 한하여 다른 채무자도 의무를 면한다. 연대채무는 연대채무자에 따라 개별·독립성을 가지므로 그 모습을 달리 할 수 있고, 이행청구 외의 중단사유는 상대적 효력만 있어 각 연대채무자에 대하여 개별적으로 소멸시효가 완성되는 경우가 생긴다. 시효완성의 효력에 절대적 효력을 인정하는 것은 시효가 완성된 채무자의 시효이익을 다른 연대채무자도 받도록 하고, 또한 법률관계를 간편하게 하기 위한 규정이다.

第422條【債權者遲滯의 絶對的 效力】 어느 連帶債務者에 對한 債權者의 遲滯는 다른 連帶債務者에게도 效力이 있다.

債權者遲滯의 絶對的 效力

각 연대채무자는 다른 연대채무자를 위하여 변제를 할 수 있고 변제하면 다른 채무자의 채무도 소멸하므로, 이행의 제공은 변제는 아니나 이행의 제공의 효과인 채권자지체책임은 절대적 효력을 가진다.

第423條【效力의 相對性의 原則】 前7條의 事項外에는 어느 連帶債務者에 關한 事項은 다른 連帶債務者에게 效力이 없다.

相對的 效力 事由

1. 原則: 제416조 내지 제422조에서 규정한 이외의 사유는 상대적 효력만 있다.

2. 個別的인 경우

(1) 압류 등 시효중단 사유: 이행청구는 절대적 효력이 있으나, 그 외의 압류, 가압류 또는 승인의 시효중단사유는 상대적 효력만 있다. 즉 채권자의 신청에 의한 경매개시결정에 따라 연대채무자 1인의 소유 부동산이 압류된 경우, 이로써 위 채무자에 대한 채권의 소멸시효는 중단되지만, 압류에 의한 시효중단의 효력은 다른 연대채무자에게 미치지 아니하므로, 경매개시결정에 의한 시효중단의 효력을 다른 연대채무자에 대하여 주장할 수 없다(대판 2001.8.21. 2001다22840).

(2) 시효이익의 포기: 소멸시효 완성의 효과는 절대적 효력이 있으나, 시효이익의 포기는 상대적 효력만 있다.

(3) 확정판결: 연대채무자 개인에 대한 승소 또는 패소판결의 효력은 상대적 효력만 있다. 연대채무의 개별·독립성에서 당연하다.

第424條【負擔部分의 均等】 連帶債務者의 負擔部分은 均等한 것으로 推定한다.

負擔部分의 均等

1. 意義: 연대채무는 채권자와의 관계에서는 모든 연대채무자가 각자 전부의무를 부담하지만 내부관계에서는 서로 그 출연을 분담하는 부담부분이 있다. 부담부분에 대한 규정은 불가분채무에도 그대로 준용된다(411조). 연대채무자는 채권자에 대하여는 전부의무를 지고, 부담부분은 연대채무자간의 내부관계에 지나지 않아 채권자에게는 원칙적으로 아무런 영향이 없다. 그러나 면제나 소멸시효 완성의 효력은 부담부분에 한하여 절대적 효력이 있으므로 채무자간의 부담부분이 채권자에게 영향을 준다. 따라서 부담부분이 균등하지 않을 때에는, 채권자가 이를 알고 있는 경우에 주장할 수 있다고 보며, 또한 부담부분에 대한 합의의 변경을 채권자에 대항할 수 있기 위하여는 그 변경사실을 채권자에게 통지 또는 승낙을 얻어야 한다고 해석된다.

2. 當事者의 特約: 연대채무자간의 부담부분은 당사자의 내부관계로 별도로 정한 것이 있으면 그에 의한다.

3. 特約이 없는 경우 - 본조: 별도로 정한 것이 없으면 부담부분은 균등한 것으로 추정된다.

第425條【出財債務者의 求償權】 ①어느 連帶債務者가 辨濟 其他 自己의 出財로 共同免責이 된 때에는 다른 連帶債務者의 負擔部分에 對하여 求償權을 行使할 수 있다.
②前項의 求償權은 免責된 날 以後의 法定利子 및 避할 수 없는 費用 其他 損害賠償을 包含한다.

求償權에 대한 基本的 法律關係

1. 意義: 연대채무자의 한 사람이 변제 기타 자기의 출재로 공동 면책된 때에는 다른 연대채무자의 부담부분에 대하여 구상권을 행사할 수 있다(1항). 이 구상권에 대한 법리도 불가분채무에 그대로 준용된다(311조). 구상권은 연대채무자간의 긴밀한 관계인 주관적 공동목적에 의하여 연대채무는 공동부담이 본질로서 구상권은 연대채무에서 당연히 발생하는 것으로 공평의 이념에서 인정되며, 또한 모든 연대채무자를 위한 공동면책이라는 변제의 자체의 효력에서 찾을 수도 있다.

2. 求償權의 成立 - 제1항

(1) 변제 기타 자기의 출재: 자기의 출재로 채권자에게 만족을 주었어야 한다. 변제・대물변제・공탁・상계 등과 같이 적극적으로 재산을 내어 채권자를 만족시키거나 또는 경개 등과 같이 소극적으로 새로운 재산적 의무를 부담하여 채권자를 만족시키는 경우이다.

(가) 면제・소멸시효-불가: 면제・소멸시효의 완성 등은 채무를 면하였으나 자기의 출재가 없어 구상권이 발생하지 않는다.

(나) 혼동-가능: 혼동은 외형적인 자기의 출재는 없어도 내부적으로는 출재가 있는 것과 같은 상태이므로 구상권이 발생한다.

(2) 공동면책: 공동면책이란 모든 채무자의 공동채무의 전부 또는 일부를 소멸시키는 것을 말한다. 즉 자기의 출재가 절대적 효력이 있는 경우를 말한다. 부담부분과의 관계에서는, 채무의 전액이나 자기의 부담부분 이상을 변제하였을 때 구상할 수 있고, 다른 보증인 중 이미 자기의 부담부분을 변제한 자에 대하여는 구상할 수 없다(대판 1993.5.27. 93다4656).

3. 求償權의 範圍 - 제2항

(1) 구상권의 기준: 구상권의 범위는 변제 기타의 출재액과 면책된 날 이후의 법정이자 및 피할 수 없는 비용과 기타의 손해배상액을 포함한다. 출재액과 공동면책액이 다른 경우에는 양자 중 적은 금액이 기준이 된다. 피할 수 없는 비용과 기타의 손해배상이란 변제비용, 소송비용 등을 말한다. 또한 소송을 제기 당한 경우에는 채권자에게 지급한 소송비용 상환액과 본인이 지불한 합리적 범위 내의 변호사보수가 포함된다.

(2) 구상액: 상기의 기준에 따른 총액을 연대채무자 각자의 부담부분의 비율에 따라 분할하여 구상하나, 자기의 부담분을 이미 변제한 자에 대하여는 구상할 수 없다(대판 1993.5.27. 93다4656).

4. 求償權者의 代位權: 구상권자가 다른 연대채무자에 대하여 구상권을 행사할 때에 채권자를 대위할 수 있는가의 문제가 있다. 이에 대하여 민법은 명문의 규정이 없으나, 일반적인 변제자대위를 규정한 제481조의 〈변제할 정당한 이익이 있는 자〉에 연대채무자가 포함되므로 구상권자는 채권자를 대위할 수 있다고 보아야 한다. 그러므로 구상권자는 그 채무자의 부담부분의 범위에서 채권자가 가졌던 물적·인적 담보권을 행사할 수 있다.

第426條【求償要件으로서의 通知】 ①어느 連帶債務者가 다른 連帶債務者에게 通知하지 아니하고 辨濟 其他 自己의 出財로 共同免責이 된 境遇에 다른 連帶債務者가 債權者에게 對抗할 수 있는 事由가 있었을 때에는 그 負擔部分에 限하여 이 事由로 免責行爲를 한 連帶債務者에게 對抗할 수 있고 그 對抗事由가 相計인 때에는 相計로 消滅할 債權은 그 連帶債務者에게 移轉된다.

②어느 連帶債務者가 辨濟 其他 自己의 出財로 共同免責되었음을 다른 連帶債務者에게 通知하지 아니한 境遇에 다른 連帶債務者가 善意로 債權者에게 辨濟 其他 有償의 免責行爲를 한 때에는 그 連帶債務者는 自己의 免責行爲의 有效를 主張할 수 있다.

事前·事後 通知를 要함

1. 意義: 연대채무는 개별 연대채무자에게는 전부의무를 지는 개별·독립된 채무로서 채무자간에 중복하여 변제할 우려가 있으며, 또한 개별 채무자가 가진 항변권을 행사할 기회를 잃을 우려가 있다. 따라서 민법은 이러한 위험을 피하고 다른 채무자를 보호하기 위하여 공동면책행위 전후에 이를 다른 채무자에게 통지토록 하며, 이를 하지 않은 경우에는 구상권의 행사에 일정한 제한을 하고 있다.

2. 事前通知 안한 경우 - 제1항: 사전통지 없이 공동면책행위를 한 경우에는 다른 채무자가 채권자에게 대항할 수 있는 사유로써 그의 부담부분의 한도 내에서 구상권을 행사하는 자에게 대항할 수 있다. 그 사유가 상계인 때에는 상계로 소멸할 채권은 면책행위를 한 채무자에게 이전된다.

(1) 상계의 경우: 제1항 후단의 상계의 경우에 상계의 범위는 당해 채무자의 부담부분을 한도로 한다. 예컨대 A, B, C 세 사람의 60만원의 연대채무를 A가 사전통지 없이 전부 변제한 후에 각자에게 20만원씩의 구상권을 행사하게 된 때에, C가 상계적상에 있는 30만원의 반대채권을 채권자에게 가지고 있다면, A의 구상권행사에 C는 부담부분 20만원에 한하여 그(채권자에 대한) 반대채권을 행사하여 A의 구상채무를 소멸시킬 수 있으며, 그렇게 되면 C의 채권자에 대한 20만원의 반대채권은 구상권자(A)에게 이전되어 A가 채권자에게 (20만원)행사할 수 있다. 물론 이 경우에 C는 채권자에게 나머지 10만원(30만원 - 20만원)의 반대채권은 여전히 가진다.

(2) 상계 이외의 사유-통지 불요: 변제·대물변제·공탁 및 면제·소멸시효의 완성 등의 절대적 효력 사유는 포함되지 않는다. 이들은 절대적 효력 사유로써 사전통지 없이 변제할 때 이미 그 부담부분에 관하여는 채무가 소멸되어, 변제 자체가 유효하지 않기 때문이다. 즉 이 경우에는 출재행위 자체가 비채변제로서 채권자에 대한 부당이득이 된다. 따라서 이 경우에는 변제자는 구상권을 행사할 수 없고, 변제받은 채권자에게 당해 금액만큼의 부당이득반환청구권을 행사하여야 한다. 결국 제1항의 상계 이외의 대항할 수 있는 사유에는 연대채무가 그 모습을 달리하는 경우에 기한의 미도래, 조건의 불성취, 동시이행의 항변, 개별적인 무효 또는 취소사유 등이다.

3. 事後通知안한 경우 - 제2항: 공동면책행위 후에 이를 다른 채무자에게 통지하지 아니하여 다른 채무자가 선의로 유상의 면책행위를 한 때에는 뒤에 한 선의의 면책행위자가 자기의 면책행위의 유효를 주장할 수 있다. 여기서 제2의 면책행위의 유효는 모든 관계, 즉 채권자와 모든 채무자와의 관계를 의미하는 것인지 또는 면책행위자와의 관계만을 의미하는 것인지 불분명하다. 이는

선의의 2중 면책행위자를 보호하기 위한 구상권의 제한을 규정한 것으로 면책행위자와의 관계만에 한정된다고 보아야 한다.

(가) 면책행위자간의 효력: 면책행위자(연대채무자)간에서는 제2의 면책행위자가 제1의 면책행위자에 우선한다. 따라서 제2의 면책행위자는 제1의 면책행위자에게 구상권을 행사할 수 있다. 제1면책행위자가 이미 다른 채무자에게 구상권을 행사한 경우에는 구상액을 부당이득으로 반환청구할 수 있으며, 구상권을 행사하지 않은 경우에는 제1면책행위자의 구상권을 취득하여 직접 구상권을 행사할 수 있다.

(나) 면책행위자와 채권자 간의 효력: 대 채권자와의 관계에서는 제1의 면책행위로 채권은 소멸하여, 제2의 면책행위는 비채변제로 부당이득이 된다. 따라서 제2의 면책행위자는 채권자에게 부당이득반환청구를 할 수 있다. 제2의 면책행위자가 채권자에게 자기의 면책행위를 부당이득으로 반환을 청구하는 경우에, 제1의 면책행위자 또는 다른 채무자로부터 구상 받은 한도 내에서 그 반환청구권은 당연히 제1면책행위자에게 이전된다.

4. 事後 및 事前通知를 안한 者 間의 關係: 어떤 채무자가 면책행위 후에 사후통지를 하지 않고 있는 동안 다른 채무자가 사전통지 없이 면책행위를 한 경우이다. 이와 같이 제1면책행위자와 제2면책행위자 모두 과실이 있는 경우에 관하여는 민법에 규정되어 있지 않다. 이 경우에는 일반론에 의하여 제1면책행위를 유효한 것으로 보아야 할 것이다. 따라서 제1면책행위자가 제2면책행위자와 다른 채무자에게 구상권을 행사할 수 있으며, 제2면책행위자는 채권자에 대하여 자기의 변제를 비채변제에 의한 부당이득으로 반환을 청구하여야 한다.

第427條【償還無資力者의 負擔部分】 ①連帶債務者中에 償還할 資力이 없는 者가 있는 때에는 그 債務者의 負擔部分은 求償權者 및 다른 資力이 있는 債務者가 그 負擔部分에 比例하여 分擔한다. 그러나 求償權者에게 過失이 있는 때에는 다른 連帶債務者에 대하여 分擔을 請求하지 못한다.

②前項의 境遇에 償還할 資力이 없는 債務者의 負擔部分을 分擔할 다른 債務者가 債權者로부터 連帶의 免除를 받은 때에는 그 債務者의 分擔할 部分은 債權者의 負擔으로 한다.

被求償權者中 償還無資力者가 있는 경우(求償權者 保護)

1. 無資力者의 負擔部分의 分擔

(1) 무자력-제1항: 연대채무자 중에 구상에 응할 자력이 없는 자가 있는 경우에는, 그에게 구상될 부분은 구상권자를 포함한 다른 연대채무자간에 부담부분에 비례하여 분담한다. 예컨대 A·B·C가 300만원의 연대채무를 부담하여, A가 300만원을 변제하여 채무가 소멸된 경우에, A는 B·C에게 각각 100만원씩 구상할 수 있는데, C가 40만원의 자력만 있어 60만원이 무자력인 경우이다. 이때는 그 무자력으로 구상하지 못한 60만원은 A·B 간의 부담부분 비율인 1:1로 부담하여 A는 B에게 30만원을 구상할 수 있다는 것이다. 그러나 그 무자력에 대하여 구상권자에게 과실이 있는 경우에는 다른 연대채무자에게 분담을 청구하지 못한다(1항 단서). 예컨대 구상권의 행사를 해태하여 그로인해 상기의 경우에 C가 무자력이 된 경우 등은 B에게 30만원을 청구하지 못한다.

(2) 무자력 외의 상환불능-제1항 유추적용: 본조 제1항은 연대채무자가 무자력인 경우만을 규정하고 있으나, 그 밖의 상환불능 예컨대 행방불명과 같은 경우에도 본조를 유추적용한다고 해석한다. 또한 무자력자를 제외하고는 모두 부담부분이 零(영)인 경우에는 구상권자를 포함하여 부담부분이 零(영)인 다른 연대채무자가 균분하여 부담하는 것이 공평의 원칙과 연대채무의 공동분담의 사상에 적합하다.

2. 連帶의 免除와 無資力者의 負擔部分 - 제2항: 구상에 응하는 연대채무자 중에 상환 무자력자가 있어, 상환 무자력자의 부담부분에 대하여 제1항에 의하여 분담할 채무자가 연대의 면제를 받은

때에는 그 채무자의 분담할 부분은 채권자의 부담으로 한다. 연대의 면제란 연대채무자에 대하여 부담부분의 의무만을 부담하고, 다른 채무자와 연대하여 전 채무를 이행할 의무를 면제하는 것을 말한다. 연대의 면제가 되면 당해 채무는 분할채무가 된다.
(1) 절대적 연대의 면제: 연대채무자 모두에게 연대의 면제(절대적 연대면제)가 되면 모든 채무가 분할채무가 된다. 예컨대 600만원에 대하여 A, B, C, D가 연대채무를 지는 경우에, 네 사람 모두에게 연대의 면제를 하면 600만원은 네 사람의 분할채무가 되어, 각자가 150만원씩의 분할채무를 진다.
(2) 상대적 연대의 면제: 연대채무자 중의 일부의 자에게 연대의 면제(상대적 연대면제)를 하면 당해 채무자의 채무만 분할채무가 된다. 예컨대 600만원에 대하여 A, B, C, D가 연대채무를 지는 경우에, A에게만 연대의 면제를 하면 A는 150만원의 채무만 지나 나머지 B, C, D는 여전히 450만원에 대한 연대채무를 진다. 따라서 이 경우에 B가 전부 변제 후에 450만원을 A, C, D에게 구상할 때 D가 상환 무자력이면, A, C, D는 150만원씩의 고유한 부담부분을 지나 D가 부담할 150만원은 제427조제1항에 의하여 A, B, C가 50만원씩 분담하여야 하나, 제2항에 의하여 A가 연대의 면제를 받아 A가 분담할 50만원은 채권자가 부담한다는 것이다. 따라서 B는 A에게 150만원, C에게 200만원, 채권자에게 50만원을 구상할 수 있다(변제한 B는 200만원 부담).

第4款 保證債務

1. 概括: 보증채무는 채권자와 보증인 간의 보증계약으로 발생하는 채무로서, 주채무자가 그의 채무를 이행하지 않는 경우에 채무자 아닌 제3자(보증인)에게 그 채무에 대한 제2차적인 이행의무를 부담시킴으로써 채권의 이행을 보장받기 위하여 발생시키는 채무이다(428조). 따라서 보증채무는 보증계약의 당사자인 채권자와 보증인 외에 주채무자와도 일정한 관계가 있어 법률관계면에서는 다수당사자의 채권관계이나 기능면에서는 채권의 인적 담보를 목적으로 하는 제도이다. 보증채무는 현재의 확정된 채무뿐만 아니라 장래의 채무에 대하여도 성립할 수 있다(428조2항). 예컨대 고용계약·임대차계약·계속적 공급계약·당좌대월계약·어음할인계약·신용카드거래계약과 같은 계속적 거래관계에서 발생되는 장래의 주된 채무에 대하여도 보증채무는 성립한다. 보증계약에 관하여는 민법 제428조 내지 제449조에서 규정한다. 그런데 특별히 통상의 보증인의 보호를 위하여 〈보증인보호를위한특별법(2008.3.21 법률 8918호)〉이 있으며, 신원보증에 관하여는 통상의 보증과는 달리 〈신원보증법(2002.1.14. 법률 6592호)〉에서 신원보증인의 보호를 위하여 특별히 규정하고 있다.
2. 特質: 보증채무는 주된 채무의 담보를 위하여 보증계약으로 발생하는 채무이다. 따라서 주된 채무에 대하여는 한편으로는 개별·독립성을 가지나 기본적으로는 종된 지위에 있다. 이와 같이 보증채무는 독립성과 종된 성질을 함께 가지는데, 특히 종된 성질에서 보증채무의 특수성이 나온다.
(1) 채무의 독립성: 보증채무는 채권자와 보증인 간의 보증계약에서 발생하므로 주된 채무와는 별개·독립한 채무이다. 보증계약은 반드시 주채무의 계약과는 독립된 계약이어야 하는 것은 아니며, 실제로는 편의에 의하여 주채무의 계약에 부수하여 행하여지는 것이 보통이다. 그러나 그러한 경우에도 보증채무는 주채무와는 독립성을 가진다. 그러나 이러한 독립성은 보증채무의 종된 성질에 의하여 많은 제한을 받는다.
(가) 부보증: 보증채무는 주채무와는 독립성을 가져 보증채무를 다시 보증(부보증)하는 것도 가능하다.
(나) 기한, 조건을 달리할 수 있음: 보증채무는 주채무와 기한·조건 등을 달리하는 등으로 그 모습을 달리 할 수도 있다.
(2) 채무내용의 동일성: 보증인은 주채무자가 이행하지 아니하는 채무를 이행할 의무가 있는, 즉 보증채무는 주채무자의 급부의무와 동일하다. 이는 보증채무가 그 내용면에서 주채무와 동일하다는 것을 의미하는 것으로, 보증인은 종된 지위에 있기 때문에 주채무 그 자체를 이행하여야

한다는 것을 의미하는 것은 아니다.

(가) 주채무는 원칙적으로 대체적 급부를 목적: 보증채무는 주채무와 급부내용이 동일하므로 주채무는 당연히 대체적 급부를 그 내용으로 한다.

(나) 주채무가 부대체적 급부인 경우: 주채무가 부대체적 급부의 경우에도 보증이 가능하나, 이 경우에는 주채무자의 본래의 급부를 보증하는 것이 아니라 주채무자의 불이행에 의한 손해배상채무로 변하는 것을 정지조건으로 보증하는 것으로 해석된다.

(다) 특정물 급부에 대한 보증: 특정물을 급부하는 채무에 관하여도 다른 사람도 그 특정물을 취득할 수 있다면 그와 같은 채무에 관하여도 보증이 가능하다.

(라) 보증채무가 주채무와 내용이 다른 경우: 보증인으로 되어 있을 지라도 당사자가 부담하는 채무가 주채무의 내용과 같지 아니한 경우에는 당사자의 계약의 내용에 따라 손해담보 또는 대물변제예약 등이 되어 보증과는 다르다.

(3) 부종성: 보증채무는 주채무를 전제로 한다. 이를 보증채무의 부종성이라 하며, 이러한 부종성은 보증채무의 성립·내용·존속에 관하여 다음과 같은 내용을 가진다.

(가) 성립상의 부종성: 주채무가 존재하지 않으면 보증채무도 성립되지 않는다.

(나) 주체무의 무효, 취소: 주채무가 무효 또는 취소되면, 보증채무도 무효로 된다.

(다) 주채무의 취소사유를 알고 한 보증-제436조: 보증인이 주채무가 취소사유 있음을 알고서도 보증을 한 경우에 주채무가 취소된 경우에는, 보증채무가 무효가 되는 것이 아니라 보증인이 주채무와 동일한 목적의 독립한 채무를 부담한다.

(라) 범위의 부종성-제430조: 보증채무는 그 목적 또는 형태에 있어서 주채무보다 더 무거울 수 없다.

(마) 주채무의 변경: 주채무의 내용이 변경된 때에는, 변경된 채무가 종전의 채무와 동일성이 있는 때에는 보증채무의 효력은 그대로 유지된다(예: 불이행에 의한 손해배상채무로 된 경우).

(바) 주채무의 소멸: 주채무가 소멸하면 보증채무도 따라서 소멸한다.

(사) 주채무자의 항변권 원용-제433조: 보증인은 주채무자가 가지는 항변권을 원용할 수 있다.

(4) 수반성: 보증채무는 수반성을 가져, 주채무자에 대한 채권이 이전하는 때에는 원칙적으로 보증인에 대한 채권도 이전한다. 즉 채권양도는 보증인에게 아무런 영향이 없다.

(5) 보충성: 보증인은 채권자에 대하여 2차적 지위에 있어, 주채무자가 이행하지 아니한 때에 이행할 책임이 있다. 즉 보증인은 보충적 책임을 진다. 그러나 이는 채권자가 보증인에 대한 이행청구의 전제요건이 주채무자의 불이행이라는 것이 아니라, 다만 채권자가 보증인에 먼저 이행청구를 한 경우에 보증인은 최고·검색의 항변권을 행사할 수 있다는 것에 지나지 않는다. 다만 연대보증의 경우에는 보충성이 없어 이러한 항변권이 없으며, 또한 상사보증은 연대보증이 원칙이다(상법 57조).

(6) 주채무자의 변경(채무인수), 주채무자의 사망

(가) (면책적) 채무인수: 채권자의 변경이 없이 주채무자의 변경이 있는 때에는(예: 채무인수) 보증채무는 소멸한다. 보증채무는 보증인과 주채무자 간의 인적 신뢰 관계를 토대로 발생하기 때문이다.

(나) 주채무의 상속: 상속에 의하여 주채무자가 변경된 경우에는 보증채무는 그대로 존속한다. 상속의 경우는 인적 관계가 종료되어도 채무자의 자산 자체에는 변화가 없기 때문이다. 따라서 상속인이 한정승인을 하여 상속인이 면책된 때에도 채권자는 보증인에게 보증채무의 이행을 청구할 수 있다.

(7) 보증인의 사망

(가) 기간과 한도액이 없는 보증에서도 보증인의 지위는 상속 안 됨: 계속적 어음할인거래로 인하여 장래에 부담하게 될 채무에 관하여 보증한도액과 보증기간의 정함이 없는 연대보증계약에 있어서는 보증인의 지위는 특별한 사정이 없는 한 상속인에게 상속된다고 할 수 없으므로 연대보증인의 사망 후에 생긴 주채무에 대하여는 그 상속인이 보증채무를 승계하여 부담하지는 아니한다(대판 2003.12.26. 2003다30784).

(나) 보증한도액이 있는 계속적 보증에서 보증인의 사망-상속됨: 한도액이 정해진 계속적 보증

계약의 경우 보증인이 사망하였다 하더라도 보증계약이 당연히 종료되는 것은 아니고 특별한 사정이 없는 한 상속인들이 보증인의 지위를 승계한다고 보아야 한다(대판 1998.2.10. 97누5367; 1999.6.22. 99다19322, 19339).

3. 構成

(1) 보증채무의 내용, 범위, 책임 등 일반: 제428조-제432조
(2) 보증인과 주채무자 간의 권리, 의무 등: 제433조-제436조
(3) 보증인의 최고, 검색: 제437조, 제438조
(4) 공동보증: 제439조
(5) 주채무의 시효: 제440조
(6) 보증인의 구상권: 제441조-제448조
(7) 신원보증: 특별법인 신원보증법으로 별도로 규율.

4. <보증인보호를 위한 특별법>

(1) 적용 범위
(가) 대가 없이 호의로 이루어진 보증-제1조: 본 특별법은 보증인이 피보증인으로부터 대가 없이 호의로 이루어진 보증에 적용된다.
(나) 보증인의 범위-제2조: 본법의 보호대상이 되는 보증인은 민법 제429조제1항에 따른 보증채무를 부담하는 자로서 보증인보호를 위한 특별법 제2조에서 한정하는 자를 제외한다. 제외되는 자는 주로 기업과 관련된 채무의 보증, 동업관계자의 보증이 해당한다.
(2) 보증의 방식-서면-제3조: 보증의 의사가 기명날인 또는 서명된 서면에 의하여 표시되어야 한다.
(3) 보증채무 최고액의 특정-제4조, 제6조: 보증채무의 최고액은 서면으로 특정되어야 한다.
(4) 보증기간-약정없으면 3년-제7조: 보증기간에 대하여 약정이 없으면 그 기간은 3년이다.
(5) 채권자의 통지의무-제5조: 채권자는 원본이자에 대한 연체가 3개월 이상인 때에는 연체 사실을 보증인에게 통지하여야 하고, 그 채권자가 금융기관인 때에는 연체기간이 1개월 이상이면 통지하여야 한다.
(6) 편면적 강행규정-제11조: 본법에 위반하는 약정으로 보증인에게 불리한 것은 효력이 없다.

特殊한 類型의 保證

獨立的 銀行保證(first demand bank guarantee)

1. 意義와 成立: 독립적 은행보증이라 함은 보증인이 보증의뢰인의 부탁에 의하여 수익자에게 발행한 지급보증으로, 수익자가 자기의 절대적(일방적) 판단으로 보증의뢰인이 수익자와의 계약조건의 어느 것이라도 불이행하였다고 결정한 때에는 보증인이 즉시 수익자에게 보증금을 지급하는 것을 내용으로 하는 보증계약이다(대판 1994.12.9. 93다43873). 이러한 보증은 일반적으로는 공사도급의 경우에 수급인의 의뢰에 따라 은행과 도급인 사이에 체결된다.

2. 獨立的 銀行保證의 特質에 따른 法律關係

(1) 부종성이 없음-수익자의 청구로 무조건 지급의무가 발생: 독립적 은행보증에서 보증의무의 성질은 무조건적이고 보증인이 주장할 수 있는 어떠한 면책사유로도 대항하지 못하는 것으로 주채무에 대한 관계에 있어서 부종성을 가지는 통상의 보증이 아니라, 주채무자(보증의뢰인)와 채권자(수익자) 사이의 원인관계와는 독립되어 그 원인관계에 기한 사유로서는 수익자에게 대항하지 못하고 수익자의 청구가 있기만 하면 보증인의 무조건적인 지급의무가 발생한다.
(2) 추상성·무인성-주채무자의 불이행책임 존부는 불문: 독립적인 이러한 은행보증의 보증인으로서는 보증의뢰인이 수익자에 대한 관계에 있어서 채무불이행책임을 부담하게 되는지의 여부를 불문하고 보증금을 지급할 의무가 있으며, 이 점에서 이 은행보증은 수익자와 보증의뢰인과의 원인관계와는 단절된 추상성 내지 무인성을 가진다. 즉 주채무자(보증의뢰인)와 채권자(수익자) 사이의 원인관계와는 독립되어 그 원인관계에 기한 사유로서는 수익자에게 대항하지 못하고 수익자의 청구가 있기만 하면 보증인의 무조건적인 지급의무가 발생한다(대판 1994.12.9. 93다43873).

(3) 보증인과 보증의뢰인 사이의 본질은 위임관계: 보증의뢰인과 보증인 사이는 민법상의 위임계약과 다르지 않아, 보증인은 그 수임인으로서 상대방인 보증의뢰인의 당해 보증서에 관한 이익을 보호하여야 할 의무를 부담하게 되고, 따라서 수익자의 보증금 청구가 권리남용임이 객관적으로 명백할 때에는 보증의뢰인에 대한 관계에 있어서 그 지급을 거절하여야 할 보증의뢰계약상의 의무가 있다.

3. 權利濫用에 따른 支給拒絶은 可能: 독립적 은행보증의 경우에도 신의성실의 원칙 내지 권리남용금지의 원칙의 적용까지 배제되는 것은 결코 아니라고 할 것이므로 수익자가 실제에 있어서는 보증의뢰인에게 아무런 권리를 가지고 있지 못함에도 불구하고 위와 같은 은행보증의 추상성 내지 무인성을 악용하여 보증인에게 청구를 하는 것임이 객관적으로 명백할 때에는 이는 권리남용의 경우에 해당하여 허용될 수 없는 것이고, 이와 같은 경우에는 보증인으로서도 수익자의 청구에 따른 보증금의 지급을 거절할 수 있다고 보아야 할 것이다(대판 1994.12.9. 93다43873).

連帶保證

1. 意義: 연대보증이란 보증인이 주채무자와 연대하여 채무를 부담하는 보증채무이다. 이는 보증채무에 연대채무를 혼합한 형태로서, 채권자에 대한 보증의 효력을 강화시킨 보증채무의 일종이다. 따라서 연대보증채무는 연대채무와 보증채무의 성질인 연대성과 부종성을 함께 가지고 있다.

2. 特質에 따른 法律關係

(1) 연대성-최고, 검색의 항변권 없음: 보통의 보증채무와는 달리 연대보증채무는 주채무와 연대성이 있고, 보충성이 없어 최고·검색의 항변권이 없다(437조). 따라서 채권자는 주채무자보다 먼저 연대보증인에게 이행의 청구 및 강제집행을 할 수 있다. 또한 복수의 연대보증인이 있는 경우에는 보증인 사이에는 분할의 이익이 없어 연대보증인 중 일인에게 채무 전액의 이행을 청구할 수 있다(이 점은 보증연대와 같고, 공동보증과는 다르다).

(2) 부종성: 연대보증도 보증의 성격을 가져 주채무에 부종성을 가진다.

(가) 성립상의 부종성: 성립에 관한 부종성에서 주채무가 부존재·무효·취소로 성립하지 않으면 연대보증채무도 성립하지 않는다.

(나) 내용상의 부종성: 내용에 관한 부종성에서 연대보증채무의 목적·형태가 주채무보다 중할 수 없으나, 주채무가 동일성을 가지고 변하면 연대보증은 그대로 효력을 유지한다.

① 동일성 유지하면서 감축 된 경우: 주채무의 실질적 동일성이 상실되지 아니하고 동시에 주채무의 부담 내용이 축소·감경된 것에 불과한 경우에는 보증인은 그와 같이 축소·감경된 주채무의 내용에 따라 보증책임을 진다(대판 2001.3.23. 2001다628).

② 동일성 상실: 보증계약이 성립한 후에 보증인이 알지도 못하는 사이에 주채무의 목적이나 형태가 변경되었다면, 그 변경으로 인하여 주채무의 실질적 동일성이 상실된 경우에는 당초의 주채무는 경개로 인하여 소멸하였다고 보아야 할 것이므로 보증채무도 당연히 소멸한다(대판 2001.3.23. 2001다628).

(다) 존속상의 부종성: 존속에 관한 부종성에서 연대보증인은 주채무자가 가지는 항변권을 원용할 수 있으며, 주채무가 소멸하면 연대보증채무도 소멸한다.

3. 連帶保證의 成立 - 連帶의 特約: 연대보증이 성립하기 위하여는 보증계약에 연대의 특약이 있어야 한다. 연대보증계약은 보통의 경우 주채무계약에 연서하여 행하여진다. 한편 보통의 보증에서 보증인이 최고·검색의 항변권을 포기하면 연대보증과 같게 된다. 그 밖에 상법상의 보증은 연대보증이 원칙이다(상법 57조).

4. 連帶保證의 效力

(1) 대외적 효력: 채권자가 가지는 권리는 연대채무에서와 같다. 따라서 채권자는 주채무자와 연대보증인에게 동시 또는 순차적으로 채무의 일부 또는 전부의 이행을 청구할 수 있다. 채권자의 이행의 청구 및 강제집행에 대하여 연대보증인은 최고·검색의 항변권은 없다(437조). 그러나 부종성이 있어 주채무자가 가지는 항변권(동시이행의 항변권 등)을 원용할 수 있다.

(2) 주채무자와 연대보증인에게 관한 사유의 효력

(가) 주채무자에 관한 사유-원칙적으로 절대적 효력: 부종성이 있어 주채무자에 대하여 발생한

사유는 연대보증인에게도 절대적 효력이 있는 것이 원칙이다. 따라서 주채무가 채권의 만족을 주는 사유인 변제·대물변제·공탁·상계·경개로 소멸하거나, 혼동·면제 또는 소멸시효의 완성으로 소멸하면 연대보증채무도 소멸한다. 또한 보증채무의 성격도 가져 주채무자에 대한 시효의 중단의 효과도 연대보증인에게 미친다고 보아야 한다(440조).

(나) 연대보증인에 관한 사유-만족을 주는 사유만 절대적 효력: 채권의 만족을 주는 사유인 변제·대물변제·공탁·상계·경개는 주채무자에게도 절대적 효력이 있다. 그 밖의 사유인 연대보증인에 대한 이행의 청구·시효의 중단·소멸시효의 완성·면제·혼동·채권포기 등은 주채무자에게 영향이 없다. 예컨대 연대보증인 1인에 대한 채권포기는 주채무자나 다른 연대보증인에게는 효력이 미치지 아니한다(대판 1994.11.8. 94다37202).

(3) 내부관계(구상관계): 연대보증인과 주채무자 간의 내부관계, 즉 구상관계는 보통의 보증채무에서와 같다. 따라서 제441조 이하의 규정이 적용된다.

共同保證

1. 成立: 동일한 주채무에 관하여 여러 명이 보증채무를 부담하는 것이 공동보증이다. 공동보증은 하나의 계약으로 성립될 수도 있고, 순차적으로 별개의 계약에 의하여 성립될 수도 있다. 이러한 공동보증은 구체적인 내용에 따라서 수인의 보증인이 ① 모두 보통의 보증인인 경우, ② 연대보증인인 경우, ③ 보증인간에 연대의 특약을 한 경우 등으로 구분된다. ②와 ③의 보증인간에 연대의 특약을 한 경우는 보증인간에 분할의 이익이 없다. 상기 세 유형 중 다른 유형으로 볼 특별한 사유가 없는 경우에는 ①의 보통의 보증인이 단순히 다수인 경우로 보아야 한다. 공동보증은 보통의 보증과 성질이 다르지 않고, 단지 보증인이 여러 명이기 때문에 채권자와 수인의 보증인의 관계와 보증인 상호간의 관계가 문제된다.

2. 債權者와의 關係 - 分割(別)의 利益: 민법은 제439조에서 공동보증의 경우는 분할채무의 규정을 적용한다고 규정한다. 따라서 보증인간에 있어서는 분할된 액(부담부분)에 관하여만 보증채무를 부담하게 된다. 수인의 보증인이 각자 주채무자와 연대하여 채무를 부담하나 보증인간에 연대의 특약에 없으면 보증인간에는 분별의 이익이 있고, 보증인 중 일인이 자기의 부담부분을 초과하여 변제한 경우에는 다른 연대보증인에게 구상을 할 수 있다(대판 1988.10.25. 86다카1729).

3. 共同保證人 사이의 求償關係: 공동보증인 중 한 사람이 변제 기타 출재로 주채무자를 면책시킨 때에는 주채무자에 대하여 구상권을 행사할 수 있음은 당연하다. 구상권의 범위는 단독 보증과 동일하게 면책시킨 전액에 대하여 구상권을 행사할 수 있다. 공동보증인 중 한 사람이 자기의 부담부분을 초과하여 변제한 때에는 민법 제448조는 다른 공동보증인에게도 구상권을 행사할 수 있고, 그 범위는 제444조의 부탁 없는 보증인의 구상권에 관한 법리가 준용된다고 규정한다.

* 이행(지급)보증보험은 보험계약자인 채무자의 주계약상의 채무불이행으로 인하여 피보험자인 채권자가 입게 되는 손해의 전보를 보험자가 인수하는 것을 내용으로 하는 손해보험으로서 실질적으로는 보증의 성격을 가지고 보증계약과 같은 효과를 목적으로 하는 점에서 보험자와 채무자 사이에는 민법의 보증에 관한 규정이 준용된다고 할 것이나(대판 1997.10.10. 95다46265), 이와 같은 보증보험계약과 주계약에 부종하는 보증계약은 계약의 당사자, 계약관계를 규율하는 기본적인 법률 규정 등이 상이하여 보증보험계약상의 보험자를 주계약상의 보증인과 동일한 지위에 있는 공동보증인으로 보기는 어렵다 할 것이므로, 보험계약상의 보험자와 주계약상의 보증인 사이에는 공동보증인 사이의 구상권에 관한 민법 제448조가 당연히 준용된다고 볼 수는 없다(대판 2001.2.9. 2000다55089).

繼續的 保證

1. 意義: 〈계속적 보증〉은 일정한 계속된 기간 중에 채권자와 주채무자 사이의 현재 및 장래에 발생하는 불확정채무에 대한 보증을 총괄하여 지칭한다. 이와 같은 계속적 보증에는 채권자와 주채무자 사이의 당좌대월계약·어음할인계약·신용카드거래계약·할부판매계약·계속적 공급계약 등에 의하여 일정기간 동안 증감 변동하는 불확정의 채무를 보증하는 근보증 또는 신용보

증, 고용계약 기간 중에 발생하는 피용인의 사용인에 대한 손해배상의무를 보증하는 신원보증과 임대차계약에 의한 임차인의 임대인에 대한 임료 및 손해배상의무를 보증하는 임차보증이 있다. 계속적 보증은 보증의 대상이 되는 채무의 시간적 계속성과 채무의 불확정(증감변동)이라는 특성을 가지는데, 채무의 불확정이란 보증기간 동안 채무가 증감 변동한다는 의미이며, 최종적인 보증책임을 부담할 때(결산기)는 채무가 확정됨은 물론이다. 따라서 장래에 발생할 확정채무를 보증할 장래의 채무의 보증과는 다르며, 장래의 채무의 보증은 보통의 보증과 다르지 않다.

2. 繼續的 保證 · 根保證 등: 계속적 보증 등에 관한 용어가 가끔 혼용되는데, 특히 계속적 보증 · 근보증 · 신용보증의 용어가 사용분야에 따라서 다소 그 의미를 달리 혼용되고 있다.

(1) 근보증: 주로 금융계에서 당좌대월계약 · 신용카드거래계약 · 어음할인계약 등에서 일정 기간 동안의 불확정의 채무를 보증하되, 그 보증한도액을 미리 당사자간에 약정이 있는 보증으로 근저당에 대칭되는 개념으로 사용되는 용어이다.

(2) 신용보증: 주로 금융계에서 물적 담보에 대칭되는 개념으로 사용하는 포괄적인 용어이다. 따라서 물적 담보가 아닌 경우는 전부 신용보증이며, 근보증도 신용보증에 속하나 근보증은 보증한도액이 정해진 신용보증으로, 신용보증에 근보증이 포함된다 할 수 있다.

(3) 신원보증: 신원보증은 신원보증법이 독립된 법률로 있기 때문에 이를 계속적 보증의 개념에 포섭하지 않고 일반적으로 독립된 개념으로 본다.

3. 繼續的 保證의 法律關係: 계속적 보증에 있어서 가장 문제가 되는 것은 계속적 보증은 공통적으로 보증기간이 장기간으로 그 기간 동안 당초에 보증인이 예상하지 못한 사정이 생겨 보증인의 책임이 현저하게 가중될 수 있다는 점이다. 이에 보증인의 책임을 합리적으로 조정 · 완화할 필요가 있고, 특히 사후에 보증인의 책임을 합리적으로 경감한다든지 또는 사전에 이러한 위험을 인지하고 보증인이 책임을 면할 수 있는 기회를 부여할 필요가 있다. 특히 채권자의 통지의무 및 보증계약의 해지권 등이 문제가 된다.

(1) 보증의 원칙적 범위: 계속적 보증계약에 있어서 보증한도액이 정하여져 있는 경우, 그 한도액을 주채무의 원금만을 기준으로 정한 것인지 아니면 주채무에 대한 이자 · 지연손해금 등 부수채무까지 포함하여 정한 것인지의 여부는 먼저 계약당사자의 의사에 따라서 결정하여야 하나, 특별한 약정이 없으면 그 한도액은 주채무에 대한 이자 · 지연손해금 등 부수채무까지 포함하여 정한 것으로 보아야 한다(대판 1999.3.23. 98다64639).

(2) 보증기간과 보증한도를 명시하지 않은 경우: 보증기간과 보증한도를 명시하지 않은 계속적 보증의 경우 연대보증인은 그 보증한도에 관하여 채권자와 주채무자 사이에서 결정되는 어음거래한도액이 얼마로 결정되든지 아무런 제한 없이 이에 따르기로 한 것으로 보기는 어렵고 어음거래약정과 함께 이루어진 연대보증 당시에 연대보증인이 예상할 수 있는 증액 범위 내에서만 연대보증인의 개별적 동의 없이도 그 증액된 거래한도에 따라 보증책임을 부담하기로 하였던 것으로 봄이 상당하다(대판 2001.11.27. 99다8353).

(3) 보증인의 책임 범위와 그 제한: 계속적 보증계약에서 보증인은 변제기에 있는 주채무 전액에 대하여 책임을 지는 것이 원칙이고, 다만 보증 당시 주채무의 액수를 보증인이 예상하였거나 예상할 수 있었을 경우에는 그 예상 범위로 보증책임을 제한할 수 있으나, 그 예상 범위를 상회하는 주채무 과다 발생의 원인이 채권자가 주채무자의 자산 상태가 현저히 악화된 사실을 잘 알거나 중대한 과실로 알지 못한 탓으로 이를 알지 못하는 보증인에게 아무런 통보나 의사 타진도 없이 고의로 거래 규모를 확대함에 연유하는 등 신의칙에 반하는 사정이 있는 경우에 한하여 보증인의 책임을 합리적인 범위 내로 제한할 수 있다(대판 1998.6.12. 98다8776: 2005.10.27. 2005다35554, 35561). 따라서 물적 담보의 한도 내에서 거래함을 원칙으로 하고 계약기간도 1년 단위로 연장할 수 있도록 약정한 판매계약 하에서 채권자가 이미 판매대금을 연체하고 있는 채무자에 대한 거래 규모를 급격히 확대시키면서도 판매계약을 종료하거나 추가담보를 제공받지도 않고 연대보증인에게 그와 같은 사실을 통지하지도 않은 경우, 연대보증인의 책임을 판매계약상의 원칙적 거래 한도로 제한한 사례가 있다(대판 1998.6.12. 98다8776).

(4) 보증인의 해지권의 유무(한정 적극) 및 그 판단기준: 계속적 보증계약에 있어서 보증인의

주채무자에 대한 신뢰가 깨어지는 등 보증인으로서 보증계약을 해지할 만한 상당한 이유가 있는 경우에 보증인으로 하여금 그 보증계약을 그대로 유지존속케 하는 것은 사회통념상 바람직하지 못하므로 그 계약해지로 인하여 상대방인 채권자에게 신의칙상 묵과할 수 없는 손해를 입게 하는 등 특단의 사정이 있는 경우를 제외하고 보증인은 일방적으로 이를 해지할 수 있다고 할 것이고, 계속적 보증계약을 해지할 만한 상당한 이유가 있는지 여부는 보증을 하게 된 경위, 주채무자와 보증인 간의 관계, 보증계약의 내용, 채무증가의 구체적 경과와 채무의 규모, 주채무자의 신뢰상실 여부와 그 정도, 보증인의 지위변화, 주채무자의 자력에 관한 채권자나 보증인의 인식 등 제반 사정을 종합적으로 고려하여 판단하여야 할 것이다(대판 2003.1.24. 2000다37937).

(5) 보증인의 사망

(가) 기간과 한도액이 없는 보증에서도 보증인의 지위는 상속 안 됨: 계속적 어음할인거래로 인하여 장래에 부담하게 될 채무에 관하여 보증한도액과 보증기간의 정함이 없는 연대보증계약에 있어서는 보증인의 지위는 특별한 사정이 없는 한 상속인에게 상속된다고 할 수 없으므로 연대보증인의 사망 후에 생긴 주채무에 대하여는 그 상속인이 보증채무를 승계하여 부담하지는 아니한다(대판 2003.12.26. 2003다30784).

(나) 보증한도액이 있는 계속적 보증에서 보증인의 사망-상속됨: 한도액이 정해진 계속적 보증계약의 경우 보증인이 사망하였다 하더라도 보증계약이 당연히 종료되는 것은 아니고 특별한 사정이 없는 한 상속인들이 보증인의 지위를 승계한다고 보아야 한다(대판 1998.2.10. 97누5367; 1999.6.22. 99다19322, 19339).

身元保證 * 身元保證法 참조

根保證

1. 意義: 근보증이란 주채무자와 채권자 간의 당좌대월계약 · 어음할인계약 · 신용카드거래계약 · 계속적 공급계약 · 대리점계약 등 계속적 거래계약에서 발생하는 불확정채무를 보증한도액의 범위 내에서 보증하는 것을 내용으로 하는 채권자와 보증인 간의 계약에서 발생하는 보증이다. 근보증은 계속적 보증 중에서 보증의 최고액을 약정한 보증이다.

2. 被保證債務의 範圍: 피보증채무의 범위는 보증계약에서 정하여지는 것은 물론이다. 피보증채무의 시간적 범위에 관하여는 문제가 있다. 즉 보증계약체결 이후에 발생한 채무가 그 대상이 되는 것은 물론인데, 보증계약체결일 현재 이미 발생한 채무가 포함되느냐가 문제이다. 계약일 이후의 채무만을 보증한다는 특약이 있거나 또는 그렇게 해석할 만한 특별한 사정이 있는 경우에는 장래의 채무만을 보증하는 것으로 보며, 그러한 측면에서 이미 주채무자와 채권자 간에 거래가 진행 중에 보증계약을 체결한 경우에는 특별한 사정이 없는 한 계약일 현재 이미 발생한 채무도 피보증채무의 범위에 속한다고 새긴다(대판 1976.12.14. 76다2316). 그러나 어떠한 경우에나 책임을 중한 것으로 판단하기 위하여는 그렇게 판단할만한 특별한 사정이 있을 것이 전제되는 것이 원칙이다. 따라서 당사자의 의사가 불분명하며, 특별한 사정이 없는 경우에는 계약일 이후에 발생된 채무만 보증한다고 보아야 할 것이다.

3. 保證責任의 範圍

(1) 신의칙에 의한 제한: 보증책임은 신의성실의 원칙 또는 공평의 원칙에 의하여 합리적인 범위 내로 제한할 수 있다. 즉 보증인이 부담할 주채무의 액이 보증 당시에 예상하였거나 예상 가능한 액을 훨씬 상회하고, 이러한 주채무의 과다 발생원인을 보증인에게 통지함이 없이 고의로 거래규모를 확대한 경우에는 보증의 범위는 제한된다(대판 1995.6.30. 94다40444).

(2) 보증한도액의 약정이 있는 경우

(가) 원칙: 보증인의 예상을 초과하였더라도 원칙적으로 보증한도액 내의 모든 채무에 책임이 있다. 그러나 고의로 거래 규모를 확대한 것과 같은 특별한 사정이 있는 경우에는 신의칙의 적용으로 제한될 수 있다.

(나) 한도 내에서 이자 등 부수채무도 포함: 보증한도액을 원본 총액만에 한정할 것인지 여부가

문제된다. 의사표시의 해석에 의하여 결정되나, 특약이 없는 한 한도액 내에서는 원본 총액과 이자 등 부수채무도 포함된다.

(다) 주채무자가 근보증한도액을 넘는 주채무 중 일부를 변제한 경우, 그 보증한도액이 감소되는지 여부: 보증책임의 한도액이 있는 경우에는 그 보증한 한도 내의 채무가 잔존하고 있는 이상, 그 잔존채무가 위 한도액 범위 내의 거래로 인하여 발생한 채무이든 또는 그 한도액을 초과한 거래로 인하여 발생한 채무 중 주채무자로부터 일부 변제되고 잔존한 채무이든 불문하고 그 보증한도에서 책임을 진다(대판 1995.6.30. 94다40444).

(3) 보증한도액의 약정이 없는 경우: 신의칙 또는 공평의 원칙에 의하여 보증책임의 범위는 합리적으로 제한된다. 따라서 주채무자와 보증인 간의 관계, 보증계약을 체결하게 된 동기와 사정, 피보증채무의 내용, 거래의 관행 등을 종합적으로 고려하여 합리적인 범위 내로 조정된다. 특히 주채무자의 자산상태가 악화된 것을 알고도 채권자가 고의로 거래규모를 확대한 경우, 이자가 계속 연체됨에도 거래를 계속한 경우, 채권자가 채권의 회수를 태만한 경우 등으로 채권자에게 악의가 있는 경우에는 책임이 면한다고 보아야 한다.

(4) 보증채무 자체의 지연손해금: 보증채무는 주채무와는 별개의 채무이기 때문에 보증채무 자체의 이행지체로 인한 지연손해금은 근보증의 한도액과는 별도로 부담한다(대판 1995.6.30. 94다40444).

4. 保證人의 解止權

(1) 사정변경에 의한 해지권: 보증기간의 약정이 있더라도 보증계약체결 후에 주채무자의 자산상태가 현저히 악화되었거나, 보증인의 지위에 중대한 변화가 생긴 경우, 보증인의 주채무자에 대한 신뢰관계가 파괴된 경우 등으로 계속하여 보증책임을 부담시키는 것이 신의칙에 반하는 경우에는 계약의 해지권이 인정된다(대판 1996.12.10. 96다27858).

(2) 상당기간 경과 후의 해지권: 보증기간의 약정이 없는 경우에는 보증계약체결 후 상당기간 경과 후에는 해지권이 인정된다. 이는 민법이 계속적 계약관계에서 존속기간의 정함이 없는 경우에는 언제든지 계약을 해지할 수 있도록 하고(635조, 660조) 있는 것이 일반적이기 때문이다.

5. 保證人의 死亡: 보증한도액이 정해진 계속적 보증계약의 경우 보증인이 사망하였다 하더라도 보증계약이 당연히 종료되는 것은 아니고 특별한 사정이 없는 한 상속인들이 보증인의 지위를 승계한다고 보아야 한다(대판 1999.6.22. 99다19322, 19339). * 보증한도액과 보증기간의 정함이 없는 연대보증계약에 있어서는 보증인의 지위는 특별한 사정이 없는 한 상속인에게 상속된다고 할 수 없으므로 연대보증인의 사망 후에 생긴 주채무에 대하여는 그 상속인이 보증채무를 승계하여 부담하지는 아니한다(대판 2003.12.26. 2003다30784).

6. 保證人의 求償權: 보통의 보증에서의 구상권의 법리가 그대로 적용된다.

損害擔保契約

1. 意義: 손해담보계약은 일방이 타방에 대하여 일정한 자로부터 입을 손해를 전부 배상받을 것을 목적으로 하는 계약이다. 손해담보계약은 담보자가 독립하여 손해의 전부 책임을 부담하는 것이므로, 보증채무가 주채무에 부종하여 주채무자의 불이행을 담보하는 것과는 다르다.
* 을이 실질적으로 병에게 물품을 공급하기로 하였으나 병이 물품대금을 일시에 지불할 능력이 없으므로 렌탈 회사 갑으로부터 금융이익을 먼저 취하기 위해 갑이 을로부터 위 물품을 매수하는 것으로 하여 그 물품대금을 갑으로부터 모두 지불받고, 병이 이를 다시 갑으로 부터 임차하기로 하는 형식을 취한 경우, 병의 채무불이행 등으로 인해 갑에게 발생하는 위험을 을이 부담하겠다는 취지의 약정은 당사자의 일방(담보자)이 상대방(수익자)에 대하여 일정한 사항에 관하여 위험을 인수하고, 이로 인하여 발생할지도 모르는 손해를 담보할 것을 목적으로 하는 일종의 손해담보계약이다(서울고법 2002.4.10. 2001나16502).

2. 特質

(1) 원칙적으로 편무·무상계약: 채권자와 손해담보자 간의 손해담보계약은 원칙적으로 편무·무상의 계약이나, 쌍무·유상의 손해담보계약이 보험계약이다.

(2) 보충성 없음: 보충성이 없어 담보의무자의 최고·검색의 항변권이 없다.

(3) 담보채무액의 확정 여부: 담보되는 손해의 액은 처음부터 확정되어 있을 필요는 없고, 일정한 사항으로부터 발생할 손해로 확정할 수 있는 것이면 족하다.

3. 效力

(1) 부종성이 없음: 주채무에 부종하지 아니한다. 따라서 주채무의 성립, 존속, 채무의 내용에 부종하지 않는다(서울고법 2002.4.10. 2001나16502).
(2) 보충성이 없음: 담보의무자는 최고·검색의 항변권은 없다.
(3) 내부관계: 채무자와 담보계약자 간에 담보계약 자체에 따른 구상권은 발생하지 않는다. 다만 담보계약과는 관계없이 별도의 계약으로 내부관계를 약정한다.

第428條【保證債務의 內容】 ①保證人은 主債務者가 履行하지 아니하는 債務를 履行할 義務가 있다.
②保證은 將來의 債務에 對하여도 할 수 있다.

保證債務의 成立

1. 成立: 보증채무는 채권자와 보증인 간의 보증계약에 의하여 발생한다. 보증계약은 채권자와 보증인 간의 무상·편무·낙성·불요식계약이다.
(1) 보증계약: 보증계약은 채권자와 보증인 간의 보증에 대한 계약이다. 주채무자는 보증계약과는 직접적인 관계가 없으나, 주채무자의 부탁을 받아 보증인이 되는 것이 보통이겠으나, 부탁의 유무나 그와 관련된 보증인과 주채무자 간의 약정의 무효·취소 또는 보증인의 주채무자에 대한 인적 관계 등은 보증계약의 효력에는 아무런 영향을 미치지 않는다. 그 밖에 계약의 일반적인 요건으로서의 행위능력·의사표시의 효력·의사의 합치·대리 등에 관한 내용은 보증계약에도 그대로 적용된다. 특히 주채무자는 보증인을 대리하여 또는 사자로서 보증계약을 할 수 있다.
(가) 보증의 의사: 보증의사의 존부는 당사자가 거래에 관여하게 된 동기와 경위, 그 관여 형식 및 내용, 당사자가 그 거래행위에 의하여 달성하려는 목적, 거래의 관행 등을 종합적으로 고찰하여 판단하여야 할 당사자의 의사해석과 사실인정의 문제이지만, 보증은 이를 인정할 특별한 사정이 있을 경우 이루어지므로 보증의사의 존재나 보증범위는 이를 엄격하게 제한하여 인정하여야 한다(대판 2006.12.21. 2004다34134). 그러나 보증인보호를위한특별법의 적용대상자의 보증의 의사는 보증의 의사가 서면으로 표현되어 보증인의 기명날인 또는 서명이 있어야 한다(동법 3조).
(나) 보증의사의 존부에 대한 구체적 사례
① 특정 종류의 거래계약을 한정한 경우: 한정근보증의 경우 피보증채무의 범위란에 특정한 종류의 거래계약을 한정적으로 열거하고 그 거래계약과 관련하여 발생하는 채무를 피보증채무로 하는 것이므로, 피보증채무의 범위란에 일정한 약정에 기한 채무가 기재되어 있는 때에는 그 범위에 속하는 채무만을 피보증채무로 인정하여야 한다(대판 2006.12.21. 2004다34134).
② 통장 규약란에 기입된 내용: 단기금융회사가 우량적격업체로 선정한 기업 발행의 어음을 할인매입하여 이를 기관투자가에게 할인매출(이른바 C.P어음)함에 있어 기관투자가 명의로 어음보관계좌를 개설하고 어음보관통장을 발급하면서 통장의 규약란에 "이 CP는 발행기업이 당사에 그 지급을 보증한 것이므로 저희 회사가 지급일에 원금을 지급하겠습니다."라고 기재한 경우, 위 문구는 단기금융회사가 기관투자가와의 어음거래로 취득하여 통장에 보관하는 모든 C.P어음에 대하여 그 지급을 보증하겠다는 취지로 해석함이 상당하다(대판 2000.11.10. 98다31493).
③ 자회사가 금전을 대출받거나 그 밖에 금전지급의무를 부담하는 국제금융거래에 있어, 모회사가 대주에게 보증의 의사를 추단할 문구가 전혀 없이 단지 모회사가 자회사의 지분을 보유하고 있다는 사실의 확인과 자회사의 계약 체결을 인식 또는 승인하였다는 등의 내용을 담은 서면을 작성·교부한데 그친 경우, 자회사가 모회사를 대리하여 계약을 체결하였다거나 자회사가 체결한 계약상 채무를 모회사가 보증하였다고 해석할 수 없다(대판 2006.8.25. 2004다26119).
④ 타인의 채무에 대한 담보의 목적으로 수표가 발행된 경우, 그로 인하여 수표의 발행인과 채권자 사이에 민사상 보증계약이 성립하였다고 인정하기 위한 요건: 수표의 발행인에게 어느 특정

인의 채무를 담보하기 위한 것이라는 수표의 사용 목적에 대한 인식이 있었다거나 수표의 발행인이 채권자의 요구에 따라 그 앞에서 직접 수표를 발행·교부하였다는 사정이 있었다 하더라도, 그러한 사실이 수표의 발행인에게 민사상의 보증채무까지 부담할 의사가 있었다고 인정하는데 있어 적극적인 요소 중의 하나가 될 수 있음은 별론으로 하고, 그러한 사실로부터 바로 수표의 발행인과 채권자 사이에 민사상 보증계약이 성립한다고 추단할 수는 없다. 그보다 더 나아가 채권자의 입장에서 수표 발행시에 원인이 되는 채무에 대한 민사상의 보증채무를 부담할 것까지도 수표의 발행인에게 요구하는 의사가 있었고 수표의 발행인도 채권자의 그러한 의사 및 채무의 내용을 인식하면서 그에 응하여 수표를 발행하였다는 사실, 즉 민사상의 보증의 형태로도 신용을 공여한 것이라는 점이 채권자 및 채무자와 수표의 발행인 사이의 관계, 수표의 발행에 이르게 된 동기, 수표의 발행인과 채권자 사이의 교섭 과정 및 방법, 수표의 발행으로 인한 실질적 이익의 귀속 등 수표의 발행을 전후한 제반 사정과 거래계의 실정에 비추어 인정될 수 있을 정도에 이르러야만 민사상 보증계약의 성립을 인정할 수 있고, 그에 미치지 못하는 경우에는 수표의 발행인은 원칙적으로 수표의 채무자로서 수표가 지급거절된 경우 그 소지인에 대하여 상환청구에 응하지 않으면 안 되는 수표법상의 채무만을 부담할 뿐이다(대판 2007.9.7. 2006다17928).

(2) 보증의 의사의 추정 여부-불가: 보증계약은 주채무를 발생시키는 계약과는 별개·독립성이 있어 별도의 계약으로 행하는 것이 원칙이나, 실제로는 주된 계약에 부서 또는 연서하는 경우가 많다. 이러한 경우에도 보증의 의사표시가 있어야 하며, 묵시적으로도 할 수 있다. 여기서 보증의 의사가 추정되는지, 보증의 의사가 있으나 그것이 보통의 보증인지 또는 연대보증인지가 불분명한 경우가 있다. 민법은 다수당사자의 채권관계의 원칙형태는 분할채무이므로 보증의 추정은 허용되지 않는다. 또한 보통의 보증인지 연대보증인지가 불분명한 경우에는 보통의 보증으로 보아야 한다.

(3) 주채무자의 자력에 대한 착오-동기의 착오: 보증인이 주채무자의 자력·담보 기타 등에 관하여 기망 당하거나 또는 착오가 있는 때, 이는 보증계약에 영향을 주는지가 문제된다. 주채무자의 자력 등에 관한 착오는 보증계약을 체결하는 연유가 되는 동기의 착오가 될 뿐이다. 따라서 이를 보증계약의 내용으로 하지 아니한 경우에는 보증계약의 취소사유인 내용에 관한 중요한 부분의 착오에 해당되지 않는다(대판 1989.1.17. 87다카1271).

(4) 취소할 수 있는 주채무에 대한 보증: 독립채무의 부담 약정으로 간주-제436조

(5) 보증기간: 보증기간에 관하여는 민법에는 별도의 규정이 없고, 보증인보호법은 약정기간이 없는 때에는 그 기간을 3년으로 본다(동법 7조).

2. 內容: 보증채무는 그 본질이 부종성으로, 주채무가 유효하게 존재하여야 보증채무도 성립한다. 주채무는 채권자와 주채무자 간의 계약에 의하여 발생되는 채무이다.

(1) 주채무의 존재-제1항: 보증채무는 주채무의 이행을 담보하는 것이므로 주채무의 존재를 전제로 한다. 주채무가 존재하지 않는 경우에는 보증채무도 성립하지 않는다.

(가) 장래·조건부 채무도 가능-제2항: 보증계약이 유효하기 위해서는 보증계약시에 주채무가 이미 발생되어야 할 필요는 없고, 장래의 채무 또는 조건부 채무의 보증도 유효하다. 이 경우에는 주채무가 발생할 때에 보증채무도 발생한다.

(나) 장래의 불확정 채무도 가능: 장래의 채무는 장래의 특정의 채무뿐만 아니라 장래의 증감 변동하는 불확정채무도 포함한다. 후자는 주채무가 계속적 거래관계에서 발생되는 것인 경우로, 이에 대한 보증을 계속적 보증이라고도 한다.

(다) 장래의 채무 중에서 최고액을 제한-근보증: 장래의 증감·변동하는 채무를 보증하되, 보증의 최고액을 약정한 보증이 근보증이다.

(라) 주계약상의 거래기간이 연장되었으나 보증기간이 연장되지 아니함으로써 보증계약이 종료된 경우: 통상적으로는 주계약상의 채무가 확정된 때에 이와 함께 확정되는 것이지만, 채권자와 주채무자와 사이에서는 주계약상의 거래기간이 연장되었으나 보증인과 사이에서 보증기간이 연장되지 아니함으로써 보증계약관계가 종료된 때에는, 보증계약 종료시에 보증채무가 확정되므로 보증인은 그 당시의 주계약상의 채무에 대하여는 보증책임을 지나, 그 후의 채무에 대하여는 보증계약 종료 후의 채무이므로 보증책임을 지지 않는다고 보아야 한다(대판 1999.8.24. 99다26481).

(마) 주채무자의 원상회복의무 보증 여부-긍정: 보증채무는 주채무자가 이행하지 아니한 채무를 이행할 의무가 있어(1항), 주채무의 불이행에 의한 손해배상 채무에 보증의 효력이 미치는 것은 당연하다. 그런데 주채무가 계약의 해지·해제에 의하여 원상회복의무로 되는 경우에 보증채무가 원상회복의무에 효력이 미치느냐에 관하여는 문제가 있다. 보통의 경우는 보증인은 주채무자가 부담하는 모든 채무를 보증하는 취지라고 보아 원상회복의무에도 보증인의 책임이 미친다고 해석한다. 따라서 매매계약으로 대금을 지불하였으나 물건이 인도되지 않아 계약이 해제된 경우에, 매도인의 원상회복의무로서의 대금반환의무에 대하여는 보증인의 보증책임이 있다.

第429條【保證債務의 範圍】 ①保證債務는 主債務의 利子, 違約金, 損害賠償 其他 主債務에 從屬한 債務를 包含한다.
②保證人은 그 保證債務에 關한 違約金 其他 損害賠償額을 豫定할 수 있다.

第430條【目的, 形態上의 附從性】 保證人의 負擔이 主債務의 目的이나 形態보다 重한 때에는 主債務의 限度로 減縮한다.

保證債務의 範圍

1. 主債務에 從屬한 모든 債務 - 제429조제1항: 보증계약으로 한도액을 정하거나 주채무 중의 일부만을 보증하는 것으로 특약을 할 수 있다. 그러나 특별히 그 범위를 한정하지 않은 경우에는 제1항에 의한 주채무에 종속한 채무를 모두 포함한다.
(1) 한정근보증: 보증인이 한정근보증을 할 당시 보증서의 피보증채무 범위란에 '지급보증거래약정서'라고 기재되어 있었는데 나중에 채권자가 그 범위란에 '수출거래약정서'를 추가하여 기재한 경우, 지급보증거래약정과 수출거래약정이 서로 밀접하게 관련되어 있다고 하더라도, 근보증서가 포괄근보증서가 아닌 한정근보증서로서 채무자가 근보증서를 작성할 당시 피보증채무 범위란에 '수출거래약정서'를 기재하지 않았고, 채권자에게 피보증채무 범위를 보충할 권한이 있었다고 인정할 수 없다는 점 등을 이유로, '지급보증거래'에 기한 채무만이 위 한정근보증의 피보증채무이다(대판 2006.12.21. 2004다34134).
(2) 한정근보증의 피보증채무: 한정근보증의 경우 피보증채무의 범위란에 특정한 종류의 거래계약을 한정적으로 열거하고 그 거래계약과 관련하여 발생하는 채무를 피보증채무로 하는 것이므로, 피보증채무의 범위란에 일정한 약정에 기한 채무가 기재되어 있는 경우에 특별한 사정이 없는 한 그 범위에 속하는 채무만을 피보증채무로 인정하여야 한다(대판 2006.12.21. 2004다34134).
(3) 채무자가 부담하는 모든 채무를 포괄보증하는 것으로 되어 있는 어음거래약정서의 문언에 불구하고 그 보증책임의 범위를 제한할 수 있는 경우: 어음거래상의 채무를 위한 보증계약에 있어서 어음거래약정서의 문언상 기간을 정함이 없이 채무자가 부담하는 어음의 계속적 거래로 인한 현재 및 장래의 모든 채무를 포괄하여 보증하는 것으로 되어 있다면, 동 약정서가 처분문서인 점에 비추어 특별한 사정이 없는 한 그 계약문언대로 해석하여야 함이 원칙이기는 하나, 다만 동 약정서가 금융기관 등에서 일률적으로 일반거래약관의 형태로 부동문자로 인쇄해 두고 사용하는 것인 경우에 그 보증을 하게된 동기와 목적, 피보증채무의 내용, 금융기관의 담보가치판단관계, 그 밖에 거래의 관행 등 제반사정에 비추어 당사자의 의사가 계약문언과는 달리 일정범위의 거래의 보증에 국한시키는 것이었다고 해석함이 합리적인 것으로 인정되는 경우에는 계약서의 피담보채무에 관한 포괄적 기재는 일반거래약관의 예문에 불과한 것으로 보아 그 구속력을 배제함으로써 보증책임의 범위를 제한하도록 새김이 상당하다(대판 1991.7.23. 91다12776).
(4) 보증인보호법상의 보증채무 최고액-서면으로 특정-동법 제4조, 제6조: 보증인보호를 위한 특별법상의 보증채무는 그 최고액이 서면으로 특정되어야 한다.

2. 附從性에 따른 責任의 減縮 - 제430조
(1) 동일성과 부종성의 지배: 보증채무는 보증계약에 의하여 그 내용이 정하여지나, 보증채무의

성질인 동일성과 부종성에 따라 그 내용이 한정된다. 따라서 보증채무는 성립한 때에 주채무와 동일성을 가지며, 주채무가 동일성을 잃지 않는 한 그 내용이 변경된 때에도 그 변경된 내용을 보증한다. 따라서 주채무가 불이행으로 인한 손해배상 채무로 변경되더라도 본래의 채무와 손해배상채무는 동일성이 있어 보증의 효력은 손해배상 채무에도 그대로 미친다.
(2) 부종성에 따른 내용의 한정: 보증계약으로 보증채무를 주채무의 목적이나 형태보다 경하게 약정할 수 있으나, 중한 때에는 주채무의 한도로 감축한다(본조). 보증계약 성립 후에 주채무가 확장·가중된 때에는 영향을 받지 아니하나, 감축된 때에는 보증채무도 따라서 감축된다. 이러한 법리는 보증계약 성립 후에 채무자와 채권자 사이에 손해배상액의 예정이 있는 경우에도 적용된다. 따라서 예컨대 손해배상액의 예정이 있는 경우에도, 합의한 손해배상액의 예정이 채무불이행으로 채무자가 부담하여야 할 손해배상책임의 범위를 초과하지 아니하는 한도 내에서만 보증책임이 있다(대판 1996.2.9. 94다38250).

3. 保證債務에 대한 違約金 등의 約定도 可能 - 제429조제2항: 보증채무는 한편으로는 독립성이 있어, 보증채무 자체의 이행을 확실하게 하고 또한 불이행의 경우를 위하여 보증채무 자체를 위한 위약금 기타의 손해배상액의 예정을 할 수 있다. 그 밖에 보증채무에 보증인을 세우고, 담보물권을 설정하는 것도 가능하다.

4. 保證契約 成立 後 債務者와 債權者 사이에 債務不履行時의 損害賠償額을 豫定한 경우: 보증인은 특별한 사정이 없는 한 채무자가 채무불이행으로 인하여 부담하여야 할 손해배상채무에 관하여도 보증책임을 진다고 할 것이고, 따라서 보증인으로서는 채무자의 채무불이행으로 인한 채권자의 손해를 배상할 책임이 있다고 할 것이나, 원래 보증인의 의무는 보증계약 성립 후 채무자가 한 법률행위로 인하여 확장, 가중되지 아니하는 것이 원칙이므로, 채무자의 채무불이행시의 손해배상의 범위에 관하여 채무자와 채권자 사이의 합의로 보증인의 관여 없이 그 손해배상 예정액이 결정되었다고 하더라도, 보증인으로서는 위 합의로 결정된 손해배상 예정액이 채무불이행으로 인하여 채무자가 부담할 손해배상 책임의 범위를 초과하지 아니한 한도 내에서만 보증책임이 있다(대판 1996.2.9. 94다38250).

5. 保證責任과 信義則 및 權利濫用: 채권자와 채무자 사이에 계속적인 거래관계에서 발생하는 불확정한 채무를 보증하는 이른바 계속적 보증의 경우뿐만 아니라 특정채무를 보증하는 일반보증의 경우에 있어서도, 채권자의 권리행사가 신의칙에 비추어 용납할 수 없는 성질의 것인 때에는 보증인의 책임을 제한하는 것이 예외적으로 허용될 수 있을 것이나, 일단 유효하게 성립된 보증계약에 따른 책임을 신의칙과 같은 일반원칙에 의하여 제한하는 것은 자칫 잘못하면 사적 자치의 원칙이나 법적 안정성에 대한 중대한 위협이 될 수 있으므로 신중을 기하여 극히 예외적으로 인정하여야 할 것이다(대판 2004.1.27. 2003다45410).

6. 共同保證을 한 경우: 제439조

第431條【保證人의 條件】 ①債務者가 保證人을 세울 義務가 있는 境遇에는 그 保證人은 行爲能力 및 辨濟資力이 있는 者로 하여야 한다.
②保證人이 辨濟資力이 없게 된 때에는 債權者는 保證人의 變更을 請求할 수 있다.
③債權者가 保證人을 指名한 境遇에는 前2項의 規定을 適用하지 아니한다.

第432條【他擔保의 提供】 債務者는 다른 相當한 擔保를 提供함으로써 保證人을 세울 義務를 免할 수 있다.

保證人의 資格

1. 債務者가 保證人을 세울 義務가 있는 경우
(1) 보증인은 행위능력 및 변제자력이 있는 자여야 한다(431조1항).
(2) 보증인이 변제자력이 없게 된 때에는 채권자는 보증인의 변경을 청구할 수 있다(432조2항).

(3) 다른 상당한 담보제공으로 대체-제432조: 채무자가 보증인을 세울 의무가 있는 경우에 채권자가 채권을 확보할 수 있는 가치 있는 물적 담보를 제공함으로써 보증인을 세울 의무를 면할 수 있다.

(4) 채무자가 상기의 조건을 갖춘 보증인을 세우지 아니하는 경우에는, 보증인을 세울 의무를 이행하지 아니한 것이 되어 기한의 이익을 상실한다(388조). 또한 보증인을 세울 의무와 주채무가 불가분의 관계에 있으면, 채권자는 주채무의 발생원인이 되는 계약을 해제할 수 있는 것으로 해석한다.

2. 債權者가 保證人을 指名하는 경우 - 제431조제3항: 채권자가 보증인을 지명하기 때문에 채권자를 보호할 필요가 없기 별도로 보증인의 자격에 제한을 두지 아니한다. 따라서 보증인의 행위능력과 변제자력을 요하지 아니한다.

第433條【保證人과 主債務者 抗辯權】 ①保證人은 主債務者의 抗辯으로 債權者에게 對抗할 수 있다.
②主債務者의 抗辯拋棄는 保證人에게 效力이 없다.

第434條【保證人과 主債務者 相計權】 保證人은 主債務者의 債權에 依한 相計로 債權者에게 對抗할 수 있다.

第435條【保證人과 主債務者의 取消權等】 主債務者가 債權者에 對하여 取消權 또는 解除權이나 解止權이 있는 동안은 保證人은 債權者에 對하여 債務의 履行을 拒絶할 수 있다.

債權者의 權利와 保證人의 權利

1. 債權者의 權利

(1) 이행청구: 보증채무의 이행기가 도래하면 채권자는 보증인에게 보증채무의 이행을 청구할 수 있다. 보통의 경우는 주채무의 이행기와 보증채무의 이행기가 같이 도래하거나 주채무의 이행기가 먼저 도래한다. 보증채무의 이행기가 먼저 도래하는 일은 보증채무의 부종성에서 있을 수 없다(430조). 채권자는 주채무자보다 먼저 또는 동시나 순차적으로 보증인에게 이행을 청구할 수 있다. 다만 이 경우에 보증인은 채권자에 대하여 주채무자에게 먼저 이행의 청구 및 강제집행을 하라는 항변권을 행사하거나 또는 주채무자의 항변권을 원용하여 대항할 수 있다.

(2) 보증인의 파산: 보증인이 파산선고를 받은 때에는 채권자는 파산선고시에 이미 받은 금액을 공제한 채권 잔액으로 권리를 행사할 수 있다(채무자회생및파산에관한법률 429조).

(3) 주채무자의 사망: 주채무자 사망하고 주채무가 상속된 경우에도 보증인에게 이행을 청구할 수 있는 것은 물론이며, 한정승인으로 그 책임이 한정된 경우에도 채권자는 보증인에 대하여 그 전액의 이행을 청구할 수 있다(주채무의 불이행에 해당).

(4) 보증인의 사망: 보증한도액과 보증기간의 정함이 없는 보증계약에 있어서는 사망 당시의 보증채무에 대하여만 보증인의 상속인에게 청구할 수 있고, 보증인의 사망 후에 생긴 주채무에 대하여는 그 상속인이 보증채무를 승계하여 부담하지는 아니한다(대판 2003.12.26. 2003다30784). 그러나 보증한도액이 정해진 계속적 보증계약의 경우 보증인이 사망하였다 하더라도 보증계약이 당연히 종료되는 것은 아니고 특별한 사정이 없는 한 상속인들이 보증인의 지위를 승계한다고 보아야 한다(대판 1998.2.10. 97누5367: 1999.6.22. 99다19322, 19339).

2. 債務者에 관한 事由의 效力: 보증채무 성립 후에 주채무자와 채권자 간의 합의로 주채무의 내용을 중하게 하더라도 이는 보증인에게 영향이 없으나, 그 밖의 경우는 주채무자에게 생긴 사유는 모두 보증인에게 효력이 있다. 보증채무는 주채무에 부종하기 때문이다(433조).

(1) 주채무의 소멸: 주채무가 소멸한 때에는 그 소멸원인이 무엇이든지 보증인에게 효력이 미쳐

보증채무도 소멸한다. 예컨대 변제 · 대물변제 · 공탁 · 상계 등 채권이 목적을 달성하여 소멸하는 경우는 물론이며, 그 밖에 면제 · 혼동 · 시효완성 등과 무효 · 취소로 채무가 부존재하는 경우 어느 것이나 보증인에게 효력이 미친다.
(가) 경개: 경개는 새로운 채무가 존재하나, 경개에 의한 새로운 채무는 기존의 채무와는 동일성이 없어 기존의 채무에 대한 보증의 효력은 경개로 인하여 소멸한다.
(나) 책임이 한정되는 때-한정승인, 일부 면제: 채무가 소멸하는 것이 아니라 책임이 한정되는 때, 예컨대 한정상속, 강제화의에 의한 일부면제(채무자회생법 250조2항) 등의 경우에는 보증인의 채무는 그대로 유지된다.
(2) 주채무자의 시효중단-제440조: 보증인에 대하여도 효력이 있다.
(가) 주채무시효중단의 보증인에게 통지 여부-불요: 주채무자에 대한 시효중단의 사유가 발생하였을 때는 그 보증인에 대한 별도의 중단조치가 이루어지지 아니하여도 동시에 시효중단의 효력이 생기도록 한 것이고, 그 시효중단사유가 압류, 가압류 및 가처분이라고 하더라도 이를 보증인에게 통지하여야 비로소 시효중단의 효력이 발생하는 것은 아니다(대판 2005.10.27. 2005다35554, 35561).
(나) 주채무의 시효연장: 채권자와 주채무자 사이의 확정판결에 의하여 주채무가 확정되어 그 소멸시효기간이 10년으로 연장되었다 할지라도 그 보증채무까지 당연히 단기소멸시효의 적용이 배제되어 10년의 소멸시효기간이 적용되는 것은 아니고, 채권자와 연대보증인 사이에 있어서 연대보증채무의 소멸시효기간은 여전히 종전의 소멸시효기간에 따른다(대판 2006.8.24. 2004다26287, 26294).
(3) 채권양도: 주채무자에 대한 채권이 양도되고, 이에 관하여 통지나 승낙의 대항력을 갖춘 경우에는 보증인에 대한 채권도 양도된 것으로 새긴다. 채권의 양도로, 즉 채권자가 누구이냐는 것은 보증인에게 아무런 영향이 없기 때문이다.
(4) (면책적)채무인수: 주채무에 관하여 보증인의 승낙 없이 면책적 채무인수가 된 경우, 즉 주채무자가 변경되는 경우에는 보증채무는 소멸한다. 주채무자가 누구이냐는 것은 보증인에게 중대한 영향을 미치기 때문이다.
(5) 채권자와 주채무자 간의 판결의 효력: 보증인이 소송의 당사자가 아니기 때문에 어떠한 경우에도 판결의 효력이 보증인에게 미치지 않는다. 그러나 주채무자가 승소하여 주채무가 소멸한 경우에는 주채무의 소멸의 효과는 보증인에게 미친다. 그러나 이는 판결의 효력이 미치는 것이 아니라 판결에 의한 채무 소멸의 효과가 보증인에게 미치는 것이다.
(6) 주채무의 판결확정과 보증채무의 시효기간: 주채무가 단기의 소멸시효에 해당하는 채무이나 판결의 확정으로 10년의 소멸시효에 해당하는 채무로 변한 경우에도 보증채무는 여전히 종전의 소멸시효기간에 따른다. 이는 판결의 효력에 의하여 소멸시효기간이 연장된 것으로, 판결의 효력은 당사자간인 채권자와 주채무자사이에만 미치기 때문이다(대판 1986.11.25. 86다카1569).
3. 保證人에 關한 事由의 效力: 보증인에게 발생한 사유는 원칙적으로 주채무자에게 영향이 없다. 예컨대 보증인에 이행청구 · 면제 · 혼동 · 시효완성 등의 사유가 있더라도 주채무자에게는 아무런 영향이 없다. 다만 변제 · 대물변제 · 공탁 · 상계 등과 같이 채권의 목적을 달성시키는 사유는 주채무자에게도 효력이 있어 주채무를 소멸시킨다.

4. 保證人의 權利

(1) 포기한 주채무자의 항변권 행사-제433조제2항: 주채무자가 자기의 항변을 포기하더라도, 보증인은 포기한 주채무자의 항변권을 행사할 수 있다.
(2) 보증인의 대위상계-제434조: 보증인은 주채무자가 자기의 반대채권으로 상계하지 아니한 때에는 이를 대위 행사하여 주채무를 소멸시켜 보증채무를 소멸시킬 수 있다.
(3) 주채무자가 취소권 등이 있는 동안의 이행거절권-제435조: 주채무자가 채권자에 대하여 취소권 또는 해제권 · 해지권이 있는 경우에는 그러한 권리를 행사하여 주채무가 소멸하고 따라서 보증채무도 소멸하기 때문에, 그러한 권리가 존속하여 행사할 가능성이 있는 동안에는 보증인은 이행을 거절할 수 있다.
(4) 최고, 검색의 항변권: 제437조

第436條【取消할 수 있는 債務의 保證】 取消의 原因 있는 債務를 保證한 者가 保證契約 當時에 그 原因있음을 안 경우에 主債務의 不履行 또는 取消가 있는 때에는 主債務와 同一한 目的의 獨立債務를 負擔한 것으로 본다.

取消 可한 主債務에 대한 保證은 獨立債務의 負擔 約定

1. 意義: 주채무의 발생원인인 계약이 무효·취소로 주채무가 존재하지 않게 되면, 보증계약의 부종성에 의하여 보증채무도 소멸한다. 그런데 민법은 이에 대하여 중대한 예외를 인정하고 있다. 본조는 보증인이 보증계약 당시에 주채무가 취소원인이 있음을 이미 알고 있음에도 계약을 체결한 때에는, 주채무자가 계약을 취소하지 않고 채무를 불이행하거나 또는 계약을 취소한 경우(따라서 주채무가 소멸됨)에는 주채무와 동일한 목적의 독립채무를 부담한 것으로 본다고 규정하고 있다. 이 조문은 해석상 약간의 문제가 있다.

2. 保證人의 獨立된 債務의 負擔: 취소된 경우에 독립된 채무란 주채무가 대체급부인 경우는 보증인이 소급하여 주채무자와 동일한 채무를 지는 것이다. 주채무가 부대체급부의 경우에는 손해담보채무가 된다.

(1) 주채무가 취소원인이 있음을 알고도 보증을 한 보증인: 주채무가 취소원인이 있고, 따라서 장래에 취소될 가능성도 있음을 알면서도 보증을 했다는 것은 어떠한 경우에도(취소되어 주채무가 부존재하더라도) 보증을 할 의사가 있다고 간주된다. 따라서 취소되지 않는 경우에는 본래의 보증채무를 지며, 취소된 경우에는 독립된 채무를 부담한다. 보증인이 주채무자의 계약이 취소원인이 있다는 것을 알고도 보증계약을 체결하였다는 입증책임은 채권자에게 있다.

(2) 취소의 원인: 본조의 취소원인은 주채무자의 행위무능력, 착오의 의사표시, 사기·강박에 의한 의사표시 등으로 어느 것이냐 묻지 않는다.

3. 本條의 主債務者의 不履行: 본조의 〈불이행〉이 의미가 있기 위해서는 주채무자의 유책사유 없는 채무불이행으로 해석하여야 하는데, 주채무자가 취소할 수 있음에도 취소하지 아니하고 채무를 불이행한 것인데, 보증인이 취소원인이 있음을 안 것과 주채무자가 불이행한 사이에는 어떠한 관련도 없어 이를 특별히 다룰 논리적 근거가 없으며, 또한 유책사유 없는 불이행까지도 보증인에게 책임을 부담시키는 것은 부당하다. 따라서 본조의 불이행은 주채무자의 귀책사유에 의한 채무불이행으로 보아야 되어, 결국 본조의 〈불이행〉에 관한 부분은 다른 특별한 의미를 가지는 것이 아닌 무의미한 표현이다.

第437條【保證人의 催告, 檢索의 抗辯】 債權者가 保證人에게 債務의 履行을 請求한 때에는 保證人은 主債務者의 辨濟資力이 있는 事實 및 그 執行이 容易할 것을 證明하여 먼저 主債務者에게 請求할 것과 그 財產에 對하여 執行할 것을 抗辯할 수 있다. 그러나 保證人이 主債務者와 連帶하여 債務를 負擔한 때에는 그러하지 아니하다.

第438條【催告, 檢索의 懈怠의 效果】 前條의 規定에 의한 保證人의 抗辯에 不拘하고 債權者의 懈怠로 因하여 債務者로부터 全部나 一部의 辨濟를 받지 못한 경우에는 債權者가 懈怠하지 아니하였으면 辨濟받았을 限度에서 保證人은 그 義務를 免한다.

補充性에 基한 抗辯權

1. 意義: 보증인은 주채무자가 이행하지 아니한 채무를 이행할 의무를 지는 것으로 주채무에 대하여 보충성을 가진다. 이러한 보증채무의 보충성에 기하여 보증인은 최고·검색의 항변권을 부여한다(437조). 항변권에는 최고의 항변권과 검색의 항변권으로 두 개의 별개의 항변권이 있다.

2. 催告의 抗辯權 – 제437조: 최고의 항변권은 채권자가 주채무자보다 보증인에게 먼저 채무의 이

행을 청구할 때에, 보증인이 채권자에게 주채무자에게 먼저 채무의 이행을 청구할 것을 주장하여 자기의 채무의 이행을 거절할 수 있는 연기적 항변권이다. 이 항변권을 행사하기 위하여는 아래의 요건을 갖추어야 한다.

(1) 행사요건

(가) 보증인에게 먼저 이행청구: 채권자가 채무자에게 이행을 청구함이 없이 보증인에게 먼저 채무의 이행을 청구한 경우이다. 주채무자와 동시에 이행을 청구한 때에는 최고의 항변권을 행사할 수 없다.

(나) 주채무자의 자력 증명: 주채무자에게 변제자력이 있음을 증명하여야 한다. 예컨대 채무자에게 부동산·동산 등 상당한 자력이 있다는 것을 증명하면 족하다. 채무자의 자력이 채권의 전액에 충분하지 않더라도 관계없다.

(다) 집행의 용이성 증명: 집행이 용이함을 증명하여야 한다. 〈집행의 용이〉란 채권자가 집행을 위하여 오랜 시간과 많은 비용을 들지 않더라도 쉽게 그 채권을 실행할 수 있다는 것을 의미한다. 채무자의 소재의 명확 여부, 채무자의 재산의 형태 및 재산의 소재지 등 구체적인 사정을 고려하여 종합적으로 집행이 용이한가 여부를 가려야 한다.

(라) 최고의 항변권 행사 불가의 경우: 연대보증의 경우, 주채무자가 파산선고를 받은 때, 주채무자의 행방이 불명인 경우에는 최고의 항변권을 행사할 수 없다(본조 단서).

(2) 효과: 채권자가 주채무자에게 이행의 청구를 하지 않는 한 다시 보증인에게 청구할 수 없으며, 보증인은 처음의 이행의 청구에 의하여는 이행지체에 빠지지 않는다. 또한 최고의 항변권을 행사하였음에도 채권자가 주채무자에게 이행의 청구를 게을리 하여 변제 받지 못한 부분은 그 한도 내에서 보증인은 의무를 면한다(438조). 그런데 최고의 항변권은 위에서 보는 바와 같이 채권자가 주채무자에게 이행의 청구(재판외도 가능)를 하지 않고 보증인에게 먼저 이행의 청구를 한 경우에만 행사할 수 있고, 주채무자에게 먼저 또는 동시에 이행의 청구를 한 경우에는 행사할 수 없다. 또한 주채무자에의 청구는 재판 외에서도 가능하다. 따라서 비록 보증인이 최고의 항변권을 행사하더라도 채권자는 즉시 주채무자에게 이행의 청구를 하고 다시 보증인에게 이행의 청구를 할 수 있다. 이러한 점에서 최고의 항변권은 보증인에게 실질적으로는 큰 도움이 되지 않는 제도이다.

3. 檢索의 抗辯權 - 제437조: 검색의 항변권은 채권자가 주채무자의 재산보다 먼저 보증인의 재산에 강제집행을 하려는 때에 주채무자의 재산에 먼저 강제집행을 할 것을 주장하여 자기의 재산에 대한 강제집행을 연기시킬 수 있는 항변권이다(연기적 항변권). 이러한 검색의 항변권은 위의 최고의 항변권과는 달리 그 실효성이 크다. 검색의 항변권의 행사로 채무자의 재산에 먼저 집행한 후에만 비로소 보증인의 재산에 집행할 수 있기 때문이다.

(1) 행사요건: 검색의 항변권을 행사할 수 있는 요건은 위의 최고의 항변권과 동일하다. 단지 최고의 항변권은 채권자가 보증채무의 이행을 청구한 때에 행사하며, 검색의 항변권은 강제집행을 하는 때에 행사한다는 점만 다르다.

(2) 효과

(가) 채무자에 대한 집행이 선행: 채권자는 먼저 채무자의 재산에 강제집행하지 아니하고는 보증인의 재산에 강제집행하지 못한다.

(나) 채무자에 대한 집행의 태만-제438조: 보증인이 검색의 항변권을 행사하였음에도, 채권자가 채무자의 재산에 대한 집행을 게을리 하여 채무자로부터 변제 받지 못한 부분에 대하여는 보증인은 책임을 면한다.

第439條【共同保證의 分別의 利益】 數人의 保證人이 各自의 行爲로 保證債務를 負擔한 境遇에도 第408條의 規定을 適用한다.

共同保證

1. 意義와 成立: 동일한 주채무에 관하여 여러 명이 보증채무를 부담하는 것이 공동보증이다. 공

동보증은 하나의 계약으로 성립될 수도 있고, 보증인 별로 순차적으로 별개의 계약에 의하여 성립될 수도 있다. 이러한 공동보증은 구체적인 내용에 따라서 여러 명의 보증인이, ① 모두 보통의 보증인인 경우, ② 모두 연대보증인인 경우, ③ 보증인간에 연대의 특약을 한 경우 등으로 구분된다. ②의 연대보증인 간에 연대의 특약을 하거나, ③의 보증인간에 연대의 특약을 한 경우는 보증연대로서 주채무자와의 관계에서는 연대채무 또는 보통의 보증채무를 지나 보증인간에 분할의 이익이 없는 점만 다를 뿐이다. 이 세 유형 중 다른 유형으로 볼 특별한 사유가 없는 경우에는 ①의 보통의 보증인이 단순히 다수인 경우로 보아야 한다. 공동보증은 보통의 보증과 성질이 다르지 않고, 단지 보증인이 여러 명이기 때문에 채권자와 수인의 보증인의 관계와 보증인 상호간의 관계가 문제된다.

2. 債權者와의 關係 - 分割(別)의 利益: 민법은 본조에서 공동보증의 경우는 분할채무의 규정을 적용한다고 규정한다. 따라서 보증인간에 있어서는 분할된 액(부담부분)에 관하여만 보증채무를 부담하게 된다. 예컨대 3,000만원의 주채무에 대하여 3인의 공동보증인이 있는 경우는 각자 1,000만원씩의 보통의 보증채무를 진다. 이를 분할(별)의 이익이라 한다. 공동보증에서 분할의 이익이 인정되면 채권의 담보력이 약해진다. 주채무가 불가분이거나 연대보증인이 상호간이나 공동보증인 상호간에 연대의 특약이 있으면 분할의 이익이 없다.

3. 求償關係: 공동보증인 중 한사람이 변제 기타 출재로 주채무자를 면책시킨 때에는 주채무자에 대하여 구상권을 행사할 수 있다. 구상권의 범위는 단독 보증과 동일하게 면책시킨 전액에 대하여 구상권을 행사할 수 있다. 또한 다른 공동보증인에게도 구상권을 행사할 수 있되, 그 요건과 방법에 관하여는 제448조에 규정하고 있다.

4. 連帶保證에서 保證人이 債權者에 대하여 保證債務를 負擔하지 아니함을 주장할 수 있었는데도 그 주장을 하지 아니한 채 保證債務를 全部履行한 경우의 連帶保證人에 대한 求償權 - 不可: 보증인이 채권자에 대하여 보증채무를 부담하지 아니함을 주장할 수 있었는데도 그 주장을 하지 아니한 채 보증채무의 전부를 이행하였다면 그 주장을 할 수 있는 범위 내에서는 신의성실의 원칙상 그 보증채무의 이행으로 인한 구상금채권에 대하여는 연대보증인들에게도 그 구상금을 청구할 수 없다(대판 2006.3.10. 2002다1321).

第440條【時效中斷의 保證人에 對한 效力】 主債務者에 對한 時效의 中斷은 保證人에 對하여 그 效力이 있다.

主債務의 時效

1. 主債務의 時效中斷: 보증인에 대하여도 효력이 있다. 이는 보증채무가 주채무보다 먼저 시효가 완성되어 소멸하는 것을 방지하여 채권자를 보호하기 위한 규정이다.

2. 主債務時效中斷의 保證人에게 通知 與否 - 不要: 주채무자에 대한 시효중단의 사유가 발생하였을 때는 그 보증인에 대한 별도의 중단조치가 이루어지지 아니하여도 동시에 시효중단의 효력이 생기도록 한 것이고, 그 시효중단사유가 압류, 가압류 및 가처분이라고 하더라도 이를 보증인에게 통지하여야 비로소 시효중단의 효력이 발생하는 것은 아니다(대판 2005.10.27. 2005다35554, 35561).

3. 主債務의 時效延長: 채권자와 주채무자 사이의 확정판결에 의하여 주채무가 확정되어 그 소멸시효기간이 10년으로 연장되었다 할지라도 그 보증채무까지 당연히 단기소멸시효의 적용이 배제되어 10년의 소멸시효기간이 적용되는 것은 아니고, 채권자와 연대보증인 사이에 있어서 연대보증채무의 소멸시효기간은 여전히 종전의 소멸시효기간에 따른다(대판 2006.8.24. 2004다26287, 26294).

第441條【受託保證人의 求償權】 ①主債務者의 付託으로 保證人이 된 者가 過失없이 辨濟 其他의 出財로 主債務를 消滅하게 한 때에는 主債務者에 對하여 求償權이 있다.
②第425條 第2項의 規定은 前項의 境遇에 準用한다.

第442條【受託保證人의 事前求償權】 ①主債務者의 付託으로 保證人이 된 者는 다음 各號의 境遇에 主債務者에 對하여 미리 求償權을 行使할 수 있다.
1. 保證人이 過失없이 債權者에게 辨濟할 裁判을 받은 때
2. 主債務者가 破産宣告를 받은 境遇에 債權者가 破産財團에 加入하지 아니한 때
3. 債務의 履行期가 確定되지 아니하고 그 最長期도 確定할 수 없는 境遇에 保證契約後 5年을 經過한 때
4. 債務의 履行期가 到來한 때
②前項 第4號의 境遇에는 保證契約後에 債權者가 主債務者에게 許與한 期限으로 保證人에게 對抗하지 못한다.

第443條【主債務者의 免責請求】 前條의 規定에 依하여 主債務者가 保證人에게 賠償하는 境遇에 主債務者는 自己를 免責하게 하거나 自己에게 擔保를 提供할 것을 保證人에게 請求할 수 있고 또는 賠償할 金額을 供託하거나 擔保를 提供하거나 保證人을 免責하게 함으로써 그 賠償義務를 免할 수 있다.

受託保證人의 主債務者에 대한 求償

1. 保證人의 求償權 一般

(1) 의의: 보증인이 자기의 출재로 공동면책된 때에는 당연히 주채무자에 대한 구상권이 발생한다. 민법은 보증인의 구상권에 관하여 그 범위 및 법적 근거를 부탁을 받아 보증인이 된 경우와 그렇지 아니한 경우를 구별하여 별도로 규정하고 있다. 부탁을 받아 보증인이 된 자가 변제한 경우에는 양자의 관계가 일종의 위임에 해당되어 위임사무처리 비용의 상환 청구(687조, 688조)의 기본적 성격을 가지며, 부탁 없이 보증인이 된 자가 변제한 경우는 사무관리비용의 상환 청구(739조) 또는 부당이득의 반환 청구(741조)의 기본적 성격을 가진다. 이러한 기본적 성격을 기초로 민법은 구상권에 관하여 특칙으로서 그 요건·범위를 세분하여 유형별로 규정하고 있다.
(2) 구상의무자: 구상의무자는 주채무자이다. 그런데 명의대여자와 형식상의 주채무자의 경우에 문제가 있다.
(가) 형식상의 주채무자: 형식상의 주채무자가 실질상의 주채무자를 연대보증한 것으로 인정할 수 있는 경우 또는 형식상의 주채무자와 연대보증인 사이의 내부관계에서 실질상의 주채무자의 채무의 상환을 각기 연대보증한다는 취지의 양해가 묵시적으로나마 있었던 경우에는 형식상의 주채무자는 연대보증인에 대하여 공동보증인간의 구상권 행사 법리에 따른 구상의무를 부담하지만, 형식상의 주채무자와 연대보증인 사이에서 채무의 보증책임 또는 이행책임을 연대보증인만이 부담하며 형식상의 주채무자는 이를 부담하지 않기로 하는 특약이나 그러한 취지의 명시적 내지 묵시적 양해가 있는 경우라면, 형식상의 주채무자는 연대보증인에 대하여 아무런 구상의무를 부담하지 않는다(대판 2008.4.24. 2007다75648).
(나) 명의대여자: 금융기관으로부터 대출을 받음에 있어 제3자가 자신의 명의를 사용하도록 한 경우에는 그가 채권자인 금융기관에 대하여 주채무자로서의 책임을 지는 여부와 관계없이 내부관계에서는 실질상의 주채무자가 아닌 한 연대보증책임을 이행한 연대보증인에 대하여 당연히 주채무자로서의 구상의무를 부담한다고 할 수는 없고, 그 연대보증인이 제3자가 실질적 주채무자라고 믿고 보증을 하였거나 보증책임을 이행하였고, 그와 같이 믿은 데에 제3자에게 귀책사유가 있어 제3자에게 그 책임을 부담시키는 것이 구체적으로 타당하다고 보이는 경우 등에 한하여 제3자가 연대보증인에 대하여 주채무자로서의 전액 구상의무를 부담한다(대판 2002.12.10. 2002다47631). 그런데 제3자가 금융기관으로부터 대출을 받음에 있어 자신을 주채무자로 하도록 승낙한 경우의 제3자의 의사는 특별한 사정이 없는 한 대출에 따른 경제적인 효과는 실질상의 주

채무자에게 귀속시킬지라도 법률상의 효과는 자신에게 귀속시킬 의사로서, 최소한 연대보증의 책임은 지겠다는 의사였다고 보아야 한다(대판 2002.12.10. 2002다47631).

(3) 보증인이 주채무를 중첩적으로 인수한 경우: 채권자와 보증인 사이에 보증인이 주채무를 중첩적으로 인수하기로 약정하였다 하더라도 특별한 사정이 없는 한 보증인은 주채무자에 대한 관계에서는 종전의 보증인의 지위를 그대로 유지한다고 봄이 상당하므로, 채무인수로 인하여 보증인과 주채무자 사이의 주채무에 관련된 구상관계가 달라지는 것은 아니다(대판 2003.11.14. 2003다37730).

(4) 보증인의 대위권: 보증인은 부탁을 받아서 보증인이 되었든 부탁을 받지 않고 보증인이 되었든 일단 보증인이 된 경우에는 〈변제할 정당한 이익이 있는 자〉이다. 따라서 보증인이 주채무자를 위하여 주채무를 소멸시킨 경우에는 민법에는 명문의 규정은 없지만 당연히 채권자에 대위한다. 이에 관하여는 변제자 대위에 관한 법리가 적용된다. 따라서 채권자가 담보권을 가지는 등의 권리가 있는 경우에는 구상권 행사시에 이들 권리를 행사할 수 있다.

2. 受託保證人의 求償權 - 제441조

(1) 구상권 행사-제1항: 수탁보증인이 과실 없이 변제 기타의 출재로 주채무를 소멸케 한 때에, 보증인은 주채무자에 대하여 구상권을 행사할 수 있다. 보증인의 면책행위는 변제・대물변제・공탁・상계・경개 등 유상으로 주채무를 소멸케 한 경우를 말한다.

(2) 구상권의 범위-제2항(425조2항): 연대채무에 있어서 출재한 채무자의 구상권의 범위에 관한 제425조제2항이 준용된다. 따라서 면책된 날 이후의 법정이자 및 피할 수 없는 비용 기타의 손해배상을 포함한다.

(3) 보증인의 대위권: 보증인은 부탁을 받아서 보증인이 되었든 부탁을 받지 않고 보증인이 되었든 일단 보증인이 된 경우에는 〈변제할 정당한 이익이 있는 자〉이다. 따라서 보증인이 주채무자를 위하여 주채무를 소멸시킨 경우에는 민법에는 명문의 규정은 없지만 당연히 채권자에 대위한다. 이에 관하여는 변제자 대위에 관한 법리가 적용된다. 따라서 채권자가 담보권을 가지는 등의 권리가 있는 경우에는 구상권 행사시에 이들 권리를 행사할 수 있다.

(4) 수탁보증인의 사전구상-제442조

(가) 요건: 보증인 중에서 부탁을 받아 보증인이 된 자의 보호를 위하여 민법은 아래의 일정한 경우에는 예외적으로 보증인이 변제 전에 미리 주채무자에게 구상권을 행사할 수 있도록 하고 있다(1항). 이 경우는 보증인이 채무를 변제당할 가능성이 매우 큰 경우이다.

① 보증인이 과실 없이 채권자에게 변제할 재판을 받은 때(1호),

② 주채무자가 파산선고를 받은 경우에 채권자가 파산재단에 가입하지 아니한 때(2호),

③ 채무의 이행기가 확정되지 아니하고 그 최장기도 확정할 수 없는 경우에 보증계약 후 5년을 경과한 때(3호),

④ 주채무의 이행기가 도래한 때(4호): 이 경우에는 보증계약 후에 채권자가 주채무자에게 별도로 기한을 허여한 경우에도 그 허여한 기한으로 보증인에게 대항하지 못한다(2항). 예컨대 본래의 채무의 이행기는 2010년 1월 5일이나, 채권자가 동년 10월 20일로 이행기를 연기시킨 경우에도 보증인은 본래의 이행기의 도래인 2010년 1월 5일 이후에는 사전구상을 할 수 있다.

(나) 사전구상에 대한 주채무자 보호-주채무자의 면책청구-제443조: 보증인으로부터 사전에 구상을 당한 채무자는 제443조에 의하여 대응할 수 있다. 보증인의 전조에 의한 사전구상에 대하여 주채무자를 보호하기 위하여 아래의 면책청구권 등을 부여한다

① 면책・담보제공 청구: 보증인의 사전구상에 대하여 주채무자가 이에 응하는 경우에 주채무자는 보증인에게 자기를 면책케 하거나 또는 자기에게 담보를 제공할 것을 청구할 수 있다.

② 채무자의 공탁 등: 사전구상에 응하지 않고, 보증인에게 지불할 금액을 공탁하거나 담보를 제공하거나 보증인을 면책시켜 보증인에 대한 구상의무를 면할 수 있다.

(다) 수탁보증인의 주채무자에 대한 사전구상권을 자동채권으로 하는 상계의 허용 여부: 수탁보증인이 주채무자에 대하여 가지는 민법 제442조의 사전구상권에는 민법 제443조 소정의 담보제공청구권이 항변권으로 부착되어 있는 만큼 이를 자동채권으로 하는 상계는 허용될 수 없다

(대판 2001.11.13. 2001다55222, 55239). 다만 민법 제443조는 임의규정으로서 주채무자가 사전에 담보제공청구권의 항변권을 포기한 경우에는 보증인은 사전구상권을 자동채권으로 하여 주채무자에 대한 채무와 상계할 수 있다(대판 1989.1.31. 87다카5940).

(5) 구상채권의 소멸시효의 기산점: 수탁보증인의 사전구상권과 사후구상권은 그 종국적 목적과 사회적 효용을 같이하는 공통성을 가지고 있으나, 사후구상권은 보증인이 채무자에 갈음하여 변제 등 자신의 출연으로 채무를 소멸시켰다고 하는 사실에 의하여 발생하는 것이고 이에 대하여 사전구상권은 그 외의 민법 제442조제1항 소정의 사유나 약정으로 정한 일정한 사실에 의하여 발생하는 등 그 발생원인을 달리하고 그 법적 성질도 달리하는 별개의 독립된 권리라고 할 것이므로, 그 소멸시효는 각각 별도로 진행되는 것이고, 따라서 사후구상권의 소멸시효는 사전구상권이 발생되었는지 여부와는 관계없이 사후구상권 그 자체가 발생되어 이를 행사할 수 있는 때로부터 진행된다(대판 1992.9.25. 91다37553).

第444條【付託 없는 保證人의 求償權】 ①主債務者의 付託없이 保證人이 된 者가 辨濟 其他 自己의 出財로 主債務를 消滅하게 한 때에는 主債務者는 그 當時에 利益을 받은 限度에서 賠償하여야 한다.

②主債務者의 意思에 反하여 保證人이 된 者가 辨濟 其他 自己의 出財로 主債務를 消滅하게 한 때에는 主債務者는 現存利益의 限度에서 賠償하여야 한다.

③前項의 境遇에 主債務者가 求償한 날 以前에 相計原因이 있음을 主張한 때에는 그 相計로 消滅할 債權은 保證人에게 移轉된다.

付託 없는 保證人의 求償權-事後求償만

1. 意義: 부탁 없이 스스로 보증인이 된 자에게는 사후구상만이 인정되며, 사전구상은 허용되지 않는다. 한편 부탁 없이 보증인이 된 경우에도 보증인이 될 당시에 채무자의 의사에 반하여 보증인이 된 자와 그렇지 않은 경우를 구별하여 규정하고 있다.

2. 求償要件 - 事後求償만: 변제 기타 자기의 출재로 주채무를 소멸시킨 후에 구상권을 행사할 수 있다. 사전구상은 허용되지 않는다.

3. 求償權의 範圍: 채무자의 의사에 반한 경우와 그렇지 아니한 경우를 구분한다.

(1) 채무자의 의사에 반하지 않고 보증인이 된 경우-제1항: 주채무자는 면책된 당시에 받은 이익의 한도에서 배상하여야 한다. 따라서 면책된 날 이후의 이자 또는 손해 등은 배상할 필요가 없다.

(2) 채무자의 의사에 반하여 보증인이 된 경우

(가) 현존이익의 한도-제2항: 주채무자는 현존이익의 한도에서 배상하면 된다.

(나) 구상 전에 주채무자가 상계 원인 있는 경우-제3항: 보증인의 구상청구에 대하여 주채무자가 구상한 날 이전에 채권자에 대하여 상계원인이 있었음을 주장한 때에는 상계로 소멸할 채권은 보증인에게 이전한다. 즉 보증인은 주채무자에게 구상권을 행사할 수 없고, 주채무자의 채권자에 대한 반대채권을 이전 받아 채권자에 대하여 그 반대채권을 대위 행사하여 구상권을 행사한 것과 같은 효과만을 취할 수 있다.

第445條【求償要件으로서의 通知】 ①保證人이 主債務者에게 通知하지 아니하고 辨濟 其他 自己의 出財로 主債務를 消滅하게 한 경우에 主債務者가 債權者에게 對抗할 수 있는 事由가 있었을 때에는 그 事由로 保證人에게 對抗할 수 있고 그 對抗事由가 相計인 때에는 相計로 消滅할 債權은 保證人에게 移轉된다.

②保證人이 辨濟 其他 自己의 出財로 免責되었음을 主債務者에게 通知하지 아니한 경우에 主債務者가 善意로 債權者에게 辨濟 其他 有償의 免責行爲를 한 때에는 主債務者는 自己의 免責行爲의 有效를 主張할 수 있다.

保證人의 通知-求償權의 制限

1. 意義: 채권자에 대한 보증인과 주채무자가 각자가 변제함으로서 2중의 변제가 되는 것을 방지하고, 또한 주채무자를 보호하기 위하여 보증인이 변제하는 경우에는 변제 전 및 변제 후에 채무자에게 변제사실을 통지하도록 하며, 이를 게을리 한 경우에는 구상권의 행사에 일정한 제한을 한다.

2. 事前通知 안한 경우 - 제1항: 보증인이 면책행위 전에 주채무자에게 통지하지 않고 면책행위를 하여 주채무자가 채권자가 가진 항변권을 상실한 때에는, 주채무자가 채권자에게 대항할 수 있는 사유로써 주채무자는 보증인의 구상권행사시에 보증인에게 대항할 수 있다(전단). 예컨대 동시이행의 항변권이 있는 경우 보증인에게 이를 행사하여 구상권의 행사를 연기시킬 수 있다. 그 대항사유가 상계인 때에는 상계로 소멸할 채권은 보증인에게 이전한다(후단). 보증인은 이전 받은 주채무자의 채권자에 대한 반대채권을 채권자에 행사하여 채무자에 대한 구상권을 행사한 것과 같은 결과를 가진다. 이때에는 주채무자가 면책된 채무에 상당한 반대채권만이 보증인에게 이전된다.

3. 事後通知 안한 경우 - 제2항: 보증인이 면책행위 후 이를 주채무자에게 통지하지 않아 주채무자가 선의로 변제 기타 유상의 면책행위를 하여 채권자에게 2중의 변제가 된 때에는, 주채무자는 자기의 면책행위의 유효를 보증인에게 주장할 수 있다. 따라서 보증인은 주채무자에게 구상권을 행사할 수는 없고, 채권자에게 2중변제로 인한 비채변제에 의한 부당이득으로 반환 청구하여야 한다.

第446條 【主債務者의 保證人에 對한 免責通知義務】 主債務者가 自己의 行爲로 免責하였음을 그 付託으로 保證人이 된 者에게 通知하지 아니한 경우에 保證人이 善意로 債權者에게 辨濟 其他 有償의 免責行爲를 한 때에는 保證人은 自己의 免責行爲의 有效를 主張할 수 있다.

債務者의 保證人에 대한 免責行爲의 通知

1. 主債務者가 受託保證人에 事後通知 안한 경우: 주채무자가 면책행위 후 이를 부탁하여 보증이 된 자(수탁보증인)에게 통지하지 아니하여 보증인이 변제 기타 유상의 면책행위를 함으로써 2중변제가 된 경우에는, 보증인이 자기의 면책행위의 유효를 주채무자에게 주장할 수 있다. 즉 보증인은 주채무자에게 구상권을 행사하며, 주채무자는 채권자에게 2중변제로 인한 비채변제에 의한 부당이득의 반환을 청구하여야 한다. 이때의 보증인은 수탁보증인에 한하며, 부탁 없는 보증인에게는 채무자의 통지의무가 없다. * 주채무자는 부탁 없는 보증인에게는 사후통지를 할 의무가 없다(본조 참조). 따라서 부탁 없는 보증인이 선의로 2중변제하더라도 보증인이 자기의 면책행위의 유효를 채무자에게 주장할 수 없다. 이 경우에 보증인은 채권자에게 부당이득반환을 청구할 수 있을 뿐이다.

2. 主債務者의 事後通知 없었으며 保證人이 事前通知 안한 경우: 주채무자가 면책행위를 하고도 그 사실을 보증인에게 통지하지 아니하고 있던 중에, 보증인도 사전통지를 하지 않은 채 2중의 면책행위를 한 경우에는, 보증인은 주채무자에 대하여 자기의 면책행위의 유효를 주장할 수 없다. 이 경우에는 2중변제의 기본원칙으로 돌아가 먼저 이루어진 주채무자의 면책행위가 유효하고 나중에 이루어진 보증인의 면책행위는 무효로 보아야 한다. 따라서 보증인은 주채무자에게는 구상권을 행사할 수 없다(대판 1997.10.10. 95다46265).

第447條 【連帶, 不可分債務의 保證人의 求償權】 어느 連帶債務者나 어느 不可分債務者를 爲하여 保證人이 된 者는 다른 連帶債務者나 다른 不可分債務者에 對하여 그 負擔部分에 限하여 求償權이 있다.

主債務者가 多數인 경우의 求償關係

1. 意義: 채무자가 다수인 경우에 보증인이 변제 기타 자기의 출재로 주채무를 소멸시킨 경우에 보증인과 여러 명의 주채무자 사이의 구상관계이다. 이 경우는 보증인이 주채무자 모두를 위하여 보증인이 된 경우와 여러 명의 채무자 중 어느 한 사람을 위하여 보증인이 된 경우를 구별하여 보아야 한다.

2. 主債務者 모두를 위하여 保證人이 된 경우: 이에 대하여는 민법에 별도의 규정이 없다. 따라서 주채무의 유형에 따라 그 성질에 부합되게 아래와 같이 해석한다.

(1) 주채무가 분할채무: 구상권도 역시 각 채무자에 관하여 분할채무가 된다. 따라서 보증인은 주채무자인 분할채무자에 대하여 각자의 부담비율에 따라 구상권을 행사한다.

(2) 주채무가 연대채무 또는 불가분채무: 구상권도 역시 각 채무자에 관하여 연대채무 또는 불가분채무가 된다. 따라서 연대채무의 경우에는 각 채무자에 대하여 동시나 순차적으로 구상액 전부 또는 일부의 이행을 청구할 수 있다.

3. 主債務者 중 어느 1人을 위하여 保證人이 된 경우 – 본조

(1) 주채무가 분할채무: 피보증인이 부담한 채무만 변제한 경우에는 피보증인에게 구상권이 발생한다. 만약 보증인이 채무 전부를 변제한 경우에는 피보증인 외의 다른 채무자에게는 각자 부담부분에 관하여 이해관계 없는 제3자의 변제가 될 뿐이다.

(2) 주채무가 연대채무 또는 불가분채무: 보증인은 피보증인에게 변제한 전액에 대하여 구상권을 행사할 수 있다. 그 밖에 민법은 다른 연대채무자 또는 불가분채무자에 대하여 각자의 부담부분에 한하여 구상권을 인정한다(본조). 이는 원칙적으로는 보증인이 피보증인에게 면책된 채무 전액을 구상하면, 피보증인은 다른 채무자에게 부담부분에 대하여 구상권을 행사할 것이나, 이러한 번잡을 피하기 위하여 보증인이 직접 다른 채무자에게 구상권을 행사할 수 있게 한 것이다.

第448條【共同保證人間의 求償權】 ①數人의 保證人이 있는 경우에 어느 保證人이 自己의 負擔部分을 넘은 辨濟를 한 때에는 第444條의 規定을 準用한다.
②主債務가 不可分이거나 各保證人이 相互 連帶로 또는 主債務者와 連帶로 債務를 負擔한 境遇에 어느 保證人이 自己의 負擔部分을 넘은 辨濟를 한 때에는 第425條 乃至 第427條의 規定을 準用한다.

共同保證人 사이의 求償關係

1. 意義: 본조는 보증인이 수인인 경우에 그 중 어느 보증인이 변제한 경우에 주채무자에 대한 구상권을 행사하는 것이 아니라, 다른 보증인에 대하여 구상권을 행사할 수 있음을 인정하고, 그 경우에 대하여 규정하고 있다.

2. 主債務가 可分給付이고, 單純共同保證人인 경우 – 제1항: 자기의 부담부분을 초과하여 변제한 보증인은 다른 보증인에게 자기의 부담부분을 초과한 부분에 대하여 구상권을 행사하되, 제444조(부탁 없는 보증인의 구상권)의 규정이 준용된다.

3. 主債務가 不可分이거나, 連帶共同保證, 共同連帶保證의 경우

(1) 연대채무자의 구상권 규정 준용–제2항, 제425조–제427조: 주채무가 불가분채무이거나 수인의 연대보증인 또는 보증연대의 경우(이 경우에 각 보증인은 채무 전부를 변제할 수밖에 없음)에 자기의 부담부분을 넘은 변제를 한 보증인은 다른 보증인에게 구상권을 행사할 수 있고, 이 경우에는 연대채무자의 구상권에 관한 제425조 내지 제427조의 규정이 준용된다.

(2) 일부보증을 한 공동보증인 상호간의 구상권 행사의 요건인 공동면책에 해당하는 경우: 각 연대보증인이 주채무자의 채무를 일정한 한도에서 보증하기로 하는 이른바 일부보증을 한 경우에는 달리 특별한 사정이 없는 한, 각 보증인은 보증한 한도 이상의 채무에 대하여는 그 책임이 없음은 물론이지만 주채무의 일부가 변제되었다고 하더라도 그 보증한 한도 내의 주채무가 남아 있다면 그 남아 있는 채무에 대하여는 보증책임을 면할 수 없다고 보아야 하므로, 이와 같은 경우에

연대보증인 중 1인이 변제로써 주채무를 감소시켰다고 하더라도 주채무의 남은 금액이 다른 연대보증인의 책임한도를 초과하고 있다면 그 다른 연대보증인으로서는 그 한도금액 전부에 대한 보증책임이 그대로 남아 있어 위의 채무변제로써 면책된 부분이 전혀 없다고 볼 수밖에 없고, 따라서 이러한 경우에는 채무를 변제한 위 연대보증인이 그 채무의 변제를 내세워 보증책임이 그대로 남아 있는 다른 연대보증인에게 구상권을 행사할 수는 없다(대판 2002.3.15. 2001다59071).

(3) 연대보증에서 보증인이 채권자에 대하여 보증채무를 부담하지 아니함을 주장할 수 있었는데도 그 주장을 하지 아니한 채 보증채무를 전부 이행한 경우의 연대보증인에 대한 구상권-불가: 보증인이 채권자에 대하여 보증채무를 부담하지 아니함을 주장할 수 있었는데도 그 주장을 하지 아니한 채 보증채무의 전부를 이행하였다면 그 주장을 할 수 있는 범위 내에서는 신의성실의 원칙상 그 보증채무의 이행으로 인한 구상금채권에 대하여 연대보증인들에게도 그 구상금을 청구할 수 없다(대판 2006.3.10. 2002다1321).

(4) 채권자에 대한 관계에서는 공동연대보증인이지만 내부관계에서는 실질상의 주채무자인 자와 다른 공동연대보증인 사이의 구상관계: 공동보증은 통상의 보증과 마찬가지로 주채무에 관하여 최종적인 부담을 지지 아니하고 전적으로 주채무의 이행을 담보하는 것이고(428조), 공동보증인은 자기의 출재로 공동면책이 된 때에는 그 출재한 금액에 불구하고 주채무자에게 구상을 할 수 있는 것이므로(441조1항, 444조), 채권자에 대한 관계에서는 공동연대보증인이지만 내부관계에서는 실질상의 주채무자인 경우에 다른 연대보증인이 채권자에 대하여 그 보증채무를 변제한 때에 그 연대보증인은 실질상의 주채무자에 대하여 구상권을 행사할 수 있는 반면에 실질상의 주채무자인 연대보증인이 자기의 부담부분을 넘어서 그 보증채무를 변제한 경우에는 다른 연대보증인에 대하여 민법 제448조제2항, 제425조에 따른 구상권을 행사할 수는 없다(대판 2004.9.24. 2004다27440, 28504).

第4節 債權의 讓渡

1. 概括: 채권양도는 계약에 의하여 채권의 동일성을 유지하면서 이전하는 것이다. 채권은 이와 같이 계약에 의하여 이전되는 경우 외에 법률의 규정(예: 상속 · 손해배상자대위 · 변제자대위 · 회사의 합병 등으로), 유언, 법원의 전부명령에 의하여 이전되기도 하나, 계약에 의하여 이전되는 것만을 채권양도라 하며 다른 경우와 구별한다. 오늘날 자본주의 경제조직 아래서 채권은 독립된 재산적 가치로서 투하자본을 회수할 필요성이 있게 되는데, 채권의 유동화는 오늘날의 자본주의 경제체제에서는 필연적인 요청이 되고 있다. 이러한 요청에 의하여 장래의 재화인 채권은 현재의 재화로서 거래의 객체가 되어 채권양도의 목적이 된다. 이는 본래의 채권자에게는 투하자본의 회수의 수단이 되며, 양수인에게는 자본의 새로운 투자의 수단으로서 기능한다. 채권양도가 위와 같은 기능을 하기 위하여는 양도가 원활하고 그 범위가 확대되어야 하며, 특히 양도의 안전성과 회수의 확실성이 보장되어야 한다. 따라서 이에 맞추어 상법 및 어음법 · 수표법 등의 특별법은 유가증권 · 주식 · 화물상환증 등의 상업증권에 관하여 상세한 규정을 두고 있다. 민법은 지명채권 외에 증권적 채권에 관하여 규정하고 있으나, 상법 기타 특별법과 비교하여서는 많이 뒤떨어져 있다.

2. 債權讓渡의 目的: 채권양도에 대한 기본적 법률관계는 양도의 목적에 따라 다소의 차이가 있다.

(1) 거래의 객체: 채권의 변제기 전에 채권을 현금화할 목적으로 채권을 거래의 객체로 하는데, 이때는 매매를 원인행위로 한다.

(2) 담보목적: 다른 채권을 담보할 목적으로 채권양도가 행하여지는 경우이다. 담보목적의 채권양도가 행하여진 경우에는 양수인은 양도인과의 관계에서는 담보의 목적으로만 채권을 행사하여야 할 의무를 부담한다. 이러한 경우에도 그러한 목적에 의한 제한은 양도인과 양수인 사이의 문제일 뿐이며, 외부적으로는 다른 채권양도와 다르지 않다. 따라서 다른 채권의 담보목적으로 채권양도가 행하여지고 양도인과 양수인 간에 피담보로 한 채무가 변제된 때에도, 채무자는 자기의 채무를 양수인에게 변제할 의무를 진다(대판 1999.11.26. 99다23093).

(3) 채무변제의 목적: 채권자에 대한 채무변제를 위하여 다른 채권을 채권자에게 양도하는 경우이다. 그런데 채권자에 대한 채무변제를 위하여 어떤 다른 채권을 채권자에게 양도함에 있어서는 특단의 사정이 없는 한, 그 채권양도는 채무변제를 위한 담보 또는 변제의 방법으로 양도되는 것이지 채무변제에 갈음하여 양도되어 원채권이 소멸하는 것이 아니다(대판 1981.10.13. 81다354).
(4) 추심목적: 채권자가 제3자에게 당해 채권을 추심하여 줄 것을 목적으로 채권양도를 하는 경우이다. 추심의 목적으로 채권양도가 행하여진 경우에는 양수인은 양도인과의 관계에서는 추심의 목적으로만 채권을 행사하여야 할 의무를 부담한다. 이러한 경우에도 그러한 목적에 의한 제한은 양도인과 양수인 사이의 문제일 뿐이며, 외부적으로는 다른 채권양도와 다르지 않다.
(5) 소송수행의 목적: 추심을 위한 소송행위를 수행케 할 목적의 채권양도는 무효이다(신탁법 7조). 그리고 부부 사이의 채권양도는 특별한 사유가 있지 아니하는 한 소송신탁에 해당하여 채권양도는 무효이다(대판 1996.3.26. 95다33917). 그리고 소송행위를 하게 하는 것을 주목적으로 채권양도 등이 이루어진 경우, 그 채권양도가 신탁법상의 신탁에 해당하지 않는다고 하여도 신탁법 제7조가 유추적용되므로 무효라고 할 것이고, 소송행위를 하게 하는 것이 주목적인지의 여부는 채권양도계약이 체결된 경위와 방식, 양도계약이 이루어진 후 제소에 이르기까지의 시간적 간격, 양도인과 양수인 간의 신분관계 등 제반 상황에 비추어 판단하여야 한다(대판 2004.3.25. 2003다20909, 20916).

3. 債權讓渡와 類似한 경우

(1) 경개인지 채권양도인지 여부: 기존의 채권이 제3자에게 이전된 경우 이를 채권의 양도로 볼 것인가 또는 경개로 볼 것인가는 일차적으로 당사자의 의사에 의하여 결정되고, 만약 당사자의 의사가 명백하지 아니할 때에는 특별한 사정이 없는 한 동일성을 상실함으로써 채권자가 담보를 잃고 채무자가 항변권을 잃게 되는 것과 같이 스스로 불이익을 초래하는 의사를 표시하였다고는 볼 수 없으므로 일반적으로 채권의 양도로 본다(대판 1996.7.9. 96다16612).
(2) 양도예약: 채무를 담보하기 위하여 체결된 집합채권의 양도예약이 당연히 대물변제의 예약으로서의 성질을 갖는 것이라고 할 수는 없고, 당사자의 계약내용이 장차 선택권과 예약완결권의 행사로 채권양도의 효력이 발생하는 경우에 그 채권이 다른 채무의 변제를 위한 담보로 양도되는 것을 예정하고 있는지 또는 다른 채무의 변제에 갈음하여 양도되는 것을 예정하고 있는지에 따라 집합채권의 양도담보의 예약 또는 대물변제의 예약으로서의 성질을 가질 수 있고, 그 계약내용이 명백하지 아니한 경우에는 일반적인 채권양도에서와 마찬가지로 특별한 사정이 없는 한 채무변제를 위한 담보로 양도되는 것을 예정하고 있는 집합채권의 양도담보의 예약으로 추정된다(대판 2003.9.5. 2002다40456).

4. 債權讓渡의 法律的 性質

(1) 채권자와 양수인 간의 계약: 채권양도는 채권자(양도인)와 양수인 사이의 낙성・불요식계약으로 채무자는 당사자가 아니다. 채권양도가 효력을 발생하기 위하여는 양도계약 외에 채권의 종류에 따라 별도의 요건을 필요로 한다. 지명채권은 당사자의 의사표시에 의하여 양도의 효력이 생기나, 채무자에 대한 통지 또는 승낙이 없으면 채무자 또는 제3자에 대항할 수 없다(450조1항). 증권적 채권은 당사자 사이의 의사표시만으로는 채권이 이전되지 않으며, 그 밖에 증서의 배서・교부 또는 단순한 교부가 있어야 한다(508조, 523조).
(2) 채권양도는 준물권행위: 채권양도는 채권 그 자체의 이전을 목적으로 하는 계약으로, 처분행위의 성질을 가져 준물권행위가 된다. 그런데 채권양도는 실제로는 채권을 독립적인 가치물로 매매 또는 증여를 원인행위로 하여 행하여지는 것이 보통이다. 여기서 준물권행위인 채권양도와 그 원인행위인 채권행위(매매계약 또는 증여계약)와의 관계가 문제된다. 이는 물권변동에 있어서 물권행위와 채권행위의 관계에서와 동일한 문제가 된다. 이에 관하여는 지명채권과 증권적 채권을 구분하여 보아야 한다.
(가) 지명채권의 경우: 준물권행위인 채권양도와 원인행위와의 관계가 문제되는데, 채권양도와 원인행위는 동일한 행위로 행하여지며, 당사자의 의사가 분명하지 아니하는 경우에는 채권양도의 효과는 원인행위와 같은 효과가 생긴다. 즉 원인행위의 무효・취소는 채권양도에서도 그대로 무효・취소된다.

(나) 증권적 채권의 경우: 독자성·무인성을 인정하는데 일치하고 있다. 따라서 유효한 양도계약과 증서의 배서·교부 또는 교부가 있으면, 그 원인행위가 무효 또는 취소되더라도 증권적 채권의 양도에는 영향이 없다. 예컨대 물건의 매매계약에 의한 대금으로 무기명증권을 양도하여 교부하였다면, 그 후에 원인행위인 매매계약이 무효가 되더라도 증권의 양도의 효력에는 영향이 없다. 물론 양도인은 부당이득의 법리에 의하여 반환을 청구할 수는 있다.
(3) 채권의 동일성을 유지: 채권양도가 효력을 발생하면, 채권은 동일성을 잃지 않고 새로운 채권자에게 이전한다. 따라서 그 채권에 종된 권리인 기본적 이자채권, 위약금채권, 보증채권 등은 당사자 사이에 특별한 의사표시가 없으면 같이 이전한다. 그러나 담보권 예컨대 저당권 등은 별도의 물권변동에 관한 요건(등기)을 갖추어야 한다. 또한 그 채권에 부착된 항변(동시이행의 항변권 등)도 그대로 유지된다.

5. 構成

(1) 채권의 양도성: 제449조
(2) 지명채권양도의 대항요건: 제450조
(3) 승낙, 통지의 효과: 제451조
(4) 금반언: 제452조

第449條【債權의 讓渡性】 ①債權은 讓渡할 수 있다. 그러나 債權의 性質이 讓渡를 許容하지 아니하는 때에는 그러하지 아니하다.
②債權은 當事者가 反對의 意思를 表示한 境遇에는 讓渡하지 못한다. 그러나 그 意思表示로써 善意의 第三者에게 對抗하지 못한다.

債權의 讓渡性

1. 讓渡性의 原則 – 제1항: 채권의 재산적 성질에 의하여 채권은 오늘날 널리 그 양도성이 인정된다. 특히 증권적 채권은 채권의 양도성을 증대하기 위하여 고안된 제도로서 양도성이 절대적으로 보장된다. 민법도 채권은 원칙적으로 그 양도성이 있음을 선언한다.
(1) 장래의 채권-사전 양도 가능: 아직 발생하지 않은 장래에 발생될 채권의 경우에도, 그 채권의 발생이 예정되어 있고, 특정할 수 있는 경우에는 사전 양도도 가능하다(대판 1997.7.25. 95다21624).
(2) 조건부·기한부 채권: 조건부·기한부 채권이라도 그러한 조건 또는 기한이 부착된 채로 양도되는 것은 아무런 문제가 없다(대판 1997.7.25. 95다21624).
(3) 채권의 일부양도: 채권의 일부양도도 가능하다. 급부가 가분할 수 있는 채권의 일부양도는 양도로 분할채권이 되며, 불가분급부의 경우에는 불가분채권이 된다. * 채권의 일부 양도가 이루어진 경우, 채무자의 양도인에 대한 채권을 자동채권으로 하는 상계의 방법 및 효과: 채권의 일부 양도가 이루어지면 특별한 사정이 없는 한 각 분할된 부분에 대하여 독립한 분할채권이 성립하므로 그 채권에 대하여 양도인에 대한 반대채권으로 상계하고자 하는 채무자로서는 양도인을 비롯한 각 분할채권자 중 어느 누구도 상계의 상대방으로 지정하여 상계할 수 있고, 그러한 채무자의 상계 의사표시를 수령한 분할채권자는 제3자에 대한 대항요건을 갖춘 양수인이라 하더라도 양도인 또는 다른 양수인에 귀속된 부분에 대하여 먼저 상계되어야 한다거나 각 분할채권액의 채권 총액에 대한 비율에 따라 상계되어야 한다는 이의를 할 수 없다(대판 2002.2.8. 2000다50596).

2. 指名債權의 讓渡制限: 채권은 그 종류를 묻지 않고 원칙적으로 양도성이 있으나, 특정의 채무자가 특정의 채권자에게 이행할 것을 전제로 하는 지명채권은 지명채권의 발생원인에 따른 거래관계의 개별성·개인성으로 그 양도성이 광범위하게 제한을 받는다.
(1) 성질에 의한 제한-제1항: 채권의 성질이 양도를 허용하지 아니하는 때에는 그 채권은 양도하지 못한다. 채권의 성질이 양도를 허용하지 아니한다는 것은, 채권자가 변경되면 채권이 동일성을 잃는다든지 또는 본래의 목적을 달성할 수 없는 것을 의미한다. 그러나 오늘날의 거래관계는 많은 경우에 개별성을 상실하고 비인격화되어 가는 경향에 있기 때문에 성질에 의한 양도의

제한은 가능한 한 완화되는 것이 타당하다. 성질에 의하여 양도성이 제한을 받는 구체적 예로는 다음의 것이 있다.

(가) 채권자의 변경으로 급부의 내용이 변경되는 채권: 예컨대 특정인을 교수케 하는 채권, 특정인의 초상을 그리게 하는 채권 등은 채권자가 변경되면 급부의 내용이 변경되므로 양도가 허용되지 않는다. 부작위채권도 이에 속한다.

(나) 채권자의 변경으로 권리행사에 현저한 차이가 생기는 채권: 권리행사에 개인별로 현저한 차이가 생기는 채권은 채무자의 보호를 위하여 원칙적으로 양도가 허용되지 않는다. 민법은 사용대차에서의 차주의 채권(610조), 임차권(629조), 고용에 있어서 사용자의 채권(657조) 등에서는 그 양도성을 제한하여, 채무자의 승낙이 있는 경우에만 양도할 수 있다고 규정한다. 이들의 경우에 승낙 받지 않고 양도(무단양도)하는 경우의 효과에 관하여는, 양도 자체가 무효가 되는 것이 아니라 양수인이 채무자에 대하여 그 채권의 취득을 가지고 대항하지 못한다. 민법에 규정은 없지만 위임인의 채권, 종신정기금채권 등도 채무자의 승낙이 있는 경우에만 양도가 가능하다고 보아야 한다.

(다) 특정 채권자와의 사이에 결제되어야 할 특별한 사정이 있는 채권: 상호계산(상법 72조)에 개입된 채권, 당좌대월계약상의 채권은 당사자간에 상호계산관계 또는 당좌대월계약관계가 존속 중이기 때문에 양도가 허용되지 않는다.

(2) 임금채권의 양도성 문제: 근로기준법 제42조는 임금은 근로자에게 직접 지급하여야 한다(임금직접지급의 원칙)고 규정하며, 또한 동법 제112조는 그에 위반하는 자는 처벌을 하도록 규정되어 있어 임금채권의 양도성 여부가 문제된다. 임금채권의 양도성을 직접적으로 제한하지는 않아 양도 자체는 허용되나, 그 임금의 지급에 관하여는 근로기준법상의 임금직접지급의 원칙이 적용되어 양수인이 스스로 사용자에 대하여 임금의 지급을 청구할 수는 없다(대판 1988.12.13. 87다카2803). 즉 임금채권의 양도성은 인정하나 양수인의 추심권은 부정한다. 결국 추심권이 인정되지 않아 양도성을 인정하더라도 그 실익은 없다.

(3) 존속기간 만료 후의 전세권

① 양도성 여부: 민법상의 전세권은 그 성질상 용익물권적 성격과 담보물권적 성격을 겸비한 것으로서, 전세권의 존속기간이 만료되면 전세권의 용익물권적 권능은 전세권설정등기의 말소 없이도 당연히 소멸하고 단지 전세금반환채권을 담보하는 담보물권적 권능의 범위 내에서 전세금의 반환시까지 그 전세권설정등기의 효력이 존속하고 있다 할 것인데, 이와 같이 존속기간의 경과로서 본래의 용익물권적 권능이 소멸하고 담보물권적 권능만 남은 전세권에 대해서도 그 피담보채권인 전세금반환채권과 함께 제3자에게 이를 양도할 수 있다(대판 2005.3.25. 2003다35659).

② 대항요건: 전세기간 만료 이후 전세권양도계약 및 전세권이전의 부기등기가 이루어진 것만으로는 전세금반환채권의 양도에 관하여, 확정일자 있는 통지나 승낙이 있었다고 볼 수 없어 이로써 제3자인 전세금반환채권의 압류·전부채권자에게 대항할 수 없다(대판 2005.3.25. 2003다35659).

(4) 부동산의 매매로 인한 소유권이전등기청구권의 양도성 및 양도의 대항요건: 부동산의 매매로 인한 소유권이전등기청구권은 물권의 이전을 목적으로 하는 매매의 효과로서 매도인이 부담하는 재산권이전의무의 한 내용을 이루는 것이고, 매도인이 물권행위의 성립요건을 갖추도록 의무를 부담하는 경우에 발생하는 채권적 청구권으로 그 이행과정에 신뢰관계가 따르므로, 소유권이전등기청구권을 매수인으로부터 양도받은 양수인은 매도인이 그 양도에 대하여 동의하지 않고 있다면 매도인에 대하여 채권양도를 원인으로 하여 소유권이전등기절차의 이행을 청구할 수 없고, 따라서 매매로 인한 소유권이전등기청구권은 특별한 사정이 없는 이상 그 권리의 성질상 양도가 제한되고 그 양도에 채무자의 승낙이나 동의를 요한다고 할 것이므로 통상의 채권양도와 달리 양도인의 채무자에 대한 통지만으로는 채무자에 대한 대항력이 생기지 않으며 반드시 채무자의 동의나 승낙을 받아야 대항력이 생긴다(대판 2005.3.10. 2004다 67653).

(5) 보증채권을 주채권과 분리하여 양도할 수 있는지 여부: 주채권과 보증인에 대한 채권의 귀속주체를 달리하는 것은, 주채무자의 항변권으로 채권자에게 대항할 수 있는 보증인의 권리가 침해되는 등 보증채무의 부종성에 반하고, 주채권을 가지지 않는 자에게 보증채권만을 인정할

실익도 없기 때문에 주채권과 분리하여 보증채권만을 양도하기로 하는 약정은 그 효력이 없다(대판 2002.9.10. 2002다21509).

3. 意思表示에 의한 制限 - 제2항

(1) 양도금지의 의사: 채권은 당사자가 반대의 의사표시를 한 경우에는 양도하지 못한다. 은행예금에 관한 표준약관인 예금거래기본약관 제12조는 〈이 약관의 적용을 받는 모든 예금은 법률에서 금지했을 때 말고는 은행이 승낙해야 양도하거나 질권설정할 수 있다. ...... 〉고 규정하여, 은행예금채권을 당사자의 합의로 양도금지하고 있다. 양도금지의 특약은 당사자의 합의로 하여야 한다. 이러한 양도금지의 의사표시는 채권의 성립시에 하는 것이 보통이나 성립한 이후에 별도로 할 수도 있다.

(2) 양도금지의 효과: 양도금지의 특약으로써 선의의 제3자에게는 대항하지 못한다.

(가) 선의에 중과실 없어야: 채무자는 채권양도금지 특약의 존재를 알고 있는 양수인이나 그 특약의 존재를 알지 못함에 중대한 과실이 있는 양수인에게 그 특약으로써 대항할 수 있고, 여기서 말하는 중과실이란 통상인에게 요구되는 정도의 상당한 주의를 하지 않더라도 약간의 주의를 한다면 손쉽게 그 특약의 존재를 알 수 있음에도 불구하고 그러한 주의조차 기울이지 아니하여 특약의 존재를 알지 못한 것을 말한다(대판 2003.1.24. 2000다5336, 5343).

(나) 증명책임: 양수인이 채무의 이행을 청구할 때 이를 거절하기 위하여는, 양도금지 특약의 존재와 양수인의 악의 또는 선의에 중과실을 채무자가 증명하여야 한다(대판 2003.1.24. 2000다5336, 5343).

(3) 특약에 대한 선의에 중과실 없는 양수인: 양수인이 악의인 경우에는 채권양도가 무효가 되며, 중과실 없는 선의의 양수인은 채권을 유효하게 취득하여 채무자에게 채권자로서의 채무의 이행을 청구할 수 있다(이때 채무자는 양도인에게 특약불이행의 책임을 추궁할 수 있다).

(4) 채무자의 사전승낙・사후승낙: 양도금지 특약의 채권일지라도 채무자의 사전승낙 또는 사후승낙으로 채권양도는 유효하게 된다. 사전승낙은 양도금지 의사표시의 철회가 되며, 사후승낙은 무효행위의 추인의 성질을 가진다.

(5) 양도금지특약부 채권의 압류가능 여부: 양도금지의 특약은 당사자간의 임의의 양도에 대한 금지의 합의이다. 따라서 양도금지 특약부 채권일지라도 압류 또는 전부명령을 하는 것에는 아무런 장애가 없다. 즉 양도금지특약부 채권이더라도 전부명령에 의하여 전부되는 데에는 지장이 없고, 양도금지의 특약이 있는 사실에 관하여 집행채권자가 선의인가 악의인가는 전부명령의 효력에 영향을 미치지 못하는 것인바, 이와 같이 양도금지 특약부 채권에 대한 전부명령이 유효한 이상, 그 전부채권자로부터 다시 그 채권을 양수한 자가 그 특약의 존재를 알았거나 중대한 과실로 알지 못하였다고 하더라도 채무자는 위 특약을 근거로 삼아 채권양도의 무효를 주장할 수 없다(대판 2003.12.11. 2001다3771).

4. 法律에 의한 讓渡禁止: 본래의 채권자에게만 변제하여야 할 필요가 있는 아래의 개별채권에 관하여 민법 또는 특별법으로 양도를 금지하고 있다; 부양청구권(979조), 연금청구권(공무원연금법 12조 등 각종의 연금법), 재해보상청구권(근기법 89조), 국가배상청구권(국가배상법 4조), 보험금청구권(군인보험법 14조) 등 양도가 금지되는 채권은 이를 압류하지 못하여 전부명령도 할 수 없다.

第450條【指名債權讓渡의 對抗要件】 ①指名債權의 讓渡는 讓渡人이 債務者에게 通知하거나 債務者가 承諾하지 아니하면 債務者 其他 第三者에게 對抗하지 못한다.
②前項의 通知나 承諾은 確定日字 있는 證書에 의하지 아니하면 債務者 以外의 第三者에게 對抗하지 못한다.

指名債權讓渡의 對抗要件

1. 合意와 對抗要件

(1) 양도인과 양수인 간의 계약(양도합의): 지명채권은 채권자와 양수인 간의 채권양도 계약에 의하여 양도된다. 즉 당사자간의 양도의 의사표시의 합치에 의하여 효력을 발생한다. 채권양도는

주로 매매·증여·대물변제 등을 원인으로 이루어진다. 채권양도 후에 채무자의 자력에 부족이 생겨 채권이 만족을 얻지 못하는 경우에는, 채권양도가 매매 등의 유상계약을 원인으로 이루어진 때에는 양도인은 매도인의 담보책임을 부담한다.

(가) 합의가 추정된 사례: ① 건축공사가 수급인의 부도로 중단된 후 도급인, 수급인 및 하수급인 3자 사이에 하수급인이 시공한 부분의 공사대금 채권에 대하여 도급인이 이를 하수급인에게 직접 지급하기로 하고 이에 대하여 수급인이 아무런 이의를 제기하지 않기로 합의한 경우, 그 실질은 수급인이 도급인에 대한 공사대금 채권을 하수급인에게 양도하고 그 채무자인 도급인이 이를 승낙한 것이라고 봄이 상당하다(대판 2000.6.23. 98다34812). ② 공사도급계약 및 하도급계약을 함께 체결하면서 도급인, 원수급인과 하수급인이 '공사대금은 도급인이 원수급인의 입회하에 하수급인에게 직접 지급하고, 원수급인에게는 지급하지 않는 것'으로 약정한 경우, 당사자들의 의사가 위 도급계약 및 하도급계약에 따른 공사가 실제로 시행 내지 완료되었는지 여부와 상관없이 원수급인의 도급인에 대한 공사대금채권 자체를 하수급인에게 이전하여 하수급인이 도급인에게 직접 그 공사대금을 청구하고 원수급인은 공사대금 청구를 하지 않기로 하는 취지라면 이는 실질적으로 원수급인이 도급인에 대한 공사대금채권을 하수급인에게 양도하고 그 채무자인 도급인이 이를 승낙한 것이라고 봄이 상당하다(대판 2008.2.29. 2007다54108).

(나) 2인 조합에서 1인과의 양도합의-무효: 2인이 동업하는 조합의 조합원 1인이 다른 조합원의 동의 없이 한 조합채권양도행위는 무효이다(대판 1990.2.27. 88다카11534).

(2) 대항요건: 지명채권의 대항요건에는 두 가지 의미가 있다. 하나는 양수인이 채무자에 대하여 채권을 주장하는 전제로서의 채무자에 대한 대항요건과 또 하나는 채권의 2중 양수인 상호간, 즉 채권자의 지위를 다투는 자 사이에 그 우열을 결정하는 의미를 가지는 제3자에 대한 대항요건의 의미가 있다.

(가) 주채권의 양도시 보증채권의 양도에 관한 대항요건을 별도로 구비하여야 하는지 여부-불요: 보증채무는 주채무에 대한 부종성 또는 수반성이 있어서 주채무자에 대한 채권이 이전되면 당사자 사이에 별도의 특약이 없는 한 보증인에 대한 채권도 함께 이전하고, 이 경우 채권양도의 대항요건도 주채권의 이전에 관하여 구비하면 족하고, 별도로 보증채권에 관하여 대항요건을 갖출 필요는 없다(대판 2002.9.10. 2002다21509).

(나) 저당권부 채권의 양도

① 물권적 합의와 등기-저당권의 양도인과 양수인 사이: 저당권은 피담보채권과 분리하여 양도하지 못하는 것이어서 저당권부 채권의 양도는 언제나 저당권의 양도와 채권양도가 결합되어 행해지므로 저당권부 채권의 양도는 민법 제186조의 부동산물권변동에 관한 규정과 민법 제449조 내지 제452조의 채권양도에 관한 규정에 의해 규율되므로 저당권의 양도에 있어서도 물권변동의 일반원칙에 따라 저당권을 이전할 것을 목적으로 하는 물권적 합의와 등기가 있어야 저당권이 이전된다고 할 것이나, 이때의 물권적 합의는 저당권의 양도·양수받는 당사자 사이에 있으면 족하고 그 외에 그 채무자나 물상보증인 사이에까지 있어야 하는 것은 아니다(대판 2005.6.10. 2002다15412, 15429).

② 양수인의 대항요건: 채권양도를 가지고 채무자에게 대항할 수 있기 위해서는 채무자에게 채권양도의 통지나 이에 대한 채무자의 승낙이 있어야 된다(대판 2005.6.10. 2002다15412, 15429).

③ 대항요건을 갖추지 않은 저당권 양수인-경매신청 가능, 변제수령권 있음: 피담보채권을 저당권과 함께 양수한 자는 저당권이전의 부기등기를 마치고 저당권실행의 요건을 갖추고 있는 한 채권양도의 대항요건을 갖추고 있지 아니하더라도 경매신청을 할 수 있으며, 채무자는 경매절차의 이해관계인으로서 채권양도의 대항요건을 갖추지 못하였다는 사유를 들어 경매개시결정에 대한 이의나 즉시항고절차에서 다툴 수 있고, 이 경우는 신청채권자가 대항요건을 갖추었다는 사실을 증명하여야 할 것이나, 이러한 절차를 통하여 채권 및 근저당권의 양수인의 신청에 의하여 개시된 경매절차가 실효되지 아니한 이상 그 경매절차는 적법한 것이고, 또한 그 경매신청인은 양수채권의 변제를 받을 수도 있다(대판 2005.6.23. 2004다29279).

(3) 채권양도의 무효, 양도계약의 해제: 지명채권 양도계약이 해제되면 무효·취소된 경우와 마

찬가지로 일단 양수인에게 이전되었던 채권이 당연히 양도인(본래의 채권자)에게 복귀한다. 이 경우에도 역시 채권자의 변경이 생기므로 지명채권양도의 대항요건을 규정한 제450조가 준용되고(대판 1979.9.25. 77다1909). 이 양도통지철회는 제452조제2항에 의해 양수인의 동의를 받아 철회하여야 양도인이 채무자에게 대항할 수 있다. 즉 채권양도의 무효 또는 양도계약의 해제로 채권이 구 양도인에게 복귀한 경우에는 구 양수인이 채무자에게 통지하거나 채무자가 승낙하지 않으면 채무자 기타 제3자에게 대항하지 못하며, 철회의 통지는 양수인의 동의를 받아 철회하여야 철회로 채무자에게 대항할 수 있다(452조2항). 또한 확정일자 있는 증서에 의하지 아니하면 제3자에게 대항하지 못한다.

2. 債務者에 대한 對抗要件 – 제1항: 지명채권의 양도는 채무자와는 관계없이 양도인과 양수인 간의 합의에 의하여 이루어지나, 채무자에 대항하기 위하여는 양도인이 채무자에 대하여 통지하거나 또는 채무자의 승낙이 있어야 한다. 보통의 경우에는 먼저 채무자에게 통지하겠으나, 채무자가 양도사실을 알고 통지 전에 승낙하는 경우도 있다. 통지나 승낙은 어느 하나만으로 대항요건을 갖춘다. 통지 또는 승낙이 없는 동안은 양수인은 채권양도의 효력을 주장하지 못한다. 따라서 채무자는 양수인에 대하여 이행을 거절할 수 있으며, 양수인은 담보권의 실행·시효의 중단·강제집행·파산신청 등의 채권자로서의 권리를 행사하지 못한다. 그러나 통지·승낙이 없더라도 채무자 측에서 채권양도의 효력을 인정하여 양수인에게 이행한다면 유효한 변제가 된다.

(1) 채무자에의 통지: 채권양도에서 통지에 관한 법리는 추심명령과 전부명령의 경우에는 법원의 그러한 명령의 송달에 해당한다.

(가) 통지의 성질: 통지는 채권이 양도인으로부터 양수인에게 양도되었다는 사실을 알리는 행위로서, 그 법적 성질은 관념의 통지로서 준법률행위에 속한다. 따라서 의사표시에 관한 규정은 원칙적으로 적용되지 않는다. 그러나 의사표시에 관한 규정이 유추적용되어 도달(채무자의 인식)에 의하여 효력이 발생하며(111조), 행위능력자여야 하며, 대리인에 의하여도 할 수 있다.

(나) 통지자-채권자: 통지는 양도인이 하여야 한다. 양도인 즉 본래의 채권자여야 한다는 의미는 채권을 상실하는 기존의 채권자로부터의 통지가 신뢰성이 있다는 취지이다. 이러한 의미에서 양수인으로부터 또는 양도인을 대위하여 양수인이 하는 통지는 무효이다.

① 사자 또는 대리인에 의한 통지: 통지에 관하여는 의사표시에 관한 규정이 유추적용되어, 양도인이 직접 하지 아니하고 사자를 통하여 하거나 나아가서 대리인으로 하여금 하게 하여도 무방하고, 그와 같은 경우에 양수인이 양도인의 사자 또는 대리인으로서 채권양도 통지를 하여도 유효하다.

② 무현명의 대리인에 의한 통지: 채권의 양수인이 양도인으로부터 채권양도통지 권한을 위임받아 대리인으로서 그 통지를 함에 있어서 그 통지가 본인인 채권의 양도인을 위한 것임을 표시하지 아니한 경우라도 채권양도통지를 둘러싼 여러 사정에 비추어 양수인이 대리인으로서 통지한 것임을 상대방이 알았거나 알 수 있었을 때에는 민법 제115조 단서의 규정에 의하여 유효하게 되나(대판 2004.2.13. 2003다43490), 이는 채권의 양수인이 양도인으로부터 채권양도통지 권한을 위임받아 그에 대한 대리권을 가지고 있음을 전제로 하는 것이다(대판 2008.2.14. 2007다77569).

* 채권양도통지서 자체에 양수받은 채권의 내용이 기재되어 있고, 채권양도양수계약서가 위 통지서에 첨부되어 있으며, 채무자로서는 양수인에게 채권양도통지 권한이 위임되었는지 여부를 용이하게 알 수 있었다는 사정 등을 종합하여 무현명에 의한 채권양도통지를 민법 제115조 단서에 의해 유효하다고 본 사례가 있다(대판 2004.2.13. 2003다43490).

(다) 상대방: 통지의 상대방은 채무자이다. 연대채무의 경우에는 연대채무자 전원에게 하여야 하며, 파산의 경우에는 파산관재인에게 하여야 한다. 보증채무는 보증채무의 부종성에 의하여 주채권의 양도에 대한 주채무자에의 통지로 보증인에게 대항할 수 있다(대판 1976.4.13. 75다1100).

(라) 통지의 시기-사전 통지는 무효: 통지의 시기에 관하여는 양도행위와 동시에 할 필요는 없고 사후통지라도 좋다. 사전통지는 양도의 시기를 확정할 수 없기 때문에 통지로서의 효력이 없다(대판 2000.4.11. 2000다2627). 장래의 채권을 양도하는 경우에는 채권성립 전의 통지도 유효하다. 이 경우에 채권양도의 시기는 채권의 성립과 동시에 양도한 것이 된다.

(마) 통지의 효력발생시기: 채권양도의 통지는 채무자에게 도달됨으로써 효력을 발생하는 것이고, 여기서 도달이라 함은 사회관념상 채무자가 통지의 내용을 알 수 있는 객관적 상태에 놓여졌다고 인정되는 상태를 지칭한다고 해석되므로, 채무자가 이를 현실적으로 수령하였다거나 그 통지의 내용을 알았을 것까지는 필요로 하지 않는다(대판 1997.11.25. 97다31281).

(바) 채무자 주소의 변동: 채권자가 채권양도의 통지를 하였으나 채무자가 변동된 주소의 신고의무를 게을리 하는 등의 귀책사유로 인하여 통지를 수령하지 못할 경우에, 통지가 채무자에게 도달한 것으로 간주하기로 하는 합의의 효력은 유효하다(대판 2008.1.10. 2006다41204).

(사) 통지의 철회-동의 필요: 통지는 양수인의 동의를 얻어 철회할 수 있다. 양수인과 채무자에게 중대한 영향을 미치게 되므로 양수인의 동의를 얻도록 한 것이다. 한편 유효한 철회 전에 채무자가 양수인에게 한 변제 등 채무자와 양수인 사이에 생긴 사유로써 채무자가 양도인에게 대항할 수 있음은 물론이다.

(2) 채무자의 승낙-제1항: 채권자가 양도 사실을 통지하기 전에 스스로 먼저 양도한 것을 승낙하면 양수인은 채무자에게 대항할 수 있다.

(가) 승낙자와 상대방: 승낙자는 채무자여야 하고, 상대방은 양수인 또는 양도인 어느 쪽이라도 무방하다.

(나) 사전승낙-유효: 통지와는 달리 채무자의 승낙은 사전에 양수인을 특정하지 않고 하더라도 유효하다.

(다) 승낙에 조건을 붙일 수 있는지 여부-긍정: 지명채권의 양도를 승낙함에 있어서는 이의를 보류하고 할 수 있음은 물론이고 양도금지의 특약이 있는 채권양도를 승낙함에 있어 조건을 붙여서 할 수도 있으며 승낙의 성격이 관념의 통지라고 하여 조건을 붙일 수 없는 것은 아니다(대판 1989.7.11. 88다카20866).

(라) 입증책임: 채권양수인으로서는 양도인이 채무자에게 채권양도통지를 하거나 채무자가 이를 승낙하여야 채무자에게 채권양수를 주장(대항)할 수 있는 것이며, 그 입증은 양수인이 사실심에서 하여야 할 책임이 있다(대판 1990.11.27. 90다카27662).

3. 第3者에 대한 對抗要件 - 제2항

(1) 확정일자 있는 통지 또는 승낙: 제3자에 대한 대항요건이란 채권의 취득에 관하여 여러 명이 서로 다투는 경우에, 이들 간의 우열을 결정하기 위한 요건이다. 예컨대 채권이 2중양도된 경우의 양수인간 또는 채권양수인과 압류채권자·가압류 채권자 등이 서로 채권자의 지위를 다투는 경우에 그들 간의 우열을 결정할 필요가 있다. 민법은 통지 또는 승낙에 일정한 형식을 요구하여, 채권양도의 효력을 제3자에게 대항하기 위하여는 확정일자 있는 증서로써 하여야 한다고 규정한다.

(가) 확정일자: 본항의 확정일자란 증서에 대하여 그 작성한 일자에 관한 완전한 증거가 될 수 있는 것으로 법률상 인정되는 일자를 말하며 당사자가 나중에 변경하는 것이 불가능한 확정된 일자를 가리키고, 확정일자 있는 증서란 위와 같은 일자가 있는 증서로서 민법 부칙 제3조 소정의 증서를 말한다(대판 1988.4.12. 87다카2429). 사문서에 공증인 또는 법원서기가 확정일자를 찍은 일자 또는 공무소에서 사문서에 어느 사항을 증명하고 기입한 일자는 확정일자가 된다(민법 부칙 3조).

① 확정판결서-긍정: 확정일자에 의하지 아니한 채권양도가 있은 후 채권양수인이 채무자를 상대로 제기한 양수금 청구소송에서 승소의 확정판결을 받으면, 이로써 채권의 양도인, 양수인 및 채무자가 통모하여 통지일 또는 승낙일을 소급하여 제3자의 권리를 침해하는 것이 불가능하게 되므로, 이 경우 그 확정일자가 기재된 판결서, 즉 확정판결은 민법 제450조제2항, 부칙(1958. 2. 22. 법률 제471호) 제3조제4항의 확정일자 있는 증서에 해당한다(대판 1999.3.26. 97다30622).

② 배달증명 우편-부정: 특별배달(증명)은 우체관서가 우편물의 내용을 확인하거나 그에 확정일자를 기재하는 것이 아니고 다만 우편물의 배달만을 증명하기 위하여 집배원으로 하여금(별도의 증명서에) 그 배달사항을 기재하고 서명날인한 것에 불과하다는 것이므로 이를 가리켜 앞서 본 확정일자 있는 증서라고는 할 수 없다(대판 1988.4.12. 87다카2429).

③ 전세권이전의 부기등기-부정: 전세기간 만료 이후 전세권양도계약 및 전세권이전의 부기등

기가 이루어진 것만으로는 전세금반환채권의 양도에 관하여 확정일자 있는 통지나 승낙이 있었다고 볼 수 없어 이로써 제3자인 전세금반환채권의 압류·전부 채권자에게 대항할 수 없다(대판 2005.3.25. 2003다35659).

④ 사본에의 확정일자-긍정: 확정일자 제도의 취지에 비추어 볼 때 원본이 아닌 사본에 확정일자를 갖추었다 하더라도 대항력이 있다(대판 2006.9.14. 2005다45537).

⑤ 공증인가 합동법률사무소의 확정일자-긍정: 채권자가 채권양도통지서에 공증인가 합동법률사무소의 확정일자 인증을 받아 이를 채무자에게 통지한 경우에도 확정일자 있는 증서에 의한 채권양도의 통지가 있었다고 해석한다(대판 1986.12.9. 86다카858).

⑥ 확정일부인만 있고, 월일이 누락된 경우-한정: 채권양도통지서에 확정일부인만 있고 월일자의 기재가 누락된 경우라도 같이 작성한 소요 장부 등에서 그 작성일자를 인정할 수 있을 경우에는 그와 같이 인정되는 일자를 확정일부로 한 문서로 봄이 상당하다(대판 1973.1.30. 72누82).

(나) 제3자의 범위: 여기의 제3자는 채권자의 지위를 다투는 자, 즉 그 채권에 관하여 서로 양립할 수 없는 법률상의 지위를 취득한 자를 의미한다. 따라서 2중양수인·압류채권자 또는 가압류채권자로서 추심명령 또는 전부명령을 받은 자·파산채권자·질권자 등을 말한다.

(2) 제3자 사이의 우열

(가) 증서의 도달을 기준: 상호간의 우열은 통지 또는 승낙에 붙여진 확정일자의 선후에 의하여 결정될 것이 아니라, 확정일자 있는 증서의 도달의 선후에 의하여 결정된다(대판 1994.4.26. 93다24223). 이는 채무자의 인식을 기준으로 한다는 의미이다.

(나) 확정일자 있는 통지·승낙 받은 자와 그렇지 않은 자: 채권이 2중 양도되어 제1의 양도에 대하여는 단순한 통지 또는 승낙이 행하여지고, 제2의 양도에 대하여는 확정일자 있는 증서에 의하여 통지된 경우의 문제이다. 확정일자 있는 경우가 우선한다. 따라서 제2의 확정일자 있는 통지가 있을 때까지는 제1의 양수인이 정당한 채권자였다 하더라도 제2의 확정일자 있는 통지가 있은 때로부터는 제2의 양수인이 유일한 채권자가 된다. 그러나 제2의 통지가 있기 전에 제1의 양수인에게 채무자가 변제 등으로 채무를 이행하여 채무가 소멸한 경우에는 제2의 양수인은 채권을 취득할 수 없다. 이는 제1의 양수인에 대한 변제로 이미 채권이 소멸하여 대항관계가 발생할 여지가 없기 때문이다.

(다) 증서의 동시 도달의 경우

① 채무자와 양수인 등의 관계: 채권양도의 확정일자 있는 통지, 추심명령·전부명령 등이 동시에 도달한 때에는 양수인·압류채권자 등 그들 상호간에는 우열이 없다. 따라서 각자는 채무자에게 채권 전액에 대하여 이행청구를 할 수 있고, 채무자는 이들 중 누구에게나 채무 전액을 변제하면 다른 자에 대하여 면책된다. 한편 이러한 경우에 채무자는 2중지급의 위험을 피하기 위하여 채권자를 알 수 없다는 이유로 변제공탁을 할 수도 있다(대판 1994.4.26. 93다24223).

② 양수인 등 사이의 관계: 확정일자 있는 증서가 동시에 도달하면 상호간에 우열이 없는데, 이 경우에는 채무자가 어느 한 사람에게 채무 전액을 변제하면 채무자는 채무를 면한다. 그러나 수령한 자는 그 들 상호간에는 법률상 지위가 대등하므로 공평의 원칙상 각자의 채권액에 안분하여 내부적으로 다시 정산하여야 한다(대판 1994.4.26. 93다24223). 즉 수령한 자는 안분하여 정산할 의무가 있다.

③ 가압류명령의 송달과 양도통지가 동시도달: 압류의 처분금지 효력은 절대적인 것이 아니고, 이에 저촉되는 채무자의 처분행위도 그 압류채권자와 처분 전에 집행절차에 참가한 압류채권자나 배당요구채권자에게 대항하지 못한다는 의미에서의 상대적 효력을 가지는데 그치므로 압류의 효력발생 전에 채무자가 처분한 경우에는 그보다 먼저 압류한 채권자가 있어 그 채권자에게는 대항할 수 없는 사정이 있더라도 그 처분 후에 집행에 참가하는 채권자에 대하여는 처분의 효력을 대항할 수 있는 것이고, 이는 가압류의 경우에도 마찬가지이므로 동일한 채권에 관하여 가압류명령의 송달과 확정일자 있는 양도통지가 동시에 제3채무자에게 도달함으로써 채무자가 가압류의 대상인 채권을 양도하고 채권양수인이 채권양도의 대항요건을 갖추었다면 다른 채권자는 더 이상 그 가압류에 따른 집행절차에 참가할 수는 없다(대판 2004.9.3. 2003다22561).

④ 확정일자 있는 채권양도·통지와 채권가압류명령이 제3채무자에게 동시에 도달된 경우: 제3채무자는 송달의 선후가 불명한 경우에 준하여 채권자를 알 수 없다는 이유로 변제공탁을 할 수 있다. 그리고 확정일자 있는 채권양도 통지와 채권가압류명령이 동시에 도달됨으로써 제3채무자가 변제공탁을 하고, 그 후에 다른 채권압류 또는 가압류가 이루어졌다 하더라도 채권양수인과 선행 가압류채권자 사이에서만 채권액에 안분하여 배당하여야 한다(대판 2004.9.3. 2003다22561).

(라) 두 개 이상의 채권압류와 전부명령의 동시송달이나 합계 금액이 채무액을 초과하는 경우

① 동일한 채권에 대하여 두 개 이상의 채권압류 및 전부명령이 제3채무자에게 동시에 송달된 경우 각 채권압류명령의 압류액을 합한 금액이 피압류채권액을 초과하는 경우 당해 전부명령은 채권압류가 경합된 상태에서 발령된 것으로서 무효인지 여부: 각 채권압류명령의 압류액을 합한 금액이 피압류채권액을 초과하는지를 기준으로 판단하여, 전자가 후자를 초과하는 경우에는 당해 전부명령은 모두 채권의 압류가 경합된 상태에서 발령된 것으로서 무효로 될 것이지만 그렇지 않은 경우에는 채권의 압류가 경합된 경우에 해당하지 아니하여 당해 전부명령은 모두 유효하게 된다(대판 2002.7.26. 2001다68839).

② 확정일자 있는 채권양도통지가 두 개 이상의 채권압류 및 전부명령과 동시에 송달되어 채권양수인과 전부채권자들 사이에 우열이 없는 경우의 채권의 압류 경합 여부: 동일한 채권에 관하여 확정일자 있는 채권양도통지가 두 개 이상의 채권압류 및 전부명령 정본과 함께 제3채무자에게 동시에 송달되어 채권양수인과 전부채권자들 상호간에 우열이 없게 되는 경우에도 각 채권압류명령의 압류액을 합한 금액이 피압류채권액을 초과하는지를 기준으로 판단하여 전자가 후자를 초과하는 경우에는 당해 전부명령은 모두 채권의 압류가 경합된 상태에서 발령된 것으로서 무효로 될 것이지만 그렇지 않은 경우에는 채권의 압류가 경합된 경우에 해당하지 아니하여 당해 전부명령은 모두 유효하게 되고, 3자간에 우열이 없다(대판 2002.7.26. 2001다68839).

③ 동일한 채권에 관하여 확정일자 있는 채권양도통지와 두 개 이상의 채권압류 및 전부명령이 제3채무자에게 동시에 송달된 경우 채권압류의 경합 여부를 판단함에 있어 채권양도의 대상이 된 금액을 고려할 것인지 여부: 동일한 채권에 관하여 확정일자 있는 채권양도통지와 두 개 이상의 채권압류 및 전부명령 정본이 동시에 송달된 경우, 채권의 양도는 채권에 대한 압류명령과는 그 성질이 다르므로 당해 전부명령이 채권의 압류가 경합된 상태에서 발령된 것으로서 무효인지의 여부를 판단함에 있어 압류액에 채권양도의 대상이 된 금액을 합산하여 피압류채권액과 비교하거나 피압류채권액에서 채권양도의 대상이 된 금액 부분을 공제하고 나머지 부분만을 압류액의 합계와 비교할 것은 아니다(압류액과 피압류액만을 비교하여 전부명령의 유·무효를 가리고, 전부명령이 유효하면 그때는 채권의 양수인과는 우열의 문제이다)(대판 2002.7.26. 2001다68839).

4. 債權者의 通知義務와 讓受人 間의 關係

(1) 양도인의 적극적 의무: 민법은 대항요건으로서 채무자에 대한 양도의 통지 또는 채무자의 양도에 대한 승낙을 요구하고, 채무자에 대한 통지의 권능을 양도인에게만 부여하고 있으므로, 양도인은 채무자에게 채권양도 통지를 하거나 채무자로부터 채권양도 승낙을 받음으로써 양수인으로 하여금 채무자에 대한 대항요건을 갖추어 양수인으로 하여금 원만하게 채권을 추심할 수 있도록 하여야 할 의무가 있다.

(2) 양수인에 속한 채권의 보전자로서 양도인: 양도인의 의무는 이미 양수인에게 귀속된 채권을 보전하기 위한 것이고, 그 채권의 보전 여부는 오로지 양도인의 의사에 매여 있어 채권양도의 당사자 사이에서는 양도인은 양수인을 위하여 양수채권 보전에 관한 사무를 처리하는 자라고 할 수 있고 채무자에게 채권을 추심할 수 있다는 신임관계가 전제되어 있다.

(3) 양도인이 통지 전에 채권추심으로 수령한 경우: ① 양도인이 채권양도 통지를 하기 전에 채무자로부터 채권을 추심하여 금전을 수령한 경우, 아직 대항요건을 갖추지 아니한 이상 채무자가 양도인에 대하여 한 변제는 유효하고, 그 결과 양수인에게 귀속되었던 채권은 소멸한다. ② 이는 이미 채권을 양도하여 아무런 권한도 가지지 아니하는 양도인이 양수인에게 귀속된 채권에 대한 변제로서 수령한 것이므로, 채권양도의 당연한 귀결로서 그 금전을 자신에게 귀속시키기 위하여 수령할 수는 없고, 오로지 양수인에게 전달해 주기 위하여서만 수령할 수 있을 뿐이다.

③ 양도인이 수령한 금전은 양수도인 사이에서 양수인의 소유에 속하고, 여기에다가 양도인이 양수인을 위하여 채권보전에 관한 사무를 처리하는 지위에 있다는 것을 고려하면, 양도인은 이를 양수인을 위하여 보관하는 관계에 있다(대판 1999.4.15. 97도666). 이러한 법리는 유효한 장래 채권의 양도의 경우에 있어서도 마찬가지라 할 것이다(대판 2007.5.11. 2006도4935).

第451條【承諾, 通知의 效果】 ①債務者가 異議를 保留하지 아니하고 前條의 承諾을 한 때에는 讓渡人에게 對抗할 수 있는 事由로써 讓受人에게 對抗하지 못한다. 그러나 債務者가 債務를 消滅하게 하기 위하여 讓渡人에게 給與한 것이 있으면 이를 回收할 수 있고 讓渡人에 對하여 負擔한 債務가 있으면 그 成立되지 아니함을 主張할 수 있다.

②讓渡人이 讓渡通知만을 한 때에는 債務者는 그 通知를 받은 때까지 讓渡人에 對하여 생긴 事由로써 讓受人에게 對抗할 수 있다.

承諾, 通知의 效果

1. 承諾의 效果 - 제1항

(1) 이의를 보류한 승낙의 효과: 이의를 보류한 승낙을 한 때에는 채무자는 승낙하기까지 발생한 양도인에게 대항할 수 있는 사유로써 양수인에게 대항할 수 있다. 이때에는 제2항의 통지를 한 경우와 동일한 법률관계가 된다.

(2) 이의를 보류하지 않은 승낙의 효과

(가) 항변권 상실의 효과: 이의를 보류하지 않은 승낙이란 채권양도의 사실을 채무자가 단순히 승인하는 것을 말한다. 이때 양수인은 양도된 채권이 아무런 항변권도 부착되지 않은 완벽한 채권이라고 신뢰하는 것이 보통이다. 따라서 이러한 양수인의 신뢰보호와 채권양도의 안전을 보장하기 위하여 단순승낙의 경우에는 채무자의 항변권을 상실토록 하고 있다.

① 양수인의 선의·중과실 없어야: 양수인은 선의에 중과실 없어야 한다.

② 항변상실의 효과는 채무자와 양수인 사이만: 단순승낙에 의한 항변상실의 효과는 채무자와 양수인 사이에 한정되며, 제3자에게는 영향이 없다. 예컨대 변제 등으로 이미 채권이 소멸하였으나, 채권양도의 통지를 받고 채무자가 단순승낙하여 채무자는 양수인에게 채무소멸의 항변권을 행사할 수 없어 이행하여야 하나(채권이 부활한다), 그 채권에 부착되어 채권의 소멸로 이미 소멸한 담보권·보증채무 등은 다시 부활하지는 않는다.

(나) 양수인의 악의 또는 중과실-항변권 유지: 채권양도에 있어서 채무자가 양도인에게 이의를 보류하지 아니하고 승낙을 하였다는 사정이 없거나 또는 이의를 보류하지 아니하고 승낙을 하였더라도 양수인이 악의 또는 중과실의 경우에 해당하는 한, 채무자의 승낙 당시까지 양도인에 대하여 생긴 사유로써 양수인에게 대항할 수 있다(대판 1999.8.20. 99다18039).

(다) 항변상실의 범위: 채권양도나 채권에 대한 질권설정에 있어서 채무자가 이의를 보류하지 않은 승낙을 한 경우, 채무자는 양도인에게 대항할 수 있는 사유로서 양수인에게 대항할 수 없고, 이 경우 대항할 수 없는 사유는 협의의 항변권에 한하지 아니하고, 넓게 채권의 성립, 존속, 행사를 저지하거나 배척하는 사유를 포함한다(대판 2002.3.29. 2000다13887).

(라) 이의를 유보하지 않은 경우이라도 항변이 유지되는 경우-당연한 사실: ① 보험금청구권의 양도에 대한 채무자의 승낙은 별도로 면책사유가 있으면 보험금을 지급하지 않겠다는 취지를 명시하지 않아도 당연히 그것을 전제로 하고 있다고 보아야 하고, 더구나 보험사고 발생 전의 보험금청구권 양도를 승인함에 있어서 보험자가 위 항변사유가 상당한 정도로 발생할 가능성이 있음을 인식하였다는 등의 사정이 없는 한 존재하지도 아니하는 면책사유 항변을 유보하고 이의하여야 한다고 할 수는 없으므로, 보험자는 비록 위 보험금청구권 양도승인시에 면책사유에 대한 이의를 유보하지 않았다 하더라도 보험계약상의 면책사유를 주장할 수 있다(대판 2001.6.15. 99다72453). ② 임대차보증금반환채권을 양도함에 있어서 임대인이 아무런 이의를 보류하지 아

니한 채 채권양도를 승낙하였어도 임차 목적물을 개축하는 등을 하여 임차인이 부담할 원상복구비용 상당의 손해배상액은 반환할 임대차보증금에서 당연히 공제할 수 있다(대판 2002.12.10. 2002다52657). * 임대인과 임차인 사이에서 장래 임대목적물반환시 원상복구비용의 보증금 명목으로 지급하기로 약정한 금액은, 임대차관계에서 당연히 발생하는 임차인의 채무가 아니라 임대인과 임차인 사이의 약정에 기하여 비로소 발생하는 채무에 불과하므로, 반환할 임대차보증금에서 당연히 공제할 수 있는 것은 아니라 할 것이어서, 임대차보증금 반환 채권을 양도하기 전에 임차인과 사이에 이와 같은 약정을 한 임대인이 이와 같은 약정에 기한 원상복구비용의 보증금 청구 채권이 존재한다는 이의를 보류하지 아니한 채 채권양도를 승낙하였다면 민법 제451조제1항이 적용되어 그 원상복구비용의 보증금 청구 채권으로 채권양수인에게 대항할 수 없다(대판 2002.12.10. 2002다52657).

(마) 채무자와 양도인의 이익조정-단서: 채무자의 단순승낙으로 항변권을 상실하여 입게 되는 불이익은 양도인과의 사이에서 사후에 조정된다. 즉 제451조제1항 단서는 채무자가 채무를 소멸하게 하기 위하여 양도인에게 급여한 것이 있으면 이를 회수할 수 있고, 양도인에 대하여 부담한 채무가 있으면(예: 대물변제예약 또는 경개 등으로 인한 새로운 채무의 부담), 이러한 새로운 채무는 성립하지 않은 것으로 주장할 수 있다고 규정한다.

(3) 승낙 이후 취득한 채권과의 상계 금지: 채무자는 채권양도를 승낙한 후에 취득한 양도인에 대한 채권으로서 양수인에 대하여 상계로서 대항하지 못한다(대판 1984.9.11. 83다카2288).

2. 通知의 效果 - 제2항: 채권양도의 사실이 통지되어 채무자에게 도달(인식)되면, 양수인은 채무자에 대하여 채권을 행사할 수 있다. 이때 채무자는 그 통지를 받은 때까지 양도인에 대하여 생긴 사유로써 양수인에게 대항할 수 있다.

(1) 대항할 수 있는 사유: 대항할 수 있는 사유로는 채권의 불성립, 무효 또는 취소로 인한 소멸, 변제·면제·상계 기타의 사유로 채권의 전부 또는 일부의 소멸 사유, 동시이행의 항변권 등 모든 사유를 포함한다(대판 2002.3.29. 2000다13887). 문제가 되는 것은 상계이다.

(2) 대항사유가 상계인 경우

(가) 통지된 시점에서 이미 상계적상에 있었으나 채무자가 상계를 하지 않은 경우: 채무자는 양수인에게 그 채권으로 상계할 수 있다(대판 1984.9.11. 83다카2288). 이러한 경우는 일반적으로 이미 서로 결제되었다고 생각하기 때문으로 이러한 채무자의 상계기대는 합리적인 것으로 보호되는 것이 타당하다.

(나) 통지된 시점에 양도된 채권의 변제기는 도래하지 않았으나 반대채권(채무자의 양도인에 대한 채권)은 변제기가 이미 도래한 경우: 채무자는 기한의 이익을 포기할 수 있어, 이 경우에도 채무자는 양수인에게 상계로 소멸하였음을 주장할 수 있다.

(다) 통지된 시점에 양도채권과 반대채권 모두 변제기가 도래하지 않은 경우: 대항요건이란 양도의 사실을 모르는 채무자를 보호하기 위한 것이므로, 양도로써 채무자에게 불이익을 주어서는 아니 되어, 양도의 통지 당시에 이미 상계할 수 있는 원인이 있었던 경우에는 후에 상계적상이 있는 때에 채무자는 양수인에게 상계로 소멸하였음을 주장할 수 있다(대판 1999.8.20. 99다18039).

(라) 채권의 일부양도와 채무자의 상계: 채권의 일부 양도가 이루어지면 특별한 사정이 없는 한 각 분할된 부분에 대하여 독립한 분할채권이 성립하므로 그 채권에 대하여 양도인에 대한 반대채권으로 상계하고자 하는 채무자로서는 양도인을 비롯한 각 분할채권자 중 어느 누구도 상계의 상대방으로 지정하여 상계할 수 있고, 그러한 채무자의 상계 의사표시를 수령한 분할채권자는 제3자에 대한 대항요건을 갖춘 양수인이라 하더라도 양도인 또는 다른 양수인에 귀속된 부분에 대하여 먼저 상계되어야 한다거나 각 분할채권액의 채권 총액에 대한 비율에 따라 상계되어야 한다는 이의를 할 수 없다(대판 2002.2.8. 2000다50596).

(3) 통지 후의 계약의 갱신: 임대인이 임대차보증금반환청구채권의 양도통지를 받은 후에는 임대인과 임차인 사이에 임대차계약의 갱신이나 계약기간 연장에 관하여 명시적 또는 묵시적 합의가 있더라도 그 합의의 효과는 보증금반환채권의 양수인에 대하여는 미칠 수 없다(대판 1989.4.25. 88다카4253, 4260).

第452條【讓渡통지와 禁反言】 ①讓渡人이 債務者에게 債權讓渡를 通知한 때에는 아직 讓渡하지 아니하였거나 그 讓渡가 無效인 境遇에도 善意인 債務者는 讓受人에게 對抗할 수 있는 事由로 讓渡人에게 對抗할 수 있다.
②前項의 通知는 讓受人의 同意가 없으면 撤回하지 못한다.

讓渡通知 이후의 讓渡 안한 境遇, 讓渡의 無效, 解除

1. 意義: 채권의 양도통지로 인한 채무자의 신뢰보호를 위하여 양도통지 이후의 양도에 대한 변경 사항에 대하여 금반언의 원칙이 적용됨을 규정한다.

2. 實際로 讓渡하지 않은 경우 - 제1항: 채무자가 채권양도의 사실을 통지 받았으나 실제로는 양도되지 않은 경우에도, 채무자가 양수인으로 통지받았던 당사자인 표현 양수인에게 변제 등의 행위를 한 경우에는 변제 등의 사유로써 양도인(채권자)에게 대항할 수 있다. 채무자의 선의만 규정하고 있으나 무과실도 요한다고 보아야 한다.

3. 無效, 解除 - 제2항: 양도가 무효인 경우에도 채무자에게 양도철회를 통지하여야 한다. 무효만 규정하나 무효와 동일시 할 수 있는 취소, 해제도 포함한다.

4. 通知撤回에 讓受人의 同意가 있어야 - 제2항: 민법 제452조제2항은 구민법하에서 '채권양도계약의(양도의대항요건 구비 이후의) 해제는 양도인이 일방적으로 할 수 있는 것이 아니고 양수인으로부터의 채무자에 대한 통지가 없으면 그 효력이 발생하지 아니한다'는 판례가 있었던 것을 성문화한 조항으로(대판 1964.8.31. 63다826), 채권양도인과 양수인과의 채권양도 계약이 해제되었고 채권양도인이 채무자에게(양수인의 동의 없이)양도철회통지를 하였다고 하더라도 채무자는 이것을 채권양수인에게 대항할 수는 없다(양수인의 동의 없는 양도인으로부터의 통지이기 때문에 양수인의 지급청구에 대하여 철회통지를 이유로 지급거절을 할 수 없다는 취지임)(대판 1978.6.13. 78다468).

第5節 債務의 引受

1. 槪括

(1) 意義: 채무인수는 계약에 의하여 채무의 동일성을 유지하면서 채무를 채무자로부터 제3자에게 이전하는 것이다. 채권이 경제적인 측면에서는 채무자에 대한 장래의 행위에 대한 단순한 요구권이 아니라 독립적인 재산적 가치물이라는 관념이 증대됨에 따라 채권의 양도가 승인되게 되었으며, 채무도 그 내용인 급부를 주체로부터 분리시켜 자유로운 이전을 일반적으로 승인하게 되었다. 채권의 이전과는 달리, 채무의 이전은 채무자의 변경을 의미하므로 채권의 목적 실현 가능성에 중대한 영향을 미친다. 따라서 채무의 이전성이 이론적으로 인정된다고 할지라도, 실제로 채무의 이전을 인정하기 위하여는 채권자를 보호할 수 있는 장치가 선행·보장되어야 할 것이다. 이에 각국은 채무의 이전에 채권자를 주요한 당사자로 하여, 채권자의 자유로운 의사에 따른 판단에 맡기고 있다. 채무의 이전은 당사자간의 계약에 의한 경우 외에도, 상속·회사의 합병의 경우에도 생기나 이러한 경우는 법률의 규정에 따른 이전으로 계약에 의한 채무의 이전인 채무인수와는 다르다.

(2) 채무인수의 목적: 채무의 인수는 주로 채권의 경제적 가치를 종전보다 증대한다든지 또는 결제의 편의를 위하여 행하여지며, 특수하게는 담보를 위하여 또는 추심을 목적으로 행하여진다. 채무인수 제도의 사회적 기능으로는 아래의 것을 들 수 있다.

(가) 채권의 경제적 가치의 증대: 채무의 이전으로 채무자가 변경되기 때문에 책임재산에 변경을 가져온다. 책임재산이 풍부한 자가 채무를 인수한다면 당해 채권의 경제적 가치는 증대되는데, 이는 채권자가 바라는 바이다. 이와 같이 책임재산이 풍부한 자로 채무자를 변경하여 채권의 가치를 증대할 필요성이 있을 때, 채무인수가 행하여진다.

(나) 결제의 편의: 예컨대 병이 을에게, 또한 을이 갑에게 금전채무를 지는 경우에, 을의 갑에 대한 채무를 병이 인수함으로써 상호간에 결제가 간편하게 이루어진다.

(다) 기타의 기능: 다른 채무를 담보할 목적으로 채무인수가 행하여지며, 또한 인수인에게 채권을 추심 시키기 위하여 채무인수가 행하여지기도 한다. 한편 담보물을 양도하는 때에 그 목적물이 담보하는 채무를 인수할 필요성이 있는 경우도 있다.

2. 債務引受의 態樣 – 통상은 면책적 채무인수: 광의의 채무인수에는 면책적 채무인수・병존적 채무인수・이행인수의 세 가지가 있다. 이러한 세 가지 유형 중 보통의 채무인수는 면책적 채무인수로서 채무인수에 의하여 원래의 채무자가 채무를 면하게 된다. 이에 대하여 원래의 채무자가 채무를 면하지 아니하고 종전의 채무를 그대로 부담한 상태에서 다시 인수인이 채무자와 동일한 내용의 채무를 부담하는 것이 병존적 채무인수이다. 면책적 채무인수인지 병존적 채무인수인지 불분명한 때에는 병존적 채무인수로 본다(대판 2002.9.24. 2002다36228). 병존적 채무인수는 원래의 채무자가 있는 상태에서 인수인이 다시 채무자가 되므로, 보증채무・연대채무・제3자를 위한 계약과의 관계가 문제된다. 면책적 채무인수와 병존적 채무인수는 어느 것이나 인수인은 채권자와의 관계에서는 채무자이다. 그러나 이행인수는 원래의 채무자와 인수인과의 사이에서 채무를 인수하는 계약으로, 채권자와의 관계에서는 원래의 채무자만이 채무자로서의 지위를 지속한다. 민법 제453조 이하의 채무인수에 관한 규정은 면책적 채무인수에 관한 것이다.

3. 債務引受의 特質: 채무인수가 가능하기 위하여는 인수되는 채무가 이전성이 있어야 한다. 즉 원칙적으로 채무의 성질이 채무자가 변경되어도 급부의 이행이 가능하여야 한다.

(1) 성질에 의한 제한: 채무의 성질이 인수를 허용하지 아니하는 것일 경우에는 그 채무를 인수하지 못한다(453조1항 단서).

(가) 채무자 변경으로 채무의 내용 또는 급부의 이행(채무의 질)에 현저한 차이가 나는 채무: 일신 전속적 채무와 고용・위임・도급과 같은 대부분의 작위채무는 이에 속한다. 특히 노무채무에 관하여는 사용자의 동의 없는 이전은 법률이 금지(657조2항)한다.

(나) 특정의 채무자간에만 결제되어야 할 채무: 상호계산에 개입된 채무가 이에 속한다.

(2) 채무인수 금지 특약의 채무: 이에 관하여는 민법에 별도로 규정하고 있지 아니하나, 계약자유의 원칙상 당사자간의 인수금지 특약은 유효하다고 보아야 한다. 다만 보증인, 담보제공자 등과 같은 이해관계 있는 자에게는 채권자와 채무자 간의 인수금지특약은 유효하지 않아 당사자간의 반대의사에 불구하고 인수할 수 있다. 그리고 중첩적 채무인수는 이해관계 여부를 불문하고 유효하다.

4. 構成

(1) 채권자와의 계약에 의한 채무인수: 제453조
(2) 채무자와의 계약에 의한 채무인수: 제454조-제457조
(3) 전채무자의 항변사유: 제458조
(4) 채무인수와 보증, 담보의 소멸: 제459조
(5) 병존적 채무인수
(6) 이행인수
(7) 계약인수

第453條【債權者와의 契約에 의한 債務引受】 ①第三者는 債權者와의 契約으로 債務를 引受하여 債務者의 債務를 免하게 할 수 있다. 그러나 債務의 性質이 引受를 許容하지 아니하는 때에는 그러하지 아니하다.
②利害關係 없는 第三者는 債務者의 意思에 反하여 債務를 引受하지 못한다.

債權者와의 契約에 의한 債務引受

1. 債務引受不可한 債務

(1) 성질에 의한 제한: 채무의 성질이 인수를 허용하지 아니하는 것일 경우에는 그 채무를 인수하지 못한다(1항 단서).

(가) 채무자 변경으로 채무의 내용 또는 급부의 이행(채무의 질)에 현저한 차이가 나는 채무: 일신 전속적 채무와 고용·위임·도급과 같은 대부분의 작위채무는 이에 속한다. 특히 노무채무에 관하여는 사용자의 동의 없는 이전은 법률이 금지(657조2항)한다.

(나) 특정의 채무자간에만 결제되어야 할 채무: 상호계산에 개입된 채무가 이에 속한다.

(2) 채무인수 금지 특약의 채무: 이에 관하여는 민법에 별도의 규정이 없으나, 계약자유의 원칙상 당사자간의 인수금지 특약은 유효하다고 하여야 한다. 다만 금지의 효력은 이해관계 있는 자와 없는 자 사이에는 달리 보아야 한다. 그리고 금지특약의 채무일지라도 중첩적 채무인수는 채권자와 채무인수인과의 합의가 있는 이상 채무자의 의사에 반하여서도 이루어질 수 있다(대판 1988.11.22. 87다카1836).

(가) 이해관계 있는 자: 보증인, 담보제공자 등의 이해관계 있는 제3자는 채무자의 인수반대의사 여부에 불문하고 인수를 할 수 있다.

(나) 이해관계 없는 자: 이해관계 없는 자는 채무자가 인수를 반대하면 채무를 인수하지 못한다. 채무자의 의사에 반하느냐 여부는 인수 당시를 기준으로 하며, 채무자의 의사에 반한다는 사실은 주장자가 증명하여야 한다.

2. 債權者·債務者·引受人 3者 間의 合意: 관련 당사자 모두의 합의가 있는 경우에는 계약자유의 원칙상 그러한 채무의 인수가 유효함은 물론이다.

3. 債權者와 引受人의 契約에 의한 債務引受 - 본조

(1) 성립: 채권자와 인수인 간의 인수계약에 의하여 채무는 인수된다.

(가) 당사자 의사의 불분명-병존적 채무인수로: 채무인수에 있어서 당사자의 의사가 분명하지 않은 채무인수가 면책적인가 중첩적인가 하는 것은 채무인수계약에 나타난 당사자 의사의 해석에 관한 문제이고, 채무인수에 있어서 면책적 인수인지, 중첩적 인수인지가 분명하지 아니한 때에는 이를 중첩적으로 인수한 것으로 볼 것이다(대판 2002.9.24. 2002다36228).

(나) 면책적 채무인수인지 병존적 채무인수인지 여부가 문제되는 구체적 사례

① 제3자가 수표, 약속어음을 발행하여 채권자에게 교부: 제3자가 타인의 채무에 관하여 채무자를 위하여 약속어음을 발행하여 채권자에게 교부한 경우, 특별한 사정이 없는 한 동일한 채무를 병존적으로 인수한 것으로 보아야 한다(대판 1989.9.12. 88다카13806).

② 채무자를 위하여 당좌수표를 발행한 자가 매월 이자를 지급한 경우: 제3자가 대여금 채무를 지급하기 위하여 발행한 당좌수표를 채권자가 교부받았다거나 그 당좌수표를 채권자에게 발행한 이후 제3자가 매월 이자를 채권자에게 지급하여 왔다는 사정 등만으로는 제3자가 대여금 채무를 면책적으로 인수하였다거나 채권자가 채무자와 제3자 사이의 면책적 채무인수의 약정을 묵시적으로 승낙한 것으로 볼 수는 없다(대판 1998.3.13. 97다52493).

(2) 효과

(가) 채무의 이전: 채무는 동일성을 유지하면서 인수인에게 이전한다. 따라서 채무자가 변경되어 인수인이 채무자가 된다. 본래의 주된 채무가 인수인에게 이전되므로 그에 종된 채무인 기본적 이자채무·위약금채무 등도 인수인에게 이전한다. 채무인수로 원래의 채무자는 당연히 채무를 면한다.

(나) 항변사유의 존속-제458조: 인수 당시에 원래의 채무자가 가지고 있던 모든 항변 사유로써 인수인은 채권자에게 대항할 수 있다.

(다) 기존의 보증, 담보-제459조

① 채무자 제공의 담보: 존속한다.

② 보증, 제3자 제공의 담보-동의 없으면 소멸: 원래의 채무자의 채무에 대한 인적 보증(보증인)이나 제3자가 제공한 담보는 보증인·담보물 제공자의 동의가 없는 때에는 채무인수로 소멸한다(459조).

(라) 인수인과 원래의 채무자와의 관계-원인관계로 채무인수의 효력에는 영향 없음: 인수인과 채무자의 관계는 채무인수의 원인관계로서 채무인수의 대내적 관계에 지나지 않아 인수인의 채무인수의 효력 자체에는 영향을 미치지 않는다.

(마) 중첩적 채무인수에서 양자와 채권자의 관계: 중첩적 채무인수에서 인수인이 채무자의 부탁 없이 채권자와의 계약으로 채무를 인수하는 것은 매우 드문 일이므로 채무자와 인수인은 원칙적으로 주관적 공동관계가 있는 연대채무관계에 있고, 인수인이 채무자의 부탁을 받지 아니하여 주관적 공동관계가 없는 경우에는 부진정연대채무관계에 있는 것으로 보아야 한다(대판 2009.8.20. 2009다32409).

(바) 상사시효의 적용을 받는 채무를 면책적으로 인수한 경우에도 그 인수채무의 소멸시효기간은 상사시효의 적용을 받는지 여부: 인수채무가 원래 5년의 상사시효의 적용을 받던 채무라면 그 후 면책적 채무인수에 따라 그 채무자의 지위가 인수인으로 교체되었다고 하더라도 그 소멸시효의 기간은 여전히 5년의 상사시효의 적용을 받는다(대판 1999.7.9. 99다12376).

(사) 면책적 채무인수가 소멸시효의 중단사유인 채무승인에 해당하는지 여부: 면책적 채무인수가 있은 경우, 인수채무의 소멸시효기간은 채무인수와 동시에 이루어진 소멸시효 중단사유, 즉 채무승인에 따라 채무인수일로부터 새로이 진행된다(대판 1999.7.9. 99다12376).

(아) 저당권부 채권에서 채무의 인수: 면책적 채무인수라 함은 채무의 동일성을 유지하면서 이를 종래의 채무자로부터 제3자인 인수인에게 이전하는 것을 목적으로 하는 계약을 말하는바, 채무인수로 인하여 인수인은 종래의 채무자와 지위를 교체하여 새로이 당사자로서 채무관계에 들어서서 종래의 채무자와 동일한 채무를 부담하고 동시에 종래의 채무자는 채무관계에서 탈퇴하여 면책되는 것일 뿐 종래의 채무가 소멸하는 것이 아니므로, 채무인수로 종래의 채무가 소멸하였으니 저당권의 부종성으로 인하여 당연히 소멸한 채무를 담보하는 저당권도 소멸한다는 법리는 성립하지 않는다(대판1996.10.11. 96다27476).

第454條【債務者와의 契約에 依한 債務引受】 ①第三者가 債務者와의 契約으로 債務를 引受한 경우에는 債權者의 承諾에 의하여 그 效力이 생긴다.
②債權者의 承諾 또는 拒絶의 相對方은 債務者나 第三者이다.

第455條【承諾與否의 催告】 ①前條의 境遇에 第三者나 債務者는 相當한 期間을 定하여 承諾與否의 確答을 債權者에게 催告할 수 있다.
②債權者가 그 期間內에 確答을 發送하지 아니한 때에는 拒絶한 것으로 본다.

第456條【債務引受의 撤回, 變更】 第三者와 債務者間의 契約에 의한 債務引受는 債權者의 承諾이 있을 때까지 當事者는 이를 撤回하거나 變更할 수 있다.

第457條【債務引受의 遡及效】 債權者의 債務引受에 對한 承諾은 다른 意思表示가 없으면 債務를 引受한 때에 遡及하여 그 效力이 생긴다. 그러나 第三者의 權利를 侵害하지 못한다.

債務者와 引受人 間의 契約

1. 債務者와 引受人 間의 債務引受 - 第454條: 채무인수로 채무자는 채무를 면하는 일방적인 수혜자이기 때문에 채무자는 채무인수에서 원칙적으로 당사자가 되지 못하나, 채권자가 이를 인정할 때는 인수의 효력이 생기는 것을 부정할 이유가 없다.

(1) 채무자와 인수인 간의 합의와 승낙-제1항: 채무자와 인수인 간의 채무 인수에 대한 합의가 있어야 한다.

(2) 채권자의 승낙-제1항: 채무자와 인수인 간의 인수계약은 채권자의 승낙이 있어야 효력을 발생한다.

(가) 승낙, 거절의 의사표시-제2항: 채권자의 승낙 또는 거절의 의사표시는 채무자 또는 인수인 어느 쪽에 하여도 좋다.

① 묵시적 승낙: 승낙은 반드시 명시적 의사표시에 의하여야 하는 것은 아니고 묵시적 의사표시에 의하여서도 가능하다고 할 것이나, 면책적 채무인수에 대한 묵시적 승낙의 의사표시에 해당한다고 볼 것인지 여부는 그 행위 당시 채권의 객관적 회수가능성 등 제반 사정을 고려하여 신중하게 판단하여야 한다(대판 2008.9.11. 2008다39663).

② 채권자가 직접 채무인수인에 대하여 인수채무금의 지급을 청구하였다면 그 지급청구로써 묵시적으로 채무인수를 승낙한 것으로 보아야 한다(대판 1989.11.14. 88다카29962).

③ 양도인의 상호를 계속 사용하지 아니하는 영업양수인에 대해서도 양도인의 영업으로 인한 채무를 인수할 것을 광고한 때에는 그 변제책임을 인정하는 상법 제44조의 법리는, 영업양수인이 양도인의 채무를 받아들이는 취지를 광고에 의하여 표시한 경우에 한하지 않고, 양도인의 채권자에 대하여 개별적으로 통지를 하는 방식으로 그 취지를 표시한 경우에도 적용되어, 그 채권자와의 관계에서는 위 채무변제의 책임이 발생한다(대판 2008.4.11. 2007다89722).

(나) 승낙의 효과-임의 철회 불가: 채권자의 승낙 후에는 임의로 계약을 철회하지 못하며, 채권자의 승낙이 있는 때에는 철회의 효력이 있다(대판 1962.5.17. 62다161). 즉 채무자와 제3자와 채무인수계약을 채권자가 승낙한 바 있다면 그 뒤 채권인수인이 위 채무인수계약을 적법하게 취소하려면 채무자의 승낙이 있다든가 채권자가 위 인도계약을 승낙할 때에 채무인수인의 취소권유보를 승낙하였다든가의 특수한 사정이 있어야 한다(대판 1962.5.17. 62다161).

(다) 거절 이후 다시 승낙-무효: 채권자가 승낙을 거절하면 그 이후에는 채권자가 다시 승낙하여도 채무인수로서의 효력이 생기지 않는다(대판 1998.11.24. 98다33765).

(3) 승낙여부 최고-제455조: 채무자나 인수인은 상당한 기간을 정하여 승낙여부의 확답을 채권자에게 최고할 수 있으며, 그 기간 내에 채권자가 확답을 발송하지 않은 때에는 거절한 것으로 본다.

2. 承諾前의 撤回, 變更 - 제456조: 인수인과 채무자는 채권자의 승낙 전까지는 인수계약을 철회 또는 변경할 수 있다.

3. 承諾前 또는 承諾 없는 引受合意의 效力 - 병존적 채무인수 또는 이행인수는 성립: 채무자와 인수인 간의 인수합의는 채권자에게 인수인에 대한 채권을 취득시키는 것으로 제3자를 위한 계약의 성질을 가진다. 이는 단순히 인수인이 채무자에게 그 채무를 이행하기로 하는 계약인 이행인수와는 다르다. 그러나 채무자와 인수인 간에 채무인수의 합의가 있는 경우에는 최소한 이행인수의 합의는 인정된다. 따라서 채무자와 인수인 간의 계약은 병존적 채무인수와 경합 또는 최소한 이행인수만은 성립된다(대판 1997.6.24. 97다1273). 채무자와 인수인 간의 병존적 채무인수는 채권자에게 직접 채권을 취득시키는 것으로 본질상 제3자를 위한 계약으로, 계약에서 제3자인 채권자를 위한다는 명시적인 의사가 필요하다.

4. 引受效力의 發生始期 - 遡及效 - 第457條: 채무자와 인수인 간의 계약에 의한 채무인수에서는 채권자의 승낙이 있어야 한다. 채권자의 승낙이 있고 다른 의사표시가 없으면 채무인수의 효과는 채무를 인수한 때에 소급하여 효력을 가진다. 즉 승낙한 때에 채무인수의 효과가 발생하는 것이 아니라 채무자와 인수인 간의 계약시에 소급하여 효과를 발생한다. 그러나 소급효에 의하여 제3자의 권리를 해하지 못한다.

第458條【前債務者의 抗辯事由】 引受人은 前債務者의 抗辯할 수 있는 事由로 債權者에게 對抗할 수 있다.

抗辯權의 存續

1. 引受人의 抗辯權: 인수 당시에 원래의 채무자가 가지고 있던 모든 항변 사유로써 인수인은 채

권자에게 대항할 수 있다. 즉 채무의 부존재·일부변제·동시이행의 항변권 등이 이전되어, 인수인이 이들을 항변으로 행사할 수 있다. 또한 원래의 채무자가 해제·취소한 경우에는 그 효과를 인수인은 항변사유로 주장할 수 있다.

2. 行使不可한 事由: 인수할 때까지 해제·취소원인이 존재하나 행사하지 않은 상태에서 채무인수가 된 경우에는, 인수인은 계약의 당사자가 아니므로 인수인이 해제 또는 취소를 할 수는 없다(계약인수가 있는 때에는 인정된다). 또한 인수인은 원래의 채권자의 상계권을 행사할 수도 없다. 채무의 이전이 있을 뿐이며, 원래의 채권자의 반대채권의 이전은 없기 때문이다.

第459條【債務引受와 保證, 擔保의 消滅】 前債務者의 債務에 對한 保證이나 第三者가 提供한 擔保는 債務引受로 因하여 消滅한다. 그러나 保證人이나 第三者가 債務引受에 同意한 境遇에는 그러하지 아니하다.

保證·擔保의 消滅

1. 意義: 채무인수로 채무자가 변경됨으로써 원래의 채무자에게 부착된 보증인이나 담보제공자를 보호하기 위하여 원칙적으로 소멸하나, 한편으로는 채권자를 보호하기 위하여 채무자가 직접 제공한 담보는 소멸하지 아니하는 것으로 한다.

2. 保證, 擔保의 附從性 問題 - 附從性 問題가 아님: 면책적 채무인수라 함은 채무의 동일성을 유지하면서 이를 종래의 채무자로부터 제3자인 인수인에게 이전하는 것을 목적으로 하는 계약을 말하는바, 채무인수로 인하여 인수인은 종래의 채무자와 지위를 교체하여 새로이 당사자로서 채무관계에 들어서서 종래의 채무자와 동일한 채무를 부담하고 동시에 종래의 채무자는 채무관계에서 탈퇴하여 면책되는 것일 뿐 종래의 채무가 소멸하는 것이 아니므로, 채무인수로 종래의 채무가 소멸하였으니 저당권의 부종성으로 인하여 당연히 소멸한 채무를 담보하는 저당권도 소멸한다는 법리는 성립하지 않는다(대판 1996.10.11. 96다27476).

3. 約定 擔保

(1) 채무자 제공의 담보: 소멸하지 않는다. 이 경우 원래의 채무자는 인수인의 물상보증인으로 된다.

(2) 제3자 제공의 담보-동의가 있으면 존속: 제3자가 제공한 담보는 담보물 제공자의 동의가 없는 때에는 채무인수로 소멸한다. 이와 같은 보증 또는 물상보증은 채무자와의 개인적 관계로 설정된 것이기 때문에 채무자의 변경으로 소멸하는 것이 당연하다. 본조에 규정된 채무인수에 대한 동의는 인수인을 위하여 새로운 담보를 설정하도록 하는 의사표시를 의미하는 것이 아니라 기존의 담보를 인수인을 위하여 계속시키는데 대한 의사표시를 의미하는 것이므로, 물상보증인이 채무인수에 동의함으로써 소멸하지 아니하는 담보는 당연히 기존의 담보와 동일한 내용을 갖는 것이다(대판 1996.10.11. 96다27476).

(3) 보증-동의가 있으면 존속: 보증은 개인적 신뢰관계에 의하여 성립된 것이므로 채무자의 변경이 있으면 당연히 소멸한다. 그러나 보증인이 존속하는 것으로 동의한 때에는 기존의 보증의 내용으로 존속한다.

4. 法定擔保 - 存續: 유치권과 같은 법정담보물권은 특정 채권의 보존을 위하여 법률의 규정에 의하여 성립된 것이므로 채무인수로 소멸하지 않는다.

5. 免責的 債務引受에만 適用: 본조는 면책적 채무인수에만 적용되며, 병존적 채무인수에는 적용되지 아니한다.

6. 會社整理法 제240조제2항은 본조를 배제: 회사정리절차에서 제3자가 주채무를 면책적으로 인수하는 내용의 정리계획이 인가·확정되었다고 하더라도, 그 채무인수 자체에 의하여 채권에 대한 실질적인 만족을 얻은 것으로는 볼 수 없는 것이므로, 회사정리법 제240조제2항에 따라 보증인의 책임 범위에는 아무런 영향이 없다고 할 것이고, 한편 면책적 채무인수에 있어 보증책임의 소멸을 규정하고 있는 민법 제459조는 이 경우 그 적용이 배제된다(대판 2005.10.28. 2005다28273).

併存的 債務引受

1. 意義: 병존적 채무인수는 계약에 의하여 인수인이 원래의 채무자와 함께 동일한 내용의 채무를 부담케 되는 것이다. 이를 중첩적 · 부가적 · 첨가적 · 확보적 채무인수라고도 한다. 이는 채권자측에서 보면 동일한 채무에 대하여 채무자가 한 사람 더 늘어난 것이 되어 보증적 기능을 가져, 채권의 담보력이 증대된 결과가 된다. 따라서 이 경우에는 면책적 채무인수에서와 같이 채권자의 의사가 존중될 필요성은 없다. 이러한 병존적 채무인수는 민법에 규정된 것은 아니나 그 계약이 유효함은 물론이다. 그런데 병존적 채무인수는 외형적으로는 보증계약 또는 연대채무와 매우 비슷한데, 당해 계약이 병존적 채무인수인지 보증 · 연대채무 계약인지 또는 면책적 채무인수인지는 구체적 계약의 내용을 종합적으로 검토하여 결정하여야 한다.

2. 要件

(1) 채무의 내용: 병존적 채무인수도 그 채무가 제3자에 의하여 이행될 수 있는 성질의 것이어야 한다. 인수인이 부담하는 채무의 범위가 원래의 채무의 범위를 초과하는 때에는, 병존적 채무인수의 보증적 기능으로 그 초과부분에 관하여는 채무가 존재하지 않는다.

(2) 당사자: 면책적 채무인수와 같이 세 유형을 생각할 수 있다.

(가) 3자 합의: 채권자 · 채무자 · 인수인의 3자 합의에 의한 병존적 채무인수에 관하여는 별다른 제한 없이 가능함은 물론이다.

(나) 채권자 · 인수인 간의 계약: 채권자와 인수인 간의 계약으로도 할 수 있다. 다만 채무자의 의사에 반하여 할 수 있느냐가 문제되는데, 병존적 채무인수가 채무자의 채무 담보의 목적으로 행하여지므로 채무자의 의사에 반하여도 할 수 있다고 본다. 채권자와 인수인 간의 계약에 의한 병존적 채무인수는 외형적으로는 보증이나 연대채무와 매우 비슷한데, 당해 계약이 어느 것에 해당하는 것이냐는 계약의 목적 · 당사자의 의사 등을 종합적으로 고려하여 판단하여야 한다. 또한 면책적 채무인수는 처분행위로서 원래의 채무자의 채무를 면한다고 볼만한 특별한 사정이 있는 경우에는 면책적 채무인수를 인정할 것이나, 그렇지 아니하여 면책적 채무인수인지 병존적 채무인수인지 불분명한 때에는 병존적 채무인수로 보아야 한다(대판 2002.9.24. 2002다36228).

(다) 채권자의 승낙 전 또는 승낙 받지 못한 채무자 · 인수인 간의 계약: 채무인수는 채무자와 인수인 간의 계약으로도 할 수 있다. 이는 채권자에게 인수인에 대한 채권을 취득시키는 것으로 제3자를 위한 계약의 성질을 가진다. 따라서 채무자와 인수인 간에 채무인수의 합의가 있으나, 채권자의 승낙 전 또는 채권자의 승낙을 받지 못한 경우에는 병존적 채무인수 또는 최소한 이행인수의 합의는 인정된다(대판 1997.6.24. 97다1273).

(3) 개별적 문제

(가) 채무자를 위하여 제3자가 어음 · 수표를 발행: 금전소비대차계약으로 인한 채무에 관하여 제3자가 채무자를 위하여 어음이나 수표를 발행하는 것은 특별한 사정이 없는 한 동일한 채무를 중첩적으로 인수한 것으로 봄이 타당하다(대판 2003.5.30. 2003다13512).

(나) 채무자의 반대의 의사: 중첩적 채무인수는 채권자와 채무인수인과의 합의가 있는 이상 채무자의 의사에 반하여서도 이루어질 수 있다(대판 1988.11.22. 87다카1836).

(다) 병존적 채무인수로 보아야 하는 경우: 인수의 대상으로 된 채무의 책임을 구성하는 권리관계도 함께 양도한 경우이거나 채무인수인이 그 채무부담에 상응하는 대가를 얻을 때에는 특별한 사정이 없는 한 원칙적으로 이행인수가 아닌 병존적 채무인수로 보아야 한다(대판 2008.3.13. 2007다54627).

3. 效果

(1) 채무자의 추가: 원래의 채무자의 채무가 소멸하지 아니하고 그대로 존속되며, 인수인이 새로운 채무자로 추가되어 원래의 채무자의 채무와 동일한 내용의 채무를 부담한다. 따라서 하나의 동일한 채무에 대하여 채무자가 원래의 채무자와 인수인으로 복수가 된다.

(2) 원래의 채무자와 인수인의 관계

(가) 원칙-의사표시의 해석에 따라: 원래의 채무자와 새로이 추가되는 채무자인 인수인 사이의 법률적 관계(연대채무, 부진정연대채무)는 인수계약의 당사자의 의사표시의 해석의 문제로서, 당사자의 의사가 분명한 경우에는 당사자의 의사에 따라 양자의 관계가 결정된다.

(나) 의사의 불명-연대채무관계: 당사자의 의사가 불분명한 경우에는 당사자의 의사와 계약의 사정을 종합적으로 고려하여 개별적으로 판단하여야 할 것이다. 달리 특별한 관계로 볼 수 있는 특별한 사정이 없는 경우가 문제된다. 이때는 연대채무의 관계에 있는 것으로 본다. 따라서 인수인이 채권자에게 자기의 반대채권으로 한 상계는 민법 제418조제1항의 규정(연대채무)에 의하여, 원채무자에 대하여도 채무소멸의 효력이 미친다(대판 1997.4.22. 96다56443).

(3) 항변의 행사: 인수인은 원래의 채무자와 동일한 내용의 채무를 부담하기 때문에, 인수인은 인수 당시에 원래의 채무자가 가진 모든 항변사유로써 채권자에게 대항할 수 있다(면책적 채무인수와 같다).

(4) 보증·담보의 존속: 원래의 채무자의 채무가 존속하기 때문에 보증·담보의 소멸문제는 생기지 않는다.

* 채권자와 보증인 사이에 보증인이 주채무를 중첩적으로 인수하기로 약정하였다 하더라도 특별한 사정이 없는 한 보증인은 주채무자에 대한 관계에서는 종전의 보증인의 지위를 그대로 유지한다고 봄이 상당하므로, 채무인수로 인하여 보증인과 주채무자 사이의 주채무에 관련된 구상관계가 달라지는 것은 아니다(대판 2003.11.14. 2003다37730).

履行引受

1. 意義: 이행인수는 원래의 채무자와 인수인 간의 계약으로, 인수인이 원래의 채무자를 대신하여, 그의 채무를 이행할 것을 약정하는 것을 말한다. 이행인수로 인수인이 채무자에 대하여 채무의 이행의무를 질 뿐이며, 채권자가 인수인에 대하여 직접 어떠한 채권을 취득하는 것은 아니다. 즉 인수인이 채무자의 채무에 관하여 제3자의 변제를 할 의무를 채무자에 대하여 부담할 뿐으로, 채권자에 대하여는 어떠한 의무도 부담하지 아니한다.

2. 要件

(1) 채무자와 인수인 간의 합의: 이행인수 계약의 당사자는 채무자와 인수인으로, 양자 간에 인수인이 대신 채무를 이행할 것을 약정함으로써 족하다. 이는 채무자와 인수인 간의 계약에 의한 채무인수(채권자의 승낙을 조건)와 유사하나, 후자는 채무의 이전이 있으나 이행인수는 채무의 이전이 없다는 점에서 차이가 있다. 채무자와 인수인 간에 병존적 채무인수를 하였으나, 병존적 채무인수로 인정되지 않는 경우 또는 병존적 채무인수가 인정되더라도 그것과 경합하여 이행인수로서의 효력은 발생한다(대판 1997.6.24. 97다1273).

(2) 채권자의 승낙 전 또는 승낙 없는 채무자·인수인 간의 채무인수 합의: 채무자와 인수인 간에 채무인수의 합의가 있는 경우에는 최소한 이행인수의 합의는 인정된다. 따라서 채무자와 인수인 간의 계약이 병존적 채무인수로 인정되지 않는 경우는 물론이며, 병존적 채무인수의 성립이 인정되더라도 경합하여 이행인수가 성립된다(대판 1995.8.11. 94다58599). 채무자와 인수인 간의 병존적 채무인수는 채권자에게 직접 채권을 취득시키는 것으로 본질상 제3자를 위한 계약으로, 계약에서 제3자인 채권자를 위한다는 명시적인 의사가 필요하다.

(3) 이행인수로 간주되는 경우: 부동산의 매수인이 매매목적물에 관한 임대차보증금 반환채무 등을 인수하는 한편 그 채무액을 매매대금에서 공제하기로 약정한 경우, 그 인수는 특별한 사정이 없는 이상 매도인을 면책시키는 면책적 채무인수가 아니라 이행인수로 보아야 하고, 면책적 채무인수로 보기 위하여는 이에 대한 채권자의 승낙이 있어야 한다(대판 1997.6.24. 97다1273).

(4) 병존적 채무인수와 이행인수의 구별: 채무자와 인수인의 계약으로 체결되는 병존적 채무인수는 채권자로 하여금 인수인에 대하여 새로운 권리를 취득하게 하는 것으로 제3자를 위한 계약의 하나로 볼 수 있는바, 이와 비교하여 이행인수는 채무자와 인수인 사이의 계약으로 인수인이 변제 등에 의하여 채무를 소멸하게 하여 채무자의 책임을 면하게 할 것을 약정하는 것으로 인수인이 채무자에 대한 관계에서 채무자를 면책하게 하는 채무를 부담하게 될 뿐 채권자로 하여금 직접 인수인에 대한 채권을 취득하게 하는 것이 아니므로, 결국 제3자를 위한 계약과 이행인수의 판별 기준은 계약 당사자에게 제3자 또는 채권자가 계약 당사자 일방 또는 인수인에 대하여 직접 채권을 취득하게 할 의사가 있는지 여부에 달려 있다 할 것이고, 구체적으로는 계약 체결의 동기·경위 및

목적, 계약에 있어서의 당사자의 지위, 당사자 사이 및 당사자와 제3자 사이의 이해관계, 거래 관행 등을 종합적으로 고려하여 그 의사를 해석하여야 한다(대판 1997.10.24. 97다28698).

3. 效果

(1) 이행의 청구는 원래의 채무자에게만: 채권자는 원래의 채무자에 대하여만 이행을 청구할 수 있으며, 인수인에 대하여는 이행을 청구할 수 없다. 즉 채권자는 인수인에 대하여 어떠한 권리도 취득하지 아니한다.

(2) 인수인은 채무자에 대하여서만 의무 부담: 인수인은 채무자에 대하여 변제 등에 의하여 그를 면책시킬 의무를 부담할 뿐으로 채권자에 대하여는 어떠한 의무도 없다. 따라서 인수인이 채무를 이행하지 아니하는 경우에 원래의 채무자만이 인수인에 대하여 이행인수 계약의 불이행에 의한 책임을 추궁할 수 있다.

(3) 인수인의 이행은 제3자의 변제: 인수인이 채무를 이행하면 채권자에 대하여는 제3자의 변제가 되며, 원래의 채무자는 채무를 면한다.

契約引受

1. 意義: 계약인수는 계약에 의하여 계약 당사자의 지위를 이전할 것을 약정하는 것이다. 이는 인수인이 계약 당사자의 지위의 승계를 목적으로 하는 계약이다. 민법은 개별적인 채권·채무의 이전에 관하여는 규정하고 있으나, 이와 같이 계약의 일방 당사자의 지위를 이전하는 포괄적인 권리·의무의 이전에 관하여는 규정하고 있지 않으나 계약 자유의 원칙상 계약인수를 부정할 이유는 없다. 계약인수에 의하여 매매계약의 매도인·매수인, 임대차계약에서의 임대인·임차인의 지위를 이전함으로써, 그가 가지고 있던 당해 계약상의 채권·채무·취소권·해제권 등의 모든 권리와 의무가 인수인에게 이전된다. 이는 개별적인 채권·채무의 이전만으로는 그러한 채권·채무를 발생시키는 계약에서 생기는 취소권·해제권 등은 종전의 계약 당사자에게 그대로 존속하게 되어 여러 가지로 불편하다. 이러한 불편을 해소하기 위한 것이 계약인수로서, 실제 거래계에서는 그 실효성이 크다. 예컨대 계속적 공급 및 구매계약·조합계약·임대차계약·영업양도 등에서 계약인수의 필요성이 있으며 많이 행하여지고 있다.

2. 成立

(1) 관련 당사자간의 3면 계약: 계약상 지위의 양도인·양수인·잔류 당사자의 동시적인 합의에 의한 3면 계약의 경우에는 문제가 될 것이 없다.

(2) 양도인과 양수인 간의 합의와 잔류당사자의 동의 또는 승낙: 통상적으로는 양도인과 양수인만의 계약으로 행하여지는 것이 많고, 이때에는 잔류 당사자의 동의 또는 승낙으로(정지조건) 효력을 발생한다(대판 1987.9.8. 85다카733).

(가) 동의·승낙의 의사표시: 잔류 당사자의 동의·승낙은 명시적·묵시적 의사표시에 의하며, 양도인·양수인 누구에게 하더라도 관계없다.

(나) 동의·승낙 없는 경우: 원칙적으로 잔류 당사자의 동의·승낙을 필요로 하나, 계약 당사자의 변경이 잔류 당사자에게 영향을 크게 주지 않는 경우에는 단순한 승인 또는 양도인과 양수인만의 인수계약으로 효력을 발생한다고 보아야 할 것이다. 이는 오늘날의 경제거래는 계약의 경제적 기초가 중요시되어 거래가 객관화되고 인적 요소는 의미를 잃은 것이 많은데, 그러한 유형의 계약인 경우에는 잔류 당사자의 의사의 개입에 큰 의미를 부여할 필요는 없기 때문이다. 예컨대 임대차의 목적물의 소유권을 이전하는 경우에, 소유권자인 임대인의 지위는 임차인의 동의·승낙 없이 일괄하여 매수인에게 이전된다. 따라서 계약인수에는 원칙적으로 잔류 당사자의 동의·승낙을 필요로 하나, 동의·승낙이 없는 경우에는 인수계약을 바로 무효로 볼 것이 아니라, 인수되는 계약의 내용과 당사자의 관계를 종합적으로 고려하여 계약인수의 효력 여부를 결정하여야 할 것이다.

(다) 이행인수로 간주되는 사례: 부동산의 매수인이 매매목적물에 관한 임대차보증금 반환채무 등을 인수하는 한편 그 채무액을 매매대금에서 공제하기로 약정한 경우, 그 인수는 특별한 사정이 없는 이상 매도인을 면책시키는 면책적 채무인수가 아니라 이행인수로 보아야 하고, 면책적

채무인수로 보기 위해서는 이에 대한 채권자 즉 임차인의 승낙이 있어야 한다(대판 1995.8.11. 94다58599).

(3) 인수의 효력-소급효: 동의·승낙을 한 경우에 계약인수의 효력은 동의·승낙의 의사표시를 한 때에 발생하는 것이 아니라 계약인수시에 소급한다.

3. 效果

(1) 양도인의 탈퇴: 양도인은 계약관계로부터 탈퇴하여, 특별한 사정이 없는 한 양도인과 잔류당사자 사이에는 계약관계가 존재하지 않게 되며 채권·채무관계도 소멸한다. 그러나 계약인수 이전에 변제기에 달한 채무는 여전히 탈퇴 당사자가 채무를 부담한다.

(2) 양수인이 기존계약의 당사자: 양수인은 기존계약의 새로운 당사자로 되어, 당해 계약으로부터 생기는 모든 권리·의무의 귀속자가 된다. 채권·채무는 물론이며, 당해 계약에서 생기는 취소권·해제권·항변권 등도 양수인에게 이전된다.

(3) 계약인수 전의 채무: 계약인수시기 이전에 변제기에 도래한 것이나 탈퇴 당사자가 변제하지 않은 채무에 관하여는 양수인은 연대채무 또는 보증채무 등의 어떠한 책임도 부담하지 않는다.

(4) 보증·담보: 보증 및 물적 담보는 개인적 신뢰관계에 의하여 형성된 것으로 피보증 및 피담보 채무자의 변경으로 인적 기초가 소멸되므로 계약인수에 의하여 소멸한다고 보아야 한다. 그러나 채권자의 변경인 경우에는 소멸하지 않는다. 예컨대 매수인의 대금지급채무를 보증·담보하기 위한 보증 또는 물적 담보는 매수인이 계약인수의 양도인의 경우에는 소멸하나, 매도인의 지위를 이전하기 위한 계약인수인 경우에는 소멸하지 않는다.

第6節 債權의 消滅

1. 槪括: 채권의 소멸은 유효하게 발생되어 활동하던 채권이 어떤 원인에 의하여 객관적으로 존재하지 않게 되는 것을 말한다. 이는 채권의 절대적 소멸을 의미하므로 채권 또는 채무의 이전으로 그 주체가 바뀌는 채권의 상대적 소멸과는 다르다. 채권은 채권에 특유한 사유에 의하여 소멸하나, 그 밖에 채권이 권리의 일종으로서 권리의 일반적 소멸원인에 의하여 소멸하는 등 기타의 원인에 의하여도 소멸한다. 채권에 특유한 소멸원인에 관하여는 민법 제460조 이하에서 규정하고 있다. 채권에 특유한 소멸원인이 있으면 채권은 법률상 당연히 소멸하는 것으로 당사자가 별도로 소멸을 주장할 필요는 없다.

2. 債權消滅의 原因

(1) 채권 특유의 소멸원인: 채권에 특유한 소멸원인으로 민법은 제460조 이하에서 변제·대물변제·공탁·상계·경개·면제·혼동의 일곱 가지를 규정하고 있다. 이들 일곱 가지의 소멸원인은 당해 채권의 목적과 관련시켜 분류할 수도 있으며, 소멸원인 그 자체의 법률적 성질을 기준으로 분류할 수도 있다.

(가) 목적과 관련한 분류: 채권의 목적 달성 여부에 따라 아래와 같이 분류할 수 있다.

① 목적달성에 의한 소멸: 채권은 채권이 발생한 목적이 달성되면 소멸하는 것은 당연하다. 목적 달성에 의한 채권의 소멸원인에는 변제·대물변제·공탁이 있다. 본래의 채무의 이행이 변제이고, 변제에 의하여 채권의 목적은 달성되어 채권은 소멸한다. 채권의 본래의 소멸원인이다. 대물변제는 대체물로의 변제로 본래의 변제에 갈음한다는 합의로 목적의 달성에 의한 채권의 소멸이며, 공탁도 법적 평가에 의하여 변제와 동일한 것으로 되어 채권이 소멸한다.

② 목적달성 불능에 의한 소멸: 목적의 달성이 확정적으로 불가능하여 졌으나, 그 원인이 채무자의 유책사유에 의한 경우에는 채권은 손해배상채권으로 전환되어 존속한다. 그러나 목적이 달성될 가능성이 없게 된 원인이 채무자에게 책임을 추궁할 사유가 아닌 경우에는 채권은 존속할 수도 없어 소멸할 수밖에 없다(편무계약상의 채권은 그대로 소멸하며, 쌍무계약상의 당해 채권은 소멸하고 상대방의 채무에 관하여는 위험부담문제로서 다른 문제가 된다).

③ 목적에 관련 없는 소멸: 채권의 목적과는 관련 없는 사항이지만 상계·경개·면제·혼동에 의하여 채권은 소멸한다. 상계는 상대방채무의 강제적 실현으로 실질적으로는 목적의 달성에 해

당한다. 경개는 구채권에 갈음하여 신채권을 성립시키는 것이어서 구채권은 소멸한다. 면제는 채권의 포기이며, 혼동은 채권과 채무가 동일인에게 귀속하기 때문에 채권을 존속시킬 실익이 없어 채권은 소멸한다.

(나) 법률적 성질에 의한 분류: 채권의 소멸원인 자체의 법률적 성질에 따라 아래와 같이 분류할 수 있다.

① 법률행위: ㉮ 단독행위: 면제 · 공탁 · 상계, ㉯ 계약: 대물변제 · 경개

② 준법률행위(비법률행위): 변제

③ 사건: 혼동 · 채무자 유책사유 없는 불능

(2) 기타의 채권소멸원인: 채권에 특유한 소멸원인 이외에 기타의 여러 가지 원인에 의하여도 채권은 소멸한다.

(가) 권리의 일반적 소멸원인: 채권도 권리의 일종이므로 권리의 일반적 소멸원인에 의하여 소멸한다. 즉 권리의 존속기간(종기)의 도래 · 소멸시효의 완성 등으로 소멸한다.

(나) 채권을 발생시킨 기본적 법률관계의 소멸: 법률행위의 취소, 해지권 또는 해제권의 행사, 해제조건의 성취 등에 의하여 소멸한다.

(다) 채권소멸을 목적으로 하는 계약에 의한 소멸: 해제계약 · 상계계약과 같은 채권의 소멸을 목적으로 하는 당사자간의 계약에 있을 때, 그 계약의 효력으로 채권은 소멸한다.

3. 構成

(1) 변제: 제460조-제486조(제3자의 변제: 제469조, 변제자 대위: 제480조-제484조)

(2) 대물변제: 제466조

(3) 공탁: 제487조-제491조

(4) 상계: 제492조-제499조

(5) 경개: 제500조-제505조

(6) 면제: 제506조

(7) 혼동: 제507조

第1款 辨 濟

1. 槪括: 변제란 채무의 내용에 좇은 급부를 실현시키는 채무자 또는 제3자의 행위로서 변제로 채권은 목적을 달성하여 소멸한다. 변제에는 채무의 이행행위인 변제를 위한 급부행위가 필수적으로 있어야 한다. 즉 변제는 급부행위를 그 구성요소로 한다. 이 급부행위는 하는 채무에서의 채무자의 작위 · 부작위채무에서의 부작위 등과 같은 사실행위일 수도 있고, 제3자에 대한 채무의 면제와 같은 단독행위 또는 제3자와의 매매와 같은 계약 등으로 법률행위일 수도 있다. 변제는 채권자의 협력 없이 채무자만의 행위로 할 수 있는 것도 있으나, 대개는 채권자의 협력을 필요로 한다. 채권자의 협력을 필요로 하는 경우에는 채무자는 이행의 준비를 하고 채권자의 협력을 요청하는(변제의 제공) 것으로 채무불이행책임을 면하고, 변제에 협력하지 않는 채권자는 채권자지체책임을 지게 된다.

2. 辨濟의 法律的 性質: 변제의 법률적 성질에 관하여는 변제의 불가결의 요소인 급부행위 외에 별도로 변제의사를 필요로 하는지에 대한 논의로서, 변제의사는 별도로 필요로 하지 않다는(비법률행위)데 일치한다.

(1) 객관적 사실: 채무에 상응하는 객관적 사실이 있으면, 행위자의 변제의사와는 관계없이 변제가 된다. 따라서 무능력자도 단독으로 유효한 변제를 할 수 있다.

(2) 급부행위가 법률행위(재단법인을 설립할 채무, 제3자에게 일정한 법률행위를 할 채무)인 경우에는, 법률행위 그 자체의 유 · 무효는 변제 자체에는 직접적인 영향이 없고, 급부행위(예: 재단법인 설립행위)를 무능력 · 착오 · 사기 · 강박에 의하여 취소함으로써 변제의 효과가 소멸할 뿐이다.

(3) 채무자가 채권자와 법률행위를 하는 것이 채무의 내용인 경우에는 채무자의 의사표시는 변

제의 효과를 좌우한다. 예컨대 동일한 급부행위일지라도 특별히 증여의 의사로 한 경우에는 변제의 효과가 발생하지 않고 증여의 효과가 발생하며, 또한 변제의 충당에서도 별도의 변제자의 의사표시가 있으면 의사표시에 의하여 변제의 효과가 발생한다. 그러나 이와 같은 경우에 변제자의 의사표시가 없어도 객관적 사정에 따라서 또는 법률상의 규정(법정충당)에 의하여 변제의 효과가 발생한다.

(4) 급부행위가 사실행위인 경우에는 대리가 허용되지 않는다.

3. 辨濟의 當事者

(1) 변제자: 변제의무자는 채무자이나 그 밖에 제3자도 변제할 수 있다.

(가) 채무자: 유효한 이행의 제공 또는 변제를 할 수 있는 자는 채무자이다. 불가분채무자・연대채무자・보증인도 채무자이다. 급부의 성질이 채무자 아닌 자도 할 수 있는 경우에는 채무자는 이행보조자・피용자・수임인에 의하여도 변제할 수 있다. 급부가 법률행위인 때에는 대리인에 의하여서도 할 수 있다.

(나) 제3자: 제469조

(2) 변제수령권자: 변제를 유효하게 수령할 수 있는 자를 변제수령권자라 하며, 변제수령권자는 채권자와 일정한 권한 및 지위에 있는 자이다.

(가) 채권자: 정당한 변제수령권자는 원칙적으로 채권자이다. 그러나 채권자 중에는 변제수령권한이 없는 채권자가 있고, 그 자에 대한 변제는 무효이다(472조).

(나) 채권자 외의 수령권자: 법률의 규정 또는 채권자로부터 수령권한을 받은 자는 수령권한이 있다. 예컨대 법인 기타 단체의 이사 기타 대표자와 피용자 등은 그의 직무의 범위 내에서 수령권한이 있다. 일반적으로 채권자 이외의 변제수령권자에는 대리인・추심위임을 받은 수임인・부재자의 재산관리인・파산관재인・채권 질권자(353조)・채권자대위권자(404조)가 있다.

4. 構成

(1) 변제제공: 제460조, 제461조
(2) 현상인도: 제462조
(3) 타인물건의 인도: 제463조
(4) 양도능력 없는 소유자의 인도: 제464조
(5) 채권자의 선의소비: 제465조
(6) 대물변제: 제466조
(7) 변제의 장소: 제467조
(8) 변제기 전의 변제: 제468조
(9) 제3자의 변제: 제469조
(10) 표현수령권자에 대한 변제: 제470조, 제471조
(11) 권한 없는 자에 대한 변제: 제472조
(12) 변제비용: 제473조
(13) 변제의 증거(변제자의 영수증, 증서반환청구권): 제474조, 제475조
(14) 변제충당: 제476조-제479조
(15) 변제자의 대위: 제480조-제485조
(16) 변제 이외의 방법에 의한 채무소멸과 대위: 제486조

第460條【辨濟提供의 方法】 辨濟는 債務內容에 좇은 現實提供으로 이를 하여야 한다. 그러나 債權者가 미리 辨濟받기를 拒絶하거나 債務의 履行에 債權者의 行爲를 要하는 境遇에는 辨濟準備의 完了를 通知하고 그 受領을 催告하면 된다.

第461條【辨濟提供의 效果】 辨濟의 提供은 그 때로부터 債務不履行의 責任을 免하게 한다.

辨濟의 提供

1. 意義: 부작위채무와 같은 경우에 채무자는 혼자서 채무를 이행할 수 있다. 그러나 그 밖의 대부분의 채무는 채무자 단독으로 이행할 수는 없고 채권자의 최소한도의 협력 내지 협조가 있어야 채무를 이행할 수 있다. 이와 같이 채무자가 혼자서 이행할 수 없는 급부에 관하여, 채무의 이행에 필요한 준비를 한 후에 채권자에게 이러한 뜻을 전하고 협력을 요구하는 것을 변제의 제공이라 한다. 채무자가 먼저 이와 같은 이행을 할 의지를 표현하였으나 채권자측의 사정으로 이행하지 못한 경우에는 채무자를 비난하지 못할 것이다. 즉 변제의 제공이 있으면 채무자는 채무불이행책임을 면하게 된다.

2. 辨濟提供의 方法 - 제460조: 변제제공의 방법은 본조에 채무내용에 좇은 현실제공을 원칙으로 하고, 채권자가 미리 변제받기를 거절하거나 이행에 채권자의 행위를 요하는 경우에는 변제준비의 완료를 통지하고 그 수령을 최고하도록 하고 있다. 전자를 현실의 제공이라 하고, 후자를 구두의 제공이라 한다. 그러나 이 두 가지는 변제제공의 방법이라기보다는 이행에 있어서 채권자의 협력과 관련한 채무자가 하여야 할 변제준비의무의 정도의 차이에 불과하다.

(1) 원칙-현실의 제공: 현실의 제공은 특정물채권과 같이 채권자의 협력 없이도 채무자 혼자서 채무의 주요한 부분까지는 실행할 수 있는 경우에 부담하는 채무자의 변제의 제공의무이다. 예컨대 특정물 매매에 있어서 채무자가 채권자가 수령만 하면 이행을 완료할 수 있는 상태까지 두어야 할 제공의무를 말한다. 현실의 제공은 어느 정도까지 채무자가 급부의 실행을 위하여 행위를 하여야 하는지가 문제되는데(이는 채무자가 채무불이행책임을 면하는 시점이며, 역으로는 채권자가 책임(채권자지체책임)을 부담하는 시작 시점이 된다), 현실의 제공의 구체적 내용은 계약의 내용·당사자의 사정·거래관습·신의성실의 원칙 등을 종합적으로 고려하여 결정하여야 한다.

(가) 금전채무: 금전채무의 변제에서는 지급일·지급장소가 정하여진 경우에는 채무자 혼자서 주요한 이행행위를 거의 다할 수 있고, 채권자의 협력은 단순한 수령이다. 또한 오늘날 주로 이용되는 우편환 또는 은행을 통한 송금 등에 있어서는 채무자의 주소 또는 거래은행의 계좌번호만 알면 채권자의 소극적인 수령행위조차도 필요가 없다. 문제가 되는 것은 금전의 일부만을 제공하거나, 통화 아닌 것으로 지급한 경우 등이 주로 문제가 된다.

① 일부의 제공: 채무의 전액을 제공하여야 하는데, 일부만을 제공한 것은 채무의 내용에 좇은 것이 되지 못한다. 따라서 채권자는 이의 수령을 거절할 수 있다. 그러나 제공한 금액의 부족액이 아주 적은 경우에는 신의칙상 유효한 변제로 보아야 한다. 원본 외에 이자·비용도 지급되어야 할 경우에는 이들이 합한 전액이어야 하며, 이행기 경과 후에는 지연배상액도 함께 제공되어야 한다.

② 통화 이외의 제공-어음·수표-유효한 제공이 되지 못함: 금전채무의 이행은 통화로 하여야 하나(376조), 통화 이외의 것 중에서 우편환의 경우에는 우편환의 현금으로의 전환에 대한 확실성으로 현실의 제공이라 본다. 주로 문제가 되는 것은 어음과 수표이다. 어음과 수표는 부도의 가능성 때문에 특별한 경우 외에는 유효한 제공이 되지 않는 것으로 본다(대물변제로 해석).

③ 채권자의 부재 등: 채권자의 주소지에 갔으나 채권자가 부재한 경우 또는 약속장소에 갔으나 나오지 않은 경우 등은 현실의 제공을 한 것이 된다. 이 경우에는 다시 채권자에게 수령을 최고할 필요는 없다.

(나) 특정물채무: 제462조(현상인도)

(다) 종류물채무: 주로 문제가 되는 것은 견본품과 다른 물건인 경우와 증권에 의한 제공 등이다.

① 견본품과 다른 물건의 제공: 구체적인 경우에 거래관습 또는 신의칙상 합리적으로 판단하여 견본품과 동일한 내용의 물건이냐 여부에 따라 결정되겠으나, 성능이나 함량이 견본품과 크게 다른 경우에는 계약의 해제, 손해배상의 청구, 또는 수령을 거절할 수 있다.

② 증권에 의한 제공: 화물상환증·창고증권·선하증권 등은 채무자가 처분할 수 있는 것이므로, 이들 증권의 교부·송부는 일반적으로 현실의 제공이라 본다.

③ 채권자가 수령하여야 할 물건: 일정한 장소와 일정한 기일 내에 채권자가 수령하여야 할 물건의 경우에는, 당해 장소에 일정한 기일까지 언제든지 채권자에게 인도할 상태가 되도록 하는 것이 현실의 제공이다.

(2) 구두의 제공-단서: 채권자가 미리 수령을 거절한 경우와 채무이행에 채권자의 적극적인 행

위를 요하는 경우에는 구두의 제공이 있으면 변제의 제공이 되며, 구두의 제공의 방법은 변제준비 완료의 통지 및 수령의 최고이다.

(가) 채권자의 사전의 수령거절: 거절은 명시적이든 묵시적이든 관계없다. 이와 같이 채권자가 미리 수령을 거절한 때에는 현실의 제공을 요구할 필요는 없을 것이어서, 변제준비와 통지·최고로 족하다.

① 변제준비: 변제준비는 채권자가 사전에 수령을 거절하였더라도 다시 마음을 바꾸어 수령을 하려는 때에는 이행을 할 수 있는 정도의 상태를 의미한다. 구체적인 정도에 관하여는 거래관습 및 신의칙에 의하여 결정하는 수밖에 없다. 특히 쌍무계약에서는 상대방이 협력만 한다면 언제든지 현실로 이행을 할 수 있을 정도로 준비를 완료하고, 그 사실을 상대방에게 통지하여 수령 기타 상대방의 협력과 상대방의 채무이행을 최고하여야만 상대방을 이행지체에 빠지게 할 수 있는 것이므로 단순히 자기의 채무를 이행할 준비태세를 갖추고 있는 것만으로는 부족하다(대판 1993.4.13. 92다56438).

② 준비완료 통지와 수령 최고: 구두의 제공에는 변제의 준비 외에 그러한 변제준비가 완료되었음을 통지하고 이의 수령을 최고하여야 한다. 그러나 채권자가 미리 수령을 거절하였고, 그 의사가 확고하며, 채무자가 변제준비를 하였다면 구태여 통지까지는 필요가 없고, 통지가 없어도 채무불이행책임을 면한다. 다만 쌍무계약에서는 채권자가 상대방의 급부에 대하여 수령을 거절하면 자기의 채무도 이행하지 않는 것이 보통이고, 이러한 경우에 채무자가 반대채무의 이행지체를 원인으로 계약의 해제 등과 같은 적극적 행위를 하는 경우에는 채무자는 변제준비 외에 별도로 통지·최고가 있어야 할 것이다. 이는 채권자의 수령거절의 의사에 대한 확인과 반대채무의 이행에 대한 최고의 의미에서 필요하다(대판 1981.11.24. 81다634).

(나) 채권자의 행위를 요하는 경우: 채권자의 선행되는 행위를 필요로 하는 경우란 추심채무·채권자가 제공하는 재료에 가공을 하는 채무·채권자가 지정하는 기일 및 장소에서 이행하여야 할 채무 등이 이에 속한다. 이러한 채무는 채권자의 행위가 먼저 있어야 이행행위를 할 수 있다. 이러한 채무의 경우에도 변제준비와 통지·최고에 의한 구두의 제공으로 족하다.

① 변제준비: 채권자의 행위를 요하는 경우에 채무자에게 요구되는 준비행위는 채권자의 행위가 있으면 즉시 이행을 할 수 있는 정도의 준비행위가 요구된다. 채권자가 미리 수령을 거절한 경우에는 그 이후에 변제를 하더라도 그동안의 시간적 여유가 있으나, 채권자의 행위를 요하는 경우에는 채권자는 자기의 행위가 있으면 즉시 변제를 받을 것이라고 기대하기 때문에 준비의 정도에서 차이가 있다고 보는 것이 타당하다. * 부동산 매매계약에서 매도인이 매수인에게 지체의 책임을 지워 매매계약을 해제하려면 매수인이 이행기일에 잔대금을 지급하지 아니한 사실만으로는 부족하고, 매도인이 소유권이전등기신청에 필요한 일체의 서류를 상대방이 수리할 수 있을 정도로 준비하여 그 뜻을 상대방에게 통지하여 수령을 최고함으로써 이를 제공하여야 하는 것이 원칙이고, 또 상당한 기간을 정하여 상대방의 잔대금채무이행을 최고한 후 매수인이 이에 응하지 아니한 사실이 있어야 하는 것인데, 매수인이 계약의 이행에 비협조적인 태도를 취하면서 잔대금의 지급을 미루는 등 소유권이전등기서류를 수령할 준비를 아니한 경우에는 매도인으로서도 부동산매도용 인감증명서를 발급받아 놓고 인감도장과 등기권리증 등을 준비하여 잔대금수령과 동시에 법무사 등에게 위임하여 소유권이전등기신청행위에 필요한 서류를 작성할 수 있도록 준비하였다면 이행의 제공은 이로써 충분하다고 할 것이다(대판 1992.7.14. 92다5713).

② 통지·최고: 준비행위 외에 통지·최고를 요건으로 한다. 그러나 이 경우에도 채권자가 어떠한 행위도 하지 아니하는 경우에는, 채무자는 준비행위를 하였다면 통지하지 않더라도 채무불이행책임을 면한다고 보아야 할 것이다. 채권자의 행위가 선행되어야 하기 때문에 변제의 준비행위로써 족할 것이다. 다만 쌍무계약에서의 채무자는 채권자의 의무위반 등을 이유로 계약의 해제 등과 같은 다른 적극적 행위를 하는 경우에는 상대방 채무의 이행의 청구와 함께 자기의 채무이행의 준비행위를 완료하였다는 통지가 있어야 한다(대판 1994.10.11. 94다24565).

(3) 구두의 제공을 요하느냐 여부에 대한 구체적 사례: 변제의 제공은 원칙적으로 현실의 제공이 있어야 하고, 예외적으로 구두의 제공을 하도록 한다. 즉 채무자가 채무불이행책임을 면하기 위하여는 현실의 제공이든 구두의 제공이든 변제의 제공을 하여야 한다. 그러나 아래와 같은 경

우에까지 구두의 제공을 요할 것이냐에 관하여 논란이 있다.

(가) 수령거절의 의사가 분명하고 확고한 경우: 제460조 단서는 전에 수령을 거절한 채권자라도 그 후 번의하여 수령을 하는 경우도 있을 것이므로 그 경우에는 신의칙상 채무자는 변제준비의 완료를 통지하고 그 수령을 최고하는 언어상의 변제제공방법을 하여야 할 의무 있음을 규정한 취지이고, 변제를 수령하지 않을 의사가 명백하여 전의 수령거절의사를 번의할 가능성이 보이지 않는 경우에까지 구두의 변제제공을 하여야 한다는 취지는 아니라 할 것이므로 이러한 경우에는 채무자는 언어상의 변제제공을 아니 하더라도 채권자에게 채무불이행의 책임이 없다(대판 1976.11.9. 76다2218). 또한 그 일방은 자기채무의 이행제공 없이도 상대방에게 그 채무의 이행을 최고할 수 있고, 또 상대방의 이행지체를 이유로 하여 계약을 해제할 수 있다(대판 1981.11.24. 81다633).

(나) 계속적 급부에서 계약의 부존재 주장 또는 일부의 수령거절: 임대차 또는 이자부 소비대차와 같은 계속적 계약관계에서, 채권자가 계약의 부존재를 주장하거나 또는 일회의 지분채무에 대하여 채무자가 이행을 하려고 함에도 이의 수령을 거절한 경우에도 구두의 제공을 하여야 하느냐이다. 예컨대 임대차에 관하여 채권자가 임대차계약 자체의 존재를 부정하는 등으로 임료를 수령치 않을 의사가 분명한 경우에는 임료의 지불에 대한 구두의 제공은 무의미하고, 따라서 채무자는 구두의 제공을 하지 않더라도 채무불이행책임을 면한다고 보아야 한다.

3. 辨濟提供의 效果 - 제461조: 채무자가 변제로 제공한 목적물을 수령하면 채권은 목적을 달성하여 소멸하나, 변제의 제공을 하였으나 채권자가 수령을 하지 않으면 채무자는 채무불이행책임을 면한다. 그렇지만 채무는 지속되어 채무자는 계속적인 채무의 구속상태에 놓이게 된다. 이러한 불합리한 점을 해소하여 당사자간에 공평을 이루기 위하여, 변제의 제공으로 채무불이행책임을 면하는 외에 아래와 같은 법률효과가 발생한다.

(1) 채무불이행책임의 면책: 변제의 제공으로 채무자는 채무불이행책임을 면한다. 따라서 변제의 제공이 있으면 채무자는 채무불이행에 기한 손해배상·지연이자 또는 위약금의 청구를 당하지 않으며, 또한 담보권을 실행 당하지 않는다.

(2) 약정이자의 정지: 변제의 제공으로 약정이자가 발생하지 않는다. 변제기 전의 제공의 경우에도 채무자는 기한의 이익을 포기할 수 있으므로 제공한 날 이후의 약정이자가 발생하지 않는다.

(3) 상대방의 동시이행의 항변권 상실: 쌍무계약의 경우에는 변제의 제공으로 상대방은 동시이행의 항변권을 상실한다. 다만 변제의 제공이 계속되어야 한다. * 쌍무계약의 당사자 일방이 먼저 한번 현실의 제공을 하고, 상대방을 수령지체에 빠지게 하였다고 하더라도 그 이행의 제공이 계속되지 않는 경우는 과거에 이행의 제공이 있었다는 사실만으로 상대방이 가지는 동시이행의 항변권이 소멸하는 것은 아니므로, 일시적으로 당사자 일방의 의무의 이행제공이 있었으나 곧 그 이행의 제공이 중지되어 더 이상 그 제공이 계속되지 아니하는 기간 동안에는 상대방의 의무가 이행지체 상태에 빠졌다고 할 수는 없다(대판 1995.3.14. 94다26646).

(4) 공탁이 가능: 변제의 제공을 하였으나 채권자가 수령거절 또는 수령불능 상태인 경우에는, 채무자는 채무를 면하기 위하여 공탁을 할 수 있다(수령거절 또는 수령불능 이외에 채권자를 알 수 없는 경우에도 공탁은 가능).

(5) 증가비용의 채권자 부담-제403조: 채권자의 수령거절 또는 수령불능으로 채무를 이행하지 못하므로 추가적으로 발생하는 보관비 또는 이행비는 채권자가 부담하여야 한다.

(6) 채무자의 주의의무의 경감-제401조: 변제의 제공 이후에는 고의 또는 중대한 과실에 대하여만 채무자에게 책임이 있어 주의의무가 경감된다. 따라서 경과실에 의한 목적물의 훼손 등에 대하여는 채무자는 면책된다.

(7) 위험부담의 이전-제538조: 변제의 제공 이후에는 위험이 채권자에게 이전한다. 따라서 쌍무계약에서 불가항력적인 사유로 이행불능이 된 경우에 반대채무는 존속한다.

第462條【特定物의 現狀引渡】 特定物의 引渡가 債權의 目的인 때에는 債務者는 履行期의 現狀대로 그 物件을 引渡하여야 한다.

現狀引渡

1. 現象引渡의 原則 - 履行期의 現象대로 履行: 특정물의 인도가 채권의 목적인 때에는 이행기의 현상대로 인도하여야 한다. 이를 특정물채무에서의 현상인도의 원칙이라 한다. 따라서 당사자간에 특약이 없는 한 채권성립 후 이행기까지에 성장하거나 과실이 생긴 경우는 물론이고, 훼손된 경우에도 그대로 인도하면 된다. 부동산인도의 경우에는 목적 부동산의 소유권 이전등기에 필요한 서류의 교부가 현실의 제공이 되며, 반드시 점유이전의 제공이 있어야 하는 것은 아니다.

2. 果實 - 제587조(특칙): 매매계약 후에 인도하지 아니한 목적물로부터 생긴 과실은 매도인에게 속한다.

3. 毁損된 경우: 채무자는 채권의 목적물을 인도하기까지에는 선관주의의무의 보존의무가 있으므로(374조), 훼손 등에 의한 물건의 악화에 관하여 채무자의 의무위반이 있는 때에는 별도로 보존의무위반에 의한 손해배상책임 또는 담보책임이 있다. 채권자는 특정물이 채권성립시에 비하여 일부멸실 또는 훼손 등으로 악화된 경우에도 이의 수령을 거절할 수 없으며, 다만 악화된 데 따른 별도의 책임으로 담보책임 등을 추궁할 수 있을 뿐이다. 그러나 목적물의 동일성을 상실할 정도의 훼손, 멸실의 경우에는 수령을 거절할 수 있다고 해석된다.

第463條【辨濟로서의 他人의 物件의 引渡】 債務의 辨濟로 他人의 物件을 引渡한 債務者는 다시 有效한 辨濟를 하지 아니하면 그 物件의 返還을 請求하지 못한다.

第464條【讓渡能力 없는 所有者의 物件引渡】 讓渡할 能力 없는 所有者가 債務의 辨濟로 物件을 引渡한 境遇에는 그 辨濟가 取消된 때에도 다시 有效한 辨濟를 하지 아니하면 그 物件의 盤還을 請求하지 못한다.

第465條【債權者의 善意消費, 讓渡와 求償權】 ①前2條의 境遇에 債權者가 辨濟로 받은 物件을 善意로 消費하거나 他人에게 讓渡한 때에는 그 辨濟는 效力이 있다.
②前項의 境遇에 債權者가 第三者로부터 賠償의 請求를 받은 때에는 債務者에 대하여 求償權을 行使할 수 있다.

他人物件으로 辨濟 및 讓渡無能力者의 引渡와 그에 따른 債權者의 消費

1. 他人의 物件으로 辨濟 - 제463조: 채무의 변제로 타인의 물건을 인도한 때에는 다시 유효한 변제를 하지 아니하면 그 물건의 반환을 청구하지 못한다. 채권자를 보호하기 위한 규정이다. 그런데 본조에서 다시 유효한 변제를 하지 아니하면 그 물건의 반환을 청구하지 못한다는 것은, 채무자만이 그 물건의 반환을 청구할 수 없다는 것에 불과할 뿐 채무자 아닌 다른 권리자까지 그 물건의 반환을 청구할 수 없다는 취지는 아니다(대판 1993.6.8. 93다14998, 15007). 본조가 적용되는 채무는 조문의 내용상 종류채무에 한한다. 특정물채무의 경우에는 변제한 물건이 유일한 특정된 물건이므로 유효한 변제를 다시 할 방법이 없기 때문이다. * 본조의 타인의 〈물건〉에는 금전(횡령금, 절취금)은 포함되지 않음(대판 2006.10.26. 2005다76753).

(1) 효과

(가) 반환청구의 제한: 유효한 변제는 아니나(따라서 채권은 소멸하지 않는다), 채무자의 반환청구가 제한된다.

(나) 선의의 소비-유효한 변제-제465조제1항: 채권자가 선의로 소비하거나 타인에게 양도한 때에는 유효한 변제가 된다. 즉 이때에는 유효한 변제로 되어 채권이 소멸한다.

(다) 도품, 유실물인 경우-제250조, 제251조: 당해 물건이 도품이나 유실물인 경우에는 제250조 및 제251조의 적용을 받으며, 또한 선의취득・첨부에 의한 소유권취득・취득시효의 요건을 갖춘 때에는 채권자는 소유권을 취득하여 채권의 목적의 달성으로 채권은 소멸하고 제465조의 적용은 없다.

(2) 물건의 소유자와 채권자 간의 관계

(가) 물건소유자의 소유권에 기한 반환청구: 당해 물건의 소유자가 채권자에게 소유권에 기한 반환청구나 부당이득을 이유로 반환을 청구하면 채권자는 반환하거나 배상을 하여야 한다. 그 결과 소유자에게 반환 또는 배상을 한 채권자는 채무자에 대하여 구상권을 행사할 수 있다(465조2항).

(나) 악의의 보관·은닉: 당해 물건이 제3자의 물건임을 알고 제공받아 이를 보관, 은닉한 행위는 제3자에 대하여 불법행위를 구성한다(대판 1993.6.8. 93다14998).

(3) 타인의 금전(횡령금)으로 변제-제463조, 제465조 적용 없음

(가) 제463, 제465조의 적용 없음: 제463조의 타인의 물건에는 타인의 금전은 포함되지 아니한다. 따라서 금전으로 변제한 이상 채무자가 타인 물건을 인도하여 변제한 경우 채권자가 이를 선의로 소비하거나 타인에게 양도하여 변제의 효력이 있더라도 채권자가 제3자로부터 배상의 청구를 받은 때에는 채무자에 대하여 구상권을 행사할 수 있다는 민법 제463조, 제465조가 적용될 여지가 없다(대판 2006.10.26. 2005다76753).

(나) 채권자가 제3자에게 손해배상을 한 경우: 채무자가 타인의 금전을 횡령하여 채권자에게 변제하였는데, 그 후 채권자가 그 타인에게 횡령금 상당의 손해배상을 하게 된 경우, 채무자의 채무 소멸의 이익과 채권자의 손해배상의무 부담의 손해는 각기 다른 원인으로 발생하였으므로 채무자가 채권자에게 부당이득반환의무를 부담하지 않는다(대판 2006.10.26. 2005다76753).

* 채무자(갑)가 타인(병)의 자금을 횡령하여 채권자(을)에게 지급함으로써 채권자(을)에 대한 자신의 개인채무가 소멸되는 이익을 얻고, 채권자(을)는 타인(병)의 손해배상소송의 결과 타인(병)에게 횡령금 상당의 손해배상을 하게 되는 손해를 입게 되는 결과가 되었다고 하여도, 채무자(갑)가 얻은 이익과 채권자(을)의 손해는 각기 다른 원인으로 발생한 것이어서 양자 사이에 인과관계가 있다고 볼 수 없어 채무자(갑)가 채권자(을)에 대해 부당이득반환의무를 진다고도 할 수 없다(대판 2006.10.26. 2005다76753).

2. 讓渡無能力者의 引渡 - 제464조: 양도무능력자가 자기의 물건을 변제로 인도한 경우에는, 그 변제가 취소된 때에도 다시 유효한 변제를 아니하면 그 물건의 반환을 청구하지 못한다. 채권자를 보호하기 위한 규정이다.

(1) 종류물채권에만 적용: 본조는 특정물채권에 관하여는 적용이 없다. 특정물채무의 경우에는 유일한 특정된 물건이므로 유효한 변제를 다시 할 방법이 없기 때문이다.

(2) 양도무능력자: 예컨대 무능력자가 법정대리인의 동의 없이 변제로 자기의 물건을 인도한 때에도, 그 변제는 일단은 유효하다. 그러나 그 변제를 본인 또는 법정대리인이 취소하면 유효한 변제가 되지 못하나, 변제자가 다시 유효한 변제(무능력자가 동의를 얻는 등)를 하지 아니하면 그 물건의 반환을 청구하지 못한다는 것이다.

3. 債務者, 債權者, 第3者 間의 關係(善意의 消費 또는 讓渡) - 제465조

(1) 목적물이 반환불능하여야(소비, 양도 등)-유효한 변제-제1항: 변제받은 것이 타인의 물건(463조)이거나 양도무능력자로부터 변제받은 물건(464조)을 채권자가 정당한 물건인 줄 잘못 알고 소비하거나 타인에게 양도한 때에는 제463조와 제464조에도 불구하고 유효한 변제로 확정된다. 이때에는 유효한 변제로 되어 채권자와 채무자 간에는 더 이상의 법률관계는 없게 된다.

(가) 소비, 양도: 소비 또는 타인에게 양도하여 반환이 불능하여야 한다.

(나) 채권자의 선의: 채권자가 변제자의 물건인 것으로 믿었고, 변제자가 양도능력이 있는 것으로 믿었어야 한다.

(다) 효과

① 유효한 변제: 채무자와 채권자 간에는 유효한 변제로 되어 채무는 소멸한다.

② 소유자와 채권자-제2항

㉮ 소유자의 반환청구: 당해 물건의 소유자(타인의 물건인 경우)가 채권자에게 소유권에 기한 반환청구나 부당이득을 이유로 반환을 청구하면 채권자는 반환하거나 배상을 하여야 한다(741조).

㉯ 채권자의 구상권 행사: 소유자에게 반환 또는 배상을 한 채권자는 채무자에 대하여 구상권을

행사할 수 있다(465조2항).
(2) 반환이 가능한 경우-제463조, 제464조
(가) 타인의 물건-제463조: 채무자는 유효한 변제를 한 후에만 반환을 청구할 수 있다. 그러나 물건의 소유자는 소유권에 기하여 당해 물건의 반환을 청구할 수 있다.
(나) 양도무능력자의 인도-제464조: 유효한 변제를 하여야 반환을 청구할 수 있다.

第466條【代物辨濟】 債務者가 債權者의 承諾을 얻어 本來의 債務履行에 갈음하여 다른 給與를 한 때에는 辨濟와 같은 효력이 있다.

代物辨濟

1. 意義: 대물변제는 변제자가 채권자와의 계약에 의하여 본래의 채무이행에 갈음하여 현실적으로 다른 급부를 함으로써 채권을 소멸시키는 것을 말한다. 채무자는 본래의 급부를 하여야 하며, 다른 물건으로 급부를 한 경우에는 채권자는 이를 수령하지 않고 채무불이행책임을 추궁할 수 있다. 그러나 채무자가 본래의 급부에 갈음하여 대체물로 급부할 것을 제의(청약)하여 채권자가 승낙하고, 이를 수령하면 본래의 급부의 이행과 동일하게 채권은 만족을 얻어 소멸한다. 본조는 채무자에 한정하는 것으로 되어 있는 것과 같이 보이나, 채무자 이외의 제3자도 제3자의 변제가 허용되는 경우에는 대물변제도 할 수 있다. 이와 같은 대물변제는 이행의 대용 내지 보조수단으로 이용되나, 〈대물변제〉와 〈예약〉이 결합한 〈대물변제 예약〉은 실사회에서는 채권담보의 목적으로 변용되고 있다.

2. 法律的 性質

(1) 요물계약: 대물변제는 본래의 채무에 갈음하여 다른 급부를 함으로써 채무를 소멸시키려는 변제자와 채권자와의 계약이고, 대물변제의 효력은 변제자와 채권자의 합의에 의하여 발생하지만 현실적인 대물의 급부가 있어야 되는 요물계약이다. * 요물계약으로 본래의 급부에 갈음한 다른 급부를 하여야 할 의무를 부담하는 경개와는 다르다.
(2) 본래의 급부에 갈음한 현실적 이행: 대물변제는 요물계약으로 급부가 현실적으로 있어야 성립한다. 따라서 대물이 동산인 경우에는 인도, 부동산인 경우에는 등기이전이 이루어져야 대물변제가 성립한다.
(가) 기존 채무의 변제로 어음·수표의 교부-불명이면 변제를 위하여 한 것으로: 당사자의 의사표시의 해석에 따라서 어음·수표의 교부행위가 〈변제에 갈음〉한 것인지, 아니면 〈변제를 위하여〉한 것인지에 따라서 결정하여야 한다. 〈변제를 위하여〉한 것이면 대물변제가 될 수 없고, 〈변제에 갈음〉한 것이면 대물변제가 된다. 여기서 〈변제를 위하여〉한 것이면 기존의 채무를 소멸시키지 않고 새로운 채무(어음채무)를 발생시켜 채권자는 기존채무와 새로운 채무에 대한 두 개의 청구권을 갖는 것이 되며, 〈변제에 갈음〉한 경우에는 기존의 채무는 소멸하고 새로운 채무(어음채무)에 대한 청구권만 발생하게 되는 것이다. 당사자의 의사가 분명하지 않은 경우에는 〈변제를 위하여〉한 것으로 보아 기존채무는 소멸하지 않고, 어음·수표상의 채무가 이행되면 비로소 기존채무가 소멸한다(대판 2003.5.30. 2003다13512).
(나) 대물변제 예약과는 구별: 대물변제가 채무의 대용 내지 보조수단으로 이용되나 요물계약이기 때문에, 그 전 단계인 변제자와 채권자의 〈대물로 변제한다〉는 단순한 합의는 〈대물변제의 예약〉이 된다. 이는 〈대물변제〉와 〈예약〉이 결합한 것인데, 이는 특히 실사회에서 본래의 급부의 계약체결시에 본래의 급부가 이행되지 않을 경우를 고려하여 대물에 의한 변제를 합의하는 것으로 행하여진다.
① 결제의 수단으로서의 대물변제 예약: 매매계약에 있어서 매도인이 이행기까지 특정 목정물을 확보하지 못하여 매수인에게 인도하지 못하는 경우를 고려하여 본래의 목적물에 갈음하여 별도의 물건으로 인도할 수 있다는 합의를 하는 것과 같이 결제의 수단으로의 대물변제예약을 행하는 것이다.

② 담보의 수단으로 한 대물변제 예약: 많은 경우에 금전의 소비대차에서 차주가 채무가 변제되지 않는 경우에 부동산 등의 물건을 인도한다는 뜻의 담보의 수단으로 행하여지는 것이다. 이때에는 장래의 소유권 취득을 보전하기 위하여 가등기를 하는 것이 보통이다. 가등기를 함으로써 채권자의 우선적 지위가 확보되는데, 이러한 유형의 비전형담보를 가등기담보라 하고 물권법영역에 속하며, 이는 가등기담보등에관한법률에 의하여 규율된다. 그런데 소비대차가 아닌 원인에 의하여 발생한 금전채무의 담보로 대물변제예약과 가등기가 된 경우는 제607조, 제608조가 적용된다. * 도급계약과 관련된 대물변제예약에 있어서와 같이 공사대금의 지급에 갈음하여 부동산을 대물변제받기로 하는 약정은 채권보전을 위한 담보방법으로 행하여진 것으로 보아야 할 것이므로, 채무자가 채무의 본지에 따른 이행을 함으로써 기존의 채무가 소멸되고 난 뒤에는 채권자는 그와 같은 약정에 기한 부동산소유권이전등기를 청구할 수 없다(대판 1997.4.25. 96다32133).

③ 의사가 불분명한 경우-담보목적으로 해석: 기존의 채무를 정리하는 방법으로 다른 재산권을 이전하기로 하면서 일정기간 내에 채무원리금을 변제할 때에는 그 재산을 반환받기로 하는 약정이 이루어졌다면 다른 특단의 사정이 없는 한 당사자간에는 그 재산을 담보의 목적으로 이전하고 변제기 내에 변제가 이루어지지 않으면 담보권행사에 의한 정산절차를 거쳐 원리금을 변제받기로 하는 약정이 이루어진 것으로 해석하여야 할 것이다. * 재산권을 이전하기로 한 당사자간의 약정이 담보목적이 아니라 대물변제의 의사로 한 것이라 하더라도 위 약정을 함에 있어 약정 후 3년 이내에 채무자가 그간의 원리금을 지급하면 채권자는 목적물을 채무자에게 되돌려 주기로 하는 약정도 함께 하였다면, 이는 결국 대물변제의 예약이라고 봄이 상당하며 그 약정 당시의 가액이 원리금을 초과하므로 대물변제의 예약 자체는 무효이고 다만 양도담보로서의 효력만 인정하여야 한다(대판 1991.12.24. 91다11223).

3. 代物辨濟의 要件

(1) 채권의 존재: 대물변제는 채권의 소멸을 목적으로 하는 것이므로 본래의 채권이 존재하여야 한다.

(가) 대물변제 후에 본래의 채권이 존재하지 않거나 사후에 무효·취소된 경우: 채권이 존재하지 않는 경우에는 대물로 변제된 목적물에 대하여는 비채변제에 의한 부당이득으로 반환을 청구할 수 있다. 무효·취소된 때에는 물권행위의 유인성·무인성과 관련하여, 그 기초를 달리 하나 반환청구를 할 수 있다는 점은 다르지 않다. 무인성을 인정하면 대물의 소유권 이전의 효과는 발생하고 변제자는 부당이득으로 반환을 청구할 수 있겠으며, 유인성(판례)을 인정하면 소유권에 기한 대물의 반환을 청구할 수 있게 된다(대판 1991.11.12. 91다9503).

(나) 현실적 이행 전에 기존 채무의 소멸: 대물변제계약이 효력을 발생(현실적 이행)하기 전에 채무의 본지에 따른 이행으로 기존채무가 소멸되고 난 뒤에는 대물변제예약 당사자간에 예약된 대물변제 계약으로서는 부동산소유권이전등기청구를 할 수 없다(대판 1987.10.26. 86다카1755).

(2) 당사자의 합의: 변제자와 채권자의 합의가 있어야 한다. 즉 대물로의 변제의 의사표시(청약으로서의 제의)와 그 대물의 수령의 의사표시(승낙)가 있어야 한다. 이와 같이 합의, 즉 계약이 있어야 하기 때문에 당사자는 행위능력이 있어야 하며, 또한 의사표시 및 대리에 관한 민법의 일반법리가 적용된다.

(3) 변제에 갈음: 당사자의 합의에는 본래의 급부, 즉 변제에 갈음하여 대물로 변제하고 수령한다는 의사가 있어야 한다. 이러한 의사표시는 묵시적 의사표시도 가능하다.

(가) 의사의 불분명: 변제에 갈음하는 것인지, 변제를 위한 것(담보목적)인지는 당사자간의 의사의 해석에 관한 문제인 것이고, 이 점에 관하여 명확한 증명이 없어(담보목적임을 주장하는 측에 그 입증책임이 있다) 당사자의 의사가 분명하지 않을 때는 변제를 위한 것(담보목적)으로 해석한다(대판 1991.4.9. 91다2526).

① 어음·수표의 교부: 어음·수표의 교부와 같은 경우에 당사자의 의사가 분명하지 않을 때는 〈변제에 갈음〉하는 것이 아니라 〈변제를 위하여〉 또는 〈담보를 위하여〉 어음·수표를 교부한 것으로 추정한다(대판 2003.5.30. 2003다13512). 변제를 위하여 어음·수표가 교부된 경우에는 대

물변제가 아니므로 본래의 급부의무에 새로운 급부의무가 추가되는 결과가 된다. 이 경우에 채권자는 어음채권과 원인채권 중 어음채권을 먼저 행사하여 만족을 얻을 것을 당사자가 예정하였다고 할 것이므로 채권자로서는 어음채권을 먼저 행사하고, 그에 의하여 만족을 얻을 수 없을 때 비로소 기존의 원인채권을 행사할 수 있고, 채권자가 원인채권을 행사하기 위하여는 특별한 사정이 없는 한 어음을 채무자에게 반환하여야 한다(대판 1996.11.8. 95다25060).

② 수령한 어음·수표를 타인에게 양도: 수표가 기존 원인채무의 지급확보를 위하여 또는 그 담보를 위하여 발행 또는 교부된 경우에, 채권자가 그 수표를 유상 또는 무상으로 타인에게 양도하였다고 하더라도 그에 의하여 바로 기존 원인채무가 소멸하는 것이 아니고, 수표를 양도한 채권자가 수표상의 상환의무를 종국적으로 면하게 될 때 비로소 기존의 원인채무가 소멸한다(대판 2002.12.24. 2001다3917).

③ 부동산의 소유권이전등기: 채권자 앞으로 경료된 소유권이전등기가 대물변제조인가 종전채무의 담보조인가의 구별은 소유권이전 당시의 당사자의 의사해석에 관한 문제인 것이고, 이 점에 관하여 명확한 증명이 없는 경우에는(담보목적임을 주장하는 측에서 입증책임이 있다) 소유권이전 당시의 채무액과 부동산의 가액, 채무를 지게 된 경위와 그 후의 과정(가등기의 경료관계), 소유권이전 당시의 상황, 그 이후에 있어서의 부동산의 지배 및 처분관계 등 제반 사정을 종합하여 담보목적인지 여부를 가려야 할 것이다(대판 1993.6.8. 92다19880).

④ 채권양도: 기존채무에 관하여, 채무자가 제3자에 대하여 가지고 있는 채권을 기존채무의 채권자에게 양도한 경우 그들 사이에 다른 특별한 의사표시가 없었다면 기존채무의 변제를 위하여 또는 그 담보조로 양도한 것이라고 추정하여야 한다(대판 1991.4.9. 91다2526). 따라서 채권양도만으로 바로 원래의 채권이 소멸하는 것이 아니다(대판 1995.9.15. 95다13371).

(나) 증명책임: 〈변제에 갈음〉하였다는 것, 즉 변제에 갈음하였다는 주장은 그 주장을 하는 자가 입증하여야 한다.

(4) 다른 급부의 현실적 이행: 본래의 급부와는 다른 급부를 현실적으로 이행하여야 한다.

(가) 다른 급부의 이행: 다른 급부의 종류와 내용에는 제한이 없고 당사자가 합의를 하면 된다. 주는 채무에서 물건의 종류를 바꿀 수도 있고, 주는 채무를 하는 채무로 또는 그 반대도 가능하다. 그러나 양도가 금지되는 것이어서는 아니 된다.

(나) 등가성 여부: 다른 급부는 본래의 급부와 등가일 필요는 없다. 대물변제는 본질이 계약이므로, 대물변제에서의 다른 급부와 본래의 급부의 등가성 문제는 일반적인 계약에서의 등가성 문제와 다른 점이 없다. 즉 두 급부 사이에 과부족이 있더라도 원칙적으로 대물변제의 성립에는 영향이 없다. 그러나 다른 급부가 본래의 급부보다 현저히 과대하고, 그것이 변제자의 궁박·경솔·무경험으로 인한 경우에는 제104조의 불공정법률행위 또는 제103조의 반사회질서의 법률행위로서 무효가 된다.

(다) 제607조, 제608조의 적용 여부-부정: 채무자가 채권자 앞으로 차용물 아닌 다른 재산권을 이전한 경우에 있어 그 권리의 이전이 채무의 이행을 담보하기 위한 것이 아니고 그 채무에 갈음하여 상대방에게 완전히 그 권리를 이전하는 경우, 즉 대물변제의 경우에는 가사 그 시가가 그 채무의 원리금을 초과한다고 하더라도 민법 제607조, 제608조가 적용되지 아니한다(대판 1992.2.28. 91다25574).

(라) 현실적 이행: 다른 급부를 이행할 것이라는 단순한 합의(대물변제 예약)만으로는 부족하고, 현실적으로 이행되어야 한다. 따라서 동산은 인도되어야 하며, 부동산은 이전등기가 완료되어야 한다. 따라서 부동산의 경우에, 부동산에 대한 인도만을 하고 아직 소유권이전등기를 하지 않은 경우에는 대물변제가 이루어 졌다고 할 수 없다(대판 1965.7.20. 65다1029, 1030).

4. 代物辨濟의 效果

(1) 채권의 소멸: 대물변제는 변제와 같은 효력이 있다(466조). 따라서 채권은 소멸하며 담보권도 소멸한다.

(2) 비법률행위이나 변제의 규정이 유추적용: 대물변제는 계약으로 비법률행위인 변제와는 법률적 성질이 다르나, 대물변제는 변제와 동일한 효력이 발생하므로, 변제에 관한 규정(469조,

486조 등)은 대물변제에 유추적용된다.
(3) 처분행위: 대물변제는 변제와 같은 효력이 있으므로 변제가 사해행위가 되지 않는 경우에도 대물변제는 사해행위가 될 수도 있으며(본래의 급부보다 과대한 대물로 변제된 경우), 변제는 처분행위가 되지 않으나 대물변제는 처분행위가 되어 상속에 있어서 한정승인의 이익을 상실하는 점 등에 있어서는 변제와 차이가 있다.
(4) 목적물의 하자: 대물변제로서 급부된 목적물에 하자가 있는 경우에는 우선 본래의 채무의 발생원인이 유상계약인가 무상계약인가를 구별하여 보아야 한다. 본래의 채무가 매매·임대차·이자부 소비대차와 같은 유상계약인 경우에는, 그러한 채무에 대한 대물변제는 제567조에 의하여 매도인의 담보책임에 관한 규정이 준용된다(580조, 581조). 따라서 채권자는 계약의 해제·손해배상청구·하자 없는 목적물의 청구 등을 할 수 있다. 그러나 증여와 같은 무상계약에서 발생한 채무의 대물변제에 있어서는 증여자의 담보책임에 관한 규정이 준용된다.

5. 個別的 問題

(1) 민법 제607조, 제608조에 위반된 대물변제의 약정-약한 의미의 양도담보: 대물변제의 예약으로서는 무효가 되지만 약한 의미의 양도담보를 설정하기로 하는 약정으로서는 유효하되, 다만 그에 기한 소유권이전등기를 미처 경료하지 아니한 경우에는 아직 양도담보가 설정되기 이전의 단계이므로 가등기담보등에관한법률 제3조 소정의 담보권 실행에 관한 규정이 적용될 여지가 없는 한편 채권자는 양도담보의 약정을 원인으로 하여 담보목적물에 관하여 소유권이전등기절차의 이행을 청구할 수 있다(대판 1999.2.9. 98다51220).
(2) 채권자가 채무 담보의 목적으로 채무자를 대리하여 부동산을 처분하는 권한을 위임받은 경우, 그 부동산의 가치를 임의로 평가하여 자신의 채권자에게 대물변제할 권한까지 부여받은 것으로 볼 수 있는지 여부: 채권자가 채무담보의 목적으로 채무자를 대리하여 부동산에 관한 매매 등의 처분행위를 할 수 있는 권한을 위임받은 경우, 채권자는 채무자에 대한 채권의 회수를 위하여 선량한 관리자로서의 주의를 다하여 채무자가 직접 부동산을 처분하는 것과 같이 널리 원매자를 물색하여 부동산을 매매 등의 방법으로 적정한 시기에 매도한 다음 그 대가로 자신의 채권에 충당하고 나머지가 있으면 채무자에게 이를 정산할 의무가 있는 것이지, 자신의 개인적인 채무를 변제하기 위하여 그 채권자와의 사이에 임의로 부동산의 가치를 협의·평가하여 그 가액 상당의 채무에 대한 대물변제조로 양도할 권한이 있는 것은 아니다(대판 1997.9.9. 97다22720).

第467條【辨濟의 場所】 ①債務의 性質 또는 當事者의 意思表示로 辨濟場所를 定하지 아니한 때에는 特定物의 引渡는 債權成立 當時에 그 物件이 있던 場所에서 하여야 한다.
②前項의 境遇에 特定物引渡 以外의 債務辨濟는 債權者의 現住所에서 하여야 한다. 그러나 營業에 關한 債務의 辨濟는 債權者의 現營業所에서 하여야 한다.

辨濟의 場所

1. 辨濟의 場所 - 제1항: 채무를 이행하여야 할 장소가 변제의 장소이다. 변제의 장소가 아닌 곳에서의 변제에 대하여는 채권자는 수령을 거절할 수 있다. 그러나 변제의 장소가 아닌 곳일 지라도 채권자에게 불이익이 되지 아니하는 경우에는 신의칙상 수령을 거절할 수 없다고 보는 것이 타당하다. 변제의 장소는 채무의 성질 또는 당사자의 의사표시로 정하여 진다.

2. 辨濟場所가 定해지지 아니한 경우

(1) 특정물의 인도-제1항: 특정물의 인도는 채권 성립 당시에 그 물건이 있던 장소가 변제의 장소이다.
(2) 특정물의 인도 이외의 경우-제2항: 특정물의 인도 이외의 채무의 변제는 채권자의 현주소에서 하여야 한다(지참채무임을 규정). 그러나 영업에 관한 채무의 경우에는 채권자의 현영업소에서 하여야 한다. 여기의 현주소 또는 현영업소는 변제할 때의 주소 또는 영업소를 말한다. 주소

또는 영업소가 바뀐 경우에는 새로운 주소 또는 영업소가 변제의 장소가 된다. 주소이전 등으로 증가된 변제비용은 채권자가 부담하여야 한다(473조).

第468條【辨濟期前의 辨濟】 當事者의 特別한 意思表示가 없으면 辨濟期前이라도 債務者는 辨濟할 수 있다. 그러나 相對方의 損害는 賠償하여야 한다.

辨濟期 前의 辨濟

1. 辨濟期가 定하여져 있는 경우

(1) 원칙: 변제기가 정하여져 있는 경우에는 원칙적으로 변제기에 변제하여야 한다.

(2) 기한이익의 포기로 변제기 전에 변제: 채무자가 기한의 이익을 포기(153조) 또는 상실(388조)되었거나 또는 이행이 유예된 경우 등에는 정하여진 변제기가 아닌 때에도 변제할 수 있다.

(가) 상대방의 손해배상-본조: 변제기 전의 변제로 상대방이 손해를 입은 경우에는 손해를 배상하여야 한다.

(나) 채무자의 반환청구 불가-제743조 본문: 변제기 전의 변제를 한 후에 채무자가 이의 반환을 청구할 수 없다.

(다) 채무자의 착오로 인한 변제기 전의 변제-제743조 단서: 변제는 유효하고, 따라서 그 반환을 청구할 수는 없으나 채권자는 변제기 전의 변제로 인하여 얻은 이득을 반환하여야 한다.

(3) 기한 전의 변제금지 특약: 당사자의 금지특약이 있는 경우에는 변제기 전의 변제를 할 수 없다.

2. 辨濟期가 定하여져 있지 아니한 경우: 변제기가 정하여져 있지 아니한 채무는 채권의 성립과 동시에 변제기가 도래한 것으로 본다. 따라서 언제나 변제할 수 있다.

第469條【第三者의 辨濟】 ①債務의 辨濟는 第三者도 할 수 있다. 그러나 債務의 性質 또는 當事者의 意思表示로 第三者의 辨濟를 許容하지 아니하는 때에는 그러하지 아니하다.

②利害關係 없는 第三者는 債務者의 意思에 反하여 辨濟하지 못한다.

第三者의 辨濟

1. 意義: 채무의 변제는 일반적으로 제3자도 할 수 있다. 채권은 일반적으로 재산성이 있기 때문에 채무자 아닌 자도 채권의 목적을 달성시킬 수 있다면 변제를 채무자만으로 한정할 필요는 없기 때문이다. 변제뿐만 아니라 변제에 준하는 대물변제 · 공탁 · 상계(제3자의 반대채권으로)도 제3자가 할 수 있음은 물론이다.

(1) 제3자의 변제: 본조의 제3자의 변제는 제3자가 자기의 이름으로 타인의 채무를 변제하는 것을 의미하며, 제3자가 채무자의 대리인 또는 이행보조자로서 이행행위를 하는 것은 당연히 포함되지 않는다(이는 채무자의 변제이다). 제3자의 변제도 변제의 효과를 발생하며, 제3자의 변제의 제공에 대하여 채권자가 정당한 이유 없이 수령하지 않으면 채권자지체책임을 진다.

(2)) 변제한 제3자의 대위권-제480조 이하: 제3자의 변제가 유효한 경우에 변제한 제3자는 채무자에 대하여 변제자대위권을 행사할 수 있다.

2. 第3者辨濟의 制限: 아래와 같은 경우에는 제3자의 변제가 제한을 받는다.

(1) 성질상 허용되지 않는 채무-제1항 단서: 채무의 성질이 제3자의 변제를 허용하지 아니하는 것은 제3자가 변제하지 못한다. 하는 채무 중에서 채무의 성질이 채무자의 개성을 중시하는 채무(절대적 일신전속적 급부: 교수의 강연, 예술가의 작품활동)는 제3자가 변제하지 못한다. 그러나 단순 노동에서의 노무 제공과 같이 하는 채무라도 상대적 일신전속적 급부는 채권자의 동의가 있으면 제3자가 변제할 수 있다.

(2) 제3자의 변제금지 특약-제1항 단서: 당사자가 제3자의 변제를 금지하는 특약을 한 때에는

제3자는 변제하지 못한다.
(가) 특약은 변제기 전에: 특약은 제3자가 변제하기 전에 하여야 한다.
(나) 제3자: 제3자에는 이해관계 있는 제3자도 포함시킬 수 있다.
(다) 특약의 효과: 특약이 있는 경우에 제3자가 변제의 제공 또는 변제를 하더라도 채권자는 이를 거절할 수 있고, 만약 변제를 한 경우에도 변제의 효력은 발생하지 않는다.
(3) 제3자의 변제가 가능한 채무
(가) 이해관계 없는 제3자-제2항: 이해관계 없는 제3자는 채무자의 의사에 반하여 변제하지 못한다.
① 채무자의 반대의 의사로 불가-불가의사는 추정 불가: 채무자의 반대의 의사가 있으면 제3자는 변제할 수 없다. 채무자의 반대의 의사는 적극적으로 표시될 필요는 없으나, 변제할 당시의 객관적인 모든 사정에 비추어 명확하게 인식할 수 있는 것이어야 하며, 함부로 채무자의 반대의사를 추정할 수는 없다(대판 1988.10.24. 87다카1644).
② 이해관계: 본항 소정의 이해관계란 채무의 존재 여부에 관하여 법률적인 이해가 관련되는 것을 말하는데, 예컨대 보증인·물상보증인 등은 이해관계 있는 제3자이다. 이해관계의 유무는 법정대위의 요건인 정당한 이익관계(481조)보다는 넓은 개념으로 해석된다.
③ 입증책임: 채무자의 반대의 의사는, 이를 주장하는 자가 증명하여야 한다.
(나) 이해관계 있는 제3자-채무자의 반대의사에도 변제 가함: 보증인·연대채무자는 그의 변제는 실질적으로는 타인의 채무의 변제이나, 이러한 자는 자기의 채무의 이행으로 변제를 하는 것이므로 주된 채무자 또는 다른 연대채무자의 의사에 반하여도 변제할 수 있음은 당연하다. 또한 물상보증인·담보부동산의 제3취득자·동일부동산의 후순위저당권자 등은 모두 법률상 변제에 이해관계 있는 제3자로서, 이들은 채무자의 의사에 반하여도 변제할 수 있다.

第470條【債權의 準占有者에 對한 辨濟】 債權의 準占有者에 對한 辨濟는 辨濟者가 善意이며 過失 없는 때에 限하여 效力이 있다.

第471條【領收證所持者에 對한 辨濟】 領收證을 所持한 者에 對한 辨濟는 그 所持者가 辨濟를 받을 權限이 없는 境遇에도 效力이 있다. 그러나 辨濟者가 그 權限없음을 알았거나 알 수 있었을 경우에는 그러하지 아니하다.

表見受領權者에 대한 辨濟

1. 意義: 정당한 변제수령권자 아닌 자에 대한 변제는 원칙적으로 무효이다. 그러나 거래의 빈번화에 따른 거래의 안전과 신속을 보호하기 위하여, 민법은 변제수령권한이 있는 것과 같은 외관을 갖추어 채무자로 하여금 정당한 변제수령권자로 믿게 한 자에 대한 변제는 신뢰보호의 법리에 의하여 일정한 경우에 이를 유효한 것으로 하고 있다. 변제수령권한이 있는 외관을 갖춘 자를 표현수령권자라 하며, 민법은 채권의 준점유자와 영수증소지자를 표현수령권자로 한다.

2. 債權의 準占有者에의 辨濟 - 제470조

(1) 변제의 유효: 채권의 준점유자에 대한 변제는 변제자가 선의이며 과실 없는 때에 한하여 효력이 있다. 여기서 준점유자란 사회 일반의 거래관념상 타인에게 진정한 채권자 또는 변제수령권자로 믿게 할 만한 외형(외관)을 갖춘 자를 말한다. 민법은 이러한 자에 대한 변제를 신뢰보호의 법리에 의하여 그 효력을 인정한 것이다.
(2) 준점유자의 유형
(가) 전형적인 준점유자: 변제수령권한을 가진 것과 같은 외관을 갖춘 전형적인 자로는 채권양도가 무효·취소된 경우의 양수인과 채권양도가 사전 통지되었으나 실제로는 양수받지 않은 자(452조)·상속인이 아님에도 상속인으로 사칭하여 상속재산에 속하는 채권을 행사하는 참칭상속인 내지 표현상속인·예금증서 기타의 채권증서와 인장을 소지하는 자 등이 채권의 준점유자

의 전형적인 예이다.

(나) 기타의 자

① 사칭대리인: 채무자에게 이행을 청구하는 자가 스스로 대리인이라고 사칭하는 경우에도 진실한 대리인으로 신뢰할 만한 외형을 갖춘 경우에는 채권의 준점유자이고, 이 자에 대한 변제도 유효하다(대판 2004.4.23. 2004다5389). 그러나 대리인이라 사칭하는 경우에 관하여는 본래의 신뢰보호 법리에 의하면 표현대리로서 사칭대리인에 대한 변제가 유효하기 위하여는 채권자와 변제한 채무자에 관하여 표현대리에 관한 규정(125조, 126조, 129조)의 적용이 있어야 한다. 그러나 변제자측에서 보면 상대방이 본인이라 사칭하든 대리인이라 사칭하든 어느 경우에나 변제자를 보호할 필요성은 동일하여, 이를 구별할 이유가 없다.

② 위조채권증서의 소지인: 변제자의 신뢰를 보호하여 위조된 채권증서의 소지인에 대하여도, 거래관념상 채권을 가진 자로 인정될 만한 외형을 갖춘 경우에는 채권의 준점유자로 보아 변제의 효력을 인정한다(대판 1963.10.10. 63다384). 이 경우에도 본래의 신뢰보호 법리에 의하면 진정한 권리자(채권자)의 권리 상실을 책임 지울 일정한 요건(원인제공론에 의한 외관형성행위 등), 예컨대 이 경우에 진정한 채권자에 대한 비난 가능성이 있어야 하겠으나, 선의의 변제를 보호하여 거래의 신속·안전을 도모한다는 의미에서 타당하다.

③ 무효인 압류명령·전부명령받은 자: 무효인 압류명령에 의하여 추심명령·전부명령받은 자도 채권의 준점유자로 해석되어, 그 자에 대한 변제도 유효하다(대판 1997.3.11. 96다44747).

④ 채권가압류가 경합된 경우에 제3채무자가 전부채권자에게 한 변제의 효력: 채권가압류가 경합되어 그 중 한 사람이 본압류로 이전하는 압류 및 전부명령을 먼저 받고 다른 사람이 채권압류와 추심명령을 받은 경우에, 제3채무자가 전부채권자에게 한 변제는 민사소송법 제561조제1항에 위반하여 제3채무자가 자기의 채권자에게 변제한 경우이므로 동 조항의 지급금지명령이 존속되고 있는 한 피압류채권의 소멸을 주장할 수 없다고 하겠으나, 자기의 채권자에 대한 관계에 있어서는 원래 채권압류(가압류포함)가 경합되어 있는 경우 그 압류채권자 중의 한 사람에게 되어진 전부명령은 무효이지만 제3채무자가 선의 무과실로 전부채권자에게 변제하면 이는 채권의 준점유자에 대한 변제로서 유효하고 또 일반적인 경우에 있어서 무효인 전부명령에 의하여 채권자에게 변제한 때에는 선의무과실이라고 할 것이다(대판 1987.12.22. 87다카2015).

(3) 변제자의 선의·무과실-적극적인 신뢰: 변제자의 선의는 단순히 준점유자에게 변제수령의 권한이 없다는 것을 몰랐다는 것만으로는 부족하며, 그 자가 수령권한이 있다고 적극적으로 믿었어야 한다는 데 일치한다. 무과실은 선의에 과실이 없음을 의미한다. 선의·무과실의 증명책임은 변제가 무효임을 주장하는 자에게 있다.

(4) 준점유자에의 변제의 효과-유효한 변제: 채권의 준점유자에 대한 변제는 변제로서의 효력이 있다. 변제의 효력이 있다는 것은 채권자의 채권이 소멸하고 채무자는 채무를 면하여 채무자에게 이행을 청구할 수 없다는 것을 의미한다.

(가) 변제자의 권리: 변제자는 채권자의 이행청구에 대하여 채무가 소멸하였음을 항변할 수 있다.

(나) 채권자의 권리-수령한 준점유자에 부당이득반환청구: 유효한 변제가 되어 채권자의 채권이 소멸하고 채무자는 채무를 면하여 채무자에게는 이행을 청구할 수 없고, 채권자는 변제를 수령한 준점유자에 대하여 부당이득의 반환을 청구하거나 또는 경우에 따라서 제3자에 의한 채권침해에 의한 불법행위로 손해배상을 청구할 수 있다.

(다) 변제자와 준점유자의 관계-부당이득으로 변제물반환청구 가능: 변제자가 유효한 변제로 간주된 수령한 준점유자에 대하여 스스로 변제가 무효라고 주장하고 변제물의 반환을 청구할 수 있느냐이다. 이는 선의의 변제자가 사후에 준점유자에 대한 변제가 잘못된 변제임을 알고 진정한 채권자에게 변제를 한 후에 또는 변제를 하려고 먼저 준점유자에게 수령물의 반환을 청구할 수 있느냐의 문제이다. 선의의 변제자가 스스로 잘못된 변제임을 알고 진정한 채권자에게 변제를 하려는 것을 막을 이유는 없다. 즉 제470조는 선의의 변제자를 보호하기 위한 규정으로, 채권자의 이행청구에 대하여 준점유자에 대한 선의의 변제로 대항할 수 있음을 규정한 것으로 보아야 한다. 따라서 변제자는 항변을 포기하고 다시 변제할 수 있으며, 그렇기 위하여는 당연히 수

령한 준점유자에게 수령물의 반환을 청구할 수 있다고 보아야 한다. 준점유자에 대한 수령물의 반환청구에 관하여는 부당이득의 법리가 적용된다.

(5) 변제자의 착오 또는 악의의 변제: 변제자가 수령권자 아님을 알고 또는 과실로 수령권자로 잘못 알고 변제한 때에는 변제는 무효이고, 채권은 소멸하지 아니한다.

(가) 채권자와 채무자의 관계: 채권자의 이행청구에 대하여 채무의 소멸을 항변할 수 없고, 채권자에게 이행하여야 한다.

(나) 변제자와 수령자: 착오에 의한 변제의 경우에는 변제를 수령한 준점유자에게 비채변제로 반환을 청구할 수 있다. 그러나 변제자가 악의인 경우에는 악의의 비채변제로 반환을 청구할 수 없다(742조).

3. 領收證所持者에게 한 辨濟 - 제471조: 변제자가 선의·무과실로 영수증을 소지한 자에 대한 변제는 그 소지자가 변제를 받을 권한이 없는 경우에도 효력이 있다.

(1) 성립요건

(가) 변제자의 선의·무과실(적극적 신뢰)-유효한 변제-단서: 변제자는 선의·무과실이어야 한다. 영수증은 변제수령권한을 표상하는 증서이므로, 영수증소지자에 대한 변제를 유효하게 한 것은 위에서 본 채권의 준점유자에 대한 변제와 동일하게 신뢰보호 법리에 의하여 채무자를 보호하기 위한 것이다.

(나) 영수증은 진정한 영수증에 한함: 영수증은 진정한 영수증에 한정된다. 즉 작성권한이 있는 자가 작성하였거나, 대리인이 작성하였거나 대리권이 없는 자가 작성한 것일지라도 표현대리의 요건을 갖춘 경우여야 한다. 진정한 영수증이면 유실되어 습득하였거나 또는 절취한 경우에도, 그 자에 대한 변제는 효력이 있다. 한편 변제자의 선의·무과실 및 영수증소지인에 대한 변제의 유효·무효의 경우의 당사자의 관계 등은 위에서 본 채권의 준점유자에 대한 관계와 동일하다.

(다) 위조된 영수증-제470조 적용: 위조된 영수증의 경우에는 제470조의 채권의 준점유자에 대한 변제에 해당한다. * 대금수령확인서 및 입금표의 교부와 매매대금수령권한의 위임: 매도인이 그 직원에게 대금수령확인서와 입금표를 작성하여 준 경우 대금수령확인서는 매매대금수령에 관한 수령인 백지의 위임장이며 입금표는 매매대금의 영수증임이 명백하므로 다른 특별한 사정이 없는 한 위와 같은 증거만으로도 매도인이 위 회사직원에게 매매대금의 수령권한을 위임하였다고 보아야 한다(대판 1990.2.23. 88다카30108).

(2) 효과

(가) 채무자와 채권자의 관계: 유효한 변제로 채권자의 이행청구에 대하여 채무자는 채무가 소멸하였음을 항변할 수 있다.

(나) 채권자의 권리-수령한 영수증소지인에 대한 부당이득반환청구: 유효한 변제가 되어 채권자의 채권이 소멸하고 채무자는 채무를 면하여, 채무자에게는 이행을 청구할 수 없고, 채권자는 변제를 수령한 소지인에 대하여 부당이득의 반환을 청구하거나 또는 경우에 따라서 제3자에 의한 채권침해에 의한 불법행위로 손해배상을 청구할 수 있다.

(다) 변제자와 영수증 소지인의 관계-부당이득으로 변제물반환청구 가능: 변제자가 유효한 변제로 간주된 수령한 영수증 소지인에 대하여 스스로 변제가 무효라고 주장하고 변제물의 반환을 청구할 수 있다.

(3) 변제자의 착오 또는 악의의 변제: 변제자가 수령권자 아님을 알고 또는 과실로 수령권자로 잘못알고 변제한 때에는 변제는 무효이고, 채권은 소멸하지 아니한다.

(가) 채권자와 채무자의 관계: 채권자의 이행청구에 대하여 채무의 소멸을 항변할 수 없고, 채권자에게 이행하여야 한다.

(나) 변제자와 수령자: 착오에 의한 변제의 경우에는 변제를 수령한 준점유자에게 비채변제로 반환을 청구할 수 있다. 그러나 변제자가 악의인 경우에는 악의의 비채변제로 반환을 청구할 수 없다(742조).

4. 證券的 債權의 所持人에 대한 辨濟: 증권적 채권인 지시채권·기명소지인출급채권·무기명채권 등의 증권적 채권의 소지인에 대한 변제는 변제가 악의·중대한 과실이 있는 경우를 제외하고는

언제나 변제의 효력이 있다(증권적 채권 편 참조). 이는 증권적 채권의 유통성을 확보하기 위하여 변제자의 주관적 요건을 완화한 것이다.

第472條【權限 없는 者에 對한 辨濟】 前2條의 境遇外에 辨濟받을 權限 없는 者에 對한 辨濟는 債權者가 利益을 받은 限度에서 效力이 있다.

權限 없는 者에 대한 辨濟

1. 受領權限 없는 債權者: 변제수령권자는 원칙적으로 채권자이다. 그러나 채권자라 하더라도 아래와 같은 경우에는 수령권한이 없어, 그 자에 대한 변제는 무효이다.

(1) 채권을 압류 또는 가압류 당한 채권자: 채권을 압류 또는 가압류 당한 채권자는 채무자에 대하여 그 채무의 이행을 청구하거나 또는 변제를 수령할 수 없다. 그런데 제3채무자가 압류 또는 가압류명령의 송달을 받은 후에 자기의 채권자에게 변제를 한 경우에는, 채무자는 압류채권자·가압류채권자에게 다시 변제를 하여야 되어 2중 변제를 면하지 못하게 된다. 2중변제를 한 때에는 제3채무자는 본래의 자기 채권자에게 한 변제를 부당이득으로 반환을 청구할 수 있다.

(2) 채권을 입질한 채권자: 지명채권이 입질되어 제3채무자가 질권설정의 통지를 받거나 이를 승낙한 때에는 채권자는 수령권한이 없다(349조). 이 경우에 제3채무자는 본래의 자기 채권자에게 대한 변제로써 질권자에게 대항하지 못한다.

(3) 파산선고받은 채권자: 채권자가 파산선고를 받으면 그때부터 그 자의 채권은 모두 파산재단에 귀속되어 채권자는 수령권한이 없다(채무자회생및파산에관한법률 384조). 이때부터 채무자는 파산관재인에게 변제하여야 하며, 본래의 자기의 채권자에 대한 변제는 무효가 된다. 그러나 파산선고 후에 이 사실을 알지 못하고 파산자(본래의 채권자)에게 한 변제는 유효하며(동법 332조1항), 알고 한 변제라도 파산재단이 받은 이익의 한도 내에서는 유효하다(동법 332조2항).

2. 辨濟受領權 없는 者에 대한 辨濟의 效力

(1) 원칙-변제로서 무효: 변제수령권한이 없는 자에 대한 변제는 표현수령권자(470조, 471조)를 제외하고는 원칙적으로 무효이다. 따라서 변제자는 수령권한 없는 자에게 한 변제를 부당이득으로 반환을 청구할 수 있다.

(2) 채권자가 이익을 받은 경우: 수령권한 없는 자에 대한 변제에 의하여 채권자가 이익을 받은 경우에는, 받은 이익의 한도 내에서 채권은 목적을 달성하여 소멸한다. 이에 민법은 채권자가 이익을 받은 한도 내의 수령권한 없는 자에 대한 변제의 효력을 인정한다(472조). 예컨대 무권대리인이 수령하여 채권자에게 그 이익을 이전한 경우나, 수령권한 없는 자가 수령하여 채권자의 제3자에 대한 채무를 이행한 경우가 이에 해당한다. * 1인회사의 단독주주가 개인 명의의 예금과 회사 명의의 예금을 구분하지 않고 회사의 운용자금으로 이용하여 오던 중, 그 1인회사의 직원이 권한 없이 단독주주 개인 명의의 통장에서 예금을 인출하여 회사를 위하여 사용한 경우, 그 회사가 얻은 이익만큼은 단독주주 개인이 이익을 받은 셈이 된다고 보아 예금지급의 효력을 인정한 사례가 있다(대판 1995.6.16. 95다2654).

第473條【辨濟費用의 負擔】 辨濟費用은 다른 意思表示가 없으면 債務者의 負擔으로 한다. 그러나 債權者의 住所移轉 其他의 行爲로 因하여 辨濟費用이 增加된 때에는 그 增加額은 債權者의 負擔으로 한다.

辨濟費用

1. 債務者 負擔 原則: 변제의 비용은 당사자간에 특별한 의사표시가 없으면 채무자가 부담한다.

2. 債權者의 事情으로 因한 費用 增大: 채권자의 주소이전 기타의 행위로 변제비용이 증가된 때에는 그 증가비용은 채권자가 부담하여야 한다. 채권자가 부담하여야 할 비용의 증가 원인에는 주소이전, 채권양도, 수령지체 등이 있다.

第474條【領收證請求權】 辨濟者는 辨濟를 받는 者에게 領收證을 請求할 수 있다.

第475條【債權證書返還請求權】 債權證書가 있는 境遇에 辨濟者가 債務 全部를 辨濟한 때에는 債權證書의 返還을 請求할 수 있다. 債權이 辨濟以外의 事由로 全部 消滅한 때에도 같다.

辨濟의 證據

1. 意義: 변제한 후에 변제 여부에 관하여 다툼이 있는 경우에 변제의 사실에 대한 증명책임은 채무자에게 있다. 여기서 민법은 변제자에게 사후에 변제의 증거로 하기 위하여, 영수증 청구권(474조)과 채권증서의 반환청구권(475조)을 인정한다.

2. 領收證請求權 – 제474조: 영수증은 변제를 수령한 사실을 표시한 문서이다. 변제자는 변제를 받는 자에게 영수증을 청구할 수 있다.

(1) 일부의 변제: 일부변제의 경우에도 일부수령에 대한 영수증 청구권이 있다.

(2) 교부시기-동시이행관계: 영수증의 교부시기는 변제와 동시이행관계에 있다.

(3) 작성 비용: 작성비용은 영수증의 교부가 변제수령자의 의무이기 때문에 변제수령자가 부담한다.

3. 債權證書返還請求權 – 제475조: 채권증서란 채권의 성립을 증명하는 문서를 말한다. 증권적 채권의 경우에는 증권의 작성·교부가 필수적이며 또한 증권적 채권의 제시성과 상환성으로 변제시에 당연히 반환되어야 한다. 그러나 지명채권의 경우에는 단순한 증거의 자료에 불과하다. 채권증서가 있는 경우에, 변제하였으나 채권증서가 채권자의 수중에 있다는 것은 채권이 아직 소멸하지 않고 존재하고 있다는 사실을 추정케 할 자료가 된다. 이에 채무자의 보호를 위하여, 변제자가 채무의 전부를 변제한 때에는 채권증서의 반환을 청구할 수 있게 하였다.

(1) 전부의 변제에 한함: 채무의 전부 변제의 경우에 한한다. 일부 변제가 있는 때에는 증서에 일부 변제의 사실의 표기를 청구할 수 있다.

(2) 반환의 시기-동시이행관계가 아님: 채권증서의 반환의 시기에 관하여는 영수증의 교부시기가 동시이행관계에 있기 때문에 변제자가 충분히 보호되며, 또한 채권증서를 분실한 경우가 있을 수 있어 동시이행관계에 있지 않다(대판 2005.8.19. 2003다22042).

(3) 반환의무자: 채권증서의 반환의무자는 채권자 및 채권증서 소지자로서, 변제자는 채권증서 소지자가 비록 제3자인 경우에도 제3자에게 직접 반환의 청구를 할 수 있다.

(4) 증서의 분실: 증서가 분실된 경우에는 변제자는 영수증 또는 별도의 문서에 채권증서의 분실과 동 문서가 채권증서를 대신한다는 뜻을 기재하여 줄 것을 청구할 수 있다.

(5) 변제 이외의 소멸: 변제 이외의 사유로 채권이 전부 소멸한 때에도 상기의 채권증서의 반환을 청구할 수 있다.

第476條【指定辨濟充當】 ①債務者가 同一한 債權者에 對하여 같은 種類를 目的으로 한 數個의 債務를 負擔한 境遇에 辨濟의 提供이 그 債務全部를 消滅하게 하지 못하는 때에는 辨濟者는 그 當時 어느 債務를 指定하여 그 辨濟에 充當할 수 있다.
②辨濟者가 前項의 指定을 하지 아니할 때에는 辨濟받는 者는 그 當時 어느 債務를 指定하여 辨濟에 充當할 수 있다. 그러나 辨濟者가 그 充當에 對하여 卽時異議를 한 때에는 그러하지 아니하다.
③前2項의 辨濟充當은 相對方에 對한 意思表示로써 한다.

第477條【法定辨濟充當】 當事者가 辨濟에 充當할 債務를 指定하지 아니한 때에는

다음 各號의 規定에 依한다.
1. 債務中에 履行期가 到來한 것과 到來하지 아니한 것이 있으면 履行期가 到來한 債務의 辨濟에 充當한다.
2. 債務全部의 履行期가 到來하였거나 到來하지 아니한 때에는 債務者에게 辨濟利益이 많은 債務의 辨濟에 充當한다.
3. 債務者에게 辨濟利益이 같으면 履行期가 먼저 到來한 債務나 먼저 到來할 債務의 辨濟에 充當한다.
4. 前2號의 事項이 같은 때에는 그 債務額에 比例하여 各債務의 辨濟에 充當한다.

第478條【不足辨濟의 充當】 1個의 債務에 數個의 給與를 要할 境遇에 辨濟者가 그 債務全部를 消滅하게 하지 못한 給與를 한 때에는 前2條의 規定을 準用한다.

第479條【費用, 利子, 元本에 對한 辨濟充當의 順序】 ①債務者가 1個 또는 數個의 債務의 費用 및 利子를 支給할 境遇에 辨濟者가 그 全部를 消滅하게 하지 못한 給與를 한 때에는 費用, 利子, 元本의 順序로 辨濟에 充當하여야 한다.
②前項의 境遇에 第477條의 規定을 準用한다.

辨濟의 充當

1. 辨濟의 充當의 意義: 채무자가 동일한 채권자에 대하여 동종의 급부를 목적으로 하는 여러 개의 채무를 부담하는 경우(476조)(예: 복수의 금전채무 또는 복수의 종류채무), 또는 하나의 채무의 변제로써 여러 개의 동종의 급부를 하여야 하는 경우(478조)(예: 수개월 분의 이자 또는 임료지급), 또는 채무자가 하나 또는 여러 개의 채무에 대하여 원본·이자·비용을 지급하여야 하는 경우 등에, 채무자가 변제한 급부가 채무 전부를 소멸시키기에 부족한 경우에는 당해 급부를 어느 채무의 변제로 할 것인지를 결정할 필요가 있다. 이와 같이 채무자가 제공한 급부를 어느 채무의 변제로 할 것인지를 결정하는 것을 변제의 충당이라 한다. 여러 개의 급부 가운데는 이율이 높은 것도 있고, 원본 변제기일이 빨리 도래하는 것도 있어서, 어느 채무의 변제로 할 것인가는 당사자간의 이해관계에 크게 영향을 주기 때문에 변제의 충당은 중요한 문제가 된다.

2. 充當의 種類: 합의충당, 지정충당, 법정충당이 있으며, 이 순서에 의하여 충당된다.
(1) 합의충당: 당사자간의 합의에 의한 충당이다. 충당의 방법은 원칙적으로 당사자간의 합의에 의한다. 합의는 명시적 또는 묵시적으로도 할 수 있으며, 당사자의 일방적인 지정에 대하여 상대방이 지체 없이 이의를 제기하지 아니한 경우에는 묵시적으로 합의한 것으로 본다(대판 2002.5.10. 2002다12871, 12888).
(2) 지정충당-제476조: 변제자 또는 수령자가 채무를 지정하여 충당하는 것이다.
(3) 법정충당-제477조: 합의 또는 지정하지 않은 경우에 법률의 규정에 의한 방법으로 충당되는 것이 법정충당이다.

3. 指定充當 - 第476條, 第479條
(1) 지정충당이 가능한 채무-비용 상호간, 이자 상호간, 원본 상호간: 비용, 이자, 원본에 대한 변제충당에 있어서는 민법 제479조에 그 충당 순서가 법정되어 있고 지정 변제충당에 관한 같은 법 제476조는 준용되지 않으므로, 당사자 사이에 특별한 합의(합의충당)가 없는 한 비용, 이자, 원본의 순서로 충당하여야 할 것이고, 채무자는 물론 채권자라고 할지라도 위 법정 순서와 다르게 일방적으로 충당의 순서를 지정할 수는 없어(대판 2002.5.10. 2002다12871, 12888), 결국 지정충당을 할 수 있는 대상은 비용상호간·이자상호간·원본상호간이다.
(2) 변제자의 우선적인 지정권-제476조제1항: 변제는 변제자가 하는 행위이며, 또한 변제자는

채권자보다 변제결과에 따라서 이해관계에 크게 영향을 받는다. 따라서 민법은 먼저 변제자에게 충당지정권을 주고 있다. 즉 변제자는 변제 당시 특정 채무를 지정하여 변제에 충당할 수 있다.

(가) 지정방식-제476조제3항: 지정하는 방식은 상대방에 대한 일방적인 의사표시로 한다.

(나) 변제수령자-이의 불가: 지정권자인 변제자의 지정에 대하여 변제수령자는 이의를 제기하지 못한다.

(3) 변제수령자의 지정권-제476조제2항: 변제자가 충당될 채무를 지정하지 않을 때에는 변제받는 자는 그 당시 어느 채무를 지정하여 변제에 충당할 수 있다. 예컨대 연대보증인이 분할채무 중 일부에만 연대보증을 한 경우, 주채무자가 그 채무의 일부변제로 지정을 하지 아니하고 수차례에 걸쳐 금원을 지급함에 있어, 채권자가 주채무자에게 그 일부변제금이 연대보증되지 아니한 채무의 변제조임을 명시하였다면 주채무자가 행사하지 아니한 변제충당의 지정권을 채권자가 행사하였다고 보여지고(대판 1995.3.14. 94다57244), 채권자의 변제충당의 지정이 적법한 것인 이상 적어도 그 일부변제금은 연대보증인이 연대보증하지 아니한 나머지 채무 부분의 변제에 충당되었다고 인정된다(대판 1995.3.14. 94다57244).

(가) 지정방식-제2항: 제2항 소정의 〈그 당시〉란 수령 후 지체 없이란 의미로서, 즉시 변제수령자가 변제자에 대하여 의사표시로써 한다.

(나) 변제자의 이의-제2항 단서: 변제수령자의 지정에 대하여 변제자는 즉시 이의를 할 수 있으며, 이의가 있으면 변제수령자의 지정은 효력이 없다. 변제자의 이의 제기 후에는 모두가 충당지정권을 상실하고 법정충당에 의한다.

(4) 지정충당에 대한 제한-제479조: 위와 같은 지정충당에 대하여 변제가 채무 전부를 소멸하게 하지 못하는 경우에는 지정에 아래와 같은 일정한 제한이 있다.

(가) 하나의 채무로서 원본·비용·이자를 지급되어야 할 경우-제1항: 비용 → 이자 → 원본의 순서로 충당하여야 한다.

(나) 수개의 채무의 원본·비용·이자를 지급하여야 할 경우

① 비용·이자·원본 순서로-제1항: 여러 개의 채무에서 원본·이자·비용이 각각 지급되어야 할 경우에도, 먼저 여러 개의 채무에서 발생한 비용 전부에 충당하고, 나머지가 있으면 모든 이자에 충당하며, 나머지가 있으면 원본에 충당하여야 한다.

② 비용 상호간, 이자 상호간, 원본 상호간-제2항(477조): 비용 상호간·이자 상호간·원본 상호간에 있어서는 법정충당의 예에 따라야 한다. 비용은 원칙적으로 채무자가 부담하는 것이며, 비용과 이자는 성질상 원본보다 먼저 지급되어야 하기 때문이다.

③ 지정충당이 가능한 대상: 위 제한을 볼 때, 결국 지정충당을 할 수 있는 대상은 비용상호간·이자상호간·원본상호간이며, 비용·이자·원본 간에서는 지정충당이 될 수 없다. 이와 같은 충당방법의 제한은 지정충당의 경우에 한하며, 당사자의 합의에 의한 충당인 합의충당의 경우에는 그 적용이 없다.

(다) 제한위반의 효과-효력 없음: 지정충당의 경우에도 위와 다른 순서에 의한 지정충당은 효력이 없다(대판 1990.11.9. 90다7262). 예컨대 채무자가 원본뿐 아니라 지연이자도 지급할 의무가 있는 때에는 원본과 지연이자를 합한 전액에 대하여 이행의 제공을 하여야 할 것이고, 그에 미치지 못하는 이행제공을 하면서 이를 원본에 대한 변제로 지정하였더라도, 그 지정은 민법 제479조제1항에 반하여 채권자에 대하여 효력이 없다(대판 2005.8.19. 2003다22042).

4. 法定充當 - 第477條: 법률의 규정에 의한 충당이 법정충당이고, 당사자가 충당을 지정하지 않은 때 또는 변제수령자의 지정에 변제자가 지체 없이 이의를 제기하였을 때에는 법정충당된다.

(1) 방법-충당 순서

(가) 이행기가 다른 여러 개의 채무-제1호: 채무 중에 이행기가 도래한 것과 도래하지 않은 것이 있는 경우에는, 이행기가 도래한 것부터 변제에 충당한다. 변제의 유예가 있는 채무에 대하여는 유예기까지 변제기가 도래하지 않은 것과 같게 보아야 한다(대판 1999.8.24. 99다22281, 22298).

(나) 이행기가 동일한 경우-변제이익이 많은 것을 우선-제2호: 채무 전부의 이행기가 도래하였

거나 또는 아직 도래하지 않은 경우에는, 채무자에게 변제이익이 많은 채무의 변제부터 변제에 충당한다. 여기서, 변제이익은 변제자를 기준으로 판단하여야 한다.

① 이자부·담보부 단순채무: 이율이 높은 채무, 무담보채무보다는 담보부 채무, 연대채무보다는 단순채무가 채무자에게 변제이익이 많다.

② 보증의 부착: 보증인이 있는 채무와 보증인이 없는 채무는 주채무자에게는 변제이익이 같다(대판 1985.3.12. 84다카2093).

③ 보증채무와 주채무: 특별한 사정이 없는 한, 변제자가 타인의 채무에 대한 보증인으로서 부담하는 보증채무(연대보증채무도 포함)는 변제자 자신의 채무에 비하여, 연대채무는 단순채무에 비하여, 각각 변제자에게 그 변제의 이익이 적다(대판 1999.7.9. 98다55543).

④ 제3자가 변제하는 경우: 주채무자 이외의 자가 변제자인 경우에는, 변제자가 발행 또는 배서한 어음에 의하여 담보되는 채무가 다른 채무보다 변제이익이 많다(대판 1999.8.24. 99다22281, 22298).

⑤ 주채무자가 변제자인 경우: 담보로 제3자가 발행 또는 배서한 약속어음이 교부된 채무와 다른 채무 사이에 변제이익의 점에서 차이가 없다고 보아야 할 것이나, 담보로 주채무자 자신이 발행 또는 배서한 어음이 교부된 채무는 다른 채무보다 변제이익이 많은 것으로 보아야 한다(대판 1999.8.24. 99다22281, 22298).

(다) 변제이익이 같은 경우-제3호: 채무자에게 변제이익이 같으면, 이행기가 먼저 도래한 채무 또는 먼저 도래할 채무의 변제에 충당하여야 한다. 기한이 없는 채무는 이행기가 도래한 것으로 다루어야 한다.

(라) 변제이익이 같아 선후 결정 불가-제4호: 전 2호의 사항이 같아 선후가 결정이 되지 않을 때에는, 채무액에 비례하여 각 채무의 변제에 충당한다.

5. 辨濟充當의 規定은 公法上의 債務에는 適用 없음: 조세채무는 법률의 규정에 의하여 정해지는 법정채무로서 당사자가 그 내용 등을 임의로 정할 수 없고, 조세채무관계는 공법상의 법률관계이고 그에 관한 쟁송은 원칙적으로 행정사건으로서 행정소송법의 적용을 받으며, 조세는 공익성과 공공성 등의 특성을 갖고 이에 따라 조세채권에는 우선권(국세기본법 35조, 36조, 37조) 및 자력집행권(국세징수법 제3장 이하)이 인정되고 있는 점을 고려하여 볼 때, 민법 제477조 내지 제479조에서 규정하고 있는 법정변제충당의 법리를 조세채권의 충당에서 그대로 적용하는 것이 타당하다고는 할 수 없다(대판 2007.12.14. 2005다11848).

第480條【辨濟者의 任意代位】 ①債務者를 爲하여 辨濟한 者는 辨濟와 同時에 債權者의 承諾을 얻어 債權者를 代位할 수 있다.
②前項의 境遇에 第450條 乃至 第452條의 規定을 準用한다.

第481條【辨濟者의 法定代位】 辨濟할 正當한 利益이 있는 者는 辨濟로 當然히 債權者를 代位한다.

辨濟에 의한 代位(辨濟者 代位)

1. 制度의 意義: 제3자가 채무자를 위하여 변제한 경우에 변제한 출재에 관하여 채무자에게 구상을 할 수 있다. 이 경우에 구상권자에게 구상권의 범위 내에서 변제에 의하여 소멸한 원래의 채권 및 그 담보에 관한 권리를 행사할 수 있게 하여 구상권을 확보하게 하려는 취지가 변제자대위제도의 목적이다. 즉 원래의 채권에 있는 이행청구권·손해배상청구권·채권자대위권·채권자취소권·담보권(인적·물적) 등 종래 채권자가 가지고 있던 권리가 변제자에게 이전되어, 변제자의 구상권이 확보되도록 한다. 이는 제3자의 변제로 채무자와 채권자와의 관계에서는 채권이 소멸하나, 변제자와 채무자의 관계에서는 채무가 존속되어 변제자가 변제한 원래의 채권자의 지위를 대위하는 것이 된다.

(1) 구상권의 확보: 채무자에 갈음하여 변제를 하는 자는 보통의 경우 채무자에 대하여 구상을 할 수 있다. 물상보증인이나 보증인은 명문의 규정에 의하여, 부탁 받은 경우에는 위임사무처리 비용의 상환청구권으로서, 부탁받지 않은 경우에는 사무관리비용의 상환청구권으로서 채무자에게 구상을 할 수 있다. 이러한 구상권을 확보・보장하기 위한 것을 목적으로 하는 제도가 변제에 의한 대위인데, 이 제도는 제3자에게 변제를 촉진하게 하는 효과도 있다.
(2) 채권자의 권리의 법률상 당연 이전: 제3자의 변제로 채권자의 권리가 변제자에게 법률상 당연히 이전된다(대판 1993.7.13. 92다33251).
(3) 변제자는 구상권 또는 변제대위권을 선택행사: 제3자가 채무자의 채무를 변제한 경우에는 구상권을 가짐과 동시에 변제자대위로 당연히 채권자를 대위하고, 위 구상권과 변제자 대위권은 원본, 변제기, 이자, 지연손해금의 유무 등에 있어서 내용이 다른 별개의 권리로서, 물상보증인은 고유의 구상권을 행사하든 대위하여 채권자의 권리를 행사하든 자유이다(대판 1997.5.30. 97다1556).

2. 辨濟者代位 規定의 適用範圍: 변제에 의한 대위에 관한 규정(480조에서 485조)은 변제로 채무가 소멸한 경우에 한하지 아니하고, 대물변제・공탁・상계・경우에 따라서는 혼동・상속・채권의 양수의 경우와 같이 출재로 채무자를 면책시킨 경우에도 준용된다(486조).

3 辨濟에 의한 代位의 要件

(1) 변제 기타 자기의 출재에 의한 타인 채무의 소멸: 변제자가 자기의 출재로 채권을 소멸시켜서 채무자를 면책시켜야 한다. 변제와 동일시할 수 있는 대물변제・공탁 기타 자기의 출재로 채무자를 면책시킨 경우에도 동일하다(486조). 그 밖에 공동채무자의 상계(481조1항)・연대보증인 또는 연대채무자 등이 채권을 양수 또는 상속하여 혼동이 생긴 경우・물상보증인이 담보권이 실행되어 배당금으로 채권자를 만족시킨 경우 또는 저당부동산의 제3취득자가 저당권이 실행되어 배당금으로 채권자를 만족시킨 경우 등에도 변제를 한 것과 동일하다. 그러나 예컨대 자신의 계약상 채무이행으로 보험금을 지급한 보험자는 민법 제481조에 의한 변제자 대위를 주장할 수 있는 자에 해당하지 아니한다(대판 1993.1.12. 91다7828).
(2) 변제자의 구상권의 존재: 변제에 의한 대위는 변제자의 채무자에 대한 구상권을 확보・보장하기 위한 제도이므로, 구상권의 존재는 필수적이다. 불가분채무자(411조)・연대채무자(425조)・보증인(441조)・물상보증인(241조, 355조) 등의 경우에는 개별 규정으로 구상권을 인정하고 있다. 제3자가 채무자를 위하여 변제하는 경우에 부탁을 받아 변제한 경우에는 위임사무처리 비용의 상환청구(688조)로서의 구상권・부탁을 받지 아니한 경우에는 사무관리에 해당하여 사무관리 비용상환청구(739조)로서의 구상권이 있다. 법정구상권의 범위 내에서는 당사자간의 합의에 의한 변경은 유효하며(예: 부탁 받은 보증인의 경우의 제441조제2항에 대한 특약은 유효), 특약이 있는 경우에는 그 특약된 구상권의 범위 내에서 원래의 채권을 대위할 수 있다.
(3) 채권자의 승낙 또는 변제할 정당한 이익의 존재
(가) 변제할 정당한 이익이 있는 자: 변제할 정당한 이익이 있는 자는 채무의 존재 여부가 자기의 이해와 관련되므로, 채무자의 의사와는 관계없이 변제로 채권을 소멸시킬 수 있다. 변제할 정당한 이익이 있는 자가 변제한 경우의 대위가 법정대위(481조)이다.
(나) 이해관계 없는 자: 이해관계 없는 제3자는 채무자의 의사에 반하여는 변제할 수 없다. 이해관계 없는 자가 변제를 한 경우에는 채권자의 승낙을 얻어야 대위할 수 있고, 이 경우의 대위가 임의대위(480조)이다.

4. 任意代位 - 第480條

(1) 변제할 정당한 이익이 없는 제3자의 변제: 변제를 할 때 정당한 이익을 가지지 않은 자가 채무자를 위하여 변제하는 경우이다. * 사업주가 보험급여를 받을 권리가 있는 자에게 보험급여를 체당지급한 경우라도 당연히 사업주가 국가에 대하여 직접 보험급여를 청구할 수 있는 것은 아니며 수급권자가 그 수령을 위임한 경우에 한하여 대신 수령할 수 있는 것에 지나지 않으므로 이를 가리켜 변제자대위의 법리가 적용되어 보험급여를 받을 자의 급여청구권이 사업주에게 이전되는 것이라고는 할 수 없다(대판 1994.11.18. 93다3592).
(2) 채권자의 승낙-제1항: 변제와 동시에 채권자의 승낙을 얻어야 대위할 수 있다. 대위의 결과

채권자의 권리・담보가 변제자에게 이전되는 것이므로, 채권자의 의사를 존중하여 대위하는데 대한 채권자의 승낙을 요하도록 한 것이다. 제3자가 변제하더라도 변제에 의하여 채권은 소멸한다. 그런데 이 채권자의 승낙으로 변제에 의하여 일단 소멸되었던 권리가 부활하여 이전하는 것이므로, 채권자의 승낙은 변제와 동시에 또는 사전에 있어야 한다. 또한 승낙은 본래의 채권의 효력 및 담보가 법률상 이전하는 데 대한 승낙, 즉 대위가 생기는 데 대한 승낙으로서, 채권양도에서의 승낙과는 다르다. 그러나 승낙으로 권리가 본래의 채권자로부터 변제자로 이전되어 채권양도와 비슷한 법률관계가 생기게 된다.

(3) 지명채권양도의 규정 준용-제2항: 임의대위에서의 채권자의 승낙에 관하여 민법은 지명채권양도의 대항요건에 관한 규정을 준용한다. 따라서 채권자의 대위에 대한 승낙의 통지 또는 채무자의 변제자의 대위에 대한 승낙이 있어야 채무자에게 대항할 수 있으며, 제3자에 대하여는 확정일자 있는 증서에 의한 그러한 통지 또는 승낙이 있어야 대항할 수 있다(대판 1996.2.23. 94다21160).

5. 法定代位 - 第481條

(1) 변제할 정당한 이익이 있는 자: 변제할 정당한 이익이 있는 자란, 변제를 하지 않으면 자기 재산에 강제집행을 받거나 또는 채무자에 대한 권리를 상실하는 등으로 법률상 불이익을 받는 자를 말한다.

(가) 물상보증인 등: 물상보증인・담보물의 제3취득자・불가분채무자・연대채무자・보증인 등이 그 전형적인 예이다.

(나) 후순위담보권자, 일반채권자: 후순위담보권자나 일반채권자도 선순위담보권자 또는 담보권자가 변제를 받지 못하면 자기의 권리의 가치가 상실될 위험이 있는 경우에는 변제할 정당한 이익이 있는 자에 해당한다.

(2) 변제로 당연히 대위: 변제할 정당한 이익이 있는 자는 대위하는 데 대한 채권자의 의사와는 관계없이 당연히 대위한다.

(가) 변제 등: 변제 외에 변제와 동일시할 수 있는 대물변제・공탁・상계로 채권이 소멸한 경우에도 법정대위가 된다. 또한 공동채무자의 한 사람이 채권을 양수 받거나 또는 상속받아 혼동이 생긴 경우・담보물의 제3취득자 또는 물상보증인이 담보권이 실행되어 배당금으로 변제된 경우 등에도 법정대위가 된다.

(나) 연대채무자의 다른 연대보증인에게는 대위 불가: 연대채무자가 여러 명이 있는 경우에 이들 모두를 위한 연대보증인은 보증채무의 이행으로 한 출연액 전부에 대하여 어느 연대채무자에게나 구상권을 가지는 것이므로(447조 참조), 이와 반대로 연대채무자들 중 어느 1인이 자신의 내부 부담부분을 넘어 채무를 변제함으로써 채권자의 그 다른 연대채무자에 대한 원채권을 행사하는 경우에도 자신의 연대보증인도 겸한 그 다른 연대채무자의 연대보증인에 대하여는 대위할 수 없다(대판 1992.5.12. 91다3062).

第482條【辨濟者代位의 效果, 代位者間의 關係】①前2條의 規定에 依하여 債權者를 代位한 者는 自己의 權利에 依하여 求償할 수 있는 範圍에서 債權 및 그 擔保에 關한 權利를 行使할 수 있다.
②前項의 權利行使는 다음 各號의 規定에 依하여야 한다.
1. 保證人은 미리 傳貰權이나 抵當權의 登記에 그 代位를 附記하지 아니하면 傳貰物이나 抵當物에 權利를 取得한 第三者에 對하여 債權者를 代位하지 못한다.
2. 第三取得者는 保證人에 對하여 債權者를 代位하지 못한다.
3. 第三取得者中의 1人은 各不動産의 價額에 比例하여 다른 第三取得者에 對하여 債權者를 代位한다.
4. 自己의 財産을 他人의 債務의 擔保로 提供한 者가 數人인 境遇에는 前號의 規定을 準用한다.

5. 自己의 財産을 他人의 債務의 擔保로 提供한 者와 保證人間에는 그 人員數에 比例하여 債權者를 代位한다. 그러나 自己의 財産을 他人의 債務의 擔保로 提供한 者가 數人인 때에는 保證人의 負擔部分을 除外하고 그 殘額에 對하여 各財産의 價額에 比例하여 代位한다. 이 境遇에 그 財産이 不動産인 때에는 第1號의 規定을 準用한다.

辨濟者代位의 效果

1. 本條의 趣旨: 변제자는 변제에 의한 대위에 의하여 원래의 채권자가 가지고 있던 담보권 또는 이행강제권 등을 이전 받기 때문에 자기의 구상권을 행사하는 데 지극히 유리하다. 한편 채무자로서는 원래의 채권자가 가지고 있던 담보권 등이 변제자에게 이전된다고 하여 크게 불리할 것은 없다. 그런데 일단 변제에 의하여 소멸된 채무나 담보가 존속된다는 것은 채무자 및 담보물의 제3취득자 또는 그 후에 담보권을 설정 받은 자 등에게 불측의 손해를 줄 우려가 있다. 또한 보증인이나 물상보증인이 여러 사람인 경우에는, 먼저 변제한 자는 자기의 담보의 책임을 면하고 다른 담보제공자에게는 책임을 추궁할 수 있는 것이 되는 등 불공평한 경우가 있게 된다. 이에 민법은 이러한 점을 고려하여 채무자 이외의 자의 변제를 쉽게 하되 또한 관련자간의 이해를 공평하게 조절하기 위하여 제482조 이하의 규정을 두고 있다.

2. 代位의 對象 - 제1항: 채권자를 대위한 자는 구상권의 범위 내에서 채권 및 그 담보에 관한 권리를 행사할 수 있다. 대위로 채권자가 가지고 있었던 채권 및 담보가 법률상 당연히 이전되는 것이므로, 대위자는 채권자의 모든 권리와 담보를 행사할 수 있다. 그러나 그 범위는 구상권의 한도 내여야 한다.

(1) 채권에 관한 권리: 본조의 〈채권에 관한 권리〉란 채권자가 가지고 있었던 권리로서 이행청구권·손해배상청구권·채권자대위권·채권자취소권을 말한다. 그러나 해제권은 계약 당사자인 채권자만이 행사할 수 있고 대위자는 행사할 수 없다.

(2) 담보에 관한 권리: 본조의 〈담보에 관한 권리〉에는 질권, 저당권이나 보증인에 대한 권리 등과 같이 전형적인 물적·인적 담보뿐만 아니라, 채권자와 채무자 사이에 채무의 이행을 확보하기 위한 특약이 있는 경우에 그 특약에 기하여 채권자가 가지게 되는 권리도 포함된다 (대판 1997.11.14. 95다11009).

(3) 대위권과 구상권의 임의선택: 변제자는 구상권을 행사하든 또는 대위로 채권자의 권리를 행사하든 자유이다. 어느 하나의 권리의 행사로 만족을 얻으면 다른 권리가 소멸한다.

3. 代位者 相互間의 關係 - 제2항: 변제할 정당한 이익을 가지는 자(법정대위자)가 복수인 경우에는 각 대위자간의 관계를 조정할 필요성이 있다. 즉 먼저 변제한 자는 다른 법정대위자의 담보가 존속하여 변제자는 이로부터 충분한 변제를 받을 수 있어 채무자에 대한 구상권을 확보할 수 있다. 그러나 다른 법정대위자보다 늦은 법정대위자는 담보를 실행 당하여 자기가 대위할 수 있는 담보는 감소되어 구상권의 확보가 어렵게 된다. 이러한 점에서 본조 제2항에서 불공평을 해소하고 대위자 상호간의 이해를 조정한다.

(1) 보증인이 구상권자인 경우-제1호-보증인의 대위등기: 보증인은 미리 전세권이나 저당권의 등기에 그 대위를 부기하지 않으면 전세물이나 저당물의 제3취득자에게 채권자를 대위하지 못한다. 여기서 〈미리〉 대위의 부기등기가 있어야 한다는 것은, 보증인의 변제로 피담보채권이 소멸되었다고 신뢰한 제3취득자의 불측의 손해를 방지하는 데 목적이 있으므로 〈보증인의 변제 후 제3취득자의 취득 전〉에 부기등기가 있을 것을 의미한다. 따라서 보증인이 변제 후에 대위의 부기등기 없는 상태에서 제3자가 물건을 취득한 경우에는 변제한 보증인은 제3취득자에게 채권자를 대위하여 전세권이나 저당권을 행사할 수 없다.

(2) 보증인과 제3취득자-제2호: 전세물이나 저당물의 제3취득자가 변제하더라도 제3취득자는 보증인에 대하여는 채권자를 대위하지 못한다. 전세물이나 저당물의 제3취득자는 처음부터 담보의 부담을 각오하고 부동산을 취득한 자이므로 보증인에 대하여 대위하게 할 필요는 없기 때문이다.

(3) 제3취득자 상호간-제3호: 담보목적물을 취득한 자가 복수인 경우에 어느 한 취득자가 변제한 때에는, 그 변제자는 각자가 취득한 부동산의 가액에 비례하여 다른 취득자에게 채권자를 대위한다. 예컨대 피담보채권액 6,000만원의 취득가 1억원의 A 부동산과 취득가 5,000만원의 B 부동산에 공동으로 저당권이 설정된 경우에, A, B 부동산을 각각 갑과 을이 취득한 후에 갑이 피담보채무 6,000만원을 변제한 때에는 갑은 B 부동산에 (6,000×5,000/15,000=2,000) 2,000만원의 저당권을 행사할 수 있다.

(4) 물상보증인 상호간-제4호: 물상보증인이 복수인 경우에 어느 한 물상보증인이 변제한 때에는, 그 변제자는 각자가 담보로 제공한 부동산의 가액에 비례하여 다른 물상보증인에게 채권자를 대위한다.

(5) 물상보증인과 보증인 간의 관계-제5호: 물상보증인과 보증인이 있는 경우에는, 누가 변제한 것이지 묻지 않고 그 인원수에 비례하여 채권자를 대위하며, 이때 물상보증인이 복수인 경우에는 물상보증인간에는 각 재산의 가액에 비례하여 대위한다. 예컨대 4억원의 피담보채무에 대하여 갑과 을이 각각 2억원과 3억원 짜리 부동산으로 공동저당을 설정하고 동일한 채무에 대하여 병과 정이 각각 보증인이 된 경우에, 갑이 전액 변제한 때에는 우선 물상보증인인 갑과 을이 부담할 금액은 2억원(4억÷4명×2명(물상보증인)=2억)으로 갑은 을에게 1억2천만원(2억×3/5=1.2억)과 보증인인 병과 정에게 각각 1억원씩 채권자를 대위할 수 있다.

(6) 물상보증인과 보증인 사이-제5호 단서: 자기의 재산을 타인의 채무의 담보로 제공한 물상보증인이 수인일때 그 중 일부의 물상보증인이 채무의 변제로 다른 물상보증인에 대하여 채권자를 대위하게 될 경우에 미리 대위의 부기등기를 하여 두지 아니하면 채무를 변제한 뒤에 그 저당물을 취득한 제3취득자에 대하여 채권자를 대위할 수 없도록 하려는 것이라고 해석된다. 만약 그렇게 해석하지 아니하고 보증인이 물상보증인에 대하여 채권자를 대위할 경우에만 제5호 단서에 의하며 제1호의 규정이 준용되는 것으로 해석한다면, 제5호가 제1호에 규정된 똑같은 경우에 관하여 다시 제1호의 규정을 준용하도록 규정한 셈이 되어 같은 내용을 되풀이하여 규정한 이외에 아무런 의미도 가질 수 없는 것으로 되기 때문이다(대판 1990.11.9. 90다카10305).

(7) 여러 명이 일부씩 변제한 경우-안분배당: 여러 명이 시기를 달리하여 채권의 일부씩을 대위변제한 경우 그들은 각 일부 대위변제자로서 그 변제한 가액에 비례하여 근저당권을 준공유하고 있다고 보아야 하고, 그 근저당권을 실행하여 배당함에 있어서는 다른 특별한 사정이 없는 한 각 변제채권액에 비례하여 안분 배당하여야 한다(대판 2001.1.19. 2000다37319).

(8) 물상보증인과 보증인이 서로 자격을 겸유하는 경우: 물상보증인이 보증인을 겸하고 있는 경우나 보증인이 제3취득자가 된 경우와 같이 한 사람이 법정대위자의 자격을 겸하며 그 외에 다른 법정대위자가 될 수 있는 자가 있는 경우에 그들 간의 대위의 범위가 문제된다. 예컨대 A의 채무 1억2천만원에 대하여 A가 자기의 부동산을 담보설정하고 또한 갑과 을이 보증인이었는데, 갑이 담보권이 설정된 A의 부동산을 취득한 후 1억2천만 원을 변제하여 채무자를 면책시킨 경우에 갑의 을에 대한 대위의 범위의 문제이다. 이에 대하여는, 소위 단일자격설에 의하여, 동일인이 보증인, 물상보증인 또는 제3취득자 등의 자격을 갖춘 경우에는 그 중 한 가지 자격을 갖춘 자보다 그 책임이 크다. 또한 법률은 책임이 중한 자에게 대위에 있어서의 유리한 지위를 주고자 하는 것도 사실이다. 그러나 동일인에게 여러 개의 자격을 동시에 인정하여 자기가 변제한 경우에는 다른 대위자에 대한 대위의 범위가 좁고, 다른 대위자가 변제한 경우에는 대위되는 범위가 넓다고 보는 것은 본조의 해석상 긍정될 수 없으므로 스스로 그 중 어느 하나의 자격을 선택케 하여 대위의 순위와 범위를 결정하여야 한다고 해석된다. 이 설에 의하면 상기 예에서 갑은 자기의 보증인의 자격을 선택하여(제3취득자의 자격을 선택하여도 동일) 을에게 채무액의 반인 6,000만원(1.2억×1/2)을 대위할 수 있다.

(9) 구상의무자가 다수인 공동불법행위자간의 관계: 공동불법행위자 중 1인이 전부 변제한 경우에 구상의무를 부담하는 다른 공동불법행위자가 수인인 경우에는 특별한 사정이 없는 이상 그들의 구상권자에 대한 채무는 각자의 부담 부분에 따른 분할채무로 봄이 상당하지만(대판 2002.9.27. 2002다15917), 구상권자인 공동불법행위자측에 과실이 없는 경우, 즉 내부적인 부담 부분이 전혀 없는 경우에는 이와 달리 그에 대한 수인의 구상의무 사이의 관계는 부진정연

대관계이다(대판 2005.10.13. 2003다24147).

(10) 공동저당에 있어서 후순위저당권자의 대위와 물상보증인의 변제자대위가 충돌하는 경우의 법률관계의 우선순위: 공동저당의 목적인 채무자 소유의 부동산과 물상보증인 소유의 부동산에 각각 채권자를 달리하는 후순위저당권이 설정되어 있는 경우, 물상보증인 소유의 부동산에 대하여 먼저 경매가 이루어져 그 경매대금의 교부에 의하여 1번저당권자가 변제를 받은 때에는 물상보증인은 채무자에 대하여 구상권을 취득함과 동시에, 민법 제481조, 제482조의 규정에 의한 변제자대위에 의하여 채무자 소유의 부동산에 대한 1번저당권을 취득하고, 이러한 경우 물상보증인 소유의 부동산에 대한 후순위저당권자는 물상보증인에게 이전한 1번저당권으로부터 우선하여 변제를 받을 수 있으며, 물상보증인이 수인인 경우에도 마찬가지라 할 것이므로(이 경우 물상보증인들 사이의 변제자대위의 관계는 민법 제482조제2항 제4호, 제3호에 의하여 규율될 것이다), 자기 소유의 부동산이 먼저 경매되어 1번저당권자에게 대위변제를 한 물상보증인은 1번저당권을 대위취득하고, 그 물상보증인 소유의 부동산의 후순위저당권자는 1번저당권에 대하여 물상대위를 할 수 있다(대판 1994.5.10. 93다25417).

第483條【一部의 代位】 ①債權의 一部에 對하여 代位辨濟가 있는 때에는 代位者는 그 辨濟한 價額에 比例하여 債權者와 함께 그 權利를 行使한다.
②前項의 境遇에 債務不履行을 原因으로 하는 契約의 解止 또는 解除는 債權者만이 할 수 있고 債權者는 代位者에게 그 辨濟한 價額과 利子를 償還하여야 한다.

一部辨濟에 의한 代位

1. 一部辨濟에 의한 代位 - 제1항: 채권의 일부에 대한 대위변제가 있는 때에는 대위자는 변제한 가액에 비례하여 채권자와 함께 그 권리를 행사한다. 즉 일부변제의 경우에는 대위자(변제자)와 채권자는 채권 및 인적·물적 담보를 준 공유하는 결과가 된다.

(1) 저당권부 채권의 일부변제와 대위: 변제할 정당한 이익이 있는 자가 채무자를 위하여 채권의 일부를 대위변제할 경우에 채권자가 부동산에 대하여 저당권을 가지고 있는 경우에는 채권자는 대위변제자에게 일부 대위변제에 따른 저당권의 일부 이전의 부기등기를 해 주어야 할 의무가 있다(대판 1996.12.6. 96다35774).

(2) 저당권부 채권의 수인의 일부씩 변제: 여러 명이 시기를 달리하여 채권의 일부씩을 대위변제하고 근저당권 일부이전의 부기등기를 각 경료한 경우 그들은 각 일부대위자로서 그 변제한 가액에 비례하여 근저당권을 준공유하고 있다고 보아야 하고, 그 근저당권을 실행하여 배당함에 있어서는 다른 특별한 사정이 없는 한 각 변제채권액에 비례하여 안분배당하여야 한다(대판 2001.1.19. 2000다37319).

(3) 피담보채권 확정 전의 일부 변제: 근저당 거래관계가 계속되는 관계로 근저당권의 피담보채권이 확정되지 아니하는 동안에는 그 채권의 일부가 대위변제되었다 하더라도 그 근저당권이 대위변제자에게 이전될 수 없다(대판 2000.12.26. 2000다54451).

2. 辨濟者代位權의 행사 - 제1항

(1) 함께의 의미-채권자의 우선권: 대위자와 채권자가 〈비례하여〉 〈함께 권리를 행사〉한다고 규정한바, 이는 물적 담보의 담보권실행(경매신청권)과 실행 후의 배당금의 분배에서 구체적인 문제로 나타난다. 본항 소정의 〈비례하여 함께 행사〉라는 것은, 변제에 의한 대위는 대위변제자가 채무자에 대하여 취득하는 구상권을 확보하기 위한 제도일뿐으로, 이를 위하여 채권자가 불이익을 받을 수는 없기 때문에 권리의 행사 및 담보권의 실행과 배당에 있어서는 채권자가 우선하는 것으로 해석하여야 한다. 따라서 〈함께〉란 대위자는 채권자가 권리를 행사하는 경우에 소극적으로 이에 참가한다는 의미이며, 배당에 있어서도 채권자가 우선한다(대판 1995.3.3. 94다33514).

(2) 변제자로의 이전의 부기등기 여부와는 무관: 채무자를 위하여 근저당권의 피담보채무의 일부를 대위변제한 경우에 대위변제자는 피담보채무의 일부대위변제를 원인으로 한 근저당권 일

부이전의 부기등기의 경료 여부와 관계없이 변제한 가액의 범위 내에서 종래 채권자가 가지고 있던 채권 및 담보에 관한 권리를 법률상 당연히 취득하게 되는 것이나 이때에도 채권자는 대위변제자에 대하여 우선변제권을 가진다(대판 2002.7.26. 2001다53929).

(3) 채권자의 우선변제권의 범위: 채권자의 우선변제권은 피담보채권액을 한도로 특별한 사정이 없는 한 자기가 보유하고 있는 잔존 채권액 전액에 미친다고 할 것이고, 이러한 법리는 채권자와 후순위권리자 사이에서도 마찬가지라 할 것이므로 근저당권의 실행으로 인한 배당절차에서도 채권자는 특별한 사정이 없는 한 자기가 보유하고 있는 잔존 채권액 및 피담보채권액의 한도에서 후순위권리자에 우선해서 배당받을 수 있다(대판 2004.6.25. 2001다2426).

3. 解除時의 債權者와 代位者의 關係 - 제2항

(1) 채권자만이 해제: 일부변제에 의한 대위의 경우에, 채무불이행을 원인으로 하는 계약의 해지 또는 해제는 채권자만이 할 수 있다. 계약의 해지 또는 해제권은 계약의 당사자인 채권자만이 행사할 수 있고 변제에 의한 대위의 대상이 되지 못한다.

(2) 해제한 경우의 채권자의 일부대위자에 대한 부당이득 반환의무: 일부 변제가 있은 후에, 채권자가 채무불이행을 원인으로 계약을 해제한 때에는 채권은 소멸하여 채권자가 수령한 것은 부당이득이 된다(741조). 따라서 채권자가 일부대위자에게 변제한 가액을 반환하여야 하는데, 본조에서 이를 악의의 부당이득에 준하여 변제한 가액에 이자를 붙여 반환하도록 한다.

第484條【代位辨濟와 債權證書, 擔保物】 ①債權全部의 代位辨濟를 받은 債權者는 그 債權에 關한 證書 및 占有한 擔保物을 代位者에게 交付하여야 한다.
②債權의 一部에 對한 代位辨濟가 있는 때에는 債權者는 債權證書에 그 代位를 記入하고 自己가 占有한 擔保物의 保存에 關하여 代位者의 監督을 받아야 한다.

代位辨濟者에 대한 債權者의 義務

1. 全部 辨濟한 경우에 債權證書 및 擔保物의 交付義務 - 제1항: 채권자는 변제한 대위자가 대위할 권리를 쉽게 행사할 수 있도록 하여야 할 의무를 진다. 즉 채권 전부를 대위변제 받은 채권자는 그 채권에 관한 증서 및 점유한 담보물을 대위자에게 교부하여야 한다.

2. 一部 辨濟代位者의 擔保物保存에 대한 監督 - 제2항

(1) 증서 또는 담보물에 일부대위 기입-전단: 대위변제자가 채무의 일부만을 변제한 경우에는 채권자는 채권증서에 그 대위를 기입하고, 그 대위가 임의대위의 경우에는 채권자는 대위의 사실을 채무자에게 통지하여 대위자가 대항요건을 갖추도록 하여야 하며, 담보물이 부동산인 때에는 대위의 부기등기에 협력하여야 한다.

(2) 담보물의 보존에 대한 대위자의 감독-후단: 일부대위가 된 경우에 채권자는 자기가 점유한 담보물의 보존에 관하여 대위자의 감독을 받아야 한다.

第485條【債權者의 擔保喪失, 減少行爲와 法定代位者의 免責】 第481條의 規定에 依하여 代位할 者가 있는 境遇에 債權者의 故意나 過失로 擔保가 喪失되거나 減少된 때에는 代位할 者는 그 喪失 또는 減少로 因하여 償還을 받을 수 없는 限度에서 그 責任을 免한다.

債權者의 擔保에 대한 喪失, 減少와 法定代位者

1. 意義: 채권자는 법정대위자에 대하여 자기의 담보를 보존할 의무를 부담한다. 즉 법정대위를 할 수 있는 자(481조의 변제할 정당한 이익이 있는 자)는 채권자의 고의나 과실로 담보가 상실되거나 감소되었기 때문에 채무자로부터 상환 받을 수 없는 한도에서 그 책임을 면한다. 이는 법정대위자에게 구상의 실효성을 보장하기 위한 규정이다.

(1) 담보상실 등에 대한 채권자책임의 성질-의무는 부정: 특단의 사정이 없는 한 채권자가 자신의 채권이나 담보권을 행사하지 않거나 포기하였다고 하여 이를 불법행위에 해당한다고 할 수 없는 것이고, 대위변제의 정당한 이익을 갖는 자가 채권자의 담보상실 또는 감소 행위를 들어 민법 제485조 소정의 면책을 주장할 수 있음은 별론으로 하더라도 대위변제의 정당한 이익을 갖는 자가 있다는 사정만으로 채권자가 자신의 채권이나 담보권을 성실히 행사하여야 할 의무를 부담한다고 할 수는 없다(대판 2005.11.25. 2004다66834, 66841).

(2) 본조의 적용범위-법정변제가 되는 경우에만: 본조는 변제할 정당한 이익이 있는 자의 출연에 의한 변제에 따른 구상권 및 대위에 대한 기대권을 두텁게 보호하기 위하여 특별히 마련된 조항이므로 구상권의 발생이 예상되지 않는 경우에 함부로 유추적용하는 것은 적절하지 않다(대판 2006.12.7. 2005다77558).

2. 要件

(1) 담보: 본조 소정의 〈담보〉는 주된 채무를 담보하기 위한 인적 담보 또는 물적 담보를 말하며, 담보의 상실 또는 감소의 전형적 예는 채권자가 인적 담보인 보증인의 채무를 면제해 주거나 물적 담보인 담보물권을 포기하거나 순위를 불리하게 변경하거나 담보물을 훼손하거나 반환하는 행위 등이다(대판 2000.12.12. 99다13669). 따라서 채권자가 채무자의 일반재산을 압류하였다가 압류를 해제하여도 여기의 담보의 상실 또는 감소에 해당하지 않는다.

(2) 담보의 상실·감소: 담보의 상실 또는 감소란, 담보권을 포기한 경우는 물론이며 담보권 설정의 등기 등을 태만히 하여 담보권을 상실한 경우를 의미하는데, 담보권의 행사를 해태하여 담보물의 가액이 하락한 경우가 포함되느냐가 문제이다. 채권자가 담보권을 실행할 수 있었음에도, 이를 하지 않은 것이 당시의 거래계의 사정으로 보아 신의칙상 적당하지 않았다면 담보의 감소에 대한 과실이 인정된다.

(가) 일부 대위자에게 비율을 초과한 담보를 이전한 경우: 채권자가 일부 대위변제자에게 그가 대위변제한 비율을 넘어 근저당권 전부를 이전하여 준 경우, 결국 채권자는 근저당권의 피담보채무 중 일부를 대위변제한 다른 보증인이 법정대위권을 행사할 수 있는 채권의 담보를 고의로 상실되게 한 것이므로, 다른 보증인은 그의 보증채무를 이행함으로써 채권자에 대한 법정대위권자로서 근저당권을 실행하여 배당받을 수 있었던 금액의 한도에서 보증의 책임을 면한다(대판 1996.12.6. 96다35774).

(나) 리스채무자에 대한 보증인: 리스이용자의 리스보증보험회사에 대한 구상채무에 관하여 보증계약이 체결된 후 보증인의 동의 없이 리스물건만이 고가의 모델에서 저가의 모델로 변경된 경우, 보증채무가 주채무의 변경으로 완전히 소멸되었다고 볼 수는 없으나 리스물건은 보증인이 보증책임을 이행할 경우 변제자대위의 목적이 된다는 이유로 민법 제485조를 유추적용하여 감소된 담보가치만큼 보증인의 책임을 면책시켜야 한다(대판 2000.1.21. 97다1013).

(다) 착오로 채권액을 적게 기재한 경우: 경매절차에서 채권자가 착오로 실제 채권액보다 적은 금액을 채권계산서에 기재하여 경매법원에 제출함으로써 배당받을 수 있었던 채권액을 배당받지 못한 경우, 채권자가 채권계산서를 제대로 작성하였다면 배당을 받을 수 있었는데 이를 잘못 작성하는 바람에 배당을 받지 못한 금액 중 연대보증인이 연대보증한 채무에 충당되었어야 할 금액에 대하여는 채권자의 담보 상실, 감소에 관한 민법 제485조를 유추하여 연대보증인으로 하여금 면책하게 함이 상당하다 할 것이므로, 이와 같은 경우 연대보증인이 채권자에게 부담할 채무액은, 채권자가 채권계산서를 제대로 작성하였더라면 배당을 받을 수 있었던 금액을 법정충당의 방법으로 채권자의 각 채권에 충당한 다음 연대보증인이 연대보증한 채권 중 회수되지 못한 잔액이 있다면 그 금액이 된다(대판 2000.12.8. 2000다51339).

(3) 채권자의 고의, 과실: 담보의 상실·감소에 채권자의 고의나 과실이 있어야 한다.

3. 擔保의 喪失·減少에 대한 法定代位者의 救濟 - 면책 주장

(1) 면책 주장자-법정대위자: 담보의 상실·감소로 인하여 상환 받을 수 없는 범위에서 법정대위를 할 수 있는 자가 면책된다. 보증인·연대채무자·불가분채무자와 같이 채무를 부담하는 자는 물론이며, 물상보증인·담보물의 제3취득자·후순위담보권자 등과 같이 채무를 부담하지 않는 자도 담보의 상실·감소된 액에 상당한 채무를 공제한 잔액의 채무를 변제한다면 채권자와의

관계에서는 면책된다는 의미이다.

(가) 물상보증인: 물상보증인은 담보의 상실·감소된 액에 상당한 채무를 공제한 잔액을 변제하고 저당권의 등기에 대하여 말소를 청구할 수 있다.

(나) 보증인: 보증인은 채권자의 고의나 과실로 담보를 상실 또는 감소로 인하여 상환을 받을 수 없는 한도에서 면책주장을 할 수 있다(대판 2000.1.21. 97다1013).

(다) 후순위채권자의 임금채권우선변제권을 대위하는 경우-법정대위자가 아니므로 본조 적용 없음: 민법 제368조제2항 후문이 유추적용됨에 따라 후순위저당권자가 사용자 소유의 다른 부동산에 대한 경매절차에서 임금채권 우선변제권을 대위할 수 있는 기대를 가지게 된다고 하더라도, 이에서 더 나아가 채권자의 고의·과실로 담보가 상실·감소된 경우 그 한도에서 면책을 인정함으로써 변제자의 법정대위에 관한 기대권을 보호하고 있는 민법 제485조까지 이 경우에 유추적용할 수는 없다. 민법 제485조는 변제할 정당한 이익이 있는 자의 출연에 의한 변제에 따른 구상권 및 대위에 대한 기대권을 두텁게 보호하기 위하여 특별히 마련된 조항이므로 구상권의 발생이 예상되지 않는 경우에 함부로 유추적용하는 것은 적절하지 않고, 이와 달리 유추적용을 인정하게 되면 후순위저당권자가 존재하는 경우 근로자로서는 사용자의 재산에 대하여 별개로 경매절차가 진행될 경우 해당 재산의 책임분담액에 맞추어 개별 경매절차마다 일일이 임금채권 우선변제권을 행사하지 않으면 그 한도에서 우선변제권이 배제되는 불이익을 입게 되는바, 이는 근로자에게 지나친 비용과 노력을 요구하는 것이어서 근로자의 생활안정을 위하여 임금채권을 강하게 보장하고자 하는 근로기준법의 입법 취지에 현저히 반하는 결과를 초래하기 때문이다. 따라서 근로자가 후순위저당권자가 존재하는 사용자의 재산에 대하여 임금채권 우선변제권을 행사하는 경우에 바로 민법 제485조를 유추적용하여 근로자의 고의·과실로 후순위저당권자의 대위에 관한 기대를 침해한 한도에서 임금채권 우선변제권이 배제되거나 제한된다고 볼 수는 없다(대판 2006.12.7. 2005다77558).

(2) 면책의 범위를 결정하는 시기: 법정대위자가 책임을 면하는지 여부는 담보가 상실 또는 감소된 시점을 표준시점으로 하여 판단하여야 한다(대판 2001.12.24. 2001다42677).

(3) 면책의 범위: 채권자의 고의나 과실로 담보가 상실된 경우 법정대위권자가 면책되는 범위는 채권자가 담보를 취득할 당시가 아니라, 그 담보 상실 당시의 교환가치 상당액이다(대판 2001.10.9. 2001다36283).

4. 本條의 任意規定性: 제485조의 면책규정은 법정대위권자로 하여금 구상의 실효를 거둘 수 있도록 하기 위하여 채권자에게 담보의 보존을 간접적으로 강제하는 취지의 규정으로서 그 규정목적이 오로지 법정대위권자의 이익보호에 있으므로 그 성질상 임의규정으로 보아야 할 것이고, 따라서 법정대위권자로서는 채권자와의 특약으로서 위 규정에 의한 면책이익을 포기하거나 면책의 사유와 범위를 제한 내지 축소할 수 있다(대판 1987.4.14. 86다카520).

第486條【辨濟以外의 方法에 依한 債務消滅과 代位】 第三者가 供託 其他 自己의 出財로 債務者의 債務를 免하게 한 境遇에도 前6條의 規定을 準用한다.

辨濟 外의 債務消滅에서 辨濟者代位 規定의 準用

1. 實際의 出財에 의한 債務者 免責: 제3자가 대물변제·공탁과 같이 자기의 실제의 출재로 채무자를 면책시킨 경우이다.

2. 出財와 동일시 할 수 있는 事由로 免責: 상계·혼동·상속·채권의 양수에서 출재와 동일시 할 수 있는 일정한 사유로 채무자를 면책시킨 경우에도 준용된다. 예컨대 공동채무자의 상계(481조 1항)·연대보증인 또는 연대채무자 등이 채권을 양수 또는 상속하여 혼동이 생긴 경우 등이다.

3. 債權者를 만족 시킨 物上保證人, 抵當物의 第3取得者: 물상보증인이 담보권이 실행되어 배당금으로 채권자를 만족시킨 경우 또는 저당부동산의 제3취득자가 저당권이 실행되어 배당금으로 채권자를 만족시킨 경우 등에도 대위변제에 관한 규정이 준용된다.

第2款 供 託

1. 槪括: 공탁은 채권자의 수령거절·수령불능 또는 채권자를 알 수 없는 등으로 변제를 할 수 없는 때에, 변제자가 채권자를 위하여 변제의 목적물을 공탁소에 임치함으로써 채무를 면하는 제도이다. 변제의 제공이 있으면 일단 채무자는 채무불이행에 의한 책임을 면하고(461조), 채권자가 이를 수령하지 아니하거나 또는 수령할 수 없게 되면 채권자는 지체책임을 지게 된다(400조). 그러나 이러한 채권자지체책임은 채무자에게 책임을 감경시킬 뿐 채무를 면하게 한다든지 또는 채무의 구속상태로부터 해방시켜주는 등의 결정적인 역할은 하지 못한다. 채무자는 계약을 유지하여, 자기의 채무를 면하면서 한편으로는 상대방으로부터 반대급부도 이행받을 필요성이 있는 경우가 있게 된다. 이러한 필요성에 의해 채무자의 일방적인 행위로 채무를 면할 수 있는 방법인 공탁 제도를 두어 제487조 이하에서 규정하고 있다.

(1) 제487조 이하의 공탁(변제공탁)의 기능: 제487조 이하에서 규정하고 있는 공탁은 채무자가 일방적 행위로 채무를 면하기 위한 이른바 변제대용으로서의 공탁이다. 공탁에는 변제대용으로서의 공탁(변제공탁) 외에, 담보목적의 공탁(353조3항), 경락대금의 배당을 위한 집행공탁(민사집 160·222조), 일정한 경우에 공탁물의 몰취 목적을 위한 몰취공탁(민소법 300조), 보관을 위한 보관공탁(상법 491조4항) 등이 있다. 이와 같은 여러 목적의 모든 공탁을 포함하여, 공탁이란 금전·유가증권 기타의 재산을 국가기관인 공탁소에 공탁하여, 공탁소를 통하여 그 재산을 일정한 자가 수취하게 하여 일정한 목적을 달성하는 제도이다. 공탁과 관련하여서는, 어떠한 경우에 공탁을 할 수 있느냐, 즉 공탁의 요건과 공탁의 효과 및 공탁의 방법이 문제가 된다. 그런데 공탁의 요건과 공탁의 효과에 대하는 민법에서 규정하고 공탁의 방법에 관하여는 공탁법에서 규정하는 등으로 2중 구조의 형태를 취하고 있다.

(2) 변제공탁의 법률적 성질: 변제공탁은 일정한 공탁원인이 있는 경우에 변제자가 변제의 목적물을 공탁소와의 합의에 의하여 공탁소에 임치함으로써 채권이 소멸하는 법률요건이다. 이와 같이 공탁은 일방 당사자가 사인이 아닌 국가기관인 공탁소이나, 법률효과는 사법적 효과가 발생하므로, 공탁소와 변제자 간의 관계인 공탁관계의 법률적 성질이 사법관계인가 공법관계인가 아니면 양자의 성질을 함께 갖는 것인가에 관하여 다툼이 있다. 공탁관계의 법률적 성질을 어떻게 이해하느냐에 따라서 채권자의 공탁물인도(출급)청구가 공탁공무원에 의하여 거절된 경우에 이의 구제를 위하여는 민사소송을 제기하여야 하느냐 행정소송을 제기하여야 하느냐의 문제가 있다. 공탁에 관하여 절차적인 면은 공법인 공탁법과 공탁사무처리규칙에 규정하여 공법관계이며, 효과적인 면은 민법에 규정하여 사법적 관계로서 양면적인 성질을 함께 가지고 있다(대판 1975.2.25. 74다1531). 따라서 공탁관계는 공법 및 사법적인 양면관계를 함께 가지고 있는데, 사법적인 면에서 보면 공탁은 채권자인 제3자를 위한 임치계약이며, 일정한 요식에 따라 공탁의 목적물을 공탁소에 현실적으로 제공하여야 성립하는 요식계약인 동시에 요물계약이다.

2. 構成

(1) 공탁의 요건과 효과: 제487조
(2) 공탁의 방법: 제488조
(3) 공탁물의 회수: 제489조
(4) 자조매각금의 공탁: 제490조
(5) 공탁물수령: 제491조

第487條【辨濟供託의 要件, 效果】 債權者가 辨濟를 받지 아니하거나 받을 수 없는 때에는 辨濟者는 債權者를 爲하여 辨濟의 目的物을 供託하여 그 債務를 免할 수 있다. 辨濟者가 過失없이 債權者를 알 수 없는 境遇에도 같다.

供託의 原因

1. 意義: 공탁을 할 수 있는 근거가 공탁원인인데, 공탁으로 채무를 소멸시키기 위하여는 공탁원인이 존재하여야 한다. 공탁원인에는 제487조에서 세 가지를 규정하고 있다. 이 세 가지 공탁원인 중 어느 하나에 해당하여야 하는데, 어디에도 해당하지 않는 경우에는 공탁을 하더라도 채무를 면할 수 없다. 즉 공탁원인이 없으면 공탁은 무효로써 채무가 소멸하지 않는다. 공탁원인의 존재에 관한 증명책임은 변제자인 공탁자에게 있다.

(1) 공탁의 종류 선택

(가) 선택자는 공탁자: 공탁은 공탁자가 자기의 책임과 판단하에 하는 것으로서 공탁자는 누구에게 변제하여야 할 것인지를 판단하여 그에 따라 변제공탁이나 집행공탁 또는 혼합공탁을 선택하여 할 수 있고 피공탁자의 지정 여부, 공탁의 근거조문, 공탁사유, 공탁사유신고 등을 종합적·합리적으로 고려하여 판단하는 수밖에 없다(대판 2008.5.15. 2006다74693).

(나) 공탁원인의 선택-공탁자: 변제공탁을 함에 있어서도 민법 제487조 전단과 후단 중 어느 사유를 공탁원인사실로 할 것인지를 선택하여 할 수 있는바, 변제공탁이 민법 제487조 전단의 〈수령불능을 원인으로 한 변제공탁〉인지, 같은 조 후단의 〈상대적 불확지 변제공탁〉인지 아니면 두 가지 성격을 모두 가지고 있는지 여부는 공탁서의 〈법령조항〉란의 기재와 〈공탁원인사실〉란의 기재 등에 비추어 객관적으로 판단해야 한다(대판 2008.10.23. 2007다35596).

(2) 금전채권의 일부만이 압류된 경우의 전액공탁-변제공탁: 민사집행법 제248조제1항은 〈제3채무자는 압류에 관련된 금전채권의 전액을 공탁할 수 있다〉고 규정하여 채권자의 공탁청구, 추심청구, 경합 여부 등을 따질 필요 없이 당해 압류에 관련된 채권 전액을 공탁할 수 있도록 규정하고 있는바, 이에 따라 금전채권의 일부만이 압류되었음에도 그 채권 전액을 공탁한 경우에는 그 공탁금 중 압류의 효력이 미치는 금전채권액은 그 성질상 당연히 집행공탁으로 보아야 하나, 압류금액을 초과하는 부분은 압류의 효력이 미치지 않으므로 집행공탁이 아니라 변제공탁으로 보아야 한다(대판 2008.5.15. 2006다74693).

(3) 처분금지가처분된 경우의 공탁-불확지 공탁: 집행공탁은 공탁 이후 행해질 배당 등 절차의 진행을 전제로 한 것인데, 처분금지가처분은 그것이 설령 금전채권을 목적으로 하더라도 이러한 배당 등 절차와는 관계가 없으므로 제3채무자로서는 이를 이유로 집행공탁을 할 수는 없고, 다만 채권자불확지에 의한 변제공탁을 할 수 있다(대판 2008.5.15. 2006다74693).

(4) 체납처분에 의한 압류와 일반채권자의 압류-공탁 불가: 체납처분절차와 민사집행 절차는 별개의 절차로서 양 절차 상호간의 관계를 조정하는 법률의 규정이 없으므로 한 쪽의 절차가 다른 쪽의 절차에 간섭할 수 없는 반면, 쌍방 절차에서 각 채권자는 서로 다른 절차에 정한 방법으로 그 다른 절차에 참여할 수밖에 없고, 동일 채권에 관하여 양 절차에서 각각 별도로 압류하여 서로 경합하는 경우에도 공탁 후의 배분(배당)절차를 어느 쪽이 행하는가에 관한 법률의 정함이 없어 제3채무자의 공탁을 인정할 여지가 없고(대판 1999.5.14. 99다3686), 채권에 대한 체납처분에 의한 압류와 그 이후에 행해진 가압류가 경합하는 경우 제3채무자는 체납처분에 의한 압류채권자의 추심권 행사에 응하여야 하므로 변제공탁이나 집행공탁이 허용될 수 없고, 제3채무자가 공탁하였다고 하더라도 체납처분에 의한 압류채권자는 여전히 제3채무자를 상대로 직접 피압류채권을 추심할 수 있다(대판 2008.11.13. 2007다33842).

2. 債權者의 受領拒絶 - 전단: 보통의 경우 변제자가 변제의 제공을 하고 채권자가 수령하기를 기다린다. 이때에 채권자가 수령을 하면 채무를 면하고 채권관계는 종결된다. 그러나 채권자가 수령을 하지 않으면, 그때부터 채무자는 채무불이행책임을 면하며, 채권자는 지체에 빠지게 된다. 그러나 채무는 소멸하지 않고 계속 유지되므로 채무자가 채무를 면하기 위하여는 공탁을 하여야 한다.

(1) 수령거절: 수령거절은 적극적인 거절의 의사표기가 있는 경우는 물론이며, 변제의 약속장소에서 기다렸으나 나타나지 않은 소극적인 경우 등도 수령거절에 해당한다.

(2) 미리 수령거절: 채권자가 미리 수령을 거절하거나 거절할 것이 명백한 경우에도 구두의 제공을 할 필요 없이 공탁을 하여 채무를 면할 수 있다(대판 1994.8.26. 93다42276). 따라서 채권자가 미리 수령을 거절한 경우에는, 채무자는 구두의 제공을 하여 채권자를 지체에 빠지게(채권자

지체 책임을 발생) 하든지 또는 구두의 제공 없이 공탁을 하여 채무를 면할 수 있다.

3. 債權者의 受領不能: 채권자가 수령할 수 없는 경우에는 구두의 제공 없이 공탁을 할 수 있다. 수령불능에 채권자의 유책사유가 있을 필요는 없다. 예컨대 채권이 압류·가압류가 된 경우에도 이에 해당하여 채무자는 2중변제의 위험을 피하기 위하여 공탁할 수 있다(대판 1994.12.13. 93다951). 따라서 채권자의 유책사유 없이 수령불능인 모든 경우에도 채무자는 공탁을 하여 채무를 면할 수 있다.

4. 辨濟者가 過失 없이 債權者를 알 수 없을 때 - 相對的 不確知만

(1) 구체적인 채권자의 부지: 채무는 확실히 존재하나 구체적으로 채권자가 누구인지 알 수 없는 경우로서, 이를 그대로 두면 금전채권인 경우에 이자가 계속 발생한다든지 또는 물건의 경우에 보관이 문제된다든지 하여 빨리 채무를 소멸시킬 필요성이 있는 경우 등에서 공탁하여 채무를 소멸시킴으로써 채무의 구속상태에서 벗어날 필요가 있고, 이때 공탁할 수 있다. 이는 객관적으로 채권자 또는 변제수령권자가 존재하고 있으나 채무자가 선량한 관리자의 주의를 다하여도 여러 명 중에서 적법한 채권자가 누구인지를 알 수 없는 경우를 말한다. 따라서 여기서 채권자를 알 수 없다는 것은 채권자가 절대적으로 누구인지 불명(절대적 불확지)의 경우를 의미하는 것이 아니라, 여러 명 중에서 구체적으로 적법, 진정한 채권자가 누구인지 모르는 이른바 상대적으로 불명(상대적 불확지)인 경우를 말한다(대판 1997.10.16. 96다11747). 불확지는 주관적으로 확지할 수 없다는 것만으로는 족하지 아니하고, 그 밖의 상황에 상응한 조사를 하여도 진정한 채권자를 알 수 없다는 것을 요한다(대판 2000.5.28. 98다22062).

(2) 무과실: 채권자를 알 수 없는 것에 과실 없음을 요한다. 〈과실 없이〉란 선량한 관리자의 주의의무를 다 하였으나 진정한 채권자를 알 수 없다는 것을 말하며, 채권자를 알 수 없는 이유는 사실적이건 법률적이건 불문한다. * 토지의 수용재결 전에 장래의 수용보상금에 대하여 압류명령, 전부명령이 적법하게 송달되었으며, 그 후 토지수용이 재결되어 수용보상금이 확정되었는 바, 채무자가 토지소유자를 피공탁자로 하는 확지공탁을 한 경우에 공탁에 따른 채무가 소멸하는지 여부가 문제된 사안에서, 토지수용을 전문으로 하는 기업자가 법리를 몰랐다는 것이 〈과실 없이 채권자를 알 수 없는〉 경우에 해당되지 아니한다(대판 2000.5.26. 98다22062).

(3) 문제되는 구체적인 경우: 공탁은 확지공탁 또는 상대적 불확지공탁으로 채무소멸의 효과가 발생하는데, 확지공탁을 하여야 할 것을 불확지공탁한다든지, 불확지공탁을 하여야 할 것을 확지공탁을 하면 변제공탁으로 유효하지 않는다. 그런데 민법상의 불확지공탁은 공탁제도가 특정된 채권자와 채무자 사이에서 생기는 이해관계를 조정한다는 데 있어 상대적 불확지공탁만이 가능하나, 토지수용과 같은 경우는 공익사업의 목적을 위한 것으로 보다 신속하고 용이하게 하기 위하여 예외적으로 절대적 불확지공탁도 가능토록 하고 있다(대법원 행정예규 제526호 토지수용보상금공탁사무지침).

(가) 양도금지특약부 채권이 양도된 경우-불확지: 양도금지의 특약이 붙은 채권이 양도된 경우에 양수인의 악의(또는 과실)에 관한 입증책임은 채무자가 부담하지만(449조), 그러한 경우에도 채무자로서는 양수인의 선의 등의 여부를 알 수 없어 과연 채권이 적법하게 양도된 것인지에 관하여 의문이 제기될 여지가 충분히 있다. 따라서 이와 같은 경우는 제487조 후단의 채권자 불확지를 원인으로 하여 변제공탁을 할 수 있다(대판 2000.12.22. 2000다55904).

(나) 수용 대상 토지에 처분금지가처분등기나 근저당권설정등기가 경료된 경우-불확지: 수용 대상 토지에 대하여 처분금지가처분의 등기가 경료되어 있는 경우에 그 사유만으로는 피보상자를 알 수 없다는 이유로 공탁할 수 없고, 다만 소유권등기말소청구권을 피보전권리로 하는 처분금지가처분등기가 경료되어 있는 등 수용 대상 토지에 대한 소유권의 귀속에 관하여 다툼이 있는 경우에는 기업자가 피보상자를 알 수 없다는 이유로 공탁을 할 수 있다(대판 1996.3.22. 95누5509).

(다) 현재의 채권자를 알 수 없는 증권채권의 경우-불확지: 소지인출급식채권은 소지인이 채권자로서 지급청구를 하지 아니하는 경우에는 채무자로서는 진정한 채권자를 알 수 없다. 따라서 이 경우에 채무자는 불확지공탁을 할 수 있다.

(라) 동일 채권에 대한 복수의 압류명령이 있는 경우

① 압류액의 피압류채권액에 대한 초과 여부로 확지 또는 불확지 공탁 구별: 동일한 채권에 대하여 복수의 압류명령이 있는 경우, 그 압류의 법률적인 성질상 압류액의 총액이 피압류채권액을 초과하는 경우는 민사집행법 제235조제1항에 해당하여 압류의 경합이 되어 불확지공탁을 할 수 있다. 압류액의 총액이 피압류채권을 초과하지 아니하는 경우에는 압류의 경합이 없어 불확지공탁을 할 수 없다. 그러나 압류액이 피압류채권액을 초과하지 아니하는 경우라도 제3채무자의 입장에서 보아 압류의 경합이 있는지 여부에 대한 판단이 곤란하다고 보이는 객관적 사정이 있는 경우에는, 민사집행법 제235조제1항의 규정을 유추적용하여 제3채무자에게 채무액을 공탁할 수 있는 권리가 인정된다(대판 1999.11.26. 99다35256).

② 추심권자에게 변제 또는 집행공탁으로 채무소멸: 압류경합의 경우에는, 추심명령을 받아 채권을 추심하는 채권자는 집행법원의 수권에 따라 일종의 추심기관으로서 압류나 배당에 참가한 모든 채권자를 위하여 제3채무자로부터 추심을 하는 것이므로 제3채무자로서도 정당한 추심권자에게 변제하면 그 효력은 압류경합 관계에 있는 모든 채권자에게 미치고(대판 1986.9.9. 86다카988), 또한 제3채무자가 집행공탁을 하거나 상계 기타의 사유로 압류채권을 소멸시키면 그 효력도 압류경합 관계에 있는 모든 채권자에게 미친다(대판 2003.5.30. 2001다10748).

③ 추심권자의 지위-모든 압류채권자를 위하여 추심권을 행사할 의무: 추심명령을 얻은 추심채권자는 집행법원의 수권에 기하여 일종의 추심기관으로서 채무자를 대신하여 추심의 목적에 맞도록 채권을 행사하여야 하고, 특히 압류 등의 경합이 있는 경우에는 압류 또는 배당에 참가한 모든 채권자를 위하여 제3채무자로부터 채권을 추심하여야 한다(대판 2005.7.28. 2004다8753). 즉 추심채권자는 피압류채권의 행사에 제약을 받게 되는 채무자를 위하여 선량한 관리자의 주의의무를 가지고 채권을 행사하고, 나아가 제3채무자로부터 추심금을 지급받으면 지체 없이 공탁 및 사유신고를 함으로써 압류 또는 배당에 참가한 모든 채권자들이 배당절차에 의한 채권의 만족을 얻도록 하여야 할 의무를 부담한다 할 것인바, 이는 구 민사소송법(2002.1.26. 법률 제6626호로 전문 개정되기 전의 것) 제569조제2항이 채권을 추심한 추심채권자가 그 사유를 법원에 신고하기 전에 다른 압류, 가압류 또는 배당요구가 있는 때에는 추심한 금액을 '지체 없이' 공탁하고 그 사유를 신고하여야 한다고 규정하고 있는 점에 비추어 당연하다고 할 것이므로, 만일 추심채권자가 추심을 마쳤음에도 지체 없이 공탁 및 사유신고를 하지 아니한 경우에는 그로 인한 손해배상으로서, 제3채무자로부터 추심금을 지급받은 후 공탁 및 사유신고에 필요한 상당한 기간을 경과한 때부터 실제 추심금을 공탁할 때까지의 기간 동안 금전채무의 이행을 지체한 경우에 관한 법정지연손해금 상당의 금원도 공탁하여야 할 의무가 있다(대판 2005.7.28. 2004다8753).

(마) 채권의 양도와 채권의 압류 · 가압류

① 압류 · 가압류 이후에 양도된 경우는 대항할 수 있다: 압류의 처분금지 효력은 절대적인 것이 아니고, 이에 저촉되는 채무자의 처분행위도 그 압류채권자와 처분 전에 집행절차에 참가한 압류채권자나 배당요구채권자에게 대항하지 못한다는 의미에서의 상대적 효력을 가지는데 그치므로 압류의 효력발생 전에 채무자가 처분한 경우에는 그보다 먼저 압류한 채권자가 있어 그 채권자에게는 대항할 수 없는 사정이 있더라도 그 처분 후에 집행에 참가하는 채권자에 대하여는 처분의 효력을 대항할 수 있는 것이고, 이는 가압류의 경우에도 마찬가지이므로 동일한 채권에 관하여 가압류명령의 송달과 확정일자 있는 양도통지가 동시에 제3채무자에게 도달함으로써 채무자가 가압류의 대상인 채권을 양도하고 채권양수인이 채권양도의 대항요건을 갖추었다면 다른 채권자는 더 이상 그 가압류에 따른 집행절차에 참가할 수는 없다(대판 2004.9.3. 2003다22561).

② 동시도달-변제공탁: 확정일자 있는 채권양도 통지와 채권가압류명령이 제3채무자에게 동시에 도달된 경우에도 제3채무자는 송달의 선후가 불명한 경우에 준하여 채권자를 알 수 없다는 이유로 변제공탁을 할 수 있다(대판 2004.9.3. 2003다22561).

③ 동시도달-안분배당: 확정일자 있는 채권양도 통지와 채권가압류명령이 동시에 도달됨으로써 제3채무자가 변제공탁을 하고, 그 후에 다른 채권압류 또는 가압류가 이루어졌다 하더라도 채권양수인과 선행가압류채권자 사이에서만 채권액에 안분하여 배당하여야 한다(대판 2004.9.3. 2003다22561).

④ 일부 압류 후 잔액을 초과한 제2의 압류-불확지: 채권의 일부가 압류된 후에 그 나머지 부분을 초과하여 다시 압류명령이 발하여진 때에는 압류경합 상태가 되어 각 압류의 효력은 그 채권의 전부에 미치는데(2002. 1. 26. 법률 제6626호로 개정되기 전의 구 민사소송법 제568조의2 제1항), 이는 압류대상 채권이 계속적 수입채권이라 하여 달리 볼 것이 아니고, 따라서 계속적 수입채권에 대하여 여러 건의 압류가 시기를 달리하여 발하여진 결과 압류경합이 된 경우에 각 압류에서 그 압류의 효력이 미치는 채권의 발생시기를 특별히 제한하여 명시한 경우가 아니라면 각 압류의 효력은 그 압류 후에 발생한 계속적 수입채권 전부에 미치고, 한편 다른 압류보다 뒤에 발하여진 압류라도 그 압류 전에 다른 사유로 압류의 효력이 배제된 경우를 제외하고는 원칙적으로 당해 압류 전에 발생한 채권 전부에 미친다(대판 2003.5.30. 2001다10748).

⑤ 확정일자 있는 채권양도 통지와 채권가압류명령이 제3채무자에게 동시에 도달된 경우-불확지: 제3채무자는 송달의 선후가 불명한 경우에 준하여 채권자를 알 수 없다는 이유로 변제공탁을 할 수 있다. 그리고 확정일자 있는 채권양도 통지와 채권가압류명령이 동시에 도달됨으로써 제3채무자가 변제공탁을 하고, 그 후에 다른 채권압류 또는 가압류가 이루어졌다 하더라도 채권양수인과 선행가압류채권자 사이에서만 채권액에 안분하여 배당하여야 한다(대판 2004.9.3. 2003다22561).

(바) 분할채권인지 연대채권인지 명확하지 않은 경우-불확지: 어떠한 채권이 분할채권인지 연대채권인지 불명확한 경우에 어떤 채권이냐에 따라 채권액이 다르므로 채권자를 알 수 없는 경우에 해당하여 불확지공탁을 할 수 있다.

(사) 상속인 및 공동상속인간의 지분 불명-불확지: 상속인이 수명이며, 그들간에 지분이 명확하지 않는 등의 경우는 채권자를 알 수 없는 경우에 해당한다.

(아) 예금명의자와 출연자가 다른 경우-불확지: 어느 쪽이 진정한 예금주인지에 관하여 사실상 혹은 법률상 의문이 제기될 여지가 충분히 있다고 인정되는 때에는 채무자인 금융기관으로서는 채권자 불확지를 원인으로 하여 변제공탁을 할 수 있다(대판 2004.11.11. 2004다37737).

(자) 채권의 2중양도 등의 경우-불확지: 채권이 2중양도된 경우에는 확정일자 있는 통지서의 도달의 선후, 승낙서상의 확정일자의 선후 등의 기준으로 채권양도의 효력이 있다. 그러나 이러한 것들이 경합하는 경우, 그 밖에 채권양도의 통지와 가압류 또는 압류명령이 경합하는 경우 등에서 제3채무자는 2중 지급의 위험이 있을 수 있다. 이러한 경우에는 불확지공탁을 할 수 있다. 그리고 통지서나 추심명령서 등이 동시에 송달된 경우에도 제3채무자는 송달의 선후가 불명확한 경우에 준하여 채권자를 알 수 없다는 이유로 변제공탁을 할 수 있다(대판 1994.4.26. 93다24223).

(차) 처분금지가처분된 채권-불확지: 집행공탁은 공탁 이후 행해질 배당 등 절차의 진행을 전제로 한 것인 데, 처분금지가처분은 그것이 설령 금전채권을 목적으로 하더라도 이러한 배당 등 절차와는 관계가 없으므로 제3채무자로서는 이를 이유로 집행공탁을 할 수는 없고, 다만 채권자불확지에 의한 변제공탁을 할 수 있다(대판 2008.5.15. 2006다74693).

(카) 취득시효가 완성된 토지의 수용보상금-확지: 시효취득자로 주장하는 자가 있더라도 토지의 소유자는 취득시효기간 완성 당시의 소유권자로서 시효취득자는 토지소유자에 대하여 채권적 효력을 가진 소유권이전등기 청구권을 취득하게 될 뿐이므로 수용보상금의 귀속자를 알 수 없는 경우에 해당하지 아니한다(대판 1991.5.28. 91다3055). 따라서 이 경우에는 소유자를 피공탁자로 하여 확지공탁을 하여야 한다.

(타) 근저당 등 담보물권이 설정된 경우의 수용보상금(공익사업을 위한 토지등의 취득 및 보상에 관한 법률 제47조)-확지: 지불 전에 압류가 없는 한 보상금에 대하여 담보물권을 행사할 수 없으며, 보상금 채권의 압류가 없는 한 토지소유자에게 보상금 지급이 금지되는 것이 아니다. 그리고 수용대상 토지에 근저당권자는 수용보상금에 대하여 사후에 물상대위권을 행사할 수 있을 뿐 근저당권 자체가 소유권의 귀속에 관한 사항이 아니기 때문에 담보권설정등기가 경료되어 있다는 사유는 수용보상금에 대한 피보상자를 알 수 없는 사유에 해당되지 아니한다(대판 1996.3.22. 95누5509).

供託의 效果

1. 供託의 效力發生時期: 공탁은 공탁자의 공탁신청에 따른 공탁공무원의 수탁처분과 공탁물보관

자의 공탁물 수령으로 그 효력이 발생한다. 그런데 공탁의 효력의 발생시기와 관련하여, 공탁은 요물계약으로서 공탁자와 공탁소 간의 합의에 의하여, 공탁의 목적물을 공탁물관리자에게 현실적으로 제공한 때에 효력이 발생한다. 그런데 공탁은 그 효과로서 채무를 소멸한다. 따라서 공탁의 효력발생시기는 채무소멸의 시기가 된다. 즉 공탁의 효력의 발생시기는 공탁에 의한 채무의 소멸시기와 표리관계에 있다. 다만 공탁의 효력이 발생한 후에도 공탁자가 공탁물을 회수할 수 있기 때문에, 이 회수권이 존속하는 동안은 공탁의 효력은 확정적이지 못하다는 것이 된다. 제489조제1항 후단은 공탁물이 회수된 때에는 공탁하지 아니한 것으로 본다고 규정하고 있다. 그래서 이 회수권과 관련하여 공탁에 의한 채무소멸의 시기를 어떻게 해석할 것인지가 문제된다.

2. 債務의 消滅

(1) 공탁통지와는 무관: 채무자가 변제공탁을 하였을 경우에 공탁자가 채권자에게 공탁통지를 하는 것은 공탁의 유효요건이 아니므로 공탁통지를 하지 않았어도 채무는 소멸된다(대판 1976.3.9. 75다1200).

(2) 채무의 소멸시기: 공탁이 유효하면 채무는 소멸한다. 그런데 공탁 후에도 공탁자는 일정한 경우에 공탁물을 회수할 수 있으며, 회수한 때에는 공탁하지 아니한 것으로 간주한다(489조). 즉 회수한 때에는 공탁하지 아니한 것이 되어 채무가 존속하게 되는 것이다. 이러한 회수권과 공탁의 효력인 채무소멸의 관계를 어떻게 이해할 것인지가 문제인데, 공탁에 의하여 채무는 일단 소멸하나, 다만 공탁물이 회수되면 공탁시에 소급하여 채무가 부활한다고 해석된다(해제조건설)(대판 1997.9.26. 97다24290). 즉 회수권의 행사를 해제조건으로 공탁시에 채무가 소멸한다.

(3) 채무액 등에 대한 이의

(가) 채권자의 이의 없는 수령-공탁의 취지에 따른 법률효과 발생: 채무액 및 채무의 발생원인 등에 관하여 당사자간에 다툼이 있으나, 공탁자가 일방적으로 채무액 및 공탁원인사실을 기재하여 공탁하고, 채권자가 아무런 이의 없이 공탁물을 수령하면 이는 공탁의 취지에 따라 수령한 것이 되어 공탁자의 주장에 따른 법률효과가 발생한다(대판 1980.8.26. 80다629). 공탁통지서를 받은 자가 아무런 의사표시 없이 공탁물을 수령한 때에는 이의 없는 수령으로 보아, 공탁의 취지에 따른 법률효과가 발생한다.

(나) 이의 유보 수령: 이의를 보류하고 수령한 때에는 공탁한 취지대로의 채무소멸의 효과가 생기지 않는다.

① 이의는 즉시: 이의는 공탁물을 수령한 때에 즉시 하여야 하며, 수령 후에 한 이의는 이의로서의 효과가 발생하지 않는다.

② 이의의 상대방-원칙은 공탁공무원: 이러한 이의는 공탁공무원에 국한할 필요 없이 공탁자에게 하더라도 관계없다(대판 1982.11.9. 82누197).

③ 묵시의 이의: 여기서의 이의는 묵시적으로도 할 수 있다(대판 1997.11.11. 97다37784). 따라서 채권자가 제기한 대여금 청구소송에서 채무자와 채권자 간에 이자의 약정 여부에 관하여 다툼이 있던 중 채무자가 채권자를 공탁물수령자로 하여 원금과 법정이율에 의한 이자를 변제공탁하자 채권자가 그 공탁금을 원금과 약정이율에 따른 이자에 충당하는 방법으로 계산한 뒤 남은 금액을 청구금액으로 하여 청구취지를 감축하고 그 청구취지감축 및 원인변경 신청서가 채무자에게 송달된 후에 공탁금을 수령한 경우, 위 공탁금 수령시 채권의 일부로 수령한다는 채권자의 묵시적인 이의 유보의 의사표시가 있었다고 보아야 한다(대판 1997.11.11. 97다37784).

(다) 수령 후의 이의-이의의 효력 없음: 공탁금수령자로서 공탁통지서를 받은 자가 그 공탁금을 이의 없이 수령하였다면 그 공탁의 취지에 의하여 수령한 것이 되어 그에 대한 법률효과만이 발생하는 것이고, 그 후 다시 이에 저촉되는 의사표시를 하였다 하더라도 이에 의하여 아무런 법률효과도 발생하는 것은 아니라고 할 것이다(대판 1984.11.13. 84다카465).

(4) 채무의 일부 공탁

(가) 원칙적으로 무효: 채무자가 공탁원인이 있어서 공탁에 의하여 그 채무를 면하려면 채무액 전부를 공탁하여야 할 것이고, 일부의 공탁은 그 채무를 변제함에 있어서 일부의 제공이 유효한

제공이라고 시인될 수 있는 특별한 사정이 있는 경우를 제외하고는 채권자가 이를 수락하지 아니하는 한 그에 상응하는 효력을 발생할 수 없다고 할 것이다(대판 1977.9.13. 76다1866).

(나) 추가공탁: 채무자가 채무액의 일부만을 변제공탁 하였으나 그 후 부족분을 추가로 공탁하였다면 그때부터는 전 채무액에 대하여 유효한 공탁이 이루어진 것으로 볼 수 있는 것이고, 이 경우 채권자가 공탁물수령의 의사표시를 하기 전이라면 추가공탁을 하면서 제1차 공탁시에 지정된 공탁의 목적인 채무의 내용을 변경하는 것도 허용될 수 있다(대판 1991.12.27. 91다35670).

(다) 근소한 부족: 채권자에 대한 변제자의 공탁금액이 채무의 총액에 비하여 아주 근소하게 부족한 경우에는 당해 변제공탁은 신의칙상 유효한 것이라고 보아야 할 것이다(대판 1988.3.22. 86다카909).

3. 無效인 供託

(1) 공탁원인의 부존재: 공탁의 원인이 존재하지 않는 경우에는 공탁은 무효이다.

(2) 구두제공의 상대방과 피공탁자의 불일치: 상대방을 잘못 알고 구두의 제공을 한 후에 행하여진 공탁은 채권자에게 변제의 제공이 없는 것으로 되어 무효이다.

(3) 일부공탁·조건부 공탁: 채권자가 승낙하지 않는 일부의 공탁·조건을 붙인 공탁 등은 공탁의 효력이 없다. 그러나 구두의 제공이 없었고 또 부당한 조건을 부쳐서 한 공탁일지라도 수령거절의 의사가 명백하고 또 그 조건이 이미 성취되어 공탁물수령에 아무런 지장이 없으면 공탁은 효력이 있다(대판 1969.2.18. 66다1244).

(4) 무효의 사례

(가) 무효인 공탁으로 본래의 채권 행사 가능: 채권에 대한 체납처분에 의한 압류와 그 이후에 행해진 가압류가 경합하는 경우 제3채무자는 체납처분에 의한 압류채권자의 추심권 행사에 응하여야 하므로 변제공탁이나 집행공탁이 허용될 수 없고, 제3채무자가 공탁하였다고 하더라도 체납처분에 의한 압류채권자는 여전히 제3채무자를 상대로 직접 피압류채권을 추심할 수 있다(대판 2008.11.13. 2007다33842).

(나) 혼합공탁에서 배당액에 대한 다툼-배당이의의 소: 집행공탁과 민법의 규정에 의한 변제공탁이 혼합되어 공탁된 이른바 혼합공탁의 경우에 어떤 사유로 배당이 실시되었고 그 배당표상의 지급 또는 변제받을 채권자와 금액에 관하여 다툼이 있으면, 이를 배당이의의 소라는 단일의 절차에 의하여 한꺼번에 확정하여 분쟁을 해결함이 상당하다고 할 것이고, 따라서 이 경우에도 공탁금에서 지급 또는 변제받을 권리가 있음에도 불구하고 지급 또는 변제를 받지 못하였음을 주장하는 자는 배당표에 배당을 받는 것으로 기재된 다른 채권자들을 상대로 배당이의의 소를 제기할 수 있다고 봄이 상당하다고 할 것이다(대판 2006.1.26. 2003다29456).

第488條【供託의 方法】 ①供託은 債務履行地의 供託所에 하여야 한다.
②供託所에 關하여 法律에 特別한 規定이 없으면 法院은 辨濟者의 請求에 依하여 供託所를 指定하고 供託物保管者를 選任하여야 한다.
③供託者는 遲滯없이 債權者에게 供託通知를 하여야 한다.

供託의 方法

1. 供託의 當事者: 공탁은 변제에 갈음하여 행하는, 채권자를 위한 공탁자와 공탁소 간의 제3자를 위한 임치계약이다. 따라서 공탁의 당사자는 공탁자와 공탁소이다.

(1) 공탁자: 공탁자는 채무자 및 변제할 수 있는 제3자이다. 즉 변제자가 공탁자이다.

(2) 공탁할 장소-제1항, 제2항: 공탁할 장소는 채무이행지의 공탁소이다(1항). 공탁소는 각 지방의 지방법원에 두며, 지방법원장의 감독하에 그가 지정하는 법원서기관 또는 법원사무관이 업무를 집행한다(공탁법 2조). 지정된 법원서기관 등이 공탁업무를 집행하며, 실제로 공탁물은 대법원장이 지정하는 은행 또는 창고업자가 공탁물보관자가 되어(공탁법 3조) 보관한다. 공탁소에 관하여 법률에 특별한 규정이 없으면 법원은 변제자의 청구에 의하여 공탁소를 지정하고 공탁물

보관자를 선임하여야 한다(2항). 예컨대 부동산의 공탁에 관하여는 법률에 특별한 규정이 없어 변제자의 청구로 법원이 관리인을 선임하는 등으로 하여야 할 것이다.

(3) 피공탁자: 피공탁자는 공탁의 당사자는 아니나, 피공탁자가 지정되어야 하는데 피공탁자가 특정되었다고 하려면 피공탁자의 동일성에 대하여 공탁공무원의 판단이 개입될 여지가 없고 그 공탁통지서의 송달에 지장이 없는 정도에 이르러야 한다(대판 1997.10.16. 96다11747).

* 집행공탁의 경우에는 배당절차에서 배당이 완결되어야 피공탁자가 비로소 확정되고, 공탁 당시에는 피공탁자의 개념이 관념적으로만 존재할 뿐이므로, 공탁 당시에 피공탁자를 지정하지 아니하였더라도 공탁이 무효라고 볼 수 없으나, 변제공탁은 집행법원의 집행절차를 거치지 아니하고 피공탁자의 동일성에 관한 공탁공무원의 형식적 심사에 의하여 공탁금이 출급되므로 피공탁자가 반드시 지정되어야 한다(대판 2005.5.26. 2003다12311).

2. 供託의 目的物(適合性): 공탁은 변제에 갈음하여 행하는 것으로 채무를 소멸시킨다. 따라서 공탁의 목적물은 본래의 채무의 이행으로서의 변제의 목적물이어야 한다. 즉 본래의 급부가 금전이면 금전으로, 곡물이면 곡물로 공탁하여야 한다. 공탁의 목적물에 관하여는 공탁법 제3조가 〈금전, 유가증권 또는 기타의 물품〉을 규정하고 별도로 제한을 두지는 않고 있다.

(1) 부동산공탁: 공탁의 목적물이 될 수 있느냐가 문제되는 것이 부동산이다. 공탁의 목적물을 제한하는 규정이 없으며, 부동산도 공탁물보관자를 선임(2항)하여 관리할 수 있으므로 부동산 공탁도 이론적으로 불가능한 것은 아니나, 현재는 절차가 미비 되어 있으며, 또한 부동산 공탁이 실제로는 거의 없는 실정이다.

(2) 일부공탁: 일부변제가 허용되는 경우에는 그에 대응한 일부공탁도 유효한 공탁이 되나, 그 밖의 일부공탁은 무효이다. 일부변제가 허용되지 않는 일부공탁의 경우에도 채권자가 그 공탁물을 수령한 경우에는 일부공탁의 효력으로 일부변제의 효과가 발생한다.

(3) 조건부 공탁: 본래의 채권에 부착되지 않은 조건을 내용으로 하는 조건부 공탁은 공탁 자체가 무효이다. 채무자가 채권자에 대하여 동시이행의 항변권을 가지는 경우 등은, 채권자의 반대급부의 이행을 공탁물수령의 조건으로 할 수 있다. 그러나 이러한 동시이행의 의무의 경우에는 이를 조건으로 하지 않더라도 그 의무를 이행하지 아니하면 공탁물을 수령하지 못한다(491조).

3. 供託의 通知 - 제3항: 공탁자는 지체 없이 채권자에게 공탁한 사실을 통지하여야 한다. 그러나 실제로는 공탁자가 채권자에게 통지하는 것이 아니라, 공탁자가 공탁시에 공탁서에 첨부한 공탁통지서를 공탁공무원이 피공탁자에게 발송하게 된다(공탁사무처리규칙 22조, 27조). 즉 절차상으로는 공탁자가 통지하는 것이 아니라 공탁공무원이 통지한다. 그런데 채무자가 변제공탁을 하였을 경우에 공탁자가 채권자에게 공탁통지를 하는 것은 공탁의 유효요건이 아니므로 공탁통지를 하지 않았어도 채무는 소멸된다(대판 1976.3.9. 75다1200).

第489條【供託物의 回收】 ①債權者가 供託을 承認하거나 供託所에 對하여 供託物을 받기를 通告하거나 供託有效의 判決이 確定되기까지는 辨濟者는 供託物을 回收할 수 있다. 이 境遇에는 供託하지 아니한 것으로 본다.
②前項의 規定은 質權 또는 抵當權이 供託으로 因하여 消滅한 때에는 適用하지 아니한다.

供託物의 回收

1. 意義: 공탁제도는 채무자를 보호하기 위한 제도이기 때문에 일단 공탁하였더라도 채권자에게 불이익을 주지 않는 한 공탁자가 공탁물을 회수할 수 있게 하는 것은 당연하다. 이에 민법 제489조와 공탁법 제8조에 일정한 경우에 공탁자가 공탁물을 회수할 수 있도록 하고 있다.

(1) 회수의 성질-임치계약의 해지: 회수의 법률적 성질은 공탁을 제3자를 위한 임치계약이라고 보았으니, 임치계약의 해지의 성질을 가진다고 할 수 있다.

(2) 회수권-채권으로 제3자의 압류·전부가 가능: 공탁자의 공탁물회수권은 채권으로서 제3자

가 압류 및 전부(轉付)받을 수 있다. 예컨대 공탁물에 대하여 공탁자의 제3채권자가 전부명령받아 이에 집행할 수도 있다.

(3) 회수청구권의 압류·전부로 회수청구 불수리: 공탁금회수청구권이 이미 압류, 전부되었다는 이유로 재항고인의 이 사건 공탁금회수청구를 수리하지 아니한 공탁공무원의 처분은 정당하다 할 것이고, 그 이상 나아가 위 공탁금회수청구권에 대한 실질적 권리관계의 확정은 당사자간의 관계로서 별도로 해결할 수 밖에 없을 것이며, 이러한 이치는 위 공탁공무원의 처분에 대하여 불복항고한 경우에 법원이 위 처분의 당부를 판단하는 경우에도 다를 바 없다(대판 1986.5.1. 85마739).

(4) 담보공탁에서 담보권리자의 회수청구권의 전부명령: 재판상 담보공탁에 있어서 담보권리자(피공탁자)는 담보물에 대하여 질권자와 동일한 권리가 있으나 그 담보권의 실행방법의 하나로서 담보권리자가 공탁금회수청구권에 대해 압류·전부명령을 받은 후 담보취소결정을 받아 공탁금회수청구를 하는 경우에는 그 전부명령은 확정되어 효력이 있는 것이어야 한다(대판 2007.6.14. 2007마214).

2. 回收權者 - 제1항: 공탁물의 회수권자는 공탁자이다. 그러나 공탁자 외에 제3자 또는 피공탁자가 별도의 집행권원에 기하여 공탁자의 공탁물 회수청구권을 압류 또는 전부받아 그 집행으로 공탁물을 회수할 수도 있다(대판 1981.2.10. 80다77). * 피공탁자가 공탁자에 대하여 가지고 있는 별도 채권의 채무명의에 기하여 공탁자의 공탁물회수청구권을 압류 및 전부받아 그 집행으로 공탁물을 회수한 경우에는 공탁으로 인한 채권소멸의 효력은 소급하여 소멸된다(대판 1981.2.10. 80다77).

3. 回收할 수 있는 경우: 공탁물을 회수할 수 있는 경우에 관하여는 민법과 공탁법에서 각각 규정하고 있다.

(1) 민법상의 회수-본조: 민법 제489조는 공탁물을 회수할 수 있는 경우를 규정하지 않고, 회수할 수 없는 경우로서 아래를 규정하고 있다.

(가) 채권자가 공탁을 승인하거나 또는 공탁물을 수령할 것을 통고한 때-제1항 전단; 채권자의 신뢰를 보호하기 위하여 회수할 수 없게 한 것이다.

(나) 공탁이 유효하다는 확정판결을 받은 때-제1항 후단; 판결의 안정성을 확보하기 위하여 회수할 수 없게 한 것이다.

(다) 공탁으로 질권 또는 저당권이 소멸한 때-제2항; 공탁으로 질권 또는 저당권이 소멸한 때에는 본조 제1항의 채권자의 승인·수령의 통지 또는 판결확정 전에도 공탁물을 회수할 수 없다. 즉 확정적으로 소멸한다.

① 본항의 취지: 본항은 공탁으로 담보권이 소멸되었다고 신뢰한 담보설정자 및 피담보목적물의 취득자 등을 보호하기 위한 것이므로, 여기의 소멸은 저당권과 같은 등기가 있는 경우는 등기까지 말소된 경우로 보는 것이 타당할 것이다. 즉 비록 채무가 소멸하였으나 아직 저당권의 말소등기가 되지 않은 경우에는(담보물의 취득자 및 담보권자가 담보권이 소멸되었다고 신뢰하기 전까지) 회수할 수 있다고 보아야 할 것이다. 따라서 유효한 공탁으로 채무가 소멸하고, 그에 기초하여 저당권의 경우에는 말소등기, 질권의 경우에는 질물을 채무자에게 반환한 경우 등으로 담보권이 소멸된 외관을 갖춘 경우에는 회수할 수 없으나, 그렇지 아니한 경우에는 회수할 수 있는 것으로 해석된다.

② 질권·저당권 외의 담보권: 판례는 질권 또는 저당권이 소멸한 경우에만 회수권이 상실되며, 그 밖의 담보권(양도담보, 가등기담보 등)의 경우에는 회수권이 소멸하지 않는다(대판 1982.7.27. 81다495)고 한다. 그러나 질권·저당권과 양도담보권 또는 가등기담보권 등을 이 경우에 구별할 이유가 없어, 다른 담보권도 포함되는 것으로 보아야 한다.

(라) 공탁자가 회수권을 포기한 경우; 민법에 규정은 없으나 회수권의 포기는 유효하다.

(2) 공탁법에 의한 회수-제8조제2항: 민법의 경우 외에 공탁법에는 아래의 경우에도 공탁물의 회수를 인정하고 있다.

(가) 착오로 공탁을 한 때; 채무가 없음에도 있는 것으로 착오를 하여 공탁한 경우 등인데, 임치계약의 해지로서 공탁물의 회수가 인정된다. 본항의 〈착오로 공탁한 때〉라 함은 공탁으로서 필요한 유효요건을 갖추고 있지 아니한 경우를 말하고, 공탁요건을 갖추고 있는지의 여부는 어디까지

나 공탁서에 기재된 공탁원인사실을 기준으로 하여 객관적으로 판단하여야 한다(대판 1995.7.20. 95마190).

(나) 공탁의 원인이 소멸한 때: 채권자가 수령할 수 없다가 수령할 수 있게 되거나, 채권자를 알지 못하다가 채권자를 안 경우 등이다.

(다) 착오 또는 원인소멸로 회수 전에 공탁물 수령한 경우-부당이득: 무공탁자가 착오로 공탁한 때 또는 공탁의 원인이 소멸한 때에는 공탁자가 공탁물을 회수할 수 있을 뿐, 피공탁자의 공탁물 출급청구권은 존재하지 않는 것이므로, 이러한 경우 공탁자가 공탁물을 회수하기 전에 위 공탁물출급청구권에 대한 전부명령을 받아 공탁물을 수령한 자는 법률상 원인 없이 공탁물을 수령한 것이 되어 공탁자에 대하여 부당이득반환의무를 부담한다(대판 2008.9.25. 2008다34668).

4. 回收의 效果 - 제2항: 공탁물을 회수하면 공탁하지 아니한 것으로 본다. 따라서 채무가 소멸하지 아니한 것이 되어, 그동안의 이자도 발생한다. 질권 · 저당권 이외의 담보권도 부활한다. 또한 공동채무자의 채무도 소멸하지 아니한 것으로 된다. 이와 같이 공탁물이 회수되면 채무는 공탁시에 소급하여 부활한다(해제조건설).

5. 回收請求權의 消滅時效: 공탁을 한 이후에도 민법 제489조와 공탁법 제8조 소정의 공탁물을 회수할 수 있는 경우에 공탁자는 공탁물을 회수할 수 있다. 공탁자의 이러한 공탁물회수청구권도 소멸시효에 걸리는 것은 물론인데, 그 기산점과 소멸시효기간이 문제된다.

(1) 소멸시효기간-10년: 공탁물회수청구권의 시효기간은 정부보관금에 관한 법률 제1조는 다른 법률에 정한 바가 없는 경우에는 정부보관금 등의 환불청구권은 5년의 시효기간으로 소멸한다고 규정하고 있으나, 이는 채권자(임치인)가 본래 가지고 있는 채권보다 단기간으로 공탁자에게 불리하여 이를 적용할 것이 아니라, 본래의 일반적인 채권의 소멸시효기간인 10년으로 보는 것이 타당하다. 대법원도 예규로 공탁물출급청구권과 공탁물회수청구권의 시효기간에 관하여는 민법 제162조제1항에 의하여 10년이라고 하고 있다. 다만 공탁유가증권에 대하여는 소유권에 기한 청구도 가능하므로 소멸시효가 완성하는 일은 없다.

(2) 기산일

(가) 착오공탁 또는 공탁의 원인이 없는 것이 판명된 경우: 공탁일이 기산일이 된다.

(나) 공탁의 기초가 된 사실관계에 다툼이 있는 경우: 다툼이 해결된 때가 기산일이 된다. 예컨대 채무의 부존재가 확정된 경우에는 확정된 시점이 회수청구권의 기산일이 된다. 과다한 공탁으로 일부 회수하는 경우에도 동일하다.

(다) 시효의 중단: 공탁물회수청구권은 시효기간 중에 공탁사실증명서가 교부된 때 또는 일괄공탁의 경우에 일부에 대하여 출급 또는 회수청구가 있었으면 잔액에 대하여도 승인한 것으로 되어 시효가 중단된다.

第490條 【自助賣却金의 供託】 辨濟의 目的物이 供託에 適當하지 아니하거나 滅失 또는 毁損될 念慮가 있거나 供託에 過多한 費用을 要하는 境遇에는 辨濟者는 法院의 許可를 얻어 그 物件을 競賣하거나 市價로 放賣하여 代金을 供託할 수 있다.

自助賣却金의 供託

공탁은 공탁물을 일정한 장소에 보관 · 관리하여야 한다. 이와 같이 보관 · 관리하여야 하기 때문에, 이와 관련하여 제490조는 목적물이 〈멸실 또는 훼손될 염려가 있거나 공탁에 과다한 비용을 요하는〉 등으로 공탁(보관 · 관리)에 적당하지 아니한 경우에는 법원의 허가를 얻어 스스로 매각하여 매각대금을 공탁할 수 있다고 규정한다. 예컨대 채소 · 생선류 등과 동물의 경우 등이 이에 속한다. 따라서 이러한 것은 법원의 허가를 얻어 매각하여 그 대금을 공탁할 수 있다.

第491條 【供託物受領과 相對義務履行】 債務者가 債權者의 相對義務履行과 同時에 辨濟할 境遇에는 債權者는 그 義務履行을 하지 아니하면 供託物을 受領하지 못한다.

債權者의 供託物 出給(引渡)請求權-第491條, 供託法 第8條

1. 意義: 공탁물의 수령에 대하여, 누가 수령할 수 있는지(출급청구권자), 출급청구권은 시효에 걸리는지 여부, 공탁물의 소유권이전시기 등이 문제된다. 공탁물출급청구권자에 관하여 민법에는 별도로 규정하고 있지 아니하나, 공탁법(8조)에는 변제자가 공탁을 하고 채권자가 이를 통지받으면 채권자가 공탁소에 공탁물의 인도를 청구할 수 있는 권리를 가진다고 하여, 채권자가 출급청구권자로 확지공탁에서는 특별히 문제가 될 것은 없는데, 불확지공탁에서 누가 출급청구권자인지가 문제된다. 그 밖에 출급청구권의 시효, 공탁물의 소유권이전시기 등이 문제된다.

2. 供託物出給請求權者: 공탁금출급청구권은 피공탁자가 공탁소에 대하여 공탁금의 지급, 인도를 구하는 청구권이다. 따라서 확지공탁에서는 피공탁자가 출급청구권자인데, 불확지공탁에서는 피공탁자가 다수 또는 피공탁자가 지정되지 아니하여 구체적인 출급청구권자가 문제된다.

(1) 확지공탁: 변제공탁의 공탁물출급청구권자는 피공탁자 또는 그 승계인이고 피공탁자는 공탁서의 기재에 의하여 형식적으로 결정되므로, 실체법상의 채권자라고 하더라도 피공탁자로 지정되어 있지 않으면 공탁물출급청구권을 행사할 수 없다.

(2) 불확지공탁

(가) 지분을 정함이 없는 상대적 불확지공탁: 상대적 불확지 공탁에서는 피공탁자를 채권자로 제기되는 자 모두를 명기한다. 예컨대 갑 또는 을, 망 갑의 상속인 등으로 표기하는데, 이러한 갑 또는 을을 피공탁자로 하는 보통의 경우의 불확지공탁에서는 타방에의 공탁이 무효인 것을 정지조건으로 하는 일방의 출급청구권의 행사이다. 따라서 일방이 출급하려면 타방의 승낙서 등이 필요하다. 갑과 을사이의 재판에 의하여 어느 일방이 채권자(출급청구권자)로 확정이 되면 그 확정판결정본으로서 출급청구를 할 수 있다. 피공탁자 모두가 공동으로 출급청구를 하는 경우에는 이러한 것이 필요 없다. 피공탁자 모두가 함께 출급하는 것은 무방하다.

(나) 지분을 정하여 수인을 피공탁자로 한 경우: 피공탁자 아닌 제3자가 피공탁자를 상대로 하여 공탁물출급청구권 확인판결을 받았더라도 그 확인판결을 받은 제3자가 직접 공탁물출급청구를 할 수는 없고, 수인을 공탁금에 대하여 균등한 지분을 갖는 피공탁자로 하여 공탁한 경우 피공탁자 각자는 공탁서의 기재에 따른 지분에 해당하는 공탁금을 출급청구할 수 있을 뿐이며, 비록 피공탁자들 내부의 실질적인 지분비율이 공탁서상의 지분비율과 다르다고 하더라도 이는 피공탁자 내부간에 별도로 해결해야 할 문제이다(대판 2006.8.25. 2005다67476).

(다) 동일 금액에 대하여 복수의 사해행위의 소의 제기자를 피공탁자로 한 경우: 동일한 금액 범위 내의 사해행위취소 및 가액배상을 구하는 소송을 제기한 수인의 취소채권자들 중 누구에게 가액배상금을 지급하여야 하는지 알 수 없다는 이유로 채권자들의 청구금액 중 판결 또는 화해권고결정 등에 의하여 가장 다액으로 확정된 금액 상당을 공탁금액으로 하고 그 취소채권자 전부를 피공탁자로 하여 상대적 불확지공탁을 한 경우, 피공탁자 각자는 공탁서의 기재에 따라 각자의 소송에서 확정된 판결 또는 화해권고결정 등에서 인정된 가액배상금의 비율에 따라 공탁금을 출급청구할 수 있을 뿐이다(대판 2006.8.25. 2005다67476).

(라) 절대적 불확지공탁: 공익사업을 위한 토지수용에 따른 수용보상금의 지급에서는 통상의 경우와는 달리 절대적 불확지공탁이 가능한데, 이 경우에는 공탁서를 정정하여 피공탁자로 되어야 출급청구를 할 수 있다. 공탁서정정을 하기 위해서는 수용대상토지가 자기의 소유임을 공탁자를 상대로 입증하여 피공탁자를 본인으로 지정하는 공탁서 정정의 의사표시를 구하는 소를 통하거나, 공탁자를 상대로 수용대상토지가 자기의 소유임을 전제로 하는 수용보상금의 수령권자임을 확인받는 소를 통하여 출급청구권을 행사할 수 있다.

3. 出給請求의 相對方과 方法 - 항고 · 재항고: 공탁에서 공탁금을 지급받기 위하여는 먼저 공탁법(8조)과 공탁사무처리규칙이 정하고 있는 절차에 따라 공탁공무원에게 공탁물출급청구를 하여야 한다. 그리고 피공탁자의 지위에서 행하는 공탁금출급청구는 공탁법에 따른 출급청구 및 항고, 재항고의 절차에 의하여 종료되는 것으로 이해관계 없는 국가를 상대로 직접 민사소송을 제기할 수는 없다(대판 1992.7.28. 92다13011).

4. 供託物出給請求權의 消滅時效: 공탁을 하고 채권자에게 통지되면 채권자는 공탁물출급청구권

을 행사하여 공탁물을 수령할 수 있다. 채권자의 이러한 공탁물출급청구권도 소멸시효에 걸리는데, 그 기산점과 소멸시효기간이 문제된다.

(1) 소멸시효기간: 공탁물출급청구권은 그 기산점이 문제되나, 시효기간에 관하여는 채권자의 본래의 급부청구권과 동일하여 10년의 소멸시효에 걸린다.

(2) 기산일

(가) 공탁이 유효한 경우: 공탁통지서 수령일이 기산일이 된다. 채권자 또는 피공탁자는 공탁통지서에 의하여 공탁의 사실과 공탁의 취지를 알 수 있기 때문에 공탁통지서 수령일을 기산일로 하여 10년의 소멸시효에 걸린다.

(나) 공탁에 반대급부 또는 조건·기한이 붙은 경우: 반대급부가 이행된 때와 조건 성취 또는 기한이 도래한 때가 기산일이 된다.

(다) 공탁의 기초가 된 사실관계에 다툼이 있는 경우: 기산일은 공탁한 시점이 아니라, 공탁의 기초가 되는 채무에 관하여 분쟁이 해결된 때가 기산일이 된다. 예컨대 채무에 관하여 다툼이 있는 경우에는 재판 또는 재판 외의 화해 등으로 다툼이 해결된 때이다. 분쟁이 해결되어 확정된 시점이 해결의 내용에 따라서 채무의 존재가 확정되면 피공탁자(채권자)의 출급청구권의 기산일이 되고, 채무의 부존재가 확정되어 공탁(변제)을 할 필요가 없게 되면 회수청구권의 소멸시효의 기산일이 된다.

(3) 시효의 중단: 시효기간 중에 공탁사실증명서가 교부된 때 또는 일괄공탁의 경우에 일부에 대하여 출급이 있었으면 잔액에 대하여도 승인한 것으로 되어 시효가 중단된다.

(4) 소멸시효완성의 효과-국가에 귀속: 공탁금출급청구권은 피공탁자가 공탁소에 대하여 공탁금의 지급, 인도를 구하는 청구권으로서 위 청구권이 시효로 소멸한 경우 공탁자에게 공탁금회수청구권이 인정되지 않는 한, 그 공탁금은 국고에 귀속하게 되는 것이어서(공탁사무처리규칙 제55조 참조) 공탁금출급청구권의 종국적인 채무자로서 소멸시효를 원용할 수 있는 자는 국가이다(대판 2007.3.30. 2005다11312).

5. 供託物의 受領

(1) 반대급부의 이행: 공탁은 변제에 갈음하여 행하는 것이어서 채권자의 공탁물출급청구권은 채권자의 본래의 급부청구권에 갈음하는 것으로 공탁물출급청구권의 성질·범위는 본래의 급부청구권과 동일하여야 한다. 따라서 본래의 급부청구권에 선이행의무 또는 동시이행의무가 부착된 경우에는 이러한 의무는 공탁물출급청구권에도 부착되어, 이들 의무를 이행하지 아니하면 공탁물을 수령하지 못한다(본조, 공탁법 9조). 공탁물의 수령에 관한 구체적인 절차에 관하여는 공탁사무처리규칙 제29조 이하에서 규정하고 있다.

(2) 반대급부의 이행에 대한 수령거절의 경우: 공탁물을 수령하려고 하는 사람이 공탁자에게 공탁서에 기재된 반대급부의 이행을 제공하였으나 공탁자가 그 수령을 거절하는 때에는 그 반대급부를 변제공탁하고 공탁공무원으로부터 교부받은 공탁서를 공탁법 제9조 소정의 반대급부가 있었음을 증명하는 공정서면으로 첨부하여 공탁물출급청구를 할 수 있고, 이 경우에 반대급부이행채무는 반대급부의 공탁시에 즉시 소멸하고 반대급부를 공탁한 자가 공탁물을 회수한 경우에 한하여 채무소멸의 효과가 소급하여 없어지는 것이므로, 반대급부의 공탁자가 공탁물을 회수하였다는 소명이 없는 한 공탁공무원은 위 공탁물출급청구에 응하여 공탁물의 출급을 하여야 한다(대판 1990.3.31. 89마546).

(3) 이의 없이 수령한 후의 이의: 공탁금수령자로서 공탁통지서를 받은 자가 그 공탁금을 이의 없이 수령하였다면 그 공탁의 취지에 의하여 수령한 것이 되어 그에 대한 법률효과만이 발생하는 것이고 그 후 다시 이에 저촉되는 의사표시를 하였다 하더라도 이에 의하여 아무런 법률효과도 발생하는 것은 아니라고 할 것이다(대판 1984.11.13. 84다카465).

6. 供託物의 所有權 移轉時期

(1) 금전 기타 소비물: 공탁물이 금전 기타의 소비물인 경우에는 공탁은 소비임치(702조)의 성질을 가져, 공탁물의 소유권은 일단 공탁소에 귀속하였다가 채권자가 공탁소로부터 그것과 동종·동량·동질의 물건을 수령한 때에 채권자가 소유권을 취득한다.

(2) 특정물: 특정물의 소유권 이전시기에 관하여는 민법의 물권변동에 관한 성립요건주의와 관련하여 문제가 된다. 민법은 물권변동에 관하여 성립요건주의를 취하고 있기 때문에 물권적 합의와 그에 따른 인도 또는 등기가 있어야 한다. 따라서 공탁의 경우에 무엇을 물권적 합의로 볼 것이냐의 문제가 있고, 또한 소유권이전에 필요한 물건의 인도 또는 등기가 필요하기 때문이다. 물권적 합의는 공탁자의 공탁신청(청약)과 채권자의 공탁소에 대한 공탁물 출급청구권의 행사(승낙)로 성립하고, 그에 따른 인도 및 등기로써 소유권이 이전된다. 따라서 공탁물이 동산이든 부동산이든 특정물인 경우에는 공탁소에 소유권이 귀속되지는 않고, 공탁자로부터 직접 채권자에게 소유권이 이전된다. 즉 공탁물이 동산인 경우에는 채권자가 공탁소로부터 그 동산을 인도 받는 때에 소유권을 취득하며, 부동산은 채권자에게 등기를 완료하는 때에 소유권을 취득하게 된다.

第3款 相 計

1. 概括: 상계는 동일 당사자간에 동일 종류의 서로 대립되는 채권·채무를 대등액에서 소멸케 하는 일방적 의사표시이다(492조). 상계는 상계자가 자기의 채무의 이행의 방법으로 하는 채권의 독립된 소멸사유로서, 대립되는 채무가 상호 조건적으로 소멸한다. 이와 같이 민법상의 상계는 채무의 이행으로 하는 일방적인 의사표시(단독행위)로서, 이는 동일 당사자간에 다른 종류의 채권·채무를 대등의 평가액에서 소멸케 하는 합의인 상계계약과는 다르다. 이러한 상계제도는, ① 상계에 의하여 각자가 가지는 채권·채무에 기하여 청구하고 이행하는 번거러움을 피할 뿐만 아니라 시간과 비용을 줄여 간편하게 결제를 할 수 있고(간이결제의 수단), ② 동일한 당사자간에 동일한 종류의 채권·채무를 서로 대립되게 가지는 경우에, 이들 두 개의 채권·채무를 개별적으로 취급하게 되면 당사자간에 공평하지 않는 경우가 있게 되는데(일방이 자기는 자력이 악화되어(예: 파산) 상대방에게 채무의 일부만 이행하면 되고, 자기는 상대방으로부터 채무의 전액을 변제받는다는 것은 공평하지 않다), 상계는 이러한 불공평을 해소하기 위하여 당사자간에 동종의 채권·채무를 가지는 경우에는 당사자간의 자력과는 관계없이 대등액에서 같은 효력을 주어 결국 각자의 채권에 관하여 상대방에 대한 채무로 담보권을 설정한 것과 같은 결과가 된다(담보적 기능).

2. 構成

(1) 상계의 요건(상계적상): 제492조

(2) 상계의 방법과 효과: 제493조-제495조

(3) 고의의 불법행위에 의한 채권을 수동채권으로: 제496조

(4) 압류금지 채권을 수동채권으로: 제497조

(5) 지급금지된 채권을 수동채권으로: 제498조

* 질권이 설정된 채권을 수동채권으로: 제498조 유추적용

(6) 특별법상의 상계금지: 상법 제334조(주금납입청구권을 수동채권으로 하는 상계의 금지), 근로기준법 제28조(임금채권과 사용자의 전대채권의 상계금지) * 임금채권에 대한 상계계약: 사용자가 근로자에 대하여 가지는 채권을 가지고 일방적으로 근로자의 임금채권을 상계하는 것은 금지된다고 할 것이지만, 사용자가 근로자의 동의를 얻어 근로자의 임금채권에 대하여 상계하는 경우에 그 동의가 근로자의 자유로운 의사에 터잡아 이루어진 것이라고 인정할 만한 합리적인 이유가 객관적으로 존재하는 때에는 근로기준법 제42조제1항 본문에 위반하지 아니한다고 보아야 할 것이고, 다만 임금 전액지급의 원칙의 취지에 비추어 볼 때 그 동의가 근로자의 자유로운 의사에 기한 것이라는 판단은 엄격하고 신중하게 이루어져야 한다(대판 2001.10.23. 2001다25184).

第492條【相計의 要件】 ①雙方이 서로 같은 種類를 目的으로 한 債務을 負擔한 境遇에 그 雙方의 債務의 履行期가 到來한 때에는 各債務者는 對等額에 關하여 相計할 수 있다. 그러나 債務의 性質이 相計를 許容하지 아니할 때에는 그러하지 아니하다.

②前項의 規定은 當事者가 다른 意思를 表示한 境遇에는 適用하지 아니한다. 그러나 그 意思表示로써 善意의 第三者에게 對抗하지 못한다.

相計의 要件

1. 相計適狀 - 제1항: 상계가 유효하기 위하여는 상계의 요건을 갖추어야 하고, 유효한 상계의 요건을 갖춘 채권·채무의 상태를 상계적상이라 한다. 상계의 일방인 상계자는 자기의 채무의 변제와 채권의 행사지만, 피상계자인 상대방측으로는 결과적으로는 강제적인 수령과 강제적인 변제가 되기 때문에 상계적상을 필요로 한다.

(1) 당사자가 상호 대립적인 채권을 가질 것: 상계를 하려는 자의 채권인 자동채권과 상계를 당하는 자의 채권인 수동채권이 서로 대립하여 존재하여야 한다.

(가) 제3자의 상계가 가능한 경우: 당사자의 채권은 상호 대립적이어야 한다. 그러나 아래의 경우에는 예외로 제3자가 가지는 채권·제3자에 대한 채권으로 상계가 가능하고, 채무자를 위하여 제3자가 피상계자에 대한 채권으로도 상계가 가능하다.

① 제3자가 가지는 채권으로 상계 가능한 경우: 연대채무자(418조2항)와 보증인(434조)은 자기의 채무와 다른 연대채무자 또는 주채무자가 채권자에 대하여 가지는 채권으로 상계할 수 있다.

② 제3자에 대한 채권으로 상계 가능한 경우: 상계자가 상계로써 상계자의 제3자에 대한 채권을 피상계자에 대한 채무의 변제로 하는 경우가 있다. 예컨대 변제의 사전통지를 받지 않은 연대채무자는 채권자(상계로서는 제3자)에 대한 반대채권으로 구상자(피상계자)에 대하여 부담하는 채무(구상채무)를 상계할 수 있다(426조1항). 그 밖에 사전통지하지 아니한 보증인의 구상권 행사(445조1항), 채권양도에서 채무자가 채권양도 통지를 받은 때까지 채권의 양도인(제3자)에 대하여 가지는 반대채권으로 채권양수인(피상계자)에 대하여 부담하는 채무를 상계할 수 있다(451조2항). 이러한 경우는 상계자(피구상연대채무자)는 자기의 제3자(채권자·채권양도인)에 대한 채권으로 상계자가 피상계자(구상연대채무자·채권양수인)에 대하여 부담하는 자기의 채무의 변제를 위하여 상계를 하는 것이다.

③ 채무자를 위한 제3자의 상계: 일반적인 경우에는 채무자를 위하여 제3자가 채무자의 채무를 자기의 채권으로 상계하지는 못하나, 물상보증인 또는 저당물의 제3취득자 등과 같이 제3자도 책임을 지는 경우에는 가능하다.

(2) 동종의 채권이라야: 상계하기 위하여는 양 채권의 목적이 동일한 종류의 것이어야 한다. 따라서 상계는 금전채권간에서 행하여지는 것이 보통이며, 대체물(곡물 등)의 경우에도 가능하다. 그 목적물이 동일 종류이면 족하며, 그 채권의 발생원인·채권액·이행기·이행지가 동일할 필요는 없다. 다만 이행지가 다른 경우에는 상계가 가능하나, 상계로 인하여 발생한 손해는 배상하여야 한다(494조).

(3) 변제기의 도래: 양 채권은 원칙적으로 변제기가 도래하여야 한다. 그러나 채무자는 기한의 이익을 포기할 수 있기 때문에 상계자가 피상계자에 대하여 부담하는 채무, 즉 수동채권은 변제기가 도래하지 않아도 좋다.

(4) 성질상 상계가 가능-단서

(가) 대체물의 주는 채무: 채권의 성질이 현실의 이행을 하지 아니하면 채권의 목적을 달성할 수 없는 경우에는 상계가 허용되지 않는다(단서). 부작위채무·하는 채무는 성질상 상계가 허용되지 않는다. 금전 기타 대체물의 주는 채무만이 상계가 가능할 것이다.

(나) 항변권붙은 자동채권: 자동채권, 즉 피상계자의 채무에 동시이행의 항변권 등이 붙어 있는 경우에는 상계로 인하여 피상계자는 변제가 강제되어 자기의 항변권을 행사할 기회를 상실하여 불리하기 때문에 그러한 채권은 상계가 허용되지 않는다(대판 1969.10.28. 69다1084).

① 예외-상호 현실적으로 이행하여야 할 필요가 없는 경우: 상계의 대상이 될 수 있는 자동채권과 수동채권이 동시이행관계에 있다고 하더라도 서로 현실적으로 이행하여야 할 필요가 없는 경우라면 상계로 인한 불이익이 발생할 우려가 없고 오히려 상계를 허용하는 것이 동시이행관계에

있는 채권 · 채무 관계를 간명하게 해소할 수 있으므로 특별한 사정이 없는 한 상계가 허용된다(대판 2006.7.28. 2004다54633).

② 예외-도급인의 하자보수청구권과 수급인의 공사대금채권: 도급계약에 있어서 완성된 목적물에 하자가 있는 때에는 도급인은 수급인에 대하여 하자의 보수를 청구할 수 있고 그 하자의 보수에 갈음하여 또는 보수와 함께 손해배상을 청구할 수 있다. 이들 청구권은 특별한 사정이 없는 한 수급인의 공사대금 채권과 동시이행관계에 있는 것이므로, 이와 같이 도급인이 하자보수나 손해배상청구권을 보유하고 이를 행사하는 한에 있어서는 도급인의 공사대금 지급채무는 이행지체에 빠지지 아니하고, 도급인이 하자보수나 손해배상 채권을 자동채권으로 하고 수급인의 공사잔대금 채권을 수동채권으로 하여 상계의 의사표시를 한 다음날 비로소 지체에 빠진다(대판 1996.7.12. 96다7250, 7267).

(다) 자동채권이 압류된 때: 채권이 압류된 때에는 압류의 처분금지의 효력으로, 압류된 채권을 자동채권으로 상계하더라도 압류채권자에 대항할 수 없어 상계는 가능하지 않다.

(5) 상계적상의 현존: 상계 당시에 상계적상에 있어야 한다. 따라서 상계적상에 있었으나, 일방이 변제 등으로 채무가 소멸한 때에는 그 이후에는 상계하지 못한다. 그러나 소멸시효가 완성된 채권이 그 완성 전에 상계할 수 있었던 것이면 그 채권자는 상계할 수 있다(495조)

(6) 입증책임: 상계자가 상계적상에 있음을 증명하여야 한다.

2. 當事者의 意思表示에 의한 禁止 - 제2항: 당사자는 합의에 의하여 상계를 금지할 수 있다. 그러나 상계금지 특약으로 선의의 제3자에게 대항하지 못한다.

3. 相計의 制限: 제495조-제498조

第493條【相計의 方法, 效果】 ①相計는 相對方에 對한 意思表示로 한다. 이 意思表示에는 條件 또는 期限을 붙이지 못한다.
②相計의 意思表示는 各債務가 相計할 수 있는 때에 對等額에 關하여 消滅한 것으로 본다.

第494條【履行地를 달리하는 債務의 相計】 各債務의 履行地가 다른 境遇에도 相計할 수 있다. 그러나 相計하는 當事者는 相對方에게 相計로 因한 損害를 賠償하여야 한다.

相計의 方法과 效果

1. 一方的 意思表示 - 제493조제1항: 상계권자가 상계권을 행사하여야 한다. 상계권의 행사는 상대방에 대한 일방적 의사표시로써 한다(전단).

(1) 상계권자: 상계권자는 자동채권의 채권자이다. 그러나 특별한 경우에는 제3자가 상계할 수 있다(492조 해석 참조).

(가) 상계권의 불행사가 제3자에 대한 불법행위 구성 여부—부정: 일반적으로 채권자가 자신의 채무자에 대하여 상계권을 행사하고 아니하고는 채권자의 권리일 뿐 특별한 사정이 없는 한 제3자의 이익을 위하여 상계를 하여야 할 작위의무를 부담한다고 할 수는 없으므로, 상계권을 행사하지 아니한 것이 제3자에 대하여 불법행위를 구성한다고 할 수 없다. 따라서 채권자가 채무자의 보증인에게 채무자의 채권자에 대한 채권의 존재 사실을 통지하거나 채무자의 보증인의 이익을 위하여 채무자에 대한 채무이행을 하여서는 아니 될 의무가 있다고 할 수도 없으므로, 비록 채권자가 그와 같은 조치를 취하지 아니하였다 하더라도 그 점이 보증인에 대한 불법행위가 된다고 보기도 어렵다(대판 2002.2.26. 2001다74353).

(나) 상계가 아닌 상계계약의 예: 사용자가 근로자에 대하여 가지는 채권을 가지고 일방적으로 근로자의 임금채권을 상계하는 것은 금지된다고 할 것이지만, 사용자가 근로자의 동의를 얻어 근로자의 임금채권에 대하여 상계하는 경우에 그 동의가 근로자의 자유로운 의사에 터잡아 이루

어진 것이라고 인정할 만한 합리적인 이유가 객관적으로 존재하는 때에는 근로기준법 제42조제1항 본문에 위반하지 아니한다고 보아야 할 것이고, 다만 임금 전액지급의 원칙의 취지에 비추어 볼 때 그 동의가 근로자의 자유로운 의사에 기한 것이라는 판단은 엄격하고 신중하게 이루어져야 한다(대판 2001.10.23. 2001다25184).

(2) 채권의 표시: 상계의 의사표시에는 상계하는 채권을 표시하여, 상계적상이 계속되고 있는 동안에 하여야 한다. 수동채권과 자동채권을 명백히 하여야 하나, 채권의 동일성을 인식할 수 있으면 족하고, 채권의 발생원인·발생사실·채권액 등을 명시할 필요는 없다고 본다.

(3) 재판상·재판 외 가능: 상계의 의사표시는 재판상 또는 재판 외 어느 것으로도 할 수 있다.

(4) 의사표시로 하여야: 상계는 상대방에 대하여 의사표시로써 하여야 한다.

(가) 별도의 의사표시가 불요한 경우: 별도의 의사표시가 없더라도 상계한 것으로 간주될 수도 있다. 예컨대 공사도급계약에 있어서 수수되는 선급금이 선급공사대금의 성질을 갖는 점에 비추어 선급금을 지급한 후 도급계약이 해제 또는 해지되는 등의 사유로 수급인이 도중에 선급금을 반환하여야 할 사유가 발생하였다면 특별한 사정이 없는 한 선급금은 별도의 상계의 의사표시 없이도 그때까지의 기성고에 해당하는 공사대금에 당연히 충당된다(대판 2004.11.26. 2002다68362)(* 다만 선급금 반환에 관한 보증계약의 경우 보증인은 주채무자의 선급금 반환채무의 이행을 보증하는 것이므로 그 보증금 지급사유의 발생 및 범위에 관하여는 당해 보증의 대상으로 된 도급계약의 내용을 기준으로 판단하여야 할 것이므로 선급금의 충당 대상이 되는 기성공사대금의 내역을 어떻게 정할 것인지는 도급계약 당사자의 약정에 따라야 한다)

(나) 재판 외에서 어음채권으로 하는 상계-어음의 교부: 소송 외에서 어음채권을 자동채권으로 하여 상계의 의사표시를 하는 경우에는 어음채무자의 승낙이 있다는 등의 사정이 없는 이상 어음의 교부가 필요불가결하고 어음의 교부가 없으면 상계의 효력이 생기지 않으며, 이때 어음의 교부는 상계의 효력발생요건이라 할 것이므로 상계의 의사표시를 하는 자가 이를 주장·입증하여야 한다(대판 2008.7.10. 2005다24981).

(다) 재판상에서 어음으로 하는 상계: 어음채권을 자동채권으로 하여 상계의 의사표시를 하는 경우에 있어 재판 외의 상계의 경우에는 어음채무자의 승낙이 없는 이상 어음의 교부가 필요불가결하고 어음의 교부가 없으면 상계의 효력이 생기지 아니한다 할 것이지만, 재판상의 상계의 경우에는 어음을 서증으로써 법정에 제출하여 상대방에게 제시되게 함으로써 충분하다(대판 1991.4.9. 91다2892).

(5) 조건·기한을 붙이지 못함-후문: 상계는 일방적 의사표시로써 하는 것이며, 그 효과는 상계적상시에 소급하여 채권 소멸의 효과를 발생시키므로 조건과 기한을 붙이지 못한다.

2. 相計의 效果 - 제493조제2항

(1) 대등액의 소급적 소멸: 상계에 의하여 자동채권과 수동채권은 그 대등액에서 소멸한다(492조1항 본 문). 따라서 양 채권액이 동일하지 아니할 때에는 차액에 해당하는 일방의 채권만이 남게 된다. 상계의 의사표시로 각 채무는 그 대등액에서 상계할 수 있는 때에 소멸하여(493조2항), 상계적상의 초기에 소급하여 효과를 발생하여 채권이 소멸한다. 상계의 소급효에 의하여 상계적상 이후에는 이자가 발생하지 아니하며, 이행지체도 생기지 않는다.

(2) 부족한 자동채권과 복수의 수동채권-상계충당-제499조: 복수의 상계적상에 있는 수동채권이 있고, 자동채권으로 수동채권의 전부를 소멸시키는데 부족한 경우에는, 변제충당에 관한 규정을 준용하여 상계되는 채권을 결정한다(499조). 따라서 비용, 이자, 원본의 순서로 상계되어 소멸한다. 이를 상계충당이라고 한다.

(3) 이행지가 다른 채권-제494조-손해는 배상: 상계는 목적물이 동일 종류이면 족하며, 그 채권의 발생원인·채권액·이행기·이행지가 동일할 필요는 없다. 다만 이행지가 다른 경우에 상계로 인하여 발생한 손해는 배상하여야 한다(494조).

第495條【消滅時效完成된 債權에 依한 相計】 消滅時效가 完成된 債權이 그 完成前에 相計할 수 있었던 것이면 그 債權者는 相計할 수 있다.

消滅時效完成된 債權의 相計

1. 消滅時效完成된 債權을 自動債權으로: 채권은 상계의 의사표시를 할 당시에 유효하게 존재하여야 한다. 일방의 채권이 무효 또는 취소로 부존재하거나, 채권이 존재하였다가 변제·계약해제·기타의 사유로 소멸한 때에는 상계할 수 없음은 당연하다.

(1) 소멸시효 완성 전에 상계적상에 있어야-본조: 소멸시효가 완성된 채권이 시효 완성 전에 상계할 수 있었던 것이면 그 채권자는 상계할 수 있다. 즉 자동채권이 소멸시효에 의하여 소멸된 경우에도, 시효 완성 전에 상계적상에 있었다면 시효 완성된 채권의 채권자는 상계할 수 있다.

(2) 본래의 자동채권자여야: 이미 소멸시효에 걸린 채권을 양수 받아 이를 자동채권으로 상계하는 등은 허용되지 않는다(권리남용).

2. 消滅時效完成된 債權을 手動債權으로: 수동채권, 즉 상계자의 피상계자에 대한 채무가 소멸시효가 완성된 경우에는 제495조와 같은 별도의 규정이 없더라도 시효이익의 포기(소멸시효에 대한 상대적 효력설) 또는 (절대적 소멸설에 의하더라도)도의관념에 적합한 비채변제(744조)가 되어 상계가 가능하다.

3. 除斥期間 경과된 債權: 제척기간의 경과로 인하여 소멸된 채권도 소멸시효 완성된 채권과 동일하다. 제495조가 유추적용되어 제척기간 만료 전에 상계적상에 있어야 한다.

第496條【不法行爲債權을 受動債權으로 하는 相計의 禁止】 債務가 故意의 不法行爲로 因한 것인 때에는 그 債務者는 相計로 債權者에게 對抗하지 못한다.

不法行爲에 依한 手動債權의 相計禁止

1. 本條의 趣旨: 민법 제496조가 고의의 불법행위로 인한 손해배상채권에 대한 상계를 금지하는 입법취지는 고의의 불법행위에 인한 손해배상채권에 대하여 상계를 허용한다면 고의로 불법행위를 한 자가 상계권행사로 현실적으로 손해배상을 지급할 필요가 없게 됨으로써 보복적 불법행위를 유발하게 될 우려가 있고, 고의의 불법행위로 인한 피해자가 가해자의 상계권행사로 인하여 현실의 변제를 받을 수 없는 결과가 됨은 사회적 정의관념에 맞지 아니하므로 고의에 의한 불법행위의 발생을 방지함과 아울러 고의의 불법행위로 인한 피해자에게 현실의 변제를 받게 하려는 데 있다.

2. 故意의 不法行爲에 의한 債權이 手動債權인 경우: 고의의 불법행위에 의한 손해배상 채권을 수동채권으로 하는 상계는 허용되지 않는다.

(1) 자동채권과 수동채권이 모두 고의의 불법행위에 의한 경우-불가: 쌍방이 고의의 불법행위에 의한 손해배상채권이나, 각자가 하나는 자동채권인 경우로서 불법행위의 원인이 각기 다른 경우: 기존의 불법행위에 의한 손해배상채권을 가지는 자가 별개의 다른 사실에 의하여 자기의 채무자에 대하여 불법행위로 인한 손해배상채무를 지는 경우이다. 자동채권과 수동채권이 모두 고의의 불법행위로서 특히 그것이 다른 사실에 기인한 경우에는 상계가 가능하지 않다. 민법이 상계를 허용하지 아니하는 것으로 규정한 제496조의 가장 전형적인 경우이다.

(2) 쌍방 고의의 동일한 사실에 의한 불법행위-불가: 쌍방이 고의로 동일한 사실에 의하여 불법행위를 하여 상대방에 대한 피해와 가해를 하여 상호간에 손해배상채권과 손해배상채무를 지는 경우: 전형적인 경우는 쟁투자간의 손해배상채무가 해당된다. 동시에 행하여진 싸움에서 서로 상해를 가한 경우와 같이 동일한 사안에서 발생한 고의의 불법행위로 인한 손해배상채권인 경우에 상계는 허용되지 아니한다(대판 1994.2.25. 93다38444).

(3) 쌍방과실의 동일한 사실에 의한 불법행위-불가: 쌍방의 과실에 의한 육상에서의 교통사고, 공중에서의 항공기 충돌사고, 해상에서의 선박 충돌사고 등과 같은 동일한 교통기관간의 사고나 육상에서 자동차와 오토바이의 충돌과 같은 서로 다른 교통기관과의 충돌 사고 등에서와 같이 동일한 사실에 의한 상호 손해배상채권 간: 일본의 최고재판소는 쌍방과실에 기인한 동일 교통사고로 생긴 물적 손해에 대한 손해배상채권 상호간에는 상계는 허용하지 아니한다는 것이며(일

본 최고재판소, 1974.6.28. 민집 28권5호, 666면.), 무자력자 구제라는 관점에서 타당한 결론이다. 무자력자의 구제와 현실적으로도 과실의 경우에 상계를 허용한다면 주의의무를 게을리 하게 할 우려도 없지 않아 허용하지 아니하는 것이 타당하다.

3. 本條의 適用 與否

(1) 중과실로 인한 불법행위의 손해배상채권-본조 적용 없음-상계 가능: 본조의 입법취지나 적용결과에 비추어 볼 때 고의의 불법행위에 인한 손해배상채권에 대한 상계금지를 중과실의 불법행위에 인한 손해배상채권에까지 유추 또는 확장적용하여야 할 필요성이 있다고 할 수 없다(대판 1994.8.12. 93다52808).

(2) 피용자의 고의의 불법행위로 인하여 사용자책임을 부담하는 사용자가 민법 제496조의 적용배제를 주장할 수 있는지 여부-본조 적용-상계 불가: 민법 제756조에 의한 사용자의 손해배상책임은 피용자의 배상책임에 대한 대체적 책임이고, 같은 조제1항에서 사용자가 피용자의 선임 및 그 사무감독에 상당한 주의를 한 때 또는 상당한 주의를 하여도 손해가 있을 경우에는 책임을 면할 수 있도록 규정함으로써 사용자책임에서 사용자의 과실은 직접의 가해행위가 아닌 피용자의 선임·감독에 관련된 것으로 해석되는 점에 비추어 볼 때, 피용자의 고의의 불법행위로 인하여 사용자책임이 성립하는 경우에 민법 제496조의 적용을 배제하여야 할 이유가 없으므로 사용자책임이 성립하는 경우 사용자는 자신의 고의의 불법행위가 아니라는 이유로 민법 제496조의 적용을 면할 수는 없다(대판 2006.10.26. 2004다63019).

(3) 고의의 불법행위를 원인으로 한 부당이득반환채권을 수동채권으로 하는 상계-본조 적용-상계 불가: 부당이득의 원인이 고의의 불법행위에 기인함으로써 불법행위로 인한 손해배상채권과 부당이득반환채권이 모두 성립하여 양 채권이 경합하는 경우 피해자가 부당이득반환채권만을 청구하고 불법행위로 인한 손해배상채권을 청구하지 아니한 때에도, 그 청구의 실질적 이유, 즉 부당이득의 원인이 고의의 불법행위였다는 점은 불법행위로 인한 손해배상채권을 청구하는 경우와 다를 바 없다 할 것이어서, 고의의 불법행위에 의한 손해배상채권은 현실적으로 만족을 받아야 한다는 상계금지의 취지는 이러한 경우에도 타당하므로, 민법 제496조를 유추적용함이 상당하다(대판 2002.1.25. 2001다52506).

(4) 수임인의 위임인에 대한 대변제청구권을 보전하기 위하여 위임인의 상계권의 대위행사-본조 적용 없음-상계 가능: 갑은 주식회사인 을의 이사이므로 그들 사이에는 상법 제382조제2항에 의하여 위임의 규정이 준용되고, 갑이 을의 공장 매수대금 일부를 마련하기 위하여 병으로부터 대출금을 차용하여 을에게 교부함으로써, 갑은 위임사무의 처리에 관하여 대출금 채무를 부담한 것으로 되어, 민법 제688조제2항 전단의 규정에 의하여 을에게 자신에 갈음하여 대출금 채무를 변제할 것을 청구할 권리가 있다 할 것이고, 이 대변제청구권을 보전하기 위하여 을의 병에 대한 확정판결상의 부당이득반환채권과 위 대출금 채무를 대등액에서 상계할 권리를 대위행사할 수 있다(대판 2002.1.25. 2001다52506).

第497條【押留禁止債權을 受動債權으로 하는 相計의 禁止】 債權이 押留하지 못할 것인 때에는 그 債務者는 相計로 債權者에게 對抗하지 못한다.

手動債權이 押留禁止債權

1. 意義: 민사집행법 제246조(압류금지 채권)·공무원연금법 제32조(권리의 보호) 등 법률에 의하여 압류가 금지되는 채권을 수동채권으로 하여 상계하지 못한다. 당해 채권일지라도 채권자가 그 채권을 자동채권으로 반대채무와 하는 상계는 가능하다.

2. 賃金債權: 압류금지채권 중에서 임금채권에 관하여는 민사집행법 외에 근로기준법에서 별도로 사용자의 근로자에 대한 전차금 기타 전대채권으로 상계를 금지하는 임금채권 상계금지(28조)를 규정하며, 또한 임금은 통화로 전액 직접 근로자에게 지급하여야 한다는 임금직접지급의 원칙(42조)을 규정하고 있다.

(1) 상계는 불가: 임금은 근로자의 근로의 원천이며 생활의 재원인 필수불가결한 것으로 근로기준법의 원칙이 우선한다고 보는 것이 타당하여 민사집행법의 일부분에 대한 압류금지와는 관계없이 전액이 상계가 허용되지 아니한다(대판 2001.10.23. 2001다25184).
(2) 상계계약-제한 긍정: 사용자가 근로자에 대하여 가지는 채권을 가지고 일방적으로 근로자의 임금채권을 상계하는 것은 금지된다고 할 것이지만, 사용자가 근로자의 동의를 얻어 근로자의 임금채권에 대하여 상계하는 경우에 그 동의가 근로자의 자유로운 의사에 터잡아 이루어진 것이라고 인정할 만한 합리적인 이유가 객관적으로 존재하는 때에는 근로기준법 제42조제1항 본문에 위반하지 아니한다고 보아야 할 것이고, 다만 임금 전액지급의 원칙의 취지에 비추어 볼 때 그 동의가 근로자의 자유로운 의사에 기한 것이라는 판단은 엄격하고 신중하게 이루어져야 한다(대판 2001.10.23. 2001다25184).

第498條【支給禁止債權을 受動債權으로 하는 相計의 禁止】 支給을 禁止하는 命令을 받은 第三債務者는 그 後에 取得한 債權에 依한 相計로 그 命令을 申請한 債權者에게 對抗하지 못한다.

支給禁止된 債權을 手動債權으로

1. 押留 등으로 支給禁止된 債權

(1) 지급금지 후에 취득한 채권으로 상계 불가: 압류 또는 가압류와 같이 지급금지명령을 받은 채권의 채무자는 지급금지명령 후에 취득한 채권과 자기의 채무(지급금지된 채권에 대한)와의 상계로 지급명령신청자(압류·가압류자)에게 대항할 수 없어, 만약 상계한 경우에도 압류자가 이후에 추심명령 또는 전부명령을 받아 이행을 청구하면 지급하여야 한다. 당해 채권에 관하여 압류 또는 가압류한 자를 보호하기 위한 것이다.
(2) 수동채권의 지급금지 전에 취득할 채권의 발생기초가 이미 성립하여 존재한 경우-상계 가능: 자동채권이 수동채권의 지급금지 후에 현실적으로 발생하였으나, 그 채권의 발생의 기초가 되는 원인이 수동채권이 지급금지되기 전에 이미 성립하여 존재하고 있은 경우에는 상계가 허용된다(대판 1993.9.28. 92다55794).
(3) 지급금지 전에 취득한 채권이지만 상계하지 못한 경우
(가) 상계적상에 있었으나 상계를 미처 하지 못한 경우: 상계적상에 있었다면 상계의 의사표시를 하지 아니하였더라도 상계된 것으로 해석한다.
(나) 자동채권은 변제기가 도래하였으나 수동채권이 변제기가 도래하지 않은 경우: 자기의 채무(수동채권)에 관하여는 기한의 이익을 포기할 수 있기 때문에 자동채권의 변제기만 도래하였다면, 상계로 소멸되었다고 보아야 한다.
(다) 자동채권의 변제기가 수동채권의 변제기보다 후인 경우-지급금지 명령을 받은 채무자가 지급금지 전에 채권을 취득하였으나 그 채권(자동채권)의 변제기가 미처 도래하지 못하여 상계를 하지 못한 경우: 지급금지 전에 자동채권의 변제기가 도래하지 않았더라도 자기의 채무(지급금지된 채무)보다 자동채권의 변제기가 먼저 또는 최소한 동시에 도래하여야 한다(대판 1987.7.7. 86다카2762).

2. 質權이 設定된 債權이 手動債權 - 본조 유추적용: 특별히 규정하고 있지 않으나, 채권에 대한 질권설정도 그 채권의 채무자에 대하여 그때부터 채권의 소멸기능을 정지시키는 것이므로 지급금지명령을 받은 경우와 다를게 없다. 즉 이 경우에는 민법 제498조(지급금지채권을 수동채권으로 하는 상계의 금지)를 유추적용하여야 한다. 따라서 채무자에 대하여 질권설정의 통지 또는 채무자의 승낙 후에 채무자가 취득한 채권을 자동채권으로 질권설정된 채권을 상계하지 못한다. 그러나 채무자가 입질채무를 질권자에 대하여 갖는 채권으로는 상계가 가능하다.

第499條【準用規定】 第476條 乃至 第479條의 規定은 相計에 準用한다.

相計充當

자동채권으로 복수의 상계적상에 있는 수동채권의 전부를 소멸시키는 데 부족한 경우에는, 변제충당에 관한 규정을 준용하여 상계되는 수동채권을 결정한다. 따라서 비용, 이자, 원본의 순서로 상계되어 소멸한다.

第4款 更 改

1. 概括: 경개는 채무의 중요한 부분인 발생원인, 당사자 및 목적을 변경하여 구채무를 소멸시키고 신채무를 성립시키는 계약이다. 경개에 의하여 당사자를 교체하거나 목적을 변경할 수 있는데, 이를 위하여는 경개에 의하지 않더라도 채권양도·채무인수 및 내용변경을 위한 계약(준소비대차)으로도 가능하다. 이들과 경개가 근본적으로 다른 점은 경개는 채무의 동일성을 상실하나 채권양도·채무인수, 준소비대차는 채권의 동일성을 유지한다는 점이다. 이러한 점에서 경개는 그 성립 및 효과에서 차이가 있다.

2. 構成

(1) 경개의 요건과 효과: 제500조

(2) 채무자 변경에 의한 경개: 제501조

(3) 채권자 변경의 경개: 제502조, 제503조

(4) 구채무불소멸의 경우: 제504조

(5) 신채무에로 담보이전: 제505조

第500條【更改의 要件, 效果】 當事者가 債務의 重要한 部分을 變更하는 契約을 한 때에는 舊債務는 更改로 因하여 消滅한다.

更改의 成立과 效果

1. 更改의 成立

(1) 경개의사의 존재: 경개의 의사, 즉 당사자간에 구채무를 소멸시키고 신채무를 성립시킨다는 의사의 합치가 있어야 한다. 경개와 대물변제 및 채권양도 등은 채권의 중요한 부분이 소멸 또는 변경된다는 점에서 유사한데, 우선 경개와 이들은 당사자의 의사표시의 해석에 의하여 구별될 수 있으나, 경개의 효과가 발생하기 위하여는 경개의 의사가 명백하여야 하고, 경개의 의사는 추정되지 않는다.

(가) 대물변제 및 대물변제예약과의 구별: 경개는 낙성계약으로 요물계약인 대물변제와는 쉽게 구별되나, 대물변제예약과는 구별이 쉽지 않다. 경개는 구채무를 소멸시키는 의사가 있으나, 대물변제예약은 구채무를 소멸시키지 않고 그대로 유지하며 본래의 채무의 이행을 위하여 다른 급부를 이행한다는 의사가 있다는 점에서 구별된다. 즉 양자는 당해 계약의 의사에 의하여 구별된다.

(나) 채권양도·채무인수와의 구별: 채권양도와 채무인수는 구채무를 소멸시키지 않고, 즉 채무의 동일성을 유지한 체 단순히 채권자·채무자를 교체한다는 의사가 있으나, 경개는 구채무를 소멸시키면서 채권자·채무자를 교체한다는 의사가 있어야 한다.

(다) 어음·수표의 교부-원칙적으로 경개가 아님: 어음·수표의 교부는 보통의 경우 채무의 변제에 갈음하는 것이 아니라 채무의 변제를 위하여 교부하는 의사로 해석되어 채무를 소멸시키지 않기 때문에, 구채무 소멸의 의사가 있는 경개와 구별된다(대판 2003.5.30. 2003다13512).

(2) 구채권의 존재: 경개는 채권의 소멸사유로서 구채권을 소멸시키기 위한 계약이므로 구채권이 유효하게 존재하여야 한다. 따라서 구채권이 존재하지 않으면 신채권은 발생하지 않는다. 즉 구채권과 신채권은 성립상에 있어서 조건적 관계에 있다. 이러한 관계에서 문제가 되는 것은 경개계약 당시에는 구채권이 존재하였으나, 사후에 부존재하는 경우이다.

(가) 경개 이후 취소에 의한 부존재: 법률행위에서 발생된 채권이 취소사유가 있으나 취소되지 않은 동안 경개가 된 경우에는 문제가 있다. 이 경우에 당사자가 이의를 보류하지 않고 경개를 한 때에는 법정추인으로 경개는 유효하다(145조3호). 그러나 이의를 보류하고 경개계약을 한 때에는, 사후에 종전의 계약을 취소하면 구채권의 소멸에 의한 부존재로 경개는 무효가 된다.

(나) 구채권발생 계약의 해제: 구채권을 발생시킨 계약이 해제되어 구채권이 소멸한 경우에도 경개는 무효로 된다. 예컨대 매매에 의하여 물건을 인도하고, 매수인의 대금채무를 경개로 이자부소비대차(준소비대차가 아닌)로 하였으나, 물건의 하자로 매매계약을 해제한 경우에는 구채권의 소멸로 경개도 무효가 된다.

(다) 채권자 변경의 경우: 채권자변경에 의한 경개는 채권양도와 유사하여 제503조에서 지명채권양도에 관한 제451조제1항이 준용된다. 따라서 채권이 이미 소멸하였음에도 이의를 보류하지 않고 경개를 한 경우에는 채권소멸의 항변권을 상실하기 때문에, 구채권이 존재하지 않더라도 경개는 유효하다. 신채권자의 신뢰보호를 위한 규정이다.

(3) 중요부분의 변경: 채무의 중요한 부분의 변경이 있어야 한다. 채무의 중요한 부분이란 채무의 동일성을 결정하는 요소인 채무의 발생원인 · 채권자 · 채무자 · 목적(내용)을 말한다. 채무의 중요한 부분의 변경은 경개 외의 다른 방법으로도 가능하나, 경개가 되기 위하여는 최소한 이러한 중요부분의 변경이 있어야 한다.

(가) 잔존채무에 대한 변제기 연장: 채무가 당초의 변제기에 변제되지 않고 변제기를 넘겼다고 하여 소멸되는 것이 아니므로 변제기 이후 채권자가 채무의 일부를 변제받고 변제기를 연장하였다 하여 새로운 채무를 발생시키게 하였다고 할 수 없고, 그에 따라 잔존채무액에 대해 연장된 변제기에 맞추어 보증기한을 연장하였더라도 이를 보증계약의 경개로 볼 수 없다(대판 1993.1.26. 92다39358).

(나) 조정한 차용원리금을 합한 금액의 지불각서의 작성을 경개로 볼 수 있는지 여부: 잔존 채무액을 다시 조정하여 확정한 채무액을 지불하기로 하는 각서를 쓰고 그 후 이자의 일부를 지급한 경우 위 각서는 특단의 사정이 없는 한 단순히 원 · 피고간의 차용금과 이에 대한 미지급의 이자를 합한 금원을 확인하는 동시에 피고가 차용원리금의 변제시기를 다시 약정한 취지일 뿐이고 원약정에 의한 차용금에 대한 그 이전의 이자지급약정은 그대로 존속한다고 봄이 상당하다(대판 1983.11.8. 83다카884).

(4) 당사자간의 의사의 합치: 동일한 당사자간에 구채무를 소멸시키고 신채무를 발생시킨다는 경개의사의 합치가 있어야 한다. 즉 구채권의 당사자간에 새로운 내용으로 합의하여야 한다(대판 1994.6.10. 94다3445).

(가) 변제방법과 변제기일의 변경 약정-경개 아님: 기존의 물품대금 채무를 정산하면서 그 채무액을 감액하여 주고 이를 분할 변제할 수 있도록 그 변제방법과 변제기일을 새로이 약정한 것만으로는 경개계약이 체결되었다 할 수 없고, 기존의 물품대금 채권은 단지 금액이 감액되고 변제기만 연장된 채 그 동일성을 여전히 유지하고 있다(대판 2004.4.27. 2003다69119).

(나) 이른바 대환-경개: 기존의 대출과 신규 대출은 그 대출과목, 대출원금, 이율 및 지연손해금률 등이 서로 다르고, 기존 대출의 이자채무 일부가 신규 대출의 원금으로 변경되기도 하였으며, 그와 같이 대출과목을 변경하게 된 것이 기존 대출금의 대출기한을 연장하기 위하여는 기존 대출 중의 어음거래약정 또한 연장하여야 하는데 어음거래약정의 경우 1개월 이상을 연장할 수 없었기 때문이라면, 비록 기존 대출금채무의 변제기한을 연장할 목적으로 신규 대출을 하였을지라도 이러한 경우의 대환은 기존채무를 확정적으로 소멸케 하고 신채무를 성립시키는 계약으로서 양 채무 사이에 동일성이 없는 경개에 해당한다(대판 2002.10.11. 2001다7445).

2. 更改의 效果

(1) 구채권의 소멸: 경개에 의하여 구채권은 소멸한다.

(가) 구채권에 붙은 항변권 · 담보권(인적 담보 및 물적 담보): 구채권에 부착된 일체의 담보권도 소멸한다.

(나) 기존의 담보 · 보증은 특약, 승낙으로 유지 가능: 채무자가 제공한 물적 담보에 대하여는 구

채무의 목적의 한도 내에서 특약으로 신채무의 담보로 할 수 있고, 제3자가 제공한 담보는 담보제공자의 승낙을 요한다(505조).

(다) 기존의 항변권-원칙은 소멸, 이의 유보로 항변권 존속: 채권자변경으로 인한 경개의 경우에, 채무자가 이의를 보류한 때에는 구채권에 붙은 항변권으로 신채권자에게 대항할 수 있다(503조).

(2) 신채무의 성립: 경개에 의하여 신채무가 성립한다. 따라서 당사자는 신채무에 대한 권리·의무를 가진다.

(3) 사해행위의 피보전채권은 신채무 기준: 이른바 대환으로서 이루어진 신규대출의 법적 성질이 준소비대차가 아닌 경개로 인정되어 신규대출에 따른 채무가 종전 대출에 따른 채무와 법적 동일성이 없다고 하더라도, 그 대환 전의 종전 대출채무의 연대보증인이었다가 대환 후의 신규 대출채무에 대하여도 연대보증인이 된 자의 재산처분행위가 사해행위인지 여부를 판단함에 있어서, 신규대출에 따른 연대보증채권이 사해행위취소권의 피보전채권이 될 수 있다(대판 2002.3.29. 2001다81870).

(4) 개별적 문제

(가) 신채무의 불성립: 경개계약은 구채무를 소멸시키고 신채무를 성립시키는 처분행위로서 구채무의 소멸은 신채무의 성립에 의존하므로, 경개로 인한 신채무가 원인의 불법 또는 당사자가 알지 못한 사유로 인하여 성립하지 아니하거나 취소된 때에는 구채무는 소멸하지 않는다(504조).

(나) 조건부 경개계약: 경개계약에 조건이 붙어 있는 이른바 조건부 경개의 경우에는 구채무의 소멸과 신채무의 성립 자체가 그 조건의 성취 여부에 걸려 있다. 따라서 이미 확정적으로 취득한 폐기물 소각처리시설 관련 권리를 포기하는 대신 상대방이 수주할 수 있는지 여부가 분명하지 않은 매립장 복원공사를 장차 그 상대방으로부터 하도급받기로 하는 내용의 약정을 체결한 사안에서, 위 약정은 상대방이 위 복원공사를 수주하지 못할 것을 해제조건으로 한 경개계약이라고 해석함이 상당하므로, 상대방이 위 복원공사를 수주하지 못하는 것으로 확정되면 위 약정은 효력을 잃게 되어 신채무인 위 복원공사의 하도급 채무는 성립하지 아니하고 구채무인 소각처리시설 관련 채무도 소멸하지 아니한다(대판 2007.11.15. 2005다31316).

3. 新債務 不履行의 效果 - 경개계약 해제는 불가: 경개계약으로 성립한 신채무를 불이행한 경우에 채권자는 현실적 이행강제 또는 손해배상청구권을 행사할 수는 있으나, 신채무 불이행을 원인으로 경개계약을 해제할 수는 없다(대판 2003.2.11. 2002다62333).

4. 合意解除는 可能: 계약자유의 원칙상 경개계약의 성립 후에 그 계약을 합의해제하여 구채권을 부활시키는 것은 적어도 당사자 사이에서는 가능하다(대판 2003.2.11. 2002다62333).

第501條【債務者變更으로 因한 更改】 債務者의 變更으로 因한 更改는 債權者와 新債務者間의 契約으로 이를 할 수 있다. 그러나 舊債務者의 意思에 反하여 이를 하지 못한다.

第502條【債權者變更으로 因한 更改】 債權者의 變更으로 因한 更改는 確定日字 있는 證書로 하지 아니하면 이로써 第三者에게 對抗하지 못한다.

第503條【債權者變更의 更改와 債務者承諾의 效果】 第451條第1項의 規定은 債權者의 變更으로 因한 更改에 準用한다.

當事者變更으로 因한 更改

1. 債務者變更을 위한 更改 - 제501조: 채무자변경을 위한 경개계약의 당사자는 채권자와 신채무자로써, 구채무자는 당사자가 아니다(본문). 그러나 구채무자의 의사에 반하여는 이를 하지 못한다(단서). 구채무자가 포함된 3면계약으로도 가능하다. 이 경우에는 채무인수(453조)와 유사하다.

2. 債權者變更을 위한 更改 - 제502조, 제503조

(1) 신채권자의 대항요건-제502조: 채권자변경을 위한 경개계약의 당사자는 구채권자·신채권

자·채무자로서, 이들간의 3면계약이다. 구채무가 소멸하고 신채무가 발생하기 때문에 채무자가 당사자가 되어야 한다. 이러한 점에서 채무자가 당사자가 아닌 채권양도와 다르다. 그러나 채권자의 변경이 있기 때문에 결과에 있어서는 채권양도와 다르지 않다. 따라서 지명채권양도에 관한 규정이 준용되어 경개계약으로 제3자에게 대항할 수 있기 위하여는 채권양도와 동일하게 확정일자 있는 증서에 의하여야 한다(본조).
(2) 채무자의 대항요건-제503조(451조1항): 채권자변경을 한 경개계약에서 채무자가 신채권자에게 구 채권자에 대한 사유로 대항하기 위하여는 그 대항사유를 유보하여야 한다(451조1항 준용).
(가) 단순 합의: 구채권자에 대한 사유로 신채권자에게 대항할 수 없다.
(나) 이의유보 합의: 채무자는 신채권자에게 구채권자에 대한 사유로 대항할 수 있다.

第504條【舊債務不消滅의 境遇】 更改로 因한 新債務가 原因의 不法 또는 當事者가 알지 못한 事由로 因하여 成立되지 아니하거나 取消된 때에는 舊債務는 消滅되지 아니한다.

新債務가 不成立하면 舊債務는 復活

1. 意義: 경개는 구채무를 소멸시키고 신채무를 발생시킨다. 따라서 신채무가 성립하지 아니하면 경개는 무효가 되고, 구채무가 소멸하지 않는다. 이에 관하여 민법은 제504조에서, 〈경개로 인한 ① 신채무가 원인의 불법 또는 ② 당사자가 알지 못하는 사유로 성립되지 아니하거나, ③ 취소된 때에는 구채무는 소멸되지 않는다〉고 규정한다.

2. 原因의 不法으로 不成立: 〈원인의 불법〉이란 경개계약은 구채무를 소멸시키는 것이므로 계약 자체의 원인이 불법인 것은 없고, 여기서는 급부가 불법인 것으로, 예컨대 반양속적 또는 사회적 타당성이 없는 급부를 목적으로 하는 것을 의미한다. 신채무의 급부가 반양속적, 반사회적 급부인 경우에는 신채무는 발생하지 않으며, 따라서 구채무가 소멸하지 않는다.

3. 當事者가 알지 못하는 事由로 新債務가 成立하지 아니 할 때: 급부가 원시적 불능 등으로 신채무가 성립하지 않는 것을 의미하며, 이러한 사유를 당사자가 알지 못한 경우이다. 이와 같이 그러한 사유를 당사자가 알지 못한 경우에는 신채무가 성립하지 않아 구채무가 소멸하지 않는다. 그러나 당사자 특히 채권자가 신채무가 성립하지 않는다는 것을 알면서도 경개의 합의를 한 것은, 경개의 합의에 구채무를 면제시킨다는 의사가 내포된 것으로 보아 구채무를 소멸시킨다.

4. 新債務의 契約의 取消事由에 의한 取消: 신채무가 계약의 취소사유로 취소되었기 때문에 신채무가 발생하지 않으면 구채무는 다시 부활한다. 취소사유에는 계약에 관한 일반 법리가 적용되어 무능력, 의사표시의 하자(착오, 사기, 강박)등이 그에 해당한다. 그런데 그 취소사유를 모른 경우에는 취소하여 신채무가 성립하지 않고 따라서 구채무가 소멸하지 않는다. 그러나 취소사유를 안 경우가 문제이다. 취소는 취소사유만으로는 계약에 영향을 미치지 아니하며, 실제로 취소권을 행사하여야 계약에 영향을 미친다. 또한 이 취소권의 행사는 강제적이지 않고 취소권자의 자유이다. 따라서 이는 신 채무의 불성립(여기의 불성립은 절대적 불성립을 의미)과는 성질이 다르다. 이러한 점에서 〈불성립〉과 〈취소〉는 분리되어야 하며, 〈알지 못한 사유로〉의 문구는 불성립에 한정된다고 해석된다. 따라서 당사자가(특히 채권자) 취소사유를 알았거나 알지 못하였거나 관계없이 경개계약에 취소사유가 있고, 취소되어 신채무가 부존재하면 구채무는 소멸하지 않는다.

第505條【新債務에의 擔保移轉】 更改의 當事者는 舊債務의 擔保를 그 目的의 限度에서 新債務의 擔保로 할 수 있다. 그러나 第三者가 提供한 擔保는 그 承諾을 얻어야 한다.

物的 擔保와 保證의 存續 與否

1. 原則－擔保 등의 消滅: 경개는 구채무와 신채무 간에 동일성이 없기 때문에 구채무에 부착되

었던 물적 담보 또는 보증인은 신채무에 이전되지 않는다. 경개에 의하여 구채무가 소멸하기 때문에 이에 따르는 인적·물적 담보 또한 부종성의 원리에 따라 당연히 함께 소멸하고, 당사자가 신채무에 관하여 저당권 등을 설정하기로 합의하여도 구채무에 관하여 존재하던 저당권 등은 어차피 소멸하여 그 순위의 보전이 불가능하다.

2. 當事者의 合意와 承諾 - 存續: 담보제공자 및 보증인이 존속의 의사표시를 하거나, 승낙하면 그대로 이전되어 효력을 유지한다. 이는 당사자의 편의를 위하여 부종성에 대한 예외를 인정한 것으로서, 경개계약의 경우 구채무에 관한 저당권 등이 신채무에 이전되기 위하여는 당사자 사이에 그러한 뜻의 특약이 이루어져야 하지만, 반드시 명시적인 것을 필요로 하지는 않고, 묵시적인 합의로도 가능하다(대판 2002.10.11. 2001다7445).

第5款 免 除

第506條【免除의 要件, 效果】 債權者가 債務者에게 債務를 免除하는 意思를 表示한 때에는 債權은 消滅한다. 그러나 免除로써 正當한 利益을 가진 第三者에게 對抗하지 못한다.

免除

1. 免除制度: 면제는 채무자의 채무를 면하게 하는 채권자의 채무자에 대한 일방적 의사표시이다(506조). 채무 전부는 물론이며, 채무의 일부에 대하여도 면제할 수 있다. 민법상의 면제는 채권자의 일방적 의사표시인 단독행위이나, 당사자간의 합의에 의한 면제계약도 유효하다. 면제는 채권자가 아무런 대가를 받지 않고 채무를 소멸시키는 것으로 채권의 포기이다. 따라서 대가를 받고 소멸시키는 것은 면제가 아니라, 경우에 따라서 대물변제·상계·경개 등에 해당한다. 민법상의 면제는 단독행위로서 채권자측으로서는 자기의 권리의 포기이나, 채무자측으로서는 이익을 강제로 취득케 하는 결과가 된다. 여기서 채무자의 의사에 반하여도 면제가 가능한지가 문제되는데, 채무자의 의사에 반한 면제도 유효하다고 본다.

2. 免除의 要件

(1) 면제자의 처분권한: 면제는 채권의 포기인 처분행위이다. 따라서 처분권한이 있어야 한다. 채권자는 보통의 경우 처분권한이 있겠으나, 채권자일지라도 채권을 압류·가압류 당한 자, 채권에 질권을 설정한 자 등은 처분권한이 제한을 받아 면제로써 압류채권자·질권자에게 대항할 수 없다.

(2) 채권자의 면제의 의사표시: 채권자의 면제의 의사표시가 있어야 한다. 면제의 의사표시는 채무자에 대한 일방적 의사표시로써 하며, 특별히 방식을 요하지 않는다. 의사표시는 묵시적인 것이라도 관계없다.

(가) 묵시적 면제의사: 채무의 면제는 반드시 명시적인 의사표시만에 의하여야 하는 것은 아니고 채권자의 어떠한 행위 내지 의사표시의 해석에 의하여 그것이 채무의 면제라고 볼 수 있는 경우에도 이를 인정하여야 할 것이기는 하나, 이와 같이 인정하기 위하여는 당해 권리관계의 내용에 따라 이에 관한 채권자의 행위 내지 의사표시의 해석을 엄격히 하여 그 적용 여부를 결정하여야 한다(대판 2007.2.15. 2004다50426).

(나) 개별적 문제

① 임대차계약이 종료되면 임차인은 특별한 사정이 없는 한 임차목적물을 원상으로 복구하여 임대인에게 반환하여야 하고, 임차인이 자신의 영업을 위하여 설치한 시설에 관한 비용을 임대인에게 청구하지 않기로 약정한 사정만으로는 그러한 원상복구의무를 면하기로 하는 합의가 있었다고 볼 수 없다(대판 2002.12.6. 2002다42278).

② 의사의 설명의무: 의사의 설명의무는 그 의료행위에 따르는 후유증이나 부작용 등의 위험발생 가능성이 희소하다는 사정만으로 면제될 수 없으며, 그 후유증이나 부작용이 당해 치료행위

에 전형적으로 발생하는 위험이거나 회복할 수 없는 중대한 것인 경우에는 그 발생가능성의 희소성에도 불구하고 설명의 대상이 된다(대판 2002.10.25. 2002다48443).

③ 금융기관의 보증인 변경 승낙: 금융기관이 특별한 사정도 없이 새로운 연대보증인을 세우기도 전에 기존 연대보증인의 책임을 먼저 면제하여 준다는 것은 이례적인 일임에 비추어 볼 때, 금융기관이 연대보증인을 교체하여 달라는 주채무자의 변경요청을 승인했다 하더라도, 이는 금융기관이 새로운 연대보증계약을 체결할 때에 비로소 기존 연대보증인의 보증책임을 면제해 준다는 의사로 보아야 할 것이지, 새로운 연대보증계약을 체결하기도 전에 먼저 기존 연대보증인의 보증책임부터 면제해 주겠다는 의사로 보기는 어렵고, 따라서 위 승인만으로 기존 연대보증인이 확정적으로 보증책임을 면하게 되었다고 볼 수는 없다(대판 2006.6.27. 2005다50041).

(3) 조건부 면제: 채무자에게 불이익을 주지 않는 경우에는 조건을 붙인 면제도 유효하다. 그러나 다른 급부를 조건으로 하는 등 채무자에게 불이익을 주는 조건이 붙은 것은 면제로서는 무효이다.

3. 免除의 效果

(1) 채권의 소멸: 면제에 의하여 채권은 소멸한다. 일부면제의 경우에는 그 한도 내에서 채권은 소멸한다. 채권의 전부가 소멸하면 그 채권에 부착된 담보권 등도 소멸한다.

(2) 의무의 범위를 한정하지 아니한 면제-임대인의 수선의무: 임대인의 수선의무는 특약에 의하여 이를 면제하거나 임차인의 부담으로 돌릴 수 있으나, 그러한 특약에서 수선의무의 범위를 명시하고 있는 등의 특별한 사정이 없는 한 그러한 특약에 의하여 임대인이 수선의무를 면하거나 임차인이 그 수선의무를 부담하게 되는 것은 통상 생길 수 있는 파손의 수선 등 소규모의 수선에 한한다 할 것이고, 대파손의 수리, 건물의 주요 구성부분에 대한 대수선, 기본적 설비부분의 교체 등과 같은 대규모의 수선은 이에 포함되지 아니하고 여전히 임대인이 그 수선의무를 부담한다고 해석함이 상당하다 할 것이다(대판 1994.12.9. 94다34692).

(3) 효과의 제한: 채권의 존재가 제3자의 정당한 이익에 관련이 있는 경우에는 채권자는 면제로써 그 제3자에게 대항하지 못한다(단서). 이는 채권을 소멸시키게 되어 제3자에게 불이익을 주기 때문이다. 여기의 제3자에는 채권에 질권을 가진 자와 같이 채권 자체에 권리를 가지는 자에 한정되지 않고, 채권의 존속을 기초로 하여 간접적인 이익을 가지는 자를 포함한다.

(가) 토지임차권자가 임차토지 위에 건물을 축조하여 저당권을 설정한 후에, 임차권을 포기(면제)하여도 임대인은 건물의 저당권자 및 저당권 실행에 의한 경락인에게 대항할 수 없다.

(나) 임대차상의 임차인이 임차권을 포기(면제)하여도(임차권의 면제로써 전차인에게 대항할 수 없어) 임대인은 전차 승낙을 한 전차인에 대하여 임대물의 명도를 청구할 수 없다.

(다) 토지임대차에 있어서 임차인이 임차권을 포기하여도(토지임차권의 면제로써 임차권에 기한 임차인 소유 건물의 임차인에 대항할 수 없어) 임대인은 지상건물의 임차인에 대하여 명도를 청구할 수 없다.

第6款 混 同

第507條【混同의 要件, 效果】 債權과 債務가 同一한 主體에 歸屬한 때에는 債權은 消滅한다. 그러나 그 債權이 第三者의 權利의 目的인 때에는 그러하지 아니하다.

混同

1. 混同制度: 혼동은 채권과 채무가 동일한 주체에 귀속하는 것인데, 제507조가 혼동을 채권의 소멸사유로 인정하고 있는 것은 채권과 채무가 동일한 주체에 귀속한 때에 채권과 채무의 존속을 인정하여서는 안 될 적극적인 이유가 있어서가 아니고 그러한 경우에 채권과 채무의 존속을 인정하는 것이 별다른 의미를 가지지 않기 때문에 채권·채무의 소멸을 인정함으로써 그 후의 권리의무 관계를 간소화하려는 데 그 목적이 있다. 이러한 경우는 채무자가 자기에 대한 채권을 양

수·상속받은 때 또는 회사가 합병을 한 때 등에 나타난다.

2. 混同의 成立 - 債權·債務의 同一人에게 歸屬: 상속·채권의 양수·채무인수·회사의 합병 등으로 채권과 채무가 동일인에게 귀속하여야 한다.

3. 混同의 效果

(1) 채권소멸: 채권이 소멸한다.

(2) 소멸하지 아니하는 경우-단서: 혼동이 있으나, 그 채권이 제3자의 권리의 목적인 때에는 그 채권은 소멸하지 않는다(단서). 채권의 소멸로 제3자의 권리를 해하기 때문에 혼동에도 불구하고 채권이 소멸하지 않도록 한 것이다.

(가) 채권이 제3자의 권리의 목적인 경우: 당해 채권에 질권자·압류채권자가 있는 경우에는 혼동으로 채권이 소멸하지 않는다. 즉 이 경우에는 질권자·압류채권자는 혼동자에게 채권을 행사할 수 있다.

(나) 증권화된 채권인 경우: 어음·무기명채권 등과 같이 증권화된 채권은 증권을 채무자가 다시 배서·교부할 수 있어, 혼동으로 채권이 소멸하지 않는다.

(다) 상속에서 한정승인한 경우: 상속인이 한정승인을 한 때에는 상속재산과 상속인의 기존재산은 별개의 지위를 가지기 때문에 피상속인에 대한 상속인의 채권·채무는 소멸하지 않는다(1031조).

(라) 존속시켜야 할 특별한 이유가 있는 경우: 채권과 채무가 동일한 주체에 귀속하게 되더라도 그 채권의 존속을 인정하여야 할 특별한 이유가 있는 때에는 그 채권은 혼동에 의하여 소멸되지 아니하고 그대로 존속한다고 봄이 상당함에 비추어, 채권과 채무가 동일인에게 귀속되는 경우라도 그 채권의 존재가 채권자 겸 채무자로 된 사람의 제3자에 대한 권리행사의 전제가 되는 관계로 채권의 존속을 인정하여야 할 정당한 이익이 있을 때에는 그 채권은 혼동에 의하여 소멸하는 것이 아니라고 봄이 상당하다. 따라서 자동차 운행 중 사고로 인하여 구 자동차손해배상보장법(1999. 2. 5. 법률 제5793호로 개정되기 전의 것) 제3조에 의한 손해배상채권과 채무가 상속으로 동일인에게 귀속하더라도 교통사고의 피해자에게 책임보험 혜택을 부여하여 이를 보호하여야 할 사회적 필요성은 동일하고 책임보험의 보험자가 혼동이라는 우연한 사정에 의하여 자신의 책임을 면할 합리적인 이유가 없다는 점 등을 고려할 때 가해자가 피해자의 상속인이 되는 등 특별한 경우를 제외하고는 피해자의 보험자에 대한 직접청구권의 전제가 되는 위 법 제3조에 의한 피해자의 운행자에 대한 손해배상청구권은 상속에 의한 혼동에 의하여 소멸되지 않는다(대판 2003.1.10. 2000다41653, 41660).

4. 後者의 地位의 消滅: 근저당권자가 소유권을 취득하면 그 근저당권은 혼동에 의하여 소멸하지만 그 뒤 그 소유권취득이 무효인 것이 밝혀지면 소멸하였던 근저당권은 당연히 부활한다. 그리고 혼동에 의하여 소멸한 근저당권이 소유권취득이 무효로 밝혀져 부활하는 경우에 등기부상 이해관계가 있는 자는 위 근저당권 말소등기의 회복등기 절차를 이행함에 있어서 이것을 승낙할 의무가 있다(대판 1971.8.31. 71다1386).

5. 個別的 問題

(1) 부동산 임차권자가 소유권을 취득하는 경우-한정 존속: 부동산에 대한 소유권과 임차권이 동일인에게 귀속하게 되는 경우 임차권은 혼동에 의하여 소멸하는 것이 원칙이지만, 그 임차권이 대항요건을 갖추고 있고 또한 그 대항요건을 갖춘 후에 저당권이 설정된 때에는 혼동으로 인한 물권소멸 원칙의 예외 규정인 민법 제191조제1항 단서를 준용하여 임차권은 소멸하지 않는다(대판 2001.5.15. 2000다12693).

(2) 제한물권이 혼동에 의하여 소멸하지 않는 경우-한정 존속: 어떠한 물건에 대한 소유권과 다른 물권이 동일한 사람에게 귀속한 경우 그 제한물권은 혼동에 의하여 소멸하는 것이 원칙이지만, 본인 또는 제3자의 이익을 위하여 그 제한물권을 존속시킬 필요가 있다고 인정되는 경우에는 민법 제191조제1항 단서의 해석에 의하여 혼동으로 소멸하지 않는다(대판 1998.7.10. 98다18643).

(3) 지상권자가 양도담보권자가 된 경우-존속: 원고가 피고 갑, 을로부터 금원을 차용함에 있어 그 담보조로 원고 소유 부동산에 관하여 지상권설정등기를 경료한 후 다시 위 피고들을 포함한 6인으로부터 금원을 차용하면서 양도담보를 내용으로 하는 제소전 화해조서의 집행에 의하여 갑

은 부동산에 관하여 피고 갑, 을을 포함한 6인 공동명의의 소유권이전등기가 경료되었다고 하더라도 원고와 위 피고들 사이에 있어서는 그 소유권은 의연히 원고에게 남아 있는 것이므로 동 피고들 명의의 지상권지분이 혼동으로 소멸되는 것은 아니다(대판 1980.12.23. 80다2176).

第7節 指示債權

1. 概括: 지시채권은 증서에 기재된 특정되어 있는 채권자 또는 그가 지시하는 자에게 변제하여야 하는 증권적 채권을 말한다. 즉 증서에 표시된 채무를 특정의 채권자 또는 그가 지시하는 자에게 이행하겠다는 문언이 기재된 증권적 채권이다. 그가 지시하는 자란 채권자가 배서하는 피배서인을 말한다. 이에는 구체적으로 어음·수표·화물상환증·창고증권·선하증권 등이 있으며, 이들은 특별히 배서금지의 기재가 없는 한 당연히 지시채권이 된다. 배서 금지된 지시채권은 기명채권이 되어, 기명채권의 양도는 증서를 교부하는 것 외에는 지명채권의 양도방식과 동일하다. 이러한 지시채권에 관하여는 상법, 어음법, 수표법의 적용을 받아, 실제로 민법이 적용되는 일은 거의 없다.

2. 構成

(1) 지시채권의 양도: 제508조
(2) 배서의 방식: 제509조-제512조
(3) 배서의 효력: 제513조
(4) 지시채권의 행사: 제514조-제520조
(5) 증권의 분실·멸실: 제521조, 제522조

第508條【指示債權의 讓渡方式】 指示債權은 그 證書에 背書하여 讓受人에게 交付하는 方式으로 讓渡할 수 있다.

第509條【還背書】 ①指示債權은 그 債務者에 對하여도 背書하여 讓渡할 수 있다.
②背書로 指示債權을 讓受한 債務者는 다시 背書하여 이를 讓渡할 수 있다.

第510條【背書의 方式】 ①背書는 證書 또는 그 補充紙에 그 뜻을 記載하고 背書人이 署名 또는 記名捺印함으로써 이를 한다.
②背書는 被背書人을 指定하지 아니하고 할 수 있으며 또 背書人의 署名 또는 記名捺印만으로 할 수 있다.

第511條【略式背書의 處理方式】 背書가 前條第2項의 略式에 依한 때에는 所持人은 다음 各號의 方式으로 處理할 수 있다.
1. 自己나 他人의 名稱을 被背書人으로 記載할 수 있다.
2. 略式으로 또는 他人을 被背書人으로 表示하여 다시 證書에 背書할 수 있다.
3. 被背書人을 記載하지 아니하고 背書없이 證書를 第三者에게 交付하여 讓渡할 수 있다.

第512條【所持人出給背書의 效力】 所持人出給의 背書는 略式背書와 같은 效力이 있다.

指示債權의 讓渡

1. 指示債權의 讓渡 - 배서와 교부 - 제508조: 지시채권은 그 증서에 배서하여 양수인에게 교부(양도)하는 방식으로 양도한다.

2. 背書의 方式

(1) 원칙-배서인, 피배서인 기재 후 서명 또는 기명날인-제510조제1항: 배서는 증서 또는 그 보충지에 채권을 양도한다는 뜻을 기재하고, 배서인이 서명 또는 기명 날인하는 방식으로 한다.

(가) 배서의 종류-원칙은 양도배서: 배서에는 채권을 양도하기 위한 배서인 양도배서, 채권에 질권을 설정하기 위한 입질배서, 제3자로 하여금 채권을 추심케 하기 위한 추심위임배서가 있다. 이들 중에서 양도배서가 원칙으로, 단순히 배서라고 하면 양도배서를 의미한다.

(나) 조건을 붙이지 못함: 배서에는 조건을 붙이지 못하며, 배서에 붙인 조건은 기재하지 아니한 것으로 본다(수표법 15조). 또한 일부배서도 무효이다(수표법 15조).

(2) 약식배서-제510조제2항

(가) 약식배서도 유효: 배서는 피배서인을 지정하느냐 여부에 따라 기명식배서와 약식배서로 구분된다. 배서는 배서문구와 피배서인을 지정하여 배서(기명식배서)하는 것이 원칙이다. 그러나 배서문구는 기재하나 피배서인을 지정하지 아니하거나 배서문구도 없이 단순히 배서인이 서명 또는 기명날인만 하는 경우가 있고, 이를 약식배서라 하고, 약식배서도 배서로서의 효력이 있다. 약식배서한 지시채권의 소지인은 제511조에 의한 세 가지 방식의 어느 하나로 처리할 수 있다.

(나) 약식배서된 지시채권의 소지인-제511조: 제510조에 의하여 약식배서된 지시채권을 소지한 자는 아래의 세 가지 방식 중 어느 하나로 이를 처리할 수 있다.

① 자기 또는 타인의 명칭을 피배서인으로 기재할 수 있다(1호).

② 다시 약식 또는 타인을 피배서인으로 표시하여 배서할 수 있다(2호).

③ 받은 그대로 증서를 제3자에게 교부하여 양도할 수 있다(3호). 이에 의하여 양수받은 소지인이 권리를 행사할 때는 자기 명칭을 피배서인으로 기입하여 채무자에게 제시한다.

(3) 환배서도 유효-제509조

(가) 환배서도 가능-제1항: 채무자를 피배서인으로 하는 배서를 환배서라 하며, 민법은 환배서도 인정한다.

(나) 채무자의 배서의 효력-제2항: 환배서가 되면 지명채권의 경우에는 혼동으로 채권이 소멸하나, 지시채권은 유통성을 높이기 위하여 채권을 소멸시키지 않고, 채무자는 환배서한 지시채권을 다시 배서하여 타인에게 양도할 수 있게 한다(2항, 어음법 11조3항 등).

(4) 소지인출급배서-제512조: 소지인출급배서는 피배서인을 지정하지 아니하고, 소지인에게 출급(지급)하라는 뜻이 기재된 배서를 말한다. 이러한 배서도 유효한데, 이는 피배서인을 지정하지 아니하기 때문에 실질적으로는 약식배서와 같다. 따라서 소지인출급배서는 약식배서의 효력과 동일한 효력을 인정한다. 즉 소지인출급배서는 약식배서와 동일한 방식(511조)에 의하여 처리할 수 있다.

3. 交付 - 제108조: 교부하여야 한다. 교부는 증서의 점유를 양도, 즉 이전하는 것이다. 교부는 배서인의 의사에 의하여 정당하게 행하여 져야 한다. 분실 · 도난의 경우는 교부에 해당되지 않는다(증서의 선의취득자는 보호된다. 514조).

4. 背書와 交付의 效力 - 양도의 효력발생요건 - 제508조: 지시채권의 배서와 교부는 지시채권양도의 효력발생요건이다. 따라서 배서는 되어 있으나 아직 교부가 되지 않았다면 채권양도는 행하여 진 것이 아니다.

5. 個別的 問題

(1) 배서금지 기재된 증권의 양도: 선하증권은 기명식으로 발행된 경우에도 법률상 당연한 지시증권으로서 배서에 의하여 이를 양도할 수 있지만, 배서를 금지하는 뜻이 기재된 경우에는 배서에 의해서는 양도할 수 없고(상법 820조, 130조), 그러한 경우에는 일반 지명채권양도의 방법에 의하여서만 이를 양도할 수 있다(대판 2001.3.27. 99다17890).

(2) 백지어음, 백지식배서: 수취인이 백지인 백지어음 또는 백지식배서에 의하여 취득한 어음은 배서에 의하지 않고 어음의 교부만으로 양도할 수 있다.

(3) 유가증권: 유가증권의 교부에도 동산의 경우에 인정되는 간이인도, 점유개정, 목적물반환청구권의 양도 등의 관념화된 방법이 인정된다.

(4) 기업어음: 수취인이 백지인 백지어음으로 발행된 기업어음(CP) 또는 백지식배서에 의하여 취득한 기업어음을 매입한 종합금융회사가 이를 고객에게 매도하면서 실물에 갈음하여 그 기업어음의 내용 및 보관의 취지를 기재한 보관통장을 교부하는 경우, 수취인이 백지인 백지어음 또는 백지식배서에 의하여 취득한 어음은 배서에 의하지 않고 어음의 교부만으로 양도할 수 있고, 또한 유가증권의 교부에도 동산의 경우에 인정되는 간이인도, 점유개정, 목적물반환청구권의 양도 등의 관념화된 방법이 인정된다는 점에 비추어, 고객은 점유개정의 방법으로 위 기업어음을 교부받은 것이 되어 어음상의 권리를 취득한다(대판 2006.12.7. 2004다35397).

第513條【背書의 資格授與力】 ①證書의 占有者가 背書의 連續으로 그 權利를 證明하는 때에는 適法한 所持人으로 본다. 最後의 背書가 略式인 境遇에도 같다.
②略式背書 다음에 다른 背書가 있으면 그 背書人은 略式背書로 證書를 取得한 것으로 본다.
③抹消된 背書는 背書의 連續에 關하여 그 記載가 없는 것으로 본다.

第514條【同前-善意取得】 누구든지 證書의 適法한 所持人에 對하여 그 返還을 請求하지 못한다. 그러나 所持人이 取得한 때에 讓渡人이 權利없음을 알았거나 重大한 過失로 알지 못한 때에는 그러하지 아니하다.

第515條【移轉背書와 人的抗辯】 指示債權의 債務者는 所持人의 前者에 對한 人的關係의 抗辯으로 所持人에게 對抗하지 못한다. 그러나 所持人이 그 債務者를 害함을 알고 指示債權을 取得한 때에는 그러하지 아니하다.

背書의 效力

1. 意義: 배서에는 권리의 이전적 효력과 자격수여적 효력이 있다. 그러나 담보적 효력은 없다.

2. 證書에 表示된 權利 移轉의 效力: 증권적 채권에서 배서는 권리의 양도방식으로, 지시채권에 배서하여 양수인에게 교부하면 증서에 표시된 모든 권리가 양수인에게 이전한다. 이는 증서에 표시된 권리만 이전하는 것으로, 증서에 표시되지 아니한 양도인의 권리, 예컨대 지분적 이자채권·담보권·항변권 등은 이전되지 않는다.

3. 資格授與力 - 第513조: 증서의 점유자가 자기에 이르기까지 배서가 연속되었음을 들어 그 권리를 증명하는 때에는 그 증서의 적법한 소지인으로 본다(1항). 이를 배서의 자격수여적 효력이라 한다.

(1) 원칙-배서의 연속-제1항: 최초의 채권자가 제1배서인이 되고, 제1의 배서의 피배서인이 제2의 배서인이 되는 식으로 피배서인과 배서인이 단절됨이 없이 연속되어(배서의 연속) 점유자에게 이르게 되었음을 증명하는 경우에 점유자는 진실한 채권양수인이 된다.

(2) 약식배서가 중간에 있는 경우-제2항: 배서의 연속에 있어서, 약식배서 다음에 다른 배서가 있으면 그 배서인은 약식배서로 증권을 취득한 것으로 본다.

(3) 최후배서가 약식배서-제1항 후단: 최후의 배서가 약식인 경우에는 증서의 소지인을 채권자로 본다.

(4) 말소된 배서-제3항: 배서가 말소된 경우에는 말소된 배서는 기재가 없는 것으로 본다.

(5) 자격수여적 효력의 내용-진실한 채권자로 간주: 배서의 연속이 있으면 최후의 피배서인은 진실한 채권자로 되어, 그는 자기가 진실한 채권자임을 별도로 증명할 필요가 없으며 또한 채무자는 이를 조사할 필요 없이 그에게 변제하면 책임을 면한다(518조; 채무자의 형식적 조사의무).

4. 指示債權의 善意取得 - 第514조: 증권적 채권의 유통성을 증대하기 위하여 동산의 거래에 있어서 보다 선의취득의 요건을 완화하여 거래의 안전을 도모하고 있다. 이에 본조는 누구든지 증서

의 적법한 소지인에 대하여는 그 반환을 청구하지 못한다고 규정하여 선의취득자를 두텁게 보호하고 있다. 그러나 소지인이 취득한 때에 양도인이 권리 없음을 알았거나 중대한 과실로 알지 못한 때에는 그러하지 아니하다고 규정한다. 이와 같이 선의취득한 자는 증권의 적법한 소지인이 되어 증서상의 채권자의 권리를 행사할 수 있다.

(1) 적법한 소지인: 적법한 소지인이란 지시채권의 본래의 이전 방식인 연속된 배서에 의한 증권의 점유자를 말한다. 연속된 배서란 형식적 연속만으로 족하여, 비록 증권의 유통과정에서 도난·유실 등으로 진실한 권리자가 아닌 자가 게재되었더라도 형식적 연속이 있으면 적법한 소지인이 된다. 한편 여기의 적법한 소지란 배서의 연속에 의한 것을 의미하여, 증서의 점유가 상속 또는 지명채권의 양도방식에 의한 경우 등은 여기에 포함되지 아니한다.

(2) 소지인에게 악의 또는 중대한 과실이 없을 것-단서: 증권을 취득할 당시에 양도인이 무권리자임을 알지 못하였을 뿐만 아니라, 알지 못한 것에 중대한 과실이 없어야 한다. 과실의 유무는 취득 당시를 기준으로 한다. 따라서 비록 후일에 양도인이 무권리자인 것을 알았더라도 취득 당시에 선의·중대한 과실이 없으면 선의취득의 효과에는 영향이 없다.

5. 指示債權의 債務者의 地位 – 人的 抗辯의 斷絶 – 제515조: 증권적 채권의 요체인 유통성을 확보하며, 채권의 취득자를 보호하기 위하여 채무자의 항변을 제한하고 있다. 채무자의 항변에는 물적 항변과 인적 항변이 있는데, 항변이 제한되는 것은 인적 항변이다. 물적 항변이란 증서의 형식상의 결함·변제기·증서의 위조·변조 등과 같이 증서 자체에 관하여 절대적으로 발생하는 항변을 말하는데, 이와 같은 물적 항변은 제한 없이 행사할 수 있다.

(1) 제한되는 인적 항변-본문: 특정인에게서 발생한 사유가 인적 항변, 예컨대 당초 채권이 채무자의 착오·사기·강박에 의하여 성립된 것과 같은 채권성립의 하자, 매매대금을 위하여 약속어음을 발행하였으나 매매계약이 무효·취소된 경우와 같은 원인관계의 무효·취소와 같은 것인 경우에는 당해인에 한하여서만 대항할 수 있다. 즉 채무자는 소지인의 전자에 대한 인적 항변으로 소지인에게 대항하지 못한다.

(2) 인적 항변이 가능한 경우-단서: 소지인이 채무자를 해함을 알고, 즉 채무자가 전자에 대하여 인적 항변을 가진다는 것을 알고 그 증서를 취득한 때에는, 그 인적 항변으로서 소지인에게 대항할 수 있다.

第516條【辨濟의 場所】 證書에 辨濟場所를 定하지 아니한 때에는 債務者의 現營業所를 辨濟場所로 한다. 營業所가 없는 때에는 現住所를 辨濟場所로 한다.

第517條【證書의 提示와 履行遲滯】 證書에 辨濟期限이 있는 境遇에도 그 期限이 到來한 後에 所持人이 證書를 提示하여 履行을 請求한 때로부터 채무者는 遲滯責任이 있다.

第518條【債務者의 調査權利義務】 債務者는 背書의 連續與否를 調査할 義務가 있으며 背書人의 署名 또는 捺印의 眞僞나 所持人의 眞僞를 調査할 權利는 있으나 義務는 없다. 그러나 債務者가 辨濟하는 때에 所持人이 權利者 아님을 알았거나 重大한 過失로 알지 못한 때에는 그 辨濟는 無效로 한다.

第519條【辨濟와 證書交付】 債務者는 證書와 交換하여서만 辨濟할 義務가 있다.

第520條【領收의 記入請求權】 ①債務者는 辨濟하는 때에 所持人에 對하여 證書에 領收를 證明하는 記載를 할 것을 請求할 수 있다.

②一部辨濟의 境遇에 債務者의 請求가 있으면 債權者는 證書에 그 뜻을 記載하여야 한다.

指示債權의 支給請求와 支給

1. 債權者의 支給請求

(1) 장소-채무자의 현영업소-제516조: 증서에 변제장소를 정한 경우에는 그에 의하며, 변제장소가 정하여지지 아니한 때에는 채무자의 현영업소가 변제장소가 되며, 영업소가 없는 때에는 채무자의 현주소가 변제장소가 된다.

(2) 변제기도래 후 이행청구-제517조: 증서의 적법한 소지인, 즉 연속된 배서에 의한 최종 피배서인은 변제기 도래 후에 증권을 제시(제시증권)하여 이행을 청구할 수 있다. 증서를 분실·멸실하여 증서를 소지하지 않은 권리자는 공시최고의 절차에 의한 제권판결을 받아 이행을 청구할 수 있다.

(3) 증서를 제시하여야-제517조: 지시채권은 전전 유통되므로 채무자가 채권자를 알 수 없는 경우가 보통이다. 따라서 추심채무가 되는데, 채권자는 변제기가 도래한 후에 변제장소에서 채무자에 대하여 증권을 제시하여 이행을 청구하여야 한다. 지시채권은 이와 같이 제시증권이므로 비록 변제기가 도래하였더라도 바로 지체책임이 발생하지 아니하고, 제시하여 이행을 청구한 때로부터 지체책임이 있게 된다. 급부의 내용은 증서에 표시된 것에 한한다.

2. 債務者의 支給(辨濟)

(1) 배서연속 여부 조사의무-제518조 본문: 증권적 채권의 유통성을 증대하고 채무자를 보호하기 위하여, 지시채권의 채무자에게 적법한 소지인 여부에 대하여는 형식적 조사의무만을 부과한다. 채무자는 소지인의 형식적 자격인 배서의 연속만을 조사할 의무가 있고, 실질적 자격인 진실한 권리자인가 여부는 조사할 의무가 없다. 즉 채무자가 배서의 연속 여부만을 조사하여 지급하였다면 유효한 변제가 되고, 진실한 권리자인가 여부를 실질적으로 조사하지 않아 채권자 아닌 자에게 지급되었더라도 채무를 면한다.

(2) 악의 또는 중과실 없어야-제518조 단서: 소지인이 채권자(적법 소지자) 아님을 알았거나, 또는 중대한 과실로 알지 못한 경우에는 채무자의 변제는 무효이다.

(3) 증서와 교환하여 지급-제519조: 2중변제의 위험을 방지하기 위하여 채무자는 증서와 교환(상환증권)하여서만 변제하도록 한다. 이에 채권자는 증서가 없으면 이행의 청구를 하지 못한다. 증서를 분실한 자는 공시최고 절차에 의한 제권판결을 받아, 이것으로 증서에 갈음할 수 있다.

(4) 영수기입 청구권-제520조: 채무자는 변제하는 때에 증서의 소지인에 대하여 증서에 영수를 증명하는 기재를 할 것을 청구할 수 있으며(1항), 일부변제의 경우에 채무자의 청구가 있으면 채권자는 그 뜻을 증권 상에 기재하여야 한다(2항).

第521條【公示催告節次에 依한 證書의 失效】 滅失한 證書나 所持人의 占有를 離脫한 證書는 公示催告의 節次에 依하여 無效로 할 수 있다.

第522條【公示催告節次에 依한 供託, 辨濟】 公示催告의 申請이 있는 때에는 債務者로 하여금 債務의 目的物을 供託하게 할 수 있고 所持人이 相當한 擔保를 提供하면 辨濟하게 할 수 있다.

證書의 紛失의 경우

1. 債權者의 同 證書의 失效處分 - 公示催告 - 제521조: 증서가 멸실되었거나 분실된 경우에는 공시최고의 절차에 의하여 그 증서를 무효로 할 수 있다. 공시최고의 절차는 민사소송법 제492조 이하의 규정에 의하여 관할 지방법원이 공고의 방법으로 권리의 신고나 청구를 최고하고, 그 신고나 청구가 없는 경우에는 제권판결로 그 증권의 실효를 선언하는 방법에 의한다. 제권판결을 받은 신청인은 증서 없이도 증서에 의하는 것과 동일한 권리를 주장할 수 있다(민소법 497조).

2. 公示催告節次 期間 中의 支給 - 제522조: 공시최고의 신청이 있는 때에는 법원은 채무자로 하여금 채무의 목적물을 공탁하게 하거나, 소지인에게 상당한 담보를 제공한 이후에 변제하게 할 수

있다. 채무자로 하여금 공탁하게 하는 것은 공시최고의 절차에 의한 제권판결을 받을 동안에 채무자의 자력에 문제가 생길 우려가 있기 때문이며 또한 채무자로 하여금 2중지급의 위험을 배제하기 위한 것이다. 한편 소지인에게 담보를 제공하도록 하는 것은 만약의 경우에 소지인이 사후에 정당한 권리자가 아닌 경우에는 채무자가 2중지급을 하여야 하는데, 이때에 회수를 원활하게 하기 위한 것이다.

第8節 無記名債權

1. 概括: 무기명채권이란 증서상에 특정된 채권자가 기재되지 아니하고, 그 증서를 정당하게 소지한 자에게 변제하여야 하는 증권적 채권을 말한다. 무기명공사채・무기명식 수표・상품권・승차권・입장권 등이 이에 속한다. 이들 무기명채권은 채권의 증권에의 화체성과 유통성이 가장 높은 증권적 채권이다.

2. 構成

(1) 양도방식: 제523조-524조

(2) 지명소지인출급채권: 제525조

(3) 면책증서: 제526조

第523條【無記名債權의 譲渡方式】 無記名債權은 讓受人에게 그 證書를 交付함으로써 讓渡의 效力이 있다.

第524條【準用規定】 第514條 乃至 第522條의 規定은 無記名債權에 準用한다.

無記名債權의 讓渡와 支給

1. 讓渡方式 - 제523조: 무기명채권은 권리의 화체성이 가장 강한 증권적 채권으로, 양도에는 배서인과 피배서인의 기재나 배서인의 서명 날인 등은 필요하지 않고, 증서를 그대로 상대방에게 교부하면 양도된다.

2. 指示債權에 關한 規定 準用 - 제524조: 그 밖의 것은 지시채권에 관한 규정이 준용된다(524조). 지시채권에 관한 규정이 준용되더라도 무기명채권은 배서가 없기 때문에 배서에 관한 규정은 준용되지 않는다.

第525條【指名所持人出給債權】 債權者를 指定하고 所持人에게도 辨濟할 것을 附記한 證書는 無記名債權과 같은 效力이 있다.

指名所持人出給債權의 讓渡와 支給

1. 指名所持人出給債權: 지명소지인출급채권은 증서 상에 기재되어 지정된 채권자에게 변제하거나 또는 증서의 소지인에게도 변제할 것을 부기한 증권적 채권이다. 이는 무기명채권의 한 변형으로서 무기명채권과 동일한 효력이 있다.

2. 讓渡方式과 效力: 양도는 증서의 교부만으로 족하며, 그 외에는 지시채권에 관한 규정이 준용된다.

第526條【免責證書】 第516條, 第517條 및 第520條의 規定은 債務者가 證書所持人에게 辨濟하여 그 責任을 免할 目的으로 發行한 證書에 準用한다.

免責證書

1. 意義: 면책증서는 채무자가 증서소지인에게 변제하면 그 책임을 면하는 증서이다. 철도승객

또는 비행기승객의 수화물상환증·음식점·수영장 또는 백화점의 물건예치증과 같이 일시적으로 특정 물건을 예치·보관하였다는 것을 증명하기 위한 증거증서이다. 이는 증권적 채권과 같이 유통성을 증대하기 위한 것이 아니라, 소지인이 진정한 권리자이냐 여부를 조사하기 곤란한 경우에 채무자로 하여금 조사의무를 면하게 하기 위하여 발행되는 것이다.

2. 證書의 性質: 이 증서가 표상하는 채권은 본질상 지명채권으로 양도에 관하여는 지명채권의 양도에 관한 법리가 적용된다. 그러나 일반적으로 면책증서의 양도란 있을 수 없고, 다만 채권행사를 간편하게 하며 채무자를 보호하기 위하여 지시채권에 관한 제516조, 제517조, 제520조를 준용한다.

第2章 契 約

契約의 成立과 有效性

1. 意義: 계약이 성립하기 위하여는 당사자간의 의사(청약과 승낙)의 합치가 있어야 한다. 계약의 성립에 관하여는 제527조 이하에서 규정한다. 성립된 계약이 유효하기 위하여는 주관적(의사적) 측면과 객관적 측면에서 유효요건을 구비하여야 한다. 주관적 요건이란 계약이 당사자간의 자유로운 의사의 합치라는 점에서 의사적인 측면에서의 유효요건을 의미하며, 객관적 요건이란 계약이 당사자간에 국한된 법률관계의 형성이지만 그 개인도 공동체 구성원의 일원이기 때문에 공동체의 평화와 질서유지를 위하여 요구되는 최소한의 요건을 말한다.

2. 主觀的(意思的) 要件: 당사자간의 의사의 합치가 있어야 하는데, 어느 일방만의 의사만 있거나, 쌍방의 의사가 있더라도 그것이 일치되지 않으면 합의는 존재하지 않는다. 또한 일방이 의사무능력 또는 행위무능력 상태였거나, 의사가 착오·사기·강박 등에 의한 경우에는 계약이 완전하게 효과를 발생시키지 못한다.

3. 客觀的 要件

(1) 선량한 풍속·사회질서 위반-제103조: 계약이 선량한 풍속 또는 사회의 기본질서에 위반하는 경우에 당해 계약은 무효이다. 아래의 경우가 제103조 위반에 의한 무효가 된다.

(가) 계약의 목적이 양속에 위반,

(나) 계약이 법률적으로 강제됨으로써 양속에 반하는 경우,

(다) 계약이 이익과 관련되어 양속에 반하는 경우,

(라) 계약의 내용이 양속에 반하는 경우,

(마) 동기가 불법하여 계약이 양속에 반하는 경우.

(2) 불공정한 계약-제104조: 계약이 당사자의 궁박, 경솔, 무경험에 편승하여 불공정하게 체결된 경우에는 무효이다. 구체적 사례로는, 채권액의 3 내지 4배의 대물로 한 대물변제계약, 시가의 1/2 이하의 가격으로 체결된 매매계약, 손해의 1/8 밖에 되지 않은 금액으로 합의한 손해배상의 합의 등을 제104조 위반에 의한 무효로 인정한 경우가 있다.

契約法에 關한 諸原則

1. 契約自由의 原則: 계약자유의 원칙이란 계약에 의한 사적 법률관계의 형성은 법의 제한이 없는 한 완전히 각자의 자유에 맡기고, 법이 그러한 자유의 결과인 합의(계약)를 법적 구속력 있는 것으로 승인하는 원칙을 말한다. 계약의 자유는 근대시민사회의 개인주의적·자유주의적인 시대사조를 배경으로 개인을 봉건적·신분적인 여러 구속으로부터 해방시키고, 그에게 자유활동의 기회를 주고자하는 데서 성립되고 인정된 것이다. 계약의 내용이 강행법규에 위반되어서는 아니되고(105조) 반사회적 반양속적이어서는 아니 되며(103조) 또한 계약이 불공정하지 않아야 하는 것을(104조) 전제로, 체결의 자유, 내용결정의 자유, 방식의 자유의 세 가지가 있다.

(1) 계약체결의 자유: 당사자는 계약을 체결할 것인가 또는 체결하지 않을 것인가, 상대방을 누구로 하여 체결할 것인지를 자유롭게 선택할 수 있다. 이는 계약의 체결을 강제당하지 않고 자기

의 판단에 따라 유리한 측을 선택하여 경제활동을 할 수 있다는 것을 의미하는 것으로 자본주의 경제활동의 출발점이 된다.

(2) 계약내용 결정의 자유: 당사자는 계약의 내용을 자유롭게 합의하여 결정할 수 있다. 따라서 당사자는 자기의 소유물을 자유롭게 수익 및 처분할 수 있게 되는데, 이로써 개인의 창의성을 극대화시킬 수 있는 가능성이 부여되었다.

(3) 계약방식의 자유: 계약의 체결에 특별한 방식을 요구하지 않는다. 문서 또는 구두 어느 쪽이나 가능하며, 문서로 하는 경우에도 특별한 형식을 요하지 않는다. 이는 계약의 체결을 쉽게 함으로써 경제활동의 자유를 보장하고 원활하게 한다는 의미가 있다.

(4) 계약자유의 원칙의 제한: 자본주의가 발전함에 따라 개인 활동의 제한 없는 자유는 사소유의 절대와 결합하여 정의롭고 합리적인 경제사회를 형성하기보다는 오히려 경제·사회적 강자에 의한 약자의 규제 없는 지배라는 불합리한 사회를 형성하고, 가진 자의 갖지 못한 자에 대한 지배를 위한 법적 수단으로 전락되고, 이로 인한 빈부격차의 심화와 부를 기준으로 한 계층간의 갈등이라는 사회적 병폐를 노증시키고 있었다. 개인간의 실질적 평등을 실현하여 정의로운 공동체를 유지하기 위하여는 계약의 자유의 관념에 대한 근본적인 사고의 전환을 통한 계약자유의 적극적 제한을 필요로 한다. 제한은 자유의 본질을 훼손하지 않는 한도 내에서 사회정의, 즉 모든 공동체 구성원의 인간다운 삶의 보장을 목표로 합리적으로 제한되어야 한다. 이는 구체적 생활에서 사회적 정의의 실천을 목표로 개별 계약에서는 공정성이 확보되어야 한다는 것으로 이해될 수 있다.

(가) 제한의 내용: 제한의 목표는 공동체 구성원간의 구체적 평등의 실현에 의한 정의로운 사회 유지에 두되 경제활동의 자유와 창의성이 박탈되어서는 아니 될 것이다.

① 체결의 자유에 대한 제한: 체결에 대한 제한은 체약의 강제로 나타난다. 체약의 강제는 자본주의 발달에 따른 독과점기업의 출현에 따른 독과점기업의 횡포를 방지하여 수급의 균형을 기하기 위한 목적으로 행하여지며, 또한 국민생활 및 국가 경제에 중대한 영향이 있는 물자 및 공익적 노무의 제공을 목적으로 하는 등의 특정 내용의 계약에서 청약 또는 승낙을 강제하는 공·사법상의 의무를 부과함으로써 이루어진다.

㉮ 생존배려적 체약강제: 전기·수도·가스·우편·전화·철도·운송 등을 제공하는 독과점기업에 물자 또는 노무의 청약에 대하여 승낙의무를 부과함으로써 체결의 자유가 제한된다. 이러한 물자 또는 노무는 우리의 일상생활에 필수불가결하거나 대단히 중요한 것으로 제공자의 제공(승낙)의 자유를 허용하여 선별하여 제공되게 할 수는 없다. 전기사업법 제16조·수도법 제24조·도시가스사업법 제19조 등은 각 사업체에 사업이 운영하는 재화의 공급의무를 부과하며, 우편법 제50조·전기통신사업법 제3조·철도법 제10조 및 제20조·여객자동차운수사업법 제28조 등은 정당한 이유 없이 당해 노무의 제공을 거절하지 못하도록 규정한다. 만일 위 법률에서 정한 승낙의무를 이행하지 않는 경우에는 관계법령이 정하는 공법적 제재를 받게 됨은 물론 사법상으로는 불법행위에 의한 손해배상책임을 지게 된다.

㉯ 공공·공익적 노무의 체약강제: 노무의 내용이 공공적 또는 공익적인 경우에 당해 노무의 제공은 강제된다. 공공적 직무를 담당하는 공증인(공증인법 4조)·집행관(집행관법 14조)·법무사(법무사법 20조), 공익적 노무를 제공하는 의사·치과의사·한의사·조산원 등의 의료인(의료법 16조)·약사(약사법 22조) 등은 정당한 이유 없이 노무의 제공을 거절할 수 없어 체결(승낙)의 자유가 제한된다. 그리고 당해 노무의 제공을 거절하는 경우에 관하여는 위 ①의 그것과 같다.

㉰ 국민경제와 체약강제: 양곡·비료 기타 국민생활과 관련성이 높은 물자 및 국민경제에 중요한 물자 등에 관하여는 청약 또는 승낙의 자유를 제한하여 체약을 강제하고 있다. 양곡관리법 제4조, 제16, 제17조, 제20조·비료관리법 제5조, 제6조, 제9조·물가안정에관한법률 제6조 등이 그 예이다.

㉱ 사법상의 체약강제: 민법상 지상권설정자의 지상물매수청구(285조), 전세권자의 부속물매수청구(316조), 임차인과 전차인의 부속물매수청구(646조, 647조)에 대하여 상대방으로 하여금 거절하지 못하게 하여 승낙의 자유를 제한하고 있다.

② 내용결정의 자유에 대한 제한: 사회·경제적 약자를 보호하기 위한 목적의 제한과 대량거래에서의 거래의 신속 및 간편함과 계약의 보편화를 위한 보통거래약관에 의한 제한이다. 전자의 경우는 주택임대차보호법·가등기담보등에관한법률 등의 각종의 이른바 소비자보호에 관련한 법에 의한 제한이 그것이며, 후자는 예대금계약·보험계약·운송계약 등에서 일방적으로 사전에 작성한 보통거래약관에 의한 계약이 행하여 짐으로써 상대방이 받는 내용규제이다. 한편 국민경제에 중대한 영향을 미치는 물자의 경우에는 국가가 공정가격 또는 행정지도가격을 정하도록 한다. 예컨대 쌀값·택시 및 버스요금·쇠고기 가격·목욕요금 등이 이에 속한다.

③ 계약방식의 자유에 대한 제한: 대량거래에 있어서 거래의 신속·명확화를 위하여 일정한 방식을 요하거나 또는 법률관계를 분명하게 하기 위하여 일정한 방식을 요하는 경우가 있다. 민법은 증여에서 구두증여와 서면증여의 효력에 차이를 두며(555조), 유언은 일정한 방식에 의한 서면으로 하도록 한다(1065조). 그 밖에 건설산업기본법 제22조는 계약의 합리성을 위하여 건설공사도급계약을 서면에 의하도록 하고 있으며, 부동산등기특별조치법 제3조는 부동산의 소유권이전에 관한 등기의 신청에는 이른바 관인계약서에 의할 것을 규정하여 부동산의 매매계약은 서면에 의하도록 간접적으로 제한하고 있다. 이들은 모두 법률관계를 분명히 사후의 분쟁을 최소화하기 위한 것이다.

④ 신고·허가·증명을 요하는 계약: 당사자의 계약의 자유는 포괄적으로 인정하지만 경제적 또는 정책적으로 특정한 목적을 위하여 국가가 당사자의 계약을 허가·신고 또는 일정한 증명을 요하게 하는 경우가 있다. 이러한 계약의 경우에는 당사자는 허가 등을 받아야 당해 계약의 효력이 발생한다.

㉮ 신고 또는 허가를 요하는 계약: 국토의계획및이용에관한법률은 토지거래의 규제에 관하여 일정지역을 토지거래허가지역 또는 토지거래신고지역으로 고시하고, 당해 지역의 토지거래에 관하여는 계약체결 전에 신고 또는 허가를 하도록 하며, 허가를 받지 않고 체결한 계약은 무효이며(국토이용관리법 21조의3의7항), 신고한 계약의 내용이 적절하지 않은 경우에는 거래계약의 체결 중지나 권고를 할 수 있도록 하고 있다(21조의8). 그 밖에 외국인의 토지매매, 재단법인의 기본재산의 처분·학교법인의 기본재산의 처분·사찰재산의 처분·향교재산의 처분 등과 같은 경우에는 주무장관의 허가를 받도록 되어 있다(외국인의토지취득및관리에관한법률 6조, 사립학교법 28조 등).

㉯ 증명을 요하는 계약: 농지법 제8조는 농지를 소유하고자 하는 자는 농지취득자격증명을 요하도록 하며, 동 증명서를 등기신청시에 첨부하여 일정한 자에 한정하여 농지를 취득하도록 함으로써 계약체결의 상대방에 대한 제한을 하고 있다. 이는 경작이 가능한 자만이 농지를 소유하게 하여 농지의 효율성을 증대하기 위한 목적이다. 농지취득자격은 농지매매의 당사자에 관한 요건이기 때문에 이 증명을 얻지 못한 자가 한 농지매매계약은 무효로 보아야 한다.

(나) 약관에 의한 제한: 약관의규제에관한법률 참조.

2. 信義誠實의 原則: 민법 제2조의 신의성실의 원칙은 민법 전반에 적용되는 대원칙이지만, 계약법분야에서 그 실질적인 작용을 한다. 신의성실의 원칙이 당사자간에 거래관계가 있는 특별구속관계에서 그 주된 기능을 하고, 계약관계에서는 계약의 생성·발전·소멸의 각 단계별로 기능을 한다.

(1) 계약의 체결 단계: 계약체결상의 과실로서, 우리 민법은 제535조에서 원시적 불능의 경우에 신뢰이익의 배상을 규정하고 있으나 그 밖에도 계약체결에 관한 책임문제에 관하여 신의성실의 원칙이 해결의 기준이 된다.

(2) 계약의 존속 단계: 권리의 행사와 의무의 이행과정에서는 계약의 목적 달성을 위한 협력체관계에서 신의와 성실이 요구된다. 이에 민법도 제2조에서 권리의 행사와 의무의 이행에 신의성실을 요구하며, 나아가서 권리의 남용을 금지하고 있다. 한편 당사자는 계약의 발전과정에 따라 무수한 여러 가지 상황에 놓이게 되는데, 이를 예상하고 미리 모든 합의를 한다는 것은 불가능하다. 이때 당사자의 법적 지위의 균형을 위하여 각자에게 일정한 권리·의무가 발생하는데, 이러한 권리·의무의 발생을 기초 지우는 것이 신의성실의 원칙이다. 이에 의하여 계약의 전개과정

에 따라 적합한 주의·배려·보호·협조의무 등의 부수의무가 발생한다.
(3) 계약의 소멸 단계: 계약관계는 기본적으로 신뢰관계이며 또한 계약의 목적 달성을 위하여 상호 협조하고 협력하여야 하는 협동체관계이다. 이러한 관계는 계약관계가 지속되는 동안 유지되어야 한다. 따라서 어느 일방의 불신행위가 현저하여 더 이상 계약관계를 유지한다면 상대방에게 너무 가혹하고 불리하여 형평을 상실할 우려가 있는 경우에는 신의성실의 원칙에 의하여 계약을 해소할 수 있다고 보아야 한다. 특히 계속적 계약관계에서는 계약의 특성상 당사자간에 신의성실의 원칙이 특별히 더욱 요구되나 이러한 신의성실의 원칙에 의하여 구체적인 계약을 소멸시킬 수 있느냐 여부는 일방의 불신행위로 당해 계약관계로서의 신뢰·협동체관계가 현저히 훼손되었고, 이에 불구하고 계약을 지속케 한다면 상대방에게 지극히 가혹하여 불리한 것인가가 기준이 될 것이다.

3. 事情變更의 原則: 사정변경의 원칙이란, 일반적으로 계약성립 후 그 기초가 된 상황이 현저하게 변경되었거나 소멸하여 당초의 계약의 내용을 그대로 유지하여 강제하는 것이 일방에게 지극히 부당하거나 불리하여 신의와 형평의 이념에 반하는 경우에는 당사자가 신의와 형평에 맞게 계약의 내용을 정정하거나 폐기(해제)할 수 있다는 원칙을 말한다. 법률행위 특히 계약의 경우에 계약체결때의 상황이 계약의 이행시에 당사자가 예상하지 못한 현저한 변화가 있는 경우에 당해 계약에 어떠한 법적 효과를 부여할 것인가는 계약법에서 중요한 논의 과제중의 하나이다. 이는 시대에 따라 변화를 거듭하여, 로마법에서는 〈계약은 지켜져야 한다(pacta sunt servanda)〉는 원칙에 의하여 부정되었으나, 중세 까논법(ius canonici; 교회법)에서는 Clausula rebus sic stantibus(만일에 사물이 그대로 있었더라면이라는 조항)의 법리인 사정불변경론에 의하여 긍정되었으며, 현대 대부분의 국가는 이를 긍정하며, 독일에서는 행위기초론(die Lehre von der Geschäftsgrundlage), 프랑스법에서는 불예견론(la the'orie de l'impre'vision), 영미법에서는 계약목적부도달의 원칙(the doctrine of frustration of contract), 우리나라와 일본에서는 사정변경의 원칙으로 논의되고 있다. 우리 민법상 사정의 변화에 따른 계약의 구속력 문제에 관하여, 학설은 대체로 〈사정변경의 원칙〉이란 이름으로 승인을 하는 경향이며, 판례도 아래의 요건아래에 이를 긍정한다(대판 2007.3.29. 2004다31302).
(1) 요건
(가) 사정의 현저한 변경: 계약성립 당시에는 당사자가 예견할 수 없었던 사정이 이행시에 현저하게 변경하여야 한다.
(나) 당사자의 불예견: 사정변경에 대하여 당사자가 예견할 수 없어야 한다.
(다) 귀책사유 없음: 당사자에게 책임 없는 사유에 의하여 사정의 변경이 있어야 한다.
(라) 객관적 사정: 사정은 계약의 기초가 되었던 객관적인 사정으로서, 일방당사자의 주관적 또는 개인적인 사정은 제외된다.
(2) 효과-정정권, 해제권: 당초의 계약의 내용에 대하여 정정을 청구하거나 계약을 해제할 수 있다.

契約의 種類

1. 典型契約과 非典型契約
(1) 전형계약: 전형계약은 민법 또는 상법 등의 법률에 규정되어진 계약을 말한다. 민법상의 전형계약으로는 민법 제3편 제2장에 규정되어진 증여를 비롯한 14종(현상광고에 관하여는 계약인가에 관하여 논란이 있음)의 계약이 있으며, 상법상의 전형계약으로는 상호계산·익명조합·운송·임치 등의 계약이 있다. 이러한 계약은 그 계약의 이름이 있기 때문에 유명계약(有名契約)이라고도 한다. 당사자가 체결한 어떤 계약이 전형계약인가 여부의 판단은 당해 계약이 민·상법의 각종 계약의 의의 규정에 해당하는가 여부에 의하여 결정된다. 전형계약이 성립된 경우 당사자간의 법률관계는 당사자간의 계약의 내용과 법률에 의하여 성립된다. 법률의 규정은 원칙적으로 임의규정이다. 따라서 당사자의 합의와 법률의 규정이 충돌할 때는 당사자의 의사표시가 우선한다.

(2) 비전형계약(무명계약): 민법 또는 상법 등의 법률에 규정되어 있지 않은 계약, 즉 전형계약이 아닌 계약을 비전형계약 또는 무명(無名)계약이라고 한다. 예컨대 숙박계약·의료계약·여행계약·출판계약·방송출연계약 등이 이에 속한다. 비전형계약은 법률관계를 규정하는 법규가 없기 때문에 당사간의 법률관계를 어떻게 규율할 것인지가 문제되는데, 당사자간에는 당해 계약에 의하여 통일적이며 단일한 법률효과를 발생하게 하는 것이 목적이므로 당해 계약과 가장 유사한 전형계약을 선정하여 그 전형계약에 관한 규정을 유추적용하는 방법이 가장 타당하다.

2. 諾成契約·要物契約: 낙성계약은 당사자의 의사의 합치(합의)만으로 계약이 성립하는 것을 말하며, 당사자의 합의 이외에 특별한 법률사실이 있어야만 성립하는 계약이 요물계약이다. 민법은 전형계약 모두(현상광고는 제외)를 낙성계약으로 하고 있다.

3. 有償契約·無償契約: 계약은 계약의 당사자간에 상호 대가적 의미를 가지는 경제적 출연이 있느냐 여부에 의하여 유·무상계약으로 구별한다. 매매·교환·임대차·도급·화해 등은 유상계약이고, 증여·사용대차 등은 무상계약이다. 소비대차·위임·임치 등은 당사자의 약정에 의하여 유상 또는 무상으로 할 수 있다.

(1) 구별실익: 유·무상계약의 구별실익은 구체적인 당해 계약의 법률관계에 관하여 당사자의 의사표시 또는 그에 관한 직접적인 규정이 없는 경우에, 당사자간의 법률관계를 규율하는 법조를 선택하는데 있다. 즉 유상계약의 대표적인 것이 매매이고 무상계약의 대표적인 것이 증여로서, 당해 계약이 유상계약이라면 매매에 관한 규정이 준용되며, 무상계약이면 증여에 관한 규정이 준용된다. 특히 중요한 것이 담보책임에 관한 조항(559조와 580조)이다.

(2) 유·무상계약의 구별: 유상계약은 계약의 당사자간에 상호 대가적 의미를 가지는 경제적 출연이 있는 계약을 말하며, 일방만이 경제적 출연을 하고 상대방은 이에 대하여 아무런 경제적 대가를 행하지 않는 계약을 무상계약이라 한다. 경제적 출연이 있느냐 여부는 계약의 성립시부터 소멸시까지 계약과 관련된 모든 과정을 통하여 일방이 경제적 출연을 하였고 이에 대하여 상대방이 대가적 의미를 가지는 경제적 출연이 있었느냐에 달려있으며, 있다면 이는 유상계약이다. 즉 계약과 관련되어 상호간에 재산의 이동이 있느냐 그 자체로 유·무상을 구별한다. 경제적 출연은 계약의 성립시에 있었고, 상대방의 대가적 출연은 계약의 효과로서 있는 경우에도 유상계약이다. 경제적 출연이 이루어진 시기는 문제되지 않는다. 일방의 출연에 의한 경제적 손실이 상대방에 의하여 보상되면 유상계약이다.

4. 雙務契約·片務契約: 계약에 의하여 당사자가 상호 대가적 의미를 가지는 채무를 부담하는 것이 쌍무계약이며, 일방만이 채무를 부담하는 계약이 편무계약이다. 상호간에 채무를 부담할지라도 그 채무가 대가적 의미가 없으면 쌍무계약이 아니다. 매매·임대차·도급 등이 쌍무계약이며, 증여·사용대차 등은 편무계약이고, 소비대차·위임·임치 등은 유상이면 쌍무계약이나 무상이면 편무계약이다.

(1) 구별실익: 쌍무계약과 편무계약을 구별하는 이유는 어떤 계약이냐에 따라 그 법률효과에서 본질적인 차이가 나기 때문이다. 즉 쌍무계약은 양 당사자의 채무가 상호 의존적이기 때문에 그 법률효과로서 동시이행의 항변권과 위험부담의 문제가 생기는 등 편무계약과는 여러 가지 측면에서 다르다.

(2) 쌍무계약: 쌍무계약의 당사자가 부담하는 채무는 상호 대가적이며 의존적인 관계에 있다. 이러한 양 채무간의 관계의 성질을 〈교환적 원인관계〉, 〈주어지기 위하여 주는 관계〉, 〈상환성〉, 〈쌍무성〉 또는 〈견련성〉 등으로 표현한다. 쌍무계약은 양 채무간에 견련성이란 특질이 있고, 이러한 특질에 의하여 계약의 발전단계, 즉 성립과정, 이행과정, 존속과정에 따라서 각기 독특한 법률관계가 형성된다.

(가) 성립상의 견련관계: 채무가 성립되었느냐에 관하여는 쌍무계약의 견련성에 의하여 결정된다. 따라서 일방의 채무가 불능·불법 등의 이유로 성립하지 아니할 때에는 그 채무와 대가적 관계에 있는 상대방의 채무도 성립하지 아니한다. 이와 같이 하나의 채무가 성립하지 아니하면 쌍무계약의 견련성에 의하여 상대방의 채무도 성립하지 아니하여 계약은 무효가 된다.

(나) 이행상의 견련관계-동시이행의 항변권: 쌍무계약은 견련성에 의하여 각 채무는 하나의 채

무가 이행되기 전까지는 다른 채무도 이행되지 아니하여도 좋다는 관계가 있다. 이를 이행상의 견련관계라고 하는데, 민법은 이에 의하여 동시이행의 항변권을 부여한다(536조).

(다) 존속상의 견련관계-위험부담: 채권의 목적이 되는 급부가 채무자에게 책임 없는 사유로 이행불능이 되어 소멸하는 경우에 다른 채무는 어떻게 되는지의 문제가 생긴다. 즉 쌍무계약의 견련성이란 특질에서 소멸되는 급부의 반대급부의 운명은 어떻게 되느냐의 관계이다. 이는 급부의 소멸로 입게 되는 경제적 손실의 위험을 누가 부담하는가라는 것이기 때문에 이를 쌍무계약에서의 위험부담이라고 한다. 민법은 위험을 채무자에게 부담시키는 채무자위험부담주의를 취한다(537조). 채무자위험부담주의 아래서는 반대급부는 이행할 필요 없어 소멸하게 된다.

(라) 채무불이행상의 견련관계-해제권: 민법은 채무불이행에 대한 상대방의 구제를 위하여 계약의 해제를 인정하는데, 계약의 해제로 인해 일방당사자는 자기의 채무도 면하게 된다. 이는 양 채무가 견련관계에 있기 때문이다. 즉 채무불이행상의 견련관계에서 채무불이행의 경우 계약의 해제권이 발생한다.

5. 豫約 · 本契約: 예약은 장래 특정한 내용으로 계약(본계약)을 체결할 것을 약정하는 당사자간의 합의를 말하며, 예약에 의하여 장래 체결되는 계약이 본계약이다. 예약은 장래에 가서 본계약을 체결할 것이 불투명한 경우에 미리 당사자를 본계약을 체결할 것으로 구속해 둘 필요성이 있는 경우에 행하여진다. 민법은 매매예약의 경우에는 일방의 본계약 체결의 의사표시에 의하여 본계약이 직접 성립하는 일방예약으로 추정하고 있다(564조).

第1節 總 則

1. 概括: 전형 · 비전형계약, 유상 · 무상계약, 쌍무 · 편무계약 모든 계약에 관하여 공통적으로 적용되는 계약의 성립, 효과 등 계약에 대한 기본적이고 통칙적인 내용을 규정한다.

2. 構成

(1) 계약의 성립: 제527조-제535조

(2) 계약의 효력: 제536조-제542조

(3) 계약의 해지 · 해제: 제543조-제553조

第1款 契約의 成立

1. 契約의 成立: 계약은 전형적으로는 두 당사자의 의사(청약과 승낙)의 합치로 성립하나, 그 밖에 민법은 교차청약에 의한 계약의 성립(533조)과 의사실현에 의한 계약의 성립(532조)의 모습을 인정한다.

2. 請約과 承諾의 合致된 意思表示(合意)

(1) 의사의 합치: 합의는 당사자가 누구냐에 대한 합치(주관적 합치)와 계약의 내용에 대한 합치(객관적 합치)가 있어야 한다.

(가) 주관적 합치: 당사자가 누구냐는 것과 계약체결의사의 유무에 대한 합치이다.

(나) 객관적 합치: 객관적 합치는 내용에 대한 합치이다. 객관적 합치인 내용에 대한 합치는 원칙적으로 표시된 객관적 의미를 기준으로 평가한다.

① 합치 여부의 판단: 계약이 성립하기 위하여는 당사자 사이에 의사의 합치가 있을 것이 요구되고, 이러한 의사의 합치는 당해 계약의 내용을 이루는 모든 사항에 관하여 있어야 하는 것은 아니나 그 본질적 사항이나 중요 사항에 관하여는 구체적으로 의사의 합치가 있거나 적어도 장래 구체적으로 특정할 수 있는 기준과 방법 등에 관한 합의는 있어야 한다(대판 2001.3.23. 2000다51650).

② 오표시무해의 원칙: 실제의 내용에 관하여는 당사자의 의사가 합치하였으나, 합치된 의사를 표시하는 과정에서의 착오로, 표시가 잘못되어 합치된 의사와 표시가 일치되지 않았더라도 실제

의 의사의 합치를 기준으로 계약은 유효하게 성립된다. 이를 오표시무해의 원칙이라 한다. 이와 같이 〈오표시무해의 원칙〉은 잘못된 표시는 의사표시에 영향을 주지 않는다는 법리인데, 이는 잘못된 표시일지라도 당사자가 서로 같은 내용으로 이해하였다면 실제의 의사에는 합치가 있기 때문이다. 이 원칙에 의하여 당사자간에 표시된 객관적 의미와는 달라 합치가 되지 않을 지라도 실제의 의사(진의)가 공통적으로 인식되어졌다면, 그 의미가 통상의 의미와 일치하지 않거나 잘못 표시되었을지라도 계약은 당사자의 실제의 의사를 기준으로 계약은 성립한 것으로 한다. 의사의 합치 여부는 표시가 가지는 객관적 의미를 기준으로 평가하여야 한다. 그러나 쌍방 또는 일방이 표시가 가지는 객관적 의미와는 다른 실제의 내심적 의사를 가졌다면 표시의 착오에 해당하겠으나, 당사자 쌍방이 공통하여 표시의 객관적 의미와는 달리 실제의 내심적 의사로 인식한 때에는 실제의 내심적 의사를 기준으로 합치 여부를 판단하여야 한다. 예컨대 부동산 매매계약에서 상호간의 착오로 번지를 달리 기재한 경우에는 오표시무해의 원칙에 의하여 합치된 실제의 의사에 의하여 계약이 유효하게 성립한다(대판 1993.10.26. 93다2629).

(2) 불합의: 불합의는 의사가 합치되지 않았으므로 계약은 불성립되어 효력을 발생하지 못한다. 불합의에는 불합의를 안 경우(인식한 불합의)와 인식하지 못한 경우(숨은 불합의-합의가 된 것으로 잘못 인식한 경우)로 구분되나 어느 것이나 계약은 성립되지 않는다. * 숨은 불합의: 숨은 불합의란 당사자의 의사가 합치하지 않았음에도, 그 불합치를 알지 못하고 합치한 것으로 잘못 인식한 경우이다. 예컨대 청약자가 상대방이 침묵한 것을 승낙한 것으로 잘못 인식한 경우, 승낙자가 청약자의 의사를 잘못 이해하고 승낙함으로써 외형상으로는 의사가 일치하였으나 실제의 의사는 불일치한 경우, 계약의 내용으로 제시할 것을 실수로 거론하지 못하여 외형적으로는 합치하였으나 실제의 의사는 불일치한 경우, 승낙자가 청약에 별도의 조건이나 내용을 변경하여 의사표시(이는 새로운 청약)를 하였는데 자기의 청약을 변경 없이 그대로 승낙한 것으로 잘못 이해한 경우 등이다. 이러한 숨은 불합의는 불합의를 비록 의식하지 못하였다 할지라도 불합의를 의식한 것과 동일하게 원칙적으로 계약은 성립하지 않는다.

3. 構成(成立類型)

(1) 청약과 승낙에 의한 계약: 제527-제531조

(2) 의사실현에 의한 계약: 제532조

(3) 교차청약에 의한 계약: 제533조

第527條【契約의 請約의 拘束力】 契約의 請約은 이를 撤回하지 못한다.

請約과 承諾에 의한 契約

1. 請約: 계약 성립의 가장 기본적이며 원칙적인 모습은 일방의 청약의 의사표시에 대하여 상대방이 승낙의 의사표시를 함으로써 이루어지는 것이다. 청약은 그에 응하는 승낙만 있으면 곧 계약이 성립하는 구체적이고 확정적인 의사표시로서 계약을 체결하려는 일방적이며 최종적인 의사표시를 말한다. 즉 청약으로 해당되기 위하여는 내용이 확정적이며 명확하여야 하고, 체약의 의사가 최종적이라야 한다(대판 2005.12.8. 2003다41463).

(1) 확정성과, 최종성: 계약을 체결하려는 청약의 내용이 확정되어 있고(확정성), 최종적(최종성)이어야 한다. 그 정도는 청약은 계약의 내용을 결정할 수 있을 정도의 사항을 포함시키는 것이 필요하다(대판2005.12.8. 2003다41463). 이러한 확정성과 최종성이 없으면 청약이 아니고 청약의 유인에 해당한다. 청약과 청약의 유인과의 차이는 청약에는 승낙적격과 구속력이 있으나, 청약의 유인에는 그러한 효력이 없다.

(2) 청약의 유인과 구별: 계약을 체결하려는 의사이나, 그 내용이 확정적이지 아니하고 최종적이지 아니한 의사를 청약의 유인이라 한다. 예컨대 각종 광고와 선전, 경품으로 진열된 상품이 이에 해당한다. 따라서 상가를 분양하면서 그 곳에 첨단 오락타운을 조성·운영하고 전문경영인에 의한 위탁경영을 통하여 분양계약자들에게 일정액 이상의 수익을 보장한다는 광고를 하고,

분양계약체결시 이러한 광고내용을 계약상대방에게 설명하였더라도, 체결된 분양계약서에는 이러한 내용이 기재되지 않은 점과, 그 후의 위 상가 임대운영경위 등에 비추어 볼 때, 위와 같은 광고 및 분양계약체결시의 설명은 청약의 유인에 불과할 뿐 상가 분양계약의 내용으로 되었다고 볼 수 없다(대판 2001.5.29. 99다55601, 55618).

(3) 의사표시: 청약의 의사표시를 하여야 한다. 따라서 수산업협동조합이 임시대의원총회에서 어업권을 당해 수면 인접지역에 설립될 어촌계에게 무상으로 양도하기로 결의하였고, 그러한 결의내용이 내·외부에 알려졌다는 사정만으로는 어업권의 무상양도(증여)의 청약이 이루어진 것으로 볼 수 없다(대판 2007.10.26. 2006다86573, 86580).

(4) 개별적인 문제

(가) 자동판매기 등: 자동판매기의 설치, 가격표가 제시된 판매용 상품은 청약이다.

(나) 입찰공고: 원칙적으로 입찰공고는 청약의 유인이나, 무조건 제일 유리한 조건을 제시한 자로 계약을 체결한다는 내용이면 청약에 해당한다.

(다) 경매: 호칭행위는 청약에 해당한다.

2. 請約의 效力: 청약에는 상대방의 승낙에 의하여 계약을 성립시키는 효력(실질적 효력-상대방에게 부여하는 이러한 효력을 청약의 승낙적격)과 상대방의 보호를 위하여 청약을 자유롭게 철회할 수 없는 구속력이 있다.

(1) 효력발생시기: 청약은 상대방에 도달함으로써 효력을 발생한다(111조).

(가) 청약 발송 후 도달 전의 청약자의 사망 등-원칙은 영향 없음: 의사표시는 표의자가 의사표시를 발송 한 후에 사망하거나 행위능력을 상실하여도 의사표시에는 영향이 없다(111조2항). 따라서 청약 통지 발송 후 도달 전의 사망 또는 행위능력 상실의 경우에 별도의 규정이 없기 때문에 제111조제2항에 의하여 그 경우에 원칙적으로 청약의 의사표시에 영향이 없어 청약자의 상속인이 청약자의 지위를 승계한다.

(나) 예외: 계약의 성질상 당사자의 개성이 중시되는 계약의 경우에는 청약자의 사망으로 청약의 효력은 상실한다고 보아야 한다.

(2) 수령능력: 청약통지의 발송 후 행위능력을 상실한 경우에는 청약의 효력의 문제 외에 상대방이 승낙한 경우에 승낙의 의사표시를 수령하여야 하고 이때 수령능력(112조)이 문제되기도 한다.

(3) 승낙적격: 청약에 대하여 상대방이 승낙함으로써 계약은 성립하게 되는데(청약의 실질적 효력), 이는 결과적으로 상대방에게 승낙을 할 수 있는 자격을 부여한 것과 같다. 따라서 이를 승낙적격이라 하는데, 이는 청약의 효력존속기간이며 곧 청약의 구속력의 존속기간과 일치한다.

(4) 구속력-비철회성-제527조: 청약은 승낙으로 계약이 성립함으로 청약으로 승낙의 준비를 하는 자를 보호하기 위하여 청약을 임의로 철회할 수 없도록 하고 있다.

(가) 근로자의 사직의 의사표시-철회 가능: 근로자가 일방적으로 근로계약관계를 종료시키는 해약의 고지방법에 의하여 임의사직하는 경우가 아니라, 근로자가 사직원의 제출방법에 의하여 근로계약관계의 합의해지를 청약하고 이에 대하여 사용자가 승낙함으로써 당해 근로관계를 종료시키게 되는 경우에 있어서는, 근로자는 위 사직원의 제출에 따른 사용자의 승낙의사가 형성되어 확정적으로 근로계약 종료의 효과가 발생하기 전에는 그 사직의 의사표시를 자유로이 철회할 수 있다고 보아야 할 것이며, 다만 근로계약 종료의 효과발생 전이라고 하더라도 근로자가 사직의 의사표시를 철회하는 것이 사용자에게 불측의 손해를 주는 등 신의칙에 반한다고 인정되는 특별한 사정이 있는 경우에 한하여 그 철회가 허용되지 않는다(대판 1992.4.10. 91다43138).

(나) 근로자의 명예퇴직의 의사표시: 명예퇴직은 근로자가 명예퇴직의 신청(청약)을 하면 사용자가 요건을 심사한 후 이를 승인(승낙)함으로써 합의에 의하여 근로관계를 종료시키는 것으로, 명예퇴직의 신청은 근로계약에 대한 합의해지의 청약에 불과하여 이에 대한 사용자의 승낙이 있어 근로계약이 합의해지되기 전에는 근로자가 임의로 그 청약의 의사표시를 철회할 수 있다(대판 2003.4.25. 2002다11458). 그러나 이러한 합의가 있은 후에는 당사자 일방이 임의로 그 의사표시를 철회할 수 없으며, 이 합의에 따라 명예퇴직예정일이 도래하면 근로자는 당연히 퇴직하고 사용자는 명예퇴직금을 지급할 의무를 부담하게 된다(대판 2003.6.27. 2003다1632).

(다) 청약자가 미리 정한 기간 내에 이의를 하지 않는 경우 승낙으로 간주한다는 뜻의 표시: 청약자가 미리 정한 기간 내에 이의를 하지 아니하면 승낙한 것으로 간주한다는 뜻을 청약시 표시하였다고 하더라도 이는 상대방을 구속하지 아니하고 그 기간은 경우에 따라 단지 승낙기간을 정하는 의미를 가질 수 있을 뿐이다(대판 1999.1.29. 98다48903).

3. 承諾: 승낙은 청약의 수령인이, 청약자에게, 청약에 대한 무조건적인 동의의 표시여야 한다. 따라서 승낙에 조건, 청약의 내용의 삭제 또는 변경을 한 것은 승낙이 아니라 새로운 청약이 된다(534조). 승낙의 의사표시의 방법에는 아무런 제한이 없고 의사표시에 관한 일반법리가 적용된다. 그리고 단순한 침묵은 승낙이 아니다.

4. 個別的 問題

(1) 청약자가 미리 정한 기간 내에 이의를 하지 않는 경우 승낙으로 간주한다는 뜻을 표시한 청약: 청약자가 미리 정한 기간 내에 이의를 하지 아니하면 승낙한 것으로 간주한다는 뜻을 청약시 표시하였다고 하더라도 이는 상대방을 구속하지 아니하고 그 기간은 경우에 따라 단지 승낙기간을 정하는 의미를 가질 수 있을 뿐이다(대판 1999.1.29. 98다48903).

(2) 별도의 의사표시가 없으면 동의한 것으로 본다는 내용의 청약의 성질: 청약자가 별도의 의사표시가 없으면 동의한 것으로 본다는 취지의 청약을 한 경우에 상대방이 침묵을 한 경우가 문제된다. 침묵은 의사표시가 아니므로 계약은 원칙적으로 성립하지 않는다. 그러나 이 경우에 상대방(침묵한 자)은 청약자에 대하여 계약의 성립을 주장할 수 있다고 본다(청약자는 계약의 성립을 주장하지 못함).

(3) 보험료대납 동의의 청약의 성질: 보험회사 대리점이 평소 거래가 있는 자로부터 그 구입한 차량에 관한 자동차보험계약의 청약을 받으면서 그를 위하여 그 보험료를 대납하기로 전화상으로 약정하였고, 그 다음날 실제 보험료를 지급받으면서는 그 전날 이미 보험료를 납입받은 것으로 하여 보험약관에 따라 보험기간이 그 전날 24:00 이미 시작된 것으로 기재된 보험료영수증을 교부한 경우 위 약정일에 보험계약이 체결되어 보험회사가 보험료를 영수한 것으로 보아야 한다(대판 1991.12.10. 90다10315).

第528條【承諾期間을 定한 契約의 請約】 ① 承諾의 期間을 定한 契約의 請約은 請約者가 그 期間 內에 承諾의 通知를 받지 못한 때에는 그 效力을 잃는다.
② 承諾의 通知가 前項의 期間 後에 到達한 境遇에 普通 그 期間 內에 到達할 수 있는 發送인 때에는 請約者는 遲滯없이 相對方에게 그 延着의 通知를 하여야 한다. 그러나 그 到達 前에 遲延의 通知를 發送한 때에는 그러하지 아니하다.
③ 請約者가 前項의 通知를 하지 아니한 때에는 承諾의 通知는 延着되지 아니한 것으로 본다.

請約의 承諾適格

1. 承諾의 效力은 到達主義 - 제1항: 계약은 청약과 승낙으로 성립하고, 승낙은 청약의 유효기간(실질적 효력) 내에 이루어져야 한다. 이는 다른 한편으로는 승낙의 효력 발생시기라는 것이 되는데, 승낙의 효력은 일반적인 의사표시의 효력발생시기인 도달주의를 취한다. 따라서 제1항에서 승낙이 청약기간 내(유효기간 내)에 청약자에게 도달한 때에 승낙은 유효하고 따라서 계약은 성립한다. 그런데 이 규정은 계약의 성립시기라는 점에서는 제531조와 상충된다(531조 참조).

2. 非通常的으로 延着된 承諾 - 延着 通知 - 제2항: 청약기간 내에 도달하지 않은 승낙은 제1항에 의하여 승낙의 효력은 없고, 따라서 계약은 성립하지 않는다. 그런데 당해 승낙이 통상적으로는 청약기간 내에 도달될 수 있는데 실제로는 기간 후에 도달한 경우가 있다. 이러한 경우에 청약자는 승낙이 청약기간이 지난 후에 도달하여 계약이 성립하지 않았음을 통지하여야 한다(2항). 즉 계약의 불성립을 원하는 경우에는 연착의 통지를 하여야 한다. 그러나 청약자가 승낙이 기간 내

에 없다는 것을 먼저 통지한 경우에는 별도로 연착의 통지를 할 필요가 없고(2항 단서), 계약은 성립하지 않는다.

3. 延着된 承諾에서 延着 通知 없는 경우 - 기간 내 도착으로 간주 - 제3항: 승낙이 비통상적으로 연착된 경우에 연착의 통지를 하지 않으면 정상적인 상태로 기간 내에 도달한 것으로 보아 계약은 성립한다. 승낙자를 보호하기 위한 규정이다.

4. 一方的으로 定한 期間 內에 異意 없으면 承諾한 것으로 看做한다는 뜻을 表示한 請約의 效力: 청약자가 미리 정한 기간 내에 이의를 하지 아니하면 승낙한 것으로 간주한다는 뜻을 청약 시에 표시하였다고 하더라도 이는 상대방을 구속하지 아니하고 그 기간은 경우에 따라 단지 승낙기간을 정하는 의미를 가질 수 있을 뿐이다(대판 1999.1.29. 98다48903).

第529條【承諾期間을 定하지 아니한 契約의 請約】 承諾의 期間을 定하지 아니한 契約의 請約은 請約者가 相當한 期間 內에 承諾의 通知를 받지 못한 때에는 그 效力을 잃는다.

期間을 定하지 않은 請約의 效力

1. 相當期間 經過: 대화자간에는 즉시 승낙이 없으면 청약은 효력을 상실한다. 격지자간의 경우에 〈상당기간〉이 문제되는데, 이는 일반적으로 통상인이면 의사 결정을 할 수 있는 필요한 여유기간을 말한다. 계약의 내용에 따라서 상당기간은 다를 것이다. 단순한 기간은 그 기간이 짧아도 좋겠으나, 많은 것을 고려하여야 할 복잡한 계약의 경우에는 그 기간이 길 것이다. 상당한 기간이 경과하면 당해 청약은 청약의 효력인 승낙적격을 상실한다.

2. 通知를 받지 못함 - 효력 상실: 도달주의에 의하여 상당한 기간 내에 승낙의 통지를 받지 못하면 청약은 효력을 상실한다. 즉 상당한 기간 경과 후에 승낙의 통지를 받더라도, 상당한 기간의 경과로 당해 청약은 승낙적격을 상실한다. * 대화자간의 청약의 승낙적격: 상법 제51조는 대화자간에는 상대방이 즉시 승낙을 하지 아니한 때에는 청약은 효력을 상실한다고 명시한다. * 상인간의 청약에 대한 낙부통지의무: 상법 제53조는 상인이 상시거래관계에 있는 자로부터 그 영업부류에 속한 계약의 청약을 받은 때에는 지체 없이 승낙 여부를 통지하여야 하고, 거절의 통지를 해태한 때에는 승낙한 것으로 본다고 규정하고 있다. 이는 상인간의 상행위에서의 거래의 간이·신속·정형화에 따른 것으로 민법에 대한 특칙이다.

第530條【延着된 承諾의 效力】 前2條의 경우에 延着된 承諾은 請約者가 이를 새 請約으로 볼 수 있다.

延着된 承諾-새로운 請約

1. 承諾으로는 無效: 승낙은 청약의 실질적 효력(청약기간: 약정한 기간 또는 기간 없는 경우의 상당기간)이 있는 동안에 청약자에게 도달되어야 승낙으로서의 효력이 있고, 계약이 성립한다. 따라서 청약기간이 지난 후에 도달한 승낙은 승낙으로서의 효력은 없다.

2. 새로운 請約으로서의 效力: 연착된 승낙은 승낙으로서의 효력은 없으나 새로운 청약으로 볼 수 있다. 따라서 본래의 청약자가 승낙이 기간 후에 도달한 경우에는, 그 승낙을 청약으로 보아 본인이 승낙의 통지를 하면 계약은 성립한다.

第531條【隔地者間의 契約成立時期】 隔地者間의 契約은 承諾의 通知를 發送한 때에 成立한다.

契約의 成立時期

1. 諾成契約: 낙성계약은 청약과 승낙으로 성립한다. 청약이 먼저 이루어지고 승낙이 그 이후에

이루어지므로 계약은 곧 승낙이 효력을 발생하는 때에 성립한다. 승낙의 효력발생시기에 관하여는 제528조제1항과 제529조에서 도달주의를 규정하고 있다. 따라서 제528조제1항과 제529조에 의하면 계약은 승낙이 효력을 발생하는 청약자에게 도달한 때에 성립한다. 그런데 본조는 승낙자가 승낙의 통지를 발송한 때(발신주의)에 성립한다고 규정한다. 즉 계약의 성립시기에 관하여 제528조와 제529조에 의하면 승낙이 청약자에 도달한 날이 되고, 제531조에 의하면 승낙자가 승낙의 통지를 발송한 날이 되어 상충한다.

(1) 성립여부-도달 기준: 계약의 성립 여부는 승낙이 청약기간 내에 도달하였느냐 여부로 결정한다.

(2) 성립시기-발신 기준: 일단 계약이 성립하면, 그 성립시기는 계약의 신속성을 중시하여 승낙의 의사를 발신한 날 성립하는 것으로 해석한다. 따라서 발신한 날은 청약기간 내이나 도달이 기간 후이면 계약은 불성립한다(* 부도달을 해제조건으로 발신에 의하여 계약이 성립).

2. 要物契約: 요물계약은 의사의 합치와 일정한 법률사실이 있어야 계약이 성립한다. 예컨대 요물계약인 예금계약은 예금자가 예금의 의사를 표시하면서 금융기관에 돈을 제공하고 금융기관이 그 의사에 따라 그 돈을 받아 확인을 하면 그로써 성립하며, 금융기관의 직원이 그 받은 돈을 금융기관에 실제로 입금하였는지 여부는 예금계약의 성립에는 아무런 영향을 미치지 아니한다(대판 2005.12.23. 2003다30159).

第532條【意思實現에 의한 契約成立】 請約者의 意思表示나 慣習에 의하여 承諾의 通知가 必要하지 아니한 境遇에는 契約은 承諾의 意思表示로 認定되는 事實이 있는 때에 成立한다.

意思實現에 의한 契約

1. 意義: 의사실현에 의한 계약이란 전형적인 계약의 성립인 청약과 승낙의 의사 중에서, 별도로 승낙의 의사표시를 하지 아니하더라도 승낙의 의사표시로 인정되는 일정한 사실행위가 있으면 그 사실행위를 승낙으로 보아 그 행위시에 계약이 성립하도록 하는 경우이다. 이는 당사자간에 일정한 유형의 거래행위가 빈번한 경우에 의사표시를 하는 번거로움을 불식시키고 신속하게 거래관계를 형성하도록 하는 취지이다.

2. 成立

(1) 별도로 승낙의 의사표시를 불요한다는 청약자의 의사표시 또는 승낙의 의사표시를 하지 않는 거래관행이 있어야: 별도로 승낙의 통지를 하지 않는 경우는 ① 청약자가 승낙의 통지를 면제해준 청약의 경우, ② 당해 거래의 관습상 별도로 승낙의 통지를 하지 않는 경우인데, 후자는 지속적인 거래를 하는 도매상인과 소매상인 간에 물품의 주문과 공급에서 그러한 관행을 볼 수 있다. 이와 같이 승낙을 면제한다는 청약의 의사표시가 있거나 그러한 거래관행이 있어야 한다.

(2) 의사실현의 구체적 사실의 존재

(가) 의사실현의 사실: 〈의사표시로 인정되는 사실〉, 즉 의사실현의 사실이란 승낙의 효과의사를 추단할 수 있는 객관적 사실을 말한다. 광고를 보고 주문한 물건을 바로 발송하는 행위, 행선지가 정해진 버스에 탑승하는 행위, 청약과 동시에 송부한 물건을 사용 및 소비하는 행위, 유료주차구역에 주차하는 행위 등이 이에 속한다. * 토지구획정리사업의 시행으로 인하여 당초 오피스텔 부지로 예정되어 있던 토지의 일부에 대한 소유권을 이전받지 못한 오피스텔 수분양자들이 분양자에게 보낸 통지서 및 이에 첨부된 환지계획의견서 양식에 나타난 수분양자들의 분양자에 대한 요구 내용은, 분양자가 분할 후 위 미이전 토지에 대하여 환지 대신 환지청산금을 교부받아 그 금원으로 수분양자 등에게 부과될 환지청산금을 처리하여 달라는 것으로서, 이는 분할 후 위 미이전 토지에 대하여 환지 대신 환지청산금이 교부되는 것을 조건으로 하여 분양자가 교부받는 환지청산금 상당을 수분양자 등이 부과받을 환지청산금 범위 내에서 지급하여 달라는 의사표시이고, 당시 환지청산금의 구체적인 금액은 정하여지지 않았지만 그 대상 토지가 특정된 이상 장

래 환지처분 공고시 그 금액은 자연히 확정될 수 있는 것이어서 수분양자 등이 분양자에게 보낸 통지서에 나타난 위 의사표시는 상대방의 승낙이 있으면 곧바로 의사의 합치에 이를 수 있는 정도로 내용적으로 확정될 수 있는 청약에 해당하고, 분양자가 수분양자들로부터 위 통지서를 받고 수분양자들이 요청한 대로 그에 첨부된 위 환지계획서의견서 양식 말미에 서명·날인하여 이를 토지구획정리사업시행자에게 제출한 행위는 민법 제532조에 따라 승낙의 의사표시로 인정될 수 있다(대판 2003.5.13. 2000다45273).

(나) 의사실현의 본질-묵시적 의사표시: 의사실현의 본질이 무엇인지가 문제인데, 이는 의사실현에 의한 계약이 착오에 의한 의사표시로 취소될 수 있는가란 문제에 결부된다. 효과의사를 필요로 하기 때문에 본질을 묵시적 의사표시로 이해한다. 따라서 본조의 경우에 의사표시에 관한 일반법리가 적용된다. 즉 착오로 기존의 물건인줄 알고 새로 배달된 물건을 소비하여 계약이 성립하였어도 착오를 이유로 취소할 수 있다.

3. 契約의 成立時期: 승낙의 의사표시로 인정되는 사실이 있는 때(청약의 의사표시가 도달 한 때, 소비한 때 등)에 계약이 성립한다.

第533條【交叉請約】 當事者間에 同一한 內容의 請約이 相互交叉된 境遇에는 兩請約이 相對方에게 到達한 때에 契約이 成立한다.

交叉請約

1. 意義: 쌍방이 우연히 동일한 내용의 청약을 상호간에 한 것이다. 갑이 을에게 특정물건을 10만원에 팔겠다고 청약하였는데, 갑의 청약을 모른 을이 동일한 물건을 10만원에 사겠다는 청약을 갑에게 한 경우이다.

2. 契約成立時期: 두 청약 중에서 뒤에 도달한 청약의 도달로 계약이 성립한다. 양자 누구나 별도로 승낙의 표시를 할 필요가 없이 계약은 성립한다.

第534條【變更을 加한 承諾】 承諾者가 請約에 대하여 條件을 붙이거나 變更을 加하여 承諾한 때에는 그 請約의 拒絶과 同時에 새로 請約한 것으로 본다.

條件附 承諾의 效力

1. 承諾으로서는 無效: 승낙은 청약에 대한 무조건적인 동의의 의사표시를 말한다. 따라서 청약에 대한 답변으로 청약에 대하여 다른 내용을 첨가 또는 삭제한 답변은 승낙이 아니다.

2. 새로운 請約으로의 效力: 표의자의 새로운 청약이 된다.

3. 判斷 基準: 청약의 내용을 실질적으로는 변경하지 않고 또한 객관적, 주관적으로 중요하지 않는 사소한 보충만 있거나 또는 사소하게 다른 경우의 답변으로 당사자의 계약체결의 의사를 방해하지 않는 것으로 판단되는 경우에는 승낙으로 본다. 실제로는 무조건적인 동의가 아닐 때 승낙인지 여부는 쌍방이 어느 한 쪽으로 동일하게 인식하면 그대로 볼 것이며, 상호 다르게 이해할 때는 청약에 대한 거절로서 새로운 청약으로 보아야 한다.

第535條【契約締結上의 過失】 ①目的이 不能한 契約을 締結할 때에 그 不能을 알았거나 알 수 있었을 者는 相對方이 그 契約의 有效를 믿었음으로 因하여 받은 損害를 賠償하여야 한다. 그러나 그 賠償額은 契約이 有效함으로 因하여 생길 利益額을 넘지 못한다.

②前項의 規定은 相對方이 그 不能을 알았거나 알 수 있었을 境遇에는 適用하지 아니한다.

契約締結上의 過失責任

1. 意義: 계약이 성립하면, 그 이후에는 급부의 장애문제로 되어 사안에 따라 채무불이행책임, 위험부담 문제, 제3자에 의한 채권침해 문제로 되어 각각 그에 따른 법리로 해결된다. 그런데 계약이 체결과정에서 정상적으로 체결되지 못하거나 일단 계약이 성립되었다가 사후에 무효 또는 취소되어 계약이 부존재되고 그로 인하여 상대방이 피해를 입은 경우에 이를 어떻게 처리할 것인가라는 문제가 생긴다. 즉 계약의 체결과정에 문제가 생겨서 계약이 유효하게 성립하지 못하고 그로 인하여 상대방이 입은 손해를 어떻게 처리할 것인가라는 문제가 생긴다. 이에 대한 민법의 규정이 본조이다.

2. 成立

(1) 원시적 불능의 계약-제1항: 계약이 원시적 불능으로 무효인 경우에 계약체결상의 과실책임이 성립한다고 규정한다.

(가) 계약체결을 위한 준비, 협상행위: 계약의 체결을 위한 가시적인 사전준비 및 구체적인 협상행위가 있어야 한다. 따라서 청약의 유인에 대하여 청약을 하기 위한 일방적인 준비행위는(예: 경쟁입찰에 참가하기 위한 제안서, 견적서 작성 등) 이에 포함되지 않는다. * 협상의 개시가 되지 않았다는 사례: 아직 계약체결에 관한 확고한 신뢰가 부여되기 이전 상태에서 계약교섭의 당사자가 계약체결이 좌절되더라도 어쩔 수 없다고 생각하고 지출한 비용, 예컨대 경쟁입찰에 참가하기 위하여 지출한 제안서, 견적서 작성비용 등은 여기에 포함되지 아니한다(대판 2003.4.11. 2001다53059).

(나) 원시적 전부 불능으로 무효-원시적 일부 불능은 적용 없음: 계약이 원시적 불능으로 무효이어야 한다. 따라서 부동산매매계약에 있어서 실제면적이 계약면적에 미달하는 경우에는 그 매매가 수량지정매매에 해당할 때에 한하여 민법 제574조, 제572조에 의한 대금감액청구권을 행사함은 별론으로 하고, 그 매매계약이 그 미달 부분만큼 일부 무효임을 들어 이와 별도로 일반 부당이득반환청구를 하거나 그 부분의 원시적 불능을 이유로 민법 제535조가 규정하는 계약체결상의 과실에 따른 책임의 이행을 구할 수 없다(대판 2002.4.9. 99다47396).

(2) 신뢰의 제공: 계약이 유효하게 체결될 것이라는 신뢰를 상대방에게 줄 수 있는 원인을 제공하였어야 한다. 계약의 목적물, 견품 또는 권리증서의 직접적 제시, 청약 또는 승낙의 직접적인 표시, 계약체결을 위한 일련의 행위에 직접 관여하는 행위 등이 이에 속한다.

(3) 고의 또는 과실: 원시적 불능으로 계약이 무효에 이르게 한 자의 고의 또는 과실이 있어야 한다.

(4) 손해: 손해가 발생하여야 한다.

(5) 손해자의 선의와 무과실-제2항: 계약이 무효된 것에 대하여 몰랐으며, 모른 데 대하여 과실이 없어야 한다.

3. 效果

(1) 원칙-신뢰손해의 배상-제1항 본문: 계약체결을 신뢰한 상대방이 입게 된 상당인과관계 있는 손해로서 계약이 유효하게 체결된다고 믿었던 것에 의하여 입었던 손해, 즉 신뢰손해를 배상하여야 한다. 신뢰손해란 예컨대 그 계약의 성립을 기대하고 지출한 계약준비비용과 같이 그러한 신뢰가 없었더라면 통상 지출하지 아니하였을 비용상당의 손해이다(대판 2003.4.11. 2001다53059).

(2) 특수한 경우-이행비용: 계약교섭 단계에서는 아직 계약이 성립된 것이 아니므로 당사자 중 일방이 계약의 이행행위를 준비하거나 이를 착수하는 것은 이례적이라고 할 것이므로 설령 이행에 착수하였다고 하더라도 이는 자기의 위험 판단과 책임에 의한 것이라고 평가할 수 있지만, 만일 이행의 착수가 상대방의 적극적인 요구에 따른 것이고, 바로 위와 같은 이행에 들인 비용의 지급에 관하여 이미 계약교섭이 진행되고 있었다는 등의 특별한 사정이 있는 경우에는 당사자 중 일방이 계약의 성립을 기대하고 이행을 위하여 지출한 비용 상당의 손해가 상당인과관계 있는 손해에 해당한다(대판 2004.5.28. 2002다32301).

4. 本條의 適用 與否: 본조는 〈원시적 불능〉의 경우만 규정하고 있는데, 그 밖에 계약의 체결과정에서 일방의 고의 또는 과실로 계약이 무효·취소되거나 계약의 협상단계에서 협상이 결렬되는

경우에도 본조가 적용되는지가 문제된다.
(1) 입목매매가 당초부터 무효인 경우-긍정: 피고 갑으로 부터 입목을 매수하였다가 피고 갑과 피고 을 간의 확정판결에 의하여 그 입목매매가 당초부터 이행불능의 목적물에 대한 무효의 것이었으므로 그 입목의 소유권을 취득하지 못하게 되었음을 청구의 원인으로하는 경우에는 계약체결상의 과실을 이유로 하는 손해배상을 청구할 수 있을지언정 그 계약이 유효하게 성립되었던 것임을 전제로 하는 이행이익에 관한 손해배상청구는 할 수 없다(대판 1971.6.22. 71다792).
(2) 협상의 부당결렬-권리남용으로 불법행위: 일방이 교섭단계에서 계약이 확실하게 체결되리라는 정당한 기대 내지 신뢰를 부여하여 상대방이 그 신뢰에 따라 행동하였음에도 상당한 이유 없이 계약의 체결을 거부하여 손해를 입혔다면 이는 신의성실의 원칙에 비추어 볼 때 계약자유원칙의 한계를 넘는 위법한 행위로서 불법행위를 구성한다(대판 2004.5.28. 2002다32301).
(3) 계약교섭의 부당한 중도파기: 계약교섭의 부당한 중도파기가 불법행위를 구성하는 경우 그러한 불법행위로 인한 손해는 일방이 신의에 반하여 상당한 이유 없이 계약교섭을 파기함으로써 계약체결을 신뢰한 상대방이 입게 된 상당인과관계 있는 손해로서 계약이 유효하게 체결된다고 믿었던 것에 의하여 입었던 손해, 즉 신뢰손해에 한정된다(대판 2003.4.11. 2001다53059).
(4) 계약체결을 위한 준비단계에 있어서의 신의칙상의 의무위반을 이유로 계약체결상의 과실책임을 인정한 사례: 갑 회사가 건설계획을 수립하여 건설구역 내 피조개양식장의 어업권자 을 등에게 통보하고 보상금에 관한 약정까지 체결하자 을등은 어업권 소멸에 따른 보상을 기다린 채 양식장에 피조개 종패를 살포하지 아니하였는데 그 후 갑 회사가 일방적으로 건설규모를 축소조정하여 을 등의 어업권을 보상대상에서 제외시킨 경우 갑 회사는 을 등의 양식장을 건설구역에 포함시키고 어업권 소멸에 따른 보상금의 지급을 위하여 협력하여야 할 신의칙상의 의무가 있음에도 이를 위반한 것이고, 이 경우 을 등이 자신들의 어업권이 보상대상이 될 것으로 믿었기 때문에 그 준비를 위하여 종패를 살포하지 못하여 피조개를 생산하지 못함으로 인하여 입게 된 손해, 즉 신뢰이익을 배상할 책임이 있다(창원지법 충무지원 1993.10.21. 92가합1625).

第2款 契約의 效力

1. 槪括: 계약의 기본적 효력에 관하여 규정한다. 기본적 효력이지만 청구력과 급부보유력은 계약의 본질적인 효력으로 당연한 것으로, 본관에서 규정하는 효력은 계약 중에서도 상무계약의 특질에서 나오는 효력, 즉 동시이행의 항변권과 위험부담에 관한 것이며, 그리고 별도로 제3자를 위한 계약의 효력에 관하여 규정한다.

2. 構成

(1) 동시이행의 항변권: 제536조
(2) 채무자위험부담주의(대상청구권): 제537조
(3) 채권자귀책사유로 인한 이행불능: 제538조
(4) 제3자를 위한 계약: 제539조-제542조

第536條【同時履行의 抗辯權】 ①雙務契約의 當事者一方은 相對方이 그 債務履行을 提供할때 까지 自己의 債務履行을 拒絶할 수 있다. 그러나 相對方의 債務가 辨濟期에 있지 아니하는 때에는 그러하지 아니하다.
②當事者一方이 相對方에게 먼저 履行하여야 할 境遇에 相對方의 履行이 困難할 顯著한 事由가 있는 때에는 前項 本文과 같다.

雙務契約의 特質

1. 雙方債務의 牽聯性: 쌍무계약은 당사자 쌍방에게 상호 대가적 의미를 가지는 채무를 발생시키는 계약으로, 쌍무계약에서 발생하는 쌍방이 상호 부담하는 채무는 서로 견련성이 있다. 즉 쌍무

계약은 쌍방의 채무가 견련성이 있다는 특질을 가지고 있다. 쌍무계약의 특질인 이러한 견련성에서 쌍무계약에서 특수한 법률관계가 형성된다.

2. 牽聯性에 따른 法律關係: 쌍무계약은 그 특질인 견련성에 의하여 법률효과로서 동시이행의 항변권과 위험부담의 문제가 발생한다. 민법도 계약의 효력이라 하여 제536조와 제537조에서 각각 동시이행의 항변권과 위험부담에 관하여 규정하고 있다.

(1) 성립상의 견련관계: 계약을 체결할 때에 일방의 채무가 불능·불법 등으로 성립하지 아니하면 상대방의 채무도 성립하지 않는 관계가 형성된다.

(2) 이행상의 견련관계-동시이행의 항변권: 각 채무는 하나의 채무가 이행되기 전까지는 다른 채무도 이행되지 아니하여도 좋다는 관계가 형성되어, 이에 민법은 동시이행의 항변권을 인정한다.

(3) 존속상의 견련관계: 일방의 채무가 불가항력적인 사유에 의하여 소멸한 경우에 상대방의 채무는 어떻게 되는지가 문제되고, 이에 민법은 채무자위험부담주의를 채택한다.

同時履行의 抗辯權-第536條

1. 意義: 동시이행의 항변권은 견련성을 특질로 하는 쌍무계약에서 채무의 이행단계의 상환성에 의한 쌍방의 공평을 위하여 인정되는 권리이다. 이와 같이 동시이행의 항변권은 공평의 이념에 기한 권리이기 때문에 쌍방간의 채무가 상환적으로 이행되어야 할 관계에 있을 때 인정된다. 즉 쌍무계약에서의 채무일지라도 쌍방의 채무가 상환성이 없는 경우인 상대방의 채무가 변제기에 있지 아니하면 동시이행의 항변권은 발생하지 아니한다(1항 단서). 이와 같이 동시이행의 항변권은 상환성 있는 채무에서 쌍방 채무자에게 공평을 기하기 위하여 인정되는 권리이므로, 채권자나 채무자가 변경되더라도 채무의 상환성을 그대로 유지하는 채권양도·채무인수·상속·전부명령의 경우에 동시이행의 항변권은 유지된다.

* 동시이행의 항변권과 유치권의 차이: ① 권리의 본질: 전자는 쌍무계약의 법률효과로서의 채권이나, 후자는 물권이다. ② 효력: 전자는 채권으로 계약의 당사자에게만 주장할 수 있는 대인적 효력만 있으나, 후자는 물권으로서 대세적 효력이 있다. ③ 권리의 내용: 후자는 물건의 인도에 대하여 이를 거절할 수 있는 것에 한정되나, 전자는 그와 같은 제한이 없다. ④ 여타의 권능: 후자에는 과실수취권(323조), 경매·간이변제충당권(322조)을 포함하나, 전자에는 그러한 것이 없다. ⑤ 적용범위: 전자는 쌍무계약에 기한 반대채권에 한정되나, 후자에는 일정한 견련성이 있는 채권이면 행사할 수 있다.

2. 同時履行의 抗辯權의 要件: 첫째 쌍무계약에 의한 쌍방의 채무가 존재하여야 하고, 둘째 상대방의 채무가 변제기에 있어야 하며, 셋째 상대방이 자기의 채무를 이행하지 않거나 이행의 제공도 하지 않아야 한다.

(1) 동일한 쌍무계약상의 쌍방채무의 존재: 동일한 쌍무계약에서 발생한 상호 대가적인 쌍방의 채무가 존재하여야 하고, 그 채무가 이행에 있어서는 상환적이라야 한다. 이와 같이 동시이행의 항변권은 동일한 쌍무계약에서 발생한 쌍방 채무간에만 성립하는 것이 원칙이다.

(가) 일방의 채무가 복수인 경우: 쌍무계약을 체결하는 경우에 상대방에게 하나의 채무만 발생하는 경우도 있으나 두 개 이상의 복수의 채무가 발생하는 경우도 있다. 복수의 채무가 있는 때에는 일반적으로 어느 채무가 상대방에게 보다 중요한 의의를 가지는지가 기준이 된다. 따라서 부동산의 매매계약에서는 일반적으로 대금지급채무와 소유권이전채무(인도채무가 아닌)가 동시이행의 관계에 있다(대판 1976.4.27. 76다297·298). 그러나 임대차에서는 임차권(말소)등기에 대한 협력의무보다는 임대목적물의 인도가 주된 의무로서 임차보증금과의 동시이행의 관계에 있다.

(나) 채무 내용의 변경: 쌍무계약상의 일방의 채무가 동일성을 유지하면서 내용이 변경된 경우에는 변경된 채무와 동시이행의 관계에 있다. 예컨대 매매계약에서 매도인이 채무불이행에 의한 손해배상책임을 지는 경우에는 매수인은 매도인의 손해배상채무에 대하여 자기의 대금지급채무와의 동시이행의 항변권을 주장할 수 있다.

(다) 채권자·채무자의 변경: 채무의 동질성에 변함이 없는 한, 채권자나 채무자의 변경은 동시이행의 항변권의 행사에 영향이 없다. 즉 채권양도·채무인수·상속·전부명령의 경우에도 동시

이행의 항변권을 행사할 수 있다.

(라) 제536조가 준용되는 채무: 동일한 쌍무계약에서 발생한 채무가 아니라도 쌍방의 채무가 상환적으로 이행되는 것이 그 본질 또는 공평의 이념에 합당한 때에는 동시이행의 항변권에 관한 규정이 준용된다. 계약해제시의 원상회복의무(549조), 부담부 증여(561조), 매도인의 담보책임(583조) 등은 민법에 준용규정이 있지만, 그 밖에 계약이 무효·취소된 때의 반환의무, 임대차 종료시의 보증금반환의무와 목적물반환의무, 변제와 영수증의 교부(474조 참조) 등이 동시이행의 관계에 있다.

(마) 계속적 급부의 경우: 계속적 계약관계에서 일방이 중간에 채무를 이행하지 아니하면 상대방은 그 이후 자기의 채무의 이행에 관하여 동시이행의 항변권을 행사할 수 있다.

(바) 문제되는 구체적 사례

① 쌍무계약이 무효로 된 경우에 당사자의 취득물 반환의무가 동시이행관계에 있는지 여부-긍정: 쌍무계약이 무효로 되어 각 당사자가 서로 취득한 것을 반환하여야 할 경우, 어느 일방의 당사자에게만 먼저 그 반환의무의 이행이 강제된다면 공평과 신의칙에 위배되는 결과가 되므로 각 당사자의 반환의무는 동시이행의 관계에 있다(대판 1996.6.14. 95다54693).

② 임차인의 목적물반환의무와 임대인의 보증금반환의무-긍정: 임대차계약의 기간이 만료된 경우에 임차인이 임차목적물을 명도할 의무와 임대인이 보증금중 연체차임 등 당해 임대차에 관하여 명도시까지 생긴 모든 채무를 청산한 나머지를 반환할 의무는 모두 이행기에 도달하고 이들 의무 상호간에는 동시이행의 관계가 있다(대판 1977.9.28. 77다1241·1242).

③ 변제와 채권증서 반환-부정: 채무자가 채무 전부를 변제한 때에는 채권자에게 채권증서의 반환을 청구할 수 있으며, 제3자가 변제를 하는 경우에는 제3자도 채권증서의 반환을 구할 수 있으나(475조 참조), 이러한 채권증서 반환청구권은 채권 전부를 변제한 경우에 인정되는 것이고, 영수증 교부의무와는 달리 변제와 동시이행관계에 있지 않고, 한편 파산법 제241조제2항의 규정만으로 채권증서 자체를 배당금 지급(일부 변제)과 동시이행으로 파산관재인에게 교부하여야 할 의무가 인정되는 것은 아니다(대판 2005.8.19. 2003다22042).

④ 임대차보증금반환의무와 임차권등기말소의무-부정: 임차권등기는 임차인으로 하여금 대항력이나 우선변제권을 유지하도록 해 주는 담보적 기능만을 주목적으로 하는 점 등에 비추어 볼 때, 임대인의 임대차보증금의 반환의무가 임차인의 임차권등기말소의무보다 먼저 이행되어야 할 의무이다(대판 2005.6.9. 2005다4529).

(2) 상대방 채무의 변제기 도래-제1항 단서: 동시이행의 항변권은 상대방의 채무가 변제기에 있어야 성립한다. 자기의 채무가 선이행의무로서 아직 상대방의 채무가 변제기에 있지 아니한 때에는 동시이행의 항변권을 행사할 수 없다.

(가) 상대방의 변제기 전의 재산상태의 악화-제2항(불안의 항변권): 이는 선이행의무자의 이행 후에 상대방 채무의 이행이 실현되지 않을 위험성이 매우 높은 경우에 공평의 이념에서 인정되는 것으로, 이를 〈불안의 항변권〉이라고도 한다. 따라서 선이행의무자는 상대방이 변제기에 가서 채무를 이행할 때까지 자기의 채무의 이행을 거절할 수 있다.

① 계속적 거래관계에서 인정된 예: 계속적 거래관계에 있어서 공급자가 선이행의 자기 채무를 이행하고 이미 정산이 완료되어 이행기가 지난 전기의 대금을 지급받지 못하였거나 후이행의 상대방의 채무가 아직 이행기가 되지 아니하였지만 이행기의 이행이 현저히 불안한 사유가 있는 경우에는 민법 제536조제2항 및 신의성실의 원칙에 비추어 볼 때 공급자는 이미 이행기가 지난 전기의 대금을 지급받을 때 또는 전기에 대한 상대방의 이행기 미도래채무의 이행불안사유가 해소될 때까지 선이행의무가 있는 다음 기간의 자기 채무의 이행을 거절할 수 있다(대판 2002.9.4. 2001다1386).

② 보증인에게 인정된 예: 구상권자에 대하여 파산이 선고된 후에 사전구상권을 행사하는 경우에는, 구상금채무의 보증인이 사전구상에 응하더라도 특별한 사정이 없는 한 구상권자가 이를 전부 주채무자의 면책을 위하여 사용하는 것은 파산절차의 제약상 기대하기 어려우므로, 파산절차에도 불구하고 구상금이 전액 주채무자의 면책을 위하여 사용될 것이라는 점이 확인되기 전에는 구상금채무의 보증인은 신의칙과 공평의 원칙에 터잡아 민법 제536조제2항을 유추적용하여

사전구상에 대한 보증채무의 이행을 거절할 수 있다(대판 2002.11.26. 2001다833).

(나) 변제기 불명의 경우: 당사자의 변제기가 명확하지 않는 경우에는 임대차(633조), 고용(656조) 등은 그 대가의 지급이 후불이나, 그 밖에 선이행의무가 명확하지 않는 경우에는 쌍무계약의 특질상 동시이행의 항변권이 인정된다.

(다) 이행지체 중의 상대방 채무의 변제기 도래: 선이행의무자가 자기의 채무의 이행지체 중에 상대방 채무의 이행기가 도래한 때에, 선이행의무자인 이행지체 중인 자도 동시이행의 항변권을 행사할 수 있다.

(3) 상대방이 자기의 채무의 이행 또는 이행의 제공을 하지 않고 이행을 청구하였을 것-제1항 본문: 상대방이 자기의 채무를 이미 이행한 때에는 채무의 대립상태가 소멸하므로 동시이행의 항변권을 행사할 여지가 없다. 또한 이행의 제공을 하고 있는 때에는 수령을 하면 되므로 이때에도 동시이행의 항변권을 행사할 여지가 없다.

(가) 이행 또는 이행의 제공도 없어야: 구체적으로 이행할 것을 통지하여 즉시 이행할 수 있는 상태로서의 이행의 제공도 없어야 한다. 따라서 매수인이 중도금 및 잔금 액수를 초과하는 금원이 예치되어 있는 예금통장의 사본을 제시한 것은 중도금 및 잔금의 준비에 불과할 뿐 적법한 이행의 제공이라고 할 수 없다(대판 2004.12.9. 2004다49525).

① 임차인의 이행제공-퇴거 후 통지: 임차인의 임차목적물명도의무와 임대인의 보증금반환의무는 동시이행의 관계에 있다 하겠으므로, 임대인의 동시이행의 항변권을 소멸시키고 임대보증금 반환 지체책임을 인정하기 위해서는 임차인이 임대인에게 임차목적물의 명도의 이행제공을 하여야만 한다 할 것이고, 임차인이 임차목적물에서 퇴거하면서 그 사실을 임대인에게 알리지 아니한 경우에는 임차목적물의 명도의 이행제공이 있었다고 볼 수는 없다(대판 2002.2.26. 2001다77697).

② 이행제공의 정도: 쌍무계약에 있어서 일방 당사자가 하여야 할 제공의 정도는 그 시기와 구체적인 상황에 따라 신의성실의 원칙에 어긋나지 않게 합리적으로 정하여야 하고, 매수인이 계약의 이행에 비협조적인 태도를 취하면서 잔대금의 지급을 미루는 등 소유권이전등기서류를 수령할 준비를 아니한 경우에는 매도인으로서도 그에 상응한 이행의 준비를 하면 족하다 할 것인바, 매도인이 법무사사무소에 소유권이전등기에 필요한 대부분의 서류를 작성하여 주었고 미비된 일부 서류들은 잔금지급시에 교부하기로 하였으며 이들 서류는 매도인이 언제라도 발급받아 교부할 수 있다면 매도인으로서는 비록 일부 미비된 서류가 있다 하더라도 소유권이전등기의무에 대한 충분한 이행의 제공을 마쳤다고 보아야 할 것이고, 잔대금 지급기일에 이를 지급하지 않고 계약의 효력을 다투는 등 계약의 이행에 비협조적이고 매도인의 소유권이전등기서류를 수령할 준비를 하지 않고 있던 매수인은 이 점을 이유로 잔대금지급을 거절할 수 없다(대판 2001.12.11. 2001다36511).

(나) 일부의 이행 또는 불완전이행: 일부의 이행 또는 불완전한 이행의 경우는 구체적인 사안에 따라 동시이행의 항변권 제도의 취지인 공평의 원칙에 따라 해결하여야 한다.

① 동시이행의 항변권을 행사하는 자의 채무가 가분인 경우: 상대방의 채무가 가분인 경우는 원칙적으로 상대방의 채무불이행의 정도에 상응하는 자기의 채무의 이행을 거절할 수 있다. 그런데 급부가 가분일지라도 불이행한 부분이 중대한 것이냐 경미한 것이냐에 따라서 달리 보아야 한다. 불이행한 부분이 극히 경미한 경우에는 매도인은 동시이행의 항변권을 행사할 수 없다. 불이행한 부분이 중대하여 이행된 부분만으로는 계약의 목적을 달성할 수 없는 경우에는 일부의 이행이 있을 지라도 채무 전부에 대하여 이행을 거절할 수 있다. 불이행한 부분이 동시이행의 항변권을 행사할 수 없을 정도로 경미하냐 여부는 일반인의 통상적 관념에 따라 판단하여야 한다.

② 상대방의 채무가 불가분인 경우: 상대방의 채무가 불가분으로서 완전이행이 가능한 때에는 채무 전부에 대하여 동시이행의 항변권을 행사할 수 있다. 그런데 완전이행이 불가능한 경우에 당해 불완전이행으로 계약의 목적을 달성할 수 없을 경우에는 계약의 해제 또는 손해배상의 문제가 되며, 그렇지 않을 때에는 이행이 가능한 부분(불완전한 이행)과 그에 상응하는 자기의 채무(예: 감액된 대금)가 동시이행의 관계에 있다.

③ 동시이행의 항변권을 행사하는 자의 채무가 불가분인 경우: 상대방의 채무불이행의 정도가

경미하냐 중대하냐에 따라서 자기의 채무의 전부에 대하여 이행을 거절할 수 있는 여부가 결정된다. 구체적으로 상대방의 채무가 가분으로 전부이행이 가능함에도 일부만 이행한 때에는 불이행한 부분이 경미하여 문제가 될 정도가 아닌 경우를 제외하고는 동시이행의 항변권을 행사할 수 있다. 상대방의 채무도 불가분인 경우는 불완전 이행에 관하여는 수령을 거절하고 동시이행의 항변권을 행사할 수 있다. 그런데 상대방의 채무가 불가분으로서 완전이행이 가능하지 않고 이행한 부분으로는 계약의 목적을 달성할 수 없는 경우에는 동시이행의 항변권이 문제가 되는 것이 아니라 계약의 해제 또는 손해배상의 문제가 된다.

(다) 수령지체 중인 자의 동시이행의 항변권: 수령지체 중인 자도 그 후 상대방이 다시 이행의 제공을 하지 않고 수령지체 중인 자의 채무에 대하여 이행을 청구한 때에 동시이행의 항변권을 행사할 수 있다.

3. 同時履行抗辯權의 效果: 동시이행의 항변권의 효과에서 가장 주가 되는 것은 항변권자는 상대방이 채무를 이행하거나 이행의 제공을 할 때까지 자기의 채무의 이행을 거절할 수 있다는 것이다. 그 밖에 동시이행의 항변권을 가지는 자는 자기의 채무의 이행을 하지 않더라도 이행지체책임을 지지 않으며 또한 동시이행의 항변권이 있는 채권을 자동채권으로 하여 상계를 할 수 없다.

(1) 이행거절의 효력-제1항 본문-행사효과설

(가) 주장(원용)과 그 시기: 이행거절의 효과가 발생하려면 재판상은 물론이고 재판 외에서도 동시이행의 항변권을 행사하여야 한다(대판 2006.2.23. 2005다53187). 항변권의 행사 여부는 항변권자의 자유이며, 행사시기는 별도의 제한이 없고 이행기 이후 어느 시점이라도 관계없다.

① 행사의 범위: 부동산매매계약에서 발생하는 매도인의 소유권이전등기의무와 매수인의 매매잔대금지급의무는 동시이행관계에 있고, 동시이행의 항변권은 상대방의 채무이행이 있기까지 자신의 채무이행을 거절할 수 있는 권리이므로, 매수인이 매도인을 상대로 매매목적 부동산 중 일부에 대해서만 소유권이전등기의무의 이행을 구하고 있는 경우에도 매도인은 특별한 사정이 없는 한 그 매매잔대금 전부에 대하여 동시이행의 항변권을 행사할 수 있다(대판 2006.2.23. 2005다53187). 그런데 미지급한 기성공사대금이 5,402,595,000원인 상태에서, 사건 건물은 슬라브, 보, 기둥 부분에 광범위하게 하자가 발생하였고 이를 보수하지 않으면 이 사건 건물을 사용할 수 없으며, 그 보수를 위하여 약 676,401,000원의 비용이 소요되는바, 사정이 이러하다면 하자의 정도가 중하여 반드시 하자보수가 필요하고 그 보수를 위하여 과다한 비용이 소요되는 정도라고 보이지 않으므로, 피고의 하자보수청구권의 행사 자체를 권리남용이라고 할 수는 없다. 그리고 피고가 미지급한 기성공사대금은 5,402,595,000원인 데 비하여 이 사건 건물의 하자보수비용은 676,401,000원에 불과하고, 피고는 선급금을 지급한 이래 약정에 따른 기성공사대금을 전혀 지급하지 않고 있을 뿐만 아니라 현재 자력이 없고 앞으로 하자보수공사가 완성되어도 공사대금을 지급할지 여부가 불확실한 상태임이 인정되므로, 피고가 하자보수청구권을 행사하여 동시이행의 항변을 할 수 있는 기성공사대금의 범위는 하자 및 손해에 상응하는 금액으로 한정하는 것이 공평과 신의칙에 부합한다고 볼 것이다(대판 2001.9.18. 2001다9304).

② 항변권 남용-권리남용에 해당: 일반적으로 동시이행의 관계가 인정되는 경우에 그러한 항변권을 행사하는 자의 상대방이 그 동시이행의 의무를 이행하기 위하여 과다한 비용이 소요되거나 또는 그 의무의 이행이 실제적으로 어려운 반면 그 의무의 이행으로 인하여 항변권자가 얻는 이득은 별달리 크지 아니하여 동시이행의 항변권의 행사가 주로 자기 채무의 이행만을 회피하기 위한 수단이라고 보여지는 경우에는 그 항변권의 행사는 권리남용으로서 배척되어야 할 것이다(대판 2001.9.18. 2001다9304).

(나) 재판상 행사의 효과-상환급부 판결: 동시이행의 항변권을 재판상 행사한 때에 어떤 판결을 내릴 것인지 또 강제집행을 어떻게 하는 것인지 문제가 된다. 판결은 상환급부의 일부승소여야 한다. 동시이행의 항변권은 상대방의 청구권을 부인하는 것이 아니라 일정한 조건에까지 연기하는 데 그 목적이 있으므로 상환급부 판결에 의하여 그 취지가 충분히 실현되기 때문이다. 위와 같은 상환급부 판결에 의하여 강제집행을 하는 경우에 원고의 급부(채무이행의 제공)는 집행개시의 요건(동법 491조2항)이다.

(2) 이행지체책임 면책의 효과-존재효과설: 동시이행의 항변권이 있다는 자체로부터 항변권자는 자기의 채무에 대하여 이행지체책임을 지지 않는다(존재효과설). 따라서 아파트 수분양자가 자신을 아파트에 입주시켜 주어야 할 아파트 분양회사의 의무보다 선이행하여야 하는 중도금 지급의무의 이행을 아파트 분양회사의 신용불안 등을 이유로 거절할 수 있고, 이때 수분양자는 중도금 지급의무의 이행지체 책임을 지지 않는다(대판 2006.10.26. 2004다24106, 24113).

(3) 자동채권으로 하는 상계의 금지: 동시이행의 항변권이 붙은 채권을 자동채권으로 하는 상계는 허용되지 않는다. 만약 상계를 허용한다면 일방은 상대방의 이행을 담보하는 그의 항변권을 이유 없이 강제로 잃게 되어 부당하기 때문이다. 그러나 상계의 대상이 될 수 있는 자동채권과 수동채권이 동시이행관계에 있다고 하더라도 서로 현실적으로 이행하여야 할 필요가 없는 경우라면 상계로 인한 불이익이 발생할 우려가 없고 오히려 상계를 허용하는 것이 동시이행관계에 있는 채권·채무 관계를 간명하게 해소할 수 있으므로 특별한 사정이 없는 한 상계가 허용된다(대판 2006.7.28. 2004다54633).

第537條【債務者危險負擔主義】 雙務契約의 當事者一方의 債務가 當事者雙方의 責任없는 事由로 履行할 수 없게 된 때에는 債務者는 相對方의 履行을 請求하지 못한다.

危險負擔

1. 意義: 위험부담이란 쌍무계약 체결 후에 일방의 채무가 당사자 쌍방의 책임 없는 사유로 이행불능이 되어 소멸한 경우에 상대방의 채무는 어떻게 되느냐의 문제이다. 예컨대 특정물건의 매매계약 후에 당해 물건이 불가항력적인 사유로 소실된 경우에 매수인의 대금채무가 문제된다. 매도인은 본인의 책임 없는 사유로 이행불능이 되어 채무를 면하나, 매수인의 대금채무는 존속하느냐 아니면 따라서 소멸하느냐가 문제된다. 매수인의 대금채무가 따라서 소멸한다면 물건의 소실로 인한 불이익은 매도인이 부담하는 것이 되고, 대금채무는 여전히 존속하고 대금을 지급하여야 한다면 매수인은 대금은 지급하고 물건은 인도받지 못하므로 재산상 손실을 매수인이 지는 것이 된다. 이와 같이 재산상 손실을 누가 부담하느냐의 문제이기 때문에, 이를 위험부담이라고 한다. 이와 같은 불이익부담의 위험은 이행불능된 채무의 채무자에게 지울 수도 있으며(채무자 위험부담주의), 상대방인 채권자에게 지울 수도 있으며(채권자 위험부담주의), 이행불능 당시의 소유자에게 지울 수도 있다(소유자 위험부담주의). 민법은 채무자위험부담주의를 취하고 있음을 본조에서 규정한다.

2. 債務者 危險負擔主義: 민법은 제537조에서 채무자 위험부담주의를 취하고 있다. 예컨대 매매계약에서 매매의 목적물이 불가항력적인 사유로 소멸된 경우에 매도인은 매수인에게 계약상의 대금채무를 청구하지 못한다는 것이다. 결국 채무자위험부담주의란 일방의 채무가 불가항력적인 사유로 소멸하면 타방의 채무도 소멸한다는 것을 의미한다.

3. 債務者 危險負擔의 內容

(1) 쌍무계약상의 채무: 채무는 동일한 쌍무계약에서 발생한 채무이어야 한다. 쌍무계약에서 발생한 채무이면 족하고, 급부의 내용은 묻지 않는다. 즉 급부의 내용이 특정물·불특정물, 물권·채권의 설정 또는 이전, 작위·부작위급부 어느 것이냐를 불문하고 당사자 쌍방에게 책임 없는 사유로 그 이행이 불가능하게 되어야 한다.

(2) 상대방이 선이행한 경우: 상대방이 선이행을 한 이후에 후이행의무자의 채무가 쌍방에게 책임없는 사유로 이행이 불능하게 되어 소멸한 경우에는, 이미 이행받은 부분은 부당이득이 되어 선이행한 자는 부당이득에 의한 반환을 청구할 수 있다(741조). 또한 이미 이행불능된 후에 이를 알지 못하고 이행한 경우에는 이행한 자에게는 비채변제가 되어 그 반환을 청구할 수 있다(742조).

(3) 일부 이행불능: 일부가 이행이 불능된 경우에 관하여는 민법에 별도의 규정이 없으나 불능부분에 상응하는 부분에 관하여 상대방에게 이행의 청구를 할 수 없다. 다만 일부의 이행만으로는 계약의 목적을 달성할 수 없는 경우에는 전부가 불능인 경우와 같이 보아야 한다. 또한 일부

의 이행이 가능하나 상대방의 급부는 분할할 수 없는 경우에는, 상대방은 전부 이행을 하고 이행불능에 상응한 부분을 환가하여 부당이득으로 그 반환을 청구할 수 있다.

4. 債務者危險의 效果: 급부가 소멸된 자는 상대방에게 이행의 청구를 하지 못한다. 즉 채무자는 급부의무를 면함과 더불어 반대급부도 청구하지 못하므로, 쌍방 급부가 없었던 경우에는 계약관계는 소멸하고 이미 이행한 급부는 법률상 원인 없는 급부가 되어 부당이득의 법리에 따라 반환을 청구할 수 있다(대판 2009.5.28. 2008다98655).

5. 債務者危險負擔主義의 例外 – 代償請求權: 제3자 또는 불가항력적인 사유에 의하여 목적물이 멸실·훼손된 것이 원인이 되어 채무자가 멸실·훼손된 대상이 되는 이익, 공용징수에 의한 보상금 또는 보험금 등을 취득하는 경우에, 위험부담의 원칙에 의하면 채무자는 채무를 면하나 대상에 의한 이익을 취득하고, 상대방도 채무자위험부담의 원칙에 의하여 채무를 면하게 된다. 그런데 이 경우에 채권자가 본래의 채무의 멸실로 인하여 발생한 대가인 당해 이익에 대한 이전을 청구할 수 있는 권리를 대상청구권이라 한다. 이러한 대상청구권은 채무자위험부담의 원칙의 예외가 된다. 그런데 외국의 예와는 달리 우리 민법에는 대상청구권에 대하여 별도로 규정하지 아니하여 문제가 된다. 인정하더라도 채무자에게 불리하지 않기 때문에 인정하는데 이의가 없다.

(1) 요건

(가) 본래의 급부의 후발적 불능: 본래의 급부가 후발적으로 불능이어야 한다.

(나) 채무자의 귀책사유 여부는 불문: 채무자의 귀책사유는 요하지 않는다.

(다) 본래의 급부에 갈음한 이득의 취득: 채무자가 본래의 급부에 갈음한 이득을 취하여야 한다.

(라) 급부불능과 취득한 이득 사이에 인과관계의 존재: 급부가 불능함으로써 취득한 이득이어야 한다. 즉 이행불능이 된 원인과 동일한 원인에 의하여 발생한 이득이어야 한다.

(마) 행사하려는 자(채권자)의 채무가 이행이 가능하여야-일방의 반대급부도 불능인 때는 대상청구권행사 불가: 당사자 일방이 대상청구권을 행사하려면 상대방에 대하여 반대급부를 이행할 의무가 있는 바, 이 경우 당사자 일방의 반대급부도 그 전부가 이행불능이 되거나 그 일부가 이행불능이 되고 나머지 부분의 이행만으로는 상대방의 계약목적을 달성할 수 없는 등 상대방에게 아무런 이익이 되지 않는다고 인정되는 때에는, 상대방이 당사자 일방의 대상청구를 거부하는 것이 신의칙에 반한다고 볼 만한 특별한 사정이 없는 한, 당사자 일방은 상대방에 대하여 대상청구권을 행사할 수 없다(대판 1996.6.25. 95다6601).

(2) 효과-이득의 반환청구 또는 청구권양수에 의한 행사: 채무자가 당해 이득을 수령한 경우에는 당해 이득의 반환을 청구할 수 있고, 아직 청구권만 있는 경우에는 당해 청구권의 이전(채권양수)을 받아 직접 행사할 수 있다. 따라서 소유권이전등기의무의 목적 부동산이 수용되어 그 소유권이전등기의무가 이행불능이 된 경우에 등기청구권자는 등기의무자에게 대상청구권의 행사로써 등기의무자가 지급받은 수용보상금의 반환을 구하거나 또는 등기의무자가 취득한 수용보상금청구권의 양도를 구할 수 있을 뿐 그 수용보상금청구권 자체가 등기청구권자에게 귀속되는 것은 아니다(대판 1996.10.29. 95다56910).

(가) 본래의 청구에 부가하여 청구한 대상청구: 본래적 급부청구에다가 이에 대신할 전보배상을 부가하여 청구한 것으로서 본래적 청구와 대상청구를 병합한 것임을 알 수 있는바, 대상청구는 본래적 급부청구의 현존함을 전제로 하여 이것이 판결 확정 후에 이행불능 또는 집행불능이 된 경우에 대비하여 전보배상을 미리 청구하는 경우로서 양자의 경합은 현재의 급부청구와 장래의 급부청구와의 단순병합에 속한다 할 것이고 이 경우의 대상금액의 산정시기는 사실심변론의 종결당시의 본래적급부의 가격을 기준으로 산정하여야 함이 상당하다(대판 1960.8.18. 4292민상733).

(나) 채권자가 직접 취득한 경우: 채무자가 수령하게 되는 보상금이나 그 청구권에 대하여 채권자가 대상청구권을 가지는 경우에도 채권자는 채무자에 대하여 그가 지급받은 보상금의 반환을 청구하거나 채무자로부터 보상청구권을 양도받아 보상금을 지급받아야 할 것이나, 어떤 사유로 채권자가 직접 자신의 명의로 대상청구의 대상이 되는 보상금을 지급받았다고 하더라도 이로써 채무자에 대한 관계에서 바로 부당이득이 되는 것은 아니라고 보아야 할 것이다(대판 2002.2.8. 99다23901).

(3) 대상청구권의 소멸시효: 특수성과 법규의 미비 등으로 그 보상금의 지급을 구할 수 있는 방법이나 절차가 없다가 상당한 기간이 지난 뒤에야 보상금청구의 방법과 절차가 마련된 경우라면, 대상청구권자로서는 그 보상금청구의 방법이 마련되기 전에는 대상청구권을 행사하는 것이 불가능하였던 것이고, 따라서 이러한 경우에는 보상금을 청구할 수 있는 방법이 마련된 시점부터 대상청구권에 대한 소멸시효가 진행하는 것으로 봄이 상당할 것이다. 이는 대상청구권자가 보상금을 청구할 길이 없는 상태에서 추상적인 대상청구권이 발생하였다는 사유만으로 소멸시효가 진행한다고 해석하는 것은 대상청구권자에게 너무 가혹하여 사회정의와 형평의 이념에 반할 뿐만 아니라 소멸시효제도의 존재이유에 부합된다고 볼 수 없기 때문이다(대판 2002.2.8. 99다23901).

第538條【債權者歸責事由로 因한 履行不能】 ①雙務契約의 當事者一方의 債務가 債權者의 責任 있는 事由로 履行할 수 없게 된 때에는 債務者는 相對方의 履行을 請求할 수 있다. 債權者의 受領遲滯中에 當事者 雙方의 責任 없는 事由로 履行할 수 없게 된 때에도 같다.
②前項의 境遇에 債務者는 自己의 債務를 免함으로써 利益을 얻은 때에는 이를 債權者에게 償還하여야 한다.

債權者歸責事由에 의한 履行不能

1. 意義: 급부가 이행불능된 것이 채무자의 귀책사유인 경우는 채무불이행책임, 불가항력적인 사유에 의한 경우는 위험부담(채무자위험부담주의), 제3자의 개입에 의한 경우에는 제3자의 행위의 불법행위(750조)성립 여부로 해결된다. 그런데 이행불능이 채권자의 귀책사유에 의한 경우는 어떻게 할 것인가라는 것이고, 이를 규정한 것이 본조이다. 채무자는 이행불능으로 자기의 이행의무는 면하고, 채권자에게 반대급부의 이행을 청구할 수 있음을 규정한다.

2. 要件

(1) 채권자의 귀책사유에 의한 이행불능-제1항 본문: 본항 소정의 〈채권자의 책임 있는 사유〉라고 함은 채권자의 어떤 작위나 부작위가 채무자의 이행의 실현을 방해하고 그 작위나 부작위는 채권자가 이를 피할 수 있었다는 점에서 신의칙상 비난받을 수 있는 경우를 의미한다(대판 2004.3.12. 2001다79013). 그리고 채권자에게만 책임 있는 사유에 의하여 채무자의 급부이행이 불능하게 된 때여야 한다. 예컨대 매매의 목적물을 매수인이 멸실·훼손시킨 경우, 위임사무 처리에 관하여 위임인이 개입하여 목적을 달성하지 못한 경우 등이다.

(2) 수령지체 중의 채권자위험부담-제2항 후문: 채권자의 수령지체 중에 당사자 쌍방에게 책임 없는 사유로 이행이 불능하게 된 때에도 채무자는 상대방의 이행을 청구할 수 있다. 채권자의 수령지체가 없었다면 채무자는 이행이 가능하였기 때문에 채무소멸의 위험을 채권자가 부담하는 것은 공평하기 때문이다.

3. 效果

(1) 채권자의 반대급부의무-제1항: 소멸된 채무의 급부의무자는 자기의 채무를 면하면서도 상대방의 이행을 청구할 수 있다. 이행불능에 대한 위험을 채무의 소멸에 책임 있는 자에게 부담시키는 것은 당연하다. 따라서 근로자가 무효인 부당전직에 불응하여 전직명령의 효력을 다투면서 전직발령지에서 근로를 제공하지 아니하는 경우 이는 부당한 전직명령을 한 사용자의 귀책사유로 말미암은 것이므로, 근로자는 전직명령시부터 원직복귀시까지의 기간 동안 종전 근무지에서 계속 근로하였을 경우에 받을 수 있는 임금의 지급을 청구할 수 있다(대판 2006.9.14. 2006다33531).

(2) 채무면제로 인한 이익의 상환-제2항: 채무자는 자기의 채무가 소멸되어 이행을 면함으로써 얻은 이익은 채권자에게 상환하여야 한다. 지참채무의 경우에 운반비 등과 같은 변제비용 등이 상환되어야 할 이익이다. 그러한 변제비용 등은 채무가 소멸하지 않았으면 채무자가 부담하여야 할 비용이기 때문이다.

第539條【第三者를 爲한 契約】 ①契約에 依하여 當事者一方이 第三者에게 履行할 것을 約定한 때에는 그 第三者는 債務者에게 直接 그 履行을 請求할 수 있다.
②前項의 境遇에 第三者의 權利는 그 第三者가 債務者에 對하여 契約의 利益을 받을 意思를 表示한 때에 생긴다.

第3者를 위한 契約 一般

1. 第3者를 위한 契約의 意義: 제3자를 위한 계약은 계약당사자 중 일방이 계약의 내용인 급부를 계약의 상대방이 아닌 제3자에게 이행할 것을 내용으로 하는 계약에 의하여 제3자가 직접 그 이행을 청구할 수 있는 계약을 말한다. 제3자를 위한 계약으로 제3자는 단순히 급부의 이행만을 수동적으로 수령하는 것이 아니라 적극적으로 그 이행을 청구할 수 있는 채권을 취득한다. 제3자를 위한 계약을 요청하는 자를 요약자, 상대방을 낙약자, 제3자를 수익자라고 하는데, 민법에서는 낙약자를 채무자로, 수익자를 제3자로 표현하고 있다. 여기서 〈계약상의 급부를 제3자에게 이행한다〉는 특약을 〈제3자 약관〉이라 하는데, 결국 제3자를 위한 계약은 제3자 약관이 붙은 계약(제3자 약관부 계약)을 말한다.

(1) 전형적인 예: 제3자를 위한 계약은 실제로는 제3자를 수취인으로 하는 매매계약, 제3자를 수취인으로 하는 보험계약, 제3자를 수하인으로 하는 운송계약, 제3자를 수익자로 하는 신탁계약 등으로 이루어지며, 생명보험계약은 계약의 성질상 그 자체가 제3자를 위한 계약이다.

(2) 제3자를 위한 계약 여부의 판별 기준: 어떤 계약이 제3자를 위한 계약에 해당하는지 여부는 당사자의 의사가 그 계약에 의하여 제3자에게 직접 권리를 취득하게 하려는 것인지에 관한 의사해석의 문제로서 이는 계약 체결의 목적, 계약에 있어서의 당사자의 행위의 성질, 계약으로 인하여 당사자 사이 또는 당사자와 제3자 사이에 생기는 이해득실, 거래 관행, 제3자를 위한 계약제도가 갖는 사회적 기능 등 제반 사정을 종합하여 계약 당사자의 의사를 합리적으로 해석함으로써 판별할 수 있다(대판 1997.10.24. 97다28698).

2. 第3者를 위한 契約의 構造

(1) 원인관계: 제3자를 위한 계약의 관련인으로는 계약의 당사자인 요약자와 낙약자, 그리고 수익자인 제3자가 있다. 여기서 낙약자가 수익자에게 급부를 이행하게 되는 원인은 두 가지이다. 하나는 낙약자가 수익자에게 채무를 부담하게 되는 낙약자와 요약자의 사이의 원인관계이며, 또 하나는 요약자가 낙약자로 하여금 수익자에게 채무를 부담하게 하여 수익자가 이익을 취하도록 하는 요약자와 수익자의 원인관계이다. 계약의 당사자인 요약자와 낙약자의 원인관계를 강학상 보상관계라고 하며, 요약자와 수익자 간의 원인관계를 강학상 대가관계라고 한다.

(2) 보상관계: 제3자를 위한 계약의 경우에는 낙약자가 수익자에게 출연을 하는 원인관계로서, 요약자와 낙약자의 계약에 의하여 그들 사이에 채권관계(즉 계약관계)가 성립하게 되는데 그러한 법률관계를 보통 보상관계라고 한다. 이는 낙약자가 수익자에게 이행하는 급부와 그에 대한 반대급부와의 관계이다. 이 보상관계는 유상계약인 경우도 있고 무상계약인 경우도 있다. 보상관계는 낙약자의 채무와 요약자의 채무를 발생시키는 원인관계로서 계약의 기본 내용이 된다.

(3) 대가관계: 수익자가 요약자에 의하여 낙약자로부터 출연을 받음에는 요약자와 수익자 간에 일정한 법률상 원인관계가 존재함을 전제로 한다. 그것은 기왕의 채권관계에서 발생한 변제일 수도 있고, 무상인 증여일 수도 있다. 이러한 대가관계는 요약자와 수익자인 채권자의 내부관계로써 제3자를 위한 계약의 내용을 구성하지는 않는다. 따라서 대가관계의 흠결, 하자 등은 제3자를 위한 계약 자체에 영향을 주지 않는다. 다만 대가관계가 법률상 정당한 원인이 없는 경우에는 요약자와 수익자간에 있어서 부당이득의 문제가 남을 뿐이다.

3. 本質 - 第3者의 權利取得: 제3자를 위한 계약의 본질, 즉 제3자는 어떠한 요건에서 언제 권리를 취득할 것인가라는 것은 입법정책의 문제이다. 민법은 제539조제1항에서는 낙약자가 제3자에게 이행할 것을 약정한 때에는 제3자는 낙약자에 대하여 직접 채권을 취득한다(직접취득론)고 규정

하고, 동조 제2항에서는 제3자의 권리는 그 제3자가 채무자에 대하여 계약의 이익을 받을 의사를 표시한 때(승인론)에 발생한다고 규정하여, 모순되게 규정하고 있다. 이의 해석에 관하여 판례는 제2항을 중시하여 제3자의 권리의 발생에 관하여 제3자의 〈수익의 의사표시〉를 요한다고 하여 승인론에 의한 해석을 한다(대판 2006.5.25. 2003다45267).

第3者를 위한 契約-제539조

1. 第3者約款附 契約

(1) 의의: 제3자를 위한 계약은 제3자에게 직접 채권을 취득시킨다는 뜻, 즉 제3자 약관이 계약의 내용으로 되어 있어야 한다. 어떤 계약이 제3자를 위한 계약에 해당하는지 여부는 당사자의 의사가 그 계약에 의하여 제3자에게 직접 권리를 취득하게 하려는 것인지에 관한 의사해석의 문제로서 이는 계약 체결의 목적, 계약에 있어서의 당사자의 행위의 성질, 계약으로 인하여 당사자 사이 또는 당사자와 제3자 사이에 생기는 이해득실, 거래관행, 제3자를 위한 계약제도가 갖는 사회적 기능 등 제반 사정을 종합하여 계약 당사자의 합리적 의사를 해석하여 판별하여야 한다(대판 2006.9.14. 2004다18804).

(가) 제3자에 대한 청구권 불행사 합의-유효: 낙약자가 제3자에 대하여 가지는 청구권을 행사하지 않도록 하는 것도 급부에 해당하고, 이 경우 제3자는 낙약자의 청구에 대해 청구권불행사의 합의(부제소특약)가 있었다는 항변권을 행사할 수 있으며, 제3자를 위한 계약에 있어서의 제3자는 계약의 당사자는 아니지만 낙약자가 제3자에 대하여 직접 급부의무를 부담하게 되고, 그 급부의무의 기초에는 요약자와 제3자 사이의 원인관계(대가관계)가 존재한다는 점에서 제3자의 의사나 사정은 요약자를 통해 계약의 내용에 반영되어 있다고 보아야 할 것이다(대판 2006.1.12. 2004다46922).

(나) 제3자의 채무 면제의 합의-유효: 계약의 당사자가 제3자에 대하여 가진 채권에 관하여 그 채무를 면제하는 계약도 제3자를 위한 계약에 준하는 것으로서 유효하다(대판 2004.9.3. 2002다37405).

(다) 등기 말소의 합의-유효: 주택건설업자와 등록업자 사이에 등록업자가 당해 주택의 준공과 그 대지의 저당권말소의 이행에 대한 연대보증을 제공하기로 약정한 경우, 이는 달리 특별한 사정이 없는 한 주택건설사업자가 당해 주택의 준공과 그 대지의 저당권 말소를 이행하지 아니하는 경우 등록업자가 이를 대신 이행하여 주택건설사업자와 사이에 적법하게 분양계약을 체결한 입주자들에게 분양계약상의 주택공급 의무를 이행할 것을 약정함으로써 이른바 조건부 제3자를 위한 계약을 체결한 것이고, 그러한 약정에 따라 등록업자가 제공한 연대보증을 소관청에 제출한 주택건설사업자가 그 후 당해 주택의 건축을 지연하거나 그 능력을 상실하게 됨으로써 조건이 성취된 경우, 적법하게 분양계약을 체결한 입주자들이 그 수익의 의사를 표시하고 주택건설사업자를 대신하여 당해 주택을 준공한 등록업자에 대하여 분양계약상의 권리를 행사할 수 있다(대판 1996.5.28. 96다6592).

(라) 제3자의 의무부담 합의-무효: 제3자에게 의무를 부담시키는 당사자간의 합의가 무효임은 물론이다. 다만 문제가 되는 것은 제3자에게 채권을 취득시키면서 채무부담을 지우는 합의의 경우이다. 제3자가 취득하는 채권에 대가성, 상환성이 없는 부담의 경우에는 가능하다고 할 것이나, 그 외에 채무를 부담시키는 합의는 유효하지 않다고 보아야 할 것이다. 자기 의사에 의하지 않은 채무의 부담이란 자기결정의 원칙에 어긋나기 때문이다.

(마) 낙약자의 행위가 불법행위인 경우-무효: 제3자를 위한 계약은 그 성질상 낙약자의 행위 자체가 불법행위가 되거나 약속이 무효인 경우에는 제3자는 특별한 사정이 없는 한 위 불법행위나 채무불이행을 이유로 하는 손해배상청구는 할 수 없다(대판 1966.6.21. 66다674).

(2) 특수한 제3자를 위한 계약의 법률관계

(가) 용역경비계약: 용역경비계약의 약관에 나타난 계약의 목적 및 경비대상물의 정의 규정과 손해배상 규정상 경비회사의 용역경비의무의 불이행으로 인한 손해배상청구에 있어서 위 약관상의 사용자는 계약당사자 외의 다른 제3자를 의미하고, 따라서 위 계약은 최소한 그 범위 내에서 제3자를 위한 계약으로서, 여기서 제3자라 함은 계약상 용역경비업무의 성질, 손해배상책임의

대인배상한도액, 용역경비대상물의 소유 및 사용관계, 계약당사자가 위 계약을 체결한 동기 내지 경위 등에 비추어 보면 경비대상물인 건물을 일상적으로 사용하는 건물 소유자 및 그의 처를 포함한 동거가족을 말한다고 봄이 상당하고, 위 건물에 일시 방문한 자들은 위 제3자의 범위에 속하지 아니한다(대판 1993.8.27. 92다23339).

(나) 조건부 제3자를 위한 계약: 주택분양보증은 사업계획승인을 얻은 자가 분양계약상의 주택공급의무를 이행할 수 없게 되는 경우 주택사업공제조합이 수분양자가 이미 납부한 계약금 및 중도금의 환급 또는 주택의 분양에 대하여 이행책임을 부담하기로 하는 조건부 제3자를 위한 계약이고(대판 2006.5.25. 2003다45267), 제3자의 지위에 있는 수분양자는 주택분양보증계약의 내용에 따라 수익의 의사표시에 의하여 주택분양보증인에 대한 분양계약상의 권리를 취득함과 동시에 그와 반대급부의 관계에 있는 의무를 부담한다(대판 2006.5.12. 2005다68783).

(다) 어음발행시의 사고신고담보금처리 약정: 어음발행인이 어음의 피사취 등을 이유로 지급은행에게 사고신고와 함께 어음금의 지급정지를 의뢰하면서 체결한 "어음소지인이 어음금지급청구소송에서 승소하고 판결확정증명 또는 확정판결과 동일한 효력이 있는 것으로 지급은행이 인정하는 증서를 제출한 경우 등에는 지급은행이 어음소지인에게 사고신고담보금을 지급한다."는 사고신고담보금의 처리에 관한 약정은 제3자를 위한 계약으로서, 어음소지인과 어음발행인 사이의 수익의 원인관계에 변경이 있다고 하더라도 특별한 사정이 없는 한 낙약자인 지급은행이 제3자인 어음소지인에 대하여 부담하는 급부의무에는 영향이 없다(대판 2005.3.24. 2004다71928).

(라) 약속어음 발행시의 당사자의 특약과 제3자를 위한 계약의 성립: 약속어음 발행인이 그 발행과 동시에 수취인에 대하여 발행인이 어음금을 지급기일에 지급하지 못할 때에는 어음소지인에게 어느 재산을 교부하기로 약정함은 이후 약속어음의 이서양도를 받어 소지인이 될 자를 제3자로 하는 소위 제3자를 위한 대물변제의 효과를 발생시키는 계약이므로 그 어음소지인은 지급기일 후 발행인에 대하여 수익의 의사표시를 함과 동시에 해 재산에 대한 권리를 취득하는 것이다(대판 1955.7.28. 4288민상165).

(3) 본질이 제3자를 위한 계약인지 여부가 문제되는 경우

(가) 병존적 채무인수-긍정: 면책적 채무인수는 동일 채무가 채무자로부터 인수인에게 이전하고 채무자는 채무를 면하는 것으로, 제3자(채권자)에게 별개의 채권을 취득시키는 것이 아니므로 제3자를 위한 계약이 아니다. 그러나 병존적 채무인수는 원채무자와 인수인 사이의 계약에 의하는 경우에는 채권자에게 기존의 채권 외에 새로운 채권을 취득하게 하는 계약이므로 제3자를 위한 계약이라 할 수 있다(대판 1997.10.24. 97다28698).

(나) 이행인수-부정: 이행의 인수는 채무자와 인수인 간에 인수인이 채무를 변제하여 채무자의 채무를 면책하겠다는 양자 내부의 관계로써 인수인은 채무자에게 그러한 부담을 질 뿐 채권자로부터는 직접 채무를 부담하지 않는다. 즉 이행의 인수는 채권자에게 직접 채권을 취득시키는 것이 아니므로 제3자를 위한 계약이 아니다(대판 1997.10.24. 97다28698).

(다) 당좌예금계약-부정: 은행과 고객 간에 은행을 지급인으로 하는 당좌수표발행에 관한 계약은, 수표의 소지인에 대하여 은행이 직접 채무를 부담하는 것이 아니라 예금자의 예치금에서 지급을 대행할 뿐이므로 소지인을 제3자로 하는 제3자를 위한 계약이 아니다(따라서 예금자가 지급정지 또는 잔고가 없어 지급하지 않아도 은행은 책임을 지지 않는다).

(라) 제3자가 하는 의료계약-제3자에 따라 달리 봄: 제3자가 의료계약을 하는 경우에는 보통 두 가지가 있다. 미성년자를 위하여 부모가 의료계약을 하는 경우가 있고, 또 하나는 의식 불명 등으로 본인이 직접 할 수 없어 경찰관 또는 친지 등이 의료계약을 하는 경우가 있다. 이와 같이 제3자가 한 의료계약이 제3자를 위한 계약인지 아니면 대리인에 의한 의료계약인지가 문제된다. 어느 것으로 보든 의료채권의 귀속자에는 차이가 없는데, 의료채무(의료비)를 누가 부담하느냐에서는 차이가 있다. 제3자를 위한 계약이라고 보면 계약의 당사자가 의료채무를 부담하며, 대리라고 보면 환자에게 의료채무가 귀속된다. 원칙적으로는 환자가 의료채무를 부담하여야 한다고 보아 대리에 의한 의료계약이라고 보아야 하나, 미성년자와 같은 경우에는 제3자인 자녀를 위한 의료계약이라고 보아야 할 것이다.

(마) 변제공탁-긍정: 변제를 위한 공탁(487조)은 절차적인 면에서는 공탁법과 공탁사무처리규칙에 의하여 규정되는 공법관계이나, 그 효과인 사법적인 면에서는 제3자인 피공탁자에게 직접 권리를 취득시키는 제3자를 위한 임치계약이다.

2. 第3者의 地位

(1) 취득하는 권리: 제3자가 취득하게 되는 권리는 채권이 원칙이나, 채권에 한정할 필요는 없다. 제3자를 위한 계약이 당사자 일방이 취득하는 권리를 제3자에게 귀속시키는데 계약의 목적이 있으므로 당사자 일방이 취득할 수 있는 권리이면 어느 것이나 가능하다. 예컨대 제3자에게 물건을 인도하게 하는 약정도 가능하다. 또한 제3자가 낙약자에 부담하는 기존의 채무를 낙약자가 제3자에게 청구하지 않겠다는 급부도 가능하다(대판 2006.1.12. 2004다46922).

(가) 낙약자에게 이행청구: 제3자는 취득한 권리로 낙약자에 대하여 그 이행을 청구할 수 있다.

(나) 낙약자의 불이행: 채무자(낙약자)가 채무불이행을 하게 되면 채무불이행에 의한 손해배상을 청구할 수 있음은 물론이다. 손해배상청구권은 급부청구권과 동질성이 있기 때문이다.

(다) 기타 권리: 제3자는 계약상의 급부에 대한 권리를 취득하나, 계약의 당사자는 아니므로 계약의 당사자로서 가지는 권리는 취득하지 않는다. 즉 제3자는 계약의 해제권·취소권을 취득하지 않으며(채무불이행시에 제3자는 손해배상청구권을 가지나, 계약의 해제권은 취득하지 않는다), 계약의 상대방으로서의 선의·악의·과실 등에 관하여도 그 대상이 되지 않는다.

(2) 제3자의 권리의 발생시기-제2항: 제3자가 수익의 의사표시를 한 때에 제3자의 권리가 발생한다. 그러나 이는 절대적인 요건은 아니다. 당사자의 계약에서 수익의 의사표시를 요하지 않는다는 합의를 한 경우, 의사표시의 해석이나 당해 계약의 성질에 의하여 수익의 의사표시를 하지 않더라도 제3자의 권리는 발생한다.

(가) 수익의 의사표시-제2항: 수익의 의사표시는 채무자, 즉 낙약자에게 하여야 한다.

(나) 수익의 의사표시의 상대방: 수익의 의사표시는 채무자(낙약자)에게 하여야 한다.

(다) 수익의 의사표시의 방법-묵시적 의사표시도 가능: 의사표시의 일반에 관한 규정이 적용되며, 특별한 제한이 없어, 표시의 방법은 명시적이든 묵시적이든 관계없으며(대판 2006.5.25. 2003다45267), 수익의 의사표시를 직접 하지 않고 제3자가 바로 급부를 청구하거나 이행의 소를 제기하면 의사표시가 있은 것으로 보아야 한다.

(3) 수익의 의사표시 전의 제3자의 지위: 수익의 의사표시 전의 제3자는 수익의 의사표시를 하여 권리를 발생시킬 수도 있고 그렇지 않을 수도 있는 지위, 즉 일방적 의사표시에 의하여 권리취득의 효과를 발생시키는 법률상의 지위인 형성권자이다.

(가) 상속·양도 가능: 제3자의 이러한 형성권은 재산적 색채가 강하므로 상속, 양도, 채권자대위권의 목적이 된다.

(나) 행사기간-10년의 제척기간: 형성권의 행사기간은 계약에서 특별히 정한 바가 없으면 형성권의 일반적인 존속기간인 10년의 제척기간에 걸린다. 그러나 채무자가 상당한 기간을 정하여 의사표시 여부를 최고한 때에는, 상당한 기간의 경과로 제3자가 계약의 이익을 받을 것을 거절한 것으로 본다(540조).

(4) 수익의 의사표시 후의 제3자의 지위: 제541조

(5) 제3자의 수익의 거절: 제540조

3. 要約者의 地位

(1) 낙약자에 대한 제3자에의 급부이행청구권: 요약자는 낙약자에 대하여 제3자에게 급부를 이행할 것을 청구할 수 있는 권리를 가진다. 이 권리는 제3자를 위한 계약이 성립한 때로부터 시효가 진행된다.

(2) 낙약자의 채무불이행에 대한 손해배상청구권: 제3자의 수익의 의사표시 전에도 요약자의 권리는 존재하기 때문에 낙약자는 이행의 제공을 하여야 요약자에 대하여 지체책임을 지지 않는다. 제3자의 권리가 발생하면 낙약자가 책임 있는 사유로 제3자에게 급부를 이행하지 않으면 제3자에 대하여 채무불이행에 의한 손해배상책임을 진다. 이 경우에 요약자는 낙약자에게 제3자에게 손해배상을 청구할 수 있는데, 요약자 본인이 스스로의 손해배상청구권을 가지는지가 문제된

다. 급부불이행 그 자체에 대한 손해를 요약자 본인에게 배상하라는 청구는 할 수 없으나, 제3자에게 급부를 이행하지 않음으로써 요약자 본인에게 발생한 손해에 대하여는 요약자 본인에게 손해를 배상하도록 청구할 수 있다.

(3) 계약의 취소·해제권: 요약자에게 계약의 취소사유가 있는 때에는 요약자가 계약을 취소할 수 있음은 당연하다. 제3자가 수익의 의사표시를 한 후에도 같다. 계약의 취소·해제에 제3자의 동의를 받을 필요는 없다. 취소원인은 요약자에 관하여 판단할 것이지 제3자에 관하여 판단할 것은 아니다. 요약자는 낙약자의 채무불이행이 있는 경우에 제3자의 동의 없이 단독으로 해제할 수 있다(대판1970.2.24. 69다1410, 1411). 그러나 제3자는 계약의 당사자가 아니므로 해제권을 행사할 수 없다.

(4) 제3자에게 이행한 후에 계약의 해제를 한 경우: 제3자를 위한 계약관계에서 낙약자와 요약자 사이의 법률관계(이른바 기본관계)를 이루는 계약이 해제된 경우, 낙약자가 이미 제3자에게 급부한 것에 대해 계약해제에 기한 원상회복 또는 부당이득을 원인으로 제3자를 상대로 그 반환을 구할 수 없다(대판 2005.7.22. 2005다7566, 7573). 즉 낙약자는 요약자에 대하여 부당이득반환청구권을 행사하여야 한다.

4. 諾約者의 地位

(1) 제3자에 대하여 급부이행할 채무: 낙약자는 제3자를 위한 계약에 의하여 제3자에게 급부를 이행할 채무를 부담하며, 그 채무를 동시에 요약자에 대하여도 진다.

(2) 최고권: 제540조

(3) 낙약자의 항변권: 제542조

第540條【債務者의 第三者에 對한 催告權】 前條의 境遇에 債務者는 相當한 期間을 定하여 契約의 利益의 享受與否의 確答을 第三者에게 催告할 수 있다. 債務者가 그 期間內에 確答을 받지 못한 때에는 第三者가 契約의 利益을 받을 것을 拒絶한 것으로 본다.

債務者(諾約者)의 催告權

1. 催告權

(1) 최고권: 낙약자인 채무자는 계약을 이행하기 위하여 제3자에게 급부의 이행을 하여야 하므로, 제3자가 수령할 것인지 여부를 신속하게 알 필요가 있다. 이러한 점에서 제3자에게 급부를 향수할 것인지를 상당한 기간을 유예하여 그 확답을 최고할 수 있게 한다.

(2) 상당기간 경과 후 확답 없는 경우-거절의 효과: 유예한 상당 기간 내에 확답을 받지 못한 때에는 제3자가 그 이익을 받을 것을 거절한 것으로 본다.

2. 第3者의 受益 拒絶: 수익의 거절로 제3자의 권리는 발생하지 않고, 낙약자인 채무자는 급부를 이행할 수 없게 되는데, 이 경우에 당해 계약에 이러한 경우를 예상한 특약이 있는 때에는 별다른 문제가 없다.

(1) 거절이 단순한 수령거절인 경우: 제3자가 권리 자체의 귀속을 포기 내지 거절하는 것이 아니라 단순히 수령을 거절한 때에는 채권자지체의 문제가 된다.

(2) 원칙-급부청구권은 요약자에게 귀속: 보통의 경우에는 약정된 급부의 이행청구권이 요약자에게 귀속되고, 그 결과 요약자는 다른 제3자를 지정할 수도 있고 또 스스로 급부를 청구할 수 있다.

(3) 예외-급부가 요약자에게 무의미한 경우: 당해 급부가 요약자에게는 의미가 없어 요약자에게도 이행할 수 없는 경우에는, 결국 그 급부는 이행불능의 상태가 되어 낙약자와 요약자간의 위험부담의 문제로 처리하여야 할 것이다.

第541條【第三者의 權利의 確定】 第539條의 規定에 依하여 第三者의 權利가 생긴 後에는 當事者는 이를 變更 또는 消滅 시키지 못한다.

受益의 意思表示 後의 第3者의 權利

1. 權利의 確定: 제3자가 수익의 의사표시를 한 후에는 당사자는 이를 변경 · 소멸시키지 못한다. 수익의 의사표시 후에 제3자는 확정된 권리를 가진다.

2. 變更 · 消滅의 留保 또는 第3者의 同意가 있는 경우: 제3자가 수익의 의사표시 후에도 요약자와 낙약자의 합의에 의하여 제3자의 권리를 변경 · 소멸시킬 수 있음을 미리 유보하였거나, 제3자의 동의가 있으면 요약자와 낙약자는 제3자의 권리를 변경 · 소멸시킬 수 있다(대판 2002.1.25. 2001다30285).

3. 任意變更의 效力: 제3자의 권리가 확정된 후에 계약의 당사자가 제3자의 권리를 임의로 변경 · 소멸시키는 행위를 한 경우 이는 제3자에 대하여 효력이 없다(대판 2002.1.25. 2001다30285).

第542條【債務者의 抗辯權】 債務者는 第539條의 契約에 基한 抗辯으로 그 契約의 利益을 받을 第三者에게 對抗할 수 있다.

諾約者(債務者)의 抗辯

1. 契約上의 抗辯權: 낙약자인 채무자는 원인관계인 요약자와의 관계에서 가지는 항변으로 제3자에게 대항할 수 있다. 그러나 그러한 항변은 당해 제3자를 위한 계약 자체에서 생기는 항변이라야 한다. 예컨대 요약자가 반대급부를 이행하지 않을 때에는 제3자의 이행청구에 대하여 동시이행의 항변권을 행사할 수 있다.

2. 第3者의 人的 事由에 대한 抗辯權: 낙약자는 제3자에게 가지는 인적 항변으로 대항할 수 있다. 예컨대 낙약자가 제3자에 대하여 기존의 반대채권이 있으면, 이를 가지고 제3자에 대하여 상계를 할 수 있다.

第3款 契約의 解止, 解除

1. 槪括: 유효하게 성립하고 있는 계약의 효력을 당사자의 일방적 의사표시에 의하여 계약관계를 해소시키는 것이 계약의 해제이다. 그리고 이러한 일방적 의사표시에 의하여 계약관계를 해소시킬 수 있는 권리가 해제권이다. 계약의 해제에는 법정해제, 약정해제, 합의해제(해제계약)의 세 가지가 있다. 법정해제란 법률의 규정에 의하여 해제할 수 있는 경우의 해제로서 일반적으로 이행지체와 이행불능의 경우에 해제할 수 있는 것으로 제544조 이하에서 규정하고 있으며, 개별 계약에 특유한 법정해제에 관하여는 개별 계약편에 별도로 규정하고 있다(예: 555조, 575조 등). 약정해제는 당사자가 개별 계약시에 유보한 해제권을 행사하여 계약을 해제하는 것이다. 약정해제에는 당사자가 계약에서 명확하게 해제권을 유보시킨 경우와 법률의 규정에 의하여 해제권을 유보한 것으로 보는 경우(565조)의 두 가지가 있다. 합의해제는 계약의 당사자가 별도로 합의(계약)를 하여 당해 계약관계를 해소하는 것을 말한다.

(1) 해제권-약정해제권과 법정해제권: 해제를 할 수 있는 권리가 해제권인데, 해제권에는 약정해제권과 법정해제권이 있다. 약정해제권이란 계약 당사자의 합의에 의하여 발생시키는 해제권으로, 보통은 처음의 계약에서 특약으로 당사자의 일방 또는 쌍방을 위하여 해제권을 유보하나 별도의 계약으로 해제권을 유보할 수 있다. 계약의 당사자는 해제권을 유보하는 특약 또는 별도의 계약에서 해제권의 발생 사유, 해제권의 행사방법, 효과에 관하여 정할 수 있으며, 그러한 경우에는 그 특약에 의하여 법률관계가 형성된다. 법정해제권은 법률의 규정에 의하여 발생하는 해제권을 말한다. 법정해제권에는 모든 채권계약에 공통하여 발생하는 일반적인 법정해제권(544조 내지 546조)과 특정 계약에서 특유한 원인에 의하여 발생하는 특수한 법정해제권이 있다. 후자의 경우에는 당해 계약의 특성상 개별적으로 인정되는 법정해제권이기 때문에 그 효과에서 일반적인 법정해제권을 행사할 때와는 다소의 차이를 두고 있다(예: 558조). 약정해제권과 법정해제권은 해제권의 발생원인에 따른 분류이고, 일단 발생한 해제권은 약정해제권에서 특약이 없는 한 양자는 그 행사방법, 효과에 차이가 없다.

(2) 해제가 인정되는 계약: 계약의 해제는 채권계약에서만 인정된다. 채권계약이면 쌍무계약이든 편무계약이든 해제는 인정된다. 그러나 법정해제는 쌍무계약상의 견련성에 의한 상호간의 공평을 위한 제도로서 해제권의 발생원인이 채무불이행이기 때문에 실익은 쌍무계약에 있다. 편무계약에서 채무불이행의 경우에는 채무불이행에 의한 손해배상책임을 물을 것이지 계약을 해제할 필요가 없기 때문이다.

2. 解除와 類似한 制度

(1) 합의해제: 합의해제는 기존계약의 당사자가 별도로 합의를 하여 당해 계약관계를 폐기하는 것으로, 해제를 하자는 합의, 즉 해제계약이다. 이러한 해제계약이 허용되는 것은 계약자유의 원칙상 당연하다.

(가) 성립: 계약의 합의해제 또는 해제계약이라 함은 해제권의 유무를 불문하고 계약당사자 쌍방이 합의에 의하여 기존의 계약의 효력을 소멸시켜 당초부터 계약이 체결되지 않았던 것과 같은 상태로 복귀시킬 것을 내용으로 하는 새로운 계약으로서, 계약이 합의해제되기 위하여는 일반적으로 계약이 성립하는 경우와 마찬가지로 해제계약의 청약과 승낙이라는 서로 대립하는 의사표시가 합치될 것(합의)을 그 요건으로 하는바, 이와 같은 합의가 성립하기 위하여는 쌍방 당사자의 표시행위에 나타난 의사의 내용이 객관적으로 일치하여야 된다(대판 1992.6.23. 92다4130).

① 급부의 반환에 대한 약정이 없는 경우의 합의해제 성립 여부-특수한 경우로 예외에 속한다: 계약을 합의해제할 때에 원상회복에 관하여 반드시 약정을 하여야 하는 것은 아니지만, 매매계약을 합의해제하는 경우에 이미 지급된 계약금, 중도금의 반환 및 손해배상금에 관하여는 아무런 약정도 하지 아니한 채 매매계약을 해제하기만 하는 것은 우리의 경험칙에 비추어 이례에 속하는 일이다-합의해제의 성립 여부에 대한 다툼에서 반환에 대한 약정이 없으면 합의해제로 보기가 매우 어렵다는 취지-(대판 1992.6.23. 92다4130).

② 쌍방의 방치에 의한 묵시적 해제: 계약의 합의해제는 명시적으로 이루어진 경우뿐만 아니라 묵시적으로 이루어질 수도 있는 것으로, 계약의 성립 후에 당사자 쌍방의 계약실현 의사의 결여 또는 포기로 인하여 쌍방 모두 이행의 제공이나 최고에 이름이 없이 장기간 이를 방치하였다면, 그 계약은 당사자 쌍방이 계약을 실현하지 아니할 의사가 일치함으로써 묵시적으로 합의해제되었다고 해석함이 상당하다(대판 2007.6.15. 2004다37904).

(나) 효과: 해제계약은 계약이므로 민법의 해제에 관한 규정(543조 내지 553조)이 적용되지 아니하고 계약에 관한 규정이 일반적으로 적용된다(대판 2003.1.24. 2000다5336). 따라서 해제계약의 효력은 당사자의 당해 해제계약에서 정하여진다. 그런데 약정이 없으면 합의해제는 해제를 하자는 별도의 계약이므로 해제에 관한 규정은 적용이 없고 계약에 관한 일반법리가 적용되어 부당이득에 관한 규정이 적용되고, 금전은 받은 날로부터 반환할 때까지의 이자를 가산한다는 제548조제2항의 적용은 없다(대판 2003.1.24. 2000다5336, 5343).

(다) 합의해제 후의 채무불이행에 의한 손해배상청구-불가: 계약이 합의해제된 경우에는 그 해제시에 당사자 일방이 상대방에게 손해배상을 하기로 특약하거나 손해배상청구를 유보하는 의사표시를 하는 등 다른 사정이 없는 한 채무불이행으로 인한 손해배상을 청구할 수 없다(대판 1989.4.25. 86다카1147).

(라) 합의해제 후 다시 헤제된 계약부활의 합의-유효: 계약을 합의해제한 후 그 합의해제를 무효화시키고, 해제된 매매계약을 부활시키는 약정은 계약자유의 원칙상 적어도 당사자 사이에서는 가능하다(대판 1980.7.8. 80다1077).

(2) 계약시의 해제조건부 및 실권약관: 계약시에 해제조건을 붙인 경우에 해제조건에 의한 해제는 약정해제와 유사하다. 그러나 약정해제는 일정한 경우에 해당하더라도 해제권을 행사하여야 계약이 해제되나, 해제조건부 계약에서는 당사자가 합의한 조건이 성취하면 별도로 해제권을 행사하지 않고 당연히 계약이 해제된다는 점에서 양자는 다르다. 해제조건 중에서 특히 채무자측의 채무불이행을 조건으로 계약의 효력을 잃게 하는 약관을 실권약관이라고 한다. 예컨대 할부매매에서 매수인이 1회의 대금연체만으로 계약은 효력을 잃는다는 약관을 하는 경우가 있다. 이와 같은 실권약관이 약관의규제에관한법률에 의하여 무효로 되는 것은 별론으로 하고, 일방 특

히 경제적 약자에게 매우 불리하다. 이에 실권약관은 조건의 성취에 의하여 당연히 계약이 해제되는 해제조건이 아니라 해제권을 유보한 특약(해제권유보특약)으로 새겨야 된다. 즉 실권약관은 해제권의 발생사유에 의한 해제권을 유보한 특약이며, 따라서 그러한 사유에 해당되어도 그 사유만으로 계약이 해제되는 것이 아니라 상대방의 최고와 해제권의 행사가 있어야 계약이 해제된다(대판 1989.7.25. 88다카28891).

3. 法定解除와 約定解除

(1) 법정해제: 법정해제는 계약에 공통한 원인에 의하여 발생하는 일반적 법정해제와 특정한 계약에 특유한 원인에 의하여 발생하는 특유한 법정해제가 있다. 특유한 법정해제는 개별 계약에서 규정하고, 일반적 법정해제는 본관에서 규정한다.

(2) 약정해제: 당사자는 당해 계약의 특약으로 해제권을 유보할 수 있다(543조1항). 또한 약관으로 해제권을 발생시킬 수도 있는데, 그러한 약관조항을 해제권유보조항이라고 한다. 이와 같이 해제권의 발생에 관한 특약과 약관이 유효함은 물론이다. 그러한 경우에 당해 해제권의 발생사유를 충족하면 해제할 수 있으며, 이를 약정해제라 한다.

4. 構成

(1) 해지·해제권: 제543조

(2) 이행지체에 의한 해제: 제544조

(3) 정기행위의 해제: 제545조

(4) 이행불능에 의한 해제: 제546조

(5) 해지·해제권의 불가분성: 제547조

(6) 해제·해지의 효과: 제548조-제551조

(7) 최고권: 제552조

(8) 해제권의 소멸: 제553조

(9) 부수적 급부의무 불이행에 의한 해제-불가: 계약의 해제제도는 상대방이 채무를 불이행하여 계약의 목적을 달성할 수 없는 경우에 계약을 해소하여 채권자를 보호하자는 것이 본래의 취지이다. 따라서 채무불이행을 이유로 매매계약을 해제하려면, 당해 채무가 매매계약의 목적 달성에 있어 필요불가결하고 이를 이행하지 아니하면 매매계약의 목적이 달성되지 아니하여 매도인이 매매계약을 체결하지 아니하였을 것이라고 여겨질 정도의 주된 채무이어야 하고 그렇지 아니한 부수적 채무를 불이행한 데에 지나지 아니한 경우에는 매매계약 전부를 해제할 수 없다(대판 2005.11.25. 2005다53705, 53712).

(가) 업종 지정한 수분양에서 위반: 상가의 일부 층을 먼저 분양하면서 그 수분양자에게 장차 나머지 상가의 분양에 있어 상가 내 기존 업종과 중복되지 않는 업종을 지정하여 기존 수분양자의 영업권을 보호하겠다고 약정한 경우, 그 약정에 기한 영업권 보호 채무는 분양계약의 주된 채무이다(대판 1997.4.7. 97마575).

(나) 잔대금 일부의 선지급 약정: 당초 약정된 잔대금의 일부를 잔대금기일 전에 미리 앞당겨 지급하기로 약정한 것이 그 금액의 정도나 반대급부의 범위 등에 비추어 호의에 의한 부수적 약정에 지나지 않는다고 하여 이에 위배하였음을 이유로 한 해제 주장을 배척한 사례가 있다(대판 1993.7.13. 93다17966).

(10) 불완전이행에서의 해제-추완 최고 후 해제: 수임인이 위임계약상의 채무를 제대로 이행하지 아니하였다 하여 위임인이 언제나 최고 없이 바로 그 채무불이행을 이유로 하여 위임계약을 해제할 수 있는 것은 아니고, 아직도 수임인이 위임계약상의 채무를 이행하는 것이 가능하다면 위임인은 수임인에 대하여 상당한 기간을 정하여 그 이행을 최고하고, 수임인이 그 기간 내에 이를 이행하지 아니할 때에 한하여 계약을 해제할 수 있다(대판 1996.11.26. 96다27148).

(11) 사정변경에 의한 해제: 사정변경으로 인한 계약해제는 계약성립 당시 당사자가 예견할 수 없었던 현저한 사정의 변경이 발생하였고 그러한 사정의 변경이 해제권을 취득하는 당사자에게 책임 없는 사유로 생긴 것으로서, 계약내용대로의 구속력을 인정한다면 신의칙에 현저히 반하는 결과가 생기는 경우에 계약준수 원칙의 예외로서 인정되는 것이고, 여기에서 말하는 사정이라

함은 계약의 기초가 되었던 객관적인 사정으로서, 일방당사자의 주관적 또는 개인적인 사정을 의미하는 것은 아니다. 또한 계약의 성립에 기초가 되지 아니한 사정이 그 후 변경되어 일방당사자가 계약 당시 의도한 계약목적을 달성할 수 없게 됨으로써 손해를 입게 되었다 하더라도 특별한 사정이 없는 한 그 계약내용의 효력을 그대로 유지하는 것이 신의칙에 반한다고 볼 수도 없다 (대판 2007.3.29. 2004다31302).

* 개별 계약에 특수한 법정해제
① 증여: 망은행위(556조)
② 매매: 계약금 수수: 계약금에 의한 임의 해제(565조)
③ 무이자 소비대차: 목적물 인도 전의 해제(601조)
④ 임대차: 목적물 멸실로 목적 달성 불가(627조), 임차인 파산(637조), 차임액 2기 연체(640조)
⑤ 고용: 부득이한 사유(661조)
⑥ 도급: 완성물로 목적 달성 불가(668조)
⑦ 조합: 부득이한 사유(720조)

第543條【解止, 解除權】 ①契約 또는 法律의 規定에 依하여 當事者의 一方이나 雙方이 解止 또는 解除의 權利가 있는 때에는 그 解止 또는 解除는 相對方에 對한 意思表示로 한다.
②前項의 意思表示는 撤回하지 못한다.

解除權

1. 發生 - 제1항: 해제권은 당사자간의 특약으로 또는 법률의 규정에 의하여 발생한다. 전자에 의한 해제가 약정해제이고, 후자에 의한 해제가 법정해제이다.

2. 解除權의 行使 - 제1항

(1) 행사사유: 해제권을 행사하느냐 여부는 해제권자의 자유이다.

(가) 법정해제: 법률에 해제권의 행사가 가능한 경우를 구체적으로 규정하는데, 공통적인 사유인 채무불이행의 경우에 채권자는 이행강제, 손해배상청구, 대상청구 또는 계약의 해제 중에서 그 요건을 충족하면 어느 것이나 자기에게 유리한 것을 선택하여 행사할 수 있다.

(나) 약정해제-특약에 의한 해제: 당사자간에 체결한 특약 또는 약관(해제권유보조항)의 사유에 해당하면 해제권을 행사할 수 있다. 그리고 해제에 관하여 특약과 약관이 있는 경우에도 반대의 특약이 없는 한 법정해제가 가능하다. 따라서 이 경우에는 법정해제 사유에 해당하면 법정해제, 약정해제 사유가 발생하면 약정해제를 할 수 있다. 해제에 관하여 약정을 하면서, 특히 약관으로 법정해제사유인 채무불이행에 관하여 일방적으로 유리 또는 불리하게 하는 내용이 있는데, 그러한 약관조항은 약관규제에관한법률에 의하여 무효이다(약관법 9조).

(2) 해제권의 상대방: 해제권은 계약의 당사자에게 행사하여야 하고, 상속 또는 계약인수의 경우에는 상속인 또는 계약의 인수인 등으로 계약당사자의 법률상의 지위를 승계한 자가 상대방이다. 채권이 양도된 경우에는 양도인이 상대방이며, 채무가 인수된 경우에 면책적 채무인수의 경우에는 인수인이 상대방이며, 중첩적 채무인수의 경우에는 본래의 채무자와 인수인 모두가 상대방이다.

(3) 의사표시로: 해제권은 형성권이므로 해제권의 행사라 함은 형성권을 행사하는 것이다. 따라서 해제는 상대방에 대한 의사표시로 하여야 한다. 그러한 의사표시는 서면이나 구두 어느 것으로 하든 관계없다. 해제는 의사표시로 하기 때문에 행위능력, 효력 등에 관하여는 의사표시에 관한 일반 법리가 적용된다.

(4) 약정해제권의 행사 및 효과: 약정해제의 경우에 해제권의 발생사유뿐만 아니라 행사방법이나 효과에 관하여 정할 수도 있으며, 그러한 경우에는 약정에 따라야 함은 물론이다. 일반적으로는 약정해제의 경우에 해제권의 발생사유만 약정하고 해제권의 행사방법 및 효과에 관하여는 별도로 정하지 아니하는데, 그러한 경우에는 해제권의 행사방법과 효과는 법정해제에서와 같다. 민

법도 해제권의 발생사유에 관하여만 법정해제에 관하여 별도로 규정(544조 내지 546조)하고 있어, 그 밖의 규정은 양자에 동일하게 적용된다. 따라서 약정해제권의 행사는 상대방에 대한 의사표시로 하며, 그 의사표시는 철회할 수 없고(543조), 조건이나 기한을 붙일 수 없다. 또한 당사자가 수인인 경우에 분리하여 해제할 수 없다(547조). 해제의 효과로 원상회복의무가 발생함도 동일하다(548조).

(가) 제551조는 적용 없음: 약정해제는 채무불이행에 의한 해제가 아니므로 채무불이행을 전제로 하는 손해배상에 관한 규정인 제551조는 그 적용이 없다.

(나) 행사기간: 해제권은 형성권이므로 10년동안 행사하지 않으면 소멸한다.

3. 非撤回性 - 제2항: 해제권은 형성권이므로 해제의 의사표시에는 조건이나 기한을 붙이지 못하며, 철회하지 못한다. 여기서 해제의 의사표시를 철회하지 못한다는 것은 유효한 해제의 의사표시를 철회하지 못한다는 것으로, 그 의사표시가 무능력이라든지 착오 등의 경우에는 의사표시에 관한 법리가 적용되어 취소할 수 있다.

4. 法定解除權 排除 特約: 계약 당사자 사이의 채무불이행에 따른 법정해제권을 배제하는 약정은 비록 손해배상의 청구가 보장된다고 하더라도 그 자체로서 채무불이행을 용인하는 결과가 되므로 계약당사자의 합의에 따라 명시적으로 법정해제권을 배제하기로 약정하였다고 볼 수 있는 경우가 아닌 이상 엄격하게 제한 해석하여야 한다(대판 2006.11.9. 2004다22971).

第544條【履行遲滯와 解除】 當事者一方이 그 債務를 履行하지 아니하는 때에는 相對方은 相當한 期間을 定하여 그 履行을 催告하고 그 期間內에 履行하지 아니한 때에는 契約을 解除할 수 있다. 그러나 債務者가 미리 履行하지 아니할 意思를 表示한 境遇에는 催告를 要하지 아니한다.

通常的인 債務의 履行遲滯

1. 履行期에 履行을 하지 않은 事實(履行遲滯): 이행기가 언제이냐가 문제되는데, 이행기와 그에 따른 이행지체에 관하여는 제387조에서 규정하고 있다. 제387조에 의하면 확정기한의 채무는 확정기한이 도래한 때가 이행기이며, 불확정기한의 채무는 채무자가 기한이 도래함을 안 때가 이행기이며, 기한이 없는 채무는 채무자가 이행청구를 받은 때가 이행기이다. 따라서 각각 그때에 이행을 하지 않은 사실, 즉 이행지체가 있을 것을 요건으로 한다. 그런데 채무자가 이행기에 이행을 하지 않는 때에도 해제권의 발생 여부가 문제되는 세 가지 경우가 있다. 하나는 채무자의 귀책사유가 없는 경우이며, 둘은 쌍무계약상의 동시이행의 항변권을 가지는 경우, 셋은 일부의 이행지체가 있는 경우이다.

(1) 채무자의 귀책사유로 이행지체: 제390조는 채무불이행의 전반에 걸친 기본이 되는 규정으로서 채무불이행에 채무자의 귀책사유를 요하기 때문에 제544조의 이행지체에도 당연히 채무자의 귀책사유를 요한다고 본다.

(2) 동시이행의 항변권이 있는 경우-이행 또는 이행의 제공: 채무자가 이행하지 않은 것을 정당화할 수 있는 사유가 있는 때에는 해제권은 발생하지 않는다. 쌍무계약상의 동시이행의 항변권을 가지는 경우에는 채권자는 자기채무의 이행을 제공하여야 상대방을 이행지체에 빠뜨린다. 따라서 이행의 제공으로 상대방을 이행지체의 상태로 하고, 이행지체가 된 후에야 해제를 할 수 있다. 채권자의 이행의 제공으로 상대방은 이행지체에 있기 때문에 해제할 때에 다시 이행의 제공을 할 필요는 없다.

(가) 쌍무계약에서 이해지체로 당연 해제한다는 특약을 한 경우-이행의 제공을 요함: 부동산 매매계약에 있어서 매수인이 잔대금 지급기일까지 그 대금을 지급하지 못하면 그 계약이 자동적으로 해제된다는 취지의 약정이 있더라도 특별한 사정이 없는 한 매수인의 잔대금 지급의무와 매도인의 소유권이전등기의무는 동시이행의 관계에 있으므로 매도인이 잔대금 지급기일에 소유권이전등기에 필요한 서류를 준비하여 매수인에게 알리는 등 이행의 제공을 하여 매수인으로 하여

금 이행지체에 빠지게 하였을 때에 비로소 자동적으로 매매계약이 해제된다고 보아야 하고 매수인이 그 약정 기한을 도과하였더라도 이행지체에 빠진 것이 아니라면 대금 미지급으로 계약이 자동해제된 것으로 볼 수 없다(대판 1998.6.12. 98다505).

(나) 이행지체의 계속을 요함: 부동산매매계약에서 매도인의 소유권이전등기절차이행채무와 매수인의 매매잔대금지급채무가 동시이행관계에 있는 한 쌍방이 이행을 제공하지 않는 상태에서는 이행지체로 되는 일이 없을 것인바, 매도인이 매수인을 이행지체로 되게 하기 위하여는 소유권이전등기에 필요한 서류 등을 현실적으로 제공하거나 그렇지 않더라도 이행장소에 그 서류 등을 준비하여 두고 매수인에게 그 뜻을 통지하고 수령하여 갈 것을 최고하면 되는 것이어서, 특별한 사정이 없으면 이행장소로 정한 법무사 사무실에 그 서류 등을 계속 보관시키면서 언제든지 잔대금과 상환으로 그 서류들을 수령할 수 있음을 통지하고 신의칙상 요구되는 상당한 시간 간격을 두고 거듭 수령을 최고하면 이행의 제공을 다한 것이 되고 그러한 상태가 계속된 기간 동안은 매수인이 이행지체로 된다 할 것이다(대판 2001.5.8. 2001다6053, 6060, 6077).

(3) 일부의 이행지체: 가분급부의 경우에는 불이행부분만 계약을 해제할 수 있으나, 이행된 부분만으로 계약의 목적을 달성할 수 없는 경우에는 계약의 전부를 해제할 수 있다. 일부의 이행은 원칙적으로 채무의 내용에 좇은 이행이 되지 못하기 때문에 채권자는 계약의 전부를 해제할 수 있다. 그러나 불이행부분이 경미한 경우에는 신의칙상 계약을 해제할 수 없다. 이 경우에는 채무불이행의 정도와 해제에 의하여 채무자가 상실할 이익을 비교형량하여 합리적으로 결정하여야 할 것이다. 경미한 채무의 불이행을 이유로 계약을 해제하는 것은 신의칙위반으로 해제의 효과가 발생하지 않는다(대판 1971.3.31. 71다352).

(4) 이행지체 중인 자의 해제: 자기의 채무의 이행지체 중인 자가 상대방의 이행지체를 이유로 계약을 해제할 수 있는지가 문제된다. 예컨대 매수인이 대금지급에 대한 이행지체 중에 매도인의 소유권이전의무에 대한 불이행을 이유로 계약을 해제할 수 있는가이다. 이 경우에는 자기의 이행지체 상태를 명확하게 해소한 이후가 아니면 계약을 해제할 수 없다. 즉 현실의 제공을 하여 자기의 이행지체를 해소한 후에 비로소 상대방의 불이행을 이유로 계약을 해제할 수 있다.

2. 相當한 期間을 定한 催告: 최고는 이행을 청구하는 단독의 의사표시이다. 계약을 해제하기 위하여는 채무자가 이행지체 상태에 있는 것 외에 원칙적으로 일정한 기간을 정하여 그 기간 내에 이행할 것을 최고하여야 한다. 최고는 채무를 지정하여 하여야 하고, 최고를 요하지 않는 경우, 과대·과소최고와 관련한 채무의 지정정도, 상당기간의 의미 등이 문제된다.

(1) 최고를 할 것: 통상적인 채무에서 확정기한의 채무는 확정기, 불확정기한의 채무는 채무자가 기한이 도래함을 안 때가 이행기로서, 그때로부터 이행지체가 된다. 이 경우에는 채권자는 최고를 하지 아니하면 해제할 수 없다. 그러나 기한이 없는 채무는 이행청구, 즉 최고를 한 때로부터 이행지체 상태가 되는데, 이 경우에도 해제를 하려면 다시 최고를 하여야 하는가가 문제된다. 이미 최고를 한 경우에 그 기간 등에서 적절하여 채무자를 이행지체로 이르게 한 때에는 다시 최고할 필요는 없다.

(2) 채무를 지정하여 최고: 최고에는 채무자가 이행하여야 할 채무가 반드시 정확하게 명시될 필요는 없으나 채무자가 어느 채무인지 인식가능할 정도로 지정되어야 함은 당연하다. 그러나 금전채무의 경우에는 원칙적으로 채무자가 이행하여야 할 정확한 채무액의 이행을 청구하여야 하되, 어떤 채무의 이행을 청구하는지를 채무자가 분별할 수 있다면 반드시 채무액을 정확하게 명시할 필요는 없을 것이다.

(가) 과대최고: 과대최고는 원칙적으로 최고로서의 효력이 없다. 즉 채권자의 이행최고가 본래 이행하여야 할 채무액을 초과하는 금액의 이행을 요구하는 내용일 때에는, 그 과다한 정도가 현저하고 채권자가 청구한 금액을 제공하지 않으면 그것을 수령하지 않을 것이라는 의사가 분명한 경우에는 그 최고는 부적법하고, 이러한 최고에 터잡은 계약의 해제는 그 효력이 없다(대판 1995.9.5. 95다19898). 그러나 정도의 차이가 적고, 채무의 동일성이 인정되며 또한 채권자의 진의가 본래의 채무의 이행을 청구한다고 판단되는 경우에는 채무자가 정당하게 이행하여야 할 채무액의 범위에서 최고의 효력이 있다.

(나) 과소최고: 과소최고의 경우에는 원칙적으로 지정한 범위 내에서만 최고의 효력이 있다. 그러나 이 경우에도 차이의 정도가 아주 적고, 채무의 동일성이 인정되는 경우에는 진실한 채무전액에 관하여 최고의 효력을 가진다.

(3) 최고에 필요한 상당기간: 최고는 상당한 기간을 정하여서 하여야 한다. 상당한 기간이란 채무자가 이행의 준비 및 이행을 위하여 필요한 기간 등이 고려된 기간으로 채무의 성질, 이행방법, 이행지 등에 따라서 그 기간을 결정하여야 한다. 그러나 채무자의 신체의 질병, 가족의 관계, 경제적 사정과 같은 순수한 주관적 사항은 고려할 필요가 없다. 그 기간이 상당하지 않은 단기간이거나 또는 기간을 정하지 않은 경우에는 최고로서의 효력은 가지나 다만 상당기간 경과 후에 해제할 수 있다. 또한 채권자가 특약으로 정한 기간보다 짧은 기간을 정하여 최고한 경우에도 특약의 기간이 상당한 기간이면 특약에서 정한 기간이 경과하여야 해제할 수 있다. 최고기간은 최고가 상대방에게 도달한 때로부터 기산된다. 따라서 특정일을 최고기한으로 정하여 최고한 경우에 최고가 연착된 경우에는, 특정한 기한은 연착된 기간만큼 그 기한이 연장된다.

(4) 해제권자에 의한 최고: 최고는 해제권자가 하여야 한다. 해제권자 이외의 제3자가 한 최고는 무효이다. 채무자로서는 채권자 이외의 제3자로부터 최고를 받더라도 이에 응할 필요가 없기 때문이다. 채권자로부터 제3자가 대리권을 받아서 최고한 경우에는 최고의 효력이 있음은 물론이다.

(5) 최고를 요하지 않는 경우-미리 이행하지 아니할(거절의) 의사표시: 미리 이행하지 아니할 의사를 표시한 경우인, 이른바 '이행거절'로 인한 계약해제의 경우, 최고 및 동시이행관계에 있는 자기 채무의 이행제공을 요하지 아니하여(대판 1992.9.14. 92다9463), 이행지체시의 계약해제와 비교할 때 계약해제의 요건이 매우 완화되어 있으므로, 명시적으로 이행거절의사를 표명하는 경우 이외에 계약 당시나 계약 후의 여러 사정을 종합하여 묵시적 이행거절의사를 인정함에 있어서는 이행거절 의사가 명백하고 종국적으로 표시되어야 한다(대판 2006.11.9. 2004다22971). * 매매대금이 거액인 부동산 매매계약을 체결하면서 매도인이 은행대출에 적극 협조하고 승계 채무액의 만기가 일정기간 이상이 되도록 보장해 주기로 하는 등 구체적인 대금의 지급 방법에 관해 합의를 한 경우, 이는 그 계약의 중요한 본질적인 부분이므로 매도인이 그 약정에 반하는 행동을 한 경우에는 자신의 채무를 이행하지 아니할 의사를 명백히 표시한 것으로 볼 수 있다(대판 1997.7.25. 97다15371).

(6) 최고 생략의 특약: 당사자간에 최고를 하지 않는다는 특약은 유효하다. 다만 그러한 특약이 있는 경우에도 최고를 할 필요는 없으나 상당한 기간이 경과한 후에 비로소 해제할 수 있다.

(가) 반복되는 이행 약속 위반-자동 해제: 동산 매매계약에 있어서 매수인이 잔대금 지급기일까지 그 대금을 지급하지 못하면 그 계약이 자동적으로 해제된다는 취지의 약정이 있더라도 매도인이 이행의 제공을 하여 매수인을 이행지체에 빠뜨리지 않는 한 그 약정기일의 도과 사실만으로는 매매계약이 자동 해제된 것으로 볼 수 없으나, 매수인이 수회에 걸친 채무불이행에 대하여 책임을 느끼고 잔금 지급기일의 연기를 요청하면서 새로운 약정기일까지는 반드시 계약을 이행할 것을 확약하고 불이행시에는 매매계약이 자동적으로 해제되는 것을 감수하겠다는 내용의 약정을 한 특별한 사정이 있다면, 매수인이 잔금 지급기일까지 잔금을 지급하지 아니함으로써 그 매매계약은 자동적으로 실효된다(대판 1996.3.8. 95다55467).

(나) 임대차계약에서의 입점기한 도과: 임대차계약을 체결하면서 〈임대차계약은 임차인이 임차보증금을 완급한 때부터 효력이 생기고, 그때부터 한 달 이내에 임차인이 임차부분에 입점하지 아니하면 자동적으로 해지된다.〉고 약정하였는데, 그 후 임차인이 위 기한 내에 입점하지 않았다면 해지의 의사표시를 요하지 않고 그 불이행 자체로써 위 임대차계약은 그 일자에 자동적으로 해지된 것으로 보아야 한다(대판 2003.1.24. 2000다5336).

3. 催告期間 内의 不履行: 최고기간은 이행기를 최고기간 동안 연장한 것과 같다. 따라서 최고기간 동안에는 이행기에서의 당사자의 법률관계가 그대로 유지된다. 예컨대 쌍무계약상의 동시이행의 항변권이 있는 채무자에게는 최고기간 동안 채권자의 이행의 제공이 계속되어야 한다. 채권자가 상당기간을 정하여 최고하였는데도 채무자에게 책임 있는 사유로 그 기간 내에 이행이나 이행의 제공을 하지 않은 때에는 채권자에게 해제권이 발생한다. 상당기간이 지났으나 채권자가 해제권을 행사하기 전에 이행이나 이행의 제공을 한 때에는 해제권은 소멸한다. 따라서 해제의

의사표시가 도달되기 전에 이행 또는 이행의 제공이 있은 때에는 해제의 의사표시는 효력을 발생하지 않는다. 상당기간이 지나기 전에 채무자가 이행하지 않을 의사를 표시한 경우나 또는 채무자의 귀책사유에 의한 이행불능이 된 때에는 즉시 해제권이 발생한다.

4. 解除權의 發生要件을 輕減하는 特約: 해제권의 발생요건을 경감하는 특약은 일반적으로는 유효하다. 그러나 이러한 특약은 당사자, 특히 채무자에게 불리하므로 신의성실의 원칙에 따라서 신중하게 해석하여야 한다. 예컨대 최고하지 않는다는 특약은 유효하다고 할 수 있으나, 이행기의 경과로 즉시 해제권이 발생한다는 특약 등은 통상의 채무에서는 무효로 보아야 한다. 최고를 요하지 않는다는 것은 채무자에게 크게 문제가 되지 않으나, 이행기 경과 후 즉시 해제한다는 것은 채무자에게 지극히 불리하기 때문이다. 전자의 경우에는 최고를 할 필요는 없으나 상당기간은 경과하여야 해제할 수 있으며, 후자의 경우에도 해제권은 상당한 기간이 경과하여야 비로소 발생한다고 보아야 한다.

第545條【定期行爲와 解除】 契約의 性質 또는 當事者의 意思表示에 依하여 一定한 時日 또는 一定한 期間內에 履行하지 아니하면 契約의 目的을 達成할 수 없을 境遇에 當事者一方이 그 時期에 履行하지 아니한 때에는 相對方은 前條의 催告를 하지 아니하고 契約을 解除할 수 있다.

定期行爲의 履行遲滯時의 解除

1. 定期行爲: 정기행위란 계약의 성질 또는 당사자의 의사표시로 특정한 일시 또는 특정한 기간 내에 이행을 하지 않으면 계약을 체결한 목적을 달성할 수 없는 것을 말한다. 정기행위는 신문의 배달과 같은 계약의 객관적 성질이 정기행위인 것을 절대적 정기행위, 물건을 사면서 여행 떠나기 전날에 가져오기로 하는 등과 같이 당사자의 주관적 동기에 의한 정기행위를 상대적 정기행위로 나뉜다. 그러나 양자는 그 구별이 모호할 뿐만 아니라 구별하더라도 그 효과에 있어서는 동일하며 해제에 관한 제545조에서도 이를 같이 취급하고 있다. 이와 같은 정기행위는 계약의 목적달성 여부가 이행기와 직접적으로 관련된다는 점에서 통상의 채무와는 다르다. 이러한 점에서 해제에 관하여 통상적인 채무의 이행지체와는 달리 정기행위에 관하여는 제545조에 그 요건을 달리 규정하고 있다.

2. 催告 없이 卽時 解除 可: 정기행위에서는 이행기가 경과하면 최고할 필요 없이 즉시 해제권이 발생한다. 정기행위에서는 이행기 경과 후의 이행은 채권자에게는 아무런 의미가 없기 때문에 다시 이행을 촉구할 필요가 없다.

3. 解除의 意思表示가 必要: 정기행위에서 최고는 필요하지 않으나 채권자가 해제하기 위하여는 해제의 의사표시는 하여야 한다. 이와 같이 정기행위도 해제하려면 별도의 해제의 의사표시를 하도록 한 것은 경우에 따라서는 이행기 후에도 본래의 급부를 그대로 원하는 경우가 있기 때문이다. 다만 상법에서는 상사관계의 특수성을 고려하여 채권자가 이행기 경과 후에 즉시 그 이행을 청구하지 아니하면 해제의 의사표시가 없더라도 계약을 해제한 것으로 본다(68조). 이와 같은 특약이 당사자간에 있다면 민법상으로도 유효하다고 하여야 한다.

第546條【履行不能과 解除】 債務者의 責任 있는 事由로 履行이 不能하게 된 때에는 債權者는 契約을 解除할 수 있다.

履行不能에 의한 解除

1. 履行不能의 事實: 후발적 불능을 의미하고, 원시적 불능인 경우는 계약체결상의 과실의 문제로 처리된다(535조). 채무의 이행이 불능이라는 것은 단순히 절대적·물리적으로 불능인 경우가 아니라 사회생활에 있어서의 경험법칙 또는 거래상의 관념에 비추어 볼 때 채권자가 채무자의 이행의 실현을 기대할 수 없는 경우를 말하는 것이다(대판 1996.7.26. 96다14616).

(1) 일부불능: 채무의 전부가 불능인 경우에는 계약의 전부를 해제할 수 있는데, 일부 불능인 경우에는 이행가능한 부분만으로도 계약의 목적을 달성할 수 있는 경우에는 불능인 부분만 해제할 수 있으며, 이행가능한 부분만으로는 계약의 목적을 달성할 수 없는 경우에는 계약의 전부를 해제할 수 있다.

(2) 불능 여부가 문제되는 경우: ① 목적물인 부동산에 근저당권설정등기나 가압류등기가 있는 경우에 매도인으로서는 위 근저당권설정등기나 가압류등기를 말소하여 완전한 소유권이전등기를 해 주어야 할 의무를 부담한다고 할 것이지만, 매매목적물인 부동산에 대한 근저당권설정등기나 가압류등기가 말소되지 아니하였다고 하여 바로 매도인의 소유권이전등기의무가 이행불능으로 되었다고 할 수 없고, 매도인이 미리 이행하지 아니할 의사를 표시한 경우가 아닌 한, 매수인이 매도인에게 상당한 기간을 정하여 그 이행을 최고하고 그 기간 내에 이행하지 아니한 때에 한하여 계약을 해제할 수 있다(대판 2003.5.13. 2000다50688). ② 매도인의 소유권이전등기청구권이 가압류되어 있거나 처분금지가처분이 있는 경우에는 그 가압류 또는 가처분의 해제를 조건으로 하여서만 소유권이전등기절차의 이행을 명받을 수 있는 것이어서, 매도인은 그 가압류 또는 가처분을 해제하지 아니하고서는 매도인 명의의 소유권이전등기를 마칠 수 없고, 따라서 매수인 명의의 소유권이전등기도 경료하여 줄 수 없다고 할 것이므로, 매도인이 그 가압류 또는 가처분 집행을 모두 해제할 수 없는 무자력의 상태에 있다고 인정되는 경우에는 매수인이 매도인의 소유권이전등기의무가 이행불능임을 이유로 매매계약을 해제할 수 있다(대판 2006.6.16. 2005다39211).

2. 債務者의 歸責事由를 要함: 이행불능이 채무자에게 책임 있는 사유에 의하여 발생하여야 한다. 귀책사유는 채무자에게 입증책임이 있다. 귀책사유 없는 이행불능이 쌍무계약인 경우에는 위험부담의 문제가 된다.

(1) 본인의 귀책사유로 이행불능된 경우-해제 불가: 이행불능을 이유로 계약을 해제하기 위해서는 그 이행불능이 채무자의 귀책사유에 의한 경우여야만 한다 할 것이므로(546조), 매도인의 매매목적물에 관한 소유권이전의무가 이행불능이 되었다고 할지라도, 그 이행불능이 매수인의 귀책사유에 의한 경우에는 매수인은 그 이행불능을 이유로 계약을 해제할 수 없다(대판 2002.4.26. 2000다50497).

(2) 이행지체 중의 귀책사유 없는 이행불능: 귀책사유에 의하여 이행지체 중에 귀책사유 없이 이행불능이 된 경우에는 귀책사유에 의한 이행불능으로 처리된다.

(3) 부도의 경우: 계약의 일방 당사자가 계약기간 중에 부도가 발생하였다는 사실만으로 당해 계약의 이행이 그의 귀책사유로 불가능하게 되었다고 단정할 수는 없고 그 부도 발생 전후의 계약의 이행정도, 부도에 이르게 된 원인, 부도 발생 후의 영업의 계속 혹은 재개 여부, 당해 계약을 이행할 자금사정 기타 여건 등 제반 사정을 종합하여 계약의 이행불능 여부를 판단하여야 한다(대판 2006.4.28. 2004다16976).

3. 同時履行關係의 債務의 履行不能 - 반대채무의 이행 불요: 매도인의 매매계약상의 의무가 이행불능이 되어 이를 이유로 매매계약을 해제함에 있어서는, 상대방인 원고의 잔대금지급의무가 매도인의 위 의무와 동시이행관계에 있다고 하더라도 그 이행의 제공을 필요로 하는 것이 아니다(대판 1977.9.13. 77다918).

4. 卽時 解除 可 - 催告 不要: 이행불능은 이행이 확정적으로 가능하지 않다. 따라서 다시 이행의 청구를 하는 최고는 필요하지 않다. 또한 이행기 전에 이행불능이 된 경우에도 이행기까지 기다린다는 것은 무의미하다. 따라서 이행기 후에는 물론이고 이행기 전에 불능이 된 때에도 이행불능된 시점에 즉시 해제권이 발생한다.

第547條【解止, 解除權의 不可分性】 ①當事者의 一方 또는 雙方이 數人인 境遇에는 契約의 解止나 解除는 그 全員으로부터 또는 全員에 對하여 하여야 한다.
②前項의 境遇에 解止나 解除의 權利가 當事者1人에 對하여 消滅한 때에는 다른 當事者에 對하여도 消滅한다.

當事者가 複數인 경우의 解除權 行使

1. 解除權의 不可分性 - 제1항: 당사자의 일방 또는 쌍방이 수인인 경우에는 계약의 해제는 그 전원으로부터 또는 전원에 대하여 하여야 한다. 이를 해제권의 불가분성이라고 한다. 예컨대 공동임차인에 대하여 임대차계약을 해제하기 위하여는 임차인 모두에게 해제의 의사표시를 하여야 하며, 공동매수인이 매매계약을 해제하기 위하여는 매수인이 모두 계약의 해제의 의사표시를 하여야 한다. 이는 계약의 당사자가 복수인 경우에 해제권의 행사 및 존부를 획일적으로 하여 법률관계를 간명하게 하기 위한 것이며, 수인인 당사자에게 일부의 자에게는 계약을 존속시키고 일부의 자에게는 계약을 해소시키는 것은 여러 명이 공동으로 계약을 체결한 당사자의 일반적인 의사에 반하기 때문이다.

(1) 수인이 당사자인 불가분채무, 분할채무, 연대채무: 해제권불가분의 원칙이 이들 채무에서 그대로 적용된다.

(2) 특약: 당사자가 본조를 배제하는 특약에 의하여 배제할 수도 있다.

(3) 하나의 부동산을 여러 명이 매수하는 경우

(가) 원칙-각기 개별계약으로 해석되면 해제권의 분리: 하나의 부동산을 여러 명이 공유하는 경우 각 공유자는 각 그 소유의 지분을 자유로이 처분할 수 있으므로, 공유자 전원이 공유물에 대한 각 그 소유지분 전부를 형식상 하나의 매매계약에 의하여 동일한 매수인에게 매도하는 경우라도 당사자들의 의사표시에 의하여 각 지분에 관한 소유권이전의무, 대금지급의무를 불가분으로 하는 특별한 사정이 없는 한 실질상 각 공유지분별로 별개의 매매계약이 성립되었다고 할 것이고, 일부 공유자가 매수인의 매매대금지급의무불이행을 원인으로 한 그 공유지분에 대한 매매계약을 해제하는 것은 가능하다고 할 것이다(대판 1995.3.28. 94다59745).

(나) 의사표시 해석상 불가분인 경우는 해제권은 불가분: 하나의 부동산을 여러 명이 매수하는 경우에 당사자들의 의사표시에 의하여 각 지분에 관한 소유권이전의무, 대금지급의무를 불가분으로 하는 실질상으로도 하나의 매매계약이라고 보아 매도인 중 공유자 1인이 그의 지분비율에 상응하는 매매대금 중 일부를 매수인으로부터 지급받지 못하였다 할지라도 이를 이유로 자신의 지분에 관한 매매계약 부분만을 해제할 수는 없다(대판 1995.3.28. 94다59745). -이 사건 매매계약은 공유자인 갑과 을이 병과의 사이에서 이 사건 부동산 전체에 대하여 하나의 매매계약으로 체결된 것이고 매매대금도 매도인 별로 특정되지 아니한 채 공유물 전체에 관하여 하나의 금액으로 결정되었으며, 매매대금의 지급도 대부분 매수인으로부터 각 매도인에게 개별적으로 지급한 것이 아니라 매수인인 병이 매도인들 중 갑에게 에게 지급하고 갑이 을에게 매수인으로부터 지급 받은 대금을 전달하는 방법으로 지급된 경우-

2. 서로 다른 時期에 解除權 行使한 경우 - 최후의 해제로 해제: 해제권불가분의 경우에 수인으로부터 또는 수인에 대하여 해제권을 행사하더라도 반드시 공동적으로 동시에 하여야 하는 것은 아니다. 개별적으로 서로 다른 때에 해제의 의사표시를 한 경우에는 최후에 도달한 의사표시에 의하여 해제의 효과가 발생한다.

3. 1人에 대한 解除權 消滅 - 모두에게 效力 - 제2항: 상대방이 복수이고, 그 중 일인에 관하여 해제권이 소멸하면 나머지 자에 관하여도 해제권이 소멸한다. 해제권자가 복수인 경우에 그 중 일인의 해제권이 소멸하면 다른 해제권자의 해제권도 소멸한다. 해제권불가분성에 의하여 법률관계를 간편하게 하기 위한 것이므로 당사자가 이와 다른 특약을 할 수 있다.

第548條【解除의 效果, 原狀回復義務】 ①當事者一方이 契約을 解除한 때에는 各當事者는 그 相對方에 對하여 原狀回復의 義務가 있다. 그러나 第三者의 權利를 害하지 못한다. ②前項의 境遇에 返還할 金錢에는 그 받은 날로부터 利子를 加하여야 한다.

解除의 效果

1. 意義: 해제의 효과로써 민법은 원상회복의무(548조)와 손해배상의무(551조)를 규정한다. 그런

데 해제란 당사자의 본래의 계약관계를 해소시키는 것이다. 따라서 해제에 의하여 본래의 계약관계를 해소하기 위한 법률관계가 설정된다. 그 결과 당사자간에는 원상회복의무와 손해배상의무가 발생한다.

2. 解除에 따른 基本的 法律關係

(1) 계약상의 채무-소급하여 소멸-직접적 효과설: 해제에 의하여 계약은 처음부터 존재하지 않았던 것으로 다루어진다. 해제는 계약관계를 소급적으로 소멸시키는 것으로 본다(직접적 효과설). 따라서 아직 이행되지 않은 채무는 당연히 소멸하며, 이미 이행한 채무는 계약관계의 소급적 소멸로 인한 부당이득이 되어 반환청구의 대상이 된다. * 계약의 해제권은 일종의 형성권으로서 당사자의 일방에 의한 계약해제의 의사표시가 있으면 그 효과로서 새로운 법률관계가 발생하고 각 당사자는 그에 구속되는 것이므로, 일방 당사자의 계약위반을 이유로 한 상대방의 계약해제 의사표시에 의하여 계약이 해제되었음에도 상대방이 계약이 존속함을 전제로 계약상 의무의 이행을 구하는 경우 계약을 위반한 당사자도 당해 계약이 상대방의 해제로 소멸되었음을 들어 그 이행을 거절할 수 있는 것이고, 다른 특별한 사정이 없는 한 그러한 주장이 신의칙이나 금반언의 원칙에 위배된다고 할 수도 없다(대판 2001.6.29. 2001다21441).

(2) 해제된 계약상의 소멸된 채권-회복: 해제된 계약상의 채권이 해제의 의사표시 전에 상계 등으로 소멸된 경우에는 해제로 인하여 소멸된 채권이 회복한다. 예컨대 매매계약상의 매도인의 대금채권이 매수인의 반대채권과 상계로 소멸된 후에 매매계약이 해제된 때에는 상계의 효력은 상실되어 소멸된 대금채권이 다시 살아난다.

3. 契約의 履行으로써 移轉·設定된 權利(物權) - 당연 복귀(물권적 효과설): 해제 전에 계약의 이행으로써 이미 이전 또는 설정된 권리는 계약의 해제로 어떻게 되는지 문제된다. 예컨대 매매계약에서 매도인이 매매의 목적물인 부동산에 대한 소유권이전등기를 먼저 해준 후에 매수인의 대금부지급을 원인으로 매매계약을 해제한 때에 그 부동산의 소유권은 어떻게 되느냐의 문제이다. 계약의 이행으로 이미 물권의 변동이 발생하고 있더라도 해제에 의하여 원인행위인 채권행위가 소멸하면 일단 이전하였던 권리도 당연히 복귀한다(물권적 효과설). * 민법 제548조제1항 본문에 의하면 계약이 해제되면 각 당사자는 상대방을 계약이 없었던 것과 같은 상태에 복귀케 할 의무를 부담한다는 뜻을 규정하고 있는 바 계약에 따른 채무의 이행으로 이미 등기나 인도를 하고 있는 경우에 그 원인행위인 채권계약이 해제됨으로써 원상회복 된다고 할 때 그 이론 구성에 관하여 소위 채권적 효과설과 물권적 효과설이 대립되어 있으나 우리의 법제가 물권행위의 독자성과 무인성을 인정하고 있지않는 점과 민법 제548조제1항 단서가 거래안정을 위한 특별규정이란 점을 생각할때 계약이 해제되면 그 계약의 이행으로 변동이 생겼던 물권은 당연히 그 계약이 없었던 원상태로 복귀한다 할 것이다(물권적 효과설)(대판 1977.5.24. 75다1394).

4. 解除와 第3者 - 제1항 단서: 제548조제1항 단서는 계약의 해제는 제3자의 권리를 해하지 못한다고 규정하고 있다. 계약을 해제하더라도 해제의 소급효가 해제된 계약에 의하여 제3자에게 이미 설정·이전된 권리는 해하지 못한다는 것이다.

(1) 단서 조항의 성격: 해제가 소급적으로 계약관계를 해소시키기(직접적 효과설) 때문에 해제 전에 거래한 제3자를 보호할 필요성이 있고, 또한 계약이 해제되면 물권행위도 소급하여 소멸(물권적 효과설)하므로, 해제된 계약의 이행행위로써 제3자에게 발생한 권리와의 관계가 문제된다. 따라서 해제의 효과에 관한 직접적 효과설과 물권적 효과설(판례)을 취하면 본 단서 조항은 이러한 경우에 관하여 제3자의 권리를 해치지 못하는 것을 규정한 필요적 규정이다.

(2) 제3자: 본항 소정의 제3자란 일반적으로 그 해제된 계약으로부터 생긴 법률효과를 기초로 하여 해제 전에 새로운 이해관계를 가졌을 뿐 아니라 등기, 인도 등으로 완전한 권리를 취득한 자를 말하는 것으로 해제의 소급효로 인하여 거래의 안전을 위하여 보호할 필요성이 있는 제3자를 말한다(대판 2005.1.14. 2003다33004).

(가) 제3자에 해당하는 자: 본항의 제3자에는 해제된 계약의 목적물 자체의 양수인·저당권자·질권자·압류채권자·대항력 있는 임차인 등이 해당된다.

① 매매목적물인 부동산의 양수인이나 가압류·압류채권자: 보호되는 제3자에 해당된다.

② 매매계약상의 대금채권의 양수인, 압류채권자, 전부채권자: 여기의 제3자에 해당되지 않는다.
③ 해제된 계약상의 채권이 양도된 후의 양수인: 채권의 양도인 또는 당해 계약의 상대방이 해제하더라도 여기의 제3자에 해당되지 않는다.
④ 해제조건부로 매수한 자에 의한 임차인: 매도인으로부터 매매계약의 해제를 해제조건부로 전세 권한을 부여받은 매수인이 주택을 임대한 후 매도인과 매수인 사이의 매매계약이 해제됨으로써 해제조건이 성취되어 그때부터 매수인이 주택을 전세 놓을 권한을 상실하게 되었다면, 임차인은 전세계약을 체결할 권한이 없는 자와 사이에 전세계약을 체결한 임차인과 마찬가지로 매도인에 대한 관계에서 그 주택에 대한 사용수익권을 주장할 수 없게 되어 매도인의 명도 청구에 대항할 수 없게 되는바, 이러한 법리는 임차인이 그 주택에 입주하고 주민등록까지 마쳐 주택임대차보호법상의 대항요건을 구비하였거나 전세계약서에 확정일자를 부여받았다고 하더라도 마찬가지이다(대판 1995.12.12. 95다32037).
⑤ 매매목적물을 인도받은 매수인에 의한 임차인: 매매계약의 이행으로 매매목적물을 인도받은 매수인은 그 물건을 사용・수익할 수 있는 지위에서 그 물건을 타인에게 적법하게 임대할 수 있으며, 이러한 지위에 있는 매수인으로부터 매매계약이 해제되기 전에 매매목적물인 주택을 임차하여 주택의 인도와 주민등록을 마침으로써 주택임대차보호법 제3조제1항에 의한 대항요건을 갖춘 임차인은 민법 제548조제1항 단서에 따라 계약해제로 인하여 권리를 침해받지 않는 제3자에 해당하므로 임대인의 임대권원의 바탕이 되는 계약의 해제에도 불구하고 자신의 임차권을 새로운 소유자에게 대항할 수 있다. * 아파트 수분양자가 분양자로부터 열쇠를 교부받아 임차인을 입주케 하고 임차인이 주택임대차보호법상 대항력을 갖춘 후, 수분양자가 분양계약상 아파트 입주를 위하여 요구되는 의무를 다하지 못하여 분양계약이 해제되어 수분양자가 주택의 소유권을 취득하지 못한 사안에서, 임차인은 아파트 소유자인 분양자에 대하여 임차권으로 대항할 수 있다고 하였다(대판 2008.4.10. 2007다38908, 38915).
(나) 제3자의 범위-해제 전을 원칙으로 해제 후의 선의자까지: 보호되어야 할 제3자란, 해제의 의사표시가 있기 전의 이해관계를 맺은 제3자로서 해제의 의사표시가 있은 후에 이해관계를 맺은 제3자는 원칙적으로 보호되지 않으나, 해제란 당사자간의 내부적인 관계이므로 제3자가 알 수 없는 경우가 있기 때문에 거래의 안전보호를 위하여 해제의 의사표시 후의 제3자(예: 해제의 의사표시 후 그에 다른 말소등기 있기 전의 자)도 선의인 때에는 여기의 제3자에 포함된다(대판 1985.4.9. 84다카130).

5. 解除의 效果로서 原狀回復義務 – 제1항

(1) 원상회복의무의 본질: 계약은 해제로 처음부터 존재하지 않았던 것(직접적 효과설)과 같이 보게 되어 채권・채무가 처음부터 없었던 것으로 되며, 따라서 계약의 채무에 기하여 한 급부는 법률상 원인 없는 부당이득이 된다. 즉 해제에 의한 원상회복의무란 그 본질이 부당이득반환의무이며, 다만 해제에 따른 반환의 범위에 관하여는 제741조의 특칙으로 제548조를 규정한 것에 불과하다. * 계약의 해제로 인한 고객의 원상회복청구권을 부당하게 포기하도록 하는 약관조항은 고객에게 부당하게 불리하여 공정을 잃은 것으로 추정되고 신의성실의 원칙에 반하는 것으로서 무효이다(대판 1999.3.26. 98다33260).
(2) 반환의 범위
(가) 원물반환(원물이 존재): 원물이 있는 때에는 그 원물을 반환하여야 한다. 원물이 특정물인 때에는 그 특정물, 종류물은 받은 그 물건 또는 동종・동질・동량의 물건으로 반환하여야 한다.
(나) 사용이익-제2항: 받은 원물이 금전인 때에는 받은 날로부터 반환할 때까지 이자를 가산하여 반환하여야 한다. 원물로부터 받은 이익과 원물을 사용하여 얻은 이익도 제548조제2항의 취지에 따라 반환하여야 한다.
(다) 과실: 원물로부터 생긴 과실은 반환하여야 한다. 해제는 당사자를 계약체결 이전의 상태로 복귀시키는 것이므로 선의의 점유자의 과실의 수취권에 관한 규정인 제201조는 적용이 없다. 과실이 채무자의 책임 없는 사유에 의하여 멸실・훼손된 경우에도 반환의무를 인정하여야 할 것이다.
(라) 가액반환(원물이 멸실・훼손): 원물이 멸실・훼손되어 반환할 수 없거나, 노무를 급부받은

때에는 가액반환하여야 한다. 원물이 훼손되어 일부를 반환할 수 있는 경우에는 훼손된 채로 반환하고 훼손된 부분에 관하여는 가액반환을 하여야 한다. 가액반환에서 산정의 시기는 물건의 경우는 해제시, 노무급부의 경우는 급부 당시를 기준으로 한다. 그런데 멸실·훼손에 관하여 귀책사유가 있는 경우에는 가액반환에 문제가 없으나, 귀책사유 없는 경우에도 가액반환하여야 하는지가 문제된다. 금전을 급부받은 자와의 형평을 위하여는 귀책사유에 관계없이 가액반환의무를 인정하는 것이 타당하다.

(마) 필요비와 유익비: 당사자가 수령한 물건에 필요비나 유익비를 지출한 경우에 필요비는 전액, 유익비는 물건의 가액이 증가하여 현존한 때에 한하여 지출된 비용 또는 증가액의 상환을 청구할 수 있다(203조 참조).

第549條【原狀回復義務와 同時履行】 第536條의 規定은 前條의 境遇에 準用한다.

解除에 따른 雙方債務

1. 雙方의 原狀回復義務 – 동시이행관계: 쌍무계약의 해제로 쌍방이 모두 원상회복의무가 있는 경우에는 쌍무계약상의 채무에 관한 동시이행의 항변권에 관한 제536조의 규정이 준용된다. 당사자 상호간의 공평을 위한 것이다(대판 2001.7.10. 2001다3764).

2. 原狀回復義務와 損害賠償義務: 계약이 해제되면 계약당사자는 상대방에 대하여 원상회복의무와 손해배상의무를 부담하는데, 이때 계약당사자가 부담하는 원상회복의무뿐만 아니라 손해배상의무도 함께 동시이행의 관계에 있다(대판 1996.7.26. 95다25138, 25145).

3. 兩 當事者의 取得物 返還義務: 동시이행 관계에 있다(대판 1996.6.14. 95다54693).

4. 代金의 運用利益 내지 法定利子 返還 不要: 쌍무계약이 취소된 경우 선의의 매수인에게 민법 제201조가 적용되어 과실취득권이 인정되는 이상 선의의 매도인에게도 민법 제587조의 유추적용에 의하여 대금의 운용이익 내지 법정이자의 반환을 부정함이 형평에 맞다(대판 1993.5.14. 92다45025).

5. 解除된 契約에 附着된 保證의 效力 – 존속: 해제된 계약에 붙어 있던 보증·담보의 효력은 해제에 의한 원상회복의무에도 미친다.

第550條【解止의 效果】 當事者一方이 契約을 解止한 때에는 契約은 將來에 對하여 그 效力을 잃는다.

解止의 將來에 대한 效力-장래에 대해서만

1. 意義: 계속적 거래관계는 계약의 해제로 인한 소급효가 부당하기 때문에 계약을 해소하더라도 장래에 대하여만 효력을 가지는 제도가 필요하고, 이를 민법은 해지라 한다. 즉 해지는 소급효가 없고 장래에 대하여만 계약이 부존재하는 상태의 법률관계가 된다.

2. 基本的 法律關係의 將來에 대한 消滅: 해지로 기본적 법률관계는 장래에 대하여 소멸한다.

3. 解止 前에 發生한 未履行債務 – 존속: 해지 전에 이미 발생한 채무가 이행되지 않은 경우에는 해지로 기본적 계약관계가 소멸될지라도 해지 후에도 그대로 존속하여 이행의무와 지체책임이 발생한다. 예컨대 임대차에서 해지 전의 차임, 소비대차에서의 해지 전의 이자 등이 여기에 해당한다.

第551條【解止, 解除와 損害賠償】 契約의 解止 또는 解除는 損害賠償의 請求에 影響을 미치지 아니한다.

解除와 損害賠償

1. 意義: 해제로 계약의 체결 전의 상태로 복귀하더라도 손해가 회복되는 것은 아니므로 해제(해지)하여도 손해가 있는 경우에는 손해배상을 청구할 수 있다.

2. 本條 損害賠償의 本質: 본조 해제시의 손해배상은 채무불이행을 이유로 하는 것이므로, 채무불

이행에 의한 손해배상의 일반원칙이 그대로 적용된다.

3. 損害賠償의 範圍

(1) 원칙-이행이익: 채무불이행을 이유로 계약해제와 아울러 손해배상을 청구하는 경우에 그 계약이행으로 인하여 채권자가 얻을 이익 즉 이행이익의 배상을 구하는 것이 원칙이다.

(2) 이행이익, 신뢰이익 임의선택: 계약이행으로 인하여 채권자가 얻을 이익 즉 이행이익의 배상을 구하는 것이 원칙이지만, 그에 갈음하여 그 계약이 이행되리라고 믿고 채권자가 지출한 비용 즉 신뢰이익의 배상을 구할 수도 있다고 할 것이고, 그 신뢰이익 중 계약의 체결과 이행을 위하여 통상적으로 지출되는 비용은 통상의 손해로서 상대방이 알았거나 알 수 있었는지의 여부와는 관계없이 그 배상을 구할 수 있고, 이를 초과하여 지출되는 비용은 특별한 사정으로 인한 손해로서 상대방이 이를 알았거나 알 수 있었던 경우에 한하여 그 배상을 구할 수 있다(대판 2003.10.23. 2001다75295).

(3) 원상회복된 부분은 공제: 원상회복과 함께 손해배상이 이루어지므로 배상의 범위는 원상회복된 부분이 공제된 나머지가 배상되어야 한다(대판 1983.5.24..82다카1667).

(4) 손해배상액의 산정기준-해제시: 해제시를 산정의 기준으로 한다.

(5) 상대방의 부주의를 이용한 고의의 불이행으로 인한 해제-과실상계 부정: 피해자의 부주의를 이용하여 고의로 불법행위를 저지른 자가 바로 그 피해자의 부주의를 이유로 자신의 책임을 감하여 달라고 주장하는 것은 특별한 사정이 없는 한 공평의 이념에 비추어 허용될 수 없는 것이고(대판 1995.11.14. 95다30352), 이러한 이치는 매수인 측의 부주의를 이용하여 고의로 채무를 이행하지 아니한 책임이 귀속되어 매매계약을 해제당한 매도인이 바로 그 매수인 측의 부주의를 이유로 자신의 계약해제로 인한 원상회복의무의 이행책임을 감하여 달라고 주장하는 경우에 있어서도 마찬가지이다(대판 2008.12.24. 2007다75730).

4. 解除된 契約에 損害賠償의 豫定이 있는 경우

(1) 유효: 해제된 계약에 관하여 손해배상의 예정의 특약이 있는 경우에는 계약이 해제되더라도 그대로 유효하다. 즉 해제로 인한 손해배상에 관하여도 특약된 손해배상의 예정이 그 기준이 된다.

(2) 일방만을 위한 손해배상 예정만 약정한 경우-유효: 약관상 매매계약 해제시 매도인을 위한 손해배상액의 예정조항은 있는 반면 매수인을 위한 손해배상액의 예정조항은 없는 경우, 그러한 사정만으로는 그 약관조항이 매수인에 대하여 부당하게 불리하다거나 신의성실의 원칙에 반하여 불공정하다고 볼 수 없다(대판 2000.9.22. 99다53759, 53766).

5. 一方의 違約에 대한 約定만 있는 경우: 계약의 일방 당사자인 피고의 귀책사유로 인하여 계약이 해제되는 경우에는 위약금 약정을 두지 않고 그 상대방인 원고의 귀책사유로 인하여 계약이 해제된 경우에 대해서만 위약금 약정을 두었다 하더라도, 그 위약금 약정이 무효로 되는지 여부는 별론으로 하고 원고에 대한 위약금 규정이 있다고 하여 공평의 원칙상 그 상대방인 피고의 귀책사유로 계약이 해제되는 경우에도 원고의 귀책사유로 인한 해제의 경우와 마찬가지로 피고에게 위약금 지급의무가 인정되는 것은 아니다(대판 2000.1.18. 99다49095). 따라서 이 사건 실시협약서에서 원고의 채무불이행으로 인한 위약금에 관한 규정을 두었다 하여 당연히 이를 피고의 채무불이행으로 인한 경우에도 같은 내용의 위약금 약정이 인정되어야 한다고 해석할 수는 없다(대판 2008.2.14. 2006다37892).

第552條【解除權行使與否의 催告權】 ①解除權의 行使의 期間을 定하지 아니한 때에는 相對方은 相當한 期間을 定하여 解除權行使與否의 確答을 解除權者에게 催告할 수 있다.
②前項의 期間內에 解除의 通知를 받지 못한 때에는 解除權은 消滅한다.

第553條【毁損等으로 因한 解除權의 消滅】 解除權者의 故意나 過失로 因하여 契約의 目的物이 顯著히 毁損되거나 이를 返還할 수 없게 된 때 또는 加工이나 改造로 因하여 다른 種類의 物件으로 變更된 때에는解除權은 消滅한다.

解除權의 消滅

1. 一般的 消滅 事由

(1) 해제권의 포기: 해제권의 행사는 자유이기 때문에 포기의 의사로 해제권은 소멸한다.
(2) 10년의 제척기간: 해제권은 형성권으로 형성권의 일반적 소멸원인인 10년의 제척기간에 걸린다.
(3) 채무의 시효 완성: 본래의 채무가 시효로 소멸하면 해제권도 행사할 수 없다.

2. 解除權의 行使期間이 없는 경우 - 제552조

(1) 상당기간을 정한 최고-제1항: 해제권의 행사기간이 있는 경우에는 그 행사기간이 경과하면 해제권이 소멸하는 것은 물론이다. 해제권의 행사기간을 정하는 경우는 일반적으로 약정해제인데, 약정해제나 법정해제에서 해제권의 행사기간이 별도로 없는 경우에는 상대방은 상당한 기간을 정하여 해제권을 행사할 것인가를 해제권자에게 최고할 수 있다. 즉 이행지체 후 상당기간을 정한 최고(이행청구) 경과 후 또는 이행불능이 생긴 후에 해제권자의 상대방은 상당기간을 정하여 해제를 할 것인가의 여부를 최고할 수 있다.
(2) 최고기간 경과-해제권 소멸-제2항: 최고기간 내에 해제 여부에 대하여 확답을 받지 못한 때에는 해제권은 소멸한다. 이와 같이 최고를 하고 최고기간이 경과하면 해제권을 소멸시키는 것은, 상대방을 장기간 동안 불안정한 법률관계에 방치하는 것이 적절하지 못하며, 거래의 안정을 해칠 수 있기 때문이다. 채권자는 해제권이 소멸하면 채무의 이행이나 손해배상을 청구할 수 있을 뿐이다.

3. 目的物 毁損·變更 등의 解除權 消滅 - 제553조

(1) 현저한 훼손·반환불가·가공이나 개조로 다른 물건으로 변경: 현저한 훼손이란 상대방이 반환받더라도 반환받은 의미가 없는 것을 말한다. 목적물이 대체물인 경우에 당해 물건 자체가 훼손되거나 반환할 수 없더라도 동종·동질·동량으로 반환할 수 있으면 해제권은 소멸하지 않는다.
(2) 해제권자의 고의·과실: 해제권자의 고의나 과실이 있어야 한다. 제3자나 불가항력에 의한 경우에는 해제권이 소멸하지 않는다.

4. 數人의 當事者 中에 1人에 대한 解除權消滅 - 제547조제1항: 해제권불가분의 원칙에 의하여 전원에 대하여 해제권이 소멸한다.

第2節 贈 與

1. 槪括: 증여는 당사자의 일방이 대가 없이, 즉 무상으로 재산을 상대방에게 준다는 의사를 표시하고, 상대방이 이를 승낙함으로써 성립하는 계약이다. 오늘날의 자본주의 경제사회에서는 유상계약이 일반적인 것으로 무상계약인 증여는 예외적인 것이라 할 수 있다. 그러나 친족에의 재산 수여 또는 자선·종교·교육·학술 등의 특수한 목적을 위하여 증여가 행해지며, 그러한 경우에 증여는 오늘날에도 큰 작용을 하고 있다. 한편 가두모금 등과 같은 각종 모금에의 금전의 지급, 타인에 대한 선물, 각종 부조금의 지급 등의 무상행위가 일상생활에서 행하여지는데, 이러한 행위도 광의에서의 증여(현실증여)에 해당하겠으나 계약으로서의 법률적 성질이 명확하지는 않다.

2. 法律的 性質

(1) 채권계약: 증여는 증여자가 일정한 재산을 무상으로 수여하겠다는 청약을 하고, 수증자가 그 재산을 받겠다는 승낙을 함으로써 성립한다. 증여는 이와 같이 당사자간의 합의인 계약이란 점에서 상대방에 대하여 일방적으로 재산적 이득을 주는 단독행위인 유증이나 채무면제와는 다르다. 채무의 면제를 증여계약의 내용으로 하는 경우는 단독행위가 아니라 증여계약이다.
(2) 낙성계약: 증여는 당사자의 의사표시의 합치로써 성립하는 낙성계약이다. 따라서 증여에 따른 재산권의 이전 등의 기타의 출연행위는 증여계약의 효력에 따른 이행행위로서 증여계약의 성립과는 관계가 없다. 모금함에의 금전 투입과 같은 현실증여의 경우에도 증여계약과 동시에 그

이행행위인 물권행위가 이루어지는 것에 지나지 않는다. 현실증여에 관하여는 증여에 관한 규정이 적용된다.

(3) 무상계약

(가) 대가가 없어야: 증여는 대가 없이 일방적으로 재산을 주는 전형적인 무상계약이다. 무상이라 함은 일방의 재산적 출연이 타방에 의하여 보전되지 않는 것, 즉 수증자로부터 대가적인 재산적 이익을 받음이 없이 증여자만이 재산적 이익을 주는 것이다. 따라서 수증자가 어떤 부담 내지 의무를 지는 경우이더라도, 그것이 대가성을 가지지 않을 경우에는 역시 무상의 증여가 된다(부담부 증여).

(나) 유·무상의 판단: 무상 여부를 어떤 기준에 의하여 판단할 것인지가 문제된다. 그 결정은 당해 계약에 대해서만 고찰하고 또한 당사자의 주관적 의사에 의해서만 판단하여야 한다. 주관적 의사가 수증자가 부담을 지는 경우는 물론이고, 반대급부를 지급할 때에도 객관적 표준이 불분명할 뿐만 아니라 당사자가 대가적 의의가 없다고 생각할 때에는 사적 자치의 원칙에 따라 증여라고 보아야 한다.

(다) 적극재산의 증가, 소극재산의 감소: 재산을 준다는 것은 증여자의 재산을 감소시키고, 수증자의 재산을 증가시키는 행위(출연행위)를 말하며, 여기서의 감소·증가는 당연히 증가할 것이 증가하지 않은 경우와 당연히 감소할 것이 감소하지 않은 경우도 포함한다. 따라서 기존의 권리의 양도는 물론이고, 용익물권의 설정, 노무의 제공, 무인의 채무부담, 기존의 채무의 면제도 출연행위가 된다.

(라) 타인의 재산도 가능: 재산은 자기의 재산뿐만 아니라 타인의 재산도 증여의 목적이 되며, 타인의 재산인 경우에는 이행기까지 그 재산을 취득하여 이전하여야 할 의무를 진다.

(마) 제3자를 통하여도 가능: 출연행위는 일반적으로는 증여자가 직접 출연하나, 이에 한정하지 않고 제3자를 통하여 하더라도 관계없다. 예컨대 제3자를 위한 계약에서 대가관계를 증여로써 할 수 있다.

(4) 담보책임의 경감: 무상계약은 대가적 의의를 가지는 상대방의 출연행위가 없이 일방만이 출연행위의 채무를 진다는 점에서 채무자의 주의의무 및 담보책임이 경감된다(559조).

(5) 편무계약: 무상의 낙성계약이면 편무계약으로, 증여는 낙성·무상계약으로 편무계약이다. 부담부증여에 있어서는 수증자도 일정한 채무를 부담하나, 이는 대가적 의의가 있는 것이 아니므로 역시 편무계약이다.

(6) 불요식계약: 민법은 무상계약과 유상계약을 구별하지 않고 모든 전형계약을 불요식계약으로 하고 있다. 또한 구두 또는 서면 어느 것이나 모두 계약의 성립에는 차이를 두지 않고 있다. 다만 무상으로 일방만이 채무를 진다는 점에서 의사의 확실성을 기하기 위하여 법적 구속력의 측면에서 구두와 서면에 다소의 차이를 두어, 구두에 의한 증여에 구속력을 약하게 하고 있을 뿐이다(555조).

3. 構成

(1) 증여의 성립: 제554조

(2) 증여의 효력: 제554조

(3) 담보책임: 제559조

(4) 증여에 특유한 해제: 제554-제557조

(5) 특수한 증여: 제559조-제562조

混合贈與

1. 意義: 혼합증여라 함은 당사자가 유상계약을 체결함과 동시에 그 객관적인 대가관계를 불균형하게 함으로써 일방이 상대방에게 보다 많은 이득을 취득하게 하려는 계약이며, 증여의 특수형태의 하나이다. 혼합증여의 법률적 성질은 특수한 통일성을 가지는 일종의 혼합계약이다. 혼합계약이 당사자의 의사가 증여에 치중하였다면 부담부 증여라고 보아야 할 것이다.

2. 規律 - 法適用: 민법은 혼합증여에 관하여 규정하고 있지 않은데, 하나의 계약에 통상의 유상

계약과 증여의 성질을 아울러 가지고 있다고 보아야 한다. 따라서 구체적인 경우에 관하여 개별적으로 고찰하여 그 적용규정을 결정하여야 할 것이다. 유상계약이 되든 부담부 증여가 되든 담보책임과 쌍무계약에 관한 규정이 준용된다는 점은 동일하므로 어느 것으로 보든 문제가 되지는 않는다. 그런데 (부담부)증여라고 보면 서면에 의하지 않은 경우에는 임의로 해제할 수 있다는 것이 되므로(555조), 이 점에서 차이가 난다. 제555조는 전형적인 무상에 관하여 당사자의 의사를 분명하게 한다는 데 그 의의가 있고, 혼합증여의 경우에는 상대방으로부터 상당한 정도의 반대급부가 있어 순수한 증여의 의사는 불분명하기 때문에 제555조의 적용은 없다고 봄이 타당하다.

第554條【贈與의 意義】 贈與는 當事者一方이 無償으로 財産을 相對方에 授與하는 意思를 表示하고 相對方이 이를 承諾함으로써 그 效力이 생긴다.

贈與契約의 成立과 一般的 效力

1. 贈與의 意思와 受贈의 意思의 合致: 증여는 낙성·불요식의 계약이므로, 청약인인 증여자의 재산의 무상수여의 의사와 이에 대한 승낙인인 수증자의 재산 수수의사의 합치로서 성립한다. 구두에 의하든 서면에 의하든 증여계약의 성립에는 차이가 없다. 그러나 그 효력의 측면에서는 차이를 두어 서면으로 하도록 유인한다고 볼 수 있다. 이와 같이 서면으로 하도록 유인하는 것은 증여자가 경솔하게 계약을 체결하는 것을 방지하고, 증여자의 의사의 명확성을 기하여 사후의 법률분쟁을 회피하기 위하는 데에 있다.

(1) 의사의 합치: 증여의 의사표시와 수증의 의사표시의 합치로 성립한다.

(가) 증여계약이 착오취소가 가능한지 여부-긍정: 재단법인에 대한 출연자와 법인과의 관계에 있어서 그 출연행위에 터잡아 법인이 성립되면 그로써 출연재산은 민법 제48조에 의하여 법인 성립시에 법인에게 귀속되어 법인의 재산이 되는 것이고, 출연재산이 부동산인 경우에 있어서도 위 양 당사자 간의 관계에 있어서는 법인의 성립 외에 등기를 필요로 하는 것은 아니라 할지라도, 재단법인의 출연자가 착오를 원인으로 취소를 한 경우에는 출연자는 재단법인의 성립 여부나 출연된 재산의 기본재산인 여부와 관계없이 그 의사표시를 취소할 수 있다(대판 1999.7.9. 98다9045).

(나) 증여과정의 불법성 개입: 증여의 성립과정에 불법이 개재된 경우 의사의 흠결 내지 하자있는 의사표시의 문제로서 효력이 있는지 여부를 논의하는 것은 별론으로 하고 그 법률행위가 반사회질서행위에는 해당되지 않는다(대판 1993.3.23. 92다52238).

(다) 증여계약의 부관의 착오로 증여계약이 취소가능한지 여부-부정: 토지소유자가 토지형질변경행위허가에 붙은 기부채납의 부관에 따라 토지를 국가나 지방자치단체에 기부채납(증여)한 경우, 기부채납의 부관이 당연무효이거나 취소되지 아니한 이상 토지소유자는 위 부관으로 인하여 증여계약의 중요부분에 착오가 있음을 이유로 증여계약을 취소할 수 없다(대판 1999.5.25. 98다53134).

(라) 제소전 화해조서의 유효가 취소권 행사의 법률장애인지 여부: 계엄사령부 합동조사본부 수사관들의 강박에 의하여 부동산에 관한 증여계약이 이루어진 후 증여를 원인으로 한 소유권이전등기를 하기로 제소전 화해를 하여 그 화해조서에 기하여 소유권이전등기가 경료된 경우, 비상계엄령의 해제로 강박 상태에서 벗어난 후 위 증여계약을 취소한다 하더라도, 위 제소전화해조서의 기판력이 존속하는 동안에는, 재산권을 원상회복하는 실효를 거둘 수 없어 강박에 의하여 이루어진 부동산에 관한 증여계약을 취소하는 데 법률상 장애가 존속되고 있다고 보아야 하고, 따라서 제소전 화해조서를 취소하는 준재심사건 판결이 확정되어 위 제소전 화해조서의 기판력이 소멸된 때부터 민법 제146조 전단에 규정한 3년의 취소기간이 진행된다고 봄이 상당하다(대판 1998.11.27. 98다7421).

(2) 서면에 의한 증여의 경우

(가) 서면의 작성시기: 서면에 의한 증여에서 서면의 작성은 증여계약의 성립과 동시에 할 필요는 없고 후에 서면이 작성되더라도 관계없다. 증여계약이 성립한 당시에는 서면이 작성되지 않았다 하더라도 그 후 위 계약이 존속하는 동안 서면을 작성한 때에는 그때부터 서면에 의한 증여로서 당사자가 임의로 이를 해제할 수 없다(대판 1992.9.14. 92다4192).

(나) 서면의 의미: 서면에 의한 증여는 증여자의 의사의 명확성을 기하자는 데 있으므로, 증여자의 증여의 의사를 인식할 수만 있으면 족하고, 수증자의 승낙의 의사 또는 수증자가 누구인지는 반드시 서면이 아닐지라도 다른 증거에 의하여 판단할 수 있으면 서면에 의한 증여에 해당한다(대판 1992.9.14. 92다4192).

(3) 사망자에 대한 증여의사: 이미 사망한 자에 대한 증여의 의사표시는 상속인에 대한 청약으로 볼 수도 있으나, 증여는 개인적 사정이 중요한 원인이며 내용이므로 무효로 보는 것이 타당하다.

(4) 자연채무와 구별: 증여는 무상으로써 일방적인 재산상의 불이익이 따르며 또한 계약으로 증여자에게 계약으로서의 일정한 구속력이 있으므로 그 성립여부의 판단은 재산 수여자의 의사를 기준으로 신중히 하여야 한다. 특히 증여계약이 아니라 자연채무가 성립한 것이 아닌가를 검토하여야 한다. 예컨대 단골 술집종업원에게 호의로 큰 금액의 지급을 약속한 것은 증여계약이 아니라 자연채무가 성립한 것으로 본다.

2. 贈與의 目的物

(1) 대상: 증여의 내용은 권리의 양도·용익물권의 설정·노무의 제공·기존 채무의 면제 등이 될 수 있다. 또한 타인의 재산도 증여의 목적이 될 수 있다. 다만 타인의 재산을 취득하여 수여한다는 것은 특별한 경우라 할 것이므로 착오의 문제가 발생할 수 있다. 또한 계약의 목적이 대가없이 물건을 사용한다든지 또는 대가 없이 노무를 제공하되 물건의 보관이 그 노무의 내용인 경우에는 증여가 아니라 전자는 사용대차이고, 후자는 (무상)임치이다.

(2) 재산권의 이전이 요허가 등인 경우: 재산권의 이전·설정이 허가·인가 등을 요하는 경우에 허가·인가 등은 계약의 효력의 문제이고, 증여계약은 당사자간의 의사표시의 합치로 성립하므로 허가·인가를 받지 못하더라도 증여계약 자체는 성립한다.

3. 贈與 與否가 問題되는 경우

(1) 약혼예물은 혼인의 불성립을 해제조건으로 하는 증여: 약혼예물의 수수는 약혼의 성립을 증명하고 혼인이 성립한 경우 당사자 내지 양가의 정리를 두텁게 할 목적으로 수수되는 것으로 혼인의 불성립을 해제조건으로 하는 증여와 유사한 성질을 가진다(대판 1996.5.14. 96다5506).

(2) 기부채납: 기부채납은 기부자가 그의 소유재산을 증여하는 의사표시를 하고 수증자는 이를 승낙하는 채납의 의사표시를 함으로써 성립하는 증여계약이다(대판 1996.11.8. 96다20581).

(3) 제세공과금 납부: 부가 장남 앞으로 소유권이전등기를 넘기면서 등기권리증을 건네주었고, 그 후 장남이 제세공과금을 납부하여 온 경우에는 증여이다(대판 1995.9.26. 95다15209).

(4) 부의금: 사람이 사망한 경우에 부조금 또는 조위금 등의 명목으로 보내는 부의금은 상호부조의 정신에서 유족의 정신적 고통을 위로하고 장례에 따르는 유족의 경제적 부담을 덜어줌과 아울러 유족의 생활안정에 기여함을 목적으로 증여되는 것으로서, 장례비용에 충당하고 남는 것에 관하여는 특별한 다른 사정이 없는 한 사망한 사람의 공동상속인들이 각자의 상속분에 응하여 권리를 취득하는 것이다(대판 1992.8.18. 92다2998).

4. 贈與의 一般的 效力

(1) 채권·채무의 발생: 증여계약에 의하여 증여자는 약정한 재산을 수증자에게 주어야 할 채무를 부담하고, 수증자는 이에 대응하는 채권을 취득한다. 증여자는 증여계약으로 부담한 재산적 출연을 완료할 채무를 부담한다. 재산권의 이전이 증여계약의 목적인 경우에는 종국적으로 그 재산권을 이전해 주어야 한다. 동산인 경우에는 인도(현실의 인도, 간이인도, 점유개정, 반환청구권의 양도)를 부동산인 경우에는 등기와 인도를 하여야 한다. 목적물이 타인에게 속한 경우에는 착오로 되지 않는 한, 이를 취득하여 이전해 줄 의무를 부담한다. * 망인의 부동산의 이행: 망인이 생전에 부동산을 증여하고 그의 뜻에 따라 그 소유권이전등기에 필요한 서류가 제공되었다면 위 망인이 사망한 후에 그 등기가 경료되었다고 하더라도 위 망인의 의사에 따른 증여의 이행으로서의 소유권이전등기가 경료된 후에는 망인의 상속인에 의한, 서면에 의하지 아니한 증여라는 이유의 해제는 이에 아무런 영향이 없다(대판 1981.7.28. 80다2338).

(2) 채무불이행책임

(가) 원칙: 증여자의 증여 계약상의 채무는 통상적인 채무자와 동일한 책임으로서 고의 또는 과

실로 채무를 이행하지 아니한 때에는 채무불이행책임을 진다. 증여자의 채무불이행이 있는 때에는 수증자는 채권자로서 채무불이행에 관한 일반적 효력으로서 강제이행 또는 손해배상을 청구할 수 있음은 물론이다. 또한 필요에 따라서는 계약을 해제할 수도 있다(예: 부담부 증여의 경우).
(나) 불완전이행: 불완전이행의 경우에 수증자의 계약의 해제권과 완전물청구권 또는 추완청구권이 문제된다. 불완전이행의 경우에 수증자가 해제할 수 있느냐에 관하여는, 불완전이행으로 계약의 목적이 달성되지 못하는 경우, 즉 그러한 불완전한 물건이 수증자에게는 아무런 이익도 되지 않을 뿐만 아니라 보관하여야 하는 부담만 생긴다면 계약을 해제할 필요가 있고 해제할 수 있다고 보아야 한다. 그런데 불완전이행에 대하여 완전물청구권이나 추완청구권이 있느냐에 관하여는, 증여자가 담보책임을 지는 경우(559조)를 제외하고는 일반적으로는 인정될 수 없다고 보아야 할 것이다. 왜냐하면 수증자는 무상으로 이익을 취하며, 증여자의 의사는 당해 목적물의 현상 그대로를 준다는 것으로 보아야 하기 때문이다. 그러나 제3자에 의하여 물건을 제공하기로 하는 증여의 경우에는 통상적으로는 증여자의 의사는 불특정물이든 특정물이든 완전한 물건을 제공하는 것이므로 제3자에게 완전물 또는 추완을 청구할 수 있다.

第555條【書面에 依하지 아니한 贈與와 解除】 贈與의 意思가 書面으로 表示되지 아니한 境遇에는 各當事者는 이를 解除할 수 있다.

書面에 依하지 아니한(口頭) 贈与契約 - 任意解除

1. 任意 解除: 증여의 의사가 서면으로 표시되지 아니한 경우에는 각 당사자는 이를 자유롭게 해제할 수 있다. 즉 구두에 의한 증여계약은 당사자가 임의로 해제할 수 있다. 이와 같이 구두에 의한 증여의 구속력을 약화시켜 서면에 의한 증여로 유도하는 것은 증여자만이 급부의무를 부담하므로, 증여자에게 증여의사의 결정에 신중을 기하도록 하며 또한 후일의 분쟁을 피하기 위하여 증여자의 의사를 명확하게 하기 위함이다.

2. 書面의 作成

(1) 작성: 서면의 작성은 증여계약과 동시에 할 필요는 없으며 증여계약이 성립한 당시에는 서면이 작성되지 않았더라도 그 후 계약이 존속하는 동안 서면을 작성한 때에는 그때부터는 서면에 의한 증여로서 당사자가 임의로 이를 해제할 수 없게 된다(대판 1989.5.9. 88다카2271). 서면에는 증여자의 증여의 의사가 있으면 족하고 증여의 목적물이 무엇인지 및 수증자가 누구인지는 당해 서면에 의하지 아니할지라도 다른 것에 의하여 확인할 수 있으면 충분하다.
(2) 서면: 서면에 의한 증여란 증여계약 당사자 사이에 있어서 증여자가 자기의 재산을 상대방에게 준다는 증여의사가 문서를 통하여 확실히 알 수 있는 정도로 서면에 나타난 증여를 말하는 것으로서, 비록 서면의 문언 자체는 증여계약서로 되어 있지 않더라도 그 서면의 작성에 이르게 된 경위를 아울러 고려할 때 그 서면이 바로 증여의사를 표시한 서면이라고 인정되면 이를 민법 제555조에서 말하는 서면에 해당한다(대판 2003.4.11. 2003다1755).

3. 解除權

(1) 해제권의 행사: 각 당사자, 즉 증여자뿐만 아니라 수증자도 해제할 수 있다. 해제하려는 자는 상대방에 대한 의사표시로 하여야 한다. 해제의 의사표시는 묵시적으로 가능하더라도 당사자가 단순히 변론에서 상대방의 주장사실을 다투는 것과 독립된 항변사유인 해제의 주장을 하는 것과는 엄연히 구별되므로 부동산의 수증자가 증여자를 상대로 소유권이전등기절차이행을 구하는 소송에서 증여자가 청구기각의 답변과 그 부동산이 증여자의 소유인 사실 외의 나머지 주장사실을 부인한다고 진술한 것만 가지고는 서면에 의하지 않은 증여의 해제를 주장한 것으로 볼 수 없다(대판 1989.5.9. 88다카2271).
(2) 행사의 효과-소급효 없음-제558조: 해제는 이미 이행한 부분에 대하여는 영향을 미치지 않는다(558조). 영향을 미치지 아니한다는 것은 기이행부분에 대하여는 해제의 효력이 없어 원상회복의무가 생기지 아니하고, 미이행인 경우에는 증여계약이 장래에 대하여 소멸한다는 의미이

다. 기이행부분에 대하여는 해제의 효력이 없으므로 제3취득자에게도 해제할 수 없으며, 해제의 효력이 없다. 여기서 이행이라 함은 증여자가 증여계약에서 정해진 재산을 수증자에게 수여하는 것을 뜻한다. 동산의 경우에는 인도(현실의 인도, 간이인도, 점유개정, 반환청구권의 양도), 부동산인 경우에는 등기를 하여야 하며, 현실증여에 있어서는 언제나 이행이 끝난 것으로 본다. 이행이 양적으로 일부 끝난 경우에는, 이행된 부분은 해제로 영향이 없고 나머지 이행되지 아니한 부분만 채무가 소멸한다. 질적으로 일부 끝난 경우에는, 그 부분의 중요성에 의하여 결정되어져야 한다.

第556條【受贈者의 行爲와 贈與의 解除】 ①受贈者가 贈與者에 對하여 다음 各號의 事由가 있는 때에는 贈與者는 그 贈與를 解除할 수 있다.
1. 贈與者 또는 그 配偶者나 直系血族에 對한 犯罪行爲가 있는 때
2. 贈與者에 對하여 扶養義務 있는 境遇에 이를 履行하지 아니하는 때
②前項의 解除權은 解除原因있음을 안 날로부터 6月을 經過하거나 贈與者가 受贈者에 對하여 容恕의 意思를 表示한 때에는 消滅한다.

忘恩行爲時의 解除

1. 解除事由 - 제1항: 수증자가 증여자에 대하여 아래와 같은 일정한 망은행위가 있는 때에는 증여자는 증여계약을 해제할 수 있게 한다.

(1) 망은행위의 발생시점-증여계약의 존재 인식 후의 행위: 망은 행위에 의한 해제는 수증자가 증여계약이 존재한다는 것을 알고 난 후에 행한 경우에 한한다. 바꾸어 말하면 증여계약 전에 발생한 아래의 사유로는 증여계약을 해제할 수 없다.

(2) 서면·구두 증여 불문: 망은 행위에 의한 해제는 서면에 의한 증여이든 구두에 의한 증여이든 증여자에게 해제권이 발생한다. 서면에 의하지 않은 증여의 경우에 아래의 사유가 있을 때에는 제555조의 구두증여시의 임의해제에 의하여 해제하든 제556조의 망은행위에 의하여 해제하든 어느 것이나 관계없으며, 그 효과도 이미 이행한 부분에 대하여는 영향을 미치지 않고 장래에 대하여서만 증여가 효력을 소멸하는 것으로 동일하다(558조).

(가) 증여자 또는 그 배우자나 직계혈족에 대한 범죄행위가 있는 때(1호).

(나) 증여자에 대하여 부양의무가 있는 경우에, 이를 이행하지 아니한 때-제2호: 본호의 부양의무는 민법 친족편 제974조에 규정되어 있는 직계혈족 및 배우자 또는 생계를 같이 하는 친족간의 부양의무를 말한다. 따라서 부담부증여에서 친족간이 아닌 당사자 사이의 약정에 의하여 부양의 부담으로 증여(부담부증여계약)를 한 경우에 부양을 하지 않은 때의 해제에 관하여는 제556조제2항에 해당되지 않고(대판 1996.1.26. 95다43358), 쌍무계약에 관한 법리가 적용된다(561조).

2. 除斥期間 - 제2항: 해제권은 망은행위를 안 날로부터 6월을 경과하거나 또는 증여자가 수증자에 대하여 용서의 의사를 표시한 때에는 소멸한다.

3. 解除의 效果 - 將來에 대하여 消滅 - 제558조: 서면에 의하지 않은 증여의 해제에서와 동일하다. 망은행위로 해제를 하더라도, 증여자가 이미 이행한 부분에는 영향을 미치지 아니한다. 즉 미이행부분에 대하여만 채무가 소멸한다.

第557條【贈與者의 財產狀態變更과 贈與의 解除】 贈與契約後에 贈與者의 財產狀態가 顯著히 變更되고 그 履行으로 因하여 生計에 重大한 影響을 미칠 境遇에는 贈與者는 贈與를 解除할 수 있다.

財產狀態惡化에 依한 解除

1. 意義: 증여계약 후에 증여자의 재산상태가 현저하게 변경되고 그 이행으로 인하여 생계에 중

대한 영향을 미칠 경우에는 증여자는 증여를 해제할 수 있다. 무상계약인 증여에 있어서 증여자의 재산상태가 악화되어 생계에 위협을 받는 데에도 불구하고 증여의 이행을 강요하는 것은 적절하지 못하기 때문에 해제를 인정한 것이다. 이 경우에도 구두에 의한 증여는 제555조에 의하여 해제할 수 있기 때문에 서면에 의한 증여의 경우에 필요한 조항이다.

2. 財産狀態의 惡化: 재산상태가 현저하게 변경되어 증여계약을 그대로 이행한다면 그로 인하여 생계에 중대한 영향을 미치는 경우에 대한 판단은 증여자가 속하는 사회·경제적 지위 등이 종합적으로 고려되어 객관적으로 결정되어야 한다. 그러므로 증여자의 생존상의 필수의 것을 구득할 수 없게 될 경우만을 의미하는 것이 아니라, 그 지위나 계급에 상응한 생활을 할 수 없게 될 정도로 악화될 수 있다고 판단되면 해제할 수 있다. * 인정된 예: 증여자가 증여계약체결 후에 반신불수가 되어 거의 전재산을 치료비에 사용될 상황(대판 1976.10.12. 76다1833).

3. 解除의 效果 - 將來에 對하여 消滅 - 第558條: 재산상태의 악화로 인한 증여의 해제에 있어서도, 이미 이행한 부분에 대해서는 영향을 미치지 아니한다.

第558條【解除와 履行完了部分】 前3條의 規定에 依한 契約의 解除는 이미 履行한 部分에 對하여는 影響을 미치지 아니한다.

履行의 完了

1. 意義: 구두에 의한 증여의 임의해제, 망은행위에 의한 해제, 재산상태의 악화로 인한 해제의 경우에는 일반적인 해제와는 달리 소급효가 없고, 장래에 대하여만 해제의 효력이 있게 한다. 즉 이미 이행한 부분에 대하여는 해제는 영향이 없음을 규정한다.

2. 履行完了: 이행이라 함은 증여자가 증여계약에서 정해진 재산을 수증자에게 수여하는 것을 뜻한다. 동산의 경우에는 인도(현실의 인도, 간이인도, 점유개정, 반환청구권의 양도), 부동산인 경우에는 등기를 하여야 하며 현실증여에 있어서는 언제나 이행이 끝난 것으로 본다. 이행이 양적으로 일부 끝난 경우에는, 이행된 부분은 해제로 영향이 없고 나머지 이행되지 아니한 부분만 채무가 소멸한다. 질적으로 일부 끝난 경우에는 그 부분의 중요성에 의하여 결정되어져야 한다.

3. 完了 與否가 問題되는 具體的 事例 - 不動產

(1) 부동산을 인도만 한 경우: 물권변동에 관하여 형식주의를 채택하고 있는 현행 민법의 해석으로서는 부동산 증여에 있어서 이행이 되었다고 함은 그 부동산의 인도만으로써는 부족하고 이에 대한 소유권이전등기절차까지 마친 것을 의미한다(대판 1977.12.27. 77다834).

(2) 증여 생전에 이전등기 필요한 서류 제공: 증여자가 생전에 부동산을 증여하고 그의 뜻에 따라 그 소유권이전등기에 필요한 서류를 제공하였다면 증여자가 사망한 후에 그 등기가 경료되었다고 하더라도 증여자의 의사에 따른 증여의 이행으로서의 소유권이전등기가 경료되었다고 보아야 한다(대판 2001.9.18. 2001다29643).

(3) 인도 후 등기의무자에게 통지-완료: 증여자가 서면에 의하지 않고 매수 토지를 증여하였으나 그 토지에 관한 소유권이전등기청구권을 수증자에게 양도하고 매도인에게 양도통지까지 마친 경우는 이행의 완료다(대판 1998.9.25. 98다22543).

(4) 법무사에게 등기 이전 서류 맡김-완료 아님: 증여의 의사로 원고가 피고에게 소유권등기에 필요한 서류를 작성케 하여 사법서사 사무원에게 임치하였다 하더라도 이를 서면에 의한 증여 또는 증여계약의 이행완료라고는 할 수 없다(대판 1970.8.31. 70다1320).

第559條【贈與者의 擔保責任】 ①贈與者는 贈與의 目的인 物件 또는 權利의 瑕疵나 欠缺에 對하여 責任을 지지 아니한다. 그러나 贈與者가 그 瑕疵나 欠缺을 알고 受贈者에게 告知하지 아니한 때에는 그러하지 아니하다.

②相對負擔 있는 贈與에 對하여는 贈與者는 그 負擔의 限度에서 賣渡人과 같은 擔保의 責任이 있다.

擔保責任

1. 原則: 증여자는 증여의 목적인 물건 또는 권리의 하자나 흠결에 대하여 책임을 지지 않는다(1항). 이는 증여는 수증자만이 이익을 얻고, 증여자는 아무런 대가 없이 재산을 출연하는 것이므로, 매매와 같은 유상계약에 있어서와 같은 담보책임을 부담시키는 것은 적당하지 않고, 또한 일반적으로 증여자는 증여의 객체인 재산을 현상 그대로 준다는 의사를 가진다고 보아야 하기 때문이다. 불특정물 또는 일정금액이 증여의 목적인 때에는 특별한 의사표시가 없는 한 흠이 없는 완전한 물건을 급부하여야 한다.

2. 例外: 다음의 경우에는 예외적으로 증여자는 담보책임을 진다.

(1) 특약이 있는 경우: 증여자의 담보책임에 관한 제559조는 강행규정이 아니기 때문에 특약이 있으면 그에 따른다.

(2) 악의이며 불고지한 때-제1항 단서: 증여자가 그 하자나 흠결을 알고 수증자에게 고지하지 아니한 때에는 담보책임을 진다. 불고지에 고의나 과실을 요하는지가 문제인데, 고의나 과실을 요하지 않는다고 본다. 그리고 수증자가 그러한 하자나 흠결을 알고 있었던 때에는 책임을 지지 아니한다. 이러한 담보책임은 목적물에 하자나 흠결이 없다고 신뢰하는 수증자를 보호하기 위한 것이기 때문에 그러한 신뢰의 침해에 대한 손해배상은 신뢰이익에 한정되어야 한다.

3. 除斥期間: 증여자의 담보책임의 존속기간에 관하여는 별도의 규정은 없으나 매매의 규정(574조)이 유추적용되어 1년의 제척기간에 걸린다고 해석된다.

4. 負擔附 贈與에서 擔保責任 – 제2항: 증여가 부담부인 때, 즉 수증자도 일정한 급부를 할 채무를 부담하는 경우에는 수증자는 그 부담의 한도에서 매도인과 같은 담보책임을 진다. 이 경우에는 매매 기타의 유상계약과 비슷한 관계가 인정되기 때문이다.

負擔附 贈與

1. 意義: 수증자에게 일정한 부담(의무)을 수반하는 증여가 부담부 증여이다. 증여를 받는 동시에 일정한 부담을 지는 증여를 말한다. 부담부 증여도 증여로서 무상·편무계약으로, 그 부담이 증여자의 채무와 대가적 관계가 있어서는 아니 된다.

2. 負擔: 부담이냐 여부에 대한 판단은 당사자의 주관적 의사를 기준으로 부담의 내용 등을 고려하여 종합적으로 판단하여야 한다. 부담의 내용을 이루는 급부는 급부로서의 일반요건, 즉 적법성, 가능성, 확정성의 내용을 구비하면 된다. * 귀속재산 연고권을 관재당국에 제출하는 대신 그 귀속재산 일부를 무상양여 하겠다고 약정한 계약은 부담부 증여다(대판 1963.5.30. 63다123). * 72세의 남자(망인)가 52세의 여자인 피고와 재혼한 지 8개월 지나 그 소유의 부동산을 피고에게 증여를 원인으로 소유권이전등기를 경료해 준 것은 그 부동산을 명의신탁한 것이라기보다 부담부로 증여한 것이라고 봄이 상당하다(서울고법 2004.9.16. 2004나9796).

3. 負擔의 無效, 不能: 부담이 불능·무효일 때 증여계약 자체는 원칙적으로는 당사자의 의사표시의 해석에 따라서 부담이 없으면 증여의 의사가 없는 것이라면 증여계약도 무효가 된다. 그러나 당사자의 의사가 분명하지 아니할 때에는 증여자의 채무와 수증자의 부담은 대가관계가 아니므로 부담이 불능·무효인 때에는 부담 없는 증여로 된다고 보아야 할 것이다 * 하천점용 및 공작물설치 허가에 의하여 원고가 비용을 들여 준공한 공작물의 기부채납약정(원고의 증여)에 하천점용료가 위 공작물 정산설계액에 달할 때까지 토사채취허가를 그 점용료를 면제하여 주기로 하는 부담을 붙인 것은 유효하다(대판 1979.11.13. 79다1433).

4. 負擔利益의 當事者: 부담의 이익을 받는 자는 증여자 자신이든, 특정의 제3자이든, 불특정다수이든 무방하다.

5. 負擔附 贈與의 特則

(1) 부담의 한도 내에서 매도인의 담보책임-제559조제2항: 부담부 증여의 증여자는 그 부담의 한도에서 매도인과 동일한 담보의 책임이 있다. 이는 증여와 부담이 사실상으로는 일종의 대가관계에 있다는 것을 고려한 것으로써, 증여목적물의 하자·흠결로 수증자가 손해를 입은 때에는 수증자의 부담의 한도 내에서 매도인의 담보책임을 청구할 수 있다는 의미이다. 매도인의 담보

책임으로 매수인은 대금감액청구권, 계약해제권, 손해배상청구권이 있다. 따라서 수증자는 부담에 대하여 감액청구권, 계약해제권, 손해배상청구권 등의 권리를 가진다.
(2) 쌍무계약에 관한 규정의 적용-제561조: 쌍무계약의 효력에 관한 규정이 그대로 적용되어, 동시이행의 항변권과 위험부담의 원칙이 적용된다.

第560條【定期贈與와 死亡으로 因한 失效】 定期의 給與를 目的으로 한 贈與는 贈與者 또는 受贈者의 死亡으로 因하여 그 效力을 잃는다.

定期贈與의 特則

1. 意義: 일정한 시기마다 무상으로 재산을 수여하는 증여가 정기증여인데, 이는 계속적 채권관계의 성질을 갖는다. 정기증여의 효력의 상실에 관하여는 통상의 채무와 달리 규율하여, 정기증여는 증여자 또는 수증자의 사망으로 인하여 그 효력을 잃는다고 규정한다. 이는 통상의 채무는 상속되어 상속인이 채권자·채무자가 되나, 증여의 경우에는 당사자의 개인적 감정 등의 개인적 사정이 중요한 요인이 되기 때문에 당사자의 사망으로 계약의 효력을 소멸시키는 것으로 당사자의 보통의 의사를 추측한 것이다.
2. 定期에서 期間: 정기로 급부하여야 할 기간의 유무는 불문한다. 당사자가 기간을 정하지 않은 경우에는 물론이고, 기간을 정한 경우라도 당사자의 개성에 중점을 둔 경우에는 증여의 성질상 당사자의 일방의 사망으로 그 효력을 잃는다고 할 것이다. 정기급부의 채무가 수증자의 생전에 지속되다가 수증자의 사망으로 소멸하도록 한 경우에는 종신정기금채무가 된다.
3. 本條는 任意規定: 본조는 임의규정으로 당사자간에 다른 특약을 한 때에는 그에 의한다.

第561條【負擔附贈與】 相對負擔 있는 贈與에 對하여는 本節의 規定外에 雙務契約에 關한 規定을 適用한다.

雙務契約 規定 適用

1. 意義: 부담부 증여에 대하여는 증여의 규정이 적용되는 이외에 쌍무계약에 관한 규정이 적용되는데(본조), 주로 동시이행의 항변권과 위험부담이 문제되고 또한 부담의 불이행에 의한 해제에서의 법률관계도 문제가 된다.
2. 同時履行의 抗辯權: 부담부 증여의 경우에 증여를 먼저하고 부담을 시킨다든지 또는 부담을 선이행의무로 하는 것으로 당사자간에 합의를 하는 것이 보통이므로 그 경우에는 문제가 없으나, 당사자의 의사가 분명하지 아니한 경우에는 동시이행의 항변권이 있다.
3. 危險負擔 - 제537조: 위험부담은 채무자위험부담의 원칙에 의하여, 증여의 목적물이 쌍방의 책임 없는 사유로 이행불능인 때에는 수증자의 부담도 소멸하며, 수증자의 목적물이 쌍방의 책임 없는 사유로 이행불능인 때에 증여자의 채무도 소멸한다는 결과가 된다. 전자의 경우는 타당한데, 후자의 경우는 부담이 종된 것으로 증여자의 채무도 획일적으로 소멸한다는 것은 적절하지 못하다고 할 수 있다. 증여자의 의사가 부담을 조건으로 증여를 하는 것이라면 증여자의 채무도 소멸하나, 그렇지 아니한 때에는 증여자의 채무는 소멸하지 아니한다고 새기는 것이 타당하다.
4. 負擔의 不履行: 부담부 증여에서 수증자가 부담을 이행하지 아니할 때 당해 부담부 증여계약도 쌍무계약에 관한 규정이 적용됨으로 일반적인 해제사유(채무불이행-부담의 불이행)에 의하여 당연히 해제할 수 있느지가 문제된다.
(1) 부담이 조건이거나, 중요한 의미 있는 경우에만: 당사자의 의사가 부담이 조건이거나 또는 부담이 증여자에게 중요한 의미가 있는 것이면 해제에 관하여도 쌍무계약에 관한 법리가 적용되는 것으로 보아야 하나, 그렇지 아니하는 경우에는 해제할 수 없다고 해석된다.
(2) 해제의 효과: 부담부 증여에서 상대방의 부담의 불이행에 따른 해제는 증여에 특유한 해제가 아니고, 계약 일반에 공통한 법정해제로서 계약해제에 관한 일반법리가 적용된다. 따라서 이

미 이행한 부분에 관하여는 제548조에 의하여 원상회복의무가 생긴다(대판 1997.7.8. 97다2177).

第562條【死因贈與】 贈與者의 死亡으로 因하여 效力이 생길 贈與에는 遺贈에 關한 規定을 準用한다.

死因贈與

1. 遺贈과의 異同: 증여자의 사망으로 효력을 발생하는 증여가 사인증여이다. 즉 증여자의 생전에 계약을 맺었으나, 그 효력 발생은 증여자의 사망을 정지조건으로 하는 계약이다. 증여자의 사망에 의하여 효력을 발생하며, 실제로 재산을 감소 당하는 자는 증여자 자신이 아니라 상속인이라는 점에서, 기능상으로는 유증과 비슷하다. 그런데 사인증여는 계약이나 유증은 단독행위라는 점에서 양자는 차이가 있다.

2. 死因贈與의 成立: 사인증여는 증여계약이므로 계약법의 원리에 따라 증여자의 청약과 수증자의 승낙이 있어야 성립한다.

(1) 의사표시: 사인증여의 청약의 의사가 표시된 유언장을 은행의 대여금고에 보관해 둔 채 표의자가 사망하였다면 위 청약의 의사표시가 발신조차 되었다고 볼 수 없으므로 사인증여계약이 성립되지 않았다(서울중앙지법 2005.7.5. 2003가합86119, 89828).

(2) 증여의 당사자가 상속인과 피상속인인 경우-동일하게 증여: 증여자와 수증자의 관계가 피상속인과 상속인의 관계에 있다하여 이를 특별한 사정이 없는 한 유증 내지는 사인증여의 의미로 보아야 한다고 할 수는 없다(대판 1991.8.13. 90다6729).

3. 效果

(1) 유증의 규정 준용: 사인증여는 유증과는 법률행위의 성질은 다르나 실제상의 효과에서는 같기 때문에 사인증여에는 유증의 규정을 준용한다(562조). 따라서 사인증여의 효력은 유증의 효력에 관한 규정(1073조 이하, 그러나 1074조 내지 1077조는 제외)이 준용되나, 유증이 단독행위임을 전제로 하는 규정, 즉 능력(1061조 내지 1063조), 방식(1065조 이하), 승인과 포기(1074조 내지 1077조) 등에 관한 규정은 준용되지 않는다. 그리고 유증의 철회에 관한 규정(1108조 이하)도 사인증여가 계약이므로 준용되지 않는다.

(2) 유류분과의 관계: 유류분반환청구의 목적인 증여나 유증이 병존하고 있는 경우에는 유류분권리자는 먼저 유증을 받은 자를 상대로 유류분침해액의 반환을 구하여야 하고, 그 이후에도 여전히 유류분침해액이 남아 있는 경우에 한하여 증여를 받은 자에 대하여 그 부족분을 청구할 수 있는 것이며, 사인증여의 경우에는 유증의 규정이 준용될 뿐만 아니라 그 실제적 기능도 유증과 달리 볼 필요가 없으므로 유증과 같이 보아야 할 것이다(대판 2001.11.30. 2001다6947).

(3) 포괄적 사인증여와 포괄적 유증과의 관계: 민법 제562조가 사인증여에 관하여 유증에 관한 규정을 준용하도록 규정하고 있다고 하여, 이를 근거로 포괄적 유증을 받은 자는 상속인과 동일한 권리의무가 있다고 규정하고 있는 민법 제1078조가 포괄적 사인증여에도 준용된다고 해석하면 포괄적 사인증여에도 상속과 같은 효과가 발생하게 된다. 그러나 포괄적 사인증여는 낙성·불요식의 증여계약의 일종이고, 포괄적 유증은 엄격한 방식을 요하는 단독행위이며, 방식을 위배한 포괄적 유증은 대부분 포괄적 사인증여로 보여질 것인바, 포괄적 사인증여에 민법 제1078조가 준용된다면 양자의 효과는 같게 되므로, 결과적으로 포괄적 유증에 엄격한 방식을 요하는 요식행위로 규정한 조항들은 무의미하게 된다. 따라서 민법 제1078조가 포괄적 사인증여에 준용된다고 하는 것은 사인증여의 성질에 반하므로 준용되지 아니한다고 해석함이 상당하다(대판 1996.4.12. 94다37714).

第3節 賣 買

1. 概括: 매매는 당사자 일방(매도인)이 재산권을 상대방(매수인)에게 이전할 것을 약정하고 상대방이 그 대금을 지급할 것을 약정함으로써 성립하는 계약이다(563조). 거래의 초보적 단계인

교환은 물건과 물건의 단순한 현물교환이었으나, 거래의 필요성이 제고되고 가치의 척도로서 화폐가 등장함으로써 이를 매개수단으로 하는 거래인 매매가 나타나게 되었다. 오늘날 물품의 거래는 거의 예외 없이 화폐를 매개로 하는 매매의 형태이며, 화폐를 매개수단으로 하는 이러한 매매계약은 법률적으로도 채권계약의 가장 대표적인 것으로써 오늘날 거래법의 중심을 이루고 있다.

2. 賣買의 法律的 性質: 매매에서 재산권을 이전하기로 하는 자를 매도인이라 하고, 금전을 지급하기로 하는 자를 매수인이라 한다. 매매란 매도인과 매수인 사이의 의사의 합치로써 이루어지는 낙성·쌍무·불요식의 전형적인 유상계약이다. 따라서 매매에 관한 규정은 그 계약의 성질이 허용하는 한 매매 이외의 유상계약에도 준용된다.

(1) 낙성·불요식계약: 매매는 매도인의 재산권 이전의 의사표시와 매수인의 대금지급의 의사표시의 합치로써 성립하는 낙성계약이다. 의사표시의 합치만 있으면 성립하고, 구두에 의하든 서면에 의하든 계약의 성립과 효력에는 차이가 없다. 즉 매매계약은 불요식계약이다. 다만 부동산의 소유권 이전에는 관인매매계약서(요식)의 첨부를 요하는 등으로 일정한 서식을 요하나(부동산등기특별조치법 3조1항), 그 경우에도 당사자간의 매매계약 자체는 불요식으로 매매계약의 성립 및 효력에는 아무런 지장이 없다.

(2) 유상·쌍무계약: 매매에 있어서 매도인이 부담하는 재산권 이전채무와 매수인이 부담하는 대금지급채무는 서로 대가적 의의를 가지는 채무로서, 매매는 쌍무계약이며, 유상계약이다. 즉 매매는 유상·쌍무계약이며, 유상·쌍무계약의 가장 대표적인 계약이 매매이다. 이러한 점에서 매매에 관한 규정은 계약의 성질이 허용하는 한 다른 유상계약에도 준용된다(567조). * 유상계약의 무상계약에 대한 가장 큰 차이는 담보책임이 있는 것이며, 쌍무계약의 편무계약에 대한 차이는 법률효과에서 쌍무계약에는 동시이행의 항변권과 위험부담의 문제가 있다는 점이다.

(3) 재산권의 이전을 목적: 매매의 목적은 재산권의 이전에 있다. 따라서 성질상 또는 법률상 처분이 허용되지 않는 것은 매매의 목적이 되지 못한다. 즉 불융통물은 재산권이라도 매매의 목적이 되지 못하여 불융통물을 목적물로 하는 매매계약은 무효이다. 매매의 목적인 재산권은 현존하여야 할 필요는 없어, 장래에 취득할 수 있는 것도 그 대상이 된다. 나아가서 타인의 물건 또는 권리도 매매의 목적이 될 수 있다(569조). 매매의 목적이 타인의 물건 또는 권리인 경우에는 매도인이 이행기까지 목적에 대한 권리를 취득하여 매수인에게 이전할 수가 있기 때문에 무효로 할 이유가 없으며, 그러한 경우에 매도인은 이행기까지 당해 물건 또는 권리를 취득하여 이전하여야 할 채무를 진다.

(4) 대금의 지급을 목적: 매매는 매도인의 재산권이전에 대한 반대급부로써 매수인이 대금을 지급할 것을 목적으로 한다. 재산권의 이전에 대하여 상대방이 금전이 아닌 물건이나 권리의 이전채무를 지는 경우에는 매매가 아니라 교환이다(596조).

(5) 특수한 매매: 대금의 지불을 일정한 기간 동안 분할하여 지급하는 할부매매, 방문 또는 통신에 의한 매매, 전기·가스·수도·신문·우유 등의 정기적 계속공급계약 등은 계약의 체결방법 또는 대금의 지급방법 및 공급 대상물의 성질에 따른 계약의 성립 및 효력에 다소간의 특질이 있으나, 그러한 계약도 매매계약이 그 본질임에는 변함이 없다.

3. 構成

(1) 매매의 성립, 매매예약, 계약금, 비용: 제563조-제566조
(2) 유상계약에 매매규정의 준용: 제567조
(2) 매매의 효력: 제568조
(3) 타인권리의 매매: 제569조-제573조
(4) 수량부족: 제574조
(5) 제한물권이 있는 경우: 제575조-578조
(6) 채권의 매매: 제579조
(7) 물건의 하자: 제580조-제582조
(8) 담보책임에 공통: 제583조, 제584조
(9) 이행기 및 대금에 관련 사항: 제585조-제589조

第1款 總 則

1. 概括: 본관에서는 매매계약의 성립과 매매예약 및 매매계약에서 기본적으로 문제되는 계약금의 효력과 계약체결에 따른 비용의 부담문제에 관하여 규정한다.

2. 構成

(1) 매매의 성립과 기본적 효력: 제563조
(2) 매매예약: 제564조
(3) 계약금의 효력: 제565조
(4) 매매계약의 비용부담: 제566조
(5) 매매규정의 유상계약에 준용: 제567조

第563條【賣買의 意義】 賣買는 當事者一方이 財產權을 相對方에게 移轉할 것을 約定하고 相對方이 그 代金을 支給할 것을 約定함으로써 그 效力이 생긴다.

賣買契約의 成立과 基本的 效力

1. 成立: 재산권의 이전의 의사표시와 대금의 지급에 관한 의사표시의 합치로 매매는 성립한다. 그러므로 그 밖의 계약의 비용·채무의 이행시기·이행장소·담보책임 등에 관하여는 반드시 합의 있음을 필요로 하지 않으며, 일단 계약이 성립하면 이들에 관하여는 당사자의 의사표시·거래관행·법률의 규정 등에 의하여 법률관계가 설정된다. 이에 민법은 계약의 성립과 관련하여 예상될 수 있는 매매의 예약·계약금·계약의 비용에 관하여 특별히 규정을 두고 있다. 이들에 관하여는 당사자간에 별도의 합의 또는 관습이 있는 경우에는 그에 따르며, 그렇지 아니한 경우에는 민법의 해당되는 규정이 적용된다.

2. 基本的 效力: 매매계약의 성립으로 일방은 재산권 이전채무를 지고, 타방은 대금지급채무를 진다.

(1) 목적물이 동산: 인도채무를 진다.
(2) 목적물이 부동산: 소유권이전채무와 명도(인도)채무가 있는데, 그 중에서 쌍무계약의 본질인 대금지급채무와 동시이행관계에 있는 채무는 소유권이전채무이다. 소유권이 이전되면 인도청구는 소유권에 기하여 행사할 수 있기 때문이다.

第564條【賣買의 一方豫約】 ①賣買의 一方豫約은 相對方이 賣買를 完結할 意思를 表示하는 때에 賣買의 效力이 생긴다.
②前項의 意思表示의 期間을 定하지 아니한 때에는 豫約者는 相當한 期間을 定하여 賣買完結與否의 確答을 相對方에게 催告할 수 있다.
③豫約者가 前項의 期間內에 確答을 받지 못한 때에는 豫約은 그 效力을 잃는다.

賣買豫約

1. 賣買豫約의 機能과 法源: 예약이란 본계약에 대응하는 개념으로써 본계약을 장래에 체결할 것을 약속하는 당사자간의 합의이다. 본계약을 직접 체결하지 않고 먼저 예약을 체결하는 이유는 당사자가 지금은 본계약을 체결하기가 곤란하고, 장차 본계약을 체결하려고 할 때에 상대방에게 거절당할 염려가 없도록 해 두려는 데 있다. 즉 장차 본계약을 체결하도록 당사자를 구속하는데 예약의 본래의 목적이 있다. 그러나 근래에 와서 매매의 예약은 주로 채권담보를 위한 (변칙)담보의 수단으로써 이용되고 있으며, 예약의 본래의 목적을 위하여 이용되는 일은 드물다. 채권담보의 목적으로 매매예약을 한 때에는 주로 부동산을 매매예약의 목적물로 하며, 소비대차상의 원금과 이자 및 비용의 합산액에 해당하는 금액을 매매대금으로 한다. 그런데 이와 같이 채권담

보를 목적으로 매매예약을 하고 이를 원인으로 하는 가등기가 되어 있는 경우에는 민법상의 매매예약에 관한 법리가 적용되지 않고 가등기담보등에관한법률의 적용을 받는다(동법 2조). 즉 아래에서 설명하는 민법상의 매매예약의 법리는 매매예약의 본래의 목적을 위하여 행하여진 매매예약에만 적용된다.

2. 賣買豫約의 成立

(1) 성립요건: 예약이 성립하려면 예약도 계약이므로 계약에 관한 일반원칙에 따르게 된다. 그런데 특히 제564조는 매매예약은 당사자 일방이 매매를 완결할 표시를 한 때에 매매의 효력이 생긴다고 하고 있어, 매매의 일방예약이 성립하려면 그 예약에 기하여 체결될 본계약의 요소가 되는 내용은 이미 확정되어 있거나 또는 확정할 수 있는 것이어야 한다. 따라서 본계약의 요소가 되는 매매목적물·매매가액·물건의 이전방법·대금의 지급방법이 확정되어 있거나 확정할 수 있어야 한다. 특히 매매의 목적물과 매매대금은 필수적이며, 소유권의 이전방법이나 대금의 지급방법 등은 거래관행 등에 의하여 추정될 수 있다.

(2) 타인의 물건에 대한 예약: 매매의 본계약이 가능한 경우에는, 그 일방예약도 언제나 성립할 수 있다. 따라서 타인의 물건에 관한 매매의 성립이 인정되므로(569조), 타인의 물건에 대한 매매예약도 가능하다.

3. 賣買豫約의 效力

(1) 예약의 일반적 효력: 예약은 본계약을 체결한다는 당사자간의 의사표시의 합치로서, 그 예약상의 권리자가 매매의 본계약을 위하여 청약을 하면 상대방은 그에 대해 승낙을 하여야 할 채무를 부담하는 그러한 계약이다. 그런데 당사자의 특약으로 일방만이 본계약체결의 청약만 할 수 있고, 상대방은 승낙의 채무만 있게 하거나, 어느 한쪽 당사자가 청약을 하면 상대방의 의사와는 관계없이 본계약이 체결되도록 할 수도 있다.

(2) 매매예약의 일방예약 간주-제564조: 민법은 본조에서 일반적인 예약의 법리와는 달리 매매예약에서 본계약을 체결하려는 자가 상대방에 대하여 본계약을 성립시킨다는 의사표시(완결의 의사표시)를 하면, 상대방의 승낙을 기다리지 않고서 본계약인 매매는 자동적으로 성립하는 것으로 별도로 정하였다(564조1항). 즉 일방의 본계약 체결의사의 표시로 상대방의 승낙 없이 바로 매매의 본계약이 체결되는 그러한 계약으로 한 것이다. 여기서 본계약을 성립시킨다는 의사표시를 예약의 〈완결의 의사표시〉라고 하며, 상대방에 대하여 완결의 의사표시를 할 수 있는 권리를 예약완결권이라 한다. 예약완결권이 일방에게만 있는 예약을 일방예약이라 하며, 쌍방 모두에게 있는 예약을 쌍방예약이라 한다. 민법은 제564조에서 매매의 일방예약에 관하여서만 규정하고 있는데, 이는 매매예약은 당사자의 특별한 의사표시가 없으면 원칙적으로 일방예약이라는 것이다. 따라서 당사자가 합의로 쌍방에 예약완결권이 있다고 약정할 수 있는 것은 물론이고, 더 나아가서 편무·쌍무예약을 약정할 수도 있다.

4. 豫約完結權

(1) 일종의 형성권: 매매의 일방예약 또는 쌍방예약에 의하여 일방 또는 쌍방 당사자(즉 예약권리자)는 상대방에 대하여 매매완결의 의사표시를 할 수 있는 권리를 갖게 된다. 이를 예약완결권이라고 한다. 예약완결권의 행사에 의하여 상대방의 의사와는 관계없이 본계약이 체결된다. 이와 같이 예약완결권자의 일방적 의사표시에 의하여 법률관계의 변동이 생기는 것이므로 예약완결권은 형성권의 일종이다.

(2) 공시방법: 예약완결권의 공시로 예약완결권 자체의 등기는 가능하지 않고, 본계약이 부동산물권의 설정·이전·소멸하는 것을 목적으로 하는 경우에는, 부동산등기법 제3조에 의하여 소유권이전청구권 등의 보전을 위하여 가등기를 하는 방법으로 공시가 가능하고, 이를 한 때에는 제3자에 대하여 대항할 수 있다. 예약완결권의 공시방법은 매매예약을 원인으로 하는 예약완결권자를 가등기권자로 하는 소유권이전청구권 보전의 가등기로 한다.

(3) 예약완결권의 양도: 예약완결권은 재산적 성질을 가지는 형성권으로서 당연히 양도성이 있다.

(가) 채권양도의 방식: 예약완결권의 양도에는 예약의무자의 승낙은 필요없으나, 채권양도에 준하여 채무자의 승낙 또는 이에 대한 통지가 있어야만 대항할 수 있다고 보아야 한다(450조 참조).

(나) 공시방법-이전의 부기등기: 예약완결권이 가등기되어 있는 경우에는, 예약완결권의 양도인과 양수인의 공동신청으로 가등기에 대한 부기등기의 형식으로 가등기상의 권리를 이전등기할 수 있다.

(4) 예약완결권의 행사-제564조제1항

(가) 원칙: 예약완결권자가 예약의무자에 대하여 의사표시로 행사하여야 한다. 예약완결권의 행사는 예약의무자에 대한 의사표시로 하며, 예약완결권이 양도된 때에는 양수인이 예약의무자에게 행사하여야 함은 물론이다. 여러 명이 공동으로 매수하는 경우에는 예약완결권의 준공유가 있게 되어 공동으로 행사하여야 한다.

(나) 목적물의 제3취득자가 있는 경우: 예약의무자는 보통은 예약을 한 상대방이지만, 완결권이 가등기에 의하여 제3자에의 대항력을 갖춘 후에 제3자가 목적부동산을 취득한 경우에 가등기에 의한 예약완결권자는 누구에게 예약완결권을 행사하여야 하는지가 문제된다. 완결권자는 매매예약의무자를 상대로 본등기청구권을 행사하여 본등기를 하고, 가등기 이후의 제3자의 소유권이전등기는 부동산등기법 제175조제1항, 제55조제2호에 의하여 직권말소된다.

(다) 행사의 효과-매매본계약의 성립: 완결의 의사표시의 효력발생으로 본계약인 매매가 성립한다. 예약완결권이 소유권이전청구권 보전을 위한 가등기가 된 때에도 먼저 예약완결권을 행사한 후에 가등기에 기한 본등기를 청구하여야 한다. 완결의 의사표시에 의하여 본계약인 매매계약이 성립하므로 매매계약의 성립에 따른 효과도 그 이후에 발생한다. 따라서 재산권의 이전 및 대금의 지급 등은 매매계약의 효력에 의한 이행의 문제로써 완결권을 행사할 때에 대금을 제공할 필요는 없다. 그러나 특약으로 완결의 의사표시를 하려면 대금을 제공하여야 하는 것으로 정하는 것은 상관없다.

(5) 예약완결권의 존속기간(존속기간의 특약이 없는 경우-2항, 3항)

(가) 제척기간: 당사자가 예약완결권의 존속기간에 관하여 별도의 특약이 없는 경우에는, 예약완결권은 형성권으로서 10년의 제척기간에 걸린다. 존속기간에 관하여 특약을 하는 경우에 그 기간에 관하여는 별도의 제한이 없다.

(나) 예약의무자의 최고권-제2항: 예약완결권의 존속기간에 관한 당사자의 특약이 없는 경우에는, 예약의무자는 상당한 기간을 정하여 매매완결 여부의 확답을 상대방(예약완결권자)에게 최고할 수 있다.

(다) 의무자가 확답을 하지 않는 경우-제3항: 완결권자가 최고기간 내에 의무자의 확답을 받지 못한 때에는 예약은 그 효력을 잃는다.

第565條【解約金】①賣買의 當事者一方이 契約當時에 金錢 其他 物件을 契約金, 保證金等의 名目으로 相對方에게 交付한 때에는 當事者間에 다른 約定이 없는 限 當事者의 一方이 履行에 着手할 때까지 交付者는 이를 拋棄하고 受領者는 그 倍額을 償還하여 賣買契約을 解除할 수 있다.
②第551條의 規定은 前項의 境遇에 이를 適用하지 아니한다.

契約金

1. 意義: 계약을 체결할 때에 당사자의 일방이 상대방에게 교부하는 금전 기타의 유가물이 계약금이다. 실거래계에서는 계약금, 선금, 착수금, 보증금, 해약금, 체약금 등의 용어가 사용된다. 이들은 구체적인 법률효과에서는 다르나(계약금 종류에서 후술), 여기서는 이들을 총칭하여 계약금이라 한다. 계약금은 매매의 경우에 매수인으로부터 매도인에게 교부되는 것이 보통이며, 또한 오늘날은 계약금의 교부는 매매에 한하지 않고 임대차·도급을 비롯한 유상계약에서도 많이 이루어지고 있다. 그러나 가장 빈번한 것은 매매의 경우로써 민법은 매매에 관하여 이를 규정하고, 다른 유상계약에 준용하고 있다(567조).

2. 契約金授受의 基礎: 계약금이 교부되는 법률상의 기초로는 아래의 두 가지가 있으나, 어느 것으로 계약금이 수수되었든 민법은 특약이 없는 한 해약금으로 추정하므로(565조) 그 법률효과에

서는 차이가 없다.

(1) 계약금 계약

(가) 요물계약: 주된 계약에 부수하여 종된 독립한 계약인 계약금계약에 의하여 계약금이 교부되는 경우이다. 계약금계약은 금전 기타의 유가물의 교부를 요건으로 하므로, 이른바 요물계약이다.

① 계약금의 교부가 없는 상태: 계약금을 지급하기로 약정만 한 단계에서는 아직 계약금으로서의 효력, 즉 위 민법 규정에 의해 계약해제를 할 수 있는 권리는 발생하지 않는다(대판 2008.3.13. 2007다73611).

② 당사자가 계약금의 일부만을 먼저 지급하고 잔액은 나중에 지급하기로 약정하거나 계약금 전부를 나중에 지급하기로 약정하고 불이행한 경우: 교부자가 계약금의 잔금이나 전부를 약정대로 지급하지 않으면 상대방은 계약금 지급의무의 이행을 청구하거나 채무불이행을 이유로 계약금 약정을 해제할 수 있고, 나아가 위 약정이 없었더라면 주계약을 체결하지 않았을 것이라는 사정이 인정된다면 주계약도 해제할 수도 있을 것이나, 교부자가 계약금의 잔금 또는 전부를 지급하지 아니하는 한 계약금계약은 성립하지 아니하므로 당사자가 임의로 주계약을 해제할 수는 없다(대판 2008.3.13. 2007다73611).

(나) 종된 계약: 계약금계약은 종된 계약으로 일반적으로는 주된 계약과 동시에 체결하나, 주된 계약이 성립한 후에 수수된 계약금도 역시 계약금으로서의 효력을 갖는다. 종된 계약으로의 계약금계약은 주된 계약 이외의 사유로 해제된 때에 당연히 그 효력을 잃게 되고, 계약금의 교부자는 수령자에게 그 반환을 요구하게 된다.

(2) 대금의 분할 방법: 본계약상의 내용으로 대금의 분활방법의 일환으로써 일부의 금액이 계약금으로 교부되는 경우이다. 별도의 계약금계약을 하지 않고 대금지급에서 계약금이라고 명시하는 경우에 당해 약정한 금액이 계약금이나, 그렇지 아니한 경우에 어디까지가 계약금인지는 당사자의 의사표시의 해석에 의하되 분명하지 아니한 때에는 계약 체결과 동시에 처음에 지급하는 금액이 계약금이다.

3. 契約金의 種類: 계약금에는 여러 명칭을 사용하여 그 종류가 여러 가지이나, 명칭 여하에 불구하고 그 작용에 따라 아래의 세 가지로 분류할 수 있다.

(1) 증약금 또는 체약금: 계약체결의 증거로서의 의미를 갖는 계약금이다. 즉 당사자간에 어떠한 계약의 존부에 대한 다툼이 있을 때 계약이 존재함을 증명하는 의미를 가진다. 당사자 사이에 어떠한 내용의 약정이 있었는지가 불명한 경우에도 계약금이 교부되어 있으면, 그것은 적어도 내용은 불명이지만 약정이 있었다는 증거는 되므로, 계약금은 언제나 증약금으로서의 작용을 한다고 말할 수 있다. 이는 계약금이 구체적으로 어떠한 작용을 할지라도 계약금이 가지는 최소한의 성질이라 할 수 있다. * 독일 민법(336조), 스위스 채무법(158조)은 계약금을 원칙적으로 증약금으로 추정한다.

(2) 위약금: 위약금 약정에는 제재적 의미의 계약금약정과 손해배상액예정의 의미를 가지는 두 가지가 있는데, 계약금이 위약금으로서의 제재적 의미를 가지는 경우나 손해배상액의 예정의 의미를 가지는 것은 특별한 경우이므로 그러한 효력을 발생하려면 당사자 사이에 그러한 특약이 있어야 한다. 즉 매매계약에 있어서의 계약금은 민법 제565조제1항에 의하여 해약금의 성질을 가지고, 다만 당사자의 일방이 위약할 경우 그 계약금을 위약금으로 하기로 하는 특약이 있는 경우에 한하여 민법 제398조제4항에 의하여 손해배상액의 예정으로서의 성질을 가지므로 그와 같은 특약이 없음에도 동 계약금이 손해배상액의 예정임을 전제로 하는 감액청구는 허용되지 않는다(대판 1981.7.28. 80다2499).

(가) 제제적 의미의 계약금: 위약에 대한 제재적 의미의 계약금약정이 있다. 이는 계약금을 교부한 자가 계약상의 채무를 이행하지 않는 때에, 그것을 수령한 자가 위약벌로써 몰수하는 계약금이다. 이는 채무불이행에 의한 손해배상의 의미가 아니라 채무불이행 그 자체에 대한 제재적(징벌적) 의미이다. 이러한 의미로서 교부된 금전은 채권자에게 귀속한다. 따라서 채무불이행에 의한 손해는 위약금과는 관계없이 따로 청구할 수 있다.

(나) 손해배상액 예정의 의미: 손해배상액의 예정으로서의 성질을 갖는 위약금 약정이 있다. 이

는 채무불이행이 있으면 손해의 발생 및 손해액에 대한 입증 없이 약정금액이 채권자에게 귀속되거나 채권자가 이를 청구할 수 있다(손해배상액의 예정에 관하여는 398조 참조).

(3) 해약금으로 간주-제565조: 계약의 해제권을 유보하는 작용을 갖는 계약금을 말한다. 계약금이 해약금의 성질을 갖는 경우에는 당사자의 일방이 계약의 이행에 착수할 때까지 계약금을 교부한 자는 그것을 포기함으로써, 그리고 이 계약금을 받은 자는 그 배액을 상환함으로써 계약을 해제할 수 있다. 즉 이때의 계약금은 해제권유보금액인 것이다. 민법은 제565조에서 계약금은 원칙적으로 이러한 해약금의 성질을 가지는 것으로 정하고 있다.

4. 契約金의 解約金으로의 推定 - 제565조: 계약체결시에 당사자간에 교부된 금전 또는 유가물(계약금)이 구체적으로 위 어느 것에 해당하는가는 당사자의 의사표시의 해석을 통하여 정하여진다.

(1) 〈대금불입 불이행시 계약은 자동 무효가 되고 이미 불입된 금액은 일체 반환하지 않는다〉고 되어 있는 매매계약에 기하여 계약금이 지급된 경우: 그 계약금은 해약금으로서의 성질과 손해배상 예정으로서의 성질을 겸하고 있다(대판 1996.10.25. 95다33726).

(2) 의사의 불분명-해약금 추정: 실제거래에 있어서는 당사자의 의사가 분명하지 않은 경우가 보통이다. 이를 위하여 각국은 계약금에 관하여 위에서 본 어느 하나의 성질을 가지는 것으로 법률상 추정한다. 민법은 해약금으로 추정한다(565조). 따라서 당사자의 의사가 분명하지 아니하고 또한 해제권을 유보하는 것이 아니라는 분명한 의사가 없는 한, 계약금은 해약금으로 추정된다. 즉 계약금의 교부는 해약금으로서의 해제권의 유보로 추정되며, 교부자는 이를 포기하고 수령자는 배액을 상환하여 계약을 해제할 수 있다.

5. 解約金에 의한 解除의 要件 - 제565조제1항: 제565조는 당사자의 일방이 이행에 착수할 때까지, 교부자는 이를 포기하고 수령자는 그 배액을 상환하여 매매계약을 해제할 수 있다고 규정한다.

(1) 이행에 착수할 때까지: 해제할 수 있는 기간은 당사자의 일방이 이행에 착수할 때까지이다. 즉 이행의 착수로 계약금에 의하여 유보된 해제권은 소멸한다. 여기서 이행의 착수 여부를 판단하는 기준이 문제된다. 〈이행의 착수〉라는 것은 객관적으로 외부에서 인식할 수 있는 정도로 채무의 이행행위의 일부를 하거나 또는 이행을 하기 위하여 필요한 전제행위를 하는 경우를 말하는 것으로써 단순히 이행의 준비를 하는 것만으로는 부족하나 반드시 계약내용에 들어맞는 이행의 제공의 정도에까지 이르러야 하는 것은 아니나(대판 1993.5.25. 93다1114), 계약의 이행을 최고하고 잔대금의 지급을 구하는 소송을 제기한 것만으로는 이행에 착수하였다고 볼 수 없다(대판 2008.10.23. 2007다72274).

(가) 객관적 외부적 인식가능성: 외부적 인식가능성은 쉽게 구별될 수 있고 구체적으로는 중도금의 제공 또는 물건의 일부의 이행 등이 이에 속한다.

(나) 이행행위의 일부의 이행 또는 이행에 필요한 전제행위: 이 부분에 대한 여부는 판단하기 쉽지 않다. 구체적으로는 잔대금을 준비하고 이전등기절차를 밟기 위하여 등기소에 동행할 것을 촉구하거나 또는 잔대금을 지급할 준비를 하고서 목적물의 인도를 요구하는 것 등이 판례에서 이행의 착수로 인정된 예이며, 타인의 물건의 매매의 경우에 타인으로부터 당해 물건의 소유권을 이전받은 것도 이행의 착수에 해당된다고 할 것이다.

(2) 이행에 착수한 자 본인의 해제가능 여부-불가: 상대방이 이행의 착수를 한 때에만 해제권이 소멸하고, 상대방은 아직 이행의 착수를 하지 않고 있는 때에 이행의 착수를 한 본인은 해제할 수 있는가. 본조 제1항에서 말하는 당사자의 일방이라는 것은 매매 쌍방 중 어느 일방을 지칭하는 것이고 상대방이라고 국한하는 것이 아니므로 매매계약의 일부 이행에 착수한 당사자는 비록 상대방이 이행에 착수하지 않았다 하더라도 해제권을 행사할 수 없다(대판 1970.4.28. 70다105).

(3) 이행기 전의 착수의 경우: 해제권 소멸사유로의 이행의 착수는 당사자가 채무의 이행기 전에는 착수하지 아니하기로 하는 특약을 하는 등 특별한 사정이 없는 한 그 이행기 전에 이행에 착수할 수도 있다(대판 2002.11.26. 2002다46492). 이행의 착수로써 해제권을 소멸시키는 것은 이행에 대한 신뢰와 예기치 않는 비용 등의 지출로 인한 손해의 방지에 있기 때문이다.

(4) 개별적 문제

(가) 은행도 어음의 교부: 매수인이 매도인의 동의하에 매매계약의 계약금 및 중도금 지급을 위하여

은행도어음을 교부한 것은(지급기일에 정상적으로 결제됨) 매수인은 계약의 이행에 착수하였다고 보아야 한다(대판 2002.11.26. 2002다46492).

(나) 시가 상승을 예상한 이행기 전의 이행: 매매계약의 체결 이후 시가 상승이 예상되자 매도인이 구두로 구체적인 금액의 제시 없이 매매대금의 증액요청을 하였고, 매수인은 이에 대하여 확답하지 않은 상태에서 중도금을 이행기 전에 제공하였는데, 그 이후 매도인이 계약금의 배액을 공탁하여 해제권을 행사한 사안에서, 시가 상승만으로 매매계약의 기초적 사실관계가 변경되었다고 볼 수 없어 '매도인을 당초의 계약에 구속시키는 것이 특히 불공평하다'거나 '매수인에게 계약내용 변경요청의 상당성이 인정된다'고 할 수 없고, 이행기 전의 이행의 착수가 허용되어서는 안 될 만한 불가피한 사정이 있는 것도 아니므로 매도인은 위의 해제권을 행사할 수 없다고 한 사례가 있다(대판 2006.2.10. 2004다11599).

6. 解除方法 - 交付者는 契約金을 抛棄, 受領者는 倍額을 償還하고 解除 - 제1항

(1) 교부자-포기: 계약금의 교부자는 계약금을 포기하고 해제할 수 있다. 교부자는 해제를 하려면 계약금 포기의 의사표시 또는 해제의 의사표시를 하여야 한다. 계약금을 포기한다는 의사표시를 하면 반드시 해제의 의사표시가 없더라도 계약의 해제의 효과는 발생한다. 또한 해제의 의사표시를 하면 계약은 해제되며, 계약금은 반환을 청구할 수 없다.

(2) 수령자-배액 상환: 계약금의 수령자는 배액을 상환하고 해제할 수 있다. 계약금의 수령자는 단순히 해제의 의사표시만으로는 해제하지 못하고 반드시 배액을 제공하여야 한다.

(3) 수령자의 계약금 일부의 상환: 계약금을 받은 사람이 계약금의 일부만을 상환하고 해제한다는 의사표시는 해제로서의 효과가 발생하지 않는다(대판 1973.1.30. 72다2243).

7. 解約金에 의한 解除의 效果 - 제2항: 해약금에 의한 해제는 유보된 해제권을 이행의 착수 전에 행사하는 것이므로 보통의 해제에 있어서와 다음과 같은 차이점이 있다.

(1) 제548조 적용 없음: 제548조제1항의 원상회복의무가 발생하지 않는다. 채권관계를 해소하고 소멸시킨다는 점에서는 같으나, 이행의 착수 전에 해제하므로 원상회복의무가 생길 여지가 없다.

(2) 손해배상청구권도 없음: 손해배상청구권은 발생하지 않는다. 해약금에 의한 해제는 유보된 해제권의 행사에 의한 해제로서 채무불이행에 기한 해제가 아니기 때문이다. 민법은 특히 이를 규정하고 있으나(565조2항), 당연한 규정이다.

(3) 채무의 불이행: 계약금이 교부되어 있더라도, 상대방이 계약을 이행하지 않는 경우에 채무불이행을 이유로 계약을 해제할 수 있다. 이때에는 손해배상을 받으며, 계약금은 귀속하지 않는다. 즉 이때에는 채무불이행에 의한 법정해제로 해제의 일반적 효과로서 원상회복의무(계약금 반환의무)와 손해배상청구권이 발생한다. * 계약금이 있는 경우의 채무불이행에 의한 해제: 유상계약을 체결함에 있어서 계약금이 수수된 경우 계약금은 해약금의 성질을 가지고 있어서, 계약이 당사자 일방의 귀책사유로 해제된 때에 상대방은 계약불이행으로 인한 손해만을 배상받을 수 있을 뿐 계약금이 상대방에게 당연히 귀속되는 것은 아니다(대판 1992.11.27. 92다23209).

8. 契約의 履行과 契約金: 계약금은 해약금의 성질을 가지므로, 계약이 해제됨이 없이 이행되거나 또는 계약이 해제되더라도 해약금에 의한 해제가 아닌 경우에는 수령자는 계약금을 반환하여야 한다(부당이득반환 또는 계약금계약상의 권리). 또한 본계약이 무효·취소된 경우에도 수령자는 계약금을 반환하여야 한다(부당이득반환). 그런데 계약이 그대로 이행되는 경우에는 계약금이 대금의 일부로서 교부된 경우에는 대금으로 이행한 것이 되고, 계약금이 독립한 계약금계약으로 교부된 때에도 일반적으로는 대금의 일부로 충당되는 것으로 한다.

第566條【賣買契約의 費用의 負擔】 賣買契約에 關한 費用은 當事者雙方이 均分하여 負擔한다.

契約費用 負擔

매매계약에 관한 비용은 당사자 쌍방이 균분하여 부담한다. 제566조는 임의규정으로, 계약비용의 부담에 관하여 당사자 사이에 특약이 있으면 그에 따른다. 제566조에서 계약의 비용을 쌍방이 균분하도록 한 것은 계약의 성립은 쌍방을 위한 것으로, 그 비용을 당사자가 균분하여 부담하는 것이 공평하기 때문이다. 매매계약에 관한 비용이라 함은 계약을 체결함에 있어서 일반적으로 필요로 하는 비용을 가리킨다. 예컨대 목적물의 측량 및 평가비용, 계약서작성비용 등이 이에 속한다.

第567條【有償契約에의 準用】 本節의 規定은 賣買以外의 有償契約에 準用한다. 그러나 그 契約의 性質이 이를 許容하지 아니하는 때에는 그러하지 아니하다.

有償契約에 賣買規定의 準用

상호 대가적 출연이 있는 계약이 유상계약이고, 대표적인 유상계약이 매매계약이다. 따라서 대가적 출연을 전제로 하는 법률관계는 모든 유상계약에서 원칙적으로 동일하게 발생한다. 이에 대가적 출연을 전제로 하는 법률관계를 매매편에 규정하고, 이를 여타의 유상계약에 준용토록 한 것이다.

第2款 賣買의 效力

1. 概括: 매매의 효력은 매도인의 의무와 매수인의 의무로 크게 나눌 수 있으며, 매도인은 매매의 목적인 재산권을 매수인에게 이전할 의무와 담보책임을 부담하고, 매수인은 매매대금을 매도인에게 지급할 의무를 부담한다. 그 외에 매도인의 재산권이전의무와는 별도로 부동산 매도인의 점유이전의무(명도의무)가 있는지 여부와 이행기 이후의 과실의 귀속이 문제된다.

2. 構成

(1) 매매의 효력: 제568조
(2) 매도인의 담보책임: 제569조-제584조
(가) 타인의 권리의 매매: 제569-제573조
(나) 수량부족: 제574조
(다) 제한물권 있는 경우의 매도인의 담보책임: 제575조-제578조
(라) 채권의 매매: 제579조
(마) 하자담보책임: 제580조-제581조
(바) 담보책임청구권: 제582조-제584조
(3) 채무이행의 기한 추정: 제585조
(4) 대금의 지급: 제586조-제589조

第568條【賣買의 效力】 ①賣渡人은 買受人에 對하여 賣買의 目的이 된 權利를 移轉하여야 하며 買受人은 賣渡人에게 그 代金을 支給하여야 한다.
②前項의 雙方義務는 特別한 約定이나 慣習이 없으면 同時에 履行하여야 한다.

賣買의 效力

1. 賣渡人의 財產權移轉義務

(1) 소유권 이전의무-제1항: 매매의 효력으로서 매도인은 매수인에게 매매의 목적이 된 권리를 이전하여야 한다. 매매에서 재산권이라는 것은 소유권을 의미한다. 따라서 매매의 효력으로서 매도인은 매수인에게 물건에 대한 소유권을 이전하여야 할 의무를 부담한다. 여기서 소유권은 특약이 없는 한, 제한이 없는 완전한 소유권이어야 함은 물론이다. 소유권의 이전이기 때문에 동산인 경우는 인도, 부동산인 경우에는 등기의 이전을 의미한다(대판 1992.2.14. 91다12349). 당해 목적물과 소유권은 완전할 것이어야 하므로, 물건 또는 소유권에 흠이 있는 경우에는 담보

책임(569조 이하)을 진다.

(2) 부동산의 점유이전의무(명도의무): 제563조와 제568조에 의하여, 매도인은 재산권이전의무를 부담하므로 매매의 목적물이 부동산인 경우에 매도인은 부동산의 소유권이전인 등기이전의무만 지느냐 아니면 점유이전의무도 지느냐의 문제가 있다. 매도인에게 점유이전의무가 있느냐 여부는 위험부담의 문제와 명도비용의 귀속에서 차이가 난다. 매매에서 매수인은 소유권을 이전받아 당해 물건에 대하여 자유로이 사용·수익을 한다는 것이 당사자의 의사이며, 또한 매도인의 의사라고 보아야 할 것이다. 따라서 부동산이 매매의 목적물인 경우에는 매도인에게 점유이전의무도 있다(대판 1991.9.10. 91다6368).

(3) 재산권이전기한의 추정-제585조: 재산권이전시기, 즉 동산의 인도시기, 부동산의 등기이전 및 인도시기에 관하여는 당사자가 약정을 하겠으나, 당사자의 약정이 없는 경우에는 대금지급시기와 동일한 것으로 추정한다(585조). 즉 재산권이전기한에 관한 약정이 없는 경우에는 대금의 완납기한이 재산권이전기한이 된다.

(4) 목적물의 인도장소: 매매계약 목적물의 인도장소는 목적물의 성질, 당사자의 의사표시 또는 거래관행에 따라 정하여질 것이나, 불명한 경우에는 변제에 관한 일반원칙에 따른다(467조). 따라서 채권성립 당시에 당해 목적물이 있던 장소가 인도장소가 된다.

(5) 귀책사유 없는 이행불능: 민법 제537조는 채무자위험부담주의를 채택하고 있는바, 쌍무계약에서 당사자 쌍방의 귀책사유 없이 채무가 이행불능된 경우 채무자는 급부의무를 면함과 더불어 반대급부도 청구하지 못하므로, 쌍방 급부가 없었던 경우에는 계약관계는 소멸하고 이미 이행한 급부는 법률상 원인 없는 급부가 되어 부당이득의 법리에 따라 반환을 청구할 수 있다. 따라서 매매 목적물이 경매절차에서 매각됨으로써 당사자 쌍방의 귀책사유 없이 이행불능에 이르러 매매계약이 종료된 사안에서, 위험부담의 법리에 따라 매도인은 이미 지급받은 계약금을 반환하여야 하고 매수인은 목적물을 점유·사용함으로써 취득한 임료 상당의 부당이득을 반환할 의무가 있다(대판 2009.5.28. 2008다98655).

2. 買受人의 代金支給義務

(1) 대금지급의무: 매수인은 매도인에게 매매계약상의 대금을 지급할 의무를 진다. 매매대금의 정함이 없는 경우에는 목적물의 소재지의 시가에 의하는 것으로 해석한다. 한편 대금의 지급시기 및 지급장소 등에 관하여 약정이 없는 경우를 위하여 민법은 아래와 같은 몇 가지 규정을 두고 있다.

(가) 동시이행관계-제2항: 가압류등기 등이 있는 부동산의 매매계약에 있어서는 매도인의 소유권이전등기의무와 아울러 가압류등기의 말소의무도 매수인의 대금지급의무와 동시이행 관계에 있다(대판 2000.11.28. 2000다8533).

(나) 지급시기: 매도인의 채무이행기한은 매수인의 대금 지급기한으로 추정(585조)되기 때문에 당사자의 약정이 없는 경우에는 대금 지급시기는 매도인의 재산권 이전시기와 동일하다.

(2) 목적물의 수령거절, 불능: 매도인이 이행기에 목적물을 제공하는 경우에 매수인이 이를 받을 수 없거나 받지 아니한 때에는 매수인은 채권자지체에 빠진다(400조). 채권자지체로 매수인은 책임이 가중된다(401조 내지 403조). 매수인이 매도인의 목적물 인도에 대하여 이를 수령하지 아니한 때에는 제401조 내지 제403조에 의한 불이익을 받을 뿐이며, 매도인은 공탁 또는 자조매각을 할 수 있다.

許可받지 않은 要許可 契約의 法律關係 - (국토의계획및이용에관한법률)

1. 契約의 效力: 국토의계획및이용에관한법률 제118조제1항은 허가구역에 있는 토지에 관한 소유권·지상권(소유권·지상권의 취득을 목적으로 하는 권리를 포함한다)을 이전하거나 설정(대가를 받고 이전하거나 설정하는 경우만 해당한다)하는 계약(예약을 포함한다. 이하 "토지거래계약"이라 한다)을 체결하려는 당사자는 공동으로 대통령령으로 정하는 바에 따라 시장·군수 또는 구청장의 허가를 받아야 한다고 규정하고, 동조 제6항에서는 제1항에 따른 허가를 받지 아니하고 체결한 토지거래계약은 그 효력이 발생하지 아니한다고 규정하고 있다. 그런데 허가구역 내의 토지를 허가받지 아니하고 당사자간에 체결한 토지거래계약은 어떠한 효과가 있느냐

가 문제된다.

(1) 허가 배제 또는 잠탈하는 내용의 계약-확정적 무효: 국토이용관리법상 토지의 거래계약허가구역으로 지정된 구역 안의 토지에 관하여 관할 행정청의 허가를 받지 아니하고 체결한 토지 거래계약은 처음부터 그 허가를 배제하거나 잠탈하는 내용의 계약일 경우에는 확정적 무효로서 유효화될 여지가 없다(대판 1995.4.28. 93다26397).

(2) 허가를 전제한 계약-유동적 무효: 허가받을 것을 전제로 한 거래계약일 경우에는 일단 허가를 받을 때까지는 법률상 미완성의 법률행위로서 거래계약의 채권적 효력도 전혀 발생하지 아니하지만, 일단 허가를 받으면 그 거래계약은 소급해서 유효로 되고 이와 달리 불허가가 된 때에는 무효로 확정되는 이른바 유동적 무효의 상태에 있다(대판 1995.4.28. 93다26397).

(3) 사후에 허가 불요된 당초의 요허가 계약-허가 불요: 허가구역 지정기간 중에 허가구역 안의 토지에 대하여 토지거래허가를 받지 아니하고 토지거래계약을 체결한 후 허가구역 지정해제 등이 된 때에는 그 토지거래계약이 허가구역 지정이 해제되기 전에 확정적으로 무효로 된 경우를 제외하고는, 더 이상 관할 행정청으로부터 토지거래허가를 받을 필요가 없이 확정적으로 유효로 되어 거래 당사자는 그 계약에 기하여 바로 토지의 소유권 등 권리의 이전 또는 설정에 관한 이행청구를 할 수 있고, 상대방도 반대급부의 청구를 할 수 있다고 보아야 할 것이지, 여전히 그 계약이 유동적 무효상태에 있다고 볼 것은 아니다(대판 1999.6.19. 98다40459).

2. 流動的 無效인 契約의 法律關係

(1) 허가신청을 위한 상호 협력의무: 유동적 무효의 상태에 있는 거래계약의 당사자는 상대방이 그 거래계약의 효력이 완성되도록 협력할 의무가 있으나, 이를 이행하지 아니하였음을 들어 일방적으로 유동적 무효의 상태에 있는 거래계약 자체를 해제할 수 없다(대판 1999.6.19 98다40459).

(2) 착오취소-가능: 토지거래가 계약 당사자의 표시와 불일치한 의사(비진의표시, 허위표시 또는 착오) 또는 사기·강박과 같은 하자 있는 의사에 의하여 이루어진 경우에는, 이들 사유에 의하여 그 거래의 무효 또는 취소를 주장할 수 있는 당사자는 그러한 거래허가를 신청하기 전 단계에서 이러한 사유를 주장하여 거래허가신청 협력에 대한 거절의사를 일방적으로 명백히 함으로써 그 계약을 확정적으로 무효화시키고 자신의 거래허가절차에 협력할 의무를 면할 수 있다(대판 1997.11.14. 97다36118).

(3) 부당이득반환청구-불가: 계약이 유동적 무효 상태로 있는 한 그를 부당이득으로서 반환을 구할 수 없고 유동적 무효 상태가 확정적으로 무효가 되었을 때 비로소 부당이득으로 그 반환을 구할 수 있으며, 이와 같은 유동적 무효 상태의 계약은 관할 시장·군수 또는 구청장에 의한 불허가처분이 있는 경우와 당사자 쌍방이 허가신청 협력의무의 이행 거절 의사를 명백히 표시한 경우에는 허가 전 거래계약 관계 즉 계약의 유동적 무효 상태가 더 이상 지속한다고 볼 수 없고 그 계약 관계는 확정적으로 무효라고 인정되는 상태에 이른다(대판 1997.11.11. 97다36965, 36972).

(4) 허가조건부 등기이전청구-불가: 허가가 있을 것을 조건으로 하여 소유권이전등기절차의 이행을 구하는 부분에 있어서는 허가받기 전의 상태에서는 아무런 효력이 없어 권리의 이전 또는 설정에 관한 어떠한 이행청구도 할 수 없다(대판 1991.12.24. 90다12243).

(5) 건물만의 소유권이전등기청구-불가: 일반적으로 토지와 그 지상의 건물은 법률적인 운명을 같이 하게 하는 것이 거래의 관행이고 당사자의 의사나 경제의 관념에도 합치되므로 토지거래규제구역 내의 토지와 지상건물을 일괄하여 매매한 경우 매수인이 토지에 관한 당국의 거래허가가 없으면 건물만이라도 매수하였을 것이라고 볼 수 있는 특별한 사정이 인정되는 경우를 제외하고는 토지에 대한 매매거래허가를 받기 전의 상태에서는 지상건물에 대하여도 그 거래계약 내용에 따른 이행청구 내지 채무불이행으로 인한 손해배상청구를 할 수 없다(대판 1994.1.11. 93다22043).

(6) 협력의무 불이행에 대한 구제

(가) 강제이행 가능: 허가신청절차 이행청구의 소에 의한 강제이행을 할 수 있다(대판 1991.12.24. 90다12243).

(나) 손해배상청구-불가: 허가를 받기 전에는 매매계약의 채권적 효력도 전혀 발생하지 아니하여 무효이므로 권리의 이전 또는 설정에 관한 어떠한 내용의 이행청구도 할 수 없는 것이고, 따

라서 채무불이행으로 인한 손해배상청구도 할 수 없다(대판 1994.1.11. 93다22043).
(다) 확정 후의 부당이득에 의한 계약금반환청구 가능: 상대방의 협력 거절의 의사가 명확한 경우에는 확정적 무효가 되어 부당이득반환 청구권의 행사로 계약금의 반환을 청구할 수 있다.

第569條【他人의 權利의 賣買】 賣買의 目的이 된 權利가 他人에게 屬한 境遇에는 賣渡人은 그 權利를 取得하여 買受人에게 移轉하여야 한다.

賣渡人의 擔保責任: 제569조-제584조

1. 意義: 매매계약에 의하여 매도인은 매수인에게 매매의 목적인 재산권을 이전하여야 할 의무를 지게 된다. 매매에 의하여 이전된 재산권은 특약이 없는 한 완전한 권리 및 완전한 물건이어야 함은 당연하다. 그런데 그 매매의 목적인 〈재산권〉에 하자가 있어서 이로 인하여 그 재산권의 전부 또는 일부를 이전할 수 없거나 또는 그 〈재산권의 객체인 물건〉에 하자가 있는 것을 급부한 경우에, 민법은 매도인에게 일정한 책임을 인정하여 매수인에게 계약의 해제권·완전물급부청구권·대금감액청구권·손해배상청구권을 인정한다. 매도인이 매수인에 대하여 부담하는 이러한 책임을 매도인의 담보책임이라고 한다. 이에 관하여 민법은 제569조 내지 제584조에서 권리의 하자·물건의 하자로 크게 구분하여 규정하고, 그에 특수한 경우로써 채권의 매도인의 담보책임과 경매에서의 담보책임에 관하여 규정하고 있다. 매도인이 권리에 대한 담보책임을 지는 경우에 매수인의 대금감액은 계약의 일부에 대한 해제의 성격을 가진다. 즉 권리의 하자의 정도가 심해서 매수인이 계약의 목적을 달성할 수 없는 경우에는 계약의 해제를 인정하나 하자의 정도가 그렇게 심하지 않을 때에는 대금감액을 인정하고 있다(572조, 574조). 그리고 손해배상은 매매의 목적인 권리나 물건의 하자로 손해가 생길 경우에 대금감액 또는 해제와 아울러 인정하고 있다. 또한 완전물급부청구권은 불특정물매매(종류매매)의 경우에만 인정하고, 매수인이 선의·무과실인 경우에 계약해제와 손해배상에 갈음하여 행사하는 것이 인정된다.

2. 擔保責任의 本質: 계약의 목적에 대한 하자(불능)에 대하여는 계약성립을 기준으로 원시적 하자와 후발적 하자로 구분된다. 원시적 하자는 계약이 무효로 되며, 후발적 하자는 하자의 발생원인에 따라서 계약의 해제·채무불이행·위험부담 또는 채무자가 면책되는 것이 원칙이다. 그런데 매도인의 담보책임이란 원시적 하자에 관한 것으로써, 위 일반원칙에 의하면 원시적 하자에 대하여는 채무자가 책임을 지지 아니하고, 경우에 따라서는 계약이 무효로 되거나 또는 하자 있는 그 자체가 계약의 목적이 되며, 또는 착오의 문제가 될 뿐이다. 그러나 위 내용과는 달리 매매에서 매도인의 담보책임을 별도로 유상계약의 대표인 매매에서 규정하고, 이를 유상계약에만 준용하고 있다. 특히 유·무상계약을 구별하는 실익은 유상계약에는 매매에 관한 규정을 준용하는 것이며, 매매에 관한 규정 중에서 담보책임에 관한 규정이다. 이러한 점에서 매도인의 담보책임은 유상계약의 유상성·등가성에 기한 특별책임인 법정책임으로 이해된다.

3. 擔保責任과 다른 制度와의 關係

(1) 담보책임과 채무불이행책임-담보책임만: 계약체결 후에 생긴 권리의 하자나 물건의 하자(후발적 하자)에 대하여는 채무자의 귀책사유가 있는 경우에는 채무불이행책임이 성립한다. 따라서 원시적 하자의 경우에만 담보책임이 성립한다. 특정물의 경우에는 원시적 하자이냐 후발적 하자이냐의 구별이 용이하나, 종류물의 경우에는 문제가 된다.
(가) 종류물매매-완전물급부청구권과 경합: 하자 있는 종류물의 이행은 특정에 의하여 이행되고 특정 이후는 특정물로 되기 때문에 하자 있는 물건이라도 이행이 완료되었다고 볼 수 있는 반면, 하자 있는 종류물의 이행은 불완전이행(채무불이행)이라고도 볼 수 있다. 즉 하자 있는 종류물의 이행은 이행완료와 불완전이행의 양 측면을 가지고 있다. 이러한 측면에서 민법은 제581조에서 특정된 이후의 하자의 경우에는 특정물에 관한 담보책임을 준용하나(581조1항), 채무불이행에 근거한 완전물급부청구권도 선택하여 행사할 수 있는 것으로 하고 있다(581조2항). 그런데 후자인 완전물급부청구권을 행사할 때에 채무불이행의 요건도 충족시킨 경우에도 거래의 신속성을 위하여 채무불이행에 관한 규정은 적용되지 아니한다.

(나) 담보책임과 채무불이행책임이 경합된 예
① 불완전이행과 담보책임: 토지 매도인이 성토작업을 기화로 다량의 폐기물을 은밀히 매립하고 그 위에 토사를 덮은 다음 도시계획사업을 시행하는 공공사업시행자와 사이에서 정상적인 토지임을 전제로 협의취득절차를 진행하여 이를 매도함으로써 매수자로 하여금 그 토지의 폐기물처리비용 상당의 손해를 입게 하였다면 매도인은 이른바 불완전이행으로서 채무불이행으로 인한 손해배상책임을 부담하고, 이는 하자 있는 토지의 매매로 인한 민법 제580조 소정의 하자담보책임과 경합적으로 인정된다(대판 2004.7.22. 2002다51586).
② 타인의 권리의 매매에서 채무자 귀책사유에 의한 불이행: 타인의 권리를 매매의 목적으로 한 경우에 있어서 그 권리를 취득하여 매수인에게 이전하여야 할 매도인의 의무가 매도인의 귀책사유로 인하여 이행불능이 되었다면 매수인이 매도인의 담보책임에 관한 민법 제570조 단서의 규정에 의해 손해배상을 청구할 수 없다 하더라도 채무불이행 일반의 규정(민법 546조, 390조)에 좇아서 계약을 해제하고 손해배상을 청구할 수 있다(대판 1993.11.23. 93다37328).
(2) 계약체결상의 과실책임(535조)과의 관계-담보책임만: 담보책임은 원시적 불능의 문제이다. 따라서 담보책임이 적용되는 경우는 매매의 목적이 원시적 불능인 경우에 해당하여 제535조의 계약체결상의 과실책임의 요건을 충족하는 경우가 생긴다. 그러나 담보책임이 적용되는 경우, 즉 계약이 유효한 경우는 제535조가 적용될 여지가 없다. 문제는 원시적 일부 불능의 경우가 되는데, 이 경우에도 담보책임의 적용이 있고(574조) 제535조는 그 적용이 없다.
(3) 담보책임과 착오 경합-담보책임만: 담보책임의 요건과 착오에 의한 의사표시로서의 취소의 요건(109조)을 동시에 충족시킨 경우에는, 일반규정인 착오취소에 관한 규정은 적용이 없고 담보책임에 관한 규정만이 적용된다.
(4) 사기・강박과 경합-양자 선택: 사기, 강박이 경합하는 경우에는 사기・강박에 의한 의사표시의 취소의 요건(110조)은 담보책임의 요건과는 다르므로 양자를 선택하여 행사할 수 있다. 즉 원시적 하자 있는 목적물에 대하여 상대방의 기망 또는 강박에 의하여 계약을 체결한 때에는 담보책임을 청구하지 않고, 상대방의 기망 또는 강박에 의한 의사표시로 인해 당해 계약을 취소할 수 있다(대판 1973.10.23. 73다268).

4. 擔保責任의 效果

(1) 해제의 효과-제548조 적용: 담보책임의 발생요건과 그 효과에 관하여는 제569조 이하에서 세분하여 규정하고 있는데, 경우에 따라서 매수인에게 대금감액청구권・계약해제권・완전물급부청구권・손해배상청구권이 생긴다. 이러한 권리의 구체적 내용 중에서 해제권을 행사한 경우의 그 효과와 손해배상청구권을 행사한 경우의 배상의 범위가 문제된다. 해제권의 행사의 효과에 관하여는 담보책임편에 별도로 규정하고 있지 아니하다. 따라서 일반적인 계약의 해제에서의 효과와 동일하다. 즉 담보책임 청구권으로서 계약을 해제한 경우에 그 효과는 제548조의 적용이 있다(대판 1974.3.26. 73다1442).
(2) 손해배상의 범위
(가) 원칙-신뢰이익: 담보책임의 본질이 법정책임, 무과실책임이므로 배상은 신뢰이익의 배상이다. 다만 타인의 권리의 매매는 계약을 유효로 하여 매도인이 권리를 이전시키지 못하였을 때 지는 책임이므로 여타의 담보책임과는 달리 이행이익의 배상으로 해석한다(대판 1979.4.24. 77다2290).
(나) 확대손해-귀책사유: 매매목적물의 하자로 인한 확대손해에 대하여 매도인에게 배상책임을 지우기 위해서는 하자 없는 목적물을 인도하지 못한 의무위반 사실 외에 그러한 의무위반에 대하여 매도인에게 귀책사유가 있어야 한다(대판 2003.7.22. 2002다35676).

5. 擔保責任免除 特約 - 제584조: 매도인의 담보책임에 관한 규정은 거래의 상대방, 즉 매수인의 보호를 목적으로 하는 규정으로써 강행규정은 아니다. 신의칙에 ·반하지 않은 한도에서 당사자 사이의 특약으로 담보책임을 면제하는 특약은 원칙적으로 유효하다. 그런, 하자를 알고 고지하지 아니하는 등의 경우에는 면제특약에 불구하고 담보책임이 발생한다.

6. 擔保責任의 民法典의 構成

(1) 권리의 하자: 제569조-제576조

(가) 전부가 타인의 권리의 매매(569조 내지 571조)
(나) 일부가 타인에게 속한 경우(572조 내지 574조)
(다) 소유권이 제한된 경우(575조)
(라) 소유권취득의 불가 또는 상실의 경우(576조)
(2) 물건의 하자
(가) 특정물 매매: 제580조
(나) 종류물 매매: 제581조
(3) 경매의 경우: 제578조
(4) 채권의 매도인의 담보책임: 제579조
(5) 담보책임의 행사: 제582조-제583조
(6) 담보책임면제의 특약: 제584조

他人의 物件의 賣買-제569조

1. 他人의 物件의 賣買의 有效

(1) 유효한 계약: 권리의 전부가 타인에게 속한 경우, 즉 타인의 물건을 매매의 목적으로 한 경우에 현실매매가 아닌 한 이를 무효로 할 필요는 없다. 매도인이 계약에서 약정한 재산권이전시한 전에 그 권리를 타인으로부터 취득해서 매수인에게 이전할 수 있기 때문이다. 민법도 타인의 물건의 매매를 유효한 것으로 하여, 매도인은 그 권리를 취득해서 매수인에게 이전하여야 한다고 규정한다(569조). 그러나 그 권리를 이전할 수 없는 경우에 매도인에게 담보책임이 생기게 된다(570조, 571조).

(2) 원시적 주관적 불능에 한정: 담보책임이 발생하기 위한 타인의 물건에 대한 매매는 타인에게 속한 권리를 매수인에게 이전할 수 없기 때문에 매도인이 담보책임을 지게 되는 것으로써 매매의 목적물은 현존하는 경우이다. 즉 원시적 주관적 불능에 해당하는 것에 한하며, 그렇지 않은 목적물 자체가 전혀 존재하지 않는 원시적 객관적 불능이거나 매도인이 소유하고 있었으나 매수인에게 이전하기 전에 소멸한 후발적 객관적 불능과는 다르다. * 원시적 객관적 불능으로 매수인에게 권리를 이전할 수 없는 경우에는 담보책임은 적용될 여지가 없고, 계약은 당연히 무효가 되고, 따라서 계약체결상의 과실책임(535조)의 문제가 된다. 또한 후발적 객관적 불능의 경우에도 담보책임은 적용이 없고, 채무불이행 또는 위험부담의 문제가 될 뿐이다.

2. 他人物件의 賣買에 該當 與否: 구체적인 경우에 타인의 권리의 매매(569조)로서 제570조와 제571조가 적용되는지 여부가 문제되는 아래의 경우가 있다.

(1) 부동산등기특별조치법 제2조제2항 위반의 등기신청 전의 전매계약-해당 없음
(가) 유효 여부-단속규정으로 유효: 부동산등기특별조치법 제2조제2항의 금지는 투기를 방지하기 위한 특별한 목적에 의한 규정으로서 이를 위반 한 계약의 사법상의 효력까지 무효로 하는 효력규정이 아니라 단속규정으로 위반의 전매계약 자체는 유효하다(대판 1993.1.26. 92다39112).
(나) 제569조에 해당 여부-적용 없음-일반적인 채무불이행: 위 전매계약이 민법 제569조의 타인의 권리의 매매에 해당되는지 여부가 문제된다. 이를 타인의 권리의 매매(569조 해당)로 보면, 이는 최초매도인으로부터 최종매수인에게 전매자가 소유권을 이전시키지 못하면, 매수인은 제570조에 의하여 계약을 해제할 수 있으나 통상적인 경우에는 전매자가 등기명의자(소유권자)가 중간자가 아니라는 것을 알고 계약을 체결한 것이기 때문에 제570조 단서의 악의자에 해당되어 손해배상을 청구할 수 없게 된다, 한편 이를 타인의 권리의 매매로 보지 아니하면 등기이전의무 불이행으로 일반적인 채무불이행에 해당하여 전매수자는 전매도인에 대하여 소유권이전등기의무 불이행에 따른 손해배상을 청구할 수 있게 된다. 결국 타인의 권리의 매매로 보느냐 여부는 매수인의 손해배상청구권과 관련이 있게 된다. 판례는 이 경우에 소유권등기 유무로 판단하지 아니하고 실질적인 처분권이 있느냐 여부로 판단하여 중간자가 최초매도인에게 대금을 전부 지급하여 실질적인 소유권이 있는 경우에는 타인의 권리의 매매로 보지 아니한다(대판 1996.4.12. 95다55245). 이는 실제 사회에서 위와 같은 전매계약이 많이 이루어지는 현실을 고려하여 당해

목적물의 실질적인 소유자가 누구냐를 기준으로 타인의 권리이냐 여부를 판단한다.
(2) 명의신탁자의 신탁재산의 처분-제569조 부적용: 명의신탁한 부동산을 명의신탁한 자가 매도하는 경우에 타인의 권리의 매매인지 여부가 문제된다. 명의신탁자는 그 부동산(종중재산으로 명의신탁된 경우)을 사실상 처분할 수 있을 뿐만 아니라 법률상으로도 처분할 수 있는 권원에 의하여 매도한 것이므로 이는 민법 제569조의 타인의 권리의 매매라 할 수 없다(대판 1996.8.20. 96다18656).
(3) 갑이 을 소유의 부동산을 병에게 처분한 후 사망하고 을이 갑의 지위를 상속한 경우, 을은 병에게 위 처분계약에 따른 이행의무를 부담하는지 여부-의무 없음: 채권자가 채무자의 부동산을 경매신청한 경매에서 자녀들 명의로 이를 경락받았다면 그 소유자는 경락인인 자녀들이라 할 것이므로, 채권자가 그 후 채무자와 사이에 채권액의 일부를 지급받고 자녀들 명의의 소유권이전등기를 말소하여 주기로 합의하였다 하더라도 이는 일종의 타인의 권리의 처분행위에 해당하여 비록 양자 사이에서 위 합의는 유효하고 채권자는 자녀들로부터 위 부동산을 취득하여 채무자에게 그 소유권 이전등기를 마쳐주어야 할 의무를 부담하지만 자녀들은 원래 부동산의 소유자로서 타인의 권리에 대한 계약을 체결한 채무자에 대하여 그 이행에 관한 아무런 의무가 없고 이행을 거절할 수 있는 자유가 있었던 것이므로, 채권자의 사망으로 인하여 자녀들이 상속지분에 따라 채권자의 의무를 상속하게 되었다고 하더라도 그들은 신의칙에 반하는 것으로 인정할 만한 특별한 사정이 없는 한 원칙적으로 위 합의에 따른 의무의 이행을 거절할 수 있다(대판 2001.9.25. 99다19698).
(4) 낙찰받은 토지들을 그 대금납부 전에 피고에게 매도하기로 한 약정-제569조 적용: 민법 제569조에 정해진 타인의 권리의 매매에 해당한다(대판 2008.8.11. 2008다25824).
(5) 행정관청이 귀속재산처리법에 의하여 귀속재산(타인의 소유)을 매각하는 것-해당 없음: 이는 행정처분이지 사법상의 매매가 아니므로, 행정관청이 귀속재산처리법에 의하여 매각한 부동산이 귀속재산이 아니고 타인의 소유인 경우에도 그 매각처분이 민법 제569조 소정의 타인의 권리의 매매에 해당한다고 할 수 없다(대판 1998.4.24. 96다48350).
(6) 계약체결 후에 타인의 권리가 된 경우-해당 없음: 본조는 목적물이 계약 당시에 타인에게 속한 경우이다. 따라서 계약체결 후에 타인의 물건으로 된 경우는 이에 해당하지 않는다. 예컨대 甲이 자기의 물건을 乙과 매매계약 후에 다시 丙에게 매도 후, 丙에게 소유권이전등기를 완료한 경우와 같은 2중매매는 제569조의 타인의 권리의 매매가 아니라 통상적인 매매계약이다.

第570條【同前-賣渡人의 擔保責任】 前條의 境遇에 賣渡人이 그 權利를 取得하여 買受人에게 移轉할 수 없는 때에는 買受人은 契約을 解除할 수 있다. 그러나 買受人이 契約當時 그 權利가 賣渡人에게 屬하지 아니함을 안 때에는 損害賠償을 請求하지 못한다.

他人物件 賣渡人의 擔保責任의 內容

1. 買受人의 契約解除權-買受人의 善·惡 不問: 매도인이 이행기까지 권리의 전부를 이전할 수 없는 때에는 매수인은 계약을 해제할 수 있다.
(1) 이전불능의 의미: 이전할 수 없다는 의미는 이행불능과 같은 의미로 물리적 불능은 물론이고 사회통념상 이전할 수 없는 경우도 포함한다.
(가) 매수인의 귀책사유로 인한 이행불능-본조 부적용: 타인의 권리매매에 있어 매도인의 목적물을 매수인에게 이전할 수 없게 된 것이 오직 매수인의 귀책사유에 기인한 경우에는 매도인은 민법 제569조 하자담보책임을 지지 않는다-채무부이행책임을 진다는 의미-(대판 1979.6.26. 79다564).
(나) 이전등기 후의 소유권상실-본조 부적용: 가등기의 목적이 된 부동산을 매수한 사람이 그 뒤 가등기에 기한 본등기가 경료됨으로써 그 부동산의 소유권을 상실하게 된 때에는 매매의 목적 부동산에 설정된 저당권 또는 전세권의 행사로 인하여 매수인이 취득한 소유권을 상실한 경우와 유사하므로, 이와 같은 경우 민법 제576조의 규정이 준용된다고 보아 같은 조 소정의 담보책임을 진다고 보는 것이 상당하고 민법 제570조에 의한 담보책임을 진다고 할 수 없다(대판 1992.10.27. 92다21784).

(2) 매수인의 선의·악의 불문: 매수인의 선의·악의는 묻지 않는다.
(3) 매도인의 귀책사유 불문: 매도인의 귀책사유의 유무도 묻지 않는다.
(4) 매수인의 최고 불요: 매수인은 최고를 할 필요 없이 계약을 해제할 수 있다.
(5) 효과-제548조 적용: 타인의 권리를 매매한 경우에 매수인이 행사하는 매매계약의 해제권은 일종의 법정해제권이라 할 것이며 그 행사의 효과로서 발생하는 원상회복의무의 범위에 관하여는 달리 특별한 규정이 없으니 민법 제548조제2항의 규정이 적용된다(대판 1974.3.26. 73다1442).

2. 錯誤取消와 擔保責任請求權 - 制限 選擇: 선의의 매수인은 계약을 해제하지 아니하고, 매도인에게 속한 권리인줄 잘못 알고 의사표시를 한 것이라는 착오에 의한 의사표시를 주장하여 취소할 수 있는가의 문제가 있다. 통상적인 경우에 매매에서는 목적물의 가치 또는 성질 등이 중요한 의미를 가지는 것이고 그 권리가 누구에게 속하는 것이냐는 것은 중요하지 않다. 따라서 만일 타인의 물건인줄 알았더라면 매수하지 않았을 특별한 사정이 있는 경우에는 제110조에 의하여 취소할 수 있다(대판 1973.10.23. 73다268).

3. 善意의 買受人의 損害賠償請求權: 선의의 매수인은 계약을 해제하고 손해배상도 청구할 수 있다. 악의의 매수인은 매도인이 권리를 취득하지 못할 수도 있다는 것을 예상할 수 있었기 때문에 계약을 해제만 할 수 있을 뿐 별도로 손해배상은 청구할 수 없다.
(1) 손해배상의 범위-이행이익: 타인의 권리의 매매의 경우에 매도인이 담보책임을 지는 경우는 원시적 주관적 불능으로 계약은 유효(원시적 객관적 전부불능은 계약은 당연 무효)하고(569조는 계약을 유효로 전제하여 매도인에게 권리를 취득하여 이전시켜야 할 의무를 부과하고 있다), 권리를 이전시키지 못하기 때문에 부담하는 책임으로서 채무불이행에 해당한다고 할 수 있기 때문에 이행이익이 배상되어야 한다(대판 1967.5.18. 66다2618).
(2) 산정기준: 이때의 배상액의 산정은 목적물을 취득해서 이전하는 것이 불능으로 된 때(이행불능시)의 목적물의 가격을 표준으로 하여야 한다(대판 1973.3.13. 72다2207).
(3) 이행에 갈음한 손해배상 청구도 가능: 선의의 매수인은 계약을 해제하지 아니하고, 통상적인 채무의 이행불능과 동일하게 이행에 갈음하는 손해배상을 청구할 수 있는지가 문제된다. 계약을 해제하고 이행이익의 배상을 받으나(해제에 의하여 매수인이 지급한 대금은 원상회복으로 반환받으므로), 해제하지 않고 이행에 갈음한 손해배상을 받으나 결과적으로는 동일하다.

4. 不動産登記申請 前의 轉賣契約, 有效한 名義信託에서 信託者의 賣買契約: 타인의 권리의 매매(569조)가 아니므로 본조의 적용은 없다. * 중간자가 최초매도인에게 대금을 전부 지급하여 실질적인 소유권이 있는 경우에는 타인의 권리의 매매로 보지 아니한다(대판 1996.4.12. 95다55245). * 명의신탁자는 그 부동산(종중재산으로 명의신탁된 경우)을 사실상 처분할 수 있을 뿐만 아니라 법률상으로도 처분할 수 있는 권원에 의하여 매도한 것이므로 이는 민법 제569조의 타인의 권리의 매매라 할 수 없다(대판 1996.8.20. 96다18656).

第571條【同前-善意의 賣渡人의 擔保責任】 ①賣渡人이 契約當時에 賣買의 目的이 된 權利가 自己에게 屬하지 아니함을 알지 못한 境遇에 그 權利를 取得하여 買受人에게 移轉할 수 없는 때에는 賣渡人은 損害를 賠償하고 契約을 解除할 수 있다.
②前項의 境遇에 買受人이 契約當時 그 權利가 賣渡人에게 屬하지 아니함을 안 때에는 賣渡人은 買受人에 對하여 그 權利를 移轉할 수 없음을 通知하고 契約을 解除할 수 있다.

善意의 賣渡人의 解除權과 損害賠償義務

1. 本條의 趣旨: 본조의 취지는 선의의 매도인에게 무과실의 손해배상책임을 부담하도록 하면서 그의 보호를 위하여 특별히 해제권을 부여한다는 것이다.

2. 善意의 賣渡人의 解除權 - 제1항
(1) 매도인의 선의: 매도인이 계약 당시에 매매의 목적이 된 권리가 자기에게 속하지 아니함을

알지 못하였어야 한다.

(2) 권리 전부의 이전 불능: 목적 권리를 취득하여 매수인에게 이전할 수 없어야 한다. 본조 제1항은 선의의 매도인이 매매의 목적인 권리의 전부를 이전할 수 없는 경우에 적용될 뿐 매매의 목적인 권리의 일부를 이전할 수 없는 경우에는 적용될 수 없고, 마찬가지로 수 개의 권리를 일괄하여 매매의 목적으로 정하였으나 그 중 일부의 권리를 이전할 수 없는 경우에도 위 조항은 적용될 수 없다(대판 2004.12.9. 2002다33557).

(3) 매수인의 선·악의는 불문: 매수인의 선·악은 묻지 아니한다.

(4) 매도인의 손해배상과 해제: 매도인은 계약을 해제할 수 있으나, 선의의 매수인을 보호하기 위하여 계약의 해제와 함께 손해배상을 하여야 한다.

(가) 해제의 효과-통상의 해제와 동일: 해제의 효과에 대하여 특별한 규정은 없지만 일반적인 해제와 달리 해석할 이유가 없다 할 것이므로 매도인은 매수인에게 손해배상의무를 부담하는 반면에 매수인은 매도인에게 목적물을 반환하고 목적물을 사용하였으면 그 사용이익을 반환할 의무를 부담한다 할 것이다(매도인이 목적물에 관하여 사용권한을 취득하지 아니하고 따라서 매수인이 반환한 사용이익을 궁극적으로 정당한 권리자에게 반환하여야 할 입장이라 하더라도 아무런 영향이 없다)(대판 1993.4.9. 92다25946).

(나) 손해배상의무와 반환의무-동시이행관계: 민법 제571조에 의한 계약해제의 경우에도 매도인의 손해배상의무와 매수인의 대지인도의무는 발생원인이 다르다 하더라도 이행의 견련관계는 양 의무에도 그대로 존재하므로 양 의무 사이에는 동시이행관계가 있다고 인정함이 공평의 원칙에 합치한다(대판 1993.4.9. 92다25946).

3. 賣渡人의 善意, 買受人의 惡意時의 賣渡人의 解除權 - 제2항

(1) 매도인의 선의: 매도인이 계약 당시에 매매의 목적이 된 권리가 자기에게 속하지 아니함을 알지 못하였어야 한다.

(2) 권리이전 불능: 목적인 권리를 취득하여 매수인에게 이전할 수 없어야 한다.

(3) 매수인의 악의여야: 매수인이 악의여야 한다.

(4) 이전 불가 통지 후 해제: 매도인은 권리를 이전할 수 없음을 통지하고 계약을 해제할 수 있으며 이때에는 손해배상의무는 지지 않는다.

4. 錯誤와 本條가 競合: 본조는 매도인이 계약의 목적인 권리가 자기에게 속하지 않는다는 것을 알지 못한 경우, 즉 착오로 자기에게 속하는 권리로 잘못 안 경우이다. 따라서 본조가 적용되는 경우는 매도인의 착오에 의한 의사표시와 경합된다. 선의의 매도인의 이전의무(계약의 유효)를 전제로 손해배상을 하고 계약을 해제하는 것으로 보아 착오로 인한 취소권을 배제한다고 보아야 할 것이다. 또한 해제권의 행사기간의 제한이 없고, 착오에 의한 취소를 하더라도 매도인은 취소에 의한 배상책임을 지기 때문에 착오에 의한 취소를 인정할 실익도 없다.

5. 解除權과 損害賠償請求權의 行使期間: 통상적인 계약에서의 해제권과 손해배상청구권의 행사기간인 10년의 제척기간에 걸린다.

第572條【權利의 一部가 他人에게 屬한 境遇와 賣渡人의 擔保責任】 ①賣買의 目的이 된 權利의 一部가 他人에게 屬함으로 因하여 賣渡人이 그 權利를 取得하여 買受人에게 移轉할 수 없는 때에는 買受人은 그 部分의 比率로 代金의 減額을 請求할 수 있다.
②前項의 境遇에 殘存한 部分만이면 買受人이 이를 買受하지 아니하였을 때에는 善意의 買受人은 契約全部를 解除할 수 있다.
③善意의 買受人은 減額請求 또는 契約解除外에 損害賠償을 請求할 수 있다.

第573條【前條의 權利行使의 期間】 前條의 權利는 買受人이 善意인 境遇에는 事實을 안날로부터, 惡意인 境遇에는 契約한 날로부터 1年內에 行使하여야 한다.

權利의 一部가 他人에게 屬한 경우

1. 要件 – 제572조: 계약체결 당시에 권리의 일부는 타인에게 속하고 나머지는 매도인에게 속하기 때문에, 타인에 속한 부분의 이전이 불가능한 경우의 담보책임이다.

(1) 일부가 타인의 권리: 매매의 목적인 권리의 일부가 타인에게 속하여야 한다.

(2) 권리의 이전 불능: 매도인이 그 부분의 권리를 매수인에게 이전할 수 없는 경우이다.

(3) 매도인의 무과실책임: 매도인의 귀책사유는 묻지 않는다.

2. 代金減額請求權 – 제1항

(1) 비례 감액: 매수인은 타인에게 속하여 매도인이 이전할 수 없는 부분의 비율로 대금의 감액을 청구할 수 있다. 예컨대 10개의 물건을 10만원에 매매계약을 체결하였는데 그 중 2개가 타인의 물건이어서 이전할 수 없는 경우, 또는 100평의 토지를 1,000만원에 매매계약을 체결하였는데 20평이 타인에게 속한 경우이다. 이 경우에는 이전하지 못한 부분의 비율인 20%에 대하여 대금의 감액을 청구할 수 있다. 그런데 위 예에서와 같이 계수상 분명하게 나타나는 경우는 그 감액비율이 용이하겠으나 그렇지 아니하는 경우에는 계약의 목적·이전할 수 없는 부분의 성질·당사자의 의사표시 등을 종합적으로 고려하여 결정하여야 할 것이다.

(2) 매수인의 선·악 불문: 매수인의 선의·악의는 묻지 않는다.

(3) 매수인의 감액청구권-형성권: 매수인의 대금감액청구권은 당사자의 형평을 기하려는 것인데, 그 법적 성질은 계약의 목적물에 대한 일부해제로 본다. 따라서 계약의 해제에 관한 일반원칙이 적용되어서 대금감액은 일방적 의사표시로 행사할 수 있다.

3. 善意의 買受人의 解除權 – 제2항

(1) 잔존부분이면 계약 불체결: 잔존한 부분만이면 이를 매수하지 않았을 경우여야 한다. 잔존부분만이라면 매수하지 않았으리라는 사정은 계약의 성질·목적 등에 비추어 객관적으로 판단될 것이나, 이에 한정하지 않고 주관적 사정일지라도 계약체결시에 그러한 뜻을 표시한 경우 또한 그러한 주관적 사정일지라도 객관적으로도 인정될 만한 경우이면 이에 해당한다고 보아야 한다.

(2) 선의의 매수인의 해제권: 선의의 매수인은 매수계약의 전부를 해제할 수 있다(2항).

(3) 악의의 매수인의 대금감액청구만: 악의의 매수인은 잔존부분만이 계약으로 이행될 수도 있다는 것을 예상한 자이므로 계약의 전부에 대한 해제권은 없고, 대금감액만 청구할 수 있다.

4. 買受人의 損害賠償請求權

(1) 선의의 매수인-제3항: 선의의 매수인은 대금감액 또는 계약해제 외에 손해배상을 청구할 수 있다.

(2) 악의의 매수인-손해배상청구 불가: 악의의 매수인은 타인에게 속한 부분이 이행되지 않을 수도 있고, 그로 인하여 발생할 손해를 예상한 자이므로 손해배상을 인정하지 않는다.

5. 權利 行使期間 – 제573조: 본조의 기간은 제척기간이며, 재판상 또는 재판 외에서 행사할 수 있다.

(1) 선의의 매수인: 사실을 안 날로부터 1년 내에 행사하여야 한다. 여기서 〈사실을 안 날〉이라 함은 단순히 목적물이 부족되는 사실을 안 날이 아니라 매도인이 그 부족분을 취득하여 매수인에게 이전할 수 없는 것이 확실하게 된 사실을 안 날을 말하는 것이다. 따라서 매수인이 매도인으로부터 토지의 분할 및 임야도에서 지적도로의 등록전환에 있어 착오로 매매목적물의 지적도상 경계표시가 잘못되어 있음을 이유로 그 등록사항의 정정을 신청해 줄 것을 촉구받았다 하더라도 이는 매도인의 일방적인 요구에 불과할 뿐만 아니라 그 밖에 인접지 소유자와의 경계를 둘러싼 분쟁이 있었다면, 그러한 점등에 비추어 볼 때에 위와 같은 사정만으로 그 무렵에 매수인이 그 부족분에 대한 소유권이전이 불가능한 것이 확실하게 된 사실을 알게 되었다고 단정할 수는 없다(대판 1990.3.27. 89다카17676).

(2) 악의의 매수인: 계약한 날로부터 1년 내에 행사하여야 한다.

(3) 해제의 효과로서의 원상회복청구권, 감액대금반환청구권-일반적 소멸시효: 해제권과 대금감액청구권이 1년의 제척기간에 걸리므로 그 효과로써 발생한 원상회복청구권과 손해배상청구권 및 감액대금의 반환청구권 등도 함께 동일한 1년 내에 행사하여야 한다는 것은 합리적이지 못하다. 따라서 해제권 또는 대금감액청구권의 효과로써 발생하는 원상회복청구권 등은 일반적

인 소멸시효에 걸린다고 보아야 한다.

6. 錯誤와의 關係 제한적으로 경합: 선의의 매수인은 착오 취소의 요건에 해당하면 취소를 주장할 수 있는지가 문제된다. 매매에서는 목적물 자체가 중요한 것이고 그의 전부 또는 일부가 누구에 속한 것이냐는 중요하지 않으므로 원칙적으로는 착오취소를 주장할 수 없다고 보아야 한다. 그러나 권리의 일부가 타인에게 속한 것인 줄 알았으면 매매계약을 체결하지 않았을 것이라는 특단의 사정이 있는 경우에는 제110조에 의하여 취소할 수 있다(권리의 전부가 타인에게 속한 경우와 동일한 법리로 보아야 한다)(대판 1973.10.23. 73다268).

第574條【數量不足, 一部滅失의 境遇와 賣渡人의 擔保責任】 前2條의 規定은 數量을 指定한 賣買의 目的物이 不足되는 境遇와 賣買目的物의 一部가 契約當時에 이미 滅失된 境遇에 買受人이 그 不足 또는 滅失을 알지 못한 때에 準用한다.

數量不足 등에 對한 擔保責任

1. 數量不足, 一部 滅失: 수량을 지정한 매매의 목적물이 수량이 부족한 경우와 매매의 목적물의 일부가 계약 당시에 이미 멸실되어 완전하게 이행할 수 없는 경우(원시적 객관적 불능)이다.

(1) 수량으로 지정한 매매: 매매의 목적인 물건이 일정한 수량으로 되어 있고, 그 대금이 수량을 기초로 하여 정하여진 것을 의미한다. 예컨대 토지의 평수에 따라 대금을 정한 경우가 여기에 해당한다. 따라서 수량으로 표시되어 있더라도 실제로 대금이 수량을 기초로 하여 정하여진 것이 아닌 매매는 본조의 적용을 받지 아니한다.

(가) 토지에서 평당비율로 정한 것이 아닌 경우-해당 없음: 종래 부동산 등기부의 평수가 실제와 정확하게 일치하지 않는다는 사실이 통념화되어 있는 실정에 비추어 토지의 평수를 표시하였어도 대금이 평당비율로 정한 것이 아니면 본조의 적용이 없다(대판 1993.6.25. 92다56674).

(나) 지정구획을 전체로 평가한 경우-해당 없음: 토지의 매매에 있어 목적물을 등기부상의 평수에 따라 특정한 경우라도 당사자가 그 지정된 구획을 전체로서 평가하였고 평수에 의한 계산이 하나의 표준에 지나지 아니하여 그것이 당사자들 사이에 대상토지를 특정하고 대금을 결정하기 위한 방편이었다고 보일 때에는 이를 가리켜 수량을 지정한 매매라 할 수 없다(대판 1993.6.25. 92다56674).

(다) 가격산정의 주요한 기준이 면적인 경우-해당: 부동산 매매계약에 있어서 매수인이 일정한 면적이 있는 것으로 믿고 매도인도 그 면적이 있는 것을 명시적 또는 묵시적으로 표시하며, 나아가 계약당사자가 면적을 가격을 정하는 여러 요소 중 가장 중요한 요소로 파악하고, 그 객관적 수치를 기준으로 가격을 정하는 경우라면 특정물이 일정한 수량을 가지고 있다는 데에 주안을 두고, 대금도 그 수량을 기준으로 하여 정한 경우에 속하므로 민법 제574조에 정한 '수량을 지정한 매매'에 해당한다(대판 2001.4.10. 2001다12256).

(라) 아파트 분양계약서상의 공유대지 표기란이 공란인 경우-분양공고의 면적으로: 분양공고상의 평형별 공유대지면적을 계약상의 분양면적으로 하기로 하는 묵시적 합의가 있었다(대판 1996.12.10.).

(마) 현장 답사로 현황확인 후 체결-해당 없음: 매매계약서에 토지의 면적을 등기부상 기재에 따라 기재하고 그 면적에 평당 가격을 곱한 금액에서 우수리 돈을 감액하는 방법으로 매매대금을 결정하였으나 그 토지가 도로·잡목 등으로 인근 토지와 경계가 구분되어 있으며 매수인이 매매계약 체결 전 그 토지를 현장답사하여 현황을 확인한 경우, 그 토지 매매는 '수량을 지정한 매매'가 아니라 구획된 경계에 따라 특정하여 매매한 것이다(대판 1998.6.26. 98다13914).

(2) 특정물매매에만 적용: 본조는 특정물의 매매에 관하여서만 적용이 있다. 종류매매에 있어서는 물건이 부족하더라도 그것은 단순한 채무불이행의 문제에 지나지 않고 본조의 문제는 생기지 않는다.

2. 代金減額 - 比例: 수량을 지정한 매매의 목적물이 부족되는 경우와 매매목적물의 일부가 계약 당시에 이미 멸실된 경우에 선의의 매수인은 그 부분의 비율에 따라 대금의 감액을 청구할 수 있다. * 아파트 분양시 공유대지면적을 지정한 아파트 분양계약을 수량지정매매로 보

아 공유대지면적을 부족하게 이전해 준 경우 민법 제574조에 의한 대금감액청구권을 인정한 사례가 있다(대판 2002.11.8. 99다58136).

3. 契約解除權: 잔존한 부분만이면 이를 매수하지 아니하였을 때에는 계약의 전부를 해제할 수 있다.

4. 損害賠償請求權: 대금감액청구 또는 계약의 해제와 함께 손해배상을 청구할 수 있다.

5. 1年의 除斥期間: 매수인의 이들 권리는 수량부족 또는 일부 멸실의 사실을 안 때로부터 1년의 제척기간에 걸린다.

6. 代金增額請求權 與否: 지정된 수량보다 실제의 목적물이 초과하는 경우에 대금증액청구권이 있느냐 여부가 문제된다. 대금증액청구권 자체는 원칙적으로 부정되어야 한다. 이를 인정한다면 매도인에 의한 일종의 강매가 가능하기 때문이다. 그러나 초과부분의 반환 여부는 당사자의 의사의 해석·거래관습 등을 종합적으로 고려하여 판단하여야 할 것이나, 부당이득으로 반환되는 것이 타당하다.

第575條【制限物權 있는 境遇와 賣渡人의 擔保責任】 ①賣買의 目的物이 地上權, 地役權, 傳貰權, 質權 또는 留置權의 目的이 된 境遇에 買受人이 이를 알지 못한 때에는 이로 因하여 契約의 目的을 達成할 수 없는 境遇에 限하여 買受人은 契約을 解除할 수 있다. 其他의 境遇에는 損害賠償만을 請求할 수 있다.
②前項의 規定은 賣買의 目的이 된 不動産을 爲하여 存在할 地役權이 없거나 그 不動産에 登記된 賃貸借契約이 있는 境遇에 準用한다.
③前2項의 權利는 買受人이 그 事實을 안 날로부터 1年內에 行使하여야 한다.

制限物權 있는 경우

1. 要件 – 제1항, 제2항: 목적물에 제한물권이 있는 경우에는 매수인이 목적물을 충분하고 원활하게 사용·수익할 수 없게 되어 담보책임을 인정한다.

(1) 지상권 등 물권의 목적인 경우–제1항: 매매의 목적물이 지상권·지역권·전세권·질권·유치권의 목적이 된 경우이다.

(2) 목적부동산을 위하여 있어야 할 지역권이 존재하지 않거나 매매의 목적인 부동산에 등기된 임차권(주택임대차보호법의 적용을 받는 임차권과 건물의 소유를 목적으로 하는 임대차에서 소유건물에 대한 소유권등기가 있는 경우 포함)이 있는 경우이다(2항). 본항에서 등기된 임대차계약이라고 규정하지만 이는 제3자에게 대항할 수 있는 임차권의 의미이다. 따라서 주택임대차보호법에 의하여 대항력 있는 임차권과 건물의 소유를 목적으로 한 토지임대차는 토지에 대한 임차권을 등기하지 않고 임차인이 그 지상건물을 소유권보존등기하면 역시 제3자에게 대항할 수 있으므로(622조 참조), 이 경우에도 등기된 임대차가 있는 경우와 마찬가지이다.

2. 善意의 買受人의 契約解除權 – 제1항 전단: 용익적 권리에 의하여 매수인이 매매계약을 한 목적을 달성할 수 없는 경우에 한하여 계약을 해제할 수 있다. 매수인이 선의인 경우만 해제할 수 있고, 악의인 경우에는 해제할 수 없다.

3. 善意의 買受人의 損害賠償請求權 – 제1항 후단: 매수인이 선의인 경우에 한하여 인정된다. 선의의 매수인의 해제권과 손해배상청구권: 손해배상청구권은 매수인이 계약의 해제권과 함께 할 수도 있고, 해제는 하지 않고 손해배상만을 청구할 수도 있다. 악의의 매수인은 목적물의 소유권이 제한되고 있음을 알면서 매수한 것이고, 또한 그러한 사정을 고려하여 대금액을 정하게 될 것이므로, 악의의 매수인은 이를 보호할 필요가 없어 해제 및 손해배상을 인정하지 않는다. 선의의 매수인에 대하여 해제권과 손해배상청구권만이 인정되고 대금감액청구권을 인정하지 않는 것은 그러한 용익권이 있다고 해서 매매계약의 목적인 소유권이전이 불가능하지 않고, 또한 감액의 산정이 곤란하기 때문이다. 그러므로 이 경우의 손해배상은 용익을 제한당한다는 것을 알았으면 감소되었을 대금액과 기타의 손해를 포함하는 것이라고 해석하는 것이 타당하다.

4. 1年의 除斥期間 - 제3항: 매수인의 해제권과 손해배상청구권은 용익권이 존재한다는 사실 및 지역권이 존재하지 않는다는 사실을 안날로부터 1년 내에 행사하여야 한다.

第576條【抵當權, 傳貰權의 行使와 賣渡人의 擔保責任】 ①賣買의 目的이 된 不動産에 設定된 抵當權 또는 傳貰權의 行使로 因하여 買受人이 그 所有權을 取得할 수 없거나 取得한 所有權을 잃은 때에는 買受人은 契約을 解除할 수 있다.
②前項의 境遇에 買受人의 出財로 그 所有權을 保存한 때에는 賣渡人에 對하여 그 償還을 請求할 수 있다.
③前2項의 境遇에 買受人이 損害를 받은 때에는 그 賠償을 請求할 수 있다.

擔保權行使로 인한 權利喪失의 保護

1. 意義: 매매의 목적인 부동산 위에 설정된 저당권이나 전세권의 행사로 매수인이 소유권을 취득할 수 없거나 또는 취득한 소유권을 잃은 때에는 매도인은 일정한 담보책임을 진다(576조). 저당권은 담보물권으로서 담보물권이 설정되어 있다는 것만으로는 매수인의 당해 물건에 대한 소유권의 취득 또는 용익에 아무런 제한이 없다. 또한 매수한 후에도 피담보채권이 변제되면, 매수인이 취득한 소유권은 아무런 불이익이 발생하지 않으므로 저당권이 설정되어 있다는 사실만으로 담보책임을 발생하게 할 필요는 없다. 그러나 저당권이 실행되어 매수인이 소유권을 취득할 수 없거나 취득한 소유권을 잃은 때 또는 스스로 출재하여 소유권을 보존한 때에는, 매수인 보호를 위하여 담보책임을 인정한다.

2. 要件

(1) 저당권 또는 전세권의 행사로 매수인이 목적부동산의 소유권을 취득할 수 없을 때-제1항 전단: 소유권을 취득할 수 없을 때라 함은 목적부동산에 관하여 매매계약만 있고 아직 그 이행으로서의 물권행위와 등기가 행하여지지 않고 있는 동안, 즉 아직 소유권을 취득하지 못한 동안에 저당권자 또는 전세권자의 경매청구권의 행사로 제3자에게 경락된 경우이다. * 임대차계약에 기한 임차권(임대차보증금반환청구권을 포함한다)을 그 목적물로 한 매매계약이 성립한 경우, 매도인이 임대인의 임대차계약상의 의무이행을 담보한다는 특별한 약정을 하지 아니한 이상, 임차권을 그 목적물로 한 매매계약 당시 임대차 목적물에 이미 설정되어 있던 근저당권이 임차권 매매계약 이후에 실행되어 낙찰인이 임대차 목적물의 소유권을 취득함으로써 임대인의 목적물을 사용・수익하게 할 의무가 이행불능으로 되었다거나, 임대인의 무자력으로 인하여 임대차보증금반환의무가 사실상 이행되지 않고 있다고 하더라도, 임차권 매도인에게 민법 제576조에 따른 담보책임이 있다고 할 수 없고, 이러한 법리는 임차권을 교환계약의 목적물로 한 경우에도 마찬가지이다(대판 2007.4.26. 2005다34018, 34025).

(2) 저당권 또는 전세권의 행사로 매수인이 목적부동산의 소유권을 잃은 때-제1항 후단: 소유권을 잃은 때라 함은 저당권 또는 전세권이 설정되어 있는 채로 소유권을 취득하였으나 그 후 저당권 또는 전세권의 실행으로 제3자에게 소유권이 취득되어 매수인이 그 소유권을 잃은 경우이다.

(3) 매수인이 그의 출재로 소유권을 보존한 때-제2항: 출재로 소유권을 보존한 때라 함은 매수인이 이해관계 있는 제3자로서 피담보채권 또는 전세금반환채권을 변제하여 저당권 또는 전세권을 소멸한 경우를 말한다(469조).

(4) 기타 권리를 상실할 우려 있는 경우: 제576조는 저당권과 전세권에 대해서만 규정되어 있으나, 그 밖의 담보권으로서 가등기(가등기담보권)가 되어 가등기에 의하여 본등기를 함으로써 소유권을 상실하는 경우, 매매예약 또는 환매권이 설정되어 있는 경우, 가처분되어 매수인이 가처분권리자에 대항할 수 없는 결과 소유권을 상실하는 경우, 압류 또는 가압류되어 매수인이 강제집행당해 소유권을 상실하는 경우에도 제576조가 준용된다. * 가등기의 목적이 된 부동산을 매수한 사람이 그 뒤 가등기에 기한 본등기가 경료됨으로써 그 부동산의 소유권을 상실하게 된 때에는 매매의 목적 부동산에 설정된 저당권 또는 전세권의 행사로 인하여 매수인이 취득한 소유권을 상실한

경우와 유사하므로, 이와 같은 경우 민법 제576조의 규정이 준용된다(대판 1992.10.27. 92다21784). * 가압류 결정 및 그 집행이 이루어진 목적 부동산을 매매하여 그 부동산의 소유권을 취득하였는데 이후 가압류채권자의 강제경매신청으로 경매절차가 진행된 결과 매수인이 그 부동산의 소유권을 상실하게 된 경우, 이는 매매의 목적 부동산에 관하여 설정된 저당권 또는 전세권의 행사로 매수인이 취득한 소유권을 상실한 경우와 유사하므로, 민법 제576조를 준용하여 매수인은 민법 제576조 및 제578조의 담보책임을 추급할 수 있다(서울중앙지법 2007.11.13. 2007가합3334).

3. 買受人의 解除權, 損害賠償請求權 - 買受人의 善·惡 不問 - 제1항, 제3항

(1) 해제권과 손해배상청구권: 매수인은 저당권 또는 전세권의 존재에 관하여 선의냐 악의냐를 묻지 않고 그 소유권을 취득할 수 없거나 또는 취득한 소유권을 잃은 때에는 언제나 계약을 해제할 수 있다. 그리고 아울러 손해배상을 청구할 수 있다. 매수인의 선의·악의를 묻지 않는 것은 저당권 등의 담보권이 설정되어 있다고 해서 반드시 실행되는 것이 아니고, 매도인이 변제 기타의 방법으로 담보권을 소멸시킬 수도 있으므로, 매수인이 이들 권리의 존재를 알고 있었다고 해서 그 보호에 차별을 둘 것은 아니기 때문이다.

(2) 매수인의 출재에 의한 보존 특약-적용 없음: 매수인이 그러한 담보권 등에 의하여 제한되는 것을 알고 매수인의 출재로 소유권을 보존할 특약이 있는 때에는 본조의 적용이 없다. 예컨대 저당권, 전세권 또는 기타 담보권이 설정되어 있는 부동산의 매매에 있어서 피담보권채권 등을 고려하여 대금을 정한 때에는, 매수인이 채무를 인수하거나 적어도 이행을 인수하는 특약이 있다고 보아야 할 것이다. 이때에는 매수인이 그의 출재로 소유권을 보존한다는 특약이 포함되어 있다고 할 수 있기 때문이다(대판 2002.9.4. 2002다11151).

4. 買受人의 出財로 所有權保存 - 償還請求權과 損害賠償請求權 - 買受人의 善·惡 不問 - 제2항, 제3항: 매수인이 자기의 출재로 그 소유권을 보존한 때에는 그 상환을 청구할 수 있다(2항). 또한 손해배상을 청구할 수 있다(3항). 상환청구권과 손해배상청구권도 매수인이 선의냐 악의냐를 묻지 않는다. * 매수인은 본조의 규정에 의하지 않더라도 자기의 출재에 대하여는 변제자 대위에 의하여 상환을 받을 수 있다(480조, 481조). 그러나 본조를 적용하게 되면 출재를 상환받을 수 있을 뿐만 아니라 아울러 손해배상도 청구할 수 있다.

5. 權利의 行使期間: 본조의 해제권, 손해배상청구권 및 상환청구권의 행사기간에 관하여는 별도로 규정하지 않고 있다. 따라서 그러한 사실을 기산점으로 하여 일반적인 채권의 소멸시효에 걸린다고 보아야 한다.

第577條【抵當權의 目的이된 地上權, 傳貰權의 賣買와 賣渡人의 擔保責任】 前條의 規定은 抵當權의 目的이 된 地上權 또는 傳貰權이 賣買의 目的이 된 境遇에 準用한다.

抵當權設定된 地上權 등의 賣買

1. 意義: 저당권의 목적이 되는 것은 부동산에 한하지 않으며, 부동산 위에 설정된 지상권·전세권도 저당권의 목적이 된다(371조). 한편 지상권이나 전세권 자체도 매매의 목적이 될 수 있다. 그리하여 저당권이 설정된 지상권·전세권이 매매의 목적인 경우에, 설정된 저당권이 실행되면 그 저당권·전세권의 매수인은 이들 권리를 취득할 수 없거나 또는 취득한 권리를 잃게 되며, 또한 매수인이 그의 출재로 이들 권리를 보존하는 경우도 있게 된다. 이러한 경우에도 지상권 또는 전세권의 매수인을 보호할 필요성은 제576조의 저당권 또는 전세권이 설정되어 있는 부동산의 매매에서와 같다. 이에 제576조를 준용한다.

2. 要件

(1) 저당권이 설정된 지상권이나 전세권이 매매의 목적인 때-제576조제1항: 매매의 목적이 저당권이 설정된 지상권이나 전세권인 경우이다.

(2) 저당권의 실행으로 매매의 목적인 지상권 등의 권리를 취득 불가 등-제576조제1항: 계약 체결 후 저당권의 실행으로 매수인이 지상권이나 전세권을 취득할 수 없거나, 권리 취득 후에 저당

권의 실행으로 권리를 상실하는 경우이다.

(3) 매수인의 출재로 권리를 보전한 때-제576조제2항: 매수인이 출재하여 저당권을 소멸시켜 매매의 목적인 지상권 등을 보전한 때이다.

3. 解除權과 損害賠償請求權, 償還請求權과 損害賠償請求權 - 제576조제3항: 매수인은 저당권의 존재에 관하여 선의냐 악의냐를 묻지 않고 지상권이나 전세권을 취득할 수 없거나 또는 취득한 지상권 또는 전세권을 잃은 때에는 언제나 계약을 해제할 수 있다. 그리고 아울러 손해배상을 청구할 수 있다. 매수인의 선의·악의를 묻지 않는 것은 저당권이 설정되어 있다고 해서 반드시 실행되는 것이 아니고, 매도인이 변제 기타의 방법으로 담보권을 소멸시킬 수도 있으므로, 매수인이 이들 권리의 존재를 알고 있었다고 해서 그 보호에 차별을 둘 것은 아니기 때문이다.

4. 權利行使期間: 행사기간에 관하여는 별도로 규정하지 아니하여, 그러한 사실을 기산점으로 하여 일반적인 채권의 소멸시효에 걸린다고 보아야 한다.

第578條【競賣와 賣渡人의 擔保責任】 ①競賣의 境遇에는 競落人은 前8條의 規定에 依하여 債務者에게 契約의 解除 또는 代金減額의 請求를 할 수 있다.
②前項의 境遇에 債務者가 資力이 없는 때에는 競落人은 代金의 配當을 받은 債權者에 對하여 그 代金全部나 一部의 返還을 請求할 수 있다.
③前2項의 境遇에 債務者가 物件 또는 權利의 欠缺을 알고 告知하지 아니하거나 債權者가 이를 알고 競賣를 請求한 때에는 競落人은 그 欠缺을 안 債務者나 債權者에 對하여 損害賠償을 請求할 수 있다.

競賣에서의 擔保責任

1. 競賣에 관한 特則 - 公競賣: 담보책임에 관한 제578조의 특칙이 인정되는 경매는 공경매로서(사경매는 포함 안 됨), 국가기관이 민사집행법에 의한 통상의 강제경매(동법 80조 이하)와 담보권실행에 의한 경매(동법 264조 이하) 또는 국세징수법에 의한 경매(동법 67조)에 의하는 강제적인 매도행위를 말한다. 제578조는 경매에서도 제569조 내지 제577조가 적용되는 경우에 경락인의 담보책임청구권을 인정하고 있다. 그런데 제576조와 제577조가 적용되는 저당권과 일정한 전세권은 경매로 소멸하므로(민집법 91조) 담보책임이 발생할 여지가 없다.

2. 要件

(1) 하자-권리의 하자만-제580조제2항: 경매에 있어서는 물건의 하자에 대한 담보책임은 원칙적으로 인정되지 않고, 권리의 하자에 대한 담보책임만 인정된다. 이는 통상적으로 물건의 하자는 중대하지 않고, 또한 경매절차의 안정성을 확보하기 위함이다. 따라서 물건의 하자로 인한 불이익은 경락인 본인이 감수하여야 한다. 그러나 물건의 하자를 알고도 불고지 한 때에는 채무자 또는 채권자는 손해배상책임이 있다(3항).

(2) 수량부족, 일부멸실-적용: 수량으로 지정한 경매에서 목적물의 수량부족·일부멸실에 대한 담보책임(574조)은 경매에 있어서도 인정된다.

(3) 법률적, 경제적 하자-물건의 하자-본조 적용 없음: 법률적 하자 또는 경제적 하자가 있는 경우에는 이들 하자를 권리의 하자로 볼 것인가 물건의 하자로 볼 것인가에 따라서 법률적 하자가 경매에서도 담보책임을 발생하느냐 여부가 결정된다. 이를 물건의 하자로 보아 경매에서는 담보책임이 발생하지 않는다(대판 2000.1.18. 98다18506).

3. 競賣에서의 擔保責任者: 매매에서의 담보책임을 지는 자는 매도인으로서, 매도인은 매매계약의 채무자이다. 즉 담보책임을 지는 자는 당해 물건의 소유권을 이전시켜야 할 지위에 있는 자와 동일인이고, 매수인이 담보책임청구권자이다. 그런데 경매에서는 관련자가 채무자, 물건의 소유자(물상보증인 또는 물건의 제3취득자), 채권자, 경락인, 집행기관 등의 많은 관련자가 있다. 이들 중에서 경락인이 담보책임청구권자가 됨은 물론인데, 담보책임자가 누구냐가 문제된다.

(1) 제1차 담보책임자-채무자-제1항: 일반적인 경우에는 매도인이 담보책임자이며, 경매에서도

매도인이 담보책임자이겠는데, 제578조는 담보책임자로서 제1차적으로는 〈채무자〉로 규정하는데, 담보권실행에 의한 경매의 경우에는 채무자 및 물건의 소유자가 다른 경우가 있고, 이러한 경우에 제1차적 담보책임자가 누구냐가 문제된다. 이에 대하여는 물상보증인과 제3취득자의 담보권자에 대한 책임은 물적 유한책임이므로, 그 유한책임 이상의 가중한 책임을 지우는 것은 가혹할 뿐만 아니라 사법상의 대원칙인 교환적 정의에 어긋나는 것으로써 물상보증인이나 제3취득자가 있는 경우에도 채무자가 제1차적 담보책임자라고 보는 것이 타당하다.

(2) 제2차 담보책임자-채권자-제2항: 채무자가 무자력인 때에는 배당받은 〈채권자〉가 제2차 담보책임자이다.

4. 擔保責任의 內容

(1) 경락인의 계약해제권 또는 대금감액청구권-제1항: 경락인은 채무자에 대하여 계약을 해제하거나 또는 대금의 감액을 청구할 수 있고(578조1항), 여기의 채무자에는 임의경매에 있어서의 물상보증인도 포함되는 것이므로 경락인이 그에 대하여 적법하게 계약해제권을 행사했을 때에는 물상보증인은 경락인에 대하여 원상회복의 의무를 진다(대판 1988.4.12. 87다카2641).

(가) 타인의 물건의 경매에서 권리를 이전하지 못한 경우(570조).

(나) 일부가 타인의 물건의 경매에서 그 권리를 이전하지 못한 경우(572조).

(다) 수량을 지정한 물건 또는 일부멸실된 물건의 경매에서 물건의 부족 또는 멸실을 알지 못한 경우(574조).

(라) 경매에서 대항력 있는 용익권 및 점유를 수반하는 담보물권에 의한 소유권제한과 전세권·가등기담보권의 실행에 의한 소유권제한 및 전세권·가등기담보권의 실행에 의한 소유권을 상실한 경우(576조).

(2) 채무자 또는 채권자의 하자에 대한 악의의 불고지-제3항

(가) 채무자 또는 채권자가 물건 또는 권리의 하자를 알고 고지하지 않은 경우이다.

(나) 경락인의 손해배상청구권: 계약해제 또는 대금감액청구와 함께 손해배상도 청구할 수 있다(578조3항). 물상보증인 또는 물건의 제3취득자가 물건 또는 권리의 하자를 알고도 고지하지 아니한 때에는, 채무자와 함께 물상보증인이나 제3취득자에게도 손해배상을 청구할 수 있다고 본다. 하자에 대하여 채무자가 손해배상의무를 지는 경우에는 채무자와 채권자는 손해배상의무에 관해서는 연대하여 책임진다.

(다) 본항 적용여부

① 채무자의 선순위담보채무 변제 후 불고지: 선순위 근저당권의 존재로 후순위 임차권이 소멸하는 것으로 알고 부동산을 낙찰받았으나, 그 후 채무자가 후순위 임차권의 대항력을 존속시킬 목적으로 선순위 근저당권의 피담보채무를 모두 변제하고 그 근저당권을 소멸시키고도 이 점에 대하여 낙찰자에게 아무런 고지도 하지 않아 낙찰자가 대항력 있는 임차권이 존속하게 된다는 사정을 알지 못한 채 대금지급기일에 낙찰대금을 지급하였다면, 채무자는 민법 제578조제3항의 규정에 의하여 낙찰자가 입게 된 손해를 배상할 책임이 있다(대판 2003.4.25. 2002다70075).

② 말소되지 않은 상태의 가등기 존속: 경매신청 채권자가 경락인에게 부담하는 손해배상책임은 반드시 신청채권자의 경매신청행위가 위법한 것임을 전제로 하는 것은 아니지만, 경매절차에서 소유권이전청구권가등기가 경료된 부동산을 경락받았으나 가등기에 기한 본등기가 경료되지 않은 경우에는 아직 경락인이 그 부동산의 소유권을 상실한 것이 아니므로 민법 제578조에 의한 손해배상책임이 성립되었다고 볼 여지가 없다(대판 1999.9.17. 97다54024).

(3) 채권자에 대한 배당금의 일부 반환청구권-제2항: 계약해제 또는 대금감액청구의 효과로서의 원상회복청구 또는 감액된 대금의 반환청구에 대하여 채무자로부터 만족을 얻지 못한 부분은 채권자에 대하여 그가 배당받은 대금의 범위 내에서 반환을 청구할 수 있다(578조2항).

(4) 경매의 기초가 된 채무자 명의의 등기무효로 소유권 상실-본조 적용없음-부당이득청구로: 경락인이 강제경매절차를 통하여 부동산을 경락받아 대금을 완납하고 그 앞으로 소유권이전등기까지 마쳤으나, 그 후 강제경매절차의 기초가 된 채무자 명의의 소유권이전등기가 원인무효의 등기이어서 경매 부동산에 대한 소유권을 취득하지 못하게 된 경우, 이와 같은 강제경매는 무효

라고 할 것이므로 경락인은 경매 채권자에게 경매대금 중 그가 배당받은 금액에 대하여 일반 부당이득의 법리에 따라 반환을 청구할 수 있고, 민법 제578조제1항, 제2항에 따른 경매의 채무자나 채권자의 담보책임은 인정될 여지가 없다(대판 2004.6.24. 2003다59259).

(5) 해제 없이 채권자 상대의 부당이득반환청구-불가: 경매의 목적물에 대항력 있는 임대차가 존재하는 경우에 경락인이 이를 알지 못한 때에는 경락인은 이로 인하여 계약의 목적을 달성할 수 없는 경우에 한하여 계약을 해제하고 채무자 또는 채무자에게 자력이 없는 때에는 배당을 받은 채권자에게 그 대금의 전부나 일부의 반환을 구하거나, 그 계약해제와 함께 또는 그와 별도로 경매목적물에 위와 같은 흠결이 있음을 알고 고지하지 아니한 채무자나 이를 알고 경매를 신청한 채권자에게 손해배상을 청구할 수 있을 뿐이다. 따라서 계약을 해제함이 없이 채무자나 경락대금을 배당받은 채권자들을 상대로 경매목적물상의 대항력 있는 임차인에 대한 임대차보증금에 상당하는 경락대금의 전부나 일부를 부당이득하였다고 하여 바로 그 반환을 구할 수 있는 것은 아니다(대판 1996.7.12. 96다7106).

5. 行使期間 - 1년의 제척기간: 경락인의 권리의 행사기간은 경우에 따라서 제573조와 제575조가 준용되므로 1년의 제척기간에 걸린다. 그런데 이 기간은 채무자에 대한 권리의 행사기간이므로 채무자에 대하여 1년 내에 권리를 행사한 때에는 그 기간이 지난 때에도 제2차적 담보책임자인 채권자에 대하여는 권리를 행사할 수 있다.

第579條【債權賣買와 賣渡人의 擔保責任】 ①債權의 賣渡人이 債務者의 資力을 擔保한 때에는 賣買契約當時의 資力을 擔保한 것으로 推定한다.
②辨濟期에 到達하지 아니한 債權의 賣渡人이 債務者의 資力을 擔保한 때에는 辨濟期의 資力을 擔保한 것으로 推定한다.

債權賣渡人의 擔保責任

1. 意義: 채권이 매매의 목적인 경우에는 채권이 하나의 독립된 가치물로서 평가된 가치를 그대로 유지하느냐의 문제(이는 보통의 물건과 같다)가 있고, 그 밖에 채권은 채무자의 채무이행으로 만족을 얻는다는 측면에서 채무자의 자력이 충분하냐가 문제가 된다. 이러한 점에서 채권의 매매에서는 이 두 가지 측면에서 담보책임이 문제된다. 전자의 경우는 채권 그 자체가 유체물과 다름이 없다. 따라서 채권 자체에 하자가 있는 때에는, 이를 권리의 하자로 보아 제569조 이하의 규정이 준용된다. 후자의 경우인 채무자가 자력이 없어 채권의 매수인이 만족을 얻지 못하는 경우는 채권의 특수성에 의한 것으로 이에 대하여는 제579조가 특별히 규정하고 있다.

2. 債權 自體의 瑕疵 - 權利의 瑕疵로 解釋(569조 이하 준용): 채권의 매매에 있어서 채권 자체에 하자가 있는 때에는 권리의 하자에 해당하고, 그 경우는 제570조 내지 제576조의 규정에 의하여 매도인은 담보책임을 진다. 민법의 당해 규정의 〈물건〉은 채권의 경우에는 〈채권〉이 된다.

(1) 매매의 목적인 채권의 전부 또는 일부가 타인에게 속하는 경우: 제570조 내지 제573조가 준용된다.

(2) 채권의 일부가 계약의 무효·채무의 변제 등의 사유로 존재하지 않는 경우: 제574조와 제575조가 준용된다.

(3) 채권이 질권의 목적인 때: 제576조가 준용된다.

(4) 경매에 의한 채권: 제578조가 준용된다.

(5) 매매의 목적인 채권에 어떤 담보권이나 보증이 붙어 있는 것으로 매도하였으나, 그 담보권이나 보증이 존재하지 않은 경우: 이는 법률적 장애에 해당되는데, 채권에서의 법률적 장애는 권리의 하자로 보아 제575조가 준용된다.

3. 債務者의 資力에 대한 擔保責任 - 본조: 담보책임의 일반원칙에 의하면, 채권의 매도인은 채권 자체의 하자에 대하여는 책임이 있지만 당해 채권의 채무자가 채무를 완전히 변제하느냐 여부에 대해서까지 책임을 져야 하는 것은 아니다. 그러나 특약을 금지하는 것은 아니다. 이에 특약에

관련된 문제가 있다. * 임대차계약에 기한 임차권(임대차보증금반환청구권을 포함한다)을 그 목적물로 한 매매계약이 성립한 경우, 매도인이 임대인의 임대차계약상의 의무이행을 담보한다는 특별한 약정을 하지 아니한 이상, 임차권 매매계약 당시 임대차 목적물에 이미 설정되어 있던 근저당권이 임차권 매매계약 이후에 실행되어 낙찰인이 임대차 목적물의 소유권을 취득함으로써 임대인의 목적물을 사용·수익하게 할 의무가 이행불능으로 되었다거나, 임대인의 무자력으로 인하여 임대차보증금반환의무가 사실상 이행되지 않고 있다고 하더라도, 임차권 매도인에게 민법 제576조에 따른 담보책임이 있다고 할 수 없고, 이러한 법리는 임차권을 교환계약의 목적물로 한 경우에도 마찬가지이다(대판 2007.4.26. 2005다34018, 34025).

(1) 특약: 채권의 매매에서 매도인이 채무자가 충분한 재산을 가지고 있음을 보증해서 채무자의 자력을 담보하는 특약, 즉 채무자의 무자력으로 매수인이 변제를 받지 못하는 경우에는 매도인이 배상한다는 의미의 특약을 하는 수가 있고, 이러한 특약이 유효하여 매도인이 담보책임을 져야 함은 물론이다.

(2) 담보의 시점-추정: 특약에 의하여 담보를 하더라도 채무자의 자력은 변할 수 있기 때문에 어느 시기의 채무자의 재력을 담보한 것인지가 문제된다. 당사자의 의사가 보증하는 시기에 관하여 분명하면 그에 따라야 함은 물론이나, 분명하지 아니한 경우에 민법은 제579조에 그 보증시기를 추정하고 있다.

(가) 변제기 도래 후에 매도된 채권-매매계약 당시의 자력-제1항: 제579조제1항은 채권의 매도인이 채무자의 자력을 담보하는 특약을 한 경우에는 매매계약 당시의 채무자의 자력을 담보한 것으로 추정한다고 규정한다. 따라서 계약의 성립 후에 채무자의 자력이 감소하여 매수인이 변제를 받지 못하게 되더라도 매도인은 책임을 지지 않는다. 그런데 동조 제2항에서 변제기 도래 전의 채무를 규정한 것으로 보아, 제1항의 채무는 그 밖의 채무, 즉 이미 변제기가 도래한 채무 또는 기한이 없는 채무이다. 곧, 변제기가 도래한 채무 또는 기한이 없는 채무는 제1항에 의하여 매매계약 당시의 자력이 담보되는 것으로 추정된다.

(나) 변제기 도래 전에 매도된 채권-변제기의 자력-제2항: 아직 변제기가 도래하지 않은 채권의 매도인이 채무자의 자력을 담보한 때에는 변제기의 채무자의 자력을 담보한 것으로 추정한다. 채권자(채권의 매수인)는 변제기에 채무자에게 그 이행을 청구할 수 있기 때문에 매도인의 자력 담보는 변제기 이전에는 아무런 의미가 없다. 따라서 변제기 도래 전의 채권의 매매에서는 매도인이 〈장래의 채무자의 자력을 담보한다〉는 경우는 물론이고, 장래를 명시하지 않고 단순히 담보한다고 하는 경우에도 장래에 변제기가 도달한 때의 채무자의 자력을 담보하는 것으로 추정한다.

(다) 매수인의 손해배상청구권: 위 담보책임의 내용은 채무자에게 자력이 없어 매수인이 채권의 만족을 얻지 못하는데 대한 책임이다. 따라서 매수인은 먼저 채무자에게 청구하고, 자력의 부족으로 변제받지 못한 부분에 대하여 매도인에게 손해배상을 청구할 수 있다.

第580條【賣渡人의 瑕疵擔保責任】 ①賣買의 目的物에 瑕疵가 있는 때에는 第575條第1項의 規定을 準用한다. 그러나 買受人이 瑕疵 있는 것을 알았거나 過失로 因하여 이를 알지 못한 때에는 그러하지 아니하다.
②前項의 規定은 競賣의 境遇에 適用하지 아니한다.

第581條【種類賣買와 賣渡人의 擔保責任】 ①賣買의 目的物을 種類로 指定한 境遇에도 그 後 特定된 目的物에 瑕疵가 있는 때에는 前條의 規定을 準用한다.
②前項의 境遇에 買受人은 契約의 解除 또는 損害賠償의 請求를 하지 아니하고 瑕疵 없는 物件을 請求할 수 있다.

第582條【前2條의 權利行使期間】 前2條에 依한 權利는 買受人이 그 事實을 안 날로부터 6月內에 行使하여야 한다.

物件의 瑕疵에 대한 擔保責任

1. 意義: 매매의 목적물에 하자가 있는 때에는 제575조제1항(제한물권 있는 경우의 매도인의 담보책임)이 준용된다(580조). 이를 매도인의 하자담보책임이라 하며, 실제에 있어서 매도인의 여러 담보책임 가운데에서 가장 중요한 제도이다. 그런데 종류물의 경우에는 이행된 물건에 하자가 있더라도 다른 완전한 물건으로 대체할 수 있기 때문에 별도의 담보책임을 인정할 특별한 필요성은 없으나, 민법은 종류물의 매매에 관하여도 담보책임을 규정하고 특정물에 관한 규정을 준용하도록 하고 있다(581조1항). 다만 종류물의 경우에는 담보청구권으로 특정물의 담보책임과 동일한 해제권 및 손해배상청구권을 행사하지 아니하고 종류물의 특성에 따라 동일 종류의 다른 완전물을 청구할 수 있도록 하고 있다(581조2항).

2. 瑕疵擔保責任의 發生要件 – 제580조

(1) 목적물의 하자: 매매의 목적물에 하자가 있어야 한다(1항). 하자란 일반적으로 당해 물질이 가지는 일반적 형상 및 성능에 대한 결함을 말한다. 이는 단순한 물질적 하자에 한정하지 않고, 목적물의 사용가치 또는 교환가치를 감소시키는 사회통념, 거래관념상 갖추어야 할 적합한 품질·성능의 결함을 포함한다. 견품이나 일정한 사양에 의하여 그 품질 및 성능이 표시된 경우에는 그 표시된 것이 기준이 된다. 본조는 물건의 하자에 대한 책임으로 경매에는 적용이 없다(2항).

(가) 내한성에 대한 하자: 매도인이 매수인에게 공급한 부품이 통상의 품질이나 성능을 갖추고 있는 경우, 나아가 내한성이라는 특수한 품질이나 성능을 갖추고 있지 못하여 하자가 있다고 인정할 수 있기 위하여는 매수인이 매도인에게 완제품이 사용될 환경을 설명하면서 그 환경에 충분히 견딜 수 있는 내한성 있는 부품의 공급을 요구한 데 대하여, 매도인이 부품이 그러한 품질과 성능을 갖춘 제품이라는 점을 명시적으로나 묵시적으로 보증하고 공급하였다는 사실이 인정되어야만 할 것이다(대판 1997.5.7. 96다39455).

(나) 작업환경이나 상황에 부적당 여부: 매도인이 매수인에게 공급한 기계가 통상의 품질이나 성능을 갖추고 있는 경우, 그 기계에 작업환경이나 상황이 요구하는 품질이나 성능을 갖추고 있지 못하다 하여 하자가 있다고 인정할 수 있기 위하여는, 매수인이 매도인에게 제품이 사용될 작업환경이나 상황을 설명하면서 그 환경이나 상황에 충분히 견딜 수 있는 제품의 공급을 요구한 데 대하여, 매도인이 그러한 품질과 성능을 갖춘 제품이라는 점을 명시적으로나 묵시적으로 보증하고 공급하였다는 사실이 인정되어야만 할 것임은 물론이나, 매도인이 매수인에게 기계를 공급하면서 당해 기계의 카탈로그와 검사성적서를 제시하였다면, 매도인은 그 기계가 카탈로그와 검사성적서에 기재된 바와 같은 정도의 품질과 성능을 갖춘 제품이라는 점을 보증하였다고 할 것이므로, 매도인이 공급한 기계가 매도인이 카탈로그와 검사성적서에 의하여 보증한 일정한 품질과 성능을 갖추지 못한 경우에는 그 기계에 하자가 있다고 보아야 한다(대판 2000.10.27. 2000다30554, 30561).

(다) 법령의 요건을 충족한 경우: 분양회사는 주택의 공급 당시에 주택법상의 주택건설기준 등 그 주택이 거래상 통상 소음 방지를 위하여 갖추어야 할 시설이나 품질을 갖추지 못한 경우에 집합건물의 소유 및 관리에 관한 법률 제9조 또는 민법 제580조의 담보책임을 부담하거나, 수분양자와의 분양계약에서 소음 방지 시설이나 조치에 관하여 특약이 있는 경우에 그에 따른 책임을 부담하거나, 또는 분양회사가 수분양자에게 분양하는 주택의 소음 상황 등에 관한 정보를 은폐하거나 부정확한 정보를 제공하는 등 신의칙상의 부수의무를 게을리한 경우에 그 책임을 부담할 뿐이다(대판 2008.8.21. 2008다9358, 9365).

(라) 농식품의 씨앗: 표고버섯 종균에 하자가 존재하는 사실을 알았다고 하기 위하여는 종균을 접종한 표고목에서 종균이 정상적으로 발아하지 아니한 사실을 알았다는 것만으로는 부족하고, 종균이 정상적으로 발아하지 아니한 원인이 바로 종균에 존재하는 하자로 인한 것임을 알았을 때라야 비로소 종균에 하자가 존재하는 사실을 알았다고 볼 것이다(대판 2003.6.27. 2003다20190).

(2) 경제적·법률적 하자-물건의 하자로 본조 적용: 건축을 목적으로 매매된 토지에 대하여 건축허가를 받을 수 없어 건축이 불가능한 경우, 위와 같은 법률적 제한 내지 장애 역시 매매목적물의 하자에 해당한다 할 것이나, 다만 위와 같은 하자의 존부는 매매계약 성립시를 기준으로 판

단하여야 할 것이다(대판 2000.1.18. 98다18506).
(3) 하자의 존부 판단시기: 하자의 존부 여부는 매매계약 당시를 기준으로 판단한다. 계약성립 후의 하자(후발적 하자)는 담보책임이 아니라 채무불이행의 문제이다.
(4) 매도인의 무과실책임: 하자에 대한 매도인의 선의·악의 및 고의·과실은 묻지 아니한다.
(5) 매수인의 선의와 무과실: 매수인은 계약체결 당시에 하자가 있다는 것을 알지 못한 선의이어야 하고, 또한 알지 못한 데 과실이 없어야 한다(580조1항 단서). 입증책임은 매도인에게 있다. 즉 매도인이 담보책임을 지지 않으려면 매수인의 악의를 입증하여야 한다.
3. 擔保責任의 內容 - 제580조, 제581조: 제575조가 준용되므로(580조), 해제권과 손해배상청구권을 행사할 수 있다. 종류물의 매매에서는 그 밖에 완전물청구권을 행사할 수 있다(581조2항).
(1) 특정물매매-제580조
(가) 목적달성 불능시의 해제와 손해배상청구: 목적물의 하자로 계약의 목적을 달성할 수 없는 때에는 매수인은 계약을 해제하고, 손해의 배상을 청구할 수 있다(580조1항 및 575조1항 본문). 여기서 목적물의 하자로 달성할 수 없게 되는 계약의 목적은 반드시 계약의 내용으로 되어 있을 것을 요하지 아니하며, 또한 매도인이 이를 알고 있어야 하는 것도 아니다. 그러나 매수인의 주관적 의도만으로는 충분하지 않고 그 목적물의 사회통념상의 성질 및 형상 기타 계약체결 당시의 사정으로부터 객관적으로 판단할 수 있는 것이면 충분하다.
① 수선·보수가 가능한 경우-원칙적으로 해제 불가: 해제권은 계약의 목적을 달성할 수 없는 경우에 행사할 수 있기 때문에 수선 또는 보수가 가능한 경우에는 해제할 수 없다. 그러나 수선 또는 보수가 가능하더라도 그 부분이 중요한 부분으로, 그러한 중요한 부분에 대한 수선 또는 보수를 통한 당해 계약의 유지가 매수인에게 지극히 불리한 경우에는 해제할 수 있다고 보아야 한다.
② 수선·보수의 최고 후 불이행-해제: 수선 및 보수가 가능한 경우에 수선 및 보수를 최고하였으나, 이를 이행하지 않은 경우에는 계약을 해제할 수 있다고 보아야 한다.
③ 목적물의 가분: 목적물이 가분인 경우에는 원칙적으로 하자 있는 부분만 해제할 수 있고, 하자가 없는 부분만으로는 계약의 목적을 달성할 수 없는 경우에 계약의 전부를 해제할 수 있다고 해석하여야 한다.
(나) 손해배상청구: 목적물의 하자가 계약의 목적을 달성할 수 없을 정도로 중대한 것이 아닌 때에는 매수인은 계약을 해제하지는 못하고 손해배상만을 청구할 수 있다(580조1항 및 575조1항 단서).
① 확대손해의 배상-매도인의 귀책사유: 매매목적물의 하자로 인한 확대손해에 대하여 매도인에게 배상책임을 지우기 위해서는 하자 없는 목적물을 인도하지 못한 의무위반 사실 외에 그러한 의무위반에 대하여 매도인에게 귀책사유가 있어야 한다(대판 2003.7.22. 2002다35676).
② 과실상계 적용 여부: 제581조, 제580조에 기한 매도인의 하자담보책임은 법이 특별히 인정한 무과실책임으로서 여기에 민법 제396조의 과실상계 규정이 준용될 수는 없다 하더라도, 담보책임이 민법의 지도이념인 공평의 원칙에 입각한 것인 이상 하자 발생 및 그 확대에 가공한 매수인의 잘못을 참작하여 손해배상의 범위를 정함이 상당하다(대판 1995.6.30. 94다23920).
(다) 대금감액청구-하자의 비율로 감액: 별도로 규정하지 아니한 것은 물건에 대한 하자는 일반적으로 계수로 나타나지가 않아 이를 객관적으로 평가하여 대금의 산정에 반영하기가 쉽지 않기 때문이다. 규정이 없어도 하자의 비율에 따른 대금의 결정이 가능한 경우에는 감액될 대금을 포함하여 손해배상으로 청구할 수 있다.
(2) 종류물의 매매-제581조제1항: 종류물의 매매에서 후에 특정된 목적물에 하자가 있는 때에는 제580조가 준용된다.
(가) 목적달성 불능시의 해제와 손해배상청구: 목적물의 하자로 계약의 목적을 달성할 수 없는 때에는 매수인은 계약을 해제하고 아울러 손해의 배상을 청구할 수 있다(580조1항 및 575조1항 본문). 특정물매매에서와 같다.
(나) 손해배상청구: 하자가 계약의 목적을 달성할 수 없을 정도로 중대한 것이 아닌 때에는 손해배상만을 청구할 수 있다(580조1항 및 575조1항 단서). 특정물매매에서와 같다.

(다) 완전물 급부청구권-제581조제2항: 매수인은 계약의 해제 또는 손해배상을 청구하지 않고, 그에 갈음하여 하자 없는 완전물의 급부를 청구할 수도 있다. 종류물매매의 특성에 따라 특정물매매에서와는 달리 완전물급부청구권도 부여하고 있다.

4. 擔保責任請求權의 行使期間 - 6월의 제척기간 - 제582조: 매수인의 계약해제 및 손해배상의 청구는 모두 매수인이 목적물의 하자를 안 날로부터 6월 내에 행사하여야 한다. 안 날에 관하여 농식물의 씨앗의 경우는 특수하여, 예컨대 표고버섯 종균에 하자가 존재하는 사실을 알았다고 하기 위하여는 종균을 접종한 표고목에서 종균이 정상적으로 발아하지 아니한 사실을 알았다는 것만으로는 부족하고, 종균이 정상적으로 발아하지 아니한 원인이 바로 종균에 존재하는 하자로 인한 것임을 알았을 때라야 비로소 종균에 하자가 존재하는 사실을 알았다고 볼 것이다(대판 2003.6.27. 2003다20190).

5. 錯誤 또는 契約締結上의 過失責任과의 關係 - 원칙적으로 擔保責任만: 매매계약의 신속성을 위하여 담보책임청구권에 대하여 단기간의 제척기간을 둔 점에 비추어 착오 등으로 보아야 할 특별한 사정이 없으면 담보책임에 관한 규정만 적용된다고 해석된다(대판 1973.10.23. 73다268).

6. 不完全履行責任과 競合: 토지 매도인이 성토작업을 기화로 다량의 폐기물을 은밀히 매립하고 그 위에 토사를 덮은 다음 도시계획사업을 시행하는 공공사업시행자와 사이에서 정상적인 토지임을 전제로 협의취득절차를 진행하여 이를 매도함으로써 매수자로 하여금 그 토지의 폐기물처리비용 상당의 손해를 입게 하였다면 매도인은 이른바 불완전이행으로서 채무불이행으로 인한 손해배상책임을 부담하고, 이는 하자 있는 토지의 매매로 인한 민법 제580조 소정의 하자담보책임과 경합적으로 인정된다(대판 2004.7.22. 2002다51586).

7. 製造物責任과 瑕疵擔保責任 - 製造物責任法: 제조물책임이란 일반적으로 제조된 물건의 하자로 인하여 타인의 신체·재산에 발생한 손해에 대하여 제조자가 부담하는 책임을 말한다. 제조물책임이 이와 같이 제조된 물건의 하자로 인한 손해에 대한 책임이란 측면에서 하자담보책임과 유사하다. 그러나 일반적으로 제조물책임은 제조자와 피해자 간에 계약관계가 직접적으로는 존재하지 않는다는 점에서 하자담보책임과 차이가 있다. 따라서 제조자와 피해자 간에 직접적인 계약관계가 없는 한 하자담보책임은 그 적용이 없고, 또한 하자의 종류가 다양하여 획일적인 법률관계로 책임을 인정하기에는 적당하지 않다. 제조물의 이와 같은 특성으로 제조물의 하자에 관하여는 특별법인 제조물책임법이 적용된다.

第583條【擔保責任과 同時履行】 第536條의 規定은 第572條 乃至 第575條, 第580條 및 第581條의 境遇에 準用한다.

代金返還債務 등과 目的物返還債務 등의 同時履行關係

1. 內容: 쌍무계약상의 동시이행에 관한 제536조는 제572조 내지 제575조 및 제580조, 제581조의 경우에 준용한다(583조). 즉 담보책임청구권의 행사로 계약을 해제한 경우에 매도인의 대금반환채무와 매수인의 목적물반환채무는 상호 견련관계에 있으므로 쌍무계약상의 동시이행에 관한 규정인 제536조가 준용된다.

2. 同時履行關係를 認定하는 根據 - 公平의 原則: 본조의 취지는 매도인은 같은 조에서 명시한 규정들에 터잡아 이미 지급받은 대금의 전부나 일부의 반환의무, 손해배상의무, 하자 없는 물건의 지급의무가 있는 반면 매수인은 매도인에게서 수령한 목적물이 있다면 원상회복의무로서 이를 반환할 의무가 있는데, 이러한 쌍방 당사자의 의무는 하나의 쌍무계약에서 발생한 것은 아닐지라도 동일한 생활관계에서 발생한 것으로 서로 밀접한 관계에 있어 그 이행에 견련관계를 인정함이 공평의 원칙에 부합하기 때문에, 일반 해제의 경우와 마찬가지로 이들 경우에도 민법 제536조를 준용한다는 것이다(대판 1993.4.9. 92다25946).

第584條【擔保責任免除의 特約】 賣渡人은 前15條에 依한 擔保責任을 免하는 特約을

한 境遇에도 賣渡人이 알고 告知하지 아니한 事實 및 第三者에게 權利를 設定 또는 讓渡한 行爲에 對하여는 責任을 免하지 못한다.

擔保責任免除의 特約

1. 原則的으로 有效: 매도인의 담보책임에 관한 규정은 거래의 상대방, 즉 매수인의 보호를 목적으로 하는 규정으로써 강행규정은 아니다. 따라서 신의칙에 반하지 않은 한도에서 당사자 사이의 특약으로 민법이 규정하는 매도인의 담보책임을 배제하거나, 경감 또는 가중할 수 있다. 면책특약은 원칙적으로 유효하다.

2. 免除特約의 效力이 없는 경우: 다음과 같은 경우에는 그러한 면제특약이 있더라도 담보책임을 면하지 못한다.

(1) 담보책임 발생의 요건이 되는 어떤 사실을 고의로 고지하지 아니한 경우: 권리의 전부 또는 일부가 타인에게 속하고 있는 사실(569조, 572조)·수량 부족 또는 일부멸실의 사실(574조)·다른 권리에 의하여 제한된다는 사실(575조, 576조)·물건에 하자가 있다는 사실(580조, 581조) 등을 매도인이 알고 있었음에도 불구하고, 이를 매수인에게 고지하지 않은 때에는 면책특약이 있더라도 담보책임을 진다(584조). 매도인이 하자를 알고 있으면서 고지하지 아니한 것은 기만적인 행위이므로 이러한 기만적인 행위에까지 면책의 효력을 인정할 수는 없을 것이다. 그러나 매수인의 선의의 경우, 즉 매수인도 하자를 알고 있으면서 계약을 한 때에는, 하자를 고려하여 대금을 합의한 것으로 볼 수 있기 때문에 매도인은 책임을 면한다.

(2) 고의에 의한 권리의 일부 양도 등: 매도인이 매매목적물의 전부 또는 일부의 권리를 제3자에게 양도하거나 담보책임의 발생요건이 되는 권리인 제한물권을 제3자에게 설정해 준 때에도 면책특약은 무효로써 담보책임을 진다(584조).

3. 特別法에 의한 免除特約의 制限: 약관의규제에관한법률 제7조제3호는 약관에 의한 매매계약에서, 상당한 이유 없이 사업자(매도인)의 담보책임을 배제 또는 제한하거나 그 담보책임에 따르는 고객(매수인)의 권리행사의 요건을 가중하는 조항 또는 계약목적물에 관하여 견본이 제시되거나 품질·성능 등에 관한 표시가 있는 경우 그 보장된 내용에 대한 책임을 배제 또는 제한을 내용으로 하는 특약은 무효라고 규정한다.

第585條【同一期限의 推定】 賣買의 當事者一方에 對한 義務履行의 期限이 있는 때에는 相對方의 義務履行에 對하여도 同一한 期限이 있는 것으로 推定한다.

財産權移轉時期와 代金支給時期의 同日期限 推定

1. 雙方債務 모두에 대한 履行期에 대한 約定이 있는 경우: 약정에 따른 이행기가 효력이 있다.

2. 어느 한 債務의 履行期만에 約定이 있는 경우 - 본조: 쌍방채무 중에서 어느 일방의 채무이행기한에 대하여만 약정이 있는 경우에는 그 상대방채무의 이행기한도 약정한 기한과 동일한 것으로 추정된다.

3. 雙方債務 모두 履行期의 約定이 없는 경우: 기한이 없는 채무로 이행청구로 이행기가 된다.

第586條【代金支給場所】 賣買의 目的物의 引渡와 同時에 代金을 支給할 境遇에는 그 引渡場所에서 이를 支給하여야 한다.

代金支給場所

1. 債務의 一般的인 履行(支給) 場所 - 채권자의 주소지 - 제467조: 채무의 일반적인 이행(지급)장소는 제467조제2항에 의하여 지참채무로서 채권자의 현주소지가 대금지급 장소가 된다.

2. 賣買目的物의 引渡와 同時에 代金의 支給 - 본조: 목적물의 인도와 동시에 대금을 지급할 경우

에는 목적물 인도장소가 곧 대금 지급장소로 된다(586조). 이는 변제의 장소에 관한 제467조의 특칙이라 할 수 있다. 따라서 목적물의 인도와 동시에 대금을 지급하지 아니하는 경우에는 제467조제2항에 의하여 지참채무로서 채권자의 현주소지가 대금지급 장소가 된다.

第587條【果實의 歸屬, 代金의 利子】 賣買契約 있은 後에도 引渡하지 아니한 目的物로부터 생긴 果實은 賣渡人에게 屬한다. 買受人은 目的物의 引渡를 받은 날로부터 代金의 利子를 支給하여야 한다. 그러나 代金의 支給에 對하여 期限이 있는 때에는 그러하지 아니하다.

賣買目的物로 생긴 果實의 歸屬

1. 原則 – 제587조 적용: 매매계약이 있은 후에도 아직 인도하지 않은 매매의 목적물로부터 생긴 과실은 매도인에게 속한다(587조 전단). 이는 목적물이 동산이든 부동산이든 이행기 여부와는 관계없이 실제로 이행할 때까지 생긴 과실은 매도인에게 속한다는 것이다. 그런데 과실의 귀속에 관하여는 매매에 관한 제587조 외에도 제462조(현상인도의 원칙)와 제102조(과실의 수취권)가 있다. 따라서 이들 규정과의 관계가 문제가 되나, 매매에서의 목적물의 과실에 대한 귀속에 관하여는 제587조가 특별규정으로 우선적으로 적용된다.

2. 代金完納 前의 遲滯한 果實 – 賣渡人에 歸屬: 본조는 매수인의 이자지급과의 균형을 기하자는 데 있기 때문에, 대금의 완납을 받지 못하여 매도인이 목적물의 인도를 지체(목적물의 이행지체)한 경우에는 실제로 인도할 때까지 생긴 과실은 매도인에 귀속한다. 이 경우에 매수인은 인도의무의 지체로 인한 손해배상금의 지급을 구할 수 없다(대판 2004.4.23. 2004다8210).

3. 代金의 一部 辨濟 後의 果實 – 賣渡人에게 歸屬: 매수인이 매매대금의 전액이 아닌 그 일부만의 변제를 한 경우에 지급된 매매대금의 일부에 대응하는 부분의 목적물의 과실을 매수인에게 귀속시키는 것은 매매목적물의 운용이익과 그 목적물의 관리비용 및 매매대금의 이용수익을 간이하게 정산하려 하는 민법 제587조의 취지에 부합하지 않으므로 매수인이 매매대금 중의 일부만을 변제한 경우에 있어서는 그 매매목적물로부터 생긴 과실은 매도인에게 속한다고 풀이함이 상당하다(인천지법 1994.11.10. 94가합11589).

4. 代金完納 後의 遲滯한 果實 – 買受人에 歸屬: 대금의 완납을 받고도 이행을 지체한 과실은 매수인에게 귀속된다(대판 1993.11.9. 93다28928).

5. 不動産에서 登記 後 引渡하지 않은 果實의 歸屬 – 賣渡人에게 歸屬: 부동산매매에 있어 목적부동산을 제3자가 점유하고 있어 인도받지 아니한 매수인이 명도소송 제기의 방편으로 미리 소유권이전등기를 경료받았다고 하여도 아직 매매대금을 지급하지 않은 이상 부동산으로부터 발생하는 과실은 매수인이 아니라 매도인에게 귀속되어야 한다(대판 1992.4.28. 91다32527).

目的物 引渡 後의 代金의 利子

1. 約定期가 있는 경우 – 제587조 단서: 대금의 지급시기에 관하여 약정이 있는 경우에는 그에 의한다. 따라서 약정기한을 지체한 때에는 이행지체책임이 있음은 당연하다.

2. 約定期가 없는 경우

(1) 목적물수령 전의 이자-부지급: 목적물 수령 전까지는 대금의 이자를 지급하지 아니하는 것은 매도인이 목적물 인도 전까지는 과실을 수취할 수 있다는 것(587조 전단)에 대응하는 것이다.

(2) 부동산에서 제한물권 등기말소의무의 불이행-이자 지급 불요: 매도인이 말소할 의무를 부담하고 있는 매매목적물상의 근저당권을 말소하지 못하고 있다면 매수인은 그 위험의 한도에서 매매대금의 지급을 거절할 수 있고, 그 결과 민법 제587조 단서에 의하여 매수인이 매매목적물을 인도받았다고 하더라도 미지급 대금에 대한 인도일 이후의 이자를 지급할 의무가 없다(대판 1996.5.10. 96다6554).

(3) 목적물 수령 후의 이자-지연이자 지급-제587조 후단: 대금의 지급에 관한 약정기한이 없고

목적물을 인도받은 때에는, 인도를 받은 날로부터 대금의 이자를 지급하여야 한다(587조 후단). 이때의 이자는 지연이자로서 이행지체에 의한 손해배상의 성질을 가진다.

第588條【權利主張者가 있는 境遇와 代金支給拒絶權】 賣買의 目的物에 對하여 權利를 主張하는 者가 있는 境遇에 買受人이 買受한 權利의 全部나 一部를 잃을 念慮가 있는 때에는 買受人은 그 危險의 限度에서 代金의 全部나 一部의 支給을 拒絶할 수 있다. 그러나 賣渡人이 相當한 擔保를 提供한 때에는 그러하지 아니하다.

第589條【代金供託請求權】 前條의 境遇에 賣渡人은 買受人에 對하여 代金의 供託을 請求할 수 있다.

代金의 支給拒絶과 供託請求

1. 代金支給拒絶權과 代金供託請求權의 趣旨: 대금의 지급시기에 대한 약정이 있는 경우에는 약정에 따라야 함은 당연하고, 별도로 약정이 없는 경우에는 제585조에서 규정한다. 그런데 본조는 대금의 지급시기에 대금을 지급하더라도 목적물의 소유권을 취득하지 못할 우려가 있는 경우에 매수인을 보호하기 위해서 대금의 지급거절권(588조)을 부여하고, 매수인의 지급거절에 대응하여 매도인에게 대금공탁청구권(589조)을 인정한다. * 분양 아파트의 잔금에 대하여 수분양자들이 분양자의 책임 아래 그 아파트를 담보로 은행대출을 받아 그 대출금으로 이를 대체하기로 약정한 것이라면, 잔금의 기한은 분양자가 수분양자들에게 소유권 이전 및 대출을 위한 준비를 완료하고 대출 절차의 이행을 최고하였음에도 불구하고 수분양자들이 소유권 이전이나 대출에 필요한 서류의 준비 등 절차를 지연하여 대출이 늦어지는 바람에 잔금의 수령이 지연되는 등 수분양자들에게 대출 지연에 대한 책임이 있다고 볼 수 있는 특별한 사유가 있는 경우를 제외하고는, 은행 대출을 받을 수 있는 때까지이다(대판 1995.12.26. 95다33962).

2. 買受人의 支給拒絶權 - 제588조: 대금의 지급에 관련되어 매수인을 보호하기 위하여 매수인이 동시이행의 항변권을 갖는 동안은 매도인의 대금청구권의 행사에 대하여 항변권을 행사할 수 있게 하며(536조), 또한 대금 지급 후에 매수인이 권리를 잃을 염려가 있는 경우에는 매수인에게 대금지급거절권을 부여한다(588조). 후자인 대금지급거절권은 매매목적물에 대하여 권리를 주장하는 자가 있는 경우에 매수인이 대금을 지급한 후에 당해 물건의 권리를 상실할 우려가 있기 때문이다. * 매수인의 대금지급거절권에 대응하여 매도인에게는 제589조에서 대금공탁청구권을 부여함.

(1) 요건

(가) 목적물에 대하여 권리를 주장하는 자가 있는 경우: 목적물에 대하여 권리를 주장하는 자란 제3자가 소유권을 주장하는 경우로서 전형적인 것은 타인의 권리의 매매인 경우 등이며, 목적물에 대하여 소유권을 주장하는 경우뿐만 아니라 제한물권을 주장하는 자를 포함한다. 제3자가 소유권 또는 제한물권을 주장하는 경우에는 매도인에게 별도로 담보책임이 있음은 물론이나, 매도인의 담보책임은 매수인에 대한 사후의 구제이기 때문에 매수인의 본권리인 대금지급을 거절할 수 있게 하여 매수인의 피해를 사전에 방지하는 데 그 목적이 있다.

(나) 목적물에 대한 권리의 전부나 일부를 잃을 염려가 있는 경우: 제3자가 권리를 주장하여 대금지급 후에 목적물에 대한 권리의 전부나 일부를 잃을 염려가 있는 경우이다. 따라서, 매도인이 말소할 의무를 부담하고 있는 매매목적물상의 근저당권을 말소하지 못하고 있다면 매수인은 그 위험의 한도에서 매매대금의 지급을 거절할 수 있고, 이 경우 지급을 거절할 수 있는 매매대금이 어느 경우에나 근저당권의 채권최고액에 상당하는 금액인 것은 아니고, 매수인이 근저당권의 피담보채무액을 확인하여 이를 알고 있는 경우와 같은 특별한 사정이 있는 경우에는 지급을 거절할 수 있는 매매대금은 확인된 피담보채무액에 한정된다(대판 1996.5.10. 96다6554).

(2) 거절의 범위

(가) 위험의 한도 내: 매수인이 권리를 잃을 위험의 한도에서 대금의 전부나 일부의 지급을 거

절할 수 있다(본문). 그러나 매도인이 상당한 담보를 제공한 때에는 그러하지 아니하다(단서). 지급을 거절할 수 있는 대금의 비율과 상담한 정도의 담보의 제공을 요구하는 것은 권리를 잃는 경우에 대비를 하기 위한 보전책이다. * 근저당권말소 하지 않은 경우: 지급을 거절할 수 있는 매매대금이 어느 경우에나 근저당권의 채권최고액에 상당하는 금액인 것은 아니고, 매수인이 근저당권의 피담보채무액을 확인하여 이를 알고 있는 경우와 같은 특별한 사정이 있는 경우에는 지급을 거절할 수 있는 매매대금은 확인된 피담보채무액에 한정된다(대판 1996.5.10. 96다6554).
(나) 거절 비율, 상당성: 지급을 거절할 수 있는 대금의 〈비율〉, 상당한 담보에서의 〈상당성〉 등에 관하여는 계약의 목적, 채무의 성질, 제3자가 주장하는 권리의 내용, 거래관행 등을 종합적으로 고려하여 결정하여야 한다.
3. 賣渡人의 代金供託請求權 - 제589조: 매수인이 제588조의 대금지급거절권을 행사하는 경우에 매도인은 매수인에 대하여 대금의 전액에 대하여 공탁을 청구할 수 있는데(589조), 매도인이 공탁을 청구하면 매수인은 공탁하여야 하나 매도인은 매수인의 공탁의 원인이 해소된 후가 아니면 공탁금 인도청구권을 행사하지 못한다.

第3款 還 買

1. 槪括: 환매는 매매계약과 동시에 매도인에게 매매의 목적물을 환매할 권리를 보류하고, 그 환매권을 행사하여 목적물을 다시 매수하는 것이다(590조1항). 예컨대 甲이 소유 물건(동산 또는 부동산)을 乙에게 매도하면서, 동 매매계약과 동시에 사후에 당해 물건을 다시 살 수 있는 권리를 유보하는 특약을 하고, 그 특약에 의하여 유보된 권리를 행사하여 甲이 목적물을 다시 취득하는 것을 말한다. 이와 같이 일단 매도한 목적물의 소유권을 취득하는 경위가 환매로서, 이는 유보된 환매권의 행사의 결과이다. 그런데 이는 원매매의 측면에서 보면 환매유보부 매매가 된다. 결국, 환매란 환매유보부 매매 후에 유보된 환매권을 행사하여 목적물의 소유권을 다시 취득하는 것이다. 이러한 환매유보부 매매가 계약자유의 원칙상 유효함은 물론인데, 민법 제590조 이하의 환매에 관한 규정은 당사자의 특약에 의하여 유보된 환매〈권〉을 일정한 권리로 인정하고, 이를 등기하면 제3자에 대한 대항력을 부여하고, 또한 환매권의 행사기간을 제한하여 규제하고 있다는 데 그 의의가 있다. 그런데 환매특약은 두 가지의 목적으로 행해진다. 하나는 환매 본래의 목적인 목적물을 매도한 후에 일정기간 내에 다시 당해 물건을 환수하기 위한 법률적 수단으로 행해지고 또 하나는 금융담보의 목적으로 행해진다. 환매는 동산과 부동산이 모두 목적물이 될 수 있고, 금융담보의 목적으로는 부동산이 주로 행하여지는데, 실제로는 금융담보의 목적으로는 부동산이든 동산이든 환매제도를 이용하는 경우는 드물다. 환매는 우선 채권자에게 소유권의 이전이 있어야 하고, 환매 후에 다시 소유권을 이전시켜야 되는 등으로 번거로울 뿐만 아니라 부동산의 경우에는 등기 이전에 따른 각종 비용과 세금의 부담이 있기 때문이다(이러한 목적을 위해서는 일반적으로 대물변제예약 또는 매도담보 또는 가등기가 행하여진다).
2. 還買에 대한 規律: 환매의 법률관계는 환매특약이 행하여진 목적에 따라 규율되는 법원이 다르다.
(1) 가등기담보법: 가등기담보에 관한 법률은 소비대차에서 발생한 채권을 담보하기 위하여 대물반환예약, 환매, 양도담보 등을 한 경우에 적용(동법 2조)되는 특별법이다(피담보채권이 소비대차에서 발생한 것에 한정된다). 따라서 환매유보부 매매가 (준)소비대차에서 발생한 채권을 담보할 목적으로 행하여진 경우에는 가등기담보에 관한 법률이 적용된다.
(2) 피담보채권의 발생원인이 소비대차 이외의 경우(매매대금 채권, 불법행위에 의한 손해배상채권 등)에 이를 담보하기 위한 경우이거나 또는 환매 본래의 목적을 위하여 행하여진 경우-민법 제590조 이하의 적용: 민법의 환매에 관한 규정의 적용영역은 제한적일 뿐만 아니라, 적용영역 안에 들지라도 환매에 따른 비용부담과 절차 등의 번거러움으로 실제로는 거의 이용되지 않는 실정이다.
(3) 징발재산정리에관한특별조치법 제20조가 말하는 "환매"의 법적 성질: 법문의 표현이 비록

환매라고 되어 있어도 매도인이 매매계약과 동시에 환매할 권리를 보류할 것을 요건으로 하는 민법상의 환매와 같게 볼 수 없는 바로서 같은 조제1항에 적힌 환매권자와 국가와의 사법상의 매매라 할 것이다(대판 1989.12.12. 89다카15000).

3. 構成

(1) 환매의 성립과 효력: 제590조
(2) 환매기간: 제591조
(3) 환매등기: 제592조
(4) 환매권의 행사: 제593조-제595조

再賣買豫約

1. 意義: 목적물의 소유권자가 목적물을 일단 매각하였다가 매수할 필요성이 있는 경우에 매수할 수 있는 권리를 확보하는 법적 방법으로는 환매특약부 매매와 재매매예약이 있다. 그런데 환매는 위에서 본 바와 같이 그 요건과 효과에 제한이 있다. 따라서 그러한 제한을 받지 아니하기 위해서나 또는 환매특약을 하였으나 원매매계약과 동시에 하지 아니하여 환매로서의 효력이 생기지 아니하는 경우에는 재매매예약으로 해석한다. 재매매예약에 관하여는 별도의 규정이 없다. 그런데 재매매예약은 원매매의 당사자간에 지위를 바꾸어 다시 매매예약을 한다는 점만 다를 뿐 매매예약과는 법률관계에서 아무런 다른 점이 없다. 따라서 매매예약에 관한 법리가 그대로 적용된다.

2. 目的物: 목적물에 제한이 없다. 목적물이 부동산인 경우에는 예약완결권은 소유권이전청구권의 보전을 위한 가등기의 형식으로 공시할 수 있다.

(1) 예약완결권: 양도가 가능하며, 가등기된 완결권은 가등기이전의 부기등기의 형식으로 공시할 수 있다.
(2) 법적 성질: 예약완결권은 일종의 형성권으로서 예약의무자에게 의사표시로써 행사한다.
(3) 예약완결권행사의 상대방-원래의 예약의무자: 완결권이 가등기된 후 목적부동산이 제3자에게 양도된 경우에 완결권자는 원칙적으로 원래의 예약의무자에 대하여 완결의 의사를 표시하여야 한다.
(4) 예약완결권의 존속기간: 별도의 약정이 없는 경우에는 형성권으로 10년의 제척기간에 걸린다.

第590條【還買의 意義】 ①賣渡人이 賣買契約과 同時에 還買할 權利를 保留한 때에는 그 領收한 代金 및 買受人이 負擔한 賣買費用을 返還하고 그 目的物을 還買할 수 있다.
②前項의 還買代金에 關하여 特別한 約定이 있으면 그 約定에 依한다.
③前2項의 境遇에 目的物의 果實과 代金의 利子는 特別한 約定이 없으면 이를 相計한 것으로 본다.

還賣의 成立과 還買權

1. 成立: 환매는 매매계약과 동시에 매도인에게 매매의 목적물을 환매할 권리를 보류하는 당사자간의 합의에 의하여 성립한다.

(1) 목적물-제한 없음: 환매의 목적물에는 제한이 없다. 매매의 목적물은 모두 환매의 목적물이 될 수 있다. 동산과 부동산은 물론이고 채권 또는 무체재산권도 환매의 목적물이 된다.
(2) 환매특약: 환매한다는 특약이 원매매계약과 동시에 있어야 한다.
(가) 원매매계약과 동시-제1항: 환매의 특약은 원매매계약과 동시에 하여야 한다.
① 원매매계약 이후의 합의-재매매예약으로서 유효: 원매매계약 후에 한 환매의 합의는 환매로서 효력이 없다. 즉 원매매계약 이후에 당사자간에 일정한 기간 내에는 매도인이 당해 목적물을 다시 매수한다는 별도의 합의가 있다면, 그러한 합의는 환매로서의 효력은 인정할 수 없으나 다

시 사는 매매, 즉 재매매예약으로서는 효력이 있다고 보아야 한다.

② 소유권이전등기 이후의 등기된 환매권-환매권으로서는 무효인 등기: 원매매계약 이후의 합의에 의하여 원매매에 의한 매수인으로의 소유권이전등기 후에 환매권이 등기되었다 하더라도, 이는 환매권이 등기된 것이지 재매매예약의 예약완결권이 등기(가등기)된 것이 아니기 때문에 환매권의 등기는 무효인 등기로써 등기 없는 재매매예약의 효력만 있다.

③ 제607조, 제608조에 위반한 환매특약부 계약에 의한 등기: 민법 제607조, 제608조에 위반한 환매특약부 매매계약에 의하여 경유된 소유권이전등기라도 채무를 담보하는 의미에서 소유권을 신탁적으로 채권자에게 이전하는 효력은 있다(대판 1968.11.19. 68다1570).

(나) 종된 계약: 환매의 합의는 원매매계약에 종된 계약이다. 따라서 원매매계약이 무효·취소되면 환매의 특약도 무효·취소된다. 그러나 환매특약의 하자는 원매매계약에 영향이 없다.

(3) 환매권의 등기: 환매의 목적물이 부동산인 경우에는 매매등기와 동시에 환매권을 등기할 수 있다. 환매권의 등기는 부동산등기법 제64조의2에서 매수인의 이전등기에 부기등기로 한다.

(가) 등기의 효력: 등기된 환매권은 제3자에 대하여 그 효력이 있다(592조)

(나) 등기된 상태로의 목적물의 처분은 가능: 부동산에 관하여 매매등기와 아울러 환매특약의 등기가 경료된 이후 그 부동산 매수인으로부터 그 부동산을 전득한 제3자가 환매권자의 환매권 행사에 대항할 수 없으나, 환매특약의 등기가 부동산의 매수인의 처분권을 금지하는 효력을 가지는 것은 아니므로 그 매수인은 환매특약의 등기 이후 부동산을 전득한 제3자에 대하여 여전히 소유권이전등기절차의 이행의무를 부담하고, 나아가 환매권자가 환매권을 행사하지 아니한 이상 매수인이 전득자인 제3자에 대하여 부담하는 소유권이전등기절차의 이행의무는 이행불능 상태에 이르렀다고 할 수 없으므로, 부동산의 매수인은 전득자인 제3자에 대하여 환매특약의 등기사실만으로 제3자의 소유권이전등기청구를 거절할 수 없다(대판 1994.10.25. 94다35527).

(4) 환매대금

(가) 약정이 가능-제2항: 환매대금은 당사자가 약정할 수 있다.

(나) 대금 약정이 없는 경우-제1항: 대금에 대한 약정이 없으면 원매매대금과 매수인이 부담한 비용의 합계액이 환매대금이 된다.

(다) 과실과 대금의 이자-상계-제3항: 목적물의 과실과 대금의 이자는 특별한 약정이 없으면 상계한 것으로 본다.

(라) 약정금액이 과다, 과소한 경우: 공익사업을위한토지등의취득및보상에관한법률 제91조제4항은 〈토지의 가격이 취득일 당시에 비하여 현저히 변동된 경우 사업시행자 및 환매권자는 환매금액에 대하여 서로 협의하되, 협의가 성립되지 아니한 때에는 그 금액의 증감을 법원에 청구할 수 있다〉고 규정한다. 이에 비추어 유사한 경우에 민법상의 환매가 적용되는 경우에도 그 금액의 증감을 법원에 청구하여 조정할 수 있는 것으로 해석된다.

(5) 특수한 환매특약: 은행이 수출자로부터 무신용장 방식에 의한 화환어음을 매입하면서, 일정한 경우 수출자가 은행에 대하여 환매채무를 지고 수출자는 은행의 관련 규정이 정하는 바에 따라 환매채무를 변제하여야 한다는 내용의 수출거래약정을 한 경우, 은행은 화환어음 매입의 법적 성질이 어음의 매매라는 것과 그 화환어음의 지급과 관련하여 일정한 사유가 발생한 경우에는 환매규정에 의하여 은행의 권리를 구제받을 수 있다는 것을 약정하였다고 보아야 할 것이므로, 은행이 화환어음의 매입에 의하여 어음법상의 소구권이나 위 환매채권을 갖는 외에 별도의 대출금채권을 갖게 될 수는 없다(대판 1996.6.11. 96다2064).

2. 還買權

(1) 환매권의 성질: 환매는 환매유보부 매매계약의 이행 후에 유보된 환매권을 행사하여 목적물의 소유권을 다시 취득하는 것이다. 여기서, 이러한 환매는 구체적으로 어떠한 법률구성으로 이루어지는지가 문제인데, 환매는 그 목적 및 결과나 법률관계가 재매매예약과 유사한 일종의 재매매 예약의 성질을 가지고, 따라서 환매권은 일종의 예약완결권이라 이해된다.

(2) 환매권의 양도

(가) 양도성: 환매권은 재산적 권리를 가지는 것으로 자유롭게 양도할 수 있다. 그러나 공공용지

의취득및손실보상에관한특례법(공익사업을위한토지등의취득및보상에관한법률로 법명 개정)의 입법 취지에 비어 볼 때 특례법상의 환매권은 제3자에게 양도할 수 없고, 따라서 환매권의 양수인은 사업시행자로부터 직접 환매의 목적물을 환매할 수 없으며, 다만 환매권자가 사업시행자로부터 환매한 토지를 양도받을 수 있을 뿐이라고 할 것이다(대판 2001.5.29. 2001다11567).

(나) 양도의 요건

① 양수도계약과 환매의무자에의 통지나 승낙: 환매권의 양도에는 채권양도에 준하여 양도인과 양수인의 양수도 계약과 양도인이 환매의무자에게 통지하거나 환매의무자가 승낙하여야 한다.

㉮ 부동산에 관한 환매권 포기약정을 매매계약으로 본 사례: 피고가 부동산에 관한 환매권을 소외인에게 양도하고 그 소유권이전등기에 필요한 서류를 교부한 점에 비추어 피고가 동 소외인에게 한 환매권포기약정은 국가가 위 부동산을 원소유자인 피고에게 다시 환매할 경우 위 소외인이 피고 명의로 환매계약을 체결하여 그 환매대금을 납부하고 소유권이전등기를 마치면 피고가 위 소외인 앞으로 소유권이전등기를 경료해 주기로 한 것으로 풀이될 수 있으므로 위 포기약정은 부동산의 매매계약이라 볼 것이다(대판 1984.4.10. 81다239).

㉯ 환매권 양도약정이 불공정법률행위에 해당하는지 여부의 판단 방법: 환매권양도계약이 현저히 불공정한 법률행위에 해당하는지의 여부는 1차적으로 소외인이 피고에게 지급한 환매권매수대금과 국가에 대신 납부하기로 하여 납부한 환매부동산의 대금을 합한 금액이 당시의 부동산시가와 비교하여 현저히 저렴한 가격이었는가에 따라 판단하여야 할 것이다(대판 1984.4.10. 81다239).

② 양도의 공시: 등기된 환매권은 이전의 부기등기를 하여야 양도로써 제3자에 대항할 수 있다.

(다) 양도의 효과: 환매권의 양도로 양수인은 새로운 환매권자로서 양도인의 지위를 승계하여 환매권을 행사할 수 있다.

(3) 환매권의 행사: 환매권은 환매권자 및 그 승계인이 환매의무자에 대한 일방적 의사표시로써 한다.

(가) 환매권자: 환매권자는 원매매의 매도인, 환매권을 포괄승계한 자(상속인), 환매권의 양수인이다.

(나) 환매대금의 제공-제1항: 환매권을 행사하기 위하여는 환매대금을 환매의무자에게 제공하여야 한다.

(다) 목적물이 제3자에게 취득된 경우: 목적물이 제3자에게 취득된 경우에 등기된 환매권은 대항력을 가지므로(592조), 등기된 환매권자는 그 제3자에게 환매권을 행사하여야 한다.

(라) 환매에 의한 권리취득은 이전등기형식으로: 부동산등기법 제64조의2에 의하면 환매특약의 등기는 매수인의 권리취득의 등기에 부기하고, 이 등기는 환매에 의한 권리취득의 등기를 한 때에는 이를 말소하도록 되어 있으며 환매에 의한 권리취득의 등기는 이전등기의 방법으로 하여야 할 것인바, 설사 환매특약부 매매계약의 매도인이 환매기간 내에 매수인에게 환매의 의사표시를 한바 있다고 하여도 그 환매에 의한 권리취득의 등기를 함이 없이는 부동산에 가압류집행을 한 자에 대하여 이를 주장할 수 없다(대판 1990.12.26. 90다카16914).

(마) 환매권행사 후 이전등기 전의 법률관계: 매도인이 환매기간 내에 적법하게 환매권을 행사하면 환매등기 후에 마쳐진 제3자의 근저당권 등 제한물권은 소멸하는 것이므로, 환매권 행사 후 근저당권자가 파산선고를 받았다고 하더라도 매도인이 파산자에 대하여 갖는 근저당권설정등기 등의 말소등기청구권은 파산법 제14조에 규정된 파산채권에 해당하지 아니하며, 매도인은 파산법 제79조 소정의 환취권 규정에 따라 파산절차에 의하지 아니하고 직접 파산관재인에게 말소등기절차의 이행을 청구할 수 있다(대판 2002.9.27. 2000다27411).

(4) 환매권의 상실: 환매권은 환매기간의 도과로 상실한다. 그런데 특별법에 의한 환매통지의무 위반과 관련된 불법행위가 문제된다.

(가) 통지하지 않아 기간 도과-불법행위: 공익사업을위한토지등의취득및보상에관한법률제92조의 환매권의 통지 등의 의무에 위배한 채 원소유자 등에게 통지나 공고를 하지 아니하여, 원소유자 등으로 하여금 환매권 행사기간이 도과되도록 하여 이로 인하여 법률에 의하여 인정되는 환매권 행사가 불가능하게 되어 환매권 그 자체를 상실하게 하는 손해를 가한 때에는 원소유자 등

에 대하여 불법행위를 구성한다고 할 것이다(대판 2000.11.14. 99다45864).
(나) 환매권의 상실로 인한 손해배상액은 환매의무자가 환매 목적물을 제3자에게 매도하여 소유권이전등기를 경료함으로써 환매권자의 환매권을 박탈할 당시의 환매 목적물의 시가에서 환매권자가 환매권을 행사할 경우 반환하여야 할 보상금 상당액을 공제한 금원으로 정함이 상당하다(대판 1995.6.30. 94다13435).

第591條【還買期間】 ①還買期間은 不動産은 5年, 動産은 3年을 넘지 못한다. 約定期間이 이를 넘는 때에는 不動産은 5年, 動産은 3年으로 短縮한다.
②還買期間을 定한 때에는 다시 이를 延長하지 못한다.
③還買期間을 定하지 아니한 때에는 그 期間은 不動産은 5年, 動産은 3年으로한다.

還賣期間

1. 最長期間의 制限 - 제1항: 환매기간은 부동산은 5년, 동산은 3년을 넘지 못한다. 만일 당사자간에 이보다 장기로 약정한 경우에는 위 기간으로 단축된다. 그리고 환매기간은 등기사항인데, 환매기간을 제한하는 환매특약이 등기부에 기재되어 있는 때에는 반증이 없는 한 등기부 기재와 같은 환매특약이 진정하게 성립된 것으로 추정된다(대판 1991.10.11. 91다13700).
2. 約定된 期間 없는 경우 - 제3항: 기간에 관하여 약정이 없는 경우에는 부동산은 5년, 동산은 3년으로 한다.
3. 期間延長은 不可 - 제2항: 환매기간을 정한 때에는 후에 이를 다시 연장하지 못한다.
4. 特別法上의 還買通知義務
(1) 환매기간-기업자가 환매대상토지가 생겼음을 환매권자에게 통지하거나 공고하지 않은경우 환매권의 행사기간: 토지수용법 제71조제2항, 제3항, 제72조의 규정취지에 비추어 보면, 사업인정 후 협의취득일 또는 수용일로부터 5년을 경과하여도 수용한 토지의 전부를 사업에 이용하지 아니함으로써 환매할 토지가 생겼을 때에 기업자가 이를 환매권자에게 통지하거나 공고한 경우에는 그 통지를 받은 날 또는 공고의 날로부터 6개월 이내에 환매권을 행사할 수 있고, 기업자가 환매통지나 공고를 하지 않은 경우라 하더라도 환매권자는 환매권을 행사할 수는 있으나 사업인정 후 협의취득일 또는 수용일로부터 6년이 경과하면 환매권은 소멸한다고 보는 것이 상당하다(대판 1993.8.24. 93다16192).
(2) 통지의무위반에 의한 환매기간 도과-불법행위 성립: 공익사업을위한토지등의취득및보상에관한법률 제92조의 환매권의 통지 등의 의무에 위배한 채 원소유자 등에게 통지나 공고를 하지 아니하여, 원소유자 등으로 하여금 환매권 행사기간이 도과되도록 하여 이로 인하여 법률에 의하여 인정되는 환매권의 행사가 불가능하게 되어 환매권 그 자체를 상실하게 하는 손해를 가한 때에는 원소유자 등에 대하여 불법행위를 구성한다고 할 것이다(대판 2000.11.14. 99다45864).

第592條【還買登記】 賣買의 目的物이 不動産인 境遇에 賣買登記와 同時에 還買權의 保留를 登記한 때에는 第三者에 對하여 그 效力이 있다.

還賣登記

1. 還賣登記: 환매권은 민법 본조와 부동산등기법 제43조에 의하여 등기할 수 있다. 환매권의 등기는 목적물에 대한 매수인 앞으로의 소유권이전등기와 동시에 이루어 져야 한다. 소유권이전등기 후에 경료된 환매권의 등기는 무효로서 등기 없는 환매의 효력만 있다.
2. 還買權讓渡登記: 이전의 부기등기형식으로 등기한다.
3. 效力: 제3자에 대하여 효력이 있다. 따라서 목적물의 제3취득자에게 환매권을 행사할 수 있고, 목적물에 대한 이후의 물권은 환매권의 행사로 소멸한다.

第593條【還買權의 代位行使와 買受人의 權利】 賣渡人의 債權者가 賣渡人을 代位하여 還買하고자 하는 때에는 買受人은 法院이 選定한 鑑定人의 評價額에서 賣渡人이 返還할 金額을 控除한 殘額으로 賣渡人의 債務를 辨濟하고 剩餘額이 있으면 이를 賣渡人에게 支給하여 還買權을 消滅시킬 수 있다.

還買權의 代位行使 時 買受人의 權利

1. 意義: 환매권은 재산적 성질을 가지는 권리이므로 환매권자(원매매의 매도인)의 채권자는 채권자대위권을 행사할 수 있다. 그런데 환매권자의 채권자는 환매권을 대위행사하여 목적물을 환매권자에게 귀속시킨 후에 환가하여 그로부터 자기의 채권을 만족하려는 의도이다. 이에 민법은 환매권자의 채권자의 그러한 의도에 따른 이익을 해하지 아니하는 한도 내에서 환매의무자를 보호하기 위하여 제593조의 특칙을 두고 있다.

2. 買受人의 還買權 消滅: 환매의무자(매수인)는 목적물에 대한 법원의 감정금액에서 환매권자가 반환할 금액을 공제한 잔액으로 매도인의 채무를 변제하고 잉여액이 있으면 이를 환매권자에게 지급하여 환매권을 소멸시킬 수 있다.

第594條【還買의 實行】 ①賣渡人은 期間內에 代金과 賣買費用을 買受人에게 提供하지 아니하면 還買할 權利를 잃는다.
②買受人이나 轉得者가 目的物에 對하여 費用을 支出한 때에는 賣渡人은 第203條의 規定에 依하여 이를 償還하여야 한다. 그러나 有益費에 對하여는 法院은 賣渡人의 請求에 依하여 相當한 償還期間을 許與할 수 있다.

還賣의 實行

1. 代金과 賣買費用의 提供: 환매권은 일종의 예약완결권이므로 환매권의 행사로 새로운 매매(재매매)계약이 성립한다.

(1) 환매대금의 지급-제1항: 환매권행사자는 환매대금을 지급하여야 한다.

(2) 비용의 상환-필요비, 유익비-제2항: 매수인 또는 전득자가 그 동안 목적물에 대하여 비용을 지출한 때에는 제203조(점유자의 상환청구권)의 규정에 의하여 이를 상환하여야 한다(594조2항 본문). 따라서 유익비는 물론이고 필요비도 상환하여야 한다. 그러나 매수인이 과실을 취득한 때에는 통상의 필요비는 상환할 필요가 없다(203조1항).

(3) 과실과 이자의 상계: 환매에서 목적물의 과실과 대금의 이자는 특별한 약정이 없으면 상계한 것으로 간주되기 때문에(590조3항), 여기서의 과실은 필요비와 이자의 합산액과 상계되는 것으로 간주되는 결과가 된다.

2. 引渡와 移轉登記: 환매의무자는 물건의 인도를 하고, 부동산은 이전등기를 하여야 한다.

3. 還買權登記의 抹消: 등기된 환매권은 말소등기를 하여야 한다.

第595條【共有持分의 還買】 共有者의 1人이 還買할 權利를 保留하고 그 持分을 賣渡한 後 그 目的物의 分割이나 競賣가 있는 때에는 賣渡人은 買受人이 받은 또는 받을 部分이나 代金에 對하여 還買權을 行使할 수 있다. 그러나 賣渡人에게 通知하지 아니한 買受人은 그 分割이나 競賣로써 賣渡人에게 對抗하지 못한다.

共有支分還賣特約後 共有物의 分割 등

1. 意義: 공유자의 공유물에 대한 지분은 자유로이 처분할 수 있다. 따라서 공유자의 1인이 자기의 공유지분을 처분하면서 환매특약을 하였고, 환매권 행사 전에 공유물이 분할되는 수가 있다.

이러한 경우를 위하여 제595조의 특칙을 두고 있다.

2. 共有物分割, 競賣의 경우 – 당해 부분에 대한 환매권 행사: 목적물인 공유물이 분할된 때에는 매수인이 받은 또는 받을 부분에 대하여 매도인은 환매권을 행사할 수 있고, 경매된 때에는 매수인이 받은 또는 받을 대금(경낙대금)에 대하여 매도인이 환매권을 행사할 수 있다.

3. 賣渡人에 대한 通知義務 – 단서: 공유물의 분할이나 경매는 매도인(환매권자)에게 미치는 영향이 크므로 매도인에게 분할 또는 경매에 참가할 기회를 주기 위하여, 매수인에게 환매권자(매도인)에 대한 통지의무를 부여하고, 이를 게을리한 때에는 분할이나 경매로써 매수인은 매도인에게 대항할 수 없도록 하고 있다.

第4節 交 換

第596條【交換의 意義】 交換은 當事者雙方이 金錢以外의 財產權을 相互移轉할 것을 約定함으로써 그 效力이 생긴다.

第597條【金錢의 補充支給의 境遇】 當事者一方이 前條의 財產權移轉과 金錢의 補充支給을 約定한 때에는 그 金錢에 對하여는 賣買代金에 關한 規定을 準用한다.

1. 交換契約의 成立 – 제596조: 교환계약은 당사자간에 교환의 청약의 의사표시와 그에 대한 승낙의 의사표시의 합치로 성립한다.

(1) 목적물: 쌍방이 대가적인 의미를 가지는 재산권을 이전하는 약정으로서, 물건과 물건 또는 물건과 일정한 재산적 권리 어느 것이나 관계없다.

(2) 낙성·불요식 계약: 교환계약은 당사자간에 청약의 의사표시와 그에 대한 승낙의 의사표시의 합치로 성립하는 이른바 낙성계약으로서 서면의 작성을 필요로 하지 아니하고, 그 청약의 의사표시는 그 내용이 이에 대한 승낙만 있으면 곧 계약이 성립될 수 있을 정도로 구체적이어야 하고, 승낙은 이와 같은 구체적인 청약에 대한 것이어야 할 것이며, 이 경우에 그 승낙의 의사표시는 특별한 사정이 없는 한 그 방법에 아무런 제한이 없고 반드시 명시적임을 요하는 것도 아니다(대판 1992.10.13. 92다29696).

2. 效果

(1) 매매에 관한 규정 준용: 교환은 쌍무·유상계약으로 매매에 관한 규정이 준용된다(567조).

(2) 차액-금전의 보충지급-제597조: 상호 이전되는 재산권이 당사자의 평가에서 차이가 나는 경우에, 금전으로 보충지급을 약정한 때에 그 금전에 대하여는 매매대금에 관한 규정이 준용된다.

(3) 개별적 문제

(가) 교환약정에 의한 부동산 양도에 있어서 대금청산의 시기: 부동산을 서로 교환하는 계약에 의해 자산의 양도가 이루어진 경우 양도인이 양도대가로 취득할 교환대상 목적물에 관한 소유권이전등기를 넘겨받기 전이라 하더라도, 교환계약의 당사자가 언제든지 상대방의 요구에 따라 소유권이전등기를 마쳐 줄 의무가 있고, 적어도 위 당사자 사이에서는 그 교환대상 목적물에 대한 실질적인 처분권을 취득한 것으로 인정되는 때에는 대금의 청산이 이루어진 것으로 볼 수 있다(대판 1996.1.23. 95누7475).

(나) 차액의 지급을 채무인수로 한 약정: 교환계약에서 당사자의 일방이 교환 목적물인 각 재산권의 차액에 해당하는 금원인 보충금의 지급에 갈음하여 상대방으로부터 이전받을 목적물에 관한 근저당권의 피담보채무를 인수하기로 약정한 경우, 특별한 사정이 없는 한 채무를 인수한 일방은 위 보충금을 제외한 나머지 재산권을 상대방에게 이전하여 줌으로써 교환계약상의 의무를 다한 것이 된다(대판 1998.7.24. 98다13877).

(다) 인수한 채무를 이행하지 않아 교환의 상대방이 대신 변제한 것을 들어 교환계약의 해제가 가능한지 여부: 피담보채무를 인수한 교환계약의 당사자 일방이 인수채무인 근저당권의 피담보

채무의 변제를 게을리함으로써 교환 목적물에 관하여 설정된 근저당권의 실행으로 임의경매절차가 개시되었거나 개시될 염려가 있어 상대방이 이를 막기 위하여 부득이 피담보채무를 변제한 경우 등 채무를 인수한 일방이 보충금을 지급하지 아니한 것으로 평가할 수 있는 특별한 사정이 있는 경우에는, 상대방은 채무인수인에 대하여 동액 상당의 손해배상채권 또는 구상채권을 갖게 되는 것이며, 한편 이와 같은 특별한 사정이 있다는 사유를 들어 교환계약을 해제할 수도 있다(대판 1998.7.24. 98다13877).

(라) 부동산 교환계약의 일방당사자의 상속인이 타방 당사자의 권리를 승계한 자에게 직접 이전등기를 이행할 의무가 있는지 여부: 부동산에 관한 교환계약이 원고의 망부와 피고들의 피상속인 사이에 체결된 것이라면 원고가 망부 생전에 위 교환계약에 따른 소유권이전등기청구권 등 일체의 권리를 증여받았더라도 그와 같은 증여는 원고와 망부 간의 법률관계에 지나지 않는 것이므로 중간생략등기에 관한 합의가 없는 이상, 피고들이 그 피상속인과 원고의 망부와의 교환계약에 따른 이 사건 부동산의 소유권이전등기를 계약당사자도 아닌 원고에게 직접 이행하여야 할 의무는 없다(대판 1983.12.13. 83다카881).

第5節 消費貸借

1. 概括: 소비대차는 당사자의 일방(대주)이 금전 그 밖의 대체물의 소유권을 상대방에게 이전하여 자유롭게 처분할 수 있도록 하고, 상대방(차주)은 일정한 기간 경과 후에 동종·동질·동량의 물건으로 반환할 것을 약정하는 계약이다. 소비대차는 그 목적물이 소비물이므로 차주는 차용한 물건을 사용하여 소비하고, 이것과 같은 종류·품질·수량 등의 물건으로 반환할 관계에 선다는 점에서 차용물 그 자체의 반환을 전제로 하는 사용대차 및 임대차와 근본적인 차이가 있다. 이러한 소비대차는 원래는 생활공동체 내에서 생활에 여유 있는 자와 궁핍한 자간에 상호부조적 차원에서 생활필수품을 일시적으로 유용하는 제도로써 행하여졌다. 소비대차의 이와 같은 공동체구성원간의 상호부조적 기능 내지 의미는 오늘날에도 민법이 여전히 소비대차를 원칙적으로 무상으로 하고 있다는 점에서 나타나고 있다. 소비대차의 이와 같은 상호부조적 기능으로 소비대차의 목적물은 원래는 생활필수품으로서의 현물이었으나 화폐의 발달로 점차 현물의 대차는 줄어들고 목적물이 주로 금전으로 이행되었다. 또한 자본주의의 발달과 더불어 그 기능적인 면에서도 소비대차는 단순한 소비신용에서 생산신용으로 변모하게 되었다. 오늘날에도 여전히 소비대차는 개인의 생활부조적인 기능을 하고는 있지만, 그러한 기능은 상당히 퇴색되어지고 기업을 소유·운영하는 자에게는 자본을 확보하고 자본가에게는 기업에 투자를 할 수 있는 법적 매개로서의 생산신용의 수단으로 그 기능의 중요성이 이동되었으며, 또한 금융자산가의 금융을 이용한 재산축적 수단으로 금전의 대차가 이루어진다. 이러한 기능상의 변천으로 오늘날은 무상의 소비대차보다 오히려 유상의 소비대차가 일반적이며, 이로 인해 고율의 이자에 대한 경제적 약자의 보호를 위하여 각국은 법으로 최고이율을 제한하고 있다. 우리나라도 당사자간의 금전의 소비대차에서 최고이율을 제한하는 것을 주요내용으로 하는 특별법으로 이자제한법(2007.3.29. 법률 제8326호)과 대부업등의등록및금융이용자보호에관한법률(2002.10.28. 법률 제6706호)이 있다.

2. 法律的 性質

(1) 낙성계약: 소비대차는 당사자의 의사의 합치만으로 성립하는 낙성계약이다. 당사자의 특약으로 물건을 인도함으로써 비로소 효력이 생기도록 하는 요물계약으로 약정할 수도 있다.

(2) 무상이 원칙: 소비대차는 무상이 원칙이나, 유상으로도 할 수 있다. 유상인 소비대차를 이자부 소비대차라 한다. 민법상의 소비대차는 무상이 원칙이기 때문에 이자에 관하여 특별히 약정한 것이 없는 때에는 무이자이다. 이와 같이 소비대차를 원칙적으로 무상으로 한 것은 그 기원이 생활부조적인 소비신용에서 출발하였으나, 오늘날은 오히려 생산신용으로의 기능으로 유상이 일반적이다. 당사자 사이의 특약으로 그 대가를 지급하는 것으로 할 수 있고, 이 경우에는 유상계약이 된다. 무상인 무이자 소비대차인 때에는 증여의 규정이 준용되며, 유상인 이자부 소비대차

인 때에는 매매에 관한 규정이 준용된다.

(3) 편무계약이 원칙: 소비대차는 무상이 원칙으로 무상인 소비대차는 편무계약이다. 당사자의 특약으로 유상으로 한 때에는 쌍무계약이다.

(4) 불요식계약: 소비대차는 구두·서면 또는 특별한 방식을 필요로 하지 않는 불요식계약이다.

3. 構成

(1) 소비대차의 성립

(가) 통상의 소비대차: 제598조

(나) 어음·공채 기타 유가증권: 제606조

(다) 준소비대차: 제605조

(2) 소비대차에 특유한 실효 및 해제 사유

(가) 목적물 인도 전의 파산: 제599조

(나) 무이자소비대차에서의 목적물 인도 전의 해제: 제601조

(3) 소비대차의 효력: 제598조

(가) 목적물반환시기: 제603조

(나) 반환 목적물

① 무이자소비대차의 목적물 하자의 경우에 가액반환: 제602조

② 반환불능의 경우: 제604조

③ 대물반환의 예약을 한 경우: 제607·제608조

第598條【消費貸借의 意義】 消費貸借는 當事者一方이 金錢 其他 代替物의 所有權을 相對方에게 移轉할 것을 約定하고 相對方은 그와 같은 種類, 品質 및 數量으로 返還할 것을 約定함으로써 그 效力이 생긴다.

消費貸借의 成立과 一般的 效力

1. 諾成契約, 無償, 片務, 不要式契約

(1) 의사의 합치: 소비대차는 일방이 상대방으로 하여금 금전 기타 대체물을 사용·수익하게 하기 위하여 소유권을 이전할 의사와 상대방의 그러한 물건으로 반환할 의사의 합치로 성립한다. 소비대차의 성립에는 계약의 일반적인 성립요건을 충족하여야 함은 물론이고, 특별한 형식을 요하지 아니하고, 일방만이 채무와 재산권이전을 하고 상대방은 그 대가의 지급을 요하지 않는 낙성, 무상, 편무, 불요식계약이다. 그 밖에 소비대차에서 특별히 다른 점은 금전 기타의 대체물만이 목적물이 될 수 있는 등 목적물에서 특수성이 있다.

(2) 목적물-금전 기타 대체물: 소비대차의 목적물은 곡물이나 금전과 같은 대체물에 한하므로 비대체물에 관하여는 소비대차가 성립하지 않는다. 목적물이 비대체물인 경우에는 유상이면 임대차, 무상이면 사용대차가 된다.

(3) 쌍방대리에 의한 소비대차의 성립: 사채알선업자가 사채를 얻으려는 사람으로부터 금전차용을 의뢰받을 시 담보물이 확실하기만 하면 담보관계서류를 받아 두고 사채를 놓을 사람이 금전을 대여하겠다고 하면 위 담보물을 잡게 하고 금전대여를 하도록 알선하는데, 사채를 쓰는 사람이건 놓는 사람이건 상대방이 누구인가를 상관하지 않고 사채알선업자만을 믿고 모든 것을 맡기는 경우에 있어서는 사채알선업자는 어느 일방만의 대리인이 아니고, 채권자쪽을 대할 때에는 그 뒤에 있는 채무자측의 대리인 역할을 하게 되는 것이고, 반대로 채무자쪽을 대할 때에는 그 뒤에 있는 채권자측의 대리인으로서 역할을 하게 된다고 볼 것이다(대판 1993.1.15. 92다39365).

2. 消費貸借의 一般的 效力

(1) 대주의 의무

(가) 목적물의 소유권 이전의무: 대주는 차주로 하여금 목적물을 이용할 수 있도록 하기 위하여 목적물의 소유권을 이전하여야 한다. 이 목적물 이전의무의 이행방법·장소 등은 당사자가 이를

결정하게 될 것이나, 그에 관하여 당사자간에 정함이 없으면 채무이행의 일반원칙에 따른다. 이자부 금전소비대차에서 선이자 공제 후 지급하는 선이자공제계약도 유효하고, 이때 대차원금은 실제 수령액으로 본다(이자제한법 3조).

(나) 담보책임-제602조: 대주가 교부한 목적물에 하자가 있는 경우에는 대주는 일정한 담보책임을 지는데, 그 책임의 정도는 이자부 소비대차와 무이자 소비대차에 따라 다르다.

(2) 차주의 의무

(가) 반환의무: 차주는 그가 차용한 금전 기타의 대체물과 동종·동질·동량의 물건으로 반환하여야 한다. 여기서 별도의 약정이 없는 경우에 반환시기, 반환불능의 경우, 대물반환의 예약을 한 경우의 구체적인 법률관계가 문제된다.

(나) 이자지급의무: 민법상의 소비대차는 원칙이 무상으로 유상(이자)으로 한다는 특약이 없는 경우에는 무상으로 이자가 발생되지 아니한다.

① 약정이율이 있는 경우: 약정이율에 따른 이자를 지급하여야 한다. 그러나 최고이율을 제한하는 것을 주요 내용으로 하는 특별법인 이자제한법(2007.3.29. 법률 8326호)과 대부업등의등록및금융이용자보호에관한법률(2002.10.28. 법률 6706호)의 적용이 있다. 이자제한법은 일반적인 금전의 소비대차에 적용되며, 후자는 대부업을 등록한 자와 등록 없이 사실상 대부업을 영위하는 자와 3,000만원 이하의 대부계약을 체결하는 경우에 적용된다. 양 법은 그 적용범위에서 다를 뿐 이자의 제한부분에 관하여는 내용이 거의 유사하여, 이자제한법을 중심으로 주요내용을 본다.

㉮ 제한최고이율: 연 40% 범위 내에서 대통령령으로 최고이율을 정한다(2조1항).

㉯ 제한이율 초과부분: 초과한 부분은 무효이다(2조3항).

㉰ 임의지급한 초과이자: 임의지급한 초과이자는 원본에 충당되고, 원본 소멸한 때에는 그 반환을 청구할 수 있다(2조4항).

㉱ 초과이율에 의한 선이자공제: 선이자공제계약에 의하여 제한이율을 초과하여 계산한 이자를 공제하고 수령한 경우에는 채무자가 실제수령한 금액을 원본으로 적법이율에 의하여 계산한 이자액을 초과한 부분은 원본에 충당한 것으로 본다(3조). 따라서 45%의 이율로 100만원을 1년 대차하면서 선이자 공제로 55만원을 수령한 채무자는, 55만원에 대한 적법한 최고이율(30%)에 의한 이자 16만 5천원을 초과한 28만 5천원은 100만원에 충당되어, 71만 5천을 변제하면 원금채무가 소멸한다.

② 유상으로 한다는 것만 약정한 경우: 유상으로 한다는 것만 약정을 하고, 이율에 관하여는 별도의 약정이 없는 경우에는 법정이율(연 5%-379조)에 의한 이자를 지급하여야 한다.

(3) 보증기간에 대한 약관의 효력 유무: 주채무의 거래기간이 연장되면 연대보증기간도 자동적으로 연장되는 것으로 규정한 은행과의 소비대차약정상의 약관 조항은 약관의규제에관한법률 제9조제5호의 규정에 위반되어 효력이 없다(대판 1999.8.24. 99다26481).

3. 消費貸借인지 여부가 問題된 事例

(1) 특수한 계의 법적 성질을 소비대차로 인정한 사례: 계원들이 계주와의 개인적 친분관계에 기하여 계에 가입하였고, 계 자체의 공동운영이라는 것이 없으며, 계주가 계불입금 수금 및 계금 지급 등 일체의 업무를 처리한 점 등 제반 사정에 비추어 볼 때, 파계된 계의 법적 성격이 계주의 개인사업으로 운영되는 것으로서 계주와 계원 간의 일종의 소비대차계약이므로, 파계로 계금을 수령하지 못한 계원이 계금을 수령한 계원을 상대로 부당이득금 반환을 청구할 수 없다(부산지법 2008.11.17. 2008가단23718).

(2) 어음할인을 소비대차로 인정한 사례: 통상 어음할인이라 함은, 아직 만기가 도래하지 아니한 어음의 소지인이 상대방에게 어음을 양도하고 상대방이 어음의 액면금액에서 만기까지의 이자 기타 비용을 공제한 금액을 할인의뢰자에게 교부하는 거래를 말하는 것인데, 수표의 경우에는 만기가 없으므로 어음할인과 같은 엄격한 의미에서의 수표할인은 존재할 수 없으나 특정기일 전까지 지급제시를 하지 않기로 하고 수표금액에서 그 기간까지의 이자를 공제하는 방법에 의한 수표할인은 가능한 바, 그와 같은 형태의 어음 또는 수표의 할인이 금융기관이 아닌 사인 간에 이루어진 경우 그 성질이 소비대차에 해당하는 것인지 아니면 어음의 매매에 해당하는 것인지의

여부는 그 거래의 실태와 당사자의 의사에 의하여 결정되어야 할 것이다. 그런데 금융기관이 아닌 사인이 거래관계로 알게 된 상대방으로부터 자금의 융통을 요청받고는 거의 대부분 그 상대방이 발행인으로 된 융통어음과 수표를 교부받으면서 그 액면금액에서 만기 등까지의 이자를 공제한 나머지의 금액을 그 상대방에게 교부하였고, 소외 회사가 발행한 어음에 대하여도 그 상대방이 발행한 어음이나 수표와 같은 형태로 할인거래가 이루어졌다면 그 사인으로서는 그 어음 또는 수표 자체의 가치에 중점을 두고 이를 매수한 것이 아니라 어음 또는 수표의 할인의뢰인인 그 상대방의 신용이나 자력을 믿고서 그 상대방에게 어음 또는 수표를 담보로 금전을 대여하여 주었다고 봄이 상당하다(대판 2002.4.12. 2001다55598).

(3) 대여미의 형식을 빌린 금전소비대차라고 본 사례: 백미 105가마니를 현물로 대여한 것이 아니라 백미환산대금 2,415,000원을 대여하고 그 이자도 백미차용시의 보통의 이자지급 방법을 벗어나는 현금으로 수령하였다면, 달리 대여 당시의 형편과 사정에 의하여 원·피고들의 합의아래 현물대신 당시의 그 시가에 상당하는 현금을 교부받은 것이라는 특별한 사정이 인정되지 않는 한, 원·피고 사이에 이루어진 위 소비대차는 대여미의 형식을 빌린 금전대차라고 봄이 경험칙에 부합한다(대판 1984.5.22. 83다카195).

第599條【破産과 消費貸借의 失效】 貸主가 目的物을 借主에게 引渡하기 前에 當事者一方이 破産宣告를 받은 때에는 消費貸借는 그 效力을 잃는다.

目的物引渡 前의 破産宣告로 失效

1. 目的物引渡 前 一方의 破産宣告: 소비대차는 낙성계약이므로 당사자 사이에 합의만 있으면 유효하게 성립한다. 그런데 만일 대주가 파산선고를 받은 경우에도 소비대차계약을 그대로 유지한다면 차주는 목적물 인도청구권을 파산재단에 대하여 행사하여야 하며, 한편 차주가 파산선고를 받은 때에는 소비대차의 기초인 신용관계가 무너지며 또한 대주는 계약 종료 후의 반환청구권에 대하여 만족을 얻을 수가 없게 된다. 이와 같이 목적물 인도 전에 일방 어느 쪽이나 파산선고를 받은 때에는 소비대차의 효력을 그대로 유지하는 것은 합리적이지 못하다. 이에 본조에서 대주가 목적물을 차주에게 인도하기 전에 당사자 일방이 파산선고를 받은 때에는 소비대차는 그 효력을 잃는 것으로 특별히 규정하였다.

2. 財産狀態惡化를 이유로 하는 拒絶權 - 肯定: 차주가 파산선고를 받지는 아니하였으나 재산상태가 아주 악화된 경우에 외국 입법예(독일 민법 610조)에서와 같이 청약 또는 승낙의 철회권이나 이행의 거절권이 인정되는지 문제된다. 무이자 소비대차의 경우에는 목적물 인도 전에는 언제나 해제할 수 있으므로 문제가 되지 않고, 이것이 문제되는 것은 이자부 소비대차의 경우인데, 소비대차는 당사자의 신용을 기초로 하는 계약으로 담보가 제공되지 않고 신용이 극도로 위태롭게 되어 대주의 반환청구권이 충족되지 못할 위험이 있는 때에는 대주의 계약 해제권을 인정하는 것이 신의칙에 부합한다.

第600條【利子計算의 始期】 利子 있는 消費貸借는 借主가 目的物의 引渡를 받은 때로부터 利子를 計算하여야 하며 借主가 그 責任 있는 事由로 受領을 遲滯할 때에는 貸主가 履行을 提供한 때로부터 利子를 計算하여야 한다.

利子附 消費貸借에서 利子의 計算

1. 借主가 目的物을 受領한 경우: 이자부 소비대차에서 이자는 차주가 목적물을 수령한 경우에는 수령한 때로부터 이자를 계산한다.

2. 借主가 受領遲滯한 경우: 차주의 귀책사유로 대주가 목적물을 인도하지 못한 경우에는 이행을 제공한 때로부터 이자는 계산한다.

3. 利子 計算의 特約이 있는 경우: 당사자간에 이자의 계산에 관하여 약정이 있는 경우에는 본조

는 그 적용이 없다.
4. 利子附 消費貸借의 辨濟期 後의 利子: 이자부 소비대차에서 변제기 후의 이자에 관하여 당사자 간에 특별한 의사표시가 없는 한 그 변제기가 지난 후에도 당초의 약정이자를 지급하기로 한 것으로 보는 것이 대차관계에 있어서의 당사자의 의사라고 할 것이다(대판 1970.3.10. 69다2269).

第601條【無利子消費貸借와 解除權】 利子 없는 消費貸借의 當事者는 目的物의 引渡前에는 언제든지 契約을 解除할 수 있다. 그러나 相對方에게 생긴 損害가 있는 때에는 이를 賠償하여야 한다.

無利子消費貸借에서 目的物引渡 前의 任意解除

1. 引渡 前의 任意解除 - 본문: 이자 없는 소비대차는 편무·무상계약으로 대주만이 경제적 손실을 입게 된다. 이러한 당사자 사이의 불공평을 완화하기 위하여 민법은 당사자는 목적물을 인도하기 전에는 언제든지 계약을 해제할 수 있도록 하였다. 보통의 경우는 대주가 해제하겠으나, 차주도 해제할 수 있음은 물론이다.
2. 損害賠償 - 단서: 본조에 의한 임의해제로 인하여 상대방에게 손해가 발생한 때에는 이를 배상하여야 한다.
3. 受領 後의 解除
(1) 반환시기의 약정이 없는 경우: 차주는 제603조제2항 단서에 의하여 언제든지 반환할 수 있다.
(2) 반환시기에 약정이 있는 경우: 약정이 있는 경우에도 차주는 기한의 이익을 포기하여 언제든지 반환할 수 있다.

第602條【貸主의 擔保責任】 ①利子 있는 消費貸借의 目的物에 瑕疵가 있는 境遇에는 第580條 乃至 第582條의 規定을 準用한다.
②利子 없는 消費貸借의 境遇에는 借主는 瑕疵 있는 物件의 價額으로 返還할 수 있다. 그러나 貸主가 그 瑕疵를 알고 借主에게 告知하지 아니한 때에는 前項과 같다.

目的物의 瑕疵에 대한 法律關係

1. 利子附와 無利子附를 區別하여 規律: 소비대차의 목적물에 하자가 있는 경우의 담보책임에 관하여는 이자가 있는지 여부에 따라, 그 본질이 이자부이면 유상계약이고, 무이자이면 무상계약으로, 그 본질에 따라 담보책임이 다르다.
2. 利子附 消費貸借 - 제1항: 이자부 소비대차는 유상계약으로 대주의 담보책임은 매매에서의 담보책임의 규정이 준용된다. 즉 제580조 내지 제582조의 규정이 준용된다.
(1) 차주의 담보책임청구권-제580조, 제581조: 차주는 선의·무과실인 경우에 계약해제권, 손해배상청구권 또는 완전물급부청구권을 행사할 수 있다(580조1항, 581조2항). 한편 대주는 금전에 갈음하여 유가증권 기타의 물건을 교부할 수도 있는데, 이러한 대물대차의 경우에 대주가 교부한 것으로 차주가 금전적 이익을 얻지 못한 때에도 대주는 담보책임을 진다.
(2) 6월의 제척기간-제582조: 담보책임은 하자 있음을 안 날로부터 6월의 제척기간에 걸린다. 그 밖에 손해배상의 범위는 매도인의 하자담보책임에 있어서와 같다.
(3) 하자 있는 목적물을 수령한 차주의 반환할 물건-완전물: 차주는 하자에 대하여는 담보책임청구권을 행사하되, 반환할 때에는 하자 없는 완전한 물건으로 반환하여야 한다.
(4) 본조는 임의규정: 본조는 강행규정은 아니므로 당사자 사이에 다른 특약이 있으면 그에 따른다.
3. 無利子消費貸借: 무이자소비대차는 그 본질이 무상계약이므로 담보책임에 관하여는 무상계약의 대표인 증여의 담보책임에 관한 규정이 준용된다.
(1) 대주가 하자를 모른 경우
(가) 차주의 담보책임청구권은 없음: 차주는 담보책임청구권을 행사할 수 없다.

(나) 차주의 반환-하자 있는 물건의 가액반환-제2항 본문: 소비대차는 대체물이 목적물이므로 동종·동질·동량의 물건으로 반환하여야 한다. 공채·어음·주권 기타 유가증권 그 자체가 목적물인 경우에도 같은 것으로 반환하여야 한다. 그런데 목적물에 하자가 있는 경우에 이자부 소비대차에서는 하자에 대하여는 차주가 담보책임을 청구할 수 있게 하고(602조1항), 반면에 반환할 때에는 완전한 물건으로 반환하여야 한다. 그런데 무이자소비대차에서 대주가 담보책임이 없는 경우에 차주에게 완전한 물건으로 반환하게 하는 것은 형평에 어긋나며, 그럼에도 동일한 하자 있는 물건으로 반환하게 하는 것은 실제로 불가능하다. 이에 무이자소비대차에서 대주가 담보책임을 지지 아니하는 경우에는 차주는 하자 있는 물건의 가액으로 반환할 수 있다(602조2항).
(2) 하자에 대한 대주의 악의의 불고지 경우-제1항 적용-제2항 단서: 무이자소비대차에서도 대주가 교부한 목적물에 하자가 있음을 알면서 이를 차주에게 고지하지 않은 경우에는 이자부소비대차와 같은 담보책임을 진다.

第603條【返還時期】 ①借主는 約定時期에 借用物과 같은 種類, 品質 및 數量의 物件을 返還하여야 한다.
②返還時期의 約定이 없는 때에는 貸主는 相當한 期間을 定하여 返還을 催告하여야 한다. 그러나 借主는 언제든지 返還할 수 있다.

目的物의 返還時期

1. 約定 있는 경우 - 제1항
(1) 약정기의 반환: 반환시기에 관하여 확정기이든 불확정기이든 약정이 있는 경우에는 그에 따른다. 확정기인 때에는 시기 도래로부터 지체책임이 있고, 불확정기인 때에는 그 도래를 안 때로부터 지체의 책임이 있다(387조). 약정기가 있더라도 기한의 이익을 상실할 때에는 대주는 반환청구를 할 수 있음은 물론이다(388조 참조).
(2) 기한 전 반환: 기한의 이익은 원칙적으로 차주에게 있고(153조), 기한의 이익은 포기할 수 있기 때문에, 무이자소비대차에서 차주는 기한 전에 언제나 반환할 수 있고, 이자부 소비대차에서는 기한이 차주만의 이익을 위한 것이면 변제시까지의 이자를 붙여서 반환하면 되나, 기한이 대주의 이익을 위하여서도 존재하는 것이면 기한, 즉 이행기까지의 이자를 붙여서 기한 전에 반환할 수 있다.

2. 約定이 없는 경우 - 제2항
(1) 대주의 반환-최고-제2항 본문: 대주는 상당한 기간을 정하여 반환을 최고하여야 한다. 따라서 상당한 기간이 지난 후에 차주는 지체에 빠지게 된다.
(2) 차주의 임의반환-제2항 단서: 차주는 언제든지 반환할 수 있다. 이자부 소비대차에 있어서도 통상의 경우는 이자 없이 반환하면(기한 이익의 포기) 되고, 기한의 이익이 쌍방 또는 대주에게 있는 경우는 반환할 때까지의 이자를 붙여서 반환하면 된다.

第604條【返還不能으로 因한 市價償還】 借主가 借用物과 같은 種類, 品質 및 數量의 物件을 返還할 수 없는 때에는 그 때의 市價로 償還하여야 한다. 그러나 第376條 및 第377條 第2項의 境遇에는 그러하지 아니하다.

同一 種類 目的物로 返還不能의 경우-市價 償還

1. 借用物의 市價로 償還 - 본문: 차주가 대주로부터 받은 차용물과 동종·동질·동량의 물건으로 반환할 수 없게 된 경우에는, 차주는 그 불능으로 된 때에 있어서의 차용물의 시가로 상환하여야 한다.
2. 特種金錢의 경우 - 제376조, 제377조 - 제604조 단서: 특종의 통화를 목적으로 한 때에는 비록 그것이 변제기에 강제통용력을 잃은 경우에는 그 특정통화의 현재의 시가(구통화를 매도한 가액)로 반환할 것이 아니라, 통용력 있는 다른 종류의 통화로 반환하여야 한다.

第605條【準消費貸借】 當事者雙方이 消費貸借에 依하지 아니하고 金錢 其他의 代替物을 支給할 義務가 있는 境遇에 當事者가 그 目的物을 消費貸借의 目的으로 할 것을 約定한 때에는 消費貸借의 效力이 생긴다.

準消費貸借

1. 意義: 당사자간에 이미 소비대차에 의하지 아니하고 금전 기타의 대체물을 지급할 의무가 있는 경우에 그 목적물을 소비대차의 목적으로 할 것으로 변경하는 약정이 준소비대차이다. 예컨대 당사자간에 매매계약으로 매도인이 목적물을 선이행하고 매수인이 대금 일부에 대한 미지급채무가 있는 경우에 그 잔대금채무를 소비대차의 채무로 전환시키는 합의를 하는 경우가 이에 해당한다.

(1) 기능: 준소비대차는 현재 금전 기타 대체물의 급부의무자에게 지급을 유예시켜 계속 이용하도록 하는 결과가 되나, 단순한 채무이행기한의 연장이 아니라 채무자에게는 목적물을 계속 이용하고 또한 이행을 위한 준비기간을 주는 것이고, 채권자에게는 소비대차로 함으로써 그 기간 동안 이자를 받을 수 있는 등으로 쌍방에게 유리한 점이 있다. 또한 법률관계에서는 일방이 장래 소비대차상의 차주가 되려면 기존의 채무를 일단 이행하였다가 상대방으로부터 다시 목적물을 인도받아야 하므로 그 절차가 번잡·불편하고 무의미할 뿐만 아니라 거래의 신속성을 해치게 된다. 이에 당사자의 의사표시만으로 소비대차가 성립하는 것으로 하여 절차를 간편하게 하면서 당사자의 본래의 목적을 달성하게 한 것이다.

(2) 법률적 성질

(가) 채무원인 변경계약: 준소비대차의 법률적 성질은 채무원인을 변경하는 일종의 변경계약이다. 따라서 기존채무를 소멸시키지 아니하고 그 동일성을 유지하면서도 그 채무원인을 소비대차로 변경할 수 있다. 제605조는 구채무의 목적물을 그대로 소비대차의 목적물로 약정하는 것을 준소비대차라 하여, 목적물의 동일성을 유지한 채 채무원인을 소비대차로 변경하는 것이 준소비대차이다.

(나) 경개와의 차이: 경개란 기존채무의 요소인 채권자·채무자·목적을 변경하여 새로운 채무를 발생시키고 기존채무를 소멸시키는 당사자간의 합의이다. 준소비대차도 기존채무를 소멸하고 새로운 채무인 소비대차상의 채무를 발생시키는 합의인 점에서 동일 당사자간에 이루어진 채무목적의 변경을 위한 경개와 유사하다. 그러나 경개는 기존채무의 요소를 단순히 변경하는 것이 아니라 기존채무 자체를 소멸시키고 변경된 요소를 가지는 새로운 채무를 발생시킨다는 점에서, 기존의 채무와 새로운 채무는 동일성을 상실한다. 즉 경개에서는 채무의 동일성을 상실하고, 준소비대차에서는 동일성을 가진다는 점에서 차이가 난다. 채무가 변경된 때에 변경 전의 채무와 변경 후의 채무가 동일성을 가지느냐 여부는 변경 후의 채무의 법률효과에서 중대한 차이가 난다.

① 구별기준-불분명하면 준소비대차로: 기존채권·채무의 당사자가 그 목적물을 소비대차의 목적으로 할 것을 약정한 경우 그 약정을 경개로 볼 것인가 또는 준소비대차로 볼 것인가는 일차적으로 당사자의 의사에 의하여 결정되고, 만약 당사자의 의사가 명백하지 않을 때에는 의사해석의 문제이나 특별한 사정이 없는 한 동일성을 상실함으로써 채권자가 담보를 잃고 채무자가 항변권을 잃게 되는 것과 같이 스스로 불이익을 초래하는 의사를 표시하였다고는 볼 수 없으므로 일반적으로 준소비대차로 보아야 한다(대판 1989.6.27. 89다카2957).

② 신채무의 성질에 따라: 신채무의 성질이 소비대차가 아니거나 기존채무와 동일성이 없는 경우에는 준소비대차로 볼 수 없다.

(다) 채무의 동일성 유지: 준소비대차에서는 기존채무와 새로운 채무인 소비대차상의 채무가 동일성을 가진다.

2. 準消費貸借의 成立

(1) 의사의 합치: 당사자간에 준소비대차로 한다는 의사의 합치가 있어야 한다. 기존의 금전 기타의 대체물의 급부의무를 지는 채무자와 채권자가 그 목적물을 소비대차의 목적물로 하자는 쌍

방의 합의로 성립한다. 즉 채무의 발생원인을 기존의 여타의 원인(예: 매매, 불법행위 등)에서 소비대차로 하는 것으로 변경하자는 합의에 의하여 성립한다.

(2) 소비대차가 아닌 것을 원인으로 하는 기존의 채무가 있어야: 채무의 목적물은 그대로 유지한 채 그 채무의 발생원인을 변경하는 것이 준소비대차이므로 기존의 채무가 있어야 한다. 기존의 채무는 소비대차가 아닌 원인에 의하여 발생한 것이어야 한다. 예컨대 매매에 의한 대금지급채무, 불법행위에 의한 손해배상채무 또는 부당이득반환채무 등이 대표적이다.

(3) 채무의 동일성 유지: 준소비대차는 채무원인만 변경하는 것으로 기존의 채무를 소멸시키는 것이 아니다. 따라서 채무의 동일성이 유지되어야 한다.

(가) 전환사채의 인수-동일성 없음: 채권자가 채무자 발행의 전환사채를 인수하고 채무자는 그 인수대금으로 채권자에 대한 기존의 대출금채무를 변제한 경우 전환사채와 기존의 대출금채권 사이에 동일성을 인정할 수 없다(대판 2003.9.26. 2002다31803, 31810).

(나) 대환-준소비대차: 현실적인 자금의 수수 없이 형식적으로만 신규대출을 하여 기존채무를 변제하는, 이른바 대환은 특별한 사정이 없는 한 형식적으로는 별도의 대출에 해당하나 실질적으로는 기존채무의 변제기의 연장에 불과하므로 그 법률적 성질은 기존채무가 여전히 동일성을 유지한 채 존속하는 준소비대차이다(대판 1994.6.10. 94다3445).

(다) 차용금에 대한 이자의 특약: 준소비대차를 하면서 차용금에 관하여 유상으로 하는 특약을 하여도 준소비대차의 성립에 방해가 되지 아니한다. 기초채무에는 변경이 없기 때문이다.
* 계약상의 이자로서 이자제한법 소정의 제한이율을 초과하는 부분은 무효이고 이러한 제한초과의 이자에 대하여 준소비대차계약 또는 경개계약을 체결하더라도 그 초과 부분에 대하여는 효력이 생기지 아니한다(대판 1998.10.13. 98다17046).

(4) 대물반환예약도 유효: 준소비대차의 합의에 부쳐 대물반환 예약의 특약을 할 수도 있다.

3. 準消費貸借의 效力 - 제605조

(1) 소비대차의 효력: 준소비대차는 소비대차의 효력이 생긴다(605조). 그런데 기존의 급부의무를 원인만 변경하는 것이므로 대주의 이행의무는 이미 이행한 것으로 단지 차주만의 의무가 있게 된다. 소비대차의 일반적 효력 외에 준소비대차에서 특별히 문제가 되는 몇 가지 구체적인 법률관계는 아래와 같다.

(2) 채무의 동일성 유지: 준소비대차는 채무원인만 변경하고 채무는 동일성을 유지하므로, 그에 따른 법률관계가 생긴다. 그러나 기존채무가 소비대차상의 채무의 성질과 서로 용납되지 않는 사항에 관하여는 동일성이 제한되지 않을 수 없다.

(가) 기존채무의 무효 등으로 신채무도 소멸: 기존채무가 무효·취소·불성립으로 소멸하면 신채무도 따라서 소멸한다.

(나) 담보권 및 보증의 승계: 기존채무에 붙은 담보권·보증은 그대로 승계되어 효력이 유지된다. 담보권이나 보증의 승계 여부는 채무 자체의 성질에 의하여 결정되는 사항이 아니라 당사자의 의사로 좌우되는 것이기 때문이다. 다만 신채무의 내용이 보증의 내용을 초과할 때에는 보증인의 책임이 가중되므로 별도로 승낙을 받아야 한다. 또 연대채무자의 1인과 하는 준소비대차는 다른 연대채무자를 면책시키지 아니한다.

(다) 채권자취소권에서는 구채권의 성립시기를 기준: 채권자취소권을 행사하려는 자의 채권은 취소를 하려는 사해행위가 이루어지기 이전에 성립한 채권이어야 한다. 그런데 구채권성립 후 준소비대차 전에 이루어진 사해행위에 대하여 준소비대차 후에 채권자취소권을 행사할 수 있느냐가 문제된다. 사해행위취소권도 채무자의 일반재산을 보전하기 위한 것이며 구채무와 신채무는 동일성이 있으므로 구채권 성립 후에 행하여진 사해행위이면 준소비대차 성립 전일지라도 채권자취소권을 행사할 수 있다.

(라) 시효는 신채무를 기준: 시효는 채무 자체의 성질에 의하여 결정되고, 당사자의 의사로 좌우할 수 있는 것이 아니므로 언제나 신채무를 표준으로 하여야 한다(대판 1981.12.22. 80다1363).

(마) 항변권의 존속: 당사자의 변경이 없으므로 항변권은 존속한다. 그러나 동시이행의 항변권은 소비대차의 성격상 수반할 수 없으므로 소멸한다.

(3) 이자의 특약: 이자의 약정이 있는 경우에는 이자를 지급하여야 한다. 이자에 관하여는 이자제한법의 적용을 받는다.
(4) 준소비대차를 하면서 차용금에 대해 대물반환의 예약: 이 경우에는 제607조와 제608조 및 가등기담보등에관한법률의 적용이 있다.

第606條【代物貸借】 金錢貸借의 境遇에 借主가 金錢에 갈음하여 有價證券 其他 物件의 引渡를 받은 때에는 그 引渡時의 價額으로써 借用額으로 한다.

金錢에 갈음한 有價證券, 物件 등을 引渡한 경우

1. 有價證券 자체를 消費貸借로 한 경우 – 通常의 消費貸借 – 제598조: 어음·공채 기타 유가증권도 일종의 대체물이므로 그 자체가 소비대차의 목적물이 될 수도 있다. 유가증권은 유가증권 그 자체가 가치가 있는 것이 아니라, 그 유가증권이 표시되는 또는 평가되는 경제적 가치가 그 대상이 된다. 따라서 유가증권 자체를 소비대차로 한 경우에는, 그 유가증권을 가치화시켜 유용하고 동종의 유가증권으로 반환하여야 한다. 그런데 유가증권 자체를 목적물로 하는 소비대차는 거의 이용되지 아니하고, 유가증권이 소비대차에서 수수되는 경우는 금전대차의 경우에 금전에 갈음하여 유가증권을 수수하는 경우가 된다.

2. 金錢貸借에서 金錢에 갈음한 代物을 引渡한 경우 – 代物貸借 – 제606조
(1) 금전의 소비대차계약이 존재: 당사자간에 금전의 소비대차계약이 있어야 한다.
(2) 금전에 갈음한 유가증권, 기타 물건의 인도: 당사자간의 금전대차에 의하여 대주가 금전을 지급하여야 하나, 금전을 지급하지 아니하고 금전에 갈음하여 공채 등의 유가증권 또는 그 밖의 물건을 인도하여야 한다. * 채무자로부터 담보목적으로 안경테의 처분권한을 위임받고 그 안경테를 양도담보로 제공받은 양도담보권자가 타인에게 금전을 대여하는 대신 그 안경테를 처분하여 사업자금으로 사용하게 한 경우, 양도담보권자와 타인 사이에는 민법 제606조의 대물대차관계가 성립하였다(대구지법 2005.9.30. 2005가단19047).
(3) 대차원금 확정-인도시 가액으로: 대물대차의 경우에 대차원금을 어떻게 확정할 것인가의 문제가 남는다. 공채·주권 등의 유가증권은 시세가 변동되기 때문이다. 이에 제606조는 인도시의 가액으로써 차용액으로 한다고 규정한다. 이 규정은 강행규정으로 차주에게 불리한 약정은 효력이 없다(608조). 이는 대물대차에 있어서 금전에 갈음하는 유가증권 그 밖의 물건의 가액의 변동에 따른 당사자의 다툼을 미리 방지하고, 대주가 차주의 약한 지위를 이용하여 폭리를 취하는 것을 막기 위한 취지이다. 또한 차주는 유가증권을 인도받은 즉시 증권시장 등에서 금전으로 환가할 수 있기 때문이다.

3. 本條의 强行規定 – 제608조: 본조에 위반한 당사자의 약정으로서 차주에 불리한 것은 그 효력이 없다. 즉 편면적 강행규정이다.

第607條【代物返還의 豫約】 借用物의 返還에 關하여 借主가 借用物에 갈음하여 다른 財産權을 移轉할 것을 豫約한 境遇에는 그 財産의 豫約當時의 價額이 借用額 및 이에 붙인 利子의 合算額을 넘지 못한다.

代物返還 豫約

1. 意義와 規律: 소비대차에서 차주는 차용 목적물과 동종·동질·동량의 물건으로 반환하여야 한다. 그런데 당사자간에 반환하는 물건으로 그 차용물에 갈음하여 다른 재산권으로 반환할 것을 예약하는 경우가 있다. 이러한 필요성은 현실적으로 존재할 수 있고, 이러한 약정을 할 수 있음은 사적 자치의 원칙에 어긋나지 아니하다. 그러한 경우에는 당해 예약이 유효하고, 예약은 일방예약으로 추정되므로(564조), 예약완결권의 행사에 의하여 대물반환의 본계약이 성립하고, 그에 따라서 약정한 다른 물건으로 반환하여야 할 채무가 발생한다. 그런데 대물반환의 예약을 하

는 경우에는 차주의 약한 경제적 지위를 이용하여 대주가 차용물보다 가치가 매우 높은 물건으로 반환할 것으로 약정을 하는 경우가 많다. 이러한 경우에 차주를 보호하기 위하여 민법은 그러한 예약의 효력에 관하여 제607조와 제608조에서 제한을 두고 있다. 그런데 제607조와 제608조의 규정이 충분하지 않아 당사자의 법률관계가 불분명하고, 또한 대물반환의 예약은 환매 등과 동일하게 본래의 의미보다는 채권담보를 위한 것으로 변칙적으로 이용되므로 대물반환의 예약을 포함하여 이들을 포괄적으로 규제하기 위한 특별법이 〈가등기담보등에관한법률〉로, 동법에 의하여 경제적 약자인 차주를 보호한다.

2. 代物返還 豫約의 成立

(1) 대물로 반환한다는 청약과 승낙의 의사의 합치: 대물반환의 예약은 소비대차 또는 준소비대차에서 장래에 차주가 반환하여야 할 본래의 차용물에 갈음하여 다른 물건으로 반환할 것으로 하는 본계약을 체결할 것을 사전에 합의하는 계약이다. 이는 대물반환의 본계약이 아니라 대물반환의 본계약에 대한 예약이다.

(가) 기능: 대물반환의 예약은 일종의 대물변제예약으로서, 주로 금전의 소비대차에서 차주의 채무불이행에 대한 담보적 기능을 한다.

(나) 대물변제인지 대물변제예약인지 판단 기준: 대물반환의 합의가 있는 경우에, 이것이 기존의 급부의무는 소멸되고 대물에 대한 반환채무만 발생하는 대물반환의 본계약(경개)인지 또는 단순한 대물반환의 본계약 성립 전의 예약인지가 불분명한 경우가 있다. 대물변제는 요물계약이기 때문에, 장래에 대물로 변제할 것이라는 사전의 합의는 언제나 예약으로서 본래의 물건을 반환함으로써 예약은 효력을 상실한다.

(다) 본래의 채무는 소비대차 또는 준소비대차가 원인: 본래의 채무는 그 발생원인이 소비대차 또는 준소비대차에서 발생한 채무이다(대판 1965.9.21. 65다1302).

(라) 단순한 양도담보인지 대물반환예약인지 여부: 본조는 소비대차예약에 있어서 빌린 물건의 반환에 관하여 빌린 사람이 빌린 물건에 갈음하여 다른 재산권을 이전할 것을 예약하는 경우에만 적용되는 것이고, 양도담보에 있어서와 같이 빌린 사람이 빌린 물건을 반환하는 채무를 담보하기 위하여 담보목적물의 소유권을 빌려준 사람에게 이전하는 경우에는 그 적용이 없다(대판 1962.2.22. 4294민상943).

(2) 목적물의 특정: 대상이 되는 목적물의 특정, 그 이전방법 및 이전시기 등과 같은 대물반환의 본계약의 성립요건을 확정하거나 확정할 수 있어야 한다.

3. 代物返還豫約의 效力

(1) 예약으로서의 효력: 대물반환예약은 〈예약〉으로서 기본적으로 예약에 관한 법리가 그대로 적용된다. 즉 일방예약으로서 예약완결의 의사표시로 본계약인 대물반환계약이 성립하며, 예약완결권은 부동산의 경우에는 가등기의 방식으로 공시할 수 있으며 또한 재산권으로서 예약완결권은 양도가 가능하다(564조 참조). 그런데 대물반환의 예약을 하는 차주는 사회적·경제적 약자로서 그 예약의 내용이 차주에게 불리하게 합의되는 경우가 많다. 이에 민법은 제607조와 제608조로 이를 특별히 규제한다. 또한 등기·등록으로 공시되는 부동산 기타의 권리에 관하여 위 제607조와 제608조에 의하여 무효되는 경우의 구체적인 법률관계에 관하여는 특별법인 가등기담보등에관한법률로 규제하고 있다.

(2) 대물의 예약 당시의 가액이 차용액 및 이자의 합산액을 넘지 아니하는 경우

(가) 차용액의 의미: 본조의 차용액이라 함은 소비대차계약 또는 준소비대차계약에 의하여 차주가 반환한 의무가 있는 것만을 의미하는 것이고 널리 유상행위에 수반하여 행하여지는 경우까지 포함하는 것은 아니다(대판 1965.9.21. 65다1302).

(나) 예약은 유효: 제607조와 제608조에 의하여 대물의 예약 당시의 가액이 차용액 및 이자의 합산액을 넘지 아니하는 경우에는 대물반환의 예약은 유효하다. 따라서 예약의 법리가 그대로 적용된다.

(다) 완결의 의사표시와 물건의 인도: 예약완결권자(통상은 대주)의 일방적인 완결의 의사표시에 의하여 대물반환의 본계약이 성립하고, 대주는 대물의 인도청구를 할 수 있다. 대물이 부동산

인 경우에는 소유권이전청구권보전을 위한 가등기를 하는 것이 보통인데, 완결의 의사표시 후 가등기에 기한 본등기를 청구할 수 있다.
(3) 대물의 예약 당시의 가액이 차용액 및 이자의 합산액을 넘는 경우
(가) 동산-초과되는 부분만 무효: 제607조는 〈재산권의 예약 당시의 가액이 합산액을 넘지 못한다〉고 하고, 제608조는 제607조를 위반한 것은 〈효력이 없다〉고 규정한다. 이러한 제607조와 제608조의 규정은 대물반환예약의 내용 중에서 초과되는 내용만 무효이고 예약 자체는 유효하다.
(나) 가등기가 경료된 부동산-가담법에 의한 정산: 대물반환의 예약에서 대물이 부동산으로 예약 당시의 가액이 차용액 및 이자의 합산액을 넘고 예약완결권이 가등기의 형식으로 된 경우에는, 그 대물반환의 예약의 법률관계는 가등기담보등에관한법률의 적용을 받는다. 따라서 동법에 따른 효력이 발생한다.
(다) 가등기가 경료되지 않은 부동산-약한 의미의 양도담보-정산: 가등기담보등에관한법률은 대물반환의 예약과 가등기가 경료된 경우에 적용되므로(1조), 대물반환의 예약만 하고 이에 따른 가등기가 되지 아니한 경우에는 동법의 적용이 없게 된다. 따라서 이 경우에는 민법 제607조 및 제608조의 적용만이 있고, 위 동산에서와 동일하게 해석할 수밖에 없다. 즉 약한 의미의 양도담보로서 정산하여야 한다. 따라서 대물반환의 예약을 하고 그 목적물인 부동산에 대한 소유권이전등기에 필요한 일체의 서류를 채권자에 교부한 경우에 대물반환예약의 효력은 인정될 수 없다하여도 양도담보의 효력은 인정되어야 할 것이며 그 채무담보를 위하여 근저당권설정등기가 되어 있다하여도 아무런 영향을 주지 않는다(대판 1968.6.2.8. 68다762).
(4) 본계약성립 후에도 채무자는 선택하여 이행: 대물반환예약에서 예약완결권의 행사로 본계약이 성립하더라도 채무자는 본래의 물건과 대물을 선택하여 이행할 수 있다.
4. 强行規定 - 제608조: 본조에 위반한 당사자의 약정으로서 차주에 불리한 것은 그 효력이 없다.

第608條【借主에 不利益한 約定의 禁止】 前2條의 規定에 違反한 當事者의 約定으로서 借主에 不利한 것은 還買 其他 如何한 名目이라도 그 效力이 없다.

代物貸借와 代物返還豫約에서 借主의 保護

1. 借主에게 不利한 約定은 無效: 금전대차에서 금전에 갈음하여 다른 물건으로 받은 경우에 그 가액의 산정 방법과 시기, 소비대차 종료 후에 차주의 본래의 반환물에 갈음하여 다른 물건으로 인도하는 경우에 그 인도할 물건에 대한 평가 등은 대주와 차주 간에 이해관계가 매우 크다. 따라서 이러한 사항에 관하여 사실상의 불리한 지위에 있게 되는 차주의 보호를 위하여 제606조와 제607조에 의하여 강행규정으로 규율하고, 그 밖의 차주에게 불리한 합의를 무효로 한 것이다.
2. 民法 제607조, 제608조에 違反하여 經了된 所有權移轉登記의 效力: 대여원금과 이자의 합산액을 초과하는 경우에는 대물변제예약 자체는 무효라고 하더라도 소위 약한 의미의 양도담보계약이 된 것으로 볼 수 있다(대판 1980.7.22. 80다998). 따라서 대물변제예약이 민법 제607조, 제608조에 따라 무효라 할지라도 양도담보의 목적범위에서는 유효하다 할 것이니 양도담보권자가 제3자에게 그 담보목적물을 처분하여 그 등기를 필하였다면 채무자는 그 제3자에 대하여 대물변제예약의 무효를 들어 대항할 수 없다(대판 1982.7.13. 81다254).

第6節 使用貸借

1. 槪括: 사용대차는 당사자의 일방이 무상으로 사용·수익하게 하기 위하여 목적물을 상대방에게 인도할 것을 약정하고 상대방은 사용·수익한 후에 그 물건을 반환할 것을 약정하는 합의로써 성립하는 계약이다. 사용대차는 대차형계약의 하나로서, 목적물의 사용권만을 이전시킨다는 점에서 소비대차와는 다르고, 무상이란 점에서 임대차와는 다르다. 사용대차는 소비대차와 함께 생활공동체 내에서 구성원간의 상호부조적 의미에서 일상생활에 필요한 물건의 대여로써 나타

난 제도이다. 예컨대 주거공간의 대여 또는 생활에 필요한 생활기구 등의 대여 등이다. 따라서 사용대차는 무상으로 되어졌는데, 이것이 그대로 각국의 민법에 계승되어 여전히 무상으로 되어 있다. 이와 같이 사용대차가 무상으로 된 점에서, 사용대차는 당사자간에 특수한 인간관계가 있는, 예컨대 친족 등의 사이에서 한정적으로만 이용되고 있어 그 사회적 의의는 거의 상실되었다고 할 수 있다.

2. 法律的 性質: 낙성·무상·편무·불요식 계약이다. 당사자간의 의사의 합치만으로 성립하는 낙성·불요식계약이고, 무상이며, 유상이면 사용대차가 아니라 임대차가 되나 사용의 대가적 의미가 없는 일정한 부담을 지우는 것은 가능하다.

3. 借主의 第3者에 대한 地位: 사용대차에는 대항력이 없다. 따라서 대주가 차용물을 제3자에게 양도한 때에는 제3자에 대하여 차주로서의 지위를 주장할 수 없다. 이 경우에는 대주를 상대로 사용대차계약상의 채무불이행에 의한 책임은 추궁할 수 있다. 권원 없는 제3자가 목적물의 사용·수익을 방해하는 경우에는 점유권 또는 채권자대위권의 행사로 방해배제를 청구할 수 있다.

4. 構成

(1) 성립: 제609조
(2) 차주의 권리: 제610조
(3) 차주의 의무: 제611조-제613조
(4) 특유한 법정해제: 제614조-제615조
(5) 공동차주의 연대의무: 제616조
(6) 대주의 손해배상청구: 제617조

第609條【使用貸借의 意義】 使用貸借는 當事者一方이 相對方에게 無償으로 使用, 收益하게 하기 爲하여 目的物을 引渡할 것을 約定하고 相對方은 이를 使用, 收益한 後 그 物件을 返還할 것을 約定함으로써 그 效力이 생긴다.

成立과 基本的 效力

1. 成立

(1) 낙성, 불요식계약: 대주와 차주 간의 의사표시의 합치로 성립하는 낙성, 불요식 계약이다.

(2) 무상, 편무계약: 대주의 목적물 인도 및 사용하게 할 의무에 대하여, 차주는 아무런 대가적 의미를 가지는 채무를 부담하지 않는 무상, 편무계약이다.

(3) 목적물: 동산 또는 부동산으로 비소비물이어야 한다. 소비물이면 소비대차이다.

2. 基本的 效力

(1) 대주의 사용·수익하게 할 의무: 대주는 차주가 목적물을 사용·수익할 수 있게 할 의무가 있다.

(가) 물건의 인도: 차주가 사용·수익하기 위하여는 목적물을 지배하여야 하고, 이를 위하여는 대주가 목적물을 인도하여야 한다. 그러나 이러한 인도는 소유권의 이전이 아니라 차주가 목적물을 사용할 수 있는 상태로 두는 것을 말한다. 바꾸어 말하면 대주가 차주가 사용을 할 수 있도록 허용하고, 이를 방해하지 아니할 의무로서의 소극적인 의미이다. 따라서 이를 용익허용의무라고도 한다.

(나) 대주의 인용의무: 대주는 소극적 의미이지만 차주의 사용·수익을 인용할 계약상의 의무가 있기 때문에 대주가 차주의 사용을 방해하면 채무불이행의 책임을 구성한다. 사용대차의 대주의 이러한 소극적 의무에서 목적물에 대한 유지·수선의무는 차주에게 있다.

(2) 차주의 목적물 보관의무: 사용대차의 목적물은 특정물로서 계약 종료 후에는 대주에게 반환하여야 한다. 따라서 차주는 반환하기 전까지는 특정물 인도채무자로서의 목적물에 대한 선량한 관리자의 주의의무가 있다(374조). 이를 위반하여 목적물이 훼손된 때에는 채무불이행에 의한 손해배상책임이 있고, 대주의 이에 대한 청구권도 6월의 제척기간에 걸린다(617조).

(3) 차주의 차용물 반환의무: 차주는 사용대차가 종료한 때에는 차용물을 반환하여야 한다.

第610條【借主의 使用, 收益權】 ①借主는 契約 또는 그 目的物의 性質에 依하여 定하여진 用法으로 이를 使用, 收益하여야 한다.
②借主는 貸主의 承諾이 없으면 第三者에게 借用物을 使用, 收益하게 하지 못한다.
③借主가 前2項의 規定에 違反한 때에는 貸主는 契約을 解止할 수 있다.

借主의 使用·收益權

1. 目的物의 性質에 맞게 使用・收益

(1) 용법에 적합한 사용-제1항: 차주는 당사자간의 약정 또는 목적물의 성질에 따른 용법으로 사용・수익할 수 있다. 이러한 사용・수익권은 사용대차에 의한 계약상의 권리이므로, 대주가 이를 방해하는 등으로 침해한 때에는 채무불이행에 의한 손해배상을 청구할 수 있다.

(가) 위반-최고 없이 해지-제3항: 차주가 사용・수익의 범위를 벗어나서 사용한 때는 대주는 최고 없이 계약을 해지할 수 있다.

(나) 대주의 손해배상청구: 용법에 적합하지 않은 사용으로 손해가 발생한 때에는 대주는 손해배상을 청구할 수 있으며, 손해배상청구권은 6월의 제척기간에 걸린다(617조).

(2) 사용・수익권능의 범위-대주의 처분권금지는 불가: 사용대차계약에 따라 사용차주는 목적물을 사용・수익할 권리를 취득하고 이를 위하여 사용대주에게 목적물의 인도를 구할 권리를 가진다고 할 것이지만, 나아가 사용차주에게 자신의 사용・수익을 위하여 소유자인 사용대주가 목적물을 처분하는 것까지 금지시킬 권능이 있다고 할 수는 없다(대판 2007.1.26. 2006다60526).

2. 目的物의 所有者의 變更 - 借主의 對抗 不可: 한 사람이 물건을 단독으로 소유하고 있을 때에 그 물건의 사용에 관하여 대차관계가 맺어진 뒤에 그 물건의 소유자가 그 지분의 일부를 남에게 이전하여 공유관계에 들어갔을 때에는 그 차주는 새로운 공유자에 대하여 그 사용수익권으로서 대항할 수 없다(대판 1962.12.27. 62다744).

3. 借主의 第3者에의 使用

(1) 대주의 승낙을 요함-제2항: 차주는 대주의 승낙 없이는 제3자에게 차용물을 사용・수익하게 하지 못한다.

(2) 무단 사용-제3항

(가) 제3자의 대항 불가: 집합건물의 구분소유자들이 공용 부분 중 일부에 대하여 제3자에게 무상사용권을 부여한 경우, 이는 민법상 사용대차의 성질을 갖는 것으로 보아야 할 것이고, 사용대차에 있어서 차주의 권리를 양도받은 자는 그 양도에 관한 대주의 승낙이 없으면 대주에게 대항할 수 없다(대판 1995.2.28. 94다9269).

(나) 대주의 해지권-제3항: 대주의 승낙 없이 제3자에게 사용・수익하게 한 경우에는 대주는 계약을 해지할 수 있다.

第611條【費用의 負擔】 ①借主는 借用物의 通常의 必要費를 負擔한다.
②其他의 費用에 對하여는 第594條 第2項의 規定을 準用한다.

費用의 負擔

1. 通常必要費 - 借主負擔 - 제1항: 차주는 목적물을 사용・수익함에 있어 발생하는 통상의 필요비를 부담하여야 한다. 통상의 필요비는 사용과정에서 일상적으로 요하는 보존비용으로 사용대차가 무상이기 때문에 이를 차주가 부담하게 한다. * 유상인 임대차에서는 필요비를 대주가 부담한다(626조).

2. 其他 費用 - 償還請求 - 제2항: 통상의 필요비가 아닌 기타의 비용에 대하여는 제594조제2항이 준용되어 대주에게 그 상환을 청구할 수 있다. 기타의 비용이란 특별한 필요비와 유익비를 말하며, 이에 대하여는 대주에게 상환을 청구할 수 있다. 특별한 필요비는 예컨대 태풍에 의하여 건

물이 훼손된 경우의 복구비 등을 말한다. 차주가 대주의 의사에 반하여 유익비 등을 지출한 경우에도 상환을 청구할 수 있는지가 문제된다. 제594조제2항이 제203조를 준용하는데, 제203조의 점유자의 비용상환청구권은 회복자의 의사를 요건으로 하지 않기 때문에 대주의 의사에 반한 경우에도 유익비 등에 관하여는 그 상환을 청구할 수 있다고 해석된다.

第612條【準用規定】 第559條, 第601條의 規定은 使用貸借에 準用한다.

1. 貸主의 擔保責任 – 제559조: 사용대차는 무상계약으로 사용대차에서 담보책임은 증여의 규정이 준용된다. 따라서 대주는 목적물에 대한 하자에 대하여 원칙적으로 책임을 지지 아니한다.
(1) 악의의 불고지-제559조제1항: 하자를 알고 차주에게 고지하지 아니한 경우에는 책임을 진다.
(2) 부담부 사용대차-제559조제2항: 부담부 사용대차의 경우에는 부담의 한도 내에서 매도인의 담보책임을 진다.
2. 引渡 前의 雙方의 任意解止 – 제601조: 대주나 차주는 목적물 인도 전에는 언제든지 사용대차계약을 해지할 수 있으며, 해지로 인한 상대방의 손해는 배상하여야 한다(601조). 차주는 목적물 인도 후에는 다른 특약이 없는 한 기한의 이익을 포기하여 언제든지 해지할 수 있다.

第613條【借用物의 返還時期】 ①借主는 約定時期에 借用物을 返還하여야 한다.
②時期의 約定이 없는 境遇에는 借主는 契約 또는 目的物의 性質에 依한 使用, 收益이 終了한 때에 返還하여야 한다. 그러나 使用, 收益에 足한 期間이 經過한 때에는 貸主는 언제든지 契約을 解止할 수 있다.

借主의 借用物返還

1. 約定期가 있는 경우 – 제1항: 당사자간에 약정한 반환시기가 있는 때에는 그 시기에 반환하여야 한다.
2. 約定期가 없는 경우 – 제2항
(1) 사용종료 시: 계약 또는 목적물의 성질에 의한 사용·수익이 종료한 때에 반환하여야 한다(본문).
(2) 사용에 족한 기간 경과: 사용대차의 존속기간에 별도의 약정이 없고, 사용·수익에 족한 기간이 경과된 때에는 대주는 언제든지 해지할 수 있다(단서).
(가) 판단기준: 본항의 사용수익에 충분한 기간이 경과하였는지의 여부는 사용대차계약 당시의 사정, 차주의 사용기간 및 이용상황, 대주가 반환을 필요로 하는 사정 등을 종합적으로 고려하여 공평의 입장에서 대주에게 해지권을 인정하는 것이 타당한가의 여부에 의하여 판단하여야 할 것이다(대판 1993.11.26. 93다36806).
(나) 인정된 예: 무상으로 사용을 계속한 기간이 40년 이상의 장기간에 이르렀고 최초의 사용대차계약 당시의 대주가 이미 사망하여 대주와 차주 간의 친분 관계의 기초가 변하였을 뿐더러, 차주측에서 대주에게 무상사용 허락에 대한 감사의 뜻이나 호의를 표시하기는 커녕 오히려 자주점유에 의한 취득시효를 주장하는 민사소송을 제기하여 상고심에 이르기까지 다툼을 계속하는 등의 상황에 이를 정도로 쌍방의 신뢰관계 내지 우호관계가 허물어진 경우, 공평의 견지에서 대주의 상속인에게 사용대차의 해지권을 인정하였다(대판 2001.7.24. 2001다23669).

第614條【借主의 死亡, 破産과 解止】 借主가 死亡하거나 破産宣告를 받은 때에는 貸主는 契約을 解止할 수 있다.

借主의 死亡 또는 破産宣告時의 解止

1. 一般: 차주가 사망하거나 파산선고를 받은 때에는 대주는 계약을 해지할 수 있다(본조). 인적

신뢰를 기초로 하는 사용대차에서 그 기초가 소멸하였기 때문에 해지할 수 있는 것으로 하였다.

2. 建物所有目的의 土地使用貸借에서 借主의 死亡 – 한정 불가: 건물의 소유를 목적으로 하는 기간 약정 없는 토지의 사용대차에서 차주 본인이 사망하더라도 지상건물의 사용수익의 필요성이 있는 경우에는 당해 토지의 사용의 필요성이 그대로 존속하는 것이므로 대주는 차주의 사망을 원인으로 하는 본조에 의하여 계약을 해지할 수는 없다(대판 1993.11.26. 93다36806).

第615條【借主의 原狀回復義務와 撤去權】 借主가 借用物을 返還하는 때에는 이를 原狀에 回復하여야 한다. 이에 附屬시킨 物件은 撤去할 수 있다.

借用物의 原狀回復義務와 撤去權

1. 原狀回復 後 返還 – 전문: 차주가 차용물을 반환하는 때에는 이를 원상으로 회복하여 반환하여야 한다(전문). 훼손된 경우에도 원상회복시켜 반환하여야 하는데, 정당한 사용으로 인한 훼손은 이에 포함되지 않는다.

2. 附屬物의 處理 – 후단: 차용물에 부속시킨 물건은 차주가 철거할 수 있다. 차주는 부속물을 철거하지 아니하고 그 지출된 비용을 유익비로 상환청구할 수 있다. 철거권과 비용상환청구권은 원칙적으로 선택할 수 있다. 그러나 차용물을 훼손하지 아니하고는 철거할 수 없는 경우에는 유익비의 상환만 청구할 수 있다.

第616條【共同借主의 連帶義務】 數人이 共同하여 物件을 借用한 때에는 連帶하여 그 義務를 負擔한다.

共同借主의 連帶義務

여러 명이 공동하여 물건을 차용한 때에는 연대하여 의무를 부담한다. 따라서 공동차주의 의무에 관해서는 제413조 이하의 연대채무에 관한 규정이 준용된다.

第617條【損害賠償, 費用償還請求의 期間】 契約 또는 目的物의 性質에 違反한 使用, 收益으로 因하여 생긴 損害賠償의 請求와 借主가 支出한 費用의 償還請求는 貸主가 物件의 返還을 받은 날로부터 6月內에 하여야 한다.

各種 請求의 6月의 期間

대주의 차주에 대한 손해배상청구권과 차주의 비용상환청구권은 대주가 목적물을 반환받은 날로부터 6월 내에 행사하여야 한다.

第7節 賃貸借

1. 槪括: 임대차는 당사자 일방(임대인)이 상대방에게 목적물을 사용·수익하게 하고, 그 대가로 상대방(임차인)이 차임을 지급할 것을 약정함으로써 성립하는 계약이다(618조). 임대차는 대차형 계약의 하나로서 차용물을 사용·수익하고 차용물 자체를 반환한다는 의미에서 사용대차와 같으나 유상이란 점에서 다르며, 차용물 자체를 반환하여야 한다는 점에서 소비대차와 다르다.

(1) 목적물에 따라 달리 규율: 임대차의 목적물이 되는 것은 주로 부동산이며, 그 중에서도 주거용 건물(주택)과 상업용 건물 및 농지가 널리 임대차로 이용된다. 이들에 대한 임대차에서 당해 목적물은 임차인에게 일상생활의 터전이 되고, 경제활동의 본거지가 된다. 따라서 임차인의 안정적인 생활 및 경제활동을 위하여 이들을 보호하여야 할 필요성이 있는데, 이는 단지 경제적 약자인 개인으로서의 임차인을 보호한다는 의미뿐만 아니라 사회 전체의 안정적인 기반의 조성과 경

제활동의 보호라는 점에서도 매우 중요하다. 이에 민법은 부동산 임차권에 관하여 단순한 채권 이상의 권리를 부여하며, 주택에 관하여는 주택임대차보호법, 상가건물은 상가건물임대차보호법, 농지에 관하여는 농지법으로 규율하여 임차인을 보호하고 있다.

(2) 법률적 성질: 임대차는 낙성, 유상, 쌍무, 불요식계약이다(농지법 23조에서 농지임대차는 서면을 원칙으로 하고 있다). 임대차는 특정목적물의 사용·수익을 목적으로 한다는 점에서 사용대차와 같으나, 유상인 점에서 사용대차와 다르다. 임대차는 임차인의 목적물에 대한 일정한 기간의 계속적 이용과 그에 대한 대가인 차임이 회귀적 급부의무의 요소로서 계속적 계약이다.

2. 目的物에 따른 賃借權의 强化

(1) 부동산 임차권의 강화-물권화 경향: 토지나 건물 등의 부동산뿐만 아니라 동산이 임대차의 목적물이 된다. 그러나 로마법시대에서나 오늘날에서나 여전히 부동산이 목적물의 주를 이루고 또한 부동산의 임대차가 가장 중요한 사회적 의의를 가진다. 근대 이후의 각국에서는 어느 나라든 임차권을 순수한 채권으로 규율하지는 아니하고 일정한 효력을 부여하여 임차권을 강화하고 있다. 우리 민법도 각국의 입법례에 따라 임차권을 기본적으로 채권으로 구성하면서, 부동산 임차권에 관하여는 등기를 함으로써 제3자에 대한 대항력을 가지게 하여 채권으로서의 약화된 권리를 부분적으로 강화하고 있다. 민법은 부동산 임대차에 관하여는 대항력을 취득할 수 있는 길을 마련하여 임차인의 지위를 상대적으로 보완시키고 있다. 그러나 우리의 임대차에서는 다른 나라의 임대차에서 볼 수 없는 차주와 대주 간에 거액의 보증금이 수수된다. 이러한 보증금에 관한 법률관계는 임차권의 본래의 내용인 목적물에 대한 사용·수익권보다 임차인에게 실질적으로 더욱 중대한 문제이다. 그러함에도 보증금에 대한 규정이 전무한 것이 문제다.

(2) 주택임차권의 강화: 주택의 임대차는 토지나 일반 건물의 임대차와 몇 가지 점에서 특이성이 있다. 주택은 인간에게 필수적인 주거공간이라는 의미에서 주택임차인에게 목적물의 안정적인 사용이 보장되어야 한다는 것이며, 근본적으로 주택난이 해소되지 않은 상태에서 임차인의 사회적·경제적으로 약한 지위에 따른 임대인의 횡포로 부당한 계약관계가 설정될 가능성이 매우 높다는 것이다. 이러한 점에서 각 국은 주택의 임대차에 관하여는 통상적인 임대차와 구별하여 별도의 특별법을 제정하여 임차인을 특별히 보호하고 있다. 우리나라도 주택임대차의 특이성에 맞추어 외국의 입법례에 따라 특별법으로 주택임대차보호법(1981년)을 제정하여 임차인을 보호하고 있다. 동법에 의하여 주택임차권은 계약기간이 보장되고, 대항력과 우선변제력이 부여됨으로써 보다 강화된 권리를 가지게 되었다.

(3) 상가건물의 임차권: 영세상인들이 영업장인 상가건물을 임차하는 경우에 거액의 보증금을 임대인에게 수수하는 것이 우리의 현 실정이다. 이러한 경우에 종래 민법상의 등기된 임차권만 보호받음으로써 영세상인들의 대부분이 임차권의 등기를 하지 못하여 피해사례가 속출하여 사회문제로 되고 있었다. 이에 특별법인 상가건물임대차보호법(2001년 12월에 제정공포, 2002년 11월부터 발효)에 의하여 일정범위 내의 보증금이 수수된 상가건물의 임차인을 보호하는 것으로 영세상인을 보호하고 있다.

(4) 농지의 임차권: 종래 농지의 소유에 대하여는 농지에 대한 투기 및 농민들로부터의 농지의 이탈을 방지하기 위하여 〈경자유전의 원칙〉 아래 농지의 소유를 제한하였고, 따라서 농지에 대한 임대차는 원칙적으로 금지되었다. 그러한 농지에 대한 임차의 금지에도 불구하고, 재래의 소작이란 형태로 음성적으로 일종의 임차가 행하여지고 있으며, 소작에서 소작인(임차인)은 법의 보호를 받지 못하여 매우 열악한 지위에 있다. 이에 탈법을 통한 농지소유 및 농민의 소작농으로서의 전락에 대한 문제가 사회적으로 심각하게 대두되면서, 농지에 관한 종합적이고 체계적인 입법이 요구되었다. 이러한 요구에 부응하여 농지법이 1994년에 제정되어 1996년 1월 1일부터 시행되고 있다. 그러나 농지의 임대차에 관하여는 제22조부터 제29조에서 규정하고 있으나, 그 내용이 임대차가 가능한 농지(22조), 서면에 의한 계약(23조), 임차기간(22조), 임차료의 상한(25조), 임대농지 양수인의 임대인지위의 승계(28조) 등으로 농지임차인의 실질적인 권리의 보호가 매우 미약하다. 결국 농지임대차에 관한한 농지법은 아직은 농지임차권을 강화한 의미보다는 음성적인 농지임대차를 양성화시켰다는 데 의의가 있다고 할 수 있다.

3. 構成

(1) 성립: 제618조
(2) 단기임대차: 제619조, 제620조
(3) 임대차의 등기: 제621조, 제622조
(4) 임대인의 의무: 제623조, 제624조
(5) 임차인의 임대인보존행위에 대한 해지권: 제625조
(6) 임차인의 비용상환청구권: 제626조
(7) 목적물 일부 멸실에 따른 임차인의 해지권: 제627조
(8) 차임증감청구권: 제628조
(9) 임차권의 양도, 전대: 제629조-제632조
(10) 차임지급의 시기: 제633조
(11) 임차인의 통지의무: 제634조
(12) 기간 약정 없는 임대차의 해지: 제635조
(13) 기간 약정 있는 임대차의 해지: 제636조
(14) 임차인의 파산과 해지: 제637조
(15) 해지통고의 전차인에 대한 통지: 제638조
(16) 묵시의 갱신: 제639조
(17) 차임연체시의 해지: 제640조, 제641조
(18) 토지임대차의 해지와 지상건물의 담보물권자: 제642조
(19) 임차인의 갱신청구권, 매수청구권: 제643조
(20) 전차인의 임대차청구권, 매수청구권: 제644조
(21) 지상권목적토지의 임차인의 임대청구권: 제645조
(22) 임차인의 부속물매수청구권: 제646조
(23) 전차인의 부속물매수청구권: 제647조
(24) 임차지의 부속물, 과실에 대한 법정질권: 제648조
(25) 임차지상의 건물에 대한 법정저당권: 제649조
(26) 임차건물의 부속물에 대한 법정질권: 제650조
(27) 임대차존속기간: 제651조
(28) 강행규정: 제652조
(29) 일시사용을 위한 임대차: 제653조
(30) 준용규정: 제654조

第618條【賃貸借의 意義】 賃貸借는 當事者一方이 相對方에게 目的物을 使用, 收益하게 할 것을 約定하고 相對方이 이에 對하여 借賃을 支給할 것을 約定함으로써 그 效力이 생긴다.

賃貸借의 成立과 基本的 效力

1. 成立: 임대차는 임대인이 임차인에게 목적물을 사용, 수익하게 할 것을 약정하고 임차인이 임대인에게 사용대가로서 차임을 지급할 것을 약정하는 계약이다.

(1) 낙성·불요식, 유상·쌍무계약: 임대인과 임차인 간에 특별한 형식을 요하지 아니하는 의사표시의 합치로써 성립하는 낙성·불요식계약이고, 쌍방간에 그 대가적 채무와 대가적 출연을 요하는 유상·쌍무계약이다.

(2) 목적물

(가) 동산과 부동산-비소비물: 임대차의 목적물은 동산 또는 부동산과 같은 물건이고, 그 물건은 비소비물이어야 한다(* 소비물인 경우에는 소비대차).

① 자동차, 선박 등: 토지나 건물과 같은 부동산이 임대차의 주된 대상이 되나, 자동차·항공기·선박·의료기구·농기구·사무기구 등의 동산도 임대차로 이용되고 있다.
② 농지: 농지는 농지법에서 임대차가 가능한 농지를 열거하여 제한하고 있다(농지법 22조).
③ 기업, 시설물, 특허권, 영업허가권 등: 기업이나 시설물 또는 특허권과 같은 권리나 영업허가 등도 대여받아 사용·수익하기로 하고 그 대가를 지급하는 약정을 할 수 있는데, 이러한 약정도 민법상의 임대차인지가 문제된다. 민법상의 임대차는 물건에 한정하는 것으로 해석된다. 따라서 권리 등에 대한 대여의 약정은 임대차에 비슷한 일종의 무명계약이 된다. 특히, 시설의 대여계약(이른바 리스계약)은 비전형계약으로 민법의 임대차에 관한 규정이 바로 적용되지 아니한다(* 시설의 대여에 관하여는 여신전문금융업법 제28조 내지 제37조에서 규정하고 있으나, 주된 내용이 시설대여업자의 행정적인 내용에 관한 것이다). * 시설대여계약의 성질: 일반적으로 리스(시설대여)계약은 리스(시설대여)회사가 리스이용자가 선정한 특정물건을 새로이 취득하여 그 물건에 대한 직접적인 유지관리책임을 지지 아니하면서 리스이용자에게 일정기간 사용케 하고 그 기간에 걸쳐 일정대가를 정기적으로 분할지급받음으로써 그 투자금을 회수하는 것을 내용으로 하는 것으로서 형식에 있어서는 임대차계약과 유사하나, 그 실질은 물적 금융이고 임대차계약과는 여러 가지 다른 특질이 있기 때문에 리스(시설대여)계약은 민법의 임대차에 관한 규정이 바로 적용되지 아니한다(대판 1987.11.24. 86다카2799).
④ 사용허가 받은 행정재산: 피고가 정부로부터 무상사용허가를 받은 행정재산에 대하여 하는 전대행위는 통상의 사인간의 임대차와 다를 바가 없고, 그 임대차계약이 임차인의 사용승인신청과 임대인의 사용승인의 형식으로 이루어졌다고 하여 달리 볼 것은 아니다(대판 2003.10.24. 2001다82514, 82521).
(나) 처분권한 없는 자(타인의 물건)의 임대차: 임대차는 소비대차와 달리 목적물의 소유권을 상대방에게 이전하는 것이 아니므로, 임대인이 임대물에 대한 소유권이나 또는 그것을 처분할 권한을 가지고 있어야 할 필요는 없다. 따라서 임차인도 일정한 경우 다시 임대할 수 있고, 재산관리인 등과 같이 처분권한이 없는 자도 임대할 수 있다. * ① 임대인이 임대차 목적물에 대한 소유권 기타 이를 임대할 권한이 없다고 하더라도 임대차계약은 유효하게 성립하고, 따라서 임대인은 임차인으로 하여금 그 목적물을 완전하게 사용·수익케 할 의무가 있고 또한 임차인은 이러한 임대인의 의무가 이행불능으로 되지 아니하는 한 그 사용·수익의 대가로 차임을 지급할 의무가 있으며, 그 임대차관계가 종료되면 임차인은 임차목적물을 임대인에게 반환하여야 할 계약상의 의무가 있다. ② 그런데 임차인이 진실한 소유자로부터 목적물의 반환청구나 임료 내지 그 해당액의 지급요구를 받는 등의 이유로 임대인이 임차인으로 하여금 사용·수익케 할 수가 없게 되었다면 임대인의 채무는 이행불능으로 되고, 임차인은 이행불능으로 인한 임대차의 종료를 이유로 그때 이후의 임대인의 차임지급 청구를 거절할 수 있다(대판 1996.9.6. 94다54641).
(다) 임대차 존속 중의 임대인의 임대목적물의 소유권 상실: ① 임대차계약이 성립된 후 그 존속기간 중에 임대인이 임대차 목적물에 대한 소유권을 상실한 사실 그 자체만으로 바로 임대차에 직접적인 영향을 미친다고 볼 수는 없는 것이지만(대판 1978.9.12. 78다1103), ② 임대인이 임대차 목적물의 소유권을 제3자에게 양도하고 그 소유권을 취득한 제3자가 임차인에게 그 임대차 목적물의 인도를 요구하여 이를 인도하였다면 임대인이 임차인에게 임대차 목적물을 사용·수익케 할 의무는 이행불능이 되었다고 할 것이고 이러한 이행불능이 일시적이라고 볼 만한 특별한 사정이 없다면 임대차는 당사자의 해지 의사표시를 기다릴 필요 없이 당연히 종료되었다고 볼 것이지, 임대인의 채무가 손해배상 채무로 변환된 상태로 채권·채무관계가 존속한다고 볼 수 없다(대판 1996.3.8. 95다15087).

2. 賃貸借의 一般的 效力

(1) 임대인의 담보책임-제567조: 임대차는 유상계약이므로 매매에 관한 규정이 준용된다. 그런데 임대인의 담보책임은 임대물의 원시적 하자, 즉 대물이 임대차 계약시에 고장이나 성능의 저하 또는 일부가 임차인이 사용할 수 없는 경우에 한정되고, 임대기간 중의 그러한 사유는 수선의무만 있다고 해석된다. 즉 임대차 계약시의 하자인 원시적, 물적 하자나 권리의 하자에 관하여는 임대인이

담보책임이 있고, 임대기간 중의 하자에 대하여는 임대인은 수선의무를 진다고 해석된다.
(2) 임차인의 임차권: 임차인이 목적물을 사용·수익할 수 있는 권리가 임차권이다.
(가) 사용권, 수익권: 임차권은 구체적으로 임대물을 사용할 수 있는 권능인 사용권과 수익할 수 있는 권능인 수익권을 그 내용으로 한다.
(나) 사용권, 수익권의 한계: 사용과 수익의 권능은 계약의 내용 또는 임대물의 성질에 따른 사용과 수익이어야 한다(654조, 610조). 따라서 주거의 목적으로 건물을 임차하여 영업용으로 사용하는 것은 임차권의 범위를 일탈한 것이다.
(다) 사용권, 수익권의 한계 일탈: 임차권의 범위를 일탈하여 사용·수익한 때에는 임차인의 채무불이행으로, 임대인은 임차인의 일탈한 사용·수익의 정지를 청구하고 손해배상을 청구할 수 있으며 계약을 해지할 수 있다. 손해배상의 청구는 임대물을 반환받은 날로부터 6월 내에 행사하여야 한다(65조, 617조). * 대차계약을 체결함에 있어 부대계약으로 을이 그 토지 위에 설치할 시설물내역을 정하는 한편 그 외의 공원시설은 갑·을의 합의로 결정하기로 약정하였다면, 그 약정의 취지는 그 토지가 갑의 묘역으로서 선조의 분묘가 다수 설치된 곳이라는 점을 감안하여 공원시설물의 종류 및 그 설치장소 등을 결정함에 있어 갑의 의사를 반영하고자 함에 있는 것으로 인정되므로, 갑의 명백한 반대에도 불구하고 산림을 훼손하여 대지를 조성한 다음 그 곳에 연면적이 2, 500㎡에 달하는 청소년회관건물을 신축하는 공사에 착공한 을의 행위는 그 대차관계의 계속을 현저하게 곤란하게 하는 배신행위에 해당한다 할 것이어서 이와 같은 경우에는 갑은 그 대차계약을 해지할 수 있다(대판 1994.12.2. 93다31672).
(3) 임차인의 차임지급의무-제618조: 임차인은 임차물에 대한 사용 및 수익의 대가로서 차임을 지급하여야 한다. 임대차는 유상·쌍무계약으로 차임은 임대차계약의 요소이다. 임차물이 임차인이 사용·수익할 수 있는 상태에 있으면 차임은 발생하며, 임차인이 실제로 사용·수익하였는지 여부는 문제가 되지 않는다. 차임은 보통 금전이나 반드시 금전에 한하지 아니하고 물건으로 하여도 관계없다. 차임에 대하여는 민법에 별도로 제한을 두고 있지 아니하나 농지임대차에 관하여는 시·군의 조례로 상한을 두어 규제하도록 한다(농지법 25조).
(4) 임차인과 제3자와의 관계
(가) 목적물의 양수인과의 관계: 대항력 있는 임차권자는 목적물의 양수인에 대해 임차권을 주장할 수 있고, 양수인은 임대인의 지위를 승계한다. 임차권이 대항력 없는 경우에는 임차인은 임차권을 양수인에게 주장할 수 없다. 따라서 양수인은 임차인에 대하여 소유권에 기한 목적물의 명도를 청구할 수 있고, 불법점유에 의한 손해배상을 청구할 수 있다. 임차인은 양도인(임대인)에 대하여 임대차계약의 이행불능에 따른 손해배상을 청구할 수 있다.
(나) 민사소송법에 의한 경매에 의한 경락인과의 관계: 대항력 있는 임차권에 관하여는 임차권의 대항력과 주택임차권의 대항력에서 보는 것과 같이 대항력의 취득시기에 따라 다르다. 임차권이 대항력이 없는 경우에는 임차권은 경락으로 무조건 소멸한다.
(다) 2중임대에서의 제2임차인과의 관계: 2중임대가 된 경우에 임차권은 배타성이 없기 때문에 양자의 임차권은 모두 성립한다. 그러나 목적물의 사용·수익에 관하여는 먼저 대항력을 갖춘 임차권자가 우선하여 목적물을 사용·수익할 수 있다. 사용·수익할 수 없는 임차인은 임대인에 대하여 채무불이행에 의한 손해배상을 청구할 수 있다.
(라) 임차권에 기한 방해배제청구권: 제3자가 임차물의 사용·수익을 방해하는 경우 임차인은 점유권에 기한 방해배제청구권 또는 채권자대위권을 행사하여 방해를 배제할 수 있다. 또한 대항력 있는 임차권자는 임차권 자체에 기한 방해배제청구권을 행사할 수 있다. * 임차권 자체에 기한 방해배제청구: 등기된 임차권에는 용익권적 권능 외에 임차보증금반환채권에 대한 담보권적 권능이 있고, 임대차기간이 종료되면 용익권적 권능은 임차권등기의 말소등기 없이도 곧바로 소멸하나 담보권적 권능은 곧바로 소멸하지 않는다. 따라서 임차권자는 임대차기간이 종료한 후에도 임차보증금을 반환받기까지는 임대인이나 그 승계인에 대하여 임차권등기의 말소를 거부할 수 있다고 할 것이고, 임차권등기가 원인 없이 말소된 때에는 그 방해를 배제하기 위한 청구를 할 수 있다(대판 2002.2.26. 99다67079).

(5) 임차인의 임대차 종료 후의 보증금반환청구: 임대차종료 후 임차인이 임대물을 반환한 때에 임차인은 보증금반환을 청구할 수 있다. 보증금반환의무와 임대물반환의무는 임차인의 보호를 위하여 동시이행관계에 있다.
(6) 임대차 종료 후의 임차인의 원상회복의무: 임대차계약이 종료되면 임차인은 임대물을 원상회복하여야 한다(654조, 615조).
(7) 임대차 종료 후의 임대물반환의무: 임대차계약이 종료되면 임차인은 임대물반환의무가 있다. 임차인의 임대물반환의무는 임대인의 임차보증금반환의무와 동시이행의 관계에 있다.

第619條【處分能力, 權限 없는 者의 할 수 있는 短期賃貸借】 處分의 能力 또는 權限 없는 者가 賃貸借를 하는 境遇에는 그 賃貸借는 다음 各號의 期間을 넘지 못한다.
1. 植木, 採鹽 또는 石造, 石灰造, 煉瓦造 및 이와 類似한 建築을 目的으로 한 土地의 賃貸借는 10年
2. 其他 土地의 賃貸借는 5年
3. 建物 其他 工作物의 賃貸借는 3年
4. 動産의 賃貸借는 6月

第620條【短期賃貸借의 更新】 前條의 期間은 更新할 수 있다. 그러나 그 期間滿了前 土地에 對하여는 1年, 建物 其他 工作物에 對하여는 3月, 動産에 對하여는 1月內에 更新하여야 한다.

處分權限 없는 자는 短期賃貸借

1. 處分權 없는 者(관리권만 있는 자)의 賃貸借: 임대차는 물건에 대한 처분이 아니라 관리행위이다. 따라서 처분의 권한은 없으나 관리권한이 있는 자도 물건을 임대할 수 있다. 부재자재산관리인(25조), 권한을 정하지 아니한 대리인(118조), 후견인(946조), 상속재산관리인(1023조) 등이 이에 해당한다.

2. 短期의 賃貸 – 제619조: 처분권한이 없는 자가 임대를 할 때에는 처분권이 없기 때문에 장기간의 임대는 바람직하지 아니하다. 이에 민법은 처분권한 없는 자의 임대차에 대하여는 통상적인 임대차보다 그 기간을 단축하여 제한을 한다. 즉 ① 식목·채염 또는 석조·석회조·연와조 및 이와 유사한 건축을 목적으로 하는 토지의 임대차는 10년, ② 기타 토지의 임대차는 5년, ③ 건물 기타 공작물의 임대차는 3년, ④ 동산의 임대차는 6월을 넘지 못한다(619조).

3. 明示的 更新만 – 短期의 更新 – 제620조: 제619조에 의한 처분권한 없는 자의 임대차에 대하여도 갱신을 통하여 그 기간을 연장할 수 있다. 갱신은 기간 만료 전 토지에 대하여는 1년, 건물 기타 공작물에 대하여는 3월, 동산에 대하여는 1월 내에 하여야 한다(620조). 처분권한 없는 자와의 임대차에서의 갱신에는 묵시에 의한 갱신은 인정되지 아니하고 명시적인 갱신만이 인정된다. 갱신에 의한 임대기간은 역시 제619조의 기간에 관한 제한규정이 적용된다.

第621條【賃貸借의 登記】 ①不動産賃借人은 當事者間에 反對 約定이 없으면 賃貸人에 對하여 그 賃貸借登記節次에 協力할 것을 請求할 수 있다.
②不動産賃貸借를 登記한 때에는 그때부터 第三者에 對하여 效力이 생긴다.

賃借權의 登記

1. 賃借人의 登記請求權 – 제1항: 부동산임대차에서 당사자간에 등기하지 않기로 하는 특약이 없는 한 임차인은 임차권에 대한 등기청구권이 있다. 따라서 임차인은 등기청구권을 행사하여 임대인의 협력을 얻어 임차권을 등기할 수 있다. 건물이나 토지는 건물 또는 토지 등기부에 임차권

을 등기한 때로부터 대항력이 생긴다(본조2항, 부등법 2조 및 156조).
* 〈임대목적물의 종류에 따른 대항력의 요건〉
임대목적물의 종류에 따라 민법 622조와 특별법에 의하여 그 대항력의 요건을 다양하게 하여 임차인을 보호하고 있다.
① 건물과 토지: 제621조에 의한 당해 목적물 자체에 임차권등기.
② 건물의 소유를 목적으로 하는 토지: 건물의 소유를 목적으로 하는 토지는 제621조에 의하여 토지에 대하여 임차권을 등기할 수 있고, 토지에 대한 임차권을 등기하지 아니하고 임차인이 건물을 축조하여 그 지상건물에 대하여 임차인명의로 (소유권)보존등기를 하면 토지에 대하여 임차권의 대항력이 생긴다(622조1항). 후자의 경우에 건물이 멸실되거나 후폐한 때에는 토지임차권의 대항력을 상실한다(622조2항).
③ 주택: 주택임대차는 부동산등기법 제156조에 의한 임차권의 등기 또는 주택임대차보호법 제3조제1항에 의한 주택의 인도와 주민등록전입신고 다음 날부터 대항력이 생기고, 주택임대차보호법 제3조의3의 임차권등기명령집행에 의한 등기의 경우에는 이미 취득한 대항력이 유지된다.
④ 상가건물: 상가건물임대차보호법 제3조에 의하여 건물의 인도와 사업자등록신청을 한 날 다음 날부터 대항력이 있다.
⑤ 선박: 선박임대차는 선박등기법 제3조 및 제5조에 의하여 등기하면 대항력이 있다(상법 765조).
2 對抗力의 內容 - 제2항: 임차권은 채권으로 채무자에게만 그 권리를 행사할 수 있다. 그런데 임차권은 등기 등의 대항력의 요건을 갖춘 경우에는 〈제3자에 대하여 효력이 있다〉(본조2항, 주택임대차보호법 3조1항, 상가건물임대차보호법 3조, 상법 765조).
(1) 임차물의 양수권자(새로운 소유권자)와의 관계: 양수인은 임대인의 지위를 승계한다. 따라서 임차인과 임대물의 양수인 사이에 기존의 임대차계약에 따른 권리와 의무가 그대로 유지된다.
(2) 저당권자와의 관계
(가) 임차권이 선순위인 경우: 임차권이 저당권보다 선순위인 경우에 저당권자가 경매신청을 하여 경락된 경우이다. 경락인은 새로운 소유권자로서 임대인의 지위를 승계한다. 임차인과 경락인은 기존의 임대차계약에 따른 법률관계가 그대로 유지된다.
(나) 임차권이 후순위인 경우: 임차권보다 선순위저당권자의 경매신청에 의해 경락된 경우이다. 임차인은 대항력이 없어 경락으로 임차권은 소멸한다. 임차인은 보증금에 대하여는 임대인에 대하여 일반채권자로서 반환을 청구할 수 있다.
(다) 임차권이 저당권 사이에 있는 경우: 저당권과 저당권 사이에 임차권이 대항력의 요건을 갖춘 경우이다. 선순위저당권자가 경매신청하든 후순위저당권자가 경매신청하든 임차권은 소멸한다(민집법 91조의 저당권의 소제주의에 의하여 후순위저당권자의 경매에 의하여도 임차권자보다 선순위인 저당권이 소멸하므로 임차권도 소멸한다). 또한 민법 제621조에 의한 임차권의 경우(일반 부동산인 경우)는 우선변제력이 없기 때문에 경락대금에서 배당도 받지 못한다.
(라) 가등기담보권자와의 관계: 임차권이 선순위인 경우에는 가등기에 의한 본등기권자에 대하여는 대항력이 있어 기존의 임대차관계가 그대로 유지된다. 그러나 임차권이 후순위인 경우에는 임차권은 소멸한다. 그러나 임차권이 후순위인 경우에도 가등기담보등에관한법률 제5조제5항에 의하여 청산금의 범위 내에서 민법 제536조의 규정이 준용되어, 청산금의 범위 내에서 보증금을 반환받지 못한 경우에는 임차물의 명도를 거절할 수 있다.
(마) 압류채권자와의 관계: 금전채권자에 의한 압류등기 전에 대항력 있는 임차권자는 경매에 의한 경락인에게 대항할 수 있어 임대차관계가 그대로 유지된다. 그러나 압류등기 후의 대항력 있는 임차인은 경매에 의한 경락으로 임차권이 소멸한다.
(바) 임차권에 기한 방해배제청구: 대항력 있는 임차권자는 임차권을 주장하여 제3자의 방해를 배제할 수 있다. 즉 등기된 임차권에는 용익권적 권능 외에 임차보증금반환채권에 대한 담보권적 권능이 있고, 임대차기간이 종료되면 용익권적 권능은 임차권등기의 말소등기 없이도 곧바로 소멸하나 담보권적 권능은 곧바로 소멸하지 않는다고 할 것이어서, 임차권자는 임대차기간이 종료한 후에도 임차보증금을 반환받기까지는 임대인이나 그 승계인에 대하여 임차권등기의 말소

를 거부할 수 있다고 할 것이고, 따라서 임차권등기가 원인 없이 말소된 때에는 그 방해를 배제하기 위한 청구를 할 수 있다(대판 2002.2.26. 99다67079).

(3) 농지임차권의 대항력: 농지법 제28조는 임대농지의 양수인은 이 법의 규정에 의한 임대인의 지위를 승계한 것으로 본다고 규정한다. 이는 곧 농지임차권이 대항력이 있다는 내용이다. 그런데 농지법은 농지임차권에 대항력만 부여하고 대항력의 요건에 관하여는 별도로 규정하지 않고 있다. 폐기된 농지임대차관리법에서는 임대차 신고를 하도록 하였으나(4조), 현행 농지법은 그러한 최소한의 것도 규정하지 않고 있다. 농지는 제한적으로만 임대가 허용되고(농지법 22조), 임차보증금이 수수되지 않는 등의 현실로 농지임대차는 크게 문제되지 않는다는 시각인 것 같으나, 입법의 미비이다.

(4) 동산임차권의 대항력: 임차권은 본질이 채권으로 부동산에서 대항력을 부여하는 경우도 예외적으로 등기를 갖춘 때에 한정된다. 또한 동산에서 점유에 임차권의 대항력을 부여한다면 부동산의 경우에도 등기를 하지 아니하고 점유하는 경우에도 대항력을 부여하여야 하는데, 그렇게 되면 모든 임차권에서 대항력이 인정되어 물권·채권의 기본체계가 무너진다. 동산의 임차권에는 대항력이 없다고 보는 것이 타당하다.

第622條【建物登記 있는 借地權의 對抗力】 ①建物의 所有를 目的으로 한 土地賃貸借는 이를 登記하지 아니한 境遇에도 賃借人이 그 地上建物을 登記한 때에는 第三者에 對하여 賃貸借의 效力이 생긴다.
②建物이 賃貸借期間 滿了前에 滅失 또는 朽廢한 때에는 前項의 效力을 잃는다.

建物의 所有를 目的으로 하는 土地賃借權의 對抗力

1. 建物의 所有를 目的으로 하는 土地賃貸借여야: 토지를 임차하되, 임차지상에 건물을 축조하여 사용하기 위하여 토지를 임차하는 경우에 그 토지임차권의 대항력에 대하여 특별히 규정한 것이다. * 임대인과 임차인이 토지와 그 지상의 기존 건물에 관하여 임대차계약을 체결한 후 임차인이 임대인의 동의하에 기존 건물을 철거하고 그 지상에 건물을 신축한 경우, 약정 임대차기간이 1년이고 신축 건물 완공 당시의 잔존 임대차기간이 4개월에 불과함에도 임차인이 많은 비용을 들여 내구연한이 상당한 건물을 신축하였고 임대인이 기존 건물의 철거 및 건물신축을 승낙한 점 등에 비추어, 토지와 기존 건물을 임대목적물로 하였던 당초의 임대차계약이 신축 건물의 소유를 목적으로 하는 토지 임대차계약으로 변경된 것으로 보아야한다(대판 2002.11.13. 2002다46003).

2. 土地賃借權의 對抗力의 要件

(1) 토지에 대한 임차권 등기: 제621조에 의하여 토지등기부에 임차권 자체를 등기하면 대항력이 있다.

(2) (신축)건물의 소유권 보존등기-제1항: 토지에 대한 임차권을 등기하지 아니하고, 건물을 축조하여 건물에 임차인명의의 소유권보존등기를 하면 토지에 대하여 임차권의 대항력이 생긴다. 이 경우에는 건물이 멸실되거나 후폐한 때에는 토지임차권의 대항력은 상실된다(2항).

(3) 토지의 양수인에 대한 대항력: 임차인은 토지의 양수인(새로운 소유자)에 대하여 토지임차권으로 대항할 수 있다.

(4) 건물양수인의 대항력: 건물의 소유권과 토지임차권은 별개로, 임차인은 건물을 자유롭게 처분할 수 있다. 그런데 임차인이 토지임대인의 동의를 받지 아니하고 건물의 소유권만을 양도한 경우의 법률관계가 문제된다. 즉 건물양수인(새로운 소유자)의 토지임차권 취득 여부와 대항력 유무 여부가 문제된다.

(가) 토지임차권의 수반 여부-긍정: 이 경우에 소유권은 주된 권리이고, 토지임차권은 종된 권리로서 종물이론에 의하여 건물소유권의 이전으로 토지임차권은 수반하여 이전한다. * 민법 제358조 본문은 "저당권의 효력은 저당부동산에 부합된 물건과 종물에 미친다."고 규정하고 있는바, 이 규정은 저당부동산에 종된 권리에도 유추적용되어 건물에 대한 저당권의 효력은 그 건물

의 소유를 목적으로 하는 지상권에도 미친다고 보아야 할 것이다(대판 1992.7.14. 92다527).
(나) 임대인의 동의를 받지 아니한 경우-임대인에 대항 불가: 건물소유권에 수반하여 양수인에게 임차권이 귀속되나, 제629조에 해당하여 양수인은 임대인에 대하여 임차권을 주장할 수 없다. 즉 민법 제622조제1항은 건물의 소유를 목적으로 한 토지 임대차는 이를 등기하지 아니한 경우에도 임차인이 그 지상건물을 등기한 때에는 토지에 관하여 권리를 취득한 제3자에 대하여 임대차의 효력을 주장할 수 있음을 규정한 것에 불과할 뿐, 임차인으로부터 건물의 소유권과 함께 건물의 소유를 목적으로 한 토지의 임차권을 취득한 사람이 토지의 임대인에 대한 관계에서 임차권의 양도에 관한 그의 동의가 없어도 임차권의 취득을 대항할 수 있다는 것까지 규정한 것은 아니다(대판 1996.2.27. 95다29345).
(다) 건물이 경매된 경우
① 건물의 경락인-토지임차권도 경락인에게 이전: 건물의 소유를 목적으로 하여 토지를 임차한 사람이 그 토지 위에 소유하는 건물에 저당권을 설정한 때에는 민법 제358조 본문에 따라서 저당권의 효력이 건물뿐만 아니라 건물의 소유를 목적으로 한 토지의 임차권에도 미친다고 보아야 할 것이므로, 건물에 대한 저당권이 실행되어 경락인이 건물의 소유권을 취득한 때에는 특별한 다른 사정이 없는 한 건물의 소유를 목적으로 한 토지의 임차권도 건물의 소유권과 함께 경락인에게 이전된다(대판 1993.4.13. 92다24950).
② 경락인의 대항력-배신성 없음을 경락인이 입증: 임대인은 자신의 동의 없이 임차권이 이전되었다는 것만을 이유로 민법 제629조제2항에 따라서 임대차계약을 해지할 수 없고, 그와 같은 특별한 사정이 있는 때에 한하여 경락인은 임대인의 동의가 없더라도 임차권의 이전을 임대인에게 대항할 수 있다고 봄이 상당한바, 위와 같은 특별한 사정이 있는 점은 경락인이 주장·입증하여야 한다(대판 1993.4.13. 92다24950).
3. 建物의 滅失에 의한 對抗力 喪失 - 제2항: 본조에 의한 토지임대차는 외형적으로는 건물의 존재로 표시되고 임차권은 건물에 대한 등기로 공시되기 때문에 토지임차권의 대항력을 인정한 것이므로 토지임대차기간 만료 전일지라도 건물이 멸실 또는 후폐한 때에는 대항력을 잃는다.

第623條【賃貸人의 義務】 賃貸人은 目的物을 賃借人에게 引渡하고 契約存續中 그 使用, 收益에 必要한 狀態를 維持하게 할 義務를 負擔한다.

賃貸人의 義務

1. 意義: 임대인은 목적물을 임차인이 사용·수익할 수 있는 상태가 유지되도록 할 의무가 있다. 이와 같이 대주는 차주의 목적물의 사용·수익에 대한 적극적 의무를 지는데, 이는 임대차가 유상이기 때문으로 무상인 사용대차에서의 대주가 소극적 의무를 지는 것과는 대조적이다. 대주의 이와 같은 사용·수익에 대한 적극적 의무를 구체화하면 임대물을 인도하여야 할 의무, 임대물에 대한 사용의 방해사유가 발생한 때에 이를 제거하여야 할 의무, 고장 또는 파손 등으로 사용을 할 수 없는 경우에 수선하여야 할 의무 등이 된다. 따라서 임대물이 임차인이 사용·수익할 수 없는 상태가 된 때에도 이를 그대로 방치하면 임대인의 채무불이행이 된다.
2. 目的物引渡義務: 임차인이 목적물을 사용·수익할 수 있기 위하여는 목적물이 임차인에게 인도되어야 하는 것은 당연하다. 즉 임대인은 임차인이 사용·수익할 수 있도록 목적물을 인도하여야 한다.
(1) 타인물건의 임대차계약: 타인의 물건에 대한 임대차로서 소유자로부터 동의를 받지 못하여 임차인이 사용·수익할 수 없게 된 경우는 권리의 하자에 관한 것으로 담보책임이 문제된다.
(2) 2중임대: 목적물이 2중으로 임대되어 사용·수익을 하지 못하는 임차인은 임대인의 목적물 인도의무 불이행에 의한 채무불이행책임을 추궁할 수 있다.
(3) 계약성립 후의 임대인의 목적물의 소유권 상실: 임대차계약이 성립된 후 그 존속기간 중에 임대인이 임대차 목적물에 대한 소유권을 상실한 사실 그 자체만으로 바로 임대차에 직접적인 영

향을 미친다고 볼 수는 없으나(대판 1978.9.12. 78다1103), 임대인이 임대차 목적물의 소유권을 제3자에게 양도하고 그 소유권을 취득한 제3자가 임차인에게 그 임대차 목적물의 인도를 요구하여 이를 인도하였다면 임대인이 임차인에게 임대차 목적물을 사용・수익케 할 의무는 이행불능이 되었다고 할 것이고 이러한 이행불능이 일시적이라고 볼 만한 특별한 사정이 없다면 임대차는 당사자의 해지 의사표시를 기다릴 필요 없이 당연히 종료되었다고 볼 것이지, 임대인의 채무가 손해배상채무로 변환된 상태로 채권・채무관계가 존속한다고 볼 수 없다(대판 1996.3.8. 95다15087).

(4) 특수한 임대차에서 부수의무-숙박계약(신체, 재산에 대한 보호의무): 공중접객업인 숙박업을 경영하는 자가 투숙객과 체결하는 숙박계약은 숙박업자가 고객에게 숙박을 할 수 있는 객실을 제공하여 고객으로 하여금 이를 사용할 수 있도록 하고 고객으로부터 그 대가를 받는 일종의 일시 사용을 위한 임대차계약으로서 객실 및 관련 시설은 오로지 숙박업자의 지배 아래 놓여 있는 것이므로 숙박업자는 통상의 임대차와 같이 단순히 여관 등의 객실 및 관련 시설을 제공하여 고객으로 하여금 이를 사용・수익하게 할 의무를 부담하는 것에서, 한 걸음 더 나아가 고객에게 위험이 없는 안전하고 편안한 객실 및 관련 시설을 제공함으로써 고객의 안전을 배려하여야 할 보호의무를 부담하며 이러한 의무는 숙박계약의 특수성을 고려하여 신의칙상 인정되는 부수적인 의무로서 숙박업자가 이를 위반하여 고객의 생명・신체를 침해하여 투숙객에게 손해를 입힌 경우 불완전이행으로 인한 채무불이행책임을 부담하고, 이 경우 피해자로서는 구체적 보호의무의 존재와 그 위반 사실을 주장・입증하여야 하며 숙박업자로서는 통상의 채무불이행에 있어서와 마찬가지로 그 채무불이행에 관하여 자기에게 과실이 없음을 주장・입증하지 못하는 한 그 책임을 면할 수는 없다(대판 2000.11.24. 2000다38718, 38725).

3. 妨害除去義務: 임대인은 임차인이 사용・수익할 수 있게 목적물에 대한 방해를 제거하여야 한다. 자연력에 의한 방해의 경우는 물론이고, 제3자로부터 불법한 방해의 경우에도 임차인이 점유보호청구권을 가진다는 이유로 이 의무를 면하지 못한다.

4. 修繕義務: 목적물을 사용・수익하게 할 상태를 유지할 의무에서 수선의무가 나온다. 수선이란 목적물의 용법에 따른 사용・수익을 할 수 없는 고장 또는 파손이 생겼을 때, 이를 복구하여 사용・수익할 수 있게 하는 것을 말한다. 이러한 수선의무는 수선의 필요성이 있고, 수선이 가능한 경우에 있게 된다. 이러한 판단은 목적물의 종류와 계약의 잔여기간 등의 구체적인 내용을 종합적으로 고려하여 사회통념에 따라 결정하여야 한다. 예컨대 목적물인 건물이 반이상 파손되어 수선을 하는 비용이 신축하는 비용에 버금가는 경우 등은 수선이 불가능한 것으로 보아야 한다.

(1) 임차인의 관리의무와의 관계: 임차목적물에 있는 하자가 임차목적물을 사용할 수 없는 정도의 파손상태라거나 아니면 반드시 임대인에게 수선의무가 있는 대규모의 것이 아닌 한 이는 임차인의 통상의 수선 및 관리의무에 속한다 할 것으로 이를 구별하여야 한다(대판 1983.9.27. 83도2096).

(가) 임대인의 수선의무와 임차인의 관리・보존의무의 구별: 연탄가스가 방으로 스며들었다는 방 문턱과 방문 사이의 문틈이 어느 정도의 틈이 있었으며 또 그 하자는 이 사건 방을 사용할 수 없는 정도의 것이었는지 아니면 그 연탄가스가 아궁이로부터 마루밑을 거쳐 새어나왔다는 방문턱과 마루사이의 벌어진 틈이나 위 방문턱과 방문사이의 문틈을 보수하려면 문틀이나 방문을 새로 맞도록 제작하여 틈이 없도록 하던가 마루를 새로 놓아야 하는 등의 상당히 대규모의 공사를 하는 방법밖에 없는 것인지 아니면 통상의 간단한 수선정도로 가능한 것인지 명백히 알아보고 임대인의 수선의무를 인정할 것인지를 결정하여야 한다(대판 1984.1.24. 81도615).

(나) 임차인의 보존의무를 인정한 사례: 임차건물이 건물구조의 일부인 전기배선의 이상으로 인한 화재로 소훼되어 임차인의 임차목적물반환채무가 이행불능이 되었다고 하더라도, 당해 임대차가 장기간 계속되었고 화재의 원인이 된 전기배선을 임차인이 직접 하였으며 임차인이 전기배선의 이상을 미리 알았거나 알 수 있었던 경우에는, 당해 전기배선에 대한 관리는 임차인의 지배관리 영역 내에 있었다 할 것이므로, 위와 같은 전기배선의 하자로 인한 화재는 특별한 사정이 없는 한 임차인이 임차목적물의 보존에 관한 선량한 관리자의 주의의무를 다하지 아니한 결과 발생한 것으로 보아야 한다(대판 2006.1.13. 2005다51013, 51020).

(2) 수선의 필요성: 고장이나 파손이 있을지라도 그것이 임차인의 사용・수익에 지장을 줄 정도

의 것이 아닌 경우에는 임대인의 수선의무는 없다. * 임차인이 누수현상이 있던 건물지하실을 인도받고 임대인과의 약정에 따라 지하실 사용에 필요한 전기, 전등공사와 방수시설보완공사를 완료한 다음 이를 의약품 및 의료기구 등의 저장창고 등으로 사용해 왔다면 다소의 누수현상이 있더라도 임대인에게 지하실을 사용수익할 상태를 유지할 의무위반이 있었다고 단정하기 어렵다(대판 1989.6.13. 88다카13332, 13349).

(3) 수선의 가능성: 수선이 가능하여야 한다. 수선이 불가능한 경우에는 수선의무는 문제가 되지 않고, 잔존부분으로 임차목적을 달성할 수 있는 경우는 차임감액의 문제가 되고(627조), 잔존부분으로 임차목적을 달성할 수 없는 경우에는 임대차계약은 소멸하고 채무불이행에 의한 책임의 문제가 남는다.

(4) 고장 및 파손의 원인: 고장·파손의 원인은 묻지 아니한다.

(가) 불가항력적인 사유: 원인이 천재지변과 같은 불가항력적인 사유의 경우에도 임대인의 수선의무는 있다.

(나) 임차인의 귀책사유에 의한 파손-임대인의 수선의무: 임차인의 귀책사유에 의할 지라도 임대인의 수선의무는 있고, 임차인에게는 목적물보관의무 불이행에 의한 책임을 추궁하여야 한다. * 임차건물이 전기배선의 이상으로 인한 화재로 일부 소훼되어 임차인의 임차목적물반환채무가 일부 이행불능이 되었으나 발화부위인 전기배선이 건물구조의 일부를 이루고 있어 임차인이 전기배선의 이상을 미리 알았거나 알 수 있었다고 보기 어렵고, 따라서 그 하자를 수리 유지할 책임은 임대인에게 있으므로 임차목적물반환채무의 이행불능은 임대인으로서의 의무를 다하지 못한 결과이고 임차인의 임차목적물의 보존에 관한 선량한 관리자의 주의의무를 다하지 아니한 결과가 아니므로 임차인의 손해배상책임을 인정할 수 없다(대판 2000.7.4. 99다64384).

(5) 사소한 파손: 목적물에 파손 또는 장해가 생긴 경우 그것이 임차인이 별비용을 들이지 아니하고도 손쉽게 고칠 수 있을 정도의 사소한 것이어서 임차인의 사용·수익을 방해할 정도의 것이 아니라면 임대인은 수선의무를 부담하지 않지만, 그것을 수선하지 아니하면 임차인이 계약에 의하여 정하여진 목적에 따라 사용·수익할 수 없는 상태로 될 정도의 것이라면 임대인은 그 수선의무를 부담한다 할 것이다(대판 1994.12.9. 94다34692). * 임대인의 수선의무가 없는 사소한 파손의 예: 임차목적물인 방에 약간의 실금형태로 균열이 있고 외벽에 금이 가 있을 정도라면 그 방을 사용할 수 없을 정도의 파손상태라고 할 수 없고, 반드시 임대인에게 수선의무가 있는 대규모의 것이라고도 할 수 없어 임차인의 통상의 수선 및 관리의무에 속하므로, 위 균열로 스며든 연탄가스에 피해자가 중독되어 사망한 사고는 임대인의 과실로 인한 것이라고 볼 수 없다(대판 1989.9.26. 89도703).

(6) 수선의무 면제 특약: 임대인의 수선의무는 특약에 의하여 이를 면제하거나 임차인의 부담으로 돌릴 수 있으나, 그러한 특약에서 수선의무의 범위를 명시하고 있는 등의 특별한 사정이 없는 한 그러한 특약에 의하여 임대인이 수선의무를 면하거나 임차인이 그 수선의무를 부담하게 되는 것은 통상 생길 수 있는 파손의 수선 등 소규모의 수선에 한한다 할 것이고, 대파손의 수리, 건물의 주요 구성부분에 대한 대수선, 기본적 설비부분의 교체 등과 같은 대규모의 수선은 이에 포함되지 아니하고 여전히 임대인이 그 수선의무를 부담한다(대판 1994.12.9. 94다34692, 94다34708).

(7) 수선과정에서의 목적물 소실: 임대인이 임차인과의 임대차계약상의 약정에 따라 제3자에게 도급을 주어 임대차목적 시설물을 수선한 경우에는 그 수급인도 임대인에 대하여 종속적인지 여부를 불문하고 이행보조자로서의 피용자라고 보아야 할 것이고, 이러한 수급인이 시설물 수선공사 등을 하던 중 수급인의 과실로 인하여 화재가 발생한 경우에는 임대인은 민법 제391조에 따라 위 화재발생에 귀책사유가 있다 할 것이어서 임차인에 대한 채무불이행상의 손해배상책임이 있다(대판 2002.7.12. 2001다44338).

(8) 임차인책임하의 수선: 임차인이 임대인으로부터 그 임차건물의 보수공사를 도급받아 그 책임하에 공사기한을 정하여 시공한 다음 이를 사용하기로 하고서도 임차인이 약정한 공사기한까지 그 공사를 완료하지 못함으로 인하여 임차건물을 사용할 수 없게 된 경우에는, 그 공사기한이 경과한 이후부터는 임차인의 임차건물 사용이 불가능하다고 하더라도 이는 임차인 자신의 책임있는 사유로 인한 것이어서 임차인은 그 사용불가능한 기간에 대하여도 약정임료 내지 그 상당

의 손해를 임대인에게 지급할 의무가 있다(대판 1987.12.8. 87다카1104).

(9) 수선의무 불이행

(가) 임대차계약상의 채무불이행책임: 임대인이 수선의무를 이행하지 아니하는 경우에 임차인은 채무불이행의 일반적 효과로서 손해배상청구권(390조)과 계약해지권(544조)을 행사할 수 있다.

(나) 차기 임료와의 관계: 임대차는 계속적 계약관계로서 임대인의 사용·수익하게 할 의무와 임차인의 차임지급의무는 견련성이 있어 동시이행의 관계가 성립한다.

① 차임지급 거절: 차기의 차임에 대하여 일부 또는 전부에 대하여 지급을 거절할 수 있다. 그러나 수선의무불이행으로 인하여 부분적으로 지장이 있는 상태에서 그 사용수익이 가능할 경우에는 그 지장이 있는 한도 내에서만 차임의 지급을 거절할 수 있을 뿐 그 전부의 지급을 거절할 수는 없으므로 그 한도를 넘는 차임의 지급거절은 채무불이행이 된다(대판 1989.6.13. 88다카13332, 13349).

② 차임감액 청구: 차임의 감액을 청구할 수 있다. 수선하지 아니하여 사용하지 못한 비율에 따라 차기의 일부나 전부의 차임에 대한 동시이행의 항변권을 행사할 수 있다. 또한 수선되지 아니하며 사용하지 못한 부분이 계속되는 경우에는 제627조의 취지에 따라 그에 상응하는 차임의 감액을 청구할 수 있다.

③ 임차인의 보관의무와의 관계: 임차인의 보관의무불이행에 의한 수선의 경우에도 임대인에게 수선의무가 있고, 임차인은 보관의무불이행책임을 진다. * 임차건물이 전기배선의 이상으로 인한 화재로 일부 소훼되어 임차인의 임차목적물반환채무가 일부 이행불능이 되었으나 발화부위인 전기배선이 건물구조의 일부를 이루고 있어 임차인이 전기배선의 이상을 미리 알았거나 알 수 있었다고 보기 어렵고, 따라서 그 하자를 수리 유지할 책임은 임대인에게 있으므로 임차목적물반환채무의 이행불능은 임대인으로서의 의무를 다하지 못한 결과이고 임차인의 임차목적물의 보존에 관한 선량한 관리자의 주의의무를 다하지 아니한 결과가 아니므로 임차인의 손해배상책임을 인정할 수 없다(대판 2000.7.4. 99다64384).

> **第624條【賃貸人의 保存行爲, 忍容義務】** 賃貸人이 賃貸物의 保存에 必要한 行爲를 하는 때에는 賃借人은 이를 拒絶하지 못한다.

> **第625條【賃借人의 意思에 反하는 保存行爲와 解止權】** 賃貸人이 賃借人의 意思에 反하여 保存行爲를 하는 境遇에 賃借人이 이로 因하여 賃借의 目的을 達成할 수 없는 때에는 契約을 解止할 수 있다.

賃貸人의 保存에 必要한 行爲와 賃借人의 契約解止權

1. 賃貸人의 保存行爲 - 제624조: 임대인은 임대차기간 중에도 임대물의 보존에 필요한 행위를 할 수 있다.

2. 賃借人의 認容義務 - 제624조: 임대인이 임차물의 보존에 필요한 행위를 하는 경우에는 이를 수용하고 인용하여야 한다. 사용·수익할 수 없는 기간의 차임은 지급할 의무가 없다.

3. 賃借人의 契約 解止權 - 제625조: 임차인은 목적물의 사용·수익할 수 있는 권리가 있다. 따라서 임차인의 의사에 반한 임대인의 보존행위로 임차인이 임대차계약의 목적을 달성 할 수 없는 경우에는 임차인은 임대차계약을 해지할 수 있다.

> **第626條【賃借人의 償還請求權】** ①賃借人이 賃借物의 保存에 關한 必要費를 支出한 때에는 賃貸人에 對하여 그 償還을 請求할 수 있다.
>
> ②賃借人이 有益費를 支出한 境遇에는 賃貸人은 賃貸借終了時에 그 價額의 增加가 現存한때에 限하여 賃借人의 支出한 金額이나 그 增加額을 償還하여야 한다. 이 境遇에 法院은 賃貸人의 請求에 依하여 相當한 償還期間을 許與할 수 있다.

賃借人의 費用償還請求權

1. 賃借物保存의 必要費 - 제1항

(1) 필요비: 필요비란 임대물이 통상의 용법에 따른 사용에 적합한 상태를 유지하는 데 필요한 비용을 말한다. 필요비의 부담에 대하여는 특약을 할 수 있다. 예컨대 차임을 적게 하면서 필요비를 임차인이 부담하는 합의를 할 수도 있을 것이다.

(2) 상환청구: 임대인에게는 임대물을 임차인이 사용・수익할 수 있게 할 상태를 유지시킬 적극적 의무가 있으므로 보존에 필요한 비용은 임대인이 부담하여야 한다. 따라서 보존의 필요성이 있는 경우에는 임대인이 직접 보존에 필요한 행위를 하여야 하나, 임차인이 이를 한 경우가 있다. 즉 임대인에게 수선의무가 있는 경우에 이를 임차인이 한 경우에는 임대인에게 그 비용의 상환을 청구할 수 있다. 임차인은 임대차기간 중에도 임대인에게 그 비용의 상환을 청구할 수 있다.

(3) 상환청구시기: 필요비는 임차인이 지출한 즉시 상환을 청구할 수 있다.

2. 賃借物에 支出된 有益費 - 제2항

(1) 유익비: 본항 소정의 유익비는 임차인이 임차물의 객관적 가치를 증가시키기 위하여 투입한 비용이다(대판 1980.10.14. 80다1851, 1852).

(2) 상환청구-계약 종료 시: 임대차종료시에 그 가액의 증가가 현존한 때에 한하여 임차인이 지출한 금액이나 그 증가액을 상환청구할 수 있다(전문). 이 경우에 법원은 임대인의 청구에 의하여 상당한 상환기간을 허여할 수 있다(후문). 이것은 유익비가 임대인에게 부당이득이 되기 때문에 현존이익의 상환을 원칙으로 한 것이다.

(3) 상환청구 포기 특약-가능: 당해 계약 체결의 경위와 목적, 임대차기간, 임대보증금 및 임료의 액수 등의 여러 사정에 비추어 볼 때 당사자의 의사가 계약서의 문언과는 달리 명시적・묵시적으로 일정한 범위 내의 비용에 대하여만 유익비 상환청구권을 포기하기로 약정한 취지라고 해석하는 것이 합리적이라고 인정되는 경우에는 당사자의 의사에 따라 그 약정의 적용 범위를 제한할 수 있다(대판 1998.10.20. 98다31462).

3. 費用償還請求權에 대한 留置權: 필요비와 유익비는 임차인이 임대물에 관하여 생긴 비용으로 이에 대한 상환채권에 관하여 임차인은 임대물에 대하여 유치권을 가진다(320조 참조).

4. 費用償還請求權의 行使期間 - 반환 후 6월 내: 필요비와 유익비의 상환청구권은 임대인이 목적물을 반환받은 날로부터 6월 내에 행사하여야 한다(654조, 617조). 즉 필요비는 임차인이 지출하면 즉시 상환을 청구할 수 있으나, 유익비는 임대인이 목적물을 반환받은 날로부터 상환을 청구할 수 있고, 양자 모두 반환받은 날로부터 6월의 제척기간에 걸린다. 그러나 유익비에 관하여 유예기간을 허여받은 경우에는 그 유예기간이 만료된 때로부터 6월의 제척기간에 걸린다.

第627條【一部滅失等과 減額請求, 解止權】 ①賃借物의 一部가 賃借人의 過失없이 滅失 其他 事由로 因하여 使用, 收益할 수 없는 때에는 賃借人은 그 部分의 比率에 依한 借賃의 減額을 請求할 수 있다.
②前項의 境遇에 그 殘存部分으로 賃借의 目的을 達成할 수 없는 때에는 賃借人은 契約을 解止할 수 있다.

借賃減額請求와 解止

1. 賃借物의 一部 使用 不能이나, 殘存部分 使用 可能한 경우 - 제1항

(1) 임차인의 과실 없이 멸실 등: 임대기간 중에 임차물의 일부가 임차인의 과실 없이 멸실 기타 사유로 사용・수익할 수 없는 경우이어야 한다.

(2) 차임감액청구권: 임차인은 사용・수익하지 못하는 부분의 비율에 의한 차임의 감액을 청구할 수 있다.

(가) 감액비율-가치의 감소비율: 감액의 비율은 사용・수익할 수 없는 전체에 대한 부분의 물리적 비율이 아니라 사용 및 수익가치의 감소비율을 말한다.

(나) 형성권: 임차인의 차임감액청구권은 일종의 형성권으로서 임차인의 일방적인 의사표시에 의하여 감액된다. 감액되는 액에 관하여는 별도의 규정이 없어 문제인데, 당사자간에 다툼이 있는 때에는 법원이 확정할 수밖에 없을 것이다.

(3) 임차인의 과실인 경우: 임차인의 귀책사유에 의한 멸실, 사용불능의 경우에는 수선이 가능하면 임대인의 수선의무에 의하여 임대인이 수선하여야 하나, 임차인은 임차물보관의무의 불이행책임을 진다.

2. 殘存部分으로 目的을 達成할 수 없는 경우 - 제2항: 임차목적을 달성할 수 없기 때문에 임차인은 계약을 해지할 수 있다.

(1) 임차인의 귀책사유: 임차인의 관리의무 불이행에 의한 손해배상책임이 있다.

(2) 임대인의 귀책사유, 불가항력적인 사유: 임대인의 채무불이행책임이 있다.

3. 減額請求拋棄 特約 - 무효: 차임감액청구권에 관한 제627조와 제628조는 강행규정이다. 따라서 당사자간에 차임의 감액을 할 수 없다는 특약은 효력이 없다.

4. 一時使用賃貸借에는 適用 없음 - 제653조: 제627조와 제628조는 일시사용을 위한 임대차에는 적용이 없다.

第628條【借賃增減請求權】 賃貸物에 對한 公課負擔의 增減 其他 經濟事情의 變動으로 因하여 約定한 借賃이 相當하지 아니하게 된 때에는 當事者는 將來에 對한 借賃의 增減을 請求할 수 있다.

借賃增減請求權

1. 意義: 임대인이나 임차인은 임대물에 대한 공과부담의 증대 기타 경제사정의 변화로 약정한 차임이 상당하지 아니하게 된 때에는 장래에 대한 차임의 증액 또는 감액을 청구할 수 있다.

2. 賃貸人의 增額請求權은 反對約定이 없어야 - 제652조: 제652조는 제628조(증액과 감액 함께 규정)를 강행규정으로 하고 있다. 그러나 증액하지 않겠다는 특약은 임차인에게 유리한 것이기 때문에 유효하다. 따라서 임대인의 차임증액청구권은 당사자간에 반대의 약정, 즉 임대기간 중에 차임을 증액시키지 않겠다는 특약이 없어야 한다.

3. 增額과 期間: 증액청구에 대한 기간 및 구체적인 액수에 대하여 민법에는 제한이 없으나, 주택임대차보호법시행령 제2조는 임대차계약 후 또는 약정한 차임의 증액이 있은 후 1년 내에는 증액할 수 없도록 규정하며, 또한 증액하는 경우에 약정차임의 20분의 1의 금액을 초과하지 못하도록 제한하고 있다.

4. 形成權: 차임증감청구권은 일종의 형성권으로 임대인의 일방적인 의사표시로 한다(자세한 것은 임차인의 차임지급의무 참조). * 임대차계약에 있어서 차임은 당사자간에 합의가 있어야 하고, 임대차기간 중에 당사자의 일방이 차임을 변경하고자 할 때에도 상대방의 동의를 얻어서 하여야 하며, 그렇지 아니한 경우에는 민법 제628조에 의하여 차임의 증감을 청구하여야 할 것이고, 만일 임대차계약체결시에 임대인이 일방적으로 차임을 인상할 수 있고 상대방은 이의를 할 수 없다고 약정하였다면, 이는 강행규정인 민법 제628조에 위반하는 약정으로서 임차인에게 불리한 것이므로 민법제652조에 의하여 효력이 없다(대판 1992.11.24. 92다31163, 31170).

第629條【賃借權의 讓渡, 轉貸의 制限】 ①賃借人은 賃貸人의 同意없이 그 權利를 讓渡하거나 賃借物을 轉貸하지 못한다.
②賃借人이 前項의 規定에 違反한 때에는 賃貸人은 契約을 解止할 수 있다.

賃借權의 讓渡와 轉貸

1. 同意에 의한 讓渡와 轉貸: 임대 목적물을 누가 사용하는가는 사용의 주된 목적, 사용자의 개인적 성향에 따라서 임대물에 미치는 영향이 매우 크고, 임대인으로서는 매우 중요한 문제이다. 이

러한 점에서 비록 임차권이 재산적 성질을 가져 양도나 전대 자체를 금지할 수는 없어 가능하도록 하나, 사용자의 변경에 관하여는 임대인의 개입인 동의를 요하도록 하고 있다. 즉 임차권의 양도와 전대에는 임대인의 동의를 받도록 하고 있다.

(1) 무단 양도·전대의 특약-유효: 임대인과 임차인이 동의 없이 임차권을 양도·전대할 수 있다는 특약을 한 경우에 그 특약은 유효하다.

(2) 동의는 양도인과 양수인의 합의, 임차인과 전차인의 합의와 동시에 있음을 요하지 아니하며, 사전 또는 사후동의도 가능하고, 또한 명시적일 필요도 없다. 임대인이 목적물에 대한 사용·수익자가 바뀐 사실을 알고도 별도로 이의를 하지 아니한다든지 또는 새로운 점유자에게 차임을 요구하면 동의는 그러한 사실로부터 추단된다.

(3) 동의의 비철회성: 동의의 의사표시는 철회하지 못한다. 철회를 인정하면 양수인, 전차인의 지위를 지극히 불안하게 하기 때문이다.

2. 同意 있는 賃借權讓渡의 效力

(1) 구임차인과의 계약 종료, 신임차인과의 임대차관계: 임차권이 양도되면 종래의 임차인은 임대차관계에서 탈퇴하고, 임차인의 종래의 지위가 동일성을 유지하면서 양수인에게 이전된다. 따라서 양수인과 임대인은 기존의 임대차계약에 따른 잔여기간 동안 권리와 의무를 그대로 취득하고 유지한다. 예컨대 차임도 기존의 차임과 동일하며, 보증금계약도 그대로 유지된다.

(2) 제3자 제공의 담보 등: 기존의 임차인에 부착된 제3자가 제공한 담보 기타 보증의 효력은 소멸한다.

(3) 연체차임: 양수인은 임차권양도 이전에 변제기가 도래한 채무(연체차임)나 양도인이 이행하지 아니한 채무(임차인의 손해배상채무)에 관하여는 책임을 부담하지 않는다.

(4) 양도인(구임차인)의 보증금 관계

(가) 구임차인에 대한 양도 승낙시-반환변제기 도래: 임대인이 임차권의 양도를 승낙하였다면 임대인과 구임차인과의 임대차관계는 종료되어 구임차인은 임대차관계로부터 이탈하게 되고, 구임차인의 임대차보증금반환채권은 구임차인과 임대인과의 임대차관계의 종료로 인하여 임대인의 임차권양도 승낙시에 이행기에 도달하게 된다고 보아야 한다(대판 1998.7.14. 96다17202).

(나) 특약이 없으면 양수인에게 승계되지 않음: 임대차보증금에 관한 구임차인의 권리의무관계는 구임차인이 임대인과 사이에 임대차보증금을 신임차인의 채무불이행의 담보로 하기로 약정하거나 신임차인에 대하여 임대차보증금반환채권을 양도하기로 하는 등의 특별한 사정이 없는 한 신임차인에게 승계되지 아니하며, 구임차인이 임대인과 사이에 임대차보증금을 신임차인의 채무의 담보로 하기로 약정하거나 신임차인에 대하여 임대차보증금반환채권을 양도하기로 한 때에도 그 이전에 임대차보증금반환채권이 제3자에 의하여 가압류 또는 압류되어 있는 경우에는 위와 같은 합의나 양도의 효력은 압류권자 등에게 대항할 수 없으므로, 신임차인이 차임지급을 연체하는 등 새로운 채무를 부담하게 되었다고 하여 그 연체차임 등을 구임차인에게 반환할 임대차보증금에서 공제할 수는 없다(대판 1998.7.14. 96다17202).

3. 同意 있는 轉貸의 效力: 제630조

4. 同意 없는 賃借權讓渡·轉貸의 效力 – 제2항

(1) 일반: 동의 없는 임차권의 양도는 양도인과 양수인 사이에는 효력이 있으나 임대인과 제3자에게는 임차권의 양도를 주장할 수 없고, 따라서 양수인의 점유는 불법점유로서 임대인에 대하여 방해제거의무를 진다. 그러나 임대인이 해지권(629조2항)을 행사하지 않는 한 임차인은 여전히 임대차계약의 당사자의 지위에 있으므로 임대인의 차임청구에 대하여 책임을 지며, 기타 임대차계약상의 모든 의무를 여전히 부담한다. 동의받지 못한 양수인은 임차인의 일종의 이행보조자의 법적지위에 있는 것이 된다. 따라서 양수인의 행위로 임대물에 손해가 발생하면 임대인은 임차인에 대하여 손해배상을 청구할 수 있다(391조).

(2) 무단 양도·전대시의 임대인의 계약 해지권-제2항

(가) 무단 양도(전대)행위에 배신성이 없으면 해지불가: 제629조제2항은 동의를 받지 아니하고 임차권을 양도·전대한 때에는 임대인은 계약을 해지할 수 있다고 규정하고 있다. 이 규정의 해

석에 관하여 동의 없으면 무조건 임대인의 해지권이 발생하는지 여부가 문제된다.

① 무단양도에서 배신성 있는 경우에만 해지 가능: 무단양도 및 전대한 경우에 임대인의 해지권 발생은 임대차계약은 원래 당사자의 개인적 신뢰를 기초로 하는 계속적 법률관계임을 고려하여 임대인의 인적 신뢰나 경제적 이익(물적 신뢰)을 보호하여 이를 해치지 않게 하고자 함에 있다. 임차인이 임대인의 승낙 없이 제3자에게 임차물을 사용·수익시키는 것은 임대인에게 임대차관계를 계속시키기 어려운 배신적 행위가 될 수 있는 것이기 때문에 임대인에게 일방적으로 임대차관계를 종지시킬 수 있도록 하고자 함에 있다. 따라서 임차인이 임대인으로부터 별도의 승낙을 얻은 바 없이 제3자에게 임차물을 사용·수익하도록 한 경우에 있어서도 임차인의 당해 행위가 임대인에 대한 배신적 행위라고 인정할 수 없는 특별한 사정이 있는 경우에는 위 법조항에 의한 해지권은 발생하지 않는다(대판 1993.4.27. 92다45308).

② 무단전대에서 배신성 있는 경우만 해지 가능: 임차인이 비록 임대인으로부터 별도의 승낙을 얻지 아니하고 제3자에게 임차물을 사용·수익하도록 한 경우에 있어서도, 임차인의 당해 행위가 임대인에 대한 배신적 행위라고 할 수 없는 특별한 사정이 인정되는 경우에는, 임대인은 자신의 동의 없이 전대차가 이루어졌다는 것만을 이유로 임대차계약을 해지할 수 없으며, 전차인은 그 전대차나 그에 따른 사용·수익을 임대인에게 주장할 수 있다(대판 2007.11.29. 2005다64255).

(나) 배신성 없음은 임차인이 입증책임: 동의 받지 않은 양도에 배신성이 없다는 것은 임차인이 입증하여야 한다.

① 토지임차권에서 지상건물의 소유권의 양도: 건물의 소유를 목적으로 하는 토지임차권에서 지상건물의 소유권을 양수하면서 토지임차권도 임대인의 동의를 받아 양수한 경우에는 문제가 없으나, 토지임차권에 대하여는 별도로 합의가 없는 경우는 문제가 된다.

㉮ 토지임차권 자체는 건물의 소유권에 수반-토지임차권은 종된 권리: 건물의 소유권에는 종된 권리인 토지임차권이 수반한다. 즉 민법 제358조 본문은 "저당권의 효력은 저당부동산에 부합된 물건과 종물에 미친다."고 규정하고 있는바, 이 규정은 저당부동산에 종된 권리에도 유추적용되어 건물에 대한 저당권의 효력은 그 건물의 소유를 목적으로 하는 지상권에도 미친다고 보아야 할 것이다(대판 1992.7.14. 92다527).

㉯ 임대인에 대하여 대항 불가-무단 양도: 토지 임대인으로부터 별도의 동의를 받지 아니한 것으로 동의 없는 (토지)임차권양도로 해석된다. 즉 민법 제622조제1항은 건물의 소유를 목적으로 한 토지 임대차는 이를 등기하지 아니한 경우에도 임차인이 그 지상건물을 등기한 때에는 토지에 관하여 권리를 취득한 제3자에 대하여 임대차의 효력을 주장할 수 있음을 규정한 것에 불과할 뿐, 임차인으로부터 건물의 소유권과 함께 건물의 소유를 목적으로 한 토지의 임차권을 취득한 사람이 토지의 임대인에 대한 관계에서 임차권의 양도에 관한 그의 동의가 없어도 임차권의 취득을 대항할 수 있다는 것까지 규정한 것은 아니다(대판 1996.2.27. 95다29345).

② 건물경매에 의한 경락인: 토지임차권에서 지상건물의 담보권자의 담보권실행에 의한 경락으로 건물소유자의 변경이 된 경우에 경락인은 임대인에 대하여 배신성이 없음을 입증하여야 임대인에게 토지임차권으로 대항할 수 있다(대판1993.4.13. 92다24950).

(3) 해지한 경우의 법률관계

(가) 무단양도의 해지: 임대인이 임대차를 해지하면 임차권양수인의 임대목적물의 점유는 불법점유가 되어, 임대인은 양수인에게 방해배제청구권을 행사할 수 있다.

(나) 무단전대의 해지

① 임대인과 전차인과의 관계: 전차인은 불법점유자가 된다. 따라서 임대인은 전차인에 대하여 방해제거청구를 할 수 있으며, 전차인은 그가 전대인으로부터 취득한 임차권을 가지고 임대인에게 대항하지 못한다. 그 결과 전차인은 임차지 위에 부속시킨 물건의 소유권을 보유할 수도 없다(256조 단서의 적용이 없다). 임대인이 목적물의 반환청구를 하는 경우에 임대인이 임차인과의 임대차계약을 해지하지 않는 한, 임대인은 자기에게 목적물의 반환을 청구할 수는 없고 임차인에게 반환을 청구할 수 있다.

② 전대인과 전차인과의 관계: 전대차계약은 전대인과 전차인 사이에는 유효하게 성립하여, 전

대인은 전차인에 대하여 차임청구권을 가지며, 전대인은 전차인에게 임대인의 동의를 얻어 임차목적물을 적법하게 사용·수익할 수 있도록 해 줄 의무를 부담한다.
③ 전차인의 제3자에 대한 지위: 전차인은 임대인에 대하여 대항력을 갖지 못하므로 임차목적물의 양수인 등의 제3자에 대해서도 전차권을 주장할 수 없다. 그러나 전대인(임차인)에 대해서는 채권자의 지위에 있으므로 임차인의 제3자에 대한 대항력을 대위행사(404조)할 수 있을 것이다. 다만 임대인이 제629조제2항의 규정에 의하여 임대차관계를 해지하면 전차인의 대위권행사는 불가능하게 된다.

第630條【轉貸의 效果】 ①賃借人이 賃貸人의 同意를 얻어 賃借物을 轉貸한 때에는 轉借人은 直接賃貸人에 對하여 義務를 負擔한다. 이 境遇에 轉借人은 轉貸人에 對한 借賃의 支給으로써 賃貸人에게 對抗하지 못한다.
②前項의 規定은 賃貸人의 賃借人에 對한 權利行使에 影響을 미치지 아니한다.

第631條【轉借人의 權利의 確定】 賃借人이 賃貸人의 同意를 얻어 賃借物을 轉貸한 境遇에는 賃貸人과 賃借人의 合意로 契約을 終了한 때에도 轉借人의 權利는 消滅하지 아니한다.

同意 있는 轉貸의 法律關係

1. 轉貸人(賃借人)과 轉借人과의 關係 – 제630조제1항: 양자의 관계는 전대차계약의 내용에 따라 정해진다. 그러므로 전대인은 전차인에 대하여 임대인으로서의 권리·의무를 가진다.
(1) 전차인의 차임지급-제1항 단서: 전차인은 차임을 전대인에게 지급할 수도 있으나 이 경우에는 차임지급으로 임대인에게 대항할 수 없고, 임대인에게 직접 지급하면 차임의 전대인에 대한 채무를 면한다.
(2) 전차인의 목적물반환-제1항 본문: 전대차종료 후 전차인은 목적물을 전대인에게 반환할 수 있으나, 임대인에게 직접 반환하면 전대인에 대한 채무를 면한다.
(가) 임대인의 전차인에 대한 반환청구-가능: 임차인이 임차물을 전대하여 그 임대차 기간 및 전대차 기간이 모두 만료된 경우에는, 그 전대차가 임대인의 동의를 얻은 여부와 상관없이 임대인으로서는 전차인에 대하여 소유권에 기한 반환청구권에 터잡아 목적물을 자신에게 직접 반환해 줄 것을 요구할 수 있고, 전차인으로서도 목적물을 임대인에게 직접 명도함으로써 임차인(전대인)에 대한 목적물 명도의무를 면한다(대판 1995.12.12. 95다23996).
(나) 전차인의 계속 사용-부당이득: 임대차 및 전대차가 모두 종료된 경우에 전차인이 목적물을 반환하지 아니하고 계속 사용하는 것은 부당이득을 성립한다(대판 2001.6.29. 2000다68290).
2. 賃貸人과 賃借人(轉貸人)과의 關係 – 제630조제2항: 양자의 관계는 전대차로 아무런 영향을 받지 않는다. 다만 임대인은 전차인에 대하여 직접 권리를 행사할 수 있으나 이 때문에 임대인이 임차인에 대한 그의 임대차계약상의 권리를 행사할 수 없게 되는 것은 아니다.
(1) 임대인의 차임청구, 계약의 해지: 임대인은 전대 여부에 관계없이 차임청구나 계약의 해지는 임대차계약의 상대방인 임차인에게 하여야 한다.
(2) 임차인에 한 계약해지-제638조제1항: 임차인을 상대방으로 계약을 해지한 경우에는 해지한 사유를 전차인에게 통지하여야 해지로써 전차인에게 대항할 수 있다.
3. 賃貸人과 轉借人과의 關係: 임대인과 전차인 사이에는 직접적인 임대차관계가 성립하지 않는다. 따라서 양자간에는 직접적인 법률관계가 있지 아니하다. 그러나 민법은 임대인과 전차인의 보호를 위하여 특별히 예외적으로 아래의 몇 가지에서 양자간에 직접적인 법률관계를 인정한다.
(1) 임대인의 보호-제630조
(가) 전차인의 임대인에 대한 의무를 직접 부담-제1항 전단: 전차인은 임대인에게 직접 의무를 부담한다. 전차인이 임대인에게 직접 부담하는 의무는 차임지급의무, 목적물보관의무, 목적물반

환의무 등의 목적물의 대차에 따른 일반적인 의무 모두이다.
(나) 전차인이 차임을 전대인에게 지급한 경우-미리 지급한 차임은 임대인에게 대항 불가-제1항 후단: 전차인의 전대인에 대한 차임의 지급으로 임대인에게 대항할 수 없다고 규정한다. 따라서 전차인이 전대인에게 차임을 지급하였더라도 임대인의 청구가 있으면 다시 지급하여야 하는 것으로 볼 수도 있으나, 이는 전차인에게 가혹하다. 따라서 전차인의 보호를 위하여 전차인이 전대인에게 지급한 차임으로 대항할 수 없는 경우는 전대차계약상의 차임지급시기 이전에 미리 지급한 것에 한정하는 것으로 해석한다.
(다) 임대인의 전차인에 대한 목적물반환청구: 임차인이 임차물을 전대하여 그 임대차기간 및 전대차기간이 모두 만료된 경우에는, 그 전대차가 임대인의 동의를 얻은 여부와 상관없이 임대인으로서는 전차인에 대하여 소유권에 기한 반환청구권에 터잡아 목적물을 자신에게 직접 반환해 줄 것을 요구할 수 있고, 전차인으로서도 목적물을 임대인에게 직접 명도함으로써 임차인(전대인)에 대한 목적물 명도의무를 면한다(대판 1995.12.12. 95다23996). 그리고 전차인이 목적물을 반환하지 아니하고 계속 사용하는 것은 부당이득을 성립한다(대판 2001.6.29. 2000다68290).
(2) 전차인의 보호
(가) 임차권의 합의 해지의 효력 제한-제631조: 전차권은 임차권을 기초로 성립한 것이므로 임대차가 기간만료나 채무불이행으로 인한 해지 등으로 소멸하면 전차권도 소멸하는 것이 원칙이다. 그러나 민법은 전차인의 보호를 위하여 예외적으로 임대인의 동의를 얻어 전대한 경우 임대인과 임차인의 합의로 임대차계약을 종료시킨 때에도 전차인의 권리는 소멸하지 않는다.
(나) 임차인의 일방적 임차권 포기: 임차인이 일방적으로 임차권을 포기한 경우에도 제631조와 동일한 경우가 되므로 동조를 준용하여 전차인의 권리는 소멸하지 않는 것으로 해석된다.
(다) 임대인의 해지통고의무: 제638조
(라) 계약갱신청구권, 지상시설매수청구권: 제644조
(마) 부속물매수청구권: 제647조
4. 第3者에 대한 轉借人의 地位: 전차인은 임차목적물의 양수인, 저당권자, 경락인 등 제3자에 대하여는 임차인이 대항력을 갖춘 경우에 임차인의 대항력을 원용할 수 있으며, 전차인 스스로 대항력을 갖춘 경우에는 스스로의 대항력에 의하여 제3자에게 대항할 수 있다.

第632條【賃借建物의 小部分을 他人에게 使用케 하는 境遇】 前3條의 規定은 建物의 賃借人이 그 建物의 小部分을 他人에게 使用하게 하는 境遇에 適用하지 아니한다.

小部分의 轉貸

1. 無斷 轉貸 可能 - 제629조 적용 없음: 임차인은 임차목적물 중 일부의 소부분에 대하여는 임대인의 동의를 받지 않고 전대할 수 있다.
2. 第630條, 第631條 適用 없음: 소부분을 무단전대한 한 경우에는 제630조, 제631조가 적용되지 않는다.

第633條【借賃支給의 時期】 借賃은 動產, 建物이나 垈地에 對하여는 每月末에, 其他 土地에 對하여는 每年末에 支給하여야 한다. 그러나 收穫期 있는 것에 對하여는 그 收穫後 遲滯없이 支給하여야 한다.

借賃支給時期

1. 約定 있는 경우: 차임의 지급시기에 관하여 당사자의 약정이 있으면 그에 의한다.
2. 約定 없는 경우: 차임지급시기에 관하여 당사자의 약정이 없는 경우를 위하여 제633조에서 보충적으로 지급시기에 관하여 규정하고 있다.
(1) 동산, 건물, 대지: 매월 말이 지급시기이다.

(2) 기타 토지: 매년 말이 지급시기이다.
(3) 수확기가 있는 경우: 수확기에 있는 것에 대하여는 그 수확 후 지체 없이 지급하여야 한다.

第634條【賃借人의 通知義務】 賃借物의 修理를 要하거나 賃借物에 對하여 權利를 主張하는 者가 있는 때에는 賃借人은 遲滯없이 賃貸人에게 이를 通知하여야 한다. 그러나 賃貸人이 이미 이를 안 때에는 그러하지 아니하다.

賃借人의 通知義務

1. 修理에 대한 通知: 임차물의 사용은 임차인이 하므로 수리를 요하는 사유가 발생한 때에는 지체 없이 그 사유를 임대인에게 통지하여 조치할 수 있게 한다. 그러나 이미 임대인이 그 사유를 아는 경우에는 통지할 필요가 없다.
2. 權利를 主張하는 者가 있는 경우의 通知: 임차물에 대하여 임차인의 사용, 수익권에 충돌하는 권리를 주장하는 자가 있는 때에는 임대인이 이에 대해 적절하게 대응할 수 있도록 그 사유를 임대인에게 지체 없이 통지하도록 한다. 그러나 임대인이 그러한 사실을 아는 경우에는 통지할 필요가 없다.
3. 通知義務 違反
(1) 증가 손해에 대한 책임: 임차인이 위 통지의무를 임차인의 귀책사유로 하지 아니한 경우에는 그로 인하여 발생 또는 증가된 손해에 대하여는 배상책임이 있다.
(2) 계약 해지 여부: 통지의무는 임차인의 주된 의무가 아닌 임차물관리의무에서 파생된 부수적 의무로, 이 의무위반에 의한 계약의 해지는 가능하지 아니하다고 해석된다.

第635條【期間의 約定 없는 賃貸借의 解止通告】 ①賃貸借期間의 約定이 없는 때에는 當事者는 언제든지 契約解止의 通告를 할 수 있다.
②相對方이 前項의 通告를 받은 날로부터 다음 各號의 期間이 經過하면 解止의 效力이 생긴다.
1. 土地, 建物 其他 工作物에 對하여는 賃貸人이 解止를 通告한 境遇에는 6月, 賃借人이 解止를 通告한 境遇에는 1月
2. 動産에 對하여는 5日

第636條【期間의 約定 있는 賃貸借의 解止通告】 賃貸借期間의 約定이 있는 境遇에도 當事者一方 또는 雙方이 그 期間內에 解止할 權利를 保留한 때에는 前條의 規定을 準用한다.

解止通告에 의한 賃貸借契約의 解止

1. 期間의 約定 없는 賃貸借 – 제635조
(1) 쌍방의 임의해지-제1항: 당사자간에 임대차의 기간을 정하지 아니한 경우에는 당사자는 언제든지 계약해지의 통고를 할 수 있다
(2) 해지의 효력-제2항: 해지통고에 의한 계약의 해지는 상대방이 통고를 받은 날로부터 아래의 기간이 경과한 후에 해지의 효력이 생긴다.
(가) 토지, 건물 기타 공작물에 대하여는 임대인이 해지를 통고한 경우에는 6월, 임차인이 해지통고를 한 경우에는 1월이 경과하면 해지의 효력이 생긴다(1호).
(나) 동산은 당사자 가운데 누가 해지통고를 하든 해지통고를 상대방이 받은 날로부터 5일이 경과하면 해지의 효력이 생긴다(2호).
2. 留保한 解止權行使의 解止의 效力 – 제636조: 기간약정 있는 임대차에서 해지권을 유보한 경우

에는, 당해 특약에 의하여 해지권을 행사할 수 있고, 그때는 제635조가 준용되어 해지통고를 받은 날로부터 제635조제2항제1호 및 제2호의 기간이 경과하면 해지의 효력이 생긴다.

3. 解止의 效果: 해지에 의하여 당사자간의 임대차계약은 종료한다.

(1) 임차인의 원상회복의무-제654조(615조): 임대차계약이 종료되면 임차인은 임대물을 원상회복하여야 한다. 비록 임대차계약이 중도에 해지되어 종료하였더라도 임차인은 목적물을 원상으로 회복하여 반환하여야 하는 것이고, 임대인의 귀책사유로 임대차계약이 해지되었다고 하더라도 임차인은 그로 인한 손해배상을 청구할 수 있음은 별론으로 하고 원상회복의무를 부담한다(대판 2002.12.6. 2002다42278).

(가) 원상회복 불능한 경우의 배상의 범위: 건물의 규모와 구조로 볼 때 그 건물 중 임차한 부분과 그 밖의 부분이 상호 유지·존립함에 있어서 구조상 불가분의 일체를 이루는 관계에 있고, 그 임차 부분에서 화재가 발생하여 건물의 방화 구조상 건물의 다른 부분에까지 연소되어 피해가 발생한 경우라면, 임차인은 임차 부분에 한하지 않고 그 건물의 유지·존립과 불가분의 일체관계가 있는 다른 부분이 소실되어 임대인이 입게 된 손해도 배상할 의무가 있다(대판 2004.2.27. 2002다39456).

(나) 배상액의 산정에서 교환가치와 수리비: 불법행위 등으로 인하여 건물이 훼손된 경우, 수리가 가능하다면 그 수리비가 통상의 손해이며, 훼손 당시 그 건물이 이미 내용연수가 다 된 낡은 건물이어서 원상으로 회복시키는 데 소요되는 수리비가 건물의 교환가치를 초과하는 경우에는 형평의 원칙상 그 손해액은 그 건물의 교환가치 범위 내로 제한되어야 할 것이고, 또한 수리로 인하여 훼손 전보다 건물의 교환가치가 증가하는 경우에는 그 수리비에서 교환가치 증가분을 공제한 금액이 그 손해이다(대판 2004.2.27. 2002다39456).

(2) 임차인의 임대물반환의무: 임대차계약이 종료되면 임차인은 임대물반환의무가 있다.

(가) 이행불능의 경우: 임차물이 멸실되어 반환불능인 경우이다.

① 증명책임: 임차인은 임차건물의 보존에 관하여 선량한 관리자의 주의의무를 다하여야 하고, 임차인의 목적물반환의무가 이행불능이 됨으로 인한 손해배상책임을 면하려면 그 이행불능이 임차인의 귀책사유로 인한 것이 아님을 입증할 책임이 있다. 그러나 그 이행불능이 임대차목적물을 임차인이 사용·수익하기에 필요한 상태로 유지하여야 할 임대인의 의무 위반에 원인이 있음이 밝혀진 경우에까지 임차인이 별도로 목적물보존의무를 다하였음을 주장·입증하여야만 그 책임을 면할 수 있는 것은 아니다(대판 2009.5.28. 2009다13170).

② 임차인의 손해배상책임: 주택 기타 건물 또는 그 일부의 임차인이 임대인으로부터 목적물을 인도받아 점유·용익하고 있는 동안에 목적물이 화재로 멸실된 경우, 그 화재가 건물소유자 측이 설치하여 건물구조의 일부를 이루는 전기배선과 같이 임대인이 지배·관리하는 영역에 존재하는 하자로 인하여 발생한 것으로 추단된다면, 그 하자를 보수·제거하는 것은 임대차 목적물을 사용·수익하기에 필요한 상태로 유지할 의무를 부담하는 임대인의 의무에 속하는 것이므로, 그 화재로 인한 목적물반환의무의 이행불능 등에 관한 손해배상책임을 임차인에게 물을 수 없다(대판 2009.5.28. 2009다13170).

(나) 임차인의 임차보증금반환과의 동시이행항변권행사로 임대물 계속 점유-불법점유가 아님: 임대차계약 종료 후에도 임차인이 동시이행의 항변권을 행사하여 임차건물을 계속 점유하여 온 것이라면, 임대인이 임차인에게 보증금반환의무를 이행하였다거나 현실적인 이행의 제공을 하여 임차인의 건물명도의무가 지체에 빠지는 등의 사유로 동시이행의 항변권을 상실하지 않는 이상, 임차인의 건물에 대한 점유는 불법점유라고 할 수 없으며 따라서 임차인으로서는 이에 대한 손해배상의무도 없다(대판 1998.5.29. 98다6497).

(다) 종료 후의 계속 사용에 따른 실질 이득은 부당이득: 임차인은 임대차계약이 종료된 경우 특별한 사정이 없는 한 임대인에게 그 목적물을 명도하고 임대차 종료일까지의 연체차임을 지급할 의무가 있음은 물론, 임대차 종료일 이후부터 목적물 명도 완료일까지 그 부동산을 점유·사용함에 따른 차임 상당의 부당이득금을 반환할 의무도 있다고 할 것인 데, 이와 같은 법리는 임차인이 임차물을 전대하였다가 임대차 및 전대차가 모두 종료된 경우의 전차인에 대하여도 특별한 사정이

없는 한 그대로 적용된다(대판 2007.8.23. 2007다21856, 21863). 그러나 임대차계약관계가 소멸된 이후에도 임차목적물을 계속 점유하기는 하였으나 이를 본래의 임대차계약상의 목적에 따라 사용·수익하지 아니하여 실질적인 이득을 얻은 바 없는 경우에는 그로 인하여 임대인에게 손해가 발생하였다 하더라도 임차인의 부당이득반환의무는 성립되지 않는다(대판 1998.5.29. 98다6497).
(3) 임차인의 보증금 반환청구: 임대차종료 후 임차인이 임대물을 반환한 때에 임차인은 보증금 반환을 청구할 수 있다. 보증금반환의무와 임대물반환의무는 임차인의 보호를 위하여 동시이행 관계에 있다.

第637條【賃借人의 破産과 解止通告】 ①賃借人이 破産宣告를 받은 境遇에는 賃貸借期間의 約定이 있는 때에도 賃貸人 또는 破産管財人은 第635條의 規定에 依하여 契約解止의 通告를 할 수 있다.
②前項의 境遇에 各當事者는 相對方에 對하여 契約解止로 因하여 생긴 損害의 賠償을 請求하지 못한다.

賃借人의 破産宣告와 解止

1. 賃借人의 破産宣告에 따른 契約解止 – 제1항
(1) 임대인과 파산관재인의 해지통고: 임대차계약에서 기간의 약정이 있더라도 임차인이 파산선고를 받게 되면, 임대인과 임차인 간의 임대차의 기초관계인 신뢰관계가 파괴되기 때문에 임대인이나 파산관재인은 임대차계약을 해지통고할 수 있다.
(2) 해지의 효력-제635조: 본항 소정의 해지통고에 의한 해지는 제635조에 의하여 해지의 효력이 생긴다.
2. 損害賠償責任의 免責 – 제2항: 본조에 의한 계약의 해지는 임대차계약상의 채무불이행에 의한 해지가 아님으로 손해배상을 청구하지는 못한다.

第638條【解止通告의 轉借人에 對한 通知】 ①賃貸借契約이 解止의 通告로 因하여 終了된 境遇에 그 賃貸物이 適法하게 轉貸되었을 때에는 賃貸人은 轉借人에 對하여 그 事由를 通知하지 아니하면 解止로써 轉借人에게 對抗하지 못한다.
②轉借人이 前項의 通知를 받은 때에는 第635條第2項의 規定을 準用한다.

賃貸人의 轉借人에 대한 賃貸借契約 解止事實의 通知義務

1. 同意를 받아 轉貸된 경우만 – 賃貸人의 通知義務 – 제1항
(1) 해지통고에 의한 임대차계약의 해지: 임대차계약이 임대인과 임차인 사이의 해지의 통고(635조-637조)로 종료된 경우여야 한다. 그 외 정상적인 임대차계약기간의 종료 등과 같은 경우에는 별도로 통지를 할 의무가 없다.
(2) 동의 받은 전대의 경우: 임대인의 동의를 얻어 적법하게 전대되었을 때에만 통지의무가 있다. 임차인이 임대인의 동의를 받지 아니하고 전대한 경우에는 전차인은 임대인에 대하여 대항할 수 없기 때문에 임대인은 전차인에 대하여 통지의 의무가 없다.
(3) 통지의무 위반-임대인의 대항 불가: 임대인은 전차인에 대하여 임대차계약이 해지통고로 종료된 사실을 통지하지 아니하면 해지로써 전차인에게 대항하지 못한다.
2. 解止通知의 效力 – 제2항: 전차인이 해지의 통지를 받은 때에는 그 해지의 효력은 임차인과는 별도로 전차인에 대해서는 일정한 기간(부동산임대차는 6월, 동산임대차는 5일)이 경과하여야 해지의 효력이 생긴다(638조2항).
3. 本條의 强行規定: 본조는 강행규정이나(652조), 일시사용을 위한 전대차에는 적용되지 않는다(653조).

第639條【默示의 更新】 ①賃貸借期間이 滿了한 後 賃借人이 賃借物의 使用, 收益을 繼續하는 境遇에 賃貸人이 相當한 期間內에 異議를 하지 아니한 때에는 前賃貸借와 同一한 條件으로 다시 賃貸借한 것으로 본다. 그러나 當事者는 第635條의 規定에 依하여 解止의 通告를 할 수 있다.
②前項의 境遇에 前賃貸借에 對하여 第三者가 提供한 擔保는 期間의 滿了로 因하여 消滅한다.

默示의 更新

1. 默示의 更新의 成立 - 제1항
(1) 임대차기간 만료: 임대차기간이 만료한 후이어야 한다.
(2) 임차인의 계속 사용: 임차인이 임차물의 사용・수익을 계속하여야 한다.
(3) 임대인의 상당기간 묵인: 임대인이 상당한 기간 내에 별도의 이의를 하지 아니하여야 한다.
2. 更新된 契約의 內容: 전임대차와 동일한 조건으로 계약이 갱신된 것으로 간주한다.
(1) 임료, 내용 등: 전임대차와 동일한 조건의 계약이 성립한다.
(2) 기간-단서: 제635조가 적용되는 것으로 되어, 임대차기간에 대하여는 약정이 없는 것이 된다. 즉 기간의 약정이 없는 임대차가 된다.
(3) 전임대차에 부착된 담보권 등-제2항
(가) 제3자 제공의 담보, 보증-소멸: 전임대차에 대하여 제3자가 제공한 담보, 예컨대 저당권이나 인적 보증 등은 전임대차기간의 만료로 소멸한다. 제3자는 담보제공시의 임대차기간만 고려하여 담보를 제공한 것이기 때문이다. * 묵시의 갱신에서 제3자가 제공한 담보는 소멸한다고 규정한 것은 담보를 제공한 자의 예상하지 못한 불이익을 방지하기 위한 것이라 할 것이므로, 민법 제639조제2항은 당사자들의 합의에 따른 임대차 기간연장의 경우에는 적용되지 않는다(대판 2005.4.14. 2004다63293).
(나) 임차인 제공의 담보-존속: 임차인이 제공한 담보는 그대로 유지된다.
3. 農地賃貸借의 例外: 농지임대차에서는 경작의 준비 등의 특수성으로 임대인이 임대차기간 만료 3월 전까지 갱신의 거절 또는 임대차조건의 변경의 뜻을 통지하지 아니한 때에는 전임대차와 동일한 조건으로 다시 임대차한 것으로 본다(농지법 26조).

第640條【借賃延滯와 解止】 建物 其他 工作物의 賃貸借에는 賃借人의 借賃延滯額이 2期의 借賃額에 達하는 때에는 賃貸人은 契約을 解止할 수 있다.

第641條【同前】 建物 其他 工作物의 所有 또는 植木, 採鹽, 牧畜을 目的으로 한 土地賃貸借의 境遇에도 前條의 規定을 準用한다.

第642條【土地賃貸借의 解止와 地上建物等에 對한 擔保物權者에의 通知】 前條의 境遇에 그 地上에 있는 建物 其他 工作物이 擔保物權의 目的이 된 때에는 第288條의 規定을 準用한다.

借賃延滯로 因한 解止

1. 意義: 차임을 연체한 때에는 임차인의 채무불이행에 해당되기 때문에 그 회수에 관계없이 원칙적으로는 계약을 해지할 수 있을 것이다. 그런데 민법은 임차인의 보호를 위하여 차임의 연체로 인한 해지에 대하여 연체의 최소회수를 제한하고 있다.
2. 解止의 要件
(1) 건물 임대차 등의 한정된 임대차-제640조, 제641조: 건물, 공작물의 임대차(640조), 건물, 공

작물의 소유 또는 식목, 채염, 목축을 목적으로 한 토지임대차(641조)에 한정한다.

(2) 차임연체액이 통산 2기 이상-제640조: 차임연체액이 2기에 달하여야 한다. 여기의 2기는 연속된 것만을 의미하는 것이 아니라 간헐적으로 연체가 되어 통산한 경우에 2기의 차임액에 달한 때도 포함한다.

3. 解止의 效力

(1) 토지임대차에서 지상시설의 담보권자가 있는 경우-제642조(288조): 토지임대차에서 차임연체액이 2기의 차임액에 달하여 해지하더라도, 그 지상시설이 저당권의 목적이 되어 있는 경우에는 그 저당권자에게 해지의 사실을 통지한 후 상당한 기간이 경과하여야 해지의 효력이 생긴다(642조, 288조). 담보권자를 보호하기 위하여 해지의 효력을 연장한 것이다.

(2) 그 외의 경우: 해지의 의사표시의 효력발생으로 임대차관계가 종료한다.

4. 强行規定: 제640조와 제641조는 강행규정이나(652조), 제640조는 일시사용을 위한 임대차에는 그 적용이 없다(653조).

第643條【賃借人의 更新請求權, 買受請求權】 建物 其他 工作物의 所有 또는 植木, 採鹽, 牧畜을 目的으로 한 土地賃貸借의 期間이 滿了한 境遇에 建物, 樹木 其他 地上施設이 現存한 때에는 第283條의 規定을 準用한다.

土地賃貸借에서 更新請求權, 地上物買受請求權

1. 意義: 토지임대차에서 기간이 만료하였으나 지상시설이 있는 경우에 임차인을 보호하기 위하여 임차인에게 투하한 자본의 회수를 할 수 있는 기회를 부여하기 위하여, 임차인에게 계약의 갱신청구를 할 수 있게 하고, 임대인이 갱신을 원하지 아니하는 때에는 지상시설에 대하여 상당한 가액으로 그를 매수할 것을 청구할 수 있게 한다(643조, 283조). 즉 임차인은 임대인에게 계약을 갱신하든지 아니면 지상시설을 매수하든지 선택을 강요할 수 있다. 여기서 임대인은 계약의 갱신에 응하지 않을 수 있으나, 갱신을 하지 아니하는 경우에는 매수청구권에 대하여는 이를 거절하지 못한다.

2. 賃借人의 契約更新請求權 - 제282조제1항

(1) 기간 약정 있는 토지임대차에서 기간이 만료한 때: 기간의 약정이 있는 토지임대차에서 기간이 만료하여야 한다.

(2) 지상시설이 현존하여야: 건물, 수목 기타 지상시설이 현존하여야 한다.

(3) 임차인의 갱신청구-임대인의 거절은 가능: 임차인이 계약의 갱신을 청구할 수 있고, 임대인은 갱신을 거절할 수 있다.

3. 賃借人의 地上物買受請求權 - 제283조제2항: 본조는 건물의 소유를 목적으로 하는 토지 임대차계약이 종료되었음에도 그 지상 건물이 현존하는 경우에 임대차계약을 성실하게 지켜온 임차인이 임대인에게 상당한 가액으로 그 지상 건물의 매수를 청구할 수 있는 권리로서, 국민경제적 관점에서 지상 건물의 잔존가치를 보존하고, 토지소유자의 배타적 소유권 행사로 인하여 희생당하기 쉬운 임차인을 보호하기 위한 제도이다.

(1) 요건

(가) 토지임대차의 종료: 토지임대차에서 임차권이 소멸하여야 한다. * 임대인과 임차인이 토지와 그 지상의 기존 건물에 관하여 임대차계약을 체결한 후 임차인이 임대인의 동의하에 기존 건물을 철거하고 그 지상에 건물을 신축한 경우, 약정 임대차기간이 1년이고 신축 건물 완공 당시의 잔존 임대차기간이 4개월에 불과함에도 임차인이 많은 비용을 들여 내구연한이 상당한 건물을 신축하였고 임대인이 기존 건물의 철거 및 건물신축을 승낙한 점 등에 비추어, 토지와 기존 건물을 임대목적물로 하였던 당초의 임대차계약이 신축 건물의 소유를 목적으로 하는 토지 임대차계약으로 변경되었다(대판 2002.11.13. 2002다46003).

① 기간의 약정이 있는 토지임대차에서 기간의 만료: 기간의 약정이 있는 토지임대차에서 기간

의 만료로 임차권이 소멸한 때여야 한다.

② 기간의 약정 없는 임대차에 있어서 임대인에 의한 해지 통고에 의한 해지: 기간의 약정이 없는 토지임대차에서 제635조에 해지통고에 의하여 임차권이 소멸된 경우에도 본조가 적용된다(대판 1995.7.11. 94다34265).

(나) 지상시설이 현존하여야: 건물, 수목 기타 지상시설이 현존하여야 한다.

① 무허가건물-가능: 임대차계약 종료시에 경제적 가치가 잔존하고 있는 건물은 그것이 토지의 임대 목적에 반하여 축조되고 임대인이 예상할 수 없을 정도의 고가의 것이라는 등의 특별한 사정이 없는 한, 비록 행정관청의 허가를 받은 적법한 건물이 아니더라도 임차인의 건물매수청구권의 대상이 될 수 있다(대판 1997.12.23. 97다37753).

② 저당권이 설정된 건물-가능: 건물의 소유를 목적으로 한 토지임대차계약의 기간이 만료함에 따라 지상건물 소유자가 임대인에 대하여 행사하는 민법 제643조 소정의 매수청구권은 매수청구의 대상이 되는 건물에 근저당권이 설정되어 있는 경우에도 인정된다(대판 2008.5.29. 2007다4356).

③ 임차인의 특수한 용도 목적의 시설물-제외: 본조가 규정하는 매수청구의 대상이 되는 건물에는 임차인이 임차토지상에 그 건물을 소유하면서 그 필요에 따라 설치한 것으로서 건물로부터 용이하게 분리될 수 없고 그 건물을 사용하는 데 객관적인 편익을 주는 부속물이나 부속시설 등이 포함되는 것이지만, 이와 달리 임차인이 자신의 특수한 용도나 사업을 위하여 설치한 물건이나 시설은 이에 해당하지 않는다(대판 2002.11.13. 2002다46003).

(2) 임차인의 매수청구권 행사-매매계약체결의 효과: 임차인의 지상시설매수청구권은 일종의 형성권으로, 임차인의 지상시설 매수청구의 일방적 의사표시에 의하여 효력이 생긴다. 즉 임대인과 임차인 사이에서는 임차지상의 건물에 대하여 매수청구권 행사 당시의 건물시가를 대금으로 하는 매매계약이 체결된 것과 같은 효과가 발생한다(임대인이 기존 건물의 철거비용을 포함하여 임차인이 임차지상의 건물을 신축하기 위하여 지출한 모든 비용을 보상할 의무를 부담하게 되는 것은 아니다)(대판 2002.11.13. 2002다46003).

(3) 매수가격

(가) 현상태로의 시가 기준: 건물의 매수가격은 건물 자체의 가격 외에 건물의 위치, 주변토지의 여러 사정 등을 종합적으로 고려하여 매수청구권 행사 당시 건물이 현재하는 대로의 상태에서 평가된 시가를 말한다(대판 2002.11.13. 2002다46003).

(나) 저당권이 설정된 경우-피담보채권최고액 지급 거절: 그 건물의 매수가격은 건물 자체의 가격 외에 건물의 위치, 주변 토지의 여러 사정 등을 종합적으로 고려하여 매수청구권 행사 당시 건물이 현존하는 대로의 상태에서 평가된 시가 상당액을 의미하고, 여기에서 근저당권의 채권최고액이나 피담보채무액을 공제한 금액을 매수가격으로 정할 것은 아니다. 다만 매수청구권을 행사한 지상건물 소유자가 위와 같은 근저당권을 말소하지 않는 경우 토지소유자는 민법 제588조에 의하여 위 근저당권의 말소등기가 될 때까지 그 채권최고액에 상당한 대금의 지급을 거절할 수 있다(대판 2008.5.29. 2007다4356).

4. 强行規定: 본조의 규정은 강행규정으로(652조), 이에 위반하는 약정으로서 임차인에게 불리한 것은 그 효력이 없다.

5. 債務不履行에 의한 賃借權消滅에는 本條의 適用 없음: 본조에 의한 계약의 갱신은 간접적으로 강제되며, 매수청구권을 형성권으로 한 것은 임차인을 보호하기 위한 것으로, 임차인의 채무불이행 등의 사유로 인하여 임대차계약이 해지되었을 때에는 임차인에게 계약갱신권이나 매수청구권이 발생할 수 없다(대판 1972.12.26. 72다2013).

第644條【轉借人의 賃貸請求權, 買收請求權】 ①建物 其他 工作物의 所有 또는 植木, 採鹽, 牧畜을 目的으로 한 土地賃借人이 適法하게 그 土地를 轉貸한 境遇에 賃貸借 및 轉貸借의 期間이 同時에 滿了되고 建物, 樹木 其他 地上施設이 現存한 때에는 轉借人은 賃貸人에 對하여 前轉貸借와 同一한 條件으로 賃貸할 것을 請求할 수 있다.

②前項의 境遇에 賃貸人이 賃貸할 것을 願하지 아니하는 때에는 第283條第2項의 規定을 準用한다.

第645條【地上權目的土地의 賃借人의 賃貸請求權, 買受請求權】 前條의 規定은 地上權者가 그 土地를 賃貸한 境遇에 準用한다.

轉借人의 契約更新請求權, 地上施設買受請求權

1. 更新請求權, 買受請求權의 成立

(1) 토지임차권의 적법한 전대: 건물 기타 공작물의 소유 또는 식목·채염·목축을 목적으로 한 토지임차인이 적법하게 그 토지를 전대한 경우여야 한다.

(2) 임대차기간, 전대차기간의 동시 만료: 임대차 및 전대차의 기간이 동시에 만료되어야 한다.

(3) 건물 등 지상물의 현존: 건물·수목 기타의 지상시설이 현존하여야 한다.

2. 轉借人의 契約의 更新請求權 – 제644조제1항: 전차인은 임대인에 대하여 전전대차와 동일한 조건으로 임대할 것을 청구할 수 있다. 이에 대하여 임대인은 거절할 수 있다.

3. 轉借人의 地上物買受請求權 – 제644조제2항(283조): 임대인이 임대할 것을 원하지 않을 때에는 전차인은 지상시설을 매수할 것을 청구할 수 있다.

4. 轉借人의 附屬物買受請求權: 제647조

5. 强行規定 – 제652조: 본조는 강행규정이다.

6. 地上權者가 土地를 賃貸한 경우에 準用 – 제645조: 전차인의 갱신청구권과 지상시설매수청구권은 지상권자가 그 토지를 임대한 경우에도 준용된다(645조). 따라서 지상권자로부터 지상권설정자의 동의를 받아 임차한 자는 지상권설정자에게 갱신청구권과 지상물매수청구권이 있다.

第646條【賃借人의 附屬物買受請求權】 ①建物 其他 工作物의 賃借人이 그 使用의 便益을 爲하여 賃貸人의 同意를 얻어 이에 附屬한 物件이 있는 때에는 賃貸借의 終了時에 賃貸人에 對하여 그 附屬物의 買收를 請求할 수 있다.

②賃貸人으로부터 買受한 附屬物에 對하여도 前項과 같다.

第647條【轉借人의 附屬物買受請求權】 ①建物 其他 工作物의 賃借人이 適法하게 轉貸한 境遇에 轉借人이 그 使用의 便益을 爲하여 賃貸人의 同意를 얻어 이에 附屬한 物件이 있는 때에는 轉貸借의 終了時에 賃貸人에 對하여 그 附屬物의 買受를 請求할 수 있다.

②賃貸人으로부터 買受하였거나 그 同意를 얻어 賃借人으로부터 買受한 附屬物에 對하여도 前項과 같다.

賃借人과 轉借人의 附屬物買受請求權

1. 意義: 임차물의 일부를 이루는 부가물에 대하여는 비용상환청구권을 인정하면 되지만, 독립한 부가물 또는 시설의 경우에는 철거를 하여 임차인이 가져갈 수 있으나 이를 철거하게 되면 경제적 가치가 크게 떨어진다든지 또는 그러한 시설 또는 부속물은 임대목적물로부터 분리될 때에는 거의 효용가치가 없게 된다. 따라서 민법은 시설과 부속물에 대하여는 임차인의 보호를 위하여 매수청구권을 인정하여 임대인이 매수하도록 강제하고 있다.

2. 賃借人의 附屬物買受請求權 – 제646조

(1) 건물 기타 공작물의 임차인: 건물 기타 공작물의 임차인이어야 한다. 토지임차인에게는 지상시설매수청구권이 있다(643조).

(2) 임대물의 편익을 위하여 부속시킨 부속물: 부속물이란 독립한 존재를 갖는 부가물을 말한다.

(3) 임대인의 동의를 얻어 임차인이 부속시켰거나, 임대인으로부터 매수한 부속물: 임대인의 동의를 받았거나(1항), 임대인으로부터 매수한 것(2항)이어야 한다. 무단 부속시킨 부속물은 대상이 되지 아니한다.

(4) 임대차계약이 종료한 때: 여기서 임대차의 종료란 약정의 기간이 있는 임대차의 기간만료는 물론이고, 약정이 없는 임대차에서 임대인의 해지에 의한 임대차의 종료도 포함한다. 그러나 임차인의 채무불이행에 의한 계약의 해지의 경우에는 그 적용이 없다.

3. 轉借人의 附屬物買受請求權 - 제647조

(1) 적법한 전대: 적법한 전대여야 한다(1항).

(2) 편익을 위하여 부속시킨 부속물이어야 한다(1항).

(3) 임대인의 동의 또는 임대인으로부터 매수한 부속물이어야 한다(2항).

(4) 전대차가 종료한 때여야 한다(1항).

4. 買受請求權의 性質: 일종의 형성권으로 임대인은 거절하지 못한다. 매수가격에 대하여 당사자간에 합의가 없는 경우는 법원에 의하여 조정할 수밖에 없다.

5. 本條의 强行規定 - 제652조: 본조는 강행규정이다. 따라서 매수청구권을 인정하지 아니한다는 특약은 효력이 없다.

第648條【賃借地의 附屬物, 果實等에 對한 法定質權】 土地賃貸人이 賃貸借에 關한 債權에 依하여 賃借地에 附屬 또는 그 使用의 便益에 供用한 賃借人의 所有動產 및 그 土地의 果實을 押留한 때에는 質權과 同一한 效力이 있다.

第649條【賃借地上의 建物에 對한 法定抵當權】 土地賃貸人이 辨濟期를 經過한 最後 2年의 借賃債權에 依하여 그 地上에 있는 賃借人所有의 建物을 押留한 때에는 抵當權과 同一한 效力이 있다.

第650條【賃借建物等의 附屬物에 對한 法定質權】 建物 其他 工作物의 賃貸人이 賃貸借에 關한 債權에 依하여 그 建物 其他 工作物에 附屬한 賃借人所有의 動產을 押留한 때에는 質權과 同一한 效力이 있다.

賃貸人의 借賃債權確保

1. 意義: 임대인에게는 차임이 매우 중요하다. 따라서 임대인의 차임채권을 확보하기 위하여 민법은 임대인에게 다음과 같은 법정담보물권을 인정한다.

2. 土地賃貸人의 法定質權 - 제648조: 아래의 각 경우에 법정질권이 성립한다.

(1) 토지임대차: 토지임대차여야 한다.

(2) 임차인 소유의 동산, 과실의 압류: 토지임차인이 임차지에 부속 또는 그 사용의 편익에 공용한 임차인 소유의 동산 및 그 토지의 과실을 압류하여야 한다.

(3) 피담보채권-임대인이 임차인에 대하여 가지는 모든 채권: 법정질권이 성립되는 피담보채권은 차임에 한정되지 않고 임차물의 훼손에 따른 손해배상채권 등 임대인이 임대차에 기하여 가지는 모든 채권이 된다. 일시 사용을 위한 임대차에서는 법정질권이 인정되지 않는다(653조).

(4) 질권의 효력: 질권과 동일한 효력이 있다.

3. 土地賃貸人의 法定抵當權 - 제649조: 변제기를 경과한 최후 2년의 차임채권에 의하여 그 지상에 있는 임차인소유의 건물을 압류한 때에는 저당권의 효력이 있다.

(1) 토지임대차에 한 함: 토지임대차에서 임차인 소유의 건물이 그 대상이다.

(2) 임차인 소유의 건물을 압류하여야: 임차인 소유의 건물을 압류하여야 한다.

(3) 피담보채권-변제기 경과한 최후 2년의 임료: 건물에 대한 기타의 담보권자와의 관계를 고려하여 피담보채권을 변제기 경과한 최후 2년의 차임채권으로 한정하였다.

(4) 법정저당권의 효력: 법정저당권은 압류한 때에 성립하며, 다른 담보권과의 순위는 물권의 효력의 일반원칙에 따라 성립시를 기준으로 한다.

4. 建物賃貸人의 法定質權 - 제650조: 임대물에 부속한 임차인소유의 동산을 임대인이 압류한 때에는 질권의 효력이 있다.

(1) 건물 기타 공작물의 임대차: 건물 기타 공작물의 임대차여야 한다. * 임차인이 축구화 제조·판매업을 목적으로 임대인으로부터 건물을 임차한 다음 축구화를 제조하기 위하여 그 건물에 비치한 기계·기구 또는 재료와 판매하기 위하여 그 건물에 보관하고 있던 완성된 축구화가 민법 제650조에서 정한 '건물 기타 공작물에 부속한 임차인 소유의 동산'에 해당한다가 있다(대구지법 2003.6.25. 2002나17089).

(2) 임대물에 부속시킨 임차인소유동산의 압류: 임대물에 부속시킨 임차인 소유의 동산을 압류하여야 한다.

(3) 피담보채권: 피담보채권은 차임에 한정되지 않고 임차물의 훼손에 따른 손해배상채권 등 임대인이 임대차에 기하여 가지는 모든 채권이 된다.

(4) 질권의 효력: 질권과 동일한 효력이 있다. * 건물 임대인이 민법 제650조에 기하여 임차인 소유의 동산에 관하여 법정질권을 취득하였다고 하더라도 법정질권 성립 이전에 위 동산에 관하여 유체동산 압류집행을 마친 채권자에게는 압류의 처분금지적 효력에 의하여 법정질권의 유치적 효력으로 대항할 수 없다(대구지법 2003.6.25. 2002나17089).

第651條【賃貸借存續期間】 ①石造, 石灰造, 煉瓦造 또는 이와 類似한 堅固한 建物 其他 工作物의 所有를 目的으로 하는 土地賃貸借나 植木, 採鹽을 目的으로 하는 土地賃貸借의 境遇를 除한 外에는 賃貸借의 存續期間은 20年을 넘지 못한다. 當事者의 約定期間이 20年을 넘는 때에는 이를 20年으로 短縮한다.
②前項의 期間은 이를 更新할 수 있다. 그 期間은 更新한 날로부터 10年을 넘지 못한다.

賃貸借의 存續期間

1. 契約으로 期間을 정한 경우: 임대차에 관하여는 최장기의 제한을 둔다.

(1) 원칙적으로 최장기 20년-제1항: 임대차의 존속기간은 원칙적으로 20년을 넘지 못한다. 당사자의 약정기간이 20년을 넘는 때에는 20년으로 단축된다. * 목적물과 이용의 내용이 유사한 전세권에서 최장기간을 제한한 것(312조)과 유사하며, 토지의 용익물권인 지상권이 최단기간의 제한을 한 것(280조)과는 대조적이다.

(2) 갱신시는 10년 이내-제2항: 계약에 의한 약정기간은 이를 갱신할 수 있으나 그 기간은 갱신한 날로부터 10년을 넘지 못한다. 갱신의 횟수에는 제한이 없어 갱신을 하여 계속 연장할 수 있다. 여기서의 갱신은 기간을 정하여 명시적으로 다시 계약을 하는 것을 의미하며, 묵시의 갱신인 경우는 기간의 약정이 없는 임대차가 되어(639조), 제635조가 적용된다.

(3) 특수목적의 토지임대차-20년 이상 가능-제1항: 석조·석회조·연와조 또는 이와 비슷한 견고한 건물 기타 공작물의 소유를 목적으로 하는 토지임대차나 식목·채염을 목적으로 하는 토지임대차에 있어서는 20년의 최장기의 제한을 받지 않고, 당사자는 제한 없이 합의로 기간을 약정할 수 있다.

(4) 해지권보류에 따른 해지: 당사자간에 임대차의 기간을 약정하면서 그 기간 내에 해지할 권리를 보류할 수 있다. 해지가 없는 경우에는 약정한 기간 동안 임대차가 존속하나, 잔여기간이 있더라도 유보된 해지권을 행사할 수 있는 것은 당연하다. 해지권보류에 의한 해지는 제636조가 적용되어, 해지통고를 받은 날로부터 임대인의 해지는 6월, 임차인의 해지는 1월, 동산은 5일이 경과하면 해지의 효력이 생긴다.

2. 期間을 定하지 않은 경우: 제635조

第652條【强行規定】 第627條, 第628條, 第631條, 第635條, 第638條, 第640條, 第641條, 第643條 乃至 第647條의 規定에 違反한 約定으로 賃借人이나 轉借人에게 不利한 것은 그 效力이 없다.

第653條【一時使用을 爲한 賃貸借의 特例】 第628條, 第638條, 第640條, 第646條 乃至 第648條, 第650條 및 前條의 規定은 一時使用하기 爲한 賃貸借 또는 轉貸借인 것이 明白한 境遇에는 適用하지 아니한다.

第654條【準用規定】 第610條第1項, 第615條 乃至 第617條의 規定은 賃貸借에 이를 準用한다.

第8節 雇 傭

1. 概括: 고용은 노동력의 제공과 그에 대한 대가적 의의가 있는 보수를 지급할 것을 상호간에 약정하는 낙성, 유상, 쌍무, 불요식계약이다. 고용은 도급 및 위임과 함께 사람의 노동력의 공급 내지 이용을 목적으로 하는 노무제공계약 중에서 가장 전형적인 형태로서 개인의 노동력이 상품화되어 거래의 객체로 할 수 있는 법적 수단이다. 오늘날 우리 사회는 자본과 노동력의 결합으로 움직이며, 이러한 자본과 노동력을 결합시키는 법적 기초인 고용은 특히 노동자와 그 가족의 기본적인 생활에 직접적인 영향을 주는 것으로 매우 중요하다.

(1) 민법과 노동법: 노동자의 보호를 위하여 독립한 하나의 법영역으로 된 노동법은 근대 사법의 개인의 자유와 평등에 기초한 계약자유의 절대적 자유를 배제하고, 노동자의 사회·경제적 열위의 지위를 전제한 바탕 위에서 법률에 의하여 열위적인 노동자의 지위를 보완하거나, 개개의 계약의 조항을 직접적으로 규제하는 방법을 취한다. 이러한 노동법은 개인의 사회적·경제적 실질적 부자유와 불평등을 직시하여 구체적 개인을 법률관계의 주체로 하여 사회여건과 노동환경에 맞추어 법률관계의 실질적 형평을 기하여 노동자의 인간다운 삶을 보장하는 데 그 지도이념을 두고 있다. 한편 민법은 개인의 자유와 평등을 이념으로 하는 추상적 인간을 법률관계의 주체로 하여 의사절대주의에 의한 사적 자치의 원칙에 따른 계약자유의 원칙을 지도이념으로 한다. 이와 같이 동일한 노무의 제공에 대한 보수의 지급을 목적으로 하는 계약이지만, 그 준거법의 지도이념이 각기 다르다. 노동법의 대상이 되는 노무의 제공과 그에 따른 법률관계도 기본적으로는 노무의 제공으로 고용계약이나, 노동법의 원리에 의하여 규율되는 노무계약을 특히 근로계약이라고 한다.

(2) 고용계약과 근로계약

(가) 고용계약: 민법 제655조 이하 고용에 관한 규정의 적용을 받는 노무제공계약을 고용계약이라고 한다. 민법상의 고용계약은 여타의 민법상의 계약과 동일하게 추상적 개인을 권리의 주체로 하는 의사절대주의 아래의 계약자유의 원칙과 과실책임의 원칙이 적용되는 계약분야이다.

(나) 근로계약: 근로기준법 제2조는 근로계약이란 근로자가 사용자에게 근로를 제공하고 사용자는 이에 대하여 임금을 지급함을 목적으로 체결된 계약이라고 정의하고 있다. 노동력의 상품화와 자본주의경제의 발전에 따른 사회·경제적 약자로서 새롭게 등장한 종속적 지위를 가지는 노동자의 생존권 보호를 그 기본 목적으로 하여 새롭게 생성된 독립한 법영역인 노동법이 적용되는 노무제공계약이 근로계약이다.

(다) 고용계약과 근로계약의 관계: 민법의 고용계약과 노동법의 근로계약은 노무를 제공하고, 그 대가를 받는다는 점에서 그 본질이 같다. 양자의 관계는 노무제공계약에 관한 일반규정은 민법의 고용편이며 노동법은 특별규정으로 이해하여야 할 것이다. 따라서 근로계약에 관하여 노동

법의 흠결이 있으면 민법의 고용에 관한 법조가 적용된다. 그러나 민법은 고용에 관하여 가장 기본적인 내용만을 규정하고 있어 실제로 근로계약에 적용될만한 내용이 없고, 다만 근로계약의 성립 및 효력 등에 관하여 민법상 계약법의 일반법리가 적용될 여지는 있다. 한편 역으로 민법상의 고용계약에 노동법의 규정으로 보완할 수 있는지가 문제된다. 근로기준법에서 그 적용범위를 제한하고 있어 원칙적으로 부정하여야 할 것이다. 고용계약에 관하여는 당사자의 의사표시 또는 관습에 의하여 해석하되, 개별계약의 해석에 있어서 제103조 및 제104조의 정신에 따라 노동법 중의 사법적 효과에 관한 규정이 하나의 해석기준이 될 수는 있을 것이다. 민법의 고용에 관한 규정은 근로기준법(11조)의 적용이 없는 상시 4인 이하의 근로자를 사용하는 사업 및 사업장과 동거의 친족만을 사용하는 사업 및 사업장과 가사사용인과의 노무제공계약에 적용된다.

2. 構成

(1) 성립: 제655조
(2) 보수와 지급시기: 제656조
(3) 권리, 의무의 전속성: 제657조
(4) 해지: 제658조-제661조, 제663조
(5) 갱신: 제662조

第655條【雇傭의 意義】 雇傭은 當事者一方이 相對方에 對하여 勞務를 提供할 것을 約定하고 相對方이 이에 對하여 報酬를 支給할 것을 約定함으로써 그 效力이 생긴다.

成立과 基本的 效力

1. 成立: 고용계약은 일방이 상대방에게 자기의 노무 자체를 제공할 것과 상대방이 대가적 의의가 있는 보수를 지급할 것을 약정하는 합의로써 성립하는 낙성, 유상, 쌍무, 불요식계약이다.

(1) 노무: 고용은 도급, 위임, 임치 등과 동일하게 노무제공계약의 하나이나, 고용은 노동력 자체의 제공을 목적으로 한다는 점에서 노동력의 제공에 따른 일의 완성이 목적인 도급과 다르며, 노동력 중에서 물건을 보관하는 노무인 임치와 다르다. 또한 고용에서 노무자는 자주성을 잃고 고용인과 지휘·복종관계에 있다는 점에서 다른 노무제공계약과의 특질이 있다.

(2) 유상계약-보수: 고용계약에 있어서 보수는 고용계약의 본질적 부분을 구성하고, 따라서 보수 지급을 전제로 하지 않는 고용계약은 존재할 수 없다(대판 1999.7.9. 97다58767). 고용계약은 낙성계약이란 점에서 다른 노무제공계약과 동일하나, 유상이란 점에서 무상이 원칙인 위임과 다르다. 위임이 유상이면 고용과 모든 점에서 유사하나, 단지 노무 제공의 내용에서 차이가 난다. 즉 노무의 제공자가 재량을 가지고 노무를 제공하면 위임이 된다. 따라서 의료계약에서 의사는 재량을 가지고 진료 및 치료를 하기 때문에 고용이 아니라 위임이 된다.

2. 基本的 權利, 義務

(1) 노무자의 노무제공의무

(가) 지휘, 복종의무: 노무의 제공에 관하여 노무자는 사용자에 종속된다. 따라서 노무자는 노무를 제공함에 있어 사용자의 지휘·명령에 복종하여야 한다. 지휘·명령에 따르지 아니할 때에는 채무불이행이 된다.

(나) 선관주의의무: 노무자는 노무를 제공함에 있어 선량한 관리자의 주의의무로 노무를 제공하여야 한다. 예컨대 노무자가 사용자의 기계 및 사업장을 사용하여 노무를 제공하는 경우에 선량한 관리자의 주의의무로 사용하여야 한다. 노무자가 이를 위반하여 훼손한 때에는 채무불이행에 의한 책임을 진다.

(다) 신의칙상의 부수의무-성실·비밀유지의무: 고용관계는 인적 신뢰가 기초로 되어 있는 관계이다. 따라서 고용관계가 지속되는 중에는 물론이고, 고용관계 종료 후에도 특별히 인적 신뢰에 따른 신의칙상의 일정한 부수의무가 있다. 예컨대 사용자의 신용을 해치지 않고 성실하게 고용관계에 따른 의무를 이행하여야 할 의무(성실의무), 고용관계에서 취득한 비밀을 유지하여야

할 의무(비밀유지의무), 사용자와 경업을 하지 않을 의무 등을 진다.
(2) 사용자의 의무
(가) 보수지급의무: 고용계약에 있어서 보수는 고용계약의 본질적 부분을 구성하고, 따라서 사용자는 보수를 지급하여야 한다.
(나) 신의칙상의 부수의무-보호의무: 사용자는 근로계약에 수반되는 신의칙상의 부수적 의무로서 피용자가 노무를 제공하는 과정에서 생명, 신체, 건강을 해치는 일이 없도록 인적·물적 환경을 정비하는 등 필요한 조치를 강구하여야 할 보호의무를 부담하고, 이러한 보호의무를 위반함으로써 피용자가 손해를 입은 경우 이를 배상할 책임이 있다.
① 손해배상책임: 보호의무 위반을 이유로 사용자에게 손해배상책임을 인정하기 위하여는 특별한 사정이 없는 한 그 사고가 피용자의 업무와 관련성을 가지고 있을 뿐만 아니라 또한 그 사고가 통상 발생할 수 있다고 하는 것이 예측되거나 예측할 수 있는 경우라야 할 것이고, 그 예측가능성은 사고가 발생한 때와 장소, 사고가 발생한 경위 기타 여러 사정을 고려하여 판단하여야 한다(대판 2001.7.27. 99다56734).
② 회식 후의 사고: 회사 차량으로 배달업무를 담당하던 피용자가 직원들과의 회식을 마친 후 음주상태에서 차량을 운전하여 귀가하다가 전복 사고를 일으켜 차량에 적재되어 있던 인화물질로 발생한 화재로 사망한 사안에서, 그 전복·화재사고와 피용자의 업무 사이에 관련성이 없다는 이유로 사용자의 보호의무 위반으로 인한 손해배상책임을 부정한 사례가 있다(대판 2006.9.28. 2004다44506).
③ 과중한 업무: 사용자가 피용자로 하여금 주·야간으로 일을 하게 하여 과로와 수면부족 상태를 초래하고 그러한 상태에서 장거리운전까지 하게 함으로써 교통사고를 일으켜 상해를 입게 한 경우, 피용자에 대한 보호의무를 위반하였다고 한 사례가 있다(대판 2000.5.16. 99다47129).
3. 勞務의 結果物과 職務發明의 歸屬 - 特許法: 노무자의 노동력의 제공에 의하여 완성된 제작물의 소유관계는 가공의 법리(259조)가 적용되지 않고 사용자에게 귀속한다. 그런데 직무와 관련하여 받게 된 특허 및 발명, 이른바 직무발명은 어떻게 되는지 문제된다. 사용자의 시설 등을 이용하여 얻은 권리이기 때문에 노무자 또는 사용자 어느 일방에게 독점적으로 귀속한다고 볼 수는 없다. 이에 특허법은 양 당사자의 이익균형을 위하여 특허권은 노무자에게 귀속하되 사용자에게 통상실시권을 취득시키며, 또한 전용실시권을 설정할 수 있도록 하고 있다. 즉 특허법 제39조제1항은 사용자는 노무자의 직무발명에 대하여 통상실시권을 취득한다고 규정하며, 제40조는 사용자가 전용실시권을 설정한 경우에는 노무자에게 보상하도록 하고 있다.

第656條【報酬額과 그 支給時期】 ①報酬 또는 報酬額의 約定이 없는 때에는 慣習에 依하여 支給하여야 한다.
②報酬는 約定한 時期에 支給하여야 하며 時期의 約定이 없으면 慣習에 依하고 慣習이 없으면 約定한 勞務를 終了한 後 遲滯없이 支給하여야 한다.

報酬

1. 種類와 報酬額 - 제1항
(1) 당사자의 약정: 약정된 보수의 종류와 액이 보수가 된다.
(2) 약정이 없는 경우: 고용계약에 있어서 보수는 고용계약의 본질적 부분을 구성하고, 따라서 보수 지급을 전제로 하지 않는 고용계약은 존재할 수 없고(대판 1999.7.9. 97다58767), 당사자간에 묵시적으로 보수가 있는 것으로 합의한 것으로 보되, 보수의 종류와 액에 관하여는 관행 등에 의하여 이를 결정하여야 한다.
2. 支給時期 - 제2항
(1) 약정이 있는 경우: 약정한 방법과 시기에 지급하여야 한다.
(2) 약정이 없는 경우: 관행에 의한 방법과 시기에 지급하여야 하고, 관행도 없는 경우는 약정한 노무를 완료한 후에 지체 없이 지급하여야 한다. 즉 지급시기는 후급이 원칙이다.

3. 報酬의 保護: 보수는 노무자의 생활을 유지하는 기본적인 수단으로 매우 중요하다. 그러함에도 민법은 노무자의 보수에 관하여 특별히 보호하는 규정을 두지 않고 있다. 다만 민사집행법 제246조에서 일정한 범위를 넘어서 압류할 수 없도록 하며, 그 범위 내에서는 상계가 금지된다(497조). 한편 근로기준법에는 근로자의 임금보호를 위한 직접적인 규정, 즉 임금직불의 원칙(42조), 임금채권우선변제의 효력(37조), 전차금상계의 금지(28조), 강제저금의 금지(29조) 등의 규정이 있다. 이러한 규정을 민법의 고용계약에 직접적으로 적용하는 것은 무리가 있으나, 임금직불 및 전차금상계의 금지 등에 관한 내용은 민법 제103조 및 제104조의 내용으로 이에 위반한 계약을 무효로 해석할 수 있다.

4. 報酬請求權의 存續 與否 - 수령불능과 이행불능

(1) 귀책사유에 따른 구별 원칙: 노무자의 노무의 제공과 사용자의 보수의 지급은 대가적 관계에 있어 쌍무계약의 일반원칙에 의하면 노무자가 귀책사유에 의하여 노무를 제공하지 못한 경우에는 이행불능으로 보수청구권이 발생하지 아니하고, 사용자의 귀책사유로 사용자가 노무를 수령하지 못한 경우에는 제538조의 문제로 보아 보수청구권은 인정된다. 그런데 이행불능과 수령불능은 구별하기가 용이하지 아니한데, 이는 노무의 급부장애가 누구의 영향범위 내지 영역범위 안에서 원인 및 결과가 발생하였느냐에 따라 구별하여야 할 것이다(영역설).

(2) 무효인 해고, 부당전직과 보수

(가) 부당전직: 근로자가 무효인 부당전직에 불응하여 전직명령의 효력을 다투면서 전직발령지에서 근로를 제공하지 아니하는 경우 이는 부당한 전직명령을 한 사용자의 귀책사유로 말미암은 것이므로, 근로자는 전직명령시부터 원직복귀시까지의 기간 동안 종전 근무지에서 계속 근로하였을 경우에 받을 수 있는 임금의 지급을 청구할 수 있다(대판 2006.9.14. 2006다33531).

(나) 무효인 해고기간 중의 구속의 경우의 보수: 해고기간 중 근로자가 징역형의 선고를 받아 상당기간 구속된 경우 해고가 무효라고 하더라도 구속기간 동안에는 근로자가 근로의 제공을 할 수 없는 처지였으므로 구속기간 동안의 임금을 청구할 수 없다(대판 1995.1.24. 94다40987).

(다) 취업의 사실상 불능: 해고가 없었다고 하더라도 취업이 사실상 불가능한 상태가 발생한 경우라든가 사용자가 정당한 사유에 의하여 사업을 폐지한 경우에는 사용자의 귀책사유로 인하여 근로제공을 하지 못한 것이 아니므로, 그 기간 중에는 임금을 청구할 수 없다(대판 1994.10.25. 94다25889).

(3) 노무자의 일신사유에 의한 불이행: 쌍방에 귀책사유가 없는 것 중에서 노무자 자신에게는 귀책사유가 없으나 일신에 관한 사유로 노무를 불이행한 경우, 예컨대 공적 의무의 이행, 가족의 사망, 본인의 질병 등으로 노무를 이행하지 못한 경우이다. 구체적인 고용계약에서 고용계약의 기간과 노무를 제공하지 않은 사유 및 기간 등을 종합적으로 고려하여 판단하여야 할 것이다.

(4) 쌍방에 귀책사유가 없는 경우: 쌍방에 귀책사유가 없는 노무의 불이행의 경우에는 제537조에 의한 위험부담의 원칙에 따라 보수청구권은 발생하지 않는다고 볼 수밖에 없다.

5. 契約의 無效·取消와 報酬請求權: 노무가 제공된 이후에 고용계약이 무효 또는 취소가 된 경우는 이미 제공된 노무에 대하여는 계약이 소급적으로 소멸하더라도 사실적 계약관계론에 의하여 보수는 청구할 수 있다.

6. 報酬請求權의 1年의 短期消滅時效: 노무자는 다른 약정이 없는 한, 약정한 노무를 종료한 때로부터 1년간 보수청구권을 행사하지 아니하면 시효로 소멸한다(164조). * 근로기준법상의 근로자의 임금채권은 3년의 소멸시효에 걸린다(49조).

第657條【權利義務의 專屬性】 ①使用者는 勞務者의 同意없이 그 權利를 第三者에게 讓渡하지 못한다.

②勞務者는 使用者의 同意없이 第三者로 하여금 自己에 가름하여 勞務를 提供하게 하지 못한다.

③當事者一方이 前2項의 規定에 違反한 때에는 相對方은 契約을 解止할 수 있다.

勞務에 대한 當事者의 一身專屬性

1. 一身專屬性: 고용은 인적 신뢰를 기초로 하는 계속적 계약이고, 노무자는 노무의 제공에 있어 사용자의 지휘·명령을 받으므로 사용자가 누구냐는 것은 매우 중요한 의미가 있으며, 또한 노무의 내용은 노무자가 누구냐에 따라서 변경될 수 있다. 이러한 점에서 양자의 권리와 의무는 일신전속성을 가진다.

(1) 노무제공청구권의 무단양도 금지-제1항: 사용자의 노무자에 대한 노무제공청구권도 일신전속성이 있어, 노무자의 동의 없이 노무제공청구권을 제3자에게 양도할 수 없다.

(2) 노무제공의무의 무단양도 금지-제2항: 제공될 노무는 계약당사자의 노무이다. 따라서 노무자는 사용자의 동의 없이 제3자로 하여금 자기에 갈음하여 노무를 제공하게 할 수 없다.

2. 解止와 終了

(1) 권리·의무의 무단양도시의 해지-제3항: 상대방의 동의 없이 사용자의 노무제공청구권과 노무자의 노무제공의무를 제3자에게 양도하는 때에는 상대방은 고용을 해지할 수 있다. 그러나 무단 양도하더라도 노무의 성질 및 내용에 변경이 없어 상대방에게 동의를 받지 아니한 것이 배신성이 없는 경우에는 동의를 받지 아니하더라도 해지권은 발생되지 아니한다. * 직원의 동의 없는 일방적인 전적의 관행이 규범적인 사실로서 명확히 승인되었거나 사실상의 제도로서 확립되어 있는 경우에는, 전적명령이 유효하다(대판 2006.1.12. 2005두9873).

(2) 당사자의 사망: 노무자의 사망은 노무급부의무의 일신전속적 성격으로 고용을 종료시킨다. 그러나 사용자의 사망은 원칙적으로 고용을 종료시키지 않는다. 다만 사용자의 변경으로 노무의 성질이나 내용이 변경된 때에는(예; 특정인의 교수, 초상화 제작) 고용은 종료한다.

第658條【勞務의 內容과 解止權】 ①使用者가 勞務者에 對하여 約定하지 아니한 勞務의 提供을 要求한 때에는 勞務者는 契約을 解止할 수 있다.
②約定한 勞務가 特殊한 技能을 要하는 境遇에 勞務者가 그 技能이 없는 때에는 使用者는 契約을 解止할 수 있다.

勞務의 內容과 解止

1. 勞務의 內容: 노무자는 사용자에 대하여 자기의 노무를 제공하여야 하고, 노무는 육체적 노무이든 정신적 노무이든 묻지 않고, 일체의 인적 활동을 의미한다. 노무의 구체적 내용은 계약과 거래관행에 의한다.

2. 約定하지 아니한 勞務의 要求 - 제1항: 사용자가 약정하지 않은 노무의 내용을 요구한 때에는 노무자는 고용계약을 해지할 수 있다.

3. 約定한 勞務가 特殊한 技能을 要하는 경우 - 제2항: 약정한 노무가 특수한 기능을 요하는 경우에 노무자가 그 기능이 없는 때에는 사용자는 계약을 해지할 수 있다.

第659條【3年以上의 經過와 解止通告權】 ①雇傭의 約定期間이 3年을 넘거나 當事者의 一方 또는 第三者의 終身까지로 된 때에는 各當事者는 3年을 經過한 後 언제든지 契約解止의 通告를 할 수 있다.
②前項의 境遇에는 相對方이 解止의 通告를 받은 날로부터 3月이 經過하면 解止의 效力이 생긴다.

第660條【期間의 約定이 없는 雇傭의 解止通告】 ①雇傭期間의 約定이 없는 때에는 當事者는 언제든지 契約解止의 通告를 할 수 있다.
②前項의 境遇에는 相對方이 解止의 通告를 받은 날로부터 1月이 經過하면 解止의 效力이 생긴다.

③期間으로 報酬를 定한 때에는 相對方이 解止의 通告를 받은 當期後의 一期를 經過함으로써 解止의 效力이 생긴다.

雇傭期間과 解止

1. 長期契約에 대한 制限 - 3년의 최장기간 - 제659조: 장기계약에 따른 노무자의 사용자에의 부당한 복속을 규제하기 위하여 민법은 장기간의 계약에 대하여 규제하고 있다. 이에 3년 이상의 기간이 경과하면 임의 해지가 가능하다(1항). 이 경우 해지통고수령 후 3월로 해지된다(2항).

2. 期間約定 없는 경우의 解止 - 제660조

(1) 임의해지권-제1항: 기간의 약정이 없는 경우에는 각 당사자는 언제든지 계약을 해지할 수 있다.

(2) 해지의 효력 발생: 임의해지에 의한 해지통고에 해지의 효력은 해지통고가 상대방에게 도달한 때로부터 아래의 기간의 경과로 생긴다.

(가) 보수의 지급이 기간이 아닌 경우-제2항: 도달한 때로부터 1월이 경과하면 종료한다.

(나) 기간으로 보수를 정한 때-제3항: 해지통고를 받은 그 기간 후의 1기를 경과함으로써 해지의 효력이 생긴다.

(3) 노무자의 사직의사에 사용자의 거부: 민법 제660조는 근로자의 해약의 자유를 보장하는 규정으로서 근로자에게 불리하지 않는 한 그 기간이나 절차에 관하여 취업규칙에서 이와 달리 규정하는 것도 가능하다고 할 것이므로, 근로자가 사직할 때에는 일정한 기간 내에 사용자의 승인을 얻도록 하고 있는 경우 근로자가 사직원을 제출하였으나 사용자가 승인을 거부할 합리적인 이유가 없는데도 승인을 하지 아니하고 있을 때에는 위 법조 소정의 기간(취업규칙에서 이보다 짧은 기간을 규정한 때에는 그 기간)이 경과함으로써 근로관계는 종료된다(대판 1997.7.8. 96누5087).

(4) 본조는 임의규정: 민법 제660조제1항은 당사자의 의사에 의하여 그 적용을 배제할 수 있는 임의규정이므로, 사용자가 근로자와 기간의 정함이 없는 근로계약을 체결하면서 해고의 사유를 열거하고 그 사유에 의해서만 근로자를 해고할 수 있도록 하는 해고제한의 특약을 하였다면, 근로자에 대한 해고는 민법 제660조제1항이 아닌 위 해고제한의 특약에 따라야 하고 이러한 제한을 위반한 해고는 무효라고 보아야 한다(대판 2008.3.14. 2007다1418).

第661條【不得已한 事由와 解止權】 雇傭期間의 約定이 있는 境遇에도 不得已한 事由 있는 때에는 各當事者는 契約을 解止할 수 있다. 그러나 그 事由가 當事者一方의 過失로 因하여 생긴 때에는 相對方에 對하여 損害를 賠償하여야 한다.

不得已한 事由에 의한 解止

1. 不得已한 事由에 의한 解止: 고용기간의 약정이 있더라도 부득이한 사유가 있는 때에는 각 당사자는 계약을 해지할 수 있다.

(1) 부득이한 사유: 본조의 부득이한 사유라 함은 고용계약을 계속하여 존속시켜 그 이행을 강제하는 것이 사회통념상 불가능한 경우를 말한다.

(가) 노무자의 질병 등, 사업장의 파괴: 노무의 제공이 불가능, 당해 노무가 사용자의 목적을 달성할 수 없는 노무자의 질병, 불성실, 무능 등과 사업장의 파괴, 원료의 부족 등이 해당한다.

(나) 신뢰관계의 파괴: 고용은 계속적 계약으로 당사자 사이의 특별한 신뢰관계를 전제로 하므로 고용관계를 계속하여 유지하는 데 필요한 신뢰관계를 파괴하거나 해치는 사실도 부득이한 사유에 포함된다(대판 2004.2.27. 2003다51675).

(2) 귀책사유-불문: 부득이한 사유의 발생에 당사자의 귀책사유가 있느냐 여부는 묻지 아니한다. 따라서 사용자의 귀책사유로 사업장이 파괴·소실된 경우에도 해지할 수 있으며, 제3자인 운송단체의 파업에 의하여 노무의 대상이 되는 원료가 공급되지 아니하거나 원료가 고갈되어 노무를 더 이상 필요로 하지 아니하는 경우에도 해지할 수 있다. 노무자의 부득이한 사유의 경우에도

사용자가 고용관계를 해지할 수 있음은 물론이며, 이 경우에도 노무자의 귀책사유 여부는 묻지 아니한다.

2. 解止의 效力: 해지로 계약관계가 즉시 종료한다.

3. 解止로 인한 損害賠償 - 단서: 부득이한 사유의 발생에 일방의 귀책사유가 있는 때에는 귀책의 당사자는 고용관계의 해지로 인한 상대방의 손해를 배상하여야 한다.

第662條【默示의 更新】 ①雇傭期間이 滿了한 後 勞務者가 繼續하여 그 勞務를 提供하는 境遇에 使用者가 相當한 期間內에 異議를 하지 아니한 때에는 前雇傭과 同一한 條件으로 다시 雇傭한 것으로 본다. 그러나 當事者는 第660條의 規定에 依하여 解止의 通告를 할 수 있다.
②前項의 境遇에는 前雇傭에 對하여 第三者가 提供한 擔保는 期間의 滿了로 因하여 消滅한다.

默示의 更新

1. 默視의 更新 - 제1항

(1) 기간 만료 후의 노무의 제공: 고용기간이 만료한 후 노무자가 계속하여 그 노무를 제공하여야 한다.

(2) 이의 없이 상당기간 경과: 사용자가 이의를 하지 아니하는 기간이 상당히 경과하여야 한다.

2. 更新 內容 - 제1항: 전 고용과 동일한 조건으로 다시 고용한 것으로 본다.

(1) 노무의 내용과 보수: 전 고용과 동일하다.

(2) 기간: 약정이 없는 것으로 간주되어 기간 없는 계약이 된다. 따라서 당사자는 언제든지 계약해지의 통고를 할 수 있다(1항 단서).

(3) 제3자 제공의 담보-소멸-제2항: 묵시의 갱신의 경우에 전 고용계약에서 제3자가 제공한 담보(보증인)는 소멸한다.

第663條【使用者破産과 解止通告】 ①使用者가 破産宣告를 받은 境遇에는 雇傭期間의 約定이 있는 때에도 勞務者 또는 破産管財人은 契約을 解止할 수 있다.
②前項의 境遇에는 各當事者는 契約解止로 因한 損害의 賠償을 請求하지 못한다.

使用者의 破産과 解止

1. 使用者의 破産에 따른 解止: 고용기간의 약정여부를 묻지 않고 사용자가 파산선고를 받은 때에는 노무자 또는 파산관재인은 계약을 해지할 수 있다. 사용자의 파산으로 노무를 제공하더라도 보수를 받을 수 없으므로 고용관계를 더 이상 유지할 수 없을 것이다.

2. 損害賠償請求는 不可 - 제2항: 각 당사자는 계약의 해지로 인한 손해배상을 청구하지 못한다.

第9節 都 給

1. 概括: 도급은 당사자 일방(수급인)이 어떤 일을 완성할 것을 약정하고, 상대방(도급인)이 그 일의 완성에 대하여 보수를 지급할 것을 약정함으로써 성립하는 계약이다(664조). 고용·위임 등과 함께 노무제공계약의 하나이나, 특히 일의 완성을 목적으로 하는 점에 그 특색이 있다. 도로·다리·철도 등의 건설이나 건물의 축조를 목적으로 하는 공사도급이 도급계약의 대표적인 것이지만, 선박건조·물품의 제조가공 및 수리·인쇄 출판·의복의 주문·시계나 가구의 수선 등에 대한 당사자의 합의도 도급으로 그 내용은 다양하다.

(1) 도급, 위임, 고용과의 차이: 도급은 고용 및 위임과 마찬가지로 노동력의 제공을 목적으로

하는 계약이므로, 이와의 구별이 문제된다. 고용은 노무자의 노동력 자체의 제공이 계약의 목적이지만(655조), 도급은 노동력의 제공에 의한 일의 완성이 목적으로 수급인의 노무는 일을 완성하기 위한 수단에 지나지 않는다. 따라서 도급에서는 수급인이 노무를 제공하더라도 일을 완성하지 않으면 보수를 받을 수 없다. 위임은 일정한 사무의 처리를 목적으로 하나(680조), 도급은 일정한 일의 완성을 목적으로 하는 점에서 양자는 우선 구별된다.

(2) 법률적 성질: 도급은 수급인이 노무를 제공하여 특정한 일을 완성하고 도급인이 그에 대한 대가인 보수를 지급한다는 약정으로 성립하는 낙성, 유상, 쌍무, 불요식계약이다.

(1) 일의 완성과 보수의 견련성: 일의 완성이란 노무에 의하여 일을 완성시키는 것으로 건물의 완성·의복의 완성 및 병의 완치·소송에서의 승소의 처리 등으로 인적 활동에 의하여 유형·무형의 결과의 완성을 도출하는 것을 말한다. 도급은 이러한 일의 완성과 보수가 견련성을 가지는 대가적 관계인 쌍무계약이다. 따라서 일이 완성되지 않고 중도에서 끝나 버리면 원칙적으로 보수청구권은 발생하지 아니한다. 이 점에서 여타의 노무제공계약, 특히 고용이나 위임과 구별된다(통상적인 의료계약과 통상적인 변론계약은 본질이 위임이나, 완치 및 승소를 특약한 경우에는 도급이 된다).

(2) 포괄적 지시 아래의 재량에 따른 노무제공: 도급이 노무의 제공을 내용으로 하나 계약의 주된 목적은 일의 완성에 있어 개별적인 노무의 제공에는 수급인이 재량을 가지고 노무를 제공한다. 그러나 수급인의 재량성은 도급의 취지에 따른 도급인의 포괄적인 지시 아래에서의 재량이다. 도급에서의 지시성은 고용에서의 지휘·명령과 같은 개별적이고 구체적인 것이 아니라 포괄적인 것이다. 따라서 수급인은 도급인의 개별노무에 대한 지시에 대하여는 거부할 수 있으나, 포괄적인 지시에는 따라야 한다.

2. 構成

(1) 성립: 제664조

(2) 보수: 제665조, 제666조

(3) 수급인의 담보책임: 제667조-제672조

(4) 도급인의 특별해제권: 제673조, 제674조

3. 製作物 供給契約

(1) 적용 법률: 당사자의 일방이 상대방의 주문에 따라 자기 소유의 재료를 사용하여 만든 물건을 공급하기로 하고 상대방이 대가를 지급하기로 약정하는 제작물공급계약은 그 제작의 측면에서는 도급의 성질이 있고 공급의 측면에서는 매매의 성질이 있어 대체로 매매와 도급의 성질을 함께 가지고 있으므로, 그 적용 법률은 계약에 의하여 제작 공급하여야 할 물건이 대체물인 경우에는 매매에 관한 규정이 적용되지만, 물건이 특정의 주문자의 수요를 만족시키기 위한 부대체물인 경우에는 당해 물건의 공급과 함께 그 제작이 계약의 주목적이 되어 도급의 성질을 띠게 된다(대판 2006.10.13. 2004다21862).

(2) 제작물공급계약에서 보수의 지급시기 및 보수 지급의 요건인 〈목적물의 인도〉의 의미: 제작물공급계약에서 보수의 지급시기에 관하여 당사자 사이의 특약이나 관습이 없으면 도급인은 완성된 목적물을 인도받음과 동시에 수급인에게 보수를 지급하는 것이 원칙이고, 이때 목적물의 인도는 완성된 목적물에 대한 단순한 점유의 이전만을 의미하는 것이 아니라 도급인이 목적물을 검사한 후 그 목적물이 계약내용대로 완성되었음을 명시적 또는 묵시적으로 시인하는 것까지 포함하는 의미이다(대판 2006.10.13. 2004다21862).

(3) 제작물의 하자에 대한 규율: 제작물에 하자가 있는 경우의 담보책임에 관하여 매매에 관한 규정을 적용할 것인지 도급의 규정을 적용할 것인지가 문제된다. 제작물 공급계약은 물건의 제작단계까지는 상대방의 지시와 일의 완성(제작)이라는 도급의 내용이며, 완성된 물건을 상대방에게 제공하는 단계는 재산권(제작물)의 이전이라는 매매의 내용으로 전체적으로는 도급과 매매의 요소를 함께 가지고 있는 비전형 혼합계약이다(대판 2006.10.13. 2004다21862).

(가) 제작물이 대체물: 제작물이 대체물이면 원칙적으로 매매가 되나 도급에 관한 제673조와 제674조는 적용이 있다(대판 1990.3.9. 88다카31866).

(나) 부대체물: 제작물이 부대체물이면 원칙적으로 도급에 관한 모든 규정이 적용되나 제작물의 소유권이전에 관하여는 재산권이전에 관한 매매의 규정이 적용된다(대판 1987.7.21. 86다카2446).

(4) 제작물공급계약에 있어 일의 완성에 관한 주장·입증책임과 그 정도: 수급인에게 있고, 제작물공급계약에서 일이 완성되었다고 하려면 당초 예정된 최후의 공정까지 일단 종료하였다는 점만으로는 부족하고, 목적물의 주요구조 부분이 약정된 대로 시공되어 사회통념상 일반적으로 요구되는 성능을 갖추고 있어야 하므로, 제작물공급에 대한 보수의 지급을 청구하는 수급인으로서는 그 목적물 제작에 관하여 계약에서 정해진 최후 공정을 일단 종료하였다는 점뿐만 아니라 그 목적물의 주요구조 부분이 약정된 대로 시공되어 사회통념상 일반적으로 요구되는 성능을 갖추고 있다는 점까지 주장·입증하여야 한다(대판 2006.10.13. 2004다21862).

4. 本質이 都給인 非典型契約

(1) 여행계약: 여행계약은 일방이 여행에 관한 총괄적 서비스(役務)를 제공하기로 하고, 상대방이 이에 대한 대가를 지급하기로 하는 계약이다. 여행계약에서 여행업자는 여행의 출발에서 귀환까지 약정된 여행에 관련한 운송, 여행지, 숙박, 식사 등의 일체의 서비스를 완성하여야 할 의무가 있고, 이에 대하여 여행자가 대가인 여행대금을 지급할 의무가 있다. 이러한 쌍방의 의무는 도급의 본질적인 의무의 내용에 해당한다. 따라서 여행계약은 본질이 도급인 비전형계약이다.

(가) 여행업자의 안전배려의무: 여행업자는 기획여행계약의 상대방인 여행자에 대하여 기획여행계약상의 부수의무로서, 여행자의 생명·신체·재산 등의 안전을 확보하기 위하여 여행목적지·여행일정·여행행정·여행서비스기관의 선택 등에 관하여 미리 충분히 조사·검토하여 전문업자로서의 합리적인 판단을 하고, 또한 그 계약 내용의 실시에 관하여 조우할지 모르는 위험을 미리 제거할 수단을 강구하거나 또는 여행자에게 그 뜻을 고지하여 여행자 스스로 그 위험을 수용할지 여부에 관하여 선택의 기회를 주는 등의 합리적 조치를 취할 신의칙상의 주의의무가 있다(대판 1998.11.24. 98다25061).

(나) 안전배려의무의 정도: 여행업자의 안전배려의무의 정도는 당해 기획여행계약의 내용에 따라 개별적으로 판단하여야 한다(대판 2007.5.10. 2007다3377).

(2) 출판계약: 무형의 일의 도급으로서 대표적인 것 중의 하나가 출판계약이다. 출판계약에서는 내용의 인쇄도 중요하지만 제작권이 중요한 요소가 되기 때문에 단순한 도급으로 볼 수 없는 면이 있다. 저작권법에 출판권에 관한 규정을 두고 있을 뿐이며 출판계약에 관하여는 규정하지 않고 있다. 출판계약은 각 경우에 있어서의 저자와 출판업자 사이의 약정에 의하나, 출판계약은 본질적으로는 출판이라는 일의 완성을 목적으로 하는 도급계약의 일종이다.

(3) 의료계약·변론계약: 통상적인 의료계약 및 통상적인 변론계약에서 의사와 변호사는 병의 완치 또는 승소를 조건 내지 특약으로 하는 채무를 지는 것이 아니라, 병의 완치와 승소를 위한 최선의 노무를 제공하는 채무를 진다. 따라서 그 본질은 위임이며, 병의 완치 또는 승소를 조건 내지 특약으로 하는 의료계약과 변론계약인 경우에만 도급이 된다. * 입원환자의 재산의 도난: 환자가 병원에 입원하여 치료를 받는 경우에 있어서, 병원은 진료뿐만 아니라 환자에 대한 숙식의 제공을 비롯하여 간호, 보호 등 입원에 따른 포괄적 채무를 지는 것인 만큼, 병원은 병실에의 출입자를 통제·감독하든가 그것이 불가능하다면 최소한 입원환자에게 휴대품을 안전하게 보관할 수 있는 시정장치가 있는 사물함을 제공하는 등으로 입원환자의 휴대품 등의 도난을 방지함에 필요한 적절한 조치를 강구하여 줄 신의칙상의 보호의무가 있다고 할 것이고, 이를 소홀히 하여 입원환자와는 아무런 관련이 없는 자가 입원환자의 병실에 무단출입하여 입원환자의 휴대품 등을 절취하였다면 병원은 그로 인한 손해배상책임을 면하지 못한다. 이러한 책임은 입원환자에게 귀중품 등 물건보관에 관한 주의를 촉구하면서 도난시에는 병원이 책임질 수 없다는 설명을 한 것만으로는 병원의 과실에 의한 손해배상책임까지 면제되는 것이라고 할 수 없다(대판 2003.4.11. 2002다63275).

(4) 수도·가스·전력공급계약: 수도·가스·전기의 공급계약은 수도물·가스·전력을 생성하여 공급하는 계약이다. 이것도 일종의 제작물 공급계약이라고 볼 수 있으나 수용자의 지시성은 존재하지 않고 일방적으로 생성된 물을 제공하는 것에 지나지 않는다. 따라서 이는 매매에 해당한다.

下都給

1. 意義: 하도급이란, 수급인이 맡은 일의 전부나 일부를 다시 제3자가 하수급인으로서 맡는 것을 말한다. 도급은 특정된 일의 완성을 목적으로 하는 계약으로 도급에 의하여 수급인이 그 일을 단독으로 전부 완성하여야 하는 것은 아니다. 단지 도급계약에 의하여 수급인은 도급인에게 일을 완성할 의무를 질뿐으로, 일의 완성과정에서 수급인 본인이 하든지 아니면 제3자를 사용하여 하든지 그것은 수급인의 자유이다. 또한 오늘날 건설공사가 대규모화 되고 전문기능의 설치를 요하는 등으로 복잡·전문화되어 수급인 단독으로 일의 전부를 한다는 것도 용이하지 않은 면도 있어, 수급인 본인의 전문분야가 아닌 부분에 관하여는 제3자에게 그 일을 맡기는 것이 오히려 바람직한 점도 있다. 이러한 이유로 하도급은 건설업자의 대규모 건설공사도급에서 빈번히 이용되며, 그 밖에 제조업·운송업 기타 전문기업에서 많이 행해진다. 그러나 하도급으로 인한 부실공사 또는 하수급인의 경제적으로 약한 지위를 이용한 원수급인의 횡포 등으로 인한 사회적 문제가 야기되기 때문에 건설산업기본법은 하도급에 관하여 일정한 제한을 하고 있다. 반면에 민법에는 하도급을 별도로 규제하지는 않아 하도급은 수급인의 자유라고 볼 수도 있으나, 도급도 인적 신뢰를 기초로 하는 계약으로서 계약의 내용에 따라서는 수급인의 변경 또는 주요한 부분에 대한 제3자로의 재도급이 배신적 행위로 되는 경우에는 하도급은 원도급계약의 해제사유에 해당된다고 보아야 할 것이다.

2. 建設工事都給契約의 下都給의 法律關係

(1) 원수급인과 하수급인 간의 도급계약

(가) 하도급의 제한: 건설공사의 부실화를 방지하고 대규모 건설회사의 독점적인 공사도급계약을 방지하기 위하여 건설산업기본법은 하도급을 일정한 범위에서 제한하고 있다. 즉 건설공사도급계약의 수급인은 그가 도급받은 건설공사의 전부 또는 시행령이 정하는 주요부분의 대부분을 하도급할 수 없다(동법 29조1항). 하도급할 수 있는 경우에 하도급 한 경우에도 발주자(도급인)에게 하도급 사실을 통지하여야 한다(동법 동조2항). 또한 하수급인은 다시 하도급 할 수 없다(동법 동조4항).

(나) 하도급계약의 공정성 확보: 하도급계약은 원수급인과 하수급인과의 도급계약에 의하여 성립한다. 그런데 하수급인은 경제적 약자로서 원수급인과의 하도급계약에서 약자적인 지위로 그 계약은 불공정한 내용으로 체결될 가능성이 매우 높다. 이에 국가는 하도급거래공정화에관한법률을 제정하여 하수급자가 원수급자와 대등한 관계에서 계약을 체결하도록 배려하고 있다. 주요 내용은: ① 서면에 의한 계약(3조), ② 부당한 하도급대금의 결정 금지(4조), ③ 물품 등의 구매강제 금지(5조), ④ 부당반품의 금지(10조), ⑤ 부당감액의 금지(11조), ⑥ 하도급대금의 60일 이내 지급(13조), ⑦ 부당한 대물변제의 금지(17조) 등이다.

(2) 원수급인과 하수급인 간의 관계: 원수급인과 하수급인 간에는 당사자간의 도급계약에 따른 권리·의무를 진다. 하도급에서 당사자간에서는 원수급인은 도급인의 지위에 있으며, 하수급인은 수급인의 지위에 있다. 그 밖에 특별한 것은 하수급인의 제3자에 대한 손해배상의 경우와 하수급인의 근로자의 임금채권에 대한 연대책임이다. 즉 하수급인의 제3자에 대한 손해에 대하여는 원수급인이 하수급인과 연대하여 배상하여야 한다(건설산업기본법 44조3항). 또한 하수급인이 수급인의 귀책사유로 하수급인의 근로자에게 임금을 지급하지 못한 경우에는 원수급인은 하수급인과 연대하여 책임이 있다(근로기준법 43조1항).

(3) 도급인과 원수급인 간의 관계: 하도급은 도급인과 하수급인 간의 법률관계에 아무런 영향을 미치지 않는다. 하수급인의 행위는 도급인에게 원수급인의 행위로 된다. 하수급인은 도급인에 대해서는 수급인의 피용자 또는 이행보조자의 지위를 가지는 것이 된다. 그러나 도급인이 하수급인이 시공한 분에 해당하는 하도급대금을 직접 하수급인에게 지급한 때에는 수급인에 대한 대금지급채무는 하수급인에게 지급한 한도 내에서 소멸한다(건설산업기본법 35조).

(4) 도급인과 하수급인 간의 관계: 하수급인과 도급인 사이에는 직접 계약관계가 존재하지 않는다. 그러나 건설산업기본법 제32조는 하수급인은 하도급받은 일에 대하여는 도급인에 대하여 수급인과 동일한 의무를 진다고 규정하며(1항), 위 규정은 수급인과 하수급인의 법률관계에 영향

을 미치지 않는다고 규정한다(2항). 한편 도급인은 일정한 경우에 하수급인이 시공한 분에 해당하는 하도급대금을 하수급인에게 직접 지급할 수 있으며, 이 경우 도급인의 수급인에 대한 대금지급채무는 하수급인에게 지급한 한도 내에서 소멸한 것으로 본다고 규정한다(35조). 즉 하수급인은 도급인에 대하여 도급계약상의 의무를 직접 부담하나 권리는 가지지 못한다. 하수급인이 도급인에 대하여 지는 의무는 원도급계약상의 원수급인의 의무의 범위 안에서 하도급계약상의 하수급인의 의무이다.

第664條【都給의 意義】 都給은 當事者一方이 어느 일을 完成할 것을 約定하고 相對方이 그 일의 結果에 對하여 報酬를 支給할 것을 約定함으로써 그 效力이 생긴다.

成立과 基本的 效力

1. 成立

(1) 일의 완성과 보수지급의 합의: 도급은 일방이 일을 완성할 것을 약정하고 상대방이 이에 대하여 보수를 지급할 것을 약정함으로써 성립한다.

(가) 일의 내용: 일이란 노무에 의하여 생긴 결과로서, 그 종류에 대하여는 아무런 제한이 없다. 가옥 기타 건물의 건축, 도로·댐 등의 토목공사와 같은 유형의 것이든 승객의 운송, 강연 등과 같은 무형의 것이든 묻지 아니한다.

(나) 완성: 당해 계약에서 정한 내용대로 당사자의 목적으로 정한 것을 달성하는 것이다.

(2) 보수: 일의 완성에 대한 대가적 의의를 가지는 보수의 지급이 있어야 한다. 보수는 금전인 경우가 보통이지만, 그 밖의 물건의 사용 내지 처분·노무의 제공 등으로 하더라도 관계없다. 보수를 금전으로 정하는 경우에도 그 액수와 지급방법은 여러 가지가 있다. 대체로 정액도급·개산도급·금액을 정하지 않는 도급의 세 가지가 있다.

(가) 정액도급: 일의 완성에 필요한 재료·노동력 그 밖의 비용의 예상산출액에 일정의 이윤을 더하여 산출한 확정된 총액을 보수로 하는 경우를 말한다. 정액도급의 경우에도 일의 처리과정에서 추가적인 일과 보수의 증액에 대하여 별도로 합의를 할 수 있음은 물론인데, 일을 완성하는 도중에 사정의 변화나 목적물이 멸실·훼손된 경우, 특히 불가항력적인 사유에 의한 경우에 보수의 증액을 청구할 수 있는지가 문제된다. 정액도급에서는 수급인이 비록 사정의 변화를 잘못 예상한 경우에도 원칙적으로 약정액 이상을 청구할 수 없다. 그러나 도급의 목적에 따라서는 일의 완성까지 상당히 긴 기간을 필요로 하는 경우가 있으며, 그 동안에 전혀 예상하지 못한 사정의 변경이 있는 때에는 당초의 약정액으로서는 일의 완성을 강제하는 것이 대단히 불공평한 경우가 있을 수 있다. 이러한 경우에 사정변경의 원칙을 적용하여 수급인에게 상당한 증액을 청구할 수 있는 권리를 인정하거나 또는 계약의 해제권을 인정할 것이냐의 문제가 있다. 민법은 이에 관하여 직접적인 규정은 없다. 사정변경의 원칙을 적용하여 수급인에게 보수의 상당한 증액청구를 인정하거나 새로운 일을 완성할 의무를 면하게 하여야 할 것이다. 또한 일의 완성 전에 목적물이 멸실·훼손되어 일을 다시 하는 경우에 보수의 증액 여부가 특히 문제된다. 이는 목적물의 멸실·훼손과 관련되어 검토되어야 한다.

(나) 개산도급: 보수액을 미리 확정하지 않고 개괄적으로 계산된 개산액만을 정하는 경우이다. 이에는 그 개산액이 ① 계약의 취지에 따라서 최고액으로 정하여져 있는 때, ② 최저액으로 정하여져 있는 때, ③ 특별한 제한이 없이 단순한 개산액으로 정하여져 있는 때 등이 있다. 개산도급에서는 실제로 지급된 비용이 개산액과 다를 때에는 그에 따라서 약정한 최고액 또는 최저액의 범위 내에서 정산하여 감액·증액을 하게 된다.

(다) 금액을 정하지 않은 도급: 금액을 별도로 정하지 아니한 때에는 거래관행에 따라 실제로 지급된 비용에 일정한 이윤을 더한 액을 보수로 한다. 이때에는 고용 또는 위임과의 한계가 문제되는데, 당사자의 목적이 일의 완성에 있는 때, 즉 일이 완성되지 않는 이상 비용의 상환도 노무의 보수도 청구할 수 없다는 취지인 때에는 도급이라고 하여야 한다.

(라) 공사도급계약에 있어서의 공사금: 공사도급계약에 있어서의 공사대금은 도급공사의 완성에 대한 보수인바 거래의 통념상 그 보수 중에는 공사의 완성을 위하여 실지 지급한 제비용 이외에 수급인의 적정한 이익금이 포함되어 있는 것이라 할 것이고, 도급계약의 성질상 당사자 사이에 특약이 없는 한 그 공사금은 도급공사를 완성하여 인도함과 동시에 도급공사도 약정된 절차에 따라 검수되었다고 추정할 것이다. 따라서 특별한 사정이 없으면 도급인은 이미 청산지급한 공사금액이 검수한 공사의 완성을 위하여 수급인이 실지 지급한 제 비용액을 초과하였다 할지라도 그 초과액을 부당하게 지급된 것이라 하여 수급인에게 그의 반환을 청구할 수 없다(대판 1965.9.7. 65다1314).

(3) 불요식계약: 도급은 불요식계약이다. 그러나 건설산업기본법은 건설공사도급계약은 도급금액・공사기간 기타 시행령이 정하는 사항을 명시한 서면에 의한 계약을 하도록 하며(22조), 건축법은 주무당국이 표준계약서를 작성하여 건축도급계약에서 이를 이용하도록 권장한다(9조의2). 이러한 것은 당사자간의 분쟁을 미연에 방지하려는 취지이고, 도급계약을 요식행위로 한 것은 아니다.

(4) 쌍무계약-일의 완성과 보수의 관계

(가) 견련성: 일의 완성이란 노무에 의하여 일을 완성시키는 것으로 건물의 완성・의복의 완성 및 병의 완치・소송에서의 승소의 처리 등으로 인적 활동에 의하여 유형・무형의 결과의 완성을 도출하는 것을 말한다. 도급은 이러한 일의 완성과 보수가 견련성을 가지는 대가적 관계인 쌍무계약이다. 따라서 일이 완성되지 않고 중도에서 끝나 버리면 원칙적으로 보수청구권은 발생하지 아니한다. 이 점에서 여타의 노무제공계약, 특히 고용이나 위임과 구별된다(통상적인 의료계약과 통상적인 변론계약은 본질이 위임이나, 완치 및 승소를 특약한 경우에는 도급이 된다).

(나) 동시이행의 관계: 일반적으로 건축공사도급계약에서 공사대금의 지급의무와 공사의 완공의무가 반드시 동시이행관계에 있는 것은 아니지만, 도급인이 계약상 의무를 부담하는 공사 기성부분에 대한 공사대금 지급의무를 지체하고 있고, 수급인이 공사를 완공하더라도 도급인이 공사대금의 지급채무를 이행하기 곤란한 현저한 사유가 있는 경우에는 수급인은 그러한 사유가 해소될 때까지 자신의 공사 완공의무를 거절할 수 있다(대판 2005.11.25. 2003다60136).

2. 基本的 效力

(1) 당사자간의 특약: 도급의 목적에 따라서는 일을 완성하기까지 상당히 장기간을 필요로 하여, 그 동안에 경제사정의 변동이나 자연적・사회적 재해가 생겨서 일의 완성이 순조롭지 않게 되는 경우가 적지 않다. 이에 당사자간에는 분쟁의 발생을 미리 방지하기 위하여 특약을 하는 경우가 많다. 당사자간에 특약을 할 수 있음은 물론이며, 그러한 특약은 제103조 및 제104조에 위반하지 않는 한 효력이 있다.

(가) 도급계약상 계약이행보증금과 지체상금의 약정이 동시에 있는 경우, 각각의 법적 성질: 도급계약에 있어 계약이행보증금과 지체상금의 약정이 있는 경우에는 특별한 사정이 없는 한 계약이행보증금은 위약벌 또는 제재금의 성질을 가지고, 지체상금은 손해배상의 예정으로 봄이 상당하다(대판 1997.10.28. 97다21932).

(나) 노무도급: 일반적으로 도급인과 수급인 사이에는 지휘・감독의 관계가 없으므로 도급인은 수급인이나 수급인의 피용자의 불법행위에 대하여 사용자로서의 배상책임이 없으나, 도급인이 수급인에 대하여 특정한 행위를 지휘하거나 특정한 사업을 도급시키는 경우와 같은 이른바 노무도급의 경우에는 비록 도급인이라고 하더라도 사용자로서의 배상책임이 있다(대판 2005.11.10. 2004다37676).

(다) 지휘・감독권 유보한 하도급계약: 건축공사의 일부분을 하도급받은 자가 구체적인 지휘・감독권을 유보한 채 재료와 설비는 자신이 공급하면서 시공 부분만을 시공기술자에게 재 하도급하는 경우와 같은 노무도급의 경우에, 그 도급인과 수급인의 관계는 실질적으로 사용자와 피용자의 관계와 다를 바가 없으므로, 그 도급인은 수급인이 노무를 제공하는 과정에서 생명・신체・건강을 해치는 일이 없도록 물적 환경을 정비하고 필요한 조치를 강구할 보호의무를 부담하며, 이러한 보호의무는 실질적인 고용계약의 특수성을 고려하여 신의칙상 인정되는 부수적 의무가 인정된다고 할 것이고, 만일 실질적인 사용관계에 있는 노무도급인이 고의 또는 과실로 이러한 보호의무를 위반함으로써 그 노무수급인의 생명・신체・건강을 침해하여 손해를 입힌 경우 그

노무도급인은 노무도급계약상의 채무불이행책임과 경합하여 불법행위로 인한 손해배상책임을 부담한다(대판 1997.4.25. 96다53086).

(2) 도급인의 의무

(가) 보수지급의무: 제665조

(나) 신의칙상의 협력·보호의무: 도급인은 도급의 내용에 따라서 수급인에게 재료를 제공한다든지 지시를 한다든지 하는 등으로 수급인이 일을 완성함에 있어서 협력할 의무가 있다. 또한 수급인이 일을 함에 있어서 수급인의 신체·생명·재산에 위험이 생기지 아니하도록 할 신의칙상의 의무가 있다. 그러나 이러한 도급인의 보호의무는 포괄적이고 추상적인 의무로서, 일을 하면서 직접적으로 발생하는 위험은 전문가로서 수급인에게 책임이 있다.

(다) 완성물의 수령의무: 도급인에게 완성한 목적물을 수령할 의무가 있느냐가 문제된다. 당사자간에 수령의무에 관하여 약정이 있는 경우에는 그에 따르나, 그러한 약정은 일반적으로는 기대할 수 없다. 그런데 제작물 공급계약의 경우에는 당사자간에 인도날자 등을 약정하기 때문에 의사표시의 해석으로 도급인의 완성물수령의무를 인정할 수 있다.

(3) 수급인의 의무

(가) 일을 할(노무제공) 의무

① 이행보조자 또는 제3자에 의한 노무제공: 일의 완성에 필요한 노무는 일의 성질이나 당사자 사이의 특약으로 수급인이 스스로 제공하여야 하는 경우가 아니면 제3자를 사용하는 것도 무방하다. 즉 공사도급계약에 있어서 당사자 사이에 특약이 있거나 일의 성질상 수급인 자신이 하지 않으면 채무의 본지에 따른 이행이 될 수 없다는 등의 특별한 사정이 없는 한 반드시 수급인 자신이 직접 일을 완성하여야 하는 것은 아니고, 이행보조자 또는 이행대행자를 사용하더라도 공사도급계약에서 정한 대로 공사를 이행하는 한 계약을 불이행하였다고 볼 수 없다(대판 2002.4.12. 2001다82545, 82552). 따라서 수급인은 원칙적으로 하도급을 이용할 수 있다. 다만 건설공사의 하도급에 관하여는 건설업법에 특칙이 있다(22조 이하).

② 이행보조자에 의한 도급인의 재산, 신체 손해에 대한 수급인의 책임: 공장에 필요한 기계의 설치를 위한 공장건물의 개수 및 증축 공사를 도급받은 수급인의 이행보조자가 작업 도중에 과실로 화재를 일으켜 도급인이 재산상의 피해를 입은 경우, 그 수급인은 공사를 완전하게 이행하지 못함으로 인한 채무불이행책임으로서 손해배상의무가 있다고 할 것이며, 이 경우 배상하여야 할 손해의 범위는 민법 제393조에 의하여 통상손해인지 특별손해인지만이 문제될 뿐이라고 할 것인데, 위에서 본 바와 같이 이 사건 화재가 발생한 공장건물 안에 있던 인쇄기가 화재로 인하여 수리를 필요로 하는 손상을 입었다면 이는 화재에 기인한 채무불이행과 상당인과관계가 있는 통상손해라고 보아야 할 것이고, 비록 그 기계의 설치·보관에 관한 내용이 도급계약에 명시되지 않았고, 공사 도중에 기계가 공장에 반입되었으며, 그 가격이 고가이고 수리에 많은 돈이 소요되며, 공장이 일반인의 출입이 통제된 구역 안에 있다고 하더라도 화재와 그 기계의 손상 사이에 상당인과관계가 없다고 할 수는 없다(대판 2004.3.26. 2002다6043).

(나) 일을 완성할 의무: 일을 완성하여야 한다.

① 일의 착수 지연: 수급인은 적당한 시기에 일을 착수하여 계약에 정해진 내용의 일을 완성할 의무를 진다. 이것은 수급인의 기본적 의무이다. 수급인이 일에 착수해야 할 시기에 관하여 특약이 없는 때에는 도급인이 최고한 때부터 지체에 빠진다(387조2항). 따라서 수급인이 착수를 게을리한 때에는 도급인은 원칙적으로 제544조·제545조에 의하여 계약을 해제할 수 있다. 그러나 원래 도급은 일의 완성을 그 목적으로 하므로 착수가 다소 지연되더라도, 약정의 기일까지 완성하는 것이 가능한 경우에는 신의칙상 해제권이 발생하지 않는다고 새겨야 한다. 보수의 일부를 도급인이 선급할 특약을 한 때에는 수급인은 그 제공이 있을 때까지는 착수를 거절할 수 있으며(536조), 그 결과로 완성이 지연되더라도 수급인의 채무불이행책임은 발생하지 않는다.

② 공사의 미완성과 공사를 완성하였으나 하자가 있음에 불과한 경우의 구별 기준: 공사가 도중에 중단되어 예정된 최후의 공정을 종료하지 못한 경우에는 공사가 미완성된 것으로 볼 것이지만, 공사가 당초 예정된 최후의 공정까지 일응 종료하고 그 주요 구조 부분이 약정된 대로 시공

되어 사회통념상 일이 완성되었고 다만 그것이 불완전하여 보수를 하여야 할 경우에는 공사가 완성되었으나 목적물에 하자가 있는 것에 지나지 아니한다고 해석함이 상당하고, 예정된 최후의 공정을 종료하였는지 여부는 수급인의 주장이나 도급인이 실시하는 준공검사 여부에 구애됨이 없이 당해 공사 도급계약의 구체적 내용과 신의성실의 원칙에 비추어 객관적으로 판단할 수밖에 없다(대판 1997.10.10. 97다23150). * 신축 건물의 남측 2층 계단, 발코니, 처마와 인접 대지 경계로부터 두어야 할 거리가 30cm 모자란다는 이유로 그 사용승인이 나지 아니하고 있다고 하여도, 수급인이 인접 대지 경계와 두어야 할 거리를 확보하기 위하여 1층 계단과 발코니 부분을 절단하였으나, 2층 계단과 발코니 부분은 도급인이 더 이상 절단 작업을 못하게 하여 그 거리를 확보하지 못하였고, 보일러, 2층의 수도, 세면기, 양변기 등 설치 공사를 남겨 둔 상태에서 도급인이 수급인으로 하여금 더 이상 공사를 못하게 한 후 직접 그 공사를 하여 입주하였으며, 수급인이 그 건물의 신축공사를 금 101,696,720원에 도급받았는데, 위 수도 등 공사비로는 금 1,168,000원이, 보일러 설치비로는 금 2,860,000원이 소요될 뿐이라면, 사회통념상 그 건물은 완성되었다고 본 사례가 있다(대판 1997.12.23. 97다44768).

③ 건축공사에서 공사대금지급의무와 공사완공의무의 관계: 일반적으로 건축공사도급계약에서 공사대금의 지급의무와 공사의 완공의무가 반드시 동시이행관계에 있는 것은 아니지만, 도급인이 계약상 의무를 부담하는 공사 기성부분에 대한 공사대금 지급의무를 지체하고 있고, 수급인이 공사를 완공하더라도 도급인이 공사대금의 지급채무를 이행하기 곤란한 현저한 사유가 있는 경우에는 수급인은 그러한 사유가 해소될 때까지 자신의 공사 완공의무를 거절할 수 있다(대판 2005.11.25. 2003다60136).

(다) 목적물의 멸실·훼손-위험부담: 도급은 일을 완성하여 완성물을 도급인에게 인도하여야 한다. 따라서 일이 완성되기 전에 목적물이 멸실·훼손되거나 또는 일이 완성되었으나 인도 전에 멸실·훼손된 경우에는 채무가 이행되지 않았음으로 수급인은 일이 완성되도록 다시 시작하여야 하고, 완성할 날이 지연된 때에는 지연배상을 하여야 하며, 다시 일을 할 수 없는 경우에는 이행불능에 의해 계약은 해제되고 손해를 배상하여야 할 것이다. 그러나 이러한 일반적 원칙에 의한 해결은 공사도급과 같이 일의 완성에 오랜 기간을 소요하는 그러한 도급에서는 합리적이지 못할 수도 있다. 그런데 이러한 경우에 실제 문제의 핵심은 수급인의 일의 완성의무가 소멸되느냐 여부보다도 추가로 소요될 재료비 및 증액될 보수 등을 누가 부담하느냐이다. 특히 이것이 문제가 되는 경우는 정액도급의 경우인데, 개산도급이나 보수를 정하지 아니한 도급에도 멸실·훼손된 부분에 해당하는 재료 및 보수를 누구의 부담으로 계산할 것이냐는 문제는 역시 발생하여 동일한 문제가 된다. 멸실·훼손으로 다시 일을 하는 것이 불가능한 경우와 가능한 경우로 나누어 검토하여야 한다.

① 다시 완성하는 것이 불가능한 경우: 다시 일을 하는 것이 불가능한 경우에 수급인의 일의 완성의무가 소멸되는 것은 물론인데, 멸실·훼손된 분에 해당하는 보수를 누가 부담할 것이지가 문제된다. 보수청구권은 멸실·훼손이 누구의 귀책사유에 의한 것이냐에 따라 다르다.

㉮ 수급인의 귀책사유: 보수청구권이 소멸한다. 도급인이 제공한 재료의 성질 또는 도급인의 지시에 의하여 일을 하였더라도 그로 인한 하자가 원인이 되어 멸실·훼손된 경우에도 부적당한 재료나 지시임을 인지하였으나 도급인의 강요에 의하여 따른 경우 이외에는 전문가로서 수급인의 귀책사유로 보아야 한다(669조 참조).

㉯ 도급인의 귀책사유: 보수청구권은 있으나, 제538조제2항이 적용되어 소멸된 완성의무에 비례한 분은 공제되어야 한다.

㉰ 천재지변과 같은 쌍방의 귀책사유가 없는 사유로 멸실·훼손된 때: 나머지 일에 대한 의무는 소멸하는데, 이미 수급인이 제공한 재료비 및 보수를 청구할 수 있는지가 문제된다. 도급은 수급인이 일의 완성의무를 지며, 보수는 일의 완성에 대한 대가로서, 완성이 되지 않은 상태는 도급인에게는 아무런 의미가 없기 때문에 보수는 물론이고 재료비도 수급인은 청구할 수 없다. 그런데 불가항력적인 사유에 의한 멸실·훼손된 목적물에 도급인이 이미 지급한 보수는 어떻게 되는가. 재료비와 순수한 보수를 구분하고, 또한 멸실된 목적물의 완성도에 따라 달리 보아야 한다.

멸실된 목적물의 완성도를 초과하여 미리 지급한 재료비와 보수는 수급인의 소멸된 완성의무에 대한 대가이므로 반환을 청구할 수 있음은 당연하다. 멸실된 목적물에 해당하는 재료비는 도급인의 소유에 속한 것으로 소유자위험부담의 원칙에 따라 수급인으로부터 그 반환을 청구할 수 없고, 순수한 보수는 일의 완성에 대한 전체적인 보수의 일부로 지급된 것으로 일의 완성이 불능하게 되어 보수청구권이 소멸된 것이기 때문에 그 반환을 청구할 수 있다.

② 다시 완성하는 것이 가능한 경우: 중간에 멸실·훼손되었으나 다시 시작하여 완성하는 것이 가능한 경우로서, 이 경우에는 수급인의 일의 완성의무는 소멸하지 아니하고 그대로 존속하는데, 그에 따른 추가로 소요되는 재료비 및 보수의 증액을 청구할 수 있느냐가 문제된다.

㉮ 수급인에게 귀책사유가 있는 경우: 별도로 증액을 청구할 수 없다.

㉯ 도급인에게 귀책사유가 있는 경우 및 부적당한 지시에 대하여 고지를 하였으나 그러한 지시를 따르도록 하여 목적물이 멸실·훼손된 경우: 보수의 증액청구권이 있음은 당연한데, 별도로 도급인의 도급계약상의 협력의무 불이행에 의한 손해배상을 청구할 수 있는지가 문제된다. 도급인은 신의칙상의 협력의무가 있기 때문에 수급인은 보수의 증액청구와 협력의무 불이행에 의한 손해배상청구권을 선택적으로 청구할 수 있다고 보아야 한다.

㉰ 불가항력적 사유: 공사기간이 장기간에 걸쳐 있어 천재지변 또는 사정의 급격한 변경과 같은 예측할 수 없는 사정을 본질적으로 내포하고 있기 때문에 보수의 결정에는 이미 그러한 것이 고려되어 있기는 하나, 위험을 예측하더라도 예측에는 한계가 있기 때문에 위험부담의 일반원칙을 적용하는 것은 너무 가혹하기 때문에 신의칙 또는 사정변경의 원칙을 적용하여 증액을 청구할 수 있다고 보아야 한다.

③ 완성 후의 멸실: 건물신축공사의 진행 중 공사도급계약이 수급인의 해제통고로 해제된 경우에 해제 당시 골조공사를 비롯한 상당한 부분이 이미 완성된 상태였다면 원상회복이 중대한 사회적·경제적 손실을 초래하게 되고 완성된 부분이 도급인에게 이익이 된다고 할 것이므로 도급인은 수급인에게 기성부분에 대한 보수를 지급할 의무가 있다. 따라서 도급인인 대지소유자가 건축공사가 진척 중 대지를 제3자에게 매도하여 매수인이 임의로 기성부분을 철거한 경우 수급인의 공사대금채권은 존속한다. 또한 수급인이 도급인에게 공사금을 지급하고 기성부분을 인도받아 가라고 최고하였다면 수급인은 이로써 자기 의무의 이행 제공을 하였다고 볼 수 있는데 도급인이 아무런 이유 없이 수령을 거절하던 중 쌍방이 책임질 수 없는 제3자의 행위로 기성부분이 철거되었다면 도급인의 수급인에 대한 공사대금지급채무는 여전히 남아 있다(대판 1993.3.26. 91다14116).

(라) 목적물의 인도의무-보수와 동시이행의 관계: 도급의 대상이 유체물인 때에는 일의 완성 후 목적물을 도급인에게 인도하여야 한다. 즉 수급인은 도급의 종류에 따라서는 완성된 목적물의 인도의무가 있다. 민법은 제665조에 목적물의 인도와 보수의 지급이 동시이행관계에 있음을 명기하고 있다. 이는 목적물인도의무가 일의 완성의무와는 별개의 의무임을 전제로 한 것이라 이해할 수 있다. 목적물의 인도는 보수의 지급과 동시에 하면 되므로 각 당사자는 동시이행의 항변권을 가지는데, 목적물이 도급인의 소유에 속하는 경우에는 수급인의 보수청구권은 목적물에 대하여 유치권이 성립한다.

3. 遲滯償金 約定

(1) 지체상금약정의 법적 성질-손해배상액의 예정: 지체상금에 관한 약정은 수급인이 그와 같은 일의 완성을 지체한 데 대한 손해배상액의 예정이므로, 수급인이 약정된 기간 내에 그 일을 완성하여 도급인에게 인도하지 아니하여 지체상금을 지급할 의무가 있다(대판 1999.1.26. 96다6158).

(2) 우월적 지위를 이용한 약정의 무효: 도급인의 지위에 있는 행정기관이 당초의 입찰이나 계약 체결시에 약정한 공사기간을 그 후 행정상의 이유로 일방적으로, 수급인이 당초 전혀 예상하지 못했을 정도로 상당한 기간의 단축을 요구하여 수급인으로 하여금 이에 부득이 응하게 한 경우, 공사기간을 단축할 당시에 있어서의 기성공정률과 그 공사의 완공에 필요한 총 기간 및 남은 공사기간 등을 참작하여 그 단축된 기간 내에 공사를 준공하는 것이 물리적으로 불가능하거나 총체적으로 부실공사를 강요하는 것이 될 수밖에 없다면, 당초의 지체상금에 관한 약정을 그대로 적용하여 그와 같이 준공이 불가능할 정도로 단축된 준공기한을 기준으로 일률적으로 계산한 지체 일수 전부

에 대하여 당초의 약정에 의한 지체상금의 배상을 그대로 물게 하는 것은 선량한 풍속 기타 사회질서에 비추어 허용할 수 없으므로, 준공기한을 앞당기기로 하는 그 합의는 준공에 절대적으로 필요한 최소한의 기간에 해당하는 지체상금 부분에 한하여 무효다(대판 1997.6.24. 97다2221).

(3) 약정의 적용범위: 지체상금 약정의 적용범위를 정하는 것은 도급계약에 나타난 당사자 의사의 해석 문제로서, 당사자 의사가 명확하지 아니한 경우, 그 약정의 내용과 약정이 이루어지게 된 동기 및 경위, 당사자가 이로써 달성하려는 목적, 거래의 관행 등을 종합적으로 고려하여 보고, 특히 건설공사 도급계약의 경우 지체상금 약정을 하는 것은 공사가 비교적 장기간에 걸쳐 시행되기 때문에 그 사이에 공사의 완성에 장애가 되는 사정이 발생할 가능성이 많으므로 이러한 경우에 대비하여 도급인의 손해액에 대한 입증 곤란을 덜고 손해배상에 관한 법률관계를 간이화할 목적에서라는 점을 감안하여 당사자의 의사를 합리적으로 해석한 다음 그 적용 여부를 결정하여야 한다(대판 1999.1.26. 96다6158).

(가) 수급인의 귀책사유로 해제 후 수급인을 다시 선정하는 이유로 지체-긍정: 지체상금 약정이 수급인이 약정한 기간 내에 공사를 완공하지 아니한 경우는 물론 수급인의 귀책사유로 인하여 도급계약이 해제되고 그에 따라 도급인이 수급인을 다시 선정하여 공사를 완공하느라 완공이 지체된 경우에도 적용된다(대판 1999.1.26. 96다6158).

(나) 공사도중 그 도급계약이 해제된 경우에도 적용되는지 여부-부정: 건축도급계약시 도급인과 수급인 사이에 준공기한내에 공사를 완성하지 아니한 때에는 매 지체일수마다 계약에서 정한 지체상금율을 계약금액에 곱하여 산출한 금액을 지체상금으로 지급하도록 약정한 경우 이는 수급인이 완공예정일을 지나서 공사를 완료하였을 경우에 그 지체일수에 따른 손해배상의 예정을 약정한 것이지 공사도중에 도급계약이 해제되어 수급인이 공사를 완료하지 아니한 경우에는 지체상금을 논할 여지가 없다(대판 1989.9.12. 88다카15901).

(4) 지체: 예정된 완성일을 경과하는 것이 지체이다.

(가) 수급인의 귀책사유에 의한 지체: 공사가 지연된 경우에는 책임질 수 없는 사유로 인하여 공사가 지연된 경우에는 그 기간만큼 지체일수에서 제외되어야 할 것이나, 지체일수가 공제되는 수급인에게 책임지울 수 없는 사유란 공사도급계약에서 예상하지 못하였던 사정이 발생하였고, 그 사정으로 인하여 일정한 기간 동안 예정된 공사를 진행할 수 없어 공사의 지연이 불가피하였음을 입증하였어야 하는 것이지 단지 어떤 사유가 수급인의 귀책사유와 경합하여 공사기간이 연장될 가능성만 있는 때에는 배상예정액의 감액에서 고려할 수 있을 뿐이다(대판 2005.11.25. 2003다60136).

(나) 불가항력적 사유-제외: 천재지변이나 이에 준하는 경제사정의 급격한 변동 등 불가항력으로 인하여 목적물의 준공이 지연된 경우에는 수급인은 지체상금을 지급할 의무가 없다고 할 것이지만, 이른바 IMF 사태 및 그로 인한 자재 수급의 차질 등은 그와 같은 불가항력적인 사정이라고 볼 수 없다(대판 2002.9.4. 2001다1386). 또한 통상적으로 비가 와서 정상적으로 작업을 하지 못하는 것까지 감안하고 이를 계약에 반영하는 점에 비추어 볼 때 천재지변에 준하는 이례적인 강우가 아니라면 지체상금의 면책사유로 삼을 수 없다(대판 2002.9.4. 2001다1386).

(5) 지체상금약정에 해제시의 지체상금발생의 시기와 종기: 수급인이 완공기한 내에 공사를 완성하지 못한 채 완공기한을 넘겨 도급계약이 해제된 경우에 있어서 그 지체상금 발생의 시기(始期)는 완공기한 다음 날이고(대판 2002.9.4. 2001다1386), 종기(終期)는 수급인이 공사를 중단하거나 기타 해제사유가 있어 도급인이 이를 해제할 수 있었을 때를 기준으로 하여 도급인이 다른 업자에게 의뢰하여 같은 건물을 완공할 수 있었던 시점이다(대판 2001.1.30. 2000다56112).

(6) 부당과다의 경우는 감액: 지체상금약정의 경우에는 민법 제398조제2항의 규정에 따라 계약당사자의 지위, 계약의 목적과 내용, 지체상금을 예정한 동기, 실제의 손해와 그 지체상금액의 대비, 그 당시의 거래관행 및 경제상태 등 제반 사정을 참작하여 약정에 따라 산정한 지체상금액이 일반 사회인이 납득할 수 있는 범위를 넘어 부당하게 과다하다고 인정하는 경우에 이를 적당히 감액할 수 있다(대판 2002.9.4. 2001다1386). * 통상의 공사도급계약상의 지체상금율인 1/1000보다 3배나 높게 정한 약정지체상금을 감액한 원심의 판단에 대하여, 통상의 지체상금율보다 높은 지체상금율을 정한 구체적인 동기 내지 사정에 대한 심리가 미진하다는 이유로 이를 파기한

사례가 있다(대판 2001.1.30. 2000다56112).

(7) 지체상금에 대한 연대보증: 지체상금과 같은 공사도급계약상의 손해배상채무는 그 발생이 불확실하고 범위 역시 불확정적이어서 경우에 따라서는 감당하기 어려울 정도의 거액에 달할 수도 있는 것이므로, 그러한 채무를 연대보증하는 사람으로서는 당해 도급계약을 검토하여 채무의 발생가능성과 그 범위를 미리 예측한 바탕 위에서 연대보증을 하는 것이 통상적이고, 이 경우 그 도급계약에 손해배상채무의 발생이나 확대를 방지하는 장치가 마련되어 있다면 그러한 장치는 일종의 담보적 기능을 하는 극히 중요한 사항으로서 연대보증계약을 체결함에 있어 당사자들은 그 장치가 도급계약상의 취지대로 가동될 것을 당연한 전제로 하여 예후를 가늠하게 될 것인데, 일반적으로 그러한 장치는 도급계약의 직접 당사자인 도급인에게만 이를 가동할 권한이 있을 뿐 연대보증인에게는 아무런 권한이 없는 경우가 대부분이므로, 위와 같은 거래상의 신뢰관계에 비추어 도급인으로서는 연대보증인과의 관계에서 손해배상채무의 발생이나 확대를 방지하는 도급계약상의 각종 장치가 그 취지대로 가동되도록 적절히 권한을 행사함으로써 예상 밖으로 손해배상의 범위가 확대되는 것을 방지할 신의칙상의 의무가 있다고 할 것이고, 만일 도급인이 고의 또는 과실로 그러한 장치의 가동을 불가능하게 하여 손해배상채무가 확대되었다면 그 한도 안에서 연대보증인은 책임을 면한다고 해석함이 상당한바, 이러한 법리는 채권자의 고의 또는 과실로 담보가 상실 또는 감소된 경우 보증인 등의 책임을 감면하도록 한 민법 제485조로부터 유추될 수 있다(대판 2005.8.19. 2002다59764).

4. 契約保證金

(1) 성질: 도급계약에서 그 도급계약을 계약보증한 보증서의 보증금액을 위약벌 내지 제재금이나 손해배상액의 예정으로 하는 특약이 없는 경우, 수급인이 도급계약을 약정대로 이행하는 것을 보증하고, 만약 수급인의 귀책사유로 도급계약을 불이행하는 경우에는 그로 인한 수급인의 도급인에 대한 손해배상채무의 이행을 계약보증금의 한도에서 보증하는 것이므로(대판 1997.8.26. 97다18813), 수급인의 채무불이행으로 인하여 도급계약이 해제되었다고 하여 곧 보증서의 계약보증금을 위약벌이나 손해배상예정액으로 보아 계약보증을 한 건설공제조합에 대하여 곧바로 그 보증금액의 전액을 청구할 수는 없고, 도급인은 수급인의 구체적인 손해배상채무의 존재와 그 채무액을 입증하여 그 범위 안에서 위 보증서의 보증금액을 청구할 수 있을 뿐이다(대판 2000.10.27. 99다17357).

(2) 효력

(가) 공사도급계약에서 계약보증금을 위약벌이나 손해배상액의 예정으로 하는 특약이 없는 경우: 수급인의 채무불이행으로 도급계약이 해제되었다고 하여 곧바로 도급인이 계약보증금 전액을 청구할 수 없다. 따라서 도급계약서 및 그 계약내용에 편입된 약관에 수급인의 귀책사유로 인하여 계약이 해제된 경우에는 계약보증금이 도급인에게 귀속한다는 조항이 있을 때 이 계약보증금이 손해배상액의 예정인지 위약벌인지는 도급계약서 및 위 약관 등을 종합하여 구체적 사건에서 개별적으로 결정할 의사해석의 문제이고, 위약금은 민법 제398조제4항에 의하여 손해배상액의 예정으로 추정되므로 위약금이 위약벌로 해석되기 위하여는 특별한 사정이 주장・입증되어야 하는바, 당사자 사이의 도급계약서에 계약보증금 외에 지체상금도 규정되어 있다는 점만을 이유로 하여 계약보증금을 위약벌로 보기는 어렵다(대판 2000.12.8. 2000다35771).

(나) 공사도급계약에서 계약보증금의 몰취나 귀속에 관한 정함이 없는 경우: 그 공사도급계약에 대하여 계약이행 보증서가 발급되었고 그 후 도급인의 지위를 인수하기로 하는 공사도급계약 승계계약에서 그 보증금 몰취 규정이 포함되었다는 사정만으로는 계약이행 보증상의 보증금을 손해배상예정액으로 볼 수 없다(대판 2000.10.27. 99다17357).

(다) 수급인의 귀책사유로 도급계약의 목적이 된 공사의 완공이 지연되는 경우: 지연으로 인한 손해배상채무도 당연히 계약보증의 대상이 되는 것이고, 이 경우 만일 도급인과 수급인 사이에 공사완공의 지연에 대비한 지체상금의 약정이 있다면 그 약정에 따라 산정되는 지체상금액이 계약보증의 대상이 되는 것이다(대판 1999.1.26. 96다6158).

5. 履行保證

(1) 수급인의 이행보증금: 공사도급계약 체결시 수급인이 도급인에게 계약이행보증금을 현금으

로 납부하거나 동액 상당의 보증보험증권을 교부할 것을 약정한 경우, 이와 같이 특정한 담보방법인 보증보험증권을 계약이행보증금의 지급방법으로서 현금과 선택적으로 규정한 점에 비추어 볼 때, 당사자의 의사는 보증보험증권의 교부를 계약이행보증금의 현금 지급과 동등하게 보아 그로써 계약이행보증금은 확실하게 담보된 것으로 취급하고자 하는 취지로 봄이 상당하므로, 그 공사도급계약에 관한 연대보증계약의 체결에 앞서 수급인이 보증보험증권을 도급인에게 교부한 이상, 그 공사도급계약에 관하여 수급인과 연대하여 도급계약상의 의무를 이행하기로 한 연대보증인으로서는 더 이상 계약이행보증금에 관하여는 보증채무를 부담하지 않는다고 봄이 상당하다(대판 1999.10.8. 99다20773).

(2) 공사도급계약이행의 보증계약에서 보증서의 양도를 금지하는 특약이 있는 경우, 그 특약의 취지는 그 보증계약에 기한 보증서를 주채권과 분리 양도하여 환가하는 보증계약의 양도를 금지하는 것이지 그 보증계약의 채권자인 도급인의 지위변동에 수반하는 보증계약의 양도를 금지하는 것이 아니다(대판 2000.10.27. 99다17357).

(3) 도급의 연대보증계약: 민간공사도급계약의 연대보증인의 보증책임은 각종 보증서의 구비여부, 도급계약의 내용, 보증경위 등을 참작하여 개별적으로 구체적인 사안에 따라 법률행위의 해석에 의하여 판단되어야 하는 것이지만, 특별한 약정이 없다면 수급인의 책임과 마찬가지로 금전채무보증과 시공보증을 포함한다고 보아야 한다(대판 2005.3.25. 2003다55134). * 공사도급계약에서 보증인의 동의가 없는 한 계약상의 권리의무의 양도를 금지한다는 특약이 있는 경우: 그 보증인의 동의는 수급인의 변동을 가져오는 도급계약상의 권리의무 양도의 경우에만 이를 필요로 하고 도급계약상의 도급인의 지위를 인수하기로 하는 승계계약에 관하여는 보증인의 동의가 필요 없다(대판 2000.10.27. 99다17357).

6. 完成物의 所有權 歸屬: 완성물의 소유권 귀속에 관하여 당사자의 약정이 있는 때에는 그 약정에 의함은 물론이다. 그러한 약정이 없는 경우가 보통이며, 그러한 경우에 소유권의 귀속과 재산권의 이전시기가 문제된다.

(1) 도급인이 재료를 제공한 경우-가공규정은 적용 없음: 완성물이 동산이든 부동산이든 재료의 전부를 도급인이 제공한 때에 그 소유권은 도급인에게 귀속하는 것이 원칙이다. 그런데 완성물이 동산인 경우는 다른 한편으로는 도급인의 동산에 도급인이 가공한 경우가 되어 가공에 관한 규정인 제259조와의 관계가 문제된다. 제259조는 타인의 동산에 가공한 때에는 그 물건의 소유권은 원재료의 소유자에게 속하나, 가공 후의 가액이 원재료의 가액보다 현저하게 높은 때에는 가공자의 소유에 속한다고 규정한다. 도급인이 재료를 제공하여 수급인이 완성한 물건의 가액이 원재료의 가액보다 현저하게 높은 경우에 제259조가 적용되어 수급인에게 소유권이 귀속하느냐가 문제된다. 완성된 목적물의 소유권은 그것이 동산이든 부동산이든 특약이 없는 한 당연히 원시적으로 도급인에게 귀속한다. 왜냐하면 제259조는 법률상 원인 없이 타인의 물건에 가공한 경우에만 적용하는 것이므로, 수급인이 그 계약상의 의무이행으로 도급인을 위하여 가공한 경우에는 가공의 규정은 적용되지 않기 때문이다.

(2) 수급인이 재료를 제공하는 경우: 수급인이 전적으로 또는 주로 자기의 재료를 사용하여 만든 물건을 도급인에게 공급하는 계약인 통상적인 제작물 공급계약에 관하여는 목적물이 대체물인 때에는 주문 제작이라는 형식을 취하더라도 그것은 매매에 지나지 않고, 다만 목적물이 부대체물인 때에는 매매와 도급의 혼합계약으로 소유권이전에 관하여는 매매에 관한 규정이 적용된다(대판 2006.10.13. 2004다21862). 따라서 부대체물인 제작물의 소유권이 누구에게 귀속된다고 보아야 할 것인지가 문제된다.

(가) 동산: 완성물이 동산인 때에는 수급인이 재료와 노무를 제공한 것이므로 완성물의 소유권은 원시적으로 수급인에게 귀속한다.

(나) 부동산

① 합의가 있는 경우: 수급인이 자기의 노력, 재료를 들여 건물을 완성하더라도 도급인과 수급인 사이에 도급인 명의로 건축허가를 받아 소유권보존등기를 하기로 하는 등 완성된 건물의 소유권을 도급인에게 귀속시키기로 합의한 것으로 보여질 경우에는 그 건물의 소유권은 도급인에

게 원시적으로 귀속된다(대판 1992.3.27. 91다34790). 이때 신축건물이 집합건물로서 여러 사람이 공동으로 건축주가 되어 도급계약을 체결한 것이라면, 그 집합건물의 각 전유부분 소유권이 누구에게 원시적으로 귀속되느냐는 공동 건축주들의 약정에 따라야 할 것이다(대판 2005.11.25. 2004다36352).

② 합의가 없는 경우: 수급인이 재료의 전부 또는 주요부분을 공급하는 경우에는 원칙적으로 완성물(건물)은 완성과 동시에 일단 수급인에게 원시적으로 귀속하고, 도급인에게 부동산을 인도함으로써 비로소 소유권이 도급인에게 이전한다고 본다. 그 근거는 수급인이 자기의 재료와 노무로 완성한 물건의 소유권을 취득하는 것은 부합·가공의 원칙으로 보아 당연하고 또한 도급인이 법률상 당연히 그 소유권을 취득할 이유가 없기 때문이다.

③ 채무담보를 목적으로 건축허가를 채권자명의로 한 경우-담보목적으로 채권자에게 소유권이전: 채무의 담보를 위하여 채무자가 자기 비용과 노력으로 신축하는 건물의 건축허가 명의를 채권자 명의로 하였다면 이는 완성될 건물을 담보로 제공하기로 하는 합의로서 법률행위에 의한 담보물권의 설정에 다름 아니므로, 완성된 건물의 소유권은 일단 이를 건축한 채무자가 원시적으로 취득한 후 채권자 명의로 소유권보존등기를 마침으로써 담보목적의 범위 내에서 채권자에게 그 소유권이 이전된다(대판 1990.4.24. 89다카18884).

(3) 건축허가명의와의 관계

(가) 건축허가의 성질: 건축허가는 행정관청이 건축행정상의 목적을 수행하기 위하여 수허가자에게 일반적으로 행정관청의 허가 없이는 건축행위를 하여서는 안 된다는 상대적 금지를 관계 법규에 적합한 일정한 경우에 해제하여 줌으로써 일정한 건축행위를 하여도 좋다는 자유를 회복시켜 주는 행정처분일 뿐 수허가자에게 어떤 새로운 권리나 능력을 부여하는 것이 아니고, 건축허가서는 허가된 건물에 관한 실체적 권리의 득실변경의 공시방법이 아니며 추정력도 없으므로 건축허가서에 건축주로 기재된 자가 건물의 소유권을 취득하는 것은 아니다(대판 1997.3.28. 96다10638).

(나) 허가명의와 관계없이 재료와 노력의 제공자에게 귀속: 자기의 비용과 노력으로 건물을 신축한 자는 그 건축허가가 타인의 명의로 된 여부에 관계없이 그 소유권을 원시취득하게 된다(대판 2002.4.26. 2000다16350). 따라서 건축주의 사정으로 건축공사가 중단된 미완성의 건물을 인도받아 나머지 공사를 하게 된 경우에는 그 공사의 중단 시점에 이미 사회통념상 독립한 건물이라고 볼 수 있는 정도의 형태와 구조를 갖춘 경우가 아닌 한 이를 인도받아 자기의 비용과 노력으로 완공한 자가 그 건물의 원시취득자가 될 것이다(대판 2006.5.12. 2005다68783).

7. 工事都給에 따른 第3者의 損害: 건물, 도로, 교량의 건설과 같은 공사도급에서 공사를 하는 중에 지반의 붕괴·인근 건물의 손상·진동·소음 등으로 이웃 건물 및 주민의 재산과 생활에 침해 내지 방해를 하는 경우가 있게 된다. 이러한 각종의 제3자에 대한 손해에 대하여 누가 어떠한 책임을 져야 하는지가 문제된다. 이는 그 손해를 발생시킨 건설공사의 관여자가 도급인·수급인 내지는 수급인의 피용자·설계자 등으로 다수의 자가 관여하기 때문이다. 이와 같은 도급계약의 이행과정에서 제3자에게 발생한 손해에 대한 책임에 관하여는 민법 제757조와 건설산업기본법 제44조에서 규정하고 있다.

(1) 수급인의 손해배상책임: 공사도급에서 제3자에게 발생한 손해에 대하여 수급인은 자신의 귀책사유에 의하여 발생한 손해 및 도급인의 귀책사유에 의한 손해에 대하여 손해배상의무가 있으며, 하수급인의 귀책사유에 의한 손해에 대하여도 연대배상의무가 있다. 이러한 수급인의 제3자에 대한 책임은 본질이 불법행위책임이다. 따라서 아래의 내용 이외의 사항에 관하여는 불법행위에 관한 일반 법리가 적용된다.

(가) 수급인 본인의 과실책임: 건설공사란 토목공사·건축공사·산업설비공사·조경공사 및 환경시설공사 등 시설물을 설치·유지·보수하는 공사를 말한다(건설산업기본법 2조4호). 이러한 건설공사도급에서 건설업자가 고의 또는 과실로 건설공사의 시공을 조잡하게 하여 타인에게 손해를 가한 때에는 그 손해를 배상할 책임이 있다(동법 44조1항).

(나) 도급인의 과실에 의한 수급인의 손해배상책임: 제3자에 대한 손해가 발주자의 과실에 의한 경우에도 수급인에게 손해배상의무가 있다. 이는 도급에서 도급인은 재료의 제공 또는 지시를

할 수 있으나 도급에서 도급인은 관여자일 뿐으로, 수급인은 전문가로서 제3자에게 발생한 손해의 원인인 하자를 직접적으로 유발한 자이기 때문에 목적물에 의하여 발생한 손해에 대하여는 수급인이 손해배상의무가 있다. 다만 제3자에 대한 손해가 도급인의 중대한 과실에 의한 경우에는 건설업자(수급인)는 발주자(도급인)에게 구상권을 행사할 수 있다(동법 44조2항). 이러한 건설산업기본법의 취지는 도급인의 귀책사유에 의한 제3자에 대한 손해에 대하여는 제3자는 도급인에게 손해배상을 청구할 수 없다는 것이다. 그런데 민법 제757조는 도급 또는 지시에 관하여 도급인에게 중대한 과실이 있는 때에는 도급인의 손해배상책임을 인정하고 있다. 그러면 제3자는 민법 제757조에 의하여 도급인에게 손해배상을 청구할 수 있는지가 문제된다. 건설공사도급에 관하여는 건설산업기본법이 특별법이다. 따라서 제3자는 손해가 도급인의 도급 및 지시의 중대한 과실로 인한 경우에도 도급인에게 직접 손해의 배상을 청구할 수 없다고 새겨야 한다. 건설산업기본법이 적용되는 도급에서는 민법 제757조의 적용은 배제된다.

(다) 하수급인의 귀책사유에 의한 손해에 대하여는 연대책임: 하도급의 경우에 하수급인의 귀책사유에 의한 손해에 대하여는 하수급인과 원수급인은 연대책임이 있다(동법 44조3항). 따라서 제3자는 원수급인 또는 하수급인에게 동시나 순차적으로 손해의 전부 또는 일부에 대하여 배상을 청구할 수 있다. 원수급인이 손해의 배상을 한 때에는 원수급인은 하수급인에 대하여 구상을 할 수 있다(동법 44조4항).

(2) 도급인의 손해배상책임: 공사도급에서 수급인의 제3자에 대한 배상책임은 과실책임인데, 수급인에게 고의 및 과실이 없으나 제3자의 피해가 공사의 시공상 불가피한 것인 경우에 문제가 된다. 즉 폐수·소음·진동으로 인근 주민의 생활에 대한 침해가 있는 경우가 문제된다. 수급인이 공사과정에서 충분히 방지시설을 하였음에도 불가피하게 발생하는 침해에 대하여는 수급인에게 책임을 지울 수는 없고, 도급인에게 배상책임이 있다. 다만 그러한 생활침해는 통상인의 인용(忍容)한도를 넘는 위법한 것일 때에만 불법행위에 기한 손해배상의무나 제217조에 의한 적당한 조처를 할 의무가 생긴다.

(3) 공작물로 인한 책임: 건축 중 공작물의 설치의 하자로 인하여 제3자에게 손해가 생긴 때에는 수급인이 책임을 진다(동법 44조1항). 그러나 수급인이 손해의 방지에 필요한 주의를 다하였음에도 손해가 생긴 때에는 공작물의 소유자(도급인)가 책임을 진다(758조).

第665條【報酬의 支給時期】 ①報酬는 그 完成된 目的物의 引渡와 同時에 支給하여야 한다. 그러나 目的物의 引渡를 要하지 아니하는 境遇에는 그 일을 完成한 後 遲滯없이 支給하여야 한다.
②前項의 報酬에 關하여는 第656條第2項의 規定을 準用한다.

報酬의 支給

1. 支給時期 - 目的物 引渡義務와 報酬支給의 同時履行關係: 도급인은 수급인에 대하여 보수를 지급할 의무가 있다. 도급인의 보수지급의무는 수급인의 일의 완성의무와 대가적인 관계에 있다. 보수의 액에 관하여는 정액, 개산 또는 일을 완성한 후에 별도로 정하는 방법이 있다. 보수의 지급시기에 관하여 문제가 된다.

(1) 약정이 있는 경우-제2항: 약정에 따른다.

(2) 약정이 없는 경우-제1항, 제2항: 보수의 지급시기에 관하여 약정이 없으면 관습에 의하고, 관습이 없으면 목적물의 인도와 동시에 지급하여야 한다(2항). 그러나 목적물의 인도를 필요로 하지 않는 경우에는, 그 일을 완성한 후 지체 없이 지급하여야 한다(1항 단서).

(가) 인도와 동시에 지급: 완성된 목적물의 인도를 요하는 경우에는 그 인도와 동시에 지급함을 요한다(대판 1968.5.21. 67다639).

(나) 건축공사에서 공사대금지급의무와 공사완공의무의 관계: 일반적으로 건축공사도급계약에서 공사대금의 지급의무와 공사의 완공의무가 반드시 동시이행관계에 있는 것은 아니지만, 도

급인이 계약상 의무를 부담하는 공사 기성부분에 대한 공사대금 지급의무를 지체하고 있고, 수급인이 공사를 완공하더라도 도급인이 공사대금의 지급채무를 이행하기 곤란한 현저한 사유가 있는 경우에는 수급인은 그러한 사유가 해소될 때까지 자신의 공사 완공의무를 거절할 수 있다(대판 2005.11.25. 2003다60136).

(다) 보수지급으로서의 목적물의 인도-검사 후 완성에 대한 시인 할 때: 제작물공급계약에서 보수의 지급시기에 관하여 당사자 사이의 특약이나 관습이 없으면 도급인은 완성된 목적물을 인도받음과 동시에 수급인에게 보수를 지급하는 것이 원칙이고, 이때 목적물의 인도는 완성된 목적물에 대한 단순한 점유의 이전만을 의미하는 것이 아니라 도급인이 목적물을 검사한 후 그 목적물이 계약내용대로 완성되었음을 명시적 또는 묵시적으로 시인하는 것까지 포함하는 의미이다(대판 2006.10.13. 2004다21862).

(3) 선급특약 있는 경우: 선급의 특약이 있으면 선급이 있을 때까지 수급인은 일에 착수하는 것을 거절할 수 있고, 분할급의 특약이 있는 때에는 앞의 부분에 대한 지급이 있을 때에는 뒤의 부분의 일의 계속을 거절할 수 있다.

(4) 도급 도중의 중단-미완성건물에 대한 보수: 도급인이 지급하여야 할 미완성 건물에 대한 보수는 특별한 사정이 없는 한 당사자 사이에 약정한 총공사비를 기준으로 하여 그 금액에서 수급인이 공사를 중단할 당시의 공사기성고비율에 의한 금액이 되는 것이지 수급인이 실제로 지출한 비용을 기준으로 할 것은 아닌 것이다(대판 1989.4.25. 86다카1147, 1148).

(5) 하도급에서 도급인이 하수급인에의 보수지급 약정: 공사도급계약 및 하도급계약을 함께 체결하면서 도급인, 원수급인과 하수급인이 '공사대금은 도급인이 원수급인의 입회하에 하수급인에게 직접 지급하고, 원수급인에게는 지급하지 않는 것'으로 약정한 경우의 당사자와 제3채권자와의 관계가 문제된다.

(가) 당사자들의 의사가 위 도급계약 및 하도급계약에 따른 공사가 실제로 시행 내지 완료되었는지 여부와 상관없이 원수급인의 도급인에 대한 공사대금채권 자체를 하수급인에게 이전하여 하수급인이 도급인에게 직접 그 공사대금을 청구하고 원수급인은 공사대금 청구를 하지 않기로 하는 취지인 경우: 이는 실질적으로 원수급인이 도급인에 대한 공사대금채권을 하수급인에게 양도하고 그 채무자인 도급인이 이를 승낙한 것이라고 봄이 상당하다. 이러한 경우 위와 같은 채권양도에 대한 도급인의 승낙이 확정일자 있는 증서에 의하여 이루어지지 않는 이상, 도급인은 위와 같은 채권양도와 그에 기한 채무의 변제를 들어서 원수급인의 위 공사대금채권에 대한 압류채권자에게 대항할 수 없다(대판 2008.2.29. 2007다54108).

(나) 하수급인이 실제로 공사를 시행 내지 완료한 범위 내에서는 도급인은 하수급인에게 그 공사대금을 직접 지급하기로 하고 원수급인에게 그 공사대금을 지급하지 않기로 하는 취지인 경우: 압류명령의 통지가 도급인에게 도달하기 전에 하수급인이 위 공사를 실제로 시행 내지 완료하였는지 여부나 그 기성고 정도 등에 따라 도급인이 원수급인의 위 공사대금채권에 대한 압류채권자에게 하수급인의 시공 부분에 상당하는 하도급대금의 범위 내에서 대항할 수 있는지 여부 및 그 범위가 달라진다(대판 2008.2.29. 2007다54108).

2. 合意에 의한 解除時의 報酬支給義務: 공사중단 당시 수급인과 도급인이 공사중단 전에 시행된 공사에 대한 공사비를 지급하기로 약정하였다는 등 특별한 사정이 없는 한, 기성고대금에 관하여는 언급치 아니한 채 이후의 공사만을 포기하기로 수급인과 도급인이 상호 합의한 후 수급인이 도급인에게 공사포기서를 작성교부하고 공사를 중단하였다는 사정만으로는 도급인이 수급인에게 공사중단 이전에 이미 시공된 공사에 대한 보수를 지급할 의무가 있다고 할 수 없고, 다만 공사중단 당시 공사가 상당한 정도로 진척되어 이를 철거하여 원상회복하는 것이 상당한 경제적 손실을 초래하게 되고 또한 이미 완성한 공사부분이 도급인에게 이익이 된다면, 민법 제668조 단서의 취지나 신의칙에 비추어 도급인은 수급인에게 그 기성고에 상응하는 보수지급의무가 있다(대판 1994.8.12. 93다42320).

3. 報酬債權에 대한 債權者의 押留 등: 수급인의 보수에 대하여 수급인의 채권자가 압류를 한 경우에 관련 당사자간의 압류의 효력이 문제된다.

(1) 일의 완성 전의 제3채권자에 의한 수급인의 보수에 대한 압류·전부명령: 수급인의 채권자는 일의 완성 이전에도 수급인의 보수에 대하여 압류할 수 있다. 또한 일이 종료되지 아니하여 보수가 구체적으로 확정되지 않은 경우에도 전부명령의 대상이 되나, 보수액이 구체적으로 확정되는 때에 전부의 효력이 확정된다.

(가) 수급인의 보수에 대한 제3채권자의 압류의 효력: 수급인의 보수채권에 대한 압류가 행하여지면 그 효력으로 채무자가 압류된 채권을 처분하더라도 채권자에게 대항할 수 없고, 제3채무자도 채권을 소멸 또는 감소시키는 등의 행위는 할 수 없으며, 그와 같은 행위로 채권자에게 대항할 수 없는 것이지만, 그 압류로써 위 압류채권의 발생원인인 도급계약관계에 대한 채무자나 제3채무자의 처분까지도 구속하는 효력은 없으므로 채무자나 제3채무자는 기본적 계약관계인 도급계약 자체를 해지할 수 있고, 채무자와 제3채무자 사이의 기본적 계약관계인 도급계약이 해지된 이상 그 계약에 의하여 발생한 보수채권은 소멸하게 되므로 이를 대상으로 한 압류명령 또한 실효될 수밖에 없다(대판 2006.1.26. 2003다29456).

(나) 보수에 대한 전부명령 후 도급계약의 해지: 도급계약이 해지되기 전에 피압류채권인 수급인의 보수채권에 대한 전부명령이 내려지고 그 전부명령이 확정되었더라도 전부명령의 효력은 피압류채권의 기초가 된 도급계약이 해지되기 전에 발생한 보수채권에 미칠 뿐 그 계약이 해지된 후 제3채무자와 제3자 사이에 새로 체결된 공사계약에서 발생한 공사대금채권에는 미칠 수 없다(대판 2006.1.26. 2003다29456).

(2) 압류된 하수급인 보수 중 하수급인의 근로자의 노임에 대한 효력: 건설산업기본법 제88조 및 같은 법 시행령 제84조에서 건설업자가 도급받은 건설공사의 도급금액 중 당해 공사의 근로자에게 지급하여야 할 노임에 상당하는 금액에 대하여 압류를 금지한 것은 근로자의 생존권을 최소한도로 보장하려는 헌법상의 사회보장적 요구에서 비롯된 것으로서 이에 대한 압류명령은 강행법규에 위반되어 무효라 할 것이지만, 같은 법 시행령 제84조제1항, 제2항에서 압류가 금지되는 노임채권의 범위를 같은 법 소정의 건설공사의 도급금액 중 산출내역서에 기재된 노임을 합산한 것으로서 위 건설공사의 발주자(하도급의 경우에는 수급인을 포함)가 그 산정된 노임을 도급계약서 또는 하도급계약서에 명시한 금액에 국한됨을 분명히 하고 있는 이상, 도급계약서 또는 하도급계약서에서 노임액 부분과 그 밖의 공사비 부분을 구분하지 아니함으로써 압류명령의 발령 당시 압류의 대상인 당해 공사대금채권 중에서 압류금지채권액이 얼마인지를 도급계약서 그 자체의 기재에 의하여 형식적·획일적으로 구분할 수 없는 경우에는 위 공사대금채권 전부에 대하여 압류금지의 효력이 미치지 아니한다(대판 2005.6.24. 2005다10173).

第666條【受給人의 目的 不動產에 對한 抵當權設定請求權】 不動產工事의 受給人은 前條의 報酬에 關한 債權을 擔保하기 爲하여 그 不動產을 目的으로 한 抵當權의 設定을 請求할 수 있다.

受給人의 報酬에 대한 確保

1. 意義: 수급인의 보수청구권은 수급인의 일의 완성의무에 대한 대가적인 의의가 있는 것으로 아주 중요한 의미가 있어, 이를 제도적으로 확보하고 보장할 필요성이 있다.

2. 都給의 基本的 效力에 따른 確保

(1) 목적물인도의무와 동시이행의 관계: 수급인의 목적물 인도의무와 도급인의 보수지급의무를 동시이행의 관계에 있게 하여, 수급인은 도급인이 보수를 지급하지 아니하는 경우에는 목적물의 인도를 거절할 수 있게 한다.

(2) 보수지급에 대한 불안의 항변권: 하수급인이 공사를 완공하더라도 도급인이 공사대금의 지급채무를 이행하기 곤란한 현저한 사유가 있는 경우에는 수급인은 그러한 사유가 해소될 때까지 자신의 공사 완공의무를 거절할 수 있다(대판 2005.11.25. 2003다60136).

(3) 유치권 취득: 목적물의 소유권이 도급인에게 있는 경우에는 보수채권에 대하여 수급인은 목

적물에 대한 유치권을 취득한다(320조).

(가) 목적물에 대하여 수급인이 점유하는 경우: 주택건물의 신축공사를 한 수급인이 그 건물을 점유하고 있고 또 그 건물에 관하여 생긴 공사금 채권이 있다면, 수급인은 그 채권을 변제받을 때까지 건물을 유치할 권리가 있다고 할 것이고, 이러한 유치권은 수급인이 점유를 상실하거나 피담보채무가 변제되는 등 특단의 사정이 없는 한 소멸되지 않는다(대판 1995.9.15. 95다16202, 95다16219).

(나) 독립한 건물이 아닌 정착물설치의 경우-유치권 불성립: 건물의 신축공사를 한 수급인이 그 건물을 점유하고 있고 또 그 건물에 관하여 생긴 공사금 채권이 있다면, 수급인은 그 채권을 변제받을 때까지 건물을 유치할 권리가 있는 것이지만, 건물의 신축공사를 도급받은 수급인이 사회통념상 독립한 건물이라고 볼 수 없는 정착물을 토지에 설치한 상태에서 공사가 중단된 경우에 위 정착물은 토지의 부합물에 불과하여 이러한 정착물에 대하여 유치권을 행사할 수 없는 것이고, 또한 공사중단시까지 발생한 공사금 채권은 토지에 관하여 생긴 것이 아니므로 위 공사금 채권에 기하여 토지에 대하여 유치권을 행사할 수도 없는 것이다(대판 2008.5.30. 2007마98).

(4) 부동산공사 수급인의 저당권설정청구권-제666조

(가) 본조의 취지: 수급인의 저당권설정청구권을 규정한 본조는 부동산공사에서 그 목적물이 보통 수급인의 자재와 노력으로 완성되는 점을 감안하여 그 목적물의 소유권이 원시적으로 도급인에게 귀속되는 경우 수급인에게 목적물에 대한 저당권설정청구권을 부여함으로써 수급인이 사실상 목적물로부터 공사대금을 우선적으로 변제받을 수 있도록 하는 데 그 취지가 있다.

(나) 보수를 피담보채권으로 하는 저당권설정청구-형성권: 부동산공사의 수급인은 자기의 보수청구권을 담보하기 위하여 공사의 목적 부동산 위에 저당권을 설정할 것을 도급인에게 청구할 수 있다. 본조에 의하여 수급인은 도급인에게 저당권설정등기청구권, 즉 도급인에게 저당권의 설정등기에 협력할 것을 청구할 수 있고, 도급인의 협력을 얻어 저당권을 설정할 수 있다.

(다) 당해 부동산(건물) 또는 토지를 객체: 저당권의 설정등기는 도급의 객체가 건물인 경우에는 완성한 건물에, 토지 위의 공작물인 경우에는 토지에 이루어진다. 그런데 건축도급에서 건물에 저당권설정등기를 하기 위하여는 먼저 도급인 앞으로 보존등기가 경료된 후에만 가능하나, 반드시 신축한 건물에만 할 필요는 없고 도급인이 토지의 소유자인 경우에는 토지에 대하여 저당권설정등기를 청구할 수도 있다.

(라) 도급인의 저당권설정행위가 사해행위에 해당하는지 여부: 수급인의 저당권설정청구에 의한 도급인의 저당권설정으로 수급인의 지위가 목적물에 대하여 유치권을 행사하는 지위보다 더 강화되는 것은 아니어서 도급인의 일반채권자들에게 부당하게 불리해지는 것도 아닌 점 등에 비추어, 신축건물의 도급인이 민법 제666조가 정한 수급인의 저당권설정청구권의 행사에 따라 공사대금채무의 담보로 그 건물에 저당권을 설정하는 행위는 특별한 사정이 없는 한 사해행위에 해당하지 아니한다(대판 2008.3.27. 2007다78616, 78623).

第667條【受給人의 擔保責任】 ①完成된 目的物 또는 完成前의 成就된 部分에 瑕疵가 있는 때에는 都給人은 受給人에 對하여 相當한 期間을 定하여 그 瑕疵의 補修를 請求할 수 있다. 그러나 瑕疵가 重要하지 아니한 境遇에 그 補修에 過多한 費用을 要할 때에는 그러하지 아니하다.
②都給人은 瑕疵의 補修에 가름하여 또는 補修와 함께 損害賠償을 請求할 수 있다.
③前項의 境遇에는 第536條의 規定을 準用한다.

第668條【同前-都給人의 解除權】 都給人이 完成된 目的物의 瑕疵로 因하여 契約의 目的을 達成할 수 없는 때에는 契約을 解除할 수 있다. 그러나 建物 其他 土地의 工作物에 對하여는 그러하지 아니하다

第669條【同前-瑕疵가 都給人의 提供한 材料 또는 指示에 基因한 境遇의 免責】 前2條의 規定은 目的物의 瑕疵가 都給人이 提供한 材料의 性質 또는 都給人의 指示에 基因한 때에는 適用하지 아니한다. 그러나 受給人이 그 材料 또는 指示의 不適當함을 알고 都給人에게 告知하지 아니한 때에는 그러하지 아니하다.

第670條【擔保責任의 存續期間】 ①前3條의 規定에 依한 瑕疵의 補修, 損害賠償의 請求 및 契約의 解除는 目的物의 引渡를 받은 날로부터 1年內에 하여야 한다.
②目的物의 引渡를 要하지 아니하는 境遇에는 前項의 期間은 일의 終了한 날로부터 起算한다.

第671條【受給人의 擔保責任-土地, 建物等에 對한 特則】 ①土地, 建物 其他 工作物의 受給人은 目的物 또는 地盤工事의 瑕疵에 對하여 引渡後 5年間 擔保의 責任이 있다. 그러나 目的物이 石造, 石灰造, 煉瓦造, 金屬 其他 이와 類似한 材料로 造成된 것인 때에는 그 期間을 10年으로 한다.
②前項의 瑕疵로 因하여 目的物이 滅失 또는 毁損된 때에는 都給人은 그 滅失 또는 毁損된 날로부터 1年內에 第667條의 權利를 行使하여야 한다.

第672條【擔保責任免除의 特約】 受給人은 第667條, 第668條의 擔保責任이 없음을 約定한 境遇에도 알고 告知하지 아니한 事實에 對하여는 그 責任을 免하지 못한다.

受給人의 擔保責任: 제667조-제672조

1. 意義: 수급인은 계약의 내용에 좇아 일을 완성하여야 하며, 그 일의 결과에 하자가 있으면 그에 대한 담보책임을 진다. 하자란 완성물이 통상적으로 가지는 품질·성능 또는 도급계약에서 특별히 도급인이 요구한 성능·품질에 미치지 못한 것을 말한다. 이러한 하자는 유형물의 도급에서 뿐만 아니라 무형의 도급에서도 마찬가지이다. 도급계약은 유상계약이므로 제567조에 의하여 매도인의 담보책임에 관한 규정이 준용되어야 할 것이다. 그런데 도급에서의 수급인의 담보책임에 관하여는 도급의 특수성에 의하여 매도인의 담보책임과는 별도로 제667조 내지 제672조에서 특별히 규정하고 있다. 그 책임은 하자보수, 손해배상, 계약해제의 세 가지이다. 이는 도급에서 수급인의 담보책임에 관하여는 매매의 하자담보책임에 관한 규정은 적용이 없고, 도급에서 규정하는 담보책임만 지게 된다는 것이다.

2. 擔保責任의 性質: 수급인의 담보책임을 별도로 규정한 이유는 수급인의 담보책임은 여타의 유상계약에서의 담보책임과는 두 가지 점에서 특수하기 때문이다. 하나는 수급인의 담보책임은 재료의 하자로 발생할 수 있을 뿐만 아니라, 일의 완성과정의 수급인의 과실에 의하여 하자가 생길 수도 있기 때문에 물건의 하자에 대한 책임인 매도인의 담보책임과는 같을 수 없다. 한편 그 책임의 본질은 수급인이 계약내용에 좇은 급부의무를 다하지 못한 데 대한 책임, 즉 불완전이행책임이지만 여타의 채무에서와 같이 과실이 채무자의 행위인 채무 자체에 연관된 불완전이행과는 달리 과실이 수급인의 행위 자체에 기인한 것도 있으나 재료 자체의 하자에 기인하여 수급인의 작업으로 나타난 것도 있다는 점에서 그 특수성이 있다.

(1) 매도인의 담보책임에 대한 특칙: 수급인의 담보책임은 같은 유상계약으로서 매도인의 담보책임에 대한 특칙이며, 또한 수급인의 채무자로서의 불완전이행책임을 내용으로 하는 채무불이행책임의 특칙이다.

(2) 제작물공급계약상의 제작물에 하자가 있는 경우의 담보책임: 매매에 관한 규정을 적용할 것인지 도급의 규정을 적용할 것인지가 문제된다. 제작물 공급계약은 물건의 제작단계까지는 상대

방의 지시와 일의 완성(제작)이라는 도급의 내용이며, 완성된 물건을 상대방에게 제공하는 단계는 재산권(제작물)의 이전이라는 매매의 내용으로 전체적으로는 도급과 매매의 요소를 함께 가지고 있는 비전형 혼합계약이다(대판 2006.10.13. 2004다21862).

(가) 제작물이 대체물: 제작물이 대체물이면 원칙적으로 매매가 되나 담보책임에 관하여는 도급에 관한 제667조 이하가 적용된다(대판 1990.3.9. 88다카31866).

(나) 부대체물: 제작물이 부대체물이면 원칙적으로 도급에 관한 모든 규정이 적용되나 제작물의 소유권이전에 관하여는 매매의 규정이 적용되는 것으로 보아야 한다(대판 1987.7.21. 86다카2446).

3. 責任의 發生要件 - 제667조제1항

(1) 수급인의 무과실책임: 여타의 유상계약의 담보책임과 동일하게 수급인의 하자담보책임도 귀책사유를 요하지 않는 무과실책임이다.

(2) 완성물 또는 완성 전 성취 부분의 하자: 수급인의 하자담보책임은 완성물뿐만 아니라, 완성 전의 성취된 부분에 관하여도 성립한다.

(가) 완성 전의 성취부분: 완성 전의 성취된 부분이라 함은 도급계약에 따른 일이 전부 완성되지는 않았지만 하자가 발생한 부분의 작업이 완료된 상태를 말하는 것이다. 성취되기 전의 작업 중인 부분에 대하여는 작업지시는 할 수 있으나 담보책임을 추궁하지는 못한다. 수급인 스스로 일을 진행하는 과정에서 하자를 보완·치유할 수 있기 때문이다. 따라서 공사가 여러 개의 부분 공사 또는 공정으로 구분되어 있고 도급인과 수급인 사이에서 부분 공사 또는 공정의 종료에 따라 그 공사비용의 적합 여부에 대한 검사를 하고 기성 공사금을 지급하는 것으로 되어 있는 경우에는 그 부분 공사 또는 공정의 종료와 검사의 완료로써 일단 해당 공사는 종료된 것으로 보고 그 후에 발견된 시공상의 흠결은 하자보수의 대상이 되는 하자로 봄이 상당하다고 할 것이다(대판 2006.4.28. 2004다39511).

(나) 하자존부의 판단: 하자가 존재하는가 여부의 판단은 목적물이 가지는 통상의 품질·성능 또는 당해 계약에서 특별히 합의된 목적물의 품질·성능이 그 기준이 된다. 그런데 기술상의 한계에서 나온 결함을 하자로 할 수 있는지가 문제된다. 하자란 현재의 판단능력을 기준으로 하며, 또한 그 원인을 제거하거나 치유할 수 있는 것을 의미하기 때문에 누구도 극복할 수 없는 결함을 여기서의 하자로 다루어 수급인에게 그 책임을 추궁할 수는 없다.

(다) 하자존부의 판단 시점: 공사가 도중에 중단되어 예정된 최후의 공정을 종료하지 못한 경우에는 공사가 미완성된 것으로 볼 것이지만, 공사가 당초 예정된 최후의 공정까지 일응 종료하고 그 주요 구조 부분이 약정된 대로 시공되어 사회통념상 일이 완성되었고 다만 그것이 불완전하여 보수를 하여야 할 경우에는 공사가 완성되었으나 목적물에 하자가 있는 것에 지나지 아니한다고 해석함이 상당하고, 예정된 최후의 공정을 종료하였는지 여부는 수급인의 주장이나 도급인이 실시하는 준공검사 여부에 구애됨이 없이 당해 공사 도급계약의 구체적 내용과 신의성실의 원칙에 비추어 객관적으로 판단하여야 한다(대판 1994.9.30. 94다32986).

(3) 하자가 도급인이 제공한 재료의 성질·도급인의 지시에 기인한 것이 아닐 것-제669조: 목적물의 하자가 도급인이 제공한 재료의 성질 또는 도급인의 지시에 기인한 때에는 수급인의 담보책임은 발생하지 않는다. 이때 그 하자가 도급인의 재료나 지시에 기인한 것이라는 입증책임은 수급인에게 있다. 그런데 도급인의 지시에 의하여 하자가 생기는 경우는 다음의 세 가지 유형으로 구분할 수 있다.

(가) 재료와 지시가 부적당한지 모르고 그대로 따라 하여 하자가 발생한 경우: 수급인이 부적당한 재료나 부적당한 지시인지 판단을 하지 않았거나 또는 판단능력이 없는 경우이다. 그런데 수급인은 전문가로서 현재의 유사한 일을 하는 통상적인 수급인의 기능 및 판단력으로 도급인이 제공한 재료나 지시가 부적당한지 여부를 판단할 수 없는 그러한 경우를 제외하고는, 비록 도급인이 제공한 재료 및 지시에 따라 일을 하여 하자가 발생한 경우에도 수급인에게 책임이 있다고 보아야 한다.

(나) 지시가 부적당함을 알고도 그대로 따라 하여 하자가 발생한 경우: 수급인에게 담보책임이 있으나 수급인이 악의인지 여부에 따라 다르다. 악의이면 담보책임이 있고, 선의이면 없다. * 설계

도면에 따른 시공: 건축 도급계약의 수급인이 설계도면의 기재대로 시공한 경우, 이는 도급인의 지시에 따른 것과 같아서 수급인이 그 설계도면이 부적당함을 알고 도급인에게 고지하지 아니한 것이 아닌 이상, 그로 인하여 목적물에 하자가 생겼다 하더라도 수급인에게 하자담보책임을 지울 수는 없다(대판 1996.5.14. 95다24975).

(다) 부적당한 지시에 대하여 부적당하다는 것을 알렸음에도 지시대로 할 것을 강요하여 그에 따라 하여 하자가 발생한 경우-제669조 단서: 수급인에게 그 책임을 추궁할 수 없고, 제669조 단서가 이를 규정하고 있다.

(4) 면책특약이 없을 것-악의의 불고지는 제외-제672조: 수급인이 하자담보책임을 지지 않는다는 특약을 한 경우에도 수급인이 알고 있으면서 도급인에게 고지하지 아니한 사실에 대하여는 그 면책특약은 무효이다(672조). 그 밖의 면책특약의 효력은 약관규제에관한법률에 위반하지 않는 한 유효하다.

(5) 약정 위반한 수급인의 재료 선택: 건축 도급계약시 특별히 갑 회사의 승강기를 설치하기로 약정했으나 수급인이 이를 위반하여 을 회사의 승강기를 설치하였고 그 후 을 회사가 도산한 경우, 다른 개인업체가 을 회사의 승강기 부품을 확보하고 있고 또한 약 2년간의 운행기간 동안 그 승강기가 큰 고장을 일으키지 아니하였다 할지라도, 그 승강기의 내구연한에 이르기까지 그 유지·보수에 필요한 부품이 제대로 공급되리라는 보장이 없게 되었다고 봄이 상당하고, 이는 수급인이 도급인과의 특약을 무시하고 가격이 저렴한 타사 제작의 승강기를 설치한 탓에 생긴 하자로서 승객의 안전과 직결되는 승강기의 설치에 있어서 그와 같은 하자가 중요하지 않다고 단정지을 수는 없다(대판 1996.5.14. 95다24975).

4. 擔保責任請求權 - 제667조

(1) 중요한 하자는 하자보수청구권-제1항: 완성된 목적물 또는 완성 전의 성취된 부분에 중요한 하자가 있는 때에는 도급인은 수급인에게 상당한 기간을 정하여 하자의 보수를 청구할 수 있다. 그런데 도급인이 하자보수를 주장하는 경우 법원은 보수하여야 할 하자의 종류와 정도를 특정함과 아울러 그 하자를 보수하는 적당한 방법과 그 보수에 요할 비용 등에 관하여 심리하여, 그 하자가 중요한 것인지 또는 그 하자가 중요한 것은 아니더라도 그 보수에 과다한 비용을 요하지 않는 것인지를 가려보아 수급인의 하자보수책임을 인정할 수 있는지 여부를 판단하여야 한다(대판 1991.12.10. 91다33056).

(가) 하자를 알고 유보 없이 수령 또는 승인한 것이 아니어야: 도급인이 목적물 인도시 또는 목적물 완성승인시에 하자가 있음을 알고도 유보 없이 인도를 받거나 승인을 한 때에는 도급인을 보호할 필요가 없으므로 하자보수청구권은 생기지 않는다고 해석된다. 인도시 또는 승인시에 하자를 발견하지 못한 경우에는 그 이후에도 보수청구권이 있음은 물론이다.

(나) 하자보수청구와 함께 손해배상청구-제2항: 하자보수청구를 하는 경우에 보수를 하여도 전보하지 못한 손해가 있으면 손해의 배상을 청구할 수 있다.

(다) 하자보수 완료 전의 보수에 대한 거절-제3항, 제536조: 하자를 보수하여야 할 경우에 하자의 보수를 완료하기 전까지는 수급인에게 보수의 지급을 거절할 수 있다. 동시이행의 항변권에 의하여 지급거절할 수 있는 보수는 원칙적으로 하자 및 손해에 상응하는 금액의 보수에 한정된다. 그러나 중대한 하자로 인하여 보수되지 않는다면 계약목적의 달성까지 위협하게 되는 경우에는 도급인이 계약을 해제할 수도 있으므로(668조), 그 경우에는 보수의 전액에 대하여 지급을 거절할 수 있다.

(2) 하자에 갈음한 손해배상청구-제1항 단서: 하자가 중요하지 아니한 경우에 그 보수에 과다한 비용을 요할 때에는 하자의 보수를 청구하지 못하고 그에 갈음한 손해배상을 청구할 수 있다. 이 때의 하자보수비는 목적물의 완성시가 아니라 하자보수 청구시 또는 손해배상 청구시를 기준으로 산정함이 상당하나, 하자가 중요하지 아니하면서 그 보수에 과다한 비용을 요하는 경우의 그 하자로 인한 손해인 교환가치의 평가는 재조달원가에 감가수정을 하는 복성식평가법에 의하는 것이 합리적이고(감정평가에관한규칙 4조, 18조 등 참조), 감가수정을 하는 것이 적당하지 않은 경우에는 건물 완공시의 재조달원가를 산정 비교하는 방법에 의하여 평가하는 것이 합리적이다

(대판 1998.3.13. 95다30345). * 주택법 제46조제1항은 시공자를 포함한 사업주체의 '하자보수의무'만을 규정하고 있고, 같은 조 제3항은 내력구조부에 중대한 하자가 발생한 경우 시공자를 포함한 사업주체의 손해배상의무를 규정하고 있으며, 한편 집합건물법 제9조는 '공동주택을 건축하여 분양한 자'의 하자담보책임에 관하여 규정하고 있을 뿐이므로, 위 각 조항을 근거로 시공자에게도 하자보수에 갈음한 손해배상의무가 있다고 보기는 어렵고, 달리 이를 인정할 근거가 없다(대판 2009.1.30. 2008다12507).

(3) 하자로 인한 손해의 배상청구-제2항: 건물신축도급계약에 있어서 수급인이 신축한 건물의 하자가 중요하지 아니하면서 동시에 그 보수에 과다한 비용을 요하는 경우에는 도급인은 하자보수나 하자보수에 갈음하는 손해배상을 청구할 수 없고, 그 하자로 인하여 입은 손해의 배상만을 청구할 수 있다.

(가) 손해배상의 범위-원칙-제393조

① 통상손해-이행이익: 손해배상은 도급에서의 수급인의 일의 완성의무는 완전한 일의 완성을 의미하므로 수급인의 귀책사유 존부를 불문하고 이행이익까지 배상되어야 한다. 그 하자로 인하여 입은 통상의 손해는 특별한 사정이 없는 한 도급인이 하자 없이 시공하였을 경우의 목적물의 교환가치와 하자가 있는 현재의 상태대로의 교환가치와의 차액이 되는데, 교환가치의 차액을 산출하기가 현실적으로 불가능한 경우의 통상의 손해는 하자 없이 시공하였을 경우의 시공비용과 하자 있는 상태대로의 시공비용의 차액이다(대판 1998.3.13. 97다54376).

② 정신적 손해: 하자 있는 목적물을 사용함으로 인하여 발생하는 정신적 고통으로 인한 손해는 수급인이 그러한 사정을 알았거나 알 수 있었을 경우에 한하여 특별손해로서 배상받을 수 있다(대판 1997.2.25. 96다45436).

(나) 손해의 산정-과실상계는 적용 없음: 수급인의 담보책임은 무과실책임으로 과실상계의 규정(396조)이 준용되지는 아니한다(대판 1980.11.11. 80다923).

(4) 하자확대손해: 하자로 인하여 도급인의 신체·재산에 발생한 손해가 하자확대손해이다.

(가) 하자담보책임으로의 손해와 채무불이행에 의한 손해: 액젓 저장탱크의 제작·설치공사 도급계약에 의하여 완성된 저장탱크에 균열이 발생한 경우, 보수비용은 민법 제667조제2항에 의한 수급인의 하자담보책임 중 하자보수에 갈음하는 손해배상이고, 액젓 변질로 인한 손해배상은 위 하자담보책임을 넘어서 수급인이 도급계약의 내용에 따른 의무를 제대로 이행하지 못함으로 인하여 도급인의 신체·재산에 발생한 손해에 대한 배상으로서 양자는 별개의 권원에 의하여 경합적으로 인정된다(대판 2004.8.20. 2001다70337).

(나) 수급인의 과실책임-귀책사유를 요함: 원단의 가공에 관한 도급계약에 의하여 납품된 물건에 하자가 발생함으로 말미암아 도급인이 외국에 수출하여 지급받기로 한 물품대금을 지급받지 못한 데 대한 손해배상은, 민법 제667조제2항 소정의 하자담보책임을 넘어서 수급인이 도급계약의 내용에 따른 의무를 제대로 이행하지 못함으로 인하여 도급인의 신체·재산에 발생한 이른바 '하자확대손해'에 대한 배상으로서, 수급인에게 귀책사유가 없었다는 점을 스스로 입증하지 못하는 한 도급인에게 그 손해를 배상할 의무가 있다(대판 2004.8.20. 2001다70337).

(다) 도급인의 기여과실-참작: 도급인이 하자의 확대에 기여한 과실이 있을 때에는 이를 참작하여야 한다(대판 1980.11.11. 80다923).

(라) 하자확대손해배상채무와 공사대금 및 보수와의 관계: 하자확대손해로 인한 수급인의 손해배상채무와 도급인의 공사대금채무도 동시이행관계에 있는 것으로 보아야 하고(대판 2005.11.10. 2004다37676), 도급인의 손해배상 채권과 동시이행관계에 있는 수급인의 공사대금 채권은 공사잔대금 채권 중 위 손해배상 채권액과 동액의 채권에 한하고, 그 나머지 공사잔대금 채권은 위 손해배상 채권과 동시이행관계에 있다고 할 수 없다(대판 1996.6.11. 95다12798).

(6) 계약의 해제권-제668조

(가) 해제권의 발생

① 목적 달성 불가: 완성된 목적물의 하자로 인하여 계약의 목적을 달성할 수 없어야 한다. 계약의 목적을 달성할 수 없는 경우란, 하자가 중대하여 보수가 불가능한 경우, 하자보수를 청구하였

으나 보수를 하지 않음으로 계약의 목적을 달성할 수 없는 경우, 하자보수가 가능하나 보수를 하는데 장기간을 요하여 본래의 도급인의 목적을 달성할 수 없는 경우를 말한다. 이러한 경우에 목적물의 용도, 하자의 내용, 하자보수의 내용 및 보수에 소요되는 기간 등을 종합적으로 고려하여 판단하여야 한다.

② 건물 기타 토지의 공작물의 도급이 아니어야: 건물 기타 토지의 공작물의 도급에서는 계약의 해제를 할 수 없다. 예컨대 제작·설치에 관한 도급계약이 체결된 기계가 공장 내에 설치하는 통상의 기계로서 쉽게 분해하여 재조립할 수 있다면, 토지에 고정적으로 부착하여 용이하게 이동할 수 없는 토지의 정착물이라고 볼 수 없고, 계약해제로 인한 원상회복을 인정한다고 하여 사회·경제적으로 중대한 손실을 초래한다고 볼 수도 없으므로, 그 도급계약에는 민법 제668조 단서가 적용되지 않는다(대판 1994.12.22. 93다60632, 93다60649).

③ 하자보수가 가능한 경우에는 상당한 기간을 정하여 최고한 후에: 하자보수가 가능한 경우에는 최고기간 내에 보수를 시작하지 않은 때에 계약을 해제할 수 있다.

④ 하자보수가 불가능한 경우: 최고 없이 즉시 해제할 수 있다.

(나) 해제의 효과

① 보수지급의무 면함: 도급인이 계약을 해제한 경우에는 보수지급의무를 면하며, 이미 지불한 보수는 그 반환을 청구할 수 있다.

② 수급인의 원상회복: 해제한 때에 수급인은 목적물을 원상에 회복시켜야 하는지가 문제된다. 즉 일을 착수하기 전의 상태로 회복시켜야 할 의무가 있는지의 문제가 있다. 수급인의 일의 착수로 목적물이 이미 변형되어 원래의 상태로 회복시킨다는 것은 일반적으로 불가능하며, 비록 가능하더라도 원래의 상태로 회복시킨다는 것은 쌍방에게 손실만 더욱 확대시킬 수 있다. 따라서 계약이 해제되더라도 수급인의 목적물에 대한 원상회복의무는 부정하는 것이 타당하다. 도급인은 하자에 의한 손해에 대하여는 제551조에 의한 손해배상만 청구할 수 있다고 보아야 한다.

* 제작·설치에 관한 도급계약이 체결된 기계가 공장 내에 설치하는 통상의 기계로서 쉽게 분해하여 재조립할 수 있다면, 토지에 고정적으로 부착하여 용이하게 이동할 수 없는 토지의 정착물이라고 볼 수 없고, 계약해제로 인한 원상회복을 인정한다고 하여 사회·경제적으로 중대한 손실을 초래한다고 볼 수도 없으므로, 그 도급계약에는 민법 제668조 단서가 적용되지 않는다(대판 1994.12.22. 93다60632)-일반적으로는 원상회복은 부정한다는 의미-.

(다) 건물 기타 토지의 공작물 도급의 경우-해제불가-단서

① 완성 후는 해제불가: 건물 기타 토지의 공작물, 이른바 공사도급계약의 경우에는 공사완료 후에는 계약을 해제할 수 없다. 공사도급계약에서 일을 완성한 후에 계약을 해제할 수 없게 한 것은 건물·교량·도로와 같은 토지 공작물의 도급은 그 완성기간이 장기간을 요하고 또한 많은 비용이 소요되어 해제를 인정한다면 국민경제적으로 손실이 크고, 수급인에게 너무 가혹하기 때문이다. 따라서 계약을 해제하지는 못하고 하자보수 또는 손해배상을 청구할 수 있을 뿐이다.

* 집합건물의소유및관리에관한법률 제9조제1항이 적용되는 집합건물의 분양계약에 있어서는 민법 제668조 단서가 준용되지 않고 따라서 수분양자는 집합건물의 완공 후에도 분양목적물의 하자로 인하여 계약의 목적을 달성할 수 없는 때에는 분양계약을 해제할 수 있다(대판 2003.11.14. 2002다2485).

② 완성 전-해제 가능: 일을 완성하기 전에 수급인의 채무불이행이 있는 경우에는 일반적인 채무불이행에 기하여 계약을 해제할 수 있다. 예컨대 공사의 지연이 장기간에 걸쳐 기한 내에 공사완료가 불가능하거나, 중간에 부실한 공사가 계속되거나 하는 경우에는 계약을 해제할 수 있다. 계약을 해제한 경우의 보수는 이미 이행이 완료한 부분의 전체 일의 비율에 따라 산정된 금액에 수급인의 채무불이행에 의한 도급인의 손해를 공제하여 결정하여야 한다(대판 1993.11.23. 93다25080).

(7) 수급인의 면책-제669조: 수급인은 계약의 내용에 따라서 일을 하여야 한다. 그러나 도급인은 재료나 노력에 차이를 생기게 하지 않는 한, 특약이 없더라도 수급인에게 큰 부담을 주지 않는 범위에서 적당한 지시나 감독을 할 수 있다. 그리고 그 지시가 부적당한 것일 때에는 수급인

은 부적당함을 도급인에게 고지하여야 하며(669조), 도급인의 지시가 부적당함을 알고도 이를 고지하지 아니하고 따른 경우에는 그것에 기인하는 일의 하자에 관하여는 수급인의 책임 있는 사유로 인한 것으로써 책임을 면하지 못한다.

5. 擔保責任의 存續期間 - 제670조, 제671조

(1) 토지, 건물, 공작물을 제외한 도급의 수급인의 담보책임-제670조

(가) 인도를 요하는 경우: 인도시부터 발생하여 1년이다(1항).

(나) 인도를 요하지 아니하는 경우: 일이 종료한 날부터 1년이다(2항).

(라) 인도, 일의 종료의 의미: 본조의 일이 종료한 날이란 수급인이 실제로 일을 종료한 날이 아니라, 수급인이 일을 완성하여 완성 여부의 검사를 요청하여, 도급인이 일이 완성된 것인지 여부를 검사하여 승인하는 때를 말한다. 즉 담보책임은 목적물을 인도한 때 또는 일의 완성을 승인한 때부터 발생한다.

(2) 토지, 건물, 공작물에 대한 특칙-제671조

(가) 토지, 건물 기타 공작물-제1항: 목적물 또는 지반공사의 하자에 대하여 인도 후 5년간 담보의 책임이 있다.

(나) 목적물이 석조, 석회조, 연와조, 금속 기타 이와 유사한 재료로 조성된 것-제1항 단서: 인도 후 10년간 담보책임이 있다.

(다) 하자로 인하여 목적물이 멸실 또는 훼손된 때-제2항: 멸실 또는 훼손된 날로부터 1년 내에 제667조의 권리를 행사하여야 한다.

6. 免責特約 - 제672조

(1) 약정의 효력: 제667조와 제668조에 대한 당사자간의 면책 및 책임제한 특약은 원칙적으로 효력이 있다.

(2) 면제특약의 효력제한-하자에 대한 악의의 불고지: 수급인이 하자에 대하여 알고도 도급인에게 고지하지 아니한 사실에 대하여는 면책특약에도 불구하고 담보책임이 있다.

(3) 책임제한특약의 효력제한-악의의 불고지시에는 무효: 담보책임기간을 단축하는 등 법에 규정된 담보책임을 제한하는 약정을 한 경우에도 수급인이 알고 고지하지 아니한 사실에 대하여 그 책임을 제한하는 것이 신의성실의 원칙에 위배된다면 본조의 취지를 유추하여 그 사실에 대하여는 담보책임이 제한되지 않는다(대판 1999.9.21. 99다19032).

7. 瑕疵補修保證金 約定

(1) 약정의 성질: 공사도급계약서 또는 그 계약내용에 편입된 약관에 수급인이 하자담보책임 기간 중 도급인으로부터 하자보수요구를 받고 이에 불응한 경우 하자보수보증금은 도급인에게 귀속한다는 조항이 있을 때 이 하자보수보증금은 특별한 사정이 없는 한 손해배상액의 예정으로 볼 것이다(대판 2001.9.28. 2001다14689).

(2) 보증하는 하자의 종류를 약정하지 아니한 경우: 사업주체와 수급인 사이에 하자보수보증계약을 체결함에 있어 특별히 보증계약으로 보증하고자 하는 하자의 내용을 정하지 않고, 단지 보증기간만을 정하는 경우에는 그 보증계약상의 보증금액에 의하여 보증되는 하자는 그의 보증기간 내에 발생한 하자보수책임기간 내의 모든 하자를 의미한다고 볼 것이고, 당해 보증계약이 보증기간으로 정한 기간 내에 속하는 단기인 다른 보증계약의 보증기간을 제외한 나머지 기간 중의 하자만을 보증하는 것은 아니라고 할 것이나, 사업주체와 수급인 사이에 관련 법령의 규정에 위배되지 않는 범위 내에서 특별히 보증계약으로 보증하고자 하는 하자의 내용(보증 대상)을 정하는 것은 가능하다고 할 것이고 이러한 경우에는 당해 보증계약에 의하여 보증되는 하자는 그와 같이 보증 대상으로 특정된 하자만이 그 대상이 된다(대판 2008.9.11. 2008다27356).

(3) 실손해가 하자보수보증금을 초과하는 경우: 당해 약정에서 그 초과액의 손해배상을 구할 수 있다는 명시 규정이 없다고 하더라도 도급인은 수급인의 하자보수의무 불이행을 이유로 하자보수보증금의 몰취 외에 그 실손해액을 입증하여 수급인으로부터 그 초과액 상당의 손해배상을 받을 수도 있는 특수한 손해배상액의 예정으로 보아야 한다(대판 2002.7.12. 2000다17810).

第673條【完成前의 都給人의 解除權】 受給人이 일을 完成하기 前에는 都給人은 損害를 賠償하고 契約을 解除할 수 있다.

第674條【都給人의 破産과 解除權】 ①都給人이 破産宣告를 받은 때에는 受給人 또는 破産管財人은 契約을 解除할 수 있다. 이 境遇에는 受給人은 일의 完成된 部分에 對한 報酬 및 報酬에 包含되지 아니한 費用에 對하여 破産財團의 配當에 加入할 수 있다.
②前項의 境遇에는 各當事者는 相對方에 對하여 契約解除로 因한 損害의 賠償을 請求하지 못한다.

都給人의 特別한 法定解除

1. 完成 前의 都給人의 任意解除 - 제673조: 수급인이 일을 완성하기 전에는 도급인은 손해를 배상하고 계약을 해제할 수 있다.
(1) 임의해제권: 해제의 이유를 묻지 아니하고 도급인은 일방적으로 계약을 해제할 수 있다.
(가) 일의완성 전이라야: 수급인이 일을 완성하기 전에만 해제할 수 있으며, 일을 완성하였으나 아직 인도하지 않고 있는 동안에는 해제할 수 없다.
(나) 건물 기타 토지의 정착물의 예외-제668조 단서: 건물 기타 토지의 정착물은 완성하기 전이라도 사회통념상 건물 기타 공작물이라고 볼 수 있는 정도로 된 것이면 제668조 단서의 취지에 따라 해제할 수 없다.
(2) 먼저 손해를 배상하여야: 도급인이 해제하려면 수급인에게 손해를 배상하여야 한다. 제673조의 해제는 도급인의 제한 없는 일방적 해제로서 수급인의 손해배상청구권은 보장되어야 하고, 도급인은 수급인의 손해를 먼저 배상한 후에만 해제할 수 있다. 도급인이 배상할 손해의 범위는 수급인의 이행이익이다.
(가) 건축공사가 상당한 정도로 진척된 후 도급계약이 해제된 경우: 건축공사도급계약에 있어서는 공사 도중에 계약이 해제되어 미완성 부분이 있는 경우라도 그 공사가 상당한 정도로 진척되어 원상회복이 중대한 사회적·경제적 손실을 초래하게 되고 완성된 부분이 도급인에게 이익이 되는 때에는 도급계약은 미완성 부분에 대해서만 실효되어 수급인은 해제된 상태 그대로 그 건물을 도급인에게 인도하고, 도급인은 그 건물의 기성고 등을 참작하여 인도받은 건물에 대하여 상당한 보수를 지급하여야 할 의무가 있다(대판 1997.2.25. 96다43454).
(나) 도급인이 과실상계나 손해배상예정액 감액을 주장할 수 있는지 여부-부정: 민법 제673조에서 도급인으로 하여금 자유로운 해제권을 행사할 수 있도록 하는 대신 수급인이 입은 손해를 배상하도록 규정하고 있는 것은 도급인의 일방적인 의사에 기한 도급계약 해제를 인정하는 대신, 도급인의 일방적인 계약해제로 인하여 수급인이 입게 될 손해, 즉 수급인이 이미 지출한 비용과 일을 완성하였더라면 얻었을 이익을 합한 금액을 전부 배상하게 하는 것이라 할 것이므로, 위 규정에 의하여 도급계약을 해제한 이상은 특별한 사정이 없는 한 도급인은 수급인에 대한 손해배상에 있어서 과실상계나 손해배상예정액 감액을 주장할 수는 없다(대판 2002.5.10. 2000다37296).
(다) 손익상계-긍정: 제673조에 의하여 도급계약이 해제된 경우에도, 그 해제로 인하여 수급인이 그 일의 완성을 위하여 들이지 않게 된 자신의 노력을 타에 사용하여 소득을 얻었거나 또는 얻을 수 있었음에도 불구하고, 태만이나 과실로 인하여 얻지 못한 소득 및 일의 완성을 위하여 준비하여 둔 재료를 사용하지 아니하게 되어 타에 사용 또는 처분하여 얻을 수 있는 대가 상당액은 당연히 손해액을 산정함에 있어서 공제되어야 한다(대판2002.5.10. 2000다37296).
(3) 개별적 사례
(가) 87%의 완성 후 해제: 소프트웨어 개발·공급계약은 일종의 도급계약으로서 수급인은 원칙적으로 일을 완성하여야 보수를 청구할 수 있으나, 도급인 회사에 이미 공급되어 설치된 소프트

웨어 완성도가 87.87%에 달하여 약간의 보완을 가하면 업무에 사용할 수 있으므로 이미 완성된 부분이 도급인 회사에게 이익이 되고, 한편 도급인 회사는 그 프로그램의 내용에 대하여 불만을 표시하며 수급인의 수정, 보완 제의를 거부하고 나아가 수급인은 계약의 당사자가 아니므로 상대하지 않겠다고 하면서 계약해제의 통보를 하였다면, 그 계약관계는 도급인의 해제통보로 중도에 해소되었고 수급인은 당시까지의 보수를 청구할 수 있다(대판 1996.7.30. 95다7932).

(나) 건설도급계약에서의 중도 해제: 건설공사도급계약은 민법상의 일반도급계약과는 다른 여러 가지 특성을 가지고 있음은 사실이고, 그리하여 당원은 건설도급계약이 중도해제되는 경우 이미 시공한 부분에 대한 소급효를 일정한 범위안에서 제한하는 견해를 취해오고 있는바(대판 1986.9.9. 85다카1751), 건축공사가 상당한 정도로 진척되어 원상회복이 중대한 사회적, 경제적 손실을 초래하게 되고 완성된 부분이 도급인에게 이익이 되는 경우에는, 도급인이 도급계약을 해제하는 경우에도 계약은 미완성부분에 대하여서만 실효되고 수급인은 해제한 때의 상태 그대로 건물을 도급인에게 인도하고 도급인은 완성부분에 상당한 보수를 지급하여야 한다. * 건물의 완성부분이 도급인에게 이익이 되지 아니하고 원상회복이 중대한 사회적, 경제적 손실을 초래하지 않는다고 보아 계약해제의 소급효를 인정한 사례가 있다(대판 1992.12.22. 92다30160).

(다) 토지에 대한 가압류 집행에 의한 공사중단 후 해제: 토지에 대한 부당한 가압류의 집행으로 그 지상에 건물을 신축하는 내용의 공사도급계약이 해제됨으로 인한 손해는 특별손해이므로, 가압류채권자가 토지에 대한 가압류집행이 그 지상 건물 공사도급계약의 해제사유가 된다는 특별한 사정을 알았거나 알 수 있었을 때에 한하여 배상의 책임이 있다(대판 2008.6.26. 2006다84874).

(라) 선급금 지급 후의 해제: ① 선급금은 구체적인 기성고와 관련하여 지급된 공사대금이 아니라 전체 공사와 관련하여 지급된 선급 공사대금이므로, 선급금을 지급한 후 계약이 해제 또는 해지되는 등의 사유로 중도에 선급금을 반환하게 된 경우에는, 선급금이 공사대금의 일부로 지급된 것인 이상 선급금은 별도의 상계 의사표시 없이 그때까지의 기성고에 해당하는 공사대금에 당연 충당되고, 그래도 공사대금이 남는다면 그 금액만을 지급하면 되는 것이고, 거꾸로 선급금이 미지급 공사대금에 충당되고 남는다면 그 남은 선급금에 관하여 도급인이 반환채권을 가지게 된다(대판 2007.9.20. 2007다40109). ② 공사도급계약에 있어서 수수되는 선급금이 선급 공사대금의 성질을 갖는 점에 비추어 선급금을 지급한 후 도급계약이 해제 또는 해지되는 등의 사유로 수급인이 도중에 선급금을 반환하여야 할 사유가 발생하였다면 특별한 사정이 없는 한 선급금은 별도의 상계의 의사표시 없이도 그때까지의 기성고에 해당하는 공사대금에 당연히 충당되고, 다만 선급금 반환에 관한 보증계약의 경우 보증인은 주채무자의 선급금 반환채무의 이행을 보증하는 것이므로 그 보증금 지급사유의 발생 및 범위에 관하여는 당해 보증의 대상으로 된 도급계약의 내용을 기준으로 판단하여야 할 것이므로 선급금의 충당 대상이 되는 기성공사대금의 내역을 어떻게 정할 것인지는 도급계약 당사자의 약정에 따라야 한다(대판 2004.11.26. 2002다68362).

(마) 완성 전의 해제와 설계의 변경: 수급인이 공사를 완공하지 못한 채 공사도급계약이 해제되어 기성고에 따른 공사비를 정산하여야 할 경우, 기성 부분과 미시공 부분에 실제로 소요되거나 소요될 공사비를 기초로 산출한 기성고 비율을 약정 공사비에 적용하여 그 공사비를 산정하여야 하고, 기성고 비율은 이미 완성된 부분에 소요된 공사비에다가 미시공 부분을 완성하는 데 소요될 공사비를 합친 전체 공사비 가운데 이미 완성된 부분에 소요된 공사비가 차지하는 비율이라고 할 것이고, 만약 공사도급계약에서 설계 및 사양의 변경이 있는 때에는 그 설계 및 사양의 변경에 따라 공사대금이 변경되는 것으로 특약하고, 그 변경된 설계 및 사양에 따라 공사가 진행되다가 중단되었다면 설계 및 사양의 변경에 따라 변경된 공사대금에 기성고 비율을 적용하는 방법으로 기성고에 따른 공사비를 산정하여야 한다(대판 2003.2.26. 2000다40995).

(바) 건물신축공사의 진행중 공사도급계약이 수급인의 해제통고로 해제된 경우: 해제 당시 골조공사를 비롯한 상당한 부분이 이미 완성된 상태였다면 원상회복이 중대한 사회적·경제적 손실을 초래하게 되고 완성된 부분이 도급인에게 이익이 된다고 할 것이므로 도급인은 수급인에게 기성부분에 대한 보수를 지급할 의무가 있다(대판 1993.3.26. 91다14116).

2. 都給人의 破產에 의한 解除 - 제674조: 도급인이 파산선고를 받은 때에는 수급인 또는 파산관재

인은 계약을 해제할 수 있다(1항 전단).
(1) 완성된 부분에 대한 보수: 수급인은 일의 완성된 부분에 대한 보수 및 보수에 포함되지 아니한 비용에 관하여 파산재단의 배당에 가입할 수 있다(1항 후단).
(2) 손해배상청구는 불가: 각 당사자는 상대방에 대하여 계약해제로 인한 손해의 배상을 청구하지 못한다(2항).
(3) 남아 있는 목적물의 귀속: 종료되지 않고 남아 있는 목적물은 파산재단에 귀속된다.

第10節 懸賞廣告

1. 槪括: 현상광고는 광고자가 일정한 행위를 한 자에게 일정한 보수를 지급할 의사를 표시하고, 이에 응한 자가 그 광고에 정한 행위를 완료함으로써 성립하는 계약이다. 행방불명된 특정인 또는 특정 물건을 찾는 광고 등이 대표적이다. 현상광고에서 정한 행위를 완료하는 자가 여러 명인 경우에 그 우수한 자에 한하여 보수를 지급하는 현상광고를 우수현상광고라 한다. 우수현상광고는 광고에서 정한 행위가 일정한 품질 등으로 구별될 수 있는 성질의 경우로서, 대표적인 것으로는 특정 소재에 대한 소설·희곡 등에 대한 신문사 또는 방송국의 현상광고가 있으며, 각종의 경연(競演)광고도 이에 해당한다.

2. 法的 性質
(1) 요물계약: 현상광고의 법률적 성질에 관하여는, 지정행위의 완료를 정지조건으로 하는 채무를 부담하는 단독행위라는 견해가 있으나, 제675조 규정의 문언(…일정한 보수를 지급할 의사를 표시하고 이에 응한 자…) 및 현상광고에 관한 규정의 민법상의 위치(전형계약에 관한 일연의 규정 중의 하나) 등을 미루어 광고자의 불특정다수인에 대한 광고인 청약의 의사표시와 응모자의 그에 대한 응모 및 지정행위의 완료인 승낙에 의하여 성립하는 계약으로 보는 것이 타당하다. 현상광고를 계약으로 보면, 단순히 광고에 응한다는 의사표시만으로는 계약이 성립하지 아니하고 완료한 지정행위가 실제로 제공되어야 한다. 여기서의 제공이란 인도를 요하는 경우에는 인도, 인도를 요하지 않는 경우(경연참가)에는 통지를 말한다. 이와 같이 현상광고는 인도 또는 통지를 요하는 요물계약이다. 우리 민법상 전형계약 중에서 유일한 요물계약이다.
(2) 편무·유상계약: 계약이 성립하면 계약의 효과는 광고자의 보수지급의무만이 있게 된다. 따라서 현상광고는 편무계약이다. 그러나 광고자의 보수지급의무는 응모자의 지정행위에 대한 대가관계로서의 견련성을 가져 그러한 의미에서는 유상계약이다.
(3) 불요식계약: 현상광고는 특별한 형식을 요하지 않는 불요식계약이다.

3. 構成
(1) 성립: 제675조, 제679조
(2) 보수수령권자: 제676조, 제677조
(3) 우수현상광고: 제678조

第675條【懸賞廣告의 意義】 懸賞廣告는 廣告者가 어느 行爲를 한 者에게 一定한 報酬를 支給할 意思를 表示하고 이에 應한 者가 그 廣告에 定한 行爲를 完了함으로써 그 效力이 생긴다.

懸賞廣告의 成立과 基本的 效力

1. 成立: 현상광고는 광고자가 불특정다수인에 대하여 지정한 행위를 완료한 자에게 보수를 지급하겠다는 의사표시인 광고와 이에 응한 자가 지정행위를 완료하면 성립한다. 즉 현상광고는 광고와 지정행위의 완료로써 성립한다.
(1) 광고: 광고는 불특정다수인에 대한 청약의 의사표시이다. 단독행위설에 의하면 광고가 곧 단독행위가 된다. 청약으로서의 광고는 지정행위를 완료하는 자에게 보수를 지급하겠다는 불특

정다수인에 대한 의사표시이다. 광고의 방법에는 제한이 없다. 언론기관을 이용하거나, 서면 또는 구두 어느 것이나 관계가 없다.
(가) 하여야 할 일정한 행위의 특정: 광고에는 상대방이 하여야 할 일정한 행위가 지정되어야 하는데, 지정된 행위의 종류에 관하여는 제한이 없다. 선량한 풍속 기타 사회질서에 위반한 내용이 아니면 법률행위이든 사실행위이든 관계가 없다. 그러나 응모자가 어떠한 행위를 하여야 하는지 알 수 있게 명확하여야 한다.
(나) 불특정 다수인을 상대: 불특정다수인을 대상으로 하는 것이어야 하나, 지정행위자의 자격을 제한하는 것은 관계없다.
(다) 보수지급의 표시: 보수를 지급한다는 의사가 표시되어야 한다. 보수의 종류에는 제한이 없고, 확정된 보수액이 표시될 필요는 없으나 최소한 확정할 수 있는 방법은 표시되어야 한다.
(라) 조건, 기한: 그 광고에 정한 행위의 완료에 조건이나 기한을 붙일 수 있다(대판 2000.8.22. 2000다3675).
(2) 지정행위의 완료: 광고에서 지정된 행위를 완료하고, 광고자에게 인도 또는 통지하여야 한다. 지정된 행위가 일의 완성물이면 완성물의 인도, 인도를 요하지 않는 일이면 지정행위 완료의 통지(경연에의 참가통지)로써 계약이 성립한다.
(가) 여러 명의 지정행위자: 지정행위를 완료한 자가 여러 명인 때에는 우수현상광고가 아닌 한 최초의 지정행위를 완료한 자와 계약이 성립한다.
(나) 광고 부지의 지정행위자-제677조: 응모자의 지정행위는 광고에 응하여 한 것임을 원칙으로 한다. 그러나 광고를 모르고 한 경우는 준현상광고가 되며, 현상광고의 규정이 준용된다.
(다) 지정행위 여부의 판단: 응모자가 완료한 행위가 지정행위인지 여부는 광고자의 광고의 의사표시의 해석에 의하여 판단되어야 한다.
(라) 응모기간-제528조, 제529조: 광고에서 응모기간을 정한 때에는 그 기간은 승낙의 적격기간에 해당한다. 따라서 그 기간 내에 광고자에게 도달한 때에 승낙으로서의 효력이 있다(528조). 기간을 정하지 아니한 광고는 광고자가 상당한 기간 내에 지정행위의 완료를 받지 못한 때에 효력을 상실한다(529조).
(마) 조건부 광고: 경찰이 범인을 수배하면서 〈제보로 검거되었을 때에 신고인 또는 제보자에게 현상금을 지급한다〉는 내용의 현상광고를 한 경우, 현상광고의 지정행위는 범인의 거처 또는 소재를 경찰에 신고 내지 제보하는 것이고 범인이 〈검거되었을 때〉는 지정행위의 완료에 조건을 붙인 것인 데, 제보자가 범인의 소재를 발견하고 경찰에 이를 신고함으로써 현상광고의 지정행위는 완료되었고, 그에 따라 경찰관 등이 출동하여 범인이 있던 호프집 안에서 그를 검문하고 나아가 차량에 태워 파출소에까지 데려간 이상 그에 대한 검거는 이루어진 것이므로, 현상광고상의 지정행위 완료에 붙인 조건도 성취되었다(대판 2000.8.22. 2000다3675).
2. 效力: 지정행위 완료자는 광고에서 정한 보수청구권을 취득한다.

第676條【報酬受領權者】 ①廣告에 定한 行爲를 完了한 者가 數人인 境遇에는 먼저 그 行爲를 完了한 者가 報酬를 받을 權利가 있다.
②數人이 同時에 完了한 境遇에는 各各 均等한 比率로 報酬를 받을 權利가 있다. 그러나 報酬가 그 性質上 分割할 수 없거나 廣告에 1人만이 報酬를 받을 것으로 定한 때에는 抽籤에 依하여 決定한다.

第677條【廣告不知의 行爲】 前條의 規定은 廣告있음을 알지 못하고 廣告에 定한 行爲를 完了한 境遇에 準用한다.

報酬受領權者

1. 指定行爲完了者 – 제675조제1항: 현상광고는 요물계약이며, 유상계약이나 편무계약이다. 즉 현

상광고가 성립하면 광고자의 의무만 발생하며, 응모자의 의무는 이미 이행한 것으로 존재하지 않는다. 따라서 현상광고가 성립하면 지정행위 완료자는 보수수령권자로서 광고자에 대하여 보수지급청구권을 취득한다.

2. 指定行爲完了者가 多數인 경우 – 제676조

(1) 보통의 현상광고

(가) 여러 명이 순차적으로 한 경우-최초자-제1항: 여러 명이 순차로 지정행위를 한 때에는, 최초의 지정행위 완료자가 보수청구권을 취득한다.

(나) 여러 명이 동시에 한 경우-원칙은 균분, 예외적으로 추첨-제2항: 여러 명이 동시에 지정행위를 완료한 경우에는 각각 균등한 비율로 보수를 받게 되나, 보수의 성질상 균분할 수 없거나 광고에 1인만이 보수를 받을 것으로 정한 때에는 추첨에 의하여 결정한다.

(다) 직무 수행자-불가: 전투경찰은 국가공무원이자 경찰공무원이고, 지방경찰청장의 지휘를 받아 작전경비임무 및 치안업무보조임무를 수행하도록 되어 있으며, 임무수행상 필요하다고 인정할 때에는 경비지역 안에서 검문을 할 수 있는바, 전투경찰이 지휘에 따라 치안업무보조임무를 수행하면서 검문을 실시하다가 지명수배중인 사람을 발견하고 검거한 것은 그 직무행위를 수행한 것에 해당하므로 비록 현상광고에서 지정한 행위를 하였다고 하더라도 현상광고계약의 효력을 주장하여 현상금의 지급을 구할 수 없다(서울남부지법 2007.3.2. 2006가단70282).

(2) 우수현상광고: 제678조

3. 廣告不知의 指定行爲完了者 – 제677조: 광고를 모르고 우연히 광고의 정한 행위를 완료한 자에게도 제676조를 준용하여 보수청구권이 있다.

第678條【優秀懸賞廣告】 ①廣告에 定한 行爲를 完了한 者가 數人인 境遇에 그 優秀한 者에 限하여 報酬를 支給할 것을 定하는 때에는 그 廣告에 應募期間을 定한 때에 限하여 그 效力이 생긴다.
②前項의 境遇에 優秀의 判定은 廣告中에 定한 者가 한다. 廣告中에 判定者를 定하지 아니한 때에는 廣告者가 判定한다.
③優秀한 者 없다는 判定은 이를 할 수 없다. 그러나 廣告中에 다른 意思表示가 있거나 廣告의 性質上 判定의 標準이 定하여져 있는 때에는 그러하지 아니하다.
④應募者는 前2項의 判定에 對하여 異議를 하지 못한다.
⑤數人의 行爲가 同等으로 判定된 때에는 第676條第2項의 規定을 準用한다.

優秀懸賞廣告

1. 廣告 – 제1항: 우수현상광고는 완료한 지정행위 중에서 우수한 지정행위 완료자에 대하여 보수를 지급하기로 하는 특수한 현상광고이다. 우수현상광고는 응모자 중에서 우수한 자에게만 보수가 지급된다는 점에서 보통의 현상광고와 다르다. 발명품 현상광고, 소설 현상광고, 각종 경연광고 등이 이에 해당한다.

(1) 응모기간이 정하여 져야: 우수현상광고는 일정한 기간 내의 응모자 중에서 우수한 자를 선택하여야 하므로, 응모기간이 정해져 있지 아니한 우수현상광고는 효력이 없다.

(2) 기간 만료 전의 철회 불가: 응모기간이 정해져 있으므로 이 광고는 철회하지 못하는 것이 원칙이다(679조1항 참조).

(3) 광고와 응모행위의 성질: 우수현상광고에서 광고는 청약의 유인이며, 응모는 청약에 해당하고 우수한 지정행위로서의 판정이 승낙에 해당한다.

2. 應募: 응모자는 광고에 응하여 완료한 지정행위를 인도하거나 또는 성질상 인도를 요하지 아니하는 경우에는 광고자에게 지정행위를 하였음을 통지하여야 한다. 인도나 통지는 광고자에게 그 기간 내에 도달하여야 한다.

3. 判定: 응모한 지정행위 중 우열을 판단하는 것을 판정이라 한다.

(1) 판정자-제2항: 판정자를 광고 중에 정하지 않은 때에는 광고자가 판정자가 된다. 광고자가 판정자가 된 때에는 광고자가 임의로 선택한 자가 판정자가 될 수도 있다.
(2) 우수자 없다는 판정-원칙적으로 불가-제3항: 판정은 원칙적으로 광고에 응한 지정행위 중에서 우열을 판단하는 상대적인 결정이므로 우수한 자가 없다는 판정은 할 수 없다. 그러나 광고 중에 다른 의사표시가 있거나 지정행위의 성질상 판정의 표준이 정하여져 있는 때에는 우수한 자가 없다는 판정도 가능하다.
(3) 복수의 우수자 판정-제5항, 제676조제2항: 수인의 행위가 동등한 것으로 판정된 때에는 보수가 가분이면 균등한 비율로, 불가분이면 추첨에 의하여 각각 보수를 받을 자가 결정된다.
(4) 판정 자체는 이의제기 불가-제4항: 판정은 가치판단에 관한 것으로 이의를 제기할 수 없다.
(5) 이의제기가 가능한 분야: 판정 자체에 대한 가치판단의 문제가 아닌 광고에서 정한 자와 다른 자가 판정하였다든지, 응모한 지정행위와 판정에 착오·사기·강박 등이 있는 경우에는 취소를 주장할 수 있다.

4. 報酬受領權: 우수자로 판정된 자는 보수수령권을 취득한다.
(1) 보수수령권으로서의 기본 및 실시설계권: 건축설계 우수현상광고에서 당선자가 보수로서 받는 '기본 및 실시설계권'이란 당선자가 광고자에게 우수작으로 판정된 계획설계에 기초하여 기본 및 실시설계계약의 체결을 청구할 수 있는 권리를 말하는 것이다.
(2) 기본 및 실시설계권의 효력: 광고자로서는 특별한 사정이 없는 한 이에 응할 의무를 지게 되어 당선자 이외의 제3자와 설계계약을 체결하여서는 아니됨은 물론이고, 당사자 모두 계약의 체결을 위하여 성실하게 협의하여야 할 의무가 있다고 할 것이며, 만약 광고자가 일반 거래실정이나 사회통념에 비추어 현저히 부당하다고 보여지는 사항을 계약내용으로 주장하거나 경제적 어려움으로 공사를 추진할 수 없는 등으로 인하여 계약이 체결되지 못하였다면 당선자는 이를 이유로 한 손해배상책임을 물을 수 있다(대판 2002.1.25. 99다63169).
(가) 우수현상광고의 광고자로서 당선자에게 일정한 계약을 체결할 의무가 있는 자가 그 의무를 위반함으로써 계약의 종국적인 체결에 이르지 않게 되어 상대방이 그러한 계약체결의무의 채무불이행을 원인으로 하는 손해배상을 청구한 경우 그 손해배상청구권은 계약이 체결되었을 경우에 취득하게 될 계약상의 이행청구권과 실질적이고 경제적으로 밀접한 관계가 형성되어 있기 때문에, 그 손해배상청구권의 소멸시효기간은 계약이 체결되었을 때 취득하게 될 이행청구권에 적용되는 소멸시효기간에 따른다.
(나) 우수현상광고의 당선자가 광고주에 대하여 우수작으로 판정된 계획설계에 기초하여 기본 및 실시설계계약의 체결을 청구할 수 있는 권리를 가지고 있는 경우, 이러한 청구권에 기하여 계약이 체결되었을 경우에 취득하게 될 계약상의 이행청구권은 "설계에 종사하는 자의 공사에 관한 채권"으로서 이에 관하여는 민법 제163조제3호 소정의 3년의 단기소멸시효가 적용되므로, 위의 기본 및 실시설계계약의 체결의무의 불이행으로 인한 손해배상청구권의 소멸시효 역시 3년의 단기소멸시효가 적용된다(대판 2005.1.14. 2002다57119).

5. 完了物의 歸屬: 지정행위의 완료물(제작물, 창작물 등)에 대한 소유권, 특허권, 저작권 등은 특약이 없는 항 광고자에게 이전되지 않고, 그대로 응모자에게 귀속한다.

第679條【懸賞廣告의 撤回】 ①廣告에 그 指定한 行爲의 完了期間을 定한 때에는 그 期間滿了前에 廣告를 撤回하지 못한다.
②廣告에 行爲의 完了期間을 定하지 아니한 때에는 그 行爲를 完了한 者 있기 前에는 그 廣告와 同一한 方法으로 廣告를 撤回할 수 있다.
③前廣告와 同一한 方法으로 撤回할 수 없는 때에는 그와 類似한 方法으로 撤回할 수 있다. 이 撤回는 撤回한 것을 안 者에 對하여만 그 效力이 있다.

廣告의 撤回

1. 完了期間이 있는 경우 - 非撤回性 - 제1항: 광고에 지정행위의 완료기간을 정한 때에는 그 기간 만료 전에는 광고를 철회하지 못한다.

2. 完了期間이 없는 경우

(1) 완료자가 있는 때: 목적을 달성하였기 때문에 임의로 광고를 철회할 수 있다.

(2) 완료자가 있기 전-제2항, 제3항: 그 광고와 동일한 방법으로 광고를 철회할 수 있다(2항). 다만 전의 광고와 동일한 방법으로 광고를 철회할 수 없는 경우에는 그와 유사한 방법으로 철회할 수 있으나, 철회의 효력은 철회를 안 자에 대하여만 효력이 있다(3항).

第11節 委 任

1. 概括: 위임은 당사자 일방(위임인)이 상대방(수임인)에 대하여 사무의 처리를 위탁하고 상대방이 이를 승낙함으로써 성립하는 계약이다(680조). 이는 고용·도급과 마찬가지로 타인의 노무를 이용하는 노무제공계약이지만, 그 노무의 성질이 타인의 사무처리능력이라는 일반적으로 지적 능력을 요하는 인적 활동을 목적으로 한다는 점에서 그 특징이 있다. 위임은 오늘날 의료계약, 법무사에의 등기위탁, 변호사와의 변호계약, 행정서사에의 행정서류 작성위탁 등으로 행하여진다. 실제로는 순수한 위임계약만에 의한 사무의 처리는 드물고 다른 법률행위의 수단으로 위임이 이용되는 것이 일반적이다. 후자의 경우는 설계사에게 설계도면의 작성인 도급계약을 체결하면서 행정당국에 대한 건축허가 사무처리의 위탁을 하는 경우, 건설공사수급인에게 인근 주민으로부터 건축동의서를 받도록 위탁하는 경우 등이다.

(1) 도급과의 차이-일의 처리: 도급과 위임에서 노무가 사무(일)의 처리를 위한 수단이라는 점에서는 양자가 같으나, 도급이 일의 완성에 그 목적이 있으나 위임에서는 타인의 사무를 처리한다는 활동 그 자체가 목적이라는 점에서 차이가 난다. 그러나 위임에 의한 위탁된 사무의 내용의 성질에 따라서는 일의 처리가 완성되지 아니하면 수임인의 의무가 일부나마 이행되었다고 볼 수 없는 경우도 있다. 예컨대 어떤 사실관계에 대한 법률관계의 해석을 위탁하였으나 구체적인 해석을 하지 않고 단순히 머리 속에서 생각한 것으로 그친 경우에는, 수임인이 의무를 일부 이행한 것으로 볼 수는 없다.

(2) 고용과의 차이-재량성: 위임과 고용에서 노무의 제공이라는 점에서는 같으나, 고용에서의 노무는 노무자체가 계약의 목적이나 위임은 일의 처리라는 점에서 차이가 있다. 그리고 보다 근본적인 차이점은 노무의 제공에 있어서 고용에서는 사용자와 노무자는 지시·복종관계에 있으나, 위임에서는 수임인은 스스로의 재량에 의하여 자기의 노무를 제공하는 점이다.

(3) 법률적 성질

(가) 낙성·불요식계약: 위임은 위임인의 사무처리의 위탁과 수임인의 승낙의 의사표시로 성립하는 낙성계약이며, 특별한 형식을 요하지 아니하는 불요식계약이다. 위임에서 위임장을 작성·교부하기도 하나, 이는 당사자간에 위임계약이 존재한다는 증거 또는 수임된 사무의 처리를 하는데 있어서 필요한 수임인이라는 증거의 수단일 뿐이다.

(나) 무상·편무계약이 원칙: 위임은 단순한 노동력의 제공이 아니라 사무의 처리라는 성질을 가지고 있고, 무상이 원칙이다.

(다) 특약으로 유상 가능: 당사자간의 약정으로 유상으로 할 수 있다(686조). 그러나 오늘날 무상위임보다는 유상위임이 일반적이다. 위임이 무상이면 편무계약이나, 유상이면 쌍무계약이다. 그러나 위임은 높은 인적 신뢰를 기초로 하므로 수임인의 법률상의 책임이 유상이냐 무상이냐에 따른 차이는 두지 않는다. 즉 유상의 경우에는 책임을 무겁게 하는 것이 일반적이지만(예: 559조와 612조), 위임에서는 유상·무상을 묻지 않고 동일하게 수임인에게 선량한 관리자의 주의의무를 부과하고 있다(681조).

2. 委任의 對象: 위임의 대상이 되는 사무는 법률행위이든 비법률행위이든 또는 양자의 혼합이든

관계없다. 법률행위의 사무처리는 변호사와의 소송위탁, 비법률행위의 사무처리는 의사와의 병의 치료, 혼합된 사무처리의 위탁은 부동산의 매매위탁 등을 대표적으로 들 수 있다. 그러나 본인 스스로 의사결정을 하여야 하는 행위(즉 혼인·입양·이혼 등의 가족법상의 법률행위)는 위임의 대상이 되지 않는다.

3. 委任의 特質

(1) 인적 신뢰: 위임은 어떠한 노무제공계약보다 가장 높은 인적 신뢰를 기초로 한다. 이는 위임이 위임인 자신의 사무의 처리를 그 내용으로 하며, 사무는 이를 처리하는 수임인의 인격·지능·기술 등에 따라 그 결과가 아주 달라질 수 있기 때문이다. 위임에서는 이러한 높은 인적 신뢰를 바탕으로 수임인에게 선관주의의무를 요하며(681조), 제3자에의 대행금지(682조), 해지의 자유(689조1항) 등을 인정하고 있다.

(2) 대리와의 관계: 타인의 사무를 처리한다는 측면에서 위임은 대리와 유사하다. 그러나 대리에서의 사무는 법률행위에 한정되나 위임은 법률행위와 비법률행위 모두가 위임의 대상이 된다는 점에서 우선 구별된다. 그런데 법률행위가 위임된 경우에는 수임인이 위임인의 대리인으로 법률행위를 하고 그 법률효과가 직접 위임인에게 귀속하는 경우가 있다. 예컨대 특정인에게 부동산의 매도를 위탁하며 대리권을 수여하면, 이때 부동산매매계약에 따른 법률효과는 그대로 위임인에게 귀속한다. 이와 같은 경우에는 위임과 대리가 결합한다.

4. 委任規定의 通則性: 민법 제680조 이하의 위임에 관한 규정은 계약관계에 있는 당사자간의 사무처리의 위탁에 관하여만 적용되는 것이 아니라, 계약관계에 의하지 아니하고 타인의 사무를 처리하는 여타의 관계에도 통칙적·보충적으로 적용된다. 즉 위임관계가 아닌 다른 계약관계에서 사무의 처리를 하는 경우와 법률의 규정 또는 법원에 의하여 지정되어 타인의 사무를 처리하는 경우에도 위임의 규정이 준용된다. 예컨대 조합에서의 업무집행조합원(707조), 친권자(919조)나 후견인(956조)이 법률의 규정에 의하여 재산의 관리를 하는 경우, 지정후견인(959조) 및 지정 또는 선임에 의한 유언집행자(1103조) 등이 사무의 처리를 하는 경우에 위임관계가 성립하지 않지만 위임에 관한 규정이 준용된다.

5. 構成

(1) 성립: 제680조

(2) 수임인의 권리, 의무: 제681조-제688조

(3) 위임의 임의해지: 제689조

(4) 종료: 제690조-제692조

第680條【委任의 意義】 委任은 當事者一方이 相對方에 對하여 事務의 處理를 委託하고 相對方이 이를 承諾함으로써 그 效力이 생긴다.

委任의 成立

1. 成立 - 委任人과 受任人 間의 合意: 위임은 위임인과 수임인이 위임인 또는 제3자의 사무를 처리한다는 합의로써 성립한다.

(1) 사무: 처리의 대상이 되는 사무는 법률행위, 비법률행위, 법률행위와 비법률행위의 혼합행위 어느 것이나 모두 대상이 된다. 사무는 위임인의 것, 제3자의 것을 묻지 아니하며, 또한 처리한 사무의 이익이 누구에게 귀속되느냐도 묻지 아니한다. 그 이익이 수임인에게 돌아가는 경우에도 관계가 없다. 선량한 풍속 및 사회질서에 위반하는 내용의 사무는 포함되지 않는다.

(2) 사무의 처리: 당해 사무의 통상적인 결과에 이르게 하는 것이 처리이다. 사무의 처리는 일반적으로는 당해 사무에 대한 일의 종결을 의미하여 도급에서의 일의 완성과는 구별된다. 도급에서의 일의 완성이란, 일의 종결과 도급인의 주관적 판단으로서의 만족의 요소가 내포되어 있으나, 위임에서의 처리는 당해 일의 통상적인 결과에 이르기 위한 과정으로 주관적 만족의 요소는 내포되지 않는다. 또한 도급에서는 반드시 일이 종결되어야 하고, 따라서 일이 종결되지 아니하

면 보수가 발생하지 아니하나, 위임은 유상의 경우에도 일이 종결되지 아니하더라도 보수는 발생한다. 통상적인 의료계약과 변호계약은 유상위임이나, 그 계약에서 완치 또는 승소의 특약이 있는 때에는 도급이 된다.

(3) 백지위임: 실거래에서는 이른바 백지위임이 행하여지고, 백지위임에는 위탁하는 사무의 내용 또는 사무에 대한 지시가 전연 되어 있지 않은 백지위임(위임사항 백지)과 수임인이 특정되지 않은 백지위임(수임인 백지)이 있다.

(가) 위임사항 백지: 일에 대한 아무런 지시가 없는 위임이다. 이러한 위임에서는 수임인이 처리할 사무의 종류 및 내용과 사무처리의 한계가 문제된다. 신의칙에 따라 사무를 처리하되 중대한 사무 또는 처리의 결과가 위임인에게 중대한 영향을 미치는 경우에는 위임인에게 별도의 지시를 받아야 할 것이다. 이 경우에는 표현대리(126조)의 문제가 생길 수 있다.

(3) 수임인 백지: 위임계약은 위임인과 최초의 백지위임장 수령자 간에 성립하고, 그 백지위임의 내용에 복임권이 수여된 것으로 본다. 이는 수임인 백지의 경우에 위임계약이 성립한 시기보다도 백지에 최종적으로 기재되어 수임인으로서 사무를 처리하는 자가 부적당한 자인 경우에 문제가 되고, 이 경우에 위임인을 보호할 필요가 있기 때문이다. 이렇게 새기면 백지위임장 수령자에게 제662조제2항에 의하여 제121조의 규정을 유추적용하여 부적임자의 선임에 관하여 일정한 책임을 추궁할 수 있다.

2. 報酬: 무상이 원칙이다. 즉 당사자간에 보수에 관하여 합의가 없는 경우에는 무상이다. 그러나 통념상 보수가 따른다고 인정되는 업무의 위임에서는 민법상 위임이 원칙적으로 무상이지만 그 보수지급 및 수액에 관하여 명시적인 약정을 아니하였다 하여도, 무보수로 한다는 등 특별한 사정이 없는 한 응분의 보수를 지급할 묵시의 약정이 있는 것으로 봄이 상당하다-변호사와의 변론계약-(대판 1993.11.12. 93다36882).

第681條【受任人의 善管義務】 受任人은 委任의 本旨에 따라 善良한 管理者의 注意로써 委任事務를 處理하여야 한다.

事務處理에 관한 基本的 義務 - 善管注意義務

1. 意義: 수임인은 위임의 본지에 따라 선량한 주의로써 위임사무를 처리하여야 한다(681조).

(1) 제3자 대행의 금지: 위임은 인적 신뢰를 기본으로 하므로 위임의 사무의 처리를 함에는 원칙적으로 수임인 본인이 처리하여야 하고, 제3자에의 대행은 금지된다.

(2) 위임의 본지: 수임인(본인)에게 사무처리의 위탁을 하는 근본목적, 사무의 내용과 성질에 따라 가장 합리적으로 처리하여야 한다. 따라서 위임계약에 있어서 수임인이 위임의 본지에 좇은 업무처리를 하지 아니한 까닭에 만약 수임인이 위임의 본지에 좇은 업무처리를 하였더라면 지출하지 아니하여도 될 비용을 위임인이 지출한 경우에, 수임인의 채무불이행으로 인하여 위임인이 입게 된 손해액은 그 지출한 비용으로 수임인이 배상하여야 한다. * 인접 대지 소유자가 자신의 대지 일부를 침범하여 건물을 소유하고 있음을 이유로 한 건물철거 및 대지인도청구 소송을 수임한 변호사가 판결정본이 송달된 것을 간과하여 항소제기기간을 도과시키는 바람에 위임인의 의사에 반하여 상대방의 취득시효 항변을 받아들인 위임인 패소판결이 확정된 경우, 소송비용과 관련하여 위임인이 입게 된 손해액은 변호사의 채무불이행이 없었더라면 위임인이 패소판결에 항소하여 항소심에서 승소판결을 받은 후 소송비용액 확정절차를 거쳐 반환받을 수 있는 범위 내의 비용만이라는 전제하에, 위임인이 실제 지급한 선임비용 중 변호사보수의소송비용산입에관한규칙 제3조 별표에 의하여 산정된 금액만을 변호사 선임비용과 관련한 손해액으로 인정한 사례가 있다(대판 1996.12.10. 96다36289).

(3) 위임인의 지시: 위임인의 지시가 있는 때에는 우선적으로 그에 따라야 한다.

(가) 위임인의 부적당한 지시-수임인의 고지 및 조언의무: 수임인은 당해 사무의 처리에 관하여 위임인보다 기능이나 판단력이 우수하며, 또한 그러한 이유로 위임이 행하여진다. 따라서 위임인

의 지시에 따랐다는 것만으로 수임인이 면책되는 것이 아니라, 위임인의 지시의 적당 여부를 판단하여야 하며 부적당한 지시의 경우에는 그 사실을 고지하고 지시의 변경을 요구하여야 한다. 또한 사정이 급박하여 그럴 여유가 없는 때에는 재량으로 필요한 조치를 취할 수 있다.

(나) 지시에 따른 결과로 발생한 손해: 수임인은 우선적으로 위임인의 지시에 따라 사무처리를 하여야 하나, 그 지시에 따라 수임사무를 추진하는 것이 당해 사무의 취지에 적합하지 않거나 경제성이 없는 것으로 판단되어 위임인에게 불이익할 때에는 그러한 내용을 위임인에게 알려주고 그 지시를 변경하도록 조언할 의무를 진다(대판 2006.6.9. 2004다24557).

① 조언의무이행으로 손해에 대한 면책을 인정한 사례: 토지신탁계약에서 수탁자가 경제사정의 변화 등으로 말미암아 당초의 예상과 달리 신탁사업의 수익성이 떨어져 이를 계속 수행하는 경우 손실의 발생이나 확대가 예상되자, 그 사업의 추진을 중지하고 위탁자에게 수차례 설계변경의 필요성을 설명하고 그에 대한 동의를 구하기 위하여 노력하였으나, 위탁자의 부동의로 결국 사업이 중단되게 된 경우, 수탁자가 위 신탁계약과 관련하여 수탁자로서의 주의의무를 위반한 잘못이 없다고 한 사례가 있다(대판 2006.6.9. 2004다24557).

② 손해배상책임이 인정된 사례: 소유자 등으로부터는 거액의 근저당권설정등기에 관한 등기사무를 의뢰받고, 전세권자로부터는 최선순위인 전세권의 존속기간 변경 등을 이유로 한 등기사무를 의뢰받은 법무사가 전세권자에게 전세권의 우선권 상실에 관하여 설명·조언하지 않은 채, 근저당권설정등기, 위 전세권의 말소등기, 그리고 전세권자 명의의 새로운 전세권설정등기를 차례로 마친 경우, 법무사의 설명·조언의무 위반을 이유로 전세권자에 대한 손해배상책임을 인정한 사례가 있다. 단, 과실상계 50% 함(대판 2006.9.28. 2004다55162).

2. 有·無償 不問: 본조의 적용에서는 유상·무상을 묻지 아니하고, 수임인에게 동일한 선관주의 의무가 있다. * 부동산중개업법(17조, 19조)의 부동산중개계약에 따른 중개업자의 확인·설명의무와 이에 위반한 경우의 손해배상의무는, 이와 성질이 유사한 민법상 위임계약에 있어서 무상위임의 경우에도 수임인이 수임사무의 처리에 관하여 선량한 관리자의 주의를 기울일 의무가 면제되지 않는 점과 부동산중개업법이 위 조항의 적용 범위를 특별히 제한하지 않고 있는 점 등에 비추어 볼 때, 중개의뢰인이 중개업자에게 소정의 수수료를 지급하지 아니하였다고 해서 당연히 소멸되는 것이 아니다(대판 2002.2.5. 2001다71484).

3. 具體的인 善管義務 事例

(1) 변호의뢰 계약: 변호의뢰계약에서 변호사는 위임사무의 종료단계에서 패소판결이 있었던 경우에는 의뢰인으로부터 상소에 관하여 특별한 수권이 없는 때에도 그 판결을 점검하여 의뢰인에게 불이익한 계산상의 잘못이 있다면 의뢰인에게 그 판결의 내용과 상소하는 때의 승소가능성 등에 대하여 구체적으로 설명하고 조언하여야 할 의무가 있다(대판 2004.5.14. 2004다7354).

(2) 법무사의 선관의무 위반: 등기신청을 위임받은 법무사와 그 사무원이 위임인의 등기의무자 본인 여부 확인 의무를 게을리 하였음을 이유로 위 법무사 등의 등기신청에 의해 마쳐진 근저당권설정등기 등을 믿고 금전을 대출하여 준 금융기관이 입은 손해에 대한 위 법무사 등의 배상책임을 인정한 사례가 있다(대판 2006.5.25. 2006다13025).

(3) 부동산 중개계약: 부동산중개업자가 아파트의 교환계약을 중개함에 있어서 당시 위 아파트가 완공되기 전이어서 소유자가 누구인지에 대한 분쟁이 발생할 가능성이 크므로 공사계약서나 도급계약서의 제시를 요구하거나 재건축추진위원회에 문의하여 양도의뢰인이 과연 위 아파트의 분양예정자인지, 다른 분양예정자가 있는지 여부를 조사 확인할 의무가 있고, 그 결과 만일 위 아파트의 분양예정자가 양도의뢰인이 아닌 사실을 알게 되었다면 양수의뢰인에게 이를 고지함으로써 교환계약을 체결할 것인지 여부를 심사숙고할 기회를 주어야 한다(대판 2003.2.26. 2001다68990).

(4) 관세사와의 위임계약: 관세사 또는 관세사 법인과 그에게 통관 업무를 맡긴 수입업자 사이의 법률관계는 민법상의 위임관계와 같으므로, 관세사는 위임계약의 내용에 의하여 정해지는 구체적 위임사무 범위에서 위임의 본지에 따라 선량한 관리자의 주의로써 의뢰받은 통관 업무를 처리하여야 하고, 위임인인 의뢰인의 지시가 있으면 우선적으로 이에 따라야 할 것이지만, 다른 한편 관세사는 의뢰받은 사무와 밀접하게 연관되는 범위 안에서는 비록 별도의 위임이 없다 하

여도 의뢰인이 이익을 도모하고 손해를 방지하기 위하여 필요한 조치를 취하도록 의뢰인에게 설명하고 조언하여야 하며, 의뢰인의 구체적인 지시가 있어도 그에 따르는 것이 위임의 본지에 적합하지 않거나 또는 의뢰인에게 불이익한 때에는 관세사는 그러한 내용을 의뢰인에게 설명하고 그 지시를 변경하도록 조언할 의무를 진다. 따라서 관세사가 의뢰인으로부터 위임받은 수입물품의 통관 업무를 처리하면서 필요한 조치를 취하지 아니한 채, 의뢰인의 요구에 따라 잘못된 세번과 세율로 수입신고함으로써 의뢰인으로 하여금 가산세를 무는 손해를 입게 하였다면, 관세사로서의 선량한 관리자의 주의의무와 설명조언의무를 위반한 것이다(대판 2005.10.7. 2005다38294).

(5) 토지신탁계약: 신탁법 제28조에 의하면, 수탁자는 신탁의 본지에 따라 선량한 관리자의 주의로써 신탁재산을 관리 또는 처분하여야 하고, 이러한 주의의무는 민법상 위임에 있어서 수임인의 주의의무와 같은 개념으로 이해할 수 있으며, 따라서 토지신탁계약의 수탁자는 우선적으로 위탁자의 지시에 따라 사무처리를 하여야 하나, 그 지시에 따라 신탁사업을 추진하는 것이 신탁의 취지에 적합하지 않거나 경제성이 없는 것으로 판단되어 위탁자에게 불이익할 때에는 그러한 내용을 위탁자에게 알려주고 그 지시를 변경하도록 조언할 의무를 진다(대판 2006.6.9. 2004다24557).

第682條【復任權의 制限】 ①受任人은 委任人의 承諾이나 不得已한 事由없이 第三者로 하여금 自己에 가름하여 委任事務를 處理하게 하지 못한다.
②受任人이 前項의 規定에 依하여 第三者에게 委任事務를 處理하게한 境遇에는 第121條, 第123條의 規定을 準用한다.

復任權의 制限

1. 自身服務의 原則: 위임은 개인적 신뢰를 절대적인 기초로 하는 계약이기 때문에 원칙적으로 제3자에의 사무처리의 대행을 금지시킨 것이다.

2. 第3者에의 代行 - 예외 - 제1항

(1) 위임인의 승낙: 위임인의 승낙을 받아 제3자에게 대행을 시키는 것이 가능하다.

(2) 부득이한 사유: 부득이한 사유가 있는 때에는 위임인의 승낙 없이 제3자에의 대행이 가능하다. 여기서의 부득이한 사유란 수임인 또는 위임인의 사유로 승낙을 얻을 수 없는 사유라는 의미의 제한적인 의미이다. 예컨대 수임인이 질병 등으로 직접 일을 처리할 수 없으며 또한 승낙을 받기에는 시간적 여유가 없이 급박한 경우 등을 의미한다.

3. 復委任의 法律關係

(1) 위임인과 수임인-제2항(121조): 복위임은 위임인과 수임인 간의 위임계약에 영향을 주지 않고 그대로 존속한다.

(가) 복수임인에 대한 선임, 감독에 대한 책임-제121조제1항: 적법한 복위임이 된 경우에도 수임인은 복수임인의 선임·감독에 관하여 책임을 진다. 즉 복수임인이 위임인에게 손해를 준 경우에 수임인은 위임인에게 복수임인의 선임·감독에 대한 책임을 진다(682조2항, 121조1항).

(나) 위임인이 직접 지명한 복수임인에 대한 책임-제121조제2항: 위임인이 직접 복수임인을 지명한 경우 수임인은 복수임인이 부적임 또는 불성실한 것을 알고도 지체 없이 위임인에게 통지하지 아니하거나 또는 그 해임을 태만히 한 때에만 책임이 있다(682조2항, 121조2항).

(2) 수임인과 복수임인 간의 관계: 위임계약관계가 성립한다. 그 위임계약관계는 위임인과 수임인 간의 계약관계의 범위 내에서 효력이 있다.

(3) 위임인과 복수임인 간의 관계-제2항(123조2항): 양자간에는 직접 위임계약관계가 있는 것과 동일한 권리의무관계가 있다(682조2항, 123조2항). 따라서 위임인은 복수임인에게 직접 사무처리나 그 전말의 보고를 청구할 수 있고, 복수임인은 비용상환 및 보수를 청구할 수 있다. 물론 이 경우에도 위임인과 수임인 간의 위임계약의 범위 내에서 권리의무가 있다. 복수임인과의 사이에 권리의무가 이행된 경우에는 그 권리의무의 이행의 범위 내에서 위임인과 수임인간의 권리의무는 소멸한다.

第683條【受任人의 報告義務】 受任人은 委任人의 請求가 있는 때에는 委任事務의 處理狀況을 報告하고 委任이 終了한 때에는 遲滯없이 그 顚末을 報告하여야 한다.

第684條【受任人의 取得物等의 引渡, 移轉義務】 ①受任人은 委任事務의 處理로 因하여 받은 金錢 其他의 物件 및 그 收取한 果實을 委任人에게 引渡하여야 한다.
②受任人이 委任人을 爲하여 自己의 名義로 取得한 權利는 委任人에게 移轉하여야 한다.

第685條【受任人의 金錢消費의 責任】 受任人이 委任人에게 引渡할 金錢 또는 委任人의 利益을 爲하여 使用할 金錢을 自己를 爲하여 消費한 때에는 消費한 날 以後의 利子를 支給하여야 하며 그 外에 損害가 있으면 賠償하여야 한다.

事務處理에 附隨하는 受任人의 義務

1. 意義: 사무처리를 함에 있어서 그 상황을 보고할 의무가 있으며, 사무처리과정에서 생긴 취득물을 위임인에게 이전할 의무가 있다. 또한 수임인이 금전을 소비한 때에는 소비한 날 이후의 이자를 지급하여야 한다.

2. 報告義務 - 제683조: 수임인은 사무의 처리과정에서 위임인의 요구가 있으면 그 상황을 보고하여야 하고, 위임이 종료한 때에는 지체 없이 그 전말을 위임인에게 보고하여야 한다.

3. 取得物 등의 引渡 · 移轉義務 - 제684조: 수임인은 위임사무처리로 인하여 받은 금전 기타의 물건 및 수취한 과실은 위임인에게 인도하여야 한다(1항). 또한 수임인이 자기의 명의로 취득한 권리는 위임인에게 이전하여야 한다(2항).

(1) 인도 시기: 인도 및 이전의 시기는 당사자간에 특약이 있거나 위임의 본뜻에 반하는 경우 등과 같은 특별한 사정이 있지 않는 한 위임계약이 종료한 때이므로, 수임인이 반환할 금전의 범위도 위임종료시를 기준으로 정해진다(대판 2007.2.8. 2004다64432).

(2) 위임사무처리 과정에서 위임자를 위하여 제3자로부터 받은 물건의 귀속자-위임인: 금전의 수수를 수반하는 사무처리를 위임받은 자가 그 행위에 기하여 위임자를 위하여 제3자로부터 수령한 금전은 목적이나 용도를 한정하여 위탁된 금전과 마찬가지로 달리 특별한 사정이 없는 한 그 수령과 동시에 위임자의 소유에 속하고, 위임을 받은 자는 이를 위임자를 위하여 보관하는 관계에 있다고 보아야 한다.

(가) 위임사무의 처리 과정에서 취득한 물건: 위임인으로부터 아파트 임차권의 양도를 위임받은 자가 양도대금으로 양수인이 교부한 자기앞수표 중 그 발행은행 및 수표번호가 밝혀진 자기앞수표의 일부에 대하여 법원에 공시최고 신청을 하여 제권판결을 받아 이를 은행에 제시하고 그 수표금을 수령한 경우, 수임인이 그 수표에 대한 공시최고 신청을 한 경위가 분명히 밝혀져 다른 특별한 사정이 있는 것으로 인정되지 않은 이상, 그 수표금은 수임인이 아파트의 임차권의 양도라는 수임사무의 처리와 관련하여 취득한 것으로 보아야 하므로 수임인이 이를 보유하는 것은 사회통념상 위임의 신임관계를 해하는 것이어서, 수임인은 그 금원을 위임인에게 반환하여야 한다(대판 1997.5.16. 96다27902).

(나) 위임자를 위한 수령인지 여부의 판단: 수령한 금전이 사무처리의 위임에 따라 위임자를 위하여 수령한 것인지 여부는 수령의 원인이 된 법률관계의 성질과 당사자의 의사에 의하여 판단되어야 하며, 만일 당사자 사이에 별도의 채권, 채무가 존재하여 수령한 금전에 관한 정산절차가 남아 있는 등 위임자에게 반환하여야 할 금액을 쉽게 확정할 수 없는 사정이 있다면, 이러한 경우에는 수령한 금전의 소유권을 바로 위임자의 소유로 귀속시키기로 하는 약정이 있었다고 쉽사리 단정하여서는 안 된다(대판 2005.11.10. 2005도3627).

(다) 수령한 물건이 대체물인 경우-당사자간에는 특정물로: 수임인이 위임사무를 처리함에 있

어 받은 물건으로 위임인에게 인도한 목적물은 그것이 대체물이더라도 당사자간에 있어서는 특정된 물건과 같은 것으로 보아야 한다(대판 1962.12.16. 67다1525).

4. 金錢消費에 대한 受任人의 責任 - 제685조: 수임인이 위임인에게 인도할 금전 또는 위임인의 이익을 위하여 사용할 금전을 자기를 위하여 소비한 때에는 소비한 날 이후의 이자를 지급하여야 하며, 그 외에 손해가 있으면 배상하여야 한다. 본조는 금전채무에 대한 일반원칙인 제397조에 대한 특칙이 된다.

第686條【受任人의 報酬請求權】 ①受任人은 特別한 約定이 없으면 委任人에 對하여 報酬를 請求하지 못한다.
②受任人이 報酬를 받을 境遇에는 委任事務를 完了한 後가 아니면 이를 請求하지 못한다. 그러나 期間으로 報酬를 定한 때에는 그 期間이 經過한 後에 이를 請求할 수 있다.
③受任人이 委任事務를 處理하는 中에 受任人의 責任 없는 事由로 因하여 委任이 終了된 때에는 受任人은 이미 處理한 事務의 比率에 따른 報酬를 請求할 수 있다.

報酬

1. 委任은 無償이 原則 - 제1항: 위임은 연혁적 이유에서 무상이 원칙으로 되어 있으나, 당사자간의 합의로 유상도 가능하다. 오히려 오늘날은 유상인 것이 일반적이다. 특히 위임사무가 수임인의 영업 내지 업무에 관한 것일 때에는 유상으로 보는 것이 사회통념상 적합하다. 따라서 보수에 관하여 특약이 없을 때에도 의사표시의 해석으로 그러한 특약이 있는 것으로 인정할 수 있다. 따라서 변호사와의 변호의뢰계약에서 그 보수지급 및 수액에 관하여 명시적인 약정을 아니하였다 하여도, 무보수로 한다는 등 특별한 사정이 없는 한 응분의 보수를 지급할 묵시의 약정이 있는 것으로 봄이 상당하다(대판 1993.11.12. 93다36882).

2. 有償

(1) 보수: 보수의 액 보수의 종류 및 보수의 액에 관하여 약정이 있으면 그에 따른다. 종류에 관하여 약정이 없는 때에는 오늘날 금전으로 보아야 할 것이다.

(2) 보수액

(가) 약정이 없는 경우: 보수액에 관하여 별도의 약정이 없는 경우에는, 거래의 관행, 위임사무의 내용, 사무처리의 난이도, 처리결과의 위임인에 대한 영향 등을 종합적으로 고려하여 산정하여야 한다(대판 1995.12.5. 94다50229).

(나) 약정한 보수가 과다한 경우의 감액

① 변호사의 소송위임사무처리에 대한 보수에 관하여 의뢰인과의 사이에 약정이 있는 경우에 위임사무를 완료한 변호사는 특별한 사정이 없는 한 약정된 보수액을 전부 청구할 수 있는 것이 원칙이기는 하지만, 의뢰인과의 평소부터의 관계, 사건 수임의 경위, 착수금의 액수, 사건처리의 경과와 난이도, 노력의 정도, 소송물의 가액, 의뢰인이 승소로 인하여 얻게 된 구체적 이익과 소속 변호사회의 보수규정, 기타 변론에 나타난 제반 사정을 고려하여 약정된 보수액이 부당하게 과다하여 신의성실의 원칙이나 형평의 원칙에 반한다고 볼 만한 특별한 사정이 있는 경우에는 예외적으로 상당하다고 인정되는 범위 내의 보수액만을 청구할 수 있다고 보아야 한다(대판 2002.4.12. 2000다50190).

② 세무사의 세무대리업무처리에 대한 보수에 관하여 의뢰인과의 사이에 약정이 있는 경우, 특별한 사정이 없는 한 약정된 보수액을 전부 청구할 수 있는 것이 원칙이지만, 대리업무수임의 경위, 보수금의 액수, 세무대리업무의 내용 및 그 업무처리과정, 난이도, 노력의 정도, 의뢰인이 세무대리의 결과 얻게 된 구체적 이익과 세무사보수규정, 기타 변론에 나타난 제반 사정을 고려하여 그 약정된 보수액이 부당하게 과다하여 신의성실의 원칙이나 형평의 원칙에 반하는 특별한 사정이 있는 경우에는 예외적으로 상당하다고 인정되는 범위 내의 보수액만을 청구할 수 있다고 할 것이다(대판 2006.6.15. 2004다59393).

(3) 보수의 지급시기
(가) 기간으로 정한 경우-제2항 단서: 약정된 기간 후에 청구할 수 있다.
(나) 시기를 정하지 아니한 경우-제2항: 위임사무를 완료한 후에 청구할 수 있다.
(4) 위임도중의 계약의 종료와 보수
(가) 수임인의 귀책사유에 의한 위임종료: 수임인의 귀책사유로 위임이 도중에 종료된 때에는 위임계약불이행에 따른 문제가 되는데, 보수가 이미 지급되었으면 부당이득으로 반환하여야 한다. 그러나 이미 이행된 사무처리로 위임인의 이득이 있는 경우에는 부당이득이 된다. 따라서 소송위임계약과 관련하여 위임사무 처리 도중에 수임인의 귀책사유로 계약이 종료되었다 하더라도, 위임인은 수임인이 계약종료 당시까지 이행한 사무처리 부분에 관해서 수임인이 처리한 사무의 정도와 난이도, 사무처리를 위하여 수임인이 기울인 노력의 정도, 처리된 사무에 대하여 가지는 위임인의 이익 등 제반사정을 참작하여 상당하다고 인정되는 보수 금액 및 상당하다고 인정되는 사무처리 비용을 착수금 중에서 공제하고 그 나머지 착수금만을 수임인으로부터 반환받을 수 있다(대판 2008.12.11. 2006다32460).
(나) 수임인의 귀책사유 없이 위임종료-제3항: 기성고에 따른 보수를 청구할 수 있다. 수임인의 책임 없는 사유에는 위임인의 귀책사유에 의한 경우와 위임인과 수임인 쌍방에게 귀책사유 없는 경우를 모두 의미한다. 본항은 채무자위험부담주의를 취한 제538조의 특칙이 된다.

第687條【受任人의 費用先給請求權】 委任事務의 處理에 費用을 要하는 때에는 委任人은 受任人의 請求에 依하여 이를 先給하여야 한다.

第688條【受任人의 費用償還請求權等】 ①受任人이 委任事務의 處理에 關하여 必要費를 支出한 때에는 委任人에 對하여 支出한 날 以後의 利子를 請求할 수 있다.
②受任人이 委任事務의 處理에 必要한 債務를 負擔한 때에는 委任人에게 自己에 가름하여 이를 辨濟하게 할 수 있고 그 債務가 辨濟期에 있지 아니한 때에는 相當한 擔保를 提供하게 할 수 있다.
③受任人이 委任事務의 處理를 爲하여 過失없이 損害를 받은 때에는 委任人에 對하여 그 賠償을 請求할 수 있다.

受任人의 費用請求權

1. 費用先給請求權 - 제687조: 수임인이 위임사무의 처리를 함에 있어서 비용을 필요로 하는 경우에 수임인은 사무처리 착수 전에 그 비용을 청구할 수 있다. 수임인의 청구에도 위임인이 비용을 지급하지 않을 때에는 사무처리의 착수를 하지 않더라도 수임인의 채무불이행이 되지 않는다. 또한 수임인은 선급받은 비용의 잔액이 있는 때에는 즉시 반환하여야 한다.
2. 必要費償還請求權 - 제688조제1항: 수임인은 위임사무처리에 관하여 지출한 필요비에 대하여는 이자를 붙여 상환을 청구할 수 있다. 수임인이 지출한 비용이 필요비인지 여부가 당사자간에 다툼이 될 수 있는데, 필요비인지 여부는 객관적 판단에 의할 것이 아니라 수임인의 재량을 기준으로 한다. 즉 사후에 판단하였을 때 결과적으로는 필요 없는 지출이었을지라도 지출 당시에 수임인이 선량한 관리자의 주의로 과실 없이 판단하였다면 필요비가 된다. 사무처리에의 재량은 이를 위한 필요비 지출여부에 대한 재량을 포함한다.
3. 受任人의 債務代辨濟 및 擔保提供 請求權 - 제688조제2항: 수임인이 위임사무처리과정에서 대리인으로서 한 경우에는 위임인 자신의 채무가 되지만, 대리권이 없는 경우에는 수임인의 채무가 된다. 따라서 위임인에게 대변제청구를 할 수 있게 하고, 담보체공청구권을 인정한다. 본항의 필요한 채무이냐 여부는 수임인의 과실 없는 재량이 기준이 된다.
(1) 이행기-대변제청구: 위임사무 처리과정에서 발생한 채무에 대하여는 위임인에게 수임인에 갈음하여 변제할 것을 청구할 수 있다(대변제청구권). 이때 위임인이 하는 변제는 제3자의 채무

변제가 된다(469조). 수임인이 가지는 본항 소정의 대변제청구권은 통상의 금전채권과는 다른 목적을 갖는 것이므로, 수임인이 이 대변제청구권을 보전하기 위하여 채무자인 위임인의 채권을 대위행사하는 경우에는 채무자의 무자력을 요건으로 하지 아니한다(대판 2002.1.25. 2001다52506).
＊ 갑은 주식회사인 을의 이사로서 갑이 을의 공장 매수대금 일부를 마련하기 위하여 병으로부터 대출금을 차용하여 을에게 교부함으로써, 갑은 위임사무의 처리에 관하여 대출금 채무를 부담한 것으로 되어, 민법 제688조제2항 전단의 규정에 의하여 을에게 자신에 갈음하여 대출금 채무를 변제할 것을 청구할 권리가 있다 할 것이고, 이 대변제청구권을 보전하기 위하여 을의 병에 대한 확정판결상의 부당이득반환채권과 위 대출금 채무를 대등액에서 상계할 권리를 대위행사할 수 있다(대판 2002.1.25. 2001다52506).
(2) 이행기 전-담보체공청구: 채무가 변제기에 있지 아니한 때에는 수임인은 담보의 제공을 청구할 수 있고, 위임인은 담보를 제공하여야 한다.
4. 受任人의 損害賠償請求權 - 제688조제3항: 수임인이 위임사무의 처리를 위하여 과실 없이 손해를 받은 때에는 그 손해의 배상을 청구할 수 있다. 위임인은 수임인이 위임사무 처리과정에서 수임인의 귀책사유 없이 수임인에게 발생한 손해에 대하여 배상할 의무가 있다. 여기서의 손해는 위임사무가 없었더라면 수임인에게 발생하지 않았을 그러한 손해를 말한다.

第689條【委任의 相互解止의 自由】 ①委任契約은 各當事者가 언제든지 解止할 수 있다.
②當事者一方이 不得已한 事由없이 相對方의 不利한 時期에 契約을 解止한 때에는 그 損害를 賠償하여야 한다.

雙方의 任意解止

1. 當事者 雙方의 任意解止: 민법상의 위임계약은 그것이 유상계약이든 무상계약이든 당사자 쌍방의 특별한 대인적 신뢰관계를 기초로 하는 위임계약의 본질상 각 당사자는 언제든지 위임을 해지할 수 있고 그로 말미암아 상대방이 손해를 입는 일이 있어도 그것을 배상할 의무를 부담하지 않는 것이 원칙이다(대판 2005.11.24. 2005다39136). 그러나 당사자 일방이 부득이한 사유 없이 상대방의 불리한 시기에 계약을 해지한 때에는 그 손해를 배상하여야 한다(2항).
(1) 유・무상 불문, 기간약정 유무, 해지사유 특약유무 불문-제1항: 당사자는 위임이 유상이든 무상이든, 기간의 약정이 있든 없든 묻지 않고 또한 위임계약에서 해지사유를 정하고 있더라도(대판 2005.11.24. 2005다39136) 자유롭게 계약을 해지할 수 있다. 나아가 해지권을 포기한다는 특약이 있더라도 해지할 수 있다. 다만 해지권포기특약의 불이행에 따른 손해는 본조의 손해와는 별도로 배상되어야 한다.
(2) 부득이한 사유 없이 불리한 시기의 해지와 불리한 시기로 인한 손해의 배상만 책임-제2항
(가) 의미: 당사자는 해지로 인하여 상대방에게 발생한 손해에 대하여는 원칙적으로 책임이 없으나 상대방이 불리한 시기에 해제한 경우에 불리한 시기의 해제로 인해 발생한 손해에 대하여만 책임을 진다.
(나) 〈불리한 시기〉: 해지가 상대방의 불리한 시기에 행하여져서, 그러한 불리한 시기 때문에 발생한 손해에 대하여만 배상의무가 있다. 예컨대 일이 긴박하게 처리되는 도중에 위임인이 다른 수임자를 찾을 시간적 여유를 주지 않고 위임인이 갑자기 계약을 해지하여 일이 중단됨으로써 일의 처리기간이 도과되고, 그로 인하여 위임인에게 발생한 손해 등이 이에 해당한다. 그런데 사무처리의 완료를 조건으로 하여 보수를 지급받기로 하는 내용의 계약과 같은 유상위임계약에 있어서는 시기 여하에 불문하고 사무처리 완료 이전에 계약이 해지되면 당연히 그에 대한 보수청구권을 상실하는 것으로, 계약 당시에 예정되어 있어 특별한 사정이 없는 한 해지에 있어서의 불리한 시기란 있을 수 없다 할 것이므로, 수임인의 사무처리 완료 전에 위임계약을 해지한 것만으로 수임인에게 불리한 시기에 해지한 것이라고 볼 수는 없다(대판 2000.6.9. 98다64202).

(다) 부득이한 사유 없이: 해지할 수밖에 없는 부득이한 사유가 있는 때에는 손해배상은 면제된다. 여기서의 부득이한 사유에 대한 귀책사유 유무는 묻지 아니한다.

(라) 배상의 범위-원칙: 배상의 범위는 위임이 해지되었다는 사실로부터 생기는 손해가 아니라 적당한 시기에 해지되었더라면 입지 아니하였을 손해에 한한다고 볼 것이다.

(마) 불리한 시기 여부 및 손해배상을 인정하지 아니한 사례

① 학습지 교사: 학습지회사의 학습지교사에 대한 위임해지로 손해배상의무를 부담하지 않는다는 사례가 있다(대판 2005.11.24. 2005다39136).

② 사무처리의 완료를 조건으로 하여 보수를 지급받기로 하는 내용의 유상위임계약: 시기 여하에 불문하고 사무처리 완료 이전에 계약이 해지되면 당연히 그에 대한 보수청구권을 상실하는 것으로 계약 당시에 예정되어 있어 특별한 사정이 없는 한 해지에 있어서의 불리한 시기란 있을 수 없다 할 것이므로, 수임인의 사무처리 완료 전에 위임계약을 해지한 것만으로 수임인에게 불리한 시기에 해지한 것이라고 볼 수는 없다(대판 2000.6.9. 98다64202).

③ 부동산임대 중개: 건물임대중개의 완료를 조건으로 중개료 상당의 보수를 받기로 한 계약에 있어 중개완료 이전에 위임인이 계약을 해지한 경우 기대중개료 상당 손해배상 책임을 인정하지 않은 사례가 있다(대판 1991.4.9. 90다18968).

2. 有償委任契約을 委任人이 正當한 理由 없이 解止하는 경우 - 損害賠償責任: 수임인이 재임 중에 기본급, 주택수당 및 자녀학비 등을 지급받고 퇴임시에는 퇴직금까지 지급받기로 하는 유상위임인데다가, 수임인의 지위를 보장하기 위하여 계약기간 중 처음 2년간은 위임인이 해지권을 행사하지 않기로 하는 특약까지 되어 있어 위임인의 이익과 함께 수임인의 이익도 목적으로 하고 있는 위임의 경우에는 위임인의 해지 자유가 제한되어 위임인으로서는 해지 자체는 정당한 이유 유무에 관계없이 할 수 있다 하더라도 정당한 이유 없이 해지한 경우에는 상대방인 수임인에게 그로 인한 손해를 배상할 책임이 있다(대판 2000.4.25. 98다47108).

3. 債務不履行을 理由로 委任契約을 解止하기 위한 要件 - 催告: 수임인이 위임계약상의 채무를 제대로 이행하지 아니하였다 하여 위임인이 언제나 최고 없이 바로 그 채무불이행을 이유로 하여 위임계약을 해제할 수 있는 것은 아니고, 아직도 수임인이 위임계약상의 채무를 이행하는 것이 가능하다면 위임인은 수임인에 대하여 상당한 기간을 정하여 그 이행을 최고하고, 수임인이 그 기간 내에 이를 이행하지 아니할 때에 한하여 계약을 해제할 수 있다(대판 1996.11.26. 96다27148).

4. 解止權拋棄의 特約: 당사자간에 해지권을 행사하지 않겠다는 특약은 원칙적으로 유효하다고 할 수 있다. 그러나 무상위임에서는 수임인에 대하여 부당한 구속을 하는 것으로 무효라 할 것이고, 유상위임에서는 위임이 위임인의 수임인에 대한 개인적 신뢰를 절대적인 기초로 하므로 수임인의 여하한 행위(배신적 행위)에도 해지할 수 없다는 것은 위임의 본질에 어긋나고, 수임인으로서는 중도에 해지되더라도 보수가 지급되면 될 것이다. 그러한 점에서 해지권포기의 특약은 무상, 유상 어느 것이나 위임인과 수임인 양자 모두에게 효력이 없다고 할 것이다. 즉 해지권포기특약에도 불구하고 쌍방이 해지할 수 있다고 해석된다. 다만 이 특약과 관련하여 보수가 문제된다.

(1) 유상인 경우: 유상위임에서는 상대방의 보수가 문제되는데 특약이 효력이 없어 중도에서 위임인이 해지하더라도 보수지급의무는 면하지 못한다고 보아야 한다. 이 경우에는 일의 진행도에 비례하여 보수를 지급하여야 한다고 보아야 한다. 즉 제686조제3항이 유추적용된다. 따라서 본건이 수임인이 재임 중에 기본급, 주택수당 및 자녀학비 등을 지급받고 퇴임시에는 퇴직금까지 지급받기로 하는 유상위임인데다가, 수임인의 지위를 보장하기 위하여 계약기간 중 처음 2년간은 위임인이 해지권을 행사하지 않기로 하는 특약까지 되어 있어 위임인의 이익과 함께 수임인의 이익도 목적으로 하고 있는 위임의 경우에는 위임인의 해지 자유가 제한되어 위임인으로서는 해지 자체는 정당한 이유 유무에 관계없이 할 수 있다 하더라도 정당한 이유 없이 해지한 경우에는 상대방인 수임인에게 그로 인한 손해를 배상할 책임이 있다(대판 2000.4.25. 98다47108).

(2) 무상인 경우: 무상인 경우에는 쌍방에게 부당한 구속을 하는 것이므로 이도 무효이다.

5. 3面契約에 의한 委任에서 委任人 中 1人의 解止: 위임자와 그 위임된 사무의 상대방인 제3자 쌍방으로부터 각각 위임이 된 경우에 어느 일방의 해지는 효력을 갖지 못한다. 이때에는 제3자의

동의를 받아야 해지할 수 있다. 따라서 등기권리자와 등기의무자 각각의 위임에 의하여 등기사무처리의 위탁을 받은 법무사에 대하여 일방과의 위임계약을 해지하기 위하여는 상대방인 제3자의 동의를 요한다(대판 1987.6.23. 85다카2239).

第690條【死亡, 破産等과 委任의 終了】 委任은 當事者一方의 死亡 또는 破産으로 因하여 終了한다. 受任人이 禁治産宣告를 받은 때에도 같다.

當事者의 死亡·破産, 受任人의 禁治産宣告-終了

1. 死亡에 의한 終了: 위임은 당사자간의 신뢰를 기초로 형성된 것으로 당사자인 위임인이든 수임인이든 일방이 사망하면 계약은 당연히 종료한다. 그러나 위임사무가 위임인의 개인에 전속적인 것이 아니라 상속인에게 승계되는 성질의 사무인 경우에는 위임인의 사망으로 위임이 종료한다고 볼 필요는 없을 것이다. 이 경우에는 종료하지 아니하고 상속인과 계약관계가 지속되고, 상속인이 해지할 필요가 있다면 제689조의 임의해지권에 의하여 해지하는 것으로 족하다.

2. 破産에 의한 終了: 본조가 위임계약의 일방 당사자의 파산을 위임계약 종료사유로 하고 있는 것은 위임계약이 당사자 사이의 신뢰관계를 바탕으로 하고 있으므로 당사자의 일방이 파산한 경우에는 그 신뢰관계를 유지하기 어렵게 된다는 데 기초를 두고 있다.

(1) 위임사무의 특수성에 따른 예외: 건축공사 감리계약은 그 법률적 성질이 기본적으로 민법상의 위임계약이라고 하더라도 감리계약의 특수성에 비추어 위임계약에 관한 본조의 규정을 그대로 적용할 수는 없다(대판 2003.1.10. 2002다11236).

(2) 일방이 수인인 경우에 그 중 1인의 파산: 본조의 위임계약 종료사유는 계약 당사자 중 일방이 그 파산 등으로 신뢰를 상실하게 된 경우에 그 계약이 종료되는 것으로 한 것이어서 위임계약의 일방 당사자가 수인인 경우에 그 중 1인에게 파산 등 위 법조가 정하는 사유가 있다고 하여 위임계약이 당연히 종료되는 것이라 할 수도 없으므로, 주택건설촉진법상의 공동사업주체가 사업계획 승인권자의 감리자 지정에 따라 공동으로 감리계약을 체결한 경우 그 공동사업주체의 1인이 파산선고를 받은 것만으로 민법 제690조에 따라 감리계약이 당연히 종료된다고 볼 수 없다(대판 2003.1.10. 2002다11236).

3. 受任人의 禁治産宣告에 의한 終了 - 후문: 수임인이 금치산선고를 받은 때에는 수임인의 경제적 신뢰가 파괴된 것으로 위임은 당연히 종료한다. 그러나 위임인의 금치산선고는 위임의 종료사유가 아니다. 이 경우에 위임인은 필요하다면 제689조의 임의해지권에 의하여 해지할 수 있다.

4. 終了는 遡及效 없음: 위임의 당사자 일방이 파산선고를 받은 경우에는 당사자 쌍방이 이행을 완료하지 아니한 쌍무계약의 해제 또는 이행에 관한 파산법 제50조제1항이 적용될 여지가 없고, 위임의 당사자 일방이 파산선고를 받은 경우에는 민법 제690조에 의하여 위임계약이 당연히 종료된다고 할 것이며, 위와 같은 도급계약의 해제 및 위임계약의 종료는 그 각 조문의 해석상 장래에 향하여 도급 및 위임의 효력을 소멸시키는 것을 의미한다(대판 2002.8.27. 2001다13624).

第691條【委任終了時의 緊急處理】 委任終了의 境遇에 急迫한 事情이 있는 때에는 受任人, 그 相續人이나 法定代理人은 委任人, 그 相續人이나 法定代理人이 委任事務를 處理할 수 있을 때까지 그 事務의 處理를 繼續하여야 한다. 이 境遇에는 委任의 存續과 同一한 效力이 있다.

第692條【委任終了의 對抗要件】 委任終了의 事由는 이를 相對方에게 通知하거나 相對方이 이를 안 때가 아니면 이로써 相對方에게 對抗하지 못한다.

委任終了時의 特則

1. 受任人의 緊急處理義務 - 제691조: 위임종료의 경우에 급박한 사정이 있는 때에는 수임인 또는

그 상속인이나 법정대리인은 위임인 또는 그 상속인이나 법정대리인이 위임사무를 처리할 수 있을 때까지 그 사무의 처리를 계속하여야 한다. 위임사무의 성질 또는 사무처리의 경과에 따라서는 사무처리의 도중중단이 사무처리에 중대한 영향을 주어 위임인에게 손해를 발생시킬 가능성이 있다. 이러한 손해를 방지하기 위하여 수임인에게 위임이 종료되었을지라도 즉시 위임사무에서 손을 뗄 것이 아니라 긴급하게 처리하여야 할 것은 처리를 하여야 할 의무를 부여한 것이다. 급박한 사정이 해소된 경우이거나 사무를 처리할 후임자가 생긴 경우에는 긴급처리의무를 면한다.

(1) 계약 존속의 효력: 이 경우에는 위임의 존속과 동일한 효력이 있다.

(2) 수임인의 권리: 본조에 의한 수임인은 포괄적 업무수행권을 가지는 것이 아니라, 긴급한 최소한의 업무의 수행만 할 수 있다. * 권리능력 없는 사단의 임기만료된 대표자의 사무처리에 대하여 유추적용되는 민법 제691조는 종전 대표자가 임기만료 후에 수행한 업무를 사후에 개별적·구체적으로 가려 예외적으로 그 효력을 인정케 하는 근거가 될 수 있을 뿐, 그로 하여금 장래를 향하여 대표자로서의 업무수행권을 포괄적으로 행사하게 하는 근거가 될 수는 없는 것이고(대판 2003.7.8. 2002다74817), 사임한 회장의 업무수행권은 종중과 같은 비법인사단이 정상적인 활동을 중단하게 되는 처지를 피하기 위하여 보충적으로 인정되는 것임에 비추어 별다른 급박한 사정이 없는 한 종회 규약에서 정하고 있는 직무대행자 선출을 위한 것이 아닌 새로운 회장의 선출 등을 위한 총회를 소집하여 이를 제안하는 것과 같은 일은 사임한 회장에게 수행케 함이 부적당한 임무에 해당한다(대판 2006.10.27. 2006다23695).

2. 委任終了의 對抗要件 - 제692조: 위임종료의 사유는 이를 상대방에게 통지하거나 상대방이 이를 안 때가 아니면 이로써 상대방에 대항하지 못한다. 본조의 상대방은 위임계약의 상대방, 즉 위임인과 수임인을 말한다. 실제로는 위임인이 수임인에게 대항하지 못하는 경우이다. 예컨대 위임인이 사망하거나 파산하면 위임은 종료되는데, 위임이 종료된 사실을 모르고 수임인이 계속하여 위임사무를 처리한 경우에 그 기간 동안의 비용 및 보수에 대하여는 위임이 계속 존속하는 것으로 본다는 의미이다. 따라서 본조는 위임이 해지의 통고로 종료한 때에는 적용이 없다.

第12節 任 置

1. 概括: 임치는 당사자 일방(임치인)이 상대방(수치인)에게 금전이나 유가증권 그 밖의 물건의 보관을 위탁하고, 상대방이 이를 승낙함으로써 성립하는 계약이다.

(1) 물건의 보관이라는 노무의 제공: 임치는 고용, 도급, 위임과 함께 타인의 노무를 이용하는 계약이지만, 노무의 내용이 물건의 보관이라는 특정한 노무라는 점에서 여타의 노무제공계약과 우선 구별되어질 수 있다. 그러나 위임이 사무의 처리로서 그 사무의 내용이 보관인 경우에는 위임과 임치는 동일하게 된다. 노무의 내용이 당해 물건의 보관에 한정되면 임치이고, 보관과 그에 따른 유지보수 등을 내용으로 하면 위임이 된다. 따라서 위임은 보관이 주된 노무가 되지 않고 다른 노무의 내용에 부속되어 보관이 따르게 된다.

(2) 법률적 성질

(가) 낙성·불요식계약: 임치인과 수치인인 당사자간의 합의에 의하여 성립하는, 특별한 형식을 요하지 아니하는 계약이다.

(나) 편무·무상계약: 편무·무상계약이 원칙이나, 당사자간의 특약으로 유상으로 할 수 있고, 유상이면 쌍무계약이다(701조, 686조).

(다) 계속적 계약관계: 물건을 보관하는 노무의 제공으로, 성질상 계속적 계약관계에 있다.

(3) 전문 위탁보관: 오늘날은 사람의 활동범위가 넓어지고 그에 따른 사람과 물건의 이동이 빈번하여 물건을 타인에게 위탁보관할 필요성에 의하여, 위탁보관을 영업으로 하는 전문직종이 발달하고, 또한 이를 규율하는 독립된 법령이 마련되고 있다. 금전과 유가증권의 보관을 위하여 은행을 비롯한 각종 금융기관, 금전 외 기타의 물건의 보관을 위한 전문창고업 등이 그것이며, 금융기관에 관하여는 기본법인 은행법 외의 각종의 금융관계법령이 있으며, 창고업에 관하여는 기본적으로 상법의 규율을 받고 있다. 또한 공중접객업자가 객의 물건을 일시적으로 임치 및 보관한 경우에 관하

여는 상법 제151조 이하가 적용된다. 이러한 것들도 본질은 임치로서 민법의 임치에 관한 규정의 적용이 있을 것이나, 개별법이 특별법으로서 민법이 적용될 여지가 없거나 개별법령이 없는 경우에도 민법의 임치에 관한 규정이 상세하지 못하여 실제로 적용되어질 내용은 거의 없다.

2. 民法의 任置規定의 適用: 민법의 임치에 관한 규정은 금융기관과의 예금계약 또는 전문창고업자와의 창고계약, 공중접객업소에의 임치 내지 보관을 제외한 그 밖의 사인간의 금전 기타 물건의 보관위탁에 적용되어질 뿐이다. 그런데 사인간의 보관위탁의 경우에도 많은 경우에 친척이나 친구와 같은 관계에서 물건의 위탁보관을 하게 되는데, 그러한 경우에 과연 계약관계로서의 임치관계인지 아니면 단순한 호의관계에 지나지 않는지가 구별되어져야 한다. 당사자간에 법률관계로서의 임치관계가 인정되기 위하여는 구체적인 경우에 따라 사회통념 및 거래관행 등에 의하여 판단될 것이지만 그러한 법률관계를 성립시킨다는 최소한의 의사는 존재하여야 한다.

3. 構成

(1) 성립: 제693조
(2) 수치인의 의무: 제694조-제697조
(3) 해지: 제698조-제699조
(4) 반환: 제700조
(5) 소비임치: 제702조

第693條【任置의 意義】 任置는 當事者一方이 相對方에 對하여 金錢이나 有價證券 其他 物件의 保管을 委託하고 相對方이 이를 承諾함으로써 效力이 생긴다.

任置의 成立과 基本的 效力

1. 成立: 물건을 보관한다는 임치인과 수치인 간의 합의가 있어야 한다. 즉 임치는 임치인과 수치인의 목적물의 보관에 대한 합의로써 성립하는 낙성계약이다. 임치를 낙성계약으로 함으로써 약속된 일시에 보관물을 보관시키지 아니한 경우에 문제가 된다. 이는 임치계약의 성립의 문제가 아니라 효력의 문제가 된다. 이는 임치의 효력에 관한 문제이다.

(1) 합의: 묵시적 합의에 의하여도 성립한다.

(가) 묵시적 합의를 인정한 예: 공중접객업자와 객 사이에 임치관계가 성립하려면 그들 사이에 공중접객업자가 자기의 지배영역 내에 목적물 보관의 채무를 부담하기로 하는 명시적 또는 묵시적 합의가 있음을 필요로 한다고 할 것이고, 여관 부설주차장에 시정장치가 된 출입문이 설치되어 있거나 출입을 통제하는 관리인이 배치되어 있는 등 여관 측에서 그 주차장에의 출입과 주차시설을 통제하거나 확인할 수 있는 조치가 되어 있다면, 그러한 주차장에 여관투숙객이 주차한 차량에 관하여는 명시적인 위탁의 의사표시가 없어도 여관업자와 투숙객 사이에 임치의 합의가 있는 것으로 볼 수 있다(대판 1998.12.8. 98다37507).

(나) 묵시적 합의를 부정한 예: 공중접객업자가 주차장 출입과 주차사실을 통제하거나 확인하는 시설이나 조치가 되어 있지 않은 채 단지 주차의 장소만을 제공하는 데에 불과하여 그 주차장 출입과 주차사실을 여관측에서 통제하거나 확인하지 않고 있는 상황이라면, 부설주차장 관리자로서의 주의의무 위배 여부는 별론으로 하고 그러한 주차장에 주차한 것만으로 여관업자와 투숙객 사이에 임치의 합의가 있은 것으로 볼 수 없고, 투숙객이 여관측에 주차사실을 고지하거나 차량열쇠를 맡겨 차량의 보관을 위탁한 경우에만 임치의 성립을 인정할 수 있다(대판 1992.2.11. 91다21800).

(2) 목적물-동산: 부동산도 임치의 목적물이 되느냐가 문제된다. 민법은 기타 물건이라고 하여 동산에 한정하지는 않는다. 임치란 물건의 원상태를 변하게 함이 없이 보존하는 것을 원칙으로 한다. 그런데 부동산에서 보관이라는 것은 최소한의 관리도 하면서 보전하는 것을 의미하는 것으로 보전만 하는 보관이란 있을 수 없다. 따라서 부동산에 대한 보관으로서의 노무제공은 고용이나 위임에 해당한다. 따라서 수치인의 노무의 내용상 부동산은 임치의 목적물이 되지 않는다.

(3) 보관의 노무제공-보관이익: 보관이란 임치물을 수치인의 지배영역에 두고 그 원상을 보존하는 행위를 말한다.

(가) 소유권은 임치인에게 존속: 보관은 임치물의 점유만 이전하는 것으로 소유권은 여전히 임치인에게 속한다. 따라서 임치물을 사용 또는 처분할 수 없다.

(나) 보관의 노무: 수치인은 보관이라는 노무를 제공하는 것을 목적으로 한다. 따라서 단순히 보관장소만을 제공하는 것은 임대차나 사용대차에 해당하며, 관리하는 노무를 포함하면 임치가 아니라 고용 또는 위임이 된다.

(4) 보수: 무상이 원칙이나, 유상으로 할 수 있다.

2. 效力

(1) 수치인의 의무

(가) 임치물보관의무

① 주의의무-제679조: 수치인은 임치물의 현상을 유지할 수 있도록 보관하여야 한다. 무상임치에서는 자기재산과 동일한 주의의무로서, 유상임치에서는 선관주의의무로서 보관하여야 한다.

② 무단 복임치금지: 수치인은 임치인의 승낙이나 부득이한 사유 없이 제3자로 하여금 자기에게 갈음하여 임치물을 보관하게 할 수 없다(701조, 682조1항).

(나) 수치인의 목적물 반환의무

① 반환할 물건: 임치계약상 수취인이 반환할 목적물은 당사자 사이에 특약이 없는 한 수취한 물건 그 자체이고 그 물건이 전부 멸실된 때에는 임치물 반환채무는 이행불능이 되는 것이고, 임치한 물건이 대체물인 경우라도 그와 동종 동량의 물건을 인도할 의무가 없고 수취인의 과실로 인하여 임차물이 멸실된 경우에는 멸실 당시의 그 물건 싯가액 상당의 손해를 배상할 책임이 있다(대판 1976.11.9. 76다1932).

② 거래지방에 있어 사실인 관습으로 되어 있는 냉동을 위한 생선 임치계약: 냉동을 위한 생선 임치계약에 있어 출고시에 임치인이 이의 없이 수치물인 생선을 반환받았으면 수탁자의 책임이 면제된다는 사실인 관습이 있는 거래지방에 있어서는 그에 따라 임치계약을 해석하여야 할 것이다(대판 1967.12.18. 67다2093, 2094).

③ 수치인의 귀책사유에 의한 대체목적물 도난에 따른 대체물 반환: 자동차회사인 원고가 구매자에게 매도한 자동차를 피고들에게 임치 중 피고들의 귀책사유로 도난을 당하여 원고가 수차 차량을 인도하여 줄 것을 최고하였음에도 불구하고 피고들이 이를 이행하지 아니하므로 원고가 구매자에게 매매목적인 자동차를 인도해 주지 못하여 대신 동종의 다른 자동차를 인도해 준 경우 그로 인하여 원고가 입은 손해는 다시 자동차를 출고해 줌으로써 이중으로 부담하게 된 자동차의 가액과 출고, 등록, 차량탁송에 소요된 비용과 제세공과금 등이라고 볼 것이고(그 이후에 자동차를 되찾은 날까지의 인도지연에 따른 손해나 감가상각액 정도라고 할 수는 없다), 피고들도 이를 예견할 수 있었다고 할 것이므로 이의 배상책임이 있다 할 것이며, 또한 그 후에는 피고들이 자동차를 되찾아 반환하고자 한다고 하여도 원고는 이미 동종의 다른 자동차를 인도하여 매도인으로서의 채무를 이행해 버린 이상, 그리고 피고들을 상대로 이 사건 손해배상청구소송까지 제기하고 있으므로 신품을 판매하는 원고에게 중고자동차를 수령하여야 할 의무가 있다고 할 수는 없다(대판 1990.12.11. 90다카27129).

④ 수치인의 수령지체 중 목적물의 멸실: 수치인이 적법하게 임치계약을 해지하고 임치인에게 임치물의 회수를 최고하였음에도 불구하고 임치인의 수령지체로 반환하지 못하고 있는 사이에 임치물이 멸실 또는 훼손된 경우에는 수치인에게 고의 또는 중대한 과실이 없는 한 채무불이행으로 인한 손해배상책임이 없다. 따라서 수치인이 임치인에게 보관중인 건고추를 속히 처분하지 않으면 벌레가 먹어 못쓰게 되니 빨리 처분하든지 인도받아 가라고 요구하였다면 이는 임치계약을 해지하고 임치물의 회수를 최고한 의사표시라고 볼 여지가 있고 이에 대하여 임치인이 시세가 싸다는 등 이유로 그 회수를 거절하였다면 이때로부터 수령지체에 빠진 것이라고 하겠다(대판 1983.11.8. 83다카1476).

⑤ 창고업자의 실화로 인하여 멸실된 임치물에 대한 배상책임과 실화책임에관한법률에 의한 배상책임과의 관계: 실화책임에관한법률은 창고업자의 실화로 인하여 임치물의 반환의무가 이행

불능케 된 경우의 책임까지 배척하는 것은 아니다(대판 1967.10.23. 67다1919).

(2) 임치인의 의무

(가) 임치물인도의무: 임치계약은 낙성계약으로 당사자간의 합의로 계약은 성립하고, 그에 따른 효력으로 임치인이 목적물을 수치인에게 인도하여야 할 것이다. 그런데 무상임치에서는 임치물 인도의무가 문제가 되지 않을 것이고, 유상임치에서 보수와 관련하여 문제된다. 유상임치에서는 채무불이행의 문제로 해결하여야 할 것이다.

(나) 보수: 무상이 원칙으로 유상이면 약정이 있어야 한다. 유상임치는 묵시적 약정 또는 관행에 의하여도 인정될 수 있다.

3. 特殊한 任置

(1) 혼장임치: 수치인은 임치가 종료한 때에 임치된 물건 자체를 반환하여야 한다. 이는 대체물인 경우에도 임치물 그 자체를 반환하여야 하는 것이지 동종으로 반환할 것은 아니다. 그러나 대체물을 임치하면서 수치인이 동종·동질의 다른 대체물과 함께 보관하고 반환시에 임치물과 동종·동질·동량으로 반환할 것을 약정하는 경우가 있다. 이를 혼장임치라 한다. 이는 임치물이 대체물인 때에 개별임치에 따른 높은 보관비를 절약할 수 있다는 장점이 있다. 혼장임치의 대표적인 것이 곡물의 임치다.

(2) 소비임치: 임치물이 대체물이며, 소비물인 때에 임치물의 소유권을 양도하여 수치인이 처분할 수 있도록 하고, 임치종료시에 동종·동질·동량으로 반환할 것을 약정하는 임치이다. 소비임치에서 수치인의 소비는 보관의 하나의 방법으로 이용되는 것이다. 금전의 임치(예금)가 이에 해당한다. 소비한 후에 동조의 물건으로 반환하는 내용의 약정이 본질이 임치인지 아니면 소비대차인지가 문제되는데, 양자는 당해 약정의 주된 이익이 소비임치는 임치인의 보관이익이고 소비대차는 차주의 사용이익이라는 점에서 차이가 난다.

(3) 고객이 증권회사에게 증권을 예탁 또는 담보로 제공한 법률관계: 고객이 증권회사에게 예탁한 증권이나 담보로 제공한 유가증권의 반환을 청구할 경우 증권회사가 그것과 종목과 권리가 동일한 증권으로 반환할 수 있다는 약정의 취지는 증권회사가 고객에게 증권을 반환하여야 할 경우에 예탁 또는 담보로 제공받은 증권과 종목 및 권리가 동일한 증권을 반환할 수 있다는 취지이지, 예탁 또는 담보로 제공받은 증권의 소유권을 증권회사에게 귀속시키기로 한다거나 증권회사가 그 증권을 임의로 소비 또는 처분할 수 있다는 취지라고 볼 수 없고, 또 증권회사가 고객으로부터 담보로 제공받은 증권을 다른 예탁자가 예탁한 동일 종목의 증권과 혼합보관할 수 있다고 약정하였다고 하여 고객이 증권회사에게 예탁 또는 담보로 제공한 증권의 소유권이 증권회사에게 귀속되어 증권회사가 이를 임의로 소비하거나 처분할 수 있게 되는 것이라고 볼 수 없다(대판 1994.9.9. 93다40256).

(4) 해상운송화물이 통관을 위하여 보세창고에 입고된 경우: 운송인과 보세창고업자 사이에 해상운송화물에 관하여 묵시적 임치계약이 성립한다고 볼 것이고, 따라서 보세창고업자는 운송인과의 임치계약에 따라 운송인 또는 그가 지정하는 자에게 화물을 인도할 의무가 있고, 한편 운송인은 선하증권상의 수하인이나 그가 지정하는 자에게 화물을 인도할 의무가 있으므로, 보세창고업자로서는 운송인의 이행보조자로서 해상운송의 정당한 수령인인 수하인 또는 수하인이 지정하는 자에게 화물을 인도할 의무를 부담하게 되는바, 보세창고업자가 화물을 인도함에 있어서 운송인의 지시 없이 수하인이 아닌 사람에게 인도함으로써 수하인의 화물인도청구권을 침해한 경우에는 그로 인한 손해를 배상할 책임이 있다(대판 2004.1.27. 2000다63639).

(5) 보세창고업자와 해상운송화물의 실수입자의 임치계약: 운송인 또는 그 국내 선박대리점의 입장에서는 해상운송화물이 자신들의 지배를 떠나 수하인에게 인도된 것은 아니고 보세창고업자를 통하여 화물에 대한 지배를 계속하고 있다고 볼 수 있으므로, 보세창고업자는 해상운송화물에 대한 통관절차가 끝날 때까지 화물을 보관하고 적법한 수령인에게 화물을 인도하여야 하는 운송인 또는 그 국내 선박대리점의 의무이행을 보조하는 지위에 있다고 할 수 있다(대판 2007.6.28. 2005다22404). * 화물의 반출에 대한 관세행정법상의 통제는 화물의 인도에 관한 사법상의 법률관계와는 별개로 통관 또는 관세행정의 편의를 위한 것에 불과하므로 보세창고업자는 관세법령

에 의한 화물의 반출이 가능하더라도 여전히 운송인과의 임치관계에 의하여 운송인의 지시에 따라 화물을 인도할 의무를 부담한다(대판 2004.7.9. 2002다16729).
(6) 비자금에 대한 임치계약의 유효성 여부: 비자금을 맡긴 동기는 이 돈을 은닉하여 두었다가 필요시에 쉽게 사용하기 위한 것이라고 할 것인데, 이와 같이 이미 반사회적 행위에 의하여 조성된 재산을 소극적으로 은닉하기 위하여 이 사건 임치에 이른 것만으로는 그것이 곧바로 사회질서에 반하는 법률행위라고 볼 수는 없다 할 것이어서 불법원인급여에 해당하지 아니한다(대판 2001.4.10. 2000다49343).

第694條【受置人의 任置物使用禁止】 受置人은 任置人의 同意없이 任置物을 使用하지 못한다.

任置物無斷使用禁止

1. 任置物의 所有權: 임치물의 소유권은 여전히 임치인에게 있다.
2. 任置는 保管: 임치는 보관을 위한 것이지 사용의 허가를 의미하는 것이 아니다.
3. 無斷 使用禁止: 수치인은 임치인의 동의 없이 임치물을 사용하지 못한다(본조).

第695條【無償受置人의 注意義務】 報酬없이 任置를 받은 者는 任置物을 自己財産과 同一한 注意로 保管하여야 한다.

任置物의 保管

1. 通常의 任置의 保管의 方法과 場所: 보관의 방법과 장소에 관하여 약정이 있으면 그에 따른다. 약정이 없으면 임치물의 내용과 성질에 따라 가장 적당한 장소와 방법으로 보관하여야 한다. 곡물과 같은 대체물의 경우에는 특약이 없는 한 혼장임치가 거래관행이라고 보아야 한다. 보관의 장소는 정당한 이유 없이 변경할 수 없다(700조 참조).
2. 混藏任置: 임치는 대체물인 경우에도 원칙적으로 임치물마다 개별로 보관하여야 한다. 그러나 개별로 보관하는 경우에는 넓은 보관장소와 많은 비용을 요한다. 그리하여 동종·동질의 물건인 경우에 혼합하여 보관하고, 반환시에 동종·동질·동량으로 반환할 것을 약정할 수 있는데, 그러한 특약의 임치를 혼장임치라 한다. 혼장임치는 목적물의 소유권을 수치인에게 이전하는 것이 아니므로 소비임치가 아니고, 따라서 수치인이 목적물을 소비·이용하지 못한다. 그리고 임치인이 임치하면 임치된 물건은 복수의 임치인의 공유로 되나, 임치인이 공유물 중에서 임치된 물건과 동종·동질·동량의 물건으로 반환받으면 임치인의 단독소유로 환원되는 점에서 통상의 임치와는 다르다.
3. 保管에 必要한 注意의 程度: 수치인의 보관물에 대한 주의의 정도는 유상인 경우와 무상인 경우에 다르다.
(1) 유상임치-제374조: 유상임치에서 수치인은 선량한 관리자의 주의로 보관하여야 한다. 즉 수치인은 추상적 경과실에 대하여 책임을 진다.
(2) 무상임치-제695조: 무상임치에서 수치인은 자기재산과 동일한 주의로 보관하여야 한다. 즉 구체적 경과실에 대하여만 책임이 있다.
(3) 특별법상의 책임가중: 공중접객업자는 민법상의 유상임치에서의 수치인보다 책임을 가중시켜 수치인이 불가항력을 입증하지 못하는 한 배상책임을 면하지 못한다(상법 152조).

第696條【受置人의 通知義務】 任置物에 對한 權利를 主張하는 第三者가 受置人에 對하여 訴를 提起하거나 押留한 때에는 受置人은 遲滯없이 任置人에게 이를 通知하여야 한다.

危險通知義務

1. 通知義務: 임치물에 대한 권리를 주장하는 제3자가 수치인에 대하여 소를 제기하거나 압류한 때에는 수치인은 지체 없이 임치인에게 이를 통지하여야 한다. 임치인이 소에 참가하거나 또는 이의를 제출할 기회를 주기 위한 것이다.
2. 第3者의 所有權 主張에 의한 返還請求: 제3자가 임치물에 대한 소유권을 주장하여 반환을 청구하더라도 제3자에게 반환하여서는 아니 되고, 임치인에게 통지하여 대응할 수 있도록 하여야 한다.

第697條【任置物의 性質, 瑕疵로 因한 任置人의 損害賠償義務】 任置人은 任置物의 性質 또는 瑕疵로 因하여 생긴 損害를 受置人에게 賠償하여야 한다. 그러나 受置人이 그 性質 또는 瑕疵를 안 때에는 그러하지 아니하다.

任置物의 瑕疵로 인한 損害賠償

1. 任置人의 損害賠償義務: 임치인은 임치물의 성질 또는 하자로 인하여 생긴 손해를 수치인에게 배상하여야 한다(본문). 예컨대 임치물이 쉽게 상하는 특이한 성질이고, 수치인이 그러한 특이한 성질을 몰랐으며, 그러한 특이한 성질로 다른 보관물을 상하게 한 경우에 임치인은 수치인에게 발생한 손해를 배상하여야 한다.
2. 受置人이 안 경우는 免責 – 단서: 수치인이 임치물의 성질 또는 하자를 안 때에는 임치인은 배상책임을 지지 않는다. 수치인이 당해 임치물의 특이한 성질이나 하자를 과실로 모르고 통상적인 방법으로 보관하여, 그로 인하여 다른 보관물에 영향을 주어 피해를 발생시킨 경우에는 수치인의 과실이 있기 때문에 임치인은 배상책임이 면제된다고 보아야 한다.

第698條【期間의 約定 있는 任置의 解止】 任置期間의 約定이 있는 때에는 受置人은 不得已한 事由없이 그 期間 滿了前에 契約을 解止하지 못한다. 그러나 任置人은 언제든지 契約을 解止할 수 있다.

第699條【期間의 約定 없는 任置의 解止】 任置期間의 約定이 없는 때에는 各當事者는 언제든지 契約을 解止할 수 있다.

任置의 終了

1. 一般的 終了事由: 임치는 임치기간의 만료, 목적물의 멸실과 같은 계약의 일반적 종료원인에 의하여 종료하는 외에 별도로 아래와 같은 당사자의 해지에 의하여 종료한다.
2. 任置에 特有한 解止: 임치는 기간의 약정 유무에 따라 특유한 해지사유가 다르다.
(1) 기간의 약정이 있는 임치-제698조
(가) 임치인-단서: 약정한 기간 전이라도 임의로 해지할 수 있다.
(나) 수치인-본문: 부득이한 사유가 없는 한 기간만료 전에 해지할 수 없다.
(2) 기간의 약정이 없는 임치-제699조: 쌍방 모두 언제나 해지할 수 있다.
3. 解止의 效果
(1) 목적물 반환의무: 수치인은 목적물을 반환하여야 한다. * 기간의 약정이 없는 임치계약은 당사자가 언제든지 해지할 수 있고, 해지의 방법으로써 지급명령정본이 송달되었다면 수치인은 송달 익일부터 연 5푼의 지연손해금을 지급할 의무가 있다(대구고법 1961.4.26. 4293민공814).
(2) 손해의 배상: 임치인이든 수치인이든 누가 해지하였든, 그리고 보수의 유무에 불구하고 해지로 인한 상대방의 손해는 배상하여야 한다(548조, 550조).

第700條【任置物의 返還場所】 任置物은 그 保管한 場所에서 返還하여야 한다. 그러

나 受置人이 正當한 事由로 因하여 그 物件을 轉置한 때에는 現存하는 場所에서 返還할 수 있다.

任置物 返還義務

1. 現象대로의 返還: 임치가 종료한 때에 수치인은 특정물인도채무자로서 임치물을 현상대로 반환하여야 한다(462조). 훼손하였더라도 훼손한 그대로 반환하면 된다. 훼손한 부분에 관하여는 임치계약상의 채무불이행의 문제가 된다.

2. 任置人의 返還請求權: 임치인은 임치물반환청구권에 관하여 임치계약상의 채권적 청구권과 물건의 소유권에 기한 물권적 청구권을 행사할 수 있다. 따라서 임치계약상의 채권적 반환청구권이 소멸시효에 걸린 때에는 물권적 반환청구권을 행사하여 반환을 청구할 수 있다. 그러나 소비임치에서는 채권적 청구권만 있다.

3. 任置物 自體를 返還: 반환할 물건은 혼장임치가 아닌 경우에는 대체물일지라도 임치한 당해 물건 자체이어야 한다. 대체물을 멸실한 경우에도 멸실에 대한 책임을 누가 지느냐는 것은 별도의 문제로서 다른 물건으로 반환할 수 없다.

4. 返還의 相對方: 임치물은 임치인 또는 임치인이 지정하는 자에게 반환하여야 한다. 제3자가 임치물의 소유권을 주장하며 반환을 요구하더라도 제3자에게 반환하여서는 아니 된다(696조 참조). 제3자에게 반환한 경우에 제3자가 진정한 소유권자가 아니거나 임치인의 임치물에 대한 권리(점유를 할 수 있는 임차권이나 공유자로서의 지분권 등)가 침해된 때에는 수치인은 임치계약상의 채무불이행책임을 진다.

5. 返還場所 - 제700조: 반환하여야 할 장소는 특약이 없는 한 보관장소이다. 그러나 수취인이 정당한 사유로 인하여 임치물을 옮겨 보관(전치)한 때에는 그 장소에서 반환할 수 있다.

6. 報酬請求權과 同時履行의 關係: 수치인의 임치물반환의무는 임치인의 보수지급의무와 동시이행의 관계에 있다. 그리고 수치인은 보수청구권에 관하여 임치물에 유치권을 가진다.

第701條【準用規定】 第682條, 第684條 乃至 第687條 및 第688條第1項, 第2項의 規定은 任置에 準用한다.

委任規定의 準用

1. 無斷 復任置禁止 - 제682조: 수치인은 임치인의 승낙이나 부득이한 사유 없이 제3자로 하여금 자기에게 갈음하여 임치물을 보관하게 할 수 없다(1항). 적법하게 제3자에게 보관하게 한 경우에도 수치인은 그 제3자의 선임과 감독에 관하여 책임을 진다. 그러나 임치인의 지명에 따라 제3자를 선임한 경우에는 그 부적임 또는 불성실을 알고서도 임치인에게 통지하지 아니하였거나 그 해임을 태만히 한 때에만 책임을 진다(2항). 적법한 복수치인은 임치인 및 제3자에 대하여 수치인과 동일한 주의의무가 있다.

2. 費用先給義務 - 제687조: 임치물의 보관에 비용을 요하는 때에는 임치인은 수치인의 청구에 의하여 이를 선급하여야 한다.

3. 必要費償還義務(687조), 債務代辨濟義務, 擔保提供義務(688조): 임치인은 수치인이 지출한 필요비를 상환하여야 하며(687조), 보관에 필요한 채무에 대하여 대변제하여야 하고, 채무에 대하여 담보의 요구를 받은 때에는 담보를 제공하여야 한다(688조1항 및 2항).

4. 報酬支給義務 - 제686조: 특약이 있는 때에는 임치인은 보수를 지급하여야 한다(1항). 지급시기에 관하여 약정이 없는 때에는 후급이며, 기간으로 보수의 지급을 정한 때에는 그 기간이 경과한 때에 지급하여야 한다(2항). 그리고 수치인의 책임 없는 사유로 임치가 종료한 때에는 이미 한 보관의 비율에 따라 보수를 지급하여야 한다(3항).

5. 取得物의 返還義務 - 제684조, 제685조: 수치인이 보관으로 인하여 취득한 금전 기타의 물건이나 임치물에서 생긴 과실은 인도하여야 하며, 수치인이 임치인을 위하여 자기의 명의로 취득한 권

리도 이전하여야 한다(684조). 수치인이 임치인에게 인도할 금전 또는 임치인의 이익을 위하여 사용할 금전을 자기를 위하여 소비한 때에는 소비한 날 이후의 이자를 붙여 반환하여야 하고, 손해가 있으면 배상하여야 한다(685조).

第702條【消費任置】 受置人이 契約에 依하여 任置物을 消費할 수 있는 境遇에는 消費貸借에 關한 規定을 準用한다. 그러나 返還時期의 約定이 없는 때에는 任置人은 언제든지 그 返還을 請求할 수 있다.

消費任置

1. 成立

(1) 특약: 수치인은 임치물을 소비할 수 없는 것이 원칙이나, 그 임치물이 대체물로서 소비할 수 있는 목적물인 경우에 수치인이 그 임치물을 소비하고 후에 동종·동질·동량의 물건으로 반환하는 약정을 할 수 있는데, 그러한 특약이 있는 임치를 소비임치라 한다.

(2) 목적물: 목적물은 대체물로서 소비할 수 있는 물건이면 모두 소비임치의 대상이 된다. 곡물, 금전 등이 대표적으로 소비임치의 대상이 되나, 특히 금전의 은행에의 예금은 사회적으로 중요한 역할을 한다.

2. 效力

(1) 소비대차 준용: 소비임치로 수치인은 목적물을 소비할 수 있는 것이므로, 임치인은 목적물의 소유권을 수치인에게 양도하여 취득시킨다. 소비임치는 임치인을 위한 임치물의 보관이라는 의미보다도 임치물의 소유권을 수치인에게 양도하여 수치인을 위하여 임치기간 동안 임치물을 사용하게 할 수 있다는 의미가 크므로 소비임치에 관하여 민법은 소비대차에 관한 규정을 준용하도록 하고 있다(702조 본문). 이처럼 소비임치와 소비대차는 유사하다. 그러나 소비임치는 임치물의 보관이 계약의 주된 목적으로서 주된 이익향유자는 임치인이며 수치인이 소비할 수 있다는 것은 보관의 하나의 방법에 불과하나, 소비대차는 소비에 계약의 주된 목적이 있어 계약의 주된 이익향유자가 차주라는 점에서 구별된다.

(2) 보관료: 소비임치로 임치물에 대하여 임치인에게는 보관의 이익이 있고, 수치인에게는 임치물의 용익의 이익이 생기므로 소비임치에서 임치인은 보관료나 비용의 상환의무는 생기지 아니한다.

(3) 반환시기: 반환시기에 관하여 약정이 없는 때에는 임치인은 언제든지 그 반환을 청구할 수 있다(702조 단서). 따라서 반환청구권의 소멸시효는 반환의 약정이 없는 경우 목적물을 인도한 때로부터 진행하며, 약정한 반환시기가 있는 경우에는 기간이 만료한 때부터 진행한다.

3. 預金契約

(1) 예금계약의 의의: 예금계약이란 예금자가 은행 기타의 금융기관에 금전의 보관을 위탁하고, 금융기관은 이를 보관기간동안 소비할 수 있고 반환시에는 동량으로 반환할 것을 약정함으로써 성립하는 계약이다. 이러한 예금계약에는 반환시기의 약정을 기준으로 보통예금, 정기예금, 통지예금 등이 있다. 또한 예금자가 당좌예금을 자금으로 자기가 발생한 수표의 지급을 위탁하는 당좌예금계약이 있다. 그런데, 예금계약에 관하여는 특별법인 금융거래실명및비밀보장에관한법률에 의하여 몇 가지 규제를 받는다.

(2) 법적 성질: 예금계약의 법적 성질은 당좌예금을 제외한 통상적인 예금계약은 소비임치이다. 그런데 민법상의 소비임치는 낙성계약이지만, 예금계약은 당사자의 합의만으로 성립하지 않고 금전의 현실의 제공이 있어야 하는 요물계약이다. 그리고 당좌예금은 금전의 소비임치와 지시에 따라 지급을 위탁하는 위임이 혼합된 혼합계약이다.

(3) 예금계약의 성립

(가) 성립 여부가 문제되는 사례

① 대리권 남용: 지점장대리인이 본인인 은행의 의사나 이익에 반하여 자기 또는 제3자의 이익을

위하여 예금계약을 체결한 경우(대리권 남용)에 동 계약은 민법 제107조의 비진의표시가 유추적용되어, 대리인의 예금계약의사가 진의가 아님을 통상의 과실로 알지 못한 채 예금계약을 체결한 것이라면 예금계약자체가 성립되지 아니하였다 할 것이니 위 예금자는 은행에 대하여 위 대리인의 사용자임을 이유로 그의 불법행위를 원인으로 한 책임을 묻는 것은 별문제로 하고 정당한 예금계약이 성립되었음을 전제로 하여 예금반환청구는 할 수 없다(대판 1987.7.7. 86다카1004).

② 추가금리의 지급 제의: 예금주가 예금에 있어 그 대가로 은행소정금리 외에 예금유치인을 통하여 추가금리를 지급받기로 하였다 하더라도 그것이 은행직원과 예금유치인들 간에 은행의 예금고를 높임으로써 그 은행직원의 실적을 올리는 한편 예금유치인이 같은 은행으로부터 대출상의 특혜를 받기 위한 방편으로 이루어진 것으로서 예금주에게 통장까지 전달된 것이라면 예금주와 은행 간의 예금계약의 성립을 부인하여 이를 단순한 예금주와 유치인 간의 대차관계라고만 볼 수 없다(대판 1985.12.24. 85다카880).

(나) 예금계약의 성립시기: 예금계약은 요물계약으로서 합의와 금전의 현실의 제공이 있어야 성립하는데, 구체적으로 계약의 성립시기는 언제인지의 문제가 있다. 현금이 제공된 때와 어음·수표가 제공된 때에 따라 다르다.

① 현금의 예치: 예금계약은 예금자가 예금의 의사를 표시하면서 금융기관에 돈을 제공하고 금융기관이 그 의사에 따라 그 돈을 받아 확인을 하면 그로써 성립하며, 금융기관의 직원이 그 받은 돈을 금융기관에 실제로 입금하였는지 여부는 예금계약의 성립에는 아무런 영향을 미치지 아니한다(대판 2005.12.23. 2003다30159).

② 어음, 수표: 어음이나 수표가 제공된 경우에는 그것이 본인 발행의 어음이나 수표(自店券)인지 타인 발행의 어음·수표(他店券)인지에 따라 다르다. 자점권인 경우에도 자기 지점발행의 증권인 경우에는 진정여부를 확인한 때에 성립한다고 본다. 다른 지점발행의 자점권인 경우에는 발행인의 예금잔고의 확인을 정지조건으로 증권의 수수로써 성립한다. 타점권발행의 어음·수표의 경우에는, 어음·수표의 인도로써 증권상의 권리를 양도받으며 예금계약은 인도시 성립한다(대판 1995.6.16. 95다9754).

(다) 예금계약의 당사자

① 실명확인 후의 예금명의자-원칙은 예금명의자: 예금금융실명거래 및 비밀보장에 관한 법률에 따라 실명확인 절차를 거쳐 예금계약을 체결하고 그 실명확인 사실이 예금계약서 등에 명확히 기재되어 있는 경우에는, 일반적으로 그 예금계약서에 예금주로 기재된 예금명의자나 그를 대리한 행위자 및 금융기관의 의사는 예금명의자를 예금계약의 당사자로 보려는 것이라고 해석하는 것이 경험법칙에 합당하고, 예금계약의 당사자에 관한 법률관계를 명확히 할 수 있어 합리적이다. 그리고 이와 같은 예금계약 당사자의 해석에 관한 법리는, 예금명의자 본인이 금융기관에 출석하여 예금계약을 체결한 경우나 예금명의자의 위임에 의하여 자금 출연자 등의 제3자가 대리인으로서 예금계약을 체결한 경우 모두 마찬가지로 적용된다고 보아야 한다(대판 2009.3.19. 2008다45828).

② 금융기관과 예금명의자 사이의 출연자를 당사자로 한다는 합의-극히 예외적인 경우만 출연자: 본인인 예금명의자의 의사에 따라 예금명의자의 실명확인 절차가 이루어지고 예금명의자를 예금주로 하여 예금계약서를 작성하였음에도 불구하고, 예금명의자가 아닌 출연자 등을 예금계약의 당사자라고 볼 수 있으려면, 금융기관과 출연자 등과 사이에서 실명확인 절차를 거쳐 서면으로 이루어진 예금명의자와의 예금계약을 부정하여 예금명의자의 예금반환청구권을 배제하고 출연자 등과 예금계약을 체결하여 출연자 등에게 예금반환청구권을 귀속시키겠다는 명확한 의사의 합치가 있는 극히 예외적인 경우로 제한되어야 한다. 그리고 이러한 의사의 합치는 금융실명거래 및 비밀보장에 관한 법률에 따라 실명확인 절차를 거쳐 작성된 예금계약서 등의 증명력을 번복하기에 충분할 정도의 명확한 증명력을 가진 구체적이고 객관적인 증거에 의하여 매우 엄격하게 인정하여야 한다(대판 2009.3.19. 2008다45828).

(4) 예금채권의 반환청구

(가) 준점유자: 채권의 준점유자라고 하려면 채권의 사실상 귀속자와 같은 외형을 갖추어야 하므로

예금채권의 준점유자는 예금통장과 그에 찍힌 인영과 같은 인장을 소지하여야 한다(대판 1985.12.24. 85다카880).

(나) 지급청구: 예금통장과 인감이 날인되고 비밀번호가 기재된 예금청구서를 은행에 제출하여야 하며, 금융기관은 예금청구서에 날인된 인장과 통장에 날인된 인장이 동일하고, 비밀번호가 같다고 인정될 경우에만 예금을 지급하여야 하며, 한편 금융기관이 예금주가 아닌 자나 예금통장을 소지하지 아니한 자에게 예금을 지급하는 경우, 그 예금지급이 유효하게 되기 위하여는 위와 같이 예금지급을 청구한 자가 예금주로부터 정당한 권한을 위임받았다는 점을 입증하거나, 정당한 권한을 위임받았다는 점을 입증하지 못하더라도 채권의 준점유자에 대한 변제로서 유효하다는 점을 입증해야 할 것인 데, 예금명의자도 아니고 예금통장도 소지하지 않은 예금행위자에 불과한 자는 금융실명제가 시행된 이후에는 극히 예외적인 특별한 사정이 인정되지 않는 한 예금채권을 준점유하는 자에 해당될 수가 없다(대판 2002.6.14. 2000다38992).

(5) 예금채권의 소멸시효: 예금계약에 따른 예금반환청구권은 상사채무로서 5년의 소멸시효에 걸린다(상법 64조). 그런데 소멸시효의 기산점을 어떻게 보아야 할 것인지가 문제된다. 정기예금과 같이 반환시기의 약정이 있는 경우에는 기간만료일로부터 진행됨은 당연한데, 그 밖의 통상적인 예금계약의 경우가 문제된다. 이는 반환시기의 약정이 없는 소비임치로서 언제나 반환을 청구할 수 있고, 따라서 반환을 청구할 수 있는 시기도 예금계약이 성립한 때부터 이다. 그러나 이는 개별 입금된 금전을 기준으로 하여 구별할 것은 아니고 전체적으로 보아 계속적인 입출금이 반복하는 통상적인 예금의 경우에는 마지막 입금일이 소멸시효의 기산일이 된다고 본다.

第13節 組 合

1. 概括: 민법상 조합이라는 용어는 두 가지 의미로 사용되고 있다. 하나는 조합설립행위로써 창설된 〈단체〉의 의미로 사용되며(704조 이하), 다른 하나는 〈조합설립행위〉로서의 의미로 사용된다(703조). 통상적으로 조합이라고 할 때는 단체 그 자체를 의미하며, 특별히 후자의 의미인 경우에는 조합이라는 용어보다는 조합계약이라 표현한다. 조합은 2인 이상이 상호 출자하여 공동사업의 경영을 하기로 하는 계약에 의한 결합이다. 민법상의 조합은 구성원 개인간의 계약에 의한 결합관계로서, 실사회에서 〈조합〉의 명칭을 사용하는 많은 것은 실제로는 사단(농업협동조합, 중소기업협동조합)으로 민법상의 조합이 아니다. 우리 사회에서 민법상의 조합으로 기능하는 것은 동종의 기능을 가진 소수의 사람이 상호 출자하여 보다 큰 규모로 공동의 사업을 경영하기 위하여 결합하는 형태이다. 예컨대 어부들이 상호 출자하여 보다 큰 어선과 장비를 구비하여 공동으로 어로활동을 하는 형태나, 요리 기능을 가진 자와 자본을 가진 자가 공동으로 음식점을 경영하는 경우, 채광권자와 자본주가 공동으로 광산을 경영하는 경우 등이 전형적인 민법상의 조합이다. 그 밖에 구성원간의 친목이나 자금조성의 목적을 위하여 우리 사회에서 많이 행하여지는 통상의 계(契)가 이에 해당한다. 또한 사단 법인 또는 사단인 회사의 설립을 목적으로 하여 활동을 하는 초기의 소수인의 결합관계를 민법상의 조합(발기인조합)으로 해석한다.

2. 社團과 組合: 민법은 공동사업을 경영하기 위하여 결합한 사람의 단체를 구성원의 결합관계, 단체의 목적, 조직체의 구성여부 등에 따라 사단과 조합으로 구별하여 규율한다. 민법은 우선 당사자가 취하는 단체의 형태에 따라서 사단 또는 조합으로 규율한다.

(1) 성립 및 조직: 사단은 다수인이 단체의 설립을 위한 합동행위를 함으로써 성립하며, 성립된 단체는 통일적 조직과 기관(대표)을 가진다. 조합은 공동목적을 위하여 결합하는 다수 당사자간의 의사의 합치만으로 성립하며, 그 조직은 최소한의 업무수행만을 위한 조직을 두나, 업무는 원칙적으로 조합원 전원이 행한다.

(2) 구성원의 개성과 단체성: 사단은 구성원 개인은 단체의 단순한 구성원일뿐 단체 자체가 독립적인 권리의 주체로서 활동한다. 따라서 사단에서는 단체성이 강하고 구성원 개인의 지위는 퇴조된다. 조합에서는 구성원 전원이 권리주체로서 구성원 개인의 지위가 강하고 단체성은 약하며, 조합이 공동목적의 수행이 구성원 개인의 이익과 직접적으로 관련성을 가진다.

(3) 사단과 조합의 선택: 단체를 설립하려는 자는 공동목적의 내용과 그 수행을 위하여 어느 것이 적합하냐에 따라서 사단과 조합을 선택하여야 한다. 그런데 구성원이 적고 결합관계가 강하며, 공동목적의 수행이 구성원 개인의 이익을 우선하는 경우에는 조합이 적합하나, 규모가 크며 구성원의 개성이 강하지 아니하며 공동목적의 수행이 구성원 개인의 이익과는 직접적으로 관련이 없는 경우에는 사단이 적합하다고 할 수 있다.

(4) 법률상의 취급: 조합은 법인격을 인정하지 아니하고 구성원간의 계약관계로 취급한다. 사단은 법인격을 가질 수 있으나 법인격이 없는 비법인사단이 있다. 비법인사단은 공동목적을 위한 사람의 단체이고, 또한 그 자체가 법인격이 없다는 점에서는 조합과 같다. 그러나 비법인사단은 법인격을 허여받지 아니하였을 뿐 그 밖의 점에서는 사단법인과 같다. 즉 비법인사단은 단체를 설립하려는 구성원의 기본목적, 구성원간의 긴밀성, 공동사업의 내용 등에서 조합의 그것과는 크게 차이가 있어 조합의 본질을 가진다고는 볼 수 없다. 따라서 비법인사단에 관하여는 조합의 규정이 아니라 사단법인에 관한 규정이 준용되거나 유추적용된다.

3. 構成

(1) 조합의 성립-출자의무: 제703조
(2) 조합재산의 소유관계-합유: 제704조
(3) 출자의무지체책임: 제705조
(4) 사무집행: 제706조-제710조
(5) 조합의 손익분배: 제711조
(6) 조합채무에 대한 조합원의 책임: 제712조-제715조
(7) 조합원의 탈퇴, 제명: 제716조-제719조
(8) 조합의 해산: 제720조-제724조

第703條【組合의 意義】 ①組合은 2人以上이 相互出資하여 共同事業을 經營할 것을 約定함으로써 그 效力이 생긴다.
②前項의 出資는 金錢 其他 財產 또는 勞務로 할 수 있다.

組合의 成立과 基本的 法律關係

1. 組合의 成立

(1) 계약에 의한 성립-제1항: 조합은 2인 이상이 상호 출자하여 공동사업을 경영할 것을 약정함으로써 성립한다. 따라서 조합은 2인 이상의 낙성, 불요식계약으로 성립한다.

(가) 2인 이상의 당사자: 조합원으로 될 자는 2인 이상이면 되고, 상한에는 제한이 없다.

(나) 상호출자-제2항: 모든 조합원이 출자하여야 한다. 출자의 내용과 가액은 동일하지 않아도 좋다. 출자의 내용은 금전이나 노무의 출자 어느 것이나 관계가 없으며, 동산이나 부동산의 출자와 같은 현물출자도 가능하다. 재산적 가치가 있는 것이면 무엇이든 관계가 없다.

(다) 공동사업의 경영-제1항: 공동사업은 위법행위를 내용으로 하는 사업이 아니면 공익사업이든 사익영리사업이든, 계속적 사업이든 일회적 사업이든 제한이 없다.

① 공동사업의 특정: 공동으로 하는 사업이 특정되어야 한다. 따라서 공동의 목적달성이라는 정도만으로는 조합의 성립요건을 갖추지 못하였다고 할 것이다(대판 2004.4.9. 2003다60778).

② 전조합원의 참가: 사업의 경영과 이익의 분배에 모든 조합원이 참가하여야 한다. 이익은 조합원간에 균등할 필요는 없으나, 일부의 조합원에게만 이익이 분배되는 것은 조합이 아니다. 따라서 甲이 자금을 제공하여 乙이 단독으로 사업을 운영하되, 이익이 생기느냐 여부와 관계없이 정기적으로 일정액의 이익을 주기로 하는 그러한 합의는 조합이 아니다(대판 1983.5.10. 81다650). 또한 갑과 을이 공동으로 사업을 경영하되, 대외적으로는 갑만이 대표자로 등재되어 대외적인 활동을 한 경우도 조합이 아니다(대판 1997.9.26. 96다14838).

(라) 의사의 합치: 각 당사자의 의사에 합치가 있어야 한다. 그 의사는 통상적으로 조합규약으로

명시되나, 반드시 서면일 필요가 없으며 묵시적이라도 관계가 없다. 의사는 최소한 특정한 공동사업에 대한 합치와 그 사업을 공동으로 경영한다는 데 대한 합치, 출자의 내용에 대하여 합치가 있어야 한다. 그 밖에 조합의 가입·탈퇴, 업무집행, 조합존속기간, 손익의 분배 등에 관하여는 합의가 없더라도 조합의 목적과 민법의 규정으로 보완된다.

(2) 조합의 당연성립: 광업법은 2인 이상이 광업권설정의 출원을 하는 경우에 그들 간에는 조합계약을 한 것으로 간주한다(19조6항). 또한 광업권을 공유한 자간에도 조합계약을 한 것으로 간주한다(34조1항). 따라서 이들 간에는 조합관계가 당연히 성립한다(대판 1996.1.26. 95다43464). 우리 사회에서 많이 행하여지는 계는 그 모습이 워낙 다양하여 획일적으로 말할 수 없다. 통상적인 계는 일정한 구좌수와 금액을 결정하여, 구좌의 순위에 따라 금전 기타 물건(곡물 등)을 차등으로 출자하게 하며, 이익의 배당순위는 자유롭게 선택하거나 추첨으로 하되 구좌순위와 일치시키기로 하는 내용의 약정이다. 이러한 통상적인 계의 법적 성질은 조합계약이다(대판 1994.10.11. 93다55456). 그 밖에 신탁법은 공동수탁자간에는 신탁재산은 합유로 한다고 규정(45조1항)하여, 합유는 조합관계에 기초를 둔 공동소유형태를 의미하는 것이므로 공동수탁자간에는 민법상의 조합관계가 성립한다.

(3) 조합계약의 하자: 조합은 조합계약으로 성립한다. 즉 조합원간의 의사의 합치로써 성립한다. 따라서 계약의 일반적인 무효·취소의 법리가 조합계약에도 적용된다. 예컨대 조합원 중에서 조합의 목적에 관하여 착오 또는 사기가 있어, 의사표시를 취소한다든지 또는 손익분배에 관하여 일부 조합원이 잘못 알아 그에 관하여 숨은 불합의가 있다든지 하는 경우에 조합계약은 무효가 된다. 이러한 무효가 조합활동 개시 전인 때에는 아무런 문제가 없으나, 조합이 성립하여 활동하는 도중에 이러한 것이 문제된 경우에는 어떻게 되느냐가 문제된다. 이는 조합과 이해관계 있는 제3자가 있느냐 여부와 무효가 조합원 일부에 한정된 것이냐 모든 조합원에 관한 것이냐를 구분하여 보아야 한다.

(가) 조합과 이해관계 있는 제3자가 없는 경우: 다른 모든 조합원에게 무효·취소사유를 가진다면 이를 주장할 수 있다. 따라서 조합계약은 당사자에 한하여 무효가 되나, 다른 조합원간의 조합계약은 유효하다. 무효·취소사유가 특정 조합원에 대하여서만 있는 경우, 예컨대 특정 조합원의 사기로 조합계약을 한 경우이다. 본인의 조합계약을 취소할 수 있고, 취소되더라도 다른 조합원간의 조합계약에는 아무런 영향이 없다. 이와 같이 제3자가 없고 특정인만이 무효 또는 취소를 주장하는 경우에 나머지 조합원만으로 조합이 성립되는 때에는 전자든 후자든 당사자가 탈퇴하는 것이 되며 조합계약 자체에는 아무런 영향이 없다.

(나) 조합과 이해관계 있는 제3자가 있는 경우: 당사자는 제3자 보호를 위하여 원칙적으로 탈퇴만 할 수 있다고 보아야 한다. 당사자의 탈퇴로 조합목적의 달성이 불가능한 경우에는 조합은 해산될 뿐이다(대판 1972.4.5. 71다1833).

(다) 조합원 모두에게 조합계약이 무효인 경우: 해산사유가 될 뿐 무효의 일반법리에 의하여 소급하여 조합계약이 무효되어 조합성립 이전으로 환원되는 것으로 볼 것은 아니다. 본래의 광업권자와 공동광업권자로 등록하여 광업을 공동으로 관리경영하기로 한 계약은 유효하고 공동광업권자는 조합계약을 한 것으로 간주되며 그 조합이 사업을 개시하여 제3자와의 사이에 거래관계가 이루어지고 난 다음에는 조합계약체결 당시의 의사표시의 하자를 이유로 취소하여 조합 성립전으로 환원시킬 수 없다. * 본래의 광업권자와 공동 광업권자로 등록하여 광업을 공동으로 관리경영하기로 한 계약은 유효하고 공동 광업권자는 조합계약을 한 것으로 간주되며 그 조합이 사업을 개시하여 제3자와의 사이에 거래관계가 이루어지고 난 다음에는 조합계약체결 당시의 의사표시의 하자를 이유로 취소하여 조합 성립전으로 환원시킬 수 없다(대판1972.4.25. 71다1833).

(4) 조합계약의 해제: 동업계약과 같은 조합계약에 있어서는 조합의 해산청구를 하거나 조합으로부터 탈퇴를 하거나 또는 다른 조합원을 제명할 수 있을 뿐이지 일반계약에 있어서처럼 조합계약을 해제하고 상대방에게 그로 인한 원상회복의 의무를 부담지울 수는 없다(대판 1994.5.13. 94다7157).

2. 內的 組合

(1) 내적 조합: 내적 조합이란 외형적으로는 단독 사업과 금전대차, 또는 단독 사업에 따른 장소

제공(사업장의 임대차)등의 형태를 갖추나, 내부적으로는 상호출자에 따른 공동사업의 경영과 그에 따른 손익분배의 약정이 되어 있는 것을 말한다.

(가) 내부관계에서 조합관계의 존재: 이른바 '내적조합'이라는 일종의 특수한 조합으로 보기 위하여는 당사자간의 내부관계에서는 조합관계가 있어야 한다(대판 1983.5.10. 81다650).

(나) 공동출자, 이익의 분배에 대한 내부 약정: 내부적인 조합관계가 있다고 하려면 서로 출자하여 공동사업을 경영할 것을 약정하여야 하며, 공동영리사업을 목적으로 하면서 당사자 중의 일부만이 이익을 분배받고 다른 자는 전혀 이익분배를 받지 않는 경우에는 조합관계(동업관계)라고 할 수 없다(대판 2000.7.7. 98다44666).

(2) 내적 조합과의 구별: 시설투자자에게 정기적으로 일정액을 지급하고 타방이 단독으로 사업을 경영하기로 하는 계약은 상법상 익명조합도 아니고 민법상 조합도 아니어서 대외적으로는 오로지 경영자만이 권리를 취득하고 채무를 부담하는 것이고 그가 변제자력이 없거나 부족하다는 등의 특별한 사정이 있더라도 민법 제713조가 유추적용될 여지는 없다(대판 1983.5.10. 81다650).

3. 組合의 基本的 法律關係

(1) 특수한 계약: 조합은 단체의 설립이라는 측면과 당사자간의 출자채무부담의 약정으로서의 계약의 성질를 가져, 단체의 설립과 계약의 성질을 함께 가진다. 그러나 단체의 설립에 주된 목적이 있는 것이 아니라 상호간의 출자와 출자물의 공동경영에 있는 점에서 조합의 단체성은 최소한에 그치고 당사자간의 약정이 전면에 나타난다. 이러한 점에서 조합설립행위의 본질은 계약이나, 계약에 관한 법리는 단체성에 의하여 제한받는 특수한 계약이다.

(2) 쌍무계약적 성질: 조합계약에 의하여 각 조합원은 1차적으로 상호출자의무를 진다는 점에서 본질이 쌍무계약이라고 보아야 할 것이나, 그러한 쌍무계약의 법리는 조합의 특질인 단체성에 의하여 제한된다.

(가) 동시이행의 항변권 여부: 출자이행의 청구를 받은 조합원은 다른 조합원의 미이행을 이유로 이행거절의 항변권을 행사할 수 있는가. 공평의 이념에서 출자의무 미이행조합원에 대하여 누가 이행청구를 하느냐에 따라 달리 보아야 한다.

① 기이행자의 이행청구: 출자의무 이행조합원이 이행청구를 한 때에는 다른 조합원의 미이행을 이유로 이행의 거절을 할 수 없다.

② 미이행자의 이행청구: 미이행조합원이 이행청구를 한 때에는 동시이행의 항변권을 행사할 수 있다.

(나) 위험부담의 문제: 출자의무가 조합원의 책임 없는 사유에 의하여 이행불능인 때에 다른 조합원의 출자의무도 소멸한다고 볼 수는 없다. 출자의 목적물이 불가항력적인 사유로 소멸하여 조합에서 가장 기본적인 출자의무를 이행하지 아니하고 조합원의 지위를 유지한다는 것은 다른 조합원에 대하여 공평하지 않다. 따라서 약속된 본래의 의무가 이행불능이 되면 다른 출자의무에 대한 합의를 하거나 아니면 조합에서 탈퇴하는 것으로 보는 것이 타당하다. 위험부담에 관한 규정은 조합에는 적용이 없는 것으로 보아야 한다.

(3) 매도인의 담보책임의 적용 여부: 출자이행된 목적물에 하자가 있는 경우에, 조합의 단체성에 반하지 않는 한도 내의 매도인의 담보책임은 적용이 있다고 보아야 한다. 예컨대 하자로 인한 대금감액청구 등은 인정되지 않지만, 보완청구나 손해배상청구 등은 적용되는 것이 옳다. 그러나 여기의 손해배상청구는 당해 하자를 평가하여 차이나는 상당 가액만큼의 추가출자를 청구하는 것이 될 것이다.

(4) 계약의 해제·해지에 관한 규정의 적용 여부

(가) 조합원 3인 이상: 조합원 개인의 채무불이행에 대하여 조합계약 자체를 해제할 필요는 없다. 당사자를 조합에서 배제시키거나 조합 자체를 해산하면 족하다. 계약의 해제·해지에 관한 일반적인 규정은 조합에 적용이 없다(대법원 1994.5.13. 94다7157).

(나) 2인의 동업계약

① 해제 가능: 2인의 동업계약에서 출자채무를 이행하지 아니하여 원고가 동업계약을 해제하였으니 피고는 원고에게 원고가 관상수를 이식하는 데 지출한 비용 및 이식으로 고사한 관상수대

금 등을 배상할 책임이 있다고 함에 있는바 낙성계약인 조합계약의 해지로 인하여 종료된 동업관계의 계산으로 위와 같은 비용의 청산을 구함은 별론으로 하고 원고가 동업계약의 내용에 따라 그 출자의무의 이행으로 소요된 이와 같은 비용을 채무불이행으로 인한 손해로서 배상을 구할 수는 없다고 할 것이다(대판 1983.5.24. 82다카1667).
② 동업계약이 해지되어 한사람의 조합원만 남게 된 경우 조합의 해산여부: 동업계약이 해지되어 조합원 일인만 남게 되었다 하더라도 조합관계는 종료된다 할 것이나 특별한 사정이 없는 한 조합은 해산되지 아니하고 청산이 뒤따르지 아니한다(대판 1978.7.7. 78마129).

第704條【組合財産의 合有】 組合員의 出資 其他 組合財産은 組合員의 合有로 한다.

合有의 基本的 法律關係

1. 意義: 조합의 재산은 조합원이 출자한 재산, 조합의 업무집행으로 취득한 재산, 조합재산으로 생긴 재산(과실), 조합의 채권과 채무를 모두 포함한 것을 말한다. 본조는 조합의 재산은 합유로 한다고 규정하고 있다. 한편 민법은 물권법편에서 공동소유의 형태를 공유, 총유, 합유의 세 가지로 구분하고, 합유에 관하여는 제271조 내지 제274조에서 그 구체적인 법률관계를 규정하고 있다. 따라서 조합재산에 관하여는 제271조 내지 274조가 적용된다. 그런데 조합에 관한 제703조 이하는 조합재산의 법률관계에 관한 구체적·명시적 내용은 없으나, 재산과 연관되어 해석될 수 있는 규정이 있다. 대표적인 것이 업무집행에 관한 규정이다. 이와 같이 서로 달리 규정하여, 양자의 관계가 문제된다.
(1) 조합에 관한 규정(703조 이하)이 특별규정: 조합재산에 관하여는 조합편에 규정한 것이 특별규정이며, 합유에서 규정한 내용은 일반규정이다. 따라서 조합재산의 법률관계는 일반적인 합유관계가 조합의 특수성에 의하여 보완·수정된다.
(2) 조합재산인지 여부가 문제되는 사례
(가) 여러 명이 부동산을 공동으로 매수한 경우: 여러 명의 매수인들 사이의 법률관계는 공유관계로서 단순한 공동매수인에 불과하여 매도인은 매수인 수인에게 그 지분에 대한 소유권이전등기 의무를 부담하는 경우도 있을 수 있고, 그 수인을 조합원으로 하는 동업체에서 매수한 것으로서 매도인이 소유권 전부의 이전의무를 그 동업체에 대하여 부담하는 경우도 있을 수 있다(대판 2002.6.14. 2000다30622).
(나) 등기상 단독 소유: 부동산의 소유자가 동업계약(조합계약)에 의하여 부동산의 소유권을 투자하기로 하였으나 아직 그의 단독 소유로 등기가 되어 있고 조합원의 합유로 등기되어 있지 않다면, 그와 조합 사이에 채권적인 권리의무가 발생하여 그로 하여금 조합에 대하여 그 소유권을 이전할 의무 내지 그 사용을 인용할 의무가 있다고 할 수는 있지만, 그 동업계약을 이유로 조합계약 당사자 아닌 사람에 대한 관계에서 그 부동산이 조합원의 합유에 속한다고 할 근거는 없으므로, 조합원이 아닌 제3자에 대하여는 여전히 단독 소유자로서 그 소유권을 행사할 수 있다(대판 2002.6.14. 2000다30622).

2. 基本的 法律關係 – 合有關係
(1) 조합원의 지분: 조합원은 조합재산에 관하여 지분을 가진다. 각 조합원은 조합의 개별재산에 대하여 지분권을 가지며, 조합재산 전체에 대하여도 일괄적인 지분권을 가진다.
(가) 지분비율-제711조제1항: 각 조합원의 지분비율은 조합계약에서 정하여지나, 약정이 없으면 각자의 출자가액에 비례한다고 본다.
(나) 지분의 처분-제273조: 조합원은 합유물인 조합재산에 대한 지분을 처분하지 못한다. 이는 개별재산에 대하여는 물론이고, 조합재산 전체에 대한 지분도 처분할 수 없는 것을 의미한다. 그러나 다른 조합원 전원의 동의가 있는 경우에는 처분할 수 있다.
① 처분: 처분이란 양도뿐만 아니라 질권설정, 저당권설정 등도 포함한다. 조합은 출자한 조합원으로 구성되므로 지분과 조합원의 지위를 분리할 수 없는 것은 당연하다. 즉 지분 없는 조합원이

란 있을 수 없다. 따라서 동의를 받아 지분을 처분할 수 있다는 것은 조합원의 지위도 함께 처분하는 것을 의미한다.

② 처분의 효과: 개별재산에 대한 지분은 성질상 처분할 수 없고, 동의를 받아서 지분을 처분할 수 있는 것은 조합재산 전체에 대한 지분이며, 처분하면 조합원의 지위도 상실한다.

③ 지분의 포기: 합유지분 포기가 적법하다면 그 포기된 합유지분은 나머지 잔존 합유지분권자들에게 균분으로 귀속하게 되지만 그와 같은 물권변동은 합유지분권의 포기라고 하는 법률행위에 의한 것이므로 등기하여야 효력이 있고, 지분을 포기한 합유지분권자로부터 잔존 합유지분권자들에게 합유지분권 이전등기가 이루어지지 아니하는 한 지분을 포기한 지분권자는 제3자에 대하여 여전히 합유지분권자로서의 지위를 가지고 있다고 보아야 한다(대판 1997.9.9. 96다16896).

④ 지분의 전부 양도: 조합계약에서 개괄적으로 조합원 지분의 양도를 인정하고 있는 경우 조합원은 다른 조합원 전원의 동의가 없더라도 자신의 지분 전부를 일체로써 제3자에게 양도할 수 있으나, 그 지분의 일부를 제3자에게 양도하는 경우까지 당연히 허용되는 것은 아니다(대판 2009.4.23. 2008다4247).

(다) 일부지분의 양도: 민법 제706조에 따라 조합원 수의 다수결로 업무집행자를 선임하고 업무집행방법을 결정하게 되어 있는 조합에 있어서는 조합원 지분의 일부가 제3자에게 양도되면 조합원 수가 증가하게 되어 당초의 조합원 수를 전제로 한 조합의 의사결정구조에 변경이 생기고, 나아가 소수의 조합원이 그 지분을 다수의 제3자들에게 분할·양도함으로써 의도적으로 그 의사결정구조에 왜곡을 가져올 가능성도 있으므로, 조합원 지분의 일부 양도를 명시적으로 허용한 것이 아니라 단지 조합원 지분의 양도가능성을 개괄적으로 인정하고 있을 뿐인 약정만으로 조합계약 당시 조합원들이 위와 같은 의사결정구조의 변경 또는 왜곡의 가능성을 충분히 인식하고 이를 용인할 의사로써 그 지분 일부의 양도까지 허용하였다고 볼 수는 없기 때문이다. 따라서 그러한 조합의 조합원은 다른 조합원 전원의 동의가 있는 등 특별한 사정이 있어야만 그 지분의 일부를 제3자에게 유효하게 양도할 수 있고, 이와 같이 조합원 지분의 일부가 적법하게 양도된 경우에 한하여 양수인은 그 양도비율에 따른 자익권(이익분배청구권, 잔여재산분배청구권 등) 외에 양도인이 보유하는 공익권과 별개의 완전한 공익권(업무집행자선임권, 업무집행방법결정권, 통상사무전행권, 업무·재산상태검사권 등)도 취득하게 된다(대판 2009.4.23. 2008다4247).

(라) 지분에 대한 압류-제714조: 조합원의 지분에 대한 압류는 그 조합원의 장래의 이익배당 및 그 지분의 반환을 받을 권리에 대하여 효력이 있다.

① 조합재산 전체의 지분에 대한 압류: 여기에서의 조합원의 지분이란 전체로서의 조합재산에 대한 조합원 지분을 의미하는 것이고, 이와 달리 조합재산을 구성하는 개개의 재산에 대한 합유지분에 대하여는 압류 기타 강제집행의 대상으로 삼을 수 없다(대판 2007.11.30. 2005마1130). 그 절차는 민사소송법 제584에서 준용되는 동법 제561조에 의하게 된다. 즉 다른 조합원을 제3채무자로 하는 압류통지의 송달로 효력이 생긴다.

② 압류에 의한 집행의 효력: 압류에 의하여 조합은 당해 조합원에게 이익배당을 지급하는 것이 금지되며, 압류채권자는 법원의 추심명령 또는 전부명령에 의하여 채권을 실현시킨다. 지분이 압류당하여 실현당하면 조합원은 조합에서 탈퇴된다.

(2) 합유등기: 부동산과 같이 등기, 등록을 요하는 경우에는 조합재산은 조합원 전원의 명의의 합유등기가 되어야 하며, 조합원의 합유로 등기되어 있지 않다면, 그와 조합 사이에 채권적인 권리의무가 발생하여 그로 하여금 조합에 대하여 그 소유권을 이전할 의무 내지 그 사용을 인용할 의무가 있다고 할 수는 있지만, 그 동업계약을 이유로 조합계약 당사자 아닌 사람에 대한 관계에서 그 부동산이 조합원의 합유에 속한다고 할 근거는 없으므로, 조합원이 아닌 제3자에 대하여는 등기된 대로의 법률효과만 있다(대판 2002.6.14. 2000다30622).

(가) 조합을 위하여 자기의 명의로 취득한 권리-합유등기이전청구: 갑과 을의 동업약정에 의하여 을이 조합의 대외적 업무처리를 하면서 자기의 이름으로 건물에 관한 공유지분을 취득하였다면, 그것은 조합의 업무집행자로서의 권리취득이 되어 특약이 없는 한 공유지분을 조합 앞으로 이전하여줄 의무가 있으며, 조합원 중의 1인인 갑으로서도 갑, 을 사이의 조합계약에 기하여 조합의 업무집행

자인 을이 취득한 공유지분을 조합 앞으로 이전할 것을 청구할 수 있다(대판 1997.5.30. 95다4957).

(나) 조합원의 공유등기-각 지분에 관한 명의신탁: 동업을 목적으로 한 조합이 조합체로서 또는 조합재산으로서 부동산의 소유권을 취득하였다면, 민법 제271조제1항의 규정에 의하여 당연히 그 조합체의 합유물이 되고, 다만 그 조합체가 합유등기를 하지 아니하고 그 대신 조합원들 명의로 각 지분에 관하여 공유등기를 하였다면, 이는 그 조합체가 조합원들에게 각 지분에 관하여 명의신탁한 것으로 보아야 한다(대판 2002.6.14. 2000다30622).

① 부동산실명법과의 관련: 동업 목적의 조합체가 부동산을 조합재산으로 취득하였으나 합유등기가 아닌 조합원들 명의로 공유등기를 하였다면 그 공유등기는 조합체가 조합원들에게 각 지분에 관하여 명의신탁한 것에 불과하므로 부동산실권리자명의등기에관한법률 제4조제2항 본문이 적용되어 명의수탁자인 조합원들 명의의 소유권이전등기는 무효이어서, 그 부동산 지분은 조합원들의 소유가 아니기 때문에 이를 일반채권자들의 공동담보에 공하여지는 책임재산이라고 볼 수 없고, 따라서 조합원들 중 1인이 조합에서 탈퇴하면서 나머지 조합원들에게 그 지분에 관한 소유권이전등기를 경료하여 주었다 하더라도 그로써 채무자인 그 해당 조합원의 책임재산에 감소를 초래한 것이라고 할 수 없으므로, 이를 들어 일반채권자를 해하는 사해행위라고 볼 수는 없으며, 그에게 사해의 의사가 있다고 볼 수도 없다(대판 2002.6.14. 2000다30622).

② 명의신탁해지는 관리방법의 변경: 명의신탁을 해지하는 행위는 조합재산의 관리방법의 변경에 해당되는 것으로서 단순한 보존행위라고 볼 수 없으므로 조합원의 1인에 불과한 갑으로서는 단독으로 명의신탁을 해지할 수 없다(대판 1997.5.30. 95다4957).

(다) 조합원 1인의 단독등기-명의신탁: 조합체가 합유등기를 하지 아니하고 그 대신 조합원 1인의 명의로 소유권이전등기를 하였다면 이는 조합체가 그 조합원에게 명의신탁한 것으로 보아야 한다(대판 2006.4.13. 2003다25256).

(3) 조합재산의 처분과 보존: 제272조는 합유물을 처분 또는 변경함에는 합유자 전원의 동의가 있어야 하나, 보존행위는 각자가 할 수 있다고 규정한다. 그런데 제706조는 조합의 업무집행에 관하여 규정하여, 업무집행자를 선임한 때는 통상사무는 업무집행자가 전행하고 비통상사무에 관하여는 업무집행자가 수인인 경우에는 과반수로 결정하며, 업무집행자를 선임하지 않은 때는 통상사무는 각 조합원이 전행하며 비통상사무는 조합원 과반수로 결정하도록 되어 있다. 그런데 조합재산의 처분, 변경, 보존행위가 조합의 업무집행에 해당한다면 제272조와 제706조 간에는 상호 충돌이 일어난다. 즉 제272조에 의하면 보존행위는 조합원 각자가 할 수 있고 처분과 변경을 할 때는 조합원 전원이 동의하여야 하나, 제706조에 의하면 통상사무는 각자 전행이나 비통상사무는 각자 또는 과반수로 결정할 수 있다. 이러한 모순을 어떻게 해결할 것인지가 문제된다.

(가) 처분, 변경은 조합의 특별사무로 제706조제2항: 조합재산의 처분·변경에 관한 행위는 다른 특별한 사정이 없는 한 조합의 특별사무에 해당하는 업무집행이며, 업무집행조합원이 수인 있는 경우에는 조합의 통상사무의 범위에 속하지 아니하는 특별사무에 관한 업무집행은 민법 제706조제2항에 따라 원칙적으로 업무집행조합원의 과반수로써 결정한다(대판 2000.10.10. 2000다28506, 28513). * 명의신탁을 해지하는 행위는 조합재산의 관리방법의 변경에 해당되는 것으로서 단순한 보존행위라고 볼 수 없으므로 조합원의 1인에 불과한 갑으로서는 단독으로 명의신탁을 해지할 수 없다(대판 1997.5.30. 95다4957).

(나) 보존, 관리행위: 보존 및 관리행위는 통상사무에 해당하고, 양 조문 간에는 충돌이 없다.

(다) 분할의 금지-제273조제2항: 합유자는 조합재산에 대하여 분할을 청구하지 못한다(273조2항). 조합재산은 조합원의 공동목적 경영에 필요한 재산이므로 조합원 개인이 조합재산의 분할을 청구하지 못한다는 것은 당연하다. 그러나 조합원 전원이 합의하여 조합재산중의 일부를 분할하는 것은 가능하다.

第705條【金錢出資遲滯의 責任】 金錢을 出資의 目的으로 한 組合員이 出資時期를 遲滯한 때에는 延滯利子를 支給하는 外에 損害를 賠償하여야 한다.

金錢出資義務 遲滯責任

1. 組合員의 出資義務: 조합원은 조합계약에 의하여 각자 출자의무를 지는데, 출자의 내용은 금전 기타 재산 또는 노무로 제한이 없고(703조2항), 또한 모든 조합원이 균등할 필요도 없다.

(1) 법률효과

(가) 동시이행의 항변권 여부: 공평의 이념에서 출자의무 미이행조합원에 대하여 누가 이행청구를 하느냐에 따라 달리 보아야 한다.

① 기이행자의 이행청구: 출자의무 이행조합원이 이행청구를 한 때에는 다른 조합원의 미이행을 이유로 이행의 거절을 할 수 없다.

② 미이행자의 이행청구: 미이행조합원이 이행청구를 한 때에는 동시이행의 항변권을 행사할 수 있다.

(나) 위험부담의 문제: 출자의무가 조합원의 책임 없는 사유에 의하여 이행불능인 때에 다른 조합원의 출자의무도 소멸한다고 볼 수는 없다. 출자의 목적물이 불가항력적인 사유로 소멸하여 조합에서 가장 기본적인 출자의무를 이행하지 아니하고 조합원의 지위를 유지한다는 것은 다른 조합원에 대하여 공평하지 않다. 따라서 약속된 본래의 의무가 이행불능이 되면 다른 출자의무에 대한 합의를 하거나 아니면 조합에서 탈퇴하는 것으로 보는 것이 타당하다. 위험부담에 관한 규정은 조합에는 적용이 없는 것으로 보아야 한다.

(다) 매도인의 담보책임의 적용 여부: 출자이행된 목적물에 하자가 있는 경우에, 조합의 단체성에 반하지 않는 한도 내의 매도인의 담보책임은 적용이 있다고 보아야 한다. 예컨대 하자로 인한 대금감액청구 등은 인정되지 않지만, 보완청구나 손해배상청구 등은 적용되는 것이 옳다. 그러나 여기의 손해배상청구는 당해 하자를 평가하여 차이 나는 가액만큼의 추가출자를 청구하는 것이 될 것이다.

(2) 이행지체

(가) 금전출자의 이행지체-지연이자와 손해배상-제705조: 출자시기를 지체한 금전출자자는 지연이자와 출자를 지체함으로 조합에 발생한 손해를 배상하여야 한다.

(나) 금전 이외의 출자의 이행지체: 금전 이외의 출자에 관하여는 채무불이행의 일반법리가 적용된다.

(3) 출자의무불이행-계약의 해제·해지에 관한 규정의 적용 여부

(가) 조합원 3인 이상: 조합원 개인의 채무불이행에 대하여 조합계약 자체를 해제할 필요는 없다. 당사자를 조합에서 배제시키거나 조합 자체를 해산하면 족하다. 계약의 해제·해지에 관한 일반적인 규정은 조합에 적용이 없다(대판 1994.5.13. 94다7157).

(나) 2인의 동업계약

① 해제 가능: 2인의 동업계약에서 출자채무를 이행하지 아니하여 원고가 동업계약을 해제하였으니 피고는 원고에게 원고가 관상수를 이식하는데 지출한 비용 및 이식으로 고사한 관상수대금 등을 배상할 책임이 있다고 함에 있는바 낙성계약인 조합계약의 해지로 인하여 종료된 동업관계의 계산으로 위와 같은 비용의 청산을 구함은 별론으로 하고 원고가 동업계약의 약지에 따라 그 출자의무의 이행으로 소요된 이와 같은 비용을 채무불이행으로 인한 손해로서 배상을 구할 수는 없다(대판 1983.5.24. 82다카1667).

② 동업계약이 해지되어 한사람의 조합원만 남게 된 경우 조합의 해산여부: 동업계약이 해지되어 조합원 일인만 남게 되었다 하더라도 조합관계는 종료된다 할 것이나 특별한 사정이 없는 한 조합은 해산되지 아니하고 청산이 뒤따르지 아니한다(대판 1978.7.7. 78마129).

第706條【事務執行의 方法】 ①組合契約으로 業務執行者를 定하지 아니한 境遇에는 組合員의 3分의 2以上의 贊成으로써 이를 選任한다.
②組合의 業務執行은 組合員의 過半數로써 決定한다. 業務執行者數人인 때에는 그 過半數로써 決定한다.

③組合의 通常事務는 前項의 規定에 不拘하고 各組合員 또는 各業務執行者가 專行할 수 있다. 그러나 그 事務의 完了前에 다른 組合員 또는 다른 業務執行者의 異議가 있는 때에는 卽時 中止하여야 한다.

第707條【準用規定】 組合業務를 執行하는 組合員에는 第681條 乃至 第688條의 規定을 準用한다.

第708條【業務執行者의 辭任, 解任】 業務執行者인 組合員은 正當한 事由없이 辭任하지 못하며 다른 組合員의 一致가 아니면 解任하지 못한다.

第709條【業務執行者의 代理權推定】 組合의 業務를 執行하는 組合員은 그 業務執行의 代理權 있는 것으로 推定한다.

第710條【組合員의 業務, 財産狀態檢査權】 各組合員은 언제든지 組合의 業務 및 財産狀態를 檢査할 수 있다.

組合의 業務執行

1. 意義: 조합은 공동사업을 경영하기 위하여 모인 사람의 단체이다. 따라서 공동사업을 경영하기 위하여 우선 내부적으로 조합원의 의사를 결정하여야 하며, 결정한 후에는 그에 따라 이를 집행하여야 한다. 이러한 결정된 의사를 구체화시키는 것을 조합의 업무집행이라 한다. 업무의 집행에는 조합 내부에서 조합원간의 의사의 결정과 결정된 의사에 따른 사실적 집행이 있으며, 결정된 의사에 따라 단체로서 조합이 외부의 제3자와 법률행위를 하는 것도 있다. 민법은 조합의 업무집행에 관하여 내부적 업무집행과 대외적 업무집행으로 구분하여 규정한다.

(1) 내부적 업무집행: 조합 내부에서 의사를 결정하고 이를 사실적으로 집행하는 것을 내부적 업무집행(협의의 업무집행)이라고 하며, 이것이 조합에서 본래의 의미의 업무집행이다.

(2) 대외적 업무집행: 조합이 대외적으로 제3자와 법률행위를 하는 것은 조합이라는 단체가 법률행위를 하는 것으로 조합의 대표행위를 말한다. 그런데 조합은 법인격이 없어 사단에서와 같은 대표란 없기 때문에 조합이 대외적으로 법률행위를 할 때(대외적 업무집행)는 업무집행자가 전 조합원의 대리로서 일을 처리할 뿐이다. 따라서 대외적 업무집행은 대리이론에 의한 법률관계가 형성된다.

(3) 임의규정: 민법은 조합의 업무집행에 관하여 제706조 이하에서 규정하나, 실제로는 조합은 그 구성원과 공동사업의 내용에 따라 매우 다양하다. 따라서 업무집행 방법에 관한 민법의 규정은 임의규정이라고 할 것이므로 당사자 사이의 약정에 의하여 조합의 업무집행에 관하여 조합원 전원의 동의를 요하도록 하는 등 그 내용을 달리 정할 수 있고, 그와 같은 약정이 있는 경우에는 조합의 업무집행은 조합원 전원의 동의가 있는 때에만 유효하다(대판 1998.3.13. 95다30345).

2. 組合員의 業務 및 財産狀態 檢査權 - 제710조: 각 조합원은 조합의 업무집행과 조합의 재산에 관하여는 직접적인 이해관계를 가진다. 따라서 각 조합원은 조합의 업무와 재산상태에 관하여 언제든지 검사할 수 있다. 이 검사권은 업무집행자를 선임하든 선임하지 아니하든 관계없이 모든 조합원에게 있다.

3. 內部的 業務執行(狹義의 業務執行) - 對內關係 - 제706조: 조합의 일은 각 조합원에게는 다른 조합원의 일이기도 하지만 한편으로는 자기의 일이기도 하여 각 조합원은 각자 업무집행권을 가진다. 따라서 업무집행은 모든 조합원이 직접 담당하는 것이 원칙인데, 현실적으로는 모든 조합원이 함께 업무를 집행할 수 없는 경우가 있어 업무집행조합원을 선임하거나 전문가인 제3자에게 업무를 위임하는 것이 통상적이다.

(1) 업무집행조합원을 선임하지 않은 경우

(가) 통상사무

① 원칙-각자 단독집행-제706조제3항: 통상의 사무는 조합원의 지위에서 각자가 전행(단독처리)할 수 있다. 예컨대 합유물에 관하여 경료된 원인 무효의 소유권이전등기의 말소를 구하는 소송은 합유물에 관한 보존행위로서 조합원인 합유자 각자가 할 수 있다(대판 1997.9.9. 96다16896).

② 다른 조합원의 이의-제706조제3항 단서: 사무의 완료 전에 다른 조합원의 이의가 있는 때에는 즉시 중지하여야 한다.

③ 단독집행에 의한 손해발생

㉮ 통상사무집행 과정상의 손해발생: 통상사무를 단독으로 집행하는 과정에서 조합에 손해가 발생한 경우에는 위임에 준하여 선량한 관리자의 주의로써 집행하였다면 손해배상책임은 면제된다고 보아야 한다.

㉯ 특별사무를 단독 집행한 경우: 통상사무가 아닌데도 단독으로 집행하다가 손해가 발생한 경우에는 손해를 배상하여야 한다.

(나) 조합원 과반수 찬성에 의한 집행-제706조제2항: 업무집행조합원을 별도로 선임하지 않은 경우에 조합의 구체적인 업무집행은 조합원의 과반수의 찬성으로 결정한다. 여기의 과반수는 출자액을 기준으로 하는 것이 아니라, 조합원의 인원수를 기준으로 한다. * 조합원 중 1인이 단독으로 조합재산에 관한 명의신탁계약을 해지할 수 있는지 여부: 조합재산을 조합원 1인의 명의로 등기한 것은 명의신탁한 것이라고 보아야 할 것인바, 이와 같은 명의신탁을 해지하는 행위는 조합재산의 관리방법의 변경에 해당되는 것으로서 단순한 보존행위라고 볼 수 없으므로 조합원의 1인에 불과한 갑으로서는 단독으로 명의신탁을 해지할 수 없다(대판 1997.5.30. 95다4957).

(3) 업무집행조합원을 선임한 경우-제706조제1항

(가) 선임

① 2/3이상 찬성으로 선임-제1항: 조합계약으로 당초에 업무집행조합원을 정할 수도 있으며, 조합계약으로 업무집행조합원을 정하지 아니한 경우에는 조합원의 2/3이상의 찬성으로 업무집행조합원을 1인 또는 복수로 정할 수 있다.

② 선임의 효과-위임관계: 업무집행조합원으로의 선임으로 업무집행조합원과 다른 조합원간에는 별도의 위임계약이나 대리권수여행위를 요하지 않고 위임의 규정이 준용되며, 대리권이 추정된다(707조, 709조).

③ 사임과 해임-제708조: 선임된 업무집행조합원은 정당한 이유 없이 사임하지 못하며 다른 조합원의 일치된 의사가 아니면 해임하지 못한다.

(나) 선임된 업무집행조합원이 복수인 경우-제706조제2항: 집행조합원의 과반수로 업무집행에 관하여 결정한다.

① 권한: 업무집행조합원은 통상사무는 물론이고 내부적 업무를 모두 집행한다.

② 업무집행으로 인한 조합재산에 대한 피해: 조합의 업무를 집행하는 조합원이 개인적인 자금의 융통을 위하여 조합재산을 담보로 제공하였다가 그 소유권을 잃게 한 경우에는 이로 인하여 손해를 입은 것은 조합재산을 상실한 조합체이므로, 이로 인하여 조합원들이 그 재산에 대한 합유지분을 상실하였다고 하여도 이는 개인으로서 입은 손해가 아니라 조합원의 지위에서 입은 손해에 지나지 아니하므로, 결국 피해를 입은 조합원으로서는 조합관계를 벗어난 개인의 지위에서 그 손해의 배상을 구할 수는 없다(대판 1997.11.28. 95다35302).

(4) 제3자에게 업무집행을 위임한 경우

(가) 위임인: 조합원이 아닌 제3자에게 업무의 집행을 위임할 수 있음은 물론이며, 위임인의 선정방법은 업무집행자선임에 관한 제760조제1항이 준용된다.

(나) 위임관계: 조합과 위임인 간에는 위임관계만 성립한다. 따라서 선임된 업무집행조합원의 사임과 해임에 관한 제708조는 그 적용이 없다.

4. 對外的 業務執行 - 對外關係 - 제709조

(1) 조합대리: 조합은 사단이 아니므로 대표기관이 없고, 조합이 제3자와의 관계에서 생기는 권

리・의무는 조합에 귀속하는 것이 아니라 조합원에게 직접 귀속한다. 따라서 제3자와의 법률행위는 조합원 전원이 공동으로 하여야 하는 것이 원칙이다. 그러나 현실적으로 모든 조합원이 공동으로 제3자와 법률행위를 한다는 것은 매우 불편하므로 업무집행자를 선임하여 그 자가 일을 처리한다. 이 경우에 대외적 업무를 집행하는 자는 대리관계의 형식을 취한다. 이를 조합대리라고 한다. 그런데 누가 대리권을 어떻게 가지느냐가 문제된다. 이는 대외적 업무집행을 하는 형태에 따라 다르다.

(가) 조합원이 특정한 대외적 업무를 하는 경우-제709조

① 원칙: 대리에 관한 법리가 그대로 적용되는 것이 원칙이다. 그런데 대리권의 취득에 관하여는 민법에 별도의 규정이 있다.

㉮ 조합원이 선임된 경우-선임조합원의 대리권 추정-제709조: 선임된 조합원은 그 업무집행에 관하여 대리권 있는 것으로 추정한다. 업무집행자를 정하는 행위는 동시에 대리권의 수여행위로 볼 수 있기 때문이다. 다른 조합원은 업무집행권이 없다.

㉯ 선임된 조합원이 수인인 때: 비통상사무는 과반수로 결정하며(706조2항), 통상사무는 각 선임된 조합원이 전행(단독)한다(706조3항). * 조합재산의 처분・변경에 관한 행위는 다른 특별한 사정이 없는 한 조합의 특별사무에 해당하는 업무집행으로 업무집행조합원이 수인이 있는 경우에는 업무집행조합원의 과반수로써 결정한다(대판 2000.10.10. 2000다28506, 28513). * 조합의 임원회의 결의로 그 조합재산인 채권을 타인에게 양도한 경우, 그 조합 임원들이 조합의 업무집행조합원들이고 그 채권의 양도는 조합의 특별사무에 해당하는 조합재산의 처분이라는 이유로 그 임원회의 과반수 결의로 이루어진 채권의 양도는 유효한 업무집행이라고 본 사례가 있다(대판 2000.10.10. 2000다28506, 28513).

㉰ 업무집행자가 선임되지 않은 경우: 조합원 과반수의 결정에 의해 행한다(706조2항 참조).

② 업무의 집행-원칙은 대리인임을 명시: 조합대리에 있어서는 본인에 해당하는 모든 조합원을 위한 것임을 표시하여야 하나, 반드시 조합원 전원의 성명을 제시할 필요는 없고, 상대방이 알 수 있을 정도로 조합을 표시하는 것으로 충분하다고 할 것이다. 그리고 상법 제48조에 의하여 조합대리에 있어서도 그 법률행위가 조합에게 상행위가 되는 경우에는 조합을 위한 것임을 표시하지 않았다고 하더라도 그 법률행위의 효력은 본인인 조합원 전원에게 미친다고 보아야 할 것이다(대판 2009.1.30. 2008다79340).

(나) 제3자에게 위임한 경우: 선임된 자가 제3자인 경우에는 민법에 별도의 규정이 없다. 따라서 위임계약과 대리권수여행위가 별도로 있어야 하는데, 이 경우에도 조합원이 그 제3자를 선임하는 행위는 동시에 위임과 대리권수여행위인 것으로 해석된다. 선임된 제3자가 복수인 경우는 제706조제2항(과반수결정)과 제3항(이의시 업무중지의무)이 적용된다(대판 1970.8.31. 70다1360).

(다) 다른 조합원: 업무집행자를 선임한 때에는 다른 조합원은 업무집행권이 없다. 그런데 업무집행권이 없는 다른 조합원이 한 경우는 무효로 할 것이 아니라 표현대리로 보아야 한다.

(2) 조합의 당사자능력과 소송대리

(가) 당사자능력-없음: 조합은 민사소송법상의 당사자능력이 있는지가 문제된다. 조합의 당사자능력이 문제되는 것은 조합은 그 본질이 단체성이 약하여 민법은 다만 조합원간의 계약관계로만 규율하고 있기 때문이다. 그런데 조합의 당사자능력 유무는 민법의 문제가 아니라 당사자능력에 관한 민사소송법 제48조가 조합에 적용되느냐에 관한 문제이다. 민사소송법 제48조는 법인 아닌 사단이나 재단으로서 대표자 또는 관리인이 있으면 단체의 당사자능력을 인정하고 있다. 그러나 조합은 단체성이 극히 미약하여 비법인사단과는 구별되어 제48조는 적용되지 아니한다(대판 1992.5.12. 91다37683). 즉 조합은 당사자능력이 없다.

(나) 소송대리: 선임된 업무집행자는 업무에 관하여 재판외, 재판상 모든 행위를 대리할 수 있다. 업무집행자가 별도로 선임되지 않은 때에는 각 조합원은 위에서 본 바와 같이 대리권 있는 것으로 추정되어 제3자와 재판외의 법률행위를 할 수 있다. 그런데 소송대리도 할 수 있는지가 문제된다. 개별소송행위에 관하여는 소송대리권이라는 소송행위를 필요로 하고, 그 존재와 범위는 서면으로 증명되어야(민소법 81조)하기 때문에 소송행위에서는 별도로 소송대리권이 수여

(선임)되어야 한다. * 조합 업무를 집행할 권한을 수여받은 업무집행 조합원은 조합재산에 관하여 조합원으로부터 임의적 소송신탁을 받아 자기 이름으로 소송을 수행할 수 있다(대판 2001.2.23. 2000다6892).

第711條【損益分配의 比率】 ①當事者가 損益分配의 比率을 定하지 아니한 때에는 各組合員의 出資價額에 比例하여 이를 定한다.
②利益 또는 損失에 對하여 分配의 比率을 定한 때에는 그 比率은 利益과 損失에 共通된 것으로 推定한다.

損益分配

1. 意義: 조합의 활동으로 발생한 이익과 손해에 대하여는 조합원에게 분담하게 되는데, 그 비율과 분배시기가 문제된다.
2. 比率 - 제1항, 제2항: 손익분배비율에 관하여 조합원간에 약정한 것이 있으면 그에 따르고, 약정한 것이 없으면 각 조합원의 출자가액에 비례한 것을 손익분배비율로 한다(1항). 손해 또는 이익 중 어느 하나에 대하여서만 약정한 비율이 있는 때에는 그 비율은 양쪽에 공통한 것으로 추정한다(2항).
3. 損失의 分配: 손실은 조합의 계속 중에는 조합 자체의 손실로 되는 것으로 매 손실마다 별도로 조합원이 출자를 하여 반드시 보전할 필요는 없다. 따라서 손실의 분배에 관하여 다른 약정이 없는 한 조합이 해산할 때 비로소 문제가 된다. 조합이 해산하여 청산절차에서 손실이 조합재산으로·완제되지 아니한 때에 손실분배의 문제가 생긴다.
4. 利益의 分配
(1) 영리목적의 조합: 영리사업을 하는 조합에서는 이익의 분배 자체가 조합의 업무집행에 관한 사항이다. 따라서 영리조합에서 이익의 분배는 업무집행에 관한 규정으로 처리된다.
(2) 비영리 조합: 영리를 목적으로 하지 아니하는 조합에서는 평상시에 이익분배란 문제가 발생할 여지는 없다. 또한 그러한 조합에서 비록 이익이 생기고 분배가 있더라도, 그것이 업무집행에 해당하지도 않는다. 따라서 이익이 생긴 때에는 별도로 조합원 전원이 합의하여 분배하거나 해산할 때에 청산절차에 의하여 분배하게 된다.
(3) 출자의무불이행 조합원의 이익분배: 구성원인 조합원이 출자의무를 불이행하였더라도 그 조합원을 조합에서 제명하지 않는 한 조합원에 대한 출자금채권과 그 연체이자채권, 그 밖의 손해배상채권으로 조합원의 이익분배청구권과 직접 상계할 수 있을 뿐이고, 조합계약에서 출자의무의 이행과 이익분배를 직접 연계시키는 특약을 두지 않는 한 출자의무의 불이행을 이유로 이익분배 자체를 거부할 수는 없다(대판 2006.8.25. 2005다16959).

第712條【組合員에 對한 債權者의 權利行使】 組合債權者는 그 債權發生當時에 組合員의 損失負擔의 比率을 알지 못한 때에는 各組合員에게 均分하여 그 權利를 行使할 수 있다.

第713條【無資力組合員의 債務와 他組合員의 辨濟責任】 組合員中에 辨濟할 資力 없는 者가 있는 때에는 그 辨濟할 수 없는 部分은 다른 組合員이 均分하여 辨濟할 責任이 있다.

第714條【持分에 對한 押留의 效力】 組合員의 持分에 對한 押留는 그 組合員의 將來의 利益配當 및 持分의 返還을 받을 權利에 對하여 效力이 있다.

第715條【組合債務者의 相計의 禁止】 組合의 債務者는 그 債務와 組合員에 對한 債權으로 相計하지 못한다.

組合의 債權과 債務

1. 組合의 債權: 조합의 활동으로 취득한 채권을 말한다.

(1) 합유: 조합의 채권도 합유재산이다. 따라서 다수당사자의 채권관계에 관한 규정(408조 이하)이 적용되지 아니하고 조합에 관한 규정이 적용된다.

(가) 채권의 행사: 업무집행자가 정해진 때에는 업무집행자가 채권을 행사하며, 업무집행자가 정해지지 않은 때에는 조합원의 과반수로 결정하여 조합원 전원의 이름으로 채권을 행사한다.

(나) 조합원 개인 채권자의 조합채권에 대한 강제집행-불가: 조합의 채권은 조합원 전원에게 합유적으로 귀속하는 것이어서 특별한 사정이 없는 한 조합원 중 1인에 대한 채권으로써 그 조합원 개인을 집행채무자로 하여 조합의 채권에 대하여 강제집행을 할 수 없고(대판 1997.8.26. 97다4401), 조합원 중 1인의 채권자가 그 조합원 개인을 집행채무자로 하여 조합의 채권에 대하여 강제집행하는 경우, 다른 조합원으로서는 보존행위로서 제3자이의의 소를 제기하여 그 강제집행의 불허를 구할 수 있다(대판 1997.8.26. 97다4401).

(다) 조합원 1인이 출자지분에 따른 조합의 채무자에 대해 강제집행-불가: 조합의 채권은 조합원 전원에게 합유적으로 귀속하는 것이어서, 특별한 사정이 없는 한 조합원 중 1인이 임의로 조합의 채무자에 대하여 출자지분의 비율에 따른 급부를 청구할 수 없다(대판 1997.8.26. 97다4401).

(2) 조합채무자의 조합채무에 대하여 조합원 개인의 채권으로 상계불가-제715조: 조합의 채권은 조합원 개인의 채권과는 다르므로 조합에 대한 채무자는 그 채무와 조합원 개인에 대한 채권으로 상계하지 못한다.

(3) 다른 조합원의 동의 없는 조합채권의 양도-무효: 2인이 동업하는 조합의 조합원 1인이 다른 조합원의 동의 없이 한 조합채권양도행위는 무효이다(대판 1990.2.27. 88다카11534).

2. 組合의 債務: 조합의 활동으로 조합이 제3자에게 지는 채무가 조합채무이다.

(1) 조합원의 책임

(가) 조합원의 책임의 성질: 조합은 대외적인 관계에서는 단체가 아니라 모든 조합원의 집합일 뿐이다. 즉 조합은 단체가 아니기 때문에 조합에 대한 채권자는 모든 조합원에 대한 채권자이다. 따라서 조합원은 조합채권자에 대하여 직접적인 책임이 있다. 직접책임을 지는 조합원은 당해 채권발생 당시의 조합원에 한하고, 채권발생 이후의 새로운 조합원은 책임이 없다.

(나) 조합원의 무한책임: 각 조합원이 부담하는 직접책임은 무한책임이다. 즉 출자한 재산으로 책임이 한정되지 아니하며, 조합계약으로 제한을 하였더라도 효력이 없다. 조합채무에 대한 조합원의 책임은 조합원으로서의 고유한 지위에서 발생하는 책임이다. 따라서 조합채무 발생당시의 조합원만 책임을 지나, 채무발생 당시의 조합원이면 그 이후에 탈퇴를 하거나 조합이 해산을 하더라도 책임을 지게 된다.

(다) 상사채무는 조합원에게 연대책임: 조합의 채무에 대하여 조합원은 특별한 경우가 아니면 연대책임이 없다. 그러나 조합채무가 특히 조합원 전원을 위하여 상행위가 되는 행위로 인하여 부담하게 된 것이라면 그 채무에 관하여 조합원들에 대하여 상법 제57조제1항을 적용하여 연대책임을 인정함이 마땅하다(대판 1976.12.14. 76다2212).

(2) 조합원의 분할책임-제712조, 제713조

(가) 분할책임-1차책임-제712조: 각 조합원은 조합채무에 대하여 분할책임을 진다. 제712조는 조합채권자는 그 채권 발생 당시에 조합원의 손실부담의 비율을 알지 못한 때에는 각 조합원에게 균분하여 청구할 수 있다고 규정하여 각 조합원의 분할책임을 규정한다.

(나) 무자력 조합원이 있는 경우-2차책임-제713조

① 자력 조합원의 균분책임: 조합원은 분할책임을 지는데, 조합원 중에 무자력자가 있는 경우에

는 조합채권자를 해하게 된다. 이를 보완하기 위하여 제713조는 무자력조합원이 변제할 수 없는 부분은 다른 조합원에 균분하여 변제할 책임을 부담시키고 있다. 따라서 조합원은 조합채무에 대하여 1차적으로 각자 고유한 부담분에 대한 책임을 지며, 2차적으로 무자력조합원이 변제할 수 없는 부분에 대하여 균분하여 책임을 진다.

② 균분의 의미: 제713조는 조합원의 2차적 책임에 관하여 〈조합원이 균분〉하여 책임이 있는 것으로 규정한다. 이는 자력 있는 조합원의 수에 따른 균분인지, 아니면 자력조합원의 책임부담비율이 있을 때는 그 부담비율에 따르고 부담비율을 알지 못한 때에는 조합원의 수에 따른 균분이란 의미인지가 문제된다. 각 조합원의 고유한 책임은 부담비율책임인데, 무자력자의 변제하지 못한 부분에 대하여 지는 2차적 책임은 조합원의 수에 따른 절대적 균분이라는 것은 합리적이지 못하다. 따라서 무자력 조합원이 변제하지 못한 부분에 대하여도 다른 조합원은 부담비율에 따른 책임을 지나, 부담비율을 알지 못한 때에 채권자는 조합원 수에 따라 균분하여 청구할 수 있는 것으로 해석하여야 할 것이다.

(3) 조합채권자의 이행의 청구-제712조: 조합의 채권자는 조합재산 또는 개별조합원에게 조합의 채무에 대한 이행의 청구를 할 수 있다. 즉 조합의 채권자가 조합원에 대하여 조합재산에 의한 공동책임을 묻는 것이 아니라 각 조합원의 개인적 책임에 기하여 당해 채권을 행사하는 경우에는 조합원 각자를 상대로 하여 그 이행의 소를 제기할 수 있다(대판 1991.11.22. 91다30705).

(가) 지분비율에 따른 이행청구: 조합의 채무는 조합원의 채무로서 특별한 사정이 없는 한 조합채권자는 각 조합원에 대하여 지분의 비율에 따라 또는 균일적으로 변제의 청구를 할 수 있을 뿐이다(대판 1992.11.27. 92다30405).

(나) 조합채권자는 조합재산에 대하여 먼저 이행의 청구나, 집행을 하여야 하는지 여부-불요: 조합채무에 대하여는 조합재산과 각 조합원의 책임이 병존하게 된다. 조합채무는 조합원에게 직접 귀속하므로 조합원에게는 채무 있는 책임이 된다. 보통의 경우 조합채권자는 먼저 업무집행자에게 이행의 청구를 하여 조합재산으로 이행을 받거나, 조합재산에 먼저 강제집행을 한 후에 각 조합원에게 잔액에 대하여 이행의 청구나 강제집행을 하게 된다. 그러나 조합채권자는 반드시 조합재산에 먼저 이행청구를 할 필요는 없다. 그리고 조합원은 조합채무에 대하여 직접책임을 지므로 조합채권자로부터 이행의 청구를 받은 때 조합재산으로 먼저 변제받을 것을 항변할 수 없다. 또한 채권자는 조합원 전원에 대한 집행권원으로 각 조합원에게 그 부담액을 증명하여 강제집행할 수 있다.

(다) 2인으로 구성된 조합에서 1인이 탈퇴한 경우, 조합채권자가 잔존 조합원에 대하여 조합채무 전부의 이행을 청구할 수 있는지 여부-긍정: 조합채무는 조합원들이 조합재산에 의하여 합유적으로 부담하는 채무이고, 두 사람으로 이루어진 조합관계에 있어 그 중 1인이 탈퇴하면 탈퇴자와의 사이에 조합관계는 종료된다 할 것이나 특별한 사정이 없는 한 조합은 해산되지 아니하고, 조합원들의 합유에 속한 조합재산은 남은 조합원에게 귀속하게 된다. 따라서 이 경우 조합채권자는 잔존 조합원에게 여전히 그 조합채무 전부에 대한 이행을 청구할 수 있다(대판 1999.5.11. 99다1284).

3. 組合員 個人 債權者의 그 組合員의 支分에 대한 押留 - 제714조: 조합원 개인의 채권자는 해당 조합원의 조합지분에 대하여 압류할 수 있다. 조합원의 지분에 대한 압류는 그 조합원의 장래의 이익배당 및 지분의 반환을 받을 권리에 대하여 효력이 있다.

(1) 조합재산 전체의 지분에 대한 압류: 여기에서의 조합원의 지분이란 전체로서의 조합재산에 대한 조합원지분을 의미하는 것이고, 이와 달리 조합재산을 구성하는 개개의 재산에 대한 합유지분에 대하여는 압류 기타 강제집행의 대상으로 삼을 수는 없다(대판 2007.11.30. 2005마1130). 그 절차는 민사소송법 제584에서 준용되는 동법 제561조에 의하게 된다. 즉 다른 조합원을 제3채무자로 하는 압류통지의 송달로 효력이 생긴다.

(2) 압류에 의한 집행의 효력: 압류에 의하여 조합은 당해 조합원에게 이익배당을 지급하는 것이 금지되며, 압류채권자는 법원의 추심명령 또는 전부명령에 의하여 채권을 실현시킨다. 지분이 압류당하여 실현당하면 조합원은 조합에서 탈퇴된다.

第716條【任意脫退】 ①組合契約으로 組合의 存續期間을 定하지 아니하거나 組合員의 終身까지 存續할 것을 定한 때에는 各 組合員은 언제든지 脫退할 수 있다. 그러나 不得已한 事由없이 組合의 不利한 時期에 脫退하지 못한다.
②組合의 存續期間을 定한 때에도 組合員은 不得已한 事由가 있으면 脫退할 수 있다.

第717條【非任意脫退】 前條의 境遇外에 組合員은 다음 各號의 事由로 因하여 脫退된다.
1. 死亡
2. 破產
3. 禁治產
4. 除名

第718條【除名】 ①組合員의 除名은 正當한 事由 있는 때에 限하여 다른 組合員의 一致로써 이를 決定한다.
②前項의 除名決定은 除名된 組合員에게 通知하지 아니하면 그 組合員에게 對抗하지 못한다.

第719條【脫退組合員의 持分의 計算】 ①脫退한 組合員과 다른 組合員間의 計算은 脫退當時의 組合財產狀態에 依하여 한다.
②脫退한 組合員의 持分은 그 出資의 種類如何에 不拘하고 金錢으로 返還할 수 있다.
③脫退當時에 完結되지 아니한 事項에 對하여는 完結後에 計算할 수 있다.

組合員의 脫退, 加入

1. 意義: 조합원의 구성은 탈퇴, 제명, 가입, 조합원 지위의 양도(지분 양도) 등으로 변동된다. 민법은 탈퇴와 제명에 관하여는 규정하고 있으나, 가입과 조합원 지위의 양도에 관하여는 별도로 규정하고 있지 아니하다.

2. 組合員의 脫退: 조합원의 탈퇴에는 자기의 의사에 의한 임의탈퇴와 의사에 의하지 아니한 비임의 탈퇴가 있다. 그리고 여기서 조합의 탈퇴라 함은 특정 조합원이 장래에 향하여 조합원으로서의 지위를 벗어나는 것으로서, 이 경우 조합 그 자체는 나머지 조합원에 의해 동일성을 유지하며 존속하는 것이므로 결국 탈퇴는 잔존 조합원이 동업사업을 계속 유지·존속함을 전제로 하는 것이다(대판 2007.11.15. 2007다48370, 48387).

3. 任意脫退 - 제716조

(1) 존속기간이 없거나 종신인 경우-제1항: 조합의 존속기간을 정하지 아니한 조합이나 조합원의 종신까지 존속할 것으로 정한 조합의 경우이다.

(가) 임의 탈퇴: 각 조합원은 언제든지 임의로 탈퇴할 수 있다. 탈퇴하고자 하는 조합원은 나머지 모든 조합원에 대한 탈퇴의 의사표시로써 탈퇴된다.

(나) 임의탈퇴의 제한-제1항 단서: 제716조제1항 단서는 부득이한 사유 없이 조합이 불리한 시기에 탈퇴할 수 없다고 규정한다. 여기서 불리한 시기와 불리한 시기에 탈퇴의 의사표시를 한 경우의 효과 및 부득이한 사유의 내용이 문제된다.

① 불리한 시기: 불리한 시기란 그 조합원이 그 시기에 탈퇴한다면 조합에 불이익이 생기는 경우를 말한다. 예컨대 조합재산으로 중요한 계약을 체결하였는데 출자를 많이 한 조합원이 탈퇴하게 되어 출자를 환급해 주어야 됨으로써 계약의 이행에 지장을 주어 조합에 손해를 발생시킬

우려가 있는 경우 등이다. 불리한 시기에 탈퇴의사를 표시하였으나 전원이 동의한 때에는 문제가 없을 것이나 동의를 하지 않은 경우에는 어떻게 되는가. 동의는 탈퇴의 요건은 아니지만 불리한 시기에 한 탈퇴의사에 대하여 다른 조합원이 조합에 불리한 시기인 점을 들어 이의를 제기하면 탈퇴되지 아니한다. 즉 탈퇴의 의사표시는 효력이 없다.

② 부득이한 사유: 불리한 시기일지라도 부득이한 사유가 있는 때에는 탈퇴할 수 있다. 부득이한 사유에 해당하는지 여부는 조합원 일신상의 주관적인 사유 및 조합원 개개인의 이익뿐만 아니라 조합의 성격과 조합원 전체의 이익 등을 종합적으로 고려하여 판단하여야 한다(대판 1997.1.24. 96다26305). 따라서 개인의 사정도 포함하며, 다른 조합원과의 감정적 대립이나 성격의 불일치 등도 포함하는 것으로 본다. 문제는 어떠한 의사결정과정에서 반대의견을 가진 소수자가 집단적으로 탈퇴를 하는 경우이다. 이 경우에 단순히 반대의견을 가졌다는 것만으로 부득이한 사유라고는 볼 수 없다. 다만 소수자로서 공동사업의 경영에서 경제적 이익이 크게 침해당할 것이라면 부득이한 사유에 해당한다고 보아야 할 것이다.

(다) 탈퇴권의 대위행사-가능: 조합원은 원칙적으로 탈퇴할 수 있고(716조), 탈퇴하면 지분환급청구권을 가지는바, 조합원의 조합탈퇴권은 그 성질상 조합계약의 해지권으로서 그의 일반재산을 구성하는 재산권의 일종이라 할 것이고 채권자대위가 허용되지 않는 일신전속적 권리라고는 할 수 없다. 따라서 채무자의 재산인 조합원 지분을 압류한 채권자는, 당해 채무자가 속한 조합에 존속기간이 정하여져 있다거나 기타 채무자 본인의 조합탈퇴가 허용되지 아니하는 것과 같은 특별한 사유가 있지 않은 한, 채권자대위권에 의하여 채무자의 조합 탈퇴의 의사표시를 대위행사할 수 있다 할 것이고, 일반적으로 조합원이 조합을 탈퇴하면 조합목적의 수행에 지장을 초래할 것이라는 사정만으로는 이를 불허할 사유가 되지 아니한다(대판 2007.11.30. 2005마1130).

(2) 존속기간이 있는 조합-제2항: 조합의 존속기간이 있는 조합에서의 탈퇴에 관한 것이다.

(가) 원칙-탈퇴불가: 조합원은 원칙적으로 존속기간 중에는 탈퇴할 수 없다.

(나) 예외-부득이한 사유있으면 탈퇴 가능: 원칙적으로 존속기간 중에는 탈퇴할 수 없고 부득이한 사유가 있는 경우에 한하여 예외적으로 탈퇴할 수 있다. 본항의 부득이한 사유는 제1항 단서의 부득이한 사유와 동일한 개념으로, 부득이한 사유에 해당하는지 여부는 조합원 일신상의 주관적인 사유 및 조합원 개개인의 이익뿐만 아니라 조합의 성격과 조합원 전체의 이익 등을 종합적으로 고려하여 판단하여야 한다(대판 1997.1.24. 96다26305).

① 긍정한 예: 동업자 중 1인이 약정에 따른 출자금을 출자한 후 당사자간의 불화대립으로 곧바로 동업관계가 결렬되어 그 이후 위 출자의무를 이행한 조합원이 동업관계에서 전적으로 배제된 채 나머지 조합원에 의하여 당초의 업무가 처리되어 온 경우, 부득이한 사유로 인한 해산청구가 가능하며 출자의무를 이행한 조합원은 탈퇴로 인한 계산으로서 자기가 출자한 금원의 반환을 구할 수도 있다(대판 1991.2.22. 90다카26300).

② 부정된 예: 단체로서의 증권시장의 안정을 도모함을 목적으로 하여 설립된 증권시장안정기금의 공익단체로서의 성격과 설립목적, 업무내용 등에 비추어 볼 때 증권시장안정기금의 출자 조합원인 회사가 자금사정 악화 등 회사의 주관적인 사정만으로는 이를 증권시장안정기금에서 탈퇴할 수 있는 부득이한 사유에 해당한다고 볼 수 없다(대판 1997.1.24. 96다26305).

(3) 2인조합에서 1인의 탈퇴: 2인조합에서 1인의 탈퇴가 가능한지, 가능하다면 1인 조합이 될 때의 법률관계는 어떻게 되는지가 문제된다.

(가) 탈퇴로 청산은 불요하고 잔존자의 단독 소유로: 탈퇴를 방지할 방법이 없고, 2인조합에서 그 중 1인이 탈퇴하면 조합관계는 해산됨이 없이 종료되어 청산이 뒤따르지 아니하며, 조합원의 합유에 속한 조합재산은 남은 조합원의 단독소유에 속하고, 탈퇴자와 남은 자 사이에 탈퇴로 인한 계산으로 정리된다(대판 1999.3.12. 98다54458).

(나) 탈퇴자와 잔존자 사이의 탈퇴로 인한 계산의 방법: 특단의 사정이 없는 한 민법 제719조 제1항, 제2항의 규정에 따라 '탈퇴 당시의 조합재산상태'를 기준으로 평가한 조합재산 중 탈퇴자의 지분에 해당하는 금액을 금전으로 반환하여야 할 것이고, 이러한 계산은 사업의 계속을 전제로 하는 것이므로 조합재산의 가액은 단순한 매매가격이 아닌 '영업권의 가치를 포함하는 영업

가격'에 의하여 평가하되, 당해 조합원의 지분비율은 조합청산의 경우에 실제 출자한 자산가액의 비율에 의하는 것과는 달리 '조합내부의 손익분배 비율'을 기준으로 계산하여야 하는 것이 원칙이다(대판 2006.3.9. 2004다49693, 49709).

(다) 조합의 탈퇴자에 대한 채권을 자동채권으로 하여 탈퇴자에 대한 지분 상당의 조합재산 반환채무와 상계할 수 있는지 여부: 2인 조합에서 조합원 1인이 탈퇴하는 경우, 조합의 탈퇴자에 대한 채권은 잔존자에게 귀속되므로 잔존자는 이를 자동채권으로 하여 탈퇴자에 대한 지분 상당의 조합재산 반환채무와 상계할 수 있다(대판 2006.3.9. 2004다49693, 49709).

4. 非任意 脫退 - 제717조: 조합원은 임의탈퇴 외에 사망, 파산, 금치산, 제명으로 탈퇴된다. 그 밖에 지분을 처분한 조합원과 지분이 압류당하여 실행된 조합원은 당연히 탈퇴된다.

(1) 사망-제1호: 조합원은 사망으로 당연히 탈퇴한다. 조합계약에 상속인이 새로운 조합원이 된다는 특약이 있는 경우에는 그 특약은 효력이 있으며 상속인이 조합원지위를 승계한다.

(2) 파산-제2호: 조합원이 파산하면 탈퇴된다. 조합원이 파산선고를 받으면 당해 조합원의 지분은 파산재단을 구성하여 변제에 충당되므로 당연히 조합에서 탈퇴된다. * 반대의 특약: 조합원들이 조합계약 당시 민법 제717조의 규정과 달리 차후 조합원 중에 파산하는 자가 발생하더라도 조합에서 탈퇴하지 않기로 약정한다면 이는 장래의 불특정 다수의 파산채권자의 이해에 관련된 것을 임의로 위 법 규정과 달리 정하는 것이어서 원칙적으로는 허용되지 않는다 할 것이지만, 파산한 조합원이 제3자와의 공동사업을 계속하기 위하여 그 조합에 잔류하는 것이 파산한 조합원의 채권자들에게 불리하지 아니하여 파산한 조합원의 채권자들의 동의를 얻어 파산관재인이 조합에 잔류할 것을 선택한 경우까지 조합원이 파산하여도 조합으로부터 탈퇴하지 않는다고 하는 조합원들 사이의 탈퇴금지의 약정이 무효라고 할 것은 아니다(대판 2004.9.13. 2003다26020).

(다) 금치산-제3호: 금치산선고로 탈퇴된다. 조합원이 금치산선고를 받았다고 하더라도 다른 조합원에게는 영향이 없기 때문에 반대의 특약은 유효하다.

(라) 제명-제4호: 제명으로 탈퇴된다. 제명에 관하여는 제718조에서 그 요건과 효과에 관하여 별도로 규정하고 있다.

① 요건-제718조제1항: 정당한 이유가 있을 때 다른 조합원의 일치된 의사로서 제명을 결정한다. 여기서의 정당한 이유란 조합원으로서 계속하여 함께 공동사업을 경영할 수 없는 사유를 말한다. 예컨대 출자의무불이행이거나 조합의 공동목적과 상반되는 행위를 하는 경우, 업무집행에 있어서의 부정행위 등이다.

② 통지-대항요건-제718조제2항: 제명결정은 제명된 조합원에게 통지하여야 그 조합원에게 대항할 수 있다.

③ 해산결의 후의 자동제명 사유: 조합의 해산결의 이후 조합원의 자동제명 사유가 발생하였다 하더라도 그 조합원은 해산결의에서 정한 청산방법에 따라 출자지분에 비례한 잔여재산의 분배를 구할 수 있다(대판 2007.2.9. 2006다3486).

(마) 지분의 압류: 지분이 압류당하여 압류가 실행되면 지분이 없어짐으로 당연히 탈퇴된다.

(바) 지분의 처분(양도): 조합원은 다른 조합원 전원의 동의가 있으면 그 지분을 처분할 수 있으나 조합의 목적과 단체성에 비추어 조합원으로서의 자격과 분리하여 그 지분권만을 처분할 수는 없으므로, 조합원이 지분을 양도하면 그로써 조합원의 지위를 상실하게 된다. 이와 같은 조합원 지위의 변동은 조합지분의 양도양수에 관한 약정으로써 바로 효력이 생긴다. 한편 당사자 사이에 조합지분의 양도양수에 관한 약정이 있었는지 여부는 법률행위 해석의 일반원칙에 따라야 하고, 당사자 사이에 계약의 해석을 둘러싸고 이견이 있어 처분문서에 나타난 당사자의 의사해석이 문제되는 경우에는 문언의 내용, 그와 같은 약정이 이루어진 동기와 경위, 약정에 의하여 달성하려는 목적, 당사자의 진정한 의사 등을 종합적으로 고찰하여 논리와 경험칙에 따라 합리적으로 해석하여야 한다(대판 2009.3.12. 2006다28454).

5. 脫退의 效果 - 支分의 計算 - 제719조: 조합원은 임의탈퇴이든지 또는 비임의탈퇴이든지 탈퇴로 장래에 대하여 조합원의 지위를 상실한다. 특정 조합원이 탈퇴되더라도 다른 조합원간의 조합계약은 아무런 영향을 미치지 않는다. 그런데 탈퇴한 조합원의 조합재산에 대한 지분은 환급되어

야 한다(지분환급청구권). 이를 지분의 계산이라고 한다. 탈퇴 당시 조합에 적극재산이 있는 경우, 손실이 있는 경우 및 채무가 있는 경우에 각기 다르다.

(1) 원칙-제1항, 제2항

(가) 탈퇴시의 조합의 재산상태가 기준-제1항: 탈퇴 당시의 조합재산상태를 기준으로 평가한다.

(나) 금전으로 반환-제2항: 탈퇴자의 지분에 해당하는 금액을 금전으로 반환하여야 한다.

(다) 지분비율-손익분배비율로: 조합원의 지분비율은 조합 내부의 손익분배 비율을 기준으로 계산하여야 하나, 당사자가 손익분배의 비율을 정하지 아니한 때에는 민법 제711조에 따라 각 조합원의 출자가액에 비례하여 이를 정하여야 한다.

(라) 탈퇴 당시의 미결 사항-제3항: 탈퇴 당시에 완결되지 아니한 사항에 대하여는 별도로 완결 후에 계산할 수 있다

(2) 개별적인 경우

(가) 조합의 손실-제711조: 조합원이 탈퇴 당시에 조합에 손실이 있는 때에는 손실부담비율에 따라 손실을 부담하여야 계산하여야 한다.

(나) 조합채무-제712조: 탈퇴 당시의 조합채무에 대하여 그의 지분에 따라 채무를 포함하여 계산하여야 한다.

(다) 탈퇴조합원의 출자가액 중 일부가 기망에 의한 출자의 경우: 탈퇴로 인한 탈퇴한 조합원이 조합재산에서 그 출자가액에 비례하여 산정한 지분비율에 따라 계산한 금액을 반환받은 경우, 그 출자가액 중 일부가 기망행위에 의해 교부한 것이 드러났다고 하여 출자가액 중 기망행위로 인한 부분 전액에 대한 배상이 명해진다면 탈퇴자에게 이중으로 변제되는 부분이 생기게 되므로, 기망행위로 인하여 배상하여야 할 손해액을 산정함에 있어서는 그 출자가액 중 기망행위로 인한 부분(ㄱ)에서, 탈퇴자가 조합재산에서 실제로 반환받은 금액(ㄴ)과 기망행위로 인한 출자부분이 없었을 경우의 지분비율에 따라 계산한 경우 탈퇴자가 반환받을 금액(ㄷ)의 차액을 공제하여야 한다(대판 2008.9.25. 2008다41529).

6. 組合에의 加入: 민법은 새로운 조합원의 가입에 관하여는 규정하고 있지 아니하나, 조합에의 새로운 가입을 금지할 이유는 없다. 가입되는 경우는 기존의 조합원과 신규가입원 사이의 가입계약에 의한 경우와 기존의 조합원으로부터 지분권을 양수한 경우이다.

(1) 가입계약: 조합에의 가입은 가입하려는 자와 기존의 조합원 모두와의 가입계약(조합계약)에 의하여 가입된다. 가입자는 출자의무를 부담한다. 가입하여 조합원이 된 자는 가입 당시의 조합재산에 관하여 다른 조합원과 합유관계에서 지분을 취득한다. 가입 당시의 채무에 관하여는 출자를 하여 조합재산이 된 것으로는 책임을 지나, 개인 재산으로는 책임을 지지 아니한다.

(2) 조합원지위의 양수: 조합원은 다른 조합원 전원의 동의를 얻어 제3자에게 지분을 처분(양도)할 수 있고, 지분을 처분(양도)하면 조합원의 지위도 상실한다. 그런데 지분이 양도되어 양수한 자는 새로운 조합원이 되는지가 문제된다. 지분의 처분에 관하여 조합원 전원의 〈동의〉가 〈조합원 지위의 처분〉에 대하여 국한된 것인지, 아니면 〈조합원 지위의 양도〉에 대한 것을 포함하는지가 문제된다. 특별히 처분만에 대한 동의라고는 볼 수 없고 조합원 지위에 대한 양도까지 포함하는 것이 라고 보는 것이 타당하므로 양수한 자는 새로운 조합원이 된다. 양수인은 양도인의 지위를 포괄적으로 승계한다. 따라서 양도한 조합원의 기존의 권리와 의무를 그대로 승계한다.

第720條【不得已한 事由로 因한 解散請求】 不得已한 事由가 있는 때에는 各組合員은 組合의 解散을 請求할 수 있다.

第721條【清算人】 ①組合이 解散한 때에는 清算은 總組合員 共同으로 또는 그들이 選任한 者가 그 事務를 執行한다.

②前項의 清算人의 選任은 組合員의 過半數로써 決定한다.

第722條【清算人의 業務執行方法】 清算人이 數人인 때에는 第706條第2項 後段의 規定을 準用한다.

第723條【組合員인 清算人의 辭任, 解任】 組合員中에서 清算人을 定한 때에는 第708條의 規定을 準用한다.

第724條【清算人의 職務, 權限과 殘餘財産의 分配】 ①清算人의 職務 및 權限에 關하여는 第87條의 規定을 準用한다.
②殘餘財産은 各組合員의 出資價額에 比例하여 이를 分配한다.

組合의 解散과 清算

1. 組合의 解散: 조합이 종료하면 남아 있는 조합재산을 조합원들 사이에서 정리하여야 한다. 이와 같이 조합이 종래의 조합활동을 중지하고 조합재산을 정리하는 단계에 들어가는 것을 해산이라고 한다.

(1) 당연 해산: 조합관계에 있어서는 일반적으로 조합계약에서 정한 존속기간의 만료, 약정한 사유의 발생, 조합원 전원의 합의, 조합의 목적인 사업의 성공 또는 성공불능, 2인으로 된 조합관계에 있어 그 가운데 한 사람이 탈퇴하는 경우에도 역시 조합관계는 종료된다. * 성공 여부: 동업계약에 기하여 취득한 건물에 관하여 업무집행자 명의로 소유권이전등기가 경료되어 있는 공유지분을 처분함에 있어 다른 조합원의 동의가 있었다고 볼 수 없는 경우, 조합의 업무집행자가 위 건물의 공유지분을 제3자에게 매각하고 그 매각대금의 일부를 교부받았다고 하더라도 조합의 목적사업이 성공하여 조합관계가 종료되었다고 볼 수 없다(대판 1997.5.30. 95다4957).

(2) 해산청구-제720조: 조합의 해산청구는 조합이 소멸하기 위하여 그의 목적인 사업을 수행하기 위한 적극적인 활동을 중지하고, 조합재산을 정리하는 단계에 들어가는 것이다.

(가) 부득이한 사유: 본조의 부득이한 사유는 경제계의 사정변경에 따른 조합 재산상태의 악화나 영업부진 등으로 조합의 목적달성이 매우 곤란하다고 인정되는 객관적인 사정이 있거나, 조합 당사자 간의 불화·대립으로 인하여 신뢰관계가 파괴됨으로써 조합업무의 원활한 운영을 기대할 수 없는 경우를 말한다(대판 1997.5.30. 95다4957).

① 조합원 전체에 관한 사유: 이러한 사유가 단순히 조합원 개인에 한정된 경우는 해산의 청구는 가능하지 않고 본인의 탈퇴나 제명의 사유가 될 뿐이고, 조합원 사이의 반목·불화로 인한 대립으로 신뢰관계가 파괴되어 조합의 원만한 공동운영을 기대할 수 없게 된 경우가 조합의 해산사유에 관한 민법 제720조의 〈부득이한 사유〉에 해당된다(대판 1993.2.9. 92다21098).

② 2인동업에서 1인 배제 후 단독 운영: 두 사람으로 된 동업관계 즉 조합관계에 있어서 그 중 1인이 약정에 따른 출자금을 출자한 후 당사자간의 불화대립으로 곧바로 동업관계가 결렬되었고, 그 이후 위 출자의무를 이행한 조합원이 동업관계에서 전적으로 배제된 채 나머지 조합원에 의하여 당초의 업무가 처리되어 온 사정을 볼 때, 이러한 경우는 부득이한 사유로 인한 해산청구가 가능하며 출자의무를 이행한 조합원은 탈퇴로 인한 계산으로서 자기가 출자한 금원의 반환을 구할 수도 있다(대판 2007.4.26. 2005다62006).

(나) 2인조합에서 1인의 조합재산분할청구-해산사유: 조합원이 단지 2명인 경우에 그 1인이 남은 1인에 대한 조합재산인 토지의 분할청구는 조합을 탈퇴하고 그 해산을 구함과 동시에 위 조합관계의 종료에 따라 조합재산의 토지의 분할을 청구하고 있는 것이라고 볼 수 있으므로 특별한 사정이 없는 한 이는 조합의 해산사유가 된다(대판 1978.11.28. 78다1827).

(3) 해산의 효과: 해산으로 조합은 적극적인 활동을 중지하고 청산절차를 개시한다. 청산절차가 종료하기 전까지는 조합관계는 그대로 존속한다.

(가) 청산으로 분배 전까지는 조합재산은 합유 유지: 조합이 해산된 경우에도 청산절차를 거쳐

조합재산을 조합원에게 분배하지 아니하는 한 조합재산은 계속하여 조합원의 합유이고 청산이 종료할 때까지 조합은 존속한다. 이러한 의미에서 청산절차 진행 도중에 일부 조합원이 다른 조합원들의 동의를 얻지 아니한 채 조합재산인 채권을 타인에게 양도한 행위는 무효이다(대판 1992.10.9. 92다28075).

(나) 해산결의 후의 자동 제명 사유 발생: 해산결의 이후 조합원의 자동제명 사유가 발생하였다 하더라도 그 조합원은 해산결의에서 정한 청산방법에 따라 출자지분에 비례한 잔여재산의 분배를 구할 수 있다(대판 2007.2.9. 2006다3486).

2. 清算: 청산이란 조합의 해산으로 조합재산을 정리하는 것을 말한다. 조합은 청산으로 소멸하여도 조합채무는 여전히 조합원에게 남는다. 즉 조합의 청산은 제3자에게 영향을 미치지 아니한다. 민법이 규정하는 청산절차는 조합원간에 조합재산에 대한 공평한 분배를 하기 위한 규정으로 청산인이 합유재산을 각 조합원에게 분배하는 것이다. 따라서 모든 조합원의 합의로 청산절차를 거치지 않고 다른 방법으로 정리를 하여도 관계가 없다.

(1) 청산인-제721조

(가) 원칙-제1항: 원칙적으로 모든 조합원이 청산인이 되어 공동으로 청산한다.

(나) 청산인 선임-제1항, 제2항: 청산을 간편·신속하게 하기 위하여 청산인을 선임하여 집행하게 할 수 있다(1항). 선임은 조합원의 과반수로 결정한다(2항).

(다) 청산인의 사임과 해임의 제한-제723조: 조합원 중에 청산인이 된 자는 사임과 해임에 일정한 제한을 받게 된다(708조).

(2) 청산인의 직무와 권한-제724조제1항(87조): 청산인의 직무와 권한에 관하여는 제87조의 법인의 청산인에 관한 규정이 준용된다. 따라서 현존한 사무를 종결하고, 채권을 추심하며, 조합재산으로 채무를 변제한다.

(가) 업무집행방법-제722조(706조): 청산인이 수인인 경우의 업무집행에 관하여는 조합의 사무집행에 관한 규정이 준용된다. 즉 청산인이 수인인 때 통상사무는 각 청산인이 하고, 비통상사무는 청산인의 과반수로 결정한다.

(나) 잔여재산의 분배-제724조제2항: 청산인은 조합재산으로 조합채무를 정리하고 잔여재산은 조합원 사이에 별도의 특약이 없는 이상 각 조합원에게 출자가액에 비례하여 분배하여야 한다.

① 잔여재산의 분배시기

㉮ 청산절차 종료 후: 조합원들에게 분배할 잔여재산과 그 가액이 청산절차가 종료된 때에 확정되는 것이므로 조합원들 사이에 특별한 다른 약정이 없는 이상 청산절차가 종료되지 아니한 상태에서 잔여재산의 분배를 청구할 수는 없다(대판 1993.3.23. 92다42620). * 일부 청산인들이 청산절차에 협력하지 아니하기 때문에 청산절차가 진행되지 않고 있다고 하더라도, 그들을 상대로 청산인으로서의 직무를 집행하지 못하도록 함과 아울러 그 직무를 대행할 자를 선임하여 줄 것을 법원에 신청하는 등 청산절차를 진행하기 위한 다른 수단을 강구하는 것은 별론으로 하고, 청산절차가 종결되지 아니한 상태에서 바로 잔여재산의 분배나 정산금의 지급을 청구할 수는 없다(대판 1993.3.23. 92다42620).

㉯ 잔무가 있는 경우-분배청구 불가: 조합에 합유적으로 귀속된 채권의 추심이나 채무의 변제 등의 사무가 완료되지 아니한 상황이라면, 그 채권의 추심이나 채무의 변제는 원칙으로 조합원 전원이 공동으로 하여야 하는 것이니 만큼 그 추심이나 변제 등이 완료되지 않은 상태에서도 조합원들 사이에서 공평한 잔여재산의 분배가 가능하다는 특별한 사정이 인정되지 아니하는 한 조합이 처리하여야 할 잔무에 해당한다고 보아야 하고, 따라서 이러한 경우 청산절차를 거치지 아니하고 바로 잔여재산의 분배를 구할 수는 없다(대판 2005.12.8. 2004다30682).

㉰ 청산절차 종료 전의 분배청구가 가능한 경우: 조합 해산시에 어느 조합원이 다른 조합원을 상대로 청산절차를 거치지 않고 곧바로 하는 잔여재산의 분배청구는 청구의 상대방인 조합원이 그의 분배비율을 초과하여 잔여재산을 보유하고 있는 경우에 한하여 그 분배비율을 초과하는 부분의 범위 내에서만 허용되는 것이므로, 그러한 분배청구가 가능하기 위하여는 조합의 전체 잔여재산의 내역과 그 정당한 분배비율 및 조합원 각자의 현재의 잔여재산 보유내역 등이 먼저 정

확하게 확정될 수 있어야 할 것이다(대판 2005.12.8. 2004다30682).

㉱ 해산결의 이후의 당연 제명 사유 발생: 조합의 해산결의 이후 조합원의 자동제명 사유가 발생하였다 하더라도 그 조합원은 해산결의에서 정한 청산방법에 따라 출자지분에 비례한 잔여재산의 분배를 구할 수 있다(대판 2007.2.9. 2006다3486).

② 잔여재산의 분배방법

㉮ 분배재산의 범위와 가액 산정: 조합해산의 경우에 분배할 잔여재산의 범위와 그 가액은 청산절차가 종료된 때에 비로소 확정되고, 그 가액의 평가는 청산절차 종료 당시를 기준으로 하여야 하고, 한편 이와 같이 청산절차가 종료되지 않은 상태에서의 조합, 즉 청산의 목적범위 내에서 존속하는 조합이 종국적으로 부담하게 된 채무도 조합의 채무로서 조합의 잔여재산의 계산에서 고려되어야 한다(대판 2007.11.15. 2007다48370).

㉯ 재판상청구시는 변론종결 당시의 시가를 기준: 잔여재산의 분배만이 문제가 되어 재판상 청구에 이른 때에는 특별한 사정이 없는 한 사실심변론종결 당시의 시가에 따라 평가하여 분배함이 상당하다(대판 1981.1.13. 80다1672).

㉰ 조합채무 완료 전의 산정: 조합의 잔무가 없고, 잔여재산의 분배만 있는 경우에는 조합채무의 변제 사무가 완료되지 아니한 사정이 있더라도 그 채권자가 조합원인 경우에는 동업체 자산을 보유하는 자가 동업체 자산에서 채권자 조합원에 대한 조합채무를 공제하여 분배대상 잔여재산액을 산출한 다음, 다른 조합원들에게 잔여재산 중 각 조합원의 출자가액에 비례한 몫을 반환함과 아울러 채권자 조합원에게 조합채무를 이행함으로써 별도의 청산절차를 거침이 없이 간이한 방법으로 공평한 잔여재산의 분배가 가능하다(대판 2007.11.15. 2007다48370).

㉱ 조합해산시의 출자의무불이행한 다른 조합원의 반환채무 부담비율: 조합이 해산되고 별도의 청산절차를 밟을 필요가 없어 출자의무를 이행한 조합원이 출자의무를 이행하지 않은 다른 조합원들에 대하여 그 출자재산의 반환채권을 갖게 되는 경우, 다른 조합원의 반환채무 부담비율은 조합계약에서 정한 손실부담의 비율에 의함이 상당하고 그 부담부분의 특약이 없었다면 균등한 것으로 추정해야 한다(대판 1996.10.25. 96다32201).

3. 解散事由와 清算에 관한 規定은 任意規定: 민법의 조합의 해산사유와 청산에 관한 규정은 그와 내용을 달리하는 당사자의 특약까지 배제하는 강행규정이 아니다. 따라서 당사자가 민법의 조합의 해산사유와 청산에 관한 규정과 다른 내용의 특약을 한 경우에도 그 특약은 유효하다(대판 1985.2.26. 84다카1921).

第14節 終身定期金契約

1. 概括: 종신정기금계약은 당사자 일방이 자기나 상대방 또는 제3자의 종신(사망)까지 정기로 금전 기타의 물건을 상대방 또는 제3자에게 지급할 것을 약정함으로써 성립하는 계약이다. 예컨대 甲이 乙에게 부동산을 매도하되, 대금은 乙이 甲의 여생동안 생활비에 해당하는 일정 금액으로 매월 지급하기로 한다든지, 또는 甲이 평소에 은혜를 입은 노후의 乙에게 여생동안 매월 일정 식량을 지급하기로 한다든지 하는 경우이다. 이러한 종신정기금은 정기금채권자의 노후의 생활 보장을 위한 제도의 역할을 한다. 그러나 오늘날은 공(公)·사(私)형의 각종 연금 및 보험제도 등으로 인해 사인간의 종신정기금계약이란 거의 이용되지 않고 있다.

2. 法律的 性質

(1) 정기금채권자는 계약의 일방 당사자 또는 제3자: 종신정기금계약에서 정기금채무자는 계약의 일방 당사자이지만, 정기금채권자는 계약의 일방 당사자 본인인 경우도 있고 경우에 따라서는 제3자인 경우도 있다. 정기금채권자가 제3자가 되는 경우에는 본절의 규정과 제3자에 관한 계약에 관한 법리도 함께 적용된다.

(2) 유인행위: 종신정기금계약은 정기금채무자가 정기금채권자에 대하여 특정한 원인에 의하여 채무를 지는 유인행위이다. 즉 종신정기금계약은 원인행위에 의하여 일방이 부담하는 채무의 이행방법에 관한 합의이다. 그러한 원인행위가 단순히 증여일 수도 있고, 원인행위의 대가로써 채

무를 지는 경우도 있다. 후자는 예컨대 매매대금 또는 소비대차상의 원본과 이자를 지급하는 방법으로 정기금채무를 지는 경우가 된다. 이와 같이 종신정기금계약은 유인행위이기 때문에 원인행위의 무효나 취소는 종신정기금계약의 효력에 영향을 미친다. 또한 원인행위가 유상으로 정기금채무의 대가인 급부가 쌍방의 귀책사유 없는 사유로 소멸하면, 정기금채무도 소멸한다.
(3) 유상 또는 무상계약: 종신정기금계약은 유인행위이기 때문에 원인행위의 반대급부로서 정기금채무자가 채무를 질 때는 유상계약이고, 이때에는 종신정기금계약에 관한 규정과 원인행위에 관한 규정도 적용된다. 예컨대 원인행위가 매매계약 또는 소비대차계약으로 매매대금 또는 원본과 이자의 지급방법으로 종신정기금계약을 한 때에는 매매 또는 소비대차에 관한 규정도 준용된다. 원인행위가 증여인 때에는 종신정기금계약은 무상계약이며, 이때는 결국 정기급부를 목적으로 하는 증여에 해당하여 증여에 관한 규정도 준용된다.
(4) 낙성·불요식계약: 종신정기금계약은 당사자 쌍방의 합의로 성립하는 낙성계약이며, 특별한 형식을 요하지 아니하는 불요식계약이다. 원인행위가 증여이면서, 서면에 의하지 아니한 종신정기금계약을 한 때에는 증여의 규정이 준용되어 각 당사자가 언제든지 해제할 수 있다(555조).
(5) 종신정기금채권은 반드시 계약에 의하여 생기는 것이 아니라 유증으로 생길 수도 있다. 이 경우에는 유증에 관한 규정도 준용된다(730조).

3. 構成

(1) 성립: 제725조, 제730조
(2) 기금의 계산방법: 제726조
(3) 계약의 해제: 제727조-728조
(4) 채무자귀책사유로 인한 사망과 채권존속 선고: 제729조

第725條【終身定期金契約의 意義】 終身定期金契約은 當事者一方이 自己, 相對方 또는 第三者의 終身까지 定期로 金錢 其他의 物件을 相對方 또는 第三者에게 支給할 것을 約定함으로써 그 效力이 생긴다.

成立

1. 雙方의 合意: 당사자간에 당사자 일방, 상대방 또는 제3자의 종신까지 정기적으로 금전, 기타의 물건을 지급할 것을 약정하는 합의에 의하여 성립한다. 특별한 형식을 요하지 아니하고, 단지 당사자 쌍방의 합의로 성립한다.
2. 當事者: 채권자와 채무자가 당사자이며, 정기금채권자를 당사자 또는 제3자로 하는 제3자를 위한 계약도 가능하다.
3. 目的物: 금전 기타의 물건을 채권자의 종신(사망시)까지 정기적으로 지급할 것을 그 내용으로 한다. 지급물은 금전이 보통이다.
4. 原因行爲: 원인행위가 유상이 보통이나 증여인 경우라도 무방하다. 원인행위가 증여인 때는 증여의 규정이 준용된다.

第726條【終身定期金의 計算】 終身定期金은 日數로 計算한다.

定期金債權

1. 支給時期: 종신정기금계약에 의하여 기본적인 정기금채권이 발생하며, 약정한 일정한 기간에 따라 청구할 수 있는 지분적 채권이 발생한다. 지분적 채권의 지급시기에 관하여 약정이 없으면 후급이 원칙이다.
2. 契約의 期間 中 消滅 - 본조: 지분적 채권의 기간 중에 종신정기금계약이 소멸한 때는 그 지분적 채권은 일수로 계산한다.

第727條【終身定期金契約의 解除】 ①定期金債務者가 定期金債務의 元本을 받은 境遇에 그 定期金債務의 支給을 懈怠하거나 其他 義務를 履行하지 아니한 때에는 定期金債權者는 元本의 返還을 請求할 수 있다. 그러나 이미 支給을 받은 債務額에서 그 元本의 利子를 控除한 殘額을 定期金債務者에게 返還하여야 한다.
②前項의 規定은 損害賠償의 請求에 影響을 미치지 아니한다.

第728條【解除와 同時履行】 第536條의 規定은 前條의 境遇에 準用한다.

終身定基金契約의 解除

1. 意義: 종신정기금계약도 통상적인 계약에서와 같이 채무자가 정기금을 지급하지 아니하면 채무불이행에 의하여 계약을 해제할 수 있다. 그런데 해제에 따른 법률관계에 대하여는 정기금채무자가 원본을 받은 경우에 관하여 제727조에서 별도로 규정하여 받지 않은 경우와 다르다.

2. 契約의 解除

(1) 해제 사유-제727조제1항: 해제사유는 계약의 일반적 해제사유인 채무불이행을 이유로 해제할 수 있다. 그러나 그 요건과 효과는 정기금채무자가 원본을 받은 경우와 받지 않은 경우에 다르다.

(2) 해제의 요건-제727조제1항

(가) 원본이 있는 경우-최고 불요: 정기금체무자가 정기금의 지급을 해태하거나 기타 의무를 이행하지 아니하면 최고 없이 해제할 수 있다

(나) 원본이 없는 경우: 일반적인 해제의 요건(543조)에 따라 최고하여야 한다.

(3) 해제의 효과: 공통적으로 정기금채무자의 장래의 정기금채무는 소멸한다.

(가) 원본이 있는 경우

① 채권자의 원본의 반환청구-제727조제1항: 정기금채권자는 원본의 반환을 청구할 수 있다.

② 지급받은 정기금의 반환-제727조제1항: 이미 지급받은 채무액에서 그 원본의 이자를 공제한 잔액을 정기금채무자에게 반환하여야 한다.

③ 동시이행관계-제728조(536조): 채무자의 원본반환의무와 채권자의 수령한 정기금의 반환의무는 동시이행의 관계에 있다.

④ 손해배상-제727조제2항: 채권자는 반환받아도 손해가 있는 때에는 손해배상을 청구할 수 있다.

(나) 원본이 없는 경우: 계약의 일반적인 해제의 효과가 발생한다.

① 채권자의 지급받은 정기금의 반환-제548조: 원상회복에 의하여 지급받은 정기금은 반환하여야 한다.

② 채권자의 손해배상청구-제551조: 해제로 인하여 발생한 손해는 그 배상을 청구할 수 있다.

第729條【債務者歸責事由로 因한 死亡과 債權存續宣告】 ①死亡이 定期金債務者의 責任 있는事由로 因한 때에는 法院은 定期金債權者 또는 그 相續人의 請求에 依하여 相當한 期間 債權의 存續을 宣告할 수 있다.
②前項의 境遇에도 第727條의 權利를 行使할 수 있다.

債務者歸責事由에 의한 死亡

1. 終身定基金契約의 終了: 종신정기금계약은 특정인이 사망하면 계약이 종료하는 것이 원칙이다. 그러나 사망이 채무자의 귀책사유에 의한 사망의 경우에는 정신정기금계약의 특성상 본조에서 특별히 규정한다.

2. 債務者歸責事由에 의한 死亡 - 제1항: 채무자귀책사유에 의한 사망은 채무자의 채무불이행에 해

당하므로 제727조에 의해 계약을 해제할 수 있다(2항). 그런데 민법은 계약의 해제 외에 특별히 본조(제1항)를 규정한 것이다. 따라서 채권자는 계약의 해제와 본조에 의한 채권존속선고청구를 선택하여 할 수 있다.

(1) 특정인의 사망: 채무자 또는 정기금채권자가 사망하여야 한다.

(2) 채무자의 귀책사유: 사망이 채무자의 귀책사유에 의하여야 한다.

3. 債權의 存續 宣告

(1) 청구권자: 채무자가 사망한 경우에는 정기금채권자, 정기금채권자가 사망한 때에는 정기금채권자의 상속인이 청구하여야 한다.

(2) 상당기간의 존속 청구: 상당한 기간 동안 채권의 존속을 청구하여야 한다. 여기서의 상당기간은 사망한 자의 추정 생존기간을 말한다.

(3) 법원의 선고: 법원은 요건에 해당한 경우에는 상당기간을 정하여 채권의 존속을 선고하여야 한다.

4. 歸責事由 없는 死亡: 채무자 또는 채권자의 사망으로 계약은 종료한다. 원칙적으로 종신정기계약은 상속인에게 상속되지 아니한다.

第730條【遺贈에 依한 終身定期金】 本節의 規定은 遺贈에 依한 終身定期金債權에 準用한다.

遺贈에 의한 終身定期金

유언에 의하여 유언자의 재산으로 특정인의 종신까지 정기적으로 지급할 것인 경우로서, 이는 유증과 동일하다. 다만 일시적으로 전부 재산을 증여하는 것이 아니라, 정기적으로 종신까지 한다는 점에서만 다르다. 따라서 이때는 유증에 관한 규정을 준용한다.

第15節 和 解

1. 槪括: 화해는 당사자가 서로 양보하여 당사자간의 분쟁을 종지할 것을 약정함으로써 성립한다(731조). 당사자간에 분쟁을 해결하기 위하여는 법원 기타 국가기관 등을 통하는 방법과 민법상의 화해가 있다. 전자는 제3자를 통하여 하는 것이고 후자는 분쟁 당사자 스스로 분쟁을 해결하는 것이다. 특히 후자에서는 비용과 시간이 절약될 뿐만 아니라 당사자간의 인간관계도 원만하게 유지되어 분쟁해결방법 중에서 가장 바람직하다. 화해는 실사회에서 〈합의서의 작성〉이라는 것으로 행하여지며, 교통사고 또는 의료분쟁 등에서 많이 이용되고 있다.

2. 法律的 性質

(1) 낙성·불요식계약: 당사자의 합의로써 성립하며, 합의에 특별한 형식을 요하지 아니한다.

(2) 유상·쌍무계약: 화해는 서로 양보하여서 성립하는 것으로, 양보한다는 것은 손실을 의미하므로 유상계약이다. 따라서 서로 양보함이 없이 일방만이 양보한 합의는 화해가 아니다. 화해는 서로 양보하여 합의한 채무를 쌍방이 이행하여야 하는 쌍무계약이다.

3. 和解와 類似한 制度

(1) 재판상 화해: 분쟁당사자가 법원에서 서로 양보하여 분쟁을 종지하는 것이 재판상 화해이다. 재판상 화해는 화해를 법관의 면전에서 하여야 한다는 점에서 민법상 화해와 다르며, 또한 그 요건과 효과에서도 다르다. 재판상 화해에는 소송상 화해와 제소 전의 화해가 있다. 소송상 화해는 소송진행 중에 당해 소송담당 법원에서 하며, 제소 전의 화해는 분쟁발생을 염려하여 사전에 분쟁의 여지를 없애는 합의로 상대방의 보통재판적 소재지의 지방법원에서 한다. 이들 재판상화해는 당사자들의 의사를 명확하게 하기 위하여 법관의 면전에서 의사를 확인하여 화해조서가 작성되며, 화해조서는 확정판결과 같은 효력이 있다.

(2) 조정: 법원 기타 국가기관에 설치된 조정위원회의 면전에서 그들의 알선으로 분쟁을 해결하

는 것이 조정이다. 조정은 분쟁의 처리가 주된 목적으로 당사자가 반드시 서로 양보하여야 하는 것은 아니고, 일방만이 양보하더라도 관계가 없다. 조정이 성립하면 조정조서가 작성되며, 재판상 화해와 같은 효력이 있다. 조정에는 가사조정(가사소송법 49조 이하), 노동쟁의조정(노동조합및노동관계조정법 47조 이하), 의료조정(의료법 54조의2 이하) 등이 있다.

(3) 중재: 중재는 분쟁의 당사자가 그 판정을 중재인인 제3자에게 맡겨 그에 따르기로 하는 합의(중재계약)를 하여, 중재계약에 의하여 중재인인 제3자가 분쟁사항에 관하여 판정함으로써 분쟁을 해결하는 것이다. 이는 중재인인 제3자의 판정에 맡기는 것이므로 법관의 판단에 맡기는 재판과 같은 성질로 화해와는 그 본질이 다르다. 중재판정은 확정판결과 동일한 효력이 있다. 중재에 관하여는 중재법이 있다.

4. 構成

(1) 화해의 성립: 제731조

(2) 화해의 효력: 제732조, 제733조

第731條【和解의 意義】 和解는 當事者가 相互讓步하여 當事者間의 紛爭을 終止할 것을 約定함으로써 그 效力이 생긴다.

和解契約의 成立

1. 紛爭의 存在: 화해는 당사자간에 다툼이 되는 법률관계를 해결하는 것을 목적으로 한다. 따라서 화해는 당사자간에 기존의 법률관계에 다툼이 있어야 한다. 다툼이란 법률관계의 존부·범위·태양 등에 당사자의 주장이 서로 다른 것을 말한다. 채무관계의 존부에 대한 다툼 또는 채무액에 대한 다툼 등이 일반적이다. 단순히 법률관계가 불분명한 것을 명확하게 한다든지, 채무액에 관하여는 다툼이 없고 채무자의 사정을 보아 채무액을 단순히 탕감한다든지 변제기를 연장한다든지 하는 합의는 화해가 아니다.

2. 相互 讓步: 당사자간에 서로 양보하여야 한다.

(1) 당사자의 처분능력, 권한: 상호 양보하는 것이므로 당사자는 분쟁의 대상이 되는 재산권에 대하여 처분능력과 처분권한이 있어야 한다.

(2) 상호 양보: 양보한다는 것은 불이익을 부담한다는 것을 말하며, 불이익의 기준은 당사자의 주장을 기준으로 하는 것이지 진실한 법률관계가 기준이 되는 것은 아니다. 예컨대 채무액에 관하여 서로 주장이 다른 경우에 주장액의 중간액으로 합의하여 서로 일부씩의 불이익을 부담하는 것이다. 서로 양보하여야 하기 때문에 일방만의 양보는 화해가 아니다. * 갑이 을과의 분쟁해결을 위하여 을이 갑에게 결산 결과에 따른 청구권을 행사하지 않기로 하는 대신, 갑은 을의 문화시설 건립을 지원하기 위하여 최소한 30억 원 이상을 부담하기로 한 경우는 화해계약이 성립되었다(대판 2002.3.29. 2001다41766).

3. 紛爭을 終止하는 合意: 서로 주장하는 것을 일정한 내용으로 확정하고 더 이상 서로 다투지 않기로 하는 합의가 있어야 한다. * 퇴직금지급율을 인하 조정하는 퇴직금지급규정의 개정에 대하여 노사간에 다툼이 있어, 그 판단을 같은 분쟁에 대하여 이미 퇴사한 직원들이 제기하여 계속중인 소송의 확정 판결에 따르기로 하는 등의 합의를 하였다면, 그 합의는 새로운 법률관계를 확정하여 일체의 분쟁을 끝내기로 한 것이므로 화해계약에 해당한다(대판 1995.12.12. 94다22453). * 근로자와 사용자측이 해외주재 노무관의 조정으로 분쟁사항을 종결하기로 약정하였다면 이는 노동쟁의조정법상의 알선이나 조정 또는 중재가 아니라 노무관의 개입으로 당사자간에 화해계약이 성립된 것으로 보아야 한다(대판 1980.12.9. 80다1616).

第732條【和解의 創設的 效力】 和解契約은 當事者一方이 讓步한 權利가 消滅되고 相對方이 和解로 因하여 그 權利를 取得하는 效力이 있다.

第733條【和解의 效力과 錯誤】 和解契約은 錯誤를 理由로 하여 取消하지 못한다. 그러나 和解當事者의 資格 또는 和解의 目的인 紛爭以外의 事項에 錯誤가 있는 때에는 그러하지 아니하다.

和解의 效力

1. 法律關係를 確定하는 效力: 화해가 성립하면 다툼의 대상이 된 법률관계는 합의된 그대로의 법률관계로 확정된다. 따라서 각 당사자는 화해 전에 주장하던 것을 주장하지 못하며, 화해의 내용에 따른 권리와 의무를 진다. 화해에 의하여 확정되는 법률관계는 당사자가 종래 서로 다투던 내용에 관한 것이므로, 서로 다투지 않았던 사실이나 또는 그 화해의 전제로서 서로 양해한 사항에 관하여는 화해가 아무런 영향을 미치지 아니한다. * 불법행위로 인한 손해배상과 관련하여 당사자 사이에 피해자가 일정한 금액을 지급받고 나머지 청구를 포기하기로 하는 내용의 합의나 화해가 이루어진 경우, 그 목적이 된 사항에 관하여는 나중에 다시 배상을 청구할 수 없는 것이 원칙이므로, 합의나 화해 당시의 여러 사정을 종합적으로 참작하여 이를 엄격하게 해석하여야 한다(대판 2003.10.10. 2003다19206).

2. 和解의 創設的 效力 – 제732조제1항

(1) 창설적 효력: 당사자 일방이 양보한 권리는 소멸하고, 상대방이 그 권리를 취득하는 효력인 창설적 효력이 있다. 즉 화해로 종전의 법률관계는 소멸하고 새로운 법률관계가 창설된다.

(가) 화해 성립 후의 진실한 법률관계의 입증: 화해한 이후에 종전의 법률관계에 관하여 진실이 밝혀지더라도 그 효력에는 아무런 영향이 없다.

(나) 임의규정: 화해는 계약으로 계약에 어떠한 법률적 효력을 부여하느냐는 것은 당사자의 의사에 관한 것으로 제732조의 창설적 효력을 규정한 것은 임의규정이다. 그러나 화해에서 합의한 법률관계는 인정적 효력이 있다는 당사자의 의사가 명백하지 아니한 때에는 창설적 효력이 있다.

(2) 선행 화해 성립 후, 모순되는 내용의 후행 화해: 갑과 을 사이에 제1화해가 성립한 후에 갑과 을 사이에 다시 제1화해와 모순· 저촉되는 제2화해가 성립하였다 하여도 제1화해가 조서에 기재되어 확정판결과 동일하게 기판력이 발생한 이상 제2화해에 의하여 제1화해가 당연히 실효되거나 변경되고 나아가 제1화해조서의 집행으로 마쳐진 을 명의의 소유권이전등기 등이 무효로 된다고 볼 수는 없다(대판 1994.7.29. 92다25137).

3. 和解契約의 無效, 取消, 解除: 화해도 계약이므로 계약의 일반적인 무효·취소에 관한 법리는 그대로 적용된다. 다만 착오에 관하여는 제한을 하는 특별규정이 있다. 또한 해제에 관하여도 계약해제의 일반적인 법리가 그대로 적용된다. 따라서 일방이 화해의 내용에 따른 채무를 이행하지 아니한 때에는 화해계약을 해제할 수 있다.

(1) 사기에 의한 화해의 취소: 화해계약이 사기로 인하여 이루어진 경우에는 화해의 목적인 분쟁에 관한 사항에 착오가 있는 때에도 민법 제110조에 따라 이를 취소할 수 있다고 할 것이다(대판 2008.9.11. 2008다15278).

(2) 화해계약의 해제: 갑과 을은 4필지의 토지를 둘러싼 그 동안의 분쟁관계를 종식시키기 위하여 그 중 2필지의 토지는 을이 갑에게 증여하고 다른 2필지의 토지는 을의 소유로 확정하기로 하는 화해계약을 체결하였다. 그 후 갑은 을로부터 그 화해계약의 이행에 필요한 등기권리증과 인감증명서 등을 교부받았음에도 불구하고, 그 서류들에 기하여 소유권이전등기를 경료하지 아니한 채 그 화해계약이 성립하기 이전의 종전 주장을 그대로 내세워 화해계약과 양립할 수 없는 소를 제기하였고, 을은 이를 이유로 갑과의 종전 합의를 모두 철회한다는 통고를 하였으며, 그 후 항소심 재판부가 종전의 화해 약정대로 사건을 해결할 것을 권유하였으나 쌍방 모두 이에 불응하였다. 사정이 이러하다면 그 화해계약은 당사자 쌍방의 묵시적인 합의에 의하여 해제되었다고 보아야 한다(대판 1998.1.20. 97다43499).

4. 和解와 錯誤와의 關係 – 제733조: 화해계약은 분쟁의 대상이 되는 부분에 관하여 착오 있음을

이유로 취소하지 못한다. 그러나 분쟁 이외의 사항에 대한 착오로는 취소할 수 있다.
(1) 화해의 목적인 분쟁 이외의 사항: 분쟁의 대상이 아니라 분쟁의 전제 또는 기초가 된 사항으로서 쌍방 당사자가 예정한 것이어서 상호 양보의 내용으로 되지 않고, 다툼이 없는 사실로 양해된 사항을 말한다(대판 2005. 8.19. 2004다53173).
(2) 취소의 대상인지 여부가 문제된 사례
(가) 책임의 존재에 대한 간과: 환자가 의료과실로 사망한 것으로 전제하고 의사가 유족들에게 손해배상금을 지급하기로 하는 합의가 이루어졌으나 그 사인이 진료와는 관련이 없는 것으로 판명되었다면, 위 합의는 그 목적이 아닌 망인의 사인에 관한 착오로 이루어진 화해이므로 착오를 이유로 취소할 수 있다(대판 1991.1.25. 90다12526).
(나) 피해자의 과실을 간과한 경우: 피해자측이 가해자의 사용자와 사이에 사고가 오로지 피해자의 과실로 인하여 발생한 것을 자인하고 치료비를 포함한 합의금 2천만원만을 받고 일체의 손해배상청구권을 포기하기로 합의한 경우 위 사고가 피해자의 과실로 인하여 발생하였다는 사실은 쌍방 당사자 사이에 다툼이 없어 양보의 대상이 되지 않았던 사실로서 화해의 목적인 분쟁의 대상이 아니라 그 분쟁의 전제가 되는 사항에 해당하는 것이다. 따라서 위 사고발생에 가해자의 과실이 경합되어 있는데도 피해자측이 피해자의 일방적 과실에 의한 것으로 착각하여 위와 같은 합의를 한 것이라면 착오를 이유로 한 합의, 즉 화해계약을 취소할 수 있다(대판 1992.7.14. 91다47208).
(다) 책임의 유무에 대한 분쟁 후의 화해: 갑은 손해배상책임이 없다는 취지의 주장을 하여 왔고, 이에 대하여 을이 이 사건 소송을 제기하여 제1심 재판이 진행되는 상황에서 이 사건 합의를 한 것이므로, 이 사건 합의에서 손실보상 또는 손해배상책임 유무는 단순히 분쟁의 전제 또는 기초가 된 사항으로 쌍방 당사자가 예정한 것이어서 상호 양보의 내용으로 되지 않고 다툼이 없는 사실로 양해된 사항이 아니라, 화해의 목적인 분쟁의 대상 그 자체에 해당한다고 봄이 상당한다. 따라서 사건 공사로 인한 양계 피해가 없다는 사유로는 제733조의 규정에 의하여 이 사건 합의를 착오로 취소할 수는 없다(대판 2004.6.25. 2003다32797).
(라) 책임소재와 손해의 전보에 대한 분쟁 후의 화해: 계약 당사자 사이에 수술 후 발생한 새로운 증세에 관하여 그 책임 소재와 손해의 전보를 둘러싸고 분쟁이 있어 오다가 이를 종결짓기 위하여 합의에 이른 것이라면, 가해자의 수술행위와 피해자의 수술 후의 증세 사이의 인과관계의 유무 및 그에 대한 가해자의 귀책사유의 유무는 분쟁의 대상인 법률관계 자체에 관한 것으로서, 가해자는 피해자의 수술 후의 증세가 가해자의 수술행위로 인한 것이 아니라거나 그에 대하여 가해자에게 귀책사유가 없다는 등의 이유를 들어 그 합의를 취소할 수 없다(대판 1995.10.12. 94다42846).

特殊한 和解-不法行爲에 의한 損害賠償額合意

1. 合意의 法的 性質: 교통사고, 폭행, 의료사고 등의 불법행위에서 가해자와 피해자 간에 손해배상액에 대하여 합의를 하는 〈합의서 작성〉의 교환이라는 것이 실사회에서 행하여진다. 이 경우에 당사자간은 불법행위 또는 채무불이행의 성립에 관하여는 다툼이 없고, 단지 손해배상액에 관하여 서로 주장이 다를 뿐이다. 이러한 경우에 당사자간에는 배상액에 관하여 합의를 하면서 그 배상액 이외에 일체의 민사와 형사상의 책임을 추궁하지 않는다는 뜻을 표시하며, 더 나아가서 당해 행위로 인한 후유증이 발생하더라도 더 이상의 책임을 추궁하지 않는다는 뜻을 표시하기도 한다. 이러한 경우에 그 합의의 법적 성질 및 효력이 문제된다. 위와 같은 배상액의 합의의 법적 성질은 민법상의 화해계약에 해당한다. 따라서 화해계약의 법리가 그대로 적용된다.
2. 後遺症에 의한 損害: 당해 화해에 의한 손해배상액 이외의 일체의 민사상 책임을 추궁하지 아니한다는 뜻이 표시된 합의 후에 후유증이 발생한 경우의 후유증에 대한 손해에 대하여 별도의 청구를 할 수 있는지 여부가 문제된다.
(1) 원칙-청구 불가: 불법행위로 인한 손해배상과 관련하여 당사자 사이에 피해자가 일정한 금액을 지급받고 나머지 청구를 포기하기로 하는 내용의 합의나 화해가 이루어진 경우, 그 목적이 된 사항에 관하여는 나중에 다시 배상을 청구할 수 없는 것이 원칙이므로, 합의나 화해 당시의 여러 사정을 종합적으로 참작하여 이를 엄격하게 해석하여야 한다(대판 2003.10.10. 2003다19206).

(2) 예외-화해 후 예상하지 못하였던 손해는 별도의 손해에 해당(별손해론): 후발손해가 화해 당시에 예상이 불가하고, 그 손해가 중대한 손해에 대해서까지 동 화해로 포기한 것이라고 볼 수 없으므로 다시 그 배상을 청구할 수 있다(대판 1991.4.9. 90다16078).

(가) 별도의 손해

① 손해의 범위와 후발 손해의 발생이 예상이 불가능하였을 것: 화해(합의)가 손해의 범위를 정확히 확인하기 어려운 상황에서 이루어진 것이고, 후발손해가 합의 당시의 사정으로 보아 예상이 불가능한 것이어야 한다(대판 1995.2.3. 94다16359).

② 알았다면 그 내용으로 화해하지 않았을 것: 중대한 손해 당사자가 후발손해를 예상하였더라면 사회통념상 그 합의금액으로는 화해하지 않았을 것이라고 보는 것이 상당할 만큼 그 손해가 중대한 것이어야 한다(대판 2001.9.14. 99다42797).

(나) 소멸시효의 기산점-후유증 발생을 안 때: 후유증으로 인하여 불법행위 당시에는 전혀 예견할 수 없었던 새로운 손해가 발생하였다거나 예상외로 손해가 확대된 경우에 있어서는 그러한 사유가 판명된 때에 새로이 발생 또는 확대된 손해를 알았다고 보아야 하고, 이와 같이 새로이 발생 또는 확대된 손해 부분에 대하여는 그러한 사유가 판명된 때로부터 민법 제766조제1항에 의한 시효소멸기간이 진행된다(대판 1995.2.3. 94다16359).

(다) 구체적 사례

① 화해 당시 예상된 여명기간을 넘은 생존: 원고의 여명이 약 5년까지로 크게 단축될 것으로 예측된 전소의 감정결과와는 달리 위 합의 후 상당한 시일이 지난 시점에 이르러 오히려 의식을 회복하고 식물인간 상태에서 벗어나 자력에 의한 식사, 대소변가리기, 평지 보행이 가능하게 된 점 등 그 증상이 상당히 호전되고 그에 따라 원고의 여명이 종전의 예측에 비하여 무려 약 38년이나 더 연장됨으로써 종전의 여명기간 이후 가동연한까지의 생계비 상당의 일실수입 손해와 종전의 여명기간 이후의 개호비 손해가 추가로 발생하리라고는 이 사건 사고 당시는 물론 전소의 소송과정이나 그 판결을 기초로 하여 이루어진 위 합의 당시에도 예상할 수 없었고 이를 예상하였더라면 위 합의금액으로는 합의하지 않았을 것이라고 봄이 상당하므로 이와 같이 예상할 수 없었던 위 손해(후발손해)에 대하여는 위 합의의 효력이 미치지 아니한다 할 것이고, 나아가 이 사건 사고시를 기준으로 4년이 경과한 후부터 점차 의식을 회복하는 등 원고의 증상이 호전되기 시작하였다는 것이므로 특별한 사정이 없는 한 적어도 그 이전에는 이 사건 후발손해가 발생하리라는 사정이 판명될 수 없었다고 볼 것인즉 이 사건 소는 그 시점을 기준으로 따져 보더라도 3년 내에 제기되었음이 명백하다(대판 2001.9.14. 99다42797).

② 1990. 12.에야 원고가 이 사건 사고로 인하여 척골 신경지연마비의 증세가 있고 이로 인하여 우전완부 및 수부의 척측으로의 이상감각이라는 후유증의 남았음이 판명되었고, 이 사건 사고 후인 1988. 10. 22. 진단을 받았을 때에는 위 원고에게 위와 같은 증세가 나타나지 않았음을 엿볼 수 있는바, 위 척골 신경지연마비증의 내용과 그 병세의 판명경위가 이와 같다면, 원고가 1990. 12. 이전에도 원고에게 척골 신경지연마비의 증세가 나타나고 이로 인한 후유증이 남을 것이라는 점을 예상할 수 있었다고 볼 수 없다(대판 1995.2.3. 94다16359).

③ 1997. 12. 4.에 이르러 이 사건 합의를 하였다는 것이고, 한편 원심이 채용한 증거들에 의하면, 피고에게 남은 우측하지단축의 장해는 이 사건 사고로 입은 우대퇴골 경부골절에 대한 수술의 결과 발생한 것인 데, 피고는 1997. 7. 28. 이전에 다른 병원에서 우대퇴골 경부골절에 대한 수술을 받은 후 본병원에 내원하였음을 알 수 있다. 위와 같은 사정에 비추어 보면, 이 사건 합의는 피고가 이 사건 사고로 인한 손해의 범위를 확인하기 어려운 상황에서 이루어진 것이라고 할 수 없을 뿐만 아니라, 피고의 우측하지단축의 장해는 늦어도 우대퇴부 경부골절에 대한 수술을 받은 1997. 7. 28. 이전에 이미 발생하였다고 할 것인데, 단지 피고가 이 사건 합의 이후에 다시 그에 대한 장해 판정을 받음으로써 비로소 알게 된 것일 뿐이라 할 것이므로 이 사건 합의 이후에 발생한 후발손해라고 할 수 없다(대판 2000.3.23. 99다63176).

④ 종래 예측할 수 없었던 신경인성 방광 및 발기부전이라는 새로운 증상이 발견되었다면, 원고들은 위 비뇨기과적 후유증 이외의 장해로 인한 손해에 대하여는 특단의 사정이 없는 한 사고

당시인 1986.9.28.에 그 손해와 가해자를 알았다 할 것이므로, 그 손해배상채권의 소멸시효는 이 때부터 진행된다고 할 것이다(대판 1992.12.8. 92다42583).

第3章 事務管理

1. 槪括: 사무관리란 법률상 또는 계약상의 의무 없이 타인을 위하여 그의 사무를 관리하는 행위를 말한다(734조1항). 근대법은 개인의 자유와 권리를 보장하고, 생활관계에서 개인에 부여된 권리에 따른 이익에 관하여 서로 그 침해를 허용하지 않으며, 다른 한편으로는 권리의 처분과 의무의 부담은 개인의 자유로운 의사에 맡긴다. 그러나 상황에 따라서는 허락 없이 타인의 일에 간섭하고 처리하는 것이 그 타인을 위한 것(이타적 행위)이며 사회 전체의 이익을 위한 것이라면, 공동체 구성원간의 상호부조 내지는 사회연대를 위하여 적법한 것으로 시인되어야 할 것이다. 이러한 점에서 타인의 허락 없이 사무를 처리한 경우에도 일정한 요건 아래 적법한 것으로 시인하고, 사무처리 과정에서 발생한 결과인 당사자의 재산상 이익의 변동을 조정하는 제도가 사무관리이다. 다른 한편 사무관리제도는 허락 없이 타인의 사무를 처리하는 것이 적법한 행위로 시인되므로 경우에 따라서는 타인의 자유가 존중되지 않아도 좋다는 것을 의미하여 개인자유의 절대적 보장 내지 사소유권 절대의 원칙이라는 근대법의 기본적 이념과 마찰한다. 여기서 사무관리를 해석함에 개인의 자유의 존중과 이타적 행위의 시인을 조화시켜야 한다.

(1) 사무관리제도의 기능: 근대법에서의 사무관리제도는 허락 없이 타인의 사무를 처리한 것을 단순히 적법한 행위로 시인함(위법성조각)에 그치는 것이 아니라, 관리자에게 일종의 관리권을 부여하고 관리의 의무 및 관리계속의 의무를 부과하며, 사무처리의 결과로 당사자에게 발생한 재산상 이익을 상호간에 귀속·이전하여 조정하는 기능을 한다.

(2) 사무관리와 유사한 제도

(가) 위임과의 관계: 사무관리와 위임은 타인의 사무를 처리한다는 점에서 같다. 다만 위임은 계약관계에 의하여 타인의 사무를 처리할 의무가 발생하여 관리·처리하나, 사무관리는 법률상·계약상의 처리의무가 없음에도 스스로 관리한다는 점에서 차이가 난다. 그러나 사무관리 개시시에는 의무가 없으나 관리개시 이후에는 관리의무를 부여하므로 그 이후에는 위임과 다를 것이 없다. 또한 관리과정에서 발생하는 재산상의 변동에 관하여는 정리·조정을 요하고, 그러한 정리·조정에는 차이가 있을 수 없다. 따라서 위임에 있어서의 수임인의 권리의무 및 수임인이 부담한 채무의 변제청구 등에 관한 규정이 사무관리에 준용되고 있다(738조, 739조2항).

(나) 부당이득과의 관계: 사무관리로 인하여 본인이 받은 이득은 관리자가 법률상 의무 없이 관리하여 발생한 이득으로서 본인에게는 법률상 원인 없이 타인의 노무를 이용하여 취득한 이득이므로 일종의 부당이득이다. 이러한 점에서는 부당이득과 사무관리가 유사하다. 그러나 사무관리는 사무관리 개시시에는 법률상 의무가 없었으나 사무관리가 성립하면 법률이 적법한 것으로 시인하는 제도이다. 따라서 사무관리로 인하여 본인에게 발생한 이득에 관하여 부당이득으로 본인에게 반환의무를 부여하는 것이 아니라, 다만 관리자가 지불한 비용만을 상환하게 한다.

(다) 불법행위와의 관계: 사무관리는 타인의 지배영역 내의 생활관계에 간섭한다는 점에서 불법행위와 유사하다. 그러나 사무관리는 이타적 행위라는 점에서 위법성이 조각되어 적법행위로 시인된다는 점에서 불법행위와 다르다.

2. 事務管理의 類型: 민법은 사무관리의 모든 유형을 하나로 통합하여 규율하되, 관리행위가 본인의 이익과 의사에 적합하게 행하여졌느냐 여부만을 구별하여 그 효과를 달리하고 있다. 그런데 사무관리는 사무의 내용에 따라 재산관리형과 구조형으로 구분할 수 있으며, 재산관리형은 관리한 형태에 따라 다시 보존형·개량형·처분 및 취득형·의무부담형 등으로 구분할 수 있다. 그 밖에 법률효과에 기준하여 정당사무관리·부당사무관리·긴급사무관리·오상사무관리 등으로 구분할 수 있다. 그러나 그 유형에 따라서 성립요건과 효과가 다른 것이 아니라, 성립요건이 같고 그 효과에서 본인의 이익 여부에 따라 다르기 때문에 그러한 분류는 큰 의미가 없다.

3. 構成
(1) 내용: 제734조, 제735조
(2) 관리자의 의무: 제736조-제738조
(3) 관리자의 비용 등의 청구권: 제739조, 제740조

第734條【事務管理의 內容】 ①義務없이 他人을 爲하여 事務를 管理하는 者는 그 事務의 性質에 좇아 가장 本人에게 利益되는 方法으로 이를 管理하여야 한다.
②管理者가 本人의 意思를 알거나 알 수 있는 때에는 그 意思에 適合하도록 管理하여야 한다.
③管理者가 前2項의 規定에 違反하여 事務를 管理한 境遇에는 過失 없는 때에도 이로 因한 損害를 賠償할 責任이 있다. 그러나 그 管理行爲가 公共의 利益에 適合한 때에는 重大한 過失이 없으면 賠償할 責任이 없다.

第735條【緊急事務管理】 管理者가 他人의 生命, 身體, 名譽 또는 財産에 對한 急迫한 危害를 免하게 하기 爲하여 그 事務를 管理한 때에는 故意나 重大한 過失이 없으면 이로 因한 損害를 賠償할 責任이 없다.

事務管理의 成立과 內容

1. 成立 - 제734조제1항
(1) 행위능력 여부: 사무관리란 사무를 사회적 의미에 적합하게 처리 내지 관리하는 것으로 관리자가 의사능력자여야 한다는 것에 관하여는 이론이 없으나, 행위능력자여야 하는지에 대해서는 논의가 있다. 즉 관리자가 무능력인 경우에 문제된다. 민법이 사무관리는 〈위임 없는 타인의 사무처리〉로서 위임과 비슷한 무거운 책임을 지우므로, 관리자가 무능력자인 경우에는 부당이득에 의한 반환의무와 불법행위에 의한 손해배상책임만을 지고 사무관리법에 의한 별도의 의무는 부담하지 않는다고 해석된다. * 스위스 채무법(421조)은 무능력인 관리자가 이득이 있거나 악의로 이득을 양도한 범위에서만 사무관리에 의한 책임을 지우며, 불법행위를 이유로 하는 기타의 책임은 유보시키며, 독일 민법(682조)은 무능력인 관리자에게는 불법행위법과 부당이득법에 의한 반환의무만을 지운다.
(2) 사무: 대상이 되는 사무는 인간의 생활에서 의의가 있는 모든 일이 포함된다. 그 사무는 위법한 것이 아니면 법률행위와 사실행위 어느 것이나 관계없으며, 내용이 재산에 관한 것이건 인격에 관한 것이건 묻지 아니한다. 또한 그것이 일시적인지 계속적인 지도 묻지 아니한다.
(3) 사무의 타인성: 대상이 되는 사무는 타인에게 속한 것이어야 한다.
(가) 이익의 귀속자를 기준: 사무가 자기의 것인지 타인의 것인지는 사무의 이익의 귀속자를 기준으로 판정한다. 즉 이익의 귀속자가 관리인 자신이라면 그 사무는 사무의 성질상 자기의 사무(객관적 자기사무)가 되어 사무관리가 성립하지 않고, 귀속자가 관리자 이외의 자(객관적 타인사무)라면 그 사무는 사무의 성질상 타인의 사무로서 사무관리가 성립한다.
(나) 새로운 권리, 의무의 설정의 경우: 사무가 새로운 권리의무의 설정(물건의 구매 등)으로 처리결과의 귀속자를 판정할 수 없는 행위(중성사무)는 관리자의 의사에 의해 타인에게 결과를 귀속시킨다면 타인의 사무가 되나, 자기에게 귀속시키면 자기의 사무가 된다. 예컨대 물건을 구입하는 행위는 중성행위로서, 그 구입한 물건을 다른 사람의 용도에 사용하면 그 구입행위가 타인의 사무가 되나, 자기의 용도에 사용하면 자기의 사무가 된다.
* 타인성의 타인 여부: 혼인 외 출생자를 양육 및 교육한 자가 동 혼인 외 출생자의 생부에 대하여 하는 부당이득반환 또는 사무관리 비용상환청구의 가부-부정: 제3자인 원고가 피고의 혼인 외 출생자를 양육 및 교육하면서 그 비용을 지출하였다고 하여도 피고가 동 혼인 외 출생자를 인지하거나 부모의 결혼으로 그 혼인 중의 출생자로 간주되지 않는 한 실부인 피고는 동 혼

인 외 출생자를 부양할 법률상 의무는 없으므로 피고가 원고의 위 행위로 인하여 부당이득을 하였다거나 원고가 피고의 사무를 관리하였다고 볼 수 없다(대판 1981.5.26. 80다2515).

(4) 관리: 관리란 사무의 성질에 적합하게 목적을 실현하는 행위를 말한다. 보존・개량행위와 처분행위를 포함하며, 새로운 권리의무관계를 취득시키는 행위도 포함된다. 사실행위이든 법률행위이든 관계없다.

(5) 관리의 의사: 사무관리가 성립되기 위하여는 타인을 위한다는 의사가 있어야 한다. 이 관리의사가 사무관리를 불법행위 및 부당이득과 구별되게 한다.

(가) 이익을 타인에게 귀속시킨다는 의사: 타인을 위한다는 의사는 처리행위의 결과인 이익을 타인에게 귀속시킨다는 의사를 말한다(대판 1997.10.10. 97다26326).

(나) 타인과 자기의 이익이 병존하는 경우-타인이익의 한도 내에서: 타인의 이익을 위하는 동시에 자기의 이익도 위하는 것은 타인의 이익의 한도 내에서 사무관리가 성립한다.

(다) 표시로 외부에서 인식이 가능하여야: 타인을 위하는 의사는 단순히 내심의 의사만으로는 부족하고, 어떠한 형태든 외부적으로 표시되어 인식될 수 있어야 한다. 외부적 표시와 인식의 정도는 객관적 타인사무의 경우에는 관리의사가 강하지 않아도 좋으나, 중성사무의 경우에는 강하여 외부적으로 표시되어야 한다. 그러나 그 경우에도 대리의사와 같이 직접 본인에게 법률효과를 귀속시킬 의사까지를 요하지는 않는다.

(라) 본인이 누구인지 몰라도 성립: 관리의사는 자기 이외의 자에게 사무처리 결과를 귀속시킨다는 의사만 있다면, 그 본인이 누구인지 알 필요까지는 없다. 또한 귀속자가 자기가 아니라면 특정인에 대한 착오가 있더라도 관계없다.

(마) 자기의 사무로 착오한 경우-불성립: 객관적으로 타인의 사무를 자기의 사무로 착오하여 처리한 때(오상사무관리)에는 관리의사가 없어 사무관리가 성립하지 않고, 부당이득법이나 불법행위법에 의하여 규율된다.

(6) 관리의무가 없을 것: 관리자는 법률상 또는 계약상의 관리의무가 없어야 한다. 의무 있는 자라도 그 의무의 범위를 넘은 관리는 그 넘는 부분에 관하여 사무관리가 성립될 수 있다. * 사용자가 근로자의 업무상 부상에 대한 치료비를 지급하는 것은 근로기준법에 따라 부담하는 사용자 자신의 채무를 이행하는 것으로 이는 자신의 사무처리라 할 것이고, 타인의 사무를 처리하는 것으로 볼 수는 없다(본 사안은 사용자가 근로기준법에 의하여 근로자의 업무상 재해에 따른 요양비, 치료비 등을 부담하는 경우에 그 금액을 보험금으로 지급하기로 하는 근로자재해보장책임보험에 관한 사례임)(대판 1998.5.12. 97다54222).

(7) 본인에게 불리하거나 본인의 의사에 반하는 것이 명백하지 않을 것: 사무를 관리하는 것이 본인에게 불리하거나 본인의 의사에 반하는 것이 명백한 때에는 그러한 관리는 할 필요가 없고, 따라서 사무관리가 성립하지 않는다(대판 1994.12.22. 94다41072).

(가) 관리 도중에 본인의사에 반한 경우: 관리를 개시한 때에는 몰랐으나 개시 이후에 본인에게 불리한 명백한 경우에는 관리를 중지하여야 한다(737조).

(나) 본인의사에 적합하도록-제734조제2항: 본인의 의사를 알거나 알 수 있는 때에는 본인의 의사에 적합하도록 관리하여야 한다.

(다) 사후에 반한 경우: 본인의 의사를 알 수 없고 그것이 사후에 비록 본인의 의사에 반한 관리였다 하더라도 사무관리는 성립한다. 그런데 본인의 의사에 반한다는 것이 명백한 때에는 사무관리는 성립하지 않는다.

(라) 양속에 반하는 본인의 의사: 본인의 의사가 양속에 반하는 것인 경우에는, 본인의사에 반함에도 불구하고 사무관리는 성립한다. 예컨대 자살을 고집하는 자를 구조한다든지 자포자기 상태에서 자기의 재산이 훼손되는 것을 그대로 고집한다든지 하는 경우에는 본인의 의사에 명백하게 반하지만 사무관리가 성립한다.

(8) 사무관리 성립 여부가 문제되는 구체적인 예

(가) 채권양도의 당사자 사이에서는 양도인은 양수인을 위하여 양수채권 보전에 관한 사무를 처리하는 자라고 할 수 있고, 따라서 채권양도의 당사자 사이에는 양도인의 사무처리를 통하여 양

수인은 유효하게 채무자에게 채권을 추심할 수 있다는 신임관계가 전제되어 있다고 보아야 할 것이고, 나아가 양도인이 채권양도 통지를 하기 전에 채무자로부터 채권을 추심하여 금전을 수령한 경우, 아직 대항요건을 갖추지 아니한 이상 채무자가 양도인에 대하여 한 변제는 유효하고, 그 결과 양수인에게 귀속되었던 채권은 소멸하지만, 이는 이미 채권을 양도하여 그 채권에 관한 한 아무런 권한도 가지지 아니하는 양도인이 양수인에게 귀속된 채권에 대한 변제로서 수령한 것이므로, 채권양도의 당연한 귀결로서 그 금전을 자신에게 귀속시키기 위하여 수령할 수는 없는 것이고, 오로지 양수인에게 전달해 주기 위하여서만 수령할 수 있을 뿐이어서, 양도인이 수령한 금전은 양도인과 양수인 사이에서 양수인의 소유에 속하고, 여기에다가 위와 같이 양도인이 양수인을 위하여 채권보전에 관한 사무를 처리하는 지위에 있다는 것을 고려하면, 양도인은 이를 양수인을 위하여 보관하는 관계에 있다(대판 1999.4.15. 97도666).

(나) 횡령죄에 있어서 재물의 보관이라 함은 재물에 대한 사실상 또는 법률상 지배력이 있는 상태를 의미하고 그 보관이 위탁관계에 기인하여야 할 것임은 물론이나, 그것이 반드시 사용대차·임대차·위임 등의 계약에 의하여 설정되는 것임을 요하지 아니하고, 사무관리·관습·조리·신의칙 등에 의해서도 성립될 수 있으므로(대판 2003.9.23. 2003도3840), 위와 같은 상황에서 피고인이 공소외 5로부터 피해자의 몫도 포함된 주식양도대금 3억 원을 지급받은 것이라면, 피고인이 사무관리 내지 신의칙상의 위탁관계에 기하여 피해자의 몫인 1억 원을 보관하는 자의 지위에 있었다고 보아야 할 것이다(대판 2006.1.12. 2005도7610).

(다) 몰수할 수 있는 압수물에 대한 수사기관의 환가처분은 그 경제적 가치를 보존하기 위한 형사소송법상의 처분이라고 할지라도 해당 압수물이 그 후의 형사절차에 의하여 몰수되지 아니하는 경우 그 환가처분은 그 물건 소유자를 위한 사무관리에 준하는 행위라 할 것이므로(대판 1957.7.25. 4290민상290), 검사가 압수물에 대한 환가처분을 하며 소요된 비용은 물건의 소유자에게 상환을 구할 수 있다 할 것이지만, 압수는 물건의 소유자 등의 점유를 배제하고 수사기관 등이 그 점유를 취득하는 강제처분이고, 환가처분 또한 수사기관 등이 그 권한과 책임하에 본인의 의사 여하를 불문하고 행하는 것이므로, 사무관리자가 본인의 의사에 반하여 관리한 때의 관리비용 상환범위에 준하여 수사기관 등이 환가처분을 함으로써 압수물 소유자가 지출하지 않아도 되게 된 그 물건의 매각비용의 한도, 즉 현존이익의 한도 내에서 환가처분 비용의 상환을 구할 수 있다고 보아야 할 것이다(대판 2000.1.21. 97다58507).

(라) 부동산인도강제집행에 있어서 목적부동산 내에 있던 동산을 집행관으로부터 보관 위탁받은 자의 동 동산의 소유자를 위한 사무관리상의 책임유무: 부동산인도집행은 동 부동산에 대한 피신청인들의 점유를 풀고, 이를 신청인(소유자)에게 명도함으로써 종료하는 것이고, 동 명도과정에서 밖으로 끌어낸 피신청인 소유의 동산들을 보관하는 업무는 피신청인의 사무이고, 집행관이나 신청인에게 지워진 의무라고 할 수 없으나, 피신청인의 수령거절로 신청인이 집행관으로부터 위 동산을 인도받아 그 보관업무를 개시한 이상, 사무관리자로서 지체 없이 본인인 피신청인에게 보관장소를 통지하고 본인이 관리할 때까지 선량한 관리자로서의 주의의무를 다하여 이를 보관하여야 한다(전주지법 1984.12.6. 84가합24).

2. 事務管理의 內容

(1) 관리자의 선관의무: 관리자는 선량한 관리자의 주의의무로 사무를 관리하여야 한다.

(2) 성질에 좇아, 본인에게 최선인 방법으로 관리-제1항: 관리자는 당해 사무의 성질에 적합하게 본인에게 가장 이익이 되게 관리하여야 한다. 따라서 피고가 원고를 대신하여 손님이 주문할 음식의 조리를 위한 준비로 가스레인지를 점화하여 원고의 사무를 개시한 이상 가스레인지의 사용이 필요없게 된 경우 스스로 가스레인지의 불을 끄거나 위 레스토랑의 종업원으로 하여금 그 불을 끄도록 조치하는 등 원고에게 가장 이익되는 방법으로 이를 관리하여야 함에도 이를 위반하였으므로 피고는 사무관리자로서 이로 인하여 발생한 이 사건 손해에 대하여 본인인 원고가 입은 손해를 배상할 책임이 있다(대판 1995.9.29. 94다13008).

(3) 본인의사에 적합한 관리-제2항: 본인의 의사를 알거나 알 수 있는 때에는 본인의 의사에 적합하도록 관리하여야 한다.

3. 管理行爲로 인한 損害

(1) 보통의 사무관리-제734조

(가) 무과실책임-제734조제3항: 아래의 경우에는 관리자는 무과실책임을 진다.

① 사무관리의 내용(734조1항, 2항)에 의한 관리행위가 아니어야 한다.

② 위반의 관리로 인한 손해가 발생하여야 한다.

③ 위반한 관리행위가 공공의 이익과는 관련이 없어야 한다.

(나) 중과실책임-제734조제3항 단서: 제734조제1항, 제2항에 위반한 관리행위이나 그 행위가 공공의 이익에 적합한 때에는 중대한 과실의 경우에만 배상책임이 있다.

(2) 긴급사무관리-제735조: 경과실의 경우에는 면책된다.

(가) 급박한 위해를 면하기 위한 관리: 관리자가 타인의 생명, 신체, 명예 또는 재산에 대한 급박한 위해를 면하게 하기 위하여 그 사무를 관리한 때여야 한다.

(나) 고의나 중과실이 없어야: 관리자가 손해의 발생에 대하여 고의나 중대한 과실이 없어야 한다.

第736條【管理者의 通知義務】 管理者가 管理를 開始한 때에는 遲滯없이 本人에게 通知하여야 한다. 그러나 本人이 이미 이를 안 때에는 그러하지 아니하다.

第737條【管理者의 管理繼續義務】 管理者는 本人, 그 相續人이나 法定代理人이 그 事務를 管理하는 때까지 管理를 繼續하여야 한다. 그러나 管理의 繼續이 本人의 意思에 反하거나 本人에게 不利함이 明白한 때에는 그러하지 아니하다.

第738條【準用規定】 第683條 乃至 第685條의 規定은 事務管理에 準用한다.

事務管理者의 義務

1. 管理者의 通知義務 - 제736조: 관리자가 관리를 개시한 때에는 그 사실을 본인에게 지체 없이 통지하여야 한다. 그러나 본인이 그 사실을 이미 안 때에는 통지하지 않아도 좋다.

2. 管理繼續義務 - 제737조

(1) 관리계속의무-본문: 일단 사무관리가 개시된 이후에는 관리자는 본인 또는 그 상속인이나 법정대리인이 그 사무를 관리하는 때까지 계속하여 관리하여야 한다. 관리개시 이후에 계속하여 관리할 자가 없는 상태에서 중지하면 본인에게 크게 불리한 결과가 발생할 가능성이 있기 때문이다.

(2) 관리의 중지

(가) 본인의 의사에 반하는 등-단서: 관리를 계속하는 것이 본인의 의사에 반하거나 본인에게 불리한 것이 명백한 때에는 중지하여야 한다.

(나) 본인이 관리하려는 의사가 표시된 경우: 본인이 사무관리의 목적이었던 사무를 본인이 직접 관리하려면 사무관리자에게 그 관리를 종료하여 줄 것을 내용으로 하는 의사표시를 하여야 하는 것이 아니고 본인 자신이 직접 관리하겠다는 의사가 외부적으로 명백히 표현된 경우에는 사무관리는 더 이상 성립할 수 없다(대판 1975.4.8. 75다254).

3. 報告義務 - 제738조(683조): 관리자는 본인의 청구가 있는 때에는 언제든지 관리상황을 보고하여야 한다. 또 관리가 종료한 때에는 지체 없이 그 전말을 보고하여야 한다.

4. 計算義務 - 제738조(684조, 685조): 관리자는 관리가 종료한 때에는 관리의 결과로 인한 재산관계를 계산하여 정리하여야 한다. 이에 제738조는 수임인의 계산의무에 관한 규정을 사무관리에 준용하고 있다.

(1) 취득물 등 인도의무-제684조: 관리자는 사무관리로 받은 금전 기타의 물건 및 수취한 과실을 본인에게 인도하여야 하며, 또 관리인이 자기 명의로 취득한 권리는 본인에게 이전하여야 한다.

(2) 금전소비에 대한 배상의무-제685조: 관리자가 본인에게 인도할 금전 또는 본인의 이익을 위

하여 사용할 금전을 자기를 위하여 소비한 때에는, 소비한 날 이후의 이자를 지급하고, 그 밖에 손해도 배상해야 한다.

第739條【管理者의 費用償還請求權】 ①管理者가 本人을 爲하여 必要費 또는 有益費를 支出한 때에는 本人에 대하여 그 償還을 請求할 수 있다.
②管理者가 本人을 爲하여 必要 또는 有益한 債務를 負擔한 때에는 第688條第2項의 規定을 準用한다.
③管理者가 本人의 意思에 反하여 管理한 때에는 本人의 現存利益의 限度에서 前2項의 規定을 準用한다.

第740條【管理者의 無過失損害補償請求權】 管理者가 事務管理를 함에 있어서 過失없이 損害를 받은 때에는 本人의 現存利益의 限度에서 그 損害의 補償을 請求할 수 있다.

管理者의 權利

1. 費用償還請求權 – 제739조: 관리자가 본인의 사무를 관리하는 과정에서 지출한 비용은 필요비이든 유익비이든 모두 본인에게 그 상환을 청구할 수 있다. 사무관리로 인하여 본인이 취득한 이득은 부당이득이지만 이타적 행위로서 부당이득(따라서 현존이익의 반환)으로 하지 않고 지출한 비용만을 상환하게 하고 있다. 다만 사무관리가 본인의 의사에 반하느냐 여부에 따라 그 범위가 달라진다.
(1) 본인의 의사에 반하지 않은 사무관리 – 지출비용상환청구 – 제1항, 제2항
(가) 비용전액상환의 청구 – 제1항: 관리자가 본인을 위하여 지출한 필요비와 유익비 전액의 상환을 청구할 수 있다. 이는 지출 당시의 금액을 말한다.
(나) 부담한 채무의 변제청구 – 제2항: 관리자가 본인을 위하여 필요한 채무를 부담한 때 또는 유익한 채무를 부담한 때에는, 본인은 관리자에 갈음하여 이를 변제하거나 상당한 담보를 제공하여야 한다(739조2항, 688조2항).
(2) 본인의 의사에 반한 사무관리 – 현존이익의 한도 내 비용상환 – 제3항: 사무관리가 본인의 의사에 반한 경우에는 본인은 현존이익의 한도 내에서 관리자가 지출한 필요비와 유익비를 상환하여야 하고, 관리자가 부담한 필요 또는 유익한 채무에 관하여도 현존이익의 한도 내에서 변제하거나 담보를 제공하여야 한다. 그런데 기술한 바와 같이 본인의 의사에 반하는 것이 명백한 때에는 사무관리 자체가 성립하지 않으므로(737조 단서), 여기서의 본인의 의사에 반한다는 것은 사무관리 개시시에 본인의 의사에 반하는 것이 명백하지 않은 경우만을 말한다.
2. 損害報償請求權 – 제740조: 아래의 요건에 해당하는 관리자에게 발생한 손해에 대하여는 본인의 현존이익의 한도에서 그 손해의 보상을 청구할 수 있다.
(1) 관리자의 무과실: 관리자가 관리하는 과정에서 발생한 손해에 과실이 없어야 한다.
(2) 관리과정에서 발생한 손해: 관리과정에서 관리자에게 발생한 손해여야 한다.
(3) 피관리자의 현존이익: 피관리자에게 사무관리로 인한 현존이익이 있어야 한다.

第4章 不當利得

1. 概括: 부당이득이란 법률상 원인 없이 타인의 재산 또는 노무로 인하여 이익을 얻고, 이로 인하여 타인에게 손해를 가한 것을 말한다. 이 경우에 그 이익을 손실자에게 반환시키는 제도가 부당이득제도이다(741조). 이와 같이 부당이득제도는 당사자간에 이루어진 재산적 변동을 법률의 이상에 맞추어 조정하는 제도이다. 그런데 민법은 그 규정의 많은 내용이 당사자간의 재산적 이동을 조정하고 규율하는 것이다. 그러한 재산적 가치의 이동을 조정하는 데 있어서 기준이 되는

것은 정의와 형평이지만 경우에 따라서는 거래안정 내지 사회경제적 목적이 기준이 되기도 한다. 이처럼 재산적 가치의 이동을 조정함에 있어서 정의와 형평에 의할 때와 거래안정 내지 사회경제적 목적에 의할 때 그 결과가 서로 충돌하는 경우가 있는데, 이러한 경우에 구체적인 내용에 따라 실질적인 정의와 형평에 따라 당사자간의 이득을 합리적으로 조정하는 기능을 하는 것이 부당이득제도이다.

(1) 부당이득제도의 본질: 부당이득제도의 기초, 즉 반환되어야 할 이득인 법률상 원인 없는 이득이란 실질적인 형평에 배치되는 이득을 의미하는 것으로, 이러한 이득을 공평·정의의 이념에 근거하여 이득자에게 그 반환의무를 부담시키는 것이다(대판 2003.6.13. 2003다8862). 그런데 본 제도의 이념인 공평, 정의라는 것이 추상적 개념으로서 너무 막연하여 구체적 기준이 되지 못하여 결국 구체적 사안에 따라 개별적으로 법률상 원인 없는 이득의 의미를 찾아야 한다. 요컨대, 민법이 부당이득의 원칙을 통일적으로 규정하나, 그 기초인 공평 또는 정의의 이념아래 구체적인 사안에 따라 사회적으로 그 정당성을 보장받지 못하는 보유한 이득을 반환시킴으로써 사회적 정의와 실질적 형평을 기한다.

(2) 부당이득의 태양: 부당이득의 태양을 유형화할 때에 기준을 어디에 두느냐에 따라 다양하게 분류한다. 일반적인 방법인 생활관계의 유형에 따라 부당이득을 분류하면, ① 무효 또는 취소된 계약으로부터 취득한 이득(급부부당이득), ② 타인의 재화로부터의 이득, 예컨대 타인의 물건을 무단으로 사용하여 얻은 이득(침해부당이득), ③ 첨부, ④ 타인의 물건 또는 사무에 대한 비용의 지출(지출부당이득), ⑤ 타인의 채무의 변제, ⑥ 채무자가 채권자 아닌 제3자에의 변제 등이 있다.

2. 不當利得制度의 適用範圍: 부당이득제도는 법률상 원인 없는 이득을 취득한 자로부터 그로 인한 손실자가 그 손실을 보전하기 위하여 그 이득을 반환받게 하는 제도이다. 그런데 재산의 이동이 있을 때 이를 조정하는 제도는 여러 가지가 있다. 예컨대 불법행위와 사무관리제도가 그것이며 계약에 의한 청구권이 인정된다든지, 소유권이나 점유권에 기한 청구권이 그것이다. 따라서 하나의 사실관계가 부당이득에도 해당하지만 다른 제도에 의하여도 반환이 가능한 경우가 있다. 그러한 경우에 부당이득에 의한 반환청구권과 다른 제도에 의한 반환청구권과의 관계가 문제된다. 부당이득제도는 실질적 형평을 이념으로 하는 재산적 가치이동의 최종적인 조정기능을 하는 제도이다. 따라서 경합하는 청구권의 개개의 존재이유와 구체적 사정을 고려하여야 하나 다른 제도에 의하여 규율되는 경우에는 그것과 별도로 경합하여 부당이득에 의한 반환청구권을 인정할 것은 아니다. 즉 부당이득반환청구권은 원칙적으로 개별 청구권을 보완하는 보충적인 성격을 가진다.

(1) 불법행위에 의한 손해배상청구권과의 관계: 불법행위제도는 공평의 이념 아래 손해의 전보를 그 목적으로 하는 제도이다. 또한 그 요건이나 효과가 부당이득과는 다르다. 따라서 양 제도의 요건과 효과를 각각 충족하면 개별적으로 양 청구권이 성립하여 병존한다. 예컨대 타인의 물건을 무단으로 사용한 경우에 물건의 소유자는 무단사용으로 인한 자기의 손해에 대하여 불법행위에 의한 손해배상청구권을 행사할 수도 있고, 사용한 자의 부당한 이득에 대하여 부당이득반환청구권도 행사할 수 있다(대판 1993.4.27. 92다56087).

(2) 시효가 적용되는 경우-적용 없음: 소멸시효에 의하여 권리자는 권리를 상실하고, 상대방은 결과적으로 이득을 취득한다. 이 경우에 시효로 권리를 상실한 자가 상대방에 대하여 부당이득반환청구권을 행사할 수 있는가. 또한 취득시효로 권리를 취득하는 자에게 권리를 상실한 자가 부당이득반환청구권을 행사할 수 있는지가 문제된다. 시효제도를 두는 이유는 법률관계를 종국적으로 종료시키기 위한 것이므로 시효제도가 적용되는 것에 부당이득제도는 그 적용이 없다.

(3) 계약상의 이행청구권과의 관계: 계약상의 내용으로 직접 이행청구권이 있는 경우에는 별도로 부당이득반환청구권이 생기지 아니한다. 예컨대 채무자가 채무를 이행하지 않았더라도 상대방인 채권자는 계약상의 이행청구권이 있고, 채무자는 채무불이행에 의한 책임이 있기 때문에 별도로 부당한 이득이란 생기지 아니한다. 다만 계약상의 직접적인 내용이 아닌 경우에 부당이득의 문제가 생긴다. 예컨대 상대방의 물건을 권원에 의하여 사용하는 자(지상권자, 임차권자 등)가 물건에 대한 유익비를 지출하여 물건의 가치가 상승한 경우에는 물건의 소유자가 취득한 이득은 본질이 부당이득이다. 그러나 이러한 경우에도 당해 계약에 관하여 특별규정이 있으면

그 규정이 적용된다(주태임대차계약에서 계약 종료 후 보증금을 반환받지 못한 경우의 계속 사용이 동법에 의하여 계약의 존속으로 간주되는 예). * 근로기준법 제81조제1항은 근로자가 업무상 부상 또는 질병에 걸린 경우에 사용자는 그 비용으로 필요한 요양을 행하거나 또는 필요한 요양비를 부담하여야 한다고 규정하고 있는바, 업무상 재해를 입은 근로자가 사용자가 아닌 제3자로부터 근로기준법 제81조제1항 소정의 요양보상에 해당하는 급부를 받았다면 근로자로서는 사용자에게 더 이상 업무상 재해로 인한 요양보상청구권을 행사할 수는 없다 할 것이므로 사용자로서는 근로자에게 요양보상에 해당하는 급부를 한 제3자에게 근로자에 대한 요양보상의무를 면하게 됨으로써 얻은 이득을 반환할 의무가 있다(대판 2005.4.28. 2004다12660).

(4) 계약종료 후의 목적물 반환청구권과의 관계-적용 있음: 계약의 종료로 목적물을 반환하여야 할 경우에 이 의무를 이행하지 아니하고, 점유하여 계속 사용하면 부당이득이 된다. 특히 임대차계약 종료 후에 보증금을 반환받지 못하여 목적물을 반환하지 못한 경우에 문제되는데, 보증금반환의무와 목적물반환의무가 동시이행관계에 있어 보증금을 반환받지 못한 때에는 목적물의 반환을 거절할 수 있으나, 임차인의 반환거절은 반환자체를 거절할 수 있다는 것이지 목적물을 계속해서 사용 및 수익을 할 수 있다는 것은 아니므로 계속해서 사용 및 수익한 경우에는 부당이득이 된다(주택임대차보호법에서는 동법 4조2항에 특별 규정을 둠).

(5) 물권적 청구권과의 관계: 손실자가 이득자에 대하여 소유권 또는 점유권에 기한 물권적 반환청구권을 가지는 경우에 부당이득 반환청구권과의 관계가 문제된다. 원인행위인 계약 등에 의하여 물건의 소유권이 상대방에게 이전된 후에 원인행위가 무효・취소 등으로 소멸된 때에 물건의 원래의 소유자가 물건을 반환받기 위하여 가지는 청구권에 관한 것이다. 이는 물권행위의 유인성・무인성과 관련된다. 물권행위의 무인론에 의하면, 원인행위의 무효에도 불구하고 물권행위에는 아무런 영향이 없고 별도의 반환청구권을 행사하여야 하는데, 그 반환청구권의 기초는 상대방의 법률상 원인 없는 이득인 소유권이다. 따라서 이 경우에 부당이득반환청구권만이 성립되며 소유권에 기한 물권적 청구권은 생기지 아니한다. 판례인 유인론에 의하면, 원인행위의 실효로 물권도 자동적으로 복귀하므로 소유권에 기한 물권적 반환청구권이 생긴다. 그런데 유인론에 의할 지라도, 다른 한편 본권을 가지지 않고 점유 또는 등기만 되어 있는 경우에 점유와 등기를 이득이라고 볼 수 있는지가 문제된다. 권원 없는 점유와 등기에도 일정한 권리 또는 효력이 부여되기 때문에 단순한 점유와 등기도 이득이라고 본다. 이러한 점에서 유인론에 의하는 경우에도 물권적 반환청구권 외에 점유 또는 등기가 이득이 되어 부당이득반환청구권도 행사할 수 있게 된다. 결국, 원인행위가 실효된 때에 무인론에 의하면 부당이득반환청구권이 생기며 유인론에 의하면 물권적 반환청구권과 부당이득반환청구권이 병존하게 된다.

3. 構成

(1) 부당이득의 내용: 제741조
(2) 비채변제: 제742조
(3) 기한 전의 변제: 제743조
(4) 도의관념에 적합한 비채변제: 제744조
(5) 타인채무의 변제: 제745조
(6) 불법원인급여: 제746조
(7) 부당이득에서 반환의 범위: 제747조-제749조

第741條【不當利得의 內容】 法律上 原因없이 他人의 財産 또는 勞務로 因하여 利益을 얻고 이로 因하여 他人에게 損害를 加한 者는 그 利益을 返還하여야 한다.

不當利得의 成立과 效果

1. 成立

(1) 타인의 재산이나 노무로 인한 이득

(가) 이득: 이득은 그러한 사실이 없었더라면 있었을 재산상태보다 그러한 사실이 있은 후의 현

재의 사실상태가 증가한 것을 말한다. 이득은 재산이 증가한 경우(적극적 증가) 뿐만 아니라 재산이 줄어야 할 것이 줄지 않은 경우(소극적 증가)를 포함한다. 소극적 재산의 감소인 채무의 감소도 여기의 이득이 됨은 물론이다(대판 1996.12.10. 96다32881).
① 실질적인 이득: 이득은 실질적 이득이 발생하여야 한다(대판 2003.4.11. 2002다59481). 따라서 임차인이 임대차계약 종료 이후에도 동시이행의 항변권을 행사하는 방법으로 목적물의 반환을 거부하기 위하여 임차건물 부분을 계속 점유하기는 하였으나 이를 본래의 임대차계약상의 목적에 따라 사용·수익하지 아니하여 실질적인 이득을 얻은 바 없는 경우(사용하지 않고 시건장치를 하고 반환만 거절한 경우)에는 그로 인하여 임대인에게 손해가 발생하였다 하더라도 임차인의 부당이득반환의무는 성립되지 아니한다(대판 2003.4.11. 2002다59481). 그러나 부동산을 점유·사용함으로써 받은 이익은 특별한 사정이 없는 한 임료 상당액이라 할 것이므로, 매수인이 부동산을 인도받아 그 용도대로 사용한 경우, 매수인은 임료 상당의 이익을 받았다고 할 것이고, 가사 그 부동산을 사용하여 영위한 영업이 전체적으로 적자였다고 하더라도 사용으로 인한 이익 자체를 부정할 수는 없다(대판 1997.12.9. 96다47586).
② 채권의 취득: 채권도 물권과 같이 재산의 하나이므로 그 취득도 당연히 이득이 되고 수익이 된다(대판 1996.11.22. 96다34009). * 지명채권인 경우에는 원인행위가 무효·취소되면 채권이 발생할 수 없기 때문에 원인행위와는 관계없는 증권적 채권을 취득한 경우에 이득이 된다.
③ 장래의 이득: 장래의 이득도 미리 청구할 수 있기 때문에 여기서의 이득이 된다(대판 1975.4.22. 74다1184). 그러나 지명채권에서 채권양도의 경우에는 원인행위가 무효 취소된 경우에 제3채무자에게 양도 사실을 취소하지 아니한 동안은 이득이 된다.
④ 법률상 유리한 지위: 법률상 유리한 지위에 놓이게 되는 것도 이득이 된다. 따라서 단순한 점유나 원인무효의 등기도 그 자체가 이득이다.
⑤ 부동산실명법 위반의 수탁자: 명의신탁계약에 의하여 수탁자명의의 등기가 된 경우에 당사자간의 명의신탁계약은 부동산실명의자등기에관한법률에 의하여 무효로서 수탁자에게 본인명의의 등기는 수탁자에게 이득이 된다. * 계약명의신탁약정이 부동산실권리자명의등기에관한법률에 의하여 명의신탁자는 애초부터 당해 부동산의 소유권을 취득할 수 없었으므로 위 명의신탁약정의 무효로 인하여 명의신탁자가 입은 손해는 당해 부동산 자체가 아니라 명의수탁자에게 제공한 매수자금이라 할 것이고, 따라서 명의수탁자는 당해 부동산 자체가 아니라 명의신탁자로부터 제공받은 매수자금을 부당이득하였다(대판 2005.1.28. 2002다66922).
⑥ 법률상 의무 없는 자의 피해보상: 자동차사고에 따른 법률상 보험금지급의무를 부담하고 있는 보험회사가 그 의무를 다투며 보험금 지급을 거절한다는 이유만으로 자동차손해배상보장사업자가 피해자들에게 보상금을 지급한 경우, 이는 자동차손해배상 보장법 제26조제1항제2호에 따른 보상금 지급의무가 없는데도 피해자들에게 보상금을 지급한 것이므로 피해자들은 이를 부당이득으로 반환하여야 하지만, 보험회사 및 피보험차량 소유자와 운전자는 보상금 지급으로 피해자에 대한 손해배상채무나 보험금의 직접지급의무가 소멸하는 것이 아니므로 그 보상금 상당의 부당이득을 취득하였다고 볼 수 없다(대판 2007.12.27. 2007다54450). * 자동차손해배상보장사업자가 자동차손해배상 보장법 제26조제1항제2호에 따른 보상금지급의무가 없음에도 보험회사가 면책주장을 하며 피해자들에게 보험금을 지급하지 아니하는 바람에 피해자들로부터 보상금을 청구받고 보장사업자에게 위 법조에 의한 보상금지급의무가 있는 것으로 잘못 알고 피해자들에게 보상금을 지급하고, 이에 피해자들이 보험회사 등을 상대로 그들이 수령한 보상금을 공제한 나머지 금액만을 청구하거나 별도의 소를 제기하지 아니하여 결국 피해자들의 보험회사 등에 대한 위 보상금 상당액의 손해배상채권이 시효로 소멸한 경우, 이는 채무자 아닌 보장사업자가 착오로 보험회사 등의 채무를 변제함으로써 채권자인 피해자들이 선의로 시효로 인하여 그 채권을 잃은 경우에 해당하므로, 위 보장사업자는 채무자인 보험회사 등에 대하여 민법 제745조제2항에 따라 구상권을 행사할 수 있다(대판 2007.12.27. 2007다54450).
⑦ 분할 사용을 불가하게 한 일부에 대한 불법 사용-전체에 대한 부당이득: 타인의 토지 위에 정당한 권원 없이 시설물을 설치·소유함으로써 그 시설물에 관련된 법규에 의하여 이격거리를

두어야 한다. 이러한 이격거리로 인하여 나머지 토지 부분이 과소토지로 남게 되어 사실상 소유자가 그 과소토지 부분을 자신이 원하는 용도로 사용할 수 없게 된 경우에, 그 토지의 소유자는 당해 토지 전부에 대한 사용불능으로 인한 손해를 입게 되었다 할 것이고 그 사용불능은 당해 시설물의 설치로 인하여 발생한 것이므로 사회통념상 그 과소토지 부분도 당해 시설물을 설치·소유한 자가 사용·수익하고 있다고 봄이 부당이득제도의 이념인 공평의 원칙에도 부합한다. 따라서 타인의 토지 위에 정당한 권원 없이 시설물을 설치·소유한 자는 사용이 불가능하게 된 그 과소토지 부분을 포함한 당해 토지 전부에 대한 임료 상당의 이득을 소유자에게 반환할 의무를 진다(대판 2001.3.9. 2000다70828).

(나) 수익의 방법: 이득을 취하게 된 방법은 묻지 아니한다. 사실행위, 법률행위 또는 자연적 사실 어느 것에 의하거나 이득만 발생하면 족하다. 또한 이득자의 적극적 행위에 의하거나 손실자의 자발적인 행위에 의하거나 관계가 없다. 손실자의 행위로 제3자에 의하여 이득이 생긴 경우에도 관계가 없다.

(다) 타인의 재산이나 노무가 원인-손실이 전제된 이득: 이득은 타인의 재산이나 노무가 원인이 되어 이득이 생긴 것을 말한다. 따라서 타인과는 관계없이 이득자의 재산이 스스로 증가한 것은 여기서의 부당이득이 아니다. 즉 여기서 이득이란 타인의 손실이 전제된 이득을 말한다. 타인의 재산에 의한 이득이란 타인의 재산이 이득자에게 이동되어 이득자의 재산이 증가한 경우 또는 타인에게 귀속되어야 할 것이 이득자에게 귀속된 것을 말한다. 그리고 노무에 의한 이득이란 타인의 노동력이 제공되고, 그 노동력의 수령으로 생활상의 이익이 생긴 것을 말한다.

(2) 상대방의 손실: 상대방의 손실이 있어야 한다. 손실은 이득에 대응되는 개념으로 재산상의 손실 또는 노무를 제공하였으나 그에 대한 대가를 받지 못한 것을 의미한다. 이득만 있고 손실이 없으면 부당이득이 성립하지 않는다.

(3) 손실과 이득의 인과관계: 이득과 손실사이에 인과관계가 있어야 한다. 여기서의 인과관계는 사회통념상 그 원인과 결과의 연락을 인정할 수 있는 정도면 충분하다. 따라서 피해자로부터 횡령한 금전을 그대로 채권자에 대한 채무변제로 사용한 경우에 피해자의 손실과 채권자의 이득 사이에 인과관계가 있다(대판 2003.6.13. 2003다8862).

(4) 법률상 원인이 없을 것-이득의 부당성: 이득을 보유할 정당한 사유가 없어야 한다.

(가) 기초적 법률관계에 의하여 손실자에 의하여 재산이 이동된 경우(급부부당이득): 모든 출연행위는 출연행위가 행하여지는 기초적 법률관계, 즉 원인행위가 있다. 예컨대 재산권을 이전하거나 노무를 제공하는 때에는 매매계약·증여계약 또는 고용계약·도급계약 등의 기초적 법률관계의 이행으로 이루어진다. 따라서 이러한 경우에는 그러한 기초적 법률관계가 부존재하거나 소멸되면 부당이득이 된다.

(나) 이득이 손실자의 의사에 기하지 아니하는 경우: 이득이 손실자의 의사와는 관계없이 생기는 경우인데, 이 경우에는 그 이득 자체를 수익자에게 보유시키는 것이 공평에 반하는 경우에만 부당이득 여부가 문제된다.

① 수익자의 행위 또는 자연적 행위에 의한 경우: 무단으로 타인의 물건을 사용한 경우 또는 이웃집 과일이 자기 집에 떨어진 경우에 그 이득의 보유를 정당화할 사유가 존재하지 않으므로 부당이득이 된다.

② 제3자의 행위에 의한 경우: 제3자가 개입하여 손실자의 손실로 수익자에게 이득을 발생시킨 경우이다. 제3자의 그러한 재산이동행위에 기초적 법률관계가 부존재하거나 소멸하면 이득을 정당화할 사유가 없어 부당이득이 된다(대판 2003.6.13. 2003다8862). * 저당권설정등기가 위법하게 말소되어 아직 회복등기를 경료하지 못한 연유로 그 부동산에 대한 경매절차의 배당기일에서 피담보채권액에 해당하는 금액을 배당받지 못한 저당권자는 경매절차에서 실제로 배당받은 자에 대하여 부당이득반환 청구로서 그 배당금의 한도 내에서 그 근저당권설정등기가 말소되지 아니하였더라면 배당받았을 금액의 지급을 구할 수 있다(대판 2002.10.22. 2000다59678).

(5) 법률의 규정에 의한 경우

(가) 첨부에 의하여 타인의 물건의 소유권을 취득하게 하는 것은(예: 259조) 그 물건에 대한 법

률관계의 간편화를 위한 것이지 타인의 물건으로 인한 이득을 취득할 정당한 사유가 있어서가 아니다. 따라서 첨부에 의한 이득은 부당이득이 성립한다.
(나) 시효에 의한 취득은 취득자에게 부당이득이 아니다(대판 1993.5.25. 92다51280). * 부동산에 대한 취득시효가 완성되면 점유자는 소유명의자에 대하여 취득시효완성을 원인으로 한 소유권이전등기절차의 이행을 청구할 수 있고 소유명의자는 이에 응할 의무가 있으므로 점유자가 그 명의로 소유권이전등기를 경료하지 아니하여 아직 소유권을 취득하지 못하였다고 하더라도 소유명의자는 점유자에 대하여 점유로 인한 부당이득반환청구를 할 수 없다(대판 1993.5.25. 92다51280).
(다) 시효완성에 의한 채권의 소멸은 채무자에게 부당이득이 아니다(대판 1971.7.27. 71다494).
(6) 부당이득여부가 문제되는 구체적 예
(가) 인정된 예
① 채권양도로 채권을 양수하였으나 법률상 원인 없는 양수인 경우에 제3자로부터 채권을 변제 받은 때에는 변제받은 금액이 이득이며, 아직 추심하지 못한 경우에도 채권의 취득만으로도 이득이고, 이 경우에 손실자는 취득자에게 그 채권의 반환을 구할 수 있고, 이는 결국 부당이득한 채권의 양도와 그 채권 양도의 통지를 그 채권의 채무자에게 하여 줄 것을 청구하는 것이다(대판 1995.12.5. 95다22061).
② 국가의 무단 도로 개설: 국가가 토지소유자의 토지에 대한 기부채납 또는 토지사용승낙을 받음이 없이 토지를 도로로 개설하여 노선버스와 차량이 통행을 하도록 한 것은 국가가 토지소유자에 대한 부당이득이 된다(대판 1987.9.22. 86다카2151).
③ 우선변제권 있는 임금채권: 근로기준법상의 우선변제권 있는 임금채권자가 경락대금에서 배당받지 못한 경우에 배당받은 후순위채권자는 임금채권자에 대하여 부당이득이 된다(대판 2003.1.24. 2002다64254).
④ 부동산실명법에 관련된 명의수탁자와 신탁자
㉮ 계약명의신탁에 의해 소유권을 취득한 수탁자의 이득: 부동산실권리자명의등기에관한법률 제4조제1항, 제2항에 의하면, 명의신탁자와 명의수탁자가 이른바 계약명의신탁약정을 맺고 명의수탁자가 당사자가 되어 명의신탁약정이 있다는 사실을 알지 못하는 소유자와의 사이에 부동산에 관한 매매계약을 체결한 후 그 매매계약에 따라 당해 부동산의 소유권이전등기를 수탁자 명의로 마친 경우에는 명의신탁자와 명의수탁자 사이의 명의신탁약정의 무효에도 불구하고 그 명의수탁자는 당해 부동산의 완전한 소유권을 취득하게 되고, 다만 명의수탁자는 명의신탁자에 대하여 부당이득반환의무를 부담하게 될 뿐이라 할 것이다. 따라서 그 계약명의신탁약정에 의한 명의신탁자는 애초부터 당해 부동산의 소유권을 취득할 수 없었으므로 위 명의신탁약정의 무효로 인하여 명의신탁자가 입은 손해는 당해 부동산 자체가 아니라 명의수탁자에게 제공한 매수자금이라 할 것이고, 따라서 명의수탁자는 당해 부동산 자체가 아니라 명의신탁자로부터 제공받은 매수자금을 부당이득하였다(대판 2005.1.28. 2002다66922).
㉯ 경매에서 수탁자 명의로 매각허락받아 자기 자금으로 완납한 신탁자와 수탁자: 부동산경매절차에서 부동산을 매수하려는 사람이 다른 사람과의 명의신탁약정 아래 그 사람의 명의로 매각허가결정을 받아 자신의 부담으로 매수대금을 완납한 경우, 경매목적 부동산의 소유권은 매수대금의 부담 여부와는 관계없이 그 명의인이 취득하게 되고, 매수대금을 부담한 명의신탁자와 명의를 빌려 준 명의수탁자 사이의 명의신탁약정은 부동산 실권리자명의 등기에 관한 법률 제4조제1항에 의하여 무효이므로, 명의신탁자는 명의수탁자에 대하여 그 부동산 자체의 반환을 구할 수는 없고 명의수탁자에게 제공한 매수대금에 상당하는 금액의 부당이득반환청구권이 있다(대판 2009.9.10. 2006다73102).
㉰ 경매절차에서 매수대금을 부담한 명의신탁자와 매수인 명의를 빌려준 명의수탁자 및 제3자 사이의 새로운 명의신탁약정에 의하여 명의수탁자가 다시 명의신탁자가 지정하는 제3자 앞으로 소유권이전등기를 마쳐 준 경우: 제3자 명의의 소유권이전등기는 부동산실권자명의등기에 관한 법률 제4조제2항에 의하여 무효이므로, 제3자는 소유권이전등기에도 불구하고 그 부동산의 소유권을 취득하거나 그 매수대금 상당의 이익을 얻었다고 할 수 없다-명의수탁자가 여전히 그 부동

산의 소유자이다-(대판 2009.9.10. 2006다73102).

⑤ 법정지상권이 있는 건물의 양수인으로서 장차 법정지상권을 취득할 지위에 있어 대지소유자의 건물철거나 대지인도 청구를 거부할 수 있는 지위에 있는 자라고 할지라도, 그 대지의 점거사용으로 얻은 실질적 이득은 이로 인하여 대지소유자에게 손해를 끼치는 한에 있어서는 부당이득으로서 이를 대지소유자에게 반환할 의무가 있다(대판 1995.9.15. 94다61144).

⑥ 부동산을 점유·사용함으로써 받은 이익은 특별한 사정이 없는 한 임료 상당액이라 할 것이므로, 매수인이 부동산을 인도받아 그 용도대로 사용한 경우, 매수인은 임료 상당의 이익을 받았다고 할 것이고, 가사 그 부동산을 사용하여 영위한 영업이 전체적으로 적자였다고 하더라도 사용으로 인한 이익 자체를 부정할 수는 없다(대판 1997.12.9. 96다47586).

⑦ 타인의 동산의 경매에 의한 배당: 채무자 이외의 자의 소유에 속하는 동산에 대한 경매절차에서 그 동산의 매득금은 채무자의 것이 아니어서 채권자가 이를 배당을 받았다고 하더라도 채권은 소멸하지 않고 계속 존속하므로, 배당을 받은 채권자는 이로 인하여 법률상 원인 없는 이득을 얻고 소유자는 경매에 의하여 소유권을 상실하는 손해를 입게 되었다고 할 것이니, 그 동산의 소유자는 배당을 받은 채권자에 대하여 부당이득으로서 배당받은 금원의 반환을 청구할 수 있다(대판 2003.7.25. 2002다39616).

⑧ 표현 수령권자에 의한 공탁금 수령: 공탁공무원이 정당한 수령권자의 외관을 갖는 자에게 공탁금을 지급하였다면 비록 본인이 그 공탁금을 현실로 수령하여 이득을 본 바 없다고 하더라도 표현대리의 본인의 지위에서 그 공탁금을 수령한 것이 되고, 결국 본인은 표현수령자에 대하여 부당이득반환청구권을 가진다(대판 1990.5.22.89다카1121).

⑨ 강제경매절차가 사후에 무효로 된 경우: 경매절차의 완료로 경락자가 소유권을 취득하였으나, 그 후에 강제경매절차의 기초가 된 채무자명의의 소유권이전등기가 원인무효의 등기이어서 경락인이 경매부동산에 대한 소유권을 취득하지 못하게 된 경우, 이와 같은 강제경매는 무효라고 할 것이므로 경락인은 경매채권자에게 경매대금 중 그가 배당받은 금액에 대하여 일반 부당이득의 법리에 따라 반환을 청구할 수 있다(대판 2004.6.24. 2003다59259).

⑩ 근저당권이 불법하게 말소된 후 경매된 경우: 근저당권등기가 불법하게 말소되어 회복등기를 경료하지 못하여 동 목적물에 대한 경락대금에서 배당받지 못한 근저당권자는 경매절차에서 실제로 배당받은 자에 대하여 부당이득반환청구로서 그 배당금의 한도 내에서 그 근저당권설정등기가 말소되지 아니하였더라면 배당받았을 금액의 지급을 구할 수 있다(대판 2002.10.22. 2000다59678).

⑪ 횡령금으로 채무변제: 채권자가 (횡령한 금전이라는 데 대한)악의, 중과실의 경우는 법률상 원인을 결여(부당이득 성립)한 것이나, 단순한 과실의 경우는 변제가 유효하다(부당이득 부정)(대판 2003.6.13. 2003다8862).

(나) 부정된 예

① 배당받지 못한 소액보증금채권: 주택임대차보호법상의 소액보증금반환채권과 우선변제력 있는 보증금반환채권은 배당요구채권이므로 배당요구 없어 배당받지 못한 경우에는 후순위채권자에 대하여 부당이득이 아니다(대판 2002.1.22. 2001다70702).

② 전유부분에만 설정된 저당권의 행사로 경락받은 자에 대지지분권도 소유권이전등기 된 경우: 구분건물의 전유부분에만 설정된 저당권의 실행으로 경매된 경락인에게 건물과 동시에 대지지분권의 이전등기가 경료된 것은 전유부분을 낙찰 받음에 따라 그 종된 권리인 대지지분도 함께 취득하였다할 것이어서 경락인에 대하여 대지지분권의 이전등기를 법률상 원인 없는 이득이라 할 수 없다(대판 2001.9.4. 2001다22604).

③ 점유취득시효완성 후 등기이전 전의 점유자의 점유: 부동산에 대한 점유취득시효가 완성되면 점유자는 소유명의자에 대하여 취득시효완성을 원인으로 한 소유권이전등기절차의 이행을 청구할 수 있고 소유명의자는 이에 응할 의무가 있으므로 점유자가 그 명의로 소유권이전등기를 경료하지 아니하여 아직 소유권을 취득하지 못하였다고 하더라도 소유명의자는 점유자에 대하여 점유로 인한 부당이득반환청구를 할 수 없다(대판 1993.5.25. 92다51280).

④ 상계계약의 일방 채권이 불성립 또는 무효이어서 상계의 효력이 없게 된 경우: 상계계약은

상호의 채무를 면제시키는 것을 내용으로 하는 계약으로서 일방의 채권이 불성립 또는 무효이어서 그 면제가 무효가 되면 타방의 채무면제도 당연히 무효가 되어 그 채권은 여전히 존재하는 것이므로, 단순히 그 채무를 이행하지 않고 있다는 점만으로 법률상 원인 없이 이득을 얻었다 할 수 없는 것이고, 가사 그 채권이 시효로 소멸하게 되었다 하더라도 달리 볼 것은 아니다(부당이득이 아님)(대판 2005.4.28. 2005다3113).

(7) 입증책임: 이득, 손실, 인과관계의 입증은 이득의 반환을 청구하는 손실자에게 있다.

2. 效果

(1) 손실자의 반환청구권: 손실자는 이득자에게 부당이득반환을 청구할 수 있다.

(2) 반환의 범위: 제747조, 제748조, 제749조

第742條【非債辨濟】 債務없음을 알고 이를 辨濟한 때에는 그 返還을 請求하지 못한다.

非債辨濟

1. 意義: 넓은 의미로 비채변제라 함은 채무가 없음에도 불구하고 변제행위를 하는 것을 말한다. 따라서 그러한 변제행위는 법률상 원인이 없기 때문에 일반적인 부당이득이 된다. 그런데 비채변제에 관하여 민법은 제742조 내지 제745조에 특칙을 두어 그 요건을 추가하여, 부당이득의 일반적 효과를 제한하고 있다.

2. 狹義의 非債辨濟 - 본조: 협의의 비채변제란 채무가 없음에도 변제를 한 자가 변제 당시에 채무가 없음을 안 경우를 말한다. 이러한 협의의 비채변제는 그 반환을 청구하지 못한다(742조). 채무 없음을 알면서도 스스로 변제한 자에게 이의 반환을 인정할 필요가 없기 때문이다. 따라서 변제시에 채무가 없다는 것을 착오로 알지 못한 경우에는 일반적인 부당이득에 해당하여 반환을 청구할 수 있다.

(1) 채무가 없을 것: 채무가 처음부터 존재하지 않은 경우이든 계약이 무효・취소가 되어 사후에 채무가 소멸한 경우이든 변제행위시에 채무가 존재하지 않아야 한다. * 소멸시효기간 완성 후의 채무: 소멸시효기간 완성 후의 변제는 제744조의 도의관념에 적합한 변제에 해당하여 는 것으로 보기 때문에 그 반환을 청구하지 못한다.

(2) 변제로서 급부를 이행하였을 것: 변제자가 변제로서의 급부를 이행하여야 한다. 특정의 채무에 대한 변제라는 것이 명시적일 필요는 없으나 묵시적으로 표시되어야 한다. 이는 증여와의 구별이 되어야 한다는 것을 의미한다.

(가) 임의의 급부: 급부는 자발적인 임의의 급부여야 한다(대판 1988.2.9. 87다432).

(나) 의사에 반한 급부-해당 없음: 강제집행 등으로 자유로운 의사에 반하여 변제된 경우나, 다른 손해를 피하기 위하여 부득이 급부를 한 경우는 본조가 적용되지 아니한다. * 지급자가 채무 없음을 알면서도 임의로 지급한 경우에만 성립하고, 채무 없음을 알고 있었다 하더라도 변제를 강요당한 경우나 변제거절로 인한 사실상의 손해를 피하기 위하여 부득이 변제하게 된 경우 등 그 변제가 자기의 자유로운 의사에 반하여 이루어진 것으로 볼 수 있는 사정이 있는 때에는 지급자가 그 반환청구권을 상실하지 않는다(대판 2006.7.28. 2004다54633).

(3) 변제 당시에 채무부존재에 대하여 악의였을 것: 변제 당시에 채무 없음을 알고 있어야 한다. 채무가 없음을 모른 데 대한 과실 여부는 문제가 되지 않는다. 즉 부주의하여 채무가 있는 것으로 잘못 안 경우에는 본조가 적용되지 않는다.

(가) 대위변제에서 악의자의 판단기준-대위변제자: 원고가 소외인의 피고에 대한 채무에 관하여 변제할 정당한 이익이 있는 자로서 그 변제조로 지급한 금원 중 일부에 해당하는 채무가 존재하지 아니하여 대위변제가 성립하지 아니하는 경우에는 피고는 원고에 대하여 위 금액에 관하여 부당이득을 한 것이 되고, 부당이득의 성립여부는 원고와 피고 사이의 문제이므로 반환청구를 할 수 없는 악의의 비채변제에 해당하는가는 원고를 기준으로 채무가 없음을 알고 변제하였는지 여부를 판단하여야 한다(대판 1990.6.8. 89다카20481).

(나) 채무부존재 소제기 중 경매 중에서의 변제: 원고가 채무부존재확인의 소를 제기하여 계속 중 그 채무에 대한 경매가 진행 중이어서 부득이 그 채무를 변제하였다고 하더라도 이는 채무 없음을 알면서 채무를 변제한 것이 되어 그 반환을 구할 수 없다(대판 1980.11.11. 80다71).

(4) 도의관념에 적합한 것이 아닐 것-제744조: 채무가 없다는 것을 몰랐더라도, 즉 일반적인 비채변제에 해당하는 경우에도 그 변제가 도의관념에 적합한 것일 때에는 그 반환을 인정하지 않는다. 도의관념에 적합한지 여부는 사회통념상으로 판단하여야 한다. 예컨대 소멸시효가 완성된 채무의 변제, 부양의무 없는 근친자의 부양 등이 이에 해당한다.

(5) 입증책임: 채무의 부존재에 대한 입증책임은 변제자(반환청구권자)에게 있고, 채무 없음을 알고 있었다는 것(악의)에 대한 입증책임은 수령자에게 있다. 따라서 비채변제로 부당이득금의 반환을 청구하는 자는 채무가 없음을 주장·입증하면 족하고, 반대로 반환을 거부하는 자가 변제자가 채무 없음을 알고 악의로 변제하였다는 것을 입증하여 그 반환을 거절할 수 있다.

3. 效果: 변제자가 변제액을 부당이득으로 반환청구할 수 없다.

第743條【期限前의 辨濟】 辨濟期에 있지 아니한 債務를 辨濟한 때에는 그 返還을 請求하지 못한다. 그러나 債務者가 錯誤로 因하여 辨濟한 때에는 債權者는 이로 因하여 얻은 利益을 返還하여야 한다.

期限 前의 辨濟

1. 原則 - 返還不可 - 본문

(1) 기한 전의 변제: 기한 전의 변제는 채무 자체는 존재하기 때문에 비채변제는 아니다.

(2) 기한 전임을 안 경우: 기한 전에 미리 변제한다는 것을 안 경우는 기한의 이익을 포기한 것으로 볼 수 있다(대판 1991.8.13. 91다6856).

(3) 착오가 아닐 것: 착오로 기한이 된 것으로 잘못 안 경우는 제외된다.

2. 錯誤에 의한 期限 前의 辨濟 - 단서: 기한이 되었다고 오신하고 한 변제의 경우이다. * 회사의 근로자에 대한 중간퇴직처리가 무효인 경우 근로자가 수령한 중간퇴직금은 착오에 의하여 변제기 전의 채무를 변제한 것이라고 보기 어렵다(대판 1991.8.13. 91다6856).

(1) 원금: 원금은 그 반환을 청구할 수 없다.

(2) 이자 있는 채무: 변제 이후 변제기까지의 중간이자가 수령자에게는 법률상 원인 없는 이득이 된다. 따라서 이 경우에 그 이득의 반환을 청구할 수 있다(743조 단서).

(3) 무이자의 채무: 기한 전의 변제로 수령자(채권자)에게 이득이 없는 경우(예: 무이자소비대차에서의 기한 전 원금변제)에는 반환할 대상이 없다.

第744條【道義觀念에 適合한 非債辨濟】 債務 없는 者가 錯誤로 因하여 辨濟한 境遇에 그 辨濟가 道義觀念에 適合한 때에는 그 返還을 請求하지 못한다.

道義觀念에 適合한 非債辨濟

1. 成立: 채무가 부존재함에도 착오로 채무가 있다고 생각해서 변제한 경우이나, 그것이 도의관념에 적합한 변제인 경우이다.

(1) 채무의 부존재: 채무가 존재하지 않아야 한다.

(2) 악의가 없을 것: 채무가 부존재한다는 것을 몰라야 한다.

(3) 착오로 변제: 채무가 존재한다고 잘못 알고 한 변제여야 한다.

(4) 도의관념에 적합한 변제: 그 변제가 도의관념에 적합한 것이어야 한다. 여기의 도의관념에 적합한지 여부는 사회통념상으로 판단한다. 예컨대 소멸시효가 완성된 채무는 채무가 존재하지 아니하는 데에도 이를 모르고 채무가 존재하는 것으로 잘못 알고 한 변제, 법률상 부양의무 없는 근친자가 부양한 후에 다시 이의 반환을 청구하는 경우 등이다.

2. 效果: 변제자는 그 반환을 청구할 수 없다.

第745條【他人의 債務의 辨濟】 ①債務者아닌 者가 錯誤로 因하여 他人의 債務를 辨濟한 境遇에 債權者가 善意로 證書를 毁滅하거나 擔保를 抛棄하거나 時效로 因하여 그 債權을 잃은 때에는 辨濟者는 그 返還을 請求하지 못한다.
②前項의 境遇에 辨濟者는 債務者에 對하여 求償權을 行使할 수 있다.

他人의 債務의 辨濟

1. 他人의 債務임을 알고 한 辨濟 – 제3자의 변제 – 제469조: 타인의 채무임을 알고 한 변제의 경우이다.
(1) 타인의 채무: 타인의 채무여야 한다.
(2) 알고 변제: 변제자가 타인의 채무임을 알고 한 변제여야 한다.
(3) 효과
(가) 변제자와 채권자: 제3자의 변제로서 변제 자체가 유효하여 채무는 소멸한다(469조). 따라서 변제자는 그 반환을 청구할 수 없다.
(나) 변제자와 채무자: 본인과 변제자 사이에는 사무관리 또는 부당이득의 문제가 된다.

2. 他人의 債務를 自己의 債務로 잘못 알고 辨濟한 경우 – 본조
(1) 변제자의 오신에 의한 변제-원칙: 변제자가 타인의 채무를 자기의 채무로 오신하여 변제하여야 한다.
(2) 채권자가 증서 등을 훼멸한 경우: 채권자가 유효한 변제를 받은 것으로 믿고 진실한 채무자에게 채권을 행사할 수 있는 증서를 훼멸하거나 담보를 소멸시켜 채권을 행사하기가 곤란하거나 시효가 완성하여 더 이상 채권을 행사할 수 없는 경우가 있다.
(가) 채권자의 보호-반환청구 불가-제1항: 증서 등을 훼멸한 채권자가 채무자에게 채권을 행사할 수 없는 경우에 채권자의 불측의 손해를 방지하기 위하여 본조 제1항에서 변제자는 채권자에게 그 반환을 청구하지 못한다고 규정한다.
(나) 채무자의 부당이득: 결과적으로 채무자는 제3자의 변제에 의한 채무의 소멸로 부당이득을 취하게 된다.
(다) 변제자의 채무자에 대한 구상권-제2항: 변제자는 변제한 것에 대하여 채무자를 상대로 구상권을 행사함으로써 보전 받을 수 있다.

第746條【不法原因給與】 不法의 原因으로 因하여 財產을 給與하거나 勞務를 提供한 때에는 그 利益의 返還을 請求하지 못한다. 그러나 그 不法原因이 受益者에게만 있는 때에는 그러하지 아니하다.

不法原因給與制度

1. 意義
(1) 제도의 이념: 제746조는 불법의 원인으로 인하여 재산을 급여한 때에는, 그 이익의 반환을 청구하지 못한다고 규정하고 있다. 이는 일반의 법리에 따른다면, 불법의 원인에 의한 급여는 법률상의 원인이 없는 것이 되므로 부당이득이 되어 그 이익의 반환을 청구할 수 있게 된다. 그러나 이 경우에 일반법리에 따라 반환청구를 인정하는 것은 법의 이념에 어긋나는 행위를 한 사람의 주장을 시인하고 이를 보호하는 것이 되어, 공평의 이념에 입각하고 있는 부당이득제도의 근본취지에 어긋날 뿐만 아니라, 법률 전체의 이념에도 어긋나게 된다. 따라서 이 규정은 선량한 풍속, 기타 사회질서에 위반한 사항을 내용으로 하는 법률행위를 무효로 하는 민법 제103조와 표리를 이루어, 사회적 타당성이 없는 행위를 한사람을 보호할 수 없다는 법의 이념을 실현하려는 데에 그 취지가 있다. 이로써 본제도는 불법행위를 이 사회에 더 이상 행하여지지 않게 방지 내지 억지하는 목적(억지적 목적)과 불법한 행위를 한 당사자를 사법적으로 제재한다는 목적(제재적 목적)을 가지고 있다.

(2) 제도의 기능: 민법 제746조는 민법 제103조와 함께 사법의 기저를 이루는 하나의 큰 이상의 표현으로서 이것이 비록 민법 채권편 부당이득의 장에 규정되어 있기는 하나, 이는 일반적으로 사회적 타당성이 없는 행위의 복구가 부당이득의 반환청구라는 형식으로 주장되는 일이 많기 때문이다. 따라서 불법원인 제도는 그 근본에 있어서는 단지 부당이득제도만을 제한하는 이론으로 그치는 것이 아니라, 보다 큰 사법의 기본 이념으로 군림하여, 결국 사회적 타당성이 없는 행위를 한 사람은 그 스스로 불법한 행위를 주장하여, 복구를 그 형식 여하에 불구하고 소구할 수 없다는 이상을 표현하고 있는 것이다(대판 1979.11.13. 79다483).

2. 第746條 本文의 適用要件: 불법의 원인으로 급여한 경우에는 그 급여물의 반환을 청구하지 못한다.

(1) 불법

(가) 불법의 개념: 불법원인에서 〈불법〉이란 선량한 풍속 기타 사회질서에 위반하는 것, 즉 제103조의 위반을 의미한다. 그런데 여기에 강행법규위반도 포함하는지와 제746조의 불법과 제103조의 불법은 동일한 의미(행위)인지가 문제된다.

① 강행법규 위반도 포함되는지 여부-부정: 제746조가 그 반환을 거부하는 것은 윤리적 비난받을 요소에 그 핵심이 있는 것인 데, 강행법규는 국가의 정책적 목적을 위하여 금지한 것이므로 그 취지가 다르고, 또한 강행법규를 포함하면 그 범위가 지나치게 확대되어지므로 강행법규는 포함되지 아니한다(대판 1983.11.22. 83다430). * 건설업면허의 대여계약은 동법에 위반하는 계약으로서 무효이고 건설업면허대여의 방편으로 체결되는 건설업양도양수계약 또한 강행규정인 위 동법 규정들의 적용을 잠탈하기 위한 탈법행위로서 무효이지만, 위 계약자체가 선량한 풍속 기타 사회질서에 어긋나는 반윤리적인 것은 아니어서 그 계약의 형식으로 이루어진 건설업면허의 대여가 불법원인급여에 해당하는 것은 아니다(대판 1988.11.22. 88다카7306).

② 제103조의 불법과 제746조의 불법 내용의 동일 여부: 제103조의 불법은 포괄적으로는 양속과 사회질서 위반의 총괄하는 의미이나, 그러한 행위 중에서 반도덕적이고 반윤리적인 것으로 인격적으로 비난받을 행위만이 제746조의 불법에 해당한다. 요컨대, 제103조에 속하는 불법의 개념 중에서 반유리적이고 비도덕적인 불법만이 제746조의 불법에 속한다. * 건설업면허의 대여계약은 동법에 위반하는 계약으로서 무효이나, 계약자체가 선량한 풍속 기타 사회질서에 어긋나는 반윤리적인 것은 아니어서 그 계약의 형식으로 이루어진 건설업면허의 대여가 불법원인급여에 해당하는 것은 아니다(대판 1988.11.22. 88다카7306).

③ 구체적 사례: 제746조의 불법에 해당 여부

㉮ 긍정: 윤락행위 알선(대판 2004.9.3. 2004다27495), 사기내기 도박(대판 1997.10.24. 95다49530, 49547), 윤락녀와 포주 간의 합의에 따른 화대의 보관(대판 1999.9.17. 98도2036)등은 제746조에 포함된다.

㉯ 부정: 제2매수인의 악의의 2중매매, 부동산실명법위반의 타인명의 등기(대판 2003.11.27. 2003다41722), 비자금을 은닉하기 위한 임치행위(대판 2001.4.10. 2000다49343), 강제집행을 면할 목적의 부동산 명의신탁(대판1994.4.15. 93다61307), 부동산실권리자명의등기에관한법률에 위반되어 무효인 명의신탁약정에 기하여 경료된 타인 명의의 등기(대판 2003.11.27. 2003다41722) 등은 제746조에 속하지 아니한다. * 법인이 분식결산에 터잡아 법인세를 과다하게 신고·납부한 행위를 민법 제746조가 규정하고 있는 불법원인급여에 해당하지 아니한다(대판 2006.4.14. 2005두10170).

(나) 불법에 대한 주관적 요건: 급여자의 주관적 요건으로서 불법에 대한 판단능력 및 불법에 대한 인식이 필요한지가 문제된다.

① 판단능력-책임능력과 동일: 불법원인급여에서의 불법에 대한 판단능력은 불법행위에서의 책임능력과 같은 것으로 보아야 한다.

② 불법에 대한 인식-불요: 불법의 인식을 요하는지에 대하여는 급여가 객관적으로 불법원인으로 인한 것이면 족하고 급여자의 주관적인 불법의 인식은 필요하지 않다.

(2) 불법이 원인: 급여행위가 불법을 원인으로 이루어져야 한다. 여기에서의 불법원인이라 함은 그 원인되는 행위가 선량한 풍속 기타 사회질서에 위반하는 경우를 말하는 것으로, 법률행위의

목적인 권리의무의 내용이 선량한 풍속 기타 사회질서에 위반되는 경우뿐만 아니라, 그 내용 자체는 반사회질서적인 것이 아니라고 하여도 법률적으로 이를 강제하거나 그 법률행위에 반사회질서적인 조건 또는 금전적 대가가 결부됨으로써 반사회질서적 성질을 띠게 되는 경우 및 표시되거나 상대방에게 알려진 법률행위의 동기가 반사회질서적인 경우에도 불법원인급여에 해당될 수 있다(대판 1999.6.11. 99도275).

(가) (양속위반의)강행법규의 정신을 위배한 것: 윤락행위방지법을 위반하여 윤락행위를 위한 선불로 지급된 금전, 광업법상 무효인 덕대계약에 의한 금전의 지급, 밀수품 또는 아편 구입에 제공된 자금, 밀수 또는 아편 구입에 사용될 자금인 줄 알고 제공된 금전 등은 불법의 원인에 해당한다.

(나) 사행행위에 관련된 급여: 도박에 건 금전, 도박에 져서 소유권을 양도한 물건, 도박에 제공될 자금인 것을 알고 제공된 급여 등이 속한다. * 도박자금으로 사용하기 위하여 이를 아는 자로부터 금원을 차용한 경우는 불법원인급여에 해당한다(대판 2006.11.23. 2006도6795).

(다) 비윤리적 행위와 관련된 급여: 첩관계의 유지를 위한 급여, 윤락에 제공된 급여 등이 속한다. * 윤락행위를 할 자를 고용·모집하거나 그 직업을 소개·알선한 자가 윤락행위를 할 자를 고용·모집함에 있어 성매매의 유인·강요의 수단으로 제공한 선불금 등이 불법원인급여에 해당한다(대판 2004.9.3. 2004다27488, 27495).

(라) 개인의 자유를 극도로 제한하기 위한 급여: 평생 자기 집에서 일하는 것을 조건으로 제공된 급여 등이 속한다.

(마) 정의에 반하는 행위를 조건으로 한 급여: 거짓 증언을 조건으로 한 급여 등이다.

(바) 부정행위 또는 범죄행위를 조건으로 한 급여: 공무원에 대한 부정행위를 조건으로 한 급여(뇌물), 타인을 폭행 또는 살해를 조건으로 제공된 급여이다. * 송금액에 해당하는 수입품에 대한 관세포탈의 범죄를 저지르기 위하여 환전상 인가를 받지 아니한 자에게 비밀송금을 위탁한 행위는 선량한 풍속 기타 사회질서에 반하는 행위로서 민법 제746조 소정의 불법원인급여에 해당한다(대판 1992.12.11. 92다33169).

(사) 동기의 불법: 동기의 불법이 문제되는 경우는 그 동기가 표현되었거나 상대방이 알 수 있었어야 한다.

(3) 급여에 의한 종국적 이득의 실현: 급여는 타인의 재산 또는 노무로 인한 재산적 이득을 의미하나, 본조의 급여는 그 급여가 종국적으로 실현된 것이어야 한다. 그런데 실제로 이득이 있는 것인지 여부가 문제되는 경우가 있다.

(가) 무인채무부담행위: 무인채무부담행위는 그것이 불법원인에 의한 경우에도 원칙적으로 본조가 적용되지 않는다. 그 채무부담행위만으로는 수령자에게 종국적으로 이득이 귀속되지 않기 때문이다. 그런데 무인채무부담행위 중에서 어음이나 수표가 제공된 경우에는 원칙적으로 그 자체의 전전유통성이 있기 때문에 문제가 된다. 수표 또는 어음행위 자체는 무인성에 의하여 무효가 아니지만 인적 항변사유가 되어 급여자는 불법원인 당사자인 증권의 직접 수령자에게는 지급을 거절할 수 있다. 제3자 발행의 어음에 배서하여 양도한 경우에도 어음법리가 적용되고 제746조가 적용되지 아니하며, 소구권을 행사할 때는 인적 항변사유가 된다.

(나) 불법한 채무를 위한 가등기 또는 담보: 불법원인의 채무를 담보하기 위하여 가등기 또는 담보권을 설정한 경우, 예컨대 도박에 져서 부동산에 대한 가등기 또는 저당권을 설정한 경우이다. 가등기 또는 담보설정행위 자체는 종국적인 이득을 주지 않고, 가등기에 의하여 본등기를 하거나 담보권을 실행하는 등, 다시 법의 협력을 받아야 이득이 실현되는 경우가 문제된다. 이 경우에 등재된 가등기 또는 설정된 담보권을 무효(가등기·담보권등기말소)시키거나 담보물을 회수하기 위하여는 스스로 불법한 행위(계약)를 한 것을 주장하여 피담보채권이 부존재함을 입증하여야 하는데, 이때 제746조가 적용되어 그 무효를 주장하지 못하는지 아니면 제746조가 적용되지 아니하는지가 문제된다. 이 경우에 제746조를 적용하여 채권의 부존재를 주장하지 못하게 하면 결과적으로 불법한 행위의 실현을 강제하는 것이 되고 또한 제103조에도 위반된다. 따라서 이 경우에는 제746조가 적용되지 않아야 한다. 즉 그 계약이 무효로써 피담보채권이 부존재함을

주장할 수 있다.

(다) 계속적・회귀적 급여: 불법한 원인에 의하여 급부가 계속적으로 되는 경우에는 완료된 부분은 본조가 적용된다.

(4) 불법성이 급여자와 수령자에게 병존: 불법성이 수령자와 급여자 모두에게 있어야 한다. 불법성이 수령자에게만 있는 때에는 본조 단서가 적용되어 그 반환을 청구할 수 있다. 불법성에 차이가 나는 경우는 불법성을 비교하여 그 일부의 반환을 청구할 수 있다.

(5) 불법의 실현 여부: 급부가 있었으나 불법원인급여에 의하여 수령자가 달성하려는 사실상의 목표인 불법이 착수되지 않았거나 또는 중요한 불법이 실행되지 않은 경우에의 문제이다.

(가) 급부 이행 후 불법행위의 실행 착수 전: 본조가 적용되어 급부의 반환청구를 부정하면 결과적으로 불법행위를 실행시키는 것이 되므로 불법행위의 실행을 방지한다는 점에서 본조의 적용을 부정하여 반환을 긍정하는 것이 합리적이다.

(나) 불법행위 후 급부 이행 전: 불법행위는 이미 이루어졌으나 급여가 실현되지 않은 경우에는 급여원인이 제103조 위반으로 무효이다.

(6) 입증책임: 급여자가 반환청구를 하기 위하여는 급여의 원인이 불법이 아니라는 주장과 입증 또는 불법원인급여이지만 수익자에게만 불법성이 있고 본인에게는 불법성이 없다는 것을 주장・입증하여야 한다.

3. 第746條 本文 適用의 效果

(1) 반환청구 불가: 그 이득의 반환을 청구하지 못한다.

(2) 수익자의 임의반환: 급여자가 그 반환을 청구할 수 없을 뿐, 수익자가 임의로 이득금을 반환할 때에는 급여자의 수령은 유효하다(급여자의 급부보유력은 있다).

(3) 급여물의 소유권의 반사적 귀속: 불법인 계약에 의하여 물권이 이전된 경우에 제746조가 적용되어 급여자는 그 반환을 청구할 수 없다. 한편 수령자는 원인이 무효(103조)로써 소유권을 취득하지도 못한다. 이와 같이 논리적으로는 급여자나 수령자는 어느 누구도 급여물의 소유권을 취득할 법률상 원인이 없게 되는 문제가 있다. 이는 급여자의 반환청구불가에 의한 반사적 효과(소유권의 반사적 귀속론)에 의해 수령자에게 소유권이 귀속한다(대판 1979.11.13. 79다483).

4. 第746條의 適用範圍

(1) 제746조와 물권적 청구권-물권적 청구권은 부정: 물권행위의 유인론에 의하면 원인이 불법으로 무효이기 때문에 비록 물건에 대한 점유나 등기를 이전시킨 경우일지라도 소유권은 여전히 급여자에게 있다는 결론이 된다. 따라서 이 경우에 부당이득 반환청구권은 제746조에 해당되어 행사할 수 없으나, 소유권에 기한 물권적 반환청구권을 행사할 수 있지 않느냐는 문제가 있다. 제746조와 제103조는 사법의 이념을 표현한 것으로 사회적 타당성이 없는 행위를 한 자가 스스로 불법한 행위를 주장하여 그 복구를 주장하는 것은 형식 여하를 불문하고 소구할 수 없어, 제746조에 해당하는 경우에는 물권에 의한 반환청구도 허용하지 않는다(대판 1991.3.22. 91다520). 즉 소유권에 의한 반환을 주장한다든지, 또는 임치를 주장하여 임치물로서의 반환을 청구할 수도 없다. * 급여를 한 사람은 그 원인행위가 법률상 무효라 하여 상대방에게 부당이득을 원인으로 한 반환청구를 할 수 없음은 물론, 그 원인행위가 무효이기 때문에 급여한 물건의 소유권은 여전히 자기에게 있다고 하여, 소유권에 기한 반환청구도 할 수 없는 것이고, 그리하여 그 반사적 효과로서 급여한 물건의 소유권은 급여를 받은 상대방에게 귀속하게 된다(대판 1979.11.13. 79다483).

(2) 제746조와 불법행위에 의한 손해배상청구권: 제746조는 사회적 타당성이 없는 행위를 한 자에게 그 복구를 허용하지 않는다는 것이다. 따라서 타인의 불법행위에 가담한 자는 타인의 불법행위를 주장하며 자기의 불법행위도 인정하여야 하고, 따라서 스스로 불법한 행위를 한 자가 이를 복구할 수 없음은 물권적 청구권에서와 동일하다. 즉 불법행위에 가담한 자는 가담한 타인의 불법행위에 의한 손해배상을 청구할 수 없다. 그리고 양자간의 불법성에 현저한 차이가 나는 경우는 제746조 단서가 적용된다.

(3) 제746조와 제742조의 관계-경합하면 제746조 적용: 계약이 불법으로 무효인 경우에 채무의

변제는 비채변제이다. 이 경우에 비채변제인줄 모르고, 즉 계약이 유효하여 채무가 존재하는 줄 알고 변제하였다면 일반적인 부당이득(741조)에 해당하여 반환을 청구할 수 있다. 그런데 계약이 불법으로 무효임을 알면서도 그 채무를 이행한 경우(협의의 비채변제)에는 제742조에도 해당되고 제746조에도 해당한다. 이 경우에 제742조를 적용하면 제746조가 적용될 범위가 좁아져서 제746조가 불법한 급여 전반을 규율한다는 취지에도 어긋나며, 또한 경우에 따라서는 제746조의 단서가 적용되어 반환받을 수 있는 길이 차단된다. 이러한 점에서 위 양 조문의 요건을 충족하는 경우에는 제746조만 적용된다고 해석된다.

(4) 일방의 선이행과 제746조: 불법한 계약이 쌍무계약으로서 일방이 선이행한 경우에 상대방이 이행하지 않아 선이행한 자가 그 반환을 청구하는 경우에 제746조가 적용되는지가 문제된다. 예컨대 마약을 구입하는 계약을 하고 대금을 선지급하였으나 마약을 인도하지 않은 경우이다. 불법원인급여제도가 불법한 행위를 억지하고 제재한다는 근본적인 목적에 비추어 선이행한 경우에도 제746조가 적용되어 그 반환을 청구할 수 없다고 해석된다.

5. 第746條 但書의 適用要件과 效果

(1) 불법성의 비교

(가) 원칙-전부전무의 원칙: 민법 제746조에 의하면 불법의 원인으로 인한 급여가 있고, 그 불법원인이 급여자에게 있는 경우에는 수익자에게 불법원인이 있는지 여부, 수익자의 불법원인의 정도, 그 불법성이 급여자의 그것보다 큰지 여부를 막론하고 급여자는 불법원인급여의 반환을 구할 수 없는 것이 원칙이다.

(나) 예외

① 불법성의 현저한 차이: 수익자의 불법성이 급여자의 그것보다 현저히 큰 데 반하여 급여자의 불법성은 미약한 경우에도 급여자의 반환청구가 허용되지 않는다면 공평에 반하고 신의성실의 원칙에도 어긋나므로, 이러한 경우에는 민법 제746조 본문의 적용이 배제되어 급여자의 반환청구는 허용된다(대판1993.12.10. 93다12947). * 포주가 윤락녀와 사이에 윤락녀가 받은 화대를 포주가 보관하였다가 절반씩 분배하기로 약정하고도 보관중인 화대를 임의로 소비한 경우, 포주와 윤락녀의 사회적 지위, 약정에 이르게 된 경위와 약정의 구체적 내용, 급여의 성격 등을 종합해 볼 때 포주의 불법성이 윤락녀의 불법성보다 현저히 크므로 화대의 소유권이 여전히 윤락녀에게 속한다(대판 1999.9.17. 98도2036).

② 수익자의 유인, 기망: 수익자 측의 유인·기망 등이 개재되어 있는 경우에는 급여자의 불법성이 인정되더라도 수익자에 대한 반환청구가 인정되어야 한다(제주지법 2008.12.23. 2008가단3007).

(2) 행위태양에 따른 양자간의 불법성: 급여자와 수령자에게 불법성이 병존하는 경우에도 행위의 태양에 따라 그 불법성의 강약과 모습에는 큰 차이가 있다.

(가) 행위의 내용 자체가 불법인 경우(도박, 불륜, 매춘)는 통상적으로 양자의 불법은 동등하다. 그러나 사기도박은 수익자의 불법성이 현저하다(대판 1997.10.24. 95다49530), * 급여자가 수익자에 대한 도박채무의 변제를 위하여 급여자의 주택을 수익자에게 양도하기로 한 것이지만 내기바둑에의 계획적인 유인, 내기바둑에서의 사기적 행태, 도박자금 대여 및 회수 과정에서의 폭리성과 갈취성 등에서 드러나는 수익자의 불법성의 정도가 내기바둑에의 수동적인 가담, 도박 채무의 누증으로 인한 도박의 지속, 도박 채무 변제를 위한 유일한 재산인 주택의 양도 등으로 인한 급여자의 불법성보다 훨씬 크다고 보아 급여자로서는 그 주택의 반환을 구할 수 있다(대판 1997.10.24. 95다49530, 49547).

(나) 계약적 구속에 의한 불법인 경우(향락업주와 종사원 간)에는 통상 사회적으로 강한 지위에 있는 수령자의 불법성이 현저하다.

(다) 대가와 관계되어 불법한 경우(뇌물)에는 쌍방의 불법이 동등하다.

(라) 급부의 불균형과 관련된 불법인 경우(고율의 이자부 소비대차)는 불균형한 대가를 취득하는 자의 불법성이 크다.

(마) 불법한 행위를 조건으로 하는 경우(타인의 폭행, 살해를 조건으로 하는 급여 약속)는 쌍방의 불법이 동등하다.

(바) 불법한 행위를 종료하는 것을 조건으로 하는 경우(불륜관계의 단절 또는 범죄행위를 하지 않을 것 - 인질금 - 을 조건으로 하는 급여)는 수령자의 불법성이 크다.
(사) 부동산실명법위반의 명의신탁약정에 의한 부동산명의수탁자의 부동산 매각(대판 1993.12.10. 93다12947)은 수탁자의 불법성이 현저히 크다.
(2) 효과: 수익자의 불법성이 현저하면 단서가 적용되어, 그 반환을 청구할 수 있다.
6. 不法原因給與의 返還契約의 效力: 당사자가 불법한 급여를 한 것을 반환하는 특약을 한 경우에 그 특약의 효력이 문제된다. 이러한 특약도 제746조에 위반하여 무효가 되고, 따라서 제746조가 적용되어 반환받지 못하는지가 문제된다.
(1) 임의반환, 계약해제에 따른 반환특약-유효: 제746조의 법의 취지는 급여자의 반환에 대하여 법이 협력을 하지 않는다는 것이다. 따라서 수익자가 임의로 반환하거나 또는 불법원인계약을 해제하고 급부를 반환받을 것을 특약하는 것은 제103조에 반하는 것이 아니어서 유효하다.
(2) 불법목적 부도달이 조건인 반환특약-무효: 급여자가 불법한 목적을 달성하기 위하여 그 목적이 달성되지 않으면 반환한다는 특약은 제746조를 회피할 목적인 것이므로 무효다(대판 1995.7.14. 94다51994). * 당사자의 일방이 상대방에게 공무원의 직무에 관한 사항에 관하여 특별한 청탁을 하게 하고 그에 대한 보수로 돈을 지급할 것을 내용으로 한 약정은 사회질서에 반하는 무효의 계약이고, 따라서 민법 제746조에 의하여 그 대가의 반환을 청구할 수 없으며, 나아가 그 돈을 반환하여 주기로 한 약정도 결국 불법원인급여물의 반환을 구하는 범주에 속하는 것으로서 무효이고, 그 반환약정에 기하여 약속어음을 발행하였다 하더라도 채권자는 그 이행을 청구할 수 없다(대판 1995.7.14. 94다51994).
(3) 급여의 대상으로서 급여물이 아닌 다른 물품으로 반환받기로 약정한 경우: 피고가 원고의 부탁대로 황삼을 밀수출하여 그 대금으로 육신환을 밀수입하여 원고에게 갖다 주었는데 그 뒤 원고가 그 육신환이 가짜라고 하면서 피고에게 손해배상을 요구하여 금전배상을 하기로 한 경우에는 그 약정이 있었다 하여도 그것은 필경 밀수출한 황삼의 대가로 역시 밀수입을 부탁하여 받게 된 육신환의 대가임이 분명하다 할 것이니 이는 불법원인 급여의 반환청구로 볼 수밖에 없다(서울고법 1967.10.20. 67나279).

第747條【原物返還不能한 境遇와 價額返還, 轉得者의 責任】 ①受益者가 그 받은 目的物을 返還할 수 없는 때에는 그 價額을 返還하여야 한다.
②受益者가 그 利益을 返還할 수 없는 境遇에는 受益者로부터 無償으로 그 利益의 目的物을 讓受한 惡意의 第三者는 前項의 規定에 依하여 返還할 責任이 있다.

返還

1. 原則 - 原物返還: 부당이득의 반환에서 반환은 원물의 반환이 원칙이다. 제3자에 대한 채권을 취득하여 아직 추심하지 않은 경우에는 그 이득의 반환은 손실자가 이득자에 대하여 당해 채권의 반환(양도)을 구하고, 그에 대한 제3채무자에 대한 통지를 구하여야 한다(대판 2001.3.13. 99다26948).
(1) 원물반환에 관한 규정의 충돌: 원물이 반환되어야 하는 경우는 원물이 상대방에게 이전되어 점유된 경우이다. 그런데 물건이 점유되어 반환되는 경우의 법률관계에 관하여 민법은 물권편의 점유자와 회복자의 관계를 규정한 제201조 내지 제203조를 두고, 부당이득편에서 제747조와 748조의 규정을 두고 있다. 그런데 제201조 내지 제203조를 적용하는 경우와 제747조와 748조를 적용하는 경우에, 원물의 반환 자체는 차이가 없으나 원물로부터 생긴 과실과 그 비용의 상환 여부에서 차이가 난다.
(가) 제747조와 제748조의 적용: 이득자는 현존 과실과 소비된 과실 중에서 다른 형태로 현존하는 이득을 전부 반환하여야 하고 비용을 상환받을 수 있다.
(나) 제201조 내지 제203조의 적용: 이득자가 과실을 수취하고 비용도 이득자가 부담하는 것이 된다.

(다) 물권행위의 유·무인론

① 무인론에 의할 때: 무인론에 의하면 상대방의 소유권과 점유 및 등기는 부당이득반환청구권을 행사하여 반환받아야 학고, 그 범위에 관하여는 제747조와 제748조가 적용된다.

② 유인론에 의할 때: 점유 및 등기는 소유권에 기한 물권적 반환청구권을 행사하여 반환받을 수 있으며, 한편으로는 점유와 등기를 이득으로 보아 부당이득 반환청구권을 행사하여 반환받을 수도 있다. 따라서 유인론에 의하면 그 반환의 범위는 물권적 반환청구권을 행사하면 제201조 내지 제203조에 의하며, 부당이득 반환청구권을 행사하면 제747조와 제748조에 의하게 된다. 그런데 이 경우에 물권적 청구권은 그 실질에 있어서 부당이득의 성질을 가지는 것으로 보아야 하므로 현물 반환의 경우에는 제201조 내지 제203조가 바로 그러한 내용을 규정한 것이라고 본다. 요컨대, 유인론에 의할 때 현물반환에 관하여는 부당이득반환을 청구하더라도 제201조 내지 제203조가 적용된다.

(라) 양 조문의 검토-제201조 내지 203조의 적용: 제747조를 적용하는 경우와 제201조 내지 제203조를 적용하는 경우와의 차이를 본 바와 같이, 소유권을 취득한 자가 소유권을 취득하지 않고 단순히 점유만 취득한 자보다 그 반환의 범위가 넓다는 불균형이 나타난다. 이러한 불균형을 시정하기 위하여 소유권이 이전되는 경우(부당이득반환청구권의 행사)에도 제201조 내지 제203조의 규정을 유추적용하여야 한다고 해석한다. 요컨대, 부당이득의 반환청구에도 그 반환의 범위에 관하여는 제201조 내지 제203조를 유추적용한다는 것이다. 결국, 무인론에 의하든 유인론에 의하든 부당이득에서의 원물의 반환의 범위는 제201조 내지 제203조를(유추) 적용한다고 해석된다.

(2) 원물: 받은 이익이 물건과 같이 원물인 경우이다.

(가) 원물이 남아 있는 경우: 그대로의 상태로 반환하면 된다.

(나) 일부 멸실 또는 훼손된 경우: 멸실·훼손된 상태 그대로 반환하고, 멸실 또는 훼손된 부분은 가액으로 반환한다.

(다) 전부 멸실·훼손된 경우-가액반환-제1항: 가액으로 반환한다.

(라) 멸실·훼손에 대한 고의·과실 여부: 멸실·훼손에 이득자의 고의나 과실은 묻지 아니한다.

(3) 과실-반환불요: 제201조 내지 제203조가 적용되어 과실은 반환할 필요가 없다. 쌍무계약에서 계약이 해제되고, 매수인에게 민법 제201조가 적용되어 과실취득권이 있는 경우에 선의의 매도인에게도 민법 제587조의 유추적용에 의하여 대금의 운용이익 내지 법정이자의 반환은 부정된다(대판 1993.5.14. 92다45025).

(4) 비용: 비용은 이득자가 부담한다. 즉 반환이득에서 비용 등은 공제된다(대판 1995.5.12. 94다25551).

2. 原物返還 不可 - 價額 返還

(1) 가액반환-제1항: 원물반환이 불가능한 경우에는 가액으로 반환하여야 한다. 원물이 대체물인 때에도 동종의 다른 물건으로 반환할 것이 아니라 가액으로 반환하면 된다.

(가) 가액 반환-제748조: 제748조에 의하여 가액에 대한 반환의무가 있다.

① 선의의 수익자-제1항: 현존이익을 반환하여야 한다. 원물이 멸실·훼손된 경우에 그 가액이 있었으면 그 가액이 현존한 한도 내에서 반환하여야 한다. 비용이 있으면 공제하고 나머지의 현존이익을 말한다.

② 악의의 수익자-제2항: 받은 이익에 이자를 붙여 반환하고, 손해가 있으면 손해를 배상하여야 한다.

(2) 수익자로부터 무상으로 양수한 악의의 제3자-제2항

(가) 원물의 무상 양수: 수익자가 무상으로 제3자에게 원물을 양수하여야 한다.

(나) 양수인의 악의: 양수인이 목적물이 양도인이 부당이득으로 취득한 것이라는 사실을 알아야 한다.

(다) 양수인의 반환의무: 양수인은 손실자에 대하여 수익자와 동일한 반환의무가 있다.

3. 無能力者의 返還範圍 - 제141조 적용: 무능력자의 보호를 위해 민법 제141조 단서는 무능력자의

법률행위가 취소된 때에는 무능력자의 선의·악의를 불문하고 무능력자는 현존이익만 반환할 책임을 규정하여 부당이득에 대한 예외를 인정한다.

第748條【受益者의 返還範圍】 ①善意의 受益者는 그 받은 利益이 現存한 限度에서 前條의 責任이 있다.
②惡意의 受益者는 그 받은 利益에 利子를 붙여 返還하고 損害가 있으면 이를 賠償하여야 한다.

第749條【受益者의 惡意認定】 ①受益者가 利益을 받은 後 法律上 原因 없음을 안 때에는 그때부터 惡意의 受益者로서 利益返還의 責任이 있다.
②善意의 受益者가 敗訴한 때에는 그 訴를 提起한 때부터 惡意의 受益者로 본다.

價額返還의 範圍

1. 原則 - 損失額의 範圍 內: 부당이득에서 반환의 범위는 받은 이익이 기초가 되는데, 받은 이익과 손실자의 손실이 차이가 나는 경우에는 손실액을 최대로 하여 그 범위 내로 한정된다.
(1) 개인적 능력에 따른 초과이익-제외: 이득자의 개인적인 특수한 기능이나 능력에 의하여 초과하여 취득한 이득은 제외된다. 예컨대 수익자가 자신의 노력 등으로 부당이득한 재산을 이용하여 남긴 운용이익은 공제된다(대판 1995.5.12. 94다25551). 이는 부당이득제도가 손실자와 이득자간의 공평을 기하는 것이므로 손실자가 반환받음으로써 부당이득의 사실 전의 상태보다 더 이득을 취하게 하는 것은 타당하지 않기 때문이다.
(2) 산정기준: 이득의 산정은 손실자나 이득자의 개인적인 가치산정이 아니라 사회통념상의 가치산정에 의한다(대판 2007.6.14. 2007다17284).
2. 善意의 受益者 - 現存利益의 返還 - 제748조제1항: 선의의 수익자는 그 받은 이익이 현존한 한도에서 반환할 의무가 있다. 이것은 받은 이익이 남아 있으면 남아 있는 이익을 반환하고, 받은 이익 중에서 일부만 있는 경우에는 남아 있는 이익만 반환하면 된다는 의미이다.
(1) 현존이익: 현존이익이란 단순히 원물이 남아 있는 것만을 의미하는 것이 아니라 원물이 다른 이익으로 변형되어 남아 있는 경우에도 현존하는 것이 된다.
(가) 다른 이익으로 변형된 이득: 원물이 다른 이익으로 변형되어 남아 있는 경우에도 현존하는 것이 된다. 예컨대 받은 금전 중에서 일부를 생활에 필요한 용도에 사용하였다면 소비된 금전은 현존이익에 해당한다. 그러나 소비된 것이 그 이득이 생김으로써 소비된 것은 공제하여야 한다.
(나) 금전: 취득한 것이 금전상의 이득인 때에는 그 금전은 이를 취득한 자가 소비하였는가의 여부를 불문하고 현존하는 것으로 추정된다(대판 1987.8.18. 87다카768).
(2) 현존이익의 확정시기: 받은 이익이 현존하느냐 여부를 판단하는 시기가 문제된다. 반환할 때에 받은 이익이 현존하느냐 여부와 얼마나 현존하느냐를 판단하여야 하는데, 소가 제기된 경우에는 그 소를 제기한 때를 기준으로 악의의 수익자의 책임을 진다.
(3) 입증책임-수익자: 수익물은 다른 특별한 사정이 없는 이상에는 수익자가 이를 소지하고 있다고 보아야 할 것이고, 이것이 현재 수익자에게 존재하지 아니한다는 점은 수익자가 이를 입증하여야 할 책임이 있다(대판 1970.10.30. 70다1390, 1391).
3. 惡意의 受益者 - 받은 利得에 利子를 加算하여 返還 - 제748조제2항: 악의의 수익자에게는 실질적으로 불법행위책임을 지워서, 받은 이익의 전부 및 이에 붙인 이자를 반환하고 손실이 있는 때에는 그 손해도 배상할 의무를 부여한다.
(1) 악의: 악의는 법률상 원인 없는 이득인 것에 대한 인식을 의미한다.
(가) 선의, 악의의 판단시기-원칙-수익시: 선의와 악의의 구별은 원칙적으로 수익한 때이다.
(나) 수익시에 선의인 경우
① 안 때부터-제749조제1항: 수익한 때에는 선의였으나 그 이후에 법률상 원인이 없다는 것을

안 때부터는 악의의 수익자가 된다.
② 선의의 수익자가 패소한 때-소 제기시-제749조제2항: 선의 수익자가 패소한 때에는 소 제기시부터를 악의로 본다.
(다) 입증책임: 선의의 입증책임은 선의를 주장하는 자인 이득자에게 있다.
(2) 원물이 있는 경우-원물반환: 원물이 있으면 원물의 상태 그대로 반환하면 된다.
(가) 원물의 멸실, 훼손: 원물이 멸실·훼손된 경우에 문제가 된다. 악의의 수익자의 경우에도 선의의 수익자에서와 동일하게 제202조가 적용되어, 귀책사유가 있을 때 손해배상책임을 진다.
(나) 과실: 악의의 수익자의 과실에 관하여는 제201조제2항에 의하든 제747조와 제748조에 의하든 과실을 전부 반환하고, 소비한 과실은 그 대가를 반환하여야 한다. 즉 보호의 필요성이 없는 악의 점유자에 관하여는 민법 제201조제2항을 두어 과실수취권이 인정되지 않는다는 취지를 규정하는 것으로 해석되는바, 따라서 악의 수익자가 반환하여야 할 범위는 민법 제748조제2항에 따라 정하여지는 결과 그는 받은 이익에 이자를 붙여 반환하여야 한다(대판 2003.11.14. 2001다61869).
(3) 가액반환의 경우-제748조제2항
(가) 가액의 전부: 수익 당시의 가액을 기준으로 현존 여부를 묻지 아니하고 가액의 전부를 반환하여야 한다.
(나) 이자 가산: 가액의 이자를 반환하여야 한다.
(4) 비용: 제747조와 제748조제2항에 의하여 비용의 상환을 청구할 수 없다.
(5) 손해-제748조제2항: 손해를 배상하여야 한다. * 과실(이자)의 반환지체로(이자의 이행지체로) 인한 지연손해금도 지급하여야 한다(대판 2003.11.14. 2001다61869).
4. 惡意의 轉得者의 責任 - 제747조제2항: 수익자로부터 무상으로 원물을 양수받은 악의의 전득자는 수익자가 양수한 가액을 반환할 수 없는 때, 원물 또는 그 가액을 반환하여야 한다(747조2항).

第5章 不法行爲

1. 概括: 불법행위제도는 위법행위로 인하여 타인에게 발생한 불이익을 누가, 어느 정도 부담하게 하는가를 결정하는 법 제도이다. 민법은 제750조에서 일반적인 불법행위를 통일적·포괄적으로 하나로 규정하고, 제755조 이하에서 특수한 불법행위에 관하여 나누어 규정한다. 특수한 불법행위는 일반적 불법행위의 성립요건에 다시 특정한 요건을 추가하여 성립하는 것으로 규정하고 있다.
(1) 불법행위책임과 다른 책임과의 관계
(가) 계약책임과의 관계: 민사책임은 계약책임과 불법행위책임으로 2원화되어 있다. 어떤 하나의 사실이 계약책임에도 해당되고 불법행위책임에도 해당되는 경우가 있다. 계약관계에 있는 당사자간에 가해사실이 계약상의 권리침해인 경우는 양 책임의 구성요건을 모두 충족하게 된다. 이와 같이 양 책임의 구성요건을 모두 충족할 때는 동시에 두 개의 청구권이 경합하여 성립하고, 피해자인 채권자는 두 청구권 중에 하나를 선택하여 행사할 수 있다 - 청구권경합설 -(대판 1983.3.22. 83다카1533).
(나) 계약책임과의 이동 *( )은 계약책임
① 근본이념: 손해의 전보이나, 제재적 이념도 포함한다(손해의 전보).
② 대상자: 불특정다수인을 대상자로 한다(특정인-계약당사자).
③ 고의, 과실: 행위자 본인의 고의, 과실(추상적 경과실)에 대하여만 책임을 진다(이행보조자의 행위도 책임).
④ 책임능력: 의사능력 및 행위변별력의 최소능력을 요한다(의사능력, 행위능력)
⑤ 입증책임: 피해자가 입증책임을 진다(가해자에 입증책임).
⑥ 공동행위자: 부진정연대책임을 진다(채무자의 단독 책임).
⑦ 시효: 손해와 가해자를 안 날로부터 3년, 행위시로부터 10년의 소멸시효에 걸린다(원칙은 10년).
(다) 부당이득반환청구권과의 관계: 부당이득제도와 불법행위제도는 그 목적이 달라 그 요건 및

효과가 다르므로 양 청구권이 경합하여 존재한다.

(라) 물권적 청구권과의 관계: 물권적 청구권과 문제되는 경우는, 예컨대 소유물을 도난당한 자는 도난 물건에 대하여 소유권에 기한 물권적 청구권이 있고, 한편으로는 불법행위에 의한 손해배상청구권으로서의 금전배상(763조, 394조)을 청구할 수 있다. 양 청구권이 경합하여 존재한다.

2. 構成

(1) 불법행위의 성립과 효과: 제750조, 제761조(위법성 조각-정당방위, 긴급피난), 제763조(준용규정), 제765(배상액의 경감), 제766조(소멸시효)

(2) 태아의 손해배상청구: 제762조

(3) 재산 외의 손해: 제751조, 제752조, 제764조

(4) 책임무능력자에 의한 불법행위: 제754조, 제755조

(5) 사용자책임: 제756조

(6) 도급인의 책임: 제757조

(7) 공작물책임: 제758조

(8) 동물로 인한 피해: 제759조

(9) 공동불법행위: 제760조

第750條【不法行爲의 內容】 故意 또는 過失로 因한 違法行爲로 他人에게 損害를 加한 者는 그 損害를 賠償할 責任이 있다.

不法行爲의 成立과 效果

1. 意義: 민법은 제750조에서 일반적인 불법행위를 통일적·포괄적으로 하나로 규정하고, 제755조 이하에서 특수한 불법행위에 관하여 나누어 규정한다. 특수한 불법행위는 일반적 불법행위의 성립요건에 다시 특정한 요건을 추가하여 성립하는 것으로 규정하고 있다. 불법행위에서는 원칙적으로 자기의 행위에 대하여만 자기가 책임을 지는 자기행위책임이다. 따라서 제750조의 고의·과실이란 행위자 본인만의 것을 의미하고, 그에 대하여 행위자 본인이 책임을 진다.

(1) 공사 수급인의 건축행위에 의한 일조방해: 건물 건축공사의 수급인은 도급계약에 기한 의무이행으로서 건물을 건축하는 것이므로 원칙적으로 일조방해에 대하여 손해배상책임이 없다고 할 것이지만, 수급인이 스스로 또는 도급인과 서로 의사를 같이하여 타인이 향수하는 일조를 방해하려는 목적으로 건물을 건축한 경우, 당해 건물이 건축법규에 위반되었고 그로 인하여 타인이 향수하는 일조를 방해하게 된다는 것을 알거나 알 수 있었는데도 과실로 이를 모른 채 건물을 건축한 경우, 도급인과 사실상 공동 사업주체로서 이해관계를 같이하면서 건물을 건축한 경우 등 특별한 사정이 있는 때에는 수급인도 일조방해에 대하여 손해배상책임을 진다고 할 것이다(대판 2005.3.24. 2004다38792).

(2) 특정기업에 대한 물품공급 중단행위: 부품거래계약에 의하여 특정기업에게 물품을 공급하기로 약정한 기업이, 제3자가 그 특정기업과의 독점판매계약을 통하여 그 물품의 독점적 판매권을 취득한 사정을 알면서도 제3자를 위 물품의 유통망에서 배제하기 위하여 위 특정기업에 대한 물품의 공급을 중단한 경우, 이는 거래의 공정성과 건전성을 해하는 위법한 행위로서 제3자에 대하여 불법행위를 구성한다(대판 2006.9.8. 2004다55230).

2. 成立要件

(1) 고의 또는 과실이 있어야: 고의 또는 과실이 있어야 한다. 고의·과실의 입증책임은 피해자에게 있다.

(가) 고의: 고의란 일정한 사실상태가 발생하리라는 것을 알면서도 이를 행하는 심리상태를 말한다. 자기의 행위가 위법하다는 인식을 요하는지가 문제되나, 그러한 인식까지는 필요하지 않다. 따라서 정당한 행위라고 확신하였더라도 객관적으로 위법하다고 평가되는 사실이 있으면 불법행위는 성립한다.

(나) 과실-추상적 경과실: 불법행위의 성립요건으로서의 과실은 이른바 추상적 과실만이 문제되는 것이고 이러한 과실은 사회평균인으로서의 주의의무를 위반한 경우를 가리키는 것이지만, 그러나 여기서의 '사회평균인'이라고 하는 것은 추상적인 일반인을 말하는 것이 아니라, 그때그때의 구체적인 사례에 있어서의 보통인을 말하는 것이다(대판 1967.7.18. 66다1938).

① 운전자의 일반적 주의의무: 신호등에 의하여 교통정리가 행하여지고 있는 교차로를 진행신호에 따라 진행하는 차량의 운전자는 특별한 사정이 없는 한 다른 차량들도 교통법규를 준수하고 충돌을 피하기 위하여 적절한 조치를 취할 것으로 믿고 운전하면 충분하고, 다른 차량이 신호를 위반하고 자신의 진로를 가로질러 진행하여 오거나 자신의 차량을 들이받을 경우까지 예상하여 그에 따른 사고발생을 미리 방지할 특별한 조치까지 강구할 주의의무는 없다(대판 1994.6.14. 93다57520).

② 신호를 준수하여 진행하는 차량의 운전자라고 하더라도 이미 교차로에 진입하고 있는 다른 차량이 있다거나 다른 차량이 그 진행방향의 신호가 진행신호에서 정지신호로 바뀐 직후에 교차로를 진입하여 계속 진행하고 있는 것을 발견하였다거나 또는 그 밖에 신호를 위반하여 교차로를 진입할 것이 예상되는 특별한 경우라면 그러한 차량의 동태를 두루 살피면서 서행하는 등으로 사고를 방지할 태세를 갖추고 운전하여야 할 주의의무는 있다 할 것이다. 그러나 그와 같은 주의의무는 어디까지나 신호가 바뀌기 전이나 그 직후에 교차로에 진입하여 진행하고 있는 차량에 대한 관계에서 인정되는 것이고, 신호가 바뀐 후 다른 차량이 신호를 위반하여 교차로에 새로 진입하여 진행하여 올 경우까지를 예상하여 그에 따른 사고발생을 방지하기 위한 조치까지 강구할 주의의무는 없는 것이다(대판 1994.6.14. 93다57520). 그리고 이러한 법리는 교차로에서 자신의 진행방향에 대한 별도의 진행신호가 없다고 하여도, 다른 차량들의 진행방향이 정지신호일 경우를 이용하여 교통법규에 위배되지 않게 진행하는 경우도 마찬가지라고 할 것이다(대판 2001.11.9. 2001다56980).

③ 자동차전용도로상의 운전자의 주의의무: 자동차전용도로를 운행하는 자동차의 운전자로서는 특별한 사정이 없는 한 보행자가 자동차전용도로를 통행하거나 횡단할 것까지 예상하여 급정차를 할 수 있도록 대비하면서 운전할 주의의무는 없다 할 것이다. 따라서 자동차전용도로를 무단횡단하는 피해자를 충격하여 사고를 발생시킨 경우라도 운전자가 상당한 거리에서 그와 같은 무단횡단을 미리 예상할 수 있는 사정이 있었고, 그에 따라 즉시 감속하거나 급제동하는 등의 조치를 취하였다면 피해자와의 충돌을 면할 수 있었다는 등의 특별한 사정이 인정되지 아니하는 한 자동차 운전자에게 과실이 있다고는 볼 수 없다(대판 1996.10.15. 96다22525).

④ 연속된 차량진행에서 뒷차의 운전자: 앞차를 뒤따라 진행하는 차량의 운전사로서는 앞차에 의하여 전방의 시야가 가리는 관계상 앞차의 어떠한 돌발적인 운전 또는 사고에 의하여서라도 자기 차량에 연쇄적인 사고가 일어나지 않도록 앞차와의 충분한 안전거리를 유지하고 진로 전방좌우를 잘 살펴 진로의 안전을 확인하면서 진행할 주의의무가 있다(대판 2001.12.11. 2001도5005).

⑤ 투자신탁회사직원의 고객에 대한 주의의무: 위탁회사가 가능한 범위 내에서 수집된 정보를 바탕으로 신탁재산의 최상의 이익에 합치된다는 믿음을 가지고 신중하게 신탁재산의 운용에 관한 지시를 하였다면 위 법 규정에서 말하는 선량한 관리자로서의 책임을 다한 것이라고 할 것이고, 설사 그 예측이 빗나가 신탁재산에 손실이 발생하였다고 하더라도 그것만으로는 투자신탁운용단계에서의 선량한 관리자로서의 주의의무를 위반한 것이라고는 할 수 없다(대판 2003.7.11. 2001다11802).

⑥ 금융기관의 주의의무: 금융기관으로서는 금융실명거래 및 비밀보장에 관한 법률에서 정한 실명확인의무와 무관하게 위와 같은 최소한의 조치를 취함으로써 그것이 피모용자를 포함한 불특정 다수의 잠재적 피해자에 대한 범죄행위에 이용될 가능성을 미연에 방지함으로써 타인의 불법행위에 도움을 주지 않아야 할 주의의무가 있다(대판 2007.7.13. 2005다21821).

⑦ 공무집행상의 과실

㉮ 행정처분의 취소: 어떠한 행정처분이 후에 항고소송에서 취소되었다고 할지라도 그 기판력에 의하여 당해 행정처분이 곧바로 공무원의 고의 또는 과실로 인한 것으로서 불법행위를 구성한다고 단정할 수는 없는 것이고, 그 행정처분의 담당공무원이 보통 일반의 공무원을 표준으로 하여 볼 때

객관적 주의의무를 결하여 그 행정처분이 객관적 정당성을 상실하였다고 인정될 정도에 이른 경우에 비로소 국가배상법 제2조 소정의 국가배상책임의 요건을 충족하였다고 봄이 상당할 것이며, 이 때에 객관적 정당성을 상실하였는지 여부는 피침해이익의 종류 및 성질, 침해행위가 되는 행정처분의 태양 및 그 원인, 행정처분의 발동에 대한 피해자측의 관여의 유무, 정도 및 손해의 정도 등 제반 사정을 종합하여 손해의 전보책임을 국가 또는 지방자치단체에게 부담시켜야 할 실질적인 이유가 있는지 여부에 의하여 판단하여야 한다(대판 2003.11.27. 2001다33789, 33796).

㉯ 국가시험의 오류: 법령에 의하여 국가가 그 시행 및 관리를 담당하는 시험에 있어 시험문항의 출제 및 정답결정에 오류가 있어 이로 인하여 합격자 결정이 위법하게 되었다는 것을 이유로 공무원 내지 시험출제에 관여한 시험위원의 고의·과실로 인한 국가배상책임을 인정하기 위하여는, 해당 시험의 실시목적이 시험에 응시한 개인에게 특정한 자격을 부여하는 개인적 이해관계 이외에 일정한 수준의 적정 자격을 갖춘 자에게만 특정 자격을 부여하는 사회적 제도로서 그 시험의 실시에 일반 국민의 이해관계와도 관련되는 공익적 배려가 있는지 여부, 그와 같은 시험이 시험시행 당시의 법령이 정한 요건과 절차에 따라 국가기관 내지 소속 공무원이 구체적 시험문제의 출제, 정답 결정, 합격 여부의 결정을 위하여 해당 시험과목별로 외부의 전문 시험위원을 적정하게 위촉하였는지 여부, 위촉된 시험위원들이 문제를 출제함에 있어 최대한 주관적 판단의 여지를 배제하고 객관적 입장에서 해당 과목의 시험을 출제하였는지 및 같은 과목의 시험위원들 사이에 출제된 문제와 정답의 결정과정에 다른 의견은 없었는지 여부, 1차시험의 오류를 주장하는 응시자 본인에게 사후에 국가가 1차시험의 합격을 전제로 2차시험의 응시자격을 부여하였는지 여부 등 제반 사정을 종합적으로 고려하여 시험관련 공무원 혹은 시험위원이 객관적 주의의무를 결하여 그 시험의 출제와 정답 및 합격자 결정 등의 행정처분이 객관적 정당성을 상실하고, 이로 인하여 손해의 전보책임을 국가에게 부담시켜야 할 실질적인 이유가 있다고 인정되어야 할 것이다(대판 2003.11.27. 2001다33789).

㉰ 법령의 잘못된 해석: 법령에 대한 해석이 복잡, 미묘하여 워낙 어렵고, 이에 대한 학설, 판례조차 귀일되어 있지 않는 등의 특별한 사정이 없는 한 일반적으로 공무원이 관계 법규를 알지 못하거나 필요한 지식을 갖추지 못하고 법규의 해석을 그르쳐 행정처분을 하였다면 그가 법률전문가가 아닌 행정직 공무원이라고 하여 과실이 없다고는 할 수 없다(대판 1981.8.25. 80다1598).

㉱ 행정재량행위: 행정법규가 행정청으로서 지켜야 할 일정한 준칙을 규정함에 불과하고 그 범위 안에서 행정청의 재량에 일임하여 그 법규가 정하는 행정목적의 달성을 위하여 객관적으로 구체적 타당성에 적합하도록 하는 이른바 편의재량(공익재량, 합목적재량)의 경우에는 공익상의 필요, 합목적성의 여부는 행정청의 자유재량에 따라 결정하고 그에 적합하다고 인정되는 처분을 선택하는 것이므로, 그 경우에 한 처분에 있어 관계공무원이 공익성, 합목적성의 인정·판단을 잘못하여 그 재량권의 범위를 넘어선 행정행위를 한 경우가 있다 하더라도 공익성 및 합목적성의 적절 여부의 판단 기준은 구체적 사안에 따라 각각 동일하다 할 수 없을 뿐만 아니라, 구체적인 경우 어느 행정처분을 할 것인가에 관하여 행정청 내부에 일응의 기준을 정해 둔 경우 그 기준에 따른 행정처분을 하였다면 이에 관여한 공무원에게 그 직무상의 과실이 있다고 할 수 없다(대판 1984.7.24. 84다카597).

(2) 책임능력: 책임능력이란 자기의 행위의 책임을 변식할 수 있는 정신적 능력을 말한다. 책임능력이 없는 행위는 불법행위를 구성하지 않기 때문에 이를 불법행위능력이라고도 한다. 이는 일정한 행위가 사회적으로 어떠한 의미를 가지는 것인가를 판단할 수 있는 인식력과 그러한 행위가 다른 행위와 어떻게 다른 것인가를 변별할 수 있는 변별력, 그러한 행위가 어떠한 결과를 초래한다는 것을 예측할 수 있는 예기력을 포함한 정신능력을 말한다. 이러한 책임능력은 획일적 기준을 정하여 판단하는 것이 아니라 각 개인을 기준으로 구체적으로 판단한다. 민법은 미성년자로서 자기의 행위를 변식할 수 없는 자(753조)와 심신상실자(754조)를 책임무능력자로 하고, 그들에게는 배상책임을 면제하고 있다.

(3) 위법성: 위법성이란 어떤 행위가 법질서에 반하는 것을 의미한다. 여기서 법질서란 법 이전의 사회공동생활규범을 의미하는 것이 아니라 모든 실정법 규범을 의미한다. 또 위법의 판단대

상이 되는 것은 주관적 의식에 바탕을 둔 사람의 용태만을 의미하는 것이 아니라 의식을 떠난 객관적 사실 자체도 위법 여부를 판단하는 대상이 된다. 위법성이 있는 경우에도 특정한 사유가 있으면 위법성이 조각된다.

(가) 위법성 조각 사유-제761조: 위법성 조각사유로 정당방위와 긴급피난만을 들고 있으나, 그 밖에 자력구제 · 피해자의 승낙 · 정당업무행위 등도 경우에 따라서 위법성을 조각한다.

(나) 위법성 여부가 문제되는 경우

① 공무수행상의 문제

㉮ 권한 불행사: 경찰관에게 권한을 부여한 취지와 목적에 비추어 볼 때 구체적인 사정에 따라 경찰관이 그 권한을 행사하여 필요한 조치를 취하지 아니하는 것이 현저하게 불합리하다고 인정되는 경우에는 그러한 권한의 불행사는 직무상의 의무를 위반한 것이 되어 위법하다-뇌물을 받고 윤락업소를 단속하지 않은 경찰관-(대판 2004.9.23. 2003다49009).

㉯ 직무집행과정에서 제3자에 대한 피해: 경찰관이 교통법규 등을 위반하고 도주하는 차량을 순찰차로 추적하는 직무를 집행하는 중에 그 도주차량의 주행에 의하여 제3자가 손해를 입었다고 하더라도 그 추적이 당해 직무 목적을 수행하는 데에 불필요하다거나 또는 도주차량의 도주의 태양 및 도로교통상황 등으로부터 예측되는 피해발생의 구체적 위험성의 유무 및 내용에 비추어 추적의 개시 · 계속 혹은 추적의 방법이 상당하지 않다는 등의 특별한 사정이 없는 한 그 추적행위를 위법하다고 할 수는 없다(대판 2000.11.10. 2000다26807, 26814).

㉰ 검사의 기소행위: 피의자가 유죄판결을 받을 가능성이 있는 정도의 혐의를 가지게 된 데에 합리적인 이유가 있다고 판단될 때에는 피의자에 대하여 공소를 제기할 수 있으므로 그 후 형사재판 과정에서 범죄사실의 존재를 증명함에 충분한 증거가 없다는 이유로 무죄판결이 확정되었다고 하더라도 그러한 사정만으로 바로 검사의 구속 및 공소제기가 위법하다고 할 수 없고, 그 구속 및 공소제기에 관한 검사의 판단이 그 당시의 자료에 비추어 경험칙이나 논리칙상 도저히 합리성을 긍정할 수 없는 정도에 이른 경우에만 그 위법성을 인정할 수 있는 것이다(대판 1993.8.13. 93다20924).

㉱ 검사의 피의자에 유리한 증거의 불제출: 검사는 공판과정에서 피고인인 원고 1에게 결정적으로 유리한 증거를 입수하고도 이를 법원에 제출하지 아니하고 은폐한 것으로서 그와 같은 검사의 행위는 도저히 그의 합리성을 긍정할 수 없는 정도에 이르러 위법할 뿐 아니라, 평균적인 검사의 주의력을 기준으로 한다고 하더라도 검사가 그와 같은 감정서를 법정에 제출하지 아니한 데에는 과실이 있다(대판 2002.2.22. 2001다23447). * 강도강간의 피해자가 제출한 팬티에 대한 국립과학수사연구소의 유전자검사결과 그 팬티에서 범인으로 지목되어 기소된 원고나 피해자의 남편과 다른 남자의 유전자형이 검출되었다는 감정결과를 검사가 공판과정에서 입수한 경우 그 감정서는 원고의 무죄를 입증할 수 있는 결정적인 증거에 해당하는데도 검사가 그 감정서를 법원에 제출하지 아니하고 은폐하였다면 검사의 그와 같은 행위는 위법하다고 보아 국가배상책임이 인정된다(대판 2002.2.22. 2001다23447).

㉲ 법관의 법적용 오류: 법관의 재판에 법령의 규정을 따르지 아니한 잘못이 있다 하더라도 이로써 바로 그 재판상 직무행위가 국가배상법 제2조제1항에서 말하는 위법한 행위로 되어 국가의 손해배상책임이 발생하는 것은 아니고, 그 국가배상책임이 인정되려면 당해 법관이 위법 또는 부당한 목적을 가지고 재판을 하였다거나 법이 법관의 직무수행상 준수할 것을 요구하고 있는 기준을 현저하게 위반하는 등 법관이 그에게 부여된 권한의 취지에 명백히 어긋나게 이를 행사하였다고 인정할 만한 특별한 사정이 있어야 한다(대판 2001.3.9. 2000다29905).

② 집단행동의 위법성 여부: 공동의 이해관계를 갖는 다수의 사람들이 그들의 주장이나 목적을 관철할 의도 하에 한 집단행동이 민사상 불법행위를 구성하는 위법성을 갖는지 여부는, 그 집단행동의 구체적인 내용, 방법, 정도뿐만 아니라 이에 이른 동기나 목적, 경위, 상황 등을 침해이익과 함께 종합적으로 고려하여 그 집단행동이 사회통념상 용인될 만한 정도의 상당성이 있는지 여부에 의하여 판단하여야 할 것이다(대판 1995.6.16. 94다35718). 따라서 피고를 비롯한 주민측이 소각장 설치를 반대하기 위하여 장기간에 걸쳐 공사장을 점거하고 자재야적장에 불을 지르는

등으로 농성을 계속하여 소각장 건립공사를 중단시키고, 법원의 공사방해금지가처분결정이 내려졌음에도 불구하고 폐기물 반입을 저지한다는 의도로 쇠사슬, 차량 등을 이용하여 원고 회사 정문을 봉쇄하여 폐기물 수집운반 차량의 출입을 가로막고, 원고 회사의 직원들의 출입을 저지하였을 뿐만 아니라 그 과정에서 원고 회사 트럭 4대의 타이어 및 정문을 파손하기까지 하였음을 인정할 수 있고, 이러한 피고 등의 집단행동의 구체적 내용을 그 동기나 목적에 비추어 종합적으로 판단하여 보면, 그 수단이나 방법이 의사표시의 수준을 넘어 타인의 자유로운 의사결정을 방해하거나 법질서의 기본원칙에 반하는 폭력의 행사에까지 나아간 것으로 이는 사회통념상 용인될 만한 정도를 넘어선 것으로 위법하다(대판 2001.5.8. 2000다35955).

③ 사전승인받은 첩관계: 혼인관계가 존속중인 사실을 알면서 남의 첩이 되어 부첩행위를 계속한 경우에는 본처의 사전승인이 있었다 하더라도 장래의 부첩관계의 사전승인이라는 것은 선량한 풍속에 위배되는 행위이므로 본처에 대하여 불법행위가 성립한다(대판 1967.10.6. 67다1134).

④ 명예훼손과 위법성: 형사상이나 민사상으로 타인의 명예를 훼손하는 행위를 한 경우에도 그것이 공공의 이해에 관한 사항으로서 그 목적이 오로지 공공의 이익을 위한 것일 때에는 진실한 사실이라는 증명이 있으면 그 행위에 위법성이 없고, 또한 그 증명이 없더라도 행위자가 그것을 진실이라고 믿을 상당한 이유가 있는 경우에는 위법성이 없다(대판 2002.5.10. 2000다68306).

⑤ 신뢰위반과 위법성: 학생모집을 위해 공고한 입시요강은 학교측과 학생 사이에 형성된 재학계약상의 법률관계를 형성하기 위한 방법, 요령, 조건 등을 정하는 것으로서, 입학시험에 응시하고자 하는 사람들은 공고된 입시요강에 따라 그에 맞는 필요한 준비를 거쳐 입학시험에 응시할 수밖에 없으므로, 공고된 입시요강에서 정한 내용에 따른 공정한 사정절차를 거쳐 합격 여부가 결정될 것이라는 응시자들의 신뢰는 법적으로 보호받아야 할 이익이다. 따라서 공고된 입시요강의 내용이 강행법규나 공서양속에 위반된다거나 또는 응시자들의 신뢰가 보호할 가치가 없다고 인정되는 등의 특별한 사정이 없는 한 수험생들의 위와 같은 신뢰는 보호되어야 하고, 공고된 입시요강에 학칙이나 학교 내부적으로 결정된 상위의 입시계획에 위배되는 점이 있더라도 그러한 사정만으로 위와 달리 볼 수는 없다. 입학사정 결과에 대한 최종 승인권을 갖는 대학총장이 입시사정과정에 학칙위반사항이 있는 경우 이를 지적하고 그 시정을 요구할 수 있다 하더라도, 그러한 권한을 행사함에 있어서는 공고된 입시요강에 의해 형성된 응시자들의 정당한 신뢰가 침해되지 않도록 하여야 할 주의의무도 부담하고, 이를 위배하여 응시자들의 정당한 신뢰를 깨뜨린 경우에는 위법행위에 해당하여 신뢰를 침해당한 응시자들에 대하여 불법행위를 구성한다(대판 2006.9.8. 2004다18859).

⑥ 대학교수의 전공분야 외의 강의 강요: 대학교수는 자신의 전공분야에 대해 강의하고 이를 통해 자신의 학문연구를 보다 발전시키는 것이 그 인격권 실현의 본질적 부분에 해당하므로, 대학교수의 사용자인 학교법인이 그 업무지휘권 등의 행사에 지장을 초래하는 등의 특별한 사정이 없는데도, 오로지 소속 대학교수를 본연의 업무에서 배제하려는 의도하에 그 의사에 반하여 전공분야와 관련 없는 과목의 강의를 배정함으로써 결국 강의할 수 없게 하는 행위는 교원의 인격적 법익을 침해하는 것이 되고, 학교법인은 그로 인하여 그 대학교수가 입게 되는 정신적 고통에 대하여 배상할 의무를 부담한다(대판 2008.6.26. 2006다30730).

⑦ 전문직종사자의 위법성: 증권회사의 임·직원이 증권거래법에 위반한 방법으로 투자를 권유하였으나 투자 결과 손실을 본 경우에 투자가에 대한 불법행위책임이 성립하기 위하여는, 거래행위와 거래방법, 고객의 투자상황(재산상태, 연령, 사회적 경험정도 등), 거래의 위험도 및 이에 관한 설명의 정도 등을 종합적으로 고려한 후 당해 권유행위가 경험이 부족한 일반 투자가에게 거래행위에 필연적으로 수반되는 위험성에 관한 올바른 인식형성을 방해하거나 고객의 투자상황에 비추어 과대한 위험성을 수반하는 거래를 적극적으로 권유한 경우에 해당하여 결국 고객에 대한 보호의무를 저버려 위법성을 띤 행위인 것으로 평가될 수 있어야 한다(대판 1996.8.23. 94다38199).

⑧ 위법이 아닌 행위이나 후속 손해가 발생한 경우: 환지를 지정하지 않은 것 자체는 위 법규정에 따른 것이어서 위법하다고 할 수 없으므로 이로 인한 그 토지소유권의 상실을 사업시행자의

위법행위로 야기된 손해라고 볼 수는 없으나, 청산금을 지급치 않기로 한 것은 위법한 처분으로서 이로 인하여 토지소유자는 그 토지소유권 상실에 대한 손실보상금인 청산금을 청구할 수 없게 된 손해를 입었다고 할 것이므로 이 한도 내에서 사업시행자는 불법행위의 책임을 면할 수 없는바, 이 경우에 토지소유자가 입은 손해의 범위는 그 토지소유권상실에 대한 손실보상금인 청산금 상당액이라고 보아야 할 것이다(대판 1975.4.22. 74다1548).

⑨ 근로자의 명백한 부당해고: 오로지 근로자를 사업장에서 몰아내려는 의도하에 고의로 어떤 명목상의 해고사유를 만들거나 내세워 징계라는 수단을 동원하여 해고한 경우나, 해고의 이유로 된 어느 사실이 소정의 해고사유에 해당되지 아니하거나 해고사유로 삼을 수 없는 것임이 객관적으로 명백하고, 또 조금만 주의를 기울이면 이와 같은 사정을 쉽게 알아볼 수 있는데도 그것을 이유로 징계해고에 나아간 경우 등 징계권의 남용이 우리의 건전한 사회통념이나 사회상규상 용인될 수 없음이 분명한 경우에 있어서는 그 해고가 근로기준법 제27조제1항에서 말하는 정당성을 갖지 못하여 효력이 부정되는 데 그치는 것이 아니라, 위법하게 상대방에게 정신적 고통을 가하는 것이 되어 근로자에 대한 관계에서 불법행위를 구성할 수 있을 것이다(대판 993.10.12. 92다43586).

⑩ 제소행위

㉮ 원칙: 일반적으로 소송을 제기하거나 제기되어진 소송에 응소하는 것 자체는 헌법에 의하여 보장된 국민의 권리실현이나 권리보호를 위한 수단으로서 원칙적으로 적법하나, 그와 같은 소제기나 응소행위가 권리실현이나 권리보호를 빙자하여 상대방의 권리나 이익을 침해하거나 상당한 이유 없이 상대방에게 고통을 주려는 의사로 행하여지는 등 고의 또는 과실이 인정되고, 이것이 공서양속에 반하는 정도에 이른 것인 경우에는 위법성을 띠고 불법행위를 구성한다(대판 1994.9.9. 93다50116).

㉯ 명백한 부당제소: 민사소송을 제기한 사람이 패소판결을 받아 확정된 경우에 그와 같은 소의 제기가 상대방에 대하여 위법한 행위가 되는 것은 당해 소송에 있어서 제소자가 주장한 권리 또는 법률관계가 사실적·법률적 근거가 없고, 제소자가 그와 같은 점을 알면서, 혹은 통상인이라면 그 점을 용이하게 알 수 있음에도 불구하고 소를 제기하는 등 소의 제기가 재판제도의 취지와 목적에 비추어 현저하게 상당성을 잃었다고 인정되는 경우에 한한다(대판 2002.5.31. 2001다64486).

㉰ 권리남용적인 고소: 피고소인이 고소인이 고소한 피의사실로 기소되어 무죄의 확정판결을 받았다고 하더라도 그 고소가 권리의 남용이라고 인정될 수 있는 정도의 고의 또는 중대한 과실에 의한 것이 아닌 이상, 고소인의 행위가 불법행위를 구성한다고 볼 수는 없는 것이다(대판 1994.1.25. 93다29556).

⑪ 자신보호를 위한 진술행위: 수사기관에 소환되어 범죄혐의를 추궁당하며 조사를 받는 피의자나 참고인, 그리고 공소제기되어 재판을 받는 피고인 등은 자신의 형사소추를 피하거나 처벌을 감면받기 위하여 방어할 권리가 있고, 한편 수사기관이나 법원은 피의자나 피고인의 진술을 비롯한 제반 증거를 종합적으로 판단하여 기소 여부 또는 유·무죄 여부 등을 결정하는 것이므로, 어떤 사람이 수사 및 형사재판을 받는 과정에서 자신의 범죄혐의에 관련된 사항에 관하여 진술한 내용이 동시에 다른 사람의 범죄혐의 사실을 뒷받침하는 증거로 작용함으로써 그 다른 사람이 구속 기소되고 유죄판결까지 받은 뒤에 결국 무죄의 확정판결을 받기에 이르렀다고 하더라도, 그 진술행위가 법령이나 사회통념상 허용되는 범위를 넘어 방어권의 남용이었다고 인정될 정도에 이르지 아니하는 이상 그 다른 사람에 대하여 불법행위를 구성한다고 할 수 없고, 이는 그 진술의 세부적인 내용에 다소의 허위나 과장이 있다고 하더라도 마찬가지이다. 그리고 이 경우 진술자의 행위가 불법행위가 되는지 여부는 선량한 관리자의 주의를 표준으로 하여 진술 당시의 상황, 진술의 내용과 동기·목적·태양, 진술내용의 진실에의 부합 정도, 진술의 일관성이나 번복 여부 등의 정황, 그로 인하여 타인의 형사사건에 영향을 미친 정도 등을 종합적으로 고려하여 판단하여야 한다(대판 2007.5.11. 2007다2145).

(4) 손해의 발생: 불법행위가 성립하려면 당해 행위로 손해가 현실화되어야 한다. 손해는 원인행위가 없었으면 있었을 상태에서 원인행위 이후의 현재의 상태의 차이가 손해이다. 손해는 재산적 손해, 정신적 손해를 모두 포함하며, 적극적 손해뿐만 아니라 소극적 손해도 포함한다. 또한

통상의 손해는 전부 배상되어야 하며, 특별한 손해는 그 손해의 발생을 알거나 예상한 경우에만 배상의 대상이 된다(393조).

(가) 손해의 현실화 여부: 부첩관계에 의한 손해는 반드시 부첩관계로 인하여 혼인관계가 파탄에 이를 필요까지는 없다(대판 1998.4.10. 96므434).

(나) 현실화되지 않은 손해-담보권의 침해로서 담보물의 가치를 감소시킨 행위: 담보물에 대한 침해행위가 있어도 잔존 담보가치가 피담보채권을 만족시킬 수 있을 때에는 문제가 되지 아니한다. 채무자의 일반재산에 의하여 변제된다고 할지라도 일차적으로는 담보물로부터 변제를 받아야 하므로, 침해행위로 피담보채권을 만족시킬 수 없는 부분만큼의 손해가 있는 것으로 보아야 한다. 손해배상청구시에 관하여는 침해행위로 손해가 현실화되어 있으므로 담보물의 가치변동이 가능하기 때문에 변제기 도래 후에 청구할 수 있다고 보아야 한다. 변제기 도래 후이면 담보권실행 전이라도 가능하다.

(4) 인과관계: 가해자의 행위와 손해의 발생 사이에 인과관계가 있어야 한다.

(가) 원칙-상당인과관계: 제763조는 제393조를 준용하기 때문에 채무불이행에서의 인과관계와 동일하게 원인행위와 손해 사이에 원칙적으로 상당인과관계가 있어야 한다.

① 상당인과관계가 인정된 예

㉮ 과다한 업무행위가 질병을 유발, 악환시킨 경우: 질병의 주된 발생원인이 업무수행과 직접적인 관계가 없더라도 적어도 업무상의 과로나 스트레스가 질병의 주된 발생원인에 겹쳐서 질병을 유발 또는 악화시켰다면 그 사이에 인과관계가 있다고 보아야 할 것이고, 그 인과관계는 반드시 의학적·자연과학적으로 명백히 증명하여야 하는 것은 아니고 제반 사정을 고려할 때 업무와 질병 사이에 상당인과관계가 있다고 추단되는 경우에도 그 증명이 있다고 보아야 하며, 또한 평소에 정상적인 근무가 가능한 기초질병이나 기존질병이 직무의 과중 등이 원인이 되어 자연적인 진행속도 이상으로 급격하게 악화된 때에도 그 증명이 있는 경우에 포함되는 것이고, 이때 업무와 질병 또는 사망과의 인과관계 유무는 보통 평균인이 아니라 당해 근로자의 건강과 신체조건을 기준으로 판단하여야 한다(대판 1999.2.9. 98두16873).

㉯ 분식회계에 참가한 임원행위와 분식회계로 인한 손해: 기업체의 임직원이 대규모의 분식회계에 가담한 잘못이 있는 경우에는, 그로 말미암아 금융기관이 기업체에게 여신을 제공하기에 이르렀다고 봄이 상당하므로, 비록 기업체의 임직원이 기업체의 여신 제공 행위에 직접 개입하지 아니하였다고 하더라도 임직원의 분식회계 가담행위와 금융기관이 여신 제공으로 인하여 입은 손해와의 사이에는 인과관계를 인정할 수 있는 것이고, 이러한 경우 분식회계 가담행위 자체가 금융기관에 대한 가해행위로서 민법 제750조의 불법행위 책임이 성립하는 것이다(대판 2008.6.26. 2007다43436).

㉰ 무권리자의 위법한 등기경료행위와 소유권자의 소유권 상실: 무권리자가 위법한 방법으로 그의 명의로 소유권보존등기나 소유권이전등기를 경료한 후 그 부동산을 전전매수한 제3자의 등기부 시효취득이 인정됨으로써 소유자가 소유권을 상실하게 된 경우, 무권리자의 위법한 등기 경료행위가 없었더라면 소유자의 소유권 상실이라는 결과가 당연히 발생하지 아니하였을 것이고 또한 이러한 소유권 상실은 위법한 등기 경료행위 당시에 통상 예측할 수 있는 것이라 할 것이므로, 무권리자의 위법한 등기 경료행위와 소유자의 소유권 상실 사이에는 상당인과관계가 있다(대판 1993.6.11. 92다50874).

㉱ 선, 후행 교통사고로 인한 사망: 선행 교통사고와 후행 교통사고 중 어느 쪽이 원인이 되어 피해자가 사망에 이르게 되었는지 밝혀지지 않은 경우 후행 교통사고를 일으킨 사람의 과실과 피해자의 사망 사이에 인과관계가 인정되기 위해서는 후행 교통사고를 일으킨 사람이 주의의무를 게을리 하지 않았다면 피해자가 사망에 이르지 않았을 것이라는 사실이 입증되어야 한다(대판 1990.12.11. 90도694).

㉲ 집단따돌림에 따른 정신장애로 인한 자살: ㉠ 초등학교 내에서 발생한 폭행 등 괴롭힘이 상당 기간 지속되어 그 고통과 그에 따른 정신장애로 피해학생이 자살에 이른 경우, 다른 요인이 자살에 일부 작용하였다 하더라도 가해학생들의 폭행 등 괴롭힘이 주된 원인인 이상 상당인과관

계가 인정된다(대판 2007.4.26. 2005다24318). ㉡ 지속적인 폭행과 자살: 초등학교 내에서 발생한 폭행 등 괴롭힘이 상당 기간 지속되어 그 고통과 그에 따른 정신장애로 피해학생이 자살에 이른 경우, 다른 요인이 자살에 일부 작용하였다 하더라도 가해학생들의 폭행 등 괴롭힘이 주된 원인인 이상 상당인과관계가 인정된다(대판 2007.4.26. 2005다24318).

㉥ 사고로 인한 치료 중 의사의 과실로 인한 악화: 사고로 인하여 상해를 입은 피해자가 치료를 받던 중 치료를 하던 의사의 과실 등으로 인한 의료사고로 증상이 악화되거나 새로운 증상이 생겨 손해가 확대된 경우에는, 의사에게 중대한 과실이 있다는 등의 특별한 사정이 없는 한 확대된 손해와 최초의 사고 사이에도 상당인과관계가 있다(대판 1997.8.29. 96다46903). 위와 같은 특별한 사정의 존재에 관한 입증책임은 최초의 사고를 야기한 자에게 있다(대판 2000.9.8. 99다48245).

㉦ 사고의 비관에 따른 추가 사고: ㉠ 신체사고와 우울증-교통사고로 다리에 보기 흉한 흉터가 남았는 것과 우울증: 교통사고로 오른쪽 하퇴부에 광범위한 압궤상 및 연부조직 손상 등의 상해를 입은 고등학교 1학년 여학생이 사고 후 12개월 동안 병원에서 치료를 받았으나 다리부위에 보기 흉한 흉터가 남았고 목발을 짚고 걸어다녀야 했으며 치료도 계속하여 받아야 했는데 이로 인하여 사람들과의 접촉을 피하고 심한 우울증에 시달리다가 자신의 상태를 비관, 농약을 마시고 자살한 경우, 교통사고와 사망 사이에 상당인과관계가 있다(대판 1999.7.13. 99다19957). ㉡ 기존에 우측 고관절 장애를 가진 피해자가 교통사고로 다시 골절상을 입어 두 다리를 모두 못쓰게 된 것을 비관하여 매일 술을 마시는 등으로 체력이 떨어지고 거동이 불편한 상태에서 목욕탕에서 넘어져 사망한 경우, 교통사고와 사망사고 간에는 조건적 인과관계가 있고, 따라서 위 교통사고의 가해자는 피해자가 기대여명 내에서 가동연한에 이를 때까지의 일실수입을 배상할 의무가 있다(대판 1998.9.18. 97다47507).

㉧ 가혹행위에 의한 허위자백 후의 변호사 비용: 경찰관으로서는 피의자로부터 범행의 자백을 받기 위하여 폭행 또는 가혹행위에 나아가는 경우, 피의자가 이를 견디지 못하여 허위 자백을 함으로써 범인으로 몰려 구속, 기소되고, 이에 피의자는 변호사의 조력을 받아 자신의 결백을 주장하여 무죄 확정판결을 받기 위하여 변호사 보수를 지출하게 되며, 나아가 무죄가 확정되기까지의 과정에서 상당한 정신적 고통을 받을 가능성이 있다는 것을 경험칙상 예견할 수 있으므로, 그로 인한 손해와 조사경찰관의 가혹행위 사이에는 상당인과관계가 있다(대판 1997.11.28. 97다28377).

㉨ 피해를 피하려는 행위에 의한 손해: 상해행위를 피하려고 하다가 차량에 치어 사망한 경우 상해행위와 피해자의 사망 사이에 상당인과관계가 있다(대판 1996.5.10. 96도529). 피고인이 자신이 경영하는 속셈학원의 강사로 피해자를 채용하고 학습교재를 설명하겠다는 구실로 유인하여 호텔 객실에 감금한 후 강간하려 하자, 피해자가 완강히 반항하던 중 피고인이 대실시간 연장을 위해 전화하는 사이에 객실 창문을 통해 탈출하려다가 지상에 추락하여 사망한 사안에서, 피고인의 강간미수행위와 피해자의 사망과의 사이에 상당인과관계가 있다(대판 1995.5.12. 95도425).

㉩ 피해 구조 행위과정에서 발생한 손해: 트럭과 버스가 충돌하고 이로 인하여 그 버스가 고압선 전신주를 들이받아 넘어뜨리는 사고가 발생한 직후, 그 사고장소를 지나가던 자가 부서져 찌그러진 버스 안에서 구호요청을 하는 승객들을 구조하려고 버스에 접근하다 넘어진 전신주의 고압선 전류에 감전되어 사망한 것이라면, 사고운전자로서는 위와 같은 시내에서의 교통사고로 많은 사상자가 발생하고 차량과 고압선 전신주 등이 크게 부서진 경우에 있어서 사상자들을 구조하려고 하는 주위 사람들이 있을 것인 데다가, 이들이 그 교통사고로 발생한 고압전선 등 주위의 위험요소에 의하여 사고를 당할 수도 있음을 충분히 예견할 수 있었다 할 것이어서, 그 교통사고와 구조자의 감전사고와의 사이에는 상당인과관계가 인정된다(대판 1994.10.25. 94다20655, 94다20662).

㉪ 무면허자에게 자동차 대여한 자동차대여업자: 자동차대여사업자가 자동차운전면허가 없는 사람에게 무면허자임을 알면서도 승용차를 대여하였고, 그 무면허자가 대여받은 승용차를 운전하던 중 운전미숙의 과실로 인하여 교통사고가 발생한 경우, 무면허운전은 금지되어 있는 범죄행위임이 명백하고 운전기술이 없거나 미숙한 사람이 자동차를 운전할 경우에는 타인의 생명이나 신체에 위해를 미칠 위험이 큰 점에 비추어 볼 때, 달리 특별한 사정이 없는 한 자동차대여사업자가 무면허자에게 위 자동차를 대여한 행위와 무면허자의 위와 같은 운전미숙이 원인이 되어

발생한 교통사고 사이에는 상당인과관계가 있다(대판 1998.11.27. 98다39701).

② 상당인과관계가 부정된 예

㉮ 변호사비용: 변호사강제주의를 택하지 않고 있는 우리나라 법제 하에서는 손해배상청구의 원인된 불법행위 자체와 변호사 비용 사이에 상당인과관계가 있음을 인정할 수 없으므로 변호사 비용을 그 불법행위 자체로 인한 손해배상채권에 포함시킬 수는 없고(대판 1978.8.22. 78다672), 피고가 위법·부당한 이 사건 과세처분에 대하여 단순히 그 취소를 거부하고 있음에 그친 경우에는 원고들이 그 취소, 시정을 구하는 심판청구 및 취소소송을 제기하면서 변호사 비용을 지출하였다고 하여도 그 변호사 비용은 원칙적으로 선행하는 불법행위 즉 이 사건 위법·부당한 과세처분 자체와는 상당인과관계가 없다(대판 1996.11.8. 96다27889).

㉯ 강간행위와 그것이 원인이 된 피해자의 자살행위: 강간을 당한 피해자가 집에 돌아가 음독자살하기에 이르른 원인이 강간을 당함으로 인하여 생긴 수치심과 장래에 대한 절망감 등에 있었다 하더라도 그 자살행위가 바로 강간행위로 인하여 생긴 당연의 결과라고 볼 수는 없으므로 강간행위와 피해자의 자살행위 사이에 인과관계를 인정할 수는 없다(대판 1982.11.23. 82도1446).

(나) 공해에서의 인과관계-개연성: 공해문제에 관하여는 현재의 과학수준으로도 해명할 수 없는 분야가 있기 때문에 가해행위와 손해의 발생 사이의 인과관계를 구성하는 하나하나의 고리를 자연과학적으로 증명한다는 것은 극히 곤란하거나 불가능한 경우가 대부분이므로, 이러한 공해소송에 있어서 피해자인 원고에게 사실적인 인과관계의 존재에 관하여 과학적으로 엄밀한 증명을 요구한다는 것은 공해로 인한 사법적 구제를 사실상 거부하는 결과가 될 우려가 있는 반면에 가해기업은 기술적, 경제적으로 피해자보다 훨씬 원인조사가 용이한 경우가 많을 뿐만 아니라 그 원인을 은폐할 염려가 있고 가해기업이 어떠한 유해한 원인물질을 배출하고 그것이 피해물건에 도달하여 손해가 발생하였다면 가해자측에서 그것이 무해하다는 것을 입증하지 못하는 한 책임을 면할 수 없다고 보는 것이 사회 형평의 관념에 적합하다(대판 1984.6.12. 81다558).

(5) 입증책임: 고의, 과실, 손해의 발생, 인과관계의 입증책임은 피해자에게 있다.

(가) 원칙: 피해자에게 입증책임이 있다.

(나) 예외

① 의료사고-일응의 추정: 의료행위상의 주의의무 위반으로 인한 손해배상청구에서 피해자측에서 일련의 의료행위 과정에 있어서 저질러진 일반인의 상식에 바탕을 둔 의료상의 과실 있는 행위를 입증하고 그 결과와 사이에 일련의 의료행위 외에 다른 원인이 개재될 수 없다는 점, 이를테면 환자에게 의료행위 이전에 그러한 결과의 원인이 될 만한 건강상의 결함이 없었다는 사정을 증명한 경우에는 의료상 과실과 결과 사이의 인과관계를 추정하여 손해배상책임을 지울 수 있도록 입증책임을 완화할 것이지만(대판 1995.2.10. 93다52402), 이 경우에도 일련의 의료행위 과정에 있어서 일반인의 상식에 바탕을 둔 의료상 과실의 존재는 환자측에서 입증하여야 하는 것이지 의사에게 무과실의 입증책임을 지우는 것까지 허용되는 것은 아니다(대판 2003.11.27. 2001다20127). * 환자가 전신마취 및 수술 도중에 심정지가 발생하여 뇌손상으로 인한 전신마비 등의 증세에 이른 경우에 있어서는, 피해자측에서 일련의 의료행위 과정에 있어서 저질러진 일반인의 상식에 바탕을 둔 의료상의 과실 있는 행위를 입증하고 그 결과와의 사이에 일련의 의료행위 외에 다른 원인이 개재될 수 없다는 점, 이를테면 환자에게 의료행위 이전에 그러한 결과의 원인이 될 만한 건강상의 결함이 없었다는 사정을 증명한 경우에 있어서는, 의료행위를 한 측이 그 결과가 의료상의 과실로 말미암은 것이 아니라 환자의 특이체질 등 전혀 다른 원인으로 말미암은 것이라는 입증을 하지 아니하는 이상, 의료상 과실과 결과 사이의 인과관계를 추정하여 손해배상책임을 지울 수 있도록 입증책임을 완화하는 것이 손해의 공평·타당한 부담을 그 지도원리로 하는 손해배상제도의 이상에 맞는다(대판 1995.2.10. 93다52402).

② 1차사고 후 치료과정에서 의료사고-의사의 중과실 없음을 1차사고 야기자가 입증: 사고로 인하여 상해를 입은 피해자가 치료를 받던 중 치료를 하던 의사의 과실 등으로 인한 의료사고로 증상이 악화되거나 새로운 증상이 생겨 손해가 확대된 경우에는, 의사에게 중대한 과실이 있다는 등의 특별한 사정이 없는 한 확대된 손해와 최초의 사고 사이에도 상당인과관계가 있다

(대판 1997.8.29. 96다46903), 위와 같은 특별한 사정의 존재에 관한 입증책임은 최초의 사고를 야기한 자에게 있다(대판 2000.9.8. 99다48245).
③ 공해-피해자의 개연성 입증, 가해기업의 무해 입증: 공해문제에 관하여는 현재의 과학수준으로도 해명할 수 없는 분야가 있기 때문에 가해행위와 손해의 발생 사이의 인과관계를 구성하는 하나하나의 고리를 자연과학적으로 증명한다는 것은 극히 곤란하거나 불가능한 경우가 대부분이므로, 이러한 공해소송에 있어서 피해자에게 사실적인 인과관계의 존재에 관하여 과학적으로 엄밀한 증명을 요구한다는 것은 공해로 인한 사법적 구제를 사실상 거부하는 결과가 될 우려가 있는 반면에 가해기업은 기술적, 경제적으로 피해자보다 훨씬 원인조사가 용이한 경우가 많을 뿐만 아니라, 그 원인을 은폐할 염려가 있고 가해기업이 어떠한 유해한 원인물질을 배출하고 그것이 피해물건에 도달하여 손해가 발생하였다면 가해자측에서 그것이 무해하다는 것을 입증하지 못하는 한 책임을 면할 수 없다고 보는 것이 사회형평의 관념에 적합하다(대판 1984.6.12. 81다558).
④ 수질오염-인과관계의 일응의 추정: 수질오염으로 인한 손해배상을 구하는 이 사건에 있어서는 ㉠ 피고의 주행시험장 설치공사현장에서 농어 양식에 악영향을 줄 수 있는 황토와 폐수를 배출하고, ㉡ 그 황토 등 물질의 일부가 물을 통하여 이 사건 양식어장에 도달되었으며, ㉢ 그 후 양식 농어에 피해가 있었다는 사실이 각 모순 없이 증명되는 이상 피고의 위 황토와 폐수의 배출과 원고가 양식하는 농어가 폐사하여 입은 손해와 사이에 일응 인과관계의 증명이 있다고 보아야 할 것이다(대판 1997.6.27. 95다2692).
⑤ 재해가 업무에 관련되어 악화-인과관계의 추정: 재해가 업무와 직접 관련이 없는 기존의 질병이더라도 그것이 업무와 관련하여 발생한 사고 등으로 말미암아 더욱 악화되거나 그 증상이 비로소 발현된 것이라면 업무와의 사이에는 인과관계가 존재하고, 이 경우 인과관계에 관하여는 이를 주장하는 측에서 입증하여야 하는 것이지만 그 인과관계는 반드시 의학적, 자연과학적으로 명백하게 입증되어야 하는 것은 아니고, 근로자의 취업 당시의 건강상태, 발병 경위, 질병의 내용, 치료의 경과 등 제반 사정을 고려할 때 업무와 질병 사이에 상당인과관계가 있다고 추단되는 경우에도 그 입증이 있다고 보아야 한다(대판 1999.12.10. 99두10360).
3. 損害의 算定: 불법행위로 인한 손해배상의 범위를 정함에 있어서는 불법행위와 손해의 사이에 자연적 또는 사실적 인과관계가 존재하는 것만으로는 부족하고 이념적 또는 법률적 인과관계, 즉 상당인과관계가 있어야 할 것이다. 즉 배상되어야 할 손해는 원인행위와 상당인과관계가 미치는 손해까지다.
(1) 물건의 멸실・훼손: 통상의 손해는 멸실 당시의 교환가격이 배상액이다.
(가) 가격의 등귀: 멸실 후의 등귀된 가격은 특별손해로서 가해자의 예상가능성을 기준으로 배상 여부가 결정된다.
(나) 훼손: 훼손의 경우는 통상적으로 수리비용과 수리기간 중의 사용 불능에 따른 일실이익이 배상액이다. 수리가 불가능한 때에는 당해 부분의 멸실에 따른 교환가격이 통상손해이다(대판 1992.2.11. 91다28719).
(2) 불법점거: 동산이나 부동산의 점유를 침탈하는 불법점거는 불법행위를 성립한다. 불법점거란 권원 없이 권리자가 당해 물건을 사실상 사용수익하지 못하게 하는 것을 말한다. 예컨대 매수인이 대금을 전부 지불하였으나 등기명의이전 전이라는 이유로 계속 점유하는 매도인, 계약이 정당하게 해제되었음에도 이유 없이 계속 점유하여 반환하지 않는 매수인, 타인의 대지 위에 자기 집의 추녀가 걸쳐진 경우 등은 불법점거에 해당한다.
(가) 손해의 발생에 대한 소극적 인식: 불법점거로 인한 손해는 그로 인하여 누군가에게 손해가 생길 것이라는 것을 인식하면 족하고, 어느 특정인 당사자에게 손해가 생길 가능성까지 요하지는 아니한다.
(나) 사용, 수익불능에 따른 손해: 불법점거로 인하여 사용・수익하지 못한 데 대한 손해가 배상액이다. 예컨대 부동산의 불법점거의 경우는 임료상당액이 된다(대판 1985.10.22. 85다카689).
(3) 후속 사고에 의한 손해: 사고로 상해를 입은 피해자가 다른 사고로 인하여 사망한 경우 그 두 사고 사이에 1차 사고가 없었더라면 2차 사고도 발생하지 않았을 것이라고 인정되는 것과 같

은 조건적 관계가 존재하는 경우 1차 사고의 가해자는 2차 사고로 인한 피해자의 사망을 고려함이 없이 피해자가 가동연한에 이를 때까지의 일실수입을 배상하여야 한다(대판 1998.9.18. 97다47507).

(4) 변호사비용: 변호사강제주의가 아니므로 변호사비용은 원칙적으로 당해 불법행위와 상당인과관계가 없고, 통상손해에 포함되지 않는다. 그러나 부당소송이나 부당항쟁의 경우는 변호사비용이 통상손해에 포함된다(대판 1972.5.9. 71다1297).

4. 過失相計

(1) 피해자의 과실: 가해자로 인한 손해의 발생에 피해자의 기여과실이 있는 경우에 배상액산정에 있어서 피해자의 과실을 참작하여야 한다(763조, 396조). * 체질적인 소인을 참작한 사례(대판 2008.3.27. 2008다1576).

(2) 피해자 이외의 자의 과실

(가) 감독의무자의 과실: 과실상계에서의 과실에 관한 주의의무(피해를 당한다는 정도의 가장 약한 주의력)가 없는 유아와 같은 경우에 감독의무자의 감독의무 해태의 과실이 배상액산정에 고려된다.

(나) 피용자의 과실: 피해자의 피용자의 과실이 가해자의 가해행위에 기여한 때에는 가해자의 피해자에 대한 배상액산정에서 참작되어야 한다.

5. 損益相計: 손해배상액의 산정에 있어서는 가해행위로 인하여 동시에 피해자가 이익을 입은 경우에는 그 이익은 공제되어야 한다.

6. 過失相計와 損益相計의 順序: 먼저 과실상계가 적용된 후에 손익상계를 하여야 한다(대판 1990.5.8. 89다카29129).

7. 賠償額의 輕減請求 – 제765조: 배상의무자는 자기의 가해행위가 고의 또는 중대한 과실에 의한 것이 아닌 때, 그 손해의 배상으로 생계에 중대한 영향을 미치게 될 경우에 법원에 배상액의 경감을 청구할 수 있다(1항). 법원은 배상액 경감청구가 있는 때에 당사자 쌍방의 경제사정과 손해의 원인 등을 참작하여 배상액을 경감할 수 있다(2항).

第751條【財産以外의 損害의 賠償】 ①他人의 身體, 自由 또는 名譽를 害하거나 其他 精神上苦痛을 加한 者는 財産以外의 損害에 對하여도 賠償할 責任이 있다.
②法院은 前項의 損害賠償을 定期金債務로 支給할 것을 命할 수 있고 그 履行을 確保하기 爲하여 相當한 擔保의 提供을 命할 수 있다.

財産以外의 侵害

1. 人格權的 法益의 侵害

(1) 생명침해: 타인의 생명의 침해가 불법행위가 됨은 물론이다.

(가) 피해자 가족의 배상청구–제752조: 제752조는 생명을 침해한 자는 피해자의 직계존속, 직계비속 및 배우자에 대하여 재산상의 손해가 없는 경우에도 손해배상의 책임이 있다고 규정한다.

(나) 피살자 본인의 배상청구: 피살자 본인의 배상청구권이 있는지가 문제된다. 이는 생명의 침해로 피살자는 인격이 상실되어 더 이상 권리의 주체가 아니기 때문이다. 여기서 문제되는 것은 가해행위에 의하여 중상을 입고 사망하는 경우는 생존시에 본인의 손해배상청구권이 발생하니까 별다른 이견이 있을 수 없으나, 가해행위에 의하여 즉시 사망한 경우이다. 이에 관하여는 이른바 시간적 간격설에 기초한 긍정론에 이견이 없다. 즉 아무리 즉사한 경우라도 가해행위와 사망 사이에는 시간적 간격이 있으므로 본인의 배상청구권이 발생한다. 이러한 배상청구권은 생명침해에 따른 재산적 손해뿐만 아니라 정신적 손해(위자료)도 당연히 포함되며 이는 상속인에게 상속된다.

(2) 신체·자유침해: 신체의 상해와 자유의 침해도 불법행위가 된다. 자유의 침해는 신체의 자유에 대한 침해뿐만 아니라 정신적 자유에 대한 침해도 포함된다. 예컨대 사기·강박은 정신적 자유에 대한 침해이며 집단따돌림(일명 왕따)도 정신적 자유에 대한 침해가 될 수 있다. * 초등학

교 내에서 발생한 폭행 등 괴롭힘이 상당 기간 지속되어 그 고통과 그에 따른 정신장애로 피해학생이 자살에 이른 경우, 다른 요인이 자살에 일부 작용하였다 하더라도 가해학생들의 폭행 등 괴롭힘이 주된 원인인 이상 상당인과관계가 인정된다(대판 2007.4.26. 2005다24318).

(3) 언론·출판의 자유와 명예보호 사이의 한계를 설정함에 있어서 고려하여야 할 사항 및 언론자유의 한계: 언론·출판의 자유와 명예보호 사이의 한계를 설정함에 있어서는 당해 표현으로 인하여 명예를 훼손당하게 되는 피해자가 공적인 존재인지 사적인 존재인지, 그 표현이 공적인 관심 사안에 관한 것인지 순수한 사적인 영역에 속하는 사안에 관한 것인지 등에 따라 평가를 달리하여 공공적·사회적인 의미를 가진 사안에 관한 표현의 경우에는 언론의 자유에 대한 제한이 완화되어야 하고, 그에 관한 언론의 감시와 비판 기능은 그것이 악의적이거나 현저히 상당성을 잃은 공격이 아닌 한 쉽게 제한되어서는 아니 될 것이다(대판 1988.10.11. 85다카29). 따라서 술에 취해 거리에 쓰러졌던 40대 남자가 4년 동안 정신병원에 강제입원되었고 엉터리 이름 등으로 관리되었으며 그동안 장애인이 되었다는 내용의 뉴스보도는, 정신보건법의 운영상 문제점, 관계기관의 관리감독 소홀 등 공공의 이해에 관한 사항으로 전체적인 맥락에서 진실성이 인정되므로 위법하지 않다(대판 2007.9.6. 2007다2268).

(4) 명예의 침해: 명예는 사람이 사회로부터 받는 객관적 평가를 말한다. 이러한 사회적 평가도 법익이기 때문에 사람이 가지는 그러한 사회적 평가를 낮아지게 하는 명예훼손은 불법행위가 된다. 다만 당해 행위로 명예의 감정만을 침해할 뿐 사회적 평가가 저하되지 않은 경우는 명예훼손이 아니다(대판 1997.7.9. 97마634).

(가) 명예훼손에서 위법성조각사유인 〈공공의 이익에 관한 때〉의 의미 및 판단 기준

① 원칙: 언론·출판을 통해 사실을 적시함으로써 타인의 명예를 훼손하는 경우에도 그것이 진실한 사실로서 오로지 공공의 이익에 관한 때에는 그 행위에 위법성이 없다.

② 위법성 조각사유인 〈오로지 공공의 이익에 관한 때〉: 적시된 사실이 객관적으로 볼 때 공공의 이익에 관한 것으로서 행위자도 공공의 이익을 위하여 그 사실을 적시한 것이어야 한다.

㉮ 적시된 사실이 공공의 이익에 관한 것인지의 여부: 그 적시된 사실의 구체적 내용, 그 사실의 공표가 이루어진 상대방의 범위, 그 표현의 방법 등 그 표현 자체에 관한 제반 사정을 고려함과 동시에 그 표현에 의하여 훼손되거나 훼손될 수 있는 명예의 침해 정도 등을 비교·고려하여 결정하여야 하고, 행위자의 주요한 목적이나 동기가 공공의 이익을 위한 것이라면 부수적으로 다른 사익적 동기가 내포되어 있었다고 하더라도 행위자의 주요한 목적이나 동기가 공공의 이익을 위한 것으로 보아야 할 것이다(대판 2006.12.22. 2006다15922).

㉯ 〈진실한 사실〉: 그 내용 전체의 취지를 살펴볼 때 중요한 부분이 객관적 사실과 합치되는 사실이라는 의미로서 세부에 있어 진실과 약간 차이가 나거나 다소 과장된 표현이 있더라도 무방하다(대판 2006.3.23. 2003다52142).

㉰ 신뢰의 상당한 이유: 행위자가 보도내용이 진실이라고 믿을 만한 상당한 이유가 있는지의 여부는 적시된 사실의 내용, 진실이라고 믿게 된 근거나 자료의 확실성과 신빙성, 사실 확인의 용이성, 보도로 인한 피해자의 피해 정도 등 여러 사정을 종합하여 행위자가 보도 내용의 진위 여부를 확인하기 위하여 적절하고도 충분한 조사를 다하였는가, 그 진실성이 객관적이고도 합리적인 자료나 근거에 의하여 뒷받침되는가 하는 점에 비추어 판단하여야 한다(대판 1998.5.8. 96다36395).

③ 표현이 사실의 적시인지 또는 의견·논평의 표명에 해당하는지 여부의 구별 기준: 당해 표현의 객관적인 내용과 아울러 일반인이 보통의 주의로 그 표현을 접하는 방법을 전제로 거기에 사용된 어휘의 통상적인 의미, 전체적인 흐름, 문구의 연결 방법 등을 기준으로 판단하여야 하고, 여기에다가 당해 표현이 게재된 보다 넓은 문맥이나 배경이 되는 사회적 흐름 등도 함께 고려하여야 하는 것이다(대판 1999.2.9. 98다31356).

④ 행위자가 적시한 사실을 진실이라고 믿을 상당한 이유가 있는지 여부의 판단 시점 및 증거자료의 범위: 표현 당시의 시점에서 판단되어야 할 것이지만 표현 당시의 시점에서 판단한다고 하더라도 그 전후에 밝혀진 사실들을 참고하여 표현 시점에서의 진실성 및 상당성 여부를 가릴 수 있는 것이므로, 표현 행위 후에 수집된 증거자료도 그 판단의 증거로 삼을 수 있다(대판 1996.8.20. 94다299280).

⑤ 믿을 만한 상당한 이유의 존부 판단: 표현 내용이 진실이라고 믿을 만한 상당한 이유가 있는지의 여부는 적시된 사실의 내용, 진실이라고 믿게 된 근거나 자료의 확실성과 신빙성, 사실 확인의 용이성, 피해자의 피해 정도 등 여러 사정을 종합하여 행위자가 적시 내용의 진위 여부를 확인하기 위하여 적절하고도 충분한 조사를 다하였는가, 그 진실성이 객관적이고도 합리적인 자료나 근거에 의하여 뒷받침되는가 하는 점에 비추어 판단하여야 한다(대판 2006.5.12. 2004다35199). * 명예훼손행위자가 적시한 사실을 진실한 것으로 믿었고 그렇게 믿을 만한 상당한 이유가 있는 경우에도 위법성이 조각되는지 여부-적극: 형법 제310조의 규정은 인격권으로서의 개인의 명예의 보호와 헌법 제21조에 의한 정당한 표현의 자유의 보장이라는 상충되는 두 법익의 조화를 꾀한 것이라고 보아야 할 것이므로, 두 법익간의 조화와 균형을 고려한다면 적시된 사실이 진실한 것이라는 증명이 없더라도 행위자가 진실한 것으로 믿었고 또 그렇게 믿을 만한 상당한 이유가 있는 경우에는 위법성이 없다(대판 1993.6.22. 92도3160).

(나) 사실의 허위성 및 위법성조각사유에 대한 증명책임의 분배: 언론・출판을 통해 사실을 적시함으로써 타인의 명예를 훼손하는 경우, 원고가 청구원인으로 그 적시된 사실이 허위사실이거나 허위평가라고 주장하며 손해배상을 구하는 때에는 그 허위성에 대한 입증책임은 원고에게 있다고 할 것이고, 다만 피고가 그 적시된 사실이 진실한 사실로서 오로지 공공의 이익에 관한 것이므로 위법성이 없다고 항변할 경우 그 위법성을 조각시키는 사유에 대한 입증책임은 피고에게 있다(대판 2008.1.24. 2005다58823). 한편 명예훼손의 피해자가 공직자라고 하여 위 진실성이나 상당한 이유의 입증책임을 피해자가 부담하여야 한다고 볼 수는 없다(대판 2003.9.2. 2002다63558).

(다) 피해자의 특정: 불법행위가 성립하려면 피해자가 특정되어 있어야 하지만 그 특정을 위하여 반드시 피해자의 성명을 명시하여야만 하는 것은 아니고, 성명을 명시하지 않은 경우라도 그 표현의 내용을 주위사정과 종합하여 볼 때, 그 표시가 누구를 지목하는가를 알아차릴 수 있을 정도라면 피해자가 특정되었다고 볼 수 있다(대판 2002.5.10. 2000다68306).

① 특정의 정도: 피해자가 특정되어 있어야 하지만, 그 특정을 할 때 반드시 사람의 성명이나 단체의 명칭을 명시해야만 하는 것은 아니고, 사람의 성명을 명시하지 않거나 두문자나 이니셜만 사용한 경우라도 그 표현의 내용을 주위 사정과 종합하여 볼 때 그 표시가 피해자를 지목하는 것을 알아차릴 수 있을 정도이면 피해자가 특정되었다고 할 것이다(대판 2002.5.10. 2000다50213).

② 집단표시-집단표시에 의한 집단 내 구성원 개개인에 대한 명예훼손으로 인정되기 위한 기준: 이른바 집단표시에 의한 명예훼손은 명예훼손의 내용이 그 집단에 속한 특정인에 대한 것이라고는 해석되기 힘들고 집단표시에 의한 비난이 개별구성원에 이르러서는 비난의 정도가 희석되어 구성원 개개인의 사회적 평가에 영향을 미칠 정도에 이르지 않는 것으로 평가되는 경우에는 구성원 개개인에 대한 명예훼손이 성립되지 않는다고 할 것이지만, 구성원 개개인에 대한 것으로 여겨질 정도로 구성원 수가 적거나 당시의 주위 정황 등으로 보아 집단 내 개별구성원을 지칭하는 것으로 여겨질 수 있는 때에는 집단 내 개별구성원이 피해자로서 특정된다고 보아야 하고, 그 구체적 기준으로는 집단의 크기, 집단의 성격과 집단 내에서의 피해자의 지위 등을 들 수 있다(대판 2006.5.12. 2004다35199).

㉮ 〈○○지방경찰청 기동수사대〉라는 표시에 의하여, 방송보도의 대상인 수사 당시 위 기동수사대에 근무하였던 경찰관들이 명예훼손의 피해자로 특정되었다고 한 사례가 있다(대판 2006.5.12. 2004다35199).

㉯ 〈○○ 지역 검사들〉이라는 표시에 의한 명예훼손은 그 구성원 개개인에 대하여 방송하는 것으로 여겨질 정도로 구성원의 수가 적고, 한 달 여에 걸친 집중적인 관련 방송 보도 등 당시의 주위 정황 등으로 보아 집단 내 개별구성원을 지칭하는 것으로 여겨질 수 있다고 한 사례가 있다(대판 2003.9.2. 2002다63558).

(라) 정당 대변인의 정치적인 논평: 정당 대변인으로서의 공식적인 정치적 논평이나 정치적 주장에는 국민의 지지를 얻기 위하여 어느 정도의 단정적인 어법도 종종 사용되고, 이는 수사적인 과장표현으로서 용인될 수도 있으며, 국민들도 정당 대변인의 정치적 주장 등에 구체적인 사실

의 적시가 수반되지 아니하면 비록 단정적인 어법으로 공격하는 경우에도 대부분 이를 정치공세로 치부할 뿐 그 주장을 그대로 객관적인 진실로 믿거나 받아들이지는 않는 것이 보통이므로, 정당 대변인의 정치적인 논평의 명예훼손과 관련한 위법성을 판단함에 있어서는 이러한 특수성이 충분히 고려되어야 할 것이다(대판 2003.7.8.고 2002다64384).

(5) 정조의 침해: 강압수단에 의한 정조의 침해나 사술에 의한 정조의 침해가 불법행위를 구성함은 물론이다.

(가) 보호의 대상: 보호되는 정조는 여자의 정조뿐만 아니라 남자의 정조도 포함된다.

(나) 배우자 있는 자에 대한 정조의 침해: 배우자 있는 자에 대한 정조의 침해는 피침해자에 대한 불법행위를 성립하며, 피침해자의 배우자에 대해서는 배우자의 신분권침해로 인한 불법행위를 구성한다.

(다) 이혼 또는 사실혼관계의 부당파기: 이혼이나 사실혼관계의 부당파기가 불법행위를 성립하는지가 문제된다. 악의의 유기 등에 의한 이혼의 경우는 위법한 공동생활의 파괴로써 불법행위를 성립한다. 사실혼관계의 부당파기는 혼인예약상의 채무불이행을 구성하며 또한 인격권의 위법한 침해로 불법행위가 성립한다(서울고법 1987.11.10. 84므31).

(라) 정조침해에 대한 자녀의 위자료청구-부정: 여성이 처자 있는 남성과 동거생활을 함으로써 그 자녀들이 일상생활에 있어 부친으로부터 애정을 품고 그 감호교육을 받을 수 없게 되었다 하여도 그 여성이 악의로써 부친의 자녀에 대한 감호 등을 적극적으로 저지하는 등 특별한 사정이 없는 한 위 여성의 행위는 자녀에 대하여 불법행위를 구성하는 것은 아니라고 할 것이다(대판 1981.7.28. 80다1295).

(6) 성명권·초상권 침해: 타인의 이름을 무단으로 사용하여 선전하거나 유사한 성명을 사용하여 본인과 오인하게 한 경우에는 위법한 행위로서 불법행위를 성립한다. 타인의 초상을 무단으로 사진으로 보도하거나 선전에 이용하는 경우, 캐릭터로 사용하는 경우는 위법행위로서 불법행위를 성립한다. 초상권이나 사생활의 비밀과 자유를 침해하는 행위를 둘러싸고 서로 다른 두 방향의 이익이 충돌하는 경우에는 구체적 사안에서의 사정을 종합적으로 고려한 이익형량을 통하여 침해행위의 최종적인 위법성이 가려지는바, 이러한 이익형량과정에서, 첫째 침해행위의 영역에 속하는 고려요소로는 침해행위로 달성하려는 이익의 내용 및 그 중대성, 침해행위의 필요성과 효과성, 침해행위의 보충성과 긴급성, 침해방법의 상당성 등이 있고, 둘째 피해이익의 영역에 속하는 고려요소로는 피해법익의 내용과 중대성 및 침해행위로 인하여 피해자가 입는 피해의 정도, 피해이익의 보호가치 등이 있다(대판 2006.10.13. 2004다16280).

(7) 사자의 인격권: 인격권으로서의 초상권은 일신전속적 권리라고 할 것이어서 사자(死者)는 원칙적으로 그 권리 주체가 될 수 없고, 설령 일정한 경우 사자의 초상권이 인정될 수 있다고 보더라도 살아 있는 사람의 초상권과 달리 그 보호범위를 제한적으로 인정하여야 한다.

(가) 퍼블리시티권: 퍼블리시티권(Right of Publicity)이라 함은 사람이 그가 가진 성명, 초상이나 기타의 동일성을 상업적으로 이용하고 통제할 수 있는 배타적 권리를 말하는데, 이러한 권리에 관하여 우리 법에 명문의 규정은 없으나 대부분의 국가가 법령 또는 판례에 의하여 이를 인정하고 있는 점, 이러한 동일성을 침해하는 것은 민법상의 불법행위에 해당하는 점, 사회의 발달에 따라 이러한 권리를 보호할 필요성이 점차 증대하고 있는 점, 유명인이 스스로의 노력에 의하여 획득한 명성, 사회적인 평가, 지명도 등으로부터 생기는 독립한 경제적 이익 또는 가치는 그 자체로 보호할 가치가 충분한 점 등에 비추어 해석상 이를 독립적인 권리로 인정할 수 있다. 또한 이러한 퍼블리시티권은 유명인 뿐 아니라 일정한 경우 일반인에게도 인정될 수 있으며, 그 대상은 성명, 사진, 초상, 기타 개인의 이미지를 형상화하는 경우 특정인을 연상시키는 물건 등에 널리 인정될 수 있고, 퍼블리시티권의 대상이 초상일 경우 초상권 중 재산권으로서의 초상권과 동일한 권리가 된다(서울동부지법 2006.12.21. 2006가합6780).

(나) 상속성: 퍼블리시티권은 인격권보다는 재산권에 가까운 점, 퍼블리시티권에 관하여는 그 성질상 민법상의 명예훼손이나 프라이버시에 대한 권리를 유추적용하는 것보다는 상표법이나 저작권법의 규정을 유추적용함이 상당한데 이러한 상표권이나 저작권은 상속 가능한 점, 상속성을 부정하는

경우 사망이라는 우연적 요소에 의하여 그 재산적 가치가 크게 좌우되므로 부당한 결과를 가져올 우려가 큰 점 등에 비추어 상속성을 인정함이 상당하다(서울동부지법 2006.12.21. 2006가합6780).

(다) 존속기간: 퍼블리시티권이 명문의 규정이 없는 권리이기는 하나 무한정 존속한다고 해석할 경우 역사적 인물을 대상으로 하는 상업적 행위가 대부분 후손들의 동의를 필요로 하게 되어 불합리한 결과를 가져올 뿐 아니라 현실적으로 상속인을 찾아 그러한 동의를 얻기도 사실상 불가능한 점, 본인의 사망 후 시간의 흐름에 따라 사자(사자)의 성명이나 초상을 자유로이 이용할 수 있도록 하여야 할 공공의 이익도 상당한 점 등에 비추어 그 존속기간을 해석으로나마 제한할 수밖에 없고, 그 방법으로는 퍼블리시티권과 가장 성격이 유사한 권리의 존속기간을 참조할 수밖에 없는데, 퍼블리시티권은 현행법상의 제 권리 중 저작권과 가장 유사하다고 할 수 있고, 저작권법 제36조제1항 본문은 저작재산권의 보호기간을 저자의 사망 후 50년으로 규정하고 있으므로 이를 유추적용하여 퍼블리시티권의 존속기한도 해당자의 사후 50년으로 해석함이 상당하다(서울동부지법 2006.12.21. 2006가합6780).

(8) 기타 인격권 침해: 신용을 침해하는 행위, 개인의 비밀을 누설하는 행위, 사생활을 침해하는 행위, 성적인 표현, 전문성의 침해 등은 구체적으로 위법성을 판단하여야 하나, 원칙적으로 위법행위로서 불법행위를 성립한다.

(가) 성적 표현행위

① 위법성 여부: 쌍방 당사자의 연령이나 관계, 행위가 행해진 장소 및 상황, 성적 동기나 의도의 유무, 행위에 대한 상대방의 명시적 또는 추정적인 반응의 내용, 행위의 내용 및 정도, 행위가 일회적 또는 단기간의 것인지 아니면 계속적인 것인지 여부 등의 구체적 사정을 종합하여, 그것이 사회공동체의 건전한 상식과 관행에 비추어 볼 때 용인될 수 있는 정도의 것인지 여부 즉 선량한 풍속 또는 사회질서에 위반되는 것인지 여부에 따라 결정되어야 하고, 상대방의 성적 표현행위로 인하여 인격권의 침해를 당한 자가 정신적 고통을 입는다는 것은 경험칙상 명백하다(대판 1998.2.10. 95다39533).

② 성희롱의 불법행위구성요건: 이른바 성희롱의 위법성의 문제는 일반 불법행위의 한 유형으로 파악하여 행위의 위법성 여부에 따라 불법행위의 성부를 가리면 족한 것이다. * 불법행위를 구성하는 성희롱을 고용관계에 한정하여, 조건적 성희롱과 환경형 성희롱으로 구분하고, 특히 환경형의 성희롱의 경우, 그 성희롱의 태양이 중대하고 철저한 정도에 이르러야 하며, 불법행위가 성립하기 위하여는 가해자의 성적 언동 자체가 피해자의 업무수행을 부당히 간섭하고 적대적 굴욕적 근무환경을 조성함으로써 실제상 피해자가 업무능력을 저해당하였다거나 정신적인 안정에 중대한 영향을 입을 것을 요건으로 하는 것이므로 불법행위에 기한 손해배상을 청구하는 피해자로서는 가해자의 성희롱으로 말미암아 단순한 분노, 슬픔, 울화, 놀람을 초과하는 정신적 고통을 받았다는 점을 주장·입증하여야 한다는 견해는 이를 채택할 수 없다. 또한 피해자가 가해자의 성희롱을 거부하였다는 이유로 보복적으로 해고를 당하였든지 아니면 근로환경에 부당한 간섭을 당하였다든지 하는 사정은 위자료를 산정하는 데에 참작사유가 되는 것에 불과할 뿐 불법행위의 성립 여부를 좌우하는 요소는 아니다(대판 1998.2.10. 95다39533).

③ 인정된 사례: 피해자가 엔엠알기기 담당 유급조교로서 정식 임용되기 전후 2, 3개월 동안, 가해자가 기기의 조작 방법을 지도하는 과정에서 피해자의 어깨, 등, 손 등을 가해자의 손이나 팔로 무수히 접촉하였고, 복도 등에서 피해자와 마주칠 때면 피해자의 등에 손을 대거나 어깨를 잡았고, 실험실에서 "요즘 누가 시골 처녀처럼 이렇게 머리를 땋고 다니느냐."고 말하면서 피해자의 머리를 만지기도 하였으며, 피해자가 정식 임용된 후에는 단둘이서 입방식을 하자고 제의하기도 하고, 교수연구실에서 피해자를 심부름 기타 명목으로 수시로 불러들여 위아래로 훑어보면서 몸매를 감상하는 듯한 태도를 취하여 피해자가 불쾌하고 곤혹스러운 느낌을 가졌다면, 화학과 교수 겸 엔엠알기기의 총책임자로서 사실상 피해자에 대하여 지휘·감독관계에 있는 가해자의 위와 같은 언동은 분명한 성적인 동기와 의도를 가진 것으로 보여 지고, 그러한 성적인 언동은 비록 일정 기간 동안에 한하는 것이지만 그 기간 동안만큼은 집요하고 계속적인 까닭에 사회통념상 일상생활에서 허용되는 단순한 농담 또는 호의적이고 권유적인 언동으로 볼 수 없고, 오히려 피해자로 하여금 성적 굴욕감이나 혐오감을 느끼게 하는 것으로서 피해자의 인격권을 침해

한 것이며, 이러한 침해행위는 선량한 풍속 또는 사회질서에 위반하는 위법한 행위이고, 이로써 피해자가 정신적으로 고통을 입었음은 경험칙상 명백하다(판 1998.2.10. 95다39533).

(나) 전문성 침해-전문영역 외의 업무 강요: 대학교수는 자신의 전공분야에 대해 강의하고 이를 통해 자신의 학문연구를 보다 발전시키는 것이 그 인격권 실현의 본질적 부분에 해당하므로, 대학교수의 사용자인 학교법인이 그 업무지휘권 등의 행사에 지장을 초래하는 등의 특별한 사정이 없는데도, 오로지 소속 대학교수를 본연의 업무에서 배제하려는 의도하에 그 의사에 반하여 전공분야와 관련 없는 과목의 강의를 배정함으로써 결국 강의할 수 없게 하는 행위는 교원의 인격적 법익을 침해하는 것이 되고, 학교법인은 그로 인하여 그 대학교수가 입게 되는 정신적 고통에 대하여 배상할 의무를 부담한다(대판 2008.6.26. 2006다30730).

2. 身分權的 法益: 친족관계에 의한 신분권에 대한 침해도 원칙적으로 위법행위로서 불법행위를 성립한다. 예컨대 자녀의 인격권에 대한 침해가 별도로 친권에 대한 침해로서 불법행위를 구성하며, 배우자 있는 자와의 간통·강간 등은 배우자의 신분권에 대한 침해로서 불법행위를 성립한다.

(1) 간통의 배우자에 대한 불법행위-긍정: 간통의 경우에 배우자에 대하여는 정조권 침해 및 신분권 침해로서 불법행위를 구성한다.

(2) 간통의 자녀에 대한 불법행위-부정: 배우자 있는 부녀와 간통행위를 하고, 이로 인하여 그 부녀가 배우자와 별거하거나 이혼하는 등으로 혼인관계를 파탄에 이르게 한 경우 그 부녀와 간통행위를 한 제3자(상간자)는 그 부녀의 배우자에 대하여 불법행위를 구성하고, 따라서 그로 인하여 그 부녀의 배우자가 입은 정신상의 고통을 위자할 의무가 있다고 할 것이나, 이러한 경우라도 간통행위를 한 부녀 자체가 그 자녀에 대하여 불법행위책임을 부담한다고 할 수는 없고, 또한 간통행위를 한 제3자(상간자) 역시 해의(해의)를 가지고 부녀의 그 자녀에 대한 양육이나 보호 내지 교양을 적극적으로 저지하는 등의 특별한 사정이 없는 한 그 자녀에 대한 관계에서 불법행위책임을 부담한다고 할 수는 없다(대판 2005.5.13. 2004다1899).

3. 損害算定

(1) 생명침해 – 사망

(가) 적극적 손해: 생명침해로 인하여 적극적으로 발생한 손해이다. 사망 때까지 지출된 치료비, 간호비 등은 사망자가 받은 적극적인 손해로서 상속인이 청구할 수 있다. 치료비 등을 친족이 지출한 때에는 자기의 손해로서 배상을 청구할 수 있다. 장례비, 묘지구입비 등 장의에 소용된 비용도 적극손해로서 지출자가 자기의 손해로서 청구할 수 있다(대판 1984.12.11. 84다카1125).

(나) 사망자의 일실수익-재산적 손해: 사망으로 사망자 본인은 불법행위에 의한 손해배상청구권을 취득하며, 이는 상속인이 상속하여 행사한다. 일실수익이란 사망자가 사망하지 않았으면 장래에 얻을 수 있는 기대순수익을 말한다. 일실수익은 수익가능기간과 가능 수익액을 상정하여 총수익을 계산한 다음, 그 액에서 생활비 등이 공제되고 중간이자가 공제되어 산출된다(대판 1993.9.14. 93다3158). 가능 수익액은 피해 당시의 소득을 기준으로 할 수도 있고, 추정소득을 기준으로 할 수도 있다. 퇴직 직후 사망한 자에 대하여는 퇴직 당시의 소득액을 기준으로 한 판례가 있다.

① 수익가능 기간: 생명표에 의하여 사망자의 평균여명을 기준으로 피해자의 건강, 직업 등을 고려하여 수익가능기간이 산출된다. 수익이 가능한 최초 시기는 성년 때로 보나, 남자인 때에는 군복무가 끝나는 23세로 추정한다.

㉮ 가동연한: 수익이 가능한 최종시기, 즉 가동연한은 획일적이지 않고 당해 피해자의 직업이나 건강 등을 고려하여 합리적으로 결정하여야 한다. 가동연한이란 통상인의 노동력을 기준으로 하는 것이므로 가동연한 넘은 피해자가 피해 당시에 노동에 종사하고 있었다면 그 소득은 당연히 일실수익으로 계산되어야 한다(대판 1989.12.26. 88다카16867). 판례에서 나타난 가동연한은, 남자 일용노동자는 60세, 농업종사자는 65세, 개인택시 운전사는 60세, 회사퇴직자는 60세, 개인사업자는 60세로 보았으며, 전문직종사자 중 법무사는 70세, 변호사는 70세, 민요풍 가수는 60세, 국악인은 70세, 미용사는 55세, 소설가는 65세, 수산물중매인은 65세, 식품소매업자는 60세, 보험모집인은 59세 등이다.

㉯ 피해 당시에 가동연한 초과: 피해자가 상해를 입을 당시 가동연한을 넘은 경우에는 불법행위를 당하기 전에 건강한 몸으로서 일정의 수익이 있었다면 가해자는 피해자가 불법행위로 인하여 일정기간 노동에 종사치 못함으로써 입은 손해를 배상하여야 할 책임이 있다(대판 1971.2.23. 70다2927).

㉰ 외국거주자: 피해자가 외국 거주자인 경우에는 거주하는 외국에서 얻을 수 있는 수입을 전제로 일실수입을 산정함이 상당하므로 그 가동연한 또한 외국에서의 그것을 기준으로 하여야 한다(대판 1995.5.12. 93다48373).

② 수익의 산출방식: 피해 당시 소득 또는 추정소득에 가동년한을 곱하여 산출한다. 본봉, 각종수당, 퇴직금을 포함하며, 승급과 승진도 고려되어야 한다.

③ 생활비 등의 공제: 생활비 등을 공제한다. 공제대상기간은 가동연한 기간동안의 것이다. 즉 미성년기간이나 가동연한 후의 생활비 등은 공제되지 않는다.

④ 중간이자공제: 장래에 취득할 수익을 현재 일시급으로 지급하므로 중간이자를 공제하여야 한다. 단리식 계산방법인 Hoffmann식과 복리식 계산방법인 Leibniz식이 있다. 피해자에게는 Hoffmann식이 유리하다. 국가배상법 제3조의2의 제3항에 의한 시행령은 Leibniz식에 의한 계수표에 의한 공제를 하도록 하고 있다. 두 방법에 의한 계산은 아래와 같이 한다. 현재의 배상액을 X, 연수를 n, 연 이율을 r, 장래의 취득액을 A라 하면,

㉮ Hoffmann 식 계산법: 단리식 계산법이라고도 하는데, 일정액에 그 기간동안 생길 이자를 단리로 계산하여 가산한 것이 장래의 취득액이 되게 하는 방식이다. 이 방식은 계산방법이 간단하며 중간이자가 적게 공제되어 채권자에게 유리하다. $X=A\div(1+nr)$.

㉯ Leibniz 식 계산법: 복리식 계산법이라고도 하는데, 일정액에 그 기간동안 생길 이자를 복리로 계산하여 가산한 것이 장래의 취득액이 되게 하는 방식이다. 이는 중간이자를 복리로 계산하여 공제하기 때문에 채권자에게 불리하다. $X=A\div(1+r)^n$.

㉰ 방법은 자유 선택: 당사자의 주장과는 관계없이 법원의 자유로운 판단에 따라 상기 두 가지 방법 중 하나를 선택할 수 있다. * 불법행위로 인한 장래 얻을 수 있는 일실수익의 현가를 산정함에 있어 중간이자 공제방법으로서 호프만식 계산법에 의하지 아니하고 라이프니쯔식계산법에 의하여 그 일실수익의 현가를 산정하였다 하여 이를 판례위반의 위법이라 할 수 없다. 불법행위로 인한 일실수익의 현가산정에 있어서 기초사실인 수입, 가동연한, 공제할 생활비 등은 사실상의 주장이지만 현가 산정방식에 관한 주장(호프만식에 의할 것이냐 또는 라이프니쯔식에 의할 것이냐에 관한 주장)은 당사자의 평가에 지나지 않는 것이므로 당사자의 주장에 불구하고 법원은 자유로운 판단에 따라 채용할 수 있고 이를 변론주의에 반한 것이라 할 수 없다(대판 1983.6.28. 83다191). 호프만식 계산법에 의하여 중간이자를 공제하여 장래의 일실이익의 현가를 산정하는 것 자체는 위법이 아니다(대판 1994.9.30. 93다29365).

(2) 신체상해

(가) 적극적 손해: 입원비, 약값, 간호비 등 신체상해로 직접 발생한 손해이다. 상해자의 부모 또는 근친자가 피해자의 피해로 인하여 입은 손해, 예컨대 간호하기 위하여 휴업을 한 경우 등의 손해도 적극손해로 당사자가 청구할 수 있다(대판 1988.2.23. 87다카57). 부양의무자가 부양의무의 이행으로 치료비를 지출한 비용 및 휴업 등으로 인한 손해도 역시 배상을 청구할 수 있다.

(나) 일실수익: 상해로 인하여 장래에 발생할 수 있는 수익이 발생하지 않은 것으로 사망의 경우와 유사한 방법에 의한다.

① 가동능력 상실율: 상해로 노동력을 전부 상실한 경우는 사망의 경우와 동일하나, 다만 노동력이 감소된 경우는 피해 당시의 가동연한에 의한 총수익에 가동능력상실율에 비례한 만큼의 수익이 상실된 것으로 본다(대판 1990.11.23. 90다카21022).

② 가동능력 상실율의 판정: 순수한 의학적 신체기능장애율이 아니라 피해자의 연령, 교육정도, 종전직업의 성질과 직업경력 및 기능숙련정도, 신체기능장애정도 및 유사직종이나 타 직종에의 전업가능성과 그 확률 기타 사회적, 경제적 조건을 모두 참작하여 경험칙에 따라 정하여야 한다(대판 1987.12.8. 87다카1799).

4. 精神的 損害의 算定

(1) 위자료: 정신적 손해란 사람의 감정으로서 고통・애통・비애를 말하며, 이에 대한 배상을 위자료라고 한다. 이러한 정신적 손해는 그 성질이 금전으로 환산되지 않는 것이지만 다른 적절한 방법이 없기 때문에 금전에 의한 방법을 사용할 뿐이다.

(가) 위자료 청구권: 제751조제1항은 신체・자유・명예 기타 정신적 고통에 대한 배상을 인정하며, 제752조는 생명침해의 경우에 피해자와 일정한 관계 있는 자에게 당연히 위자료청구권을 인정한다. 제751조제1항은 신체・자유 등을 명시하였으나, 이는 예시한 것에 지나지 않고 그 밖의 인격권침해에서도 인정된다. 재산권침해에 대하여도 특별한 경우(특별손해로)에는 위자료청구권이 생긴다(대판 1994.2.8. 92다893, 1992.12.8. 92다34162).

(나) 공무 불행사에 의한 위자료: 윤락녀들이 윤락업소에 감금된 채로 윤락을 강요받으면서 생활하고 있음을 쉽게 알 수 있는 상황이었음에도, 경찰관이 이러한 감금 및 윤락강요행위를 제지하거나 윤락업주들을 체포・수사하는 등 필요한 조치를 취하지 아니하고 오히려 업주들로부터 뇌물을 수수하며 그와 같은 행위를 방치한 것은 경찰관의 직무상 의무에 위반하여 위법하므로 국가는 이로 인한 정신적 고통에 대하여 위자료를 지급할 의무가 있다(대판 2004.9.23. 2003다49009).

(2) 위자료청구권자

(가) 생명침해로 인한 위자료청구권자: 불법행위로 사람의 생명을 침해한 경우에 그 생명을 침해당한 피해자 본인의 정신적 고통에 대한 위자료청구와 그 피해자의 직계비속 등의 정신적 고통에 대한 위자료청구는 각각 별개의 소송물이다(대판 2008.3.27. 2008다1576).

① 사망자 본인: 즉사 여부를 떠나서 사망자 본인이 위자료청구권자이다. 즉 피해자가 즉사한 경우라 하여도 피해자가 치명상을 받은 때와 사망과의 사이에는 이론상 시간적 간격이 인정 될 수 있는 것이므로 피해자의 위자료 청구권은 당연히 상속의 대상이 된다(대판 1969.4.15. 69다268).

② 근친자의 청구권-제752조: 제752조에 규정한 피해자의 직계존속・직계비속 및 배우자는 본조에 의하여 정신적 손해의 입증 없이 당연히 위자료를 청구할 수 있다. 각자는 개별적 청구권을 가진다.

③ 근친자 외의 자: 제752조에 규정된 자 이외의 자는 피해자의 사망에 대한 정신적 손해의 발생을 입증하면 제750조 및 제751조에 의하여 위자료를 청구할 수 있다. 사실혼관계에 있는 자, 시어머니, 피해자의 지계비속의 배우자, 누나, 동일호적의 외손자 등을 인정한 예가 있다(대판 1967.9.5. 67다1307). * 피해자의 직계비속의 배우자는 경험칙상 그 직계비속에 비견할 정신적 고통을 받는다 할 것이므로 그에 대한 위자료를 청구할 수 있다(대판 1978.1.17. 77다1942).

④ 사망자의 위자료 청구와 유족의 위자료 청구의 동시 청구 가부-긍정: 위자료 청구권이 일신전속권이라 할 수 없고 피해자의 사망으로 인하여 상속된다 할 것이며 피해자의 재산상속인이 민법 제752조 소정의 유족인 경우라 하여도 그 유족이 민법 제752조 소정 고유의 위자료 청구권과 피해자로 부터 상속받은 위자료 청구권을 함께 행사할 수 있다고 하여 그것이 부당하다 할 수 없다(대판 1969.4.15. 69다268).

(나) 신체상해: 제750조에 의한 정신적 손해를 입증하여 위자료를 청구할 수 있다. 예컨대 타인의 불법행위로 부당하게 신체를 구금당한 피해자의 직계존속(대판 1999.4.23. 98다41377), 교통사고로 다친 피해자의 직계존속 등은 고유의 위자료 청구권이 있다.

(3) 위자료의 산정: 피해자와의 관계, 쌍방의 직업, 사회적 지위, 재산상태, 가해의 동기, 가해의 태양 등을 종합적으로 고려하여 사회통념상 적절한 금액으로 산정되어야 한다.

5, 賠償의 方法 - 제751조제2항

(1) 원칙: 배상의무자는 손해를 일시불로 지급하여야 한다.

(2) 정기금지급도 가능-제2항: 배상의무자는 손해를 법원에 정기금채무로 지급할 것을 청구할 수 있다. 이때 법원은 그 이행을 확보하기 위하여 상당한 담보의 제공을 명할 수 있다.

第752條 【生命侵害로 因한 慰藉料】 他人의 生命을 害한 者는 被害者의 直系尊屬, 直系卑屬 및 配偶者에 對하여는 財産上의 損害 없는 境遇에도 損害賠償의 責任이 있다.

生命侵害로 因한 慰藉料 請求

1. 生命侵害로 因한 慰藉料請求: 특정한 자의 생명침해(사망)로 인한 정신적 피해를 입은 자는 당연히 그 손해의 배상을 청구할 수 있다.

2. 近親者 – 直系 尊·卑屬, 配偶者

(1) 입증의 불요: 제752조에 규정한 피해자의 직계존속·직계비속 및 배우자는 본조에 의하여 정신적 손해의 입증 없이 당연히 위자료를 청구할 수 있다.

(2) 개별청구: 각자는 개별적 청구권을 가진다.

3. 近親者 外의 者: 제752조에 규정된 자 이외의 자는 피해자의 사망에 대한 정신적 손해의 발생을 입증하면 제750조 및 제751조에 의하여 위자료를 청구할 수 있다(대판 1967.9.5. 67다1307). 즉 제752조에 규정된 친족 이외의 친족도 그 정신적 고통에 관한 입증을 하여 일반원칙인 민법 제750조, 제751조의 규정에 의하여 위자료를 청구할 수 있고, 본건에 있어서의 피해자인 망 소외 2가 원고 2의 동생임이 명백하고 동생이 본건과 같은 사고로 인하여 사망한 경우에 그 누님되는 원고 2에게 정신적 고통이 있으리라 함은 인정과 사회적 관념으로 보아 상례라 할 것인 즉 원심이 동생인 망 소외 2의 사망으로 인하여서의 누님인 원고 2의 위자료청구를 인용하였음은 정당하다(대판 1967.9.5. 67다1307). 사실혼관계에 있는 자, 시어머니(대판 1967.12.18. 67다2047), 피해자의 지계비속의 배우자, 누나, 동일호적의 외손자(대판 1967.12.26. 67다2460) 등을 인정한 예가 있다.

4. 死亡者의 慰藉料 請求와 遺族의 慰藉料 請求의 同時 行使 – 可能: 위자료 청구권이 일신 전속권이라 할 수 없고 피해자의 사망으로 인하여 상속된다 할 것이며 피해자의 재산상속인이 민법 제752조 소정의 유족인 경우라 하여도 그 유족이 민법 제752조 소정 고유의 위자료 청구권과 피해자로 부터 상속받은 위자료 청구권을 함께 행사할 수 있다(대판 1969.4.15. 69다268).

第753條【未成年者의 責任能力】 未成年者가 他人에게 損害를 加한 境遇에 그 行爲의 責任을 辨識할 智能이 없는 때에는 賠償의 責任이 없다.

未成年者의 賠償責任

1. 責任能力: 책임능력이란 〈행위의 책임을 변식할 수 있는 지능〉, 즉 행위로부터 법률상의 책임을 지게 된다는 것을 판단할 수 있는 일반적인 지능을 말한다. 책임능력 여부는 당해 행위자에 따라 구체적으로 검토하여야 하는데, 정상아의 경우는 일반적으로 13-14세 이상인 자는 책임능력이 있는 것으로 본다.

(1) 책임능력 있는 미성년자의 예: 만 14세 8개월의 중학교 3학년 생이 동급생을 폭행한 사안에서 책임능력 인정(대판 1992.5.22. 91다37690), 13세 3개월 중학생의 폭행행위 가담에 대하여 책임능력을 인정하였다(대판 1969.7.8. 68다2406).

(2) 책임능력 없는 미성년자의 예: 가해자가 14년2개월된 중학생이라고는 하나 사고 당시가 야간이고 동 레스링을 한 장소가 다치기 쉬운 콘크리트로 된 다리의 맨바닥이었으며 그러한 맨바닥 위에서 얼굴을 지면으로 향하여 엎드려 있는 피해자를 갑자기 아무런 예고 없이 발로 밀어버린 위 소외 최기태의 소위는 다른 사정이 없는 한 불법행위의 책임을 변식할 수 있는 지능을 가진 사람의 행위라고 볼 수는 없다(대판 1978.11.28. 78다1805).

2. 責任能力 없는 未成年者

(1) 미성년자 본인은 책임 없음-본조: 책임능력이 없는 미성년자 본인은 자기의 불법행위에 대하여 제753조에 의하여 피해자에 대하여 배상책임을 지지 아니한다.

(2) 보호감독자의 책임-제755조: 제755조에 의하여 무능력자의 감독자가 손해배상책임을 진다.

3. 責任能力 있는 未成年者

(1) 미성년자 본인-본인의 책임: 미성년자 중에서 책임능력이 있는 자는 불법행위에서 성년자와 동일한 법리가 적용되어 행위자인 미성년자 본인이 불법행위책임, 즉 손해배상책임을 진다.

(2) 감독의무자-제750조에 의한 불법행위책임

(가) 감독의무위반: 책임능력 있는 미성년자의 불법행위로 인하여 손해가 발생한 경우 그 손해가 미성년자의 감독의무자의 의무위반과 상당인과관계가 있는 경우 감독의무자에게 일반 불법행위자로서 손해배상의무를 인정한다(대판 1991.4.9. 90다18500).
(나) 입증책임: 감독의무위반사실 및 손해발생과의 상당인과관계의 존재는 이를 주장하는 자가 입증하여야 한다(대판 1994.2.8. 93다13605).
(다) 위반 여부
① 기존의 유사행위가 있은 경우-긍정: 19세 10개월 전문대생인 아들이 1년 전에 동급생 구타행위로 선도조건부 기소유예처분을 받았고, 또한 다른 사건으로 1징역 3년에 집행유예 5년의 형을 선고받아 그 유예기간 중에 있었던 사실을 인정한 다음, 소외인은 경제적인 면에서 전적으로 피고들에게 의존하며 피고들의 보호·감독을 받고 있었고, 이미 두 차례에 걸쳐 범죄를 저질러 당시 집행유예기간 중에 있었으므로 피고들로서는 소외인이 다시 범죄를 저지르지 않고 정상적으로 사회에 적응할 수 있도록 일상적인 지도 및 조언을 계속하여야 할 보호·감독의무가 있음에도 이를 게을리 한 과실로 소외인이 다시 이 사건 폭력사고를 일으켜 원고들에게 손해를 입게 하였으므로 부모는 손해를 배상할 책임이 있다(대판 1998.6.9.고 97다49404).
② 종전의 행적으로 충분히 예견 가능한 경우-긍정: 부모로서 감독의무자인 피고는 미성년자의 종전의 행적에 비추어 그들의 일상생활에 관하여 일반적, 일상적으로 보다 투철하게 감독할 의무를 지니고 있다 할 것인 데 원고에게 손해를 가하는 것을 예견하거나 예견할 수 있는 상태에 있음에도 이를 방임하는 등 친권자로서의 감독의무를 현저히 해태한 과실이 인정된다(대판 1991.4.9. 90다18500).
③ 무면허로 오토바이 운행 사실을 안 경우-긍정: 16세 남짓한 고등학교 1학년 학생이 무면허로 오토바이를 운전하다 사고를 낸 경우, 사고 당시의 연령과 수학정도 등에 비추어 불법행위에 대한 책임을 변식할 능력은 있었으나, 경제적인 면에서 전적으로 그의 부모에게 의존하며 그들의 보호·감독을 받고 있었으므로, 부모로서는 그 자에 대하여 면허 없이 오토바이를 운전하지 못하도록 하는 등 보호·감독을 철저히 하여야 할 주의의무가 있는데도 이를 게을리 한 잘못이 있어 그 부모에게도 교통사고에 대한 손해배상책임이 있다(대판 1999.7.13. 99다19957).
④ 종전에 특이상황이 없는 경우-부정: 아들이 재수생으로서 학원에 다니면서 수학능력평가시험을 준비하고 있던 중 이 사건 사고를 일으켰다는 것일 뿐, 아들이 타인을 폭행하거나 비행을 저지르는 등 평소 행실에 문제가 있었다는 것도 아니고, 기록에 의하더라도 이러한 점을 인정할 아무런 자료가 없으므로, 아들이 부모와 동거를 하면서 경제적인 면에서 부모에게 전적으로 의존하고 있다거나 이 사건 사고를 일으켰다는 사정만으로 부모에게 아들에 대한 감독을 게을리 한 과실이 있다고 보기 어렵다(대판 2003.3.28. 2003다5061).
(3) 책임능력 있는 미성년자 본인과 감독의무자-공동불법행위: 법정감독의무자가 제750조에 의한 불법행위책임을 지는 경우에는 피해자의 손해에 대하여는 행위당사자인 미성년자의 행위와 법정감독의무자의 감독의무 해태의 행위 사이에 관련공동성이 있고, 그러한 양자의 행위는 피해자의 피해발생에 공통의 원인이 되기 때문에 양자는 제760조의 공동불법행위 책임을 진다(부진정연대책임)(대판 1991.4.9. 90다18500).

第754條【心神喪失者의 責任能力】 心神喪失中에 他人에게 損害를 加한 者는 賠償의 責任이 없다. 그러나 故意 또는 過失로 因하여 心神喪失을 招來한 때에는 그러하지 아니하다.

心神喪失者

1. 心身喪失

(1) 심신상실: 심신상실이란 자기행위의 책임을 변식할 수 있는 정신능력을 결여한 상태를 말한다.
(2) 판단 시점: 심신상실상태는 행위시를 기준으로 한다. 따라서 정신병자일지라도 행위 당시에 변식능력이 정상이었다면 책임능력이 있는 것이 되나, 정상인이라도 행위 당시에 만취하였다든

지 병적 발작상태였다든지 하는 경우는 당해 행위에 대하여 책임무능력자가 된다.

(3) 판단 주체: 심신장애의 유무 및 정도의 판단은 법률적 판단으로서 반드시 전문감정인의 의견에 기속되어야 하는 것은 아니고, 정신분열증의 종류와 정도, 범행의 동기, 경위, 수단과 태양, 범행 전후의 피고인의 행동, 반성의 정도 등 여러 사정을 종합하여 법원이 독자적으로 판단할 수 있다(대판 1994.5.13. 94도581). * 사물을 변별할 능력 또는 의사를 결정할 능력에 관한 확정된 사실이 심신장애에 해당하는지 여부는 반드시 전문적인 지식을 가진 자의 감정에 의하여서만 결정할 수 있는 것이 아니고 그 범죄행위의 전후사정이나 목격자의 증언 및 기타 자료를 참작하여 판단하였다 해서 이를 위법이라 할 수는 없다(대판 1982.7.27. 82도1014, 82감도192).

(4) 고의, 과실로 초래한 경우-단서: 당해 행위시에 심신상실의 상태였을지라도 그러한 심신상실의 상태를 고의 또는 과실로 초래한 때에는 불법행위책임이 있다(754조 단서).

2. 責任無能力者의 不法行爲: 심신상실 중에 불법행위를 한 경우에는 행위자 본인은 법률상의 책임이 없고, 제755조에 의하여 그 보호감독자가 책임을 진다.

(1) 본인-본문: 심신상실자는 불법행위에 대한 책임능력이 없다.

(2) 감독의무자-제755조: 제755조에 의하여 심신상실자의 보호감독자가 배상책임을 진다.

第755條【責任無能力者의 監督者의 責任】 ①前2條의 規定에 依하여 無能力者에게 責任 없는 境遇에는 이를 監督할 法定義務 있는 者가 그 無能力者의 第三者에게 加한 損害를 賠償할 責任이 있다. 그러나 監督義務를 懈怠하지 아니한 때에는 그러하지 아니하다.

②監督義務者에 가름하여 無能力者를 監督하는 者도 前項의 責任이 있다.

責任無能力者의 監督者의 責任

1. 意義: 민법은 행위의 책임을 변식할 능력이 없는 미성년자와 심신상실자를 책임무능력자로 하고, 그들의 불법행위에 대하여는 배상책임을 면한다(753조, 754조). 한편 이들로부터 불법행위에 의한 피해를 당한 피해자를 보호하기 위하여 제755조는 이들을 감독할 법정의무 있는 자와 감독의무자에 갈음하여 감독하는 자에게 그들의 행위로 인하여 발생한 손해에 대하여, 감독의무를 해태하지 않았음을 입증하지 못하는 한 배상의무를 지우고 있다. 이를 책임무능력자의 감독자의 책임이라고 한다. * 제755조는 가해자가 책임무능력자로서 책임을 지지 않는 경우에만 보충적으로 책임을 지는 것으로 한정하고 있다(대판 1994.2.8. 93다13605). 따라서 미성년자일지라도 책임능력 있는 자의 불법행위에 대하여는 미성년자 본인이 책임을 지고 감독의무자는 책임을 지지 않게 된다. 그러나 미성년자는 민법상의 책임능력이 있느냐 여부와는 관계없이 모두 경제적 능력이 없는 것이 일반적이므로, 책임능력 없는 미성년자로부터 불법행위에 의한 침해를 당한 피해자는 감독의무자(친권자)로부터 손해배상을 받을 수 있으나, 책임능력 있는 미성년자의 행위로 인한 피해자는 당해 미성년자에게만 배상책임을 추궁할 수밖에 없어 오히려 배상을 받을 가능성이 희박하다는 불합리한 결과가 생긴다. 이러한 이유로 책임능력 있는 미성년자의 불법행위에 대하여 그 보호감독자에게 제750조에 의한 불법행위책임의 성립을 인정한다(대판 1991.4.9. 90다18500).

2. 法定監督義務者의 責任 - 제1항: 제755조의 감독자의 책임은 행위자가 책임 없는 것을 전제로 하는 보충적 책임이다(대판 1994.2.8. 93다13605).

(1) 책임무능력자가 불법행위를 하였을 것

(가) 책임무능력자의 행위-제753조, 제754조: 행위자가 책임능력 없는 미성년자 또는 심신상실자여야 한다.

(나) 불법행위 일반 요건 충족: 당사자의 행위가 책임능력을 제외한 나머지의 일반적인 불법행위의 성립요건을 충족하여 불법행위가 성립하여야 한다.

(2) 감독의무자의 감독의무 해태-제1항

(가) 법정감독의무자-제1항: 법정감독의무자여야 한다. 법정감독의무자는 미성년자의 친권자

(913조), 친권대행자(910조) 및 후견인(945조)이며, 심신상실자의 경우에 금치산선고를 받은 자는 후견인(947조)이 되나 그 외의 심신상실자에 대하여 배우자, 부모의 순위로 감독의무자가 된다. 부모가 공동으로 친권을 행사하는 경우는 부모가 공동으로 책임을 지며, 그 관계는 부진정연대채무가 된다.

① 이혼한 부모: 부모가 이혼하여 부 또는 모가 양육자(친권자)로 지정되어 있을 때(837조), 양육을 하지 않는 부 또는 모는 감독의무를 지지 아니한다.

② 시설 수용의 고아: 공공시설의 보호시설에 있는 미성년자인 고아에 대하여는 그 보호시설의 장이 후견인으로서 감독의무가 있으며(보호시설에 있는 미성년인고아의후견직무에관한법률 2조1항), 사설의 경우는 그 보호시설 소재지의 광역자치단체장이 지정한 자가 후견인이 된다(동법 2조2항). 법원의 허가를 얻어 소년원생의 친권자 또는 후견인의 직무를 행하는 소년원장도 감독의무가 있다(소년원법 10조).

(나) 감독의무자의 감독의무 해태: 당해 미성년자의 감독의무자가 감독의무를 해태하여야 한다.

① 감독의 대상: 감독의 대상이 되는 책임무능력자의 행위는 개별행위에 대한 것이 아니라 그 자의 생활전반에 대한 일반적인 감독을 의미한다.

② 감독의무의 한계: ㉮ 친권자: 친권자 등 감독의무자의 보호, 감독책임은 미성년자의 생활 전반에 미친다(대판 2007.4.26. 2005다24318). ㉯ 대리감독자: 감독의무자에 대신하여 지는 교사 등의 보호, 감독의무는 학교 내에서의 모든 생활관계에 미치는 것이 아니라 학교 내에서의 교육활동 및 이와 밀접 불가분의 관계에 있는 생활관계에 미친다(대판 2007.4.26. 2005다24318).

③ 감독의무 해태의 추정: 감독자의 감독의무의 해태는 피해자가 입증할 필요가 없이 추정된다.

㉮ 면책입증: 감독자가 책임을 면하려면 자신이 감독의무를 충분히 실행하였다는 것을 입증하여야 한다(대판 1978.11.28. 78다1805).

㉯ 돌발적이고, 우연한 행위: 감독의 대상이 되는 책임무능력자의 행위는 개별행위에 대한 것이 아니라 그 자의 생활전반에 대한 일반적인 감독을 의미하므로, 어떠한 행위를 하리라는 구체적인 위험성이 있어야 한다(대판 1997.6.27. 97다15258).

(3) 불가항력의 항변: 감독의무자는 감독을 충분히 하였더라도 그러한 불법행위가 발생하였을 것이라는 사실을 입증하면 면책된다고 해석된다.

3. 法定監督義務者의 損害賠償 - 제1항: 감독의무자가 일반적인 손해배상의 범위에 관한 것과 동일하게 제393조에 의하여 배상할 손해의 범위가 정하여 진다.

(1) 통상의 손해: 상당인과관계가 미치는 범위의 모든 손해를 배상하여야 한다.

(2) 특별손해: 감독의무자를 주체로 감독의무자가 알거나 예상할 수 있는 손해는 배상되어야 한다. 즉 무능력자 본인은 행위의 예견가능성이 있을 수 없기 때문에 감독의무자를 기준으로 판단하여야 한다(대판 1968.6.11. 68다639).

4. 代理監督者의 責任 - 제2항: 법정감독의무자에 갈음하여 무능력자를 감독하는 자도 무능력자의 불법행위로 제3자가 입은 손해를 배상할 책임이 있다.

(1) 대리감독자: 법정감독의무 없이 계약 내지 법률 등에 기초하여 감독의무자에 갈음하여 무능력자를 감독하는 자가 대리감독자이다. 탁아소의 보모, 유치원과 학교의 교사, 정신병원의 의사 등이 이에 속한다. 이 밖에 고아를 데려다가 사실상 보호하는 자도 대리감독자가 된다.

(2) 대리감독의무의 내용

(가) 본분의 활동 및 이와 밀접불가분 관계에 한정: 교장이나 교사의 학생에 대한 보호감독의무는 교육법에 따라 학생을 친권자 등 법정 감독의무자에 대신하여 감독을 하여야 하는 의무로서 학교 내에서의 학생의 전 생활관계에 미치는 것이 아니고 학교에서의 교육활동 및 이와 밀접불가분의 관계에 있는 생활관계에 한한다.

(나) 예측가능한 행위에 한정: 의무 범위 내의 생활관계라고 하더라도 사고가 학교생활에서 통상 발생할 수 있다고 하는 것이 예측되거나 또는 예측가능성(사고발생의 구체적 위험성)이 있는 경우에 한하여 교장이나 교사는 보호감독의무위반에 대한 책임을 진다고 할 것인바, 위의 예측가능성에 대하여서는 교육활동의 때, 장소, 가해자의 분별능력, 가해자의 성행, 가해자와 피해자

와의 관계 기타 여러 사정을 고려하여 판단할 필요가 있다(대판 1993.2.12. 92다13646).
(나) 돌발, 우연한 사고: 특별한 사정이 없는 한 돌발적이고 우연한 사고에 대해서까지 교사 등에게 보호감독의무위반의 책임을 지울 수는 없다(대판 1997.6.27. 97다15258).
① 고등학교 2학년 학생이 점심시간에 장난으로 급우가 앉아 있던 의자를 걷어차 급우로 하여금 뒷머리부분을 교실벽에 부딪쳐 상해를 입게 한 사고에 대하여 교장이나 담임교사 등에게 보호감독의무위반의 책임을 물을 수 없다(대판 1993.2.12. 92다13646).
② 가해자와 피해자가 초등학교 6학년생들로서 비록 책임을 변식할 지능을 갖추지 못하고 있다고 하더라도 초등학교 6학년 정도라면, 대체로 학교생활에 적응하여 상당한 정도의 자율능력, 분별능력을 가지고 있다고 보아야 할 것이고, 가해자의 성격도 친구들과 잘 사귀고, 책임감이 강한 학생이었으며 피해자와도 원만한 사이였고, 이전에는 교실에서 학생들 사이에 아크릴판을 던지는 등의 장난 등은 없었던 경우, 호기심이 많은 학생들이 장난 등 돌발적인 행동을 할 가능성이 많다고 하여 자율학습이 시작되기 전에 교실에서 주인을 찾아주려는 마음에서 실과수업교재인 아크릴판을 던지는 등으로 인하여 잘못되면, 신체에 커다란 충격을 줄 수 있는 위험한 행위를 하리라는 구체적인 위험성이 있다거나 담임교사 등이 이를 예측하였거나 예측가능하였다고 보여지지는 아니하다면, 특별한 사정이 없는 한 돌발적이거나 우연한 사고에 대해서까지 교사 등에게 보호・감독의무위반의 책임을 지울 수는 없다(대판 1997.6.27. 97다15258).
(3) 감독의무의 해태: 대리감독자가 위 감독의무를 해태하였어야 한다. 입증책임은 대리감독자에게 있다. 즉 대리감독자가 본인의 감독의무의 해태가 없었음을 입증하여야 한다.
(4) 감독의무해태와 무능력자의 불법행위 간의 인과관계의 존재: 무능력자의 가해행위가 대리감독자의 감독의무의 해태로 인한 것이어야 한다.
5. 法定監督義務者의 責任과 代理監督者의 責任의 關係: 피해자는 법정감독의무자 또는 대리감독자 각각 또는 양자를 함께 상대방으로 하여 공동불법행위에 의한 손해배상책임을 추궁할 수 있다.
(1) 양자의 책임은 별개-각자의 책임으로 병존: 민법 제755조에 의하여 책임능력 없는 미성년자를 감독할 친권자 등 법정감독의무자의 보호・감독책임은 미성년자의 생활 전반에 미치는 것이고, 법정감독의무자에 대신하여 보호・감독의무를 부담하는 교사 등의 보호・감독책임은 학교 내에서의 학생의 모든 생활관계에 미치는 것이 아니라 학교에서의 교육활동 및 이와 밀접 불가분의 관계에 있는 생활관계에 한하며, 이와 같은 대리감독자가 있다는 사실만 가지고 곧 친권자의 법정감독책임이 면탈된다고는 볼 수 없다(대판 2007.4.26. 2005다24318).
(2) 각자의 책임이 병존하는 경우는 공동불법행위를 성립: 학교폭력 가해학생들의 부모의 과실과 담임교사, 교장의 과실이 경합하여 피해학생의 자살 사건이 발생하였다는 이유로, 부모들과 지방자치단체에게 공동불법행위자로서의 손해배상책임을 인정한 사례가 있다(대판 2007.4.26. 2005다24318). * 초등학교 내에서 발생한 폭행 등 괴롭힘이 상당 기간 지속되어 그 고통과 그에 따른 정신장애로 피해학생이 자살에 이른 사건에 부모와 지방자치단체(공립학교의 교사, 교장)의 공동불법행위를 인정하였다(대판 2007.4.26. 2005다24318). 대리감독자가 책임을 지는 경우(유치원의 교사)에 그의 사용자도 제756조에 의하여 사용자책임을 진다.

第756條【使用者의 賠償責任】 ①他人을 使用하여 어느 事務에 從事하게 한 者는 被用者가 그 事務執行에 關하여 第三者에게 加한 損害를 賠償할 責任이 있다. 그러나 使用者가 被用者의 選任 및 그 事務監督에 相當한 注意를 한 때 또는 相當한 注意를 하여도 損害가 있을 境遇에는 그러하지 아니하다.
②使用者에 가름하여 그 事務를 監督하는 者도 前項의 責任이 있다.
③前2項의 境遇에 使用者 또는 監督者는 被用者에 對하여 求償權을 行使할 수 있다.

使用者의 責任

1. 意義: 타인에게 피용된 자가 불법행위를 한 경우에 그 자의 사용자에게 일정한 조건 아래에서

부과된 피해자에 대한 손해의 배상책임이 사용자책임이다. 타인을 사용하여 어떤 사무에 종사하게 한 자는 피용자가 그 사무집행에 관하여 제3자에게 손해를 준 때에는, 그 피용자의 선임 및 사무감독을 게을리 하지 않았음을 입증하지 아니하는 한, 그 손해를 배상할 책임이 있다.

(1) 사용자책임과 법인의 책임과의 관계: 제35조는 법인은 이사 기타 대표자가 그 직무에 관하여 타인에게 가한 손해를 배상할 책임을 인정한다. 역기서 제35조와 제756조 간의 관계가 문제된다. 직접행위자가 법인의 이사 등 기관인 때에는 제35조가 적용되고(대판 1978.3.14. 78다132), 그 밖의 피용자인 때에는 제756조가 적용된다. 제35조는 제756조와는 달리 면책사유를 인정하지 않으며 또한 구상권에 대하여 규정하지 않은 점에서 차이가 있으나, 직접행위자인 이사 등 기관도 배상책임을 진다는 점에서는 동일하다.

(2) 국가배상책임과의 관계: 국가배상법 제2조는 공무원이 그 직무를 집행함에 있어서 고의나 과실로 타인에게 손해를 가하거나, 자동차손해배상보장법에 의하여 손해배상의 책임이 있는 때에는 국가 또는 지방자치단체는 그 손해를 배상하여야 한다고 규정하고 있다. 이는 민법 제756조에 대하여 특별법의 관계에 있다. 즉 국가배상책임은 사용자책임과 그 취지가 같지만 사용자책임보다 책임을 강화시키고 있다. 이러한 국가배상책임의 성질은 과실책임주의에 기초를 둔 대위책임으로, 피해자는 원칙적으로 당해 공무원에 직접 책임을 묻지 못하고, 국가가 구상권을 행사할 수 있는 요건에 해당하는 공무원의 고의 또는 중대한 과실이 있는 때에 제한적으로 개인책임을 인정한다(대판 1997.2.11. 95다5110).

(3) 자동차손해배상보장법상의 책임과의 관계: 자동차손해배상보장법 제3조는 자기를 위하여 자동차를 운행하는 자는 그 운행으로 인하여 타인을 사망, 부상하게 한 때에는 그 손해를 배상할 책임을 진다고 규정하고 있다. 자동차의 운행으로 인한 인적 손해에 대하여는 민법 제750조나 제756조의 특칙으로 자동차손해배상보장법이 우선적으로 적용된다. 그러나 피해자는 반드시 동법에 따른 인적 손해를 먼저 청구한 후에 물적 손해에 대하여는 제756조에 의해 별도로 청구할 필요는 없다. 피해자는 직접 제756조에 의하여 인적 손해와 물적 손해를 합한 전 손해에 대하여 사용자책임을 청구할 수 있다.

(4) 이행보조자의 불법행위책임과의 관계: 이행보조자의 고의·과실의 행위가 채무불이행이 되는 동시에 불법행위가 되는 경우이다. 이행보조자의 고의·과실은 채무자의 귀책사유로 되어 채무자는 채무불이행책임을 진다. 또한 이행보조자는 채무자의 피용자로서 채무자는 사용자책임을 진다. 따라서 피해자는 채무자인 사용자에게 양 청구권을 선택하여 행사할 수 있다.

2. 使用者責任의 成立 - 제1항: 제756조에 의하면 사용자책임이 성립하기 위하여는 ① 타인을 사용하게 하여 어떤 사무에 종사하게 하였을 것, ② 피용자의 그 사무집행에 관한 행위였을 것, ③ 피용자의 불법행위에 의한 손해의 발생, ④ 사용자가 면책사유를 입증하지 못하였을 것을 그 요건으로 하고 있다.

(1) 어떤 사무에 종사시키기 위하여 타인을 사용할 것

(가) 사용관계의 존재: 사용자와 불법행위자 간에 사용관계가 있어야 한다.

① 지휘, 감독관계: 여기서의 사용관계란 양자간에 지휘·감독관계가 있는 것을 말하나, 반드시 실제적으로 지휘·감독을 받는 관계가 아니라도 사용자의 지배영역에 편입되어 사무의 집행에 관하여 사용자의 의사에 의하여 사무를 집행하는 객관적·외형적 관계만 있으면 족하다(대판 1997.4.11. 97다386).

② 사용관계의 실질적 기초의 존재: 사용관계는 반드시 고용계약에 의한 관계일 필요는 없고 위임·조합 기타 어떠한 관계라도 무방하다. 또 그 관계는 실질적으로 존재하면 되기 때문에 그 기초관계가 법률적으로 유효할 필요는 없어 무효 또는 취소된 경우는 물론이고 당초부터 그러한 기초관계없이 사실상의 피용자로 된 경우에도 본조의 사용관계가 성립한다. 그리고 피용자가 퇴직한 이후에는 원칙적으로 종전의 사용자에게 사용자책임을 물을 수 없으나, 퇴직에도 불구하고 사용자의 실질적인 지휘, 감독아래에 있는 경우에는 사용자책임이 성립한다(2001.9.4. 2000다26128).

(나) 구체적으로 문제가 되는 경우: 사용자책임을 부과하기 위하여는 구체적 사안에 따라 지휘·감독관계에 있었는지 여부가 검토되어야 한다.

① 노무도급: 노무도급의 경우에 있어서는 도급인이라고 하더라도 민법 제756조가 규정하고 있는 사용자책임의 요건으로서의 사용관계가 인정된다(대판 1998.6.26. 97다58170).
② 명의대여: 타인에게 어떤 사업에 관하여 자기의 명의를 사용할 것을 허용한 경우에 그 사업이 내부적으로는 그 타인과 명의자가 이를 공동운영하는 관계로서 그 타인이 명의자의 고용인이 아니라 하더라도 외부적으로는 그 타인이 명의자의 고용인임을 표명한 것과 다름이 없으므로 명의사용을 허가받은 사람이 업무수행을 함에 있어 고의 또는 과실로 다른 사람에게 손해를 끼쳤다면 명의사용을 허가한 사람은 민법 제756조제1항에 의하여 그 손해를 배상할 책임이 있다(대판 1998.5.15. 97다58538). * 명의대여관계의 경우, 민법 제756조가 규정하고 있는 사용자책임의 요건으로서의 사용관계가 있느냐 여부는 실제적으로 지휘·감독을 하였느냐의 여부에 관계없이 객관적으로 보아 사용자가 그 불법행위자를 지휘·감독해야 할 지위에 있었느냐의 여부를 기준으로 결정하여야 한다. 비의료인에게 고용된 의사가 자신 명의의 사업자등록을 한 후 그 비의료인이 수표에 의사명의의 배서를 위조하여 제3자로부터 할인받는 것을 방치한 경우, 의사의 피해자에 대한 책임을 인정한 사례가 있다(대판 1997.4.11. 97다386).
③ 위임인과 수임인: 불법행위에 있어 사용자책임이 성립하려면 사용자와 불법행위자 사이의 사용관계, 즉 사용자가 불법행위자를 실질적으로 지휘·감독하는 관계가 있어야 하는 것으로, 위임의 경우에도 위임인과 수임인 사이에 지휘·감독관계가 있고 수임인의 불법행위가 외형상 객관적으로 위임인의 사무집행에 관련된 경우 위임인은 수임인의 불법행위에 대하여 사용자책임을 진다. 따라서 상속재산 분할 등의 사무를 수임한 변호사가 당해 부동산을 타에 처분하여 매각대금을 편취한 사안에서 위임인의 사용자책임이 인정된다(대판 1998.4.28. 96다25500).
④ 동업관계: 동업관계에 있는 자들이 공동으로 처리하여야 할 업무를 동업자 중 1인에게 그 업무집행을 위임하여 그로 하여금 처리하도록 한 경우, 다른 동업자는 그 업무집행자의 동업자인 동시에 사용자의 지위에 있다 할 것이므로, 업무집행과정에서 발생한 사고에 대하여 사용자로서의 손해배상책임이 있다(대판 2006.3.10. 2005다65562).
⑤ 지입관계: 건설기계관리법이 시행된 이후에도 종래의 전형적인 지입제 방식으로 지입차량을 관리·운영하는 경우에는 지입회사가 지입차주에 대하여 사용자의 지위에 있고, 지입회사가 지입차량의 운전사에 대해 근로계약상의 사용자로서 보호의무 내지 산업안전보건법 소정의 안전상의 조치의무를 부담한다(대판 1998.1.23. 97다44676).
⑥ 파견근로의 경우: 파견근로자보호등에관한법률에 의한 근로자의 파견은 파견사업주와 파견근로자 사이에는 민법 제756조의 사용관계가 인정되어 파견사업주는 파견근로자의 파견업무에 관련한 불법행위에 대하여 파견근로자의 사용자로서의 책임을 져야 하지만, 파견근로자가 사용사업주의 구체적인 지시·감독을 받아 사용사업주의 업무를 행하던 중에 불법행위를 한 경우에 파견사업주가 파견근로자의 선발 및 일반적 지휘·감독권의 행사에 있어서 주의를 다하였다고 인정되는 때에는 면책된다(대판 2003.10.9. 2001다24655).
⑦ 병원소속 의사: 구강저 봉와직염 환자에 대한 치과의사의 진료상의 과실을 인정하고 위 치과의사 소속 대학병원의 사용자책임을 인정한 사례가 있다(대판 1998.9.4. 96다11440).
⑧ 실질적 지시를 받는 수급인이 고용한 제3자: 도급인이 수급인의 일의 진행 및 방법에 관하여 구체적인 지휘 감독권을 유보한 경우에는 도급인과 수급인의 관계는 실질적으로 사용자 및 피용자의 관계와 다를 바 없으므로 수급인이 고용한 제3자의 불법행위로 인한 손해에 대하여 도급인은 민법 제756조에 의한 사용자책임을 면할 수 없고, 이러한 이치는 하도급의 경우에도 같다(대판 1983.11.22. 83다카1153).
⑨ 타에 위촉되어 그 사무를 집행하는 경우: 국립대학교 소속 체조코치가 시체육회로부터 전국체전에 출전할 체조대표선수들에 대한 코치로 선발, 위촉되어 시체육회가 시행한 합동강화훈련을 지도하다가 대표선수로 선발된 같은 대학교 소속 학생이 훈련 중 사고를 당한 경우, 그 사고는 코치가 시체육회로부터 위촉받은 직무를 집행하는 과정에서 발생한 것이고, 대학교 측은 비록 위 체조코치가 합동강화훈련 기간 중에도 대학교의 체조코치로서의 신분을 그대로 보유하고 있었고, 사고를 입은 자가 같은 대학교 학생이었다고 하더라도, 적어도 위 체조코치가 시체육회

로부터 위촉받은 체조대표선수들을 지도하는 코치의 직무를 집행함에 있어서는 그를 지휘·감독할 어떠한 권한이 있다거나 그러한 지위에 있다고 보기는 어려우므로 그 사고에서 국가는 위 체조코치의 사용자라고 볼 수 없다(대판 1999.10.12. 98다62671).

(2) 가해행위가 사무집행에 관한 행위였을 것: 사용자는 피용자에게 맡겨진 사무를 집행하는 과정에서 발생한 손해에 대하여 책임을 진다.

(가) 외형론: 피용자의 불법행위가 외형상 객관적으로 사용자의 업무와 관련된 것으로 보여지는 경우에 사용자로 하여금 그에 대해 책임을 지게 하는 이른바 외형이론은 그 외형에 대한 사회적 신뢰의 보호와 형평의 관념에서 우러나온 것이므로, 그것이 사무집행행위에 해당하지 않음을 피해자 자신이 알았거나 중대한 과실로 인하여 알지 못한 경우에는 공평의 관점에서 상대방을 구태여 보호할 필요가 없다고 봄이 상당하고, 이를 판단함에 있어서는 그 행위가 법령상의 제한을 위반한 것인지에 대한 상대방의 인식가능성, 상대방의 경험이나 지위, 쌍방의 종래의 거래관계, 당해 행위의 성질과 내용 등을 종합적으로 고려하여야 할 것이다(대판 2007.9.6. 2005다20422).

(나) 외관에 의한 판단 기준: 외형상 객관적으로 사용자의 사무집행에 관련된 것인지 여부는 피용자의 본래 직무와 불법행위와의 관련 정도 및 사용자에게 손해발생에 대한 위험창출과 방지조치 결여의 책임이 어느 정도 있는지를 고려하여 판단하여야 한다(대판 1985.8.13. 84다카979).

(다) 문제된 구체적 사례

① 회사의 생산 현장 청소 등의 업무로서 파지와 고철의 수집·정리를 담당하던 피용자가 고철을 수집하러 온 피해자가 고철 수집 작업 중에 마실 물을 달라고 하자 농약이 든 병을 음료수로 잘못 알고 권하면서 접대한 행위는 피용자의 본래의 사무 집행 행위는 아니라고 할지라도 외형상 객관적으로 그 사무 집행 행위와 밀접하게 관련된 행위라고 할 것이어서, 피해자의 위와 같은 경위로 사망함으로써 입은 손해는, 피용자가 피고 회사들의 사무 집행을 계기로 하여 이것과 밀접한 관련을 가진다고 인정할 수 있는 행위에 의하여 초래된 것으로서 피용자가 피고 회사들의 사무의 집행에 관하여 가한 손해에 해당한다(대판 1997.10.10. 97다16572).

② 증권회사의 전 지점장이 회사를 퇴직한 후 같은 지점에서 투자상담사로 근무하다가 그 직을 그만두었음에도 불구하고 이를 숨기고 고객들을 상대로 투자상담사로서의 업무를 계속하였고, 증권회사에서도 그의 업무수행을 묵인하고 회사의 투자상담사로서 업무를 수행하는 것처럼 외관을 갖게 하였다면, 그가 고객들의 증권카드와 인감을 사용하여 금원을 인출한 행위에 대하여 증권회사는 사용자책임을 면할 수 없다(대판 2001.3.9. 2000다66119).

③ 은행의 대출업무 담당직원이 대출자를 속여 대출금에 대한 선이자 및 이면담보 명목으로 대출금의 일부를 받아 편취한 사안에서, 그 편취행위가 외형상 객관적으로 은행의 사무집행행위와 관련된다(대판 2006.10.26. 2004다 63019).

④ 택시회사의 운전수가 택시의 승객을 태우고 운행중 차속에서 부녀를 강간한 경우 위 회사는 사용자로서 손해배상책임이 있다(대판 1991.1.11. 90다8954).

⑤ 호텔에서 피고에게 고용되어 종업원으로 근무하던 소외 1은 호텔 프론트에서 근무하던 중, 위 호텔에 목욕을 하기 위하여 찾아온 원고로부터 사우나의 영업시간에 관한 질문을 받고 05:00부터 시작하니 조금 기다리라는 대답을 하였으나, 이에 원고가 심하고 상스러운 욕을 하면서 때리려고 하자 이를 피하였다가 같은 날 04:40경 다음 근무자를 불러 근무교대를 하였는데, 그 후에도 원고가 호텔 지하의 종업원 숙소까지 따라오면서 계속 상스러운 욕을 하기도 하고, 근무교대 후 프론트에서 근무하던 담당자에게도 소외 1을 불러오라면서 소란을 피우자, 05:00경 분을 참지 못하고 숙소에서 등산용 칼을 꺼내어 이를 소지한 채 원고를 따라 현관 앞 주차장으로 가서 원고가 다시 소외 1을 손으로 때리려고 하자 갖고 있던 칼로 원고의 얼굴과 등 부위를 찔러 원고에게 흉부좌상 등의 상해를 가한 사안에서 호텔측의 사용자책임을 인정하였다(대판 2000.2.11. 99다47297).

⑥ 피용자가 다른 피용자를 성추행 또는 간음하는 등 고의적인 가해행위를 한 경우, 그 행위가 피용자의 사무집행 자체는 아니라 하더라도, 피해자로 하여금 성적 굴욕감 또는 혐오감을 느끼게 하는 방법으로 업무를 수행하도록 하는 과정에서 피해자를 성추행하는 등 그 가해행위가 외

형상 객관적으로 업무의 수행에 수반되거나 업무수행과 밀접한 관련 아래 이루어지는 경우뿐만 아니라, 피용자가 사용자로부터 채용, 계속고용, 승진, 근무평정과 같은 다른 근로자에 대한 고용조건을 결정할 수 있는 권한을 부여받고 있음을 이용하여 그 업무수행과 시간적, 장소적인 근접성이 인정되는 상황에서 피해자를 성추행하는 등과 같이 외형상 객관적으로 사용자의 사무집행행위와 관련된 것이라고 볼 수 있는 사안에서도 사용자책임이 성립할 수 있다. 따라서 피고 1은 ×의 원장으로서 피고 2 법인으로부터 × 소속 근로자들을 채용하거나 해고할 수 있는 권한을 부여받았으므로, 만일 그 소속 근로자들이 자신의 성적인 가해행위를 거부하거나 이에 저항하는 경우 근로조건 등에 불이익을 줄 수 있는 지위를 가지고 있었다고 할 것이고, 한편 피고 1은 부하 직원들과의 회식을 마친 직후에 원고에게 업무수행을 위하여 적극적인 성격이 필요하다고 이야기하다가 자신의 성기를 만져줄 것을 강요하면서 성추행 행위를 개시한 이후 여러 차례에 걸쳐서 자신의 업무수행과 시간적, 장소적인 근접성이 인정되는 상황에서 원고에 대한 우월적 지위를 이용하여 성추행하거나 간음한 것으로서, 피고 1의 위와 같은 성추행 및 간음행위 등은 객관적으로 피고 2 법인의 사무집행과 관련성이 인정된다(대판 2009.2.26. 2008다89712).

⑦ 회사원이 밤늦게 귀가하기 위하여 승강기를 타고 내려오다가 회사 경비원과 늦게 퇴근하는데 대하여 시비가 되어 싸우던 중 그에게 상해를 입게 한 경우 회사에 사용자책임을 인정한 사례가 있다(대판 1993.9.24. 93다15694).

⑧ 증권회사 지점장이 고객에 불과한 사람에게 사무실을 제공하면서 '실장' 직함으로 호칭되도록 방치한 행위와 그가 고객들에게 위 지점의 직원이라고 기망하여 투자금을 편취한 불법행위 사이에 상당인과관계가 있으므로, 증권회사측에 과실에 의한 방조로 인한 사용자책임이 인정된다(대판 2007.5.10. 2005다55299).

⑨ 증권회사의 영업부장이 장외거래로 주식을 매입하여 달라는 부탁과 함께 원고로부터 그 대금을 교부받아 이를 횡령하였다면 장외거래는 원래 증권회사의 사무가 아닐 뿐만아니라 가사 외형상으로 증권회사의 사무에 관련된 행위라고 하더라도 원고가 장외거래가 증권회사의 사무에 관련된 것이 아님을 알고 있는 이상 증권회사에 대하여 사용자책임을 물을 수 없다(대판 1980.12.13. 80다134).

⑩ 소외 1이 피고 회사의 투자상담사로 활동하면서 그 업무와 관련하여 원고와의 사이에 포괄적인 주식일임매매약정을 체결하고 그 약정에 따라 원고 명의 계좌에서의 주식거래를 포괄적으로 일임받아 거래하는 과정에서 기망적 방법으로 원고로 하여금 출고전표에 날인하게 하거나 이를 위조한 후 이를 이용하여 이 사건 주식을 대체출고하는 방법으로 한 것이므로 결국 소외 1의 위 불법행위는 외관상 투자상담사로서의 그 업무와 관련된 행위인 것으로 봄이 상당하고, 또한 피용자인 소외 1이 그 업무수행과정에서 투자자의 주식을 편취, 횡령하는 불법행위를 하였다는 점에서 피고 회사에게 손해 발생에 대한 위험창출과 방지조치 결여의 책임이 없다고 할 수 없으므로, 피고 회사는 소외 1이 저지른 불법행위에 대하여 사용자로서의 손해배상책임이 있다고 할 것이다(대판 2006.9.14. 2004다53203).

(3) 피해자에게 가해자의 행위가 직무관련성 없음에 대한 악의나 중대한 과실이 없을 것: 피용자의 행위가 사무집행행위에 해당하지 않음을 피해자 자신이 알았거나 또는 중대한 과실로 인하여 알지 못한 경우에는 사용자책임을 물을 수 없다(대판 2007.9.20. 2004다43886).

(가) 중대한 과실의 의미: 사용자책임이 면책되는 피해자의 중대한 과실이라 함은 거래의 상대방이 조금만 주의를 기울였더라면 피용자의 행위가 그 직무권한 내에서 적법하게 행하여진 것이 아니라는 사정을 알 수 있었음에도 만연히 이를 직무권한 내의 행위라고 믿음으로써 일반인에게 요구되는 주의의무에 현저히 위반하는 것으로 거의 고의에 가까운 정도의 주의를 결여하고, 공평의 관점에서 상대방을 구태여 보호할 필요가 없다고 봄이 상당하다고 인정되는 상태를 말한다(대판 2003.2.11. 2002다62029).

(나) 중대한 과실 여부가 문제된 구체적 예

① 일반적인 거래관행과 상이하다는 것을 잘 알고 있음에도 불구하고 명의사용자의 불법적 행위에 편승하여 계약을 체결한 거래의 상대방에게는 일반적으로 요구되는 주의의무를 현저히 위반한 중대한 과실이 인정된다(대판 2005.2.25. 2003다36133).

② 은행 지점장이 자신이 유용한 C.D. 매도 대금을 마련하기 위하여 개인적으로 어음을 빌리거나 그 지점에서 담보용으로 보관중인 어음을 임의로 유출하여 이를 피해자에게 할인하거나 그 할인금에 대한 담보조로 교부하면서 지점장이 개인적으로 그 할인금을 2개월 이내에 현금으로 변제하기로 한 경우는 피해자가 직무관련성이 없음을 알았다고 인정된다(대판 1999.3.9. 97다7721).
③ 고객이 증권회사에 선물옵션계좌를 개설하지 않고 그 증권회사의 투자상담사 개인계좌로 투자금을 입금하여 선물옵션의 매매위탁을 한 사안에서, 고객이 투자상담사가 개인적으로 펀드를 만들어 차명계좌를 통하여 선물옵션거래를 하는 사실을 잘 알면서도 선물옵션의 매매위탁을 하였고, 투자의 실제 수익과 무관하게 고율의 수익배당을 받았으며, 증권회사뿐만 아니라 투자상담사에게도 투자에 따른 거래내역을 점검하지 않았고, 투자에 관하여 증권회사를 포함한 제3자에게 비밀로 하며 위반할 경우에 투자금 반환을 할 수 없다고 약정한 점 등을 종합하여 볼 때, 고객이 투자로 입은 손해에 대한 증권회사의 사용자책임은 인정되지 아니한다(대판 2006.12.7. 2004다30170).
④ 은행의 대출업무 담당직원이 대출자를 속여 대출금에 대한 선이자 및 이면담보 명목으로 대출금의 일부를 받아 편취한 사안에서, 그 편취행위가 외형상 객관적으로 은행의 사무집행행위와 관련되고, 나아가 대출자가 그 편취금에 관하여 영수증이나 예금통장을 받지 않은 잘못만으로는 은행의 면책을 인정할 만한 피해자의 중과실에 해당하지 아니한다(대판 2006.10.26. 2004다 63019).
⑤ 투자신탁회사의 지점장 및 담당직원이 고객에게 위법하게 개별적으로 수익보장약정을 한 경우, 당시 투자신탁회사의 임직원들이 약정고 경쟁으로 인하여 수익보장행위를 암암리에 빈발하고 있었고, 증권투자신탁업법에 그와 같은 행위를 명문으로 금지하고 있지 아니한 상황에서 수익보장약정을 유효하다고 믿은 고객의 과실은 투자신탁회사의 사용자책임을 면제할 정도로 중하다고는 할 수 없다(대판 1998.10.27. 97다47989).
(4) 피용자의 불법행위에 의한 손해: 피용자의 행위는 불법행위의 일반적 요건을 충족하여야 한다. 사용자에게 책임을 부담하게 하는 전제로서 피용자의 가해행위가 불법행위의 일반적 요건을 충족하여야 한다(대판 1981.8.11. 81다298).
(5) 사용자의 주의의무위반과 면책사유-제1항 단서
(가) 선임・감독의 주의의무: 제756조의 선임과 감독에 대한 의무는 사용자의 가장 전형적인 의무를 예시한 것이며, 사용자의 주의의무위반은 폭넓게 인정된다. 피용자에 대한 매일 아침 훈육할 의무, 때때로 위험방지 및 기술습득에 대한 교양과 훈시를 할 의무 등으로 거의 무한정의 주의의무를 과하여 실제로 사용자의 면책을 봉쇄하고 있다(대판 1968.1.31. 65다376).
① 자동차 사고에서 사용자의 주의의무: 자동차사고에서 사용자는 피용자를 선임함에 있어서 운전기술 뿐만 아니라 면밀한 주의력으로 책임을 중히 여기고 생각이 깊은 자를 선임하여야 할 의무가 있다. 따라서 고도의 주의가 요구되는 화물자동차영업에 있어서 사용자인 회사가 피용자를 사고를 일으킨 일이 없는 사실을 확인하고 채용하였고 그 대리감독자가 위험한 야간작업의 요청을 거절하고 피용자에게도 나가지 말 것을 사람을 통하여 전하면서 차를 차고에 넣도록 지시까지 하였다고 하더라도 그 사실만으로 피용자의 선임감독에 상당한 주의를 다하였다고 할 수는 없다(대판 1966.7.26. 66다953).
② 시 재무과 징수계장직에 있는 자가 재직 중 동일한 방법으로 계속적으로 그 직무상 징수보관중이던 세금을 장구한 시일에 걸쳐 횡령을 거듭하였다면 경험칙상 사용자가 선량한 관리자로서의 주의로서 감독하였다면 손해발생을 미연에 방지하거나 또는 피해액을 감소시킬 수 있었으리라 생각되므로 사용자에게 피용자의 감독상의 과실이 있다(대판 1968.1.31. 65다376).
(나) 면책사유: 사용자는 상당한 주의를 다한 경우에도 그러한 손해가 발생하였을 것을 입증하여 면책될 수 있다(756조1항 단서). 이는 사용자의 피용자에 대한 부주의와 당해 손해와의 사이에는 인과관계가 없음을 입증하면 면책된다.
3. 賠償責任者: 사용자(1항) 또는 사용자에 갈음한 감독자(2항)가 배상책임자이다.
(1) 사용자: 피용자와 실질적으로 지휘, 감독관계에 있는 자이다.
(2) 대리감독자: 〈사용자에 갈음하여 사무를 감독하는 자〉란 객관적으로 볼 때 사용자에 갈음하

여 현실적으로 구체적인 사업을 감독하는 지위에 있는 자를 뜻한다(대판 1992.7.28. 92다10531). 따라서 피고 1은 피고 회사의 대표이사로서 현실적으로 피고 3을 선임 및 감독하는 지위에 있었던 자라 할 것이므로, 피고 3의 불법행위에 대하여 피고 1은 민법 제756조제2항에 의한 책임이 있다(대판 1998.5.15. 97다58538).

(3) 공동사용자의 경우: 복수의 사용자가 있는 경우에 피해자는 공동사용자 모두에게 각각 손해의 전부에 대한 배상을 청구할 수 있다. 그러한 채무는 복수의 사용자에게는 부진정연대채무가 되며, 복수의 사용자 사이에는 내부적인 관계에 따른 가해자와의 관계 등에 따라 손해배상채무에 대하여 부담율이 결정된다(대판 1994.12.27. 94다4974).

(4) 피해자의 사용자에 대한 과실-과실상계: 고의 또는 과실로 인한 위법행위로 타인에게 직접 손해를 가한 피용자 자신의 손해배상의무와 그 사용자의 손해배상의무는 별개의 채무일 뿐만 아니라 불법행위로 인한 손해의 발생에 관한 피해자의 과실을 참작하여 과실상계를 한 결과 피용자와 사용자가 피해자에게 배상하여야 할 손해액의 범위가 각기 달라질 수 있다(대판 1994.2.22. 93다53696).

4. 使用者責任과 被傭者 個人責任의 關係 - 제3항

(1) 피용자의 개인책임과의 관계: 사용자가 책임을 지는 경우에도 피용자는 독립하여 불법행위가 성립하므로 피용자 본인에게도 개별적인 불법행위책임이 있다(대판 1997.2.11. 95다5110).

(2) 사용자와 피용자의 부진정연대채무: 피해자의 손해배상채무에 대하여 양자는 부진정연대채무를 진다(대판 20003.14. 99다6737). 그 책임은 개별적이므로 배상의 범위도 달라 질 수 있다.

(가) 피용자는 불가한 사용자의 과실상계: 불법행위를 저지른 피용자 본인은 내세울 수 없는 사정을 참작하여 사용자가 배상하여야 할 손해의 금액을 감할 수 있도록 과실상계를 허용하는 취지는, 궁극적으로 피용자 본인이 손해를 배상할 자력이 없는 경우 피해자와 사용자 사이에 그로 인한 손해를 공평 타당하게 분담하도록 하려는 데 있으므로, 피용자 본인이 손해액의 일부를 변제한 경우에는 그 변제금 중 사용자의 과실비율에 상응하는 만큼은 사용자가 배상하여야 할 손해액의 일부로 변제된 것으로 봄이 상당하고, 따라서 사용자의 손해배상책임이 그 범위 내에서는 소멸되는 것으로 보아야 한다(대판 1994.2.22. 93다53696).

(나) 피용자의 일부 변제: 피용자 본인이 불법행위의 성립 이후에 피해자에게 손해액의 일부를 변제하였다면, 피용자 본인의 피해자에 대한 변제금 중 사용자의 과실비율에 상응하는 부분만큼은 손해액의 일부로 변제된 것으로 보아 사용자의 손해배상책임이 그 범위 내에서는 소멸하게 되고, 따라서 사용자가 배상할 손해배상의 범위를 산정함에 있어 피해자의 과실을 참작하여 산정된 손해액에서 과실상계를 한 다음 피용자 본인의 변제금 중 사용자의 과실비율에 상응하는 부분을 공제하여야 한다(대판 2004.3.26. 2003다34045).

(3) 구상관계-제3항: 사용자 또는 대리감독자가 배상을 한 때에는 피용자에 대하여 구상권을 행사할 수 있다.

(가) 신의칙에 의한 제한: 사용자가 피용자의 업무집행으로 행해진 불법행위로 인하여 직접 손해를 입었거나 또는 사용자로서의 손해배상책임을 부담한 결과로 손해를 입게 된 경우에는 사용자는 그 사업의 성격과 규모, 사업시설의 상황, 피용자의 업무내용, 근로조건이나 근무태도, 가해행위의 상황, 가해행위의 예방이나 손실의 분산에 관한 사용자의 배려정도 등의 제반사정에 비추어 손해의 공평한 분담이라는 견지에서 신의칙상 상당하다고 인정되는 한도 내에서만 피용자에 대하여 위와 같은 손해의 배상이나 구상권을 행사할 수 있다(대판 1987.9.8. 86다카1045).

(나) 피용자가 사용자에게 전부 배상 각서: 피용자가 업무수행과 관련한 불법행위로 사용자가 입은 손해 전부를 변제하기로 하는 각서를 작성하여 사용자에게 제출한 사실이 있다고 하더라도, 그와 같은 각서 때문에 사용자가 공평의 견지에서 신의칙상 상당하다고 인정되는 한도를 넘는 부분에 대한 손해의 배상까지 구할 수 있게 되는 것은 아니다(대판 1996.4.9. 95다52611).

(다) 구상권을 부정한 사례: 렌트카회사의 야간경비원이 업무수행과 관련하여 회사 소유의 렌트카를 운전하다가 일으킨 교통사고로 인하여 회사가 사용자로서 손해배상책임을 부담한 경우에 있어, 피용자인 위 경비원의 가해행위가 지니는 책임성에 비하여 사용자의 가해행위에 대한 기여도 내지 가공도가 지나치게 큰 점 등에 비추어 사용자로서의 피용자의 상속인과 그 신원보증

인에 대한 구상권 행사가 신의칙상 부당하다(대판 1991.5.10. 91다7255).
(라) 피용자와 제3자가 공동불법행위로 피해자에게 손해를 가하여 그 손해배상채무를 부담하는 경우: 피용자와 제3자는 공동불법행위자로서 서로 부진정연대관계에 있고, 한편 사용자의 손해배상책임은 피용자의 배상책임에 대한 대체적 책임이어서 사용자도 제3자와 부진정연대관계에 있다고 보아야 할 것이므로, 사용자가 피용자와 제3자의 책임비율에 의하여 정해진 피용자의 부담부분을 초과하여 피해자에게 손해를 배상한 경우에는 사용자는 제3자에 대하여도 구상권을 행사할 수 있으며, 그 구상의 범위는 제3자의 부담부분에 국한된다(대판 1992.6.23. 91다33070).
(마) 국가배상법에 의한 구상금 청구: 국가배상법 제2조제2항에 의하여 국가 또는 지방자치단체가 산하 공무원에 대하여 구상권을 행사하는 경우 국가 등은 당해 공무원의 직무내용, 당해 불법행위의 상황, 손해발생에 대한 당해 공무원의 기여 정도, 당해 공무원의 평소 근무태도, 불법행위의 예방이나 손실분산에 관한 국가 또는 지방자치단체의 배려의 정도 등 제반 사정을 참작하여 손해의 공평한 분담이라는 견지에서 신의칙상 상당하다고 인정되는 한도 내에서만 당해 공무원에 대하여 구상권을 행사할 수 있다(대판 1991.5.10. 91다6764).

第757條【都給人의 責任】 都給人은 受給人이 그 일에 關하여 第三者에게 加한 損害를 賠償할 責任이 없다. 그러나 都給 또는 指示에 關하여 都給人에게 重大한 過失이 있는 때에는 그러하지 아니하다.

都給人의 責任

1. 原則 - 都給人의 責任 없음 - 본문: 도급에서 수급인은 도급인과는 독립하여 재량으로 자기의 노무를 제공한다. 따라서 도급인과 수급인 사이에는 원칙적으로 지휘, 복종을 본질로 하는 사용관계가 성립되지 아니한다. 이러한 점에서 제757조 본문에서 규정한 바대로 원칙적으로 도급인은 수급인이 그 일에 관하여 제3자에게 가한 손해를 배상할 책임이 없다.
2. 例外 - 責任지는 경우 - 단서: 도급 또는 지시에 관하여 도급인에게 중대한 과실이 있고 그로 인하여 수급인이 제3자에게 손해를 끼친 때에는 도급인은 제3자의 손해에 대하여 배상책임이 있다. 즉 도급인은 지시를 한 경우에 그 지시가 중대한 과실이 있고, 그로 인하여 수급인이 타인에게 손해를 가한 경우에만 예외적으로 사용자책임을 진다.
3. 都給人과 受給人 間의 責任에 관한 特約 - 내부적 효력만: 도급인과 수급인 간에 수급인의 제3자에 대한 손해배상책임은 수급인이 부담한다는 특약은 내부적인 손해분담의 약정에 불과하고, 그로서 제3자에 대한 도급인의 책임이 면제되는 것은 아니다(대판 1972.6.13. 72다556).
4. 다른 責任과의 관계
(1) 사용자 책임(756조)과의 관계
(가) 통상적인 도급: 제757조 단서의 도급인의 책임은 일반적인 사용자책임으로서의 제756조와는 그 성질이 다르다. 따라서 도급인이 책임을 지는 경우에도 제756조에 의하여 책임을 지는 것이 아니라 제757조에 의하여 책임을 진다.
(나) 도급인이 구체적 지휘를 하는 경우-사용자 책임: 도급인이 수급인의 일의 진행 및 방법에 관하여 구체적인 지휘감독권을 유보한 경우에는 도급인과 수급인의 관계는 실질적으로 사용자 및 피용자의 관계와 다를 바 없으므로 수급인이 고용한 제3자의 불법행위로 인한 손해에 대하여 도급인은 민법 제756조에 의한 사용자 책임을 진다(대판 1987.10.28. 87다카1185).
(다) 단순한 감리-사용자책임 부정: 사용자 및 피용자관계 인정의 기초가 되는 도급인의 수급인에 대한 지휘감독은 건설공사의 경우에는 현장에서 구체적인 공사의 운영 및 시행을 직접 지시, 지도하고 감시, 독려함으로써 시공자체를 관리함을 말하며, 단순히 공사의 운영 및 시공의 정도가 설계도 또는 시방서대로 시행되고 있는가를 확인하여 공정을 감독하는 데에 불과한 이른바 감리는 여기에 해당하지 않는다(대판 1987.10.28. 87다카1185).
(2) 하도급-하도급인이 사용자 책임

(가) 통상적인 하도급: 하도급의 경우는 통상적으로 원수급인과 하수급인 사이에는 지휘·감독 관계가 있기 때문에 원수급인의 책임의 본질은 사용자책임이다.
(나) 하수급인의 전부 배상 각서: 하도급에서 하수급인이 하도급공사과정에 있어 안전관리규칙을 철저히 준수하여야 하며 고의 또는 과실을 막론하고 발생한 인명 및 재산피해에 대하여 그 배상책임을 지겠다고 하도급인과 간에 약정한 바 있다고 하여 이 약정의 취지가 하도급인의 공동불법행위자로서의 배상책임을 배제하고 하도급계약상의 공사로 인하여 발생하는 모든 사고의 책임을 하수급인이 지기로 한 것으로 볼 수 없다(대판 1983.5.24. 83다카208).
(3) 공작물책임(758조)과의 관계: 본조의 도급인의 책임과 제758조제1항의 공작물 점유자의 책임은 법률요건과 법률효과가 달라 점유자가 제758조제1항에 의한 책임을 지는 경우에도 제757조의 도급인의 책임의 요건에 해당하면 도급인으로서의 책임도 성립한다(대판 2006.4.27. 2006다4564).

第758條【工作物等의 占有者, 所有者의 責任】 ①工作物의 設置 또는 保存의 瑕疵로 因하여 他人에게 損害를 加한 때에는 工作物占有者가 損害를 賠償할 責任이 있다. 그러나 占有者가 損害의 防止에 必要한 注意를 懈怠하지 아니한 때에는 그 所有者가 損害를 賠償할 責任이 있다.
②前項의 規定은 樹木의 栽植 또는 保存에 瑕疵 있는 境遇에 準用한다.
③第2項의 境遇에 占有者 또는 所有者는 그 損害의 原因에 對한 責任 있는 者에 對하여 求償權을 行使할 수 있다.

工作物 責任

1. 意義: 공작물의 점유자 및 소유자가 공작물 등의 설치 또는 보존의 하자로 인하여 타인에게 입힌 손해를 배상할 책임으로, 점유자와 소유자 양자에게 책임을 인정한다. 제1차적 배상책임자인 점유자에게는 과실책임적 기초에서 점유자가 손해의 방지에 필요한 주의의무를 다한 경우에는 면책될 수 있으나, 최종적인 책임자인 소유자에게는 무과실책임을 지운다. 공작물책임에 관한 이 규정은 수목의 식재 또는 보존에 하자가 있는 경우에 준용된다.

2. 占有者의 責任과 所有者의 責任과의 關係: 1차 책임자는 점유자이고, 보충적인 책임자로 소유자로 한다. 따라서 피해자는 1차적으로 점유자를 상대로 손해배상의 소를 제기한 후 점유자의 면책항변이 인정되어 패소한 후에라야 비로소 소유자를 상대로 손해배상을 청구할 수 있다. 종국적으로는 소유자가 책임을 질 것임에도 불구하고 피해자는 점유자를 상대로 한 무익한 소를 제기하여야 하며, 피해자가 소유자를 상대로 먼저 소를 제기하였다 하더라도 소유자가 점유자에게 과실 있음을 주장·입증하면 피해자는 소유자를 상대로 한 소에서는 패소하게 되고 점유자를 상대로 또 제소하여야 한다.

3. 다른 責任과의 關係

(1) 영조물의 설치·관리의 하자로 인한 국가배상책임과의 관계: 국가배상법 제5조제1항 전문은〈도로, 하천 기타 공공의 영조물의 설치 또는 관리에 하자가 있기 때문에 타인에게 손해를 발생하게 하였을 때에는 국가 또는 지방자치단체는 그 손해를 배상하여야 한다〉고 규정하고 있다. 이는 민법 제758조와 동일한 취지의 규정이며, 영조물과 공작물은 동일한 것이다. 그러므로 공작물이 국가 또는 지방자치단체가 설치하여 관리하면 국가배상책임이 성립하고 사인이 설치·관리하면 민법상의 공작물책임이 성립한다. 공작물을 국가가 사실상 관리하고 있는 경우에도 국가배상책임이 성립한다(대판 1995.1.24. 94다45302).
(2) 제750조의 일반 불법행위책임과의 관계: 제758조의 공작물의 책임과 제750조의 일반 불법행위책임은 그 요건을 달리하므로 공작물의 하자로 인한 피해자는 제758조에 의한 점유자 및 소유자에 대한 배상책임을 청구할 수 있는 것과는 별개로 공작물의 시공자에게 제750조에 의한 일반불법행위에 의한 손해배상책임을 직접 청구할 수 있다(대판 1996.11.22. 96다39219).
(3) 실화책임과의 관계: 공작물로부터 직접 발생한 화재는 특수한 공작물의 위험에 기인하는 것으

로 공작물책임이 적용되고, 화재로 연소된 부분에 대하여는 실화책임이 적용된다(대판 1996.2.23. 95다22887).

(4) 공해발생시설에 대한 본조의 적용 여부: 당해 시설물의 하자로 인하여 소음 등이 발생한 경우는 본조의 적용이 있지만, 그러한 소음 등이 당해 시설물의 하자와는 관계없이 발생한 것이면 본조의 적용은 없다. 따라서 일반적으로 공해에 관한 손해에 대하여는 본조의 적용이 없다고 보아야 한다.

(5) 제조물피해의 제조물책임법과 본조: 제조물 자체의 결함으로 인한 피해에 대하여는 특별법인 제조물책임법이 있어 본조가 적용될 여지는 없다. 또한 제조물책임법은 제조되어 거래된 동산에 적용되는 것이므로 본조와 그 규율하는 목적과 범위가 다르다. 그런데 하자 있는 제조물이 설치되어 타인에게 피해를 준 경우에는 제조물책임법과 본조와의 관계가 문제 된다. 제조물 자체의 하자인지 설치의 하자인지에 따라 다르게 보아야 한다.

3. 工作物責任의 成立

(1) 공작물: 공작물이라 함은 사람의 인공적 작업에 의하여 만들어진 모든 물건과 시설 일체를 말한다.

(가) 인공적 작업에 의하여 제작된 물건: 전기 그 자체는 여기에서 말하는 공작물에 해당되지 않는다(대판 1993.6.29. 93다11913).

(나) 지상, 지하 불문, 정착 여부 불문: 지상·지하 어디에 위치한 것이든 관계없으며, 토지에 정착되어 있든 유동할 수 있든 관계없으며, 건물 내부에 있든 외부에 있든 관계가 없다. 구체적인 공작물의 예로서는 지상 또는 지하에 설치된 시설물로서 건물, 도로, 교량, 수영장, 댐, 제방, 수도설비, 가스관, 고압선, 광고탑, 우물, 담, 놀이기구 등이 해당한다. 건물 내의 공작물로서는 건물의 일부를 이루는 건물 내부의 설비로서 천장, 계단, 엘리베이터 등이 이에 속하며, 기업설비인 기계, 기구, 발전기 등도 이에 속한다.

(다) 교통수단: 자동차·항공기 등과 같은 교통수단도 동적 설비로서 공작물에 포함된다(대판 1998.3.13. 97다34112).

(2) 설치 또는 보존의 하자

(가) 하자: 손해가 공작물의 설치 또는 보존의 하자로 인하여 발생하여야 한다. 여기서 하자라 함은 객관적으로 당해 공작물이 갖추어야 할 것으로 요구되는 안전성이 결여된 상태를 말한다. 안전성이 결여되었느냐 여부의 판단은 당해 공작물의 위험성에 비례하여 사회통념상 요구되는 위험방지를 하였느냐가 그 기준이 된다.

(나) 하자의 종류: 공작물의 설치 당시부터의 하자가 설비의 하자이고, 설비 후에 발생한 하자가 관리의 하자이다. 또한 설치 당초에는 하자가 없었으나 주변환경의 변화로 하자가 생긴 경우에도 관리의 하자로 된다. 그러나 제758조는 하자의 내용에 따라 효과를 달리하지 않으므로 양자를 구별할 실익이 없다.

(다) 하자의 존부가 문제된 예

① 고속도로의 설치하자: 편도 2차선 고속도로의 갓길과 2차선에 걸쳐 고여 있는 빗물에 차량이 미끄러져 사고가 난 경우, 고속도로의 설치, 관리상의 하자가 인정된다(대판 1999.12.24. 99다45413).

② 고속도로의 관리 하자: 고속도로의 추월선에 각목이 방치되어 사고의 원인된 경우에 도로공사의 본조의 하자를 인정하였다(대판 1996.10.11. 95다56552).

③ 부착된 간판 추락: 임차인이 건물 외벽에 간판을 부착하기 위하여 설치한 볼트 5개 중 3개가 떨어져 나가자 간판이 무게를 이기지 못하고 추락하여 행인이 상해를 입은 경우에, 건물 소유자는 건물 외벽의 직접 점유자로서 건물외벽의 하자로 인한 배상책임이 인정된다(대판 2003.2.28. 2002다65516).

④ 호우로 도로 유실: 집중호우로 제방도로가 유실되면서 보행자가 사고를 당한 경우, 지방도로의 설치, 보존상의 하자가 인정된다(대판 2000.5.26. 99다53247).

⑤ 통상 외의 사용에 의한 사고: 행인이 여관방을 들여다보기 위하여 보호벽을 타고 올라가다가 보호벽이 무너진 경우에, 통상의 용법에 따르지 않은 것으로 책임은 인정되지 아니한다(대판 1998.1.23. 97다25118).

⑥ 출입제한 지역의 무단사용: 출입이 제한되어 있는 5층 건물의 옥상에 무단으로 올라가서 기합을 받다가 굴러 떨어진 사고에서 건물 점유자의 책임을 부정하였다(대판 1992.4.24. 91다37652).
⑦ 예견가능성이 희박한 경우: 객관적으로 보아 시간적, 장소적으로 영조물의 기능상 결함으로 인한 손해발생의 예견가능성과 회피가능성이 없는 경우, 즉 그 영조물의 결함이 영조물의 설치관리자의 관리행위가 미칠 수 없는 상황 아래에 있는 경우에는 영조물의 설치관리 상의 하자를 인정할 수 없다(대판 2000.2.25. 99다54004).
⑧ 설치 후의 제3자의 행위에 의한 하자: 공작물의 설치 후 제3자의 행위에 의하여 본래에 갖추어야 할 안전성에 결함이 발생된 경우에는 공작물에 그와 같은 결함이 있다는 것만으로 성급하게 공작물의 보존상의 하자를 인정하여서는 아니 되고, 당해 공작물의 구조, 장소적 환경과 이용상황 등 제반 사정을 종합하여 그와 같은 결함을 제거하여 원상으로 복구할 수 있는데도 이를 방치한 것인지 여부를 개별적·구체적으로 심리하여 종합적으로 하자의 유무를 판단하여야 할 것이다(대판 1992.9.14. 92다3243).
(라) 하자존부의 입증책임-일응의 추정: 하자의 존재에 관하여 피해자에게 그 입증책임이 있다. 그러나 공작물 자체는 위험성을 내포하고 있으므로 피해자가 정상적인 행동(작동), 즉 통상적인 용법에 의하여 사용하였음에도 불구하고 피해가 발생한 경우에는 피해의 발생 자체가 하자의 존재를 일응 추정한다. 따라서 피해자는 정상적인 행동(작동)을 하였다는 것을 입증하고, 상대방이 면책되려면 하자의 부존재를 입증하여야 한다.
① 이 사건의 경우처럼 강풍에 의하더라도 주위에 있는 다른 건물에는 아무 이상이 없었는데 유독 이 사건 제관실의 지붕이 바람에 날려 무너진 것이라면 이 사건 사고는 일응 그 공작물의 하자에 기인한 것이라고 추정함이 사회통념상 타당하다(대판 1974.11.26. 74다246).
② 탄광에서 천반이 붕락되어 압사하였다면 그 사고는 일응 광산갱 내의 낙반 붕괴의 방지의무를 다 하지 못한 시설물 하자에 기인한 것이라 추정함이 상당하다(대판 1969.12.30. 69다1604).
③ 교통사고로 인한 사망 사안에서 돌출된 옹벽이 시작하는 앞 부위의 옹벽 위에 황색 점멸등을 설치하였을 뿐 그 외에 그 전방 도로상에 시선 유도 표지를 하거나, 위 돌출 옹벽이 시작하는 앞 부위의 옹벽 앞에 폐타이어나 모래주머니 등의 충격흡수시설은 하지 아니하였고, 이 사건 사고 당시에는 위 점멸등도 작동되지 않은 상태이었던 사실을 인정한 다음, 이 사건 사고는 위와 같은 도로의 설치·관리상의 하자로 말미암아 발생하였다고 판단하였다(대판 1997.10.10. 97다27022).
(3) 손해의 발생: 손해가 발생하여야 한다.
(4) 인과관계의 존재: 공작물의 하자와 손해의 발생 간에 인과관계가 있어야 한다.
(가) 하자로 인한 손해-피해자의 행위와 경합한 경우도 포함: 공작물의 설치 또는 보존상의 하자로 인한 사고라 함은 공작물의 설치 또는 보존상의 하자만이 손해발생의 원인이 되는 경우만을 말하는 것이 아니고, 다른 제3자의 행위 또는 피해자의 행위와 경합하여 손해가 발생하더라도 공작물의 설치·보존상의 하자가 공동원인의 하나가 되는 이상 그 손해는 공작물의 설치·보존상의 하자에 의하여 발생한 것이라고 보아야 한다(대판 1994.11.22. 94다32924). * 이 사건 사다리차 조작과정에서의 실수가 개입되어 있다거나 소외 1이 이 사건 사고 당시 이 사건 전선이 고압전선인 점을 알고 있었고 피고에게 문의 및 안전조치요구를 하지 아니하였다는 등의 사정은, 피고의 위와 같은 설치·보존상의 하자와 망 소외 2의 사망 사이의 상당인과관계를 인정하는 데에 아무런 장애가 되지 아니한다(대판 2007.6.28. 2007다10139).
(나) 입증책임: 인과관계의 입증은 피해자가 하여야 한다. 그러나 하자의 존재와 손해의 발생만 입증되면 통상적으로 양자간에는 인과관계가 추정된다.
4. 賠償責任者: 제1차적 배상책임자는 점유자이다. 소유자는 점유자가 면책될 때 비로소 책임을 지는 보충적 지위의 배상책임자이다.
(1) 점유자: 점유자는 공작물을 사실상 지배하는 자를 말한다. 1차적 배상책임자이나, 손해의 방지에 필요한 주의를 해태하지 아니한 때에는 면책된다.
(가) 면책사유-제1항 단서: 점유자는 공작물의 하자를 보수하고 손해의 발생을 방지할 주의를 해태하지 않은 때에 면책된다.

① 면책사유의 입증: 점유자가 면책되려면 발생한 손해는 하자가 없었더라도 불가피하게 발생한다는 것을 입증하거나(대판 1982.8.24. 82다카348), 그 하자가 불가항력에 의한 것이거나 손해의 방지에 필요한 주의를 해태하지 아니하였다는 점을 주장・입증하여야 비로소 그 책임을 면할 수가 있다(대판 1988.11.8. 86다카775). 면책을 받는 데 필요한 주의는 단순히 보수나 주의를 하였다는 것으로는 부족하고 손해의 발생을 현실적으로 방지하는 데 족한 주의를 말한다. 따라서 소유자에게 단순히 수선을 요구하였다든가 또는 이용자에게 위험을 경고하였다는 것만으로는 면책되지 않는다.

㉮ 주의의무 이행 여부: 점유자가 주의를 다하였느냐는 것은 획일적으로 판단되는 것이 아니라 공작물의 성질, 이용자의 성질, 이용행위 등을 종합적으로 고려하여 판단되어야 한다(대판 1987.4.14. 86다카1705).

㉯ 간접점유-직접점유자가 우선 책임: 간접점유자가 있는 때에는 직접점유자가 먼저 책임을 지며, 직접점유자에게 책임을 지울 수 없을 때에는 간접점유자가 책임을 진다. 그리고 점유보조자에 의하여 점유되고 있을 때에는 점유자가 책임을 짐은 당연하다. 점유자인지 여부가 문제되는 경우가 가스사용자와 가스공급업자인데, 판례는 공작물의 보수 및 관리의 주체를 기준으로 가스공급업자를 직접점유자로 인정하였다(대판 1994.4.28. 94다2787).

(나) 면책 여부가 문제된 예

① 예상 외의 폭우-면책 부정: 집중호우로 제방도로가 유실되면서 그 곳을 걸어가던 보행자가 강물에 휩쓸려 익사한 경우, 사고 당일의 집중호우가 50년 빈도의 최대강우량에 해당한다는 사실만으로 불가항력에 기인한 것으로 볼 수 없다는 이유로 제방도로의 설치・관리상의 하자를 인정하였다(대판 2000.5.26. 99다53247).

② 최저 속도의 제한이 있는 고속도로의 경우에 있어서는 도로관리자가 도로의 구조, 기상예보 등을 고려하여 사전에 충분한 인적・물적 설비를 갖추어 강설시 신속한 제설작업을 하고 나아가 필요한 경우 제때에 교통통제 조치를 취함으로써 고속도로로서의 기본적인 기능을 유지하거나 신속히 회복할 수 있도록 하는 관리의무가 있다고 할 것이다. 이 사건 당시 각 고립구간의 교통정체를 충분히 예견할 수 있었고 따라서 미리 정해진 재해상황별 조치계획에 의하여 즉시 차량의 추가 진입을 통제하는 등 교통제한 및 운행정지조치를 취하여야 할 의무가 있었음에도 안일한 태도로 교통제한 및 운행정지 등 필요한 조치를 충실히 이행하지 아니함으로써 원고들을 고속도로에 장시간 고립시키는 사태를 야기하였으므로 피고에게는 고속도로 관리상의 하자가 있었던 것으로 인정된다(대판 2008.3.13. 2007다29287, 29294).

(2) 소유자-무과실책임-제1항 단서: 소유자는 점유자가 면책될 때 또는 소유자가 점유를 할 때 책임을 진다. 소유자는 면책사유가 인정되지 않는 무과실책임을 진다. 공작물책임은 실제의 이용과정에서 발생한 손해에 대한 책임이므로 실제의 지배자가 책임을 져야 한다. 점유자가 피해자인 때에는 소유자가 책임을 지며, 점유자의 보존에 대한 주의의무의 해태(과실)가 있는 때에는 과실상계가 적용된다(대판 1993.2.9. 92다31668).

5. 占有者 및 所有者의 求償權 - 제3항: 피해자에게 손해를 배상한 점유자 또는 소유자는 그 손해의 원인에 대하여 책임 있는 자에 대하여 구상할 수 있다. 손해의 책임 있는 자로서는 수급인, 공작물의 종전 점유자 또는 소유자, 공작물의 설계자, 관리책임자, 시공자 등을 들 수 있다. 여기서 이들은 하자에 대한 책임이 있는 경우, 즉 불완전한 공작물에 대한 구상책임으로 하자에 대한 과실이 있는 경우에만 구상을 당한다. 이때 이들이 지는 구상책임의 본질은 일반 불법행위에 대한 책임이다.

6. 樹木에 關한 責任 - 제2항, 제3항: 수목의 식재 또는 보존에 하자 있는 경우에 공작물책임을 준용한다(2항). 구상권에 관하여도 공작물책임에서와 같다(3항).

第759條【動物의 占有者의 責任】 ①動物의 占有者는 그 動物이 他人에게 加한 損害를 賠償할 責任이 있다. 그러나 動物의 種類와 性質에 따라 그 保管에 相當한 注意

를 懈怠하지 아니한 때에는 그러하지 아니하다.
②占有者에 가름하여 動物을 保管한 者도 前項의 責任이 있다.

動物의 占有者, 保管者의 責任

1. 意義: 동물의 점유자 및 보관자가 그 동물이 타인에게 입힌 손해에 대하여 배상책임을 지는 것을 동물의 점유자의 책임이라고 한다. 제759조는 동물의 점유자 및 보관자는 그의 지배하에 있는 동물이 제3자에게 입힌 손해에 관하여 배상책임을 지지만, 그 동물의 보관에 주의를 해태하지 않았을 때에는 면책된다고 규정한다. 동물점유자의 책임은 일종의 위험책임이다. 그런데 제759조는 절대적인 무과실책임으로 하지 않고 그의 지배 영역 하에 있는 위험원인 동물에 대하여 주의를 다한 경우에는 면책되는 것으로 하여 면책적 무과실책임으로 하고 있다. 따라서 동물의 점유자는 자기가 점유하고 있는 동물의 보관에 상당한 주의를 한 것을 입증하면 면책된다.
(1) 동물의 직·간점유자-제1항: 점유자에는 직접점유자뿐만 아니라 간접점유자를 포함한다.
(2) 동물의 보관자-제2항: 일시적으로 동물을 보관하는 자를 말한다. 보관자란 훈련을 맡은 자, 소유자의 출타시에 부탁을 받아 일시적으로 보관하는 자 등을 말한다. 보관자는 동물을 직접 점유하는 자이기 때문에 독립해서 제759조제1항의 책임을 진다. 따라서 제2항의 보관자란 당연한 것을 규정한 것에 지나지 않는다.
(3) 동물의 소유자: 대리 점유시키는 경우에 본인, 즉 임대인이나 임치인 등과 같은 소유자인 간접점유자가 포함되는지가 문제된다. 일시적으로 점유하는 직접점유자보다는 간접점유자인 소유자가 당해 동물의 위험성·성질·버릇 등을 더 잘 알기 때문에 소유자에게 제759조를 적용하는 것이 타당하다. 따라서 타인에게 일시적으로 빌려준 개의 소유자도 제759조에 의한 배상책임이 있다(대판 1981.2.10. 80다2966).

2. 責任의 成立要件
(1) 동물에 의할 것: 동물의 종류는 묻지 아니한다. 개·고양이·말·닭·새 등의 가축이나 유용한 동물에 한하지 않고, 야성의 동물이라도 사람의 지배하에 있는 것이면 여기에 포함된다. 도주 또는 유실한 동물에 의한 가해에 대해서는 그 도주 등이 일시적인 경우에는 점유 및 보관관계를 이탈한 것으로 책임을 면할 수 없다.
(2) 타인에게 손해를 입혔을 것
(가) 손해의 의미: 동물에 의하여 인적 또는 물적 손해가 발생하여야 한다. 이러한 손해는 동물 그 자체의 동작에 의한 손해를 말한다. 그러나 직접적인 동작에 의한 것이 아닐지라도 동물을 피하기 위하여 피해를 입은 경우도 여기서의 손해에 해당한다. 한편 동물에 의해 사람 또는 다른 동물이 감염된 경우도 점유자의 관리 소홀에 의한 발병과 감염으로 제759조의 책임이 발생한다.
(나) 사람이 동물을 사주한 경우: 사람이 동물을 사주하여 덤벼들게 함으로써 타인에게 손해를 발생시킨 경우가 문제 된다. 손해를 야기시킨 주체는 사람이고 동물은 단지 도구로써 이용되었으므로 일반 불법행위가 성립하는 것이 원칙이나, 사주한 자가 점유자나 보관자인 경우는 제759조에 의한 무거운 책임을 진다.
(다) 피해자가 동물의 가해를 야기시킨 경우: 피해자가 동물을 자극하여 그 동물의 반격을 받아 피해를 당한 경우는 동물 점유자의 관리 부주의나 위험방지조치의 태만이 경합하지 않는 한 면책된다. 이때는 과실상계가 적용되는 경우가 많을 것이다.
(라) 동물의 행위와 손해의 인과관계: 상당인과관계가 있으면 된다.
(3) 면책사유가 없을 것: 제759조는 〈동물의 종류와 성질에 따라 그 보관에 상당한 주의를 해태하지 않은 때〉에 책임을 면한다고 규정한다. 여기서의 주의의무는 통상 지켜야 할 정도의 주의를 의미하며 특별한 상태에 대처하여야 할 주의를 의미하는 것은 아니다. 구체적으로는 당해 동물의 종류·성질·버릇·가해전력·보관의 태양·보관에 대한 숙련도 등을 종합적으로 고려하여 사회통념상 판단하여야 한다(대판 1981.2.10. 80다2966). 주의를 다 기울였다는 것을 점유자 및 보관자가 입증하면 면책된다.

3. 賠償責任者

(1) 점유자와 보관자

(가) 점유자와 보관자: 배상책임자는 동물의 점유자(1항)와 점유자에 갈음하여 보관하는 자이다(2항).

(나) 대리점유시킨 경우－빌려준 경우: 대리점유시킨 자는 소유자로서 간접점유자에 해당하고, 점유자에는 간접점우자도 포함하므로 피해자는 직접점유자와 간접점유자 중에서 선택해서 제759조에 기하여 배상을 청구할 수 있다. * 도사견은 성질이 난폭하여 사람에게 피해를 입힐 위험이 크므로 그 소유자가 이를 타인에게 빌려주는 경우에는 그가 도사견을 안전하게 보관 관리할 수 있는 시설을 갖추고 있는지 여부를 확인하여야 할 주의의무가 있다(대판 1981.2.10. 80다2966).

(2) 점유자와 보관자의 책임관계: 직접점유자와 간접점유자 사이에는 제759조의 책임이 경합하고 양자간에는 부진정연대채무관계가 성립한다.

(3) 점유자와 보관자의 구상권: 제759조에 의하여 배상한 점유자나 보관자는 그 손해의 원인에 대하여 책임이 있는 자가 있고, 그 자와는 점유자 또는 보관자가 계약관계에 있는 경우에는 그 자에 대하여 구상권을 가진다. 예컨대 동물용의 우리나 쇠사슬이 나빠서 책임을 지게 된 자는 그의 피용자 또는 우리·쇠사슬의 제조자나 판매자에 대하여 구상권을 행사할 수 있다.

第760條【共同不法行爲者의 責任】 ①數人이 共同의 不法行爲로 他人에게 損害를 加한 때에는 連帶하여 그 損害를 賠償할 責任이 있다.
②共同 아닌 數人의 行爲中 어느 者의 行爲가 그 損害를 加한 것인지를 알 수 없는 때에도 前項과 같다.
③敎唆者나 幇助者는 共同行爲者로 본다.

共同不法行爲責任

1. 意義: 여러 명이 공동으로 위법행위를 하여 타인에게 손해를 가하는 것을 공동불법행위라고 한다. 제760조는 공동불법행위자에게 손해배상에 대하여 연대책임을 지우는 것에 특색이 있다. 이와 같이 제760조가 공동불법행위자들에게 연대책임을 부과한 것은 피해자를 두텁게 보호하려는 데 있다. 다만 가해자의 책임을 가중하는 취지, 즉 분할책임으로 하지 않고 연대책임으로 하는 취지는 공동불법행위의 유형에 따라 각기 다르다.

(1) 제1항과 제3항의 취지: 제1항과 제3항의 경우는 위법행위에 여러 명이 각자 공동으로 관여하였기 때문에 공동하여(연대) 책임을 지운 것이다.

(2) 제2항의 취지: 제2항의 경우는 피해자에게 가해행위와 손해발생 사이의 인과관계를 입증하는 부담을 덜어주기 위함이다. 따라서 제2항의 경우, 즉 가해자불명의 공동불법에서 각자는 자기의 행위가 손해의 발생과는 무관하다는 것을 입증하면 면책된다.

(3) 〈연대하여 배상할 책임〉: 구체적으로 당해 불법행위자간에 연대채무관계를 의미하는 것이 아니라 부진정연대채무관계를 의미한다. 부진정연대채무로 해석하는 것은 피해자를 두텁게 보호하기 위한 목적이다.

2. 共同不法行爲의 態樣別 要件

(1) 협의의 공동불법행위-제1항: 전형적인 공동불법행위로서 여러 명이 공동하여 타인에게 손해를 가한 경우이다. 예컨대 여러 명이 한 사람을 구타한 경우, 여러 명이 공동으로 강도 또는 절도를 한 경우 등이 이에 속한다. 협의의 공동불법행위가 성립하기 위하여는 각자의 행위가 독립하여, 개별적으로 불법행위의 성립요건을 갖추어야 하고, 상호간의 행위가 관련공동성을 가져 손해발생에 공통의 원인이어야 한다.

(가) 각자의 행위의 독립성: 각자의 행위는 독립한 행위로 평가되지 않으면 아니 된다. 이러한 점에서 피용자의 행위에 대한 사용자의 책임 또는 기관의 행위에 대한 법인의 책임이 성립하는 경우에 사용자나 법인이 공동불법행위자가 되는 것이 아니므로 본조가 적용되지는 않는다. 다만

피용자의 불법행위에 대하여 사용자의 고의·과실 등의 요건이 갖추어진 경우에는 피용자와 사용자의 공동불법행위가 성립되는 경우가 있다.

(나) 각자의 불법행위요건 충족: 독립된 행위자로 각자가 책임을 지기 위하여는 개별적으로 불법행위의 성립요건을 갖추어야 한다. 각 행위자는 고의·과실과 책임능력을 갖추어야 하며, 위법성이 있어야 한다.

(다) 인과관계의 존재: 각자의 행위와 손해 사이에 인과관계가 있어야 하나, 각자의 행위와 손해발생 사이에는 엄격한 인과관계를 요하지 않고 공통의 원인으로 작용하였으면 족하다(객관적 공동설에 의함). 공동불법행위를 인정한 것은 행위의 관련공동성에서 관련행위자 모두에게 그 책임을 추궁하는 것이므로, 각자의 행위와 직접의 가해행위 사이에 인과관계가 있어 그것에 공동성이 인정되면 공동행위를 중간 매개로 하여 각자의 행위와 결과의 개별적 인과관계를 묻지 않고 책임이 인정된다.

① 여러 명이 폭행을 공모하여 그 중 1인이 폭행을 한 경우에 공동불법행위에 의한 손해가 인정된다(대판 1957.3.28. 4289민상551).

② 교통사고로 상해를 입은 피해자가 치료를 받던 중 의사의 과실 등으로 인한 의료사고로 증상이 악화되거나 새로운 증상이 생겨 손해가 확대된 경우에 공동불법행위에 의한 손해가 인정된다(대판 1993.1.26. 92다4871).

③ 불법행위자인 책임능력 있는 미성년자의 부모인 감독의무자에게 친권자로서의 감독의무를 현저히 해태한 과실이 있는 경우에 미성년자 본인과 친권자 간에 공동불법행위가 성립한다(대판 1991.4.9. 90다18500).

(라) 각자의 요건의 동일성은 불요: 각자는 각자의 불법행위의 성립요건을 갖추면 되고, 그 요건이 같을 필요는 없다. 따라서 고의자와 과실자 간에도 공동불법행위가 성립하며, 무과실책임자와 과실책임자 간에도 공동불법행위는 성립한다.

(마) 행위의 객관적 관련공동성: 공동불법행위가 성립하려면 각 행위자 사이에 행위의 관련공동성이 있어야 한다. 관련의 정도는 행위자 사이에 반드시 공모 내지 공동의 인식이 있어야 하는 것은 아니고 그 행위가 객관적으로 관련공동성이 있으면 족하다-객관적 공동설-(대판 1997.11.28. 97다18448). 각자의 행위가 손해발생에 공통의 원인으로 되었으면 족하다. 따라서 각자의 행위가 손해발생에 공통의 원인이 있었으면 본조 제1항이 적용되고, 행위자간에 관련공동성이 없는 경우에 손해발생에 가해원인이 불명인 때에는 본조 제1항의 적용이 있다. 이에 의하면 피해자가 두텁게 보호된다는 점은 있으나, 〈관련공동성〉의 개념이 모호하여 이를 판정할 실질적 표준이 미흡하고 면책이나 책임감경의 여부가 불명확한 점이 지적된다.

① 손해에 공통의 원인으로 작용: 공동불법행위가 성립하려면 행위자 사이에 의사의 공통이나 행위공동의 인식이 필요한 것은 아니지만 객관적으로 보아 피해자에 대한 권리침해가 공동으로 행하여지고 그 행위가 손해 발생에 대하여 공통의 원인이 되었다고 인정되는 경우라야 한다(대판 1989.5.23. 87다카2723).

② 교통사고로 상해를 입은 피해자가 치료를 받던 중 치료를 하던 의사의 과실로 인한 의료사고로 증상이 악화되거나 새로운 증상이 생겨 손해가 확대된 경우에 가해자와 의사의 공동불법행위가 성립한다(대판 1998.11.24. 98다32045).

③ 타인의 물건을 절취 또는 횡령한 장물을 매수한 자가 장물취득에 업무상 과실이 있다면 물건의 원소유자에 대한 권리침해에 대하여 절취한 자와 장물취득자는 공동불법행위가 성립된다(대판 1962.11.22. 62다579).

④ 버스가 국도 상에 생긴 웅덩이를 피하기 위하여 중앙선을 침범한 과실운행으로 상대방 차와 충돌한 사고에서 도로의 관리책임자인 국가와 버스회사의 공동불법행위가 성립한다(대판 1993.6.25. 93다14424).

⑤ 동시에 또는 거의 같은 시기에 축조된 가해건물들이 일조권을 침해한 경우에는, 건물의 건축자들이 피해건물의 소유자 등이 입은 손해에 대하여 공동불법행위책임을 진다(대판 2006.1.26. 2005다47014).

⑥ 에이즈 바이러스에 감염된 혈액을 환자가 수혈받음으로써 에이즈에 감염될 위험을 배제할 의무 및 그와 같은 결과를 회피할 의무를 다하지 아니하여 감염된 혈액을 수혈받은 환자로 하여금 에이즈 바이러스 감염이라는 치명적인 건강 침해를 입게 한 대한적십자사의 과실 및 위법행위는 신체상해 자체에 대한 것인 데 비하여, 수혈로 인한 에이즈 바이러스 감염 위험 등의 설명의무를 다하지 아니한 수혈 의사들의 과실 및 위법행위는 신체상해의 결과 발생 여부를 묻지 아니하는 수혈 여부와 수혈 혈액에 대한 환자의 자기결정권이라는 인격권의 침해에 대한 것이므로, 대한적십자사와 수혈의사의 양 행위가 경합하여 단일한 결과를 발생시킨 것이 아니고 각 행위의 결과 발생을 구별할 수 있으니, 이와 같은 경우에는 공동불법행위가 성립한다고 할 수 없다(대판 1998.2.13. 96다7854).

(2) 가해자불명의 공동불법행위-제2항: 공동 아닌 여러 명의 행위자 중 어느 자의 행위가 그 손해를 가한 것인지를 알 수 없는 경우에 행위자 모두에게 연대하여 배상책임을 지운다. 우연히 다중이 소란을 피웠는데, 그 중의 일인 또는 복수의 사람의 가해행위인 것은 분명하나 구체적으로 누구의 행위인지 불분명한 경우, 두 사람의 포수가 각자 독립하여 수렵행위를 하던 중 소리가 나서 각자 총을 발사하여 사람이 상해를 입은 경우 누구의 총에 의한 상해인지 판정을 할 수가 없는 경우 등이 이에 속한다. 이와 같이 특정 행위와 손해발생에 대한 인과관계를 증명할 수 없는 경우에 인과관계를 추정하여 피해자를 보호하려는 것이 본조 제2항의 취지이다. 따라서 본조 제2항의 가해자불명의 공동불법행위가 성립하기 위해서는 각자는 인과관계를 제외한 나머지 불법행위의 요건은 모두 충족하여야 한다.

(가) 각 행위자의 불법행위요건: 각 행위자에게는 고의·과실 및 책임능력이 있어야 한다. 그런데 인과관계에 관하여는, 수인의 행위 전체가 하나의 행위로서 발생한 손해에 대하여 인과관계가 있으면 개별행위자에게 손해와의 인과관계가 추정된다.

(나) 가해자 불명의 복수행위: 가해자불명이란 수인의 행위가 경합되었으나 구체적으로 어느 행위가 손해를 일으켰는지 또는 어느 행위가 어느 부분의 손해를 일으켰는지를 알 수 없는 경우를 의미한다. 이러한 경우에 행위자 모두에게 연대책임을 지우는 것은 인과관계에 관한 피해자의 입증책임을 덜어주기 위함이다.

① 인과과계는 추정: 인과관계는 추정된다. 따라서 자기의 행위와 손해의 발생과의 사이에 인과관계가 없음을 입증한 때에는 책임을 면한다.

② 특정 손해만에 대한 인과관계 입증: 자기의 행위가 손해의 어느 부분에 대해서만 원인을 주었다는 것을 입증한 때에는 그 부분의 손해만을 배상할 책임이 있다.

(3) 교사·방조에 의한 공동불법행위-제3항: 교사자나 방조자를 공동불법행위자로 보아 연대배상책임을 지운다. 교사는 타인으로 하여금 불법행위를 할 의사를 결정하게 하는 것이고, 방조는 타인의 불법행위를 용이하게 하는 직접 또는 간접의 모든 행위를 가리키는 것으로서 작위에 의한 경우뿐만 아니라 작위의무 있는 자가 그것을 방지하여야 할 제반 조치를 취하지 아니하는 부작위로 인하여 불법행위자의 실행행위를 용이하게 하는 경우를 포함한다.

(가) 책임능력: 교사자나 방조자가 책임능력이 있어야 함은 일반불법행위에 있어서와 같다.

(나) 고의, 과실 모두: 교사자나 방조자는 고의로 교사 또는 방조하는 것이 보통이나 고의에 한하지 않고 과실에 의한 교사 또는 방조도 가능하다(대판 1998.2.26. 98다52469).

(다) 교사, 방조행위와 불법행위와의 인과관계: 교사행위 또는 방조행위와 피교사자 또는 피방조자의 불법행위 사이에 인과관계가 있어야 한다.

(라) 피교사자, 피방조자의 불법행위요건 충족: 교사나 방조에 의한 직접행위자는 일반불법행위의 요건을 갖추어야 한다.

(마) 무능력자인 피교사자, 피방조자의 행위: 직접행위자가 책임무능력자인 경우는 그 자를 도구로 사용한 교사자와 방조자의 독립한 불법행위일뿐 피교사자 또는 피방조자와 공동불법행위가 되는 것이 아니다.

(4) 공해에 관한 공동불법행위: 두 개 이상의 사업장에 의한 피해의 경우이다.

(가) 제2항의 가해자 불명: 환경정책기본법 제31조제2항이 사업장 등이 2개 이상 있는 경우에

어느 사업장 등에 의하여 피해가 발생한 것인지 알 수 없는 때에는 각 사업자는 연대하여 피해를 배상하여야 한다고 규정하는데, 이는 민법 제760조제2항의 가해자불명의 공동불법행위의 특칙에 해당한다.

(나) 제1항의 공동불법행위: 개별 사업장의 손해발생원인은 독립해서 손해를 발생시키지 아니하나 두 개 이상의 원인이 결합하여 손해를 발생시킨 경우가 문제된다. 예컨대 상류에 위치한 세 개의 사업장에서 방출한 폐수가 하류에 위치한 양어장의 양어를 죽게 하였는데, 각 사업장이 방출한 개별 폐수는 그 농도가 약하여 양어를 죽일 정도는 아니나 세 개의 폐수가 혼합됨으로써 농도가 상승하여 양어를 죽게 하는 원인이 된 경우이다. 이 경우는 행위의 관련공동성에 의하여 본조 제1항이 적용된다.

3. 共同不法行爲의 效果

(1) 공동불법행위자의 책임

(가) 부진정연대채무관계: 공동불법행위자간의 배상채무는 부진정연대채무관계이다. 따라서 피해자의 특정 공동불법행위자에 대한 권리의 포기, 시효소멸, 면제, 상계는 다른 공동불법행위자에게 영향이 없으나 채권을 만족시키는 변제는 변제한 범위 내에서 다른 공동불법행위자에게 효력이 있다. 변제와 동일시할 수 있는 대물변제, 공탁도 동일하다.

(나) 면책 또는 감책

① 제1항의 공동불법행위: 자기의 행위와 손해발생 사이에 인과관계가 없다거나 손해의 일부만이 자기의 행위와 인과관계가 있다는 것을 이유로 면책 또는 감책되지 않는다.

② 제2항의 공동불법행위: 특정행위자의 행위와 손해 사이에 인과관계가 입증되거나 자기의 행위와 손해 사이에 인과관계가 없음을 입증한 때에는 책임을 면한다.

(2) 배상의 범위

(가) 제393조의 준용: 제763조에 의하여 제393조가 준용되어 공동불법행위자는 행위와 상당인과관계 있는 통상손해와 특별손해를 모두 배상하여야 한다(대판 2001.9.7. 99다70365).

(나) 과실상계: 배상액을 산정함에는 제396조의 과실상계가 준용된다(763조).

① 공동행위자 전원 상대의 청구-전체적으로 과실비율 평가: 공동불법행위책임은 가해자 각 개인의 행위에 대하여 개별적으로 그로 인한 손해를 구하는 것이 아니라 가해자들이 공동으로 가한 불법행위에 대하여 그 책임을 추궁하는 것으로, 법원이 피해자의 과실을 들어 과실상계를 함에 있어서는 피해자의 공동불법행위자 각인에 대한 과실비율이 서로 다르더라도 피해자의 과실을 공동불법행위자 각인에 대한 과실로 개별적으로 평가할 것이 아니고 그들 전원에 대한 과실로 전체적으로 평가하여야 한다(대판 1998.6.12. 96다55631). * 차량의 운행자가 아무런 대가를 받지 아니하고 동승자의 편의와 이익을 위하여 동승을 허락하고, 동승자도 그 자신의 편의와 이익을 위하여 그 제공을 받은 경우라 하더라도, 그 운행 목적, 동승자와 운행자의 인적 관계, 그가 차에 동승한 경위, 특히 동승을 요구한 목적과 적극성에 비추어 가해자에게 일반 교통사고와 동일한 책임을 지우는 것이 신의칙이나 형평의 원칙으로 보아 매우 불합리하다고 인정될 때에는 그 배상액을 감경할 수 있다. 그리고 2인 이상의 공동불법행위로 인하여 호의동승한 자가 피해를 입은 경우, 공동불법행위자는 피해자에 대한 관계에 있어서는 부진정연대책임이 있으나 그 공동불법행위자의 내부관계에 있어서는 일정한 부담 부분이 있으며, 동승자가 입은 손해액에서 감액 비율을 참작하여 공동불법행위자들이 동승자에 대하여 배상하여야 할 수액을 산정한 후 둘 사이의 과실비율에 따라 그 부담 부분을 산정하여야 한다(대판 1995.10.12. 93다31078).

② 공동행위자 개별적으로 청구-개별적 평가: 피해자가 공동불법행위자별로 별개의 소를 제기하여 소송을 진행하는 경우에는 각 소송에서 제출된 증거가 서로 다르고 이에 따라 교통사고의 경위와 피해자의 손해액산정의 기초가 되는 사실이 달리 인정됨으로 인하여 과실상계 비율과 손해액도 서로 달리 인정될 수 있는 것이다(대판 2001.2.9. 2000다60227).

(3) 구상권

(가) 인정: 부진정연대채무관계에서는 공동행위자간의 공평의 이념에서 구상권을 인정한다.

(나) 부담비율: 부담비율은 책임의 비율로서, 고의와 과실의 정도, 교사와 방조의 태양 등을 종

합적으로 고려하여 결정하여야 한다(대판 1994.12.27. 94다4974). 특별한 사정이 없으면 균등한 것으로 본다.
① 다수의 구상의무자—분할채무: 구상의무를 부담하는 자가 수인인 경우에는 그들의 구상권자에 대한 채무는 각자의 부담부분에 따른 분할채무가 된다(대판 2002.9.27. 2002다15917).
② 채무소멸이 상대적 효력인 자와 절대적 효력인 자: 채무자 중의 1인이 한 채무소멸의 효력이 상대적 효력만 있는 경우에는 절대적 효력에 의한 채무를 소멸시킨 채무자가 구상권을 행사한다(대판 1997.12.23. 97다42830).
(다) 구상권의 기산점: 구상권의 시효기산점은 구상권의 발생시, 즉 공동면책행위시부터이며, 그 기간은 일반채권으로서 10년의 소멸시효에 걸린다(대판 1996.3.26. 96다3791).

第761條【正當防衛, 緊急避難】 ①他人의 不法行爲에 對하여 自己 또는 第三者의 利益을 防衛하기 爲하여 不得已 他人에게 損害를 加한 者는 賠償할 責任이 없다. 그러나 被害者는 不法行爲에 對하여 損害의 賠償을 請求할 수 있다.
②前項의 規定은 急迫한 危難을 避하기 爲하여 不得已 他人에게 損害를 加한 境遇에 準用한다.

違法性 阻却

1. 意義: 타인의 법익을 침해하는 가해행위가 있더라도 일정한 사유(위법성 조각 사유)가 있는 경우에는 불법행위의 요건인 위법성이 없어 불법행위가 성립하지 아니한다. 그러한 사유로 본조는 정당방위(1항), 긴급피난(2항)을 규정하지만 그 외에도 정당행위, 자력구제, 피해자의 승락 등이 있다.
2. 正當防衛 - 제1항: 타인의 불법행위에 대하여 자기 또는 제3자의 이익을 방위하기 위하여 부득이 타인에게 손해를 가하는 행위가 정당행위이다. 이러한 정당행위자는 손해의 배상의무가 없고, 피해자는 불법행위자에게 그 배상을 청구할 수 있다. 이는 급박한 침해행위에 대한 일종의 자력구제이다.
(1) 타인의 불법행위의 존재: 타인의 불법행위가 있어야 한다. 그 타인의 불법행위는 객관적으로 위법한 행위이면 족하고 주관적 요건을 갖출 필요는 없다. 타인의 행위가 위법행위라야 하므로 법률상 허용된 침해나 다소 지나친 행위일지라도 사회적으로 용인되는 행위에 대하여는 정당방위가 성립되지 않는다.
(2) 상당성 있는 행위: 정당방위는 보충성과 균형성이 엄격히 요구되지는 않지만 사회통념상 상당성 있는 행위여야 한다(대판 1991.9.10. 91다19913). 상당성을 상실한 행위는 과잉방위로서 위법성이 조각되지 않는다. 상당성이 있느냐 여부는 불법행위와 방위행위의 상관관계에 의한 통상인의 관념이 기준이 된다. 과잉방위는 행위 자체가 불법행위를 구성하나, 배상액의 산정에서는 과실상계가 적용된다.
(가) 자기 또는 제3자의 이익을 방위하기 위한 행위: 이익은 재산적 법익이든 인격적 법인이든 묻지 아니한다. 제3자의 이익은 개인의 이익뿐만 아니라 공공적 이익도 포함된다.
(나) 방위행위-침해행위시: 방위란 침해행위에 대한 대응이므로 침해행위시에 정당방위가 있어야 하며, 침해행위 종료 후의 방위란 있을 수 없다.
(다) 부득이한 유일한 행위: 정당행위를 하는 것 말고는 다른 방도가 없는 부득이한 경우이어야 한다. 부득이한 행위란, 당해 침해행위에 대응하는 다른 구제수단이 없는 유일한 행위를 말한다(대판 1991.5.28. 90다17972). 따라서 당해 침해행위를 피할 수 있거나 공권력을 요청하여 침해행위를 면할 수 있는 경우에는 정당방위가 성립되지 않는다.
(3) 타인의 손해: 정당방위로 타인에게 손해를 주었어야 한다. 여기서의 타인은 당해 불법행위자이든 순수한 제3자이든 묻지 아니한다.
(4) 정당방위의 법률관계-제1항
(가) 정당방위자의 불법행위 불성립-본문: 정당방위가 성립하면 위법성이 조각되어, 정당방위자

의 불법행위는 성립하지 않아 배상의무를 지지 아니한다.

(나) 피해 원인행위자의 배상책임-단서: 정당방위에 의한 피해자는 정당방위의 원인을 제공한 불법행위자에게 그 손해의 배상을 청구할 수 있다. 여기서 불법행위자는 불법행위의 일반적인 요건인 주관적 요건과 객관적 요건을 모두 갖추어야 한다. 따라서 그 타인이 과실이 없어 손해배상책임을 지지 아니하는 경우에는 피해자는 피해를 감수하여야 한다.

3. 緊急避難 - 제2항: 급박한 위난을 피하는 행위를 긴급피난이라 한다. 긴급피난으로 인하여 타인에게 손해를 준 경우에도 정당방위에 관한 규정이 준용되어 긴급피난자는 배상의무가 없다.

(1) 급박한 위난: 급박한 위난은 사람에 의한 것이든, 물건에 의한 것이든, 천재지변에 의한 것이든 묻지 아니한다.

(2) 위난을 피하기 위한 부득이한 행위: 당해 침해행위에 대한 유일한 행위이어야 한다. 이 행위는 정당방위에서와는 달리 보충성과 균형성이 엄격히 요구된다.

(3) 타인의 손해: 긴급피난행위로 타인이 손해가 있어야 한다. 손해는 재산적 법익과 인격적 법익 모두 포함된다.

(4) 긴급피난의 법률관계: 정당방위의 규정이 준용된다.

(가) 긴급피난자: 긴급피난자에게는 위법성을 조각하며 불법행위가 성립하지 아니한다.

(나) 원인제공자의 배상책임: 피해자는 긴급피난의 원인제공자에게 손해배상을 청구할 수 있다.

4. 自力救濟: 자기의 권리를 실현하기 위하여 국가기관의 구제를 기다릴 여유가 없는 권리자가 사력으로 스스로 구제하는 행위를 자력구제라 한다.

(1) 침해행위 종료 후의 행위: 자력구제는 침해행위 종료 후의 회복이라는 점에서 정당방위나 긴급피난과는 다르다.

(2) 위법성의 조각: 민법은 제209조에서 점유침탈에 대한 자력구제를 인정할 뿐이고, 자력구제에 관한 일반적 규정은 갖고 있지 아니하다. 그러나 권리자가 자기의 정당한 권리의 실현을 위하여 사회적으로 용인되는 수단과 정도로써 행위를 한 것은 초법규적 위법성조각사유로 보아 불법행위를 성립하지 아니한다. 요건의 충족여부는 엄격하게 판단하여야 한다.

5. 被害者의 承諾: 사법상의 권리는 양속과 사회질서에 반하지 아니하는 한 자유로이 포기할 수 있는 것이므로 피해자의 승낙은 위법성을 조각한다. 그러나 위법성을 조각하기 위하여는 아래의 요건을 충족하여야 한다.

(1) 위법성 조각의 요건

(가) 승인자의 정신적 능력: 피해자가 발생하게 될 손해의 의미, 내용, 결과 등을 충분히 이해할 수 있는 정신적 능력이 있어야 한다.

(나) 승낙자의 정확한 이해: 승낙자가 승낙의 결과를 정확하게 이해하고 승낙하여야 한다.

* 건강진단검사의 일환으로 자궁암 검사를 담당한 의사 또는 간호사로서는 피검사자의 처녀성 여부를 확인하고 자궁암 검사의 시행방법, 이로 인한 처녀막의 손상 가능성 등을 설명하여 피검사자가 검사를 받을 것인가의 여부를 선택할 수 있도록 할 주의의무가 있음에도 이를 게을리 한 채 처녀에 대하여 위와 같은 설명 없이 자궁암 검사를 실시하여 처녀막을 파열시킨 경우 설명의무 위반으로 피검사자의 승낙권을 침해한 것으로 손해배상책임을 면할 수 없다-위자료청구 인정-(서울지법 1994.8.24. 93가합80648).

(다) 반양속적인 포기가 아닐 것: 권리의 포기가 선량한 풍속과 사회질서에 반하지 않아야 한다. 예컨대 승낙에 의한 살인, 자살방조 등은 양속과 사회질서에 반하여 위법성을 조각하지 아니한다. 이 경우에는 과실상계로 책임이 감경될 수는 있다.

(라) 자유의사에 의한 결정: 피해자의 승낙은 자유로운 의사결정에 의한 것이어야 한다.

① 행위시에 승낙: 행위시에 승낙이 있어야 한다. 행위 후의 승낙은 위법성을 조각하는 것이 아니라 손해배상청구권의 포기라고 보아야 한다.

② 묵시적 승낙도 가능: 승낙은 반드시 명시적일 필요는 없다. 격렬한 운동경기 등에서는 경기에 임하는 것에 묵시적 승낙이 있는 것으로 보아야 한다.

(마) 승낙의 범위: 본인의 승낙을 받은 경우에도 승낙의 범위를 초과하여 승낙 당시의 예상과는

다른 목적이나 방법으로 된 경우는 위법하다(대판 1998.9.4. 96다11327).
(2) 법률관계: 침해자의 불법행위가 성립하지 아니한다.
6. 正當業務行爲: 법령에 의하여 업무를 수행하는 자의 정당한 업무행위로 인하여 손해가 발생하여도 원칙적으로 위법성이 조각된다.
(1) 법령상의 직무행위: 경찰관의 범인 체포, 의사의 수술행위, 친권자의 자녀에 대한 징계행위, 노동조합의 정상적인 파업행위 등이다. 다만 이러한 행위가 위법성을 조각하기 위하여는 그 행위의 정도가 사회적 타당성이 있어야 한다. 교사의 학생에 대한 징계, 검사의 기소사건에 대한 무죄판결 등이 이에 해당한다. * 교사의 학생에 대한 체벌이 징계권의 행사로서 정당행위에 해당하려면 그 체벌이 교육상의 필요가 있고 다른 교육적 수단으로는 교정이 불가능하여 부득이 한 경우에 한하는 것이어야 할 뿐아니라, 그와 같은 경우에도 그 체벌의 방법과 정도에는 사회관념상 비난받지 아니할 객관적 타당성이 있지 않으면 안 된다(대판 1988.1.12. 87다카2240). * 검사는 수사기관으로서 피의사건을 조사하여 진상을 명백히 하고, 죄를 범하였다고 의심할 만한 상당한 이유가 있는 피의자에게 증거 인멸 및 도주의 염려 등이 있을 때에는 법관으로부터 영장을 발부받아 피의자를 구속할 수 있으며, 나아가 수집·조사된 증거를 종합하여 객관적으로 볼 때, 피의자가 유죄판결을 받을 가능성이 있는 정도의 혐의를 가지게 된 데에 합리적인 이유가 있다고 판단될 때에는 피의자에 대하여 공소를 제기할 수 있으므로 그 후 형사재판 과정에서 범죄사실의 존재를 증명함에 충분한 증거가 없다는 이유로 무죄판결이 확정되었다고 하더라도 그러한 사정만으로 바로 검사의 구속 및 공소제기가 위법하다고 할 수 없고, 그 구속 및 공소제기에 관한 검사의 판단이 그 당시의 자료에 비추어 경험칙이나 논리칙상 도저히 합리성을 긍정할 수 없는 정도에 이른 경우에만 그 위법성을 인정할 수 있다(대판 2002.2.22. 2001다23447).
(2) 사회통념상의 정당행위: 운동경기도중의 행위, 오락행위 중의 통념상 허용되는 경우에는 위법성이 조각된다. 언론의 공공이익을 위한 보도행위는 일정한 경우에 위법성이 조각된다. * 운동경기에 참가하는 자가 경기규칙을 준수하는 중에 또는 그 경기의 성격상 당연히 예상되는 정도의 경미한 규칙위반 속에 제3자에게 상해의 결과를 발생시킨 것으로서, 사회적 상당성의 범위를 벗어나지 아니하는 행위라면 위법성이 조각된다(대판 2008.10.23. 2008도6940). * 방송 등 언론매체가 사실을 적시하여 개인의 명예를 훼손하는 행위를 한 경우에도 그것이 공공의 이해에 관한 사항으로서 그 목적이 오로지 공공의 이익을 위한 것일 때에는 적시된 사실이 진실이라는 증명이 있거나 그 증명이 없다 하더라도 행위자가 그것을 진실이라고 믿었고 또 그렇게 믿을 상당한 이유가 있으면 위법성이 없다(대판 1998.5.8. 97다34563).

第762條【損害賠償請求權에 있어서의 胎兒의 地位】 胎兒는 損害賠償의 請求權에 關하여는 이미 出生한 것으로 본다.

不法行爲에 대한 胎兒의 權利能力

1. 胎兒의 權利能力: 사람은 생존하는 동안이라야 권리의무의 주체가 되어(3조), 어머니 뱃속에 있는 태아는 권리능력이 있을 수 없다. 그러나 태아를 보호할 필요성에서 민법은 특정한 중요관계에서 개별적으로 보호의 규정을 두고 있다(개별적 보호주의). 이에 본조는 불법행위에 의한 손해배상의 청구권에 관하여는 태아도 이미 출생한 것으로 본다고 규정하고 있다.
2. <이미 出生한 것으로 본다>의 의미: 본조의 〈이미 태아난 것으로 본다〉는 의미가 구체적으로 무엇인지가 문제된다. 이에 대하여는 설사 태아가 권리를 취득한다하더라도 현행법상 이를 대행할 기관이 없으니 태아로 있는 동안은 권리능력을 취득할 수 없으니 살아서 출생한 때에 출생시기가 문제의 사건의 시기까지 소급하여 그때에 태아가 출생한 것과 같이 법률상 보아준다고 해석한다-법정정지조건설, 인격소급설-(대판1993.4.27. 93다4663).
(1) 태아상태에서 사망, 유산: 태아의 상태에서 그대로 사망하거나, 살아서 태어나지 못하면 배상청구권은 인정되지 아니한다(대판 1976.9.14. 76다1365).

(2) 분만 중인 태아: 분만 중인 태아에 대하여는 사람으로서의 권리능력을 인정할 수 없지만, 의료과오로 인한 태아의 부모의 위자료를 산정함에 있어서 분만과정에서 사망한 신생아의 손해에 대한 법적 평가액을 아울러 참작함이 상당하다(서울고법 2007.3.15. 2006나56833).

3. 損害: 자연인과 동일하게 재산적 손해, 정신적 손해 모두에 대하여 그 배상을 청구할 수 있다.

(1) 재산상 손해: 재산상 손해는 부의 사망으로 인한 양육비 등의 재산상 손해는 물론이고, 교통사고의 충격으로 태아가 조산되고 또 그로 인하여 제대로 성장하지 못하고 사망한 것과 같은 경우에는 한편으로 산모에 대한 불법행위인 동시에 한편으로는 태아 자신에 대한 불법행위가 되어 죽은 아이는 생명침해로 인한 재산상 손해배상청구권이 있다(대판 1968.3.5. 67다2869).

(2) 정신적 손해: 태아도 정신적 손해에 대한 위자료를 당연히 청구할 수 있다(대판 1993.4.27. 93다4663). 위자료는 태아가 피해 당시 정신상 고통에 대한 감수성을 갖추고 있느냐 여부와 관계없이 장래 감수할 것임을 현재 합리적으로 기대할 수 있는 경우로서 청구를 할 수 있다(대판 1962.3.15. 4294민상903). * 태아도 손해배상청구권에 관하여는 이미 출생한 것으로 보는바, 부가 교통사고로 상해를 입을 당시 태아가 출생하지 아니하였다고 하더라도 그 뒤에 출생한 이상 부의 부상으로 인하여 입게 될 정신적 고통에 대한 위자료를 청구할 수 있다(대판 1993.4.27. 93다4663).

第763條【準用規定】 第393條, 第394條, 第396條, 第399條의 規定은 不法行爲로 因한 損害賠償에 準用한다.

準用되는 規定

1. 損害賠償의 範圍 – 제393조
2. 損害賠償의 方法 – 제394조
3. 過失相計 – 제396조
4. 損害賠償者 代位 – 제399조

第764條【名譽毁損의 境遇의 特則】 他人의 名譽를 毁損한 者에 對하여는 法院은 被害者의 請求에 依하여 損害賠償에 가름하거나 損害賠償과 함께 名譽回復에 適當한 處分을 命할 수 있다.

名譽毁損으로 인한 損害賠償에 대한 特則 – 原狀回復

1. 意義: 민사상의 손해배상은 민법 제394조가 적용되어 배상의 방법은 금전배상이 원칙이나 명예훼손의 경우에는 제764조의 특칙을 두어, 피해자의 청구에 의하여 손해배상에 갈음하거나 손해배상과 함께 명예회복에 적당한 처분을 명할 수 있다고 규정하고 있다. 명예는 그 성질상 금전으로 환산되기 곤란하며, 또한 피해자가 금전을 받는다고 할지라도 그에 의하여 훼손된 명예가 원상으로 복구되는 것은 아니므로 피해자의 보호를 위하여 가해자에게 피해자의 명예회복을 위한 적당한 처분을 하게 하여 원상으로 회복되도록 한다.

2. 要件

(1) 피해자의 청구: 피해자의 청구가 있어야 하며, 피해자가 별도의 청구를 하지 않으면 금전배상의 원칙에 의하여 금전배상을 명하여야 한다. 청구권자는 피해자에 한정된다.

(2) 적당한 처분의 내용을 확정하여 청구: 피해자는 〈적당한 처분〉의 종류, 내용, 방법을 구체적으로 확정하여 청구하여야 한다. 처분의 방법으로는 공개장소에서 언어나 문자 또는 동작으로 사죄하거나 또는 기왕에 한 의사표시를 취소하는 방법 등을 생각할 수 있으나, 주로 사용되고 적절하다는 방법은 언론매체를 통한 사죄광고, 취소광고, 관련된 자에게 서신에 의한 사죄 등이다.

3. 謝罪廣告의 違憲: 명예회복에 적당한 처분으로서 종래 가장 많이 이용되었던 것은 사죄광고의 게재였다. 이에 대해서는 억지로 사죄를 하는 점에서, 즉 양심의 강요를 받는다는 점에서 헌법 제19조의 '양심의 자유'에 저촉된다는 점이 지적되어, 민법 제764조의 '명예회복에 적당한 처분'

을 사죄광고의 의미로 확대하여 해석하는 한도에서는 헌법재판소에서 위헌이라고 결정하였다(헌재결 1991.4.1. 헌마160). 따라서 판결에 의한 사죄광고는 가능하지 아니하나, 가해자가 자발적으로 사죄광고를 하는 경우는 문제가 되지 않는다. 그 외의 〈적당한 처분〉으로는 정정보도, 명예훼손의 사실을 확인하는 판결 또는 위자료지급을 명하는 판결의 요지를 언론매체 등을 통하여 공시하는 방법이 있다.

第765條【賠償額의 輕減請求】 ①本章의 規定에 依한 賠償義務者는 그 損害가 故意 또는 重大한 過失에 依한 것이 아니고 그 賠償으로 因하여 賠償者의 生計에 重大한 影響을 미치게 될 境遇에는 法院에 그 賠償額의 輕減을 請求할 수 있다.
②法院은 前項의 請求가 있는 때에는 債權者 및 債務者의 經濟狀態와 損害의 原因 等을 參酌하여 賠償額을 輕減할 수 있다.

賠償額의 輕減請求

1. 意義: 불법행위에 의한 가해자의 배상으로 인한 배상자의 생계에 중대한 영향을 주어 사회생활을 하는데, 매우 어렵게 되는 경우를 피하기 위하여 일정한 요건 아래서 배상액 경감제도를 두고 있다. 이는 배상에 따른 배상의무자의 경제적 파멸을 막자는 데 그 취지가 있다. 따라서 본조는 자연인에게만 적용이 있고 법인인 경우에는 적용되지 않는다(서울고법 1980.5.20. 79나2095).

2. 要件 - 제1항

(1) 고의 또는 중과실이 없을 것: 배상의무자의 가해행위인 불법행위가 고의 또는 중대한 과실에 의한 것이 아니어야 한다. 즉 경과실에 의한 불법행위 또는 무과실책임을 지는 경우에 한한다.

(2) 배상으로 인한 생계에 중대한 영향을 줄 경우: 배상의무자가 배상을 함으로써 배상의무자가 생계를 유지하는 데 중대한 영향을 줄 정도로 큰 경우여야 한다.

(3) 배상의무자의 경감청구: 배상의무자가 경감을 청구하여야 한다.

(4) 배상의무자의 주장·입증: 배상의무자가 본조의 요건을 주장·입증하여 그 감액을 청구하여야 하며, 그러한 주장도 하지 아니한 경우에 법원이 이 점에 대한 설명과 판단을 하지 아니한 것에 위법이 없다(대판 1962.9.20. 62다428).

3. 輕減 - 제2항: 법관은 손해의 원인, 당사자 쌍방의 경제사정 등을 엄격히 검토하여 배상액을 경감할 수 있다.

第766條【損害賠償請求權의 消滅時效】 ①不法行爲로 因한 損害賠償의 請求權은 被害者나 그 法定代理人이 그 損害 및 加害者를 안 날로부터 3年間 이를 行使하지 아니하면 時效로 因하여 消滅한다.
②不法行爲를 한 날로부터 10年을 經過한 때에도 前項과 같다.

損害賠償請求權의 消滅時效

1. 3年의 短期 消滅時效

(1) 안 주체: 불법행위가 있는 사실을 피해자가 알아야 한다.

(가) 자연인-피해자, 법정대리인: 3년의 단기소멸시효의 기산점이 되는 '손해 및 가해자를 안 날'에서 안 사람은 피해자를 말한다.

(나) 법인-대표: 법인에서는 기관인 대표자를 말하며, 대표자가 타인과 공동하여 법인에 불법행위를 한 경우에는 법인을 위하여 실질적으로 배상을 청구할 수 있는 다른 임원 등을 말한다(대판 1998.11.10. 98다34126).

(2) 3년의 기산점

(가) 안 날: 〈손해 및 가해자를 안 날〉이 기산점이다. 안 날은 현실적으로 손해배상을 청구할 수

있는 때부터를 말한다.

① 요건 사실의 충족을 알아야: 안다는 것은 단순히 손해의 발생을 인식한다는 것만을 의미하는 것이 아니라, 손해의 발생, 위법한 가해행위의 존재, 가해행위와 손해의 발생 사이에 인과관계가 있다는 사실 등 불법행위의 요건사실에 대하여 현실적이고도 구체적으로 인식하였을 때를 의미한다(대판 1992.12.8. 92다42583).

② 가해자를 알아야: 가해자를 안다는 것은 피해자나 그 법정대리인이 가해 공무원이 국가 또는 지방자치단체와 공법상 근무관계가 있다는 사실을 알고, 또한 일반인이 당해 공무원의 불법행위가 국가 또는 지방자치단체의 직무를 집행함에 있어서 행해진 것이라고 판단하기에 족한 사실까지 인식하는 것을 의미한다(대판 2008.5.29. 2004다33469).

③ 후유증: 후유증의 경우에는 후유증이 구체화 현실화된 때이고, 가해행위와 손해사이에 시간적 간격이 있는 경우에도 그러한 손해가 현실화된 것을 안 날이 기산점이 된다(대판 2001.1.19. 2000다11830).

④ 계속된 불법행위의 경우: 불법행위가 계속적으로 행하여지는 결과 손해도 역시 계속적으로 발생하는 경우에는 특별한 사정이 없는 한 그 손해는 날마다 새로운 불법행위에 기하여 발생하는 손해로서 민법 제766조제1항을 적용함에 있어서 그 각 손해를 안 때로부터 각 별로 소멸시효가 진행된다(대판 1999.3.23. 98다30285).

⑤ 의료사고로 과실치상죄 고소: 의료사고의 경우에 의료전문가가 아닌 일반인들로서는 의사에게 과실이 있는지의 여부 및 의사의 과실과 손해 사이에 인과관계가 있는지의 여부 등을 쉽게 알 수 없는 것이므로, 환자의 모가 의사를 업무상과실치상죄로 고소한 것은 결국 의사의 의료행위와 환자의 뇌성마비 사이에 인과관계가 있는지의 여부 및 의사에게 과실이 있는지의 여부 등을 수사하여 만일 인과관계와 과실이 있다고 판명되면 처벌하여 달라는 취지에 불과하므로, 환자의 모가 고소를 할 당시에 의사의 진료와 환자의 뇌성마비 사이에 인과관계가 있고 또 의사에게 과실이 있었음을 알았다고 할 수 없다(대판 1994.4.26. 93다59304).

(나) 알 수 있는 지적 능력: 피해자나 그 법정대리인이 손해의 발생사실과 그 손해가 가해자의 불법행위로 인하여 발생하였다는 사실을 현실적이고도 구체적으로 인식함을 뜻하는 것이므로, 피해자 등에게 손해의 발생사실과 그 손해가 가해자의 불법행위로 인하여 발생하였다는 사실을 현실적이고도 구체적으로 인식할 만한 정신적 능력 내지 지능이 있어야 한다. 그리고 이러한 정신적 능력 내지 지능이 있었는지 여부는 구체적인 사건에 있어서 여러 사정들을 참작하여 판단하여야 한다(대판 1995.2.10. 94다30263). 피해자는 이들을 알 수 있는 지능이 있어야 한다. 즉 불법행위와 손해의 사실을 현실적이고도 구체적으로 인식할 만한 정신적 능력 내지 지능을 요한다. 따라서 그러한 지능이 없었다면 단기소멸시효는 진행되지 아니한다.

(3) 시효의 중단: 본조 제1항의 시효는 안 날로부터 진행하고, 이는 시효의 중단사유에 의하여 중단한다. 따라서 배상의무자의 승인에 의하여 중단된다. * 피용자가 산업재해 보험급여를 받는데 필요한 증명을 요구함에 따라 회사가 사업주로서 그 증명을 하여 준 것 또는 보험급여청구의 절차에 조력하여 준 것만으로 회사가 피용자 등에 대하여 손해배상채무가 있음을 승인하였던 것이라고 볼 수는 없다-따라서 증명서 발급에 의하여 본조 제1항의 시효가 중단되지 아니한다-(대판 1993.7.27. 93다357).

2. 10年의 起算點 - 불법행위를 한 날: 불법행위를 한 날에서 가해행위와 손해발생 사이에 시간적 간격이 있는 경우에는 손해의 결과발생이 현실화된 날을 의미한다(대판 1998.5.8. 97다36613). 계속적인 불법행위의 경우는 개별 손해별로 별도로 시효가 진행한다. * 가해행위와 이로 인한 현실적인 손해의 발생 사이에 시간적 간격이 있는 불법행위에 기한 손해배상채권의 경우, 소멸시효의 기산점이 되는 '불법행위를 한 날'의 의미는 단지 관념적이고 부동적인 상태에서 잠재적으로만 존재하고 있는 손해가 그 후 현실화되었다고 볼 수 있는 때, 다시 말하자면 손해의 결과발생이 현실적인 것으로 되었다고 할 수 있는 때로 보아야 한다(대판 1998.5.8. 97다36613).

第4編
親 族

第1章 總 則

第2章 가족의 범위와
자의 성과 본

第3章 婚 姻

第4章 父母와 子

第5章 後 見

第6章 親族會

第7章 扶 養

第4編 親 族

1. 槪括: 민사관계는 크게 나누어 재산관계와 가족관계로 구분되는데, 민법 제2편과 제3편에서 각각 물권과 채권에 관한 재산관계를 규정하고 이를 재산법이라 하고, 제4편과 제5편에서 친족과 상속의 가족관계를 규정하는데 이를 가족법 또는 신분법이라 한다.
(1) 가족법과 재산법의 차이: 가족법은 재산법과 몇 가지 점에서 본질적인 차이가 있는데, 우선 신분행위는 엄격한 요식을 요한다. 이는 개인의 신분은 신분 자체로서 매우 중요하지만 전반적으로는 재산관계의 기초가 되기 때문에 신분관계를 보다 확실하고 명확하게 하기 위하여 요식을 필요로 한다. 예컨대 혼인, 입양, 이혼, 상속포기, 한정승인 등의 신분행위는 법이 정하는 바에 따라 신고하여야 법률효과를 생기게 한다. 또한 민법총칙의 규정은 가족법에서는 그대로 적용되지 아니하고, 여러 가지 점에서 그 적용이 제한되거나 특칙을 두고 있다. 예컨대 행위능력에 관하여 신분상의 행위능력에 관하여는 개별적인 의사능력을 기준으로 한다든지, 법률행위나 대리에 관한 규정도 가족법에서는 원칙적으로 그대로 적용되지 아니한다. 이와 같이 가족법은 그 자체의 원리와 사회상규에 의하여 규율하는 것을 원칙으로 한다.
(2) 가족법의 법원: 가족관계에 관한 법원으로는 민법 제4편과 제5편 외에 가족관계의등록등에관한법률, 국적법, 국제사법, 가사소송법을 비롯한 많은 특별법이 있으며, 가족관계의 분쟁에 관한 주요 절차법으로서는 가사소송법이 있고, 하급심으로는 별도의 가정법원이 관할한다. 제4편에서 규정하는 친족법의 규율대상인 친족관계는 출생이나 입양을 통해 형성되는 혈연관계나 혼인관계를 통하여 형성된다. 친족관계는 특히 그 사회의 경제구조나 기타 사회·문화적 사정에 영향을 받으며, 경제구조가 공업화·산업화되고 핵가족화 되면서 친족관계에 대한 인식도 많이 변화되고 있다고 할 수 있다. 그렇지만 친족관계는 현재도 혼인장애사유나 부양의무, 상속권자를 결정하는 중요한 기준이 되고 있으며, 민법 제4편에서 혈연과 인척을 아우르는 친족을 정의하고 친족의 범위를 정하고 있다.

2. 構成
(1) 총칙: 제767조-제777조
(2) 가족의 범위와 자의 성과 본: 제779조, 제781조
(3) 혼인: 제800-843조
(4) 부모와 자: 제844조-제927조
(5) 후견: 제928조-제959조
(6) 친족회: 제960-제973
(7) 부양: 제974-제979조
(8) 호주승계(2005.3.31.삭제): 제986조-제996조

第1章 總 則

1. 槪括: 본장의 총칙은 친족법의 통칙적 규정으로 친족관계의 기초인 신분관계의 정의와 그 범위를 규정하는 것을 주요 내용으로 한다.

2. 構成
(1) 친족의 정의: 제767조
(2) 혈족의 정의: 제768조
(3) 인척의 정의: 제769조
(4) 혈족의 촌수계산: 제770조
(5) 인척의 촌수계산: 제771조
(6) 양자와 친계의 촌수: 제772조
(7) 인척관계의 소멸: 제775조

(8) 입양으로 인한 친족관계의 소멸: 제776조
(9) 친족의 범위: 제777조

第767條【親族의 定義】 配偶者, 血族 및 姻戚을 親族으로 한다.

親族

1. 親族: 자기를 기준으로 부모나 자와 같은 일정한 혈연관계에 있는 자이거나, 혼인이나 입양에 의한 양친자와 같이 혈연관계에 있는 것과 동일시되는 자 및 혼인을 통해서 일방 배우자와 상대방 배우자와 혈연관계에 있는 자 사이에 생기는 신분관계이다.

2. 親族의 種類

(1) 배우자: 법률상 혼인관계에 있는 당사자 일방의 상대방을 배우자라고 한다. 혼인신고를 전제로 하므로 약혼한 상대방이나 사실혼관계에 있는 상대방은 여기에 해당하지 않으며, 따라서 친족관계가 발생하지 않는다.

(2) 혈족: 혈족은 원칙적으로 출생에 의해서 형성되는 자연혈족과 법률의 규정에 의하여 자연혈족과 같은 관계가 인정되는 법정혈족으로 나뉘는데, 제768조에서 세부사항을 규정한다.

(가) 자연혈족: 상호간에 혈연관계가 있는 자, 예컨대 부모와 자녀, 형제자매를 말한다.

① 혼인 중의 출생에 의하여 발생: 출생에 의하여 자연혈족관계가 발생한다.

② 혼인 외의 출생

㉮ 모와는 출산으로: 혼인 외의 출생자의 경우에는 생모와의 혈족관계는 별도의 인지나 출생신고 없이 출산에 의해 발생한다(대판 1980.9.9. 80도1731).

㉯ 부와는 인지로: 부(父)와의 관계에서는 인지에 의하여 발생하며 인지가 무효 또는 취소되면 소멸한다.

(나) 법정혈족: 입양에 의하여 혈연관계가 없는 자 상호간에 자연혈족과 동일한 관계가 인정되는 자를 말하며, 양친 및 그 혈족과 양자 및 그 직계비속과의 관계가 이에 해당한다. 양자의 직계비속은 입양의 성립으로 양친과 그 혈족에 대해서 법정혈족관계가 발생하고, 입양 후 출생한 경우에는 출생시부터 양친과 그 혈족에 대하여 법정혈족관계가 성립한다.

① 입양 후 양자의 혼인: 양자가 입양 후 혼인한 경우에는 그 배우자와 양친 및 그 혈족과의 사이에는 인척관계가 발생한다.

② 입양 후 양친이 혼인: 입양 후에 양친이 혼인한 경우에도 양친의 배우자가 별도의 입양신고를 하지 않는 한 양자와의 사이에는 인척관계가 된다.

③ 양부모의 이혼: 양부모가 이혼하여 양모가 부(夫)의 가를 떠났다고 하더라도 양모자관계가 소멸하지는 않는다(대판 2001.5.24. 2000므1493).

④ 입양 후에 입양 전의 친족의 관계: 양자가 입양되어 양친 및 그 혈족과 법정혈족관계가 발생하더라도 친생부모를 비롯한 입양 전의 친족관계는 소멸되지 않고 그대로 유지된다. * 1990년 민법개정 전에는 양친자관계 외에 계모자관계(773조)와 적모서자관계(774조)도 법정혈족으로 인정하였으나 폐지되었고, 현행은 계모자 등은 단순한 인척관계가 될 뿐이다.

(3) 인척-제769조: 인척관계는 혼인에 의하여 발생하게 되는 친족으로, 제769조에서 세부적으로 규정한다.

第768條【血族의 定義】 自己의 直系尊屬과 直系卑屬을 直系血族이라 하고 自己의 兄弟姉妹와 兄弟姉妹의 直系卑屬, 直系尊屬의 兄弟姉妹 및 그 兄弟姉妹의 直系卑屬을 傍系血族이라 한다.〈改正 1990.1.13〉

血族

1. 血族: 출생에 의하여 형성되는 관계(자연혈족)와 입양에 의하여 형성되는 관계(법정혈족)가

혈족인데, 혈족은 직계혈족과 방계혈족으로 구분된다.

2. 直系血族: 혈족은 혈연의 연결이 수직의 형태로 이루어지는 관계로서 직계존속과 직계비속으로 나뉜다.

(1) 직계존속: 자기의 부모, 조부모, 외조부모 등과 같이 직계혈족 중 자신보다 항렬이 높은 자이다.

(2) 직계비속: 직계비속이란 자기의 자녀, 손자녀, 외손자녀와 같이 자신보다 항렬이 낮은 자이다.

3. 傍系血族: 방계혈족은 혈통이 공동시조에서 갈라져서 연결되는 혈족을 말하고, 아버지계통을 부계라 하고 어머니 계통을 모계로 하여 구분한다.

(1) 부계혈족: 아버지 계통으로 할버지의 형제인 종조부, 자매인 왕고모, 아버지의 형제자매인 백부, 고모, 친사촌, 고종사촌 등이 부계혈족이다.

(2) 모계혈족: 어머니 계통으로 외숙부, 이모 및 그 자녀 등은 모계혈족이다.

4. 異姓同腹의 兄弟姉妹 – 혈족: 방계혈족에 속하는 형제자매의 경우 부모 중 한쪽만 같은 경우에도 본조의 형제자매로 볼 수 있는지가 문제된다. 특히 형제자매는 민법 제1003조제1항에서 규정하는 제3순위 상속인에 해당하므로 이는 상속권 유무와 관련성을 갖는다. 민법상의 형제자매는 부계 및 모계의 형제자매를 모두 포함한다(대판 2007.11.29. 2007도7062).

第769條【姻戚의 系源】 血族의 配偶者, 配偶者의 血族, 配偶者의 血族의 配偶者를 姻戚으로 한다.〈改正 1990.1.13〉

1. 姻戚: 혼인으로 맺어지는 친족관계 중에서 아래의 관계에 있는 자이다.

(1) 혈족의 배우자: 계모, 적모, 계부, 형제의 처(형수, 제수), 자매의 남편(형부, 자형, 매부), 고모나 이모의 남편, 백모, 숙모, 외숙모 등이 여기에 해당한다.

* 계모: 1990. 1. 13. 법률 제4199호로 민법이 개정됨으로써 계모는 더 이상 법률상의 모는 아닌 것으로 되었으나, 피보험자의 계모가 부(父)의 배우자로 실질적으로 가족의 구성원으로 가족공동체를 이루어 생계를 같이 하고 피보험자의 어머니의 역할을 하면서 피보험자동차를 이용하고 있다면, 위 약관조항을 둔 취지에 비추어 볼 때 이러한 경우의 계모는 위 약관상의 모에 포함된다(대판 1997.2.28. 96다53857).

(2) 배우자의 혈족: 배우자의 직계 · 방계혈족을 말한다. 장인, 장모, 시아버지, 시어머니, 처제, 처남, 시동생, 시누이, 처의 백부 · 숙부 · 외모 · 외숙, 남편의 백부 · 숙부 · 고모 · 이모 등이 여기에 해당한다. 또한 배우자의 전혼의 자녀나 혼인 외의 자녀도 포함된다.

(3) 배우자의 혈족의 배우자: 배우자의 계모나 적모, 처남의 처, 처제의 남편, 시동생의 처, 시누이의 남편, 처의 백모 · 숙모 · 고모부 · 이모부, 남편의 백모 · 숙모 · 고모부 · 이모부 등이다.

* 1990년 민법 개정 전에는 혈족의 배우자의 혈족, 예를 들면 형수의 부모 · 형제자매, 처남부인의 부모 · 형제자매도 인척의 계원에 포함되어 있었으나, 이들은 관습상 사돈에 해당되어 삭제되었다. 따라서 이들은 친족의 범위에 포함되지 않으므로 서로 혼인이 가능하게 되어 이른바 겹사돈도 가능하다.

2. 姻戚關係의 消滅: 제775조

第770條【血族의 寸數의 計算】 ①直系血族은 自己로부터 直系尊屬에 이르고 自己로부터 直系卑屬에 이르러 그 世數를 定한다.
②傍系血族은 自己로부터 同源의 直系尊屬에 이르는 世數와 그 同源의 直系尊屬으로부터 그 直系卑屬에 이르는 世數를 通算하여 그 寸數를 定한다.

第771條【姻戚의 寸數의 計算】 姻戚은 配偶者의 血族에 대하여는 配偶者의 그 血族에 대한 寸數에 따르고, 血族의 配偶者에 대하여는 그 血族에 대한 寸數에 따른다.

第772條【養子와의 親系와 寸數】 ①養子와 養父母 및 그 血族, 姻戚사이의 親系와 寸數는 入養한 때로부터 婚姻中의 出生子와 同一한 것으로 본다.
②養子의 配偶者, 直系卑屬과 그 配偶者는 前項의 養子의 親系를 基準으로 하여 寸數를 定한다.

寸數

1. 寸數: 촌수는 친족관계의 친밀도를 나타내는 단위이다. 촌수는 실제로는 혈족간에서만 계산할 수 있는데, 민법은 인척간의 촌수계산법도 규정한다.
2. 親系: 친계는 친족관계를 혈통연결의 방법에 의하여 계통적으로 본 여러 가지 계열을 말한다.
(1) 직계친 · 방계친: 직계친은 직상 · 직하로 연결되는 친족을 말하고, 방계친은 혈통이 공동시조에 의하여 갈라져서 연결되는 친족을 말한다. 조부모 · 부모 · 자 · 손자녀 등은 직계친이며, 형제자매 · 백숙부 · 종형제자매 등은 방계친이 된다. 혈족뿐만 아니라 인척의 경우에도 배우자의 직계혈족은 직계인척이 되고, 방계혈족은 방계인척이 된다.
(2) 존속친 · 비속친: 조부모 · 부모와 같이 자신보다 높은 항렬의 친족을 존속친이라고 하고, 자녀 · 손자녀 등은 비속친이라고 한다.
(3) 부계친(父系親) · 모계친(母系親): 아버지(父)와 그 혈족을 부계친이라고 하고, 어머니(母)와 그 혈족을 모계친이라고 한다. 민법은 부 · 모계를 구분하여 취급하지 않는다.
(4) 적계친 · 서계친: 혼인 중 출생한 혈족을 적계친, 혼인 외 출생한 혈족을 서계친이라고 한다. 적계친만이 법적 친족이다.
* 남계친 · 여계친: 부계친 · 모계친과는 구분되며, 남자만으로 연결된 혈통을 남계친이라고 하고 여자만으로 연결된 혈통을 여계친이라고 한다. 고모와 고모의 딸은 부계친에 해당하지만 남계친에는 속하지 않는다. 이러한 구분은 2005년 민법 개정 전 제809조제2항에서 〈남계혈족의 배우자〉와의 혼인을 금지하고 있었기 때문에 그 구분의 필요성이 있었으나 동 규정이 삭제되어 현재에는 민법상 구분의미는 없다고 할 수 있다.
3. 寸數의 計算
(1) 혈족간의 촌수계산-제770조
(가) 직계혈족: 직계혈족은 자신으로부터 직계존속이나 비속에 이르는 세수를 계산한다. 아버지 · 어머니는 1촌, 조부모는 2촌, 증조부모는 3촌, 자녀는 1촌, 손자녀는 2촌, 증손자녀는 3촌이다.
(나) 방계혈족: 자기와 촌수를 계산하고자 하는 방계혈족의 공통시조를 기준으로 하여 자기로부터 공동시조에 이르는 세수와 그 방계혈족으로부터 공동시조에 이르는 세수를 합하여 계산한다. 나와 백부 · 숙부 · 고모 · 이모는 3촌이고, 나와 백부의 자녀는 공동시조인 할아버지까지 각기 2촌을 더하여 4촌이고, 나와 숙부의 손자의 촌수는 둘의 공통시조인 나의 조부모이므로 나의 2촌과 할아버지와 숙부의 손자 사이의 세수인 3을 합하여 5촌이 된다.
(2) 인척의 촌수계산-제771조: 인척은 배우자의 혈족은 배우자의 그 혈족에 대한 촌수에 따라 계산하고, 혈족의 배우자는 그 혈족에 대한 촌수에 따라 계산한다. 나와 처남 간은 처와 남동생간이 2촌으로 인척 2촌이고, 나와 숙모는 나의 숙부에 대한 촌수인 3촌이 된다.
(3) 養子와의 친계 촌수계산-제772조: 양자는 입양한 때로부터 양친의 혼인 중의 출생자와 동일한 친족관계가 발생한다(1항). 따라서 자연혈족에서 촌수를 계산하는 것과 동일한 방식으로 계산하면 된다(2항). 만일 혼인 중에 있지 않은 양친이 입양 후 혼인을 하게 되면 별도의 입양절차를 거치지 않는 한 양친의 배우자와 양자사이에는 법정혈족관계에 있지 않으므로 제769조에 따라 인척관계가 발생하게 된다.

第773條 削除 〈1990.1.13〉

第774條 削除 〈1990.1.13〉

第775條【姻戚關係等의 消滅】 ①姻戚關係는 婚姻의 取消 또는 離婚으로 因하여 終了한다.〈改正 1990.1.13〉
②夫婦의 一方이 死亡한 경우 生存配偶者가 再婚한 때에도 第1項과 같다.〈改正 1990.1.13〉

配偶者, 姻戚關係의 消滅

1. 意義: 인척은 혼인을 매개로 성립되는 친족관계이므로 혼인이 해소되면 인척관계도 소멸하는 것이 원칙이다. 그렇지만 일정한 사유에 기한 혼인취소나 당사자의 합의나 법원의 판결에 의해 인위적으로 혼인관계를 해소하는 이혼을 배우자 사망으로 인한 혼인해소와 같이 취급하는 것은 합리적이지 못하므로 민법은 이를 달리 취급하고 있다. 한편 인척관계가 소멸되더라도 과거의 일정범위의 인척관계이었던 자 사이에는 혼인이 금지된다(809조).

2. 姻戚關係의 消滅事由 - 제775조

(1) 혼인의 취소-제1항: 혼인성립 당시에 일정한 사유가 있는 경우 그 사유를 이유로 혼인은 취소될 수 있으며, 혼인이 취소되면 혼인관계는 장래를 향하여 소멸하므로 인척관계도 소멸하게 된다.

(2) 이혼-제1항: 협의이혼이거나 조정 또는 재판상 이혼이거나 부부가 이혼하게 되면 인척관계도 소멸하게 된다.

(3) 생존배우자의 재혼-제2항: 일방 배우자의 사망으로 혼인관계가 해소되더라도 혼인에 기인하여 발생한 인척관계는 변동이 없으나, 생존배우자가 재혼하게 되면 인척관계는 재혼으로 소멸하게 된다.

3. 姻戚관계 消滅 後의 法的 關係

(1) 당사자: 당사자와의 인척관계는 종료한다. 즉 이혼 당사자와 시가 측 가족, 처가측 가족과의 관계인 시부모·장인·장모 등의 관계는 소멸한다.

(2) 당사자의 자녀: 이혼 또는 사망 후 재혼한 당사자간의 자녀와 친가와 외가의 생존친족들 사이의 친족관계는 아무런 영향을 받지 않는다. 즉 이혼하더라도 부자·모자관계, 할아버지와 손자관계는 그대로 존속한다.

第776條【入養으로 因한 親族關係의 消滅】 入養으로 因한 親族關係는 入養의 取消 또는 罷養으로 因하여 終了한다.

1. 養親子關係의 終了: 입양에 의해 양자와 양친 및 그 혈족간에는 자연혈족간과 동일한 친족관계가 발생하며, 후에 양자가 혼인한 때에는 그 배우자와 양친간에 인척관계가 발생하고, 양친이 혼인한 때에도 양친의 배우자와 양자(養子)간에 인척관계가 발생한다. 이러한 친족관계는 입양의 취소나 파양에 의하여 당연히 소멸하게 된다.

2. 終了 原因

(1) 사망

(가) 양자의 사망: 양자가 사망할 경우에 양자와 양친 및 그 혈족간의 법정혈족관계와 법정혈족관계에 기초한 인척관계도 각각 소멸한다. 그렇지만 양자를 통하여 발생한 양자의 배우자나 양자의 직계비속 및 그 직계비속의 배우자 등과 양친 및 그 혈족과의 법정혈족관계나 법정인척관계는 양자의 사망 후에도 그대로 존속한다.

(나) 양친의 사망: 양친이 사망한 경우에도 양친과의 친족관계만 소멸하고, 양친을 통하여 발생한 친족관계는 그대로 존속한다.

(2) 파양에 의한 해소: 파양에 의해 양친자·그 배우자·직계비속 및 그 배우자와 양친 및 그 혈족간의 친족관계는 모두 소멸한다. 파양은 이혼과 마찬가지로 협의에 의한 파양(898조)과 재판상 파양(905조)의 두 가지가 있으며, 본조는 둘 모두를 포함한다.
(3) 입양의 취소: 입양의 취소의 효력은 기왕에 소급하지 않기 때문에 입양취소판결의 확정일로부터 파양의 경우와 마찬가지로 양친 및 그 혈족간의 친족관계는 종료한다.
3. 養親의 離婚: 민법 제874조제1항은("배우자 있는 자가 양자를 할 때에는 배우자와 공동으로 하여야 한다.") 부부공동입양제가 되어 처도 부와 마찬가지로 입양당사자가 되기 때문에 양부모가 이혼하였다고 하여 양모를 양부와 다르게 취급하여 양모자관계만 소멸한다고 볼 수는 없다(대판 2001.5.24. 2000므1493). 즉 양친의 이혼은 양자와의 관계에 영향이 없다.

第777條【親族의 범위】 親族關係로 인한 法律上 效力은 이 法 또는 다른 法律에 특별한 規定이 없는 한 다음 各號에 해당하는 者에 미친다.
1. 8寸이내의 血族
2. 4寸이내의 姻戚
3. 配偶者

親族의 範圍

1. 意義: 부모나 자와 같은 일정한 혈연관계에 있는 자나 혼인이나 입양에 의한 양친자와 같이 혈연관계에 있는 것과 동일시되는 자 및 혼인을 통해서 일방 배우자와 상대방 배우자와 혈연관계에 있는 자 사이에 생기는 신분관계가 친족으로 그 친족의 범위는 개념상으로는 한 없이 진행되는데, 본조에서는 법률상 타인과 다르게 특별히 취급되는 보다 가까운 친족을 정한 것이다. 이를 민법상의 친족이라 하고 민법 기타 다른 법에서도 타인과는 달리 법률상 특별히 취급한다. (1990년의 민법 개정전과는 달리) 친족의 범위는 남녀를 차별하지 않고, 부계와 모계를 구분하지 않고 8촌 이내의 혈족, 4촌 이내의 인척, 배우자로 규정한다. * 현행법(개정전과는 달리)은 종래에는 친족에 포함되지 않던 모계혈족과 처계 인척이 포함되어 친족의 범위가 지나치게 넓어지게 되는 결과를 가져왔다.
2. 親族의 範圍
(1) 8촌 이내의 혈족: 부계와 모계를 구분하지 않고 8촌까지이다.
(2) 4촌 이내의 인척: 남편의 혈족 중 4촌까지 처의 혈족 중 4촌(처사촌)까지이다.
(3) 배우자: 법률혼인 배우자를 말한다.
* 일부 해석론에서는 전통적 관습을 고려하여 아버지의 부계혈족과 어머니의 부계혈족만을 의미하여, 할머니의 동생이나 어머니의 이모는 친족에서 제외하고, 인척 중 처계혈족(妻系血族)은 처(妻)의 부계혈족(父系血族)만을 의미하는 것으로 해석한다.
3. 親族關係의 效果: 본조의 친족의 범위가 적용되는 주요한 경우는 아래와 같다.
(1) 민법: 금치산·한정치산 선고 등 청구권(9조, 11조, 12조14조), 금혼범위(809조), 후견인 자격(932조-934조), 상속권(1000조, 1003조) 등.
(2) 형법: 친족관계로 인한 형벌 가중(250조2항, 257조2항, 258조3항, 259조2항, 260조2항 등), 형벌 감경(151조2항, 155조4항, 328조1항, 329조-332조, 344조 등).
(3) 소송법: 민사소송법상의 법관 또는 법원사무관 등의 제척원인(41조2항, 50조), 증인으로서의 증언거부권(314조1항), 형사소송법상의 법관·법원서기관·서기·통역인의 제척, 기피, 회피원인(17조, 18조, 24조1항, 25조1항) 등.
(4) 기타 특별법: 공무원연금법, 아동복지법, 형사보상법 등.

第2章 가족의 범위와 자의 성과 본〈개정 2005.3.31〉

1. 概括: 2003년 민법개정으로 호주제 및 호적제도가 폐지됨에 따라 「제2장 호주와 가족」을 삭제하고 호주 및 호적제도에 관한 규정을 모두 없애는 대신에 「제2장 가족의 범위와 자의 성과 본」이란 제목으로 〈제779조 가족의 범위〉와 〈제781조 자의 성과 본〉 규정만을 두었다. 과거 호주제하에서 '가족'은 하나의 가(家)의 구성원이지만 호주가 아닌 자로써 반드시 같은 호적에 있을 것을 요건으로 했지만 개정법에서는 현실의 가족공동체로서의 상징적 의미만 있다.

2. 構成

(1) 가족의 범위: 제779조

(2) 자의 성과 본: 제781조

第778條 삭제 〈2005.3.31〉

第779條 【가족의 범위】 ①다음의 자는 가족으로 한다.
1. 배우자, 직계혈족 및 형제자매
2. 직계혈족의 배우자, 배우자의 직계혈족 및 배우자의 형제자매

②제1항제2호의 경우에는 생계를 같이 하는 경우에 한한다.

家族

1. 意義: 2005년 민법 일부개정에 의하여 제2장 호주와 가족을 삭제하면서 가족의 범위를 신설하였다. 당초 개정안에는 없었으나 일반인의 법감정과 가족해체 등에 대한 우려를 고려하여 마련하게 되었다. 가족은 법률상의 특별한 의미는 없고 단지 현실의 가족공동체로서의 상징적 의미만 있다.

2. 範圍

(1) 배우자-제1항제1호: 법률혼에 있는 배우자이다.

(2) 직계혈족과 형제자매-제1항제1호: 직계혈족 및 형제자매는 생계를 같이 하는지에 관계없이 가족이 된다.

(3) 생계를 같이 하는 아래의 자-제1항제2호, 제2항

(가) 직계혈족의 배우자: 서모, 적모, 며느리, 사위 등. * 1990. 1. 13. 법률 제4199호로 민법이 개정됨으로써 계모는 더 이상 법률상의 모(母)는 아닌 것으로 되었으나, 피보험자의 계모가 부(父)의 배우자로 실질적으로 가족의 구성원으로 가족공동체를 이루어 생계를 같이 하고 피보험자의 어머니의 역할을 하면서 피보험자동차를 이용하고 있다면, 위 특별약관조항을 둔 취지에 비추어 볼 때 이러한 경우의 계모는 자동차종합보험의 가족운전자 한정운전 특별약관상의 모에 포함된다(대판 1997.2.28. 96다53857).

(나) 배우자의 직계혈족: 여자측으로는 시부모, 남자측으로는 장인·장모.

(다) 배우자의 형제자매: 혼인한 경우에 남자측은 처제·처남, 여자측은 시동생·시누이 등.

3. 效力: 가족간에 특정의 권리의무관계가 발생하는 것은 아니다. 가족 상호간에 부양의무나 상속권이 발생하는 것은 아니며, 부양의무는 제826조, 제974조 등에 기하여 발생하며, 상속의 순위도 제1000조 이하에서 규정하고 있다.

第780條 삭제 〈2005.3.31〉

第781條 【자의 성과 본】 ①자는 부의 성과 본을 따른다. 다만 부모가 혼인신고시 모의 성과 본을 따르기로 협의한 경우에는 모의 성과 본을 따른다.

②부가 외국인인 경우에는 자는 모의 성과 본을 따를 수 있다.

③부를 알 수 없는 자는 모의 성과 본을 따른다.
④부모를 알 수 없는 자는 법원의 허가를 받아 성과 본을 창설한다. 다만 성과 본을 창설한 후 부 또는 모를 알게 된 때에는 부 또는 모의 성과 본을 따를 수 있다.
⑤혼인외의 출생자가 인지된 경우 자는 부모의 협의에 따라 종전의 성과 본을 계속 사용할 수 있다. 다만 부모가 협의할 수 없거나 협의가 이루어지지 아니한 경우에는 자는 법원의 허가를 받아 종전의 성과 본을 계속 사용할 수 있다.
⑥자의 복리를 위하여 자의 성과 본을 변경할 필요가 있을 때에는 부, 모 또는 자의 청구에 의하여 법원의 허가를 받아 이를 변경할 수 있다. 다만 자가 미성년자이고 법정대리인이 청구할 수 없는 경우에는 제777조의 규정에 따른 친족 또는 검사가 청구할 수 있다.

子의 姓과 本

1. 意義: 姓名은 개인의 혈통을 상징하는 기호인 성(姓)과 개인의 개별성을 상징하는 이름(名)으로 구성되며, 이름은 개인 한 사람 한 사람에 대한 고유한 명칭으로 부여됨에 비해 성은 일정한 범위의 혈연집단에 대한 명칭으로 사용된다. 한편 본(本)은 흔히 본관이라고 하는 것으로 시조의 발상지를 의미하며, 본은 성의 지역적 표지라고 할 수 있다. 2005년 개정전 민법에 의하면 父姓主義에 따라 자녀는 父의 성과 본을 따르며(개정 전의 민법 781조), 父를 알 수 없어 모의 성과 본을 따르게 된 경우 후에 父가 자녀를 인지하게 되면 당연히 부의 성과 본을 따르게 되어 사실상 본인에 의사에 관계없이 성과 본의 변경이 발생하게 된다. 또한 한번 정해진 성은 변경이 불가능하도록 한 성불변의 원칙은 이혼율증가에 따른 재혼의 증가로 재혼가정에 있어 자녀의 성이 서로 통일되지 아니하여 가족간의 화합을 도모하지 못하고, 재혼가정 자녀의 건전한 성장에 막대한 지장을 초래하였으며, 사회적으로 입양을 꺼리게 되는 원인이 되었다.

2. 姓과 本

(1) 父姓의 원칙-제1항: 부성원칙을 기본으로 하고 있다.

(2) 혼인신고시의 당사자의 합의-제1항: 당사자가 혼인신고시에 장래 자녀가 출생할 경우 모의 성과 본을 따르기로 합의한 때에는 모의 성과 본을 따를 수 있다.

(3) 부가 외국인일 때-제2항: 부가 외국인인 경우에는 자는 모의 성과 본을 따를 수 있다.

(4) 부를 모를 때-제3항: 부를 알 수 없는 때에는 모의 성과 본을 따른다.

(5) 부·모 모두 알 수 없을 때-제4항: 부와 모 둘 다를 알 수 없는 자는 법원의 허가를 받아 성과 본을 창설한다.

(6) 법률상 배우자가 없는 여자의 자-제5항: 법률상 배우자 없는 여자가 자를 출산하고 父의 인지를 받지 못한 경우에는 본조 제3항에 따라 모의 성과 본을 따르게 되고, 후에 부가 인지한 때에는 부모의 협의나 가정법원의 허가를 얻어 종전에 사용하던 모의 성과 본을 그대로 사용할 수 있다.

(7) 태아에서 인지한 때: 부는 포태 중에 있는 자에 대하여도 이를 인지할 수 있으므로(858조), 태아인 자를 인지한 후 자가 출생한 때에는 부모 중 누구의 따를지가 문제된다. 본조가 부성을 원칙으로 하고 있지만, 부모의 협의로 모의 성을 따를 수 있도록 하는 취지에서 볼 때 부모가 협의하여 부 또는 모의 성을 따를 수 있다고 해석된다.

3. 姓과 本의 變更 - 제6항

(1) 본항의 취지: 변성과 본의 변경제도는 주로 재혼가정에서 자라는 자녀들이 실제로 부의 역할을 하고 있는 계부와 성이 달라서 정신적으로 고통을 받을 경우 이를 해결하기 위하여 마련된 제도이다.

(2) 변경청구: 자의 복리를 위하여 필요한 때에는 자의 성과 본의 변경을 자의 주소지를 관할하는 가정법원에 부·모 또는 자가 청구할 수 있으며, 자가 미성년자이고 법정대리인이 청구할 수

없는 경우에는 8촌 이내의 혈족이나 4촌 이내의 인척 또는 검사가 청구할 수 있다.
(3) 요건: 본항은 성과 본의 변경을 위한 요건으로 유일하게 〈자의 복리〉만 규정하고 있는바, 허가기준인 자의 복리를 고려함에는 부자관계의 보호, 모자관계의 강도, 자의 한 가족의 일원으로서의 정체성, 자의 의사, 자의 나이 및 성숙성, 현재의 가족상황 등 여러 요소를 함께 감안하여야 한다.
(가) 자의 복리: 어떠한 경우가 〈자의 복리〉를 위해 필요한지는 가정법원이 구체적인 사정을 고려하여 판단하겠지만, 아버지가 자와의 교류를 끊고 양육비도 지급하지 않는다거나, 어린 나이에 부모가 이혼하고 재혼가정에서 성장하여 새아버지가 실제로 아버지의 역할을 계속해 왔거나, 사실상 새아버지의 성을 계속 사용하여 온 사실과 자의 연령 및 의사도 중요한 고려 요소가 될 수 있을 것이다. * 이혼 후 10여 년간 친부와 교류가 없고 10년 이상 동거해 온 계부가 입양을 하여 법률적으로 가족관계가 형성된 15세의 자(子)에 대하여 계부의 성과 본으로 변경하는 것을 허가한 사례가 있다(울산지법 2008.1.28. 2008느단12).
(나) 변경 횟수: 자의 복리를 위하여 필요가 있을 때에는 성과 본을 변경할 수 있도록 규정하고 있으므로 그 변경 횟수에는 제한이 없다. 다만 성과 본은 사람의 동일성을 나타내는 중요한 표지로서 자주 변경될 경우 오히려 자의 복리를 해하게 되는 결과를 가져올 수 있으므로 법원의 엄격한 심리를 거쳐 제한적인 경우에만 인정될 것이다.
(4) 절차: 법원으로부터 성과 본의 변경을 허가하는 심판이 확정되면 재판확정일로부터 1개월 이내에 재판서의 등본 및 확정증명서를 첨부하여 자의 등록기준지 또는 부모의 주소지나 현재지에 성·본 변경신고서를 제출해야 한다.
* 민법 제781조제1항 본문(2005. 3. 31. 법률 7427호로 개정되기 전의 것) 중 "자(子)는 부(父)의 성(姓)과 본(本)을 따르고" 부분이 헌법에 위반되는지 여부(헌재 2005.12.22. 2003헌가5, 6): ① 양계 혈통을 모두 성으로 반영하기 곤란한 점, 부성의 사용에 관한 사회 일반의 의식, 성의 사용이 개인의 구체적인 권리의무에 영향을 미치지 않는 점 등을 고려할 때 민법 제781조제1항 본문(2005. 3. 31. 법률 제7427호로 개정되기 전의 것) 중 "자(子)는 부(父)의 성(姓)과 본(本)을 따르고" 부분이 성의 사용 기준에 대해 부성주의를 원칙으로 규정한 것은 입법형성의 한계를 벗어난 것으로 볼 수 없다. ② 출생 직후의 子에게 성을 부여할 당시 父가 이미 사망하였거나 부모가 이혼하여 모가 단독으로 친권을 행사하고 양육할 것이 예상되는 경우, 혼인 외의 자를 부가 인지하였으나 여전히 모가 단독으로 양육하는 경우 등과 같은 사례에 있어서도 일방적으로 부의 성을 사용할 것을 강제하면서 모의 성의 사용을 허용하지 않고 있는 것은 개인의 존엄과 양성의 평등을 침해한다. ③ 입양이나 재혼 등과 같이 가족관계의 변동과 새로운 가족관계의 형성에 있어서 구체적인 사정들에 따라서는 양부 또는 계부 성으로의 변경이 개인의 인격적 이익과 매우 밀접한 관계를 가짐에도 부성의 사용만을 강요하여 성의 변경을 허용하지 않는 것은 개인의 인격권을 침해한다. ④ 위헌성은 부성주의의 원칙을 규정한 것 자체에 있는 것이 아니라 부성의 사용을 강제하는 것이 부당한 것으로 판단되는 경우에 대해서까지 부성주의의 예외를 규정하지 않고 있는 것에 있으므로 이 사건 법률조항에 대해 헌법불합치결정을 선고하되 이 사건 법률조항에 대한 개정 법률이 공포되어 2008. 1. 1. 그 시행이 예정되어 있으므로 2007. 12. 31.까지 이 사건 법률조항의 잠정적인 적용을 명함이 상당하다.

第782條 삭제 〈2005.3.31〉

第783條 삭제 〈2005.3.31〉

第784條 삭제 〈2005.3.31〉

第785條 삭제 〈2005.3.31〉

第786條 삭제 〈2005.3.31〉

第787條 삭제 〈2005.3.31〉

第788條 삭제 〈2005.3.31〉

第789條 삭제 〈2005.3.31〉

第790條 削除 〈1990.1.13〉

第791條 삭제 〈2005.3.31〉

第792條 削除 〈1990.1.13〉

第793條 삭제 〈2005.3.31〉

第794條 삭제 〈2005.3.31〉

第795條 삭제 〈2005.3.31〉

第796條 삭제 〈2005.3.31〉

第797條 削除 〈1990.1.13〉

第798條 削除 〈1990.1.13〉

第799條 削除 〈1990.1.13〉

第3章 婚 姻

1. 概括: 가족의 시초 단위로서 혼인에 관하여 규정한다.

2. 構成

(1) 약혼: 제800조-제806조

(2) 혼인의 성립: 제807조-제814조

(3) 혼인의 무효와 취소: 제815조-제825조

(4) 혼인의 효력: 제826조-제833조, 사실혼

(5) 이혼: 제834조-제843조

第1節 約 婚

1. 概括: 약혼은 장래에 혼인할 것을 목적으로 하는 남과 여 당사자 사이의 신분계약이다. 따라서 실질적인 혼인생활을 영위하지만 혼인신고를 하지 않은 사실혼이나 혼인 당사자가 아닌 양가의 주혼자들이 혼인시킬 것을 계약하는 이른바 정혼과는 구별된다. 약혼은 혼인을 위해 반드시 거쳐야 하는 과정이 아니므로 약혼을 명문으로 규정하지 않는 입법례도 있으나, 민법은 관습상 인정되어 오던 약혼제도를 성문화하고 있다.
(1) 혼인의 예약: 약혼의 법적 성질은 약혼의 본계약으로 혼인의 예약에 해당한다.
(2) 낙성, 쌍무, 무상, 불요식계약이다.

2. 構成
(1) 약혼의 자유: 제800조
(2) 약혼연령: 제801조
(3) 금치산자의 약혼: 제802조
(4) 약혼의 강제이행금지: 제803조
(5) 약혼의 해제: 제804조-제806조

第800條【約婚의 自由】 成年에 達한 者는 自由로 約婚할 수 있다.

第801條【約婚年齡】 만 18세가 된 사람은 父母 또는 後見人의 同意를 얻어 約婚할 수 있다. 이 境遇에는 第808條의 規定을 準用한다. 〈개정 2007.12.21〉

第802條【禁治産者의 約婚】 禁治産者는 父母 또는 後見人의 同意를 얻어 約婚할 수 있다. 이 境遇에는 第808條의 規定을 準用한다.

第803條【約婚의 强制履行禁止】 約婚은 强制履行을 請求하지 못한다.

約婚

1. 約婚의 成立
(1) 약혼연령-제801조: 남녀 모두 만 18세가 되면 약혼할 수 있다. 이러한 약혼연령은 혼인연령(807조)과 동일하다. 약혼연령에 이르지 못한 자의 약혼은 혼인연령 미달자의 혼인에 준하여 취소할 수 있다고 해석된다.
(2) 약혼의 자유
(가) 20세 이상의 성년자-제800조: 약혼은 20세 이상의 남녀는 자유롭게 약혼을 할 수 있다.
(나) 18세 이상 20세 미만-제801조 단서: 20세 미만 18세 이상의 미성년자가 약혼을 할 때에는 부와 모의 동의를 얻어야 하며, 만일 부모 중 일방이 동의할 수 없는 경우에는 동의할 수 있는 일방의 동의를 얻어야 하고, 부모 모두 동의할 수 없는 때에는 후견인의 동의를 얻어야 한다.
(다) 금치산자-제802조
① 부모 또는 후견인의 동의 필요: 금치산자가 약혼할 때에는 부모 또는 후견인의 동의를 얻어야 하며, 부모 또는 후견인이 없거나 동의할 수 없는 때에는 친족회의 동의를 얻어야 한다. 부모나 후견인 중 어느 쪽이든 동의만 있으면 되고, 부모가 우선순위에 있는 것은 아니다.
② 동의 없는 약혼: 본조에 위반하여 금치산자가 부모나 후견인의 동의 없이 약혼한 경우의 약혼의 효력에 대해서는 명문규정이 없으나, 금치산자의 혼인취소에 관한 제816조제1호의 규정을 유추적용하여 약혼을 취소할 수 있다고 해석된다.

(3) 약혼의 성립

(가) 의사의 합치: 양당사자간의 합의로 약혼은 성립한다. * 약혼은 혼인할 것을 목적으로 하는 혼인의 예약이므로 당사자 일방은 자신의 학력, 경력 및 직업과 같은 혼인의사를 결정하는 데 있어 중대한 영향을 미치는 사항에 관하여 이를 상대방에게 사실대로 고지할 신의성실의 원칙상의 의무가 있다(대판 1995.12.8. 94므1676, 1683).

① 장기간의 교제-묵시적 의사표시에 의한 성립: 약혼의 의사표시는 직접적이고 명시적으로 당사자의 일방이 타방에게 약혼의 의사를 표시하지 않았다고 하더라도, 일정기간에 걸친 교제 및 계속되는 성적 교섭에 의하여 상대방에게 약혼의 성립에 대한 신뢰를 주었다면, 그러한 신뢰의 보호를 위하여 당사자 사이에 약혼이 성립되었다고 보는 것이 상당하다(서울가법 1995.7.13. 94드37503). * 약 2년여에 걸친 일련의 행동 및 계속되는 성적 교섭에 의하여 간접적이고 묵시적이나마 원고와 혼인하겠다는 의사를 표현한 사안에서 약혼의 성립을 인정하였다(서울가법 1995.7.13. 94드37503).

② 혼인예식장의 예약-묵시적 의사표시에 의한 성립: 양가 부모들과 함께 상견례를 하고 혼인예식의 일시를 정하여 예식장을 예약한 상태에서 정당한 사유 없이 일방적으로 혼인을 거부한 경우에도 장차 혼인을 체결하려는 합의인 약혼이 성립하였다고 보아야 한다(서울가법 2005.9.1. 2004드합7422).

(나) 개별적 문제

① 조건 또는 기한이 부착된 약혼-유효: 가족법상의 행위는 조건이나 기한과 친숙하지 않지만 약혼의 경우는 그 조건이나 기한이 약혼의 본질을 훼손한다거나, 선량한 풍습 기타 사회질서에 위반하지 않는다면 조건이나 기한을 붙일 수 있다. 예컨대 1년 후에 결혼하기로 하고 약혼하는 경우가 이에 해당한다.

② 2중약혼-무효: 혼인 중인 자나 약혼 중인 자는 약혼할 수 없고, 한쪽 당사자가 그러한 자와의 약혼은 무효이다.

③ 금혼범위 내의 자의 약혼-무효: 금혼범위 내의 자의 약혼은 불능을 목적으로 하는 계약으로 무효이다. 이 경우 선의의 상대방은 손해배상을 청구할 수 있다.

(다) 불요식: 약혼계약은 무상, 불요식계약이다. 따라서 예물의 교환이나, 약혼식거행 등의 외형이나 계약서의 작성과 같은 형식적인 요건을 필요로 하지 않는다.

(4) 약혼과 사실혼의 구별

(가) 구별 기준: 일반적으로 약혼은 특별한 형식을 거칠 필요 없이 장차 혼인을 체결하려는 당사자 사이에 합의가 있으면 성립하는 데 비하여, 사실혼은 주관적으로는 혼인의 의사가 있고, 또 객관적으로는 사회통념상 가족질서의 면에서 부부공동생활을 인정할 만한 실체가 있는 경우에 성립한다.

(나) 혼인식 거행 후 신혼여행을 마친 경우: 일반적으로 결혼식(또는 혼례식)이라 함은 특별한 사정이 없는 한 혼인할 것을 전제로 한 남녀의 결합이 결혼으로서 사회적으로 공인되기 위하여 거치는 관습적인 의식이라고 할 것이므로, 당사자가 결혼식을 올린 후 신혼여행까지 다녀온 경우라면 단순히 장래에 결혼할 것을 약속한 정도인 약혼의 단계는 이미 지났다고 할 수 있으나, 이어 부부공동생활을 하기에까지 이르지 못하였다면 사실혼으로서도 아직 완성되지 않았다고 할 것이나, 이와 같이 사실혼으로 완성되지 못한 경우라고 하더라도 통상의 경우라면 부부공동생활로 이어지는 것이 보통이고, 또 그 단계에서의 남녀 간의 결합의 정도는 약혼 단계와는 확연히 구별되는 것으로서 사실혼에 이른 남녀 간의 결합과 크게 다를 바가 없다고 할 것이므로, 이러한 단계에서 일방 당사자에게 책임 있는 사유로 파탄에 이른 경우라면 다른 당사자는 사실혼의 부당 파기에 있어서와 마찬가지로 책임 있는 일방 당사자에 대하여 그로 인한 정신적인 손해의 배상을 구할 수 있다(대판 1998.12.8. 98므961).

2. 約婚의 效果

(1) 당사자의 의무: 당사자는 서로 성실하게 교제하고 정조를 지킬 의무와 약혼의 목적인 혼인을 위하여 서로 협력하여야 할 의무가 있다. 따라서 정조의무를 위반하면 손해배상을 청구할 수 있다.

(2) 강제이행금지-제803조: 약혼은 장래에 혼인할 것을 내용으로 하는 계약이다. 따라서 당사자는 혼인을 달성시킬 의무가 있다. 그런데 설령 당사자 일방이 혼인을 이행하지 않더라도 그 성질상 강제이행을 청구할 수는 없다. 당사자간에 혼인의사의 합치가 없는 이상 혼인의 목적을 달성할 수 없으며, 일방에 의해 혼인신고가 되더라도 그 혼인은 무효이다. 다만 정당한 사유 없이 혼인을 이행하지 않는 경우에는 그 당사자를 상대로 손해배상을 청구할 수 있다(806조).

(3) 약혼상의 권리: 당사자간의 약혼상의 권리나 약혼관계를 침해하면 불법행위로 인한 손해배상청구가 가능하다. 예컨대 약혼한 당사자 일방이 제3자와 혼인하거나 약혼하여 사실상 혼인이 불가능하게 된 경우에 그 제3자에 대해서는 불법행위로 인한 손해배상청구가 가능하다.

(4) 가족법상의 지위: 약혼만으로는 당사자 사이에 친족관계가 발생하지 아니한다.

(5) 약혼 중의 출생자-제855조: 약혼 중의 출생자는 혼인 외의 출생자가 되고, 나중에 약혼 당사자가 혼인하면 그 자는 준정이 되어 혼인 중의 출생자가 된다.

(6) 약혼 예물

(가) 법적 성질: 약혼예물의 수수는 약혼의 성립을 증명하고 혼인이 성립한 경우 당사자 내지 양가의 정리를 두텁게 할 목적으로 수수되는 것으로 혼인의 불성립을 해제조건으로 하는 증여와 유사한 성질을 가진다.

(나) 혼인 후의 파탄에 따른 예물의 소유권: 예물의 수령자측이 혼인 당초부터 성실히 혼인을 계속할 의사가 없고 그로 인하여 혼인의 파국을 초래하였다고 인정되는 등 특별한 사정이 있는 경우에는 신의칙 내지 형평의 원칙에 비추어 혼인 불성립의 경우에 준하여 예물반환의무를 인정함이 상당하다. 그러나 그러한 특별한 사정이 없는 한 일단 부부관계가 성립하고 그 혼인이 상당기간 지속된 이상 후일 혼인이 해소되어도 그 반환을 구할 수는 없으므로, 비록 혼인 파탄의 원인이 며느리에게 있더라도 혼인이 상당 기간 계속된 이상 약혼예물의 소유권은 며느리에게 있다(대판 1996.5.14. 96다5506).

第804條【約婚解除의 事由】 當事者의 一方에 다음 各號의 事由가 있는 때에는 相對方은 約婚을 解除할 수 있다.〈改正 1990.1.13〉

1. 約婚後 資格停止以上의 刑의 宣告를 받은 때
2. 約婚後 禁治產 또는 限定治產의 宣告를 받은 때
3. 性病, 不治의 精神病 기타 不治의 惡疾이 있는 때
4. 約婚後 他人과 約婚 또는 婚姻을 한 때
5. 約婚後 他人과 姦淫한 때
6. 約婚後 1年이상 그 生死가 不明한 때
7. 正當한 理由없이 婚姻을 拒絶하거나 그 時期를 遲延하는 때
8. 其他 重大한 事由가 있는 때

第805條【約婚解除의 方法】 約婚의 解除는 相對方에 對한 意思表示로 한다. 그러나 相對方에 對하여 意思表示를 할 수 없는 때에는 그 解除의 原因있음을 안 때에 解除된 것으로 본다.

第806條【約婚解除와 損害賠償請求權】 ①約婚을 解除한 때에는 當事者一方은 過失있는 相對方에 對하여 이로 因한 損害의 賠償을 請求할 수 있다.
②前項의 境遇에는 財產上 損害外에 精神上 苦痛에 對하여도 損害賠償의 責任이 있다.
③精神上 苦痛에 對한 賠償請求權은 讓渡 또는 承繼하지 못한다. 그러나 當事者間에 이미 그 賠償에 關한 契約이 成立되거나 訴를 提起한 後에는 그러하지 아니하다.

約婚의 解除

1. 意義: 약혼은 혼인의 이행을 전제로 하지만 이행을 하지 아니하여도 이를 강제로 이행시킬 수 없으며, 정당한 사유가 있으면 언제든지 해제할 수 있다. 민법은 정당한 약혼의 해제사유를 규정하고 있는데, 민법이 규정한 약혼해제사유에 해당하여 다른 일방이 약혼을 해제한 때에는 약혼해제로 인한 손해배상책임이 없다.

2. 法定解除事由 - 제804조

(1) 약혼 후 자격정지 이상의 형의 선고를 받은 때-제1호: 형의 확정까지는 필요하지 않다.

(2) 약혼 후 금치산 또는 한정치산의 선고를 받은 때-제2호: 약혼 전에 받은 금치산이나 한정치산선고를 약혼시에는 알지 못하고 후에 안 때에는 사정에 따라 제8호에 해당하여 해제가 가능할 것이다.

(3) 성병, 불치의 정신병 기타 불치의 악질이 있는 때-제3호: 이러한 병의 발생이 약혼 후일 것을 요하지 않으며, 약혼 전에 발생하였으나 약혼 후에 이러한 사실을 안 때에는 약혼을 해제할 수 있다.

(4) 약혼 후 타인과 약혼 또는 혼인을 한 때-제4호: 약혼은 혼인을 전제로 한 계약이므로 당사자 일방이 타인과 약혼 또는 혼인한 때에는 약혼의 목적을 달성할 수 없으므로 약혼을 해제할 수 있다.

(5) 약혼 후 타인과 간음한 때-제5호: 약혼 상대방이 아닌 타인과 성행위가 있는 때에는 약혼을 해제할 수 있다.

(6) 1년 이상의 생사불명-제6호: 약혼 후 1년 이상 그 생사가 불명한 때는 해제할 수 있다.

(7) 정당한 이유 없이 혼인을 거절하거나 그 시기를 지연하는 때-제7호: 직업상의 해외체류나 건강상의 문제 등 정당한 이유가 없는데도 혼인을 거절하거나 혼인을 지연하는 때에는 약혼해제가 가능하다.

(8) 기타 중대한 사유가 있는 때-제8호: 앞에서 든 7가지의 사유 외에 혼인으로 이행하는 것을 기대할 수 없을 만큼 중요한 사유가 있는 때에는 약혼을 해제할 수 있다. 이러한 중대한 사유는 약혼해제 당시에 존재하여야 한다.

(가) 약혼 전에 학력 등을 속인 경우: ① 약혼은 혼인할 것을 목적으로 하는 혼인의 예약이므로 당사자 일방은 자신의 학력, 경력 및 직업과 같은 혼인의사를 결정하는 데 있어 중대한 영향을 미치는 사항에 관하여 이를 상대방에게 사실대로 고지할 신의성실의 원칙상의 의무가 있다(대판 1995.12.8. 94므1676, 1683). ② 중매를 통하여 불과 10일간의 교제를 거쳐 약혼을 하게 되는 경우에는 서로 상대방의 인품이나 능력에 대하여 충분히 알 수 없기 때문에 학력이나 경력, 직업 등이 상대방에 대한 평가의 중요한 자료가 된다고 할 것인데, 갑이 학력과 직장에서의 직종·직급 등을 속인 것이 약혼 후에 밝혀진 경우에는 갑의 말을 신뢰하고 이에 기초하여 혼인의 의사를 결정하였던 을의 입장에서 보면 갑의 이러한 신의성실의 원칙에 위반한 행위로 인하여 갑에 대한 믿음이 깨어져 갑과의 사이에 애정과 신뢰에 바탕을 둔 인격적 결합을 기대할 수 없어 갑과의 약혼을 유지하여 혼인을 하는 것이 사회생활관계상 합리적이라고 할 수 없으므로 기타 중대한 사유가 있는 때에 해당하여 갑에 대한 약혼의 해제는 적법하다(대판 1995.12.8. 94므1676, 1683).

(나) 1급 시각장애: 약혼 상대방이 저시력증으로 인한 제1급 시각장애인으로서 상대방과 시선접촉이 쉽지 않고, 사물을 명확히 식별하지 못하며 글씨를 읽을 때 보조기구를 사용해야 한다는 등의 사정만으로는 그 저시력증이 민법 제804조제3호의 약혼해제를 정당화할 만한 불치의 악질에 해당한다고 볼 수 없다(서울가법 2005.9.1. 2004드합7422).

3. 解除方法 - 제805조

(1) 의사표시-본문: 약혼 당사자 일방이 상대방에 대한 해제의 의사표시로 해제된다. 약혼을 해제할 수 있는 자는 당사자에 한하며, 부모나 법정대리인 등은 해제권이 없다.

(2) 의사표시가 불가한 때-단서: 약혼 당사자가 상대방의 행방불명이나 기타의 사유로 약혼해제의 의사표시를 할 수 없는 때에는 해제의 원인이 된 그 사실이 있음을 안 때에 해제된 것으로 본다.

4. 解除의 效果 - 제806조: 약혼을 해제하면 그 약혼은 당초부터 없었던 것으로 된다. 약혼의·법정

해제사유(803조)에 해당한 경우에는 손해배상을 하지 아니하고 약혼을 해제할 수 있다. 설령 법정해제사유가 없다고 하더라도 약혼은 그 성질상 강제이행을 청구할 수 없으므로(803조) 혼인할 것을 원하지 않는 때에는 약혼을 해제할 수 있다. 이와 같이 정당한 사유 없이 약혼당사자 일방이 약혼을 해제하고, 이로 인하여 상대방이 손해를 입은 때에는 일방당사자는 과실 있는 약혼당사자에 대해 손해의 배상을 청구할 수 있도록 한 것이 본조의 취지이다.

(1) 손해배상청구권

(가) 발생-제1항: 고의 또는 과실에 의한 법정해제사유 야기자나 부당하게 약혼을 해제한 자는 손해배상책임이 있다.

① 고의, 과실에 의한 법정해제사유 야기자: 법정해제사유에 해당하면 해제하더라도 해제한 당사자는 손해배상책임이 없다. 약혼을 해제하게 된 상대방에게 법정해제사유를 발생시킨 고의 또는 과실이 있는 경우에는 손해배상을 청구할 수 있다. 만일, 쌍방이 모두 과실이 있는 때에는 약혼해제의 주된 과실이 없는 당사자만 손해배상청구를 할 수 있다.

② 부당파기자: 약혼관계를 부당하게 파기한 제3자도 불법행위에 의한 손해배상책임이 있다. 따라서 시모가 원고를 축출하여 혼인예약이행을 상호 억제시킴으로서 상대 당사자가 결국 혼인예약을 파기하였으면 시모는 혼인예약파기에 대한 책임이 있다(대구고법 1961.6.7. 4294민공76).

(나) 손해배상의 범위-제2항: 손해배상의 범위에는 재산상 손해 외에 정신상의 고통에 대한 위자료를 포함한다. 재산상의 손해에는 혼인을 준비하는 데 들인 비용과 혼인을 예상하고 직장을 사퇴함으로 인해 입은 손해 등이 포함된다. 정신적 고통에 대한 손해는 약혼해제로 받은 충격과 고통, 약혼해제로 인해 혼인에 있어서 불리한 조건에 처하게 됨에 따른 고통 등이 포함될 것이다.

(다) 손해배상청구권의 양도, 승계-제3항: 재산상 손해배상청구권은 승계될 수 있으나 정신상 고통에 대한 배상청구권은 양도 또는 승계하지 못한다. 그러나 당사자간에 이미 그 배상에 관한 계약이 성립되거나 소를 제기한 후에는 양도나 승계가 가능하다.

(2) 예물의 반환청구권

(가) 약혼 예물의 성질: 민법은 약혼예물에 대해서는 명문의 규정을 두고 있지 않은데, 약혼예물의 수수는 혼인 불성립을 해제조건으로 하는 증여의 성질을 가지는 것으로 이해된다. * 약혼예물의 수수는 혼인의 불성립을 해제조건으로 하는 증여와 유사한 성질을 가지므로, 예물의 수령자측이 혼인 당초부터 성실히 혼인을 계속할 의사가 없고 그로 인하여 혼인의 파국을 초래하였다고 인정되는 등 특별한 사정이 있는 경우에는 신의칙 내지 형평의 원칙에 비추어 혼인 불성립의 경우에 준하여 예물반환의무를 인정함이 상당하나, 그러한 특별한 사정이 없는 한 일단 부부관계가 성립하고 그 혼인이 상당 기간 지속된 이상 후일 혼인이 해소되어도 그 반환을 구할 수는 없으므로, 비록 혼인 파탄의 원인이 며느리에게 있더라도 혼인이 상당 기간 계속된 이상 약혼예물의 소유권은 며느리에게 있다(대판 1996.5.14. 96다5506).

(나) 혼인이 성립된 경우: 혼인이 성립하여 혼인이 지속되다가 비록 수령자의 파탄 원인에 의하여 이혼이 되더라도 반환의 문제는 생기지 아니한다. 그런데 혼인이 성립한 후에 혼인기간이 지극히 짧은 등 특별한 사정이 있는 경우는 신의칙 내지 형평의 원칙에 비추어 혼인불성립의 경우에 준하는 것으로 보아야 하고, 예물의 반환이 문제된다(대판 1996.5.14. 96다5506).

(다) 약혼의 합의해제: 부당이득반환문제로 처리된다. 쌍방의 과실 없는 해제도 부당이득반환문제가 된다.

(라) 일방의 과실로 약혼이 해제된 경우: 무과실자만 반환을 청구할 수 있다. 과실 있는 자는 반환을 청구할 수 없다(대판 1976.12.28. 76므41).

(마) 쌍방과실의 경우: 부당이득반환의 법리에 따르며, 과실상계가 적용된다.

第2節 婚姻의 成立

1. 概括: 혼인은 그 사회의 경제적·정치적 조건이나 도덕이념에 의해 규정되고, 그 사회에 타당한 일정한 혼인양식이 존재하며, 법은 이러한 혼인제도를 승인하고 그에 법적 구속력을 부여하

게 된다. 따라서 혼인은 그 기능을 영위하기 위해서는 당사자간의 자유로운 임의적 합의에 기초해야 하며, 국가는 혼인관계를 형성하기로 하는 당사자의 합의를 증명하고, 또한 등록하는 데 관여하게 된다. 민법도 혼인에 있어서 특별한 방식을 규정하지 않으며 당사자의 혼인의사에 기한 가족관계등록법이 정하는 바에 따라 신고함으로써 효력을 발생하도록 규정하고 있다.

2. 構成

(1) 혼인적령: 제807조
(2) 동의를 요한 혼인: 제808조
(3) 근친혼의 금지: 제809조
(4) 중혼의 금지: 제810조
(5) 혼인의 성립: 제812조
(6) 혼인의 신고: 제813조, 제814조

第807條【혼인적령】 만 18세가 된 사람은 혼인할 수 있다.

第808條【同意를 요하는 婚姻】 ①未成年者가 婚姻을 할 때에는 父母의 同意를 얻어야 하며, 父母중 一方이 同意權을 行使할 수 없는 때에는 다른 一方의 同意를 얻어야 하고, 父母가 모두 同意權을 행사할 수 없는 때에는 後見人의 同意를 얻어야 한다.
②禁治産者는 父母 또는 後見人의 同意를 얻어 婚姻할 수 있다.
③第1項 및 第2項의 경우에 父母 또는 後見人이 없거나 또는 同意할 수 없는 때에는 親族會의 同意를 얻어 婚姻할 수 있다.

婚姻

1. 婚姻適齡 - 제807조

(1) 18세: 조선시대에는 조혼의 관습이 존재하여 여자의 경우 10대 초반에 혼인하였으나, 일제시대에 일본민법이 의용되던 때에는 남자 만 17세, 여자 만 15세였으며, 제정민법에서는 남자 만 18세 여자 만 16세로 규정하여 그대로 유지되었다. 이처럼 남녀간에 혼인연령의 차별을 둔 것은 합리적 이유가 없는 남녀에 대한 부당한 차별로서 남녀평등에 위반된다는 비판이 있었으며, 2007년 민법이 개정되면서 약혼연령과 같이 남녀 모두 만 18세로 통일되었다.

(2) 위반의 효과-취소 가능-제817조: 혼례식거행 당시 피청구인이 혼인연령 18세 미달인 15세의 미성년자라 하더라도 혼인연령 미달자란 사실만으로써 그 혼인예약이 무효라 할 수 없고 피청구인이 혼인연령에 도달한 때에 혼인할 의무를 부담한 것으로 보아야 한다(대구고법 1966.7.13. 66르72, 73). 한편 혼인연령에 이르지 않은 자의 혼인은 각 당사자 또는 그 법정대리인이 취소를 청구할 수 있다(817조).

2. 婚姻에 同意를 받아야 하는 者 - 제808조

(1) 동의의 취지: 동의를 받도록 한 것은 행위능력이 제한된 혼인 당사자의 보호에 목적이 있어, 사리분별력이 미숙한 미성년자, 금치산자가 배우자를 결정하는 데 보다 신중하도록 하는 목적으로 보호자에게 동의권을 부여하고 있다.

(2) 미성년자의 혼인-부모의 동의-제1항: 18세 이상 20세 미만의 미성년자는 동의를 받아 혼인할 수 있다.

(가) 방식: 동의는 특별한 방식을 요하지 않는다. 일반적으로는 혼인신고서에 동의서를 첨부하거나 혼인신고서에 동의한 취지를 부기하고 서명·날인하는 등의 방법이 될 것이다.

(나) 동의권을 얻어야 하는 부모

① 부모의 이혼: 본항에서는 단지 부모의 동의라고 규정하고 있으므로, 부모가 이혼하여 모(또는 부)에게 친권이나 양육권이 있는 경우에도 부(또는 모)는 동의권을 갖는다. 동의권은 부모로서의 고유의 권한이므로 성과 본이 변경되어 서로 다른 경우에도 동의권에 영향을 미치지 않는다.

② 일방의 동의 불가: 부모 중 일방이 동의권을 행사할 수 없을 때에는 다른 일방 부모의 동의만 있으면 된다.
㉮ 인지 전, 일방의 사망 등: 동의권을 행사할 수 없을 때란 혼인 외의 자가 아직 부의 인지를 받지 못하여 부를 알지 못하는 때, 사망한 때 또는 의사표시를 할 수 없는 때가 해당한다.
㉯ 일방의 친권상실: 부모 중 일방이 친권상실선고를 받은 때에는 일방의 동의만으로 족하다고 해석된다.
㉰ 입양의 경우-양부모: 혼인의 당사자가 입양되어 친생부모와 양부모가 모두 존재하는 경우에는 양부모의 동의만으로 족하다고 해석되며, 만일 양부모가 모두 사망하였을 때에는 친부모의 동의가 아니라 후견인의 동의를 얻어야 된다.
(다) 부모 모두의 동의가 불가한 경우-후견인의 동의: 부모 모두의 동의가 불가능한 경우에는 후견인의 동의를 받아야 한다.
(라) 부모, 후견인의 동의 불가한 경우-친족회의 동의-제3항: 부모 또는 후견인이 없거나 또는 동의할 수 없는 때에는 친족회의 동의를 얻어 혼인할 수 있다.
(3) 금치산자의 혼인-후견인의 동의-제2항
(가) 동의받아 혼인: 혼인할 수 있는 능력은 혼인의 의미를 이해하고 판단할 수 있는 정신능력으로 의사능력만 있으면 될 것이다. 따라서 금치산자도 재산행위와는 달리 신분행위인 혼인은 부모 또는 후견인의 동의만 있으면 단독으로 할 수 있다.
(나) 동의방식, 동의권자: 미성년자와 동일하다.

第809條 【근친혼 등의 금지】 ①8촌 이내의 혈족(친양자의 입양 전의 혈족을 포함한다) 사이에서는 혼인하지 못한다.
②6촌 이내의 혈족의 배우자, 배우자의 6촌 이내의 혈족, 배우자의 4촌 이내의 혈족의 배우자인 인척이거나 이러한 인척이었던 자 사이에서는 혼인하지 못한다.
③6촌 이내의 양부모계(養父母系)의 혈족이었던 자와 4촌 이내의 양부모계의 인척이었던 자 사이에서는 혼인하지 못한다.

近親婚의 禁止

1. 意義: 일정한 근친간의 혼인을 금지하는 것은 오래 전 미개사회로부터 현대에 이르기까지 모든 사회에서 나타나는 보편적인 현상이라고 할 수 있다. 다만 그 범위와 형태는 그 사회의 전통과 문화에 따라 매우 다양한 모습으로 존재하며, 민법은 외국의 입법례에 비해 상당히 폭넓게 금혼범위를 규정하고 있다. 현대사회에서 근친혼금지가 갖는 의미는 두 가지로 볼 수 있는데, 첫 번째는 우생학적 배려이다. 형제자매 등 가까운 혈족일 경우 유전자를 공유하는 비율이 비교적 높기 때문에 근친간의 혼인은 유전적 위험이 커질 수 있다는 것이다. 두 번째는 사회・윤리적 고려라고 볼 수 있다. 본조의 제1항이 우생학적 배려에 무게가 실리는 반면 제2, 제3항은 사회・윤리적인 면을 고려한 것이라고 볼 수 있다.
* 2005년 개정 전의 민법 제809조제1항은 〈동성동본인 혈족사이에는 혼인하지 못한다〉라고 규정하여 부계혈통주의에 근거한 성과 본이 동일한 경우 혼인이 금지되는 이른바 동성동본불혼의 원칙이 유지되어 왔다. 그러나 헌법재판소는 1997년 7월 16일 95헌가6내지13결정에서 〈민법 제809조제1항은 금혼규정으로서 사회적 타당성 내지 합리성을 상실하고 있음과 아울러 인간으로서의 존엄과 가치 및 행복추구권을 규정한 헌법이념 및 규정과 개인의 존엄과 양성의 평등에 기초한 혼인과 가족생활의 성립・유지라는 헌법규정에 정면으로 배치된다〉는 취지의 헌법불합치결정을 내렸으며, 헌재결정과 더불어 제809조제1항은 적용이 중지되어, 2005년 3월 31일 개정법률이 공포되면서 동성동본금혼의 원칙을 폐기하고 근친혼의 금지로 개정되었다.
2. 婚姻이 禁止되는 範圍: 아래에 열거한 자 사이에서는 혼인하지 못한다.
(1) 8촌 이내의 혈족(친양자 입양 전도 포함)-제1항

(가) 입양(법정혈족)도 포함: 자연혈족뿐만 아니라 법정혈족(입양)도 포함된다.
(나) 친양자입양에서 입양 전 8촌: 입양이 확정되면 입양 전의 친족관계는 종료하게 되지만(908조의3), 입양전(생가쪽)의 8촌 이내의 혈족은 우생학적인 이유에서 친양자 입양 성립 후에도 혼인이 금지된다. * 자연혈족 중 모계혈족의 경우 전통적 관습을 고려하여 모계의 부계만을 의미한다고 해석하는 견해가 있다.
(2) 인척-제2항: 인척간에는 인척의 계원에 따라 차이를 두어 혼인을 금지하고 있다.
(가) 인척이거나: 본조는 혼인에 관한 것으로 일정한 인척간의 혼인의 금지에서 본항의 〈인척이거나〉라는 것은 현재 인척의 관계에 있는 경우로서 일반적으로 배우자가 사망한 후에 생존배우자가 아직 재혼하지 않고 있는 경우에 그 자가 혼인하는 경우에 해당한다.
(나) 인척이었던 자: 혼인취소, 이혼 등으로 인척관계가 소멸한 경우는 본항의 〈인척이었던 자〉에 해당한다.
① 혈족의 배우자: 아버지와 어머니의 배우자였던 자(계부모, 적모였던 자), 형제자매의 배우자였던 자(형수, 형부, 제수, 제부였던 자), 자녀의 배우자였던 자(시부와 며느리였던 자, 장모와 사위였던 자).
② 배우자의 6촌 이내의 혈족: 아내나 남편이었던 자와 6촌 이내의 혈족(전처의 6촌까지).
③ 배우자의 혈족의 4촌 이내의 배우자: 남편이나 아내였던 자의 4촌까지의 배우자였던 자.
(3) 입양의 취소 또는 파양의 경우: 양친자관계가 존속할 경우에는 양자와 양친, 그 혈족 및 인척관계는 본조 제1항 및 2항의 적용을 받게 되지만, 입양이 취소 또는 파양된 때에는 양친자관계가 종료되므로 입양으로 맺어진 친족관계도 종료하게 된다. 이처럼 그 관계가 종료된다고 하더라도 사회윤리적 고려에서 일정범위의 자 사이에는 혼인을 금지하고 있는 것이다.
(가) 6촌 이내의 양부모계(養父母系)의 혈족이었던 자: 양부모였던 자와 6촌까지의 혈족.
(나) 4촌 이내의 양부모계의 인척이었던 자: 양부모였던 자와 4촌 이내의 인척인 자.

3. 違反하여 婚姻한 경우

(1) 혼인신고의 불수리-제812조: 본조에 위반한 혼인은 그 신고서가 수리될 수 없다(812조).
(2) 수리된 경우-제815조, 제816조: 제1항에 위반한 경우와 당사자간에 직계인척관계가 있거나 있었던 때(시부와 며느리, 장모와 사위), 당사자간에 양부모계의 직계혈족관계(양부와 양녀)가 있었던 때는 무효가 되며(815조), 그 외에는 취소될 수 있다(816조).

第810條【重婚의 禁止】配偶者 있는 者는 다시 婚姻하지 못한다.

重婚禁止

1. 重婚이 發生하는 경우: 중혼이란 배우자 있는 자가 배우자 아닌 다른 이성과 법률상 2중으로 혼인신고가 되어진 경우를 말한다.
(1) 중혼은 아래의 사유로 발생한다.
(가) 2중 혼인신고: 가족관계등록 공무원에게 형식적인 심사권이 있으므로 실제 이러한 중혼이 발생할 가능성은 낮지만, 공무원의 실수로 중복하여 혼인신고가 수리되어 중혼이 된다.
(나) 재혼 후 전 이혼의 무효, 취소: 이혼 후 재혼하였으나 그 이혼이 무효·취소된 경우에 중혼이 발생한다.
(다) 실종선고 후 재혼한 후에 실종선고의 취소: 실종선고 후에 재혼하였으나 실종선고가 취소된 경우에 중혼이 발생한다.
(2) 중혼 여부가 문제되는 구체적 사례
(가) 확정심판 후 재심 취소 전-중혼: 갑남이 법률상 부부였던 을녀를 상대로 이혼심판을 청구하여 승소심판을 선고받고 그 심판이 확정되자 곧 병녀와 혼인하여 혼인신고를 마쳤으나 그 후 을녀의 재심청구에 의하여 그 이혼심판의 취소 및 이혼청구기각의 심판이 확정되었다면 갑남과 병여 사이의 혼인은 중혼에 해당한다(대판 1994.10.11. 94므932).

(나) 협의이혼이 취소된 경우 취소 전에 맺어진 새로운 혼인-중혼: 청구인과 피청구인(갑)이 협의이혼한 것이 피청구인(갑)의 기망에 인한 것이었음을 이유로 청구인이 제기한 협의이혼 취소심판이 청구인의 승소로 확정되었다면 청구인과 피청구인 (갑)은 당초부터 이혼하지 않은 상태로 되돌아 갔다 할 것이니 위 취소심판 계속 중 피청구인 (갑), (을)사이에 이루어진 혼인은 중혼이다(대판 1984.3.27. 84므9).

(3) 이름을 바꾸어 한 경우: 배우자 있는 자가 타인과 혼인하기 위하여 이름을 바꿔 새로이 취적함으로써 2중호적을 만들어 그 호적에 타인과의 혼인신고를 마쳤다면 위 타인과의 혼인은 중혼이다(대판1986.6.24. 86므9).

2. 效果

(1) 취소되기 전의 당사자-각자의 배우자: 부부 중 일방이 다른 자와 다시 혼인신고하였다면 후혼은 취소되지 않는 한 유효하며, 2중혼인 자는 상대방 각각의 배우자가 된다(대판 1991.12.10. 91므344). 또한 중혼상태에 빠져 있었다 하더라도 전혼이 취소되지 아니한 이상 전혼의 타방배우자의 재산을 상속할 자격이 상실된다고는 할 수 없다(춘천지법 1991.12.11. 91가단486).

(2) 후혼에 대한 일정한 자의 취소청구-제818조

(가) 취소청구권자: 중혼이 발생한 경우 후혼은 선량한 풍속위반으로서 당연 무효가 아니라 당사자 및 그 배우자, 직계존속, 4촌 이내의 방계혈족 또는 검사가 그 취소를 법원에 청구할 수 있다(818조).

(나) 중혼자가 사망한 경우도 취소-가능: 중혼자가 사망한 후에라도 그 사망에 의하여 중혼으로 인하여 형성된 신분관계가 소멸하는 것은 아니므로 전혼의 배우자는 생존한 중혼의 일방 당사자를 상대로 중혼의 취소를 구할 이익이 있다(대판 1991.12.10. 91므535).

(3) 취소의 효과: 후혼이 취소되어도 혼인의 취소는 소급효가 없기 때문에 이미 발생한 중혼상태는 법률상 승인된다고 볼 수 있다.

(4) 취소청구 외의 다른 사유: 중혼은 취소권자가 그 취소를 청구함으로써 해소될 수 있으며, 후혼이 취소되기 전에 전혼이 이혼 등에 의해 해소되면 후혼은 취소할 수 없으며 확정적으로 유효하게 된다. 또한 전혼의 배우자는 중혼을 한 배우자에 대해서 이혼을 청구할 수 있다. 중혼자가 악의라면 배우자의 부정한 행위(840조1호)가 되고, 만일 선의라고 해도 혼인을 계속할 수 없는 중대한 사유(840조6호)로서 이혼원인이 된다.

(5) 취소권의 행사가 권리남용에 해당 여부가 문제된 사례

(가) 긍정한 사례: 중혼 성립 후 10년간 그 취소청구권을 행사하지 아니하였다 하여 피고의 입장에서 법정의 취소청구권자인 원고가 더 이상 그 권리행사를 하지 아니할 것으로 믿을 만한 정당한 사유를 갖게 되었다거나 원고의 그동안의 언동에 의하여 피고가 원고는 취소청구권을 행사하지 아니할 것으로 추인할 수 있게 되었다고 단정하기는 어렵다 할 것이다. 민법의 관계규정에 의하면 민법 소정의 혼인취소사유 중 동의 없는 혼인, 동성혼, 재혼금지기간위반혼인, 악질 등 사유에 의한 혼인, 사기, 강박으로 인한 혼인등에 대하여는 제척기간 또는 권리소멸사유를 규정하면서도(민법 819조 내지 823조) 중혼과 연령미달 혼인에 대하여만은 권리소멸에 관한 사유를 규정하지 아니하고 있는 바, 이는 중혼 등의 반사회성, 반윤리성이 다른 혼인취소사유에 비하여 일층 무겁다고 본 입법자의 의사를 반영한 것으로 보이고, 그렇다면 중혼의 취소청구권에 관하여 장기간의 권리불행사 등의 사정만으로 가볍게 그 권리소멸을 인정하여서는 아니 될 것이다. 그러나 권리의 행사가 사회생활상 도저히 용인할 수 없는 부당한 결과를 야기하거나 타인에게 손해를 줄 목적만으로 하여지는 것과 같이 공서양속에 위반하고 도의상 허용될 수 없는 때에는 권리의 남용으로서 허용될 수 없다(대판 1993.8.24. 92므907).

(나) 부정한 사례

① 갑남이 처 을녀를 상대로 한 이혼심판을 청구하여 승소 확정되자 다시 병녀와 결혼하여 혼인신고를 하였으나 그 후 위 이혼심판은 을녀의 허위주소신고에 기한 부적법 공시송달을 이유로 한 재심청구에 의하여 그 취소심판이 확정되었다면 갑남과 병녀 사이의 혼인은 민법 제810조가 금하는 중혼에 해당하고, 을녀가 실제로는 혼인생활을 계속할 의사가 없다든가, 위 이혼심판을 믿고 혼인한 선의의 제3자인 병녀나 그 자녀들의 이익이 크게 침해된다는 등의 사유만으로는 중

혼의 취소를 구하는 심판청구가 권리남용이라고 할 수 없다(대판 1991.5.28. 89므211).
② 중혼관계에 있어 전혼의 배우자가 사망한 상대방과 이미 사실상 이혼상태에 있었다든가 그 혼인사실을 뒤늦게 공관장에게 신고하였다는 사정만 가지고 전혼의 배우자가 생존한 중혼의 일방 당사자를 상대로 제기한 혼인취소청구가 오로지 피청구인을 괴롭히기 위한 소송으로 권리남용에 해당하거나 신의칙에 반하여 위법한 것이 된다고 할 수 없다(대판 1991.12.10. 91므535).

3. 重婚的 事實婚: 본조는 법률상 혼인이 2중으로 성립하는 것을 금지하고 있으며, 중혼적 사실혼은 본조의 적용이 없다. 예를 들어 사실상 혼인관계에 있는 부부 일방이 제3자와 또 다른 사실혼관계를 맺거나, 법률상 혼인관계에 있는 부부 일방이 제3자와 사실상 혼인관계에 있는 경우, 부부 중 일방이 제3자와 약혼한 경우는 본조에 해당하지 않는다. 중혼적 사실혼은 1부1처제에 따라 사실혼으로 보호받을 수 없으며, 무효에 해당한다. * 법률이 정한 혼인의 실질관계는 모두 갖추었으나 법률이 정한 방식, 즉 혼인신고가 없기 때문에 법률상 혼인으로 인정되지 않는 이른바 사실혼으로 인하여 형성되는 인척도 성폭력범죄의처벌및피해자보호등에관한법률 제7조제5항이 규정한 사실상의 관계에 의한 친족에 해당하고, 비록 우리 법제가 일부일처주의를 채택하여 중혼을 금지하는 규정을 두고 있다 하더라도 이를 위반한 때를 혼인 무효의 사유로 규정하고 있지 아니하고 단지 혼인 취소의 사유로만 규정함으로써 중혼에 해당하는 혼인이라도 취소되기 전까지는 유효하게 존속하는 것이므로 중혼적 사실혼이라 하여 달리 볼 것은 아니다(대판 2002.2.22. 2001도5075).

第811條 삭제 〈2005.3.31〉

第812條【婚姻의 成立】 ①婚姻은 「가족관계의 등록 등에 관한 법률」에 定한 바에 依하여 申告함으로써 그 效力이 생긴다. 〈개정 2007.5.17〉
②前項의 申告는 當事者雙方과 成年者인 證人2人의 連署한 書面으로 하여야 한다.

第813條【婚姻申告의 審査】 婚姻의 申告는 그 婚姻이 第807條 乃至 제810조 및 제812조제2항의 規定 其他 法令에 違反함이 없는 때에는 이를 受理하여야 한다. 〈개정 2005.3.31〉

第814條【外國에서의 婚姻申告】 ①外國에 있는 本國民사이의 婚姻은 그 外國에 駐在하는 大使, 公使 또는 領事에게 申告할 수 있다.
②제1항의 申告를 受理한 大使, 公使 또는 領事는 遲滯없이 그 申告書類를 本國의 등록기준지를 관할하는 가족관계등록관서에 送付하여야 한다. 〈개정 2005.3.31, 2007.5.17〉

婚姻의 成立-形式的 要件

1. 意義: 혼인이 성립하기 위하여는 당사자간의 의사의 합치를 비롯한 실질적 요건과 형식적 요건인 혼인신고를 하여야 한다. 실질적 요건에 관하여는 제807조 내지 제810조에서 규정하며, 형식적 요건에 관하여는 제812조 내지 제814조에서 규정한다.

2. 形式的 要件 - 婚姻申告

(1) 당사자의 혼인신고-제812조: 혼인이 유효하게 성립하기 위해서는 가족관계의 등록 등에 관한 법률(가족관계등록법)에서 정하는 바에 의하여 신고하여야 한다.

(가) 신고의 요건과 신고 장소: 혼인신고는 부부가 될 당사자 쌍방과 성년자인 증인 2인이 연서한 혼인신고서를 당사자의 등록기준지 또는 주소지나 현재지에서 신고하면 된다. 당사자가 신고하지 아니하는 경우에는 불출석한 혼인 당사자의 신분증이나 인감증명서를 첨부하여야 하고, 그

렇지 않은 경우에는 혼인신고는 수리되지 않는다(가족관계등록법 23조2항).

(나) 신고서 제출시 혼인의 의사의 존재: 혼인의 의사는 혼인신고서를 제출할 당시에도 존재해야 하나, 혼인신고서의 발송 후 도달 전에 당사자 일방이 사망한 경우에는 예외적으로 혼인신고를 수리해야 하며, 사망시에 신고한 것으로 본다.

(2) 조정·재판에 의한 혼인신고

(가) 조정에 의한 혼인신고: 사실상 혼인생활관계에 있으면서도 일방이 혼인신고에 협력하지 않는 등의 사유로 혼인신고가 되어 있지 않은 경우 사실상혼인관계존재확인의 소를 제기할 수 있다. 이때 조정전치주의(가사소송법 2조1항나류사건1호)에 의해 조정이 이루어지면 조정성립일로부터 1월 내에 조정조서를 첨부하여 혼인신고할 수 있다.

(나) 재판에 의한 혼인신고: 위의 소에서 조정이 이루어지지 않아 재판이 확정되어 승소판결을 얻은 경우에는 재판서등본과 확정증명서를 첨부하여 혼인신고를 하여야 한다. 이때의 혼인신고의 법적 성질은 창설적 신고로 본다.

(3) 기타: 혼인신고특례법에 따르면 전투 또는 사변을 당하여 전투수행을 위한 공무에 종사함으로 인하여 혼인신고를 하지 못하고 그 일방이 사망한 경우에는 생존하는 당사자가 가정법원의 확인을 얻어 단독으로 혼인신고를 할 수 있다.

3. 婚姻申告의 審査 - 제813조

(1) 형식적 심사권: 가족관계등록 담당자는 혼인신고를 접수한 후 혼인성립의 실질적 요건 및 형식적 요건을 갖추었는지를 심사한 후 신고를 수리해야 한다. 이러한 심사권은 실질적 심사권은 아니며 형식적 심사권에 그친다.

(가) 수리로 혼인의 효력 발생: 혼인은 신고의 수리, 즉 혼인신고서의 제출 또는 구두의 진술의 종료에 의해 효력이 발생한다.

(나) 지체 없이 수리 또는 불수리 처분: 가족관계등록 담당자는 혼인신고를 접수한 때는 지체 없이 심사하여 수리나 불수리처분을 해야 한다.

(다) 부당한 불수리-법원에 불복 신청: 정당한 이유 없이 혼인신고를 수리하지 않은 때에는 당사자는 불수리처분에 대해서 법원에 불복의 신청을 할 수 있다. 법원은 불복신청이 이유 있다고 인정될 때에는 가족관계등록 공무원에 대하여 그 신고의 수리를 명해야 한다.

(2) 수리의 효과: 수리함으로써 혼인의 효력이 발생한다.

(가) 신고 일자의 정정: 호적기재의 정정사항이 친족법상 또는 상속법상 중대한 영향을 미칠 경우에는 오로지 확정판결에 의하여서만 정정할 수 있고, 혼인신고일자는 확정판결에 의하여서만 정정할 수 있다(대판 1961.4.27. 4293민상441).

(나) 법령위반신고의 수리: 가족관계등록 담당자가 법령위반의 신고를 잘못하여 수리한 경우에 혼인 당사자 쌍방에게 혼인의사가 있는 한 혼인은 유효하게 성립하고 법률상 당연무효로 되지는 않는다.

(다) 수리의 효과가 발생하는지 여부가 문제된 구체적 사례

① 서명, 날인이 누락된 신고서: 당사자 일방의 서명·날인을 하지 않는 혼인신고를 수리한 때에도 혼인은 유효하게 성립한다(가족관계등록예규 149호). 또한 동의권자의 서명·날인이 없거나 권한 없이 작성된 혼인신고서가 수리된 때에 동의권자의 동의가 있었음이 인정되는 경우에는 유효하게 혼인이 성립된 것으로 본다.

② 일방적 혼인신고: 협의이혼한 후 배우자 일방이 일방적으로 혼인신고를 하였더라도 그 사실을 알고 혼인생활을 계속한 경우, 상대방에게 혼인할 의사가 있었거나 무효인 혼인을 추인하였다고 인정된다(대판 1995.11.21. 95므731).

③ 별거중인 처에 의한 혼인신고 당시 부에게도 혼인의 의사가 있었다고 보아 혼인신고가 유효하다고 한 사례: 원고가 별거중인 처인 피고에 의한 혼인신고 이후 얼마 지나지 아니하여 그 혼인신고가 된 사실을 알게 되었으면서도 그로부터 24여년이 경과한 제소시까지 혼인신고에 대하여 아무런 이의도 제기하지 아니하였을 뿐 아니라, 오히려 위 혼인신고에 의하여 원고와 피고가 부부로 된 호적에 소외인과의 사이에 낳은 아이들을 모두 혼인 외 출생자로 출생신고를 하는 한

편 족보를 편찬함에 있어서도 피고를 원고의 처로 등재한 사실 등이 있다. 이러한 일연의 사실로 보아 비록 원고가 피고와 잦은 부부싸움을 한 끝에 서로 별거를 하게 되고, 별거 후 1년도 채 못 되어 다른 여자와 동거생활을 하여 오면서 그 사이에 자녀까지 출산하였으며, 피고와는 별거하는 상태가 계속되어 왔다고 하더라도, 이러한 사정만으로는 원고가 피고와의 혼인의사를 철회하였다고 단정할 수 없고, 위 혼인신고는 당사자 사이의 혼인의 합의에 기초하는 것으로서 유효하다고 보아야 한다(대판 1994.5.10. 93므935).

④ 별거하면서 왕래하려는 의사로 혼인신고를 승낙한 것이더라도 혼인의 합의가 있었다고 본 사례: 청구인과 근 30년간 부첩관계를 맺고 그 사이에서 2남 2녀를 출산한 피청구인이 청구인의 본처가 사망하자 청구인에게 혼인신고를 요구하여, 청구인이 이를 응락하고 혼인신고를 하도록 딸에게 교부한 인장을 피청구인이 사용하여 혼인신고서를 작성하여 이 사건 혼인신고를 한 것이라면, 설사 당사자 사이에 이후 동거하기로 하는 합의가 따로 없이 혼인신고 후에도 계속 별거하면서 왕래하려는 의사만 있었더라도 혼인의 실질적 합의가 없었다고는 할 수 없다(대판 1990.12.26. 90므293).

⑤ 사실혼 중의 일방적 혼인신고: 혼인신고가 한쪽 당사자의 모르는 사이에 이루어져 무효인 경우에도 그 후 한쪽 당사자가 그 혼인에 만족하고 그대로 부부생활을 계속한 경우에는 그 혼인을 무효로 할 것이 아니다(대판 1965.12.28. 65므61).

⑥ 사실혼 관계 파탄 후의 일방적 혼인신고: 혼인신고 당시에는 피해자가 피고인과의 동거관계를 청산하고 피고인을 만나주지 아니하는 등으로 피하여 왔다면 당초에는 피해자와 사실혼 관계에 있었고 또 피해자에게 혼인의 의사가 있었다 하더라도 위 혼인신고 당시에는 그 혼인의사가 철회되었다고 보아야 할 것이므로 피고인이 일방적으로 혼인신고서를 작성하여 혼인신고를 한 소위는 설사 혼인신고서 용지에 피해자 도장이 미리 찍혀 있었다 하더라도 사문서 위조 기타 관계법조의 범죄에 해당한다 할 것이다(대판 1987.4.11. 87도399).

⑦ 당사자 일방이 상대방의 승낙 없이 임의로 한 혼인신고: 결혼식을 올린 다음 동거까지 하였으나 성격의 불일치 등으로 계속 부부싸움을 하던 끝에 사실혼관계를 해소하기로 합의하고 별거하는 상황하에서 당사자 일방이 상대방의 승낙 없이 자기 마음대로 혼인신고를 하였다면 그 혼인은 무효이다(대판 1986.7.22. 86므41).

⑧ 상당기간 이의 없는 일방적 혼인신고: 결혼식을 하고 동거하면서 딸까지 출산하였으나 청구인이 승려라는 신분상 결혼사실이 알려질 경우, 유학에 지장이 있다하여 혼인신고만은 유학이 끝나는 8년 후에 하기로 합의하였는데, 청구인이 유학을 떠난지 8년이 지나도 돌아오지 아니하여 딸의 취학관계로 시모와 상의하여 청구인이 두고 간 인장으로 혼인신고를 마치고, 이 사실을 시동생을 통해 청구인에게 알렸으나 청구인이 아무런 이의를 한바 없었다면 청구인에게는 결혼당시는 물론, 위 혼인신고 당시에도 그 혼인의 의사가 계속 존재하고 있었다 할 것이므로 위 혼인신고는 비록 피청구인이 청구인부재중에 일방적으로 한 것이라 하여도 당사자간의 혼인의 합의에 기초하는 것으로 유효하다고 볼 것이다(대판 1984.10.10. 84므71).

⑨ 혼인식 후 상당기간 동거 후의 일방의 혼인신고: 관례에 따라 결혼식을 하고 부부로서 상당기간 동거하며 그 사이에 자녀까지 출산하여 혼인의 실제는 갖추었으나 혼인신고만이 되어있지 않은 관계에서 당사자 일방의 부재중 혼인신고가 이루어졌다고 특별한 사정이 있는 경우를 제외하고는 그 신고에 의하여 이루어진 혼인을 당연히 무효라고 할 수는 없다(대판 1980.4.22. 79므77).

4. 外國에서의 婚姻 - 제814조

(1) 외국 주재 대사관 등-제1항: 본조는 외국에 있는 대한민국 국민사이의 혼인신고를 본국의 가족관계등록 담당자에게 신고하는 것이 사실상 어려우므로 이러한 불편을 덜어주기 위해서 그 외국에 있는 대사, 공사 또는 영사에게 신고할 수 있도록 한 것이다. 대한민국 국민이 외국에서 외국인과 혼인하는 경우에는 국제사법에 따라 당사자의 본국법이나 혼인거행지의 방식에 따라 신고할 수 있다(국제사법 36조2항).

(2) 신고절차-제2항: 혼인신고를 접수받은 대사, 공사 또는 영사는 국내의 가족관계 담당자와 같이 그 신고서가 혼인성립의 실질적 요건과 형식적 요건을 갖추었는지를 심사하여 수리 또는

불수리의 처분을 할 수 있으며, 수리한 때에는 혼인은 성립한다. 가족관계등록부의 기재를 위해서는 1개월 이내에 외교통상부장관을 경유하여 본인의 등록기준지 시·읍·면의 장에게 송부하여야 한다(가족관계등록법 36조).

(3) 외국법에 의한 혼인신고를 마친 경우 별도의 혼인신고의 요부: 섭외사법 제15조제1항의 규정은 우리나라 사람들 사이 또는 우리나라 사람과 외국인 사이의 혼인이 외국에서 거행되는 경우 그 혼인의 방식 즉 형식적 성립요건은 그 혼인거행지의 법에 따라 정하여야 한다는 취지라고 해석되므로, 그 나라의 법이 정하는 방식에 따른 혼인절차를 마친 경우에는 혼인이 유효하게 성립하는 것이고 별도로 우리나라의 법에 따른 혼인신고를 하지 않더라도 혼인의 성립에 영향이 없으며, 당사자가 호적법 제39조, 제40조에 의하여 혼인신고를 한다 하더라도 이는 창설적 신고가 아니라 이미 유효하게 성립한 혼인에 관한 보고적 신고에 불과하다(대판 1994.6.28. 94므413).

第3節 婚姻의 無效와 取消

1. 概括: 혼인은 재산상의 행위와는 달리 혼인이 성립하면 사실상 당사자간에 정신적·육체적 공동생활이 발생할 뿐만 아니라 개인의 신분관계를 결정하는 가장 주요한 기준이 된다. 따라서 혼인의 성립, 무효 및 취소에 관하여는 그 사유와 효력에 관하여 엄격하고도 명백하게 하여야 한다. 이에 본절에서는 혼인의 무효와 취소 사유를 명기하고 그 효력에 관하여 규정한다. 민법은 혼인이 그 성립요건을 결한 것일지라도 무효로 되는 경우를 제한하고, 기타의 경우에는 이를 취소하는 것으로 함과 동시에 취소의 효과에 관해서 소급효를 제한하고 있다.

2. 構成

(1) 혼인의 무효사유: 제815조

(2) 혼인의 취소사유: 제816조

(3) 혼인의 취소청구: 제817조-제823조

(4) 혼인취소의 효력: 제824조

(5) 혼인취소와 자의 양육: 제825조

(6) 혼인취소와 손해배상: 제826조

第815條【婚姻의 無效】 婚姻은 다음 각 호의 어느 하나의 境遇에는 無效로 한다. 〈개정 2005.3.31〉

1. 當事者間에 婚姻의 合意가 없는 때
2. 혼인이 제809조제1항의 규정을 위반한 때
3. 당사자간에 직계인척관계(直系姻戚關係)가 있거나 있었던 때
4. 당사자간에 양부모계의 직계혈족관계가 있었던 때

婚姻의 無效

1. 意義: 무효사유는 혼인의 실질적 요건인 당사자간의 혼인의 의사의 합치가 없을 때와 제809조에서 규정하는 혼인이 금지되는 근친관계 중에서 아주 밀접한 근친관계에 한한다.

2. 無效의 原因

(1) 혼인의 합의가 없는 때-제1호: 혼인의 의사란 당사자가 진정으로 사회관념상 부부로서 인정되는 관계를 설정할 것을 의욕하는 것을 말한다. 아래의 경우는 혼인의사의 합의가 없는 경우로 무효이다.

(가) 합의는 신고서 수리시까지 존재: 혼인의 의사는 혼인신고서를 작성할 때와 신고서가 수리될 때에 모두 존재해야 한다.

① 혼인신고서 제출 전에 혼인 당사자 일방이 혼인의사를 철회한 경우는 혼인의사가 없는 것이다.

② 심신상실자가 혼인신고 당시에 의사능력을 결여하고 있는 경우 그 혼인은 의사무능력자의 행위로 무효이다.
③ 당사자간의 합의에 의한 혼인신고 없이 가족관계등록부에 혼인된 것으로 기재되어 있을 경우는 의사가 없는 것으로 무효이다.
(나) 상대방에 대한 인적 착오: 당사자의 일방 또는 쌍방의 인적 착오로 인하여 신고되어 혼인의사가 전혀 없는 경우는 혼인의사의 합치가 없는 것에 해당한다.
(다) 혼인의사의 존재를 추정할 수 있는지 여부-한정 적극: 사실혼관계에 있는 당사자 일방이 혼인신고를 한 경우에도 상대방에게 혼인의사가 결여되었다고 인정되는 한 그 혼인은 무효라 할 것이나, 상대방의 혼인의사가 불분명한 경우에는 혼인의 관행과 신의성실의 원칙에 따라 사실혼관계를 형성시킨 상대방의 행위에 기초하여 그 혼인의사의 존재를 추정할 수 있으므로 이와 반대되는 사정, 즉 혼인의사를 명백히 철회하였다거나 당사자 사이에 사실혼관계를 해소하기로 합의하였다는 등의 사정이 인정되지 아니하는 경우에는 그 혼인을 무효라고 할 수 없다(대판 2000.4.11. 99므1329).
(라) 혼인의사의 합치가 없다고 인정되는 구체적 사례
① 가장혼인: 혼인 당사자간에 합의된 내용이 사회통념상 부부관계의 실질을 가지지 못할 경우나 당사자간에 정신적·육체적 결합의사 없이 다른 어떠한 목적을 위한 방편으로서 혼인신고 하는 가장혼인은 혼인의사가 없다(대판 1996.11.22. 96도2049).
② 취업목적의 형식상 혼인신고: 부부관계를 설정할 의사 없이 중국 내 조선족 여자들의 국내 취업을 위한 입국을 목적으로 형식상 혼인신고를 한 경우에는 혼인으로서 효력이 없다(대판 1996.11.22 96도2049).
③ 혼인신고서 위조: 피청구인이 청구인과 합의 없이 청구인의 인장을 위조하고 이로써 청구인 명의의 혼인신고서를 위조행사함으로써 청구인과 피청구인이 혼인한 것처럼 신고한 혼인의 효력은 당사자 사이에 혼인의 합의가 없는 때에 해당된다(대판 1983.9.27. 83므22).
④ 단순히 육체적 관계를 맺자는 의사: 혼인의 합의란 법률혼주의를 택하고 있는 우리나라 법제하에서는 법률상 유효한 혼인을 성립케 하는 합의를 말하는 것이므로 비록 양성간의 정신적·육체적 관계를 맺는 의사가 있다는 것만으로는 혼인의 합의가 있다고 할 수 없다(대판 1983.9.27. 83므22).
⑤ 일방적 혼인신고 후 혼인의 실체 없이 단순한 육체적 관계: 일방적인 혼인신고 후 혼인의 실체 없이 몇 차례의 육체관계로 자를 출산하였다 하더라도 무효인 혼인을 추인하였다고 보기 어렵다(대판 1993.9.14. 93므430).
⑥ 사망자와의 혼인신고: 사망자 사이 또는 생존하는 자와 사망한 자 사이에서는 혼인이 인정될 수 없고, 혼인신고특례법과 같이 예외적으로 혼인신고의 효력의 소급을 인정하는 특별한 규정이 없는 한 그러한 혼인신고가 받아들여질 수도 없다(대판 1995.11.14. 95므694).
⑦ 혼인신고시에 혼수상태: 혼인이 유효하기 위하여는 당사자 사이에 혼인의 합의가 있어야 하고, 이러한 혼인의 합의는 혼인신고를 할 당시에도 존재하여야 하여, 혼례식을 거행하고 사실혼관계에 있었으나 일방이 뇌졸중으로 혼수상태에 빠져 있는 사이에 혼인신고가 이루어졌다면 특별한 사정이 없는 한 위 신고에 의한 혼인은 무효다(대판 1996.6.28. 94므1089).
(마) 혼인의사의 합치가 인정되는 구체적 사례
① 사실혼관계에 있는 당사자 사이의 혼인의사가 불분명한 경우: 상대방의 혼인의사가 불분명한 경우에는 혼인의 관행과 신의성실의 원칙에 따라 사실혼관계를 형성시킨 상대방의 행위에 기초하여 그 혼인의사의 존재를 추정할 수 있으므로 이와 반대되는 사정, 즉 혼인의사를 명백히 철회하였다거나 당사자 사이에 사실혼관계를 해소하기로 합의하였다는 등의 사정이 인정되지 아니하는 경우에는 그 혼인을 무효라고 할 수 없다(대판 2000.4.11. 99므1329).
② 장기간의 부첩관계 중 혼인신고 의뢰: 청구인과 근 30년간 부첩관계를 맺고 그 사이에서 2남 2녀를 출산한 피청구인이 청구인의 본처가 사망하자 청구인에게 혼인신고를 요구하여, 청구인이 이를 응락하고 혼인신고를 하도록 딸에게 교부한 인장을 피청구인이 사용하여 혼인신고서를 작성하여 이 사건 혼인신고를 한 것이라면, 설사 당사자 사이에 이후 동거하기로 하는 합의가 따로 없이 혼인신고 후에도 계속 별거하면서 왕래하려는 의사만 있었더라도 혼인의 실질적 합의가 없

었다고는 할 수 없다(대판 1990.12.26. 90므293).

③ 이혼 후 일정기간 후에 다시 동거 중에 일방의 혼인신고: 협의이혼한 후 배우자 일방이 일방적으로 혼인신고를 하였더라도 그 사실을 알고 혼인생활을 계속한 경우, 상대방에게 혼인할 의사가 있었거나 무효인 혼인을 추인하였다고 인정된다(대판 1995.11.21. 95므731).

④ 별거 중 혼인신고사실을 알면서도 장기간 이의를 하지 않은 경우: 원고가 별거중인 처인 피고에 의한 혼인신고 이후 얼마 지나지 아니하여 그 혼인신고가 된 사실을 알게 되었으면서도 그로부터 24여년이 경과한 제소시까지 혼인신고에 대하여 아무런 이의도 제기하지 아니하였을 뿐 아니라, 오히려 위 혼인신고에 의하여 원·피고가 부부로 된 호적에 소외인과의 사이에 낳은 아이들을 모두 혼인 외 출생자로 출생신고를 하는 한편 족보를 편찬함에 있어서도 피고를 원고의 처로 등재한 사실 등에 비추어 보면, 비록 원고가 피고와 잦은 부부싸움을 한 끝에 서로 별거를 하게 되고, 별거 후 1년도 채 못 되어 다른 여자와 동거생활을 하여 오면서 그 사이에 자녀까지 출산하였으며, 피고와는 별거하는 상태가 계속되어 왔다고 하더라도, 이러한 사정만으로는 원고가 피고와의 혼인의사를 철회하였다고 단정할 수 없고, 위 혼인신고는 당사자 사이의 혼인의 합의에 기초하는 것으로서 유효하다고 보아야 한다(대판 1994.5.10. 93므935).

⑤ 일방의 부재 중 상대방에 의해 일방적으로 이루어진 것이라도 합의에 기초한 것으로서 유효한 것이라고 판단한 사례: 결혼식을 하고 동거하면서 딸까지 출산하였으나 청구인이 승려라는 신분상 결혼사실이 알려질 경우, 유학에 지장이 있다 하여 혼인신고만은 유학이 끝나는 8년 후에 하기로 합의하였는데, 청구인이 유학을 떠난지 8년이 지나도 돌아오지 아니하여 딸의 취학관계로 시모와 상의하여 청구인이 두고 간 인장으로 혼인신고를 마치고, 이 사실을 시동생을 통해 청구인에게 알렸으나 청구인이 아무런 이의를 한바 없었다면 청구인에게는 결혼당시는 물론, 위 혼인신고당시에도 그 혼인의 의사가 계속 존재하고 있었다 할 것이므로 위 혼인신고는 비록 피청구인이 청구인부재중에 일방적으로 한 것이라 하여도 당사자간의 혼인의 합의에 기초하는 것으로 유효하다고 볼 것이다(대판 1984.10.10. 84므71).

(2) 혼인이 제809조제1항의 규정에 위반한 때-제2호

(가) 8촌 이내의 혈족 관계: 당사자가 8촌 이내의 혈족관계 있는 때에는 혼인할 수 없으며, 만일 가족관계등록 담당자의 잘못으로 혼인신고가 수리되더라도 그 혼인은 무효이다. 혈족은 모계혈족과 부계혈족을 불문하고, 자연혈족과 법정혈족을 모두 포함한다.

(나) 친양자-입양 전의 8촌도 포함: 친양자의 경우는 입양이 성립됨으로써 입양 전의 친족관계는 소멸하지만(908조의3의2항), 입양 전의 8촌 이내의 혈족관계에 있던 자간에는 혼인이 금지된다.

(3) 당사자간에 직계인척관계가 있거나 있었던 때-제3호: 직계인척이란 장인, 장모, 시아버지, 시어머니와 같은 배우자의 직계존속이나, 계모, 계부와 같이 직계존속의 배우자가 해당된다. 자연혈족과 법정혈족을 포함한다.

(4) 당사자간에 양부모계의 직계혈족관계가 있었던 때-제4호: 양부모계 8촌 이내의 혈족간에는 혼인이 금지되나(809조1항), 파양 등으로 양친자관계가 해소되어 친족관계가 종료한 때에도(776조) 6촌 이내의 혈족이었던 자 사이에는 혼인할 수 없으며(809조3항), 그 중에서 직계혈족관계에 있었던 때에는 혼인이 무효로 된다.

3. 婚姻無效의 性質: 혼인의 무효는 당연무효이다(대판 1983.9.27. 83므22).

(1) 무효확인의 소: 무효의 소는 누구나 제기할 수 있는 확인의 소이다.

(가) 당사자 사이: 일방 당사자가 배우자를 상대방으로 소를 제기한다.

(나) 제3자: 부부를 상대방으로 하고, 부부 중 일방이 사망한 때에는 생존자를 상대방으로 한다. 모두 사망한 때에는 검사를 상대방으로 한다.

(다) 이해관계인: 이해관계인은 무효확인의 소에 의한 판결이 없더라도 다른 소송에서 혼인무효를 주장할 수 있다.

(라) 무효청구의 권리남용 여부-혼인무효청구가 권리남용에 해당한다고 한 사례: 청구인이 소외 망갑과 혼인신고를 마치고 혼인생활을 하던 중 소외 을과 내연관계를 맺고 집을 나가 을과 2중으로 혼인신고까지 하고 있다가 소외 망 갑과 내연관계를 맺고 살던 피청구인이 갑사망 후 청

구인의 사망신고를 하고 망 갑과의 혼인신고를 하자 청구인이 상속재산을 탐하여 자기와 망 갑 간의 혼인관계가 유효한 것이었다고 하면서 피청구인과 망 갑 간의 혼인이 무효의 것이라고 주장함은 결과적으로 자기와 갑, 을 간의 두개의 혼인관계가 모두 유효하다고 주장하는 것이 되어 신의에 좇은 권리행사라고 볼 수 없어 이는 권리남용에 해당한다(대판 1983.4.12. 82므64).

(2) 무효확인의 소의 절차: 혼인무효확인사건은 가사소송법에 따라 조정 없이 판결하며 가사소송법에서 따로 관할, 제기권자, 상대방 등에 관하여 규정하고 있다(가사소송법 2조, 22조-24조). 사망 등으로 혼인이 해소된 경우에도 그 혼인의 무효확인청구는 그 혼인관계가 신분상의 관계 또는 재산법상의 관계에 있어 현재의 법률상태에 직접적인 영향을 미치는 경우(친생자 추정, 재혼의 금지, 부실등록부의 정정 등)에는 그 무효확인을 구할 정당한 법률상의 이익이 있다(대판 1978.7.11.78므7).

(3) 무효확인의 소의 효력: 혼인무효의 청구를 인용한 확정판결은 제3자에게도 효력이 있다(가사소송법 21조1항).

(4) 무효혼의 추인: 제1호의 혼인이 혼인의 합의가 없는 것으로 무효인 경우에도 그 후 당사자가 그 혼인에 만족하고 부부생활을 계속한 때에는 그 혼인은 처음부터 유효하다고 보아야 한다. 즉 민법 제139조는 여기에 적용되지 않는다. 그러나 일방적인 혼인신고 후 혼인의 실체 없이 몇 차례의 육체관계로 자를 출산하였다 하더라도 무효인 혼인을 추인하였다고 볼 수는 없다(대판 1993.9.14. 93므430). 제2호, 제3호, 제4호에 해당하여 무효인 경우에는 추인하더라도 유효한 혼으로 되지 아니한다.

4. 無效의 效果

(1) 당사자: 무효혼의 당사자는 처음부터 부부가 아니었던 것으로 되므로 부부임을 기초로 한 상속, 권리변동도 무효로 된다.

(2) 손해배상청구: 혼인이 무효가 되면 당사자 일방은 과실 있는 상대방에 대하여 재산상·정신상의 손해배상청구를 할 수 있다(825조에 의한 806조의 준용).

(3) 무효혼의 출생자: 혼인이 무효가 되면 당사자 사이의 출생자는 혼인 중의 자로 보호받을 수 없으며(855조1항), 그에 대해서 한 출생신고는 인지의 효력이 인정된다(가족관계등록법 57조). 가정법원이 혼인무효의 청구를 인용한 경우에도 夫와 부자관계가 존속되는 미성년자가 있는 경우에는, 혼인무효의 청구를 심리할 때 앞으로 친권을 행사할 자에 관하여 부모에게 미리 협의하도록 권고하여야 한다(가사소송법 25조).

第816條【婚姻取消의 事由】 婚姻은 다음 각 호의 어느 하나의 境遇에는 法院에 그 取消를 請求할 수 있다. 〈개정 1990.1.13, 2005.3.31〉

1. 婚姻이 제807조 내지 제809조(제815조의 규정에 의하여 혼인의 무효사유에 해당하는 경우를 제외한다. 이하 제817조 및 제820조에서 같다) 또는 제810조의 規定에 違反한 때
2. 婚姻當時 當事者一方에 夫婦生活을 繼續할 수 없는 惡疾 其他 重大 事由있음을 알지 못한 때
3. 詐欺 또는 强迫으로 因하여 婚姻의 意思表示를 한 때

婚姻의 取消

1. 意義: 혼인의 취소는 본조에서 열거한 사유가 있는 경우에 한정하여 그 취소권자가 법원에 청구할 수 있으며, 조정을 거쳐야 한다. 혼인취소는 혼인무효와는 달리 그 효력이 소급하지 않으며 장래를 향하여 소멸한다.

2. 取消의 原因

(1) 연령위반 혼인-제1호: 혼인 당사자 쌍방 또는 일방이 18세에 달하지 못하였음에도 불구하고 혼인신고가 수리된 때에는 그 혼인은 취소할 수 있다.

(2) 동의를 받지 않은 경우-제1호: 혼인 당사자가 18세 이상이라고 하더라도 미성년자인 때에는 부모나 후견인 또는 친족회의 동의를 얻어야 하며, 동의를 얻지 않은 혼인은 취소할 수 있다.

(가) 동의 추완-유효: 동의권자의 동의 없이 수리된 혼인신고는 후에 추완이 가능하다.

(나) 20세 달한 후, 금치산선고 후 3월 경과-취소 불가-제819조: 당사자가 20세에 달한 후 또는 금치산선고의 취소가 있은 후 3월을 경과한 때에는 혼인의 취소를 청구하지 못한다.

(다) 혼인 중 포태-취소 불가-제819조: 혼인 중 포태한 때에는 그 취소를 청구하지 못한다.

(3) 근친혼금지 위반 범위 중에서 무효혼이 아닌 경우-제1호: 제809조에서 규정하고 있는 금혼범위 중 무효혼(815조-809조1항)이 아닌 근친간의 혼인(809조2항, 3항에 해당하는 자)은 취소할 수 있다.

(가) 제809조제2항: 6촌 이내의 혈족의 배우자, 배우자의 6촌 이내의 혈족, 배우자의 4촌 이내의 혈족의 배우자인 인척이거나 인척이었던 자 사이의 혼인은 취소할 수 있다.

(나) 제809조제3항: 양부모계의 직계혈족을 제외한 6촌 이내의 양부모계의 혈족이었던 자 사이의 혼인과 양부모계의 직계인척관계를 제외한 4촌 이내의 양부모계의 인척이었던 자 사이의 혼인도 취소할 수 있다.

(4) 중혼-제1호: 배우자 있는 자가 제3자와 혼인신고를 한 때에는 후혼은 취소할 수 있다.

(가) 중혼자의 사망-취소 가능: 중혼자의 사망으로 중혼관계가 해소되었다 하여도 전혼의 배우자는 생존하는 중혼 당사자의 일방을 상대로 혼인취소를 구할 수 있다(대판 1986.6.24. 86므9).

(나) 중혼 취소와 권리남용: 민법 소정의 혼인취소사유(809조) 중 동의 없는 혼인, 악질 등의 사유에 의한 혼인, 사기, 강박으로 인한 혼인 등에 대하여는 제척기간 또는 권리소멸사유를 규정하면서도(819조 내지 823조) 중혼과 연령미달 혼인에 대하여만은 권리소멸에 관한 사유를 규정하지 아니하고 있는바, 이는 중혼 등의 반사회성, 반윤리성이 다른 혼인취소사유에 비하여 일층 무겁다고 본 입법자의 의사를 반영한 것으로 보이고, 그렇다면 중혼의 취소청구권에 관하여 장기간의 권리불행사등 사정만으로 가볍게 그 권리소멸을 인정하여서는 아니될 것이다-사안에서 10년의 경과, 기타 당사자들과의 관계 등을 종합적으로' 검토한 바 취소청구는 권리남용에 해당한다고 한 사례(대판 1993.8.24. 92므907).

(5) 부부생활을 계속할 수 없는 악질, 기타 중대한 사유가 있음을 알지 못한 경우-제2호: 부부생활을 계속할 수 없는 중대한 사유는 개별 혼인관계에 따라 구체적으로 결정되며, 본항에서 예로 들고 있는 악질은 성병이나 불치의 정신병 등이 해당할 수 있다.

(가) 혼인 당시에 사유가 존재하였어야: 혼인 당시에 당사자 일방에게 악질 등이 있었어야 한다. 혼인 중에 발생한 경우는 본항에서 제외된다.

(나) 상대방의 부지: 상대방이 알지 못한 사유이어야 한다.

(6) 사기·강박에 의한 혼인-제3호: 상대방이나 제3자가 혼인의 당사자 일방 또는 쌍방에게 허위의 사실을 고지하여 착오에 빠뜨리거나, 해악을 고지하여 공포감을 조성하여 혼인의사를 결정하도록 한때에는 혼인을 취소할 수 있다.

(7) 제3호 유추적용: 민법 제816조제3호의 규정이 직접적으로 언급하고 있는 사기 또는 강박에 의하여 혼인의 의사형성과정에 하자가 존재하는 경우뿐만 아니라, 그 외에도 의사결정능력 및 판단력에 심각한 장애가 있는 상태에서 혼인의 의사표시가 이루어진 경우 등과 같이 혼인의 취소를 통해 혼인의 의사결정의 자유를 보호하고 온당한 혼인질서를 확립해야 할 필요성이 충분히 인정되는 경우에는 위 법 규정을 유추적용하여 혼인의 취소를 허용하는 것이 혼인제도의 본질적 의미 및 위 법 규정의 입법 취지에 부합한다. 따라서 〈외상 후 스트레스 장애〉로 인하여 의사결정능력 및 판단력이 매우 제약된, 이른바 〈양가감정〉 상태에서 이루어진 혼인의 의사표시로서 민법 제816조제3호를 유추적용하여 혼인의 취소를 인정한다(서울가법 2005.3.10. 2004르910).

3. 取消의 方法및 節次 - 취소 판결 후 신고

(1) 조정신청: 혼인의 취소를 하려고 하는 자는 우선 가정법원에 조정을 신청하여야 한다(가소법 2조1항나류2, 50조).

(2) 형성의 소: 조정이 성립되어도 혼인의 취소는 당사자가 임의로 처분할 수 없는 사항이므로

반드시 재판으로 이행해야 한다(가소법 59조2항 단서). 혼인취소의 소는 무효와는 달리 형성의 소이기 때문에 다른 소의 전제로서 주장할 수 없다.
(가) 연령 위반 등의 혼인 취소청구권자: 제817조
(나) 중혼의 취소청구권자: 제818조
(3) 신고: 재판이 확정된 경우 소를 제기한 자는 재판의 확정일로부터 1월 이내에 재판의 등본 및 확정증명서를 첨부하여 그 취지를 신고하여야 한다(가족관계등록법 73조에 의한 58조의 준용).
4. 取消의 效果 - 제824조: 소급하지 아니하고 장래에 대하여 효력이 있다. 친족관계의 소멸, 재산 분할청구, 손해배상청구 등의 법률관계가 발생한다.

第817條 【年齡違反婚姻等의 取消請求權者】 婚姻이 第807條, 第808條의 規定에 違反한 때에는 當事者 또는 그 法定代理人이 그 取消를 請求할 수 있고 第809條의 規定에 違反한 때에는 當事者, 그 直系尊屬 또는 4촌 이내의 傍系血族이 그 取消를 請求할 수 있다. 〈개정 2005.3.31〉

第818條 【중혼의 취소청구권자】 혼인이 제810조의 규정을 위반한 때에는 당사자 및 그 배우자, 직계존속, 4촌 이내의 방계혈족 또는 검사가 그 취소를 청구할 수 있다.〈개정 2005.3.31〉

婚姻의 取消請求權者와 그 相對方

1. 訴로서만 可能: 혼인의 취소는 재판 외에서 할 수 없고 반드시 재판상의 소로서만 취소할 수 있다. 여기에 누가 취소의 소를 제기할 수 있는 자이냐가 문제된다. 취소의 사유에 따라 취소청구권자가 각기 다르다. 취소청구권자에 관하여는 민법에서 규정하고, 그 상대방에 대하여는 가사소송법에서 규정한다.
2. 제807조 위반 - 婚姻適齡 未達
(1) 취소청구권자: 당사자나 법정대리인이 취소를 청구할 수 있다.
(2) 기간: 취소할 있는 기간에 관하여는 별도로 규정이 없다(819조 해석 참조). 적령에 달하기 전까지는 그대로 취소할 수 있으나, 당사자가 혼인취소 전에 혼인연령에 달한 경우에는 동의 없는 혼인에 관한 규정을 유추적용하여, 당사자 쌍방이 20세에 달하거나 혼인 중 포태한 때에는 취소를 청구할 수 없다고 해석된다.
3. 제808조 위반 - 要 同意婚에서 同意를 받지 않은 경우
(1) 동의받지 않은 미성년자의 혼의 취소청구권자-혼인에 의한 성년의제로 당사자가 가능: 미성년자가 동의를 받지 아니하고 한 혼인에서는 당사자가 취소청구권자가 되고, 미성년자 당사자는 혼인에 의해 성년의제되었으므로 혼인 전의 친권자는 취소권이 없다고 해석된다.
(2) 금치산자의 혼인: 금치산자가 동의를 받지 아니한 경우는 당사자 또는 법정대리인이 취소를 청구할 수 있다. 취소할 수 있는 기간에 관하여는 제819조에서 규정한다.
4. 제809조 위반 - 近親婚 禁止 違反
(1) 취소청구권자: 취소청구권자는 당사자, 그 직계존속 또는 4촌 이내의 방계혈족이다. 취소할 수 있는 기간에 관하여는 제820조에서 규정한다.
(2) 상대방-가소법 제24조
(가) 당사자 일방이 제기: 상대방을 당사자로 하여야 한다.
(나) 제3자가 제기: 부부 모두를 상대방으로 하고 부부 중 한 쪽이 사망한 때에는 생존자를 상대방으로 한다. 당사자 모두 사망한 때에는 검사를 상대방으로 한다.
5. 제810조 위반 - 重婚禁止 違反 - 제818조
(1) 취소청구권자: 당사자 및 그 배우자, 직계존속, 4촌 이내의 방계혈족 또는 검사가 그 취소를 청구할 수 있다. 본조의 〈그 배우자〉는 전혼의 배우자뿐만 아니라 후혼의 배우자도 포함한다.

(2) 상대방-가소법 제24조: 중혼자 또는 그 배우자가 상대방이 된다. 취소할 수 있는 기간에 관하여는 별도로 규정하지 아니하여 언제든지 취소할 수 있다고 할 수 있다. 그런데 경우에 따라서는 취소청구권의 행사가 권리남용에 해당할 수도 있다(대판 1993.8.24. 92므907).

6. 其他 - 詐欺 등에 의한 婚姻: 당사자가 취소를 청구할 수 있고, 취소할 수 있는 기간에 관하여는 제822조와 제823조에서 규정한다.

第819條【同意 없는 婚姻의 取消請求權의 消滅】 第808條의 規定에 違反한 婚姻은 그 當事者가 20세에 달한 후 또는 禁治産宣告의 取消있은 後 3月을 經過하거나 婚姻中 胞胎한 때에는 그 取消를 請求하지 못한다. 〈개정 1990.1.13, 2005.3.31〉

第820條【근친혼등의 취소청구권의 소멸〈개정 2005.3.31〉】 第809條의 規定에 違反한 婚姻은 그 當事者間에 婚姻中 포태(胞胎)한 때에는 그 取消를 請求하지 못한다. 〈개정 2005.3.31〉

第821條 삭제 〈2005.3.31〉

第822條【惡疾等 事由에 依한 婚姻取消請求權의 消滅】 第816條第2號의 規定에 該當하는 事由 있는 婚姻은 相對方이 그 事由 있음을 안 날로부터 6月을 經過한 때에는 그 取消를 請求하지 못한다.

第823條【詐欺, 强迫으로 因한 婚姻取消請求權의 消滅】 詐欺 또는 强迫으로 因한 婚姻은 詐欺를 안 날 또는 强迫을 免한 날로부터 3月을 經過한 때에는 그 取消를 請求하지 못한다.

取消請求權의 行使期間

1. 意義: 혼인의 취소는 소로서만 할 수 있기 때문에 소를 제기할 수 있는 기간이 문제되며, 이 기간은 제척기간이다. 따라서 중단이나 정지는 없다. 취소의 사유에 따라 그 기간에 차이를 둔다.

2. 婚姻適齡未達의 경우: 별도의 규정이 없어, 제819조가 유추적용된다고 해석된다.

(1) 취소 전에 적령 도달: 혼인 당사자가 혼인취소 전에 혼인연령에 달한 경우에는 취소를 청구할 수 없다(819조).

(2) 혼인 중 포태: 취소를 청구할 수 없다고 해석된다.

3. 未成年者가 同意를 받지 아니한 경우 - 제819조

(1) 쌍방이 20세 도달: 당사자 쌍방이 20세에 달한 때에는 취소를 청구할 수 없다.

(2) 혼인 중 포태: 혼인 중 포태한 때에는 취소를 청구할 수 없다.

4. 禁治産者가 同意를 받지 않은 경우 - 제819조

(1) 금치산선고 취소 후 3개월 도과: 금치산자가 동의를 받지 않은 혼인은 금치산선고의 취소가 있은 후 3월을 경과한 때에는 취소를 청구할 수 없다.

(2) 포태: 혼인 중 포태한 때에는 취소를 청구할 수 없다.

5. 近親婚 중 取消婚의 경우(816조) - 제820조: 근친혼 중 취소혼에 해당하는 경우(809조, 816조)에는 혼인신고 후 포태한 때에는 취소할 수 없다(근친혼 중 무효혼에 해당하는 경우는 당사자간에 혼인 중 포태한 때에도 무효임에는 변함이 없다).

6. 婚姻당시 當事者 一方에 夫婦生活을 계속할 수 없는 惡疾 기타 중대한 사유(816조 2호)있음을 알지 못한 때 - 제822조 - 안 날로부터 6월: 상대방이 그러한 사유가 있음을 안 날로부터 6개월을 경과한 때에는 취소를 청구할 수 없다.

7. 詐欺나 强迫으로 인한 婚姻의 경우 – 제823조 – 면한 날로부터 3월: 사기 또는 강박을 면한 날로부터 3월을 경과한 때에는 취소청구권이 소멸한다.

8. 重婚의 경우: 취소의 기간에 관하여 별도로 제한을 하지 않고 있다. 이는 중혼이 반사회성, 반윤리성이 다른 혼인취소사유에 비하여 매우 무겁기 때문인 것으로 언제나 취소할 수 있으나, 당사자의 구체적 사정에 따라서는 장기간 경과 후의 취소청구는 권리남용에 해당될 수도 있다.

* 중혼취소청구가 권리남용에 해당된다는 사례: 피고와 그 소생의 2남 2녀는 배우자(중혼자)의 사망 후 정리된 호적을 바탕으로 일가를 이루어 원만하게 사회생활을 하고 있는데 만일 이 사건 혼인이 취소된다면 피고는 혼인관계가 해소됨과 동시에 배우자의 호적에서 이탈하여야 하고 위 2남 2녀는 혼인외 출생자로 되고 마는 등 신분상 및 사회생활상 큰 불편과 불이익을 입어야 하는 점, 이에 비하여 원고는 이 사건 혼인이 존속하든지 취소되든지 간에 경제적으로나 사회생활상으로 아무런 이해관계를 가지지 아니하며 신분상으로도 별다른 불이익을 입을 것으로 보이지는 아니하는 점, 원고는 배우자가 생존하는 동안 피고와 배우자 사이의 혼인에 대하여 아무런 이의를 제기한 일이 없으며 현재 생존하고 있는 배우자 소생의 딸도 다른 친척들과 마찬가지로 피고와 배우자 사이의 혼인을 인정하고 있는 점, 그리고 피고와 배우자가 이미 사망한 지금에 와서 구태여 피고와 배우자 사이의 혼인을 취소하여야 할 공익상의 필요도 없는 점 등을 종합적으로 참작한다면, 원고의 이 사건 혼인취소청구는 권리 본래의 사회적 목적을 벗어난 것으로서 권리의 남용에 해당한다고 아니할 수 없다(대판 1993.8.24. 92므907).

第824條【婚姻取消의 效力】 婚姻의 取消의 效力은 旣往에 遡及하지 아니한다.

第824條의2【혼인의 취소와 자의 양육 등】 제837조 및 제837조의2의 규정은 혼인의 취소의 경우에 자의 양육책임과 면접교섭권에 관하여 이를 준용한다(신설 2005.3.31.).

第825條【婚姻取消와 損害賠償請求權】 第806條의 規定은 婚姻의 無效 또는 取消의 境遇에 準用한다.

婚姻 取消의 法律關契

1. 效力의 不遡及 – 제824조: 혼인의 취소는 재판상 행사되므로 혼인취소 판결의 확정에 의하여 취소의 효력이 발생하며, 그 효력은 소급효가 없고 장래에 대하여서만 효력이 있다.

(1) 취소 전의 출생자-혼인 중의 출생자로: 취소혼에 의하여 출생한 자는 혼인이 취소되더라도 혼인 중의 출생자의 신분을 그대로 유지한다.

(2) 성년의제-그대로 유지: 미성년자의 혼인이 성년도달 전에 취소된 때에도 혼인에 의하여 성년의제가 되므로 취소된 후에도 그대로 성년의제가 유지되어 행위능력을 가진다.

(3) 일방의 사망으로 행하여진 상속: 부부의 일방이 사망하여 상대방 배우자가 상속받은 후에 그 혼인이 취소된 경우에도 이미 이루어진 상속관계가 소급하여 무효로 되거나 부당이득으로 되지는 않는다(대판 1996.12.23. 95다48308).

2. 姻戚關契의 終了

(1) 인척관계의 소멸: 혼인성립으로 발생한 인척관계는 모두 종료한다(775조1항). 시가나 처가 혈족관계와 배우자 간의 인척관계, 계모자관계의 인척관계, 적모서자관계의 인척관계 등이 모두 소멸한다.

(2) 혼인금지사유는 존속: 제809조에서는 6촌 이내의 혈족의 배우자, 배우자의 6촌 이내의 혈족, 배우자의 4촌 이내의 혈족의 배우자인 인척이었던 자 사이의 혼인이 금지되므로 혼인취소의 경우에도 이러한 자들과의 재혼은 금지된다.

3. 財産分割: 혼인취소의 경우에도 재산분할을 청구할 수 있는지에 대해서는 준용규정이 없으나 혼인 중 쌍방이 협력하여 이룩한 재산이 있는 때에는 혼인취소의 경우에도 적용하여야 한다.

4. 子女의 親權者 및 養育 - 제824조의2(837조, 837조의 2)

(1) 양육자와 양육비-제837조: 혼인취소의 당사자는 양육자와 양육비 등 양육에 관한 사항을 협의할 수 있으며, 협의가 되지 아니하거나 협의할 수 없는 때에는 가정법원이 당사자의 청구나 직권에 의하여 양육에 필요한 사항을 정하거나 변경 또는 다른 적당한 처분을 할 수 있다. 또한 취소의 심판시에 직권으로 친권자를 정한다(909조5항).

(2) 자녀의 면접교섭권-제37조의 2: 혼인이 취소된 경우에도 면접교섭권이 준용되어 자의 복리에 어긋나지 않는 한 자를 직접 양육하지 않는 부모 중 일방과 자녀는 상호 면접교섭권을 갖는다.

5. 損害賠償請求 - 제825조

(1) 손해배상청구: 혼인이 취소된 경우에 취소에 책임이 없는 일방은 과실 있는 상대방에게 혼인의 취소로 인한 손해배상을 청구할 수 있다(806조1항).

(2) 손해-재산적, 정신적 손해: 손해에는 재산상 손해 외에 정신상 고통에 대한 위자료도 포함되나, 정신상 고통에 대한 배상청구권은 양도 또는 승계하지 못한다(806조2항, 3항).

(3) 취소혼을 협의이혼시에 손해배상청구-사기 또는 강박으로 혼인하게 된 자가 혼인취소 또는 이혼판결에 의하지 아니하고 협의이혼을 한 경우의 손해배상청구: 혼인의사결정에 당사자 일방 또는 제3자의 사기 또는 강박 등의 위법행위가 개입되어 그로 인해서 혼인을 하게 된 경우에 있어서는 상대방은 그것을 이유로 하여 혼인의 취소를 구한다던가 또는 사기 강박 등 위법행위에 관한 사항이 이혼사유에 해당되면 그 사유를 내세우고 재판에 의한 이혼을 구한다든가 혹은 그것이 원유가 되어 당사자 협의에 의하여 이혼을 한다던가 등 어떠한 방식을 취할 것인가는 오로지 당사자의 선택에 달려 있다 할 것이고 혼인해소가 사기 또는 강박 등의 위법행위에 원유한 이상 사기 또는 강박으로 인해서 혼인을 하게 된 자가 그로 인해서 받은 재산상 또는 정신상의 손해배상청구를 하는 데 있어서 반드시 어떠한 혼인해소방식에 구애되어 혼인취소 또는 이혼판결이 있어야만 된다고 하여야 할 이유는 없다(대판 1977.1.25. 76다2223).

第4節 婚姻의 效力

1. 概括: 혼인이 성립하면 부부라는 생활공동체가 형성되며 여러 가지 법률적인 효력이 발생하게 된다. 민법은 일반적 효력과 재산적 효력으로 나누어 규정한다.

(1) 일반적 효력: 일반적 효력에는 부부간의 신분적 효력인 서로 배우자라는 신분을 취득하여 친족관계가 되며, 부부의 동거·부조·부양 의무, 동거장소(826조), 부부간의 일상가사대리권 및 부부간의 계약취소권을 규정하고 있다. 그러나 이외에도 인척관계의 발생, 정조의무, 후견의 권리·의무 등을 혼인의 일반적 효력으로 들고 있다.

(2) 재산적 효력: 혼인의 재산적 효력은 재산에 관한 효력으로 일반적으로 부부재산제라고 하며, 약정재산제인 부부재산계약(829조)과 법정재산제인 별산제에 대해 규정하고 있다.

2. 構成

(1) 부부간의 의무: 제826조
(2) 성년의제: 제826조의2
(3) 부부간의 가사대리권: 제827조
(4) 부부간 계약의 취소: 제828조
(5) 부부간 재산의 특정과 그 변경: 제829조
(6) 특유재산과 귀속불명재산: 제830조
(7) 특유재산의 관리: 제831조
(8) 가사채무의 연대책임: 제832조
(9) 생활비용: 제833조
(10) 사실혼

第1款 一般的 效力

第826條【夫婦間의 義務】 ①夫婦는 同居하며 서로 扶養하고 協助하여야 한다. 그러나 正當한 理由로 一時的으로 同居하지 아니하는 境遇에는 서로 忍容하여야 한다.
②夫婦의 同居場所는 夫婦의 協議에 따라 정한다. 그러나 協議가 이루어지지 아니하는 경우에는 當事者의 請求에 의하여 家庭法院이 이를 정한다.〈改正 1990.1.13〉
③삭제 〈2005.3.31〉
④삭제 〈2005.3.31〉

婚姻의 一般的 效力

1. 親族關係의 發生: 혼인으로 당사자는 부부로서 상호간에 배우자로서의 친족관계가 되고, 또한 상호간에 특정범위 내의 친족간에 인척관계가 된다. 또한 혼인의 성립으로 상호간에 상속인의 지위를 취득하며, 부부의 일방이 한정치산자 또는 금치산자가 되면 타방은 후견인이 된다.

2. 同居義務 - 제1항: 혼인으로 부부는 상호간에 동거의무가 발생한다. 부부는 동거하며 부양하고 협조하여야 하는데, 이는 혼인의 본질적 요소라고 할 수 있다.

(1) 동거의 내용: 동거의무는 부부공동생활의 유지를 위한 것으로 거소를 같이 하는 의무인데, 이는 단순한 장소적 의미에 국한되는 것이 아니므로 같은 집에 살면서 각기 방을 달리 사용하면 동거라 할 수 없고, 정당한 이유로 일시적으로 따로 생활하더라도 동거의무 불이행으로 볼 수 없다. 〈정당한 사유〉는 직업상의 필요로 해외에 파견되었다거나 학문연구를 위해 유학 중인 경우, 질병의 치료나 요양을 위해 병원 등 시설에서 생활하는 경우 등이 해당할 것이다.

(2) 동거장소-제2항: 어디서 동거할 것인가, 즉 동거의 장소는 부부가 협의하여 정하는데, 협의가 이루어지지 아니하는 경우에는 당사자의 청구에 의하여 가정법원이 동거장소를 정한다.

(3) 동거의무 위반

(가) 위반에 대한 구제: 정하여진 동거장소에 동거할 것을 거부하는 때에는 다른 일방은 이에 대해 조정을 신청할 수 있지만(가사소송법 1조1항마류사건), 조정이 성립되지 않아 법원이 동거를 명하는 판결을 내린다고 하더라도, 부부의 동거의무는 인격존중의 귀중한 이념이나 부부관계의 본질 등에 비추어 일반적으로 그 실현에 관하여 간접강제를 포함하여 강제집행을 행하여서는 안 된다고 할 수 있다.

(나) 동거명령에 대한 위반-동거에 관한 법원의 명령에 대한 구체적인 조치의 실현을 위하여 서로 협력할 법적 의무의 본질적 부분을 유책하게 위반한 경우-그로 인하여 통상 발생하는 비재산적 손해의 배상청구 가능: 부부의 일방이 상대방에 대하여 동거에 관한 심판을 청구한 결과로 그 심판절차에서 동거의무의 이행을 위한 구체적인 조치에 관하여 조정이 성립한 경우에 그 조치의 실현을 위하여 서로 협력할 법적 의무의 본질적 부분을 상대방이 유책하게 위반하였다면, 부부의 일방은 바로 그 의무의 불이행을 들어 그로 인하여 통상 발생하는 비재산적 손해의 배상을 청구할 수 있고, 그에 반드시 이혼의 청구가 전제되어야 할 필요는 없다. 비록 부부의 동거의무는 인격존중의 귀중한 이념이나 부부관계의 본질 등에 비추어 일반적으로 그 실현에 관하여 간접강제를 포함하여 강제집행을 행하여서는 안 된다고 하더라도, 또 위와 같은 손해배상이 현실적으로 동거의 강제로 이끄는 측면이 있다고 하더라도, 동거의무 또는 그를 위한 협력의무의 불이행으로 말미암아 상대방에게 발생한 손해에 대하여 그 배상을 행하는 것은 동거 자체를 강제하는 것과는 목적 및 내용을 달리하는 것으로서, 후자가 허용되지 않는다고 하여 전자도 금지된다고는 할 수 없다. 오히려 부부의 동거의무도 엄연히 법적인 의무이고 보면, 그 위반에 대하여는 법적인 제재가 따라야 할 것인 데, 그 제재의 내용을 혼인관계의 소멸이라는 과격한 효과를 가지는 이혼에 한정하는 것이 부부관계의 양상이 훨씬 다양하고 복잡하게 된 오늘날의 사정에 언제나 적절하다고 단정할 수 없고, 특히 제반 사정 아래서는 1회적인 위자료의 지급을 명하는 것이 인격을 해친다거나 부부관계의 본질상 허용되지 않는다고 말할 수 없다(대판 2009.7.23.

2009다32454). 또한 부당한 동거의무 위반은 악의의 유기에 해당하여(840조2항) 재판상 이혼을 청구할 수 있다.

3. 扶養義務 - 제1항: 부부는 서로 상대방을 부양할 의무가 있다. 부양의무는 동거의무와 마찬가지로 혼인의 본질적인 의무이다.

(1) 부양의 내용: 부부간의 부양의무는 친족일반의 부양의무보다도 강하고 절실한 것으로, 미성년인 자를 포함한 부부가 하나의 공동체로서 생활을 영위해 나가는 데 필요한 의식주 등의 물질적인 부분 및 정서적인 보살핌을 제공하는 것을 의미한다.

(2) 부양의 정도: 부양의 정도는 상대방의 생활을 자신의 생활과 동일한 정도일 것을 보장하는, 이른바 생활유지의 의미이기 때문에 제924조에서 규정하는 친족간의 부양과는 성질을 달리한다.

(3) 생활비용부담: 부양의무는 제832조의 생활비용부담과 관련이 있다. 즉 생활비용은 부부공동생활에 필요한 일체의 비용을 포함할 뿐만 아니라 미성년 자녀의 양육비·교육비 등을 포함하며, 부양의무도 그 본질은 경제적인 부양에 있으므로 양자는 사실상 동일한 내용으로 볼 수 있다.

(4) 부양청구: 상호 부양의무가 있다.

(가) 부양청구-가소법 제2조: 일방이 타방에게 부양청구의 심판을 청구할 수 있다.

(나) 부양이행명령의 불이행

① 강제집행-가소법 제62조-제65조: 가사채무의 이행절차에 따른 강제집행이 가능하다.

② 재판상 이혼 사유: 악의의 유기(840조2호), 또는 혼인을 계속하기 어려운 중대한 사유(840조6호)에 해당하여 이혼 사유가 된다.

(다) 동거거부자의 부양청구-한정소극: 민법 제826조제1항이 규정하고 있는 부부간의 동거·부양·협조의무는 정상적이고 원만한 부부관계의 유지를 위한 광범위한 협력의무를 구체적으로 표현한 것으로서 서로 독립된 별개의 의무가 아니라 상호 유기적인 관계를 가진다. 따라서 부부의 일방이 정당한 이유 없이 동거를 거부함으로써 자신의 협력의무를 스스로 저버리고 있다면, 상대방의 동거청구가 권리의 남용에 해당하는 등의 특별한 사정이 없는 한, 상대방에게 부양료의 지급을 청구할 수 없다(대판 1991.12.10. 91므245). 즉 동거를 거부하면서 부양을 청구할 수는 없다.

(라) 이행청구 전의 과거의 부양료 지급 청구-불가: 부부간의 상호부양의무는 부부의 일방에게 부양을 받을 필요가 생겼을 때 당연히 발생되는 것이다. 따라서 과거의 부양료에 관하여는 특별한 사정이 없는 한, 부양을 받을 자가 부양의무자에게 부양의무의 이행을 청구하였음에도 불구하고 부양의무자가 부양의무를 이행하지 아니함으로써 이행지체에 빠진 이후의 것에 대하여만 부양료의 지급을 청구할 수 있을 뿐, 부양의무자가 부양의무의 이행을 청구받기 이전의 부양료의 지급은 청구할 수 없다고 보는 것이 부양의무의 성질이나 형평의 관념에 합치된다고 할 것이므로, 부양료지급을 구하는 심판청구서가 피고에게 송달된 다음날부터의 부양료만의 지급을 명한 원심판결은 적법하다(대판 1991.11.26. 91므375).

(마) 별거에 유책인 자의 상대방에 대한 부양의무: 심한 가정불화를 일으키고 동거를 거부하는 등 혼인을 파경상태에 이르게 한 책임이 있는 남편은 자활능력이 없는 처에게 부양료를 지급할 의무가 있다(서울고법 1988.6.27. 87르369).

4. 協助義務 - 제1항: 혼인의 공동생활을 함에 있어 부부는 서로 협조하여야 한다. 협조의무도 동거의무나 부양의무와 마찬가지로 부부공동관계의 본질적인 의무로서 부부공동생활은 부와 처의 분업에 의한 협력관계이다. 따라서 부부 각자가 자신의 직업, 자산, 사회적 지위, 기타 사정에 따라 각각의 직무를 담당하고 협력해 나가야 한다.

5. 貞操義務: 명문의 규정은 없지만 위의 의무 외에도 부부는 상호 정조를 지킬 의무가 있으며 또한 상호간에 정조를 독점적으로 요구할 권리가 있다.

(1) 당사자의 정조의무 위반: 정조의무를 위반한 배우자에 대해서는 부정한 행위에 해당하여 재판상 이혼사유에 해당한다.

(2) 제3자의 정조권 침해: 제3자가 부부의 정조권을 침해한 때에는 불법행위를 구성한다. * 제3자의 부권침해: 남편은 처에 대하여 이른바 부권(夫權)을 가지고 있어 처의 정조를 독점적으로 요구하거나 다른 남자로부터 침해를 받거나 받을 염려가 있는 행위의 배제 또는 예방을 요구할

권리가 있다 할 것이므로 남편이 아닌 다른 남자는 당해 여자가 배우자 있는 자임을 알았다면 위와 같은 부권을 침해하거나 할 우려가 있는 행위를 자제하여 혼인의 순결 및 가정의 평화를 보호할 의무가 있다 할 것이고, 어떤 행위가 부권의 침해가 되는가 여부는 그 부부의 직업, 사회적 지위, 생활상, 성격, 인품 정도 그리고 처되는 여자의 사회생활 정도, 공인인 여부, 평소의 태도, 당해 직장 등에서의 행위기준 및 당시의 사회생활 등 여러 사정을 참작하여 당시의 사회통념에 비추어 판단하여야 할 것이다(부산지법 1998.6.2. 97드582).

第826條의2【成年擬制】 未成年者가 婚姻을 한 때에는 成年者로 본다(신설1977.12.31).

成年擬制

1. 意義: 미성년자는 부모 또는 후견인의 동의없이는 혼자서 유효한 법률행위를 할 수 없으나, 본조에 의해 혼인한 미성년자는 성년자로 의제된다. 이러한 성년의제는 단순히 재산상의 거래행위능력의 취득의 의미보다는 혼인의 자주성·독립성과 부부의 실질적 평등을 보장하기 위한 규정이다. 즉 혼인 후에도 미성년자라는 이유로 혼인 당사자 아닌 제3자의 친권이나 후견에 복종하는 것은 원만한 부부생활에 지장을 초래하며 법률관계의 혼란을 끼치므로, 혼인생활에 대한 외부로부터의 간섭을 배제함으로써 혼인의 독립성을 보장하기 위한 것이다.

2. 成年擬制의 範圍

(1) 사법영역: 본조에 의하여 성년의제가 되는 것은 혼인한 때, 즉 혼인신고수리시부터 발생한다. 미성년자는 혼인에 의해 성년에 달한 것으로 간주되기 때문에 사법상 성년자와 동일하게 취급된다.

(가) 행위능력자: 법률행위시에 친권자나 후견인의 동의나 대리를 요하지 않으며, 스스로의 의사에 따라 독립하여 유효한 법률행위를 할 수 있다.

(나) 자녀에 대한 친권: 신분상의 관계에서도 친권이나 후견으로부터 독립하며, 자기들의 자녀에 대한 친권을 행사할 수 있다.

(다) 후견인: 배우자 일방이 금치산선고를 받은 때에는 다른 일방 배우자가 미성년자라 하더라도 후견인이 된다.

(라) 공법영역-적용 없음: 성년의제는 사법영역에서만 적용되며, 이외의 공법영역에서는 인정되지 않는다. 따라서 만19세미만인 때에는 청소년보호법의 적용을 받게 된다.

(2) 혼인이 취소된 경우: 본조에 의해 성년의제를 받던 자가 아직 미성년인 동안에 혼인이 해소된 경우에 다시 미성년으로 되돌아가는지에 대해서는 규정이 없으나 거래의 안전이나 혼인 중 출생한 자의 친권문제 등에 비추어 성년의제의 효과가 취소 후에도 그대로 유지된다고 해석된다.

第827條【夫婦間의 家事代理權】 ①夫婦는 日常의 家事에 關하여 서로 代理權이 있다.
②前項의 代理權에 加한 制限은 善意의 第三者에게 對抗하지 못한다.

日常家事代理權

1. 意義: 일상가사대리권은 부부간의 평등사상에 기초한 혼인공동체에서 혼인의 유지와 자녀의 양육을 위해 부부가 서로 일상가사에 관하여 대리권을 가짐을 규정한 것이다.

(1) 실질적인 가정공동 생활을 전제: 일상가사대리권은 부부가 일상가사생활을 한다는 것을 전제로 인정되는 것이므로, 비록 혼인신고는 되어 있지 아니하더라도 사실상의 부부관계를 맺고 실질적인 가정을 이루어 대외적으로도 부부로 행세하여 왔다면 일상가사에 관한 사항에 관하여 상호대리권이 있다고 보아야 한다(대판 1980.12.23. 80다2077).

(2) 장기간 별거 상태: 별거하여 일방이 장기간 외국에 체류 중인 경우와 같이 부부간의 실질적인 공동생활이 없는 상태에서 부의 재산을 처분한 행위는 일상가사가 성립될 여지가 없다(대판 1993.9.28. 93다16369).

2. 日常家事

(1) 일상가사의 의미: 일상가사는 부부의 공동생활에서 필요로 하는 통상의 사무이다. 따라서 공동생활이 없는 상태에서는 일상가사는 성립될 여지가 없으나, 혼인신고가 없더라도 실질적인 가정을 이루어 대외적으로 부부로 공동생활을 한 상태라면 일상가사가 성립되나 장기간 별거하는 등으로 실질적인 공동생활이 없으면 일상가사는 있을 수 없다. 일상가사의 구체적 내용 및 범위는 부부공동체의 사회적 지위·재산·수입 능력 등 현실적 생활 상태뿐만 아니라 그 부부의 생활장소인 지역사회의 관습 등에 의하여 종합하여 결정된다.

(2) 일상가사의 내용

(가) 통상적인 생활필수품 구입: 부부공동생활에 통상적으로 필요로 하는 생활필수품의 구입인 식료품구입, 연료, 의복류의 구입 등이다.

(나) 가족의 의식주의 구입: 가옥의 임차, 주택의 차임의 지급, 전기·수도요금 등 공과금의 납부와 같이 가족의 의식주에 관한 사무가 속한다.

(다) 가족의 통상적인 의료비, 오락, 양육, 교육비: 가족의 통상적인 생활비, 의료비, 오락, 교제, 자녀의 양육·교육비 등에 관한 사무는 일상가사의 범위에 속한다.

(라) 기타: 가사도우미나, 가정교사의 급여, 자녀혼인을 위한 혼수 등도 생활상태와 그 사회의 관습을 고려하여 일상가사에 포함될 수 있다.

(3) 일상가사 여부의 판단: 구체적인 법률행위가 당해 부부의 일상의 가사에 관한 것인지를 판단함에 있어서는 그 법률행위의 종류·성질 등 객관적 사정과 함께 가사처리자의 주관적 의사와 목적, 부부의 사회적 지위·직업·재산·수입능력 등 현실적 생활상태를 종합적으로 고려하여 사회통념에 따라 판단하여야 한다.

(가) 긍정된 예: 금전차용행위도 금액, 차용 목적, 실제의 지출용도, 기타의 사정 등을 고려하여 그것이 부부의 공동생활에 필요한 자금조달을 목적으로 하는 것이라면 일상가사에 속한다고 보아야 할 것이므로, 아파트 구입비용 명목으로 차용한 경우 그와 같은 비용의 지출이 부부공동체 유지에 필수적인 주거 공간을 마련하기 위한 것이라면 일상가사에 속한다고 볼 수 있어, 부인이 남편 명의로 분양받은 45평형 아파트의 분양금을 납입하기 위한 명목으로 금전을 차용하여 분양금을 납입하였고, 그 아파트가 남편의 유일한 부동산으로서 가족들이 거주하고 있는 경우, 그 금전차용행위는 일상가사에 해당한다(대판 1999.3.9. 98다46877).

(나) 부정된 예: 직업상의 사무(대판 1997.4.8. 96다54942), 타인을 보증해주는 행위(대판 1998.7.10. 98다18988), 배우자 명의의 재산을 처분하거나 담보에 제공하는 것, 매매계약의 해제의 의사표시의 수령행위, 매매대금이 큰 대규모의 주택이나 아파트 구입 등은 일상가사의 범위 내로 인정되지 아니한다.

3. 日常家事代理權 - 제1항

(1) 법적 성질: 일상가사대리권은 법률에서 규정하는 상호 법정대리이다.

(2) 일상가사대리권자: 실질적인 가정공동생활을 하는 자 사이, 즉 사실혼 관계자 사이에도 일상가사대리권이 있다. 그러나 내연의 관계에서는 원칙적으로 인정되지 아니한다. * 내연의 처에게 일상가사대리권이 수여된 경우라 하더라도 남편이 본처 소생의 장남 결혼비용을 내연의 처에게 차용토록 위임하면서 이와 아울러 거액의 기존채무를 위하여 그 소유부동산을 담보로 제공함에 필요한 대리권을 수여한다는 것은 이례에 속한다 할 것이고, 또 내연의 처가 남편의 인감도장이나 등기필증 등을 용이하게 입수할 수 있는 사정을 근저당설정계약의 상대방이 쉽게 알아 차릴 수 있었다면, 내연의 처에게 일상가사대리권이 수여되었고 남편의 인감증명, 인감도장, 위임장, 일부 등기필증등을 지참하고 있었다는 점등은 피고가 내연의 처에게 근저당권설정 대리권이 있다고 믿은 정당한 이유가 될 수 없다(대판 1984.6.26. 81다524).

(3) 비상가사대리권-부정: 부부의 일방이 여행, 입원, 복역, 군복무 등으로 장기간 부재인 경우에는 일상가사에 대한 범위도 영향을 받게 되는데, 이러한 경우는 다른 일방의 배우자의 대리권한이 확대되느냐는 문제가 있다. 대리가 적법하게 성립하기 위하여는 대리행위를 한 자, 즉 대리인이 본인을 대리할 권한을 가지고 그 대리권의 범위 내에서 법률행위를 하였음을 요하며, 부부

의 경우에도 일상의 가사가 아닌 법률행위를 배우자를 대리하여 행함에 있어서는 별도로 대리권을 수여하는 수권행위가 필요한 것이다. 따라서 부부의 일방이 의식불명의 상태에 있어 사회통념상 대리관계를 인정할 필요가 있다는 사정만으로 그 배우자가 당연히 채무의 부담행위를 포함한 모든 법률행위에 관하여 대리권을 갖는다고 볼 것은 아니다(대판 2000.12.8. 99다37856). 즉 판례는 이른바 비상가사대리권을 인정하지 않는다.

4. 日常家事代理權의 表現代理

(1) 성립: 부부의 일방이 일상가사의 범위를 넘어 법률행위를 한 경우에 제126조 표현대리가 적용되는지가 문제된다. 법리적으로는 본조의 일상가사대리권을 기본대리권으로 하여 제126조의 표현대리가 적용된다고 해석된다. 이는 표현대리의 성립여부가 문제되는 대리권이 있다고 믿을 만한 〈정당한 사유〉 존부에 초점이 맞추어 판단된다.

(2) 성립 여부가 문제된 구체적 예

(가) 성립이 인정된 예

① 별도의 대리권있는 처가 승낙 없이 남편소유의 부동산에 근저당권설정행위: 일상가사대리권 외에 별도의 기본대리권이 있는 처가 근저당권설정등기에 필요한 각종 서류를 소지하고 있는데다가 그 인감증명서가 본인인 남편이 발급받은 것이고, 남편이 스스로 처에게 인감을 보냈음을 추단할 수 있는 문서와 남편의 무인이 찍힌 위임장 및 주민등록증 등을 제시하는 등 남편이 처에게 대리권을 수여하였다고 믿게 할 특별한 사정까지 있었다면, 그 상대방으로서는 처가 남편을 대리할 적법한 권한이 있었다고 믿은 데 정당한 이유가 있다(대판 1995.12.22. 94다45098).

② 믿을 만한 정당한 사유가 정황상 있다고 인정된 예: 피고 집안이 경제적으로 여유 있을 뿐 아니라 완고하고 보수적인 가풍이며, 피고의 처 역시 검소하고 알뜰하여 남편인 피고와의 사이도 원만하다는 소문이 나 있는데다가 피고 집안에 일시적으로 돈 쓸 일이 생겨서 피고가 그 처를 통하여 돈을 빌리고자 한다는 말을 듣고 있던 중, 위 처가 피고의 인감도장, 인감증명서, 주민등록표등본 등을 가지고 와서 남편으로부터 위 가등기경료에 관한 대리권을 수여 받았다고 말할 뿐 아니라, 그 인감증명서의 뒷쪽이 백지로 되어 있어 현행 인감증명 발급절차에 비추어 이를 피고 본인이 직접 발급받은 것이라고 믿은 사실을 인정하고, 위와 같은 사정 등에 비추어 보면, 원고는 피고의 처가 이 건 가등기경료에 관하여 피고를 대리할 권한이 있다고 믿음에 정당한 사유가 있다고 할 것이다(대판 1981.6.23. 80다609). * 대외적으로도 갑은 피고와 부부로 행세하여 왔는데 이와 같은 사정을 잘 아는 원고의 처를 통하여 원고로부터 돈을 빌려 본처를 위하여 주책을 마련하려고 피고의 위임이 없었음에도 피고의 대리인으로 가장하여 원고의 처를 통하여 원고로부터 금전을 차용하고 이의 반환을 담보하기 위하여 또는 그 채권증서로서 위 집에 있던 피고의 인장을 임의 날인하여 작성교부한 사실을 인정할 수 있고, 사실관계가 이와 같다면 갑과 피고 사이에 일상가사에 관한 사항에 관하여 상호대리권이 인정되어 왔다고 볼 것이고 따라서 갑에게도 피고의 일상가사에 관한 대리권이 있었다고 할 것이며 갑은 피고의 대리인으로서 그 권한을 넘어 위 차용행위에 이르렀으나 위와 같이 사실관계 아래에서는 원고로서는 갑에게 그 권한이 있다고 믿을만한 정당한 이유가 있었다 할 것이므로 본인인 피고는 그 행위에 대하여 책임이 있다 할 것이다(대판 1980.12.23. 80다2077).

③ 객관적인 정당한 사유: 남편이 정신병으로 장기간 병원에 입원함에 있어서, 입원비 생활비, 자녀교육비 등을 준비하여 두지 않은 경우에 그 아내에게 가사대리권이 있었고 남편 소유의 집을 적정가격으로 매도하여 그로서 위 비용에 충당하고 나머지로서 대신 들어가 살 집을 매수하였다면 매수인이 이러한 사유를 알았건 몰랐건 간에 객관적으로 보아서 그 아내에게 남편의 대리권이 있다고 믿을 만한 정당한 사유가 된다고 보아야 할 것이다(대판 1970.10.30. 70다1812).

④ 장기간 별거하면서 권리증과 인감도장을 맡긴 경우: 장기간 별거하면서 소유부동산에 관한 권리증을 그 처에게 보관시켜 그 처가 그 부동산을 타에 담보로 제공한 경우에는 특별사정이 없는 한 표현대리 행위가 된다(대판 1968.8.30. 68다1051).

(나) 부정된 예

① 일방의 의식불명상태: 부부의 일방이 의식불명의 상태에 있어 사회통념상 대리관계를 인정할

필요가 있다는 사정만으로 그 배우자가 당연히 채무의 부담행위를 포함한 모든 법률행위에 관하여 대리권을 갖는다고 볼 것은 아니다(대판 2000.12.8. 99다37856).

② 사업상의 채무에 대한 처명의의 연대보증 약정행위: 채무자가 남편으로서 처의 도장을 쉽사리 입수할 수 있었으며 채권자도 이러한 사정을 쉽게 알 수 있었던 점에 비추어 보면, 채무자가 채권자를 자신의 집 부근으로 오게 한 후 처로부터 위임을 받았다고 하여 처 명의의 채무부담약정을 한 사실만으로는 채권자가 남편에게 처를 대리하여 채무부담약정을 할 대리권이 있다고 믿은 점을 정당화할 수 있는 객관적인 사정이 있다고 할 수 없다(대판 1997.4.8. 9654942).

③ 인감도장을 보관하는 남편에게 포괄적 대리권의 위임이 있다고 볼 수 있는지 여부: 남편이 아내의 인감도장을 보관하고 있었다는 사실만으로 이 인감도장의 사용에 관하여 포괄적 대리권을 위임받은 것이라 볼 수 없다(대판 1984.7.24. 84도1093).

④ 내연의 처가 체결한 근저당권설정계약: 내연의 처에게 일상가사대리권이 수여된 경우라 하더라도 남편이 본처 소생의 장남 결혼비용을 내연의 처에게 차용토록 위임하면서 이와 아울러 거액의 기존채무를 위하여 그 소유부동산을 담보로 제공함에 필요한 대리권을 수여한다는 것은 이례에 속한다 할 것이고, 또 내연의 처가 남편의 인감도장이나 등기필증 등을 용이하게 입수할 수 있는 사정을 근저당설정계약의 상대방이 쉽게 알아차릴 수 있었다면, 내연의 처에게 일상가사대리권이 수여되었고 남편의 인감증명, 인감도장, 위임장, 일부 등기필증 등을 지참하고 있었다는 점등은 피고가 내연의 처에게 근저당권설정 대리권이 있다고 믿은 정당한 이유가 될 수 없다(대판 1984.6.26. 81다524).

⑤ 특별한 수권 없이 남편을 대리한 보증: 타인의 채무에 대한 보증행위는 그 성질상 아무런 반대급부 없이 오직 일방적으로 불이익만을 입는 것인 점에 비추어 볼 때, 남편이 처에게 타인의 채무를 보증함에 필요한 대리권을 수여한다는 것은 사회통념상 이례에 속하므로, 제126조 소정의 표현대리가 되려면 처에게 일상가사대리권이 있었다는 것만이 아니라 상대방이 처에게 남편이 그 행위에 관한 대리의 권한을 주었다고 믿었음을 정당화할 만한 객관적인 사정이 있어야 하여, 처가 임의로 남편의 인감도장과 용도란에 아무런 기재 없이 대리방식으로 발급받은 인감증명서를 소지하고 남편을 대리하여 친정 오빠의 할부판매보증보험계약상의 채무를 연대보증한 경우는 표현대리가 성립하지 아니한다(대판 1998.7.10. 98다18988).

5. 日常家事代理權의 制限 - 제2항

(1) 전부 제한-불가: 일상가사대리권 중 일부를 제한할 수 있지만 가사대리권 전부를 부인하는 것은 허용되지 않는다.

(2) 일부 제한: 일부의 제한은 할 수 있지만, 제한으로 선의의 제3자에게 대항할 수 없다.

第828條【夫婦間의 契約의 取消】 夫婦間의 契約은 婚姻中 언제든지 夫婦의 一方이 이를 取消할 수 있다. 그러나 第三者의 權利를 害하지 못한다.

夫婦間의 契約의 取消

1. 趣旨: 혼인 중의 부부 사이의 약정(계약)은 감정적 애정이나 압력에 의하여 체결된 비진의표시에 의한 경우가 있을 수 있고, 또한 부부 사이의 약속을 법률문제로서 재판에 의하여 해결하는 것은 부부생활의 평화를 해할 수 있기 때문에 이를 당사자의 자유로운 결정에 맡긴다는 것이 본조의 취지이다.

2. 要件

(1) 취소의 대상-혼인 중의 계약: 혼인성립 후 그 해소 전, 즉 혼인 중에 체결한 계약이어야 한다. 그 계약의 종류에는 제한이 없어 부부간의 증여·매매·위임 등 재산상의 계약을 비롯한 비재산적인 계약도 포함된다. 계약에 한정되므로 계약 이외의 권리관계, 예컨대 유언이나 상속 등에 관한 약정은 본조가 적용되지 않는다.

(2) 혼인 중이어야: 혼인 중이어야 한다. 본조의 〈혼인 중〉은 형식적으로 뿐만 아니라 실질적으

로도 원만한 혼인관계가 계속되는 상태를 말한다. 따라서 형식적으로는 혼인 중이라 하더라도 실질적으로 혼인이 파탄에 이른 상태라면 본조에 의한 계약의 취소는 할 수 없다(대판 1993.11.26. 93다40072). 그러한 점에서 이혼할 것을 양해하고 있거나, 이혼소송 중이거나, 이혼협의 중의 경우에도 취소할 수 없다.

(3) 취소의 원인: 취소의 원인은 묻지 않는다. 즉 아무런 원인 없이 취소할 수 있다. 따라서 민법상의 취소원인이 있는 때에는 본조와는 관계없이 총칙의 취소에 관한 규정이 적용된다.

(4) 이행 후의 경우: 취소는 계약의 이행 전뿐만 아니라 일부 또는 전부의 이행이 있은 후에도 행사될 수 있다.

(5) 취소기간: 혼인 중이면 기간에 제한 없이 취소할 수 있다. 즉 이 취소권은 혼인의 성립으로 발생하여 혼인의 종료로 소멸하고, 혼인 중에는 어떠한 경우에도 소멸하지 않는다. 본조의 취소권은 제180조제2항의 부부간의 권리와 시효정지에 관한 규정도 적용되지 않는다. 따라서 혼인 중에 계약이 취소되지 않은 때에는 혼인종료 후에는 취소는 할 수 없으나, 제180조에 의하여 혼인종료 후 6개월 내에는 그 이행은 청구할 수 있다.

3. 取消의 方法: 취소방법은 특별한 방식이 없고, 상대방에 대한 의사표시로 한다.

4. 取消權의 拋棄: 본조의 입법취지에 비추어 취소권의 포기는 인정되지 않는다. 따라서 당사자가 취소권을 포기하였더라도 본조에 의한 취소를 할 수 있다.

5. 取消의 效果

(1) 소급효: 부부간의 계약을 취소하면 소급효가 있다. 따라서 계약이 취소되면 계약은 처음부터 성립하지 않은 것으로 된다.

(2) 제3자 권리의 보호: 취소로 제3자의 선의·악의를 불문하고 제3자의 권리를 해하지 못한다. 취소권은 부부간의 특수한 사정을 생각하여 인정된 것이기 때문에, 취소의 효과를 제3자에게까지 확장하는 것은 거래의 안전을 해하게 되므로 타당하지 못하다. 여기의 제3자는 취소 전에 이해관계를 갖는 자이다. 예컨대 부가 처에게 증여한 물건을 처가 제3자에게 매매하였을 경우에 부가 이것을 알고 그 증여계약을 취소하더라도 제3자의 권리취득에는 영향이 없다.

第2款 財産上 效力

第829條【夫婦財産의 約定과 그 變更】 ①夫婦가 婚姻成立前에 그 財産에 關하여 따로 約定을 하지 아니한 때에는 그 財産關係는 本款中 다음 各條에 定하는 바에 依한다.

②夫婦가 婚姻成立前에 그 財産에 關하여 約定한 때에는 婚姻中 이를 變更하지 못한다. 그러나 正當한 事由가 있는 때에는 法院의 許可를 얻어 變更할 수 있다.

③前項의 約定에 依하여 夫婦의 一方이 다른 一方의 財産을 管理하는 境遇에 不適當한 管理로 因하여 그 財産을 危殆하게 한 때에는 다른 一方은 自己가 管理할 것을 法院에 請求할 수 있고 그 財産이 夫婦의 共有인 때에는 그 分割을 請求할 수 있다.

④夫婦가 그 財産에 關하여 따로 約定을 한 때에는 婚姻成立까지에 그 登記를 하지 아니하면 이로써 夫婦의 承繼人 또는 第三者에게 對抗하지 못한다.

⑤第2項, 第3項의 規定이나 約定에 依하여 管理者를 變更하거나 共有財産을 分割하였을 때에는 그 登記를 하지 아니하면 이로써 夫婦의 承繼人 또는 第三者에게 對抗하지 못한다.

婚姻의 財産的 效力-夫婦財産制

1. 意義: 혼인은 당사자 상호간의 공동생활을 가져온다. 공동생활에는 경제적인 문제가 따르므로

부부간의 재산관계도 미리 정하여 둘 필요가 있다. 이와 같이 부부간의 재산에 대한 법률관계가 부부재산제인데, 그 재산관계는 당사자가 혼인 전에 미리 자유롭게 합의하여 정할 수도 있으나(부부재산계약제), 그 합의가 없을 때에는 법률에 의한 재산관계가 형성된다(법정재산제). 대부분의 국가는 민법과 같이 원칙적으로 부부간의 재산에 관하여는 당사자간의 합의에 맡기고, 합의가 없는 때에는 법률이 정한 관계가 형성되도록 한다. 실제로는 당사자간의 재산에 관한 약정인 혼인성립 전에 부부재산계약을 체결하는 예는 많지 않아 대부분의 부부는 법정재산제를 따르므로 법정재산제로 어떠한 형태를 취하고 있는지가 중요하다. 민법은 법정재산제로 별산제를 취하여 부부가 각자 자신의 재산을 소유하고 관리할 수 있도록 한다. 또한 민법은 법정재산제로 별산제를 취하고 있지만 혼인생활공동체를 위하여 일상가사로 인한 채무의 연대책임과 생활비용의 부부공동부담의무를 규정한다.

2. 夫婦財産契約: 부부재산계약이란 혼인 당사자가 혼인 전에 혼인 중의 재산관계를 어떻게 형성할 것인가를 합의하는 것을 말한다.

(1) 부부재산계약

(가) 계약의 대상: 혼인 전에 이미 취득한 재산 및 앞으로 혼인 중에 취득하게 될 재산의 귀속과 그러한 재산의 관리를 어떻게 할 것인가를 당사자가 합의하는 것이다.

(나) 법적 성질: 부부재산계약의 법적 성질은 당사자간의 합의에 의한 계약으로서 채권계약이면서 혼인을 전제로 하기 때문에 혼인에 부종하는 신분법상의 계약에 해당한다. 또한 혼인을 전제로 하므로 부부의 재산상의 권리·의무에 관한 모든 사항에 관한 계약이 부부재산계약에 속하는 것이 아니라 혼인관계에서 발생하는 재산관계에 한정한다.

(다) 성립과 효력: 부부재산계약은 혼인 전에만 체결될 수 있고, 혼인이 성립되어야 비로소 효력이 발생하고 혼인의 해소로 종료한다.

(2) 체결과 그 내용

(가) 당사자: 부부재산계약은 혼인신고 전에 체결될 것을 요하므로 당사자는 혼인을 앞둔 예비부부로서 반드시 약혼관계일 것을 요하지는 않는다. 당사자가 행위능력자일 것을 요하는지에 대해서 재산상의 계약을 강조하는 입장에서는 행위능력을 요한다고 해석되나, 신분계약임을 강조하는 입장에서는 미성년자의 혼인에 대한 동의는 부부재산계약에 대한 동의로 볼 수 있으므로 행위능력을 요하지는 않으나 의사능력은 요한다고 해석된다.

(나) 방식: 부부재산계약의 체결방식에 대해서는 특별히 규정하지 않으므로 서면 또는 구두로 가능하겠지만, 부부재산계약을 제3자에게 대항하기 위해서는 등기해야 하며 등기시에 부부재산약정서를 첨부하도록 하여 사실상 서면으로 작성될 것을 요한다.

(다) 내용: 민법은 부부재산계약의 내용은 당사자간의 의사에 맡겨놓고 있다. 즉 그 내용은 당사자가 자유롭게 합의할 수 있다. 부부재산계약의 일반적인 형태는 법정재산제에 대한 수정 또는 변형이므로 법정재산제에 대한 내용이 부부재산계약의 주요 내용으로 될 수 있을 것이다.

① 재산의 귀속: 부부가 혼인 전에 소유한 재산 및 혼인 후 취득하는 재산이 혼인에 의해 누구에게 귀속하는지, 즉 부부 중 어느 일방에 귀속하는지 공유로 되는지의 문제이다. 부부재산계약의 가장 중요한 사항이며 부부재산의 귀속형태에 따라 재산제가 정해지게 된다.

② 재산의 관리방법: 부부재산의 관리·처분권이 부부 중 누구에게 있는지에 관한 사항이다. 일반적으로 재산의 소유권자가 관리·처분하게 되지만, 비록 배우자의 재산이라 하더라도 혼인공동생활에 필수적인 재산, 예를 들어 주거목적의 주택이라면 상대방 배우자의 동의없이는 처분할 수 없도록 하는 등의 합의를 할 수 있으며, 기타 부부재산의 사용·관리에 관한 사항도 합의할 수 있다.

③ 책임관계: 혼인 전 및 혼인 중에 부부의 일방 또는 공동으로 부담한 채무를 누가 부담하는지에 관한 사항이다. 그러나 일상가사채무로 인한 연대책임에 대해서는 당사자간의 부부재산계약으로 배제할 수 없다.

④ 청산관계: 혼인해소시에 부부재산관계를 어떻게 청산할 것인가의 문제이다. 사망으로 인한 혼인해소의 경우는 상속원리에 의하므로 주로 이혼시에 재산분할의 비율이나 방법 등에 관한 사항이 된다. 부부재산계약을 혼인 중의 부부의 재산관계에 관한 사항으로 한정하고 재산분할청구

권을 혼인해소 후에 성립하는 청구권으로 본다면 부부재산계약의 범위를 벗어난다고도 볼 수 있지만, 재산분할청구권은 결국 혼인 중의 재산관계에 관한 청산에 해당하므로 부부재산계약의 내용으로 할 수 있다고 해석된다.

(3) 등기-대항요건-제4항, 제5항

(가) 대항요건: 부부재산계약의 체결은 특별한 방식을 요하지 않지만 부부의 승계인 및 제3자에게 대항하기 위해서는 혼인신고시까지 등기를 하여야 한다. 계약을 변경하는 경우에도 그 변경사항을 등기하여야 함은 동일하다. 본항은 부부재산계약의 체결을 알지 못하는 제3자가 법정재산제가 적용되는 것으로 오신함으로써 불측의 손해를 입는 것을 방지하고자 함이다.

(나) 등기하지 않은 계약: 부부재산계약이 등기되지 않아도 부부간에는 유효하며, 부부의 승계인(상속인 및 포괄유증자) 및 제3자에 대하여 부부가 그 효력을 주장할 수 없을 뿐이고, 제3자측에서 부부재산계약의 존재 및 효력을 주장하는 것은 무관하다.

(다) 등기 절차: 등기는 계약당사자 쌍방이 신청하며 부가 될 자의 주소지를 관할하는 지방법원, 그 지원 또는 등기소에 신청하여야 하고(비송법 70조1항, 68조1항), 신청서에는 재산계약서 등을 첨부하여야 한다.

(4) 변경-제2항, 제3항

(가) 원칙-제2항 본문: 부부재산계약은 혼인신고 전에는 자유롭게 체결·변경·폐지할 수 있지만 혼인 후에는 원칙적으로 변경할 수 없다.

(나) 법원의 허가를 얻어 변경 가능

① 변경할 정당한 사유-제2항 단서: 변경할 정당한 사유가 있는 경우에는 법원의 허가를 받아 변경할 수 있다.

② 관리자의 선임변경-제3항: 약정에 의하여 부부의 일방이 다른 일방의 재산을 관리하였으나, 그 관리가 고의 또는 과실에 의하여 재산을 부당하게 소비하거나 재산을 위험한 사업에 투자하는 경우 등과 같이 혼인공동생활에 따른 신뢰관계를 해하는 등의 부당한 관리가 있는 때에는 변경이 가능하다. 이러한 부당한 관리가 있을 때에는 관리권을 회수하여 스스로 관리할 것을 가정법원에 청구할 수 있다.

③ 공유물의 분할청구-제3항: 공유물을 약정에 의하여 일방의 관리로 하였으나, 관리자가 고의에 의한 부당한 관리로 위태롭게 한 때에는 그 공유물의 분할을 청구할 수 있다.

④ 변경의 효력-등기-제5항: 관리자 변경, 공유물분할은 등기를 하여야 부부의 승계인 또는 제3자에게 대항할 수 있다.

(다) 변경특약의 효력-무효: 부부재산계약의 내용으로 부부재산계약을 혼인 중에 변경할 수 있다는 취지의 특약을 하더라도, 그 특약은 무효이다.

3. 夫婦財産契約의 終了

(1) 의사표시에 관한 법리 적용: 부부재산계약도 계약으로 의사표시에 관한 법리는 적용이 있다. 따라서 일방의 강박에 의한 계약의 경우는 혼인 중에 이를 취소할 수 있다. 또한 계약의 내용이 사해행위가 되는 경우는 채권자취소권의 법리도 적용이 있다. 부부재산계약이 취소되면 법정재산제로 된다.

(2) 혼인관계의 종료: 부부재산계약은 혼인을 전제로 한 계약이므로 혼인관계가 종료되면 부부재산계약은 자연히 종료된다. 따라서 혼인의 취소 또는 배우자 일방이 사망하거나 이혼하면 부부재산계약으로 합의한 재산관계는 종료되고, 그 내용과 관련한 청산이 이루어지게 된다.

(가) 당사자의 사망: 사망으로 인한 해소의 경우에는 부부재산계약으로 상속인이나 상속분, 상속재산분할방법을 지정하는 것은 인정되지 않으므로 상속법리에 따라 청산된다.

(나) 이혼: 이혼시의 재산분할 방법을 부부재산계약으로 합의하고 있다면 이에 따라 청산이 이루어진다.

4. 夫婦財産契約을 하지 않은 경우 - 法定財産制 - 제1항: 당사자간에 부부재산계약을 하지 아니한 경우에는 부부간의 재산에 관한 관계는 법정재산제, 즉 제830조 내지 제833조에서 규정한 내용에 의한 법률관계가 된다.

第830條【特有財産과 歸屬不明財産】 ①夫婦의 一方이 婚姻前부터 가진 固有財産과 婚姻中 自己의 名義로 取得한 財産은 그 特有財産으로 한다.
②夫婦의 누구에게 속한 것인지 分明하지 아니한 財産은 夫婦의 共有로 推定한다. 〈改正 1977.12.31〉

第831條【特有財産의 管理等】 夫婦는 그 特有財産을 各自管理, 使用, 收益한다.

法定財産制-別産制

1. 別産制: 혼인할 당사자간에 혼인성립(혼인신고)전에 재산계약을 별도로 하지 아니한 때에는 혼인 중의 재산관계는 제830조 내지 제833조에서 규정하는 재산관계(법정재산제)에 의한다. 법정재산제에는 ① 부부의 재산을 공유로 하는 공유제(프랑스), ② 각자가 취득, 보유하지만 관리는 남편이 하는 관리공통제(독일), ③ 부부가 각자 별도로 소유, 관리하는 별산제(영국, 일본) 등이 있는데, 민법은 별산제를 채택하고 있다. 제830조제1항은 민법이 법정재산제로 부부별산제를 취하고 있음을 규정한다. 즉 부부의 일방이 혼인 전부터 가진 고유재산과 혼인 중 자기의 명의로 취득한 재산은 그 특유재산으로 하고, 특유재산은 혼인 후에도 상대방 배우자와는 관계없이 독자적으로 임의로 관리·사용·수익·처분하도록 규정하고 있다. 그리고 부부의 누구에게 속한 것인지 분명하지 않은 재산은 부부의 공유재산으로 추정하고 있다. 이러한 부부재산의 귀속에 관한 원칙은 이혼 등으로 혼인관계가 해소된 경우 부부재산의 청산으로 이어지며, 각자의 특유재산은 재산분할의 대상이 되지 아니하고, 공유재산만이 분할의 대상이 된다.

2. 內容 - 제830조

(1) 특유재산-제1항: 부부의 재산은 특유재산과 공유재산으로 구분된다. 특유재산에는 혼인 전부터 당사자가 소유하는 재산, 혼인 중에 제3자로부터 상속 혹은 증여받은 재산과 그로부터 발생한 수익, 그리고 자신의 수입 및 그 수입으로 취득한 재산 및 각자의 의복 등 소지품이 이에 속한다.

(2) 공유재산-제2항: 혼인 중에 취득한 공동생활에 필요한 가재도구나 가구, 부부의 협력으로 취득하여 공동 명의로 되어 있는 재산 및 부부의 누구에게 속한 것인지 분명하지 아니한 재산이 이에 속한다. 지분비율은 균등한 것으로 추정된다.

(3) 자기명의로 취득한 재산-제1항

(가) 원칙적으로 특유재산: 제1항은 부부가 혼인 중 각자가 자기명의로 취득한 재산을 특유재산에 포함시키고 있다. 상대방 배우자의 협력 없이 일방의 수입과 노력만으로 취득한 재산인 때에는 당연히 일방 배우자의 특유재산에 해당한다.

(나) 명의만 일방인 재산: 실질적으로는 부부의 협력에 의해 취득되었지만 명의는 부부의 일방으로 되어 있는 경우에는 명의자의 특유재산으로 볼 수는 없다. 특히, 부동산과 같은 중요재산의 경우 夫의 명의로 등기되어 있는 경우가 대부분인 현실에서 가사노동과 같은 숨은 협력이 제공된 경우 이를 어떻게 평가할 것인지가 문제로 되며, 이는 재산분할시 기여도의 평가와 연결된다. 비록 일방의 명의로 되어 있지만 가사노동을 비롯한 배우자의 협력이 있는 경우에 이를 실질적인 공유재산으로 해석하여 처의 기여도를 인정하여 재산분할의 대상으로 하고 있다.

(다) 특유재산인지 여부의 구체적 사례: 〈특유재산의 추정〉을 번복하기 위하여는 다른 일방 배우자가 실제로 당해 부동산의 대가를 부담하여 그 부동산을 자신이 실질적으로 소유하기 위해 취득하였음을 증명하여야 한다(대판 1998.12.22. 98두15177).

① 혼인 중 단독 명의로 취득한 부동산을 다른 일방의 명의신탁 재산으로 인정하기 위한 요건: 부부의 일방이 혼인 중 단독 명의로 취득한 부동산은 그 명의자의 특유재산으로 추정되므로, 다른 일방이 그 실질적인 소유자로서 편의상 명의신탁한 것이라고 인정받기 위하여는 자신이 실질적으로 당해 재산의 대가를 부담하여 취득하였음을 증명하여야 하고, 단지 그 부동산을 취득함

에 있어서 자신의 협력이 있었다거나 혼인생활에 있어서 내조의 공이 있었다는 것만으로는 위 추정이 번복되지 아니한다(대판 1998.12.22. 98두15177).

② 특유재산 추정의 번복-부정 예: 부부 중 일방의 명의로 된 농지나 예금 등 재산은 그의 특유재산으로 추정되는바, 그 취득에 상대방 배우자가 대가나 채무를 부담하였다거나 적극적인 재산증식의 노력이 있었다는 등의 실질적인 사유에 관한 아무런 입증이 없는 이상 상대방 배우자가 가정주부로서 남편의 약국 경영을 도왔다는 것만으로는 그 추정을 번복하기에 부족하다(대판 1998.6.12. 97누7707).

③ 특유재산 추정의 번복-인정 예: 부동산매입자금의 원천이 남편의 수입에 있다고 하더라도 처가 남편과 18년간의 결혼생활을 하면서 여러 차례 부동산을 매입하였다가 이익을 남기고 처분하는 등의 방법으로 증식한 재산으로써 그 부동산을 매입하게 된 것이라면 위 부동산의 취득은 부부 쌍방의 자금과 증식노력으로 이루어진 것으로서 부부의 공유재산이라고 볼 여지가 있다(대판 1990.10.23. 90다카5624).

(라) 추정번복 재산의 귀속: 특유재산으로 추정된 재산은 실질적으로 다른 일방 또는 쌍방이 그 재산의 대가를 부담하여 취득한 것이 증명된 때에는 특유재산의 추정은 번복되어 다른 일방의 소유이거나 쌍방의 공유라고 보아야 할 것이고(대판 1992.8.14. 92다16171), 부부의 누구에게 속한 것인지 분명하지 않은 재산은 부부의 공유로 추정된다(대판 2007.8.28. 2006스3, 4).

3. 管理, 使用, 受益 - 第831조

(1) 특유재산: 특유재산은 각자가 관리 · 사용 · 수익 · 처분한다.

(2) 공유재산: 공유에 관한 법리가 적용된다.

4. 事實婚關係 - 유추적용: 사실혼관계의 자 사이의 재산에 관하여는 제830조가 유추적용된다. 따라서 사실혼관계에 있는 부부의 일방이 사실혼 중에 자기 명의로 취득한 재산은 그 명의자의 특유재산으로 추정되나, 실질적으로 다른 일방 또는 쌍방이 그 재산의 대가를 부담하여 취득한 것이 증명된 때에는 특유재산의 추정은 번복되어 그 다른 일방의 소유이거나 쌍방의 공유라고 보아야 한다(대판 1994.12.22. 93다52068).

第832條【家事로 因한 債務의 連帶責任】 夫婦의 一方이 日常의 家事에 關하여 第三者와 法律行爲를 한 때에는 다른 一方은 이로 因한 債務에 對하여 連帶責任이 있다. 그러나 이미 第三者에 對하여 다른 一方의 責任없음을 明示한 때에는 그러하지 아니하다.

日常家事債務의 連帶責任

1. 意義: 혼인으로 혼인 당사자뿐만 아니라 자녀와 가족의 가정공동생활이 따르는데, 이러한 공동생활에서 필요로 하는 통상의 사무를 하는 과정에서 부부 중 일방이 채무를 진 행위는 그 자신의 독자적인 채무가 아니라 공동생활에 따른 채무이다. 이러한 점에서 부부가 일방의 일상가사로 인하여 부담한 채무를 부부 상호간의 연대채무로 한 것이다. 이는 일상가사에 관하여는 상호 법정대리를 인정한 것과 동일한 취지이다. 따라서 장기간 별거하여 실질적인 공동생활을 영위하지 아니하는 부부간에서는 본조는 적용되지 아니한다.

2. 日常家事債務 - 連帶責任

(1) 일상가사: 혼인을 하였더라도 공동생활이 없는 상태에서는 일상가사는 성립될 여지가 없으나, 혼인신고가 없더라도 실질적인 가정을 이루어 대외적으로 부부로 공동생활을 한 상태라면 일상가사가 성립되며, 그 구체적 내용 및 범위는 부부공동체의 사회적 지위 · 재산 · 수입 능력 등 현실적 생활 상태뿐만 아니라 그 부부의 생활장소인 지역사회의 관습 등에 의하여 종합하여 결정된다.

(2) 일상가사의 범위: 구체적인 법률행위가 당해 부부의 일상의 가사에 관한 것인지를 판단함에 있어서는 그 법률행위의 종류 · 성질 등 객관적 사정과 함께 가사처리자의 주관적 의사와 목적,

부부의 사회적 지위·직업·재산·수입능력 등 현실적 생활상태를 종합적으로 고려하여 사회통념에 따라 판단하여야 한다(대판 1997.11.28. 97다31229).

(가) 통상적인 생활필수품 구입: 부부공동생활에 통상적으로 필요로 하는 생활필수품의 구입인 식료품구입, 연료, 의복류의 구입은 포함된다.

(나) 통상적인 의식주를 위한 사무: 가옥의 임차, 주택차임의 지급, 전기·수도요금 등 공과금의 납부와 같이 가족의 의식주에 관한 사무는 포함된다.

(다) 가족의 통상적인 오락, 교제비, 양육, 교육비 등: 가족의 생활비, 의료비, 오락, 교제, 자녀의 양육·교육비 등에 관한 사무는 일상가사의 범위에 속한다.

(라) 기타: 가사도우미나, 가정교사의 급여, 자녀혼인을 위한 혼수 등도 생활상태와 그 사회의 관습을 고려하여 일상가사에 포함될 수 있다.

(3) 연대책임: 일상가사채무에 대하여 부부간에는 연대책임을 진다. 그러나 본조의 연대책임은 통상의 연대채무와는 달리 부부는 동일한 내용의 채무를 병존적으로 부담하고 그 부담부분에 관한 연대책임의 규정(418조2항, 419조, 421조)은 적용이 없다고 해석된다. 따라서 일방은 다른 일방의 채권으로 무제한으로 상계할 수 있으며, 일방에 대한 채무면제는 전면적으로 효력이 발생하며, 일방의 채무의 시효소멸은 다른 일방의 채무도 소멸시킨다.

(4) 면책예고-단서: 부부가 미리 제3자에 대하여 배우자 일방의 가사채무에 대해 연대책임을 지지 않는다는 것을 명시한 경우에는 상대방 배우자는 책임이 없다.

(가) 사전에 특정인에게: 사전에 해당 당사자에게 통지하여야 한다.

(나) 행위를 지정하여야: 면책을 하려는 행위를 특정하여야 한다.

(다) 포괄적 면책예고: 포괄적인 면책예고는 면책예고로서의 효력이 없다.

3. 日常家事債務인지 與否가 문제되는 具體的 事例

(1) 계금채무: 처가 부담한 금 사천만원의 계금채무가 혼인공동체의 통상의 사무에 포함되는 일상의 가사로 인한 채무라기보다, 처 자신의 사업상의 필요에 의한 개인의 단독채무이다(대판 2000.4.25. 2000다8267).

(2) 금전차용행위가 일상가사에 관한 법률행위에 속하는지 여부의 판단 기준: 금전차용행위도 금액, 차용 목적, 실제의 지출용도, 기타의 사정 등을 고려하여 그것이 부부의 공동생활에 필요한 자금조달을 목적으로 하는 것이라면 일상가사에 속한다고 보아야 할 것이므로, 아파트 구입비용 명목으로 차용한 경우 그와 같은 비용의 지출이 부부공동체 유지에 필수적인 주거 공간을 마련하기 위한 것이라면 일상가사에 속한다(대판 1999.3.9. 98다46877).

(3) 교회에의 건축 헌금, 가게 인수자금 또는 대규모 주택 및 아파트 구입자금 등의 명목으로 금원을 차용한 행위: 부인이 교회에의 건축 헌금, 가게의 인수대금, 장남의 교회 및 주택임대차보증금의 보조금, 거액의 대출금에 대한 이자지급 등의 명목으로 금원을 차용한 행위는 일상가사에 속한다고 볼 수는 없으며, 주택 및 아파트 구입비용 명목으로 차용한 경우 그와 같은 비용의 지출이 부부공동체를 유지하기 위하여 필수적인 주거 공간을 마련하기 위한 것이라면 일상의 가사에 속한다고 볼 여지가 있을 수 있으나 그 주택 및 아파트의 매매대금이 거액에 이르는 대규모의 주택이나 아파트라면 그 구입 또한 일상의 가사에 속하는 것이라고 보기는 어렵다(대판 1997.11.28. 97다31229).

第833條【生活費用】 夫婦의 共同生活에 필요한 費用은 當事者間에 특별한 約定이 없으면 夫婦가 共同으로 부담한다.

生活費用의 共同負擔

1. 意義: 부부는 그 자산·수입 기타 일체의 사정을 고려하여 혼인공동생활에 필요한 비용을 공동으로 부담해야 한다. 제826조의 부부간의 부양의무와 생활비용부담의무의 관계에 대해 부양은 부부가 서로 자신의 생활을 유지하는 것과 동일하게 상대방의 생활을 유지하도록 해야 하는 의

무로 결국은 혼인공동체생활의 유지로 볼 수 있으므로 혼인으로부터 발생하는 비용의 부담과 다르지 않다. 즉 실질적으로 부부부양의무와 생활비용부담의무는 동일하다고 볼 수 있다.

2. 內容: 공동생활비용이란 부부와 자녀를 중심으로 하는 가족공동체가 그 재산·수입·사회적 지위 등에 따라서 통상의 공동생활을 유지하는 데 필요한 비용이다. 의식주에 관한 비용, 의료비, 오락비, 자녀의 양육비, 교육비 등이 이에 해당한다.

(1) 자녀에 대한 비용: 자녀에 관한 비용은 미성년인 자녀뿐만 아니라 성년에 도달하였다고 하더라도 학업이나 질병 등으로 인하여 독립하여 생계를 꾸릴 수 없다면 그 자녀에 관한 비용도 생활비용에 포함될 수 있을 것이다.

(2) 생계를 같이 하는 일방 배우자의 자녀 및 동거친족: 부부사이에 태어난 자녀가 아닌 일방 배우자의 자녀도 생계를 같이 하고 있는 경우에는 생활비용에 포함되며, 기타 부부 일방의 동거친족에 대한 비용도 마찬가지이다.

(3) 별거 배우자: 생활비용 공동부담의무는 혼인공동생활의 유지를 전제로 하는 것이지만, 혼인이 파탄되어 부부가 별거하고 있는 경우에도 부담내용 또는 비율에 있어서 고려사항일 뿐 혼인관계가 존재하는 한 생활비용부담의무가 있다.

3. 費用負擔額: 비용부담액은 당사자 쌍방의 자산·수입 등 일체의 사정이 고려되며, 직접적인 생활비 부담 이외에 가사·육아 등의 노무의 제공도 비용부담의 한 방법이 된다.

事實婚

1. 意義: 사실혼은 남녀가 혼인의 의사로 사실상 부부로서 실질적인 혼인생활을 하지만, 혼인신고를 하지 않아 법률혼으로 인정받지 못하는 부부관계이다. 이러한 사실혼관계는 민법이 법률혼주의를 채택하고 있어 생기는 혼인형태로서, 혼인의 실질적 요건은 충족하나 형식적 요건을 갖추지 못한 것이므로 법률혼에 준하여 일정한 범위에서는 보호되어야 할 것이다. 그러한 점에서 민법은 사실혼을 별도로 규정하지 아니하나 일정한 범위에서는 법률혼과 동일하게 보호받는 것으로 해석하며, 특별법에서는 일정한 경우에 사실혼의 당사자를 법률혼의 당사자와 동일하게 취급한다.

2. 成立

(1) 요건: 사실혼은 주관적으로는 혼인의 의사가 있고, 또 객관적으로는 사회통념상 가족질서의 면에서 부부공동생활을 인정할 만한 실체가 있는 경우에 성립한다(대판 1998.12.8. 98므961). 따라서 단순한 동거 또는 이른바 내연의 관계는 사실혼으로 인정되지 아니한다(대판 2008.2.14. 2007도3952).

(가) 주관적 요건: 주관적 요건으로서 당사자간의 혼인의사의 합치가 있어야 한다. 따라서 간헐적 정교관계에서 자식이 생긴 경우에 간헐적 정교관계만으로는 그들 사이에 자식이 태어났다 하더라도 서로 혼인의사의 합치가 있었거나 혼인생활의 실체가 존재한다고 보여 지지 아니하여 사실상 혼인관계가 성립되었다고 볼 수 없고 또 혼인예약이 있었다고도 볼 수 없다(대판 1986.3.11. 85므89).

(나) 객관적 요건: 객관적 요건으로서 부부공동생활을 인정할 만한 실체가 있어야 한다. 따라서 이혼한 후 독신으로 지내는 청구인과 미혼남성인 피청구인이 남의 이목을 피하면서 동침하는 등 교제하면서 그 관계에 관하여 피청구인의 부모에게 알린다든가, 이혼승락을 받은 바 없고, 더군다나 결혼식을 치른 바도 없다면, 양인간의 간헐적 정교관계만으로는 비록 그들 사이에 자식이 태어났다 하더라도 서로 혼인의사의 합치가 있었다거나 혼인생활의 실체가 존재한다고는 할 수 없어 사실상의 혼인관계가 성립하였다고 볼 수 없다(대판 1984.8.21. 84므45).

(2) 사실혼의 성립 여부

(가) 혼인적령미달자의 혼인, 동의받지 못한 미성년자의 혼인-긍정: 혼인적령미달자의 사실혼, 부모의 동의를 받지 못한 사실혼은 보호를 받을 수 있는 사실혼에 해당한다.

(나) 중혼적 사실혼-부정: 법률상 혼인을 한 부부가 별거하고 있는 상태에서 그 다른 한 쪽이 제3자와 혼인의 의사로 실질적인 부부생활을 하고 있다고 하더라도 특별한 사정이 없는 한, 이

를 사실혼으로 인정하여 법률혼에 준하는 보호를 할 수는 없다(대판 2001.4.13. 2000다52943). 동일한 취지에서, 피고가 처와 법률혼 관계를 유지하면서 동시에 약 28년간 원고와 동거생활을 유지하여 온 원·피고의 의사를, 부부로서의 공동생활을 영위할 의사였다고 보기는 어렵고, 단순히 부첩관계를 형성하고자 하는 의사에 불과하였던 것으로 봄이 상당하며, 설령 적어도 원고 일방에게는 혼인의 의사가 있었던 것으로 본다고 하더라도, 피고에게는 혼인의 의사가 없었다고 할 것이므로, 결국 원·피고 사이에 혼인의 의사가 있었다고 할 수 없을 뿐만 아니라, 원·피고 사이에 부부공동생활을 인정할 만한 혼인생활의 실체가 있었다고 보기는 어렵고, 오히려 원·피고의 동거생활은 부첩관계의 한 유형이라고 할 것이다(서울가법 2004.2.11. 2003드합8510).

(다) 이혼의 형식절차 경료 전의 중혼적 사실혼-긍정: 사실상 배우자 외에 법률상 배우자가 따로 있는 경우라도 법률혼의 당사자간에 이혼의사의 합치가 있었으나 형식상의 절차미비 등으로 법률혼이 남아 있는 등의 예외적인 경우라면 그 사실상 배우자와의 관계는 보호되는 사실혼에 해당된다(대판 2007.2.22. 2006두18584).

(라) 근친간의 사실혼-부정: 무효혼에 해당하는 근친간의 사실혼은 보호받지 못한다.

3. 事實婚의 效果

(1) 신분적 효력

(가) 부부간의 일반적 효력: 사실혼의 부부간에도 일반적 신분적 효과인 동거의무, 부양의무, 협조의무, 부양의무, 정조의무가 있다. 또한 부부간의 권리를 보호받을 권리가 있다. 따라서 사실혼 부부간에 이 의무를 위반하여 사실혼이 파기되면 위반자는 이에 대한 손해배상책임이 있고, 제3자가 불법하게 사실혼관계를 침해하면 불법행위에 의한 손해배상책임이 있다.

(나) 친족관계: 사실혼에 의하여 친족관계는 발생하지 아니하여 각자 상대방의 친족과의 인척관계는 발생하지 아니한다.

(다) 자녀: 사실혼관계에서 출생한 자는 혼인 중의 출생자로 되지 못하여 부가 인지하지 아니하면 부와의 친자관계는 발생하지 아니하나, 모와는 출산사실 그 자체로 친자관계가 발생한다. * 혼인 외 출생자에 대하여는 그 실부가 인지함으로써 비로소 부자간에 법률상의 친자관계가 형성되어 부양의무가 발생하는 것이고 아직 인지되지 않은 혼인 외 출생자에 대하여는 그 실부라 할지라도 법률상 부양의무가 있다고 할 수 없지만, 실부가 혼인 외 출생자에 대한 인지를 하기 전에 생모에게 자의 양육을 부탁하면서 그 양육비를 지급하기로 약정하였다면 그러한 약정은 유효하다 할 것이고 이러한 경우 약정한 범위 내에서는 과거의 양육비라도 청구할 수 있다(대판 1987.12.22. 87므59).

(2) 재산적 효력

(가) 법률혼의 재산적 효력규정의 유추적용: 혼인신고를 전제로 하는 것을 제외하고는 법률혼에서의 혼인의 재산적 효력은 그대로 유추적용된다고 해석된다. 즉 일상가사채무의 연대책임, 일상가사대리, 공동생활비용의 공동부담 등은 유추적용된다(대판 1980.12.23. 80다2077).

(나) 재산의 귀속

① 일방이 사실혼 중 자기 명의로 취득한 재산: 사실혼관계에 있는 부부의 일방이 사실혼 중에 자기 명의로 취득한 재산은 그 명의자의 특유재산으로 추정되나 실질적으로 다른 일방 또는 쌍방이 그 재산의 대가를 부담하여 취득한 것이 증명된 때에는 특유재산의 추정은 번복되어 그 다른 일방의 소유이거나 쌍방의 공유라고 보아야 할 것이다(대판 1994.12.22. 93다52068(본소), 52075(반소)).

② 부부재산계약: 부부재산계약은 당사자간에는 효력이 있으나 등기할 수 없어 제3자에 대항할 수는 없을 것이다. 당사자간의 계약이 없으면 법정재산제가 유추적용된다고 해석된다.

(다) 자녀에 대한 양육비: 현행법상은 이혼당사자의 신청이 있는 경우, 혼인의 무효 또는 취소판결시 그 당사자의 신청이 있는 경우 이외에는 자의 양육자 지정이나 양육에 관한 사항을 정하여 달라는 신청을 할 수 있는 법률상 근거가 없으므로, 사실혼관계나 일시적 정교관계로 출생한 자의 생모는 그 자의 생부를 상대로 그와 같은 청구를 할 수 없다(대판 1979.5.8. 79므3).

(3) 개별법에서 보호되는 사실혼: 근로기준법(82조, 시행령 48조), 국민연금법(2조), 공무원연금법(3조, 59조), 군인연금법(3조, 29조), 사립학교연금법(2조), 산업재해보상보험법(4조), 선원법(90조)에서는 사실상의 배우자를 법률상의 배우자와 동일하게 보호한다. 그리고 주택임대차보호

법(9조)에서도 제한된 보호를 하고 있다.

(4) 민사소송법 제527조의2를 유추적용할 수 있는지 여부: 민사소송법 제527조의2는 채무자와 그 배우자의 공유에 속하는 유체동산은 채무자가 점유하거나 그 배우자와 공동점유하는 때에는 같은 법 제527조의 규정에 의하여 압류할 수 있다고 규정하고 있는바, 위와 같은 규정은 부부공동생활의 실체를 갖추고 있으면서 혼인신고만을 하지 아니한 사실혼관계에 있는 부부의 공유 유체동산에 대하여도 유추적용된다(대판 1997.11.11. 97다34273).

4. 事實婚關係의 終了

(1) 종료 사유: 사실혼관계에 있어서는 당사자 사이에 부부로서의 실체가 없어지면 달리 어떠한 형식적 절차를 받을 필요도 없이 그 관계는 해소된다.

(가) 일방의 사망: 일방의 사망으로 사실혼관계는 종료된다. * 사실혼관계의 당사자 중 일방인 소외인이 갑자기 의식불명상태에 빠지고 그 의식불명기간에 다른 당사자인 청구인이 한 사실혼관계를 해소하는 의사표시를 수령하지 못한 상태에서 끝내 의식을 회복하지 못한 채 사망한 경우 그 사실혼관계는 청구인의 의사표시에 의해서 해소된 것이 아니라 망인의 사망으로써 종료된 것으로 보아야 할 것이다(대판 2009.2.9. 2008스105).

(나) 합의: 당사자간의 합의에 의하여 종료시킬 수 있다.

(다) 당사자의 일방적 해소: 사실혼관계의 해소는 당사자가 자유롭게 해소할 수 있으나, 재판상 이혼사유에 유사한 정당한 사유가 있을 때에는 이로 인한 책임이 없으나, 정당한 이유 없이 사실혼을 일방적으로 해소한 자는 상대방에 대한 채무불이행 및 불법행위로 인한 손해배상책임이 있고, 사실혼의 파기에 책임이 있는 제3자도 불법행위에 의한 손해배상책임이 있다(대판 1983.9.27. 83므26).

(2) 사실혼의 부당파기

(가) 동거, 부양의무의 불이행: 사실혼관계에 있어서도 부부는 민법 제826조제1항 소정의 동거하며 서로 부양하고 협조하여야 할 의무가 있으므로 혼인생활을 함에 있어 부부는 서로 협조하고 애정과 인내로써 상대방을 이해하며 보호하여 혼인생활의 유지를 위한 최선의 노력을 기울여야 하는 것인바, 사실혼 배우자의 일방이 정당한 이유 없이 서로 동거, 부양, 협조하여야 할 부부로서의 의무를 포기한 경우에는 그 배우자는 악의의 유기에 의하여 사실혼관계를 부당하게 파기한 것이 된다고 할 것이므로 상대방 배우자에게 재판상 이혼원인에 상당하는 귀책사유 있음이 밝혀지지 아니하는 한 원칙적으로 사실혼관계 부당파기로 인한 손해배상책임을 면할 수 없다(대판 1998.8.21. 97므544, 551).

(나) 정조의무 불이행-다른 자와의 연애행위: 사실혼관계에 있는 남자가 다른 여자와 연애를 한 행위는 사실혼부당파기에 해당하고 시어머니가 혼인 때 며느리에게 준 패물들을 빼앗고 그 의류들을 친정으로 보낸 것은 시어머니로서 아들 내외간의 사실혼관계를 부당 파기시키는 데 가담한 것이다(대판 1965.5.31. 65므14).

(다) 부당 파기 여부가 문제된 구체적 사례

① 동거, 부양의무 기피: 사실혼 배우자의 일방이 정당한 이유 없이 서로 동거, 부양, 협조하여야 할 부부로서의 의무를 포기한 경우에는 그 배우자는 악의의 유기에 의하여 사실혼관계를 부당하게 파기한 것이 된다고 할 것이므로 상대방 배우자에게 재판상 이혼원인에 상당하는 귀책사유 있음이 밝혀지지 아니하는 한 원칙적으로 사실혼관계 부당파기로 인한 손해배상책임을 면할 수 없다(대판 1998.8.21. 97므544, 551).

② 부도덕한 행위: 한쪽이 다른 남자 또는 여자와 연애를 하여 혼인관계를 더 계속할 수 없는 부도덕한 행위를 하여서 그것이 일단 객관적으로 사실화되었다면 이것은 그 행위시를 표준 하여 남편 또는 혼인으로서 지켜야 할 혼인의 순결성을 저버린 행위라 할 것이요 상대편은 이러한 사유를 들어 사실혼의 부당 파기에 대한 책임을 묻고 나아가 그 부당 파기로 하여 생한 위자료를 청구할 수 있다(대판 1967.1.24. 66므39).

③ 학대, 폭행 등: 남편인 피청구인의 학대, 폭행, 강제축출행위와 이들 부부생활을 원만히 지도해야 할 시모인 피청구인도 고부간 불화로 헤어질 것을 종용하는 등 이에 가담하여 사실혼 관계가 파탄된 것이라면 이 양인은 청구인에게 사실혼 파탄으로 인한 정신적 고통에 대한 위자료를

지급할 의무가 있다(대판 1983.9.27. 83므26). 혼례식을 올리고 사실상 부부로 동거하게 된 3일만에 남편이 시가에 아내를 남겨둔 채 직장관계로 집을 떠나 종종 집에 와서 그때마다 혼인예단을 해오라고 괴롭히고 아내의 대답이 분명하지 않다하여 구타하고 건강진단을 받아오라고 하는 등 괴롭혀 아내가 시름시름 앓게 되었다면 남편의 위 행위는 사실혼관계의 파탄을 가져오게 한 부당행위라 할 것이다(대구고법 1976.12.2. 76르40).

④ 성기능 불완전: 남편이 성기능이 불완전함에도 불구하고 이를 숨긴채 그 처와 형식상 혼례식을 거행하고 젊은 부부로서 약 6개월간에 걸쳐 신혼생활을 하는 동안 한번도 성교관계가 없었다면 정상적인 혼인생활을 원하는 처로서는 정신상의 고통을 받았음이 사리상 당연하다(대판 1966.1.31. 65므65). 결혼 이전에 다액의 빚을 지는 바람에 심인성 발기부전 상태에 이르렀으면서도 그와 같은 사정을 결혼 전에 미리 상대방에게 알려 주지 아니하고, 결혼 후에도 솔직히 고백하여 문제 해결을 위한 상대방의 협력을 구하거나 스스로 이를 극복하려는 노력도 하지 아니한 채 방관자적인 태도를 취한 남편에게 사실혼관계의 파탄에 대한 주된 책임이 있다(서울가법 1996.5.9. 95드20304).

⑤ 혼인전력을 숨긴 경우: 중매결혼의 경우 당사자 일방이 과거에 이미 혼인하여 자식까지 출산한 전력이 있었다는 사실은 상대방 당사자가 그와의 결혼여부를 결정함에 있어 중요한 조건이 되므로, 당사자 일방이 자신의 혼인 전력을 감추고 노총각이라고 속여 상대방과 결혼하게 되었고, 뒤늦게 이러한 사실을 알게 된 상대방이 그에 충격을 받아 친정으로 돌아가 별거하고 있다면 그들 사이의 사실혼관계는 위 기망행위 등으로 인하여 파탄되었다고 할 것이다(대구고법 1989.3.29. 88르413).

⑥ 임신불능: 여자가 임신이 불능한 것은 혼인해소의 정당한 사유가 되지 아니한다(대판 1960.8.18. 4292민상995).

⑦ 단순한 불화, 가출: 결혼식 후 아직 결혼신고는 하지 않았으나 사실상 부부로서 생활하던 중 처가 일시의 여분된 감정으로 「나는 못살겠으니 파혼을 하고 친정에 가겠다」는 취지의 말을 한 후 옷보따리를 싸가지고 친정으로 돌아가겠다고 하여서 달리 특별한 사정이 없는 한, 남편과의 혼인예약해제의 의사를 표시한 것이라 볼 수 없다(대판 1966.7.26. 66므10).

(3) 사실혼 파탄의 유책자의 손해배상책임: 사실혼관계는 사실상의 관계를 기초로 하여 존재하는 것으로서 당사자 일방의 의사에 의하여 해소될 수 있고 당사자 일방의 파기로 인하여 공동생활의 사실이 없게 되면 사실상의 혼인관계는 해소되는 것이며, 다만 정당한 사유 없이 해소된 때에는 유책자가 상대방에 대하여 손해배상의 책임을 지는 데 지나지 않는다(대판 1977.3.22. 75므28).

(가) 재산상, 정신적 손해의 배상: 사실혼의 부당파기로 인한 손해배상에는 재산적 손해와 정신적 손해가 포함되고 그 재산적 손해에는 사실혼관계의 성립유지와 인과관계 있는 모든 손해가 포함된다(대판 1989.2.14. 88므146).

① 위자료: 위자료의 액수산정은 반드시 이를 증거에 의하여 입증할 수 있는 성질의 것이 아니므로 법원은 유책행위에 이르게 된 경위와 정도, 파탄의 원인과 책임, 당사자의 연령·직업·가족상황과 재산상태 등 여러 가지 사정을 참작하여 경험칙에 반하지 않는 범위 내에서 그 직권에 의하여 액수를 결정할 것이다(대판 1998.8.21. 97므544, 551).

② 혼례식 비용: 혼례식 내지 결혼식은 특별한 사정이 없는 한 혼인할 것을 전제로 남녀의 결합이 결혼으로서 사회적으로 공인되기 위한 관습적인 의식이므로 당사자가 거식후 부부공동체로서 실태를 갖추어 공동생활을 하는 것이라고 사회적으로 인정될 수 없는 단시일 내에 사실혼에 이르지 못하고 그 관계가 해소되어 그 결혼식이 무의미하게 되어 그에 소요된 비용도 무용의 지출이라고 보아지는 경우에는 그 비용을 지출한 당사자는 사실혼관계 파탄의 유책당사자에게 그 배상을 구할 수 있다(대판1984.9.25. 84므77).

③ 제3자가 가담한 사실혼 파탄: 사실혼관계 당사자 이외의 제3자가 사실혼파기에 가담한 경우에는 그 제3자에게는 불법행위로 인한 손해배상책임만이 있을 뿐이다(대판 1970.4.28. 69므37). 따라서 남편인 피청구인의 학대, 폭행, 강제축출행위와 시모인 피청구인의 이에 대한 가담에 따라 사실혼 관계가 파탄된 것이라면 두 사람은 청구인에게 사실혼 파탄으로 인한 정신적 고통에

대한 위자료를 지급할 의무가 있다(대판 1983.9.27. 83므26).

(나) 원상회복: 원・피고 사이의 사실혼관계가 불과 1개월만에 파탄된 경우, 혼인생활에 사용하기 위하여 결혼 전후에 원고 자신의 비용으로 구입한 가재도구 등을 피고가 점유하고 있다고 하더라도 이는 여전히 원고의 소유에 속한다고 할 것이어서, 원고가 소유권에 기하여 그 반환을 구하거나 원상회복으로 반환을 구하는 것은 별론으로 하고, 이로 인하여 원고에게 어떠한 손해가 발생하였다고 할 수 없다. 따라서 원고가 결혼 후 동거할 주택구입 명목으로 피고에게 금원을 교부함으로써 피고가 자신의 명의로 주택을 소유하게 되었을 뿐 아니라 향후 그 주택의 시가상승으로 인한 이익까지 독점적으로 보유하게 된다는 점 등을 고려할 때, 결혼생활이 단기간에 파탄되었다면 형평의 원칙상 위 금원은 원상회복으로서 특별한 사정이 없는 한 전액 반환되어야 한다(대판 2003.11.14. 2000므1257-본소, 1264-반소).

(다) 단기간의 파탄의 유책당사자에게 결혼식 비용의 배상책임 존부: 혼례식 내지 결혼식은 특별한 사정이 없는 한 혼인할 것을 전제로 남녀의 결합이 결혼으로서 사회적으로 공인되기 위한 관습적인 의식이므로 당사자가 거식 후 부부공동체로서 실태를 갖추어 공동생활을 하는 것이라고 사회적으로 인정될 수 없는 단시일 내에 사실혼에 이르지 못하고 그 관계가 해소되어 그 결혼식이 무의미하게 되어 그에 소요된 비용도 무용의 지출이라고 보아지는 경우에는 그 비용을 지출한 당사자는 사실혼관계 파탄의 유책당사자에게 그 배상을 구할 수 있다(대판 1984.9.25. 84므77).

(라) 사실혼에 준하는 경우의 부당파기: 당사자가 결혼식을 올린 후 신혼여행까지 다녀온 경우라면 단순히 장래에 결혼할 것을 약속한 정도인 약혼의 단계는 이미 지났다고 할 수 있으나, 이어 부부공동생활을 하기에까지 이르지 못하였다면 사실혼으로서도 아직 완성되지 않았다고 할 것이나, 이와 같이 사실혼으로 완성되지 못한 경우라고 하더라도 통상의 경우라면 부부공동생활로 이어지는 것이 보통이고, 또 그 단계에서의 남녀간의 결합의 정도는 약혼 단계와는 확연히 구별되는 것으로서 사실혼에 이른 남녀간의 결합과 크게 다를 바가 없다고 할 것이므로, 이러한 단계에서 일방 당사자에게 책임 있는 사유로 파탄에 이른 경우라면 다른 당사자는 사실혼의 부당파기에 있어서와 마찬가지로 책임 있는 일방 당사자에 대하여 그로 인한 정신적인 손해의 배상을 구할 수 있다(대판 1998.12.8. 98므961).

(4) 제3자의 사실혼 침해에 대한 불법행위책임: 사실혼관계 당사자 이외의 제3자가 사실혼 파기에 가담한 경우에는 그 제3자에게는 불법행위로 인한 손해배상 책임만이 있을 뿐 채무불이행으로 인한 손해배상의 책임이 있다고는 할 수 없다(대판 1970.4.28. 69므37). 따라서 시모인 피청구인도 고부간 불화로 헤어질 것을 종용하는 등 이에 가담하여 사실혼 관계가 파탄된 것이라면 청구인에게 사실혼 파탄으로 인한 정신적 고통에 대한 위자료를 지급할 의무가 있다(대판 1983.9.27. 83므26).

5. 事實婚 終了에 따른 法律效果

(1) 재산에 관한 법률관계

(가) 합의에 의한 종료-재산분할청구권: 사실혼관계에 있었던 당사자들이 생전에 사실혼관계를 해소한 경우 재산분할청구권을 인정할 수 있다(대판 2006.3.24. 2005두15595).

(나) 일방의 사망-상속권은 없음: 생존배우자는 상속권은 없으나, 상속인이 없는 경우에 특별연고자로서 상속재산분여를 청구할 수 있다(1057조의2). * 법률상 혼인관계가 일방 당사자의 사망으로 인하여 종료된 경우에도 생존 배우자에게 재산분할청구권이 인정되지 아니하고 단지 상속에 관한 법률 규정에 따라서 망인의 재산에 대한 상속권만이 인정된다는 점 등에 비추어 보면, 사실혼관계가 일방 당사자의 사망으로 인하여 종료된 경우에는 그 상대방에게 재산분할청구권이 인정된다고 할 수 없다(대판 2006.3.24. 2005두15595).

(다) 단기간의 사실혼 종료: ① 사실혼관계가 불과 1개월만에 파탄된 경우, 혼인생활에 사용하기 위하여 결혼 전후에 원고 자신의 비용으로 구입한 가재도구 등을 피고가 점유하고 있다고 하더라도 이는 여전히 원고의 소유에 속한다고 할 것이어서, 원고가 소유권에 기하여 그 반환을 구하거나 원상회복으로 반환을 구하는 것은 별론으로 하고, 이로 인하여 원고에게 어떠한 손해가 발생하였다고 할 수 없어, 그 구입비용 상당액의 손해배상은 청구할 수 없다(대판 2003.11.14. 2000므1257).

② 원고가 결혼 후 동거할 주택구입 명목으로 피고에게 금원을 교부함으로써 피고가 자신의 명의로 주택을 소유하게 되었을 뿐 아니라 향후 그 주택의 시가상승으로 인한 이익까지 독점적으로 보유하게 된다는 점 등을 고려할 때, 결혼생활이 단기간에 파탄되었다면 형평의 원칙상 위 금원은 원상회복으로서 특별한 사정이 없는 한 전액 반환되어야 한다(대판 2003.11.14. 2000므1257).
(라) 공유재산에 대한 분할청구: 부부재산의 청산의 의미를 갖는 재산분할에 관한 규정은 부부의 생활공동체라는 실질에 비추어 인정되는 것이므로 사실혼관계에도 준용 또는 유추적용할 수 있어, 공유재산은 재산분할청구를 할 수 있다(839조의2)(대판 1995.3.10. 94므1379, 1386).
① 사실혼파탄의 사유가 정당한지 여부는 불문: 파탄의 사유가 정당한 지 여부는 묻지 않고 재산분할을 청구할 수 있다(대판 1993.8.27. 93므447, 454).
② 협의에 의한 사실혼 종료: 부부 사이에 13년 남짓 동안 법률혼과 사실혼이 3회에 걸쳐 계속 이어지다가 파탄되었고 그 각 협의이혼에 따른 별거기간이 6개월과 2개월 남짓에 불과한 경우에 마지막 사실혼의 해소에 따른 재산분할을 함에 있어서는 그에 앞서 이루어진 이혼에 따른 재산분할 문제를 정산하였다거나 이를 포기하였다고 볼 만한 특별한 사정이 없는 한 그 각 혼인 중에 쌍방의 협력에 의하여 이룩한 재산은 모두 청산의 대상이 될 수 있다고 보는 것이 상당하다(대판 2000.8.18. 99므1855).
③ 일방의 사망: 사실혼관계가 일방 당사자의 사망으로 인하여 종료된 경우에는 그 상대방에게 재산분할청구권이 인정된다고 할 수 없다(대판 2006.3.24. 2005두15595). * 생존배우자는 상속권도 없고, 상속인이 없는 경우에 특별연고자로서 상속재산분여를 청구할 수는 있다(1057조의2).
(2) 자녀의 친권, 양육-모에게, 부는 인지하여야: 사실혼 중에 출생한 자에 대하여는 해소 후에는 모의 친권은 출산으로 당연히 발생하나 부의 친권은 인지하지 않으면 친권이 없다. 현행법상은 이혼 당사자의 신청이 있는 경우, 혼인의 무효 또는 취소 판결시 그 당사자의 신청이 있는 경우 이외에는 자의 양육자 지정이나 양육에 관한 사항을 정하여 달라는 신청을 할 수 있는 법률상 근거가 없으므로, 사실혼관계나 일시적 정교관계로 출생한 자의 생모는 그 자의 생부를 상대로 그와 같은 청구를 할 수 없다(대판 1979.5.8. 79므3).

6. 事實婚關係存否確認請求 - 確認의 訴

(1) 소의 성질: 사실혼이 성립되었다고 볼 수 있는 상황이 존재함에도 불구하고 당사자 일방이 혼인신고에 협력하지 않는 경우에는, 사실상혼인관계존재확인의 소를 제기할 수 있다. 이에 앞서 가정법원에 조정을 신청하여야 한다(가사소송법 2조1항나류1: 50조). 소의 성질은 확인의 소이다.
(2) 소의 실익: 이 제도는 혼인 외의 출생자가 혼인 중의 출생자로 준정되는 것과 이혼 전에 일방이 사망한 경우에 배우자상속권이 확보되는 실익이 있다. 하지만 당사자 사이의 실질적 결합을 강제할 수 없는 한계를 지닌다.
(3) 존재확인의 판결: 판결이 확정되면 원고는 재판의 확정일로부터 1월 이내에 재판서의 등본 및 확정증명서를 첨부하여 혼인신고를 하여야 한다(가족관계등록법 72조).
(4) 당사자 일방의 사망의 경우-검사를 상대방: 당사자 일방이 사망한 후에도 청구권자의 확인의 이익이 있는 한 과거의 사실상혼인관계존재확인청구도 가능하다고 본다. 따라서 제864조 · 제865조제2항을 유추하여 사실혼관계당사자 일방이 사망한 것을 안 날로부터 2년 내에 검사를 상대로 심판청구할 수 있다(대판 1995.3.28. 94므1447).

第5節 離 婚

1. 槪括: 유효한 혼인은 부부 일방의 사망, 실종선고, 이혼 등으로 종료한다. 사망이나 실종선고에 의한 혼인 종료의 경우는 당해 법률효과와 관련되는 분야에서 개별적으로 규정하고, 본절에서는 이혼으로 혼인이 종료되는 경우의 관계인 이혼사유와 이혼에 따른 신분적 효과와 재산적 효과에 관하여 규정한다. 사망이나 실종선고로 인한 혼인이 종료되는 경우 배우자라는 신분관계는 소멸하나 한쪽 배우자가 재혼을 하지 아니하는 한 친족관계는 그대로 유지되고, 상속의 문제

만 새롭게 발생한다.

(1) 이혼: 이혼은 혼인 당사자의 합의에 의해 유효하게 성립된 혼인이라 해도 부부가 협력하여 혼인공동체를 유지할 수 없는 경우에는 부부의 협의 또는 법원의 판결에 의해 혼인관계를 해소할 수 있도록 한 제도이다.

(2) 파탄주의: 대부분의 국가에서는 이혼을 인정하고 있으며, 다만 이혼사유와 관련하여 배우자의 일방에게 혼인파탄의 귀책사유가 있는 때에만 이혼을 인정하는 유책주의와 부부의 귀책사유에 관계없이 객관적으로 혼인이 회복할 수 없을 정도로 파탄된 경우에는 이혼을 인정하는 파탄주의가 있다. 현대 이혼법은 유책주의에서 파탄주의로 변화하고 있으며, 우리도 파탄주의로 가고 있는 경향이다(대판 1987.12.8. 87므44, 45).

(3) 재판상 이혼, 협의상 이혼: 민법은 재판상의 이혼 외에도 부부간의 협의에 의한 이혼을 인정하고 있으며, 협의이혼은 당사자의 이혼의사의 합치와 가정법원의 이혼의사 확인, 가족관계등록법에 의한 신고 등 간편한 절차만으로 이혼이 허용되나, 무분별한 이혼을 방지하고 자녀양육에 관한 충분한 협의를 거칠 수 있도록 이혼숙려기간을 두고, 협의이혼시 자녀 양육사항에 관한 협의를 의무화하도록 하고 있다.

2. 構成

(1) 협의상 이혼: 제834조, 제835조
(2) 협의상 이혼의 성립과 절차: 제836조, 제836조의2
(3) 이혼에 따른 자에 대한 관계: 제837조, 제838조
(4) 사기, 강박으로 인한 이혼의 취소청구: 제838조
(5) 재산분할: 제839조의2, 제839조의3
(6) 재판상 이혼의 원인: 제840조
(7) 이혼청구권의 소멸: 제841조, 제842조

第1款 協議上 離婚

1. 槪括: 이혼 중에서 당사자간의 협의에 의한 이혼에 관하여 본관에서 규정한다.

2. 構成

(1) 협의상 이혼의 성립: 제834조
(2) 금치산자의 협의상 이혼: 제835조
(3) 이혼의 성립과 신고: 제836조
(4) 이혼의 절차: 제836조의2
(5) 이혼과 자의 양육책임: 제837조
(6) 자의 면접교섭권: 제837조의2
(7) 사기, 강박으로 인한 이혼의 취소: 제838조, 제839조
(8) 재산분할청구권: 제839조의2, 제839조의3

第834條【協議上 離婚】 夫婦는 協議에 依하여 離婚할 수 있다.

第835條【禁治産者의 協議上 離婚】 第808條第2項 및 第3項의 規定은 禁治産者의 協議上 離婚에 이를 準用한다.

協議離婚

1. 離婚의 自由: 부부는 아무런 원인이 없이, 시기에 관계없이 당사자간의 합의로 이혼을 할 수 있다. 다만 일시적인 감정에 따른 이혼을 방지하고 이혼으로 인한 당사자 또는 제3자와의 관계에 미치는 중대한 영향을 고려하여 엄격한 형식적인 요건을 구비하도록 한다. 이와 같이 당사자

간의 합의와 그 의사를 법원으로부터 확인받아 이혼신고를 함으로써 이루어지는 이혼이 협의이혼이다.

2. 離婚의 成立

(1) 이혼의사의 합치-제834조: 협의이혼을 하기 위해서는 실질적 요건으로서의 당사자간의 이혼의 합의와 형식적 요건으로서의 법원의 확인과 이혼신고서의 제출이 있어야 한다.

(가) 의사능력: 이혼의사는 혼인관계를 해소하려는 의사이므로 당사자는 의사능력이 있어야 한다.

(나) 신고서 작성, 수리시까지 이혼의사의 존재: 이혼의사는 이혼신고서 작성시는 물론 그 서면이 수리되는 때에도 이혼의사의 합치가 있어야 한다. 따라서 이혼신고의 수리 전에 의혼의사의 철회를 표시한 때에는 이혼은 무효가 된다.

(다) 이혼의사의 철회: 이혼의사의 확인을 받은 후에 이혼의사를 철회하고자 하는 경우에는 이혼신고가 접수되기 전에 자신의 등록기준지, 주소지 또는 현재지 시·읍·면의 장에게 이혼의사확인서등본을 첨부한 이혼의사철회서를 제출하여야 한다(가족관계등록등에 관한 규칙 80조).

(2) 금치산자의 협의이혼-제835조, 제808조제2항, 제3항

(가) 의사능력: 이혼의 의사는 당사자간의 신분에 관한 의사로서 최소한의 의사능력이 있어야 한다. 금치산자도 이혼시에는 의사능력이 있어야 한다.

(나) 후견인의 동의: 금치산자의 이혼에는 당사자가 의사능력이 있더라도 제835조에 의하여 금치산자의 혼인에 관한 규정이 준용되어, 금치산자의 부모 또는 후견인의 동의를 얻어야 이혼할 수 있으며, 부모 또는 후견인이 없거나 동의할 수 없을 때에는 친족회의 동의를 얻어야 이혼할 수 있다.

(3) 미성년자, 한정치산자: 미성년자나 한정치산자는 누구의 동의도 받을 필요 없이 단독으로 이혼할 수 있다.

(4) 이혼신고-제836조제1항

3. 離婚의 無效

(1) 무효사유: 이혼신고서가 수리되었으나 당사자 사이에 이혼의 합의가 없는 경우에는 그 협의이혼은 무효이다(가소법 2조1항가류2).

(가) 의사무능력: 의사무능력의 상태에서의 이혼의사는 무효이다.

(나) 다른 목적에 의한 이혼의 합의: 이혼의 효력발생 여부에 관한 형식주의 아래에서의 이혼신고의 법률상 중대성에 비추어, 협의이혼에 있어서의 이혼의 의사는 법률상의 부부관계를 해소하려는 의사를 말한다 할 것이므로, 일시적으로나마 그 법률상의 부부관계를 해소하려는 당사자간의 합의하에 협의이혼신고가 된 이상, 그 협의이혼에 다른 목적이 있다 하더라도 양자간에 이혼의 의사가 없다고는 말할 수 없고 따라서 그 협의이혼은 무효로 되지 아니한다(대판 1976.9.14. 76도107).

(다) 가장이혼: 어떠한 목적을 위해서 부부가 협의하여 이혼신고를 한 이른바 가장이혼의 경우라도, 가장이혼으로서 무효로 인정되려면 누구나 납득할 만한 특별한 사정이 인정되어야 하고, 그렇지 않으면 이혼 당사자간에 일시적으로나마 법률상 적법한 이혼을 할 의사가 있었다고 보는 것이 이혼신고의 법률상 및 사실상의 중대성에 비추어 상당하다(대판 1997.1.24. 95도448).

(라) 당사자 일방 또는 제3자의 임의의 이혼신고: 이혼신고서는 양당사자가 작성하여야 하고, 당사자 일방 또는 제3자가 임의로 작성하여 신고한 것은 무효이다.

(2) 이혼의사의 철회

(가) 이혼의사철회의 자유: 부부가 이혼하기로 협의하고 가정법원의 협의이혼의사 확인을 받았다고 하더라도 이혼신고함으로써 협의이혼의 효력이 생기기 전에는 부부의 일방이 언제든지 협의이혼의사를 철회할 수 있다.

(나) 이혼신고서 수리 전에 제출: 협의이혼신고서가 수리되기 전에 협의이혼의사의철회신고서가 제출되면 협의이혼신고서는 수리할 수 없다.

(다) 철회신고를 간과한 이혼신고서 수리: 담당공무원이 착오로 협의이혼의사 철회신고서가 제출된 사실을 간과한 나머지 그 후에 제출된 협의이혼신고서를 수리하였다고 하더라도 협의상 이혼의 효력이 생길 수 없다(대판 1994.2.8. 93도2869).

4. 離婚無效의 訴

(1) 소의 성질: 이혼무효의 소는 확인의 소이며, 일정한 사람이 이 소를 제기하면 가사소송법(21조, 23조, 24조)의 절차에 따른 판결에 의하여 대세적 효력을 주지만, 그와는 별도로 일반법칙에 따라서 개개의 소송에서 선결문제로 주장하는 것도 가능하다.

(2) 이혼무효의 소의 확정판결

(가) 확정판결의 효력: 협의이혼 무효청구를 인용하는 확정판결은 제3자에게도 효력이 있다(가소법 21조1항). 청구를 배척한 판결이 확정된 때에는 다른 제소권자는 사실심의 변론종결 전에 참가할 수 없었음에 대하여 정당한 사유가 있지 아니하는 한 다시 소를 제기할 수 없다(가소법 21조2항).

(나) 등록부 정정신청: 판결로 인용이 확정된 때에는 판결확정일로부터 1월 이내에 판결의 등본 및 확정증명서를 첨부하여 등록부정정의 신청을 하여야 한다(가족관계등록법 107조).

第836條【離婚의 成立과 申告方式】 ①協議上 離婚은 家庭法院의 確認을 받아 「가족관계의 등록 등에 관한 법률」의 定한 바에 依하여 申告함으로써 그 效力이 생긴다. 〈改正 1977.12.31, 2007.5.17〉

②前項의 申告는 當事者雙方과 成年者인 證人 2人의 連署한 書面으로 하여야 한다.

第836條의2【이혼의 절차】 ① 협의상 이혼을 하려는 자는 가정법원이 제공하는 이혼에 관한 안내를 받아야 하고, 가정법원은 필요한 경우 당사자에게 상담에 관하여 전문적인 지식과 경험을 갖춘 전문상담인의 상담을 받을 것을 권고할 수 있다.

② 가정법원에 이혼의사의 확인을 신청한 당사자는 제1항의 안내를 받은 날부터 다음 각 호의 기간이 지난 후에 이혼의사의 확인을 받을 수 있다.

1. 양육하여야 할 자(포태 중인 자를 포함한다. 이하 이 조에서 같다)가 있는 경우에는 3개월
2. 제1호에 해당하지 아니하는 경우에는 1개월

③ 가정법원은 폭력으로 인하여 당사자 일방에게 참을 수 없는 고통이 예상되는 등 이혼을 하여야 할 급박한 사정이 있는 경우에는 제2항의 기간을 단축 또는 면제할 수 있다.

④ 양육하여야 할 자가 있는 경우 당사자는 제837조에 따른 자(子)의 양육과 제909조제4항에 따른 자(子)의 친권자결정에 관한 협의서 또는 제837조 및 제909조제4항에 따른 가정법원의 심판정본을 제출하여야 한다.

離婚의 節次와 離婚申告

1. 意義: 당사자간의 자유로운 합의로 이혼을 허용하더라도, 일시적 감정에 의한 경솔한 이혼을 방지하고 이혼으로 당사자와 주변 사람에게 미치는 중대성에 비추어 이혼의 절차와 형식을 엄격히 규정한다. 이혼을 하려는 자는 법원에 협의이혼의사의 확인을 요청하면, 제836조의2에 따른 절차를 거쳐 법원으로부터 이혼의사의 확인을 받아야 한다.

2. 離婚의 節次 - 제836조의2

(1) 이혼에 관한 안내 및 상담-제1항

(가) 안내: 가정법원에 협의이혼의사의 확인을 신청한 부부는 법원이 제공하는 이혼에 관한 사항, 즉 이혼절차나 재산분할, 자녀의 친권 및 양육에 관한 사항, 면접교섭 등에 대해 안내를 받을 의무가 있다.

(나) 필요시 상담의 권고: 안내를 하는 과정에서 이혼하려는 부부에 대한 상담의 필요성이 있다

고 판단될 때에는 법원은 전문상담원의 상담을 받을 것을 권고할 수 있다. 이혼에 관한 안내와는 달리 상담의 권고는 의무가 아니므로 부부가 상담을 희망하는 경우에만 상담을 받게 된다. 이러한 상담은 감정적으로 흐를 수 있는 이혼과정을 제3자의 도움을 받아 신중하고 책임감 있는 합의와 조정을 이끌어낼 수 있을 것으로 기대한다.

(2) 숙려기간-제2항: 이혼에 관한 안내 및 상담을 받은 자는 자신의 혼인생활을 돌이켜 봄으로써 혼인관계가 실제로 파탄되어 회복불가능한 상태에 있는지와 이혼에 대한 자신의 결정이 경솔한 판단은 아니었는지 다시 한번 되돌아보고, 자녀의 양육등 이혼결과에 대해 진지하게 당사자간에 합의할 수 있도록 일정한 숙려기간을 둔다.

(가) 양육할 자녀가 있는 경우-제1호: 양육할 자녀가 있으면 숙려기간은 3월이다. 본호의 양육할 자녀에는 부부사이의 포태자를 포함하고, 부부사이에 태어난 친생자와 양자를 말한다. 또한 부부 일방의 자녀지만 부부가 함께 양육해온 자녀가 있다면 그 자녀의 복리를 위하여 여기에 포함된다고 해석된다.

(나) 양육할 자녀가 없는 때-제2호: 양육할 자녀가 없는 때에는 숙려기간은 1월이다.

(3) 숙려기간의 단축-제3항: 부부 일방의 폭력 등으로 혼인관계의 계속이 상대방 배우자에게 참을 수 없는 고통이 된다고 판단될 경우에는 법원은 재량에 의하여 숙려기간을 단축하거나 면제할 수 있다. 숙려기간의 감면은 폭력 외에도 다른 사유로 인해 이혼이 급박한 경우에도 인정될 수 있다.

(4) 자녀양육에 관한 협의의무-제4항: 자녀양육에 관한 협의는 협의이혼을 위한 의무사항이므로 숙려기간을 단축 또는 면제받은 경우에도 해당된다.

(가) 양육사항과 친권자 결정의 협의서 제출: 부부에게 양육해야 할 미성년의 자녀가 있는 때 협의이혼 의사를 받기 위해서는 자녀의 양육사항과 친권자결정에 관한 협의서를 제출해야 한다.

(나) 협의불가-법원의 심판정본 제출: 부부간에 협의가 이루어지지 않은 때에는 이에 대한 법원의 심판을 받은 후 그 심판정본을 제출해야 한다.

3. 離婚意思의 確認 - 제836조: 제836조의2의 숙려기간이 지난 후에 이혼의사의 확인을 받아야 한다.

(1) 이혼의사의 확인: 가족관계등록기준지 또는 주소지를 관할하는 가정법원에 의한 이혼의사의 확인을 받아야 한다. 이때 법원은 이혼의사에 관하여 실질적인 심사권을 갖는다. 따라서 이혼의사의 확인을 받을 때에는 당사자만이 출석할 수 있다.

(2) 확인의 대상: 협의이혼의사의 확인은 확인 당시에 당사자들이 이혼을 할 의사를 가지고 있는가를 밝히는 데 그치는 것이고 그들이 의사결정의 정확한 능력을 가졌는지 또는 어떠한 과정을 거쳐 협의이혼의사를 결정하였는지 하는 점에 관하여서는 심리하지 않는다(대판 1987.1.20. 86므86).

(3) 확인의 효력: 협의이혼의사의 확인은 어디까지나 당사자들의 합의를 근간으로 하는 것이고 법원의 역할은 그들의 의사를 확인하여 증명하여 주는 데 그치는 것이며 법원의 확인에 소송법상의 특별한 효력이 주어지는 것도 아니므로 이혼협의의 효력은 민법상의 원칙에 의하여 결정되어야 할 것이고 이혼의사표시가 사기, 강박에 의하여 이루어졌다면 민법 제838조에 의하여 취소할 수 있다(대판 1987.1.20. 86므86).

4. 離婚申告 - 제836조제2항

(1) 이혼신고: 이혼신고를 하여야 한다. 이혼신고는 법원으로부터 이혼의사의 확인을 받은 날로부터 3월 내에 확인서를 첨부하여 서면으로 하여야 한다(가족관계등록법 75조).

(가) 확인서의 첨부: 확인 후 3월이 경과하면 다시 확인을 받아야 하고, 확인이 없는 신고는 무효다.

(나) 당사자와 2명 이상의 증인의 연서: 협의이혼서는 당사자 쌍방 외 성년인 2명의 증인이 연서하도록 규정하고 있으나(836조2항), 협의이혼신고서에 가정법원의 이혼의사확인서등본을 첨부한 경우에는 본조에서 정한 증인 2인의 연서가 있는 것으로 보고 있어 사실상으로는 증인의 연서는 필요하지 않다(가족관계등록법 제76조).

(2) 이혼신고의 유, 무효

(가) 기망에 의한 이혼신고: 청구인은 피청구인이 외국이민을 떠났다가 3년 후에 다시 귀국하여 혼인신고를 하여 주겠다고 하여 이를 믿고 이혼신고를 하였다면 별다른 사정이 없는 한 당사자간에 일시적이나마 법률상의 부부관계를 해소할 의사가 있었다고 할 것이니 그 이혼신고는 유효

하다(대판 1981.7.28. 80므77).

(나) 심신박약상태의 이혼신고: 협의이혼의사확인절차는 확인 당시에 당사자들이 이혼을 할 의사를 가지고 있는가를 밝히는 데 그치는 것이고 그들이 의사결정의 정확한 능력을 가졌는지 또는 어떠한 과정을 거쳐 협의이혼의사를 결정하였는지 하는 점에 관하여서는 심리하지 않는다. 따라서 심신박약상태에 있는 청구인을 데리고 법원에 가서 이혼신고서를 작성 제출하여 협의이혼의사 확인을 받은 다음에 같은 해 협의이혼의 신고를 한 사안에서 협의이혼에 대한 의사표시는 피청구인이 청구인의 심신박약상태를 이용하여 청구인을 기망하여 이루어진 것이므로 그 취소를 구할 수 있다(대판 1987.1.20. 86므86).

5. 離婚의 無效와 取消: 이혼은 이혼신고를 하기 전까지 이혼의사의 합치가 없을 때에는 무효이며(834조), 이혼에 일방의 사기나 강박이 있을 때에는 취소할 수 있다(838조).

第837條【離婚과 子의 養育責任】 ①當事者는 그 子의 養育에 관한 사항을 協議에 의하여 정한다.〈改正 1990.1.13〉
② 제1항의 협의는 다음의 사항을 포함하여야 한다. 〈개정 2007.12.21〉
1. 양육자의 결정
2. 양육비용의 부담
3. 면접교섭권의 행사 여부 및 그 방법
③ 제1항에 따른 협의가 자(子)의 복리에 반하는 경우에는 가정법원은 보정을 명하거나 직권으로 그 자(子)의 의사(意思)·연령과 부모의 재산상황, 그 밖의 사정을 참작하여 양육에 필요한 사항을 정한다. 〈개정 2007.12.21〉
④ 양육에 관한 사항의 협의가 이루어지지 아니하거나 협의할 수 없는 때에는 가정법원은 직권으로 또는 당사자의 청구에 따라 이에 관하여 결정한다. 이 경우 가정법원은 제3항의 사정을 참작하여야 한다. 〈신설 2007.12.21〉
⑤ 가정법원은 자(子)의 복리를 위하여 필요하다고 인정하는 경우에는 부·모·자(子) 및 검사의 청구 또는 직권으로 자(子)의 양육에 관한 사항을 변경하거나 다른 적당한 처분을 할 수 있다. 〈신설 2007.12.21〉
⑥ 제3항부터 제5항까지의 규정은 양육에 관한 사항 외에는 부모의 권리의무에 변경을 가져오지 아니한다. 〈신설 2007.12.21〉

第837條의2【面接交涉權】 ① 자(子)를 직접 양육하지 아니하는 부모의 일방과 자(子)는 상호 면접교섭할 수 있는 권리를 가진다. 〈개정 2007.12.21〉
②家庭法院은 子의 福利를 위하여 필요한 때에는 當事者의 청구 또는 직권에 의하여 面接交涉을 제한하거나 排除할 수 있다. 〈개정 2005.3.31〉

離婚의 子女에 대한 效果

1. 離婚의 一般的 效果

(1) 부부로서의 일반적 법률관계의 소멸: 협의이혼 또는 재판상 이혼의 성립으로 혼인은 해소되며, 혼인으로 인해 발생한 모든 법률관계, 구체적으로 부부사이의 정조의무, 동거·부양·협조의무, 부부재산관계 등은 소멸한다.

(2) 인척관계의 소멸: 배우자의 혈족과의 사이에 생긴 인척관계는 소멸하지만, 재혼시 전혼배우자의 4촌 이내의 혈족과 그 배우자와는 재혼이 금지된다(809조2항).

(3) 자녀의 양육과 친권-제837조 이하: 이혼으로 인한 자녀의 양육 및 친권문제가 남는다. 이에 관하여는 제837조 이하에서 규정한다.

(4) 공동재산의 분할-제839조의2: 공동재산의 분할의 문제가 남는다. 이에 대해서는 제839조의2 이하에서 규정한다.

2. 離婚에 따른 子의 地位: 부모가 이혼을 하더라도 자의 법적 지위에는 변함이 없다. 즉 부모가 이혼을 하더라도 자는 부와 모 쌍방에 대해 친자관계가 지속되며, 서로간에 부양의무를 포함한 권리의무가 그대로 지속된다. 다만 이혼에 의하여 부, 모와 함께 공동생활을 할 수 없으므로 부와 모의 공동친권행사, 공동양육이 사실상 어렵게 된다. 이에 부모가 이혼할 때 친권행사에 관한 사항과 양육하지 않는 부와 모 중의 일방과의 면접교섭에 관하여 규정한다.

(1) 친권행사자의 결정

(가) 당사자간의 협의 또는 가정법원의 결정: 협의이혼의 경우에는 협의이혼의사확인시까지 제909조제4항에 따른 자의 친권자결정에 관한 협의서 또는 제837조 및 제909조제4항에 따른 가정법원의 심판정본을 제출하여야 한다(836조의2의4항).

① 협의 이혼시: 협의이혼시에는 당사자가 협의하여 결정하고, 협의가 되지 않을 때에는 가정법원의 심판에 의하여 친권행사자를 결정한다. 법원에서 정하는 경우에도 부모에게 협의하도록 미리 권고하도록 되어 있다(가소 25조).

② 재판상 이혼시: 재판상 이혼의 경우에도 협의에 의하고, 협의가 이루어지지 아니하는 경우에는 가정법원이 정한다(904조4항). 법원에서 정하는 경우에도 부모에게 협의하도록 미리 권고하도록 되어 있다(가소 25조).

③ 공동, 단독친권: 협의에 의하는 경우 단독친권이든 공동친권이든 어느 것이나 관계없다.

④ 친권자의 변경: 친권행사자가 결정된 후에도 다시 협의하여 변경할 수 있으며, 4촌 이내의 친족의 청구에 의하여 친권자를 변경할 수 있다(909조).

(나) 단독친권의 경우: 협의에 의하든 법원의 결정에 의하든 단독친권으로 된 경우에, 친권행사자 아닌 부모는 친권자의 지위를 상실하는 것이 아니라 현실적으로 친권을 행사하지 않게 될 뿐이다. 이러한 점에서 친권상실(924조)과는 다르다.

① 단독친권의 의미: 이혼 후의 단독친권자 결정은 이혼으로 부와 모의 공동친권의 원만한 행사가 어렵게 된 상황에서 친권행사를 둘러싼 부모의 갈등과 다툼으로부터 자녀를 보호하기 위하여 부모의 일방을 단독친권행사자로 지정한 것이다. 따라서 이혼시 친권행사자로 지정되지 않은 부모의 일방은 친권 자체를 상실하는 것이 아니라, 여전히 친권을 보유하면서 단지 그 행사가 정지된다고 이해된다.

② 단독친권자의 사망: 친권행사자로 지정되었던 부 또는 모의 일방이 사망한 때에는 생존친은 친권행사정지의 효력이 소멸되어 생존친은 당연히 친권행사의 기능을 회복한다. 따라서 단독친권행사자가 사망하면 다른 생존친이 친권행사자가 된다(대판 1994.4.29. 94다1302).

(2) 양육에 관한 사항-제837조

(가) 원칙은 협의에 의해 결정-제1항: 이혼으로 혼인공동체생활이 해소되므로 자녀의 복리를 위해 이혼 후 자녀의 양육에 관한 사항을 정하지 않으면 아니 된다. 본조는 자녀의 양육에 관한 사항을 우선 협의에 의해 정하도록 규정한다. 자녀양육책임은 부모로서의 당연한 의무이며 이혼 후에도 자녀의 양육이 원만하게 이루어질 수 있도록 부부의 합의를 기본으로 하고 있다. 협의이혼인 경우 자녀양육에 대한 협의서 제출이 의무화되어 있으므로 이혼 전에 자녀양육에 관한 협의과정을 거치게 되지만, 재판이혼시에도 자녀양육에 관한 사항은 협의로 정할 수 있다.

(나) 결정 내용의 보정-제3항: 부모가 협의로 자녀의 양육에 관한 사항을 정한 경우에도 그 협의 내용이 자녀의 복리에 반한다고 판단되는 경우에는 법원은 보정을 명할 수 있으며, 또한 직권으로 양육에 필요한 사항을 정할 수 있다. 이혼을 목적으로 부모가 자녀양육의 사항에 대한 형식적인 합의로 인해 자녀의 복리가 위협받지 않도록 하기 위해 법원의 적극적인 개입을 인정하고 있다.

(다) 재판상 이혼시 협의불성립한 경우는 법원이 직권으로 결정-제4항: 부모의 협의가 이루어지지 아니하거나 협의할 수 없는 때에는 당사자의 청구나 직권에 의해 법원이 조정을 거쳐 정하게 된다. 법원이 직권으로 정하는 경우에 자의 복리를 위하여 자의 의사·연령과 부모의 재산상황, 그 밖의 사정을 참작하여 양육에 필요한 사항을 정한다.

(라) 양육에 관련한 결정할 사항-제2항: 아래의 사항은 필수적으로 결정하여야 할 사항이다.
① 양육자의 결정-제1호: 자녀를 누가 양육할 것인지 결정하여야 한다.
㉮ 부·모 공동 또는 단독: 부·모 중 어느 일방을 양육자로 정하는 경우가 일반적이지만, 부모 쌍방이 공동양육하기로 합의할 수 있다.
㉯ 제3자: 제3자의 동의만 있다면 조부모 등 부모 이외의 제3자를 양육자로 정할 수도 있다.
㉰ 복수의 자녀-개별도 가능: 자녀가 여러 명인 때에는 각각의 자녀에 대한 양육자를 달리할 수 있다.
② 양육비 부담-제2호: 자녀의 양육에 관한 비용을 누가 어느 정도로 어떠한 방식에 의해서 부담할지를 정해야 한다.
㉮ 협의 없이 일방적 양육에 의한 양육비 청구 가부: 미성년자의 양육에 관한 약정이 없이, 단순히 생모가 생부의 인도요구에 불응하는 등 의사에 반하여 미성년자인 소생자를 양육하였고, 또 장래에 있어서도 계속 양육할 의도임이 분명하다 하더라도 그러한 사유만으로 생모에게 자활능력이 있건 없건 또 그것이 과거의 것이든 장래의 것이든 소생자의 생부에게 그 부양료를 직접 청구할 수 없다(대판 1986.3.25. 86므17).
㉯ 과거의 양육비 청구 가부: 미성숙 자녀를 부양할 의무가 있는 부모가 이혼함에 있어 부모 중 일방을 자의 양육자로 지정하고 타방은 이에 대하여 자의 양육비를 지급하기로 협정하였다면 이는 민법 제837조, 제976조, 제977조의 규정에 의하여 유효하다 할 것이고, 이러한 경우 협정의 범위 내에서는 과거의 양육비라도 청구할 수 있다(대판 1985.2.26. 84므86). * 어떠한 사정으로 인하여 부모 중 어느 한 쪽만이 자녀를 양육하게 된 경우에, 그와 같은 일방에 의한 양육이 그 양육자의 일방적이고 이기적인 목적이나 동기에서 비롯한 것이라거나 자녀의 이익을 위하여 도움이 되지 아니하거나 그 양육비를 상대방에게 부담시키는 것이 오히려 형평에 어긋나게 되는 등 특별한 사정이 있는 경우를 제외하고는, 양육하는 일방은 상대방에 대하여 현재 및 장래에 있어서의 양육비 중 적정 금액의 분담을 청구할 수 있음은 물론이고, 부모의 자녀양육의무는 특별한 사정이 없는 한 자녀의 출생과 동시에 발생하는 것이므로 과거의 양육비에 대하여도 상대방이 분담함이 상당하다고 인정되는 경우에는 그 비용의 상환을 청구할 수 있다(대판 1994.5.13. 92스21).
㉰ 이행기 도달한 양육비청구권의 처분 가능 여부: 구체적인 청구권의 내용과 범위가 확정된 후의 양육비채권 중 이미 이행기에 도달한 후의 양육비채권은 완전한 재산권(손해배상청구권)으로서 친족법상의 신분으로부터 독립하여 처분이 가능하고, 권리자의 의사에 따라 포기, 양도 또는 상계의 자동채권으로 하는 것도 가능하다(대판 2006.7.4. 2006므751).
㉱ 양육권이 없는 자의 상대방에게 대한 임의적 양육에 의한 양육비 청구 가부: 청구인에게 자녀를 양육할 권리가 없고, 그럼에도 불구하고 청구인이 법원으로부터 위 조정조항을 임시로 변경하는 가사소송법 제62조 소정의 사전처분 등을 받지 아니한 채 임의로 자녀를 양육하였다면 이는 상대방에 대한 관계에서는 상대적으로 위법한 양육이라고 할 것이니, 이러한 청구인의 임의적 양육에 관하여 상대방이 청구인에게 양육비를 지급할 의무가 있다고 할 수는 없다(대판 2006.4.17. 2005스18, 19).
③ 면접교섭-제3호: 자녀를 양육하지 않는 부 또는 모가 면접교섭권을 행사할지 여부와 행사하는 경우 어떠한 방법으로 할 것인지를 정하여야 한다.
④ 기타: 상기 제1호 내지 제3호는 반드시 결정하여야 하고, 그 외에도 양육기간이나 기타 양육에 관한 사항을 결정할 수 있다.
(마) 양육사항의 변경-제5항: 자녀의 양육에 관한 사항이 부모의 협의나 법원의 심판에 의해 정해지더라도 이혼 후 사정변경 등으로 자녀의 복리를 위하여 필요하다고 인정되는 때에는 양육사항의 변경이 가능하다. 변경의 방법은 양육협의자가 협의로 정할 수 있으며, 법원은 부, 모, 자녀 및 검사의 청구나 법원의 직권으로 언제든지 양육에 관한 사항을 변경할 수 있다.
(바) 부모의 권리의무-제6항: 양육자는 자의 양육·교육에 필요한 거소지정권한이 있다. 양육에 관한 사항이 정해지더라도 부모의 권리의무에는 영향이 없다. 즉 양육자로 지정되지 않은 부모라도 자녀와의 부양의무와 상속권 등은 변함이 없다.

(3) 면접교섭권-제837조의2

(가) 면접교섭권의 성질: 이혼 등으로 친권자나 양육자가 아니기 때문에 현실적으로 자를 보호·양육하고 있지 않은 부 또는 모와 자가 직접 면접·서신교환 또는 접촉하는 권리가 면접교섭권이다. 이 면접교섭권은 친자관계에서 주어진 고유한 권리이고 절대권이며, 일신전속권으로서 양도할 수 없다. 또한 영속적인 성질을 가지는 권리이고 포기할 수 없는 것으로 해석된다. 본조의 면접교섭권은 재판상 이혼에 준용된다(843조).

① 혼인의 취소 등에도 준용: 혼인의 취소 또는 인지에 의하여 부모 중 일방이 친권자가 되는 경우에도 준용된다(가소법 2조1항마류3).

② 별거시에도 준용: 부부가 이혼하지 않은 상태에서 별거하는 경우에도 유추적용하여 면접교섭권이 인정된다(서울가정법원 1994.7.20. 94브45).

(나) 면접교섭의 내용-제1항: 면접교섭의 방법과 시기 등은 부모 또는 부모와 자녀 간의 협의와 조정, 심판으로 정해지게 되며, 부모와 자녀가 서로 만나서 대화할 수 있는 권리가 포함된다. 구체적으로는 서신교환, 전화, 선물교환, 주말의 숙박, 휴가 중의 일정 기간의 체재를 그 내용으로 들 수 있다.

(다) 면접교섭권의 제한-제2항: 법원은 자의 복리를 위하여 필요한 때에는 당사자의 청구 또는 직권에 의해 면접교섭을 제한하거나 배제할 수 있다. 교섭권은 양육권을 침해해서는 아니 된다.

第838條【詐欺, 强迫으로 因한 離婚의 取消請求權】 詐欺 또는 强迫으로 因하여 離婚의 意思表示를 한 者는 그 取消를 家庭法院에 請求할 수 있다.〈改正 1990.1.13〉

第839條【準用規定】 第823條의 規定은 協議上 離婚에 準用한다.

協議離婚의 取消

1. 意義: 협의이혼의 성립과정에 사기나 강박이 있었을 때에는 이혼 성립 후에 이혼의 취소를 법원에 청구할 수 있다(838조).

(1) 소로서만: 이혼의 취소는 당사자간의 합의로 할 수 없고, 법원에 소로서만 할 수 있다.

(2) 이혼 취소의 소: 형성의 소이다.

2. 法院의 離婚意思의 確認과 詐欺, 强迫: 이혼이 성립하려면 법원으로부터 협의이혼의사의 확인을 받아야 하는바, 이는 사기, 강박이 개입될 여지가 없지 않느냐는 문제가 있다.

(1) 법원의 이혼의사 확인의 법적 성질: 협의이혼시의 법원에 의한 이혼의사의 확인은 어디까지나 당사자들의 합의를 근간으로 하는 것이고 법원의 역할은 그들의 의사를 확인하여 증명하여 주는데 그치는 것이며, 법원의 확인에 소송법상의 특별한 효력이 주어지는 것이 아니므로 이혼협의의 효력은 민법상의 원칙에 의하여 결정되어야 한다(대판 1987.1.20. 86므86).

(2) 사기, 강박에 의한 이혼의사: 이혼의사의 표시가 사기, 강박에 의하여 이루어졌다면 민법 제838조에 의하여 취소할 수 있다(대판 1987.1.20. 86므86).

3. 當事者와 提訴期間

(1) 당사자: 사기나 강박을 당하여 이혼을 한 자이며, 그 배우자가 상대방이다.

(2) 제소기간-제839조: 사기를 안 날 또는 강박을 면한 날로부터 3개월이다(823조).

4. 問題되는 具體的 事例

(1) 기망이 인정된 사례: 아내가 혼인을 계속할 의사가 없으면서도, 아파트를 자신에게 증여하고 협의이혼의사확인을 받으면 남편의 태도변화를 지켜보아 마치 혼인생활을 계속할 것처럼 남편을 기망하고, 이에 속은 남편으로 하여금 아내와 혼인을 계속할 목적으로 협의이혼의사확인을 받게 한 다음 남편 몰래 이혼신고를 함으로써 협의이혼에 이르게 된 경위에 비추어, 남편이 아내의 기망에 속아 이혼의 의사표시를 한 때에 해당한다고 보아 협의이혼을 취소하고, 이를 전제로 다시 남편의 이혼청구를 인용하였다(서울가법 2006.12.19. 2005드단53135).

(2) 특정목적으로 일시적으로 이혼할 의사-이혼의사로 일단 인정: ① 법률상 부부가 협의이혼계를 제출하였는데도 당사자간에 혼인생활을 실질상 폐기하려는 의사는 없이 단지 강제집행의 회피 기타 어떤 다른 목적을 위한 방편으로 일시적으로 이혼신고를 하기로 합의가 있었음에 불과하다고 인정하려면 누구나 납득할만한 증거가 있어야 하고 그렇지 않으면 이혼당사자간에 일응 일시나마 법률상 적법한 이혼을 할 의사가 있었다고 인정함이 이혼신고의 법률상 및 사실상의 중대성에 비추어 상당하다(1975. 8. 19. 75도 1712). ② 청구인은 피청구인이 외국이민을 떠났다가 3년 후에 다시 귀국하여 혼인신고를 하여 주겠다고 하여 이를 믿고 이혼신고를 하였다면 별다른 사정이 없는 한 당사자 간에 일시적이나마 법률상의 부부관계를 해소할 의사가 있었다고 할 것이니 그 이혼신고는 유효하다고 할 것이다(대판 1981.7.28. 80므77).

5. 離婚取消의 效果

(1) 소급효: 사기 또는 강박에 의한 이혼취소의 효과는 혼인취소의 경우와 달리 그 소급효가 있다고 해석된다. 따라서 취소의 판결이 확정되면 협의이혼신고시로 소급하여 이혼의 효력은 소멸한다.

(2) 이혼취소와 중혼: 이혼신고 후에 당사자가 다른 자와 재혼한 후에 이혼이 취소되면 전혼이 부활하므로 중혼이 성립되고, 후혼은 중혼취소청구의 대상이 된다.

(3) 갑·을 간의 이혼 확정심판이 재심에 의해 취소되기 전에 새로이 이루어진 갑·병 간의 혼인은 중혼: 갑남이 법률상 부부였던 을녀를 상대로 이혼심판을 청구하여 승소심판을 선고받고 그 심판이 확정되자 곧 병녀와 혼인하여 혼인신고를 마쳤으나 그 후 을녀의 재심청구에 의하여 그 이혼심판의 취소 및 이혼청구기각의 심판이 확정되었다면 갑남과 병여 사이의 혼인은 중혼에 해당하므로 취소되어야 한다(대판 1994.10.11. 94므932).

第839條의2【財產分割請求權】 ①協議上 離婚한 者의 一方은 다른 一方에 대하여 財產分割을 請求할 수 있다.
②第1項의 財產分割에 관하여 協議가 되지 아니하거나 協議할 수 없는 때에는 家庭法院은 當事者의 請求에 의하여 當事者 雙方의 協力으로 이룩한 財產의 額數 기타 事情을 참작하여 分割의 額數와 방법을 정한다.
③第1項의 財產分割請求權은 離婚한 날부터 2年을 경과한 때에는 消滅한다.

第839條의3【재산분할청구권 보전을 위한 사해행위취소권】 ① 부부의 일방이 다른 일방의 재산분할청구권 행사를 해함을 알면서도 재산권을 목적으로 하는 법률행위를 한 때에는 다른 일방은 제406조제1항을 준용하여 그 취소 및 원상회복을 가정법원에 청구할 수 있다.
② 제1항의 소는 제406조제2항의 기간 내에 제기하여야 한다.

財產分割請求

1. 意義: 재산분할청구는 이혼한 당사자의 일방이 다른 일방에 대하여 공동재산에 대한 청산의 의미로 재산의 분할을 청구하는 것이다(839조의 2).

(1) 대상-공동재산: 재산분할청구는 혼인 중에 형성된 재산은 부부의 협력으로 이루어진 실질적인 공동재산으로 이를 분할하는 것은 당연하며, 특히 양성평등의 이념에서 처의 가사노동을 정당하게 평가함으로써 이혼 후에 생활공동체의 해소로 인하여 발생된 재산관계를 남녀평등의 원칙에 어긋나지 않게 청산하고 이혼 후에 경제적 생활능력이 없는 이혼 배우자를 부양하기 위하여 인정된 권리이다.

(2) 본조의 적용-협의이혼, 재판상 이혼, 혼인의 취소, 사실혼의 종료: 재산분할청구에 관한 규정은 협의이혼에서 규정하지만 재판상이혼(843조)과 혼인취소의 경우에도 준용한다. 또한 사실혼이 종료된 때에도 재산분할청구를 할 수 있다.

2. 法的 性質: 재산분할청구권의 법적 성질과 그 의미는 부부의 협력으로 이룩한 재산을 그 실질에 따라 청산되어야 하는 점(청산적 의미), 이혼 후의 곤궁에 처할 배우자에 대한 부양적 성질(부양적 의미)과 이혼으로 인한 손해의 배상(위자료)이라는 의미도 가진다(대판 2001.5.8. 2000다58804).

3. 當事者 및 分割 對象과 方法 - 제839조의 2

(1) 당사자-제1항: 이혼을 한 배우자 일방이 타방을 상대방으로 하여 청구한다.

(가) 파탄의 유책자-청구 가능: 혼인파탄에 책임 있는 배우자도 재산분할을 청구할 수 있다(대판 1993.5.11. 자 93스6).

(나) 사실혼-청구 가능: 사실혼의 배우자도 할 수 있다. 그러나 사실혼관계가 일방 당사자의 사망으로 인하여 종료된 경우에는 그 상대방에게 재산분할청구권이 인정될 수 없다(대판 2006.3.24. 2005두15595).

(다) 중혼적 사실혼-불가: 중혼적사실혼의 배우자는 청구할 수 없다(대판 1995.7.3. 94스30).

(2) 분할의 방법-협의가 되지 아니하면 법원의 심판-제2항: 재산분할 여부, 그 액수와 방법은 당사자가 협의 또는 조정에 의하여 정하게 되며(가소 2조1항마류4), 그 액수와 방법에 대해서는 기준이 없으므로 부부가 협력하여 이룬 재산의 범위와 기타 사정을 참작하여 정하게 된다.

(가) 1차-당사자간의 합의분할: 당사자간에 합의에 의하여 재산의 분할이 이루어진다.

① 협의이혼을 전제로 한 재산분할합의 후 협의이혼 불성립: 당사자간에 합의한 재산분할 약정이 협의분할을 전제로 한 경우에 협의이혼이 되지 아니하고 재판상 이혼을 하게 된 때에는 그 재산분할 약정은 조건의 불성취로 효력이 없고, 재판상 이혼 후 또는 재판상 이혼과 함께 재산분할을 원하는 당사자로서는, 이혼성립 후 새로운 협의가 이루어지지 아니하는 한, 이혼소송과 별도의 절차로 또는 이혼소송 절차에 병합하여 가정법원에 재산분할에 관한 심판을 청구하여야 한다(대판 1995.10.12. 95다231560).

② 재산분할 약정 후 혼인관계의 지속: 혼인 중에 금전문제로 불화가 있어 오다가 모든 재산을 배우자 일방의 소유로 한다는 각서를 교부하고, 그 후에도 처분권을 위임하는 관련 서류를 교부하였으나 그 각서 또는 관련 서류 교부 당시 이혼에 관한 언급은 없었고, 그 후로도 혼인관계가 계속된 점 등에 비추어 그 각서 또는 관련 서류 교부로써 이혼을 전제로 한 재산분할에 관한 협의가 있었다고 볼 수 없다(대판 1997.7.22. 96므318, 325).

(나) 2차-협의불가시-법원의 심판: 당사자간에 재산분할의 협의가 이루어지지 않는 경우에는 당사자의 청구로 가정법원의 심판에 의해 정해진다.

(3) 재산분할의 대상이 되는 재산: 재산분할의 대상이 되는 재산은 당사자 쌍방의 협력으로 이룩한 재산이다.

(가) 법원의 직권조사: 법원에 의한 재산분할의 경우, 이 처분은 가사비송사건으로서 민사소송의 경우와는 달리 당사자의 변론에만 의존하는 것이 아니고 법원이 자기의 권능과 책임으로 재판의 기초가 되는 자료를 수집하는 이른바 직권탐지주의에 의하고 있으므로, 법원으로서는 당사자의 주장에 구애되지 아니하고 재산분할의 대상이 무엇인지 직권으로 사실조사를 하여 포함시킬 수 있다(대판 1997.12.26. 96므1076, 1083).

(나) 재판 확정 후에 추가발견된 재산: 재산분할재판에서 분할 대상인지 여부가 전혀 논의된 바 없는 재산이 재판확정 후에 추가로 발견된 경우에는 이에 대하여 추가로 재산분할을 청구할 수 있다(대판 2003.2.28. 2000므582).

(다) 분할대상 재산: 혼인 중 부부의 협력으로 이룩한 재산이 분할의 대상이 되나, 그 재산 중 일방의 명의로 되어 있는 경우가 문제이다.

① 공동재산: 분할의 대상

㉮ 적극재산: 부부공동의 적극재산이 분할의 대상이 되는 재산이다.

㉯ 소극재산: 혼인생활 중에 부부의 일방이 제3자에게 부담한 채무는 일상가사에 관한 것이거나 공동재산의 형성에 수반하여 부담한 것인 경우에 한하여 부부 공동으로 부담한 채무로서 청산의 대상이 된다. 따라서 파탄 이전의 정상적인 혼인생활 중에 주 수입원으로 영위하였던 사업상의 거래관계에서 발생하여 상대방도 용인하였던 채무는 결국 부부 공동의 이익을 위한 것으로 공동

재산의 형성에 수반하여 부담한 것이라고 평가되어야 한다(대판 2005.8.19. 2003므1166, 1173).

② 일방 명의로 된 재산-원칙적으로 대상이 안 됨: 부부 일방의 특유재산은 원칙적으로 분할의 대상이 되지 아니하나 특유재산일지라도 다른 일방이 적극적으로 그 특유재산의 유지에 협력하여 그 감소를 방지하였거나 그 증식에 협력하였다고 인정되는 경우에는 분할의 대상이 된다(대판 2002.8.28. 2002스36).

③ 문제되는 구체적인 사례

㉮ 남편이 보험수익자인 처의 보험금을 대리 수령한 경우: 남편이 보험수익자인 처의 보험금을 대리 수령한 경우, 그 보험금이 처의 특유재산이고, 당사자 쌍방의 협력으로 이룩한 재산이라고 볼 수도 없어, 남편으로서는 처에 대하여 동액 상당의 지급의무를 부담하는 것이고, 이러한 채무는 재산분할과는 별도로 존속하는 것이다(대판 2002.8. 28. 2002스36).

㉯ 연금, 퇴직금: 퇴직금은 혼인 중에 제공한 근로에 대한 대가가 유예된 것이므로 부부의 혼인 중 재산의 일부가 되며, 부부 중 일방이 직장에서 일하다가 이혼 당시에 이미 퇴직금 등의 금원을 수령하여 소지하고 있는 경우에는 이를 청산의 대상으로 삼을 수 있다(대판 1995.3.28. 94므1584).

㉰ 장래의 퇴직금: 부부 일방이 아직 퇴직하지 아니한 채 직장에 근무하고 있을 경우 그의 퇴직일과 수령할 퇴직금이 확정되었다는 등의 특별한 사정이 없다면, 그가 장차 퇴직금을 받을 개연성이 있다는 사정만으로 그 장래의 퇴직금을 청산의 대상이 되는 재산에 포함시킬 수 없고, 장래 퇴직금을 받을 개연성이 있다는 사정은 민법 제839조의2제2항 소정의 재산분할의 액수와 방법을 정하는 데 필요한 '기타 사정'으로 참작되면 족하다(대판 2002.8. 28. 2002스36).

㉱ 부부 일방이 혼인 중에 부담한 채무: 부부 일방이 혼인 중 제3자에게 부담한 채무는 일상가사에 관한 것 이외에는 원칙으로 그 개인의 채무로서 청산의 대상이 되지 않으나 그것이 공동재산의 형성에 수반하여 부담한 채무인 경우에는 청산의 대상이 된다(대판 2002.8. 28. 2002스36).

㉲ 제3자명의의 재산: 제3자명의의 재산이더라도 그것이 부부 중 일방에 의하여 명의신탁된 재산 또는 부부의 일방이 실질적으로 지배하고 있는 재산으로서 부부 쌍방의 협력에 의하여 형성된 것이거나 부부 쌍방의 협력에 의하여 형성된 유형, 무형의 자원에 기한 것이라면 그와 같은 사정도 참작하여야 한다는 의미에서 재산분할의 대상이 된다(대판 1998.4. 10. 96므1434).

㉳ 상속재산을 기초로 형성된 재산: 일방이 상속받은 재산을 기초로 형성된 재산이라 하더라도 취득 및 유지에 타방의 가사노동이 기여한 것으로 인정되는 경우 재산분할의 대상이 된다(대판 1993.6.11. 92므1054, 1061).

㉴ 고유재산을 기초로 형성된 재산: 아파트가 혼인 전에 취득한 남편의 고유재산이기는 하지만 혼인 후 처가 가사와 육아에 종사하는 한편 피아노 교습을 하여 수입을 얻음으로써 위 아파트에 대한 융자금 채무를 일부 변제하고 혼인생활 중 수입으로 조성한 판시 금액을 시아버지에게 교부함으로써 결과적으로 남편이 혼인 전 위 아파트 매수와 관련하여 부담한 시아버지에 대한 차용금채무를 일부 변제하게 하는 등 적극적으로 위 아파트의 유지에 협력하여 감소를 방지하였거나 증식에 협력하였다면 재산분할의 대상이 된다(대판 1996.2.9. 94므635, 642).

㉵ 전문직 자격 등: 박사학위를 소지한 경제학교수로서의 재산취득능력은 민법 제839조의2제2항 소정의 재산분할의 액수와 방법을 정하는 데 필요한 '기타 사정'으로 참작함으로써 충분하다(대판 1998.6.12. 98므2130).

㉶ 이혼과 재결합, 사실혼 등을 거듭한 경우: 부부 사이에 13년 남짓 동안 법률혼과 사실혼이 3회에 걸쳐 계속 이어지다가 파탄되었고 그 각 협의이혼에 따른 별거기간이 6개월과 2개월 남짓에 불과한 경우에 마지막 사실혼의 해소에 따른 재산분할을 함에 있어서는 그에 앞서 이루어진 이혼에 따른 재산분할 문제를 정산하였다거나 이를 포기하였다고 볼 만한 특별한 사정이 없는 한 그 각 혼인 중에 쌍방의 협력에 의하여 이룩한 재산은 모두 청산의 대상이 될 수 있다고 보는 것이 상당하다(대판 2000.8.18. 99므1855).

㉷ 파탄 이후의 공동재산의 처분 대금: 혼인관계가 사실상 파탄에 이른 후에 부부 일방이 공동재산을 처분하였다고 하더라도 그 매각이 적정한 시가에 따라 이루어졌고 그 대금으로 부부 공동으로 부담하여야 하는 동액 상당의 채무를 변제하였다면 그 매각대금을 재산분할의 대상이 되

는 재산의 가액에 산입할 수는 없으며, 혼인생활 중에 부부의 일방이 부담하였다가 이미 변제하여 파탄 이전에 소멸한 채무에 대하여까지 단지 그 채무의 사용처가 불명하다는 이유로 이를 일방이 개인적으로 탕진한 후 공동재산으로 개인의 채무를 변제한 것으로 보아 그 액수를 재산분할 대상이 되는 재산의 가액에 산입할 수는 없다고 할 것이다(대판 2005.8.19. 2003므1166).

㉮ 소극재산의 초과로 적극재산이 없는 경우: 재산분할이란 부부 공동의 노력으로 형성한 재산에 대한 분배청구권을 인정함으로써 재산형성에 대한 실질적인 기여분을 보장받게 하려는 제도인데, 채무를 부부 공동의 노력으로 형성하였다고 할 수는 없으므로, 공동형성한 적극재산이 없는 경우라면 그 분배를 구할 권리도 없다고 보아야 할 것이다. 나아가 적극재산이 있더라도 상대방에게 소극재산이 그보다 더 많아서 사실상 적극재산을 보유하고 있지 아니한 경우에도 달리 볼 수 없을 것이다. 재산분할에 있어서 소극재산을 고려하는 것은 적극재산의 규모를 실질적으로 산정하기 위한 소극적인 의미일 뿐, 그 자체가 재산분할의 대상이 되는 것은 아니라고 해석되어, 채무의 분담을 구하는 청구나 채무분담액에 상응하는 금전의 지급을 구하는 청구는 재산분할제도의 포섭 범위를 벗어난다.

4. 財産分割의 算定時期와 方法

(1) 재산가액의 평가방법: 재산분할액 산정의 기초가 되는 재산가액의 평가 방법 재산분할액 산정의 기초가 되는 재산의 가액은 반드시 시가감정에 의하여 인정하여야 하는 것은 아니지만 객관성과 합리성이 있는 자료에 의하여 평가하여야 한다(대판 2002.8.28. 2002스36).

(2) 산정시기

(가) 재판상 이혼-사실심변론종결일: 재판상 이혼을 전제로 한 재산분할에 있어 분할의 대상이 되는 재산과 그 액수 산정의 기준시기는 이혼소송의 사실심변론종결일이다(대판 2000.5.2. 2000스13).

(나) 협의이혼-협의이혼 성립된 날

① 협의이혼 성립된 날: 협의이혼을 예정하고 미리 재산분할 협의를 한 경우 협의이혼에 따른 재산분할에 있어 분할의 대상이 되는 재산과 액수는 협의이혼이 성립한 날(이혼신고일)을 기준으로 정하여야 한다.

② 협의 후의 일부 채무변제: 재산분할 협의를 한 후 협의이혼 성립일까지의 기간 동안 재산분할 대상인 채무의 일부가 변제된 경우 그 변제된 금액은 원칙적으로 채무액에서 공제되어야 한다. 그런데 채무자가 자금을 제3자로부터 증여받아 위 채무를 변제한 경우에는 전체적으로 감소된 채무액만큼 분할대상 재산액이 외형상 증가하지만 그 수증의 경위를 기여도를 산정함에 있어 참작하여야 하고, 채무자가 기존의 적극재산으로 위 채무를 변제하거나 채무자가 위 채무를 변제하기 위하여 새로운 채무를 부담하게 된 경우에는 어느 경우에도 전체 분할대상 재산액은 변동이 없다(대판 2006.9.14. 2005다74900).

(3) 분할비율: 재산분할비율은 개별재산에 대한 기여도를 일컫는 것이 아니라 기여도 기타 모든 사정을 고려하여 전체로서의 형성된 재산에 대하여 상대방 배우자로부터 분할받을 수 있는 비율을 말한다.

(가) 적극재산과 소극재산의 비율을 동일하게: 합리적 근거 없이 적극재산과 소극재산을 구별하여 분담비율을 달리 정할 수 없다.

(나) 전재산 동일한 비율: 분할대상 재산들을 개별적으로 구분하여 분할비율을 달리 정함으로써 분할할 적극재산의 가액을 임의로 조정하는 것은 허용되지 않는다(대판 2006.9.14. 2005다74900).

(4) 분할방법: 재산분할의 청구를 인용하는 경우에는 금전지급, 물건의 인도, 등기 기타의 의무이행을 명할 수 있고(가사소송규칙 97조), 또 재산분할에는 공유물 분할에 관한 민법 제269조제2항의 규정이 준용된다(가소규칙 98조).

(가) 방법: 분할의 구체적인 방법은 현물분할, 경매분할, 현금분할(대상분할), 일시불, 분할불 등 가정법원이 후견적 입장에서 상당하다고 인정하는 방법이면 어느 것이나 무방하다.

(나) 금전지급을 명하는 경우: 재산분할로서 금전지급을 명하는 경우 그 부분의 지연손해금에 관하여는 이혼 및 재산분할청구를 병합하여 제기한 경우에는 그 판결확정일 다음 날부터(민법상 이율인 5푼), 이혼 후 재산분할만 청구하는 경우에는 심판청구서 부본 송달 다음 날부터(소송촉

진등에관한특례법에 의하여 2009년 현재 연 2할) 발생하는 것으로 본다.

5. 財産分割請求權의 拋棄, 保全을 위한 債權者取消權

(1) 사전포기-무효: 부부는 재산분할청구권을 미리 포기할 수 없다. 포기약정이 있더라도 효력이 없다.

(2) 채권자취소권-제839조의3: 부부의 일방이 다른 일방의 재산분할청구권 행사를 해함을 알면서도 재산권을 목적으로 하는 법률행위를 한 때에는, 다른 일방은 제406조를 준용하여 그 취소 및 원상회복을 가정법원에 청구할 수 있다(1항). 이 소는 취소원인을 안 날로부터 1년, 법률행위한 날로부터 5년 내에 제기하여야 한다(2항).

6. 財産分割請求權의 消滅 - 제839조의2의제3항

(1) 이혼: 재산분할청구권은 이혼한 날로부터 2년의 제척기간으로 소멸한다(대판 1994.9.9. 94다17536).

(2) 사실혼 등: 사실혼에서는 사실혼 종료일, 협의인혼에서는 이혼신고일, 재판상 이혼에서는 이혼판결확정일, 혼인취소에서는 판결의 확정일이 기산일이다.

7. 財産分割請求權과 다른 權利와의 관계

(1) 위자료청구권과의 관계: 재산분할은 위자료를 포함하는지가 문제된다. 위자료청구권은 유책성을 전제로 하는 손해배상적 성격을 갖는 것이고, 재산분할청구권은 당사자의 유책성과는 무관하게 자신의 기여분의 상환이나 이혼 후 생활배려를 위한 성질을 갖는다. 또한 재산분할청구권은 2년의 제척기간에 걸리며 위자료청구권은 단기 3년의 시효기간에 걸린다. 따라서 위자료청구권과 재산분할청구권은 별개의 것으로 양자를 개별적으로 청구하는 것도 가능하다. * 심판상 화해의 이혼시에도 위자료청구 가능(대판 1987.5.26. 85므41).

(2) 재산분할심판청구 중 일방의 사망

(가) 이혼소송과 분할청구소송 계류 중 사망-소송종료와 청구권은 상속성 없음: 이혼소송과 재산분할청구가 병합된 경우, 소송 계류 중에 배우자 일방이 사망하면 이혼의 성립을 전제로 하여 이혼소송에 부대한 재산분할청구 역시 이혼소송의 종료와 동시에 종료한다(대판 1994.10.28. 94므246). 즉 재산분할청구권은 상속되지 아니한다. 이혼소송과 재산분할청구가 병합되어 소송계류 중에 일방이 사망한 경우에도 상속인이 그 재판을 수계할 수 없으므로 이혼소송은 종료된다.

(나) 사실혼 종료 후 재산분할심판 계류 중의 일방의 사망-상속: 사실혼관계의 해소에 따른 재산분할심판청구 이후 일방 당사자인 소외인이 사망하였으므로 그 상속인들에 의한 수계를 허용함이 상당하다(대판 2009.2.9. 2008스105).

第2款 裁判上 離婚

第840條【裁判上 離婚原因】 夫婦의 一方은 다음 各號의 事由가 있는 境遇에는 家庭法院에 離婚을 請求할 수 있다.〈改正 1990.1.13〉

1. 配偶者에 不貞한 行爲가 있었을 때
2. 配偶者가 惡意로 다른 一方을 遺棄한 때
3. 配偶者 또는 그 直系尊屬으로부터 甚히 不當한 待遇를 받았을 때
4. 自己의 直系尊屬이 配偶者로부터 甚히 不當한 待遇를 받았을 때
5. 配偶者의 生死가 3年以上 分明하지 아니한 때
6. 其他 婚姻을 繼續하기 어려운 重大한 事由가 있을 때

第841條【不貞으로 因한 離婚請求權의 消滅】 前條第1號의 事由는 다른 一方이 事前同意나 事後容恕를 한 때 또는 이를 안 날로부터 6月, 그 事由있은 날로부터 2年을 經過한 때에는 離婚을 請求하지 못한다.

第842條【其他 原因으로 因한 離婚請求權의 消滅】 第840條第6號의 事由는 다른 一方이 이를 안 날로부터 6月, 그 事由있은 날로부터 2年을 經過하면 離婚을 請求하지 못한다.

第843條【準用規定】 第806條, 第837條, 第837條의2 및 第839條의2의 規定은 裁判上 離婚의 境遇에 準用한다.〈改正 1990.1.13〉

裁判上 離婚

1. 意義: 재판상 이혼은 부부 중 일방이 이혼원인이 될 사유를 들어 법원에 이혼을 청구하여, 그 재판에 의해 이혼을 하는 것이다. 이혼은 당사자간의 합의로 이혼할 수 있는데(협의이혼), 재판상 이혼을 하게 되는 것은 당사자 일방이 이혼에 동의하지 않기 때문이다. 재판상 이혼을 하려면 본조에서 규정하는 이혼원인 사유 중 어느 하나에 해당되어야 한다. 본조가 규정하고 있는 각 호의 사유는 그 사유마다 각 별개의 독립된 이혼사유를 구성하는데, 이혼청구를 구하면서 위 각 호 소정의 수개의 사유를 주장하는 경우에 법원은 그 중 어느 하나를 받아들여 청구를 인용할 수 있다(대판 2000.9.5. 99므1886).

2. 裁判上 離婚事由 – 제840조

(1) 배우자의 부정행위-제1호: 〈부정한 행위〉는 배우자로서의 정조의무에 충실치 못한 일체의 행위를 포함하며, 이른바 간통보다는 넓은 개념으로서 부정한 행위인지의 여부는 각 구체적 사안에 따라 그 정도와 상황을 참작하여 평가된다.

(가) 부정한 행위

① 외형적인 사실의 존재: 부정한 행위에 해당하기 위해서는 외형적으로는 혼인의 순결성에 반하는 사실이 있어야 한다.

② 자유의사에 의한 행위의 존재: 내심적으로는 자유로운 의사에 의한 행위가 있어야 한다. 그러므로 심신상실상태하에서의 행위나 강간 등의 경우는 부정한 행위로 볼 수 없다.

③ 혼인 후의 행위여야: 이혼사유로서의 부정한 행위는 혼인 후의 행위만이 해당한다.

(나) 다른 일방의 사전 동의-제841조: 다른 일방이 부정한 행위에 사전에 동의하였으면 이를 이유로 이혼청구를 할 수 없다. 동의의 존재에 대하여, 법원은 혼인을 유지시키기 위하여 직권으로 이 점에 관한 증거조사를 하여 당사자가 주장하지 않는 동의의 사실을 인정하여 이혼청구를 기각할 수 있다(가소법 17조).

(다) 사후 용서-제841조: 사후에 용서를 하였으면 이혼청구를 할 수 없다.

① 용서: 용서는 명시적으로 할 수 있음은 물론 묵시적으로도 할 수 있는 것이어서 그 방식에 제한이 있는 것은 아니지만, 감정을 표현하는 어떤 행동이나 의사의 표시가 용서로 인정되어야 한다.

㉮ 알고 한 자발적 행위: 배우자의 부정행위 사실을 확실하게 알면서 자발적으로 용서한 것이어야 한다.

㉯ 혼인관계 지속의 의사여야: 그와 같은 부정행위에도 불구하고 혼인관계를 지속시키려는 진실한 의사가 명백하고 믿을 수 있는 방법으로 표현되어야 한다(대판 1991.11.26. 91도2049). 따라서 단순한 외면적인 용서의 표현이나 용서를 하겠다는 약속만으로는 유서를 하였다고 인정하기 어렵고, 부정한 행위를 한 남편에 대하여 그 사실을 알면서 그의 처가 부부생활을 지속한 경우라 하더라도 남편의 부정한 행위를 용서한 것으로 볼 수 있는 것은 아니다.

② 2심의 구두변론 전까지: 용서는 이혼이 청구된 후에 하더라도 제2심의 구두변론의 종결 이전이면 이혼청구권을 소멸시킨다. * 남편이 타 여자와 부첩관계를 맺고 간통하고 있는 사실을 알고 고소하려 하자 남편의 요청으로 처에게 자녀교육비로서 매월 금 만원씩을 지급하기로 약정한 것이 과거의 간통사실을 사후에 용인하고 약정대로 송금하여 주는 것을 전제로 이후의 간통을 사전에 동의하였다고 볼 수 있다(대판 1971.3.23. 71므3).

(라) 부정행위 해당 여부
① 간통고소에서는 상대방은 인정하였으나 본인이 부정하여 증거불충분으로 무죄가 된 것은, 간통한 것으로 단정할 수 없으나 정조의무를 저버린 부정한 행위에 해당한다(대판 1993.4.9. 92므938).
② 고령이고 중풍으로 정교능력이 없어 실제로 정교를 갖지는 못하였다 하더라도 배우자 아닌 자와 동거한 행위는 배우자로서의 정조의무에 충실치 못한 것으로서 〈부정한 행위〉에 해당한다(대판 1992.11.10. 92므68).
③ 피청구인이 캬바레에 춤을 추러 갔다가 그 곳에서 다른 남자를 만나 알게 되어 친하게 되고 그 남자와 기차를 타고 그곳에서 서울에 있는 피청구인의 집까지 동행한 사실만으로는 본호 소정의 부정한 행위를 한 것으로 단정할 수 없다(대판 1990.7.24. 89므1115).
(2) 악의의 유기-제2호: 악의의 유기라 함은 배우자가 정당한 이유 없이 서로 동거, 부양, 협조하여야 할 부부로서의 의무를 포기하고 다른 일방을 버린 경우를 뜻한다.
(가) 부부공동생활을 거부 또는 폐지하는 행위: 배우자의 일방이 정당한 이유 없이 타방 배우자를 버리고 부부공동생활을 거부하는 행위라든가, 고의로 상대방의 의사에 반하여 부부공동생활을 폐지하는 것을 말한다.
(나) 부부공동생활의 계속의사 유무: 부부생활을 계속할 의사가 없다는 것이 확실하게 판정되느냐가 결정적인 기준이 된다. 어느 정도 기간의 지속이 필요하나, 가정사정이나 직장 때문에 일시 별거한 경우, 처가 부의 폭행을 견디지 못하고 일시 가출한 경우는 악의의 유기 해당하지 않는다(대판 1990.8.10. 90므408).
(다) 악의의 유기 해당 여부
① 청구인은 집을 나와 입산하여 비구승이 됨으로써 부부가 10년 넘게 별거하게 되고 현재에 이르러서는 서로의 배타적 신앙생활로 인한 애정의 결핍과 장기간의 별거로 혼인관계가 돌이킬 수 없는 파탄에 빠져 있는 것이라면, 이러한 파탄은 청구인이 정신적으로 완전하지 아니한 피청구인을 악의로 유기함에서 비롯되었다(대판 1990.11.9. 90므583).
② 청구인과 피청구인이 혼인신고를 한 후 약 20일간 동거하다가 피청구인이 농사일이 힘들고 청구인의 건강이 나쁘다는 이유로 집을 나가 돌아오고 있지 않다면 본호 소정의 악의의 유기에 해당한다(대판 1986.10.28. 86므83).
(3) 배우자 또는 그 직계존속으로부터의 심히 부당한 대우-제3호: 혼인 당사자의 일방이 배우자로부터 혼인관계의 지속을 강요하는 것이 가혹하다고 여겨질 정도의 폭행이나 학대 또는 중대한 모욕을 받았을 경우를 말한다. 여기서의 부당한 대우는 신체적·정신적인 학대 또는 명예에 대한 모욕을 의미한다. 아래의 행위는 본호에 해당한다.
(가) 물리력의 행사에만 국한된 것이 아니므로 간통죄로 허위고소한 경우(대판 1990.2.13. 88므504).
(나) 정신병 환자로 몰아 병원에 강제로 입원시키는 행위(대판 1985.11.26. 85므51).
(다) 부당한 이유를 들어 이혼을 요구하며 자살소동을 벌인 경우(대판 1990.11.27. 90므484).
(라) 남편이 처와 제3자와의 관계가 결백함을 알면서도 처를 간통죄로 고소하고 위 제3자 등으로 하여금 간통사실 등에 관한 거짓진술을 하도록 부탁하는 경우(대판 1990.2.13. 88므504, 511).
(4) 배우자에 의한 자기의 직계존속에 대해 행하여지는 심히 부당한 대우-제4호: 시어머니에게 옷을 제대로 해주지 않고 폭언을 하고 얼굴을 밀쳐 집에서 나가게 함으로써 딸네 집으로 전전하게 만들었고 시어머니방에 고추를 깔아놓아 기거하지 못하게 한 사례(대판 1972.4.25. 71드1292), 피청구인이 청구인과 혼인을 한 이후, 청구인이 지참금을 가지고 오지 아니하였다는 이유로 불만을 품고 계속 구타하여 상처를 입힌 일이 있을 뿐 아니라 청구인의 친가 아버지에게까지 행패를 부린 행위는 배우자 및 그 직계존속을 심히 부당하게 대우한 경우에 해당한다.
(5) 3년 이상의 생사불명-제5호: 3년이라는 기간의 기산점은 잔류배우자에게 알려져 있는 본인 생존의 일자나, 위난의 경우 그 위난이 사라진 때를 기산점으로 하여야 한다.
(6) 기타 혼인을 계속하기 어려운 중대한 사유-제6호
(가) 〈혼인을 계속하기 어려운 중대한 사유〉: 부부간의 애정과 신뢰가 바탕이 되어야 할 혼인의 본질에 반하는 부부공동생활 관계가 회복할 수 없을 정도로 파탄되고 그 혼인생활의 계속을 강

제하는 것이 일방배우자에게 참을 수 없는 고통이 되는 경우를 말한다.
(나) 판단: 이를 판단함에 있어서는 그 파탄의 정도, 혼인계속의사의 유무, 파탄의 원인에 관한 당사자의 책임유무, 혼인생활의 기간, 자녀의 유무, 당사자의 연령, 혼인 후의 생활보장 기타 혼인관계의 제반사정을 종합적으로 고려하여야 한다.
(다) 중대한 사유 해당 여부
① 남편이 처에게 폭력을 행사하여 처가 집을 나가 이혼소송을 제기하고 재결합의사가 없음을 명백히 한 사안에서, 부부공동생활관계가 회복할 수 없을 정도로 파탄되고 그 혼인생활의 계속을 강요하는 것이 처에게 참을 수 없는 고통이 된다(대판 2005.12.23. 2005므1689).
② 부부가 크고 작은 문제로 자주 다투며 서로 폭행하고, 부부간 문제를 감정적 차원에서 대응하여 도리어 갈등을 증폭시키고, 한차례 이혼소송 파동을 겪은 후에도 서로 애정과 신뢰를 쌓을 노력을 등한시 한 채 불화가 계속되어 별거에 이르게 되고, 상대방에 대한 이해부족과 불신을 그대로 유지한 채 부부간의 갈등을 일시적으로 참고 있는 상태라면 혼인을 계속하기 어려운 중대한 사유가 있다고 볼 여지가 있다(대판 2004.8.20. 2004므955).
③ 배우자 및 시부를 형사고소하고, 배우자가 무면허 운전 등으로 형사재판을 받게 되자 구속 및 엄벌을 바라는 취지의 탄원서를 2회 제출하였으며, 공동재산을 처분하고도 다른 공동재산과 관련된 배우자의 채무는 배우자의 잘못 때문에 발생하였다며 이를 전혀 변제하지 아니하여 현재까지 신용불량자 상태에서 벗어나지 못하고 있는 등은 본호에 해당한다(대판 2004.2.27. 2003므1890).
④ 처가 뚜렷한 합리적인 이유 없이 남편과의 성행위를 거부하고 결혼생활 동안 거의 매일 외간남자와 전화통화를 하였으며 그로 인하여 남편이 이혼소송을 제기하고 별거에 이르게 되었다면 부부공동생활관계는 회복할 수 없을 정도로 파탄되었고, 그 혼인생활의 계속을 강제하는 것이 남편에게는 참을 수 없는 고통이 된다고 볼 여지가 있다(대판 2002.3.29. 2002므74).
⑤ 처가 1개월에 20일 정도 외박을 하면서 도박을 하고 빚을 지는 등 하여 2차례에 걸쳐 앞으로는 도박을 청산하겠다는 내용의 각서를 작성하고서도 도박을 계속하면서 가사와 자녀를 돌보지 아니한 경우, 처에게 민법 제840조제6호 소정의 재판상 이혼사유가 있다(대판 1991.11.26. 91므559).
⑥ 신앙의 자유는 부부라고 하더라도 이를 침해할 수 없는 것이지만, 부부 사이에는 서로 협력하여 원만한 부부생활을 유지하여야 할 의무가 있으므로 그 신앙의 자유에는 일정한 한계가 있다 할 것인바, 처가 신앙생활에만 전념하면서 가사와 육아를 소홀히 한 경우는 본호에 해당한다(대판 1996.11.15. 96므851).
⑦ 간통죄의 고소를 제기하기 위하여는 먼저 혼인이 해소되거나 이혼소송을 제기하여야 한다는 규정이 있지만 배우자의 간통에 대처하여 상간자를 처벌하고 배우자의 회심을 유도하기 위하여 일응 고소를 하는 경우도 흔히 있으므로, 간통죄의 고소사실만을 가지고 이혼의사가 객관적으로 명백하다고 보기 어렵다(대판 1997.5.16. 97므155).
⑧ 혼인 중 처에게 발생한 조울증이 장기간 지속되어 회복이 거의 불가능한 정신질환으로 이환되어 그 증상이 가벼운 정도에 그치는 경우라 할 수 없고, 그 질환이 단순히 애정과 정성으로 간호되거나 예후가 예측될 수 있는 것이 아닌 경우, 남편에게 계속하여 배우자로서의 의무에 따라 한정 없는 정신적, 경제적 희생을 감내한 채 처와의 혼인관계를 지속하고 살아가라고 하기에는 지나치게 가혹하다(대판 1997.3.28. 96므608).
⑨ 뚜렷한 합리적인 이유 없이 배우자와의 성행위를 거부하는 경우 본호에 해당한다(대판 2002.3.29. 2002므74).
⑩ 약혼기간 중 다른 남자와 정교하여 임신하고는 그 혼인 후 남편의 자인양 속여 출생신고를 한 것이 그 혼인생활의 경과 등에 비추어 혼인을 계속할 수 없는 중대한 사유가 된다고 하기 어렵다(대판 1991.9.13. 91므85, 92).
⑪ 심인성 음경발기부전증으로 인하여 일시적으로 발기불능 또는 삽입불능의 상태에 있다 하더라도 부부가 합심하여 전문의의 치료와 조력을 받는 경우 정상적인 성생활로 돌아갈 가능성이 있었다고 한다면, 그 정도의 성적 결합을 지닌 부에 대하여 혼인파탄에 대한 책임을 지울 수 없다(대판 1993.9.14. 93므621).

⑫ 혼인생활 중에 일방이 우울증 증세를 보였으나 그 동안 병원의 치료를 받아 현재 일상생활을 하는 데 별다른 지장이 없고 상대방과의 혼인생활을 계속할 것을 바라고 있으므로 부부 사이에 혼인을 계속할 수 없는 중대한 사유가 있다고 할 수 없다(대판 1995.12.22. 95므861).

3. 有責配偶者의 離婚請求: 혼인생활의 파탄에 대하여 주된 책임이 있는 배우자가 스스로 자기의 행위를 들어 이혼을 청구할 수 있는지가 문제된다.

(1) 유책성의 판단기준: 혼인파탄에 있어 유책성은 혼인파탄의 원인이 된 사실에 기초하여 평가할 일이며 혼인관계가 완전히 파탄된 뒤에 있은 일을 가지고 따질 것은 아니다(대판 1988.4.25. 87므9).

(2) 유책배우자의 이혼청구-원칙은 불가: 청구인의 외박으로 싸움 끝에 이혼하기로 합의하고 협의이혼의사확인을 받았으나 이혼신고는 하지 않고 3개월간 같이 지내다가 그 후 청구인이 스스로 가출하여 다른 여자와 동거하면서 다달이 생활비조로 월급의 일부를 피청구인에게 송금하였고 피청구인이 거주하던 아파트를 처분하여 집 마련 비용 및 딸 교육비로 금원을 지급하였고 피청구인은 청구인의 가출 후에도 종전의 그들의 주거지에서 생활하고 있는 사실을 고려하면 혼인의 파경귀책자는 청구인으로서 그의 이혼청구는 허용될 수 없다(대판 1983.7.12. 83므11).

(3) 쌍방유책: 쌍방이 유책성이 있고, 가정공동생활이 파탄에 이른 경우에는 당사자 모두에게 이혼청구를 인정한다.

(4) 유책배우자의 이혼청구가 인정되는 사유: 혼인생활의 파탄에 대하여 주된 책임이 있는 배우자는 원칙적으로 그 파탄을 사유로 하여 이혼을 청구할 수 없고, 다만 상대방도 그 파탄 이후 혼인을 계속할 의사가 없음이 객관적으로 명백함에도 오기나 보복적 감정에서 이혼에 응하지 아니하고 있을 뿐이라는 등의 특별한 사정이 있는 경우에만 예외적으로 유책배우자의 이혼청구권이 인정된다(대판 2006.1.13. 2004므1378).

(5) 유책배우자의 이혼청구가 부정된 사례

(가) 간통고소한 것을 이유로 한 이혼청구: 간통죄의 고소를 제기하기 위하여는 먼저 혼인이 해소되거나 이혼소송을 제기하여야 한다는 규정이 있다 하여 그 고소사건의 제1심판결 선고 전까지 간통죄의 고소가 취소되지 않아 유죄판결이 선고된 경우에 고소한 배우자의 의사에 관계없이 간통하여 혼인생활을 파탄에 빠지게 한 유책배우자의 이혼청구가 곧 인용되어야 한다는 해석을 할 수는 없는 것이다(대판 1993.11.26. 91므177, 184).

(나) 유책배우자의 이혼청구에 대하여 상대방이 반소청구로 이혼을 구한 경우: 유책배우자의 이혼청구에 대하여 상대방이 그 주장사실을 다투면서 오히려 다른 사실을 내세워 반소로 이혼청구를 한다 하더라도 그러한 사정만으로 곧바로 상대방은 혼인을 계속할 의사가 없으면서도 오기나 보복적 감정에서 유책배우자의 이혼청구에 응하지 아니하는 것이라고 단정할 수 없다(대판 1998.6.23. 98므15, 22).

(다) 일방이 사실심 조사기일이나 조정기일에서 유책배우자인 상대방 배우자가 피고 제시의 위자료 등 금액에 동의하면 이혼하겠다고 진술한 사정: 피고가 제1심 조사기일과 원심 조정기일에서 원고가 이혼에 따른 위자료나 금전청산에 관하여 피고가 제시하는 금액에 동의하면 이혼하겠다고 진술하였다고 하더라도 이러한 사정만으로 피고가 혼인을 계속할 의사가 없음이 객관적으로 명백한데도 오기나 보복적 감정에서 유책배우자인 원고의 이혼청구에 응하지 아니하는 것이라고 단정할 수 없다(대판 1999.10.8. 99므1213).

4. 離婚請求權의 消滅 - 제841조, 제842조

(1) 부정행위를 원인으로 하는 이혼청구권-제841조

(가) 안 날로부터 6월: 이혼청구권은 배우자의 부정행위를 안 때로부터 기산하여 6개월이 경과한 때는 소멸한다.

(나) 부정행위시부터 2년: 이혼청구권자가 배우자의 부정한 행위를 알았는지 여부에 관계없이 그 사실이 있은 날로부터 기산하여 2년이 경과한 때에 소멸한다. 축첩행위가 계속되는 한은 첩과의 생활을 시작한 지 2년이 경과하더라도 이혼청구권은 소멸하지 않으며, 제척기간의 기산점은 축첩행위가 종료된 때로 보고 있다.

(다) 제척기간: 본조의 이 기간은 제척기간이다.

(라) 본조의 적용범위: 민법 제841조 소정의 제척기간은 부정행위를 원인으로 한 이혼청구권의 소멸에 관한 규정으로서 이는 부권침해를 원인으로 하여 그 정신상 고통에 대한 위자료를 청구하고 있는 경우에는 적용될 수 없다(대판 1985.6.25. 83므18).
(2) 제840조제6호 사유를 원인으로 하는 이혼청구권-제842조
(가) 안 날로부터 6월: 상대방 배우자가 그 사실을 안 날로부터 6월이 경과한 때는 이혼청구권은 소멸한다.
(나) 사유발생으로부터 2년: 그 사유가 있은 날로부터 2년을 경과하면 소멸한다.
(다) 사유가 현재까지 지속하는 경우: 민법 제840조제6호 소정의 '기타 혼인을 계속할 수 없는 중대한 사유'가 현재까지도 계속 존재하는 경우에는 이혼청구권의 제척기간에 관한 민법 제842조가 적용되지 아니한다(대판 1987.12.22. 86므90).
(3) 제1호, 제6호 사유 외의 사유를 원인으로 하는 이혼청구권의 제척기간-10년: 그 외의 사유에 의한 이혼청구권에 관하여는 별도로 규정하고 있지 아니하여, 일반적인 형성권으로서 10년의 제척기간에 걸린다고 이해된다. 따라서 민법 제842조의 제척기간에 관한 규정은 같은 법 제840조제6호의 사유에 기한 이혼청구에만 적용될 뿐 같은 법 제840조제3호의 사유에 기한 이혼청구에 유추적용될 수 없고(대판 1993.6.11. 92므1054, 1061), 악의의 유기를 원인으로 하는 재판상 이혼청구권이 법률상 그 행사기간의 제한이 없는 형성권으로서 10년의 제척기간에 걸린다고 하더라도 피고가 부첩관계를 계속 유지함으로써 민법 제840조제2호에 해당하는 배우자가 악의로 다른 일방을 유기하는 것이 이혼청구 당시까지 존속되고 있는 경우에는 기간 경과에 의하여 이혼청구권이 소멸할 여지는 없다(대판 1998.4.10. 96므1434).

5. 離婚의 效果: 재판상 이혼도 협의이혼의 경우와 그 효과면에서 다르지 않다. 따라서 재판상 이혼에서도 약혼해제로 인한 손해배상청구권 규정(806조)과 이혼시 자녀의 양육책임 및 면접교섭권에 관한 규정(837조, 837조의2), 재산분할청구권에 관한 규정(839조의2)이 준용된다. * 심판상 화해로 이혼을 한 경우에도 과실 있는 상대방에게 위자료 청구를 할 수 있다(대판 1987.5.26. 85므41).

第4章 父母와 子

1. 槪括: 혼인으로 인한 부부와 그들 사이의 자녀들로 구성되는 가족은 사회를 구성하는 가장 기초적인 단계이며, 사회의 핵이다. 부모와 그들 사이의 자녀와의 관계가 친자관계인데, 가장 전형적인 친자관계가 혼인한 부모와 그들 사이의 자녀와의 관계이지만 제도로서의 친자관계는 혼인 외에서 출생한 경우와 입양의 경우가 있고, 오늘날에는 인공수정의 경우도 고려되어야 한다. 민법이 친자관계를 규정하는 것은 어떠한 사람 사이에 친자관계가 존재하느냐, 친자관계가 있는 사람 사이에는 어떠한 법률관계가 형성되느냐에 관한 것이다.
(1) 친생자관계: 혈연에 기초한 친자관계가 친생자관계이다. 친생자는 혼인관계에 있는 부부사이에서 출생한 혼인 중 출생자와 혼인 외의 출생자로 나뉘며, 혼인중 출생자인 경우에도 부부의 친생자로 추정을 받는 자와 그렇지 않은 자는 그 법적 효력을 달리하고 있다.
(2) 양친자관계: 입양에 의해 맺어지는 친자관계가 양친자관계이다.

2. 構成
(1) 친생자: 제844조-제865조
(2) 양자: 제866조-제908조의2
(3) 친권: 제909조-제927조

人工受精

1 意義: 인공수정이란 남녀간의 자연적 성행위에 의하지 않고, 인위적인 시술에 의하여 수태를 하게 하는 것을 말하며, 인공수정에 의하여 태어난 자가 인공수정자이다. 인공수정에는 처가 부의 정액을 사용해서 인공수정하는 방법(AIH)과 제3자의 정액을 사용하는 인공수정방법(AID)이

있다. 인공수정자는 민법이 예정하지 못한 것으로 종래의 법개념으로는 해결할 수 없는 문제를 내포하고 있으므로 입법을 통하여 해결하여야 한다.

2. 人工受精者의 法的 地位

(1) AIH(Artificial Insemination with Husband's Semen)의 경우에는 보통의 자와 동일하므로 특별한 법적 문제가 발생하지 않는다. 다만 시술의 허용여부, 부가 사망한 후에 냉동보존되었던 부의 정액을 사용한 인공수정자의 법적 지위가 문제될 수 있다.

(2) AID(Artificial Insemination with Donor's Semen)

(가) 부의 동의가 있는 경우: 부부 사이의 친생자로 추정하여 친생부인권은 인정되지 않는다고 해석된다(서울고법 1986.6.9. 86르53, 대구지법 2007.8.23. 2006드단22397). * 무정자증으로 남편과의 사이에는 임신이 불가능함을 알고 다른 사람의 정자를 공여받아 인공수정을 하는 것에 동의하면서, 인공수정으로 태어난 출생아를 정상적으로 양육하고, 도덕적 · 사회적 · 법적 문제를 포함한 모든 책임을 지기로 한 경우에, 이혼하였다고 하여 다시 인공수정자로 태어난 자에 대하여 친생을 부인하는 것은 신의칙에 반한다(대구지법 2007.8.23. 2006드단22397).

(나) 부의 동의가 없는 경우: 처가 혼인 중 타인의 자를 출생한 경우와 같이 친생추정을 받지 않는 혼생자이며 부는 친생부인권을 행사할 수 있다고 하는 견해와 처가 혼인 중 타인의 자를 낳았다면 그 자는 사정에 따라 친생자추정을 받는 혼인 중의 출생자, 친생추정을 받지 않는 혼인 중의 출생자 · 친생추정이 미치지 않는 자가 되고 부는 친생부인의 소를 제기할 수 있으며, 친생자추정을 받지 않거나 추정이 미치지 않는 자일 경우에는 이해관계인이 친생자관계부존재확인의 소를 제기할 수 있다고 보는 견해가 있다.

3. 人工受精者와 精液提供者의 關係: 인공수정자와 제공자와의 관계에서 인공수정자가 정액제공자에 대하여 인지청구권을 가지는가에 대해서는 인지긍정설과 인지부정설이 대립하고 있다. 인지긍정설은 부의 친생부인권을 인정하는 전제하에 정액제공자에 대한 인지청구권을 인정하여야 한다고 하는 견해이며, 인지부정설은 제공자에 의한 임의인지나 자로부터의 인지청구의 소가 모두 허용될 수 없다고 한다.

4. 獨身女性에 대한 人工受精: 그 동기, 그 여자와 제공자와의 관계, 제공자의 직업 및 자에 대한 태도 등 제반사정을 검토하여 친자관계의 인정여부를 결정하여야 할 것이며 일괄적인 처리가 되어서는 오히려 불합리한 결과가 많을 것이라는 견해가 있다.

5. 體外受精者 · 代理母出生者

(1) 체외수정자: 배우자간의 체외수정은 처에게 AIH와 같으므로, 법률적으로는 큰 문제가 없다. 다만 체외수정상태에서 부가 사망하였을 경우에, 이 수정란을 태아로 보아서 상속권을 인정할 것인가 하는 문제가 있다.

(2) 대리모출생자: 대리모 약정의 유효성 여부에 대하여는 논란이 있으나, 그 약정의 내용 중 비양육친(대리모)의 면접교섭권을 배제하는 내용은 무효로 본 사례는 있다(서울가법 2009.4.10. 2009브16).

(가) 대리모계약이 유효하다고 보면, 입양과 같은 방법에 의하여 대리모의 자가 의뢰부부의 친자로서 법률상 지위를 가질 수 있다. 대리모가 자의 인도를 거절하는 경우에는 의뢰부부에게 자의 인도청구권이 인정되고 소송을 통하여 강제집행을 할 수 있다.

(나) 대리모계약이 선량한 풍속 기타 사회질서에 반하는 법률행위(103조)로서 무효가 된다고 한다면, 대리모의 자와 대리모 사이에는 분만을 매개로 한 모자관계가 성립한다. 그리고 대리모의 자는 대리모가 혼인 중인 때에는 그 부 사이의 혼인 중의 출생자로 추정되고, 부는 친생부인권을 갖는다. 대리모계약의 무효로 인하여 대리모는 자를 인도할 의무를 부담하지 않고, 의뢰부부(정자와 난자를 제공한 부부)는 대리모계약에 따른 자의 인도를 청구할 수 없다.

第1節 親生子

1. 槪括: 친생자는 출생에 의하여 이루어진 부모와 자녀의 관계이다. 일반적인 경우는 부모의 혼인 중에 출생한 자(혼인중의 자)이지만, 혼인과 관계없이 출생하는 자(혼인 외의 자)와의 관계

도 친생자관계이다. 다만 혼인 중이냐 여부는 父와의 관계에서 혼인 중의 경우는 원칙적으로 친생추정을 받으나, 혼인 외의 경우는 인지에 의하여 父와의 관계가 형성되는 점에서 차이가 있고, 친자관계의 효력면에서도 다소의 차이가 있다.

2. 構成

(1) 부의 친생자의 추정: 제844조
(2) 법원에 의한 父의 결정: 제845조
(3) 친생부인: 제846조-제854조
(4) 인지: 제855조-제864조의2
(5) 친생자관계존부확인의 소: 제865조

第844條【夫의 親生子의 推定】 ①妻가 婚姻中에 胞胎한 子는 夫의 子로 推定한다. ②婚姻成立의 날로부터 2百日後 또는 婚姻關係 終了의 날로부터 3百日內에 出生한 子는 婚姻中에 胞胎한 것으로 推定한다.

親生子 推定

1. 意義: 친생자관계는 한편으로는 생물학적인 혈연을 기초로 하고 다른 한편으로는 혼인을 기초로 하여 결정된다. 이 중 혼인의 유무는 가족관계등록부의 기재에 의해 쉽게 판명이 되지만 생물학적인 혈연의 존부는 모자관계는 출생이라는 사실에 의해 분명해진다. 이와 달리 부자관계의 존부는 분명하지가 않다. 따라서 본조 제1항은 혼인 중에 포태한 자는 夫의 자로 추정하고, 나아가 제2항에서 자의 출생시기에 따라 혼인 중 포태여부를 추정하도록 하고 있다.

2. 親生子推定을 받는 婚姻中의 子

(1) 혼인 중의 포태자-제1항: 혼인 중에 포태한 자는 혼인 중의 자로 추정된다. 포태란 정자와 난자의 결합으로 인한 수정란이 자궁에 착상된 때를 말한다.

(2) 혼인 중 포태자 추정기간-제2항: 혼인성립의 날로부터 200일 후나 혼인관계가 해소된 때로부터 300일 이내에 태어난 자를 혼인 중에 포태한 것으로 추정한다.

(가) 시기-혼인의 성립일: 혼인 중이란 혼인신고일이 기준이 되고, 사실혼 상태에서 법률혼이 된 경우는 사실혼개시일이 기준이 될 것이다.

(나) 혼인관계의 해소일: 혼인관계의 해소는 이혼이나 배우자의 사망 및 혼인취소에 의해 이루어진다.

① 협의이혼: 협의이혼은 이혼신고가 된 날이 해소일이 된다.

② 조정, 재판상 이혼: 조정이혼은 조정조서가 성립한 날, 재판이혼의 경우에는 이혼심판이 확정된 날이 해소일이 된다.

(3) 효과

(가) 강한 추정: 본조의 친생자추정은 다른 반증을 허용하지 않는 강한 추정이므로 특별한 예외적인 사유가 없는 한 아무도 그 자가 부의 친생자가 아님을 주장할 수 없다.

(나) 추정의 번복-친생부인의 소로만 가능: 친생추정을 번복하기 위하여서는 부측에서 제846조, 제847조가 규정하는 친생부인의 소를 제기하여 그 확정판결을 받아야 하며, 다른 남자의 친생자라고 주장하여 인지를 청구하거나 제865조 소정의 친생자관계부존재확인의 소의 방법에 의하여 그 친생자관계의 부존재확인을 구할 수 없다(대판 1992.7.24. 91므566).

3. 親生子推定의 制限

(1) 친생추정의 부정-제2항

(가) 혼인 성립 후 200일 전 출생: 혼인 중에 출생한 자라도 혼인이 성립한 날로부터 200일이 되기 전에 출생한 자는 친생추정을 받지 못한다. 법률혼 전에 사실혼이 있었다면 그 사실혼 성립일로부터 기산하여 친생추정을 받을 수 있다.

(나) 사실혼: 법률혼이 없는 사실혼만 선행된 경우에는 친생추정을 받지 못하고, 그 자가 친생자

임을 확인받기 위하여는 친자관계존부확인의 소에 의하여야 한다.

(2) 형식적 요건 충족의 경우에 친생자추정이 미치지 않는 자: 혼인 중이나 동거의 외관이 없는 경우 등과 같이 夫의 자가 아님이 명백한 경우에도 본조 제1항의 외형적인 형식적 요건인 포태 및 출생시기만에 의해 부성추정을 받게 되고, 따라서 친생부인의 소에 의하지 않고서는 부자관계를 해소할 수 없다고 하는 것은 지나치게 부에게 가혹하게 될 수 있다. 따라서 명백한 과학적 근거가 있는 일정한 예외적인 경우에는 친생추정이 미치지 않지 않느냐는 문제가 있다. 이에 대하여는 친생추정제도의 취지가 가정의 평화와 부부간의 사생활을 보호하는 데 있으므로 부의 출장·해외체류·수감이나 사실상의 이혼 등 부부간에 자가 출생할 수 없는 외관이 명백한 경우에만 부의 친생추정이 배제된다는 견해(외관설)와 장기간의 동거의 결여 등 외관상 명백한 경우는 물론이고 그러한 사실이 없더라도 개별적 구체적 심사의 결과 친자로 볼 수 없는 경우에는 친생추정이 되지 아니한다는 견해(혈연설)가 있다.

(가) 제844조의 의미: 제844조는 부부가 동거하여 처가 부의 자를 포태할 수 있는 상태에서 자를 포태한 경우에 적용되는 것이다.

(나) 포태가 불가하다는 것이 외관상 명백한 경우

① 장기간의 별거: 부부의 한쪽이 장기간에 걸쳐 해외에 나가 있거나 사실상의 이혼으로 부부가 별거하고 있는 경우 등 동서의 결여로 처가 부의 자를 포태할 수 없는 것이 외관상 명백한 사정이 있는 경우에는 그 추정이 미치지 아니한다고 해석된다. 즉 처가 가출하여 부와 별거한지 약 2년 2개월 후에 자를 출산하였다면 부부간의 포태는 불가한 것이 외관상 명백하여 동조의 추정이 미치지 아니한다(대판 1983.7.12. 82므59). 그러나 단순히 부부가 평상시에 별거하고 있다는 등의 사정만으로는 친생추정을 받지 아니하는 사유가 될 수 없다고 할 것이므로, 청구인은 갑과 혼인한 후 다른 여자와 부첩관계를 맺고 평소에 갑과는 별거하고 있었으나 갑이 청구인의 부모를 모시고 본가에서 거주하는 관계로 1년에 한번 정도로 찾아와 만났다면 이 부부 사이는 처가 부의 자식을 포태할 수 없음이 객관적으로 명백할 정도로 동서의 결여가 있다고는 할 수 없는 것이므로 갑이 혼인 중에 포태하였음이 명백한 피청구인은 청구인의 친생자로 추정받는다(대판 1990.12.11. 90므637).

② 객관적으로 명백한 경우: 또한 호적상의 부모의 혼인 중의 자로 등재되어 있는 자라 하더라도 그의 생부모가 호적상의 부모와 다른 사실이 객관적으로 명백한 경우에는(입양을 출생신고한 것이 명백한 사안) 그 친생추정이 미치지 아니한다(대판 2000.1.28. 99므1817). * 허위의 출생신고를 마친 사실을 인정하고, 민법 제844조의 친생추정을 받는 자는 친생부인의 소에 의하여 그 친생추정을 깨뜨리지 않고서는 다른 사람을 상대로 인지청구를 할 수 없으나, 호적상의 부모의 혼인중의 자로 등재되어 있는 자라 하더라도 그의 생부모가 호적상의 부모와 다른 사실이 객관적으로 명백한 경우에는 그 친생추정이 미치지 아니한다고 봄이 상당하고, 따라서 그와 같은 경우에는 곧바로 생부모를 상대로 인지청구를 할 수 있다(대판 2000.1.28. 99므1817).

(다) 夫의 생식불능: 부부가 동거를 하고 있는 이상 그 부가 생식불능이라고 하더라도 그 추정은 유지된다(서울고법 1991.7.23. 91르483).

(3) 친생자 추정이 되지 아니하는 자: 친생자추정이 되지 않는 자는 친생부인의 소에 의하지 아니하고, 친자관계부존재확인의 소를 통해 친자관계를 해소할 수 있다.

第845條【法院에 依한 父의 決定】 재혼한 여자가 解產한 境遇에 제844조의 規定에 依하여 그 子의 父를 定할 수 없는 때에는 法院이 當事者의 請求에 依하여 이를 定한다. 〈개정 2005.3.31〉

法院에 의한 父의 決定

1. 意義: 친생자추정이 중복되어 제844조의 규정으로 부를 정할 수 없는 때에는 법원으로 하여금 부를 정하도록 한 것이다. 본조는 그 경우를 이혼 후 재혼한 경우를 규정하나, 그 밖에 중혼의 경우 등에도 준용된다.

2. 親生子推定이 重複되는 경우

(1) 이혼 후 곧 재혼한 경우: 여자가 이혼(이혼신고)을 하고 곧 재혼하여 자녀를 출산한 경우, 그 출산일이 전혼의 해소일로부터 300일 이내이면서 동시에 후혼의 성립일로부터 200일 후인경우에는 그 자녀는 제844조의 규정에 의해 전남편의 자로 추정되는 동시에 재혼한 남편의 자로 추정된다.

(2) 중혼 등의 경우: 중혼 성립일로부터 200일 후에 자가 출생한 경우에도 유추적용되어야 한다.

3. 父를 定하는 訴

(1) 소의 성질-형성의 소: 父를 정하는 소는 처의 전혼의 夫와 후혼의 夫의 자로서 부성추정이 중복하고 있는 것을 원인으로 하여 판결에 의해 그 자의 父를 정하는 것으로, 소의 성질은 형성의 소이다.

(2) 소의 당사자

(가) 청구권자: 자, 모, 모의 배우자 또는 그 전배우자가 제기할 수 있다.

(나) 상대방

① 청구자가 자: 자가 제기하는 경우에는 모, 모의 배우자 및 전배우자가 상대방이다.

② 청구자가 모: 그 배우자 및 전배우자가 상대방이다.

③ 청구자가 모의 배우자: 모의 배우자가 제기하는 경우에는 모 및 그 전배우자가 상대방이다.

④ 청구자가 전배우자: 전배우자가 제기하는 경우에는 모 및 그 배우자를 상대방으로 한다.

⑤ 상대방이 사망한 경우: 상대방이 될 자 중에 사망한 자가 있을 때에는 생존자를 상대방으로 하고, 생존자가 없는 때에는 그 사망을 안 날로부터 1년 내에 검사를 상대방으로 할 수 있다(가소 27조).

(3) 효과-인용판결의 효력

(가) 출생 당시에 소급하여 부로: 부를 정하는 소의 인용판결이 확정되면 부로 정해진 자는 그 자의 출생 당시부터 부인 것으로 확정된다.

(나) 자: 그 자는 다시 친생부인의 소를 제기하거나 친생자관계부존재확인의 소를 제기할 수 없다.

(다) 판결의 대세효: 인용판결의 대세효에 의해 누구도 이 판결에 반하는 소를 제기할 수 없다.

(라) 1월 내에 등록부 정정 신청: 재판에 의해 부가 정해진 경우에는 소를 제기한 자는 판결확정일로부터 1월 내에 등록부의 정정을 신청하여야 한다(가족관계등록법 107조).

第846條【子의 親生否認】 부부의 일방은 第844條의 境遇에 그 子가 親生子임을 否認하는 訴를 提起할 수 있다. 〈개정 2005.3.31〉

第847條【친생부인의 소】 ①친생부인(親生否認)의 소(訴)는 부(夫) 또는 처(妻)가 다른 일방 또는 자(子)를 상대로 하여 그 사유가 있음을 안 날부터 2년내에 이를 제기하여야 한다.

②제1항의 경우에 상대방이 될 자가 모두 사망한 때에는 그 사망을 안 날부터 2년내에 검사를 상대로 하여 친생부인의 소를 제기할 수 있다.

第848條【禁治産者의 親生否認의 訴】 ①부(夫) 또는 처(妻)가 禁治産者인 때에는 그 後見人은 親族會의 同意를 얻어 친생부인의 소를 提起할 수 있다. 〈개정 2005.3.31〉

②제1항의 境遇에 後見人이 친생부인의 소를 提起하지 아니한 때에는 禁治産者는 禁治産宣告의 取消있은 날로부터 2년내에 친생부인의 소를 提起할 수 있다. 〈개정 2005.3.31〉

第849條【子死亡後의 親生否認】 子가 死亡한 後에도 그 直系卑屬이 있는 때에는 그 母를 相對로, 母가 없으면 檢事를 相對로 하여 否認의 訴를 提起할 수 있다.

第850條【遺言에 依한 親生否認】 부(夫) 또는 처(妻)가 遺言으로 否認의 意思를 表示한 때에는 遺言執行者는 친생부인의 소를 提起하여야 한다. 〈개정 2005.3.31〉

第851條【부의 자 출생 전 사망 등과 친생부인】 부(夫)가 자(子)의 출생 전에 사망하거나 부(夫) 또는 처(妻)가 제847조제1항의 기간내에 사망한 때에는 부(夫) 또는 처(妻)의 직계존속이나 직계비속에 한하여 그 사망을 안 날부터 2년내에 친생부인의 소를 제기할 수 있다.

第852條【친생부인권의 소멸】 자의 출생 후에 친생자(親生子)임을 승인한 자는 다시 친생부인의 소를 제기하지 못한다.

第853條 삭제 〈2005.3.31〉

第854條【詐欺, 强迫으로 因한 承認의 取消】 제852조의 承認이 詐欺 또는 强迫으로 因한 때에는 이를 取消할 수 있다. 〈개정 2005.3.31〉

親生否認의 訴

1. 親生否認의 訴: 친생추정에 의한 친자관계의 단절을 위해서 제기하는 소가 친생부인의 소이다.
(1) 친생추정을 받는 경우-친생부인의 소: 처가 혼인 중에 출산하고 夫의 친생자로 추정되는 자를 부부의 일방은 자가 夫의 자가 아님을 친생부인의 소로 부인할 수 있다. 이와 같이 제844조에 의하여 친생추정이 되는 경우에 이를 부인하는 소가 친생부인의 소이다.
(2) 친생추정을 받지 않는 자, 미치지 않는 자-친자관계존부확인의 소: 친생추정을 받지 않는 자나 친생추정이 미치지 않는 자에 대한 친자관계의 단절을 위해서는 부인의 소가 아닌 친생자관계부존재확인의 소로 하여야 한다.

2. 當事者
(1) 부인권자-부부 중 일방-제846조: 친생부인권의 행사는 소의 방법으로 해야 하며, 제소권자는 부부 중 일방이다.
(가) 부부 중 일방이 금치산자-제848조: 부부 중 일방이 금치산자인 경우에는 그 후견인이 친족회의 동의를 얻어서 친생부인의 소를 제기할 수 있다.
(나) 유언에 의한 경우-제850조: 친생부인은 소의 방식에 의해야 하므로 부 또는 처가 죽음에 임박한 때나, 자녀가 출생 전의 태아인 때에는 유언으로써 친생부인의 의사표시를 할 수 있다. 이때에는 유언집행자는 친생부인의 소를 제기하여야 하고, 유언집행자가 당사자가 된다.
(다) 자 출생 전의 부의 사망 등-제851조: 친생부인의 소는 자가 태아인 때에는 제기할 수 없으므로 부가 자의 출생 전에 사망한 경우에는 부의 직계존속이나 비속이 부의 사망을 안 날로부터 2년 내에 친생부인의 소를 제기할 수 있다. 또한 부나 처가 자에 대하여 친생부인의 사유가 있음을 안 날로부터 2년 내에 사망한 경우에도 그 직계존속이나 비속이 소를 제기할 수 있으며, 소송진행중에 부 또는 자가 사망한 경우에도 직계존속이나 비속이 소송절차를 승계할 수 있다(가소법 16조).
(2) 상대방-제847조
(가) 원칙-제1항: 부부 중 다른 일방 또는 자가 상대방이 된다.
(나) 제1항에 의한 상대방이 사망한 경우-제2항: 제1항에 의한 상대방이 될 자가 모두 사망한

때에는 그 사망을 안 날로부터 2년 내에 검사를 상대로 하여 친생부인의 소를 제기할 수 있다.
(다) 자의 사망 후-자의 직계비속이 있는 경우-제849조: 자가 사망한 후에도 자의 직계비속이 있는 때에는 자의 모, 모가 없으면 검사가 상대방이 된다.

3. 提訴期間: 제소기간은 제소권자 및 그 상대방이 누구냐에 따라서 각기 다르다.
(1) 상대방이 생존-제847조제1항: 그 사유가 있음을 안 날로부터 2년 내에 제기해야 한다. 여기서의 그 사유가 있음을 안 날이란 부가 자가 자기의 자가 아님을 안 날을 의미한다.
(2) 상대방의 사망-제847조제2항: 그 사망을 안 날로부터 2년 내에 검사를 상대로 하여 친생부인의 소를 제기할 수 있다.
(3) 금치산자-제848조
(가) 후견인-제1항: 사유있음을 안 날로부터 2년 내에 친족회의 동의를 얻어 제소하여야 한다.
(나) 후견인이 소를 제기하지 않은 경우-제2항: 후견인이 친생부인의 소를 제기하지 아니한 때에는 금치산자는 금치산선고의 취소 있은 날로부터 2년 내에 제소하여야 한다.
(4) 직계존비속의 제소기간-제851조: 夫가 자의 출생 전에 사망하거나, 夫 또는 처가 친생부인의 사유있음을 안 날로부터 2년 내에 사망한 때에는 夫 또는 처의 직계존속이나 직계비속이 그 사망을 안 날로부터 2년 내에 제소하여야 한다.

4. 節次: 친생부인의 소는 나류 가사소송사건이므로 조정을 거쳐야 하며, 조정이 성립되지 않으면 판결로써 한다.

5. 承認에 의한 否認權의 消滅 - 제852조: 자의 출생 후에 친생자임을 승인한 자는 다시 친생부인의 소를 제기하지 못한다.
(1) 승인: 승인은 부 또는 처가 친생추정을 받는 자가 부의 친생자라는 취지를 적극적으로 긍정하는 의사표시이며, 친생부인권을 행사하지 않을 것을 표명할 것을 요구하는 것은 아니다.
(2) 승인의 방법과 상대방: 승인의 방법은 명시적이건 묵시적이건 상관없으며 부의 친생자라는 것을 인정하는 취지를 명확히 하면 된다. 승인의 상대방에 대해서는 특별한 규정이 없으며, 부부일방 또는 자, 기타의 자에 대해서 할 수 있다.
(3) 승인의 시기: 자의 출생시기가 부의 친생자여부를 판단하는 중요한 기준이 되므로 승인의 시기는 자가 출생 후에 한정된다.
(4) 승인의 효과: 친생자로 승인하면 친생부인권이 소멸하고, 부의 친생자관계가 확정된다. 또한 승인의 철회도 인정되지 않으며, 친생자관계부존재를 근거로 친생자관계부존재확인의 소를 구할 수도 없다.
(5) 승인의 취소
(가) 사기, 강박에 의한 승인-제854조: 승인이 사기·강박으로 인한 때에는 승인을 취소할 수 있다.
(나) 착오에 의한 취소: 제854조는 착오에 의한 취소권을 규정하고 있지 않지만 부 또는 처가 착오에 의하여 승인한 때에도 취소가 가능하다고 해석된다.
(다) 취소권의 존속기간: 취소권의 존속기간에 대해서는 규정이 없지만, 신분관계의 불안정을 방지한다는 관점에서 존속기간을 한정할 필요가 있으므로, 사기·강박에 의한 입양·협의이혼의 취소규정을 유추하여 사기가 있었음을 안 날 또는 강박을 면한 날로부터 3개월을 경과하면 소멸하는 것으로 해석된다.
(라) 취소의 효과: 취소하면 처음부터 승인의 의사표시가 없었던 것으로 된다.

6. 親生否認의 訴의 效力: 부인을 인정하는 판결이 확정되면 자는 혼인 외의 자가 된다. 그 효과는 형성적이며 판결은 대세적 효력을 갖는다. 이와 같은 부인재판이 확정되기 전에는 제3자는 선결문제로서도 부의 자가 아님을 주장할 수 없으며, 진실한 父도 자를 인지할 수 없다.

第855條【認知】 ①婚姻外의 出生子는 그 生父나 生母가 이를 認知할 수 있다. 父母의 婚姻이 無效인 때에는 出生子는 婚姻外의 出生子로 본다.
②婚姻外의 出生子는 그 父母가 婚姻한 때에는 그때로부터 婚姻中의 出生子로 본다.

第856條【禁治産者의 認知】 父가 禁治産者인 때에는 後見人의 同意를 얻어 認知할 수 있다.

第857條【死亡子의 認知】 子가 死亡한 後에도 그 直系卑屬이 있는 때에는 이를 認知할 수 있다.

第858條【胞胎中인 子의 認知】 父는 胞胎中에 있는 子에 對하여도 이를 認知할 수 있다.

第859條【認知의 效力發生】 ①認知는 「가족관계의 등록 등에 관한 법률」의 定하는 바에 依하여 申告함으로써 그 效力이 생긴다. 〈개정 2007.5.17〉
②認知는 遺言으로도 이를 할 수 있다. 이 境遇에는 遺言執行者가 이를 申告하여야 한다.

認知

1. 婚姻 外의 子: 법률혼관계가 아닌 남녀사이에 출생한 자가 혼인 외의 자(혼외자)이며, 사실혼, 무효혼, 사통, 부첩관계 등에서 태어난 자와, 혼인 중에 출생하였으나 친생부인 또는 친자관계부존재확인의 소에 의하여 친생자가 아님이 확인된 자이다. 혼인 외의 자는 모가 누구인지는 출생의 사실에 의하여 보통의 경우 분명하나, 父가 누구인지가 문제된다. 따라서 부에 대하여는 별도의 제도에 의하여 부를 결정(인지)하게 되는데, 부가 결정되지 아니한 상태에서는 부와는 아무런 법률관계가 형성되지 않는다.
(1) 부의 인지 전: 부가 결정되지 아니한 상태의 혼인 외의 자는 모와의 관계에서만 친자관계가 발생하여 성과 본은 모를 따르며, 모의 친권에 복종한다.
(2) 부의 인지 전의 실부: 혼인 외의 출생자에 대하여는 그 실부가 인지함으로써 비로소 부자간에 법률상의 친자관계가 형성되어 부양의무가 발생하는 것이고 아직 인지되지 않은 혼인 외 출생자에 대하여는 그 실부라 할지라도 법률상 부양의무가 있다고 할 수 없지만, 실부가 혼인 외 출생자에 대한 인지를 하기 전에 생모에게 자의 양육을 부탁하면서 그 양육비를 지급하기로 약정하였다면 그러한 약정은 유효하다 할 것이고 이러한 경우 약정한 범위 내에서는 과거의 양육비라도 청구할 수 있다(대판 1987.12.22. 87므59).
(3) 모의 불명: 모도 알 수 없는 자는 법원의 허가를 얻어 성과 본을 따르며, 그 이후 부 또는 모를 알게 된 때에 부 또는 모의 성과 본을 따를 수 있다(781조4항).
2. 認知의 意義: 인지는 혼외자를 혈연상의 부모가 자기의 자로 인정함으로써 생물학적 혈연상의 친자관계를 법률상의 친자관계로 하는 행위이다.
(1) 임의인지-제855조: 부 또는 모가 자발적으로 인지하는 것이다.
(2) 강제인지-제863조: 혼인 외의 자 등이 부 또는 모를 상대로 친자관계가 있음을 소로서 청구하는 인지이다. * 허위의 출생신고를 마친 사실을 인정하고, 민법 제844조의 친생추정을 받는 자는 친생부인의 소에 의하여 그 친생추정을 깨뜨리지 않고서는 다른 사람을 상대로 인지청구를 할 수 없으나, 호적상의 부모의 혼인 중의 자로 등재되어 있는 자라 하더라도 그의 생부모가 호적상의 부모와 다른 사실이 객관적으로 명백한 경우에는 그 친생추정이 미치지 아니한다고 봄이 상당하고, 따라서 그와 같은 경우에는 곧바로 생부모를 상대로 인지청구를 할 수 있다(대판 2000.1.28. 99므1817).
3. 認知權者
(1) 부 또는 모-제855조제1항: 혼외자를 인지할 수 있는 사람은 생부 또는 생모이다. 혼외자와

부자관계는 인지를 통해서만 발생하므로 인지의 필요성이 있지만 본조는 모의 인지권도 규정하고 있다. 모자관계는 출산의 사실에 의해 발생하나, 모를 모를 때에는 모의 인지도 필요하다. 혼외자와 생모간에는 생모의 인지나 출생신고를 기다리지 않고 자의 출생으로 당연히 법률상의 친족관계가 생기는 것이다(대판 1980.9.9. 80도1731).

(2) 부가 금치산자-제856조: 인지권자가 행위능력자일 것을 요하지는 않지만 의사능력은 있어야 한다. 따라서 금치산자도 의사능력이 있는 때에는 인지할 수 있으며, 다만 후견인의 동의를 얻어야 한다. 임의인지는 단순한 인지신고로 가능하지만 인지에 의하여 그 자에 대하여 법률상 부자관계가 확정되는 중요한 사항이므로 후견인의 동의를 얻을 것을 요건으로 한다.

4. 被認知者

(1) 혼외자-제855조제1항: 피인지자는 혼외자, 즉 서로 법률혼관계에 있지 않은 남녀 사이에서 출생한 자이다. 다른 사람이 인지한 경우에는 인지이의의 소나 인지무효의 소에 의하여 친자관계가 없음이 확인된 후 인지할 수 있다.

(2) 혼외자가 사망한 경우-제857조

(가) 그 직계비속이 있는 경우에만: 혼외자가 사망하였으나 그 직계비속이 있는 때에는 사망자를 인지할 수 있다. 혼외자가 이미 사망한 경우에는 인지하더라도 혼외자가 인지자의 상속인으로 될 수 없고, 오히려 인지자가 혼외자의 상속인이 될 수 있는 등 혼외자에게 실익이 없으므로 사망한 자에 대해서는 원칙적으로 인지가 허용되지 않는다. 그러나 혼외자에게 직계비속이 있는 경우에는 그 직계비속과 인지자간에 직계혈족관계를 발생시키기 위해서는 사망한 혼외자간의 친자관계가 전제가 되어야 하므로, 혼외자에게 직계비속이 있는 때에는 인지가 가능하도록 규정한다.

(나) 인지의 방식: 사망한 자에 대한 인지의 방식도 통상의 인지신고와 동일하지만, 그 신고서에 일반 기재사항 외에 사망한 자녀의 사망연월일, 그 직계비속의 성명·출생연월일·주민등록번호 및 등록기준지를 기재해야 한다.

(3) 포태 중인 경우-제858조: 포태 중에 있는 자, 즉 태아에 대하여도 이를 인지할 수 있다. 본조가 태아에 대한 인지를 가능토록 한 것은 자의 출생 전에 부가 사망할 가능성이 있는 등의 사정이 있을 때에는 비록 출생 전이라 하더라도 인지를 허용할 실익이 있기 때문이다.

(가) 인지의 방식: 태아에 대한 인지의 방식은 인지신고나 유언에 의해 할 수 있으며, 인지신고에는 신고서에 그 취지, 모의 성명 및 등록기준지를 기재하여야 한다(가족관계등록법 56조).

(나) 출생 후 등록부에 기재: 태아인지신고의 수리 후 곧장 가족관계등록부에 기재되는 것은 아니며, 출생을 기다려 출생사실과 함께 기재된다.

5. 認知의 方式 - 제859조

(1) 인지권의 성질

(가) 형성권: 인지는 부의 일방적인 행위에 의해 법적 부자관계가 형성되는 형성권이다.

(나) 시효: 인지는 시효의 제한을 받지 않으며, 자의 연령에 관계없이 인지할 수 있다.

(다) 일신전속권: 인지는 일신전속권이므로 양도성이나 상속성도 없으며, 채권자대위권의 대상으로 될 수 없다.

(라) 포기 불가: 인지청구권은 본인의 일신 전속적인 신분관계상의 권리로서 포기할 수 없고 포기하였다 하더라도 그 효력이 발생할 수 없는 것이므로 비록 인지청구권을 포기하기로 하는 화해가 재판상 이루어지고 그것이 화해조항에 표시되었다 할지라도 동 화해는 그 효력이 없다(대판 1987.1.20. 85므70).

(2) 생전인지-제1항

(가) 인지신고-제1항: 생전인지는 가족관계등록법에 따른 신고에 의해 성립한다. 신고가 없는 이상은 부가 혼외자나 그 모에게 인지의 의사를 표명하거나 실제 자를 양육하고 있어도 법적 친자관계는 발생하지 않는다.

(나) 친생자로 출생신고한 경우-인지의 효력: 혼외자에 대해 인지신고를 하지 않고 친생자출생신고를 한 경우, 예를 들면 부가 처가 아닌 여자와의 사이에서 태어난 자를 부부사이의 친생자로 출생신고를 하였다면 그 출생신고는 부의 자에 대한 인지의 효력이 있다(가족관계등록법 57조).

(3) 유언인지-제2항: 유언에 의한 인지이다.
(가) 효력: 유언에 의한 인지는 유언자의 사망에 의해 효력이 발생하고, 유언집행자가 신고한다. 인지의 효력은 사망시에 발생하고, 유언집행자의 신고는 보고적 신고이다.
(나) 유언집행자의 신고: 유언집행자는 그 취임일부터 1개월 이내에 인지에 관한 유언서등본 또는 유언녹음을 기재한 서면을 첨부하여 신고하여야 한다(가족관계등록법 59조).

第860條【認知의 遡及效】 認知는 그 子의 出生時에 遡及하여 效力이 생긴다. 그러나 第三者의 取得한 權利를 害하지 못한다.

第861條【認知의 取消】 詐欺, 强迫 또는 重大한 錯誤로 因하여 認知를 한 때에는 詐欺나 錯誤를 안 날 또는 强迫을 免한 날로부터 6月內에 가정법원에 그 취소를 청구할 수 있다. 〈개정 2005.3.31〉

第862條【認知에 對한 異議의 訴】 子 其他 利害關係人은 認知의 申告있음을 안 날로부터 1年內에 認知에 對한 異議의 訴를 提起할 수 있다.

任意認知

1. 認知의 基本的 效力

(1) 인지의 소급효-자의 출생시-제860조: 인지는 인지자와 피인지자 간에 법적 친자관계를 성립시키는 것이며, 구체적으로는 자녀의 성·본, 친권, 부양 및 상속관계에 영향을 미친다. 특히 본조에서는 친자관계의 발생시기를 인지한 때부터 하지 않고 자의 출생시까지 소급하여 발생하는 것으로 규정하고 있다.
(가) 자녀의 성과 본: 부가 인지하더라도 부모의 협의나 법원의 허가를 얻어 부의 성과 본으로 변경할 수도 있고, 종전의 성을 그대로 사용할 수도 있다(781조5항).
(나) 친권자 결정: 인지되면 부모공동친권, 공동양육의 책임이 있는데, 이에 관하여 문제가 있으면 피인지자가 미성년자인 경우에는 친권자가 결정되어야 하는데, 부모의 협의나 법원에 의해 친권자를 정해야 한다(909조4항).
(다) 부양의무: 인지자와 인지된 자녀 사이에는 상호 부양의무가 있다.
(라) 양육책임-제864조의2(837조)
① 장래의 양육: 피인지자가 미성년자인 경우는 피인지자의 양육자, 양육비용부담 등에 관하여 인지자와 모는 협의에 의하여 결정하여야 하고, 협의가 이루어지지 않은 때에는 당사자의 청구에 의하여 법원에 의하여 결정한다.
② 과거의 양육비: 부모 공동양육으로 양육비를 일방에게 부담시키는 것이 오히려 형평에 어긋나게 되는 등 특별한 사정이 있는 경우를 제외하고는, 양육하는 일방은 상대방에 대하여 현재 및 장래에 있어서의 양육비 중 적정 금액의 분담을 청구할 수 있음은 물론이고, 부모의 자녀양육의무는 특별한 사정이 없는 한 자녀의 출생과 동시에 발생하는 것이므로 과거의 양육비에 대하여도 상대방이 분담함이 상당하다고 인정되는 경우에는 그 비용의 상환을 청구할 수 있다. 한 쪽의 양육자가 양육비를 청구하기 이전의 과거의 양육비 모두를 상대방에게 부담시키게 되면 상대방은 예상하지 못하였던 양육비를 일시에 부담하게 되어 지나치고 가혹하며 신의성실의 원칙이나 형평의 원칙에 어긋날 수도 있으므로, 이와 같은 경우에는 반드시 이행청구 이후의 양육비와 동일한 기준에서 정할 필요는 없고, 부모 중 한 쪽이 자녀를 양육하게 된 경위와 그에 소요된 비용의 액수, 그 상대방이 부양의무를 인식한 것인지 여부와 그 시기, 그것이 양육에 소요된 통상의 생활비인지 아니면 이례적이고 불가피하게 소요된 다액의 특별한 비용(치료비 등)인지 여부와 당사자들의 재산 상황이나 경제적 능력과 부담의 형평성 등 여러 사정을 고려하여 적절하다고 인정되는 분담의 범위를 정할 수 있다(대판 1994.5.13. 92스21).

(마) 면접교섭권-제864조의2(837조의2): 피인지자가 미성년자인 경우 모와 인지자 중 피인지자를 직접 양육하지 아니하는 일방은 자에 대한 면접교섭권을 가진다.
(바) 상속관계: 인지의 소급효에 의해 피인지자가 출생한 때부터 인지자의 상속인으로서의 지위를 취득하게 되며, 인지자의 사망에 의한 상속에서는 피인지자는 직계비속으로서 1순위의 법정상속인이 된다.
(사) 형법상의 친족상도례: 인지의 소급효는 형법상의 친족상도례에 관한 규정의 적용에도 미친다고 보아야 할 것이므로, 인지가 범행 후에 이루어진 경우라고 하더라도 그 소급효에 따라 형성되는 친족관계를 기초로 하여 친족상도례의 규정이 적용된다(대판 1997.1.24. 96도1731).
(2) 소급효의 제한-제860조 단서: 인지의 소급효로 예상치 못했던 손해를 보는 경우가 발생할 수 있으므로, 단서에서 인지의 소급효는 제3자가 이미 취득한 권리를 해치지 못하도록 규정한다.
(가) 제3자가 취득한 권리의 보호: 제3자는 인지자와 피인지자를 제외한 모두를 말하며, 〈취득한 권리〉란 피인지자 출생 시부터 인지되기까지의 사이에 인지자와 피인지자 간에 친자관계가 존재하지 않는 것을 전제로 하여 취득한 권리이다.
(나) 인지 전에 상속이 된 경우-제1014조
① 인지에 의한 공동상속인과의 관계: 제1014조에서는 상속개시 후 인지에 의하여 공동상속인이 된 자가 상속재산의 분할을 청구한 경우에 다른 공동상속인이 이미 분할이나 기타 처분을 한 때에는 피인지자의 상속분에 상당하는 가액의 지급을 청구할 수 있다고 규정하여, 피인지자와 공동상속인 간의 형평을 도모하고 있다. 이처럼 상속개시 후에 인지된 자녀와 동순위의 공동상속인은 제860조 단서의 제3자에 해당하지 않는다.
② 피인자의 후순위 상속인-상속권 상실: 피인지자보다 후순위의 상속인도 제860조 단서의 제3자에 포함되지 않는다. 따라서 혼인 외의 출생자가 부의 사망 후에 인지의 소에 의하여 친생자로 인지받은 경우 피인지자보다 후순위 상속인인 피상속인의 직계존속 또는 형제자매 등은 피인지자의 출현과 함께 자신이 취득한 상속권을 소급하여 잃게 되는 것으로 보아야 하고, 그것이 민법 제860조 단서의 규정에 따라 인지의 소급효 제한에 의하여 보호받게 되는 제3자의 기득권에 포함된다고는 볼 수 없다(대판 1993.3.12. 92다48512).
2. 認知의 取消 - 제861조: 인지자는 원칙적으로 인지를 취소할 수 없으나, 그 인지가 법률행위 일반의 취소사유인 사기, 강박 또는 중대한 착오에 의하여 이루어진 때에는 취소할 수 있다.
(1) 사유: 인지에 사기, 강박 또는 중대한 착오가 있어야 한다.
(2) 방식-소로서 취소: 취소의 방법은 인지의 취소가 신분상의 중대한 사항이므로 재판상의 취소만 가능하다.
(3) 6월의 제척기간: 사기·착오를 안 날, 강박을 면한 날로부터 6월 내에 청구하여야 한다.
(4) 인용판결의 효력: 판결의 효력은 제3자에게도 효력이 미친다. 인지의 취소를 인용하는 판결이 확정되면 인지는 처음부터 무효가 되므로 인지자와 피인지자사이의 친자관계는 처음부터 발생하지 않았던 것으로 된다.
3. 認知의 無效: 민법은 인지의 무효에 대해 명문규정을 두지 않으며, 가사소송법에서 인지무효의 소를 규정하고 있다(가소법 26조1항, 28조).
(1) 사유: 인지시 인지자가 의사능력을 결하였거나, 인지자의 의사에 의하지 않고 이루어진 인지신고는 무효이다. 생부 또는 생모가 아닌 자가 생부모가 모르는 사이에 그 명의를 모용하여 인지신고를 한 경우에도 인지의 효력이 없다. 또한 신고가 없는 사실상의 인지는 인지로서의 효력이 없다.
(2) 인지무효의 소
(가) 청구권자: 인지자와 피인지자 및 그 법정대리인 또는 4촌 이내의 친족은 인지무효의 소를 제기하여 인지의 무효를 주장할 수 있다.
(나) 상대방: 상대방은 인지자가 원고인 때에는 자녀, 자녀가 원고인 때에는 인지자이며, 제3자가 원고인 때에는 인지자와 자녀가 상대방이 된다.
(다) 인지무효의 소: 무효원인이 있는 인지는 당연무효로서 확인의 소이다. 인지무효의 소(가소

법2조1항가류3)를 제기하지 않고 별소에서 선결문제로 주장하는 것도 가능하다.

4. 認知異議의 訴 - 제862조: 인지에 대하여 자, 기타 이해관계인은 인지의 신고가 있음을 안 날로부터 1년 내에 인지에 대한 이의의 소를 제기할 수 있다.

(1) 제소권자-피인지자 본인인 자 또는 이해관계인: 여기의 이해관계인은 진실에 반하는 인지로 인해 불이익을 받는 자로서 인지자의 처, 인지자의 자녀, 인지자의 형제자매, 피인지자의 진실의 父라고 주장하는 자 등이 될 수 있다.

(2) 상대방: 소의 상대방은 자가 제기한 때에는 인지자, 제3자가 제기한 때에는 인지자와 자가 되며 일방이 사망한 때에는 다른 일방만이 되며, 상대방이 모두 사망한 때에는 검사를 상대방으로 한다.

(3) 절차: 인지신고 있음을 안 날로부터 1년 내에 소로서 제기하여야 한다. 이 기간은 제척기간이다. 인지이의의 소는 조정을 거쳐야 하며, 소의 성질은 인지무효의 소와 마찬가지로 확인의 소로 볼 수 있다. 인지에 대한 이의의 판결이 확정되면 가족관계등록부가 정정된다.

* 인지무효와 인지에 대한 이의의 소의 관계: 인지에 대한 이의도 결국 무효를 주장하는 것이므로 실질적으로는 차이가 없으며, 다만 소제기권자가 인지에 대한 이의의 소는 자 기타 이해관계인이지만, 인지무효의 소의 경우는 인지자 본인도 제기할 수 있다. 또한 인지무효는 가류사건에 해당하며(가사소송법 2조1항가류3호), 인지에 대한 이의는 나류에 해당하여 조정을 거쳐야 한다.

5. 準正 - 제855조제2항

(1) 의의: 준정은 혼외자가 부모의 혼인에 의해 혼인 중의 출생자로의 신분적 지위를 취득하는 것을 말한다. 이론적으로는 혼외자는 설령 나중에 그 부모가 혼인하더라도 혼외자의 신분이 변경되는 것은 아니지만, 혼외자는 혼인 중의 출생자에 비해 법률적·사회적으로 다양한 차별을 받는 경우가 많으므로 자의 복지와 보호를 위해서 준정제도를 인정하고 있다.

(2) 종류

(가) 혼인에 의한 준정-제855조제2항: 혼인 전에 출생하여 父로부터 인지된 후에 부와 모가 혼인하는 경우로서 혼인에 의한 준정이다.

(나) 혼인 중의 준정: 부와 모가 먼저 혼인하고, 그 후에 父가 인지하는 것으로 혼인 중의 준정이다. 인지시에 준정된다.

(다) 혼인 해소 후의 준정: 혼인 전에 출생하였으며 그 후 부모가 혼인 중임에도 부가 인지하지 아니하다가, 부모가 이혼 등으로 혼인이 해소된 후에 인지를 받은 경우이다. 인지시에 준정된다.

(라) 사망한 자의 준정: 부로부터 인지된 상태에서 자가 직계비속을 남기고 사망한 후에 부와 모가 혼인을 한 후에 사망한 자를 인지한 경우이다.

(3) 효과: 준정의 요건이 구비되면 그 혼외자는 혼인 중의 자의 신분을 취득하며, 모든 법률관계에서 혼인한 부부 사이에 출생한 본래의 혼인 중의 자와 동일한 신분을 갖는다. 그 자가 미성년인 때는 부모의 공동친권에 따른다. 준정의 효과는 법률상 당연히 발생하며, 부모나 자의 특정한 행위나 방식을 필요로 하지 않으며, 반대의 의사표시로써 그 효과를 거부할 수 없다.

第863條 【認知請求의 訴】 子와 그 直系卑屬 또는 그 法定代理人은 父 또는 母를 相對로 하여 認知請求의 訴를 提起할 수 있다.

第864條 【父母의 死亡과 認知請求의 訴】 제862조 및 제863조의 境遇에 父 또는 母가 死亡한 때에는 그 死亡을 안 날로부터 2년내에 檢事를 相對로 하여 認知에 對한 異議 또는 認知請求의 訴를 提起할 수 있다. 〈개정 2005.3.31〉

第864條의2 【인지와 자의 양육책임 등】 제837조 및 제837조의2의 규정은 자가 인지된 경우에 자의 양육책임과 면접교섭권에 관하여 이를 준용한다.

强制認知-認知請求의 訴

1. 意義: 생부, 생모가 스스로 혼인 외의 자를 인지(임의인지)하지 아니하는 경우에, 혼인 외의 자녀가 소를 통하여 부 또는 모와 자연적 혈연관계를 형성할 수 있도록 한 것이다. 이를 강제인지라고도 하며, 강제인지는 법원에 소로서 청구하여 승소판결을 받아 신고함으로써 이루어진다.

2. 認知請求의 訴의 性質: 인지청구의 소는 사실상 친자관계의 존재를 확인하여 판결로써 법률상의 친자관계를 비로소 창설하기 때문에 형성의 소이다. 다만 모에 대한 인지청구는 확인의 소이다(대판 1967.10.4. 67다1791). 모자관계는 혼인 중·혼인 외를 묻지 않고 출생이라는 사실에 의해 당연히 법적인 친자관계가 발생한다고 보아야 하기 때문이다.

3. 認知請求權의 抛棄

(1) 포기 불가: 혈연상의 친자관계는 천륜이고, 포기는 혼인 외의 출생자 일방에게 불이익으로 될 염려가 있다. 따라서 인지청구권은 포기할 수 없고, 포기하였다 하더라도 효력이 발생할 수 없고, 조정이나 재판상 화해의 대상도 되지 아니한다(대판 1999.10.8. 98므1698).

(2) 인지청구권은 실효 및 권리남용의 대상이 되지 않음: 인지청구권은 포기가 허용되지 않기 때문에 거기에 실효의 법리가 적용될 여지도 없고, 인지청구권의 행사가 상속재산에 대한 이해관계에서 비롯되었다 하더라도 정당한 신분관계를 확정하기 위해서라면 신의칙에 반하는 것이라 하여 막을 수도 없다(대판 2001.11.27. 2001므1353).

4. 當事者와 認知請求節次

(1) 제소권자-제863조: 소를 제기할 수 있는 자는 혼인 외의 출생자 본인, 사망한 혼인 외의 자의 직계비속이며, 이들이 무능력자인 경우 그의 법정대리인이다.

(가) 혼인 중의 출생자: 혼인 중의 처가 별거 중 남편 아닌 다른 남자와 사이에 출산한 자녀는 친생부인의 소에 의한 판결이 확정되지 않는 한 법률상 夫의 친생자로 추정되고 아무도 인지할 수 없다(대판 1978.10.10. 78므29).

(나) 친생자 추정이 미치지 못하는 자: 생부모가 호적상의 부모와 다른 사실이 객관적으로 명백한 경우, 친생추정을 깨뜨리지 않고도 생부모를 상대로 인지청구를 할 수 있는지 여부가 문제되는데, 호적상의 부모의 혼인 중의 자로 등재되어 있는 자라 하더라도 그의 생부모가 호적상의 부모와 다른 사실이 객관적으로 명백한 경우에는 그 친생추정이 미치지 아니하므로, 그와 같은 경우에는 곧바로 생부모를 상대로 인지청구를 할 수 있다(대판 2000.1.28. 99므1817).

(다) 태아: 태아는 인지청구능력이 없다. 따라서 태아로 있는 동안은 생모도 인지청구를 할 수 없다. 그러나 임의인지, 즉 생부가 태아를 상대로 인지는 할 수 있다.

(2) 상대방

(가) 생부, 생모-제863조: 상대방은 생부나 생모이다.

(나) 생부, 생모가 사망한 경우-제864조: 상대방으로 할 부 또는 모가 사망한 때에는 그 사망을 안 날로부터 2년 내에 검사를 상대로 하여 인지청구를 하여야 한다.

(다) 상대방이 의사무능력자인 경우; 일반적으로 신분상의 법률행위는 본인의 의사결정을 존중하여 대리를 허용하지 않음은 소론과 같으나, 인지청구의 소와 같은 인사소송에 있어서 상대방이 의사무능력자이기 때문에 법정대리인이 대리하지 않는 한 소송을 할 수 없는 경우에는 법정대리인의 대리를 인정하여야 할 것이며, 이와 같이 법정대리인의 대리가 가능한 경우에 법정대리인이 없거나 대리권을 행할 수 없는 때에는 당사자는 민사소송법 제58조의 규정에 의하여 특별대리인을 신청할 수 있음은 당연하다(대판 1984.5.30. 84스12).

(3) 제소기간

(가) 상대방의 생존: 인지청구는 상대방이 생존 중에는 언제든 할 수 있으며, 이는 임의인지가 언제든 가능한 점과 상응하는 것이다.

(나) 상대방의 사망-검사-제864조

① 사망을 안 날로부터 2년 내: 상대방이 사망한 때에는 혼외자가 상대방과 친자관계가 있음을 알았는지 여부는 고려하지 아니하고 상대방의 사망을 안 날로부터 2년 내에 검사를 상대로 하여 청구하여야 한다(864조). 사망의 경우에 이와 같이 제소기간을 제한한 것은 부 또는 모가 사망한 경

우 인지청구의 제소기간을 너무 장기간으로 설정하는 것은 법률관계를 불안정하게 하여 다른 상속인들의 이익이나 공익을 위하여 바람직하지 않으므로 법률관계를 조속히 안정시키는 것은 혼인 외 출생자의 이익과 공동상속인 등 이해관계인의 이익을 조화시킨 것이다(헌재 2001.5.31. 98헌바9).
② 의사무능력자: 본조의 제척기간은 청구인이 자인 경우 그 연령이나 능력 여하에 불구하고 사망한 사실을 안 날로부터 소정의 기간 내에 인지청구를 하여야 한다는 뜻이라고 볼 수 없고, 그 사망사실을 알고서 인지청구등 자기의 신분행위를 할 수 있는 의사능력이 있는 자가 사망사실을 안 때로부터 소정의 기간 내에 인지청구등의 소를 제기할 수 있다는 뜻으로 해석하여야 한다(대판 1977.6.24. 77므7).
(4) 절차: 인지청구의 소는 상대방의 생존 당시 또는 사망 당시의 보통재판적 관할이다. 인지청구를 위해서는 관할 법원에 우선 조정을 신청하여야 하며(가소법 2조1항나류9), 부 또는 모가 자신의 자녀임을 인정하는 조정이 성립되면 인지신고를 하면 된다.

5. 父子關係의 證明 - 職權調査

(1) 부성추정: 법원은 직권조사에 의해서 자유로운 심증에 기초하여 판단하여야 한다. 혈연상의 친자관계라는 주요사실의 존재를 증명함에 있어서는, 부와 친모 사이의 정교관계의 존재 여부, 다른 남자와의 정교의 가능성이 존재하는지 여부, 부가 자를 자기의 자로 믿은 것을 추측하게 하는 언동이 존재하는지 여부, 부와 자 사이에 인류학적 검사나 혈액형검사 또는 유전자검사를 한 결과 친자관계를 배제하거나 긍정하는 요소가 있는지 여부 등 주요사실의 존재나 부존재를 추인시키는 간접사실을 통하여 경험칙에 의한 사실상의 추정에 의하여 주요사실을 추인하는 간접증명의 방법에 의할 수밖에 없을 것이다.
(2) 혈액검사, 유전자 검사: 친자관계를 증명하는 방법에서 혈액형검사나 유전자검사 등 과학적 증명방법이 그 전제로 하는 사실이 모두 진실임이 증명되고 그 추론의 방법이 과학적으로 정당하여 오류의 가능성이 전무하거나 무시할 정도로 극소한 것으로 인정되는 경우라면 그와 같은 증명방법은 가장 유력한 간접증명의 방법이 된다(대판 2002.6.14. 2001므1537).
(가) 수검명령: 법원은 당사자 또는 관계인 사이의 혈족관계의 존부를 확정할 필요가 있는 경우에 다른 증거조사에 의하여 심증을 얻지 못한 때에는 검사를 받을 자의 건강과 인격의 존엄을 해하지 아니하는 범위 안에서, 당사자 또는 관계인에게 혈액채취에 의한 혈액형의 검사 등 유전인자의 검사, 기타 상당하다고 인정되는 방법에 의한 검사를 받을 것을 명(수검명)할 수 있다(가소법 29조1항).
(나) 수검명령 불이행: 정당한 이유 없이 법원의 수검명령에 위반한 때에는 100만원 이하의 과태료에 처할 수 있고, 제재를 받은 후에도 수검명령에 위반한 때에는 감치처분을 할 수 있다(가소법 제67조1항, 2항).

6. 認知의 效果

(1) 인지의 소급효-제860조: 인지는 인지자와 피인지자 간에 법적 친자관계를 성립시키는 것이며, 구체적으로는 자녀의 성·본, 친권, 부양 및 상속관계에 영향을 미친다. 특히, 본조에서는 친자관계의 발생시기를 인지한 때부터 하지 않고 자의 출생시까지 소급하여 발생하는 것으로 규정하고 있다. 인지의 소급효는 제3자가 이미 취득한 권리를 해치지 못한다(단서). 여기의 제3자는 인지자와 피인지자를 제외한 모두를 말하며, 〈취득한 권리〉란 피인지자 출생 시부터 인지되기까지의 사이에 인지자와 피인지자 간에 친자관계가 존재하지 않는 것을 전제로 하여 취득한 권리이다.
(가) 자녀의 성과 본: 부가 인지하더라도 부모의 협의나 법원의 허가를 얻어 부의 성과 본으로 변경할 수도 있고, 종전의 성을 그대로 사용할 수도 있다(781조5항).
(나) 친권자 결정: 인지되면 부모공동친권, 공동양육의 책임이 있는데, 이에 관하여 문제가 있으면 피인지자가 미성년자인 경우에는 친권자가 결정되어야 하는데, 부모의 협의나 법원에 의해 친권자를 정해야 한다(909조4항).
(다) 부양의무: 인지자와 인지된 자녀 사이에는 상호 부양의무가 있다.
(라) 양육책임-제864조의2(837조): 피인지자가 미성년자인 경우는 피인지자의 양육자, 양육비용 부담 등에 관하여 인지자와 모는 협의에 의하여 결정하여야 하고, 협의가 이루어지지 않은 때에

는 당사자의 청구에 의하여 법원에 의하여 결정한다.
(마) 면접교섭권-제864조의2(837조의2): 피인지자가 미성년자인 경우 모와 인지자 중 피인지자를 직접 양육하지 아니하는 일방은 자에 대한 면접교섭권을 가진다.
(바) 상속관계: 인지의 소급효에 의해 피인지자가 출생한 때부터 인지자의 상속인으로서의 지위를 취득하게 되며, 인지자의 사망에 의한 상속에서는 피인지자는 직계비속으로서 1순위의 법정상속인이 된다.
(사) 형법상의 친족상도례: 인지의 소급효는 형법상의 친족상도례에 관한 규정의 적용에도 미친다고 보아야 할 것이므로, 인지가 범행 후에 이루어진 경우라고 하더라도 그 소급효에 따라 형성되는 친족관계를 기초로 하여 친족상도례의 규정이 적용된다(대판 1997.1.24. 96도1731).
(2) 소급효의 제한-제860조 단서: 인지의 소급효로 예상치 못했던 손해를 보는 경우가 발생할 수 있으므로, 단서에서 인지의 소급효는 제3자가 이미 취득한 권리를 해치지 못하도록 규정한다.
(가) 제3자가 취득한 권리의 보호: 제3자는 인지자와 피인지자를 제외한 모두를 말하며, 〈취득한 권리〉란 피인지자 출생 시부터 인지되기까지의 사이에 인지자와 피인지자 간에 친자관계가 존재하지 않는 것을 전제로 하여 취득한 권리이다.
(나) 인지 전에 상속이 된 경우: 상속개시 후에 인지된 자녀와 동순위의 공동상속인은 본조 단서의 제3자에 해당하지 않으므로, 피인지자보다 후순위의 상속인도 당연히 제3자에 포함되지 않는다. 따라서 혼인 외의 출생자가 부의 사망 후에 인지의 소에 의하여 친생자로 인지받은 경우 피인지자보다 후순위 상속인인 피상속인의 직계존속 또는 형제자매 등은 피인지자의 출현과 함께 자신이 취득한 상속권을 소급하여 잃게 되는 것으로 보아야 하고, 그것이 민법 제860조 단서의 규정에 따라 인지의 소급효 제한에 의하여 보호받게 되는 제3자의 기득권에 포함된다고는 볼 수 없다(대판 1993.3.12. 92다48512). * 혼인 외의 자의 생부가 사망한 후에 혼인 외의 자가 인지청구의 소를 제기하였다고 하더라도 그 인지판결이 확정되기 전에는 상속인으로서의 권리를 행사할 수 없고, 그러한 인지판결이 확정되기 전의 정당한 상속인이 채무자에 대하여 소를 제기하고, 나아가 승소판결까지 받았다면, 채무자로서는 그 상속인이 장래 혼인 외의 자에 대한 인지판결이 확정됨으로 인하여 소급하여 상속인으로서의 지위를 상실하게 될 수 있음을 들어 그 권리행사를 거부할 수 없으므로, 그러한 표현상속인에 대한 채무자의 변제는, 특별한 사정이 없는 한, 채무자가 표현상속인이 정당한 권리자라고 믿은 데에 과실이 있다 할 수 없으므로, 채권의 준점유자에 대한 변제로서 적법하다(대판 1995.1.24. 93다32200).

第865條【다른 事由를 原因으로 하는 親生子關係存否確認의 訴】 ①第845條, 第846條, 第848條, 第850條, 第851條, 第862條와 第863條의 規定에 依하여 訴를 提起할 수 있는 者는 다른 事由를 原因으로 하여 親生子關係存否의 確認의 訴를 提起할 수 있다.
②제1항의 境遇에 當事者一方이 死亡한 때에는 그 死亡을 안 날로부터 2년내에 檢事를 相對로 하여 訴를 提起할 수 있다. 〈개정 2005.3.31〉

親生子關係存否確認의 訴

1. 意義: 친생자관계존부확인의 소는 특정인 사이에 법률상 친생자관계가 존재하는지 여부의 확인을 구하는 소이다. 이 소는 부를 정하는 소(845조), 친생부인의 소(847조), 인지에 대한 이의의 소(862조) 및 인지청구의 소(863조)의 사유와는 다른 사유를 원인으로 하여 친자관계의 확인을 구하는 소이다. 여기서 다른 사유란 위의 각종의 소는 그 소를 제기할 수 있는 사유가 별도로 있어서 그 사유에 해당하지 않아 당해 소를 제기할 수 없으나 같은 결과를 가져올 수 있는 별도의 사유가 있는 것을 말한다. 즉 위의 각종의 소를 통하여 친생자관계를 결정할 수 있으면 당해 소에 의하되, 그 이외의 사유로 친생자관계에 있는가 여부를 확인받을 때에는 친자관계존부확인의 소에 의한다는 것이다. 즉 친생자관계존부확인의 소는 친생자관계 여부를 결정할 수 있는 여

타의 소의 보충적 성격을 가진다. 그런데 이 소는 실질적으로는 공적 장부(종래의 호적부 지금은 가족등록부)에 친생자로 잘못 기재된 경우에 이를 바로 잡는 방법으로 이용된다.

2. 親生子關係存否確認請求權의 抛棄 - 무효: 친생자관계의 존부 확인과 같이 현행 가사소송법상의 가류 가사소송사건에 해당하는 청구는 성질상 당사자가 임의로 처분할 수 없는 사항을 대상으로 하는 것으로, 이에 관하여 조정이나 재판상 화해가 성립하더라도 효력이 없다. 따라서 혼인 외의 자가 친생자관계의 부존재를 확인하는 대가로 금원 등을 지급받으면서 추가적인 금전적 청구를 포기하기로 합의하였다 하더라도 이러한 합의는 당사자가 임의로 처분할 수 없는 사항에 관한 처분을 전제로 한 것이므로, 이에 반하여 인지청구를 하고 그 확정판결에 따라 상속분상당가액 지급청구를 하더라도 신의칙 위반으로 보기 어렵다(대판 2007.7.26. 2006므2757, 2764).

3. 親生子關係存否確認請求의 要件

(1) 허위의 출생신고의 경우: 혼인 중에 허위의 출생신고로 부부의 친생자로 된 경우이다. 예컨대 夫의 혼외자를 부부간의 친생자로 허위출생신고한 경우이다. 따라서 夫가 혼인 외의 자에 대하여 친생자 출생신고를 한 때에는 그 신고는 인지의 효력이 있으나, 그 신고가 인지신고가 아니라 출생신고인 이상 그와 같은 신고로 인한 친자관계의 외관을 배제하고자 하는 때에도 인지에 관련된 소송이 아니라 친생자관계부존재확인의 소를 제기하여야 한다(대판 1993.7.27. 91므306).

(2) 친생추정이 미치지 아니하는 자의 경우: 부부의 한쪽이 장기간에 걸쳐 해외에 나가 있거나 사실상의 이혼으로 부부가 별거하고 있는 경우 등 동서의 결여로 처가 부의 자를 포태할 수 없는 것이 외관상 명백한 사정이 있는 경우에는 그 추정이 미치지 아니하고(대판 1983.7.12. 82므59), 또한 호적상의 부모의 혼인 중의 자로 등재되어 있는 자라 하더라도 그의 생부모가 호적상의 부모와 다른 사실이 객관적으로 명백한 경우에는 그 친생추정이 미치지 아니하는데(대판 2000.1.28. 99므1817), 이러한 경우에는 친자관계존부확인의 소로서 하여야 한다.

(3) 혼외자와 모: 모자관계는 출산의 사실 자체로 인정되므로 혼외자와 생모 사이에는 친생관계존재확인의 청구가 있을 수 있다.

(4) 혼외자의 생모가 혼외자를 상대로 사망한 부와의 관계를 구하는 경우-불가: 혼인 외 출생자의 경우에 있어서 모자관계는 인지를 요하지 아니하고 법률상의 친자관계가 인정될 수 있지만, 부자관계는 父의 인지에 의하여서만 발생하는 것이므로, 父가 사망한 경우에는 그 사망을 안 날로부터 2년 이내에 검사를 상대로 인지청구의 소를 제기하여야 하고(864조), 생모가 혼인 외 출생자를 상대로 혼인 외 출생자와 사망한 父 사이의 친생관계존재확인을 구하는 소는 허용될 수 없다(대판 1997.2.14. 96므738).

(4) 입양신고를 출생신고로 한 경우-불가: 당사자가 양친자관계를 창설할 의사로 친생자출생신고를 하고 거기에 입양의 실질적 요건이 모두 구비되어 있다면 그 형식에 다소 잘못이 있더라도 입양의 효력이 발생하고, 양친자관계는 파양에 의하여 해소될 수 있는 점을 제외하고는 법률적으로 친생자관계와 똑같은 내용을 갖게 되므로 이 경우의 허위의 친생자출생신고는 법률상의 친자관계인 양친자관계를 공시하는 입양신고의 기능을 발휘하게 되는 것이며, 이와 같은 경우 파양에 의하여 그 양친자관계를 해소할 필요가 있는 등 특별한 사정이 없는 한 그 호적기재 자체를 말소하여 법률상 친자관계의 존재를 부인하게 하는 친생자관계부존재확인청구는 허용될 수 없다(대판 2001.5.24. 2000므1493).

4. 當事者

(1) 제소권자-제1항: 부를 정하는 소(845조), 친생부인의 소(847조), 인지에 대한 이의의 소(862조) 및 인지청구의 소(863조)를 제기할 수 있는 자가 소를 제기할 수 있다.

(가) 자, 모, 부: 자, 모, 부, 자의 법정대리인, 자의 직계비속, 夫의 직계존비속, 夫의 유언집행자, 이해관계인이 제소를 할 수 있다.

(나) 당사자의 친족: 당사자의 친족이 이해관계인으로서 소를 제기할 수 있는지가 문제된다. 친생자관계존부확인의 소에 있어서는 원고가 자기의 신분상의 지위에 관하여 당해 친자관계의 존부를 확정할 이익이 있어야 한다. 이러한 점에서 소의 이익이 있어야 하는데, 제777조에 의한 친족은 친생자관계존부확인의 소를 제기할 수 있으며, 위 친족은 다른 사정이 없는 한 그와 같은

신분을 가졌다는 사실만으로써 당연히 원고로서 친생자관계존부확인의 소를 제기할 소송상의 이익이 있다(대판 1981.10.13. 80므60).

(다) 제3자-피청구인과 계모자 관계: 청구인이 망 갑의 사망 전에 그와 부부관계가 있던 자로서 피청구인과는 계모자 관계에 있는 것으로 호적상 기재되어 있다면 청구인은 본조 소정의 이해관계인에 해당되어 제3자로서 본소의 당사자 적격 및 본소제기의 이익이 있다. 청구인의 본법 제862조 소정의 이해관계인에 해당된다 하여도 이는 본조가 정한 청구인 적격에 관한 문구에 불과할 뿐 본소는 본법 제862조 소정의 소가 아니라 어디까지나 망 갑과 피청구인과 간에는 친생자관계가 없다는 것을 제3자로서 확인을 구하는 본조에 의한 청구이므로 1년 이내에 본소를 제기하지 아니하였다고 하여 위법이 될 수 없다(대판 1971.7.27. 71므13).

(2) 상대방: 부모가 제소한 때에는 자, 자가 제소한 때에는 부모가 상대방이 되며, 이해관계인인 제3자가 제소한 때에는 부모와 자 모두를 상대방으로 하여야 하는 필요적 공동소송의 경우에 해당된다(대판 1983.9.15. 83즈2). 어느 한 쪽이 사망한 때에는 생존자를 상대방으로 하고, 모두가 사망한 때에는 검사를 상대방으로 한다(가소법 28조, 24조).

5. 出訴期間 - 除斥期間 - 제2항: 제소기간의 제한은 없다. 다만 당사자의 일방이 사망한 때에는 그 사망을 안 날로부터 2년 내에 검사를 상대로 하여 소를 제기하여야 한다. 당사자 쌍방이 모두 사망한 경우에는 당사자 쌍방 모두가 사망, 즉 뒤에 사망한 자를 기준으로 한다(대판 2004.2.12. 2003므2503).

6. 判決의 效力: 이 청구권은 당사자가 임의로 처분할 수 없는 것으로서, 조정절차를 거칠 필요가 없고, 비록 조정이나 재판상 화해가 성립되더라도 효력이 없다(대판 1999.10.8. 98므1698). 판결의 내용에 따라 친자관계의 존부의 효력이 생긴다. 원고의 청구를 인용한 판결의 효력은 제3자에게도 미친다(가소법 21조).

第2節 養 子

1. 概括: 양자제도는 배우자가 없거나 혼인 중이어도 자녀가 없는 부부에게 혈연에 의한 자녀는 아니지만 양자를 통하여 자녀를 가질 수 있게 되고, 부부와 자녀로 구성되는 완전한 가족을 이룰 수 있게 하자는 것이 본래의 제도이다. 그런데 우리나라의 전통적인 양자제도는 그러한 의미도 있지만 유교적 측면에서 家를 계승한다는 의미가 더 강하였으며, 민법도 이러한 특성을 반영하여 사후양자와 유언에 의한 양자를 인정하고 있었다. 그렇지만 1990년 민법개정으로 家를 위한 양자제도의 요소를 삭제하였으나, 아직 자를 위한 양자로서의 성격은 미흡하다. 즉 일반양자의 경우 입양의 성립에 있어서 국가기관의 관여없이 양친과 양자와의 사적 계약으로 보고 있으며, 효과면에서는 양자의 복리를 위하여 친부모와의 관계를 단절하고 파양을 허용하지 않는 완전양자가 타당할 것이지만 현재는 불완전양자제도에 머물고 있다. 그렇지만 2005년 개정민법에서 친양자제도를 신설하여 완전양자제도를 병행하고 있다고 할 수 있다. 여기서 양자는 입양 후에도 친부모와의 친자관계를 그대로 유지하는 보통의 양자를 말하고, 신설된 친양자는 친부모와의 관계는 단절되고 오로지 양부모와의 친자관계만 유지된다.

2. 構成

(1) 양자를 할 능력: 제866조
(2) 입양에 대한 승낙, 동의: 제869조-제872조
(3) 금치산자의 입양: 제873조
(4) 부부의 공동입양: 제874조
(5) 양자의 금지: 제875조
(6) 입양의 효력발생, 신고: 제878조-제882조
(7) 입양의 무효: 제883조
(8) 입양의 취소: 제884조-제897조
(9) 협의상 파양: 제898조-제902조

(10) 파양신고: 제903조
(11) 재판상 파양: 제905조-제908조
(12) 친양자입양의 요건, 효력: 제908조의2-제908조의3
(13) 친양자입양의 취소, 파양: 제908조의4-제908조의8

第1款 入養의 要件

第866條【養子를 할 能力】 成年에 達한 者는 養子를 할 수 있다.

第867條 削除 〈1990.1.13〉

第868條 削除 〈1990.1.13〉

第869條【15歲未滿者의 入養承諾】 養子가 될 者가 15歲미만인 때에는 法定代理人이 그에 갈음하여 入養의 승낙을 한다. 다만 후견인이 입양을 승낙하는 경우에는 가정법원의 허가를 받아야 한다. 〈개정 2005.3.31〉

第870條【入養의 同意】 ①養子가 될 者는 父母의 同意를 얻어야 하며 父母가 死亡 其他 事由로 因하여 同意를 할 수 없는 境遇에 다른 直系尊屬이 있으면 그 同意를 얻어야 한다.
②第1項의 경우에 直系尊屬이 數人인 때에는 最近尊屬을 先順位로 하고, 同順位者가 數人인 때에는 年長者를 先順位로 한다.〈改正 1990.1.13〉

第871條【未成年者入養의 同意】 養子가 될 者가 成年에 達하지 못한 境遇에 父母 또는 다른直系尊屬이 없으면 後見人의 同意를 얻어야 한다. 그러나 後見人이 同意를 함에 있어서는 家庭法院의 許可를 얻어야 한다.〈改正 1990.1.13〉

第872條【後見人과 被後見人間의 入養】 後見人이 被後見人을 養子로 하는 境遇에는 家庭法院의 許可를 얻어야 한다.〈改正 1990.1.13〉

第873條【禁治產者의 入養】 禁治產者는 後見人의 同意를 얻어 養子를 할 수 있고 養子가 될 수 있다.

第874條【夫婦의 共同入養】 ①配偶者 있는 者가 養子를 할 때에는 配偶者와 共同으로 하여야 한다.
②配偶者 있는 者가 養子가 될 때에는 다른 一方의 同意를 얻어야 한다.

第875條 削除 〈1990.1.13〉

第876條 削除 〈1990.1.13〉

第877條【養子의 禁止】 ①尊屬 또는 年長者는 이를 養子로 하지 못한다.
②削除〈1990.1.13〉

入養의 實質的 要件

1. 意義: 입양은 입양을 하려는 양친과 양자가 될 자 또는 대낙권자 간에 입양계약에 의하여 입양이 성립하며, 입양계약이 유효하려면 가족법상의 실질적 요건과 형식적 요건을 충족하여야 한다. 입양의 실질적 요건은 당사자간의 입양의사의 합치와 기타 양당사자에 대한 일정한 요건을 갖추어야 하며, 형식적 요건으로는 입양의 신고가 있어야 한다.

2. 入養意思의 合致: 입양은 신분계약인 입양계약으로 성립하므로 당사자간에 입양의사가 합치되어야 한다. 입양의사는 진실한 친자관계를 형성하려는 의사를 말한다. 따라서 어떤 다른 목적을 위하여 하나의 방편으로 한 형식적 의사는 여기에 해당하지 아니한다. 따라서 처의 혼외자가 취학적령에 이르게 되자 호적을 만들어 입학시키고자 부와의 사이에서 출생한 것처럼 신고한 것만으로는 입양에 관한 요건이 갖추어졌다고 할 수 없다(대판 1984.5.15. 84므4).

(1) 의사능력이 있어야

(가) 15세 미만-제869조: 법정대리인의 대낙으로 가능하다.

(나) 15세 이상의 미성년자-제871조: 15세 이상이면 의사능력이 있는 것으로 보아 본인이 입양의사를 표시할 수 있으나(869조), 친권자 또는 후견인의 동의를 얻어야한다(871조).

(다) 금치산자-제873조: 금치산자는 의사능력이 있을 때에 후견인의 동의를 얻어 입양의사를 표시할 수 있다.

(2) 사기, 강박에 의한 입양의사-제884조: 입양의사가 사기나 강박에 의한 경우에는 취소할 수 있다.

(3) 조건, 기한을 붙이지 못함: 입양계약은 신분계약으로 조건이나, 기한을 붙이지 못한다. 조건부, 기한부 입양은 무효이다.

3. 當事者에 대한 要件

(1) 양친-성년자-제866조: 성년자여야 한다. 양친은 양자의 친권자가 되어 양자를 보호·교양할 의무가 있으므로, 양친에게는 이러한 의무를 이행할 수 있는 일정한 자격이 요구되며, 본조에서는 그 연령에 대한 요건으로서 양친이 될 자는 성년에 달할 것으로 규정한다.

(가) 양친이 될 자가 혼인한 경우-모두 성년이어야: 양친이 될 자가 배우자가 있는 때에는 부부가 모두 성년에 달해야 한다.

(나) 혼인한 미성년자: 미성년자가 혼인하면 성년으로 의제되는데(826조의2), 성년의제된 미성년자가 양친이 될 수 있는지에 대해서는 부정하여야 할 것이다.

* 사후양자-현행 민법상 불가: 구 민법(1964. 12. 31. 법률 1668호로 개정되기 전의 것) 제867조 제1항은 호주가 사망한 경우 그 직계비속이 없는 때에 한하여 사후양자를 선정할 수 있다고 규정하고 있는 바, 사망한 자가 호주가 아님에도 그를 위하여 사후양자를 선정하였다면 이러한 사후양자 선정은 무효라고 할 것이고, 나아가 그러한 무효인 사후양자의 신고가 추인될 수 있는 것이라고도 할 수 없다(대판 2002.6.28. 2000므1363). 구 민법 시행 당시 입양신고가 이루어졌으나, 입양자가 그 후 실종선고 심판의 확정으로 위 입양일자 이전에 사망한 것으로 간주됨으로써 입양신고가 무효가 된 경우, 입양 당시 입양자가 호주의 장남에 불과하여 사후양자 선정의 실질적 요건을 갖추지 못하였으므로 무효행위전환에 의한 사후양자 신고로서의 효력을 인정할 수 없다(대판 2002.6.28. 2000므1363).

(2) 양자

(가) 존속 또는 연장자는 불가-제877조: 양자제도는 본래 자연의 친자관계를 의제하는 제도이기 때문에 존속이나 연장자를 양자로 하는 것은 부자연스러우며, 윤리감정에도 어긋난다. 따라서 존속이나 연장자는 양자가 될 수 없다. 존속이란 자신보다 항렬이 높은 직계존속과 방계존속을 말하므로 존속인 때에는 양친이 될 자보다 나이가 어리다고 해도 양자로 할 수 없다.

① 부부 쌍방에 적용: 존속 또는 연장자의 양자금지는 부부공동입양의 경우에는 부부 쌍방에게 적용된다.

② 동생 또는 손자, 증손자: 존속이나 연장자가 아니면 되기 때문에 오빠나 언니가 동생을 입양하거나, 손자나 증손자를 양자로 하는 것은 가능하다.

③ 연령은 생일을 기준: 연령은 날을 기준으로 계산하기 때문에 양친보다 하루라도 늦게 태어난 자는 양자로 할 수 있다.
④ 동일 연령의 같은 생일: 같은 날에 태어난 자를 양자로 할 수 있는지에 대해서는 연장자에 해당하지 않지만 양자로 할 수 없다고 해석한다.
(나) 이성 양자-가능: 양자는 양부가 될 자와 동성동본일 필요는 없다. 이성양자도 가능하다.
(다) 혼인 외의 출생자-가능: 자기의 자녀에 대해서도 혼인 중의 출생자가 아니라면, 즉 혼외자를 양자로 할 수 있다.
(라) 15세 미만자-제869조-대낙입양: 입양은 입양 당사자인 양자와 양친 간의 합의에 기한 계약이므로 양자로 될 자는 입양의 성립시에 의사능력이 있어야 하고, 입양당사자 자신의 독립의사에 의하는 것이 원칙이다. 그렇지만 양자로 되는 자는 연령이 낮은 아동인 경우가 일반적이며, 이들로 하여금 입양의 당사자로서 입양제도를 이해하고 이에 대한 판단을 기대할 수는 없을 것이다. 따라서 본조는 양자로 될 자가 15세 미만인 때에는 그 양자로 될 자에 갈음하여 법정대리인이 입양당사자로 되며, 그 법정대리인과 양친의 의사표시의 합치로 입양이 가능하도록 규정한 것이다.
① 대낙권자: 대낙권자는 법정대리인으로 친권자 또는 후견인이다.
㉮ 부모 공동대낙: 자녀에게 부모가 있는 때에는 부모가 공동친권자가 되므로 부모가 공동으로 대낙하여야 하고, 일방이 사망 또는 행방불명, 친권상실 등으로 친권을 행사할 수 없을 때에는 부모 중 일방이 친권을 행사하므로 그 일방 부모가 대낙권자가 된다(909조3항).
㉯ 이혼 등으로 일방이 친권자인 경우-부모 모두 동의: 부모가 이혼하거나 혼인 외의 출생자가 인지된 경우에 부부 중 일방이 친권자로 지정되었을 경우에도 부모 모두의 동의를 받아야 한다. 입양에 대한 대낙은 자녀의 신분에 관한 사항이므로 재산관리권 상실을 선고받거나 사퇴한 친권자도 대낙권이 있다.
㉰ 후견인-가정법원의 허가를 득하여야: 친권자가 없는 경우 후견이 개시되며(928조), 후견자가 법정대리인으로서 대낙하는 때에는 양자로 될 자의 복리를 위해서 가정법원의 허가를 얻어야 한다.
② 대낙권자의 대낙이 없는 경우
㉮ 원칙: 대낙권자의 대낙이 없는 입양은 당사자간에 입양의 합의가 없는 것으로 되어 무효이다(883조).
㉯ 15세가 넘어 추인 가능: 자녀가 15세 이상이 되어 입양을 추인하면 유효하다(대판 1990.3.9. 89므389).
㉰ 15세가 넘어 묵시적 추인: 입양승낙 없이 친생자로서의 출생신고 방법으로 입양된 15세 미만의 자가 입양의 승낙능력이 생긴 15세 이후에도 계속하여 자신을 입양한 자를 어머니로 여기고 생활하는 등 입양의 실질적인 요건을 갖춘 이상, 그가 15세가 된 이후에 양모가 한 입양에 갈음하는 출생신고를 묵시적으로 추인하였다고 봄이 상당하고, 일단 추인에 의하여 형성된 양친자관계는 파양에 의하지 않고는 이를 해소시킬 수 없다(대판 1997.7.11. 96므1151).
③ 대낙권자가 없거나, 알 수 없는 경우
㉮ 추정은 불가: 대낙입양에서 대낙권자가 존재하지 않거나 대낙권자를 알 수 없는 경우, 대낙권자인 법정대리인의 승낙이 있었다고 추정할 수 없다(대판 2004.11.26. 2004다40290).
㉯ 15세가 넘어 묵시적 추인: 태어난지 약 3개월된 상태에서 부모를 알 수 없는 기아로 발견되어 경찰서에서 보호하고 있던 피청구인을 입양의 의사로 경찰서장으로부터 인도받아 자신의 친생자로 출생신고하고 양육하여 왔는데 피청구인이 15세가 된 후 위 망인과 자신 사이에 친생자관계가 없는 등의 사유로 입양이 무효임을 알면서도 위 망인이 사망할 때까지 아무런 이의도 하지 않았다면 적어도 묵시적으로라도 입양을 추인한 것으로 보는 것이 상당하다(대판 1990.3.9. 89므389).
(마) 생가 부모의 입양의 동의-제870조, 제871조
① 15세 이상으로 부, 모 또는 직계존속이 있는 때-동의 필수-제870조제1항: 양자가 될 자는 미성년자, 성년자 가릴 것 없이, 또한 그 연령에 관계없이 부모의 동의를 얻어야 한다.
② 15세 미만-법정대리인의 대낙-제869조:: 양자가 될 자가 15세 미만인 때에는 제869조에 의

하여 법정대리인의 대낙이 있어야 한다.
③ 부모의 이혼-부모 모두의 동의 필요-제870조제1항: 부모가 이혼하여 일방의 부 또는 모가 친권을 행사하더라도 친권자가 아닌 부, 모의 동의도 받아야 한다. 일방 부모가 동의할 수 없는 때에는 다른 일방의 부모가 동의를 하면 된다.
④ 부모 사망-다른 직계 존속의 동의-제870조제1항, 제2항: 부모 모두가 사망 등으로 동의를 할 수 없는 경우에는 다른 직계존속의 동의를 얻어야 한다(1항). 이때 직계존속이 여러 명인 때에는 부계·모계에 상관없이 촌수가 가장 가까운 직계존속의 동의를 얻어야 하고, 이러한 존속이 여러 명인 때에는 연장자가 동의권자가 된다(2항). 본조에 위반한 입양은 취소의 대상이 되며, 취소청구권자는 동의권자이다.
⑤ 부모와 직계존속이 모두 없는 때-제871조
㉮ 성년자: 성년자는 동의 없이 입양이 가능하다.
㉯ 미성년자-법원의 허가를 얻어 후견인이 동의-제871조: 미성년자인 경우에는 후견인의 동의를 얻어야 한다. 이 후견인은 임의로 동의할 수 없으며 가정법원의 허가를 얻어야 한다. 후견인이 양자로 될 자의 복리에 반하여 후견인의 개인적인 이해관계에 따라 동의권을 행사하는 것을 방지하기 위한 것이다.
(3) 후견인과 피후견인 간의 입양-법원의 허가-제872조: 친권자가 없는 미성년자나 한정치산·금치산선고를 받은 자에 대해서는 후견이 개시되며, 후견인은 법정대리인으로서 피후견인인 미성년자 및 한정치산자와 금치산자의 신분 및 재산상의 행위를 보충해주는 역할을 담당하므로, 사실상 피후견인은 후견인의 지배, 감독을 받게 된다. 이와 같이 후견인과 피후견인간의 특수한 관계로 인하여 후견인이 피후견인을 양자로 입양할 때에는 보통의 입양보다 그 요건을 강화할 필요가 있고, 본조에 의하여 가정법원의 허가를 받도록 한다.
(4) 금치산자의 양친, 양자-후견인의 동의-제873조: 금치산자도 의사능력이 있으면 양친이나 양자가 될 수 있으며, 다만 후견인의 동의를 얻어야 입양당사자가 될 수 있다.
(5) 배우자 있는 사람의 입양-공동입양-제874조
(가) 양친-공동입양-제1항
① 부부공동입양-각자의 개별적 입양요건을 충족: 배우자 있는 자가 양자를 입양할 때에는 배우자와 공동으로 하여야 한다. 양친이 될 자가 혼인하고 있는 때에는 부부가 함께 양친이 되며, 특히 양자가 미성년자인 때에는 공동친권을 행사하고, 공동으로 양자를 보호, 교양하는 것이 바람직하기 때문이다. 부부공동입양에서 공동입양이라 하여도 부부 개별적으로 각자의 입양행위의 요건을 충족하여야 한다.
② 혼외자의 입양-단독 입양: 혼외자를 부부의 양자로 입양할 때에는, 배우자의 일방의 혼외자는 그 자와는 친생자관계가 있으므로 입양의 요건을 갖출 필요는 없고, 다른 일방만의 입양의 요건을 충족하면 부부 모두에 대한 양자가 된다. 예컨대 남편의 혼외자에 대하여는 혼외자와 父의 처 사이에서만 입양의 요건만 갖추면 된다. 전처의 자녀와 계모, 가봉자와 계부 사이에도 단독입양이 가능하다.
③ 일방만의 입양
㉮ 다른 일방-입양 무효: 처가 있는 자가 입양을 함에 있어서 혼자만의 의사로 부부 쌍방 명의의 입양신고를 하여 수리된 경우, 처의 부재 기타 사유로 인하여 공동으로 할 수 없는 때에 해당하는 경우를 제외하고는, 처와 양자가 될 자 사이에서는 입양의 일반요건 중 하나인 당사자간의 입양합의가 없으므로 입양이 무효가 된다.
㉯ 부부공동입양 요건 흠결-취소 가능: 처가 있는 자와 양자가 될 자 사이에서는 입양의 일반 요건을 모두 갖추었어도 부부 공동입양의 요건을 갖추지 못하였으므로 처가 그 입양의 취소를 청구할 수 있으나, 그 취소가 이루어지지 않는 한 그들 사이의 입양은 유효하게 존속한다-처와 양자가 될 자와는 입양이 무효-(대판 1998.5.26. 97므25).
④ 공동입양 후 양부모의 이혼: 부부공동입양제가 되어 처도 부와 마찬가지로 입양당사자가 되기 때문에 양부모가 이혼하였다고 하여 양모를 양부와 다르게 취급하여 양모자관계만 소멸하지

는 아니한다(대판 2001.5.24. 2000므1493).

(나) 혼인한 자의 입양-배우자의 동의-제2항: 배우자 있는 자가 양자가 되려면 다른 일방 배우자가 동의하여야 한다.

(6) 양손입양-불가: 양손입양은 민법상 아무런 근거가 없어 강행법규인 신분법규정에 위반되어 무효다(대판 1988.3.22. 87므105).

第878條【入養의 效力發生】 ①入養은 「가족관계의 등록 등에 관한 법률」에 定한 바에 依하여 申告함으로써 그 效力이 생긴다. 〈개정 2007.5.17〉
②前項의 申告는 當事者雙方과 成年者인 證人 2人의 連署한 書面으로 하여야 한다.

第879條 削除 〈1990.1.13〉

第880條 削除 〈1990.1.13〉

第881條【入養申告의 審査】 入養申告는 그 入養이 第866條 乃至 第877條, 第878條第2項의 規定 其他 法令에 違反함이 없는 때에는 이를 受理하여야 한다.〈改正 1990.1.13〉

第882條【外國에서의 入養申告】 第814條의 規定은 入養의 境遇에 準用한다.

入養의 形式的 要件-入養申告

1. 入養申告

(1) 신고하여야 입양의 효력발생-제878조

(가) 입양신고로 효력 발생-제1항: 입양은 실질적 요건을 갖추어, 입양신고를 하여야 입양이 성립하여 효력이 발생한다.

① 신고인: 양친과 양자가 신고인이다.

② 성년 증인 2인의 연서-제2항: 입양신고서에는 성년자인 증인 2인의 연서가 있어야 한다.

(나) 흠결된 신고서 수리의 효과: 입양신고서에 성년자인 증인 2인이 연서한 서면을 첨부하지 않은 때에는 수리를 거부해야 하지만, 일단 수리가 되면 입양 무효나 취소사유가 아니므로 유효하게 입양의 효력이 발생한다.

(다) 대낙입양: 대낙입양의 경우에는 입양을 승낙한 법정대리인이 신고하여야 하며, 대낙권자가 후견인이거나 미성년자 입양시 후견인이 동의한 때는 법원의 허가서를 첨부하여야 한다(가족관계등록법 62조).

(라) 후견인이 피후견인 입양: 후견인이 피후견인을 양자로 하는 경우에는 가정법원의 허가서가 첨부되어야 한다(가족관계등록법 62조).

(2) 입양신고의 심사-제881조, 제882조

(가) 국내에서의 입양신고-형식적 심사-제881조: 입양을 적법하게 성립시키기 위해서는 가족관계등록공무원은 신고가 있는 때에는 민법 제866조부터 제877조까지에서 규정하고 있는 입양의 실질적인 성립요건을 갖추고 있는지와 양친과 당사자 쌍방과 증인 2인이 연서한 입양신고서에 의한 신고인지를 심사한 후에 입양신고를 수리하도록 규정하고 있다. 이러한 가족관계등록공무원의 심사권은 형식적 심사권으로서 위조·허위의 신고를 방지하고 신고의 진정을 확보하는 것이 중점이 된다.

(나) 외국에서의 입양신고-대사, 공사, 영사에 신고-제882조: 외국에 있는 한국인 사이의 입양은 그 외국에 있는 대사, 공사 또는 영사에게 신고 할 수 있으며, 이들은 민법이 정하는 실질적 성립요건 및 제878조제2항 등이 규정하는 형식적 성립요건을 구비하였는지를 심사하여 입양신

고를 수리할 것인지 여부를 결정하게 된다. 입양신고를 수리한 대사, 공사 또는 영사는 외교통상부장관을 경유하여 본인의 등록기준지를 관할하는 시·읍·면장에게 송부하여야 한다.

2. 虛僞의 親生子出生申告에 의한 入養: 입양의 경우 입양신고를 하여야 하나 입양신고 대신 친생자로 출생신고하는 예가 적지 않다. 이처럼 허위의 친생자출생신고를 하는 이유는 양친의 친자녀로 양육하고자 하는 부모로서의 마음과 일반양자의 경우 양자의 성이 양친의 성으로 변경되지 않으므로 이성양자의 경우 양자는 물론 제3자에게도 입양사실이 공개되는 점과 공개입양보다는 비공개입양을 선호하는 국민적 정서 등을 들 수 있다.

(1) 실질적 요건을 충족하면 입양의 효력

(가) 신고시 요건 충족-입양 효력 발생: 허위의 친생자출생신고는 친생자로서의 효력은 무효이나, 신고시에 당사자간에 양친자관계를 성립시키려는 의사가 있고 기타 입양의 실질적 요건을 구비한 경우에는 입양으로서의 효력은 있다(대판 1977.7.26. 77다492).

(나) 사후 요건 충족-소급하여 입양효력 발생: 친생자 출생신고 당시 입양의 실질적 요건을 갖추지 못하여 입양신고로서의 효력이 생기지 아니하였더라도 그 후에 입양의 실질적 요건을 갖추게 된 경우에는 무효인 친생자 출생신고는 소급적으로 입양신고로서의 효력을 갖게 된다(대판 2000.6.9. 99므1633).

(2) 친생자관계부존재확인의 소의 허용 여부-불가: 허위의 친생자신고(출생신고)에 의한 입양이 유효한 경우에, 양부모나 양자 또는 제3자가 친생자관계부존재확인의 소를 제기한 때에는 확인의 이익이 없으므로 청구는 허용되지 아니한다(대판 1988.2.23. 85므86).

3. 虛僞의 認知申告에 의한 入養: 입양신고를 허위로 인지신고한 경우에 인지는 무효일지라도, 인지신고 당시 당사자 사이에 입양의 명백한 의사가 있고 입양의 성립요건이 구비된 경우에는 입양의 효력이 있다(대판 1992. 10. 23. 92다29399).

4. 入養의 效果

(1) 법정혈족관계의 형성: 입양신고로서 양자는 양친의 혼인 중의 출생자의 신분을 취득하게 된다. 따라서 양자 및 양자의 직계비속과 양부모 및 그 혈족 간에는 법정혈족관계가 발생하며, 서로 부양, 상속관계가 발생한다. 또한 양자와 양부모의 인척과 양자의 배우자와 양부모 및 그 혈족과 그 배우자 간에는 법정인척관계가 발생한다(772조).

(2) 미성년자인 양자: 양자가 미성년자인 경우에는 양부모가 친권자가 되며(909조), 부가 처의 친생자를 단독입양한 경우에는 양부와 생모가 공동친권자가 된다. 일단 부부공동입양의 원칙에 따라 입양이 성립한 이상 양부모가 이혼하여 양모가 양부의 가를 떠난 경우에도 양모자관계가 소멸하지 않는다(대판 2001.5.24. 2000므1493).

(3) 생가친족관계: 입양으로 양친자관계가 성립한다고 하더라도 양자의 종래의 친족관계에는 영향이 없다. 즉 친생부모와의 친자관계는 아무런 변화가 일어나지 않는다. 입양 후에도 생가부모에 대한 상속권은 그대로 유지되며, 양자가 양부모로부터 재산을 상속한 후 직계비속 없이 사망한 경우 친생부모에게 상속권이 있다.

(4) 異姓양자: 이성양자의 경우, 입양으로 양자의 姓이 변경되는지가 문제된다. 민법에서는 이를 직접적으로 규정하지 않고 있다. 다만 민법은 제781조제6항에서 〈자의 복리를 위하여〉 자의 성과 본을 변경할 수 있도록 하며, 입양촉진및절차에관한특례법에서는 양친의 희망에 따라서 양자가 양친의 성과 본을 따를 수 있도록 한다(동법 8조).

第2款 入養의 無效와 取消

第883條【入養無效의 原因】 入養은 다음 各號의 境遇에는 無效로 한다.
1. 當事者間에 入養의 合意가 없는 때
2. 第869條, 第877條第1項의 規定에 違反한 때

入養의 無效

1. 意義: 입양의 요건을 충족하지 못하면 외관상 양친자관계가 형성된 것처럼 보이더라도 입양의 효력이 인정될 수 없다. 입양으로 관련 당사자간의 신분에 중대한 변화가 생기므로 입양의 성립과 그 하자에 대하여는 법률에 명확하게 규정하고 있다. 하자의 정도에 따라 무효와 취소의 사유를 구분하여 규정하며, 그 절차에 관하여도 규정한다.

2. 無效事由

(1) 입양 합의의 부존재-제1호: 당사자간에 입양의 합의가 없으면 입양은 무효이다. 입양의 합의는 입양신고시까지 존재하여야 한다.

(가) 의사능력이 없는 경우: 당사자 중의 일방만이라도 의사무능력자이면 입양은 무효이고, 부부공동입양에서 부부 중 한쪽이 의사능력이 없어도 입양 자체가 무효이다.

(나) 상대방에 대한 착오: 상대방의 동일성에 대한 착오로 인한 입양은 무효이다.

(다) 제3자가 한 입양, 가장입양, 조건부 입양: 제3자가 당사자 모르게 한 입양, 특정목정을 위하여 방편으로 한 입양(대판 2004.4.9. 2003므2411), 조건을 붙인 입양은 무효이다.

(2) 대낙입양에서 대낙권자의 승낙이 없을 때-제2호(869조): 제869조에 15세 미만인 자가 양자가 될 때에는 대낙권자의 승낙을 받도록 되어 있는데, 대낙권자의 승낙이 없거나 대낙권자 아닌 자의 승낙으로 한 입양은 무효이다. 이에 의한 무효는 양자로 된 자가 15세가 된 후에 본인이 승낙하면 입양은 유효하고, 또한 15세 된 이후에도 입양이 무효임을 알면서도 아무런 이의도 하지 않았다면 묵시적으로 입양을 추인한 것으로 보아 입양은 유효하다(대판 1997.7.11. 96므1151).

(3) 양자가 양친의 존속이거나 연장자인 경우-제2호(877조1항): 제877조에 양자가 될 자가 양친이 될 자의 존속 또는 연장자의 입양을 금지한다. 여기의 존속은 직계는 물론이고 방계도 포함하며, 연장자 여부는 부부공동입양에서는 부부 모두에게 적용된다.

(4) 양손입양: 민법상 아무런 근거가 없는 양손입양은 강행법규인 신분법규정에 위반되어 무효이다(대판 1988.3.22. 87므105).

(5) 사후(死後)양자: 사후양자는 민법에 규정이 없는 것으로 무효이다.

3. 入養無效의 追認

(1) 추인으로 유효-신분관계가 실질적으로 형성되어 있으며 추인한 경우: 입양이 무효이지만 입양의 신분행위 후 그 내용에 맞는 신분관계가 실질적으로 형성되어 왔고, 당사자가 무효임을 알고 추인하였다면 이미 형성되어 있는 신분관계의 효력을 부인하는 것은 당사자의 의사에 반하고 그 이익을 해칠 뿐만 아니라, 그 실질적 신분관계의 외형과 가족관계의 기재를 믿은 제3자의 이익도 침해할 우려가 있기 때문에 제139조 본문이 무효인 법률행위는 추인하여도 그 효력이 생기지 않는다고 규정하고 있음에도 불구하고 입양 등의 신분행위에 관하여 이 규정을 적용하지 아니하고 추인에 의하여 소급적으로 신분행위의 효력을 인정하는 것이 신분관계의 형성이라는 신분관계의 본질적 요소를 보호하는 것이 된다(대판 2004.11.11. 2004므1484). 추인은 명시적으로 한 경우는 물론이고, 묵시적으로 한 추인도 유효하다.

(2) 실질적 신분관계 없이 추인만 있는 경우-무효: 당사자간에 무효인 신고행위에 상응하는 신분관계가 실질적으로 형성되어 있지도 아니하고, 또한 앞으로도 그럴 가망이 없는 경우에는 무효의 신분행위에 대한 추인의 의사표시만으로 그 무효행위의 효력을 인정할 수 없다(대판2000.6.9. 99므1633).

(가) 입양신고 전 양모의 입양의사 철회: 양모와 15세 미만인 양자의 대낙권자인 생부 사이에 양자가 양모와 동거하지도 않고 그 보호, 감독 및 교양을 받지도 않으며 입양의 본래 목적인 종손의 역할도 장차 장성하면 조상의 봉제사를 하기로 하는 입양의 합의 후 불과 1개월여 만에 양모가 그 입양의사를 철회하였음에도 위 생부가 일방적으로 입양신고를 하여 호적부에 입양이 등재되자 다시 양모와 생부가 이를 추인하기로 합의하였으나 입양의 실체가 전혀 이루어지지 않아, 당사자 간에 추인의 합의가 있었다는 사정만으로는 무효인 입양신고가 소급하여 유효하게 된다고 할 수 없다(대판 1991.12.27. 91므30).

(나) 실질적 요건 흠결: 양친자관계를 창설할 의사로 친생자 출생신고를 하였으나, 감호・양육

등 양친자로서의 신분적 생활사실이 계속되지 아니하여 입양의 실질적인 요건을 갖추었다고 볼 수 없을 뿐 아니라, 친생자로 신고된 자가 입양에 갈음하는 출생신고를 묵시적으로 추인하였다고 보기 어렵다(대판 2004.11.11. 2004므1484).

(3) 추인 여부가 문제된 구체적 사례

(가) 15세 이후에도 아무런 이의를 하지 아니한 경우: 15세 미만의 자에 대하여 후견인의 동의가 없어 입양이 무효임을 알면서도 15세가 된 후에도 아무런 이의를 제기하지 않았다면 묵시적으로 입양을 추인한 것으로 보아야 한다(대판 1990.3.9. 89므389).

(나) 15세 미만자를 허위의 친생자출생신고한 경우: 입양승낙 없이 친생자로서의 출생신고 방법으로 입양된 15세 미만의 자인 갑이 입양의 승낙능력이 생긴 15세 이후에도 계속하여 자신을 입양한 을을 어머니로 여기고 생활하는 등 입양의 실질적인 요건을 갖춘 이상, 갑은 그가 15세가 된 이후에 을이 한 입양에 갈음하는 출생신고를 묵시적으로 추인하였다고 봄이 상당하고, 일단 추인에 의하여 형성된 양친자관계는 파양에 의하지 않고는 이를 해소시킬 수 없다(대판 1997.7.11. 96므1151, 1990.3.9. 89므389).

4. 入養無效의 性質: 입양무효의 성질은 혼인의 무효와 마찬가지로 당연 무효이다. 따라서 당사자와 제3자는 판결이 없더라도 다른 소송에서 그 입양이 무효라고 주장하여 그것을 그 소에 있어서 주장의 한 근거로 할 수 있는 동시에, 일정한 자는 입양무효확인의 소를 제기할 수 있으며(가소법 2조1항가류5), 이에 기초한 판결의 효력은 제3자에게도 미친다(가소법 21조).

5. 入養無效訴訟

(1) 당사자: 입양무효확인청구의 당사자는 입양 당사자, 법정대리인 또는 4촌 이내의 친족(가소법 31조, 23조)이며, 심판청구 당시에 그러한 관계가 존재하면 족하고 입양신고 당시에도 존재함을 요하지 않는다. 따라서 입양신고 당시에는 민법 제777조 소정의 친족이 아니었으나 심판청구 당시 위 친족에 해당되게 된 자는 입양무효확인 심판청구의 당사자적격이 있다(대판 1985.12.10. 85므28).

(2) 효과

(가) 친족관계의 소급적 소멸: 입양이 무효가 되면 입양으로 형성된 친족관계는 모두 소급하여 소멸한다. 따라서 양친의 사망으로 상속을 받았다면 상속은 무효가 되어 부당이득으로 반환되어야 한다.

(나) 입양의 무효로 인한 손해배상청구권-제897조, 제806조: 입양이 무효인 경우에 당사자 일방은 과실 있는 상대방에 대하여 이로 인한 재산상의 손해와 정신상의 손해에 대한 배상을 청구할 수 있다.

第884條【入養取消의 原因】 入養은 다음 各號의 境遇에는 家庭法院에 그 取消를 請求할 수 있다.〈改正 1990.1.13〉

1. 入養이 第866條 및 第870條 내지 第874條의 規定에 위반한 때
2. 入養 당시 養親子의 一方에게 惡疾 기타 중대한 사유가 있음을 알지 못한 때
3. 詐欺 또는 强迫으로 因하여 入養의 意思表示를 한 때

第885條【入養取消請求權者】 入養이 第866條의 規定에 위반한 때에는 養父母, 養子와 그 法定代理人 또는 直系血族이 그 取消를 請求할 수 있다.

第886條【同前】 入養이 第870條의 規定에 違反한 때에는 同意權者가 그 取消를 請求할 수 있고 第871條의 規定에 違反한 때에는 그 양자 또는 동의권자가 그 取消를 請求할 수 있다. 〈개정 1990.1.13, 2005.3.31〉

第887條【同前】 入養이 第872條의 規定에 違反한 때에는 被後見人 또는 親族會員이

그 取消를 請求할 수 있고 第873條의 規定에 違反한 때에는 禁治產者 또는 後見人이 그 取消를 請求할 수 있다.

第888條【同前】 入養이 第874條의 規定에 위반한 때에는 配偶者가 그 取消를 請求할 수 있다.

第889條【入養取消請求權의 消滅】 第866條의 規定에 違反한 入養은 養親이 成年에 達한 後에는 그 取消를 請求하지 못한다.

第890條 削除〈1990.1.13〉

第891條【同前】 第871條의 規定에 違反한 入養은 養子가 成年에 達한 後 3月을 經過하거나 死亡한 때에는 그 取消를 請求하지 못한다.

第892條【同前】 第872條의 規定에 違反한 入養은 後見의 終了로 因한 管理計算의 終了後 6月을 經過하면 그 取消를 請求하지 못한다.

第893條【同前】 第873條의 規定에 違反한 入養은 禁治產宣告의 取消있은 後 3月을 經過한 때에는 그 取消를 請求하지 못한다.

第894條【同前】 第870條, 第874條의 規定에 違反한 入養은 그 事由있음을 안 날로부터 6月, 그 事由있은 날로부터 1年을 經過하면 그 取消를 請求하지 못한다.

第895條 削除〈1990.1.13〉

第896條【同前】 第884條第2號의 規定에 該當한 事由 있는 入養은 養親子의 一方이 그 事由있음을 안 날로부터 6月을 經過하면 取消를 請求하지 못한다.〈改正 1990.1.13〉

第897條【準用規定】 第823條, 第824條의 規定은 入養의 取消에 準用하고 第806條의 規定은 入養의 無效 또는 取消에 準用한다.

入養의 取消

1. 入養取消의 訴: 입양의 취소는 당사자간의 의사표시로 취소되는 것이 아니라, 일정한 법정 요건이 있을 때 소로서만 취소할 수 있다. 입양신고가 수리되면 일단 유효한 것으로 취급되며, 입양취소의 재판이 확정되기까지는 누구도 그 효력을 다툴 수 없다. 이는 당사자의 임의처분이 허용될 수 없는 것이므로 조정으로도 해결할 수 없고 오로지 소로서만 가능하다. 그리고 취소의 사유에 따라 취소기간, 즉 제소기간의 제한이 있다.

2. 取消의 原因別(884조), 取消權者와 提訴期間

(1) 양친이 미성년자인 입양(884조1호, 866조): 성년에 달한 자가 양자를 할 수 있고(866조), 미성년자가 입양을 한 경우는 취소할 수 있다(884조1호). 이때 취소청구권자는 養父母와 養子, 양자의 법정대리인이나 직계혈족이다. 제소기간은 양친이 성년에 달하기 전까지이고, 성년에 달하면 취소청구를 할 수 없다(889조).

(2) 양자가 될 자가 생가부모나 직계존속의 동의를 얻지 않은 입양(884조1호, 870조), 성년입양에 있어 부모 또는 다른 직계존속의 동의를 얻지 않은 경우-안 날로부터 6월, 사유로부터 1년: 양자로 될 자가 성년인 경우에도 부모의 동의를 얻어야 하며, 부모가 동의를 할 수 없는 경우 조부, 조모 등 다른 직계존속이 있으면 그 동의를 얻어야 한다(870조). 이에 위반하여 동의권자의 동의없이 이루어진 입양은 동의권자인 부모나 다른 직계존속이 입양의 취소를 청구할 수 있으며(884조1호), 동의권자의 순위에 반한 경우, 예를 들어 부모가 있지만 입양에 반대하여 조부의 동의를 얻어 입양한 때에는 선순위의 동의권자인 부모가 취소를 청구할 수 있다. 부모는 각각 자녀의 입양에 대해 동의권이 있으므로 부모 중 일방만의 동의한 경우 다른 일방부모도 입양의 취소를 청구할 수 있다. 제소기간은 그 취소사유가 있음을 안 날로부터 6월, 그 사유가 있은 날로부터 1년을 경과하면 소멸한다(884조1호, 894조).

(3) 미성년자의 후견인의 동의 없는 입양, 가정법원의 허가 없이 후견인이 동의한 입양(871조)-성년 후 3월: 양자 또는 동의권자가 그 취소를 청구할 수 있다(886조). 취소의 청구는 양자가 성년에 달한 후 3월을 경과하거나 사망한 때에는 하지 못한다(891조).

(4) 가정법원의 허가 없이 피후견인을 양자로 한 입양(884조1호, 872조)-계산 종료 후 6월: 취소할 수 있고(884조1호), 취소권자는 피후견인이나 친족회원이다(887조). 이때의 취소권은 후견이 종료되어 피후견인의 재산에 관한 계산이 종료된 후 6개월이 경과하면 소멸한다(892조). 후견인이 피후견인을 양자로 하는 경우에 일정한 제한을 둔 것은 입양에 의해 피후견인의 재산관리가 소홀해지는 것을 방지하기 위한 것이기 때문에 후견종료 후 관리계산이 끝나고 6개월 동안 입양을 취소하지 않는다는 것은 그 입양을 추인한 것으로 추정할 수 있기 때문이다.

(5) 후견인의 동의를 얻지 않은 금치산자의 입양(884조1호, 873조)-금치산선고취소선고 후 3월: 금치산자는 후견인의 동의를 받아 입양이나 양자를 할 수 있는데(873조), 금치산자가 후견인의 동의 없이 입양을 하거나 양자가 된 경우에는 금치산자 또는 후견인이 입양취소를 청구할 수 있다(887조). 이때 금치산자가 취소권을 행사하기 위해서는 의사능력을 회복하고 있어야 한다. 제소기간은 금치산선고가 취소된 후 3월이 경과하면 종료한다(893조).

(6) 부부공동입양의 흠결(884조1호, 874조)-안 날로부터 6월 사유로부터 1년: 배우자 있는 자가 배우자와 공동이 아닌 단독으로 입양을 하거나 배우자의 동의 없이 양자가 된 때에는 입양을 취소할 수 있으며(884조1호), 취소권자는 배우자이다(884조). 한편 부부가 공동으로 할 수 없거나 배우자가 동의를 할 수 없는 정당한 사유가 있는 경우에는 취소할 수 없다고 해석된다. 취소사유가 있음을 안 날로부터 6월, 그 사유가 있은 날로부터 1년을 경과하면 취소청구권은 소멸한다(894조). * 처가 있는 자가 입양을 함에 있어서 혼자만의 의사로 부부 쌍방 명의의 입양신고를 하여 수리된 경우, 처의 부재 기타 사유로 인하여 공동으로 할 수 없는 때에 해당하는 경우를 제외하고는, 처와 양자가 될 자 사이에서는 입양의 일반요건 중 하나인 당사자간의 입양합의가 없으므로 입양이 무효가 되고, 한편 처가 있는 자와 양자가 될 자 사이에서는 입양의 일반 요건을 모두 갖추었어도 부부 공동입양의 요건을 갖추지 못하였으므로 처가 그 입양의 취소를 청구할 수 있으나, 그 취소가 이루어지지 않는 한 그들 사이의 입양은 유효하게 존속한다(대판 1998.5.26. 97므25).

(7) 악질 기타 중대한 사유(884조2호)-안 날로부터 6월: 입양 당시 양친 또는 양자 중 어느 일방에 악질 기타 중대한 사유가 있음을 상대방이 알지 못한 때에는 입양을 취소할 수 있다. 중대한 사유는 불치의 정신병과 같은 악질 외에도 그러한 사유가 있었다는 것을 입양 당시에 알았더라면 입양을 하지 않았을 정도면 족하다. 취소권자는 몰랐던 일방이다. 취소청구권은 그 사유가 있음을 안 날로부터 6월이 경과하면 소멸한다(896조).

(8) 사기나 강박에 의한 입양(884조3호)-면한 날로부터 3월: 입양이 상대방이나 제3자의 사기·강박에 의한 때에는 입양을 취소할 수 있다. 대낙입양의 경우 대낙권자가 사기·강박을 당한 경우에도 본조에 의해 취소가 가능하다. 취소권자는 사기 또는 강박에 의해 입양을 한 자이며, 사기를 안 날 또는 강박을 면한 날로부터 3월을 경과한 때에는 취소청구권은 소멸한다(897조, 823조).

3. 入養取消의 效果

(1) 비소급효-제897조, 제824조: 입양의 취소는 그 효력이 기왕에 소급하지 않는다. 즉 입양취소

의 재판에 의해 그 입양은 무효로 확정되나, 취소 이전에 발생한 법률관계는 모두 유효하며, 취소 후에도 그 효력을 다툴 수 없다.

(2) 친족관계: 입양으로 인하여 발생한 친족관계는 장래에 대하여 소멸한다(897조, 824조). 다만 6촌 이내의 양부모계의 혈족이었던 자와 4촌 이내의 양부모계의 인척이었던 자 사이에는 혼인하지 못한다(815조). 양자가 미성년자인 때에는 친부모의 친권이 부활하며, 친권자가 없는 때에는 후견이 개시된다.

(4) 상속관계: 입양의 비소급효로 취소 전에 양친의 사망에 의한 상속분에 대하여는 취소로 영향을 받지 아니한다.

(5) 취소로 인한 손해배상청구권-제897조, 제806조: 입양이 취소된 경우에 당사자 일방은 과실있는 상대방에 대하여 이로 인한 재산상의 손해와 정신상의 손해의 배상을 청구할 수 있다.

第3款 罷 養

1. 概括: 파양은 유효하게 성립된 양친자관계를 해소시키는 법률행위이다. 입양에 무효, 취소사유가 있으면 그 절차에 따라 무효 또는 취소되나, 유효한 입양으로 형성된 양친자관계는 파양에 의하여만 해소된다. 파양에는 당사자간의 합의에 의하여 파양하는 방법(협의상 파양)과 특정한 사유를 원인으로 재판을 통하여 하는 방법(재판상 파양)이 있다.

2. 構成

(1) 협의상 파양: 제898조-제902조

(2) 파양신고: 제903조

(3) 재판상 파양원인: 제905조-제906조

(4) 파양청구권의 소멸: 제907조

(5) 파양에 따른 손해배상청구: 제908조

第1項 協議上 罷養

第898條【協議上 罷養】 ①養親子는 協議에 依하여 罷養할 수 있다.
②削除〈1990.1.13〉

第899條【15歲未滿者의 協議上 罷養】 ①養子가 15歲未滿인 때에는 第869條의 規定에 依하여 入養을 承諾한 者가 이에 갈음하여 罷養의 協議를 하여야 한다. 그러나 入養을 承諾한 者가 死亡 其他 事由로 協議를 할 수 없는 때에는 生家의 다른 直系尊屬이 이를 하여야 한다.
②제1항의 규정에 의한 협의를 후견인 또는 생가(生家)의 다른 직계존속이 하는 때에는 가정법원의 허가를 받아야 한다. 〈신설 2005.3.31〉

第900條【未成年者의 協議上 罷養】 養子가 未成年者인 때에는 第871條의 規定에 依한 同意權者의 同意를 얻어 罷養의 協議를 할 수 있다.

第901條【準用規定】 第899條 및 第900條의 경우 直系尊屬이 數人인 때에는 第870條 第2項을 準用한다.

第902條【禁治産者의 協議上 罷養】 養親이나 養子가 禁治産者인 때에는 後見人의 同意를 얻어 罷養의 協議를 할 수 있다.

第903條【罷養申告의 審查】 罷養의 申告는 그 罷養이 第878條第2項, 第898條 乃至 前條의 規定 其他 法令에 違反함이 없으면 이를 受理하여야 한다.

第904條【準用規定】 第823條와 第878條의 規定은 協議上 罷養에 準用한다.

協議上 罷養

1. 合意로 罷養: 양자와 양친은 합의에 의하여 양친자관계를 해소(파양)할 수 있다. 이러한 협의상 파양은 입양 당사자의 파양에 대한 합의와 가족관계등록부에의 신고가 있으면 성립한다. 양친자관계는 당사자의 합의에 의한 인위적인 법정혈족관계이므로 입양 후의 여러 가지 사정으로 그 관계가 파탄된 때에는 그 회복을 기대하기 어려우므로 합의에 의한 입양의 해소를 인정할 필요가 있다는 것이 협의파양제도를 둔 취지이다.

2. 罷養協議의 當事者

(1) 양친과 양자-제898조: 파양의 협의 당사자는 입양의 당사자인 양친과 양자이며, 파양의 신분적 의미를 이해할 수 있는 의사능력이 있는 자는 협의의 당사자가 될 수 있다. 의사능력이 있더라도 15세 미만자, 15세 이상의 미성년자, 금치산자가 당사자인 경우는 별도의 보완책을 마련하고 있다.

(가) 부부 공동입양: 양친이 부부인 경우에 입양의 경우와 같이 파양에서도 공동으로 파양하여야 하는지에 명문의 규정은 없으나 원칙적으로 공동으로 해야 한다고 해석된다. 양친인 부부 중 일방이 사망하거나, 양친이 이혼한 경우는 각자가 단독으로 파양을 할 수 있다고 해석되고, 이 때 파양한 쪽과만 파양의 효력이 있다. * 대한민국 국적을 가지고 대한민국에 주소를 두고 있는 양자가 미국 국적을 가지고 미국에 주소를 두고 있는 양부의 유기를 이유로 파양청구를 한 사안: 양자관계는 양부모 각자와 양자 사이에 별개로 성립하는 것이고 또한 법률상 파양에 관하여 부부공동파양을 강제하는 명문의 규정이 없을 뿐만 아니라 개인 의사를 존중한다는 원칙 아래 자를 위한 양자제도를 취하고 있는 양자법의 취지에 비추어 양부모의 양자에 대한 2개의 양자관계를 불가분이라고 해석할 합리적인 이유도 없으므로 양친에 대한 양자의 재판상 파양청구를 필요적 공동소송으로 보아 양자와 양친의 일방과 사이에 사정이 있어 양친부부의 일방만을 피고로 하는 재판상 파양청구를 부적법하다 할 것도 아니므로, 양자가 양부만을 상대로 한 파양청구는 적법한 것으로 보아야 한다(서울가법 1992.4.23. 91드63419).

(나) 배우자 있는 양자: 배우자 있는 자가 양자인 경우는 제874조제2항을 유추하여 배우자의 동의가 있어야 파양할 수 있다고 해석된다. 그러나 양자가 이혼한 때에는 단독으로 할 수 있으며, 양자의 배우자는 양자가 아니므로 양자가 사망한 때에는 본인이 파양할 수 없고, 이혼한 때에는 이혼한 양자의 배우자는 이혼으로 친족관계가 소멸되므로 파양할 필요도 없다.

(2) 양자가 15세 미만자-제899조: 입양시 양자가 될 자가 15세 미만인 때에는 입양의 당사자로서 입양승낙을 하는 자는 양자로 될 자의 법정대리인이며(869조), 그 입양의 승낙을 한 자가 협의상 파양에서 양자를 갈음하여 파양의 협의 당사자가 된다(899조1항). 다만 입양을 대낙한 자가 사망이나 기타 사유로 파양에 관한 협의를 할 수 없을 때에는 생가의 다른 직계존속이 양자에 갈음하여 파양의 협의를 해야 한다. 하지만 협의의 당사자가 후견인이나 생가의 다른 직계존속인 경우에는 가정법원의 허가를 받아야 한다(899조2항). 직계존속이 여러 명인 때에는 최근친존속을 선순위로 하고 동순위자가 여러 명인 때에는 연장자를 선순위로 한다(901조).

(3) 양자가 미성년자-제900조: 양자가 미성년자(15세 이상 20세 미만)인 경우에는 생가부모의 동의를 얻어서 파양의 협의를 할 수 있으며, 부모가 동의할 수 없으면 생가의 다른 직계존속의 동의를 얻어야 한다. 직계존속이 여러 명인 때에는 최근친존속을 선순위로 하고 동순위자가 여러 명인 때에는 연장자를 선순위로 한다(901조).

(4) 양자가 성년-동의 없이 단독 파양 가능: 입양시에는 양자로 될 자가 성년인 때에도 부모의

동의를 얻어야 하나(870조), 파양시에는 부모의 동의 없이 단독으로 협의상 파양을 할 수 있다.
(5) 당사자가 금치산자-제902조: 협의상 파양은 형성적 신분행위로서 본인의 진의가 존중되어야 하고, 파양의 협의나 의사표시는 당사자 본인일 것이 요구된다. 따라서 양친이나 양자가 금치산자인 때에는 본심을 회복하여 의사능력이 있는 때에는 후견인의 동의를 얻어 파양협의의 당사자가 될 수 있다. 그렇지만 금치산자에게 의사능력이 없는 때에는 파양에 대한 진정한 협의가 될 수 없으므로 후견인의 동의를 받더라도 무효이다.

3. 罷養의 申告 - 제903조

(1) 신고: 파양의 성립요건으로서 당사자의 파양에 대한 합의 외에 파양의 신고를 하여야 한다. 파양의 신고는 서면이나 구두로 할 수 있으며(등록법 23조), 신고를 받으면 지체 없이 그 신고가 적법한지 여부를 심사하여 수리여부를 결정해야 한다. 입양신고에 관한 제878조의 규정이 준용되어 협의상 파양은 가족관계등록법에 정한 바에 의하여 신고함으로써 그 효력이 발생하며(878조1항), 그 신고는 당사자 쌍방과 성년자인 증인 2인의 연서한 서면으로 하여야 한다(878조2항).
(2) 신고의 심사 및 수리요건-제903조: 가족관계등록 공무원은 신고의 방식, 그 요건 등에 있어서 법령위반이 있는지 여부를 심사하며, 그 심사권은 실질적 심사권이 아니라 형식적 심사권에 해당한다. 필요한 서류가 제출되어 있는지 여부, 제출한 서류가 형식적 진정성을 갖추었는지를 비롯하여 당사자 쌍방과 성인인 증인 2인의 연서로 된 서면으로 신고되었는지 여부, 파양 당사자 확인, 15세 미만의 양자에 대한 대낙권자 및 가정법원의 허가 확인, 미성년인 양자의 파양 동의권 및 순위 확인, 금치산자인 경우 후견인의 동의 여부 등을 확인해야 하고, 위반이 없으면 수리하여야 한다.

4. 罷養의 效果

(1) 친족관계: 파양에 의하여 입양으로 인한 친족관계는 소멸한다(776조).
(가) 양친 중 일방 사망 후 생존 양친의 파양: 양친 중 양친의 일방이 사망하고 생존하는 양친이 단독 파양한 경우 사망한 양친자관계에 대해서는 파양의 효력이 미치지 않는다.
(나) 양친이 이혼 후 단독 파양: 양친이 이혼한 후 한쪽 양친이 파양하더라도 다른 한쪽 양친에게는 파양의 효과가 미치지 아니한다.
(다) 파양 후 양자의 혼인: 파양으로 친족관계가 소멸하더라도 양친과 양자가 혼인하려고 할 때는 혼인금지 사유가 된다(809조3항).
(2) 생가부모의 친권부활: 파양시에 양자가 미성년자이면 파양으로 생가부모의 친권이 부활한다.
(3) 이행된 상속-영향 없음: 양친 중 한쪽의 사망으로 상속받은 후에 파양이 된 경우는 파양의 효과는 소급하지 아니하므로 이미 이행된 상속에는 영향이 없다.

5. 罷養의 無效와 取消

(1) 사기나 강박에 의한 파양취소-제904조(823조, 878조): 협의상 파양이 상대방이나 제3자의 사기나 강박으로 인한 때에는 파양을 취소할 수 있다.
(가) 취소의 소: 파양의 취소는 소로서만 가능하다.
(나) 제소기간: 제소기간은 사기를 안 날 또는 강박으로부터 벗어난 날로부터 3개월 내에 행사하여야 한다.
(다) 취소의 효과-소급효: 협의상 파양이 취소되면 소급하여 효력이 발생한다. 따라서 처음부터 파양이 없었던 것으로 된다.
(2) 파양 무효: 파양의 요건이 충족되지 않은 경우는 파양이 무효이다. 의사무능력자의 파양, 파양의사의 불합치, 파양신고 전의 파양의사의 철회, 가장파양 등이 이에 해당한다.

第2項 裁判上 罷養

第905條【裁判上 罷養原因】 養親子의 一方은 다음 各號의 事由가 있는 境遇에는 家庭法院에 罷養을 請求할 수 있다.<改正 1990.1.13>

1. 家族의 名譽를 汚瀆하거나 財產을 傾倒한 중대한 過失이 있을 때
2. 다른 一方 또는 그 直系尊屬으로부터 甚히 不當한 待遇를 받았을 때
3. 自己의 直系尊屬이 다른 一方으로부터 甚히 不當한 待遇를 받았을 때
4. 養子의 生死가 3年以上 分明하지 아니한 때
5. 其他 養親子關係를 繼續하기 어려운 重大한 事由가 있을 때

第906條【準用規定】 第899條 乃至 第902條의 規定은 裁判上 罷養의 請求에 準用한다.〈改正 1990.1.13〉

第907條【罷養請求權의 消滅】 第905條第1號 乃至 第3號와 第5號의 事由는 다른 一方이 이를 안 날로부터 6月, 그 事由있은 날로부터 3年을 經過하면 罷養을 請求하지 못한다.

第908條【罷養과 損害賠償請求權】 第806條의 規定은 裁判上 罷養에 準用한다.

裁判上 罷養

1. 裁判上 罷養: 재판상 파양은 입양 당사자의 일방이 파양의 소를 제기하고, 이에 대해 파양을 허가하는 법원의 판결에 의해 입양이 해소되는 것을 말한다. 협의상 파양이 당사자 쌍방의 자유로운 의사에 기한 입양의 해소임에 반해 재판상 파양은 당사자 일방이 파양에 응하지 않기 때문에 협의상 파양을 할 수 없는 경우에 입양을 강제적으로 해소하는 제도이다. 따라서 협의상 파양은 그 이유나 동기를 묻지 않고 합의만으로 성립하지만, 재판상 파양은 국가에 의해 파양을 강제할 수밖에 없는 법에서 규정한 특정한 사유가 있는 경우에 한한다.

2. 罷養의 原因 - 제905조: 재판상 파양은 아래의 어느 하나에 해당하여야 한다.

(1) 가족의 명예를 오독하거나 재산을 경도한 중대한 과실이 있을 때-제1호: 양자에게만 해당하는 사유로 양자가 고의 또는 중과실에 의해 양친을 포함한 그 가족의 명예를 더럽히거나 재산을 위태롭게 한 때는 양친은 파양을 청구할 수 있다.

(2) 다른 일방 또는 그 직계존속으로부터 심히 부당한 대우를 받았을 때-제2호: 양자가 양친을 비롯한 양친의 부모, 조부모 등으로부터 심히 부당한 대우를 받았거나, 양친이 양자나 양자의 친생 부모나 조부모 등으로부터 심히 부당한 대우를 받은 때에는 양친과 양자는 각각 파양을 청구할 수 있다. 〈심히 부당한 대우〉라 함은 참을 수 없는 신체 또는 정신적 부당한 대우를 말한다.

(3) 자기의 직계존속이 다른 일방으로부터 심히 부당한 대우를 받았을 때-제3호: 양친의 부모나 조부모가 양자로부터, 양자의 친생 부모나 조부모가 양친으로부터 심히 부당한 대우를 받았을 때에는 파양을 청구할 수 있다.

(4) 양자의 생사가 3년 이상 분명하지 아니한 때-제4호: 양자에게만 해당하는 사유로서 양자가 그 귀책성 유무에 관계없이 3년 이상의 기간동안 생사가 불명한 경우에는 양친자관계의 실체가 사실상 파탄되었다고 볼 수 있기 때문에 파양사유로 규정하고 있다.

(5) 기타 양친자관계를 계속하기 어려운 중대한 사유가 있을 때-제5호: 추상적인 파양사유로서 양친자로서의 정신적·경제적 생활관계를 유지, 회복하기에 매우 곤란할 정도로 양친자관계가 파탄된 경우이다.

3. 罷養 節次

(1) 소의 당사자-양친, 양자 만: 파양소송의 당사자는 양친과 양자에 한정되고, 원칙적으로 제3자의 소송제기는 허용되지 않는다. 예컨대 양조부모도 파양청구를 할 수 없다(대판 1983.9.13. 83므16).

(가) 금치산자-후견인의 동의: 금치산자는 단독으로 파양의 소를 제기할 수 없고, 후견인의 동의를 얻어야 한다(906조, 902조).

(나) 15세 미만인 양자-대낙권자: 대낙권자가 소를 제기하여야 하고, 대낙권자가 없는 경우는 생가의 다른 직계존속이 소를 제기하여야 한다(906조, 899조).
(다) 15세 이상의 미성년 양자-생가부모의 동의: 생가부모의 동의를 얻어야 한다(906조, 900조, 901조).
(라) 당사자가 사망한 경우: 당사자가 사망한 경우는 제3자가 소를 제기할 수 없고, 피청구인도 되지 못한다.
(마) 부부공동입양-공동 당사자: 부부공동입양에서 양친이 소를 제기할 때는 부부가 공동으로 하여야 하고, 배우자 있는 양자는 양자만이 당사자가 될 수 있다. 養子가 소를 제기할 때는 원칙적으로 양친을 공동당사자로 하여야 할 것이나, 養子의 복리를 위하여 양친 중 한 쪽(양부 또는 양모)만을 상대방으로 할 필요성이 있는 경우에는 그 상대방만을 상대로 소를 제기할 수 있다고 해석된다(서울가법 1992.4.23. 91드63419).
(2) 파양신고: 재판상 파양은 가사소송법 나류 가사소송사건이기 때문에(가사소송법 2조1항) 조정절차가 선행되며, 조정이 성립하지 않으면 판결에 의하여 파양의 효력이 생긴다. 파양청구의 인용판결이 있을 때에는 파양소송 제기자는 재판확정일로부터 1개월 이내에 파양신고를 하여야 한다(가족관계등록법 107조). 이 재판상 파양의 신고는 보고적 신고이다.

4. 罷養請求權의 消滅期間 - 제907조

(1) 생사불명: 양자의 생사가 3년 이상 불명한 경우(905조4호)는 파양청구권이 기간의 경과로 소멸하지 않는다. 즉 이 경우는 언제든지 소를 제기할 수 있다.
(2) 그 외의 사유: 그 외의 사유에 의한 파양청구권은 그 사유가 있음을 안 날로부터 6월이 경과하면 소멸하고, 그 사유를 알았는지 여부에 관계없이 사유가 있은 날로부터 3년이 경과하면 소멸한다. 다만 파양사유가 계속하여 존재하는 경우에는 파양청구권은 소멸하지 않는다.

5. 罷養의 效果: 재판상 파양이나 협의상 파양의 효과는 동일한데, 다만 재판상 파양의 경우는 상대방에 대하여 손해배상을 청구할 수 있다.
(1) 친족관계: 파양에 의하여 입양으로 인한 친족관계는 소멸한다(776조). 양친의 일방이 사망하고 생존하는 양친이 단독 파양한 경우 사망한 양친자관계에 대해서는 파양의 효력이 미치지 않으며, 이혼의 경우도 동일하여 한쪽 양친이 파양하더라도 다른 한쪽 양친에게는 파양의 효과가 미치지 아니한다. 친족관계가 소멸하더라도 양자가 혼인하려고 할 때는 양부모계와 일정한 자였던 자와는 혼인금지 사유가 된다(809조3항).
(2) 생가부모의 친권부활: 파양시에 양자가 미성년자이면 파양으로 생가부모의 친권이 부활한다.
(3) 이행된 상속: 양친 중 한쪽의 사망으로 상속받은 후에 파양이 된 경우는 파양의 효과는 소급하지 아니하므로 이미 받은 상속에는 영향이 없다.
(4) 손해배상청구-제908조: 당사자 일방은 과실 있는 상대방에 대하여 파양으로 인하여 발생한 손해의 배상을 청구할 수 있다. 손해배상의 범위에는 파양으로 입은 재산적·정신적 손해를 모두 포함한다.

제4관 친양자 〈신설 2005.3.31〉

第908條의2 【친양자 입양의 요건 등】 ①친양자(親養子)를 하려는 자는 다음 각 호의 요건을 갖추어 가정법원에 친양자 입양의 청구를 하여야 한다.
1. 3년 이상 혼인중인 부부로서 공동으로 입양할 것. 다만 1년 이상 혼인중인 부부의 일방이 그 배우자의 친생자를 친양자로 하는 경우에는 그러하지 아니하다.
2. 친양자로 될 자가 15세 미만일 것
3. 친양자로 될 자의 친생부모가 친양자 입양에 동의할 것. 다만 부모의 친권이 상실되거나 사망 그 밖의 사유로 동의할 수 없는 경우에는 그러하지 아니하다.
4. 제869조의 규정에 의한 법정대리인의 입양승낙이 있을 것

②가정법원은 친양자로 될 자의 복리를 위하여 그 양육상황, 친양자 입양의 동기, 양친(養親)의 양육능력 그 밖의 사정을 고려하여 친양자 입양이 적당하지 아니하다고 인정되는 경우에는 제1항의 청구를 기각할 수 있다.

第908條의3【친양자 입양의 효력】 ①친양자는 부부의 혼인중 출생자로 본다.
②친양자의 입양 전의 친족관계는 제908조의2제1항의 청구에 의한 친양자 입양이 확정된 때에 종료한다. 다만 부부의 일방이 그 배우자의 친생자를 단독으로 입양한 경우에 있어서의 배우자 및 그 친족과 친생자간의 친족관계는 그러하지 아니하다.

親養子

1. 意義: 민법은 2005년 개정으로 양자의 복지를 도모하기 위하여 현행의 양자제도를 그대로 유지하면서 완전양자제도를 추가로 도입하는 친양자제도를 신설하였으며, 친양자제도의 신설로 민법상의 양자제도는 보통양자와 친양자로 2원화되게 되었다. 친양자는 양친과의 관계를 친생자관계로 보아 종전의 친족관계는 종료시키고, 양친과의 관계만을 인정하여 양친의 성과 본을 따르게 한다. 친양자는 기존의 친생부모와의 관계를 단절시키는 신분에 대한 중대한 변화를 가져오므로 당사자간의 협의에 의한 입양은 인정하지 않고 반드시 법원에 의한 허가만으로 가능하도록 하고 있다.

2. 入養의 要件 - 제908조의2제1항

(1) 양친의 요건-제1호: 양친이 되려는 자는 부부로서 혼인생활이 3년 이상 계속되고 있을 것을 요한다. 법률상의 부부이어야 하며, 사실혼 관계에 있는 부부는 해당되지 않는다. 또한 부부가 공동으로 입양해야 하므로 일방 배우자가 행방불명이나 입양의 의사표시를 할 수 없을 때에는 입양을 청구할 수 없다. 다만 재혼가정에서 배우자의 전혼의 자녀를 친양자로 입양하는 경우와 같이 부부의 일방이 그 배우자의 친생자를 친양자로 하는 경우에는 1년 이상의 혼인기간이 있으면 가능하며, 부부가 공동으로 입양할 필요가 없다.

(2) 친양자의 요건-제2호: 친양자로 될 자는 만 15세 미만이어야 한다.

(3) 친양자로 될 자의 친생부모의 동의-제3호: 친양자로 될 자의 친생부모가 친양자입양에 동의하여야 한다. 다만 부모의 친권이 상실되거나 사망 그 밖의 사유로 동의할 수 없는 경우에는 그러하지 아니하다. 여기서의 친생부모의 동의는 친생자관계가 소멸하고 양친의 친생자로 되는 것에 대한 동의를 뜻한다.

(4) 법정대리인의 승낙-제4호(869조): 법정대리인이 입양의 승낙을 하여야 한다. 다만 후견인이 입양을 승낙하는 경우에는 가정법원의 허가를 받아야 한다. 여기서의 법정대리인의 승낙은 입양의 당사자로서의 승낙을 의미한다. 따라서 친생부모가 있으면 친생부모가 법정대리인으로서 입양의 승낙을 하고 제3호의 친양자입양에 대한 동의를 하여야 하며, 친생부모의 사망으로 후견인이 법정대리인인 경우에는 후견인의 승낙에는 가정법원의 허가를 얻어야 한다.

3. 家庭法院의 審判 - 제908조의2제2항: 친양자입양을 청구한 경우에 가정법원은 친양자로 될 자의 복리를 위하여 그 양육상황, 친양자 입양의 동기, 양친의 양육능력과 그 밖의 사정을 충분히 고려한 후 친양자입양의 허용여부를 판단해야 하며, 친양자 입양이 적당하지 아니하다고 인정되는 경우에는 친양자입양 청구를 기각할 수 있다.

4. 親養子入養의 效果 - 제908조의3

(1) 양친과 친양자관계-양친의 혼인 중의 출생자로-제1항: 친양자입양이 확정되면 친양자는 양친 부부의 혼인 중의 출생자의 신분을 취득한다. 따라서 가족관계등록부에 양자가 아닌 친생자로 기재되며, 양친이 혼인 시 모의 성과 본을 따르기로 하는 협의가 없었다면 양부의 성과 본을 따른다(781조1항).

(2) 친생부모와의 관계

(가) 입양 전의 신분관계-입양으로 종료-제2항: 입양 전의 친생부모와의 관계는 친양자입양이

확정된 때부터 종료한다.
(나) 입양 전 이미 발생한 관계: 입양 전에 발생하였던 상속이나 부양, 친족관계에는 영향을 미치지 않는다.
(다) 배우자 일방의 친생자를 입양한 경우-제2항: 부부의 일방이 배우자의 친생자를 친양자로 입양한 경우에는 배우자 및 그 친족과 친생자 간의 친족관계는 그대로 유지된다.
(라) 혼인금지 사유는 지속: 친양자 입양으로 입양 전의 친족관계가 종료하더라도 우생학적 측면에서 혼인에서는 친양자는 입양 전의 친족관계에 따른 혼인금지사유에 해당한다(809조).

第908條의4【친양자 입양의 취소 등】 ①친양자로 될 자의 친생(親生)의 부 또는 모는 자신에게 책임이 없는 사유로 인하여 제908조의2제1항제3호 단서의 규정에 의한 동의를 할 수 없었던 경우에는 친양자 입양의 사실을 안 날부터 6월내에 가정법원에 친양자 입양의 취소를 청구할 수 있다.
②제883조 및 제884조의 규정은 친양자 입양에 관하여 이를 적용하지 아니한다.

第908條의5【친양자의 파양】 ①양친, 친양자, 친생의 부 또는 모나 검사는 다음 각 호의 어느 하나의 사유가 있는 경우에는 가정법원에 친양자의 파양(罷養)을 청구할 수 있다.
1. 양친이 친양자를 학대 또는 유기(遺棄)하거나 그 밖에 친양자의 복리를 현저히 해하는 때
2. 친양자의 양친에 대한 패륜(悖倫)행위로 인하여 친양자관계를 유지시킬 수 없게 된 때
②제898조 및 제905조의 규정은 친양자의 파양에 관하여 이를 적용하지 아니한다.

第908條의6【준용규정】 제908조의2제2항의 규정은 친양자 입양의 취소 또는 제908조의5제1항제2호의 규정에 의한 파양의 청구에 관하여 이를 준용한다.

第908條의7【친양자 입양의 취소·파양의 효력】 ①친양자 입양이 취소되거나 파양된 때에는 친양자관계는 소멸하고 입양 전의 친족관계는 부활한다.
②제1항의 경우에 친양자 입양의 취소의 효력은 소급하지 아니한다.

親養子入養의 取消, 罷揚

1. 親養子入養의 取消

(1) 의의: 친양자입양은 법원의 심판을 통하여 이루어지므로 보통입양에서와 같은 입양무효의 원인(883조)이나 취소원인(884조)은 발생할 수 없으므로 친양자입양에는 적용이 없다(908조의4 제2항).
(2) 취소의 요건-제908조의4
(가) 친생부모의 귀책사유 없는 사유로 동의 못한 경우-제1항: 친생의 부 또는 모가 자신에게 책임이 없는 사유로 친양자 입양의 동의를 할 수 없었던 경우여야 한다.
(나) 입양 사실 안 날로부터 6월-제1항: 친양자 입양의 사실을 안 날부터 6월 내에 가정법원에 친양자 입양의 취소를 청구할 수 있다.
(3) 절차
(가) 법원에 취소의 소-제908조의4제1항: 법원에 취소를 소로서 청구하여야 한다.
(나) 법원의 심판-제908조의6: 법원은 친양자입양의 재판에서와 같이 친양자의 복리를 위하여

그 양육상황, 친양자 입양의 동기, 양친(양친)의 양육능력 그 밖의 사정을 고려하여 친양자입양의 취소가 적당하지 아니하다고 인정되는 경우에는 그 청구를 기각할 수 있다(908조의2제2항).
(4) 입양취소의 효력-제908조의7
(가) 친생부모와의 친족관계 부활-제1항: 입양취소의 재판이 확정되면 양친자관계는 소멸하고 친생부모와 그 친족과의 관계가 부활한다.
(나) 비소급효-제2항: 그 효력은 소급하지 않으며 장래를 향하여 소멸한다.
(다) 취소시의 미성년자: 친양자가 취소 당시 미성년자인 때에는 친생부모의 친권에 따르게 되고, 친양자의 성도 친양자입양 전의 친생부모의 성으로 회복된다.

2. 親養子의 罷揚

(1) 의의: 친양자제도는 양친과 양자 사이에 자연의 친생자관계와 같은 효과를 발생시키는 것을 목적으로 하므로 원칙적으로 파양이 인정되지 않는다(프랑스나 영국, 스위스 등의 외국 입법례에서도 파양에 관한 규정을 두고 있지 않다). 그러한 측면에서 본조는 보통양자의 협의상 파양과 재판상 파양에 관한 규정을 배제하는 한편 양친이 친양자의 복리를 현저하게 해하는 때와 친양자의 패륜행위를 파양사유로 하여, 재판에 의하여만 파양이 가능하도록 한다.
(2) 파양 사유-제908조의5제1항
(가) 양친이 친양자를 학대 또는 유기하거나 그 밖에 친양자의 복리를 현저하게 해하는 때-제1호: 친양자를 육체적·정신적으로 학대하거나, 친양자에게 필요한 적절한 보호조치나 교양의무를 이행하지 않거나 기타 친양자의 복리를 현저하게 침해하는 것을 말한다.
(나) 친양자의 양친에 대한 패륜행위로 인하여 친양자관계를 유지시킬 수 없게 된 때-제2호: 친양자의 양친에 대한 모욕, 학대, 유기 등의 반인륜적인 행위를 말한다.
(3) 절차-제908조의5제1항, 제908조의6
(가) 청구권자: 양친, 친양자, 친생의 부 또는 모, 검사가 법원에 파양을 청구할 수 있다. 친생의 부나 모에게도 파양청구권을 인정하는 것은 양친자관계를 해소하고 친생부모와의 관계를 회복하는 것이 친양자의 복리를 위해 바람직할 수 있으므로 파양청구권을 인정하고 있다(1항).
(나) 소로서 청구: 법원에 소로서 파양을 청구하여야 한다.
(다) 법원의 심판-제908조의6: 법원은 친양자입양의 재판에서와 같이 친양자의 복리를 위하여 그 양육상황, 친양자 입양의 동기, 양친(양친)의 양육능력 그 밖의 사정을 고려하여 친양자입양의 파양이 적당하지 아니하다고 인정되는 경우에는 그 청구를 기각할 수 있다(908조의2제2항).
(4) 파양의 효력-제908조의7
(가) 친생부모와의 친족관계 부활-제1항: 가정법원에 의해 파양재판이 확정된 때에는 친양자입양으로 발생했던 모든 법률관계는 소멸한다. 따라서 친양자와 양친 및 그 친족과의 관계는 소멸하고 친생부모와 그 친족과의 관계는 부활한다.
(나) 비소급효: 파양의 효력은 파양의 성질상 당연히 장래에 대하여서만 생긴다. 따라서 파양 전에 친양자로서의 효력이 발생한, 예컨대 상속받은 재산 등은 그대로 유지된다.
(다) 파양시의 미성년자: 친양자가 파양 당시 미성년자인 때에는 친생부모의 친권에 따르게 되고, 친양자의 성도 친양자입양 전의 친생부모의 성으로 회복된다.

第908條의8 【준용규정】 친양자에 관하여 이 관에 특별한 규정이 있는 경우를 제외하고는 그 성질에 반하지 아니하는 범위 안에서 양자에 관한 규정을 준용한다.

준용규정

1. 준용: 친양자입양은 보통입양에 비해 요건이나 절차 및 효력에 있어서 차이가 있지만 친양자입양도 입양제도의 하나이므로 입양관련 규정 중 본관에서 별도로 특별히 규정하는 경우를 제외하고는 입양에 관한 규정이 준용된다.
2. 준용되지 아니 하는 규정: 아래 규정을 제외하고는 준용된다.

(1) 입양무효, 취소에 관한 규정-해당 없음: 친양자입양은 가정법원의 재판에 의해 성립되므로 입양이 무효로 되는 경우는 없으므로 입양무효에 관한 규정은 적용이 없다.
(2) 파양에 관한 규정: 친양자입양은 협의에 의한 파양은 인정되지 않으며, 재판상 파양의 경우에도 별도의 규정을 두고 있으므로 파양에 관한 규정은 적용되지 않는다. 그러나 파양의 효과에 관한 규정(908조)과 그 법리는 준용된다.

第3節 親 權

1. 概括: 친권은 부모가 미성숙한 자를 보호하고, 교양할 권리의무(913조)이다. 그런데 친권자는 미성년의 자의 재산에 대하여는 법정대리인이 되기 때문에 자의 재산에 대한 권리의무도 친권에 포함된다고 할 수 있다. 그러나 자의 재산에 대한 권리의무는 부모의 다른 지위인 법정대리인으로서의 지위에서 나오는 것이기 때문에 친권의 본질은 전자라 할 수 있다. 따라서 후자의 사안에서는 부모와 자의 이해관계가 충돌되는 경우가 생길 수 있으므로 민법은 친권자의 권리에 대하여 별도로 이해상반이나 주의의무를 규정하고, 친권상실, 대리권과 관리권 상실제도를 두고 있다.

2. 構成
(1) 친권자: 제909조, 제910조
(2) 미성년자의 법정대리인: 제911조
(3) 친권행사의 기준: 제912조
(4) 보호, 교양할 권리의무: 제913조
(5) 거소지정권: 제914조
(6) 징계권: 제915조
(7) 자의 재산의 관리: 제916조-제920조
(8) 공동친권에서 일방의 친권행사: 제920조의2
(9) 재산에 대한 권리행사: 제921조-제923조
(10) 친권의 상실: 제924조
(11) 대리권·관리권상실: 제925조-제927조

第1款 總 則

第909條【親權者】 ①부모는 미성년자인 자의 친권자가 된다. 양자의 경우에는 양부모(養父母)가 친권자가 된다. 〈개정 2005.3.31〉
②親權은 父母가 婚姻중인 때에는 父母가 共同으로 이를 행사한다. 그러나 父母의 의견이 一致하지 아니하는 경우에는 當事者의 請求에 의하여 家庭法院이 이를 정한다.
③父母의 一方이 親權을 행사할 수 없을 때에는 다른 一方이 이를 행사한다.
④婚姻外의 子가 認知된 경우와 父母가 이혼하는 경우에는 父母의 協議로 친권자를 정하여야 하고, 協議할 수 없거나 協議가 이루어지지 아니하는 경우에는 가정법원은 직권으로 또는 당사자의 청구에 따라 친권자를 지정하여야 한다. 다만 부모의 협의가 자(子)의 복리에 반하는 경우에는 가정법원은 보정을 명하거나 직권으로 친권자를 정한다. 〈개정 2005.3.31, 2007.12.21〉
⑤가정법원은 혼인의 취소, 재판상 이혼 또는 인지청구의 소의 경우에는 직권으로 친권자를 정한다. 〈개정 2005.3.31〉
⑥가정법원은 자의 복리를 위하여 필요하다고 인정되는 경우에는 자의 4촌 이내의 친족의 청구에 의하여 정하여진 친권자를 다른 일방으로 변경할 수 있다. 〈신설 2005.3.31〉

第910條【子의 親權의 代行】 親權者는 그 親權에 따르는 자에 갈음하여 그 子에 對한 親權을 行使한다. 〈개정 2005.3.31〉

第911條【未成年者인 子의 法定代理人】 親權을 行使하는 父 또는 母는 未成年者인 子의 法定代理人이 된다.

第912條【친권행사의 기준】 친권을 행사함에 있어서는 자의 복리를 우선적으로 고려하여야 한다.

親權의 當事者와 親權의 行使

1. 親權者 - 제909조

(1) 혼인 중의 자-부모-제1항: 친생자에 대한 친권자는 부모이다. 부모는 법률상의 부모일 것을 요하고, 사실상의 부모는 친권자가 될 수 없다.

(2) 혼인 외의 자

(가) 인지 전-제1항: 인지 전은 모가 단독친권자이다.

(나) 인지 후-부모의 협의로 친권자의 결정-제4항: 인지가 되면 부와 모가 협의하여 친권자를 정한다.

(3) 양자-양부모-제1항: 양자의 친권자는 양부모이다. 양부모가 사망하더라도 친생부모는 친권자가 되지 못한다.

(4) 이혼-제4항: 협의 또는 법원에 의해 친권자를 결정한다.

(5) 친권자의 변경-제909조제6항: 혼인 외의 자녀가 인지된 경우, 혼인의 취소 및 이혼 시 정해진 친권자에 대해 자의 복리를 위하여 필요하다고 인정되는 경우에는 자녀의 4촌 이내의 친족은 친권자의 변경을 법원에 청구할 수 있다.

2. 親權에 따르는 자: 친권에 따르는 자는 미성년인 자로서 친생자와 양자를 구분하지 않는다.

(1) 혼인한 미성년자: 미성년자가 혼인하면 성년의제(836조의2)가 되어 친권에 따르지 않는다.

(2) 혼인한 미성년자의 혼인 해소: 미성년자의 성립한 혼인이 해소(취소, 이혼, 배우자 사망)되더라도 혼인으로 성년의제된 것이 다시 미성년으로 되지 않는다고 해석된다.

3. 親權行使 - 基準 - 제912조: 친권을 행사함에 있어서는 자의 복리를 우선적으로 고려하여야 한다. 이는 친권의 행사가 적법, 정당한지 여부에 대한 판단의 기준이 될뿐만 아니라, 친권자가 법정대리인으로서 자녀의 재산에 관한 사항을 행사하는 데 있어서도 기준이 되고, 법원이 자녀의 친권과 양육에 관한 사항을 결정하는 데 있어서도 가장 근본적인 기준이 된다.

(1) 부모공동행사-제909조제2항: 혼인 중에는 부모가 공동으로 친권을 행사한다.

(가) 공동행사-합의하여 행사: 친권의 공동행사란 부모가 합의하여 친권을 행사하는 것을 말한다.

(나) 일방 단독 행사: 부모의 일방이 타방의 동의를 얻지 않고 행한 행위(단독 또는 쌍방명의를 불문하고)는 자에 대한 대리로서의 효과 또는 자의 법률행위에 대한 동의의 효과가 생기지 않는다.

(다) 공동의 명의로 단독행사: 부모의 일방이 공동명의로 자를 대리하거나 자의 법률행위에 동의한 때에는 타방의 의사에 반하는 때에도 그 효력이 발생하지만, 상대방이 악의인 때에는 법률행위의 효력이 생기지 않는다(920조의2).

(라) 부모의 의견 불일치-제909조제2항 단서: 부모의 의견이 일치하지 아니하는 경우에는 당사자의 청구에 의하여 가정법원이 이를 정한다.

(마) 일방의 행사 불능-단독친권-제909조제3항: 부와 모 중의 일방이 친권을 행사할 수 없을 때에는 다른 일방이 이를 행사한다. 일방이 사망, 실종, 장기부재, 생사불명, 심신상실, 수감 등으로 사실상, 법률상으로 친권을 행사할 수 없는 경우에는 단독친권이 된다.

(2) 단독친권자의 사망-생존한 부, 모의 친권부활: 이혼 또는 인지된 경우에 단독친권으로 된

이후에 단독친권자가 사망한 경우에 생존한 부 또는 모가 친권자가 된다든지 또는 후견이 개시된다든지에 관하여는 민법에 별도로 규정하지 않아 문제가 된다.
(가) 생존하는 다른 부, 모의 친권부활: 이 경우에는 생존하는 다른 부 또는 모의 친권이 부활한다고 해석된다(대판 1994.4.29. 94다1302).
(나) 예규에 부활을 간접 규정: 이 경우에 관하여, 가족관계등록예규 제286호 〈친권자의 지정 또는 변경에 관한 가족관계등록사무처리지침〉 제10조에 단독친권자가 사망, 실종선고, 대리권과 관리권 상실로 친권을 행사할 수 없는 경우에도 다른 부 또는 모가 있는 때에는 후견이 개시되지 않는다고 규정하고 있다. 이는 곧, 다른 생존하는 부 또는 모가 친권자가 된다는 것을 의미한다.
4. 子의 親權 代行 - 제910조: 법률상 자녀의 부모라면 친권자로서 자녀의 신분 및 재산을 보호할 지위를 가지지만, 부모가 행위능력이 없는 미성년자인 경우에는 친권내용에 해당하는 직무를 수행할 능력이 없기 때문에 민법은 친권에 따르는 자의 자녀에 대한 친권은 미성년인 부모가 아니라 미성년에 대해 친권을 행사하는 자, 즉 그 자녀의 조부모가 미성년인 부모의 친권을 대행하는 것으로 규정한 것이다.
(1) 친권의 대행
(가) 미성년자의 혼외자가 그 대상: 자가 있는 미성년자가 혼인관계에 있는 때에는 성년의제에 의해 친권대행이 발생하지 않는다. 미성년자가 혼외자를 둘 때, 미성년자는 혼인을 하지 않아 성년의제가 되지 않고 여전히 행위무능력자로 되어 친권자가 있게 되고, 그 미성년자는 혼외자의 친권자로 되지만 행위능력이 없기 때문에 대행자가 필요하게 된다. 이 경우에 미성년자의 친권자가 미성년자의 혼외자에 대한 친권대행자가 된다.
(나) 대행의 형식-친권에 따른 자의 이름으로: 친권대행자는 친권을 대행할 뿐이며 대행자가 곧 미성년의 혼외자의 친권자가 되는 것은 아니므로 대행권행사로서 행하는 대리의 형식은 친권에 따르는 子의 이름으로 하여야 한다.
(2) 친권대행자의 사망-후견 개시: 친권대행자가 사망하면 친권에 복종하는 미성년의 자에 대하여 후견이 개시되어 후견인이 대행자가 된다.
(3) 대행친권상실선고: 친권대행자에게 현저한 비행이 있거나 친권을 남용한 때에는 친권상실선고에 준하여 대행친권상실 선고를 청구할 수 있다.
5. 親權者의 身分上 地位 - 法定代理人 - 제911조: 미성년자인 자녀에 대해 친권을 행사하는 부모 쌍방이나 부 또는 모는 자의 법정대리인이 된다.

第2款 親權의 效力

第913條 【保護, 敎養의 權利義務】 親權者는 子를 保護하고 敎養할 權利義務가 있다.

第914條 【居所指定權】 子는 親權者의 指定한 場所에 居住하여야 한다.

第915條 【懲戒權】 親權者는 그 子를 保護 또는 敎養하기 爲하여 必要한 懲戒를 할 수 있고 法院의 許可를 얻어 感化 또는 矯正機關에 委託할 수 있다.

親權의 內容

1. 行使基準 - 제912조: 친권을 행사함에 있어서는 자의 복리를 우선적으로 고려하여야 한다. 이는 친권의 행사가 적법, 정당한지 여부에 대한 판단의 기준이 될 뿐만 아니라, 친권자가 법정대리인으로서 자녀의 재산에 관한 사항을 행사하는 데 있어서도 기준이 된다. 이와 같이 친권은 자녀의 신분과 재산에 대한 권리와 의무이므로 친권자는 행위능력이 있어야 한다.
2. 保護, 敎養할 權利義務 - 제913조
(1) 내용과 방법: 보호하고 교양한다는 것은 자녀가 정신적·육체적으로 건전한 사회인으로 육

성되도록 하는 것을 말한다. 각 친권자가 각자의 자녀를 어떻게 보호·교양하는지는 구체적 사정에 따라 다를 수 있다.

(2) 부적당한 보호, 교양: 구체적 상황에 따라 보호·교양이 부적당하여 자녀의 복리를 현저하게 해하는 경우에는 친권남용으로 될 수 있다.

(3) 자의 인도청구권: 자녀의 보호·교양권에 관련하여 문제되는 것이 자의 인도청구권이다. 명문규정은 없으나 의사능력이 없는 자가 억류되어 있거나, 자가 의사능력에 반하여 억류되어 있는 경우에 문제된다. 제3자가 자를 억류하는 경우에는 물론이고, 특히 부모가 이혼하고 모가 자를 양육하고 있으나 父에게 친권이 있는 경우에 父가 모에게 자의 인도를 청구함에 있어서, 친권남용이 아닌 한 친권자는 자의 복리에 반하지 않는 범위 내에서 자의 인도청구를 인정해야 할 것이다. 또한 일정한 경우 자녀의 복리를 위해서는 친권자의 인도청구가 거부될 수 있다. * 유아인도청구를 친권남용이라고 본 사례: 부와 생모 사이에 유아가 출생된 후 부가 생모와 유아를 유기하여 생모가 부를 상대로 혼인빙자간음죄로 고소를 제기하자 그 부가 생모와 혼인하기로 약속하였음에도 불구하고 생모가 고소를 취소한 후에는 유아만 혼인외 자로 입적시키고 다른 여자와 혼인신고를 하여, 계속 생모와 유아를 유기하면서 그 처와 미국으로 이민을 가려고 하다가 생모의 진정으로 인하여 이주허가신청이 보류되고, 생모가 부를 상대로 위자료 및 양육비 청구를 하자 이에 대항하기 위하여 부가 유아인도 청구를 하는 경우에는 친권남용이라고 볼 수 있다(대판 1979.7.10. 79므5).

3. 居所指定權 – 제914조: 미성년자가 한 곳에 정착하지 못하여 소재가 불명한 경우에는 친권자가 그 보호·교양의 직무를 달성할 수 없으므로 친권을 행사하는 자는 그 거소를 지정하고 자는 그에 따를 의무가 있다.

(1) 자-의사능력자: 거소의 지정은 자에 대해 장소를 지정하여 그곳에 거주할 것을 지시하는 것이므로 자가 변별력이 있다는 것을 전제로 하여 의사능력있는 자에 대해서 가능하다.

(2) 거소의 지정

(가) 지정권자: 거소지정권자는 친권자이며, 부모가 혼인 중인 때에는 부모가 협의하여 공동으로 하여야 한다.

(나) 지정의 효과: 거소지정의 효과로서 자녀는 지정된 장소에 그 거소를 정해야 한다. 자녀가 지정된 장소에서 거주하는 데 대해 제3자가 방해를 한 때에는 친권자 등은 방해배제나 인도의 청구를 할 수 있을 것이다. 본조에 의해 지정된 장소는 어느 정도의 기간 사실상 계속하여 거주하는 장소로서 법률관계를 규율하는 기준으로서의 주소와는 구별된다.

4. 懲戒權 – 제915조: 징계란 친권자가 자의 보호·교양의 차원에서 자녀의 비행이나 잘못을 교정하고 선도하기 위해 그 신체 또는 정신에 고통을 가하는 제재이다. 본조는 친권자 자신이 하는 징계권의 행사와 교정기간에의 위탁을 함께 규정하고 있다.

(1) 친권자 본인의 징계: 친권자의 징계권은 친권자의 자녀의 보호·교양의 목적을 위해 인정된 권리이므로 인격의 건전한 육성을 위하여 필요한 범위 안에서 상당한 방법으로 행사되어야만 한다. 따라서 친권자가 스스로의 감정을 이기지 못하고 야구방망이로 때릴 듯이 자에게 〈죽여 버린다〉고 말하여 협박하는 것은 그 자체로 피해자의 인격 성장에 장해를 가져올 우려가 커서 이를 교양권의 행사라고 보기도 어렵다(대판 2002.2.8. 2001도6468). 징계권을 남용하여 행사하는 경우에는 친권의 남용으로서 친권상실의 원인이 된다.

(2) 교정기관에 위탁: 친권자가 자신의 징계만으로 충분하지 않거나 부적당한 때에는 법원의 허가를 얻어 자녀를 감화기관 또는 교정기관에 위탁할 수 있다.

(가) 감화 또는 교정기관: 구체적으로 무엇인지 직접 규정하고 있지는 않으나 아동복지법상의 아동복지시설, 기타 소년보호시설, 병원, 요양소 등이 해당할 것이다.

(나) 법원의 심사: 감화·교정기관의 위탁은 신체에 현저한 구속이며, 자녀의 보호·교양에 중대한 관계를 끼치기 때문에 그 필요성의 유무나 기간에 대해서 가정법원의 심사를 거치도록 하고 있다.

第916條【子의 特有財產과 그 管理】 子가 自己의 名義로 取得한 財產은 그 特有財產으로 하고 法定代理人인 親權者가 이를 管理한다.

第917條 削除〈1990.1.13〉

第918條【第三者가 無償으로 子에게 授與한 財産의 管理】 ①無償으로 子에게 財産을 授與한 第三者가 親權者의 管理에 反對하는 意思를 表示한 때에는 親權者는 그 財産을 管理하지 못한다.
②前項의 境遇에 第三者가 그 財産管理人을 指定하지 아니한 때에는 法院은 財産의 授與를 받은 子 또는 第777條의 規定에 依한 親族의 請求에 依하여 管理人을 選任한다.
③第三者의 指定한 管理人의 權限이 消滅하거나 管理人을 改任할 必要 있는 境遇에 第三者가 다시 管理人을 指定하지 아니한 때에도 前項과 같다.
④第24條第1項, 第2項, 第4項, 第25條 前段 및 第26條第1項, 第2項의 規定은 前2項의 境遇에 準用한다.

第919條【委任에 關한 規定의 準用】 第691條, 第692條의 規定은 前3條의 財産管理에 準用한다.

子의 財産에 대한 親權者의 管理權

1. 親權者의 管理權 - 제916조: 친권자는 자의 법정대리인으로서 자의 특유재산을 관리한다.
(1) 대상-자의 특유재산: 자가 자기의 명의로 취득한 재산이 자의 특유재산이 된다. 자의 특유재산으로는 자가 증여나 상속·유증과 같이 무상취득한 재산과 미성년자가 자신의 노력으로 취득한 재산을 포함하며, 실제 미성년자의 명의로 된 재산 전부가 해당한다. 이러한 자의 특유재산은 모두 친권자의 관리대상이 된다.
(2) 처분 또는 허락한 영업에 관한 재산-대상에서 제외: 영업이 허락된 경우 그 영업에 관한 재산(8조), 처분을 허락한 재산(6조)은 관리의 대상이 되지 아니한다.
(3) 관리 반대의사로 수증받은 재산-대상에서 제외-제918조제1항: 제3자가 무상으로 재산을 수여하면서 친권자의 관리에 반대의 의사표시를 하지 아니한 재산은 관리의 대상이 되나, 친권자의 관리에 대한 반대의사를 표시한 수증재산은 관리의 대상이 되지 아니한다.
(4) 관리권 상실선고, 관리권의 사퇴: 관리권상실선고(925조)를 받거나 관리권을 사퇴(927조)한 때에는 관리할 수 없다.

2. 子가 第3者로부터 受贈한 財産 - 제918조
(1) 증여자의 관리반대의사표시-제1항: 자가 수증한 재산도 자의 특유재산으로 친권자의 관리대상이 된다. 그러나 미성년자인 자녀에게 재산을 무상으로 수여한 증여자의 의사를 존중하여, 친권자에게 재산을 관리하도록 하는 것을 원하지 않는 경우에 친권자의 관리권을 박탈한 것이다. 따라서 증여자가 아무런 친권자의 관리에 대한 반대의사를 표시하지 아니하는 경우에는 수증한 재산도 당연히 친권자의 관리대상이 된다.
(2) 친권자의 관리권의 제한
(가) 무상 증여자: 친권자의 관리권을 금지할 수 있는 자는 무상으로 자녀에게 재산을 수여한 제3자이다.
(나) 재산-재산적 가치 있는 권리: 재산은 재산적 가치가 있는 일체의 권리를 말하므로 동산·부동산 기타 권리의 종류를 묻지 않는다.
(다) 관리반대의사의 표시: 증여하는 제3자가 재산의 수여시에 친권자에게 관리반대의 의사표시를 하여야 한다. 친권자에게 재산관리를 반대하는 의사표시를 한 때에는 친권자는 그 재산에 대해서 재산관리권이 없다.
(라) 부부공동행사에서 일방에 대한 반대의사-단독 관리: 부부공동친권행사의 경우에 친권자 일방에 대해서 관리권이 없어진 경우에는 다른 일방의 친권자가 단독으로 관리한다.

(3) 재산관리인 선임-제2항, 제3항: 친권자가 관리할 수 없으므로 관리할 수 있는 제3자가 선임되어야 한다. 재산관리인은 제3자가 지정한 자가 되며, 지정이 없는 때에는 2차로 법원이 선임한다(2항).
(가) 선임: 재산수여자는 관리인으로 제3자를 지정할 수 있으며. 수여자 자신을 관리인으로 지정할 수 있다.
(나) 법원에 의한 선임-제2항, 제3항
① 사유: 제3자가 관리인을 지정하지 않거나(2항) 제3자가 지정한 관리인의 권한이 소멸하였거나 관리인을 개임할 필요가 있는 경우에 제3자가 관리인을 지정하지 않을 때여야 한다(3항).
② 법원에 의한 선임: 재산수여를 받는 자 또는 미성년자의 친족의 청구에 의하여 가정법원이 관리인을 선임한다.
(4) 관리권의 내용-대리권, 동의권-제4항: 관리인은 제3자가 수여한 재산에 대한 법정대리인으로서의 자를 위한 대리권과 자의 법률행위에 대한 동의권이 있다. 관리인의 관리권의 범위는 부재자의 재산관리인에 관한 규정(24조-26조)이 준용된다.
3. 財産管理權: 재산관리란 재산의 보전과 재산의 성질을 변하지 않는 범위 내에서의 이용과 개량을 목적으로 하는 일체의 사실상·법률상의 행위를 말한다. 부패나 변질의 우려가 있는 물건의 매매와 같은 처분행위라도 그 목적범위 내인 경우에는 관리에 포함될 수 있을 것이다. 친권자는 재산의 관리에 필요한 일체의 사실상·법률상의 행위를 할 권한이 있다. 따라서 미성년자인 자녀의 재산을 점유할 수 있으며, 재산의 가치를 보존·증가하기 위해서 가공·변형할 수도 있다. 또한 해당 재산에 관한 법률행위에 대해서 미성년자를 대리할 수 있으며, 의사능력이 있는 미성년자에 대해서는 동의를 주어 미성년자로 하여금 재산에 관한 행위를 직접 하게 할 수 있다.
4. 管理權의 終了
(1) 종료 사유: 미성년자가 성년이 되면 관리권은 종료한다. 그 외에 친권상실선고(924조), 관리권의 사퇴(927조), 관리권상실선고(925조)를 받으면 관리권이 종료한다.
(2) 재산관리의 계산-제923조
(3) 긴급처리의무-제919조(691조): 재산관리가 종료한 후에도 급박한 사정이 있는 때는 미성년자, 그 상속인 또는 법정대리인이 재산관리사무를 처리할 수 있을 때까지 필요한 처분을 해야 한다.
(4) 관리권 종료의 대항요건-제919조(692조): 관리권이 종료한 경우 그 종료의 사유가 누구에 의한 것인지 묻지 않고 상대방에게 통지하거나 상대방이 알지 못한 때에는 이로써 그 상대방에게 대항할 수 없다. 상대방이란 재산관리의 법률관계에서 상대방이기 때문에 미성년자측에서는 친권자 또는 관리인이 상대방이 되고, 친권자나 관리인측에서는 미성년자가 상대방이 된다.

第920條 【子의 財産에 關한 親權者의 代理權】 法定代理人인 親權者는 子의 財産에 關한 法律行爲에 對하여 그 子를 代理한다. 그러나 그 子의 行爲를 目的으로 하는 債務를 負擔할 境遇에는 本人의 同意를 얻어야 한다.

第920條의2 【共同親權者의 一方이 共同名義로 한 행위의 效力】 父母가 共同으로 親權을 행사하는 경우 父母의 一方이 共同名義로 子를 代理하거나 子의 法律行爲에 同意한 때에는 다른 一方의 意思에 반하는 때에도 그 效力이 있다. 그러나 相對方이 惡意인 때에는 그러하지 아니한다.

第921條 【親權者와 그 子間 또는 數人의 子間의 利害相反行爲】 ①法定代理人인 親權者와 그 子사이에 利害相反되는 行爲를 함에는 親權者는 法院에 그 子의 特別代理人의 選任을 請求하여야 한다.
②法定代理人인 親權者가 그 親權에 따르는 數人의 子사이에 利害相反되는 行爲를 함에는 法院에 그 子 一方의 特別代理人의 選任을 請求하여야 한다. 〈개정 2005.3.31〉

第922條【親權者의 注意義務】 親權者가 그 子에 對한 法律行爲의 代理權 또는 財産管理權을 行使함에는 自己의 財産에 關한 行爲와 同一한 注意를 하여야 한다.

子의 財産에 대한 代理權과 同意權

1. 代理權 - 제920조

(1) 재산적 행위만-본문: 친권자는 미성년자의 법정대리인으로서 자의 재산에 관한 법률행위에 대하여 그 자를 대리한다.

(가) 재산적 행위만-대리: 재산적 행위에 대하여만 대리할 수 있고 신분적 행위는 대리가 허용되지 아니한다.

(나) 상속의 승인, 포기-대리: 상속의 승인이나 포기는 재산적 행위와 신분적 행위 양자에 해당하지만 명문으로 친권자의 대리권을 인정한다(1020조).

(2) 대리권의 제한-채무부담행위-단서

(가) 채무부담행위-자의 동의를 받아 대리: 미성년자인 〈자녀의 행위〉를 목적으로 하는 채무를 부담할 경우에도 재산에 관한 법률행위인 한 친권자는 대리권을 갖는다. 그러나 이 경우에는 미성년자인 자녀의 행위의 자유를 보장하기 위해서 친권자의 대리권을 제한하여 미성년자인 자녀의 동의를 얻도록 규정한다.

(나) 목적인 〈자의 행위〉: 사실상의 행위를 말하고, 법률행위는 포함되지 않으며, 적극적인 행위뿐만 아니라 부작위나 수인(受忍)과 같은 소극적인 행위도 포함된다. 특별히 근로기준법에서는 친권자가 미성년자인 자를 대리하여 근로계약을 체결하거나 임금을 수령할 수 없도록 규정하고 있다(근기법 65조, 66조).

(3) 대리권 남용

(가) 친권자 자신을 위하여 친권행사-제921조 위반의 무효: 친권자가 자신을 위하여 자의 법률행위를 대리하는 경우는 제921조의 이해상반행위에 해당하여 무효가 된다.

(나) 다른 제3자의 이익을 위한 친권행사: 친권자가 법정대리인으로서 자의 재산에 대한 대리행위가 미성년자 자신의 이익을 위한 것이 아니라 친권자나 다른 제3자의 이익을 위한 것으로서 미성년자 본인에게는 손해를 가져오는 경우가 대리권인 친권의 남용에 해당된다. 이러한 친권남용행위는 상대방이 악의인 경우에는 무효로 본다. 이를 일반적인 대리권남용과 동일하게 비진의 표시에 관한 제107조를 유추적용하더라도 같은 결론이 된다.

① 친권자가 차남의 재산을 장남에게 증여한 경우: 법정대리인인 친권자가 그 자인 원고(미성년자)소유의 이 건 부동산을 그 장남인 피고에게 증여할 당시 원고는 이미 19년 5월 남짓하여 수개월이 지나면 성년이 될 나이에 있었고, 원고가 위 처분행위를 강력히 반대하였으며, 위 처분행위도 원고를 위한 것이 아니라 그 장남인 피고만을 위한 것으로서 위 처분행위로 원고는 아무런 대가도 지급받지 못한 점 등이 인정되므로, 원고의 법정대리인인 친권자가 이건 부동산을 피고에게 증여한 행위는, 당시 피고가 이미 성년에 달하여 소위 이해상반행위에는 해당하지 않으나, 친권의 남용에 의한 것이라 할 것이므로 위 행위의 효과는 원고에게 미치지 아니한다(대판 1981.10.13. 81다649).

② 자의 재산을 제3자에 증여: 친권자인 모가 미성년자인 자의 법정대리인으로서 자의 유일한 재산을 아무런 대가도 받지 않고 증여하였고 상대방이 그 사실을 알고 있었던 경우, 그 증여행위는 친권의 남용에 의한 것이므로 그 효과는 자에게 미치지 않는다(대판 1997.1.24. 96다43928).

2. 同意權: 미성년자인 자가 의사능력이 있으면 친권자의 동의를 얻어서 자신이 직접 재산에 관한 법률행위를 할 수 있다. 이는 자기에게 불이익이 발생할 우려가 있는 재산행위를 사회적 경험이 부족한 미성년자의 판단에 맡기는 것은 위험하기 때문이다. 동의권은 대리권과 마찬가지로 재산관리권에서 파생된 권리로 볼 수 있으므로, 재산관리권이 없는 행위에 대해서는 동의권이 없다. 동의는 미성년자인 자녀나 법률행위의 상대방에 대해서 해야 한다.

3. 父母共同 代理, 同意 - 제920조의2

(1) 동의 없는 공동명의의 대리, 동의 없는 공동명의의 동의: 부모가 공동으로 친권을 행사하는 경우에 자를 대리하거나 자의 법률행위에 동의할 때에는 부모가 공동으로 하여야 한다. 그런데 부모의 일방이 다른 일방의 동의 없이 부와 모의 공동명의로 대리행위를 하거나 공동명의로 동의한 때에 상대방이 그 법률행위가 유효하다고 신뢰한 경우에는 그 상대방의 이익을 보호할 필요가 있다. 따라서 본조는 상대방이 선의인 경우에는 그 행위의 효력을 인정하여 거래안전을 도모하고 있다.

(2) 요건

(가) 공동명의: 친권자 일방이 공동명의로 자의 법률행위를 대리하거나 동의를 하여야 한다. 따라서 단독명의로 대리 또는 동의한 경우에는 본조의 적용이 없다.

(나) 동의 없는 일방적 행위: 친권자의 일방이 공동명의로 하는 데 대해서 다른 일방이 허락을 하지 않은 상태에서 일방적으로 대리, 동의를 하였어야 한다.

(다) 상대방 있는 법률행위: 친권자의 일방이 한 법률행위나 자가 친권자 일방으로부터 받은 동의에 의한 법률행위가 상대방 있는 법률행위라야 한다. 본조는 거래의 안전을 위한 것이기 때문에 상대방 없는 단독행위에는 본조가 적용되지 않는다.

(라) 상대방의 선의: 법률행위의 상대방이 선의, 즉 동의를 받지 않고 친권자 일방이 한다는 것을 몰랐어야 한다. 악의의 경우에는 상대방을 보호할 필요가 없기 때문이다. 따라서 선의의 상대방이 그 법률행위의 무효를 주장하는 것은 무관하다.

(3) 효과: 친권자의 일방이 무단으로 공동명의로 상대방과 한 법률행위나 자가 친권자의 일방으로부터 동의를 얻은 법률행위는 상대방이 선의라면 유효하며, 취소할 수 없다.

4. 親權者의 注意義務 - 제922조

(1) 자기재산과 동일한 주의의무: 친권자가 자의 재산에 대한 대리와 관리를 할 때에는 자신의 재산과 동일한 주의로 하여야 한다. 이는 친권자가 미성년자를 위해서 그 사무를 처리할 경우에 친권자와 미성년자인 자 사이에는 긴밀한 관계가 있으므로 친권자의 주의의무 정도를 통상의 주의의무보다는 경감한 것이다.

(2) 주의의무 위반: 친권자가 이 주의의무를 위반하여 자녀에게 손해를 입힌 때는 손해배상의무가 발생하며, 주의의무를 게을리 하지 않았다는 입증책임은 친권자에게 있다.

5. 利害相反行爲 - 特別代理人 選任 - 제921조: 본조의 특별대리인 제도는 친권자와 그 친권에 복종하는 자 사이(1항) 또는 친권에 복종하는 자들 사이(2항)에 서로 이해가 충돌하는 경우에는 친권자에게 친권의 공정한 행사를 기대하기 어려우므로 친권자의 대리권 및 동의권을 제한하여 법원이 선임한 특별대리인으로 하여금 이들 권리를 행사하게 함으로써 친권의 남용을 방지하고 미성년인 자의 이익을 보호하려는 데 그 취지가 있다.

(1) 이해상반행위

(가) 이해상반행위: 이해상반행위란 친권자를 위해서 이익이 되지만 미성년자인 자를 위해서는 불이익한 행위 또는 친권에 따르는 자녀 일방을 위해서 이익이지만 다른 자녀에게는 불이익이 되는 행위를 말한다.

(나) 판단기준: 이해상반행위란 행위의 객관적 성질상 친권자와 그 자 사이 또는 친권에 복종하는 수인의 자 사이에 이해의 대립이 생길 우려가 있는 행위를 가리키는 것이다.

① 친권에 복종하는 수인의 미성년자 사이-제2항: 제921조제2항의 경우 이해상반행위의 당사자는 쌍방이 모두 친권에 복종하는 미성년자일 경우이어야 하고, 이때에는 친권자가 미성년자 쌍방을 대리할 수는 없는 것이므로 그 어느 미성년자를 위하여 특별대리인을 선임하여야 한다.

② 친권에 복종하는 미성년자와 친권에 복종하지 않는 성년의 자 사이: 성년이 되어 친권자의 친권에 복종하지 아니하는 자와 친권에 복종하는 미성년자인 자 사이에 이해상반이 되는 경우가 있다 하여도 친권자는 미성년자를 위한 법정대리인으로서 그 고유의 권리를 행사할 수 있으므로 그러한 친권자의 법률행위는 같은 조항 소정의 이해상반행위에 해당한다 할 수 없다(대판 1989.9.12. 88다카28044).

③ 이해관계 대립의 우려: 이해관계가 대립될 우려가 있는 것으로 족하고, 친권자의 의도나 그 행위의 결과 실제로 이해의 대립이 생겼는지의 여부는 묻지 않는다(대판 1996.11.22. 96다10270).

(다) 이해상반행위의 구체적 예: ① 친권자와 자녀 간의 상계·매매, ② 친권자인 모가 자신이 연대보증한 채무의 담보로 자신과 자의 공유인 토지 중 자의 공유지분에 관하여 법정대리인의 자격으로 근저당권설정계약을 체결한 행위(대판 2002.1.11. 2001다65960), ③ 친권자가 미성년자를 대리하여 한 상속재산분할행위(대판 1987.3.10. 85므80), ④ 친권자가 자의 재산으로 자기의 채무를 변제하는 행위 등.

(라) 이해상반행위에 해당되지 않는 경우: ① 친권자인 모가 자기 오빠의 제3자에 대한 채무의 담보로 미성년자 소유의 부동산에 근저당권을 설정한 행위(대판 1991.11.26. 91다32466), ② 친권자인 모가 자신이 대표이사로 있는 주식회사의 채무 보증을 위하여 자신과 미성년인 자의 공유재산을 담보로 제공한 행위(대판 1996.11.22. 96다10270).

(2) 공동상속에서 무능력자만의 상속포기: 무능력자와 법정대리인이 공동으로 상속인이 되는 경우에 공동상속인 전원이 상속을 포기하지 않고, 무능력자만이 상속을 포기하기 위하여는 특별대리인을 선임하여야 한다(상속포기의신고에관한예규(2003.9.2. 재판예규 제907호 재특2003-1).

(3) 특별대리인의 선임

(가) 법원에 특별대리인 선임 청구: 이해상반행위에 대하여는 친권자는 가정법원에 특별대리인의 선임을 청구하여야 한다. 특별대리인의 자격에 대해서는 특별한 제한은 없으며, 친족이 아닌 자도 무방하다.

(나) 신청서에 개별행위의 적시: 특별대리인은 이해가 상반되는 특정의 법률행위에 관하여 개별적으로 선임되어야 한다. 따라서 특별대리인 선임신청서에는 선임되는 특별대리인이 처리할 법률행위를 특정하여 적시하여야 하고, 법원도 그 선임 심판시에 특별대리인이 처리할 법률행위를 특정하여 이를 심판의 주문에 표시하는 것이 원칙이다. 따라서 특별대리인에게 미성년자가 하여야 할 법률행위를 무엇이든지 처리할 수 있도록 포괄적으로 권한을 수여하는 심판을 할 수는 없다(대판 1996.4.9. 96다1139).

(4) 선임된 특별대리인의 권한: 선임된 특별대리인은 당해 이해상반행위에 한하여 미성년자를 위하여 법률행위를 하여야 한다.

(가) 친권자와 자: 친권자와 자 사이의 이해상반행위는 자의 특별대리인과 친권자가 상호 상대방으로 법률행위를 하게 된다.

(나) 수인의 미성년자: 여러 미성년자 사이에 이해가 상반되면 각자마다 특별대리인이 선임되어야 하고, 각 특별대리인 사이에 법률행위를 하게 된다.

(5) 본조 위반의 효력-무효: 친권자가 미성년자와의 이해상반행위에 대해서 본조를 위반하여 자신이 자를 대리한 경우는 무권대리로서 무효다. 따라서 상속재산에 대하여 그 소유의 범위를 정하는 내용의 공동상속재산 분할협의는 그 행위의 객관적 성질상 상속인 상호간의 이해의 대립이 생길 우려가 있는 민법 제921조 소정의 이해상반되는 행위에 해당하므로 공동상속인인 친권자와 미성년인 수인의 자 사이에 상속재산 분할협의를 하게 되는 경우에는 미성년자 각자마다 특별대리인을 선임하여 그 각 특별대리인이 각 미성년자인 자를 대리하여 상속재산분할의 협의를 하여야 하고, 만약 친권자가 수인의 미성년자의 법정대리인으로서 상속재산 분할협의를 한 것이라면 이는 민법 제921조에 위반된 것으로서 이러한 대리행위에 의하여 성립된 상속재산 분할협의는 적법한 추인이 없는 한 무효이다(대판 2001.6.29. 2001다28299).

第923條【財産管理의 計算】 ①法定代理人인 親權者의 權限이 消滅한 때에는 그 子의 財産에 對한 管理의 計算을 하여야 한다.

②前項의 境遇에 그 子의 財産으로부터 收取한 果實은 그 子의 養育, 財産管理의 費用과 相計한 것으로 본다. 그러나 無償으로 子에게 財産을 授與한 第三者가 反對의 意思를 表示한 때에는 그 財産에 關하여는 그러하지 아니하다.

財産管理의 計算

1. 意義: 자녀가 성년에 달하거나, 친권상실선고 등으로 친권자의 권한이 소멸한 때에는 친권자가 법정대리인으로서 그동안 자의 재산을 관리하는 중에 미성년자를 위해 취득한 수입과 지출한 비용의 계산을 명확하게 하고, 자의 소유에 속하는 재산을 확정하고 그 결과를 자에게 보고하여야 한다.

2. 管理計算의 方法

(1) 관리비용: 친권자는 미성년자인 자의 재산을 관리하지만 그 관리비용은 관리재산의 귀속자인 미성년자가 부담한다.

(2) 수익: 미성년자의 재산으로부터 발생한 수익은 본래 미성년자의 소득으로 귀속된다.

(3) 비용과 과실의 상계 간주-제2항 본문: 자의 재산으로부터 수취한 과실은 미성년자의 양육, 재산관리의 비용과 상계한 것으로 본다.

(4) 제3자가 무상수여한 재산의 과실-제2항 단서: 제3자가 무상으로 수여한 재산의 과실은 수여자가 반대의 의사를 표시한 경우에는 관리비용과 상계하지 못한다.

第3款 親權의 喪失

第924條【親權喪失의 宣告】 父 또는 母가 親權을 濫用하거나 顯著한 非行 其他 親權을 行使시킬 수 없는 重大한 事由가 있는 때에는 法院은 第777條의 規定에 依한 子의 親族 또는 檢事의 請求에 依하여 그 親權의 喪失을 宣告할 수 있다.

親權의 喪失

1. 意義: 친권은 부모와 자식이라는 고유한 신분관계에서 파생하는 것이므로 친권의 자의적인 포기나 사퇴가 허용되지 않는다. 한편 친권은 미성년인 자의 건전한 성장과 발달이라는 자의 복리를 위하여 부모에게 부여한 의무적 성격이 강한 권리이다. 이러한 점에서 볼 때 자에 대한 가혹행위를 하거나 자에게 피해를 주는 친권행사를 한다든지 하는 등으로 친권자가 친권을 행사하는데 부적당하다고 여겨질 때에는 친권자의 의사에 관계없이 그 친권을 강제로 박탈할 수 있도록 한 것이 친권상실제도이다.

2. 要件: 친권상실청구의 사유는 〈권리의 남용〉, 〈현저한 비행〉, 〈친권을 행사시킬 수 없는 중대한 사유〉로 규정한다. 그런데 본조에 해당하는지 여부를 판단함에 있어서는 친권의 목적이 자녀의 복리보호에 있다는 점이 판단의 기초가 되어야 한다.

(1) 친권의 남용: 친권의 남용은 친권을 필요 이상으로 과다하게 행사하거나 또는 반대로 친권의 행사를 게을리 하여 자를 방치하는 것과 자의 재산을 관리함에 있어 친권자 자신에게 이익이 되게 하거나 제3자를 위하여 친권을 행사하는 등을 말한다. 그러나 친권의 남용인가 여부는 구체적인 상황에 따라 개별적으로 판단하여야 한다. 예컨대 징계권을 행사하면서 자를 지나치게 가혹하게 징계하거나, 거소를 지나치게 제한하거나, 친권자가 법정대리인으로서 자의 재산에 대한 대리행위가 미성년자 자신의 이익을 위한 것이 아니라 친권자나 다른 제3자의 이익을 위한 것으로서 미성년자 본인에게는 손해를 가져오는 경우가 해당된다. 구체적으로 문제되는 경우는 주로 친권자가 법정대리인으로서 자의 재산에 대한 행위이다. * 긍정한 사례: ① 자의 유일한 재산을 그 사실을 아는 제3자에게 증여한 행위(대판 1997.1.24. 96다43928), ② 차남의 재산을 장남에게 증여하는 행위(대판 1981.10.13. 81다649). ③ 친권자인 모가 미성년자인 자의 의사에 반하여, 자를 현실적으로 양육하고 있는 조모를 상대로 망부의 사망으로 지급된 보험금 중 자의 몫의 반환을 구하는 소송을 제기하는 것은 친권남용에 해당하므로 그 행위의 효과가 본인인 자에게는 미치지 않는다(대전지법 1997.7.11. 96가합525). ④ 부와 생모 사이에 유아가 출생된 후 부가 생모와 유아를 유기하여 생모가 부를 상대로 혼인빙자간음죄로 고소를 제기하자 그 부가 생모와 혼인하기로 약속하였음에도 불구하고 생모가 고소를 취소한 후에는 유아만 혼인외 자로 입적시키고 다른 여자와 혼인신고를 하여, 계속 생모와

유아를 유기하면서 그 처와 미국으로 이민을 가려고 하다가 생모의 진정으로 인하여 이주허가신청이 보류되고, 생모가 부를 상대로 위자료 및 양육비 청구를 하자 이에 대항하기 위하여 부가 유아인도 청구를 하는 경우에는 친권남용이라고 볼 수 있다(대판 1979.7.10. 79므5).

(2) 현저한 비행: 방탕·습관적인 도박·불륜 등으로 자의 건전한 성장과 발달에 나쁜 영향을 주는 행위이다. 현저한 비행으로 친권을 박탈할 것인가는 친권의 대상인 자녀의 나이나 건강상태를 비롯하여 관계인들이 처해 있는 여러 구체적 사정을 고려하여 비행을 저지른 친권자를 대신하여 다른 사람으로 하여금 친권을 행사하거나 후견을 하게 하는 것이 자녀의 복리를 위하여 보다 낫다고 인정되는 경우라야 하는 것으로 구체적으로 종합하여 판단하여야 한다.

(가) 부정된 사례: ① 친권상실선고사유의 해당 여부를 판단함에 있어서도 친권의 목적이 자녀의 복리보호에 있다는 점이 판단의 기초가 되어야 하고, 설사 친권자에게 간통 등의 비행이 있어 자녀들의 정서나 교육 등에 악영향을 줄 여지가 있다 하더라도 친권의 대상인 자녀의 나이나 건강상태를 비롯하여 관계인들이 처해 있는 여러 구체적 사정을 고려하여 비행을 저지른 친권자를 대신하여 다른 사람으로 하여금 친권을 행사하거나 후견을 하게 하는 것이 자녀의 복리를 위하여 보다 낫다고 인정되는 경우가 아니라면 섣불리 친권상실을 인정하여서는 아니 된다-모의 간통행위로 말미암아 부가 사망하는 결과가 초래된 사실만으로써 현저한 비행에 해당하여 친권상실선고사유에 해당한다고 볼 수 없다-(대판 1993.3.4. 93스3). ② 남편의 생사불명으로 인하여 딴 남자와 사실상의 부부관계에 있는 것만으로 그가 민법 제924조 소정 사유에 해당한다고 할 수 없다(대판 1963.9.12. 63다197). ③ 부재자인 부의 재산을 자녀교육 및 생계유지를 위하여 타에 임대한 경우에 있어서는 과거에 타남자들과 불의의 관계를 가졌다고 하더라도 친권상실 사유인 유저한 친권감용이라 할 수 없다(대판 1959.4.16. 4291민상659).

(나) 긍정한 사례: 피청구인이 그의 남편이던 소외 망 갑의 사망 직후 위 갑과 내연관계에 있던 청구인이 출산한 사건본인이 호적상 자신과 위 갑 사이에서 출생한 자인 것처럼 등재되어 있음을 기화로 사건본인의 친권자로서 그를 대리하는 것으로 해서 위 갑의 상속재산에 관하여 협의에 의한 상속재산분할절차를 마쳤으나, 그 분할이 이해가 상반되는 사건본인에게 불리하게 이루어진 까닭에 그 후 사건본인이 소송을 제기하여 상속재산의 일부를 되돌려 받은 사실이 있었다면, 이는 피청구인이 사건본인에 대한 친권을 남용한 경우로서 민법 제924조 소정의 친권상실사유에 해당한다(서울가법 1989.10.5. 89드24893).

(3) 기타 친권을 행사시킬 수 없는 중대한 사유: 자와 친권자 사이의 이해상반행위, 친권남용의 여부, 부양이나 교육 등을 종합적으로 평가하여 실질적으로 평가하여야 한다.

(가) 긍정한 사례: ① 피청구인은 호적상으로는 청구외 망인의 처로서 사건 본인의 친권자이나, 사실상으로는 사건 본인이 출생하기 전에 이미 위 망인과 별거하여 그 친권자의 지위를 상실한 것이나 다를 바 없고 또한 피청구인에게 사건 본인의 부양, 교육을 맡기는 것이 현재는 물론 장래에도 적당하다고 사료되지 아니한 경우에는 이는 민법 제924조 소정의 친권자로서 친권을 행사시킬 수 없는 중대한 사유가 있는 때에 해당한다(대판 1979.9.11. 79므34). ② 모가 남편 및 그 시부모들과의 불화로 남편과 자식들을 남겨두고 집을 나가 별거한 이후에는 전혀 자녀들을 돌보지 않았을 뿐 아니라 남편이 교통사고로 사망하게 되었는데도 그 장례식에 참석하지도 않았고 장래문제를 의논하러 자녀들이 찾아가도 만나주지도 않으면서 남편의 교통사고에 대한 보상금을 전부 수령하여 거의 다 소비하여 버리는 등 자녀들의 부양에 대하여 전혀 노력하지 않고 있고, 자녀들도 동거시 자신들에게 가혹하게 대하였던 모를 불신하며 현재와 같이 할아버지 밑에서 보호양육되기를 희망하고 있다면, 모에게 자식들에 대한 친권을 행사시킬 수 없는 중대한 사유가 있다(대판 1991.12.10. 91므641).

(나) 부정된 사례: ① 모가 재혼하여 자와 같이 생활하는 경우에는 재혼만으로 상실 사유에 해당하지 않는다(대판 1969.2.18. 68다2374). ② 시부모의 학대로 가출하였다가 자신과 자의 생존을 위하여 자의 재산을 헐 값으로 매각한 경우에는 상실사유에 해당하지 않는다(대판 1963.8.31. 63다363).

3. 親權喪失請求

(1) 청구권자: 친권상실선고는 미성년자의 친족과 검사가 청구할 수 있다. 그 밖에 아동복지법

제12조는 지방자치단체장도 친권상실선고를 청구할 수 있다고 규정하고 있다.
(2) 절차: 친권상실선고의 심판은 조정을 거쳐야 하며, 조정이 성립되지 않아 친권상실선고의 심판이 확정되면 친권박탈의 효력이 발생한다.
(3) 판단: 상실 사유가 과거에는 있었더라도 현재는 자의 복리를 해칠 위험이 없고(대판 1959.4.16. 4291민상659), 다른 자로 친권자를 변경하거나 후견인을 선정하는 것이 자를 위하여 더 좋을 것으로 인정되는 경우가 아니라면 친권상실 선고를 하여서는 아니 된다. 따라서 모의 간통행위로 말미암아 부가 사망하는 결과가 초래되었고, 모의 간통 등 그 비행이 자녀들의 정서나 교육 등에 악영향을 줄 여지가 있다 하더라도 친권의 대상인 자녀의 나이나 건강상태를 비롯하여 관계인들이 처해 있는 여러 구체적 사정을 고려하여 비행을 저지른 친권자를 대신하여 다른 사람으로 하여금 친권을 행사하거나 후견을 하게 하는 것이 자녀의 복리를 위하여 보다 낫다고 인정되는 경우가 아니라면 섣불리 친권상실을 인정하여서는 안 된다(대판 1993.3.4. 93스3).

4. 親權喪失의 效果

(1) 보호, 교양할 권리, 징계권, 거소지정권 재산관리권, 대리권 등 상실: 친권상실로 자녀를 보호·교양하고 자녀의 재산을 관리할 권능을 상실하며, 자녀의 신분상 내지 재산상 행위의 대리권도 상실한다. 즉 친권상실선고로 친권자로서의 미성년자에 대한 징계권, 거소지정권등의 신분상의 권리와 법정대리인으로서의 자의 재산에 대한 대리권, 동의권 등도 모두 상실한다.
(2) 친권 외의 권리-존속: 부모와 자식 사이의 직계혈족으로서 발생되는 권리는 소멸하지 않는다.
(3) 부부 중 일방의 친권상실-다른 일방의 단독 친권: 부부가 공동으로 친권을 행사할 경우 어느 일방이 친권을 상실한 경우에는 다른 일방이 단독친권자가 된다(909조3항).
(4) 부모 모두 친권상실-후견 개시: 부모가 다같이 친권을 상실한 경우에는 그 자를 위하여 후견이 개시된다(928조).

第925條【代理權, 管理權喪失의 宣告】 法定代理人인 親權者가 不適當한 管理로 因하여 子의 財産을 危殆하게 한 때에는 法院은 第777條의 規定에 依한 子의 親族의 請求에 依하여 그 法律行爲의 代理權과 財産管理權의 喪失을 宣告할 수 있다.

代理權, 財産管理權의 喪失

1. 意義: 친권자가 미성년인 자의 재산에 대한 관리를 부적당하게 하고, 그에 의해 자녀의 재산을 위태롭게 한 경우 가정법원이 친권자의 법률행위의 대리권과 재산관리권을 박탈할 수 있도록 한 규정이다. 이는 친권자가 미성년인 자의 신분상의 보호·교양에 대해서는 문제가 없지만 재산의 관리가 적당하지 않는 때에는 자녀의 이익의 보호를 위해서 재산의 관리에 관한 권한만을 박탈할 필요성에 의하여 둔 제도이다.

2. 要件: 친권자가 미성년자인 자녀의 재산을 부적당하게 관리하고 그로 인하여 그 재산을 위태롭게 한 경우이다.
(1) 〈부적당한 관리〉: 관리방법이 부적당한 것을 의미한다.
(2) 〈자녀의 재산을 위태롭게 한 때〉: 재산의 멸실이나 경제적 가치가 감소할 위험을 현실적으로 야기한 것을 말하고, 실제 그러한 결과가 발생할 필요는 없다. 구체적으로는 투기사업에 투자하거나 자녀의 재산을 친권자를 위하여 소비하는 경우를 들 수 있다. 따라서 친권자가 미성년인 아들 소외2의 재산을 처분하여 부채정리와 생계유지를 위하여 토지를 매각하였다 하더라도, 모인 친권자가 자력으로 생활할 수 없고 부양의무를 지고 있는 호주인 아들 소외1이 부양의무를 다하였다고 인정되지 아니하는 이상 위 사유만으로는 바로 친권자가 소외2의 재산을 부적당하게 관리함으로 인하여 미성년 아들 소외2의 재산을 위태롭게 하였다고는 볼 수 없다(대판 1962.9.20. 62다287).

3. 請求

(1) 청구권자-제777조: 청구권자는 자녀의 친족이다.
(2) 절차: 법원에 우선 조정을 신청하여야 한다(가소법 2조1항마류사건6호). 친권상실선고를 청

구하였으나 심리결과 대리권·관리권 상실을 선고할 수 있으며, 반대로 대리권·재산관리권 상실을 청구하였으나 친권상실선고를 할 수 있다.

4. 代理權, 財產管理權喪失의 效果

(1) 대리권, 재산관리권 상실: 조정의 성립이나 심판의 확정으로 친권자는 장래를 향하여 미성년자의 재산에 대한 법률행위의 대리권과 재산관리권을 상실한다.

(2) 기타 친권: 대리권, 재산관리권을 제외한 기타 친권에 속하는 다른 권리·의무에는 영향을 미치지 않는다.

第926條【失權回復의 宣告】 前2條의 原因이 消滅한 때에는 法院은 本人 또는 第777條의 規定에 依한 親族의 請求에 依하여 失權의 回復을 宣告할 수 있다.

親權, 代理權, 財産管理權의 回復

1. 意義: 친권상실, 대리권·재산관리권 상실은 자녀의 복리를 위한 일시적·예외적 조치라고 할 수 있으므로 그 실권의 원인이 소멸한 때에는 친권자가 다시 이러한 권리를 회복시켜 행사할 수 있도록 한 것이다.

2. 節次

(1) 청구권자: 실권회복의 청구는 법원에 실권자 본인이나 상실청구권자인 제777조의 친족이 청구할 수 있다.

(2) 법원의 선고: 법원은 실권선고의 원인이 소멸하였는지를 심리하여 회복의 선고나 그 청구를 기각하게 된다.

3. 效果: 실권회복선고의 심판이 확정되면 실권한 친권자는 친권 또는 대리권·재산관리권을 회복한다. 친권상실로 후견이 개시된 경우에는 후견이 종료되며, 부모 중 일방의 실권으로 다른 일방에게 주어졌던 친권 또는 대리권·재산관리권은 다시 부모가 공동으로 행사하게 된다.

第927條【代理權, 管理權의 辭退와 回復】 ①法定代理人인 親權者는 正當한 事由가 있는 때에는 法院의 許可를 얻어 그 法律行爲의 代理權과 財產管理權을 辭退할 수 있다.
②前項의 事由가 消滅한 때에는 그 親權者는 法院의 許可를 얻어 辭退한 權利를 回復할 수 있다.

代理權, 財産管理權의 辭退, 回復

1. 意義: 친권자는 자의 복리를 위해서 자의적으로 친권을 포기하거나 사퇴할 수 없지만, 사퇴를 인정하지 않는 것이 오히려 자녀의 복리를 해할 경우가 있을 수 있으므로, 친권 중에서도 자의 재산에 관한 권리인 대리권과 관리권을 법원의 허가를 얻어 사퇴할 수 있고, 사퇴의 사유가 소멸한 때에는 권리를 회복할 수 있도록 하고 있다.

2. 代理權·財產管理權의 辭退

(1) 사퇴의 대상: 신분에 관한 사항에 대해서는 사퇴가 허용되지 않으며, 재산에 관한 법률행위의 대리권과 관리권의 사퇴만 가능하다.

(2) 정당한 사유: 정당한 사유란 복역·해외여행 등과 같은 장기간의 부재나 질병, 경험이나 능력부족 등이 해당할 수 있다.

(3) 사퇴의 효력: 사퇴의 효력은 대리권·관리권의 상실선고와 동일하게, 사퇴한 친권자는 대리권과 재산관리권을 행사할 수 없다.

3. 代理權·財產管理權의 回復: 사퇴의 사유가 소멸하여 친권자가 대리권·재산관리권을 행사함이 적당하게 되었을 때에는 법원의 허가를 얻어서 사퇴한 권리를 회복할 수 있다. 객관적으로 사퇴의 사유가 없어졌다고 해석되는 경우에도 당사자의 회복신청이 없는 한 회복이 인정되지 않는다.

第5章 後 見

1. 槪括: 후견제도는 미성년자에게 친권자가 없거나, 친권자가 자의 재산에 대한 대리권과 관리권을 행사할 수 없을 때의 미성년자, 단독으로 유효한 법률행위를 할 수 없는 금치산자와 한정치산자를 보호하기 위하여 둔 제도이다. 금치산자와 한정치산자에 대하여는 선고시에 후견인을 선임하여 후견이 개시된다.

2. 構成

(1) 후견의 개시: 제928조, 제929조
(2) 후견인의 수: 제930조
(3) 후견인이 될 순위: 제931조-제935조
(4) 법원에 의한 후견인의 선임: 제936조
(5) 후견인의 결격사유: 제937조
(6) 후견인의 대리권: 제938조
(7) 후견인의 사퇴, 변경: 제939조, 제940조
(8) 재산목록 작성 등: 제941조-제944조
(9) 미성년자의 신분에 관한 후견인의 권리: 제945조
(10) 재산관리에 한한 후견: 제946조
(11) 금치산자의 요양, 감호: 제947조
(12) 미성년자의 친권대행: 제948조
(13) 재산관리에 대한 대리권: 제949조
(14) 법정대리권과 동의권의 제한: 제950조
(15) 피후견인에 대한 권리의 양수: 제951조
(16) 상대방의 추인여부 최고: 제952조
(17) 친족회의 감독: 제953조
(18) 법원의 후견사무에 대한 처분: 제954조
(19) 후견인의 보수: 제955조
(20) 위임과 친권규정의 준용: 제956조
(21) 후견의 종료: 제957조-959조

第1節 後見人

第928條【未成年者에 對한 後見의 開始】 未成年者에 對하여 親權者가 없거나 親權者가 法律行爲의 代理權 및 財産管理權을 行使할 수 없는 때에는 그 後見人을 두어야 한다.

第929條【禁治産者等에 對한 後見의 開始】 禁治產 또는 限定治産의 宣告가 있는 때에는 그 宣告를 받은 者의 後見人을 두어야 한다.

後見의 開始

1. 未成年者에 대한 後見 - 제928조

(1) 후견의 개시원인

(가) 친권자가 없을 때: 사망 등으로 친권자가 없게 되면 후견이 개시된다.

① 부모 공동친권: 미성년의 子에 대하여는 부모가 혼인 중인 때에는 부모가 공동으로 친권을 행사

하고, 부모 중 일방이 친권을 행사할 수 없을 때에는 다른 일방이 행사하므로(909조2, 3항), 최후에 친권을 행사하는 자가 사망하거나 친권을 상실한 때에는 친권자가 없게 되어 후견이 개시된다. 양자는 양친의 친권에 따르는데, 양친이 부부인 때는 공동으로 친권을 행사하고, 양친의 일방이 친권을 행사할 수 없을 때에는 다른 일방이 친권을 행사하므로 양친이 독신이거나 공동친권자 일방만이 친권을 행사하고 있는 경우 그 친권자에 대해서 본조의 사정이 발생한 경우에 친권이 개시된다.
② 인지된 혼외자와 부모의 이혼시의 단독친권에서 친권상실 등: 인지된 혼외자와 부모가 이혼하여 부모 중 일방이 친권자로 지정된 경우에 그가 사망이나 친권상실, 기타 사정으로 친권을 행사할 수 없게 된 때는 생존친의 친권이 부활하므로 이때에는 후견이 개시되지 아니한다.
(나) 친권자가 법률행위의 대리권 및 재산관리권을 행사할 수 없을 때:
① 친권자의 친권상실-제924조: 친권자가 제924조에 의한 친권상실의 선고를 받은 경우이다. 이때는 〈친권자가 없을 때〉와 동일하다.
② 친권자의 대리권·재산관리권상실권고-제925조: 친권자가 제925조에 의한 대리권·재산관리권상실선고를 받은 때이다.
③ 친권자의 대리권·재산관리권의 사퇴-제927조: 친권자가 제927조에 의한 대리권·재산관리권을 상퇴한 경우이다.
④ 친권자의 금치산·한정치산선고: 친권자가 금치산선고 또는 한정치산선고를 받으면 행위무능력자가 되므로 그의 미성년의 자에 대하여 대리권과 재산관리권을 행사할 수 없게 된 경우이다.
(2) 후견의 개시
(가) 시기: 후견개시원인이 된 사실이 발생한 때에 개시되며, 개시원인에 따라 그 시기에 차이가 있다.
① 친권자의 사망: 친권자의 사망시에 개시된다.
② 친권, 대리권, 재산관리권 상실: 친권 또는 대리권·재산관리권상실에 의한 후견은 상실선고가 효력을 발생한 때부터 개시한다.
③ 법정후견인-제935조: 미성년자에 대한 법정후견인의 취임은 지정후견인이 없음을 조건으로 후견개시사유의 발생과 동시에 당연히 이루어지는 것이고, 그 경우 법정후견인의 선임·해임 등에 관하여 적용되는 가사소송규칙 제65조제1항에 따른 의견청취 등의 절차를 밟아야 하는 것도 아니다(대판 2000.11.28. 2000므612).
(나) 신고: 후견개시 신고는 가족관계등록법이 정한 바에 따라 후견인이 그 취임일로부터 1월 이내에 해야 한다. 후견개시신고는 후견인의 종류, 즉 지정·법정·선임후견인 모두 해당한다.
2. 禁治産者, 限定治産者에 대한 後見 - 제929조: 심신상실의 상태에 있는 자에 대해 본인, 배우자, 4촌 이내의 친족이나 검사의 청구에 의하여 금치산선고가 이루어지거나(11조), 심신이 박약하거나 재산의 낭비로 자기나 가족의 생활을 궁박하게 할 염려가 있는 자에 대해서 위의 자의 청구에 의해 한정치산선고가 있는 때에는 후견이 개시된다.

第930條【後見人의 數】 後見人은 1人으로 한다.

第931條【遺言에 依한 後見人의 指定】 未成年者에 對하여 親權을 行使하는 父母는 遺言으로 未成年者의 後見人을 指定할 수 있다. 그러나 法律行爲의 代理權과 財産管理權 없는 親權者는 이를 指定하지 못한다.

第932條【未成年者의 後見人의 順位】 第931條의 規定에 의한 後見人의 지정이 없는 때에는 未成年者의 直系血族, 3寸이내의 傍系血族의 順位로 後見人이 된다.

第933條【禁治産등의 後見人의 順位】 禁治産 또는 限定治産의 宣告가 있는 때에는 그 宣告를 받은 者의 直系血族, 3寸이내의 傍系血族의 順位로 後見人이 된다.

第934條【既婚者의 後見人의 順位】 既婚者가 禁治產 또는 限定治產의 宣告를 받은 때에는 配偶者가 後見人이 된다. 그러나 配偶者도 禁治產 또는 限定治產의 宣告를 받은 때에는 第933條의 順位에 따른다.

第935條【後見人의 順位】 ①第932條 내지 第934條의 規定에 의한 直系血族 또는 傍系血族이 數人인 때에는 最近親을 先順位로 하고, 同順位者가 數人인 때에는 年長者를 先順位로 한다.〈改正 1990.1.13〉
②第1項의 規定에 不拘하고 養子의 親生父母와 養父母가 俱存한 때에는 養父母를 先順位로, 其他 生家血族과 養家血族의 寸數가 同順位인 때에는 養家血族을 先順位로 한다.〈改正 1990.1.13〉

第936條【法院에 依한 後見人의 選任】 ①前4條의 規定에 依하여 後見人이 될 者가 없는 境遇에는 法院은 第777條의 規定에 依한 被後見人의 親族 其他 利害關係人의 請求에 依하여 後見人을 選任하여야 한다.
②後見人이 死亡, 缺格 其他 事由로 因하여 缺格된 때에 前4條의 規定에 依하여 後見人이 될 者가 없는 境遇에도 前項과 같다.

第937條【後見人의 缺格事由】 다음 各號에 該當한 者는 後見人이 되지 못한다. 〈개정 2005.3.31〉
1. 未成年者
2. 禁治產者, 限定治產者
3. 파산선고를 받은 자
4. 資格停止以上의 刑의 宣告를 받고 그 刑期中에 있는 者
5. 法院에서 解任된 法定代理人 또는 親族會員
6. 行方이 不明한 者
7. 被後見人에 對하여 訴訟을 하였거나 하고 있는 者 또는 그 配偶者와 直系血族

後見人

1. 後見人은 1人으로 限定 - 제930조: 후견사무를 집행하는 자를 1인으로 한정한다. 후견인이 복수인 경우 후견인간에 이해가 상반될 때 피후견인의 이익이 우선되지 않을 수 있으며, 책임이 분산되어 후견사무가 신속히 이루어지지 않을 수 있기 때문에 1인으로 한정하였다.

2. 後見人 缺格 事由 - 제937조

(1) 후견인의 결격: 본조는 법률상 당연히 후견인이 될 수 없는 자를 규정하고 있다. 후견인은 피후견인의 재산을 관리하고 미성년자에 대한 보호·교양의무와 금치산자에 대한 치료·감호의무를 부담하므로 상당한 능력을 가지고 적정하게 직무를 담당할 것으로 기대할 수 있는 자이어야 한다. 따라서 후견의 직무에 어울리지 않는 자는 처음부터 제외할 필요가 있다. 결격은 사임이나 해임과는 다르며, 법원의 개입 없이 법률상 당연히 후견직무에서 제외된다.

(2) 결격사유: 다음의 자는 후견인이 될 수 없다.

(가) 미성년자-제1호: 미성년자는 후견인의 직무를 수행하는 데 필요한 판단능력이 미성숙하기 때문에 후견인이 될 수 없다. 혼인에 의해 성년의제된 자는 후견인이 될 수 있다.

(나) 금치산자·한정치산자-제2호: 심신상실의 상태에 있는 자로서 법원으로부터 금치산선고를 받은 자와 심신박약이나 재산의 낭비로 자기나 가족의 생활을 궁박하게 할 염려가 있는 자로서

한정치산의 선고를 받은 자는 후견인이 될 수 없다.
(다) 파산자-제3호: 파산선고를 받은 자는 후견인이 될 수 없다. 자기의 재산의 관리를 제대로 수행하지 못한 자로 하여금 타인의 재산을 관리하는 후견인으로 하는 것은 피후견인의 이익을 해칠 우려가 있기 때문이다.
(라) 자격정지 이상의 형의 선고를 받고 그 형기 중에 있는 자-제4호
(마) 법원에서 해임된 법정대리인 또는 친족회원-제5호: 이전에 법정대리인 또는 친족회원으로서 법원에서 해임된 적이 있는 자는 후견인이 될 수 없다. 예를 들어 친권상실이나 대리권·재산관리권의 상실선고를 받은 자, 유언집행자로서 해임된 자가 이에 해당한다. 사퇴는 포함되지 않으며, 직무집행정지의 가처분을 받은 자도 포함되지 않는다.
(바) 행방이 불명한 자-제6호: 종래의 주소 또는 거소를 떠나서 그 소재가 분명하지 않은 행방불명자는 후견인이 될 수 없다. 후견인이 취임 후 행방이 불명하게 된 때에도 직무집행에서 제외된다.
(사) 피후견인에 대하여 소송을 하였거나 하고 있는 자 또는 그 배우자와 직계혈족-제7호: 피후견인에 대하여 현재 소송 중에 있거나 과거에 소송을 수행한 자 및 그 배우자나 직계혈족은 후견인이 될 수 없다. 이러한 자는 피후견인과 대립하는 이해관계가 있으며, 피후견인과 감정대립으로 인하여 후견사무를 성실하게 수행할 것을 기대할 수 없기 때문이다.
(3) 결격의 효과: 결격의 효과는 법률상 당연히 발생하며, 법원에 의한 결격선고 등은 필요하지 않다. 결격사유에 해당하는 자는 처음부터 후견인이 될 수 없으며, 잘못하여 지정·선임되어도 무효이다.
3. 未成年者의 親權者의 遺言에 의한 指定 - 指定後見人 - 제931조(1순위): 미성년자의 후견인은 친권의 연장으로 볼 수 있기 때문에, 친권자는 자신이 사망한 후 자신을 대신하여 자녀를 교양하고 재산을 관리할 미성년자녀의 후견인을 유언으로 지정할 수 있게 한다. 친권자는 자녀의 이익을 위해 가장 신중하고 적절하게 후견인을 선임할 것으로 볼 수 있기 때문이다.
(1) 지정권자: 유언으로 후견인을 지정할 수 있는 자는 최후로 친권을 행사하는 자로서 대리권·재산관리권을 가진 자만이 할 수 있다.
(가) 부모 중 일방이 생존하는 경우: 부모 중 일방이 생존하더라도 생존친이 대리권과 재산관리권을 갖지 못한 때에는 대리권·재산관리권을 가진 친권자가 사망할 때에는 유언으로 후견인을 지정할 수 있다.
(나) 최후로 친권을 행사하는 자란 부모 일방이 사망하여 단독으로 친권을 행사하는 다른 일방의 부모, 부모의 일방이 친권상실선고를 받은 경우 다른 일방의 부모, 인지되지 않은 혼인 외의 자의 모가 해당된다.
(다) 양자: 양자의 경우에는 양친에만 해당된다.
(2) 지정의 방법
(가) 유언으로: 후견인의 지정은 유언의 방식에 의해서만 할 수 있고, 유언은 민법이 정하는 일정한 요건을 갖추어야 하므로 그 방식에 하자가 있어 유언으로서 효력을 발생하지 못할 때에는 후견인 지정도 효력이 없다.
(나) 유언으로 2인 이상 지정한 경우: 유언으로 2인 이상을 후견인으로 지정한 때에는 후견인은 1인으로 한정되기 때문에 그 지정은 무효로 된다. 다만 복수의 후견인 사이에 순위가 있는 경우에는 1순위의 후견인을 지정한 것으로 보아야 할 것이다.
(3) 후견인지정의 효력: 후견인지정의 효력은 유언의 효력발생시에 생기므로, 지정된 후견인은 유언자의 사망과 동시에 후견인이 된다.
4. 未成年者의 親權者가 後見人을 指定하지 아니한 때 - 法定後見人 - 제932조(2순위): 미성년자에 대한 후견인지정권자가 유언에 의해 후견인을 지정하지 않았을 때, 즉 지정후견인이 없는 때에는 본조에 따라 미성년자의 일정 범위의 혈족이 후견인이 되며, 이를 법정후견인이라고 한다.
(1) 법정후견인의 순위
(가) 1순위-직계 혈족: 법정 후견인은 미성년자의 직계혈족인 조부, 조모 등이 우선한다.

(나) 2순위-3촌 이내의 방계 혈족: 직계혈족이 없는 때에는 3촌 이내의 방계혈족이 후견인이 된다.
(다) 부계, 모계 불문: 부계혈족과 모계혈족을 구분하지 않는다. 즉 법정후견인의 우선순위를 정한 민법 제932조, 제935조제1항에서 말하는 직계혈족을 부계직계혈족에 한정하여 해석할 것도 아니다(대판 2000.11.28. 2000므612).
(라) 최근친 우선: 미성년자의 법정 후견인이 되는 직계혈족이나 방계혈족이 여러 명인 경우 후견인이 되는 순위는 촌수가 빠른 혈족이 우선한다.
(라) 양자는 양친측 우선-제935조제2항: 입양의 경우에 양친과 생가친은 양가친을 우선으로 한다. 즉 양가친과 생가친이 동순위인 경우는 양가친을 우선한다.
(마) 동순위자가 복수인 경우-제935조제1항: 같은 촌수의 혈족이 여러 명인 때에는 연장자가 우선한다. 즉 미성년자에게 조부모와 증조모 및 백부와 고모가 있는 경우 직계혈족인 조부모와 증조모가 방계혈족인 백부나 고모보다 우선하며, 조부모가 증조모보다 촌수가 가까우므로 미성년자의 법정후견인이 된다. 한편, 후견인의 수는 1인이므로 조부모 중 연장자가 후견인이 된다.
(2) 법정후견인의 후견개시: 미성년자의 법정후견인의 취임은 지정후견인이 없음을 조건으로 후견개시사유의 발생과 동시에 당연히 이루어지는 것이고, 그 경우 법정후견인의 선임·해임 등에 관하여 적용되는 가사소송규칙 제65조제1항에 따른 의견청취 등의 절차를 밟아야 하는 것도 아니다(대판 2000.11.28. 2000므612).

5. 孤兒 등의 後見人: 국가나 지방자치단체가 설치운영하는 공설보호시설에 있는 미성년자인 고아에 대하여는 그 보호시설의 장이 후견인이 되고(보호시설에있는미성년자의후견직무에관한법률 3조1항), 개인이 설치운영하는 보호시설에 있는 미성년자인 고아에 관하여는 그 시설 소재지 관할 자치단체장이 후견인을 지정한다(동법 3조2항).

6. 禁治産者, 限定治産者의 後見人

(1) 금치산자, 한정치산자가 미혼인 때-법정후견인-제933조
(가) 순위: 배우자가 없는 자가 금치산 또는 한정치산의 선고를 받은 때에는 미성년자의 후견인과 마찬가지로 직계혈족, 3촌 이내 방계혈족의 순서로 후견인이 된다.
(나) 동순위자가 복수인 때: 직계혈족이나 방계혈족이 여러 명인 경우 후견인이 되는 순위는 촌수가 빠른 혈족이 우선하며, 같은 촌수의 혈족이 여러 명인 때에는 연장자가 우선한다(935조1항).
(다) 미혼자가 혼인한 때: 금치산 또는 한정치산 선고를 받은 자에게 본조에 의한 후견인이 있는 때에도 추후에 혼인하면 종래의 후견인의 임무는 종료하고 배우자가 후견인이 된다.
(2) 금치산자, 한정치산자가 배우자가 있는 때(법정후견인)-제934조
(가) 배우자: 금치산 또는 한정치산의 선고를 받은 자에게 배우자가 있는 때에는 배우자가 후견인이 된다. 배우자는 법률상의 배우자를 말하며, 사실혼 배우자는 포함되지 않는다.
(나) 이혼한 경우: 금치산 또는 한정치산선고를 받은 자의 배우자가 후견이 된 후 부부가 이혼하게 되면 배우자 신분을 잃으므로 후견인도 될 수 없다.
(다) 부부 모두 금치산, 한정치산선고-각자 별도로: 부부 모두 금치산, 한정치산 선고를 받은 때에는 제933조에 따라 부부 각자의 직계혈족, 3촌 이내의 방계혈족의 순서로 후견인이 된다.
(3) 법정후견인이 없는 경우-법원의 선임(선임후견인)-제936조: 법정후견이이 될 자가 없는 경우에는 제936조에 의한 선임청구권자(777조의 친족)에 의한 청구에 의하여 법원이 선임한다.
(4) 후견의 개시: 금치산, 한정치산 선고가 확정된 날로부터 후견업무가 개시되며, 후견인이 후견개시사실을 알았는지 여부는 불문한다.

7. 被後見人이 養子인 경우 - 제935조제2항: 피후견인이 양자인 때 직계혈족인 친생부모와 양부모가 모두 있는 경우에는 비록 직계혈족으로써 촌수가 같지만 양부모가 우선하여 후견인이 되는 등으로 동순위인 경우에는 양가혈족이 우선한다. 따라서 양부모가 모두 사망하고 친생부모는 생존한 경우에는 후견인은 양조부모가 아니라 친생부모가 된다.

8. 法院에 의한 選任 - 選任後見人 - 제936조(3순위)

(1) 선임사유
(가) 미성년자: 미성년자에 대하여 제931조에서 규정하는 후견개시사유가 존재하는 경우에 지정

후견인(친권을 행사하는 자가 유언으로 후견인을 지정)이 없고, 다른 직계혈족이나 3촌 이내의 방계혈족(법정후견인)이 없는 경우에는 가정법원이 후견인을 선임한다. 지정후견인, 법정후견인에 이어 미성년자에 대해서 3순위의 후견인이 된다.

(나) 금치산자, 한정치산자: 금치산자나 한정치산자의 경우에는 지정후견인이 없으므로 제933조 및 제934조의 법정후견인이 없는 경우에도 법원에 의해 후견인이 선임된다.

(다) 지정, 법정후견인의 사망 등: 지정후견인이나 법정후견인 또는 선임후견인이 취임한 후 사망, 결격, 사퇴, 이혼 등으로 후견인이 될 자가 없는 경우에도 법원이 후견인을 선임하여야 한다.

(2) 선임청구권자-제1항: 피후견인의 8촌 이내의 혈족, 4촌 이내의 인척, 배우자(777조의 친족)와 기타 이해관계인이 선임을 청구할 수 있다. 이해관계인은 후견인을 선임하는 데 법률상 및 사실상 이해관계를 가지는 자이며, 무능력자의 보호를 위해서 후견인이 없는 상태를 해소하는 것이 바람직하기 때문에 이해관계인의 범위를 넓게 해석한다. 무능력자와 계약관계에 있는 자, 무능력자의 채권·채무자, 소송의 상대방, 미성년자를 사실상 양육하는 자 등이 해당한다.

(3) 선임절차: 후견인선임은 라류 가사비송사건으로 후견인이 될 자의 의견을 들어야 하며(규칙 65조1항), 후견인에 대하여 피후견인의 요양·감호와 그 재산관리 기타 후견사무에 관하여 필요한 사항을 지시할 수 있다(65조3항). 후견인으로 선임된 자는 판결의 등본을 첨부하여 선임일로부터 1월 이내에 후견인개시 또는 경질신고를 해야 한다(가족관계등록법 80조, 81조, 82조).

第938條【後見人의 代理權】 後見人은 被後見人의 法定代理人이 된다.

後見人의 地位-法定代理人

미성년자의 후견인 및 금치산·한정치산자의 후견인은 지정·법정·선임 등의 후견인의 종류를 묻지 않고 피후견인의 법정대리인이 된다. 따라서 후견인은 피후견인에 대하여 신분상의 행위와 재산상의 행위에 대하여 대리권과 동의권을 가진다. 그러나 후견인 독자적으로 모든 사무를 처리하는 것이 아니라 특정한 사안에 대하여는 친족회의 동의나 가정법원의 허가를 얻도록 하여 후견인의 후견사무를 감독하게 한다.

第939條【後見人의 辭退】 後見人은 正當한 事由 있는 때에는 法院의 許可를 얻어 이를 辭退할 수 있다.

第940條【후견인의 변경】 ①가정법원은 피후견인의 복리를 위하여 후견인을 변경할 필요가 있다고 인정되는 경우에는 피후견인의 친족이나 검사의 청구 또는 직권에 의하여 후견인을 변경할 수 있다.
②제1항의 경우에는 제932조 내지 제935조에 규정된 후견인의 순위에 불구하고 4촌 이내의 친족 그 밖에 적합한 자를 후견인으로 정할 수 있다.

後見人의 辭退와 更迭

1. 辭退와 更迭: 후견인의 직무는 사회적·공익적 책임이 있지만, 후견인과 피후견인의 상호 신뢰관계를 기초로 하고 있으므로 후견인에 대해 임의적인 사퇴는 인정할 수 없으나 정당한 사유가 있는 경우에는 사퇴를 인정하며, 또한 피후견인의 복리를 위하여 필요한 때에는 일정한 자의 청구에 의하여 법원이 후견인을 경질할 수 있도록 한다.

2. 後見人의 辭退 - 제939조

(1) 사퇴사유-정당성: 사퇴사유와 관련하여 일정한 사유를 열거하고 있지는 않으며, 추상적으로 정당한 사유라고 규정하고 있다. 구체적인 내용은 법원의 판단에 맡겨져 있지만, 예를 들면 개인적 필요에 의한 해외 거주, 노령, 질병 등이 해당할 수 있을 것이다.

(2) 사퇴절차-법원의 허가: 후견인이 사퇴하기 위해서는 법원의 허가를 얻어야 하므로 후견인이 피후견인의 주소지를 관할하는 법원에 사퇴를 청구하여, 허가의 심판에 의해 사퇴가 결정되며, 사퇴허가의 심판은 고지에 의해 효력을 발생한다.

3. 後見人의 變更(更迭) - 제940조

(1) 변경사유-제1항: 변경사유를 구체적으로 규정하지 않고, 폭넓게 피후견인의 복리를 위해 필요한 경우에는 변경이 가능하도록 하였다. 피후견인의 재산관리에 부정행위를 하거나, 후견인의 권한을 남용하거나 부당한 재산관리, 임무의 해태 등으로 피후견인의 복리를 해치는 경우가 해당된다.

(2) 절차-제2항: 피후견인의 친족 또는 검사의 청구로 법원이 변경할 수 있고, 법원이 청구없이 직권으로 후견인을 변경할 수 있다. 종래의 후견인은 법원의 후견인변경 고지에 의하여 후견인의 지위를 상실한다.

(3) 변경된 후견인이 될 자-제한 없이 적절한 자-제2항: 본조에 의한 후견인을 변경하는 경우에는 피후견인의 4촌 이내의 친족이나 친족이 아니더라도 후견인으로 적합한 자를 후견인으로 정할 수 있다. 따라서 미성년자를 수탁양육하고 있는 자나 계부, 계모 등도 피후견인의 복리를 위해 적합한 경우에는 후견인으로 정할 수 있다.

第2節 後見人의 任務

第941條 【財産調査와 目錄作成】 ①後見人은 遲滯없이 被後見人의 財産을 調査하여 2月內에 그 目錄을 作成하여야 한다. 그러나 正當한 事由 있는 때에는 法院의 許可를 얻어 그 期間을 延長할 수 있다.
②前項의 財産調査와 目錄作成은 親族會가 指定한 會員의 參與가 없으면 效力이 없다.

第942條 【後見人의 債權, 債務의 提示】 ①後見人과 被後見人 사이에 債權, 債務의 關係가 있는 때에는 後見人은 財産目錄의 作成을 完了하기 前에 그 內容을 親族會 또는 親族會의 指定한 會員에게 提示하여야 한다.
②後見人이 被後見人에 對한 債權있음을 알고 前項의 提示를 懈怠한 때에는 그 債權을 抛棄한 것으로 본다.

第943條 【目錄作成前의 權限】 後見人은 財産調査와 目錄作成을 完了하기까지는 緊急必要한 境遇가 아니면 그 財産에 關한 權限을 行使하지 못한다. 그러나 이로써 善意의 第三者에게 對抗하지 못한다.

第944條 【被後見人이 取得한 包括的 財産의 調査等】 前3條의 規定은 後見人의 就任後에 被後見人이 包括的 財産을 取得한 境遇에 準用한다.

後見人의 任務-權利와 義務

1. 被後見人 財産의 調査와 目錄 作成 - 제941조: 후견인이 관리해야 할 재산은 원칙적으로 피후견인에게 속하는 일체의 재산이 포함되기 때문에 후견인의 업무집행을 착수할 당시에 피후견인의 재산이 어느 정도이고 어떠한 상태에 있는지를 명확하게 할 필요가 있다. 따라서 후견업무를 구체적으로 하기 전에 피후견인의 재산을 조사하고 그 목록을 작성할 의무를 부여한다.

(1) 재산조사-제1항

(가) 조사 개시-즉시: 재산조사는 후견인이 자신이 후견인에 취임한 때로부터 지체 없이 착수해야 한다.

(나) 완료기간-2월: 재산조사의 완료기간은 2개월로 한정하고 있다. 2개월은 취임일이 아니라 조사에 착수한 날부터 기산한다. 2개월로 한정한 것은 가급적 빨리 피후견인의 재산액을 명백하게 할 필요가 있기 때문이다.
(다) 기간의 연장-법원의 허가를 얻어 1월-제1항: 재산대상인 재산이 다액이거나 복잡하거나 전국 각지에 흩어져 있는 등의 사유로 1개월 이내에 조사를 완료하는 것이 불가능하기 때문에 이 기간은 법원의 허가를 얻어 연장을 받을 수 있다.
(라) 지정친족회원의 참여-제2항: 재산조사의 공정을 위하여 친족회가 지정한 회원이 조사와 목록 작성에 반드시 참여하여야 한다.
(2) 재산의 목록작성-제1항
(가) 서면 작성: 조사에 의해 재산상황이 분명해지면 서면에 이를 기록하여 재산목록을 작성해야 한다.
(나) 작성방법: 재산목록의 작성방법 또는 형식에 대해서는 별도의 규정이 없기 때문에 재산상태를 명료하게 할 수 있으면 족하며 반드시 공정증서로 할 필요는 없다. 그 내용은 재산의 종류, 수량, 가격, 소재 등을 명확하게 서면에 기재하고 기타 수익의 유무나 그 정도, 공유재산에 대해서는 공유자의 성명, 소극재산의 경우 그 채권자의 성명 및 변제일 등도 기재할 필요가 있을 것이다.
(다) 작성 누락: 재산목록은 재산의 전부에 대해 기재해야 하지만 목록에 다소 빠진 부분이 있어도 이로써 그 재산목록을 무효라고 할 수는 없지만, 재산목록에 상당한 미기재가 있는 때에는 후견인이 선량한 관리의무를 다하지 못한 것으로 볼 수 있다.
(라) 지정친족회원의 참여-제2항: 재산목록의 작성에도 친족회가 지정한 회원의 참여가 있어야 한다.
(3) 본조위반의 효과-지정회원의 불참-무효-제2항: 재산조사와 목록의 작성에 친족회가 지정한 회원의 참여가 없으면 그 재산조사와 목록작성은 무효이며, 사후의 승인으로 유효가 되지 않는다.
2. 後見人의 被後見人에 대한 債權, 債務의 提示 - 제942조: 후견인에 의한 피후견인의 재산에 대한 관리가 적정하게 이루어지도록 하기 위한 전제로 후견인 자신의 재산과 피후견인의 재산이 분명히 구별되어져야 한다. 특히 개인간의 관계로 공시성이 떨어지는 후견인과 피후견인 상호간의 채권채무관계는 후견인의 직무집행 전에 미리 명확하게 해둘 필요가 있다. 그렇지 않고 후견인이 재산조사에 착수하면 후견인은 자신의 채권과 관련한 증거를 은닉하거나 멸실할 우려가 있으며, 이로 인해 피후견인이 손해를 입을 수 있기 때문이다. 이에 본조는 후견인의 피후견인에 대한 채권, 채무관계를 제시하도록 한다.
(1) 후견인의 피후견인에 대한 채권, 채무의 제시-제1항
(가) 후견인의 피후견인에 대한 채권, 채무의 제시: 채권과 채무의 내용을 제시하여야 한다. 제시되어야 할 채권, 채무는 재산목록 작성 완료 전에 성립할 것을 요하며 그 종류를 묻지 않는다.
(나) 재산목록 작성 완료 전까지: 위 제시는 후견인이 피후견인의 재산목록 작성을 완료하기 전까지 하여야 한다.
(다) 친족회 또는 지정친족회원에게: 위 제시는 친족회 또는 친족회가 지정한 회원에게 제시하여야 한다.
(2) 본조 위반의 효과-제2항
(가) 후견인의 피후견인에 대한 채권의 악의에 의한 불제시-포기 간주: 본조에 의한 제시의무에 위반하여 후견인이 피후견인에 대하여 채권의 존재를 알고도 이를 제시하지 않은 때는 후견인은 그 채권을 포기한 것으로 본다.
(나) 후에 안 경우: 후견인이 채권, 채무의 존재를 알지 못한 경우에는 제시의무가 없기 때문에 후에 그 채권・채무의 존재를 안 때에는 지체 없이 친족회 또는 친족회가 지정한 회원에게 제시하여야 한다.
3. 財産目錄作成 前의 後見人의 權限 - 제943조: 후견인이 피후견인의 재산에 대한 목록을 작성하기 전에도 후견업무를 그대로 행사할 수 있다고 하면 재산목록작성의 취지가 퇴색할 수 있으나, 그렇다고 재산목록작성 전에는 후견인에게 재산관리상의 어떠한 권한도 부여하지 않는 것은 오

히려 피후견인의 이익을 보전할 수 없다. 따라서 후견인으로 하여금 재산목록작성을 완료하기 전에는 긴급하게 필요한 행위만을 할 수 있도록 한다.

(1) 〈긴급 필요한 경우〉만 행사: 본조의 긴급필요한 경우란 피후견인의 재산보전이나 신상보호를 위해 지체할 수 없는 행위로서 재산목록의 작성 전에 이를 하지 않으면 피후견인의 신상 또는 재산에 관하여 후일 이를 회복하기 어려운 불이익을 가져오게 할 경우를 말한다. 예컨대 긴급을 요하는 건물의 수선행위, 시효중단, 보존등기나 소유권이전등기 등의 신청행위, 가압류·가처분 또는 이에 대한 이의 신청, 채권자대위 등이 해당할 것이다.

(2) 후견인권한의 제한 효과

(가) 긴급한 행위에 해당한 경우는 예외: 후견인의 행위가 긴급한 행위에 해당하면 그 행위의 효력은 피후견인에게 미친다.

(나) 위반의 효과

① 무권대리로 무효: 긴급한 행위로 볼 수 없는 경우에 한 후견행위는 무권대리행위로서 무효이며, 피후견인이 그 능력을 회복한 후에 추인하지 않는 한 피후견인에게 그 효력이 미치지 않는다(대판 1997.11.28. 97도1368).

② 선의의 제3자 보호-단서: 제3자가 후견인에게 정당한 권한이 있다고 믿고 후견인과 거래한 때에는 제3자의 보호를 위하여 그 행위는 유효하다(단서). 선의의 제3자란 후견인과 피후견인 이외의 자로서 후견인이 아직 재산목록의 작성을 완료하지 못하여 후견인으로서 권한에 제한이 있는 것을 알지 못하고 거래한 상대방을 말한다.

4. 被後見人이 取得한 包括的 財產에 대한 調査와 目錄作成 - 제944조: 제941조부터 제943조까지 규정한 피후견인의 재산에 대한 조사와 그 목록 작성의무는 후견인이 취임하여 후견사무를 개시하기 전의 의무를 규정한 것으로 후견사무 중에는 이러한 의무를 부담하지 않는다. 그러나 후견업무를 하는 동안 피후견인이 상속 등으로 포괄적 재산을 취득한 경우에는 특히 그 내용을 명확히 할 필요가 있으므로 후견인 취임시의 의무와 동일하게 그 취득한 재산에 대한 조사와 목록의 작성에 관한 규정이 그대로 준용된다.

(1) 포괄적 재산만 대상: 개별적 재산은 그 자체가 명확하기 때문에 조사와 그 목록을 작성하여야 할 것은 포괄적 재산이다. 예컨대 상속이나 포괄적으로 유증을 받은 경우에 해당된다.

(2) 조사와 목록 작성의무-제941조, 제942조: 피후견인이 포괄적 재산을 취득한 경우에는 이를 조사하여 2월 이내에 목록을 작성하여야 하며(941조), 피후견인이 취득한 포괄적 재산 중에 후견인과 피후견인 사이에 채권, 채무가 있는 때에는 재산목록의 작성완료 전에 친족회 또는 친족회원에게 제시하여야 한다(942조).

(3) 재산목록작성 전-제943조: 취득한 포괄적 재산에 대한 목록을 작성하기 전까지는 당해 취득한 재산에 관하여는 긴급필요한 사무에 한하여만 후견업무를 할 수 있다.

第945條【未成年者의 身分에 關한 後見人의 權利義務】 未成年者의 後見人은 第913條 乃至 第915條에 規定한 事項에 關하여는 親權者와 同一한 權利義務가 있다. 그러나 親權者가 定한 敎養方法 또는 居所를 變更하거나 被後見人을 感化 또는 矯正機關에 委託하거나 親權者가 許諾한 營業을 取消 또는 制限함에는 親族會의 同意를 얻어야 한다.

第946條【財產管理에 限한 後見】 親權者가 法律行爲의 代理權과 財產管理權에 限하여 親權을 行使할 수 없는 境遇에는 後見人의 任務는 未成年者의 財產에 關한 行爲에 限한다.

未成年者後見人의 任務

1. 意義: 미성년자의 후견인에는 친권까지 같이 행사하는 후견인(945조)과 친권자의 재산관리권

만을 행사하는 후견인(946조)이 있다. 그 중에서 친권까지 같이 행사하는 후견인은 친권과 거의 동일한 내용의 권리와 의무를 지나, 친권자가 아니기 때문에 피후견인인 미성년자를 보다 보호하기 위해서 중요한 행위에 대해서는 감독기관인 친족회의 사전동의를 얻도록 한다.

2. 未成年者의 身分에 관한 後見人의 權利, 義務 – 제945조: 친권자의 모든 권리를 행사하는 미성년자후견인의 미성년자의 신분에 관한 행위에 대한 권리와 의무를 규정한다. 기본적으로 친권(913조 내지 915조)과 동일하지만 중요한 행위를 할 때에는 친족회의 동의를 얻도록 하였다.

(1) 보호교양(913조): 친권자가 정한 교양방법을 후견인이 변경하기 위해서는 친족회의 동의가 있어야 한다. 미성년자에 대한 교양방법은 피후견인의 일신에 중대한 영향을 주기 때문에 그동안 친권자가 행하던 방식을 변경하는 경우에는 친족회의 동의를 얻어야 한다.

(2) 거소지정(914조): 후견인은 피후견인인 미성년자의 거소를 지정할 수 있으나, 친권자가 정한 거소를 변경할 경우에는 친족회의 동의가 필요하다.

(3) 징계(915조)

(가) 일반적인 징계: 후견인은 미성년자인 피후견인을 보호 또는 교양하기 위하여 필요한 징계를 할 수 있다.

(나) 감화, 교정기관에 위탁-단서: 미성년자를 감화 또는 교정기관에 위탁하기 위해서는 친족회의 동의를 받아 법원의 허가를 얻어야 한다. 친족회의 동의로 가정법원의 허가가 면제되는 것은 아니다.

(4) 영업허가: 미성년자인 피후견인은 후견인의 허락을 얻어 영업을 할 수 있다. 영업은 손익의 위험을 부담하는 거래행위가 적지 않아 피후견인의 재산에 많은 영향을 미치므로 후견인의 허락을 얻도록 하고 있다. 친권자가 허락한 영업을 취소 또는 제한하기 위해서는 친족회의 동의를 얻어야 한다.

(5) 피후견인을 갈음한 친권대행-제948조: 피후견인을 갈음하여 피후견인의 자에 대한 친권을 대행한다.

3. 未成年者의 財產에 관한 權利, 義務 – 法定代理 – 제946조

(1) 의의: 친권자가 법률행위의 대리권과 재산관리권상실의 선고를 받거나 법원의 허가를 얻어 사퇴한 때에는 후견이 개시되며, 이때 친권자는 자녀의 신분에 관한 권한은 계속해서 행사하므로 후견인의 권한은 자녀의 재산에 관한 대리권과 관리권에 한정된다. 이 규정은 한정치산자의 후견인에도 그대로 준용된다.

(2) 후견인의 권한: 〈재산에 관한 행위〉란 피후견인이 미성년자의 재산에 관한 법률행위에 대한 대리권과 동의권 및 재산관리권을 말한다. 다만, 미성년자가 단독으로 할 수 있는 법률행위, 즉 권리만을 얻거나 의무만을 면하는 행위, 처분을 허락한 재산에 관한 행위, 미성년자에게 허락한 영업에 관한 행위는 후견인의 대리나 동의를 요하지 않는다.

第947條【禁治產者의 療養, 監護】 ①禁治產者의 後見人은 禁治產者의 療養, 監護에 日常의 注意를 懈怠하지 아니하여야 한다.
②後見人이 禁治產者를 私宅에 監禁하거나 精神病院 其他 다른 場所에 監禁治療함에는 法院의 許可를 얻어야 한다. 그러나 緊急을 要할 狀態인 때에는 事後에 許可를 請求할 수 있다.

禁治產者의 後見人

1. 意義: 금치산자의 후견인의 의무를 규정하고 있는데, 후견인의 일반적 의무로써 피후견인의 신분 및 재산의 보호 외에 특별히 금치산자의 요양·감호에 대하여 규정한다. 한정치산자는 기본적으로 미성년자와 동일하므로 한정치산자의 후견인은 미성년자의 후견인에 관한 규정이 그대로 준용된다.

2. 禁治產者의 療養·監護 – 제1항: 피후견인인 금치산자는 정신적, 육체적으로 불완전하므로 금치

산자의 후견인은 일반적 의무로서 피후견인의 신분 및 재산의 보호 외에 특별히 금치산자의 요양·감호에 주의를 게을리 하여서는 아니 된다. 요양이나 감호의 정도나 방법은 금치산자의 정신능력이나 자력 등 구체적인 사정을 고려하여 결정해야 할 것이다.

3. 禁治産者의 監禁·治療 – 제2항: 금치산자를 치료 등의 목적으로 정신병원에 입원시키거나, 사택 등 다른 장소에 감금치료할 때에는 법원의 사전허가를 얻어야 한다. 이때 법원은 후견인에 대하여 금치산자의 요양 및 감호에 관하여 필요하다고 인정되는 사항을 지시할 수 있으며, 또 필요하다고 인정한 때에는 그 허가를 취소하거나 변경할 수 있다. 만일, 이러한 절차를 밟지 못할 정도로 긴급한 상태인 경우에는 병원 등에 입원 등 조치 후 법원에 사후허가를 청구할 수도 있다.

第948條【未成年者의 親權의 代行】 ①後見人은 被後見人에 가름하여 그 子에 對한 親權을 行使한다.
②前項의 親權行使에는 後見人의 任務에 關한 規定을 準用한다.

未成年者後見人의 親權代行

1. 後見人의 親權代行의 事由 – 제1항

(1) 미성년자의 혼외자-친권자가 대행: 미성년자가 혼인한 때에는 성년의제에 의해 친권대행이 발생하지 않으나, 미성년자에게 혼외자가 있을 때 미성년자는 혼인을 하지 않아 성년의제가 되지 않고 여전히 행위무능력자로 되어 친권자가 있게 되고, 그 미성년자는 혼외자의 친권자로 되지만 행위능력이 없기 때문에 대행자가 필요하게 된다(910조).

(2) 피후견인인 미성년자의 혼외자-후견인이 대행: 미성년자에게 후견이 개시된 경우에는 후견인이 친권대행자가 되어 미성년자의 혼외자에 대한 친권을 행사하게 된다.

(3) 금치산자나 한정치산자의 미성년자-별도의 후견개시-제928조: 피후견인이 미성년자가 아닌 금치산자나 한정치산자인 때에는 그 자녀에 대해서는 제928조에 의하여 별도로 후견이 개시되므로 친권대행은 발생하지 않는다.

2. 親權代行에 관한 監督 – 제2항: 후견인이 피후견인의 자녀에 대해 친권을 행사할 때에는 피후견인뿐만 아니라 피후견인의 자녀에 대해서도 후견인이 된 것과 마찬가지이므로, 친권대행의 대상이 되는 자녀에 대해서도 피후견인에 대한 같은 감독과 제한을 받게 된다. 따라서 그 자녀의 재산조사·목록작성과 채권·채무의 제시(941조, 942조), 자녀의 신분에 관한 후견사무에 있어서 친족회의 동의를 얻어야 하며(945조), 재산상의 행위의 대리와 동의에 대해 후견인의 동의를 얻어야 한다(950조).

第949條【財産管理權과 代理權】 ①後見人은 被後見人의 財産을 管理하고 그 財産에 關한 法律行爲에 對하여 被後見人을 代理한다.
②第920條 但書의 規定은 前項의 法律行爲에 準用한다.

第950條【法定代理權과 同意權의 制限】 ①後見人이 被後見人에 가름하여 다음 各號의 行爲를 하거나 未成年者 또는 限定治産者의 다음 各號의 行爲에 同意를 함에는 親族會의 同意를 얻어야 한다.
1. 營業을 하는 일
2. 借財 또는 保證을 하는 일
3. 不動産 또는 重要한 財産에 關한 權利의 得失變更을 目的으로 하는 行爲를 하는 일
4. 訴訟行爲를 하는 일
②前項의 規定에 違反한 行爲는 被後見人 또는 親族會가 이를 取消할 수 있다.

第951條【被後見人에 對한 權利의 讓受】 ①後見人이 被後見人에 對한 第三者의 權利를 讓受함에는 親族會의 同意를 얻어야 한다.
②前項의 規定에 違反한 行爲는 被後見人 또는 親族會가 이를 取消할 수 있다.

第952條【相對方의 追認與否催告】 第15條의 規定은 前2條의 境遇에 相對方의 親族會에 對한 追認與否의 催告에 準用한다.

後見人의 代理權, 同意權과 그 行使에 대한 制限

1. 意義: 재산에 대한 후견인의 권리, 의무에 관하여는 피후견인이 미성년자, 금치산자, 한정치산자 중 누구냐에 관계없이 동일하다. 피후견인은 스스로 자신의 재산을 관리하기에 충분한 정신능력을 갖고 있지 않기 때문에 피후견인의 보호를 위해서 후견인에게 피후견인의 재산을 관리할 권한을 준 것이다. 따라서 후견인은 피후견인의 재산을 관리하고, 그 재산에 관한 법률행위에 대해서 피후견인을 대리하고, 피후견인의 행위에 대하여 동의권이 있다.

2. 被後見人財産에 대한 財産管理權, 代理權 - 제949조

(1) 재산관리권-제1항

(가) 피후견인 재산의 관리: 후견인은 피후견인의 재산을 관리한다. 재산관리란 재산의 보존, 재산의 성질을 변하지 않는 이용, 개량을 목적으로 하는 법률상·사실상의 행위를 말한다.

(나) 후견인의 선관의무: 후견인의 재산관리는 친권자의 경우와는 달리 선량한 관리자의 주의의무를 요하며(956조), 이 주의의무의 결여로 피후견인에게 손해를 준 때에는 손해배상책임을 진다.

(다) 관리 대상의 재산: 후견인의 재산관리권의 대상이 되는 재산은 피후견인에게 속하는 재산전부에 미치며, 장래의 일반적 재산적 이익도 포함한다. 다만 미성년자가 허가를 얻은 영업에 관한 재산, 미성년자에 대해 처분을 허락한 재산, 제3자가 후견인에게 관리권없음을 표시한 재산(918조), 미성년자가 수령한 임금 등에 대해서는 관리권이 없다.

(2) 법정대리권-제1항, 제2항

(가) 재산행위의 대리: 후견인은 피후견인의 재산에 관한 일체의 재산적 법률행위에 대하여 대리권이 있다. 후견인의 재산에 대한 법정대리권은 재산관리권에 기초하므로 재산관리권이 미치지 않는 재산에 대해서는 대리권이 없다.

(나) 피후견인의 행위 목적의 채무부담-본인의 동의-제2항(920조): 재산에 관한 사항 중에서도 피후견인의 행위를 목적으로 하는 채무를 부담할 경우에는 본인의 동의를 얻어야 한다(단서-920조).

(다) 신분행위의 대리: 신분행위에 대한 대리는 법률에 규정이 있는 경우에 한정된다. 혼인연령 미달의 혼인에 대한 취소(817조), 인지청구의 소(863조), 대낙입양에 대한 대낙(869조), 미성년자가 양친이 된 입양의 취소(885조), 상속의 승인·포기(1019조, 1020조) 등이 여기에 해당한다.

3. 未成年者와 限定治産者의 法律行爲에 대한 同意權: 후견인이 미성년자나 한정치산자인 피후견인의 재산상의 행위에 대하여는 동의권이 있다. 또한 후견인은 미성년자의 약혼이나 혼인, 입양 등의 신분행위에 대해서도 동의권이 있다.

4. 法定代理權과 同意權의 制限 - 親族會의 事前 同意 - 제950조: 피후견인에게 중대한 영향을 미치는 행위를 후견인이 대리하거나 피후견인이 그 행위를 하는 데 후견인이 동의함에 있어서는 보다 신중을 기하게 하기 위하여 친족회의 동의를 얻도록 한다. 금치산자는 동의를 받더라도 혼자서는 유효한 법률행위를 할 수 없기 때문에 동의권에 대한 제한은 금치산자의 후견인에 대하여는 적용이 없고, 미성년자와 한정치산자의 후견인에만 해당된다. 친족회의 동의를 얻지 않고 한 법률행위는 피후견인이나 친족회가 취소할 수 있다.

(1) 친족회의 동의가 필요한 행위-제1항: 아래의 사항에 관하여는 친족회의 동의를 받아야 한다. 그리고 후견인이 피후견인 소유의 재산에 관한 법률행위나 소송행위를 피후견인을 위하여 한다하더라도 후견인은 그 법정대리인으로서 피후견인 명의로 하여야 한다(대판 1965.7.6. 65다919, 920).

(가) 영업을 하는 일-제1호: 후견인이 피후견인에 갈음하여 영업을 하거나, 피후견인인 미성년자 또는 한정치산자가 영업을 하는 데 동의를 하기 위해서는 친족회의 동의가 필요하다. 영업이란 영리를 목적으로 하는 계속적이고 독립적인 업무를 경영하는 것을 말한다.
(나) 차재 또는 보증을 하는 일-제2호: 금전을 빌리는 등의 차재행위나 타인의 채무에 대하여 보증채무를 부담하는 행위를 말한다. 소비대차, 약속어음의 발행 등도 포함한다.
(다) 부동산 또는 중요한 재산에 관한 권리의 득실변경을 목적으로 하는 행위를 하는 일-제3호: 그 대상은 모든 부동산과 동산 가운데 중요한 재산이며, 매매·증여 등과 같이 권리의 취득·상실을 목적으로 하는 행위와 담보의 제공, 임대차 등도 포함된다.
(라) 소송행위를 하는 일-제4호: 민사소송이나 가사소송에서 원고가 되어 소송을 진행하는 행위를 말하며, 형사소송행위나 증인이나 감정인으로서 출석하여 진술하는 것은 포함되지 않는다고 해석된다.
(2) 친족회의 동의 없이 한 행위의 효력
(가) 제126조의 표현대리 적용여부: 한정치산자의 후견인이 친족회의 동의를 얻지 않고 피후견인의 부동산을 처분하는 행위를 한 경우에도 상대방이 친족회의 동의가 있다고 믿은 데 정당한 사유가 있는 때에는 본인인 한정치산자에게 그 효력이 미친다. 즉 친족회의 동의 없는 후견행위는 제126조의 표현대리가 성립된다(대판 1997.6.27. 97다3828). * 소외 갑이 원고의 후견인으로서 상당기간 원고의 재산을 관리하여 왔다고 할지라도 후견인을 상대로 중요한 재산적 가치를 가지는 한정치산자의 부동산을 매수하는 피고로서는 친족회의 동의가 있었는지 여부를 확인하였어야 할 것인 데도 막연히 부동산 중개업자를 통하여 위 소외 갑이 후견인으로 선임된 후 1년 이상 이 사건 부동산의 관리를 전담하여 온 사실만을 확인하였을 뿐 친족회의 동의에 관하여는 전혀 확인하지 아니한 이상 피고 후견인을 상대로 거래하는 매수인으로서 마땅히 해야 할 주의를 다하지 못한 과실이 있다고 하지 않을 수 없으며, 소외 갑이 매매 당시 친족회의 동의를 받았다고 믿을 만한 정당한 이유가 된다고 볼 수 없어 어차피 원고에게 권한이 넘는 표현대리의 책임을 인정하기 어렵다(대판 1997.6.27. 97다3828).
(나) 취소할 수 있음-제2항
① 취소권자: 피후견인이나 친족회가 취소할 수 있다. 피후견인은 의사능력이 있는 한은 아직 능력자가 되지 않았더라도 취소권을 행사할 수 있다. 피후견이나 친족회는 취소하지 않고 이를 추인할 수도 있다.
② 취소의 효과: 취소에 의하여 그 행위는 처음부터 무효가 되며, 피후견인은 그 행위로 인하여 받은 이익이 현존하는 한도에서 상환해야 한다.
③ 취소권의 성질과 취소의 방법-재판상, 재판 외 모두 가능: 취소할 수 있는 권리는 형성권으로서 민법 제146조에 규정된 취소권의 존속기간은 제척기간이라고 보아야 할 것이지만, 그 제척기간 내에 소를 제기하는 방법으로 권리를 재판상 행사하여야만 되는 것은 아니고, 재판 외에서 의사표시를 하는 방법으로도 권리를 행사할 수 있다고 보아야 한다(대판 1993.7.27. 92다52795).
④ 취소권의 기산점인 〈추인할 수 있는 날〉: 후견인이 친족회의 동의 없이 피후견인의 부동산을 처분한 경우에 발생하는 취소권은 민법 제146조에 의하여 추인할 수 있는 날로부터 3년 내에, 법률행위를 한 날로부터 10년 내에 행사하여야 한다.
㉮ 피후견인이 추인할 수 있는 날: 취소의 원인이 종료한 후를 의미하므로, 피후견인이 스스로 법률행위를 취소함에 있어서는 미성년자는 성년자, 한정친산자와 금치산자는 한정치산, 금치산취소선고로 능력자로 복귀한 날로부터 3년 내에 그 취소권을 행사하여야 한다(대판 1997.6.27. 97다3828).
㉯ 친족회가 추인할 수 있는 날: 친족회원이 매매사실을 안 날이 아니고 동인이 매매사실을 들은 후 지체 없이 친족회 소집절차를 밟았더라면 친족회 소집이 가능한 날이라고 보아야 한다(대판 1979.11.27. 79다396).
③ 취소권의 채권자대위권의 피대위권 해당 여부-부정: 제2항에 의한 피후견인 또는 친족회의 취소할 수 있는 권리(취소권)는 행사상의 일신전속권이므로 채권자대위권의 목적이 될 수 없다(대판 1996.5.31. 94다35985).

(다) 동의 없는 소송행위는 무효
① 수권 흠결로 무효: 한정치산자의 후견인이 한정치산자의 이름으로 소송을 제기하는 등의 소송행위를 함에는 친족회의 동의를 얻어야 하며 친족회의 동의를 얻지 아니한 채 제소하여 사실심의 변론종결시까지 그 동의가 보정되지 아니하였다면 그 제소 등 일련의 소송행위는 그에 필요한 수권이 흠결된 법정대리인에 의한 것으로서 절차적 안정이 요구되는 소송행위의 성격상 민법 제950조제2항의 규정에도 불구하고 무효이다.
② 동의의 보정: 한정치산자의 법정대리인의 소송행위에 필요한 친족회의 동의는 보정되면 행위시에 소급하여 그의 효력이 생기고 그 보정은 상고심에서도 할 수 있다(대판 2001.7.27. 2001다5937).
(4) 상대방의 친족회에 대한 추인여부 최고-제952조(15조)
(가) 1월 이상의 기간을 정한 추인 여부의 최고: 후견인이 친족회의 동의를 얻지 않고 제950조에서 열거하는 행위를 하거나 피후견인에게 동의를 준 때에는 법률행위의 상대방은 1개월 이상의 기간을 정하여 그 행위의 추인 여부를 친족회에 최고할 수 있다(15조1항).
(나) 기간 내에 확답이 없는 경우-추인 간주(15조2항): 그 기간 내에 확답이 없는 경우에는 추인한 것으로 본다.
5. 被後見人에 대한 第3者의 權利를 後見人이 讓受하는 경우 - 제951조
(1) 친족회의 동의-제1항: 피후견인에 대하여 제3자가 가지는 권리를 후견인이 양수하면 후견인과 피후견인 사이에 권리자와 의무자가 되어, 상호간에 이해가 상반되어 피후견인의 이익을 해할 우려가 있다. 따라서 이때에는 친족회의 동의를 얻도록 규정한다.
(가) 〈권리의 양수〉: 유상·무상을 묻지 않으며, 권리의 양도를 목적으로 하는 법률행위에 의한 권리의 취득을 말한다.
(나) 상속, 유증, 저당권 실행 등에 의한 권리의 취득은 포함되지 않는다.
(2) 친족회의 동의 없는 양수-취소-제2항: 친족회의 동의를 얻지 않고 한 양수행위에 대하여는 후견인이나 친족회가 취소할 수 있다.
(가) 기간을 정한 추인 여부의 최고-제952조(15조): 후견인이나 양도한 제3자는 1개월 이상의 기간을 두어 추인 여부를 최고할 수 있다.
(나) 확답 없는 경우-추인 간주-제952조(15조): 그 기간 내에 확답이 없는 때에는 추인한 것으로 본다(15조).

第953條【親族會의 後見事務의 監督】 親族會는 언제든지 後見人에 對하여 그 任務遂行에 關한 報告와 財産目錄의 提出을 要求할 수 있고 被後見人의 財産狀況을 調査할 수 있다.

第954條【法院의 後見事務에 關한 處分】 法院은 被後見人 또는 第777條의 規定에 依한 親族 其他 利害關係人의 請求에 依하여 被後見人의 財産狀況을 調査하고 그 財産管理 其他 後見任務遂行에 關하여 必要한 處分을 命할 수 있다.

後見事務에 대한 監督

1. 意義: 후견인은 친권자에 비하여는 자신을 희생하면서까지 피후견인의 이익을 도모한다고 기대하기는 어렵다. 그로 인해 후견사무를 소홀히 하거나, 부적절하게 처리할 우려가 있어 후견인을 감독하고, 경우에 따라서는 필요한 처분을 할 수 있도록 한다.
2. 親族會에 의한 後見監督 - 제953조: 친족회는 언제든지 후견인에게 그 임무수행에 관한 보고를 요청할 수 있다.
(1) 보고해야 할 업무: 피후견인의 신상에 관한 사무나 재산상의 사무를 포함한 업무 전반에 관한 사항 또는 특정한 사무이다.
(2) 재산목록 제출 요구, 재산상황 조사: 친족회는 후견인에게 피후견인의 재산목록의 제출을

요구할 수 있으며, 친족회가 직접 피후견인의 재산상황을 조사할 수 있다.
(3) 참여권, 동의권: 개별 규정으로 후견인의 후견 사무의 처리에 대한 친족회의 참여권(941조, 942조), 친족회의 동의권(945조, 950조, 951조)을 두어 후견사무를 감독하도록 한다.

3. 法院에 의한 後見監督 - 제954조

(1) 법원의 조사 및 처분
(가) 청구권자: 피후견인이나 피후견인의 친족(777조) 기타 이해관계인이 법원에 피후견인의 재산상황을 조사하고, 피후견인의 재산관리 기타 후견임무수행에 관하여 필요한 처분을 내릴 것을 청구할 수 있다.
(나) 필요한 처분: 재산보전 처분, 환가처분, 채권의 집행과 같은 재산관리에 관한 처분과 피후견인의 치료·감호 등 신상에 관한 사무도 포함된다.
(2) 기타 후견 사무의 감독: 후견인의 선임(936조), 사퇴(939조), 해임(941조)등을 포함하여 주요한 후견사무에 관하여 허가(947조) 등을 하도록 하여 후견사무를 감독한다.

第955條【後見人에 對한 報酬】 法院은 後見人의 請求에 依하여 被後見人의 財產狀態 其他 事情을 參酌하여 被後見人의 財產中에서 相當한 報酬를 後見人에게 授與할 수 있다.

後見人의 報酬

1. 意義: 후견사무의 집행은 공익적, 사회복지적 의미가 강하기 때문에 보수의 지급이 당연한 것은 아니다. 다만, 후견사무는 후견인에게는 시간적·육체적으로 상당히 부담이 되기 때문에 제반 사정을 고려하여 후견인에게 상당한 보수를 지급할 수 있도록 규정한다.
2. 報酬의 授與: 보수를 지급할 자는 피후견인이며, 피후견인의 재산에서 지급된다. 보수를 받는 자는 후견인이며, 보수의 산정은 후견인과 피후견인의 각각의 자력, 신분, 지위, 후견인과 피후견인의 개인적 긴밀도, 후견사무의 난이도 등을 종합적으로 고려하여 법원이 결정한다.

第956條【委任과 親權의 規定의 準用】 第681條 및 第918條의 規定은 後見人에게 이를 準用한다.

後見人에의 準用 規定

1. 後見人의 注意義務 - 선관의무 - 제681조: 후견인은 피후견인의 신분 및 재산관리에 관한 모든 사무에 있어서 위임에서 수임인의 주의의무인 선량한 관리자의 주의의무로써 후견사무를 처리하여야 한다.
(1) 모든 후견인에 적용: 후견인의 선관의무는 피후견인이 미성년자, 금치산자, 한정치산자인지를 묻지 않고 모든 후견인에게 해당된다.
(2) 선관의무: 후견인의 주의의무는 친권자에게 요구되는 주의의무인 자기 재산에 관한 행위와 동일한 주의의무보다 고도의 주의의무이며, 이는 후견인에게 친권자의 미성년자에 대한 자연의 애정을 기대할 수는 없기 때문이다.
(3) 선관의무 위반: 후견인이 선량한 관리자의 주의를 게을리 하여 피후견인에 대해서 손해를 발생하게 한 때는 손해배상책임을 진다.
2. 管理反對意思로 第3者가 贈與한 財產 - 제918조: 제3자가 무상으로 피후견인에게 재산을 수여하면서, 그 재산을 후견인이 관리하는 것에 반대하는 의사를 표시한 때에는 그 재산은 후견인의 관리에 속하지 않는다. 당해 재산은 증여한 제3자가 관리인을 지정하지 아니한 때에는 법원이 관리인을 선임한다.

第3節 後見의 終了

第957條【後見事務의 終了와 管理의 計算】 ①後見人의 任務가 終了한 때에는 後見人 또는 그 相續人은 1月內에 被後見人의 財產에 關한 計算을 하여야 한다. 그러나 正當한 事由 있는 때에는 法院의 許可를 얻어 그 期間을 延長할 수 있다.
②前項의 計算은 親族會가 指定한 會員의 參與가 없으면 效力이 없다.

第958條【利子의 附加와 金錢消費에 對한 責任】 ①後見人이 被後見人에게 支給할 金額이나 被後見人이 後見人에게 支給할 金額에는 計算終了의 날로부터 利子를 附加하여야 한다.
②後見人이 自己를 爲하여 被後見人의 金錢을 消費한 때에는 그 消費한 날로부터 利子를 附加하고 被後見人에게 損害가 있으면 이를 賠償하여야 한다.

第959條【委任規定의 準用】 第691條, 第692條의 規定은 後見의 終了에 이를 準用한다.

後見의 終了와 計算

1. 後見의 終了事由

(1) 절대적 종료: 후견의 필요성이 없어져 후견관계 그 자체가 소멸해버리는 것으로서, 피후견인의 사망, 혼인에 의한 성년의제, 성년도달, 친권자의 친권행사가 가능해진 경우, 인지·입양으로 친권자가 새로 생긴 경우, 피후견인에 대한 금치산선고나 한정치산선고의 취소 등이다.

(2) 상대적 종료: 후견 그 자체는 종료하지 않으나, 지금까지의 후견인이 후견관계에서 이탈하는 것으로 피후견인의 후견의 필요성은 존속한다. 후견인의 사망·실종선고·결격·사퇴·변경, 배우자가 후견인인 경우에 혼인의 해소, 금치산자·한정치산자가 혼인한 경우 등으로 후견업무가 종료하는 경우를 말한다. 이때에는 기존의 후견인의 후견사무는 종료하고, 다른 사람이 후견인의 지위를 승계하거나 새로 후견인을 선임하게 된다.

2. 後見終了의 對抗要件 - 通知 - 제959조(692조): 후견인과 피후견인 사이의 법률관계가 위임과 유사하여 위임종료시의 대항요건에 관한 규정(692조)이 준용된다.

(1) 종료통지-대항요건: 후견의 종료는 이를 다른 일방에게 통지하거나 다른 일방이 종료를 알지 못한 때에는 종료로서 대항하지 못한다.

(2) 통지의 상대방: 상대방은 후견 사무처리관계의 상대방, 즉 피후견인측에서는 후견인이고 후견인측에서는 피후견인이다.

3. 後見終了 後의 後見人의 任務

(1) 재산의 관리계산과 보고-제957조

(가) 계산, 보고-제1항

① 계산 대상: 후견인(후견인 본인이 사망한 경우에는 그 상속인)은 후견인이 취임한 때로부터 후견이 종료한 때까지 후견사무의 집행에 관하여 생긴 재산상의 모든 변동을 명백히 하고 총재산의 현재 상황을 명확히 하는 등의 재산에 대한 계산을 하여야 한다.

② 보고: 계산한 결과를 성년이 된 피후견인, 후임의 친권자 또는 후견인, 피후견인의 상속인 등에게 보고하여야 한다. 보고의 방식은 특정하고 있지 않으므로 서면 또는 구술로 할 수 있다.

(나) 계산에 친족회원의 참여-제2항: 후견인의 관리계산에는 친족회가 지정한 회원이 참여하여야 하고, 참여가 없으면 관리계산의 효력이 없다.

(다) 기간-종료로부터 원칙은 1월 내-제1항 단서: 관리계산은 후견종료일로부터 1개월 내에 완료하고 보고해야 하며, 부득이한 사정으로 이 기간 내에 계산보고를 하지 못하는 경우에는 법원의 허가를 얻어 그 기간을 연장할 수 있다.

(2) 이자와 손해배상-제958조
(가) 이자의 부과-제1항: 후견인과 피후견인 사이의 후견사무에 관련된 금전에 대하여는 계산종료일부터 이자가 부과된다.
① 후견인이 피후견인에게 지급할 금전: 후견인이 피후견인에게 지급할 금액은 후견인이 관리하고 있는 피후견인의 금전 및 후견 중에 피후견인을 위하여 수령한 금전을 말한다. 다만 후견사무와 관계없는 금전채무, 예를 들면 계약에 의해 부담한 채무 또는 불법행위에 의한 손해배상채무는 여기에 포함되지 않는다.
② 피후견인이 후견인에게 지급할 금전: 피후견인이 후견인에게 지급할 금액은 후견사무의 집행에 관하여 후견인이 부담하게 된 금액이다. 후견사무와 관계없는 계약에 의한 채무나 불법행위에 의한 손해배상채무는 여기에 포함되지 않는다.
③ 관리계산 종료 후의 이자: 관리계산종료 후부터 부과된 이자는 일종의 지연이자이다. 따라서 변제기한이 도래하지 않은 것에는 이자를 부과할 수 없다. 또한 이율에 관하여 당사자간에 약정이 있는 때에는 그에 따르며, 약정한 이율이 없으면 이율은 법정이율이다.
(나) 후견인의 금전소비에 대한 책임-제2항
① 후견인이 자기를 위하여 소비한 피후견인의 금전-법정이자 부가와 손해의 배상: 후견인이 자기를 위해서 피후견인의 금전을 소비한 때는 소비한 때부터 법정이율에 따라 이자를 부가하고, 손해가 있는 때는 그 손해를 배상해야 한다.
② 선의·악의, 고의·과실 불문: 후견인이 자기의 이익을 위해서 사용하였다면 후견인의 선의·악의, 고의·과실의 유무, 손해의 유무를 묻지 않고 법정이율을 청구할 수 있을 것이다.
(3) 긴급사무의 처리-제959조(691조): 후견인과 피후견인의 법률관계가 위임에 유사한 관계이므로 위임종료 후의 긴급처리의무 규정(691조)이 후견종료에 준용된다. 이는 후견 종료에 따른 당사자의 불측의 손해를 방지하기 위한 것이다. 준용되는 후견종료시에 급박한 사정이란 후견의 사무처리를 하지 않으면 피후견인이 불측의 손해를 받을 우려가 있는 것으로, 시효의 중단·압류·계쟁물에 대한 가처분신청·붕괴위기에 있는 가옥의 수선 등이 해당될 것이다.
4. 後見終了의 申告-1월 내에 신고: 후견이 종료되면 가족관계의등록등에관한법률 제83조에 정하는 바에 따라 후견종료로부터 1개월 내에 후견종료의 신고를 하어야 한다. 다만 미성년자의 성년도달로 인한 후견종료는 별도로 신고를 할 필요가 없다.

第6章 親族會

1. 概括: 친족회는 민법 기타 법률의 규정에 따라 무능력자를 위하여 친족회의 결의를 필요로 하는 사항이 발생할 때에 조직되고 소집되는 친족과 그 밖의 연고자로 구성되는 협의기구이다. 친족회는 무능력자의 보호와 후견업무를 감독하는 기관이기 때문에, 구성원이 반드시 친족에 한정할 필요는 없어 친족이 아닌 연고자도 그 구성원이 될 수 있다. 그리고 친족회는 상설기관이 아니라 법률상 필요할 때 언제든지 법원에 의하여 소집되고, 그 사항의 의결이 종료되면 소멸하나 무능력자를 위하여 소집된 친족회는 그 무능력 상태가 소멸할 때까지 존속한다.
2. 構成
(1) 조직: 제960조
(2) 구성(친족회원): 제961조-제964조
(3) 무능력자를 위한 상설친족회: 제965조
(4) 친족회의 소집과 결의: 제966조-제968조
(5) 친족회결의에 갈음할 재판: 제969조
(6) 친족회원의 사퇴, 해임: 제970조, 제971조
(7) 친족회결의무효, 이의의 소: 제972조
(8) 친족회원의 선관의무: 제973조

第960條【親族會의 組織】 本法 其他 法律의 規定에 依하여 親族會의 決議를 要할 事由가 있는 때에는 親族會를 組織한다.

親族會의 組織

1. 意義: 친족회는 민법 기타 법률로 정한 친족회의 결의를 요하는 특별한 사유가 있는 때에 조직한다. 친족회의 결의가 있어야 하는 사항은 법률이 직접 규정하고 있으며 주요한 사항은 다음과 같다.

2. 親族會가 組織되어야 할 事由: 민법이 규정한 친족회의 결의를 요하는 사유로는 아래의 것이 있다.

(1) 자녀의 신분에 관한 사항: 부모 내지 후견인이 없는 미성년자 또는 금치산자의 약혼・혼인 또는 이혼은 친족회의 동의를 얻어야 한다(801조, 808조, 835조).

(2) 후견의 감독

(가) 피후견인의 재산목록 작성시: 후견인이 피후견인의 재산을 조사하여 재산목록을 작성할 때는 친족회가 지정한 회원의 참여가 있어야 하며(941조2항), 후견인과 피후견인 사이에 채권・채무의 관계가 있는 경우, 후견인의 재산목록작성 완료 전에 있어서의 그 내용을 친족회 또는 회원에게 제시하여야 한다(942조1항).

(나) 피후견인의 포괄적 재산 취득시: 후견인의 취임 후 피후견인이 포괄적 재산을 취득한 때에도 후견인에게는 재산조사와 목록작성 및 채권・채무의 제시의 임무가 있으며, 이러한 사항에 대해서는 친족회의 감독을 받게 된다(944조에 의한 941조, 942조의 준용).

(다) 교양, 거소변경, 교화기관 위탁: 미성년자의 친권자가 정한 교양방법 또는 거소변경이나, 피후견인을 감화 또는 교정기관에 위탁하거나, 친권자가 허락한 영업의 취소 또는 제한에는 친족회의 동의를 얻어야 한다(945조).

(라) 피후견인의 특정 법률행위의 대리, 동의: 후견인이 피후견인의 특정 법률행위(영업, 차재・보증, 부동산 등에 관한 권리의 득실변경, 소송행위)에 대해 대리하거나 동의를 하는 데 있어서 친족회의 동의를 얻어야 하며, 이에 위반한 행위는 친족회가 취소할 수 있다(950조).

(마) 후견인의 피후견인에 대한 제3자 권리의 양수: 후견인이 피후견인에 대한 제3자의 권리를 양수할 때에도 친족회의 동의를 얻어야 하며, 이에 위한 한 행위는 친족회가 취소할 수 있다(951조).

(바) 후견사무에 대한 보고수행: 친족회는 언제든지 후견인에 대하여 그 임무수행에 관한 보고와 재산목록의 제출을 요구할 수 있고 피후견인의 재산상황을 조사할 수 있다(953조).

(사) 피후견인의 재산의 계산: 후견인의 임무가 종료하여 후견인이 재산에 관한 관리계산을 함에는 친족회원이 참여해야 한다(957조2항).

3. 親族會의 組織: 친족회는 친권자가 미성년자를 위한 친족회원을 지정하거나(962조), 법원이 친족회원을 선임함으로써 조직된다.

第961條【親族會員의 數】 ①親族會員은 3人以上 10人以下로 한다.
②親族會에 代表者 1人을 두고 親族會員中에서 互選한다.
③前項의 代表者는 訴訟行爲 其他 外部에 對한 行爲에 있어서 親族會를 代表한다.

第962條【親權者의 親族會員指定】 後見人을 指定할 수 있는 親權者는 未成年者의 親族會員을 指定할 수 있다.

第963條【親族會員의 選任】 ①親族會員은 本人, 그 法定代理人 또는 第777條의 規定에 依한 親族이나 利害關係人의 請求에 依하여 法院이 第777條의 規定에 依한 그

親族 또는 본인과 특별한 연고가 있는 자 中에서 이를 選任한다. 그러나 前條의 規定에 依하여 親族會員이 指定된 때에는 그러하지 아니하다. <개정 2005.3.31>
②前項의 規定에 依한 請求를 할 수 있는 者는 親族會의 員數와 그 選任에 關하여 法院에 意見書를 提出할 수 있다.

第964條【親族會員의 缺格事由】 ①後見人은 後見의 計算을 完了한 後가 아니면 被後見人의 親族會員이 되지 못한다.
②第937條의 規定은 親族會員에 準用한다.

第965條【無能力者를 爲한 常設親族會】 ①未成年者, 禁治產者 또는 限定治產者를 爲한 親族會는 그 無能力의 事由가 終了할 때까지 繼續한다.
②前項의 親族會에 缺員이 生한 때에는 法院은 職權 또는 請求에 依하여 이를 補充하여야 한다.

親族會의 構成

1. 會員數와 代表者 - 제961조

(1) 회원의 수-제1항: 친족회원의 수는 3인 이상 10인 이하여야 한다. 최소 구성원이 3인이기 때문에, 3인의 친족회원 중 1인이 사망하여 남은 2인으로써 한 친족회결의는 법률상 당연 무효이다(대판 1956.3.22. 4288민상476).
(2) 대표자-제2항, 제3항: 친족회의 대표자는 1인이며, 친족회원 중에서 호선으로 선출한다(1항). 대표자는 소송행위 기타 외부에 대한 행위에 있어서 친족회를 대표한다(2항).

2. 會員의 構成: 친족회원은 친권자가 지정하거나 법원이 선임한다. 친권자는 미성년자에 한하므로 미성년자의 친족회원은 지정친족회원을 우선하고 지정친족회원이 없거나 결원일 때 법원이 선임하는 친족회원으로 구성하며, 한정치산자나 금치산자의 친족회원은 친권자가 없으므로 법원이 선임한 친족회원으로만 구성된다.
(1) 친권자의 지정-지정친족회원-제962조: 이는 미성년자의 친족회에만 해당되어, 후견인을 지정할 수 있는 친권자가 친족회원을 지정할 수 있고, 이를 지정친족회원이라 한다.
(가) 방식-유언으로: 친권자가 후견인을 지정할 수 있는 경우는 유언에 의한 것(931조)이므로, 결국 친권자가 친족회원을 지정할 수 있는 경우는 유언으로 하는 경우이다(대판 1976.1.13. 74다2002). 즉 친권자는 유언으로 후견인과 친족회원을 지정하여야 한다. 이는 친권자가 유언으로 친족회원을 지정하지 않았을 때는 지정친족회원은 없다는 의미이다. 지정친족회원은 친족이나 본인과 특별한 연고가 없는 자도 가능하며, 지정친족회원의 수도 전원을 지정해야 해야 하는 것은 아니다.
(나) 지정된 자가 3인 미만-나머지는 법원이 선임: 친권자가 지정한 회원이 친족회 최소구성인원인 3인에 미달할 때에는 가정법원이 나머지 회원을 선임하여야 한다.
(2) 법원에 의한 선임-제963조: 친권자가 친족회원을 지정하지 않은 때나 지정하였더라도 그 회원수가 3명 미만인 때에는 법원이 친족회원을 선임한다.
(가) 선임청구권자-제1항: 의사능력이 있는 본인, 즉 미성년자, 한정치산자, 금치산자는 단독으로 친족회원의 선임을 청구할 수 있으며, 이들 무능력자의 법정대리인인 후견인과 민법 제777조에서 규정하는 본인의 친족도 선임을 청구할 수 있다. 또한 본인과 재산상, 신분상 기타 이해관계에 있는 자도 청구할 수 있다.
(나) 선임친족회원의 자격: 법원에 의해 선임되는 친족회원은 본인의 친족이나 본인과 특별한 연고가 있는 자이다. 연고자에는 친족의 범위에 포함되지 않은 친지나 사실상의 양부모, 이웃, 친구, 직장상사 등이 해당할 것이다.

(다) 선임: 친족회원 선임은 가정법원의 관할로(가소법 2조1항라20), 친족회원이 될 수 있는 자 중에서 3인 이상 10인 이하의 적합한 자를 선임한다. 이때 선임을 청구할 수 있는 자는 친족회원의 수와 선임방법 등에 관한 의견서를 법원에 제출할 수 있으며(2항), 법원은 이들 의견을 참조하여 공정하게 선임하도록 한다.

3. 親族會員의 缺格事由 - 제964조

(1) 후견인-겸임 불가-제1항: 친족회는 후견인의 감독기관이므로 후견인이 친족회원을 겸하지 못한다.

(2) 후견인이었던 자-제1항: 후견인이었던 자는 후견이 종료하고 후견인과 피후견인 간의 계산을 완료한 후에 친족회원이 될 수 있다.

(3) 제937조 준용-제2항: 아래의 자는 친족회원이 될 수 없다.

(가) 무능력자: 미성년자, 금치산자, 한정치산자

(나) 파산선고를 받은 자

(다) 자격정지 이상의 형의 선고를 받고 그 형기 중에 있는 자

(라) 법원에서 해임된 법정대리인 또는 친족회원

(마) 행방이 불명한 자

(바) 피후견인에 대하여 소송을 하였거나 하고 있는 자 또는 그 배우자와 직계혈족

4. 無能力者를 위한 常設 親族會 - 제965조

(1) 친족회의 상설-제1항: 무능력자를 위한 친족회는 상설되어 무능력자가 사망하거나 능력자가 된 때까지 존속한다. 무능력자를 위한 친족회는 친족회의 결의가 필요한 사유가 많고, 또 그 사유가 있을 때마다 법원의 소집통지에 의해 열리게 되므로 그 사유가 발생할 때마다 친족회를 새로 조직하지 않게 하기 위하여 상설하도록 한 것이고, 따라서 일단 선임된 친족회원은 그 지위가 유지되어 언제든 쉽게 소집이 가능하도록 한다. * 현행법상으로는 친족회는 무능력자를 위한 친족회만 있음.

(2) 상설친족회원의 보충-제2항

(가) 결원-최초 구성된 수를 기준: 친족회는 3인 이상 10인 이하로 구성되며, 처음에 정해진 친족회원 중 일부가 그 임무를 수행할 수 없게 된 때에는 비록 잔여 회원의 수가 3인 이상이라고 하더라도 이는 친족회의 결원이 발생한 것이다. 즉 결원은 당초에 구성된 친족회원의 수를 기준으로 한다.

(나) 결원사유: 결원이 발생하는 사유는 회원의 사망, 사퇴, 결격, 해임 등으로 그 사유는 묻지 아니한다.

(다) 보충: 법원은 직권이나 청구에 의해 회원을 보충해야 한다. 보충을 청구할 수 있는 자는 친족회원의 선임청구자인 본인, 그 법정대리인 또는 본인의 친족이나 이해관계인이다(963조).

(라) 보충 없이 한 결의: 결원을 보충하지 않고 결원된 상태에서 결의한 친족회의 결의는 무효이다.

第966條【親族會의 召集】 親族會는 本人, 그 法定代理人, 配偶者, 직계혈족, 會員, 利害關係人 또는 檢事의 請求에 依하여 家庭法院이 이를 召集한다. 〈개정 1990.1.13, 2005.3.31〉

第967條【親族會의 決議方法】 ①親族會의 議事는 會員 過半數의 贊成으로 決定한다.
②前項의 議事에 關하여 利害關係 있는 會員은 그 決議에 參加하지 못한다.
③親族會員 過半數의 贊成으로 行한 書面決議로써 親族會의 決議에 가름한 境遇에는 前條의 規定에 依하여 親族會의 召集을 請求할 수 있는 者는 2月內에 그 取消를 法院에 請求할 수 있다.

第968條【親族會에서의 意見開陳】 本人, 그 法定代理人, 配偶者, 直系血族, 4寸以內의 방계혈족은 親族會에 出席하여 意見을 開陳할 수 있다. 〈개정 2005.3.31〉

第969條【親族會의 決議에 가름할 裁判】 親族會가 決議를 할 수 없거나 決議를 하지 아니하는 때에는 親族會의 召集을 請求할 수 있는 者는 그 決議에 가름할 裁判을 法院에 請求할 수 있다.

親族會議

1. 親族會의 召集 - 제966조

(1) 소집청구권자: 친족회의 소집권자는 가정법원이나, 법원이 자발적으로 소집하지는 않으며 의사능력 있는 무능력자(미성년자, 금치산자 또는 한정치산자), 그 법정대리인인 후견인, 금치산자나 한정치산자의 법률상 배우자, 본인의 직계존·비속, 친족회원, 이해관계인, 그리고 공익을 대표하여 검사가 소집을 청구할 수 있다.

(2) 소집절차: 소집청구권자가 친족회의 소집을 청구한 때 법원은 소집의 필요가 있다고 인정될 때에는 친족회원과 친족회에서 의견을 개진할 수 있는 자에게 친족회를 일시·장소 및 결의사항을 정하여 통지하여야 하며, 통지일과 회의 개최일 사이는 상당한 기간이 확보되어야 한다.

2. 決議 方法

(1) 의견개진-제968조: 친족회의에서 친족회원들의 의사결정에 참고할 수 있도록 본인 및 본인의 법정대리인, 배우자, 직계혈족, 4촌 이내의 방계혈족은 친족회에 참석하여 의결사항에 대한 자신의 의견을 제시할 수 있다. 따라서 친족회원 외에 위의 의견개진권이 있는 자들에게도 빠짐없이 친족회 소집의 통지를 해야 하는지에 대해서는 별도로 규정하고 있지 않으나, 친족회의 소집통지가 이루어지지 않으면 사실상 의견개진권의 실효성을 보장할 수 없으므로 본조가 규정하고 있는 자에게도 친족회의의 소집을 통지하여야 한다고 해석된다.

(2) 결의방법-이해관계인을 제외한 과반수 찬성으로-제967조제1항, 제2항: 친족회의에 참석한 친족회원은 평등한 의결권이 있으며, 전체 친족회원의 과반수의 찬성으로 결정한다(1항). 다만 의결사항에 관하여 이해관계가 있는 회원은 공정한 결의를 위하여 그 결의에 참가하지 못한다(2항).

(3) 서면결의-취소청구 가능-제967조제3항: 결의방식에 제한이 없으므로 친족회원의 회합 없이 서면에 의한 결의도 가능하며, 그 결의요건도 마찬가지로 친족회원의 과반수의 찬성이며, 다만 서면결의로 친족회결의를 대신한 때에는 친족회 소집을 청구할 수 있는 자가 2월 내에 그 취소를 법원에 청구할 수 있다.

3. 親族會決議에 갈음할 裁判 - 제969조: 친족회가 사정상 결의를 할 수 없거나, 친족회원이 결의를 하지 않은 경우는 친족회의 동의를 요하는 법률행위가 불가능하게 되어 무능력자의 보호를 위한 친족회제도에 어긋나게 된다. 따라서 본조는 친족회 결의에 갈음하는 재판을 청구하여, 그 판결로 친족회의 결의에 갈음하도록 한 것이다.

(1) 사유: 본조의 재판은 아래와 같은 사유 중 하나로 친족회가 결의를 할 수 없는 경우에 인정될 수 있으며 친족회의 결의가 무효라고 해서 곧장 재판을 청구할 수 있는 것은 아니다.

(가) 친족회가 결의를 할 수 없는 경우: 친족회가 결의를 할 수 없는 경우란, 친족회원 중 일부가 사망이나 사퇴 등으로 결원되었으나 보충이 되지 않은 때, 친족회원의 부재, 친족회원의 의견이 나뉘어 과반수 의결이 불가능 한 때, 기타 사안이 긴급하여 친족회를 소집할 여유가 없을 때 등이 해당할 것이다.

(나) 친족회가 결의를 하지 아니하는 경우: 친족회가 당해 사안에 대하여 논의를 하지 아니하는 경우를 말한다.

(2) 청구권자: 친족회소집청구권자가 친족회에 갈음하는 재판을 청구할 수 있다.

第970條【親族會員의 辭退】 親族會員은 正當한 事由 있는 때에는 法院의 許可를 얻어 이를 辭退할 수 있다.

第971條【親族會員의 解任】 ①親族會員이 그 任務에 關하여 不正行爲 其他 適當하지 아니한 事由가 있는 때에는 法院은 職權 또는 本人, 그 法定代理人, 第777條의 規定에 依한 本人의 親族이나 利害關係人의 請求에 依하여 그 親族會員을 改任 또는 解任할 수 있다.
②法院은 適當하다고 認定할 때에는 職權 또는 本人, 그 法定代理人, 第777條의 規定에 依한 本人의 親族이나 利害關係人의 請求에 依하여 親族會員을 增員選任할 수 있다.

親族會員의 辭退, 解任, 增員

1. 辭退 - 제970조: 친족회원은 친족회원 지정권자의 지정과 법원의 선임으로 친족회원이 되며, 친족회원이 될 자의 승낙을 요하지는 않는다. 다만 정당한 사유가 있는 때에는 사퇴할 수 있도록 한다.
(1) 사퇴 허가 신청: 친족회원으로 될 자가 본인의 주소지를 관할하는 법원에 사퇴의 허가를 신청하여야 한다(가소법 2조1항라24).
(2) 법원의 허가: 법원이 허가해야 사퇴된다.

2. 親族會員의 改任, 解任
(1) 개임, 해임-제971조제1항
(가) 청구권자: 본인, 법정대리인, 제777조에 의한 본인의 친족, 이해관계인이 개임 또는 해임을 청구할 수 있고, 법원이 직권으로 개임 또는 해임할 수 있다.
(나) 사유: 친족회원으로서의 임무에 관한 부정행위, 기타 적당하지 않은 사유가 있어야 한다.
(다) 법원의 개임·해임: 청구권자의 청구 또는 직권으로 당해 친족회원을 개임 또는 해임할 수 있다.
(2) 보충-제965조제2항: 해임했을 때는 반드시 다른 사람으로 보완하여야 한다. 당초 구성된 친족회원 중에서 사망 등으로 결원이 된 때에는 비록 3인 이상이라 할지라도 보충하여야 하며, 보충하지 않고 결원인 채로 결의한 친족회의 결의는 무효이다.

3. 親族會員의 增員 - 제971조제2항: 본조의 증원은 보충(965조2항)과는 달라, 당초에 구성된 친족회원의 수를 늘이는 것을 말한다.
(1) 증원 사유: 친족회는 3인 이상 10인 이하의 회원으로 하고(961조), 친족회는 회원 과반수의 찬성으로 결정하므로(967조) 친족회원의 수가 짝수로 정해져 결의가 원활히 정해지지 않거나 친족회원 중 회의에 참석하기가 불가능한 경우 등의 사정이 있어 사실상 친족회가 원활하게 임부를 수행하지 못하는 등으로 친족회원의 증원이 필요하다고 인정되어야 한다.
(2) 청구권자: 법원의 직권 또는 본인, 그 법정대리인과 본인의 친족이나 이해관계인의 청구가 있어야 한다.
(3) 법원에 의한 증원: 필요성이 있다고 판단되면 친족회원을 증원하여 선임할 수 있다.

第972條【親族會의 決議와 異議의 訴】 親族會의 召集을 請求할 수 있는 者는 親族會의 決議에 對하여 2月內에 異議의 訴를 提起할 수 있다.

親族會決議無效, 異議의 訴

1. 意義: 친족회의 결의에 무효, 취소사유가 있을 때에는 그에 대하여 일정한 자가 그 결의의 무효 또는 취소의 소를 제기할 수 있다.

2. 親族會 決議無效確認의 訴
(1) 무효 사유: 친족회가 결의할 수 없는 사항을 결의하거나 적법절차에 의하지 않은 친족회를 구성하여 결의한 경우와 결의의 내용이 강행법규에 위반한 경우에는 그 친족회의 결의는 무효이다.
(2) 무효의 효과: 친족회의 결의가 무효인 경우에는 당연 무효로서 법원의 판결을 받지 않고도 무효를 주장할 수 있으나, 가사소송법에 규정되어 있지는 않지만 친족회결의가 무효임이 확정됨으로써 법률상 이익을 가지는 자는 친족회결의무효확인의 소를 청구할 수 있다고 해석된다.
3. 親族會決議의 異議의 訴 - 제972조: 본조에서는 친족회의 결의에 대해 이의를 청구할 수 있다고 규정하고 있으나 실질적으로 친족회결의의 취소를 내용으로 한다. 취소의 원인은 결의의 내용이 실질적으로 부당한 경우와 결의성립 절차가 무효에 이르지 않을 정도로 결함이 있는 경우 등을 들 수 있다.
4. 節次
(1) 청구권자: 친족회결의의 무효, 취소를 청구할 수 있는 자는 친족회 소집을 청구할 수 있는 자이다.
(2) 상대방: 친족회의 대표가 상대방이다. 대표자가 청구인이거나 대표자가 선임되어 있지 아니한 때에는 친족회원인 청구인을 제외한 나머지 친족회원 전원이 상대방이 된다(가사소송규칙 104조).
(3) 제소기간-2월 내: 결의가 있은 후 2개월 내에 제기하여야 한다.
(4) 법원의 심판: 조정을 거쳐야 한다.
5. 無效, 取消의 效力: 결의에 대한 무효의 소는 확인의 소이고, 이의(취소)의 소의 성격은 형성의 소이며, 심판의 효력은 제3자에게도 미친다. 친족회결의의 취소가 확정되면 그 결의는 존재하지 않은 것이 되므로 친족회를 다시 소집하여 결의하여야 한다.

第973條【親族會員의 善管義務】 第681條의 規定은 親族會員에 準用한다.

親族會員의 善管義務

친족회원은 친족회에 참석하고 의결권을 행사하는 등 그 직무를 수행함에 있어서 수임인과 동일한 선량한 관리자로서의 주의의무가 있다. 이러한 주의의무를 위반하여 본인에게 손해를 입히면 손해배상책임을 물을 수 있다.

第7章 扶 養

1. 概括: 부양제도는 자신의 능력으로는 생계를 유지할 수 없는 자에 대해 법률상 의무 있는 자가 경제적 지원을 해주는 것이다. 현대 국가는 복지국가를 이상으로 하여 국민으로 하여금 최소한의 생활을 유지할 수 있도록 보장할 것을 목표로 하고 있으며 이를 위해 여러 가지의 사회보장제도가 마련되어 있으나, 아직까지는 국가에 의한 부양제도가 충분하지 못하여 사적 부양이 우선하고 있으므로 요부양자와 일정한 친족관계에 있는 자는 그를 부양해야 할 의무를 진다. 일반적으로 부양은 1차적 부양과 2차적 부양으로 나뉜다.
(1) 1차적 부양: 부부간과 부모의 미성년자에 대한 부양이 1차적 부양에 속한다. 1차적 부양은 자신과 동일한 정도의 생활을 유지하도록 해야 한다. 한편 1차적 부양의무인 부부간의 부양은 혼인의 효력과 관련하여 제826조에서 규정하며, 부모의 미성년자녀에 대한 부양의무는 명문의 규정은 없으나 친권의 효력에 관한 제913조 규정을 근거로 들 수 있다.
(2) 2차적 부양: 1차적 부양을 제외한 친족간의 부양이 2차적 부양에 속한다. 2차적 부양은 자력으로 생활을 유지할 수 없는 상태에 있어야 하며, 부양의무자도 부양능력이 있을 것을 요건으로 한다. 제974조의 규정은 제2차적 부양, 즉 친족간의 부양의무로 볼 수 있다.

2. 構成

(1) 부양의무: 제974조, 제975조
(2) 부양의 순위: 제976조
(3) 부양의 정도: 제977조
(4) 부양관계의 변경, 취소: 제978조
(5) 부양청구권처분의 금지: 제979조

第974條【扶養義務】 다음 各號의 親族은 서로 扶養의 義務가 있다.
1. 直系血族 및 그 配偶者間
2. 削除<1990.1.13>
3. 其他 親族間(生計를 같이 하는 境遇에 限한다.)

第975條【扶養義務와 生活能力】 扶養의 義務는 扶養을 받을 者가 自己의 資力 또는 勤勞에 依하여 生活을 維持할 수 없는 境遇에 限하여 이를 履行할 責任이 있다.

扶養義務, 生活能力

1. 扶養義務 - 제974조: 본조의 부양의무는 이른바 제2차적 부양에 관한 규정으로, 상호 부양의무가 있는 자를 규정한다.

(1) 직계혈족간-제1호: 직계혈족은 촌수의 원근에 관계없이 모두 상호간에 부양의무가 있다.

(가) 부계, 모계: 부계, 모계를 구분하지 않는다. 따라서 외조부모와 외손자녀 간에도 부양의무가 있다.

(나) 자연혈족, 법정혈족: 모두 포함된다.

(다) 양자: 친생부모와 양부모가 모두 존재하는 때에는 양자는 그 모두와 상호 부양관계에 있다.

(라) 혼외자: 혼외자와 父의 관계는 인지에 의해 발생하므로 혼외의 자의 부는 인지하지 않은 혼외자에 대해서는 부양의무를 지지 않지만, 혼외의 자의 친생모와의 관계는 인지가 없어도 분만의 사실만 인정되면 상호 부양의무가 있다. 따라서 생모도 혼인 외 출생자에 대한 고유의 부양의무자이므로 생모가 그녀의 자를 자진 부양하여 왔고 또 부양하려 한다면 생부에게 과거 또는 장래의 양육비 청구를 할 수 없다(대판 1979.5.8. 79므3).

(마) 동거, 상속권 유무는 불문: 직계혈족간의 부양의무는 동거유무나 상속권의 유무와 관계없이 부양의무가 있다.

(바) 개별적 문제

① 과거의 부양료 지급청구의 가부-한정부정: 민법 제826조제1항에 규정된 부부간의 상호부양의무는 부부의 일방에게 부양을 받을 필요가 생겼을 때 당연히 발생되는 것이기는 하지만, 과거의 부양료에 관하여는 특별한 사정이 없는 한, 부양을 받을 자가 부양의무자에게 부양의무의 이행을 청구하였음에도 불구하고 부양의무자가 부양의무를 이행하지 아니함으로써 이행지체에 빠진 이후의 것에 대하여만 부양료의 지급을 청구할 수 있을 뿐, 부양의무자가 부양의무의 이행을 청구받기 이전의 부양료의 지급은 청구할 수 없다고 보는 것이 부양의무의 성질이나 형평의 관념에 합치된다고 할 것이다(대판 1991.10.8. 90므781, 798).

② 혼외자를 부양한 제3자가 혼외자의 실부에 대한 부양료상환청구의 가부: 제3자인 원고가 피고의 혼인 외 출생자를 양육 및 교육하면서 그 비용을 지출하였다고 하여도 피고가 동 혼인 외 출생자를 인지하거나 부모의 결혼으로 그 혼인 중의 출생자로 간주되지 않는 한 실부인 피고는 동 혼인 외 출생자를 부양할 법률상 의무는 없으므로 피고가 원고의 위 행위로 인하여 부당이득을 하였다거나 원고가 피고의 사무를 관리하였다고 볼 수 없다(대판 1981.5.26. 80다2515).

③ 부양의무자의 다른 부양의무자에 대한 권리행사가 권리남용이 되는 사례: 부양의무자인 딸이 친정아버지를 동거하면서 부양하는 남동생을 상대로 하는 주택인도청구는 권리남용에 해당한다(대판 1998.6.12. 96다52670).

④ 미성년자의 부양료청구-단독으로 가능: 미성년자라 하더라도 권리만을 얻는 행위는 법정대리인의 동의가 필요 없으며 친권자와 자 사이에 이해상반되는 행위를 함에는 그 자의 특별대리인을 선임하도록 하는 규정이 있는 점에 비추어 볼 때, 청구인(미성년자인 혼인 외의 자)은 피청구인(생부)이 인지를 함으로써 청구인의 친권자가 되어 법정대리인이 된다 하더라도 피청구인이 청구인을 부양하고 있지 않은 이상, 그 부양료를 피청구인에게 직접 청구할 수 있다 할 것이다(대판 1972.7.11. 72므5).

(2) 직계혈족과 그 배우자 간-제1호: 직계혈족과 직계혈족의 배우자 간에 부양의무가 있다. 시부모와 며느리, 장인·장모와 사위 그리고 계부와 계자, 계모와 계자, 적모와 서자(인지된 혼외자) 사이는 직계혈족과 그 배우자관계로 서로 부양의무가 있다.

(가) 직계혈족이 생존한 경우: 직계혈족이 생존해 있다면 부양의무자와 부양권리자가 생계를 같이 하는지와 관계없이 부양의무가 인정된다.

(나) 직계혈족이 사망한 경우: 직계혈족이 사망하면 부양의무자와 부양권리자가 생계를 같이 하는 경우에 한하여 부양의무를 인정하며 생존배우자가 재혼함으로써 인척관계가 종료하면 부양의무를 부담시키지 않는 것이다(서울가법 2007.6.29. 2007브28). * ① 계모가 전처소생에게 부양료 지급을 청구하기 위하여는 계모가 전처소생의 친부와 부부공동생활을 하거나 적어도 그 친부가 생존해 있어야 하고, 친부가 사망한 경우에는 전처소생과 생계를 같이 하는 경우에 한하여 그 전처소생에게 부양료 지급을 청구할 수 있다(서울가법 2007.6.29. 2007브28). ② 부부의 일방이 사망하여 배우자관계가 소멸한 경우에 생존 배우자는 민법 제974조제1호에서 정한 부양의무자인 '직계혈족 및 그 배우자 간'에 있어서의 '배우자'는 아니므로 제1호에서 정한 부양의무자에는 해당하지 않고, 다만 생존 배우자가 재혼하지 않고 있는 경우에는 인척관계가 그대로 유지되어 민법 제974조제3호에 의한 부양의무는 일단 존재한다고 볼 수 있으므로 생계를 같이 하고 있는 경우에 한하여 친족간의 부양의무가 인정된다(대구지법 2008.7.29. 2008느단801).

(3) 기타 생계를 같이 하는 친족간-제3호: 앞에서 든 직계혈족과 직계혈족의 배우자를 제외한 8촌 이내의 혈족, 4촌 이내의 인척에 해당하는 자 사이에는 생계를 같이 하는 경우에 한하여 부양의무가 있다. 따라서 형제자매의 경우는 생계를 같이 하는 경우에는 서로 부양의무가 있다. 〈생계를 같이 한다〉는 의미는 반드시 동거를 요하지는 않으며 가계, 즉 경제적 생활공동체로 볼 수 있으면 족할 것이다. 예를 들어 누나로부터 생활비와 학비를 제공받아 다른 지역에서 학교를 다니고 있는 경우에는 생계를 같이 한다고 볼 수 있다.

2. 生活能力 - 제975조: 부부간이나 부모의 미성년자에 대한 제1차적 부양의무는 공동생활의 발생에 따라 당연히 생겨나며, 특히 부양의무 발생의 요건을 따질 필요가 없다. 그러나 친족간의 부양에서는 구체적·실질적으로 부양의무가 발생하기 위해서는 절차적으로는 협의나 심판 등이 필요하며, 실질적으로는 부양의 필요성과 부양능력이라는 두 가지 요건이 갖추어져야 한다. 이는 자력으로 어렵게 생활을 유지해가는 자에게 다른 사람의 부양을 명하는 것은 부양의무자에게도 요부양상태에 빠지게 하여 결국 경제적 약자를 보호하기 위한 부양제도가 오히려 경제적 약자를 만들어낼 수 있기 때문이다.

(1) 부양의 필요성: 부양을 받아야 되는 자는 자기의 자력이나 근로에 의해 생활을 유지할 수 없는 상태로서 부양의 필요성이 있어야 한다. 자력이란 부양권리자 본인의 재산이나 재산적 수입으로 자기가 스스로 생활을 유지 할 수 있는 상태를 말하며, 노동이란 자기의 심신활동을 제공하고 그 결과 수입을 얻을 수 있는 것을 말한다.

(2) 부양능력: 부양의무자가 자기 및 1차적 부양권리자의 사회적 지위나 신분에 적합한 생활의 정도를 기존의 상태보다 낮추지 않아도 다른 부양권리자를 부양할 여력이 있어야 한다. 여력이란 부양의무자의 재산적 수입으로 그 자의 사회적 지위나 신분에 상응하는 생활을 영위하는 데 필요한 비용, 채무의 변제에 필요한 금액, 선순위의 부양권리자(배우자나 미성년자녀)에 대한 부양료 등을 공제하고 남은 경제적 여유를 말한다.

第976條【扶養의 順位】 ①扶養의 義務 있는 者가 數人인 境遇에 扶養을 할 者의 順位에 關하여 當事者間에 協定이 없는 때에는 法院은 當事者의 請求에 依하여 이를 定한다. 扶養을 받을 權利者가 數人인 境遇에 扶養義務者의 資力이 그 全員을 扶養할 수 없는 때에도 같다.
②前項의 境遇에 法院은 數人의 扶養義務者 또는 權利者를 選定할 수 있다.

扶養의 順位

1. 意義: 본조는 부양의무자가 여러 명이거나 부양권리자가 여러 명인 경우에 일률적으로 그 순서를 규정하지 않고 당사자간에 협의 또는 법원의 조정·심판에 의해 부양의무자와 부양권리자를 정하도록 한다.

2. 扶養順位의 決定方法: 부양의무자 또는 부양권리자가 수인 일 때 그 순위를 당사자간의 협의로 정할 수 없는 때에는 법원에 의하여 정한다.

(1) 1차-협의: 부양순위의 협의에 참가하는 자는 원칙적으로 요부양자와 그 법정부양의무자이다(1항). 부양할 만한 자력이 없는 자도 포함되며, 먼저 순서를 정한 다음 정해진 순서에 따라 정도·방법이 결정되게 된다. 상속재산분할과는 달리 반드시 법정부양의무자 전원이 당사자가 될 필요는 없으며, 성립한 협의의 효력은 협의에 참가하지 않는 자에게는 미치지 않을 뿐이다.

(2) 2차-심판: 협의가 이루어지지 않거나 협의 할 수 없을 때에는 당사자의 청구로 법원이 심판이나 조정에 의해 결정한다(1항). 심판에 있어서 고려되어야 할 사정은 부모의 미성년자녀에 대한 부양이나 부부간의 부양과 같은 1차적 부양의무가 2차적 부양의무보다 우선하며, 2차적 부양의무 중에서도 연로한 부모에 대한 부양을 우선시해야 할 것이다. 기타 평상시의 유대관계, 상속이나 증여에 의한 재산의 취득상황, 상속권의 유무, 상속순위, 상속분, 당사자의 의사 등이 고려될 수 있다. 법원은 부양의무자나 권리자의 순위를 정할 때에는 한 사람만을 정하지 않고 여러 명의 의무자 또는 권리자를 정할 수 있다(2항).

3. 扶養義務履行者의 다른 扶養義務者에 대한 扶養分擔償還請求의 可否

(1) 수인의 부양의무자간의 분담: 부양의무자가 수인인 경우에는 그들간의 분담금을 협의 또는 법원의 심판에 의하여 정할 수 있다.

(2) 지출한 부양료에 대한 분담금의 상환청구-가능: 민법 제974조, 제975조에 의하여 부양의 의무 있는 자가 여러 사람인 경우에 그 중 부양의무를 이행한 1인은 다른 부양의무자를 상대로 하여 이미 지출한 과거의 부양료에 대하여도 상대방이 분담함이 상당하다고 인정되는 범위에서 그 비용의 상환을 청구할 수 있는 것이고, 이 경우 법원이 분담비율이나 분담액을 정함에 있어서는 과거의 양육에 관하여 부모 쌍방이 기여한 정도, 자의 연령 및 부모의 재산상황이나 자력 등 기타 제반 사정을 참작하여 적절하다고 인정되는 분담의 범위를 정할 수 있다(대판 1994.6.2. 93스11).

第977條【扶養의 程度, 方法】 扶養의 程度 또는 方法에 關하여 當事者間에 協定이 없는 때에는 法院은 當事者의 請求에 依하여 扶養을 받을 者의 生活程度와 扶養義務者의 資力 其他 諸般事情을 參酌하여 이를 定한다.

扶養의 程度와 方法

1. 扶養의 程度: 부양의 정도는 부양의무자의 자력의 한도 내에서 부양받을 자의 지위, 건강 등에 따라서 최저한도의 생활을 유지하여야 하는 정도로서 정하여야 한다. 부양의무자의 최저한의 생활은 구체적으로 의식주에 필요한 비용, 의료비, 최소한도의 문화비, 오락비, 교제비와 보통의 교육비 등이 포함되어야 한다고 본다.

2. 扶養의 方法: 부양의 구체적인 방법은 대체로 동거부양과 금전급부부양으로 나눌 수 있다.

(1) 동거부양: 동거부양은 동거할 자의 의향, 부양의무가 발생하기까지의 경위, 주거 및 생활문제 등을 고려하여 정하게 된다.
(2) 금전급부부양: 매월 정기급의 형식으로 지급되는 것이 원칙이며, 성질상 항상 선불이어야 한다고 해석된다.

3. 扶養義務不履行

(1) 불이행에 대한 위자료청구의 가부: 부양받을 권리는 일종의 신분적 재산권이므로 그 권리가 충족되지 않음에 관련되는 일반적인 정신상의 고통은 그 재산권의 실현에 의하여 회복되는 것이라고 봄이 상당하고 부의 자에 대한 부양의무불이행으로 인한 회복할 수 없는 정신적 손해는 특별사정으로 인한 손해이다(대판 1983.9.13. 81므78).
(2) 불이행에 대한 조치
(가) 가집행 선고: 법원은 원칙적으로 담보를 제공하게 하지 않고 가집행을 할 수 있음을 선고할 수 있다(가소법 42조).
(나) 사전처분: 신속한 이행을 요하는 경우에는 임시로 필요한 사전처분을 할 수 있다(가소법 62조).
(다) 이행명령과 과태료 부과: 부양의무자가 심판에서 정한 방법에 따라 이행하지 않을 때에는 당사자의 신청에 의하여 일정한 기간 내에 그 의무를 이행할 것을 명하는 것과 함께 과태료를 부과할 수도 있다(가소법 64조1항, 67조).

第978條【扶養關係의 變更 또는 取消】 扶養을 할 者 또는 扶養을 받을 者의 順位, 扶養의 程度 또는 方法에 關한 當事者의 協定이나 法院의 判決이 있은 後 이에 關한 事情變更이 있는 때에는 法院은 當事者의 請求에 依하여 그 協定이나 判決을 取消 또는 變更할 수 있다.

扶養關係의 變更, 取消

1. 意義: 부양의무는 당사자의 지위, 자력, 건강상태 등 변동에 따라 계속 변동되지만, 협의나 조정·심판에 의해 정해진 부양관계는 이것을 고정하여 장래에 대해 실시될 것을 전제로 하고 있다. 따라서 본조는 부양관계가 결정된 후에 사정의 변경이 발생한 때에 법원이 그 변경 또는 취소의 심판을 할 수 있도록 규정한다.

2. 變更 또는 取消의 請求

(1) 청구권자: 부양관계의 변경이나 취소를 청구할 수 있는 자는 부양권리자 또는 부양의무자이다.
(2) 〈사정변경〉: 원래의 협의·조정·심판에 의해 정해진 부양관계를 그대로 유지하는 것이 상당하지 않다고 인정되는 정도로 중요성이 있는 것으로, 당초의 협의·조정·심판의 내용, 당사자의 자산이나 수입, 기타 개개의 구체적인 사정에 따라 정해진다.
(3) 심판의 효력: 본조의 심판에 의한 부양관계의 취소 또는 변경의 효력은 장래를 향하여 효력을 발생한다.

3. 當事者間의 協定은 法院의 任意調節 不可: 당사자간에 부양의 정도를 협정한 이후 그 협정의 이행을 구하는 사건에서 법원이 임의로 협정의 내용을 가감하여 부양의무자의 부양의무를 조절할 수 있는지가 문제된다. 부양권리자와 부양의무자 사이에 부양의 방법과 정도에 관하여 협정이 이루어지면 당사자 사이에 다시 협의에 의하여 이를 변경하거나, 법원의 심판에 의하여 위 협정이 변경, 취소되지 않는 한 부양의무자는 그 협정에 따른 의무를 이행하여야 하는 것이고, 법원이 그 협정을 변경, 취소하려면 그럴 만한 사정의 변경이 있어야 하는 것이므로, 부양권리자들이 위 협정의 이행을 구하는 사건에서 법원이 임의로 협정의 내용을 가감하여 부양의무자의 부양의무를 조절할 수는 없다(대판 1992.3.31. 90므651, 668).

第979條【扶養請求權處分의 禁止】 扶養을 받을 權利는 이를 處分하지 못한다.

扶養請求權의 處分禁止

1. 意義: 부양을 받을 권리는 부양권리자의 생존유지를 목적으로 하므로 그 처분은 이러한 목적에 근본적으로 반한다. 따라서 부양청구권은 포기·양도, 담보 등에 제공할 수 없다.

2. 扶養請求權의 內容: 부양의 내용은 주로 경제적인 부조를 내용으로 하므로 재산권의 성질을 가지나, 필요에 따라 동거, 양육, 간호, 장례에 이르기까지 포괄적인 부조행위를 의미한다.

3. 扶養請求權의 性質: 부양청구권은 친족권의 일종이며 일정한 신분관계에 국한하여 인정되는 일신전속적 권리로서 일반 재산권과는 다르다. 따라서 그 성질상 채권담보를 위하여 입질할 수 없고(346조), 청구권자의 채권자가 압류하거나 대위권에 의하여 대위청구할 수 없으며(404조), 장래에 대하여 포기하거나 타인에게 양도할 수 없고(979, 449조), 상계할 수 없으며(497조 이하), 상속재산에도 포함되지 않는다(1005조).

第8章 삭제 〈2005.3.31〉

第1節 삭제 〈2005.3.31〉

第980條 삭제 〈2005.3.31〉

第981條 삭제 〈2005.3.31〉

第982條 삭제 〈2005.3.31〉

第983條 削除 〈1990.1.13〉

第2節 삭제 〈2005.3.31〉

第984條 삭제 〈2005.3.31〉

第985條 삭제 〈2005.3.31〉

第986條 삭제 〈2005.3.31〉

第987條 삭제 〈2005.3.31〉

第988條 削除〈1990.1.13〉

第989條 삭제 〈2005.3.31〉

第990條 削除〈1990.1.13〉

第991條 삭제 〈2005.3.31〉

第992條 삭제 〈2005.3.31〉

第993條 삭제 〈2005.3.31〉

第994條 삭제 〈2005.3.31〉

第3節 삭제 〈2005.3.31〉

第995條 삭제 〈2005.3.31〉

第996條 削除〈1990.1.13〉

第5編
相　續

第5編 相 續〈개정 1990.1.13〉

1. 概括: 상속은 개인이 사망한 뒤에 남겨진 재산을 살아 있는 다른 개인이 승계하는 것, 즉 일정한 가족관계에 따라 피상속인의 재산을 승계하는 것을 말한다. 피상속인의 재산을 승계하지만 단순히 권리만 승계하는 것이 아니라 의무까지도 승계하고, 개별적으로 승계하는 것이 아니라 포괄적으로 승계한다. 그리고 재산을 승계하지만 상속은 법률행위가 아니므로 상속인은 행위능력이 필요하지 않다. 상속제도는 그 나라의 다양한 사회적 · 사상적 배경을 가진 역사적 산물인데, 우리의 상속법도 사회의 발달과 인식의 변화에 따라 민법이 제정된 이후 많은 개정을 거쳤다.

2. 相續의 形態

(1) 신분상속과 재산상속: 호주 등의 일정한 신분을 승계하는 것을 목적으로 하는 상속형태가 신분상속이고, 재산관계를 승계의 대상으로 하는 상속형태가 재산상속이다. 현행 상속법은 호주제도를 없앰으로써 신분상속은 없고 재산상속만 있다.

(2) 생전상속과 사망상속: 상속개시를 피상속인의 생존시에 행하게 하느냐, 사망시에 하느냐에 따른 구분이다. 민법 개정 전의 호주상속에서는 생전상속을 인정하나, 현재는 사망상속만 있다.

(3) 법정상속과 유언상속: 피상속인의 재산을 상속인이 상속에 의해 승계하는 방법에는 두 가지가 있다. 하나는 피상속인이 상속에 대해서 자기의 의사를 표시하여 그에 따라 처리되는 유언상속이 있고, 또 하나는 피상속인이 상속에 대하여 별도의 의사표시를 하지 않은 경우에 민법이 정한 원칙에 따라 처리되는 법정상속이 있다. 법정상속은 유언이 없는 경우에 적용되지만 대개는 유언이 없으므로 상속법에 의하여 처리된다.

3. 構成

(1) 상속에 대한 총칙: 제997조-제999조
(2) 상속인: 제1000조-제1004조
(3) 상속의 효력: 제1005조-제1018조
(4) 상속의 승인, 포기: 제1019조-제1044조
(5) 상속재산과 고유재산의 분리: 제1045조-제1052조
(6) 상속인 부존재: 제1053조-제1059조
(7) 유언에 대한 총칙: 제1060조-제1064조
(8) 유언의 방식: 제1065조-제1072조
(9) 유언의 효력: 제1073조-제1090조
(10) 유언의 집행: 제1091조-제1107조
(11) 유언의 철회: 제1108조-제1111조
(12) 유류분: 제1112조-제1118조

第1章 相 續〈신설 1990.1.13〉

1. 概括: 상속은 피상속인의 사망으로 상속인이 피상속인의 재산을 포괄적으로 승계하는 것이다. 상속에는 피상속인의 의사에 따라 재산이 처리되는 유언에 의한 상속과 유언이 없을 때 법률의 규정에 의하여 처리되는 법정상속이 있다. 본장은 법정상속에 관한 것을 규정한다.

2. 構成

(1) 상속의 개시, 장소, 비용: 제997조-제998조의2
(2) 상속회복청구권: 제999조
(3) 상속의 순위: 제1000조
(4) 대습상속: 제1001조
(5) 배우자의 상속순위: 제1003조

(6) 상속인 결격사유: 제1004조
(7) 상속의 효력: 제1005조
(8) 공동상속: 제1006조, 제1007조
(9) 특별수익자: 제1008조
(10) 기여분: 제1008조의2
(11) 분묘: 제1008조의3
(12) 상속분: 제1009조-제1011조
(13) 상속재산의 분할-유언분할, 협의분할: 제1012조-제1018조
(14) 상속의 승인, 포기: 제1019조-제1024조
(15) 단순승인: 제1025조-제1027조
(16) 한정승인: 제1028조-제1040조
(17) 상속의 포기: 제1041조-제1044조
(18) 상속재산과 고유재산의 분리: 제1045조-제1052조
(19) 상속인의 부존재: 제1053조-제1059조

第1節 總 則

1. 概括: 본절은 상속에 관한 통칙으로서, 상속개시의 원인, 상속개시의 장소, 상속에 따른 비용의 부담, 상속인의 권리침해에 대한 구제로서의 상속회복청구권에 관하여 규정한다.

2. 構成

(1) 상속개시의 원인: 제997조
(2) 상속개시의 장소: 제998조
(3) 상속비용: 제998조의2
(4) 상속회복청구권: 제999조

第997條 【相續開始의 原因<개정 1990.1.13>】 相續은 死亡으로 因하여 開始된다.〈改正 1990.1.13〉

第998條 【相續開始의 場所】 相續은 被相續人의 住所地에서 開始한다.

第998條의2 【相續費用】 相續에 관한 費用은 相續財産중에서 支給한다.

相續의 開始, 場所, 費用

1. 相續開始의 原因 - 제997조: 상속은 피상속인의 권리·의무가 포괄적으로 이전하는 법률사실을 의미하는데, 이러한 상속은 어떠한 경우에 이루어지는지에 대하여 규정한다. 즉 상속개시의 원인을 규정하고, 개시의 원인은 곧 상속이 개시되는 시점을 의미하기도 한다. 본조는 사망에 의해 상속이 개시된다고 규정하여 상속개시원인 및 상속개시의 시기를 피상속인의 사망으로 하고 있다.

(1) 상속개시의 원인-사망: 사망에 의하여 상속이 이루어진다. 그 밖에 실종선고, 인정사망에 의하여도 상속이 개시된다. 이때 사망으로 상속원인을 제공한 자가 피상속인이고, 상속을 받는 자가 상속인이다.

(2) 상속의 개시시기: 상속개시의 시기는 상속장소의 결정(998조), 상속인 자격의 유무, 순위, 결격, 상속재산, 상속분, 유류분 산정, 재산분리청구의 기간, 상속회복청구권의 제척기간, 유류분 반환청구권의 소멸시효의 기산점, 상속재산의 분할, 상속포기의 효력의 발생시기 등을 결정하는 중요한 기준이 된다.

(가) 자연사망: 심장맥박의 종지로 사망한다. 사망시기의 확정은 의사의 진단으로 행해지는 것

이 일반적이다.
① 사고사-추정시각: 사고 등으로 사망시기가 명확하지 않은 때에는 추정시각으로 사망시기를 정한다.
② 추정시각의 폭이 있는 경우: 추정시각의 폭이 있는 때에는 최후의 추정시각이 사망추정시각이 된다.
③ 시각 불명: 사망의 시각을 알 수 없는 때에는 추정일의 종말을 사망시각으로 추정하며, 추정일에 폭이 있는 때에는 최후의 추정일의 종말이 추정사망시각이 된다. * 1999년 「장기 등 이식에 관한 법률」이 제정되어, 장기 등의 이식을 위하여 뇌사판정위원회의 뇌사판정을 받으면 장기 등의 이식이 가능하게 되었다. 〈뇌사〉는 뇌 전체의 기능이 되살아 날 수 없는 상태로 정지되었다고 판정된 것을 말한다(동법 3조4호). 그러나 이것은 의학상의 사망개념 일반을 정의한 것은 아니기 때문에, 민법상의 사망의 해석에 직접적으로 영향을 미치지 않는다.
(나) 인정사망-사망보고: 수난·화재 기타 사변으로 인하여 사망이 확실시 되는 경우, 이를 조사한 관공서가 사망지의 시·읍·면의 장에게 사망보고를 한 때가 상속개시시로 된다. 인정사망에서 사망의 효력은 추정력에 불과하며, 사후 시체가 발견되는 등 반증이 있는 경우에는 사망신고에 의거한 추정사망시가 사망시기로 된다.
(다) 실종선고-기간만료: 실종선고로 실종기간이 만료(보통실종은 5년, 특별실종은 1년)한 때 사망한 것으로 보며(28조), 상속세부과와 관련하여서는 실종선고일을 상속개시일로 본다(상속세및증여세법 1조 단서). 부재선고 등에 관한 특별조치법에 의하여 부재선고를 받은 자는 실종선고를 받은 것으로 되어(부재법 4조), 부재선고의 심판절차가 확정되는 때에 상속이 개시되며, 실종선고취소의 규정은 부재선고의 취소의 경우에 이를 준용한다.
(라) 동시사망: 상속인은 권리능력, 즉 생존하여야 하기 때문에 피상속인과 상속인이 동시에 사망한 때에는 상속인에게 상속이 개시되지 아니하고, 대습상속이 개시된다. 예컨대 조부와 부가 동시에 사망한 경우에 조부의 재산을 아버지는 상속을 하지 못하지만 손자가 조부의 재산을 상속한다.

2. 相續의 場所 - 제998조

(1) 피상속인의 주소지: 상속개시의 장소는 피상속인의 주소지이다. 본조는 상속개시지를 민법상 명확하게 규정해 둠으로써 상속에 관한 일체의 분쟁의 재판관할을 통일적으로 규정한 것이다.
(2) 복수의 주소: 주소가 복수인 경우에는 가사비송사건에 대해서는 최초의 사건의 신청을 받은 법원이 관할하는데(가사소송법 34조, 비송사건절차법 3조), 가사소송사건도 마찬가지로 해석한다.
(3) 주소 불명-최후 거소: 피상속인의 주소를 알 수 없을 때, 또는 한국에 주소가 없을 때는 최후의 거소를 주소로 본다(19조, 20조).
(4) 거소 불명: 거소를 알 수 없을 때는 사망지를 상속개시 장소로 보아야 할 것이다.

3. 相續費用 - 제998조의2: 상속에 필요한 비용은 상속재산으로 지급된다. 이 규정은 한정승인, 상속포기, 상속재산의 파산, 재산분리 등의 경우에 실익이 있다. 예를 들어 한정승인의 경우 이러한 규정이 없다면, 소극재산이 적극재산을 초과할 경우에는 상속인의 고유재산에서 지급해야 한다는 결과가 된다. 하지만 상속비용채무는 현행법상 통상의 상속채무에 우선하지는 않는다.
(1) 상속비용: 상속비용이란 상속재산의 관리 및 청산에 필요한 비용을 말하며, 조세 등 공과금, 관리비용, 청산비용, 재산목록작성비용 등이 해당한다.
(2) 장례비용 등: 피상속인의 사망에 따른 장례비용은 피상속인이나 상속인의 사회적 지위와 그 지역의 풍속 등에 비추어 합리적인 금액 범위 내라면 이를 상속비용에 포함시키고 묘지구입비도 장례비용의 일부이며, 상속재산의 관리·보존을 위한 소송비용도 상속에 관한 비용에 포함된다(대판 1997.4.25. 97다3996).

4. 賻儀金의 歸屬

(1) 장례비용에 충당: 사람이 사망한 경우에 부조금 또는 조위금 등의 명목으로 보내는 부의금은 상호부조의 정신에서 유족의 정신적 고통을 위로하고 장례에 따르는 유족의 경제적 부담을 덜어줌과 아울러 유족의 생활안정에 기여함을 목적으로 증여되는 것으로서, 장례비용에 충당된다.

(2) 잔여금-공동상속의 대상: 장례비용에 충당되고 남는 것에 관하여는 특별한 다른 사정이 없는 한 사망한 사람의 공동상속인들이 각자의 상속분에 응하여 권리를 취득하는 것으로 봄이 우리의 윤리감정이나 경험칙에 합치된다고 할 것이다(대판 1992.8.18. 92다2998).

第999條【相續回復請求權】 ①相續權이 僭稱相續權者로 인하여 침해된 때에는 相續權者 또는 그 法定代理人은 相續回復의 訴를 제기할 수 있다.
②第1項의 相續回復請求權은 그 침해를 안 날부터 3年, 相續權의 침해행위가 있은 날부터 10년을 경과하면 消滅된다. 〈개정 2002.1.14〉

相續回復請求權

1. 意義: 상속회복청구권은 정당한 상속인이 아닌 자(참칭상속인)가 고의 또는 과실로 정당한 상속인(진정상속인)의 상속권을 침해하고 있는 경우에 진정상속인이 그 참칭상속인에 대하여 상속권의 회복을 청구할 수 있는 권리이다. 상속개시로 상속인은 피상속인의 재산을 포괄적으로 승계한다. 그런데 정당한 상속인이 아닌 자가 상속재산을 점유한다든지 하는 경우에 진정상속인이 그 재산의 반환을 청구하는 권리가 상속회복청구권이다. 상속은 상속의 개시로 피상속인의 재산이 상속인에게 귀속한다(187조에 의한 물권변동).

2. 相續回復請求權을 별도로 둔 취지 - 本權에 基한 返還請求權: 비록 참칭상속인이 상속재산을 점유하더라도 진정상속인이 본권에 기하여 그 반환을 청구할 수 있을 것임에도 별도로 상속회복청구권제도를 두는 것은, ① 진정상속인이 개개의 상속재산에 대하여 그 권리를 조사하여 주장한다는 것이 곤란하므로 일괄적으로 회복할 수 있게 할 필요가 있고, ② 만일 상속재산에 대해 개별적인 권리로 청구할 경우 그 물건 또는 권리가 피상속인에게 속하고 있었다는 사실을 증명해야 하는데 이는 상속인에게 너무 가혹하므로 그 입증책임을 경감해줄 필요에 의해 상속회복청구권의 경우 상속개시 당시에 피상속인의 점유에 속하고 있었다는 사실만 증명하면 되도록 하고, ③ 상속인에게 장기간 반환청구권을 인정함은 당사자간과 제3자에 대한 권리의무관계에 혼란을 가져오므로 반환청구권의 행사기간을 일정한 기간으로 제한할 필요성이 있기 때문이다. * 진정상속인이 참칭상속인을 상대로 상속재산인 부동산에 관한 등기의 말소 등을 구하는 경우에 그 소유권 또는 지분권 등의 귀속원인을 상속으로 주장하고 있는 이상 청구원인 여하에 불구하고 이는 민법 제999조 소정의 상속회복청구의 소라고 해석하여야 할 것이므로 동법 제982조제2항 소정의 제척기간의 적용이 있다(대판 1981.1.27. 79다854).

3. 法的 性質: 상속회복청구권은 그 자체가 단일·독립한 청구권이 아니라 상속재산을 구성하는 개개의 재산에 관하여 생기는 개별적 청구권의 집합으로 이해한다(대판 1991.12.24. 90다5740).

(1) 상속을 원인으로 하는 소송-상속회복청구권의 행사: 상속을 원인으로 하여 상속재산의 반환을 구하는 소는 그것이 포괄적으로 행해지든 개별적으로 행해지든 소의 명칭이 어떻든 상속회복청구권의 행사가 된다(대판 2006.7.4. 2005다45452). 따라서 그 소는 본조2항의 제척기간의 적용을 받는다(대판 2006.9.8. 2006다26694).

(2) 진정한 상속인임을 전제한 소-상대방이 참칭상속인, 양수한 자 불문: 진정한 상속인임을 전제로 상속으로 인한 재산권의 귀속을 주장하면서 참칭상속인 또는 참칭상속인으로부터 상속재산에 관한 권리를 취득하거나 새로운 이해관계를 맺은 제3자를 상대로 상속재산인 부동산에 관한 등기의 말소 또는 진정명의 회복을 위한 등기의 이전 등을 청구하는 경우, 그 청구원인 여하에 불구하고 상속회복청구의 소에 해당하고, 제999조의 제척기간이 적용된다(대판 2007.4.26. 2004다5570).

(3) 포괄유증에도 유추 적용: 상속인의 상속회복청구권 및 그 제척기간에 관하여 규정한 본조는 포괄 유증에 의한 수증자의 권리침해에 대하여도 유추적용된다(대판2001.10.12. 2000다22942).

(4) 피상속인이 동일인임을 전제: 상속회복청구의 소는 진정상속인과 참칭상속인이 주장하는 피상속인이 동일인임을 전제로 하는 것이므로 진정상속인이 주장하는 피상속인과 참칭상속인이 주장하는 피상속인이 다른 사람인 경우에는 진정상속인의 청구원인이 상속에 의하여 소유권을 취득하였음

을 전제로 한다고 하더라도 이를 상속회복청구의 소라고 할 수 없다(대판 1998.4.10. 97다54345).

4. 請求權의 當事者 – 제1항

(1) 청구권자: 진정상속권자(포괄수증자 포함) 또는 그 법정대리인이다. 법정대리인은 본인의 자격으로 할 수는 없고 진정상속권자의 법정대리인으로 대리하여 소를 제기할 수 있을 뿐이다. 공동상속인은 각자가 또는 공동으로 소를 제기할 수 있고, 반드시 전원이 공동으로 소를 제기(필요적 공동소송)할 필요는 없다.

(가) 진정상속인으로부터 상속분을 포괄적으로 양수한 자: 진정상속인으로부터 상속분을 포괄적으로 양수한 자(1011조)는 상속인에 준하여 상속회복청구권이 있으나, 개개의 상속재산의 특정승계인은 상속회복청구권을 행사할 수 없다.

(나) 상속개시 후의 피인지자: 상속개시 후에 인지된 자도 상속권자이다. 따라서 아직 상속재산이 처분되기 전이면 협의와 분할에 참가하면 되고, 처분 후이면 상속자를 상대로 상속분에 상당하는 금전의 지급을 청구할 수 있다. 피인지자인 청구인은 인지심판 확정으로 피상속인의 사망시에 소급하여 상속재산을 공동상속하였음을 원인으로 하여 그 상속분에 따른 지분권을 취득하였음을 전제로 그 지분권에 기하여 공동상속인들에 대하여 상속재산을 처분한 대금의 반환청구를 하는 것이므로 이 사건의 소는 상속회복청구의 소에 해당한다(대판 1982.9.28. 80므20). 피인지자의 상속회복청구권의 기산점인 안 날은 그 인지재판이 확정된 날이다(대판 1978.2.14. 77므21).

(다) 상속회복청구권의 상속성: 상속권을 침탈당한 진정상속인이 상속회복청구권을 행사하지 않고 사망한 경우에, 그 상속회복청구권은 상속되는지의 문제가 있다. 상속회복청구권의 상속인은 자신의 상속권에 대한 침해로 상속회복청구를 할 수 있으므로 구태여 회복청구권의 상속성을 인정할 필요가 없고, 따라서 상속회복청구권의 존속기간은 상속인을 기준으로 새로이 진행된다고 해석된다.

(2) 상대방: 진정한 상속인의 재산상속권을 침해한 자가 상대방이 된다.

(가) 참칭상속인: 참칭상속인이 상대방이다. 상속회복청구의 상대방이 되는 참칭상속인은 정당한 상속권이 없음에도 재산상속인임을 신뢰케 하는 외관을 갖추거나 상속인이라고 참칭하면서 상속재산의 전부 또는 일부를 점유함으로써 진정한 상속인의 재산상속권을 침해하는 자이다.

① 상속재산의 단순한 점유자-피고 적격 없음: 자기의 상속권을 주장하지 않는 상속재산의 점유자, 예컨대 무효인 매매에 의하여 피상속인으로부터 상속재산을 취득한 자, 특정 권원을 주장하는 상속재산 점유자는 피고적격이 없다. 이들은 상속권을 주장하는지의 여부가 아니라 권한 없이 상속재산을 점유하고 있는지의 여부가 문제되는 경우이기 때문이다.

② 참칭상속인 외의 자-물권적 청구권의 상대방으로는 가능: 상속회복청구의 소의 상대방을 참칭상속인에 한정하고 단순히 상속재산을 점유하는 자의 상대방적격을 부인하는데, 이는 상속회복청구의 경우에는 물권적 청구에 비해 상속권자에게 불리하므로 상대방적격을 되도록 좁게 참칭상속인과 참칭공동상속인에 한정하고 나머지는 물권적 청구권으로 해결하는 것이 상속인보호에 적합하기 때문이다.

㉮ 제3자가 임의로 공동상속인 중 1인으로 상속등기만 한 경우: 부동산에 관하여 공동상속인의 한 사람인 갑 단독 명의로 경료된 소유권보존등기가 갑이 다른 상속인인 을의 상속권을 부정하고 자기만이 상속권이 있다고 참칭하여 경료한 것이 아니라, 제3자가 갑의 의사와는 아무런 상관없이 관계서류를 위조하여 경료한 것이고, 달리 갑이 자기만이 상속한 것이라고 주장하였다고 볼만한 아무런 자료도 없다면, 갑을 상속회복청구의 소에서 말하는 참칭상속인이라고는 할 수 없다(대판 1994.3.11. 93다24490). 따라서 이 경우는 본조의 단기의 제척기간의 적용을 받지 않고 무효인 등기로 물권적 청구권을 행사할 수 있다.

㉯ 입양의 사실이 없는 자의 양자로서의 행위: 정식으로 입양되지 아니한 이상 상속권이 없는 것이 명백하므로 양자로 행세하였다고 하더라도 민법 제982조의 '참칭' 상속인이 될 수 없고 또한 상속재산처분행위가 민법 제999조의 이른바 '재산상속권침해'에 해당되지도 아니한다(대판 1987.7.21. 86다카2952).

㉰ 서류를 위조하여 제3자가 상속인인 것처럼 한 경우: 사망자의 상속인이 아닌 자가 상속인인 것처럼 허위기재된 위조의 제적등본, 호적등본 등을 기초로 하여 상속인인 것처럼 꾸며 상속등기가

이루어진 사실만으로는 민법 제999조 소정의 참칭상속인에 해당한다고 할 수 없다(대판 1993.11.23. 93다34848).

㉣ 주장하는 피상속인이 서로 다른 경우: 상속회복청구의 소는 진정상속인과 참칭상속인이 주장하는 그 피상속인이 동일인임을 전제로 하는 것이므로 진정상속인이 주장하는 피상속인과 참칭상속인이 주장하는 피상속인이 다른 사람인 경우에는 진정상속인의 청구원인이 상속에 의하여 소유권을 취득하였음을 전제로 한다고 하더라도 이를 상속회복청구의 소라고 할 수 없다(대판 1995.4.14. 93다5840).

㉤ 위조된 호적등본을 첨부하여 경료한 상속등기: 갑이 그의 어머니의 성명이 을 등의 피상속인과 같은 이름으로서 사망한 것으로 기재된 호적등본을 첨부하여 재산상속을 원인으로 한 소유권이전등기 신청을 하여 갑에게 소유권이전등기가 경료된 경우 을이 공유자의 일원으로서 공유물의 보존을 위하여 갑 명의의 소유권이전등기 및 그에 터잡아 이루어진 병 명의의 근저당권설정등기의 말소를 구하는 소는 상속회복청구의 소라고 할 수 없다(대판 1994.1.14. 93다49802).

㉥ 공동상속인 중 1인이 피상속인의 서류를 위조하여 제3자에게 매각한 경우: 청구원인으로 주장하는 바가 피상속인이 사망하자 그 공동상속인 중의 1인이 함부로 망인의 인감증명서와 망인 명의의 등기소요서류를 위조하여 아무런 원인도 없이 제3자 앞으로 불법등기를 경료하였다고 하여 위 제3자에게 그 등기의 말소를 구하고 있는 것이라면 그 소는 상속회복청구의 소에 해당하지 아니한다(대판 1991.10.22. 91다21671).

(나) 일부 공동상속인 자신들 만으로 분할한 경우-참칭상속인에 해당: 공동상속인 중의 일부가 상속재산을 자기들만으로 상속등기하거나 분할한 경우, 이러한 행위도 제외된 상속인의 상속권을 침해한 행위가 되어 이들을 참칭상속인이라 할 것이다. * 이러한 행위는 상속재산의 분할의 무효 또는 재분할의 문제로 이해할 수도 있다.

① 상속재산인 부동산에 대한 단독상속등기: 상속재산인 부동산에 관하여 공동상속인 중 1인 명의로 소유권이전등기가 경료된 경우 그 등기가 상속을 원인으로 경료된 것이라면 등기명의인의 의사와 무관하게 경료된 것이라는 등의 특별한 사정이 없는 한 그 등기명의인은 재산상속인임을 신뢰케 하는 외관을 갖추고 있는 자로서 참칭상속인에 해당된다(대판 1997.1.21. 96다4688).

② 헌법재판소 합헌 결정: 상속회복청구권에 대하여 단기의 제척기간을 규정하고 있는 민법 제999조제2항을 적용함에 있어 공동상속인을 참칭상속인의 범위에 포함시키는 것이 진정상속인의 재산권 및 재판청구권을 침해하지 않는다(헌재 2006.2.23. 2003헌바38, 61).

(다) 상속인임을 신뢰케 하는 외관을 갖춘 자: 소유권이전등기에 의하여 재산상속인임을 신뢰케 하는 외관을 갖추었는지의 여부는 권리관계를 외부에 공시하는 등기부의 기재에 의하여 판단하여야 한다.

① 등기원인이 매매의 경우: 비록 등기의 기초가 된 보증서 및 확인서에 취득원인이 상속으로 기재되어 있다 하더라도 등기부상 등기원인이 매매로 기재된 이상 재산상속인임을 신뢰케 하는 외관을 갖추었다고 볼 수 없다(대판 1997.1.21. 96다4688).

② 무허가건물대장에 건물주로 등재: 무허가건물대장은 행정관청이 무허가건물 정비에 관한 행정상 사무처리의 편의를 위하여 직권으로 무허가건물의 현황을 조사하고 필요 사항을 기재하여 비치한 대장으로서 건물의 물권변동을 공시하는 법률상의 등록원부가 아니며 무허가건물대장에 건물주로 등재된다고 하여 소유권을 취득하는 것이 아닐 뿐만 아니라 권리자로 추정되는 효력도 없는 것이므로, 참칭상속인 또는 그로부터 무허가건물을 양수한 자가 무허가건물대장에 건물주로 기재되어 있다고 하여 이를 상속회복청구의 소에 있어 상속권이 참칭상속인에 의하여 침해된 때에 해당한다고 볼 수 없다(대판 1998.6.26. 97다48937).

(라) 전득자: 참칭상속인으로부터 상속재산을 전득한 제3자도 상속회복청구권의 단기의 제척기간이 적용된다. 왜냐하면 상속회복청구권의 단기의 제척기간이 참칭상속인에게만 인정되고 참칭상속인으로 부터 양수한 제3자에게는 인정되지 않는다면 거래관계의 조기안정을 의도하는 단기의 제척기간 제도가 무의미하게 될 뿐만 아니라 참칭상속인에 대한 관계에 있어서는 제척기간의 경과로 참칭상속인이 상속재산상의 정당한 권원을 취득하였다고 보면서 같은 상속재산을 참칭

상속인으로부터 전득한 제3자는 진정상속인의 물권적 청구를 감수하여야 한다는 이론적 모순이 생기기 때문이다(대판 1981.1.27. 79다854). 같은 논리에서, 진정한 상속인임을 내세워 상속으로 인한 지분권의 귀속을 주장하고 참칭상속인으로부터 상속재산을 양수한 자들을 상대로 상속부동산에 대한 등기의 말소를 구하는 소는 상속회복의 소에 해당하고(대판 1984.2.14. 83다600, 83다카2056), 따라서 이 경우에도 단기의 제척기간이 적용된다.

(마) 상속개시 후의 인지: 민법 제1014조에 의하여, 상속개시 후의 인지 또는 재판의 확정에 의하여 공동상속인이 된 자가 분할을 청구할 경우에 다른 공동상속인이 이미 분할 기타 처분을 한 때에는 그 상속분에 상당한 가액의 지급을 청구할 권리가 있는 바, 이 가액청구권은 상속회복청구권의 일종이다(대판 1981.2.10. 79다2052). 따라서 제999조제2항에 정한 제척기간이 적용된다(대판 2007.7.26. 2006므2757).

5. 相續回復請求權의 行使

(1) 행사방법-재판상, 재판 외 모두 가능: 반드시 재판상 행사할 필요는 없으며, 재판 외의 청구도 가능하다. 회복의 목적이 된 재산을 일일이 열거할 필요는 없지만, 판결의 기판력이 회복의 목적물로서 구체적으로 적시된 것에만 미치므로 강제집행을 하기 위해서는 목적물을 적시하여야 한다.

(2) 효과: 참칭상속인은 진정상속인에게 상속재산을 반환하여야 한다.

(가) 악의자: 참칭상속인이 악의이면 취득한 재산의 전부를 반환해야 하는 동시에 과실과 사용이득도 반환하여야 한다.

(나) 선의자: 선의인 경우에는 실종선고취소의 경우에 준하여 그 받은 이익이 현존하는 한도에서 반환할 의무가 있다.

6. 消滅 - 除斥期間 - 제2항: 상속회복기간은 상속권의 침해를 안 날로부터 3년, 상속권의 침해행위가 있은 날로부터 10년을 경과하면 소멸된다.

(1) 안 날: 제척기간의 기산점이 되는 민법 제999조제2항 소정의 '상속권의 침해를 안 날'이라 함은 자기가 진정한 상속인임을 알고 또 자기가 상속에서 제외된 사실을 안 때를 가리키는 것으로서, 단순히 상속권 침해의 추정이나 의문만으로는 충분하지 않으며, 언제 상속권의 침해를 알았다고 볼 것인지는 개별적 사건에 있어서 여러 객관적 사정을 참작하고 상속회복청구가 사실상 가능하게 된 상황을 고려하여 합리적으로 인정하여야 한다(대판 2007.10.25. 2007다36223).

* 공동상속인 중 1인이 나머지 공동상속인들을 상대로 제기한 상속재산분할심판 사건에서 공동상속인 일부의 소송대리권이 흠결된 채로 소송대리인 사이에 재판상 화해나 조정이 성립하여 화해조서 또는 조정조서가 작성되고, 그 조서에 기하여 공동상속인 중 1인 명의로 상속재산협의분할을 원인으로 한 소유권이전등기가 경료된 경우, 위와 같은 화해나 조정은 무효라 할 것이나, 그 조서에 확정판결과 같은 효력이 있는 이상 그 조서가 준재심에 의해 취소되기 전에는 당사자들로서는 위 화해나 조정의 무효를 확신할 수 없는 상태에 있다고 할 것이고, 그 후 소송대리권의 흠결 여부가 다투어진 끝에 준재심에 의해 화해조서나 조정조서가 취소되었다면, 나머지 공동상속인들은 그 준재심의 재판이 확정된 때에 비로소 공동상속인 중 1인에 의해 자신들의 상속권이 침해된 사실을 알게 되었다고 봄이 상당하므로, 상속회복청구권의 제척기간은 그때부터 기산된다(대판 2007.10.25. 2007다36223).

(2) 제척기간 도과: 상속회복청구권이 제척기간의 경과로 소멸하게 되면 상속인은 상속인으로서의 지위를 잃으므로 상속에 따라 승계한 개개의 권리의무 또한 총괄적으로 상실하게 되고, 그 반사적 효과로서 참칭상속인의 지위는 확정되어 참칭상속인이 상속개시의 시로부터 소급하여 상속인으로서의 지위를 취득하며, 상속재산은 상속개시일로 소급하여 참칭상속인의 소유로 된다(대판 1998.3.27. 96다37398).

(3) 승소판결을 받은 후에 제척기간 도과 후의 제3자에 대한 청구-불가: 진정상속인이 참칭상속인의 최초 침해행위가 있은 날로부터 10년의 제척기간이 경과하기 전에 참칭상속인에 대한 상속회복청구 소송에서 승소의 확정판결을 받았다고 하더라도 위 제척기간이 경과한 후에는 제3자를 상대로 상속회복청구 소송을 제기하여 상속재산에 관한 등기의 말소 등을 구할 수는 없다(대판 2006.9.8. 2006다26694).

第2節 相續人〈개정 1990.1.13〉

1. 概括: 본절에서는 누가 상속인이 되는지에 관하여 규정한다. 따라서 기본적으로 상속인이 되는 순위, 피상속인의 배우자의 지위, 본래의 상속인이 사망한 경우에 어떻게 할 것인가의 문제, 상속인이 될 수 없는 결격사유를 규정한다.

2. 構成

(1) 상속의 순위: 제1000조

(2) 대습상속: 제1001조

(3) 배우자의 상속순위: 제1003조

(4) 상속인의 결격사유: 제1004조

第1000條【相續의 順位<개정 1990.1.13>】 ①相續에 있어서는 다음 順位로 相續人이 된다.〈改正 1990.1.13〉

1. 被相續人의 直系卑屬
2. 被相續人의 直系尊屬
3. 被相續人의 兄弟姉妹
4. 被相續人의 4寸이내의 傍系血族

②前項의 境遇에 同順位의 相續人이 數人인 때에는 最近親을 先順位로 하고 同親等의 相續人이 數人인 때에는 共同相續人이 된다.

③胎兒는 相續順位에 관하여는 이미 出生한 것으로 본다.〈改正 1990.1.13〉

相續의 順位

1. 相續能力: 상속인이란 피상속인의 재산상의 지위를 승계하는 자로서 상속인이 될 수 있는 자, 즉 상속능력자는 자연인에 한정된다. 그런데 본조는 유언이 없는 경우에 누가 상속인이 되는지에 대하여 그 순위를 규정한다. 즉 법정상속에서 상속의 순위를 규정한 것이다. 본조에서 규정하는 선순위자가 있는 경우에는 선순위자가 상속인이 되며, 선순위자가 없는 경우에 차하순위자가 상속인이 된다. 그리고 태아와 배우자는 상속능력이 있는데, 그 순위에 관하여는 태아는 본조 제3항에, 배우자에 관하여는 제1003조에 별도로 규정한다.

(1) 법인: 법인은 상속능력이 없다. 다만, 법인도 포괄적 수증자가 될 수 있으므로 실질적으로 상속과 같은 결과를 가져오게 할 수는 있다.

(2) 배우자-제1003조: 배우자는 상속능력이 있는데, 그 순위에 관하여는 제1003조에서 별도로 규정한다.

(3) 태아-제3항: 태아는 상속능력이 있다.

(4) 외국인: 외국인의 상속에 대해서 특별한 제한규정을 두고 있지 않으므로, 상속능력이 있지만, 상속재산 중 그 취득을 금지하는 재산이 있는 경우에는 그 범위에 있어서는 사실상 제한으로 볼 수 있다.

2. 相續順位 - 제1항: 피상속인의 직계비속부터 4촌 이내의 방계혈족까지가 상속인이 될(상속인 자격) 수 있으나, 구체적으로 상속인으로 되는 것은 본항에서 규정한 순서에 의하여 상속인이 되어, 선순위자가 없는 경우에는 차례로 차하순위자가 상속인이 된다.

(1) 1순위-직계비속: 직계비속이 제1순위자이다. 직계비속은 피상속인의 자, 손자, 증손자를 말한다.

(가) 인지된 혼외자, 양자: 자는 혼인 중의 자를 말하고, 혼외자는 부의 경우는 인지된 자, 친생자와 양자를 모두 포함한다.

(나) 계모자, 적모서자: 계모자나 적모서자관계는 인척이므로 상속인에 해당하지 않는다.

(다) 촌수가 다른 수인의 직계비속: 피상속인에게 자녀와 손자와 같이 촌수가 다른 직계비속이 여러 명인 때에는 제2항에 따라 최근친인 자녀가 상속인이 된다.
(라) 동친의 수명의 직계비속: 동친의 직계비속이 수인인 때에는 공동으로 상속한다.
(마) 사망한 직계비속: 직계비속은 대습상속이 인정되므로 피상속인의 사망 전에 직계비속이 사망(또는 결격)한 때에는 그 배우자와 직계비속이 대습상속한다.
(2) 2순위-직계존속: 제2순위자는 직계존속이다. 즉 제1순위 상속인인 피상속인의 직계비속이 없거나 결격인 경우에 직계존속이 상속인이 된다.
(가) 촌수가 다른 수인의 직계 존속: 촌수가 다른 직계존속(예를 들어 부모와 조부모)이 여럿인 때에는 최근친(부모)이 상속인이 된다.
(나) 동친의 수인의 직계존속: 같은 촌수가 여럿(부와 모)인 때에는 공동으로 상속한다.
(다) 양자의 양부모, 친부모: 피상속인이 양자인 경우 직계비속이 없다면 양부모와 친부모 4명이 최근친으로 공동상속인이 된다.
(라) 이혼한 직계존속: 직계존속이 이혼하였더라도 상속권이 있다.
(마) 대습상속은 없음: 직계존속에 대해서는 대습상속이 인정되지 않는다.
(3) 3순위-형제자매: 제3순위자는 피상속인의 형제자매이다. 즉 직계비속과 직계존속이 모두 없는 때에는 형제자매가 상속인이 된다.
(가) 이성동복, 동성이복-포함: 부모 양쪽이 같지 않고 부계, 모계 중 어느 한쪽만 같은 이른바 이성동복이나 동성이복의 형제자매도 포함된다(대판 1997.11.28. 96다5421).
(나) 대습상속이 있음: 형제자매는 대습상속이 인정되므로 형제자매 중 상속개시 전에 사망(또는 결격)한 때는 그의 직계비속과 배우자가 대습상속한다.
(4) 4순위-4촌 이내의 방계혈족: 제1순위부터 제3순위까지의 상속인이 모두 없는 때에는 피상속인의 4촌 이내의 방계혈족 중 최근친으로부터 상속인이 된다. 부계와 모계의 차별이 없으며 피상속인의 큰아버지, 작은 아버지, 고모, 이모, 외삼촌, 조카, 사촌형제자매가 여기에 해당된다.

3. 複數의 同順位者, 同親者 - 제2항

(1) 복수의 동순위자: 동일순위자가 복수인 경우, 즉 제1순위인 직계비속인 자와 손자가 있는 경우 또는 제2순위인 직계존속이 상속인이 되는데 부모와 조부모가 있는 경우, 3촌과 4촌이 있는 경우이다. 이때에는 그들 중 피상속인과 최근친자가 상속인이 된다. 즉 손자가 아닌 자녀, 조부모가 아닌 부모, 4촌이 아니라 3촌이 상속인이 된다.
(2) 복수의 동친자: 동친자가 복수인 경우, 즉 제1순위인 자녀가 복수인 경우, 제2순위인 부와 모가 있는 경우, 형제자매가 있는 경우와 같이 동친자가 복수인 경우이다. 이 경우에는 그들 동친자 모두가 공동상속인이 된다.

4. 胎兒의 相續能力 - 제3항

(1) 동시존재의 원칙과 그 예외: 상속은 피상속인이 사망한 때에 그에게 속하는 재산이 상속인에게 이전하기 때문에 상속개시시에 상속인은 권리능력이 있어야 하는데, 이를 동시존재의 원칙이라 한다. 따라서 태아는 아직 출생하지 않았기 때문에 권리능력이 없으므로 상속인이 될 수 없다. 그러나 상속은 혈족상속을 기본으로 하고 있으며, 상속개시시에 권리능력이 없다고 해도 머지 않아 출생할 것으로 예정되는 태아를 상속에서 배제하는 것은 현저하게 법감정에 반하므로 민법을 비롯한 각국의 상속법에서도 상속개시시의 태아를 이미 출생한 것으로 의제하고 있다.
(2) 태아의 상속능력: 본항은 태아는 상속에 관해서는 이미 출생한 것으로 본다고 규정하고 있는데, 그 구체적 의미가 무엇인지가 문제된다. 이에 대하여는 거래의 안전과 민법이 태아에 대한 법정대리제도를 두지 않는 점에서 태아인 동안에는 권리능력이 없으며 상속개시 후에 살아서 출생한 때 상속개시시로 소급하여 권리능력을 취득한다고(정지조건설)해석된다. 즉 설사 태아가 권리를 취득한다(해제조건설)하더라도 현행법상 이를 대행할 기관이 없고, 태아로 있는 동안은 권리능력을 취득할 수 없으니 살아서 출생한 때에 출생시기가 문제의 사건의 시기까지 소급하여 그때에 태아가 출생한 것과 같이 법률상 보아준다고 해석한다(1949.4.9. 4281민상197, 1976.9.14. 76다1365).

第1001條【代襲相續】 前條第1項第1號와 第3號의 規定에 依하여 相續人이 될 直系卑屬 또는 兄弟姉妹가 相續開始前에 死亡하거나 缺格者가 된 境遇에 그 直系卑屬이 있는 때에는 그 直系卑屬이 死亡하거나 缺格된 者의 順位에 가름하여 相續人이 된다.

代襲相續

1. 意義: 제1순위 상속인인 직계비속 또는 제3순위 상속인인 형제자매가 상속개시 전에 사망하거나 결격된 경우에 그 자의 직계비속이 사망 또는 결격된 자의 순위에 갈음하여 상속인이 되며, 상속개시 전에 사망 또는 결격된 자의 배우자도 그 직계비속과 함께 공동상속인이 되고 그 직계비속이 없는 때에는 단독상속인이 되는 제도이다. 이러한 대습상속제도를 둔 것은 상속개시 전에 추정상속인이 상속권을 상실한 경우에 그 직계비속과 배우자의 생존권보장에 도움이 되도록 함과 동시에 잠재적 지분의 청산을 통해 공평을 기하고자 하는 취지이다.

2. 要件

(1) 상속인이 될 자가 직계비속과 형제자매에 한정: 상속인이 제1순위인 직계비속이거나 제3순위인 형제자매인 경우에 한한다.

(2) 상속개시 전의 피대습자 사망, 결격: 상속개시 전에 피대습자인 직계비속이나 형제자매가 사망하거나 결격이어야 한다. 〈상속개시 전〉이지만 이는 동시사망도 포함하며, 상속개시 후의 결격도 포함되는 것으로 보며, 사망에는 실종선고도 포함된다.

(3) 대습상속인-피대습자의 직계비속 또는 배우자: 대습상속인은 피대습자의 직계비속이나 배우자이어야 한다.

(가) 결격 후 상속개시 전의 출생자: 대습원인이 결격인 경우에 결격 후 상속개시 전에 출생한 자도 대습상속이 인정된다.

(나) 결격 후 입양자: 결격 후 상속개시 전에 입양된 자도 대습상속이 인정된다.

(다) 상속개시시의 태아: 태아도 상속에 있어서 출생한 것으로 보므로 상속개시 당시에 포태 중인 태아도 대습상속권이 인정된다.

(라) 피대습자의 배우자: 배우자는 피대습자의 결격사유가 발생한 때의 배우자에 한정되지 않고, 직계비속과 마찬가지로 결격 후 상속개시 전까지 혼인한 배우자도 대습상속권이 있다. 그런데 피대습자(사망자 또는 결격자)의 배우자가 대습상속의 상속개시 전에 사망하거나 결격자가 된 경우, 그 배우자에게 다시 피대습자로서의 지위가 인정될 수는 없다(대판 1999.7.9. 98다64318, 64325).

(4) 대습상속인도 상속능력이 있어야: 대습상속인에게도 상속결격사유가 없어야 한다. 피상속인에 대해서 결격이 없어야 되고, 피대습자에 대하여도 결격자가 아니어야 한다고 해석된다.

3. 效果: 대습상속인은 피대습자에 갈음하여 그의 상속분을 상속한다. 즉 조부의 재산을 손자녀들은 먼저 사망한 그들의 부에 갈음하여 부가 상속할 분을 상속한다. 예를 들어 장남과 차남이 있는 자의 재산은 먼저 사망한 장남의 배우자(며느리)와 아들(손자) 1명이 장남의 상속분(상속재산의 1/2)을 배우자로서 1.5, 아들로서 1의 비율로 상속하게 된다.

4. 同時死亡의 推定과 代襲相續 與否 - 肯定: 동일한 위난으로 사망한 경우에 동시에 사망한 것으로 추정되는데(30조), 피상속인과 직계비속이 동시사망으로 추정되는 경우에 대습상속이 되는지 문제된다. 원래 대습상속제도는 대습자의 상속에 대한 기대를 보호함으로써 공평을 꾀하고 생존배우자의 생계를 보장하여 주려는 것이고, 또한 동시사망 추정규정도 자연과학적으로 엄밀한 의미의 동시사망은 상상하기 어려운 것이나 사망의 선후를 입증할 수 없는 경우 동시에 사망한 것으로 다루는 것이 결과에 있어 가장 공평하고 합리적이라는 데에 그 입법 취지가 있는 것인바, 상속인이 될 직계비속이나 형제자매(피대습자)의 직계비속 또는 배우자(대습자)는 피대습자가 상속개시 전에 사망한 경우에는 대습상속을 하고, 피대습자가 상속개시 후에 사망한 경우에는 피대습자를 거쳐 피상속인의 재산을 본위상속을 하므로 두 경우 모두 상속을 하는데, 만일 피대습자가 피상속인의 사망, 즉 상속개시와 동시에 사망한 것으로 추정되는 경우에만 그 직계비속

또는 배우자가 본위상속과 대습상속의 어느 쪽도 하지 못하게 된다면 동시사망 추정 이외의 경우에 비하여 현저히 불공평하고 불합리한 것이라 할 것이고, 이는 앞서 본 대습상속제도 및 동시사망 추정규정의 입법 취지에도 반하는 것이므로, 민법 제1001조의 〈상속인이 될 직계비속이 상속개시 전에 사망한 경우〉에는 〈상속인이 될 직계비속이 상속개시와 동시에 사망한 것으로 추정되는 경우〉도 포함하는 것으로 합목적적으로 해석하여야 한다(대판 2001.3.9. 99다13157).

5. 相續拋棄時는 本位相續: 상속인이 사망 또는 결격이 아니라 상속을 포기한 때에는 대습상속이 발생하는지가 문제된다. 본조는 대습상속을 사망과 결격으로 한정하였기 때문에 상속인이 상속포기를 한 때에는 대습상속이 이루어지지 않는다고 해석된다. 따라서 채무자인 피상속인이 그의 처와 동시에 사망하고 제1순위 상속인인 자 전원이 상속을 포기한 경우, 상속을 포기한 자는 상속 개시 시부터 상속인이 아니었던 것과 같은 지위에 놓이게 되므로 같은 순위의 다른 상속인이 없어 그 다음 근친 직계비속인 피상속인의 손들이 차순위의 본위 상속인(직계비속)으로서 피상속인의 채무를 상속하게 된다(대판 1995.9.26. 95다27769).

6. 再代襲相續 - 가능: 재대습상속이 인정되는지가 문제이다. 즉 자녀에 대습상속원인이 있으면 손자녀가 대습상속을 하는데, 손자녀까지 대습원인이 있을 때 증손자녀가 대습상속하는지가 문제된다. 인정되는 것으로 해석된다. 또한, 제1순위인 직계비속의 재대습뿐만 아니라 제3순위인 형제자매의 경우에도 재대습이 인정된다고 본다.

7. 被代襲者 全員의 失權: 예컨대 자녀를 여러 명 두고 있던 피상속인(조부)에 있어서 자녀 중 일부가 생존하고 일부가 사망한 경우에는 사망한 자의 자녀(손자녀)가 생존한 숙부, 고모(본위상속)와 함께 대습상속을 하는데, 자녀 모두가 상속개시 전에 사망하거나 결격된 경우 손자녀가 조부를 상속하는 것이 본래의 상속(본위상속)인지 대습상속인지의 문제이다. 이는 피상속인의 자녀가 상속개시 전에 전부 사망한 경우 피상속인의 손자녀는 본위상속이 아니라 대습상속을 한다고 해석한다(대판 2001.3.9. 99다13157).

第1002條 削除〈1990.1.13〉

第1003條【配偶者의 相續順位<개정 1990.1.13>】 ①被相續人의 配偶者는 第1000條第1項第1號와 第2號의 規定에 依한 相續人이 있는 境遇에는 그 相續人과 同順位로 共同相續人이 되고 그 相續人이 없는 때에는 單獨相續人이 된다.〈改正 1990.1.13〉
②第1001條의 境遇에 相續開始前에 死亡 또는 缺格된 者의 配偶者는 同條의 規定에 依한 相續人과 同順位로 共同相續人이 되고 그 相續人이 없는 때에는 單獨相續人이 된다.〈改正 1990.1.13〉

配偶者의 相續順位

1. 意義: 배우자는 피상속인과 가정공동생활을 영위하여 함께 재산을 형성하던 사람이다. 따라서 생존배우자는 혼인 중에 형성된 재산에 대하여 잠재적 지분을 가지고 있어, 이혼 등으로 혼인이 종료된 때에는 재산분할청구권으로 이를 청산하며, 피상속인이 사망한 때에는 배우자의 상속권으로 이를 청산한다는 의미를 가진다. 또한, 배우자가 함께 살아 있을 때에는 상호 부양할 것인데, 일방이 사망한 때에는 상속으로 생존 배우자의 부양이나 생활보장을 한다는 의미를 가진다.

2. 配偶者의 相續順位

(1) 배우자의 본위상속-직계비속, 직계존속과 공동-제1항: 피상속인의 생존 배우자는 상속결격사유가 없는 한 상속인이 된다. 1순위 상속인인 직계비속이 있는 때에는 직계비속, 직계비속이 없어 2순위인 피상속인의 직계존속이 상속하는 때에는 직계존속과 각각 공동으로 상속한다. 그러나 직계비속도 직계존속도 없는 때에는 단독 상속인이 된다.

(2) 배우자의 대습상속-제2항

(가) 피상속인의 직계비속 또는 형제자매가 상속인인 경우에 한정: 피상속인의 직계비속이나 형

제자매가 상속인이 되는 경우에 상속인이 될 자가 먼저 사망하고 그 생존배우자가 있는 경우에 한정된다.

(나) 공동상속 또는 단독 상속: 그 생존 배우자는 피상속인의 다른 직계비속이나 형제자매와 공동상속인이 되고, 다른 직계비속이나 형제자매가 없는 경우에는 단독 상속한다. 예컨대 남편(아내)이 먼저 사망하고, 시부모(장인·장모)가 나중에 사망한 경우에 아내는 피상속인인 시부모(장인·장모)의 재산을 피상속인(시부모)의 직계비속(시숙, 시누)과 동일 순위로 공동상속하고, 시숙이나 시누가 없는 때에는 며느리가 단독 상속한다.

(다) 상속의 형태-본위상속권자의 직계비속과 공동 대습상속: 피대습자인 본위상속인의 직계비속이 있으면 그 직계비속(자기의 자녀)과 공동으로 대습상속한다.

(3) 사위의 대습상속권-헌법합치: ① 우리나라에서는 전통적으로 오랫동안 며느리의 대습상속이 인정되어 왔고, 1958. 2. 22. 제정된 민법에서도 며느리의 대습상속을 인정하였으며, 1990. 1. 13. 개정된 민법에서 며느리에게만 대습상속을 인정하는 것은 남녀평등·부부평등에 반한다는 것을 근거로 하여 사위에게도 대습상속을 인정하는 것으로 개정한 점, ② 헌법 제11조제1항이 누구든지 성별에 의하여 정치적·경제적·사회적·문화적 생활의 모든 영역에 있어서 차별을 받지 아니한다고 규정하고 있고, 헌법 제36조제1항이 혼인과 가족생활은 양성의 평등을 기초로 성립되고 유지되어야 하며 국가는 이를 보장한다고 규정하고 있는 점, ③ 현대 사회에서 딸이나 사위가 친정 부모 내지 장인장모를 봉양, 간호하거나 경제적으로 지원하는 경우가 드물지 아니한 점, ④ 배우자의 대습상속은 혈족상속과 배우자상속이 충돌하는 부분인데 이와 관련한 상속순위와 상속분은 입법자가 입법정책적으로 결정할 사항으로서 원칙적으로 입법자의 입법형성의 재량에 속한다고 할 것인 점, ⑤ 상속순위와 상속분은 그 나라 고유의 전통과 문화에 따라 결정될 사항이지 다른 나라의 입법례에 크게 좌우될 것은 아닌 점, ⑥ 피상속인의 방계혈족에 불과한 피상속인의 형제자매가 피상속인의 재산을 상속받을 것을 기대하는 지위는 피상속인의 직계혈족의 그러한 지위만큼 입법적으로 보호하여야 할 당위성이 강하지 않은 점 등을 종합하여 볼 때, 외국에서 사위의 대습상속권을 인정한 입법례를 찾기 어렵고, 피상속인의 사위가 피상속인의 형제자매보다 우선하여 단독으로 대습상속하는 것이 반드시 공평한 것인지 의문을 가져볼 수는 있다 하더라도, 이를 이유로 곧바로 피상속인의 사위가 피상속인의 형제자매보다 우선하여 단독으로 대습상속할 수 있음이 규정된 민법 제1003조제2항이 입법형성의 재량의 범위를 일탈하여 행복추구권이나 재산권보장 등에 관한 헌법규정에 위배되는 것이라고 할 수 없다(대판 2001.3.9. 99다13157).

3. 相續權者인 配偶者

(1) 법률상 배우자: 배우자가 피상속인의 재산을 상속하기 위해서는 당연히 피상속인의 사망시에 배우자의 지위에 있어야 한다. 본조의 배우자는 법률상 유효한 혼인신고된 배우자를 말한다. 혼인 중이면 별거중인 사람, 사실상의 이혼을 한 사람, 이혼소송 중인 자도 본조의 배우자로서의 상속권이 있다.

(2) 이혼소송 중인 자: 부부가 이혼소송의 계속 중에 그 일방이 사망하면 이혼청구권은 상속의 대상이 아니어서(일신전속권) 소송수계를 할 수 없으므로(대판 1982.10.12. 81므53), 생존배우자는 유책배우자라 할지라도 상속권이 있다.

(3) 중혼의 배우자: 중혼의 경우 후혼이 취소되지 않는 한 중혼배우자도 상속권이 있다(대판 1987.10.13. 86누1565). 중혼으로 취소되더라도 중혼취소의 소송이 계속 중에 사망하고, 그 후에 중혼이 취소되더라도 중혼의 취소판결은 소급하지 않으므로 사망한 중혼의 배우자는 상속권이 있다.

(4) 혼인취소사유가 있는 배우자: 혼인의 취소사유가 있더라도 혼인취소의 판결은 소급하지 않으므로 취소의 소송계속 중에 배우자가 사망하더라도 생존배우자는 상속권이 있다.

(5) 사실혼의 배우자: 사실혼의 배우자는 夫 또는 妻로서의 상속권이 인정되지 않는다. 다만 사실혼의 배우자는 상속인이 없는 경우에 특별연고자로서 상속재산에 대한 분여청구권을 갖는다(1057조의2).

第1004條【相續人의 缺格事由】 다음 각 호의 어느 하나에 該當한 者는 相續人이 되지 못한다. 〈개정 1990.1.13, 2005.3.31〉
1. 故意로 直系尊屬, 被相續人, 그 配偶者 또는 相續의 先順位나 同順位에 있는 者를 殺害하거나 殺害하려한 者
2. 故意로 直系尊屬, 被相續人과 그 配偶者에게 傷害를 加하여 死亡에 이르게 한 者
3. 詐欺 또는 强迫으로 被相續人의 상속에 관한 遺言 또는 遺言의 撤回를 방해한 者
4. 詐欺 또는 强迫으로 被相續人의 상속에 관한 遺言을 하게 한 者
5. 被相續人의 상속에 관한 遺言書를 僞造·變造·破棄 또는 은닉한 者

相續缺格 事由

1. 意義: 본조는 상속결격에 대해서 규정하고 있다. 상속결격이란 상속인에 대하여 법정사유가 발생하였을 경우에 특별히 재판상의 선고를 기다리지 않고 법률상 당연히 그 상속인이 피상속인을 상속하는 자격을 잃는 것을 말한다.

2. 缺格事由: 상속결격 사유에 대하여 제한적으로 열거하고 있으므로 엄격하게 해석을 하여야 한다. 피상속인에 대한 부도덕한 행위와 피상속인의 상속에 관한 유언에 대한 부정행위를 규정한다.

(1) 결격 시점: 결격 여부를 판단하는 시점인 결격시점은 사망의 경우에는 상속개시 전이고, 유언서의 변조은닉의 경우에는 상속개시 전후를 모두 포함한다.

(2) 결격 사유

(가) 고의로 직계존속, 피상속인, 그 배우자 또는 상속의 선순위자나 동순위자를 살해하거나 살해하려 한 자-제1호: 고의의 내용은 살해 그 자체에 대한 인식만 있으면 되며, 살해로 인하여 상속에서 유리하게 된다는 점에 대한 인식은 필요하지 않다(대판 1992.5.22. 92다2127).

① 직계존속: 본호의 직계존속이 피상속인의 직계존속인지 결격자의 직계존속인지 견해가 나뉜다. 결격자의 직계존속으로 새겨, 직계존속을 살해하여 결격이 된 자는 피상속인이 누구이건 그 재산에 대하여 상속을 할 수 없다고 해석된다.

② 포괄적 수증자: 상속인과 동일한 권리·의무를 갖는 포괄적 수증자의 경우도 결격자 내지 피해자로 될 수 있는 것으로 해석된다.

③ 낙태: 낙태행위도 본호에 해당한다(대판 1992.5.22. 92다2127). * 낙태에 관하여 원심이 〈낙태를 하면 민법 제1004조제1호에 해당하는 경우가 있을 수 있지만, 상속결격제도의 중심적 의의는 개인법적 재산취득질서의 파괴 또는 이를 위태롭게 하는 데에 대한 민사적 제재라고 보아야 할 것이고, 그러한 이상 상속결격자라고 하기 위하여는 민법 제1004조 소정의 범죄를 범한 자의 고의 안에는 적어도 그 범행으로 말미암아 상속에 유리하게 된다는 인식도 함께 있을 것을 필요로 할 것인바, ① 처가 소외 남편 망인과의 사이에서 잉태한 태아를 낙태하기는 하였지만, 이 범행은 위 태아를 출산할 경우 결손가정에서 키우기 어려우리라는 우려와 남편의 사망으로 인한 정신적 충격 및 신체적 쇠약으로 고민 끝에 이루어진 사실이 인정되고, ② 또한, 위 처가 낙태를 범한 이유는, 그 범행으로 말미암아 자신이 재산상속에 유리하게 된다는 인식 없이, 오로지 장차 태어날 아기의 장래에 대한 우려 등에 기인하였으므로, 동인은 상속결격자에 해당한다고 할 수 없다〉고 판시한 것을 〈유리 여부를 인식할 필요 없다〉는 것을 이유로 원심을 파기함(대판 1992.5.22. 92다2127).

④ 고의만 요건-유리 여부의 인식은 불요: 본호의 요건으로서 〈살해의 고의〉 이외에 〈상속에 유리하다는 인식〉은 필요로 하지 아니한다(대판 1992.5.22. 92다2127).

(나) 고의로 직계존속, 피상속인, 그 배우자에게 상해를 가하여 사망에 이르게 한 자-제2호

① 대상자: 직계존속, 피상속인 및 그 배우자가 대상자이다.

② 상해로 사망에 이르러야: 사망에 이르러야 해당한다.

③ 상해의 고의: 상해의 고의만 있으면 되고, 이 고의에 상속에 유리하다는 인식은 필요 없다(대판 1992.5.22. 92다2127).

(다) 사기 · 강박으로 피상속인의 상속에 관한 유언 또는 그 철회를 방해한 자-제3호: 본호는 제4호와 더불어 유언자의 유언의 자유를 보장하기 위한 규정이다.
① 상속에 관한 유언: 민법상 유언사항 중 후견인 지정을 제외한 대부분의 유언사항(인지, 친생부인, 유증, 상속재산분할금지, 유언집행자 지정 등)이 해당될 것이다.
② 방해행위: 상속인이 상속법상 유리하게 되거나 불리하게 되는 것을 목적으로 피상속인을 기망하여 착오에 빠뜨리거나 공포를 일으키게 하는 행위를 말한다.
(라) 사기 · 강박으로 피상속인의 상속에 관한 유언을 하게 한 자-제4호: 유언자의 자유를 보장하기 위한 규정으로 피상속인을 기망하여 착오에 빠뜨리거나 공포를 일으키게 하여 유언을 하도록 한 자를 말한다.
(마) 피상속인의 상속에 관한 유언서를 위조 · 변조 · 파기 또는 은닉한 자-제5호: 〈상속에 관한 유언서를 은닉한 자〉라 함은 유언서의 소재를 불명하게 하여 그 발견을 방해하는 일체의 행위를 한 자를 의미하며, 단지 공동상속인들 사이에 그 내용이 널리 알려진 유언서에 관하여 피상속인이 사망한 지 6개월이 경과한 시점에서 비로소 그 존재를 주장하였다고 하여 이를 두고 유언서의 은닉에 해당한다고 볼 수 없다(대판 1998.6.12. 97다38510).

3. 缺格의 效果

(1) 당연 발생: 상속결격의 효과는 법률상 당연히 발생한다. 따라서 피상속인 기타 상속인이나 수증자 등 이해관계인에 의한 상속결격확인의 소나 상속취소의 소와 같은 특별한 절차를 요하지 않는다. 피상속인의 사망 후에 결격사유가 발생한 때에는 상속개시시에 소급하여 효력이 발생한다.
(2) 수증자격 상실 여부: 상속결격에 관한 본조가 유언의 경우에도 준용되므로(1064조) 상속결격자는 상속능력은 물론 수증능력도 잃게 된다고 해석된다.
(3) 상대적 효과: 결격의 효과는 결격자 본인에게만 미치고, 결격자의 직계비속이나 배우자가 대습상속하는 데는 지장이 없다.

第3節 相續의 效力 〈개정 1990.1.13〉

1. 概括: 본절에서는 상속의 효력에 관하여 구체적으로 규정한다. 상속의 효력은 기본적으로 상속인이 피상속인의 권리와 의무를 포괄적으로 승계하는 것이다. 그런데 상속인이 승계하는 상속재산의 범위는 구체적으로 어디까지인지, 상속인이 여러 명인 경우에 이들 여러 명 사이에 구체적으로 어떻게 승계하고, 어떻게 분할할 것인지, 상속인 중에 피상속인의 재산에 기여한 상속인이 있는 경우에 이를 어떻게 대우할 것인지 등등의 문제가 있다. 본절에서는 이들을 상속의 일반적 효력, 상속분, 상속재산의 분할로 구분하여 규정한다.

2. 構成

(1) 포괄적 권리 · 의무의 승계: 제1005조
(2) 공동상속: 제1006조, 제1007조
(3) 특별수익자의 상속분: 제1008조
(4) 기여분: 제1008조의2
(5) 분묘 등의 승계: 제1008조의3
(6) 법정상속분: 제1009조
(7) 대습상속분: 제1010조
(8) 상속분의 양도, 양수: 제1011조
(9) 상속재산의 분할: 제1012조, 제1013조
(10) 상속재산분할의 효과: 제1014조, 제1015조
(11) 공동상속인의 담보책임: 제1016조, 제1017조

第1款 一般的 效力

第1005條【相續과 包括的 權利義務의 承繼】 相續人은 相續開始된 때로부터 被相續人의 財產에 關한 包括的 權利義務를 承繼한다. 그러나 被相續人의 一身에 專屬한 것은 그러하지 아니하다.〈改正 1990.1.13〉

相續財産의 包括承繼

1. 權利, 義務의 包括的 承繼: 상속으로 상속인은 피상속인의 권리와 의무를 포괄적으로 승계한다.

2. 財産의 相續

(1) 적극재산과 소극재산-전부: 상속재산에 관하여 아무런 구별을 하지 않고 그 전부를 승계한다. 적극재산 뿐만 아니라 소극재산도 포함된다. 결국, 상속은 피상속인의 재산적 지위의 승계라고 할 수 있다. 다만, 제사용재산만은 별도의 상속재산을 구성한다(1008조의3).

(2) 일신전속권-행사상의 일신전속권은 포함: 일신전속권은 성질상 주체의 사망과 더불어 절대적으로 소멸하는 것이 원칙이다. 그런데 일신전속권 중 행사상의 일신전속권(위자료청구권)은 상속의 대상이 되나, 귀속상의 일신전속권(부양료청구권)은 상속의 대상이 되지 아니한다.
* 이혼위자료청구권은 원칙적으로 일신전속적 권리로서 양도나 상속 등 승계가 되지 아니하나 이는 행사상 일신전속권이고 귀속상 일신전속권은 아니라 할 것인바, 그 청구권자가 위자료의 지급을 구하는 소송을 제기함으로써 청구권을 행사할 의사가 외부적 객관적으로 명백하게 된 이상 양도나 상속 등 승계가 가능하다(대판 1993.5.27. 92므143).

(3) 퍼블리시티권: 퍼블리시티권(Right of Publicity)은 사람이 그가 가진 성명, 초상이나 기타의 동일성을 상업적으로 이용하고 통제할 수 있는 배타적 권리이다. 이러한 권리에 관하여 우리 법에 명문의 규정은 없으나 대부분의 국가가 법령 또는 판례에 의하여 이를 인정하고 있는 점, 이러한 동일성을 침해하는 것은 민법상의 불법행위에 해당하는 점, 사회의 발달에 따라 이러한 권리를 보호할 필요성이 점차 증대하고 있는 점, 유명인이 스스로의 노력에 의하여 획득한 명성, 사회적인 평가, 지명도 등으로부터 생기는 독립한 경제적 이익 또는 가치는 그 자체로 보호할 가치가 충분한 점 등에 비추어 해석상 이를 독립적인 권리로 인정할 수 있다. 또한 이러한 퍼블리시티권은 유명인 뿐 아니라 일정한 경우 일반인에게도 인정될 수 있으며, 그 대상은 성명, 사진, 초상, 기타 개인의 이미지를 형상화하는 경우 특정인을 연상시키는 물건 등에 널리 인정될 수 있고, 퍼블리시티권의 대상이 초상일 경우 초상권 중 재산권으로서의 초상권과 동일한 권리가 된다.

(가) 상속성 여부-긍정: 퍼블리시티권은 인격권보다는 재산권에 가까운 점, 퍼블리시티권에 관하여는 그 성질상 민법상의 명예훼손이나 프라이버시에 대한 권리를 유추적용하는 것보다는 상표법이나 저작권법의 규정을 유추적용함이 상당한데, 이러한 상표권이나 저작권은 상속 가능한 점, 상속성을 부정하는 경우 사망이라는 우연적 요소에 의하여 그 재산적 가치가 크게 좌우되므로 부당한 결과를 가져올 우려가 큰 점 등에 비추어 상속성이 인정된다(서울동부 2006.12.21. 2006가합6780).

(나) 존속기간: 퍼블리시티권이 명문의 규정이 없는 권리이나, 퍼블리시티권은 현행법상의 제 권리 중 저작권과 가장 유사하다고 할 수 있고, 저작권법 제36조제1항 본문은 저작재산권의 보호기간을 저자의 사망 후 50년으로 규정하고 있으므로 이를 유추적용하여 퍼블리시티권의 존속기한도 해당자의 사후 50년으로 해석함이 상당하다(서울동부 2006.12.21. 2006가합6780).

(4) 점유권-점유의 태양: 상속에 의하여 점유권을 취득한 경우에는 상속인이 새로운 권원에 의하여 자기 고유의 점유를 시작하지 않는 한 피상속인의 점유를 떠나 자기만의 점유를 주장할 수 없고, 선대의 점유가 타주점유인 경우 선대로부터 상속에 의하여 점유를 승계한 자의 점유도 그 성질 내지 태양을 달리하는 것이 아니어서 특단의 사정이 없는 한 그 점유가 자주점유로 될 수 없고, 그 점유가 자주점유가 되기 위하여는 점유자가 소유자에 대하여 소유의 의사가 있는 것을 표시하거나 새로운 권원에 의하여 다시 소유의 의사로써 점유를 시작하여야 한다(대판 1997.5.30. 97다2344).

3. 相續의 效果 – 相續開始時에 當然承繼: 상속재산은 상속개시시부터 당연히 상속인에게 이전되어 승계된다. 상속인이 상속개시의 사실을 알든 모르든, 등기를 하는 부동산 등도 상속등기나 그 밖의 일정한 행위는 필요하지 않고 법률상의 상속의 효과가 발생한다. 상속의 승인이나 포기는 그 전체에 대하여 해야 하고, 개별적인 재산을 대상으로 승인 또는 포기할 수는 없다.

4. 相續財產의 範圍

(1) 민법상의 권리의무

(가) 사원권: 사원권은 단체의 구성원으로서의 지위이다. 즉 사원권은 단체의 구성원이라는 자격에 기하여 부여되므로, 사망에 의하여 구성원의 자격이 상실되면 사원권도 당연히 소멸되는 것이 원칙이나, 단체가 영리법인인가 비영리법인인가에 따라 상속성의 유무는 다르다.

① 민법상의 비영리사단법인의 사원권: 법률이나 정관에서 상속을 인정하는 경우 이외에는 상속의 대상으로 될 수 없다. 권리능력 없는 사단의 경우도 마찬가지이다. 다만, 종중의 대표자의 지위는 상속된다. 종중과 대표자 간에는 명의신탁관계가 있고 대표자의 수탁자로서의 지위는 상속되기 때문이다.

② 합명회사의 사원권과 합자회사의 무한책임사원의 사원권: 정관으로 상속을 규정하지 아니하는 한 상속되지 아니한다(상법 218조3호, 219조, 269조).

③ 합자회사의 유한책임사원의 사원권, 주식회사의 주주권이나 유한회사의 사원권: 상속된다(상법 283조1항, 335조1항, 545조2항 참조).

(나) 조합원의 지위: 민법상의 조합은 조합계약에 특별한 규정을 두고 있지 아니하는 한 조합원의 사망은 탈퇴사유이며(717조1호), 조합원의 지위는 상속되지 않는다. 그러나 조합계약으로 조합원의 지위를 상속인에게 승계하기로 약정한 경우는 상속된다.

(다) 대리인의 지위: 대리인의 지위는 상속되지 않는다(127조2항). 본인의 지위는 민법상의 것은 상속되지 않으나(127조1호), 다만 상법상의 것은 상속된다(상법 50조). 무권대리의 경우 무권대리인이 본인을 단독으로 상속한 경우에는 무권대리행위는 당연히 유효하게 되고 본인으로서의 지위에서 추인을 거절할 수 없다. 그러나 공동상속인 때에는 다른 공동상속인 중 1인이라도 추인을 거절하면 무권대리행위는 일부 무효(다른상속인의 지분의 한도에서)가 되고 무권대리행위자는 제135조의 무권대리 책임을 지게 된다. 본인이 무권대리인을 단독상속하는 경우는 추인을 거절할 수 있을 것이나, 무권대리인이 생전에 상대방에 대하여 제135조의 손해배상책임을 지고 있었을 경우에는 이 책임은 당연히 상속된다. 공동상속의 경우는 공동상속인 전원이 무권대리책임을 진다.

(라) 형성권: 형성권은 원칙적으로 상속성이 있다. 다만 형성권의 기초된 법률관계가 공동상속된 경우, 공동상속인 각자가 단독으로 형성권을 행사할 수 있는지가 문제된다. 공동으로 행사되어야 한다고 해석된다.

(마) 물권: 물권은 원칙적으로 상속되며, 점유권도 상속의 대상이다(193조). 다만 상속인은 새로운 권원에 의하여 자기 고유의 점유를 시작하지 않는 한 피상속인의 점유의 성질과 하자를 떠나 자기만의 점유를 주장할 수 없다(대판 1992.9.22. 92다22602).

(바) 연대·보증채무: 피상속인이 부담하는 연대채무도 상속의 대상으로 된다. 다만 공동상속인 간의 귀속관계에 있어서도 연대관계가 긍정되는지가 문제이다. 보증채무의 경우 보증채무의 상속성 유무는 개별적으로 검토하여야 한다. 즉 상속인의 보호와 채권자의 보호와의 이익교량의 관점에서 법정책적으로 결정해야 한다. 신원보증계약은 보증인의 사망으로 그 효력을 상실한다(신원보증법 7조). 그러나 신원보증인이 사망하기 전에 이미 발생한 보증채무까지 상속성이 부정되는 것은 아니다(대판 1972.2.29. 71다2747). 보증책임의 한도액이나 존속기간에 제한이 없거나 일정하지 아니한 포괄적 계속적 보증인 경우에는, 상속성이 부정된다. 다만 보증책임의 최고한도액이 정해져 있는 경우에는 상속성이 인정된다(대판 2001.6.12. 2000다47187).

(사) 손해배상청구권: 피상속인이 채무불이행이나 불법행위에 기한 손해배상청구권을 취득하고 그 내용이 재산적 손해에 관한 것이든 비재산적 손해에 관한 것이든 상속의 대상으로 된다. 그 청구권은 이미 금전적 채권으로 구체화되었기 때문이다. 그리고 생명침해에 의한 즉사 여부를

불문하고 사망자의 손해배상청구권도 당연히 상속성이 있다(대판 1971.3.9. 70다3031). 약혼해제 등 신분관계의 해소에 기한 손해배상청구권에서 재산상의 손해배상청구권은 상속이 긍정되나, 위자료청구권은 상속의 대상으로 될 수 없다(806조3항 본문). 일신전속권에 속하기 때문이다. 그러나 당사자간에 이미 그 배상에 관한 계약이 성립되거나 소를 제기한 경우에는 상속의 대상으로 된다.

(아) 기타 채권

① 정기증여: 정기의 급여를 목적으로 한 증여는 증여자 또는 수증자의 사망으로 인하여 그 효력을 잃는다(560조).

② 권리 없이 처분한 후의 상속: 무권리자가 타인의 권리를 처분한 후 그 무권리자가 그 타인을 상속한 경우 무권대리행위의 추인의 규정을 유추적용한다고 해석된다.

③ 주택임차권: 주택임대차에서 임차인이 사망한 경우에 사망 당시 상속권자가 그 주택에서 가정공동생활을 하고 있지 아니한 때에는 그 주택에서 가정공동생활을 하던 사실상의 혼인관계에 있는 자와 2촌 이내의 친족은 공동으로 임차인의 권리와 의무를 승계한다(주택임대차보호법 9조2항).

④ 고용계약: 고용계약상의 권리의무는 일신전속적으로 상속성은 없다.

⑤ 위임계약: 위임계약에서 당사자 일방이 사망할 경우 당사자의 지위는 원칙적으로 상속되지 않는다.

⑥ 이혼에 따른 재산분할청구권: 이혼 후의 재산분할청구권은 재산분할청구의 의사표시와 관계없이 당연히 승계되나, 부양적 요소의 것은 제외된다. 이혼소송과 재산분할청구가 병합된 경우, 배우자 일방이 사망하면 이혼의 성립을 전제로 하여 이혼소송에 부대한 재산분할청구 역시 이를 유지할 이익이 상실되어 이혼소송의 종료와 동시에 종료된다.

⑦ 이혼에 따른 위자료청구권: 위자료청구권은 이혼소송 계속 중에 배우자 일방이 사망하여 이혼소송은 종료되더라도, 그 청구권자가 위자료의 지급을 구하는 소송을 제기함으로써 청구권을 행사할 의사가 외부적 객관적으로 명백하게 된 이상 양도나 상속 등 승계가 가능하다.

(2) 민법 이외의 법률상 권리의무

(가) 지적재산권: 특허권 · 상표권 · 저작권 · 광업권 · 어업권 등의 무체재산권도 원칙적으로 상속된다. 그런데 공동광업권은 광업법 제29조, 제26조의 규정에 의하면 공동광업권자는 조합계약을 한 것으로 간주되므로 공동광업권자의 1인이 사망한 때에는 민법 제717조에 의하여 공동광업권의 조합관계로부터 당연히 탈퇴되고 특히 조합계약에서 사망한 공동광업권자의 지위를 그 상속인이 승계하기로 약정한 바가 없는 이상 사망한 공동광업권자의 지위는 상속인에게 승계되지 아니한다(대판 1981.7.28. 81다145).

(나) 보험금지급청구권

① 피상속인의 생명보험의 보험수익자로 특정 상속인이 지정: 피상속인이 피보험자이고 보험수익자로서 상속인 중의 특정인이 지정되어 있는 경우 생명보험청구권은 보험수익자로서 지정된 상속인의 고유재산에 속하고 상속과는 관계없게 된다. 당해 상속인의 특별수익인가의 여부가 문제될 뿐이다.

② 피상속인의 생명보험의 보험수익자로 단순히 상속인 표시: 특정상속인을 보험수익자로 지정하지 아니하고 단순히 상속인으로 지정한 경우는 피상속인의 의사해석이 문제되나 특별한 사정이 없는 한 피보험자 사망시의 상속인을 보험수익자로 지정한 것으로 보아 동 상속인의 고유재산에 속한다고 보아야 할 것이다. 그러나 상속세법은 상속인이 취득한 생명보험금을 상속재산으로 본다(상속세및증여세법 8조).

③ 보험수익자의 표시가 없는 경우: 일반적으로 보험약관에 보험수익자가 지정되어 있지 아니할 때에는 보험금을 상속인에게 지불한다는 취지의 조항이 삽입되어 있지만 보험계약자가 보험수익자를 지정하지 아니하고 사망한 때에는, 피보험자를 보험수익자로 보게 된다(상법 733조2항 전단). 이 경우 생명보험청구권은 상속재산으로 된다. 보험수익자가 보험존속 중에 사망한 때에는 보험계약자는 다시 보험수익자를 지정할 수 있으나, 보험계약자가 지정권을 행사하지 않고 사망한 때에는 보험수익자의 상속인을 보험수익자로 한다(동 3항).

④ 보험계약자가 제3자를 피보험자로 하고 자신을 보험수익자로 하여 체결한 생명보험계약에 있어, 보험수익자(보험계약자)와 피보험자가 동시에 사망한 경우: 보험계약자가 자기 이외의 제3자를 피보험자로 하고 자기 자신을 보험수익자로 하여 맺은 생명보험계약에 있어서 보험존속 중에 보험수익자가 사망한 경우에는 상법 제733조제3항 후단 소정의 보험계약자가 다시 보험수익자를 지정하지 아니하고 사망한 경우에 준하여 보험수익자의 상속인이 보험수익자가 되고, 이는 보험수익자와 피보험자가 동시에 사망한 것으로 추정되는 경우에도 달리 볼 것은 아니다. 그리고 이러한 경우 보험수익자의 상속인이 피보험자의 사망이라는 보험사고가 발생한 때에 보험수익자의 지위에서 보험자에 대하여 가지는 보험금지급청구권은 상속재산이 아니라 상속인의 고유재산이라 할 것이다(대판 2004.7.9. 2003다29463).

(다) 사망퇴직금: 공무원 또는 근로자가 재직 중 사망하여 법률 또는 퇴직금제도에 의하여 지불되는 것을 말한다. 통상 그 수급권자의 범위와 순위는 법률이나 기업내규 등에 규정되어 있다. 이처럼 법률의 규정이나 내규 등에 수급권자로 정해져 있을 때에는, 수급권자인 유족은 상속인이 아니라 자기고유의 권리로 사망퇴직금을 수령하는 것으로 보아야 할 것이다. 다만 사망퇴직금은 상속세법상 상속재산으로 본다(상속세및증여세법 10조).

(라) 유족급부: 사회보장관계 특별법에 의하여 사망한 자와 일정한 관계가 있는 친족에게 지급되는 모든 급부를 말하며 손실보상, 유족연금, 유족보상, 조위금, 장사비 등이 포함된다. 수급권자의 고유의 권리이며 상속성은 인정되지 아니한다. 다만 수급권자의 특별수익인가의 여부는 문제된다.

(마) 부의금: 사람이 사망한 경우에 부조금 또는 조위금 등의 명목으로 보내는 부의금은 상호부조의 정신에서 유족의 정신적 고통을 위로하고 장례에 따른 유족의 경제적 부담을 덜어줌과 아울러 유족의 생활안정에 기여함을 목적으로 증여되는 것으로서, 장례비용에 충당하고 남는 것에 관하여는 특별한 다른 사정이 없는 한 사망한 사람의 공동상속인들이 각자의 상속분에 응하여 권리를 취득한다(대판 1992.8.18. 92다2998).

(바) 소송상의 지위: 당사자가 사망한 때에는 소송절차는 중단된다. 이 경우에는 상속인, 상속재산관리인, 기타 법률에 의하여 소송을 속행할 자는 소송절차를 수계하여야 하나, 상속인은 상속을 포기할 수 있는 때까지 소송절차를 수계하지 못한다(민소 233조). 소송의 목적물이 피상속인의 일신전속에 속하는 것(예, 재판상이혼청구권)은 당사자의 사망에 의하여 소송은 종료된다. 그런데 소송 계속 중 당사자인 피상속인이 사망한 경우 공동상속재산은 상속인들의 공유이므로 소송의 목적이 공동상속인들 전원에게 합일확정되어야 할 필요적공동소송관계라고 인정되지 아니하는 이상 반드시 공동상속인 전원이 공동으로 수계하여야 하는 것은 아니며, 수계되지 아니한 상속인들에 대한 소송은 중단된 상태로 그대로 피상속인이 사망한 당시의 심급법원에 계속되어 있다(대판 1993.2.12. 92다29801).

5. 相續財産의 確認을 求하는 訴

(1) 확인의 소: 일부 공동상속인이 다른 공동상속인을 상대로 그 재산이 상속재산임의 확인을 구하는 소를 제기한 경우, 이는 그 재산이 현재 공동상속인들의 상속재산분할 전 공유관계에 있음의 확인을 구하는 소송으로서, 그 승소확정판결에 의하여 그 재산이 상속재산분할의 대상이라는 점이 확정되어 상속재산분할심판 절차 또는 분할심판이 확정된 후에 다시 그 재산이 상속재산분할의 대상이라는 점에 대하여 다툴 수 없게 되고, 그 결과 공동상속인간의 상속재산분할의 대상인지 여부에 관한 분쟁을 종국적으로 해결할 수 있으므로 확인의 이익이 있다.

(2) 고유필요적 공동소송: 공동상속인이 다른 공동상속인을 상대로 어떤 재산이 상속재산임의 확인을 구하는 소는 이른바 고유필수적 공동소송이라고 할 것이고, 고유필수적 공동소송에서는 원고들 일부의 소 취하 또는 피고들 일부에 대한 소 취하는 특별한 사정이 없는 한 그 효력이 생기지 않는다(대판 2007.8.24. 2006다40980).

第1006條【共同相續과 財産의 共有】 相續人이 數人인 때에는 相續財産은 그 共有로 한다.〈改正 1990.1.13〉

第1007條【共同相續人의 權利義務 承繼】 共同相續人은 各自의 相續分에 應하여 被相續人의 權利義務를 承繼한다.

共同相續

1. 意義: 상속개시 후 상속재산 분할 전에 공동상속인 상호간의 법률관계가 문제된다. 이에 대하여 민법은 공동상속인간에는 상속재산에 관하여 기본적으로 공유관계에 있음을 규정한다. 즉 공동상속인은 각자의 상속분에 의하여 피상속인의 권리의무를 승계하나(1007조), 분할할 때까지는 상속재산을 공유한다(1006조).

2. 債權·債務의 共同相續 - 제1007조

(1) 채권의 공동상속: 불가분채권은 상속재산분할까지 공동상속인 전원에게 불가분적으로 귀속하고, 채권자인 공동상속인은 공동으로 또는 단독으로 공동상속인 모두를 위해서 전부를 이행청구할 수 있으며, 수령한 급부는 분급해야 한다. 가분채권은 상속개시와 동시에 당연히 공동상속인 사이에서 그들의 상속분에 따라 분할되어 승계된다.

(2) 채무의 공동상속: 불가분채무는 각 공동상속인에게 불가분적으로 귀속하고, 각 공동상속인은 전부에 관하여 이행의무를 부담한다. 가분채무는 가분채권과 마찬가지로 상속개시와 동시에 공동상속인에게 분할되어 귀속한다(대판 1997.6.24. 97다8809). 연대채무는 공동상속인은 본래의 채무에 있어서와 같이 연대채무를 부담한다.

3. 共同相續財産의 管理保存 - 共有 規定 - 제1006조: 공동상속재산은 분할하기 전까지는 공동상속인의 공유에 속한다. 따라서 분할하기 전까지는 공유에 관한 법률관계가 형성된다.

(1) 관리

(가) 관리방법-지분의 과반수로 결정(265조): 일반적으로 관리는 보존, 이용 또는 개량행위를 말하나, 보존행위는 공동상속인 각자가 단독으로 할 수 있으므로 제외된다. 이처럼 변경과 보존행위의 중간에 위치하는 관리에 관한 사항은 각자의 지분인 상속분에 따른 과반수로 결정할 수 있다.

(나) 관리비용: 관리비용은 공유자의 지분의 비율로 부담한다(266조). 그런데 공동상속재산의 관리비용은 상속재산의 비용이기 때문에 공동상속재산에서 지급되어야 한다(998조의2).

(다) 관리인: 공동상속인 지분의 과반수로서 공동상속인 중의 1인 또는 수인을 관리인으로 정하거나 또는 제3자에게 위임할 수도 있다. 제1040조에 법원이 공동상속재산에 관한 관리인을 선임할 경우에는 반드시 그 공동상속인 중에서 관리인을 선임하여야 하도록 되어 있으므로, 공동상속인 아닌 다른 사람을 선임할 수는 없다(대판 1979.12.27. 76그2).

(2) 보존-단독으로-제265조 단서: 보존이란 상속재산의 멸실·훼손을 방지하고 그 현상을 유지하기 위한 사실상·법률상의 모든 행위를 말한다. 보존행위는 각자가 단독으로 할 수 있다. 보존행위는 무효인 등기의 말소청구, 보전등기의 신청, 상속재산인 동산의 불법점유자에 대한 인도청구 등이 이에 해당한다. 따라서 공동상속인 중 1인이 상속부동산에 대하여 단독명의로 등기를 경료한 경우 다른 공동상속인 중 1인이 그 공동상속인들의 공유지분 전부에 대하여 그 등기말소절차의 이행을 구할 수 있다(대판 1988.2.23. 87다카961).

4. 共同相續財産의 使用·處分·變更行爲 - 제263조, 제264조: 처분행위는 재산의 현상, 그 성질을 변하게 하는 행위, 재산권의 변동을 생기게 하는 행위로서 사실상의 처분, 법률상의 처분 모두를 포함한다. 변경행위는 목적물의 성질을 변하게 하는 것으로 건물의 개축, 토지의 개간, 동산의 가공 등을 의미한다.

(1) 사용, 수익-제263조: 공동상속인은 공동상속재산을 각자의 지분의 비율로 사용, 수익할 수 있다. 부동산의 공유자는 그 공유물의 일부라 하더라도 협의 없이 이를 배타적으로 사용, 수익할 수는 없다(대판 1982.12.28. 81다454).

(2) 상속재산 자체의 처분, 변경-전원의 동의-제264조: 상속재산에 속하는 개개의 물건이나 권

리를 처분하거나 변경할 때는 상속인 전원의 동의를 얻어야 한다.
(3) 지분권의 처분-임의 처분: 상속재산 전체에 대하여 갖고 있는 각자의 상속분은 이를 자유롭게 처분할 수 있으며, 다른 공동상속인은 그 가액과 양도비용을 상환하고 그 상속분을 양수할 수 있다(1011조1항).
5. 共同相續財産에 關한 訴訟: 소송의 목적이 공동상속인들 전원에게 합일확정되어야 할 필요가 있는가에 따라 공동상속인에 대한 필요적 공동소송 여부를 판단한다.
(1) 공동상속관계 자체 또는 그에 근거한 소송-필수적 공동소송: 공동상속인이 원고가 되어 제3자에게 개개의 상속재산의 인도, 방해배제, 등기말소, 등기이전, 소유권확인 등을 청구하거나 반대로 제3자가 이러한 청구를 하는 경우와 같이 특정재산에 대한 공동소유(공동상속)관계 그 자체가 소송대상일 경우는 필요적 공동소송이다.
(2) 지분권이 소송대상: 그 재산의 각자의 지분권만이 소송대상일 경우는 필요적 공동소송이 아니다. 예를 들어 공동상속재산의 지분에 관한 등기말소와 지분권존재확인을 구하는 소송은 필수적 공동소송이 아니라 통상의 공동소송이다(대판 1965.5.18. 65다279).
(3) 분할, 기여분결정청구: 상속재산의 분할청구나 기여분결정청구는 청구인인 상속인 1인 또는 여러 명이 나머지 상속인 전원을 상대방으로 하여야 한다(가사소송규칙 110조).

第1008條【特別受益者의 相續分】 共同相續人中에 被相續人으로부터 財産의 贈與 또는 遺贈을 받은 者가 있는 境遇에 그 受贈財産이 自己의 相續分에 達하지 못한 때에는 그 不足한 部分의 限度에서 相續分이 있다.〈改正 1977.12.31〉

特別受益者의 相續分

1. 意義: 본조는 공동상속인 중의 1인 또는 여러 명이 피상속인으로부터 생전증여나 유증 등의 특별수익을 받은 경우에 그 특별수익자의 상속분은 특별수익을 참작하여 산정하며, 특별수익이 상속분에 미치지(달하지) 못하는 경우에는 그 부족분에 대해서 상속하도록 규정한 것이다. 이는 공동상속인간의 공평과 피상속인의 의사를 추정(상속분의 선급)하여 마련한 제도이다.
(1) 특별수익이 자기고유의 상속분을 초과하는 경우: 이 경우에 대하여는 별도로 규정하지 않아 문제인데, 반환할 필요가 없다고 해석된다.
(2) 특별수익자가 다른 공동상속인의 유류분을 침해한 때: 특별수익의 일부분을 반환하여야 한다(1115조).
2. 特別受益者: 본조에 해당하는 특별수익자는 생전증여나 유증을 받고 상속을 승인한 공동상속인이 해당한다. 그 외 구체적으로 문제가 되는 경우가 있다.
(1) 대습상속인: 대습상속에 의하여 공동상속인이 된 자가 피상속인으로부터 특별수익을 받은 경우에는 본조의 특별수익자에 해당한다.
(2) 공동상속인으로서 포괄적 수증자: 법정상속인이 아닌 제3자가 포괄유증을 받은 경우는 본조의 특별수익자가 아니나, 공동상속인으로서 포괄유증을 받은 자는 이에 해당한다.
3. 特別受益의 範圍: 본조에 해당하는 특별수익이 구체적으로 어떠한 것을 의미하는지가 문제된다.
(1) 생전증여: 민법은 본조에 해당하는 특별수익에 해당하는 생전증여재산의 범위에 대하여 아무런 규정을 두고 있지 않다. 이 제도의 취지는 공동상속인간의 실질적 공평을 유지하기 위한 것이므로 생전증여가 상속분의 선급으로 볼 수 있는 특별한 경우로 한정하여야 한다. 예컨대 혼인을 위하여 특별히 받은 자금, 특별한 생계자금 등은 이에 해당한다고 볼 것이다.
(가) 증여재산: 증여재산은 증여계약이 이행되어 완료된 것을 말한다. 따라서 증여계약이 이행되지 아니하여 소유권이 피상속인에게 남아 있는 상태로 상속이 개시된 재산은 수증자가 공동상속인이든 제3자이든 가리지 아니하고 모두 상속재산을 구성한다(대판 1996.8.20. 96다13682).
(나) 혼인을 위한 증여: 혼인시에 지출된 지참금, 준비금, 예물비용 등은 해당한다.
(다) 생계자본으로서의 증여: 부양의 권리의무를 넘는 주택자금, 영업자금 등이 이에 속한다.

(라) 생명보험금: 생명보험청구권이 특별수익에 해당된다.
(마) 사망퇴직금: 사망퇴직금 등 유족급부를 공동상속인 중의 1인이 수령한 경우에도 특별수익으로 된다. 사망퇴직금 등 유족급부는 임금의 후불적 성격을 지니며, 반환을 부정하게 되면 공동상속인간에 실질적 공평이 유지될 수 없기 때문이다.
(2) 유증: 유증은 그 목적을 불문하고 모두 특별수익에 해당한다.
4. 特別受益의 評價時期와 方法: 특별수익으로 부족 여부를 판단하는 대상은 증여나 유증의 목적물인 현물 또는 원물이 아니라 그 평가액이다. 따라서 그 평가의 시기와 방법이 문제된다.
(1) 평가시기: 생전증여의 경우에는 증여가 있은 때로부터 상속이 개시되거나 상속재산을 분할할 때까지는 상당한 기간이 경과하며, 그 사이에 수증재산의 가액은 증감변동하기 마련이다. 그 가액의 평가시기를 언제로 보느냐에 따라 실제의 액수는 큰 차이가 나게 되며, 공동상속인간의 실질적 공평이라는 이 제도의 목적달성도 좌우된다고 할 수 있다. 유증의 경우에도 상속개시시부터 상속재산분할까지 상당한 기간이 소요되므로 마찬가지의 문제가 발생한다.
(가) 원칙-상속개시시: 구체적 상속분을 산정함에 있어서는 상속개시시를 기준으로 상속재산과 특별수익재산을 평가하여 이를 기초로 하여야 할 것이다.
(나) 현물과 가액 정산으로 하는 경우: 법원이 실제로 상속재산분할을 함에 있어 분할의 대상이 된 상속재산 중 특정의 재산을 1인 및 수인의 상속인의 소유로 하고 그의 상속분과 그 특정의 재산의 가액과의 차액을 현금으로 정산할 것을 명하는 방법(소위 대상분할의 방법)을 취하는 경우에는, 분할의 대상이 되는 재산을 그 분할시를 기준으로 하여 재평가하여 그 평가액에 의하여 정산을 하여야 한다(대판 1997.3.21. 자96스62).
(2) 평가방법
(가) 수증자가 멸실, 변형시킨 경우: 증여물이 수증자의 행위로 멸실·변형이 있을 때에는 원상태로 존재한다고 의제하여 평가하여야 한다.
(나) 천재, 기타 불가항력에 의한 멸실-가산 불가: 천재 기타 불가항력으로 멸실된 경우에는 받지 않은 것으로 하여 가산되어서는 아니 된다.
(다) 자연적 노후-수증 당시: 자연히 노후된 것은 수증 당시 그대로를 평가하여야 한다.
(라) 금전: 금전증여는 화폐가치의 변동을 고려하여 환가 평가해야 한다. 이는 부동산과 같이 시세가 하락하지 않는 물건을 증여받은 자와 금전과 같이 그 가치가 하락하는 물건을 증여받은 자 사이의 공평을 유지하기 위해서이다.
5. 特別受益者 相續分의 算定
(1) 산정방법: 공동상속인 중에 특별수익자가 있는 경우의 구체적인 상속분의 산정을 위하여는, 피상속인이 상속개시 당시에 가지고 있던 재산의 가액에 생전 증여의 가액을 가산한 후, 이 가액에 각 공동상속인별로 법정상속분율을 곱하여 산출된 상속분의 가액으로부터 특별수익자의 수증재산인 증여 또는 유증의 가액을 공제하는 계산방법에 의하여 한다.
(2) 계산의 기초가 되는 〈피상속인이 상속개시 당시에 가지고 있던 재산의 가액〉: 상속재산 가운데 적극재산의 전액을 가리킨다(대판 1995.3.10. 94다16571).
(3) 상속채무: 특별수익자가 있는 경우에도 공동상속인간의 상속채무는 원칙적으로 법정상속분에 따라 승계한다.
6. 超過 特別受益의 返還 與否: 특별수익자의 특별수익분이 본래의 상속분액보다 더 많을 경우에는 어떻게 되는지가 문제된다. 초과하는 경우에는 상속분을 추가로 더 받을 수는 없는데, 반환하여야 하는지가 문제된다.
(1) 부족분의 보충: 본조는 부족의 경우에 부족분을 보충하여야 한다.
(2) 초과분-반환 불요: 규정이 없으며, 반환할 필요가 없다고 해석된다.
(3) 초과로 유류분 침해-침해액의 반환: 특별수익이 초과하여 다른 상속인의 유류분을 침해할 경우에는 그 침해액 만큼은 반환하여야 한다(1115조).
7. 相續債務의 分擔方法: 채무는 특별수익 여부와 관계없이 법정상속분에 따라 승계된다(대판 1995.3.10. 94다16571).

第1008條의2【寄與分】 ①共同相續人중에 상당한 기간 동거·간호 그 밖의 방법으로 피상속인을 특별히 부양하거나 피상속인의 재산의 유지 또는 증가에 특별히 기여한 자가 있을 때에는 相續開始 당시의 被相續人의 財産價額에서 共同相續人의 協議로 정한 그 者의 寄與分을 控除한 것을 相續財産으로 보고 第1009條 및 第1010條에 의하여 算定한 相續分에 寄與分을 加算한 額으로써 그 者의 相續分으로 한다. 〈개정 2005.3.31〉
②第1項의 協議가 되지 아니하거나 協議할 수 없는 때에는 家庭法院은 第1項에 規定된 寄與者의 請求에 의하여 기여의 時期·방법 및 정도와 相續財産의 額 기타의 事情을 참작하여 寄與分을 정한다.
③寄與分은 相續이 開始된 때의 被相續人의 財産價額에서 遺贈의 價額을 控除한 額을 넘지 못한다.
④第2項의 規定에 의한 請求는 第1013條第2項의 規定에 의한 請求가 있을 경우 또는 第1014條에 規定하는 경우에 할 수 있다.

特別寄與者의 相續分

1. 意義: 공동상속인 가운데 상당한 기간에 걸쳐 동거하면서 상호 부양하거나 또는 간호하는 방법 등으로 피상속인을 특별히 부양하거나 피상속인의 재산의 유지 또는 증가에 특별히 기여한 자가 있을 때에 상속분 산정에 그러한 특별한 기여 행위를 고려하는 제도이다. 이 기여분 제도는 피상속인 생전에 기여상속인에게 당연히 귀속되어야 할 재산상의 이익을 취득하게 하는 것인 점과 피상속인에게 기여한 자의 기여를 고려하지 아니하고 다른 상속인과 동일하게 취급한다면 공평을 상실하기 때문에 공동상속인간의 상속분을 조정하여 기여상속인의 상속분을 증가시킴으로써 공동상속인간의 실질적 공평을 도모하기 위한 취지이다.

2. 寄與分 權利者 - 제1항: 공동상속인 중에서 상당한 기간 동거·간호 그 밖의 방법으로 피상속인을 특별히 부양하거나 피상속인의 재산의 유지 또는 증가에 특별히 기여한 자이다. 따라서 공동상속인이 아닌 자는 피상속인의 재산의 유지 또는 증가에 기여했더라도 기여분을 청구할 수 없다.

(1) 공동상속인에 한정: 기여분을 받을 수 있는 자는 공동상속인이어야 한다(1항). 실제로 상속재산분할에 참가하는 공동상속인에 한한다.

(가) 선순위의 상속인이 있는 경우 후순위자가 특별한 기여를 한 때-불가: 후순위자는 상속인이 아니기 때문에 기여분을 청구할 수 없다.

(나) 상속결격자, 포기자-불가: 상속결격자나 포기자도 상속자격을 상실하기 때문에 기여분을 청구할 수 없다.

(다) 복수의 특별기여자: 기여분권리자의 수는 1인으로 한정되지 아니하고, 여러 명이 특별기여를 한 때에는 그 자들 모두가 기여분권리자가 된다.

(2) 대습상속인

(가) 대습원인 발생 후의 기여만 대상: 대습상속인이 자신의 기여를 주장할 수 있음은 당연하다. 문제는 대습원인이 발생하기 이전의 기여도 주장할 수 있는가이다. 대습상속원인이 발생하고, 상속자격을 취득한 후의 기여에 대해서만 인정하여야 한다. 기여분이 실질적 공평의 관념에서 출발하더라도 공동상속인의 범위는 제한되기 때문이다.

① 양자: 양자는 입양 이후의 기여에 한하는 것으로 보아야 한다.

② 배우자: 배우자도 혼인 이후의 기여에 한하는 것으로 보아야 한다.

(나) 대습자의 피대습자의 기여 주장: 대습상속인은 피대습자의 기여를 주장할 수 있다. 대습상속인은 피대습자의 지위를 승계하여 그가 취득할 수 있는 상속분을 취득하게 되므로, 그 상속분 속에는 기여분도 포함되어 있기 때문이다.

(3) 사실혼의 배우자 등-불가: 사실혼의 배우자나, 사실상의 양자, 상속인의 배우자, 피상속인의 전처, 상속인 아닌 포괄수증자는 기여분을 주장할 수 없다.

3. 特別寄與의 要件: 본조의 기여분에 해당하는 〈기여〉에 해당하느냐 여부가 구체적으로 문제가 되는데, 특별부양은 통상의무를 넘는 부양이어야 되고, 특별기여는 일반적으로 어떤 기여를 통하여 어떻게 현재의 상속재산의 유지·증가에 공헌하였는지가 명백하여야 한다. 그런데 부양에 의한 재산유지의 기여에 있어서는, 상속인이 피상속인을 특별히 부양하였다고 인정되고 상속재산이 남아 있다고 하면 다른 특별한 사정이 없는 한, 부양과 그 상속재산의 유지·증가 사이에 인과관계가 있다고 본다.

(1) 피상속인에 대한 특별부양: 상당한 기간 동안 동거·간호 그 밖의 방법으로 피상속인을 특별히 부양한 경우로서 이 경우에는 상속인의 요양간호로 인하여 피상속인의 재산이 유지되었을 것을 요건으로 하지 않는다. 특별부양으로서의 특별성이 있기 위해서는 피상속인과 상속인과의 구체적인 신분관계에 따라 통상 기대할 수 있는 의무의 범위 내지 정도를 넘어야 되는 것으로 상대적으로 다르다. 예컨대 같은 정도의 요양간호·가사노동·가업에 대한 조력이라도 배우자의 경우에는 특별한 기여로서 기여분의 대상이 될 수 없으나 자에 대하여는 특별한 기여로 볼 수 있는 경우가 있을 수 있다.

(2) 피상속인의 재산의 유지 또는 증가에 대한 특별기여

(가) 특별기여행위: 친족관계상 당연히 기대되는 통상의 기대를 넘는 정도의 공헌이어야 한다.

① 상속개시 전의 기여: 기여의 시기는 상속개시 전의 기여이어야 한다.

② 무상의 기여행위: 기여행위는 원칙적으로 무상이어야 한다. 피상속인과의 고용계약이나 조합계약에 의하여 상속인이 피상속인의 재산의 유지 또는 증가에 기여한 경우는 여기에 해당되지 않는다.

(나) 재산의 유지, 증가: 재산의 유지나 증가가 있어야 한다.

(다) 기여와 재산의 유지 등에 인과관계: 상속인의 기여행위와 피상속인의 재산의 유지 또는 증가와의 사이에 인과관계가 존재해야 한다.

(3) 구체적 사례

(가) 성년인 자가 부양의무의 존부나 그 순위에 구애됨이 없이 스스로 장기간 그 부모와 동거하면서 생계유지의 수준을 넘는 부양자 자신과 같은 생활수준을 유지하는 부양을 한 경우에는 부양의 시기·방법 및 정도의 면에서 각기 특별한 부양이 된다고 보아 각 공동상속인간의 공평을 도모한다는 측면에서 그 부모의 상속재산에 대하여 기여분을 인정함이 상당하다(대판 1998.12.8. 97므513).

(나) 망인은 공무원으로 종사하면서 적으나마 월급을 받아 왔고, 교통사고를 당하여 치료를 받으면서 처로부터 간병을 받았다고 하더라도 이는 부부간의 부양의무 이행의 일환일 뿐, 망인의 상속재산 취득에 특별히 기여한 것으로 볼 수 없으며, 또한 처가 위 망인과는 별도로 쌀 소매업, 잡화상, 여관업 등의 사업을 하여 소득을 얻었다고 하더라도 이는 위 망인의 도움이 있었거나 망인과 공동으로 이를 경영한 것이고, 더욱이 처는 위 망인과의 혼인생활 중인 11년 동안 상속재산인 이 사건 부동산들보다 더 많은 부동산들을 취득하여 처 앞으로 소유권이전등기를 마친 점 등에 비추어 보면, 위 부동산의 취득과 유지에 있어 위 망인의 처로서 통상 기대되는 정도를 넘어 특별히 기여한 경우에 해당한다고는 볼 수 없다(대판 1996.7.10. 95스30).

(다) 피상속인의 딸이 결혼 후 피상속인의 사망시까지 30년 정도 피상속인과 동거하였다는 사정만으로는 특별기여 행위가 있었다고 볼 수 없다(서울가법 1996.7.24. 95드74936).

4. 寄與分의 決定方法

(1) 1차-협의결정-제1항: 공동상속인들이 협의하여 결정(1항)하여야 한다. 보통은 상속재산의 분할협의시에 협의가 이루어진다. 일정한 가액으로 결정하는 경우가 많겠지만, 일정한 동산·부동산 등의 재산을 기여분으로 할 수도 있다.

(2) 2차-법원에 의한 결정-제2항

(가) 협의 결정 불가: 공동상속인간에 협의가 되지 않거나 불가능하여야 한다.

(나) 기여자의 청구: 가정법원에 기여자의 청구가 있어야 한다. 그 외에 아래의 경우에도 청구할 수 있다(4항).
① 상속배산분할청구-제1013조제3항: 기여분의 청구는 상속재산분할심판의 청구와는 별개의 심판청구이나, 상속재산분할심판청구가 있는 경우(1013조2항)에도 할 수 있다.
② 상속재산분할 후 피인지자 등의 가액지급청구가 있는 경우(1014조)에도 할 수 있다(1008조의2 4항).
③ 동시 또는 별도로 가능: 기여분의 결정이 상속재산분할의 전제인 구체적 상속분을 산정하기 위한 절차인 이상, 상속재산분할심판의 계속 중에도 기여분결정의 심판청구를 별도로 할 수 있으며, 상속재산분할의 심판청구와 기여분결정의 심판청구를 동시에 할 수도 있다.
(다) 법원의 결정: 법원이 기여분을 정한다(2항, 가사소송법 2조1항마류4). 기여분의 결정은 가정법원의 조정사항이다(가소법 50조).
(라) 법원에 의한 결정시 참작사항-제2항: 기여분의 산정에 있어서는 기여의 시기·방법 및 정도와 상속재산의 액 기타의 사정을 모두 참작하여 결정하여야 한다.
① 구체적 산정방법: 특별수익분이 있는 경우의 구체적 상속분의 산정에 있어서와 마찬가지로, 상속개시시의 상속재산가액은 적극재산의 가액만을 가리킨다. 상속채무는 분할대상이 아니며, 채권자와의 관계에서는 법정상속분에 따라 분담하게 되므로 기여분산정과는 무관하다.
② 기여상속인만 있는 경우: 상속재산의 가액에서 공동상속인의 협의나 조정·심판에 의하여 정해진 기여분을 공제한 것을 상속재산으로 하여 법정상속분에 따라 산정한 상속분에 기여분을 가산한 액이 기여상속인의 상속분이다.
③ 기여상속인과 특별수익자가 함께 존재하는 경우: 기여상속인과 특별수익자가 동일인일 경우 제1008조와 제1008조의2는 공동상속인간의 실질적 형평을 도모한다는 점에서는 그 취지가 같다. 따라서 이와 같은 경우에는 특별수익이 실질적으로 기여를 인정한 것으로 인정될 때에는, 그 한에 있어서는 기여분의 청구는 인정될 수 없다고 본다. 기여상속인과 특별수익자가 동일인이 아닐 경우는, 피상속인의 재산가액에서 각자의 법정상속분을 정하고, 거기에서 특별수익자는 특별수익을 공제하고, 기여자는 기여분을 합하는 형식으로 한다(직계비속 3인이 상속인이고, 피상속재산이 10억, 장남의 기여분이 1억, 차남에게 특별수익으로 생전에 6천만원을 준 경우: 각자의 법정상속분 3억2천만원[(10억-1억+6천)/3]을 기준으로, 장남은 기여분을 가한 4억2천만원, 차남은 특별수익분을 공제한 2억6천만원, 3남은 3억2천만원이다).
(3) 기여분과 유증-제3항: 기여분은 상속이 개시된 때의 피상속인의 재산가액에서 유증의 가액을 공제한 액의 범위 내라야 한다.

5. 寄與分의 承繼와 抛棄

(1) 기여분의 승계: 기여분이 협의나 심판에 의해 정해진 경우에는 양도·상속이 가능하다고 본다. 그러나 기여분이 협의나 심판에 의하여 구체적으로 결정되기 전에 상속분과 분리하여 기여분만을 별도로 양도·상속할 수는 없다고 본다.
(2) 기여분의 포기: 기여분포기의 방식과 기간에도 제한은 없다. 따라서 상속재산의 분할이 종료할 때까지 다른 공동상속인 전원에 대한 포기의 의사표시가 있으면 족하다. 아울러 상속재산분할이 종료될 때까지 기여분청구권을 행사하지 아니한 경우도 포기한 것으로 보아야 할 것이다.

6. 寄與分制度와 다른 制度와의 關係

(1) 기여분과 유언과의 관계: 피상속인이 기여분을 지정하는 유언은 법률상 효력이 없다. 기여분지정은 법정 유언사항이 아니기 때문이다. 다만, 피상속인은 기여를 고려하여 기여분이 아니라 별도로 유증을 할 수는 있다.
(2) 기여분과 유류분과의 관계: 기여분과 유류분의 관계에서 유류분의 침해를 초래하는 기여분의 인정이 허용되느냐가 문제된다.
(가) 기여분은 유류분반환의 대상이 아님: 기여분과 유류분의 관계를 규정한 법률의 규정은 없으나, 민법 제1115조에서 유류분반환청구권의 대상에 기여분을 규정하지 않음으로써 기여분을 유류분에 우선시킨 것으로 보인다. 이는 기여분은 법률에 의해 인정되는 것으로 피상속인의 의

사를 통제하는 유류분으로 제한하기에 적당하지 아니하고, 기여분은 본래 기여자에게 귀속되어야 할 재산이 피상속인의 재산에 포함되어 있을 뿐이어서 본질적으로 유류분반환대상이 될 수 없다는 점이 있다(대판 1994.10.14. 94다8334). 따라서 기여분이 유류분을 침해할 수 있고, 극단적으로는 기여분이 많아 유류분이 하나도 없을 수도 있는 경우도 생길 수 있다.

(나) 기여분 결정 전의 기여자: 협의에 의하거나 법원의 심판에 의하여 기여분이 결정되기 전에는 유류분반환청구소송에서 피고가 된 기여상속인은 상속재산 중 자신의 기여분을 공제할 것을 항변으로 주장할 수 없다. * 기여분이 결정되기 전에는 유류분반환청구소송에서 피고가 된 기여상속인은 상속재산 중 자신의 기여분을 공제할 것을 항변으로 주장할 수 없다(대판 1994.10.14. 94다8334).

第1008條의3【墳墓등의 承繼】 墳墓에 속한 1町步이내의 禁養林野와 600坪이내의 墓土인 農地, 族譜와 祭具의 所有權은 祭祀를 主宰하는 者가 이를 承繼한다.

墳墓등의 承繼

1. 意義: 본조는 일정한 제사용 재산을 일반상속의 대상에서 제외되는 특별재산으로 하고, 법정의 상속인이 아닌 특정의 자가 이를 승계 내지 상속하는 것으로 하고 있다. 그 취지는 조상숭배를 미풍양속으로 여기는 유교사상에서 제사용 재산을 보통의 재산과 같이 취급하는 것은 우리의 감정에 부합하지 않으며, 그 성격상 수인의 상속인이 공유하거나 평등분할하는 것은 적합하지 않기 때문이다.

2. 祭祀用 財産

(1) 금양임야: 조상의 분묘가 소재하고 있는 임야로서 벌목이 금지된 임야를 말한다.

(2) 묘토: 조상의 분묘를 수호하고 그로부터의 수익으로 제사비용·분묘의 유지, 보수, 석물이나 재단 등의 시설의 보수 등의 각종의 비용에 충당하는 농지를 말한다. 본조의 묘산(임양임야)과 묘토의 면적은 승계인을 기준으로 600평 이내의 농지를 의미하는 것이 아니라 봉사의 대상이 되는 분묘 매 1기당 600평을 기준한 것이다(대판 1994.4.26. 92누19330). 그리고 묘토인 농지는 그 수익으로서 분묘관리와 제사의 비용에 충당되는 농지를 말하는 것으로서, 단지 그 토지상에 분묘가 설치되어 있다는 사정만으로 이를 묘토인 농지에 해당한다고 할 수는 없으며, 위 규정에 따라 망인 소유의 묘토인 농지를 제사주재자(또는 구 민법상의 호주상속인)로서 단독으로 승계하였음을 주장하는 자는, 피승계인의 사망 이전부터 당해 토지가 농지로서 거기에서 경작한 결과 얻은 수익으로 인접한 조상의 분묘의 수호 및 관리와 제사의 비용을 충당하여 왔음을 입증하여야 한다(대판 2006.7.4. 2005다45452).

(3) 기타 족보와 제구: 족보와 제사용 기구를 말한다.

(4) 피상속인의 유체, 유골: 사람의 유체·유골은 매장·관리·제사·공양의 대상이 될 수 있는 유체물로서, 분묘에 안치되어 있는 선조의 유체·유골은 민법 제1008조의3 소정의 제사용 재산인 분묘와 함께 그 제사주재자에게 승계되고, 피상속인 자신의 유체·유골 역시 위 제사용 재산에 준하여 그 제사주재자에게 승계된다.

(5) 생전행위 또는 유언에 의한 피상속인의 유체, 유골의 처분: 피상속인이 생전행위 또는 유언으로 자신의 유체·유골을 처분하거나 매장장소를 지정한 경우에, 선량한 풍속 기타 사회질서에 반하지 않는 이상 그 의사는 존중되어야 하고 이는 제사주재자로서도 마찬가지이지만, 피상속인의 의사를 존중해야 하는 의무는 도의적인 것에 그치고, 제사주재자가 무조건 이에 구속되어야 하는 법률적 의무까지 부담한다고 볼 수는 없다.

3. 祭祀를 主宰하는 者: 제사용 재산을 둘러싸고 많은 다툼의 여지가 있으나 민법이나 가사소송법에서는 승계자의 결정에 관하여 아무런 규정을 두고 있지 않다. 제사주재자는 우선적으로 망인의 공동상속인들 사이의 협의에 의해 정하되, 협의가 이루어지지 않는 경우에는 제사주재자의 지위를 유지할 수 없는 특별한 사정이 있지 않은 한 망인의 장남(장남이 이미 사망한 경우에는 장남의 아들, 즉 장손자)이 제사주재자가 되고, 공동상속인들 중 아들이 없는 경우에는 망인의

장녀가 제사주재자가 된다(대판 2008.11.20. 2007다27670). 그리고 금양임야 등의 소유자가 사망한 후 상속인과 그 금양임야로서 수호하는 분묘의 제사를 주재하는 자가 다를 경우에는 그 금양임야 등은 상속인들의 일반상속재산으로 돌아간다고 보아야 할 것이며, 상속인이 아닌 제사를 주재하는 자에게 금양임야 등의 승계권이 귀속된다고 할 수는 없다(대판 1994.10.14. 94누4059).
* 그런데 가정의례준칙 제15조(상제)제2항은 〈주상은 배우자나 장자가 된다〉라고 규정함.
4. 效力: 본조에 해당하는 재산은 특별상속재산을 구성한다. 즉 일반상속에 있어서 상속분이나 유류분의 산정에 있어서 상속재산에 산입되지 않으며, 한정승인이나 재산분리가 있는 경우에는 책임재산이 되지 않는다. 상속세과세가액에도 산입되지 아니한다(상속세및증여세법 12조3호).

第2款 相續分

第1009條【法定相續分】 ①同順位의 相續人이 數人인 때에는 그 相續分은 均分으로 한다.〈改正 1977.12.31, 1990.1.13〉
②被相續人의 配偶者의 相續分은 直系卑屬과 共同으로 相續하는 때에는 直系卑屬의 相續分의 5割을 加算하고, 直系尊屬과 共同으로 相續하는 때에는 直系尊屬의 相續分의 5割을 加算한다.〈改正 1990.1.13〉
③削除〈1990.1.13〉

法定相續分

1. 意義: 상속인이 1인이면 단독으로 피상속인의 권리의무를 전부 승계하지만, 상속인이 수명인 공동상속의 경우에는 각 개별 상속인이 상속할 몫이 결정되어야 할 것이다. 이와 같이 상속재산 전체에 대하여 수인의 공동상속인이 각각 배당받을 몫을 상속분이라 한다. 민법에서는 상속분의 의미가 다양하게 사용되고 있으며, 본조의 법정상속분(율) 및 지정상속분과 같은 상속인의 본래의 권리의 비율을 뜻하기도 하고, 이러한 비율의 평가액(상속분액)으로도 사용된다. 또한, 제1008조, 제1008조의2의 상속분은 특별수익, 기여분 조정을 하여 산출한 비율(구체적 상속분율) 또는 그 금액(구체적 상속분액)을 가리키고 제1011조의 상속분의 양도는 상속재산분할 전의 상속인의 지위를 의미한다고 볼 수 있다.
2. 指定相續分: 지정상속분이란 유언에 의하여 정하여지는 공동상속인의 상속분이다. 지정상속분은 법정상속분의 변경으로 볼 수 있으며 그 변경은 반드시 법정의 방식을 갖춘 유언에 의하여야 하며, 생전행위에 의하여 할 수 없다.
(1) 유언으로만: 상속분에 대한 지정은 유언으로만 할 수 있다.
(2) 공동상속인 전원에게: 상속분에 관한 유언은 공동상속인 전원에 대하여 하는 것이 원칙이나, 공동상속인 중의 일부에 대하여서도 할 수 있다.
(3) 유류분 침해는 불가: 지정상속분은 다른 상속인의 유류분을 침해하는 것이어서는 아니 된다.
(4) 상속분지정적 포괄적 유증: 상속분지정적 포괄적 유증이 있으면, 그것은 법정상속분에 우선한다(법정상속분은 보충성을 가짐).
(5) 소극재산: 소극재산인 상속채무에 대해서는 그것을 부담할 비율을 유언으로 지정할 수 없다.
3. 法定相續分 - 제1009조: 피상속인의 사망에 의해 상속이 개시된 경우에 유언에 의해 상속재산의 처분이 정해져 있는 때는 그 유언처분에 따라 상속재산이 분할되지만, 유언이 없는 경우에는 각 공동상속인은 본조에 따른 상속분, 즉 법정상속분에 따라 상속하게 된다.
(1) 유언에 의한 상속재산처분이 없어야: 피상속인이 유언으로 상속재산에 대한 별도의 처분(지정상속)이 없어야 한다.
(2) 법정상속분
(가) 균분평등상속-제1항: 동순위의 상속인이 여러 명인 때에는 그 상속분은 균분하여 평등하게 분배한다. 자녀의 성별, 혼인여부, 친자 또는 양자, 혼인 중의 자, 혼인 외의 자의 차별이 없이 모

두 균분으로 평등하게 분배한다.
(나) 배우자 우대-50% 가산-제2항: 배우자는 혼인으로 인한 공동생활을 영위함에 기여한 것을 감안하여 여타의 상속인보다 우대한다. 즉 배우자가 피상속인의 직계비속이나 직계존속과 공동상속하는 경우에 배우자의 상속분은 직계비속이나 존속의 상속분에 50%를 가산한다.
(다) 취소되기 전의 중혼인 배우자-2인이 균분: 중혼의 경우에는 중혼으로 취소되기 전에 상속인의 지위를 취득한 때에는 1인인 배우자의 상속분을 중혼인 두 사람이 2분하여 가진다.
(3) 채무: 채무는 유언으로 지정할 수 없고, 또한 협의분할의 대상도 되지 아니한다. 즉 법정상속분의 비율로 공동상속인에게 귀속한다.
(가) 상속채무에 대한 협의분할: 분할의 대상이 될 수 없는 상속채무에 관하여 공동상속인들 사이에 분할의 협의가 있는 경우라면 이러한 협의는 민법 제1013조에서 말하는 상속재산의 협의분할에 해당하는 것은 아니지만, 위 분할의 협의에 따라 공동상속인 중의 1인이 법정상속분을 초과하여 채무를 부담하기로 하는 약정은 면책적 채무인수의 실질을 가진다.
(나) 협의분할로 법정상속분의 일부를 면하는 경우-채권자의 승낙 필요: 채권자에 대한 관계에서 상속채무협의분할로 다른 공동상속인이 법정상속분에 따른 채무의 일부 또는 전부를 면하기 위하여는 민법 제454조의 규정에 따른 채권자의 승낙을 필요로 하고, 여기에 상속재산 분할의 소급효를 규정하고 있는 민법 제1015조가 적용될 여지는 전혀 없다(대판 1997.6.24. 97다8809).

第1010條【代襲相續分】 ①第1001條의 規定에 依하여 死亡 또는 缺格된 者에 가름하여 相續人이 된 者의 相續分은 死亡 또는 缺格된 者의 相續分에 依한다.
②前項의 境遇에 死亡 또는 缺格된 者의 直系卑屬이 數人인 때에는 그 相續分은 死亡 또는 缺格된 者의 相續分의 限度에서 第1009條의 規定에 依하여 이를 定한다. 第1003條第2項의 境遇에도 또한 같다.

代襲相續分

1. 代襲相續

(1) 대습상속: 상속인으로 될 직계비속 또는 형제자매가 상속개시 전에 사망 또는 결격된 경우에 그 자의 직계비속이나 배우자가 상속하는 것이 대습상속이다.
(2) 대습상속분: 대습상속분은 본조에서 규정한다.

2. 代襲相續分

(1) 피대습자의 상속분을 상속-제1항: 대습상속인의 상속분은 사망 또는 결격된 상속인, 즉 피대습자의 상속분의 상속분이다.
(2) 수인의 대습상속인: 대습상속인이 1인인 경우에는 피대습자의 상속분 그대로 승계하지만, 대습상속인이 여러 명인 때에는 그 각자의 상속분은 제1009조의 법정상속분에 관한 규정에 따라 정해진다. 예를 들어 피상속인에게 배우자와 장남, 차남, 딸이 있고, 장남이 배우자와 아들 둘을 남기고 먼저 사망한 경우에, 장남인 피대습자의 상속분을 배우자가 1.5, 아들 둘은 각 균등한 1의 비율로 대습상속한다.

第1011條【共同相續分의 讓受】 ①共同相續人中에 그 相續分을 第三者에게 讓渡한 者가 있는 때에는 다른 共同相續人은 그 價額과 讓渡費用을 償還하고 그 相續分을 讓受할 수 있다.
②前項의 權利는 그 事由를 안 날로부터 3月, 그 事由있은 날로부터 1年內에 行使하여야 한다.

相續分의 讓渡와 讓受

1. 相續分의 讓渡 - 상속인 지위의 양도: 공동상속에서 상속인간에 상속재산을 분할하기 전에 적극재산과 소극재산을 모두 포함한 상속재산 전부에 관하여 공동상속인으로 가지는 포괄적 상속분, 즉 상속인의 지위를 상속인이 아닌 제3자에게 양도하는 것이 상속분의 양도이다. 따라서 이는 상속재산을 구성하는 개개의 물건 또는 권리에 대한 개별적인 권리를 양도하는 것은 여기에서 말하는 상속분의 양도가 아니다(대판 2006.3.24. 2006다2179). 사안의 공동상속인 중 일부가 상속재산인 임야 중 자신들의 상속지분을 양도한 경우, 이는 민법 제1011조제1항에 규정된 '상속분의 양도'에 해당하지 아니하고 상속받은 임야에 관한 공유지분을 양도한 것에 불과하여, 다른 공동상속인에게 민법 제1011조제1항에 규정된 상속분 양수권이 있다고 볼 수 없다(대판 2006.3.24. 2006다2179).

(1) 양도방법: 상속분의 양도에는 특별한 방식이 없으므로 구술 또는 서면으로 할 수 있으며, 유상·무상을 묻지 않고 다른 공동상속인의 승낙도 필요하지 않다.

(2) 효과: 상속분의 양도는 상속인 지위의 양도이기 때문에 양수인은 상속인과 같은 지위에 서게 된다.

(가) 상속재산의 관리, 분할: 상속재산의 관리, 상속재산의 분할에 양수인이 참여한다.

(나) 다른 공동상속인의 상속권 포기의 경우: 다른 공동상속인이 상속을 포기한 때에는 양수인의 상속분이 증가하고, 양도한 상속인은 포기분을 취득할 수 없다.

(다) 상속채무: 상속분을 양도하였더라도 상속인은 상속채무를 면하지 않고, 양수인이 양도인(상속인)과 함께 병존적으로 채무를 인수한다고 해석된다.

(3) 양도 통지-필요: 양도한 상속인은 다른 공동상속인에게 자기의 상속분을 타인에게 양도한 것을 통지하여야 하는지에 관하여는 별도의 규정이 없다. 그런데 상속분을 양도한 경우에 다른 공동상속인이 그 상속분을 환수할 수 있는 양수권의 행사에 기간을 제한하고 있기 때문에(2항), 다른 공동상속인이 알지 못하는 사이에 양수기간이 경과하여 양수의 기회가 박탈되는 것을 막기 위해 공동상속인에게 통지해야 된다고 해석된다.

2. 相續分의 讓受(還收) - 제1항: 상속개시 후 상속재산의 분할 전에 공동상속인은 자기의 상속분을 제3자에게 자유롭게 양도할 수 있다. 그런데 그 상속분을 제3자에게 양도한 때에는 다른 공동상속인은 그 가액과 양도비용을 상환하고 그 상속분을 환수할 수 있도록 한다. 이는 상속분을 양도받은 제3자가 다른 상속인과 상속분의 분할 등을 하게 될 때의 분란과 또한 가산이 제3자에게 넘어가 분산되는 것을 방지하자는 취지이다. 이를 상속분의 양수라 한다.

(1) 요건-제1항

(가) 공동상속인 중 1인이 자기의 상속분을 양도: 공동상속인 중 1인이 자기의 상속분을 양도하여야 한다.

(나) 양수인은 제3자: 양도는 상속인이 아닌 제3자에 대하여 이루어져야 한다.

(다) 상속재산 분할 전의 양도: 상속분의 양도가 상속재산분할 전에 있어야 한다.

(2) 양수권의 행사-제2항

(가) 공동상속인의 양수의 의사표시-형성권적 성질: 상속분의 양수인 또는 전득자에 대하여 일방적으로 양수의 의사를 표시하면 되며, 양수인 또는 전득자의 승낙이나 동의는 필요하지 않다. 공동상속인이 공동으로 또는 1인이 단독으로 할 수 있다.

(나) 가액과 비용의 상환: 상속분을 양수할 당시의 시가에 해당하는 가액과 양도비용을 상환한다.

(다) 일부 양수-불가: 일부의 양수가 가능한지가 문제된다. 상속분의 일부를 양수하면 나머지가 여전히 양수인에게 남게 되므로 상속재산의 공유로부터 타인을 배제한다는 양수제도의 취지상 허용될 수 없을 것이다.

(라) 행사기간-제2항: 상속분을 양도한 것을 안 날로부터 3월, 양도가 있은 날로부터 1년 내에 행사해야 한다.

(3) 효과-공동상속인에게 귀속: 양수권의 행사에 의하여 제3자에게 양도된 상속분은 양도인 이외의 공동상속인 전부에게 그 상속분에 따라 귀속한다. 따라서 공동상속인 중 1인이 단독으로

행사하더라도 그 자에게만 귀속하는 것은 아니다. 양수권의 행사에 쓴 상속분의 가액과 비용도 상속분에 따라 공동상속인이 부담한다.

第3款 相續財産의 分割

第1012條【遺言에 依한 分割方法의 指定, 分割禁止】 被相續人은 遺言으로 相續財産의 分割方法을 定하거나 이를 定할 것을 第三者에게 委託할 수 있고 相續開始의 날로부터 5年을 超過하지 아니하는 期間內의 그 分割을 禁止할 수 있다.

第1013條【協議에 依한 分割】 ①前條의 境遇外에는 共同相續人은 언제든지 그 協議에 依하여 相續財産을 分割할 수 있다.
②第269條의 規定은 前項의 相續財産의 分割에 準用한다.

相續財産의 分割 - 遺言, 協議, 法院

1. 意義: 피상속인은 유류분에 관한 규정에 반하지 않는 한 자유롭게 그의 재산을 처분할 수 있다. 따라서 상속재산을 공동상속인들에게 어떻게 분할토록 할 것(분할방법)인가도 자유롭게 지정할 수 있는데, 이는 자기의 사망 이후 상속재산에 대하여 공동상속인간에 발생할 수 있는 분쟁을 사전에 방지할 수 있다는 측면에서도 바람직하다.

(1) 피상속인의 상속재산에 대한 처분의 자유-제1012조

(가) 유언으로 지정: 상속재산을 어떻게 처분할 것인가의 표시는 반드시 유언으로 하여야 하고, 생전행위로 분할방법을 지정한 것은 무효이고(대판 2001.6.29. 2001다28299), 유언이 무효인 경우에는 분할방법의 지정도 무효가 된다.

(나) 표시할 수 있는 처분의 내용: 상속재산에 대하여 표시할 수 있는 내용은 아래와 같다.

① 분할방법: 분할하는 방법을 직접 지정할 수 있다.

② 분할방법을 제3자에게 위탁: 제3자에게 분할의 방법을 위탁할 수도 있다.

③ 5년기간 내의 분할 금지: 5년의 기간 내에 상속재산의 분할을 금지할 수 있다.

(다) 효과: 유언의 내용대로 이행된다.

(2) 피상속인이 분할에 대한 표시를 하지 않은 때-제1013조

(가) 1차-공동상속인간에 자유롭게 협의를 통하여 분할할 수 있다(1항).

(나) 2차-협의분할이 되지 아니하는 때에는 법원에 그 분할을 청구하여 분할한다(1013조2항, 269조).

2. 分割의 對象과 分割費用

(1) 분할의 대상

(가) 적극재산: 협의 또는 재판 분할의 대상이 되는 재산은 피상속인의 적극재산이다. 즉 적극재산으로 부동산, 동산, 원물, 과실, 채권, 물권 모두 분할의 대상이 된다.

① 상속재산 여부에 대한 확인의 소: 일부 공동상속인이 다른 공동상속인을 상대로 그 재산이 상속재산임의 확인을 구하는 소를 제기한 경우, 이는 그 재산이 현재 공동상속인들의 상속재산 분할 전 공유관계에 있음의 확인을 구하는 소송으로서, 그 승소확정판결에 의하여 그 재산이 상속재산분할의 대상이라는 점이 확정되어 상속재산분할심판 절차 또는 분할심판이 확정된 후에 다시 그 재산이 상속재산분할의 대상이라는 점에 대하여 다툴 수 없게 되고, 그 결과 공동상속인 간의 상속재산분할의 대상인지 여부에 관한 분쟁을 종국적으로 해결할 수 있으므로 확인의 이익이 있다(대판 2007.8.24. 2006다40980).

② 고유필요적 공동소송: 공동상속인이 다른 공동상속인을 상대로 어떤 재산이 상속재산임의 확인을 구하는 소는 이른바 고유필수적 공동소송이라고 할 것이고, 고유필수적 공동소송에서는 원고들 일부의 소 취하 또는 피고들 일부에 대한 소 취하는 특별한 사정이 없는 한 그 효력이 생기지 않는다(대판 2007.8.24. 2006다40980).

(나) 소극재산: 채무는 분할의 대상이 되지 아니한다. 채무는 법정상속분에 따라 공동상속인에게 귀속된다.

(2) 분할 비용: 분할 비용의 부담은 협의분할에서는 협의로 정할 수 있고, 법원에 의한 분할에서는 법원에서 정한다.

3. 被相續人의 處分(指定)

(1) 유언으로 분할을 직접 지정-제1012조: 피상속인은 유언으로 상속재산의 분할방법을 지정하거나, 직접 지정하여 분할할 수 있다.

(가) 유언으로 분할방법을 지정: 피상속인은 유언으로 분할방법을 지정할 수 있다.

① 분할방법의 지정: 분할방법의 지정은 현물분할이나 가격분할, 대상분할 등 분할형태의 지정을 가리키지만, 이러한 추상적인 지정뿐만 아니라 특정의 구체적 재산을 특정의 상속인에게 귀속시키는 것도 포함된다.

② 상속재산 전부 또는 일부, 공동상속인 전원 또는 일부: 지정은 상속재산 전체 또는 일부에 대해서 할 수 있으며, 공동상속인 전원 또는 일부에 대해서 할 수도 있다.

(나) 유언으로 직접 분할: 유언으로 상속재산을 개별적으로 직접 분할 지정할 수 있다.

① 특정재산을 특정인에게 귀속시키는 표시: 본조의 분할방법의 지정은 상속분의 지정과는 달리 각 공동상속인에 대해서 상속분 상당의 재산을 취득시키는 경우에 각각 특정재산 또는 특정종류의 재산을 특정 상속인에게 지정하는 것이지만, 실제 상속분의 지정을 포함하는 경우가 많다.

② 특정재산의 특정인에게 지정을 한 경우: 특정상속재산을 특정 상속인에게 상속시키는 유언이 있은 경우 그것이 법정상속분의 범위 내에서 그 상속인에 대한 상속재산분할방법의 지정인지, 상속분의 지정인지, 단순한 유증인지를 구분하기 곤란한 경우가 발생하게 된다. 이 경우에는 종합적으로 검토하여야 한다.

(2) 유언으로 분할방법을 제3자에게 위탁-제1012조: 피상속인은 본인이 직접 분할방법을 지시하지 않고, 그 방법을 제3자에게 위탁할 수 있다.

(가) 수탁자-제3자여야: 위탁을 받은 제3자는 공동상속인 이외의 자이어야 한다.

(나) 수탁자의 업무-분할방법의 위탁으로 법정상속분에 적합하게 분할: 위탁을 받아 분할방법을 지정하는 제3자는 피상속인의 재산을 자유롭게 처분할 수 있는 자가 아니라, 공동상속인간에 어떻게 분할 것인가, 즉 분할방법을 수탁받은 자이므로 그 방법은 각 공동상속인이 취득할 재산의 총액이 각각의 법정상속분에 적합하도록 방법을 지정하여야 한다.

(다) 수탁자가 분할방법을 지정할 수 없는 때: 위탁을 받은 제3자가 분할방법을 지정하지 않거나 지정할 수 없을 때에는 위탁은 효력을 잃고, 공동상속인은 협의로 분할하거나 가정법원에 분할을 신청할 수 있다.

(3) 유언으로 분할금지-제1012조: 피상속인은 유언으로 상속재산의 분할을 금지할 수 있다.

(가) 금지기간-5년 내: 분할금지의 기간은 상속개시일부터 5년을 넘을 수 없다. 이것은 장기에 걸쳐 공유관계가 계속되는 것을 방지하기 위한 것으로 유류분제도와 함께 유언자유의 원칙에 대한 제한이다.

(나) 분할금지의 효과: 분할금지의 유언이 있는 경우 공동상속인은 그 기간 내에 상속재산을 분할할 수 없으며, 협의에 의한 분할은 물론 법원에 분할의 청구도 할 수 없다. 그 금지기간이 지난 후에 협의분할하고, 협의분할이 이루지지 아니하면 법원에 의하여 분할된다.

4. 共同相續人間의 協議에 의한 分割 - 제1013조제1항: 피상속인이 상속재산에 대한 공동상속인간의 분할에 대한 방법을 지정하지 아니한 때에는, 공동상속인이 협의하여 분할할 수 있다. 그런데 상속재산의 분할을 실행하려면 먼저 상속재산의 범위와 평가를 확정하고, 분할받을 상속인을 확정하여야 한다.

(1) 상속재산의 확정과 평가: 상속재산의 범위의 확정과 평가는 상속인들이 할 수도 있고 감정인을 선임하여 할 수도 있다. 대상재산(代償財產), 부동산의 차임, 지료, 주식의 배당금, 예금의 이자 등과 같은 과실도 포함되어야 한다.

(가) 특별수익자가 있는 경우의 구체적 상속분 산정을 위한 재산 평가시점(상속개시일): 공동상속인 중에 피상속인으로부터 재산의 증여 또는 유증 등의 특별수익을 받은 자가 있는 경우에는 이러한 특별수익을 고려하여 상속인별로 고유의 법정상속분을 수정하여 구체적인 상속분을 산정하게 되는데, 이러한 구체적 상속분을 산정함에 있어서는 상속개시시를 기준으로 상속재산과 특별수익재산을 평가하여 이를 기초로 하여야 할 것이다(대판 1997.3.21. 96스62).

(나) 대상분할의 방법에 의한 상속재산분할시의 정산을 위한 상속재산 평가시점(분할시): 법원이 실제로 상속재산분할을 함에 있어 분할의 대상이 된 상속재산 중 특정의 재산을 1인 및 수인의 상속인의 소유로 하고 그의 상속분과 그 특정의 재산의 가액과의 차액을 현금으로 정산할 것을 명하는 방법(소위 대상분할의 방법)을 취하는 경우에는, 분할의 대상이 되는 재산을 그 분할시를 기준으로 하여 재평가하여 그 평가액에 의하여 정산을 하여야 한다(대판 1997.3.21. 96스62).

(다) 소송 중의 권리: 상속재산평가의 일반원칙에 따라 상속개시 당시의 현황, 즉 상속개시 당시의 시가에 의하여 산정할 수밖에 없을 것인데, 상속개시 당시에는 상속재산인 '소송 중의 권리'가 그 권리의 존부나 범위를 둘러싸고 다툼이 있어 분쟁관계에 있었다고 하더라도 그 후 당해 과세처분취소소송의 변론종결 이전에 법원의 판결 등을 통하여 '소송 중의 권리'의 내용과 범위가 구체적으로 확정되었다면, 다른 특별한 사정이 없는 한, 판결에 따라 확정된 권리의 가액을 기초로 상속개시 당시의 현황에 의하여 '소송 중의 권리'의 가액을 평가하여야 할 것이다(대판 1993.4.13. 92누10982).

(다) 피상속인이 매수한 목적물의 일부가 타인에 속한 권리인 경우: 피상속인이 매매계약 당시에 매매의 목적이 된 부동산 중 일부분의 소유권이 매도인에게 속하지 아니함을 알지 못하였다면 피상속인은 선의의 매수인에 해당하고, 따라서 피상속인은 매도인에 대하여 감액대금반환을 청구할 수 있을 뿐만 아니라 이로 인한 손해배상도 청구할 수 있다고 할 것인바, 피상속인이 갖게 되는 대금감액청구권 및 손해배상청구권은 상속재산에 포함된다.

(라) 비상장 주식: 비상장주식은 객관적인 교환가치가 적정하게 반영된 정상적인 거래의 실례가 있으면 그 거래가격을 시가로 보아 주식의 가액을 평가하여야 할 것이다(대판 1987.1.20. 86누318).

(마) 도로예정지인 상속재산의 평가방법: 도시계획상 도로로 편입되는 등 공법상의 제한이 있는 토지의 교환가격은 도시계획의 시행이 임박하여 보상금이 구체적으로 산정되어 있다는 등의 특별한 사정이 없는 한 그 제한이 있는 상태에서 형성되는 것이 원칙일 것이므로 상속재산인 도로예정지의 평가를 위한 감정가액 또한 그와 같은 제한을 고려하여 산정하여야 하고, 장차 도로편입에 따라 공시지가에 의한 금액 상당을 보상받을 수 있다 하여 달리 볼 것은 아니며, 감정이 개인적인 의뢰에 의한 것이라거나 개별공시지가보다 현저히 낮은 가격으로 평가되었다는 점만으로 감정가액의 객관성 또는 합리성을 배척할 수도 없다(대판 1997.7.11. 96누10423).

(마) 피상속인의 보증채무: 상속개시 당시 피상속인이 제3자를 위하여 연대보증채무를 부담하고 있거나 물상보증인으로서의 책임을 지고 있는 경우에, 주채무자가 변제불능의 무자력 상태에 있기 때문에 피상속인이 그 채무를 이행하지 않으면 안 될 뿐만 아니라 주채무자에게 구상권을 행사하더라도 변제를 받을 가능성이 없다고 인정되는 때에는, 그 채무금액을 상속재산 가액에서 공제할 수 있다(대판 1996.4.12. 95누10976).

(바) 상속재산이 공동저당권 또는 근저당권이 설정된 재산인지 여부에 대한 판단기준시기-상속개시 당시: 상속개시 당시를 기준으로 판단하여야 한다(대판 1990.6.8. 90누1106).

(2) 협의의 당사자: 분할의 협의에 참가하여야 할 자는 공동상속인인데, 상속인은 아니지만 분할 전의 상속분의 양수인, 포괄적 수증자도 상속인과 동일하게 협의에 참가하여 협의하여야 한다. 그런데 상속인 중에 생사불명자, 상속인의 지위에 대한 소멸 또는 발생을 다투고 있는 경우와 상속인 중에 미성년자가 있는 경우에 문제가 있다.

(가) 상속인 중의 미성년자-특별대리인 선임: 공동상속재산분할협의는 행위의 객관적 성질상 상속인 상호간에 이해의 대립이 생길 우려가 있는 행위로 공동상속인인 친권자와 미성년인 수인의 자 사이에 상속재산분할협의를 하게 되는 경우에는 미성년자 각자마다 특별대리인(921조)을 선임하여, 각 특별대리인이 각 미성년자인 자를 대리하여 상속재산분할의 협의를 하여야 한다. 따라서 친권자가 수인의 미성년자의 법정대리인으로서 상속재산분할협의를 한 것이라면 이는

민법 제921조에 위반된 것으로서 이러한 대리행위에 의하여 성립된 상속재산분할협의는 피대리자 전원에 의한 추인이 없는 한 무효이다(대판 1993.4.13. 92다54524).

(나) 생사불명 상속인-부재자재산관리인 선임 후 분할: 행방불명 또는 생사불명자가 있는 경우는 상속인이 상속개시 당시부터 행방불명인 경우에는 부재자재산관리인을 선임하고(22조) 분할하여야 한다. 따라서 상속인이 이북에 있어 생사불명이라는 이유만으로 이를 제외해서는 아니 되며, 이 경우에는 부재자선고 등에 관한 특별조치법에 의한 부재자선고절차를 밟아야 한다(대판 1982.12.28. 81다452).

(다) 상속인 신분의 소멸을 다투고 있는 경우-재판 확정 후 분할: 상속인의 신분의 소멸을 다투고 있는 경우 예를 들어 친생부인, 친자관계부존재확인, 인지무효, 혼인무효, 입양무효 등의 소가 계속 중인 경우에는 재판의 확정을 기다려서 분할해야 할 것이다. 확정판결이 있기 전까지는 분할의 협의에 참가시키는 수밖에 없다고 해석된다.

(라) 상속인 신분의 발생을 다투고 있는 경우-가족관계등록부상의 상속인으로 분할: 상속인의 신분의 발생을 다투고 있는 경우, 예컨대 인지청구의 소와 같은 상속인신분의 발생을 다투고 있는 자는 가족관계등록부상 명백히 상속인이 아니므로 이 자를 제외하고 분할할 수 있으며, 이후에 그 무효가 확정된 경우에는 제1014조를 유추적용하는 것으로 보아야 한다.

(3) 분할협의의 기준과 방법-전원의 합의: 협의분할은 상속인 전원의 합의에 의하여야 하고, 전원이 합의하였으면 협의의 방법이나 분할한 결과 또는 각자가 취득한 것의 가액이 어떠한 비율로 되었든 분할의 효력에는 관계없다.

(가) 상속인 전원 참가: 상속재산의 협의분할은 공동상속인간의 일종의 계약으로서 공동상속인 전원이 참여하여야 하고 일부 상속인만으로 한 협의분할은 무효이다(대판 1995.4.7. 93다54736).

(나) 순차적 합의도 가능: 협의는 반드시 한 자리에서 이루어질 필요는 없고 순차적으로 이루어질 수도 있다(대판 2001.11.27. 2000두9731).

(다) 단독안에 대한 순차적인 승인: 상속인 중 한사람이 만든 분할 원안을 다른 상속인이 후에 돌아가며 승인하여도 무방하다(대판 2004.10.28. 2003다65438, 65445).

(4) 분할협의의 무효・취소

(가) 무효 사유: 무자격자가 분할협의에 참가한 경우, 공동상속인 중 특정인이 협의에서 제외된 경우 등은 그 자체가 분할협의무효의 원인이 된다.

① 상속포기자가 참여한 협의-한정 유효: 상속재산분할협의에 이미 상속을 포기한 자가 참여하였다 하더라도 그 분할협의의 내용이 이미 포기한 상속지분을 다른 상속인에게 귀속시킨다는 것에 불과하여 나머지 상속인들 사이의 상속재산분할에 관한 실질적인 협의에 영향을 미치지 않은 경우라면 그 상속재산분할협의는 효력이 있다고 볼 수 있다(대판 2007.9.6. 2007다30447).

② 특정인을 제외한 다른 상속인의 상속포기기간 경과 후의 상속포기-유효-협의분할: 원고를 제외한 잔여 상속인들이 위 망인의 상속재산 전부를 원고에게 상속시키기 위한 방편으로 한 상속포기신고가 비록 그 법정기간 경과 후에 한 것으로서 재산상속포기로서의 효력이 생기지 아니하는 것이기는 하나, 그에 따라 위 공동상속인들 사이에는 원고가 고유의 법정상속분을 초과하여 상속재산 전부를 취득하고 위 잔여상속인들은 이를 전혀 취득하지 않기로 하는 내용의 상속재산에 관한 협의분할이 이루어진 것으로 볼 것이다(대판 1991.12.24. 90누5986).

③ 고유상속분 초과 분할받은 경우-유효-다른 상속인으로부터의 증여가 아닌 상속재산의 승계: 공동상속인간에 협의분할이 이루어짐으로써 공동상속인 중의 1인이 고유의 상속분을 초과하는 재산을 취득하게 되었다 하더라도 상속재산의 분할은 상속개시시에 소급하여 그 효력이 있으며, 따라서 이는 상속개시 당시에 피상속인으로부터 직접 승계받은 것으로 보아야 한다(대판 1992.10.27. 92다32463).

(나) 취소 사유: 분할협의의 의사표시에 하자가 있는 경우에는 표의자는 의사표시의 취소나 무효를 주장할 수 있다.

(다) 무효, 취소의 효과: 분할협의에서 제외된 상속인은 그의 상속인자격이 부인되어 있지 않는 한 상속회복청구를 할 것이 아니라 분할무효확인 및 재분할을 청구할 수 있고, 그 외의 사유로

무효 또는 취소된 경우에도 동일하다.

(라) 분할협의의 해제

① 합의해제: 상속재산 분할협의는 공동상속인들 사이에 이루어지는 일종의 계약으로서, 공동상속인들은 이미 이루어진 상속재산 분할협의의 전부 또는 일부를 전원의 합의에 의하여 해제한 다음 다시 새로운 분할협의를 할 수 있다.

② 합의해제의 효과: 상속인 당사자간에서는 분할협의에 따른 이행으로 변동이 생겼던 물권은 당연히 그 분할협의가 없었던 원상태로 복귀하지만, 민법 제548조제1항 단서의 규정상 이러한 합의해제를 가지고서는, 그 해제 전의 분할협의로부터 생긴 법률효과를 기초로 하여 새로운 이해관계를 가지게 되고 등기·인도 등으로 완전한 권리를 취득한 제3자의 권리를 해하지 못한다(대판 2004.7.8. 2002다73203).

(마) 분할협의와 사해행위

① 사해행위취소 대상: 상속재산분할협의는 재산권목적의 법률행위로 사해행위취소권의 대상이 될 수 있다(대판 2001.2.29. 2000다51797).

② 채무초과상속인의 법정상속분 미달: 채무초과 상태에 있는 채무자가 상속재산의 분할협의를 하면서 상속재산에 관한 권리를 포기함으로써 결과적으로 일반채권자에 대한 공동담보가 감소되었다 하더라도, 그 재산분할결과가 채무자의 구체적 상속분에 상당하는 정도에 미달하는 과소한 것이라고 인정되지 않는 한 사해행위로서 취소되어야 할 것은 아니고, 구체적 상속분에 상당하는 정도에 미달하는 과소한 경우에도 사해행위로서 취소되는 범위는 그 미달하는 부분에 한정하여야 한다(대판 2001.2.9. 2000다51797).

③ 채무초과상속인의 유리한 부동산 대신 현금취득: 채무초과 상태에 있는 채무자가 상속재산의 분할협의를 하면서 유일한 상속재산인 부동산에 관하여는 자신의 상속분을 포기하고 소비하기 쉬운 현금을 지급받기로 하였다면, 이러한 행위는 실질적으로 채무자가 자기의 유일한 재산인 부동산을 매각하여 소비하기 쉬운 금전으로 바꾸는 것과 다르지 아니하여 특별한 사정이 없는 한 채권자에 대하여 사해행위가 된다고 할 것이며, 이와 같은 금전의 성격에 비추어 상속재산 중에 위 부동산 외에 현금이 다소 있다 하여도 마찬가지이다(대판 2008.3.13. 2007다73765).

(바) 분할의 대상이 아닌 채무에 대한 협의분할

① 원칙-채무는 협의분할의 대상이 아님: 금전채무와 같이 급부의 내용이 가분인 채무가 공동상속된 경우, 이는 상속 개시와 동시에 당연히 법정상속분에 따라 공동상속인에게 분할되어 귀속되는 것이므로, 상속재산 분할의 대상이 될 여지가 없다.

② 법정상속분 초과한 상속채무에 대한 협의분할의 효과-면책적 채무인수: 상속재산 분할의 대상이 될 수 없는 상속채무에 관하여 공동상속인들 사이에 분할의 협의가 있는 경우라면 이러한 협의는 민법 제1013조에서 말하는 상속재산의 협의분할에 해당하는 것은 아니지만, 위 분할의 협의에 따라 공동상속인 중의 1인이 법정상속분을 초과하여 채무를 부담하기로 하는 약정은 면책적 채무인수의 실질을 가진다(대판 1997.6.24. 97다8809).

③ 초과분할에는 채권자의 승낙를 요함: 채권자에 대한 관계에서 분할약정에 의하여 다른 공동상속인이 법정상속분에 따른 채무의 일부 또는 전부를 면하기 위하여는 민법 제454조의 규정에 따른 채권자의 승낙을 필요로 하고, 여기에 상속재산 분할의 소급효를 규정하고 있는 민법 제1015조가 적용될 여지는 전혀 없다(대판 1997.6.24. 97다8809).

5. 法院에 의한 分割 - 제1013조제2항(269조): 상속재산의 분할에 대한 협의가 이루어지지 않거나, 협의가 불가능할 때 각 상속인은 법원에 그 분할을 청구할 수 있다(269조, 가소 2조).

(가) 청구 당사자: 협의에 참가할 수 있는 자인 공동상속인, 포괄수증자, 상속분의 양수인 등이고, 상대방은 다른 공동상속인이다.

① 조정신청: 상속재산분할심판청구는 가사소송법 제2조제1항 소정의 마류가사비송사건에 속하고, 따라서 같은 법 제50조제1항에 의하여 상속재산분할심판청구 전에 먼저 조정을 신청하여야 한다.

② 조정를 거치지 않은 심판-한정 유효: 가사소송법 제50조제2항은 조정을 신청하지 아니하고 심판을 청구한 때에는 가정법원은 그 사건을 조정에 회부하여야 하되, 다만 조정에 회부되더라

도 조정이 성립될 수 없다고 인정할 때에는 조정에 회부하지 아니할 수 있도록 규정하고 있는바, 이 사건에서 종합적으로 검토한바 법원이 조정에 회부하더라도 조정이 성립될 수 없다고 인정되므로, 먼저 조정신청을 하지 아니한 채 심판청구를 한 위 사건을 부적법하다고 하여 각하하지 아니하고 나아가 위 사건을 조정에 회부하지 아니한 제1심의 조치를 그대로 유지한 원심결정은 그 이유설시가 미흡하기는 하나 그 결론에 있어 정당하다(대판 1995.2.15. 94스13, 14).

(나) 분할의 방법: 분할시를 기준으로 현물분할, 가액분할, 개별분할, 대상분할, 정산분할을 할 수 있고, 가액분할을 위하여 물건의 매각이나 경매를 명할 수도 있다.

6. 分割의 效果 – 제1015조: 상속개시시에 소급한다.

第1014條【分割後의 被認知者等의 請求權】 相續開始後의 認知 또는 裁判의 確定에 依하여 共同相續人이 된 者가 相續財産의 分割을 請求할 境遇에 다른 共同相續人이 이미 分割 其他 處分을 한 때에는 그 相續分에 相當한 價額의 支給을 請求할 權利가 있다.

第1015條【分割의 遡及效】 相續財産의 分割은 相續開始된 때에 遡及하여 그 效力이 있다. 그러나 第三者의 權利를 害하지 못한다.

分割의 效果와 分割 後에 相續人이 생긴 경우

1. 分割의 遡及效 – 제1015조: 상속재산의 분할이 있으면 각 상속인은 피상속인으로부터 직접 분할에 의해 재산을 취득한 것으로 본다. 즉 상속개시시에 발생하는 상속재산의 공유관계는 상속재산의 분할을 위한 잠정적인 조치에 불과하며 분할이 이루어지면 그 공유는 처음부터 존재하지 않았던 것으로 의제되고, 분할의 소급효로 피상속인으로부터 직접 승계된 것으로 본다. 따라서 상속재산이 부동산인 경우에는 피상속인으로부터 직접 상속인으로의 등기를 할 수 있다. 그런데 분할의 소급효는 분할로 상속재산 그 자체를 취득한 경우에만 인정되는 것이며, 상속재산 자체가 아니라 상속재산에 갈음한 가액, 환가 등을 취득한 경우에는 소급효가 없다.

2. 遡及效의 制限 – 제1015조 단서: 분할의 소급효는 거래의 안전을 위하여 제한되어 소급효로 제3자의 권리를 침해하지 못한다.

(1) 제3자: 여기서의 보호받는 제3자는 상속인으로부터 상속재산의 지분을 양수한 자, 담보로 제공받은 자, 지분에 대한 압류를 한 자 등이다.

(2) 협의분할 이전에 피상속인의 공동상속인 중의 1인으로부터 토지를 매수하였을 뿐 소유권이전등기를 경료하지 아니한 자: 이전등기를 하지 않은 자나 그 상속인들은 민법 제1015조 단서에서 말하는 "제3자"에 해당하지 아니하여 매도한 상속인의 상속지분에 대한 협의분할을 무효로 주장할 수 없다(대판 1992.11.24. 92다31514).

3. 相續分相當價額支給請求(분할 후에 새로 상속인이 된 경우) – 제1014조: 상속개시 후에 인지되거나 재판이 확정되어 공동상속인이 된 자도 그 상속재산이 아직 분할되거나 처분되지 아니한 경우에는 당연히 다른 공동상속인들과 함께 분할에 참여할 수 있을 것이나, 인지 이전에 다른 공동상속인이 이미 상속재산을 분할 내지 처분한 경우에는 인지의 소급효를 제한하는 제860조 단서가 적용되어 사후의 피인지자는 다른 공동상속인들의 분할 기타 처분의 효력을 부인하지 못하게 된다. 본조는 그와 같은 경우에 피인지자가 다른 공동상속인들에 대하여 그의 상속분에 상당한 가액의 지급을 청구할 수 있도록 하여 상속재산의 새로운 분할에 갈음하는 권리(상속분상당가액지급청구)를 인정함으로써 피인지자의 이익과 기존의 권리관계를 합리적으로 조정하는 데 그 목적이 있다.

(1) 청구권의 법적 성질-상속회복청구권: 본조의 청구권의 법적 성질이 상속재산분할청구권인지 상속회복청구권인지 문제되고, 어느 것으로 이해하느냐에 따라 행사기간에 제한을 받는다. 인지 또는 재판의 확정으로 피인지자 등이 소급하여 인지자의 자로 되므로, 상속개시 당시 상속인

이기 때문에 피인지자 등의 상속분상당가액지급청구권은 그 성질상 상속회복청구권의 일종이고(대판 1981.2.10. 79다2052), 따라서 본조의 청구권은 제999조제2항에 정한 제척기간이 적용된다(대판 2007.7.26. 2006므2757).

(2) 당사자와 요건

(가) 청구권자: 청구권자는 상속개시 후에 인지에 의해 상속인이 된 자이다. 피상속인의 자녀가 주로 해당되지만, 피상속인의 자나 형제자매의 대습상속인도 이에 해당될 수 있다. 구체적으로 피상속인의 死後에 인지의 소를 제기하여 인지판결을 받은 자, 피상속인의 생전에 인지의 소를 제기하여 그 死後에 인지판결을 받은 자, 유언에 의해 인지된 자가 청구할 수 있다.

(나) 상대방: 청구의 상대방은 공동상속인이며 피인지자의 상속분의 총액을 각자의 상속분에 따라 분할하여 청구할 수 있다.

(다) 다른 공동상속인이 이미 분할 기타 처분을 하였을 것: 분할은 협의·조정·심판의 종류를 묻지 않고 상속재산분할이 종료한 경우에는 본조가 적용되며, 분할이 종료하지 않은 때는 피인지자는 분할에 참가할 수 있다.

① 일부가 분할 종료: 일부에 대해 분할이 종료한 때에는 그 부분에 한해서 본조가 적용되며 나머지 부분에 대해서는 분할의 당사자가 될 수 있다.

② 〈기타 처분〉: 본조의 기타처분은 공동상속인이 공동으로 상속재산을 처분하였거나, 공동상속인 중 1인이 상속재산분할 전에 그 상속분을 제3자에게 양도한 경우가 이에 해당한다.

(라) 제척기간-인지판결 확정일로부터 3년: 본조의 청구권의 성질은 상속회복청구권으로 제999조제2항에 제척기간의 적용을 받고, 기산일인 〈침해를 안 날〉이라 함은 피인지자가 자신이 진정상속인인 사실과 자신이 상속에서 제외된 사실을 안 때를 가리키는 것으로 혼인 외의 자가 법원의 인지판결 확정으로 공동상속인이 된 때에는 그 인지판결이 확정된 날이다(대판 2007.7.26. 2006므2757).

(3) 대상재산

(가) 분할된 적극재산: 피인지자는 자신의 상속분, 즉 피인지자를 상속인에 포함하여 산출한 비율을 금전적으로 평가한 금액을 청구할 수 있다. 가액 청구의 대상은 피인자의 상속분인 적극재산에 대해서만 한정하고 채무는 별도로 상속분에 따라 승계한다.

(나) 분할 당시의 상속재산-분할 후의 과실은 제외: 인지 전에 공동상속인들에 의해 이미 분할되거나 처분된 상속재산은 이를 분할받은 공동상속인이나 공동상속인들의 처분행위에 의해 이를 양수한 자에게 그 소유권이 확정적으로 귀속되는 것이며, 그 후 그 상속재산으로부터 발생하는 과실은 상속개시 당시 존재하지 않았던 것이어서 이를 상속재산에 해당한다 할 수 없고, 상속재산의 소유권을 취득한 자(분할받은 공동상속인 또는 공동상속인들로부터 양수한 자)가 민법 제102조에 따라 그 과실을 수취할 권능도 보유한다고 할 것이며, 민법 제1014조도 〈이미 분할 내지 처분된 상속재산〉 중 피인지자의 상속분에 상당한 가액의 지급청구권만을 규정하고 있을 뿐 〈이미 분할 내지 처분된 상속재산으로부터 발생한 과실〉에 대해서는 별도의 규정을 두지 않고 있으므로, 결국 민법 제1014조에 의한 상속분상당가액지급청구에 있어 상속재산으로부터 발생한 과실은 그 가액산정 대상에 포함된다고 할 수 없다(대판 2007.7.26. 2006므2757).

(다) 분할받은 상속재산의 과실-부당이득도 아님: 인지 이전에 공동상속인들에 의해 이미 분할되거나 처분된 상속재산은 민법 제860조 단서가 규정한 인지의 소급효 제한에 따라 이를 분할받은 공동상속인이나 공동상속인들의 처분행위에 의해 이를 양수한 자에게 그 소유권이 확정적으로 귀속되는 것이며, 상속재산의 소유권을 취득한 자는 민법 제102조에 따라 그 과실을 수취할 권능도 보유한다고 할 것이므로, 피인지자에 대한 인지 이전에 상속재산을 분할한 공동상속인이 그 분할받은 상속재산으로부터 발생한 과실을 취득하는 것은 피인지자에 대한 관계에서 부당이득이 된다고 할 수 없다(대판 2007.7.26. 2006다83796).

(4) 가액산정 시점: 가액의 산정 기준시점은 다른 공동상속인들이 상속재산을 실제 처분한 가액이나 처분한 때의 시가가 아니라 사실심변론종결시의 시가를 의미한다(대판 1993.8.24. 93다12).

(5) 후순위상속인에 의한 분할의 경우: 제860조는 인지의 소급효는 제3자의 권리로 제한받는다는 취지를 규정하였으나, 제1014조에서 상속개시 후의 인지 또는 재판의 확정에 의하여 공동상속인이

된 자가 상속재산의 분할을 청구할 경우에, 다른 공동상속인이 미리 분할 기타 처분을 한 때에는 그 상속분에 상당한 가액의 지급을 청구할 권리가 있다라고 규정하여 인지의 소급효를 막을 수 있는 권리를 지닌 제3자를 제한하고 있다. 이런 민법하에서 제1014조와 같은 경우에 놓인 피인지자의 후순위 상속인(피상속인의 형제, 자매)은 어떻게 처우되겠느냐는 어려운 문제로 남는다.

(가) 피인지자보다 후순위자가 취득한 상속권-인지로 상속권 상실: 혼인 외의 출생자가 부의 사망 후에 인지의 소에 의하여 친생자로 인지받은 경우 피인지자보다 후순위 상속인인 피상속인의 직계존속 또는 형제자매 등은 피인지자의 출현과 함께 자신이 취득한 상속권을 소급하여 잃게 되는 것으로 보아야 하고, 그것이 민법 제860조 단서의 규정에 따라 인지의 소급효 제한에 의하여 보호받게 되는 제3자의 기득권에 포함된다고는 볼 수 없다(대판 1993.3.12. 92다48512).

(나) 피인지자의 상속분상당가액지급청구: 피인지자는 자기보다 후순위자임에도 취득한 상속권에 의하여 상속재산이 이미 분할 된 경우에는 본조에 의하여 후순위자에게 상속분상당가액지급청구를 할 수 있다. 후순위 상속인을 제860조 단서의 제3자로 인정 처우한다면 상속순위에서 뒤떨어지는 후순위 상속인이 그보다 순위에 있어 상위에 놓인 공동상속인보다 후하게 보호되는 결과가 되어 균형을 크게 잃는 불합리를 가져오기 때문으로, 이러한 불합리를 없이 하기 위하여서는 피인지자 보다 후순위 상속인(피상속인의 형제, 자매)이 취득한 상속권은 민법 제860조 단서의 제3자의 취득한 권리에 포함시켜 해석할 수 없고, 따라서 본조에 의하여 피인지자는 후순위자에게 상속분상당가액지급청구를 할 수 있다(대판 1974.2.26. 72다1739).

(6) 반환가액의 범위: 반환가액의 범위에 관하여는 부당이득반환의 범위에 관한 민법규정을 유추적용할 수도 없고, 그에 따라 다른 공동상속인들이 분할 기타의 처분시에 피인지자의 존재를 알았는지의 여부에 의하여 그 지급할 가액의 범위가 달라지는 것도 아니라 할 것이다(대판 1977.2.22. 76므55). 여기에서 상속분에 상당한 가액의 청구권은 원래 피인지자가 상속개시시에 소급하여 취득하였을 상속재산에 대한 권리(상속분)가 변환된 것으로서 그에 상당한 현물과의 등가관계를 전제로 하는 것이라 할 것이므로, 그 가액은 실제로 다른 공동상속인들이 분할기타 처분에 의하여 얻은 대가를 기준으로 하거나, 그 당시의 시가로 산정할 것이 아니라, 현실의 지급시를 기준으로 하여 산정하여야 할 것이고, 소송으로써 지급을 청구하는 경우에는 그 소송의 사실심 변론종결 당시의 상속재산 가액을 기초로 하여 산정하여야 할 것이다(대판 1993.8.24. 93다12).

第1016條【共同相續人의 擔保責任】 共同相續人은 다른 共同相續人이 分割로 因하여 取得한 財産에 對하여 그 相續分에 應하여 賣渡人과 같은 擔保責任이 있다.

第1017條【相續債務者의 資力에 對한 擔保責任】 ①共同相續人은 다른 相續人이 分割로 因하여 取得한 債權에 對하여 分割當時의 債務者의 資力을 擔保한다.
②辨濟期에 達하지 아니한 債權이나 停止條件 있는 債權에 對하여는 辨濟를 請求할 수 있는 때의 債務者의 資力을 擔保한다.

第1018條【無資力共同相續人의 擔保責任의 分擔】 擔保責任 있는 共同相續人中에 償還의 資力이 없는 者가 있는 때에는 그 負擔部分은 求償權者와 資力 있는 다른 共同相續人이 그 相續分에 應하여 分擔한다. 그러나 求償權者의 過失로 因하여 償還을 받지 못한 때에는 다른 共同相續人에게 分擔을 請求하지 못한다.

共同相續人의 擔保責任

1. 意義: 상속인이 상속재산 분할의 결과 취득한 상속재산(물건 또는 채권)에 하자가 있는 경우에는 공동상속인에게 물건의 매도인 및 채권의 매도인과 동일한 담보책임이 있다. 하자 있는 재산을 취득한 상속인도 다른 공동상속인과 함께 담보책임을 부담하며, 공동상속인의 담보책임의

부담비율은 각자의 상속분에 따른다.

2. 物件의 瑕疵 - 賣渡人의 擔保責任 - 제1016조: 분할된 상속재산인 물건에 하자 있는 경우에는 공동상속인은 매도인의 담보책임과 동일한 담보책임이 있다. 즉 매도인의 담보책임이 준용되며 구체적으로는 대금의 감액·해제·손해배상이 해당된다.

(1) 대금감액: 3억원 상당의 토지를 상속인 A, B, C 중 A가 취득하고 B, C에게 각각 1억원을 지급한 경우 그 토지의 1/5이 타인의 토지에 속하여 A가 결국은 그 부분을 취득하지 못한 경우 3억의 1/5(6천만원)에 대해서 각 상속인(A, B, C)이 부담해야 하므로 A는 B, C에게 각 2천만원의 반환을 청구할 수 있다.

(2) 해제: 해제는 상속재산의 재분할을 의미하는데, 재분할을 인정하면 거래의 안전을 해할 수 있기 때문에 부정해야 할 것이다.

(3) 손해배상: 특정 상속인이 분할받은 상속재산에 하자가 있어 협의한 상속분에 미치지 못하게 된 경우 그 부족분은 상속인의 상속분에 따라 부담하게 된다. 대금감액이나 해제가 법률관계를 복잡하게 하고 거래안전을 해할 우려가 있으므로 손해배상은 상속재산분할에 관한 담보책임 중 가장 그 기능이 크다고 할 수 있다.

3. 債權 - 相續債務者의 資力에 대한 擔保 - 제1017조: 상속재산분할에 의해 상속인 중에 1인이 채권을 취득한 경우에 채무자가 무자력이라서 채권의 전부나 일부를 변제받을 수 없게 된 때, 공동상속인이 담보책임을 진다. 이는 상속인간의 형평을 도모하기 위한 것으로, 상속인 중 1인이 채권을 취득한 경우 다른 재산을 취득한 상속인과 재산취득면에서 형평을 취하기 위한 것이다. 본조의 적용을 받는 채권은 그 종류를 묻지 않고, 지명채권, 지시채권, 유가증권상의 채권 등이 모두 포함된다.

(1) 분할 당시의 채무자의 자력 담보-제1항: 변제기에 이른 채권에 대하여는 분할 당시의 채무자의 자력을 담보한다.

(2) 변제기 전, 정지조건의 채권-제2항: 담보책임을 부담하는 시기는 변제기에 이르지 않은 채권은 변제기이고, 정지조건 있는 채권은 정지조건 성취시이다.

4. 償還無資力共同相續人의 擔保責任의 分擔 - 제1018조: 제1016조, 제1017조에 의해 담보책임을 지는 공동상속인 중 무자력자가 있는 경우에 다른 공동상속인이 어떻게 부담하는지를 규정한다.

(1) 자력공동상속인간에 분담: 구체적으로 공동상속인 A, B, C가 있고, A가 분할에 의해 취득한 채권 3천만원에 대해 채무자가 무자력인 경우 A, B, C의 상속분이 같다면 B, C에게 각각 1천만원을 구상할 수 있지만, B가 무자력인때는 이 1천만원은 A와 C가 부담하며, 결국 A는 C에게 1천5백만원을 구상할 수 있다. 이때 분담비율은 균분이 아니라 상속분의 비율에 따른 분담으로 해석된다.

(2) 과실이 없어야: 상환청구권자에게 과실이 없어야 한다. 상환청구권자가 과실이 있는 때는 다른 공동상속인에게 분담을 청구할 수 없으며, 빨리 청구했더라면 변제를 받을 수 있었음에도 이를 게을리하여 무자력이 된 경우가 그에 해당할 수 있다. 채무자가 채권의 일부에 대해 상환할 수 없는 때는 그 부분에 대해서 다른 공동상속인이 분담하게 된다.

第4節 相續의 承認 및 抛棄 〈개정 1990.1.13〉

1. 概括: 피상속인의 사망으로 상속이 개시되어 피상속인의 일신전속적인 권리·의무를 제외한 일체의 권리와 의무가 상속인에게 포괄승계되지만, 상속도 개인의 자유로운 의사에 반할 수는 없으므로 조정이 요구된다. 따라서 상속인에 대해 일정기간 내에 상속을 승인하거나 포기할 수 있도록 한다. 상속의 승인이란 상속의 개시에 의하여 피상속인에게 속하였던 재산상의 모든 권리·의무가 상속인에게 귀속하는 효과를 거부하지 않을 것을 스스로 선언하는 것을 말한다. 상속은 포괄적이므로 그 승인 또는 포기도 상속재산에 대하여 포괄적으로 하여야 하며, 상속재산을 선별하여 특정재산을 선택적으로 할 수는 없다.

(1) 단순승인: 상속인이 피상속인의 권리·의무의 자기에게의 귀속을 전면적으로 승인하는 것이 단순승인이다.

(2) 한정승인: 상속인이 피상속인의 권리, 의무를 제한적으로 승인하는 것이 한정승인이다.
(3) 상속의 포기: 상속의 포기란 상속개시에 의하여 발생하는 상속의 효과를 상속개시시에 소급하여 소멸시키는 의사표시를 말한다.

2. 承認, 抛棄權者: 상속의 승인, 포기권자는 당연히 상속인이다. 포기나 승인은 재산상의 행위로서 승인이나 포기가 유효하려면 행위능력이 있어야 한다. 따라서 행위무능력자는 법정대리인이 승인・포기하여야 한다.

3. 承認, 抛棄의 節次: 상속을 함으로써 본인에게 유리한지 여부를 알기 위하여 상속인은 승인, 포기 전에 상속재산을 조사할 수 있도록 하며, 그 후에 승인 또는 포기를 할 수 있도록 한다.
(1) 단순승인: 단순승인은 별도의 형식을 요하지 아니한다. 또한 반드시 별도의 의사표시를 요하는 것도 아니다.
(2) 한정승인, 포기: 한정승인과 포기는 피상속인의 채무자에게 영향을 주기 때문에 일정한 절차에 의하여 법원에 신고하도록 한다. 또한 승인이나 포기는 단독행위로 확정적이어야 하여 조건이나 기한을 붙이지 못하고, 일단 승인・포기를 한 때에는 원칙적으로 이를 취소하지 못한다.

4. 構成
(1) 승인, 포기의 기간: 제1019조-제1021조
(2) 상속재산의 관리: 제1022조, 제1023조
(3) 승인, 포기의 취소금지: 제1024조
(4) 단순승인: 제1025조-제1027조
(5) 한정승인: 제1028조-제1040조
(6) 포기: 제1041조-제1044조

第1款 總 則

第1019條【承認, 抛棄의 期間】 ①相續人은 相續開始있음을 안 날로부터 3月內에 單純承認이나 限定承認 또는 抛棄를 할 수 있다. 그러나 그 期間은 利害關係人 또는 檢事의 請求에 依하여 家庭法院이 이를 延長할 수 있다.〈改正 1990.1.13〉
②相續人은 제1항의 承認 또는 抛棄를 하기 前에 相續財産을 調査할 수 있다. 〈개정 2002.1.14〉
③제1항의 규정에 불구하고 상속인은 상속채무가 상속재산을 초과하는 사실을 중대한 과실없이 제1항의 기간내에 알지 못하고 단순승인(제1026조제1호 및 제2호의 규정에 의하여 단순승인한 것으로 보는 경우를 포함한다)을 한 경우에는 그 사실을 안 날부터 3월내에 한정승인을 할 수 있다. 〈신설 2002.1.14〉

第1020條【無能力者의 承認, 抛棄의 期間】 相續人이 無能力者인 때에는 前條第1項의 期間은 그 法定代理人이 相續開始있음을 안 날로부터 起算한다.

第1021條【承認, 抛棄期間의 計算에 關한 特則】 相續人이 承認이나 抛棄를 하지 아니하고 第1019條第1項의 期間內에 死亡한 때에는 그의 相續人이 그 自己의 相續開始있음을 안 날로부터 第1019條第1項의 期間을 起算한다.

承認, 抛棄의 期間

1. 行爲能力者의 承認, 抛棄 - 제1019조
(1) 상속개시 전의 포기약정-무효: 상속개시 전에 이루어진 상속포기약정은 상속의 포기의 절차와 방식에 따르지 아니한 것으로 그 효력이 없다(대판 1994.10.14. 94다8334).

(2) 사전의 상속재산의 조사-제2항: 승인 또는 포기를 할 것인가를 결정하기 위하여 승인 또는 포기를 하기 전에 상속재산을 조사할 수 있다.

(3) 고려기간-제1항: 상속인은 상속개시 있음을 안 날로부터 3월 내에 단순승인이나 한정승인 또는 포기를 할 수 있다.

(가) 청구에 의한 기간 연장-단서: 위 3월의 기간은 이해관계인 또는 검사의 청구에 의하여 가정법원이 이를 연장할 수 있다.

(나) 불가항력적 사유에 의한 연장청구 불가-사유 소멸 후 2주 내 청구: 위 3월의 기간 내에 천재지변 또는 당사자의 귀책사유 없는 불가항력적인 사유로 기간을 연장할 수 없었을 때에는 그 사유가 없어진 날로부터 2주일 내에 연장청구를 할 수 있다(가소 12조).

(다) 고려기간의 기산점-안 날: 고려기간의 기산점은 〈상속개시 있음을 안 날〉로부터 진행한다.

① 〈상속개시 있음을 안 날〉-자기가 상속인이 된 사실을 안 날: 구체적으로 상속개시의 원인사실 뿐 아니라 더 나아가 그로써 자신이 상속인이 된 사실을 안 날이 언제인지까지를 말하며(대판 2005.7.22. 2003다43681), 보통의 경우에는 자기가 상속인이 되었음을 안 날을 말하는 것이므로 상속재산 또는 상속채무의 존재를 알아야만 위 고려기간이 진행되는 것은 아니다(대판 1991.6.11. 91스1). 따라서 사실의 오인이나 법률의 무지 등 특별한 사정이 있어 상속인이 피상속인의 권리의무를 승계한다는 의식이 없었고 이에 따라 한정승인이나 포기를 하지 않은 것도 무리가 아니라고 판단되는 경우에는 아직 자신이 상속인이 된 사실을 알았다고 할 수 없을 것이며, 위 특별한 사정의 존재는 상속인 또는 그 법정대리인의 학력, 경력, 상속개시 이후의 정황, 선순위상속인의 상속포기로 후순위자가 상속인으로 된 것인지의 여부, 상속재산과 관련된 법적 분쟁 유무 등을 종합적으로 고려하여 판단해야 한다(서울고법 2005.7.15. 2005나7971).

② 선순위 상속인의 포기에 의하여 상속인이 된 후순위자: 선순위 상속인인 피상속인의 처와 자녀들이 모두 적법하게 상속을 포기한 경우 누가 상속인이 되는지는 상속의 순위에 관한 민법 제1000조제1항제1호, 제2항과 상속포기의 효과에 관한 민법 제1042조 내지 제1044조의 규정들에 따라서 정해질 터인데 일반인의 입장에서 피상속인의 처와 자녀가 상속을 포기한 경우 피상속인의 손자녀가 이로써 자신들이 상속인이 되었다는 사실까지 안다는 것은 이례에 속하므로 이와 같은 과정을 거쳐 피상속인의 손자녀가 상속인이 된 경우에는 상속인이 상속개시의 원인사실을 아는 것만으로 자신이 상속인이 된 사실을 알기 어려운 특별한 사정이 있다고 보는 것이 상당하다(대판 2006.2.10. 2004다33865). * 상속포기신고 당시 미성년자인 후순위상속인들의 법정대리인들이 상속제도에 관한 법률의 무지 및 법무사의 잘못된 조언 등으로 인하여 자신들을 포함한 선순위상속인들만 상속포기신고를 하고 후순위상속인들의 상속포기신고를 하지 않은 경우, 후순위상속인들은 선순위상속인들의 상속포기신고로 자신들이 상속인이 된 사실을 알았다고 할 수 없고, 나중에 피상속인의 채권자가 제기한 소송의 관련 서류를 송달받고 나서야 비로소 자신들이 상속인이 된 사실을 알았다고 봄이 상당하다(서울고법 2005.7.15. 2005나7971).

(4) 특별한정승인-중과실 없이 채무초과를 모르고 승인한 경우-안 날로부터 3월 내-제3항: 본항은 중대한 과실 없이 채무초과 사실을 알지 못하고 단순승인을 한 상속인을 보호하려는 데 입법취지가 있다.

(가) 요건

① 상속채무 초과사실의 부지: 상속인이 상속채무가 상속재산을 초과하는 사실을 알지 못하였어야 한다.

② 중대한 과실이 없어야: 위 알지 못하는 것에 중대한 과실이 없어야 한다. 본항의 〈중대한 과실〉은 상속인의 나이, 직업, 피상속인과의 관계, 친밀도, 동거 여부, 상속개시 후 생활 양상, 생활의 근거지 등 개별 상속인의 개인적 사정에 비추어 상속재산에 대한 관리의무를 현저히 결여한 것을 뜻한다(서울가법 2006.3.30. 2005브85).

㉮ 중대한 과실이 인정된 예-따라서 특별한정승인 불가: 피상속인의 처인 청구인 1은 적어도 채권자가 피상속인의 무자력을 주장하며 제기한 위 사해행위 취소소송에서 제1심판결 정본을 송달받아 피상속인의 채무초과사실을 알게 되었다거나 모른 데 중대한 과실이 있었다는 것이 명백해

보이고, 피상속인의 아들인 청구인 3, 6은 소외 2 주식회사의 이사로서 피상속인과 함께 소외 2 주식회사의 경영에 참여하였으므로, 피상속인 사망 당시 또는 적어도 위 회사정리절차에서 소외 2 주식회사의 부채 총액이 자산 총액을 초과한다는 이유로 주식 일부가 무상 소각된 시점에는 피상속인이 소외 2 주식회사의 대표이사로서 부담하게 된 연대보증채무의 존재 및 그것이 상속재산을 초과한다는 사실을 알게 되었다거나 모른 데 중대한 과실이 있었다는 것이 명백해 보인다(서울가법 2006.3.30. 2005브85).

㈏ 중대한 과실을 부정한 예-특별한정승인 가능: 피상속인의 딸인 청구인 2, 4, 5, 7은 일찍이 혼인하여 출가하였고, 소외 2 주식회사의 경영에 참여한 사실도 없으므로, 채권자가 제기한 위 지급청구 사건의 소장 부본을 받아 보기 이전에 피상속인의 채무초과사실을 알고 있었다거나 이를 모른 데 중대한 과실이 있었다고 볼 수 없다(서울가법 2006.3.30. 2005브85).

③ 단순승인 또는 법정단순승인: 제1항의 기간 내에 단순승인이나 법정단순승인을 하였어야 한다.

㈎ 안 날로부터 3월 내-한정승인: 상속채무가 적극재산을 초과한다는 사실을 안 날로부터 3월 내 한정승인할 수 있다.

㈏ 제척기간: 이 기간은 한정승인신고의 가능성을 언제까지나 남겨둠으로써 당사자 사이에 일어나는 법적 불안상태를 막기 위하여 마련한 것으로 제1항의 기간과 마찬가지로 제척기간이다.

④ 법원에 신고-당사자가 기간 내에 특별한정승인을' 신고하여야 한다.

(나) 법원의 심판, 수리: 법원이 심판하고 수리하여야 한다. 비록 가정법원의 한정승인신고수리의 심판이 일응 한정승인의 요건을 구비하였다고 인정하는 데 그치고 그 효력을 확정하는 것은 아니라고 하더라도, 채무초과사실을 모른 데 중대한 과실이 있다는 점이 명백하다면 이를 이유로 한정승인신고를 불수리하여야 하므로(대판 2006.2.13. 2004스74), 그러한 한도 내에서 중대한 과실의 존부에 관하여 심리할 필요가 있다.

(다) 입증책임: 위 요건에 대한 입증책임은 상속인에게 있다

(라) 한정승인의 효력 확정: 가정법원의 한정승인신고 수리의 심판은 일단 한정승인의 요건을 구비한 것으로 인정한다는 것일 뿐 그 효력을 확정하는 것은 아니므로, 그 한정승인이 효력이 있는지 여부에 관한 최종적인 판단은 실체법에 따라 민사소송에서 결정되어야 할 문제이다(대판 2002.11.8. 2002다21882).

(마) 한정승인의 효력-책임을 한정

① 상속채무에 대하여는 전부에 대한 이행판결: 상속의 한정승인은 채무의 존재를 한정하는 것이 아니라 단순히 그 책임의 범위를 한정하는 것에 불과하기 때문에, 상속의 한정승인이 인정되는 경우에도 상속채무가 존재하는 것으로 인정되는 이상, 법원으로서는 상속재산이 없거나 그 상속재산이 상속채무의 변제에 부족하다고 하더라도 상속채무 전부에 대한 이행판결을 선고하여야 한다.

② 집행에 제한: 한정승인은 채무의 존재를 한정하는 것이 아니라 그 책임의 범위를 한정하는 것으로 한정승인에 의한 채무의 이행판결은 그 채무가 상속인의 고유재산에 대해서는 강제집행을 할 수 없다. 따라서 집행력을 제한하기 위하여 이행판결의 주문에 상속재산의 한도에서만 집행할 수 있다는 취지를 명시하여야 할 것이다(대판 2003.11.14. 2003다30968).

(바) 개별적 문제

① 협의처분 후의 한정승인, 포기-기간 내이면 가능: 민법 제1019조제3항은 상속채무 초과사실을 중대한 과실 없이 민법 제1019조제1항의 기간 내에 알지 못하고 단순승인을 한 경우 뿐만 아니라 민법 제1026조제1호 및 제2호의 규정에 의하여 단순승인을 한 것으로 간주되는 경우에도 상속채무 초과사실을 안 날로부터 3월 내에 한정승인을 할 수 있다고 규정하고 있으므로, 설사 상속인들이 상속재산 협의분할을 통해 이미 상속재산을 처분한 바 있다고 하더라도 상속인들은 여전히 민법 제1019조제3항의 규정에 의하여 한정승인을 할 수 있다고 할 것이고, 따라서 위 협의분할 때문에 이·사건 심판이 한정승인으로서 효력이 없다고 할 수는 없다(대판 2006.1.26. 2003다29562).

② 제척기간 경과 후의 포기-협의분할로 인정: 상속재산 전부를 상속인 중 1인(을)에게 상속시킬 방편으로 그 나머지 상속인들이 상속포기신고를 하였으나 그 상속포기가 민법 제1019조제1항

소정의 기간을 초과한 후에 신고된 것이어서 상속포기로서의 효력이 없더라도 을과 나머지 상속인들 사이에는 을이 고유의 상속분을 초과하여 상속재산 전부를 취득하고 나머지 상속인들은 그 상속재산을 전혀 취득하지 않기로 하는 의사의 합치가 있었다고 할 것이므로 그들 사이에 위와 같은 내용의 상속재산의 협의분할이 이루어진 것이라고 보아야 하고 공동상속인 상호간에 상속재산에 관하여 협의분할이 이루어짐으로써 공동상속인 중 1인이 고유의 상속분을 초과하여 상속재산을 취득하는 것은 상속개시 당시에 피상속인으로부터 상속에 의하여 직접 취득한 것으로 보아야 한다(대판 1989.9.12, 88누9305).

2. 行爲無能力者의 承認, 抛棄 - 제1020조: 법정대리인이 무능력자가 상속인임을 안 날로부터 3월내에 승인 또는 포기하여야 한다.

(1) 무능력자인 상속인의 법정대리인을 기준: 기산점인 안 날의 주체는 무능력자의 법정대리인을 기준으로 한다. 즉 미성년자인 경우에는 그 법정대리인인 친권자, 한정치산자와 금치산자는 후견인이 무능력자가 상속인이 된 것을 안 날이 기준이 된다.

(2) 상속개시시에 법정대리인이 없는 경우: 상속개시시에 친권자가 없거나 후견인이 없는 경우에는 후견인을 선임하고, 그 후견인이 피후견인을 위해 상속개시를 안 때부터 진행한다.

(3) 승인, 포기 전의 법정대리인의 사망, 결격: 상속개시 당시의 법정대리인이 상속개시 사실을 알았으나 승인이나 포기하기 전에 사망하거나 실격한 경우, 또는 금치산선고나 한정치산선고를 받은 경우에는 상속인인 무능력자가 능력자로 되거나 법정대리인이 선임되어 상속개시를 안 때부터 3개월을 계산해야 한다.

3. 承認, 抛棄 없이 相續人이 死亡한 경우의 期間의 特則 - 제1021조: 피상속인이 사망하고 그 상속인이 승인이나 포기를 하지 않고 있던 중 사망한 경우 상속인이 승인 또는 포기할 수 있는 지위는 상속인의 상속인에게 상속되는데, 고려기간을 피상속인의 사망을 안 날로부터 기산하면 그 상속인에게 가혹하므로 자신이 상속인임을 안 때로부터 기산한다. 예를 들어 A가 사망하고 자녀 B가 승인이나 포기의 선택을 하지 않고 2개월을 경과하고 사망한 경우 B의 상속인인 C의 승인, 포기기간은 남은 1개월이 아니라 C가 B의 상속인이라는 것을 안 때부터 3개월이다. 따라서 C는 이 기간동안 A의 상속에 대한 승인·포기의 선택과 B의 상속에 대한 승인·포기의 선택을 함께 결정할 수 있다.

第1022條【相續財産의 管理】 相續人은 그 固有財産에 對하는 것과 同一한 注意로 相續財産을 管理하여야 한다. 그러나 單純承認 또는 抛棄한 때에는 그러하지 아니하다.

第1023條【相續財産保存에 必要한 處分】 ①法院은 利害關係人 또는 檢事의 請求에 依하여 相續財産의 保存에 必要한 處分을 命할 수 있다.
②法院이 財産管理人을 選任한 境遇에는 第24條 乃至 第26條의 規定을 準用한다.

相續財産의 管理

1. 意義: 피상속인이 사망하면 상속재산은 일단 상속인에게 승계되지만, 상속인의 의사를 존중하여 상속의 승인 또는 포기의 자유를 인정하고 있다. 그런데 상속인이 장차 포기를 할 생각이면 상속재산의 관리를 소홀히 하여 재산이 망실되어 이해관계인에게 피해를 줄 수도 있다. 이러한 경우를 대비하여 상속인에게 승인, 포기 전까지는 자기재산과 동일한 주의로 상속재산을 관리할 의무를 부과하고, 더 나아가 일정한 경우에 법원이 그 상속재산에 대한 보전처분을 하도록 하여 상속재산을 관리, 유지토록 한다.

2. 相續人의 管理義務 - 고유재산과 동일한 주의 - 제1022조: 상속인이 한정승인이나 포기를 하기 전까지는 상속재산을 고유재산에 대한 것과 동일한 주의의무로 관리해야 한다.

(1) 관리: 상속인이 상속재산의 전부 또는 일부를 처분한 때는 단순승인을 한 것으로 보기 때문

에(1026조) 어떠한 행위가 관리행위에 해당하는지가 문제된다. 상속재산에 속하는 물건의 수선이나 보수, 상속재산의 보전에 필요한 처분행위, 상속재산에 속하는 법률관계에 대해 해제·고지·취소·상계·면제·채권양도의 통지 등이 해당할 것이다.

(2) 관리기간

(가) 단순승인: 단순승인을 한 후에는 고유재산과 구별하여 관리할 필요가 없으며 주의의무도 소멸한다.

(나) 재산분리 청구를 한 경우–상속개시시부터 3월: 상속채권자나 수증자가 재산분리를 청구한 경우에는 이후부터는 고유재산과 동일한 주의로 관리해야 하므로, 분리청구를 할 수 있는 기간인 상속개시로부터 3개월간은 동일한 주의의무로 관리를 계속할 필요가 있을 것이다.

(다) 포기한 경우–후순위상속인이 관리할 때까지: 상속을 포기한 경우는 포기에 의해 상속인이 된 자가 관리할 수 있을 때까지 마찬가지로 관리를 계속해야 한다.

(라) 한정승인한 경우–청산절차 종료시까지: 상속인이 한정승인을 한 경우에는 청산절차가 끝날 때까지 자기 고유재산에 대한 것과 동일한 주의의무로써 관리할 필요가 있다.

(3) 관리기간 내의 변제거절권: 상속인이 승인이나 포기를 하기 전에 상속채권자로부터 채무이행의 청구를 받은 경우에 상속인은 변제를 거절할 수 있는지에 대해서는 명문규정이 없다. 상속인이 채무를 변제할 경우 이는 상속재산을 처분한 것으로 되어 법정단순승인으로 될 수 있으므로 변제거절권이 있다고 해석된다.

3. 法院의 財産保全處分 – 제1023조: 상속인이 상속을 승인할지 포기할지를 정하지 못한 경우에 상속인에게 관리의무가 주어지지만, 상속인이 먼 곳에 거주하거나, 소재불명, 관리능력 부족, 공동상속인 사이의 분쟁 등으로 인해 상속재산의 관리가 곤란한 경우가 발생할 수 있다. 이러한 경우에 이해관계인 또는 검사의 청구에 의해 상속재산의 보존에 필요한 처분을 명할 수 있다.

(1) 청구할 수 있는 기한 및 그 처분의 효력 존속 기한–고려기간 중에만: 본조는 이해관계인 또는 검사의 청구에 의하여 상속재산의 보존에 필요한 처분을 명할 수 있도록 규정하고 있다. 이 규정은 상속의 승인이나 포기를 위한 이른바, 고려기간 중에는 그 고유재산에 대하는 것과 동일한 주의로 상속재산을 관리하여야 하고(민법 1022조), 상속을 포기하더라도 그 포기로 인하여 상속인이 된 자가 상속재산을 관리할 수 있을 때까지 그 재산의 관리를 계속하도록 규정한 것(민법 1044조1항)과 관련되어 상속인이나 상속을 포기한 자의 관리가 부적절하거나 불가능한 경우에는 다른 공동상속인이나 이해관계인의 입장에서는 상속재산의 보존을 위한 조치를 취할 필요가 있게 된다는 취지이므로 상속포기나 한정승인을 할 수 있는 고려기간 중에 하는 상속재산관리에 관한 처분은 상속개시 후 그 고려기간이 경과되기 전에 한하여 청구할 수 있고, 그 심판에서 정한 처분의 효력은 심판청구를 할 수 있는 시적한계시까지만 존속한다(대판 1999.6.10. 99으1).

(2) 청구권자: 상속재산에 이해관계를 가지는 자, 즉 상속채권자나 피상속인과 계약관계에 있는 자 등이 청구할 수 있고, 공익을 대표하여 검사가 보전청구를 할 수 있다.

(3) 법원의 재산관리인 선임, 필요한 처분–제1항: 법원은 재산관리인을 선임하여 재산을 관리하도록 하거나, 상속재산의 봉인, 환가나 기타 처분금지, 점유이전금지, 재산목록의 작성제출명령 등의 보전에 필요한 처분을 직접 명할 수 있다. 관리인을 선임하는 경우에 관리인의 자격에 대한 제한은 없으므로 상속인 중 1인이 선임될 수 있다.

(4) 재산관리인의 직무–제2항–제24조 내지 제26조 준용: 가정법원에 의해 선임된 재산관리인에 대해서는 민법 제24조에서 제26조까지의 부재자재산관리에 관한 규정이 준용된다. 따라서 관리인은 관리할 재산목록을 작성해야 하고, 법원은 재산보존을 위하여 필요한 처분을 명할 수 있다(24조). 또한 가정법원은 상속재산의 관리 및 반환에 관하여 관리인에게 상당한 담보를 제공하게 할 수 있으며, 관리인에게 상당한 보수를 지급할 수 있다(26조). 만일, 관리인이 그 권한을 넘는 행위를 할 때에는 법원의 허가를 얻어야 한다(25조).

第1024條【承認, 抛棄의 取消禁止】 ①相續의 承認이나 抛棄는 第1019條第1項의 期間內에도 이를 取消하지 못한다.〈改正 1990.1.13〉

②前項의 規定은 總則編의 規定에 依한 取消에 影響을 미치지 아니한다. 그러나 그 取消權은 追認할 수 있는 날로부터 3月, 承認 또는 抛棄한 날로부터 1年內에 行使하지 아니하면 時效로 因하여 消滅된다.

承認, 抛棄의 取消禁止

1. 承認·抛棄의 取消禁止 - 제1항: 상속의 승인이나 포기는 여러 사람들간에 이해관계가 매우 첨예하므로 일단 상속인이 상속을 승인 또는 포기하는 의사표시를 하면 제1019조제1항의 기간 내(고려기간)에도 그 승인이나 포기를 철회할 수 없다.

2. 總則 規定에 의한 取消 - 제2항

(1) 총칙편에 의한 취소는 허용: 제1항에 대한 예외로써 민법총칙편의 규정에 의한 승인이나 포기의 취소는 허용되며, 다만 그 취소권의 행사기간을 단축하여 규정하고 있다. 총칙편의 규정에 의해 취소할 수 있는 경우란 미성년자가 법정대리인의 동의를 얻지 않고 단독으로 한 경우(5조), 금치산자가 한 경우(13조), 한정치산자가 후견인의 동의를 얻지 않고 한 경우(10조), 착오로 인해 한 경우(109조), 사기나 강박에 의해 한 경우(110조)이다.

(2) 취소권의 시효소멸: 취소권의 소멸은 총칙의 경우보다 단축하여 추인할 수 있는 날로부터 3개월, 승인 또는 포기한 날로부터 1년 내에 행사하지 않으면 소멸한다.

(3) 취소권자: 취소권자는 무능력자나 하자 있는 의사표시를 한 자, 그 대리인 또는 승계인이다.

(4) 취소의 방법: 취소의 방법은 한정승인과 포기의 경우 신고가 수리된 법원에 취소신고를 해야 하며(가소 2조①항라류28호), 단순승인의 취소는 특별한 방식이 없다.

第2款 單純承認

第1025條【單純承認의 效果】 相續人이 單純承認을 한 때에는 制限없이 被相續人의 權利義務를 承繼한다.〈改正 1990.1.13〉

第1026條【法定單純承認】 다음 各號의 事由가 있는 境遇에는 相續人이 單純承認을 한 것으로 본다. 〈개정 2002.1.14〉

1. 相續人이 相續財産에 對한 處分行爲를 한 때
2. 상속인이 제1019조제1항의 기간내에 한정승인 또는 포기를 하지 아니한 때
3. 相續人이 限定承認 또는 抛棄를 한 後에 相續財産을 隱匿하거나 不正消費하거나 故意로 財産目錄에 記入하지 아니한 때

第1027條【法定單純承認의 例外】 相續人이 相續을 抛棄함으로 因하여 次順位 相續人이 相續을 承認한 때에는 前條 第3號의 事由는 相續의 承認으로 보지 아니한다.

單純承認

1. 意義: 상속인이 상속받을 것을 승낙하는 것이 승인인데, 상속인은 상속을 승인하더라도 명시적으로 승인의 의사표시를 하는 경우도 있을 것이나, 명시적인 의사표시를 하는 경우보다도 상속인으로서는 상속개시부터 당연히 자신에게 승계가 이루어진다고 생각하여 상속재산을 자신에게 편입된 것으로 보아 권리행사를 하기 때문에 실제로는 법정단순승인으로 되는 경우가 일반적이다. 그러나 어떻든 상속인은 승인의 의사표시를 하여 승인(단순승인)할 수도 있고, 일정한 경우에는 법정단순승인에 해당하여 승인한 효과가 발생한다.

2. 單純承認 - 제1025조: 상속인이 피상상속인의 권리의무를 조건 없이 무제한으로 포괄적으로 승계한다는 확정적 일방적 의사표시이다.

(1) 방법과 기간: 단순승인은 한정승인이나 포기와는 달리 특별한 방식을 요하지 않으므로 단순승인을 한다는 의사가 표시되면 족하다. 이와 같은 적극적인 의사표시가 없더라도 제1019조의 기간 내에 한정승인이나 포기를 하지 않은 경우에는 단순승인한 것으로 본다.

(2) 효과

(가) 포괄승계: 상속인이 단순승인을 한 때에는 무제한으로 피상속인의 권리의무를 승계하게 된다.

(나) 상속재산의 상속인에게 귀속: 상속재산과 상속인의 고유재산이 모두 상속인의 고유재산이 되어, 상속인과 피상속인 간의 채권·채무는 혼동으로 소멸한다.

(다) 피상속인의 채무 초과: 피상속인의 채무가 그 적극재산을 초과하는 때에는 상속인은 자기의 고유재산으로 변제해야 할 책임을 진다. 따라서 피상속인의 채권자는 상속인의 고유재산에 대해서 강제집행을 할 수 있으며, 상속인의 채권자는 상속재산에 대해서 강제집행을 할 수 있다.

3. 法定單純承認 - 제1026조: 단순승인의 의사표시가 없더라도 본조에 규정한 사유가 발생하면 단순승인한 것으로 본다. 이와 같은 법정단순승인을 인정하는 이유는 각 사유마다 다르지만, 일반적으로 민법은 단순승인을 원칙으로 하고 있으므로 일정기간 내에 한정승인이나 포기의 절차를 밟지 않았으나, 한정승인을 하지 않을 것을 전제로 하는 행위나 한정승인을 더 이상 인정할 수 없는 곤란한 사유가 발생한 경우에는 원칙적으로 단순승인한 것으로 간주한다.

(1) 사유

(가) 한정승인 또는 포기 신고 전의 상속재산의 처분-제1호: 처분행위란 상속재산의 일부에 대한 행위이건 전부에 대한 행위이건, 또는 사실행위이건 법률행위이건 묻지 않는다. 예를 들어 상속인 중 1인이 다른 공동상속인과 협의하여 상속재산을 분할한 경우도 처분행위에 해당한다. 상속인의 처분행위를 단순승인으로 볼 수 있는 것은 상속인이 아직 그 상속에 관하여 한정승인 또는 포기의 신고 전에 한 것에 한한다. 구체적으로 처분행위에 해당하는 경우로는 채권의 추심, 영수행위 등이나 채권자에게 대물변제하기로 한 약정에 따라 상속인이 그 변제충당을 목적으로 부동산 등을 양도하는 행위를 들 수 있다. 처분행위에 해당하지 않는 경우로는 상속재산으로부터의 상당한 장례비용을 지출하거나 채권자를 해치지 않는 것으로서 타인에게 상속재산을 무상으로 사용하게 하는 것 등이다.

① 협의분할 후 처분-한정승인은 가능: 민법 제1019조제3항은 상속채무 초과사실을 중대한 과실 없이 민법 제1019조제1항의 기간 내에 알지 못하고 단순승인을 한 경우뿐만 아니라 민법 제1026조제1호 및 제2호의 규정에 의하여 단순승인을 한 것으로 간주되는 경우에도 상속채무 초과사실을 안 날로부터 3월 내에 한정승인을 할 수 있다고 규정하고 있으므로, 설사 상속인들이 상속재산 협의분할을 통해 이미 상속재산을 처분한 바 있다고 하더라도 상속인들은 여전히 민법 제1019조제3항의 규정에 의하여 한정승인을 할 수 있다고 할 것이고, 따라서 위 협의분할 때문에 이 사건 심판이 한정승인으로서 효력이 없다고 할 수는 없다(대판 2006.1.26. 2003다29562).

② 협의분할-협의분할 후 포기는 불가: 상속인 중 1인이 다른 공동재산상속인과 협의하여 상속재산을 분할한 때는 민법 제1026조제1호에 규정된 상속재산에 대한 처분행위를 한 때에 해당되어 단순승인을 한 것으로 보게 되어 이를 취소할 수 없는 것이므로 그 뒤 가정법원에 상속포기신고를 하여 수리되었다 하여도 포기의 효력이 생기지 않는다(대판 1983.6.28. 82도2421).

③ 주권반환청구의 소제기-관리행위로 처분이 아님: 권원 없이 공유물을 점유하는 자에 대한 공유물의 반환청구는 공유물의 보존행위이므로, 상속인들이 상속포기신고를 하기에 앞서 점유자를 상대로 피상속인의 소유였던 주권에 관하여 주권반환청구소송을 제기한 것은 민법 제1026조제1호가 정하는 상속재산의 처분행위에 해당하지 아니한다(대판 1996.10.15. 96다23283).

④ 상속등기-관리행위로 처분이 아님: 상속인 자신이 한정승인 또는 포기를 할 수 있는 기간 내에 상속등기를 한때에는 상속의 단순승인으로 인정된 경우가 있을 것이나, 상속등기가 상속재산에 대한 처분행위라고 볼 수 없으니 만큼 채권자가 상속인을 대위하여 상속등기를 하였다 하여 단순승인의 효력을 발생시킬 수 없고, 상속인의 한정승인 또는 포기할 수 있는 권한에는 아무런 영향도 미치는 것이 아니므로 채권자의 대위권행사에 의한 상속등기를 거부할 수 없다(대판 1964.4.3. 63마540).

(나) 제1019조제1항의 기간의 도과-제2호

① 한정승인 또는 포기 없이: 상속인이 상속개시를 안 날로부터 3개월 내 한정승인이나 포기를 하지 않고 기간이 도과한 경우이다.

② 한정승인, 포기가 무효 또는 취소: 한정승인이나 포기를 하였지만 그것이 무효로 되거나 취소되고 기간이 도과한 경우도 포함된다.

③ 공동상속인은 모든 상속인에게 기간이 도과: 제1019조의 기간은 자기를 위해서 상속이 개시된 것을 안 때로부터 기산하기 때문에 공동상속인은 각자가 기산점이 다를 수 있다. 이때 1인에 대해 기산이 경과하면 다른 공동상속인에게도 법정단순승인의 효과가 발생하게 되는지에 대해서는 공동상속인 중 최후로 기간이 만료하는 자를 기준으로 해야 할 것이다.

④ 상속인이 무능력자인 경우에는 법정대리인이 상속개시를 안 날로부터 고려기간을 계산한다.

(다) 한정승인·포기 후의 재산은닉이나 부정소비 등-제3호: 한정승인이나 포기한 후에 재산은닉 등의 배신적 행위를 한 경우에는 상속인을 보호할 필요가 없으며, 오히려 공정한 처리를 위해 단순승인으로 취급한다.

① 은닉, 고의로 누락: 은닉이란 상속인이 상속재산의 전부 또는 일부의 소재를 불명하게 한 것을 의미하며, 부정한 소비란 정당한 이유 없이 상속재산을 소비하여 없앰으로써 그 재산가치를 상실시키는 행위를 말한다. 또한 〈고의로 재산목록에 기입하지 아니한 때〉라는 것은 한정승인을 함에 있어 상속재산을 은닉하여 상속채권자를 사해할 의사로써 상속재산을 재산목록에 기입하지 않는 것을 의미한다(대판 2003.11.14. 2003다30968).

② 부정소비: 〈상속재산의 부정소비〉라 함은 정당한 이유 없이 상속재산을 소비하여 없앰으로써 그 재산적 가치를 상실시키는 행위를 의미한다(대판 2004.3.12. 2003다63586). 따라서 상속부동산에 대하여 이미 상당한 금액의 근저당권이 설정되어 있어서 일반 상속채권자들에게는 강제집행을 통하여 배당될 금액이 전혀 없거나 그 지목이 하천 및 제방이어서 강제집행의 실익이 없는 것이라면, 상속인들이 한정승인의 신고 후에 그 중 1인에게만 상속부동산에 대하여 협의분할에 의한 소유권이전등기를 하였다고 하더라도, 이를 상속재산의 부정소비에 해당한다고 할 수 없다(대판 2004.12.9. 2004다52095).

③ 한정승인, 포기 후의 처분-법정단순승인이 아님-손해배상책임: 민법 제1026조제1호는 상속인이 한정승인 또는 포기를 하기 이전에 상속재산을 처분한 때에만 적용되는 것이고, 상속인이 한정승인 또는 포기를 한 후에 상속재산을 처분한 때에는 그로 인하여 상속채권자나 다른 상속인에 대하여 손해배상책임을 지게 될 경우가 있음은 별론으로 하고, 그것이 같은 조제3호에 정한 상속재산의 부정소비에 해당되는 경우에만 상속인이 단순승인을 한 것으로 보아야 한다(대판 2004.3.12. 2003다63586).

④ 법정단순승인의 예외-제1027조: 상속인이 상속을 포기함으로 인하여 차순위 상속인이 상속을 승인한 때에는 상속인이 포기 후에 상속재산을 은닉하거나 부정소비하거나 고의로 재산목록에 기입하지 아니한 때에도 상속의 승인으로 보지 않는다. 그 이유는 당초의 상속인에 대해 법정단순승인을 인정하게 되면 상속을 승인한 후순위상속인의 상속권을 침해하게 되기 때문이다.

(2) 효과: 효과는 단순승인의 경우와 동일하다. 상속인은 법정단순승인 사유가 발생한 때에 무제한으로 피상속인의 권리의무를 승계한다. 따라서 상속재산과 상속인의 고유재산이 모두 상속인의 고유재산이 되어, 상속인과 피상속인 간의 채권·채무는 혼동이 되어 소멸한다. 그리고 피상속인의 채무가 그 적극재산을 초과하는 때에는 상속인은 자기의 고유재산으로 변제해야 할 책임을 진다.

第3款 限定承認

第1028條【限定承認의 效果】 相續人은 相續으로 因하여 取得할 財產의 限度에서 被相續人의 債務와 遺贈을 辨濟할 것을 條件으로 相續을 承認할 수 있다.〈改正 1990.1.13〉

第1029條【共同相續人의 限定承認】 相續人이 數人인 때에는 各相續人은 그 相續分에 應하여 取得할 財産의 限度에서 그 相續分에 依한 被相續人의 債務와 遺贈을 辨濟할 것을 條件으로 相續을 承認할 수 있다.

限定承認의 效果

1. 意義: 한정승인은 상속인이 상속을 원인으로 얻은 재산의 한도 내에서 피상속인의 채무와 유증을 변제하는 것을 조건으로 상속을 승인하는 것을 말한다. 민법은 상속에 관하여 승인을 하는 경우에는 조건 없이 하는 단순승인을 원칙으로 하고, 한정승인은 일정한 기간 내에 일정한 방식에 의한 때에 한정승인한 것으로 인정하고 있다.

2. 限定承認의 節次(方式) - 제1030조

3. 限定承認의 效果 - 제1028조

(1) 한정승인의 효력 확정-민사소송으로: 가정법원의 한정승인신고수리의 심판은 일단 한정승인의 요건을 구비한 것으로 인정한다는 것일 뿐 그 효력을 확정하는 것은 아니므로, 그 한정승인이 효력이 있는지 여부에 관한 최종적인 판단은 실체법에 따라 민사소송에서 결정되어야 할 것이다(대판 2002.11.8. 2002다21882).

(2) 채무와 책임의 분리-유한책임: 상속인이 법정의 방식에 따라 한정승인을 하면 상속채무 및 유증이 상속재산을 초과하여도 상속인은 상속으로 얻은 재산의 한도 내에서만 그 채무의 책임을 지면 족하고, 남은 채무는 자기의 고유재산으로 변제할 필요가 없다. 한정승인을 하여도 상속재산의 한도에서 채무를 승계하는 것은 아니며, 채무는 전액을 승계하지만 채무와 책임이 분리되어 상속재산의 한도 내에서 유한책임을 지게 된다.

(3) 채권자의 전액청구-전액에 대한 이행판결: 채권자는 상속인에게 채권 전액을 청구할 수 있다.

(가) 법원은 전액에 대한 이행판결: 상속의 한정승인은 채무의 존재를 한정하는 것이 아니라 단순히 그 책임의 범위를 한정하는 것에 불과하기 때문에, 상속의 한정승인이 인정되는 경우에도 상속채무가 존재하는 것으로 인정되는 이상, 법원으로서는 상속재산이 없거나 그 상속재산이 상속채무의 변제에 부족하다고 하더라도 상속채무 전부에 대한 이행판결을 선고하여야 한다.

(나) 집행에 제한: 한정승인에 의한 채무의 이행판결은 그 채무가 상속인의 고유재산에 대해서는 강제집행을 할 수 없는 성질을 가지고 있으므로, 집행력을 제한하기 위하여 이행판결의 주문에 상속재산의 한도 내에서만 집행할 수 있다는 취지를 명시하여야 한다(대판 2003.11.14. 2003다30968).

(다) 상속인이 채권자의 상속채무이행에 대한 소송에서 한정승인 사실을 주장하지 아니한 경우: 채권자가 피상속인의 금전채무를 상속한 상속인을 상대로 그 상속채무의 이행을 구하여 제기한 소송에서 채무자가 한정승인 사실을 주장하지 않으면, 책임의 범위는 현실적인 심판대상으로 등장하지 아니하여 주문에서는 물론 이유에서도 판단되지 않는 것이므로 그에 관하여는 기판력이 미치지 않는다. 그러므로 채무자가 한정승인을 하고도 채권자가 제기한 소송의 사실심변론종결 시까지 그 사실을 주장하지 아니하는 바람에 책임의 범위에 관하여 아무런 유보가 없는 판결이 선고되어 확정되었다고 하더라도, 채무자는 그 후 위 한정승인 사실을 내세워 청구에 관한 이의의 소를 제기하는 것이 허용된다(대판 2006.10.13. 2006다23138).

(4) 상속인: 상속인은 상속재산의 한도 내에서 변제하면 책임을 면하나, 자기의 고유재산으로 변제하더라도 비채변제가 아닌 유효한 변제로 부당이득으로 반환을 청구할 수 없다.

4. 共同相續人의 限定承認 - 제1029조

(1) 각자 단독으로 단순승인, 한정승인 가능: 공동상속의 경우에 각 공동상속인은 각자가 단순승인 또는 한정승인을 할 수 있다. 따라서 상속인이 2인인 경우 그 중 1인은 단순승인을 하고 다른 1 인은 한정승인을 할 수 있다.

(2) 한정승인한 상속인: 한정승인을 한 상속인은 본인의 상속분에 따라 취득하는 재산의 범위 내에서 자신이 부담해야 할 피상속인의 채무와 유증을 변제하게 된다. 예를 들어 피상속인에게 상속인인 A, B의 자녀가 있는 경우 적극재산이 1억이고 채무가 1억 2천인 경우 A가 한정승인을

하게 되면 A는 자신이 부담해야 할 채무 6천만원을 모두 변제하지 않고 자기가 상속한 5천만원의 한도 내인 5천만원만 변제하면 책임을 면한다.

第1030條【限定承認의 方式】 ①相續人이 限定承認을 함에는 제1019조제1항 또는 제3항의 期間內에 相續財産의 目錄을 添附하여 法院에 限定承認의 申告를 하여야 한다. 〈개정 2005.3.31〉
②제1019조제3항의 규정에 의하여 한정승인을 한 경우 상속재산 중 이미 처분한 재산이 있는 때에는 그 목록과 가액을 함께 제출하여야 한다. 〈신설 2005.3.31〉

限定承認의 方式

1. 意義: 한정승인에는 보통의 한정승인(1019조1항)과 채무초과사실을 상속개시 초기에는 몰랐다가 사후에 안 경우의 특별한정승인이 있다(1019조3항). 한정승인을 한 자는 자기의 고유재산으로 채무를 변제할 책임이 없고 또한 채권자는 상속재산으로만 변제를 받아야 하므로, 상속인은 상속재산과 자기의 고유재산을 분리할 필요가 있다. 따라서 한정승인을 신고할 때에는 상속재산의 목록을 첨부하도록 하며, 신고 전에 처분한 때에는 처분한 재산의 목록도 함께 제출하도록 한다. 본조는 전자에 대하여 제1항에 규정하고, 후자를 제2항에서 규정한다.

2. (一般)限定承認

(1) 제척기간-제1019조제1항: 보통의 한정승인에서 한정승인을 할 수 있는 기간은 상속인이 상속개시가 있음을 안 날로부터 3개월 내이며, 다만 가정법원이 연장한 때에는 그 연장기간 내이다. 또한 상속인이 승인이나 포기를 하지 않고 사망한 때는 그 상속인이 상속개시를 안 때, 상속인이 무능력자인 때에는 그 법정대리인이 무능력자에게 상속개시가 된 것을 안 때로부터 3개월이다.

(가) 〈상속개시 있음을 안 날〉-자기가 상속인이 된 사실을 안 날: 구체적으로 상속개시의 원인사실뿐 아니라 더 나아가 그로써 자신이 상속인이 된 사실을 안 날이 언제인지까지를 말하며(대판 2005.7.22. 2003다43681), 보통의 경우에는 자기가 상속인이 되었음을 안 날을 말하는 것이므로 상속재산 또는 상속채무의 존재를 알아야만 위 기간이 진행되는 것은 아니다(대판 1991.6.11. 91스1). 따라서 사실의 오인이나 법률의 무지 등 특별한 사정이 있어 상속인이 피상속인의 권리의무를 승계한다는 의식이 없었고 이에 따라 한정승인이나 포기를 하지 않은 것도 무리가 아니라고 판단되는 경우에는 아직 자신이 상속인이 된 사실을 알았다고 할 수 없을 것이며, 위 특별한 사정의 존재는 상속인 또는 그 법정대리인의 학력, 경력, 상속개시 이후의 정황, 선순위상속인의 상속포기로 후순위자가 상속인으로 된 것인지의 여부, 상속재산과 관련된 법적 분쟁 유무 등을 종합적으로 고려하여 판단해야 한다(서울고법 2005.7.15. 2005나7971).

(나) 선순위 상속인의 포기에 의하여 상속인이 된 후순위자: 선순위 상속인인 피상속인의 처와 자녀들이 모두 적법하게 상속을 포기한 경우 누가 상속인이 되는지는 상속의 순위에 관한 민법 제1000조제1항제1호, 제2항과 상속포기의 효과에 관한 민법 제1042조 내지 제1044조의 규정들에 따라서 정해질 터인데, 일반인의 입장에서 피상속인의 처와 자녀가 상속을 포기한 경우 피상속인의 손자녀가 이로써 자신들이 상속인이 되었다는 사실까지 안다는 것은 이례에 속하므로 이와 같은 과정을 거쳐 피상속인의 손자녀가 상속인이 된 경우에는 상속인이 상속개시의 원인사실을 아는 것만으로 자신이 상속인이 된 사실을 알기 어려운 특별한 사정이 있다고 보는 것이 상당하다(대판 2006.2.10. 2004다33865), * 상속포기신고 당시 미성년자인 후순위상속인들의 법정대리인들이 상속제도에 관한 법률의 무지 및 법무사의 잘못된 조언 등으로 인하여 자신들을 포함한 선순위상속인들만 상속포기신고를 하고 후순위상속인들의 상속포기신고를 하지 않은 경우, 후순위상속인들은 선순위상속인들의 상속포기신고로 자신들이 상속인이 된 사실을 알았다고 할 수 없고, 나중에 피상속인의 채권자가 제기한 소송의 관련 서류를 송달받고 나서야 비로소 자신들이 상속인이 된 사실을 알았다고 봄이 상당하다(서울고법 2005.7.15. 2005나7971).

(2) 재산목록 첨부한 신고-제1항: 한정승인을 할 상속인은 재산목록을 작성하여, 한정승인하는

취지를 기재한 신고서를 법원에 제출해야 한다. 재산목록은 별도의 형식을 규정하고 있지 않지만, 상속인이 상속개시시에 승계취득한 적극재산 및 소극재산을 알고 있는 한도에서 기재해야 한다. 목록작성과정에서 상속인이 고의로 일부 재산을 누락한 때에는 한정승인은 무효로 되고 단순승인한 것으로 된다(1026조3호).

3. 特別限定承認 - 重過失 없이 債務超過를 모르고 承認한 경우 - 제1019조제3항: 본항은 중대한 과실 없이 채무초과 사실을 알지 못하고 단순승인을 한 상속인을 보호하려는 데에 입법취지가 있다.

(1) 상속채무의 초과사실의 부지: 상속인이 상속채무가 상속재산을 초과하는 사실을 알지 못하였어야 한다.

(2) 중대한 과실이 없어야: 위 알지 못하는 것에 중대한 과실이 없어야 한다. 본항의 〈중대한 과실〉은 상속인의 나이, 직업, 피상속인과의 관계, 친밀도, 동거 여부, 상속개시 후 생활 양상, 생활의 근거지 등 개별 상속인의 개인적 사정에 비추어 상속재산에 대한 관리의무를 현저히 결여한 것을 뜻한다(서울가법 2006.3.30. 2005브85).

(가) 중대한 과실이 인정-특별한정승인 불가: 피상속인의 처인 청구인 1은 적어도 채권자가 피상속인의 무자력을 주장하며 제기한 위 사해행위 취소소송에서 제1심판결 정본을 송달받아 피상속인의 채무초과사실을 알게 되었다거나 모른 데 중대한 과실이 있었다는 것이 명백해 보이고, 피상속인의 아들인 청구인 3, 6은 소외 2 주식회사의 이사로서 피상속인과 함께 소외 2 주식회사의 경영에 참여하였으므로, 피상속인 사망 당시 또는 적어도 위 회사정리절차에서 소외 2 주식회사의 부채 총액이 자산 총액을 초과한다는 이유로 주식 일부가 무상 소각된 시점에는 피상속인이 소외 2 주식회사의 대표이사로서 부담하게 된 연대보증채무의 존재 및 그것이 상속재산을 초과한다는 사실을 알게 되었다거나 모른 데 중대한 과실이 있었다는 것이 명백해 보인다(서울가법 2006.3.30. 2005브85).

(나) 중대한 과실이 부정-특별한정승인 가능: 피상속인의 딸인 청구인 2, 4, 5, 7은 일찍이 혼인하여 출가하였고, 소외 2 주식회사의 경영에 참여한 사실도 없으므로, 채권자가 제기한 위 지급청구 사건의 소장 부본을 받아 보기 이전에 피상속인의 채무초과사실을 알고 있었다거나 이를 모른 데 중대한 과실이 있었다고 볼 수 없다(서울가법 2006.3.30. 2005브85).

(3) 재산목록 첨부한 신고-제1030조

(가) 재산목록 작성-제1항: 상속인은 재산목록을 작성하여야 한다. 재산목록은 별도의 형식을 규정하고 있지 않지만, 상속인이 상속개시시에 승계취득한 적극재산 및 소극재산을 알고 있는 한도에서 기재해야 한다.

① 기처분한 재산-제2항: 상속재산 중 이미 처분한 재산이 있는 때에는 그 목록과 가액을 함께 제출하여야 한다.

② 고의 누락: 목록작성과정에서 상속인이 고의로 일부 재산을 누락한 때에는 한정승인은 무효로 되고 단순승인한 것으로 된다(1026조3호).

(나) 법원에 신고-제1항: 작성한 재산목록과 한정승인하는 취지를 기재한 신고서를 법원에 제출해야 한다. 신고는 안 날로부터 3월내에 하여야 한다(1019조3항)

4. 法院의 形式的 審査, 受理: 한정승인신고서를 제출하면 법원은 그 형식적 요건을 조사하여 적법한 것으로 인정되면 수리의 심판을 하게 된다. 법원의 한정승인신고수리의 심판은 일응 한정승인의 요건을 구비한 것으로 인정한다는 것일 뿐 그 효력을 확정하는 것이 아니고 상속의 한정승인의 효력이 있는지 여부의 최종적인 판단은 실체법에 따라 민사소송에서 결정될 문제이므로, 민법 제1019조제3항에 의한 한정승인신고의 수리 여부를 심판하는 법원으로서는 그 신고가 형식적 요건을 구비한 이상 상속채무가 상속재산을 초과하였다거나 상속인이 중대한 과실 없이 이를 알지 못하였다는 등의 실체적 요건에 대하여는 이를 구비하지 아니하였음이 명백한 경우 외에는 이를 문제삼아 한정승인신고를 불수리할 수 없다. 따라서 한정승인신고수리의 심판에 있어서 실체적 요건이 구비되었다는 점을 상속인들이 적극적으로 증명하여야 한다는 전제하에서 한정승인신고를 불수리할 수는 없다(대판 2006.2.13. 2004스74). 그리고 한정승인신고는 전연 신고서라고 볼 수 없는 신고가 아닌 한 다소 미비한 신고서라 하더라도 이를 수리한 후에 추완시키는 등

으로 이를 될 수 있는대로 유효하게 해석하여야 한다(대판 1978.1.31. 76스3).

5. 限定承認의 效力 確定－民事訴訟으로: 가정법원의 한정승인신고수리의 심판은 일단 한정승인의 요건을 구비한 것으로 인정한다는 것일 뿐 그 효력을 확정하는 것은 아니므로, 그 한정승인이 효력이 있는지 여부에 관한 최종적인 판단은 실체법에 따라 민사소송에서 결정되어야 할 것이다(대판 2002.11.8. 2002다21882).

第1031條【限定承認과 財産上權利義務의 不消滅】 相續人이 限定承認을 한 때에는 被相續人에 對한 相續人의 財産上 權利義務는 消滅하지 아니한다.

財産上 權利, 義務의 不消滅－混同의 例外

1. 意義: 한정승인을 하게 되면 상속인은 상속재산의 한도 내에서만 피상속인의 채무에 대한 책임이 있고, 자기의 고유재산으로 책임을 지지는 아니한다. 따라서 상속재산과 상속인의 고유재산을 명확하게 분리할 필요가 있다. 분리의 일환으로 상속인이 단순승인을 하면 상속인과 피상속인간의 권리의무는 혼동으로 소멸하는데, 한정승인에 따른 분리를 위하여는 소멸되어서는 아니될 것이다. 즉 상속인은 상속으로 피상속인의 권리의무를 승계하는데, 일반적으로 권리의무가 같은 사람에게 귀속하면 혼동으로 소멸하게 되나, 한정승인의 경우 이러한 혼동을 인정하게 되면 상속채무의 책임범위를 상속재산으로 한정하고 있는 한정승인제도의 취지에 반하게 되므로 본조는 상속재산과 고유재산을 구분하여 상속인에게 귀속하는 상속재산을 특별재산으로 취급하여 혼동으로 소멸하지 않는다는 의미이다.

2. 適用範圍: 피상속인에 대한 권리는 채권만이 아니라 물권도 포함된다. 예를 들면 상속인이 피상속인의 부동산에 저당권이 있는 경우는 상속인은 저당권자로서 상속재산에 대하여 그 권리를 행사할 수 있으며, 반대의 경우에는 피상속인의 저당권은 상속재산을 구성하고 상속채무의 책임재산이 된다.

第1032條【債權者에 對한 公告, 催告】 ①限定承認者는 限定承認을 한 날로부터 5日內에 一般相續債權者와 遺贈받은 者에 對하여 限定承認의 事實과 一定한 期間內에 그 債權 또는 受贈을 申告할 것을 公告하여야 한다. 그 期間은 2月以上이어야 한다.
②第88條第2項, 第3項과 第89條의 規定은 前項의 境遇에 準用한다.

第1033條【催告期間中의 辨濟拒絶】 限定承認者는 前條第1項의 期間滿了前에는 相續債權의 辨濟를 拒絶할 수 있다.

第1034條【配當辨濟】 ①限定承認者는 第1032條第1項의 期間滿了後에 相續財産으로서 그 期間內에 申告한 債權者와 限定承認者가 알고 있는 債權者에 對하여 各債權額의 比率로 辨濟하여야 한다. 그러나 優先權 있는 債權者의 權利를 害하지 못한다.
②제1019조제3항의 규정에 의하여 한정승인을 한 경우에는 그 상속인은 상속재산 중에서 남아 있는 상속재산과 함께 이미 처분한 재산의 가액을 합하여 제1항의 변제를 하여야 한다. 다만 한정승인을 하기 전에 상속채권자나 유증받은 자에 대하여 변제한 가액은 이미 처분한 재산의 가액에서 제외한다. 〈신설 2005.3.31〉

第1035條【辨濟期前의 債務等의 辨濟】 ①限定承認者는 辨濟期에 이르지 아니한 債權에 對하여도 前條의 規定에 依하여 辨濟하여야 한다.
②條件 있는 債權이나 存續期間의 不確定한 債權은 法院의 選任한 鑑定人의 評價에 依하여 辨濟하여야 한다.

第1036條【受贈者에의 辨濟】 限定承認者는 前2條의 規定에 依하여 相續債權者에 對한 辨濟를 完了한 後가 아니면 遺贈받은 者에게 辨濟하지 못한다.

第1037條【相續財產의 競賣】 前3條의 規定에 依한 辨濟를 하기 爲하여 相續財產의 全部나 一部를 賣却할 必要가 있는 때에는 민사집행법에 依하여 競賣하여야 한다. 〈改正 1997.12.13, 2001.12.29〉

限定承認者의 相續債權者 등에 辨濟

1. 債權者에 대한 公告, 催告 - 제1032조

(1) 공고-제1항: 한정승인자는 한정승인을 한 날로부터 5일 내에 일반상속채권자와 유증받은 자에 대하여 한정승인한 사실과 2개월 이상의 기간을 정하여 그 기간 내에 자기의 채권 또는 수증받은 사실을 신고할 것을 공고하여야 한다. 이와 같이 상속채권자 및 수증자에 대해 공고·최고할 의무를 규정한 것은 상속재산에 대한 채권자의 성명 및 그 채권액을 명확하게 하여, 신속·공평하게 변제하기 위한 것이다.

(2) 공고방법과 내용-제2항(88조): 공고는 법원의 등기사항과 동일한 방법으로 하여야 하므로 (88조3항), 일간신문에 1회이상 공고하여야 한다(비송법 65조의2). 공고에는 채권자가 기간 내에 신고하지 아니하면 청산으로부터 제외될 것을 표시하여야 한다(88조2항).

(3) 알고 있는 채권자에 대한 직접 최고-제2항(89조): 상속인은 알고 있는 채권자는 청산으로부터 제외할 수 없고, 이 때문에 알고 있는 채권자에 대하여는 공고로서 그칠 것이 아니라 채권신고를 하도록 직접 최고하도록 한다(89조).

2. 相續債權者 등에 대한 辨濟

(1) 공고기간 만료 전의 변제거절권-제1033조: 한정승인으로 상속채권자 모두가 자기의 채권의 전액을 변제받지 못하므로, 공고한 채권신청기간이 만료하여 상속재산에 대한 상속채권자 및 수증자와 그 채권액이 확정되기 전에는 설령 이미 변제기에 도달한 채권이 있더라도 변제를 거절할 수 있도록 하지 않으면 그 목적을 달성할 수 없다. 따라서 채권자의 공평한 이익으로 되게 청산이 되도록 본조에서는 채권신고기간 만료 전에는 상속채권자 및 수증자에 대해 변제를 거절할 수 있는 권리를 인정한다. 이를 위반하여 만료 전에 변제함으로써 다른 채권자에게 변제할 수 없게 된 때에는 그 손해를 배상하여야 한다(1038조1항).

(2) 상속재산의 환가-경매-제1037조: 상속재산으로 채권을 변제하게 되고, 배당변제가 통상이며, 이 경우 금전 이외의 상속재산의 종류에 대해 그 상태로 현물변제하는 것이 불가능한 경우도 적지 않으므로 배당변제에 앞서 변제에 필요한 금원을 조달하기 위해서는 금전 이외의 상속재산을 환가할 필요가 있다. 이와 같이 상속재산을 금전으로 환가할 필요가 있는 때에는 한정승인자는 이를 경매에 붙여야 한다. 이와 같이 상속재산의 환가방법으로 경매를 택한 것은 상속재산을 적정한 가격과 공정한 방법에 의해 매각함으로써 채권자들에게 가능한 한 만족을 주기 위한 취지이다.

(3) 변제의 순서와 방법-제1034, 제1036조: 채권신고기간이 만료하면 일반적으로 상속채권에 대한 채권자와 그 총액이 확정되며, 한정승인자는 확정된 채권에 대해 청산의 제2단계로서 상속재산으로 채무를 변제해야 하지만, 민법은 그 순서와 방법을 정하여 변제의 공평을 기하고 있다.

(가) 1순위-우선권 있는 채권자: 우선권 있는 채권자에 대해서는 배당변제를 하지 않고 목적물의 가격의 한도 내에서 우선적으로 변제를 받는다. 다만 목적물의 가격이 채권액에 미치지 못할 경우에는 그 부족분에 대해서는 다른 채권자와 함께 배당변제를 받게 된다.

(나) 2순위: 신고기간 내에 신고한 일반상속채권자 및 한정승인자가 알고 있는 채권자.

① 배당변제: 1순위자에게 변제한 후의 잔액에 대하여 변제한다. 재산의 가액이 채권액보다 많은 경우에는 문제가 없지만, 한정승인은 일반적으로 채권총액이 상속재산 가액을 초과하게 되므로 이러한 경우에는 한정승인자는 각각 그 채권액의 비율에 따라 변제를 하는 배당변제를 하여야 한다.

② 이행기미도래 또는 조건부 채권에 대한 변제-제1035조: 본조는 제2순위인 채권신고 기간 내에 신고한 채권자, 기타 알고 있는 채권자에 대해 변제할 경우 채권자가 갖고 있는 채권의 변제기가 도래하지 않았거나 조건부 또는 존속기간이 불확정한 때에는 이를 어떻게 취급할 것인지에 대해 규정한 것이다.

㉮ 이행기 미도래 채권-이행기 전에 변제-제1항-중간이자 공제: 한정승인자는 이행기에 이르지 않은 채권이라도 이행기 전에 변제해야 한다. 이러한 채권의 평가에 대해서는 특별히 규정하고 있지 않으나 실제로 변제한 날부터 이행기까지의 중간이자를 공제하여 변제하여야 할 것이다. 이행기에 이르지 않은 채권이 본조에 의해 이행기에 이른 것으로 되는 것은 아니므로, 그 채권에 대해 제3자가 저당권 기타 담보물권을 설정하거나 보증채무를 부담하는 경우에는 그 제3자는 바로 그 책임을 부담하게 되는 것은 아니다.

㉯ 조건부 채권 및 존속기간 불확정의 채권-감정인의 평가 후 변제-제2항: 한정승인자는 이러한 채권에 대해서도 변제를 해야 한다. 그런데 변제기에 이르지 않은 채권과는 달리 조건의 성취나 존속기간이 확정된 것으로 처리할 수 없기 때문에 채권의 현재의 가치를 평가해야 하나 이는 매우 곤란한 문제이다. 이는 가정법원이 선임한 감정인으로 하여금 위의 재산을 평가하도록 하여 이에 따라 변제하여야 한다.

(다) 3순위-제1036조: 신고기간 내에 신고한 수증자: 일반상속채권자에게 변제하고 잔여재산이 있는 때에 비로소 유증을 받은 자는 변제를 받을 수 있다. 따라서 수증자는 선순위에 있는 채권자가 존재하지 않거나, 선순위채권자자에게 변제한 후에도 상속재산의 잔여가 있는 때 비로소 변제를 받게 된다. 이처럼 수증자에 대한 변제가 채권자보다 후순위인 것은 상속채권자의 권리는 상속개시 전에 이미 확정되나 수증자의 권리는 상속개시 후에 확정되며, 또한 수증자는 일반적으로 피상속인의 호의에 기해 일방적으로 권리를 취득하기 때문으로 볼 수 있다. 그리고 잔여상속재산으로 모든 수증자에 대해 변제할 수 없을 때에는 유언의 취지에 따라 그 수증자들 간의 우선순위를 정해야 할 것이나, 유언이 평등하게 유증의 이익을 주고 있다고 보여질 때에는 그 유증액에 따라 잔여재산으로 배당변제를 하여야 한다.

(라) 4순위-제1039조: 신고기간 내에 신고하지도 않고, 승인자가 알지 못하는 채권자 및 수증자이다.

① 잔여재산으로 변제: 3순위자까지 변제한 후에도 잔여재산이 있는 경우에 변제하여야 한다.

② 특별담보권자: 상속재산에 대하여 특별담보권이 있는 자는 담보권의 우선순위에 따라 변제하여야 한다.

(마) 동순위-배당변제: 동순위채권자에 대하여는 채권액에 비례하여 배당하는 배당변제이다.

第1038條 【부당변제 등으로 인한 책임<개정 2005.3.31>】 ①限定承認者가 第1032條의 規定에 依한 公告나 催告를 懈怠하거나 第1033條 乃至 第1036條의 規定에 違反하여 어느 相續債權者나 遺贈 받은 者에게 辨濟함으로 因하여 다른 相續債權者나 遺贈 받은 者에 對하여 辨濟할 수 없게 된 때에는 限定承認者는 그 損害를 賠償하여야 한다. 제1019조제3항의 규정에 의하여 한정승인을 한 경우 그 이전에 상속채무가 상속재산을 초과함을 알지 못한 데 과실이 있는 상속인이 상속채권자나 유증받은 자에게 변제한 때에도 또한 같다. 〈개정 2005.3.31〉

②제1항 전단의 境遇에 辨濟를 받지 못한 相續債權者나 遺贈 받은 者는 그 事情을 알고 辨濟를 받은 相續債權者나 遺贈받은 者에 對하여 求償權을 行使할 수 있다. 제1019조제3항의 규정에 의하여 한정승인을 한 경우 그 이전에 상속채무가 상속재산을 초과함을 알고 변제받은 상속채권자나 유증받은 자가 있는 때에도 또한 같다. 〈개정 2005.3.31〉

③第766條의 規定은 제1항 및 제2항의 境遇에 準用한다. 〈개정 2005.3.31〉

不當辨濟 등으로 被害를 본 債權者 등의 救濟

1. 趣旨: 본조는 한정승인자가 앞에서 정한 변제(청산)절차에 위반하여 그 임무를 해태하거나 부당하게 변제함으로써 손해를 입은 채권자 또는 수증자에게 손해배상청구권을 인정하고, 이어 그러한 사정을 알고 부당한 변제를 받은 채권자나 수증자에 대한 구상권을 인정하고 있다. 제1019조제3항에 의한 특별한정승인의 경우 그 이전에 상속채무가 상속채권을 초과함을 알지 못한 데 과실이 있는 상속인이 상속채권자나 수증자에게 변제함으로써 다른 상속채권자나 수증자에게 손해를 발생한 경우에도 배상책임이 있으며, 그 사정을 알고 변제받은 상속채권자나 수증자에 대해 구상권을 행사할 수 있다.

2. 限定承認者의 責任 - 제1항

(1) 사유: 제1032조에서 정한 공고나 최고를 게을리 한 때, 제1033조를 위반하여 변제거절권을 행사하지 않았거나 잘못 실시한 때, 제1034조를 위반하여 변제기에 이르지 않은 채권의 변제를 잘못하거나, 조건부·존속기간 불확정의 채권을 적정하게 평가하지 않고 변제한 때, 제1035조를 위반하여 상속채권자보다 수증자에게 먼저 변제한 때 등이다.

(2) 손해배상청구-고유재산으로 책임: 채권자나 수증자는 한정승인자에게 손해배상을 청구할 수 있다. 한정승인자는 자기의 고유재산으로 그 손해를 배상하여야 한다.

(3) 손해배상청구권의 소멸시효-제3항(766조): 피해자나 법정대리인이 그 손해를 안 날로부터 3년, 행위일로부터 10년이 경과하면 소멸한다.

3. 債權者와 受贈者의 求償權의 行使 - 제2항: 한정승인자의 변제가 부당한 것임을 알면서도 채권자가 이를 수령하여 다른 채권자나 수증자가 전부 또는 일부를 변제 받을 수 없게 된 경우에는 부당변제를 수령한 자에 대해서 구상권을 행사할 수 있다.

(1) 그 사정을 알고: 여기서의 〈그 사정을 알고〉는 한정승인자의 변제가 위의 규정들의 위반이라는 사정을 알면서 변제를 받은 것을 의미하며, 자신의 변제수령으로 인해 다른 채권자나 수증자가 변제를 받지 못한다는 것까지 알 필요는 없다.

(2) 구상권의 소멸시효-제3항(766조): 상속인으로부터 배당받은 자에 대한 구상권은 제766조가 준용되어 피해자나 법정대리인이 그 손해를 안 날로부터 3년, 행위일로부터 10년이 경과하면 소멸한다.

第1039條【申告하지 않은 債權者等】 第1032條第1項의 期間內에 申告하지 아니한 相續債權者 및 遺贈받은 者로서 限定承認者가 알지 못한 者는 相續財産의 殘餘가 있는 境遇에 限하여 그 辨濟를 받을 수 있다. 그러나 相續財産에 對하여 特別擔保權있는 때에는 그러하지 아니하다.

申告하지 않은 債權者 등의 保護

1. 意義: 채권신고기간 내에 신고를 하지 않은 자 중에는 상속인이 아는 채권자 등에 대하여는 직접 최고하도록 하고, 배당에서 제외할 수 없으나, 상속인이 알지 못하는 채권자나 수증자에 대하여는 어떻게 되는지가 문제된다. 제1032조부터 제1038조가 정하는 바에 따라 우선권 있는 채권자, 채권신고기간 내에 신고한 채권자 등에게 변제하고 난 이후에, 잔여재산이 없는 때에는 채권신고기간에 신고하지 않고 한정승인자도 알지 못하는 채권자나 수증자가 변제를 청구해도 한정승인자는 이에 대한 책임이 없으며, 자기의 고유재산으로 변제할 책임이 없다. 그러나 청산절차를 종료한 결과 잔여재산이 있는 경우에는 채권신고기간 내에 신고하지 않은 일반상속채권자 및 수증자가 그 재산에 대해 권리를 행사할 수 있도록 하여 그 자들을 보호한다는 것이 본조의 취지이다.

2. 殘餘財産으로 辨濟

(1) 잔여재산: 본조의 〈잔여재산〉이란 우선변제권 있는 채권자, 신고기간 내에 신고한 채권자 및 수증자, 한정승인자가 알고 있는 채권자 및 수증자에 대해 각각 변제를 완료하고도 잔존하는 상속재산을 말한다. 따라서 상속채무가 상속재산을 초과하여 배당변제가 이루어진 때에는 잔여재산은 있을 수 없으므로 본조가 적용될 여지는 없다.

(2) 잔여재산의 존재에 대한 입증책임: 채권자가 잔여재산의 존재를 입증할 필요는 없으며, 그 부존재를 한정승인자가 주상·입증해야 한다.
(3) 채권자가 수증자에 우선: 본조에 해당하는 채권자와 수증자 양자가 있는 경우에는 제1036조를 유추하여 일반상속채권자가 수증자에 우선하여 변제를 받는다고 해석된다.
3. 特別擔保權者 – 단서: 상속재산에 대해 특별담보를 가진 자는 신고기간 내에 신고를 하지 않았거나 한정승인자가 알지 못하였다 하더라도 당연히 그 담보권의 범위 내에서는 우선변제를 받는다.

第1040條【共同相續財産과 그 管理人의 選任】 ①相續人이 數人인 境遇에는 法院은 各相續人 其他 利害關係人의 請求에 依하여 共同相續人中에서 相續財産管理人을 選任할 수 있다.
②法院이 選任한 管理人은 共同相續人을 代表하여 相續財産의 管理와 債務의 辨濟에 關한 모든 行爲를 할 權利義務가 있다.
③第1022條, 第1032條 乃至 前條의 規定은 前項의 管理人에 準用한다. 그러나 第1032條의 規定에 依하여 公告할 5日의 期間은 管理人이 그 選任을 안 날로부터 起算한다.

共同相續財産의 管理

1. 意義: 상속인이 수인인 때에는 각 상속인은 그 상속분에 따라 취득할 재산의 한도에서 그 상속분에 따른 피상속인의 채무와 유증을 변제할 것을 조건으로 상속을 승인할 수 있으며, 수인의 한정승인자가 공동으로 상속재산을 관리·청산할 경우 책임의 소재가 불명확해지고, 사무수행이 복잡할 뿐만 아니라 이해관계인에게도 불공평한 결과를 초래할 수 있다. 따라서 상속재산의 관리·청산절차의 단일화, 신속화를 도모하기 위해서 본조는 공동상속의 경우 법원은 이해관계인의 청구에 의하여 상속인 중 1인을 상속재산관리인으로 선임할 수 있도록 규정한다.
2. 共同相續人 中에서 管理人 選任 – 제1항
(1) 선임청구: 각 상속인 또는 이해관계인이 관리인 선임을 법원에 청구할 수 있다.
(2) 법원의 선임: 법원이 공동 상속재산에 관한 관리인을 선임할 경우에는 반드시 그 공동상속인 중에서 관리인을 선임하여야 한다. 따라서 공동상속인 아닌 다른 사람을 선임한 결정은 위법하다(대판 1979.12.27. 76그2).
3. 管理人의 任務 – 제2항, 제3항: 관리인은 상속인들을 대표하여 상속재산을 관리하고 상속채무의 변제(청산)를 위해 필요한 일체의 행위를 할 권한과 책임이 있다(2항). 관리인의 주의의무에 대해서는 그 고유재산에 대하는 것과 동일한 주의로 하면 족하다. 선임된 관리인의 임무는 상속채권자와 수증자에 대한 변제가 끝날 때까지는 단독 상속인이 한정승인을 하는 경우와 동일하므로 제1022조와 제1032조부터 제1039조의 규정이 준용된다(3항).
(1) 고유재산과 동일한 주의로 관리-제1022조: 선임된 관리인은 고유재산과 동일한 주의의무로 관리하여야 한다.
(2) 상속채권자에 대한 변제업무-제1032조 내지 제1039조: 단독 한정승인자가 상속채권의 변제를 하는 것과 동일하게, 상속재산으로 상속채권을 변제하는 일체의 업무를 하여야 한다.

第4款 拋 棄

第1041條【拋棄의 方式】 相續人이 相續을 拋棄할 때에는 第1019條第1項의 期間內에 家庭法院에 拋棄의 申告를 하여야 한다.〈改正 1990.1.13〉

相續의 拋棄方式

1. 意義: 상속포기는 자기를 위하여 개시된 상속의 효력을 상속개시시로 소급하여 확정적으로 소

멸시키는 제도이다. 상속의 포기는 의사표시로 하며, 상대방 없는 단독행위이며, 법원에 상속포기를 신고하면 이를 수리하는 심판에 의해 효력이 발생하지만, 이때 법원이 포기의 상대방은 아니다. 그리고 상속의 포기로 상속인의 지위를 완전히 떠나 상속재산을 전면적으로 승계하지 않기 때문에 일부포기나 조건을 붙일 수 없다.

2. 抛棄의 方式

(1) 포기권자: 상속포기를 할 수 있는 자는 상속권이 있고 또 상속순위에 해당한 자에 한한다. 그러나 상속인이 무능력자인 경우에는 법정대리인의 동의를 얻어 할 수 있고, 법정대리인이 직접 할 수도 있다. 그러나 상속포기의 신고에 관한 예규(재특 2003-1)(2003.09.02 재판예규 제907호) 제1조제2항은 무능력자와 법정대리인이 공동으로 상속인이 되는 경우에 공동상속인 전원이 상속을 포기하는 것이 아니라 무능력자만이 상속을 포기하기 위하여는 민법 제921조에 의한 특별대리인을 선임하어야 한다고 규정한다. 또한 동 예규 제3조는 피상속인의 상속인이 될 자격이 있는 사람(배우자, 직계비속, 직계존속, 형제자매, 4촌 이내 방계혈족)은 상속이 개시된 이후에는 선순위 상속인이 상속포기신고를 하지 아니한 경우라도 선순위 상속인보다 먼저 또는 선순위 상속인과 동시에 상속포기를 신고할 수 있다고 규정한다.

(2) 상속개시 후: 상속의 포기는 상속개시 후에 하여야 한다. 상속개시 전에 한 상속포기약정은 그와 같은 절차와 방식에 따르지 아니한 것으로 그 효력이 없다(대판 1994.10.14. 94다8334). 따라서 상속인 중의 1인이 피상속인의 생존시에 피상속인에 대하여 상속을 포기하기로 약정하였다고 하더라도, 상속개시 후 민법이 정하는 절차와 방식에 따라 상속포기를 하지 아니한 이상, 상속개시 후에 자신의 상속권을 주장하는 것은 정당한 권리행사로서 권리남용에 해당하거나 또는 신의칙에 반하는 권리의 행사라고 할 수 없다(대판 1998.7.24. 98다9021).

(3) 신고기간 내에 신고: 상속이 개시된 것을 안 날로부터 3월 내에 법원에 포기의 신고를 하여야 하고, 포기권자의 청구에 의하여 법원이 그 기간을 연장할 수 있다(1019조).

(4) 포괄적 무조건적인 포기 의사: 상속의 포기는 상속인이 법원에 대하여 하는 단독의 의사표시로서 포괄적·무조건적으로 하여야 하므로, 상속포기는 재산목록을 첨부하거나 특정할 필요가 없다. 따라서 상속포기서에 상속재산의 목록을 첨부했다 하더라도 그 목록에 기재된 부동산 및 누락된 부동산의 수효 등과 제반 사정에 비추어 상속재산을 참고 자료로 예시한 것에 불과하다고 보여지는 이상, 포기 당시 첨부된 재산 목록에 포함되어 있지 않은 재산의 경우에도 상속포기의 효력은 미친다(대판 1995.11.14. 95다27554).

(5) 법원에 신고: 법원에 신고하여야 한다.

3. 抛棄 後의 取消 - 불가 - 제1024조: 상속을 일단 포기하면 포기를 취소할 수 없다(1024조).

4. 節次와 方式 違反 - 무효: 상속의 포기는 상속이 개시된 후 일정한 기간 내에만 가능하고 가정법원에 신고하는 등 일정한 절차와 방식을 따라야만 그 효력이 있다(대판 1994.10.14. 94다8334).

5. 個別的 問題

(1) 협의분할 후의 포기-포기 무효: 상속인 중 1인이 다른 공동재산상속인과 협의하여 상속재산을 분할한 때는 민법 제1026조제1호에 규정된 상속재산에 대한 처분행위를 한 때에 해당되어 단순승인을 한 것으로 보게 되어 이를 취소할 수 없는 것이므로 그 뒤 가정법원에 상속포기신고를 하여 수리되었다 하여도 포기의 효력이 생기지 않는다(대판 1983.6.28. 82도2421).

(2) 상속인 1인에게 귀속시킬 목적의 기간 도과 후의 포기-협의분할 간주: 상속재산을 공동상속인 1인에게 상속시킬 방편으로 나머지 상속인들이 한 상속포기신고가 민법 제1019조제1항 소정의 기간을 초과한 후에 신고된 것이어서 상속포기로서의 효력이 없다고 하더라도, 공동상속인들 사이에서는 1인이 고유의 상속분을 초과하여 상속재산 전부를 취득하고 나머지 상속인들은 이를 전혀 취득하지 않기로 하는 내용의 상속재산에 관한 협의분할이 이루어진 것으로 보아야 할 것이다(대판 1989.9.12. 88누9305).

(3) 법정방식 위반의 포기-무효: 상속의 포기는 민법에 그 방식이 법정되어 있으므로 이에 따라서 행하여져야 유효하고 그렇지 못한 경우에는 효력이 없다(대판 1988.8.25. 88스10).

第1042條【拋棄의 遡及效】 相續의 拋棄는 相續開始된 때에 遡及하여 그 效力이 있다.

第1043條【拋棄한 相續財産의 歸屬】 相續人이 數人인 境遇에 어느 相續人이 相續을 拋棄한 때에는 그 相續分은 다른 相續人의 相續分의 比率로 그 相續人에게 歸屬된다.

第1044條【拋棄한 相續財産의 管理繼續義務】 ①相續을 拋棄한 者는 그 拋棄로 因하여 相續人이 된 者가 相續財産을 管理할 수 있을 때까지 그 財産의 管理를 繼續하여야 한다.
②第1022條와 第1023條의 規定은 前項의 財産管理에 準用한다.

拋棄에 따른 法律關係

1. 基本的 法律關係

(1) 포기의 소급효-제1042조: 상속포기가 성립하면 그 자는 상속개시된 때에 소급하여 상속권을 잃으며, 따라서 그 자는 처음부터 상속인이 아니었던 것으로 간주된다. 상속포기의 효력에 소급효를 인정하는 이유는 포기는 상속개시 후 다소의 시간이 경과한 후에 발생하고 포기가 성립한 때로부터 효력을 발생하도록 하면 포기 전까지는 상속의 효력이 발생하여 상속포기의 취지에 어긋나기 때문이다.

(2) 차순위상속인이 상속: 단독상속인이 상속을 포기하면 차순위상속인이 상속하게 되며, 공동상속인 전원이 포기를 한 경우에도 동일하나, 공동상속의 경우에 일부의 자만 상속을 포기하게 되면 나머지 공동상속인만 상속인으로 된다. 상속포기의 효과는 절대적이며, 누구에 대해서도 등기의 유무에 관계없이 효력이 발생한다.

(3) 가해자가 피해자의 상속인으로서 상속을 포기한 경우: 상속포기는 자기를 위하여 개시된 상속의 효력을 상속개시시로 소급하여 확정적으로 소멸시키는 제도로서 피해자의 사망으로 상속이 개시되어 가해자가 피해자의 자신에 대한 손해배상청구권을 상속함으로써 그 손해배상청구권과 이를 전제로 하는 자동차손해배상보장법 제9조제1항에 의한 보험자에 대한 직접청구권이 소멸하였다고 할지라도 가해자가 적법하게 상속을 포기하면 그 소급효로 인하여 위 손해배상청구권과 직접청구권은 소급하여 소멸하지 않았던 것으로 되어 다른 상속인에게 귀속되고, 그 결과 〈가해자가 피해자의 상속인이 되는 등 특별한 경우〉에 해당하지 않게 되므로 위 손해배상청구권과 이를 전제로 하는 직접청구권은 소멸하지 않는다. 이러한 경우에 상속포기를 하지 아니하였더라면 혼동으로 소멸하였을 개별적인 권리가 상속포기로 인하여 소멸하지 않게 되었더라도 그 상속포기가 신의칙에 반하여 무효가 되지는 않는다(대판 2005.1.14. 2003다38573, 38580).

2. 제1008조의3의 墳墓 등 - 포기의 대상이 되지 않음: 분묘 등 제1008조의3에 규정한 것은 포기의 대상이 되지 않아 제사주재자가 상속을 포기하였더라도 그것은 제사주재자에게 승계된다.

3. 拋棄한 相續財産의 歸屬 - 제1043조

(1) 공동상속에서 일부가 포기한 경우: 상속인이 수인인 경우 어느 상속인이 상속을 포기한 때에는 그 상속분은 다른 상속인의 상속분의 비율로 그 상속인에게 귀속한다. 예컨대 배우자와 자녀 둘이 상속인인 공동상속에서 자녀 한 명이 상속을 포기하면, 상속인은 배우자와 자녀 한명으로 되어 1.5 : 1로 배분된다.

(2) 공동상속인 전원이 포기한 경우-차순위자의 상속: 차순위자가 상속하며, 이때 차순위자는 대습상속이 아니라 본위상속을 한다.

(3) 포기자의 상속인이 대습상속하는지 여부-부정: 수인의 공동상속인 중 일부의 상속인이 포기한 경우에 포기한 상속인의 대습상속인이 그 상속재산을 상속할 수 있는지가 문제된다. 대습상속의 원인은 사망과 결격으로 〈포기〉는 대습상속의 원인이 아니므로 대습상속이 생기지 아니한다.

(4) 특정인을 위한 포기 가능 여부-양도로 가능: 특정인을 위한 포기가 가능한지가 문제된다.

본조는 강행규정이며 자기의 상속분을 특정인을 위하여 포기하는 것은 인정되지 않는다고 보아야 할 것이다. 이는 상속분의 양도나 협의분할에 의한 지분권의 포기나 양도로 가능하다.

4. 抛棄한 相續財産의 管理 - 제1044조: 상속포기를 한 자는 처음부터 상속인이 아니었던 것으로 되므로 상속재산과는 아무런 관련이 없다. 그러나 상속재산이 관리되지 않은 채 방기되는 것은 다른 상속인이나 차순위상속인, 상속채권자, 수증자 등에게 손해를 입힐 우려가 있으므로 본조는 상속포기를 한 자에게 일정기간동안 상속재산을 관리할 법적 책임을 규정하고 있다.

(1) 상속인이 관리할 수 있을 때까지 관리-제1항: 상속인이 된 자가 상속재산을 관리할 수 있을 때까지 그 재산의 관리를 계속하여야 한다.

(2) 고유재산과 동일한 관리의무-제2항(1022조): 상속재산을 고유재산에 대한 것과 동일한 주의의무로 관리해야 한다. 상속재산에 속하는 물건의 수선이나 보수, 상속재산의 보전에 필요한 처분행위, 상속재산에 속하는 법률관계에 대해 해제·고지·취소·상계·면제·채권양도의 통지 등이 해당할 것이다.

(3) 법원의 재산보전처분-제2항(1023조): 상속을 포기한 자의 관리가 부적절하거나 불가능한 경우에는 다른 공동상속인이나 이해관계인의 청구에 의하여 법원이 재산보전처분을 할 수 있다. 법원은 재산관리인을 별도로 선임하여 재산을 관리하도록 하거나, 상속재산의 봉인, 환가나 기타 처분금지, 점유이전금지, 재산목록의 작성제출명령 등의 보전에 필요한 처분을 직접 명할 수 있다. 관리인을 선임하는 경우에 관리인의 자격에 대한 제한은 없으므로 상속인 중 1인이 선임될 수 있다.

5. 個別的 問題

(1) 포기의 의사표시를 사해행위로서 채권자취소권의 대상이 될 수 있는지 여부-제한적 긍정: 채무초과 상태에 있는 채무자가 상속을 포기하는 경우에는 채무초과되는 한도 내에서는 사해행위로 보아야 한다.

(가) 채무초과상속인의 상속포기: 채무초과 상태에 있는 채무자가 상속재산의 분할협의를 하면서 상속재산에 관한 권리를 포기함으로써 결과적으로 일반채권자에 대한 공동담보가 감소되었다 하더라도, 그 재산분할 결과가 채무자의 구체적 상속분에 상당하는 정도에 미달하는 과소한 것이라고 인정되지 않는 한 사해행위로서 취소되어야 할 것은 아니고, 구체적 상속분에 상당하는 정도에 미달하는 과소한 경우에도 사해행위로서 취소되는 범위는 그 미달하는 부분에 한정하여야 한다(대판 2001.2.9. 2000다51797).

(나) 채무초과상속인이 상속재산인 부동산의 포기로 현금을 수령: 채무초과 상태에 있는 채무자가 상속재산의 분할협의를 하면서 유일한 상속재산인 부동산에 관하여는 자신의 상속분을 포기하고 대신 소비하기 쉬운 현금을 지급받기로 하였다면, 이러한 행위는 실질적으로 채무자가 자기의 유일한 재산인 부동산을 매각하여 소비하기 쉬운 금전으로 바꾸는 것과 다르지 아니하여 특별한 사정이 없는 한 채권자에 대하여 사해행위가 된다고 할 것이며, 이와 같은 금전의 성격에 비추어 상속재산 중에 위 부동산 외에 현금이 다소 있다 하여도 마찬가지로 보아야 할 것이다(대판 2008.3.13. 2007다73765).

(2) 상속재산분할협의에 이미 상속을 포기한 자가 참여한 협의의 효력-제한적 유효: 상속재산분할협의에 이미 상속을 포기한 자가 참여하였다 하더라도 그 분할협의의 내용이 이미 포기한 상속지분을 다른 상속인에게 귀속시킨다는 것에 불과하여 나머지 상속인들 사이의 상속재산분할에 관한 실질적인 협의에 영향을 미치지 않은 경우라면 그 상속재산분할협의는 효력이 있다(대판 2007.9.6. 2007다30447).

(3) 상속포기 후에 한 상속재산의 처분-제한적 단순승인: 상속인이 한정승인 또는 포기를 한 후에 상속재산을 처분한 때에는 그로 인하여 상속채권자나 다른 상속인에 대하여 손해배상책임을 지게 될 경우가 있음은 별론으로 하고, 그것이 상속재산의 부정소비에 해당되는 경우에만 상속인이 단순승인을 한 것으로 보아야 한다(대판 2004.3.12. 2003다63586).

(4) 상속포기서에 첨부된 재산목록에서 누락된 상속재산-전부에 포기효력: 상속의 포기는 상속인이 법원에 대하여 하는 단독의 의사표시로서 포괄적·무조건적으로 하여야 하므로, 상속포기

는 재산목록을 첨부하거나 특정할 필요가 없다고 할 것이다. 그리고 비록 상속포기서에 상속재산의 목록을 첨부했다 하더라도 그 목록에 기재된 부동산 및 누락된 부동산의 수효 등과 제반 사정에 비추어 상속재산을 참고 자료로 예시한 것에 불과하다고 보여지는 이상, 포기 당시 첨부된 재산 목록에 포함되어 있지 않은 재산의 경우에도 상속포기의 효력은 미친다(대판 1995.11.14. 95다27554).

(5) 상속포기기간 중에 한 소송수계신청의 하자가 상속포기기간의 경과로 인하여 치유되는지 여부-치유됨: 민사소송법 제211조제2항에 의하여 상속인은 상속을 포기할 수 있는 때까지 소송절차를 수계하지 못하며 상속인은 민법 제1019조에 의하여 상속개시가 있음을 안 날로부터 3월 내에 상속포기를 할 수 있음에도 불구하고 피고들이 상속개시가 있은 지 불과 2월 남짓 만에 한 소송수계신청을 받아들여 절차를 진행하여 한 원심판결이 위법하다는 것이나, 비록 피고들의 이 사건 소송수계신청이 위 민사소송법의 규정에 위배된 것으로 그 수계에 의하여 진행된 소송절차에 하자가 있다고 하더라도 소송진행 중 상속의 포기 없이 상속개시 있음을 안 날로부터 3월을 경과한 때에는 그 전까지의 소송행위에 관한 하자는 치유되었다고 봄이 상당하다(대판 1964.5.26. 63다974).

(6) 상속포기 후 채권자가 제기한 소송에서 사실심변론종결시까지 이를 주장하지 않은 경우, 채권자의 승소판결 확정 후 청구이의의 소를 제기할 수 있는지 여부-불가: 채무자가 한정승인을 하였으나 채권자가 제기한 소송의 사실심변론종결시까지 이를 주장하지 아니하는 바람에 책임의 범위에 관하여 아무런 유보 없는 판결이 선고·확정된 경우라 하더라도 채무자가 그 후 위 한정승인 사실을 내세워 청구에 관한 이의의 소를 제기하는 것이 허용되는 것은, 한정승인에 의한 책임의 제한은 상속채무의 존재 및 범위의 확정과는 관계없이 다만 판결의 집행대상을 상속재산의 한도로 한정함으로써 판결의 집행력을 제한할 뿐으로, 채권자가 피상속인의 금전채무를 상속한 상속인을 상대로 그 상속채무의 이행을 구하여 제기한 소송에서 채무자가 한정승인 사실을 주장하지 않으면 책임의 범위는 현실적인 심판대상으로 등장하지 아니하여 주문에서는 물론 이유에서도 판단되지 않는 관계로 그에 관하여는 기판력이 미치지 않기 때문이라 할 것인바(대판 2006.10.13. 2006다23138), 위와 같은 기판력에 의한 실권효 제한의 법리는 채무의 상속에 따른 책임의 제한 여부만이 문제되는 한정승인과 달리 상속에 의한 채무의 존재 자체가 문제되어 그에 관한 확정판결의 주문에 당연히 기판력이 미치게 되는 상속포기의 경우에는 적용될 수 없다(대판 2009.5.28. 2008다79876).

6. 相續抛棄의 取消禁止

(1) 취소-제1024조

(가) 포기의 취소금지-제1항: 포기는 여러 사람들 간에 이해관계가 매우 첨예하므로 일단 상속인이 상속을 포기하는 의사표시를 하면 제1019조제1항의 기간 내(고려기간)에도 그 포기를 철회할 수 없다.

(나) 총칙편에 의한 취소는 허용-제2항: 제1항에 대한 예외로써 민법총칙편의 규정에 의한 승인이나 포기의 취소는 허용되며, 다만 그 취소권의 행사기간을 단축하여 규정하고 있다. 총칙편의 규정에 의해 취소할 수 있는 경우란 미성년자가 법정대리인의 동의를 얻지 않고 단독으로 한 경우(5조), 금치산자가 한 경우(13조), 한정치산자가 후견인의 동의를 얻지 않고 한 경우(10조), 착오로 인해 한 경우(109조), 사기나 강박에 의해 한 경우(110조)이다.

(2) 취소권의 시효소멸: 취소권의 소멸은 총칙의 경우보다 단축하여 추인할 수 있는 날로부터 3개월, 포기한 날로부터 1년 내에 행사하지 않으면 소멸한다.

(3) 취소권자: 취소권자는 무능력자나 하자 있는 의사표시를 한 자, 그 대리인 또는 승계인이다.

(4) 취소의 방법: 취소의 방법은 포기의 경우 신고가 수리된 법원에 취소신고를 해야 한다(가소 2조①항라류28호). * 법정대리인이 친족회의 동의가 없음을 이유로 포기를 취소함에 있어서 그 취소의 상대방은 재산상속포기의 신고가 수리된 법원이다(대판 1989.9.12. 88다카28044).

第5節 財産의 分離

第1045條【相續財産의 分離請求權】 ①相續債權者나 遺贈받은 者 또는 相續人의 債權者는 相續開始된 날로부터 3月內에 相續財産과 相續人의 固有財産의 分離를 法院에 請求할 수 있다.
②相續人이 相續의 承認이나 抛棄를 하지 아니한 동안은 前項의 期間經過後에도 財産의 分離를 法院에 請求할 수 있다.〈改正 1990.1.13〉

第1046條【分離命令과 債權者等에 對한 公告, 催告】 ①法院이 前條의 請求에 依하여 財産의 分離를 命한 때에는 그 請求者는 5日內에 一般相續債權者와 遺贈받은 者에 對하여 財産分離의 命令있은 事實과 一定한 期間內에 그 債權 또는 受贈을 申告할 것을 公告하여야 한다. 그 期間은 2月以上이어야 한다.
②第88條第2項, 第3項과 第89條의 規定은 前項의 境遇에 準用한다.

財産의 分離

1. 意義: 재산의 분리라 함은 상속개시 후의 상속채권자나 유증받은 자 또는 상속인의 채권자의 청구에 의하여 상속재산과 상속인의 고유재산을 분리시키는 가정법원의 처분을 말한다. 제도의 취지는 피상속인 또는 상속인의 각각의 고유재산을 믿고 거래한 채권자가 상속으로 인하여 양 재산이 혼합됨으로써 받게 될 불리한 영향을 막으려는 데 있다. 재산분리제도에는 두 가지 유형이 있다. 하나는 상속채권자나 유증받은 자가 상속인의 채권자보다 우선하여 변제를 받을 수 있도록 하는 것이고, 다른 하나는 상속인의 채권자에게도 재산분리의 청구를 인정함으로써 상속인의 고유재산에 대해서는 상속채권자나 유증받은 자보다 우선하여 상속인의 채권자가 변제를 받을 수 있도록 하는 것이다.

(1) 한정승인과의 관계: 재산분리는 상속인의 단순승인으로 인한 상속재산과 상속인의 고유재산이 서로 섞이는 것을 방지하기 위한 것이므로 한정승인을 한 경우에는 재산분리를 할 필요가 없다. 그러나 한정승인이 무효로 되는 경우라든가 법정단순승인으로 인정되는 경우 또는 한정승인의 고려기간 중에는 재산분리를 할 필요가 있다.

(2) 상속포기와의 관계: 재산분리의 청구가 있은 후, 상속인이 상속 포기를 하면 재산분리절차는 무효로 된다. 이 경우에 새로 상속인이 된 자에 대하여 다시 재산분리의 청구를 할 수 있을 것이다.

(3) 상속인의 파산: 상속인에 대하여 파산선고가 있는 때에는 고유재산에 대하여는 상속인의 채권자의 채권은 상속채권자 또는 수증자의 채권보다 우선하며, 상속재산에 대하여는 상속채권자 또는 수증자의 채권이 상속인의 채권자의 채권보다 우선하므로(채무자회생및파산에관한법률 444조) 재산분리와 동일한 효력이 발생한다. 파산선고가 있는 경우라도 상속채권자 또는 수증자는 재산분리청구를 하여도 무방하나 파산종결의 결정이 있을 때까지는 그 분리절차는 중지된다(채무자회생및파산에관한법률 346조).

2. 法院에 財産分離의 請求 - 제1045조: 상속채권자나 수증자측에서 재산분리를 청구할 수 있고, 상속인의 채권자도 재산분리를 청구할 수 있다. 전자는 상속재산의 상태는 양호하지만, 상속인이 채무초과의 상태에 있으며, 그 상속인이 단순승인을 함으로써 상속재산이 상속인의 고유채권자의 공동담보로 되는 결과 상속채권자나 수증자가 불이익을 받을 우려가 있는 경우에 이용되며, 후자는 반대로 상속인의 채권자를 보호하기 위해 인정된 것이다. 이러한 청구는 법원에 하여야 한다.

(1) 청구권자-제1항: 상속채권자, 수증자, 상속인의 채권자이다. 상속채권자가 특별담보를 갖는지 여부, 집행권원이 있는지 여부, 조건부인지 여부, 존속기간이 불확정인지 여부를 묻지 않는다. 수증자는 변제에 있어서 상속채권자보다 후순위이지만 마찬가지로 청구권이 있다. 상속인의 채

권자는 상속개시 당시의 채권자뿐만 아니라 상속개시 후에 채권을 취득한 자도 포함된다.
(2) 상대방: 명문의 규정은 없지만, 상속인 또는 상속재산관리인, 파산관재인, 유언집행자가 될 것이다.
(3) 대상: 상속재산으로 부동산, 동산, 금전, 채권, 원물, 과실 모두 분리의 대상이 된다. 분리대상인 상속재산은 포괄적인 상속재산으로 특정의 상속재산에 한정하여 분리할 수는 없다. 특히 부동산은 분리된 때에는 이를 등기하여야 제3자에게 대항할 수 있다(1049조).
(4) 청구기간-제1항, 제2항: 상속개시시로부터 3개월 이내이며(1항), 상속인이 상속의 승인이나 포기를 하지 아니한 동안은 3개월이 경과한 후에도 청구할 수 있다(2항).

3. 分離命令과 債權者 등에 대한 公告, 催告 - 제1046조

(1) 채권자 등에 공고-제1항: 법원이 청구권자의 재산분리청구에 의하여 재산분리를 명한 때에는 그 심판이 확정된 날로부터 5일 이내에 일반상속채권자와 수증자에 대하여 재산분리의 명령이 있은 사실과, 2월 이상의 기간을 정하여 그 기간 내에 채권 또는 수증사실을 신고할 것을 공고해야 한다. 상속재산은 원래 상속채권자와 수증자를 위한 공동담보이기 때문이다. 공고기간 내에는 분리청구를 한 상속채권자·수증자는 물론 신고한 자라 할지라도 상속인은 변제를 거절할 수 있다.
(2) 공고의 내용-제2항(88조2, 3항): 공고는 법원의 등기사항의 공고와 동일한 방법으로 하여야 한다. 그리고 기간 내에 신고하지 아니하면 변제로부터 제외된다는 사실을 표시하여야 한다.
(3) 알고 있는 채권자 등에 대한 최고-제2항(89조): 상속인이 알고 있는 채권자나 수증자에 대하여는 신고할 것을 직접 최고하여야 하고, 변제에서 제외할 수 없다.

第1047條【分離後의 相續財産의 管理】 ①法院이 財産의 分離를 命한 때에는 相續財産의 管理에 關하여 必要한 處分을 命할 수 있다.
②法院이 財産管理人을 選任한 境遇에는 第24條 乃至 第26條의 規定을 準用한다.

第1048條【分離後의 相續人의 管理義務】 ①相續人이 單純承認을 한 後에도 財産分離의 命令이 있는 때에는 相續財産에 對하여 自己의 固有財産과 同一한 注意로 管理하여야 한다.
②第683條 乃至 第685條 및 第688條第1項, 第2項의 規定은 前項의 財産管理에 準用한다.

財産分離 後의 財産管理

1. 意義: 상속재산은 보통 상속인이 관리의무를 지지만, 그 관리가 부적당하여 재산을 위태롭게 할 염려가 있기 때문에 상속채권자나 수증자 등을 보호하기 위해, 재산분리를 청구하여 법원이 재산분리를 명한 때에는 상속재산의 관리에 특별히 필요한 처분을 할 수도 있으며, 별도로 관리인을 선임하여 관리하게 할 수도 있게 한다.
2. 法院의 必要한 處分 - 제1047조제1항: 상속재산에 대하여 별도로 필요한 처분을 할 수 있는데, 이러한 처분은 필요한 경우에만 이루어지며, 항상 처분이 내려지는 것은 아니다.
3. 法院의 管理人의 選任 - 제1047조제2항: 법원은 별도로 관리인을 선임하여 관리하게 할 수 있다. 선임된 관리인은 법원에 의하여 선임된 부재자재산관리인(24조 내지 26조)과 동일한 임무가 주어진다.
4. 相續人의 管理義務 - 제1048조: 상속인은 상속이 개시된 후에도 단순승인을 하기까지는 상속재산을 처분할 수 없지만, 단순승인 후에는 자유롭게 처분할 수 있다. 그러나 단순승인 후에도 재산분리의 명령이 있는 때는 처분이 금지되며, 관리의무만을 부담하게 된다. 상속재산을 관리하는 상속인에게 요구되는 주의의무는 그 고유재산과 동일한 주의의무이다(1항). 본조에서 규정하는 관리의무는 위임에 있어 수임자의 관리의무와 다르지 않으므로 위임에 관한 규정이 준용된다(2항).

第1049條【財產分離의 對抗要件】 財產의 分離는 相續財產인 不動產에 關하여는 이를 登記하지 아니하면 第三者에게 對抗하지 못한다.

財產分離의 對抗要件

1. 意義: 재산의 분리명령으로 상속재산과 상속인의 고유재산이 분리되는데, 그 대상이 부동산인 경우에는 제3자의 보호를 위하여 상속재산에 속하는 부동산은 이를 등기하여야 제3자에게 대항할 수 있다. 이로써 거래의 안전 및 제3자를 보호할 수 있기 때문이다.

2. 處分制限의 登記: 부동산의 경우 재산분리로 제3자에게 대항하기 위해서는 등기를 하여야 한다.

(1) 처분제한의 등기: 등기의 종류에 대해서는 규정하고 있지 않지만 부동산등기법에서의〈처분제한〉의 등기로 해석해야 할 것이다.

(2) 등기권리자: 등기권리자는 재산분리청구권자이며, 등기의무자는 상속인인데, 등기권리자만으로도 신청할 수 있다.

(3) 대항할 수 없는 제3자: 본조 소정의 제3자는 제한이 없으며 모든 제3자를 의미한다.

3. 動產: 본조는 부동산에 관하여만 규정하나, 상속채권자나 수증자는 목적물이 동산일지라도 제3자에게 양도된 후에도 재산분리가 있었음을 이유로 반환을 청구할 수 있다.

第1050條【財產分離와 權利義務의 不消滅】 財產分離의 命令이 있는 때에는 被相續人에 對한 相續人의 財產上 權利義務는 消滅하지 아니한다.

第1051條【辨濟의 拒絶과 配當辨濟】 ①相續人은 第1045條 및 第1046條의 期間滿了前에는 相續債權者와 遺贈받은 者에 對하여 辨濟를 拒絶할 수 있다.
②前項의 期間滿了後에 相續人은 相續財產으로써 財產分離의 請求 또는 그 期間內에 申告한 相續債權者, 遺贈받은 者와 相續人이 알고 있는 相續債權者, 遺贈받은 者에 對하여 各債權額 또는 受贈額의 比率로 辨濟하여야 한다. 그러나 優先權 있는 債權者의 權利를 害하지 못한다.
③第1035條 乃至 第1038條의 規定은 前項의 境遇에 準用한다.

第1052條【固有財產으로부터의 辨濟】 ①前條의 規定에 依한 相續債權者와 遺贈 받은 者는 相續財產으로써 全額의 辨濟를 받을 수 없는 境遇에 限하여 相續人의 固有財產으로부터 그 辨濟를 받을 수 있다.
②前項의 境遇에 相續人의 債權者는 相續人의 固有財產으로부터 優先辨濟를 받을 權利가 있다.

財產分離의 法律關係

1. 意義: 재산분리는 상속재산과 상속인 고유재산의 두 재산이 혼합되는 것을 막기 위한 제도이므로, 재산분리명령으로 상속재산과 상속인의 고유재산의 두 개의 독립된 재산으로 분리된다. 그리하여 그 개별적인 재산에 대하여 개별적인 법률관계가 우선적으로 형성된다.

2. 相續人의 被相續人에 대한 權利, 義務의 不消滅 - 제1050조: 재산분리는 한정승인에서와 마찬가지로 상속재산과 상속인의 고유재산을 분리시킬 필요가 있기 때문에 행하여지는 것이므로, 법원이 재산분리를 명한 때에는 상속인이 피상속인에 대하여 가지는 재산상의 권리·의무는 혼동으로 소멸하지 않고 그대로 지속한다.

3. 相續人의 辨濟(淸算)

(1) 변제거절권-제1051조제1항: 상속인은 상속채권자와 수증자가 재산분리의 청구를 할 수 있

는 상속개시시로부터 3개월의 기간 내 및 그 청구에 의해 재산의 분리명령이 있은 때에는 공고를 위한 5일간과 2개월 이상의 공고기간은 모든 상속채권자나 수증자에 대해서 변제를 거절할 수 있다. 그 기간만료 전에 일부 상속채권자 또는 수증자에 대한 변제를 허용하면 다른 상속채권자나 수증자에게 변제할 수 없게 되어 형평에 반하기 때문이다.

(2) 상속재산으로 배당변제-제1051조제2항, 제3항: 재산분리의 청구자 및 상속채권자, 수증자에 대해서 상속재산이 형평에 맞도록 평등하게 변제가 이루어지도록 하기 위한 규정이다.

(가) 기간 만료 후: 재산분리의 청구기간과 공고기간이 만료한 후이어야 한다.

(나) 상속채권자가 수증자보다 우선: 상속채권자와 수증자의 변제순위는 상속채권자에게 변제한 후가 아니면 수증자에게 변제할 수 없다

(다) 일반채권자: 분리청구한 자 또는 그 기간 내에 신고한 상속채권자, 수증자와 상속인이 알고 있는 상속채권자, 수증자에 대하여 각자의 채권액의 비율에 따라 상속재산으로 변제해야한다. 다만, 질권자, 저당권자와 같이 우선권이 있는 때는 담보권의 효력으로 먼저 이들이 변제받게 된다.

(라) 이행기 미도래, 조건부채권: 일반적으로는 상속채권자 중에서 변제기에 이르지 않은 채권을 가진 자가 있는 경우 이를 변제할 필요가 없지만, 재산분리는 일종의 상속재산의 청산으로서 한정승인과 동일한 의미를 가지기 때문에 상속인이나 상속재산관리인은 이를 변제해야 하며, 조건부 채권이나 존속기간 미확정의 채권도 감정인의 평가에 따라 변제해야 한다.

(3) 고유재산으로 변제-제1052조: 상속채권자 등에 상속재산만으로 변제를 다하지 못한 경우에는 상속인의 고유재산으로 변제하도록 한다.

(가) 상속인의 채권자의 우선권-제2항: 상속채권자에게 상속재산만으로 변제를 다하지 못하여 상속인의 고유재산으로 변제를 하게 하지만 재산분리의 취지에 맞게 상속인의 고유재산에 대해서는 상속인의 채권자가 우선한다. 여기의 상속인의 채권자는 상속개시시 또는 재산분리시의 상속인의 채권자뿐만 아니라 그 후의 채권자를 포함한다. 상속인의 채무가 변제기에 이르지 않은 때에는 상속채권자나 수증인이 변제를 청구하더라도 법원은 변제기에 이르지 않은 상속인의 채권자에게 변제하고도 남는 재산이 있는 경우에 한하여 이를 인용해야 할 것이다.

(나) 고유재산으로 상속채권자와 수증자에 대한 변제-제1항: 신고기간 내에 신고한 상속채권자·수증자와 상속인이 알고 있는 상속채권자·수증자는 상속재산에 대하여 상속인의 채권자에 우선하여 변제를 받을 수 있지만, 재산분리는 한정승인과는 달리 이들이 완전하게 변제를 받지 못한 경우에는 상속인의 고유재산으로부터 변제를 받을 수 있다. 그러나 상속채권자·수증자는 이미 상속재산에 대해 우선권이 있기 때문에 상속인의 고유재산에 대해서도 무제한으로 청구할 수 있다면 상속인의 채권자의 이익을 침해하게 되므로 상속인의 고유재산에 대해서는 상속인의 채권자가 우선적으로 변제를 받게 된다.

第6節 相續人의 不存在〈개정 1990.1.13〉

1. 槪括: 사람이 사망하면 그가 남긴 재산은 당연히 그 상속인에게 승계된다. 그런데 상속인이 없거나 누가 상속인인지 분명하지 않을 때를 상속인의 부존재라고 한다. 이와 같이 상속개시 후 상속인의 존부가 불분명한 경우에는 우선 상속재산관리인을 선임하여 상속재산을 관리하게 하고, 한편으로는 상속인을 수색하면서 상속재산으로 상속채권자와 수증자에게 변제하게 한다. 결국 상속인이 나타나지 않으면 특별연고자에게 상속재산을 분여하고, 그렇게 하지 못한 경우에는 상속재산은 국가에 귀속토록 한다.(* 공유자가 상속인 없이 사망한 때에는 그 지분은 다른 공유자에게 각 지분의 비율로 귀속한다-267조) 상속인의 존부가 분명하지 않은 경우로는 신원불명의 자가 사망한 경우, 가족관계등록부상 상속인이 없는 경우 또는 상속인이 전부 상속포기를 하여 상속자격을 잃은 경우 등이다. 사람의 신원관계는 반드시 가족관계등록부에 의해서만 확정되는 것은 아니다. 따라서 상속인을 수색하여 상속인부존재를 확정함으로써 상속재산을 청산할 필요가 있다. * 관리인선임-선임공고(3개월 이상)-채권신고공고(2개월 이상)-청산-상속인 수색공고(1년 이상)-특별분여-국가귀속

2. 構成
(1) 관리인 선임: 제1053조
(2) 관리인의 임무: 제1054조-제1056조
(3) 상속인 수색의 공고: 제1057조
(4) 특별연고자에 대한 분여: 제1057조의2
(5) 국가귀속: 제1058조, 제1059조

第1053條 【相續人 없는 財産의 管理人】 ①相續人의 存否가 分明하지 아니한 때에는 法院은 第777條의 規定에 依한 被相續人의 親族 其他 利害關係人 또는 檢事의 請求에 依하여 相續財産管理人을 選任하고 遲滯없이 이를 公告하여야 한다.〈改正 1990.1.13〉
②第24條 乃至 第26條의 規定은 前項의 財産管理人에 準用한다.

相續人 없는 財産의 管理

1. 意義: 본조는 상속인의 존재여부가 분명하지 않은 경우로 상속인이 있는 것은 분명하지만 그 생사나 소재가 분명하지 않은 경우는 여기에 해당하지 않는다. 구체적으로는 피상속인이 사망하였지만 그 상속인인 직계비속, 직계존속, 형제자매, 4촌 이내의 방계혈족, 배우자 중 어느 누구도 그 존부가 불분명한 경우이다. 이들 상속인의 존부는 통상 가족관계등록부의 기재에 의해 알 수 있지만, 상속개시 당시의 가족관계등록부의 기재만으로 그 존부를 확정하는 것은 불가능하다. 가족관계등록부에는 기재되어 있지 않지만, 상속인이 출현할 가능성이 있기 때문이다. 이와 같이 상속인의 존부가 불확정인 동안 상속재산을 그대로 방치할 수 없기 때문에 피상속인의 친족 등 이해관계인의 청구에 의하여 일정한 기간 상속재산을 관리하도록 한다.

2. 相續財産管理人의 選任과 公告
(1) 상속인 존부의 불명: 상속인의 존부가 불명이어야 한다.
(2) 상속재산의 존재: 관리하여야 할 상속재산이 있어야 한다.
(3) 관리인의 선임-제1항
(가) 청구권자: 제777조의 규정에 의한 피상속인의 친족이나 이해관계인 또는 검사가 청구할 수 있다. 여기서 친족은 상속인에 해당하지 아니하는 친족을 가리키며, 이해관계인이란 상속채권자, 수증자, 상속재산 위에 담보권을 가지는 자 등 상속재산에 대하여 법률상의 이해관계를 갖는 자를 말한다.
(나) 법원의 관리인 선임: 법원은 청구에 의하여 상속재산관리인을 선임하고, 이를 공고하여야 한다.
(다) 법원의 공고-제1항: 이때의 공고는 상속인의 부존재로 관리인을 선임하였다는 사실과 이해관계인에 대해 필요한 준비와 조치를 하라는 통지임과 동시에 상속인의 수색을 위한 공고의 의미를 가진다. * 이 공고 후 3개월이 지나도 상속인이 확인되지 아니하면 2개월 이상의 기간을 정하여 채권을 신고할 것을 공고할 수 있다(1056조1항).

3. 相續財産管理人의 基本的 權利와 義務 - 제2항(24조 내지 26조): 관리인의 기본적 임무는 부재자를 위한 재산관리인과 동일한 권리·의무를 가지므로, 부재자를 위한 재산관리인에 관한 규정이 준용된다. 상속재산관리인은 장래에 나타날 상속인 또는 포괄적 수증자의 법정대리인의 지위에 있게 되므로, 예를 들어 상속재산에 관한 소송에서 당사자 적격이 인정된다.
(1) 재산목록 작성: 제24조제1항
(2) 보존행위를 넘는 행위시에는 법원의 허가를 받아야: 제25조
(3) 상속재산에 대한 소송의 당사자: 재산상속인의 존재가 분명하지 아니한 상속재산에 관한 소송에 있어서 정당한 피고는 법원에서 선임된 상속재산관리인이다(대판 1976.12.28. 76다797).
(4) 관리인의 보수-제26조: 법원이 제1053조제1항에 의하여 선임하는 상속재산관리인의 보수는 가사소송규칙 제4조제1항에서 규정하고 있는 '기타 심판절차의 비용'에 포함된다고 해석함이 상당하므로 위 규정이 준용하는 민사소송법 제106조, 민사소송규칙 제5조제1항에 의하여, 그 선임

을 청구한 청구인에게 이를 예납하게 할 수 있다(대판 2001.8.22. 2000으2).

4. 訴訟繫屬中 當事者가 死亡하고 그 相續人의 존否가 分明하지 않은 경우: 소송계속 중 당사자가 사망하고 그 상속인의 존부가 분명하지 않은 경우, 상속재산관리인은 민사소송법에 따라 소송을 수계할 수 있는 것이므로, 법원으로서는 소송절차를 중단한 채 상속재산관리인의 선임을 기다려 그로 하여금 소송을 수계하도록 하였어야 한다(대판 2002.10.25. 2000다21802).

第1054條【財産目錄提示와 狀況報告】 管理人은 相續債權者나 遺贈받은 者의 請求가 있는 때에는 언제든지 相續財産의 目錄을 提示하고 그 狀況을 報告하여야 한다.

第1055條【相續人의 存在가 分明하여진 境遇】 ①管理人의 任務는 그 相續人이 相續의 承認을 한 때에 終了한다.

②前項의 境遇에는 管理人은 遲滯없이 그 相續人에 對하여 管理의 計算을 하여야 한다.

第1056條【相續人 없는 財産의 淸算】 ①第1053條第1項의 公告있은 날로부터 3月內에 相續人의 存否를 알 수 없는 때에는 管理人은 遲滯없이 一般相續債權者와 遺贈받은 者에 對하여 一定한 期間內에 그 債權 또는 受贈을 申告할 것을 公告하여야 한다. 그 期間은 2月以上이어야 한다.

②第88條第2項, 第3項, 第89條, 第1033條 乃至 第1039條의 規定은 前項의 境遇에 準用한다.

管理人의 相續財産管理

1. 財産目錄 提示와 狀況報告 - 제1054조: 상속채권자나 수증자는 상속재산의 상황이 어떠한지에 대해 중대한 관심을 가질 뿐만 아니라 이해관계를 가진다. 따라서 상속채권자나 수증자는 상속재산관리인에 대하여 상속재산의 상황을 보고할 것을 청구할 수 있으며, 이 청구가 있는 때에는 상속재산관리인은 상속재산의 상황을 보고하여야 한다.

(1) 보고청구권자-상속채권자, 수증자: 보고를 청구할 수 있는 자는 상속채권자 또는 수증자이다. 본조는 상속채권자와 수증자의 이익을 보호하기 위한 규정이므로 다른 이해관계인은 본조에 의한 보고를 청구할 수 없다.

(2) 보고 비용: 보고에 필요한 비용은 상속재산에서 지불할 수 있다.

2. 相續人의 存在가 確認된 때 - 제1055조: 상속인의 존재가 확인되면 피상속인의 사망시부터 상속이 개시되고 그때부터 상속인이 피상속인에게 속하고 있던 권리·의무를 승계하게 된다. 그러나 확인된 상속인이 상속을 포기할 수도 있으며, 이 경우 다시 상속인의 존부가 분명하지 않게 되므로 본조는 관리인의 임무가 상속인의 존재로 소멸하는 것이 아니라, 상속인이 상속을 승인한 때에 비로소 소멸하는 것으로 규정한다.

(1) 상속인의 상속승인으로 임무 소멸-제1항: 존재가 확인된 상속인이 상속을 승인하면 관리인의 임무가 소멸한다. 여기서의 〈상속을 승인한 때〉란 상속인이 한정승인을 하거나 상속재산의 전부 또는 일부를 처분하거나, 피상속인의 사망을 안 날로부터 3개월 이내에 한정승인이나 상속의 포기도 하지 않아 단순승인을 한 것으로 보는 경우를 말한다.

(2) 관리의 계산 보고-제2항: 관리인은 상속인이 상속을 승인한 때에는, 관리인은 상속인인 타인의 재산을 관리한 자로서 당해 재산관리와 관련하여 발생한 일체의 수입과 지출을 계산하여 상속인에게 지체 없이 보고하여야 한다.

3. 相續人 不存在가 確認된 때 - 淸算 - 제1056조: 상속인의 존재가 공고 후 3월 내에 확인되지 아니한 때에는 상속재산관리인은 상속채권자 등을 찾아서 상속재산으로 그들에게 청산하여야 한

다. 청산을 위하여 먼저 채권신고의 공고를 하고, 신고된 상속채권자 등에게 변제하여야 한다. 상속재산의 청산은 본조에 의한 변제 후에도 잔여재산이 있어 특별연고자에게 분여할 경우에는 그 절차의 완료에 의해 종료한다.

(1) 채권신고의 공고-제1항

(가) 상속재산관리인 선임공고 후 3월 내에 상속인 존부 불명: 상속재산관리인의 선임을 공고한 날로부터 3개월 내에 상속인의 존부를 알 수 없어야 한다.

(나) 2월 이상의 기간을 정하여 채권신고를 위한 공고: 관리인은 지체 없이 피상속인의 채권자, 수증자에게 2월 이상의 기간을 정하여 채권의 신고를 할 것을 공고하여야 한다.

(다) 공고 방법: 공고의 방법은 등기사항의 방법과 동일한 방법으로 하여야 하고(88조3항), 알고 있는 채권자에 대하여는 신고할 것을 직접 최고하여야 한다(89조).

(라) 공고 내용: 공고내용은 상속채권자 및 수증자가 신고기간 내에 신고할 것과 신고하지 않은 때는 청산에서 제외된다는 취지를 표시하여야 한다(88조2항). 만일 이 기간 내에 상속인이 출현하면 상속재산관리인은 상속재산을 청산할 필요가 없다.

(2) 청산-변제의 순서와 방법-제2항: 변제의 순서와 방법에 대해서는 한정승인의 경우의 변제(청산)절차의 규정이 준용된다.

(가) 공고기간 만료 전의 변제거절권-제1033조: 채권자의 공평한 이익으로 청산이 되도록 본조에서는 채권신고기간 만료 전에는 상속채권자 및 수증자에 대해 변제를 거절할 수 있는 권리를 인정한다. 이를 위반하여 만료 전에 변제함으로써 다른 채권자에게 변제할 수 없게 된 때에는 그 손해를 배상하여야 한다(1038조1항).

(나) 상속재산의 환가-경매-제1037조: 상속재산으로 채권을 변제하게 되고, 배당변제가 통상이며, 이 경우 금전 이외의 상속재산의 종류에 대해 그 상태로 현물변제하는 것이 불가능한 경우도 적지 않으므로 배당변제에 앞서 변제에 필요한 금원을 조달하기 위해서는 금전 이외의 상속재산을 환가할 필요가 있다. 이와 같이 상속재산을 금전으로 환가할 필요가 있는 때에는 관리인은 이를 경매에 붙여야 한다.

(다) 변제의 순서와 방법-제1034조, 제1036조: 채권신고기간이 만료하면 일반적으로 상속채권에 대한 채권자와 그 총액이 확정되며, 관리인은 확정된 채권에 대해 청산의 제2단계로서 상속재산으로 채무를 변제해야 하지만, 민법은 그 순서와 방법을 정하여 변제의 공평을 기하고 있다.

① 1순위-제1034조: 우선권 있는 채권자. 우선권 있는 채권자에 대해서는 배당변제를 하지 않고 목적물의 가격의 한도 내에서 우선적으로 변제를 한다. 다만 목적물의 가격이 채권액에 미치지 못할 경우에는 그 부족분에 대해서는 다른 채권자와 함께 배당변제를 한다.

② 2순위-제1034조: 신고기간 내에 신고한 일반상속채권자 및 관리인이 알고 있는 채권자.

㉮ 배당변제: 1순위자에게 변제한 후의 잔액에 대하여 변제한다. 재산의 가액이 채권액보다 많은 경우에는 문제가 없지만, 채권총액이 상속재산 가액을 초과하게 되는 경우에는 각각 그 채권액의 비율에 따라 변제를 하는 배당변제를 하여야 한다.

㉯ 이행기미도래 또는 조건부 채권에 대한 변제-제1035조: 이행기에 이르지 않은 채권이라도 이행기 전에 변제해야 하고, 실제로 변제한 날부터 이행기까지의 중간이자를 공제하여 변제하여야 할 것이다. 또한 조건부 채권 및 존속기간 불확정의 채권에 대해서도 변제를 해야 하고, 이러한 채권은 현재의 가치를 평가하여 변제하여야 한다. 평가는 가정법원이 선임한 감정인이 한다.

③ 3순위-제1036조-신고기간 내에 신고한 수증자: 일반상속채권자에게 변제하고 잔여재산이 있는 때에 비로소 유증을 받은 자에게 변제한다. 따라서 수증자는 선순위에 있는 채권자가 존재하지 않거나, 선순위채권자자에게 변제한 후에도 상속재산의 잔여가 있는 때 비로소 최후에 변제를 받게 된다.

④ 4순위-제1039조: 신고기간 내에 신고하지도 않고, 관리자가 알지 못하는 채권자 및 수증자에 대하여는 3순위자까지 변제한 후에도 잔여재산이 있는 경우에 변제하여야 한다.

⑤ 동순위-배당변제: 동순위의 채권자에 대하여는 채권액에 비례하여 배당하는 배당변제이다.

(라) 부당변제 등으로 피해를 본 채권자 등의 구제-제1038조: 법률의 규정에 위반한 변제(청산)

나, 관리인이 임무를 해태하거나 부당하게 변제함으로써 손해를 입은 채권자 또는 수증자는 손해배상을 청구할 수 있고, 그러한 사정을 알고 부당한 변제를 받은 채권자나 수증자에 대하여는 구상을 할 수 있다.
① 관리인의 책임-제1항: 제1056조에 위반한 공고나 최고를 게을리 한 때, 제1033조를 위반하여 변제거절권을 행사하지 않았거나 잘못 실시한 때, 제1034조를 위반하여 변제기에 이르지 않은 채권의 변제를 잘못하거나, 조건부・존속기간 불확정의 채권을 적정하게 평가하지 않고 변제한 때, 제1035조를 위반하여 상속채권자보다 수증자에게 먼저 변제한 때 등이다. 채권자나 수증자는 관리인에게 손해의 배상을 청구할 수 있다. 이 손해배상청구권은 피해자가 그 손해를 안 날로부터 3년, 행위일로부터 10년이 경과하면 소멸한다.
② 채권자와 수증자의 구상권의 행사-제2항: 관리인의 변제가 부당한 것임을 알면서도 채권자가 이를 수령하여 다른 채권자나 수증자가 전부 또는 일부를 변제 받을 수 없게 된 경우에는 부당변제를 수령한 자에 대해서 구상권을 행사할 수 있다. 이 구상권은 제766조가 준용되어 피해자가 그 손해를 안 날로부터 3년, 행위일로부터 10년이 경과하면 소멸한다.

第1057條【相續人搜索의 公告】 제1056조제1항의 期間이 經過하여도 相續人의 存否를 알 수 없는 때에는 法院은 管理人의 請求에 依하여 相續人이 있으면 一定한 期間內에 그 權利를 主張할 것을 公告하여야 한다. 그 期間은 1년 이상이어야 한다. 〈개정 2005.3.31〉

相續人 搜索의 公告

1. 意義: 상속인의 존부가 불분명한 때에는 이해관계인 등의 청구에 의해 상속재산관리인이 선임되고 그 사실이 공고된다. 공고 후 3개월 내에 상속인존부가 불분명하면 관리인은 다시 2개월 이상의 기간을 정하여 상속채권자와 수증자에 대해 채권을 신고할 것을 공고한다. 이 두 번의 공고는 외견상으로는 직접적으로 상속인의 수색을 목적으로 하지는 않고, 상속인의 출현을 촉구하는 취지를 겸하고 있지만, 본조는 청산 후의 잔여재산을 특별연고자에 대한 분여와 국가귀속을 위한 전제로서 다시 한번 1년 이상의 기간을 정하여 상속인을 수색하는 공고를 할 것을 목적으로 한다.

2. 相續人搜索의 公告: 청산은 가급적 조속히 진행하는 것이 바람직하지만, 가능한 한 상속인을 찾을 수 있도록 하기 위해 그 기간을 최소 1년으로 규정하고 있다. 이 공고는 관리인이 상속재산을 청산한 후에도 잔여재산이 있는 경우에만 하면 되고, 잔여재산이 없으면 공고할 필요가 없다.

第1057條의2【特別緣故者에 대한 分與】 ①제1057조의 期間내에 相續權을 主張하는 者가 없는 때에는 家庭法院은 被相續人과 生計를 같이 하고 있던 者, 被相續人의 療養看護를 한 者 기타 被相續人과 특별한 緣故가 있던 者의 請求에 의하여 相續財産의 전부 또는 일부를 分與할 수 있다. 〈개정 2005.3.31〉
②第1項의 請求는 제1057조의 期間의 만료후 2月이내에 하여야 한다. 〈개정 2005.3.31〉

第1058條【相續財産의 國家歸屬】 ①제1057조의2의 규정에 의하여 분여(分與)되지 아니한 때에는 相續財産은 國家에 歸屬한다. 〈개정 2005.3.31〉
②第1055條第2項의 規定은 제1항의 境遇에 準用한다. 〈개정 2005.3.31〉

第1059條【國家歸屬財産에 對한 辨濟請求의 禁止】 前條第1項의 境遇에는 相續財産으로 辨濟를 받지 못한 相續債權者나 遺贈을 받은 者가 있는 때에도 國家에 對하여 그 辨濟를 請求하지 못한다.

淸算 後의 殘餘財産의 處理

1. 意義: 상속재산으로 상속채권자와 수증자에게 청산(변제)하고도 잔여재산이 있는 경우에는 다시 한 번 1년 이상의 기간을 정하여 상속인의 수색을 위한 공고를 하며(1057조), 그래도 상속인이 나타나지 않을 때에 잔여재산의 처리에 관한 문제가 남는다. 잔여재산은 먼저 특별연고가 있는 자에게 전부 또는 일부를 지급하고(1057조의2) 그래도 남는 경우에는 국가에 귀속토록 한다(1058조). 그런데 당해 물건이 공유물인 경우에는 제267조에 별도로 규정되어, 당해 규정이 적용된다.

2. 共有物의 경우는 共有者에게 歸屬 – 제267조: 잔여재산이 공유물인 경우에는 다른 공유자에게 지분의 비율로 귀속한다.

3. 特別緣故者에 分與 – 제1057조의2: 상속인이 존재하지 않는 경우에 피상속인과 생계를 같이 한 자, 피상속인의 요양·간호에 노력한 자, 피상속인과 특별한 연고가 있던 자의 청구가 있으면 가정법원이 이들에 대하여 상속재산의 전부 또는 일부를 분여해 줄 수 있는 제도이다. 본조는 피상속인과 가까우면서도 법률상 상속권이 없는 위와 같은 특별연고자들이 상속인이 없는 경우에 까지 상속에서 제외되는 불합리한 면을 시정하였다는 점에 의의가 있다.

(1) 분여요건

(가) 법원에 청구: 특별연고관계가 있는 자가 법원에 분여를 청구하여야 한다. 법원은 분여 여부 및 분여액을 결정한다.

(나) 특별연고 관계가 있을 것: 아래의 어느 하나에 해당하여야 한다.

① 피상속인과 생계를 같이하던 상속권 없는 자: 상속권이 없는 자인 사실상의 배우자, 사실상의 양친과 양자, 미인지의 혼외자, 계모자 등 가족적 공동생계를 누리는 자 등이 해당될 수 있다.

② 피상속인의 요양·간호를 한 자: 상속인이 아닌 친족, 지인, 친구의 자녀, 이웃 등으로서 생계를 같이 하지 않으나 피상속인을 돌보고 그 요양·간호에 특별히 힘을 기울인 자를 말한다.

③ 기타 피상속인과 특별한 연고가 있던 자: 가정법원이 구체적으로 판단할 문제이나, 정신적, 물질적으로 밀접한 관계가 있는 자로서 상속재산을 그 자에게 분여하는 것이 피상속인의 의사에 합치하는 것으로 볼 수 있을 정도로 특별한 관계에 있던 자를 말한다.

(다) 재산분여의 상당성이 있을 것: 특별연고자에게 상속재산을 분여하려면, 우선 청구인이 특별연고자로서 가정법원이 재산분여를 함이 상당하다고 인정된 경우이어야 한다. 상당성 여부의 판단도 가정법원의 재량에 달려 있으나, 연고관계의 내용, 친밀도, 나이, 직업, 상속재산의 종류나 액수 등이 상당성을 판단하는 데 있어서 참작될 수 있을 것이다.

(라) 상속인 수색공고기간 만료 후 2월 이내에 재산분여의 청구: 재산분여를 원하는 자는 제1057조에 규정된 1년 이상의 기간을 정하여 공고한 상속인수색기간이 만료된 후 2월 이내에 가정법원에 재산분여를 청구하여야 한다.

(2) 분여의 효과: 재산분여의 청구가 인용되면 청구인에게 청산 후 잔존하는 상속재산의 전부 또는 일부가 분여된다. 특별연고자는 상속인이 아니므로 채무는 승계되지 않으며, 분여로 원시취득하여 변제받지 못한 상속채권자나 수증자가 특별연고자에게 변제를 청구할 수 없다. 특별연고자가 잔여재산의 분여를 청구하지 아니하고 사망한 때에도 그 지위가 그 특별연고자의 상속인에게 승계되지 않아, 특별연고자의 상속인이 분여를 청구할 수는 없다. 그러나 특별연고자가 분여를 청구한 후 심판 전에 사망한 때에는 분여청구권은 기대권의 일종이므로 상속의 대상으로 되고 따라서 그 상속인이 절차를 승계한다고 보는 것이 타당할 것이다.

(3) 심판의 고지·불복: 심판은 청구인 외에 상속재산관리인에게도 고지하여야 할 것이다. 청구를 기각한 심판에 대하여는 청구인이 즉시 항고할 수 있고(가사소송규칙 27조), 청구를 인용한 심판에 대하여는 민법 제1057조의2제1항에 규정한 자, 즉 다른 특별연고자가 즉시 항고할 수 있다(가사소송규칙 83조).

4. 國家에 歸屬 – 제1058조: 상속인수색의 공고기간이 경과한 후 특별연고자가 상속재산분여를 청구할 수 있는 기간이 지나도 청구가 없는 경우나, 재산분여청구가 있었으나 그 청구가 기각되거나, 상속재산의 일부에 대해서만 분여한 경우에 잔여재산은 최종적으로 그 재산은 국가에 귀속한다. 이때 국가를 상속인으로 볼 수는 없으며, 청산을 거친 상속재산을 국가가 본조에 의해서 특별히 취

득하는 것으로 해석된다. 그런데 무주의 토지는 민법 제252조제2항에 의하여 국유로 되는 것이고, 토지소유자가 존재하였으나 그의 상속인의 존부가 분명하지 아니한 경우에 적용되는 민법 제1053조 내지 제1058조 소정의 절차를 밟아야만 국유로 되는 것은 아니므로, 무주의 토지라고 인정을 한 이상 그 토지를 국유라고 하기 위하여 상속인 부존재의 경우에 필요한 절차를 밟았는지를 별도로 심리할 필요는 없다(대판 1997.11.28. 96다30199). 그런데 어느 부동산에 대하여 특정인 명의로 사정되어 있는 경우, 특별한 사정이 없는 한 그 부동산의 소유자는 사정명의자이고, 그가 사망한 경우에는 상속인이 그 소유자라 할 것인바, 상속인의 존부를 알 수 없는 때에는 민법 제1057조의 공고절차를 거쳐 같은 법 제1058조에 의하여 비로소 국가에 귀속된다(대판 1997.4.25. 96다53420).

(1) 국가귀속시기

(가) 분여청구가 없는 때: 분여청구가 없는 때에는 청구기간이 만료한 때에 국가에 귀속한다.

(나) 분여청구가 있는 때: 특별연고자에 의한 상속재산분여 청구가 있은 때에는 그 심판의 확정시가 기준이 된다.

(2) 귀속의 효과-제1059조: 전조에 따라 잔여상속재산이 국가에 귀속하게 되면 상속재산으로 변제를 받지 못한 상속채권자나 수증자가 있는 때에도 국가를 상대로 그 변제를 청구할 수 없다. 그러나 상속채권자나 수증자의 권리가 소멸하는 것은 아니므로 보증인 등에 대해서는 변제를 청구할 수 있다.

第2章 遺 言

1. 槪括: 사유재산제도에서 자기의 재산은 기본적으로 자유롭게 처분할 수 있으며, 생전처분과 더불어 死後處分도 자유롭게 이루어져야 하며, 사후처분을 하는 방법이 유언이다. 즉 유언이라는 방법으로 사후에 자기의 재산을 자유롭게 처분할 수 있는데, 이와 같은 〈유언의 자유〉는 계약의 자유, 단체설립의 자유와 더불어 근대민법이 인정하는 대표적인 원칙이다. 유언제도는 유언자가 남긴 최종의 의사를 존중하고 사후에 그 의사의 실현을 보장하기 위한 점도 있지만, 유언자 死後에 그 자의 재산을 둘러싼 분쟁을 사전에 예방하는 역할도 한다. 그런데 유언은 亡者가 남긴 재산에 대한 유언자의 의사를 존중하고, 남긴 재산에 대한 분쟁을 예방하는 역할을 하기에 유언자의 진의를 확보하고, 분쟁의 소지를 없애야 하는 점에서 그 형식을 엄격히 할 필요가 있어 반드시 법정의 방식에 따르도록 한다.

2. 構成

(1) 유언의 요식성: 제1060조

(2) 유언적령: 제1061조

(3) 무능력자의 유언: 제1062조, 제1063조

(4) 유언과 태아: 제1064조

(5) 유언의 방식: 제1065조-제1071조

(6) 증인의 결격사유: 제1072조

(7) 유언의 효력발생시기: 제1073조

(8) 유증의 승인, 포기: 제1074조-제1077조

(9) 수증자의 권리, 의무: 제1078조, 제1079조

(10) 유증의무자의 권리, 의무: 제1080조-제1082조

(11) 유증의 물상대위성: 제1083조, 제1084조

(12) 목적물이 제3자의 권리인 경우: 제1085조, 제1086조

(13) 목적물이 상속재산에 속하지 않은 경우: 제1087조

(14) 부담부 유증: 제1088조

(15) 유증발생 전의 수증자의 사망: 제1089조

(16) 유증의 무효, 취소: 제1090조

(17) 유언서의 검인, 개봉: 제1091조, 제1092조
(18) 유언집행자: 제1093조-제1096조
(19) 유언집행자의 승인, 사퇴: 제1097조
(20) 유언집행자의 결격사유: 제1098조
(21) 유언집행자의 권리, 의무: 제1099조-제1105조
(22) 유언집행자의 해임: 제1106조
(23) 유언집행의 비용: 제1107조
(24) 유언의 철회, 저촉: 제1108조-제1111조
(25) 유류분: 제1112조
(26) 유류분 산정: 제1113조, 제1114조
(27) 유류분의 보전: 제1115조-제1118조

第1節 總 則

第1060條【遺言의 要式性】 遺言은 本法의 定한 方式에 依하지 아니하면 效力이 생하지 아니한다.

遺言의 法的 性質과 要式性

1. 遺言의 法的 性質: 유언은 유언자의 사망과 동시에 일정한 효력을 발생시키는 것을 목적으로 하는 상대방 없는 단독행위이다. 따라서 유증을 받을 자의 승낙은 물론 유증을 받을 자 등에 대한 의사표시도 요하지 않는다. 다만, 유증을 받을 자는 유언의 효력이 발생한 후 그 효력을 받는 것을 거절할 수 있다(1074조). 이와는 달리 사인증여는 그 효력이 증여자의 사망에 의하여 발생하는 생전증여인 계약이다. 또한, 유언은 유언자 본인의 독립된 의사에 의하여 이루어져야 하기 때문에 대리가 허용되지 않는다. 그리고 무능력자라 하더라도 유언에는 법정대리인의 동의는 필요가 없다(1062조).

2. 遺言의 要式性 - 본조: 유언은 엄격한 형식에 따라 이루어 질 것이 요구되며, 민법은 유언방식의 종류로 보통방식과 특별방식을 규정하고 있다. 전자에는 자필증서, 녹음, 공정증서, 비밀증서에 의한 유언이 해당하고, 후자에는 구수증서에 의한 유언이 해당된다. 이러한 유언의 요식성은 사망자의 유언이 본인의 최종적인 진의인지 여부를 확인할 수 없는 곤란을 예방하고, 유언자에게 신중하게 유언을 하도록 하며, 타인의 위조와 변조를 방지하기 위한 것이다.

(1) 요식 위반의 유언-무효: 민법이 규정한 유언의 방식을 따르지 않은 유언은 무효이다. 구체적으로는 공정증서에 기재된 내용과 같은 유언의 구수가 있었는지에 관하여 강력한 의심이 들 뿐만 아니라, 유언의 구수가 있었다고 하더라도 〈공증인이 유언자의 구술을 필기해서 이를 유언자와 증인에게 낭독할 것〉과 〈유언자와 증인이 공증인의 필기가 정확함을 승인할 것〉이라는 요건을 갖추지 못하였고, 〈유언자가 서명 또는 기명날인할 것〉이라는 요건도 갖추지 못하여 민법 제1068조 소정의 〈공정증서에 의한 유언〉의 방식에 위배되었다는 이유로 공정증서에 의한 유언을 무효라고 한 사례가 있다(대판 2002.10.25. 2000다21802).

(2) 요식 위반이나 유언자의 진정한 의사에는 부합한 경우-무효: 민법 제1065조 내지 제1070조가 유언의 방식을 엄격하게 규정한 것은 유언자의 진의를 명확히 하고 그로 인한 법적 분쟁과 혼란을 예방하기 위한 것이므로, 법정된 요건과 방식에 어긋난 유언은 그것이 유언자의 진정한 의사에 합치하더라도 무효이다(대판 1999.9.3. 98다17800).

3. 遺言事項: 유언은 법정사항에 한하여 가능하다. 따라서 이에 해당하지 않을 때는 무효이다. 민법이 인정하는 유언이 가능한 사항은 재단법인의 설립(47조2항), 친생부인(850조), 인지(859조2항), 후견인 지정(931조), 상속재산분할방법의 지정 또는 위탁(1012조 전단), 상속재산분할금지(1012조 후단), 유언집행자의 지정 또는 위탁(1093조), 유증(1074조), 신탁(신탁법 2조) 등이다.

第1061條【遺言適齡】 滿17歲에 達하지 못한 者는 遺言을 하지 못한다.

第1062條【無能力者와 遺言】 第5條, 第10條와 第13條의 規定은 遺言에 關하여는 이를 適用하지 아니한다.

第1063條【禁治產者의 遺言能力】 ①禁治產者는 그 意思能力이 回復된 때에 限하여 遺言을 할 수 있다.
②前項의 境遇에는 醫師가 心神回復의 狀態를 遺言書에 附記하고 署名捺印하여야 한다.

遺言能力

1. 意義: 유언은 일종의 법률행위이기는 하지만 일신전속적인 행위이다. 또한 유언의 취지는 사망한 자의 최종의사를 존중하는 데 있다. 따라서 무능력자제도를 엄격히 적용하여 법정대리인에 의한 유언의 대리행위를 인정한다거나, 유언의 효력이 발생한 후에 상속인 또는 법정대리인에게 취소권을 부여한다면 이는 유언제도의 취지에 어긋난다. 이러한 점에서 유언의 적령과 무능력자의 유언에 대하여 별도로 규정한다.

2. 遺言適齡 - 제1061조: 유언을 하기 위하여는 의사능력이 있으면 충분하며, 민법은 만 17세를 의사능력을 갖춘 연령으로 보고 만 17세에 달하면 유언을 할 수 있다고 한다. 다만 금치산자가 의사능력이 없는 때에 한 유언은 무효이다. 유언능력이 있어야 할 시기에 대해서는 특별히 규정하지 않지만 유언할 때에 유언능력이 있으면 될 것이다. 따라서 유언성립시에 유언능력자이었으나 그 후에 유언무능력자가 되더라도 유언의 효력에는 영향을 주지 않는다.

3. 未成年者, 限定治產者: 유언할 수 있는 능력을 일반적인 행위능력과는 달리 만 17세로 규정하고 있기 때문에 만 20세를 행위능력자로 규정하고 있는 일반원칙에 대한 예외로서 본조는 미성년자의 행위능력에 관한 제5조(미성년자의 능력), 한정치산자에 관한 제10조(한정치산자가 예외적으로 혼자서 유효한 법률행위를 할 수 있는 경우)는 적용이 없다고 규정한다.

(1) 만 17세 이상의 미성년자-제1062조: 미성년자도 만 17세에 달한 때에는 법정대리인의 동의 없이 혼자서 유효한 유언을 할 수 있다.

(2) 한정치산자-제1062조: 한정치산자는 미성년자와 법률행위능력이 동일하므로 마찬가지로 한정치산자도 법정대리인의 동의 없이 단독으로 유효한 유언을 할 수 있다.

4. 禁治產者 - 제1063조: 금치산자는 법정대리인의 동의가 있어도 단독으로 법률행위를 할 수 없으나, 본조에 따라 금치산자도 의사능력을 회복하고 있는 동안에는 혼자서 유효한 유언을 할 수 있다. 그런데 의사능력이 회복된 상태에서 유언이 행하여졌다는 것이 증명되어야 할 것이다.

(1) 의사능력 회복시에 유언가능-제1항: 의사능력이 있는 자는 유언능력이 있으므로 금치산자라 하더라도 의사능력을 회복한 때에는 유언능력이 있다.

(2) 증명-제2항: 유언이 유효하기 위해서는 그 의사능력을 증명할 필요가 있으며, 의사가 금치산자의 심신회복의 상태를 유언서에 부기하고 서명날인하여야 한다.

(3) 모든 유언방식에 적용: 본조는 민법상의 모든 유언방식에 적용된다. 따라서 각 유언방식에서 금치산자가 의사능력이 있다는 것이 의사에 의해 확인되어야 한다. 자필증서나 공정증서 등과 같이 서면에 의한 유언인 때에는 본조에 따라 유언서에 부기하면 될 것이나, 녹음에 의한 유언의 경우에는 의사가 심신상실의 상태를 녹음기에 구수하는 방법으로 해야 할 것이다. 또한 비밀증서의 경우에는 그 취지상 유언서를 넣어 엄봉한 표면에 부기 및 서명날인하여야 할 것이다.

(4) 금치산자가 한 유언의 취소 불가-제1062조(13조): 금치산자의 법률행위는 일반적으로 동의 여부와 관계없이 취소할 수 있는데(13조), 제1063조에 의한 금치산자의 유언은 제1062조에서 제13조의 적용을 배제하여 취소할 수 없다.

第1064條【遺言과 胎兒, 相續缺格者】 第1000條第3項, 第1004條의 規定은 受贈者에 準用한다.〈改正 1990.1.13〉

受贈能力

1. 意義: 본조는 유증을 받는 자, 즉 수증자의 능력에 대해 규정하고 있다. 유증을 받기 위해서는 권리능력이 있어야 하나, 본조에서는 태아의 경우에도 수증능력이 있는 것으로 규정하고 있으며, 다만 상속결격자는 유증을 받을 자격도 없음을 규정한다.

2. 胎兒의 受贈能力 – 제1000조제3항: 태아는 상속순위에 관하여는 이미 출생한 것으로 보는 제1000조의 제3항이 준용되는 결과, 태아도 수증자로 될 수 있다. 태아가 유증에 있어서 수증자로서 지정되고 그 유언자가 수증자인 태아의 출생 전에 사망하고, 유언이 효력이 발생한 경우 그 태아는 수증자로서 출생 후에 유증을 받게 된다(정지조건설).

3. 受贈缺格者 – 제1004조: 수증자에게는 상속결격에 관한 규정이 준용된다. 따라서 아래에 해당하는 자는 유증을 받을 수 없다.

(1) 고의로 직계존속, 피상속인, 그 배우자 또는 상속의 선순위나 동순위에 있는 자를 살해하거나 살해하려 한 자

(2) 고의로 직계존속, 피상속인과 그 배우자에게 상해를 가하여 사망에 이르게 한 자

(3) 사기 또는 강박으로 피상속인의 상속에 관한 유언 또는 유언의 철회를 방해한 자

(4) 사기 또는 강박으로 피상속인의 유증에 관한 유언을 하게 한 자

(5) 피상속인의 유증에 관한 유언서를 위조·변조·파기 또는 은닉한 자: 본항 소정의 〈은닉한 자〉라 함은 유언서의 소재를 불명하게 하여 그 발견을 방해하는 일체의 행위를 한 자를 의미하는 것이므로, 단지 공동상속인들 사이에 그 내용이 널리 알려진 유언서에 관하여 피상속인이 사망한 지 6개월이 경과한 시점에서 비로소 그 존재를 주장하였다고 하여 이를 두고 유언서의 은닉에 해당한다고 볼 수 없다(대판 1998.6.12. 97다385100).

第2節 遺言의 方式

第1065條【遺言의 普通方式】 遺言의 方式은 自筆證書, 錄音, 公正證書, 秘密證書와 口授證書의 5種으로 한다.

遺言의 方式

1. 意義: 민법은 유언에서 유언자의 의사를 명확히 하여 분쟁을 방지하기 위하여 법이 정하는 엄격한 형식을 요하도록 하며, 이 방식에 의하지 않은 유언은 무효로 한다. 그리고 그 방식의 유형도 5종으로 제한하고, 각 유형별 엄격한 형식을 갖추도록 한다. 따라서 법정된 요건과 방식에 어긋난 유언은 그것이 유언자의 진정한 의사에 합치하더라도 무효다(대판1999.9.3. 98다17800).

2. 遺言의 方式: 유언은 본조가 정하는 5가지의 방식 중 하나의 방식으로 해야 한다. 보통의 경우에는 자필증서, 녹음, 공정증서, 비밀증서 중 하나를 택하게 되며, 이러한 보통의 방식을 요구할 수 없는 사정이 있는 경우에 구수증서에 의하여 유언할 수 있다. 구수증서를 제외한 4가지의 보통유언방식은 각각 장·단점을 갖고 있기 때문에 어떠한 방식을 선택할 것인지는 유언자가 처한 상황이나 목적에 따라 자유롭게 선택할 수 있을 것이다.

(1) 자필증서: 자필증서에 의한 유언은 읽고 쓸 수 있는 사람이라면 단독으로 쉽게 작성할 수가 있으며 그 방식이 가장 간단하다. 그러나 간혹 내용의 불명확으로 인해 그 효력에 대해 다툼이 발생할 우려가 있으며, 분실·은닉·변조 등의 우려가 높다.

(2) 공증증서: 공증증서에 의한 유언은 공증인이 관여하기 때문에 요건의 흠결이나 문장의 불명확성의 여지가 희박하므로 그 효력에 대해서 분쟁이 발생할 우려가 적다. 다만, 유언의 비밀이 보

장되지 않아 적어도 공증인과 증인에게는 알려지게 되는 점과 비용이 발생한다는 단점이 있다.
(3) 녹음: 녹음에 의한 유언도 녹음기로 간편하게 이용할 수 있으나 소실과 편집되어 변조될 염려가 있다.
(4) 비밀증서: 비밀증서에 의한 유언은 유언의 존재가 명확하고, 그 내용에 대해 타인에게 공개되지 않는 것이 장점이지만, 검인절차가 요구되는 것이 단점이다.
(5) 구수증서: 위 보통의 유언방식을 취하지 못하는 질병, 기타 긴박한 상황에서 가능하지만, 절차가 다소 복잡한 점이 있다.

第1066條【自筆證書에 依한 遺言】 ①自筆證書에 依한 遺言은 遺言者가 그 全文과 年月日, 住所, 姓名을 自書하고 捺印하여야 한다.
②前項의 證書에 文字의 插入, 削除 또는 變更을 함에는 遺言者가 이를 自書하고 捺印하여야 한다.

自筆證書에 의한 遺言

1. 意義: 자필증서에 의한 유언은 가장 간편하게 이용할 수 있는 방식으로 유언자가 유언사항과 연월일, 주소, 성명을 자필하고 날인해야 한다. 이 방식의 유언은 가장 간단하여 편리하나, 유언의 존재 여부나 내용의 불명확 또는 위, 변조의 위험성 등이 있다.
2. 成立 - 제1항: 자필증서에 의한 유언의 방식으로 전문과 성명의 자서와 날인이 있어야 한다. 여기서 본조가 자서에 의한 성명의 기재에 더하여 〈날인〉을 요구하는데, 날인을 요구하는 부분이 유언자의 재산권과 일반적 행동자유권을 침해하지 않느냐는 문제가 있다. 이에 대하여 헌법재판소는 본조의 합헌성을 인정한다(헌재 2008.3.27. 2006헌바82).
(1) 全文을 自書: 자필증서에 의한 유언은 유언자가 직접 적는 것이 절대적 요건이므로 타인에게 구수·필기시킨 것은 자필증서로 인정되지 않으므로 무효이다. 〈전문〉이란 유언서의 실질적인 내용인 유언사항을 적은 부분을 말하며, 이를 자서하도록 한 이유는 유언이 유언자의 진의에서 나온 것임을 명백하게 하기 위함이다. 따라서 자필증서에 의한 유언은 유언자가 그 전문과 연월일, 주소 및 성명을 자서하는 것이 절대적 요건이므로 전자복사날인기를 이용하여 작성한 복사본은 이에 해당하지 아니한다(대판 1998.6.12. 97다385100).
(2) 연월일의 자서: 연월일은 유언의 중요한 요건이라 할 수 있다. 왜냐하면 유언의 성립시기는 유언능력의 유무를 판단하는 기준시가 될 뿐만 아니라, 내용이 서로 저촉되는 복수의 유언증서가 있는 경우에 그 우열을 판단하는 기준이 되기 때문이다. 연월일이 없는 유언서는 무효이다.
(가) 유언서의 내용으로 일자의 확인이 가능한 경우: 날짜의 기재가 없거나 불완전하더라도 유언작성시가 유언장의 내용이나 혹은 외부적 사정에 비추어 확정될 수 있는 경우, 예를 들면 유언서가 회갑일에 작성되고 유언서에 회갑일이 명백히 기재되어 있으면 유언서가 확정된 일자에 작성된 것이라 볼 수 있으므로 유효하다고 판단된다.
(나) 두 개 이상의 작성일: 연월일의 자서가 두 개 이상 있는 경우는 나중의 일자를 기준으로 하는 것이 타당하다.
(3) 주소의 자서: 주소는 유언자의 생활의 근거가 되는 곳으로 주민등록상의 주소와 일치할 필요는 없다. 유언자의 주소는 반드시 유언 전문과 동일한 지편에 기재하여야 하는 것은 아니고, 유언증서로서 일체성이 인정되는 이상 그 전문을 담은 봉투에 기재하더라도 무방하다(대판 2007.10.25. 2006다12848). 그러나 유언자의 것임이 인정되지 않는 무인이 찍혀 있고, 유언증서 자체에 유언자의 주소가 자서되어 있지 아니한 유언증서는 자필증서에 의한 유언의 효력이 인정되지 않는다(대판 2007.10.25. 2006다12848).
(4) 성명의 자서: 성명의 기재는 그 유언자가 누구인가를 알 수 있을 정도이면 족하다. 호(號)나 자 또는 예명 등을 사용해도 상관없다고 본다. 예를 들어 서명 대신에 〈부〉라고만 자필 서명된 경우에도 그것에 의하여 유언자와 유언의 의사를 확인할 수 있는 한 유효하다고 할 수 있다.

(5) 날인: 자필증서에 의한 유언의 방식으로 전문(全文)과 성명의 자서에 더하여 <날인>을 요구하고 있는 본조는 유언자의 재산권과 일반적 행동자유권을 침해하는 것은 아니다(헌재 2008.3.27. 2006헌바82).
(가) 무인: 본조의 날인은 반드시 실인이어야 할 필요는 없고 무인도 무방하며 타인을 시켜서 날인하여도 유효하다고 본다. 날인은 인장 대신에 무인에 의한 경우에도 유효하다(대판 1998.6.12. 97다385100).
(나) 날인도 무인도 없는 경우: 날인도 없고 무인도 없는 유언장은 자필증서에 의한 유언으로서의 효력이 없다(대판 2006.9.8. 2006다25103, 251100).
3. 遺言書의 變更 - 자서와 날인 - 제2항: 자필증서에 문자를 삽입하거나 삭제 또는 변경하는 경우에는 유언자가 이를 자서하고 날인하여야 한다. 그러나 증서의 기재 자체로 보아 명백한 오기를 정정함에 지나지 아니하는 경우에는 그 정정 부분에 날인을 하지 않았다고 하더라도 그 효력에는 영향이 없다(대판 1998.5.29. 97다38503).

第1067條【錄音에 依한 遺言】 錄音에 依한 遺言은 遺言者가 遺言의 趣旨, 그 姓名과 年月日을 口述하고 이에 參與한 證人이 遺言의 正確함과 그 姓名을 口述하여야 한다.

錄音에 의한 遺言

1. 意義: 녹음에 의한 유언은 유언자가 <유언의 취지>인 유언의 내용과 자신의 성명 및 녹음연월일을 구술하고 이에 참여한 증인이 유언이 정확하다는 사실과 자신의 성명을 구수하여야 한다. 작성방법이 간편하고, 死後에도 목소리가 그대로 보존되어 유언자의 진의를 가장 잘 알기 쉬운 점이 장점이나, 편집기술의 발달로 위·변조의 우려가 있고, 기계의 잘못 조작에 의하여 소멸되어버릴 염려가 있다는 단점도 있다.
2. 要件
(1) 유언자가 유언의 취지, 그 성명과 연원일의 구술: 유언의 내용과 녹음하는 연월일 및 성명이 녹음되어야 한다.
(2) 참여한 증인의 유언의 정확함과 증인의 성명: 유언에 참여하는 증인이 유언의 정확함과 증인 자신의 성명이 구술되어야 한다.
(3) 증인의 수: 증인은 1명이라도 무방하다.
(4) 금치산자인 경우: 금치산자가 그 의사능력이 회복되어 녹음에 의한 유언을 할 때에는 의사는 심신회복의 상태를 녹음기에 구술하는 방법으로 확인하여야 한다.

第1068條【公正證書에 依한 遺言】 公正證書에 依한 遺言은 遺言者가 證人 2人이 參與한 公證人의 面前에서 遺言의 趣旨를 口授하고 公證人이 이를 筆記朗讀하여 遺言者와 證人이 그 正確함을 承認한 後 各自 署名 또는 記名捺印 하여야 한다.

公證證書에 의한 遺言

1. 意義: 공정증서에 의한 유언은 공증인이 참여하는 유언방식으로 유언자가 유언서를 직접 작성하지 않아도 되며, 유언의 존재 및 그 내용을 가장 잘 확보할 수 있는 장점이 있으나, 공증인의 참여와 그로 인한 경비의 부담이라는 단점이 있다.
2. 要件
(1) 증인 2인의 참여: 증인의 참여는 유언자 본인의 확인과 유언자의 정신상태의 확인, 작성된 유언이 진실하게 성립한 것임을 증명하고, 공증인의 직권남용을 방지하기 위한 목적이 있다.
(가) 공증증서에 의한 유언-증인결격자-제1072조제1항, 공증인법 제33조: 공증증서에 의한 유언의 경우에는 공증인법에서 증인결격자를 별도로 규정하고 있으며, ① 미성년자, ② 서명할 수 없는 자, ③ 촉탁사항에 관하여 이해관계 있는 자, ④ 촉탁사항에 관하여 대리인 또는 보조인이

나 대리인 또는 보조인이었던 자, ⑤ 공증인이나 촉탁인 또는 그 대리인의 배우자, 친족, 동거의 가족, 법정대리인, 피용자 또는 동거인, ⑥ 공증인의 보조자는 증인이 될 수 없다. 이와 같은 증인결격자가 참여한 유언은 무효이다(공증인법 33조).

(나) 공증증서유언에서 유언자의 친족: 공증인법 제33조제3항은 본문에서 공증시 참여인이 될 수 없는 자의 하나로 공증촉탁인의 친족을 들면서도 단서에서 〈공증촉탁인이 공증에 참여시킬 것을 청구한 경우〉에는 예외적으로 같은 법 제33조제3항 본문 규정의 적용이 배제됨을 규정하고 있다. 이는 결국 공증참여자가 유언자와 친족의 관계에 있다 하더라도 유언자의 청구에 의할 경우에는 공증인법에 의한 공증참여인 결격자가 아니라고 보아야 할 것이다(대판 1992.3.10. 91다45509).

(2) 유언의 취지의 구수: 유언자는 유언의 취지를 구수해야 한다. 〈유언취지의 구수〉는 말로써 유언의 내용을 상대방에게 전달하는 것을 뜻하는 것이므로 이를 엄격하게 제한하여 해석하여야 한다.

(가) 직접 공증인에게 구수: 구수는 직접 공증인에 대하여 이루어져야 하며, 다른 자에 의해 공증인에게 전달되는 유언은 구수의 요건을 결하여 무효이다.

(나) 직접 구수에 해당 여부

① 공증인이 의사에 따라 취지 작성 후 질의 확인한 경우: 공증인이 유언자의 의사에 따라 유언의 취지를 작성하고 그 서면에 따라 유언자에게 질문을 하여 유언자의 진의를 확인한 다음 유언자에게 필기된 서면을 낭독하여 주었고, 유언자가 유언의 취지를 정확히 이해할 의사식별능력이 있고 유언의 내용이나 유언경위로 보아 유언 자체가 유언자의 진정한 의사에 기한 것으로 인정할 수 있는 경우에는, 위와 같은 〈유언취지의 구수〉 요건을 갖추었다고 보아야 한다(대판 2007.10.25. 2007다51550, 51567).

② 공증인이 미리 작성 후 질문 확인한 경우: 공증 변호사가 미리 작성하여 온 공정증서에 따라, 의식이 명료하고 언어소통에 지장이 없는 유언자에게 질문하여 유증의사를 확인하고 그 증서의 내용을 읽어주어 이의 여부도 확인한 다음 자필서명을 받은 경우는 본조의 요건을 모두 갖추었다(대판 2007.10.25. 2007다51550, 51567).

③ 제3자에 의하여 미리 작성 후 답변 확인: 제3자에 의하여 미리 작성된 유언의 취지가 적혀 있는 서면에 따라 유언자에게 질문을 하고 유언자가 동작이나 한, 두 마디의 간략한 답변으로 긍정하는 경우에는 원칙적으로 본조 소정의 〈유언취지의 구수〉라고 보기 어렵지만, 공증인이 사전에 전달받은 유언자의 의사에 따라 유언의 취지를 작성한 다음 그 서면에 따라 유증 대상과 수증자에 관하여 유언자에게 질문을 하고 이에 대하여 유언자가 한 답변을 통하여 유언자의 의사를 구체적으로 확인할 수 있어 그 답변이 실질적으로 유언의 취지를 진술한 것이나 마찬가지로 볼 수 있고, 유언자의 의사능력이나 유언의 내용, 유언의 전체 경위 등으로 보아 그 답변을 통하여 인정되는 유언취지가 유언자의 진정한 의사에 기한 것으로 인정할 수 있는 경우에는, 유언취지의 구수 요건을 갖추었다고 볼 수 있다(대판 2008.2.28. 2005다75019, 75026).

④ 질문 후 고개만 끄떡거린 경우: 뇌혈전증으로 병원에 입원치료 중인 유언자가 불완전한 의식상태와 언어장애 때문에 말을 못하고 고개만 끄덕거리면서 반응을 할 수 있을 뿐인 의학상 소위 가면성 정신상태에서 공증인이 유언내용의 취지를 유언자에게 말하여 주고 〈그렇소〉하고 물으면 유언자는 말은 하지 않고, 고개만 끄덕거리면 공증인의 사무원이 그 내용을 필기하고 이를 공증인이 낭독하는 방법으로 유언서가 작성되었다면 이는 유언자가 구수한 것이라고 할 수 없으므로 무효이다(대판 1980.12.23. 80므18). 또한 유언 당시에 자신의 의사를 제대로 말로 표현할 수 없는 유언자가 유언취지의 확인을 구하는 변호사의 질문에 대하여 고개를 끄덕이거나 〈음〉, 〈어〉라고 말한 것만으로는 민법 제1070조가 정한 유언의 취지를 구수한 것으로 볼 수 없다(대판 2006.3.9. 2005다57899).

(3) 공증인의 필기, 낭독: 유언자의 구술을 공증인측에서 필기하고 이것을 유언자 및 증인에게 낭독해야 한다. 필기는 공증인이 직접 하지 않아도 무방하며, 공정증서는 국어로 작성해야 한다(공증인법 26조).

(4) 유언자 및 증인의 승인 및 서명이나 기명날인: 유언자와 증인은 필기가 정확함을 승인한 후에 각자 여기에 서명하거나 기명날인하여야 한다.

(가) 유언자와 증인이 공증인의 필기가 정확함을 승인하여야 한다.
(나) 유언자가 서명 또는 기명날인하여야 한다.

3. 要件 未備 - 無效: 공정증서에 기재된 내용과 같은 유언의 구수가 있었는지에 관하여 강력한 의심이 들 뿐만 아니라, 유언의 구수가 있었다고 하더라도 '공증인이 유언자의 구술을 필기해서 이를 유언자와 증인에게 낭독할 것'과 '유언자와 증인이 공증인의 필기가 정확함을 승인할 것'이라는 요건을 갖추지 못하였고, '유언자가 서명 또는 기명날인할 것'이라는 요건도 갖추지 못하여 민법 제1068조 소정의 '공정증서에 의한 유언'의 방식에 위배되어 유언은 무효이다(대판 2002.10.25. 2000다21802).

第1069條【秘密證書에 依한 遺言】 ①秘密證書에 依한 遺言은 遺言者가 筆者의 姓名을 記入한 證書를 嚴封捺印하고 이를 2人以上의 證人의 面前에 提出하여 自己의 遺言書임을 表示한 後 그 封書表面에 提出 年月日을 記載하고 遺言者와 證人이 各自 署名 또는 記名捺印 하여야 한다.
②前項의 方式에 依한 遺言封書는 그 表面에 記載된 날로부터 5日內에 公證人 또는 法院書記에게 提出하여 그 封印上에 確定日字印을 받아야 한다.

秘密證書에 의한 遺言

1. 意義: 비밀증서에 의한 유언은 유언의 존재는 명확하게 해두고 싶지만, 유언의 내용을 다른 사람에게 비밀로 하고 싶을 때 이용할 수 있다. 비밀증서는 자서를 요건으로 하지 않으며, 유언자가 증서를 엄봉날인하고, 2인 이상의 증인에게 제출하여 봉서표면에 제출연월일을 기재하고 유언자와 증인이 각각 서명 또는 기명날인하여야 한다.

2. 要件

(1) 유언내용의 작성-자서는 불요: 유언서를 유언자 본인이 자서할 필요는 없다. 제3자가 작성한 경우에는 유언자가 그 필자의 성명은 반드시 기입해야 한다.
(2) 증서의 엄봉·날인-제1항: 작성된 증서를 유언자가 엄봉하고, 유언자 본인과 증인이 각자 서명 또는 기명날인하여야 한다.
(3) 2인 이상의 증인에게 증서의 제출-제1항: 유언자는 2인 이상의 증인의 면전에서 봉서를 제출하고, 자신의 유언서임을 밝혀야 한다. 반드시 말로써 할 필요는 없으며, 말을 할 수 없는 경우에는 다른 방식으로 표시해도 무방하다.
(4) 제출연월일 기재 및 서명 또는 기명날인-제1항: 봉서표면에 증서를 제출한 연월일을 기재하고 유언자와 증인이 각자 서명하거나 기명날인하여야 한다.
(5) 유언봉서에 확정일자인-제2항: 유언봉서는 그 표면에 기재된 날로부터 5일 내에 공증인 또는 가정법원 서기에게 제출하여 그 봉인상에 확정일자를 받아야 한다.

3. 要件 違反의 秘密證書의 전환 - 제1071조: 비밀증서로서의 요건을 위반한 증서일지라도, 자필증서에 의한 유언으로 적합할 경우는 자필증서로서의 효력을 가진다. 이러한 경우는 방식의 위반이 유언자 자신의 행위로 인해 발생한 경우이다.

第1070條【口授證書에 依한 遺言】 ①口授證書에 依한 遺言은 疾病 其他 急迫한 事由로 因하여 前4條의 方式에 依할 수 없는 境遇에 遺言者가 2人以上의 證人의 參與로 그 1人에게 遺言의 趣旨를 口授하고 그 口授를 받은 者가 이를 筆記朗讀하여 遺言者의 證人이 그 正確함을 承認한 後 各自 署名 또는 記名捺印하여야 한다.
②前項의 方式에 依한 遺言은 그 證人 또는 利害關係人이 急迫한 事由의 終了한 날로부터 7日內에 法院에 그 檢認을 申請하여야 한다.
③第1063條第2項의 規定은 口授證書에 依한 遺言에 適用하지 아니한다.

口授證書에 의한 遺言

1. 意義: 구수증서에 의한 유언은 질병 기타 긴박한 사유로 인하여 제1066조부터 제1069조에 규정한 보통의 방식대로 유언을 할 수 없는 특별한 경우에만 인정되는 방식으로서 형식이 간단한 것이 특징이다.

2. 要件: 구수증서에 의한 유언은 민법상 유언의 보통방식의 하나로 규정되어 있으나 그 실질에 있어서는 다른 방식의 유언과는 다르므로 유언요건을 완화하여 해석하여야 한다(대판 1977.11.8. 76므15).

(1) 특별한 사정-제1항

(가) 특별한 사정: 본조의 특별한 사정은 질병 기타 급박한 사유로 인하여 보통방식에 의한 유언을 할 수 없어야 한다.

(나) 보통방식의 유언이 가능한 경우-구수증서는 불가: 자필증서, 녹음, 공정증서 및 비밀증서의 방식에 의한 유언이 객관적으로 가능한 경우에는 구수증서에 의한 유언은 허용되지 않는다.

* 유언자가 질병 기타 급박한 사유에 있는지 여부를 판단함에 있어서는 유언자의 진의를 존중하기 위하여 유언자의 주관적 입장을 고려할 필요가 있을지 모르지만, 자필증서, 녹음, 공정증서 및 비밀증서의 방식에 의한 유언이 객관적으로 가능한 경우까지 구수증서에 의한 유언을 허용하여야 하는 것은 아니다(대판 1999.9.3. 98다17800).

(2) 유언취지의 구수-제1항

(가) 증인에게 유언의 취지 구수: 유언자가 2인 이상의 증인이 참여한 가운데 그 중 1인에게 유언의 취지를 구수하여야 한다. 〈유언취지의 구수〉라 함은 말로써 유언의 내용을 상대방에게 전달하는 것을 뜻한다.

(나) 증인의 필기: 증인이 유언자가 구술하는대로 작성하여야 한다.

(다) 해당 여부

① 갑이 입원하고 있던 병원에서 그가 대표이사로 재직하던 회사의 부사장과 비서인 을을 참석하게 하여 을로 하여금 계쟁토지를 병의 단독 소유로 한다는 등의 유언을 받아쓰게 하여 유언서를 작성한 후 갑이 사망하자 을은 그 사망 직후 같은 회사 직원으로 하여금 위 유언서를 정서하게 하였고 정서된 유언서는 합동법률사무소에서 갑의 처의 촉탁에 의하여 그 사본이 원본과 상위 없다는 내용의 인증을 받은 경우 갑의 유언은 민법 제1070조제1항에 정한 구수증서에 의한 유언이다(대판 1992.7.14. 91다39719).

② 증인이 제3자에 의하여 미리 작성된, 유언의 취지가 적혀 있는 서면에 따라 유언자에게 질문을 하고 유언자가 동작이나 간략한 답변으로 긍정하는 방식은 유언취지의 구수에 해당한다고 볼 수 없다(대판 2006.3.9. 2005다57899).

(3) 유언자와 증인의 서명 또는 기명날인-제1항: 구수를 받은 자가 이를 필기·낭독하여 유언자와 증인이 그 정확함을 승인한 후 각자 서명 또는 기명날인하여야 한다.

(4) 7일 내에 가정법원의 검인-제2항: 구수증서에 의한 유언은 그 증인 또는 이해관계인이 급박한 사유가 종료한 날로부터 7일 내에 법원에 그 검인을 신청하여야 한다. 이해관계인 등의 위·변조나 유언자의 진의가 왜곡될 가능성이 있으므로 가정법원의 검인을 받도록 하고 있다.

(가) 이해관계인: 본조의 〈이해관계인〉은 상속인 기타 검인에 의하여 직접 그 권리가 침해되었다고 객관적으로 인정되는 자를 말한다. 상속채권자는 유언의 효력이 생기기 전까지는 단순히 경제적인 이해관계를 가짐에 불과하므로 여기의 이해관계인에 해당하지 않는다.

(나) 검인: 가정법원은 본항의 검인을 심판으로 한다. 본항 소정기간 내에 검인을 받지 아니한 유언은 효력이 없다(대판 1992.7.14. 91다39719).

(5) 금치산자의 유언-제3항: 금치산자가 구수증서에 의한 유언을 하는 경우에는 그 의사능력이 회복되어야 한다(1063조1항). 그러나 의사가 심신회복의 상태를 유언증서에 부기하고 서명날인할 필요는 없다(1070조3항에 의한 1063조2항의 적용배제).

第1071條【秘密證書에 依한 遺言의 轉換】 秘密證書에 依한 遺言이 그 方式에 欠缺이 있는 境遇에 그 證書가 自筆證書의 方式에 適合한 때에는 自筆證書에 依한 遺言으로 본다.

秘密證書에 의한 遺言의 轉換

1. 意義: 비밀증서에 의한 유언으로서의 방식을 구비하지 못하였기 때문에 비밀증서에 의한 유언으로서는 무효이지만, 자필증서에 의한 유언으로서의 방식을 갖춘 경우에는 자필증서에 의한 유언으로서 유효하게 성립함을 규정한다. 유언자의 진의를 가능한 한 존중하기 위한 취지로서, 일종의 무효행위의 전환이라고 할 수 있다.

2. 轉換되는 경우: 주로 본조에 의해 자필증서에 의한 유언으로 전환될 수 있는 경우는 방식의 위반이 유언자 자신의 행위로 인해 발생한 경우이다. 자필증서의 유언에서는 연월일의 기재가 필수적이므로 비밀증서의 전문이 자서인 경우에도 날짜를 기재하지 않으면 자필증서에 의한 유언으로도 될 수 없다.

第1072條【證人의 缺格事由】 ①다음 各號의 事項에 該當하는 者는 遺言에 參與하는 證人이 되지 못한다.
1. 未成年者
2. 禁治產者와 限定治產者
3. 遺言에依하여 利益을 받을 者, 그 配偶者와 直系血族

②公正證書에 依한 遺言에는 公證人法에 依한 缺格者는 證人이 되지 못한다.

證人의 缺格事由

1. 意義: 자필증서에 의한 유언을 제외한 녹음에 의한 유언, 공정증서에 의한 유언, 비밀증서에 의한 유언, 구수증서에 의한 유언에는 증인의 참여를 요건으로 하고 있다. 증인은 유언 성립의 진정성과 방식준수의 확실성을 증명하는 중요한 역할을 담당하므로 본조는 증인이 될 수 없는 결격자를 규정한다.

2. 公證證書 外의 遺言 - 제1항: 녹음에 의한 유언, 비밀증서에 의한 유언, 구수증서에 의한 유언에서는 아래의 자는 증인으로 될 수 없다.

(1) 미성년자-제1호: 미성년자는 법정대리인의 동의를 얻더라도 증인으로 될 수 없다. 혼인으로 성년의제된 미성년자의 경우에는 증인능력이 있다.

(2) 금치산자 · 한정치산자-제2호: 금치산자가 비록 의사능력을 회복하고 있을 때에도 증인으로 될 수는 없다.

(3) 유언에 의하여 이익을 받을 자, 그 배우자와 직계혈족-제3호: 이들은 그 유언에 관하여 중대한 이해관계를 가지는 자이므로 결격자로 한 것이다.

(4) 공증증서에 의한 유언시의 증인결격자-공증인법 제33조: 민법 제1072조는 제1항에서 일반적으로 유언에 참여하는 증인이 될 수 없는 자를 열거하는 외에, 제2항에서 공정증서에 의한 유언의 경우에는 공증인법에 의한 참여인 결격자는 증인이 되지 못한다고 따로 규정하고 있다.

(가) 공증인법에 의한 결격자-공증인법 제33조: ① 미성년자, ② 서명할 수 없는 자, ③ 촉탁사항에 관하여 이해관계 있는 자, ④ 촉탁사항에 관하여 대리인 또는 보조인이나 대리인 또는 보조인이었던 자, ⑤ 공증인이나 촉탁인 또는 그 대리인의 배우자, 친족, 동거의 가족, 법정대리인, 피용자 또는 동거인, ⑥ 공증인의 보조자는 증인이 될 수 없다.

(나) 유언자의 친족: 공증인법 제33조제3항은 본문에서 공증시 참여인이 될 수 없는 자의 하나로 공증촉탁인의 친족을 들면서도 단서에서 〈공증촉탁인이 공증에 참여시킬 것을 청구한 경우〉

에는 예외적으로 같은 법 제33조제3항 본문 규정의 적용이 배제됨을 규정하고 있어, 결국 공증참여자가 유언자와 친족의 관계에 있다 하더라도 유언자의 청구에 의할 경우에는 공증인법에 의한 공증참여인 결격자가 아니라고 보아야 할 것이다(대판 1992.3.10. 91다45509).

3. 缺格者의 參與: 증인결격자가 증인으로서 참여한 유언은 그 유언자체가 무효로 된다. 다만 결격자를 제외하더라도 증인이 법정의 인원수에 해당하는 경우에는 유언은 유효한 것으로 해석해야 할 것이다.

第3節 遺言의 效力

第1073條【遺言의 效力發生 時期】 ①遺言은 遺言者가 死亡한 때로부터 그 效力이 생긴다.
②遺言에 停止條件이 있는 境遇에 그 條件이 遺言者의 死亡後에 成就한 때에는 그 條件成就한 때로부터 遺言의 效力이 생긴다.

遺言의 效力發生時期

1. 意義: 유언은 일정한 방식에 따라 유언서가 작성된 때에 성립한다. 그러나 그 효력발생시기는 본조에 따라 유언자의 사망시에 발생한다(1항). 따라서 유언자는 사망하기 전까지 언제나 유언을 철회할 수 있으며, 또 변경할 수 있다.

2. 條件附 遺言

(1) 정지조건 있는 유언: 유언의 내용에 조건을 붙이는 것이 허용될 경우에는 정지조건부 유언을 할 수 있다. 예를 들면 수증자의 혼인을 정지조건으로 하여 가옥을 유증할 수 있다. 수증자는 유언자의 사망에 의해 정지조건부 권리를 취득하며, 조건의 성취에 의해 완전한 권리를 취득하게 된다(2항).

(2) 해제조건이 있는 유언: 민법에 아무런 규정이 없다. 그러나 그 법리는 정지조건부 유언의 경우와 동일하다. 즉 해제조건이 있는 유언의 경우에도 유언은 유언자가 사망한 때로부터 효력을 발생하는 것이며, 후일 조건이 성취된 때로부터 그 효력을 상실한다. 그리고 정지조건부이든 해제조건부이든 유언자가 조건성취의 효과를 성취 전에 소급시킬 의사를 표시한 때에는 그 의사에 따라야 한다(147조3항).

3. 其他

(1) 기한부 유언: 예컨대 상속재산분할금지에 관한 유언은 5년 내의 종기부로 하여야 한다(1012조).

(2) 유언인지: 유언으로 혼인 외의 자를 인지한 경우에는 유언집행자는 가족관계등록법이 정한 바에 의하여 그 취임일로부터 1월 이내에 인지신고를 하여야 한다. 인지의 효력은 혼인 외의 출생자의 출생시에 소급한다(860조). 유언에 의한 인지의 경우 그 효력발생시기에 관하여는 유언의 성질상 유언자가 사망한 때 효력을 발생하고 신고는 보고적인 것에 지나지 않는다고 보는 것이 타당하다.

(3) 재단법인 설립행위: 유언으로 재단법인의 설립행위를 하는 경우 재단법인이 설립되는 것은 유언집행자가 설립등기를 한 때이다(33조). 재단법인이 설립되면 출연재산은 유언자와 법인 간에에는 사망한 때에 소급하여 그때부터 등기 없이 법인에게 귀속하고, 제3자와 법인 간에는 법인에 이전등기한 때로부터 법인에 귀속한다(대판 1979.12.11. 78다481).

4. 遺言의 無效와 取消

(1) 무효: 방식이 흠결된 유언, 수증결격자에 대한 유언, 유언무능력자, 즉 만 17세 미만자와 의사능력이 없는 자의 유언, 선량한 풍속 기타 사회질서에 위반한 사항을 내용으로 하거나, 강행규정에 위반하는 것을 내용으로 한 유언 그리고 법정사항 이외의 사항을 내용으로 한 유언은 무효이다.

(2) 취소: 유언내용의 중요부분에 착오가 있거나, 사기·강박에 의하여 유언이 이루어진 경우에는 그 유언은 취소될 수 있다.

第1074條【遺贈의 承認, 抛棄】 ①遺贈을 받을 者는 遺言者의 死亡後에 언제든지 遺贈을 承認 또는 抛棄할 수 있다.
②前項의 承認이나 抛棄는 遺言者의 死亡한 때에 遡及하여 그 效力이 있다.

第1075條【遺贈의 承認, 抛棄의 取消禁止】 ①遺贈의 承認이나 抛棄는 取消하지 못한다.
②第1024條第2項의 規定은 遺贈의 承認과 抛棄에 準用한다.

第1076條【受贈者의 相續人의 承認, 抛棄】 受贈者가 承認이나 抛棄를 하지 아니하고 死亡한 때에는 그 相續人은 相續分의 限度에서 承認 또는 抛棄할 수 있다. 그러나 遺言者가 遺言으로 다른 意思를 表示한 때에는 그 意思에 依한다.

遺贈의 承認, 抛棄

1. 遺贈

(1) 의의: 유증은 상속재산의 자유처분을 인정하는 것이기 때문에 유언의 자유란 유증의 자유라고 할 수 있어, 유증에 관한 민법규정은 가족법상의 다른 강행규정과는 달리 임의규정인 경우가 많다(1076조, 1079조, 1087조, 1090조, 1083조, 1084조, 1085조). 그런데 피상속인의 의사에 의한 상속재산의 처분은 무제한으로 인정되는 것은 아니고, 유류분에 관한 규정은 유증의 자유를 제한하는 중요한 제도 중 하나이다. 유증의 법률적 성질은 단독행위로서, 계약인 사인증여와는 구별되지만 사망으로 효력을 발생한다는 점에서 사인증여와 비슷하므로 유증에 관한 규정이 사인증여에 준용된다(562조). 다만 유증에 관한 규정 중 능력(1061조-1063조), 방식(1065조 이하), 승인과 포기(1074조-1077조) 등에 관한 규정은 사인증여에 준용되지 않는다(대판 1996.4.12. 94다37714, 37721). 한편 유언에 의한 재단법인설립은 유증이 아니지만 유증과 매우 흡사하므로 민법은 이 경우에 유증의 규정을 준용하며(47조2항), 출연재산은 법인과 유언자 간에는 부동산은 등기 없이 유언의 효력이 발생한 때로부터 법인에 귀속하나, 제3자와 법인 간에는 부동산의 경우는 법인설립 이후에 법인에의 이전등기를 요한다고 해석한다.

(2) 유증의 종류

(가) 포괄적 유증: 적극·소극의 재산을 포괄하는 상속재산의 전부 또는 그 분수적 부분 내지 비율(예컨대 상속재산의 70%)에 의한 유증을 의미한다.

(나) 특정적 유증: 개별적 재산상의 이익, 예컨대 특정의 동산, 특정의 채권의 양도 등과 같이 구체적으로 특정하여 유증의 내용으로 하는 것이다.

(다) 기타: 상기 외에 단순유증, 조건부 유증, 기한부 유증 및 부담부 유증 등으로 구분할 수 있다.

(라) 포괄적 유증과 특정적 유증: 유증이 포괄적 유증인가 특정적 유증인가는 유언에 사용한 문언 및 그 외 제반 사정을 종합적으로 고려하여 탐구된 유언자의 의사에 따라 결정되어야 하고, 통상은 상속재산에 대한 비율의 의미로 유증이 된 경우는 포괄적 유증, 그렇지 않은 경우는 특정유증이라고 할 수 있지만, 유언공정증서 등에 유증한 재산이 개별적으로 표시되었다는 사실만으로는 특정유증이라고 단정할 수는 없고 상속재산이 모두 얼마나 되는지를 심리하여 다른 재산이 없다고 인정되는 경우에는 이를 포괄적 유증이라고 볼 수도 있다(대판 2003.5.27. 2000다73445).

(3) 수증자와 유증의무자

(가) 수증자: 유증의 권리자이다. 수증자는 유증자와 친족관계에 있는 사람에 한정되지 않고 누구라도 권리능력을 가진 사람이면 된다. 법인도 유증을 받을 수 있다. 태아는 유증에 관해서는 이미 출생한 것으로 본다(1064조). 유언자가 사망하기 전에 수증자가 사망하거나 해산(법인)된 경우에는 증여받지 못한다(1089조1항).

(나) 유증의무자: 유증에서 재산의 양도는 유언자가 사망한 후에 집행되기 때문에 유언자가 의무자가 될 수 없으므로 별도로 유증의무자가 존재하게 된다. 상속인이나 유언집행자, 재산관리인

등 법률이 지정하는 자가 유증의무자로 된다. 포괄적 수증자는 유증의무자로 보아야 한다.

(4) 특정적 유증목적물의 귀속시기: 수증자는 유언의 효력발생으로 인하여 물권적 권리를 취득하는지, 아니면 채권적 권리를 취득하는지가 문제이다. 물권적 권리라고 하면 유언의 효력발생과 동시에 유증목적물의 소유권 등 물권은 수증자에게 당연히 이전되지만, 채권적 권리라고 하면 유언의 효력발생으로 인하여 유증의 목적물은 일단 상속인에게 귀속되고 수증자는 상속인 그 밖의 유증의무자에 대하여 그 이행을 청구할 수 있는 권리만을 향유하게 되고, 유증의 실행 전에는 유증목적물의 소유권, 그 밖의 물권은 수증자에게 이전되지 않는다.

(가) 포괄유증: 포괄 유증의 경우에 있어서는 수증자는 재산상속인과 동일한 권리 · 의무가 있으므로(1078조), 유언의 효력발생과 동시에 포괄적 수증자는 상속재산 전부 또는 그 분수적 부분을 법률상 당연히 승계하며 유증의무자에 의한 유증의 이행을 필요로 하지 않고, 상속으로 인한 물권변동의 규정에 의하여 유언자의 권리 · 의무는 인도 또는 등기 없이 포괄 수증자에게 물권적으로 당연히 이전된다(대판 2003.5.27. 2000다73445).

(나) 특정적 유증: 특정적 유증의 목적물은 상속재산으로서 일단 상속인에게 귀속되며, 수증자는 상속인에 대하여 유증의 이행을 청구할 수 있는 권리를 취득하는 데 지나지 않는다. 따라서 특정유증을 받은 자는 유증의무자에게 유증을 이행할 것을 청구할 수 있는 채권을 취득할 뿐이므로, 특정유증을 받은 자는 유증받은 부동산의 소유권자가 아니어서 직접 진정한 등기명의의 회복을 원인으로 한 소유권이전등기를 구할 수 없다(대판 2003.5.27. 2000다73445). 다만 채무의 면제와 같이 의사표시만으로 효력을 발생하는 것은 별도의 행위 없이 효력이 발생한다.

2. 遺贈의 承認, 拋棄 – 제1074조: 유증은 유언자가 하는 단독행위이며, 유언의 효력이 발생한 때에 수증자의 의사와 상관없이 당연히 효력이 발생한다. 유증은 수증자에게 이익이 되는 것이 원칙이지만, 이익이 되더라도 그 수익을 수유자의 의사와 무관하게 강제할 수는 없다. 따라서 본조는 수증자가 유언자의 사망 후 언제라도 임의로 유증을 포기할 수 있도록 규정한다. 그러나 유증에는 포괄적 유증과 특정적 유증이 있으며, 포괄수증자는 상속인과 동일한 권리 · 의무를 갖기 때문에(1078조) 포괄수증자는 상속인의 승인 · 포기에 관한 규정(1019조 이하)이 적용되므로 본조는 특정적 유증에만 적용된다.

(1) 유증의 포기-제1항: 유증을 포기하는 데 그 기한의 정함이 없다. 수증자는 유언자의 사망 후 언제라도 유증을 포기할 수 있다. 유언자의 사망 전에는 수증자는 어떠한 권리도 취득하고 있지 않기 때문에 사망 전의 포기는 무의미하다. 포기의 방식에 대해서는 규정이 없다. 포괄유증의 포기는 가정법원에 포기의 신고를 해야 하지만 특정유정에 대해서는 별도의 규정이 없기 때문에 그 형식은 관계가 없으며, 다만 그 상대방을 누구로 할지가 문제이나 유증의무자에 대해 포기의 의사를 표시하면 될 것이다.

(2) 포기의 효력-제2항: 특정유증의 포기의 효력은 유증자의 사망시에 소급하여 발생한다. 소급하지 않는다면 유언자의 사망 후부터 유증포기까지는 유증의 목적물은 수증자에게 속하는 것으로 되고, 포기에 의해 다른 사람에게 이전하는 것으로 되어 포기의 취지에 반하기 때문이다.

3. 承認 · 拋棄의 取消 禁止 – 제1075조

(1) 취소 금지-제1항: 본조의 취소는 장래에 대하여 효력이 있는 철회를 의미하며, 일단 특정유증에 대해 승인이나 포기를 하면 임의의 철회는 허용되지 않는데, 이는 유증의무자 기타 이해관계인을 보호하기 위한 것이다.

(2) 총칙 규정에 의한 취소는 가능-제2항(1024조): 제1항에 대한 예외로 민법총칙편의 규정에 의한 승인이나 포기의 취소는 허용되며, 다만 그 취소권의 행사기간을 단축하여 규정하고 있다. 총칙편의 규정에 의해 취소할 수 있는 경우란 미성년자가 법정대리인의 동의를 얻지 않고 승인이나 포기를 단독으로 한 경우(5조), 금치산자가 한 경우(13조), 한정치산자가 후견인의 동의를 얻지 않고 한 경우(10조), 착오로 인해 한 경우(109조), 사기나 강박에 의해 한 경우(110조)이다.

(가) 취소권의 시효소멸: 취소권의 소멸은 총칙의 경우보다 단축하여 추인할 수 있는 날로부터 3개월, 승인 또는 포기한 날로부터 1년 내에 행사하지 아니하면 소멸한다.

(나) 취소의 방법: 취소의 방법은 승인과 포기의 경우 신고가 수리된 법원에 취소신고를 해야

하며(가소 2조①항 라류 28호), 승인의 취소는 특별한 방식이 없다. 취소권자는 무능력자나 하자 있는 의사표시를 한 자, 그 대리인 또는 승계인이다.

4. 受贈者 相續人의 承認, 拋棄 - 제1076조: 특정수증자가 유증의 승인이나 포기를 하지 아니하고 사망한 때, 그 상속인이 하는 승인 또는 포기에 대해 규정하고 있다. 포괄수증자는 상속인과 동일시되므로 포괄수증자에게는 본조의 적용이 없다. 수증자가 유증을 승인 또는 포기한 후 사망하면 그 상속인은 승인 또는 포기한 수증자의 지위를 그대로 승계할 뿐이다. 그러나 승인·포기를 하지 아니하고 사망한 때에는 본조에 따라 수증자의 지위를 승계하는 상속인이 본인 자신을 위하여 승인·포기권을 행사할 수 있다.

(1) 수증자의 상속인의 승인·포기: 수증자의 상속인이 수인인 때에는 각 상속인은 각각 상속분에 따라 수증자를 상속하며, 수증에 대해서도 각자 상속분에 따라 상속한다. 수증자의 승인 또는 포기할 수 있는 권리도 각 공동상속인에게 독립적으로 승계되며, 각각의 수증상속분에 대해 승인 또는 포기하게 된다.

(2) 유증자의 별도의 의사표시-단서: 본조는 강행규정이 아니므로 유언자가 유언으로 별도의 의사표시를 하면 그에 따른다. 예를 들면 수증자가 유증의 승인·포기 전에 사망한 때는 수증자에 대한 유증의 효력이 소멸되고, 다른 사람에게 유증한다는 유증자의 별도의 의사표시가 있는 때에는 그 의사에 따른다.

第1077條【遺贈義務者의 催告權】 ①遺贈義務者나 利害關係人은 相當한 期間을 定하여 그 期間內에 承認 또는 拋棄를 確答할 것을 受贈者 또는 그 相續人에게 催告할 수 있다.

②前項의 期間內에 受贈者 또는 相續人이 遺贈義務者에 對하여 催告에 對한 確答을 하지 아니한 때에는 遺贈을 承認한 것으로 본다.

遺贈義務者의 催告權

1. 意義: 특정유증의 수증자는 유언자의 사망 후 언제라도 유증을 포기할 수 있으며, 포기의 효력은 유언자의 사망시에 소급하여 발생한다. 특정유증의 포기에 대해 별도로 기간을 정하지 아니한 것은 당연히 유증의무자나 기타 이해관계인의 불안정을 강요하는 것이기 때문인데, 수증자가 장기간 승인 또는 포기를 하지 아니하면 유증 목적물에 대한 법률관계가 불안정하게 되는 면이 있다. 따라서 본조는 유증의무자가 수증자에 대하여 상당한 기간을 정하여 그 기간 내에 수증의 승인 또는 포기를 할 것을 최고할 수 있도록 하여 법률관계를 조기에 안정시킬 수 있도록 한다.

2. 催告權者와 相對方 - 제1항

(1) 최고권자: 유증의무자와 이해관계인이다. 〈유증의무자〉는 유증의 내용을 실현할 의무가 있는 자로서 상속인인 경우가 일반적이지만, 포괄수증자, 유언집행자를 말한다. 〈이해관계인〉은 유증이 승인 또는 포기되는 데 대하여 법률상의 이해관계를 가지는 자이다. 후순위의 수증자나 상속채권자 등이 해당된다.

(2) 상대방: 수증자이고, 수증자가 승인 또는 포기를 하지 아니하고 사망한 때에는 수증자의 상속인이 상대방이 된다.

3. 催告의 時期와 方法 - 제1항

(1) 최고의 시기: 최고는 수증자가 승인 또는 포기의 의사표시를 하지 않은 동안에는 언제든지 할 수 있다.

(2) 최고의 방법: 최고는 〈상당한 기간〉을 정하여 하여야 한다. 상당한 기간은 유증의 승인, 포기에 따른 이해관계를 조사하고 결정할 수 있는 정도의 기간을 의미하며, 상당한 기간이 아니면 최고로서의 효력은 없다고 해석된다. 수증자가 미성년자와 같이 무능력자인 때는 그 법정대리인이 최고의 사실을 알지 못하는 한 그 최고로써 수증자에 대항할 수 없다(112조).

4. 承認, 拋棄의 意思表示

(1) 수령자: 수증자의 승인 또는 포기의 의사표시는 유증을 이행하여야 할 자인 유증의무자에게 하여야 한다.

(2) 기간 내에 확답이 없는 경우-승인-제2항: 최고기간 내에 승인 또는 포기의 의사표시를 하면 그에 따른 법률관계가 형성된다. 별다른 의사표시 없이 기간이 경과한 때에는 승인한 것으로 간주한다. 유증은 수증자에게 일반적으로 이익이 될 뿐만 아니라, 수증자의 뜻이 명백하지 아니한 때에는 유언자의 의사를 존중하기 위한 것이다.

(3) 포기한 경우: 수증자가 포기를 하면 유증자의 다른 의사표시가 없는 경우에는 목적 재산은 유언자의 상속인에게 귀속한다(1090조).

第1078條【包括的 受贈者의 權利義務】 包括的 遺贈을 받은 者는 相續人과 同一한 權利義務가 있다.〈改正 1990.1.13〉

第1079條【受贈者의 果實取得權】 受贈者는 遺贈의 履行을 請求할 수 있는 때로부터 그 目的物의 果實을 取得한다. 그러나 遺言者가 遺言으로 다른 意思를 表示한 때에는 그 意思에 依한다.

第1080條【果實收取費用의 償還請求權】 遺贈義務者가 遺言者의 死亡後에 그 目的物의 果實을 收取하기 爲하여 必要費를 支出한 때에는 그 果實의 價額의 限度에서 果實을 取得한 受贈者에게 償還을 請求할 수 있다.

第1081條【遺贈義務者의 費用償還請求權】 遺贈義務者가 遺贈者의 死亡後에 그 目的物에 對하여 費用을 支出한 때에는 第325條의 規定을 準用한다.

受贈者의 權利, 義務

1. 包括的 受贈者 - 제1078조: 상속재산의 전부 또는 일정한 비율을 취득하는 유증을 포괄적 유증이라고 하며 이 유증을 받는 자가 포괄적 수증자인데, 포괄적 수증자는 기본적으로 상속인과 동일한 권리의무가 있다. 그러나 구체적인 점에서는 상속인과 약간의 다른 법률관계가 형성된다. 한편 포괄적 유증과 포괄적 사인증여는 포괄적으로 재산이 승계된다는 점에서는 같으나, 포괄적 유증은 유증인 단독행위로서, 낙성·불요식의 증여 계약인 포괄적 사인증여와는 법률적 성질이 다른 점을 전제로 하는 법률관계는 다르게 형성된다(대판 1996.4.12. 94다37714, 37721). * 민법 제562조가 사인증여에 관하여 유증에 관한 규정을 준용하도록 규정하고 있다고 하여, 이를 근거로 포괄적 유증을 받은 자는 상속인과 동일한 권리의무가 있다고 규정하고 있는 민법 제1078조가 포괄적 사인증여에도 준용된다고 해석하면 포괄적 사인증여에도 상속과 같은 효과가 발생하게 된다. 그러나 포괄적 사인증여는 낙성·불요식의 증여계약의 일종이고, 포괄적 유증은 엄격한 방식을 요하는 단독행위이며, 방식을 위배한 포괄적 유증은 대부분 포괄적 사인증여로 보여질 것인바, 포괄적 사인증여에 민법 제1078조가 준용된다면 양자의 효과는 같게 되므로, 결과적으로 포괄적 유증에 엄격한 방식을 요하는 요식행위로 규정한 조항들은 무의미하게 된다. 따라서 민법 제1078조가 포괄적 사인증여에 준용된다고 하는 것은 사인증여의 성질에 반하므로 준용되지 아니한다(대판 1996.4.12. 94다37714, 37721).

(1) 승인, 포기-상속의 승인, 포기의 규정(1019조-1044조) 준용: 포괄적 수증자의 수증의 승인, 포기에 관하여는 상속의 승인 또는 포기에 관한 제1019조 내지 제1044조의 규정이 적용된다.

(2) 적극재산과 소극재산을 승계: 유증자의 재산을 포괄적으로 승계한다. 즉 적극재산은 물론 소극재산, 즉 채무까지도 포괄하는 상속재산의 전부 또는 일부를 승계한다.

(3) 상속인 또는 다른 포괄수증자와의 관계: 상속인과 다른 포괄적 수증자가 있으면 이들과 상속재산에 대하여 공유상태에 들어가며, 이 상태는 상속재산의 분할로 해소된다. 포괄적 수증자도 승인 또는 포기할 수 있다(1074조, 1019조).
(4) 포괄적 수증자의 재산권 침해-상속회복청구권에 관한 규정 준용: 상속인의 상속회복청구권 및 그 제척기간에 관한 규정(999조)은 포괄적 유증의 경우에도 유추적용된다(대판 2001.10.12. 2000다22942). 따라서 포괄적 수증자는 수증의 권리가 침해된 때에는 침해를 안 날로부터 3년 침해행위 있은 날로부터 10년 내에 소로서 그 회복을 청구할 수 있다. * 포괄수증자가 포괄적 유증을 받은 재산권이 침해되었음을 이유로, 피상속인에 의한 포괄적 유증을 무시하고 법정상속분에 의하여 상속등기를 한 상대방에 대하여 그 회복을 청구하는 소는 상속인의 상속회복청구권에 관한 규정이 포괄적 수증의 경우에 유추적용되고, 상속회복청구권의 제척기간에 관한 규정도 상속에 관한 법률관계의 신속한 확정을 위한 상속회복청구권의 제척기간의 제도적 취지에 비추어 볼 때 포괄적 수증의 경우에 유추적용된다 할 것이다(대판 2001.10.12. 2000다22942).
(5) 상속인 또는 다른 포괄적 수증자의 포기: 포괄수증자가 유증받은 수증분은 고정되어 있으므로, 상속인이나 다른 포괄수증자가 포기한 경우에도 수증자의 수증분은 증가하지 않는다.
(6) 유류분권은 없음: 상속인은 유류분권이 있으나, 포괄수증자에게는 유류분권이 없다.
(7) 대습상속의 적용 없음: 포괄유증에는 대습상속규정이 적용되지 않는다. 따라서 포괄수증자가 유언자보다 먼저 사망하면 포괄유증은 무효로 된다(1089조1항).
(8) 기타: 포괄수증자는 상속분의 양수권이 없고, 상속은 포기의 효과로써 포기분이 다른 상속인에게 귀속하나, 포괄적 유증의 경우에 포기분은 다른 수증자에게 귀속하지 않고 상속인에게 귀속한다. 그리고 상속은 부관을 붙일 수 없으나, 포괄유증은 부관을 붙일 수 있다.

2. (特定)受贈者의 果實取得權 - 제1079조: 특정유증은 유언의 효력이 발생한 때로부터 효력이 발생하는 것이 아니라, 특정수증자는 유증의무자로부터 그 유증의 실행을 받은 때로부터 권리를 취득한다. 즉 특정유증의 경우는 상속재산은 피상속인의 사망으로 상속인에게 일단 귀속하였다가 유증의무자인 상속인 등이 수증자에게 이행하여야 재산권이 수증자에게 귀속한다. 따라서 특정유증의 목적물이 부동산인 경우에 포괄적 유증을 받은 자는 민법 제187조에 의하여 법률상 당연히 유증받은 부동산의 소유권을 취득하게 되나, 특정유증을 받은 자는 유증의무자에게 유증을 이행할 것을 청구할 수 있는 채권을 취득할 뿐이므로, 특정유증을 받은 자는 유증받은 부동산의 소유권자가 아니어서 직접 진정한 등기명의의 회복을 원인으로 한 소유권이전등기를 구할 수 없다(대판 2003.5.27. 2000다73445).
(1) 과실취득권의 시기: 특정유증을 받은 자는 상속인 등에게 그 이행을 청구할 수 있을 뿐이므로 유언의 내용이 과실을 생기게 하는 물건 또는 권리인 경우 유증의 이행이 늦더라도 유증의 목적물이 수증자에게 처음부터 귀속하고 있었던 것과 같은 이익을 얻게 하려는 취지에서, 과실의 취득권은 그 이행을 청구할 수 있을 때에 귀속한다고 규정한다.
(2) 법정과실, 천연과실 모두 포함: 본조의 과실은 법정과실인 예금이자, 건물의 임차료, 주식의 배당금 등은 물론이고 곡식, 과일 등의 천연과실도 포함한다.
(3) 이행을 청구할 수 있는 때: 〈유증의 이행을 청구할 수 있는 때〉란 단순유증의 경우에는 유언자가 사망한 때이며, 조건 있는 유증의 경우는 조건이 성취한 때, 시기가 있는 경우에는 기한이 도래한 때이다. 청구할 수 있는 때로부터 과실의 취득권이 있으며, 이행청구는 요건이 아니다. 그러나 유언으로 표시된 유언자의 의사가 이와 다른 경우에는 유언자의 의사에 의한다(단서).

3. 遺贈義務者의 費用償還請求權 - 제1080조, 제1081조: 유증의무자가 유증자의 사망 후 유증의 목적물을 수증자에게 인도하기 전 까지 지출한 비용에 대하여는 그 비용의 상환을 청구할 수 있도록 한다. 지출한 비용은 목적물 자체에 대한 관리를 위하여 지출한 비용과 과실의 수취를 위하여 지출한 비용이 있을 것이다. 따라서 이를 분리하여 별도로 규정한다. 비용의 상환에 관한 제1080조와 제1081조는 유증의 목적물이 이미 특정되어 있을 것을 전제로 하므로 포괄유증에 대해서는 본조가 적용되지 않으며, 또한 특정유증 중에서도 불특정물 유증에 대해서도 적용이 없다.
(1) 과실수취비용상환청구권-제1080조: 유증의무자가 유언자의 사망 후 수증자에게 목적물을

인도할 때까지 과실의 수취를 위하여 지출한 필요비의 상환을 청구할 수 있다. 필요비는 과실을 수취하기 위하여 지출된 모든 비용을 말한다.
(가) 상환 범위-과실의 가액 범위 내: 유증자의 사망 후에 과실의 수취를 위하여 지출한 통상의 필요비의 범위 내에서 과실의 가액의 한도 내에서 그 상환을 청구할 수 있다.
(나) 유증의무자의 목적물에 대한 유치권: 필요비에 대하여 유증의무자는 목적물에 대한 유치권을 가진다.
(2) 목적물에 대한 비용상환청구권-제1081조: 유증의무자가 유언자의 사망 후에 유증의 목적물을 점유하는 유증의무자가 목적물을 수증자에게 인도하기 전까지 유증의 목적물에 대해 지출한 비용은 수증자에게 상환을 청구할 수 있다. 이 비용은 수증자의 이익을 위한 것이므로 수증자에게 상환의무가 있는 것이다.
(가) 필요비의 전액: 필요비는 그 전액의 상환을 청구할 수 있다.
(나) 현존하는 유익비: 유익비는 그 가액의 증가가 현존하는 경우에 한하여 수증자의 선택에 따라 그 지출한 금액이나 증가액의 상환을 청구할 수 있다.
(다) 유치권: 필요비와 유익비의 상환의 한도 안에서는 유치권에 관한 제325조의 규정이 준용되어, 유증의무자는 목적물에 대한 유치권을 가진다.
(라) 조건부, 기한부 유증의 경우: 조건부 또는 기한부 유증의 경우 유언자 사망 후 조건이 성취되기 전이나 기한도래 전에 지출한 비용에 대해서는 상환을 청구할 수 없다.

第1082條【不特定物遺贈義務者의 擔保責任】 ①不特定物을 遺贈의 目的으로 한 境遇에는 遺贈義務者는 그 目的物에 對하여 賣渡人과 같은 擔保責任이 있다.
②前項의 境遇에 目的物에 瑕疵가 있는 때에는 遺贈義務者는 瑕疵 없는 物件으로 引渡하여야 한다.

遺贈義務者의 擔保責任

1. 意義: 유증의 목적물이 특정물과는 달리 불특정물인 경우의 유언자의 의사는 완전한 권리를 수증자에게 주는 것으로 추측된다. 따라서 그 목적물은 완전하여야 할 것이며, 그 목적물이 유언자의 소유에 속하지 않은 경우에는 유증의무자는 이를 취득하여 수증자에게 인도하여야 할 것이다. 이러한 점에서 불특정물이 유증의 목적물인 경우에 유증의무자에게 매도인과 같은 담보책임을 부과하여, 목적물에 하자가 있는 때에는 하자 없는 물건으로 인도하도록 규정한다.

2. 擔保責任
(1) 목적물이 타인에 속한 경우-제1항: 유증의무자는 타인의 권리에 속한 것을 취득하여 수증자에게 이전하여야 하고, 수증자에게 이전할 수 없는 때에는 손해배상을 하여야 한다(570조, 571조).
(2) 하자 있는 목적물-제2항: 수증자에게 인도된 목적물이 하자 있는 경우에는 하자 없는 것으로 이행하여야 한다. 하자 없는 것으로 이행할 수 없는 때에는 손해배상을 하여야 한다.

第1083條【遺贈의 物上代位性】 遺贈者가 遺贈目的物의 滅失, 毁損 또는 占有의 侵害로 因하여 第三者에게 損害賠償을 請求할 權利가 있는 때에는 그 權利를 遺贈의 目的으로한 것으로 본다.

第1084條【債權의 遺贈의 物上代位性】 ①債權을 遺贈의 目的으로한 境遇에 遺言者가 그辨濟를 받은 物件이 相續財產中에 있는 때에는 그 物件을 遺贈의 目的으로한 것으로 본다.
②前項의 債權이 金錢을 目的으로한 境遇에는 그 辨濟받은 債權額에 相當한 金錢이 相續財產中에 없는 때에도 그 金額을 遺贈의 目的으로한 것으로 본다.

第1085條【第三者의 權利의 目的인 物件 또는 權利의 遺贈】 遺贈의 目的인 物件이나 權利가 遺言者의 死亡當時에 第三者의 權利의 目的인 境遇에는 受贈者는 遺贈義務者에 對하여 그 第三者의 權利를 消滅시킬 것을 請求하지 못한다.

第1086條【遺言者가 다른 意思表示를 한 境遇】 前3條의 境遇에 遺言者가 遺言으로 다른 意思를 表示한 때에는 그 意思에 依한다.

遺贈의 目的物이 特殊한 경우

1. 意義: 유증의 목적물이 특정물일지라도 유증의 효력이 발생하기 전에 멸실·훼손된 경우, 채권인 경우, 제3자에게 속한 경우 등과 같이 특수한 상태인 경우의 법률관계에 관하여 규정한다.

2. 遺贈의 物上代位性 - 제1083조, 제1084조: 유증의 목적물이 유증의 효력발생 전에 존재하지 않게 되어 본래의 목적물 그 자체를 이행할 수는 없으나, 본래의 목적물에 갈음한 것이 존재할 경우에는 유언자의 통상의 의사를 추측하여 그 대상물을 유증의 목적으로 한 것으로 본다.

(1) 목적물이 물건인 경우-제1083조: 본조는 유증의 목적물인 물건이 제3자에 의하여 멸실, 훼손 또는 점유가 침해되어 현재 상속재산 중에는 없는 경우라도 그것이 제3자에 대하여 손해배상청구권으로 존재하는 경우는 그 청구권을 유증의 목적물로 한 것으로 본다. 예컨대 부동산이나 동산의 소실에 의한 보험금청구권이나 제3자의 불법행위에 의한 멸실의 경우의 손해배상청구권이 대표적인 것이다. 대상청구권의 귀속은 유언의 효력발생과 동시에 그 청구권이 유증의 목적물로 되고, 수증자에게 귀속한다. 수증자는 대상청구권을 유증의 목적으로서 상속인으로부터 이전받아 자기의 권리로서 제3자에게 행사하는 것이다.

(2) 목적물이 채권인 경우-제1084조: 유증자가 수증자 이외의 제3자에 대한 채권을 유증한 경우에 대해 규정한다. 유언자가 생존 중에 유증의 목적인 채권의 변제를 이미 받았고, 그 변제를 받은 물건이 상속재산 중에 있는 때에는 그 물건을 유증의 목적으로 한 것으로 본다.

(가) 금전 이외의 채권을 목적으로 한 경우-제1항: 금전 이외의 채권을 유증의 목적으로 한 경우에 유언자가 생전에 변제를 받아 그 물건이 상속재산 중에 존재하는 때는 유언자가 별도의 의사표시를 하지 않는 한 그 물건이 채권에 갈음하여 유증의 목적물이 된다. 채권을 목적으로 한 유증은 유언자가 그 채권의 변제를 받은 때부터 변제로 받은 물건을 목적으로 하는 특정물유증으로서 효력을 갖게 된다. 변제된 물건이 상속재산 중에 없는 경우는 유증은 효력을 잃는다. 그 물건이 생속재산을 이탈한 원인이 유언자의 행위이든 제3자의 행위이든 묻지 않는다.

(나) 금전채권의 경우-제2항: 유언자의 유증의 목적이 금전채권이고, 유언자가 생전에 그 금전채권의 변제를 받은 경우에는 그 금전이 상속재산 중에 없는 때에도 그 금전을 유증으로 한 것으로 본다. 즉 유언자가 변제로서 받은 금액의 금전을 목적으로 한 유증으로서 효력을 갖는다. 금전은 물건으로서 개성을 갖지 않고 관념적인 가치로서 취급되기 때문에 유언자가 수령한 금전이 상속재산 중에 존재하는지 여부를 판별하는 것은 무의미하기 때문이다.

3. 自然物이 第3者의 權利의 目的인 경우 - 제1085조: 수증자는 유증이 효력을 발생하는 때의 현상대로 그 목적물에 대하여 권리를 취득한다는 원칙에 따라, 제3자의 권리가 존재하는 상태 현상 그대로가 유증의 목적이 된다. 즉 수증자가 유증의무자에게 제3자의 권리를 소멸시켜서 완전한 권리로 회복시킨 후에 목적물을 이전시킬 것을 청구할 수 없다.

(1) 통상의 경우: 예컨대 제3자의 저당권이 설정되어 있는 부동산이 유증의 목적인 경우와 같은 것으로, 유증의 목적인 토지 위에 존재하는 제3자의 지상권, 지역권 등의 용익물권, 임차권과 같은 채권, 저당권 등의 담보물권 등을 들 수 있다. 제3자의 권리는 유언작성 전에 성립한 것인지 작성 후에 성립한 것인지 여부를 묻지 않는다. 또한 유언자가 제3자의 권리의 존재를 알고 있을 필요는 없으며, 제3자의 선의·악의도 관계없다. 이 경우에 수증자는 유증의무자에게 그 제3자의 권리(저당권 등)를 소멸시킬 것을 청구할 수 없다.

(2) 유언자가 제3자의 권리에 대한 소멸청구권이 있는 경우: 유언자가 유증의 목적물에 존재하는 제3자의 권리를 소멸시킬 것을 청구할 수 있는 권리가 있는 때에는 이 소멸청구권은 유증의 목적물 또는 권리에 종된 권리로서 수증자에게 이전한다. 따라서 수증자는 목적물을 인도받아 소멸청구권을 행사할 수 있다.

4. 遺言者의 다른 意思表示 - 제1086조: 유증의 목적물이 멸실·훼손, 또는 점유가 침해되었을 때 유증자가 취득한 대상청구권을 유증의 목적으로 한 것으로 보는 경우(1083조), 유증의 목적인 채권을 유언자가 사망 전에 변제받은 때 금전 이외의 채권은 변제받은 물건이 상속재산 중에 있다면 그 물건을 유증의 목적으로 보고, 금전채권은 그 금액을 유증의 목적으로 보는 경우(1084조), 유증의 목적인 물건이나 권리가 유언자의 사망 전에 제3자의 권리의 목적인 경우는 유증의무자에게 제3자의 권리를 소멸시킬 것을 청구하지 못하는 경우(1085조)는 유언자의 의사를 추측한 것이므로 유언자가 이와 다른 의사표시를 한 때에는 그 의사에 따른다.

第1087條【相續財産에 屬하지 아니한 權利의 遺贈】 ①遺言의 目的이 된 權利가 遺言者의 死亡當時에 相續財産에 屬하지 아니한 때에는 遺言은 그 效力이 없다. 그러나 遺言者가 自己의 死亡當時에 그 目的物이 相續財産에 屬하지 아니한 境遇에도 遺言의 效力이 있게 할 意思인 때에는 遺贈義務者는 그 權利를 取得하여 受贈者에게 移轉할 義務가 있다.
②前項 但書의 境遇에 그 權利를 取得할 수 없거나 그 取得에 過多한 費用을 要할 때에는 그 價額으로 辨償할 수 있다.

遺贈의 目的物이 他人의 權利인 경우

1. 無效 - 제1항: 유증의 목적물이 유언자에게 속한 것이 아니라 타인의 권리에 속한 경우에는 원칙적으로 유언의 효력은 없다. 타인의 권리의 매매(569조)의 경우와 달리, 이러한 유증을 무효로 하는 것은 유증의 무상성에서 찾을 수 있다.

2. 適用範圍 - 特定遺贈: 본조는 특정적 유증에 관한 규정으로 포괄유증에 대해서는 적용되지 않는다. 이것은 규정의 특성상 당연하며, 특정적 유증 중에서도 유증의 목적이 특정물건이나 권리인 경우에는 당연히 적용되지만, 금전 기타 불특정물에 대해서도 적용되는지가 문제된다. 본조를 특정물과 불특정물을 구분하여 취급할 특별한 이유가 없으므로 불특정물인 경우에도 적용할 수 있을 것이다.

3. 例外 - 有效한 경우

(1) 유증자의 의사가 다른 경우-제1항단서: 유증의 목적인 권리가 상속재산에 속하였는지 여부에 관계없이 유언자가 이것을 유증의 목적으로 한 것으로 인정될 때는 그 유증은 유효하다. 유언자의 의사가 유언 중에 표시되어진 경우에 한하지 않으며, 법원이 유언자의 의사가 있다고 인정될 때에는 그 의사를 우선해야 할 것이다. 그러나 상속재산에 속하지 않는 권리의 유증을 무턱대고 인정하는 것은 정책적으로 타당하지 않기 때문에 유언자의 의사는 가능한 한 엄격하게 해석해야 한다.

(2) 시가 변상 가능-제2항: 제1항 단서의 경우에 유증의 목적물인 권리가 존재하고 있기는 하지만 권리자가 양도하지 않아 유증의무자가 이를 취득할 수 없거나, 유증의 목적인 권리를 취득하는 데 상당하지 않은 정도로 많은 비용이 필요한 때에는 그 권리의 시가로 변상할 수 있다.

第1088條【負擔 있는 遺贈과 受贈者의 責任】 ①負擔 있는 遺贈을 받은 者는 遺贈의 目的의 價額을 超過하지 아니한 限度에서 負擔한 義務를 履行할 責任이 있다.
②遺贈의 目的의 價額이 限定承認 또는 財産分離로 因하여 減少된 때에는 受贈者는 그 減少된 限度에서 負擔할 義務를 免한다.

負擔附 遺贈

1. 意義: 부담 있는 유증이란 수증자에 대하여 이익을 향수하게 하는 한편 이와 함께 유증자 또는 제3자를 위하여 일정한 의무를 부과하는 유증이다. 예를 들어 유언자가 수증자에게 어떤 부동산을 증여한다는 유언증서에서 유언자 본인, 그 상속인 또는 제3자를 위하여 일정한 의무를 이행할 부담을 과하는 유증을 말한다. 부담 있는 유증은 의무를 부담시킬 뿐이며, 조건의 성취 여부에 의하여 유증의 효력의 발생 또는 소멸시키는 조건 있는 유증과는 다르다. 따라서 부담의 불이행이 있더라도 유증의 효력이 당연히 상실되는 것은 아니다. 부담 있는 유증은 포괄·특정의 구별 없이 인정되며, 부담은 유증의 목적물과 전혀 관계없는 사항이라도 무방하다.

2. 當事者: 부담의 이행의무자는 수증자이며, 수증자가 유증의 승인 또는 포기를 하지 아니하고 사망하고 그 상속인이 유증을 승인한 때(1076조)에는 그 상속분의 범위 내에서 이행의 책임이 있다. 부담의 이행청구권자는 상속인, 유언집행자, 부담의 이행청구권자로 지정된 자, 수익자이다.

3. 效力

(1) 부담의 내용: 부담의 내용은 금전적 가치가 없어도 무방하다. 부담이 불능이라든가 또는 선량한 풍속 기타 사회질서에 반하는 사항을 목적으로 하는 것인 때에는 그 부담은 무효로서 단순유증이 된다.

(2) 부담의 정도-제1항: 유증은 수증자에게 이익을 주는 유언자의 의사로 이루어지므로 유증의 부담이 유증의 이익보다 크다면 유언자의 의사에 반하는 것이라 할 것이다. 따라서 부담 있는 유증을 받은 자는 유증의 목적의 가액을 초과하지 않는 한도에서 부담한 의무를 이행할 책임이 있다. 부담이 이익보다 큰 경우에는 초과부분만 무효로 보아야 하고, 수증자는 초과부분의 이행을 거절할 수 있고, 이행한 때에는 초과부분의 반환을 청구할 수 있다.

(3) 유증 목적 가액의 감소-제2항: 상속인이 한정승인을 하거나 상속채권자 등이 재산분리를 청구하면, 수증자는 상속채권자에게 변제된 후가 아니면 변제를 받을 수 없으므로 유증의 목적의 가액이 한정승인 또는 재산분리로 인하여 감소된 때에는 수증자는 그 감소된 한도에서 부담할 의무를 면한다.

4. 遺贈의 抛棄 - 제1090조: 수증자가 유증을 포기하면 유증은 소급적으로 소멸한다. 그러면 유증의 목적 재산은 유언자의 상속인에게 귀속한다. 그러나 유언자가 다른 의사표시를 한 때에는 그에 따른다.

5. 遺贈의 取消 - 제111조: 부담 있는 유증을 받은 자가 그 부담의무를 이행하지 아니한 때에는 상속인 또는 유언집행자는 상당한 기간을 정하여 부담을 이행할 것을 최고하고 그 기간 내에 이행하지 아니한 때에는 법원에 유언의 취소를 청구할 수 있다. 취소의 소는 상속개시지 가정법원의 전속관할이고, 심판절차에는 수증자를 참여하게 하여야 한다.

第1089條【遺贈效力發生前의 受贈者의 死亡】 ①遺贈은 遺言者의 死亡前에 受贈者가 死亡한 때에는 그 效力이 생기지 아니한다.
②停止條件 있는 遺贈은 受贈者가 그 條件 成就前에 死亡한 때에는 그 效力이 생기지 아니한다.

第1090條【遺贈의 無效, 失效의 境遇와 目的財產의 歸屬】 遺贈이 그 效力이 생기지 아니하거나 受贈者가 이를 抛棄한 때에는 遺贈의 目的인 財產은 相續人에게 歸屬한다. 그러나 遺言者가 遺言으로 다른 意思를 表示한 때에는 그 意思에 依한다.

遺贈의 效力이 없는 경우와 目的財產의 歸屬

1. 意義: 유증의 효력이 정상적으로 발생하지 아니하는 경우인 유증의 효력 발생전에 수증자가 사망하거나, 유증이 무효, 수증자의 수증의 포기의 경우에 대한 법률관계를 규정한다.

2. 效力發生 前의 受贈者의 死亡 - 제1089조: 유증의 효력이 발생하기 전에 수증자가 사망한 경우

에는 원칙적으로 유증의 효력이 발생하지 않는다는 취지를 규정한다. 유언의 효력발생 당시에 수증자는 권리능력자로서 존재해야 한다는, 이른바 동시존재의 원칙에 의하면 사망한 수증자에 대해서는 유증의 효력이 발생하지 않는 것은 당연하다. 문제는 수증자의 상속인이 수증자에 갈음하여 유증을 받을 수 있는가인데, 본조는 이것을 부정한다.

(1) 효력 발생 전의 수증자의 사망-제1항: 유언의 효력발생 전에 수증자가 사망한 때에는 유증은 효력을 발생하지 아니한다. 유증자와 수증자가 동시사망한 경우도 포함한다.

(2) 효력발생 전의 실종선고-제1항: 사망의 효력이 있는 실종선고도 동일하다. 유증의 효력발생 전에 실종선고의 효력이 생긴 때에는 유증은 효력이 생기지 아니한다.

(3) 정지조건부 유증의 조건 성취 전의 수증자의 사망-제2항: 정지조건부 유증에서 조건성취 전에 수증자가 사망한 때에는 유증은 효력을 발생하지 아니한다.

(4) 해제조건부 유증의 조건성취 전의 수증자의 사망: 해제조건부 유증에서 조건성취 전에 수증자가 사망한 때는 유증의 효력에 영향이 없다. 기한부 유증에서 기한이 도래하지 않는 동안 수증자가 사망하여도 유증은 그대로 효력이 발생하며, 수증자의 상속인이 수증자로서의 지위를 승계하게 된다.

3. 遺贈의 無效 등에서 目的財産의 歸屬 - 제1090조: 유증의 효력발생 전의 수증자의 사망, 정지조건부 유증에서 조건성취 전의 수증자의 사망, 유증의 무효, 유증의 실효, 수증자의 수증의 포기 등으로 유증이 효력이 발생하지 않는 때에는 유증의 목적물은 원칙적으로 상속인에게 귀속한다. 유증이 그 효력이 없는 때는 그 목적물은 상속재산으로부터 이탈하지 않으므로 상속인에게 귀속하는 것은 당연하다.

(1) 특정, 포괄유증 모두 적용: 특정유증과 포괄유증에 모두 적용된다.

(2) 구체적인 경우: 유언능력이 없는 자가 유증을 한 때, 수증자가 유언의 효력발생시에 결격자인 때, 특정물의 유증에서 그 목적물이 유언의 효력발생시에 상속재산 중에 없을 때, 수증자가 유언자의 사망 전 또는 정지조건성취 전에 사망하였을 때, 수증자가 수증을 포기한 때를 들 수 있으며, 이 경우에는 유증의 목적인 재산은 상속인에게 귀속한다.

(3) 유증자의 다른 의사표시-단서: 유언자가 무효가 되는 목적물을 다른 수증자에게 귀속하도록 하거나, 특정의 제3자에게 귀속한다고 의사표시를 한 때에는 그에 따른다.

第4節 遺言의 執行

第1091條【遺言證書, 錄音의 檢認】 ①遺言의 證書나 錄音을 保管한 者 또는 이를 發見한 者는 遺言者의 死亡後 遲滯없이 法院에 提出하여 그 檢認을 請求하여야 한다.
②前項의 規定은 公正證書나 口授證書에 依한 遺言에 適用하지 아니한다.

第1092條【遺言證書의 開封】 法院이 封印된 遺言證書를 開封할 때에는 遺言者의 相續人, 그 代理人 其他 利害關係人의 參與가 있어야 한다.

遺言證書의 檢認, 開封

1. 意義: 유언의 집행은 유언의 효력이 발생한 후에 유언의 내용을 구체적으로 실현하는 절차이다. 그 절차에는 우선 유언서의 존재, 그 진의 여부를 확인하여 확보하는 준비절차를 거쳐, 유언이 존재하는 경우에 그 구체적 실현으로서의 집행이 있게 된다. 유언이 있다고 하여 모든 유언이 집행자가 별도의 행위로서 집행이 필요한 것이 아니라 집행이 필요한 유언과 그렇지 아니한 유언이 있다. 유언집행의 준비절차로서는 유언서의 검인과 개봉을 규정한다. 유언서의 검인·개봉은 유언서의 존재 여부가 이해관계인에게 미치는 영향이 크고 상속재산의 귀속에 결정적인 영향을 미치기 때문에, 유언서의 진의 여부의 확인과 유언자의 최종의사를 확정적으로 확보하고 이해관계인에게 그 내용을 확인시킬 필요가 있다.

2. 遺言書의 提出·檢認 - 제1091조

(1) 유언서의 제출, 검인청구: 유언의 증서나 녹음을 보관한 자 또는 이를 발견한 자는 상속개시

를 안 후 지체 없이 유언서나 녹음을 가정법원에 제출하여 그 검인을 청구해야 한다(1항). 제출·검인을 요하는 유언서는 공정증서나 구수증서에 의한 유언을 제외하고 자필증서에 의한 유언이나 비밀증서에 의한 유언이다. 공정증서에 의한 유언은 공증인이 관여하고 증서가 공증인의 책임하에 보관되므로 멸실이나 위조의 위험이 없으며, 구수증서는 제1070조에 의하여 가정법원에 검인을 신청하게 되므로 본조의 적용을 받지 않는다(2항).

(2) 검인절차: 검인은 유언서의 위조·변조를 방지하고 유언서를 확실하게 보존하기 위해 검열·인증하는 절차이다. 검인은 증거보존을 위한 검인절차이므로 검인을 거쳤다고 하여 그 유언이 유효하게 성립하였다고 인정되는 것은 아니다. 법원은 유언의 방식에 관한 모든 사실을 조사하고 그 결과로서 조서를 작성하여야 한다.

(3) 검인의 내용-유언의 방식에 대한 확인: 본조에서 규정하는 유언증서에 대한 법원의 검인은 유언증서의 형식·태양 등 유언의 방식에 관한 모든 사실을 조사·확인하고 그 위조·변조를 방지하며, 또한 보존을 확실히 하기 위한 일종의 검증절차 내지는 증거보전절차이다. 따라서 유언이 유언자의 진의에 의한 것인지 여부나 적법한지 여부를 심사하는 것이 아님은 물론 직접 유언의 유효 여부를 판단하는 심판이 아니다(대판 1998.6.12. 97다385100).

3. 遺言書의 開封 - 제1092조: 봉인된 유언증서의 검인에는 반드시 개봉이 필요하므로 검인에 앞서서 먼저 개봉의 절차를 밟아야 하며, 유언서의 개봉은 상속인이나 그 대리인 기타 이해관계인의 참여가 있어야 한다.

(1) 봉인된 유언증서: 〈봉인된 유언증서〉란 문자 그대로 봉투를 봉하고 날인한 유언서로서 비밀증서에 의한 유언은 엄봉날인이 방식상의 요건으로 되어 있으므로 언제나 여기의 봉인된 유언증서에 해당하지만, 그 밖의 방식에 의한 유언증서라도 봉인되어 있는 한 이를 개봉하는 것은 법원에서 하여야 한다.

(2) 관계자의 참여: 〈참여가 있어야 한다〉는 것은 상속인 등이 참여하지 않으면 개봉할 수 없다는 의미는 아니고 그들에게 참여의 기회를 주어야 한다는 의미라고 할 것이므로, 법원은 개봉에 앞서 기일을 정하여 상속인 전원 또는 그 대리인에게 소환통지를 하여야 한다. 그러나 소환통지를 하였는데도 상속인 등이 기일에 출석, 참여하지 않는 경우에는 그대로 개봉을 실시할 수 있다.

(3) 개봉: 개봉에는 조서를 작성하여야 하며, 출석하지 않은 상속인, 기타 유언의 내용에 관계있는 자에게 그 사실을 고지하여야 한다. 개봉에 관한 비용은 상속재산의 부담으로 한다.

(4) 개봉, 검인 기일: 봉인된 유언증서의 개봉은 그 유언증서의 검인절차의 일부를 이루는 것이므로 개봉기일과 검인기일을 같은 날로 지정하는 것이 보통이다.

4. 開封, 檢認의 效力: 제1091조, 제1092조에서 규정하는 유언증서의 개봉절차는 봉인된 유언증서의 검인에는 반드시 개봉이 필요하므로 그에 관한 절차를 규정한 데에 지나지 아니하므로, 적법한 유언은 이러한 검인이나 개봉절차를 거치지 않더라도 유언자의 사망에 의하여 곧바로 그 효력이 생기는 것이며, 검인이나 개봉절차의 유무에 의하여 유언의 효력이 영향을 받는 것은 아니다(대판 1998.6.12. 97다385100).

第1093條【遺言執行者의 指定】 遺言者는 遺言으로 遺言執行者를 指定할 수 있고 그 指定을 第三者에게 委託할 수 있다.

第1094條【委託에 依한 遺言執行者의 指定】 ①前條의 委託을 받은 第三者는 그 委託 있음을 안 後 遲滯없이 遺言執行者를 指定하여 相續人에게 通知하여야 하며 그 委託을 辭退할 때에는 이를 相續人에게 通知하여야 한다.
②相續人 其他 利害關係人은 相當한 期間을 定하여 그 期間內에 遺言執行者를 指定할 것을 委託 받은 者에게 催告할 수 있다. 그 期間內에 指定의 通知를 받지 못한 때에는 그 指定의 委託을 辭退한 것으로 본다.

第1095條【指定遺言執行者가 없는 境遇】 前2條의 規定에 依하여 指定된 遺言執行者가 없는 때에는 相續人이 遺言執行者가 된다.

第1096條【法院에 依한 遺言執行者의 選任】 ①遺言執行者가 없거나 死亡, 缺格 其他 事由로 因하여 없게 된 때에는 法院은 利害關係人의 請求에 依하여 遺言執行者를 選任하여야 한다.
②法院이 遺言執行者를 選任한 境遇에는 그 任務에 關하여 必要한 處分을 命할 수 있다.

遺言執行者

1. 意義: 유언의 효력이 발생한 후에는 유언의 내용을 구체적으로 실현하여야 하는데, 이를 유언의 집행이라 하며, 유언이 있다고 하여 모든 유언이 집행자가 별도의 행위로서 집행이 필요한 것이 아니라 집행이 필요한 유언과 그렇지 아니한 유언이 있다. 예컨대 후견인 지정, 친족회원, 상속재산분할의 지정 등은 유언의 집행이 필요없으나, 친생부인의 소제기(850조), 인지신고(859조), 특정적 유증, 재단법인설립 등은 구체적으로 유언의 내용을 실행하여야 한다. 유언의 내용을 구체적으로 실행하는 자가 유언집행자인데, 유언집행자의 선정에 대하여 규정한다. 유언집행자는 유언자가 유언으로 지정할 수도 있고, 유언으로 제3자에게 그 지정을 위탁할 수도 있다. 이와 같이 유언자가 직접 집행자를 지정하거나 제3자에게 위탁하여 지정된 집행자를 지정유언집행자(1093조)라 한다. 그리고 이러한 지정유언집행자가 없거나 사망한 때 등에는 상속인이 유언집행자(법정유언집행자)가 되고(1095조), 이러한 자도 없는 때 등에는 법원에 의하여 선임된 자가 유언집행자(선임유언집행자)가 된다(1096조).

2. 指定遺言執行者 - 제1093조: 유언자는 유언으로 직접 집행자를 지정할 수도 있고, 집행자를 지정할 것을 제3자에게 위탁할 수도 있다. 유언자가 유언집행자를 지정하는 경우에는 생전계약으로 정할 수 없으며, 반드시 유언으로 해야 한다. 유언집행자는 행위능력자이어야 하며, 그 외의 특별한 제한은 없다. 따라서 법인도 유언집행자가 될 수 있다. 유언집행자는 1인이어야 하는 것은 아니며 여러 명이라도 무방하다. 유언집행자를 지정하는 유언이 효력이 발생하더라도 지정된 자가 당연히 유언집행자가 되는 것은 아니며 이를 승낙함으로써 유언집행자가 된다(1097조).

3. 指定의 委託 - 제1094조: 유언자는 유언집행자의 지정을 제3자에게 위탁할 수 있고, 그 지정의 위탁은 반드시 유언으로 해야 한다(1093조). 위탁을 받은 제3자는 자연인에 한정되지 않으며 법인이나 법인의 기관도 가능하다. 수탁자가 자신을 집행자로 지정할 수 있는지에 대해서는 부정할 필요는 없을 것이다. 다만, 유언자가 지정을 위탁하면서 수탁받은 당사자를 유언집행자에서 제외할 수는 있을 것이다.

(1) 수탁자는 지체 없이 지정하여 통지-제1항: 위탁을 받은 자는 그 위탁 있음을 안 후 지체 없이 유언집행자를 지정하여 상속인에게 통지하여야 하며, 그 위탁을 사퇴할 때에는 이를 상속인에게 통지하여야 한다.

(2) 이해관계인의 수탁자에게 최고-제2항: 유언집행자의 지정을 위탁받은 자는 가급적 빠른 시간 내에 승낙이나 사퇴의 의사를 결정할 필요가 있으므로 상속인과 상속채권자, 수증자, 수증자의 채권자 등과 같은 이해관계인은 지정을 위탁받은 자에게 상당한 기간을 정하여 그 기간 내에 집행자를 지정할 것을 최고할 수 있다. 지정한 기간 내에 유언집행자지정의 통지를 받지 못한 때에는 그 지정의 위탁을 사퇴한 것으로 본다.

4. 法定遺言執行者 - 제1095조: 제1093조와 제1094조에 의한 지정유언집행자가 없는 경우에는 상속인이 유언집행자가 된다. 지정유언집행자가 없는 때란 구체적으로, 유언자가 유언으로 유언집행자를 직접 지정하지 않은 경우, 그 지정을 제3자에게 위탁하지 않은 경우, 지정을 위탁받은 제3자가 사퇴한 경우, 지정 위탁받은 제3자가 상속인 등의 최고를 받고 그 기간 내에 유언집행자지

정의 통지를 하지 않은 경우이다. 이때에는 상속인이 유언집행자가 되고, 이를 법정유언집행자라 한다. 그런데 인지나 천생부인과 같은 경우는 상속인과 이해상반될 우려가 있으므로 법원에 유언집행자의 선임을 청구하여 처리하는 것이 타당할 것이다.

5. 選任遺言執行者 - 제1096조: 법원에 의하여 유언집행자로 선임된 자가 선임유언집행자이다. 이는 유언자의 최종적인 의사를 공정하게 실현하기 위한 방법으로서 일정한 경우에 가정법원에 의한 유언집행자선임 제도를 둔 것이다.

(1) 사유-제1항: 법원에 의하여 유언집행자를 선임하여야 하는 경우는 유언집행자가 사망하거나 실종선고를 받은 경우, 해임 또는 사퇴한 경우, 결격자로 된 경우이다. 그런데 이 경우에 상속인이 있으면 상속인이 제1095조에 의하여 법정유언집행자가 되므로, 법정유언집행자, 즉 상속인도 없는 경우에 법원에 의하여 선임된다. 또한, 공동유언집행자에게 결원이 생기고 법원이 추가 선임이 필요하다고 인정하는 때 선임된다(대판 1987.9.29. 87스12). 결원이 없어도 법원이 유언집행자의 추가선임이 필요하다고 판단한 경우에 이를 할 수도 있다(대판 1995.12.4. 95스32).

(2) 선임청구권자-제1항: 상속채권자, 수증자 등 유언집행에 법률상 이해관계를 갖는 사람이 법원에 그 선임을 청구할 수 있다.

(3) 상속개시지 가정법원: 선임청구는 상속개시지의 가정법원에 하여야 하며, 유언이 무효인 때에는 청구를 기각할 수 있으며, 선임을 기각하는 심판에 대해서는 즉시 항고할 수 있다.

(4) 집행자 선임에 대한 법원의 재량: 누구를 유언집행자로 선임하느냐는 문제는 민법 제1098조 소정의 유언집행자의 결격사유(무능력자, 파산선고 받은 자)에 해당하지 않는 한 당해 법원의 재량에 속한다(대판 1995.12.4. 95스32).

(5) 법원의 필요 처분 명령-제2항: 가정법원이 유언집행자를 선임하는 경우에는, 유언집행자의 임무에 관하여 필요한 처분을 명할 수 있다.

第1097條【遺言執行者의 承諾, 辭退】 ①指定에 依한 遺言執行者는 遺言者의 死亡後 遲滯없이 이를 承諾하거나 辭退할 것을 相續人에게 通知하여야 한다.
②選任에 依한 遺言執行者는 選任의 通知를 받은 後 遲滯없이 이를 承諾하거나 辭退할 것을 法院에 通知하여야 한다.
③相續人 其他 利害關係人은 相當한 期間을 定하여 그 期間內에 承諾與否를 確答할 것을 指定 또는 選任에 依한 遺言執行者에게 催告할 수 있다. 그 期間內에 催告에 對한 確答을 받지 못한 때에는 遺言執行者가 그 就任을 承諾한 것으로 본다.

第1098條【遺言執行者의 缺格事由】 無能力者와 파산선고를 받은 자는 遺言執行者가 되지 못한다. <개정 2005.3.31>

遺言執行者의 辭退, 缺格

1. 遺言執行者의 承諾·辭退 - 제1097조

(1) 지체 없이 승낙, 사퇴 통지-제1항, 제2항: 유언자 또는 위탁받은 제3자에 의해 지정된 유언집행자는 유언자의 사망 후 지체 없이 이를 승낙하거나 사퇴할 것을 상속인에게 통지하여야 하며(1항), 가정법원에 의하여 선임된 유언집행자는 선임의 통지를 받은 후 지체 없이 승낙하거나 사퇴할 것을 가정법원에 통지하여야 한다(2항).

(2) 이해관계인의 최고-제3항

(가) 최고권자: 최고권이 있는 자는 유언의 집행에 법률상 이해관계가 있는 모든 자로서 상속인, 유언에 의해 인지된 자, 지정된 미성년자의 후견인, 상속채권자, 수증자, 수증자의 채권자, 상속인의 채권자, 공동유언집행자, 지정을 위탁받은 제3자 등이다.

(나) 상당한 기간의 유예: 최고는 유언집행자가 취임여부를 결정하는 데 필요한 상당한 기간을 정해서 해야 한다.

(다) 확답 없이 기간 경과: 유언집행자가 최고기간 내에 취임여부를 상속인 등에게 확답하지 않은 경우에는 취임을 승낙한 것으로 본다. 사적 법률관계의 발생은 본인의 적극적인 의사표시가 있어야 하지만, 유언집행자의 확정은 이해관계인에게 큰 영향을 미치는 것을 고려한 것이다.

2. 遺言執行者의 缺格 - 제1098조: 무능력자와 파산선고를 받은 자는 유언집행자가 되지 못한다.

(1) 무능력자: 미성년자, 한정치산자, 금치산자는 유언집행자가 될 수 없다. 유언집행자는 중대한 책임을 지는 자이므로 그 법률적 판단능력이 부족한 무능력자는 유언집행자로서 적당하지 않기 때문이다. 다만, 미성년자가 혼인으로 성년의제된 경우에는 자격이 있는 것으로 해석된다. 본조는 무능력자가 유언집행자로 취임하는 것을 금지하는 취지이므로 취임승낙시를 기준으로 해야 할 것이다.

(2) 파산자: 파산자도 유언집행자로 될 수 없다. 파산자는 재산관리를 실패한 자이므로 상속재산을 점유하고 관리하는 유언집행자의 업무를 맡길 수 없기 때문이다.

(3) 수증자-가능: 유증의 실현은 유언의 이행행위에 지나지 아니하여 수증자의 집행행위를 자기계약으로 볼 수 없으므로 수증자에게 유언집행 적격이 없다고 할 수 없다(서울지법 1995.4.28. 94파8391).

(4) 결격의 효과: 결격자를 유언집행자로 지정 또는 선임하였을 때에는 그 행위는 무효이며, 유언집행자가 취임 중에 결격자가 된 때에는 그 자격을 상실한다. 결격자가 유언집행자로서 한 행위는 원칙적으로 무효이나, 상속인이 추인한 때에는 유효로 된다.

第1099條【遺言執行者의 任務着手】 遺言執行者가 그 就任을 承諾한 때에는 遲滯없이 그 任務를 履行하여야 한다.

第1100條【財産目錄作成】 ①遺言이 財産에 關한 것인 때에는 指定 또는 選任에 依한 遺言執行者는 遲滯없이 그 財産目錄을 作成하여 相續人에게 交付하여야 한다.
②相續人의 請求가 있는 때에는 前項의 財産目錄作成에 相續人을 參與하게 하여야 한다.

第1101條【遺言執行者의 權利義務】 遺言執行者는 遺贈의 目的인 財産의 管理 其他 遺言의 執行에 必要한 行爲를 할 權利義務가 있다.

第1102條【共同遺言執行】 遺言執行者가 數人인 境遇에는 任務의 執行은 그 過半數의 贊成으로써 決定한다. 그러나 保存行爲는 各自가 이를 할 수 있다.

第1103條【遺言執行者의 地位】 ①指定 또는 選任에 依한 遺言執行者는 相續人의 代理人으로 본다.
②第681條 乃至 第685條, 第687條, 第691條와 第692條의 規定은 遺言執行者에 準用한다.

第1104條【遺言執行者의 報酬】 ①遺言者가 遺言으로 그 執行者의 報酬를 定하지 아니한 境遇에는 法院은 相續財産의 狀況 其他 事情을 參酌하여 指定 또는 選任에 依한 遺言執行者의 報酬를 定할 수 있다.
②遺言執行者가 報酬를 받는 境遇에는 第686條第2項, 第3項의 規定을 準用한다.

遺言執行者의 任務 및 報酬

1. 任務 開始 - 제1099조: 유언집행자의 취임여부는 본인의 자유로운 의사로 결정할 수 있지만, 취임을 승낙한 때에는 이해관계인을 위해서 그 임무는 취임을 승낙한 때부터 수행하여야 한다. 취

임의 승낙은 상속인이나 법원에 취임의 통지를 하면 된다(1097조). 임무의 개시는 상속인에 의한 상속승인 유무와 관계없고, 유언서의 개봉·검인 절차를 기다릴 필요도 없다. 유언집행자의 임무는 유언의 내용에 의해 결정되며, 그 임무수행은 법률의 규정에 따라 선량한 관리자의 주의로서 하여야 한다. 유언집행자의 임무는 피상속인의 최종의 의사를 실현하는 것이므로 임무를 수행함에 있어 피상속인의 의사 및 법률의 규정에 구속을 받을 뿐만 아니라 원칙적으로 상속인의 지시·감독을 받게 된다.

2. 財產目錄의 作成 - 제1100조: 유언집행자가 취임 후 첫 번째로 해야 할 사무로서 재산목록작성의무를 규정한다. 상속재산목록의 작성의무는 상속재산의 상태를 명확하게 하여 상속재산에 대한 유언집행자의 관리처분권의 대상을 명확하게 할 필요가 있기 때문이다.

(1) 재산목록의 작성과 교부-제1항: 재산에 관한 유언인 경우에는 지체 없이 재산목록을 작성하여, 이를 상속인에게 교부하여야 한다. 재산목록의 내용은 법정되어 있지 않지만, 유언집행자의 관리에 속하는 상속재산의 상태를 구체적으로 밝히면 되고, 특히 개개의 재산의 가액을 조사할 필요는 없다. 유언이 특정재산에 관한 경우에는 그 재산만의 목록을 작성하면 된다.

(2) 상속인의 청구에 의한 참여-제2항: 재산목록의 작성에는 원칙적으로 상속인의 참여가 있어야 하는 것은 아니지만, 상속인이 참여를 청구한 때에는 유언집행자가 재산목록 작성과정에 참여하게 하여야 한다.

(3) 목록작성 비용: 상속재산목록에 필요한 비용은 유언의 집행에 관한 비용으로서 상속재산 중에서 지급한다.

3. 遺言執行者의 權利, 義務 - 제1101조: 유언집행의 내용은 특별히 명문의 규정이 없어도 먼저 유언자의 의사에 의해 정해지며, 법률의 규정은 단지 그것을 보충하는 역할에 불과하다. 본조는 유언자가 유언의 집행에 대해서 별도의 특별한 의사표시가 없는 경우 피상속인의 의사에 갈음하여 유언집행자의 권리의무를 포괄적으로 규정한다.

(1) 관리권: 유증의 목적인 재산을 보관·이용에 필요한 조치를 할 수 있으며, 목적물의 보존, 권리의 현상유지를 위한 상속재산처분금지의 가처분 등을 신청할 수 있다.

(2) 처분권: 유언집행자에게 주어진 처분권으로는 상속재산을 매각환가하는 권리가 중심이 되며, 채권상계 등을 생각할 수 있다. 관리처분권은 대개 목적물의 점유를 필요로 하므로 유언집행자는 집행에 필요한 범위 내에서 상속인 또는 제3자에게 목적물의 인도를 청구할 수 있다.

(3) 유언사항에 따른 권리의무: 친생부인에 관한 유언은 집행자가 친생부인의 소를 제기하여야 하며, 인지의 유언은 가족관계등록법에 따라 인지신고를 하면 된다. 재단법인의 설립에 관한 유언은 재단법인의 설립에 필요한 행위를 할 수 있다. 포괄유증의 경우 포괄수증자는 상속개시시에 당연히 상속재산에 대한 권리를 취득하고, 공동상속인이나 다른 포괄수증자와 공동소유관계에 있기 때문에 유언집행자가 상속재산의 귀속에 관여할 여지는 없다. 그러나 상속채무변제 후에 일정 비율을 제3자에게 분배하는 유증인 때에는 집행자가 유언의 실현을 위해 상속재산을 청산분할할 권한이 있다. 특정적 유증은 수증자가 완전히 그 물건 또는 권리의 이전을 받을 수 있도록 목적물의 인도나 등기 등 제반행위를 하여야 한다.

(4) 상속인과의 관계: 유언집행자는 유언의 집행에 필요한 범위 내에서는 상속인과 이해상반되는 사항에 관하여도 중립적 입장에서 직무를 수행하여야 하므로, 유언집행자가 있는 경우 그의 유언집행에 필요한 한도에서 상속인의 상속재산에 대한 처분권은 제한되며 그 제한 범위 내에서 상속인은 원고적격이 없다고 할 것이다(대판 2001.3.27. 2000다269200).

4. 共同遺言執行 - 제1102조: 유언집행자가 수인의 복수인 경우에 유언 집행의 방법에 관하여 규정한다.

(1) 과반수 찬성으로 집행: 유언집행자의 수에 대해서는 민법에 어떠한 제한도 없기 때문에 피상속인은 수인의 유언집행자를 지정할 수 있으며, 가정법원도 수인의 유언집행자를 선임할 수 있다. 이처럼 유언집행자가 수인인 때 유언집행자의 권한 및 집행방법은 먼저 유언자의 의사에 의해 정해진다. 유언자는 공동유언집행자간의 의견이 상충할 경우 그 중 1인의 의견에 따르도록 하거나, 제3자의 중재자를 지정할 수 있다. 그러나 유언자가 공동유언집행자의 집행방법에 대해

서 별도로 정하지 않은 때에는 본조에 따라 과반수로써 사무를 집행하도록 규정한다.

(2) 과반수 동수로 집행이 불가능한 경우-해임, 추가 선임청구: 찬반이 동수로 유언집행을 할 수 없는 경우에는 제1106조의 임무에 적당하지 않은 것으로 보아 해임청구하고, 제1096조에 의한 선임청구가 가능하다고 해석된다. 이 경우에 공동유언집행자 1인이 단독으로 추가로 유언집행자의 선임을 법원에 신청할 수 있고, 이러한 단독신청행위가 공동유언집행방법에 위배되었다거나 기회균등의 헌법정신에 위배되었다고 볼 수 없다(대판 1987.9.29. 86스11).

(3) 제소, 응소: 유언집행에 관한 소는 공동유언집행자의 필요적 공동소송으로 해석된다.

(4) 보존행위-단독: 각 유언집행자는 공동유언집행자의 관리대상인 상속재산의 보존에 필요한 조치를 단독으로 할 수 있다. 보존행위는 목적물의 가치를 유지하기 위한 행위이며, 가옥의 수선 등과 같은 사실행위뿐만 아니라 법률상의 행위도 포함한다.

5. 遺言執行者의 法的 地位 - 제1103조

(1) 기본적 지위-상속인의 대리인-제1항: 〈지정 또는 선임에 의한 유언집행자는 상속인의 대리인으로 본다〉고 규정한 것은 유언집행자의 행위의 법률효과가 상속인에게 귀속함을 규정한 것이고, 유언집행자는 유증의 목적인 재산의 관리 기타 유언의 집행에 필요한 모든 행위를 할 권리의무가 있다. 따라서 유언집행자의 유언집행에 관한 행위는 상속인의 이익·불이익과는 상관없이 효력이 생긴다.

(가) 상속인 본인의 권리와의 관계: 〈지정 또는 선임에 의한 유언집행자는 상속인의 대리인으로 본다〉고 규정하고 있으나, 이 조항은 유언집행자의 행위의 효과가 상속인에게 귀속함을 규정한 것에 지나지 아니한다. 따라서 유언집행을 위하여 필요한 범위 내에서는 유언집행자의 상속재산에 대한 관리처분권이 상속인의 그것보다 우선하고(대판 2005.11.25. 2004두930), 본조에서 유언집행자가 상속인의 대리인이라고 규정하였다고 유언집행자의 소송수행권과 별도로 상속인 본인의 소송수행권도 언제나 병존한다는 것을 의미하는 것이 아니다(대판 2001.3.27. 2000다269200).

(나) 상속인과 이해상반되는 경우: 유언집행자는 유언의 집행에 필요한 범위 내에서는 상속인과 이해상반되는 사항에 관하여도 중립적 입장에서 직무를 수행하여야 하므로, 유언집행자가 있는 경우 그의 유언집행에 필요한 한도에서 상속인의 상속재산에 대한 처분권은 제한되며 그 제한 범위 내에서 상속인은 원고적격이 없다(대판 2001.3.27. 2000다269200).

(2) 위임규정의 준용-제2항

(가) 선관의무: 유언집행자는 유언의 내용에 따라 선량한 관리자의 주의로서 유언을 집행할 의무가 있다(681조).

(나) 복임권의 제한: 상속인의 승낙이나 부득이한 사유가 없으면 제3자로 하여금 자기에 갈음하여 유언사무를 처리하게 하지 못한다(682조).

(다) 전말보고의무: 유언집행자는 상속인의 청구가 있는 때에는 유언사무의 처리상황을 보고하고 유언사무가 종료한 때에는 지체 없이 그 전말을 보고해야 한다(683조).

(라) 취득물의 인도, 이전의무: 유언집행자는 유언집행에 있어서 받은 금전 기타의 물건의 인도·이전 의무가 있다(684조).

(마) 금전소비의 책임: 상속인에게 인도할 금전 등을 자기를 위하여 소비한 때에는 이자지급 및 손해배상 책임이 있다(685조).

(바) 비용 선급청구권: 유언사무처리를 위해 비용이 필요한 때는 선급을 청구할 수 있다(687조).

(사) 임무종료시의 긴급처리, 종료의 대항요건: 유언집행의 임무가 종료하더라도 급박한 사정이 있는 때에는 일정기간동안 그 사무의 처리를 계속해야 하며(691조), 임무종료사유는 상속인에게 통지하거나 상속인이 알지 못하면 이로써 상속인에게 대항할 수 없다(692조).

6. 遺言執行者의 報酬 - 제1104조: 유언의 집행도 위임과 마찬가지로 논리적으로는 무상의 집행과 유상의 집행이 있지만, 사회적 분업이 발달하고 사회관계가 유상성을 원칙으로 하고 있는 오늘날 유언집행도 원칙적으로 유상성을 원칙으로 한 것이다.

(1) 보수액의 결정-제1항: 유언집행자의 보수액은 먼저 유언자의 의사에 의해서 정해진 경우에는 그에 해당하는 보수를 받게 된다. 그러나 유언자가 보수를 정하지 않은 때에는 가정법원이 유

언집행자의 보수를 정할 수 있다. 보수액은 〈상속재산의 상황 기타 사정〉을 참작하여 정하며, 특히 관리대상인 상속재산의 정도나 가격, 관리의 계속기간, 집행행위의 범위나 난이도, 의무의 정도, 업무성과 등을 고려하여 법원이 재량으로 정한다.

(2) 위임규정의 준용-제2항: 유언집행자가 보수를 받는 경우에는 유상위임에 관한 규정(686조2항, 3항)이 준용된다. 따라서 유언집행자는 유언집행의 사무를 완료한 후가 아니면 그 보수를 청구하지 못하며, 기간으로 보수를 정한 때에는 그 기간이 경과한 후에 청구할 수 있다(686조2항). 그리고 유언집행자에게 책임 없는 사유로 사무가 종료된 때에는 이미 처리한 사무의 비율로 보수를 청구할 수 있다(686조3항).

第1105條【遺言執行者의 辭退】 指定 또는 選任에 依한 遺言執行者는 正當한 事由있는 때에는 法院의 許可를 얻어 그 任務를 辭退할 수 있다.

第1106條【遺言執行者의 解任】 指定 또는 選任에 依한 遺言執行者에 그 任務를 懈怠하거나 適當하지 아니한 事由가 있는 때에는 法院은 相續人 其他 利害關係人의 請求에 依하여 遺言執行者를 解任할 수 있다.

遺言執行者의 辭退, 解任, 任務終了

1. 辭退 - 제1105조: 유언집행자는 정당한 사유가 있는 때에는 법원의 허가를 얻어 사퇴할 수 있다. 유언집행자는 유언자로부터 지정된 자든, 법원에 의하여 선임된 자이든 일종의 공적 의무를 위임받은 것이기 때문에 임의로 자유롭게 사퇴할 수는 없고, 사퇴하여야 할 정당한 사유가 있는 경우에 법원의 허가를 받도록 한다.

(1) 정당한 사유: 사퇴할 수 있는 〈정당한 사유〉에는 질병, 다른 지방으로 발령, 장기간의 해외출장, 직장의 업무과다로 인한 임무수행 불가 등의 사정을 들 수 있다.

(2) 임무의 일부에 대한 사퇴-원칙적 불가: 임무 일부에 대한 사퇴는 일반적으로 인정되지 않을 것이다. 유언의 내용은 전체로서 유기적 관련을 갖는 것이 보통이므로 임무의 일부 사퇴는 유언 전체의 실현을 저해할 가능성이 있기 때문이다.

(3) 법원의 심판: 사퇴하려는 유언집행자는 상속개시지의 가정법원에 사퇴허가 심판청구를 하여야 하며(가소법2조1항), 청구의 기각에는 즉시항고를 할 수 있다(가소규27조). 사퇴의 효력은 허가의 고지에 의하여 발생한다.

(4) 사퇴한 경우: 기존의 유언집행자의 사퇴로 유언집행자가 없게 된 때에는 제1096조에 의하여 이해관계인의 청구에 의하여 법원은 새로운 유언집행자를 선임하여야 한다.

2. 解任 - 제1106조: 유언집행자는 유언자 또는 위탁받은 제3자에 의해 지정되거나 법원의 선임에 의하여 취임하므로 유언집행자가 임무를 해태하더라도 상속인이나 수증자가 일방적으로 해임하는 것은 적당하지 않다. 해임의 사유가 있는 때에는 이해관계인의 청구에 의하여 법원이 해임하도록 규정한다.

(1) 해임사유

(가) 임무해태: 임무해태는 유언집행자가 유언의 실현을 전혀 하지 않는 경우뿐만 아니라 관리대상이 아닌 상속재산을 이유없이 상속인에게 인도하지 않거나, 집행행위의 보고를 이유없이 거절하는 경우 등 유언집행행행위의 전반에 대한 소홀이 임무해태에 해당된다.

(나) 적당하지 않은 사유: 유언의 내용을 부당하게 집행하는 경우, 집행자의 장기간에 걸친 질병, 행방불명, 부재 등이 해당될 것이다. 또한 유언집행자에 대한 파산선고가 있는 경우에는 유언집행자는 당연히 집행자의 지위를 잃게 되지만, 징역형의 형벌을 받은 경우에도 해임사유로 될 것이다. 부당한 집행의 예로는, 유언집행자가 유언에 따른 재단법인을 설립함에 있어 설립자에 의하여 이사로 지명된 자를 이사로 선임하지 아니하고 재단법인의 목적 등을 유언과 달리하여 한 재단법인 설립허가 신청에 대한 허가처분에 대하여, 유언에 의하여 적법하게 설립될 재단법인의 이사로

취임할 수 있는 직접적이고 구체적인 법률상 이익을 침해하였다고 하여 설립될 법인의 이사로 지명된 자에게 위 허가처분을 다툴 원고적격이 있다고 한 사례가 있다(대판 1994.5.27. 93누23374).
(2) 해임절차: 상속인 기타 이해관계인이 상속개시지의 가정법원에 해임심판을 청구하고, 법원이 상당하다고 인정한 때에 해임심판에 의하여 해임된다. 법원은 사건의 해결을 위하여 상당하다고 인정한 때에는 직권 또는 당사자의 신청에 의하여 심판에 이르기까지 필요한 처분을 명할 수 있다.
3. 任務終了: 유언의 사무를 모두 종결한 경우, 유언집행자 본인의 사망, 사퇴, 결격사유의 발생, 해임 등에 의하여 유언집행자의 임무는 종료한다.

第1107條【遺言執行의 費用】 遺言의 執行에 關한 費用은 相續財産中에서 이를 支給한다.

遺言執行 費用

유언의 집행에 관한 비용은 집행을 위하여 직접 필요한 비용뿐만 아니라 집행에 관련하여 소요되는 비용이다. 구체적으로 유언서의 검인절차에 관한 비용, 상속재산목록작성의 비용, 상속재산의 관리비용, 유언집행자에 대한 보수, 유언의 집행에 관련한 소송비용 등이다. 이들 집행비용은 상속재산에서 지급한다.

第5節 遺言의 撤回

第1108條【遺言의撤回】 ①遺言者는 언제든지 遺言 또는 生前行爲로써 遺言의 全部나 一部를 撤回할 수 있다.
②遺言者는 그 遺言을 撤回할 權利를 抛棄하지 못한다.

遺言의 撤回

1. 撤回의 自由 - 제1항: 유언은 유언자의 최종의사에 대해 법질서가 효력을 부여하고자 하는 것이므로, 유언자는 유효한 유언을 한 후라도 생전에 언제든지 자유로이 유언의 전부 또는 일부를 철회할 수 있으며, 유언자의 생존 중에는 언제라도, 몇 번이고 유언을 철회할 수 있다.
2. 撤回權의 抛棄禁止 - 제2항: 유언자는 유언을 철회할 권리를 포기하지 못한다. 이는 유언의 자유를 관철시켜 유언자의 최종의사를 존중하고 확보하기 위한 취지이다. 그러므로 서로 다른 유언, 서로 다른 사인증여가 여러 개 있는 경우는 최후의 것이 유효하다(철회 간주-1109조, 1110조).
3. 撤回의 要件
(1) 철회원인 및 시기: 유언자는 유언성립시부터 효력발생시까지 특별한 사유가 없어도 임의로 언제든지 앞에 한 유언을 철회할 수 있다.
(2) 철회권자-유언자 본인에 한정: 유언을 철회할 수 있는 자는 유언자 본인에 한한다. 일반적인 취소와는 달리 대리인에 의해 할 수 없으며, 상속인이 철회하는 것도 불가능하다.
(3) 철회의 범위: 유언자는 반드시 유언의 전부를 철회할 필요는 없으며, 그 일부를 철회하는 것도 가능하다. 유언은 여러 종류의 사항에 관하여 이루어지므로, 일부를 철회하고 나머지를 존속시켜도 지장이 없다.
(4) 철회의 방식: 유언의 철회는 자유이지만, 철회는 유언의 방식에 의하거나 생전행위로 철회할 수 있다. 유언 자체가 엄격한 요식행위이므로 그 철회도 요식성이 요구되지만, 반드시 철회되는 유언과 동일한 방식으로 할 필요는 없다. 따라서 공정증서에 의한 유언을 자필증서에 의한 유언으로 철회할 수도 있다.
4. 撤回의 效果: 유언이 철회되었을 때에는 유언은 처음부터 없었던 것으로 되어 유언자의 사망에 의해 철회된 유언은 효력이 생기지 않는다. 유언의 철회가 사기나 강박에 의한 경우에는 취소할 수 있다.

第1109條【遺言의 抵觸】 前後의 遺言이 抵觸되거나 遺言後의 生前行爲가 遺言과 抵觸되는 境遇에는 그 抵觸된 部分의 前遺言은 이를 撤回한 것으로 본다.

第1110條【破毁로 因한 遺言의 撤回】 遺言者가 故意로 遺言證書 또는 遺贈의 目的物을 破毁한 때에는 그 破毁한 部分에 關한 遺言은 이를 撤回한 것으로 본다.

遺言撤回의 看做

1. 意義: 유언철회의 자유를 관철시키기 위한 하나의 방편으로 유언철회의 간주제도를 두는데, 복수의 유언이 그 내용에서 상호 저촉되는 경우, 또는 생전행위와 유언의 내용이 저촉하는 경우, 유언자가 고의로 유언증서를 훼손하거나 유언의 목적물을 고의로 훼손한 경우에는 해당되는 부분에 대한 유언을 철회한 것으로 본다. 이와 같은 사실이 존재할 경우에는 유언자는 철회의 의사가 있다고 추정할 수 있으며, 설령 이러한 의사가 존재하지 않는 경우에도 분쟁의 발생을 피하기 위해 철회한 것으로 의제한 것이다.

2. 遺言의 抵觸으로 인한 撤回 - 제1109조

(1) 내용의 저촉: 유언은 유언자의 최종의 의사를 존중해야 하므로 시일이 다른 두 개의 유언이 있는 경우 사망에 가까운 때의 유언을 우선시키는 것은 유언의 성질상 당연하다. 두 개의 유언이 서로 전혀 무관계하거나 양립할 수 있는 경우에는 두 가지 유언이 모두 유효한 것은 물론이다. 유언서에 연월일을 기재하도록 하는 이유 중의 하나가 유언의 선후를 판명하기 위함이다.

(가) 저촉-최근유언 우선: 여기에서 〈저촉〉이란 앞의 유언을 실효시키지 않으면 뒤의 유언의 내용을 실현할 수 없는 정도로 내용이 모순되는 것을 말한다.

(나) 같은 날 작성된 저촉되는 유언-모두 무효: 서로 모순되는 유언이 같은 날에 작성되고 시간적 선후를 확인할 수 없는 때에는 양쪽 모두 무효로 볼 수밖에 없다.

(2) 저촉되는 생전행위로 인한 철회: 생전행위는 철회권이 있는 유언자에 의해 이루어져야 한다. 타인의 불법행위로 인한 멸실 등은 철회의 효력이 생기지 않는다. 〈생전행위〉는 유증의 목적인 특정의 권리나 물건에 대해서 생전행위인 처분행위, 예를 들면 소유권의 양도, 기부행위, 지상권의 설정, 특정채권의 변제를 받은 것을 말한다. 유언내용과 생전행위가 저촉되는지 여부는 유언의 모든 취지와 당해 생전행위가 있은 사정 등을 고려하여 합리적으로 판단하여야 한다.

(가) 철회권자인 유언자의 행위: 생전행위를 철회권을 가진 유언자 자신이 할 때 비로소 철회 의제 여부가 문제될 뿐이고 타인이 유언자의 명의를 이용하여 임의로 유언의 목적인 특정 재산에 관하여 처분행위를 하더라도 유언철회로서의 효력은 발생하지 아니한다(대판 1998.6.12. 97다385100).

(나) 저촉 여부 및 그 범위: 여기서 말하는 〈저촉〉은 전의 유언을 실효시키지 않고서는 유언 후의 생전행위가 유효로 될 수 없음을 가리키되 법률상 또는 물리적인 집행불능만을 뜻하는 것이 아니라 후의 행위가 앞의 유언과 양립될 수 없는 취지로 행하여졌음이 명백하면 족하다고 할 것이고, 이러한 저촉 여부 및 그 범위를 결정함에 있어서는 전후 사정을 합리적으로 살펴 유언자의 의사가 유언의 일부라도 철회하려는 의사인지 아니면 그 전부를 불가분적으로 철회하려는 의사인지 여부를 실질적으로 집행이 불가능하게 된 유언 부분과 관련시켜 신중하게 판단하여야 한다(대판 1998.6.12. 97다385100).

3. 破毁로 인한 撤回 - 제1110조: 유언증서를 파손하거나 유증의 목적물을 파손한 때에는 그 파손부분에 관한 유언철회로 본다. 유언은 유언자의 사망 후에 효력이 발생하므로 유언증서는 유언을 증명하는 유일한 것이므로 이를 고의로 파훼하는 것은 유언을 철회한 것으로 보아야 하며, 목적물을 고의로 파훼하는 것도 생전처분과 다르지 않으므로 철회로 인정하여야 한다.

(1) 유언증서의 파훼: 유언자 아닌 제3자가 유언증서를 파훼한 경우는 철회의 효력이 없다. 〈파훼〉는 유언증서의 절단 등 유언서 자체의 유형적인 파기 외에 유언서에 낙서나 줄을 긋는 등 그 내용을 식별할 수 없는 정도를 말한다. 공정증서의 유언은 원본이 공증인에게 보관되어 있으므

로 유언자가 보관하고 있던 유언서를 파훼해도 철회의 효력은 생기지 않는다.
(가) 유언자의 행위: 유언자 본인의 행위여야 한다.
(나) 고의의 파훼; 고의에 의한 것이어야 한다. 즉 유언자가 유언증서임을 인식하고, 파훼의 의사로 파훼한 것이어야 한다.
(다) 철회의 효과-당해 부분: 유언자가 유언증서의 일부를 파훼한 경우 철회의 효과는 파훼된 부분에 한하므로 다른 사항은 그대로 유효하다.
(2) 유증의 목적물의 파훼: 유언자가 고의로 유증의 목적물을 파훼한 경우에는 그 파훼한 부분에 대해서는 유언을 철회한 것으로 본다. 목적물의 파훼란 물질적인 파훼뿐만 아니라 경제적인 가치의 전부 또는 일부가 소실한 경우도 포함된다. 유언자의 고의가 있어야 하며, 유언자 본인의 행위여야 한다.

第1111條【負擔 있는 遺言의 取消】 負擔 있는 遺贈을 받은 者가 그 負擔義務를 履行하지 아니한 때에는 相續人 또는 遺言執行者는 相當한 期間을 定하여 履行할 것을 催告하고 그 期間內에 履行하지 아니한 때에는 法院에 遺言의 取消를 請求할 수 있다. 그러나 第三者의 利益을 害하지 못한다.

負擔附 遺贈의 取消

1. 意義: 부담부 유증에서 부담은 법형식상으로는 유증의 조건이나 대가가 아니므로 부담의 이행을 정지조건으로 하는 것은 아니기 때문에 부담의 이행이 없더라도 그 유증은 효력을 발생하고, 유증을 승인한 수증자는 유증의무자에 대해서 그 이행을 청구할 수 있다. 그러나 유언자의 의사는 부담이 이행되지 않으면 유증도 하지 않는 경우가 많을 것이다. 이 경우에는 부담은 실질상 유증의 일종의 조건이며, 부담과 유증 간에 상관관계가 인정될 수 있다. 따라서 본조는 수증자가 부담을 이행하지 않을 경우 상속인이나 유언집행자는 이행을 청구할 수 있고, 그래도 수증자가 이행하지 않을 때에는 취소를 청구할 수 있도록 규정한다. 본조에서 말하는 유증의 취소는 유언자의 사망과 수증자의 승인에 의해 확정적으로 효력을 발생한 유증을 소급적으로 소멸시키는 것이며, 유언자가 유언의 효력발생 전에 이를 철회하는 것과는 전혀 성격이 다르다.

2. 取消請求의 要件

(1) 부담부 유증: 부담 있는 유증이어야 한다. 부담 있는 유증인지는 유언자의 의사해석에 의하여 결정된다.
(2) 수증자의 부담 불이행
(가) 불이행 사실: 수증자가 부담을 이행하지 않아야 한다.
(나) 일부의 불이행: 부담의 일부를 이행하지 않은 경우에는 그 일부의 이행만으로 그 부담 있는 유증의 목적을 달성할 수 없을 때에는 취소가 가능할 것이다.
(다) 수증자의 귀책사유: 부담을 이행하지 않는 것이 수증자의 책임 있는 사유에 의한 것이어야 한다.
(3) 상당기간의 최고: 상속인 등이 상당한 기간을 정하여 부담의 이행을 최고하였어야 한다.

3. 取消請求: 취소청구권자는 유언자의 상속인과 유언집행자이다. 유언집행자는 유언자의 의사를 실현하는 것을 임무로 하는 자이며 상속인의 대리인이므로 유언집행의 연장선상에서 유증의 취소청구를 인정한 것이다. 그러나 부담의 이익을 받는 수익자는 취소청구를 할 수 없다.

4. 法院의 審判: 가정법원의 심판에 의하여 취소된다. 법원은 수증자에게 부담의 불이행이 있었는지 여부, 최고기간의 적정성 등을 심리한 후에 취소여부를 결정한다. 취소의 효과는 소급하기 때문에 유증은 취소되면 처음부터 존재하지 않았던 것으로 된다. 따라서 수증자가 받아야 할 것은 상속인에게 귀속한다(1090조). 그러나 취소의 소급효는 제3자의 이익을 해하지 못한다(단서).

第3章 遺留分

1. 概括: 개인의 사적 소유를 보장하는 근대법 아래서 개인의 재산의 처분은 자유롭게 보장되며, 이는 생전처분은 물론이고 사후처분의 자유도 포함한다. 그런데 이를 무제한 인정하여 사망한 가족구성원의 상속재산의 전부가 타인에게 넘어가면 생존하는 배우자나 자녀들의 생활을 곤궁하게 할 뿐만 아니라 상속인이 상속재산의 형성에 협력한 부분과 상속재산에 대한 기대가 무산되는 결과가 되어 잔존 가족의 갈등과 해체라는 문제가 발생한다. 이에 개인의 재산처분의 자유와 잔존 가족 구성원의 보호라는 양측의 조화를 목적으로, 상속의 경우에 피상속인이 상속인을 위해서 반드시 상속재산의 일정부분을 어떠한 방식으로 보장하는 유류분 제도를 둔다. 이러한 유류분 제도는 그 구체적 내용에는 다소간의 차이는 있으나 영미법, 대륙법계를 막론하고 모두 두고 있다. 우리 민법의 유류분제도는 피상속인이 자유로이 처분할 수 있는 재산과 그렇지 않은 재산을 미리 구분(프랑스)되어 있거나 자유로 처분할 수 있는 비율이 정(독일)해져 있지 않고, 직계비속, 부모, 배우자 등의 최근친자에게 남기지 않으면 아니 되는 비율액을 정하여 보장하는 내용으로 되어 있다. * 영미법은 유언에 의하여 상속재산으로부터 상당한 부양료가 남겨지지 않은 경우에 유언자의 피부양자는 법원에 상당한 부양료를 남기도록 신청할 권리를 가지는 형태이다.

2. 構成

(1) 유류분 권리자와 유류분: 제1112조

(2) 유류분의 산정: 제1113조, 제1114조

(3) 유류분의 보전, 반환, 반환청구권의 소멸시효: 제1115조-제1117조

(4) 준용규정: 제1118조

第1112條【遺留分의 權利者와 遺留分】 相續人의 遺留分은 다음 各號에 依한다.
1. 被相續人의 直系卑屬은 그 法定相續分의 2分의 1
2. 被相續人의 配偶者는 그 法定相續分의 2分의 1
3. 被相續人의 直系尊屬은 그 法定相續分의 3分의 1
4. 被相續人의 兄弟姉妹는 그 法定相續分의 3分의 1

遺留分權者와 遺留分

1. 遺留分權: 유류분권이란 일정한 범위의 상속인이 피상속인의 재산의 일정한 비율을 확보할 수 있는 지위를 말하며, 유류분권으로부터 수증자에 대한 부족분의 반환을 요구하는 반환청구권이 생긴다(1115조). 유류분권리자로서의 지위는 상속개시 전까지는 일종의 기대권에 지나지 않으므로 권리로서 적극적으로 주장할 수 있는 성질의 것이 아니다. 따라서 예컨대 피상속인의 생전증여가 유류분권을 침해하는 것이 명백한 경우에도 피상속인의 생전에(상속개시 전에) 장래의 반환청구권을 보전하기 위하여 증여부동산에 가등기를 할 수는 없다. 즉 생전의 피상속인의 재산처분이 상속개시시에 유류분을 침해할 것이 분명한 경우에도 유류분을 가지는 추정상속인이 상속개시 전에 이를 저지할 수는 없다.

2. 遺留分權者: 유류분을 가지는 자는 피상속인의 직계비속·배우자·직계존속·형제자매이다.

(1) 태아: 태아도 유류분권에서는 출생한 것으로 본다.

(2) 대습상속인: 대습상속인도 피대습자의 상속분의 범위 내에서 유류분을 갖는다.

(3) 유류분권자의 채권자: 유류분권자의 채권자도 채권자대위권의 행사로 유류분권의 반환청구권을 대위행사할 수 있다.

(4) 상속결격자, 포기자: 유류분은 법정상속권에 기초하고 있으므로, 상속권의 상실원인인 상속인의 결격·포기에 의하여 상속권을 잃은 자는 유류분권도 당연히 잃는다.

3. 遺留分: 유류분은 피상속인의 직계비속과 배우자의 경우는 각자의 법정상속분의 2분의 1이며(1, 2호), 피상속인의 직계존속과, 형제자매는 각자의 법정상속분의 3분의 1이다(3, 4호).

第1113條【遺留分의 算定】 ①遺留分은 被相續人의 相續開始時에 있어서 가진 財産의 價額에 贈與財産의 價額을 加算하고 債務의 全額을 控除하여 이를 算定한다.
②條件附의 權利 또는 存續期間이 不確定한 權利는 家庭法院이 選任한 鑑定人의 評價에 의하여 그 價格을 정한다.

第1114條【算入될 贈與】 贈與는 相續開始전의 1年間에 행한 것에 限하여 第1113條의 規定에 의하여 그 價額을 算定한다. 當事者雙方이 遺留分權利者에 損害를 加할 것을 알고 贈與를 한 때에는 1年전에 한 것도 같다.

遺留分의 算定

1. 意義: 제1112조는 유류분의 추상적 비율을 정하고 있지만, 이것만으로는 현실적인 문제를 해결하는 데 충분하지 않다. 상속재산을 가치적으로 평가하여 유류분도 구체적인 액으로서 산정해야만 하기 때문에 추상적인 비율의 산정과 유류분산정의 기초가 되는 재산액의 산정이라는 두 가지의 계산상의 작업을 필요로 한다. 이에 유류분 산정의 기초가 되는 재산액의 산정은 상속개시시에 있어서 피상속인이 가진 재산의 가액에 그가 증여한 재산의 가액을 가산하고 채무액을 공제하여 산정하도록 하며(1113조), 가산할 증여 재산의 범위를 규정한다(1114조).

2. 遺留分算定의 基礎가 되는 財産 - 제1113조, 제1114조: 재산평가의 방법은 상속분의 산정과 같고, 상속개시 1년 전까지의 증여재산을 가산하며, 조건부의 권리 또는 존속기간이 불확정한 권리는 가정법원이 선임한 감정인의 평가에 의하여 그 가격을 정하여 계산한 가액에서 채무 전액을 공제한다.

(1) 상속개시시에 가진 재산-제1113조제1항

(가) 적극재산: 소극재산을 제외한 적극재산을 의미한다.

(나) 제사용 재산-제외: 제사용 재산은 제외된다.

(다) 유증한 재산, 사인증여 재산-현존으로 취급: 유증한 재산은 상속개시시에 현존하는 재산으로 취급된다. 사인증여에 관해서 민법은 유증에 관한 규정을 준용하므로(562조), 이것도 유증과 마찬가지로 취급하여 현존하는 재산으로 취급된다.

(2) 조건부 권리, 존속기간이 불확정한 권리-제1113조제2항: 가정법원이 선임한 감정인의 평가로 그 가액을 정한 것을 가산한다.

(3) 증여재산-제1114조: 일정 범위의 증여재산을 가산한다. 본조 소정의 〈증여재산〉은 상속개시 전에 이미 증여계약이 이행되어 소유권이 수증자에게 이전된 재산을 가리키는 것이고, 아직 증여계약이 이행되지 아니하여 소유권이 피상속인에게 남아 있는 상태로 상속이 개시된 재산은 당연히 '피상속인의 상속개시시에 있어서 가진 재산'에 포함된다(대판 1996.8.20. 96다13682).

(가) 상속개시 전 1년 동안의 증여-산입-전문: 상속개시 전 1년간에 행한 증여는 모두 산입된다. 증여계약 체결시를 기준으로 한다. 모든 무상처분을 의미하며, 법인설립을 위한 출연행위, 무상의 채무면제 등도 이에 포함된다.

(나) 1년이 넘은 쌍방이 유류분권자를 해하는 것을 알고 한 증여-산입-후문: 1년 이전의 증여라도 당사자 쌍방이 유류분권리자에게 손해를 가할 것을 알고 한 경우는 역시 산입의 대상이 된다. 본조의 〈손해를 가할 것을 알고〉는 고의로 증여한 경우에 한하지 않고 객관적으로 유류분권리자에게 손해를 가할 가능성이 있다는 사실을 알고 있으면 그것으로 충분하다.

(다) 공동상속인이 받은 증여-산입: 공동상속인이 피상속인으로부터 이미 증여받은 것에 대해서는 민법 제1114조의 적용이 배제된다. 다시 말하면 상속인의 특별수익분(1008조)에 있어서는 1년 전에 증여받은 것이라도 모두 산입대상이 된다(1118조에 의한 1008조의 준용). 즉 공동상속인 중에 피상속인으로부터 생전증여에 의하여 특별수익을 한 자가 있는 경우에는 민법 제1114조

의 규정은 그 적용이 배제되고, 따라서 그 증여는 상속개시 1년 이전의 것인지 여부, 당사자 쌍방이 손해를 가할 것을 알고서 하였는지 여부에 관계없이 유류분 산정을 위한 기초재산에 산입된다(대판 1996.2.9. 95다17885).

(라) 사인처분-산입: 증여와 같은 실질을 가지는 제3자를 위한 사인처분도 산입되어야 한다. 예컨대 매매계약에서 매도인이 매수인과 특약으로 매도인 사망시에 제3자에게 이행하도록 약정을 한 경우이다.

(마) 부담부 증여: 부담의 가액을 공제하고 증여액을 가산한다.

(바) 상당하지 않은 유상행위-실질적 증여분은 산입: 유상행위라도 상당하지 않은 대가로 유상증여한 경우에 실질적 증여액을 산입할 것인지가 문제된다. 당사자 쌍방이 유류분권리자를 해하는 것을 알고 한 경우에는 제1114조 후문을 유추하여 이를 증여로 보고 실질적 증여액을 산입하여야 할 것이다.

(사) 기여분-공제: 기여상속인의 기여분의 산정은 공동상속인들의 협의에 의하고, 협의가 되지 않는 때에는 기여자의 신청에 의하여 가정법원이 심판으로 정하도록 되어 있다(1008조의2제2항). 그런데 기여분은 본래 기여자에게 귀속되어야 할 재산이 피상속인의 재산에 포함된 것이므로 상속분(유류분) 산정의 기초가 되는 재산에서는 공제되어야 한다. 그러나 기여분이 결정되기 전에는 유류분반환청구소송에서 피고가 된 기여상속인은 상속재산 중 자신의 기여분을 공제할 것을 항변으로 주장할 수 없다(대판 1994.10.14. 94다8334).

(4) 공제되는 채무-제1113조제1항: 공제되는 채무에는 상속채무로서 사법상의 채무는 물론, 상속인의 부담이 되는 공법상의 채무(세금, 벌금)도 포함된다. 다만 관리비용·상속세와 같은 상속재산에 관한 비용, 상속재산목록작성비용·유언집행에 관한 비용은 포함되지 않는다.

3. 遺留分額의 計算: 상속인 각자의 계산상의 유류분의 액은 유류분산정의 기초가 되는 재산액에 각 상속인의 유류분의 비율을 곱한 것이다.

第1115條【遺留分의 保全】 ①遺留分權利者가 被相續人의 第1114條에 規定된 贈與 및 遺贈으로 인하여 그 遺留分에 不足이 생긴 때에는 不足한 限度에서 그 財產의 返還을 請求할 수 있다.
②第1項의 경우에 贈與 및 遺贈을 받은 者가 數人인 때에는 各者가 얻은 遺贈價額의 比例로 返還하여야 한다.

第1116條【返還의 順序】 贈與에 대하여는 遺贈을 返還받은 후가 아니면 이것을 請求할 수 없다.

第1117條【消滅時效】 返還의 請求權은 遺留分權利者가 相續의 開始와 返還하여야 할 贈與 또는 遺贈을 한 事實을 안 때로부터 1年내에 하지 아니하면 時效에 의하여 消滅한다. 相續이 開始한 때로부터 10年을 經過한 때도 같다.

遺留分의 保全, 返還의 順序, 返還請求權의 時效

1. 意義: 피상속인이 자유롭게 처분할 수 있는 범위를 넘은 유증이나 증여 등의 처분을 한 결과, 유류분권리자인 상속인이 받아야 할 상속재산의 가액이 유류분액에 부족하게 되면 유류분권이 침해를 받게 된다. 이에 유류분권자인 상속인은 유류분액의 부족분만큼을 회복할 수 있으며 이를 유류분반환청구권이라고 한다. 그러나 이 반환청구권을 반드시 행사하여야 하는 것은 아니며, 유류분의 보전은 유류분권리자의 의사에 달려 있다.

2. 返還請求權의 性質: 유류분에 부족한 만큼의 재산의 인도나 반환을 유증받은 자나 증여받은 자에 대하여 요구하는 채권적 청구권이며, 아직 이행하지 않은 증여나 유증에 있어서는 이행의

무의 소멸을 청구하고 이행을 거절할 수 있는 권리, 즉 보통의 청구권으로 이해한다.

3. 返還請求權의 當事者

(1) 반환청구권자-제1115조제1항: 유류분권리자, 유류분반환청구권의 양수인, 유류분권자의 채권자 등이다. 반환의 범위는 유류분에 부족한 부분만 반환을 청구할 수 있다.

(2) 상대방

(가) 유증의 수증자: 유증을 받은 자

(나) 증여의 수증자: 생전증여를 받은 자 및 그의 포괄승계인이다.

(다) 전득자: 전득자의 경우에는 유류분반환청구권의 행사에 의하여 반환되어야 할 유증 또는 증여의 목적이 된 재산이 타인에게 양도된 경우 그 양수인이 양도 당시 유류분권리자를 해함을 안 때에는 양수인에 대하여도 그 재산의 반환을 청구할 수 있다(대판 2002.4.26. 2000다8878).

4. 請求權의 行使 方法 - 裁判上, 裁判 外: 유류분반환청구권은 반드시 소에 의한 방법으로 하여야 할 필요는 없고, 유증받은 자 또는 증여받은 자에 대한 의사표시로 하면 된다. 반환청구의 의사표시는 그 유증 또는 증여를 특정하여 유류분권을 행사한다는 의사표시를 하는 것으로 충분하다(대판 2001.9.14. 2000다66430, 66447). 다만 그 행사의 결과 유류분권자에게 귀속된 권리에 기하여 목적물의 반환 등을 소구하는 경우에는 이행의 소의 특성상 그 목적물을 특정하여야 한다.

(1) 수인의 수증자-제1115조제2항: 증여 및 유증을 받은 자가 수인인 때에는 각자가 얻은 수증가액의 비례로 반환하여야 한다.

(2) 증여와 유증의 반환순서-유증 먼저-제1116조: 피상속인이 상속개시 전에 증여를 하고, 후에 유언에 의해 재산처분을 한 경우, 유증을 증여보다 우선하여 반환대상으로 한다. 이는 유류분제도의 취지가 상속재산의 일부를 유류분권리자에게 확보하는 것이기 때문에 상속개시에 의해 비로소 효력을 발생하는 유증을 대상으로 하고, 그것으로 부족한 경우에 이미 상속재산으로부터 이탈한 증여를 대상으로 함으로써 유류분권리자의 보호와 법률관계의 안정을 조화시키기 위한 것이다.

(가) 1차적으로 유증에 대한 반환청구: 유류분의 반환청구를 받게 되는 증여·유증이 복수인 경우에 유류분반환청구는 제1차적으로 유증에 의한 수증자에게 하여야 한다.

(나) 사인증여: 사인증여의 경우에는 유증의 규정이 준용될 뿐만 아니라 그 실제적 기능도 유증과 달리 볼 필요가 없으므로 유증과 같이 보아야 한다(대판 2001.11.30. 2001다6947).

(다) 부족하면 2차적으로 증여에 대한 반환청구: 유증재산을 반환받은 후에도 유류분에 부족하면 부족분을 증여에 대하여 반환청구할 수 있고, 증여가 복수이면 각자가 얻은 증여가액에 비례하여 반환을 청구한다.

(3) 공동상속인 상호간의 반환청구

(가) 반환청구의 범위: 다른 공동상속인의 유류분 침해를 생기게 한 공동상속인에 대한 유증·증여는 그것을 받은 상속인의 유류분의 액을 넘은 부분이 반환청구의 대상이 된다.

① 유증, 증여받은 공동상속인이 여러 명인 경우-초과한 가액비율로: 유류분권리자가 유류분반환청구를 함에 있어 증여 또는 유증을 받은 다른 공동상속인이 수인일 때에는 각자 증여 또는 유증을 받은 재산 등의 가액이 자기 고유의 유류분액을 초과하는 상속인에 대하여 그 유류분액을 초과한 가액의 비율에 따라서 반환을 청구할 수 있다(대판 1995.6.30. 93다11715).

② 공동상속인과 제3자가 유증, 증여를 받은 경우: 공동상속인과 공동상속인 아닌 제3자가 있는 경우에는 그 제3자에게는 유류분이 없으므로 공동상속인에 대하여는 자기 고유의 유류분액을 초과한 가액을 기준으로 하여, 제3자에 대하여는 그 증여 또는 유증받은 재산의 가액을 기준으로 하여 그 각 가액의 비율에 따라 반환청구를 할 수 있다(대판 1995.6.30. 93다11715).

(나) 반환청구의 실현: 공동상속인 상호간의 유류분반환청구권의 행사는 상속재산의 분할절차와 별도로 할 수 있지만, 그 결과의 구체적 실현은 상속재산분할절차와 함께 이루어져야 할 것이다.

(4) 기여분과의 관계: 유류분과 기여분은 서로 관계가 없다. 민법은 기여분은 유류분에 우선시킨 것으로 보이는데(1115조), 기여분은 법률에 의해 인정되는 것으로 유류분으로 제한하기에 적당하지 않고, 기여분은 본래 기여자에게 귀속되어야 할 재산이 피상속인의 재산에 포함되어 있을 뿐이어서 본질적으로 유류분 반환의 대상이 될 수 없다(대판 1994.10.14. 94다8334).

5. 返還의 方法

(1) 원물반환이 원칙: 반환의 방법에 관하여는 별도로 규정하지 않는데, 증여 또는 유증대상 재산 그 자체를 반환하는 것이 통상적인 반환방법이라고 할 것이므로, 유류분 권리자가 원물반환의 방법에 의하여 유류분 반환을 청구하고 그와 같은 원물반환이 가능하다면 달리 특별한 사정이 없는 이상 원물의 반환을 하여야 하고, 원물반환이 불가능하면 가액반환이다(대판 2006.5.26. 2005다71949). 그런데 유류분으로 반환하여야 할 대상이 주식인 경우, 반환의무자가 피상속인으로부터 증여받은 주권 그 자체를 보유하고 있지 않다고 하더라도 그 대체물인 주식을 제3자로부터 취득하여 반환할 수 없다는 등의 특별한 사정이 없는 한 원물반환의무의 이행이 불가능한 것은 아니다(대판 2005.6.23. 2004다51887).

(2) 가액의 반환: 원물반환이 불가능하면 가액반환이다.

(가) 증여재산의 시가: 유류분액을 산정함에 있어 반환의무자가 증여받은 재산의 시가는 상속개시 당시를 기준으로 반환하여야 할 재산의 범위를 확정하여 산정한다.

(나) 가액 산정의 시기: 원물반환이 불가능하여 가액반환을 명하는 경우에는 그 가액은 사실심 변론종결시를 기준으로 산정하여야 한다(대판 2005.6.23. 2004다51887).

6. 返還請求權行使의 效力

(1) 기본적 효력: 유류분이 부족한 한도에서 유증·증여의 효력은 당연히 소멸한다.

(2) 반환의무: 유류분반환청구의 상대방이 된 증여받은 자는 원물을 반환할 의무를 부담하고, 반환청구를 받은 이후의 과실도 반환하여야 한다.

(3) 전득자: 유류분반환청구권의 행사에 의하여 반환되어야 할 유증 또는 증여의 목적이 된 재산이 타인에게 양도된 경우 그 양수인이 양도 당시 유류분권리자를 해함을 안 때에는 양수인에 대하여도 그 재산의 반환을 청구할 수 있다(대판 2002.4.26. 2000다8878).

(4) 반환불능의 경우: 증여의 목적물을 타인에게 이미 양도한 때에는 선의의 제3자는 보호되기 때문에 유류분 권리자는 증여받은 자에 대하여 그 가액을 청구할 수 있을 뿐이다. 수증자 또는 수유자는 목적물의 가액을 변상하고 원물반환을 면할 수 있다.

7. 返還請求權의 消滅時效 - 제1117조: 반환청구권에 대하여 특별히 단기존속기간을 규정하여, 유류분권리자가 상속의 개시와 반환해야 할 증여나 유증을 한 사실을 안 날로부터 1년, 상속개시시부터 10년을 경과하면 소멸한다.

(1) 안 때로부터 1년: 본조의 상속의 개시와 반환하여야 할 증여 또는 유증을 한 사실을 안 때란, 유류분권리자가 상속이 개시되었다는 사실과 증여 또는 유증이 있었다는 사실 및 그것이 유류분 침해로 반환되어야 할 것임을 안 때를 뜻한다.

(가) 해외거주로 뒤늦게 안 경우: 해외에 거주하다가 피상속인의 사망사실을 뒤늦게 알게 된 상속인이 유증사실 등을 제대로 알 수 없는 상태에서 다른 공동상속인이 교부한 피상속인의 자필유언증서 사본을 보았다는 사정만으로는 자기의 유류분을 침해하는 유증이 있었음을 알았다고 볼 수 없고, 그 후 유언의 검인을 받으면서 자필유언증서의 원본을 확인한 시점에 그러한 유증이 있었음을 알았다고 보아야 한다(대판 2006.11.10. 2006다46346).

(나) 입증의 부족: 피상속인의 생전에 유언의 존재를 알고 있었던 유류분권리자가 재판과정에서 여러 가지 이유를 들어 유서가 무효라고 주장하였으나 그 주장들이 한결같이 사실상 또는 법률상의 근거 없이 피상속인의 유언을 부인하려는 구실로 밖에 보이지 아니하는 한편 유류분권리자가 유언이 무효임을 확신하였다는 특별한 사정을 엿볼 수 없는 경우, 피상속인이 사망한 다음 날부터 유류분권리자의 유류분반환청구권의 단기소멸시효가 진행된다(대판 1998.6.12. 97다385100).

(2) 성질-소멸시효기간: 상속이 개시된 때로부터 10년이 경과하면 반환청구권은 소멸한다. 본조의 반환청구권은 규정내용 및 형식에 비추어 볼 때 같은 법조 전단의 1년의 기간은 물론 같은 법조 후단의 10년의 기간도 그 성질은 소멸시효기간이다(대판 1993.4.13. 92다3595).

(3) 시효의 중단: 유류분반환청구의 의사표시는 침해를 받은 유증 또는 증여행위를 지정하여 이에 대한 반환청구의 의사를 표시하면 그것으로 족하기 때문에, 본조 소정의 소멸시효의 진행도 이와 같은 의사표시로 중단된다(대판 2001.9.14. 2000다66430, 66447).

第1118條【準用規定】 第1001條, 第1008條, 第1010條의 規定은 遺留分에 이를 準用한다.

代襲相續人, 特別受益者 規定의 準用

1. 代襲相續人(1001조): 대습상속인도 피대습자의 유류분을 대습할 수 있으며(1001조), 대습상속인의 유류분은 대습상속분의 산정방법에 따라서 결정된다(1010조).

2. 共同相續人 中의 特別受益者(1008조): 공동상속인 중에 피상속인으로부터 특별증여를 받은 자가 있을 때에는 그 증여는 시기와 유류분침해의 인식 유무를 묻지 않고 유류분 산정의 기초가 되는 피상속재산에 산입된다(1114조).

附則 〈제471호, 1958.2.22〉

第1條【舊法의 定義】 附則에서 舊法이라 함은 本法에 依하여 廢止되는 法令 또는 法令中의 條項을 말한다.

第2條【本法의 遡及效】 本法은 特別한 規定이 있는 境遇外에는 本法 施行日前의 事項에 對하여도 이를 適用한다. 그러나 이미 舊法에 依하여 생긴 效力에 影響을 미치지 아니한다.

第3條【公證力 있는 文書와 그 作成】 ①公證人 또는 法院書記의 確定日字印 있는 私文書는 그 作成日字에 對한 公證力이 있다.

②日字確定의 請求를 받은 公證人 또는 法院書記는 確定日字簿에 請求者의 住所, 姓名 및 文書名目을 記載하고 그 文書에 記簿番號를 記入한 後 日字印을 찍고 帳簿와 文書에 契印을 하여야 한다.

③日字確定은 公證人에게 請求하는 者는 法務部令이, 法院書記에게 請求하는 者는 大法院規則이 각각 정하는 바에 의하여 手數料를 納付하여야 한다.〈改正 1970.6.18〉

④公正證書에 記入한 日字 또는 公務所에서 私文書에 어느 事項을 證明하고 記入한 日字는 確定日字로 한다.

第4條【舊法에 依한 限定治産者】 ①舊法에 依하여 心身耗弱者 또는 浪費者로 準禁治産宣告를 받은 者는 本法 施行日로부터 本法의 規定에 依한 限定治産者로 본다.

②舊法에 依하여 聾者, 啞者 또는 盲者로 準禁治産宣告를 받은 者는 本法 施行日로부터 能力을 回復한다.

第5條【夫의 取消權에 關한 經過規定】 舊法에 依하여 妻가 夫의 許可를 要할 事項에 關하여 許可없이 그 行爲를 한 境遇에도 本法 施行日後에는 이를 取消하지 못한다.

第6條【法人의 登記期間】 法人의 登記事項에 關한 登記期間은 本法 施行日前의 事項에 對하여도 本法의 規定에 依한다.

第7條【罰則에 關한 不遡及】 ①舊法에 依하여 過料에 處할 行爲로 本法 施行當時 裁判을 받지 아니한 者에 對하여는 本法에 依하여 過怠料에 處할 境遇에 限하여 이를 裁判한다.

②前項의 過怠料는 舊法의 過料額을 超過하지 못한다.

第8條【時效에 關한 經過規定】 ①本法 施行當時에 舊法의 規定에 依한 時效期間을 經過한 權利는 本法의 規定에 依하여 取得 또는 消滅한 것으로 본다.

②本法 施行當時에 舊法에 依한 消滅時效의 期間을 經過하지 아니한 權利에는 本法의 時效에 關한 規定을 適用한다.

③本法 施行當時에 舊法에 依한 取得時效의 期間을 經過하지 아니한 權利에는 本法의 所有權取得에 關한 規定을 適用한다.

④第1項과 第2項의 規定은 時效期間이 아닌 法定期間에 이를 準用한다.

第9條【效力을 喪失한 物權】 舊法에 依하여 規定된 物權이라도 本法에 規定한 物權이 아니면 本法 施行日로부터 物權의 效力을 잃는다. 그러나 本法 또는 다른 法律에 特別한 規定이 있는 境遇에는 그러하지 아니하다.

第10條【所有權移轉에 關한 經過規定】 ①本法 施行日前의 法律行爲로 因한 不動産에 關한 物權의 得失變更은 이 法 施行日로부터 6年내에 登記하지 아니하면 그 效力을 잃는다.<改正 1962.12.31, 1964.12.31>

②本法 施行日前의 動産에 關한 物權의 讓渡는 本法 施行日로부터 1年內에 引渡를 받지 못하면 그 效力을 잃는다.

③本法 施行日前의 時效完成으로 因하여 物權을 取得한 境遇에도 第1項과 같다.

第11條【舊慣에 依한 傳貰權의 登記】 本法 施行日前에 慣習에 依하여 取得한 傳貰權은 本法 施行日로부터 1年內에 登記함으로써 物權의 效力을 갖는다.

第12條【判決에 依한 所有權移轉의 境遇】 訴訟으로 附則第10條의 規定에 依한 登記 또는 引渡를 請求한 境遇에는 그 判決確定의 날로부터 6月內에 登記를 하지 아니하거나 3月內에 引渡를 받지 못하거나 强制執行의 節次를 取하지 아니한 때에는 物權變動의 效力을 잃는다.

第13條【地上權存續期間에 關한 經過規定】 本法 施行日前에 地上權設定行爲로 定한 存續期間이 本法 施行當時에 滿了하지 아니한 境遇에는 그 存續期間에는 本法의 規定을 適用한다. 設定行爲로 地上權의 存續期間을 定하지 아니한 境遇에도 같다.

第14條【存續되는 物權】 本法 施行日前에 設定한 永小作權 또는 不動産質權에 關하여는 舊法의 規定을 適用한다. 그러나 本法 施行日後에는 이를 更新하지 못한다.

第15條【賃貸借期間에 關한 經過規定】 本法 施行日前의 賃貸借契約에 約定期間이 있는 境遇에도 그 期間이 本法 施行當時에 滿了하지 아니한 때에는 그 存續期間에는 本法의 規定을 適用한다.

第16條【先取特權의 失效】 本法 施行日前에 舊法에 依하여 取得한 先取特權은 本法 施行日로부터 그 效力을 잃는다.

第17條【妻의 財産에 對한 夫의 權利】 本法 施行日前의 婚姻으로 因하여 夫가 妻의 財産을 管理, 使用 또는 收益하는 境遇에도 本法 施行日로부터 夫는 그 權利를 잃는다.

第18條【婚姻, 入養의 無效, 取消에 關한 經過規定】 ①本法 施行日前의 婚姻 또는 入養에 本法에 依하여 無效의 原因이 되는 事由가 있는 때에는 이를 無效로 하고 取消의 原因이 되는 事由가 있는 때에는 本法의 規定에 依하여 이를 取消할 수 있다. 이 境遇에 取消期間이 있는 때에는 그 期間은 本法 施行日로부터 起算한다.

②本法 施行日前의 婚姻 또는 入養에 舊法에 依한 取消의 原因이 되는 事由가 있는 境遇에도 本法의 規定에 依하여 取消의 原因이 되지 아니할 때에는 本法 施行日後에는 이를 取消하지 못한다.

第19條【離婚, 罷養에 關한 經過規定】 ①本法 施行日前의 婚姻 또는 入養에 本法에 依하여 離婚 또는 罷養의 原因이 되는 事由가 있는 때에는 本法의 規定에 依하여 裁判上의 離婚 또는 罷養의 請求를 할 수 있다. 이 境遇에 그 請求期間이 있는 때에는 그 期間은 本法 施行日로부터 起算한다.

②本法 施行日前의 婚姻 또는 入養에 舊法에 依하여 離婚 또는 罷養의 原因이 되는 事由가 있는 境遇에도 本法의 規定에 依하여 離婚 또는 罷養의 原因이 되지 아니하는 때에는 本法 施行日後에는 裁判上의 離婚 또는 罷養의 請求를 하지 못한다.

第20條【親權】 成年에 達한 子는 本法 施行日로부터 親權에 服從하지 아니한다.

第21條【母의 親權行使에 關한 制限의 廢止】 舊法에 依하여 親權者인 母가 親族會의 同意를 要할 事項에 關하여 그 同意없이 未成年者를 代理한 行爲나 未成年者의 行爲에 對한 同意를한 境遇에도 本法 施行日後에는 이를 取消하지 못한다.

第22條【後見人에 關한 經過規定】 ①舊法에 依하여 未成年者 또는 禁治産者에 對한 後見이 開始된 境遇에도 그 後見人의 順位, 選任, 任務 및 缺格에 關한 事項에는 本法 施行日로부터 本法의 規定을 適用한다.

②舊法에 依하여 準禁治産宣告를 받은 者에 對하여도 그 後見에 關한 事項은 前項과 같다.

第23條【保佐人等에 關한 經過規定】 舊法에 依한 保佐人, 後見監督人 및 親族會員은 本法 施行日로부터 그 地位를 잃는다. 그러나 本法 施行日前에 舊法의 規定에 依한 保佐人, 後見監督人 또는 親族會가 行한 同意는 그 效力을 잃지 아니한다.

第24條【扶養義務에 關한 本法適用】 舊法에 依하여 扶養義務가 開始된 境遇에도 그 順位, 選任

및 方法에 關한 事項에는 本法 施行日로부터 本法의 規定을 適用한다.

第25條【相續에 關한 經過規定】 ①本法 施行日前에 開始된 相續에 關하여는 本法 施行日後에도 舊法의 規定을 適用한다.

②失踪宣告로 因하여 戶主 또는 財産相續이 開始되는 境遇에 그 失踪期間이 舊法 施行期間中에 滿了하는때에도 그 失踪이 本法 施行日後에 宣告된 때에는 그 相續順位, 相續分 其他 相續에 關하여는 本法의 規定을 適用한다.

第26條【遺言에 關한 經過規定】 本法 施行日前의 慣習에 依한 遺言이 本法에 規定한 方式에 適合하지 아니한 境遇에라도 遺言者가 本法 施行日로부터 遺言의 效力發生日까지 그 意思表示를 할 수 없는 狀態에 있는 때에는 그 效力을 잃지 아니한다.

第27條【廢止法令】 다음 各號의 法令은 이를 廢止한다.

1. 朝鮮民事令 第1條의 規定에 依하여 依用된 民法, 民法施行法, 年齡計算에關한法律
2. 朝鮮民事令과 同令 第1條에 依하여 依用된 法令中 本法의 規定과 抵觸되는 法條
3. 軍政法令中 本法의 規定과 抵觸되는 法條

第28條【施行日】 本法은 檀紀 4293年 1月 1日부터 施行한다.

附 則 〈제1237호, 1962.12.29〉

本法은 1963年 3月 1日부터 施行한다.

附 則 〈제1250호, 1962.12.31〉

本法은 1963年 1月 1日부터 施行한다.

附 則 〈제1668호, 1964.12.31〉

이 法은 1965年 1月 1日부터 施行한다.

附 則 〈제2200호, 1970.6.18〉

이 法은 公布한 날로부터 施行한다.

附 則 〈제3051호, 1977.12.31〉

①이 法은 公布후 1年이 經過한 날로부터 施行한다.

②이 法은 종전의 法律에 의하여 생긴 效力에 대하여 影響을 미치지 아니한다.

③이 法 施行日전에 婚姻한 者가 20歲에 達한 때에는 그 婚姻이 종전의 法 第808條第1項의 規定에 違反한 때에도 그 取消를 請求할 수 없다.

④이 法 施行日전에 婚姻한 者가 未成年者인 때에는 이 法 施行日로부터 成年者로 한다.

⑤이 法 施行日전에 開始된 相續에 관하여는 이 法 施行日후에도 종전의 規定을 適用한다.

⑥失踪宣告로 인하여 相續이 開始되는 경우에 그 失踪期間이 이 法 施行日後에 滿了된 때에는 그 相續에 관하여 이 法의 規定을 適用한다.

附 則 〈제3723호, 1984.4.10〉

①(施行日) 이 法은 1984年 9月 1日부터 施行한다.

②(經過措置의 原則) 이 法은 특별한 規定이 있는 경우를 제외하고는 이 法 施行전에 생긴 事項에 대하여도 이를 適用한다. 그러나 종전의 規定에 의하여 생긴 效力에는 影響을 미치지 아니한다.

③(失踪宣告에 관한 經過措置) 第27條第2項의 改正規定은 이 法 施行전에 死亡의 原因이 될 危難이 발생한 경우에도 이를 適用한다.

④(傳貰權에 관한 經過措置) 第303條第1項, 第312條第2項・第4項 및 第312條의2의 改正規定은 이 法 施行전에 成立한 傳貰權으로서 이 法 施行당시 存續期間이 3月이상 남아 있는 傳貰權과 存續期間을 정하지 아니한 傳貰權에도 이를 適用한다. 그러나 이 法 施行전에 傳貰金의 增額請求가 있은 경우에는 第312條의2 但書의 改正規定은 이를 適用하지 아니한다.

附則 〈제4199호, 1990.1.13〉

第1條【施行日】 이 法은 1991年 1月 1日부터 施行한다.

第2條【이 法의 效力의 不遡及】 이 法에 특별한 規定이 있는 경우를 제외하고는 이미 舊法(民法중 이 法에 의하여 改正 또는 廢止되는 종전의 條項을 말한다. 이하 같다)에 의하여 생긴 效力에 영향을 미치지 아니한다.

第3條【親族에 관한 經過措置】 舊法에 의하여 親族이었던 者가 이 法에 의하여 親族이 아닌 경우에는 이 法 施行日부터 親族으로서의 地位를 잃는다.

第4條【母와 自己의 出生아닌 子에 관한 經過措置】 이 法 施行日전에 발생한 前妻의 出生子와 繼母 및 그 血族・姻戚사이의 親族關係와 婚姻外의 出生子와 父의 配偶者 및 그 血族・姻戚사이의 親族關係는 이 法 施行日부터 消滅한다.

第5條【約婚의 解除에 관한 經過措置】 ①이 法 施行日전의 約婚에 이 法에 의하여 解除의 原因이 되는 사유가 있는 때에는 이 法의 規定에 의하여 이를 解除할 수 있다.

②이 法 施行日전의 約婚에 舊法에 의하여 解除의 原因이 되는 사유가 있는 경우에도 이 法의 規定에 의하여 解除의 原因이 되지 아니할 때에는 이 法 施行日후에는 解除를 하지 못한다.

第6條【夫婦間의 財産關係에 관한 이 法의 適用】 이 法 施行日전의 婚姻으로 인하여 인정되었던 夫婦間의 財産關係에 관하여는 이 法 施行日부터 이 法의 規定을 適用한다.

第7條【入養의 取消에 관한 經過措置】 이 法 施行日전의 入養에 舊法에 의하여 取消의 原因이 되는 사유가 있는 경우에도 이 法의 規定에 의하여 取消의 原因이 되지 아니할 때에는 이 法 施行日후에는 取消를 請求하지 못한다.

第8條【罷養에 관한 經過措置】 ①이 法 施行日전의 入養에 이 法에 의하여 罷養의 原因이 되는 사유가 있는 때에는 이 法의 規定에 의하여 裁判上 罷養의 請求를 할 수 있다.

②이 法 施行日전의 入養에 舊法에 의하여 罷養의 原因이 되는 사유가 있는 경우에도 이 法의 規定에 의하여 罷養의 原因이 되지 아니할 때에는 이 法 施行日후에는 裁判上 罷養의 請求를 하지 못한다.

第9條【親權에 관한 이 法의 適用】 舊法에 의하여 開始된 親權에 관하여도 이 法 施行日부터 이 法의 規定을 適用한다.

第10條【後見人에 관한 이 法의 適用】 舊法에 의하여 未成年者나 限定治産者 또는 禁治産者에 대한 後見이 開始된 경우에도 그 後見人의 順位 및 選任에 관한 사항에는 이 法 施行日부터 이 法의 規定을 適用한다.

第11條【扶養義務에 관한 이 法의 適用】 舊法에 의하여 扶養義務가 開始된 경우에도 이 法 施行日부터 이 法의 規定을 適用한다.

第12條【相續에 관한 經過措置】 ①이 法 施行日전에 開始된 相續에 관하여는 이 法 施行日후에도 舊法의 規定을 適用한다.

②失踪宣告로 인하여 相續이 開始되는 경우에 그 失踪期間이 舊法施行期間중에 만료되는 때에도 그 失踪이 이 法 施行日후에 宣告된 때에는 相續에 관하여는 이 法의 規定을 適用한다.

第13條 (다른 法令과의 관계) 이 法 施行당시 다른 法令에서 戶主相續 또는 戶主相續人을 引用한 경우에는 戶主承繼 또는 戶主承繼人을, 財産相續 또는 財産相續人을 引用한 경우에는 相續 또는 相續人을 각 引用한 것으로 본다.

附則(국적법) 〈제5431호, 1997.12.13〉

第1條【施行日】 이 法은 公布후 6月이 경과한 날부터 施行한다.

第2條 省略 내지 **第7條** 省略
第8條【다른 法律의 改正】 民法중 다음과 같이 改正한다.
第781條第1項에 但書를 다음과 같이 新設한다.
다만 父가 外國人인 때에는 母의 姓과 本을 따를 수 있고 母家에 入籍한다.

附 則(정부부처명칭등의변경에따른건축법등의정비에관한법률) 〈제5454호, 1997.12.13〉

이 法은 1998年 1月 1日부터 施行한다. 〈但書 省略〉

부 칙 〈제6544호, 2001.12.29〉

이 법은 2002년 7월 1일부터 시행한다.

부 칙 〈제6591호, 2002.1.14〉

①(시행일) 이 법은 공포한 날부터 시행한다.
②(이 법의 효력의 불소급) 이 법은 종전의 규정에 의하여 생긴 효력에 영향을 미치지 아니한다.
③(한정승인에 관한 경과조치) 1998년 5월 27일부터 이 법 시행전까지 상속개시가 있음을 안 자중 상속채무가 상속재산을 초과하는 사실을 중대한 과실없이 제1019조제1항의 기간내에 알지 못하다가 이 법 시행전에 그 사실을 알고도 한정승인 신고를 하지 아니한 자는 이 법 시행일부터 3월내에 제1019조제3항의 개정규정에 의한 한정승인을 할 수 있다. 다만 당해 기간내에 한정승인을 하지 아니한 경우에는 단순승인을 한 것으로 본다.
[2002헌가22, 2002헌바40, 2003헌바19·46(병합), 2004. 1. 29.(2005.12.29 법률 제7765호)]
④(한정승인에 관한 특례) 1998년 5월 27일 전에 상속 개시가 있음을 알았으나 상속채무가 상속재산을 초과하는 사실(이하 "상속채무 초과사실"이라 한다)을 중대한 과실 없이 제1019조제1항의 기간 이내에 알지 못하다가 1998년 5월 27일 이후 상속채무 초과사실을 안 자는 다음 각 호의 구분에 따라 제1019조제3항의 규정에 의한 한정승인을 할 수 있다. 다만 각 호의 기간 이내에 한정승인을 하지 아니한 경우에는 단순승인을 한 것으로 본다. 〈신설 2005.12.29〉
1. 법률 제7765호 민법 일부개정법률(이하 "개정법률"이라 한다) 시행 전에 상속채무 초과사실을 알고도 한정승인을 하지 아니한 자는 개정법률 시행일부터 3월 이내
2. 개정법률 시행 이후 상속채무 초과사실을 알게 된 자는 그 사실을 안 날부터 3월 이내

부 칙 〈제7427호, 2005.3.31〉

제1조【시행일】 이 법은 공포한 날부터 시행한다. 다만 제4편제2장(제778조 내지 제789조, 제791조 및 제793조 내지 제796조), 제826조제3항 및 제4항, 제908조의2 내지 제908조의8, 제963조, 제966조, 제968조, 제4편제8장(제980조 내지 제982조, 제984조 내지 제987조, 제989조 및 제991조 내지 제995조)의 개정규정과 부칙 제7조(제2항 및 제29항을 제외한다)의 규정은 2008년 1월 1일부터 시행한다.
제2조【이 법의 효력의 불소급】 이 법은 종전의 규정에 의하여 생긴 효력에 영향을 미치지 아니한다.
제3조【친생부인의 소에 관한 경과조치】 ①제847조제1항의 개정규정에 의한 기간이 이 법 시행일부터 30일 이내에 만료되는 경우에는 이 법 시행일부터 30일 이내에 친생부인의 소를 제기할 수 있다.
②제847조제1항의 개정규정이 정한 기간을 계산함에 있어서는 1997년 3월 27일부터 이 법 시행일 전일까지의 기간은 이를 산입하지 아니한다.
제4조【혼인의 무효·취소에 관한 경과조치】 이 법 시행 전의 혼인에 종전의 규정에 의하여 혼인의 무효 또는 취소의 원인이 되는 사유가 있는 경우에도 이 법의 규정에 의하여 혼인의 무효

또는 취소의 원인이 되지 아니하는 경우에는 이 법 시행 후에는 혼인의 무효를 주장하거나 취소를 청구하지 못한다.

제5조【친양자에 관한 경과조치】 종전의 규정에 의하여 입양된 자를 친양자로 하려는 자는 제908조의2제1항제1호 내지 제4호의 요건을 갖춘 경우에는 가정법원에 친양자 입양을 청구할 수 있다.

제6조【기간에 관한 경과조치】 이 법에 의하여 기간이 변경된 경우에 이 법 시행당시 종전의 규정에 의한 기간이 경과되지 아니한 때에는 이 법의 개정규정과 종전의 규정 중 그 기간이 장기인 규정을 적용한다.

제7조【다른 법률의 개정】 ①가사소송법 일부를 다음과 같이 개정한다.

제2조제1항 가목(1)제7호를 삭제하고, 동항 나목(1)제4호중 "第781條第3項"을 "제781조제4항"으로 하며, 동목(1)에 제4호의2 및 제4호의3을 각각 다음과 같이 신설하고, 동목(1)제25호를 삭제한다.

4의2. 민법 제781조제5항의 규정에 의한 자의 종전의 성과 본의 계속사용허가

4의3. 민법 제781조제6항의 규정에 의한 자의 성과 본의 변경허가

제2편제4장(제32조 및 제33조)을 삭제한다.

②가사소송법 일부를 다음과 같이 개정한다.

제2조제1항 나목(1)에 제5호의2 및 제7호의2를 각각 다음과 같이 신설한다.

5의2. 민법 제869조 단서의 규정에 의한 후견인의 입양승낙에 대한 허가

7의2. 민법 제899조제2항의 규정에 의한 후견인 또는 생가의 다른 직계존속의 파양협의에 대한 허가

제2조제1항 나목(2)제5호를 다음과 같이 한다.

5. 민법 제909조제4항 및 제6항(혼인의 취소를 원인으로 하는 경우를 포함한다)의 규정에 의한 친권자의 지정과 변경

③가정폭력범죄의처벌등에관한특례법 일부를 다음과 같이 개정한다.

제28조제2항 본문중 "兄弟姉妹와 戶主"를 "형제자매"로 한다.

제33조제4항중 "兄弟姉妹·戶主"를 "형제자매"로 한다.

④감사원법 일부를 다음과 같이 개정한다.

제15조제1항제2호중 "親族·戶主·家族"을 "친족"으로 한다.

⑤검사징계법 일부를 다음과 같이 개정한다.

제17조제1항중 "親族, 戶主, 家族"을 "친족"으로 한다.

⑥공증인법 일부를 다음과 같이 개정한다.

제21조제1호중 "配偶者, 親族 또는 同居의 戶主나 家族"을 "배우자 또는 친족"으로 한다.

제33조제3항제6호중 "親族, 同居의 戶主 또는 家族"을 "친족"으로 한다.

⑦국가인권위원회법 일부를 다음과 같이 개정한다.

제56조제2항중 "친족, 호주 또는 동거의 가족"을 "친족"으로 한다.

⑧국민투표법 일부를 다음과 같이 개정한다.

제56조제1항중 "戶主·世帶主·家族"을 "세대주·가족"으로 한다.

⑨군사법원법 일부를 다음과 같이 개정한다.

제48조제2호중 "親族·戶主·家族"을 "친족"으로 한다.

제59조제2항 및 제66조제1항중 "直系親族·兄弟姉妹 및 戶主"를 각각 "직계친족 및 형제자매"로 한다.

제189조제1호를 다음과 같이 한다.

1. 친족 또는 친족관계가 있었던 자

제238조의2제1항 전단 및 제252조제1항중 "戶主·家族"을 각각 "가족"으로 한다.

제398조제1항중 "兄弟姉妹·戶主"를 "형제자매"로 한다.

⑩민사소송법 일부를 다음과 같이 개정한다.

제41조제2호 및 제314조제1호중 "친족·호주·가족"을 각각 "친족"으로 한다.

⑪민원사무처리에관한법률 일부를 다음과 같이 개정한다.

제23조제1항제2호중 "친족·가족 또는 호주"를 "친족"으로 한다.

⑫밀항단속법 일부를 다음과 같이 개정한다.

제4조제4항중 "同居親族·戶主·家族"을 "동거친족"으로 한다.
⑬범죄인인도법 일부를 다음과 같이 개정한다.
제22조제1항중 "戶主, 家族"을 "가족"으로 한다.
⑭법무사법 일부를 다음과 같이 개정한다.
제17조제1항중 "戶主·家族"을 "가족"으로 한다.
⑮보안관찰법 일부를 다음과 같이 개정한다.
제27조제6항 단서중 "親族·戶主 또는 同居의 家族"을 "친족"으로 한다.
〈16〉부재선고등에관한특별조치법 일부를 다음과 같이 개정한다.
제3조중 "戶主 또는 家族"을 "가족"으로 한다.
〈17〉소송촉진등에관한특례법 일부를 다음과 같이 개정한다.
제27조제1항중 "直系血族·兄弟姉妹 또는 戶主"를 "직계혈족 또는 형제자매"로 한다.
〈18〉소액사건심판법 일부를 다음과 같이 개정한다.
제8조제1항 "直系血族·兄弟姉妹 또는 戶主"를 "직계혈족 또는 형제자매"로 한다.
〈19〉재외공관공증법 일부를 다음과 같이 개정한다.
제8조제2호중 "配偶者·親族 또는 同居의 戶主이거나 家族"을 "배우자·친족"으로 한다.
제19조제4항제5호중 "配偶者·親族, 同居의 戶主 또는 家族"을 "배우자·친족"으로 한다.
〈20〉재외국민취적·호적정정및호적정리에관한특례법 일부를 다음과 같이 개정한다.
제3조제2항 본문중 "死亡·戶主相續"을 "사망"으로 한다.
제4조제2항을 삭제한다.
〈21〉전염병예방법 일부를 다음과 같이 개정한다.
제5조제1호 본문 및 단서중 "戶主 또는 世帶主"를 각각 "세대주"로 하고, 동호 단서중 "家族"을 "세대원"으로 한다.
〈22〉지방세법 일부를 다음과 같이 개정한다.
제196조의3제2항제2호를 삭제한다.
〈23〉특정범죄신고자등보호법 일부를 다음과 같이 개정한다.
제9조제3항중 "直系親族, 兄弟姉妹와 戶主"를 "직계친족과 형제자매"로 한다.
〈24〉특허법 일부를 다음과 같이 개정한다.
제148조제2호중 "親族·戶主·家族"을 "친족"으로 한다.
〈25〉해양사고의조사및심판에관한법률 일부를 다음과 같이 개정한다.
제15조제1항제1호중 "親族·戶主·家族關係"를 "친족관계"로 한다.
제27조제2항중 "直系親族·兄弟姉妹와 戶主"를 "직계친족과 형제자매"로 한다.
〈26〉헌법재판소법 일부를 다음과 같이 개정한다.
제24조제1항제2호중 "親族·戶主·家族"을 "친족"으로 한다.
〈27〉형법 일부를 다음과 같이 개정한다.
제151조제2항 및 제155조제4항중 "親族, 戶主 또는 同居의 家族"을 각각 "친족 또는 동거의 가족"으로 한다.
제328조제1항중 "同居親族, 戶主, 家族"을 "동거친족, 동거가족"으로 한다.
〈28〉형사소송법 일부를 다음과 같이 개정한다.
제17조제2호중 "親族, 戶主, 家族 또는 이러한 關係"를 "친족 또는 친족관계"로 한다.
제29조제1항 및 제30조제2항중 "直系親族, 兄弟姉妹와戶主"를 각각 "직계친족과 형제자매"로 한다.
제148조제1호를 다음과 같이 한다.
1. 친족 또는 친족관계가 있었던 자 제201조의2제1항 전단 및 제214조의2제1항중 "兄弟姉妹, 戶主, 家族이나"를 각각 "형제자매나"로 한다.
제341조제1항중 "兄弟姉妹, 戶主"를 "형제자매"로 한다.
〈29〉호적법 일부를 다음과 같이 개정한다.
제60조제1항제5호를 다음과 같이 한다.

5. 민법 제909조제4항 또는 제5항의 규정에 의하여 친권자가 정하여진 때에는 그 취지와 내용
제79조제1항제6호를 다음과 같이 한다.
6. 민법 제909조제4항 또는 제5항의 규정에 의하여 친권자가 정하여진 때에는 그 취지와 내용
제82조제2항 전단중 "第909條第4項"을 "제909조제4항 내지 제6항"으로, "親權을 행사할 者"를 각각 "친권자"로 한다.

부 칙(채무자 회생 및 파산에 관한 법률) 〈제7428호, 2005.3.31〉

제1조 【시행일】 이 법은 공포 후 1년이 경과한 날부터 시행한다.
제2조 내지 **제4조** 생략
제5조 【다른 법률의 개정】 ①내지 〈38〉생략
〈39〉民法 일부를 다음과 같이 개정한다.
제937조제3호 및 제1098조중 "破産者"를 각각 "파산선고를 받은 자"로 한다.
〈40〉내지 〈145〉생략
제6조 생략

부 칙 〈제7765호, 2005.12.29〉

①(시행일) 이 법은 공포한 날부터 시행한다.
②(한정승인에 관한 경과조치) 이 법의 한정승인에 관한 특례대상에 해당하는 자가 이 법 시행 전에 한정승인 신고를 하여 법원에 계속 중이거나 수리된 경우 그 신고 또는 법원의 수리결정은 효력이 있다.

부 칙(가족관계의 등록 등에 관한 법률) 〈제8435호, 2007.5.17〉

제1조 【시행일】 이 법은 2008년 1월 1일부터 시행한다. 〈단서 생략〉
제2조부터 **제7조**까지 생략
제8조 【다른 법률의 개정】 ①부터 ⑨까지 생략
⑩ 민법 일부를 다음과 같이 개정한다.
제812조제1항 중 "戶籍法"을 "「가족관계의 등록 등에 관한 법률」"로 한다.
제814조제2항 중 "본적지를 관할하는 호적관서"를 "등록기준지를 관할하는 가족관계등록관서"로 한다.
제836조제1항·제859조제1항 및 제878조제1항 중 "戶籍法"을 각각 "「가족관계의 등록 등에 관한 법률」"로 한다.
⑪부터 〈39〉까지 생략
제9조 생략

부 칙 〈제8720호, 2007.12.21〉

제1조 【시행일】 이 법은 공포한 날부터 시행한다. 다만 제97조 및 제161조의 개정규정은 공포 후 3개월이 경과한 날부터 시행하고, 제836조의2, 제837조제2항부터 제6항까지 및 제909조제4항의 개정규정은 공포 후 6개월이 경과한 날부터 시행한다.
제2조 【효력의 불소급】 이 법은 종전의 규정에 따라 생긴 효력에 영향을 미치지 아니한다.
제3조 【경과조치】 ① 이 법 시행 당시 법원에 계속 중인 사건에 관하여는 이 법(제837조의 개정규정을 제외한다)을 적용하지 아니한다.
② 이 법 시행 전의 행위에 대한 과태료의 적용에 있어서는 종전의 규정에 따른다.
③ 이 법 시행 당시 만 16세가 된 여자는 제801조 및 제807조의 개정규정에도 불구하고 약혼 또는 혼인할 수 있다.

特別法

부동산등기법
부동산 실권리자명의 등기에 관한 법률
住宅賃貸借保護法
商街建物賃貸借保護法
가등기담보 등에 관한 법률
失火責任에 關한 法律
보증인 보호를 위한 특별법
신원보증법
이자제한법
약관의 규제에 관한 법률
製造物責任法
가족관계의 등록 등에 관한 법률

부동산등기법

(1960.1.1. 법률 제536호)

제1장 총 칙 〈개정 2008.3.21〉

제1조 【목적】 이 법은 부동산등기(不動産登記)에 관한 사항을 규정함을 목적으로 한다.

제2조 【등기할 사항】 등기는 구분건물(區分建物)의 표시와 다음 각 호의 어느 하나에 해당하는 권리의 설정, 보존, 이전, 변경, 처분의 제한 또는 소멸에 대하여 한다.
1. 소유권(所有權)
2. 지상권(地上權)
3. 지역권(地役權)
4. 전세권(傳貰權)
5. 저당권(抵當權)
6. 권리질권(權利質權)
7. 임차권(賃借權)

제3조 【가등기】 등기(假登記)는 제2조 각 호의 어느 하나에 해당하는 권리의 설정, 이전, 변경 또는 소멸의 청구권(請求權)을 보전(保全)하려는 때에 한다. 그 청구권이 시기부(始期附) 또는 정지조건부(停止條件附)일 경우나 그 밖에 장래에 확정될 것인 경우에도 또한 같다.

제4조 【예고등기】 예고등기(豫告登記)는 등기원인의 무효(無效)나 취소(取消)로 인한 등기의 말소 또는 회복의 소(訴)가 제기된 경우(패소한 원고가 재심의 소를 제기한 경우를 포함한다)에 한다. 그러나 그 무효나 취소로써 선의의 제3자에게 대항할 수 없는 경우에는 그러하지 아니하다.

제5조 【등기한 권리의 순위】 ① 동일한 부동산에 관하여 등기한 권리의 순위는 법률에 다른 규정이 없으면 등기한 순서에 따른다.
② 등기의 순서는 등기용지 중 같은 구(區)에서 한 등기는 순위번호에 따르고, 다른 구에서 한 등기는 접수번호에 따른다.

제6조 【부기등기와 가등기의 순위】 ① 부기등기(附記登記)의 순위는 주등기(主登記)의 순위에 따른다. 그러나 부기등기 상호 간의 순위는 그 등기 순서에 따른다.
② 가등기를 한 경우에 본등기의 순위는 가등기의 순위에 따른다.

제2장 등기소와 등기관 〈개정 2008.3.21〉

제7조 【관할 등기소】 ① 등기할 권리의 목적인 부동산의 소재지를 관할하는 지방법원, 그 지원(支院) 또는 등기소를 관할 등기소로 한다.
② 부동산이 여러 개의 등기소의 관할 구역에 걸쳐 있을 때에는 신청을 받아 그 각 등기소를 관할하는 상급법원의 장이 관할 등기소를 지정한다.

제8조 【관할의 위임】 대법원장은 어느 등기소의 관할에 속하는 사무를 다른 등기소에 위임하게 할 수 있다.

제9조 【관할의 전속】 어느 부동산의 소재지가 다른 등기소의 관할로 바뀌었을 때에는 종전의 관할 등기소는 그 부동산에 관한 등기용지와 부속서류 또는 그 등본을 그 다른 등기소에 이송하여야 한다.

제10조 【등기사무의 정지】 등기소에서 등기사무를 정지할 수밖에 없는 사고가 발생하면 대법원장은 기간을 정하여 그 사무의 정지를 명할 수 있다.

제11조 削除 〈1991.12.14〉

第11條의2 削除 〈1991.12.14〉

제12조 【등기사무의 처리】 등기사무는 지방법원, 그 지원과 등기소에 근무하는 법원서기관·등기사무관·등기주사 또는 등기주사보 중에서 지방법원장(등기소의 사무를 지원장이 관장하는 경우에는 지원장을 말한다. 이하 같다)이 지정한 자{이하 "등기관(登記官)"이라 한다}가 처리한다.

제13조 【등기관의 제척】 ① 등기관은 자기 또는 4촌 이내의 친족이 등기신청인인 때에는 그 등기소에서 소유권등기를 한 성년자로서 4촌 이내의 친족이 아닌 자 2인 이상의 참여가 없으면 등기를 할 수 없다. 친족에 대하여는 친족관계가 끝난 후에도 또한 같다.
② 제1항의 경우에 등기관은 조서를 작성하여 참여인과 같이 서명날인하여야 한다.

제3장 등기에 관한 장부 〈개정 2008.3.21〉

제14조 【등기부의 종류】 ① 등기부는 토지등기부(土地登記簿)와 건물등기부(建物登記簿)의 2종으로 한다.
② 제1항의 등기부는 특별시·광역시와 시에서는 종전의 구획에 따라 별책(別冊)으로 하고 읍·면에서는 읍·면마다 별책으로 한다. 그러나 등기사건이 많은 읍·면에서는 동·리나 그 밖에 종전의 구획에 따라 별책으로 할 수 있다.

제15조 【물적 편성주의】 ① 등기부에는 1필의 토지 또는 1동의 건물에 대하여 1용지(用紙)를 사용한다. 그러나 1동의 건물을 구분한 건물은 1동의 건물에 속하는 전부에 대하여 1용지를 사용한다.
② 동일한 등기소의 관할에 속하는 부동산이 등기부를 분설(分設)한 여러 개의 구획에 걸쳐 있을 때에는 그 1개 구획의 등기부에만 그 부동산에 관한 용지를 사용한다.

제15조의2 【중복등기의 정리】 등기관은 동일한 토지에 관하여 중복하여 등기된 것을 발견한 경우에는 대법원규칙으로 정하는 절차에 따라 중복등기가 되어 있는 등기용지 중 하나는 남겨두고 나머지는 쓰지 못하게 하는 방법으로 정리하여야 한다.

제16조 【등기부의 양식】 ① 등기부는 그 1용지를 등기번호란(登記番號欄), 표제부(表題部)와 갑(甲), 을(乙)의 2구(區)로 나누고, 표제부에는 표시란(表示欄), 표시번호란(表示番號欄)을 두며, 각 구에는 사항란(事項欄), 순위번호란(順位番號欄)을 둔다. 다만 을구는 적을 사항이 없으면 두지 아니할 수 있다.
② 등기번호란에는 각 토지나 각 건물대지의 지번(地番)을 적는다.
③ 표시란에는 토지나 건물의 표시와 그 변경에 관한 사항을 적으며 표시번호란에는 표시란에 등기한 순서를 적는다.

④ 갑구 사항란에는 소유권에 관한 사항을 적는다.
⑤ 을구 사항란에는 소유권 외의 권리에 관한 사항을 적는다.
⑥ 순위번호란에는 사항란에 등기한 순서를 적는다.

제16조의2 **【구분건물의 등기용지】** 제15조제1항 단서에 따른 용지의 경우 표제부 및 각 구는 1동의 건물을 구분한 각 건물마다 둔다.

제16조의3 **【공용부분의 용지】** 「집합건물의 소유 및 관리에 관한 법률」 제3조제2항 및 제3항에 따른 건물의 공용(共用)부분에 관한 용지는 그 표제부만을 둔다.

제17조 **【등기용지에의 날인】** 등기용지에는 지방법원장이 직인(職印)을 찍어야 한다.

제18조 削除 〈1991.12.14〉

제19조 **【신청서 편철부】** 등기부의 전부 또는 일부가 멸실(滅失)한 등기소에는 신청서 편철부(編綴簿)를 갖추어 둔다.

제20조 **【등기부 등의 보존】** 등기부, 공동인명부(共同人名簿)와 도면(圖面)은 영구(永久)히 보존하여야 한다.

제21조 **【등본 또는 초본의 발급, 등기부의 열람】** ① 누구든지 수수료를 내고 대법원규칙으로 정하는 바에 따라 등기부의 열람(閱覽) 또는 그 등본(謄本)이나 초본(抄本)의 발급을 청구할 수 있으며, 등기부의 부속서류는 이해관계 있는 부분에만 열람을 청구할 수 있다.
② 누구든지 수수료를 내고 다음 각 호의 사실에 대한 증명서의 발급을 청구할 수 있다.
1. 등기사항에 변경이 없다는 사실
2. 어떤 사항에 대한 등기가 없다는 사실
3. 등기부의 등본·초본의 기재 사항에 변경이 없다는 사실
③ 누구든지 수수료 외에 우송료를 내고 등기부의 등본·초본 또는 제2항의 증명서의 송부를 청구할 수 있다.
④ 제1항과 제2항에 규정된 수수료의 금액과 면제의 범위는 대법원규칙으로 정한다.

제22조 削除 〈1996.12.30〉

제23조 **【등기부의 이동 금지】** ① 등기부와 그 부속서류는 전쟁, 천재지변, 그 밖에 이에 준하는 사태를 피하기 위한 경우 외에는 등기소 밖으로 옮기지 못한다. 다만 신청서나 그 밖의 부속서류에 대하여 법원의 명령이나 촉탁(囑託)이 있을 때에는 그러하지 아니하다.
② 신청서 편철부에 편철한 서면에 대하여는 제84조제1항에 따른 기재를 마칠 때까지는 제1항 단서를 적용하지 아니한다.

제24조 **【등기부의 멸실】** ① 등기부의 전부 또는 일부가 멸실한 경우에 대법원장은 3개월 이상의 기간을 정하여 그 기간 내에 등기의 회복을 신청하는 자는 그 등기부에서의 종전 순위를 보유한다는 뜻의 고시를 하여야 한다.
② 대법원장은 대법원규칙으로 정하는 바에 따라 제1항에 따른 멸실회복 고시에 관한 권한을 지방법원장에게 위임할 수 있다.

제25조 **【멸실 방지의 처분】** ① 등기부와 그 부속서류가 멸실될 우려가 있을 때에는 대법원장은

필요한 처분을 명할 수 있다.
② 대법원장은 대법원규칙으로 정하는 바에 따라 제1항에 따른 처분명령에 관한 권한을 지방법원장에게 위임할 수 있다.

제26조 **【등기부의 폐쇄】** ① 등기부를 전부 새 등기부에 옮겨 적은 후에는 구 등기부를 폐쇄(閉鎖)한다.
② 폐쇄한 등기부는 영구히 보존하여야 한다.
③ 폐쇄 등기부에는 제14조와 제21조를 준용한다

제4장 등기절차 〈개정 2008.3.21〉

제27조 **【신청주의】** ① 등기는 법률에 다른 규정이 있는 경우 외에는 당사자의 신청 또는 관공서의 촉탁이 없으면 하지 못한다.
② 촉탁에 의한 등기의 절차에 대하여는 법률에 다른 규정이 있는 경우 외에는 신청에 따른 등기에 관한 규정을 준용한다.
③ 등기를 하려는 자는 대법원규칙으로 정하는 바에 따라 수수료를 내야 한다.

제28조 **【등기신청인】** 등기는 등기권리자(登記權利者)와 등기의무자(登記義務者) 또는 대리인(代理人)이 등기소에 출석하여 신청하여야 한다. 다만 대리인이 변호사나 법무사{법무법인 · 법무법인(유한) · 법무조합 또는 법무사합동법인을 포함한다}인 경우에는 대법원규칙으로 정하는 사무원을 등기소에 출석하게 하여 등기를 신청할 수 있다.

제29조 **【판결 · 상속으로 인한 등기신청인】** 판결에 의한 등기는 승소한 등기권리자 또는 등기의무자 단독으로, 상속으로 인한 등기는 등기권리자 단독으로 신청할 수 있다.

제30조 **【법인 아닌 사단 등의 등기신청인】** ① 종중(宗中), 문중(門中), 그 밖에 대표자나 관리인이 있는 법인 아닌 사단(社團)이나 재단(財團)에 속하는 부동산의 등기에 관하여는 그 사단이나 재단을 등기권리자 또는 등기의무자로 한다.
② 제1항의 등기는 그 사단이나 재단의 명의로 그 대표자나 관리인이 신청한다.

제31조 **【등기명의인 변경등기의 신청】** 등기명의인(登記名義人)의 표시(表示)의 변경(變更) 또는 경정(更正)의 등기는 등기명의인 단독으로 신청할 수 있다.

제32조 **【체납처분으로 인한 압류의 등기】** 체납처분(滯納處分)으로 인한 압류(押留)의 등기를 촉탁하는 경우에는 관공서는 등기명의인이나 상속인을 갈음하여 부동산의 표시, 등기명의인의 표시 변경 · 경정 또는 상속으로 인한 권리이전(權利移轉)의 등기를 등기소에 촉탁하여야 한다.

제33조 **【체납처분으로 인한 압류등기】** 제32조의 등기에는 제52조, 제57조제3항, 제68조와 제73조를 준용한다.

제34조 **【공매처분으로 인한 권리이전 등의 등기】** 공매처분(公賣處分)을 한 관공서는 등기권리자의 청구를 받으면 지체 없이 촉탁서에 등기원인을 증명하는 서면을 첨부하여 다음 각 호의 등기를 촉탁하여야 한다.
1. 공매처분으로 인한 권리이전의 등기
2. 공매처분으로 인하여 소멸한 권리등기(權利登記)의 말소

3. 체납처분에 관한 압류등기(押留登記)의 말소

제35조 【국 · 공유부동산에 관한 권리의 등기】 국가나 지방자치단체가 소유한 부동산에 관한 등기는 등기권리자의 청구에 의하여 관공서가 지체 없이 촉탁서에 등기원인을 증명하는 서면을 첨부하여 등기소에 촉탁하여야 한다.

제36조 【국 · 공유부동산에 관하여 취득한 권리의 등기】 ① 관공서가 부동산에 관한 권리를 취득하였을 때에는 지체 없이 촉탁서에 등기원인을 증명하는 서면과 등기의무자의 승낙서를 첨부하여 등기소에 그 등기를 촉탁하여야 한다.
② 관공서가 취득한 부동산에 관한 권리의 변경 · 경정 또는 처분의 제한에 대하여 할 등기는 관공서가 등기권리자일 때에는 직권으로써, 등기의무자일 때에는 등기권리자의 청구에 의하여 그 관공서가 지체 없이 촉탁서에 등기원인을 증명하는 서면을 첨부하여 등기소에 촉탁하여야 한다. 그러나 관공서가 등기권리자일 때에는 등기의무자의 승낙서도 첨부하여야 한다.
③ 관공서가 취득한 부동산에 관한 권리의 소멸의 등기는 등기권리자의 청구에 의하여 그 관공서가 지체 없이 촉탁서에 등기원인을 증명하는 서면을 첨부하여 등기소에 촉탁하여야 한다.

제37조 【가등기】 가등기(假登記)는 신청서에 가등기의무자의 승낙서 또는 가처분명령(假處分命令)의 정본(正本)을 첨부하여 가등기권리자가 신청할 수 있다.

제38조 【가등기가처분】 ① 제37조의 가처분명령은 부동산의 소재지를 관할하는 지방법원이 가등기권리자의 신청으로 가등기원인의 소명이 있는 경우에 한다.
② 제1항의 신청을 각하(却下)한 결정에 대하여는 즉시항고(卽時抗告)를 할 수 있다.
③ 제2항의 즉시항고에 관하여는 「비송사건절차법」을 준용한다.

제39조 【예고등기】 예고등기는 제4조에 규정된 소를 수리(受理)한 법원이 직권으로 지체 없이 촉탁서에 소장(訴狀)의 등본 또는 초본을 첨부하여 등기소에 촉탁하여야 한다.

제40조 【등기신청에 필요한 서면 <개정 2008.3.21>】 ① 등기를 신청할 때에는 다음의 서면을 제출하여야 한다. 〈개정 2008.3.21〉
1. 신청서
2. 등기원인을 증명하는 서면
3. 등기의무자의 권리에 관한 등기필증
4. 등기원인에 대하여 제3자의 허가, 동의 또는 승낙이 필요할 때에는 이를 증명하는 서면
5. 대리인이 등기를 신청할 때에는 그 권한을 증명하는 서면
6. 소유권의 보존 또는 이전의 등기를 신청하는 경우에는 신청인의 주소를 증명하는 서면
7. 법인이 등기권리자인 경우에는 법인등기부 등본 또는 초본, 법인 아닌 사단이나 재단(외국법인으로서 국내에서 법인등기를 마치지 아니한 사단이나 재단을 포함한다. 이하 같다) 또는 외국인이 등기권리자인 경우에는 제41조의2에서 규정하는 부동산등기용 등록번호를 증명하는 서면
8. 소유권의 이전등기를 신청하는 경우에는 토지대장 · 임야대장 · 건축물대장의 등본, 그 밖에 부동산의 표시를 증명하는 서면
9. 매매에 관한 거래계약서를 등기원인을 증명하는 서면으로 하여 소유권이전등기를 신청하는 경우에는 대법원규칙으로 정하는 거래신고필증과 매매목록
② 削除 〈1991.12.14〉
③ 등기원인을 증명하는 서면이 집행력 있는 판결일 때에는 제1항제3호 · 제4호의 서면을 제출할 필요가 없다. 그러나 승소한 등기의무자가 제29조에 따라 등기를 신청하는 경우에는 제1항제3호의 서면을 제출하여야 한다. 〈개정 2008.3.21〉

④ 등기의무자의 권리에 관한 등기가 제68조제1항 각 호의 신청 또는 촉탁에 의한 것일 때에는 제1항제3호의 서면을 갈음하여 제68조제1항에 따른 등기완료의 통지서를 제출하여야 한다. 〈개정 2008.3.21〉

제41조 **【신청서의 기재 사항】** ① 신청서에는 다음 각 호의 사항을 적고 신청인이 이에 기명날인하거나 서명하여야 한다. 다만 대법원규칙으로 정하는 등기의 경우에는 그 기재 사항 중 일부를 생략할 수 있다.
1. 부동산의 소재와 지번
2. 지목(地目)과 면적
3. 신청인의 성명 또는 명칭과 주소
4. 대리인이 등기를 신청할 때에는 그 성명, 주소
5. 등기원인과 그 연월일
6. 등기의 목적
7. 등기소의 표시
8. 연월일
9. 매매에 관한 거래계약서를 등기원인을 증명하는 서면으로 하여 소유권이전등기를 신청하는 경우에는 제40조제1항제9호에 따른 서면에 적힌 거래가액

② 제1항제3호에 따라 등기권리자의 성명 또는 명칭을 적을 때에는 등기권리자의 주민등록번호를 함께 적어야 한다. 이 경우 등기권리자에게 주민등록번호가 없을 때에는 제41조의2에 따른 부동산등기용 등록번호를 함께 적어야 한다.
③ 제30조에 따른 등기를 신청할 때에는 법인 아닌 사단이나 재단의 대표자나 관리인의 성명과 주소를 적는 것 외에 그의 주민등록번호를 함께 적어야 한다.

제41조의2 **【등록번호의 부여 절차】** ① 등기권리자의 성명 또는 명칭과 함께 적어야 할 부동산등기용 등록번호(이하 "등록번호"라 한다)는 다음 각 호의 방법에 따라 부여한다.
1. 국가 · 지방자치단체 · 국제기관 · 외국정부에 대한 등록번호는 국토해양부장관이 지정 · 고시한다.
2. 주민등록번호가 없는 재외국민에 대한 등록번호는 대법원 소재지 관할 등기소의 등기관이 부여하고, 법인에 대한 등록번호는 주된 사무소(회사의 경우에는 본점, 외국회사의 경우에는 국내 영업소를 말한다) 소재지 관할 등기소의 등기관이 부여한다.
3. 법인 아닌 사단이나 재단에 대한 등록번호는 시장(구가 설치되어 있는 시에서는 구청장) · 군수가 부여한다.
4. 외국인에 대한 등록번호는 체류지(국내에 체류지가 없는 경우에는 대법원 소재지에 체류지가 있는 것으로 본다)를 관할하는 출입국관리사무소장이나 출입국관리사무소출장소장이 부여한다.

② 제1항제2호에 따른 등록번호의 부여 절차는 대법원규칙으로 정하고, 제1항제3호 및 제4호에 따른 등록번호의 부여 절차는 대통령령으로 정한다.

제42조 **【건물의 경우】** ① 등기할 권리의 목적이 건물이면 신청서에 제41조제1항제1호 및 제3호부터 제8호까지의 사항 외에 그 종류, 구조와 면적을 적고 1필지 또는 여러 필지 위에 여러 개의 건물이 있으면 그 번호를 적으며, 부속건물이 있으면 그 종류, 구조와 면적을 적어야 한다.
② 제1항의 경우에 건물이 1동의 건물을 구분한 것이면 그 1동의 건물의 소재 · 지번 · 종류와 구조 및 면적을 적고 1필지 또는 여러 필지 위에 여러 동의 건물이 있으면 그 번호를 적어야 한다. 다만 제41조제1항제1호의 사항은 적지 아니한다.
③ 제2항의 경우에 신청서에 1동의 건물의 번호를 적을 때에는 건물의 표시에 관한 등기 또는 소유권보존(所有權保存)의 등기를 신청하는 경우 외에는 1동의 건물의 구조와 면적을 적지 아니한다.

④ 제2항의 경우에 구분건물에 「집합건물의 소유 및 관리에 관한 법률」 제2조제6호의 대지사용권(垈地使用權)으로서 건물과 분리하여 처분할 수 없는 것[이하 "대지권(垈地權)"이라 한다]이 있을 때에는 신청서에 그 권리의 표시를 적어야 한다.
⑤ 제4항에 따라 신청을 할 때 다음 각 호의 어느 하나에 해당되는 경우에는 신청서에 해당 규약이나 공정증서(公正證書)를 첨부하여야 한다.
1. 대지권의 목적인 토지가 「집합건물의 소유 및 관리에 관한 법률」 제4조에 따른 건물의 대지일 경우
2. 각 구분소유자가 가지는 대지권의 비율이 「집합건물의 소유 및 관리에 관한 법률」 제21조제1항 단서 및 제2항에 따른 비율인 경우
3. 건물의 소유자가 그 건물이 속하는 1동의 건물이 있는 「집합건물의 소유 및 관리에 관한 법률」 제2조제5호에 따른 건물의 대지에 대하여 가지는 대지사용권이 대지권이 아닌 경우
⑥ 제4항의 경우에 대지권의 목적인 토지가 다른 등기소의 관할일 때에는 신청서에 그 등기부의 등본을 첨부하여야 한다.

제43조 **【환매특약이 있는 경우】** 환매특약(還買特約)의 등기를 신청하는 경우에는 신청서에 매수인이 지급한 대금 및 매매비용을 적고, 등기원인에 환매기간이 정하여져 있으면 환매기간을 적어야 한다.

제43조의2 **【권리소멸의 약정이 있는 경우】** 등기원인에 등기의 목적인 권리의 소멸에 관한 약정이 있을 때에는 신청서에 그 약정 사항을 적어야 한다.

제44조 **【등기권리자가 2인 이상인 경우】** ① 등기권리자가 2인 이상인 경우에는 신청서에 그 지분(持分)을 적어야 한다.
② 제1항의 경우에 등기할 권리가 합유(合有)인 경우에는 신청서에 그 뜻을 적어야 한다.

제45조 **【등기원인증서가 없는 경우】** 등기원인을 증명하는 서면이 처음부터 없거나 그 서면을 제출할 수 없는 경우에는 신청서의 부본(副本)을 제출하여야 한다.

제46조 **【상속의 경우】** 등기원인이 상속인 경우에는 신청서에 상속을 증명하는 시·구·읍·면의 장의 서면 또는 이를 증명할 수 있는 서면을 첨부하여야 한다.

제47조 **【상속인의 신청】** 신청인이 등기권리자나 등기의무자의 상속인인 경우에는 신청서에 그 신분을 증명하는 시·구·읍·면의 장의 서면 또는 이를 증명할 수 있는 서면을 첨부하여야 한다.

제48조 **【명의인 표시의 변경, 경정】** ① 등기명의인의 표시의 변경 또는 경정의 등기를 신청하는 경우에는 신청서에 그 표시의 변경 또는 경정을 증명하는 시·구·읍·면의 장의 서면 또는 이를 증명할 수 있는 서면을 첨부하여야 한다.
② 소유권이전등기를 신청할 때 등기명의인의 주소 변경으로 신청서상의 등기의무자 표시가 등기부와 일치하지 아니한 경우에 그 등기신청시 제출한 시·구·읍·면의 장이 발행한 주소를 증명하는 서면에 등기의무자의 등기부상 주소가 신청서상의 주소로 변경된 사실이 명백히 나타날 때에는 등기관이 직권으로 등기명의인 표시의 변경등기(變更登記)를 하여야 한다.

제48조의2 **【국유부동산의 관리청 명칭 변경등기】** 국유재산(國有財產)의 관리전환 등에 의하여 그 관리청이 변경되었을 때에는 새로 관리하게 되는 관서가 지체 없이 관리청이 변경된 사실을 증명하는 서면을 첨부하여 등기명의인 표시의 변경등기를 등기소에 촉탁하여야 한다. 〈개정 2009.1.30〉

제49조 【등기필증 멸실의 경우】 ① 등기의무자의 권리에 관한 등기필증 또는 제68조에 따른 등기완료의 통지서가 멸실된 경우에는 등기의무자 또는 그 법정대리인이 등기소에 출석하여야 한다. 다만 위임에 의한 대리인(변호사나 법무사만을 말한다)이 신청서상의 등기의무자 또는 그 법정대리인으로부터 위임받았음을 확인하는 서면 2통을 신청서에 첨부하거나 신청서(위임에 의한 대리인이 신청하는 경우에는 그 권한을 증명하는 서면) 중 등기의무자의 작성부분에 관하여 공증(公證)을 받고 그 부본 1통을 신청서에 첨부하였을 때에는 그러하지 아니하다.
② 제1항 본문의 경우에 등기관은 주민등록증, 여권, 그 밖에 대법원규칙으로 정하는 증명서에 의하여 본인인지를 확인하고, 그 증명서의 사본을 첨부한 조서를 작성하여 이에 기명날인하여야 한다.
③ 위임에 의한 대리인이 제1항 단서의 확인서면(確認書面)을 작성하는 경우에는 제2항을 준용한다.

第49條의2 削除 〈1985.9.14〉

제50조 【제3자의 허가, 동의 또는 승낙】 신청서에 제3자의 허가, 동의 또는 승낙 등을 증명하는 서면을 첨부하여야 할 경우에는 그 제3자로 하여금 신청서에 기명날인하게 하여 그 서면을 갈음할 수 있다.

제51조 【여러 개의 부동산에 대한 일괄신청】 동일한 등기소의 관할 내에 있는 여러 개의 부동산에 관한 등기를 신청하는 경우에는 등기원인과 그 등기의 목적이 동일할 때에만 동일한 신청서로 등기를 신청할 수 있다.

제52조 【채권자대위권에 의한 등기】 채권자가 「민법」 제404조에 따라 채무자를 대위(代位)하여 등기를 신청할 때에는 신청서에 채권자와 채무자의 성명 또는 명칭, 주소 또는 사무소와 대위원인을 적고 대위원인을 증명하는 서면을 첨부하여야 한다.

제53조 【신청서의 접수】 ① 등기관이 신청서를 받았을 때에는 접수장에 등기의 목적, 신청인의 성명 또는 명칭, 접수연월일과 접수번호를 적고 신청서에 접수연월일과 접수번호를 적어야 한다. 다만 동일한 부동산에 관하여 동시에 여러 개의 신청을 받으면 동일한 접수번호를 적어야 한다.
② 신청서나 그 밖의 서면의 수령증에는 접수연월일과 접수번호를 적고 이를 신청인에게 내주어야 한다.

제54조 【등기의 순서】 등기관은 접수번호의 순서에 따라 등기를 하여야 한다.

제55조 【신청의 각하】 등기관은 다음 각 호의 어느 하나에 해당하는 경우에만 이유를 적은 결정으로써 신청을 각하하여야 한다. 그러나 신청의 잘못된 부분이 보정(補正)될 수 있는 경우에 신청인이 당일 이를 보정하였을 때에는 그러하지 아니하다.
1. 사건이 그 등기소의 관할이 아닌 경우
2. 사건이 등기할 것이 아닌 경우
3. 당사자나 그 대리인이 출석하지 아니한 경우
4. 신청서가 방식에 맞지 아니한 경우
5. 신청서에 적힌 부동산 또는 등기의 목적인 권리의 표시가 등기부와 일치하지 아니한 경우
6. 제47조에 따른 서면을 제출한 경우 외에 신청서에 적힌 등기의무자의 표시가 등기부와 일치하지 아니한 경우
7. 신청서에 적힌 사항이 등기원인을 증명하는 서면과 일치하지 아니한 경우
8. 신청서에 필요한 서면 또는 도면을 첨부하지 아니한 경우

9. 등록세 또는 제27조제3항에 따른 수수료를 내지 아니하거나 등기신청과 관련하여 다른 법률에 따라 부과된 의무를 이행하지 아니한 경우
10. 제90조, 제101조, 제130조제1호 또는 제131조제1호에 따라 등기를 신청하는 경우에 신청서에 적은 사항이 토지대장 · 임야대장 또는 건축물대장과 일치하지 아니한 경우
11. 등기의 신청이 제56조를 위반한 경우
12. 1동의 건물을 구분한 건물의 등기신청에서 그 구분소유권(區分所有權)의 목적인 건물의 표시에 관한 사항이 등기관의 조사 결과 「집합건물의 소유 및 관리에 관한 법률」 제1조 또는 제1조의2와 맞지 아니한 경우
13. 등기의 신청이 제170조제4항을 위반한 경우

제56조 【등기부와 대장의 표시의 불일치】 ① 등기부에 적힌 부동산의 표시가 토지대장 · 임야대장 또는 건축물대장과 일치하지 아니하는 경우에는 그 부동산 소유권의 등기명의인은 부동산 표시의 변경등기를 하지 아니하면 그 부동산에 대하여 다른 등기를 신청할 수 없다.
② 등기부에 적힌 등기명의인의 표시가 토지대장 · 임야대장 또는 건축물대장과 일치하지 아니하는 경우에는 그 등기명의인은 등록명의인 표시의 변경등록을 하지 아니하면 해당 부동산에 대하여 다른 등기를 신청할 수 없다.
③ 제55조제12호의 경우에는 등기관은 그 사유를 지체 없이 건축물대장 소관청에 통지하여야 한다.

제56조의2 【등기관의 조사권】 ① 등기관은 1동의 건물을 구분한 건물에 관한 등기신청을 받은 경우에 필요하면 그 건물의 표시에 관한 사항을 조사할 수 있다.
② 제1항의 조사를 할 때 필요하면 그 건물을 조사하고 건물의 소유자나 그 밖의 관계인에게 문서의 제시 요구와 질문을 할 수 있다. 이 경우 해당 공무원은 그 권한을 표시하는 증표를 지니고 이를 관계인에게 내보여야 한다.

제57조 【등기의 기재 사항】 표시란에 등기를 할 때에는 신청서의 접수연월일, 신청서에 적힌 사항으로서 부동산의 표시에 관한 사항을 적어야 하며 구분건물에 대지권이 있을 때에는 그 권리의 표시에 관한 사항을 적고 등기관이 날인하여야 한다.
② 사항란에 등기를 할 때에는 신청서의 접수연월일, 접수번호, 등기권리자의 성명 또는 명칭, 주소 또는 사무소 소재지, 등기원인과 그 연월일, 등기의 목적, 그 밖에 신청서에 적힌 사항으로서 등기할 권리에 관한 것을 적고, 등기권리자가 법인이 아닌 사단이나 재단인 경우에는 그 대표자나 관리인의 성명과 주소를 함께 적으며, 등기관이 날인하여야 한다. 이 경우 등기권리자의 성명 또는 명칭을 적을 때에는 제41조제2항을 준용하고, 법인이 아닌 사단이나 재단의 대표자나 관리인의 성명과 주소를 함께 적을 때에는 제41조제3항을 준용한다.
③ 제52조의 채권자대위권에 의한 등기신청을 받아 등기를 할 때에는 제2항에 규정된 것 외에 사항란에 채권자의 성명 또는 명칭, 주소 또는 사무소와 대위원인을 적어야 한다.
④ 매매에 관한 거래계약서를 등기원인을 증명하는 서면으로 하여 소유권이전등기를 하는 경우에는 제40조제1항제9호에 따른 서면에 적힌 거래가액을 갑구의 권리자 및 기타사항란에 적어야 한다.

제57조의2 【대지권이 있다는 취지의 등기】 ① 건물의 등기용지에 대지권의 등기를 한 경우에는 그 권리의 목적인 토지의 등기용지 중 해당 구 사항란에 대지권이 있다는 뜻을 등기하여야 한다.
② 제1항의 등기를 하는 경우에는 어느 권리가 대지권인 뜻과 그 대지권을 등기한 1동의 건물을 표시할 수 있는 사항 및 그 연월일을 적고 등기관이 날인하여야 한다.
③ 대지권의 목적인 토지가 다른 등기소의 관할인 경우에는 그 등기소에 지체 없이 제2항에 따라 등기할 사항을 통지하여야 한다.
④ 제3항의 통지를 받은 등기소는 대지권의 목적인 토지의 등기용지 중 해당 구 사항란에 통지

받은 사항을 등기하여야 한다.

제57조의3 【대지사용권의 취득】 ① 「집합건물의 소유 및 관리에 관한 법률」 제1조 또는 제1조의2에 규정된 건물을 건축한 자가 대지사용권을 가지고 있는 경우에 대지권에 관한 등기를 하지 아니하고 구분건물에 관하여만 소유권이전등기를 마쳤을 때에는 현재의 구분소유자와 공동으로 대지사용권에 관한 이전등기를 신청할 수 있다.
② 제1항의 신청에는 제40조제1항제2호 및 제6호를 적용하지 아니한다.
③ 구분건물을 건축하여 양도한 자가 그 건물의 대지사용권을 나중에 취득하여 이전하기로 약정한 경우에는 제1항과 제2항을 준용한다.
④ 제1항과 제3항에 따른 등기는 대지권에 관한 등기와 동시에 신청하여야 한다.

제58조 【공동인명부의 기재】 ① 등기권리자가 2인 이상일 때에는 신청서에 첫 번째 적힌 사람의 성명 또는 명칭, 주소 또는 사무소 소재지, 주민등록번호 또는 제41조의2에 따른 등록번호와 그 밖의 인원을 등기용지에 적고, 등기권리자의 성명 또는 명칭, 주소 또는 사무소 소재지와 주민등록번호 또는 제41조의2에 따른 등록번호를 공동인명부에 적을 수 있다.
② 등기의무자의 성명 또는 명칭, 주소 또는 사무소 소재지를 등기용지에 적어야 할 경우 등기의무자가 2인 이상일 때에는 제1항을 준용한다.

제59조 【번호의 기재】 표시란에 등기를 할 때에는 표시번호란에 번호를 적고, 사항란에 등기를 할 때에는 순위번호란에 번호를 적어야 한다.

제60조 【부기등기의 번호 기재】 부기에 의한 등기의 순위번호를 적을 때에는 주등기의 번호를 사용하고 그 번호의 아래쪽에 부기호수를 적어야 한다.

제61조 【가등기의 기재】 가등기는 등기용지 중 해당 구 사항란에 적고 그 아래쪽에 여백을 두어야 한다.

제62조 【가등기 후의 본등기의 기재】 가등기를 한 후 본등기(本登記)의 신청이 있을 때에는 가등기의 아래쪽 여백에 적어야 한다.

제63조 【권리변경등기의 신청】 권리변경등기에 관하여 등기상 이해관계 있는 제3자가 있는 경우에는 신청서에 그 승낙서 또는 이에 대항할 수 있는 재판의 등본을 첨부하였을 때에만 부기에 의하여 그 등기를 한다.

제64조 【권리변경등기의 기재】 권리변경등기를 하였을 때에는 변경 전의 등기사항을 붉은 선으로 지워야 한다.

제64조의2 【환매등기 등의 기재】 ① 환매특약(還買特約)의 등기는 매수인의 권리취득의 등기에 부기한다.
② 환매에 의한 권리취득(權利取得)의 등기를 하였을 때에는 제1항의 등기를 말소하여야 한다.
③ 등기의 목적인 권리의 소멸에 관한 약정의 등기에 관하여는 제1항과 제2항을 준용한다.

제65조 【등기명의인의 변경등기의 기재】 ① 등기명의인의 표시의 변경 또는 경정의 등기는 부기에 의하여 한다.
② 제1항의 등기를 한 경우에는 변경 또는 경정 전의 표시를 붉은 선으로 지워야 한다.

제66조 【행정구역의 변경】 행정구역 또는 그 명칭이 변경되었을 때에는 등기부에 적은 행정구역 또는 그 명칭은 변경된 것으로 본다. 행정구역 아닌 종선의 구획 또는 그 명칭이 변경되있을 때에도 같다.

제67조 【등기필증의 발급】 ① 등기관이 등기를 마쳤을 때에는 등기원인을 증명하는 서면 또는 신청서의 부본에 신청서의 접수연월일, 접수번호, 순위번호와 등기완료의 뜻을 적고 등기소인을 찍어 이를 등기권리자에게 발급하여야 한다.
② 신청서에 첨부한 등기필증, 제49조제1항 단서에 따른 확인서면 중 1통이나 공증서면(公證書面)의 부본 또는 같은 조제2항에 따른 조서의 등본에는 등기완료의 뜻을 적고 등기소인을 찍어 이를 등기의무자에게 반환하거나 발급하여야 한다. 그러나 등기명의인이 2인 이상인 경우에 그 일부가 등기의무자이면 등기의무자의 성명 또는 명칭도 적어야 한다.

제68조 【등기완료의 통지 등】 ① 다음 각 호의 경우에 등기관이 등기를 마쳤을 때에는 등기권리자에게 그 사실을 알려야 한다.
1. 제29조에 따른 승소한 등기의무자의 등기신청
2. 제52조에 따른 대위채권자(代位債權者)의 등기신청
3. 제134조에 따른 소유권 처분제한의 등기촉탁(登記囑託)
② 제1항제1호 또는 제2호의 경우에는 승소한 등기의무자 또는 대위채권자(代位債權者)에게 제67조제1항의 서류를 발급하여야 한다.

제68조의2 【등기완료의 통지】 등기관은 다음 각 호의 등기를 하였을 때에는 지체 없이 그 사실을 토지의 경우에는 지적공부(地籍公簿) 소관청에, 건물의 경우에는 건축물대장 소관청에 알려야 한다.
1. 소유권의 보존 또는 이전
2. 소유권의 등기명의인 표시의 변경 또는 경정
3. 소유권의 변경 또는 경정
4. 소유권의 말소 또는 말소회복

제68조의3 【과세자료의 송부】 등기관은 소유권의 보존 또는 이전의 등기(가등기를 포함한다)를 하였을 때에는 지체 없이 그 신청서의 부본을 부동산 소재지 관할 세무서장에게 송부하여야 한다.

제69조 【등기필증 멸실시의 등기의무자에 대한 통지】 제49조의 경우에 등기관이 등기를 마쳤을 때에는 부동산의 표시, 등기원인과 그 연월일, 등기권리자의 성명 또는 명칭, 주소 또는 사무소, 등기의 목적과 등기완료의 뜻을 등기의무자에게 알려야 한다. 그러나 등기의무자가 2인 이상인 경우에는 그 중 1인에게 알리면 된다.

제70조 【촉탁등기한 경우의 등기필증의 발급】 관공서가 등기권리자를 위하여 등기를 촉탁한 경우에 등기소로부터 등기필증을 발급받았을 때에는 지체 없이 이를 등기권리자에게 내주어야 한다.

제71조 【착오 또는 유루의 통지】 등기관이 등기를 마친 후 그 등기에 착오(錯誤)나 빠진 부분이 있음을 발견하였을 때에는 지체 없이 그 사실을 등기권리자와 등기의무자에게 통지하여야 한다. 그러나 등기권리자나 등기의무자가 2인 이상인 경우에는 그 중 1인에게 통지하면 된다.

제72조 【직권에 의한 등기의 경정】 ① 등기관은 등기의 착오나 빠진 부분이 등기관의 잘못으로 인한 것임을 발견한 경우에는 지체 없이 경정하여야 한다. 다만 등기상 이해관계 있는 제3자가 있는 경우에는 그러하지 아니하다.

② 등기관은 제1항 본문에 따른 경정등기를 하였을 때에는 그 뜻을 지방법원장에게 보고하고, 등기권리자와 등기의무자에게 알려야 한다. 이 경우 등기권리자나 등기의무자가 2인 이상인 경우에는 그 중 1인에게 알릴 수 있다.
③ 제1항 본문의 경우에는 제71조에 따른 통지는 필요하지 아니하다.

제73조【등기 경정의 통지】 제52조의 채권자대위권에 의한 등기의 경우에는 채권자에게도 제71조와 제72조의 통지를 하여야 한다.

제74조【경정등기의 기재 등】 등기사항의 일부에 대하여 등기의 경정을 하는 경우에 제63조와 제64조를 준용한다.

제75조【회복등기의 신청】 말소된 등기의 회복(回復)을 신청하는 경우에 등기상 이해관계가 있는 제3자가 있을 때에는 신청서에 그 승낙서 또는 이에 대항할 수 있는 재판의 등본을 첨부하여야 한다.

제76조【회복등기】 등기회복의 신청을 받아 등기를 회복할 때에는 회복의 등기를 한 후 다시 말소된 등기와 동일한 등기를 하여야 한다. 다만 등기사항의 일부만이 말소된 것일 때에는 부기에 의하여 다시 그 사항을 등기하여야 한다.

제77조 削除 〈1991.12.14〉

第78條 削除 〈1991.12.14〉

제79조【멸실한 등기부의 회복등기】 제24조에 따른 등기부 멸실의 경우에는 등기권리자 단독으로 등기의 회복을 신청할 수 있다.

제80조【멸실한 등기부의 회복등기】 제79조의 신청을 하는 경우에는 신청서에 종전 등기의 순위번호, 신청서 접수연월일, 접수번호를 적고 종전 등기의 등기필증을 첨부하여야 한다.

제81조【멸실한 등기부의 회복등기】 ① 제79조의 신청을 받아 등기를 할 때에는 등기용지 중 등기번호란에 해당 토지의 지번 또는 건물대지의 지번을 적고 표시란에 부동산의 표시를 하고 해당 구 순위번호란에 종전 등기의 번호를 적고 사항란에 종전 등기의 신청서 접수연월일과 접수번호를 적어야 한다.
② 등기관은 회복의 등기를 하는 경우에 종전 등기에 대하여 직권으로 적은 사항이 있음을 발견하였을 때에는 회복등기에 그 사항도 적어야 한다.

제82조【신청서 편철부의 편철】 ① 제24조에 따라 정한 기간 중에 접수한 새 등기의 신청서, 통지서와 허가서는 접수번호의 순서에 따라 신청서 편철부에 편철하여야 한다.
② 제1항에 따라 편철하였을 때에는 등기할 사항에 관하여는 그 편철시에 등기 있는 것과 동일한 효력이 있다.

제83조【편철필증】 ① 등기관이 제82조제1항에 따른 편철을 마친 경우에는 제67조부터 제70조까지의 규정을 준용한다.
② 신청서에 등기필증을 첨부하여야 할 경우에는 제1항에 따른 편철필증을 첨부함으로써 갈음할 수 있다.

제84조 【신청서 편철부에 따른 등기부 기재】 ① 제24조에 따라 정한 기간이 끝나면 지체 없이 제82조제1항의 서면에 따라서 등기부에 적어야 한다.
② 제1항의 경우에는 표시란과 사항란에 한 등기의 끝부분에 제82조제1항의 서면에 따라서 등기를 한 뜻과 그 연월일을 적고 등기관이 날인하여야 한다.

제85조 【등기필증의 발급】 ① 제84조제1항에 따라 등기부에 적은 때에는 당사자에 대하여 등기필증을 발급한다는 뜻을 알려야 하고 회복한 등기와 같은 항에 따라 적은 등기가 일치하지 아니할 때에는 동시에 그 뜻도 알려야 한다.
② 당사자가 등기필증의 발급을 신청하는 경우에는 제83조제1항에 따른 편철필증을 제출하여야 한다.
③ 제2항의 신청을 받은 경우에는 제67조를 준용한다.

제86조 【새 등기용지에의 이기】 ① 등기용지의 장수가 많아 취급하기에 불편하게 된 경우에는 그 등기를 새 등기용지에 옮겨 적을 수 있다.
② 제1항의 경우에는 표제부 및 사항란에 옮겨 적은 등기의 끝부분에 제1항에 따른 등기를 옮겨 적은 뜻 및 그 연월일을 적고, 등기관이 날인하여야 한다.
③ 제1항에 따라 등기를 옮겨 적은 후에는 종전 등기용지를 폐쇄하여야 한다.
④ 표제부 또는 각 구(區)의 장수가 많아 취급하기에 불편하게 된 경우에는 제1항과 제2항을 준용한다.
⑤ 제4항에 따라 등기를 옮겨 적은 후에는 종전 표제부 또는 각 구의 용지는 폐쇄한 등기용지로 본다.

제87조 【등기의 이기 · 전사】 등기를 옮겨 적거나 전사(轉寫: 옮겨 베낌)하는 경우에는 현재 효력 있는 등기만을 옮겨 적거나 전사하여야 한다. 그러나 제94조제1항의 경우에 토지 중 일부에 관한 등기의 말소 또는 회복을 위하여 분필(分筆)의 등기를 할 때에는 그 등기의 말소 또는 회복에 필요한 범위에서 해당 부분에 관한 소유권과 그 밖의 권리에 관한 등기를 모두 전사하여야 한다.

제88조 【문자 기재 등의 방식 <개정 2008.3.21>】 ① 등기를 하거나 신청서나 그 밖에 등기에 관한 서면을 작성할 때에는 자획(字劃)을 분명히 하여야 한다. 〈개정 2008.3.21〉
② 削除 〈1985.9.14〉
③ 문자는 변경할 수 없다. 다만 정정, 삽입 또는 삭제를 한 경우에는 그 글자 수를 난외(欄外)에 적으며 문자의 앞뒤에 괄호를 붙이고 이에 날인하여야 하며, 삭제한 문자는 해독할 수 있게 글자체를 남겨두어야 한다. 〈개정 2008.3.21〉

제2절 소유권에 관한 등기절차 〈개정 2008.3.21〉

제89조 【소유권의 일부이전】 소유권 일부이전의 등기를 신청하는 경우에는 신청서에 그 지분을 표시하고 만일 등기원인에 「민법」 제268조제1항 단서의 약정이 있을 때에는 이를 적어야 한다.

제90조 【토지의 멸실 등】 토지의 분합(分合), 멸실, 면적의 증감 또는 지목의 변경이 있을 때에는 그 토지 소유권의 등기명의인은 1개월 이내에 그 등기를 신청하여야 한다.

제90조의2 【표시변경의 직권등기】 ① 등기소가 지적공부 소관청으로부터 「지적법」 제36조제3항 후단에 따른 통지를 받은 경우에 제90조의 기간 내에 등기신청이 없을 때에는 등기관은 직권으로 등기용지 중 표시란에 그 통지서의 기재 내용에 따른 변경등기를 하여야 한다.

② 제1항의 등기를 하였을 때에는 등기소는 지체 없이 그 뜻을 지적공부 소관청과 소유권의 등기명의인에게 알려야 한다.
③ 제1항의 경우에는 제71조 단서를 준용한다.

제90조의3 【토지 합필의 제한】 ① 소유권 · 지상권 · 전세권 · 임차권 및 승역지(承役地: 편익제공지)에 관하여 하는 지역권의 등기 외의 권리에 관한 등기가 있는 토지에 대하여는 합필(合筆)의 등기를 할 수 없다. 그러나 모든 토지에 대하여 등기원인 및 그 연월일과 접수번호가 동일한 저당권에 관한 등기가 있는 경우에는 그러하지 아니하다
② 제1항을 위반한 등기의 신청을 각하하였을 때에는 등기관은 지체 없이 그 사유를 지적공부 소관청에 알려야 한다.

제90조의4 【토지 합필의 특례】 ① 「지적법」에 따른 토지합병 절차를 마친 후 합필등기(合筆登記)를 하기 전에 합병토지의 일부에 관하여 소유권이전등기가 된 경우라 하더라도 해당 토지의 소유자들은 이해관계인의 승낙서를 첨부하여 합필 후의 토지를 공유로 하는 합필등기를 공동으로 신청할 수 있다.
② 「지적법」에 따른 토지합병 절차를 마친 후 합필등기를 하기 전에 합병토지의 일부에 관하여 제90조의3제1항에서 정한 합필등기의 제한 사유에 해당하는 권리에 관한 등기가 된 경우라 하더라도 해당 토지의 소유자는 이해관계인의 승낙서를 첨부하여 그 권리의 목적물을 합필 후의 토지에 관한 지분으로 하는 합필등기를 신청할 수 있다. 다만 요역지(要役地: 편익필요지)에 하는 지역권의 등기가 있는 경우에는 합필 후의 토지 전체를 위한 지역권으로 하는 합필등기를 신청하여야 한다.

제91조 【토지 멸실 등의 등기신청】 제90조에 따라 등기를 신청하는 경우에는 신청서에 토지의 분합, 멸실, 증감된 면적과 현재의 면적 또는 새 지목을 적고 토지대장등본이나 임야대장등본을 첨부하여야 한다.

제91조의2 【토지 분필의 등기신청】 1필의 토지 일부에 지상권 · 전세권 · 임차권이나 승역지에 관하여 하는 지역권의 등기가 있는 경우에 그 토지의 분필등기(分筆登記)를 신청할 때에는 신청서에 권리가 존속할 토지를 적고, 이를 증명하는 권리자의 서면을 첨부하여야 한다. 이 경우 그 권리가 토지의 일부에 존속할 때에는 신청서에 그 토지 부분을 적고 그 부분을 표시한 도면을 첨부하여야 한다.

제92조 削除 〈1983.12.31〉

제93조 【토지의 분필】 ① 갑지를 분할하여 그 일부를 을지로 한 경우에 분필의 등기를 할 때에는 등기용지 중 등기번호란에 지번을 적고 표시란에 분할로 인하여 등기 제몇호의 토지의 등기용지로부터 옮겨 적은 뜻을 적어야 한다.
② 제1항의 절차를 마쳤을 때에는 갑지의 등기용지 중 표시란에 남은 부분의 표시를 하고 분할로 인하여 다른 부분을 등기 제몇호의 토지의 등기용지에 옮겨 적은 뜻을 적으며, 종전의 표시와 그 번호를 붉은 선으로 지워야 한다.

제94조 【토지의 분필】 ① 제93조제1항의 경우에는 을지의 등기용지 중 해당 구 사항란에 갑지의 등기용지로부터 소유권과 그 밖의 권리에 관한 등기를 전사하고 소유권 외의 권리에 관한 등기에 갑지가 함께 그 권리의 목적이라는 뜻, 신청서의 접수연월일과 접수번호를 적으며, 등기관이 날인하여야 한다.
② 갑지의 등기용지로부터 을지의 등기용지에 소유권 외의 권리에 관한 등기를 전사하였을 때에

는 갑지의 등기용지 중 그 권리에 관한 등기에 을지가 함께 그 권리의 목적이라는 뜻을 부기하여야 한다.
③ 신청서에 소유권 외의 권리의 등기명의인이 을지에 관하여 그 권리의 소멸을 승낙한 것을 증명하는 서면 또는 이에 대항할 수 있는 재판의 등본을 첨부한 경우에는 갑지의 등기용지 중 그 권리에 관한 등기에 그 권리가 소멸한 뜻을 부기하여야 한다.
④ 신청서의 소유권 외의 권리의 등기명의인이 갑지에 관하여 그 권리의 소멸을 승낙한 것을 증명하는 서면 또는 이에 대항할 수 있는 재판의 등본을 첨부한 경우에는 을지의 등기용지 중 해당 구 사항란에 그 권리에 관한 등기를 전사하고, 신청서의 접수연월일과 접수번호를 적으며, 등기관이 날인하여야 한다. 이 경우 갑지의 등기용지 중 그 권리에 관한 등기에는 갑지에 대하여 그 권리가 소멸하였다는 뜻을 부기하고 그 등기를 붉은 선으로 지워야 한다.
⑤ 제3항과 제4항의 권리를 목적으로 하는 제3자의 권리에 관한 등기가 있는 경우에는 신청서에 그 사람의 승낙을 증명하는 서면 또는 이에 대항할 수 있는 재판의 등본을 첨부하여야 한다.
⑥ 제5항의 서면 등을 첨부한 경우 그 제3자의 권리에 관한 등기에 관하여는 제3항과 제4항을 준용한다.

제95조 【토지의 분필】 ① 제91조의2의 경우에 갑지(甲地)에만 해당 권리가 존속할 때에는 제94조제3항을 준용하고, 제91조의2의 경우에 을지(乙地)에만 해당 권리가 존속할 때에는 제94조제4항을 준용한다.
② 제91조의2 후단의 경우 분필의 등기를 할 때에는 갑지 또는 을지의 등기용지 중 지상권 · 지역권 · 전세권 또는 임차권에 관한 등기에 그 권리가 존속할 부분을 부기하여야 한다.

제96조 【토지의 분합필】 ① 갑지를 분할하여 그 일부를 을지에 합병한 경우에 합병의 등기를 할 때에는 을지의 등기용지 중 표시란에 합병으로 인하여 등기 제몇호의 토지의 등기용지에서 옮겨 적은 뜻을 적고, 종전의 표시와 그 번호를 붉은 선으로 지워야 한다.
② 제1항의 경우에는 을지의 등기용지 중 갑구 사항란에 갑지의 등기용지에서 소유권에 관한 등기를 전사하고, 그 등기가 합병한 부분만에 관한 것이라는 뜻, 신청서의 접수연월일과 접수번호를 적으며, 등기관이 날인하여야 한다.
③ 갑지의 등기용지에 지상권 · 지역권 · 전세권 또는 임차권의 등기가 있을 때에는 을지의 등기용지 중 을구 사항란에 그 권리에 관한 등기를 전사하고, 합병한 부분만이 갑지와 함께 그 권리의 목적이라는 뜻과 신청서의 접수연월일 및 접수번호를 적으며, 등기관이 날인하여야 한다.
④ 소유권 · 지상권 · 지역권 또는 임차권에 관한 등기를 전사하는 경우에 등기원인과 그 연월일, 등기의 목적과 접수번호가 동일할 때에는 전사를 갈음하여 을지의 등기용지에 갑지의 번호와 그 토지에 대하여 동일 사항의 등기가 있다는 뜻을 적어야 한다.
⑤ 제1항의 경우에 모든 토지에 관하여 등기원인과 그 연월일, 등기의 목적과 접수번호가 동일한 저당권 또는 전세권에 관한 등기가 있을 때에는 을지의 등기용지 중 그 등기에 해당 등기가 합병 후의 토지 전부에 관한 것이라는 뜻을 부기하여야 한다.
⑥ 제1항의 경우에는 제93조제2항, 제94조제2항부터 제6항까지 및 제95조를 준용한다.

제97조 【토지의 합필】 ① 갑지를 을지에 합병한 경우에 합필의 등기를 할 때에는 을지의 등기용지 중 표시란에 합병으로 인하여 등기 제 몇 호의 토지의 등기용지에서 옮겨 적은 뜻을 적고, 종전의 표시와 그 번호를 붉은 선으로 지워야 한다.
② 제1항의 절차를 마쳤을 때에는 갑지의 등기용지 중 표시란에는 합병으로 인하여 등기 제몇호의 토지의 등기용지에 옮겨 적었다는 뜻을 적고, 갑지의 표시와 그 번호 및 등기번호를 붉은 선으로 지운 후 그 등기용지를 폐쇄하여야 한다.

제98조 【토지의 합필】 ① 제97조의 경우에는 을지의 등기용지 중 갑구 사항란에 갑지의 등기용

지에서 소유권에 관한 등기를 옮겨 적고, 그 등기가 갑지이었던 부분만에 관한 것이라는 뜻, 신청서의 접수연월일과 접수번호를 적으며, 등기관이 날인하여야 한다.
② 갑지의 등기용지에 지상권·지역권·전세권 또는 임차권의 등기가 있을 때에는 을지의 등기용지 중 을구 사항란에 그 권리에 관한 등기를 옮겨 적고, 갑지이었던 부분만이 그 권리의 목적이라는 뜻, 신청서의 접수연월일과 접수번호를 적으며, 등기관이 날인하여야 한다.
③ 제1항과 제2항의 경우에는 제96조제4항을 준용하고, 모든 토지에 관하여 등기원인과 그 연월일, 등기의 목적과 접수번호가 동일한 저당권 또는 전세권의 등기가 있는 경우에는 제96조제5항을 준용한다.

제99조 【토지의 증감】 토지 면적의 증감의 등기를 할 때에는 등기용지 중 표시란에 증감의 원인을 적고 종전의 표시와 그 번호를 붉은 선으로 지워야 한다.

제100조 【지목 또는 지번의 변경】 지목이나 지번의 변경등기를 할 때에는 종전의 표시와 지번을 붉은 선으로 지워야 한다.

제101조 【건물의 표시 및 대지권의 변경】 ① 건물의 분합, 번호·종류·구조의 변경, 그 멸실, 그 면적의 증감 또는 부속건물의 신축이 있을 때에는 그 건물 소유권의 등기명의인은 1개월 이내에 등기를 신청하여야 한다.
② 건물대지의 지번 변경 또는 대지권의 변경이나 소멸이 있을 때에도 같다.
③ 구분건물로서 그 표시등기만이 있는 건물에 관한 제1항과 제2항의 등기는 제131조 각 호의 어느 하나에 해당하는 자가 신청하여야 한다.
④ 건물이 멸실된 경우에 그 소유권의 등기명의인이 1개월 이내에 그 등기를 신청하지 아니하면 그 건물대지의 소유자가 대위하여 그 등기를 신청할 수 있다.
⑤ 제2항의 경우에는 제52조를 준용하고, 제4항의 경우에는 제131조의2제2항을 준용한다.

제101조의2 【건물의 부존재】 ① 존재하지 아니하는 건물에 대한 등기가 있는 경우에는 그 소유권의 등기명의인은 지체 없이 그 건물의 멸실등기를 신청하여야 한다.
② 그 건물 소유권의 등기명의인이 제1항에 따른 등기를 신청하지 아니하는 경우에는 제101조제4항을 준용한다.

제102조 【건물 멸실 등의 등기신청】 ① 제101조와 제101조의2에 따라 등기를 신청하는 경우에는 신청서에 다음 각 호의 사항을 적어야 한다.
1. 분합한 면적
2. 새 번호, 새 종류, 새 구조
3. 멸실·부존재(不存在)·증감 또는 신축한 면적 및 현재의 면적
4. 건물대지의 새 지번과 변경 후의 대지권 또는 소멸한 대지권
② 제101조제1항에 따른 등기를 신청하는 경우에는 신청서에 건축물대장등본을 첨부하여야 한다. 다만 건물번호의 변경등기와 멸실등기의 경우에는 그러하지 아니하다.
③ 제101조제1항이나 제101조의2에 따른 멸실등기를 신청하는 경우에는 신청서에 그 멸실 또는 부존재를 증명하는 건축물대장등본이나 이를 증명할 수 있는 서면을 첨부하여야 한다.
④ 대지권의 변경·경정 또는 소멸의 등기를 신청하는 경우에는 신청서에 그에 관한 규약이나 공정증서 또는 이를 증명하는 서면을 첨부하여야 한다. 이 경우 대지권의 목적인 토지가 다른 등기소 관할일 때에는 그 등기부의 등본도 첨부하여야 한다.

제102조의2 【대지권의 변경 등】 ① 대지권의 변경·경정 또는 소멸의 등기에는 제99조를 준용한다.
② 대지권의 변경이나 경정으로 인하여 건물 등기용지에 대지권의 등기를 한 경우에는 제57조의

2를 준용한다.
③ 제1항의 등기 중 대지권이 대지권이 아닌 것으로 되거나 대지권이 소멸하였다는 뜻의 등기를 한 경우에는 대지권의 목적인 토지의 등기용지 중 해당 구(區) 사항란에 그 뜻을 적고 대지권이 있다는 뜻의 등기를 말소하여야 한다.

제102조의3 【대지권의 변경 등】 ① 제102조의2제2항의 등기를 하는 경우에 건물에 관하여 소유권보존등기와 소유권이전등기 외의 소유권에 관한 등기나 소유권 외의 권리에 관한 등기가 있을 때에는 그 등기에 건물에만 효력이 미친다는 뜻을 부기하여야 한다. 다만 그 등기가 저당권에 관한 등기로서 대지권에 대한 등기와 등기원인, 그 연월일과 접수번호가 동일한 것일 때에는 그러하지 아니하다.
② 제1항 단서의 경우에는 대지권에 대한 저당권의 등기는 말소하여야 한다.

제102조의4 【대지권의 변경 등】 ① 대지권인 권리가 대지권이 아닌 것으로 변경되어 제102조의2제3항의 등기를 한 경우에는 그 토지의 등기용지 중 해당 구 사항란에 대지권인 권리와 그 권리자를 표시하고 같은 항의 등기를 함에 따라 등기하였다는 뜻과 그 연월일을 적고 등기관이 날인하여야 한다.
② 제1항의 등기를 하는 경우에 대지권을 등기한 건물의 등기용지에 제135조의4(제165조의3에서 준용하는 경우를 포함한다)에 따라 대지권에 대한 등기로서의 효력이 있는 등기 중 대지권이전등기 외의 등기가 있을 때에는 그 건물의 등기용지로부터 제1항의 토지의 등기용지 중 해당 구 사항란에 이를 전사하여야 한다.
③ 제1항의 토지의 등기용지 중 해당 구 사항란에 제2항에 따라 전사하여야 할 등기보다 나중에 된 등기가 있을 때에는 제2항에도 불구하고 해당 구의 새 등기용지 사항란에 제2항에 따라 전사할 등기를 전사한 후 그 토지의 등기용지 중 해당 구 사항란의 등기를 옮겨 적어야 한다.
④ 제2항과 제3항의 절차를 취하는 경우에는 제86조와 제94조 및 제95조를 준용한다.
⑤ 제1항의 등기를 한 경우에 대지권의 목적인 토지가 다른 등기소 관할일 때에는 지체 없이 그 등기소에 그 등기를 하였다는 사실과 제1항이나 제2항에 따라 적거나 전사할 사항을 통지하여야 한다.
⑥ 제5항의 통지를 받은 등기소는 제1항부터 제4항까지의 절차를 취하여야 한다.

제102조의5 【대지권의 변경 등】 ① 대지권이 아닌 것을 대지권으로 한 등기를 경정하여 제102조의2제3항의 등기를 한 경우에 대지권을 등기한 건물의 등기용지에 제135조의4(제165조의3에서 준용하는 경우를 포함한다)에 따라 대지권 이전등기로서의 효력이 있는 등기가 있을 때에는 그 건물의 등기용지로부터 토지의 등기용지 중 해당 구 사항란에 이를 전부 전사하여야 한다.
② 제1항의 경우에는 제102조의4제2항부터 제6항까지의 규정을 준용한다.

제103조 【건물합병의 제한】 ① 소유권 · 전세권 및 임차권의 등기 외의 권리에 관한 등기가 있는 건물에 관하여는 합병의 등기를 할 수 없다. 이 경우 제90조의3제1항 단서를 준용한다.
② 제1항을 위반한 등기의 신청을 각하하면 등기관은 지체 없이 그 사유를 건축물대장 소관청에 알려야 한다.

제103조의2 【건물의 분할 · 구분등기의 신청】 건물의 일부에 전세권이나 임차권의 등기가 있는 경우에 그 건물의 분할이나 구분의 등기를 신청할 때에는 제91조의2를 준용한다.

제104조 【건물의 분할】 ① 갑건물로부터 그 부속건물을 분할하여 이를 을건물로 한 경우에 그 등기를 할 때에는 을건물의 등기용지 중 등기번호란에 번호를 적고, 표시란에 분할로 인하여 등기 제몇호의 건물의 등기용지에서 옮겨 적은 사실을 적어야 한다.

② 제1항의 절차를 마치면 갑건물의 등기용지 중 표시란에 남은 부분의 표시를 하고, 분할로 인하여 다른 부분을 등기 제몇호의 건물의 등기용지에 옮겨 적은 사실을 적으며, 종전의 표시와 그 번호를 붉은 선으로 지워야 한다.
③ 제1항의 경우에는 제94조와 제95조를 준용한다. 그러나 갑건물의 등기용지 중 갑구 사항란에 분할한 부속건물에 대한 등기원인이 적혀있지 아니한 경우에는 제94조와 제95조의 절차 외에 을건물의 등기용지 중 갑구 사항란에 다음 각 호의 사항을 적어야 한다.
1. 신청인의 성명 또는 명칭
2. 주소 또는 사무소 소재지
3. 주민등록번호 또는 제41조의2에 따른 등록번호
4. 분할로 인하여 그 자의 소유권의 등기를 한다는 뜻

제104조의2 **【건물의 구분】** ① 갑건물을 구분하여 을건물로 한 경우에 그 등기를 할 때에는 새 등기용지 중 갑건물과 을건물의 등기번호란에 각각 그 번호를 적고, 그 표시란에 구분으로 인하여 등기 제몇호의 건물의 등기용지에서 옮겨 적은 사실을 적어야 한다. 그러나 갑건물이 구분건물(區分建物)인 경우에는 등기용지 중 을건물의 등기번호란에 번호를 적고, 표시란에 구분으로 인하여 등기 제몇호의 건물의 등기용지에서 옮겨 적은 사실을 적어야 한다.
② 제1항의 절차를 마치면 종전 등기용지 중 표시란에 구분으로 인하여 등기 제몇호의 건물의 등기용지에 옮겨 적은 사실을 적고, 건물의 표시, 그 번호와 등기번호를 붉은 선으로 지운 후 그 등기용지를 폐쇄하여야 한다. 그러나 갑건물이 구분건물일 때에는 갑건물의 등기용지 중 표시란에 남은 부분의 표시를 하고, 구분으로 인하여 다른 부분을 등기 제몇호의 건물의 등기용지에 옮겨 적은 사실을 적으며, 종전의 표시와 그 번호를 붉은 선으로 지워야 한다.
③ 제1항 본문의 경우에는 갑건물과 을건물의 등기용지 중 해당 구 사항란에 종전의 등기용지에서 소유권과 그 밖의 권리에 관한 등기를 옮겨 적고, 소유권 외의 권리에 관한 등기 중에 등기 제몇호에 옮겨 적은 건물이 함께 그 권리의 목적이라는 뜻과 신청서의 접수연월일 및 접수번호를적으며, 등기관이 날인하여야 한다. 이 경우에 제94조제3항부터 제6항까지의 규정을 준용한다.
④ 제1항 단서의 경우에는 제94조와 제95조를 준용한다.

제105조 **【건물의 분할합병】** ① 갑건물로부터 그 부속건물을 분할하여 을건물의 부속건물로 한 경우에 그 등기를 하는 때에는 을건물의 등기용지 중 표시란에 합병으로 인하여 등기 제몇호 건물의 등기용지에서 옮겨 적은 사실을 적어야 한다.
② 제1항의 경우에는 제104조제2항을 준용한다.

제105조의2 **【건물의 구분합병】** ① 갑건물을 구분하여 을건물 또는 그 부속건물에 합병한 경우에 그 등기를 할 때에는 을건물의 등기용지 중 표시란에 합병으로 인하여 등기 제몇호 건물의 등기용지에서 옮겨 적은 사실을 적고 종전의 표시와 그 번호를 붉은 선으로 지워야 한다.
② 제1항의 경우에는 제104조의2제2항 단서를 준용한다.

제106조 削除 〈1991.12.14〉

제107조 **【건물의 분할합병 · 구분합병】** 제105조와 제105조의2의 경우에는 제96조제2항부터 제6항(제6항 중 제93조제2항을 준용하는 부분은 제외한다)까지의 규정을 준용한다. 다만 갑건물의 등기용지 중 갑구 사항란에 분할한 부속건물에 관한 등기원인이 적혀 있지 아니한 경우에는 제96조제2항부터 제5항까지에 정한 절차를 하는 것 외에 을건물의 등기용지 중 갑구 사항란에 다음 각 호의 사항을 적어야 한다.
1. 신청인의 성명 또는 명칭
2. 주소 또는 사무소 소재지

3. 주민등록번호 또는 제41조의2에 따른 등록번호
4. 합병으로 인하여 그 자의 소유권 등기를 한다는 뜻

제108조 **【건물의 합병】** ① 갑건물을 을건물 또는 그 부속건물에 합병하거나 을건물의 부속건물로 한 경우에 그 등기를 할 때에는 제97조와 제98조를 준용한다. 다만 갑건물을 을건물의 부속건물에 합병하거나 을건물의 부속건물로 한 경우에는 을건물 및 그 밖의 부속건물에 대한 종전의 표시와 그 번호를 붉은 선으로 지우지 아니하고, 갑건물이 구분건물로서 같은 등기용지에 을건물 외의 다른 건물의 등기가 있는 경우에는 그 등기용지를 폐쇄하지 아니한다.
② 합병으로 인하여 을건물이 구분건물이 아닌 것으로 된 경우에 그 등기를 할 때에는 새 등기용지 중 등기번호란에 번호를 적고, 표시란에 합병으로 인하여 등기 제몇호와 제몇호 건물의 등기용지에서 옮겨 적은 사실을 적으며, 등기관이 날인하여야 한다.
③ 제2항의 절차를 마치면 갑건물과 을건물의 등기용지 중 표시란에 합병으로 인하여 등기 제몇호 건물의 등기용지에 옮겨 적은 사실을 적고, 갑건물과 을건물의 표시, 그 번호와 등기번호를 붉은 선으로 지운 후 그 등기용지를 폐쇄하여야 한다.
④ 제2항의 경우에는 제98조를 준용한다.
⑤ 대지권을 등기한 건물이 합병으로 인하여 구분건물이 아닌 것으로 된 경우에 제2항의 등기를 할 때에는 제102조의4를 준용한다.

제108조의2 **【건물구분합병등기의 준용】** 구분건물이 아닌 건물이 건물구분 외의 사유로 구분건물로 된 경우에는 제104조의2를 준용하고, 구분건물이 건물합병 외의 사유로 구분건물이 아닌 건물로 된 경우에는 제108조제2항부터 제4항까지의 규정을 준용한다.

제109조 **【면적의 증감】** ① 건물이나 부속건물 면적 증감의 등기에는 제99조를 준용한다.
② 부속건물의 신축등기를 할 때에는 주된 건물의 등기용지 중 표시란에 부속건물의 종류, 구조 및 면적을 적어야 한다.

제110조 **【번호, 구조 등의 변경】** 건물 번호의 변경, 건물이나 부속건물의 종류나 구조의 변경, 건물대지 지번변경의 등기에는 제100조를 준용한다.

제111조 **【번호의 변경】** ① 행정구역 또는 행정구역 아닌 구획의 변경으로 인하여 토지의 지번이나 건물대지의 지번이 변경되었을 때에는 지적공부 소관청이나 건축물대장 소관청은 지체 없이 그 뜻을 등기소에 통지하여야 한다.
② 제1항의 통지를 받은 등기소는 지체 없이 등기용지 중 표시란에 변경등기를 하여야 한다.

제111조의2 **【건물의 멸실】** ① 제101조제1항 또는 제101조의2에 따른 건물의 멸실등기 신청을 받은 등기관은 소유권의 등기명의인 외에 등기상의 이해관계인이 있는 경우에는 그 이해관계인에게 1개월 이내의 기간을 정하여 그 기간까지 이의(異議)를 진술하지 아니하면 멸실등기를 한다는 뜻을 알려야 한다. 다만 신청서에 건물의 멸실 또는 부존재를 증명하는 서면으로서 건축물대장등본을 첨부하거나 등기상 이해관계인의 기명날인이 있는 경우에는 그러하지 아니하다.
② 제1항 본문의 경우에는 제175조제2항, 제176조 및 제177조를 준용한다.

제112조 **【부동산의 멸실】** ① 부동산의 멸실등기를 할 때에는 등기용지 중 표시란에 멸실의 뜻과 그 원인이나 부존재의 뜻을 적고 부동산의 표시와 표시번호를 붉은 선으로 지운 후 그 등기용지를 폐쇄하여야 한다. 다만 멸실한 건물이 1동의 건물을 구분한 것인 경우에는 등기용지를 폐쇄하지 아니한다.
② 대지권을 등기한 건물의 멸실등기로 인하여 그 등기용지를 폐쇄한 경우에는 제102조의4를 준용한다.

제112조의2 【규약상 공용부분의 등기】 ① 공용부분이라는 뜻의 등기는 신청서에 그 뜻을 정한 규약이나 공정증서를 첨부하여 소유권의 등기명의인이 신청하여야 한다. 이 경우 그 건물에 소유권의 등기 외의 권리에 관한 등기가 있을 때에는 그 등기명의인의 승낙서 또는 이에 대항할 수 있는 재판의 등본을 첨부하여야 한다.
② 제1항의 등기신청을 받아 그 등기를 할 때에는 표제부에 공용부분이라는 뜻을 적고 각 구의 소유권과 그 밖의 권리에 관한 등기를 붉은 선으로 지워야 한다. 이 경우 그 공용부분이 다른 등기용지에 등기된 건물의 구분소유자와 공유할 것인 경우에는 그 뜻도 적어야 한다.

제112조의3 【규약상 공용부분의 등기말소】 ① 공용부분이라는 뜻을 정한 규약을 폐지할 경우에는 공용부분의 취득자는 지체 없이 등기를 신청하여야 한다.
② 제1항에 따른 등기신청에는 규약의 폐지를 증명하는 서면을 첨부하여야 한다.
③ 제1항에 따른 등기신청이 있는 경우에 그 등기는 갑구란에 소유권보존등기를 하는 것만으로 충분하다. 이 경우 그 등기를 한 때에는 공용부분이라는 뜻의 기재 내용을 붉은 선으로 지워야 한다.

제113조 【부동산의 멸실】 ① 제112조의 경우에 멸실등기한 부동산이 다른 부동산과 함께 소유권 외의 권리의 목적일 때에는 그 다른 부동산의 등기용지 중 해당 구 사항란에 멸실등기한 부동산의 표시를 하고, 그 부동산이 멸실 또는 부존재인 뜻을 부기하며, 그 부동산과 함께 소유권 외의 권리의 목적이라는 뜻을 적은 등기 중 멸실등기한 부동산의 표시를 붉은 선으로 지워야 한다.
② 제1항에 따라 하는 등기는 공동담보목록이 있는 경우에는 그 목록에 하여야 한다.
③ 제1항의 경우에 그 다른 부동산의 소재지가 다른 등기소 관할일 때에는 지체 없이 그 등기소에 부동산 및 멸실등기한 부동산의 표시와 신청서의 접수연월일을 통지하여야 한다.
④ 제3항에 따른 통지를 받은 등기소는 지체 없이 제1항이나 제2항의 절차를 마쳐야 한다.

제114조 【하천부지】 ① 등기된 토지가 하천부지로 된 경우에는 해당 관청은 지체 없이 그 등기의 말소를 등기소에 촉탁하여야 한다.
② 제1항의 촉탁을 하는 경우 필요하면 해당 관청은 등기명의인이나 상속인을 갈음하여 토지의 표시 또는 등기명의인의 표시의 변경·경정 또는 상속으로 인한 소유권이전의 등기를 촉탁할 수 있다.
③ 제1항의 촉탁을 받은 등기소는 등기용지 중 표시란에 하천부지로 되었다는 뜻을 적고, 토지의 표시, 표시번호와 등기번호를 붉은 선으로 지운 후 그 등기용지를 폐쇄하여야 한다. 이 경우에는 제113조를 준용한다.

제115조 【토지수용】 ① 토지수용으로 인한 소유권이전등기는 등기권리자가 단독으로 신청할 수 있다. 토지수용위원회의 재결(裁決)로써 존속(存續)이 인정된 권리가 있는 경우에는 신청서에 이를 표시하고, 보상(補償)이나 공탁(供託)을 증명하는 서면을 첨부하여야 한다.
② 제1항의 신청을 하는 경우에 필요하면 기업자(起業者)는 등기명의인이나 상속인을 갈음하여 토지의 표시 또는 등기명의인의 표시의 변경·경정 또는 상속으로 인한 소유권이전의 등기를 신청할 수 있다.
③ 관공서가 기업자인 경우에는 그 관공서는 지체 없이 제1항과 제2항의 등기를 등기소에 촉탁하여야 한다.

제116조 【준용규정】 제101조제5항, 제101조의2, 제114조제2항과 제115조제2항의 등기에는 제52조, 제57조제3항, 제68조와 제73조를 준용한다.

제117조 【부동산의 신탁】 부동산의 신탁등기에 대하여는 수탁자(受託者)를 등기권리자로 하고 위탁자(委託者)를 등기의무자로 한다.

제118조 【부동산의 신탁】 ①「신탁법」 제19조에 따른 신탁재산에 속하는 부동산의 신탁등기는 수탁자가 단독으로 신청할 수 있다.
②「신탁법」 제38조에 따른 신탁재산회복의 경우에는 제1항을 준용한다.

제119조 【부동산의 신탁】 ① 수익자나 위탁자는 수탁자를 대위하여 신탁의 등기를 할 수 있다.
② 제1항에 따른 대위등기의 신청에 관하여는 제52조를 준용한다. 이 경우 신청서에 대위원인을 증명하는 서면 외에 등기의 목적인 부동산이 신탁재산인 것을 증명하는 서면을 첨부하여야 한다.

제120조 【부동산의 신탁】 ① 신탁등기의 신청은 신탁으로 인한 부동산의 소유권이전등기의 신청과 동일한 서면으로써 하여야 한다.
②「신탁법」 제19조에 따른 신탁재산에 속하는 부동산취득의 등기와 같은 법 제38조에 따른 신탁재산회복의 등기를 신청하는 경우에는 제1항을 준용한다.

제121조 【부동산의 신탁】 ① 수탁자가 경질되어 소유권이전등기를 신청할 때에는 신청서에 그 경질을 증명하는 서면을 첨부하여야 한다.
②「신탁법」 제26조제2항의 경우에 하여야 할 변경등기에는 제1항을 준용한다.

제122조 【부동산의 신탁】 수탁자가 사망, 파산, 금치산, 한정치산 또는 법원이나 주무관청의 해임명령으로 인하여 그 임무가 끝난 경우에는 새 수탁자나 다른 수탁자가 단독으로 제121조의 등기를 신청할 수 있다. 수탁자인 법인이 해산으로 인하여 그 임무가 끝난 경우에도 또한 같다.

제123조 【부동산의 신탁】 ① 신탁 등기를 신청할 때에는 다음 각 호에 해당하는 사항을 적은 서면을 신청서에 첨부하여야 한다.
1. 위탁자, 수탁자, 수익자와 신탁관리인의 성명 및 주소(법인은 그 명칭 및 사무소)
2. 신탁의 목적
3. 신탁재산의 관리방법
4. 신탁 종료의 사유
5. 그 밖에 신탁의 조항
② 제1항의 서면에는 신청인이 기명날인하여야 한다.

제124조 【신탁원부】 ① 제123조에 따라 신청서에 첨부한 서면을 신탁원부(信託原簿)로 한다.
② 신탁원부는 등기부의 일부로 보고, 그 기재는 등기로 본다.

제125조 【신탁원부에의 기재】 법원이 신탁관리인을 선임하거나 해임한 경우에는 지체 없이 신탁원부에 적을 것을 등기소에 촉탁하여야 한다. 주무관청이 신탁관리인을 선임한 때에도 또한 같다.

제126조 【신탁원부에의 기재】 법원이나 주무관청이 수탁자를 해임한 경우에는 제125조를 준용한다.

제127조 【신탁원부에의 기재】 ① 법원이 신탁재산의 관리방법을 변경한 경우에는 지체 없이 신탁원부에 적을 것을 등기소에 촉탁하여야 한다.
② 주무관청이 신탁 조항을 변경한 경우에는 제1항을 준용한다.

제128조 【신탁원부에의 기재】 제125조부터 제127조까지의 경우를 제외하고 제123조제1항에 해당하는 사항이 변경되었을 때에는 수탁자는 지체 없이 그 변경을 증명하는 서면을 첨부하여 신

탁원부에 적을 것을 신청하여야 한다. 다만 제121조나 제122조의 경우에 등기를 하였을 때에는 등기관은 직권으로써 신탁원부에 적어야 한다.

제129조 【신탁원부에의 기재】 제126조에 따라 신탁원부에 적을 때에는 등기관은 직권으로써 등기부에 그 뜻을 부기하여야 한다.

제130조 【토지의 보존등기】 미등기토지의 소유권보존등기는 다음 각 호의 어느 하나에 해당하는 자가 신청할 수 있다.
1. 토지대장등본이나 임야대장등본에 의하여 자기 또는 피상속인이 토지대장 또는 임야대장에 소유자로서 등록되어 있는 것을 증명하는 자
2. 판결에 의하여 자기의 소유권을 증명하는 자
3. 수용(收用)으로 인하여 소유권을 취득하였음을 증명하는 자

제131조 【건물의 보존등기】 미등기건물의 소유권보존등기는 다음 각 호의 어느 하나에 해당하는 자가 신청할 수 있다.
1. 건축물대장등본에 의하여 자기 또는 피상속인이 건축물대장에 소유자로서 등록되어 있는 것을 증명하는 자
2. 판결 또는 그 밖의 시·구·읍·면의 장의 서면에 의하여 자기의 소유권을 증명하는 자
3. 수용으로 인하여 소유권을 취득하였음을 증명하는 자

제131조의2 【구분건물의 표시에 관한 등기】 ① 1동의 건물에 속하는 구분건물 중의 일부만에 관하여 소유권보존등기를 신청하는 경우에는 그 나머지 구분건물에 관하여는 표시에 관한 등기를 동시에 신청하여야 한다.
② 제1항의 경우에 구분건물의 소유자는 1동의 건물에 속하는 다른 구분건물의 소유자를 대위하여 그 건물의 표시에 관한 등기를 신청할 수 있다.
③ 건물의 신축으로 인하여 구분건물이 아닌 건물이 구분건물로 된 경우에 그 신축건물의 소유권보존등기는 다른 건물의 표시에 관한 등기 또는 표시변경등기와 동시에 신청하여야 한다.
④ 제3항의 경우에 건물의 소유자는 다른 건물의 소유자를 대위하여 건물의 표시에 관한 등기 또는 표시변경등기를 신청할 수 있다.
⑤ 제2항과 제4항의 경우에는 제52조를 준용한다.

제132조 【소유권보존등기의 신청】 ① 제130조, 제131조 및 제131조의2에 따라 등기를 신청하는 경우에는 신청서에 제130조제몇호, 제131조제몇호 또는 제131조의2제몇항에 따라 등기를 신청한다는 뜻을 적어야 한다. 그러나 등기원인과 그 연월일은 적지 아니한다.
② 제1항의 경우에는 신청서에 토지의 표시를 증명하는 토지대장등본이나 임야대장등본 또는 건물의 표시를 증명하는 건축물대장등본, 그 밖의 서면을 첨부하여야 한다. 그러나 제40조제1항제2호부터 제4호까지에 규정된 서면은 첨부하지 아니한다.
③ 제131조의2에 따라 등기를 신청하는 경우에는 신청서에 1동의 건물의 소재도와 평면도(「집합건물의 소유 및 관리에 관한 법률」 제1조의2에 따른 구분점포의 경우에는 같은 법 제53조제1항에 따른 건물의 도면과 각 층 평면도의 등본을 말한다) 및 구분한 건물의 평면도를 첨부하여야 한다.
④ 건물의 소유권보존등기를 신청하는 경우(제131조의2에 따른 경우는 제외한다)에 그 건물대지 상에 여러 개의 건물이 있을 때에는 신청서에 그 대지 상의 건물의 소재도(所在圖)를 첨부하여야 한다.

제133조 【등기번호의 기재】 미등기의 부동산소유권의 등기를 하는 때에는 등기용지 중 등기번

호란에 번호를 적어야 한다.

제134조 【미등기부동산의 처분제한의 등기】 ① 미등기부동산에 대하여 소유권의 처분제한의 등기촉탁에 의하여 등기를 할 때에는 등기용지 중 등기번호란에 번호를 적고, 사항란에 다음 각 호의 사항을 적어야 한다.
1. 소유자의 성명 또는 명칭
2. 주소 또는 사무소 소재지
3. 처분제한의 등기를 명하는 재판에 의하여 소유권의 등기를 한다는 뜻
② 제1항의 경우에는 제57조제1항과 제2항을 준용한다.
③ 제1항의 경우에 법원의 재판에 기초한 처분제한의 등기촉탁에 따라 건물의 등기를 할 때에는 제131조를 적용하지 아니한다. 다만 그 건물이 「건축법」상 사용승인을 받아야 할 건물임에도 이를 받지 아니한 경우에는 등기부 중 표시란에 그 사실을 적어야 한다.
④ 제3항 단서에 따라 등기된 건물에 대하여 「건축법」상 사용승인이 이루어진 경우에는 그 건물의 소유권등기의 명의인은 1개월 이내에 제3항 단서에 따른 기재에 대한 말소등기를 신청하여야 한다.
⑤ 제4항의 경우에는 제52조와 제131조의2제2항을 준용한다.
⑥ 제4항에 따른 말소등기를 신청하는 경우에는 신청서에 사용승인을 받았음을 증명하는 건축물대장등본이나 이를 증명할 수 있는 서류를 붙여야 한다.

제135조제135조 削除 〈1991.12.14〉

제135조의2 【소유권이전등기의 금지】 ① 토지 소유권이 대지권인 경우에 그 뜻의 등기를 하였을 때에는 그 토지의 등기용지에는 소유권이전의 등기를 하지 못한다.
② 대지권을 등기한 건물의 등기용지에는 그 건물만에 관한 소유권이전의 등기를 하지 못한다.

제135조의3 【대지권이 있는 건물에 관한 등기】 ① 대지권을 등기한 건물에 대하여 소유권에 관한 등기를 신청하는 경우에는 신청서에 대지권을 적어야 한다. 다만 건물만에 관한 등기를 신청하는 경우에는 그러하지 아니하다.
② 제1항 단서의 신청에 따라 등기를 하는 경우에는 그 등기에 건물만에 관한 것이라는 뜻을 부기하여야 한다.

제135조의4 【대지권이 있는 건물에 관한 등기】 ① 대지권을 등기한 후에 한 건물에 대한 소유권에 관한 등기로서 건물만에 관한 것이라는 뜻의 부기가 없는 것은 대지권에 대하여 동일한 등기로서의 효력이 있다.
② 제1항에 따라 대지권에 대한 등기로서의 효력이 있는 등기와 대지권의 목적인 토지의 등기용지 중 해당 구 사항란에 한 등기의 순서는 접수번호에 따른다.

제3절 소유권 외의 권리에 관한 등기절차 〈개정 2008.3.21〉

제136조 【지상권】 지상권의 설정 또는 이전의 등기를 신청하는 경우에는 신청서에 지상권 설정의 목적과 범위를 적고, 만일 등기원인에 존속기간, 지료(地料), 그 지급시기 또는 「민법」 제289조의2제1항 후단의 약정이 있는 경우에는 이를 적어야 한다.

제137조 【지역권】 지역권 설정의 등기를 하는 경우에는 신청서에 요역지의 표시를 하고 지역권 설정의 목적과 범위를 적고 지역권 설정의 범위가 승역지의 일부일 때에는 그 범위를 표시한 도면을 첨부하여야 한다. 다만 등기원인에 「민법」 제292조제1항 단서, 제297조제1항 단서 또는 제

298조의 약정이 있는 경우에는 이를 적어야 한다.

제138조 **【지역권】** ① 지역권의 설정등기를 할 때에는 요역지인 부동산의 등기용지 중 해당 구 사항란에 승역지인 부동산의 표시를 하고 그 부동산이 지역권의 목적이라는 뜻과 지역권 설정의 목적 및 범위를 적어야 한다.
② 요역지가 다른 등기소 관할일 때에는 지체 없이 그 등기소에 승역지, 요역지, 지역권 설정의 목적과 범위, 신청서의 접수연월일을 통지하여야 한다.
③ 제2항의 통지를 받은 등기소는 지체 없이 요역지인 부동산의 등기용지 중 해당 구 사항란에 통지를 받은 사항을 적어야 한다.

제139조 **【전세권】** ① 전세권의 설정 또는 전전세(轉傳貰)의 등기를 신청하는 경우에는 신청서에 전세금을 적어야 한다. 다만 등기원인에 존속기간, 위약금이나 배상금 또는 「민법」 제306조 단서에 따른 약정이 있는 경우에는 이를 적어야 한다.
② 제1항의 경우에 전세권의 목적이 부동산의 일부인 경우에는 그 도면을 첨부하여야 한다.
③ 전세권의 경우에는 제145조부터 제147조까지와 제149조부터 제155조까지의 규정을 준용한다.

제140조 **【저당권】** ① 저당권의 설정등기를 신청하는 경우에는 신청서에 채권액과 채무자를 적어야 한다. 이 경우 등기원인에 변제기(辨濟期), 이자 및 그 발생기·지급시기, 원본(元本) 또는 이자의 지급장소, 채무불이행(債務不履行)으로 인한 손해배상에 관한 약정이나 「민법」 제358조 단서의 약정이 있는 경우 또는 채권이 조건부일 경우에는 이를 적어야 한다.
② 제1항의 저당권의 내용이 근저당(根抵當)인 경우에는 신청서에 등기원인이 근저당권설정계약이라는 사실과 채권의 최고액 및 채무자를 적어야 한다. 이 경우 등기원인에 「민법」 제358조 단서의 약정이 있는 경우에는 이를 적어야 한다.

제141조 **【소유권 외의 권리상의 저당권】** 저당권의 설정등기를 신청할 때에 그 권리의 목적이 소유권 외의 권리인 경우에는 신청서에 그 권리를 표시하여야 한다.

제142조 **【저당권의 이전】** 저당권의 이전등기를 신청하는 경우에는 신청서에 저당권이 채권과 같이 이전한다는 뜻을 적어야 한다.

제142조의2 **【저당권에 대한 권리질권】** 「민법」 제348조에 따른 질권의 부기등기(附記登記)를 신청하는 경우에는 신청서에 질권의 목적인 채권을 담보하는 저당권을 표시하고 다음 각 호의 사항을 적어야 한다.
1. 채무자의 표시
2. 채권액
3. 변제기와 이자의 약정이 있는 경우에는 그 내용

제143조 **【피담보채권의 가액】** 일정한 금액을 목적으로 하지 아니한 채권의 담보인 저당권의 설정등기를 신청할 때에는 신청서에 그 채권의 가격을 적어야 한다.

제144조 削除 〈1991.12.14〉

제145조 **【공동담보】** 여러 개의 부동산에 관한 권리를 목적으로 하는 저당권의 설정등기를 신청하는 경우에는 신청서에 각 부동산에 관한 권리를 표시하여야 한다.

제146조 **【공동담보목록】** ① 제145조의 경우에 부동산이 5개 이상이면 신청서에 공동담보목록을

첨부하여야 한다.
② 제1항의 목록에는 각 부동산에 관한 권리의 표시를 하고 신청인이 기명날인하여야 한다.

제147조 【추가공동담보】 1개 또는 여러 개의 부동산에 관한 권리를 목적으로 하는 저당권의 설정등기를 한 후 동일한 채권에 대하여 다른 1개 또는 여러 개의 부동산에 관한 권리를 목적으로 하는 저당권 설정의 등기를 신청하는 경우에는 신청서에 종전의 등기를 표시하는 데에 충분한 사항을 적어야 한다.

제148조 【채권의 일부양도 또는 대위변제로 인한 저당권의 이전】 채권의 일부의 양도나 대위변제(代位辨濟)로 인한 저당권의 이전의 등기를 신청하는 경우에는 신청서에 양도나 대위변제의 목적인 채권액을 적어야 한다.

제149조 【공동담보등기의 기재】 제145조에 따른 등기신청에 따라 각 부동산에 관한 권리에 대하여 등기를 하는 때에는 그 부동산의 등기용지 중 해당 구 사항란에 다른 부동산에 관한 권리의 표시를 하고, 그 권리가 함께 담보의 목적이라는 뜻을 적어야 한다.

제150조 【공동담보목록의 기재】 신청서에 공동담보목록을 첨부한 경우에 각 부동산에 관한 권리에 대하여 등기를 할 때에는 그 부동산의 등기용지 중 해당 구 사항란에 공동담보목록에 적힌 다른 부동산에 관한 권리가 함께 담보의 목적이라는 뜻을 적어야 한다.

제151조 【공동담보목록의 성질】 공동담보목록은 등기부의 일부로 보고, 그 기재는 등기로 본다.

제152조 【추가공동담보등기의 기재】 ① 제147조에 따른 등기신청에 따라 등기를 할 때에는 그 등기와 종전의 등기에 각 부동산에 관한 권리가 함께 담보의 목적이라는 뜻을 적어야 한다.
② 제1항의 경우에는 제138조제2항 · 제3항, 제149조 및 제150조를 준용한다.

제153조 削除 〈1983.12.31〉

제154조 【공동담보의 일부의 소멸 또는 변경】 ① 여러 개의 부동산에 관한 권리가 저당권의 목적인 경우에 그 1개의 부동산에 관한 권리를 목적으로 한 저당권의 등기를 말소할 때에는 다른 부동산에 관한 권리에 대하여 제149조와 제152조에 따라 한 등기에 그 사실을 부기하고, 소멸된 사항을 붉은 선으로 지워야 한다. 그 1개의 부동산에 관한 권리의 표시에 대하여 변경등기를 한 경우에도 또한 같다.
② 제1항의 경우에는 제138조제2항과 제3항을 준용한다.

제155조 【공동담보의 일부의 소멸 또는 변경】 제154조제1항에 따라 등기를 할 때 공동담보목록이 있으면 그 목록에 하여야 한다.

제156조 【임차권】 ① 임차권의 설정 또는 임차물의 전대(轉貸) 등기를 신청하는 경우에는 신청서에 차임(借賃)을 적어야 한다. 이 경우 등기원인에 존속기간, 차임의 선지급(先支給) 및 그 지급시기나 임차보증금의 약정이 있을 때 또는 임차권의 양도나 임차물의 전대에 대한 임대인의 동의가 있을 때에는 이를 적고, 임대차를 한 자가 처분의 능력 또는 권한이 없는 자인 경우에는 그 뜻을 적어야 한다.
② 임차권의 양도 또는 임차물의 전대에 대한 임대인의 동의가 있다는 뜻의 등기가 없는 경우에 임차권의 이전 또는 임차물의 전대의 등기를 신청할 때에는 신청서에 임대인의 동의서를 첨부하여야 한다.

제156조의2 【소유권 외의 권리의 이전등기의 기재】 소유권 외의 권리의 이전등기는 부기(附記)로써 한다.

제157조 【다른 물권의 수용 또는 신탁】 토지에 관한 소유권 외의 권리의 수용으로 인한 권리의 이전의 등기에는 제115조와 제116조를 준용하고, 부동산에 관한 소유권 외의 권리의 신탁등기에는 제117조부터 제129조까지의 규정을 준용한다.

第158條 削除 〈1983.12.31〉

第159條 削除 〈1983.12.31〉

第160條 削除 〈1983.12.31〉

第161條 削除 〈1983.12.31〉

第162條 削除 〈1983.12.31〉

第163條 削除 〈1983.12.31〉

第164條 削除 〈1983.12.31〉

第165條 削除 〈1983.12.31〉

제165조의2 【저당권설정등기의 금지】 ① 대지권인 뜻의 등기를 한 토지의 등기용지에는 대지권을 목적으로 하는 저당권설정등기를 하지 못한다.
② 대지권을 등기한 건물의 등기용지에는 그 건물만을 목적으로 하는 저당권설정등기를 하지 못한다.
③ 지상권이나 또는 임차권이 대지권인 경우에는 제135조의2제1항을 준용한다.

제165조의3 【대지권이 있는 건물에 대한 권리의 등기】 ① 대지권을 등기한 건물에 대하여 소유권 외의 권리에 관한 등기를 신청하는 경우에는 제135조의3을 준용한다.
② 대지권을 등기한 건물에 대한 소유권 외의 권리에 관한 등기로서 건물만에 관한 뜻의 부기가 없는 경우에는 제135조의4를 준용한다.

제4절 말소에 관한 등기절차 〈개정 2008.3.21〉

제166조 【사망으로 인한 권리의 소멸】 등기한 권리가 어느 사람의 사망으로 인하여 소멸한 경우에 신청서에 그 사망을 증명하는 시 · 구 · 읍 · 면의 장의 서면이나 그 밖의 공정증서를 첨부한 경우에는 등기권리자가 단독으로 등기의 말소를 신청할 수 있다.

제167조 【등기의무자의 행방불명】 ① 등기권리자가 등기의무자의 행방불명으로 인하여 이와 공동으로 등기의 말소를 신청할 수 없을 때에는 「민사소송법」에 따라 공시최고(公示催告)를 신청할 수 있다.
② 제1항의 경우에 제권판결(除權判決)이 있으면 신청서에 그 등본을 첨부하여 등기권리자가 단독으로 등기의 말소를 신청할 수 있다.
③ 제1항의 경우에 신청서에 전세계약서와 전세금 반환증서 또는 채권증서(債權證書), 채권과

최후 1년분의 이자의 영수증을 첨부하면 등기권리자가 단독으로 전세권이나 저당권에 관한 등기의 말소를 신청할 수 있다.

제168조【신탁등기의 말소】 ① 신탁재산인 부동산에 관한 권리의 이전으로 인하여 그 권리가 신탁재산에 속하지 아니하게 된 경우에 하는 신탁등기말소의 신청은 이전등기의 신청과 동일한 서면으로써 하여야 한다.
② 신탁종료로 인하여 신탁재산인 부동산에 관한 권리가 이전한 경우에는 제1항을 준용한다.

제169조【가등기의 말소】 ① 가등기의 말소는 가등기명의인이 신청할 수 있다.
② 신청서에 가등기명의인의 승낙서 또는 이에 대항할 수 있는 재판의 등본을 첨부한 경우에는 등기상의 이해관계인이 가등기의 말소를 신청할 수 있다.

제170조【예고등기의 말소】 ① 제4조에 규정된 소(訴)를 각하한 재판 또는 이를 제기한 자에 대하여 패소를 선고한 재판이 확정된 때, 소의 취하, 청구의 포기 또는 화해가 있을 때에는 제1심법원은 지체 없이 촉탁서에 재판의 등본, 초본 또는 소의 취하서, 청구의 포기 또는 화해를 증명하는 법원서기관·법원사무관·법원주사 또는 법원주사보의 서면을 첨부하여 예고등기의 말소를 등기소에 촉탁하여야 한다.
② 제1항의 소를 제기한 자에 대하여 승소(勝訴)를 선고한 재판[청구의 인낙(認諾) 또는 화해(和解)를 포함한다]이 확정된 경우에 그 소 제기자가 그 재판에 의한 등기의 신청을 하지 아니하겠다는 뜻을 적은 서면을 그 재판의 정본(正本)과 함께 제출하였을 때에는 제1심법원은 지체 없이 촉탁서에 그 제출서면과 재판의 정본을 첨부하여 예고등기의 말소를 등기소에 촉탁하여야 한다.
③ 제2항의 재판에도 불구하고 등기의 말소나 회복의 등기를 할 수 없음이 다른 재판(청구의 인낙 또는 화해를 포함한다)에 의하여 인정되는 경우에 등기상의 이해관계인이 그 재판의 등본을 제출하였을 때에도 제2항과 같다. 이 경우 촉탁서에는 그 각 재판의 등본을 첨부하여야 한다.
④ 제2항이나 제3항에 따라 예고등기가 말소된 경우에는 제2항의 재판에 의한 등기의 신청을 하지 못한다.

제170조의2【예고등기의 말소】 등기관은 등기원인의 무효나 취소로 인하여 등기의 말소 또는 회복의 등기를 하였을 때에는 예고등기를 말소하여야 한다.

제171조【이해관계 있는 제3자가 있을 때】 등기의 말소를 신청하는 경우에 그 말소에 대하여 등기상 이해관계 있는 제3자가 있을 때에는 신청서에 그 승낙서 또는 이에 대항할 수 있는 재판의 등본을 첨부하여야 한다.

제172조【말소의 방법】 ① 등기를 말소할 때에는 말소의 등기를 한 후 말소할 등기를 붉은 선으로 지워야 한다.
② 제1항의 경우에 말소할 권리를 목적으로 하는 제3자의 권리에 관한 등기가 있을 때에는 등기용지 중 해당 구 사항란에 그 제3자의 권리의 표시를 하고 어느 권리의 등기를 말소함으로 인하여 말소한다는 뜻을 적어야 한다.

제173조 削除 〈1991.12.14〉

제174조【토지수용에 관한 말소등기】 제115조에 따라 토지수용으로 인한 소유권 이전의 등기신청이나 촉탁이 있는 경우에 그 부동산의 등기용지 중 소유권 또는 소유권 외의 권리에 관한 등기가 있으면 그 등기를 말소하여야 한다. 다만 그 부동산을 위하여 존재하는 지역권의 등기 또는

토지수용위원회의 재결로써 존속이 인정된 권리의 등기는 그러하지 아니하다.

제175조【관할 등 위반의 등기가 있을 때의 말소의 통지】 ① 등기관이 등기를 마친 후 그 등기가 제55조제1호나 제2호에 해당된 것임을 발견하였을 때에는 등기권리자, 등기의무자와 등기상 이해관계가 있는 제3자에게 1개월 이내의 기간을 정하여 그 기간에 이의를 진술하지 아니하면 등기를 말소한다는 뜻을 통지하여야 한다.
② 통지를 받을 자의 주소나 거소(居所)를 알 수 없으면 제1항의 통지를 갈음하여 제1항의 기간 동안 등기소 게시장에 이를 게시하여야 한다.

제176조【말소에 관한 이의】 말소에 관하여 이의를 진술한 자가 있으면 등기관은 그 이의에 대하여 결정을 하여야 한다.

제177조【직권말소】 제176조의 이의를 진술한 자가 없는 경우 또는 이의를 각하한 경우에는 등기관은 직권으로써 등기를 말소하여야 한다.

第4章의2 전산정보처리조직에 의한 등기사무 처리에 관한 특례 〈개정 2008.3.21〉

제177조의2【전산정보처리조직에 의한 등기사무 처리 등】 ① 대법원장이 지정·고시하는 등기소(이하 "지정등기소"라 한다)의 등기사무는 전부 또는 일부를 전산정보처리조직에 의하여 처리할 수 있다. 이 경우 등기 사항이 기록된 보조기억장치(자기디스크, 자기테이프, 그 밖에 이와 유사한 방법으로 일정한 등기 사항을 확실하게 기록·보관할 수 있는 전자적 정보저장 매체를 포함한다. 이하 같다)를 등기부로 본다.
② 제1항의 등기부는 제23조제1항에도 불구하고 대법원규칙으로 정하는 장소에 보관·관리할 수 있고, 전쟁, 천재지변, 그 밖에 이에 준하는 사태를 피하기 위한 경우 외에는 그 장소 밖으로 옮기지 못한다.

제177조의3【등본 또는 초본의 발급과 등기부의 열람】 ① 제177조의2에 따라 등기사무를 처리할 때 등기부에 기록된 사항의 전부나 일부를 증명하는 서면은 등기부의 등본이나 초본으로 본다.
② 제177조의2에 따라 등기사무를 처리할 때 등기부의 열람은 등기부에 기록된 사항 중 필요한 사항을 적은 서면을 발급하거나 전자적 방법으로 그 내용을 보게 하는 방법에 의할 수 있다.
③ 제177조의2에 따라 등기사무를 처리할 때에는 대법원장이 지정·고시하는 다른 지정등기소 관할 부동산에 대하여도 제1항과 제2항에 따라 등기부의 등본 또는 초본을 발급하거나 등기부를 열람하게 할 수 있다.

제177조의4【등기사무 처리의 특례】 ① 제177조의2에 따라 등기사무를 처리할 때에는 제14조제2항, 제17조, 제58조, 제61조, 제88조제3항 및 제102조의4제3항과 제16조제1항·제2항, 제81조제1항, 제93조, 제96조제1항·제4항, 제97조, 제104조제1항·제2항, 제104조의2제1항부터 제3항까지, 제105조, 제105조의2, 제108조제1항부터 제3항까지, 제108조의2, 제114조제3항, 제133조 및 제134조제1항 중 등기번호나 등기번호란과 관련된 내용은 적용하지 아니한다.
② 제177조의2에 따라 등기사무를 처리할 때에는 이 법 중 "등기용지" 또는 "용지"는 "등기기록"으로, "기재"는 "기록"으로, "등기관이 날인하여야 한다"는 "등기사무를 처리한 등기관을 나타내는 조치를 취하여야 한다"로, "붉은 선으로 지워야 한다"는 "말소하는 기호를 기록한다"로, "장수가 많아"는 "기록 사항이 많아"로, "사항란"은 "권리자 및 기타사항란"으로 본다.

제177조의5【전산정보자료의 교환 등】 ① 제177조의2에 따라 등기사무를 처리할 때에는 제68조

의2와 제68조의3에 따른 등기완료의 통지 또는 신청서 부본의 송부는 대법원규칙으로 정하는 사항이 기록된 보조기억장치나 이를 적은 서면을 송부하거나 전산통신망에 의하여 그 내용을 전송하는 방법으로 갈음할 수 있다.
② 법원행정처장은 국가기관 또는 지방자치단체로부터 등기사무 처리와 관련된 전산정보자료를 제공받을 수 있다.
③ 제177조의2에 따른 등기부에 기록된 등기 사항에 관한 전산정보자료(이하 "등기전산정보자료"라 한다)를 이용하거나 활용하려는 자는 관계 중앙행정기관의 장의 심사를 거쳐 법원행정처장의 승인을 받아야 한다. 다만 중앙행정기관의 장이 등기전산정보자료를 이용하거나 활용하려는 경우에는 법원행정처장과 협의하여야 하고, 협의가 성립되는 때에 그 승인을 받은 것으로 본다.
④ 제3항에 따른 등기전산정보자료의 이용 또는 활용과 그 사용료 등에 관하여 필요한 사항은 대법원규칙으로 정한다.

제177조의6 **【등기의 전산이기에 관한 특례】** ① 지정등기소에서는 지정 당시 현존하는 등기용지의 등기를 대법원규칙으로 정하는 바에 따라 전산정보처리조직에 의하여 보조기억장치에 기록[이하 "전산이기(電算移記)"라 한다]하여야 한다.
② 제1항의 경우에 대법원장의 지정을 받은 자는 제12조에도 불구하고 등기관을 갈음하여 전산이기한 등기기록에 자신의 명의로 종전의 등기용지로부터 전산이기하였음을 나타내는 조치를 한꺼번에 취할 수 있다.
③ 제1항에 따라 전산이기한 등기기록은 종전의 등기용지를 폐쇄하였을 때부터 제177조의2에 따른 등기부의 등기기록으로 본다.
④ 제1항에 따른 전산이기를 할 때에는 등기명의인의 성명 또는 명칭, 주소 또는 사무소 소재지, 주민등록번호 또는 제41조의2에 따른 등록번호를 전산이기 당시의 것으로 바꾸어 전산이기할 수 있다.

제177조의7 **【재정보증】** 법원행정처장은 전산정보처리조직에 의하여 등기사무를 처리하는 등기관 및 제177조의6제2항에 따라 대법원장의 지정을 받은 자에 대하여 재정보증(財政保證)에 관한 사항을 정하여 운용할 수 있다.

제177조의8 **【등기신청에 관한 특례】** ① 등기신청의 당사자나 대리인은 전산정보처리조직을 이용하여 등기를 신청할 수 있다. 이 경우 그 당사자나 대리인은 미리 사용자등록을 하여야 한다.
② 전산정보처리조직에 의하여 등기사무를 처리하는 경우에는 전자문서나 그 밖의 방법으로 제40조제1항 각 호의 서면을 대신할 수 있고, 전자문서의 경우에 신청인 · 작성자 또는 발행자의 기명날인 또는 서명은 전자서명으로 대신할 수 있다.
③ 제1항에 따라 등기를 신청하는 경우에는 제55조제3호를 적용하지 아니한다.
④ 제1항에 따른 등기신청은 법원행정처장이 지정 · 고시한 등기소나 등기유형에만 적용한다.

제177조의9 **【등기필증에 관한 특례】** ① 전산정보처리조직에 따라 등기를 마치면 등기관은 등기필증을 대신하는 정보(이하 "등기필정보"라 한다)의 통지로 제67조제1항에 따른 등기필증의 발급을 대신할 수 있다.
② 제177조의8제1항에 따라 등기를 신청하는 경우에 등기신청의 당사자나 대리인은 등기필정보의 제공으로 제40조제1항제3호의 등기필증의 제출을 대신할 수 있다.

제177조의10 **【등기의 접수 시기】** 전산정보처리조직에 따라 등기사무를 처리하는 경우에는 대법원규칙으로 정하는 등기신청정보가 전산정보처리조직에 전자적으로 기록될 때에 등기신청서가 접수된 것으로 본다.

제177조의11 【대법원규칙에의 위임】 제177조의2에 따라 등기사무를 처리하는 경우의 등기부의 관리와 등기사무 처리 및 제177조의8에 따른 등기신청과 제177조의9에 따른 등기필정보에 관하여 필요한 사항은 대법원규칙으로 정한다.

제5장 이 의 〈개정 2008.3.21〉

제178조 【이의신청과 그 관할】 등기관의 결정 또는 처분에 이의(異議)가 있는 자는 관할 지방법원에 이의신청을 할 수 있다.

제179조 【이의절차】 이의신청을 하려면 등기소에 이의신청서를 제출하여야 한다.

제180조 【새로운 사실에 의한 이의 금지】 새로운 사실이나 새로운 증거방법을 근거로 이의신청을 할 수는 없다.

제181조 【등기관의 조치】 ① 등기관은 이의가 이유 없다고 인정하면 3일 이내에 의견을 덧붙여 사건을 관할 지방법원에 송부하여야 한다.
② 등기관은 이의가 이유 있다고 인정하면 그에 해당하는 처분을 하여야 한다.
③ 만일 등기가 끝난 후일 때에는 그 등기에 이의신청이 있다는 사실을 등기상의 이해관계인에게 알리고 3일 이내에 의견을 덧붙여 사건을 관할 지방법원에 송부하여야 한다.

제182조 【집행부정지】 이의는 집행정지(執行停止)의 효력이 없다.

제183조 【이의에 대한 결정과 항고】 ① 관할 지방법원은 이의에 대하여는 이유를 덧붙여 결정을 하여야 한다. 이 경우 이의가 이유 있다고 인정하면 등기관에게 그에 해당하는 처분을 명하고 그 뜻을 이의신청인과 등기상의 이해관계인에게 알려야 한다.
② 제1항의 결정에 대하여는 「비송사건절차법」에 따라 항고할 수 있다.

제184조 【처분 전의 가등기 및 부기등기의 명령】 관할 지방법원은 이의에 대하여 결정하기 전에 등기관에게 가등기 또는 이의가 있다는 뜻의 부기등기를 명할 수 있다.

제185조 【관할 법원의 명령에 의한 등기의 방법】 등기관이 관할 지방법원의 명령에 의하여 등기를 할 때에는 명령을 한 지방법원, 명령의 연월일, 명령에 의하여 등기를 한다는 뜻과 등기의 연월일을 적고, 등기관이 날인하여야 한다.

제186조 【송달】 송달에 대하여는 「민사소송법」을 준용하고 이의의 비용에 대하여는 「비송사건절차법」을 준용한다.

第6章 보 칙 〈개정 2008.3.21〉

제186조의2 【과태료】 제101조에 따른 등기신청의 의무가 있는 자가 그 등기신청을 게을리하였을 때에는 5만원 이하의 과태료를 부과한다.

제186조의3 【등기필정보의 안전 확보】 ① 등기관은 취급하는 등기필정보의 누설·멸실 또는 훼손의 방지와 그 밖에 등기필정보의 안전관리를 위하여 필요하고도 적절한 조치를 마련하여야 한다.
② 등기관과 그 밖의 지방법원 및 그 지원 또는 등기소에서 부동산 등기사무에 종사하는 자나

그 직에 있었던 자는 그 직무로 인하여 알게 된 등기필정보의 작성이나 관리에 관한 비밀을 누설하여서는 아니 된다.

제186조의4 【벌칙】 다음 각 호의 어느 하나에 해당하는 자는 2년 이하의 징역 또는 1천만원 이하의 벌금에 처한다.
1. 제186조의3제2항을 위반하여 등기필정보의 작성이나 관리에 관한 비밀을 누설한 자
2. 등기부에 부실기록을 하도록 등기의 신청이나 촉탁에 제공할 목적으로 등기필정보를 취득한 자 또는 그 사정을 알면서 등기필정보를 제공한 자
3. 부정하게 취득한 등기필정보를 제2호의 목적으로 보관한 자

제187조 【대법원규칙】 이 법 시행에 필요한 사항은 대법원규칙으로 정한다.

附 則 〈제536호, 1960.1.1〉

제188조 【經過規定】 本法 施行前에 접수한 登記事件은 從前의 規定에 의하여 처리한다.
제189조 【同前】 從前의 永小作權 또는 先取特權으로서 이미 그 효력을 상실한 것에 관한 등기는 職權 또는 登記上利害關係人의 신청에 의하여 이를 抹消할 수 있다.
제190조 【同前】 ①本法 施行前에 從前의 규정에 의하여 한 등기는 본법에 의하여 한 것으로 본다.
②본법 시행전에 調製한 登記簿는 本法 施行後 그대로 사용한다.
제191조 【法令의 廢止】 朝鮮不動產登記令은 이를 廢止한다.
제192조 【施行期日】 본법은 단기 4293년 1월 1일부터 시행한다.

附 則 〈제2170호, 1970.1.1〉

①(施行日) 이 法은 公布한 날로부터 施行한다.
②(經過規定) 이 法 施行當時 國有不動產의 管理廳은 지체 없이 管理廳名稱添記登記를 登記所에 囑託하여야 한다.

附 則 〈제3692호, 1983.12.31〉

①(施行日) 이 法은 公布후 6月이 경과한 날로부터 施行한다.
②(登記用紙의 轉換에 따른 經過措置) 이 法 施行당시 登記用紙가 카드로 轉換되지 아니한 不動產에 대하여는 第9條·第16條第2項·第17條·第77條·第78條 및 第86條의 改正規定에 불구하고 登記用紙가 카드로 轉換될 때까지는 종전의 規定에 의한다.
③(地目에 관한 經過措置) 이 法 施行당시 종전의 規定에 의하여 登記된 地目중 "池沼"는 "溜池"로, "墳墓地"는 "墓地"로, "鐵道線路"는 "鐵道用地"로, "水道線路"는 "水道用地"로 , "公園地"는 "公園"으로, "城堞"은 "史蹟地"로 본다.
④(面積單位에 관한 經過措置) 이 法 施行당시 종전의 規定에 의하여 面積의 표시가 畔別 또는 坪數로 登記된 것은 제곱미터로 換算登記될 때까지 그대로 쓴다. 다만 登記公務員이 地籍公簿謄本 또는 家屋臺帳謄本에 의하여 그 土地 또는 建物의 面積表示가 제곱미터로 換算登錄된 事實을 안 때에는 職權으로 그 換算登記를 하여야 한다.

附 則 〈제3726호, 1984.4.10〉

第1條 【施行日】 이 法은 公布후 1年이 경과한 날로부터 施行한다.
第2條 【經過措置】 ①이 法 施行당시 現存하는 集合建物法의 規定에 의한 區分所有權의 目的인 建物의 登記用紙는 이 法 施行日로부터 2年 이내에 大法院規則이 정하는 바에 따라 第15條第1項 但書의 規定에 의한 登記用紙로 改製하여야 한다.

②이 法 施行당시 現存하는 集合建物法의 規定에 의한 專有部分에 대한 區分所有者가 이 法 施行日로부터 6月 이내에 그가 가지는 專有部分과 分離하여 垈地使用權을 處分할 수 있음을 정한 規約을 登記所에 제출하지 아니하면 登記公務員은 職權으로 이 法 施行日로부터 2年 이내에 第57條, 第57條의2의 規定에 의한 登記를 하여야 한다.
③登記公務員이 職權으로 행하는 第2項의 登記節次는 大法院規則으로 정한다.

附 則 〈제3789호, 1985.9.14〉

이 法은 公布한 날로부터 施行한다.

附 則 〈제3859호, 1986.12.23〉

①(施行日) 이 法은 1987年 3月 1日부터 施行한다. 다만 第41條의2第1項第2號의 改正規定(이와 관련되는 第40條第1項第7號·第41條第2項·第57條第2項 後段 및 第134條 後段의 改正規定을 포함한다)은 이 法 施行日로부터 6月을 넘지 아니하는 범위안에서 大法院規則이 정하는 날로부터 施行한다.
②(經過措置) 이 法 施行전에 접수한 登記事件은 종전의 規定에 의한다.
③(法人 아닌 社團이나 財團에 대한 登錄番號 부여에 관한 適用例) 第41條의2第1項第3號의 改正規定은 이 法 施行후 최초로 所有權의 保存 또는 移轉登記를 하는 分부터 適用한다.

附 則(부동산등기특별조치법) 〈제4244호, 1990.8.1〉

第1條【施行日】 이 法은 公布후 1月이 경과한 날부터 施行한다.
第2條 및 **第3條** 省略
第4條【다른 法律의 改正】 ①不動産登記法중 다음과 같이 改正한다.
第40條第2項중 "檢認"을 "檢印"으로 한다.
②省略

附 則 〈제4422호, 1991.12.14〉

第1條【施行日】 이 法은 1992年 2月 1日부터 施行한다.
第2條【分合의 登記에 관한 經過措置】 ①이 法은 施行당시 土地臺帳이나 林野臺帳 또는 家屋臺帳상 이미 合倂된 土地·建物의 合筆 또는 合倂의 登記는 이 法의 改正規定에 불구하고 종전의 規定에 의한다.
②이 法 施行당시 1筆의 土地 또는 1개의 建物의 일부를 目的으로 하는 地上權·傳貰權·賃借權 및 承役地에 관하여 하는 地役權 이외의 權利에 관한 登記가 있는 경우에도 그 分割 또는 구분의 登記에 관하여는 所有權 이외의 權利가 있는 경우에 관한 이 法의 해당 規定을 적용한다.
第3條【滅失建物登記用紙의 閉鎖】 ①登記公務員은 1950年 1月 1日 이후 登記事項에 변동이 없는 建物의 登記用紙를 발견한 때에는 그 所有權의 登記名義人 기타 登記상의 利害關係人에 대하여 1月 이내의 기간을 정하여 그 기간내에 建物이 現存하고 있다는 뜻의 申告를 하지 아니하면 그 登記用紙를 閉鎖한다는 뜻을 통지함과 동시에 家屋臺帳所管廳에 당해 建物에 관한 家屋臺帳의 비치 여부를 事實照會하여야 한다.
②第175條第2項의 規定은 第1項의 통지에 관하여 이를 準用한다.
③第1項의 기간내에 建物이 現存하고 있다는 뜻의 申告가 없고 家屋臺帳所管廳으로부터 당해 建物에 관한 家屋臺帳이 비치되어 있지 아니하다는 통지가 있는 경우에는 登記公務員은 그 登記用紙를 閉鎖하여야 한다.
④所有權의 登記名義人 기타 登記상의 利害關係人 또는 그 相續人은 언제든지 建物의 존재를 증명하는 書面을 첨부하여 第3項의 規定에 의하여 閉鎖된 登記用紙의 復活을 申請할 수 있다.

第4條【抵當權등 登記의 정리에 관한 特別措置】 1968年 12月 31日 이전에 登記簿에 기재된 다음 各號의 登記는 이 法 施行日로부터 90日 이내에 利害關係人으로부터 權利가 存續한다는 뜻의 申告가 없는 때에는 이를 抹消하여야 한다. 그러나 抵當權의 登記의 경우에는 1969年 1月 1日이후에 그 抵當權을 目的으로 한 假處分登記나 그 抵當權登記의 抹消의 豫告登記 또는 抵當權에 의한 競賣申請登記가 登記簿에 기재되어 있는 때에는 그러하지 아니하다.
1. 抵當權
2. 質權
3. 押留
4. 假押留
5. 假處分
6. 豫告登記
7. 破產
8. 競賣

第5條【다른 法律의 改正등】 ①地籍法중 다음과 같이 改正한다.
第18條第3項을 다음과 같이 한다.
③第1項 및 第2項 의 경우 合併하고자 하는 土地의 地番地域·地目 또는 所有者가 서로 다르거나 그 土地에 관하여 所有權·地上權·傳貰權·賃借權 및 承役地에 관하여 하는 地役權의 登記 이외의 登記가 있는 경우(合併하고자 하는 土地 전부에 관하여 登記原因 및 그 年月日과 接受番號가 동일한 抵當權에 관한 登記가 있는 경우를 제외한다) 기타 大統領令이 정하는 경우에는 合併을 申請할 수 없다.
②共有土地分割에관한特例法중 다음과 같이 改正한다.
第38條第4項 및 第5項을 削除하고, 同條第6項중 "第5項"을 "第3項"으로 한다.
③工場抵當法중 다음과 같이 改正한다.
第38條중 "第41條第3號"를 "第41條第1項第3號"로 한다.
④船舶登記法중 다음과 같이 改正한다.
第5條중 "第135條"를 削除하고, 同條중 "第156條"를 "第156條의2"로, "第158條"를 "第166條"로 한다.
⑤第1項 내지 第4項 이외에 다른 法律에서 不動產登記法의 規定을 인용한 경우에 이 法중 그에 해당하는 規定이 있는 때에는 종전의 規定에 代置하여 이 法의 해당 條項을 인용한 것으로 본다.

附 則(출입국관리법) 〈제4522호, 1992.12.8〉

第1條【施行日】 이 法은 1993年 4月 1日부터 施行한다.
第2條 내지 **第5條** 省略
第6條【다른 法律의 改正】 ①省略
②不動產登記法中 다음과 같이 改正한다.
第41條의2第1項第4號중 "居留地"를 "滯留地"로 한다.
③및 ④省略

附 則(출입국관리법) 〈제4592호, 1993.12.10〉

①(施行日) 이 法은 1994年 7月 1日부터 施行한다.
②省略
③(다른 法律의 改正) 不動產登記法중 다음과 같이 改正한다.
第41條의2第1項第4號중 "出入國管理事務所長"을 "出入國管理事務所長 또는 出入國管理事務所出張所長"으로 한다.

附 則 〈제5205호, 1996.12.30〉

이 法은 1997年 1月 1日부터 施行한다. 다만 第27條第3項 및 第55條第9號의 改正規定은 1997年 7月 1日부터 施行한다.

附 則 〈제5592호, 1998.12.28〉

第1條【施行日】 이 法은 公布한 날부터 施行한다.

第2條【다른 法律의 改正】 ①共有土地分割에관한特別法중 다음과 같이 改正한다.
第10條第2項第3號·第17條·第38條第1項 및 第39條중 "登記公務員"을 각각 "登記官"으로 한다.
②工場抵當法중 다음과 같이 改正한다.
第40條第1項 第41條第1項 本文 第45條第1項·第46條第1項·第49條第4項·第50條第4項·第52條第1項 및 第55條第2項중 "登記公務員"을 각각 "登記官"으로 한다.
③民事訴訟法중 다음과 같이 改正한다.
第611條·第612條 및 第651條중 "登記公務員"을 각각 "登記官"으로 한다.
④不動產登記特別措置法중 다음과 같이 改正한다.
第12條第7項중 "登記公務員"을 "登記官"으로 한다.
⑤不動產實權利者名義登記에관한法律중 다음과 같이 改正한다.
第3條第2項 및 第14條第1項중 "登記公務員"을 각각 "登記官"으로 한다.
⑥非訟事件節次法중 다음과 같이 改正한다.
第3編第4章第1節의 題目, 第132條, 第157條, 第158條, 第159條 各號외의 부분, 第171條第2項, 第174條第4項, 第199條第3項, 第214條第1項 내지 第3項, 第233條, 第235條 내지 第237條, 第238條第2項·第3項, 第239條, 第242條의 題目·第1項·第2項, 第244條 後段 및 第245條중 "登記公務員"을 각각 "登記官"으로 한다.
⑦收復地域內所有者未復舊土地의復舊登錄과保存登記등에관한特別措置法중 다음과 같이 改正한다.
第15條第2項중 "登記公務員"을 "登記官"으로 한다.
⑧입목에관한法律중 다음과 같이 改正한다.
第18條第2項 및 第19條중 "등기공무원"을 각각 "등기관"으로 한다.
⑨集合建物의所有및管理에관한法律중 다음과 같이 改正한다.
第62條·第63條 및 第64條第1項중 "登記公務員"을 각각 "登記官"으로 한다.
⑩徵發財產整理에관한特別措置法중 다음과 같이 改正한다.
第14條第2項·第4項 및 第16條第2項중 "登記公務員"을 각각 "登記官"으로 한다.

第3條 (다른 法令과의 관계) 이 法 施行당시 다른 法令에서 登記公務員을 인용한 경우에는 登記官을 인용한 것으로 본다.

부 칙 〈제6525호, 2001.12.19〉

제1조【시행일】 이 법은 2002년 1월 1일부터 시행한다.

제2조【등기관의 지정에 관한 경과조치】 ①이 법 시행 당시 법원에 재직중인 법원사무직류의 일반직공무원은 종전의 규정에 따라 등기관으로 지정될 수 있다.
②이 법 시행 당시 종전의 규정에 의하여 등기관으로 지정받은 자는 제12조의 개정규정에 의하여 지정된 것으로 본다.

부 칙 〈제6631호, 2002.1.26〉

이 법은 2002년 7월 1일부터 시행한다.

부 칙 〈제6926호, 2003.7.18〉

이 법은 공포후 6월이 경과한 날부터 시행한다.

부 칙(변호사법) 〈제7357호, 2005.1.27〉

제1조 【시행일】 이 법은 공포 후 6월이 경과한 날부터 시행한다. 〈단서 생략〉
제2조 내지 **제8조** 생략
제9조 【다른 법률의 개정】 ①부동산등기법중 다음과 같이 개정한다.
제28조 단서중 "法務法人"을 "법무법인·법무법인(유한)·법무조합"으로 한다.
②생략

부 칙 〈제7764호, 2005.12.29〉

①(시행일) 이 법은 2006년 6월 1일부터 시행한다.
②(일반적 적용례) 이 법의 개정규정은 2006년 1월 1일 이후 거래계약을 체결하여 이 법 시행 후 최초로 등기를 신청하는 분부터 적용한다.

부 칙 〈제7954호, 2006.5.10〉

제1조 【시행일】 이 법은 2006년 6월 1일부터 시행한다.
제2조 【저당권 등 등기의 정리에 관한 특별조치】 ①1980년 12월 31일 이전에 등기된 다음 각 호의 등기는 이 법 시행일부터 90일 이내에 이해관계인으로부터 권리가 존속한다는 뜻의 신고가 없을 때에는 말소하여야 한다.
1. 저당권
2. 질권
3. 압류
4. 가압류
5. 가처분
6. 예고등기
7. 파산
8. 경매
②제1항의 규정에 불구하고 저당권 등기로서 다음 각 호의 어느 하나에 해당하는 경우에는 예외로 한다.
1. 1981년 1월 1일 이후에 그 저당권을 목적으로 한 가처분등기, 그 저당권등기의 말소의 예고등기 또는 저당권에 의한 경매신청등기가 등기부에 기록되어 있는 경우
2. 저당권자가 「금융실명거래 및 비밀보장에 관한 법률」 제2조제1호의 금융기관인 경우

부 칙(가족관계의 등록 등에 관한 법률) 〈제8435호, 2007.5.17〉

제1조 【시행일】 이 법은 2008년 1월 1일부터 시행한다. 〈단서 생략〉
제2조부터 **제7조**까지 생략
제8조 【다른 법률의 개정】 ①부터 ⑬까지 생략
⑭ 부동산등기법 일부를 다음과 같이 개정한다.
제13조제1항을 다음과 같이 한다.
① 등기관은 자기 또는 4촌 이내의 친족이 등기신청인인 때에는 그 등기소에서 소유권등기를 한 성년자로서 4촌 이내의 친족이 아닌 자 2인 이상의 참여가 없으면 등기를 할 수 없다. 친족에 대하여는 친족관계가 끝난 후에도 또한 같다.

⑮부터 〈39〉까지 생략
제9조 생략

부 칙(정부조직법) 〈제8852호, 2008.2.29〉

제1조 【시행일】 이법은 공포한 날부터 시행한다. 다만 · · ·〈생략〉· · ·, 부칙 제6조에 따라 개정되는 법률 중 이 법의 시행 전에 공포되었으나 시행일이 도래하지 아니한 법률을 개정한 부분은 각각 해당 법률의 시행일부터 시행한다.
제2조부터 **제5조**까지 생략
제6조 【다른법률의 개정】 ① 부터 〈168〉 까지 생략
〈169〉 부동산 등기법 일부를 다음과 같이 개정한다.
제41조의2제1항제1호 중 "행정자치부장관"을 "국토해양부장관"으로 한다.
〈170〉 부터 〈760〉 까지 생략
제7조 생략

부 칙 〈제8922호, 2008.3.21〉

이 법은 공포한 날부터 시행한다.

부 칙(국유재산법) 〈제9401호, 2009.1.30〉

제1조 【시행일】 이법은 공포 후 6개월이 경과한 날부터 시행한다. 〈단서 생략〉
제2조부터 **제9조**까지 생략
제10조 【다른 법률의 개정】 ① 부터 〈37〉 까지 생략
〈38〉 부동산등기법 일부를 다음과 같이 개정한다.
제48조의2 중 "관리환(管理換)"을 "관리전환"으로 한다.
〈39〉 부터 〈86〉 까지 생략
제11조 생략

부동산 실권리자명의 등기에 관한 법률

(일부개정 2007.8.3. 법률 제8635호)

제1조 【목적】 이 법은 부동산에 관한 소유권 기타 물권을 실체적 권리관계에 부합하도록 실권리자 명의로 등기하게 함으로써 부동산등기제도를 악용한 투기·탈세·탈법행위등 반사회적 행위를 방지하고 부동산거래의 정상화와 부동산가격의 안정을 도모하여 국민경제의 건전한 발전에 이바지함을 목적으로 한다.

제2조 【정의】 이 법에서 사용하는 용어의 정의는 다음과 같다.〈개정 2007.8.3〉
1. "명의신탁약정"이라 함은 부동산에 관한 소유권 기타 물권(이하 "부동산에 관한 물권"이라 한다)을 보유한 자 또는 사실상 취득하거나 취득하려고 하는 자(이하 "실권리자"라 한다)가 타인과의 사이에서 대내적으로는 실권리자가 부동산에 관한 물권을 보유하거나 보유하기로 하고 그에 관한 등기(가등기를 포함한다. 이하 같다)는 그 타인의 명의로 하기로 하는 약정(위임·위탁매매의 형식에 의하거나 추인에 의한 경우를 포함한다)을 말한다. 다만, 다음 각목의 경우를 제외한다.
가. 채무의 변제를 담보하기 위하여 채권자가 부동산에 관한 물권을 이전받거나 가등기하는 경우
나. 부동산의 위치와 면적을 특정하여 2인 이상이 구분소유하기로 하는 약정을 하고 그 구분소유자의 공유로 등기하는 경우
다. 신탁법 또는 「자본시장과 금융투자업에 관한 법률」에 따른 신탁재산인 사실을 등기한 경우
2. "명의신탁자"라 함은 명의신탁약정에 의하여 자신의 부동산에 관한 물권을 타인의 명의로 등기하게 하는 실권리자를 말한다.
3. "명의수탁자"라 함은 명의신탁약정에 의하여 실권리자의 부동산에 관한 물권을 자신의 명의로 등기하는 자를 말한다.
4. "실명등기"라 함은 이 법 시행전에 명의신탁약정에 의하여 명의수탁자의 명의로 등기된 부동산에 관한 물권을 이 법 시행일이후 명의신탁자의 명의로 등기하는 것을 말한다.

제3조 【실권리자명의등기의무등】 ①누구든지 부동산에 관한 물권을 명의신탁약정에 의하여 명의수탁자의 명의로 등기하여서는 아니된다.
②채무의 변제를 담보하기 위하여 채권자가 부동산에 관한 물권을 이전받는 경우에는 채무자·채권금액 및 채무변제를 위한 담보라는 뜻이 기재된 서면을 등기신청서와 함께 등기관에게 제출하여야 한다.〈개정 1998.12.28〉

제4조 【명의신탁약정의 효력】 ①명의신탁약정은 무효로 한다.
②명의신탁약정에 따라 행하여진 등기에 의한 부동산에 관한 물권변동은 무효로 한다. 다만, 부동산에 관한 물권을 취득하기 위한 계약에서 명의수탁자가 그 일방당사자가 되고 그 타방당사자는 명의신탁약정이 있다는 사실을 알지 못한 경우에는 그러하지 아니하다.
③제1항 및 제2항의 무효는 제3자에게 대항하지 못한다.

제5조 【과징금】 ①다음 각 호의 1에 해당하는 자에 대하여는 당해 부동산가액의 100분의 30에 해당하는 금액의 범위안에서 과징금을 부과한다.〈개정 2002.3.30〉
1. 제3조제1항의 규정을 위반한 명의신탁자
2. 제3조제2항의 규정을 위반한 채권자 및 동조동항의 규정에 의한 서면에 채무자를 허위로 기재하여 제출하게 한 실채무자
②제1항의 부동산가액은 과징금을 부과하는 날 현재의 다음 각 호의 가액에 의한다. 다만, 제3조

제1항 또는 제11조제1항의 규정을 위반한 자가 과징금을 부과받은 날 이미 명의신탁관계를 종료하였거나 실명등기를 하였을 때에는 명의신탁관계 종료시점 또는 실명등기시점의 부동산가액으로 한다.〈개정 1996.12.30, 1998.12.28, 2007.5.11〉
1. 소유권의 경우에는 소득세법 제99조의 규정에 의한 기준시가
2. 소유권외의 물권의 경우에는 상속세및증여세법 제61조제5항 및 제66조의 규정에 의하여 대통령령이 정하는 방법에 의하여 평가한 금액
③제1항의 규정에 의한 과징금의 부과기준은 제2항의 규정에 의한 부동산가액(이하 "부동산평가액"이라 한다), 제3조의 규정을 위반한 기간, 조세를 포탈하거나 법령에 의한 제한을 회피할 목적으로 하였는지 여부 등을 고려하여 대통령령으로 정한다.〈신설 2002.3.30〉
④제1항의 규정에 의한 과징금의 금액이 대통령령이 정하는 금액을 초과하는 경우에는 그 초과하는 부분은 대통령령이 정하는 바에 의하여 이를 물납할 수 있다.
⑤제1항의 규정에 의한 과징금은 당해 부동산의 소재지를 관할하는 시장·군수 또는 구청장이 부과·징수한다. 이 경우 과징금은 위반사실이 확인된 후 지체 없이 이를 부과하여야 한다.
⑥제1항의 규정에 의한 과징금을 납부기한내에 납부하지 아니한 때에는 지방세체납처분의 예에 의하여 이를 징수한다.
⑦제1항의 규정에 의한 과징금의 부과 및 징수등에 관하여 필요한 사항은 대통령령으로 정한다.

제6조 【이행강제금】 ①제5조제1항제1호의 규정에 의한 과징금을 부과받은 자는 지체 없이 당해 부동산에 관한 물권을 자신의 명의로 등기하여야 한다. 다만, 제4조제2항 단서에 해당하는 경우에는 그러하지 아니하며, 자신의 명의로 등기할 수 없는 정당한 사유가 있는 경우에는 그 사유가 소멸된 후 지체 없이 자신의 명의로 등기하여야 한다.
②제1항의 규정을 위반한 자에 대하여는 과징금부과일(제1항 단서 후단의 경우에는 등기할 수 없는 사유가 소멸한 때를 말한다)부터 1년이 경과한 때에 부동산평가액의 100분의 10에 해당하는 금액을, 다시 1년이 경과한 때에 부동산평가액의 100분의 20에 해당하는 금액을 각각 이행강제금으로 부과한다.〈개정 2002.3.30〉
③제5조제4항 내지 제7항의 규정은 이행강제금에 관하여 이를 준용한다.〈개정 2002.3.30〉

제7조 【벌칙】 ①다음 각 호의 1에 해당하는 자 및 그를 교사하여 당해 규정을 위반하도록 한 자는 5년 이하의 징역 또는 2억원 이하의 벌금에 처한다.
1. 제3조제1항의 규정을 위반한 명의신탁자
2. 제3조제2항의 규정을 위반한 채권자 및 동조동항의 규정에 의한 서면에 채무자를 허위로 기재하여 제출하게 한 실채무자
②제3조제1항의 규정을 위반한 명의수탁자 및 그를 교사하여 당해 규정을 위반하도록 한 자는 3년 이하의 징역 또는 1억원 이하의 벌금에 처한다.
③제3조의 규정을 위반하도록 방조한 자는 1년 이하의 징역 또는 3천만원 이하의 벌금에 처한다.

제8조 【종중 및 배우자에 대한 특례】 다음 각 호의 1에 해당하는 경우로서 조세포탈, 강제집행의 면탈 또는 법령상 제한의 회피를 목적으로 하지 아니하는 경우에는 제4조 내지 제7조 및 제12조제1항·제2항의 규정을 적용하지 아니한다.
1. 종중이 보유한 부동산에 관한 물권을 종중(종중과 그 대표자를 같이 표시하여 등기한 경우를 포함한다)외의 자의 명의로 등기한 경우
2. 배우자 명의로 부동산에 관한 물권을 등기한 경우

제9조 【조사등】 ①시장·군수 또는 구청장은 필요하다고 인정하는 경우에는 제3조·제10조 내지 제12조 및 제14조의 규정에 위반한 여부를 확인하기 위한 조사를 할 수 있다.
②국세청장은 탈세혐의가 있다고 인정하는 경우에는 제3조·제10조 내지 제12조 및 제14조의 규

정에 위반한 여부를 확인하기 위한 조사를 할 수 있다.
③공무원이 그 직무를 행함에 있어 제3조·제10조 내지 제12조 및 제14조의 규정에 위반한 사실을 알게 된 경우에는 국세청장과 당해 부동산의 소재지를 관할하는 시장·군수 또는 구청장에게 그 사실을 통보하여야 한다.

제10조 【장기미등기자에 대한 벌칙등】 ①부동산등기특별조치법 제2조제1항·제11조 및 법률 제4244호 동법 부칙 제2조의 적용을 받는 자로서 다음 각 호의 1에 의한 날부터 3년 이내에 소유권이전등기를 신청하지 아니한 등기권리자(이하 "장기미등기자"라 한다)에 대하여는 부동산평가액의 100분의 30에 해당하는 금액의 범위안에서 과징금(부동산등기특별조치법 제11조의 규정에 의한 과태료가 이미 부과된 경우에는 이를 차감한 금액을 말한다)을 부과한다. 다만, 제4조제2항 본문 및 제12조제1항의 규정에 의하여 등기의 효력이 발생하지 아니함에 따라 새로이 등기를 신청하여야 할 사유가 발생한 경우와 등기를 신청하지 못할 정당한 사유가 있는 경우에는 그러하지 아니하다.〈개정 2002.3.30〉
1. 계약당사자가 서로 대가적인 채무를 부담하는 경우에는 반대급부의 이행이 사실상 완료된 날
2. 계약당사자의 일방만이 채무를 부담하는 경우에는 그 계약의 효력이 발생한 날
②제1항의 규정에 의한 과징금의 부과기준은 부동산평가액, 소유권이전등기를 신청하지 아니한 기간, 조세를 포탈하거나 법령에 의한 제한을 회피할 목적으로 하였는지 여부, 부동산등기특별조치법 제11조의 규정에 의한 과태료가 부과되었는지 여부 등을 고려하여 대통령령으로 정한다.〈신설 2002.3.30〉
③제5조제4항 내지 제7항의 규정은 제1항의 규정에 의한 과징금에 관하여 이를 준용한다.〈개정 2002.3.30〉
④장기미등기자가 제1항의 규정에 의하여 과징금을 부과받고도 소유권이전등기를 신청하지 아니한 때에는 제6조제2항 및 제3항의 규정을 준용하여 이행강제금을 부과한다.
⑤장기미등기자(제1항 단서의 규정에 해당하는 자를 제외한다) 및 그를 교사하여 제1항의 규정에 위반하여 소유권이전등기를 신청하지 아니하도록 한 자는 5년 이하의 징역 또는 2억원 이하의 벌금에 처하고, 제1항의 규정에 위반하여 소유권이전등기를 신청하지 아니하도록 방조한 자는 1년 이하의 징역 또는 3천만원 이하의 벌금에 처한다.

제11조 【기존 명의신탁약정에 의한 등기의 실명등기등】 ①이 법 시행전에 명의신탁약정에 의하여 부동산에 관한 물권을 명의수탁자의 명의로 등기하거나 하도록 한 명의신탁자(이하 "기존 명의신탁자"라 한다)는 이 법 시행일부터 1년의 기간(이하 "유예기간"이라 한다)이내에 실명등기하여야 한다. 다만, 공용징수·판결·경매 기타 법률의 규정에 의하여 명의수탁자로부터 제3자에게 부동산에 관한 물권이 이전된 경우(상속에 의한 경우를 제외한다)와 종교단체, 향교등이 조세포탈, 강제집행의 면탈을 목적으로 하지 아니하고 명의신탁한 부동산으로서 대통령령이 정하는 부동산의 경우는 그러하지 아니하다.
②다음 각 호의 1에 해당하는 경우에는 제1항의 규정에 의하여 실명등기를 한 것으로 본다.〈개정 1997.8.22, 1999.12.31〉
1. 기존 명의신탁자가 당해 부동산에 관한 물권에 관하여 매매 기타 처분행위를 하고 유예기간이내에 그 처분행위로 인한 취득자에게 직접 등기를 이전한 경우
2. 기존 명의신탁자가 유예기간이내에 다른 법률의 규정에 의하여 당해 부동산의 소재지를 관할하는 시장·군수 또는 구청장에게 매각을 위탁하거나 대통령령이 정하는 바에 의하여 금융기관부실자산등의효율적처리및한국자산관리공사의설립에관한법률에 의하여 설립된 한국자산관리공사에 매각을 의뢰한 경우. 다만, 매각위탁 또는 매각의뢰를 철회한 경우에는 그러하지 아니하다.
③실권리자의 귀책사유없이 다른 법률의 규정에 의하여 제1항 및 제2항의 규정에 의한 실명등기 또는 매각처분등을 할 수 없는 경우에는 그 사유가 소멸한 때부터 1년 이내에 실명등기 또는 매각처분등을 하여야 한다.

④이 법 시행전 또는 유예기간중에 부동산물권에 관한 쟁송이 법원에 제기된 경우에는 당해 쟁송에 관한 확정판결(이와 동일한 효력이 있는 경우를 포함한다)이 있은 날부터 1년 이내에 제1항 및 제2항의 규정에 의한 실명등기 또는 매각처분등을 하여야 한다.

제12조 【실명등기의무위반의 효력등】 ①제11조에 규정된 기간이내에 실명등기 또는 매각처분등을 하지 아니한 경우 그 기간이 경과한 날 이후의 명의신탁약정등의 효력에 관하여는 제4조의 규정을 적용한다.
②제11조의 규정을 위반한 자에 대하여는 제3조제1항의 규정을 위반한 자에 준하여 제5조 및 제6조의 규정을 적용한다.
③이 법 시행전에 명의신탁약정에 의한 등기를 한 사실이 없는 자가 제11조에 의한 실명등기를 가장하여 등기한 때에는 5년이하의 징역 또는 2억원이하의 벌금에 처한다.

제13조 【실명등기에 대한 조세부과의 특례】 ①제11조의 규정에 의하여 실명등기를 한 부동산이 1건이고 그 가액이 5천만원 이하인 경우로서 다음 각 호의 1에 해당하는 경우에는 이미 면제되거나 적게 부과된 조세 또는 부과되지 아니한 조세는 이를 추징하지 아니한다. 이 경우 실명등기를 한 부동산의 범위 및 가액의 계산에 대하여는 대통령령으로 정한다.〈개정 1996.12.30, 2002.3.30〉
1. 소득세법 종전의 제5조제6호의 규정(법률 제4803호 동법개정법률로 개정되기 전의 규정을 말한다)에 의하여 명의신탁자 및 그와 생계를 같이 하는 1세대가 이 법 시행전에 1세대1주택양도에 따른 비과세를 받은 경우로서 실명등기로 인하여 당해 주택을 양도한 날에 비과세에 해당하지 아니하게 되는 경우
2. 종전의 상속세법(법률 제5193호 동법개정법률로 개정되기 전의 법률을 말한다) 제32조의2의 규정에 의하여 명의자에게 이 법 시행전에 납세의무가 성립된 증여세를 부과하는 경우
②실명등기를 한 부동산이 비업무용부동산에 해당하는 경우로서 유예기간(제11조제3항 및 제4항의 경우에는 그 사유가 소멸한 때부터 1년의 기간을 말한다) 종료시까지 당해 법인의 고유업무에 직접 사용하는 때에는 법률 제6312호 지방세법중개정법률 부칙 제10조의 규정에 불구하고 지방세법 종전의 제112조제2항의 규정(법률 제6312호 동법중개정법률로 개정되기 전의 규정을 말한다)의 세율을 적용하지 아니한다.〈개정 2002.3.30〉

제14조 【기존 양도담보권자의 서면제출 의무등】 ①이 법 시행전에 채무의 변제를 담보하기 위하여 채권자가 부동산에 관한 물권을 이전받은 경우에는 이 법 시행일부터 1년의 기간이내에 채무자·채권금액 및 채무변제를 위한 담보라는 뜻이 기재된 서면을 등기관에게 제출하여야 한다.〈개정 1998.12.28〉
②제1항의 규정을 위반한 채권자 및 동항의 규정에 의한 서면에 채무자를 허위로 기재하여 제출하게 한 실채무자에 대하여는 당해 부동산평가액의 100분의 30에 해당하는 금액의 범위안에서 과징금을 부과한다.〈개정 2002.3.30〉
③제2항의 규정에 의한 과징금의 부과기준은 부동산평가액, 제1항의 규정을 위반한 기간, 조세를 포탈하거나 법령에 의한 제한을 회피할 목적으로 하였는지 여부 등을 고려하여 대통령령으로 정한다.〈신설 2002.3.30〉
④제5조제4항 내지 제7항의 규정은 제2항의 규정에 의한 과징금에 관하여 이를 준용한다.〈개정 2002.3.30〉

제15조 삭제〈1997.12.13〉

부 칙 〈제4944호, 1995.3.30〉

제1조 【시행일】 이 법은 1995년 7월 1일부터 시행한다.

제2조 【적용례】 ①제3조 및 제13조의 규정은 이 법 시행후 등기하는 분부터 적용한다.
②제4조의 규정은 이 법 시행전에 명의신탁약정을 하고 이 법 시행후에 이에 의한 등기를 한 경우에도 이를 적용한다.

제3조 【장기미등기자에 관한 경과조치】 이 법 시행전에 제10조제1항 각 호에 규정하는 날이 경과한 경우에는 동조동항에 규정한 3년의 기간은 이 법 시행일부터 기산한다.

제4조 【다른 법률의 개정】 ①조세감면규제법중 다음과 같이 개정한다.
제3조제1항에 제23호를 다음과 같이 신설한다.
23. 부동산실권리자명의등기에관한법률
②부동산등기특별조치법중 다음과 같이 개정한다.
제7조·제8조제3호 및 제9조제2호를 각각 삭제한다.
제11조제1항 단서를 다음과 같이 한다.
다만, 부동산실권리자명의등기에관한법률 제10조제1항의 규정에 의하여 과징금을 부과한 경우에는 그러하지 아니하다.

제5조 【다른 법률의 개정에 따른 벌칙에 관한 경과조치】 이 법 시행전에 종전의 부동산등기특별조치법 제7조의 규정을 위반한 자에 대한 벌칙의 적용에 있어서는 종전의 규정에 의한다.

부 칙(상속세및증여세법) 〈제5193호, 1996.12.30〉

제1조 【시행일】 이 법은 1997년 1월 1일부터 시행한다.

제2조 내지 **제13조** 생략

제14조 【다른 법률의 개정】 ①내지 ⑥생략
⑦부동산실권리자명의등기에관한법률중 다음과 같이 개정한다.
제5조제2항제2호중 "상속세법 제9조제4항 및 제5항"을 "상속세및증여세법 제61조제4항 및 제66조"로 하며, 제13조제1항제2호중 "상속세법 제32조의2"를 "법률 제4805호 상속세법중개정법률 제32조의2"로 한다.
⑧생략

제15조 생략

부 칙(금융기관부실자산등의효율적처리및성업공사의설립에관한법률) 〈제5371호, 1997.8.22〉

제1조 【시행일】 이 법은 공포후 3월이 경과한 날부터 시행한다.

제2조 내지 **제8조** 생략

제9조 【다른 법률의 개정 및 다른 법령과의 관계】 ①내지 ④생략
⑤부동산실권리자명의등기에관한법률중 다음과 같이 개정한다.
제11조제2항제2호 본문중 "한국산업은행법에 의하여 설립된 성업공사"를 "금융기관부실자산등의효율적처리및성업공사의설립에관한법률에 의하여 설립된 성업공사"로 한다.
⑥내지 ⑧생략

부 칙(행정절차법의시행에따른공인회계사법등의정비에관한법률) 〈제5453호, 1997.12.13〉

제1조 【시행일】 이 법은 1998년 1월 1일부터 시행한다. 〈단서 생략〉

제2조 생략

부 칙(상속세및증여세법) 〈제5582호, 1998.12.28〉

① (시행일) 이 법은 1999년 1월 1일부터 시행한다.
②내지 ④ 생략
⑤ (다른 법률의 개정) 부동산실권리자명의등기에관한법률중 다음과 같이 개정한다.
제5조제2항중 "상속세및증여세법 제61조제4항"을 "상속세및증여세법 제61조제5항"으로 한다.

부 칙(부동산등기법) 〈제5592호, 1998.12.28〉

제1조 【시행일】 이 법은 공포한 날부터 시행한다.

제2조 【다른 법률의 개정】 ①내지 ④ 생략
⑤부동산실권이자명의등기에관한법률중 다음과 같이 개정한다.
제3조제2항 및 제14조제1항중 "등기공무원"을 각각 "등기관"으로 한다.
⑥내지 ⑩ 생략

제3조 생략

부 칙(금융기관부실자산등의효율적처리및한국자산관리공사의설립에관한법률) 〈제6073호, 1999.12.31〉

제1조 【시행일】 이 법은 공포한 날부터 시행한다.

제2조 생략

제3조 【다른 법률의 개정】 ①내지 ④생략
⑤부동산실권리자명의등기에관한법률중 다음과 같이 개정한다.
제11조제2항2호 본문중 "금융기관부실자산등의효율적처리및성업공사의설립에관한법률에 의하여 설립된 성업공사"를 "금융기관부실자산등의효율적처리및한국자산관리공사의설립에관한법률에 의하여 설립된 한국자산관리공사"로 한다.
⑥내지 ⑫생략

부 칙 〈제6683호, 2002.3.30〉

① (시행일) 이 법은 공포한 날부터 시행한다.
② (적용례) 제5조제1항·제3항(제12조제2항의 규정에 의하여 적용되는 경우를 포함한다), 제10조제1항·제2항 및 제14조제2항·제3항의 개정규정은 이 법 시행후 최초로 과징금을 부과하는 분부터 적용한다. 다만, 종전의 규정에 의하여 부과된 과징금처분(행정심판 또는 행정소송이 제기된 것에 한한다)에 대하여도 이를 적용한다.

부 칙 〈제8418호, 2007.5.11〉

① (시행일) 이 법은 공포한 날부터 시행한다.
② (적용례) 제5조제2항(제12조제2항의 규정에 따라 적용되는 경우를 포함한다)의 개정규정은

이 법 시행 후 최초로 과징금을 부과하는 분부터 적용한다. 다만, 종전의 규정에 따라 부과된 과징금처분(행정심판 또는 행정소송이 제기되어 그 절차가 종료되지 아니한 것에 한한다)에 대하여도 이를 적용한다.

부 칙(자본시장과 금융투자업에 관한 법률) 〈제8635호, 2007.8.3〉

제1조 【시행일】 이 법은 공포 후 1년 6개월이 경과한 날부터 시행한다. 〈단서 생략〉

제2조 내지 **제41조** 생략

제42조 【다른 법률의 개정】 ①내지 〈37〉 생략
〈38〉부동산 실권리자명의 등기에 관한 법률 일부를 다음과 같이 개정한다.
제2조제1호다목 중 "신탁업법에 의한"을 "「자본시장과 금융투자업에 관한 법률」에 따른"으로 한다.
〈39〉내지 〈67〉 생략

제43조 및 **제44조** 생략

住宅賃貸借保護法

(1981.3.5. 법률 제3379호)

1. 槪括: 특수한 임대차로 일시사용을 위한 임대차, 농지임대차, 선박임대차, 주택임대차, 상가건물임대차 등이 있으나, 주택임대차와 상가건물임대차 외에는 그 내용에 특별한 것은 없다. 주택의 임대차에 관하여는 특별법인 주택임대차보호법이 있고 상가건물에 대하여는 상가건물임대차보호법이 있다. 주택임대차보호법은 우리나라에서 주거난이 심각하고, 또한 주택임차인이 사회적·경제적으로 약자인 점에서 주로 임차인을 보호하는 내용으로 되어 있으며, 상가건물의 경우에도 역시 소자본의 자영업자가 생활수단으로 작은 규모의 상가건물을 임차하여 영업활동을 하는 경제적 약자인 점을 고려하여 임차인을 보호하는 내용으로 되어 있다. 양 법은 우리의 실정에서 임차인이 자기의 모든 재산이라고 할 수 있는 큰 액수의 금전을 임대인에게 보증금으로 맡긴다는 점에서, 당해 법의 대부분을 보증금에 관하여 임차인의 보호를 위한 것에 할애를 하며, 그 밖에는 외국의 예와 같이 주택의 임차권에 대하여 승계제도를 두고 있다. 이러한 주택임대차보호법과 상가건물임대차보호법은 전부가 강행규정으로 되어 있다.

2. 構成

(1) 목적, 적용범위: 제1조, 제2조
(2) 대항력: 제3조
(3) 보증금의 회수: 제3조의2
(4) 임차권등기명령, 민법상의 등기: 제3조의3-제3조의4
(5) 경매에 의한 임차권소멸: 제3조의5
(6) 임대차기간, 갱신: 제4조-제6조의2
(7) 차임등 증감청구권: 제7조, 제7조의2
(8) 최우선변제력: 제8조
(9) 임차권승계: 제9조
(10) 강행규정: 제10조
(11) 일시사용: 제11조
(12) 미등기전세: 제12조
(13) 소액사건심판법 준용: 제13조

第1條【目的】 이 法은 住居用建物의 賃貸借에 관하여 民法에 대한 特例를 規定함으로써 國民의 住居生活의 安定을 保障함을 目的으로 한다.

第2條【適用範圍】 이 法은 住居用建物(이하 "住宅"이라 한다)의 全部 또는 一部의 賃貸借에 관하여 이를 適用한다. 그 賃借住宅의 一部가 住居외의 目的으로 사용되는 경우에도 또한 같다.

適用範圍

1. 本法의 適用範圍

(1) 입법목적에 따른 적용범위-제1조

(가) 주거생활의 안정 보장: 주택임대차보호법의 입법목적은 주거용건물에 관하여 민법에 대한 특례를 규정함으로써 국민(임차인)의 주거생활의 안정을 보장하려는 것으로(대판 2008.5.15. 2007다23203), 법인이 임차인이 아닌 임대인인 경우에도 적용이 있다.

(나) 임차인이 법인인 경우-적용 없음: 본법은 서민의 주거 안정의 보호를 위하여 특별히 임차인의 주민등록전입신고와 점유만으로 대항력을 가지게 한 것으로 법인은 주민등록을 구비할 수

없어 법인이 임차인인 경우는 본법의 적용이 없고, 법인이 임차인이고 그 직원이 거주한다고 하여도 본법이 적용되지 아니한다(대판 1997.7.11. 96다7236).

(2) 주거용건물의 전부 또는 일부-제2조 전문: 주거용건물의 전부 또는 일부의 임대차에 적용된다.

(가) 임차물이 주거용건물만

① 계약시를 기준: 주거용건물이냐 여부는 임대차계약시를 기준으로 건물의 구조 등으로 판단한다.

② 실지 용도로 판단: 공부상의 표시에 불구하고 그 실지 용도에 따라서 정하여야 한다.

③ 실제의 구조상 주거용 여부로 판단: 임대차계약체결 당시 건물의 구조상 주거용으로서의 형태가 실질적으로 갖추어져 있어야 한다.

④ 주거용과 비주거용이 복합된 경우: 한 건물의 비주거용 부분과 주거용 부분이 함께 임대차의 목적이 되어 각기 그 용도에 따라 사용되는 경우, 그 주거용 부분에 관하여 이 법이 적용되느냐의 여부는 구체적인 경우에 따라 합목적적으로 결정하여야 한다.

(나) 목적이 주거용이 아닌 임대차-적용 없음: 주택임대차로서의 우선변제권을 취득한 것처럼 외관을 만들었을 뿐 실제 주택을 주거용으로 사용·수익할 목적을 갖지 아니한 계약에는 주택임대차보호법이 정하고 있는 우선변제권을 부여할 수 없다. 따라서 주택과 그 대지에 관한 자기의 공유지분을 다른 공유자에게 명의신탁한 공동소유자로서 그 주택의 일부분을 사용·수익해 오던 자가 그 주택 등이 경매되는 경우 자기의 지분을 제3자에게 대항할 수 없게 되는 것에 대비하여 다른 공유자와 사이에 임대차계약서를 작성하고 확정일자를 받아두었을 뿐인 경우에는 주택임대차보호법이 정하고 있는 우선변제권이 인정되지 않는다(대판 2003.7.22. 2003다21445).

(다) 거주하나 채권회수가 주된 목적인 경우-적용 없음: 채권자가 채무자 소유의 주택에 관하여 채무자와 임대차계약을 체결하고 전입신고를 마친 다음 그곳에 거주하였다고 하더라도, 임대차계약의 주된 목적이 주택을 사용·수익하려는 것에 있는 것이 아니고 소액임차인으로 보호받아 선순위 담보권자에 우선하여 채권을 회수하려는 것에 주된 목적이 있었던 경우에는, 그러한 임차인을 주택임대차보호법상 소액임차인으로 보호할 수 없다(대판 2008.5.15. 2007다23203).

(3) 주택의 일부가 주거 외 목적-제2조 후문: 임차주택의 일부가 주거 외의 목적으로 사용되는 경우에도 본법이 적용된다.

(4) 전세권등기를 하지 아니한 전세계약-본법 준용-제12조: 전세권등기를 하지 아니한 전세계약에도 본법은 준용되며, 이 경우에 전세금은 임대차의 보증금으로 본다.

(5) 일시사용을 위한 임대차-적용 없음-제11조: 일시사용을 위한 임대차에는 그 적용이 없다.

2. 轉貸: 임대인의 동의를 받은 임차권의 양도나 전대의 경우에는 당연히 본법의 적용이 있으나, 무단양도 또는 무단전대의 경우가 문제된다.

(1) 배신성 없으면 유효: 임차인이 비록 임대인으로부터 별도의 승낙을 얻지 아니하고 제3자에게 임차물을 사용·수익하도록 한 경우에 있어서도, 임차인의 당해 행위가 임대인에 대한 배신적 행위라고 할 수 없는 특별한 사정이 인정되는 경우에는, 임대인은 자신의 동의 없이 전대차가 이루어졌다는 것만을 이유로 임대차계약을 해지할 수 없으며, 전차인은 그 전대차나 그에 따른 사용·수익을 임대인에게 주장할 수 있다(대판 2007.11.29. 2005다64255).

(2) 제3자에 대한 대항력: 주택임차인이 임차주택을 직접 점유하여 거주하지 않고 그곳에 주민등록을 하지 아니한 경우라 하더라도, 임대인의 승낙을 받아 적법하게 임차주택을 전대하고 그 전차인이 주택을 인도받아 자신의 주민등록을 마친 때에는, 이로써 당해 주택이 임대차의 목적이 되어 있다는 사실이 충분히 공시될 수 있으므로, 임차인은 주택임대차보호법에 정한 대항요건을 적법하게 갖추었다고 볼 것이다(대판 2007.11.29. 2005다64255).

3. 住宅建設促進法上의 賃貸住宅에 대한 轉貸: 일단 적법하게 분양 또는 임대받은 주택을 전매하거나 전대하는 행위가 주택건설촉진법 제51조제6호, 제47조제1항 위반의 죄를 구성하는지 여부가 문제된다. 주택건설촉진법 제51조제6호, 제47조제1항에 의하여 규제되는 행위는 사위 기타 부정한 방법으로 같은 법에 의하여 건설, 공급되는 주택 및 복리시설을 분양 또는 임대받거나 받게 하는 행위에 한정된다 할 것이어서 그와 같은 방법으로 분양 또는 임대받지 아니한 이상 비록 이를 전매하거나 전대하더라도 위 법조에 의하여 처벌할 수는 없다(대판1992.4.28. 92도232).

第3條【對抗力등】 ①賃貸借는 그 登記가 없는 경우에도 賃借人이 住宅의 引渡와 住民登錄을 마친 때에는 그 翌日부터 第3者에 대하여 效力이 생긴다. 이 경우 轉入申告를 한 때에 住民登錄이 된 것으로 본다.
②賃借住宅의 讓受人(기타 賃貸할 權利를 承繼한 者를 포함한다)은 賃貸人의 地位를 承繼한 것으로 본다.
③民法 第575條第1項、第3項 및 第578條의 規定은 이 法에 의하여 賃貸借의 目的이 된 住宅이 賣買 또는 競賣의 目的物이 된 경우에 이를 準用한다.
④民法 第536條의 規定은 第3項의 경우에 이를 準用한다.

賃借權의 對抗力

1. 意義: 임차권은 등기함으로써 대항력을 가진다(민법 621조). 그런데 주택임대차보호법은 주택 임차인의 보호를 위하여 임차권등기 외에 별도로 대항력을 갖추는 간단한 요건을 규정하고 있다. 따라서 주택임차권자는 임차권을 등기하거나 또는 본법에 규정한 대항력의 요건을 갖추면 임차권으로서 제3자에게 대항할 수 있다.
2. 對抗力의 要件 - 제1항: 주택임대차에서도 민법 제621조와 부동산등기법 제156조에 의하여 임차권을 등기하여 대항력을 가질 수 있음은 물론이다. 그 밖에 주택의 경우는 우리의 실정에 맞추어 주택임대차보호법에서 아래와 같이, 임차인이 주택을 인수받고 주민등록 전입신고를 한 때에는 그 다음 날부터 대항력이 생긴다. 대항력의 구비요건을 완화하여 임차인을 보호하고 있다.
(1) 주택의 인도
(가) 간접점유: 주택임대차보호법 제3조제1항에 정한 대항요건은 임차인이 당해 주택에 거주하면서 이를 직접 점유하는 경우뿐만 아니라 타인의 점유를 매개로 하여 이를 간접점유하는 경우에도 인정될 수 있다(대판 2007.11.29. 2005다64255).
(나) 동의 받은 전대에서 임차인의 간접점유: 주택임차인이 임차주택을 직접 점유하여 거주하지 않고 그곳에 주민등록을 하지 아니한 경우라 하더라도, 임대인의 승낙을 받아 적법하게 임차주택을 전대하고 그 전차인이 주택을 인도받아 자신의 주민등록을 마친 때에는, 이로써 당해 주택이 임대차의 목적이 되어 있다는 사실이 충분히 공시될 수 있으므로, 임차인은 주택임대차보호법에 정한 대항요건을 적법하게 갖추었다고 볼 것이다(대판 2007.11.29. 2005다64255).
(2) 주민등록 전입신고: 임차인이 주민등록 전입신고를 하여야 한다.
(가) 법인이 임차인이고, 직원이 주민등록 전입신고를 한 경우: 본법은 자연인인 서민들의 주거생활의 안정을 보호하려는 취지에서 제정된 것이지 법인을 그 보호 대상으로 삼고 있다고는 할 수 없는 점, 법인은 애당초 같은 법 제3조제1항 소정의 대항요건의 하나인 주민등록을 구비할 수 없는 점 등에 비추어 보면, 법인의 직원이 주민등록을 마쳤다 하여 이를 법인의 주민등록으로 볼 수는 없으므로, 법인이 임차 주택을 인도받고 임대차계약서상의 확정일자를 구비하였다 하더라도 우선변제권을 주장할 수는 없다(대판 1997.7.11. 96다7236).
(나) 임차인 본인과 그 가족의 주민등록을 포함: 본항에서 규정하고 있는 주민등록이라는 대항요건은 임차인 본인뿐 아니라 그 배우자나 자녀 등 가족의 주민등록을 포함한다(대판 1988.6.14. 87다카3093, 3094).
(다) 주민등록의 공시의 효력: 본항에서 주택의 인도와 더불어 대항력의 요건으로 규정하고 있는 주민등록은 거래의 안전을 위하여 임차권의 존재를 제3자가 명백히 인식할 수 있게 하는 공시방법으로 마련된 것이라고 보아야 하므로, 주민등록이 어떤 임대차를 공시하는 효력이 있는지 여부는 일반사회 통념상 그 주민등록으로 당해 임대차 건물에 임차인이 주소 또는 거소를 가진 자로 등록되어 있다고 인식할 수 있는지 여부에 따라 결정되어야 한다(대판 1987.11.10. 87다카1573).
① 직권말소: 주택임차인의 의사에 의하지 아니하고 직권조치로 주민등록이 말소된 경우에도 원칙적으로 그 대항력은 상실된다(대판 2002.10.11. 2002다209570).
② 직권말소 후 회복된 경우: 직권말소 후 소정의 이의절차에 따라 그 말소된 주민등록이 회복되거나 재등록이 이루어짐으로써 주택임차인에게 주민등록을 유지할 의사가 있었다는 것이 명

백히 드러난 경우에는 소급하여 그 대항력이 유지된다고 할 것이고, 다만 그 직권말소가 구 주민등록법 소정의 이의절차에 의하여 회복된 것이 아닌 경우에는 직권말소 후 새등록이 이루어지기 이전에 주민등록이 없는 것으로 믿고 임차주택에 관하여 새로운 이해관계를 맺은 선의의 제3자에 대하여는 임차인은 대항력의 유지를 주장할 수 없다(대판 2002.10.11. 2002다20957).

③ 다가구에서 다세대 주택으로 변경: 처음에 다가구용 단독주택으로 소유권보존등기가 경료된 건물의 일부를 임차한 임차인은 이를 인도받고 임차 건물의 지번을 정확히 기재하여 전입신고를 하면 주택임대차보호법 소정의 대항력을 적법하게 취득하고, 나중에 다가구용 단독주택이 다세대 주택으로 변경되었다는 사정만으로 임차인이 이미 취득한 대항력을 상실하게 되는 것은 아니다(대판 2007.2.8. 2006다70516).

④ 다세대주택에서 동, 호수의 기재 누락: 임차인들이 다세대주택의 동·호수 표시 없이 그 부지 중 일부 지번으로만 주민등록을 한 경우, 그 주민등록으로써는 일반의 사회통념상 그 임차인들이 그 다세대주택의 특정 동·호수에 주소를 가진 것으로 제3자가 인식할 수는 없는 것이므로, 임차인들은 그 임차 주택에 관한 임대차의 유효한 공시방법을 갖추었다고 볼 수 없다(대판 1996.2.23. 95다48421).

⑤ 다세대 주택에서 등기부상의 층, 호수와 불일치: 다세대 주택의 임차인이 등기부상의 층·호수와 불일치하는 주소지로 전입신고를 하였더라도, 등기부상의 건물내역과 임차인의 주민등록 주소를 비교하여 볼 때 주민등록상의 층·호수가 등기부상의 층·호수를 의미한다고 인식할 수 있다면 공시로서 효력이 있다(대판 2002.6.14. 2002다15467).

⑥ 다가구용 단독주택에서 지번만 기재한 경우: 다가용주택에서 이를 공동주택으로 볼 근거가 없어 단독주택으로 보아야 하는 이상 임차인이 위 건물의 일부나 전부를 임차하여 전입신고를 하는 경우 지번만 기재하는 것으로 충분하고, 나아가 위 건물 거주자의 편의상 구분하여 놓은 호수까지 기재할 의무나 필요가 있다고 할 수 없으며, 임차인이 위 건물의 지번으로 전입신고를 한 이상 일반 사회통념상 그 주민등록으로 위 건물에 위 임차인이 주소 또는 거소를 가진 자로 등록되어 있는지를 인식할 수 있어 임대차의 공시방법으로 유효하고, 그 임차인이 위 건물 중 종전에 임차하고 있던 부분에서 다른 부분으로 옮기면서 그 옮긴 부분으로 다시 전입신고를 하였다고 하더라도 이를 달리 볼 것은 아니다(대판 1998.1.23. 97다47828).

⑦ 공무원이 착오로 잘못된 지번을 표기한 경우: 실제 주거지에 대항력을 가진다(대판 1991.8.13. 91다18118).

⑧ 본인의 의사에 의하지 아니한 주민등록의 이전: 주민등록이 주택임차인의 의사에 의하지 않고 제3자에 의하여 임의로 이전되었고 그와 같이 주민등록이 잘못 이전된 데 대하여 주택임차인에게 책임을 물을 만한 사유도 없는 경우, 주택임차인이 이미 취득한 대항력은 주민등록의 이전에도 불구하고 그대로 유지된다(대판 2000.9.29. 2000다37012).

⑨ 연립주택에서 준공 후의 층, 호수 기재: 신축 중인 연립주택 중 1세대를 임차한 자가 주민등록 전입신고를 함에 있어서 호수를 기재하지 않은 채 그 연립주택 부지의 지번만으로 전입신고를 하였다가 그 후 위 연립주택에 관하여 준공검사가 이루어지면서 건축물관리대장이 작성되자 호수를 기재하여 주소정정신고를 하였다면, 임차인의 최초 전입신고에 따른 주민등록으로는 일반 사회통념상 임차권자가 세대별로 구분되어 있는 위 연립주택의 특정 호수에 주소를 가진 자로 등록되었다고 제3자가 인식할 수는 없을 것이므로, 그 주민등록은 위 임대차의 공시방법으로서 유효한 것이라고 볼 수 없다(대판 2000.4.7. 99다66212).

⑩ 거주하며 매도한 건물을 임차한 경우: 갑이 주택에 처와 함께 거주하다가 을에게 매도함과 동시에 그로부터 이를 다시 임차하여 계속 거주하기로 약정하고, 임차인을 갑의 처로 하는 임대차계약을 체결한 후에야 을 명의의 소유권이전등기가 경료된 경우, 제3자로서는 주택에 관하여 갑으로부터 을 앞으로 소유권이전등기가 경료되기 전에는 갑의 처의 주민등록이 소유권 아닌 임차권을 매개로 하는 점유라는 것을 인식하기 어려웠다 할 것이므로, 갑의 처의 주민등록은 주택에 관하여 을 명의의 소유권이전등기가 경료되기 전에는 주택임대차의 대항력 인정의 요건이 되는 적법한 공시방법으로서의 효력이 없고 을 명의의 소유권이전등기가 경료된 날에야 비로소 갑

의 처와 을 사이의 임대차를 공시하는 유효한 공시방법이 된다고 할 것이며, 주택임대차보호법 제3조제1항에 의하여 유효한 공시방법을 갖춘 다음 날인 을 명의의 소유권이전등기일 익일부터 임차인으로서 대항력을 갖는다(대판 2000.2.11. 99다59306).

(3) 두 요건의 지속: 대항력이 있기 위해서는 인도와 주민등록전입신고의 두 요건이 계속적으로 구비되어야 한다.

(가) 지속의 시기-배당요구의 종기인 경락기일까지: 배당요구시까지만 위 요건을 구비하면 족하다고 한다면 동일한 임차주택에 대하여 주택임대차보호법 제8조 소정의 임차인 이외에 같은 법 제3조의2 소정의 임차인이 출현하여 배당요구를 하는 등 경매절차상의 다른 이해관계인들에게 피해를 입힐 수도 있는 점 등에 비추어 볼 때, 공시방법이 없는 주택임대차에 있어서 주택의 인도와 주민등록이라는 우선변제의 요건은 그 우선변제권 취득시에만 구비하면 족한 것이 아니고, 배당요구의 종기인 경락기일까지 계속 존속하고 있어야 한다(대판 1997.10.10. 95다44597).

(나) 지속여부가 문제되는 경우

① 전가족 일시퇴거 후의 복귀: 퇴거시에 대항력은 단절되어, 복귀한 후에 다시 요건을 구비할 때 시작된다.

② 임차권자(가장)만 퇴거하고 잔여가족이 있는 경우: 대항력은 지속한다(대판 1996.1.26. 95다30338).

③ 임차권양수인과 전차인의 대항력: 임차권을 양수한 자와 전차인은 임차인이 주민등록 퇴거한 다음 날에 주민등록전입신고를 하고 주택을 인도받아 점유를 계속하면 원래의 임차인의 임차권의 대항력을 동일성이 유지한 채로 지속한다(대판 1988.4.25. 87다카2509).

④ 인도 등에 의한 대항력 취득 후에 등기도 한 경우: 두 요건을 갖춘 이후에 임대인의 협력을 얻어 임대차등기를 하는 경우에는 부동산등기법 제156조의 규정에 기재된 사항 외에 주민등록을 마친 날, 임차주택을 점유한 날, 임대차계약서상의 확정일자를 받은 날을 기재하여야 하고(3조의4), 이러한 경우에 임차권의 대항력은 주택의 인도와 주민등록을 마친 날의 다음 날부터 생긴다.

⑤ 임차권등기명령의 집행에 의해 경료된 임차권등기를 한 경우: 임차권등기명령의 집행에 의하여 경료된 임차권등기에 의한 대항력은 등기 전에 주택의 인도와 주민등록 전입신고로써 취득한 대항력을 그대로 지속하는 것으로, 대항력의 취득시기도 등기시가 아니라 등기 전 처음 대항력을 취득한 시기가 그 기준이 된다.

⑥ 거주매도인이 매도 후 종래대로 당해 주택에서 임차인으로 거주하는 경우: 매수인이 이전등기한 날 다음 날부터 대항력을 가진다(대판 2000.2.11. 99다59306).

⑦ 매매계약 해제 전에 대항력을 갖춘 임차인: 해제 후의 소유자(매도인)에게 대항력을 가진다(민법 548조1항 단서의 제3자에 해당). 매매계약의 이행으로 매매목적물인 주택을 인도받은 매수인이 매도인으로부터 그 주택의 임대권한을 명시적 또는 묵시적으로 부여받은 경우, 매수인으로부터 매매계약이 해제되기 전에 매매목적물인 주택을 임차하여 그 주택의 인도와 주민등록을 마침으로써 주택임대차보호법 제3조제1항에 의한 대항요건을 갖춘 임차인은 민법 제548조제1항 단서의 규정에 따라 계약해제로 인하여 권리를 침해받지 않는 제3자에 해당하므로 임대인의 임대권원의 바탕이 되는 매매계약의 해제에도 불구하고 자신의 임차권을 들어 매도인의 명도청구에 대항할 수 있다(대판 2009.1.30. 2008다65617).

⑧ 경매절차와 배당에 대한 고지의무-없음: 주택임대차보호법상의 대항요건을 갖춘 임차인이라고 하더라도 매각허가결정 이전에 경매법원에 스스로 그 권리를 증명하여 신고하지 않는 한 집행관의 현황조사결과 임차인으로 조사·보고되어 있는지 여부와 관계없이 이해관계인이 될 수 없으며, 대법원예규에 따른 경매절차 진행사실의 주택임차인에 대한 통지는 법률상 규정된 의무가 아니라 당사자의 편의를 위하여 경매절차와 배당제도에 관한 내용을 안내하여 주는 것에 불과하므로, 이해관계인 아닌 임차인은 위와 같은 통지를 받지 못하였다고 하여 경매절차가 위법하다고 다툴 수 없다(대판 2008.11.13. 2008다43976).

3. 對抗力의 內容

(1) 대항력의 발생시기-〈익일〉-제1항: 본항의 〈익일〉은 익일 오전 영시부터 대항력이 생긴다는 취지이다.

(가) 등기일과 익일이 같은 날인 경우-익일 우선: 등기를 요하는 경우의 등기는 주간에 이루어지기 때문에 본조의 〈익일〉과 등기일이 같은 날인 경우에는 〈익일〉이 우선한다(대판 1999.5.25. 99다9981).

(나) 임차인이 동의받아 전대하고, 전차인이 대항요건을 갖춘 경우: 주택임차인이 임차주택을 직접 점유하여 거주하지 않고 간접 점유하여 자신의 주민등록을 이전하지 아니한 경우라 하더라도 임대인의 승낙을 받아 임차주택을 전대하고 그 전차인이 주택을 인도받아 자신의 주민등록을 마친 때에도 그때로부터 임차인은 제3자에 대하여 대항력을 취득한다(대판 1994.6.24. 94다3155).

(2) 양수인-임대인의 지위 승계 간주-제2항: 임차주택의 양수인은 임대인의 지위를 승계한 것으로 간주된다. 즉 대항력 있는 임차인은 주택의 양수인에게 임차권으로 대항할 수 있다.

(가) 양수인 여부: 본항에 의하여 임대인의 지위를 승계한 것으로 보게 되는 임차주택의 양수인이 되려면 주택을 임대할 권리나 이를 수반하는 권리를 종국적·확정적으로 이전받게 되는 경우라야 한다.

① 담보목적의 신탁에 의한 수탁자-양수인에 해당: 임대차의 목적이 된 주택을 담보목적으로 신탁법에 따라 신탁한 경우에도 수탁자는 주택임대차보호법 제3조제2항에 의하여 임대인의 지위를 승계한다(대판 2002.4.12. 2000다70460).

② 명의수탁자: 주택의 명의신탁자가 임대차계약을 체결한 후 명의수탁자가 명의신탁자로부터 주택을 임대할 권리를 포함하여 주택에 대한 처분권한을 종국적으로 이전받는 경우에 임차인이 주택의 인도와 주민등록을 마친 이상 명의수탁자는 주택임대차보호법 제3조제2항의 규정에 의하여 임차인과의 관계에서 그 주택의 양수인으로서 임대인의 지위를 승계하였다고 보아야 한다(대판 1999.4.23. 98다49753).

③ 대지의 경락인: 대지를 경락받은 자를 위에서 말하는 임차주택의 양수인이라고 할 수는 없다(대판 1998.4.10. 98다3276).

④ 후순위저당권의 실행에 의한 경락인: 후순위저당권의 실행으로 목적부동산이 경락되어 그 선순위저당권이 함께 소멸한 경우라면 비록 후순위저당권자에게는 대항할 수 있는 임차권이더라도 소멸된 선순위저당권보다 뒤에 등기되었거나 대항력을 갖춘 임차권은 함께 소멸하고, 따라서 이와 같은 경우의 경락인은 주택임대차보호법 제3조에서 말하는 임차주택의 양수인 중에 포함되지 않는다 할 것이므로, 경락인에 대하여 그 임차권의 효력을 주장할 수 없다(대판 1987.2.24. 86다카1936).

(나) 임대인은 임대차관계에서 탈퇴, 양수인과 임대차관계 형성: 임차인은 임대인(양도인)과의 임대차계약상의 권리와 의무를 그대로 유지한다. 그런데 대항력 있는 주택임대차에 있어 본법 제4조제2항에 의하여 임차인은 보증금을 반환받을 때까지 임대차관계가 존속하는 것으로 의제되므로 그러한 상태에서 임차목적물인 부동산이 양도되는 경우에, 같은 법 제3조제2항에 의하여 양수인에게 임대차가 종료된 상태에서의 임대인으로서의 지위가 당연히 승계되고, 양수인이 임대인의 지위를 승계하는 경우에는 임대차보증금 반환채무도 부동산의 소유권과 결합하여 일체로서 이전하는 것이므로 양도인의 임대인으로서의 지위나 보증금 반환채무는 소멸하는 것이지만, 임차인의 보호를 위한 임대차보호법의 입법 취지에 비추어 임차인이 임대인의 지위승계를 원하지 않는 경우에는 임차인이 임차주택의 양도사실을 안 때로부터 상당한 기간 내에 이의를 제기함으로써 승계되는 임대차관계의 구속으로부터 벗어날 수 있다고 봄이 상당하고, 그와 같은 경우에는 양도인의 임차인에 대한 보증금 반환채무는 소멸하지 않는다(대판 2002.9.4. 2001다64615).

(3) 대항력 있는 임차인에 해당하는 자인지 여부: 대항력은 임차주택의 양수인 및 민사소송법에 의한 경매에 의한 경락인에 대하여 임차권의 내용을 침해받지 아니하는 것을 의미하는데, 그 구체적인 법률관계는 제3자가 누구냐와 대항력의 취득시기의 전후에 따라 각기 다르다.

(가) 임차주택의 양수인과의 관계(양수인의 임대차 당연승계): 임차주택의 양수인은 임대인의 지위를 승계한다(3조2항). 기존의 소유권자는 임대차관계에서 탈퇴하고, 양수인인 신소유권자가 기존의 임대차관계에서의 당사자가 된다. 따라서 임차인과 신소유권자는 기존의 임대차관계에 의한 권리와 의무를 그대로 유지한다.

(나) 저당권 실행에 의한 경락인과의 관계-3조의5: 저당권의 실행에 의하여 원칙적으로 임차권

은 소멸한다. 그러나 보증금이 전액 변제되지 아니한 대항력 있는 임차권은 소멸하지 아니한다(3조의5).

① 임차권이 선순위인 경우: 임차권자가 대항력을 갖춘 이후에 설정된 저당권자가 경매를 신청하여 경락된 경우이다. 경매로 임차권은 원칙적으로 소멸한다(3조의5). 그러나 경락인에게는 대항할 수 있어 보증금의 전액을 배당받지 못한 임차권자는 임차주택의 명도를 거절할 수 있다. 따라서 경락인은 보증금을 전액변제하고 임차권을 소멸시킬 수도 있고, 보증금을 변제하지 않은 채 자기와 기존의 임대차관계에서 임차권자로서 유지시킬 수도 있다.

② 임차권이 후순위인 경우: 임차권자가 대항력을 갖추기 전에 이미 저당권이 설정되어 있었고, 그 저당권자가 경매신청을 하여 경락된 경우이다. 임차권은 경락으로 무조건 소멸한다. 임차인은 경락인에게 임차권을 주장할 수 없다. 따라서 경락인에게 주택을 인도하여야 한다. * 우선변제력을 갖춘 임차권자는 경락대금에서 선순위저당권자가 배당받은 잔액의 한도 내에서 후순위담보권자보다 보증금에 대한 배당을 받을 수 있다(임차권자는 만족을 얻지 못한 보증금에 대하여는 임대인에 대한 일반채권자가 된다).

③ 임차권자보다 선순위저당권과 후순위저당권이 있는 경우: 저당권이 설정된 주택에 대항력을 갖춘 임차권을 취득한 이후에 다른 저당권이 다시 설정된 경우이다. 저당권에 의하여 경매가 신청된 경우에 경매신청한 저당권자가 임차권자보다 선순위저당권자이든 후순위저당권자이든 임차권은 무조건 소멸한다(3조의5). 따라서 경락인에게 임차주택을 인도하여야 한다. * 다만 우선변제력이 있는 경우에는 경락대금에서 후순위저당권자보다는 보증금에 대하여 우선변제를 받을 수 있다.

(다) 가등기담보권자와의 관계

① 임차권자가 선순위인 경우: 임차권자가 대항력을 갖춘 상태에서 후순위로 설정된 가등기권자에 의하여 본등기가 경료된 경우이다. 새로운 소유권자는 임대인의 지위를 승계한다(3조2항). 따라서 임차인과 새로운 소유권자는 기존의 임대차계약에 의한 권리와 의무를 그대로 유지한다.

② 임차권자가 후순위인 경우: 임차권자가 후순위로서 선순위가등기권자가 가등기에 의하여 본등기를 한 경우이다. 임차권자는 대항력을 가지지 않기 때문에 원칙적으로 본등기한 자에게 대항할 수 없다. 따라서 임차권은 소멸되어 임차주택을 인도하여야 한다(우선변제력은 행사대상이 없다). 그러나 가등기담보등에관한법률 제5조제5항은 임차권자를 임대인의 일반채권자보다 보호하기 위하여 채무자(소유권자)에게 반환할 청산금의 범위 안에서 보증금을 반환받을 때까지 임차주택의 인도를 거절할 수 있도록 하였다(청산금에 대하여 일종의 우선변제력을 인정한 결과가 된다).

(라) 압류채권자와의 관계: 일반채권자에 의하여 압류등기가 된 후에 그에 의하여 경매가 된 경우이다. 경매에 의하여 임차권은 원칙적으로 소멸한다.

① 대항력을 먼저 갖춘 경우: 임차권의 대항력이 압류등기보다 먼저 취득된 경우에는 경락인에게 대항력을 가져 보증금이 전액 변제되기 전까지는 임차주택을 인도하지 않아도 좋다. * 우선변제력이 있는 경우에는 경락대금에서 우선하여 배당받고 임차권은 소멸한다.

② 가압류 후 대항력 갖춘 경우: 임차권이 가압류 후에 대항력을 갖춘 경우에는 경락으로 임차권의 대항력은 상실하여 경락인에게는 대항할 수 없다(대판 1983.4.26. 83다카116). * 임차권자가 우선변제력을 갖춘 경우에는 우선변제력으로 경락대금에서 임차인의 보증금반환채권액과 압류채권자의 채권액에 비례하여 평등배당받는다(대판 1992.10.13. 92다30597). * 주택임대차보호법은 임대차계약증서에 확정일자를 갖춘 경우에는 부동산 담보권에 유사한 권리를 인정한다는 취지이므로, 부동산 담보권자보다 선순위의 가압류채권자가 있는 경우에 그 담보권자가 선순위의 가압류채권자와 채권액에 비례한 평등배당을 받을 수 있는 것과 마찬가지로 위 규정에 의하여 우선변제권을 갖게 되는 임차보증금채권자도 선순위의 가압류채권자와는 평등배당의 관계에 있게 된다(대판 1992.10.13. 92다30597).

4. 制限物權 있는 경우의 賣渡人의 擔保責任(민법 제575조제3항)의 準用 - 제3항: 대항력 있는 임대차가 부착된 주택의 매매에서 매수인의 계약의 해제권과 손해배상청구권은 매수인이 그 사실

을 안날로부터 1년 내에 행사하여야 한다.
5. 競賣에서 賣渡人의 擔保責任(민법 제578조)의 準用 - 제3항: 대항력 있는 임차권이 부착된 주택을 경락받은 자는 민법 제578조에 의하여 계약의 해제 또는 대금감액을 청구할 수 있다.
6. 同時履行의 抗辯權의 準用 - 제4항: 민법 제575조, 제578조에 의한 계약의 해제시의 대금반환과 목적물의 반환에 관하여는 동시이행의 관계가 성립한다.

第3條의2 【保證金의 回收】 ①賃借人이 賃借住宅에 대하여 保證金返還請求訴訟의 確定判決 기타 이에 준하는 집행권원에 기한 競賣를 申請하는 경우에는 민사집행법 제41조의 規定에 불구하고 反對義務의 이행 또는 이행의 제공을 執行開始의 요건으로 하지 아니한다.
②第3條第1項의 對抗要件과 賃貸借契約證書上의 確定日字를 갖춘 賃借人은 민사집행법에 의한 競賣 또는 國稅徵收法에 의한 公賣時 賃借住宅(垈地를 포함한다)의 換價代金에서 後順位權利者 기타 債權者보다 우선하여 保證金을 辨濟받을 權利가 있다.
③賃借人은 賃借住宅을 讓受人에게 引渡하지 아니하면 第2項의 規定에 의한 保證金을 受領할 수 없다.
④第2項의 規定에 의한 優先辨濟의 順位와 保證金에 대하여 異議가 있는 利害關係人은 競賣法院 또는 滯納處分廳에 異議를 申請할 수 있다.
⑤민사집행법 제152조 내지 제161조의 規定은 第4項의 規定에 의하여 競賣法院에 異議를 申請하는 경우에 이를 準用한다.
⑥第4項의 規定에 의하여 異議申請을 받은 滯納處分廳은 利害關係人이 異議申請日부터 7日이내에 賃借人을 상대로 訴를 제기한 것을 證明한 때에는 당해 訴訟의 終結時까지 異議가 申請된 범위 안에서 賃借人에 대한 保證金의 辨濟를 留保하고 殘餘金額을 配分하여야 한다. 이 경우 留保된 保證金은 訴訟의 結果에 따라 配分한다.

保證金의 回收

1. 民事訴訟에 의한 回收
(1) 임차권은 일정한 요건을 갖추면 대항력과 우선변제력이 있을 뿐 경매청구권은 없다. 따라서 임차권자가 보증금을 회수하기 위해서는 통상의 민사소송 절차에 의할 수밖에 없다.
(2) 이 경우에 승소의 판결에 의한 강제집행의 경우에 통상의 경우와는 달리 임차인의 보증금반환청구권에 대한 반대의무인 임차물의 반환, 즉 주택을 비워주지 아니하고 할 수 있다(1항).
* 민사집행법 제41조(집행개시의 요건): ①반대의무의 이행과 동시에 집행할 수 있다는 것을 내용으로 하는 집행권원의 집행은 채권자가 반대의무의 이행 또는 이행의 제공을 하였다는 것을 증명하여야만 개시할 수 있다. ②다른 의무의 집행이 불가능한 때에 그에 갈음하여 집행할 수 있다는 것을 내용으로 하는 집행권원의 집행은 채권자가 그 집행이 불가능하다는 것을 증명하여야만 개시할 수 있다.
(3) 강제집행에 따른 환가금(경락대금)금에서 보증금을 수령하기 위해서는 먼저 임차물을 반환하여야 한다(3항).
2. 本法에 의한 優先辨濟力에 의한 回收
(1) 우선변제의 대상-보증금: 우선변제의 대상금은 보증금이다.
(2) 우선변제력의 요건-제2항: 대항력의 요건을 갖추고 임대차계약서에 확정일자를 받으면 확정일자로부터 우선변제력이 생긴다. 즉 우선변제력은 대항력과 확정일자의 요건을 모두 갖추어야 하고, 확정일자를 받았으나 대항력이 없으면 우선변제력은 생기지 않는다.
(가) 확정일자: 본법에서 확정일자의 요건을 규정한 것은 임대인과 임차인 사이의 담합으로 임차보증금의 액수를 사후에 변경하는 것을 방지하고자 하는 취지일 뿐, 대항요건으로 규정된 주민등록과 같이 당해 임대차의 존재 사실을 제3자에게 공시하고자 하는 것은 아니므로, 확정일자를 받은 임대차계약서가 당사자 사이에 체결된 당해 임대차계약에 관한 것으로서 진정하게 작성된 이상, 위와 같이 임대차계약서에 임대차 목적물을 표시하면서 아파트의 명칭과 그 전유 부분

의 동・호수의 기재를 누락하였다는 사유만으로 주택임대차보호법 제3조의2 제2항에 규정된 확정일자의 요건을 갖추지 못하였다고 볼 수는 없다(대판 1999.6.11. 99다7992).

(나) 우선변제력의 취득시기

① 대항력 취득 후의 확정일자: 확정일자일에 우선변제력이 생긴다.

② 대항력과 확정일이 같은 날인 경우: 대항력의 발생일인 대항요건을 갖춘 다음 날이 우선변제력일이 된다.

③ 확정일이 대항력 취득일보다 먼저인 경우: 대항요건을 갖춘 다음 날이 우선변제력을 가지는 날이다.

④ 임대차계약을 체결한 임차인이 자신의 지위를 강화하기 위한 방편으로 따로 전세권설정계약서를 작성하고 전세권설정등기를 한 경우: 등기필증에 찍힌 등기관의 접수인은 첨부된 등기원인 계약서에 대하여 민법 부칙 제3조제4항 후단에 의한 확정일자에 해당한다고 할 것이므로, 위와 같은 전세권설정계약서가 첨부된 등기필증에 등기관의 접수인이 찍혀 있다면 그 원래의 임대차에 관한 계약증서에 확정일자가 있는 것으로 보아야 할 것이고, 이 경우 원래의 임대차는 대지 및 건물 전부에 관한 것이나 사정에 의하여 전세권설정계약서는 건물에 관하여만 작성되고 전세권등기도 건물에 관하여만 마쳐졌다고 하더라도 전세금액이 임대차보증금액과 동일한 금액으로 기재된 이상 대지 및 건물 전부에 관한 임대차의 계약증서에 확정일자가 있는 것으로 봄이 상당하다(대판 2002.11.8. 2001다51725).

(3) 담보권자와의 관계: 담보권자와는 우선변제력 취득일자와 담보권의 성립시기의 선후에 의한다.

(4) 압류채권자와의 관계: 일반채권자에 의하여 압류등기가 된 후에 그에 의하여 경매가 된 경우이다.

(가) 확정일자가 압류일자보다 선일인 경우: 경락대금에서 우선하여 배당받는다.

(나) 확정일자가 가압류 후인 경우: 경락대금에서 임차인의 보증금반환채권액과 압류채권자의 채권액에 비례하여 평등배당받는다. 즉 주택임대차보호법은 임대차계약증서에 확정일자를 갖춘 경우에는 부동산 담보권에 유사한 권리를 인정한다는 취지이므로, 부동산 담보권자보다 선순위의 가압류채권자가 있는 경우에 그 담보권자가 선순위의 가압류채권자와 채권액에 비례한 평등배당을 받을 수 있는 것과 마찬가지로 위 규정에 의하여 우선변제권을 갖게 되는 임차보증금채권자도 선순위의 가압류채권자와는 평등배당의 관계에 있게 된다(대판 1992.10.13. 92다30597).

(5) 대지의 경락대금에서도 우선변제: 다가구용 단독주택의 대지 및 건물에 관한 근저당권자가 그 대지 및 건물에 관한 경매를 신청하였다가 그 중 건물에 대한 경매신청만을 취하함으로써 이를 제외한 대지 부분만이 낙찰되었다고 하더라도, 그 주택의 소액임차인은 그 대지에 관한 낙찰대금 중에서 소액보증금을 담보물권자보다 우선하여 변제받을 수 있다(대판 1996.6.14. 96다7595).

(6) 대항력과 우선변제권의 두 가지 권리를 함께 가지고 있는 임차인이 우선변제권을 선택하여 제1 경매절차에서 보증금 전액에 대하여 배당요구를 하였으나 보증금 전액을 배당받을 수 없었던 때: 경락인에게 대항하여 이를 반환받을 때까지 임대차관계의 존속을 주장할 수 있을 뿐이고, 임차인의 우선변제권은 경락으로 인하여 소멸하는 것이므로 제 2경매절차에서 우선변제권에 의한 배당을 받을 수 없는바, 이는 근저당권자가 신청한 1차 임의경매절차에서 확정일자 있는 임대차계약서를 첨부하거나 임차권등기명령을 받아 임차권등기를 하였음을 근거로 하여 배당요구를 하는 방법으로 우선변제권을 행사한 것이 아니라, 임대인을 상대로 보증금반환청구 소송을 제기하여 승소판결을 받은 뒤 그 확정판결에 기하여 1차로 강제경매를 신청한 경우에도 마찬가지이다(대판 2006.2.10. 2005다21166).

第3條의3【賃借權登記命令】①賃貸借가 종료된 후 保證金을 반환받지 못한 賃借人은 賃借住宅의 所在地를 관할하는 地方法院, 地方法院支院 또는 市, 郡 法院에 賃借權登記命令을 申請할 수 있다.

②賃借權登記命令의 申請에는 다음 各號의 사항을 기재하여야 하며, 申請의 이유 및 賃借權登記의 원인이 된 사실은 이를 疎明하여야 한다.
1. 申請의 취지 및 이유
2. 賃貸借의 目的인 住宅(賃貸借의 目的이 住宅의 일부분인 경우에는 그 圖面을 첨부한다)
3. 賃借權登記의 원인이 된 사실(賃借人이 第3條第1項의 規定에 의한 對抗力을 취득하였거나 第3條의2第2項의 規定에 의한 優先辨濟權을 취득한 경우에는 그 사실)
4. 기타 大法院規則이 정하는 사항
③민사집행법 제280조제1항, 제281조, 제283조, 제285조, 제286조, 제288조제1항, 제2항, 제3항 전단, 제289조제1항 내지 제4항, 제290조제2항중 제288조제1항에 대한 부분, 제291조, 제293조의 規定은 賃借權登記命令의 申請에 대한 裁判, 賃借權登記命令의 決定에 대한 賃貸人의 異議申請 및 그에 대한 裁判, 賃借權登記命令의 取消申請 및 그에 대한 裁判 또는 賃借權登記命令의 執行 등에 관하여 이를 準用한다. 이 경우 "假押留"는 "賃借權登記"로, "債權者"는 "賃借人"으로, "債務者"는 "賃貸人"으로 본다.
④賃借權登記命令申請을 棄却하는 決定에 대하여 賃借人은 抗告할 수 있다.
⑤賃借權登記命令의 執行에 의한 賃借權登記가 經了되면 賃借人은 第3條第1項의 規定에 의한 對抗力 및 第3條의2第2項의 規定에 의한 優先辨濟權을 취득한다. 다만 賃借人이 賃借權登記이전에 이미 對抗力 또는 優先辨濟權을 취득한 경우에는 그 對抗力 또는 優先辨濟權은 그대로 유지되며, 賃借權登記이후에는 第3條第1項의 對抗要件을 상실하더라도 이미 취득한 對抗力 또는 優先辨濟權을 상실하지 아니한다.
⑥賃借權登記命令의 執行에 의한 賃借權登記가 經了된 住宅(賃貸借의 目的이 住宅의 일부분인 경우에는 해당부분에 한한다)을 그 이후에 賃借한 賃借人은 第8條의 規定에 의한 優先辨濟를 받을 權利가 없다.
⑦賃借權登記의 촉탁, 登記公務員의 賃借權登記 記入등 賃借權登記命令의 施行에 관하여 필요한 사항은 大法院規則으로 정한다.
⑧賃借人은 第1項의 規定에 의한 賃借權登記命令의 申請 및 그에 따른 賃借權登記와 관련하여 소요된 費用을 賃貸人에게 請求할 수 있다.

賃借權登記命令

1. 意義: 대항력과 우선변제력은 그 요건이 단절됨이 없이 지속되어야 한다. 따라서 임대차기간 만료 후 보증금을 반환받지 못함으로써 대항력과 우선변제력을 유지하기 위하여는 임차인이 이사를 가지 못한다는 문제가 생긴다. 이러한 불합리한 점을 해소하기 위하여 임차권등기명령제도를 두고 있다.
2. 登記의 效力: 제3조

第3條의4 【民法의 規定에 의한 住宅賃貸借登記의 효력등】 ①第3條의3第5項 및 第6項의 規定은 民法 第621條의 規定에 의한 住宅賃貸借登記의 효력에 관하여 이를 準用한다.
②賃借人이 對抗力 또는 優先辨濟權을 갖추고 民法 第621條第1項의 規定에 의하여 賃貸人의 協力을 얻어 賃貸借登記를 申請하는 경우에는 申請書에 不動產登記法 第156條에 規定된 사항 외에 다음 各號의 사항을 기재하여야 하며, 이를 증명할 수 있는 書面(賃貸借의 目的이 住宅의 일부분인 경우에는 해당부분의 圖面을 포함한다)을 첨부하여야 한다.
1. 住民登錄을 마친 날
2. 賃借住宅을 占有한 날
3. 賃貸借契約證書상의 確定日字를 받은 날

第3條의5 【競賣에 의한 賃借權의 消滅】 賃借權은 賃借住宅에 대하여 민사집행법에 의한 競賣가 행하여진 경우에는 그 賃借住宅의 競落에 의하여 消滅한다. 다만 保證金이 全額 辨濟되지 아니

한 對抗力이 있는 賃借權은 그러하지 아니하다.

競賣에 의한 賃借權의 消滅

1. 原則 - 賃借權의 消滅: 임차권이 후순위로서 대항력이 없는 경우에는 경매로 인한 경락으로 소멸하는 것은 당연한데, 비록 선순위로서 대항력이 있는 임차권도 경락으로 소멸한다. 즉 임차권은 대항력이 있든 없든 경락으로 원칙적으로 소멸한다. 이는 우리의 실정에서 주택의 임대차는 보통 2년 정도로서 매우 단기간으로, 대항력이 있는 임차권일지라도 경매신청 후 경락까지는 상당한 기간이 소요되며, 비록 경락 후 잔여기간이 있을지라도 그 기간은 매우 단기간이 된다. 그런데 주택의 경매에서 경락인은 보통의 경우 거주를 목적으로 하므로 즉시 입주의 필요성이 있다. 따라서 선순위자에게 대항력을 인정하여 잔여기간 동안의 거주를 인정한다면 즉시 입주의 필요가 있는 자는 경매신청을 할 수 없고, 그리하여 경락가가 하락을 우려가 있게 된다. 이러한 점에서 비록 대항력있는 임차권도 경락으로 소멸하는 예외를 인정한 것이다.

2. 對抗力 있는 賃借權에서는 保證金의 辨濟를 條件

(1) 대항력 있는 임차권에서 보증금 전액변제 조건: 대항력 있는 임차인은 보증금의 변제를 임차권 소멸의 조건으로 한다. 즉 경락인이 보증금을 지급하고 임차물의 인도를 요청하는데, 임차인이 대항력에 의한 보증금의 수령을 거절하면서 잔여기간 동안에 점유를 하겠다고 하며 인도를 거절할 수 없다.

(2) 우선변제력을 선택한 경우-대항력과 우선변제력 함께 소멸: 본조의 취지는 제4조제2항과 동일한 취지를 경락에 의한 임차권 소멸의 경우와 관련하여 주의적·보완적으로 다시 규정한 것으로 보아야 하므로, 소멸하지 아니하는 임차권의 내용에 대항력뿐만 아니라, 우선변제권도 당연히 포함되는 것으로 볼 수는 없다(대판 2006.2.10. 2005다21166).

第4條【賃貸借期間등 <개정 1983.12.30>】 ①期間의 정함이 없거나 期間을 2年미만으로 정한 賃貸借는 그 期間을 2年으로 본다. 다만 賃借人은 2年미만으로 정한 기간이 有效함을 主張할 수 있다. 〈개정 1989.12.30, 1999.1.21〉

②賃貸借가 終了한 경우에도 賃借人이 保證金를 返還받을 때까지는 賃貸借關係는 存續하는 것으로 본다.

賃貸借期間

1. 期間의 約定이 있는 경우

(1) 기간이 2년 이상인 경우: 약정에 따른 기간의 효력이 있다.

(2) 기간이 2년 미만인 경우-제1항: 기간을 2년으로 본다. 이 경우에 임대인은 약정한 2년 미만의 효력을 주장할 수 없으나, 임차인은 약정된 2년 미만의 기간의 효력을 주장할 수 있다(대판 1995.10.12. 95다22283).

2. 期間의 約定이 없는 경우 - 2년 - 제1항: 기간에 대하여 약정하지 아니한 경우에는 그 기간은 2년이다.

3. 第6條 第1項에 의한 默示的 更新의 경우 - 2년: 그 임대차기간은 같은 법 제6조제2항, 제4조제1항에 따라 2년으로 된다(대판 2002.9.24. 2002다41633).

4. 期間存續의 看做 - 제2항: 임대차종료 후에도 임차인이 임대인으로부터 보증금을 반환받을 때까지는 임대차관계는 존속하는 것으로 본다(4조2항). * 이 상태에서 임차주택이 양도된 경우: 대항력 있는 주택임대차에 있어 본법 제4조제2항에 의하여 임차인은 보증금을 반환받을 때까지 임대차관계가 존속하는 것으로 의제되므로 그러한 상태에서 임차목적물인 부동산이 양도되는 경우에, 같은 법 제3조제2항에 의하여 양수인에게 임대차가 종료된 상태에서의 임대인으로서의 지위가 당연히 승계되고, 양수인이 임대인의 지위를 승계하는 경우에는 임대차보증금 반환채무도 부동산의 소유권과 결합하여 일체로서 이전하는 것이므로 양도인의 임대인으로서의 지위나

보증금 반환채무는 소멸하는 것이지만, 임차인의 보호를 위한 임대차보호법의 입법 취지에 비추어 임차인이 임대인의 지위승계를 원하지 않는 경우에는 임차인이 임차주택의 양도사실을 안 때로부터 상당한 기간 내에 이의를 제기함으로써 승계되는 임대차관계의 구속으로부터 벗어날 수 있다고 봄이 상당하고, 그와 같은 경우에는 양도인의 임차인에 대한 보증금 반환채무는 소멸하지 않는다(대판 2002.9.4. 2001다64615).

第5條 삭제

第6條【契約의 更新】 ①賃貸人이 賃貸借期間滿了전 6月부터 1月까지에 賃借人에 대하여 更新拒絶의 통지 또는 조건을 변경하지 아니하면 更新하지 아니한다는 뜻의 통지를 하지 아니한 경우에는 그 期間이 滿了된 때에 前賃貸借와 同一한 조건으로 다시 賃貸借한 것으로 본다. 賃借人이 賃貸借期間滿了전 1月까지 통지하지 아니한 때에도 또한 같다.
②第1項의 경우 賃貸借의 存續期間은 정함이 없는 것으로 본다.
③2期의 借賃額에 달하도록 借賃을 延滯하거나 기타 賃借人으로서의 義務를 顯著히 違反한 賃借人에 대하여는 第1項의 規定을 適用하지 아니한다.

第6條의2【默示的 更新의 경우의 契約의 解止】 ①第6條第1項의 경우 賃借人은 언제든지 賃貸人에 대하여 契約解止의 통지를 할 수 있다.
②第1項의 規定에 의한 解止는 賃貸人이 그 통지를 받은 날부터 3月이 經過하면 그 效力이 발생한다.

契約의 更新

1. 合意에 의한 更新: 합의에 의하여 자유롭게 갱신할 수 있음은 물론이다.
2. 默示의 更新
(1) 묵시의 갱신의 요건: 제1항, 제3항.
(2) 계약의 내용: 임대차기간을 제외한 나머지 임료 등은 전 임대차와 동일한 것으로 간주한다(6조1항, 2항). 임대차기간은 약정이 없는 것으로 간주된다(6조2항). 따라서 그 임대차기간은 같은 법 제6조제2항, 제4조제1항에 따라 2년으로 된다(대판 1992.1.17. 91다25017).
(3) 임차인의 임의해지-가능-제6조의2의제1항, 제2항: 묵시의 갱신의 경우에 임차인은 언제든지 임대차계약의 해지를 할 수 있으며, 임차인의 해지의 의사표시는 임대인이 이를 받은 날로부터 3월이 경과하면 효력이 생긴다.
(4) 임대인의 해지-불가: 제4조1항에 의하여 임대인에게는 최단 2년의 임대차가 되어, 임대인의 임의해지는 가능하지 아니하다.

第7條【借賃등의 增減請求權】 約定한 借賃 또는 保證金이 賃借住宅에 관한 租稅, 公課金 기타 負擔의 增減이나 經濟事情의 變動으로 인하여 상당하지 아니하게 된 때에는 當事者는 將來에 대하여 그 增減을 請求할 수 있다. 그러나 增額의 경우에는 大統領令이 정하는 基準에 따른 比率을 초과하지 못한다.

借賃

1. 2期延滯 解止: 차임연체시의 해지권에 관하여는 별도의 규정이 없어 민법의 관련규정이 일반법으로 적용되어, 연체액이 합하여 2기에 달하면 임대인은 계약을 해지할 수 있다(민법 640조).
2. 借賃 또는 保證金增減請求權: 약정한 차임 및 보증금이 임차주택에 관한 조세·공과금 기타 부담의 증감이나 경제사정의 변동으로 인하여 상당하지 아니하게 된 때에는 당사자는 장래에 대하여 그 증감을 청구할 수 있다(7조). 그러나 증액의 경우 대통령령이 정하는 한도액, 즉 약정한

보증금의 20분의 1을 넘지 못한다(동법시행령 2조1항). 또한 증액의 청구는 임대차계약 또는 보증금의 증액이 있은 후 1년이 지나야 할 수 있다(동시행령 2조2항).
(1) 본조의 증감청구권은 존속 중에만: 본조는 임대차계약기간 존속 중에 한하여 적용이 있다.
(2) 기간 중에 당사자가 보증금에 합의한 경우, 기간만료로 인한 재계약: 임대차계약이 종료된 후 재계약을 하거나 또는 임대차계약 종료 전이라도 당사자의 합의로 차임 등이 증액된 경우에는 본조는 적용되지 않는다(대판 2002.6.28. 2002다23482).

제7조의2【월차임 전환시 산정률의 제한】 보증금의 전부 또는 일부를 월 단위의 차임으로 전환하는 경우에는 그 전환되는 금액에 은행법에 의한 금융기관에서 적용하는 대출금리 및 당해 지역의 경제여건 등을 감안하여 대통령령이 정하는 비율을 곱한 월차임의 범위를 초과할 수 없다.

第8條【保證金중 一定額의 보호】 ①賃借人은 保證金중 一定額을 다른 擔保物權者보다 우선하여 辨濟받을 權利가 있다. 이 경우 賃借人은 住宅에 대한 競賣申請의 登記전에 第3條第1項의 요건을 갖추어야 한다.
②第3條의2第4項 내지 第6項의 規定은 第1項의 경우에 이를 準用한다.
③第1項의 規定에 의하여 優先辨濟를 받을 賃借人 및 保證金중 一定額의 범위와 基準은 住宅價額(垈地의 價額을 포함한다)의 2分의 1의 범위 안에서 大統領令으로 정한다.

少額保證金의 最優先辨濟力

1. 要件 - 제3조제1항의 요건 구비

(1) 대항력을 갖춘 임차인: 임차인은 제3조제1항의 대항력을 갖추어야 하며, 대항력의 취득시기는 묻지 아니하나 임차물에 대한 다른 채권자의 경매개시결정등기 전에 취득하여야 한다(8조1항). 따라서 임차물에 대한 경매개시결정등기 이후에 대항력을 갖춘 소액보증금임차권자는 최우선변제력이 없다.
(2) 임차권등기명령에 의해 등기된 주택의 이후의 임차권자는 배제: 임차권등기명령의 집행에 의하여 경료된 해당부분 주택을 그 이후에 임차한 임차인은 소액보증금 최우선특권이 없다(3조의3의6항). 임차권등기명령에 의해 경료된 임차권자는 비록 현재 거주는 하지 않으나 보증금에 대한 대항력을 취득하기 위하여 거주하는 것으로 간주되는 자로서 동일한 주거공간에 2중으로 주거를 할 수는 없기 때문에, 그 이후의 임차권자는 최우선변제력이 없다.

2. 最優先辨濟力 있는 少額保證金의 限度 - 제3항

(1) 소액보증금의 범위와 한도: 다른 담보물권자보다 최우선적으로 변제를 받을 수 있는 소액보증금의 범위와 한도는 주택가액의 2분의 1의 범위 내에서 대통령령으로 정한다(8조3항).
(2) 보증금을 새로운 계약으로 한도 내로 감축한 경우: 실제 임대차계약의 주된 목적이 주택을 사용·수익하려는 것인 이상, 처음 임대차계약을 체결할 당시에는 보증금액이 많아 소액임차인에 해당하지 않았지만 그 후 새로운 임대차계약에 의하여 임대인과의 사이에 정당하게 보증금을 감액하여 소액임차인에 해당하게 되었다면, 그 임대차계약이 통정허위표시에 의한 계약이어서 무효라는 등의 특별한 사정이 없는 한 그러한 임차인이 같은 법상 소액임차인으로 보호받을 수 없다고 볼 수는 없다(대판 2008.5.15. 2007다23203).

3. 最優先辨濟의 內容 - 최우선 변제력 - 제1항

(1) 배당요구하여야: 본조에 의하여 우선변제청구권이 인정되는 소액임차인의 소액보증금반환채권은 현행법상 민사소송법 제605조제1항에서 규정하는 배당요구가 필요한 배당요구채권에 해당하고, 이러한 배당요구채권자가 적법한 배당요구를 하지 아니하여 그를 배당에서 제외하는 것으로 배당표가 작성·확정되고 그 확정된 배당표에 따라 배당이 실시되었다면 그가 적법한 배당요구를 한 경우에 배당받을 수 있었던 금액 상당의 금원이 후순위채권자에게 배당되었다고 하여 이를 법률상 원인이 없는 것이라고 할 수 없다(대판 2002.1.22. 2001다70702).
(2) 최우선변제력: 위 한도 내의 소액보증금에 관하여 임대인으로부터 반환받지 못한 경우에 다

른 담보물권자, 국세, 지방세보다 우선하여 임차물로부터 변제받을 수 있다(8조1항). 즉 임차물이 경매된 때에 경락대금으로 다른 담보물권자보다 우선하여 변제받을 수 있다. 이러한 우선변제는 대항력의 취득시기와는 관계없다. 따라서 먼저 성립한 담보권자의 담보권행사에 의한 경매 또는 일반채권자의 권원 등에 의한 경매의 경우에도 경락대금으로부터 직접 우선하여 변제받을 수 있다. 그러나 경매신청등기 전에 대항력을 취득하고 있어야 한다.

4. 競落으로 賃借權 消滅: 임차권은 경매에 의한 경락으로 소멸한다(3조의5).

第9條【住宅의 賃借權의 承繼】 ①賃借人이 相續權者없이 死亡한 경우에 그 住宅에서 家庭共同生活을 하던 事實上의 婚姻關係에 있는 者는 賃借人의 權利와 義務를 承繼한다.

②賃借人이 死亡한 경우에 死亡당시 相續權者가 그 住宅에서 家庭共同生活을 하고 있지 아니한 때에는 그 住宅에서 家庭共同生活을 하던 事實上의 婚姻關係에 있는 者와 2寸이내의 親族은 共同으로 賃借人의 權利와 義務를 承繼한다.

③第1項 및 第2項의 경우에 賃借人이 死亡한 후 1月이내에 賃貸人에 대하여 反對意思를 표시한 때에는 그러하지 아니하다.

④第1項 및 第2項의 경우에 賃貸借關係에서 생긴 債權, 債務는 賃借人의 權利義務를 承繼한 者에게 歸屬한다.

賃借權의 承繼

1. 承繼制度의 意義: 주택임차권을 통상적인 임차권과 동일하게 상속을 인정하는 경우에는 상속인이 임차권자와 동거하고 있는 경우에는 문제가 될 것이 없으나, 임차권자와 비상속인이 동거하고 있었다든지 또는 여러 명의 상속인 중에서 특정상속인과 동거하고 있는 경우에는 임차권자의 사망으로 거주의 법적 근거를 잃게 되는 문제가 생긴다. 이에 각국은 주택임대차에 관하여 상속성을 부정하고 별도의 승계제도를 두거나(독일 민법 569조, 569조의2(a), 569조의3(b), 영국) 또는 상속인이 계약을 해지할 수 있게 하는(스위스 채무법 270조, 이탈리아 민법 1614조) 등으로 특별히 규정하기도 한다.

2. 承繼의 對象 - 保證金返還請求權도 包含: 주택임대차보호법은 주택임차권에 관하여 승계제도를 일부 인정하는데, 여기서 승계되는 임차권에 주택을 사용할 수 있는 권능만을 의미하는지 아니면 일체의 임차인의 지위를 의미하는지가 문제된다. 승계되는 임차권은 임차물에 대한 사용·수익만을 의미하는 것이 아니라 보증금반환청구권을 포함한 일체의 임차인의 지위이다. 본법도 임대차관계에서 생긴 채권과 채무가 승계된다고 규정하여(9조4항) 보증금을 별도로 제외하고 있지 아니하다. 그러나 제3자가 제공한 보증금은 소멸한다.

3. 承繼의 內容: 승계란 임차권자가 사망하더라도 임차권은 종래의 임차권자와 가정공동생활을 하던 잔존가족이 임차권을 승계한다는 것이다. 따라서 잔존가족이 임대인과의 사이에서 기존의 임대차계약에 따른 권리와 의무를 그대로 유지하게 된다.

(1) 임차인이 상속권자 없이 사망한 경우-제1항: 임차인이 상속권자 없이 사망한 경우에 그 주택에서 가정공동생활을 하던 사실상의 혼인관계에 있는 자(사실혼의 배우자)가 있으면 그 자가 사망한 임차인의 권리· 의무를 승계한다. 사실상의 혼인관계에 있는 자가 임대인과의 관계에서 종전의 임대차계약상의 권리와 의무를 그대로 유지한다.

(가) 사실상의 배우자: 사실상의 혼인관계에 있는 자(배우자)란 혼인신고가 되지 않았을 뿐 그 외의 부분에서는 법률상의 혼인관계와 동일한 사실상의 상태를 유지하는 자를 말한다.

(나) 내연관계: 법률상의 배우자는 별도로 있으면서 동거하는 관계에 있는 자, 이른바 내연(첩)관계에 있는 자는 포함하지 않는다.

(2) 임차인의 상속권자가 있는 경우

(가) 상속권자가 동거하지 않은 경우-제2항: 임차인이 사망한 경우에 사망 당시 상속권자가 그 주택에서 가정공동생활을 하고 있지 않은 때에는 그 주택에서 가정공동생활을 하던 사실혼관계에 있는 자와 가정공동생활을 하던 2촌 이내의 친족은 사망한 임차인의 권리·의무를 공동으로

승계한다.
(나) 상속권자가 동거하고 있은 경우: 상속권자가 임차인 및 사실혼관계에 있는 자와 가정공동생활을 한 경우에 관하여는 별도의 규정이 없다. 따라서 이 경우에는 민법의 상속법의 규정에 따라 상속권자가 상속을 하게 된다.
(3) 동거하는 상속인과 동거하지 않는 상속인이 있는 경우: 이 경우에도 특별히 규정하고 있지 아니하다. 따라서 민법의 상속의 원칙에 의해 해결된다(1012조 이하). 즉 이때에는 공동상속인 사이의 재산분할의 문제로 해결된다. 그런데 동거하지 않았던 상속인이 거주할 수 있느냐가 문제된다. 한편 주택을 누가 사용하느냐는 것은 임대인에게는 매우 중요한 사항이다. 따라서 사용자가 변경되는 경우에는 임대인은 계약을 해지할 수 있다고 보아야 할 것이다.
4. 賃借權의 承繼抛棄 - 제3항: 승계하는 자는 이익만 있는 것이 아니라 경우에 따라서는 승계로 불리할 수도 있다. 예컨대 보증금도 거의 없으며, 기존의 임대차상의 채무불이행에 의한 채무가 있는 경우 등이다. 이러한 경우에는 임차인이 사망한 후 1월 내에 임차인의 권리와 의무를 승계하지 않겠다는 의사를 표시하면 승계의 효과는 생기지 아니한다(9조3항).

第10條【强行規定】 이 法의 規定에 違反된 約定으로서 賃借人에게 不利한 것은 그 效力이 없다.

第11條【一時使用을 위한 賃貸借】 이 法은 一時使用을 위한 賃貸借임이 明白한 경우에는 이를 適用하지 아니한다.

第12條【未登記傳貰에의 準用】 이 法은 住宅의 登記하지 아니한 傳貰契約에 관하여 이를 準用한다. 이 경우 "傳貰金"은 "賃貸借의 保證金"으로 본다.

未登記傳貰
당사자간에 〈전세〉계약이라고 한 경우에는 원칙적으로 전세권설정등기를 하여야 하고, 그 경우에는 전세권에 관한 규정(민법)이 적용된다. 그런데 〈전세계약〉을 하였음에도 전세권등기를 하지 않은 경우에는 당사자간의 계약의 명칭에 불구하고 임대차계약으로 보아 본법이 적용된다.

第13條【少額事件審判法의 準用】 少額事件審判法 第6條, 第7條, 第10條 및 第11條의2의 規定은 賃借人이 賃貸人에 대하여 제기하는 保證金返還請求訴訟에 관하여 이를 準用한다.

* 소액사건심판법 제6조 (소장의 송달) 소장부본이나 제소조서등본은 지체 없이 피고에게 송달하여야 한다. 다만 피고에게 이행권고결정서의 등본이 송달된 때에는 소장부본이나 제소조서등본이 송달된 것으로 본다.
* 소액사건심판법 제7조 (기일지정 등) ①소의 제기가 있는 경우에 판사는 민사소송법 제256조 내지 제258조의 규정에 불구하고 바로 변론기일을 정할 수 있다.
②제1항의 경우에 판사는 되도록 1회의 변론기일로 심리를 마치도록 하여야 한다.
③제2항의 목적을 달성하기 위하여 판사는 변론기일전이라도 당사자로 하여금 증거신청을 하게 하는 등 필요한 조치를 취할 수 있다.
* 소액사건심판법 제10조 (증거조사에 관한 특칙) ①판사는 필요하다고 인정한 때에는 직권으로 증거조사를 할 수 있다. 그러나 그 증거조사의 결과에 관하여는 당사자의 의견을 들어야 한다.
②증인은 판사가 신문한다. 그러나 당사자는 판사에게 고하고 신문할 수 있다.
③판사는 상당하다고 인정한 때에는 증인 또는 감정인의 신문에 갈음하여 서면을 제출하게 할 수 있다.
④삭제 〈2002.1.26〉

商街建物賃貸借保護法

(2001.12.29. 법률 제6542호)

제1조 【목적】 이 법은 상가건물 임대차에 관하여 민법에 대한 특례를 규정함으로써 국민 경제생활의 안정을 보장함을 목적으로 한다.

제2조 【적용범위】 ①이 법은 상가건물(제3조제1항의 규정에 의한 사업자등록의 대상이 되는 건물을 말한다)의 임대차(임대차 목적물의 주된 부분을 영업용으로 사용하는 경우를 포함한다)에 대하여 적용한다. 다만 대통령령이 정하는 보증금액을 초과하는 임대차에 대하여는 그러하지 아니하다.
②제1항 단서의 규정에 의한 보증금액을 정함에 있어서는 당해 지역의 경제여건 및 임대차 목적물의 규모 등을 감안하여 지역별로 구분하여 규정하되, 보증금외에 차임이 있는 경우에는 그 차임액에 은행법에 의한 금융기관의 대출금리 등을 감안하여 대통령령이 정하는 비율을 곱하여 환산한 금액을 포함하여야 한다.

適用範圍

1. 本法의 立法 趣旨: 우리나라에는 상가건물을 임차하여 자영업을 하고 있는 소시민이 매우 많고, 그러한 경우에 영업장의 사용방법은 전세권을 설정하거나 임대차계약을 체결하여 사용하는 경우가 되는데, 상대적으로 경제적 약자인 자영업자가 건물의 소유자로부터 전세권을 설정받아 사용하기란 현실적으로 어렵다. 그리하여 대부분이 상가건물의 소유자와 사용자 간에는 임대차관계를 설정하는데, 임대차에 따른 임차인의 약한 지위로 인하여 당해 건물이 경매된다든지 하는 경우에는 본인의 전재산인 거액의 보증금을 상실하고, 영업의 터전을 잃게 됨으로써 큰 사회적 문제가 야기되기도 하였다. 이에 상가건물임차인을 보호할 목적으로 민법의 임대차규정에 대한 특별법으로 〈상가건물임대차보호법〉을 2001년 12월에 제정공포하여 2002년 7월 1일부터 시행하고 있다. 이 법의 주요 내용은 주택임대차보호법과 같으며, 임차인의 보증금의 보호에 역점을 두고 있다.

2. 適用範圍

(1) 임차물이 상가건물: 상가건물의 임대차에 적용된다.
(가) 복합된 경우-주된 부분을 기준: 거주와 영업장이 복합되어 있는 경우는 주된 부분이 상업용이면 본법의 적용을 받으며 거주용이 주된 부분이면 주택임대차보호법이 적용되는데, 어느 법이 적용되든 그 내용에서는 거의 동일하게 임차인이 보호된다.
(나) 일시사용이 아닌 경우에만-제16조: 일시 사용의 경우에는 적용이 없다.
(2) 등기 없는 전세계약-제17조: 상가건물의 전세권등기 없는 전세계약에도 적용된다.
(3) 보증금에 의한 제한: 시행령 제2조에서 규정하는 일정 보증금액의 범위 내의 임대차에만 적용이 있다.

제3조 【대항력 등】 ①임대차는 그 등기가 없는 경우에도 임차인이 건물의 인도와 부가가치세법 제5조, 소득세법 제168조 또는 법인세법 제111조의 규정에 의한 사업자등록을 신청한 때에는 그 다음 날부터 제3자에 대하여 효력이 생긴다.
②임차건물의 양수인(그 밖에 임대할 권리를 승계한 자를 포함한다)은 임대인의 지위를 승계한 것으로 본다.
③민법 제575조제1항・제3항 및 제578조의 규정은 이 법에 의하여 임대차의 목적이 된 건물이 매매 또는 경매의 목적물이 된 경우에 이를 준용한다.
④민법 제536조의 규정은 제3항의 경우에 이를 준용한다.

對抗力과 優先辨濟力

1. 對抗力의 要件

(1) 인도와 사업자등록 신청-제3조제1항: 상가건물의 인도와 사업자등록신청의 두 요건을 충족한 다음 날부터 대항력이 있으며, 임차권등기명령에 의하여 경료된 등기가 있는 경우에는 점유를 하지 않더라도 그 전의 대항력을 그대로 유지한다.

(2) 임차인이 법인인 경우도 가능: 법인도 사업자등록 신청을 할 수 있으므로 법인도 본법의 적용을 받는 임차인이다. * 본법 제4조제1항제1호 참조.

2. 優先辨濟力의 要件 - 제5조제2항: 제3조제1항의 대항요건을 갖추고, 관할세무서장으로부터 임대차계약서에 확정일자를 받으면, 확정일자로부터 우선변제력이 있다.

3. 對抗力과 優先辨濟力의 內容

(1) 임차건물의 양수인과의 관계(양수인의 임대차 당연승계)-제2항: 임차건물의 양수인(새로운 소유자)은 임대인의 지위를 승계한다(3조2항). 기존의 소유권자는 임대차관계에서 탈퇴하고, 양수인인 신소유권자가 기존의 임대차관계에서의 당사자가 된다. 따라서 임차인과 신소유권자는 기존의 임대차관계에 의한 권리와 의무를 그대로 유지한다.

(2) 저당권의 실행에 의한 경락인과의 관계: 저당권의 실행에 의하여 원칙적으로 임차권은 소멸한다. 그러나 보증금이 전액 변제되지 아니한 대항력 있는 임차권은 소멸하지 아니한다(8조).

(가) 임차권이 선순위인 경우: 임차권자가 대항력을 갖춘 이후에 설정된 저당권자가 경매를 신청하여 경락된 경우이다. 경매로 임차권은 원칙적으로 소멸한다(8조). 그러나 경락인에게는 대항할 수 있어 보증금의 전액을 배당받지 못한 임차권자는 임차주택의 명도를 거절할 수 있다. 따라서 경락인은 보증금을 전액변제하고 임차권을 소멸시킬 수도 있고, 보증금을 변제하지 않은 채 자기와 기존의 임대차관계에서 임차권자로서 유지시킬 수도 있다. 임차권자가 우선변제력를 갖춘 경우에는 경락대금으로부터 담보권자보다 우선하여 배당받고 임차권은 소멸한다(5조2항).

(나) 임차권이 후순위인 경우: 임차권자가 대항력과 우선변제력을 갖추기 전에 이미 저당권이 설정되어 있었고, 그 저당권자가 경매신청을 하여 경락된 경우이다. 임차권은 경락으로 무조건 소멸한다(8조). 임차인은 경락인에게 임차권을 주장할 수 없다. 따라서 경락인에게 주택을 인도하여야 한다. 우선변제력을 갖춘 임차권자는 경락대금에서 선순위저당권자가 배당받은 잔액의 한도 내에서 후순위담보권자보다 보증금에 대한 배당을 받을 수 있다(5조2항)(임차권자는 만족을 얻지 못한 보증금에 대하여는 임대인에 대한 일반채권자가 된다).

(다) 저당권 사이에 임차권이 있는 경우: 저당권이 설정된 상가에 대항력을 갖춘 임차권을 취득한 이후에 다른 저당권이 다시 설정된 경우이다. 저당권에 의하여 경매가 신청된 경우에 경매신청한 저당권자가 임차권자보다 선순위저당권자이든 후순위저당권자이든 임차권은 무조건 소멸한다(8조). 따라서 경락인에게 임차상가를 인도하여야 한다. 다만 우선변제력이 있는 경우에는 경락대금에서 후순위저당권자보다는 보증금에 대하여 우선변제를 받을 수 있다.

(라) 가등기담보권자와의 관계

① 임차권자가 선순위인 경우: 임차권자가 대항력을 갖춘 상태에서 후순위로 설정된 가등기권자에 의하여 본등기가 경료된 경우이다. 새로운 소유권자는 임대인의 지위를 승계한다(3조2항). 따라서 임차인과 새로운 소유권자는 기존의 임대차계약에 의한 권리와 의무를 그대로 유지한다.

② 임차권자가 후순위인 경우: 임차권자가 후순위로서 선순위가등기권자가 가등기에 의하여 본등기를 한 경우이다. 임차권자는 대항력을 가지지 않기 때문에 원칙적으로 본등기한 자에게 대항할 수 없다. 따라서 임차권은 소멸되어 임차주택을 인도하여야 한다(우선변제력은 행사대상이 없다). 그러나 가등기담보등에관한법률 제5조제5항은 임차권자를 임대인의 일반채권자보다 보호하기 위하여 채무자(소유권자)에게 반환할 청산금의 범위 안에서 보증금을 반환받을 때까지 임차건물의 인도를 거절할 수 있도록 하였다(청산금에 대하여 일종의 우선변제력을 인정한 결과가 된다).

(마) 압류채권자와의 관계: 일반채권자에 의하여 압류등기가 된 후에 그에 의하여 경매가 된 경우이다: 경매에 의하여 임차권은 원칙적으로 소멸한다. 그런데 임차권의 대항력이 압류등기보다

먼저 취득된 경우에는 경락인에게 대항력을 가져 보증금이 전액 변제되기 전까지는 임차주택을 인도하지 않아도 좋으며, 우선변제력이 있는 경우에는 경락대금에서 우선하여 배당받고 임차권은 소멸한다. 임차권이 후순위인 경우는 경락인에게는 대항할 수 없다. 다만 우선변제력에 의하여 경락대금에서 임차인의 보증금반환채권액과 압류채권자의 채권액에 비례하여 평등배당받는다(대판 1992.10.13. 92다30597).

제4조 【등록사항 등의 열람 · 제공】 ①건물의 임대차에 이해관계가 있는 자는 건물의 소재지 관할 세무서장에게 다음 각 호의 사항의 열람 또는 제공을 요청할 수 있다. 이때 관할 세무서장은 정당한 사유 없이 이를 거부할 수 없다.
1. 임대인 · 임차인의 성명, 주소, 주민등록번호(임대인 · 임차인이 법인 또는 법인 아닌 단체인 경우에는 법인명 또는 단체명, 대표자, 법인등록번호, 본점 · 사업장소재지)
2. 건물의 소재지, 임대차 목적물 및 면적
3. 사업자등록 신청일
4. 사업자등록 신청일 당시의 보증금 및 차임, 임대차기간
5. 임대차계약서상의 확정일자를 받은 날
6. 임대차계약이 변경 또는 갱신된 경우에는 변경된 일자, 보증금 및 차임, 임대차기간, 새로운 확정일자를 받은 날
7. 그 밖에 대통령령이 정하는 사항

②제1항의 규정에 의한 자료의 열람 및 제공과 관련하여 필요한 사항에 대하여는 대통령령으로 정한다.

제5조 【보증금의 회수】 ①임차인이 임차건물에 대하여 보증금반환청구소송의 확정판결 그 밖에 이에 준하는 집행권원에 기한 경매를 신청하는 경우에는 민사집행법 제41조의 규정에 불구하고 반대의무의 이행 또는 이행의 제공을 집행개시의 요건으로 하지 아니한다.

②제3조제1항의 대항요건을 갖추고 관할 세무서장으로부터 임대차계약서상의 확정일자를 받은 임차인은 민사집행법에 의한 경매 또는 국세징수법에 의한 공매시 임차건물(임대인 소유의 대지를 포함한다)의 환가대금에서 후순위권리자 그 밖의 채권자보다 우선하여 보증금을 변제받을 권리가 있다.

③임차인은 임차건물을 양수인에게 인도하지 아니하면 제2항의 규정에 의한 보증금을 수령할 수 없다.

④제2항의 규정에 의한 우선변제의 순위와 보증금에 대하여 이의가 있는 이해관계인은 경매법원 또는 체납처분청에 이의를 신청할 수 있다.

⑤민사집행법 제152조 내지 제161조의 규정은 제4항의 규정에 의하여 경매법원에 이의를 신청하는 경우에 이를 준용한다.

⑥제4항의 규정에 의하여 이의신청을 받은 체납처분청은 이해관계인이 이의신청일부터 7일 이내에 임차인을 상대로 소를 제기한 것을 증명한 때에는 당해 소송의 종결시까지 이의가 신청된 범위안에서 임차인에 대한 보증금의 변제를 유보하고 잔여금액을 배분하여야 한다. 이 경우 유보된 보증금은 소송의 결과에 따라 배분한다.

제6조 【임차권등기명령】 ①임대차가 종료된 후 보증금을 반환받지 못한 임차인은 임차건물의 소재지를 관할하는 지방법원 · 지방법원지원 또는 시 · 군법원에 임차권등기명령을 신청할 수 있다.

②임차권등기명령의 신청에는 다음 각 호의 사항을 기재하여야 하며, 신청의 이유 및 임차권등기의 원인이 된 사실은 이를 소명하여야 한다.
1. 신청의 취지 및 이유
2. 임대차의 목적인 건물(임대차의 목적이 건물의 일부분인 경우에는 그 도면을 첨부한다)
3. 임차권등기의 원인이 된 사실(임차인이 제3조제1항의 규정에 의한 대항력을 취득하였거나 제

5조제2항의 규정에 의한 우선변제권을 취득한 경우에는 그 사실)
4. 그 밖에 대법원규칙이 정하는 사항
③민사집행법 제280조제1항, 제281조, 제283조, 제285조, 제286조, 제288조제1항 · 제2항 · 제3항 본문, 제289조제1항 내지 제4항, 제290조제2항중 제288조제1항에 대한 부분, 제291조, 제293조의 규정은 임차권등기명령의 신청에 대한 재판, 임차권등기명령의 결정에 대한 임대인의 이의신청 및 그에 대한 재판, 임차권등기명령의 취소신청 및 그에 대한 재판 또는 임차권등기명령의 집행 등에 관하여 이를 준용한다. 이 경우 "가압류"는 "임차권등기"로, "채권자"는 "임차인"으로, "채무자"는 "임대인"으로 본다.
④임차권등기명령신청을 기각하는 결정에 대하여 임차인은 항고할 수 있다.
⑤임차권등기명령의 집행에 의한 임차권등기가 경료되면 임차인은 제3조제1항의 규정에 의한 대항력 및 제5조제2항의 규정에 의한 우선변제권을 취득한다. 다만 임차인이 임차권등기 이전에 이미 대항력 또는 우선변제권을 취득한 경우에는 그 대항력 또는 우선변제권이 그대로 유지되며, 임차권등기 이후에는 제3조제1항의 대항요건을 상실하더라도 이미 취득한 대항력 또는 우선변제권을 상실하지 아니한다.
⑥임차권등기명령의 집행에 의한 임차권등기가 경료된 건물(임대차의 목적이 건물의 일부분인 경우에는 해당 부분에 한한다)을 그 이후에 임차한 임차인은 제14조의 규정에 의한 우선변제를 받을 권리가 없다.
⑦임차권등기의 촉탁, 등기관의 임차권등기 기입 등 임차권등기명령의 시행에 관하여 필요한 사항은 대법원규칙으로 정한다.
⑧임차인은 제1항의 규정에 의한 임차권등기명령의 신청 및 그에 따른 임차권등기와 관련하여 소요된 비용을 임대인에게 청구할 수 있다.

제7조 【민법의 규정에 의한 임대차등기의 효력 등】 ①제6조제5항 및 제6항의 규정은 민법 제621조의 규정에 의한 건물임대차등기의 효력에 관하여 이를 준용한다.
②임차인이 대항력 또는 우선변제권을 갖추고 민법 제621조제1항의 규정에 의하여 임대인의 협력을 얻어 임대차등기를 신청하는 경우에는 신청서에 부동산등기법 제156조에 규정된 사항 외에 다음 각 호의 사항을 기재하여야 하며, 이를 증명할 수 있는 서면(임대차의 목적이 건물의 일부분인 경우에는 해당부분의 도면을 포함한다)을 첨부하여야 한다.
1. 사업자등록을 신청한 날
2. 임차건물을 점유한 날
3. 임대차계약서상의 확정일자를 받은 날

*** 민법 제621조 (임대차의 등기)**
① 임차인의 등기청구권: 부동산임차인은 당사자간에 반대 약정이 없으면 임대인에 대하여 그 임대차등기절차에 협력할 것을 청구할 수 있다.
② 대항력: 부동산임대차를 등기한 때에는 그때부터 제3자에 대하여 효력이 생긴다.
③ 임차권등기: 처음부처 임차권등기를 한 경우에는 등기시부터 민법 제621조의 규정에 의한 임차권이 제3자에 대한 효력이 있으나, 대항력과 우선변제력이 있는 상태에서 임차권등기를 추가로 한 경우에는 기존의 대항력과 우선변제력을 그대로 유지한다.

제8조 【경매에 의한 임차권의 소멸】 임차권은 임차건물에 대하여 민사집행법에 의한 경매가 행하여진 경우에는 그 임차건물의 경락에 의하여 소멸한다. 다만 보증금이 전액 변제되지 아니한 대항력이 있는 임차권은 그러하지 아니하다.

競落에 의한 賃借權의 消滅

1. 賃借權이 先順位인 경우 – 對抗力 있는 賃借權: 배당신청을 할 수 있으며 경락대금에서 보증

금을 배당받으면 임차권이 대항력이 있을지라도 소멸하니, 배당신청을 하였으나 경락대금에서 보증금을 배당받지 못하였거나 배당신청을 하지 아니하여 배당을 받지 못한 경우에는 임차권은 소멸하지 아니한다. 후자의 경우에는 경락인에 대하여 대항력을 행사할 수 있다.
2. 賃借權이 後順位인 경우 - 對抗力 없는 賃借權: 배당신청을 할 수 없으며 경락으로 임차권은 소멸한다. 임차인은 종래의 임대인에 대하여 임대차계약상의 채무불이행 또는 계약상의 보증금 반환을 청구할 수 있을 뿐이다.

제9조 【임대차기간 등】 ①기간의 정함이 없거나 기간을 1년 미만으로 정한 임대차는 그 기간을 1년으로 본다. 다만 임차인은 1년 미만으로 정한 기간이 유효함을 주장할 수 있다.
②임대차가 종료한 경우에도 임차인이 보증금을 반환받을 때까지는 임대차 관계는 존속하는 것으로 본다.

賃貸借期間

1. 期間의 約定이 있는 경우
(1) 기간이 1년 이상인 경우: 약정에 따른 기간의 효력이 있다.
(2) 기간이 1년 미만인 경우-제9조제1항: 기간을 1년으로 본다. 이 경우에 임대인은 약정한 1년 미만의 효력을 주장할 수 없으나, 임차인은 약정된 1년 미만의 기간의 효력을 주장할 수 있다(대판 1995.10.12. 95다22283).
2. 期間의 約定이 없는 경우 - 1년 - 제9조제1항: 기간에 대하여 약정하지 아니한 경우에는 그 기간은 1년이다.
3. 默示的 更新의 경우 - 1년 - 제110조제4항: 그 임대차기간은 같은 법 제6조제2항, 제4조제1항에 따라 1년으로 된다(대판 2002.9.24. 2002다41633).
4. 期間存續의 看做 - 제9조제2항: 임대차종료 후에도 임차인이 임대인으로부터 보증금을 반환받을 때까지는 임대차관계는 존속하는 것으로 본다. * 기간존속 간주 상태에서 임차주택이 양도된 경우: 대항력 있는 주택임대차에 있어 주택임대차보호법 제4조제2항에 의하여 임차인은 보증금을 반환받을 때까지 임대차관계가 존속하는 것으로 의제되므로 그러한 상태에서 임차목적물인 부동산이 양도되는 경우에, 같은 법 제3조제2항에 의하여 양수인에게 임대차가 종료된 상태에서의 임대인으로서의 지위가 당연히 승계되고, 양수인이 임대인의 지위를 승계하는 경우에는 임대차보증금 반환채무도 부동산의 소유권과 결합하여 일체로서 이전하는 것이므로 양도인의 임대인으로서의 지위나 보증금 반환채무는 소멸하는 것이지만, 임차인의 보호를 위한 임대차보호법의 입법 취지에 비추어 임차인이 임대인의 지위승계를 원하지 않는 경우에는 임차인이 임차주택의 양도사실을 안 때로부터 상당한 기간 내에 이의를 제기함으로써 승계되는 임대차관계의 구속으로부터 벗어날 수 있다고 봄이 상당하고, 그와 같은 경우에는 양도인의 임차인에 대한 보증금 반환채무는 소멸하지 않는다(대판 2002.9.4. 2001다64615).

제10조 【계약갱신 요구등】 ①임대인은 임차인이 임대차기간 만료 전 6월부터 1월까지 사이에 행하는 계약갱신 요구에 대하여 정당한 사유 없이 이를 거절하지 못한다. 다만 다음 각 호의 1의 경우에는 그러하지 아니하다.
1. 임차인이 3기의 차임액에 달하도록 차임을 연체한 사실이 있는 경우
2. 임차인이 거짓 그 밖의 부정한 방법으로 임차한 경우
3. 쌍방 합의하에 임대인이 임차인에게 상당한 보상을 제공한 경우
4. 임차인이 임대인의 동의 없이 목적 건물의 전부 또는 일부를 전대한 경우
5. 임차인이 임차한 건물의 전부 또는 일부를 고의 또는 중대한 과실로 파손한 경우
6. 임차한 건물의 전부 또는 일부가 멸실되어 임대차의 목적을 달성하지 못할 경우
7. 임대인이 목적 건물의 전부 또는 대부분을 철거하거나 재건축하기 위해 목적 건물의 점유 회복이 필요한 경우

8. 그 밖에 임차인이 임차인으로서의 의무를 현저히 위반하거나 임대차를 존속하기 어려운 중대한 사유가 있는 경우
②임차인의 계약갱신요구권은 최초의 임대차 기간을 포함한 전체 임대차 기간이 5년을 초과하지 않는 범위 내에서만 행사할 수 있다.
③갱신되는 임대차는 전 임대차와 동일한 조건으로 다시 계약된 것으로 본다. 다만 차임과 보증금은 제11조의 규정에 의한 범위안에서 증감할 수 있다.
④임대인이 제1항의 기간 이내에 임차인에 대하여 갱신거절의 통지 또는 조건의 변경에 대한 통지를 하지 아니한 경우에는 그 기간이 만료된 때에 전임대차와 동일한 조건으로 다시 임대차한 것으로 본다. 이 경우에 임대차의 존속기간은 정함이 없는 것으로 본다.
⑤제4항의 경우 임차인은 언제든지 임대인에 대하여 계약해지의 통고를 할 수 있고, 임대인이 그 통고를 받은 날부터 3월이 경과하면 그 효력이 발생한다.

契約의 更新

1. 更新要求權에 의한 更新

(2) 갱신요구권의 성질-제1항: 임차인이 갱신을 청구하면 정당한 사유 없이 거절하지 못한다. 즉 갱신요구권은 일종의 형성권이다.
(2) 행사-제1항, 제2항: 갱신요구권은 계약 종료 전 6개월부터 1개월 전까지 임대인에 대하여 의사표시로 행사하여야 한다(1항). 이 요구권은 최초 임대차기간을 포함하여 5년을 초과하지 않는 범위 내에서만 행사할 수 있다(2항).
(3) 임대인의 거절: 임대인은 제1항의 각 호 사유에 해당하는 경우에는 갱신을 거절할 수 있다. 그런데 8호의 그 밖의 정당한 사유가 문제되는데, 1호에서 7호까지 구체적으로 명기되어 있어 그에 해당하지 아니하는 사유로 정당한 사유에 해당 여부에 대하여는 엄격하게 해석하여야 한다.
(4) 갱신 계약의 내용-제3항: 갱신요구권의 행사에 의한 갱신되는 임대차는 전임대차와 동일한 내용의 계약이 된 것으로 보나, 차임과 보증금에 대해서는 제11조의 범위 내에서 당사자간에 별도로 약정할 수 있다.

2. 默示의 更新

(1) 묵시의 계약의 성립-제4항: 임대인이 제1항의 기간 내에 갱신거절의 통지를 하거나, 조건의 변경에 대한 통지를 하지 아니한 경우에는 전임대차 만료시에 묵시에 의하여 계약이 갱신된 것으로 본다(4항).
(2) 계약의 내용: 계약기간을 제외한 부분에 관하여는 전임대차와 동일한 내용이 된다. 계약의 기간에 관하여는 기간이 없는 임대차로 본다(4항). 따라서 이 경우에는 제9조가 적용되어 최단 1년이 된다.
(3) 임차인의 임의해지권-제5항: 임차인은 임의해지가 가능하며, 해지한 경우에는 해지통고 후 3개월이 경과하면 해지의 효력이 생긴다(5항). 임대인에게 해지권이 있는지가 문제되는데, 임차인의 해지에 대하여만 규정한 것으로 보아 임대인에게는 해지권이 없다고 보아야 한다. 따라서 임대인은 제9조에 의하여 1년이 경과하면 계약의 만료를 주장할 수 있다.

제11조 【차임 등의 증감청구권】 ①차임 또는 보증금이 임차건물에 관한 조세, 공과금 그 밖의 부담의 증감이나 경제사정의 변동으로 인하여 상당하지 아니하게 된 때에는 당사자는 장래에 대하여 그 증감을 청구할 수 있다. 그러나 증액의 경우에는 대통령령이 정하는 기준에 따른 비율을 초과하지 못한다.
②제1항의 규정에 의한 증액청구는 임대차계약 또는 약정한 차임등의 증액이 있은 후 1년 이내에는 이를 하지 못한다.

제12조 【월차임 전환시 산정율의 제한】 보증금의 전부 또는 일부를 월 단위의 차임으로 전환하는 경우에는 그 전환되는 금액에 은행법에 의한 금융기관에서 적용하는 대출금리 및 당해 지역

의 경제여건 등을 감안하여 대통령령이 정하는 비율을 곱한 월차임의 범위를 초과할 수 없다.

제13조 【전대차관계에 대한 적용 등】 ① 제10조부터 제12조까지의 규정은 전대인(전대인)과 전차인(전차인)의 전대차관계에 적용한다.
② 임대인의 동의를 받고 전대차계약을 체결한 전차인은 임차인의 계약갱신요구권 행사기간 이내에 임차인을 대위(대위)하여 임대인에게 계약갱신요구권을 행사할 수 있다.

* **시행령 제5조 (월차임 전환시 산정률)** 법 제12조에서 "대통령령이 정하는 비율"이라 함은 연 1할5푼을 말한다.
* **시행령 제13조 (전대차관계에 대한 적용 등)** ①제10조 내지 제12조의 규정은 전대인과 전차인의 전대차관계에 적용한다. ②임대인의 동의를 받고 전대차계약을 체결한 전차인은 임차인의 계약갱신요구권 행사기간 범위 내에서 임차인을 대위하여 임대인에게 계약갱신요구권을 행사할 수 있다.

제14조 【보증금중 일정액의 보호】 ①임차인은 보증금중 일정액을 다른 담보물권자보다 우선하여 변제받을 권리가 있다. 이 경우 임차인은 건물에 대한 경매신청의 등기 전에 제3조제1항의 요건을 갖추어야 한다.
②제5조제4항 내지 제6항의 규정은 제1항의 경우에 이를 준용한다.
③제1항의 규정에 의하여 우선변제를 받을 임차인 및 보증금 중 일정액의 범위와 기준은 임대건물가액(임대인 소유의 대지 가액을 포함한다)의 3분의 1의 범위 안에서 당해 지역의 경제여건, 보증금 및 차임 등을 고려하여 대통령령으로 정한다.

제15조 【강행규정】 이 법의 규정에 위반된 약정으로서 임차인에게 불리한 것은 그 효력이 없다.

제16조 【일시사용을 위한 임대차】 이 법은 일시사용을 위한 임대차임이 명백한 경우에는 이를 적용하지 아니한다.

제17조 【미등기전세에의 준용】 이 법은 목적건물의 등기하지 아니한 전세계약에 관하여 이를 준용한다. 이 경우 "전세금"은 "임대차의 보증금"으로 본다.

제18조 【소액사건심판법의 준용】 소액사건심판법 제6조 · 제7조 · 제10조 및 제11조의2의 규정은 임차인이 임대인에 대하여 제기하는 보증금반환청구소송에 관하여 이를 준용한다.

* **소액사건심판법 제6조 (소장의 송달)**: 소장부본이나 제소조서등본은 지체 없이 피고에게 송달하여야 한다. 다만 피고에게 이행권고결정서의 등본이 송달된 때에는 소장부본이나 제소조서등본이 송달된 것으로 본다.
* **소액사건심판법 제7조 (기일지정 등)** ①소의 제기가 있는 경우에 판사는 민사소송법 제256조 내지 제258조의 규정에 불구하고 바로 변론기일을 정할 수 있다.
②제1항의 경우에 판사는 되도록 1회의 변론기일로 심리를 마치도록 하여야 한다.
③제2항의 목적을 달성하기 위하여 판사는 변론기일전이라도 당사자로 하여금 증거신청을 하게 하는 등 필요한 조치를 취할 수 있다.
* **소액사건심판법 제10조 (증거조사에 관한 특칙)** ①판사는 필요하다고 인정한 때에는 직권으로 증거조사를 할 수 있다. 그러나 그 증거조사의 결과에 관하여는 당사자의 의견을 들어야 한다.
②증인은 판사가 신문한다. 그러나 당사자는 판사에게 고하고 신문할 수 있다.
③판사는 상당하다고 인정한 때에는 증인 또는 감정인의 신문에 갈음하여 서면을 제출하게 할 수 있다.
④삭제 〈2002.1.26〉

부 칙 〈제6542호, 2001.12.29〉

①(시행일) 이 법은 2002년 11월 1일부터 시행한다. 〈개정 2002.8.26〉
②(적용례) 이 법은 이 법 시행후 체결되거나 갱신된 임대차부터 적용한다. 다만 제3조 · 제5조 및 제14조의 규정은 이 법 시행당시 존속중인 임대차에 대하여도 이를 적용하되, 이 법 시행 전에 물권을 취득한 제3자에 대하여는 그 효력이 없다.
③(기존 임차인의 확정일자 신청에 대한 경과조치) 이 법 시행당시의 임차인으로서 제5조의 규정에 의한 보증금 우선변제의 보호를 받고자 하는 자는 이 법 시행전에 대통령령이 정하는 바에 따라 건물의 소재지 관할 세무서장에게 임대차계약서상의 확정일자를 신청할 수 있다.

부 칙 〈제6718호, 2002.8.26〉

이 법은 공포한 날부터 시행한다.

가등기담보 등에 관한 법률

(1983.12.30. 법률 제3681호)

第1條【目的】 이 法은 借用物의 返還에 관하여 借主가 借用物에 갈음하여 다른 財産權을 移轉할 것을 豫約함에 있어서 그 財産의 豫約당시의 價額이 借用額 및 이에 붙인 利子의 合算額을 초과하는 경우에 이에 따른 擔保契約과 그 擔保의 目的으로 經了된 假登記 또는 所有權移轉登記의 效力을 정함을 目的으로 한다.

第2條【定義】 이 法에서 사용하는 用語의 定義는 다음과 같다.〈개정 1997.12.13〉
1. "擔保契約"이라 함은 民法 第608條의 規定에 의하여 그 效力이 喪失되는 代物返還의 豫約(還買, 讓渡擔保 기타 名目如何를 불문한다)에 포함되거나 併存하는 債權擔保의 契約을 말한다.
2. "債務者등"이라 함은 債務者와 擔保假登記目的 不動産의 物上保證人 및 擔保假登記후 所有權을 取得한 第3者를 말한다.
3. "擔保假登記"라 함은 債權擔保의 目的으로 經了된 假登記를 말한다.
4. "競賣등"이라 함은 强制競賣와 擔保權의 實行 등을 위한 競賣를 말한다.
5. "後順位權利者"라 함은 擔保假登記후에 登記된 抵當權者·傳貰權者 및 擔保假登記權利者를 말한다.

第3條【擔保權의 實行의 통지와 淸算期間】 ①債權者가 擔保契約에 의한 擔保權을 實行하여 그 擔保目的不動産의 所有權을 取得하기 위하여는 그 債權의 辨濟期후에 第4條에 規定한 淸算金의 評價額을 債務者등에게 통지하고, 그 통지가 債務者등에게 到達한 날로부터 2月(이하 "淸算期間"이라 한다)이 경과하여야 한다. 이 경우 淸算金이 없다고 인정되는 때에는 그 뜻을 통지하여야 한다.
②第1項의 規定에 의한 통지에는 통지당시의 目的不動産의 評價額과 民法 第360條에 規定된 債權額을 明示하여야 한다. 이 경우 不動産이 2 이상인 때에는 각 不動産의 所有權移轉에 의하여 消滅시키려고 하는 債權과 그 費用을 明示하여야 한다.

第4條【淸算金의 支給과 所有權의 取得】 ①債權者는 第3條第1項의 規定에 의한 통지당시의 目的不動産의 價額에서 그 債權額을 控除한 金額(이하 "淸算金"이라 한다)을 債務者등에게 支給하여야 한다. 目的不動産에 先順位擔保權등의 權利가 있을 때에는 그 債權額을 計算함에 있어서 先順位擔保등에 의하여 擔保된 債權額을 포함한다.
②債權者는 擔保不動産에 관하여 이미 所有權移轉登記가 經了된 경우에는 淸算期間 경과후 淸算金을 債務者등에게 支給한 때에 目的不動産의 所有權을 取得하며, 擔保假登記가 經了된 경우에는 淸算期間이 경과하여야 그 假登記에 기한 本登記를 請求할 수 있다.
③民法 第536條의 規定은 淸算金의 支給債務와 不動産의 所有權移轉登記 및 引渡債務의 履行에 관하여 이를 準用한다.
④第1項 내지 第3項의 規定에 反하는 特約으로서 債務者등에게 不利한 것은 그 效力이 없다. 다만 淸算期間 경과후에 행하여진 特約으로서 第3者의 權利를 害하지 아니하는 것은 그러하지 아니하다.

第5條【後順位權利者의 權利行使】 ①後順位權利者는 그 順位에 따라 債務者등이 支給받을 淸算金에 대하여 第3條第1項의 規定에 의하여 통지된 評價額의 범위안에서 淸算金 支給時까지 그 權利를 行使할 수 있고, 債權者는 後順位權利者의 要求가 있는 경우에는 이를 支給하여야 한다.
②第1項의 權利를 行使함에 있어서는 그 被擔保債權의 범위안에서 그 債權의 明細와 證書를 債

權者에게 提示 交付하여야 한다.
③債權者가 第2項의 明細와 證書를 받고 後順位權利者에게 淸算金을 支給한 때에는 그 범위안에서 淸算金債務는 消滅한다.
④第1項의 權利行使를 沮止하려고 하는 者는 淸算金을 押留 또는 假押留하여야 한다.
⑤擔保假登記 후에 對抗力 있는 賃借權을 取得한 者에게는 淸算金의 범위안에서 民法 第536條의 規定을 準用한다.

第6條【債務者등외의 權利者에 대한 통지】 ①債權者는 第3條第1項의 規定에 의한 통지가 債務者등에게 到達한 때에는 지체 없이 後順位權利者에게 그 통지의 事實·내용 및 그 到達日을 통지하여야 한다.
②第3條第1項의 規定에 의한 통지가 債務者등에게 到達한 때에는 擔保假登記 후에 登記한 第3者(第1項에 의하여 통지를 받을 者를 제외하고, 對抗力 있는 賃借權者를 포함한다)가 있는 경우에는 債權者는 지체 없이 그 第3者에 대하여 第3條第1項의 規定에 의한 통지를 한 事實과 그 債權額을 통지하여야 한다.
③第1項과 第2項의 規定에 의한 통지는 통지를 받을 者의 登記簿上의 住所로 發送함으로써 그 效力이 있다. 그러나 對抗力 있는 賃借權者에게는 그 目的不動產의 所在地에 發送하여야 한다.

第7條【淸算金에 대한 處分制限】 ①債務者가 淸算期間의 경과전에 한 淸算金에 관한 權利의 讓渡 기타의 處分은 이로써 後順位權利者에게 對抗하지 못한다.
②債權者가 淸算期間의 경과전 또는 第6條第1項의 規定에 의한 통지를 하지 아니하고 淸算金을 支給한 경우에도 第1項과 같다.

第8條【淸算金의 供託】 ①淸算金債權이 押留 또는 假押留된 경우에 債權者는 淸算期間이 경과한 후 이에 해당하는 淸算金을 債務履行地를 管轄하는 地方法院 또는 支院에 供託하여 그 범위에서 債務를 免할 수 있다.
②第1項의 規定에 의한 供託이 있는 경우에는 債務者등의 供託金出給請求權이 押留 또는 假押留된 것으로 본다.
③債權者는 第14條에 規定한 경우외에는 供託金의 回收를 請求할 수 없다.
④債權者는 第1項의 規定에 의하여 供託을 한 경우에는 債務者등과 押留債權者 또는 假押留債權者에게 지체 없이 供託의 통지를 하여야 한다.

第9條【통지의 拘束力】 債權者는 第3條第1項의 規定에 의하여 그가 통지한 淸算金의 數額에 관하여 다툴 수 없다.

第10條【法定地上權】 土地 및 그 地上의 建物이 同一한 所有者에게 속하는 경우에 그 土地 또는 建物에 대하여 第4條第2項의 規定에 의한 所有權을 取得하거나 擔保假登記에 기한 本登記가 행하여진 경우에는 그 建物의 所有를 目的으로 그 土地위에 地上權이 設定된 것으로 본다. 이 경우 그 存續期間 및 地料는 當事者의 請求에 의하여 法院이 정한다.

第11條【債務者등의 抹消請求權】 債務者등은 淸算金債權을 辨濟받을 때까지 그 債務額(返還時까지의 利子와 損害金을 포함한다)을 債權者에게 支給하고 그 債權擔保의 目的으로 經了된 所有權移轉登記의 抹消를 請求할 수 있다. 다만 그 債務의 辨濟期가 경과한 때로부터 10年이 경과하거나 또는 善意의 第3者가 所有權을 取得한 때에는 그러하지 아니하다.

第12條【競賣의 請求】 ①擔保假登記權利者는 그 選擇에 따라 第3條의 規定에 의한 擔保權을 實行하거나 目的不動產의 競賣를 請求할 수 있다. 이 경우 競賣에 관하여는 擔保假登記權利를 抵

當權으로 본다.
②後順位權利者는 淸算期間내에 한하여 그 被擔保債權의 辨濟期 到來전이라도 目的不動産의 競賣를 請求할 수 있다.

第13條【優先辨濟請求權】 擔保假登記가 經了된 不動産에 대하여 競賣등이 開始된 경우에 擔保假登記權利者는 다른 債權者보다 自己債權의 優先辨濟를 받을 權利가 있다. 이 경우 그 順位에 관하여는 그 擔保假登記權利를 抵當權으로 보고, 그 擔保假登記가 經了된 때에 그 抵當權의 設定登記가 행하여진 것으로 본다.

第14條【競賣등의 경우의 擔保假登記】 擔保假登記가 經了된 不動産에 대하여 競賣등 開始의 決定이 있는 경우에 그 競賣의 申請이 淸算金을 支給하기 전에 행하여진 때(淸算金이 없는 경우에는 淸算期間의 경과전)에는 擔保假登記權利者는 그 假登記에 기한 本登記를 請求할 수 없다.

第15條【擔保假登記權利의 消滅】 擔保假登記가 經了된 不動産에 대하여 競賣등이 행하여진 때에는 擔保假登記權利는 그 不動産의 賣却에 의하여 消滅한다.

第16條【競賣등에 관한 特則】 ①所有權의 移轉에 관한 假登記가 되어 있는 不動産에 대한 競賣등의 開始決定이 있는 경우에는 法院은 假登記權利者에 대하여 그 假登記가 擔保假登記인 때에는 그 내용 및 債權(利子 기타의 附隨債權을 포함한다)의 存否·原因 및 數額을, 擔保假登記가 아닌 경우에는 그 내용을 法院에 申告할 것을 상당한 期間을 정하여 催告하여야 한다.
②押留登記전에 經了된 擔保假登記權利가 賣却에 의하여 消滅되는 때에는 第1項의 債權申告를 한 경우에 한하여 그 債權者는 賣却代金의 配當 또는 辨濟金의 交付를 받을 수 있다. 이 경우 그 擔保假登記의 抹消에 관하여는 민사집행법 제144조제1항제2호의 規定을 準用한다.〈개정 1997.12.13, 2002.1.26〉
③所有權의 移轉에 관한 假登記權利者는 競賣등 節次의 利害關係人으로 본다.

第17條【破産등의 경우의 擔保假登記】 ①破産財團에 속하는 不動産에 設定한 擔保假登記權利에 대하여는 「채무자 회생 및 파산에 관한 법률」중 抵當權에 관한 規定을 適用한다. 〈개정 2005.3.31〉
②「채무자 회생 및 파산에 관한 법률」제414조는 破産財團에 속하지 아니하는 破産者의 不動産에 대하여 設定되어 있는 擔保假登記權利者에 관하여 이를 準用한다. 〈개정 2005.3.31〉
③擔保假登記權利는 國稅基本法, 國稅徵收法, 地方稅法, 「채무자 회생 및 파산에 관한 법률」의 適用에 있어서는 이를 抵當權으로 본다. 〈개정 2005.3.31〉

第18條【다른 權利를 目的으로 하는 契約에의 準用】 第3條 내지 第17條의 規定은 登記 또는 登錄할 수 있는 不動産所有權외의 權利(質權·抵當權 및 傳貰權을 제외한다)의 取得을 目的으로 하는 擔保契約에 관하여 이를 準用한다.

附 則 〈제3681호, 1983.12.30〉

①(施行日) 이 法은 1984年 1月 1日부터 施行한다.
②(經過措置) 이 法 施行전에 成立한 擔保契約에 대하여는 이 法을 適用하지 아니한다.

附 則(정부부처명칭등의변경에따른건축법등의정비에관한법률) 〈제5454호, 1997.12.13〉

이 法은 1998年 1月 1日부터 施行한다. 〈但書 省略〉

부 칙(민사집행법) 〈제6627호, 2002.1.26〉

제1조 【시행일】 이 법은 2002년 7월 1일부터 시행한다.
제2조 내지 **제5조** 생략
제6조 【다른 법률의 개정】 ①가등기담보등에관한법률중 다음과 같이 개정한다.
제16조제2항 단서중 "民事訴訟法 第661條第1項第2號"를 "민사집행법 제144조제1항제2호"로 한다.
②내지 〈55〉생략
제7조 생략

부 칙(채무자 회생 및 파산에 관한 법률) 〈제7428호, 2005.3.31〉

제1조 【시행일】 이 법은 공포 후 1년이 경과한 날부터 시행한다.
제2조 내지 **제4조** 생략
제5조 【다른 법률의 개정】 ①假登記擔保등에관한法律 일부를 다음과 같이 개정한다.
제17조제1항중 "破産法"을 "「채무자 회생 및 파산에 관한 법률」"로 하고, 동조 제2항중 "破産法 第88條"를 "「채무자 회생 및 파산에 관한 법률」 제414조"로 하며, 동조 제3항중 "會社整理法"을 "「채무자 회생 및 파산에 관한 법률」"로 한다.
②내지 〈145〉생략
제6조 생략

失火責任에 關한 法律

(1961.04.28 법률 제607호)

民法 第750條의 規定은 失火의 境遇에는 重大한 過失이 있을때에 限하여 이를 適用한다.

附 則 〈제607호, 1961.4.28〉

本法은 公布한 날로부터 施行한다.
朝鮮民事令 第1條第4號는 이를 削除한다.
本法 施行當時의 他法令에서 失火의責任에關한法律이라함은 本法을 指稱하는 것으로 한다.

보증인 보호를 위한 특별법

(2008.3.21 법률 제8918호)

제1조【목적】 이법은 보증에 관하여 「민법」에 대한 특례를 규정함으로써 아무런 대가 없이 호의(호의)로 이루어지는 보증으로 인한 보증인의 경제적·정신적 피해를 방지하고, 금전채무에 대한 합리적인 보증계약 관행을 확립함으로써 신용사회 정착에 이바지함을 목적으로 한다.

제2조【정의】 이 법에서 사용하는 용어의 뜻은 다음과 같다.
1. "보증인"이란 「민법」 제429조제1항에 따른 보증채무(이하 "보증채무"라 한다)를 부담하는 자로서 다음 각 목에서 정하는 경우를 제외한 자를 말한다.
가. 「신용보증기금법」 제2조제1항에 따른 기업(이하 "기업"이라 한다)이 영위하는 사업과 관련된 타인의 채무에 대하여 보증채무를 부담하는 경우
나. 기업의 대표자, 이사, 무한책임사원, 「국세기본법」 제39조제2항에 따른 과점주주(과점주주) 또는 기업의 경영을 사실상 지배하는 자가 그 기업의 채무에 대하여 보증채무를 부담하는 경우
다. 기업의 대표자, 이사, 무한책임사원, 「국세기본법」 제39조제2항에 따른 과점주주 또는 기업의 경영을 사실상 지배하는 자의 배우자, 직계 존속·비속 등 특수한 관계에 있는 자가 기업과 경제적 이익을 공유하거나 기업의 경영에 직접·간접적으로 영향을 미치면서 그 기업의 채무에 대하여 보증채무를 부담하는 경우
라. 채무자와 동업 관계에 있는 자가 동업과 관련한 동업자의 채무를 부담하는 경우
마. 나목부터 라목까지의 어느 하나에 해당하는 경우로서 기업의 채무에 대하여 그 기업의 채무를 인수한 다른 기업을 위하여 보증채무를 부담하는 경우
바. 기업 또는 개인의 신용을 보증하기 위하여 법률에 따라 설치된 기금 또는 그 관리기관이 보증채무를 부담하는 경우
2. "보증계약"이란 그 형식이나 명칭에 관계없이 채무자가 채권자에 대한 금전채무를 이행하지 아니하는 경우에 보증인이 그 채무를 이행하기로 하는 채권자와 보증인 사이의 계약을 말한다.
3. "금융기관"이란 다음 각 목에서 정하는 것을 말한다.
가. 「은행법」에 따른 인가를 받아 설립된 금융기관(같은 법 제59조에 따라 금융기관으로 보는 자를 포함한다)
나. 「한국산업은행법」에 따라 설립된 한국산업은행
다. 「한국수출입은행법」에 따라 설립된 한국수출입은행
라. 「중소기업은행법」에 따라 설립된 중소기업은행
마. 「종합금융회사에 관한 법률」에 따른 종합금융회사
바. 「상호저축은행법」에 따른 상호저축은행
사. 「농업협동조합법」에 따른 조합과 그 중앙회
아. 「수산업협동조합법」에 따른 조합과 그 중앙회
자. 「산림조합법」에 따른 조합
차. 「신용협동조합법」에 따른 신용협동조합
카. 「새마을금고법」에 따른 금고 및 그 연합회
타. 「증권거래법」에 따른 증권회사·증권금융회사
파. 「보험업법」에 따른 보험회사
하. 「여신전문금융업법」에 따른 여신전문금융회사(같은 법 제3조제3항제1호에 따라 허가를 받거나 등록을 한 자를 포함한다)
거. 「간접투자자산 운용업법」에 따른 자산운용회사
너. 「중소기업창업 지원법」에 따른 중소기업창업투자회사 및 중소기업창업투자조합

더. 「우체국예금 · 보험에 관한 법률」에 따른 체신관서
러. 「중소기업협동조합법」에 따른 중소기업협동조합
4. "채무관련 신용정보"란 대출정보, 채무보증정보, 연체정보, 대위변제(대위변제) · 대지급정보(대지급정보) 및 부도정보(부도정보)를 말한다.

제3조 **【보증의 방식】** ① 보증은 그 의사가 보증인의 기명날인 또는 서명이 있는 서면으로 표시되어야 효력이 발생한다.
② 보증인의 채무를 불리하게 변경하는 경우에도 제1항과 같다.
③ 보증인이 보증채무를 이행한 경우에는 그 한도에서 제1항과 제2항에 따른 방식의 하자를 이유로 무효를 주장할 수 없다.

제4조 **【보증채무 최고액의 특정】** 보증계약을 체결할 때에는 보증채무의 최고액(최고액)을 서면으로 특정(특정)하여야 한다. 보증기간을 갱신할 때에도 또한 같다.

제5조 **【채권자의 통지의무 등】** ① 채권자는 주채무자가 원본, 이자 그 밖의 채무를 3개월 이상 이행하지 아니하는 경우 또는 주채무자가 이행기에 이행할 수 없음을 미리 안 경우에는 지체 없이 보증인에게 그 사실을 알려야 한다.
② 채권자로서 보증계약을 체결한 금융기관은 주채무자가 원본, 이자 그 밖의 채무를 1개월 이상 이행하지 아니하는 경우에는 지체 없이 그 사실을 보증인에게 알려야 한다.
③ 채권자는 보증인의 청구가 있으면 주채무의 내용 및 그 이행 여부를 보증인에게 알려야 한다.

제6조 **【근보증】** ① 보증은 채권자와 주채무자 사이의 특정한 계속적 거래계약이나 그 밖의 일정한 종류의 거래로부터 발생하는 채무 또는 특정한 원인에 기하여 계속적으로 발생하는 채무에 대하여도 할 수 있다. 이 경우 그 보증하는 채무의 최고액을 서면으로 특정하여야 한다.
② 제1항의 경우 채무의 최고액을 서면으로 특정하지 아니한 보증계약은 효력이 없다.

제7조 **【보증기간 등】** ① 보증기간의 약정이 없는 때에는 그 기간을 3년으로 본다.
② 보증기간은 갱신할 수 있다. 이 경우 보증기간의 약정이 없는 때에는 그 기간을 3년으로 본다.
③ 보증계약 체결 후 채권자가 보증인의 승낙 없이 채무자에 대하여 변제기를 연장하여 준 경우에는 채권자나 채무자는 보증인에게 그 사실을 알려야 한다. 이 경우 보증인은 즉시 보증채무를 이행할 수 있다.

제8조 **【금융기관 보증계약의 특칙】** ① 금융기관이 채권자로서 보증계약을 체결할 때에는 「신용정보의 이용 및 보호에 관한 법률」에 따라 종합신용정보집중기관으로부터 제공받은 채무자의 채무관련 신용정보를 보증인에게 제시하고 그 서면에 보증인의 기명날인이나 서명을 받아야 한다. 보증기간을 갱신할 때에도 또한 같다.
② 금융기관이 제1항에 따라 채무자의 채무관련 신용정보를 보증인에게 제시할 때에는 채무자의 동의를 받아야 한다.
③ 금융기관이 제1항에 따라 보증인에게 채무관련 신용정보를 제시하지 아니한 경우에는 보증인은 금융기관에 대하여 보증계약 체결 당시 채무자의 채무관련 신용정보를 제시하여 줄 것을 요구할 수 있다.
④ 금융기관이 제3항에 따라 채무관련 신용정보의 제시요구를 받은 날부터 7일 이내에 그 요구에 응하지 아니하는 경우에는 보증인은 그 사실을 안 날부터 1개월 이내에 보증계약의 해지를 통고할 수 있다. 이 경우 금융기관이 해지통고를 받은 날부터 1개월이 경과하면 해지의 효력이 생긴다.

제9조 삭제 〈2009.2.6〉

제10조 삭제 〈2009.2.6〉

제11조 【편면적 강행규정】 이 법에 위반하는 약정으로서 보증인에게 불리한 것은 효력이 없다.

부 칙 〈제8918호, 2008.3.21〉

①(시행일) 이 법은 공포 후 6개월이 경과한 날부터 시행한다.
②(적용례) 제3조부터 제8조까지 및 제11조는 이 법 시행 후 최초로 체결하거나 기간을 갱신하는 보증계약부터 적용한다.

부 칙(채권의 공정한 추심에 관한 법률) 〈제9418호, 2009.2.6〉

제1조 【시행일】 이법은 공포 후 6개월이 경과한 날부터 시행한다.
제2조부터 **제4조**까지 생략
제5조 【다른 법률의 개정】 ① 보증인 보호를 위한 특별법 일부를 다음과 같이 개정한다.
제9조 및 제10조를 각각 삭제한다.
② 및 ③ 생략

신원보증법

(전문개정 2002.01.14-법률 제6592호)

제1조 【목적】 이 법은 신원보증관계를 적절히 규율하는 것을 목적으로 한다.

身元保證法

보증계약 중 신원보증계약에 의한 신원보증인을 특별히 보호하기 위하여 제정된 특별법이 신원보증법이다. 신원보증은 민법상의 보증채무의 일종이므로 본 특별법인 신원보증법에 규정되지 않은 사항은 민법의 보증채무에 관한 규정이 적용된다.

제2조 【정의】 이 법에서 "신원보증계약"이라 함은 피용자가 업무를 수행하는 과정에서 그의 책임 있는 사유로 사용자에게 손해를 입힌 경우에 그 손해를 배상할 채무를 부담할 것을 약정하는 계약을 말한다.

身元保證

1. 身元保證契約

(1) 당사자: 신원보증인과 사용자 간의 신원보증계약으로 신원보증이 성립한다.

(2) 부종계약: 신원보증계약은 피보증인이 사용자에게 입힌 손해에 대한 채무를 배상하는 계약으로, 부종계약이다. 손해배상에 대한 계약의 성립에 관한 일반적인 법리가 적용된다. * 부종적 보증계약: 신원보증계약은 독립적보증계약인 손해담보계약이 아니라 피보증인이 원고에 대하여 배상책임을 분담할 경우에 한하여 그 채무를 이행하겠다는 취지의 이른바 부종적 보증계약이다 (대판 1980.6.24. 80다638).

(3) 연대보증인지 여부: 당사자간의 계약에서 연대보증으로 볼 특별한 사유가 없는 경우에는 보통의 보증이 된다. * "피보증인이 재직 중 고의 또는 과실로 인하여 귀하에게 손해를 끼쳤을 때에는 보증인 등은 차에 대한 일체의 민사상의 책임을 지겠아옵기 자에 재정을 연대보증 하나이다"라는 내용의 신원보증계약: 연대보증계약으로 보아야 한다(대판 1980.6.24. 80다638).

(4) 강행규정: 불이익금지(8조)

2. 身元保證法의 適用範圍 - 제2조

(1) 피신원인은 지휘·감독관계가 전제: 본조에 〈…피용자가 업무를 수행하는 과정에서… 사용자에게 (입힌)손해..〉를 배상하기 위한 계약의 법률관계를 규율하기 위한 법이라고 규정하고 있다. 즉 신원보증법이 적용되는 것은 〈피용자의 행위〉여야 하는데, 이는 곧 당사자간에 고용관계가 있어야 한다는 것을 의미한다. 여기의 고용관계는 반드시 전형적인 고용계약이 아니더라도 적어도 지휘·감독관계에 있는 넓은 의미의 사용자·피용자관계는 있어야 한다(대판 1987.4.28. 86다카2023). 신원보증법은 피신원인이 넓은 의미의 고용관계, 즉 지휘·감독관계가 있는 경우에만 그 적용이 있다.

(2) 피신원인의 업무 수행과정의 위법행위: 여기의 피용자의 행위는 업무에 한정된다. 즉 피용자의 행위는 업무 또는 직무를 수행하는 과정에서 발생한 것이어야 한다. * 신원본인의 가불금 반환채무 불이행에 대하여 신원보증인이 배상책임을 지는지 여부-한정 부정: 신원본인이 회사로부터 가불한 돈을 반환하지 아니한 것이 불법행위가 되지 아니함은 물론 고용계약상의 의무와도 직접적인 관계가 없으므로 신원본인이 가불금을 받음에 있어 부정한 행위를 하였다는 등 특별한 사정이 없는 한 신원보증인에게 그 배상책임이 없다(대판 1994.9.23. 94다29287). * 본래의 업무 외의 행위에 의한 손해-책임 없음: 광고 외근사원인 신원본인이 원래의 고용계약과는 별도로 사후에 회사와의 사이에 자신이 담당한 미수납 광고료를 대납하기로 한 약정을 이행하지 아니함으로써 회사가 입게 된 손해에 대하여는 신원보증인은 책임이 없다(대판 1993.4.23. 92다8118).

(3) 피신원인의 유책사유에 의한 손해의 발생: 신원보증인이 배상책임을 부담하는 것은 피신원인인 피용자의 책임 있는 사유(유책사유)로 발생하는 손해이다. 즉 피용자의 고의·과실에 의한 행위로 피용자가 사용자에 대하여 배상의무를 지는 경우여야 한다. 따라서 신원보증계약은 부종계약이다.

제3조【신원보증계약의 존속기간 등】 ①기간을 정하지 아니한 신원보증계약은 그 성립일부터 2년간 효력을 가진다.
②신원보증계약의 기간은 2년을 초과하지 못한다. 이 보다 장기간으로 정한 경우에는 그 기간을 2년으로 단축한다.
③신원보증계약은 이를 갱신할 수 있다. 다만 그 기간은 갱신한 날부터 2년을 초과하지 못한다.

身元保證契約 期間

1. 最長期間 - 2年: 신원보증인의 보호를 위하여 계약의 최장기간에 대하여 제한을 하고 있다.
(1) 기간 약정 없는 계약-제1항: 당사자간에 기간을 정하지 않은 신원보증계약의 존속기간은 성립일로부터 최장 2년이다.
(2) 2년 초과의 약정-2년으로 단축-제2항: 당사자의 약정으로 그 기간이 2년을 초과하는 경우에는 2년으로 단축된다.
2. 更新 - 제3항: 갱신할 수 있으나 그 기간도 최장 2년이다. 갱신은 약정에 의한 것만 가능하며, 묵시적 갱신은 가능하지 아니하다.
3. 契約의 當然解止
(1) 근로관계의 종료: 사용자와 피용자(피신원인)의 사이의 근로관계가 종료되면 당해 신원보증계약은 당연 해지된다. * 사용자가 근로자에게 퇴직금을 지급한 경우-신원보증계약의 당연 해지: 사용자가 근로자에게 퇴직금을 지급한 경우 특별한 사정이 없는 한 사용자와 근로자의 신원보증인과 사이의 신원보증계약은 사용자와 근로자 사이의 근로관계가 퇴직금의 지급 후에도 계속되는지의 여부에 관계없이 당연히 해지되어 효력을 상실한다(대판 2000.3.14. 99다68676).
* 계속근무를 전제한 일시퇴직, 신규입사의 처리를 하면서 그간의 퇴직금을 지급한 경우-신원보증계약의 당연 해지: 사용자와 피용자 간의 내부적 합의에 따라 계속근무를 전제한 일시퇴직, 신규입사의 처리를 하면서 해당의 퇴직금을 지급한 경우, 그 퇴직금은 피용자의 행위로 인한 신원보증인의 신원보증채무의 구상권에 대한 담보적 구실도 하는 것이므로 신원보증인에 대한 관계에 있어서는 위 피용자가 회사를 일단 퇴직한 효력에는 변함이 없다 할 것이고, 위 신원보증계약은 피용자의 퇴직사실로 당연해지되어 효력을 상실한다(대판 1986.2.11. 85다카2195).
(2) 신원보증인의 사망: 제7조

제4조【사용자의 통지의무】 ①사용자는 다음 각 호의 1에 해당하는 경우에는 지체 없이 신원보증인에게 통지하여야 한다.
1. 피용자가 업무상 부적격자이거나 불성실한 행적이 있어 이로 말미암아 신원보증인의 책임을 야기할 염려가 있음을 안 때
2. 피용자의 업무 또는 업무수행의 장소를 변경함으로써 신원보증인의 책임을 가중하거나 그 감독이 곤란하게 될 때
②사용자가 고의 또는 중과실로 제1항의 통지의무를 게을리 하여 신원보증인이 제5조에 의한 해지권을 행사하지 못한 경우 신원보증인은 그로 인하여 발생한 손해의 한도에서 의무를 면한다.

제5조【신원보증인의 계약해지권】 신원보증인은 다음 각 호의 1에 해당하는 사유가 있을 때에는 계약을 해지할 수 있다.
1. 사용자로부터 제4조제1항의 통지를 받거나, 신원보증인이 스스로 제4조제1항 각 호의 1에 해당하는 사유가 있음을 안 때

2. 피용자의 고의 또는 과실이 있는 행위로 발생한 손해를 신원보증인이 배상한 경우
3. 기타 계약의 기초되는 사정에 중대한 변경이 있는 경우

使用者의 權利·義務와 保證人의 權利

1. 意義: 신원보증법에는 사용자의 의무에 대하여만 규정하고 있으나, 신원보증계약의 당사자로서 당연히 손해배상청구권 등의 권리가 있다.

2. 使用者의 損害賠償請求權: 사용자는 신원보증인에게 손해의 배상을 청구할 수 있다. 사용자의 배상청구와 관련하여는 두 가지 문제가 있다.

(1) 보증인만에게 손해배상청구 가능 여부: 사용자는 신원본인(피용자)을 제외하고 신원보증인만을 상대로 손해배상을 청구할 수 있는지가 문제된다. 사용자는 피용자와 신원보증인 모두 또는 선택하여 손해배상을 청구할 수 있다.

(2) 신원보증인의 최고·검색의 항변권이 있는지 여부: 신원보증법에는 이에 대하여 별도로 규정하지 아니하고 있다. 신원보증계약의 해석상의 문제로 당해 계약에서 특별히 연대보증으로 볼 사정이 있으면 연대보증으로 보증인은 최고, 검색의 항변권이 없다. 그러하지 아니하는 경우에는 보통의 보증이 되어 신원보증인에게 최고·검색의 항변권이 있다.

3. 使用者의 通知義務 - 제4조

(1) 통지의무: 사용자는 ① 피용자가 업무상 부적격자이거나 불성실한 행적이 있어 이로 말미암아 신원보증인의 책임을 야기할 염려가 있음을 안 때(1항1호), ② 피용자의 임무 또는 임지를 변경함으로써 신원보증인의 책임을 가중하거나 또는 그 감독이 곤란하게 될 때(1항2호)에는, 지체없이 신원보증인에게 통지하여야 한다(1항). 주로 문제가 되는 것은 ②의 경우인데, 통상 예견할 수 있는 지위의 변동은 본조에 의한 통지사유가 아니라고 본다. 예컨대 일반사무를 보다가 경리업무를 담당한다든지 하는 경우에는 통지사유가 된다. * 제1호의 불성실한 사적(事跡)이 법인 대표자와 공동으로 이루어진 것이라도 법인 대표자가 그로 말미암아 신원보증인의 책임을 야기할 염려가 있음을 알았다면, 법인이 그러한 사실을 안 것으로 볼 수 있는지 여부(적극): 법인 직원의 업무상 불성실한 사적이 비록 법인 대표자와 공동으로 이루어진 것이라고 하더라도, 법인 대표자가 법인 직원에게 업무상 불성실한 사적이 있어 그로 말미암아 신원보증인의 책임을 야기할 염려가 있음을 알았다면, 바로 법인이 그러한 사실을 알은 것이다(대판 1999.8.24. 99다28340).

(2) 통지의무 해태-제2항

(가) 통지의무 해태 여부: 신원보증을 하게 된 경위 등을 포함한 신원보증인과 피용자의 관계, 임무 또는 임지를 변경함에 따라 변화하게 된 업무의 내용과 피용자에 대한 책임의 가중 또는 감독의 어려움의 정도, 임무 또는 임지 변경에 대한 신원보증인의 예측가능성, 가중된 책임에 대한 신원보증인의 변제가능성 등을 종합적으로 고려하여 결정하여야 한다(대판 2004.2.27. 2003다46277).

(나) 면책-제2항: 통지의무를 게을리 한 경우는 일정한 경우에 신원보증인의 책임이 면한다.

4. 保證人의 契約解止權 - 제5조: 신원보증인은 아래 사유가 있으면 계약을 해지할 수 있다.

(1) 제4조제1항의 통지를 받았거나, 또는 스스로 통지사유가 있음을 안 때(1호),

(2) 피용자의 고의·과실행위로 발생한 손해를 신원보증인이 배상한 때(2호),

(3) 기타 계약의 기초되는 사정에 중대한 변경이 있는 경우(3호): 이는 사정변경의 원칙이 적용됨을 규정한 것인데, 예컨대 신원보증계약 체결 후 피보증인(신원본인) 또는 신원보증인의 자산이 크게 악화된 때, 신원본인과 신원보증인간의 인적 신뢰관계에 큰 변화가 발생한 때, 신원보증인이 신원본인을 감독하기가 곤란하게 된 때 등이 이에 해당된다.

제6조 【신원보증인의 책임】 ①신원보증인은 피용자의 고의 또는 중과실로 인한 행위로 인하여 발생한 손해에 대하여 배상할 책임이 있다.

②신원보증인이 2인 이상인 경우에는 특별한 의사표시가 없으면 각 신원보증인은 균등한 비율로 의무를 부담한다.

③법원은 신원보증인의 손해배상액을 산정함에 있어 피용자의 감독에 관한 사용자의 과실의 유

무, 신원보증을 하게 된 사유 및 이를 함에 있어서 주의를 한 정도, 피용자의 업무 또는 신원의 변화 그 밖의 사정을 참작하여야 한다.

제7조 【신원보증계약의 종료】 신원보증계약은 신원보증인의 사망으로 종료한다.

제8조 【불이익금지】 이 법의 규정에 반하는 특약은 어떠한 명칭이나 내용으로든지 신원보증인에게 불리한 것은 효력이 없다.

身元保證人의 責任

1. 保證責任의 限度 - 제6조

(1) 피용인의 고의 또는 중과실에 의한 손해에 한정-제6조제1항: 피용인의 고의 중과실로 인한 손해에 대하여만 책임을 진다. 즉 피용자의 경과실의 경우에는 책임을 지지 않는다.

(2) 사용자의 통지의무 해태로 인한 면책-제4조제2항: 사용자가 고의 또는 중과실로 제4조의 통지의무를 이행하지 못하여, 그로 인하여 계약을 해지하지 못한 경우에는 그로 인한 손해에 대하여는 면책된다.

(3) 손해산정시의 사정참작-제6조제3항: 신원보증인의 손해배상액을 산정함에 있어서, 피용자의 감독에 관한 사용자의 과실의 유무, 신원보증을 하게 된 사유 및 이를 함에 있어서 주의의 정도, 피용자의 임무 또는 신원의 변화, 기타의 사정을 참작하여야 한다. 주로 문제가 되는 것은 사용자의 감독 부실 등이며 신원보증인의 자산상태 등도 참작의 사유가 된다. 법원은 참작사유를 직권으로 조사할 필요는 없으나, 참작사유가 당사자로부터 주장된 때에는 이를 직권으로 심사하여 참작하여야 한다.

(4) 수인의 보증인의 책임-제6조제2항: 신원보증인이 수인인 경우에 다른 특별한 의사표시, 예컨대 신원본인과 연대책임을 진다든지 또는 신원보증인간에 연대의 특약이 없는 경우에는 신원보증인간에는 당연히 분할(별)의 이익이 있다.

2. 身元保證人의 求償權: 신원보증법에 별도의 규정이 없다. 민법상의 보통의 보증채무에서의 구상권의 법리가 그대로 적용된다. 즉 배상을 한 보증인은 피보증인에게 구상권을 행사할 수 있다.

3. 身元保證人의 死亡에 따른 契約의 終了 - 제7조: 신원보증계약은 신원보증인의 사망으로 효력을 상실한다. 이는 신원보증인의 지위가 상속되지 않는다는 의미이다. 신원본인과 신원보증인은 보통의 경우 강한 인적 신뢰 관계가 전제되기 때문에 그 지위가 상속성이 없음은 당연하다. 그러나 신원보증인 사망 전에 이미 발생한 신원보증채무는 보통의 채무와 다르지 않아 상속된다(대판 1972.2.29. 71다2747).

4. 强行規定 - 不利益禁止 - 제8조: 신원보증법은 신원보증인의 보호를 위하여 책임을 합리적인 정도에서 제한하기 위한 법률로서 강행법규이다. 따라서 동법에 위반한 특약으로서 신원보증인에게 불이익한 것은 모두 무효이다.

부 칙 〈제6592호, 2002.1.14〉

①(시행일) 이 법은 공포한 날부터 시행한다.

②(적용례) 이 법은 이 법 시행 후 최초로 약정하거나 갱신하는 신원보증계약부터 이를 적용한다.

이자제한법

(2007.3.29. 법률 제8326호)

제1조 【목적】 이 법은 이자의 적정한 최고한도를 정함으로써 국민경제생활의 안정과 경제정의의 실현을 목적으로 한다.

제2조 【이자의 최고한도】 ① 금전대차에 관한 계약상의 최고이자율은 연 40퍼센트를 초과하지 아니하는 범위 안에서 대통령령으로 정한다.
② 제1항에 따른 최고이자율은 약정한 때의 이자율을 말한다.
③ 계약상의 이자로서 제1항에서 정한 최고이자율을 초과하는 부분은 무효로 한다.
④ 채무자가 최고이자율을 초과하는 이자를 임의로 지급한 경우에는 초과 지급된 이자 상당금액은 원본에 충당되고, 원본이 소멸한 때에는 그 반환을 청구할 수 있다.
⑤ 대차원금이 10만원 미만인 대차의 이자에 관하여는 제1항을 적용하지 아니한다.

제3조 【이자의 사전공제】 선이자를 사전공제한 경우에는 그 공제액이 채무자가 실제 수령한 금액을 원본으로 하여 제2조제1항에서 정한 최고이자율에 따라 계산한 금액을 초과하는 때에는 그 초과부분은 원본에 충당한 것으로 본다.

제4조 【간주이자】 예금(예금), 할인금, 수수료, 공제금, 체당금(체당금), 그 밖의 명칭에도 불구하고 금전의 대차와 관련하여 채권자가 받은 것은 이를 이자로 본다.

제5조 【복리약정제한】 이자에 대하여 다시 이자를 지급하기로 하는 복리약정은 제2조제1항에서 정한 최고이자율을 초과하는 부분에 해당하는 금액에 대하여는 무효로 한다.

제6조 【배상액의 감액】 법원은 당사자가 금전을 목적으로 한 채무의 불이행에 관하여 예정한 배상액을 부당하다고 인정한 때에는 상당한 액까지 이를 감액할 수 있다.

제7조 【적용범위】 다른 법률에 따라 인가·허가·등록을 마친 금융업 및 대부업과 「대부업 등의 등록 및 금융이용자 보호에 관한 법률」 제9조의4에 따른 미등록대부업자에 대하여는 이 법을 적용하지 아니한다. 〈개정 2009.1.21〉

부 칙 〈제8322호, 2007.3.29〉

①(시행일) 이 법은 공포 후 3개월이 경과한 날부터 시행한다.
②(경과조치) 이 법 시행 전에 성립한 대차관계에 관한 계약상의 이자율에 관하여도 이 법 시행일 이후부터는 이 법에 따라 이자율을 계산한다.

부 칙(대부업의 등록 및 금융이용자보호에 관한 법률) 〈제9344호, 2009.1.21〉

제1조 【시행일】 이 법은 공포 후 3개월이 경과한 날부터 시행한다. 〈단서 생략〉
제2조부터 **제8조**까지 생략
제9조 【다른 법률의 개정】 이자제한법 일부를 다음과 같이 개정한다.
제7조 중 "대부업에는"을 "대부업과 「대부업 등의 등록 및 금융이용자 보호에 관한 법률」 제9조의4에 따른 미등록대부업자에 대하여는"으로 한다.

약관의 규제에 관한 법률

(1986.12.31. 법률 제3922호)

第1章 總 則

第1條【目的】 이 法은 事業者가 그 去來上의 地位를 濫用하여 불공정한 내용의 約款을 작성·통용하는 것을 방지하고 불공정한 내용의 約款을 規制하여 건전한 去來秩序를 확립함으로써 消費者를 보호하고 國民生活의 균형 있는 향상을 도모함을 目的으로 한다.

第2條【定義】 ①이 法에서 "約款"이라 함은 그 名稱이나 形態 또는 범위를 불문하고 契約의 一方 當事者가 多數의 相對方과 契約을 체결하기 위하여 일정한 形式에 의하여 미리 마련한 契約의 내용이 되는 것을 말한다.
②이 法에서 "事業者"라 함은 契約의 一方 當事者로서 他方 當事者에게 約款을 契約의 내용으로 할 것을 提案하는 者를 말한다.
③이 法에서 "顧客"이라 함은 契約의 一方 當事者로서 事業者로부터 約款을 契約의 내용으로 할 것을 提案받은 者를 말한다.

제3조【약관의 작성 및 설명의무 등】 ①사업자는 고객이 약관의 내용을 쉽게 알 수 있도록 한글 및 표준화·체계화된 용어를 사용하고, 약관의 중요한 내용을 부호·문자·색채 등으로 명확하게 표시하여 약관을 작성하여야 한다.
②사업자는 계약체결에 있어서 고객에게 약관의 내용을 계약의 종류에 따라 일반적으로 예상되는 방법으로 명시하고, 고객이 요구할 때에는 당해 약관의 사본을 고객에게 교부하여 이를 알 수 있도록 하여야 한다. 다만 다른 법률에 따라 행정관청의 인가를 받은 약관으로서 거래의 신속을 위하여 필요하다고 인정되어 대통령령으로 정하는 약관에 대하여는 그러하지 아니하다.
③사업자는 약관에 정하여져 있는 중요한 내용을 고객이 이해할 수 있도록 설명하여야 한다. 다만 계약의 성질상 설명이 현저하게 곤란한 경우에는 그러하지 아니하다.
④사업자가 제2항 및 제3항을 위반하여 계약을 체결한 때에는 당해 약관을 계약의 내용으로 주장할 수 없다.

第4條【個別約定의 우선】 約款에서 정하고 있는 사항에 관하여 事業者와 顧客이 約款의 내용과 다르게 合意한 사항이 있을 때에는 당해 合意事項은 約款에 우선한다.

第5條【約款의 解釋】 ①約款은 信義誠實의 원칙에 따라 公正하게 解釋되어야 하며 顧客에 따라 다르게 解釋되어서는 아니된다.
②約款의 뜻이 명백하지 아니한 경우에는 顧客에게 유리하게 解釋되어야 한다.

第2章 不公正約款條項 〈개정 1992.12.8〉

第6條【一般原則】 ①信義誠實의 원칙에 반하여 공정을 잃은 約款條項은 無效이다.
②約款에 다음 各號의 1에 해당되는 내용을 정하고 있는 경우에는 당해 約款條項은 공정을 잃은 것으로 推定된다.
1. 顧客에 대하여 부당하게 불리한 條項
2. 顧客이 契約의 去來形態등 諸般事情에 비추어 예상하기 어려운 條項

3. 契約의 目的을 달성할 수 없을 정도로 契約에 따르는 本質的 權利를 제한하는 條項

第7條【免責條項의 금지】 契約當事者의 責任에 관하여 정하고 있는 約款의 내용 중 다음 各號의 1에 해당하는 내용을 정하고 있는 條項은 이를 無效로 한다.
1. 事業者, 履行補助者 또는 被用者의 故意 또는 중대한 過失로 인한 法律上의 責任을 排除하는 條項
2. 상당한 이유없이 事業者의 損害賠償範圍를 제한하거나 事業者가 부담하여야 할 위험을 顧客에게 移轉시키는 條項
3. 상당한 이유없이 事業者의 擔保責任을 排除 또는 제한하거나 그 擔保責任에 따르는 顧客의 權利行使의 요건을 加重하는 條項 또는 契約目的物에 관하여 見本이 제시되거나 品質·性能등에 관한 표시가 있는 경우 그 보장된 내용에 대한 責任을 排除 또는 제한하는 條項

第8條【損害賠償額의 豫定】 顧客에 대하여 부당하게 過重한 遲延損害金등의 損害賠償義務를 부담시키는 約款條項은 이를 無效로 한다.

第9條【契約의 解除·解止】 契約의 解除·解止에 관하여 정하고 있는 約款의 내용중 다음 各號의 1에 해당되는 내용을 정하고 있는 條項은 이를 無效로 한다.
1. 法律의 規定에 의한 顧客의 解除權 또는 解止權을 排除하거나 그 행사를 제한하는 條項
2. 事業者에게 法律에서 規定하고 있지 아니하는 解除權·解止權을 부여하거나 法律의 規定에 의한 解除權·解止權의 행사요건을 완화하여 顧客에 대하여 부당하게 불이익을 줄 우려가 있는 條項
3. 契約의 解除 또는 解止로 인한 顧客의 原狀回復義務를 상당한 이유없이 過重하게 부담시키거나 原狀回復請求權을 부당하게 포기하도록 하는 條項
4. 契約의 解除·解止로 인한 事業者의 原狀回復義務나 損害賠償義務를 부당하게 輕減하는 條項
5. 繼續的인 債權關係의 발생을 目的으로 하는 契約에서 그 存續期間을 부당하게 短期 또는 長期로 하거나 默示의 期間延長 또는 更新이 가능하도록 정하여 顧客에게 부당하게 불이익을 줄 우려가 있는 條項

第10條【債務의 履行】 債務의 이행에 관하여 정하고 있는 約款의 내용중 다음 各號의 1에 해당되는 내용을 정하고 있는 條項은 이를 無效로 한다.
1. 상당한 이유없이 給付의 내용을 事業者가 일방적으로 결정하거나 변경할 수 있도록 權限을 부여하는 條項
2. 상당한 이유없이 事業者가 이행하여야 할 給付를 일방적으로 중지할 수 있게 하거나 第3者로 하여금 代行할 수 있게 하는 條項

第11條【顧客의 權益保護】 顧客의 權益에 관하여 정하고 있는 約款의 내용중 다음 各號의 1에 해당되는 내용을 정하고 있는 條項은 이를 無效로 한다.
1. 法律의 規定에 의한 顧客의 抗辯權, 相計權등의 權利를 상당한 이유없이 排除 또는 제한하는 條項
2. 顧客에게 부여된 期限의 이익을 상당한 이유없이 剝奪하는 條項
3. 顧客이 第3者와 契約을 체결하는 것을 부당하게 제한하는 條項
4. 事業者가 業務上 알게 된 顧客의 秘密을 정당한 이유없이 누설하는 것을 허용하는 條項

第12條【意思表示의 擬制】 意思表示에 관하여 정하고 있는 約款의 내용중 다음 各號의 1에 해당되는 내용을 정하고 있는 條項은 이를 無效로 한다.
1. 일정한 作爲 또는 不作爲가 있을 때 顧客의 意思表示가 表明되거나 表明되지 아니한 것으로 보는 條項. 다만 顧客에게 상당한 期限내에 意思表示를 하지 아니하면 意思表示가 表明되거나

表明되지 아니한 것으로 본다는 뜻을 명확하게 따로 告知하거나 부득이한 사유로 그러한 告知를 할 수 없는 경우에는 그러하지 아니하다.
2. 顧客의 意思表示의 形式이나 요건에 대하여 부당하게 엄격한 제한을 가하는 條項
3. 顧客의 이익에 중대한 영향을 미치는 事業者의 意思表示가 상당한 이유없이 顧客에게 도달된 것으로 보는 條項
4. 顧客의 이익에 중대한 영향을 미치는 事業者의 意思表示에 부당하게 長期의 期限 또는 不確定期限을 정하는 條項

第13條【代理人의 責任加重】 顧客의 代理人에 의하여 契約이 체결된 경우 顧客이 그 義務를 이행하지 아니하는 때에는 代理人에게 그 義務의 전부 또는 일부를 이행할 責任을 지우는 내용의 約款條項은 이를 無效로 한다.

第14條【訴提起의 금지등】 顧客에 대하여 부당하게 불리한 訴提起의 禁止條項 또는 裁判管轄의 合意條項이나 상당한 이유없이 顧客에게 立證責任을 부담시키는 約款條項은 이를 無效로 한다.

第15條【適用의 제한】 國際的으로 통용되는 約款 기타 특별한 사정이 있는 約款으로서 大統領令이 정하는 경우에는 第7條 내지 第14條의 規定의 適用을 條項別·業種別로 제한할 수 있다.

第16條【一部無效의 特則】 約款의 전부 또는 일부의 條項이 제3조제4항의 規定에 의하여 契約의 내용이 되지 못하는 경우나 第6條 내지 第14條의 規定에 의하여 無效인 경우 契約은 나머지 부분만으로 有效하게 存續한다. 다만 有效한 부분만으로는 契約의 目的達成이 불가능하거나 一方當事者에게 부당하게 불리한 때에는 당해 契約을 無效로 한다. 〈개정 2007.8.3〉

第3章 約款의 規制 〈개정 1992.12.8〉

제17조【불공정약관조항의 사용금지】 사업자는 제6조 내지 제14조의 규정에 해당하는 불공정한 약관조항(이하 "불공정약관조항"이라 한다)을 계약의 내용으로 하여서는 아니된다.

제17조의2【시정조치】 ①공정거래위원회는 사업자가 제17조의 규정을 위반한 경우에는 사업자에게 당해 약관조항의 삭제·수정 등 시정에 필요한 조치를 권고할 수 있다.
②공정거래위원회는 제17조의 규정을 위반한 사업자가 다음 각 호의 1에 해당하는 경우에는 사업자에게 당해 약관조항의 삭제·수정 등 시정에 필요한 조치를 명할 수 있다.
1. 사업자가 독점규제및공정거래에관한법률 제2조제7호의 시장지배적 사업자인 경우
2. 사업자가 자기의 거래상의 지위를 부당하게 이용하여 계약을 체결하는 경우
3. 일반공중에게 물품·용역을 공급하는 계약으로서 계약체결의 긴급성·신속성으로 인하여 고객이 계약을 체결할 때에 약관조항의 내용을 변경하기 곤란한 경우
4. 사업자의 계약당사자로서의 우월적 지위가 현저하거나 고객이 다른 사업자를 선택할 범위가 제한되어 있어 약관을 계약의 내용으로 하는 것이 사실상 강제되는 경우
5. 계약의 성질 또는 목적상 계약의 취소·해제 또는 해지가 불가능하거나 그로 인하여 고객에게 현저한 재산상의 손해가 발생하는 경우
6. 사업자가 제1항의 규정에 의한 권고를 정당한 사유 없이 따르지 아니하여 다수 고객의 피해가 발생하거나 발생할 우려가 현저한 경우
③공정거래위원회는 제1항 및 제2항의 규정에 의한 시정에 필요한 조치를 권고하거나 명함에 있어서 필요한 때에는 당해 사업자와 동종사업을 영위하는 다른 사업자에게 같은 내용의 불공정약관조항을 사용하지 말 것을 권고할 수 있다.

第18條【官廳認可約款등】 ①公正去來委員會는 行政官廳이 작성한 約款 또는 다른 法律에 의하여 行政官廳의 認可를 받은 約款이 第6條 내지 第14條의 規定에 위반한 사실이 있다고 인정될 때에는 당해 行政官廳에 그 사실을 통보하고 그 是正에 필요한 措置를 요청할 수 있으며, 銀行法의 規定에 의한 金融機關의 約款이 第6條 내지 第14條의 規定에 위반한 사실이 있다고 인정될 때에는 「금융위원회의 설치 등에 관한 법률」에 의하여 設立된 金融監督院에 그 사실을 통보하고 그 是正에 필요한 措置를 취하도록 권고할 수 있다. 〈개정 1997.12.31, 2008.2.29〉
②제1항 전단의 규정에 의하여 행정관청에 시정을 요청한 경우에 제17조의2제1항 및 제2항의 규정에 의한 시정권고 또는 시정명령은 이를 하지 아니한다. 〈개정 2001.3.28〉

第19條【約款의 審査請求등】 約款條項과 관련하여 法律上의 이익이 있는 者, 「소비자기본법」에 의하여 登錄된 消費者團體, 한국소비자원 및 事業者團體는 이 法 위반여부에 관한 審査를 公正去來委員會에 請求할 수 있다.〈개정 1992.12.8, 2006.9.27〉

제19조의2【표준약관】 ①사업자 및 사업자단체는 건전한 거래질서를 확립하고 불공정한 내용의 약관이 통용되는 것을 방지하기 위하여 일정한 거래분야에서 표준이 될 약관을 마련하여 그 내용이 이 법에 위반되는지 여부에 관하여 공정거래위원회에 심사를 청구할 수 있다.
②「소비자기본법」 제29조의 규정에 따라 등록한 소비자단체 또는 동법 제33조의 규정에 따라 설립된 한국소비자원(이하 "소비자단체등"이라 한다)은 소비자피해가 자주 일어나는 거래분야의 표준이 될 약관을 마련할 것을 공정거래위원회에 요청할 수 있다. 〈개정 2006.9.27〉
③공정거래위원회는 제2항의 규정에 따른 소비자단체등의 요청이 있는 경우 또는 일정한 거래분야에서 다수의 고객에게 피해가 발생하는 경우에 이를 조사하여 약관이 없거나 불공정 약관조항이 있는 경우 사업자 및 사업자단체에 대하여 표준이 될 약관을 마련하여 심사청구할 것을 권고할 수 있다.
④공정거래위원회는 사업자 및 사업자단체가 제3항의 권고를 받은 날부터 4월 이내에 필요한 조치를 하지 아니하는 경우 관련분야의 거래당사자 및 소비자단체등의 의견을 듣고 관계부처의 협의를 거쳐 표준이 될 약관을 마련할 수 있다.
⑤공정거래위원회는 제1항·제3항 및 제4항의 규정에 따라 심사하거나 마련한 약관(이하 "표준약관"이라 한다)을 공시하고 사업자 및 사업자단체에 대하여 그 사용을 권장할 수 있다.
⑥공정거래위원회로부터 표준약관의 사용을 권장받은 사업자 및 사업자단체는 표준약관과 다른 약관을 사용하는 경우에 표준약관과 다르게 정한 주요내용을 고객이 알기 쉽게 표시하여야 한다.
⑦공정거래위원회는 표준약관의 사용을 활성화하기 위하여 표준약관표지를 정할 수 있으며, 사업자 및 사업자단체는 표준약관을 사용하는 경우 공정거래위원회가 고시하는 바에 따라 표준약관표지를 사용할 수 있다.
⑧사업자 및 사업자단체는 표준약관과 다른 내용을 약관으로 사용하는 경우 표준약관표지를 사용하여서는 아니된다.
⑨사업자 및 사업자단체가 제8항의 규정을 위반하여 표준약관표지를 사용하는 경우 표준약관의 내용보다 고객에게 더 불리한 약관의 내용은 무효로 한다.

第20條【調査】 ①公正去來委員會는 제17조의2제1항 및 제2항의 규정에 의한 是正을 위한 措置를 권고하거나 명하기 위하여 필요하다고 인정되는 경우 및 제19조의 규정에 의하여 請求를 받은 경우에는 約款이 이 法에 위반된 사실이 있는지 여부를 확인하기 위하여 필요한 調査를 할 수 있다. 〈개정 1992.12.8, 2001.3.28〉
②제1항의 규정에 따라 조사를 하는 공무원은 그 권한을 표시하는 증표를 지니고 이를 관계인에게 내보여야 한다. 〈신설 2005.3.31〉

第21條【審査請求書의 제출】 第19條의 規定에 의한 審査請求는 公正去來委員會에 서면 또는 전

자문서로 제출하여야 한다. 〈개정 1992.12.8, 2004.1.20〉

第22條 【意見陳述】 ①公正去來委員會는 約款의 내용이 이 法에 위반되는지 여부에 대하여 審議하기 전에 당해 約款에 의하여 去來를 한 事業者 또는 利害關係人에 대하여 당해 約款이 審査對象이 되었다는 사실을 통지하여야 한다.〈개정 1992.12.8〉
②第1項의 規定에 의하여 통지를 받은 當事者 또는 利害關係人은 公正去來委員會의 會議에 출석하여 그 의견을 陳述하거나 필요한 資料를 제출할 수 있다.〈개정 1992.12.8〉
③公正去來委員會는 審査對象이 된 約款이 다른 法律에 의하여 行政官廳의 認可를 받았거나 받아야 할 것인 때에는 審議에 앞서 그 行政官廳에 대하여 의견의 제출을 요구할 수 있다.〈개정 1992.12.8〉

第23條 【不公正約款條項의 公開<개정 1992.12.8>】 公正去來委員會는 이 法에 위반된다고 審議·議決한 約款條項의 目錄을 작성비치하고 필요한 때에는 이를 일반인에게 供覽하게 할 수 있다. 〈개정 1992.12.8〉

제4장 삭제 〈1992.12.8〉

第24條 삭제 〈1992.12.8〉

第25條 삭제 〈1992.12.8〉

第26條 삭제 〈1992.12.8〉

第27條 삭제〈1992.12.8〉

第28條 삭제 〈1992.12.8〉

第29條 삭제 〈1992.12.8〉

第5章 補 則

第30條 【適用範圍】 ①이 法은 約款이 商法 第3編, 勤勞基準法 기타 大統領令이 정하는 非營利事業의 분야에 속하는 契約에 관한 것일 때에는 이를 適用하지 아니한다.
②삭제 〈1992.12.8〉
③특정한 去來分野의 約款에 대하여 다른 法律에 특별한 規定이 있는 경우에는 이 法의 規定에 우선한다.

第30條의2 【獨占規制및公正去來에관한法律의 準用】 이 法에 의한 公正去來委員會의 審議·議決에 관하여는 獨占規制및公正去來에관한法律 第42條 내지 第45條의 規定을, 이 法에 의한 公正去來委員會의 처분에 대한 異議申請, 訴의 제기 및 불복의 訴의 專屬管轄에 대하여는 同法 第53條 내지 第55條의 規定을 각각 準用한다.

第31條 【認可의 基準】 行政官廳이 다른 法律에 의하여 約款을 認可하거나 다른 法律에 의하여 특정한 去來分野에 대하여 設置된 審査機構에서 約款을 審査하는 경우에는 第6條 내지 第14條의 規定을 그 審査의 基準으로 하여야 한다.

第31條의2【諮問委員】 ①公正去來委員會는 이 法에 의한 約款審査業務를 수행하기 위하여 필요하다고 인정하는 때에는 諮問委員을 위촉할 수 있다.
②第1項의 規定에 의한 諮問委員의 위촉 기타 필요한 사항은 大統領令으로 정한다.

第6章 罰 則 〈개정 1992.12.8〉

第32條【罰則】 제17조의2제2항의 규정에 의한 命令에 위반한 者는 2年이하의 懲役 또는 1億원이하의 罰金에 處한다. 〈개정 2001.3.28〉

第33條【兩罰規定】 法人의 代表者나 法人 또는 개인의 代理人·使用人 기타 從業員이 그 法人 또는 개인의 業務에 관하여 第32條의 위반행위를 한 때에는 行爲者를 罰하는 외에 그 法人 또는 개인에 대하여도 同條의 罰金刑을 科한다.

第34條【過怠料】 ①다음 각 호의 1에 해당하는 자는 5천만원 이하의 과태료에 처한다. 〈개정 2004.1.20〉
1. 제19조의2제8항의 규정을 위반한 자
2. 제20조의 규정에 의한 조사를 거부·방해 또는 기피한 자
②다음 각 호의 1에 해당하는 자는 500만원 이하의 과태료에 처한다. 〈개정 2004.1.20, 2007.8.3〉
1. 제3조제2항 또는 제3항을 위반한 자
2. 제19조의2제6항의 규정을 위반한 자
③第1項 및 第2項의 規定에 의한 過怠料는 大統領令이 정하는 바에 의하여 公正去來委員會가 賦課·徵收한다.
④第3項의 規定에 의한 過怠料處分에 불복이 있는 者는 그 처분의 告知를 받은 날부터 30日이내에 公正去來委員會에 異議를 제기할 수 있다.
⑤第3項의 規定에 의하여 過怠料處分을 받은 者가 第4項의 規定에 의하여 異議를 제기한 때에는 公正去來委員會는 지체 없이 管轄法院에 그 사실을 통보하여야 하며, 그 통보를 받은 管轄法院은 非訟事件節次法에 의한 過怠料의 裁判을 한다.
⑥第4項의 規定에 의한 기간내에 異議를 제기하지 아니하고 過怠料를 납부하지 아니한 때에는 國稅滯納處分의 예에 의하여 이를 徵收한다.

附 則 〈제3922호, 1986.12.31〉

第1條【施行日】 이 法은 1987年 7月 1日부터 施行한다.
第2條【經過措置】 이 法은 이 法 施行후에 최초로 約款에 의하여 체결되는 契約分부터 適用된다.
第3條【繼續的 契約에 관한 經過措置】 繼續的인 債權關係의 발생을 目的으로 하는 契約에 관한 約款에 의하여 이 法 施行후 이행될 分에 대하여는 이 法을 適用한다.

附 則 〈제4515호, 1992.12.8〉

①(施行日) 이 法은 1993年 3月 1日부터 施行한다.
②(經過措置) 이 法 施行당시 종전의 規定에 의한 經濟企劃院長官의 是正勸告 또는 經濟企劃院長官에게 요청한 審査請求는 이 法의 規定에 의한 公正去來委員會의 是正勸告 또는 公正去來委員會에 요청한 審査請求로 본다.

附 則(한국은행법) 〈제5491호, 1997.12.31〉

第1條【施行日】 이 法은 1998年 4月 1日부터 施行한다.

第2條 내지 **第6條** 省略
第7條 【다른 法律의 改正】 ①내지 ③省略
④約款의規制에관한法律중 다음과 같이 改正한다.
第18條第1項중 "韓國銀行法에 의한 銀行監督院"을 "金融監督機構의設置등에관한法律에 의하여 設立된 金融監督院"으로 한다.
⑤省略
第8條 省略

부 칙 〈제6459호, 2001.3.28〉

①(시행일) 이 법은 공포한 날부터 시행한다.
②(적용례) 제17조의2제2항제6호의 개정규정은 이 법 시행후 최초로 체결된 계약부터 적용한다.

부 칙 〈제7108호, 2004.1.20〉

①(시행일) 이 법은 공포한 날부터 시행한다.
②(표준약관에 관한 경과조치) 이 법 시행 당시 종전의 규정에 의하여 공정거래위원회의 심사를 받은 표준약관은 이 법에 의한 표준약관으로 본다.

부 칙 〈제7491호, 2005.3.31〉

이 법은 공포한 날부터 시행한다.

부 칙(소비자기본법) 〈제7988호, 2006.9.27〉

제1조 【시행일】 이 법은 공포 후 6개월이 경과한 날부터 시행한다. 〈단서 생략〉
제2조 내지 **제11조** 생략
제12조 【다른 법률의 개정】 ①내지 ③생략
④약관의 규제에 관한 법률 일부를 다음과 같이 개정한다.
제19조 중 "消費者保護法"을 "「소비자기본법」"으로, "韓國消費者保護院"을 "한국소비자원"으로 한다.
제19조의2제2항을 다음과 같이 한다.
②「소비자기본법」 제29조의 규정에 따라 등록한 소비자단체 또는 동법 제33조의 규정에 따라 설립된 한국소비자원(이하 "소비자단체등"이라 한다)은 소비자피해가 자주 일어나는 거래분야의 표준이 될 약관을 마련할 것을 공정거래위원회에 요청할 수 있다.
⑤내지 ⑫생략
제13조 생략

부 칙 〈제8632호, 2007.8.3〉

이 법은 공포한 날부터 시행한다.

부 칙(금융위원회의 설치 등에 관한 법률) 〈제8863호, 2008.2.29〉

제1조 【시행일】 이 법은 공포한 날부터 시행한다.
제2조부터 **제4조**까지 생략
제5조 【다른 법률의 개정】 ① 부터 〈84〉 까지 생략
〈85〉 약관의 규제에 관한 법률 일부를 다음과 같이 개정한다.
제18조제1항 중 "金融監督機構의設置등에관한法律"을 "「금융위원회의 설치 등에 관한 법률」"로 한다.

製造物責任法

(제정 2000.01.12. 법률 제6109호)

第1條【目的】 이 法은 製造物의 缺陷으로 인하여 발생한 損害에 대한 製造業者 등의 損害賠償責任을 規定함으로써 被害者의 보호를 도모하고 國民生活의 安全向上과 國民經濟의 건전한 발전에 기여함을 目的으로 한다.

第2條【定義】 이 法에서 사용하는 用語의 定義는 다음과 같다.

1. "製造物"이라 함은 다른 動産이나 不動産의 일부를 구성하는 경우를 포함한 製造 또는 加工된 動産을 말한다.
2. "缺陷"이라 함은 당해 製造物에 다음 各目의 1에 해당하는 製造·設計 또는 표시상의 缺陷이나 기타 통상적으로 기대할 수 있는 안전성이 缺如되어 있는 것을 말한다.

가. "製造상의 缺陷"이라 함은 製造業者의 製造物에 대한 製造·加工상의 注意義務의 이행여부에 불구하고 製造物이 원래 의도한 設計와 다르게 製造·加工됨으로써 안전하지 못하게 된 경우를 말한다.

나. "設計상의 缺陷"이라 함은 製造業者가 합리적인 代替設計를 채용하였더라면 피해나 위험을 줄이거나 피할 수 있었음에도 代替設計를 채용하지 아니하여 당해 製造物이 안전하지 못하게 된 경우를 말한다.

다. "표시상의 缺陷"이라 함은 製造業者가 합리적인 설명·指示·警告 기타의 표시를 하였더라면 당해 製造物에 의하여 발생될 수 있는 피해나 위험을 줄이거나 피할 수 있었음에도 이를 하지 아니한 경우를 말한다.

3. "製造業者"라 함은 다음 各目의 者를 말한다.

가. 製造物의 製造·加工 또는 輸入을 業으로 하는 者

나. 製造物에 姓名·商號·商標 기타 識別可能한 記號 등을 사용하여 자신을 가目의 者로 표시한 者 또는 가目의 者로 誤認시킬 수 있는 표시를 한 者

第3條【製造物責任】 ①製造業者는 製造物의 缺陷으로 인하여 生命·身體 또는 財産에 損害(당해 製造物에 대해서만 발생한 損害를 제외한다)를 입은 者에게 그 損害를 賠償하여야 한다.

②製造物의 製造業者를 알 수 없는 경우 製造物을 營利目的으로 販賣·貸與 등의 방법에 의하여 공급한 者는 製造物의 製造業者 또는 製造物을 자신에게 공급한 者를 알거나 알 수 있었음에도 불구하고 상당한 기간내에 그 製造業者 또는 공급한 者를 被害者 또는 그 法定代理人에게 告知하지 아니한 때에는 第1項의 規定에 의한 損害를 賠償하여야 한다.

第4條【免責事由】 ①第3條의 規定에 의하여 損害賠償責任을 지는 者가 다음 各號의 1에 해당하는 사실을 立證한 경우에는 이 法에 의한 損害賠償責任을 免한다.

1. 製造業者가 당해 製造物을 공급하지 아니한 사실
2. 製造業者가 당해 製造物을 공급한 때의 科學·技術水準으로는 缺陷의 존재를 발견할 수 없었다는 사실
3. 製造物의 缺陷이 製造業者가 당해 製造物을 공급할 당시의 法令이 정하는 기준을 준수함으로써 발생한 사실
4. 原材料 또는 部品의 경우에는 당해 原材料 또는 部品을 사용한 製造物 製造業者의 設計 또는 製作에 관한 指示로 인하여 缺陷이 발생하였다는 사실

②第3條의 規定에 의하여 損害賠償責任을 지는 者가 製造物을 공급한 후에 당해 製造物에 缺陷이 존재한다는 사실을 알거나 알 수 있었음에도 그 缺陷에 의한 損害의 발생을 방지하기 위한 적

절한 措置를 하지 아니한 때에는 第1項第2號 내지 第4號의 規定에 의한 免責을 주장할 수 없다.

第5條【連帶責任】 동일한 損害에 대하여 賠償할 責任이 있는 者가 2人 이상인 경우에는 連帶하여 그 損害를 賠償할 責任이 있다.

第6條【免責特約의 제한】 이 法에 의한 損害賠償責任을 排除하거나 제한하는 特約은 無效로 한다. 다만 자신의 營業에 이용하기 위하여 製造物을 공급받은 者가 자신의 營業用 財産에 대하여 발생한 損害에 관하여 그와 같은 特約을 체결한 경우에는 그러하지 아니하다.

第7條【消滅時效 등】 ①이 法에 의한 損害賠償의 請求權은 被害者 또는 그 法定代理人이 損害 및 第3條의 規定에 의하여 損害賠償責任을 지는 者를 안 날부터 3年間 이를 행사하지 아니하면 時效로 인하여 消滅한다.
②이 法에 의한 損害賠償의 請求權은 製造業者가 損害를 발생시킨 製造物을 공급한 날부터 10年 이내에 이를 행사하여야 한다. 다만 身體에 累積되어 사람의 健康을 해하는 物質에 의하여 발생한 損害 또는 일정한 潛伏期間이 경과한 후에 症狀이 나타나는 損害에 대하여는 그 損害가 발생한 날부터 起算한다.

第8條【民法의 적용】 製造物의 缺陷에 의한 損害賠償責任에 관하여 이 法에 規定된 것을 제외하고는 民法의 規定에 의한다.

附 則 〈제6109호, 2000.1.12〉

①(施行日) 이 法은 2002年 7月 1日부터 施行한다.
②(적용례) 이 法은 이 法 施行후 製造業者가 최초로 공급한 製造物부터 적용한다.

가족관계의 등록 등에 관한 법률

(일부개정 2007.7.23. 법률 제8541호)

제1장 총 칙

제1조 【목적】 이 법은 국민의 출생·혼인·사망 등 가족관계의 발생 및 변동사항에 관한 등록과 그 증명에 관한 사항을 규정함을 목적으로 한다.

제2조 【관장】 가족관계의 발생 및 변동사항에 관한 등록과 그 증명에 관한 사무(이하 "등록사무"라 한다)는 대법원이 관장한다.

제3조 【권한의 위임】 ①대법원장은 등록사무의 처리에 관한 권한을 시·읍·면의 장(도농복합형태의 시에 있어서 동지역에 대하여는 시장, 읍·면지역에 대하여는 읍·면장으로 한다. 이하 같다)에게 위임한다.
②특별시 및 광역시와 구를 둔 시에 있어서는 이 법 중 시, 시장 또는 시의 사무소라 함은 각각 구, 구청장 또는 구의 사무소를 말한다. 다만, 광역시에 있어서 군지역에 대하여는 읍·면, 읍·면의 장 또는 읍·면의 사무소를 말한다.
③대법원장은 등록사무의 감독에 관한 권한을 시·읍·면의 사무소 소재지를 관할하는 가정법원장에게 위임한다. 다만, 가정법원지원장은 가정법원장의 명을 받아 그 관할 구역 내의 등록사무를 감독한다.

제4조 【등록사무처리】 제3조에 따른 등록사무는 가족관계의 발생 및 변동사항의 등록(이하 "등록"이라 한다)에 관한 신고 등을 접수하거나 수리한 신고지의 시·읍·면의 장이 처리한다.

제5조 【직무의 제한】 ①시·읍·면의 장은 등록에 관한 증명서 발급사무를 제외하고 자기 또는 자기와 4촌 이내의 친족에 관한 등록사건에 관하여는 그 직무를 행할 수 없다.
②등록사건 처리에 관하여 시·읍·면의 장을 대리하는 사람도 제1항과 같다.

제6조 【수수료 등의 귀속】 ①이 법의 규정에 따라 납부하는 수수료 및 과태료는 등록사무를 처리하는 해당 지방자치단체의 수입으로 한다. 다만, 다음 각 호의 어느 하나에 해당하는 경우에는 그러하지 아니하다.
1. 제12조제2항에 따라 전산정보중앙관리소 소속 공무원이 증명서를 발급하는 경우
2. 제120조 및 제123조에 따라 가정법원이 과태료를 부과하는 경우
3. 제124조제3항에 따라 가정법원이 「비송사건절차법」에 따른 과태료 재판을 하는 경우
②제1항의 수수료의 금액은 대법원규칙으로 정한다.

제7조 【비용의 부담】 제3조에 따라 시·읍·면의 장에게 위임한 등록사무에 드는 비용은 국가가 부담한다.

제8조 【대법원규칙】 이 법 시행에 관하여 필요한 사항은 대법원규칙으로 정한다.

제2장 가족관계등록부의 작성과 등록사무의 처리

제9조 **【가족관계등록부의 작성 및 기록사항】** ①가족관계등록부(이하 "등록부"라 한다)는 전산정보처리조직에 의하여 입력·처리된 가족관계 등록사항(이하 "등록사항"이라 한다)에 관한 전산정보자료를 제10조의 등록기준지에 따라 개인별로 구분하여 작성한다.
②등록부에는 다음 사항을 기록하여야 한다.
1. 등록기준지
2. 성명·본·성별·출생연월일 및 주민등록번호
3. 출생·혼인·사망 등 가족관계의 발생 및 변동에 관한 사항
4. 그 밖에 가족관계에 관한 사항으로서 대법원규칙으로 정하는 사항

제10조 **【등록기준지의 결정】** ①출생 또는 그 밖의 사유로 처음으로 등록을 하는 경우에는 등록기준지를 정하여 신고하여야 한다.
②등록기준지는 대법원규칙으로 정하는 절차에 따라 변경할 수 있다.

제11조 **【전산정보처리조직에 의한 등록사무의 처리 등】** ①시·읍·면의 장은 등록사무를 전산정보처리조직에 의하여 처리하여야 한다.
②본인이 사망하거나 실종선고·부재선고를 받은 때, 국적을 이탈하거나 상실한 때 또는 그 밖에 대법원규칙으로 정한 사유가 발생한 때에는 등록부를 폐쇄한다.
③등록부와 제2항에 따라 폐쇄한 등록부(이하 "폐쇄등록부"라 한다)는 법원행정처장이 보관·관리한다.
④법원행정처장은 등록부 또는 폐쇄등록부(이하 "등록부등"이라 한다)에 기록되어 있는 등록사항과 동일한 전산정보자료를 따로 작성하여 관리하여야 한다.
⑤등록부등의 전부 또는 일부가 손상되거나 손상될 염려가 있는 때에는 법원행정처장은 대법원규칙으로 정하는 바에 따라 등록부등의 복구 등 필요한 처분을 명할 수 있다.
⑥등록부등을 관리하는 사람 또는 등록사무를 처리하는 사람은 이 법이나 그 밖의 법에서 규정하는 사유가 아닌 다른 사유로 등록부등에 기록된 등록사항에 관한 전산정보자료(이하 "등록전산정보자료"라 한다)를 이용하거나 다른 사람(법인을 포함한다)에게 자료를 제공하여서는 아니 된다.

제12조 **【전산정보중앙관리소의 설치 등】** ①등록부등의 보관과 관리, 전산정보처리조직에 의한 등록사무처리의 지원 및 등록전산정보자료의 효율적인 활용을 위하여 법원행정처에 전산정보중앙관리소(이하 "중앙관리소"라 한다)를 둔다. 이 경우 국적 관련 통보에 따른 등록사무처리에 관하여는 대법원규칙으로 정하는 바에 따라 법무부와 전산정보처리조직을 연계하여 운영한다.
②법원행정처장은 필요한 경우 중앙관리소 소속 공무원으로 하여금 제15조에 규정된 증명서의 발급사무를 하게 할 수 있다.

제13조 **【등록전산정보자료의 이용 등】** ①등록전산정보자료를 이용 또는 활용하고자 하는 사람은 관계 중앙행정기관의 장의 심사를 거쳐 법원행정처장의 승인을 받아야 한다. 다만, 중앙행정기관의 장이 등록전산정보자료를 이용하거나 활용하고자 하는 경우에는 법원행정처장과 협의하여야 한다.
②제1항에 따라 등록전산정보자료를 이용 또는 활용하고자 하는 사람은 본래의 목적 외의 용도로 이용하거나 활용하여서는 아니 된다.
③제1항에 따른 등록전산정보자료의 이용 또는 활용과 그 사용료 등에 관하여 필요한 사항은 대

법원규칙으로 정한다.

제14조 【증명서의 교부 등】 ①본인 또는 배우자, 직계혈족, 형제자매(이하 이 조에서는 "본인등"이라 한다)는 제15조에 규정된 등록부등의 기록사항에 관하여 발급할 수 있는 증명서의 교부를 청구할 수 있고, 본인등의 대리인이 청구하는 경우에는 본인등의 위임을 받아야 한다. 다만, 다음 각 호의 어느 하나에 해당하는 경우에는 본인등이 아닌 경우에도 교부를 신청할 수 있다.
1. 국가 또는 지방자치단체가 직무상 필요에 따라 문서로 신청하는 경우
2. 소송 · 비송 · 민사집행의 각 절차에서 필요한 경우
3. 다른 법령에서 본인등에 관한 증명서를 제출하도록 요구하는 경우
4. 그 밖에 대법원규칙으로 정하는 정당한 이해관계가 있는 사람이 신청하는 경우

②제15조제1항제5호의 친양자입양관계증명서는 다음 각 호의 어느 하나에 해당하는 경우에 한하여 교부를 청구할 수 있다.
1. 친양자가 성년이 되어 신청하는 경우
2. 혼인당사자가 「민법」 제809조의 친족관계를 파악하고자 하는 경우
3. 법원의 사실조회촉탁이 있거나 수사기관이 수사상 필요에 따라 문서로 신청하는 경우
4. 그 밖에 대법원규칙으로 정하는 경우

③제1항 및 제2항에 따라 증명서의 교부를 청구하는 사람은 수수료를 납부하여야 하며, 증명서의 송부를 신청하는 경우에는 우송료를 따로 납부하여야 한다.

④시 · 읍 · 면의 장은 제1항 및 제2항의 청구가 등록부에 기록된 사람에 대한 사생활의 비밀을 침해하는 등 부당한 목적에 의한 것이 분명하다고 인정되는 때에는 증명서의 교부를 거부할 수 있다.

⑤제1항부터 제4항까지의 규정은 폐쇄등록부에 관한 증명서 교부의 경우에도 준용한다.

제15조 【증명서의 종류 및 기록사항】 ①등록부등의 기록사항에 관하여 발급할 수 있는 증명서의 종류와 그 기록사항은 다음 각 호와 같다.
1. 가족관계증명서
가. 본인의 등록기준지 · 성명 · 성별 · 본 · 출생연월일 및 주민등록번호
나. 부모 · 양부모, 배우자, 자녀의 성명 · 성별 · 본 · 출생연월일 및 주민등록번호
2. 기본증명서
가. 본인의 등록기준지 · 성명 · 성별 · 본 · 출생연월일 및 주민등록번호
나. 본인의 출생, 사망, 국적상실 · 취득 및 회복 등에 관한 사항
3. 혼인관계증명서
가. 본인의 등록기준지 · 성명 · 성별 · 본 · 출생연월일 및 주민등록번호
나. 배우자의 성명 · 성별 · 본 · 출생연월일 및 주민등록번호
다. 혼인 및 이혼에 관한 사항
4. 입양관계증명서
가. 본인의 등록기준지 · 성명 · 성별 · 본 · 출생연월일 및 주민등록번호
나. 양부모 또는 양자의 성명 · 성별 · 본 · 출생연월일 및 주민등록번호
다. 입양 및 파양에 관한 사항
5. 친양자입양관계증명서
가. 본인의 등록기준지 · 성명 · 성별 · 본 · 출생연월일 및 주민등록번호
나. 친생부모 · 양부모 또는 친양자의 성명 · 성별 · 본 · 출생연월일 및 주민등록번호
다. 입양 및 파양에 관한 사항

②가족관계에 관한 그 밖의 증명서 및 가족관계 기록사항에 관하여 필요한 사항은 대법원규칙으로 정한다.

제3장 등록부의 기록

제16조 【등록부의 기록절차】 등록부는 신고, 통보, 신청, 증서의 등본, 항해일지의 등본 또는 재판서에 의하여 기록한다.

제17조 【등록부가 없는 사람】 가족관계등록이 되어 있지 아니한 사람에 대하여 등록사항을 기록하여야 할 때에는 새로 등록부를 작성한다.

제18조 【등록부의 정정】 ①등록부의 기록이 법률상 무효인 것이거나 그 기록에 착오 또는 누락이 있음을 안 때에는 시·읍·면의 장은 지체 없이 신고인 또는 신고사건의 본인에게 그 사실을 통지하여야 한다. 다만, 그 착오 또는 누락이 시·읍·면의 장의 잘못으로 인한 것인 때에는 그러하지 아니하다.
②제1항 본문의 통지를 할 수 없을 때 또는 통지를 하였으나 정정신청을 하는 사람이 없는 때 또는 그 기록의 착오 또는 누락이 시·읍·면의 장의 잘못으로 인한 것인 때 또는 시·읍·면의 장은 감독법원의 허가를 받아 직권으로 정정할 수 있다. 다만, 대법원규칙으로 정하는 경미한 사항인 경우에는 시·읍·면의 장이 직권으로 정정하고, 감독법원에 보고하여야 한다.
③국가 또는 지방자치단체의 공무원이 그 직무상 등록부의 기록에 착오 또는 누락이 있음을 안 때에는 지체 없이 신고사건의 본인의 등록기준지의 시·읍·면의 장에게 통지하여야 한다. 이 경우 통지를 받은 시·읍·면의 장은 제1항 및 제2항에 따라 처리한다.

제19조 【등록부의 행정구역, 명칭 등의 변경】 ①행정구역 또는 토지의 명칭이 변경된 때에는 등록부의 기록은 정정된 것으로 본다. 이 경우 시·읍·면의 장은 그 기록사항을 경정하여야 한다.
②시·읍·면의 장은 지번의 변경이 있을 때에는 등록부의 기록을 경정하여야 한다.

제4장 신 고

제1절 통 칙

제20조 【신고의 장소】 ①이 법에 따른 신고는 신고사건 본인의 등록기준지 또는 신고인의 주소지나 현재지에서 할 수 있다.
②대한민국의 국민이 아닌 사람(이하 "외국인"이라 한다)에 관한 신고는 그 거주지 또는 신고인의 주소지나 현재지에서 할 수 있다.

제21조 【출생·사망의 동 경유 신고 등】 ①시에 있어서 출생·사망의 신고는 그 신고의 장소가 신고사건 본인의 주민등록지 또는 주민등록을 할 지역과 같은 경우에는 신고사건 본인의 주민등록지 또는 주민등록을 할 지역을 관할하는 동을 거쳐 할 수 있다.
②제1항의 경우 동장은 소속 시장을 대행하여 신고서를 수리하고, 동이 속하는 시의 장에게 신고서를 송부하며, 그 밖에 대법원규칙으로 정하는 등록사무를 처리한다.

제22조 【신고 후 등록되어 있음이 판명된 때 등】 등록되어 있는지가 분명하지 아니한 사람 또는 등록되어 있지 아니하거나 등록할 수 없는 사람에 관한 신고가 수리된 후 그 사람에 관하여 등록되어 있음이 판명된 때 또는 등록할 수 있게 된 때에는 신고인 또는 신고사건의 본인은 그 사실을 안 날부터 1개월 이내에 수리된 신고사건을 표시하여 처음 그 신고를 수리한 시·읍·면의 장에게 그 사실을 신고하여야 한다.

제23조【신고방법】 ①신고는 서면이나 말로 할 수 있다.
②신고로 인하여 효력이 발생하는 등록사건에 관하여 신고사건 본인이 시·읍·면에 출석하지 아니하는 경우에는 신고사건 본인의 주민등록증·운전면허증·여권, 그 밖에 대법원규칙으로 정하는 신분증명서(이하 이 항에서 "신분증명서"라 한다)를 제시하거나 신고서에 신고사건 본인의 인감증명서를 첨부하여야 한다. 이 경우 본인의 신분증명서를 제시하지 아니하거나 본인의 인감증명서를 첨부하지 아니한 때에는 신고서를 수리하여서는 아니 된다.

제24조【신고서 양식】 신고서 양식은 대법원예규로 정한다. 이 경우 가족관계에 관한 등록신고가 다른 법령으로 규정한 신고를 갈음하는 경우에 당해 신고서 양식을 정함에 있어서는 미리 관계 부처의 장과 협의하여야 한다.

제25조【신고서 기재사항】 ①신고서에는 다음 사항을 기재하고 신고인이 서명하거나 기명날인하여야 한다.
1. 신고사건
2. 신고연월일
3. 신고인의 출생연월일·주민등록번호·등록기준지 및 주소
4. 신고인과 신고사건의 본인이 다른 때에는 신고사건의 본인의 등록기준지·주소·성명·출생연월일 및 주민등록번호와 신고인의 자격
②이 법에 따라 신고서류를 작성한 경우 그 신고서류에 주민등록번호를 기재한 때에는 출생연월일의 기재를 생략할 수 있다.

제26조【신고인이 무능력자인 경우】 ①신고하여야 할 사람이 미성년자 또는 금치산자인 때에는 친권자 또는 후견인을 신고의무자로 한다. 다만, 미성년자 또는 금치산자가 신고를 하여도 된다.
②친권자 또는 후견인이 신고하는 경우에는 신고서에 다음 사항을 기재하여야 한다.
1. 신고하여야 할 사람의 성명·출생연월일·주민등록번호 및 등록기준지
2. 무능력자가 된 원인
3. 신고인이 친권자 또는 후견인이라는 사실

제27조【동의가 불필요한 무능력자의 신고】 ①무능력자가 그 법정대리인의 동의 없이 할 수 있는 행위에 관하여는 무능력자가 신고하여야 한다.
②금치산자가 신고하는 경우에는 신고서에 신고사건의 성질 및 효과를 이해할 능력이 있음을 증명할 수 있는 진단서를 첨부하여야 한다.

제28조【증인을 필요로 하는 신고】 증인을 필요로 하는 사건의 신고에 있어서는 증인은 신고서에 주민등록번호 및 주소를 기재하고 서명하거나 기명날인하여야 한다.

제29조【부존재 또는 부지의 사항】 신고서에 기재하여야 할 사항으로서 존재하지 아니하거나 알지 못하는 것이 있을 때에는 그 취지를 기재하여야 한다. 다만, 시·읍·면의 장은 법률상 기재하여야 할 사항으로서 특히 중요하다고 인정되는 사항을 기재하지 아니한 신고서는 수리하여서는 아니 된다.

제30조【법령 규정사항 이외의 기재사항】 신고서에는 이 법 또는 다른 법령으로 정하는 사항 외에 등록부에 기록하여야 할 사항을 더욱 분명하게 하기 위하여 필요한 사항이 있으면 이러한 사항도 기재하여야 한다.

제31조【말로 하는 신고 등】 ①말로 신고하려 할 때에는 신고인은 시·읍·면의 사무소에 출석

하여 신고서에 기재하여야 할 사항을 진술하여야 한다.
②시·읍·면의 장은 신고인의 진술 및 신고연월일을 기록하여 신고인에게 읽어 들려주고 신고인으로 하여금 그 서면에 서명하거나 기명날인하게 하여야 한다.
③제1항 및 제2항의 경우에 신고인이 질병 또는 그 밖의 사고로 출석할 수 없는 때에는 대리인으로 하여금 신고하게 할 수 있다. 다만, 제55조, 제56조, 제61조, 제63조, 제71조 및 제74조의 신고는 그러하지 아니하다.

제32조 **【동의, 승낙 또는 허가를 요하는 사건의 신고】** ①신고사건에 있어서 부·모 또는 다른 사람의 동의 또는 승낙이 필요한 경우에는 신고서에 그 동의 또는 승낙을 증명하는 서면을 첨부하여야 한다. 다만, 친족회가 동의를 하는 경우에는 친족회의 결의록을 첨부하여야 하며, 그 밖의 동의 또는 승낙에 있어서는 동의 또는 승낙을 한 사람으로 하여금 신고서에 그 사유를 부기하고 서명 또는 기명날인하게 할 수 있다.
②신고사건, 신고인 또는 신고사항 등에 있어서 재판 또는 관공서의 허가를 요하는 사항이 있는 경우에는 신고서에 그 재판서 또는 허가서의 등본을 첨부하여야 한다.

제33조 **【신고서에 관한 준용규정】** 신고서에 관한 규정은 제31조제2항 및 제32조제1항의 서면에 준용한다.

제34조 **【외국에서 하는 신고】** 외국에 있는 대한민국 국민은 이 법에서 정하는 바에 따라 그 지역을 관할하는 대한민국재외공관(이하 "재외공관"이라 한다)의 장에게 신고하거나 신청을 할 수 있다.

제35조 **【외국의 방식에 따른 증서의 등본】** ①외국에 있는 대한민국 국민이 그 나라의 방식에 따라 신고사건에 관한 증서를 작성한 경우에는 3개월 이내에 그 지역을 관할하는 재외공관의 장에게 그 증서의 등본을 제출하여야 한다.
②대한민국의 국민이 있는 지역이 재외공관의 관할에 속하지 아니하는 경우에는 3개월 이내에 등록기준지의 시·읍·면의 장에게 증서의 등본을 발송하여야 한다.

제36조 **【외국에서 수리한 서류의 송부】** 재외공관의 장은 제34조 및 제35조에 따라 서류를 수리한 때에는 1개월 이내에 외교통상부장관을 경유하여 본인의 등록기준지 시·읍·면의 장에게 송부하여야 한다.

제37조 **【신고기간의 기산점】** ①신고기간은 신고사건 발생일부터 기산한다.
②재판의 확정일부터 기간을 기산하여야 할 경우에 재판이 송달 또는 교부 전에 확정된 때에는 그 송달 또는 교부된 날부터 기산한다.

제38조 **【신고의 최고】** ①시·읍·면의 장은 신고를 게을리 한 사람을 안 때에는 상당한 기간을 정하여 신고의무자에 대하여 그 기간 내에 신고할 것을 최고하여야 한다.
②신고의무자가 제1항의 기간 내에 신고를 하지 아니한 때에는 시·읍·면의 장은 다시 상당한 기간을 정하여 최고할 수 있다.
③제18조제2항은 제2항의 최고를 할 수 없는 때 및 최고를 하여도 신고를 하지 아니한 때에, 같은 조 제3항은 국가 또는 지방자치단체의 공무원이 신고를 게을리 한 사람이 있음을 안 때에 준용한다.

제39조 **【신고의 추후 보완】** 시·읍·면의 장은 신고를 수리한 경우에 흠이 있어 등록부에 기록을 할 수 없을 때에는 신고인 또는 신고의무자로 하여금 보완하게 하여야 한다. 이 경우 제38조를 준용한다.

제40조 **【기간경과 후의 신고】** 시·읍·면의 장은 신고기간이 경과한 후의 신고라도 수리하여야 한다.

제41조 **【사망 후에 도달한 신고】** ①신고인의 생존 중에 우송한 신고서는 그 사망 후라도 시·읍·면의 장은 수리하여야 한다.
②제1항에 따라 신고서가 수리된 때에는 신고인의 사망시에 신고한 것으로 본다.

제42조 **【수리, 불수리증명서와 서류의 열람】** ①신고인은 신고의 수리 또는 불수리의 증명서를 청구할 수 있다.
②이해관계인은 시·읍·면의 장에게 신고서나 그 밖에 수리한 서류의 열람 또는 그 서류에 기재한 사항에 관하여 증명서를 청구할 수 있다.
③증명서를 청구할 때에는 수수료를 납부하여야 한다.
④이해관계인은 법원에 보관되어 있는 신고서류에 대한 열람을 청구할 수 있다.
⑤제2항 및 제4항의 이해관계인의 자격과 범위 등에 관하여는 제14조제1항부터 제4항까지의 규정을 준용한다.

제43조 **【신고불수리의 통지】** 시·읍·면의 장이 신고를 수리하지 아니한 때에는 그 사유를 지체 없이 신고인에게 서면으로 통지하여야 한다.

제2절 출 생

제44조 **【출생신고의 기재사항】** ①출생의 신고는 출생 후 1개월 이내에 하여야 한다.
②신고서에는 다음 사항을 기재하여야 한다.
1. 자녀의 성명·본·성별 및 등록기준지
2. 자녀의 혼인 중 또는 혼인 외의 출생자의 구별
3. 출생의 연월일시 및 장소
4. 부모의 성명·본·등록기준지 및 주민등록번호(부 또는 모가 외국인인 때에는 그 성명·출생연월일 및 국적)
5. 「민법」 제781조제1항 단서에 따른 협의가 있는 경우 그 사실
6. 자녀가 이중국적자인 경우 그 사실 및 취득한 외국 국적
③자녀의 이름에는 한글 또는 통상 사용되는 한자를 사용하여야 한다. 통상 사용되는 한자의 범위는 대법원규칙으로 정한다.
④출생신고서에는 의사·조산사나 그 밖에 분만에 관여한 사람이 작성한 출생증명서를 첨부하여야 한다. 다만, 부득이한 사유가 있는 경우에는 그러하지 아니하다.

제45조 **【출생신고의 장소】** ①출생의 신고는 출생지에서 할 수 있다.
②기차나 그 밖의 교통기관 안에서 출생한 때에는 모가 교통기관에서 내린 곳, 항해일지가 비치되지 아니한 선박 안에서 출생한 때에는 그 선박이 최초로 입항한 곳에서 신고할 수 있다.

제46조 **【신고의무자】** ①혼인 중 출생자의 출생의 신고는 부 또는 모가 하여야 한다.
②혼인 외 출생자의 신고는 모가 하여야 한다.
③제1항 및 제2항에 따라 신고를 하여야 할 사람이 신고를 할 수 없는 경우에는 다음 각 호의 어느 하나에 해당하는 사람이 각 호의 순위에 따라 신고를 하여야 한다.
1. 동거하는 친족
2. 분만에 관여한 의사·조산사 또는 그 밖의 사람

第47조 【친생부인의 소를 제기한 때】 친생부인의 소를 제기한 때에도 출생신고를 하여야 한다.

第48조 【법원이 부를 정하는 때】 ①「민법」 제845조에 따라 법원이 부(부)를 정하여야 할 때에는 출생의 신고는 모가 하여야 한다.
②제46조제3항은 제1항의 경우에 준용한다.

第49조 【항해 중의 출생】 ①항해 중에 출생이 있는 때에는 선장은 24시간 이내에 제44조제2항에서 정한 사항을 항해일지에 기재하고 서명 또는 기명날인하여야 한다.
②제1항의 절차를 밟은 후 선박이 대한민국의 항구에 도착하였을 때에는 선장은 지체 없이 출생에 관한 항해일지의 등본을 그 곳의 시·읍·면의 장에게 발송하여야 한다.
③선박이 외국의 항구에 도착하였을 때에는 선장은 지체 없이 제2항의 등본을 그 지역을 관할하는 재외공관의 장에게 발송하고 재외공관의 장은 지체 없이 외교통상부장관을 경유하여 등록기준지의 시·읍·면의 장에게 발송하여야 한다.

第50조 【공공시설에서의 출생】 병원, 교도소, 그 밖의 시설에서 출생이 있었을 경우에 부모가 신고할 수 없는 때에는 당해 시설의 장 또는 관리인이 신고를 하여야 한다.

第51조 【출생신고 전에 사망한 때】 출생의 신고 전에 자녀가 사망한 때에는 출생의 신고와 동시에 사망의 신고를 하여야 한다.

第52조 【기아】 ①기아(기아)를 발견한 사람 또는 기아발견의 통지를 받은 국가경찰공무원은 24시간 이내에 그 사실을 시·읍·면의 장에게 통보하여야 한다.
②제1항의 통보를 받은 시·읍·면의 장은 소지품, 발견장소, 발견연월일시, 그 밖의 상황, 성별, 출생의 추정연월일을 조서에 기재하여야 한다. 이 경우 그 조서를 신고서로 본다.
③시·읍·면의 장은 「민법」 제781조제4항에 따라 기아의 성과 본을 창설한 후 이름과 등록기준지를 정하여 등록부에 기록하여야 한다.

第53조 【부모가 기아를 찾은 때】 ①부 또는 모가 기아를 찾은 때에는 1개월 이내에 출생의 신고를 하고 등록부의 정정을 신청하여야 한다.
②제1항의 경우에는 시·읍·면의 장이 확인하여야 한다.

第54조 【기아가 사망한 때】 제52조제1항 또는 제53조의 절차를 밟기 전에 기아가 사망하였을 때에는 사망의 신고와 동시에 그 절차를 밟아야 한다.

제3절 인 지

第55조 【인지신고의 기재사항】 ①인지의 신고서에는 다음 사항을 기재하여야 한다.
1. 자녀의 성명·성별·출생연월일·주민등록번호 및 등록기준지(자가 외국인인 때에는 그 성명·성별·출생연월일 및 국적)
2. 사망한 자녀를 인지할 때에는 사망연월일, 그 직계비속의 성명·출생연월일·주민등록번호 및 등록기준지
3. 부가 인지할 때에는 모의 성명·등록기준지 및 주민등록번호
4. 인지 전의 자녀의 성과 본을 유지할 경우 그 취지와 내용
5. 「민법」 제909조제4항 또는 제5항에 따라 친권자가 정하여진 때에는 그 취지와 내용
②제1항제4호 및 제5호의 경우에는 신고서에 그 내용을 증명하는 서면을 첨부하여야 한다. 다만,

가정법원의 성·본 계속사용허가심판 또는 친권자를 정하는 재판이 확정된 때에는 제58조를 준용한다.

제56조 【태아의 인지】 태내에 있는 자녀를 인지할 때에는 신고서에 그 취지, 모의 성명 및 등록기준지를 기재하여야 한다.

제57조 【친생자출생의 신고에 의한 인지】 부가 혼인 외의 자녀에 대하여 친생자출생의 신고를 한 때에는 그 신고는 인지의 효력이 있다.

제58조 【재판에 의한 인지】 ①인지의 재판이 확정된 경우에 소를 제기한 사람은 재판의 확정일부터 1개월 이내에 재판서의 등본 및 확정증명서를 첨부하여 그 취지를 신고하여야 한다.
②제1항의 신고서에는 재판확정일을 기재하여야 한다.
③제1항의 경우에는 그 소의 상대방도 재판서의 등본 및 확정증명서를 첨부하여 인지의 재판이 확정된 취지를 신고할 수 있다. 이 경우 제2항을 준용한다.

제59조 【유언에 의한 인지】 유언에 의한 인지의 경우에는 유언집행자는 그 취임일부터 1개월 이내에 인지에 관한 유언서등본 또는 유언녹음을 기재한 서면을 첨부하여 제55조 또는 제56조에 따라 신고를 하여야 한다.

제60조 【인지된 태아의 사산】 인지된 태아가 사체로 분만된 경우에 출생의 신고의무자는 그 사실을 안 날부터 1개월 이내에 그 사실을 신고하여야 한다. 다만, 유언집행자가 제59조의 신고를 하였을 경우에는 유언집행자가 그 신고를 하여야 한다.

제4절 입 양

제61조 【입양신고의 기재사항】 입양의 신고서에는 다음 사항을 기재하여야 한다.
1. 당사자의 성명·본·출생연월일·주민등록번호·등록기준지(당사자가 외국인인 때에는 그 성명·출생연월일·국적) 및 양자의 성별
2. 양자의 친생부모의 성명·주민등록번호 및 등록기준지

제62조 【입양의 신고】 ①양자가 15세 미만인 때에는 「민법」 제869조에 따라 입양을 승낙한 법정대리인이 신고하여야 한다. 다만, 후견인이 입양을 승낙한 때에는 가정법원의 허가서를 첨부하여야 한다.
② 「민법」 제871조에 따라 후견인이 입양의 동의를 한 때에는 후견인의 동의서 및 가정법원의 허가서를 첨부하여야 한다.
③후견인이 피후견인을 양자로 하는 경우에는 가정법원의 허가서를 첨부하여야 한다.

제5절 파 양

제63조 【파양신고의 기재사항】 파양의 신고서에는 다음 사항을 기재하여야 한다.
1. 당사자의 성명·본·출생연월일·주민등록번호 및 등록기준지(당사자가 외국인인 때에는 그 성명·출생연월일·국적)
2. 양자의 친생부모의 성명·등록기준지 및 주민등록번호

第64조 **【협의상 파양의 신고】** ①「민법」 제899조에 따라 협의상 파양을 하는 경우에는 그 협의를 한 사람이 신고를 하여야 한다. 다만, 그 신고를 후견인 또는 생가(생가)의 다른 직계존속이 하는 때에는 가정법원의 허가서를 첨부하여야 한다.
②「민법」 제900조에 따른 협의상 파양에 관하여 후견인이 파양의 동의를 한 때에는 후견인의 동의서 및 가정법원의 허가서를 첨부하여야 한다.

第65조 **【준용규정】** ①제63조는 입양취소의 신고에 준용한다.
②제58조는 입양취소의 재판이 확정된 경우에 준용한다.

第66조 **【준용규정】** 제58조는 파양의 재판이 확정된 경우에 준용한다.

제6절 친양자의 입양 및 파양

第67조 **【친양자의 입양신고】** ①「민법」 제908조의2에 따라 친양자를 입양하고자 하는 사람은 친양자 입양재판의 확정일부터 1개월 이내에 재판의 등본 및 확정증명서를 첨부하여 제61조의 신고를 하여야 한다.
②제1항의 신고서에는 재판확정일을 기재하여야 한다.

第68조 **【준용규정】** 제58조는 친양자의 입양신고에 준용한다.

第69조 **【친양자의 파양신고】** ①「민법」 제908조의5에 따라 친양자 파양의 재판이 확정된 경우 소를 제기한 사람은 재판의 확정일부터 1개월 이내에 재판서의 등본 및 확정증명서를 첨부하여 제63조의 신고를 하여야 한다.
②제1항의 신고서에는 재판확정일을 기재하여야 한다.
③제1항의 경우에는 그 소의 상대방도 재판서의 등본 및 확정증명서를 첨부하여 친양자 파양의 재판이 확정된 취지를 신고할 수 있다. 이 경우 제2항을 준용한다.

第70조 **【준용규정】** 제69조는 친양자의 입양취소의 재판이 확정된 경우에 준용한다.

제7절 혼 인

第71조 **【혼인신고의 기재사항 등】** 혼인의 신고서에는 다음 사항을 기재하여야 한다. 다만, 제3호의 경우에는 혼인당사자의 협의서를 첨부하여야 한다.
1. 당사자의 성명·본·출생연월일·주민등록번호 및 등록기준지(당사자가 외국인인 때에는 그 성명·출생연월일 및 국적)
2. 당사자의 부모와 양부모의 성명·등록기준지 및 주민등록번호
3. 「민법」 제781조제1항 단서에 따른 협의가 있는 경우 그 사실
4. 「민법」 제809조제1항에 따른 근친혼에 해당되지 아니한다는 사실

第72조 **【재판에 의한 혼인】** 사실상 혼인관계 존재확인의 재판이 확정된 경우에는 소를 제기한 사람은 재판의 확정일부터 1개월 이내에 재판서의 등본 및 확정증명서를 첨부하여 제71조의 신고를 하여야 한다.

第73조 **【준용규정】** 제58조는 혼인취소의 재판이 확정된 경우에 준용한다.

제8절 이 혼

제74조 **【이혼신고의 기재사항】** 이혼의 신고서에는 다음 사항을 기재하여야 한다.
1. 당사자의 성명·본·출생연월일·주민등록번호 및 등록기준지(당사자가 외국인인 때에는 그 성명 및 국적)
2. 당사자의 부모와 양부모의 성명·등록기준지 및 주민등록번호
3. 「민법」 제909조제4항 또는 제5항에 따라 친권자가 정하여진 때에는 그 내용

제75조 **【협의상 이혼의 확인】** ①협의상 이혼을 하고자 하는 사람은 등록기준지 또는 주소지를 관할하는 가정법원의 확인을 받아 신고하여야 한다. 다만, 국내에 거주하지 아니하는 경우에 그 확인은 서울가정법원의 관할로 한다.
②제1항의 신고는 협의상 이혼을 하고자 하는 사람이 가정법원으로부터 확인서등본을 교부 또는 송달받은 날부터 3개월 이내에 그 등본을 첨부하여 행하여야 한다.
③제2항의 기간이 경과한 때에는 그 가정법원의 확인은 효력을 상실한다.
④가정법원의 확인 절차와 신고에 관하여 필요한 사항은 대법원규칙으로 정한다.

제76조 **【간주규정】** 협의이혼신고서에 가정법원의 이혼의사확인서등본을 첨부한 경우에는 「민법」 제836조제2항에서 정한 증인 2인의 연서가 있는 것으로 본다.

제77조 **【준용규정】** 제74조는 혼인취소의 신고에 준용한다.

제78조 **【준용규정】** 제58조는 이혼의 재판이 확정된 경우에 준용한다.

제9절 친권 및 후견

제79조 **【친권자 지정 및 변경 신고】** ①부모가 「민법」 제909조제4항에 따라 친권자를 정한 때에는 1개월 이내에 그 사실을 신고하여야 한다. 부모 중 일방이 신고하는 경우에는 그 사실을 증명하는 서면을 첨부하여야 한다.
②친권이나 관리권의 상실·사퇴·회복에 관한 재판 또는 「민법」 제909조제4항부터 제6항까지의 규정에 따라 친권자를 정하거나 변경하는 재판이 확정된 때에는 그 재판을 청구한 사람 또는 그 재판으로 친권자로 정하여진 사람이 그 내용을 신고하여야 한다. 이 경우 제58조를 준용한다.

제80조 **【후견개시신고의 기재사항】** ①후견개시의 신고는 후견인이 그 취임일부터 1개월 이내에 하여야 한다.
②신고서에는 다음 사항을 기재하여야 한다.
1. 후견인과 피후견인의 성명·출생연월일·주민등록번호 및 등록기준지
2. 후견개시의 원인 및 연월일
3. 후견인이 취임한 연월일

제81조 **【후견인 경질신고 등】** ①후견인이 경질된 경우에는 후임자는 취임일부터 1개월 이내에 그 취지를 신고하여야 한다.
②제1항의 신고에는 제80조제2항을 준용한다.
③제79조제2항은 「민법」 제940조에 따라 후견인이 변경된 경우에 준용한다.

제82조 【유언 또는 재판에 따른 후견인의 선정】 ①유언에 의하여 후견인을 지정한 경우에는 지정에 관한 유언서 그 등본 또는 유언녹음을 기재한 서면을 신고서에 첨부하여야 한다.
②후견인선임의 재판이 있는 경우에는 재판서의 등본을 신고서에 첨부하여야 한다.

제83조 【후견종료신고】 ①후견종료의 신고는 후견인이 1개월 이내에 하여야 한다. 다만, 미성년자의 성년 도달로 인하여 후견이 종료된 경우에는 그러하지 아니하다.
②신고서에는 다음 사항을 기재하여야 한다.
1. 피후견인의 성명·등록기준지 및 주민등록번호
2. 후견종료의 원인 및 연월일
③후견종료의 원인이 「민법」 제939조 또는 같은 법 제940조에 따른 것인 때에는 재판서의 등본을 첨부하여야 한다.

제10절 사망과 실종

제84조 【사망신고와 그 기재사항】 ①사망의 신고는 제85조에 규정한 사람이 사망의 사실을 안 날부터 1개월 이내에 진단서 또는 검안서를 첨부하여 하여야 한다.
②신고서에는 다음 사항을 기재하여야 한다.
1. 사망자의 성명, 성별, 등록기준지 및 주민등록번호
2. 사망의 연월일시 및 장소
③부득이한 사정으로 인하여 진단서나 검안서를 얻을 수 없는 때에는 사망의 사실을 증명할 만한 서면으로써 이에 갈음할 수 있다. 이 경우 신고서에 그 진단서 또는 검안서를 얻지 못한 사유를 기재하여야 한다.

제85조 【사망신고의무자】 ①사망의 신고는 동거하는 친족이 하여야 한다.
②친족·동거자 또는 사망장소를 관리하는 사람, 사망장소의 동장 또는 통·이장도 사망의 신고를 할 수 있다.

제86조 【사망신고의 장소】 사망의 신고는 사망지·매장지 또는 화장지에서 할 수 있다. 다만, 사망지가 분명하지 아니한 때에는 사체가 처음 발견된 곳에서, 기차나 그 밖의 교통기관 안에서 사망이 있었을 때에는 그 사체를 교통기관에서 내린 곳에서, 항해일지를 비치하지 아니한 선박 안에서 사망한 때에는 그 선박이 최초로 입항한 곳에서 할 수 있다.

제87조 【재난 등으로 인한 사망】 수해, 화재나 그 밖의 재난으로 인하여 사망한 사람이 있는 경우에는 이를 조사한 관공서는 지체 없이 사망지의 시·읍·면의 장에게 통보하여야 한다. 다만, 외국에서 사망한 때에는 사망자의 등록기준지의 시·읍·면의 장에게 통보하여야 한다.

제88조 【사형, 재소 중 사망】 ①사형의 집행이 있는 때에는 교도소장은 지체 없이 교도소 소재지의 시·읍·면의 장에게 사망의 통보를 하여야 한다.
②제1항은 재소 중 사망한 사람의 사체를 찾아갈 사람이 없는 경우에 준용한다. 이 경우 통보서에 진단서 또는 검안서를 첨부하여야 한다.

제89조 【통보서의 기재사항】 제87조 및 제88조에서 규정한 통보서에는 제84조제2항에서 정한 사항을 기재하여야 한다.

제90조 【등록불명자 등의 사망】 ①사망자에 대하여 등록이 되어 있는지 여부가 분명하지 아니하

거나 사망자를 인식할 수 없는 때에는 국가경찰공무원은 검시조서를 작성·첨부하여 지체 없이 사망지의 시·읍·면의 장에게 사망의 통보를 하여야 한다.
②사망자가 등록이 되어 있음이 판명되었거나 사망자의 신원을 알 수 있게 된 때에는 국가경찰공무원은 지체 없이 사망지의 시·읍·면의 장에게 그 취지를 통보하여야 한다.
③제1항의 통보가 있은 후에 제85조에서 정한 사람이 사망자의 신원을 안 때에는 그 날부터 10일 이내에 사망의 신고를 하여야 한다.

제91조 【준용규정】 제49조 및 제50조는 사망의 신고에 준용한다.

제92조 【실종선고의 신고】 ①실종선고의 신고는 그 선고를 청구한 사람이 재판확정일부터 1개월 이내에 재판서의 등본 및 확정증명서를 첨부하여 하여야 한다.
②실종선고의 신고서에는 다음 사항을 기재하여야 한다.
1. 실종자의 성명·성별·등록기준지 및 주민등록번호
2. 「민법」 제27조에서 정한 기간의 만료일
③제58조는 실종선고취소의 재판이 확정된 경우에 그 재판을 청구한 사람에게 준용한다.

제11절 국적의 취득과 상실

제93조 【인지 등에 따른 국적취득의 통보 등】 ①법무부장관은 「국적법」 제3조제1항 또는 같은 법 제11조제1항에 따라 대한민국의 국적을 취득한 사람이 있는 경우 지체 없이 국적을 취득한 사람이 정한 등록기준지의 시·읍·면의 장에게 대법원규칙으로 정하는 사항을 통보하여야 한다.
②제1항의 통보를 받은 시·읍·면의 장은 국적을 취득한 사람의 등록부를 작성한다.
[시행일 2008.9.1]

제94조 【귀화허가의 통보 등】 ①법무부장관은 「국적법」 제4조에 따라 외국인을 대한민국 국민으로 귀화허가한 경우 지체 없이 귀화허가를 받은 사람이 정한 등록기준지의 시·읍·면의 장에게 대법원규칙으로 정하는 사항을 통보하여야 한다.
②제1항의 통보를 받은 시·읍·면의 장은 귀화허가를 받은 사람의 등록부를 작성한다.
[시행일 2008.9.1]

제95조 【국적회복허가의 통보 등】 ①법무부장관은 「국적법」 제9조에 따라 대한민국의 국적회복을 허가한 경우 지체 없이 국적회복을 한 사람이 정한 등록기준지의 시·읍·면의 장에게 대법원규칙으로 정하는 사항을 통보하여야 한다.
②제1항의 통보를 받은 시·읍·면의 장은 국적회복을 한 사람의 등록부를 작성한다. 다만, 국적회복을 한 사람의 등록부등이 있는 경우에는 등록부등에 기재된 등록기준지의 시·읍·면의 장에게 그 사항을 통보하여야 한다.
[시행일 2008.9.1]

제96조 【국적취득자의 성과 본의 창설 신고】 ①외국의 성을 쓰는 국적취득자가 그 성을 쓰지 아니하고 새로이 성(성)·본(본)을 정하고자 하는 경우에는 그 등록기준지·주소지 또는 등록기준지로 하고자 하는 곳을 관할하는 가정법원의 허가를 받고 그 등본을 받은 날부터 1개월 이내에 그 성과 본을 신고하여야 한다.
②대한민국의 국적을 회복하거나 재취득하는 경우에는 종전에 사용하던 대한민국식 성명으로 국적회복신고 또는 국적재취득신고를 할 수 있다.
③제2항의 경우 신고서에는 종전에 사용하던 대한민국식 성명을 소명하여야 한다.

④신고서에는 다음 사항을 기재하여야 한다.
1. 종전의 성
2. 창설한 성 · 본
3. 허가의 연월일
⑤제4항의 신고서에는 제1항에 따른 허가의 등본을 첨부하여야 한다.

제97조 **【국적상실신고의 기재사항】** ①국적상실의 신고는 배우자 또는 4촌 이내의 친족이 그 사실을 안 날부터 1개월 이내에 하여야 한다.
②신고서에는 다음 각 호의 사항을 기재하여야 한다.
1. 국적상실자의 성명 · 주민등록번호 및 등록기준지
2. 국적상실의 원인 및 연월일
3. 새로 외국국적을 취득한 때에는 그 국적
③제2항의 신고서에는 국적상실을 증명하는 서면을 첨부하여야 한다.
④국적상실자 본인도 국적상실의 신고를 할 수 있다.

제98조 **【국적선택 등의 통보】** ①법무부장관은 다음 각 호의 어느 하나에 해당하는 사유가 발생한 경우 그 사람의 등록기준지(등록기준지가 없는 경우에는 그 사람이 정한 등록기준지)의 시 · 읍 · 면의 장에게 대법원규칙으로 정하는 사항을 통보하여야 한다.
1. 「국적법」 제13조제1항에 따라 이중국적자로부터 대한민국의 국적을 선택한다는 신고를 수리한 때
2. 「국적법」 제14조제1항에 따라 국적이탈신고를 수리한 때
3. 「국적법」 제20조에 따라 대한민국 국민으로 판정한 때
②대한민국 국민으로 판정받은 사람이 등록되어 있지 아니한 때에는 그 통보를 받은 시 · 읍 · 면의 장은 등록부를 작성한다.
[시행일 2008.9.1]

제12절 개명 및 성(성)·본(본) 변경

제99조 **【개명신고】** ①개명하고자 하는 사람은 주소지(재외국민의 경우 등록기준지)를 관할하는 가정법원의 허가를 받고 그 허가서의 등본을 받은 날부터 1개월 이내에 신고를 하여야 한다.
②신고서에는 다음 사항을 기재하여야 한다.
1. 변경 전의 이름
2. 변경한 이름
3. 허가연월일
③제2항의 신고서에는 허가서의 등본을 첨부하여야 한다.

제100조 **【성 · 본 변경신고】** ①「민법」 제781조제6항에 따라 자녀의 성(성) · 본(본)을 변경하고자 하는 사람은 재판확정일부터 1개월 이내에 재판서의 등본 및 확정증명서를 첨부하여 신고하여야 한다.
②신고서에는 다음 사항을 기재하여야 한다.
1. 변경 전의 성 · 본
2. 변경한 성 · 본
3. 재판확정일

제13절 가족관계 등록 창설

제101조 **【가족관계 등록 창설신고】** ①등록이 되어 있지 아니한 사람은 등록을 하려는 곳을 관할하는 가정법원의 허가를 받고 그 등본을 받은 날부터 1개월 이내에 가족관계 등록 창설(이하 "등록창설"이라 한다)의 신고를 하여야 한다.
②신고서에는 제9조제2항에 규정된 사항 외에 등록창설허가의 연월일을 기재하여야 한다.
③제2항의 신고서에는 등록창설허가의 등본을 첨부하여야 한다.

제102조 **【직계혈족에 의한 등록창설신고】** 등록창설허가의 재판을 얻은 사람이 등록창설의 신고를 하지 아니한 때에는 배우자 또는 직계혈족이 할 수 있다.

제103조 **【판결에 의한 등록창설의 신고】** ①확정판결에 의하여 등록창설의 신고를 하여야 할 경우에는 판결확정일부터 1개월 이내에 하여야 한다.
②신고서에는 제9조제2항에 규정된 사항 외에 판결확정일을 기재하여야 한다.
③제2항의 신고서에는 판결의 등본 및 확정증명서를 첨부하여야 한다.

제5장 등록부의 정정

제104조 **【위법한 가족관계 등록기록의 정정】** 등록부의 기록이 법률상 허가될 수 없는 것 또는 그 기재에 착오나 누락이 있다고 인정한 때에는 이해관계인은 사건 본인의 등록기준지를 관할하는 가정법원의 허가를 받아 등록부의 정정을 신청할 수 있다.

제105조 **【무효인 행위의 가족관계등록기록의 정정】** 신고로 인하여 효력이 발생하는 행위에 관하여 등록부에 기록하였으나 그 행위가 무효임이 명백한 때에는 신고인 또는 신고사건의 본인은 사건 본인의 등록기준지를 관할하는 가정법원의 허가를 받아 등록부의 정정을 신청할 수 있다.

제106조 **【정정신청의 의무】** 제104조 및 제105조에 따라 허가의 재판이 있었을 때에는 재판서의 등본을 받은 날부터 1개월 이내에 그 등본을 첨부하여 등록부의 정정을 신청하여야 한다.

제107조 **【판결에 의한 등록부의 정정】** 확정판결로 인하여 등록부를 정정하여야 할 때에는 소를 제기한 사람은 판결확정일부터 1개월 이내에 판결의 등본 및 그 확정증명서를 첨부하여 등록부의 정정을 신청하여야 한다.

제108조 **【준용규정】** 제20조제1항, 제22조, 제25조부터 제27조까지, 제29조부터 제33조까지 및 제37조부터 제42조까지의 규정은 등록부의 정정신청에 준용한다.

제6장 불복절차

제109조 **【불복의 신청】** ①등록사건에 관하여 이해관계인은 시·읍·면의 장의 위법 또는 부당한 처분에 대하여 관할 가정법원에 불복의 신청을 할 수 있다.
②제1항의 신청을 받은 가정법원은 신청에 관한 서류를 시·읍·면의 장에게 송부하며 그 의견을 구할 수 있다.

제110조 【불복신청에 대한 시·읍·면의 조치】 ①시·읍·면의 장은 그 신청이 이유 있다고 인정하는 때에는 지체 없이 처분을 변경하고 그 취지를 법원과 신청인에게 통지하여야 한다.
②신청이 이유 없다고 인정하는 때에는 의견을 붙여 지체 없이 그 서류를 법원에 반환하여야 한다.

제111조 【불복신청에 대한 법원의 결정】 ①가정법원은 신청이 이유 없는 때에는 각하하고 이유 있는 때에는 시·읍·면의 장에게 상당한 처분을 명하여야 한다.
②신청의 각하 또는 처분을 명하는 재판은 결정으로써 하고, 시·읍·면의 장 및 신청인에게 송달하여야 한다.

제112조 【항고】 가정법원의 결정에 대하여는 법령을 위반한 재판이라는 이유로만 「비송사건절차법」에 따라 항고할 수 있다.

제113조 【불복신청의 비용】 불복신청의 비용에 관하여는 「비송사건절차법」의 규정을 준용한다.

제7장 신고서류의 송부와 법원의 감독

제114조 【신고서류 등의 송부】 시·읍·면의 장은 등록부에 기록할 수 없는 등록사건을 제외하고는 대법원규칙으로 정하는 바에 따라 등록부에 기록을 마친 신고서류 등을 관할 법원에 송부하여야 한다.

제115조 【신고서류 등의 조사 및 시정지시】 ①법원은 시·읍·면의 장으로부터 신고서류 등을 송부받은 때에는 지체 없이 등록부의 기록사항과 대조하고 조사하여야 한다.
②법원은 제1항의 조사결과 그 신고서류 등에 위법·부당한 사실이 발견된 경우에는 시·읍·면의 장에 대하여 시정지시 등 필요한 처분을 명할 수 있다.
③신고서류조사 또는 시정지시 및 신고서류 보관절차에 관하여 필요한 사항은 대법원규칙으로 정한다.

제116조 【각종 보고의 명령 등】 법원은 시·읍·면의 장에 대하여 등록사무에 관한 각종 보고를 명하는 등 감독상 필요한 조치를 취할 수 있다.

제8장 벌 칙

제117조 【벌칙】 다음 각 호의 어느 하나에 해당하는 사람은 3년 이하의 징역 또는 1천만원 이하의 벌금에 처한다.
1. 제11조제6항을 위반한 사람
2. 제13조제2항을 위반한 사람
3. 제14조제1항·제2항 및 제42조를 위반하여 거짓이나 그 밖의 부정한 방법으로 다른 사람의 신고서류를 열람하거나 신고서류에 기재되어 있는 사항 또는 등록부등의 기록사항에 관한 증명서를 교부받은 사람
4. 이 법에 따른 등록사무처리의 권한에 관한 승인절차 없이 전산정보처리조직에 가족관계 등록정보를 입력·변경하여 정보처리를 하거나 기술적 수단을 이용하여 가족관계 등록정보를 알아낸 사람

제118조 【벌칙】 ①등록부의 기록을 요하지 아니하는 사항에 관하여 거짓의 신고를 한 사람 및

등록의 신고와 관련된 사항에 관하여 거짓으로 보증을 한 사람은 1년 이하의 징역 또는 300만원 이하의 벌금에 처한다.
②외국인에 대한 사항에 관하여 거짓의 신고를 한 사람도 제1항과 같다.

제119조 【양벌규정】 법인의 대표자 또는 법인이나 개인의 대리인·사용인 및 그 밖의 종업원이 그 법인이나 개인의 업무에 관하여 제117조, 제118조의 위반행위를 한 때에는 행위자를 벌하는 외에 그 법인이나 개인에 대하여도 해당 조의 벌금형을 과(과)한다.

제120조 【과태료】 다음 각 호의 어느 하나에 해당하는 시·읍·면의 장에게는 50만원 이하의 과태료를 부과한다.
1. 제115조제2항에 따른 명령을 위반한 때
2. 제116조에 따른 명령을 위반한 때

제121조 【과태료】 시·읍·면의 장이 제38조 또는 제108조에 따라 기간을 정하여 신고 또는 신청의 최고를 한 경우에 정당한 사유 없이 그 기간 내에 신고 또는 신청을 하지 아니한 사람에게는 10만원 이하의 과태료를 부과한다.

제122조 【과태료】 이 법에 따른 신고의 의무가 있는 사람이 정당한 사유 없이 기간 내에 하여야 할 신고 또는 신청을 하지 아니한 때에는 5만원 이하의 과태료를 부과한다.

제123조 【과태료 재판】 제120조의 과태료 재판은 과태료를 부과할 시·읍·면의 장의 사무소 소재지를 관할하는 가정법원이 「비송사건절차법」에 따라 행한다.

제124조 【과태료 부과·징수】 ①제121조 및 제122조에 따른 과태료는 대법원규칙으로 정하는 바에 따라 시·읍·면의 장(제21조제2항에 해당하는 때에는 출생·사망의 신고를 받는 동의 관할 시장·구청장을 말한다. 이하 이 조에서 같다)이 부과·징수한다.
②제1항에 따른 과태료 처분에 불복하는 사람은 30일 이내에 해당 시·읍·면의 장에게 이의를 제기할 수 있다.
③제1항에 따라 시·읍·면의 장으로부터 과태료 처분을 받은 사람이 제2항에 따라 이의를 제기한 때에는 당해 시·읍·면의 장은 지체 없이 과태료 처분을 받은 사람의 주소 또는 거소를 관할하는 가정법원에 그 사실을 통보하여야 하며, 그 통보를 받은 가정법원은 「비송사건절차법」에 따른 과태료 재판을 한다.
④제2항에 따른 기간 이내에 이의를 제기하지 아니하고 과태료를 납부하지 아니한 때에는 지방세 체납처분의 예에 따라 징수한다.

부 칙 〈제8435호, 2007.5.17〉

제1조 【시행일】 이 법은 2008년 1월 1일부터 시행한다. 다만, 제93조부터 제95조까지 및 제98조의 개정규정은 2008년 9월 1일부터 시행한다.

제2조 【폐지법률】 호적법은 폐지한다. 다만, 2008년 8월 31일까지 대한민국의 국적을 취득·회복하거나 대한민국 국민으로 귀화한 사람의 신고 및 「국적법」 제14조제1항에 따른 국적이탈자에 대한 법무부장관의 통보는 종전의 「호적법」 제109조, 제109조의2, 제110조 및 제112조의2를 적용하되, 위 「호적법」 조항들을 적용할 때 「호적법」 제15조는 이 법 제9조로, 본적은 등록기준지로 본다.

제3조【등록부의 작성 등】 ①이 법 제9조에 따른 등록부는 종전의 「호적법」 제124조의3에 따라 편제된 전산호적부를 대상으로, 이 법 시행 당시 기록된 사항을 기준으로 하여 그 호적전산자료를 개인별로 구분·작성하는 방법에 따른다.
②종전의 「호적법」 제124조의3에 따라 편제된 전산호적부는 이 법 시행과 동시에 제적된다.
③대법원규칙 제1911호 호적법시행규칙중개정규칙 부칙 제2조 및 제3조에 따라 전산 이기된 호적부(이하 "이미지 전산호적부"라 한다)는 제1항의 규정에도 불구하고 이 법 시행과 동시에 제적된다. 다만, 신고사건 등이 발생한 때에는 그 제적자에 대하여 새로 등록부를 작성하여야 한다.
④제1항 및 제3항 단서에 따라 등록부를 작성한 경우에 종전 호적에 기재된 본적은 이 법 제10조에 따른 최초의 등록기준지로 본다.
⑤종전의 「호적법」 규정에 따른 신고 등이 있었으나 제2항에 따라 제적된 후 이 법 시행 당시 등록부에 그 기록이 누락되었음이 발견된 때에는 제1항에 따라 새로 작성된 등록부를 폐쇄함과 동시에 제2항 및 제3항에 따른 제적을 부활한다.
⑥제5항에 따라 부활한 호적에 그 기록을 완료한 때에는 다시 제1항부터 제3항까지의 규정에 따른다.

제4조【제적부등에 관한 경과조치】 종전의 「호적법」 규정에 따른 제적부 또는 부칙 제3조에 따라 제적된 전산호적부 및 이미지 전산호적부(이하 "제적부등"이라 한다)에 관한 등록사무의 처리는 종전의 「호적법」 규정에 따르고, 이에 따른 등록부 정정에 관한 구체적인 절차는 대법원규칙으로 정한다. 다만, 제적부등에 관한 열람 또는 등본·초본의 교부청구권자에 관하여는 제14조 제1항을 준용한다.

제5조【사실상 혼인관계 존재확인판결에 관한 경과조치】 이 법 시행 전에 사실상 혼인관계 존재확인의 재판이 확정된 경우에 대하여도 제72조를 적용한다. 다만, 종전의 「호적법」의 규정에 따라 발생한 효력에 대하여는 영향을 미치지 아니한다.

제6조【과태료에 관한 경과조치】 이 법 시행 전에 부과된 과태료의 징수와 재판절차는 종전의 「호적법」의 규정에 따른다.

제7조【일반적 경과조치】 이 법 시행 당시 종전의 「호적법」에 따라 행한 처분, 재판, 그 밖의 행위 및 절차는 이 법 중 그에 해당하는 규정이 있는 때에는 이 법의 적용에 관하여는 이 법의 해당 규정에 따라 한 것으로 본다.

제8조【다른 법률의 개정】 ①가사소송법 일부를 다음과 같이 개정한다.
제9조를 다음과 같이 한다.
제9조(가족관계등록부기록의 촉탁) 가정법원은 대법원규칙으로 정하는 판결 또는 심판이 확정되거나 효력을 발생한 때에는 대법원규칙으로 정하는 바에 따라 지체 없이 가족관계등록사무를 처리하는 자에게 가족관계등록부의 기록을 촉탁하여야 한다.
제36조제3항제1호 중 "당사자의 본적"을 "당사자의 등록기준지"로 한다.
②거창사건등관련자의명예회복에관한특별조치법 일부를 다음과 같이 개정한다.
제6조를 다음과 같이 한다.
제6조(가족관계등록부의 작성) 거창사건등 당시 호적부 소실로 가족관계등록부가 작성되지 아니한 자는 다른 법률의 규정에도 불구하고 위원회의 규정에 따라 가족관계등록부를 작성할 수 있다.
③경범죄처벌법 일부를 다음과 같이 개정한다.
제1조제37호 중 "본적"을 "등록기준지"로 한다.
④공직자윤리법 일부를 다음과 같이 개정한다.

제4조제1항제3호 단서 중 "등록의무자가 혼인으로 부 또는 처의 가에 입적한 때에는"을 "등록의무자가 혼인한 때에는"으로 한다.
⑤국적법 일부를 다음과 같이 개정한다.
제16조제3항 중 "호적관서"를 "가족관계등록관서"라 한다.
⑥군사법원법 일부를 다음과 같이 개정한다.
제233조 중 "본적"을 "등록기준지"로 한다.
제368조제1호 중 "호적의 등본 또는 초본"을 "가족관계기록사항에 관한 증명서"로 한다.
제519조 중 "본적지"를 "등록기준지"로 한다.
⑦근로기준법 일부를 다음과 같이 개정한다.
제66조 중 "호적증명서"를 "가족관계기록사항에 관한 증명서"로 한다.
⑧노근리사건희생자심사및명예회복에관한특별법 일부를 다음과 같이 개정한다.
제3조제2항제5호를 다음과 같이 한다.
5. 가족관계등록부의 작성에 관한 사항
제12조를 다음과 같이 한다.
제12조(가족관계등록부의 작성) 6·25전쟁으로 인하여 당시 호적부가 소실되어 노근리사건의 희생자 및 그 유족의 가족관계등록부가 작성되어 있지 아니하거나 가족관계등록부에 사실과 다르게 기록된 경우 다른 법령의 규정에도 불구하고 위원회의 결정에 따라 대법원규칙으로 정하는 절차에 의하여 가족관계등록부의 작성이나 기록의 정정을 할 수 있다.
⑨독립유공자예우에 관한 법률 일부를 다음과 같이 개정한다.
제5조제1항제4호를 다음과 같이 한다.
4. 자부로서 1945년 8월 14일 이전에 구호적에 입적된 자
⑩민법 일부를 다음과 같이 개정한다.
제812조제1항 중 "호적법"을 "「가족관계의 등록 등에 관한 법률」"로 한다.
제814조제2항 중 "본적지를 관할하는 호적관서"를 "등록기준지를 관할하는 가족관계등록관서"로 한다.
제836조제1항·제859조제1항 및 제878조제1항 중 "호적법"을 각각 "「가족관계의 등록 등에 관한 법률」"로 한다.
⑪법원조직법 일부를 다음과 같이 개정한다.
제2조제3항·제9조제3항·제19조제2항 및 제37조제3항 단서 중 "호적"을 각각 "가족관계등록"으로 한다.
제34조제1항제4호 중 "호적법 제79조의2"를 "「가족관계의 등록 등에 관한 법률」 제75조"로 한다.
⑫병역법 일부를 다음과 같이 개정한다.
제9조제2항 중 "호적 전산자료"를 "가족관계등록 전산자료"로 한다.
제83조의2제1항제5호 중 "호적"을 "가족관계등록"으로 한다.
⑬보안관찰법 일부를 다음과 같이 개정한다.
제18조제1항제1호중 "원적, 본적"을 "등록기준지"로 한다.
⑭부동산등기법 일부를 다음과 같이 개정한다.
제13조제1항을 다음과 같이 한다.
①등기관은 자기 또는 4촌 이내의 친족이 등기신청인인 때에는 그 등기소에서 소유권등기를 한 성년자로서 4촌 이내의 친족이 아닌 자 2인 이상의 참여가 없으면 등기를 할 수 없다. 친족에 대하여는 친족관계가 끝난 후에도 또한 같다.
⑮북한이탈주민의 보호 및 정착지원에 관한 법률 일부를 다음과 같이 개정한다.
제12조제1항 중 "본적"을 "등록기준지"로 한다.
제19조를 다음과 같이 한다.
제19조(가족관계등록창설의 특례) ① 통일부장관은 보호대상자로서 군사분계선이남지역(이하 "남한"이라 한다)에 가족관계등록이 되어 있지 아니한 자에 대하여는 본인의 의사에 따라 등록

기준지를 정하여 서울가정법원에 가족관계등록창설허가신청서를 제출한다.
②제1항의 가족관계등록창설허가신청서에는 제12조제1항에 따라 작성된 보호대상자의 등록대장 등본과 가족관계등록부의 기록방법에 준하여 작성한 신분표를 붙여야 한다.
③서울가정법원은 제1항에 따라 가족관계등록창설허가신청서를 받은 때에는 지체 없이 허가 여부를 결정하고, 가족관계등록창설허가를 한 때에는 당해 등록기준지의 시(구를 두지 아니한 시를 말한다. 이하 이 조에서 같다)·구·읍·면의 장에게 가족관계등록창설허가등본을 송부하여야 한다.
④시·구·읍·면의 장은 제3항에 따른 가족관계등록창설허가등본을 받은 때에는 지체 없이 가족관계등록부를 작성하여야 하고, 주소지 시장·군수 또는 구청장에게 가족관계기록사항에 관한 증명서를 첨부하여 가족관계등록 신고사항을 통보하여야 한다.
제19조의2제1항 및 제2항 중 "취적"을 각각 "가족관계등록창설"로 한다.
〈16〉비송사건절차법 일부를 다음과 같이 개정한다.
제132조제2항 전단 중 "자신, 자신과 호적을 같이 하는 자"를 "자신"으로 한다.
〈17〉산업재해보상보험법 일부를 다음과 같이 한다.
제99조제4항 중 "「호적법」 제88조"를 「가족관계의 등록 등에 관한 법률」 제85조"로 한다.
〈18〉선원보험법 일부를 다음과 같이 개정한다.
제9조를 다음과 같이 한다.
제9조(가족관계등록부 기록사항증명서의 무료 발급 청구) 해양수산부장관 또는 보험급여를 받을 자는 피보험자 또는 피보험자이었던 자 및 그의 피부양자의 가족관계등록부의 기록사항에 관하여 가족관계등록사무를 처리하는 자나 그 대리자에 대하여 무료로 그 증명서의 발급을 청구할 수 있다.
〈19〉소득세법 일부를 다음과 같이 개정한다.
제167조제1항 본문 중 "호적등본"을 "가족관계기록사항에 관한 증명서"로 한다.
〈20〉일제강점하 강제동원피해 진상규명 등에 관한 특별법 일부를 다음과 같이 개정한다.
제3조제2항제6호 중 "호적등재"를 "가족관계등록부의 작성"으로 한다.
제22조를 다음과 같이 한다.
제22조(가족관계등록부의 작성) 일제강점하 강제동원 피해로 인하여 가족관계등록부가 작성되어 있지 아니하거나 가족관계등록부에 사실과 다르게 기록된 경우 다른 법령의 규정에도 불구하고 위원회의 결정에 따라 대법원규칙으로 정하는 절차에 의하여 가족관계등록부의 작성이나 기록의 정정을 할 수 있다.
〈21〉입양촉진 및 절차에 관한 특례법 일부를 다음과 같이 개정한다.
제7조제1항 및 제8조제2항 후단 중 "호적법"을 각각 "「가족관계의 등록 등에 관한 법률」"로 한다.
제14조를 다음과 같이 한다.
제14조(가족관계등록창설) 입양기관의 장은 입양될 아동을 가족관계등록이 되어 있지 아니한 상태에서 인수한 때에는 그 아동에 대한 가족관계등록창설절차를 거친다.
제16조 각 호 외의 부분 중 "본적지"를 "등록기준지"라 한다.
제17조제2항 중 "본적지 관할 호적관서"를 "등록기준지 관할 가족관계등록관서"로 한다.
〈22〉재외국민등록법 일부를 다음과 같이 개정한다.
제3조제4호를 다음과 같이 한다.
4. 등록기준지(가족관계등록이 되어 있는 자의 경우에 한한다)
〈23〉제주4·3사건 진상규명 및 희생자명예회복에 관한 특별법 일부를 다음과 같이 개정한다.
제3조제2항제7호 중 "호적등재"를 "가족관계등록부의 작성"으로 한다.
제11조를 다음과 같이 한다.
제11조(가족관계등록부의 작성) 제주4·3사건 당시 호적부의 소실로 가족관계등록부가 작성되어 있지 아니하거나 가족관계등록부에 사실과 다르게 기록된 경우 다른 법령의 규정에도 불구하고 위원회의 결정에 따라 대법원규칙으로 정하는 절차에 의하여 가족관계등록부의 작성이나 기

록의 정정을 할 수 있다.
〈24〉주민등록법 일부를 다음과 같이 개정한다.
제10조제1항제6호 및 제8호를 각각 다음과 같이 한다.
6. 등록기준지
8. 가족관계등록이 되어 있지 아니한 자 또는 가족관계등록의 여부가 분명하지 아니한 자는 그 사유
제14조의 제목 중 "호적신고"를 "가족관계등록신고"로 하고, 같은 조 제1항부터 제4항까지의 규정 중 "「호적법」"을 각각 "「가족관계의 등록 등에 관한 법률」"로 하고, 같은 조 제3항 중 "본적지"를 각각 "등록기준지"로, "호적부의 기재사항"을 "가족관계등록부의 기록사항"으로 한다.
제15조 제목 중 "호적"을 "가족관계등록"으로 하고, 같은 조 제1항 중 "본적지"를 각각 "등록기준지"로, "「호적법」 제15조"를 「가족관계의 등록 등에 관한 법률」 제9조제2항"으로 하며, 같은 조 제2항 중 "본적지"를 "등록기준지"로, "호적기재사항"을 "가족관계등록부의 기록사항"으로 한다.
제29조제2항제5호 중 "동일호적"을 "동일제적"으로 한다.
〈25〉지방자치법 일부를 다음과 같이 개정한다.
제9조제2항제1호차목 중 "호적"을 "가족관계등록"이라 한다.
〈26〉지적법 일부를 다음과 같이 개정한다.
제24조제4항 단서 중 "호적 · 제적"을 "가족관계기록사항에 관한 증명서"로 한다.
〈27〉형사보상법 일부를 다음과 같이 개정한다.
제8조제2항제1호 중 "본적"을 "등록기준지"로 한다.
〈28〉형사소송법 일부를 다음과 같이 개정한다.
제241조 및 제284조 중 "본적"을 각각 "등록기준지"로 한다.
제315조제1호 중 "호적의 등본 또는 초본"을 "가족관계기록사항에 관한 증명서"로 하고, 제476조 중 "본적지"를 "등록기준지"로 한다.
〈29〉국가인권위원회법 일부를 다음과 같이 개정한다.
제2조제4호 본문 중 "원적지, 본적지"를 "등록기준지"로 한다.
〈30〉삭제〈2007.7.23〉
〈31〉노인복지법 일부를 다음과 같이 개정한다.
제21조 중 "호적법 제88조"를 "「가족관계의 등록 등에 관한 법률」 제85조"로 한다.
〈32〉도로명주소 등 표기에 관한 법률 일부를 다음과 같이 개정한다.
제21조제1호 중 "호적"을 "가족관계등록부"로 한다.
〈33〉상속세 및 증여세법 일부를 다음과 같이 개정한다.
제80조제1항 중 "호적법"을 "「가족관계의 등록 등에 관한 법률」"로 한다.
〈34〉인감증명법 일부를 다음과 같이 개정한다.
제3조제2항 중 "본적지"를 "등록기준지"로 한다.
〈35〉종합부동산세법 일부를 다음과 같이 개정한다.
제21조제6항 중 "호적전산자료"를 "가족관계등록전산자료"로 한다.
〈36〉형의 실효 등에 관한 법률 일부를 다음과 같이 개정한다.
제2조제3호 및 제4조제1항 중 "본적지"를 각각 "등록기준지"로 한다.
〈37〉후천성면역결핍증 예방법 일부를 다음과 같이 개정한다.
제5조제3항 중 "호적법 제87조 제3항"을 "「가족관계의 등록 등에 관한 법률」 제84조제3항"으로 한다.
〈38〉재외국민취적 · 호적정정및호적정리에관한특례법 일부를 다음과 같이 개정한다.
제명 "재외국민취적 · 호적정정및호적정리에관한특례법"을 "재외국민의 가족관계등록창설, 가족관계등록부정정 및 가족관계등록부정리에 관한 특례법"으로 한다.
제1조 중 "취적, 호적정정 및 호적정리절차"를 "가족관계등록창설, 가족관계등록부정정 및 가족관계등록부정리절차"로 한다.

제3조의 제목 "(취적 · 호적정정허가신청 및 호적정리신청등)"을 "(가족관계등록창설, 가족관계등록부정정허가 및 가족관계등록부정리신청등)"으로 하고, 같은 조 제1항 각 호 외의 부분 중 "본적"을 각각 "등록기준지"로, "취적"을 "가족관계등록창설"로, "취적허가신청서"를 "가족관계등록창설허가신청서"로 하고, 같은 항 제1호 중 "본적"을 각각 "등록기준지"로 하며, 같은 항 제2호 중 "본적"을 각각 "등록기준지"로 하고, 같은 조 제2항 본문 중 "본적"을 "등록기준지"로, "호적기재"를 "가족관계등록부기록"으로, "호적정정허가신청서를 또한 호적법상"을 "가족관계등록부정정허가신청서를 또한 「가족관계의 등록 등에 관한 법률」상"으로, "입적 또는 제적되어야 할 자가 호적부"를 "등록 또는 말소되어야 할 자가 가족관계등록부"로, "호적정리신청서"를 "가족관계등록부정리신청서"로 하며, 같은 항 단서 중 "취적 · 호적정정허가신청서 또는 호적정리신청서"를 "가족관계등록창설, 가족관계등록부정정허가신청서 또는 가족관계등록부정리신청서"로 하고, 같은 조 제3항 중 "호적정리신청"을 "가족관계등록부정리신청"으로, "입적 또는 제적"을 "등록 또는 말소"로 한다.
제4조제1항 중 "취적허가신청서"를 "가족관계등록창설신청서"로 하고, 같은 조 제3항 본문 중 "호적정정허가 및 호적정리신청서"를 "가족관계등록부정정허가 및 가족관계등록부정리신청서"로, 같은 항 단서 중 "호적정리신청서"를 "가족관계등록부정리신청서"로 한다.
제5조제1항 본문 중 "취적 또는 호적정정허가신청서"를 "가족관계등록창설 또는 가족관계등록부정정허가신청서"로, "취적"을 "가족관계등록창설"로, "호적"을 "가족관계등록부"로, "본적지"를 "등록기준지"로 하고, 같은 항 단서 중 "호적"을 "가족관계등록부"로 하며, 같은 조 제2항 중 "취적 또는 호적정정허가신청서"를 "가족관계등록창설 또는 가족관계등록부정정허가신청서"로, "호적"을 "가족관계등록부"로 하고, 같은 조 제4항 중 "취적 또는 호적정정"을 "가족관계등록창설 또는 가족관계등록부정정"으로, "취적지 또는 본적지"를 "가족관계등록창설지 또는 등록기준지"로 하며, 같은 조 제5항 중 "호적정리신청서"를 "가족관계등록부정리신청서"로, "본적지"를 "등록기준지"로 한다.
제6조의 제목 "(호적의 ?제등)"을 "(가족관계등록부의 작성 등)"으로 하고, 같은 조 제1항 중 "취적 또는 호적정정허가"를 "가족관계등록창설 또는 가족관계등록부정정허가"로, "호적정정허가신청서"를 "가족관계등록부정정허가신청서"로, "호적을 ?제"를 "가족관계등록부를 작성"으로, "호적의 등본"을 "가족관계등록부의 증명서"로 하고, 같은 조 제2항 본문 중 "호적정리신청서"를 "가족관계등록부정리신청서"로, "호적법"을 "「가족관계의 등록 등에 관한 법률」"로, "호적"을 "가족관계등록부"로, "호적의 등본"을 "가족관계등록부의 증명서"로 하며, 같은 항 단서 중 "호적정리"를 "가족관계등록부정리"으로 한다.
제7조 중 "취적 및 호적정정허가 또는 호적정리에 따른 호적의 ?제, 정정 및 정리"를 "가족관계등록창설, 가족관계등록부정정허가 또는 가족관계등록부정리에 따른 가족관계등록부의 작성, 정정 및 정리"로 한다.
〈39〉부재선고등에관한특별조치법 일부를 다음과 같이 개정한다.
제1조 중 "취적"을 "가족관계등록창설"로, "이중호적"을 "이중가족관계등록부"로 한다.
제2조제2항 중 "호적"을 "가족관계등록부"로 한다.
제4조 전단 중 "호적에서 제적"을 "가족관계등록부에서 말소"로 한다.
제6조 중 "본적지"를 "등록기준지"로 한다.
제7조 중 "호적등본"을 "가족관계등록부의 증명서"로 한다.
제8조제2항제2호 중 "본적"을 "등록기준지"로 한다.
제10조 중 "호적법"을 "「가족관계의 등록 등에 관한 법률」"로 한다.
제14조 중 "이중호적말소"를 "이중가족관계등록부폐쇄"로 한다.

제9조 **【다른 법령과의 관계】** 이 법 시행 당시 다른 법령에서 종전의 「호적법」 또는 그 규정을 인용한 경우 이 법 중 그에 해당하는 규정이 있는 때에는 종전의 규정에 갈음하여 이 법 또는 이 법의 해당조항을 인용한 것으로 본다.

Kommentar KBGB

註釋 民法

張在賢 著

민법 개정 조항

<2011.3.7. 개정, 시행일 2013.7.1.>

정림사

민법 개정 조항 <2011.3.7. 개정, 시행일 2013.7.1.>

*는 개정된 내용

제4조(성년) 사람은 19세로 성년에 이르게 된다. ***20→19**

제9조(성년후견개시의 심판) ① 가정법원은 질병, 장애, 노령, 그 밖의 사유로 인한 정신적 제약으로 사무를 처리할 능력이 지속적으로 결여된 사람에 대하여 본인, 배우자, 4촌 이내의 친족, 미성년후견인, 미성년후견감독인, 한정후견인, 한정후견감독인, 특정후견인, 특정후견감독인, 검사 또는 지방자치단체의 장의 청구에 의하여 성년후견개시의 심판을 한다. ② 가정법원은 성년후견개시의 심판을 할 때 본인의 의사를 고려하여야 한다. ***한정치산선고→성년후견개시의 심판**

제10조(피성년후견인의 행위와 취소) ① 피성년후견인의 법률행위는 취소할 수 있다. ② 제1항에도 불구하고 가정법원은 취소할 수 없는 피성년후견인의 법률행위의 범위를 정할 수 있다. ③ 가정법원은 본인, 배우자, 4촌 이내의 친족, 성년후견인, 성년후견감독인, 검사 또는 지방자치단체의 장의 청구에 의하여 제2항의 범위를 변경할 수 있다. ④ 제1항에도 불구하고 일용품의 구입 등 일상생활에 필요하고 그 대가가 과도하지 아니한 법률행위는 성년후견인이 취소할 수 없다. ***한정치산자의 능력→피성년후견인의 행위와 취소**

제11조(성년후견종료의 심판) 성년후견개시의 원인이 소멸된 경우에는 가정법원은 본인, 배우자, 4촌 이내의 친족, 성년후견인, 성년후견감독인, 검사 또는 지방자치단체의 장의 청구에 의하여 성년후견종료의 심판을 한다. ***한정치산선고의 취소→성년후견종료의 심판**

제12조(한정후견개시의 심판) ① 가정법원은 질병, 장애, 노령, 그 밖의 사유로 인한 정신적 제약으로 사무를 처리할 능력이 부족한 사람에 대하여 본인, 배우자, 4촌 이내의 친족, 미성년후견인, 미성년후견감독인, 성년후견인, 성년후견감독인, 특정후견인, 특정후견감독인, 검사 또는 지방자치단체의 장의 청구에 의하여 한정후견개시의 심판을 한다. ② 한정후견개시의 경우에 제9조제2항을 준용한다. ***한정치산자→한정후견**

제13조(피한정후견인의 행위와 동의) ① 가정법원은 피한정후견인이 한정후견인의 동의를 받아야 하는 행위의 범위를 정할 수 있다. ② 가정법원은 본인, 배우자, 4촌 이내의 친족, 한정후견인, 한정후견감독인, 검사 또는 지방자치단체의 장의 청구에 의하여 제1항에 따른 한정후견인의 동의를 받아야만 할 수 있는 행위의 범위를 변경할 수 있다. ③ 한정후견인의 동의를 필요로 하는 행위에 대하여 한정후견인이 피한정후견인의 이익이 침해될 염려가 있음에도 그 동의를 하지 아니하는 때에는 가정법원은 피한정후견인의 청구에 의하여 한정후견인의 동의를 갈음하는 허가를 할 수 있다. ④ 한정후견인의 동의가 필요한 법률행위를 피한정후견인이 한정후견인의 동의 없이 하였을 때에는 그 법률행위를 취소할 수 있다. 다만, 일용품의 구입 등 일상생활에 필요하고 그 대가가 과도하지 아니한 법률행위에 대하여는 그러하지 아니하다. ***한정치산자→한정후견**

제14조(한정후견종료의 심판) 한정후견개시의 원인이 소멸된 경우에는 가정법원은 본인, 배우자, 4촌 이내의 친족, 한정후견인, 한정후견감독인, 검사 또는 지방자치단체의 장의 청구에 의하여 한정후견종료의 심판을 한다. ***한정치산자→한정후견**

제14조의2(특정후견의 심판) ① 가정법원은 질병, 장애, 노령, 그 밖의 사유로 인한 정신적 제약으로 일시적 후원 또는 특정한 사무에 관한 후원이 필요한 사람에 대하여 본인, 배우자, 4촌 이내의 친족, 미성년후견인, 미성년후견감독인, 검사 또는 지방자치단체의 장의 청구에 의하여 특정후견의 심판을 한다. ② 특정후견은 본인의 의사에 반하여 할 수 없다. ③ 특정후견의 심

판을 하는 경우에는 특정후견의 기간 또는 사무의 범위를 정하여야 한다. ***신설**

제14조의3(심판 사이의 관계) ① 가정법원이 피한정후견인 또는 피특정후견인에 대하여 성년후견개시의 심판을 할 때에는 종전의 한정후견 또는 특정후견의 종료 심판을 한다. ② 가정법원이 피성년후견인 또는 피특정후견인에 대하여 한정후견개시의 심판을 할 때에는 종전의 성년후견 또는 특정후견의 종료 심판을 한다. ***신설**

제15조(제한능력자의 상대방의 확답을 촉구할 권리) ① 제한능력자의 상대방은 제한능력자가 능력자가 된 후에 그에게 1개월 이상의 기간을 정하여 그 취소할 수 있는 행위를 추인할 것인지 여부의 확답을 촉구할 수 있다. 능력자로 된 사람이 그 기간 내에 확답을 발송하지 아니하면 그 행위를 추인한 것으로 본다. ② 제한능력자가 아직 능력자가 되지 못한 경우에는 그의 법정대리인에게 제1항의 촉구를 할 수 있고, 법정대리인이 그 정하여진 기간 내에 확답을 발송하지 아니한 경우에는 그 행위를 추인한 것으로 본다. ③ 특별한 절차가 필요한 행위는 그 정하여진 기간 내에 그 절차를 밟은 확답을 발송하지 아니하면 취소한 것으로 본다. ***무능력자→제한능력자, 최고→확답을 추구할 권리**

제16조(제한능력자의 상대방의 철회권과 거절권) ① 제한능력자가 맺은 계약은 추인이 있을 때까지 상대방이 그 의사표시를 철회할 수 있다. 다만, 상대방이 계약 당시에 제한능력자임을 알았을 경우에는 그러하지 아니하다. ② 제한능력자의 단독행위는 추인이 있을 때까지 상대방이 거절할 수 있다. ③ 제1항의 철회나 제2항의 거절의 의사표시는 제한능력자에게도 할 수 있다. ***무능력자→제한능력자**

제17조(제한능력자의 속임수) ① 제한능력자가 속임수로써 자기를 능력자로 믿게 한 경우에는 그 행위를 취소할 수 없다. ② 미성년자나 피한정후견인이 속임수로써 법정대리인의 동의가 있는 것으로 믿게 한 경우에도 제1항과 같다. ***무능력자→제한능력자,술수→속임수**

제111조(의사표시의 효력발생시기) ① 상대방이 있는 의사표시는 상대방에게 도달한 때에 그 효력이 생긴다.② 의사표시자가 그 통지를 발송한 후 사망하거나 제한능력자가 되어도 의사표시의 효력에 영향을 미치지 아니한다. ***무능력자→제한능력자**

제112조(제한능력자에 대한 의사표시의 효력) 의사표시의 상대방이 의사표시를 받은 때에 제한능력자인 경우에는 의사표시자는 그 의사표시로써 대항할 수 없다. 다만, 그 상대방의 법정대리인이 의사표시가 도달한 사실을 안 후에는 그러하지 아니하다. ***무능력자→제한능력자**

제127조(대리권의 소멸사유) 대리권은 다음 각 호의 어느 하나에 해당하는 사유가 있으면 소멸된다.

1. 본인의 사망
2. 대리인의 사망, 성년후견의 개시 또는 파산 ***금치산→성년후견의 개시**

제135조(상대방에 대한 무권대리인의 책임) ① 다른 자의 대리인으로서 계약을 맺은 자가 그 대리권을 증명하지 못하고 또 본인의 추인을 받지 못한 경우에는 그는 상대방의 선택에 따라 계약을 이행할 책임 또는 손해를 배상할 책임이 있다. ② 대리인으로서 계약을 맺은 자에게 대리권이 없다는 사실을 상대방이 알았거나 알 수 있었을 때 또는 대리인으로서 계약을 맺은 사람이 제한능력자일 때에는 제1항을 적용하지 아니한다. ***무능력자→제한능력자**

제140조(법률행위의취소권자)취소할 수있는 법률행위는 제한능력자,착오로 인하거나 사기·강박에 의하여 의사표시를 한자,그의 대리인 또는 승계인만이 취소할 수 있다. ***무능력자→제한능력자**

제141조(취소의 효과)취소된 법률행위는 처음부터 무효인 것으로 본다. 다만, 제한능력자는 그 행위로 인하여 받은 이익이 현존하는 한도에서 상환(償還)할 책임이 있다. ***무능력자→제한능력자**

제144조(추인의 요건) ① 추인은 취소의 원인이 소멸된 후에 하여야만 효력이 있다. ② 제1항은 법정대리인 또는 후견인이 추인하는 경우에는 적용하지 아니한다. ***<후견인> 추가**

제180조(재산관리자에 대한 제한능력자의 권리, 부부 사이의 권리와 시효정지) ① 재산을 관리하는 아버지, 어머니 또는 후견인에 대한 제한능력자의 권리는 그가 능력자가 되거나 후임 법

정대리인이 취임한 때부터 6개월 내에는 소멸시효가 완성되지 아니한다. ② 부부 중 한쪽이 다른 쪽에 대하여 가지는 권리는 혼인관계가 종료된 때부터 6개월 내에는 소멸시효가 완성되지 아니한다. ***무능력자→제한능력자**

第253조(유실물의 소유권취득) 유실물은 법률에 정한 바에 의하여 공고한 후 6개월 내에 그 소유자가 권리를 주장하지 아니하면 습득자가 그 소유권을 취득한다. ***1년→6개월**

第690조(사망·파산 등과 위임의 종료) 위임은 당사자 한쪽의 사망이나 파산으로 종료된다. 수임인이 성년후견개시의 심판을 받은 경우에도 이와 같다. ***금치산선고→성년후견개시의 심판**

第717조(비임의 탈퇴) 제716조의 경우 외에 조합원은 다음 각 호의 어느 하나에 해당하는 사유가 있으면 탈퇴된다.

1. 사망 2. 파산 3. 성년후견의 개시 4. 제명(除名) ***금치산→성년후견개시**

第755조(감독자의 책임) ① 다른 자에게 손해를 가한 사람이 제753조 또는 제754조에 따라 책임이 없는 경우에는 그를 감독할 법정의무가 있는 자가 그 손해를 배상할 책임이 있다. 다만, 감독의무를 게을리하지 아니한 경우에는 그러하지 아니하다. ② 감독의무자를 갈음하여 제753조 또는 제754조에 따라 책임이 없는 사람을 감독하는 자도 제1항의 책임이 있다. ***조문 정리**

第801조(약혼연령) 18세가 된 사람은 부모나 미성년후견인의 동의를 받아 약혼할 수 있다. 이 경우 제808조를 준용한다. ***후견인→미성년후견인**

第802조(성년후견과 약혼) 피성년후견인은 부모나 성년후견인의 동의를 받아 약혼할 수 있다. 이 경우 제808조를 준용한다. ***금치산자→피성년후견인**

第804조(약혼해제의 사유) 당사자 한쪽에 다음 각 호의 어느 하나에 해당하는 사유가 있는 경우에는 상대방은 약혼을 해제할 수 있다.

1. 약혼 후 자격정지 이상의 형을 선고받은 경우 2. 약혼 후 성년후견개시나 한정후견개시의 심판을 받은 경우 3. 성병, 불치의 정신병, 그 밖의 불치의 병질(病疾)이 있는 경우 4. 약혼 후 다른 사람과 약혼이나 혼인을 한 경우 5. 약혼 후 다른 사람과 간음(姦淫)한 경우6. 약혼 후 1년 이상 생사(生死)가 불명한 경우 7. 정당한 이유 없이 혼인을 거절하거나 그 시기를 늦추는 경우 8. 그 밖에 중대한 사유가 있는 경우 ***금치산→성년후견개시,한정치산→한정후견개시**

第808조(동의가 필요한 혼인) ① 미성년자가 혼인을 하는 경우에는 부모의 동의를 받아야 하며, 부모 중 한쪽이 동의권을 행사할 수 없을 때에는 다른 한쪽의 동의를 받아야 하고, 부모가 모두 동의권을 행사할 수 없을 때에는 미성년후견인의 동의를 받아야 한다. ② 피성년후견인은 부모나 성년후견인의 동의를 받아 혼인할 수 있다. ***금치산자→피성년후견인**

第819조(동의 없는 혼인의 취소청구권의 소멸) 제808조를 위반한 혼인은 그 당사자가 19세가 된 후 또는 성년후견종료의 심판이 있은 후 3개월이 지나거나 혼인 중에 임신한 경우에는 그 취소를 청구하지 못한다. ***20→19,금치산선고취소→성년후견종료**

第835조(성년후견과 협의상 이혼) 피성년후견인의 협의상 이혼에 관하여는 제808조제2항을 준용한다. ***금치산자→피성년후견인**

第848조(성년후견과 친생부인의 소) ① 남편이나 아내가 피성년후견인인 경우에는 그의 성년후견인이 성년후견감독인의 동의를 받아 친생부인의 소를 제기할 수 있다. 성년후견감독인이 없거나 동의할 수 없을 때에는 가정법원에 그 동의를 갈음하는 허가를 청구할 수 있다. ② 제1항의 경우 성년후견인이 친생부인의 소를 제기하지 아니하는 경우에는 피성년후견인은 성년후견종료의 심판이 있은 날부터 2년 내에 친생부인의 소를 제기할 수 있다. ***금치산→성년후견**

第856조(피성년후견인의 인지) 아버지가 피성년후견인인 경우에는 성년후견인의 동의를 받아 인지할 수 있다. ***금치산자→피성년후견인**

第866조(입양을 할 능력) 성년이 된 사람은 입양(入養)을 할 수 있다. ***조문정리**

第867조(미성년자의 입양에 대한 가정법원의 허가) ① 미성년자를 입양하려는 사람은 가정법원의 허가를 받아야 한다. ②가정법원은 양자가 될 미성년자의 복리를 위하여 그 양육 상황, 입양의 동기, 양부모(養父母)의 양육능력, 그 밖의 사정을 고려하여 제1항에 따른 입양의 허가를 하지 아니할 수 있다. ***삭제→가정법원의 허가**

제869조(입양의 의사표시) ① 양자가 될 사람이 13세 이상의 미성년자인 경우에는 법정대리인의 동의를 받아 입양을 승낙한다. ② 양자가 될 사람이 13세 미만인 경우에는 법정대리인이 그를 갈음하여 입양을 승낙한다. ③ 가정법원은 다음 각 호의 어느 하나에 해당하는 경우에는 제1항에 따른 동의 또는 제2항에 따른 승낙이 없더라도 제867조제1항에 따른 입양의 허가를 할 수 있다. 1. 법정대리인이 정당한 이유 없이 동의 또는 승낙을 거부하는 경우. 다만, 법정대리인이 친권자인 경우에는 제870조제2항의 사유가 있어야 한다. 2. 법정대리인의 소재를 알 수 없는 등의 사유로 동의 또는 승낙을 받을 수 없는 경우 ④ 제3항제1호의 경우 가정법원은 법정대리인을 심문하여야 한다. ⑤ 제1항에 따른 동의 또는 제2항에 따른 승낙은 제867조제1항에 따른 입양의 허가가 있기 전까지 철회할 수 있다. ***15→13,조문정리**

제870조(미성년자 입양에 대한 부모의 동의) ① 양자가 될 미성년자는 부모의 동의를 받아야 한다. 다만, 다음 각 호의 어느 하나에 해당하는 경우에는 그러하지 아니하다. 1. 부모가 제869조제1항에 따른 동의를 하거나 같은 조 제2항에 따른 승낙을 한 경우 2. 부모가 친권상실의 선고를 받은 경우 3. 부모의 소재를 알 수 없는 등의 사유로 동의를 받을 수 없는 경우 ② 가정법원은 다음 각 호의 어느 하나에 해당하는 사유가 있는 경우에는 부모가 동의를 거부하더라도 제867조제1항에 따른 입양의 허가를 할 수 있다. 이 경우 가정법원은 부모를 심문하여야 한다. 1. 부모가 3년 이상 자녀에 대한 부양의무를 이행하지 아니한 경우 2. 부모가 자녀를 학대 또는 유기(遺棄)하거나 그 밖에 자녀의 복리를 현저히 해친 경우 ③제1항에 따른 동의는 제867조제1항에 따른 입양의 허가가 있기 전까지 철회할 수 있다. ***조문정리**

제871조(성년자 입양에 대한 부모의 동의) ① 양자가 될 사람이 성년인 경우에는 부모의 동의를 받아야 한다. 다만, 부모의 소재를 알 수 없는 등의 사유로 동의를 받을 수 없는 경우에는 그러하지 아니하다. ② 가정법원은 부모가 정당한 이유 없이 동의를 거부하는 경우에 양부모가 될 사람이나 양자가 될 사람의 청구에 따라 부모의 동의를 갈음하는 심판을 할 수 있다. 이 경우 가정법원은 부모를 심문하여야 한다. ***미성년입양동의에 따른 조문정리**

제872조 삭제

제873조(피성년후견인의 입양) ① 피성년후견인은 성년후견인의 동의를 받아 입양을 할 수 있고 양자가 될 수 있다. ② 피성년후견인이 입양을 하거나 양자가 되는 경우에는 제867조를 준용한다. ③ 가정법원은 성년후견인이 정당한 이유 없이 제1항에 따른 동의를 거부하거나 피성년후견인의 부모가 정당한 이유 없이 제871조제1항에 따른 동의를 거부하는 경우에 그 동의가 없어도 입양을 허가할 수 있다. 이 경우 가정법원은 성년후견인 또는 부모를 심문하여야 한다. ***금치산→성년후견과 조문정리**

제874조(부부의 공동 입양 등) ① 배우자가 있는 사람은 배우자와 공동으로 입양하여야 한다. ② 배우자가 있는 사람은 그 배우자의 동의를 받아야만 양자가 될 수 있다. ***조문정리**

제877조(입양의 금지) 존속이나 연장자를 입양할 수 없다. ***조문정리**

제878조(입양의 성립) 입양은 「가족관계의 등록 등에 관한 법률」에서 정한 바에 따라 신고함으로써 그 효력이 생긴다. ***2항 삭제**

제881조(입양 신고의 심사) 제866조, 제867조, 제869조부터 제871조까지, 제873조, 제874조, 제877조, 그 밖의 법령을 위반하지 아니한 입양 신고는 수리하여야 한다. ***조문정리**

제882조(외국에서의 입양 신고) 외국에서 입양 신고를 하는 경우에는 제814조를 준용한다. ***조문정리**

제882조의2(입양의 효력) ① 양자는 입양된 때부터 양부모의 친생자와 같은 지위를 가진다.② 양자의 입양 전의 친족관계는 존속한다. ***신설**

제883조(입양 무효의 원인) 다음 각 호의 어느 하나에 해당하는 입양은 무효이다. 1. 당사자 사이에 입양의 합의가 없는 경우 2. 제867조제1항(제873조제2항에 따라 준용되는 경우를 포함한다), 제869조제2항, 제877조를 위반한 경우 ***제867조제1항 추가**

제884조(입양 취소의 원인) ① 입양이 다음 각 호의 어느 하나에 해당하는 경우에는 가정법원에 그 취소를 청구할 수 있다.

1. 제866조, 제869조제1항, 같은 조 제3항제2호, 제870조제1항, 제871조제1항, 제873조제1항, 제874조를 위반한 경우 2. 입양 당시 양부모와 양자 중 어느 한쪽에게 악질(惡疾)이나 그 밖에 중대한 사유가 있음을 알지 못한 경우 3. 사기 또는 강박으로 인하여 입양의 의사표시를 한 경우

② 입양 취소에 관하여는 제867조제2항을 준용한다. ***조문정리에 따른 2,3호 신설**

제885조(입양 취소 청구권자) 양부모, 양자와 그 법정대리인 또는 직계혈족은 제866조를 위반한 입양의 취소를 청구할 수 있다. ***조문정리**

제886조(입양 취소 청구권자) 양자나 동의권자는 제869조제1항, 같은 조 제3항제2호, 제870조제1항을 위반한 입양의 취소를 청구할 수 있고, 동의권자는 제871조제1항을 위반한 입양의 취소를 청구할 수 있다. ***조문정리**

제887조(입양 취소 청구권자) 피성년후견인이나 성년후견인은 제873조제1항을 위반한 입양의 취소를 청구할 수 있다. ***조문정리**

제888조(입양 취소 청구권자) 배우자는 제874조를 위반한 입양의 취소를 청구할 수 있다. ***조문정리**

제889조(입양 취소 청구권의 소멸) 양부모가 성년이 되면 제866조를 위반한 입양의 취소를 청구하지 못한다. ***조문정리**

제891조(입양 취소 청구권의 소멸) ① 양자가 성년이 된 후 3개월이 지나거나 사망하면 제869조제1항, 같은 조 제3항제2호, 제870조제1항을 위반한 입양의 취소를 청구하지 못한다.

② 양자가 사망하면 제871조제1항을 위반한 입양의 취소를 청구하지 못한다. ***조문정리**

제892조 삭제

제893조(입양 취소 청구권의 소멸) 성년후견개시의 심판이 취소된 후 3개월이 지나면 제873조제1항을 위반한 입양의 취소를 청구하지 못한다. ***조문정리**

제894조(입양 취소 청구권의 소멸) 제869조제1항, 같은 조 제3항제2호, 제870조제1항, 제871조제1항, 제873조제1항, 제874조를 위반한 입양은 그 사유가 있음을 안 날부터 6개월, 그 사유가 있었던 날부터 1년이 지나면 그 취소를 청구하지 못한다. ***조문정리**

제896조(입양 취소 청구권의 소멸) 제884조제1항제2호에 해당하는 사유가 있는 입양은 양부모와 양자 중 어느 한 쪽이 그 사유가 있음을 안 날부터 6개월이 지나면 그 취소를 청구하지 못한다. ***조문정리**

제897조(준용규정) 입양의 무효 또는 취소에 따른 손해배상책임에 관하여는 제806조를 준용하고, 사기 또는 강박으로 인한 입양 취소 청구권의 소멸에 관하여는 제823조를 준용하며, 입양 취소의 효력에 관하여는 제824조를 준용한다. ***조문정리**

제898조(협의상 파양) 양부모와 양자는 협의하여 파양(罷養)할 수 있다. 다만, 양자가 미성년자 또는 피성년후견인인 경우에는 그러하지 아니하다. ***단서 신설**

제899조 삭제, 제900조 삭제, 제901조 삭제

제902조(피성년후견인의 협의상 파양) 피성년후견인인 양부모는 성년후견인의 동의를 받아 파양을 협의할 수 있다. ***금치산자→파성년후견인**

제903조(파양 신고의 심사) 제898조, 제902조, 그 밖의 법령을 위반하지 아니한 파양 신고는 수리하여야 한다. ***조문정리**

제904조(준용규정) 사기 또는 강박으로 인한 파양 취소 청구권의 소멸에 관하여는 제823조를 준용하고, 협의상 파양의 성립에 관하여는 제878조를 준용한다. ***조문정리**

제905조(재판상 파양의 원인) 양부모, 양자 또는 제906조에 따른 청구권자는 다음 각 호의 어느 하나에 해당하는 경우에는 가정법원에 파양을 청구할 수 있다. ***조문정리**

1. 양부모가 양자를 학대 또는 유기하거나 그 밖에 양자의 복리를 현저히 해친 경우 2. 양부모가 양자로부터 심히 부당한 대우를 받은 경우 3. 양부모나 양자의 생사가 3년 이상 분명하지 아니한 경우 4. 그 밖에 양친자관계를 계속하기 어려운 중대한 사유가 있는 경우

제906조(파양 청구권자) ① 양자가 13세 미만인 경우에는 제869조제2항에 따른 승낙을 한 사람이 양자를 갈음하여 파양을 청구할 수 있다. 다만, 파양을 청구할 수 있는 사람이 없는 경우에

는 제777조에 따른 양자의 친족이나 이해관계인이 가정법원의 허가를 받아 파양을 청구할 수 있다. ② 양자가 13세 이상의 미성년자인 경우에는 제870조제1항에 따른 동의를 한 부모의 동의를 받아 파양을 청구할 수 있다. 다만, 부모가 사망하거나 그 밖의 사유로 동의할 수 없는 경우에는 동의 없이 파양을 청구할 수 있다. ③ 양부모나 양자가 피성년후견인인 경우에는 성년후견인의 동의를 받아 파양을 청구할 수 있다. ④ 검사는 미성년자나 피성년후견인인 양자를 위하여 파양을 청구할 수 있다. ***조문정리**

제907조(파양 청구권의 소멸) 파양 청구권자는 제905조제1호·제2호·제4호의 사유가 있음을 안 날부터 6개월, 그 사유가 있었던 날부터 3년이 지나면 파양을 청구할 수 없다. ***조문정리**

제908조(준용규정)재판상 파양에 따른 손해배상책임에 관하여는 제806조를 준용한다. ***조문정리**

제908조의2(친양자 입양의 요건 등) ① 친양자(親養子)를 입양하려는 사람은 다음 각 호의 요건을 갖추어 가정법원에 친양자 입양을 청구하여야 한다.

1. 3년 이상 혼인 중인 부부로서 공동으로 입양할 것. 다만, 1년 이상 혼인 중인 부부의 한쪽이 그 배우자의 친생자를 친양자로 하는 경우에는 그러하지 아니하다. 2. 친양자가 될 사람이 미성년자일 것 3. 친양자가 될 사람의 친생부모가 친양자 입양에 동의할 것. 다만, 부모가 친권상실의 선고를 받거나 소재를 알 수 없거나 그 밖의 사유로 동의할 수 없는 경우에는 그러하지 아니하다. 4. 친양자가 될 사람이 13세 이상인 경우에는 법정대리인의 동의를 받아 입양을 승낙할 것 5. 친양자가 될 사람이 13세 미만인 경우에는 법정대리인이 그를 갈음하여 입양을 승낙할 것 ***조문정리**

② 가정법원은 다음 각 호의 어느 하나에 해당하는 경우에는 제1항제3호·제4호에 따른 동의 또는 같은 항 제5호에 따른 승낙이 없어도 제1항의 청구를 인용할 수 있다. 이 경우 가정법원은 동의권자 또는 승낙권자를 심문하여야 한다. ***조문정리**

1. 법정대리인이 정당한 이유 없이 동의 또는 승낙을 거부하는 경우. 다만, 법정대리인이 친권자인 경우에는 제2호 또는 제3호의 사유가 있어야 한다. 2. 친생부모가 자신에게 책임이 있는 사유로 3년 이상 자녀에 대한 부양의무를 이행하지 아니하고 면접교섭을 하지 아니한 경우 3. 친생부모가 자녀를 학대 또는 유기하거나 그 밖에 자녀의 복리를 현저히 해친 경우

③ 가정법원은 친양자가 될 사람의 복리를 위하여 그 양육상황, 친양자 입양의 동기, 양부모의 양육능력, 그 밖의 사정을 고려하여 친양자 입양이 적당하지 아니하다고 인정하는 경우에는 제1항의 청구를 기각할 수 있다.

제908조의4(친양자 입양의 취소 등) ① 친양자로 될 사람의 친생(親生)의 아버지 또는 어머니는 자신에게 책임이 없는 사유로 인하여 제908조의2제1항제3호 단서에 따른 동의를 할 수 없었던 경우에 친양자 입양의 사실을 안 날부터 6개월 안에 가정법원에 친양자 입양의 취소를 청구할 수 있다. ② 친양자 입양에 관하여는 제883조, 제884조를 적용하지 아니한다. ***조문정리**

제909조의2(친권자의 지정 등) ***신설** ① 제909조제4항부터 제6항까지의 규정에 따라 단독 친권자로 정하여진 부모의 일방이 사망한 경우 생존하는 부 또는 모, 미성년자, 미성년자의 친족은 그 사실을 안 날부터 1개월, 사망한 날부터 6개월 내에 가정법원에 생존하는 부 또는 모를 친권자로 지정할 것을 청구할 수 있다. ② 입양이 취소되거나 파양된 경우 또는 양부모가 모두 사망한 경우 친생부모 일방 또는 쌍방, 미성년자, 미성년자의 친족은 그 사실을 안 날부터 1개월, 입양이 취소되거나 파양된 날 또는 양부모가 모두 사망한 날부터 6개월 내에 가정법원에 친생부모 일방 또는 쌍방을 친권자로 지정할 것을 청구할 수 있다. 다만, 친양자의 양부모가 사망한 경우에는 그러하지 아니하다. ③ 제1항 또는 제2항의 기간 내에 친권자 지정의 청구가 없을 때에는 가정법원은 직권으로 또는 미성년자, 미성년자의 친족, 이해관계인, 검사, 지방자치단체의 장의 청구에 의하여 미성년후견인을 선임할 수 있다. 이 경우 생존하는 부 또는 모, 친생부모 일방 또는 쌍방의 소재를 모르거나 그가 정당한 사유 없이 소환에 응하지 아니하는 경우를 제외하고 그에게 의견을 진술할 기회를 주어야 한다.④ 가정법원은 제1항 또는 제2항에 따른 친권자 지정 청구나 제3항에 따른 후견인 선임 청구가 생존하는 부 또는 모, 친생부모 일방 또는 쌍방의 양육의사 및 양육능력, 청구 동기, 미성년자의 의사, 그 밖의 사정을 고려하

여 미성년자의 복리를 위하여 적절하지 아니하다고 인정하면 청구를 기각할 수 있다. 이 경우 가정법원은 직권으로 미성년후견인을 선임하거나 생존하는 부 또는 모, 친생부모 일방 또는 쌍방을 친권자로 지정하여야 한다. ⑤ 가정법원은 다음 각 호의 어느 하나에 해당하는 경우에 직권으로 또는 미성년자, 미성년자의 친족, 이해관계인, 검사, 지방자치단체의 장의 청구에 의하여 제1항부터 제4항까지의 규정에 따라 친권자가 지정되거나 미성년후견인이 선임될 때까지 그 임무를 대행할 사람을 선임할 수 있다. 이 경우 그 임무를 대행할 사람에 대하여는 제25조 및 제954조를 준용한다.

1. 단독 친권자가 사망한 경우 2. 입양이 취소되거나 파양된 경우 3. 양부모가 모두 사망한 경우

⑥ 가정법원은 제3항 또는 제4항에 따라 미성년후견인이 선임된 경우라도 미성년후견인 선임 후 양육상황이나 양육능력의 변동, 미성년자의 의사, 그 밖의 사정을 고려하여 미성년자의 복리를 위하여 필요하면 생존하는 부 또는 모, 친생부모 일방 또는 쌍방, 미성년자의 청구에 의하여 후견을 종료하고 생존하는 부 또는 모, 친생부모 일방 또는 쌍방을 친권자로 지정할 수 있다.

제927조의2(친권 상실과 친권자의 지정 등) ***신설** ① 제909조제4항부터 제6항까지의 규정에 따라 단독 친권자가 된 부 또는 모, 양부모(친양자의 양부모를 제외한다) 쌍방에게 다음 각 호의 어느 하나에 해당하는 사유가 있는 경우에는 제909조의2제1항 및 제3항부터 제5항까지의 규정을 준용한다. 다만, 제2호와 제3호의 경우 새로 정하여진 친권자 또는 미성년후견인의 임무는 미성년자의 재산에 관한 행위에 한정된다.

1. 제924조에 따른 친권상실의 선고가 있는 경우 2. 제925조에 따른 대리권과 재산관리권 상실의 선고가 있는 경우 3. 제927조제1항에 따라 대리권과 재산관리권을 사퇴한 경우 4. 소재불명 등 친권을 행사할 수 없는 중대한 사유가 있는 경우

② 가정법원은 제1항에 따라 친권자가 지정되거나 미성년후견인이 선임된 후 단독 친권자이었던 부 또는 모, 양부모 일방 또는 쌍방에게 다음 각 호의 어느 하나에 해당하는 사유가 있는 경우에는 그 부모 일방 또는 쌍방, 미성년자, 미성년자의 친족의 청구에 의하여 친권자를 새로 지정할 수 있다. 1. 제926조에 따라 실권의 회복이 선고된 경우 2. 제927조제2항에 따라 사퇴한 권리를 회복한 경우 3. 소재불명이던 부 또는 모가 발견되는 등 친권을 행사할 수 있게 된 경우

제928조(미성년자에 대한 후견의 개시) 미성년자에게 친권자가 없거나 친권자가 법률행위의 대리권과 재산관리권을 행사할 수 없는 경우에는 미성년후견인을 두어야 한다. ***조문정리**

제929조(성년후견심판에 의한 후견의 개시) 가정법원의 성년후견개시심판이 있는 경우에는 그 심판을 받은 사람의 성년후견인을 두어야 한다. ***조문정리**

제930조(후견인의 수와 자격) ① 미성년후견인의 수(數)는 한 명으로 한다. ② 성년후견인은 피성년후견인의 신상과 재산에 관한 모든 사정을 고려하여 여러 명을 둘 수 있다. ③ 법인도 성년후견인이 될 수 있다. ***제2항,제3항 신설**

제931조(유언에 의한 미성년후견인의 지정 등) ① 미성년자에게 친권을 행사하는 부모는 유언으로 미성년후견인을 지정할 수 있다. 다만, 법률행위의 대리권과 재산관리권이 없는 친권자는 그러하지 아니하다. ② 가정법원은 제1항에 따라 미성년후견인이 지정된 경우라도 미성년자의 복리를 위하여 필요하면 생존하는 부 또는 모, 미성년자의 청구에 의하여 후견을 종료하고 생존하는 부 또는 모를 친권자로 지정할 수 있다. ***제2항 신설**

제932조(미성년후견인의 선임) ① 가정법원은 제931조에 따라 지정된 미성년후견인이 없는 경우에는 직권으로 또는 미성년자, 친족, 이해관계인, 검사, 지방자치단체의 장의 청구에 의하여 미성년후견인을 선임한다. 미성년후견인이 없게 된 경우에도 또한 같다. ② 가정법원은 친권상실의 선고나 대리권 및 재산관리권 상실의 선고에 따라 미성년후견인을 선임할 필요가 있는 경우에는 직권으로 미성년후견인을 선임한다. ③ 친권자가 대리권 및 재산관리권을 사퇴한 경우에는 지체 없이 가정법원에 미성년후견인의 선임을 청구하여야 한다. ***후견인 선임신설**

제933조 삭제, 제934조 삭제, 제935조 삭제

제936조(성년후견인의 선임) ① 제929조에 따른 성년후견인은 가정법원이 직권으로 선임한다.

② 가정법원은 성년후견인이 사망, 결격, 그 밖의 사유로 없게 된 경우에도 직권으로 또는 피성년후견인, 친족, 이해관계인, 검사, 지방자치단체의 장의 청구에 의하여 성년후견인을 선임한다. ③ 가정법원은 성년후견인이 선임된 경우에도 필요하다고 인정하면 직권으로 또는 제2항의 청구권자나 성년후견인의 청구에 의하여 추가로 성년후견인을 선임할 수 있다. ④ 가정법원이 성년후견인을 선임할 때에는 피성년후견인의 의사를 존중하여야 하며, 그 밖에 피성년후견인의 건강, 생활관계, 재산상황, 성년후견인이 될 사람의 직업과 경험, 피성년후견인과의 이해관계의 유무(법인이 성년후견인이 될 때에는 사업의 종류와 내용, 법인이나 그 대표자와 피성년후견인 사이의 이해관계의 유무를 말한다) 등의 사정도 고려하여야 한다. ***성년후견에 따른 조문정리**

제937조(후견인의 결격사유) 다음 각 호의 어느 하나에 해당하는 자는 후견인이 되지 못한다. 1. 미성년자 2. 피성년후견인, 피한정후견인, 피특정후견인, 피임의후견인 3. 회생절차개시결정 또는 파산선고를 받은 자 4. 자격정지 이상의 형의 선고를 받고 그 형기(刑期) 중에 있는 사람 5. 법원에서 해임된 법정대리인 6. 법원에서 해임된 성년후견인, 한정후견인, 특정후견인, 임의후견인과 그 감독인 7. 행방이 불분명한 사람 8. 피후견인을 상대로 소송을 하였거나 하고 있는 자 또는 그 배우자와 직계혈족 ***성년후견에 따른 조문정리**

제938조(후견인의 대리권 등) ① 후견인은 피후견인의 법정대리인이 된다. ② 가정법원은 성년후견인이 제1항에 따라 가지는 법정대리권의 범위를 정할 수 있다. ③ 가정법원은 성년후견인이 피성년후견인의 신상에 관하여 결정할 수 있는 권한의 범위를 정할 수 있다. ④ 제2항 및 제3항에 따른 법정대리인의 권한의 범위가 적절하지 아니하게 된 경우에 가정법원은 본인, 배우자, 4촌 이내의 친족, 성년후견인, 성년후견감독인, 검사 또는 지방자치단체의 장의 청구에 의하여 그 범위를 변경할 수 있다. ***성년후견에 따른 조문정리**

제939조(후견인의 사임) 후견인은 정당한 사유가 있는 경우에는 가정법원의 허가를 받아 사임할 수 있다. 이 경우 그 후견인은 사임청구와 동시에 가정법원에 새로운 후견인의 선임을 청구하여야 한다. ***성년후견에 따른 조문정리**

제940조(후견인의 변경) 가정법원은 피후견인의 복리를 위하여 후견인을 변경할 필요가 있다고 인정하면 직권으로 또는 피후견인, 친족, 후견감독인, 검사, 지방자치단체의 장의 청구에 의하여 후견인을 변경할 수 있다. ***성년후견에 따른 조문정리**

제940조의2(미성년후견감독인의 지정) 미성년후견인을 지정할 수 있는 사람은 유언으로 미성년후견감독인을 지정할 수 있다. ***신설**

제940조의3(미성년후견감독인의 선임) ① 가정법원은 제940조의2에 따라 지정된 미성년후견감독인이 없는 경우에 필요하다고 인정하면 직권으로 또는 미성년자, 친족, 미성년후견인, 검사, 지방자치단체의 장의 청구에 의하여 미성년후견감독인을 선임할 수 있다. ② 가정법원은 미성년후견감독인이 사망, 결격, 그 밖의 사유로 없게 된 경우에는 직권으로 또는 미성년자, 친족, 미성년후견인, 검사, 지방자치단체의 장의 청구에 의하여 미성년후견감독인을 선임한다. ***신설**

제940조의4(성년후견감독인의 선임) ① 가정법원은 필요하다고 인정하면 직권으로 또는 피성년후견인, 친족, 성년후견인, 검사, 지방자치단체의 장의 청구에 의하여 성년후견감독인을 선임할 수 있다. ② 가정법원은 성년후견감독인이 사망, 결격, 그 밖의 사유로 없게 된 경우에는 직권으로 또는 피성년후견인, 친족, 성년후견인, 검사, 지방자치단체의 장의 청구에 의하여 성년후견감독인을 선임한다. ***신설**

제940조의5(후견감독인의 결격사유) 제779조에 따른 후견인의 가족은 후견감독인이 될 수 없다. ***신설**

제940조의6(후견감독인의 직무) ① 후견감독인은 후견인의 사무를 감독하며, 후견인이 없는 경우 지체 없이 가정법원에 후견인의 선임을 청구하여야 한다. ② 후견감독인은 피후견인의 신상이나 재산에 대하여 급박한 사정이 있는 경우 그의 보호를 위하여 필요한 행위 또는 처분을 할 수 있다. ③ 후견인과 피후견인 사이에 이해가 상반되는 행위에 관하여는 후견감독인이 피후견인을 대리한다. ***신설**

제940조의7(위임 및 후견인 규정의 준용) 후견감독인에 대하여는 제681조, 제691조, 제692조, 제930조제2항·제3항, 제936조제3항·제4항, 제937조, 제939조, 제940조, 제947조의2제3항부터 제5항까지, 제949조의2, 제955조 및 제955조의2를 준용한다. ***신설**

제941조(재산조사와 목록작성) ① 후견인은 지체 없이 피후견인의 재산을 조사하여 2개월 내에 그 목록을 작성하여야 한다. 다만, 정당한 사유가 있는 경우에는 법원의 허가를 받아 그 기간을 연장할 수 있다. ② 후견감독인이 있는 경우 제1항에 따른 재산조사와 목록작성은 후견감독인의 참여가 없으면 효력이 없다.

제942조(후견인의 채권·채무의 제시) ① 후견인과 피후견인 사이에 채권·채무의 관계가 있고 후견감독인이 있는 경우에는 후견인은 재산목록의 작성을 완료하기 전에 그 내용을 후견감독인에게 제시하여야 한다. ② 후견인이 피후견인에 대한 채권이 있음을 알고도 제1항에 따른 제시를 게을리한 경우에는 그 채권을 포기한 것으로 본다. ***조문정리**

제945조(미성년자의 신분에 관한 후견인의 권리·의무) 미성년후견인은 제913조부터 제915조까지에 규정한 사항에 관하여는 친권자와 동일한 권리와 의무가 있다. 다만, 다음 각 호의 어느 하나에 해당하는 경우에는 미성년후견감독인이 있으면 그의 동의를 받아야 한다.
1. 친권자가 정한 교육방법, 양육방법 또는 거소를 변경하는 경우 2. 미성년자를 감화기관이나 교정기관에 위탁하는 경우 3. 친권자가 허락한 영업을 취소하거나 제한하는 경우 ***조문정리**

제946조(재산관리에 한정된 후견) 미성년자의 친권자가 법률행위의 대리권과 재산관리권에 한정하여 친권을 행사할 수 없는 경우에 미성년후견인의 임무는 미성년자의 재산에 관한 행위에 한정된다. ***조문정리**

제947조(피성년후견인의 복리와 의사존중) 성년후견인은 피성년후견인의 재산관리와 신상보호를 할 때 여러 사정을 고려하여 그의 복리에 부합하는 방법으로 사무를 처리하여야 한다. 이 경우 성년후견인은 피성년후견인의 복리에 반하지 아니하면 피성년후견인의 의사를 존중하여야 한다. ***성년후견에 따른 조문정리**

제947조의2(피성년후견인의 신상결정 등) ① 피성년후견인은 자신의 신상에 관하여 그의 상태가 허락하는 범위에서 단독으로 결정한다. ② 성년후견인이 피성년후견인을 치료 등의 목적으로 정신병원이나 그 밖의 다른 장소에 격리하려는 경우에는 가정법원의 허가를 받아야 한다. ③ 피성년후견인의 신체를 침해하는 의료행위에 대하여 피성년후견인이 동의할 수 없는 경우에는 성년후견인이 그를 대신하여 동의할 수 있다. ④ 제3항의 경우 피성년후견인이 의료행위의 직접적인 결과로 사망하거나 상당한 장애를 입을 위험이 있을 때에는 가정법원의 허가를 받아야 한다. 다만, 허가절차로 의료행위가 지체되어 피성년후견인의 생명에 위험을 초래하거나 심신상의 중대한 장애를 초래할 때에는 사후에 허가를 청구할 수 있다.⑤ 성년후견인이 피성년후견인을 대리하여 피성년후견인이 거주하고 있는 건물 또는 그 대지에 대하여 매도, 임대, 전세권 설정, 저당권 설정, 임대차의 해지, 전세권의 소멸, 그 밖에 이에 준하는 행위를 하는 경우에는 가정법원의 허가를 받아야 한다. ***성년후견에 따른 신설**

제948조(미성년자의 친권의 대행) ① 미성년후견인은 미성년자를 갈음하여 미성년자의 자녀에 대한 친권을 행사한다. ② 제1항의 친권행사에는 미성년후견인의 임무에 관한 규정을 준용한다. ***조문정리**

제949조의2(성년후견인이 여러 명인 경우 권한의 행사 등) ① 가정법원은 직권으로 여러 명의 성년후견인이 공동으로 또는 사무를 분장하여 그 권한을 행사하도록 정할 수 있다. ② 가정법원은 직권으로 제1항에 따른 결정을 변경하거나 취소할 수 있다. ③ 여러 명의 성년후견인이 공동으로 권한을 행사하여야 하는 경우에 어느 성년후견인이 피성년후견인의 이익이 침해될 우려가 있음에도 법률행위의 대리 등 필요한 권한행사에 협력하지 아니할 때에는 가정법원은 피성년후견인, 성년후견인, 후견감독인 또는 이해관계인의 청구에 의하여 그 성년후견인의 의사표시를 갈음하는 재판을 할 수 있다. ***성년후견에 따른 조문정리**

제949조의3(이해상반행위) 후견인에 대하여는 제921조를 준용한다. 다만, 후견감독인이 있는 경우에는 그러하지 아니하다. ***성년후견에 따른 조문정리**

제950조(후견감독인의 동의를 필요로 하는 행위) ***성년후견에 따른 조문정리** ① 후견인이 피후견인을 대리하여 다음 각 호의 어느 하나에 해당하는 행위를 하거나 미성년자의 다음 각 호의 어느 하나에 해당하는 행위에 동의를 할 때는 후견감독인이 있으면 그의 동의를 받아야 한다. 1. 영업에 관한 행위 2. 금전을 빌리는 행위 3. 의무만을 부담하는 행위 4. 부동산 또는 중요한 재산에 관한 권리의 득실변경을 목적으로 하는 행위 5. 소송행위 6. 상속의 승인, 한정승인 또는 포기 및 상속재산의 분할에 관한 협의

② 후견감독인의 동의가 필요한 행위에 대하여 후견감독인이 피후견인의 이익이 침해될 우려가 있음에도 동의를 하지 아니하는 경우에는 가정법원은 후견인의 청구에 의하여 후견감독인의 동의를 갈음하는 허가를 할 수 있다. ③ 후견감독인의 동의가 필요한 법률행위를 후견인이 후견감독인의 동의 없이 하였을 때에는 피후견인 또는 후견감독인이 그 행위를 취소할 수 있다.

제951조(피후견인의 재산 등의 양수에 대한 취소) ① 후견인이 피후견인에 대한 제3자의 권리를 양수(讓受)하는 경우에는 피후견인은 이를 취소할 수 있다. ② 제1항에 따른 권리의 양수의 경우 후견감독인이 있으면 후견인은 후견감독인의 동의를 받아야 하고,후견감독인의 동의가 없는 경우에는 피후견인 또는 후견감독인이 이를 취소할 수 있다. ***성년후견에 따른 조문정리**

제952조(상대방의 추인 여부 최고) 제950조 및 제951조의 경우에는 제15조를 준용한다. ***조문정리**

제953조(후견감독인의 후견사무의 감독) 후견감독인은 언제든지 후견인에게 그의 임무 수행에 관한 보고와 재산목록의 제출을 요구할 수 있고 피후견인의 재산상황을 조사할 수 있다. ***친족회→후견감독인**

제954조(가정법원의 후견사무에 관한 처분) 가정법원은 직권으로 또는 피후견인, 후견감독인, 제777조에 따른 친족, 그 밖의 이해관계인, 검사, 지방자치단체의 장의 청구에 의하여 피후견인의 재산상황을 조사하고, 후견인에게 재산관리 등 후견임무 수행에 관하여 필요한 처분을 명할 수 있다. ***조문정리**

제955조의2(지출금액의 예정과 사무비용) 후견인이 후견사무를 수행하는 데 필요한 비용은 피후견인의 재산 중에서 지출한다. ***신설**

제957조(후견사무의 종료와 관리의 계산) ① 후견인의 임무가 종료된 때에는 후견인 또는 그 상속인은 1개월 내에 피후견인의 재산에 관한 계산을 하여야 한다. 다만, 정당한 사유가 있는 경우에는 법원의 허가를 받아 그 기간을 연장할 수 있다. ② 제1항의 계산은 후견감독인이 있는 경우에는 그가 참여하지 아니하면 효력이 없다. ***조문정리**

제959조의2(한정후견의 개시) 가정법원의 한정후견개시의 심판이 있는 경우에는 그 심판을 받은 사람의 한정후견인을 두어야 한다. ***성년후견에 따른 신설**

제959조의3(한정후견인의 선임 등) ① 제959조의2에 따른 한정후견인은 가정법원이 직권으로 선임한다. ② 한정후견인에 대하여는 제930조제2항·제3항, 제936조제2항부터 제4항까지, 제937조, 제939조, 제940조 및 제949조의3을 준용한다. ***성년후견에 따른 신설**

제959조의4(한정후견인의 대리권 등) ① 가정법원은 한정후견인에게 대리권을 수여하는 심판을 할 수 있다. ② 한정후견인의 대리권 등에 관하여는 제938조제3항 및 제4항을 준용한다. ***성년후견에 따른 신설**

제959조의5(한정후견감독인) ① 가정법원은 필요하다고 인정하면 직권으로 또는 피한정후견인, 친족, 한정후견인, 검사, 지방자치단체의 장의 청구에 의하여 한정후견감독인을 선임할 수 있다. ② 한정후견감독인에 대하여는 제681조, 제691조, 제692조, 제930조제2항·제3항, 제936조제3항·제4항, 제937조, 제939조, 제940조, 제940조의3제2항, 제940조의5, 제940조의6, 제947조의2 제3항부터 제5항까지, 제949조의2, 제955조 및 제955조의2를 준용한다. 이 경우 제940조의6제3항 중 "피후견인을 대리한다"는 "피한정후견인을 대리하거나 피한정후견인이 그 행위를 하는데 동의한다"로 본다. ***성년후견에 따른 신설**

제959조의6(한정후견사무) 한정후견의 사무에 관하여는 제681조, 제920조 단서, 제947조, 제947조의2, 제949조, 제949조의2, 제949조의3, 제950조부터 제955까지 및 제955조의2를 준용한다. ***성년후견에 따른 신설**

제959조의7(한정후견인의 임무의 종료 등) 한정후견인의 임무가 종료한 경우에 관하여는 제691조, 제692조, 제957조 및 제958조를 준용한다. ***성년후견에 따른 신설**
제959조의8(특정후견에 따른 보호조치) 가정법원은 피특정후견인의 후원을 위하여 필요한 처분을 명할 수 있다. ***성년후견에 따른 신설**
제959조의9(특정후견인의 선임 등) ① 가정법원은 제959조의8에 따른 처분으로 피특정후견인을 후원하거나 대리하기 위한 특정후견인을 선임할 수 있다. ② 특정후견인에 대하여는 제930조제2항·제3항, 제936조제2항부터 제4항까지, 제937조, 제939조 및 제940조를 준용한다. ***성년후견에 따른 신설**
제959조의10(특정후견감독인) ① 가정법원은 필요하다고 인정하면 직권으로 또는 피특정후견인, 친족, 특정후견인, 검사, 지방자치단체의 장의 청구에 의하여 특정후견감독인을 선임할 수 있다. ② 특정후견감독인에 대하여는 제681조, 제691조, 제692조, 제930조제2항·제3항, 제936조제3항·제4항, 제937조, 제939조, 제940조, 제940조의5, 제940조의6, 제949조의2, 제955조 및 제955조의2를 준용한다. ***성년후견에 따른 신설**
제959조의11(특정후견인의 대리권) ① 피특정후견인의 후원을 위하여 필요하다고 인정하면 가정법원은 기간이나 범위를 정하여 특정후견인에게 대리권을 수여하는 심판을 할 수 있다.
② 제1항의 경우 가정법원은 특정후견인의 대리권 행사에 가정법원이나 특정후견감독인의 동의를 받도록 명할 수 있다. ***성년후견에 따른 신설**
제959조의12(특정후견사무) 특정후견의 사무에 관하여는 제681조, 제920조 단서, 제947조, 제949조의2, 제953조부터 제955조까지 및 제955조의2를 준용한다. ***성년후견에 따른 신설**
제959조의13(특정후견인의 임무의 종료 등) 특정후견인의 임무가 종료한 경우에 관하여는 제691조, 제692조, 제957조 및 제958조를 준용한다. ***성년후견에 따른 신설**
제959조의14(후견계약의 의의와 체결방법 등) ① 후견계약은 질병, 장애, 노령, 그 밖의 사유로 인한 정신적 제약으로 사무를 처리할 능력이 부족한 상황에 있거나 부족하게 될 상황에 대비하여 자신의 재산관리 및 신상보호에 관한 사무의 전부 또는 일부를 다른 자에게 위탁하고 그 위탁사무에 관하여 대리권을 수여하는 것을 내용으로 한다. ② 후견계약은 공정증서로 체결하여야 한다. ③ 후견계약은 가정법원이 임의후견감독인을 선임한 때부터 효력이 발생한다. ④ 가정법원, 임의후견인, 임의후견감독인 등은 후견계약을 이행·운영할 때 본인의 의사를 최대한 존중하여야 한다. ***성년후견에 따른 신설**
제959조의15(임의후견감독인의 선임) ① 가정법원은 후견계약이 등기되어 있고, 본인이 사무를 처리할 능력이 부족한 상황에 있다고 인정할 때에는 본인, 배우자, 4촌 이내의 친족, 임의후견인, 검사 또는 지방자치단체의 장의 청구에 의하여 임의후견감독인을 선임한다. ② 제1항의 경우 본인이 아닌 자의 청구에 의하여 가정법원이 임의후견감독인을 선임할 때에는 미리 본인의 동의를 받아야 한다. 다만, 본인이 의사를 표시할 수 없는 때에는 그러하지 아니하다. ③ 가정법원은 임의후견감독인이 없게 된 경우에는 직권으로 또는 본인, 친족, 임의후견인, 검사 또는 지방자치단체의 장의 청구에 의하여 임의후견감독인을 선임한다. ④ 가정법원은 임의후견임감독인이 선임된 경우에도 필요하다고 인정하면 직권으로 또는 제3항의 청구권자의 청구에 의하여 임의후견감독인을 추가로 선임할 수 있다. ⑤ 임의후견감독인에 대하여는 제940조의5를 준용한다. ***성년후견에 따른 신설**
제959조의16(임의후견감독인의 직무 등) ① 임의후견감독인은 임의후견인의 사무를 감독하며 그 사무에 관하여 가정법원에 정기적으로 보고하여야 한다. ② 가정법원은 필요하다고 인정하면 임의후견감독인에게 감독사무에 관한 보고를 요구할 수 있고 임의후견인의 사무 또는 본인의 재산상황에 대한 조사를 명하거나 그 밖에 임의후견감독인의 직무에 관하여 필요한 처분을 명할 수 있다. ③ 임의후견감독인에 대하여는 제940조의6제2항·제3항, 제940조의7 및 제953조를 준용한다. ***성년후견에 따른 신설**
제959조의17(임의후견개시의 제한 등) ① 임의후견인이 제937조 각 호에 해당하는 자 또는 그 밖에 현저한 비행을 하거나 후견계약에서 정한 임무에 적합하지 아니한 사유가 있는 자인 경

우에는 가정법원은 임의후견감독인을 선임하지 아니한다. ② 임의후견감독인을 선임한 이후 임의후견인이 현저한 비행을 하거나 그 밖에 그 임무에 적합하지 아니한 사유가 있게 된 경우에는 가정법원은 임의후견감독인, 본인, 친족, 검사 또는 지방자치단체의 장의 청구에 의하여 임의후견인을 해임할 수 있다. ***성년후견에 따른 신설**

제959조의18(후견계약의 종료) ① 임의후견감독인의 선임 전에는 본인 또는 임의후견인은 언제든지 공증인의 인증을 받은 서면으로 후견계약의 의사표시를 철회할 수 있다. ② 임의후견감독인의 선임 이후에는 본인 또는 임의후견인은 정당한 사유가 있는 때에만 가정법원의 허가를 받아 후견계약을 종료할 수 있다. ***성년후견에 따른 신설**

제959조의19(임의후견인의 대리권 소멸과 제3자와의 관계) 임의후견인의 대리권 소멸은 등기하지 아니하면 선의의 제3자에게 대항할 수 없다.

제959조의20(후견계약과 성년후견·한정후견·특정후견의 관계) ① 후견계약이 등기되어 있는 경우에는 가정법원은 본인의 이익을 위하여 특별히 필요할 때에만 임의후견인 또는 임의후견감독인의 청구에 의하여 성년후견, 한정후견 또는 특정후견의 심판을 할 수 있다. 이 경우 후견계약은 본인이 성년후견 또는 한정후견 개시의 심판을 받은 때 종료된다. ② 본인이 피성년후견인, 피한정후견인 또는 피특정후견인인 경우에 가정법원은 임의후견감독인을 선임함에 있어서 종전의 성년후견, 한정후견 또는 특정후견의 종료 심판을 하여야 한다. 다만, 성년후견 또는 한정후견 조치의 계속이 본인의 이익을 위하여 특별히 필요하다고 인정하면 가정법원은 임의후견감독인을 선임하지 아니한다. ***성년후견에 따른 신설**

제960조에서 973조까지 전부 삭제

제1020조(제한능력자의 승인·포기의 기간) 상속인이 제한능력자인 경우에는 제1019조제1항의 기간은 그의 친권자 또는 후견인이 상속이 개시된 것을 안 날부터 기산(起算)한다. ***무능력자 →제한능력자**

제1062조(제한능력자의 유언) 유언에 관하여는 제5조, 제10조 및 제13조를 적용하지 아니한다. 무능력자→제한능력자

제1063조(피성년후견인의 유언능력) ① 피성년후견인은 의사능력이 회복된 때에만 유언을 할 수 있다. ② 제1항의 경우에는 의사가 심신 회복의 상태를 유언서에 부기(附記)하고 서명날인하여야 한다. ***금치산자→성년후견인**

제1072조(증인의 결격사유) ① 다음 각 호의 어느 하나에 해당하는 사람은 유언에 참여하는 증인이 되지 못한다.

1. 미성년자 2. 피성년후견인과 피한정후견인 3. 유언으로 이익을 받을 사람, 그의 배우자와 직계혈족 ***성년후견에 따른 조문정리**

② 공정증서에 의한 유언에는 「공증인법」에 따른 결격자는 증인이 되지 못한다.

제1098조(유언집행자의 결격사유) 제한능력자와 파산선고를 받은 자는 유언집행자가 되지 못한다. ***성년후견에 따른 조문정리**

부 칙(국민연금법) 〈제8541호, 2007.7.23〉

제1조 **【시행일】** 이 법은 공포한 날부터 시행한다. 〈단서 생략〉

제2조 내지 제41조 생략

제42조 **【다른 법률의 개정】** ①법률 제8435호 가족관계의 등록 등에 관한 법률 일부를 다음과 같이 개정한다.
부칙 제8조제30항을 삭제한다.
②내지 ⑪ 생략

제43조 생략

저자 약력

張 在 賢

서울대학교 법과대학 졸업(법학사)
성균관대학교대학원 졸업(법학박사)
법제처 전문위원 역임
스위스 프리부룩대학 객원교수 역임
경북대학교 법과대학장, 행정대학원장 역임
각종 국가고시 시험위원
현재 경북대학교법학전문대학원 교수, 법학전문대학원장

<저서>
채권법총론, 현암사, 1998
채권법각론, 현암사, 1999
민법판례해설 I(1991), II(1992), III(1995), 공저, 경세원
채권법총론, 경북대학교출판부, 2006
채권밥각론, 경북대학교출판부, 2007
계약법의 현대적과제, 경북대학교출판부, 2008(학술진흥재단 우수저서로 선정)

<논문>
사적 자치론
민법상신뢰책임론
제3자를 위한 계약 등 다수